Geschichte des Fleckens Zurzach

Lieber Kurt

Im Namen des Gemeinderates danke ich Dir für die grosse Arbeit, die Du als Regierungsrat für das Wohl der Gemeinden geleistet hast.

Ich wünsche Dir von Herzen alles Gute für die kommenden Jahre.

Bad Zurzach, 25.3.2009

F. Thibel
Gemeindeammann

Blick auf Zurzach von Rheinheim aus. Links Schlössli Mandach und Kirchlibuck mit Verena- und Mauritiuskapelle. Rechts am Rhein der Anker, dahinter die reformierte Kirche. In der Mitte Münster und Flecken vor dem Achenberg. Aquarell von E. Bischoff, 1833 im StAAG. Foto A. Hidber.

Bibliografische Information Der Deutschen Bibliothek
Die Deutsche Bibliothek verzeichnet diese Publikation in der Deutschen Nationalbibliografie; detaillierte bibliografische Daten sind im Internet über http://dnb.ddb.de abrufbar.

Das Werk einschliesslich aller seiner Teile ist urheberrechtlich geschützt. Jede Verwertung ausserhalb der engen Grenzen des Urheberrechtsschutzgesetzes ist ohne Zustimmung des Verlages unzulässig und strafbar. Das gilt besonders für Vervielfältigungen, Übersetzungen, Mikroverfilmungen und die Einspeicherung und Verarbeitung in elektronischen Systemen.

Redaktion: Annette Schaefer
Layout: Fred Gächter, 9413 Oberegg
Druck: buag Grafisches Unternehmen AG, 5405 Baden-Dättwil

© 2004, Büro Sennhauser

Verlag Historische Vereinigung des Bezirks Zurzach

ISBN 3-9522575-2-4

Gemeinde Zurzach
und
Historische Vereinigung des Bezirks Zurzach

Geschichte des Fleckens Zurzach

Herausgegeben von
Albert und Hans Rudolf Sennhauser und Alfred Hidber

Autoren
Hans-Dietrich Altendorf
Erich Bugmann
Fredy Diener
Gerhard Fingerlin
P. Rainald Fischer
Paul Gutzwiller
Christian Hanser
Alfred Hidber
Franz Keller-Spuler
Walter Leimgruber
Silvia Letsch-Brunner
Helmut Maurer
Felix Müller
Adolf Reinle
Hans Rindlisbacher
Katrin Roth-Rubi
Hans-Peter Schifferle
Clausdieter Schott
Albert Sennhauser
Hans Rudolf Sennhauser
Jean-Jacques Siegrist
Walter Wolf
Mark Wüst

Zurzach 2004

Inhaltsverzeichnis

Einleitung

1

Hans Rudolf Sennhauser
**Tenedo – Zurzach.
Der Ortsname** 3

Hans Rudolf Sennhauser
Zurzacher Wappen 7

Hans Rudolf Sennhauser
Zurzacher Bürger 11

Hans Rudolf Sennhauser
**Zurzach – Lage, Dorfbild
und historische Bauten** 15

Geologie, Urgeschichte und Römerzeit

2

Erich Bugmann
Werdende Landschaft 43

Hans Rudolf Sennhauser
**Bodenfunde, Baubefunde
– Quellen für unsere
Geschichte
Chronik archäologischer
Beobachtungen seit dem
Mittelalter** 49

Paul Gutzwiller
**Urgeschichte im Raum
Zurzach und in der badischen Nachbarschaft** 57

Katrin Roth-Rubi
**Zurzach in römischer
Zeit** 65

Gerhard Fingerlin
**Die Verhältnisse auf dem
rechten Hochrheinufer** 93

Früh- und Hochmittelalter

3

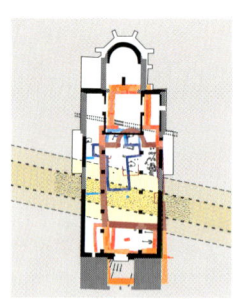

Hans Rudolf Sennhauser
**Zurzach im
Frühmittelalter** 113

Helmut Maurer
**Zurzach und die Landschaft am Hochrhein
vom 9. bis zum 13. Jahrhundert** 121

Verena als Mittelpunkt. Das Stift und die Pfarreien

4

Adolf Reinle
**Formen und Ausstrahlungen des Verenakultes
im Mittelalter** 143

P. Rainald Fischer,
Hans Rudolf Sennhauser
Das Verenastift 165

Hans Rudolf Sennhauser
Zurzacher Pfarreien 223

Spätmittelalter, Messen

5

JEAN-JACQUES SIEGRIST
Zurzach im Spätmittelalter und in der frühen Neuzeit 237

CLAUSDIETER SCHOTT
Der «freie, offene Marktflecken» Zurzach 257

CLAUSDIETER SCHOTT
Heilig-Geist-Spital und Sondersiechenhaus zu Zurzach 267

MARK WÜST
Der Tanz der Dirnen auf der Zurzacher Messe 277

Revolution, Helvetik, erste Hälfte 19. Jahrhundert

6

HANS RUDOLF SENNHAUSER,
ALFRED HIDBER
Um 1780 – Zurzach am Vorabend der Revolution .. 293

ALBERT SENNHAUSER
Zwischen der Alten Eidgenossenschaft und dem neuen Bundesstaat 1798–1848 319

WALTER LEIMGRUBER
Auswanderung im 19. (und 20.) Jahrhundert 343

Der Schritt in die Moderne

7

WALTER LEIMGRUBER
Zurzach 1850–1950 349

FRANZ KELLER-SPULER
Kraftwerkbau Reckingen/Deutschland (1937–1941) 373

WALTER WOLF
Der Frontismus als schweizerische Variante des Nationalsozialismus 377

WALTER LEIMGRUBER
Zurzach zur Zeit des Nationalsozialismus 383

CHRISTIAN HANSER
Zurzach 1950 bis 1980: Der Wandel einer Industriegemeinde 401

FRANZ KELLER-SPULER
Projekt Hochrhein-Schifffahrt Wiederbelebung der alten Transportwege 417

FRANZ KELLER-SPULER
Kraftwerkprojekt Koblenz-Kadelburg 421

FRANZ KELLER-SPULER
Wirtschaftliche Entwicklung 1970–2000 anhand von Beispielen 425

FRANZ KELLER-SPULER
Zurzacher Kurortentwicklung 439

FREDY DIENER
Zurzach: Eine Aufarbeitung der demographischen Daten der 1990er-Jahre 459

Bildung und Kultur. Öffentliches Leben

8

HANS RINDLISBACHER
Die Zurzacher Schulen 467

WALTER LEIMGRUBER
Alltag und Feste in Zurzach 479

WALTER LEIMGRUBER
Das kulturelle Leben im Flecken im 19. und 20. Jahrhundert. Vereine und Gesellschaften, Träger der Öffentlichkeit 499

FRANZ KELLER-SPULER
Öffentliches Leben und Vereinsleben im 20. Jahrhundert. Eine Chronik 509

HANSPETER SCHIFFERLE
Die Mundart von Zurzach in Geschichte und Gegenwart 527

Anhang

Quellen, Verzeichnisse, Literatur

Flecken

Hans Rudolf Sennhauser
Zurzacher Kalender
Besondere Tage im alten
Zurzacher Jahr 550

Alfred Hidber,
Hans Rudolf Sennhauser
Der Zurzacher Zehnten-Bann
1674 552

Alfred Hidber
Zurzacher Häuser
und ihre Namen 554

Zurzacher Geschlechter und Bürger

Hans Rudolf Sennhauser
Zurzacher «Gesellschaft»
auf einem Ausflug 1504 558

Felix Müller
Zurzacher Geschlechter
vor 1800 563

Hans Rudolf Sennhauser
Bekannte Zurzacher aus dem
19. und 20. Jahrhundert 568

Recht und Gericht

Hans Rudolf Sennhauser
Das Zurzacher Stubenrecht
1529 574

Verlegung des Richtplatzes
im Jahre 1570 578

Verena

Adolf Reinle, Silvia Letsch-Brunner,
Hans-Dietrich Altendorf
Vita prior sanctae Verenae –
Die ältere Lebensbeschrei-
bung der heiligen Verena 581

Adolf Reinle
Vita posterior – Die jüngere
Lebensbeschreibung der
heiligen Verena 585

Adolf Reinle
Miracula sanctae Verenae –
Das Buch der Wunder der
heiligen Verena 589

Hans Rudolf Sennhauser
Verena und die Zurzacher
Messen in Redensarten 597

Stift und Pfarreien

Hans Rudolf Sennhauser
Älteste Urkunden 602
– Kaiser Karl III. verleiht sei-
  ner Gemahlin Richardis
  «die kleine Abtei» Zurzach
– Die Abtei Reichenau ver-
  kauft 1265 ihren Besitz in
  Zurzach an den Bischof von
  Konstanz

Hans Rudolf Sennhauser
Kirchliche Ämter,
Stiftsverwaltung 604

Zurzacher Messe

Äusserungen zweier Messe-
besucher im 16. Jahrhundert .. 612

Ein Blick ins Freiburgerhaus
1628 613

Bettelmandat 1786 614

Die Messe um 1800 616

Späte Bemühungen zur
Erhaltung der Messen.
Hausrenovationen in den
30er- und 40er-Jahren des
19. Jahrhunderts 619

Das Ende 620
– Spottgedicht 1843
– Bericht über die letzte
  Ledermesse 1896

Zurzach zur Zuberbühler-
zeit um 1890 621

Verzeichnisse. Politiker, Lehrer

Franz Keller-Spuler,
Hans Rudolf Sennhauser
Politische Ämter 624

Hans Rindlisbacher,
Franz Keller-Spuler,
Hans Rudolf Sennhauser
Lehrerschaft 629

Zurzach heute

Franz Keller-Spuler
Statistik 2003 643

Franz Keller-Spuler
Wandel der kommunalen
Dienstleistungsstrukturen
im 20. Jahrhundert 644

Franz Keller-Spuler
Öffentliche und gemeinnützige
Bauten und Einrichtungen,
ihre Anzahl und Nutzung.
Drei Stichjahre 646

Literatur zu ausgewählten
Sachgebieten 649

Verzeichnis der abgekürzt
zitierten Literatur 657

Abkürzungen 669

Register 671

Autoren 687

Vorwort des Gemeinderates Zurzach

Der Gemeinderat Zurzach freut sich ausserordentlich, dass praktisch als Schlusspunkt im Jubiläumsjahr «200 Jahre Kanton Aargau» die Geschichte des Fleckens einer breiten Öffentlichkeit zugänglich gemacht werden kann. Was nicht schriftlich festgehalten ist, fällt schnell der Vergessenheit anheim. Der Gemeinderat hat es sich daher schon vor längerer Zeit zur Aufgabe gemacht, die Geschichte von Zurzach durch ein Team in einem Gesamtwerk darstellen zu lassen. Organisation und Leitung wurden dem inzwischen verstorbenen Historiker Dr. Albert Sennhauser übertragen.

Zurzach, oder wie es früher genannt wurde, «Tenedo», kann auf eine weit zurückreichende, zum Teil bewegte Vergangenheit zurückblicken. Erste Spuren stammen aus der prähistorischen Zeit. Es folgte die Herrschaftszeit der Helvetier und der Römer. Über dem Grab der heiligen Verena entstand ein erstes Kloster. Im Mittelalter war Zurzach in Europa ein wichtiger Marktflecken. Nach einer stilleren Phase brachte der Industrielle Jakob Zuberbühler neues Leben an den Fuss des Achenberges. Schliesslich wurde 1955 die Thermalquelle wieder erbohrt.

Die Geschichte von Tenedo/Zurzach über diesen weiten Zeitraum aufzuarbeiten und verständlich darzustellen, war kein leichtes Unterfangen. Es darf als Glücksfall bezeichnet werden, dass die Weiterführung und Vollendung der Aufgabe von Professor Dr. Hans Rudolf Sennhauser und Alfred Hidber, beide aus Zurzach, übernommen wurde. Die Geschichte des Fleckens Zurzach ist auf dem neuesten Stand. Die Ergebnisse, die anlässlich der Grabungen beim Bau der Nordumfahrung gewonnen wurden, sind berücksichtigt.

Allen Interessierten bietet sich nun die einmalige Gelegenheit, sich anhand dieses Gesamtwerkes einen Überblick über die wechselvolle Geschichte unseres Marktfleckens zu verschaffen.

«Nur wer die Vergangenheit kennt, kann die Gegenwart erkennen und die Zukunft bestimmen.»

Dieses Zitat stammt von Laotse, der am Ende des siebten vorchristlichen Jahrhunderts gelebt hat. In der Tat: Wer seine Geschichte kennt, wird auch die Herausforderungen, welche die Gegenwart bereithält, besser meistern können. Insofern ist die Auseinandersetzung mit der lokalen Geschichte nicht nur ein kultureller, schöngeistiger Akt, sondern ein unverzichtbares Element bei der Bewältigung aktueller Probleme und der Beantwortung zeitgenössischer Fragen.

Dank gebührt den Herren Dr. Albert Sennhauser(†), Professor Dr. Hans Rudolf Sennhauser und Alfred Hidber als Herausgeber, allen Autoren, der Historischen Vereinigung des Bezirks Zurzach, den Einwohnern von Zurzach, die die finanziellen Mittel gesprochen haben, und allen Personen, die auf irgendeine Art dazu beigetragen haben, dass dieses einmalige Werk entstehen konnte.

Zurzach, im Dezember 2003

Für die Gemeinde
Georg Edelmann,
Vizeammann

Vorwort der Herausgeber

«Geschichte» heisst: Menschenwerk im Zeitenlauf; Geschichte spricht vom Werden und Vergehen, und sie hält das Gedächtnis der Menschen fest. Werden heisst: Veränderung, sich entwickeln in der Zeit. Nichts bleibt konstant, alles verändert sich, und nur, was «fest»-gehalten wird, hat Bestand, bis eine veränderte Situation und neue Erkenntnisse ein anderes, ein neues Bild zu zeichnen erlauben oder verlangen. So ist es einsichtig, dass auch eine «Geschichte» ihre Geschichte hat.

Als der Gemeinderat Anfang der Siebzigerjahre die Geschichte des Fleckens in Auftrag gab, hat er sich kaum vorgestellt, dass das Buch im Verlaufe eines Menschenalters entstehen werde, und er hat sich auch das Resultat wohl anders, jedenfalls nicht so umfangreich, vorgestellt. Im Laufe der Zeit hat sich manches verändert, und Neues ist dazugekommen. Fragen lassen sich in einem Augenblick stellen, aber oft erst mit der Zeit beantworten. Wie sähe die «Zurzacher Geschichte» wohl heute aus, wenn sie damals unverzüglich und in kurzer Zeit geschrieben worden wäre? Für die Frühzeit würde alles fehlen, was wir seit den archäologischen Untersuchungen auf dem Trassee der Nordumfahrung wissen, aber auch die Ergebnisse der Münstergrabung, die erst das Verständnis des Überganges von der Spätantike zum Mittelalter beziehungsweise die Entstehungsgeschichte des Fleckens an der heutigen Stelle ermöglicht hat, hätten nicht berücksichtigt werden können. Für das Hoch- und Spätmittelalter haben Arbeiten wie die von Beate Schuster und Mark Wüst, um nur zwei zu nennen, Gewinn gebracht. Und was «Zuwarten» – nicht tatenloses, sondern Beobachten, Zusammentragen, Überlegen – für die letzten Jahrzehnte erbracht hat, werden die Leser selber abschätzen können. Die lange Entstehungszeit hat aber auch Grundlagenarbeiten im Hinblick auf die Bearbeitung der «Geschichte» ermöglicht, stellvertretend sei die Edition des Jahrzeitbuches von Hermann J. Welti angeführt. Die «Entdeckung der Gelassenheit» wird gegenwärtig propagiert, «lässig» ist ein Modewort; «Zeit» bringt Vorteile gegenüber der «Eile». Georg Christoph Lichtenberg (1742–1799) drückt es so aus: «Es gibt kein grösseres Hindernis des Fortgangs in den Wissenschaften als das Verlangen, den Erfolg davon zu früh verspüren zu wollen. Dieses ist muntern Charakteren sehr eigen; darum leisten sie auch selten viel; denn sie lassen nach und werden niedergeschlagen, sobald sie merken, dass sie nicht fortrücken. Sie würden aber fortgerückt sein, wenn sie geringe Kraft mit vieler Zeit gebraucht hätten.»

Eine lange Entstehungszeit setzt Geduld voraus. Aber nicht nur bei den künftigen Lesern, sondern eben auch bei den Auftraggebern, der Gemeinde Zurzach mit den Räten, die sich in diesen Jahren mit dem Geschäft «Zurzacher Geschichte» abgegeben haben und die uns ihr Vertrauen erhalten haben, sowie bei den Autoren. Besonders auch den «Schnellzüglern», die auf «Bummler» warten mussten, gilt unser Dank.

Freunde und Kollegen haben uns in der Diskussion mit Ratschlägen und Auskünften geholfen. Auch wenn hier nur ein runder Dank ausgesprochen werden kann, gebührt allen unsere Dankbarkeit. Unseren herzlichen Dank verdient haben auch die an der Herstellung des Buches Beteiligten: Verlagsleiter Ernst Schärer vom vdf Hochschulverlag, die Korrektorin Kerstin Gellusch, der Graphiker Fred Gächter, die Redaktorin Annette Schaefer, sowie Agnes Braun und Irene Baldinger.

Das Ziel ist erreicht. Es ist für kurze Zeit «Gegenwart» und wird schon bald auch «Geschichte» sein. Was darüber hinaus bleibt, ist die Erinnerung an den «Weg» und an seine Stationen. Geschichte als Ereignis und «Geschichte», als fixierte, festgehaltene Auswahl, nicht einfach Statistik und «Chronik» im Sinne einer Aufzählung der Ereignisse im Zeitablauf, sondern der Versuch, Voraussetzungen und Entwicklung einer Siedlung zu erfassen und das Leben der Menschen darin in den wesentlichen Entwicklungsstadien anschaulich zu machen. Das Geschehen ist immer reicher als «Geschichte», und jedes Porträt stellt den Versuch einer Charakterisierung aus der Sicht des Malers/Schreibers dar. Seine Sicht und seine Darstellung verantwortet denn auch jeder Verfasser persönlich. Wir wollen es dabei lassen.

Werden und Vergehen: In der langen Zeit sind einige Mitautoren verstorben, einzelne sogar, bevor sie ihren Anteil am Buch fertig stellen konnten. Es sind: P. Rainald Fischer, Herwig Müller, Albert Sennhauser, Jean-Jacques Siegrist, Hermann J. Welti. Ihnen allen, die bereitwillig, freundschaftlich und voll Freude mitgewirkt haben, sei das Buch gewidmet.

Zurzach, 3. Oktober 2003   Für die Herausgeber
Hans Rudolf Sennhauser

I Einleitung

Tenedo – Zurzach. Der Ortsname

HANS RUDOLF SENNHAUSER

Die geschichtsinteressierten Schweizer Humanisten wie Johannes Stumpf (1500–1578) in «Gemeiner loblicher Eydgnoschafft Stetten, Landen und Völckeren Chronick wirdiger thaaten beschreybung», Zürich 1547–1548, der Glarner Politiker, Rechtskundige und Geschichtsschreiber Aegidius Tschudi (1505–1572), der zweimal auch Landvogt in Baden war, und François Guilliman (gegen 1568–1612) aus Freiburg in seiner Geschichte der eidgenössischen Orte bis 1315 kennen für das römische Zurzach drei Namen: Forum Tiberii, Certiacum und Aquae durae (ad aquas duras).

Die Bezeichnung *Forum Tiberii* geht auf Ptolemaeus zurück, der in der Mitte des 2. Jahrhunderts berichtet, unter Kaiser Tiberius (14–37) sei in der Nordschweiz ein «forum» (Handelsplatz) gegründet worden, das den Namen des Kaisers trug.[1] Man hat dieses «forum» bis in die neuere Zeit hinein[2] mit Zurzach identifiziert, ohne zu bedenken, dass es nach den beigegebenen Längen- und Breitengraden südwestlich davon liegen muss.[3] Der Ort hat sich bis heute nicht eindeutig bestimmen lassen.[4] Ins Bewusstsein der «Geschichtsbeflissenen» eingegraben aber hat sich die Bezeichnung «Forum Tiberii» für Zurzach hauptsächlich durch die Überschrift auf der schönen und weit verbreiteten Vedute des Fleckens von Matthaeus Merian.[5] – *Certiacum* wird von den Humanisten als älterer Name für Zurzach gesehen oder als Name einer zweiten Siedlung neben dem Forum. Die Ortschaftsbezeichnung Certiacum oder Cerciacum (daraus abgeleitet: Zerzach oder Zurzach) ist aus der «ungereimten Annahme» (Ferdinand Keller) zu erklären, dass Certus, der Veteran aus der XIII. Legion, Gründer dieser Siedlung war, dessen Grabstein-Rest wohl seit der Erbauung der neuen Pfarrkirche im Jahre 1517 neben dem Portal eingelassen ist.[6]

---

[1] LIEB, Forum Tiberii, S. 107 f.
[2] BRONNER, Aargau, Bd. 1, S. 36 f.
[3] Vgl. STAEHELIN, Schweiz, S. 166 f.
[4] SCHWAB, Forum Tiberii, vermutet als Standort das «Niderhölzli» bei Gals, Kt. BE.
[5] MERIAN, Topographia Helvetiae, S. 58.
[6] Von weiteren fantasievollen Herleitungen des Ortsnamens berichtet ROCHHOLZ, Schweizersagen 2, S. 262: «Weniger gelehrte Leute haben seit alter Zeit behauptet, die Deutschen hätten jeden unbedeutendern Stadtbach Ach genannt, und da Zurzach auch an einem solchen liege, der da in den Rhein fliesst, so habe es Zur Ach geheissen. Der unmittelbar hinter der Stadt ansteigende Achenberg

Zurzacher Wappenkachel von Hans Heinrich III Pfau. Aus dem Rathaus. Schweizerisches Landesmuseum, Zürich.

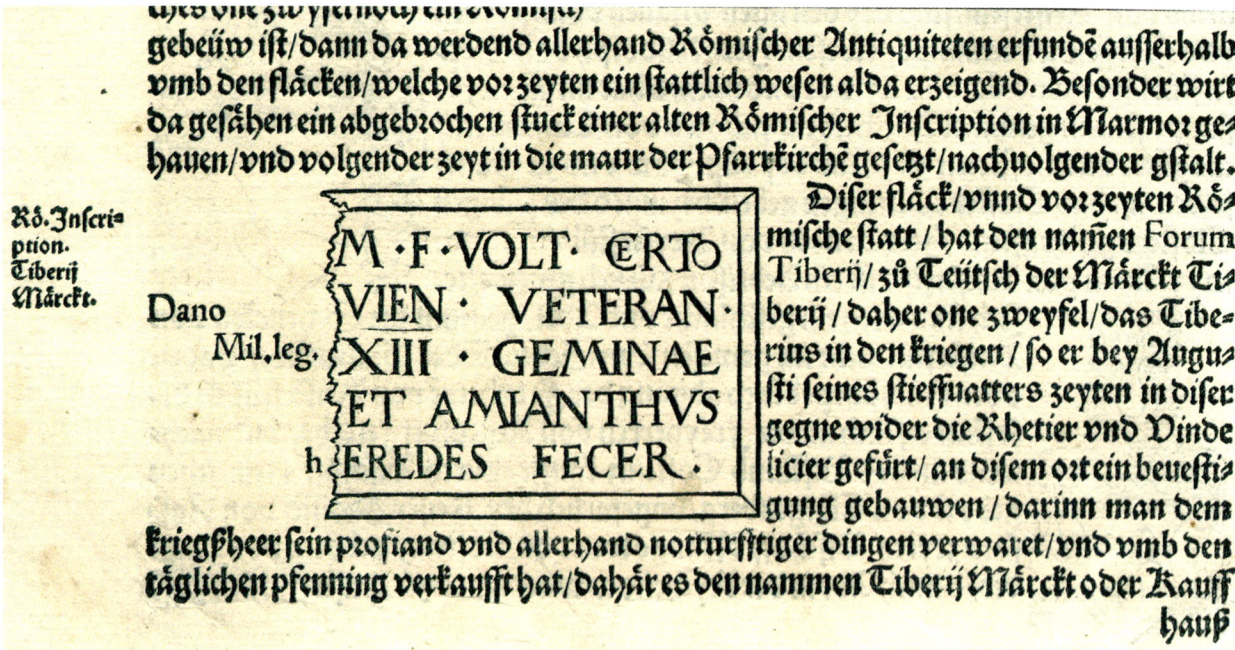

1 Der Certus-Stein in der Chronik von Johannes Stumpf 1547. Damals führte man den Namen Zurzach auf Certus (Cerciacum) zurück, der den Flecken nach der Zerstörung des «Forum Tiberii» durch die Alamannen wieder aufgebaut haben soll.

François Guilliman kennt in seinem 1598 erschienenen Werk[7] eine weitere Bezeichnung für den Ort: *Aquae durae.* Sie scheint mit dem Martyrologium Romanum, dem Römischen (= allgemeinen katholischen) Heiligenkalender, verbreitet worden zu sein.[8] Es dürfte sich dabei um einen ähnlichen Latinisierungsversuch des Ortsnamens Zurzach handeln wie bei den neueren und ebenfalls historisch nicht bezeugten gescheiten Philologenkonstruktionen «Torta aqua» (krummer Bach) und «Turt-acum»[9]. Ältere historische Belege für diese beiden Bezeichnungen sind jedoch nicht beizubringen.

Der Ortsname *Tenedo*[10] ist für das römische Zurzach im 4./5. Jahrhundert hingegen eindeutig belegt: Eine spätrömische Strassenkarte vermerkt auf dem Wege von Windisch (Vindonissa) nach Rottweil (Aris Flavis) «Tenedone VIII», das heisst: Von Vindonissa nach Tenedo sind es 8 gallische Leugen, also 8 mal etwa 2,2 km, was ungefähr der heutigen Wegstrecke von Windisch nach Zurzach entspricht. Die Karte ist in einer Kopie aus dem späten 12. Jahrhundert überliefert, die vom berühmten Humanisten Conrad Celtes (gestorben 1508 als Professor in Wien) in einem süddeutschen Kloster, vielleicht der Reichenau,[11] entdeckt und später dem ebenfalls bekannten Humanisten Konrad Peutinger (1465–1547), Stadtschreiber in Augsburg, hinterlassen wurde. Nach diesem ist sie benannt: die Peutingersche Tafel (tabula Peutingeriana).[12]

Der Name Tenedo verlor sich wohl schon bald in nachrömischer Zeit; dass es sich bei dieser Ortschaft um Zurzach handeln muss, hat erst die Erforschung der Karte in unserer Zeit wieder ergeben.[13]

Im 8./9. Jahrhundert heisst der Ort *Wrzacha,* wie der anonyme «Geograph von Ravenna» (1. Hälfte 9. Jh.?)[14] in seiner Weltbeschreibung vermerkt.[15] Aus «ze Wrzacha» («ze Urziacha») – am, im Ort Wrzacha – entstand, so vermutet man heute, durch Zusammenzug «Zurzach». Die Herkunft des Ortsnamens ist nicht geklärt. Beat Zehnder[16] nimmt an, dass es sich um einen gallo-romanischen «-acum»-Namen in Verbindung mit dem Personennamen «Ortius» handeln könnte: «ein dem Ortius gehörendes Landgut» (Ortiacum). Wilhelm Bruckner[17] hatte «Tortiacus» oder «Torciacus» vorgeschlagen. Verwandte Bildungen wären dann Herznach (Artiniacum), Mandach, Rüfenach, Schinznach und einige Orte mit der Kurzform «-en» (für «-acum»): Kaisten, Künten. Ob die Bezeichnung Tenedo noch eine Zeit lang neben dem neuen Namen weiterlebte, wissen wir nicht.

Vor einer Generation wurde eine andere Ableitung vorgebracht.[18] Fritz Wernli vertrat 1977 die Ansicht, nicht vom romanischen «-acum» sei der Name abzuleiten, sondern vom althochdeutschen «-aha», «Wasser», mit dem auch der Flussname Aa (zum Beispiel die Engelberger Aa) und die Fluss-Aue zusammenhängen.[19] Vorgermanische Namen hätten die Kluft zwischen Römerzeit und Frühmittelalter nicht überdauert, an Kontinuität im Sinne eines unmittelbaren Anknüpfens oder gar an ein direktes Weiterleben sei nicht zu denken. Er stützt sich dabei auf

2 In der «Tabula Peutingeriana», einer spätantiken Strassenkarte des Römischen Reiches, wird der Ortsname «Tenedo» überliefert (Ausschnitt).

Autoritäten wie den Archäologen Emil Vogt (1906–1974), der sich folgendermassen äusserte: «Römische Ruinen sind bei uns in den allermeisten Fällen um Jahrhunderte älter als die darauf liegenden Kirchenreste mittelalterlicher Zeit. Viele dieser römischen Ruinen stammen von Villen, die bereits im 3. Jahrhundert den Alamannen zum Opfer fielen.»[20]

Die Diskussion um die Kontinuität ist während des ganzen 20. Jahrhunderts geführt worden, und generell sind die Fragen auch heute nicht zu beantworten. Inzwischen können sie aber aufgrund einer neuen ergiebigen Quellengattung individueller und differenzierter angegangen werden: Die archäologischen Funde haben vielerorts, auch in Zurzach, zu einer entschiedeneren Neubeurteilung der Fragen verholfen. Die Kirchengrabungen Kirchlibuck (1954) und Verenamünster (1975) haben die Zweifel beseitigt: An beiden Stellen bezeugen Kirchen eine ununterbrochene Fortdauer christlichen Lebens seit dem 5. Jahrhundert. Die Ableitung des Ortsnamens Zurzach von einem romanischen Personennamen kann heute damit nicht mehr mit dem Hinweis auf einen sicheren Unterbruch abgelehnt werden.

Halten wir aber fest:
Für die römische Zeit historisch bezeugt und unzweifelhaft mit Zurzach zu verbinden ist einzig der Name Tenedo, der wohl schon keltischen, also vorrömischen Ursprungs ist.[21]

habe eben daher seinen Namen. Aber auch dies lassen die Curiositätenkrämer nicht gelten und wollen ihn lieber von den Seufzern und Flüchen der Fuhrleute so getauft sein lassen, die über diesen unwegsamen Berg zur Zurzacher-Messe fahren müssen.»

[7] FRANÇOIS GUILLIMANN, De rebus Helvetiorum sive antiquitatum libri V, Freiburg 1598.
[8] KELLER, Ansiedelungen, S. 302 ff.
[9] ZEHNDER, Gemeindenamen, S. 493.
[10] Betonung auf der ersten Silbe.
[11] LIEB, Tabula Peutingeriana, S. 31 ff.
[12] Tabula Peutingeriana, Faksimile.
[13] Grundlegend: MILLER, Itineraria Romana, Sp. 261 f. Vorher: CHRISTOPH FRIEDRICH VON STÄLIN, Geschichte von Wirtemberg Bd. 1, Stuttgart 1841, S. 102.
[14] M. KRATOCHWILL, in: LMA IV, 1989, Sp. 1270 f. – F. STAAB, Geograph von Ravenna, in: RGA Bd. 11, 1998, S. 102–109.
[15] Itineraria Romana 2: Ravennatis Anonymi cosmographia et Guidonis geographica, ed. JOSEPH SCHNETZ (Ed. stereotypa, ed. primae 1940), Stuttgart 1990, S. 61. – ZEHNDER, Gemeindenamen, S. 492.
[16] ZEHNDER, Gemeindenamen, S. 491.
[17] WILHELM BRUCKNER, Die Bedeutung der Ortsnamen für die Erkenntnis alter Sprach- und Siedlungsgrenzen in der Westschweiz, in: Vox Romanica 1, 1936, S. 235–263, hier 246, Anm. 1.
[18] Adolf Bach verweist auf das althochdeutsche Wurc, Wurz («Gewürz-, Kräuter-, Grasreicher Platz», in: BACH, Namenkunde II, 1: S. 38, 55; II, 2: S. 64).
[19] «Die Gemeinden mit einem -aha-Namen befinden sich an Flüssen im aargauischen Süden», sagt ZEHNDER, Gemeindenamen, S. 523, die -acum-Namen finden sich um den Bözberg, an Rhein, Wyna und Reuss, ib., S. 520.
[20] FRITZ WERNLI, Die Frage der Kontinuität vom Altertum ins Mittelalter und die -aha-Namen in der deutschsprachigen Schweiz und in andern der Sprachgrenze nahen Gebieten. Geschichtsforschung und Namenforschung im Zusammenhang, Degersheim 1977 (Studien zur mittelalterlichen Verfassungsgeschichte, VIII), S. 1 ff. und S. 40–42.
[21] Vgl. STAEHELIN, Schweiz, S. 167, Anm. 1 und die dort zitierte Stellungnahme des Keltisten Kuno Meyer. – ALFRED HOLDER, Alt-Celtischer Sprachschatz Bd. 2, Leipzig 1904, Sp. 1794.

Zurzacher Wappen

Hans Rudolf Sennhauser

Die Wappen des Fleckens und des Bezirks

Wappen von Ortschaften begegnen zumeist erstmals auf Siegeln, wo von alters her Bild (Wappen) und Text (Umschrift) gemeinsam Rechtskraft bezeugen. Siegelbild und Ortswappen sind allerdings nicht immer identisch. Im Gegensatz zu den meisten Ortschaften des Bezirks, die zum Teil erst im 20. Jahrhundert ein Wappen wählten, hatten Klingnau (1277 belegt), Waldshut (1238)[1] und Kaiserstuhl (1385 belegt) schon früh eigene Stadtsiegel und Wappen. Der Flecken Zurzach besass 1430 und auch 1558 noch kein eigenes Siegel, sondern bat die Stadt Klingnau, im zweiten Fall den bischöflichen Vogt in Klingnau, Zurzacher Urkunden zu siegeln.

Das bisher älteste bekannte Zurzacher Wappen ist im «Zirckell der Eidtgnoschaft» des Baslers Andreas Ryff 1597 dargestellt.[2] Es zeigt auf einem mit Rankenornamenten damaszierten weissen Grund ein geschwungenes lateinisches «Z». Hermann J. Welti vermutet aufgrund der Form, dass auch das älteste Zurzacher Wappensiegel, welches 1612 und 1670 benützt wurde,[3] schon vor 1590 entstanden ist. Darauf ist das «Z» in der gotischen Form – als «3» mit geradem oberem Balken – gegeben. Das gleichzeitige Auftreten der beiden Z-Formen beweist, dass zu

1 Zurzacher Wappen mit lateinischem «Z» bei Andreas Ryff, 1597. Musée historique de Mulhouse.

---

[1] HUBER, Urkunden, S. 20.
[2] Ms. Musée historique de Mulhouse, fol. 177v.
[3] WELTI, Gemeindewappen, S. 8.

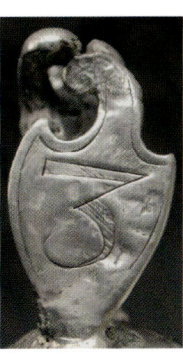

2 Zurzacher Wappen (schraffiertes «Z» auf glattem silberglänzendem Grund) auf dem Zurzacher Weibelstab um 1630. Museum Höfli.

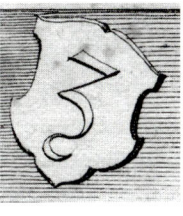

3 Wappen auf der Merian-Vedute 1654. Geschwänztes gotisches «Z».

4 Zurzacher Wappen im gesprengten Portalgiebel des alten Rathauses.

5 Siegel mit der Umschrift «GEMEIND RATH ZURZACH» und lateinischem «Z» auf einem Vertrag von 1850. Das Wappen ist vertikal zweigeteilt von Grün (Schrägschraffur) und Weiss.

6 Z-Formen, von links nach rechts:
Andreas Ryff 1597
Ältestes Siegel 1612
Weibelstab um 1630
Merian-Vedute 1654
Rathausportal 1778.

7 Offizielle Wappen des Bezirks (links) und der Gemeinde Zurzach (rechts).

8 Wappen von «Ziliung» (Chillon) bei Andreas Ryff 1597. Musée historique de Mulhouse.

9 Das Wappen der Familie von Zurzach als Zurzacher Wappen auf der Grossen Landtafel von 1664/1667 des Hans Conrad Gyger und auf der hier abgebildeten Folgekarte (nach 1702) beruht wohl auf Verwechslung. Der Flecken wird charakterisiert durch zwei Strassenzüge, offenbar Hauptstrasse mit Bach und Schwertgasse. Die zweitürmige Kirche entspricht einem allgemeinen Schema.

jener Zeit nur der Buchstabe, nicht seine Schreibweise wichtig war. Offenbar bildete der weisse Grund damals die Regel. Ein gotisches «Z» auf weissem Grund zeigt wenig später (1654) auch das Wappen auf der Vedute von Matthaeus Merian.

Seit dem 18. Jahrhundert ist das Wappenschild gelegentlich senkrecht gespalten, und seit dem letzten Jahrhundertviertel tritt das «Z» häufiger in der lateinischen Form auf. Ob mit der Spaltung des Schildes die konfessionelle Parität ausgedrückt werden sollte, was Hermann J. Welti für möglich hielt, lässt sich nicht entscheiden.

Auf einer Wappenkachel (Ofenaufsatz) von Hans Heinrich III Pfau in Winterthur ist 1702 die heraldisch linke, vom Betrachter aus gesehen die rechte, Seite des Wappens in Grün gehalten (Abb. S. 2). Seit der Helvetik traten die «Revolutionsfarbe» Grün und das «Z» in Gelb (Gold) auf.

So beschreibt Walther Merz das Gemeindewappen noch 1913. 1811 hat der Gemeinderat von Zurzach ein Siegel geführt, das auf ungeteiltem Schild ein «Z» in lateinischer Kurrentschrift und darüber einen Freiheitshut zeigt.

Josef M. Welti hat 1930 darauf hingewiesen, dass Gelb auf Weiss (Gold auf Silber, also Metall auf Metall) den heraldischen Regeln widerspricht, und geraten, das «Z» in Schwarz zu halten oder noch lieber: zum alten Wappen mit dem schwarzen «Z» auf Weiss (Silber) zurückzukehren, wie es sich u. a. auf dem prächtigen Stich von Matthaeus Merian findet. Auf den Rat Hermann J. Weltis, der auch als Heraldiker grosses Ansehen genoss, wurde von der kantonalen Wappenkommission unter dem Präsidium von Staatsarchivar Nold Halder das Zurzacher Gemeindewappen folgendermassen definiert: in Silber ein schwarzer gotischer Buchstabe «Z» in der Form des ältesten Gemeindesiegels.

Johann Heinrich Zedler schreibt 1750 in seinem «Grossen Universal-Lexikon aller Wissenschaften und Künste, welche bishero durch menschlichen Verstand und Witz erfunden worden»[4]: «Im Wappen führt Zurzach den Buchstaben Z nach der alten Schreibart vom Silber im blauen Felde.» Wortgleich beschrieb ein Jahr zuvor Antoine-Augustin Bruzen de La Martinière das Wappen.[5] Die ansprechende Tinktur Silber auf Blau kommt sonst nicht vor.

Nach dem Vorschlag von Hermann J. Welti wird heute als Bezirkswappen das jüngere Zurzacher Wappen mit dem von Grün und Weiss gespaltenen Schild, aber mit dem gotischen 3 geführt.[6]

Wappen adeliger Familien im mittelalterlichen Zurzach

Nach Zurzach nannte sich eine adelige Familie, die seit 1175 (H. de Zurzach) in Urkunden belegt ist. 1242 und 1253 wird ein magister Hainricus de Zurza (Zurzach) genannt, 1248 ein Berchtold erwähnt und 1253–1267 ein Johanniter in Klingnau mit dem Namen Konrad von Zurzach. Seit 1256 sind Mitglieder der Familie als Bürger von Schaffhausen bezeugt, ein magister H. (Heinrich) de Urza et frater ipsius Ulricus (und sein Bruder Ulrich). Vielleicht sind es die Brüder Heinrich und Ulrich, die der Bischof von Konstanz 1297 als seine Ministerialen bezeichnete. Ministerialen, Dienstmannen, des Bischofs stellte die Familie wohl auch in Zurzach. Sie mag Vorgängerin der Mandach auf dem späteren Schlössli Mandach gewesen sein und als Einnehmerin des bischöflichen Brückenzolles gedient haben. In Schaffhausen galt sie später als «fürnemer gueter adel allhie». In der zweiten Hälfte des 14. Jahrhunderts ist sie ausgestorben. Ihr Wappen zeigte auf gelbem Grund einen blauen Löwenrumpf mit roter Zunge. Der blaue Löwenrumpf mit gelbem Rückenkamm erschien auch als Helmzier.[7]

Die Mandach waren Dienstleute der Grafen von Froburg, der Freiherren von Regensberg und des Bischofs von Konstanz. 1218 wird erstmals ein Ritter de Mandacho genannt. In Regensberg, wohin sich die Familie von ihrem ursprünglichen Sitz Mandach im Bezirk Brugg schon früh begab, bewohnte sie einen Turm «Mandach» neben dem Städtchen. 1320 erhielten die Mandach vom Zurzacher Stift das Lehen Sidelen, das fortan nach ihnen benannt wurde. Später ging die Familie nach Schaffhausen und Rheinau, und ein Zweig liess sich in Zürich nieder. Das Wappen ist geteilt von Rot mit Mohrenkopf und Schwarz, die Helmzier zeigt einen rotbekleideten Mohrenrumpf. Verschiedene Varianten treten auf.[8]

10 Wappen der Herren von Zurzach nach der Zürcher Wappenrolle. Ergänzt von W. Merz und A. Hidber.

11 Wappen der Familie von Zurzach nach Stumpf 1547.

12 Wappen der Familie Mandach nach der Zürcher Wappenrolle.

---

[4] 68 Bände, Halle und Leipzig 1732–1754, Bd. 64, 1750, Art. «Zurzach», Sp. 487–495, hier Sp. 495.

[5] Bruzen de la Martinière, Art. «Zurzach», in: Historisch-Politisch-Geographischer Atlas der ganzen Welt; Oder grosses und vollständiges Geographisch – und Kritisches Lexicon. Darinnen die Beschreibung des Erd-Kreises, aller Monarchien, Kayserthümer, Königreiche, Chur- und Fürstenthümer, etc., 12. Theil, Leipzig 1749, Sp. 1795 f., hier 1796.

[6] Welti, Gemeindewappen, S. 3.

[7] In der ältesten Darstellung auf der Zürcher Wappenrolle gleicht der Löwenkopf eher dem eines Hundes oder Wolfes, und als solcher wird er auch bei Rüeger, Chronik, geschildert. Stumpf, Chronik, gibt eindeutig einen Löwenkopf wieder.

[8] Merz, Hegi, Wappenrolle, Nr. 308, S. 121, und Nr. 99, S. 49, Nr. 534, S. 198.

Zurzacher Bürger

Hans Rudolf Sennhauser[1]

Es gibt in der Schweiz Einwohner, Gemeinde- und Ortsbürger, und jeder Schweizer ist Gemeinde-, Kantons- und Schweizerbürger. Im Ausland wird dagegen weder nach Kantonszugehörigkeit noch nach Heimat- und Bürgerort, sondern nur nach dem Geburtsort gefragt.

Zurzach hat gegenwärtig 3977 Einwohner. Davon sind 1191 Ausländer, das sind ca. 30 Prozent. 1959 waren es ungefähr zehn Prozent. Zurzacher Gemeindebürger sind 175, Ortsbürger 90 Personen.[2]

Die Einwohnergemeinde umfasst die gesamte Einwohnerschaft, Einheimische und Fremde. Alle in der Gemeinde wohnhaften Stimmberechtigten bilden die Gemeindeversammlung.[3] Sie erteilt das Gemeindebürgerrecht. Gemeindebürger muss sein, wer Ortsbürger werden möchte.[4] Das Ortsbürgerrecht wird von der Ortsbürgerschaft erteilt. «Die Ortsbürgergemeindeversammlung wird durch alle in der betreffenden Einwohnergemeinde wohnhaften stimmberechtigten Ortsbürger gebildet», sagt das Gesetz über die Ortsbürgergemeinden vom 19. Dezember 1978.

Unsere mehrschichtigen Bürgerrechte sind aus der Geschichte zu verstehen. Die helvetische Republik (1798–1803) hatte ein einheitliches helvetisches Bürgerrecht geschaffen. In den neu gegründeten Kantonen waren alle Bürger vor dem Gesetze gleich. Einige Errungenschaften der Helvetik fielen mit den politischen Änderungen der Folgezeit wieder weg, wesentliche setzten sich im Verlaufe des 19. Jahrhunderts aber doch in dieser oder jener Form allmählich durch. Die Gleichstellung der Juden zum Beispiel, schon bald wieder aufgegeben, ist im Kanton dann doch 1863 eingeführt worden.
Die «Munizipalität» nahm während der Helvetik die heutige «Gemeinde» voraus; eine «Generalversammlung aller aktiven Bürger» war Vorläuferin der heutigen Gemeindeversammlung. Das neue allgemeine Bürgerrecht bedeutete anderseits nicht zugleich Einsetzung aller Bürger in

---

[1] Mit Textpassagen von Franz Keller-Spuler, Walter Leimgruber und Felix Müller.
[2] Zahlen am Jahresende 2002.
[3] Gesetz über die Einwohnergemeinden (Gemeindegesetz) vom 19. Dezember 1978.
[4] Gesetz über das Bürgerrecht vom 29. Oktober 1940.

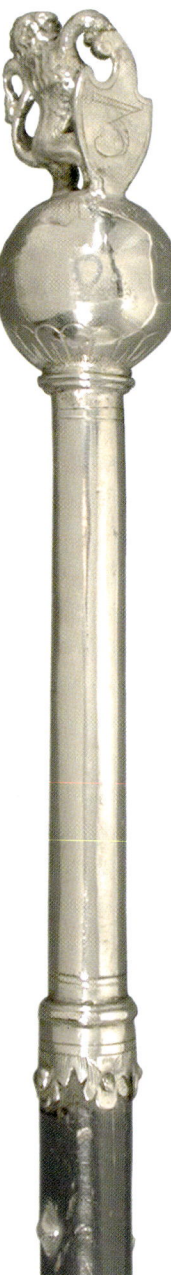

1 Bekrönung des Zurzacher Weibelstabs, geschaffen vom Zürcher Goldschmied Johann Heinrich Müller (1589–1651), um 1630. Museum Höfli, Zurzach, Foto A. Hidber.

die Besitzrechte der bisher Anteilberechtigten am Gemeingut, dessen Verwaltung einer eigenen Behörde oblag. Die so entstandene Trennung von neu geschaffener politischer Gemeinde und der selbstständigen (Orts-)Bürgergemeinde, in der die alte, vorrevolutionäre Ordnung weiterlebt, gibt es bis auf den heutigen Tag.

Ortsbürgerschaft, Gemeingut und Armenwesen waren seit der Helvetik und bis 1936 eng miteinander verbunden. War es vordem in erster Linie die Kirche, die sich der Armen annahm, so überbanden die Verfassungen seit der Helvetik das Armenwesen prinzipiell den Ortsbürgern. Kapitel II der Mediationsakte von 1803 enthält folgende Paragraphen: «Wenn man nicht Ortsbürger von einer Gemeinde des Kantons ist, muss man ferner an das Armengut seines Wohnorts jährlich eine Summe entrichten, die das Gesetz nach Massgabe des Vermögens der Gemeinde bestimmen wird [...] Vermittelst der jährlich an das Armengut zu entrichtenden Summe oder der Erlegung des Kapitales dieser Summe wird man Anteilhaber am Gemeingute und hat Anspruch auf die den Ortsbürgern gebührende Unterstützung.» Das erste Armengesetz von 1804 verpflichtete die Gemeinde ausdrücklich, für die armen Bürger zu sorgen, sei es aus dem Armengut oder aus Steuern. Meist reichte das Armengut nicht aus. Schon bald wurden die Erträge verschiedener Taxen und Abgaben dem Armenfonds überwiesen; 1804 waren es fünf Prozent der Zehntloskaufsummen, die Taxen der von den Bezirksämtern ausgestellten Niederlassungsbewilligungen, der staatliche Anteil der Bussgelder, Weibereinzugsgelder (Einkaufssumme für einheiratende auswärtige Frauen). Die sprichwörtliche Zurückhaltung vieler Gemeinden – zum Beispiel Zurzachs – in Bezug auf die Aufnahme neuer Bürger erklärt sich in der neueren Zeit zum Teil aus den Auflagen des Armengesetzes. Jahrelang liefen später die Bemühungen um die Einbürgerung der Ewigen Einsassen[5] und anderer Einwohner ohne Bürgerrecht, die durch ein Gesetz vom 1. September 1847 geregelt wurde. Vorausgegangen waren anhaltende Diskussionen über die Beteiligung der Neubürger am Gemeingut, in deren Verlauf die Ortsbürgerschaft definiert wurde: Das Gemeindeorganisationsgesetz vom Jahre 1841 ermöglichte mit der Vermögensausscheidung eine saubere Trennung von Einwohner- und Ortsbürgergemeinde. Diese ist «der Verein der Anteilhaber eines Gemeinde- oder Armengutes, welche die gegenseitige Verpflichtung der Armenunterstützung auf sich haben».[6] Es sind heute die Familien, «die 1841 in der Gemeinde ansässig waren oder seither das Ortsbürgerrecht erworben haben».[7]

Seit dem Gesetz über die Armenfürsorge vom 12. März 1936 ist das Armenwesen nicht mehr Sache der Ortsbürger, sondern der Einwohnergemeinden. Die Aufnahme von Neubürgern wurde nun bald problematisch, weil die Einkaufssumme auf Schul- und Armengut der Einwohnergemeinde verteilt, der Neubürger aber Teilhaber am Ortsbürgergut wurde. Deshalb sah das Gesetz über das Bürgerrecht vom 29. Oktober 1940 eine Zweiteilung des Bürgerrechts in Einwohner- und Ortsbürgerrecht vor: «Das Gemeindebürgerrecht verleiht dem Bürger das Heimatrecht in der betreffenden Gemeinde. Das Heimatrecht umfasst den Anspruch auf Aufenthalte und Unterstützung im Sinne des Armengesetzes. Das Ortsbürgerrecht gewährt dem Berechtigten Anspruch auf Teilnahme an der Verwaltung und Nutzung des Ortsbürgergutes».[8] Das Gesetz wurde bei einer Stimmbeteiligung von 75 Prozent mit 28'546 gegen 20'093 Stimmen angenommen. Nach der Verfassung des Kantons Aargau[9] können sich Ortsbürgergemeinden «mit den entsprechenden Einwohnergemeinden vereinigen, wenn beide Gemeinden es beschliessen».

Den Ortsbürgern[10] verblieben ab 1936 keine staatlichen respektive hoheitlichen Aufgaben mehr, sie wurden zu Besitzergenossenschaften.

Die «Ortsgemeinden sind Unterabteilungen von Einwohnergemeinden mit eigenen Aufgaben und eigener Rechtspersönlichkeit».[11] Die Ortsbürger erhalten und verwalten nach dem Gesetz ihr Vermögen. «Sofern ihre Mittel, vor allem der Ertrag ihres Vermögens, ausreichen», fördern sie das kulturelle Leben und unterstützen kulturelle und soziale Werke. Sie helfen der Einwohnergemeinde bei der Erfüllung ihrer Aufgaben und übernehmen solche aus eigenen Stücken.[12]

Die Ortsbürgergemeinde[13] Zurzach ist noch heute die grösste lokale Grundbesitzerin. Von den 656 Hektaren Gemeindebann sind 284 Hektaren in ihrem Besitz. Zur Hauptsache ist es der Wald, der vom Rappenschnabel über den Achenberg zum Grüt und bis zum äussern Bach reicht. Privatwaldbesitzer gibt es in Zurzach fast keine.[14] Beim Kulturland fällt die grosse Ortsbürgerparzelle beim Zollhaus in der Barz ins Gewicht. Innerhalb der Bauzone besitzen die Ortsbürger unter anderem eine Parzelle im Kurpark, eine andere am Schützenweg. Schon fast als Kuriosität kann gelten, dass das Pontonierfahrhaus auf Ortsbürgerland steht und auch die Promenade in Ortsbürgerbesitz ist.

Ein Blick zurück ins Mittelalter und auf die vorrevolutionären Verhältnisse: Die Bürger, ursprünglich Burger, Burgbewohner – so hiessen mit dem Aufkommen der Städte seit dem 11. Jahrhundert die Stadtbewohner. Sie organisierten sich, wie später die Dorfbewohner, nach innen und gegen aussen in einer Gemeinde.

Anfänglich waren Zuzüger willkommen, und es genügte, ein Haus oder einen Hausanteil in der Stadt zu haben, um als Bürger zu gelten. Als sich die Städte mit Bürgern und Häusern füllten, die Hausparzellen in der Stadt und das Nutzland um die Stadt herum enger und rarer wurden und als sich die Städter der Stadtherrschaft entledigt hatten und ihr Selbstbewusstsein gewachsen war, vermehrten sie den Kreis der Bürger nicht mehr so leicht. Neuankömmlinge wurden meistens nicht ohne weiteres als Bürger zugelassen, sondern bekamen den Status von «Insassen», Hintersassen, ohne politisches Mitspracherecht oder mit weniger politischen Rechten.

1479 spricht eine Verkaufsurkunde von Zurzach von «burgern und insässen», die das Wathaus (Gewandhaus) an die Witwe Adelheid Specht verkauften.[15] Die Hintersassen waren also (in diesem Fall) am Verkauf von Gemeindeeigentum beteiligt. Seit etwa 1500 nahm – als Folge des Bevölkerungswachstums – allenthalben die Angst um den Lebensunterhalt zu; Städte und Dorfgemeinden begannen sich abzuschliessen und so die Konkurrenz in Handel, Gewerbe und Landwirtschaft zu begrenzen.[16] 1501 bewilligte die Tagsatzung den Zurzachern, ein Einzugsgeld (Niederlassungsbewilligung) von vier Pfund Heller zu erheben, in der Hoffnung, sie würden dadurch «liederliche, hergelaufene und unbekannte Leute» wieder loswerden.[17] 1546 beklagten sich die Zurzacher vor der Tagsatzung, eingeheiratete «frömd, usslendisch lüth» seien in so grosser Zahl im Flecken, dass es «für die arme Gemeinde nicht mehr zu ertragen sei». Einheirat solle nicht mehr das Bürgerrecht verschaffen, im Gegenteil, Zurzacherinnen, die einen Auswärtigen heiraten, sollten ihr Bürgerrecht verlieren. Fremde müssten sich einkaufen, und Zurzach müsse sie nicht in jedem Fall aufnehmen. Die Tagsatzung bewilligte das Begehren.[18] 1624 lehnte die Gemeinde zum Beispiel das Einbürgerungsgesuch des Wirts Hans Stapfer zum Rebstock ab. Als Begründung führte sie an, sie sei mit neuen Bürgern «übersetzt» und dadurch in der Nutzung von Wald und Feld beeinträchtigt.[19] 1608 wird den Hintersassen untersagt, ihr Vieh auf die Allmend zu treiben.[20] 1621: Kaufen Hintersassen «so nit burger sind oder frömbde, usslendische Personen» in Zurzach Güter oder Häuser, so kann jeder Zurzacher Bürger noch ein Jahr lang vom Zugrecht (Vorkaufsrecht)

2 Ältestes Siegel der Gemeinde Zurzach auf einem Brief von 1612. Staatsarchiv Aarau, Foto A. Hidber.

Gebrauch machen.[21] Dieses Zugrecht bestand seit 1546, 1621 aber wurde die Frist von einem Jahr festgesetzt. 1649: Besitzt jemand ein Doppelbürgerrecht, so verfällt das nicht beanspruchte innert zehn Jahren.[22] 1662: Heirat mit einer vermögenslosen Fremden zieht den Verlust des Bürgerrechtes nach sich.[23]

Keine[24] auswärtige Tochter, die nicht mindestens 150 Gulden besass, sollte sich in den Flecken verheiraten dürfen. Ab 1745 mussten zudem 20 Gulden an die Gemeindekasse bezahlt werden. 10 Gulden flossen in die Gemeindekasse. Die anderen 10 kamen dem Spitalamte zugute, damit den Hausarmen geholfen und den bedürftigen Bürgerkindern eine Handwerkslehre ermöglicht werde.[25] Auch Zurzacher, die wegzogen, unterlagen strengen Bestimmungen, wenn sie Bürger bleiben wollten. Sie mussten Steuern und Dienste leisten.[26] 1709 beschloss die Jahrgemeinde, dass auswärts wohnende Bürger jährlich 6 Batzen abzuliefern hatten. Meldeten sie sich nicht innerhalb von 5 Jahren, sollte ihnen das Bürgerrecht abgeschlagen werden.[27]

---

[5] Ewige Einsassen: Im vormals österreichischen Fricktal gab es kein Gemeinde-, sondern nur ein allgemeines Bürgerrecht. Als das Fricktal an den Aargau überging, schuf man Gemeindebürgerrechte für die Ansässigen. Spätere Zurückkehrer wollte man nicht am Gemeingut teilhaben lassen. Sie wurden zu Ewigen Einsassen.

[6] Gesetz über die Organisation der Gemeinden und Gemeinderäte vom 26. November 1841.

[7] SCHIBLI, GEISSMANN, WEBER, Aargau, S. 157.

[8] LEBER, Ortsbürgergemeinden, S. 18.

[9] Verfassung des Kantons Aargau vom 25. Juni 1980, § 105, Abs. 2.
[10] Satz formuliert von Felix Müller.
[11] 150 Jahre Kanton Aargau, S. 24.
[12] Gesetz über die Ortsbürgergemeinden vom 19. Dezember 1978.
[13] Absatz verfasst von Franz Keller.
[14] «Von der gesamten Waldoberfläche des Kantons Aargau, im Halte von 47'000 Hektaren, gehören den Bürgergemeinden 35'000 Hektaren, dem Staate 3'000 und den Privaten 9'000 Hektaren.» LEBER, Ortsbürgergemeinden, S. 31.
[15] SRQ II/5, S. 24.
[16] Felix Müller unter Berufung auf HANS CONRAD PEYER, Die Anfänge der schweizerischen Aristokratien, in: DERS., Könige, Stadt und Kapital, Zürich 1982, S. 195–218.
[17] SRQ II/5, S. 72 f.
[18] SRQ II/5, S. 99–101.
[19] SRQ II/5, S. 152–154.
[20] SRQ II/5, S. 143–145.
[21] SRQ II/5, S. 149–152.
[22] SRQ II/5, S. 158–161.
[23] SRQ II/5, S. 181–183.
[24] Absatz verfasst von Walter Leimgruber.
[25] SRQ II/5, S. 207 f.
[26] WELTI, Bürgerrecht.
[27] Vgl. zum Abzug z. B.: StAAG Nr. 2775, Kanzleiarchiv Baden I. Alluvionen und Neugrüt 1588–1782, II. Ab- und Einzüge 1614–1782; Nr. 2775/II. Bündel 3: [fol. 67], 1759; Nr. 2775/II. Bündel 4: [fol. 88], 1739; [fol. 89], 1761.

Zurzach – Lage, Dorfbild und historische Bauten

Hans Rudolf Sennhauser

...
's isch schön i eusem Flecken-inn.
's brucht eine nüt, als grad feuf Sinn,
Bis dass ers würkli dänn au gseht.
Und vill Zurzacher merkeds ned.
(Walter Fischer, 1946)

Strasse, Flussläufe und Flussübergänge bedingen die *Lage* des Fleckens.
Von alters her, wohl schon seit vorrömischer Zeit, führte eine Strasse durchs Aaretal an den Rhein und nach Süddeutschland. Durch das Jurator bei Windisch erreichte sie das untere Aaretal, das bis in die Neuzeit hinein sumpfig und für Waren- und Schwerverkehr nicht benützbar war. Die Ausweichroute von Döttingen aus übers Sennenloch und den Zurziberg[1] war zwar beschwerlich, führte aber geradewegs zum Rhein, wo er oberhalb Koblenz zum ersten Mal ohne Schnellen und Steilufer überquert werden konnte. Auf der Terrasse über dem Rheinufer hatten die Römer an dieser Strasse ein erstes Lager errichtet, neben dem ein ziviler «vicus» (Dorf) entstand. Bergwärts, zu beiden Seiten der Strasse, die über den Zurzacherberg an die Aare und ins Mittelland tendierte, lagen nach römischer Sitte die Gräber der Toten aus der Siedlung.
Einige Jahrhunderte später ist diese Strasse durch einen Neubeginn, der am Grabe Verenas anknüpfte, zur Achse des mittelalterlichen und neuzeitlichen Zurzach geworden. Sie beherrscht mit ihrer eindrücklichen Breite noch heute das Dorfbild. Auf dem römischen Begräbnisplatz an der Strasse entstand der Flecken, und der Bach, der vom Berg her ursprünglich an der Strassenflanke zum Rhein floss, wurde zum offenen Dorfbach; erst in den 1870er-Jahren ist er im Unterflecken und in den 80er-Jahren im Oberflecken eingedohlt worden. Das Trassee der heutigen Hauptstrasse liegt einen bis zwei Meter höher als jenes der Landstrasse in römischer Zeit, und nur noch am oberen und am unteren Rand des Fleckens verläuft die Strasse genau auf der alten Flucht, während sie um die Kirchen herum schon früh gegen Westen hinausgedrängt worden ist.
Im rechten Winkel setzt an die alte Zurzibergstrasse beim Rathaus die Schwertgasse an, die früher Untere Gasse (1747), Reichsstrasse (1769), Judengasse (1785) oder

---
[1] Vgl. Hidber, Römische Strasse. – Heuberger, Strasse, S. 329.

1 «Übersichtskarte der vorhandenen und neu projectirten Brunnenwasserleitungen für Zurzach». Plan von Baumeister Hans Jakob Schmid, Zurzach 1842. Gemeindearchiv Zurzach.

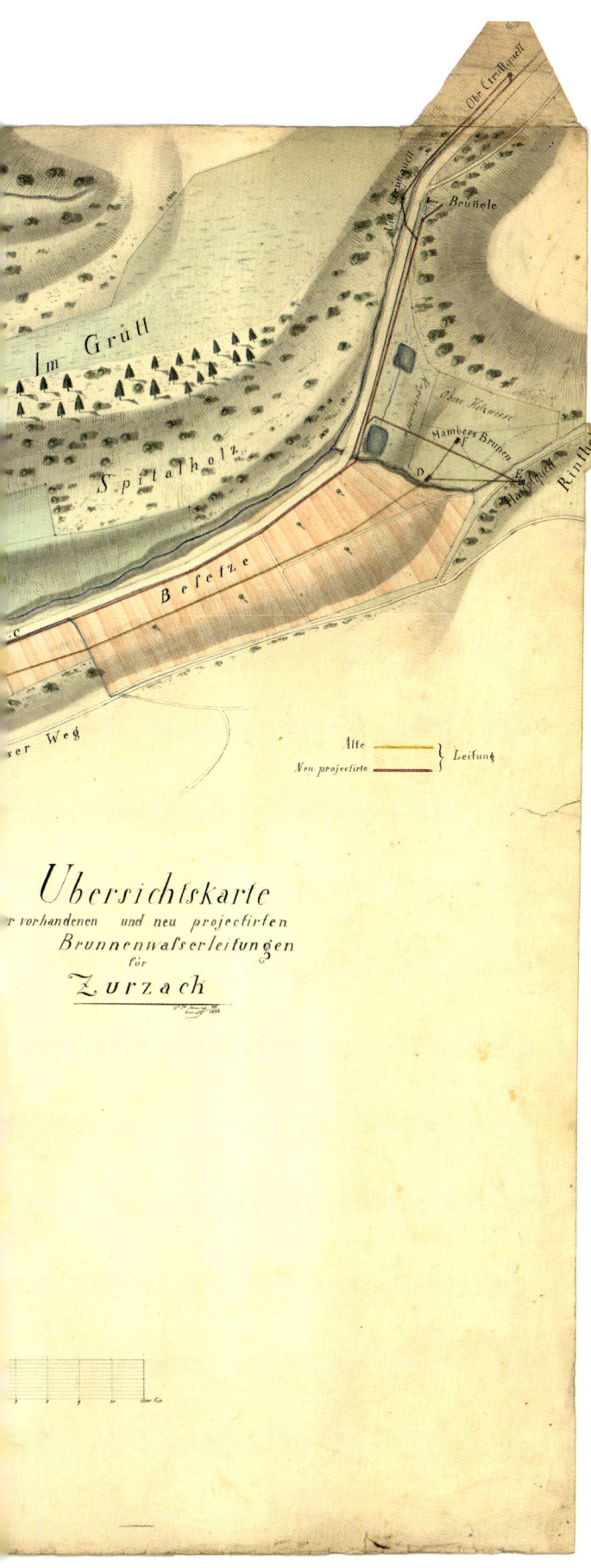

Kaufhausgasse (1837) genannt wurde. Sie ist die alte Verbindungsstrasse zum Burg-Quartier, dem alten Hafen-Vorort des Messefleckens, und muss schon in römischer Zeit, wenn auch vielleicht etwas weiter nördlich, vielleicht unter dem Bahntrassee, eine Vorgängerin besessen haben.[2] Während der Messezeit wurden die auf dem Schiff nach Zurzach gefahrenen Waren bei der Lände, beim ehemaligen Wirtshaus «Anker», auf Wagen verladen und auf dieser Strasse zum Markt im Flecken gefahren. Seit 1811 wird das gerade Strassenstück auf der Ebene zwischen reformierter Kirche und «Glockenstich» von der «Allee» begleitet, deren andere Bezeichnung «Promenade» den ursprünglichen Sinn der von Schatten spendenden Baumreihen begleiteten breiten Spazierstrasse enthüllt. Solche baumbestandene Wege, Parkanlagen, Plätze, die ein «Lustwandeln im Grünen» ermöglichen, gibt es seit der Antike, wo sie bei Thermen, Gymnasien, Palaestren (Ringplätzen), Akademien usw., oft auch mit Brunnenanlagen und Architekturen verbunden, vorkommen. In Italien, Frankreich, Spanien trifft man sich vielerorts heute noch abends auf diesen Plätzen. Die Promenade war keine Fahrstrasse; an beiden Enden war sie gegen den Wagenverkehr abgesperrt. In Zürich hatte man seit 1784 im Zuge der «Entfestigung» der Stadt den alten Stadtgraben bis auf Schwellenhöhe der Stadttore verfüllt und auf dem ehemaligen Hirschengraben eine Umfahrungsstrasse mit begleitender Promenade eingerichtet.[3] Ing. Joh. Müllers Stadtplan, der auf Aufnahmen aus den Jahren 1788–1793 beruht, zeigt bereits die neue Situation. Die Aarauer verfüllten 1820 den Stadtgraben vom Obertor bis zum ehemaligen Laurenzentor und legten darauf eine Strasse «mit einer Doppelreihe Platanen», eben auch einer Promenade, an.[4]

Alleen statt Mauern und Gräben, nicht mehr Abschliessen und Einsperren, sondern Lustwandeln unter Bäumen – die Promenaden wurden zum Ausdruck einer «neuen Zeit», und da wollte Zurzach nicht nachstehen.

Um das «L», das die beiden Hauptstrassen in Zurzach bilden, gruppieren sich die Häuser des Fleckens.

---

[2] Das Burg-Viertel hat seinen Namen von den römischen Ruinen auf Burg, dem «Chilebückli», dem wohl nach der Verena- und Mauritiuskapelle benannten «Buck» (Hügel); in älterer Zeit wird von der «Kapelle auf Burg» gesprochen. Die Bezeichnung erscheint schon im ältesten, unter Bischof Heinrich von Klingenberg (1293–1306) entstandenen Urbar des Bistums Konstanz. – FEGER, Urbar, S. 72, 8.
[3] Kdm ZH I/I, 1999, S. 142.
[4] Kdm AG I, S. 108.

2 Von der Militärstation zum Marktflecken, drei Entwicklungsstadien von Zurzach: frührömische Zeit – spätrömisch-frühmittelalterliche Epoche – Spätmittelalter und Neuzeit.

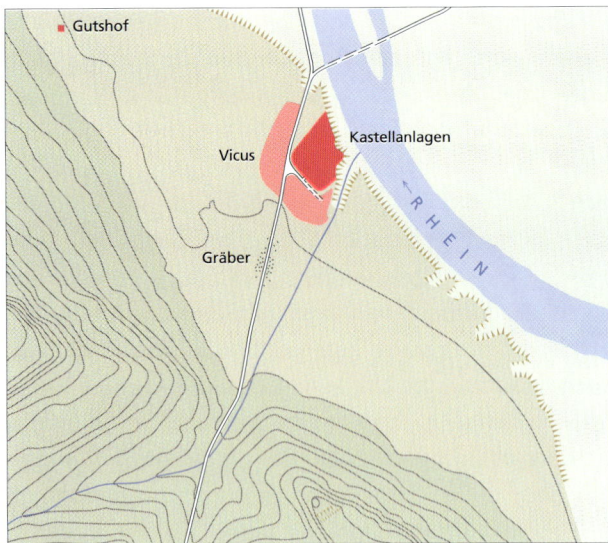
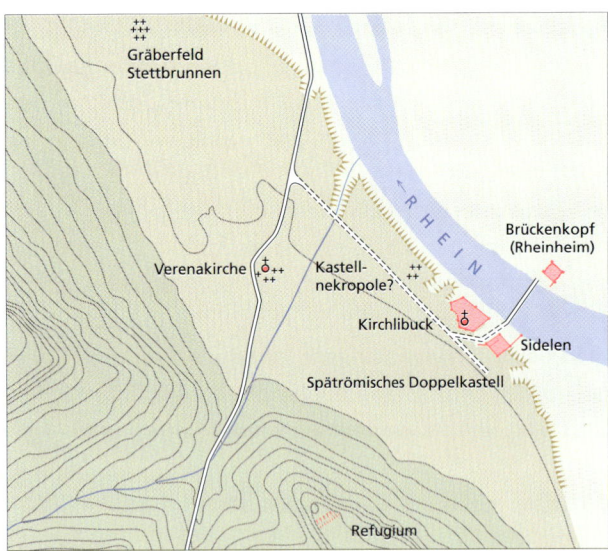
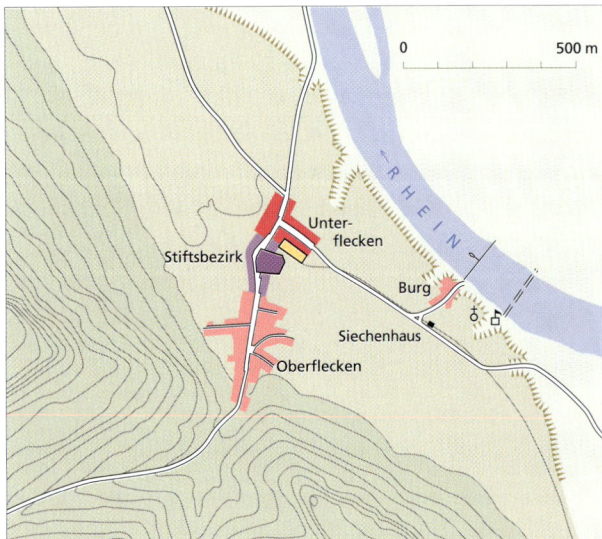

Anlage

Das mittelalterliche Zurzach hat sich beim Grab der heiligen Verena gebildet. Der Stiftsbezirk blieb Kern des Fleckens. Noch zu Beginn dieses Jahrhunderts hiess er «Adelboden», im Gegensatz zum «Oberflecken» mit der «Geissemeierei» und zum «Unterflecken». Dem 1378 angelegten Jahrzeitbuch ist zu entnehmen, dass im 14. Jahrhundert – und wohl schon seit längerer Zeit – die drei Dorfteile «Burg» (bei der Lände am Rhein), Unter- und Oberdorf im «Flecken» existierten. Es wird vom «Oberdorf» (superior villa) gesprochen und vom «Unterdorf» (inferior villa). Daneben ist die Rede von «Nidkilchen», in dem man das heutige «Mittskirch» erkennt, die Flur westlich von «Burg», die aber erst in neuerer Zeit überbaut wurde.

Zurzach ist ein «Strassendorf», das aber nicht mit einem Blick vom einen bis zum anderen Ende überschaubar ist; die Hauptstrasse verläuft nicht schnurgerade vom Berg gegen den Rhein, sondern biegt um die Kirche aus. Der Ring des Stiftsbezirkes umschliesst Verenamünster und Pfarrkirche und scheidet einen oberen und einen unteren Abschnitt der Hauptstrasse aus, den Oberen und den Unteren Flecken. Die breite Strasse und die Verengung an beiden Enden durch schräg stehende, vor- und zurücktretende Häuser und abgetreppte Fassaden machen aus jedem Abschnitt städtebaulich einen geschlossenen Dorfteil. Obwohl am Anfang eine lang gezogene gerade römische Strasse steht, ist die Linie der Häuserfronten nicht mit dem Lineal gezogen, sondern geschmeidig geschwungen; historisch gewachsen, zieht sie sich neben der breiten Strasse hin. Hausuntersuchungen haben in den letzten dreissig Jahren gezeigt, dass die Zurzacher Häuser in älterer Zeit weniger regelmässig angeordnet waren. Einige standen weiter zurück (Oberer Hahnen, Pfauen, Rose); es bildeten sich dort platzartige Erweiterungen der Strasse, wo dann, zum Beispiel in der Schwertgasse und beim Sternenbrunnen, Linden standen. Die frühe Neuzeit hat die heutige ausgleichende Strassenlinie der Häuserfronten grundgelegt.[5]

Giebelständige Bauten, zum Teil mit Treppengiebeln, stehen an markanten Stellen.
Die Schwertgasse war gegen die Promenade hin mit einem Tor abgeschlossen, und am anderen Ende begrenzte die Fassaden-Flucht an der Hauptstrasse den Blick. Torartig verengt sich heute noch im Oberflecken die Hauptstrasse, indem Obere Krone und Kindli weit in die Strasse

3 Der Flecken von Norden um 1922. In der Flugaufnahme von Walter Mittelholzer wird die Biegung der Hauptstrasse um das Verenamünster deutlich. Luftbild Schweiz, Dübendorf.

vortreten. Dahinter liegt die «Vorstadt» der «Geissemeierei». Das Blickfeld wird weiter unten, am Beginn des Stiftsbezirkes, durch die Propstei verstellt. Es folgten bis zu ihrem Abbruch 1883 die Chorherrenhäuser vor der Kirche, die in einem weiten Halbkreis Münster und Kirchhof gegen die Strasse abschirmten. Hier führte die Hauptstrasse im Bogen zwischen den beiden Reihen der Chorherren- und Kaplanenhäuser um das Münster herum.[6] Der heutige Münsterplatz war bis 1676 Friedhof. Er konnte durch ein Oberes Törlein («Getteri») bei der Propstei und durch das Untere «Bögli» oder Törlein (porta inferior, 1330) unter der ehemaligen «Trinkstube» der Chorherren, die «früher ein Turm gewesen» (1453), betreten werden.

---

[5] Andere – noch ältere – Gebäude, zum Beispiel die bei der Grabung 1964 freigelegten Holzbauten unter dem Rathaus, standen weiter vor. SENNHAUSER, HIDBER, Zurzacher Rathaus.

[6] Schlüssel und Weisses Rössli waren nie im Besitz des Stiftes. Sie erinnern daran, dass der Stiftsbezirk sich erst allmählich durch Schenkungen und den Kauf von Privathäusern abrundete.

Strassenbild

Die *Häuserzeilen* sind heute geschlossen, an der Strasse reiht sich Wohnhaus an Wohnhaus. Noch in der Barockzeit war dies nicht so: Lücken, Gärten und Gassen zwischen den Wohnbauten lockerten im Oberflecken den Häuserzug auf, während die Häuserreihen im Unterflecken städtisch geschlossen waren. Im Oberflecken lagen die alten stiftischen Widumhöfe, im Unterflecken Rathaus und Kaufhaus – eine Zeit lang sogar mehrere Kaufhäuser –, die Waage befand sich hier, die Häuser fremder Kaufleute (z. B. das Berner- und das Freiburgerhaus) und auch der 1570 erbaute Gefängnisturm standen im Unterflecken.

Im Erdgeschoss der Wohnbauten öffneten sich in der Regel grosse Bogentore gegen die an Kaufleute vermieteten «Warengewölbe». Laubengänge wie in Bern und Freiburg besass Zurzach nie; die zur Messezeit kurzfristig auf der Strasse/Gasse aufgestellten «Stellinen» (Stände) genügten dem zeitlich begrenzten Marktbetrieb. Über einem Gurtgesims erhoben sich dann zwei Obergeschosse: Das erste, das «vornehme», liess durch seine Fensteranordnung – Fensterwagen oder Fenstergruppe, mit einem Erker oder Blumenfenster – Stube und Nebenkammer erschliessen, das obere mit gleichmässig verteilten Fenstern die Schlafkammern. Drei Obergeschosse scheint es vor dem ausgehenden 17. Jahrhundert nur vereinzelt ge-

4 Übersichtsplan Flecken-Burg, Baubestand Ende 19. Jahrhundert. Schwarz: Kirchen und Kapellen. Violett: Stiftsbezirk. Gelb: Kehlhof. Rot: Kaufhäuser. Grün: Widumhöfe.

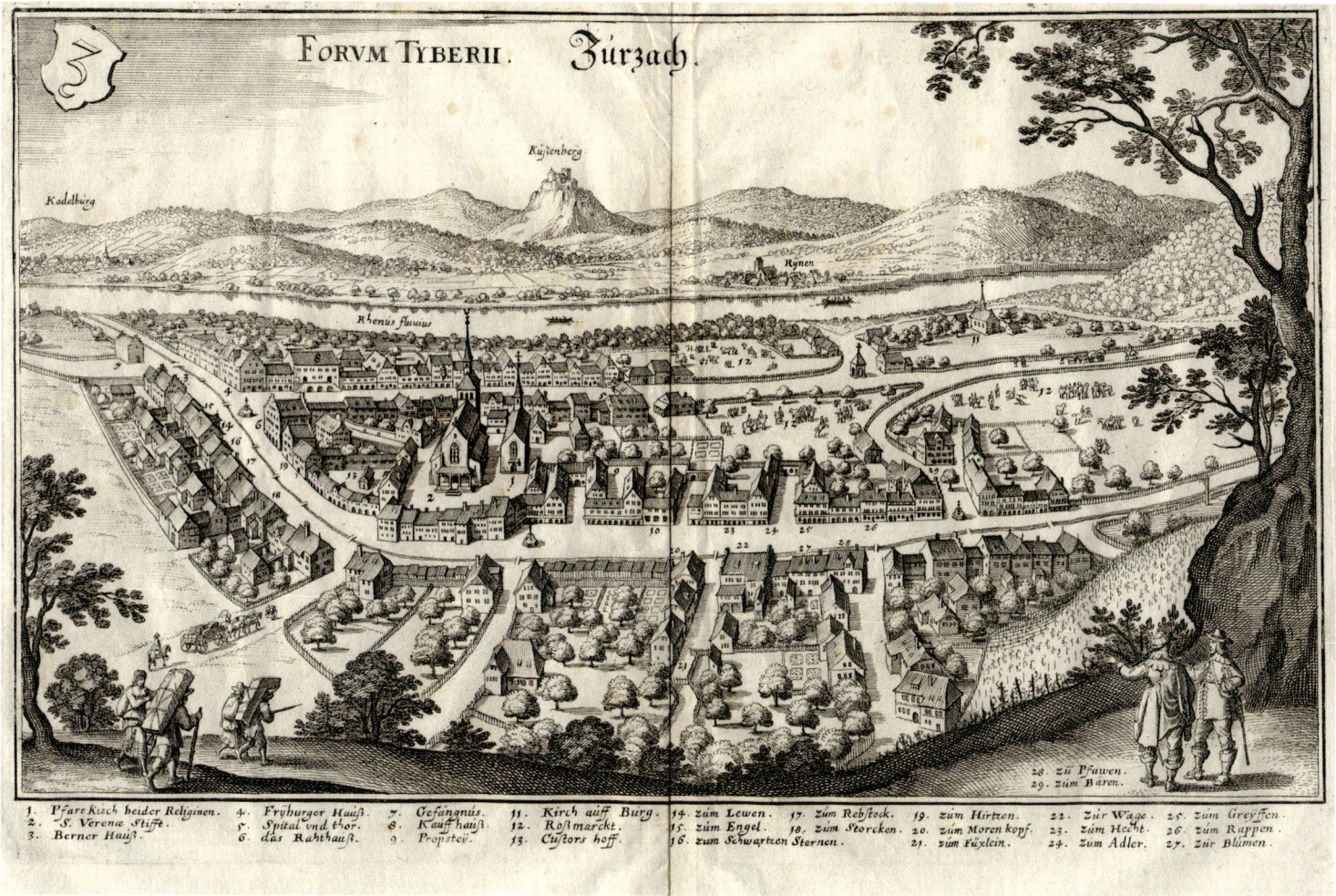

5 Zurzach, Vedute von Matthaeus Merian 1642.

geben zu haben; das schon vor 1471 wohnturmartig hohe Haus zur Rose machte dabei eine Ausnahme. Um 1700 aber erhielten nebeneinander Rebstock, Grosser Bären und Storchen ein drittes Obergeschoss; das stiftische Kapitelhaus (Verenahof) und der Grosse Sternen wurden als viergeschossige Neubauten errichtet. Die Häufung weist darauf hin, dass hier im Anschluss an den Stiftsbezirk – mit Rathaus und Rebstock, dem Absteigequartier des Landvogtes zur Messezeit – die «beste Lage» war. Es folgen rheinwärts das grosse Obere Freiburgerhaus[7] und dann links und rechts die Häuserreihe des Unterfleckens mit je drei Geschossen (Erdgeschoss und zwei Obergeschosse). Diese Häuser sind auf der westlichen Strassenseite nach einem Brand 1822 erneuert und vergrössert worden, während sich auf der Ostseite noch teilweise die Hauseinheiten der älteren, schmalen, engen Handwerkerhäuser erkennen lassen. An der Schwertgasse sind Rad (1708), Rose und vis-à-vis die Ilge – also zu beiden Seiten die Häuser in der Mitte der Fassadenzeile – im 18. Jahrhundert je um ein drittes Obergeschoss erhöht worden. Erst die Zuberbühlerzeit brachte in den 80er-Jahren des 19. Jahrhunderts wieder ein Gebäude mit drei Obergeschossen, den Zitronenbaum.

Bis in die neueren Jahrzehnte waren die Dächer ohne Aufbauten traufständige, meist einfache und mit Biberschwanzziegeln gedeckte, manchmal, wenn im Dachgeschoss «Judenkammern» (Unterkünfte, Kammern für Kaufleute) eingebaut waren, von kleinen Gauben unterbrochene, bald höher, bald niedriger ansetzende grossförmige Flächen, die wesentlich zum geschlossenen, dabei aber abwechslungsreichen Bild der Strassen und Gassen beitrugen.

Mansarddächer sind, wohl im Anschluss an die Erneuerung des Rathausdaches 1726, im 18. (Fulgentiushof) und 19. Jahrhundert (Schwert, Amtshaus, Glas) errichtet worden.

Seit den strengen Vorschriften des Bischofs von Konstanz im ausgehenden Mittelalter wurden die Zurzacher Häu-

---

[7] Vertrag von 1505. Das Erdgeschoss diente den Freiburger Gerbern, das Obergeschoss den Tuchleuten «zur Unterbringung der Waren während der Messen». AMMANN, Zurzacher Messen (2), S. 20.

ser mehr und mehr – und bald vollzählig – mit Ziegeln gedeckt. Wie sich aus den Brandmeldungen im Amtsblatt ersehen lässt, hatten im Gegensatz dazu noch im 19. Jahrhundert viele Häuser in den umliegenden Dörfern Strohdächer.

Häusernamen

Süddeutschem Brauch entsprechend hat jedes *Zurzacher Haus* seinen *Namen*. Viele unserer Hausbezeichnungen finden sich auch anderswo, zum Beispiel in Baden, Zürich, Winterthur, Basel und Chur.[8] Alle Stiftsbauten waren nachweislich seit dem 15. Jahrhundert je einem Heiligen geweiht, standen unter seinem Schutz und trugen seinen Namen.[9] Sie werden aber oft auch nach einem Inhaber benannt oder nach dem mit der entsprechenden Pfründe verbundenen Amt. Viele Hausnamen tauchen schon im 15. Jahrhundert auf, so Hirtzen 1475, Schiff 1482, Schlüssel 1483, Engel 1516. Ernst Frey im Güggs: «Jedes Haus am weiten Brunnenplatz hatte seinen Namen. Da standen im Umkreis die Engelburg, das Glas, die Feder, der Sternen, das Lamm, das Hörnchen, der Greifen, der Apfel, die Zimmeraxt und das Weiße Haus. Im letzteren wohnten wir, und es verdiente seinen Namen durch den hellen, sauberen Bewurf, in dem es in seiner ganzen Größe schmuck unter den andern sich ausnahm. In einem eiförmigen grünen Kranz mitten auf der Front prangte in erhabener Arbeit sein Selbstbildnis, das wie ein gemalter Mensch etwas sehr geschmeicheltes und musterbildliches hatte. Auch die andern Häuser trugen fast alle ihre Insignien auf der Stirn und wo das nicht der Fall war, blieben doch die Namen fest im Gedächtnis der Bürger; sie waren mit jedem aufgewachsen, von einer Generation zur andern gegangen in zunehmender Würde eines langen Bestandes.» Im Allgemeinen lässt sich eine lange, ungebrochene Tradition der Namen feststellen, aber es sind auch Umbenennungen bekannt, und gelegentlich ist ein Hausname von einem auf ein anderes Haus übertragen worden. Einige Beispiele: 1663: Drei-Künigen, zuvor Schäfli geheissen. 1709: Der Goldene Hut, von einem Hutmacher bewohnt, heisst 1754/57 Weisser Ochsen, vielleicht weil das Haus mittlerweile dem Metzger Niklaus Keller gehörte. Zu Beginn des 18. Jahrhunderts werden noch andere Häuser umbenannt: Der Guldene Knopf heisst 1709 zum Guldenen Apfelbaum und das Wirtshaus zum (unteren) Sternen 1735 zum Zitronenbaum. Zwischen 1809 und 1843 wechselte das Haus zum Bäumli, nachdem es vom Fährmann und Zöllner Johann Schmid bewohnt wurde, seinen Namen zu Fährburg. Der Name «Bäumli» zog vermutlich mit Anna Maria Schmid, die 1844 ein Haus in der Falkengasse erworben hatte, dorthin, wo er heute noch steht.

Hausnamen reichen viel weiter zurück als die heute übliche Nummerierung der Häuser nach Vierteln und Strassen. Die Strassen immerhin haben in der Regel ihren Namen behalten oder einen neuen bekommen. In alten deutschen Städten sind Häusernamen seit dem 12. Jahrhundert nachgewiesen, in Schweizer Städten etwa seit dem mittleren 14. Jahrhundert. Die Kennzeichnung eines Hauses konnte und kann heute noch im Alltag und im Rechtsleben eine Rolle spielen. Auf Häuser Geld zu leihen zum Beispiel war, bevor es überall, auch auf dem Lande, Banken gab, gang und gäbe. Eine Kennzeichnung der Häuser war nicht zuletzt deswegen unumgänglich.[10] Die Hausnummern sind erst in napoleonischer Zeit aufgekommen, in Zurzach etwa mit dem Brand-Assekuranz-(Versicherungs-)Kataster, dessen ältester erhaltener Band 1809 entstanden ist.

In Zurzach kam den Hausnamen eine besondere Bedeutung zu: Da jedes Haus während der Messezeit das Wirterecht besass, sind es Herbergsnamen. Mit Rücksicht auf die welschen Kaufleute und wohl auch weil «sich das schickte», sind einige Häuser deutsch und französisch angeschrieben (Zur Blume – à la fleur, Zum Apfelbaum – au pommier). Hinter manchen Namen mögen sich witzige Anspielungen verbergen («Süsser Winkel» – wo die leichten Mädchen hausten); andere verraten den Sinn der Hausbewohner für das Absonderliche und Fremdländische: Zitronenbaum, Meerfräulein, Tiergarten, Mohrenkopf, Drei Könige, Affenwagen, Einhorn, Greifen, Pelikan usw. Daneben begegnet fast die gesamte Fracht der Arche Noahs: Schwarzes und Weisses Rössli, Schwarzer, Roter und Weisser Ochsen, Schwarze Sau, Weisser Windhund, Goldener Löwen, Schwarzer Adler, Elephant, Hecht, Widder, Schäfli, Storchen, Hirschen, Salmen, Goldene Katze, Grauer Vogel, Ente, Steinbock, Damhirsch, Strauss, Taube, Pfauenauge, Eichhorn, Einhorn, Greifen, Bären, Schwarzes Bärli, Wildschwein, Fuchs, Raben, Schwanen, Lamm, Oberer und Unterer (Roter) Hahnen, Güggel, Rindsfuss (kommt auch bei einem Haus in Basel vor), schliesslich: Tiergarten, was daran erinnert, dass oberhalb des Fleckens die «Tiergärten» einiger Chorherren lagen.[11]

Häusliche Gerätschaften, Handwerk und Kleidung finden sich in Namen wie: Schere, Kanne, Schüssel, Glas, Goldener Rahmen, Kachel, Fässli, Waag, Rad, Schuh, Stiefel, Strumpf, Goldener Hut.

Waffen und Werkzeuge sind vertreten in Bezeichnungen wie: Schwert, Pfeil, Pflug, Hächel, Schanzkorb, wohl auch als Berufsbezeichnung eines Besitzers wie Zimmeraxt, Anker, Glocke (Fährleute), Hörnli (Posthorn), Naglerhüsli, Käserei, Schuh.

Bäume und Früchte: Tanne, Apfelbaum, Grünes Bäumlein, Dreilinden, Zitronenbaum, Dürrenast.

Blumen, Pflanzen: Ilge (Lilie), Rose, Tulipan, Sonnenblume, Rosengärtli, Blume, Blumenkranz, Kleeblatt, Weisse und Blaue Traube.

Ehrenzeichen: Krone, Fähnli, Chrützli, grünes, rotes und weisses Kreuz.

Natur: Luft und Weisser Wind, Grüner Berg.

Gestirne, Zeichen am Himmel: Sonne, Halbmond, Sternen, Blauer Himmel, Regenbogen.

Religiöse und kirchliche Symbole: Zur Guten Hoffnung (älterer Name: Seufzgen), Engel, Engelburg, Drei Könige, Mohrenkopf (Balthasar, einer der Drei Könige), St. Jakob (Wallfahrt nach Santiago), Paradiesli, Schlüssel (evtl. Bezug auf Petrusschlüssel), Kindli (Christkind) und wohl auch das Herz.

Geschichte, Märchen, Sage, Mythos: Wilhelm Tell, Rosengärtli, Paradiesgärtli, Römischer Kaiser, Wilder Mann, Meerfräulein.

Heiligennamen: St. Moritz, St. Jakob, St. Georg, sowie die Pfrundhäuser des Stiftes: Agathahof, Annahof, Felix- und Regula-Hof, Fulgentiushof, Marien-Chorhof, Mauritiushof, Synesihof, Urs- und Viktor-Hof, Verenahof.

Stolzer Anspruch: das «Schlössli» im Oberflecken.

Mit der Messe im Zusammenhang steht wohl der Name Sidehof.

Vom Theater kommt der auch in Zürich und Winterthur vorhandene Name Affenwagen (in Aarau: Affenkasten).

Zeitgeist: Frohsinn, Gut (19. Jahrhundert), zur Gesundheit (20. Jahrhundert).

Lage: Windegg, Feldegg, Scharfes Eck, zum Tor, zum Bogen, im Hintergrund, im Loch, Sommerhaus, Gartenhaus, Neuhus.

Mit Familiennamen zu erklären sind Pappiserhof (Chorherr Raymund Carl Pappus von Tratzberg, 1686–1755), Böckli-Haus, Dietschi-Haus, Welti-Scheune, das Schlösschen Mandach (Freie von Mandach), Kaiserei (Familie Kaiser).

Da und dort sind Anspielungen und Bezüge zu vermuten, deren Sinn uns heute nicht mehr geläufig ist – mit Übernamen waren die Zurzacher immer rasch zur Hand, und es brauchte sie auch zur Unterscheidung der einzelnen Familien gleichen Namens (Luftmeier und Rosenmeier).

Hausfassaden

Wandernde *Stuckatoren* haben in Zurzach zwar nicht ganze Hausfassaden mit ihrer Arbeit überziehen dürfen wie in Bayern, Österreich und an süddeutschen Häusern, aber es hat sich eine ganze Anzahl von originellen Hausschildern in Stuck erhalten (Haus «zum grossen Beren» 1736, zum Goldenen Löwen, zum Hirschen, Weisses Haus).

Auffällig ist nicht nur die Zahl der aus Stuck und Holz (Zimmeraxt, Oberer Schwanen) gearbeiteten Hausschilder, sondern auch die Vielzahl der Wirtshausschilder an reich verzierten eisernen, von der Fassade abstehenden Armen. Diese Aushängeschilder stammen in Zurzach aus dem 17./18. (Rad), dem 18. (Adler) und dem 19. Jahrhundert (Anker, Krone, Sternen). In neuester Zeit ist man dazu übergegangen, sie sorgfältig zu restaurieren oder neue ähnliche Hauszeichen (Annahof, Elephant, Verenahof) anzubringen.

---

[8] Die Hausnamen Schwarzer Bären, Blume, Engel, Halbmond, Hirschen, Gelbes Horn, Krone, Löwen, Wilder Mann, Roter Ochsen, Rebstock, Rössli, Steinbock, Sternen, Tiergarten, Zimmeraxt finden sich auch bei Badener Häusern. AMMANN, Baden, bes. S. 237 f. – In Winterthur kommen vor: Schwarzer und Goldener Adler, Anker, Apfelbaum, Bären, Grüner Berg, Blume, Citronenbaum, Elephant, Engel, Engelburg, Falken, Glocke, Greifen, Gut, Weisses Haus, Hecht, Blauer Himmel, Hirschen, Hörnli, Hoffnung, Kindli, Drei Könige, Weisses Kreuz, Krone, Lamm, Lilie (Ilge), Goldener Löwen, Mohrenkopf, Neuhaus, Roter und Weisser Ochsen, Paradies, Pfauen, Raben, Rebstock, Regenbogen, Weisses und Schwarzes Rössli, Rose, Schiff, Schlössli, Schlüssel, Schwanen, Schwert, Sonne, Steinbock, Sternen, Storchen, Tannenberg, Weisse Taube, Wilhelm Tell, Tiergarten, Tiger, Traube, Roter Turm, Waag, Widder, Wildenmann, Grauer Wind (EMANUEL DEJUNG, Die alten Hausnamen von Winterthur, Winterthur 1944 [80. Neujahrsblatt der Hülfsgesellschaft Winterthur]). – In Kaiserstuhl sind vertreten: Dreikönig, Engel, Hirschen, Katz, Weisses Kreuz, Krone, Hintere Krone, Roter Löwe, Roter Ochsen, Grosse und Kleine Rose, Salmen, Gelbes Schaf, Schiff, Sonne, Storchen, Tanne, Grosser und Kleiner Widder (HERMANN J. WELTI, Häuser und Häusernamen, in: JsHVZ 1991, S. 55–70).

[9] Beispiele siehe unten.

[10] In Zurzach entstand 1852 im Roten Haus die Spar- und Leihkasse als erste Bank. Geldverleih und Geldhandel hatten bis dahin weitgehend in den Händen der Juden gelegen.

[11] 1663 ist die Rede von Redings Thiergarten (Urbar StAAG 3798, p. 1), 1709 von einem St. Viktor Chorhof Thiergarten (gegen Neuberg, Urbar StAAG 3804, p. 59), 1754 vom Chorherren Thiergarten (Urbar StAAG 3820, p. 70) und 1754 von der St. Verenae und S. Synesii Chorhoff Thiergärten (Urbar, p. 248). 1565 heisst es: «Her Gregorius Huser Cantor [...] item 1 tagwen Wysen in Thiergarten, stosst oben an Chunzen und unden an [Chorherrn] Wissingers Thiergarten. Gegem Dorff an Kunz Wagenmanns seligen Bomgarten, und ein Halden darob, Sängerhalden genannt, underm Holz gelegen» (Urbar 1565. StAAG 3789, p. 4r). «Her Johan Fürer genannt Rösli [...] item 1 tagwen Matten im Thiergarten, in einer Hegy [Hag] gelegen» (ib., p. 4v).

6 Linke Reihe: Propstei; Fenstersturz an der Propstei (Bildhauerarbeit von Franz Ludwig Wind); Häuserreihe Rebstock bis Grosser Bären; Hofseite «zum Grossen Sternen»,
mittlere Reihe: Hausschild «zum Goldenen Adler»; Haus «zur Taube»; Hauszeichen «à la fleur»; Hauszeichen «zum Weissen Haus»; Portalbekrönung mit Stiftswappen beim Kapitelhaus,
rechte Reihe: Haus «zum Elephanten»; Kaufhaus; Villa Zuberbühler (Schloss Bad Zurzach); Hinterhaus «zur Rose».

Konkurrenzangst und Krämergeist haben es im 19. Jahrhundert vermocht, die allgemeine Tradition auf ein Privileg der Tavernenwirte zu reduzieren. 1832 erreichte, wie das Gemeinderatsprotokoll festhält,[12] eine Eingabe der vier Tavernenwirte den Beschluss der Aargauer Regierung, wonach die Besitzer «der auf die Messzeit konzedirten Wirtschaften [...] ihre Schilde (die sich durch alle Stürme der Zeiten bis zu uns herauf seit Jahrhunderten frey in der Luft bewegen durften) sogleich wegzuschaffen haben. Die Namen ihrer Häuser mögen sie an denselben selbst anbringen.» Im folgenden Jahr liest man, wiederum im Gemeinderatsprotokoll: «Vermittelst Schreiben des Kleinen Raths vom 5. dieß, wird uns zu erkennen gegeben: die hiesige Gemeinde seye mit ihrer wiederholten Bitte; dass jedem Hausbesitzer Zurzachs wie seit Jahrhunderten gestattet bleibe, während den Messzeiten Wirthschaftsschilde aushängen zu dürfen, abgewiesen a.m.m. Dieses Schreiben soll der nächstabzuhaltenden Gemeindsversammlung vorgelesen werden.»

Brunnen

Jeder Dorfteil hat noch heute seinen *Brunnen,* und es gab früher noch weitere, zum Beispiel den Brotisbrunnen am oberen Dorfeingang, wo offenbar eine Quelle gefasst war, die aber 1910 versiegte.

Im Oberflecken steht der *Sternenbrunnen* noch dort, wo sich die Strasse zum Platz weitet, von dem die Falkengasse (früher Adamsgasse oder Tanzgasse) und die Schluttengasse (Wychgasse) abgehen. Er steht nicht genau in der Mitte des Platzes, sondern etwas zurück in der Flucht der Häuser, und zeigt damit an, dass der Verkehr auf der Hauptstrasse nicht gestört werden sollte. Er verstellt aber auch die Zufahrt zur wichtigen Schluttengasse nicht, durch die der Verkehr um den Flecken herum gegen Osten führte. Wer hingegen in die Falkengasse will, die «nur» gegen Wiesen, gegen den Neuberg und ins Hörndli hinausführte, muss ihn umfahren. Heute wird der Sinn der ursprünglichen Anordnung nicht mehr deutlich: Einbahnverkehr und Versetzung des Brunnenstockes auf die Ostseite sind dafür verantwortlich. Früher kehrte der Brunnenstock der Hauptstrasse den Rücken und schuf den Platz vor sich, und der Wagenverkehr mündete von der Wychgasse unterhalb des Brunnens geradewegs in die Hauptstrasse. Im Zusammenhang mit dem Strassenverkehr hatte man im vergangenen Jahrhundert den Brunnenstock ins Zentrum des Beckens gestellt. Als die Hauptstrasse asphaltiert wurde – die Arbeiten waren gerade abgeschlossen, als der

reissende Zurzibach im Unwetter vom 29./30 Mai 1931 den Strassenbelag wieder aufriss und wegspülte – legte man zum Niveau-Ausgleich zwei Stufen um das mächtige achteckige Brunnenbecken. Sie sind in den achtziger Jahren wieder beseitigt worden. Die acht schweren Kalksteinblöcke der Brunnenwand werden von festen, an den Ecken mit Scharnieren versehenen Eisenbändern zusammengehalten. Ihre Front ist mit eingekerbten liegenden Rechteckrahmen verziert, deren Schmalseiten mit einem eingezogenen Halbrund schliessen. Der Sockel des Brunnenstocks findet nach einer Fase mittels übereckangeordneter Halbrundnischen mit eingestellten Halbsäulchen den Übergang vom Vier- zum Achteck. Eine Trommel mit Karnies als Standprofil und oben abgeschlossen mit einer doppelt geschrägten Platte ist zugleich Sockelbekrönung und Fuss der Balustersäule, die darüber aus einem Kranz von breiten Akanthusblättern hervorgeht. Auf der Brunnenseite zeigt sie zwei plastische Fratzen, in deren Mäulern die bronzenen Brunnenröhren stecken, auf der Rückseite eher angedeutete, ebenfalls erhaben gearbeitete pflanzliche Ornamente. Die kurze Säule verjüngt sich, hat einen vom toskanischen Kapitell abgeleiteten Abschluss und trägt eine Kugel mit eisernem Wetterfähnchen auf girlandenumwundener Stange. Ernst Frey nennt den Sternenbrunnen in seinem «Güggs», der Geschichte eines Zurzacher Schulbuben vor etwa hundert

7 Sternenplatz. Der Brunnenstock steht noch auf der Strassenseite. Postkarte, abgestempelt 1918.

---

[12] GA 4, Gemeinderatsprotokolle Nr. 2549 vom 10. Juli 1832. Das Gemeinderatsprotokoll führt die Tavernenwirte offenbar anhand des Regierungsschreibens namentlich auf. Es sind: «H. Schmid zur Glocke; (geb. in Zurzach den 24. März 1772), J. J. Schmid zum Schwert; (geb. in Eglisau den 27. Xbr 1806). Jm. Attenhofer zum weissen Haus; (geb. in Zurzach den 28. 8. 1790). Veuve Attenhofer née Schmid zum Ochs; (geb. in Diessenhofen den 5. Aug. 1779).»

8 Ättirüedi-Szene beim Mittleren Brunnen vor dem oberen Eingang zum Kirchhof. Freie Darstellung von Arnold Baldinger.

Jahren, zu Recht den «vornehmsten» unter den Zurzacher Brunnen. Er ist der letzte aus der Schicht der barocken Brunnen mit achtseitigem Becken.

Strassenabwärts verengen «Kadettenhäuschen» (1971 zurückversetzt) und Propstei die Strasse, und dahinter schob sich die Reihe der Chorhöfe vor. Hier stand vor dem «Totenbaum» genannten Urs- und Viktor-Chorhof der Brunnen, an dem die Leute vom «Adelboden» ihr Wasser holten: 1567 ist die Rede von dem «müttlen (mittleren) Brunnen». Wie der Sternen- und der Rathausbrunnen wies er ein achteckiges Becken auf, in dem aber zentral der Brunnenstock stand. Nach dem Abbruch der Chorherrenhäuser vor der Kirche, als der Platz mit Kastanienbäumen bepflanzt wurde, ist er durch das «Verenabrünneli» vor den beiden Kirchen ersetzt worden. Seit 1983 steht am unteren Ende des Münsterplatzes ein neuer Verenabrunnen, ein Jugendwerk des Zurzacher Bildhauers Erich Hauser (geb. 1957).

Der *Greifenbrunnen* in der Tannengasse, neben dem Haus zum Greifen, mit einem langen rechteckigen Becken aus Zementguss, stammt wie der Rathausbrunnen aus dem späteren 19. Jahrhundert (von 1883). Er bekam 1934 einen neuen Brunnenstock. Sein Vorgänger ist 1875 im «Entwurf zur Kanalisierung des Oberen Fleckens in Zurzach»[13] als Brunnen mit rechteckigem Trog und Brunnenstock an der Schmalseite gegen die Hauptstrasse eingetragen.

1963/64 haben die Zurzacher mit dem *Rathausbrunnen* ein «Verkehrshindernis» beseitigt. Das prachtvolle Brunnenbecken aus einem einzigen Muschelkalk-Block (5,20 m lang und 2,10 m breit) wurde aber, etwa 20 m von der Rathausecke weggerückt, im Jahre 1991 wieder aufgestellt. In den von Baumeister Hans Jacob Schmid 1842 und 1843 gezeichneten Plänen der projektierten Brunnenwasserleitungen ist der Rathausbrunnen noch als «Verkehrsteiler» mitten in der Strasse eingezeichnet. Er hat ein achteckiges Becken, und der Brunnenstock steht im Westen vor dem Brunnentrog, mit dem Rücken gegen die Hauptstrasse. Im Plan von 1875 ist er an die Rathausecke gerückt und weist ein rechteckiges, wohl das heutige Becken auf. Der Brunnen ist also in der zweiten Hälfte des 19. Jahrhunderts vom Mittelpunkt zum Eckpunkt geworden, und er hat mit der Neuaufstellung 1991 an der Rathausflanke städtebaulich noch mehr an Gewicht verloren. Immerhin: Er ist noch – oder wieder – da, und man beachtet ihn wenigstens im Vorbeigehen.

Haustypen

Als «einzigartig» galt lange der Typ des *Zurzacher Messehauses*, einer «Grundrissanlage, wie sie im Aargau sonst nicht vorkommt», wird im «Bürgerhaus» gesagt. Dem hohen, mehrgeschossigen, traufständigen Vorderhaus, durch das eine Toreinfahrt in den Hof führt, entspricht das Hinterhaus («Packhaus») mit Stallung und darüber liegenden Kammern oder einem Saal. Vorder- und Hinterhaus sind durch einen Hof getrennt, den zu beiden Seiten schmale Trakte begleiten. Sie enthalten im Erdgeschoss Warengewölbe und im Obergeschoss Kammern. Die Durchfahrt unter dem Vorderhaus an der Hauptstrasse oder von der Seitengasse her ermöglicht es, mit Ross und Wagen in den Hof zu gelangen. Im Erdgeschoss des Hinterhauses befindet sich der Stall für Reitpferde und Zugtiere, Wagen können im Hof oder auf dem Platz hinter dem rückwärtigen Gebäude aufgestellt werden. Ernst Frey beschreibt im «Güggs» den (inzwischen abgebrochenen) Hof des Weissen Hauses aus der verklärenden Sicht der Erinnerung: Er besass im ersten – eben dem «mittleren» – Stockwerk «eine breite Gallerie, die im grossen Viereck sich um ei-

9 Rathauskreuzung vom Unterflecken aus gesehen. Aufnahme aus den Zwanzigerjahren des 20. Jahrhunderts.

9a Der achteckige Rathausbrunnen im Plan Schmid von 1843.

nen blumengeschmückten Hof zog, mehrere kleine Anbauten unter sich verbindend. Sie lehnte im Norden an das Haus, im Westen an die Scheune, im Osten an ein Badhäuschen, und im Süden schloss sie, unter sich die Waschküche in ihrer ganzen Breite, gegen den Garten ab. An ihren Holzsäulen und ums Geländer rankte auf drei Seiten gegen den Hof die Weinrebe. An den Wänden rundum hingen grosse Landkarten mit Bergen, Flüssen, Seen und Städten, aber ohne deren Namensangabe. An der Hausseite stand ein langer Tisch in einer Ecke, und in der andern ging's über eine Wendeltreppe in den Hof hinunter. Unter der Gallerie lief ein schöner Fliesengang eben mit dem Hofe, doch von ihm getrennt durch Blumentöpfe, die auf Gestellen zwischen den Säulen mit ihren Pflanzen prächtig sich reihten. Und mitten im Hofe selbst standen, aus grossen Gefässen wachsend, im Kreise Granat- und Oleanderbäumchen.»[14]

Der Haustyp ist nicht in und für Zurzach erfunden worden, sondern vertritt einen uralten, um das ganze Mittelmeer verbreiteten Haus- und Hoftypus, der auch bei römischen Gutshöfen und Herrensitzen auftritt, sich nach einzelnen Forschern auf dem St. Galler Klosterplan (um 820) mit seinen wesentlichen Elementen wieder fassen lässt und seit dem Mittelalter in süddeutschen Städten – Freiburg, Strassburg, Augsburg, Ulm, Nürnberg usw. –,

[13] Gemeindearchiv Zurzach.
[14] E. Frey, Güggs, S. 77.

10 Schnitt durch das Messehaus «zur Waag». Modell von Hans Bendel, Museum Höfli.

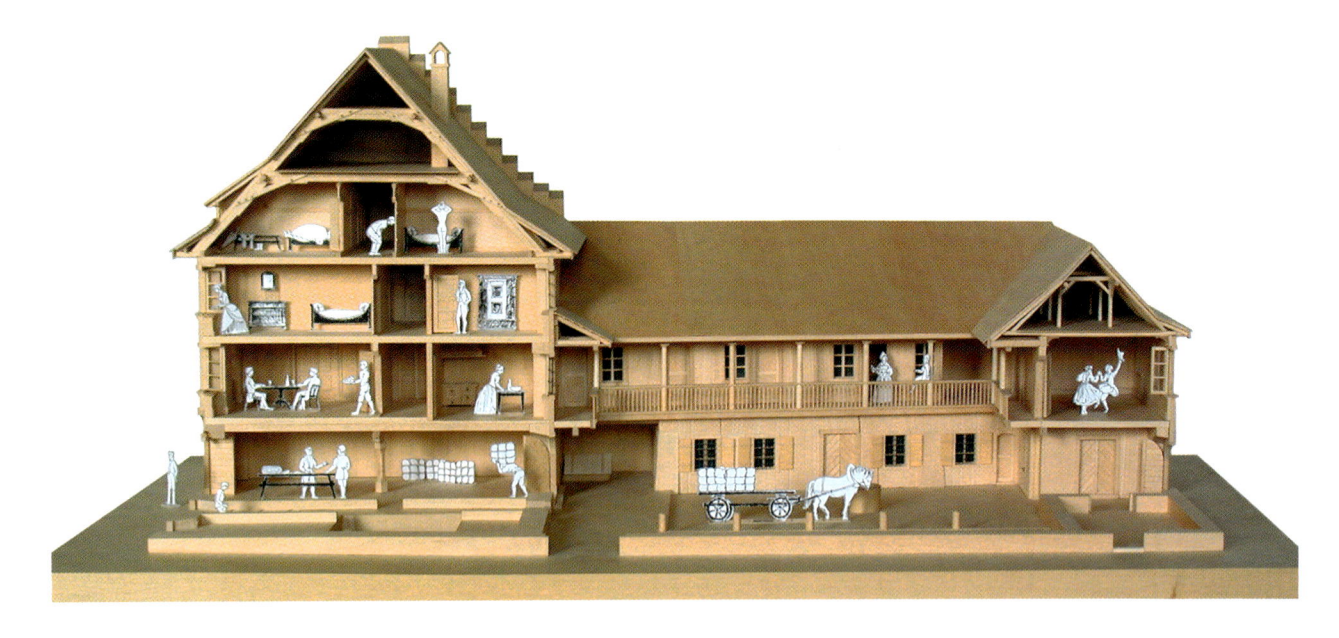

11 Der 1831 erbaute Hinterhof zum Weissen Haus kurz vor seinem Abbruch 1969. Blick zum Vorderhaus.

später mit repräsentativen Beispielen aus der Renaissance- und der Barockzeit zum Beispiel als Residenz vornehmer Kaufleute bekannt ist.[15] Er hat sich für die Bedürfnisse der Zurzacher und ihrer Messegäste ausgezeichnet geeignet. Die Hausbesitzer vermieteten während der Messetage alle zur Verfügung stehenden Räume und sogar ihre eigenen Wohnräume und zogen sich ins Dachgeschoss zurück. Im Haupthaus an der Strasse wurde gewirtet, und im Obergeschoss des Hinterhauses stand den Gästen ein Saal für Vergnügungen und Festlichkeiten zur Verfügung. Die Warengewölbe im Erdgeschoss wurden oft über viele Jahre von denselben Kaufleuten gemietet, die hier ihre nicht verkauften Waren bis zur nächsten Messe einlagerten. Hausteilungen, Teilabbruch oder vollständiger Neubau des Vorderhauses in neuerer Zeit, Abbruch und eine neue Überbauung des grossen Areals (Weisses Haus), Verzicht auf die nicht mehr genutzten Nebenbauten, deren Unterhalt für manchen Hausbesitzer eine schwere Last darstellte, haben manches verändert und vieles zerstört.

Geblieben sind einige Beispiele aus der spätesten Zeit der Zurzacher Messen wie die Waag und das Rote Haus, die immer noch einen gültigen Eindruck vom «alten Zurzacher Messehaus» vermitteln.

Daneben bestanden kleinere, schmale *Handwerkerhäuser* spätgotischer Tradition. Die schmale Front bietet im Erdgeschoss nur Raum für die Haustüre und ein rund- oder stichbogiges Fenster, dessen Laden heruntergeklappt als Auslage diente (daher der Name Krämer-«Laden»). Hinter dem Laden liegt die Werkstätte, bzw. hinter Laden/Werkstätte lag ein Stall; von der Haustüre aus führte der Gang durch das ganze Häuschen in den Hof. An der Rückseite hatten die Häuser je nach Zahl der Obergeschosse eine oder zwei Lauben. Über Laubentreppen gelangte man von diesen hölzernen Galerien aus ins Wohngeschoss mit Stube, Nebenkammer und Küche im ersten Stock und zu den Kammern im zweiten. Wie im Stich von Matthaeus Merian (1642) dargestellt, lagen hinter den Häusern die vom Etter, dem Dorf- und Hofzaun eingefassten Gemüse- und Baumgärten.

Die *Kaufhäuser* waren nicht nach einem einheitlichen Schema errichtet. Es waren aber mehrheitlich grosse Gebäude mit zwei Stockwerken, in denen unterschiedliche Waren gehandelt wurden. Im 1453 erbauten Freiburgerhaus war das Erdgeschoss den Gerbern, das Obergeschoss den Tuchhändlern vorbehalten. Im Rathaus, einem anderen Kaufhaus, wurden im Erdgeschoss ganze Tuchballen verkauft, im Obergeschoss Tuch im Schnitt. Hier hatten die Gewandschneider und Tuchhändler aus Zurzach, Baden, Klingnau und Kaiserstuhl ihre eigenen Verkaufsplätze. Die übrigen Stände wurden verlost. Die Sorge um einen günstigen Standplatz hatten jene Orte nicht, die sich ein eigenes Haus in Zurzach einrichteten oder mieteten. Dies taten die Berner 1431, die Freiburger 1453; Häuser hatten auch die Bieler und die Leute von Weil der Stadt (genannt 1505). Die Esslinger Tuchmacher bemühten sich 1530 um ein eigenes Haus. Kaufhäuser sind zum Teil aus zwei oder mehreren kleineren Häusern entstanden. So heisst es 1479 vom Kaufhaus, das die Gemeinde im alten Negelihaus einrichtete: «wathus, so vormals zwey hüser gewesen». Sie sind aber zum Teil auch wieder durch kleinere Einheiten ersetzt worden. Das Freiburgerhaus wurde 1521 unter vier Brüdern Doldi aufgeteilt, und an der Stelle des Unteren Freiburgerhauses stehen heute Zitronenbaum, Unteres Freiburgerhaus und Regenbogen. Oechsli und Herz gehörten einmal zusammen (einräumig mit Mittelstud im Obergeschoss); vielleicht ist hier das Kaufhaus von Weil der Stadt zu lokalisieren. Kaufhäuser wurden auch wieder zu Wohnhäusern: Im Urbar von 1663 heisst es vom Rebstock: «war zuvor ein Lederhaus».

Die meisten Zurzacher Häuser verdanken ihre *heutige Baugestalt* dem 18. oder 19. Jahrhundert, und oft ist ihr Erdgeschoss erst im 20. Jahrhundert umgestaltet worden. Viele Bauten besitzen aber ältere Substanz und gehen im Kern ins 15., 16. oder 17. Jahrhundert zurück, und trotz vieler Brände hat sich eine ganze Reihe von Dachstühlen aus dieser frühen Zeit bis heute erhalten. Da und dort versteckt sich noch ein altes Riegelwerk unter späterem Verputz.[16] In zunehmendem Mass hatte man seit dem 18. Jahrhundert als Folge eines veränderten Geschmacks, vielleicht aber auch aus Angst vor Feuersbrünsten (Strassburg z. B. hat aus diesem Grunde entsprechende Vorschriften erlassen) die Riegelfassaden – zunächst meist mit einem feinen Besenwurf – überdeckt; eine «Versteinerung» der Häuser ist seit dem 14. Jahrhundert festzustellen.

Brände

Feuersbrünste haben wiederholt ganze Häusergruppen zerstört. Zahlreiche Brände sind aus dem Mittelalter bekannt: 1294 brannten Kirche und Stiftsbezirk ab; 1340 waren die Chorhöfe erst zum Teil wieder aufgebaut. 1428 heisst es in einer Urkunde des Stiftskapitels: «als kürzlich etlich unser Chorhöf von ungestüme und füres not wegen abgegangen und verbrunnen sind [...]». 1471 wurde der Unterflecken durch Feuer zerstört. Das Rathaus musste in der Folge neu erbaut, die Kirche ausgebessert werden. Das Feuer fand Nahrung in den Holzhäusern. Im 18. und 19. Jahrhundert brannten wieder ganze Häuserzeilen ab. Nachdem schon 1724 das Haus zum St. Georg im Unterflecken zerstört wurde, brannten fünf Jahre später weitere drei Häuser (Roter Löwe, Bären, Rebstock) ab; 1744 erfasste ein Brand ein Haus mit zwei Haushaltungen und drei Scheunen. Der kleine Bub des Schreiners Anton Attenhofer kam im Feuer ums Leben. 1801 brannte das Pfrundhaus St. Agatha aus, 1805 wurde fast die ganze nördliche Häuserreihe an der Schwertgasse ein Raub der Flammen (Roter Turm, Meerfräulein, Goldener Schwanen, Einhorn, Grosses Schwert samt mehreren Scheunen und Stallungen). Sie wurden in einfachen Barockformen erneuert und stehen zum Teil heute noch in der Gestalt der Erneuerung nach diesem Brande. 1808 verbrannten die Häuser unterhalb des Sternenbrunnens (Wilhelm Tell, Kreuz, Lamm), 1815 der Süsse Winkel und 1822 noch einmal die ganze westliche Reihe im unteren Flecken (Roter Löwen, Ochsen, Engel, Schiff, Bärli, St. Georg, Fasan). 1834 brannten das Hintergebäude des Greifen, der Blumenkranz, der Blaue Himmel und die dazugehörige Scheune, 1844 die Öltrotte und das Haus zum Pelikan in der Pfauengasse. 1876 zerstörte das Feuer «Anhängselscheuerlein» der Häuser zum Unteren Pfeil und zum Schuh. Weitere Brände, für die es keine Belege gibt, sind anzunehmen. Deshalb hielt man früher die Bausubstanz der Zurzacher Häuser zur Hauptsache für barock und jünger. Die systematischen Untersuchungen der letzten Jahre haben nun aber mehr und mehr gezeigt, dass viele Häuser im Kern weit älter sind.

Einige markante Zurzacher Bauten

Der Brand von 1294 zog das ganze *Verenamünster* in Mitleidenschaft; die Ostpartie wurde so schwer beschädigt, dass man sich zu einem Neubau entschloss. Einen Chorturm hatte vermutlich schon der romanische Vorgänger besessen; man wollte vom gewohnten Bild nicht abrü-

---

[15] Beispiele: Ehemaliges Schneckenwirtshaus, Münsterplatz 25; Haus zum Herzog, Salzstrasse 18; Haus Salzstrasse 21, alle drei Freiburg i. Br. (PETER P. ALBERT, MAX WINGENROTH, Freiburger Bürgerhäuser aus vier Jahrhunderten, Freiburg i. Br. 1976, S. 171 ff., 239 ff., 250 ff.). – Funksches Haus in Nürnberg: HEINRICH BERGNER, Handbuch der Bürgerlichen Kunstaltertümer in Deutschland, Leipzig 1906, S. 215 f. – Augsburg, Kesselmarkt 1, Grottenau 2: vgl. HANS-GÜNTHER GRIEP, Kleine Kunstgeschichte des deutschen Bürgerhauses, Darmstadt 1985, S. 115 f.

[16] Im Brandkataster von 1829 begegnen Häuser «aus Stein und Rieg» noch häufig.

12 Chorturm der Verenakirche von Nordosten mit Pfarrhaus und Oberer Kirche. Aufnahme um 1900. Museum Höfli.

13 Verenamünster und Obere Kirche von Nordwesten um 1980.

cken und wählte darum für den Neubau eine originelle, bei gotischen Kirchenbauten unübliche Lösung: ein mächtiges turmartiges, mit Streben besetztes Chorhaus, das nach aussen hin wie ein dreigeschossiger Zentralbau wirkt. Ein hohes Sockelgeschoss, in dem die Krypta untergebracht ist, greift hinauf in die Zone der Chorfenster. Als Tambour wirkt das Glockengeschoss mit den zweiteiligen Masswerkfenstern, und wie eine Laterne sitzt der Glockenreiter auf dem steilen Dach. Das romanische Langhaus wurde aufgehöht und erneut mit einer flachen Decke versehen. Von den spätgotischen Baumassnahmen ist freilich nur noch wenig zu sehen; der heutige Bau ist wesentlich geprägt durch die barocke Umgestaltung. Eingeleitet wurde die Barockphase durch den Anbau der Chorkapellen an den Seitenschiffen und den Einbau eines neuen Westportals. Im Jahr 1733 erfolgte zur Zeit des Propstes Carl Joseph Ludwig Bessler (1702–1767) unter der Leitung des Deutschordensbaumeisters Johann Kaspar Bagnato die entscheidende Veränderung des Inneren: Die Decke im Schiff und die Wände mit ihren Régencestuckaturen des Hannibal Schnell gehen auf diese Erneuerung zurück. Damals wurden auch der gotische Lettner durch ein Chorgitter ersetzt und das Kanonikerchor höher gelegt. Ergänzung – der Hochaltar ist 1742/43 nach einer Stiftung des Chorherrn Balthasar Walker errichtet worden[17] –, Bereicherung[18] und Ausbesserungen waren aber immer wieder möglich oder sogar notwendig. Gelegenheiten wurden benützt, Ad-hoc-Entschlüsse gefasst, zum Beispiel 1781: Propst Schwendbühl berichtete im Kapitel, es sei ein Fasser (Fassmaler) Johann Pfefferle aus dem Wallis bei ihm vorbeigekommen, den er von seiner Arbeit in Lachen[19] her kenne. Pfefferle habe gefragt, «ob etwan in dasiger Stiftskirche eint- oder anderes zu fassen oder zu erneuern wäre? [...] da er ansonst diesen Winter hindurch nirgendwo was zu verdienen wisse.» Der Propst fand, dass es «nötig wäre, das theils der Kreutzaltar, die Canzel, Orgel, die vorderen Kästen, die Stiegen, und Laubwerk ob den Chorstühlen, die Rahmen um die oberen Gemälder frisch gefasset, die übrige Altäre aber erneuert, auch die Chorstühle mit einem Firnis angestrichen möchte werden»[20], was denn auch beschlossen wurde. Eines führte zum anderen: Die Fulgentiusreliquien sollten nun neu gefasst und auf den Kreuzaltar übertragen werden; es wurde verfügt, dass «auf den Hut der Canzel anstatt der vorigen Statuen nur drey symbolische Engel [Putten] von dem Bildhauer in Keyserstuhl [Franz Ludwig Wind] samt einem Blumenkranz sollen angeschafft werden», da der Hut schon dem Zurzacher Schreiner Ambros Frey verdingt worden sei.[21] Im Februar 1782[22] beschliesst das Kapitel die feierliche Übertragung, nachdem nun die Reliquien des Katakombenheiligen neu gefasst sind; 1786 wird der ehemalige Fulgentiusaltar, der «durch die Übersetzung des hl. Fulgentii auf den mittleren Altar seinen Namen verloren», in Ursus- und Viktor-Altar umbenannt und mit «Reliquien von bemelten Heiligen versehen».[23]

Der aufmerksame Betrachter erkennt das romanische Langhaus unter der Stuckverkleidung; das gotische Chor

14 Inneres der Verenakirche nach der Restaurierung von 1975.

wurde um 1900 durch eine mutige Denkmalpflege von seiner barocken Verkleidung befreit, fügt sich aber mit dem während der letzten Restaurierung (1975/77) wieder schwarz marmorierten Hochaltar und dem massiven Chorgestühl, den Seitenaltären, dem Gitter und den Wandbildern mit dem Langhaus in hoheitsvoll-festlicher Einheit zusammen.

Die *Marien-Pfarrkirche* ist kurz vor der Reformation (1517) als Neubau an der Stelle eines älteren romanischen Baues errichtet worden. Von der gotischen Ausstattung sind noch zwei Freskoreste zu sehen: ein heiliger Sebastian neben der Nische des südlichen Nebenaltares und an der Südwand im Schiff eine Kreuzigung.[24] Bei der Restaurierung aufgedeckte Renaissance-Ornamente über dem Triumphbogen wurden kopiert. 1763 bekam die Kirche ihr festliches Rokokokleid mit den Stuckaturen von Lucius Gambs aus dem damals vorderösterreichischen Laufenburg, der auch die Kirchen von Mettau AG und Knonau ZH ausgeziert hatte. Der zierliche Deckenstuck rechnet mit hellen, glatten und nur durch die Pilaster gegliederten Wänden vom Boden bis zur Decke. Das Verhältnis ist empfindlich gestört durch die an sich sehenswerten, hier aber deplaziert wirkenden Einzelbilder des Malers Pieter van de Cuylen (1909–1990).[25] Die barocken Seitenaltäre kamen 1938 aus der ruinösen «Oberen Kirche» in die Kirche Feusisberg SZ, wo sie sich hervorragend einfügen.

1786 modernisierte das Stift das Chor der Pfarrkirche. Schreiner Ambrosi Frey lieferte den Hochaltar und den Taufsteindeckel sowie den «Namen Gottes samt den Strahlen über dem Altarbild»[26], der Bildhauer von Kaiserstuhl den Pelikan für den Hochaltar, die Statue des Auferstandenen Christus und sechs Kerzenstöcke. Gefasst wurde der Altar von Maler Morath aus Stühlingen, und der Stuckator Caspar Joseph Waser aus Unterwalden, auf den der Pfarrer und Dekan Joseph Ignaz Abaha durch einen geistlichen Mitbruder aus seiner Unterwaldner Heimat aufmerksam gemacht wurde, marmorierte und vergoldete die Altarwand. Das Altarbild mit der Darstellung des Gekreuzigten schuf der Maler Spiler von Laufenburg. Nicht selten dürften Handwerker, die im Stift beschäftigt wurden wie Pfefferle und Waser, auch kleinere Aufträge in Chorhöfen und Privathäusern übernommen haben. Die Wappenkartuschen der Kustoden Schnorff (1736) und Gubler (1767) an den Zimmerdecken in der Kustorei oder das Wappen des Chorherren Billieux im Pappiserhof (1783) sowie eine mit diesem verwandte Deckenstuckierung im Roten Haus legen davon Zeugnis ab.

Die *reformierte Pfarrkirche* (1716/17), deren Bau durch Zürich massgeblich unterstützt wurde, ist nach Wilchingen SH (1676) eines der frühesten Beispiele des Querkirchentyps mit Emporen. Am Scheitel des Ostfensters im Turm ist die Jahrzahl 1716 eingemeisselt. Nur ein paar Jahre jünger ist die Kirche von Maienfeld (1721–24) in der Bünd-

---

17 So erklärt es sich auch, dass die aus der Barockisierungszeit stammende Stuck-Kartusche mit dem Besslerwappen im Chorscheitel vom erst zehn Jahre nach Abschluss des Barockisierungsumbaues aufgerichteten heutigen Hochaltar verdeckt wird.
18 An den Fenster- und Bilderrahmen sind die schwerere Régenceformen überdeckenden Rocaillen nachträglich angebracht worden.
19 Das Innere der Kirche von Lachen, dem Heimatdorf Schwendbühls, war 1781 durch Giuseppe Antonio Morisi mit Gesellen in sechs Wochen umfassend renoviert worden. War Johann Josef Pfefferle vielleicht einer dieser Gesellen? Johann Joseph Pfefferle war der Sohn von Georg Pfefferle aus Tirol, der sich in Geschinen VS niedergelassen hatte und in der zweiten Hälfte des 18. Jahrhunderts im Wallis als Kirchenmaler tätig war. DIONYS IMESCH, in: Schweizerisches Künstler-Lexikon, Bd. 4, S. 349, und Kdm SZ, S. 186 mit Anm. 76, S. 258.
20 Kapitelsprotokoll, August 1781, p. 478.
21 Ib., p. 480, 24. Oktober.
22 Ib., p. 485.
23 Ib., p. 68.
24 Der Christus-Corpus wurde, als man die barocke Wandvorlage anbrachte, so stark beschädigt, dass er nicht mehr zu restaurieren war.
25 Sie sind gegen den entschiedenen Einspruch von drei Denkmalpflegern (Dr. Peter Felder, Arch. Alexander Schlatter und Jürg A. Bossardt) angebracht bzw. belassen worden.
26 REINLE, Verena, S. 207.

15 «Eigentliche vorstellung der zu Zurzach 1717 Neüerbauten Reformierten Kirchen», Kupferstich von Johann Melchior Füssli. Zu beachten ist das von einer Mauer umgebene Atrium. Museum Höfli.

16 Inneres der reformierten Kirche nach der Restaurierung 2000.

ner Herrschaft. Später folgten Wädenswil (1764–67), Embrach (1779/80), Horgen (1780/81) und bis zur Mitte des 19. Jahrhunderts viele andere. Der behäbige Bau mit dem mächtigen zwiebelhelmbekrönten und bis 1879 schindelgedeckten Eingangsturm[27] steht an repräsentativer Stelle zwischen Promenade und Tor. Er ist ein Monument des nach dem zweiten Villmerger Krieg erstarkten reformierten Selbstbewusstseins. Wie der Stich von Johann Melchior Füssli (1677–1736) und noch die Vedute von Johannes Hauenstein (1797) zeigen, trennte eine Mauer den ruhigen Platz vor der Kirche von der Strasse ab. Um 1900 ersetzte ein Gitter diese Mauer, das nach dem Zweiten Weltkrieg auch wieder beseitigt wurde. Das Erdgeschoss des Frontturmes als Vorraum der Kirche wirkt wie das Vestibül eines stattlichen Wohnhauses: Kammertüren zu beiden Seiten, Putzdecke mit zierlichem Medaillonrahmen, über die reich profilierten geschweiften Wangen der viertelgewendelten Emporentreppen links und rechts fällt von oben her ein mildes Licht in den beinahe intimen Raum. Betritt man dann die Kirche durch das Rundbogenportal und den Gang zwischen den Bankfeldern, so fühlt man sich sofort in die Gemeinde einbezogen. Das hohe Rückentäfer der Wandstühle, die grossen rundum laufenden stehenden Oculi, das «Dach» der stuckierten Decke unter der tiefen und wie die Bankfelder dreiseitig angeordneten Empore machen aus dem Erdgeschoss einen weiträumigen «Gemeinde»-Saal. Tritt man ein paar Schritte vor, so öffnet sich der lichte Raum in seinem ganzen feierlich-würdigen Ernst. Naturholz, einfache, kräftige Formen und der von den hohen Rundbogenfenstern im Obergeschoss belichtete überschaubare, grossförmige geometrische Rahmenstuck mit langgliedrigen Akanthusranken[28] an den Scharnierstellen – nun sieht man sich im Festsaal eines barocken Grossen. Der Blick auf die volle Breite und Höhe der Kanzelwand wird von hier aus möglich, und ihr Symbolgehalt ist nicht zu übersehen: Auf der Gemeindeebene steht der Taufstein – nun auch Sockel für den Abendmahlstisch – vor der breiten Türe, die hinausführt auf den Friedhof: Taufe und Tod stehen in einem inneren Zusammenhang. Die Kanzel auf halber Höhe – das für die Gemeinde im Parterre und auf der Empore hörbare Wort Gottes – hält die Gemeinde zusammen, und ganz oben öffnet sich ein heller Raum, über dem sich die strenge Ordnung der Deckenstuckaturen nicht einfach als Zier, sondern als Ausdruck einer rationalen Weltordnung Gottes über dem gesamten Raum ausbreitet. Ein Raum der Verkündigung. – Die 1884 nach der Aufhebung des Stiftes aus der ehemaligen Kollegiatskirche erworbene Orgel von Franz Remigius Bossard (1819/20) bringt in diese Welt gravitätisch-würdiger Strenge des Wortes und des Volksgesanges eine versöhnliche, spätestbarock heitere, beschwingte, quasi ökumenische Note.

Die Propstei grenzte nach oben, das Kapitelhaus nach unten das Stiftsgebiet gegen den Flecken ab. Das Stift repräsentiert nach aussen durch seinen Vorsteher, den Propst, oder durch die Gesamtheit der Stiftsherren, das Kapitel. – Das *Kapitelhaus* wurde 1472 nach dem grossen Dorfbrand erneuert. In seiner heutigen Form stammt es aus dem Jahre 1700. Die Fassade des stattlichen viergeschossigen Gebäudes ist vielleicht als erste an einem bedeutenden Zurzacher Bau in strenger Axialität angelegt. Das «piano nobile» im ersten Stock ist durch die vornehme Fensterfront als Hauptgeschoss gekennzeichnet; die Mittelachse wird durch das aus einem flachen Rahmen ausgeschnittene Segmentbogenportal betont; es wird von toskanischen Pilastern begleitet. Das plastisch betonte Gebälk mit Sprenggiebel rahmt die Wappen mit den Insignien Verenas und des Stiftes: Kamm und Krug. Sie stehen vor einem aus dem Grund gekerbten Rechteckfeld und werden von einem zierlichen, plastisch hervorgehobenen Segmentgiebel gekrönt. Die Fensterumrahmungen des ersten Geschosses (Kapitelsaal) nehmen das Prinzip des Portals auf: ein flacher Rahmen, abgeschlossen von der Fensterbank mit einem hervortretenden feingliedrigen Gesims. Ähnlich ist das siebzig Jahre jüngere Portal am Rathaus gestaltet.

In der *Propstei* sind heute Sozialdienste und Musikschule untergebracht, nachdem der Bau seit 1892 etwa achtzig Jahre lang (bis 1976) als Schulhaus gedient hatte. Das Stift hatte bald nach dem Amtsantritt des jungen Propstes Urs Viktor Schwendbühl von Lachen (1772–1798) in Übereinstimmung mit den Wünschen der drei Regierenden Orte und im Hinblick auf das Stiftsjubiläum von 1779 einen Neubau der verwahrlosten, vom Zerfall bedrohten Propstei in Aussicht genommen. Die Zurzacher aber wollten dem Stift aufgrund angeblich vorhandener älterer Verträge grundsätzlich verwehren, wesentliche Veränderungen an seinen Gebäuden vorzunehmen. Die Stimmung war so bedrohlich, dass der Amtmann es zweimal vorzog, das Urteil nicht zu eröffnen. Durch den Spruch des Landvogtes, der 1773 von den Regierenden Ständen ratifiziert wurde, blieb dem Stift die Baugerechtigkeit erhalten und wurde ein Vergleich erzielt, der die Erbauung der (heutigen) Propstei ermöglichte. Am 9. August 1773 wurde der Akkord mit Baumeister Franz Anton Schwarz aus Bremgarten abgeschlossen, und kurz vor Weihnachten, am 22. Dezember desselben Jahres, war das Gebäude unter Dach. Die Propstei war der letzte grössere Neubau des Stiftes; aus dem 19. Jahrhundert sind, den mehr und mehr beengten finanziellen Verhältnissen des Stiftes entsprechend, fast nur noch Grundstücksverkäufe bekannt.[29] Im Süden schliesst die Propstei an den engeren Stiftsbezirk an, und wegen der einst gleich daran anschliessenden Chorherrenhäuser besitzt das Gebäude nur eine repräsentative Fassade gegen die Hauptstrasse hin – eine breit gelagerte gerade Front mit zwei Geschossen auf dem mit Rundbogen geöffneten Erdgeschoss (Warengewölbe); es ist ein etwas breitspuriges ländliches Barockpalais. Der einfache Giebel und die über zwei Geschosse gezogenen Pilaster zeigen, dass damals bereits der strengere Geist des Louisseize Einzug gehalten hatte. Lebendig und meisterlich gearbeitet ist der plastische Fassadenschmuck von Franz Ludwig Wind (1719–1789) aus Kaiserstuhl. Der Schlüsselstein im Fensterbogen wird zur Maske, links und rechts gehalten von Voluten mit Hängeblumen und Rocaillenwerk; die Ohrmuscheln werden zu riesigen Blättern und Rocaillen. Grämliche Greise, jugendliche Köpfe mit keckem Barett, ein Mohr mit vollen Lippen, Wettergreise mit flatternden Haaren und Bart, Bacchus mit Trauben im Haar – Märchengestalten, Charakterköpfe, vielleicht auch Anspielungen, deren Sinn heute nicht mehr verständlich ist – schauen nach rechts und nach links, wenden sich einander zu, und ihr Blick ist bestimmt und klar. So wird die Schauwand der Propstei zu einem ähnlich schmucken, humorvollen Bilderbuch wie die Strasse selbst mit ihren Hausnamen und Hausschildern.

Vierzig Jahre nachdem «der Dachstuhl wohl angeordnet und glücklich verfertigt» worden war,[30] ging man 1769 daran, das *Rathaus* umzubauen. Die Fenster bekamen neue steinerne Kreuzstöcke aus Kadelburg, der Bau wurde aussen farbig gefasst, das Innere weitgehend umgebaut. 1781 war der barocke Umbau beendet. Weitere Veränderun-

---

[27] Der Schindelschirm war defekt, stellenweise sogar die Dachschalung, und die Rafen hatten gelitten. Die Kirchgemeindeversammlung beschloss deswegen 1879 auf Antrag der Kirchenpflege, «die Kuppel des Kirchturms mit verbleitem Blech neu zu decken», das Bleiblech innen und aussen dreimal zu streichen, sowie Dachkennel und Fallrohre anzubringen, und, weil eine dauerhafte Renovation des «Turmknopfes» als zu kostspielig erschien, ihn durch einen kleineren Knopf mit Windpfeil zu ersetzen. Gleichzeitig wurden ein Blitzableiter installiert und neue «Zeittafeln» aus Kupfer angebracht. Vorangegangen waren Turmreparaturen in den Jahren 1826 und 1842 (damals Reparatur des Turmdaches, des Besenwurfs am Turm und Vergoldung des Knopfes). Der Inhalt der im Turmknopf befindlichen Schriften vom 12. August 1717: «Den Knopf gemacht und hinaufgetan durch Kupferschmied Joh. Kaspar Welti zum ‹Wilden Mann›.»
Aus der Turmknopfurkunde, geschrieben von Pfarrer Karl Häusler, die «mitsamt 4 Urkunden, die im früheren Knopfe sich vorfanden» 1879 im neuen Turmknopf niedergelegt wurden.
Kenntnis und Abschrift der Urkunde von 1879 verdanke ich Herrn Karl Füllemann (1921–2001), Zurzach. – Auf dem undatierten Aquarell von Hauenstein sind Schindelschirm und Kantenbleche deutlich zu erkennen.

[28] In der Art des Schaffhausers Hans Jakob Schärer (1676–1746). Er hat in Schaffhausen u. a. in den Häusern zum Schneeberg und zum Korallenbaum, in Zürich im Rathaus gearbeitet.

[29] HUBER, Urkunden, S. 292 ff., S. 324, Anm. 1. 1860 wurden das baufällige Ökonomiegebäude der Propstei abgetragen und ein neues Waschhaus und ein Schuppen erstellt, ib., Anm. 2.

[30] WELTI, Rathaus, S. 45.

17 «Burg-Capelle bey Zurzach», Lithografie von Stiftskaplan Franz Xaver Meyer, der 1825–1830 an der Sekundarschule in Zurzach als Zeichnungslehrer tätig war. Im Hintergrund rechts eine «Rondelle» (Gartenpavillon) zum Schlössli Mandach, dessen Giebel links neben der Kapelle sichtbar wird. Daneben auf badischer Seite die Sägerei, vergleiche Abbildung S. 11. Museum Höfli.

gen im Inneren folgten 1839–1844 und 1896/97. In den Sechzigerjahren des letzten Jahrhunderts hielt man es nicht mehr für möglich, den ehrwürdigen Bau, der so manchen Umbau überlebt hatte, ein weiteres Mal neuen Bedürfnissen anzupassen; er wurde abgebrochen und durch einen Neubau ersetzt, der das Äussere des alten Rathauses in grossen Zügen kopiert. Auch hier die üblichen Rundbogentore im Erdgeschoss und zwei Stockwerke; der mächtige Baukörper wird zusammengefasst durch ein Mansarddach, auf dessen First ein kleines Glockentürmchen sitzt. Auf der Vedute von Merian (1642) besitzt das Gebäude noch den an Strassenecken üblichen Treppengiebel, der bei der Erneuerung des Daches 1726 hatte weichen müssen.
Ausserhalb des Fleckens liess Untervogt Heinrich Welti vor 1789 das stattliche *Neuhus* auf einer an die Langwiese und die Landstrasse stossenden Parzelle in der Inneren Breite errichten. Der Arzt Johann Jakob Welti im Rebstock baute 1780 den *Salmen* gegenüber dem Rathaus um, den er im Jahr zuvor erworben hatte, und das Stift verbesserte nach dem Tode des bisherigen Inhabers, des

Chorherrn Jos. Fridolin Düggelin, 1780 den *Fulgentiushof*. Auf diese Arbeiten geht unter anderem das strassenseitige Mansarddach des Hauses zurück. Mit all diesen behäbigen und seit der zweiten Hälfte des 18. Jahrhunderts besonders imposanten neuen oder erneuerten Fassaden, vor allem aber auch, seit die Hauptgassen in den Jahren 1785–1788 vollständig neu gepflästert worden waren, gewann das Dorfbild vermehrt städtischen Charakter.[31]

Die *St. Verena- und Mauritiuskapelle auf Burg* ist im Kern ottonisch/frühromanisch. Ihre ursprüngliche Apsis wurde in gotischer Zeit durch das heutige Rechteckchor ersetzt, das aber anfänglich höher war als das Schiff, mit dem es erst seit der Reduktion in der Barockzeit unter einem gemeinsamen Dach steht. Über dem Triumphbogen steht der schlanke, mit einem Kreuz bekrönte Dachreiter. Der Verenazyklus an den Wänden ist im Anschluss an Bilderstiftungen des Pfarrers Martin Gross aus Niedersteinbruch im Elsass (1610, Verenabild) und des Zurzacher Chorherrn Christoph Falck (1613, Mauritius) vom Zurzacher Maler

Melchior Waldkirch[32] gemalt worden. Hochaltar um 1700, gestiftet vom Chorherrn Sebastian Borner, mit Hauptblatt (Martyrium der thebäischen Legion in St-Maurice; im Mittelgrund sind Rheinheim, Dangstetten und Küssaburg dargestellt) und Oberbild (Maria Immaculata), die Werke des Malers Ferdinand Schaufelbühl aus Zurzach sind. Über die abgewinkelte Treppe in der Nordwestecke des Schiffes gelangte man auf die (nicht mehr vorhandene) Aussenkanzel, von der aus bei den jahrhundertelang üblichen Osterdienstagsprozessionen gepredigt wurde. Die Holztafel mit dem hl. Benedikt und dem Wappen der Schwarzwaldabtei St. Trudpert auf der Evangelienseite im Chor erinnert daran, dass das Schlösschen Mandach 1691–1749 als Refugium der Prälaten von St. Trudpert diente.

Die *Loretokapelle* auf dem *Achenberg* steht auf Zurzacher Boden. Sie wurde 1660/62 durch das Klingnauer Wilhelmiterkloster Sion erbaut, bei dessen Aufhebung die Kapelle 1816 in den Besitz der Klingnauer Gemeinde überging. Nach der Legende soll das Haus der Heiligen Familie in Nazareth, als das Heilige Land den Christen wieder verloren ging, 1291 von Engeln nach Dalmatien entrückt und drei Jahre später nach Recanati in Mittelitalien übertragen worden sein. Die spätmittelalterliche Legende und das Wallfahrtsheiligtum von Loreto wurden nördlich der Alpen vor allem ab dem 17. Jahrhundert populär, und es entstanden nun an vielen Orten freie Kopien der Casa Santa, in der Regel in der Form eines kleinen Hauses im Inneren einer grösseren Kirche. Bei der Achenbergkapelle ist das grosse Vorbild insofern umgeformt, als das Heilige Haus mit Türmchen die Kapelle ausmacht, in die man aus einem kleinen Vorbau hineinschauen kann.[33] Nach einer eingreifenden «Renovation» 1860 sind Kapelle und Malereien im Inneren in jüngster Zeit wieder restauriert worden.

Spätgotische und Renaissanceelemente – Treppengiebel, Fensterwagen, Gurtgesimse, gekehlte Fenstergewände mit unterschiedlichen Abläufen – sind im *Strassenbild* von Zurzach präsent. Barocke und klassizistische Fassaden, die einen schlicht und streng, die anderen reicher, stehen neben einer ganzen Reihe von Gebäuden aus dem 19. Jahrhundert. Mögen die Häuser auch im Einzelnen nicht hochbedeutend sein, so bilden sie doch gemeinsam ein zauberhaftes gut erhaltenes Ensemble von grosser Musikalität. Dabei erstaunt auch die reiche Bautätigkeit im 19. Jahrhundert, zu einer Zeit, da die Messen schon allmählich ihren Glanz verloren. Man mochte in Zurzach nicht ans Ende der einträglichen Märkte glauben und hoffte noch

18 Loretokapelle auf dem Achenberg vom Rotkreuz-Weg aus.

lange auf bessere Zeiten. Aus den Zwanzigerjahren stammen die Häuser mit vorgelegten Säulenhallen im Erdgeschoss: das *Landjägerhauptwachtgebäude*, das Baumeister Hans Jacob Schmid, Artillerieleutnant aus Zurzach, im Auftrag der Gemeinde erstellt hat,[34] das durch den Kantonsbaumeister nach dem Vorbild des Bözener Pfarrhauses 1828–30 erbaute *reformierte Pfarrhaus* und in der Barz, gegenüber Kadelburg, das 1825 anstelle eines zweigeschossigen Hauses mit Scheune und Stall vom Kanton errichtete Zollhäuschen. In den Dreissiger- und Vierzigerjahren wurden alte Messehäuser erneuert: 1824 das Vorderhaus des Roten Hauses. 1837–1842 ist die *Waag* biedermeierlich umgebaut worden, der Hof wurde erneuert, die «Totalrenovation» brachte neue Säulen. Das Weisse Haus wurde 1831 umgebaut und renoviert, in der Zimmeraxt ist 1834 ein Saal zur Scheune geschlagen worden, während 1840 in der Oberen Krone ein grosser Biedermeiersaal eingebaut wurde.[35] Bezeichnend für diese Zeit ist auch die Zusammenfassung mehrerer kleiner Häuser in einem grossen Bau mit breiter Fassade: Das

---

[31] Pflästerung: Im StAAG (Nr. 4024) ist die «Specification der Gassen Besetzung Zurzach den 10ten Septbris 1788» erhalten, deren Angaben über Hausbreiten und Vorplätze von unschätzbarem Wert sind. Datum der Ausführung: WELTI, Rathaus, S. 47.
[32] REINLE, Verena, S. 137, 210.
[33] Eine weitere, vergleichbare Loretokapelle: Bernau, Schloss- und Grabkapelle der Familie von Roll, das Wohnhaus dazu ist 1846 abgebrannt.
[34] Das Haus steht auf einem «Garten- und Hofplatz», den die Gemeinde 1828 dem Casimir Hauser zur Einrichtung des «Landjägerquartiers» abgekauft hatte. Schon 1827 verlangte das Polizeidepartement «unverweilt zu wissen, wie es mit dem Bau des hiesigen Landjägerquartiers stehe». Gemeinderatsprotokolle 1827, Nr. 155; 1828, Nr. 331.
[35] Siehe die Zusammenstellung im Anhang.

19 Schwertgasse von Osten, Aufnahme vor 1927.

20 Schelmenturm an der Ecke Hauptstrasse/Baslerstrasse.

Amtshaus, das abgebrochene *Gut,* das *Schwert* und andere «Grossbauten» bekamen ihre Fassade und das französische Mansarddach in dieser Zeit.

Unter den Bauten aus der Zuberbühlerzeit ist vor allem die *Villa Himelrich* zu erwähnen: Auf der Flur Himelrich hatte sich der Fabrikant Jakob Zuberbühler (1840–1904) nach französischen Vorbildern, letztlich den Loireschlössern, in einem Park zwischen Bahnlinie und dem Steilabfall zum Rhein eine doppelgeschossige schlossartige Residenz mit hohem Sockelgeschoss und vorgebauten Turmerkern errichten lassen. Es ist heute eine der wenigen gut erhaltenen Fabrikantenvillen im Kanton Aargau und dient der Antonie-Deusser-Stiftung als Sitz unter dem Namen «Schloss Bad Zurzach». Dass die Villa an der Stelle des Hauptgebäudes im frührömischen Lager steht, wie man seit dem Bau der Nordumfahrung weiss, ist einem sinnvollen Zufall zuzuschreiben.

Charakteristisch für Zurzach ist auch die Folge der hölzernen bretterverschalten *Bohrtürme* in der Barz, Zeugen der Industrialisierung, mit denen Sole als Rohstoff für die Sodafabrikation heraufgepumpt wurde. Sie sind heute stillgelegt. Einer dient als Vereinshaus für den Gesamt-

21 Schlössli Mandach, «Anker» und Schifflände. Aquarell von Franz Heinrich Baldinger, Mitte 19. Jahrhundert.

turnverein, ein zweiter, der unterste, ist als Denkmal und Schaustück vorgesehen, und ein dritter wurde von der Gemeinde dem Verein für Jugendarbeit zur Verfügung gestellt, der hier eine Skating-Anlage einbaute. In der Nacht vom 13. auf den 14. Oktober 1995 brannte der Turm aus und ab, nur sein angesengtes Skelett blieb und wurde schliesslich abgebrochen.

Verschwundene Bauten

Das 19. Jahrhundert und sogar unsere Zeit haben nicht nur gebaut, sondern auch – und nicht wenig – abgerissen. Das *Spital und Armenhaus* stand beim Glockenstich. Nachdem schon 1810 das «Schirm- und Schattenhäuschen», vielleicht die alte Spitalkapelle, abgebrochen worden war, kam 1852 auch das Spitalgebäude auf Abbruch zur Versteigerung. Franz Xaver Bronner hatte das «Armenhaus» 1844 als «sehr alt und klein, doch in gesunder Lage» beschrieben. Es wohnten damals vier Arme darin.[36]

Der *Schelmenturm*. 1563 wurde auf der Tagsatzung mit dem bischöflichen Vogte von Klingnau über den Bau eines Gefängnisses in Zurzach verhandelt. 1569 meldete der Landvogt, er habe am vergangenen Verenamarkt 17 Diebe eingesteckt, der Bau sei dringlich. 1570 hat Clemens Yringer, Baumeister und einer der geschworenen Räte von Zurzach, den Gefängnisturm erbaut, wobei dem Bischof von Konstanz die Hälfte der Baukosten überbunden wurde. Der Turm trug die Inschrift:

> Under de Landvogt ward der durn [Turm] buen [gebaut]
> handle recht, du Gott verdruwen [vertraue auf Gott]
> dann sag ich dir zu dieser Frist
> der herberg du fryg sicher bist.
> Conrad Escher des raths, Landvogt zu Baden im Ergöw 1570 /
> Heinrich Bodmer Landschriber zu Baden im Ergöw 1570.

Im Gemeindearchiv haben sich die Pläne des kantonalen Hochbaumeisters C. Rothplez erhalten, nach denen der Schelmenturm 1872 um ein viertes Geschoss aufgehöht und als Bezirksgefängnis eingerichtet werden sollte. Dazu kam es nicht; der Schelmenturm ist 1899 abgebrochen worden. Dort, wo die Baslerstrasse in die Hauptstrasse mündet, liegen seine Grundmauern wohl noch unter dem Strassenbett.

Das *Schlösschen Mandach*. 1320 übernahm Heinrich von Mandach, Ministeriale des Hochstiftes Konstanz, das Erblehen auf Sidelen unter anderem mit der Verpflichtung,

---

[36] BRONNER, Aargau, 2, S. 210.

22 Stiftsbezirk, 1883 abgebrochene Chorhöfe am Kirchhof und Messestände. Freie Rekonstruktionszeichnung A. Hidber.

dem Stifte jährlich ein Pfund Wachs zu übergeben. Der Name und die Beobachtung, dass 1308, bei der Vergabe des Lehens an Eberhard von Tettinkon (Döttingen) durch das Hochstift, nur vom Land, aber nicht von einem (festen) Haus die Rede ist, werden als Hinweis darauf gedeutet, dass die Mandacher hier erstmals einen Ministerialensitz errichteten. Die von Bischof Eberhard schon bald nach dem Kauf von Zurzach erbaute Rheinbrücke scheint nicht einmal hundert Jahre bestanden zu haben.[37] Wenn die Mandacher in der ersten Hälfte des 14. Jahrhunderts bei der abgegangenen Brücke ihren Sitz einrichteten, so konnten sie vermutlich ein zur Brücke gehöriges Zollhaus des Bischofs übernehmen;[38] so erklärt sich vielleicht die auffällige Lage des Schlösschens Mandach. Das Lehengut

23 Schwertgasstor, Ausschnitt aus einem Aquarell von J. Hauenstein, 1797. Reproduktion nach einem Foto im Museum Höfli, Verbleib des Originals unbekannt.

wechselte verschiedentlich den Inhaber – auch die Schaffhauser Familie des letzten Abtes von St. Georgen in Stein am Rhein, David von Winkelsheim, war eine Zeit lang im Besitze des Lehens; die Lehensherrlichkeit gelangte schliesslich 1500 ans Zurzacher Stift. Die beste Zeit erlebte das Anwesen ab 1670 unter dem verdienten Stiftsamtmann Johann Jakob Acklin. Er richtete das zerfallene Haus in den Jahren 1671–1673 wieder her – zwei Türen aus dieser Bauzeit sind im heutigen Rathaus wiederverwendet –, erbaute einen Saal, neue Stallungen, eine Weinpresse (die 1796 abgetragen und verkauft wurde), Waschhaus, Brunnen, im Garten ein Gartenhäuschen, eine «Rondölle» – einen kleinen Rundpavillon, der auf dem Kirchlibuck-Aquarell von «Capl. Meyer» (Stiftskaplan und Zeichenlehrer Xaver Meyer, vor 1829) noch zu sehen ist[39] –, kurz alles, was für das Funktionieren und die Repräsentation eines barocken Herrenhauses notwendig war. Nach Acklins Tode 1690 gelangte das Gut 1691 an den Abt von St. Trudpert im Schwarzwald. Im Schlösschen, seiner Zufluchtsstätte, ist Abt Roman Edel (1665–1694) gestorben. Er wurde im Verenamünster bestattet. 1744 hielten sich hier die Äbte von St. Trudpert und Schwarzach während der Belagerung Freiburgs durch die Franzosen auf.[40] Bald danach verkaufte die Abtei das Lehen wieder. Es gelangte 1749 an Winterthurer Kaufleute, 1771 an den Freiherrn Tschudi von Gräpplang, 1789 an den Knopfmacher Johannes Gross zum Herz in Zurzach, schliesslich an Johannes Höhn von Horgen, der 1812 die stiftische Lehensherrlichkeit ablöste. Das Schlösschen wechselte in der Folge noch mehrfach den Besitzer und verwahrloste. 1871 diente es als Quartier für sechzig Soldaten der Bourbaki-Armee. Das Haus Mandach, das sich zeitweilig «eines sehr zweideutigen Rufes erfreut haben soll», war zuletzt «eine der bescheidenen und gerne besuchten Wirtschaften des Ortes».[41] Es wurde 1906 beim Bau der Rheinbrücke als «alter Kasten» dem Verkehr geopfert. – Im selben Jahr verlor auch die «Pinte» in der Barzmühle das Wirterecht.[42] Von den drei Wirtschaften am Rhein überdauerte der «Anker» noch einige Jahrzehnte, bis zum Bau der Nordumfahrung.

Chorhöfe. Lehrer Johann Kappeler schrieb am 14. August 1876 in die Turmknopfurkunde des Rathauses: «in diesem Jahr wurde auch das Collegiatstift zur hl. Verena auf-

---

[37] Siehe dazu den Beitrag von H. Maurer, S. 135 f.
[38] Vielleicht als Nachfolger der Familie von Zurzach, siehe den Beitrag von HR. Sennhauser, S. 9.
[39] 1839 vom neuen Besitzer, Hptm. Keller, abgerissen. Brandkataster 1829, S. 163.
[40] Huber, Urkunden, S. 75, Anm. 1. – Wolfgang Müller, St. Trudpert, in: Die Benediktinerklöster in Baden-Württemberg, bearb. von Franz Quarthal, Ottobeuren/Augsburg 1975 (Germania Benedictina, 5), S. 606–614.
[41] Huber, Urkunden, S. 80, Anm. 1; Huber, Geschichte, S. 143, Anm. 1.
[42] Attenhofer, Barzmühle.

24 Haus «zum Anker» und Fahrstrasse zur Schifflände hinunter.

gehoben, das gegenwärtig noch sieben Mitglieder zählt. Auch dadurch hofft Zurzach wieder eine Verschönerung zu erhalten, indem die Häuserreihe vor der Stiftskirche, die baulich in sehr schlechtem Zustand sich befindet, geschlissen werden solle. Möge es geschehen!» Es geschah 1883. Die Westfassade des Münsters, darauf in keiner Weise vorbereitet, fühlt sich seit dieser Bloss-Stellung hilflos und nackt.

Das *Tor*. Zurzach besass nie eine Stadtmauer, aber am Ostausgang des Fleckens schlossen zwei quergestellte Häuser die Schwertgasse ab. Unter dem bergseitigen führte die Strasse durch eine weite Rundbogenöffnung in die Schwertgasse hinein. Der Flecken hatte keinen Torturm, und das einfache Hausteintor war in keiner Weise architektonisch ausgezeichnet; es wirkte wie ein grosses Scheunentor in der Rückfassade der Schwertgasshäuser. Repräsentation war nicht seine Aufgabe, noch viel weniger Befestigung – es diente wohl einfach dazu, nachts den Flecken gegen den offenen (Pferde- usw.) Markt davor abzuschliessen. Das Tor ist 1829 abgebrochen worden.[43]

Unter den Veränderungen, die das Ortsbild empfindlich beeinträchtigten, ist die «Schwachstelle der Nordumfahrung» beim *Anker* im Burgquartier zu nennen. Hier endete die Strasse bis zum Bau der Umfahrungsstrasse im Rhein: Es war die Stelle, an der die Rheinfähre anlegte und wo die Waren in den Zeiten der Messe geländet und auf Wagen verladen wurden. Die breite, flache *Ländestelle* ist heute verbaut, die steil abfallende Strasse läuft sich an einem Wall tot, hinter dem die Nordumfahrung das Burgquartier vom Rhein trennt. Damit ist dem ganzen Quartier die ehemals anschaulich demonstrierte ursprüngliche Daseinsberechtigung genommen: Wer ahnt noch die Lände, die für Zurzach so unendlich wichtig war; wer merkt heute noch, dass hier Fischer, Stüdeler, Fuhrleute und Gerber wohnten, die sich alle vom Gewerbe am Wasser, vom Rhein, dem Fischfang, dem Verkehr auf dem Rhein und über den Rhein ernährten?

Zu den grossen Verlusten in der weiteren Umgebung von Zurzach ist der Abbruch des reizvollen auf sechseckigem Grundriss mit zentralem spätmittelalterlichem Turm erbauten Schlösschens *Schwarzwasserstelz* zu zählen. Auf dem Felsen im Rhein steht seit dem Zweiten Weltkrieg eine Festung. Ursprünglich war hier der Sitz der von der zweiten Hälfte des 12. bis in die erste Hälfte des 14. Jahrhunderts genannten Freien von Wasserstelz. Das Schloss war 1589–1831 im Besitz der Familie Tschudi von Glarus und geriet dann in Verfall. 1875 wurde es auf Abbruch an die Unternehmer der Rheintallinie verkauft und abgetragen. Das Portal gelangte nach Zurzach (wo im Stationsgebäude auch Steine aus dem Abbruch verbaut wurden) und ist hier im Hause zur Arche (früher «Gartenhaus») eingebaut.

---

[43] Brandkataster 1829, S. 195 (kleines Schwert).

Abbildungsnachweise:
Fotos und Zeichnungen A. Hidber, wenn nicht anders vermerkt.
1, 9a) Gemeindearchiv Zurzach.
3) Luftbild Schweiz, Dübendorf.
6) Grosser Sternen: Archiv für Denkmalpflege, Bern; Kaufhaus: Museum Höfli, Zurzach.
7, 8, 12, 17, 20, 21, 23) Museum Höfli, Zurzach.
9, 19) Sammlung Photoglob, Archiv für Denkmalpflege, Bern.

2 Geologie, Urgeschichte und Römerzeit

A

ALAMANNI

SILVA MARCIA

- Argentonte·
- IS· VII· · XII· Heletum· XII·
- Argentouaria· XIII·
- Cambete· VII·
- Arialbinnum· VI· Augusta Ruracum· Vindonissa· Tenedone· VIIII· Iulio mago· XI· Brigobanne·
- ambete· VII· XXII· Arbor felix· BRIGANTIO
- alodurum· XXII· Ad fines· XXVI· VIIII·
- Arialbinum· VI·

fl· Betuctelu· Lacus· Cusius· fl· Rhetia·
MESIATES
CENOMANI

- In summo Pennino· Lacus· Rhenus· Eporedia· XXVII·
- fl· Orsus· Eudracinum· XXV· Augusta Pretoria· Vtricio· XXVI· INSUBRES
- VI· TAVRINIA· XVIII·
- Ariolica· XVI· Arebrigium· XXV·
- Augusta Taurinor·
- URBI· fl· Varusa· fl· Bersula·
- fl· finibus· XVII· fl· Stula·
- XVII· Segusione· fl· Iala·
- fl· Martis· fl· Duria· Polentia· XVI· Hasta·
- fl· Fruos· fl· Laris· fl· Labonia· Alba Pompeia· foro fului· Ad Dertona· IRIA·
- Aquis Tatelis· X·
- fl· Locus· G· V· R· I· VELI·
- XII· Dertona· in Alpe pe·
- Calanico· XX· Crixia· XXII· Libarnum· Genua· Ricina· VII· ad solaria· V·
- Vadis Sabates· VIIII· Vico Virginis· Ad natalia· VII· Ad figlinas· XX· VII· Ad montia·
- Alba Docilia· Hasta· XVI·
- Aquilanis· Ins· CORSICA
- fl· Varatio· fl· Cattaro· Portu Delfino· Alba Hercul· fl· Iouis· Seneca· Sulci· Scapi· INS· SARDI·
- angu portus· pulsita· hs· Crucis·

- Partianis· XVI· Suluertam· VII· Iaca· VIIII·
- XLIIII· Ÿedibus· XVIII· Cirta colonia· P· Ad pluch·
- XXV· Ad Palmam· XII· · IIII·
- Numiturana· Aquartille· VIIII· Thigisi· VI· Tuenebreste·
- VIII· Buduri· V· Sigus· VIIII·
- Ad Iali· XII·
- Thamugadi· VIII· Popleto· V· Ziuiana· XVIII· Vico aureli·
- Symmachi· VIII· Ad duo flumina· VIIII· G· Ad calceum Herculis·

Werdende Landschaft

ERICH BUGMANN

Grundgebirge und Gesteine des Untergrundes entstehen

Die Gesteine des nahen Schwarzwaldes und der geologische Sockel des Raumes Zurzach entstanden während der herzynischen Gebirgsbildungsphase im Erdaltertum (Paläozoikum), etwa 400 Millionen Jahre vor unserer Zeitrechnung. Im Laufe des zu Ende gehenden Erdaltertums muss das Schwarzwaldgebirge bereits stark abgetragen worden sein. Von der Art seiner Gebirgsnatur zeugen die nördlich des Raumes Berau und in den Schwarzwaldtälchen anstehenden kristallinen Gesteine, vorwiegend rötliche Schwarzwaldgranite.[1] Im Untergrund von Zurzach wurde Schwarzwaldgestein in Form eines grobkörnigen rötlichen *Muskowitgranits* erstmals in einer Tiefe von rund 415 Metern in den «Schulmatten» im Jahre 1913 und später[2] bei der Erbohrung des Zurzacher Thermalwassers, das in Klüften des Schwarzwaldgranits geführt wird, erschlossen.

---

[1] Nach der Geologischen Karte der Schweiz 1:200'000 und nach HANS SUTER, Geologie von Zürich, einschliesslich seines Exkursionsgebietes, Zürich 1939.

1 Blick vom Koblenzer Laufen über Rietheim nach Zurzach, Luftbild Schweiz, Dübendorf, 1958.

Vorsatzbild: Ausschnitt aus der «Tabula Peutingeriana», Bildarchiv der österreichischen Nationalbibliothek, Wien.

Werdende Landschaft

Geologische Zeittafel

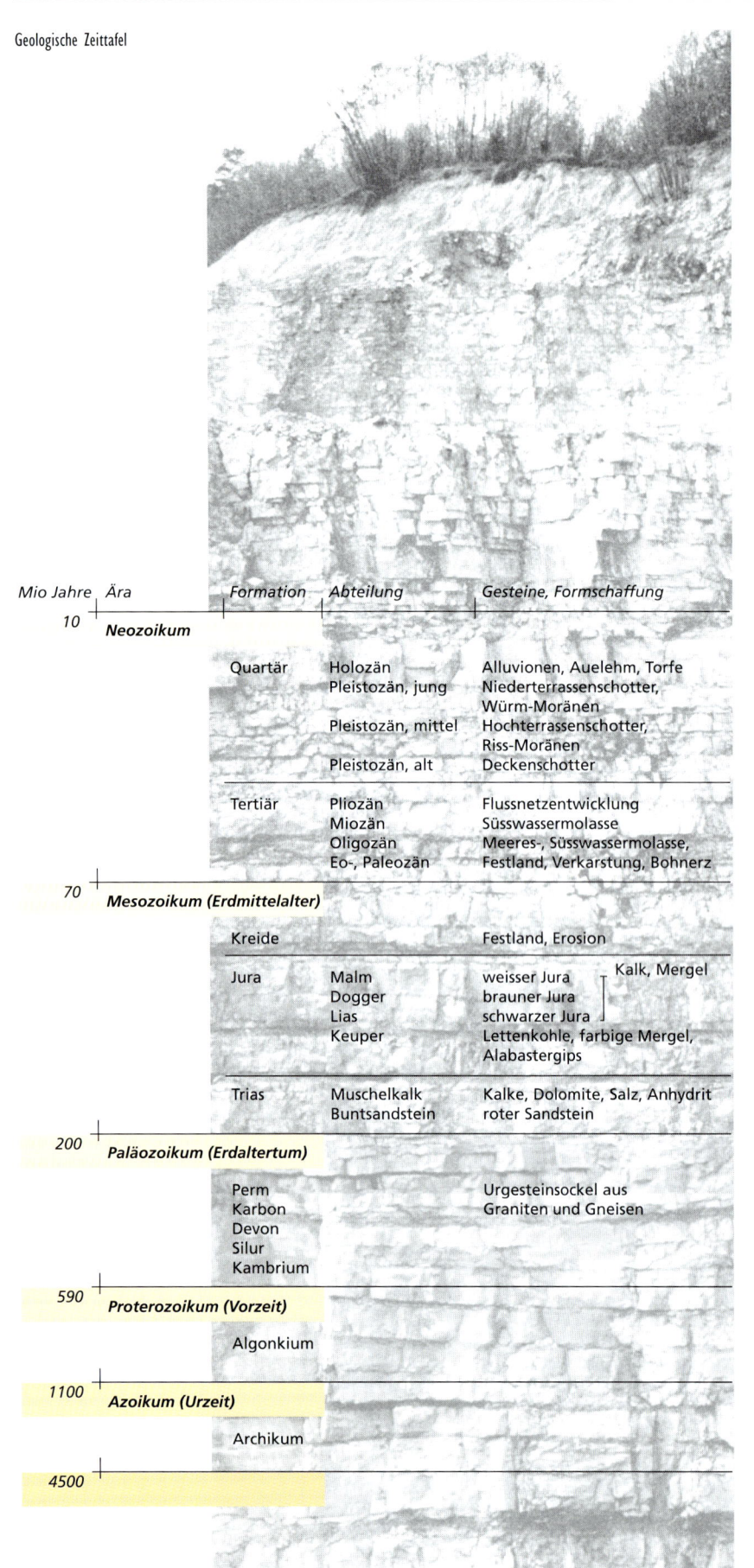

Mio Jahre	Ära	Formation	Abteilung	Gesteine, Formschaffung
10	**Neozoikum**			
		Quartär	Holozän	Alluvionen, Auelehm, Torfe
			Pleistozän, jung	Niederterrassenschotter, Würm-Moränen
			Pleistozän, mittel	Hochterrassenschotter, Riss-Moränen
			Pleistozän, alt	Deckenschotter
		Tertiär	Pliozän	Flussnetzentwicklung
			Miozän	Süsswassermolasse
			Oligozän	Meeres-, Süsswassermolasse,
			Eo-, Paleozän	Festland, Verkarstung, Bohnerz
70	**Mesozoikum (Erdmittelalter)**			
		Kreide		Festland, Erosion
		Jura	Malm	weisser Jura ⎫ Kalk, Mergel
			Dogger	brauner Jura ⎬
			Lias	schwarzer Jura ⎭
			Keuper	Lettenkohle, farbige Mergel, Alabastergips
		Trias	Muschelkalk	Kalke, Dolomite, Salz, Anhydrit
			Buntsandstein	roter Sandstein
200	**Paläozoikum (Erdaltertum)**			
			Perm	
			Karbon	Urgesteinsockel aus
			Devon	Graniten und Gneisen
			Silur	
			Kambrium	
590	**Proterozoikum (Vorzeit)**			
			Algonkium	
1100	**Azoikum (Urzeit)**			
			Archikum	
4500				

Aus der Triaszeit, deren Beginn auf 220 Millionen Jahre vor unserer Zeitrechnung anzusetzen ist, sind nördlich der Linie Waldshut–Tiengen folgende Ablagerungsgesteine aufgeschlossen:[3] Auf dem Kristallin liegt direkt der *Buntsandstein*. Er zeugt von einem heissen tropischen Klima mit wüstenhaftem Charakter. Über dem Buntsandstein lagert der gegen 200 Meter mächtige *Muschelkalk*. Er trägt heute die fruchtbaren Ackerflächen des Schwarzwaldvorlandes südlich von Berau. Zur Muschelkalkzeit lag unser Gebiet in einem flachen Schelfmeer. Die vielen Versteinerungen dieser Formation zeugen davon. In Küstenzonen des Muschelkalkmeeres entstanden zeitweise Lagunen, die unter heiss-trockenen Klimabedingungen rasch versalzten. So finden wir heute Gips, Anhydrit und Kochsalz linsenförmig eingeschlossen in Kalk- und Dolomitgestein des Muschelkalks. Das alte Gipsbergwerk an der Fullhalde war in dieser Formation angelegt. Salzlager in Tiefen von 300 bis 360 Metern wurden im Raume Rietheim/Zurzach von 1913 bis 1977 erbohrt und genutzt. Ablagerungen des *Keupers* sind stark verbreitet zwischen Wutachtal und Klettgau; sie stehen auch an längs der Eisenbahnlinie zwischen Rietheim und dem Koblenzer/Laufen.[4] An der Basis der Keuperschichten liegen ein bis zwei Meter Lettenkohle, entstanden aus einem tropischen Küstenwald. Über dieser Lettenkohle folgen Wechsellagerungen von roten, grünen und gelben Mergeln mit Einschlüssen von rosigem Alabastergips, die sich wiederum im Küstengebiet eines tropischen Meeres gebildet haben müssen.

Während der Jurazeit, etwa 150 Millionen Jahre vor unserer Zeitrechnung, war der Raum südlich des Schwarzwaldes bedeckt vom Jurameer. Weil sich dessen Boden über Jahrmillionen abwechselnd hob und senkte, wurden Flachmeerbildungen (Kalk) alternierend mit Tiefseeablagerungen (Tonen) sedimentiert. So wechseln in den jurassischen Schichten Kalksteine mit kalkigen Mergeln und mergeligen Tonen. Der *Lias* (schwarzer Jura) besteht zur Hauptsache aus einer Kalklage mit Bänken von versteinerten Austernschalen der Gattung Gryphea.
Diese dunkle Kalkbank bildet eine Liaskante vom unteren Hang des «Rappenschnabels» an nordwärts. Den unteren Teil des *Doggers* (brauner Jura) bildet der Opalinuston, der sich vom «Rebberg» in die Tälchen gegen Acheberg und Zurziberg hineinzieht. Der Opalinuston neigt stark zu Vernässungen und Rutschungen. Der Dogger schliesst nach oben ab mit braunen, versteinerungsreichen und in einzelnen Lagen leicht eisenschüssigen Kalken, die die steilen Gehänge westlich Zurzachs bilden und bei der Sodafabrik nach Süden untertauchen. Der *Malm* (weisser

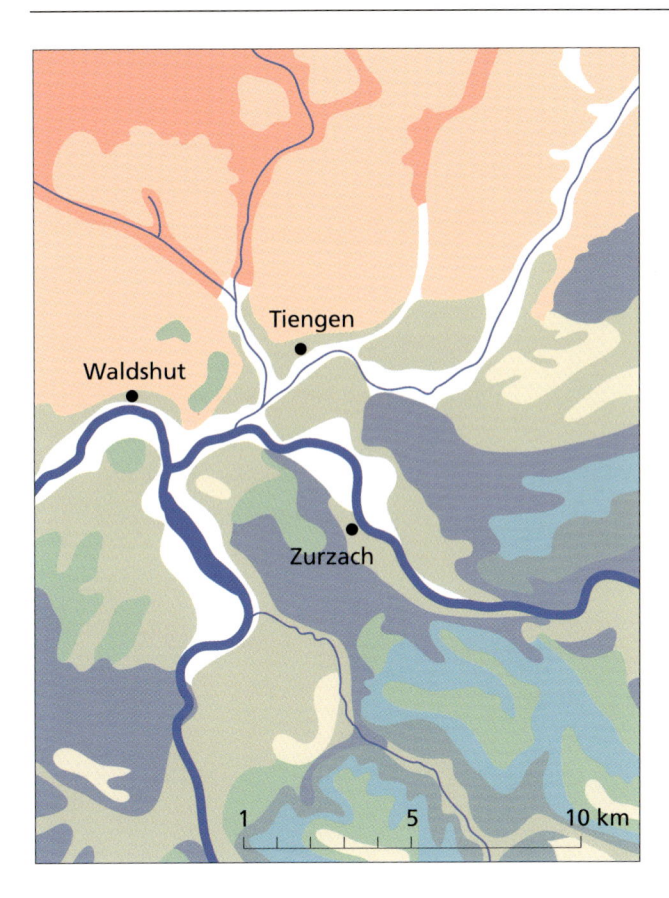

Vom Ende der Jurazeit über die *Kreidezeit* und bis in die Anfänge der *Tertiärzeit,* das heisst über einen Zeitraum von rund 100 Millionen Jahren, bildeten die aus dem verlandenden Jurameer aufgetauchten Gesteine ein flaches Festland. Auf der vorwiegend von wasserdurchlässigen Kalken gebildeten Landfläche setzten Erosion und Verkarstung ein. In Taschen, Klüften, Dolinen und Hohlräumen der Kalkgesteine wurde roter Ton mit bohnenförmigen Eisenerzkonkretionen zusammengewaschen. Diese Taschen waren je nach Abbaustand während Jahrzehnten im alten Steinbruch der Sodafabrik erkennbar. Bohnerz wurde in früheren Jahrhunderten auch in unserer Gegend gegraben, so auf dem «Stocken» oberhalb Tegerfelden, am Nordrand des «Nurren» und im «Schlosswald» bei Kaiserstuhl.[6]

2 Geologische Übersichtskarte nach Geologischer Karte der Schweiz, Mst. 1:200'000, Blatt 2.

Flussnetzentwicklung und eiszeitliche Formbildung

Während der mittleren und jüngeren *Tertiärzeit* lag nördlich der sich bildenden Alpen im Raume des heutigen schweizerischen Mittellandes und Juras bis zum Wienerbecken ein Meeresarm. Er war zeitweise offenes Meer, zeitweise Binnenmeer, zeitweise Süsswassersee. Aus dem Fehlen der sandigen Ablagerungen dieses Molassemeeres am Fusse des Schwarzwaldes lässt sich schliessen, dass seine Küstenzone im *Oligozän und zu Beginn des Miozäns* auf der Linie Bözberg–Zurzach–Klettgau lag.

In das sich ins Wienerbecken zurückziehende ausgesüsste Molassemeer schotterten kleine Seitenflüsschen aus dem Schwarzwald Gerölle ein.[7] Solche Ablagerungen, die so genannte *Juranagelfluh,* finden sich im «Berg» östlich von Tegerfelden und östlich der Küssaburg.[8]
Gegen Ende des Miozäns setzte im Schwarzwald eine Anhebung ein, und alpine Schübe aus südlicher Richtung führten zu leichter Faltenbildung im östlichen Jura.[9]

Jura) setzt ein mit den hundert Meter mächtigen Effingerschichten, einer Wechsellagerung von grauen Kalkmergeln mit mergeligen Kalkbänken.[5] Sie ziehen sich von Rekingen aus südlich des «Hörndli» in die weite Muldentalung zwischen Zurziberg und Tegerfelden. Der Malm schliesst in unserer Gegend ab mit den hellen gelblich-weissen Wangener- und Badenerkalken, die den Deckel des «Hörndli» bilden und «Im Rank» am Schachen anstehen.

[2] Bader, Geologie, S. 11–21.
[3] Wie Anm. 1.
[4] Verzeichnet auf der Geologischen Karte in Bader, Geologie, und auf Blatt 1050 Zurzach des Geol. Atlas d. Schweiz 1:25'000.
[5] Bader, Geologie, S. 49 ff.
[6] Bader, Geologie, S. 55.
[7] Schaad, Juranagelfluh; Hans Rudolf Graf, Die OMM und OSM im Gebiet des Kleinen Randen, in: Mitteilungen der Naturforschenden Gesellschaft Schaffhausen 36, 1991, S. 1–44, hier S. 19.
[8] Bader, Geologie, S. 58; Schaad, Juranagelfluh, S. 26–27.
[9] Hennig, Schweizer Flussnetz, S. 12, und Bugmann, Untersuchungen, S. 81.

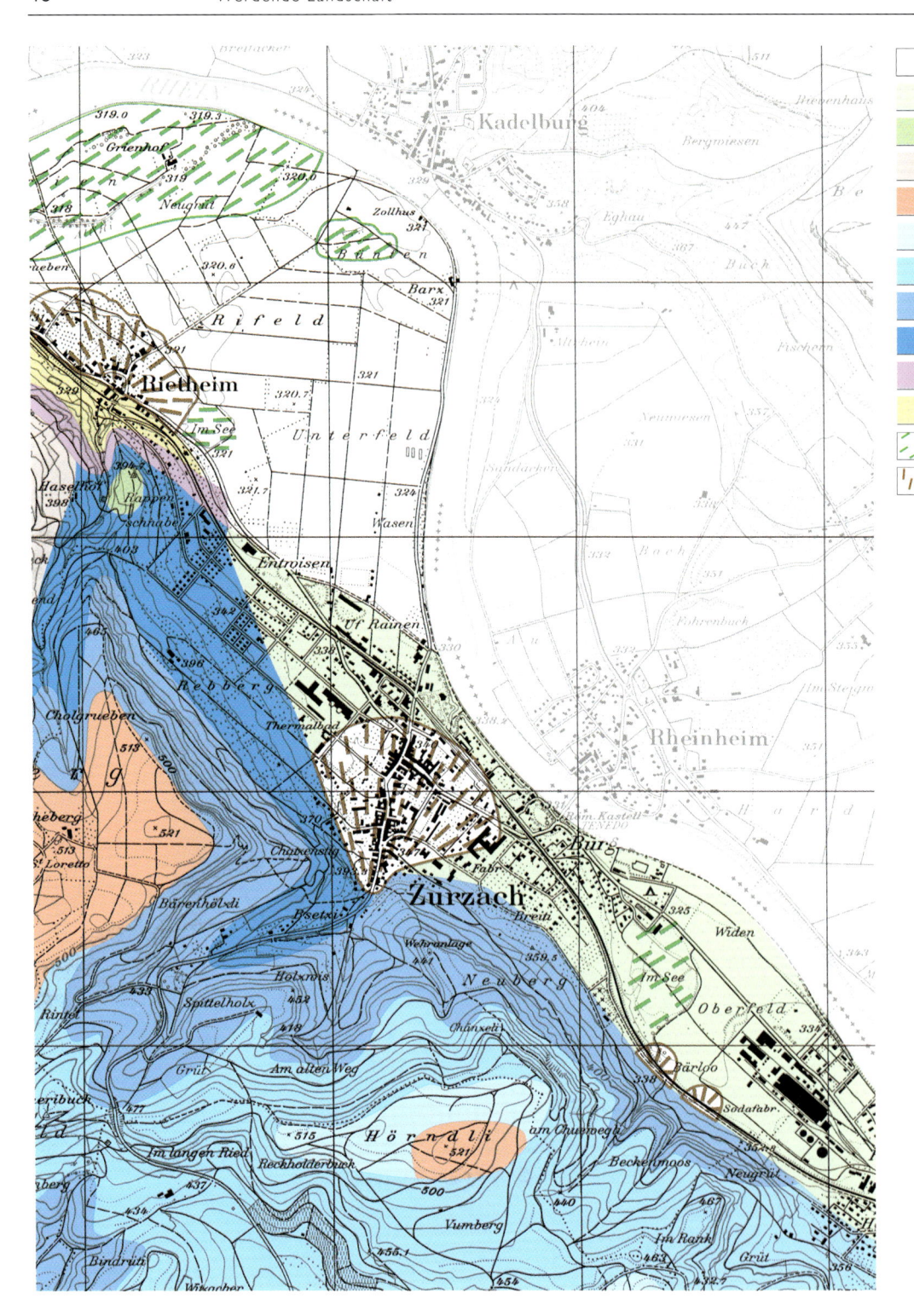

Werdende Landschaft

	Alluvialböden (Holozän)
	Niederterrasse (Jung-Pleistozän)
	Moräne der Risseiszeit
	Hochterrasse (Mittel-Pleistozän)
	Deckenschotter (Altpleistozän)
	Wangener-Kalke (Weisser Jura, Malm)
	Effinger-Mergel (Weisser Jura, Malm)
	Braune Kalke (Brauner Jura, Dogger)
	Opalinuston (Brauner Jura, Dogger)
	Liaskalke (Schwarzer Jura, Lias)
	Keupermergel (Obere Trias)
	Junge Vermoorung, Auelehm
	Schuttfächer

3 Geologische Karte von Zurzach, nach Bader (1925), Bugmann (1958). Eidg. Landestopographie, Ausschnitt LK 1050.

Die landfest werdenden Höhen von «Acheberg» und «Hörndli» bildeten mit den Triasflächen nördlich des Rheins (vgl. Abb. 1) eine geschlossene flache Schichtstufenplatte knapp über dem Meeresniveau. Diese Schichtstufenplatte wurde in den letzten zehn Millionen Jahren der Erdgeschichte um rund sechshundert Meter auf die heutige Höhe gehoben, und ein sich entwickelndes Flussnetz begann die späteren Talräume auszumodellieren. Zunächst wurde das Gebiet der zentralen Nordschweiz durch einen Vorläufer der Aare über den Raum des heutigen Zurzibietes zur Donau als *Uraare–Urdonau*[10] entwässert. Im *Pliozän,* dem letzten Abschnitt des Tertiärs, veränderten weitere sich ins anschliessende *Pleistozän* fortsetzende tektonische Bewegungen das Entwässerungsnetz.[11] Andauerndes Einsinken des Grabenbruchs der heutigen Oberrheinischen Tiefebene führte zu intensivem Rückwärtseinschneiden des Oberrheins (vgl. Abb. 3). So wurde im Raume Waldshut die Urdonau angezapft. Damit verlor diese ihren Oberlauf, der nun als Uraare Richtung Basel zum Oberrhein floss. Der Alpenrhein ergoss sich damals nordwärts über Oberschwaben zur Donau. Das Quellgebiet eines *Urhochrheins* lag im Raume Schaffhausen, und durch das heutige Rheintal floss zwischen Buchberg und Koblenz ein Fluss, der als *Urtöss* bezeichnet werden kann.

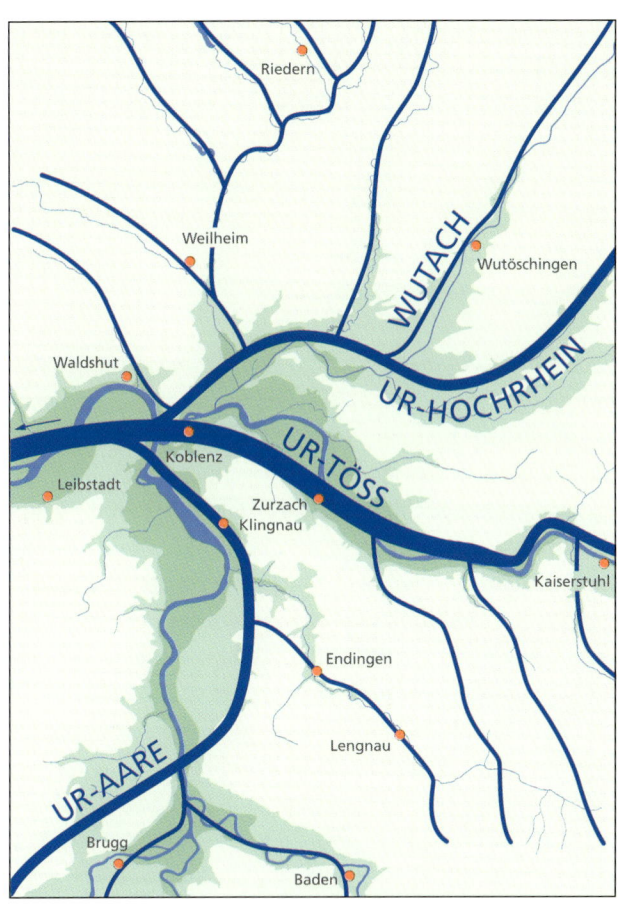

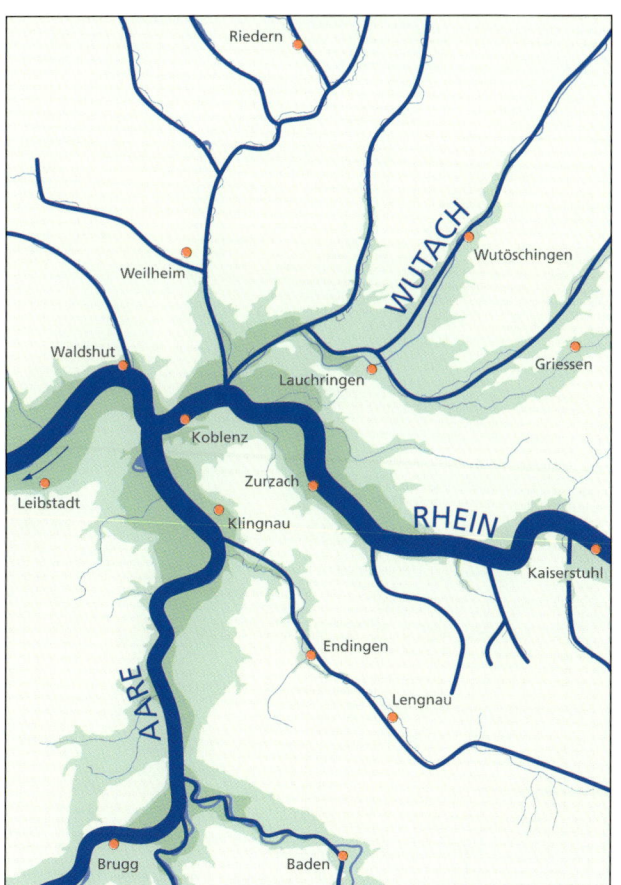

Die Landschaft präsentierte sich danach als *flaches Schichtstufenland*, das zergliedert war durch Flussrinnen von bis zu fünfzig Metern Tiefe.

Das *Pleistozän* (Eiszeitalter) brachte die entscheidensten und nachhaltigsten Landschaftsveränderungen. Zunächst erfolgte in der Günz-Mindel-Zeit eine Überlagerung des Reliefs mit *Deckenschottern*. Wir finden die Oberflächen dieser bis zu hundert Meter dicken kompakten «löcherigen Nagelfluh-Schichten» auf den Tafeljuraflächen von «Acheberg» und «Hörndli» sowie auf den Molasserücken des «Studenlandes» in Höhenlagen bis zu 600 Metern über dem heutigen Meeresspiegel.[12]

Im *Mittel-Pleistozän* (Riss-Zeit) tieften sich die Flusstäler zunächst stellenweise bis unter die heutige Talsohle ein. Dabei fand der Alpen-Rhein infolge von Senkungen im Bodenseeraum den Weg durch das Klettgau zum *Hochrhein* (vgl. Abb. 4).

Danach wurden die breit auserodierten Sohlentäler mit *Hochterrassenschottern* aufgefüllt. Nach einer erneuten Erosionsphase überdeckten schliesslich die vorrückenden Eismassen der grössten Vergletscherung, der Riss-Eiszeit, die Restflächen der Deckenschotter und Hochterrassenschotter und den östlichen Jura bis an den Südrand des Schwarzwaldes.[13]

Nach dem Abschmelzen dieser Eismassen blieben *Riss-Moränen* auf dem überfahrenen Relief deponiert, und der Hochrhein fand seinen endgültigen Lauf von Schaffhausen durch das heutige Rheintal über Eglisau und Zurzach nach Koblenz (vgl. Abb. 4). Ein grossflächiges Hochterrassenfeld finden wir auf dem Rietheimer «Berg» (vgl. Abb. 1, 2), Rissmoränen am «Rappenschnabel», auf dem

4 Flussnetz im Alt-Pleistozän vor ca. 1 Mio Jahren.

5 Flussnetz nach der grossen Eiszeit (Riss, Mittelpleistozän) vor ca. 100'000 Jahren.

[10] MÜLLER ET AL., Geologische Langzeitszenarien, S. 22–23.
[11] HENNIG, Schweizer Flussnetz, S. 13–14; BUGMANN, Untersuchungen, S. 83 ff.; MÜLLER ET AL., Geologische Langzeitszenarien, S. 22–27.
[12] FREI, Monographie, S. 147–151; HENNIG, Schweizer Flussnetz, S. 15–16, und HANS RUDOLF GRAF, Die Deckenschotter der zentralen Nordschweiz, Diss. Nr. 10205 ETH Zürich, 1993, S. 137–144; vgl. auch Kartenbeilagen in den hier zitierten Arbeiten dieser Autoren.
[13] HANTKE, Eiszeitalter, S. 323.

Koblenzer «Buck» und als dünne Überlagerung auf den Deckenschottern.[14]

Während des *Jung-Pleistozäns* erreichten die Gletscher der Würm-Eiszeit im Rheintal die Gegend von Buchberg-Rüdlingen, wo sie ihre Endmoränen deponierten.[15] Das extra-moränische Gebiet von Zurzach war geprägt durch ein kaltes Klima mit einer spärlichen tundrenartigen Vegetation und den typischen Bodenbildungs- und Abtragungserscheinungen, die heute in subpolaren Breiten und in den subnivalen Höhenstufen der Alpen beobachtet werden können.[16] Intensive Frostwechselperioden im Frühsommer und im Spätherbst führten zur Aufbereitung eines *Frostschutt-Lockerbodens*. Da der Boden im Sommer nur oberflächlich auftaute, glitt dieser Frostschutt selbst bei geringen Gehängeneigungen über den im Grenzbereich feucht-schmierigen Dauerfrosthorizont als *Fliesserde* langsam talwärts. Diese Form der Abtragung, als Solifluktion bezeichnet, führte zu einer kontinuierlichen Entblössung der Hänge und zur Ablagerung von Fliesserde in den Hangfussbereichen. Kleinere Bachläufe vermochten während der kurzen Sommer den in ihren Talquerschnitten anfallenden Schutt nur mit Mühe wegzuräumen. So blieb im Talboden des Chrüzlibachtales eine typische *Lokalfacies* solcher Schuttmassen liegen. Sie war südlich der Kalkfabrik Rekingen in den Fünfzigerjahren durch eine Grien-Grube aufgeschlossen. Es handelte sich um geschichteten Schutt aus eckigen Wangenerkalken mit leichtem Kantenschliff und Geröllen aus umgelagertem Deckenschotter mit viel Feinsand. Diese Ablagerung wurde in Rekingen auch in vielen Baugruben gefunden und wird als Chäppeligrien bezeichnet.[17] Gleichzeitig mit dem Abgleiten der Fliesserde von den Gehängen und dem Ablagern von Lokalfacies durch kleinere Bäche erfolgte die Aufschüttung der *Niederterrasse* im Rheintal. Sie besteht aus gut gerundeten Geröllen alpiner Herkunft, ist aber in Hangnähe mit Fliesserde- und Lokalschuttbildungen vermischt.[18]

Die versumpfte Zone der Niederterrasse «Im See» zwischen Zurzach und der Sodafabrik erklärt sich durch Lehmabdichtungen, die während und nach der Aufschotterung der Niederterrasse infolge von Erdfliessen von den Effingermergelsteilhängen am «Hörndli» und durch Schuttfliessen in zwei Bachkerben südwestlich des «Oberfeldes» eingelagert wurden (Abb. 2). Gegen Ende des Jungpleistozäns und im Holozän näherten sich mit der Klimaverbesserung und dem Einzug der Wälder die Vegetation und die formschaffenden Vorgänge den heutigen Verhältnissen. Der Rhein schnitt sich seinen aktuellen Lauf in die Niederterrasse ein und erniedrigte sie durch breitflächige Erosion zwischen Rekingen und Zurzach und im Rietheimer Feld um einige Meter. Das Rietheimer Feld wurde dabei mit lehmigen und feinsandigen Alluvionen überschwemmt, in denen es lokal zu Vernässungen und Vermoorungen kommen konnte (Abb. 2).

Zeugen der jüngeren nacheiszeitlichen Abtragungsvorgänge sind die scharfen Kerben in den kleinen Bachtälern und die von ihnen auf die Niederterrasse vorgebauten flachen Schuttfächer (Abb. 2).

Die Landschaft um den Flecken Zurzach wurde eingeprägt in einen klar gegliederten und leicht überblickbaren geologischen Schichtstufensockel. Über und in die präglaziale Tafellandschaft schrieben Gewässerläufe, Eiszeiten und klimamorphologische Vorgänge Erdgeschichte mit eigener Handschrift. Der Wechsel von Enge und Weitungen im Rheintal und der Terrassenstandort vor der Kulisse und den Piedmontflächen des Schwarzwaldes vermitteln unverwechselbare landschaftsästhetische Aspekte und damit wesentliche Voraussetzungen für das Wohlbefinden und die heimatliche Identifikation menschlicher Gruppen. Die über dem Rheinlauf leicht erhöhte Nischenlage, die für einen Brückenschlag günstige nahe Flussenge, der rückwärtige Übergang über den Tafeljura ins nahe Mittelland und der Rhein als Wasserweg bildeten naturräumlich günstige Voraussetzungen für Ansiedlung und wirtschaftliche Aktivitäten des Menschen auf dem Flecken Zurzach.

---

[14] BUGMANN, Beiträge, S. 109–112; HANTKE, Eiszeitalter, S. 246 ff.
[15] HANTKE, Eiszeitalter, S. 377.
[16] LÜDI, Pflanzenwelt; BUGMANN, Eiszeitformen, S. 34–35.
[17] BUGMANN, Eiszeitformen, S. 72–73.
[18] Wie vorhergehende Anm.

Abbildungsnachweise:
1) Luftbild Schweiz, Dübendorf.
2, 4, 5) N. Hidber nach E. Bugmann.
3) Bearbeitet von N. Hidber auf Grundlage der Landeskarte Blatt 1050 und E. Bugmann.

Bodenfunde, Baubefunde – Quellen für unsere Geschichte
Chronik archäologischer Beobachtungen seit dem Mittelalter

Hans Rudolf Sennhauser

Seit mittelalterliche Quellen über Verena und Zurzach berichten, wird auch von römischen Altertümern gesprochen. Das Mirakelbuch erwähnt um 1000 die aus dem Rhein bei Koblenz geborgenen römischen Steine mit eingemeisselten «Schriftzeichen und menschlichen Gestalten», die man den Fundamenten des romanischen Münsters unterlegte. Dieselbe Quelle erzählt von den Hirten, die «in der alten Stadt am Rhein» ein steinernes Gefäss gefunden hatten.

Das Andenken an diese «vergangene Stadt» wurde durch alle Jahrhunderte von dem auf dem Kirchlibuck und auf Sidelen emporragenden festen Gemäuer wachgehalten.[1] Nach Johannes Stumpf (1547) werden «ausserhalb umb den Flaecken», so beim «alten Schloss daselbst, welches ohne Zweifel noch ein römisches Gebäude» sei (Stumpf spricht vom Schlösschen Mandach), «allerhand Roemischer Antiquitäten» gefunden sowie «heidnische Münzen» aus Erz, Silber und Gold. Aegidius Tschudi (1505–1572) war zweimal[2] für je zwei Jahre Landvogt in der Grafschaft Baden. Er interessierte sich für die römischen Altertümer, speziell für Inschriften, kopierte sie (und ergänzte sie zum Teil). In der Gallia Comata[3] spricht er von der «gebrochenen» Burg oder der «Stadt» Forum Tiberii am Rhein, die sich nach Aklin und andern von der Warte im Oberfeld bis zur Entwiese über 2,5 km erstreckte, wie Ruinen nach der Meinung jener Zeit bezeugen. Mit ihrem Steinmaterial wurde dann nach der Zerstörung der Stadt durch die Alamannen zur Zeit Diokletians (284–305) der Flecken Certiacum erbaut, als dessen «Stifter» Tschudi den Veteranen sieht, dem der «Certus-Stein» von seinen Erben gesetzt wurde. Diesen Stein sah Tschudi schon, wie es noch heute ist, neben der Türe der Oberen Kirche in die Kirchenmauer eingelassen. Er behauptet, ein kleineres ergänzendes Stück der Inschrift (als Trittstein) bei der Türe der Propstei gesehen und kopiert zu haben.

Die Angabe Tschudis zum Inschriftfragment wird heute eher angezweifelt, was aber nicht viel an der Interpretation der Inschrift ändert. Recht hat Tschudi mit der Aussa-

---

[1] Siehe Literatur zu Kirchlibuck, frühchristliche Kirche und Nebengebäude.
[2] 1533 und 1549, als nach 16 Jahren wieder ein Glarner das Amt übernehmen konnte.
[3] Einleitung zur Schweizerchronik 1000–1470, erst lange nach Tschudis Tod, 1758, publiziert.

1 Bei niedrigem Rhein-Wasserstand hatten herausragende Eichenpfähle immer wieder auf ehemalige Brücken aufmerksam gemacht. Die Kastelle zu Rheinheim und Zurzach und die Rheinbrücken. Ferdinand Keller nach Hermann Hagnauer (1857). Aus AGZ KR Bd. IV, Blatt 46. Copyright Schweizerisches Landesmuseum.

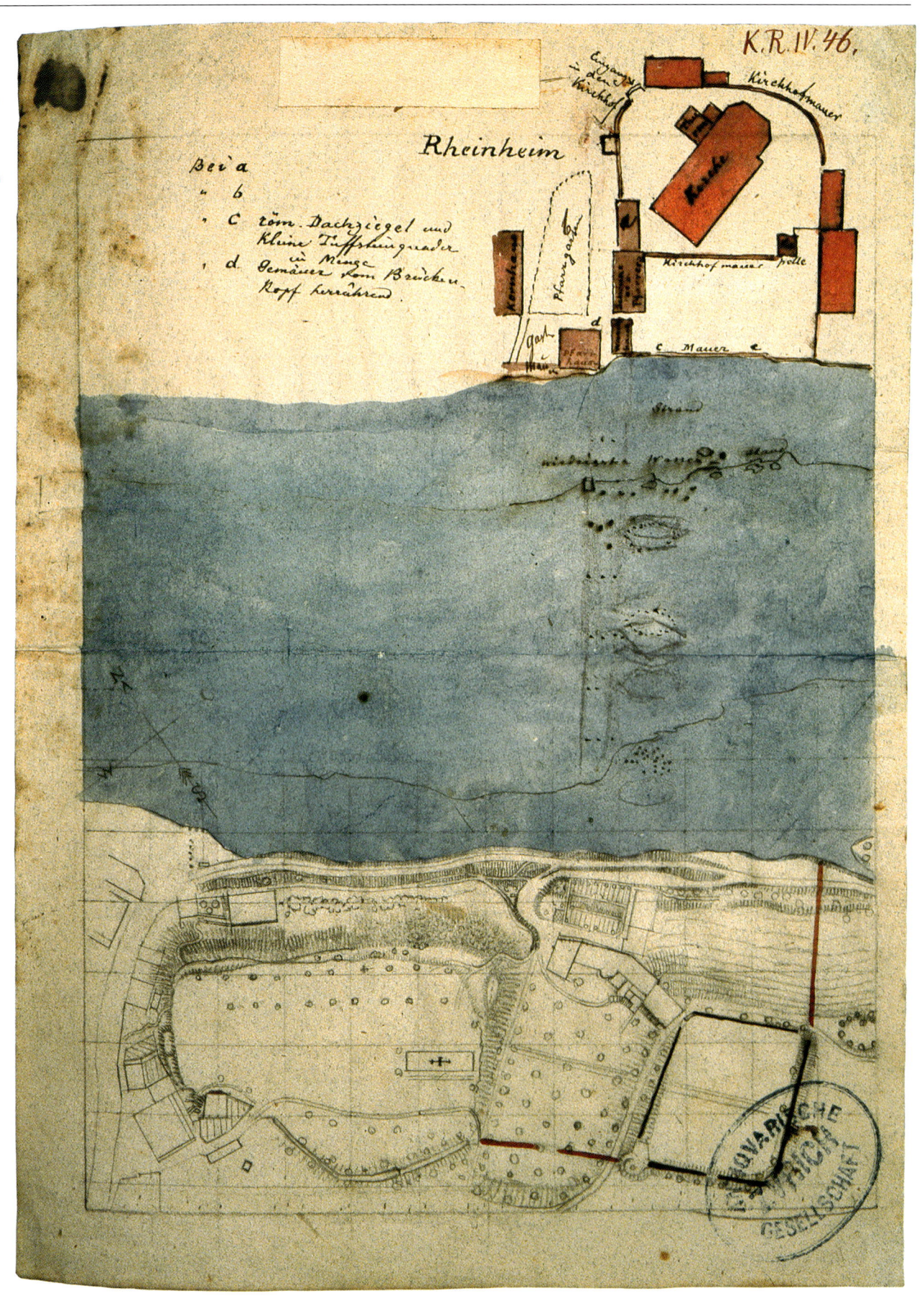

ge, dass die Zurzacher ihr Baumaterial von den römischen Ruinen holten, wie es allüberall und trotz Verboten immer wieder geschah. Im frühen 17. Jahrhundert (1617) besass der «welsche Maurer Stoffel Gessler» nach J. Huber[4] das Haus Mandach. Er liess es verkommen, «dagegen [hat] er es trefflich verstanden, die unter dem Grunde verborgenen Steine auszubeuten und zu hohem Preise zu Bauten im Flecken zu verwerten».[5] Aklin findet es verwunderlich, dass verschiedene Maurer dort immer wieder behauene Steine herausgegraben haben, dabei aber weder die römische Ortschaft selbst noch deren Form je entdeckt bzw. bekannt wurde, «hierbey sich billich zue verwundern, daß bey hundert Jahren von unterschidlichen Maureren ein so grose Anzahl gehauwner Stuckhen Steegen oder Schneggentritten, zuesambt den besten Maursteinen ausgegraben, darvon hin und wider gantze Gebaüw aufgeführt, daß dieser Ort und Formb niemalen entekt und so weit in Vergessenheit gesteckht worden».[6] Der Stiftsamtmann aber wollte es wissen.

Johann Jakob Aklin war 1655–1689 Stiftsamtmann. Er ist 1690 in Zurzach gestorben. Seinem Interesse für die Überreste der Vergangenheit verdanken wir verschiedene exakte Angaben, unter anderem über Totengebeine auf Mittskirch, 1657 in Stettbrunnen: «nicht weit vom Stettbrunnen an der Landstrasse ist ein Friedacker vieler alt und jung Verstorbener, deren Leichnam in guter Ordnung vergraben [Reihengräber], entdeckt worden.» Aus seinen Notizen geht auch hervor, dass beim Bau der Rheinheimer Kirche um 1670 Mauerwerk des römischen Brückenkopfes aufgedeckt wurde. Aklin machte aus dem Schlösschen Mandach einen herrschaftlichen Sitz mit Gartenanlage und «Rondellen». Als er Garten und Rebberg auf Sidelen anlegte, stiess er auf die Mauern des römischen Kastells Sidelen. Er hat offensichtlich den Mauern nachgegraben und versucht die Anlage des «Schlosses» zu verstehen: «Sidellen oder Citadella [war] ein gantz gevierteß Gebaüw hundert Klafter in die gvierte haltendte, auf allen vier Eggen waren starke runde, und gegen Reckingen in Mitten zwüschen zween der fünffte halbrunde Thuren; von dem usseren Thurn biß an Rhyn hinunder gienge in gleichem von einem Schloß zu dem anderen ein ticke starkhe Maur, wie diß alleß ich selbsten, in Anordnung dißmaligen Garten und Rebbergs under der Erden verteckt befunden, theils hinweg gegraben, theils noch zu sehen, überlassen habe.» Aklin hatte einen Pavillon («Rondelle») auf den Südwest-Turm des Sidelen-Kastells gestellt. Dieser Turm war nach Ferdinand Keller vom «Castellplatz» her durch eine Türe zugänglich. Nach Johann Caspar Hagenbuch (1700–1763), Professor für Profangeschichte, Latein und Griechisch am Carolinum in Zürich, der sich als Altertumsforscher, Numismatiker und Inschriftenkenner einen Namen gemacht hat, lag das Kastelltor der Festung Sidelen etwa in der Mitte der Südmauer.[7] «Zwischen den beiden Türmen der südöstlichen Seite stand ein fünfter, halbrunder Turm», sagt Huber nach Aklin.[8] Die rechteckige Einbuchtung[9], die die Pläne seit den Ausgrabungen Heierlis in der südöstlichen Kastellmauer zeigen, dürfte der innen (wie bei den drei halbrunden Türmen des Kastells Kirchlibuck) vor die Kastellmauer rechteckig vortretende und auf der Feindseite halbrunde Turm sein, von dem der Stiftsamtmann spricht. Wir haben keinen Grund, Aklins Angaben zu misstrauen, der noch bedeutend grössere Reste vorfand als die Forscher der späteren Zeit und der sogar in seinen Massangaben verlässlich scheint: Er spricht von einem hundert Klafter im Geviert haltenden Gebäude. Das Längenmass Klafter entspricht 6 Fuss (à ca. 30 cm). 100 Klafter sind also etwa 180 Meter, was eine Seitenlänge von ca. 45 Metern ergibt.[10]

Chorherr, Cantor, dann Dekan Caspar Schwerter aus Baden war 1569 Zurzacher Canonicus geworden. 1594 zog er nach Zürich, wie er sagt: weil er im Konkubinat lebte und wegen der unerträglich hohen Bussen, die die Landvögte dafür einzogen. Zwei Jahre später wurde er reformierter Pfarrer in Dietlikon, 1599 in Dättlikon, wo er 1607 starb. In seiner verschollenen und nur auszugsweise bekannt gewordenen Chronik berichtet er von drei römischen Zurzacher Brücken, deren Reste später auch Aklin beobachtet hat: «nit weniger seind drey Bruggen

---

[4] HUBER, Urkunden, S. 68, Anm. 1.
[5] 1903 war oberflächig kaum mehr etwas zu sehen (HEIERLI, Kastell, S. 27). 1906 war «von dem östlichen Kastell bei Zurzach fast gar nichts mehr vorhanden, da die Mauersteine zum Bau der benachbarten Häuser benutzt wurden» (HEIERLI, S. 32).
[6] Dieses und die folgenden Zitate Aklins (auch Acklin): Ms Aklin, StAAG Nr. 3975 VI.
[7] Zu J. C. Hagenbuch: LEU 9, 1754, S. 425–427. – HEIERLI, Kastell, S. 27, bestätigt die Angabe über den Eingang.
[8] HUBER, Geschichte, S. 2.
[9] HEIERLI, Kastell, S. 27, schreibt: «[...] ein nach dem Innern des Kastells gesichteter Absatz, wohl ein Eingang (Abb. 4, V)». Ein Tor in der Südostfront, der «stärksten Seite» (HEIERLI, S. 32), nachdem in der Südwestmauer ein Eingang bestand? (HEIERLI, S. 27). Wirkt da der Halbrundturm Aklins nicht überzeugender?
[10] HEIERLI, Kastell, S. 32: «Die Mittelpunkte des Süd- und des Westturmes lagen rund 50 m auseinander. Die Länge der Südostseite dürfte 48 m betragen haben, diejenige der Rheinfront ebensoviel und diejenige der Südwestseite wenig mehr.» MERZ, Burganlagen und Wehrbauten 2, S. 612, glaubt Aklin der Übertreibung zeihen zu müssen. Er hat indes seine Quelle (HUBER, Geschichte, S. 2) nicht genau gelesen: Aklin spricht dort nicht vom Schlösschen Mandach, das an den vier Ecken starke Türme habe, sondern vom Kastell Sidelen.

über den Rhyn vor altem gestanden, die einte oben gegen Reckhingen beim Wartbaum genant, grad gegen der Schifmüllin vorüber, alwo noch bey mansgedenckhen alt Maurwerck gesehen worden, die andere bey dem Schloß Mandach, drite nitsich bey dem Trencki Orth genant, von welchem Orth auß die Landstraß in *Galliam* über Bogenalten gegangen, wie dan noch heütigentags diesere Straß ausgemarkht, der Gmeindt zuestendig, über die gantze grose Wyss hinaus zu sehen und der Brachweeg genambset wird; daß deme also khönen jeden Jahrs bey kleinem Wasser von allen dreyen Bruggen die Pfeiler in gueter Ordnung (dessen Ich auch zeüg) gewisen, und noch mit alten Leüthen, wie man dergleichen Pfeiler und eisene Schuoch damit ausgezogen, erwissen werden.» Bei niedrigem Wasserstand im Winter hat man, wie auch Schwerter beteuert, immer wieder Brückenpfähle im Rhein beobachtet, verschiedentlich auch einzelne «mit einem Wagbaum aus dem Grund gerissen» (Schwerter[11]). 1580 haben Zurzacher Burschen sieben Pfähle gezogen, und 1848 liess die Gemeinde einen Pfahl heben. Die Brückenreste im Rhein waren bekannt; 1729 benützt der Chorherr, Dekan und Pfarrer Johann Franz Anderhalden im Sterberegister den Ausdruck «infra pontem» (unterhalb der Brücke), um die Stelle zu bezeichnen, an der Franz Xaver Offtinger, Sohn des Malers im Füchsli, am 18. Juli ertrunken war, als er, um sich zu waschen und wegen der Hitze in den Rhein gestiegen war. 1733 beschreibt der Polyhistor Johannes Scheuchzer von Zürich die Joche der – wie wir jetzt wissen: mittelalterlichen – einreihigen Brückenpfeiler: Der mittlere der fünf «Träme» stand senkrecht, «die übrigen und äussersten aber schräg.» Der spätere Regierungsrat (ab 1832) Dr. med. Udalrich Joseph Schaufelbühl (1789–1856), Sohn des Arztes Dr. med. Franz Joseph Schaufelbühl (1756–1824) im Goldenen Adler, studierte die Brückenreste im Januar 1819. Er gewann ein genaues Bild von der Verteilung der Pfähle und erkannte, dass es sich um zwei Brücken, eine hölzerne und eine Steinbrücke, handelte. Schaufelbühl sprach auch von einer weiteren Brücke bei der Tränke, die Ferdinand Keller offenbar nach den Angaben Schaufelbühls in seinem Plan wenig unterhalb der Fährenlandestelle einträgt. Auf Veranlassung von Ferdinand Keller (1800–1881) hat Hermann Hagnauer (1852–1860 Lehrer an der Zurzacher Bezirksschule) 1857 einen Plan der Pfahlreihen angefertigt, der von Keller veröffentlicht wurde und noch heute grundlegend ist.[12] Wegen des ungewöhnlich niedrigen Wasserstandes waren die Pfähle in diesem Jahr besonders gut zu sehen, «etliche davon» wurden gehoben. «Nicht ohne grosse Mühe, denn sie standen mit ihren eisernen Stiefeln in einem Gusslager von Kalkmörtel.»[13] Ferdinand Keller wollte mit seiner Arbeit über «die römischen Ansiedelungen in der Ostschweiz»[14] das als erster Versuch einer Gesamtdarstellung verdienstliche, aber in vielem nicht verlässliche Werk von Ludwig von Haller über «Helvetien unter dem Roemern» (1811/1812) für das Gebiet der Nord- und Ostschweiz ersetzen. Seine gründliche Arbeit beruht in Bezug auf Zurzach auf Gebäudebegehung und Oberflächenbeobachtung. Ausgrabungen nahm erst Jakob Heierli (1853–1912) vor, um die durch Kiesabbau gefährdeten römischen Reste vor der endgültigen Zerstörung noch zu studieren und aufzuzeichnen.[15] Der Besitzer des Sidelen-Plateaus (und der Kiesgrube) war ein Appenzeller Landsmann Heierlis, der Stickereifabrikant Jakob Zuberbühler, der dem Archäologen mit viel Verständnis begegnete. Beim Bau der Villa Himelrich «im westlichen Teil der Gegend Mizkilch» (Heierli) waren mehrfach Münzen gefunden worden, und eine Generation früher war man beim Bahnbau in der Flur Himelrich auf «mannigfache Römerreste» gestossen.[16]

Römergrabungen standen in der ersten Hälfte des letzten Jahrhunderts im Vordergrund. Sie wurden veranlasst durch die Römerkommission der 1880 auf Anregung von Prof. Johann Rudolf Rahn gegründeten «Schweizerischen Ge-

2   1914 legte Karl Stehlin von Basel in der Entwiese die Fundamente eines römischen Gutshofes frei.

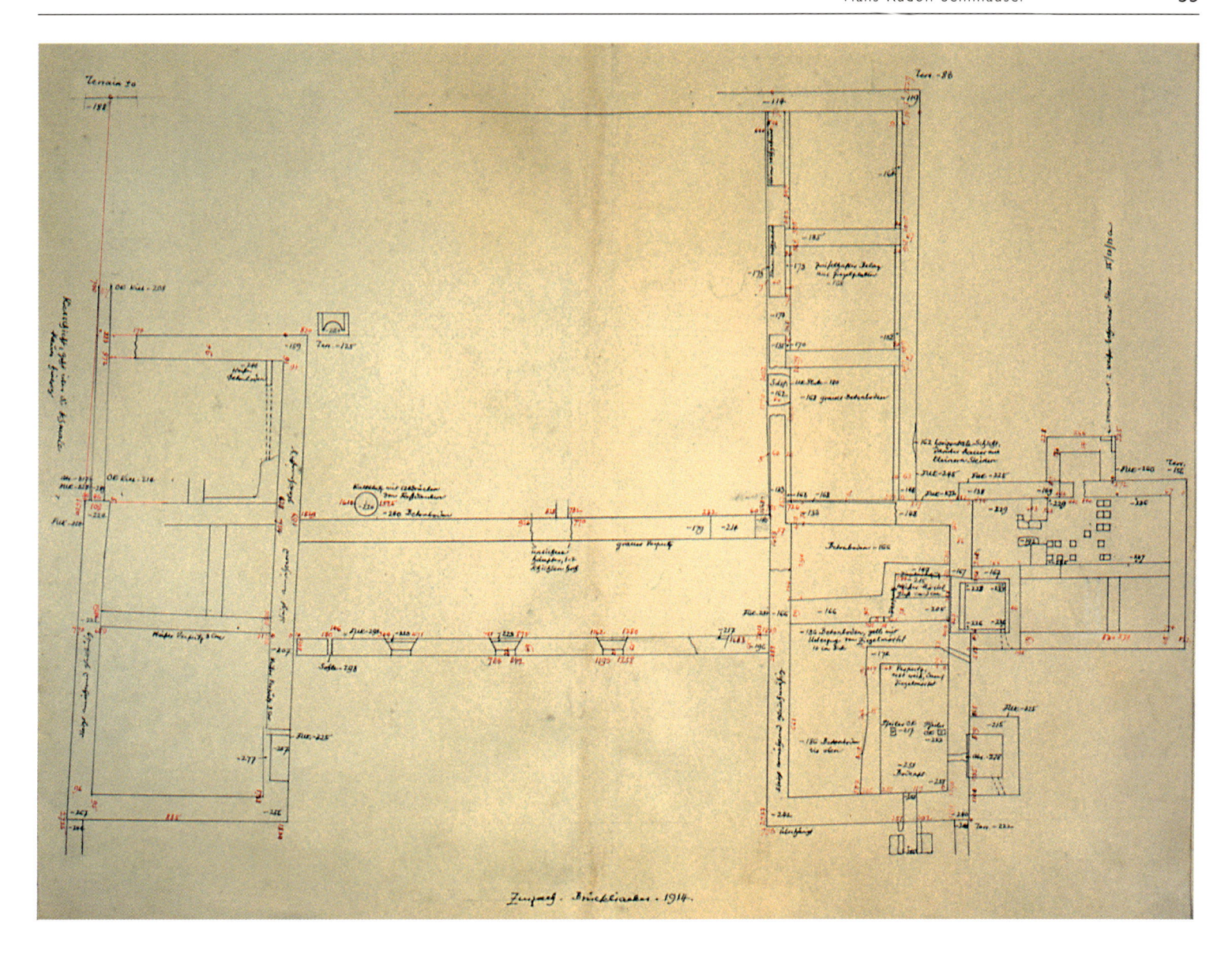

sellschaft für Erhaltung historischer Kunstdenkmäler» und von Zürich (Jakob Heierli) und Basel (Karl Stehlin) aus durchgeführt: Die Römerkommission beschloss 1899 die vorsorgliche Planaufnahme und 1903 die Voraussetzung dafür: die Ausgrabung. Einen (zunächst nebenamtlichen, ab 1947 vollamtlichen) Kantonsarchäologen gibt es im Kanton Aargau seit 1943.

Seit dem Zweiten Weltkrieg haben Plangrabungen, gezielte Sondierungen und stetige baubegleitende Beobachtungen unsere Kenntnisse über Zurzach im ersten Jahrtausend wesentlich erweitert und präzisiert. Während einer Generation ist von privater Seite bei Bodeneingriffen, Neubauten und Umbauarbeiten jede Gelegenheit zu archäologischen Beobachtungen genutzt worden.[17] Systematische Hausaufnahmen und das Studium der Häuser- und Besitzergeschichten haben unser Bild von der Entwicklung des Fleckens und den alten Zurzacher Bauten verändert.

3 Grundriss des Herrenhauses in der Entwiese, Zeichnung Karl Stehlin nach Aufnahmen von Josef Villiger, Lehrer in Laufenburg.

[11] Zit. bei KELLER, Ansiedelungen, S. 308.
[12] Aufnahme Hanhart der 1905 noch sichtbaren Pfähle bei HEIERLI, Kastell, S. 91.
[13] Kalkablagerungen zwischen den Kieseln des Rheinbettes? Zitat aus ROCHHOLZ, Gaugöttinnen, S. 103.
[14] KELLER, Ansiedelungen.
[15] Das wiederholte sich dann in den 60er-Jahren des letzten Jahrhunderts im Falle des römischen Lagers Dangstetten.
[16] HEIERLI, Kastell, S. 26.
[17] Das vom Büro Sennhauser, Zurzach, durch A. Hidber und HR. Sennhauser mit einem Zeichner seit 1970 systematisch verfolgte Projekt eines historisch-archäologischen Grundbuches von Zurzach ist lange Zeit und bis Mitte 1997 vom Schweiz. Nationalfonds finanziell getragen worden.

4 1906 und 1934 stiess man bei Bauarbeiten auf Mauern und Böden eines römischen Badehauses.

20. Jahrhundert:
1903–1906 wurden die Kastelle auf Sidelen und Kirchlibuck und ein Teil des in der Senke zwischen den beiden Hügeln liegenden Kastellbades durch Jakob Heierli ergraben.[18]
1914/15: Gutshof Brüggliwiesen (Karl Stehlin).[19]
1934: Zweiter Teil des Römerbades zwischen Kirchlibuck und Sidelen (R. Laur-Belart, P. Hüsser).[20]
1948 hat Adolf Reinle die schriftlichen Quellen zu Leben und Verehrung der Zurzacher Heiligen zusammengestellt und Geschichte und Baugeschichte – auch nach eigenen Sondierungen – des Münsters, der Oberen Kirche und der Burgkapelle dargestellt.[21]
1949: Heinz Meier legt die ursprüngliche Apsis der Verena- und Mauritiuskapelle auf Burg frei.[22]
1954/55: Auf Kirchlibuck wird die 1903–06 von J. Heierli erstmals aufgedeckte – aber nicht als solche erkannte – frühchristliche Kirche ergraben,
1961 das Nebengebäude.[23]
1959: Nachweis im Heizkeller des Verenamünsters, dass die Seitenschiffe ohne Apsiden endigten. Die nur kurze Zeit benützten Kanonikergrüfte unter dem Chorgestühl sind nie geleert worden.
1964: Rathausabbruch und -neubau. Dabei Nachweis der römischen Strasse, römischer Brandgräber, mittelalterlicher Gebäude und älterer Rathausbauten.[24] Auf dem Migrosareal (im «Paradiesli») und unter dem späteren (ehemaligen) Kino wird der römische Vicus angeschnitten.
1966: Ausgrabung der Hochwacht auf dem Achenberg («Rheintalblick»). Überraschender Fund und Ausgrabung der romanischen Turmfassade vor dem Münster.[25]
1972: Ausgrabung Hirschenareal, verursacht durch den Neubau der Aargauischen Hypothekenbank.
1974: Bei Anlage der Ölleitung für die Kirchenheizung wird der Felix- und Regula-Chorhof nordöstlich des Münsters angeschnitten.
1975: Ausgrabung des Kircheninneren anlässlich der Restaurierung.[26] Bei Arbeiten an der Kanalisation und bei einer Leitungsverlegung werden in diesem Jahr und in den folgenden Jahren immer wieder archäologische Beobachtungen möglich: 1975 Bankgässli, 1976 Promenade, Schwertgasse, Hauptstrasse, Zollrank (Schlössli Mandach), 1977 Barzstrasse (römische Strasse), 1979 Bahnhofstrasse usw.
1978: Propstei und Kadettenhäuschen (römische Strasse).[27]
1979: Pflanzlöcher für neue Bäume auf dem Münsterplatz zeigen, dass die Mauerkronen der 1883 abgebrochenen Chorhöfe ganz knapp unter der Oberfläche liegen.

1980: Die Abbruchkrone der Ostfront dieser Häuser und der Binnenmauern wird freigelegt und eingemessen.
1983–1990: Bau der Nordumfahrung. Entdeckt und untersucht werden das frührömische Lager und Teile des westlich angrenzenden Kastellvicus.[28]
1984: Bei einer Kanalisationserneuerung wird die Westfront der Chorhöfe vor dem Münster herausgebrochen – sie kann gerade noch festgestellt und in die Pläne eingetragen werden.
1985: Pfähle der Rheinbrücken werden gehoben.[29] Obere Kirche: anlässlich der Bodensondierungen durch den Statiker Aufdeckung einer Chorecke der romanischen Vorgängerkirche und von Chorherrengräbern nördlich des Kirchenschiffes.
1996: Die Fernheizungsgrabung ermöglicht eine genauere Definition der Lage des Felix- und Regula-Chorhofes.
1996/97: Die Fundamentsicherung der Oberen Kirche bedingt einen Graben um die Kirche herum, in dem Teile des romanischen Vorgängerbaues und weitere Chorherrengräber zum Vorschein kommen. Drei Grabplatten werden gehoben.
2000: Neubearbeitung der Rathausgrabung 1964.[30]

In Zurzach wird exemplarisch deutlich, dass nicht nur schriftliche, sondern auch archäologische Sachquellen die historische Forschung voranbringen können.

---

[18] HEIERLI, Kastell, S. 23–32, S. 83–93.
[19] KARL STEHLIN, Römische Villa in den Brüggliwiesen bei Zurzach. Bericht über die Ausgrabungen 1914/1915, in: Beiträge Bezirk Zurzach, S. 14–44. – KATRIN ROTH-RUBI, Erläuterungen zum Bericht von Karl Stehlin und Interpretation, ebd., S. 45–64. – KARL STEHLIN, Katalog und Abbildungen. Mit Bemerkungen und Ergänzungen von KATRIN ROTH-RUBI, ebd., S. 65–103.
[20] HÜSSER, Römerbad, S. 265–273.
[21] REINLE, Verena.
[22] REINLE, Verena, S. 48 ff., S. 209. – Bericht, in: Argovia 61, 1949, S. 231. – H. SCHNEIDER, Bericht in: ZAK 11, 1950, S. 257. – Vorromanische Kirchenbauten 1, S. 397 f.
[23] Wie Anm. 1.
[24] SENNHAUSER, HIDBER, Zurzacher Rathaus. – MOTTIER, Grabung. – TOMASEVIC, Keramik.
[25] SENNHAUSER, Verenamünster, S. 35 ff. – Vorromanische Kirchenbauten 1, S. 395–396.
[26] Siehe Literatur zum Verenamünster.
[27] ROTH-RUBI, SENNHAUSER, Römische Strasse.
[28] HÄNGGI, DOSWALD, ROTH-RUBI, Kastelle.
[29] RIETHMANN, SEIFERT, Untersuchung.
[30] SENNHAUSER, HIDBER, Zurzacher Rathaus.

Abbildungsnachweise:
1) Schweizerisches Landesmuseum, Zürich.
2, 3) Staatsarchiv Basel-Stadt, PA 88, H 8.
4) Museum Höfli, Zurzach.

Urgeschichte im Raum Zurzach und in der badischen Nachbarschaft

Paul Gutzwiller

Unter dem Begriff «Urgeschichte» werden alle vorchristlichen Epochen zusammengefasst, über die noch keine schriftlichen Quellen vorliegen. Sie beginnt mit den ersten Spuren des Menschen, in Mitteleuropa vor rund einer halben Million Jahren, und findet ihren Abschluss in der Jüngeren Eisenzeit, im letzten Jahrhundert vor Christi Geburt. Sämtliche Aussagen über den langen urgeschichtlichen Zeitraum beruhen daher ausschliesslich auf der Auswertung archäologischer Funde (Bodenfunde).
Als vor etwa 17'000 Jahren bei uns die Gletscher der Eiszeit allmählich abgeschmolzen waren, wurde das Klima zunehmend milder. Durch Verwitterung, Erdstürze und die vom Wasser hervorgerufene Erosion wurde die Zurzacher Gegend zu einem für den Menschen günstigen Siedlungsraum umgeformt.

Aus der unmittelbaren Umgebung Zurzachs sind bisher noch keine archäologischen Relikte der alt- oder mittelsteinzeitlichen Jäger- und Sammlerkulturen (Paläolithikum und Mesolithikum) bekannt geworden. Ihre Präsenz konzentrierte sich hauptsächlich auf den Raum Jura und Mittelland.

Bauern besiedeln das Land ...

Bis um 5000 v. Chr., zu Beginn der Jungsteinzeit (Neolithikum), hatte sich in Mitteleuropa die Wirtschaftsform völlig geändert. Erste sesshafte Volksgruppen liessen sich in unserer Gegend nieder.
Sie betrieben Ackerbau und Viehzucht, was ihnen ermöglichte, Vorräte für den Winter oder zur Überwindung von Trockenzeiten anzulegen. Sie züchteten Rinder, Schweine, Schafe, Ziegen und hielten Hunde als treue Wächter ihrer Herden. Dazu pflanzten sie Getreidesorten wie Weizen, Gerste, Einkorn, Emmer und Linsen, die, als Breie oder zu Broten gebacken, einen grossen Anteil des Nahrungsmittelbedarfs abdecken konnten. Daneben bereicherten Sammelpflanzen wie Beeren, Nüsse und Früchte den Speisezettel noch zusätzlich. Die Früchte des Leins (Flachs) lieferten ein hochwertiges Öl, und seine Fasern wurden zu Stoffen und Tüchern verarbeitet.

1a–d Vorrömische Fundstellen in der Umgebung von Zurzach:
a Neolithikum
b Bronzezeit
c Hallstattzeit
d Latènezeit

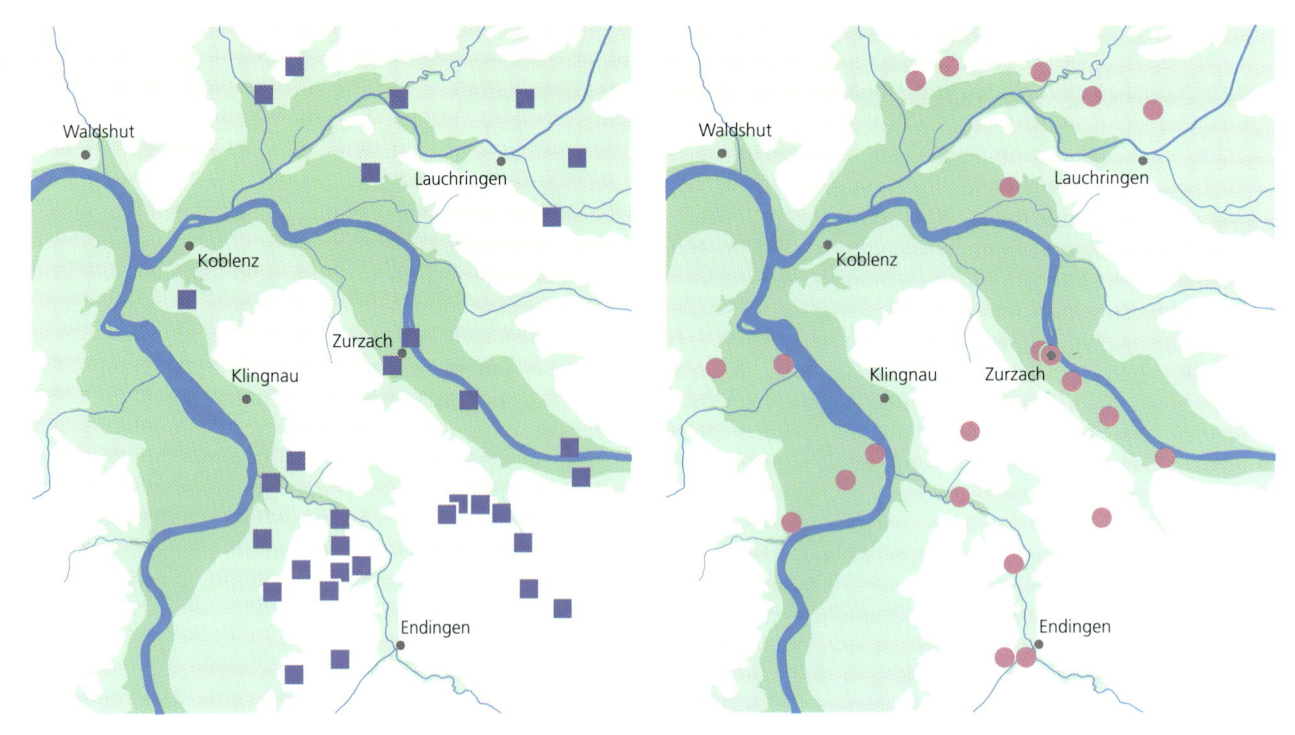

Das Vieh wurde nach der Getreideernte auf die Stoppelfelder getrieben, wodurch bereits für natürliche Düngung gesorgt war. Viel bedeutender war wohl die «Waldweide», denn in den lichten Eichenwäldern wuchsen nahrhafte Kräuter, Sträucher und die von den Schweinen bevorzugten Eicheln.

Töpfer formten aus Lehm kunstvolle Gefässe, die sie durch Brand wasserfest machten. Ebenso verstanden sie es, mittels hoch entwickelter Schlagtechniken aus Feuerstein (Silex) Werkzeuge und Waffen sowie durch Sägen, Schleifen und Polieren aus besonders geeignetem Felsgestein Beilklingen herzustellen, die hauptsächlich zum Freihalten der Ackerflächen und zur Gewinnung von Bauholz Verwendung fanden.

Am bekanntesten sind die Dörfer entlang der Mittellandseen, die schon im 19. Jahrhundert als «Pfahlbauten» in unsere Geschichtsbücher Eingang fanden. Nach dem heutigen Forschungsstand trifft der Name «Seeufer- oder Seerandsiedlungen» jedoch besser zu, weil die Häuser, wie archäologische Untersuchungen gezeigt haben, mehrheitlich ebenerdig in der Uferzone und nicht abgehoben auf Pfählen im Wasser standen. Ein Palisadenzaun umgab in der Regel das Dorf.

Schon während der Siedlungstätigkeit, vor allem aber nach dem Verlassen der Dorfanlage, als diese dem Zerfall preisgegeben war, gelangten Gegenstände aller Art, nicht selten sogar ganze Dorfteile, in den See und wurden dort durch Sedimentablagerungen im Boden völlig eingeschlossen. Dank der ständig feuchten Erde, unter Luftausschluss, blieben bis in unsere Zeit nicht nur Gegenstände aus Stein, Metall oder Keramik, sondern oft auch viele Stoffe, die im trockenen Klima schon längst vergangen wären, wie z. B. Bauelemente aus Holz, erhalten. Diese ermöglichen uns die Rekonstruktion einzelner Häuser, zuweilen sogar ganzer Dörfer. Von grosser Bedeutung sind daneben Textilreste, Samen, Blütenpollen usw., die Aussagen über das Klima, die Tier- und Pflanzenwelt zulassen und uns somit die Lebensweise der damaligen Leute um vieles näher bringen.

Weitaus weniger Informationen liefern vergangene Landsiedlungen, die in Tälern ebenso wie auf Höhen angelegt wurden. Höhensiedlungen befanden sich meist auf schon natürlich geschützten Jurahöhen; manchmal waren sie durch raffinierte Wallanlagen zusätzlich befestigt. Über das Aussehen der Landsiedlungen wissen wir nur sehr wenig. Es handelte sich wohl um Gehöfte oder kleine Dörfer, deren Standorte heute einzig noch durch Keramikscherben und Steinartefakte erkannt werden, denn die modernen Pflüge dringen zunehmend tiefer ins Erdreich ein und zerstören somit auch noch die letzten Spuren von Baustrukturen (Pfostengruben, Abfallgruben, Trockenmauerwerk) gänzlich. Eigentliche Bauernhöfe sind vorläufig noch nicht

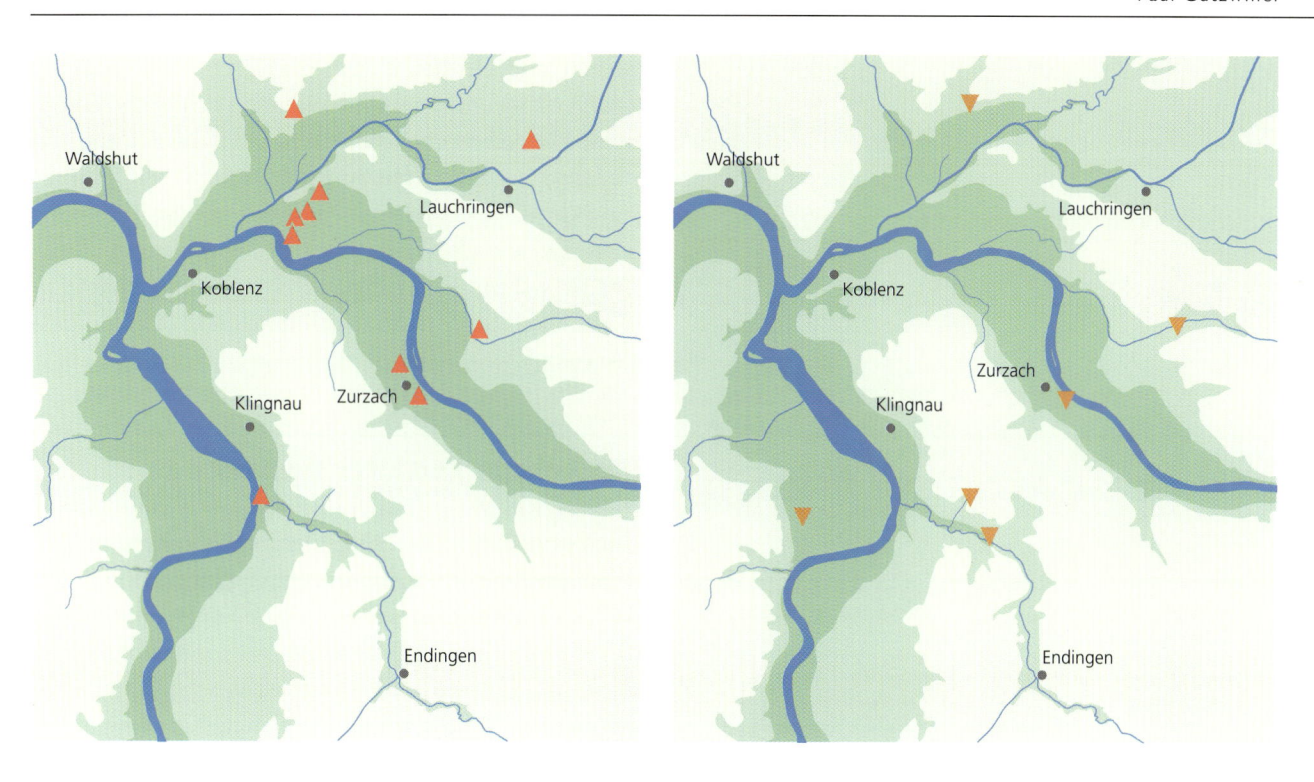

Zeugen vorchristlicher Epochen aus Zurzach im Überblick

v. Chr.	**Steinzeit**	
	Altsteinzeit (Paläolithikum)	Keine Funde.
8000	Mittelsteinzeit (Mesolithikum)	Keine Funde.
5000	Jungsteinzeit (Neolithikum)	Widen, Himelrich und Uf Rainen 1983–1986: Silexartefakte, Steinsäge, Steinbeil.
		Gut, Kelleraushub des Kindergartens «Höfli» 1951: Kulturschicht mit Holzkohle und zerschlagenen Kieseln, Pfeilspitze.
	Bronzezeit	
2000	Frühbronzezeit	Himelrich 1986: Doppelhockergrab mit Silexbeigaben.
	Mittelbronzezeit	Mittskirch 1946: Grube mit Keramik, Hüttenlehm und zerborstenen Kieseln.
		Bahnhofstrasse 1979: Toptscherbe aus Grube.
		Schiffmühleacker 1922: Griffplattenschwert, unweit davon Knochen von mindestens drei menschlichen Individuen (Grab).
	Spätbronzezeit	Sidelen 1903: Urne, Buckelgefäss und Rollennadel.
		Himelrich 1986: Drei Urnengräber mit Keramikbeigaben.
	Eisenzeit	
700	Hallstattzeit (Ältere Eisenzeit)	Uf Rainen und Himelrich 1984–1986: Spuren einer Kulturschicht mit Resten eines Kieselbodens, Keramik, Lignitfragmente und eine Pfeilspitze aus Bronze.
		Gärtnerei Vollmeier 1947: Brandgrab (?).
450	Latènezeit (Jüngere Eisenzeit)	Mittskirch, Bahnbau 1876 und Kanalisation 1924: Bronze- und Keramikbeigaben aus etwa acht früh- und mittellatènezeitlichen Körpergräbern, Skelette verschollen.
		Zurzach, Fundort nicht näher bekannt, Mitte 19. Jh.: «Sequanermünzen»
	Römerzeit	
15	Beginn der römischen Besiedlung	vgl. Seiten 65–109

2 Zurzach-Himelrich («Schlosspark»). Doppelhockergrab in Fundlage.

3 Zurzach-Himelrich («Schlosspark»). Silex-Pfeilspitze aus dem Doppelhockergrab, Grabbeigabe.

bekannt. Meist ist nur eine Handvoll Waffen- oder Werkzeugteile aus dem witterungsbeständigen harten Feuerstein (Silex) erhalten, die einst geschäftet oder mit Holzgriffen versehen auf der Jagd, in der Textilverarbeitung oder Schmuckherstellung Verwendung fanden, um nur einige Beispiele aus dem Alltag zu erwähnen. In wenigen Fällen sind derart stark verrundete Scherben erhalten, dass kaum mehr die Rekonstruktion der zugehörigen Gefässform möglich ist.

Neolithische Fundstellen (5000–2000 v. Chr., Abb. 1a) kennen wir beiderseits des Rheines, am Unterlauf der Aare sowie auf dem Ruckfeld und um Baldingen. Man siedelte vor allem auf Talauen und der Niederterrasse, vereinzelt aber auch in Höhenlagen.

Im Flecken Zurzach selbst zeugen einige Lesefunde von den Fluren Himelrich, Widen und Gut von der Präsenz des Menschen in jener Zeit. Besondere Erwähnung verdient das 1986 im Schlosspark entdeckte Grab zweier 50- bis 55-jähriger Männer (Abb. 2). Sie wurden auf der linken Seite liegend mit angezogenen Beinen (Hockerlage) ins Grab gebettet. In der Ellenbogenbeuge des einen Skelettes lagen zwölf Silexgeräte dicht beieinander, wie wenn sie sich in einem Beutel aus vergänglichem Material befunden hätten. Im Beckenbereich fand sich eine Pfeilspitze als einziges überliefertes Objekt, das die Beigabe von Pfeil und Bogen vermuten lässt (Abb. 3). Ein Pferdeknochen weist wohl darauf hin, dass man den Toten eine Speisebeigabe als Wegzehrung ins Grab mitgab. Beide Männer waren – dies bezeugen die typischen Verletzungen an ihren Schädelkalotten – durch Axthiebe zu Tode gekommen.[1]

Das eherne Zeitalter beginnt ...

Nach einer langen Experimentierphase mit Kupfererzen, die an den Seeufern schon seit dem 4. Jahrtausend v. Chr. durch Fertigprodukte und eigentliche Kupferverarbeitung (Schmelztiegel) nachgewiesen ist, wird bei uns für die Zeit seit etwa 2000 v. Chr. von der eigentlichen Bronzezeit gesprochen. Die Bronze, eine Legierung aus ca. neun Teilen Kupfer und einem Teil Zinn, eroberte aufgrund ihrer ausgezeichneten Giess- und Schmiedeeigenschaften schnell den «Markt», was dazu führte, dass der Silex als Werkstoff allmählich in den Hintergrund gedrängt wurde. Die Beschaffung der benötigten Erze hing stark vom Handel ab: Während Kupfererze im nahen Schwarzwald und in den Alpen zur Genüge vorkamen, musste das Zinn über grössere Distanzen, z. B. aus dem Erzgebirge, Mittelitalien, Portugal oder Südengland, importiert werden.

Das normale Leben spielte sich in Dörfern ab, die streng organisiert waren. Die Dorfgemeinschaft bestand aus Bauern, Handwerkern und Händlern: Die Bauern, die mit Ackerbau und Viehzucht die benötigten Lebensmittel produzierten, bildeten die Basis der Dorfgemeinschaft. Die Handwerker, darunter Bronzegiesser, Schmiede, Töpfer, Bearbeiter von Holz, Leder und diversen anderen Naturstoffen, kamen dagegen für die Herstellung der im Dorfe benötigten Werkzeuge und Geräte auf. Die Händler hielten den Kontakt über die eigenen Dorfgrenzen hinaus aufrecht und besorgten durch Eintauschen eigener Objekte im Dorfe begehrte Luxuswaren aus «aller Welt» wie z. B. Metalle, Modeschmuck, besondere Waffen, spezielle Keramik. Diese Spezialisierung hatte zweifellos auch grössere soziale Unterschiede zur Folge, die sich vor allem in der Grabbeigabensitte deutlich spiegeln.

Die Siedlungen sind immer noch vergleichbar mit denen der Jungsteinzeit. Die Seeufer wurden jedoch während der Mittelbronzezeit aus bisher unerklärlichen Gründen als

Wohnplätze gemieden und am Ende der Bronzezeit, um 800 v. Chr., nach ihrer eigentlichen Blüte, schliesslich aus klimatischen Gründen völlig aufgegeben.

Die bronzezeitlichen Fundstellen (2000–800 v. Chr.) verteilen sich gleichermassen über den ganzen Bezirk und das badische Nachbarland. Siedlungen und Gräber wurden vorwiegend in den Talebenen angelegt (Abb. 1b).

In Zurzach fanden sich mittelbronzezeitliche Siedlungsreste in Form einer Grube mit gebrannten Lehmverputzstücken von Bauten und Keramikfragmenten auf Mittskirch sowie ein Bronzeschwert aus einem zerstörten Körpergrab im Schiffmühleacker.

Aus der beginnenden Spätbronzezeit, um 1300 v. Chr., stammen zwei beinahe vollständige Gefässe und eine Gewandnadel aus einem Grab. Die Asche des Toten wurde dort in einer Urne beigesetzt (Urnengrab).

Die fortgeschrittene Spätbronzezeit hat im Schlosspark drei Urnengräber aus der Zeit um 1050 v. Chr. hinterlassen: Diese Gräber waren durch moderne Bodeneingriffe verschiedentlich stark gestört. Der Inhalt eines Grabes wurde im Labor der Kantonsarchäologie sorgfältig rekonstruiert, und die Leichenbrandreste konnten von einer Anthropologin gründlich untersucht werden. Dadurch wurden interessante Aussagen zur Bestattungssitte gewonnen (Abb. 4): Ein grobkeramischer Topf, der mit einer konischen Schale bedeckt war, diente als Urne. Er enthielt die Kremationsreste (Asche und Leichenbrand) eines 30- bis 50-jährigen Mannes, zwei Tassen, deren Henkel vor der Bestattung sauber entfernt worden waren, und ein feinkeramisches Töpfchen, das wohl ursprünglich Wegzehrung fürs Jenseits enthielt. Eine reich verzierte Scherbe dürfte als symbolische Beigabe anstelle eines ganzen Gefässes zu deuten sein. Trotz neuerer, grossflächiger Untersuchungen im Zusammenhang mit dem Bau der Nordumfahrung ist die zugehörige spätbronzezeitliche Siedlung bis heute noch nicht entdeckt worden.

Eisen, Keramikbemalung und Töpferscheibe ...

Die letzten 800 Jahre v. Chr. werden nach der in Mitteleuropa weit verbreiteten Eisentechnologie Eisenzeit genannt. Sie wird von den Archäologen in die Ältere Eisenzeit, die nach einer im österreichischen Salzbergbaugebiet liegen-

4 Zurzach-Himelrich («Schlosspark»). Ausgrabungen Nordumfahrung 1983–1986, Urnengrab 3. Befundrekonstruktion nach der Freilegung im Labor.

den reichen Fundstelle auch «Hallstattzeit» genannt wird, und die Jüngere Eisenzeit, die den Namen «Latènezeit» einer Fundstelle am Neuenburgersee verdankt, eingeteilt. Waffen und Werkzeuge wurden nun aus Eisen gefertigt, das sich zu hartem Stahl schmieden liess. Die durch Schmelzen beliebig formbare Bronze diente fortan hauptsächlich noch zur Herstellung von Schmuckgegenständen. Da bis heute noch keine Landsiedlungen bekannt sind, die vom Erhaltungszustand her mit den Seeufersiedlungen vergleichbar wären, lässt sich über die Wirtschaftsform nichts Genaueres aussagen. Zweifellos stellte eine in Einzelheiten verfeinerte Landwirtschaft weiterhin die Grundlage der Gesellschaft dar; man kannte z. B. bereits die Vorteile des Fruchtwechsels. Durch die Einführung neuer Technologien vollzog sich aber auch eine Erweiterung in der handwerklichen Spezialisierung. Einzelne Fundobjekte zeugen von ausgeprägten Handelsbeziehungen mit dem Mittelmeerraum, und nach den extremen Unterschieden in der Vielfalt der Grabbeigaben zu schliessen, muss auch mit grossen sozialen Unterschieden gerechnet werden. Für die ausgehende Hallstattzeit, um 500 v. Chr., lässt sich in unserer Gegend erstmals der Gebrauch der Töpferscheibe nachweisen, auf der im Laufe der Latènezeit neben dem handgeformten, meist grobkeramischen Koch- und Vorratsgeschirr feine, meist bemalte Schüsseln und Flaschen entstanden.

Die spätbronzezeitlichen Siedlungen wurden teilweise ohne Unterbruch während der Hallstattzeit weiterbesiedelt; einige waren jedoch auch neu entstanden. Hallstattzeitliche Einzelhöfe oder Dörfer im Flachland (800–450 v. Chr.) sind, wohl wegen der allgemeinen schlechten Erhaltungsbedingungen, bisher nur wenige bekannt (Abb. 1c).

5 Böttstein-Hardwald. Goldplattierte Eber-Schlagmarken am mittellatènezeitlichen Eisenschwert.

Eine Vielzahl der damaligen Siedlungen fiel vielleicht auch der durch die Jahrhunderte geübten Bautätigkeit zum Opfer, weil sie an denselben bevorzugten Orten lagen, wo sich jetzt unsere Dörfer und Städte ausbreiten.

Während der Jüngeren Eisenzeit treten in der Schweiz erstmals stadtähnliche Siedlungen auf, die seit der Beschreibung durch den römischen Feldherrn und Schriftsteller Caius Julius Cæsar «Oppida» (Einzahl: Oppidum) genannt werden. Sie waren mit einer massiven «Keltenmauer» aus Erde, Steinen und mit einer Holzarmierung, einem sog. «Murus gallicus», befestigt. Cæsar berichtete in seinem Kommentar über den gallischen Krieg, wie er im Jahre 58 v. Chr. den Helvetiern und ihren Verbündeten bei Bibracte (bei Autun, FR) eine schwere Niederlage bereitet und sie in ihre Heimat zurückgeschickt hatte. Dort mussten sie ihre 12 Oppida und über 400 Dörfer, die sie niedergebrannt hatten, wieder aufbauen, um ein Eindringen der rechtsrheinischen Germanen in ihr fruchtbares Gebiet zu verhindern.[2] An der Stelle des heutigen Zurzach, das laut einer mittelalterlichen Umschrift einer spätrömischen Strassenkarte den Namen «Tenedo» trug, wurde eine jener 12 helvetischen Städte vermutet, doch eindeutige Indizien dafür konnten bis heute nicht erbracht werden.

Die von den Schriftstellern verwendeten Bezeichnungen «Gallier» (lat.) oder «Kelten» (griech.) liefern erstmals die Namen der Volksstämme, die am Ende der Latènezeit unser Gebiet bewohnten. Die Kelten waren in lockeren Stämmen organisiert. Sie waren ausgezeichnete Schmiede, wie die prächtigen Schmuck- und Waffenfunde, z. B. das Eisenschwert mit goldplattierten Schlagmarken in Form eines Ebers, das 1946 im Hardwald bei Böttstein gefunden wurde, eindrücklich zeigen (Abb. 5): Zwei Schlagmarken befinden sich auf der Vorder- und eine auf der Rückseite des Schwertes in etwa zwei Millimeter tiefen Grübchen, in die zugleich mit dem Eber-Stempel eine Goldfolie geschlagen wurde. Die Frage, ob diese Zeichen als Fabrikmarken einer bestimmten Werkstatt oder als vom Käufer gewünschte individuelle Eigentumszeichen zu deuten sind, konnte bisher nicht befriedigend beantwortet werden. Wie bei anderen Tieren (Stieren, Hirschen, Greifen, Pferden), die wegen ihrer Kraft und Wildheit zugleich sinnbildhaft für zeugende Fruchtbarkeit stehen, darf auch hinter dem Bild des Ebers, sowohl als Begleittier einer Gottheit als auch stellvertretend für diese selbst, einerseits eine Unheil abwehrende, helfende und beschützende, anderseits eine zum Kampf auffordernde, Mut zusprechende Idee vermutet werden.

künstlichen Hügeln; anfangs wurde der Leichenbrand noch in alter Tradition in Urnen beigesetzt, in der fortgeschrittenen Hallstattzeit und während der Latènezeit herrschte wieder die Körperbestattung vor. Etwa acht früh- und mittellatènezeitliche Gräber aus dem 4. vorchristlichen Jahrhundert kamen anlässlich verschiedener Bauarbeiten auf Mittskirch zum Vorschein (s. Fundstücke in Abb. 7). Eine keltische Gewandhafte (Nauheimerfibel) sowie vereinzelte umgelagerte Scherben von bemalten Flaschen, wie sie andernorts in spätkeltischen Siedlungsplätzen zum Vorschein kommen, könnten allenfalls auf die Präsenz eines Gehöftes oder kleinen Dorfes aus jener Zeit hinweisen. Funde aus der Latènezeit (450–15 v. Chr.) sind im Gebiet um Zurzach ohnehin sehr selten (Abb. 1d).

6 Zurzach. Ausgrabungen Nordumfahrung 1983–1986. Hallstattzeitliche Gefässformen nach den Funden von der Flur «Uf Rainen».

Bei den archäologischen Untersuchungen im Gebiet Uf Rainen wurden 1986 Reste einer Bruchsteinlage erfasst, die sich anhand der Fundscherben in die Späthallstattzeit um 500 v. Chr. datieren liessen. Das Keramikensemble in Abbildung 6 zeigt nach Originalfunden ergänzte grobkeramische Töpfe, die mit Abdrücken von Fingerkuppen und eingedrückten Kerbreihen verziert waren, sowie feintonige, elegante Schalen und Becher, wie sie damals Verwendung fanden. Hallstattzeitliche Gräber sind im Bezirk Zurzach nicht bekannt, dagegen sind sie in der badischen Nachbarschaft weit verbreitet, was am ehesten mit dem momentanen archäologischen Forschungsstand zu erklären ist. Es handelt sich dabei um Bestattungen unter

Aus der jungsteinzeitlichen Küche ... ein Rezept zum Ausprobieren[3]

Zutaten für 4 Personen:

150 g	geräucherter Speck, in Riemchen geschnitten
1	Kalbsschwanz, in Stücke geschnitten
500 g	Rindsfleisch (weisses Stück), gewürfelt
150 g	Stangensellerie, gewürfelt
250 g	Rollgerste
1½ l	Rindsbouillon
1	Handvoll Ampfer oder Bärlauch, in Streifen geschnitten
	etwas Honig

Speck auslassen, darin Kalbsschwanz, Rindsfleisch und Sellerie anbraten, Gerste zugeben, anziehen lassen. Bouillon und Thymianblättchen zugeben. 1¾ Stunden zugedeckt köcheln lassen. Gemüse und Honig zugeben, ungedeckt noch etwas einkochen lassen, abschmecken.

7 Zurzach-Mittskirch. Wasserleitungsgraben 1924. Früh- und mittellatènezeitliche Grabfunde. Gefäss, Halskette, Fibeln, Arm- und Knöchelringe aus Bronze.

---

[1] In der Zwischenzeit konnten ¹⁴C-Messungen das Doppelgrab in die Zeit um 2000 v. Chr., d. h. in die frühe Bronzezeit datieren (vgl. Die Schweiz vom Paläolithikum bis zum frühen Mittelalter (SPM) III: Bronzezeit, Basel 1998, S. 395, 94.
[2] CAESAR, Bellum Gallicum I, 5, 2; I, 28, 4.
[3] Nach S. JACOMET, A. MOREL, J. SCHIBLER, in: AS 8, 1985, S. 132. – Zur grundlegenden Literatur siehe die Zusammenstellung des Autors im Anhang. Belege sind unter Quellen aufgeführt.

Abbildungsnachweise:
1a–d) N. Hidber, Büro Sennhauser, Zurzach.
2, 4, 6) Aargauische Kantonsarchäologie.
3, 5) Museum Höfli, Zurzach.
7) P. Gutzwiller.

Quellen:

Unpublizierte Materialien: Kantonsarchäologie Brugg

MAGZ 15/1, 1863–66, S. 22 (Sequanermünzen).

Argovia 9, 1878, S. 10 (Bronzekette beim Bahnbau).

Ernst Ludwig Rochholz, Katalog des Kantonalen Antiquariums in Aarau, Aarau 1879, S. 53 (Gräber in Mizkilch).

JbSGUF 2, 1909, S. 96 (Erdwerk).

August Gessner-Siegfried, Katalog des Kantonalen Antiquariums in Aarau, Aarau 1912, S. 40 (Bronzekette beim Bahnbau), S. 60 (Buckelurne von Sidelen), S. 75 (Urne von Sidelen).

JbSGUF 15, 1923, S. 68–69, und 110 (Oberfeld, Schiffmühle-Acker, Fund des Schwertes mit viernietiger Griffplatte).

JbSGUF 16, 1924, S. 74–75 (Mitzkirch, Latène-Gräber).

Seethaler vom 22.11.1924.

JbSGUF 36, 1945, S. 55 (Sidelen, Rollennadel, Buckelurne und eine «grosse weitbauchige Urne»).

Werner Basler, Jahresbericht, in: JsHVZ 1946, S. 20–25, hier S. 24.

Walter Drack, Bericht über die Untersuchungen vor- und frühgeschichtlicher Bodenfunde in Zurzach-Mittskirch am 4. Juli 1946 (Ms.).

Werner Basler, Jahresbericht, Funde, in: JsHVZ 1948, S. 42–45, hier S. 44–45.

Robert Wernli, Brief vom 15. August 1951 an Dr. Bosch.

Robert Wernli, Auf den Spuren von Zurzachs Vergangenheit, in: JsHVZ 1951, S. 23–28, hier S. 27.

JbSGUF 42, 1952, S. 47 (Beim Restaurant Gut, Kulturschicht mit Radiolaritpfeilspitze).

Josef Speck, Die späte Bronzezeit, in: Repertorium der Ur- und Frühgeschichte der Schweiz, Heft 2, 1956, S. 18 Taf. 10, 10.

Werner Basler, Tätigkeitsbericht der Historischen Vereinigung des Bezirks Zurzach, 2. Grabungen auf dem Schlösslibuck in Zurzach, in: JsHVZ 1964, S. 25–28, hier S. 27.

R. Michel, Brief vom 6. Juni 1968 an F. Maier, Kantonsarchäologie: Lesefunde (unpubliziert).

Christine Osterwalder, Die mittlere Bronzezeit im schweizerischen Mittelland und Jura, Basel 1971, S. 90, Taf. 39, 8.

Margarita Primas, Der Beginn der Spätbronzezeit im Mittelland und Jura, in: UFAS III, Basel 1971, S. 55–70, hier S. 57 und S. 60, Abb. 6.

Peter Schauer, Die Schwerter in Süddeutschland, Österreich und der Schweiz I (Griffplatten-, Griffangel- und Griffzungenschwerter), München 1971 (Prähistorische Bronzefunde, Abteilung IV, 2).

Christoph Unz, Die spätbronzezeitliche Keramik in Südwestdeutschland, in der Schweiz und in Ostfrankreich, in: Prähistorische Zeitschrift 48, 1973, S. 10 und S. 13, Taf. 33, 1 und 2.

Alexander Tanner, Kantone Aargau und Zug. Die Latènegräber der nordalpinen Schweiz, Nr. 4, Bern 1979, S. 44–46, Taf. 45–47.

Cornel Doswald, Bruno Kaufmann, Siegfried Scheidegger, Ein neolithisches Doppelhockergrab in Zurzach, in: AS 12, 1989, S. 38–44.

Paul Gutzwiller, Die vorrömische Besiedlung des Fleckens Zurzach, in: JbSGUF 77, 1994, S. 7–33.

Zurzach in römischer Zeit

KATRIN ROTH-RUBI[1]

Römisches Leben erwacht in Zurzach mit der Errichtung eines befestigten militärischen Platzes kurz nach Christi Geburt (frührömische Kastelle), dem bald einmal eine zivile Siedlung angegliedert wird (Kastell-Vicus). Mit der Verschiebung der Grenze vom Rhein weg nach Norden wird das Militär um die Mitte des 1. Jahrhunderts n. Chr. von Zurzach abgezogen; den Ort prägt in der Folge die Strasse, an der, wie allgemein üblich, die Gräber am Eingang der Siedlung aufgereiht sind. Ländliches, bescheidenes Leben charakterisiert den Vicus und die umgebenden Bauernhöfe. Die Unruhen nach der Mitte des 3. Jahrhunderts n. Chr. erfordern neue Grenzbefestigungen entlang des Rheines. Auf Kirchlibuck und Sidelen entsteht ein massives Doppelkastell, dem ein rechtsrheinischer Brückenkopf vorgelagert ist. Die Bevölkerung sucht Schutz in diesen Mauern, der alte Siedlungsplatz verödet; einzelne Bestattungen am herkömmlichen Ort entlang der Strasse deuten darauf hin, dass der ursprüngliche Friedhof jedoch nicht vergessen wurde. Er bildet den Kernpunkt der späteren Entwicklung des Fleckens.

Rom und die Rheingrenzen

Die Besitznahme der Gebiete nördlich der Alpen durch Rom erfolgte im 1. vor- und 1. nachchristlichen Jahrhundert in mehreren Etappen und erstreckte sich über annähernd drei Generationen. Nach der Eroberung Galliens, dem «Keltenland» (Nordwesteuropa), durch Cæsar wurde um die Mitte des 1. Jahrhunderts v. Chr. der Rhein als Grenze der römischen Macht festgelegt. Am Rheinknie (Augst) und am Genfersee (Nyon) waren römische Stadtgründungen, so genannte Coloniæ vorgesehen; sie sollten erneute Auswanderungen der Besiedler des Schweizer Mittellandes, der Helvetier, verhindern. Denn wie bei Cæsar beschrieben *(de bello gallico)*, waren diese 58 v. Chr. gegen Westen ausgezogen, um sich wirtschaftlich günstigere Wohnsitze zu suchen, wurden aber bei Bibracte, in der Nähe des heutigen Autun, aufgehalten und nach einer

---

[1] Mein Dank richtet sich an die Herausgeber und alle, die meine Arbeit gefördert oder erleichtert haben: A. Baldinger, A. Braun, A. Hidber, C. Holliger, F. Maier, A. und HR. Sennhauser sowie die Vertreter der Gemeinde.

verlorenen Schlacht in die angestammten Plätze zurückgeführt.

Die Ermordung Cæsars (44 v. Chr.) und die darauf folgenden Bürgerkriege in Rom verzögerten die Okkupation Galliens vorerst; lange meinte man, beide Kolonien auf Schweizer Gebiet seien erst gegen Ende des 1. Jahrhunderts v. Chr. tatsächlich besiedelt worden, da keine relevanten Funde aus früheren Zeiten bekannt waren; nach neuen Forschungsergebnissen steht aber fest, dass zumindest Nyon bereits in den Vierzigerjahren des 1. Jahrhunderts v. Chr. als Stadt bestanden hat. Augst mag nach den archäologischen Zeugnissen erst eine knappe Generation später angelegt worden sein. Der Ausbau dieser städtischen Zentren steht im Zusammenhang mit der Konsolidierung des Römischen Reiches unter seinem ersten Kaiser, Augustus (27 v. Chr.–14 n. Chr.). Er brachte Ruhe in das erschütterte Reich, richtete in den gallischen Provinzen die römische Verwaltung ein und bezwang in mehreren Kriegszügen die Alpenvölker (von etwa 25–15 v. Chr.). Mit diesen Unternehmungen war die Ausgangslage geschaffen, das Römische Reich im Norden weiter gegen Osten auszudehnen. Neue Grenze sollte die Elbe werden, das Gebiet dazwischen wurde bereits als Provinz Germanien deklariert. Die Eroberungsstrategie richtete sich nach geographischen Gegebenheiten. Man benutzte als Vormarschlinie die grossen Flusstäler der Lippe, des Mains und, nach neuen Erkenntnissen, auch der Lahn. Die Versorgungs- und Winterlager blieben am Rhein (Xanten, Neuss, Köln, Bonn, Mainz). Am Oberrhein kann das Lager von Dangstetten als Ausgangspunkt für den Weg an die Donauquellen durch das Wutachtal gedient haben. Die Feldzüge unter Führung der kaiserlichen Prinzen Drusus, Germanicus und Tiberius ab 12 v. Chr. verliefen trotz gelegentlicher Rückschläge so erfolgreich, dass man nach der Zeitenwende daran ging, militärische Sicherung zugunsten der Verwaltung abzubauen. Mit dem Angriff aus dem Hinterhalt und der Vernichtung von drei römischen Legionen im Teutoburger Wald 9 n. Chr. durch den Germanenfürst Arminius zeigte sich aber, dass die Lage falsch eingeschätzt worden war. Roms Niederlage war so tief greifend, dass der Machtanspruch auf die rechtsrheinischen Gebiete aufgegeben wurde. Die Grenze bildete am Ende der Germanenkriege 16 n. Chr. wiederum der Rhein.

Die geschilderten Abläufe sind durch die römische Geschichtsschreibung recht ausführlich überliefert. Spärlicher fliessen dagegen die Quellen zum weiteren historischen Fortgang am Rhein; vieles muss den archäologischen Aufschlüssen entnommen werden, deren Deutung oft verschiedene Möglichkeiten zulässt. Es zeichnet sich ab, dass das rechtsrheinische Gebiet im Süden zwischen Rheinknie und Donau bereits im früheren 1. Jahrhundert n. Chr. mit römischem Kulturgut durchsetzt wurde. Die Begradigung der Reichsgrenze zwischen dem Niederrhein und der Provinz Raetien, dem Land südlich des Donauoberlaufes, drängte sich im Hinblick auf kürzere Verbindungswege in den Osten auf. Am Ende des 1. Jahrhunderts n. Chr. waren mit dem Bau einer befestigten Grenzstrasse, dem so genannten Limes vom Westerwald bis zur südfränkischen Donau, die Verhältnisse bereinigt; das Dekumatenland, wie das Gebiet innerhalb des Limes zwischen Rhein und Donau genannt wurde, war Teil des Römischen Reiches geworden.

Das 2. und die erste Hälfte des 3. Jahrhunderts sind die Zeiten des grossen Kaiserfriedens, der Pax romana, in der im Nordwesten des Imperiums kaum kriegerische Ereignisse stattfanden. In der zweiten Hälfte des 3. Jahrhunderts wurde jedoch die Sicherheit durch Einbrüche an der Grenze stark gefährdet, die wirtschaftliche Blüte zerfiel. Am süddeutschen Limes waren es die Alemannen, die vehement vordrangen und gelegentlich sogar den Rhein überschritten. Das rechtsrheinische Gebiet musste aufgegeben werden; erneut bildete der Fluss am Ende des 3. Jahrhunderts die Grenze.

Die Schlagkraft der Alemannen zwang zu aufwendigen Befestigungswerken, die während des 4. Jahrhunderts, jeweils wohl als Reaktion auf Angriffe, immer wieder erneuert, verbessert und verdichtet wurden. Eine Kette von militärischen Garnisonen in Steinkastellen entlang des Rheins bildete die Grenzsicherung; Wachttürme in regelmässigen Abständen dienten als Meldestationen bei drohender Gefahr (Abb. 22). Dieses System behielt seine Schutzfunktion, solange die militärische Besatzung vorhanden war und einheitlich gelenkt wurde. Im frühen 5. Jahrhundert musste sich aber das Römische Reich mehr und mehr auf die Verteidigung Italiens beschränken. Die Rheingrenze wurde aufgebrochen, die römische Herrschaft zog sich allmählich zurück.

Vor dem Hintergrund der skizzierten Entwicklung soll nun nach der Geschichte Zurzachs in römischer Zeit gefragt werden. Wie unzählige Orte der Antike ist die Siedlung nicht durch ein besonderes Ereignis in die Geschichtsschreibung eingegangen. Die Bodenfunde sind die hauptsächliche Quelle für die Wiedergewinnung der Historie; sie werden nach Schriftträgern und archäologischen Materialien aufgegliedert. Vermehren sich die epigraphischen Objekte allgemein nur langsam, so haben sich im Fall von Zurzach die archäologischen Aufschlüsse und Funde in den letzten Jahren vervielfacht – dementsprechend werden sie auch im Folgenden einen breiten Raum einnehmen. Ich werde die beiden Quellengruppen getrennt vorlegen; das Ziel dieser Kapitel ist ein Bericht, in dem die historische Deutung vorerst zurückgestellt, der Grundlagenstoff aber ausführlich beleuchtet wird. Die Zusammenfassung, so kurz sie auch ist, soll dann das historische Bild vermitteln, wie es sich uns heute darlegt. Es ist erstaunlich, wie weit – trotz Lücken und Unsicherheiten – die Wiedergewinnung des geschichtlichen Ablaufes von Zurzach, dem antiken Tenedo, gediehen ist.

Die schriftlichen Quellen zum römerzeitlichen Zurzach

Schriftliche Quellen sind einerseits die grossen Geschichtswerke, die von der allgemeinen Folge der Ereignisse berichten, wie Cæsars Kriegskommentar *de bello gallico* aus den Jahren 58–52 v. Chr. oder Tacitus' Annalen (14–66 n. Chr.) und Historien (69–96 n. Chr.); andererseits zählen zu den Schriftquellen aber auch die Karten, Inschriftsteine, Herstellermarken und Ritzinschriften auf Gerätschaften. Liegt eine römische Siedlung nicht im Blickfeld der überlieferten Geschichtsschreibung, so sind diese Gattungen oft die einzigen Übermittler schriftlicher Zeugnisse, so auch im Fall von Zurzach.

Der Name der römischen Ansiedlung unter dem heutigen Flecken ist uns durch eine glückliche Gegebenheit erhalten: Er ist auf einer antiken Strassenkarte, der Tabula Peutingeriana, verzeichnet.[2] Ferdinand Keller hat die Gleichsetzung von Tenedo auf Segment II der mittelalterlichen Kopie mit Zurzach bereits 1860 vorgeschlagen; sie wurde danach nie ernsthaft bezweifelt und ist heute allgemein von der Forschung anerkannt.[3] Der Name Tenedo ist nicht lateinischen Ursprungs, sondern geht von keltischen Wurzeln[4] aus und wurde offensichtlich auf eine römische Siedlung übertragen. Zu welchem Zeitpunkt diese Übertragung stattgefunden hat, ist der Karte nicht zu entnehmen. Wie erwähnt, taucht Tenedo in der erhaltenen Literatur sonst nicht weiter auf.

Sieben *Steininschriften* konnten bis heute aus dem Zurzacher Bereich, dem auch Rheinheim zugerechnet wird, geborgen werden (Abb. 1).[5] Es handelt sich um Grabsteine; sie nennen einen Veteranen der 13. Legion namens Certus, einen Soldaten aus der 21. und zwei aus der 11. Legion, ein dreijähriges Kind und, auf dem Rheinheimer Stein, einen Freigelassenen und einen Sklaven. Zu den in jüngerer Zeit entdeckten Stücken bestehen genauere Fundortangaben: – Die zwei aneinander passenden Fragmente des Grabsteines für den Soldaten der 21. Legion wurden bei der Restaurierung der Kastellmauer 1973 geborgen.[6] – Die fünf bereits in der Antike zerbrochenen Teile der Kinderstele säumten eine Körperbestattung aus

1a Grabstein des Veteranen Certus, seit dem Mittelalter eingemauert in die Aussenwand der Oberen Kirche.
[—] M(arci) F(ilio) VOLT(inia tribu) CERTO [domo] VIEN(na) VETERAN(us) [LEGIONIS] XIII GEMINAE [—]S ET AMIANTHUS [LIB(erti) ET] HEREDES FECER(unt).
Dem ... Certus, Sohn des Marcus, aus der Bürgertribus Voltinia, von Vienna, Veteran der 13. Zwillingslegion ... s und Amianthus, seine Freigelassenen und Erben haben (den Stein setzen lassen).

1b Grabplatte des Soldaten Quintus Valerius Libens, im 17. Jahrhundert in Zurzach gefunden.
Q(uintus) VALERIUS Q(uinti) F(ilius) FAB(ia tribu) LIBENS BRIX(i)A MIL(es) LEG(ionis) XI C(laudiae) P(iae) F(idelis) C(enturiae) ATTIENI MAXIMI [—].
Quintus Valerius Libens, Sohn des Quintus, aus der Bürgertribus Fabia, von Brescia, Soldat der 11. claudischen, kaisertreuen Legion, aus der Centurie des Attienius Maximus ...

---

[2] Tabula Peutingeriana, Faksimile.
[3] LIEB, Forum Tiberii.
[4] Vgl. dazu den Beitrag von HR. Sennhauser, S. 3–5.
[5] FREI-STOLBA, Steininschriften. Sie trägt alles Wesentliche zu den Inschriften zusammen. Eine Inschrift wurde bereits früh wieder verloren, sodass heute nur noch sechs vorhanden sind.
[6] HARTMANN, Römer im Aargau, S. 218, spricht von Grabsteinfragmenten in der Toranlage.

dem 4. oder 5. Jahrhundert im Friedhof unter der Verena-Kirche.[7] – Die Stele aus Rheinheim wurde 1974 beim Kelleraushub in der Pfarrscheune aus dem Schutt gehoben.[8]

Zu den Fundorten der seit langer Zeit bekannten Inschriftsteine liegen folgende Angaben vor: Nach eigenem Bericht hat der Stiftsamtmann J. J. Aklin 1671 in seinem Rebberg auf Sidelen drei beschriftete Steine entdeckt und zwei davon daselbst in die Gartenmauer eingefügt.[9] Nach Aklin soll auch der bekannte Veteranengrabstein des Certus von Sidelen stammen. Dieser war vermutlich bereits 1517 in die im Bau befindliche Obere Kirche eingemauert worden. Da die Nachricht von Aklin einige Generationen zurückgreift, sind Zweifel an ihrer Verbindlichkeit wohl am Platz,[10] und man lässt den Fundort dieses Steines innerhalb des Fleckens Zurzach besser offen.

Die Inschriftsteine sind, soweit bekannt, in sekundärer Lage gefunden worden. Für die Kinderstele, die zerbrochen die Einsäumung des spätantiken Grabes bildete, darf eine ursprüngliche Aufstellung nicht weit von der Zweitverwendung entfernt an der Gräberstrasse im Bereich des Verenamünsters angenommen werden. Die in die spätantiken Festungen verbauten Stücke von Sidelen und Rheinheim sind auf jeden Fall verschleppt worden; ob aus der Umgebung des antiken Tenedo oder aus grösserer Entfernung, ist eine Frage, die weit reichende Folgerungen in sich birgt. Denn stammen sie tatsächlich von Gräbern in Zurzach selber, so heisst dies doch wohl, dass ein Veteran der 13. Legion hier gesiedelt und Detachemente der 21. und der 11. Legion in Zurzach gestanden hätten. Es ist aber auch denkbar, dass die Steine aus dem Militärbereich von Vindonissa hergeführt worden sind; dann sagen sie über die Bevölkerung des antiken Zurzach nichts aus. Die Frage lässt sich vorläufig nicht beantworten. Aus diesem Grund sind die Steininschriften als unmittelbare Quelle für den Fleckens kaum zu nutzen; R. Frei-Stolba hat dies überzeugend dargelegt.[11]

2 Ritzinschrift auf Fragmenten eines Kruges. Das eine Fragment trägt die Inschrift «PARATI», das andere «7(centuria) SEN[—]». Es handelt sich um eine Besitzerangabe, vielleicht als «Paratus, aus der Centuria (Hundertschaft = Heereseinheit) des Sen...» aufzulösen.

In ein ganz anderes historisches Umfeld führen die *Herstellermarken*. Sie finden sich im Zurzacher Material auf Ziegeln, Gefässen und Geräten. Vier Ziegel mit dem Stempel der 21. Legion, einer mit demjenigen der 11. Legion und drei Bruchstücke mit Stempel der *cohors XXVI voluntariorum civium Romanorum* (Kohorte der Freiwilligen römischer Bürger) stammen aus dem Gebiet der frührömischen Kastelle und dem Kastell-Vicus (vgl. unten). Dass die Militärbesatzung ihr Baumaterial für Lager und Lagerdorf aus den legionseigenen Manufakturen bezogen hat, ist nahe liegend und braucht keine Erläuterung.[12] Fünf gestempelte Ziegel der 21. und einer der 11. Legion wurden hingegen im Schutt des Gutshofes in den Brüggliwiesen geborgen. So gerne man aus diesen Funden eine direkte Verbindung vom Gutshofbesitzer zum Militär herstellen möchte, warnen doch anders gelagerte Beispiele vor diesem Schluss. Gestempelte Legionsziegel sind in sehr vielen römischen Gutshofgebäuden, auch abseits von militärischen Achsen, verbaut worden, zum Teil noch im 2. Jahrhundert n. Chr., als keine Legion mehr in Vindonissa stand;[13] das Verkaufssystem scheint vielschichtiger gespielt zu haben, als man oft annimmt, und die Absatzregeln sind noch nicht zu durchschauen. Im Falle von Zurzach ist auch zu erwägen, ob die Ziegel nicht teilweise als Altmaterial im Gutshof verwendet wurden, nachdem man das Kastell aufgehoben hatte.

Eine grosse Anzahl von Herstellernamen sind auf dem Tongeschirr, vereinzelt auch auf Metallgefässen angebracht. Dank diesen Produzentenmarken ist es möglich, das Bezugsnetz und die Handelsverbindungen einer römischen Siedlung recht genau zu rekonstruieren, sind doch in vielen Fällen die Ursprungsorte der Waren bekannt. Es ist hier nicht der Platz, all die Töpfer und Metallschmiede, die ihre Erzeugnisse nach Zurzach geliefert haben, namentlich aufzuführen;[14] die Folgerungen aus dieser Quellengattung bestimmen aber immer wieder die Deutung des archäologischen Befundes, sodass an den gegebenen Stellen darauf einzugehen ist.

Unmittelbare Zeugnisse der einstigen Bewohner von Kastell und Kastell-Vicus sind die *Graffiti,* die Inschriften, die in einige Keramikgefässe aus diesem Gebiet eingeritzt wurden (Abb. 2). Es handelt sich dabei um Besitzerzeichen, die nach dem Brand meist auf der Bodenunterseite mit einer scharfen Spitze eingetragen wurden, oft etwas ungelenk, mit Ausrutschern, bruchstückhaft und daher schwer zu entziffern. Der geübte Epigraphiker M. A. Speidel konnte einige Namen lesen;[15] sie scheinen mit Ausnahme eines keltischen lateinisch zu sein und sind daher Leuten aus dem Süden zuzuordnen. Leider ist die Anzahl gering; wir dürfen nicht damit rechnen, dass sich in dieser Quellengattung der Durchschnitt der Kastellbevölkerung widerspiegelt.

Mit diesem Überblick sind die schriftlichen Quellen von Zurzach/Tenedo vorgestellt. Ihre eigentliche Aussagekraft werden sie in Verbindung mit den archäologischen Zeugnissen erlangen.

Die archäologischen Quellen[16]

Der Boden von Zurzach hat mannigfachen Aufschluss über die antike Geschichte des Ortes geliefert, oft nicht zufällig, sondern gelenkt durch Leute, die ihre Verantwortung den Spuren der Vergangenheit gegenüber wahrgenommen haben. Die verschiedenen Etappen werden im Kapitel «Bodenfunde, Baubefunde – Quellen für unsere Geschichte» (vgl. S. 49–55) aufgelistet. Im Folgenden sollen die verschiedenen Bereiche nach ihrer antiken zeitlichen Abfolge vorgestellt werden.

1. Die frührömischen Kastelle und der Kastell-Vicus

Bedingt durch den Bau der Nordumfahrungsstrasse von Zurzach, hat die Kantonsarchäologie des Aargaus in den Jahren von 1983 bis 1987 und ergänzend dazu 1990 auf dem Areal der ehemaligen Gärtnerei Widmer die bis dahin umfangreichsten Grabungen in Zurzach durchgeführt (Abb. 3). Die lokale Leitung lag in den Händen von R. Hänggi, der auch die Befundvorlage und eine historische Auswertung verfasste.[17]

Die untersuchte Fläche ist 580 m lang und 30 bis 50 m breit. In der östlichen Hälfte folgt der ergrabene Streifen der Geländekante entlang des Rheines und setzt sich im Nordwesten in einer Geraden fort, während der Fluss sanft nach Norden umbiegt. Die beiden Hälften trennte in der Antike das Tobel des Zurzacherbaches. Die Barzstrasse unterteilt den westlichen Abschnitt nochmals in zwei Stücke. Das Gebiet der ehemaligen Gärtnerei Widmer liegt 70 m südlich der Umfahrungsstrasse, jenseits von Bahnlinie und Strasse.[18]

Die Kastellanlagen

Kernpunkt der Ausgrabung sind verschiedene Systeme von V-förmigen Gräben, so genannten Spitzgräben, die westlich des Bachtobels zum Teil rechtwinklig, zum Teil annähernd parallel zum Grabungsstreifen die untersuchte Fläche durchziehen. Der chronologische Rahmen für die Anlage liess sich dank der gut datierbaren Keramik, insbesondere des Tafelgeschirrs, auf die Jahre von ungefähr 10 bis um 50 n. Chr. (spätaugusteisch bis claudisch) eingrenzen. Dass es sich bei den Gräben um Reste von ursprünglich geschlossenen Wehrbauten des römischen Militärs handelte, stand bald einmal fest. Seit den Pioniergrabungen am Anfang des 20. Jahrhunderts am Niederrhein ist hinlänglich bekannt, dass Spitzgräben und dahinter gelager-

---

[7] Roth-Rubi, Sennhauser, Römische Strasse, S. 100, Grab 177.
[8] Wiegels, Grabstele. Ausführlich zu dem Stück G. Fingerlin im folgenden Kapitel.
[9] Ein Stück ging verloren. Die beiden anderen gelangten später durch Schenkung der Familie Schaufelbühl in die kantonale Antiquarische Sammlung; heute Vindonissa Museum Inv. KAA 1058 und 1059.
[10] Frei-Stolba, Steininschriften, erwägt auch eine Bergung des Steins in der Umgebung der Oberen Kirche, die auf dem Gebiet der antiken Gräberstrasse liegt. Mehr als Vermutungen können dazu nicht geäussert werden.
[11] Trotz des Hinweises auf die Bemerkungen von Frei-Stolba verwenden Hartmann/Speidel, Hilfstruppen, S. 4, Anm. 7, die Grabinschriften als direktes Zeugnis für die «militärische Nutzung von Zurzach».
[12] Militäreigene Ziegeleien sind in Hunzenschwil/Ziegelmatten und der anschliessenden Flur Zozeläcker/Rupperswil nachgewiesen. Vgl. P. Arnold, Die römischen Ziegeleien von Hunzenschwil-Rupperswil, in: JbGPV 1965, S. 37–55. Für die Ziegelei in Kölliken kann ebenfalls eine militäreigene Anlage vermutet werden. Vgl. Jb. Ver. für Heimatkunde Suhrental 29, 1960, S. 7 f.
[13] Z. B. in einer Villa in Alpnach OW, vgl. Philippe Della Casa, Die römische Epoche, in: Margarita Primas, Philippe Della Casa, Biljana Schmid-Sikimic, Archäologie zwischen Vierwaldstättersee und Gotthard, Bonn 1992 (Universitätsforschungen zur prähistorischen Archäologie, Bd. 12. Aus der Abteilung Ur- und Frühgeschichte der Universität Zürich), S. 16–213. Kurze, gute Zusammenstellung der Problematik und des Forschungsstandes zur Verteilung der gestempelten Ziegel daselbst, S. 69 ff. Vgl. auch Rudolf Asskamp, Das südliche Oberrheingebiet in frührömischer Zeit, Stuttgart 1989 (Forschungen und Berichte zur Vor- und Frühgeschichte in Baden-Württemberg 33), S. 159 f.; Hans Rudolf Wiedemer, Ein Ziegelstempel der XXI. Legion aus der Villa beim Görbelhof in Rheinfelden, in: Argovia 75, 1963, S. 73 ff.
[14] Vgl. Listen in Hänggi, Doswald, Roth-Rubi, Kastelle, S. 453 ff. – Zum Tintenfassdeckel R. Frei-Stolba, H. Lieb, in: JbGPV 2002, S. 3–5.
[15] Speidel, Kleininschriften.
[16] Zahlreiche Einzelfragen wurden mit HR. Sennhauser und A. Hidber durchgesprochen, und oft wurde gemeinsam nach Lösungen gesucht. Die Darstellung auf den folgenden Seiten beruht in vielen Belangen auf diesen Gesprächen; ich verzichte auf Hinweise für die jeweiligen Hilfen, weil sie sich in allzu dichter Folge wiederholen würden. Ich bin für jeden einzelnen Schritt dankbar, der mich weitergeführt hat.
[17] Hänggi, Doswald, Roth-Rubi, Kastelle. Für die Diskussion der Befunde stütze ich mich auf die Angaben von R. Hänggi. Interpretation und historische Deutung entsprechen meinen persönlichen Vorstellungen; wenn sich diese nicht in allen Belangen mit denjenigen von R. Hänggi decken, so soll das nicht als Widerspruch, sondern als Diskussionsbeitrag für die weitere Forschung verstanden werden.
[18] Beim Bau der Bahnlinie 1876 muss viel archäologische Substanz zerstört worden sein, da sie entlang der inneren Südseite des grossen Kastells verläuft.

70 Zurzach in römischer Zeit

3 Gesamtplan der Ausgrabungen «Umfahrungsstrasse». Rot, orange und gelb die Umfassungsgräben der Wehranlagen in zeitlicher Abfolge. Im Westen das zu den Lagern gehörende Siedlungsgebiet mit Werkstätten, der so genannte Kastell-Vicus.

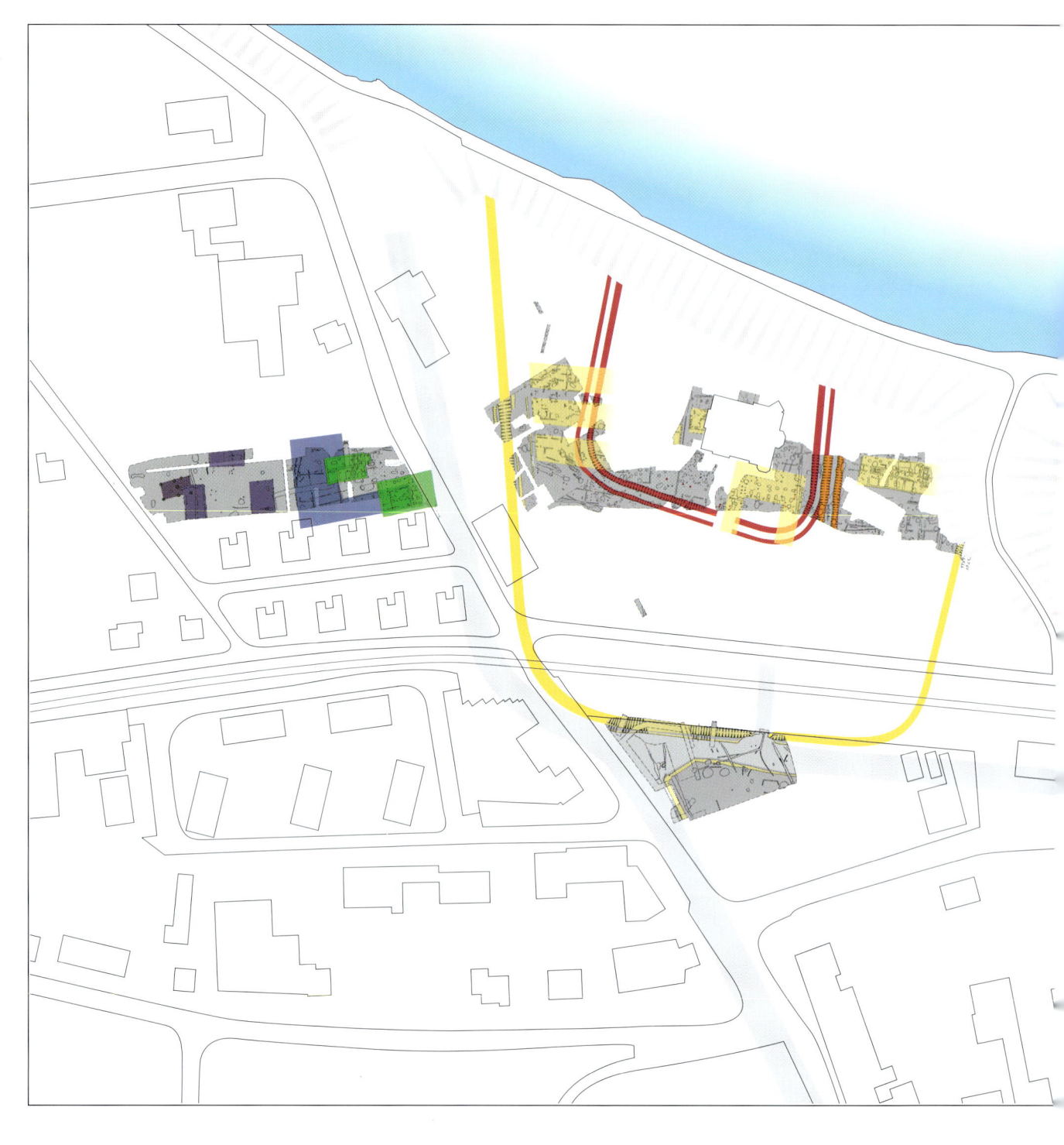

ter Erdwall eindeutige Kennzeichen frührömischer Lagerfestungen sind (Abb. 4/5). Die Grabenstücke in Zurzach lassen sich zu zwei oder drei ineinander geschachtelten viereckigen Anlagen ergänzen, deren nördliche Linie dem Rhein gefolgt sein muss, im Grabungsfeld jedoch nicht erfasst wurde. Die südliche Begrenzung des inneren Vierecks lag im Bereich der geplanten Umfahrungsstrasse, diejenige des äusseren, grösseren konnte in einem begrenzten Abschnitt auf dem Land der ehemaligen Gärtnerei Widmer aufgedeckt werden. Hier wurde auch ein Unterbruch des Grabens beobachtet, der als Durchlass zum Lagertor zu deuten ist. Die eine Hauptstrasse wird sich im rechten Winkel zu den Gräben von hier aus in nordöstlicher Richtung durch das Lager gezogen haben.

Der Ausgräber möchte zwischen den zwei Grabensystemen eine zusätzliche mittlere Befestigung ergänzen; er sieht in den beiden geraden Grabenteilen im Osten (im Plan Abb. 3 orange), die streckenweise dem innersten

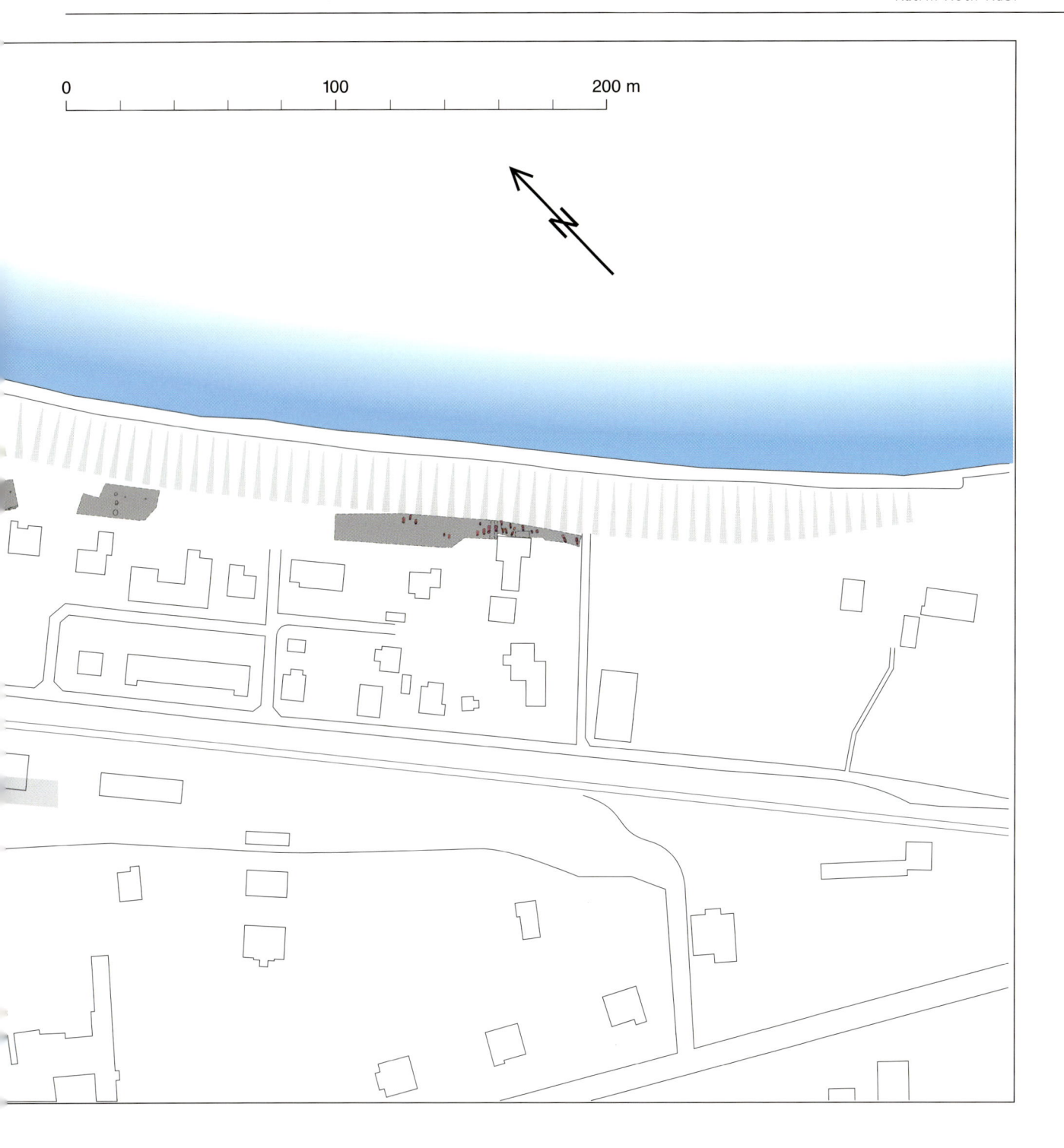

Grabenpaar folgen und dieses überlagern, den Rest eines eigenständigen Festungswerkes; seine Südseite würde durch die nicht untersuchte Fläche südlich der Umfahrungsstrasse verlaufen und im Westen in die Linie der äusseren Grabenfragmente einmünden. Der begrenzte Grabungsausschnitt erlaubt jedoch keinen gesicherten Entscheid. Fest steht auf alle Fälle, dass das Lager in zwei oder drei Etappen von ungefähr 0,6 ha auf 2,08 ha vergrössert worden ist. R. Hänggi liest den Grabenprofilen im Süden zudem mehrere Perioden ab, die er jeweils mit Zuschüttungen und neuem Ausheben in Verbindung bringt. Nach seiner Meinung deutet dieser Befund auf einen wiederholten Besatzungswechsel, den er in Zusammenhang mit verschiedenen kriegerischen Ereignissen stellen möchte. Die Truppen wären jeweils für einen Feldzug abkommandiert worden und hätten beim Verlassen des Lagers die Befestigungen niedergelegt. Diese Deutung ist unkonventionell und nicht ohne historische Konsequenzen.

4 Schematischer Grundriss eines Lagers des 1. Jahrhunderts n. Chr., rekonstruiert nach den Befunden von Hofheim im Taunus.

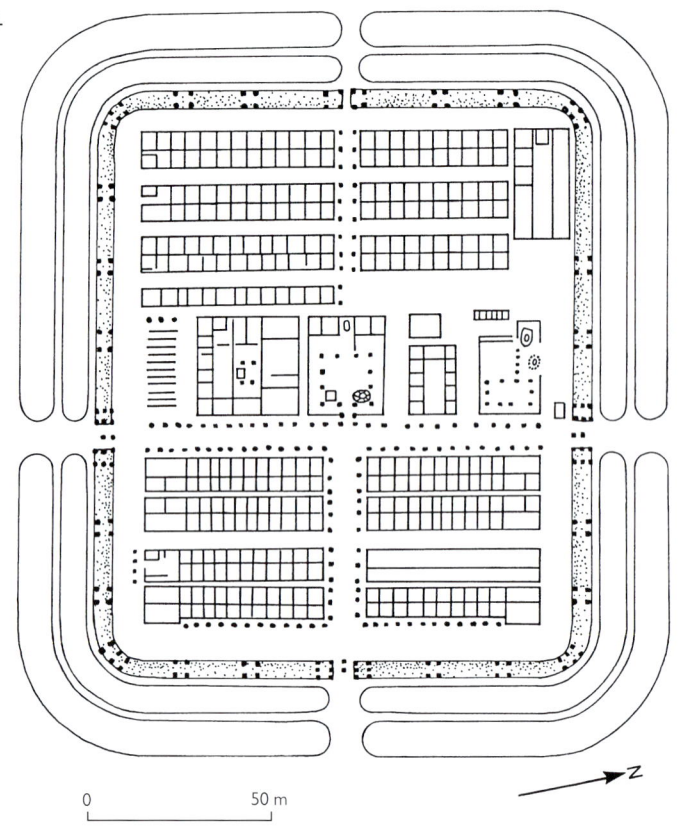

Einfacher ist es, die partiellen Überlagerungen der Gräben als Ausbesserungen oder Neuanlagen mit beschränkter Ausdehnung zu deuten; es handelte sich dann um die «alltägliche» Wartung des Erdwerkes, das der Witterung ausgesetzt und vor dem Zerfall bewahrt werden musste.[19]

Wie angedeutet, gehören in frührömischer Zeit zu den Gräben Erdwälle, die mit dem ausgehobenen Material aufgeschüttet wurden; Holzversteifungen und Palisaden ergänzten das Festungswerk soweit, dass wirksame Annäherungshindernisse in Form von Holz-Erde-Mauern entstanden. Diese Erdwälle sind nur unter besonderen Erhaltungsbedingungen heute noch dem Gelände abzulesen; meist beschränken sich die Reste auf Bodenverfärbungen, die von vergangenen Holzteilen stammen. Dieser Fall trifft auch in Zurzach zu. Eine Reihe von Pfostenlöchern wurde entlang des inneren Ostwalles beobachtet, eine durchgehende (Balken?-)Spur folgte dem geraden Grabenpaar im gleichen Abschnitt (Abb. 6). Vermutlich handelt es sich um innere Wallversteifungen. Ähnliche Verfärbungen wurden auch im Westen gesehen, hier direkt dem Graben entlangführend und damit am ehesten als äussere Wallsicherung zu deuten (Abb. 7).[20] Bei zwei Pfostenreihen auf der Südseite des inneren Befestigungssystemes, im rechten Winkel zum Graben, denkt der Ausgräber an einen Walldurchlass, den man sich wohl als turmartig aufragende Toranlage vorstellen muss. Der Erddamm, der im Grabenbereich zu erwarten ist, lag ausserhalb der Grabungsfläche. Diese wenigen Anhaltspunkte lassen natürlich kein feinteiliges Bild der Verteidigungsanlagen erstehen, geben aber die Gewissheit, dass auch in Zurzach hinter den Gräben ein Wall vorhanden war.

Über die Innenbebauung römischer Holzlager wissen wir verhältnismässig gut Bescheid, da die weit gehende Normierung der Militärarchitektur Verknüpfungen und Ana-

5 Idealrekonstruktion eines römischen Militärlagers nach Grundrissen wie Abbildung 4.

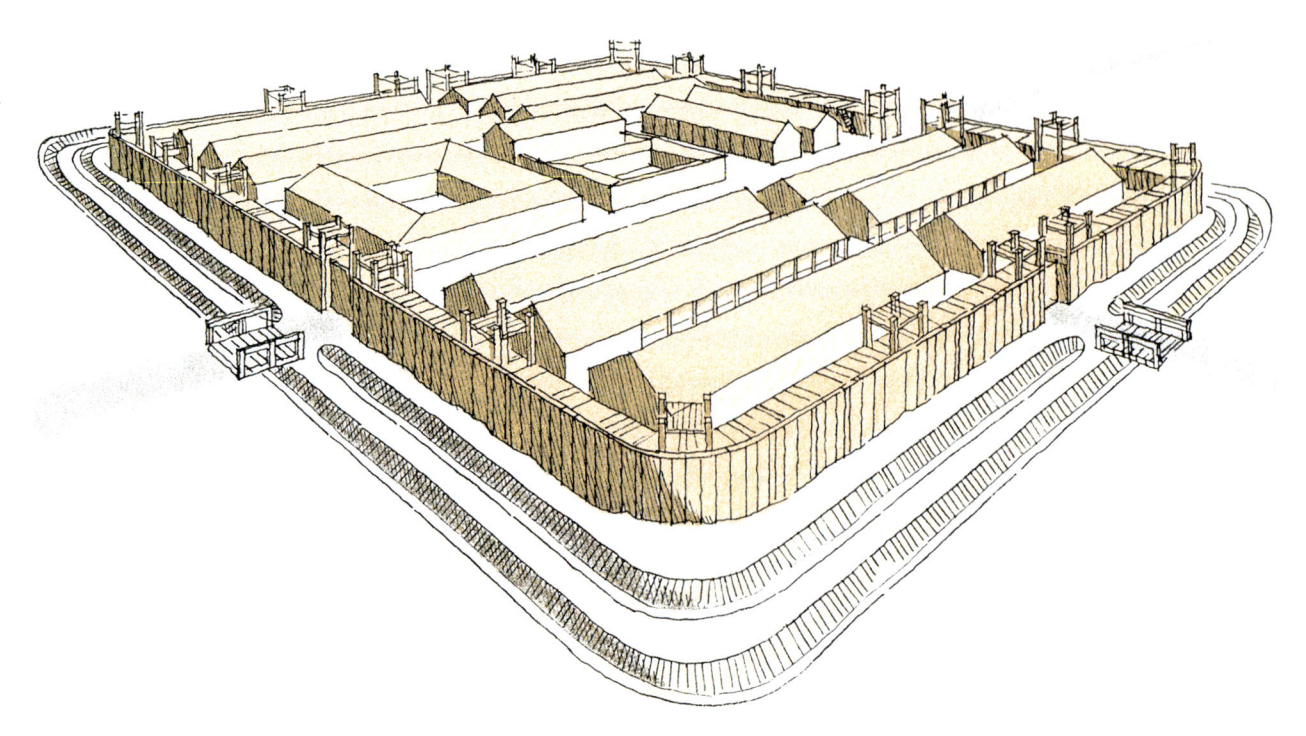

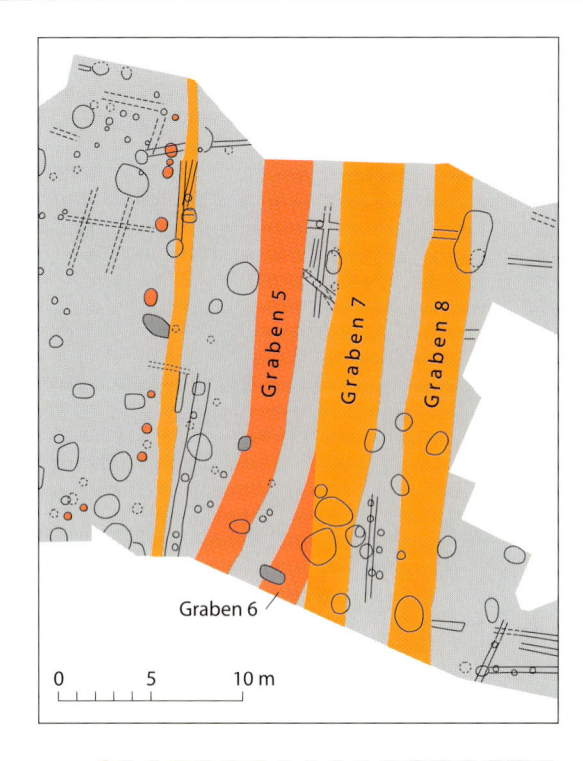

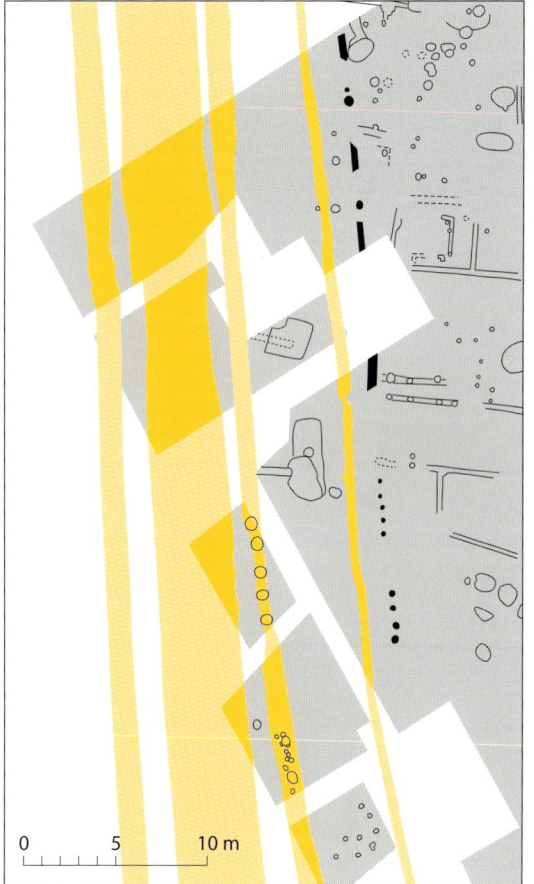

logieschlüsse über das ganze Reich hinweg zulässt; auch kleine Reste werden dadurch oft deutbar. Es ist R. Hänggi gelungen, aus dem wirren Durcheinander von Balkengräbchen im Ostteil der Lagerfläche einige Grundrisse von Kasernenbauten herauszuschälen; ihr Kennzeichen ist eine Folge von 3 bis 4 m breiten Doppelkammern mit vorgelagerter Porticus und ein mehrräumiger verbreiterter Kopfteil (Abb. 8/9).

Ungefähr in der Mitte zwischen der West- und der vermuteten äusseren Ostumwallung tritt in der Vielfalt von Gruben ein regelmässiges Raster von fundleeren Konstruktionsgruben in U-förmiger Anordnung in Erscheinung. Sie liegen auf der Hauptachse des Lagers, die durch den äusseren Grabenunterbruch bestimmt ist. Die Pfostengruben und Balkengräbchen können zu einer dreischiffigen Querhalle und rechtwinklig davon ausgehenden Längsflügeln, vielleicht Portiken, ergänzt werden. Querhalle und Porticus-gesäumter Innenhof sind Grundelemente des zentralen Verwaltungsgebäudes in römischen Militärlagern, der so genannten Principia (Abb. 10). Es besteht kein Zweifel, dass die Reste in Zurzach dahingehend zu deuten sind. Hinter der Querhalle sind eine Reihe von kleinen Räumen als Schreibstuben, Archive und, in der Mitte, das Fahnenheiligtum zu erwarten; der rudimentäre Erhaltungszustand erlaubt indessen nicht mehr als eine hypothetische Ergänzung. Leider haben die intensive römische Begehung, Naturereignisse und die Nutzung des Gebietes durch die Jahrhunderte hinweg alle übrigen Lagerbauten so in Mitleidenschaft gezogen, dass keine weiteren Spuren zu verständlichen Einheiten zusammengefügt werden können, sieht man von einem kurzen Strassenabschnitt mit Kanal und einzelnen Wandteilen, vielleicht von Baracken stammend, ab.

Überblickt man den Lagerplan, so fallen die zahlreichen Gruben auf, die das ganze Feld in wechselnder Dichte überziehen. Form und Tiefe sind unterschiedlich angelegt; einige sind eindeutig als Pfostengruben anzusprechen wie die erwähnten der Principia, andere sind Reste von Latrinen, weitere mögen ursprünglich Vorratsgruben gewesen

6 Situation der Wehrgräben im Osten des kleinen, frühen Kastells. Das Wehrsystem ist stetig verändert worden. Rot: zwei ältere Gräben. Orangerot: zwei jüngere Gräben mit zugehörenden Resten einer Wallversteifung.

7 Reste der grossen Befestigungsanlage im Westen. Die Wehrgräben werden von kleinen Palisadengräbchen und Entwässerungsgräben gesäumt. Im Lagerinneren führt eine Strasse der Verteidigungsanlage entlang.

[19] Anlässlich eines Kolloquiums über die Befundanalyse von römischen Verteidigungsanlagen (Zurzach, 16./17. Oktober 1996) ergab sich, dass die Grabenprofile ausserordentlich vielfältig geformt sein können; eindeutige Interpretationen bieten sich nur selten an. Das Problem ist bis heute allzu nebensächlich behandelt worden. Die Hypothese des Truppenabzuges von R. Hänggi konnte anhand von Parallelfällen weder bestätigt noch widerlegt werden. Das Schichtbild von Zurzach bleibt auffällig und muss weiter diskutiert werden.

[20] Die Überlagerungen in diesem Gebiet sind schwer in eine relativchronologische Ordnung zu bringen, vgl. HÄNGGI, DOSWALD, ROTH-RUBI, Kastelle, S. 42.

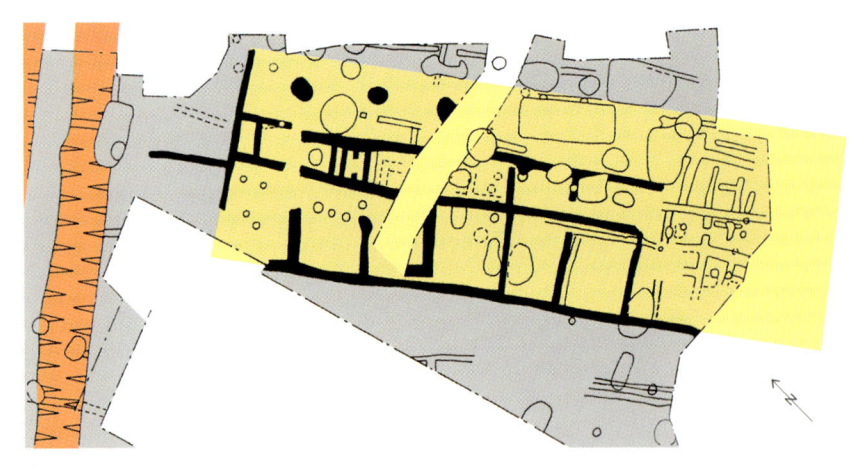

8 Spuren der Soldatenunterkünfte im Osten des grossen Kastells. Die Holzbaracken bestanden aus einer Reihe von zusammengebauten Kammern mit je einem Vorraum. M. 1:400.

9 Blick auf einen Ausschnitt einer römischen Militärbaracke (Contubernium) mit einem belegten und einem leeren Abteil. In einem Contubernium lebten acht Soldaten in Wohngemeinschaft. Modell von Marius Rappo im Museum Höfli, Zurzach.

sein; oft ist die erste Verwendung aber auch nicht mehr zu erkennen. Nach ihrer Aufhebung wurden viele Gruben mit Abfall aufgefüllt, einerseits, um diesen auf einfache Weise zu beseitigen, andererseits, um den Boden wieder zu verfestigen. Geben die Gruben selber beschränkten Aufschluss über die Lagerarchitektur, so ist ihr Inhalt eine ausserordentlich wichtige archäologische Quelle. Hier ist in kurzer Zeit, oft auf einmal, eingefüllt worden, was im Lager zu Schaden gekommen oder unbrauchbar war und beseitigt werden musste. Zahlreiche Knochen vermitteln eine Vorstellung über Schlachtvorgänge und Fleischversorgung; Ph. Morel konnte nachweisen, dass in erster Linie Abfall vom Hausschwein, dann von Schaf und Ziege, vom Hausrind und in kleinen Teilen von Wild in die Gruben gelangte.[21] Das übrige organische Material wie Holz und Leder hat leider keine Spuren hinterlassen. Besser erhalten sind Metallteile der soldatischen Ausstattung, von

Rüstung, Waffen und Kleidung. Zahlreiche Mühlsteinfragmente bezeugen einmal mehr, dass die Aufbereitung des Getreides im Lager selber durchgeführt wurde; wir wissen aus anderen Quellen, dass acht Mann eine Kochgemeinschaft[22] bildeten, zu der auch eine Handmühle gehörte.

Besonderen Aufschluss aber gibt die Tonware, die häufigste Zugabe in den Gruben; gewisse Gattungen wie das Tafelgeschirr lassen sich dank zentraler Herstellung und weiträumigem Markt chronologisch gut einordnen. So können nicht nur die Rahmendaten für die Belegung des Lagers auf die Jahre von etwa 10 n. Chr. bis zur Jahrhundertmitte abgesteckt, sondern eine grössere Anzahl Grubeneinfüllungen auf ein bis zwei Jahrzehnte genau bestimmt werden.[23] Die Kartierung dieser enger datierten Gruben gibt wesentliche Hinweise für die Lagerentwicklung. Als erstaunliches Resultat hat sich dabei folgende Tatsache herausgestellt: die Gruben, die früheste Keramik, mittelitalische Terra Sigillata (so genannte Arretina, rotes Tafelgeschirr der Römer) aus dem 2. Jahrzehnt des 1. Jahrhunderts n. Chr., führen, streuen bereits über die ganze Fläche der grossen Kastellanlage, ziehen also über die innere Befestigung und das von R. Hänggi erwogene mittlere Verteidigungssystem hinweg. Die Lagererweiterungen scheinen demnach innerhalb nur eines Jahrzehnts erfolgt zu sein. Dass eine solche Sequenz in kurzer Zeit möglich ist, beweisen die Gegebenheiten am Niederrhein, so etwa in Haltern, wo das Lager in einer Zeitspanne von zehn bis fünfzehn Jahren vielseitig verändert und vergrössert worden ist.[24] Der Ausgräber R. Hänggi sieht die inneren Befestigungsanlagen allerdings in anderem Zusammenhang. Er bringt sie mit dem rechtsrheinischen, mittelaugusteischen Truppenlager von Dangstetten in Verbindung[25] und postuliert Militärpräsenz in drei Etappen, die jeweils so kurz gewesen seien, dass sich keine Funde niederge-

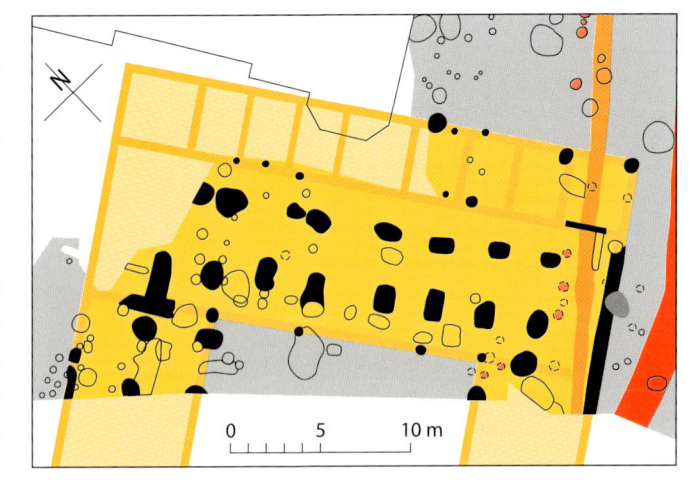

10 Zentrales Verwaltungsgebäude (Principia) des jüngsten Kastells, rekonstruiert nach Pfosten- und Schwellbalkenresten.

11 Ess- und Küchengeschirr sowie Mahlsteine aus dem Gebiet der frührömischen Kastelle (Grabung «Umfahrungsstrasse»). Museum Höfli, Zurzach.

---

[21] HÄNGGI, DOSWALD, ROTH-RUBI, Kastelle, S. 395 ff. Die Prozentanteile der 7529 registrierten Knochen aus dem Lagerareal sind: Hausschwein 28,3 %, Rind 15,3 %, Schaf und Ziege 16,2 %, Wild 2 %, nicht näher zu Bestimmendes 38,2 %. Nach Tabelle 90a, 1–3.

[22] Es handelt sich dabei um die kleinste militärische Einheit, das Contubernium, ursprünglich eine Zeltgemeinschaft. Vgl. A. HIDBER, K. ROTH-RUBI, Kasernenleben im römischen Zurzach, in: AS 13, 1990, S. 31–36.

[23] Die chronologischen Kriterien werden in HÄNGGI, DOSWALD, ROTH-RUBI, Kastelle, S. 101 ff., erläutert. Es ist ein Glücksfall, dass in Zurzach so viele Ensembles aus kurzen Zeiteinheiten in den Boden gelangt sind.

[24] Vgl. SIEGMAR VON SCHNURBEIN, Untersuchungen zur Geschichte der römischen Militärlager an der Lippe, in: Ber. RGK 62, 1981, S. 5–101, spez. S. 53 ff.

[25] Über die genaue Datierung von Dangstetten ist man sich noch nicht einig. Zur Diskussion stehen die Jahre von 15 bis 7 v. Chr. Frühere Daten müssen ebenfalls erwogen werden. Vgl. vorläufig H. SCHÖNBERGER, Die römischen Truppenlager der frühen und mittleren Kaiserzeit zwischen Nordsee und Inn, in: Ber. RGK 66, 1985, S. 435.

schlagen hätten.[26] In spätaugusteischer Zeit, ab 10 n. Chr., sei der gleiche Platz dann von einer grösseren Truppeneinheit wieder aufgesucht und mit dem äusseren Wehrgürtel befestigt worden. Die Möglichkeit ist nicht ganz von der Hand zu weisen, denn ein linksrheinischer Sicherungsposten muss für das Dangstetter Lager angenommen werden. Dieser Posten muss natürlich während der ganzen Belegungszeit von Dangstetten bestanden haben. Dass dabei kaum Gebrauchsobjekte in den Boden gelangt sein sollen, kann ich mir nicht vorstellen. Daher zweifle ich an der Gleichsetzung der inneren Befestigung mit diesem Posten. Das schrittweise Wachstum der Kastellanlagen im zweiten Jahrzehnt des 1. Jahrhunderts n. Chr. scheint mir plausibler. Solange keine eindeutigen Spuren aus der Zeit des Dangstetter Lagers im Raum Zurzach auftauchen, bleibt das Problem allerdings ungelöst.

Das grosse Lagerareal ist bis ungefähr um die Jahrhundertmitte genutzt worden.[27] Wir haben keine Zeugnisse, die über die Truppenzusammensetzung Auskunft geben. Infrage kommen Detachemente einer Legion oder Hilfstruppen, so genannte Auxilien. Sie werden nach den Zwanzigerjahren dem Kommando von Vindonissa, dem Legionslager bei Brugg, unterstellt gewesen sein, das ab tiberischer Zeit die militärische Zentrale am Oberrhein bildete; die Führungsverhältnisse in spätaugusteischer Zeit sind vorläufig ungeklärt.[28] Mit der Jahrhundertmitte brechen die Funde weitgehend ab, wenn auch vereinzelt jüngere Objekte in oberflächennahen Schichten auftauchen. Das Lager in der Ausdehnung über eine Fläche von 2 ha ist mit Sicherheit nicht mehr belegt worden, Bauspuren aus späterer Zeit liegen nicht vor. Die wichtigste Aufgabe des Zurzacher Lagers wird die Beherrschung des Rheins und des Zufuhrweges dahin gewesen sein. Ob damit auch ein militärisch gesicherter Brückenkopf auf der rechten Flussseite verbunden war, wissen wir heute noch nicht, da keine diesbezüglichen Befunde bekannt sind.

Der Kastell-Vicus

Verschiedenen Plänen frührömischer Kastelle ist zu entnehmen, dass ausserhalb der Lagerumgrenzungen dorfähnliche Siedlungen angelegt worden sind; man nennt sie heute Kastell-Vici.[29] Sie setzen sich meist aus lang gestreckten Häusern zusammen, die gegen eine Strasse gerichtet sind; Werkstätten, Kneipen, Verkaufsbuden mit Stapelräumen und Wohnteile werden darin untergebracht worden sein. Es braucht keine besondere Fantasie, sich das Leben in diesen «Vorstädten» als bunte Mischung von Marketenderei, Vergnügen und Handwerksbetrieben vorzustellen!

Das Vorfeld des kleinen und des vermuteten mittleren Lagers in Zurzach liegt unter der grösseren Lagerfläche. Wenn der Ausgräber auch einige rudimentäre Balkengräbchen, die schlecht in den Lagerplan passen, einem ersten Kastell-Vicus zuordnen möchte, so reicht das Erhaltene für einen Nachweis nicht aus.[30] Erst im Umkreis des «grossen» Lagers sind Reste von Bauten zum Vorschein gekommen, die als Teil eines Kastell-Vicus gelten können. Allerdings konzentrieren sie sich im heutigen Aufschluss auf den Westen des Lagervorgeländes. Ausserhalb des Ostwalles liegt das Bachtobel; in der östlichen Fortsetzung wurden nur geringe Baureste erfasst. Im Süden hat man in einer dreieckigen Fläche vor den Gräben neben einigen Balkengräbchen und zwei Kellergruben eine Strassengabelung angeschnitten; der eine Zweig führte längs der Südflanke zum Haupteingang des Lagers; der andere bestrich tangential die Südwestecke der Gräben, um sich dann entlang der Westfront des Lagers fortzusetzen. Der Hauptteil dieser Strasse wird unter der heutigen Barzstrasse vermutet, die auf modernen Aufschüttungen liegt; darunter befindet sich ein altes Bett des Zurzacher Baches. In nachrömischer Zeit muss der Bach seinen Lauf vom Tobel östlich des Lagers nach dem Westen verschoben haben. Vieles spricht dafür, dass er dabei der römischen Strasse gefolgt ist.

Im westlich gelegenen Ausgrabungsabschnitt begünstigten die topographischen Gegebenheiten die Befundsituation:[31] Hier senkte sich in der Antike das Gelände zu einer kleinen Mulde. Die späteren Auffüllungen haben die römischen Baustrukturen in Resten bewahrt, sodass, im Gegensatz zum Lagerinneren, einige Grundrisse rekonstruiert werden können. Es handelt sich in den frühen Phasen um reine Holzbauten, deren Schwellbalken direkt[32] oder auf ein ein- bis zweischichtiges Kiesellager verlegt wurden. Diese leichte Konstruktionstechnik wird es mit sich gebracht haben, dass Um- und Neubauten in rascher Folge stattfanden. Daneben deuten Reste von Brandhorizonten darauf hin, dass auch Feuerschäden Änderungen erwirkt haben.

Nach Aussage des Ausgräbers könnten die frühesten Siedlungszeugnisse Pfostenbauten sein, deren Spuren aber weder zusammenhängende Grundrisse ergeben, noch sich relativzeitlich verknüpfen lassen.[33] Im ersten ausgedehnten Bauhorizont[34] umschliesst ein U-förmiger Block einen länglichen Innenhof, der sich gegen Strasse und Lager öffnet. In einer zweiten Phase weicht dieser Komplex zwei getrennten Bauten im Norden und Süden; der Hof wird vergrössert, und ein breiter Wassergraben wird bis in seine Mitte verlegt. Dass in den Holzbauten Handwerksbetriebe angesiedelt waren, bezeugen Feuerstellen, Schmiedeabfälle, Knochen- und Altmetalldepots sowie Werkzeuge für Leder-, Holz- und Steinarbeiten.[35] Nach Fundstreuungen muss die Schmiede im südlichen Gebäude untergebracht worden sein; sie wird den Hof als Werkplatz mit einbezogen haben. Auch der Wassergraben ist in Verbindung mit den verschiedenen Handwerkszweigen zu sehen, benötigten doch die meisten grössere Wassermengen.

In einer nächsten Etappe wird der nördliche Trakt aufgegeben; eine Kiesfläche überzieht in der Folge diesen Bereich. Das Haus im Süden scheint noch kurzfristig weiterbenutzt worden zu sein. Mit seiner Aufhebung verschwinden danach die Werkstätten aus dem Gebiet. Das Gelände wird neu genutzt: In einer letzten Bauphase errichtet man auf dem bekiesten Teil ein kleines Bad (Abb. 12); im Süden entsteht ein Steingebäude mit vorgelagertem Korridor oder einer Porticus; seine Gesamtform ist wegen der

[26] Dem Dangstetten-Horizont kann nur der ACO-Becher in Grube 198 mit einiger Bestimmtheit zugeordnet werden, vgl. HÄNGGI, DOSWALD, ROTH-RUBI, Kastelle, Katalog- und Tafelband, Taf. 49.

[27] Die Enddatierung lässt sich nicht so eng fassen wie der Beginn. Die «Jahrhundertmitte» soll als Annäherungsdatum verstanden werden, was der Zeitspanne von etwa 40 bis 50 n. Chr. entsprechen mag.

[28] Die Gründung des Legionslagers von Vindonissa, d. h. der Einzug eines Legionslegaten mit seinem Stab in die militärischen Anlagen auf dem Sporn bei Brugg, ist entgegen der Abhandlung von K. Kraft mit den Ausführungen von S. v. SCHNURBEIN, Die Funde von Augsburg-Oberhausen und die Besetzung des Alpenvorlandes durch die Römer. Forschungen zur provinzialrömischen Archäologie in Bayerisch-Schwaben, hrsg. von J. BELLOT, W. CZYSZ und G. KRAHE, Augsburg 1985, S. 15–43, zu Recht infrage gestellt. Es ist eine dringende Aufgabe der Vindonissa-Forschung, dieses Problem erneut aufzunehmen. Die Anlage von Zurzach in spätaugusteischer Zeit wird bei der Argumentation eine wichtige Rolle spielen.

[29] C. S. SOMMER, Kastellvicus und Kastell, in: Fundber. BWB 13, 1988, S. 457 ff.

[30] Vgl. HÄNGGI, DOSWALD, ROTH-RUBI, Kastelle, Kapitel 3.1.4. Es scheint mir ein Widerspruch zu sein, für den Militärposten sehr beschränkte Siedlungsphasen ohne Fundniederschlag und gleichzeitig ein Lagerdorf anzunehmen. Ein Lagerdorf lebt vom Warenumsatz, und dieser manifestiert sich archäologisch!

[31] Die Grabung verlief entsprechend dem Strassenbau von Westen nach Osten. Die Erfahrungen, Fragestellungen und Einsichten in die

12 Grundriss des Badegebäudes aus dem Gebiet vor dem Lager im Westen. Steingerechter Plan.
A: Garderobe und Aufenthaltsraum (Apodyterium),
F: Kaltwasser-Raum (Frigidarium),
N: Wannenanlage (Natatio),
P: Heizraum (Praefurnium),
C: Heiss-Raum (Caldarium),
T: lauwarmer Raum (Tepidarium). M. 1:100.

beschränkten Ausdehnung der Grabungsfläche allerdings nicht zu ermitteln.

Dass das Bad während einiger Zeit in Funktion gestanden hat, ist Reparaturen[36] und verschiedenen baulichen Veränderungen zu entnehmen, die sich sogar in den wenigen erhaltenen Mauerlagen abzeichnen: Dem ursprünglich rechteckigen Bau mit ungeheiztem lang gestrecktem Raum und abschliessender Wanne im Norden und zwei hypokaustierten Kammern mit Præfurnium (Einfeuerungskanal) im Süden werden in einer späteren Phase östlich und südlich zwei Annexe angefügt, die wohl beide als Wasserbecken zu deuten sind. Offenbar folgte in der Südwestecke noch ein weiterer Raum, wie zwei Mauerstümpfe nahe legen. Die Bestimmung der Abteile nach antikem Badeablauf hat R. Hänggi aufgrund der Heizanlagen in Auskleide- und Kaltwasserraum im Norden, heissen und lauwarmen Bereich im Süden sicher richtig vorgenommen. Doch darf man sich den Betrieb in einem so kleinen Bad nicht allzu gebunden und starr vorstellen; wechselnde Nutzungen der Räume und Wannen werden sicher die Dienlichkeit der Anlage je nach Bedarf erweitert haben.

Wer waren die Benutzer dieses Bades? Oder anders gefragt: Wie ist der Wechsel von einem Handwerkerareal zu einer kleinen Thermenanlage mit bekiestem Vorplatz in Nachbarschaft eines wohl ausgedehnten Steingebäudes zu verstehen? Hier gilt es nun, die geschichtliche Entwicklung des Militärkastells mit dem Vorgelände in Übereinstimmung zu bringen; der chronologische Raster beruht auf den Kleinfunden.

Die älteste Keramik aus dem Vorgelände entspricht derjenigen in den frühesten Gruben im Militärlager;[37] die erste Bebauung wird demnach in den Jahren zwischen 10 und 20 n. Chr. eingesetzt haben; die Umbauten erfolgten in den Zwanziger- und Dreissigerjahren. Im südlichen Gebäude wurde die Werkstätte am Anfang der Fünfzigerjahre auf jeden Fall noch benutzt, wie eine eingelagerte Münze aus den Jahren 50–54 n. Chr. belegt.[38] Ein Vergleich der Keramikinventare aus den Holzbauten im Vicus und dem Lager zeigt, dass bei aller Übereinstimmung die jüngsten Formen im Vicus tendenziell leicht überwiegen.[39] Die Handwerksbetriebe im Vicus werden den Abzug der Lagerbesatzung um die Jahrhundertmitte noch eine kurze Spanne überdauert haben, um dann spätestens in den frühen Sechzigerjahren aufgelöst zu werden.[40] Die Nutzungsänderung des Areals muss danach angesetzt werden; allerdings fehlen Anhaltspunkte für die Festlegung eines engeren Zeitabschnitts. Die Erhaltungsbedingungen verunmöglichen eine Datierung des Bades: Benutzungsschichten der Räume waren nicht erhalten. Die vorhandenen Mauerkronen lagen wenig unterhalb der heutigen Humusdecke; die Unterkante der Fundamente reichte in die Zone der älteren Holzbauten, die mit den entsprechenden Ablagerungen durchsetzt war, aber kein Indiz für die Errichtung des Bades ist. Trotz dieser Schwierigkeiten steht fest, dass das Bad und der Steinbau im Zusammenhang mit der zivilen Siedlung zu sehen sind, die den Kastell-Vicus im Laufe des 1. Jahrhunderts n. Chr. ablöst.

13 Römische Gräber und Strasse unter dem Verenamünster.

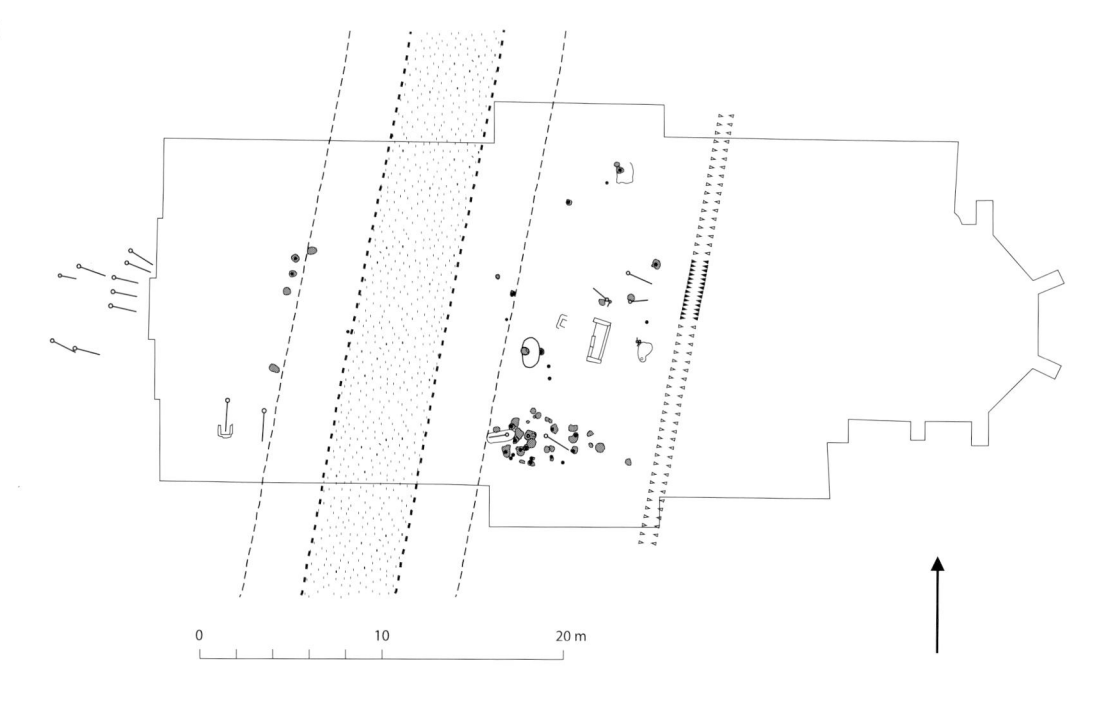

14 Römische Strasse unter dem Verenamünster, von Westen gesehen. Befund in der Ausgrabung 1975.

len in einer tönernen Urne (Abb. 15); bei den restlichen war kein Behälter mehr vorhanden; er muss aus vergänglichem Material wie Stoff, Leder oder Holz gewesen sein. Auf der Südostseite der aufgedeckten Strasse liegen die Gräber auffällig dicht beieinander, während im Norden und Westen grössere Zonen von Bestattungen frei blieben. Ob es sich bei der Konzentration tatsächlich um das oder um ein Zentrum des Gräberfeldes handelt oder ob der Zufall des Ausschnittes und der Erhaltung eine Rolle spielt, ist kaum zu entscheiden.[44]

2. Der zivile Vicus, die Strasse und die Gräber

Die jüngsten Schichten mit den Steinbauten auf dem Gebiet der Umfahrungsstrasse, das von 1983 bis 1990 ausgegraben wurde, gehören, wie oben dargelegt, in den Zeithorizont nach dem Abzug des Militärs. Die wenigen Baureste wären schwer verständlich, stünden nicht weitere archäologische Zeugnisse aus früheren Grabungen im Flecken Zurzach zur Verfügung. In erster Linie sind es die sorgfältigen Untersuchungen im Verenamünster, 1975/76 durchgeführt, die erstmals gezielte Fragen mit teilweiser Beantwortung zur Siedlungsgeschichte des römischen Ortes Tenedo, besonders in seiner zivilen Phase, ermöglichen. Die vorgängigen punktuellen Aufschlüsse und Einzelfunde konnten dank diesen Resultaten in einen Zusammenhang gebracht werden.[41]

Die Ausgrabungen unter dem Verenamünster[42]

Bei den Ausgrabungen anlässlich der Münsterrestaurierung stiess man in den untersten Schichten auf eine Strasse, die quer durch das Kirchenschiff verläuft und beidseits von Gräbern gesäumt wird (Abb. 13); nach den Grabbeigaben handelt es sich eindeutig um römische Hinterlassenschaften. Das Profil der Strasse zeigt einen mehrschichtigen Aufbau, der im Laufe von Generationen durch Erneuerungen entstanden sein muss.[43] Auf der Ostseite konnte das Gräberfeld bis zu seiner äusseren Grenze, die durch einen kleinen Graben parallel zur Strasse markiert war, untersucht werden; auf der Westseite war der Grabungsausschnitt durch das Kirchenende und die Fronttürme enger beschränkt. Es wurden 68 antike Bestattungen beobachtet; davon waren 17 Körpergräber, die übrigen Brandgräber. Die Beisetzung der Asche erfolgte in 29 Fäl-

---

Problematik entwickelten sich mit dem Fortgang der Grabung; dementsprechend wurden die Methoden verfeinert.

[32] HÄNGGI, DOSWALD, ROTH-RUBI, Kastelle, Abb. 134 und 135.

[33] HÄNGGI, DOSWALD, ROTH-RUBI, Kastelle, Abb. 143, Haus IV; vielleicht auch Abb. 133, Haus VI.

[34] R. HÄNGGI, in: HÄNGGI, DOSWALD, ROTH-RUBI, Kastelle, bezeichnet die Gebäulichkeiten als Häuser und legt ihre Ausdehnung auf den Plänen mit gerasterten Flächen fest. Es handelt sich dabei nicht durchwegs um Grundrisse mit im Befund nachgewiesenen Grenzen, sondern um eine Kombination von Argumenten und Hinweisen wie Pfostenlöcher, Balkengräbchen und Reste von Innenböden. Über die eigentliche Form der Bauten und ihre Innenaufteilung sagen diese Flächen nichts Verbindliches aus; stellenweise führen sie ja auch über die Grabungsgrenzen hinaus wie etwa auf Abb. 135. Vielleicht ist der Befundinterpretation von R. Hänggi leichter zu folgen, wenn an die Stelle von «Haus» ein Begriff wie «bebaute Zone» gesetzt wird.

[35] HÄNGGI, DOSWALD, ROTH-RUBI, Kastelle, Abb. 189–200. Kapitel 3.3.

[36] Ausbesserungen bei den Hypokaustplatten, vgl. HÄNGGI, DOSWALD, ROTH-RUBI, Kastelle, Abb. 167.

[37] Sie beschränkt sich aber auf wenige Stücke. Anders als im Lager stammt das Fundmaterial im Vicus-Teil aus Gruben und Siedlungsschichten; frühes Material ist in den Gruben selten, die Mehrzahl der Grubenfüllungen stammt aus der «späten» Militärzeit.

[38] M. 174 in: HÄNGGI, DOSWALD, ROTH-RUBI, Kastelle, S. 366; vgl. auch S. 224, Tabelle 37, 5.2.

[39] Das heisst: das Material unter der Kiesplanie. Vgl. HÄNGGI, DOSWALD, ROTH-RUBI, Kastelle, Kapitel 4.2.1.

[40] In diese Richtung weist auch der Befund im Süden, vgl. HÄNGGI, DOSWALD, ROTH-RUBI, Kastelle, spez. Abb. 171c. Hier ziehen in der obersten Lage Wandgräbchen über die westöstlichen Strassenreste hinweg; sie liegen parallel zur Nord-Süd-Strasse. Dieser Bau kann erst nach der Auflassung des Lagers entstanden sein. Das Fundmaterial aus dem ganzen Südbereich datiert in vorflavische Zeit; Keramik aus der mittleren Kaiserzeit wurde nicht gefunden.

[41] ROTH-RUBI, SENNHAUSER, Römische Strasse, Fundplan Abb. 1, S. 13 ff.

[42] ROTH-RUBI, SENNHAUSER, Römische Strasse.

[43] Das oberste erhaltene Niveau ist nach Gräbern, die darauf Bezug nehmen, in die mittlere Kaiserzeit, wohl ins 3. Jh., zu datieren. Die Strasse muss aber bis in die Spätantike benutzt worden sein; beim Bau der ersten nachgewiesenen Kirche wurde sie dann nach Westen verlegt.

[44] Im östlichen Bereich hat sich nach Angabe des Ausgräbers HR. Sennhauser eine kohlig-schwarze Schicht, die mit kleinteiligen verbrannten Resten von Keramik, Glas, Metall und Knochen durchsetzt war, verdichtet. Er vermutet, dass sie vom eingeschwemmten Verbrennungsplatz, der Ustrina, herstammt, die nach Ablagerung dieser schwarzen Schicht ausserhalb der Grabungsfläche im südlich anschliessenden Gebiet zu erwarten wäre. Vgl. ROTH-RUBI, SENNHAUSER, Römische Strasse, S. 31.

15 Graburnen aus dem Gräberfeld entlang der römischen Strasse unter dem Verenamünster. Die Krüge und Töpfe waren vorerst Alltagsgeschirr und dienten in zweiter Verwendung als Behälter für den Leichenbrand.

Die Auswertung der Grabbeigaben hat einerseits die zeitliche Einordnung der Grablegungen ergeben, andererseits Einblick in die soziale Stellung der Verstorbenen ermöglicht.

Von den 68 Bestattungen konnten rund drei Viertel in den Zeitraum ab der Mitte des 1. Jahrhunderts n. Chr. bis ins 4. Jahrhundert n. Chr. datiert werden; die übrigen, insbesondere mehrere Körpergräber, liessen sich mangels Beigaben nicht näher als «vor 5. Jahrhundert n. Chr.» bestimmen. Abfolgen oder örtliche Verschiebungen, die zeitbedingt sein könnten, liessen sich nicht feststellen.[45] Die Beigaben in den Gräbern des 1. bis 3. Jahrhunderts sind bescheiden; sie widerspiegeln ein einfaches ländliches Leben, wo Geschirr aus entfernten grossen Zentren bereits einen Luxus darstellt und andere Importgüter kaum vorkommen. Für den gesamten Zusammenhang ist von Bedeutung, dass sich keinerlei militärische Elemente abzeichnen. Es handelt sich somit nicht um den Friedhof der Kastellbesatzung.[46] Nach dem chronologischen Rahmen ist auch auszuschliessen, dass Leute aus dem Kastell-Vicus hier begraben wurden.

Die Bestatteten waren die Bewohner eines bescheidenen Dorfes, das der militärischen Belegung des Ortes gefolgt ist. Von den baulichen Strukturen und der Ausdehnung dieses Vicus wissen wir wenig. Leitlinie des Planes ist die Strasse, die bei verschiedenen Bodenaufschlüssen verfolgt und in ihrem Verlauf weitgehend ergänzt werden konnte.[47] Nach den Gräbern unter dem Münster steht fest, dass der Anfang der Siedlung weiter nördlich zu suchen ist. Bei den Grabungen unter dem Rathaus 1964 wurden neben der Strasse zwei dunkle Verfärbungen beobachtet, die Gräber gewesen sein können.[48] Wenn dem so ist, muss sich die Siedlungsfläche des Vicus nordöstlich davon auf einen Bereich im heutigen Unterflecken (im Winkel Hauptstrasse/Schwertgasse) konzentriert haben; nördlich der Bahnlinie sind gegen den Rhein hin kaum Steinbauten anzunehmen. Fundamentspuren müssten sich in den Grabungen von 1983 bis 1990 abgezeichnet haben.[49] Im Westen wissen wir von Mauerzügen, die anlässlich des Migros-Baues auf Parzelle 1246 registriert wurden.[50] Ich zähle, wie erwähnt, das Bad und den nahe gelegenen Steinbau zum zivilen Vicus. Der Komplex bildet nach meiner Meinung den Schwerpunkt des westlichen Sektors entlang der Strasse. In der Baugrube von Coop 1994 wurden keine römischen Befunde beobachtet. Der Kern des Vicus scheint durch die intensive mittelalterliche Bautätigkeit im Flecken weitgehend ausgelöscht worden zu sein.

Da die Bauten und die Hinterlassenschaften der mittleren Kaiserzeit, mit Ausnahme der Gräber, weitgehend fehlen, ist kaum ersichtlich, wann und in welcher Weise das Dorf aufgelöst wurde. Im Allgemeinen nimmt man an, dass die Alemanneneinfälle in der zweiten Hälfte des 3. Jahrhunderts die offenen Siedlungen so stark bedrängt haben, dass sie aufgegeben wurden.

Bei den Körperbestattungen aus dem 4. Jahrhundert n. Chr. unter dem Verenamünster fand sich neben einem Mädchen wohl gehobenen Standes[51] auch ein Beamter, kenntlich an Zwiebelknopffibel und spezifischem Gürtel, den man sich gerne als Funktionär im Kastell 500 m rheinaufwärts (vgl. unten) mit dortigem Wohnsitz vorstellen möchte. Zur Zeit, als das befestigte Kastell bestand, war das Kerngebiet des heutigen Fleckens sicher nicht mehr besiedelt.

3. Der Gutshof in den Brüggliwiesen

Seit den Grabungen von Josef Villiger und Karl Stehlin 1914/15 ist bekannt, dass in den Brüggliwiesen[52], im heutigen Gebiet Entwiesen (Abb. 17) westlich des Fleckens, ein landwirtschaftliches Anwesen, ein so genannter Gutshof, bestanden hat. Das Hauptgebäude und zwei Nebengebäude sowie Teile der Umfassungsmauer wurden aufgedeckt und dokumentiert – nach den damaligen Möglichkeiten in hervorragender Weise![53] Leider ist die druckfertige Vorlage der Ausgrabung von K. Stehlin nicht veröffentlicht worden, sondern nur ein Gesamtplan, der zu Missverständnissen geführt hat. Die genaue Durchsicht der Angaben von Stehlin erhellt, dass dem steinernen Herrenhaus zwei Holzbauten vorangegangen sind, von denen der ältere in die Mitte des 1. Jahrhunderts n. Chr. zu datieren ist (Abb. 18).[54] Nach einem Brand wird, leicht verschoben, ein Steingebäude in der bekannten Form einer zweiflügeligen Anlage mit verbindendem Mitteltrakt, eine so genannte Risalitvilla, errichtet. Im westlichen Flügel befindet sich anfänglich ein Bad, das bei einem Umbau ausgelagert und zu einem eigenständigen Gebäude nahe der Nordwestwand wird. Bei einer weiteren Erneuerung verbindet man das Bad wiederum als Annex mit dem Haupthaus. Auch im Ostflügel finden Umbauten statt. Die beiden Nebengebäude im Norden haben nur dürftige Spuren hinterlassen; es werden einfache Konstruktionen, vielleicht Ställe oder Schuppen, gewesen sein.

Der Grundriss des Herrenhauses fällt durch eine halbrund geschwungene Terrassenmauer auf, die der Villa im Norden vorgelagert ist; sie mag Teil einer Gartenanlage sein,

---

[45] Es gibt keine allgemein gültigen Regeln, wie römische Gräberfelder belegt wurden. Lokales Brauchtum wird hier eine grosse Rolle gespielt haben. Vgl. HENNER VON HESBERG, Römische Grabbauten, Darmstadt 1992.

[46] Gräber aus dieser Zeit sind im Raum Zurzach überhaupt noch nicht gefunden worden. Vielleicht lagen sie an der Strasse, die nach Westen führte.

[47] Gesichert ist das Stück vom oberen Flecken bis zur Barzstrasse. Wenn man annimmt, dass das Bad in die mittlere Kaiserzeit zu datieren ist, so wird auch das östlich davon verlaufende Strassenstück noch zu der Zeit als weiterer Abschnitt der Hauptstrasse bestanden haben.

[48] MOTTIER, Grabung, spez. S. 19. Die Befunde waren verwischter als unter dem Münster, lassen aber nach Aussage von HR. Sennhauser kaum einen Zweifel an der Deutung als Gräber offen. In den dunklen Verfärbungen fand sich kein Material. Die Keramik, die Teodora Tomasevic vorgelegt hat (TOMASEVIC, Keramik), entspricht nach meiner Überprüfung dem Material aus dem Kastell-Vicus in zeitlicher Hinsicht (claudisch) und in ihrer Zusammensetzung. Sie lag nach Angabe von Y. Mottier auf und neben der Strasse. Ich kann mir nicht vorstellen, dass es sich dabei um die primäre Position dieser Keramik handelt, da die Strasse während der ganzen Kaiserzeit benutzt wurde und das frühe Material die Jahrhunderte nicht an der Oberfläche überdauert haben kann. Viel eher hat man die Keramik aus dem ehemaligen Kastellgebiet eingebracht, als das Gelände für einen ersten Bau eingeebnet wurde.
Revision der Grabungsdokumentation und Interpretation von Y. Mottier im Bereich des Rathauses: SENNHAUSER, HIDBER, Zurzacher Rathaus.

[49] HEIERLI, Kastell, S. 26, erwähnt, dass beim Bau der Eisenbahn im Gewann Himelrich «mannigfache Römerreste» zum Vorschein kamen. «Es scheinen da zur Zeit der Römer mehrere Häuser gestanden zu haben.» Auf der Trasse der Umfahrungsstrasse ist ausserordentlich selten Material der mittleren Kaiserzeit zum Vorschein gekommen. Die Stücke lagen in der obersten Schicht, die mit mittelalterlicher und neuzeitlicher Ware vermischt war. Ausser den erwähnten (Bad und Steinbau) liessen sich keine Baustrukturen beobachten. Die Möglichkeit, dass einfache Holzgebäude der mittleren Kaiserzeit nicht erfasst wurden, ist nicht auszuschliessen.

[50] Gemauerter Keller; JbSGUF 53, 1966/67, S. 160 f.

[51] G. KÖNIG, Die Fingerkunkel aus Grab 156, in: ROTH-RUBI, SENNHAUSER, Römische Strasse, S. 129–141.

[52] Z. T. auch als Brüggliacker bezeichnet.

[53] Manuskript im Staatsarchiv Basel-Stadt. Publikation mit Ergänzungen und Interpretation nach heutigem Wissensstand in ROTH-RUBI, HIDBER, Römische Villen.

[54] Dies geht aus einem geschlossenen Keramikensemble unter einer Brandschicht hervor, das etliche gestempelte Sigillaten enthält.

16 Kleiner laubbekränzter Schild mit weiblicher Büste im Zentrum, aus weisslichem Ton. Der Tondo lag, zusammen mit drei kleinen Krüglein, neben einem Häufchen Leichenbrand. Bestattung eines Mannes (?) auf der Ostseite der römischen Strasse unter dem Verenamünster.

17 Römischer Gutshof in der Entwiese. Gesamtsituation mit Herrenhaus und zwei Nebengebäuden.

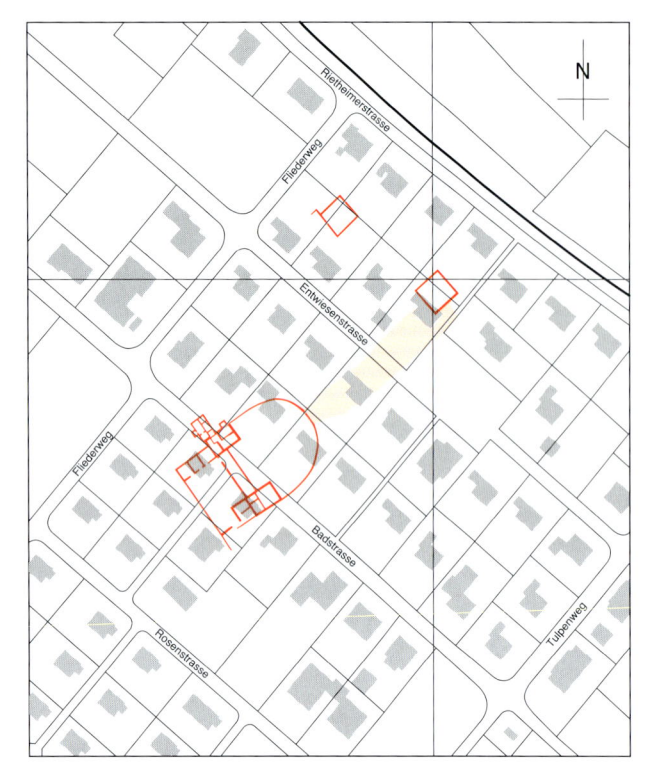

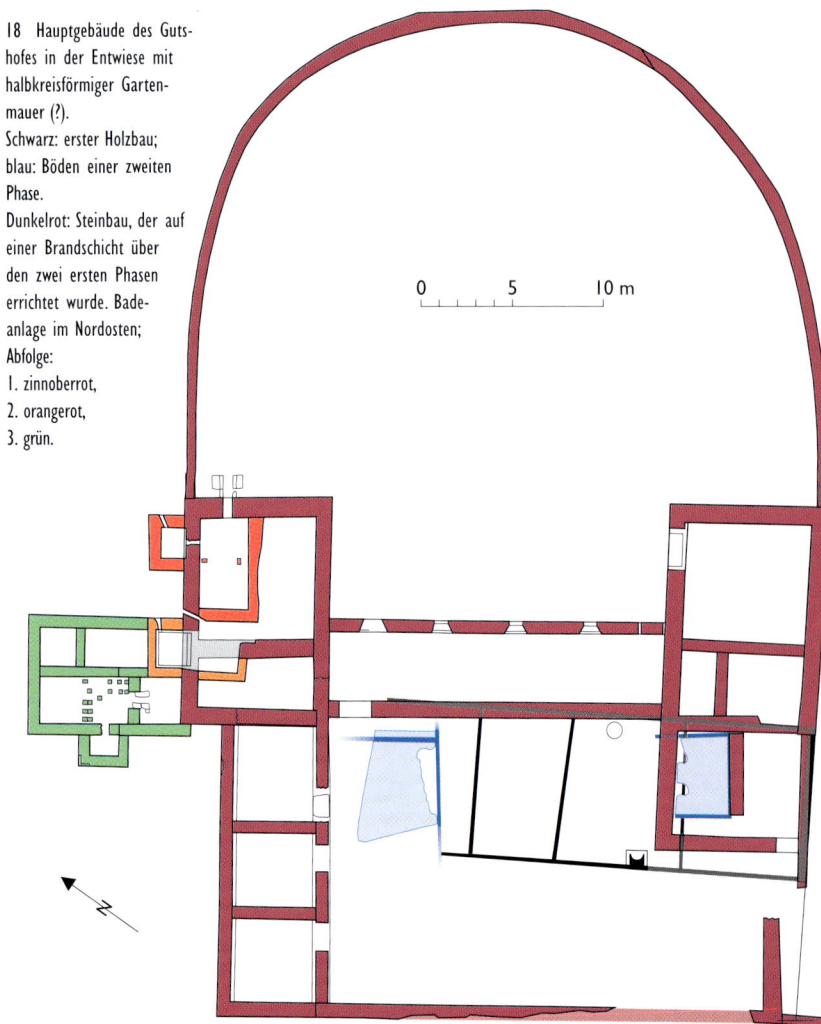

18 Hauptgebäude des Gutshofes in der Entwiese mit halbkreisförmiger Gartenmauer (?).
Schwarz: erster Holzbau;
blau: Böden einer zweiten Phase.
Dunkelrot: Steinbau, der auf einer Brandschicht über den zwei ersten Phasen errichtet wurde. Badeanlage im Nordosten;
Abfolge:
1. zinnoberrot,
2. orangerot,
3. grün.

die eine gewisse Grosszügigkeit widerspiegelt und der ein Repräsentationsanspruch zu entnehmen ist.
Einige Kleinfunde, so etwa ein bronzener Griff in Form eines Delphins (Abb. 19) und ein Kandelaberteil, sprechen eine ähnliche Sprache.[55]

Trotz dieser Besonderheit liegt die Bedeutung des Gutshofes nicht primär in seiner Form, sondern in seiner historischen Stellung in der Frühzeit. Das Anwesen liegt 500 m vom neu entdeckten frührömischen Kastell entfernt, also unmittelbar vor dem Truppenlager. Nach den chronologischen Anhaltspunkten erfolgte die Gründung des Landwirtschaftsbetriebes zeitgleich mit der Errichtung der Militäranlagen und gehört daher offensichtlich in das logistische Konzept des Lagers. Es ist mir kein weiterer Fall bekannt, bei dem ein Bauernhof topographisch und zeitlich so eng mit einem Kastell zu verknüpfen ist.
Da der Steinbau auf Reste des Holzbaues Rücksicht nimmt, ist eine Verödung des Platzes nach dem Abzug der Truppen wohl auszuschliessen. Offenbar war es dem Landwirt möglich, seine Existenz auch ohne den militärischen Abnehmer zu sichern. Der allgemeine wirtschaftliche Aufschwung in der mittleren Kaiserzeit hat dann den Wohlstand gebracht, der dem Grundriss und den Kleinfunden abzulesen ist.

4. Die spätantiken Kastelle Kirchlibuck und Sidelen, das Bad, die Rheinbrücke und der Brückenkopf[56]

Das Doppelkastell von Kirchlibuck und Sidelen, 500 m rheinaufwärts vom Mittelpunkt des Fleckens bei der heutigen Rheinbrücke gelegen, gehört zu den wenigen römischen Bauwerken der Schweiz, die nie vollständig verschwunden sind. Dementsprechend hat es die Aufmerksamkeit der frühen Geschichtsschreiber auf sich gezogen. So erwähnen bereits Stumpf und Tschudi im 16. Jahrhundert den Ort,[57] und die Zurzacher Chronisten Schwerter und Aklin befassen sich gegen Ende des 16. und im 17. Jahrhundert neben den Ruinen mit auffälligen Fundstücken wie etwa den beschrifteten Steinen, die die damaligen Gelehrten besonders in ihren Bann gezogen haben.
1857 erstellt Bezirksschullehrer Prof. Hermann Hagnauer aus Zurzach einen Plan (siehe S. 50) der damals sichtbaren Mauern der beiden Festungsanlagen mitsamt den Brückenpfeilern im Rhein,[58] den Ferdinand Keller[59] dann in seiner Arbeit über die römischen Fundstätten in der Nord- und Ostschweiz erstmals veröffentlicht. Während man heute die Errichtung des Bollwerkes von Kirchlibuck und

Sidelen in Zusammenhang mit den Unruhen im 3. oder 4. Jahrhundert sieht, glaubte man im 19. und Anfang des 20. Jahrhunderts noch an eine viel frühere Entstehungszeit zu Beginn der römischen Epoche und an eine lange Lebensdauer bis ans Ende der römischen Herrschaft. Nur langsam setzte sich die Erkenntnis durch, dass die Ruinen vollumfänglich in die Spätantike gehören.

Die ersten Ausgrabungen fanden 1903 unter der Leitung von J. Heierli, einem der Pioniere der Schweizer Archäologie, statt. Am Anfang unseres Jahrhunderts wurde das Gebiet auf Sidelen zur Kiesausbeute abgegraben, und die Kastellmauern verschwanden Stück um Stück. Heierli hatte keine Mittel, diesen Ablauf aufzuhalten. Sein Anliegen war es, mindestens «einen Plan des gefährdeten römischen Mauerwerkes aufnehmen zu lassen, da man nicht wohl auf die Erhaltung der Ruinen rechnen konnte. Weil aber zur Aufnahme eines Planes die Ausgrabung und Feststellung der Mauerzüge gehörte, wurde beschlossen, eine Ausgrabung zu veranstalten [...]».[60] Diese Planaufnahme ist denn auch das Einzige, was von dem Festungswerk auf Sidelen auf uns gekommen ist (Abb. 20). «Gegenwärtig (Ende 1906) ist von dem östlichen Kastell bei Zurzach fast gar nichts mehr vorhanden, da die Mauersteine zum Bau der benachbarten Häuser benutzt wurden. [...] vom Kastell liegen kaum mehr Spuren im Erdboden.»[61] Den damaligen Vorstellungen entsprechend, hat Heierli den Mauern entlang gegraben, begrenzte Suchschnitte im Innern und im Bereich vermuteter Umfassungsgräben angelegt, die Mauern vermessen und einige besondere Fundstücke notiert. Veränderungen am Bauwerk hat Heierli summarisch vermerkt, in ihrer Bedeutung aber nicht erkannt; die derzeitige Forschung war für solche Fragen noch nicht reif. Im Nachhinein sind der Interpretation damit Grenzen gesetzt.

Das Kastell besitzt die Form eines leicht verschobenen Quadrates mit vier Rundtürmen in den Ecken; die Nordostfront entlang des Rheines mit zwei Türmen ist vor der Zeit von Heierli abgestürzt, kann aber zuverlässig ergänzt werden. Im Westen und Süden wurde je ein Eingang beobachtet.[62] Nach den Aufzeichnungen von Hagnauer setzt sich die Südostmauer des Kastells als Abschrankung bis zum Rhein hinunter fort; im Westen führt eine Verbindungsmauer mit Durchlass unmittelbar zum Kastell Kirchlibuck hinüber. Heierli hat den Verlauf dieser Mauer bei seinen Ausgrabungen von einem rechtwinkligen Ansatz in der Mitte des Turmes zu einem tangentialen südlich des Turmes korrigiert.[63] Mit dieser Fluchtveränderung lässt sich die Verlängerung der Mauer nicht mehr wie bei Hagnauer gradlinig zum Kirchlibuck ziehen. Die Rekonstruktion der Sperre wird dadurch problematisch; ich komme im Zusammenhang mit dem Kastell Kirchlibuck darauf zurück. Heierli ist aufgefallen, dass die Nordwestmauer merklich schmaler gebaut war als die übrigen zwei erhaltenen Seiten[64], ein Faktum, das in späteren Plänen nicht berücksichtigt wird.[65] Mir scheint dies ein Hinweis darauf zu sein, dass die Festung von Sidelen auf diejenige auf dem Kirchlibuck und die Talsperre Bezug nimmt; die zusätzlichen Sicherungen im Westen und Norden erlaubten bescheidenere Mauerstärken.

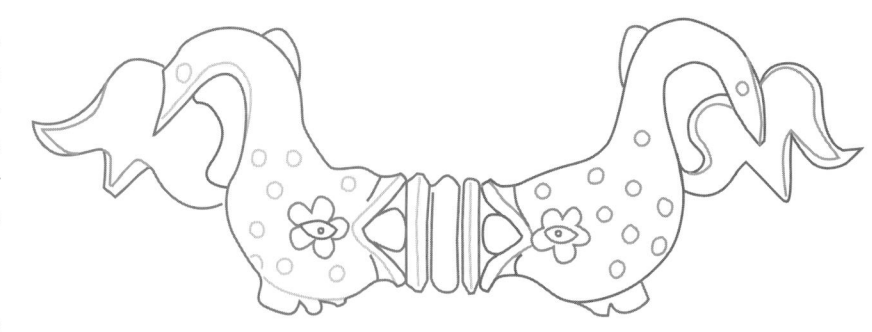

An Strukturen im Kastellinneren erwähnt Heierli Folgendes: Eine rechtwinklig umbiegende Mauer findet sich im nordwestlichen Drittel der Innenfläche; sie steht offen-

19 Henkel mit zwei gegenständigen Delphinen, wohl an einem Kasten angebracht. Bronze.

---

[55] ANNELIS LEIBUNDGUT, Bronzen aus der Villa Brügglwiesen in Zurzach, in: Argovia 108, 1996, S. 146–155.
[56] Ausführlichere Darlegungen finden sich zum Teil im folgenden Kapitel von G. Fingerlin.
[57] Die Forschungsgeschichte hat R. Hänggi übersichtlich aufgearbeitet, vgl. HÄNGGI, DOSWALD, ROTH-RUBI, Kastelle, S. 11 ff.
[58] Original im SLM, Sign. MS AGZ. IV/fol. 38.
[59] KELLER, Ansiedelungen.
[60] HEIERLI, Kastelle, S. 27.
[61] HEIERLI, Kastelle, S. 32.
[62] Im Süden wird er durch einen Mauereinzug besonders hervorgehoben. Im Westen berichtet Heierli von einer 4,3 m langen Mauerplatte, die in der Mauerflucht gelegen haben muss.
[63] Heierli vermerkt, dass in der Südseite dieser Mauer, etwa 8,5 m vom Kastell entfernt, «14 röhrenförmige Aussparungen, die aussahen, wie aufrecht nebeneinander gestellte Zementröhren, welche von einer Mauer überlagert werden», angebracht waren. «Von ihnen ausgehend, liess sich der Mauer nach ein schaufelbreiter Kanal mehrere Meter weit verfolgen. In den Röhren selbst kamen Reste vermoderten Holzes zum Vorschein.» HEIERLI, Kastelle, S. 29 und Abb. 4h. Dass es sich bei den «Röhren» um Negative einer Holzkonstruktion handelt, die beim Mauerbau errichtet wurde, scheint mir eindeutig. Es müssen 14 Balken vertikal eingelassen worden sein; der «Kanal» kann von einer aus der Mauer heraustretenden Konstruktion stammen. Da es sich um die Aussenseite des Kastells handelt, sind Form und Funktion eines hölzernen Anbaus schwer vorstellbar.
[64] 1,3 bis 1,75 m mit Fundamentvorsprung gegen innen. Südwestseite: Aufgehendes 2 m breit, Fundamentvorsprung aussen 0,65 m. Südostseite: 2,9 bis 3,5 m, Fundamentvorsprung aussen 0,6 m.
[65] Zum Beispiel HARTMANN, Römer im Aargau, S. 216; DERS., in: UFAS Bd. V, Basel 1975, S. 22, Abb. 23.

sichtlich nicht im Verband mit der Umfassungsmauer. In der östlichen Zone, von der Mitte des Kastells bis zu einem damals entlang der Kiesgrube führenden Weg, soll sich ein «fester Estrichboden (Guss)» flächig ausgebreitet haben;[66] bedenkt man aber, dass Heierli in Schnitten gegraben hat, kann seine Darstellung nur als Interpretation mit Ergänzungen und nicht als tatsächliche Bestandesaufnahme verstanden werden. Es ist an Reste von Innenbauten zu denken, kaum an einen offenen Platz.[67]

«Sowohl vor der Südwest- als auch vor der Südostfront liess ich einige Graben ausheben, um das eventuelle Vorhandensein von römischen Spitzgräben zu erforschen, aber ohne Erfolg»[68], schreibt Heierli zur Situation ausserhalb der Mauern. Neuere Aufschlüsse widerlegen Heierlis Aussagen. Ein Graben zeichnete sich in zwei Profilen beim Bau des Hauses Lude ab, sodass sein Verlauf in einem Teilstück gesichert eingezeichnet werden kann.

Zum Kastell auf Kirchlibuck: Heierli hat seine auf Sidelen begonnene Freilegung der Mauern und Planaufnahmen 1905/06 auf Kirchlibuck weitergeführt;[69] den hagnauerschen Mauerzügen konnte Heierli fünf Türme, einen Tordurchgang, einen sich an die Mauer anlehnenden Kirchenkomplex und ein gleich gerichtetes Langhaus hinzufügen. Die Innenbauten werden im nächsten Kapitel von HR. Sennhauser besprochen. Sie stammen aus dem 5. Jahrhundert und leiten in die frühmittelalterliche Geschichte von Zurzach über.

Der von Heierli untersuchte Mauerteil, im Wesentlichen der Abschnitt, der heute konserviert ist, entspricht ungefähr einem Drittel der ursprünglichen Umfassungsmauer. Heierlis Rekonstruktion der Gesamtanlage basiert neben dem Erhaltenen teils auf mündlicher Überlieferung zu abgegangenen Stücken, teils auf Hagnauers Angaben, teils auf Vermutungen. Die Grundform des Kastells scheint ein unregelmässiges Sechseck zu sein, das im Osten wohl der Geländekante gegen den Rhein und im Süden dem kleinen Taleinschnitt folgt: Auf der Westseite springt die Mauer in einer Zacke vor; ähnlich kann die Nordseite verlaufen sein. Ein Tor befindet sich im eingezogenen Winkel der Westseite; in seine Wangen waren wiederverwendete Steine, Reliefquader[70] und Grabsteinfragmente verbaut. Die vorhandenen Türme folgten zwei unterschiedlichen Formschemata: Rundtürme mit offenem Zentrum in der Nord- und Südecke des erhaltenen Abschnittes und drei

20 Zurzach, spätrömisches Doppelkastell von Sidelen und Kirchlibuck. Plan von J. Heierli 1907.

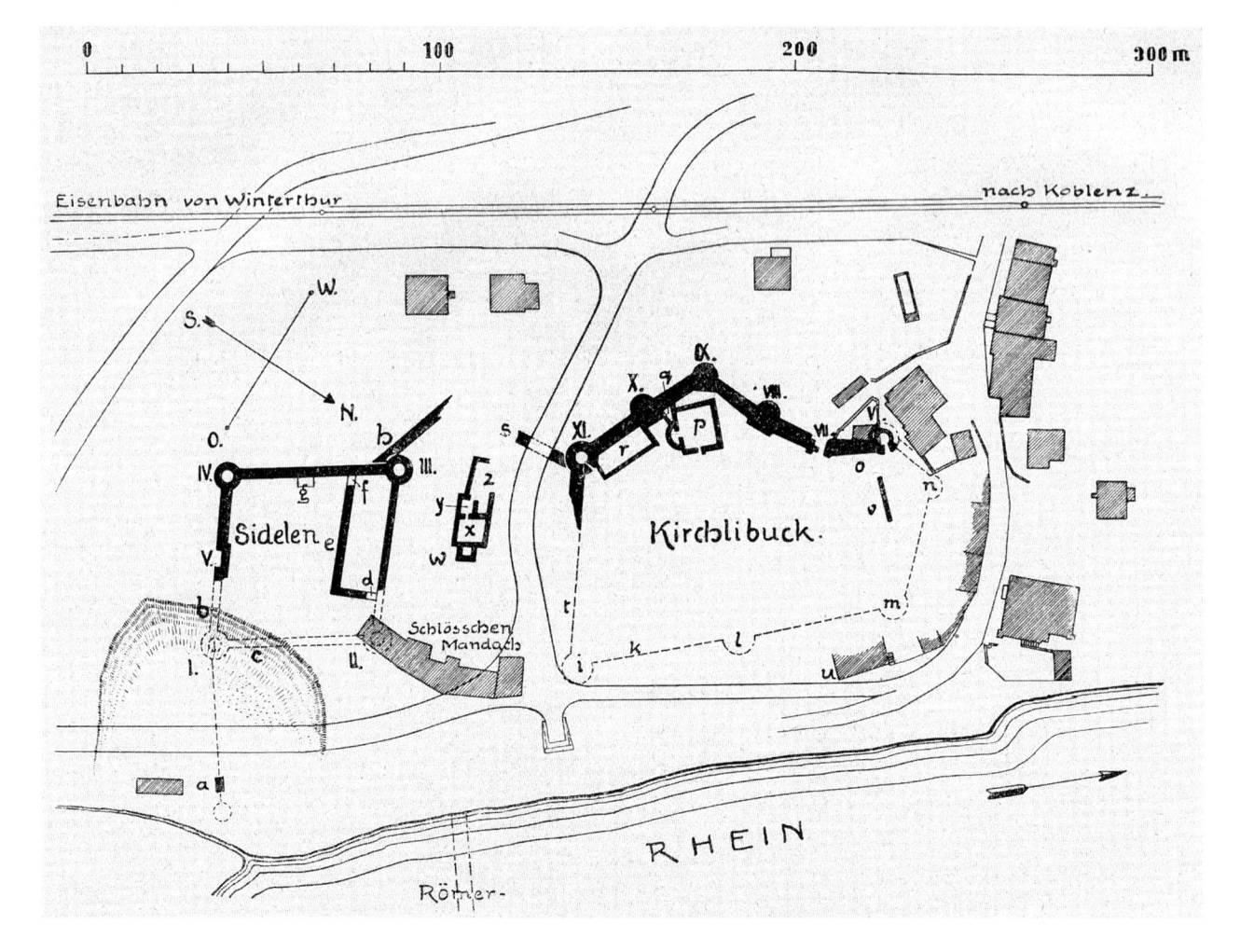

massive Halbrundtürme mit pfeilerartig verstärkter Innenseite auf der Strecke dazwischen.[71] Schon Heierli hat sich zum zeitlichen Verhältnis der beiden Formen Gedanken gemacht:[72] «An manchen Stellen lassen sich deutlich zwei Bauperioden unterscheiden.[73] Vielleicht gehören auch die hohlen Rund- und die massiven Halbtürme verschiedenen Epochen an. Kurz, es macht den Eindruck, als wäre auf dem Kirchlibuck ein älterer Bau später restauriert und ergänzt worden.» Den Nachweis für die Berechtigung dieser Annahme erbrachten die Untersuchungen anlässlich der Mauerkonservierung 1973. Von Turm 9, im Scheitel des Mauervorsprunges situiert, konnten zwei Phasen abgelesen werden: In der ersten Etappe wurde er als Rundturm mit offener Mitte angelegt, später erfolgte dann eine Ummantelung in Form der benachbarten gestelzten Halbrundtürme Nr. 8 und 10 (Abb. 21). Bei diesen zeichnete sich deutlich ab, dass sie gegen die durchlaufende Mauer gebaut waren, also auch als spätere Hinzufügung zu verstehen sind. Sind die relativen Abfolgen damit geklärt, stehen absolutzeitliche Anhaltspunkte völlig aus.

Über die Innenbebauung des Kastells wissen wir, abgesehen von der Kirche und dem anschliessenden Steinbau, sozusagen nichts. Einige Pfostenlöcher zeichneten sich in zwei Sondierschnitten ab, die 1986/87 durchgeführt wurden (unpubliziert); sie erlauben keine Ergänzungen zu den Bauten, zeigen aber immerhin an, dass mit irgendwelchen Holzgebäuden zu rechnen ist.

Auf der Südseite ragt anschliessend an den Eckturm 11 ein Mauerfragment rechtwinklig aus der Kastellmauer heraus; es bezeugt, dass sich auch auf dem Kirchlibuck das Festungswerk über den Mauerring hinaus fortgesetzt hat. Allerdings berichtigen die neuen Planaufnahmen von A. Hidber (Abb. 23) Heierlis Eintragungen; nach dem alten Plan trifft die gerade Verlängerung der Mauerwange auf einen isolierten Mauerklotz in der Senke zwischen den beiden Anlagen. In der weiteren Fortsetzung wäre eine Verbindung mit der von Sidelen ausgehenden Sperrmauer möglich. Nach der neuen Bestandesaufnahme sind die beschriebenen Verknüpfungen höchstens mit mehrfachen Richtungsbrüchen vorstellbar, aber eigentlich unwahrscheinlich. Ich meine daher, dass es sich um Reste verschiedener Mauersysteme handelt, die den Durchgang zwischen den beiden Kastellen abgeriegelt haben; wie auf Kirchlibuck können auch in diesem Festungsabschnitt im Laufe der Zeit Änderungen stattgefunden haben.

In der Senke zwischen den beiden befestigten Hügeln lag ein kleines *Badegebäude*; es ist in zwei Etappen, 1906 und 1934, freigelegt, mit einem Plan und einigen Fotografien dokumentiert und dann abgerissen worden.[74] Die Bestimmung als Bad geht auf P. Hüsser und den beratenden Archäologen R. Laur-Belart zurück und beruht auf dem Grundriss mit den beiden Apsiden, der Fussbodenheizung in drei Räumen und der eingemauerten Wasserwanne in der Westapsis.[75] Hüsser hat auch eine Bezeichnung der Räume vorgeschlagen und damit sicher das Richtige getroffen: Garderobe, Gymnastikraum und Kaltwasserwanne im Norden, lauwarmer Raum (Tepidarium) und Schwitzbad (Sudatorium) in der Mitte und heisse Zone mit Warmwasserwanne im Süden. Die Anlage konnte vom Scheitel der Südapsis und von einem Einfeuerungskanal in der Westwand des so genannten Schwitzraumes aus beheizt

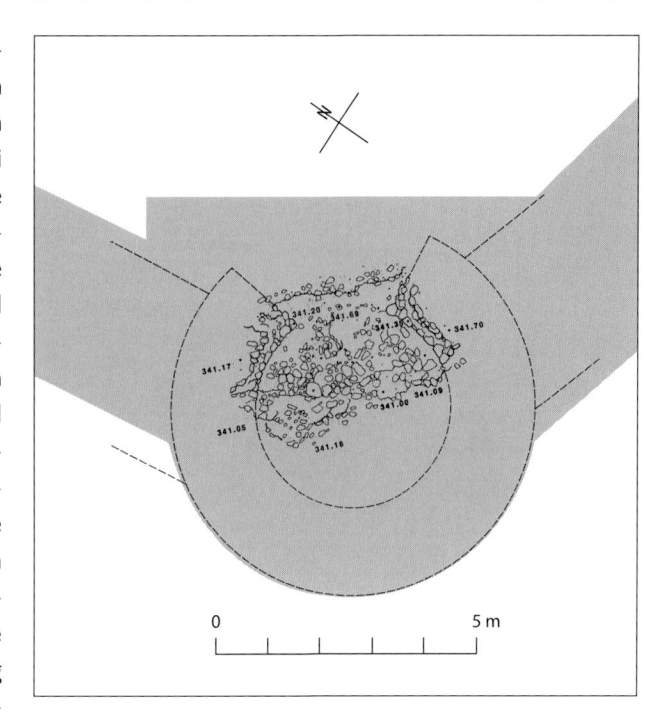

21 Kastell auf Kirchlibuck, Turm IX. Ein älterer Turm (steingerechte Aufnahme) wird in einer jüngeren Phase ummantelt (grau gerastert, heutiges Ausmass).

---

[66] HEIERLI, Kastell, Abb. 4.
[67] Eine unbebaute Zone, Strasse oder Platz, ist in der Fortsetzung des Süd-Tores zu erwarten. Wenn Heierli das Ende seines «Estrichbodens» entlang der Mittelachse einzeichnet, so bedeutet dies wohl, dass er stellenweise Abgrenzungen beobachtet hat, die von Bauten stammen müssen.
[68] HEIERLI, Kastell, S. 31.
[69] HEIERLI, Kastell, S. 83–93.
[70] Die Stücke mit der Darstellung eines sitzenden Paares gelangten in das Landesmuseum Zürich. Bei der Grabung im «Kultgebäude» 1961 kam ein anpassendes Fragment zum Vorschein. Vgl. RUDOLF LAUR-BELART, Ein zweites frühchristliches Kultgebäude in Zurzach, in: US 25, 1961, S. 40 ff., spez. 55 ff.
[71] Eine Parallele zu dieser Form findet sich in Argentovaria-Horburg. Vgl. HARALD VON PETRIKOVITS, Fortifications in the North-Western Roman Empire from the third to the fifth Century AD, in: Journal of Roman Studies 61, 1971, S. 178–218, spez. 198, Fig. 29.6.
[72] HEIERLI, Kastell, S. 89.
[73] Diese Äusserung ist generell zu verstehen. Leider gibt es keine Hinweise, um welche Stellen es sich handelt.
[74] HÜSSER, Römerbad.
[75] Der südliche Raum in der Mitte war nach Angaben von HÜSSER, Römerbad, S. 271, ursprünglich hypokaustiert.

werden. Aus zwei Bemerkungen von Hüsser geht hervor, dass Umbauten stattgefunden haben müssen: «eine Öffnung, die ursprünglich das Sudatorium mit dem Tepidarium verbunden hatte, war zugemauert.» Und betreffend Hypokaustanlage: «die Verbindung mit dem Tepidarium ist später zugemauert worden.»[76] Ob dieser Umbau mit einem Funktionswechsel der Räume in Zusammenhang stand oder sogar weitergreifend war, als Hüsser bemerkt hat, ist der vorhandenen Dokumentation nicht mehr abzulesen. Jedenfalls muss das Bad während längerer Zeit benutzt worden sein.

Sucht man nach Vergleichsbeispielen für das Badegebäude zwischen Kirchlibuck und Sidelen, so findet man einen verwandten Grundriss bei einer kleinen Badeanlage in Muralto, wo ebenfalls einem Langbau zwei Apsiden, eine auf der Schmal-, die andere auf der Längsseite, angefügt sind.[77] Der Besiedlungsablauf in Muralto erlaubt eine Datierung des Bades in die Zeitspanne zwischen 250 und 300 n. Chr. Damit ist ein zeitlicher Rahmen abgesteckt, in dem man sich auch das Zurzacher Bad vorstellen kann.

Wie erwähnt, findet sich im Plan von Hagnauer die Eintragung von zwei Reihen von Pfostenbündeln im Rhein in der nördlichen Fortsetzung des Taleinschnittes zwischen den beiden Kastellen. Es handelt sich ohne Zweifel um Reste von Brückenpfeilern, die bei niederem Wasserstand bis in jüngste Zeit im Fluss geortet werden konnten. Die sechseckig angeordneten Pfostengruppen im Osten sind als Pfahlrost zu verstehen.[78] Die Brücke muss mindestens sechs Joche gezählt haben. Die westlich anschliessenden sechs Pfostenzeilen zeugen von einer leichteren Brückenkonstruktion, wohl aus Holz, die acht Joche überspannte. Bis 1986 hat man geglaubt, dass beide Brücken in römische Zeit zu datieren sind; für die einfache Holzbrücke nahm man eine Entstehung im frühen 1. Jahrhundert an; die Errichtung der Steinbrücke sah man im Zusammenhang mit dem Strassenbau am Ende des 1. Jahrhunderts n. Chr., setzte ihr Bestehen aber auch noch in der Zeit des spätantiken Doppelkastells voraus.[79] Untersuchungen an den Jahrringen der Pfähle haben 1986 dann ganz neue Resultate erbracht: Die Steinbrücke wurde 368 n. Chr. gebaut, der zweite Pfeiler von Süden musste 376 repariert werden. Die Holzbrücke stammt aus dem 13. Jahrhundert; der Bau kann auf 1267 festgesetzt werden, Reparaturen erfolgten 1275.[80] In frührömischer Zeit ist an der Stelle somit keine Brücke nachgewiesen.

P. Riethmann und M. Seifert haben die Dendroanalysen später nochmals einer kritischen Revision unterzogen.[81] Vier Pfähle, rechteckig aus dem Kernholz gebeilt oder gesägt, fallen durch ihren frühen Wachstumsbeginn im 1. Jahrhundert n. Chr. beziehungsweise am Anfang des 2. Jahrhunderts n. Chr. aus dem Rahmen der übrigen heraus. Da keiner von ihnen Splint aufweist, ist ihr Fälldatum nicht abzuschätzen; es kann am Ende des 3. Jahrhunderts liegen, theoretisch auch erst 368. Allerdings würden sie dann aus einem anderen Baumbestand stammen als die Proben mit Splint ab der Mitte des 4. Jahrhunderts, da deren Wachstumsbeginn einheitlich in der zweiten Hälfte des 3. Jahrhunderts liegt. Wenn die vier Proben auch nur bedingte Aussagen erlauben, so sollen sie doch als Fingerzeig auf eine mögliche Brückenkonstruktion am Ende des 3. Jahrhunderts in der weiteren Forschung nicht vergessen werden. P. Riethmann und M. Seifert plädieren für eine erste Brücke zwischen 308 bis 318 n. Chr.; ich schliesse mich ihrer Meinung an (vgl. unten).

Seit den Untersuchungen 1975 auf der rechten Rheinseite ist erwiesen, dass sich das Bollwerk in der Spätantike nicht auf Kirchlibuck und Sidelen beschränkte, sondern dass es auch auf dem rechten Ufer durch ein annähernd quadratisches Kastell verankert war.[82] Die Mauerreste dieses Brückenkopfes liegen auf einem leicht erhöhten Platz mit Steilufer gegen den Fluss, an der Stelle, wo später die Kirche von Rheinheim errichtet wurde. Nach dem Befund im Südosten waren die Ecken mit mächtigen Türmen oder Pfeilern verstärkt. Eine Flankenmauer führte im Süden, ähnlich wie auf Sidelen, zum Rhein hinunter; eine südwestliche wird zu ergänzen sein. Der uferseitige Zugang zur Brücke war damit abgesperrt, der Übergang konnte vom Kastell aus direkt kontrolliert werden.

Wie eine Klammer umschliesst das Festungswerk von Zurzach/Rheinheim den Flussübergang: Das zangenartig angelegte Doppelkastell, die Mauersperren an der Durchgangssenke und am Flussufer und das Brückenkopfkastell fügen sich zu einem mehrfach gesicherten System, das sowohl gegen Norden wie gegen Süden wirksam sein konnte.

So durchdacht sich uns heute die Anlage darstellt, so wenig wissen wir, ob sie überhaupt je als Ganzes in Funktion gestanden hat. Veränderungen haben auf jeden Fall stattgefunden. Die Kastellmauer auf Kirchlibuck wurde einmal verstärkt, das Bad wurde umgebaut, die Brücke im späten 4. Jahrhundert repariert; sie hatte wohl einen Vorgänger. Die zeitlichen Zusammenhänge sind aber ungeklärt. Wenn Bautätigkeiten an der Brücke für 368 als einziger Fixpunkt absolut gesichert sind, so heisst das nicht, dass die Kastelle im gleichen Zeitpunkt angelegt worden sein müssen. Ich bin sogar der Überzeugung, dass sie wesentlich früher entstanden sind. Durch Bauinschriften wissen wir, dass das Legionslager von Vindonissa 260 wiederhergestellt[83] und militärisch besetzt wurde und dass die Kastelle von Oberwinterthur und Eschenz/Tasgetium am Ende des 3. Jahrhunderts errichtet wurden;[84] die Jahre nach der Mitte des 3. Jahrhunderts bis in die constantinische Epoche sind eine Krisenzeit, die in den wichtigen Plätzen der Nordschweiz zu grosser baulicher Aktivität für Festungswerke geführt hat.[85] Es ist kaum denkbar, dass Zurzach davon ausgeschlossen blieb. Die Einordnung der vier Brückenpfähle nach dendrochronologischem Ansatz ist ein erstes Indiz hierfür. Allerdings wissen wir kaum etwas über das Grundkonzept der Festungsanlage, über Anfügungen, Änderungen, Erweiterungen und Verdichtungen des Bollwerkes. Aber es scheint doch so, dass der Beginn des Festungsbaues nicht mit dem Fälldatum eines Brückenpfahles von 368 gleichgesetzt werden darf.[86]

Wie erwähnt, liegen Gräber aus dem 4. Jahrhundert im römischen Friedhof unter der Verena-Kirche, an der Stelle, wo seit Jahrhunderten bestattet worden ist. Offensichtlich existierte der alte Begräbnisplatz noch im Bewusstsein der Kastellbevölkerung, und man bewahrte die Totenstätte, auch wenn die Siedlungsstelle der Lebenden verschoben worden war.

Die römischen Fundstellen im Bezirk Zurzach

Zurzach/Tenedo bildete mit seinen frühromischen Militäranlagen, dem folgenden Vicus und der spätantiken Doppelfestung auf Kirchlibuck und Sidelen das Zentrum des Gebietes zwischen Aaremündung, Fisibach und Surbtal in römischer Zeit. Der Grund wird der günstige Rheinübergang gewesen sein, auf den sich die Strasse aus dem Aaretal nach Norden richtete und der die Siedlungsaktivitäten an sich zog. Das Hügelgebiet zwischen den Flusstälern von Rhein und Surb wird in der Antike weitgehend bewaldet gewesen sein. Freie Siedlungsfläche musste erst hergestellt werden; sie entstand dort, wo sich vorteilhafte Gegebenheiten boten: an der Strasse und an den Südhängen der Flusstäler. Soweit man heute urteilen kann, handelt es sich bei den bekannten Siedlungsstellen (vgl. unten) um Landwirtschaftsbetriebe. Im Zuge der römischen Kolonisation wurden solche Gutshöfe im ganzen Schweizer Mittelland nach ähnlichem Muster angelegt.[87] Sie bildeten die Grundlage für den Wohlstand der ländlichen Bevölkerung. In erster Linie auf Selbstversorgung ausgerichtet, setzten sie ihre Überschussprodukte auf den Märkten der Umgebung, im vorliegenden Fall wohl in Tenedo oder Baden/Aquae Helveticae, ab. Solange Militär in der Region stationiert war, wird man seinen Absatz auch dahin gerichtet haben; so ist jedenfalls die frühe Phase des Gutshofes in den Brüggliwiesen bei Zurzach zu verstehen.

Die Gutshöfe waren im Allgemeinen stattliche Anwesen; das Herrenhaus bestand meist aus zwei vorkragenden Seitenflügeln und einem breiten Verbindungstrakt, war ab der zweiten Hälfte des 1. Jahrhunderts n. Chr. aus Stein und enthielt neben den Wohnräumen oft ein Bad.[88] Dazu

---

[76] Hüsser, Römerbad, S. 271.
[77] Die Apsis auf der Längsseite schliesst allerdings nicht direkt an die schmalseitige Apsis an. Vgl. P. Donati, Muralto Park Hotel, in: AS 6, 1983, S. 120 ff., spez. Abb. 8 und S. 132.
[78] Rekonstruktionen eines solchen Steinpfeilers aufgrund sorgfältig aufgenommener Befunde: B. Goudswaard, A late-Roman Bridge in the meuse at Cuijk, The Netherlands, in: AKB 25, 1995, S. 233–241. Der Autor verweist auf die Parallele in Zurzach. In Cuijk konnten nach den dendrochronologischen Daten eine Erbauung der Brücke um 340, eine erste durchgreifende Reparatur um 369 und eine zweite in den 90er-Jahren des 4. Jh. ermittelt werden.
[79] Martin Hartmann, Das römische Kastell von Zurzach-Tenedo, Basel 1980 (Arch. Führer der Schweiz 14) S. 11 f.
[80] Hartmann, Rheinbrücke.
[81] Riethmann, Seifert, Untersuchung.
[82] Ph. Filtzinger, D. Planck, B. Cämmerer, Die Römer in Baden-Württemberg, Stuttgart 1986, S. 380 ff. Ausführlicher dazu im folgenden Kapitel von G. Fingerlin.
[83] Gerold Walser, Römische Inschriften der Schweiz, II. Teil, Bern 1980, Nr. 155.
[84] Vgl. Markus Höneisen (Hrsg.), Frühgeschichte der Region Stein am Rhein. Archäologische Forschungen am Ausfluss des Untersees, Basel 1993 (Antiqua 26), S. 158 ff., spez. 160 (H. Lieb).
[85] In Augst sind die Vorgänge heute recht gut zu verfolgen, vgl. A. Furger, Die urbanistische Entwicklung von Augusta Raurica vom 1. bis zum 3. Jahrhundert, in: Jahresberichte aus Augst und Kaiseraugst 15, 1994, S. 29–38. Auch die Westschweiz blieb nicht unberührt; wir wissen heute, dass das Kastell von Yverdon in constantinischer Zeit errichtet wurde, vgl. Hinweis auf Dendrodaten in: JbSGUF 78, 1995, S. 7 ff.
[86] Datierungen aufgrund der Kastellform steht man heute viel kritischer gegenüber als etwa noch vor 20 Jahren. Vgl. H. v. Petrikovits (wie Anm. 71). Er geht noch weitgehend von den Möglichkeiten aus, typologische Abfolgen zu bilden. Im Gesamten vorsichtiger und als Übersicht sehr brauchbar: St. Johnson, Late Roman Fortifications, London 1983. Für die Fragen betreffend Zurzach bleibt die Arbeit aber zu sehr im Allgemeinen. Vgl. zuletzt zur Forschungslage und ihrer kritischen Beurteilung: M. Reddé, Dioclétien et les fortifications militaires de l'antiquité tardive. Quelques considerations de méthode, in: Antiquité Tardive 3, 1995, S. 91–124.
[87] Zusammenfassend mit besonderer Berücksichtigung der antiken Besiedlung des Kantons Aargau: K. Roth-Rubi, Die ländliche Besiedlung und Landwirtschaft im Gebiet der Helvetier (Schweizer Mittelland) während der Kaiserzeit, in: Helmut Bender und Hartmut Wolff (Hrsg.), Ländliche Besiedlung und Landwirtschaft in den Rhein-Donau-Provinzen des römischen Reiches, Espelkamp 1994 (Passauer Universitätsschriften zur Archäologie 2), S. 309–329.
[88] Auf die auffällig übereinstimmenden Grundrisspläne der Herrenhäuser von Brüggliwiesen, Koblenz und Döttingen wird in Roth-Rubi, Hidber, Römische Villen, hingewiesen; es könnte sich dabei um eine Bauhütte handeln, die während einer bestimmten Zeit in der Gegend tätig war.

22 Römische Stätten im Bezirk Zurzach.

■ Militärlager

■ Kastelle

⌂ Gutshöfe

⌂ Wachttürme der spätantiken Festungskette entlang des Rheins.

Dunkelrot: römische Kaiserzeit (1.–3. Jahrhundert n. Chr.), orangerot: spätantik (4. und frühes 5. Jahrhundert n. Chr).

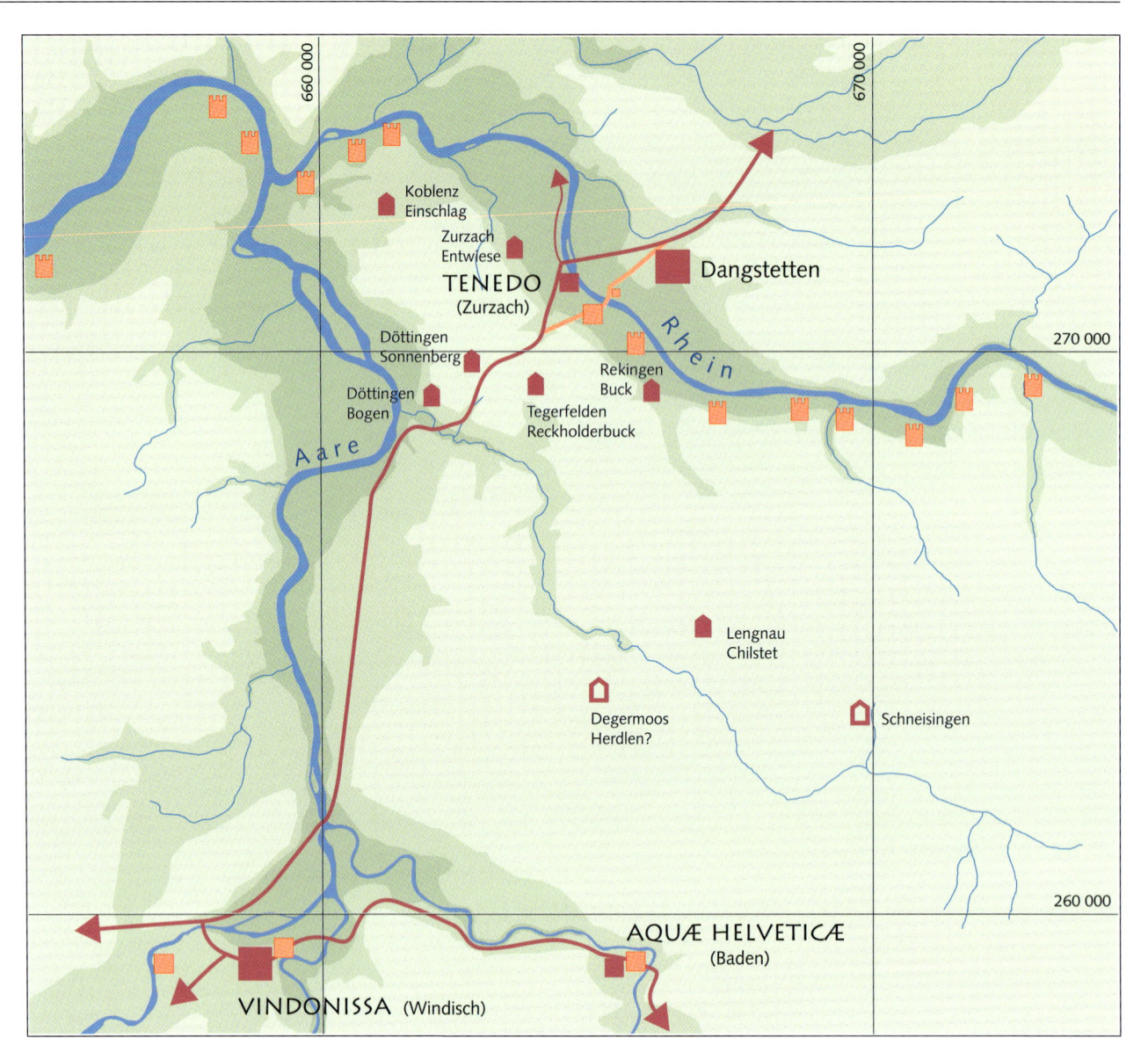

kamen Nebengebäude wie Gesindehäuser, Werkstätten und Stallungen, oft axial ausgerichtet; das Ganze wurde von einer Hofmauer umgeben.

Kaum einer dieser Gutshöfe hat die unruhigen Zeiten des späteren 3. und 4. Jahrhunderts unbeschadet überdauert. Wenn auch vereinzelte Funde aus der Spätantike auftauchen, so ist doch damit zu rechnen, dass die Anwesen mehrheitlich als Ruinen dastanden und die grossflächigen Gutsbetriebe aufgelöst wurden. Die Bevölkerung, die die Felder bestellte, lebte hinter den schützenden Kastellmauern. Das frühe Mittelalter hat die Wirtschaftsform der Gutshöfe nicht übernommen.

Zusammenstellung der römischen *Gutshöfe im Bezirk Zurzach* (Abb. 22):

– Koblenz, Ischlag (Roth-Rubi/Hidber, Römische Villen). Badeanlage, wohl Seitenflügel des Herrenhauses; 1914 von K. Stehlin ergraben. Ziegel, davon einige gestempelt: 21., 11. Legion, 7. rätische Kohorte. Mosaik- und Wandmalereireste, Keramik des 1.–3. Jahrhunderts n. Chr. Münzen: Augustus, Hadrian, Faustina, Lucilla, Constantius II.

– Zurzach, Brüggliwiesen (Roth-Rubi/Hidber, Römische Villen). Vgl. oben.

– Döttingen, im Bogen/neuer Friedhof (Hartmann, Römer im Aargau, S. 167). Hypokaustierter Bodenteil. Ziegelstempel 21. Legion. Keramik 2. Jahrhundert n. Chr.

– Döttingen, Sonnenberg (Roth-Rubi/Hidber, Römische Villen). In Flugaufnahmen Risalitvilla und Nebengebäude ersichtlich. Aus Sondierungen von K. Stehlin Ziegelstempel der 21. Legion, Wandmalerei und Keramik des 1.–2. Jahrhunderts n. Chr. sowie eine Münze des Nerva bekannt.

- Tegerfelden, Reckholder Reben (Hartmann, Römer im Aargau, S. 201). Mörtelboden und Ziegel.
- Rekingen, Ruchbuck (Hartmann, Römer im Aargau, S. 193). Teil eines lang gestreckten Herrenhauses und ein Badegebäude erforscht. Ziegel mit Stempel der 21. und 11. Legion. Keramik. Münzen von Nerva bis Claudius Gothicus.
- Lengnau, Chilstet (AS 12, 1989, S. 60–70). Vorderer Teil einer Risalitvilla ergraben. Keramik des 1. und 2. Jahrhunderts n. Chr.
- Schneisingen, Kirche Oberschneisingen (unpubliziert). Nach einer Nachricht aus dem 18. Jahrhundert sollen bei einer Neufundamentierung der Kirche Mauern und Ziegel zum Vorschein gekommen sein.
- Degermoos, Herdlen (unpubliziert). Keramikfunde und Mauersteine, die beim Aufpflügen zum Vorschein kamen, lassen hier einen Gutshof vermuten.

In einen anderen Kontext antiker Geschichte führt die zweite Gruppe römischer Bauten im Bezirk: die *Wachttürme* aus dem 4. Jahrhundert. Es handelt sich dabei um Reste von annähernd quadratischen oder rhomboiden Steintürmen mit 8 bis 9 m Seitenlänge und Mauerstärken von 1,2 bis 2,5 m; innen befindet sich ein offener Hof, nach Zeugnissen durch eine Türe zugänglich. Einbauten aus Holz sind nicht erhalten, müssen aber angenommen werden. Wall und Graben mit einer Berme von etwa 8 bis 10 m vervollständigen die Anlage; sie sind im Gelände nurmehr selten sichtbar.

Diese Wachttürme stehen entlang des Rheines, je nach den topographischen Gegebenheiten in einem Abstand von ungefähr 2 bis 3 km; sie besitzen Sichtverbindung. W. Drack hat auf der Strecke von Basel bis zum Bodensee 52 nachgewiesene Türme aufgelistet, zwei Dutzend können zusätzlich vermutet werden. Die dichte Kette ermöglichte einen Warndienst, sei es mit Feuerzeichen oder anderen Signalen; Nachrichten über einen herannahenden Feind konnten mit dem System in kurzer Zeit zur nächsten Truppenstation, wie zum Beispiel der Kastellbesatzung von Zurzach, weitergeleitet werden.

Diese Art von Grenzsicherung war eines der Mittel, mit dem man versuchte, die dauernden Einbrüche von Norden her abzuhalten. Zwei Bauinschriften vom Kleinen Laufen und von Etzgen übermitteln das Jahr 371 oder 374, die gleichen Jahre also, in denen auch an der Brücke von Zurzach gebaut wurde. Es muss eine Phase gewesen sein, in der man alle Kräfte auf ein undurchlässiges Verteidigungswerk an der Grenze richtete. Bis über die Jahrhundertwende scheint es auch tatsächlich wirksam gewesen zu sein; mit dem Truppenabzug im früheren 5. Jahrhundert fiel die Sicherung jedoch zusammen; der Dienst in den Wachttürmen konnte nicht mehr aufrecht erhalten werden.

Die spätantiken *Wachttürme im Bezirk Zurzach* (Abb. 22):
(von Westen nach Osten geordnet; vgl. Drack, Grenzwehr, Nr. 22–34)

Leibstadt, Bernau	(Hartmann, Römer im Aargau, S. 179): unter dem Schlossturm, nicht gesichert.
Full, Jüppe	(ib., S. 170): 1914 ausgegraben; nicht konserviert.
Leuggern, Sand-Felsenau	(ib., S. 182): 1914 aufgedeckt, nicht dokumentiert. Nachgrabungen Herbst 2000 (Zeitungsnotiz in: «Die Botschaft», Nr. 118, 7.10.2000).
Koblenz, Frittelhölzli	(Drack, Grenzwehr, Nr. 25): zerstört.
Koblenz, Rütenen	(Hartmann, Römer im Aargau, S. 177): nicht konserviert.
Koblenz, Kleiner Laufen	(ib., S. 177): inschriftlich als Summa Rapida bezeichnet. Die Bauinschrift datiert vermutlich von 371. Mauerwerk mit Türschwelle erhalten.
Zurzach, Oberfeld	(ib., S. 218): nicht konserviert.
Rekingen, Schlössliacker	(ib., S. 194): zerstört.
Mellikon, Rheinzelg	(ib., S. 182): zerstört.
Rümikon, Tägerbach	(ib., S. 196): zerstört.
Rümikon, Sandgraben	(ib., S. 196): konserviert.
Fisibach, Bleiche	(ib., S. 169): Mauern erhalten.

Zusammenfassung:
Zur Siedlungsgeschichte des römerzeitlichen Zurzach – eine historische Skizze

Zur Zeit der römischen Besitznahme des Schweizer Mittellandes im dritten Viertel des 1. Jahrhunderts v. Chr. wird die Gegend von Zurzach nicht unbewohnt gewesen sein, obschon Funde nur spärlich vorliegen. Es ist mit einer lockeren Siedlungsweise von vereinzelten Gehöften zu rechnen, die im Boden kaum Spuren hinterlassen haben. Bedeutung wird aber bereits in vorrömischer Zeit die Strasse gehabt haben, die, von Süden kommend, in Zurzach den Rhein überquert und die Verbindung zum Wutachtal

Zurzach in römischer Zeit

23 Zusammenstellung aller Befunde und Ergänzungen zum spätrömischen Doppelkastell Kirchlibuck/Sidelen mit den Rheinbrücken und dem rechtsrheinischen Brückenkopf Rheinheim. Welche Elemente dieses komplexen Festungswerkes gleichzeitig bestanden haben, ist z. T. noch offen.

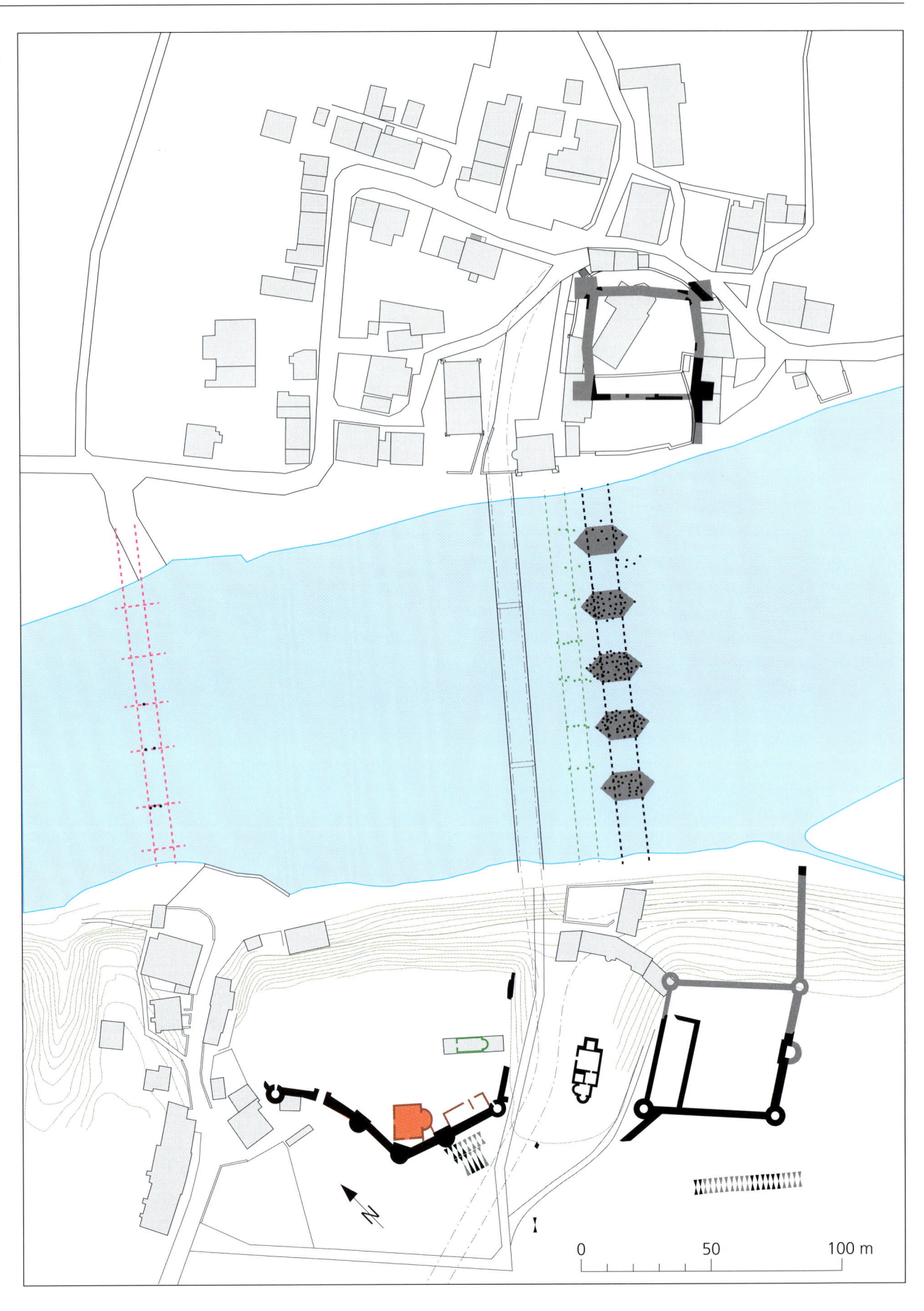

und den Donauquellen hergestellt hat. Auf sie nimmt auch das Militärlager im rechtsrheinischen Dangstetten Bezug, das in der Zeit um 15 v. Chr. belegt gewesen sein muss. Ein gleichzeitiger Militärposten ist zur Sicherung des Rheinüberganges auf der linken Flussseite zu erwarten, doch wissen wir nicht, wo er gelegen hat. Das innere Befestigungssystem der Kastellanlagen im Gebiet der Nordumfahrungsstrasse ist dabei in Erwägung zu ziehen, aber bezeichnendes Fundmaterial fehlt weitgehend. Neue Bodenaufschlüsse im Raum Zurzach werden die Frage vielleicht einmal klären.

Nach der Niederlage der römischen Legionen im Teutoburger Wald 9 n. Chr. und der Rücksetzung der Grenze an den Rhein wird in Zurzach ein Kastell angelegt, dem die Strassen- und Grenzsicherung obliegt. Hinter einem geschlossenen Verteidigungswerk, bestehend aus einem V-förmigen Grabensystem und einer Holz-Erde-Mauer, liegen, dicht gedrängt, die Baracken mit den Soldatenunterkünften, die Offizierswohnungen, die Verwaltungsgebäude, die Werkstätten und Stallungen für die Pferde, in Holz, aber nach südländischen Vorstellungen errichtet. Militärische Festungsbauweise wurde von Rom aus nach einheitlichem Muster über die ganze antike Welt verbreitet und bindet nun auch Zurzach in dieses Schema ein. Schlagartig verändern sich damit die Siedlungsstruktur und der kulturelle Hintergrund für die ganze Region. Mit den Soldaten fasst römische Lebensweise schnell und nachhaltig Fuss.

Rund um das Kastell gruppieren sich Bauten unterschiedlicher Form, als «Lagervorstadt», geprägt von zivilen und militärischen Belangen und entsprechend vielfältig in ihrer Ausrichtung.

Händler bilden hier einen Umschlagplatz; italische, später südgallische Importgüter erreichen den Ort nun im Überfluss und werden an die Soldaten abgesetzt, die ihre heimatlichen Gepflogenheiten möglichst beibehalten wollen. Dank ihrem regelmässigen Sold kommt Geld in Umlauf und bringt eine wirtschaftliche Blüte für die Gegend, die mit dem Neuen viel Alteingesessenes verdrängt haben muss. Im Westen, einen Steinwurf vom Vicus-Rand entfernt, lässt sich ein Landwirt nieder; ob er mit dem Militär zugezogen oder ein Einheimischer ist, der den Absatz bei der Kastellbevölkerung sucht, wissen wir nicht.

Um die Mitte des 1. Jahrhunderts n. Chr. wird das Militär aus dem Kastell von Zurzach abgezogen;[89] ich vermute, dass die Grenzsicherung nun auf das rechtsrheinische Gebiet, vielleicht auf die Höhe von Hüfingen, vorverlegt wird.[90] Wie es scheint, folgt die Bevölkerung des Kastelldorfes dem Militär nicht unmittelbar. Lebte man in der Hoffnung, dass das Lager bald wieder benutzt und der Verdienst sich erneut mehren würde? Anfang der Sechzigerjahre verödet das Kastellvorgelände aber dann doch allmählich. Es bleibt ein bescheidener Weiler am Nordrand des heutigen Fleckens, der sich auf die Strasse richtet, die ehemals das Legionslager von Vindonissa mit dem Detachement in Zurzach und dem Rhein verband, nun aber ihre grossräumige Bedeutung eingebüsst hat. Die Hauptachse durch das Schweizer Mittelland hat sich gegen den Jura-Südfuss verschoben im Zusammenhang mit den beiden Koloniestädten Avenches und Augst. Immerhin könnten das kleine Bad und der Steinbau im Norden, unweit des Rheins, Pferdewechselstation und Herberge gewesen sein, eine so genannte Mansio, wie sie über das ganze Reich verstreut den reibungslosen Verkehr und den Postbetrieb sicherten. Der Rheinübergang von Zurzach wird auch im 2. und früheren 3. Jahrhundert nicht unbenutzt gewesen sein.

Das Gräberfeld unter der Verena-Kirche, das sich bis gegen das Rathaus erstreckt haben mag, bestimmt das südliche Ende des Vicus, denn der Totenacker muss ausserhalb der bewohnten Fläche gelegen haben. Die Grabinventare widerspiegeln das Besitztum der Dorfbewohner in der mittleren Kaiserzeit: Es sind einfache Güter, meist in der Gegend hergestellt; importiertes Tafelgeschirr oder Glas bilden die Ausnahme.

Da das Gräberfeld praktisch die einzige Quelle zum zivilen Vicus Tenedo bildet, fehlen Aufschlüsse über das Ende der unbefestigten Siedlung. Dass es mit den Alemanneneinfällen in der zweiten Hälfte des 3. Jahrhunderts in Verbindung steht, darf mit guten Gründen angenommen werden. Das Vordringen dieses Germanenstammes über den Rhein hinweg ist aus der antiken Literatur hinlänglich bekannt und durch archäologische Nachweise auch für die Nordschweiz sichergestellt. Es ist zu vermuten, dass die Bevölkerung von Zurzach, die durch ihre geographische Lage besonders exponiert war, sich in den strengen Notzeiten in naturgeschützte Winkel und Höhen zurückgezogen hat.

Auch der Gutshof in den Brüggliwiesen, seit dem 1. Jahrhundert n. Chr. bewirtschaftet und, nach einem Vorgänger-

---

[89] Es ist denkbar, dass ein kleiner Posten in Zurzach noch einige Zeit bestehen blieb. Nachweise im Fundmaterial gibt es aber nicht.

[90] Die Auswertung der Grabungen von Hüfingen sind noch nicht so weit gediehen, dass klare Resultate vorliegen. Ich habe die Sigillata-Stempel aus dem Kastell von Hüfingen 1994 durchgesehen. Sie schliessen zeitlich an das Material aus dem Kastell von Zurzach an. Darauf begründet sich meine Vermutung. Ich danke G. Fingerlin für das Ermöglichen der Einsicht in das Material von Hüfingen.

bau aus Holz, mit einem recht ansehnlichen steinernen Herrenhaus ausgestattet, wird die Bedrängnisse des späteren 3. Jahrhunderts nicht überdauert haben.

Da die Alemanneneinfälle nicht ein punktuelles Ereignis, sondern Teil einer Gesamtbedrohung des Römischen Reiches waren, hat Rom mit tief greifenden Änderungen im Verteidigungssystem und der militärischen Organisation reagiert, die das Bestehen des Weltreiches für drei bis vier weitere Generationen sicherstellten. Allerdings mussten dabei Gebietsverluste in Kauf genommen werden, so der rechtsrheinische Raum gegenüber Zurzach. Damit erwuchs dem Ort wiederum die Aufgabe der Strassen- und Grenzsicherung. Die massive Doppelfestung auf Kirchlibuck und Sidelen zeigt in beredter Weise, mit welchem Aufwand diese Sicherung nun angegangen wurde. Allseitig eingemauert und bewacht durch die Kastelle, führte die Strasse zum Rhein hinunter und über eine Brücke zum rechtsufrigen Brückenkopf, der den Durchgang wie eine Zange umschloss. Wir wissen allerdings nicht, wann und in welcher Reihenfolge die einzelnen Elemente dieses imposanten Riegels gegen die Alemannen aufgestellt wurden. Die einzig sicheren Daten sind ein Brückenbau um 368 und Reparaturen an einem Pfeiler um 375. Nach meiner Meinung muss das Festungswerk aber wesentlich früher angelegt worden sein.

Über einzelne historische Abläufe im 4. Jahrhundert innerhalb des Raumes Zurzach wissen wir so gut wie nichts. Einen beschränkten Aufschluss über die Bewohner der Kastelle vermittelt noch einmal das Gräberfeld unter dem Verenamünster: Ein höherer Beamter oder Militär, nach seiner Tracht lässt sich dies nicht unterscheiden, und ein Mädchen gehobenen Standes sind hier bestattet worden; es besteht kein Zweifel, dass sie hinter dem Schutz der Kastellmauern gelebt hatten; man war auf sie angewiesen.

Die Funde aus dem Kastellinneren, Tafelgeschirr aus Nordostfrankreich, Kochtöpfe aus der Eifel, Gläser und einige Trachtbestandteile aus Bronze zeigen, dass man sich bei aller Bedrängtheit und Enge das tägliche Leben nicht allzu ärmlich vorstellen darf. Die grösste Not bedeutete wohl die Unsicherheit.

Der Kirchenbau im 5. Jahrhundert gibt Kunde von neuem religiösem Leben im Kastell. Die Kirche verknüpft durch ihren Standort Spätantike und frühes Mittelalter.

Einen weiteren Einblick bietet eine Gewandschliesse; eine Fibel in Armbrustform wurde vor einigen Jahren im befestigten Brückenkopf auf der Rheinheimer Seite gefunden.[91]

Nach der Verbreitung dieser Fibelform wurde sie von Alemannen im 4. Jahrhundert getragen, also von der Volksgruppe, die die Grenze immer wieder bedrängt hat. Antike Historiker übermitteln uns andererseits, dass Alemannen auch als Verbündete (Foederati) in römischem Dienst an der Grenze standen. Der Fund von Rheinheim bringt gleichsam den materiellen Nachweis zu dieser Nachricht. Die Besatzung des Kastells hat man sich demzufolge als Nebeneinander verschiedener Völkergruppen vorzustellen.

---

[91] Vgl. dazu das folgende Kapitel von G. Fingerlin.

Abbildungsnachweise:
Umzeichnungen und Fotos A. Hidber, wenn nicht anders vermerkt.
1a) Inschrift zitiert nach Gerold Walser, Römische Inschriften der Schweiz, II. Teil, Bern 1980, Nr. 189.
1b) Foto Th. Hartmann, Aargauische Kantonsarchäologie. Inschrift zitiert nach Walser (wie 1a), Nr. 191.
2) Nach Speidel, Kleininschriften, Nr. 6.
3) Umzeichnung nach Hänggi, Zurzach, Vorsatzblatt.
4) Nach A. Johnson, Römische Kastelle des 1. und 2. Jahrhunderts n. Chr. in Britannien und in den germanischen Provinzen des Römerreiches, Mainz 1987, 227.
5) Zeichnung R. Baumann.
6) Umzeichnung nach Hänggi, Doswald, Roth-Rubi, Kastelle, Abb. 28.
7) Umzeichnung nach Hänggi, Doswald, Roth-Rubi, Kastelle, Abb. 29.
8) Umzeichnung nach Hänggi, Doswald, Roth-Rubi, Kastelle, Abb. 35.
9) Foto Claude Giger, Museum Höfli, Zurzach.
10) Umzeichnung nach Hänggi, Doswald, Roth-Rubi, Kastelle, Abb. 39.
12) Nach Hänggi, Doswald, Roth-Rubi, Kastelle, Abb. 140.
18) Umzeichnung nach Stehlin.
20) Nach Heierli, Kastell, S. 25.
21) Nach Aufnahme der Aargauischen Kantonsarchäologie.

Die Verhältnisse auf dem rechten Hochrheinufer

GERHARD FINGERLIN

Der Rhein, der heute zwischen Zurzach und Rheinheim die Grenze zwischen der Schweiz und Deutschland bildet, hatte in römischer Zeit nicht immer eine vergleichbare Funktion. Zwar markierte er zeitweise die nördliche Begrenzung des Imperium Romanum, vor der Besetzung des rechtsrheinischen Gebiets bis zur Donau unter Kaiser Claudius und dann erneut während der Spätantike, nachdem das südwestdeutsche «Dekumatland» nach mehr als 200-jähriger Reichszugehörigkeit wieder aufgegeben worden war. Wichtiger war aber seine verbindende Eigenschaft als viel benutzter Verkehrsweg in westöstlicher Richtung wie als Lebensader der beidseitig seinen Lauf säumenden Uferlandschaften. Auch in nordsüdlicher Richtung bildete er kein ernstliches Hindernis, sondern konnte vielmehr, wenigstens in friedlichen Zeiten, an vielen Stellen, teils auf Brücken, teils durch Furten, überquert werden. Seit langem ist bekannt, dass gerade im Bereich Zurzach – Rheinheim ein schon in vorrömischer Zeit intensiv begangener Fernweg den Fluss überquerte, die spätere Römerstrasse von Vindonissa über Juliomagus (Schleitheim) und Brigobannis (Hüfingen) nach Arae Flaviae (Rottweil) im Neckartal, deren hohes Alter durch spätlatènezeitliche Funde gesichert ist.[1] Man kann daher die Geschichte Zurzachs nicht verstehen, wenn man sie nur von der linken Rheinseite her betrachtet. Vielmehr muss sich der Blick immer wieder auf das nördliche Ufer richten, wenn Zusammenhänge verständlich werden sollen und es darum geht, die Rolle dieses von seinen verkehrsgeographischen Voraussetzungen abhängigen Platzes richtig einzuschätzen. Dabei verdient naturgemäss der Rheinübergang mit seinen Auswirkungen auf die Verhältnisse links und rechts des Flusses, auf den Gang der Dinge in lokaler wie in überregionaler Hinsicht, unser besonderes Augenmerk. Dies gilt schon für weit zurückliegende prähistorische Zeiten, besonders aber für die römische Epoche, von den Anfängen unter Augustus bis zum Ende des Imperiums im 5. nachchristlichen Jahrhundert. Für diesen Abschnitt der Geschichte ist auch die archäologische Überlieferung auf beiden Rheinufern ungewöhnlich gut und erlaubt es, von manchen geschichtlich bedeutsamen Vorgängen ein detail-

Einziger Denar des Augustus aus dem Lager von Dangstetten.
VS: Jugendlicher Kopf des Augustus
RS: Capricorn (Mischwesen) mit Füllhorn, Globus (zwischen den Beinen) und Steuerruder über dem Namenszug

---

[1] GERHARD FINGERLIN, Vom Hochrhein zur Donau. Archäologische Anmerkungen zu einer wichtigen Römerstrasse, in: Arch. NB 32, 1984, S. 3–12.

1 Blick von Westen auf die Hochterrasse (mit Kiesgrube), auf der sich das Lager der XIX. Legion befand. Im Vordergrund Rheinübergang zwischen Zurzach und Rheinheim, im Hintergrund Dangstetten und auf der höchsten Erhebung die Küssaburg. Stuttgarter Luftbild Elsäßer GmbH, 1959.

reiches Bild zu zeichnen. In augusteischer Zeit handelt es sich dabei um eine Grenzüberschreitung in grösserem strategischem Zusammenhang, nämlich dem des Alpenfeldzugs im Jahre 15 v. Chr., der die heutige Schweiz zur römischen Provinz machte,[2] und der unmittelbar folgenden militärischen Vorbereitung der germanischen Kriege Roms, die letztlich in der Katastrophe im «Teutoburger Wald» (9 n. Chr.) endete.[3] Fassbar werden diese Vorgänge mit der Einrichtung eines kurzfristig belegten grossen Truppenlagers in Dangstetten auf dem rechten Hochrheinufer wie auch in der Anlage eines gleichzeitigen oder nur wenig späteren militärischen Stützpunkts auf der «Zurzacher» Seite.[4] Nach erneuter Grenzüberschreitung in der Regierungszeit des Claudius folgt über 200 Jahre lang «Normalität» innerhalb eines politisch und kulturell einheitlichen Raumes, tief im Hinterland der jetzt durch den «Limes» geschützten römischen Provinz.[5] In der Spätantike dann, seit dem ausgehenden 3. Jahrhundert, haben wir es wieder mit einer Grenze zu tun, die an dieser Stelle zwar durchlässig blieb, trotzdem aber massiv gesichert war gegen die neuen germanischen Bewohner Südwestdeutschlands, die 200 Jahre lang als Grenznachbarn meistens den friedlichen Kontakt zur römischen Seite suchten und an Übergangsstellen wie Rheinheim – Zurzach auch fanden, doch immer wieder auch zu einer gefährlichen Bedrohung wurden.[6] Auf Kriegs- und Raubzügen, die teilweise bis nach Oberitalien führten, benutzte man die alten, gut ausgebauten Strassen und als Einfallstore die «Kontaktstellen» zwischen der römischen und der germanischen, in diesem Fall der alamannischen Welt. In dieser Zeit, dem 4. und 5. Jahrhundert, tritt verschärfend zu der politischen wie ethnisch-kulturellen Trennlinie, die der Rhein wieder auf seiner ganzen Länge bildet, auch die weltanschauliche Grenze, der Gegensatz zwischen Heidentum auf dem nördlichen und dem noch im 4. Jahrhundert als Staatsreligion etablierten Christentum auf dem südlichen Ufer hinzu, sichtbar für uns in den frühen Kirchen, die entlang dieser Grenze im Schutz spätantiker Kastellmauern entstanden sind.[7] Zurzach selbst bietet dafür ja ein gutes Beispiel.

Doch zunächst die Situation in frührömischer Zeit:
Der Alpenfeldzug des Jahres 15 v. Chr. wurde schon kurz

angesprochen. Sein Ziel war zunächst die Sicherung Oberitaliens, das immer wieder durch kriegerische Übergriffe der Raeter und anderer inneralpiner Bergstämme beunruhigt wurde. Weiter ging es um die Öffnung wichtiger Pässe von Italien nach Gallien und schliesslich um die Schaffung eines Glacis im Voralpenraum. Ob man diese Pläne schon in Zusammenhang mit den wenig später begonnenen Germanenkriegen des Augustus bringen darf, ist bis heute in der Forschung umstritten. Das gut vorbereitete Unternehmen, das unter dem Oberbefehl der kaiserlichen Stiefsöhne Drusus und Tiberius stand, wurde in einem einzigen Sommer erfolgreich durchgeführt, wobei Tiberius von Gallien, Drusus von Oberitalien aus operierte (Reschenscheideck/Brenner), möglicherweise unterstützt durch eine dritte Heeresgruppe, die den Weg über die Bündner Pässe nahm. Während das von den Helvetiern bewohnte Gebiet offenbar von Kriegshandlungen weitgehend verschont blieb, wurden Raeter und Vindeliker entscheidend geschlagen. Vermutlich noch im gleichen Jahr entstanden an strategisch wichtigen Plätzen kleine Militärstützpunkte, um das römisch gewordene helvetische Gebiet und seine für Rom bedeutsamen Verkehrslinien zu sichern, so in Basel und Zürich, entlang der Walenseeroute, möglicherweise in Chur und schliesslich in Vindonissa (Windisch bei Brugg), wo zwei wichtige Strassen aus der östlichen und der westlichen Schweiz zusammentrafen (Abb. 2).[8] Gleichzeitig war Vindonissa Ausgangspunkt einer dritten Strasse, der schon erwähnten Fernstrasse, die über Zurzach und Schleitheim zur oberen Donau und weiter ins Neckargebiet führte. Diese von der Natur vorgezeichnete Route für nordwärts gerichtete militärische Operationen, den Römern schon von älteren Handelsbeziehungen her bekannt, war offensichtlich schon 15 v. Chr. von grösstem strategischem Interesse. Denn anders hätte Tiberius wohl kaum einen Vorstoss zu den Quellen der Donau unternommen, wie bei Strabon überliefert wird.[9]

In diesen geschichtlichen Zusammenhang, Konsolidierung des Erreichten und Vorbereitung weiterer militärischer Aktionen, gehört ganz offensichtlich die Errichtung des Truppenlagers von Dangstetten als über den Hochrhein vorgeschobene offensive Position. Lange hat dieses Lager allerdings nicht bestanden, höchstens 6–7 Jahre. Nach Ausweis seiner Münzfunde wurde es bald nach dem Jahr 10 v. Chr. aufgegeben. Ist sein Anfang mit dem Alpenfeldzug zu verbinden, steht sein Ende offenbar im Zusammenhang mit einer Revision der römischen Eroberungspolitik gegen Germanien nach dem Tod des Drusus an der Elbe im Jahre 9 v. Chr.[10]

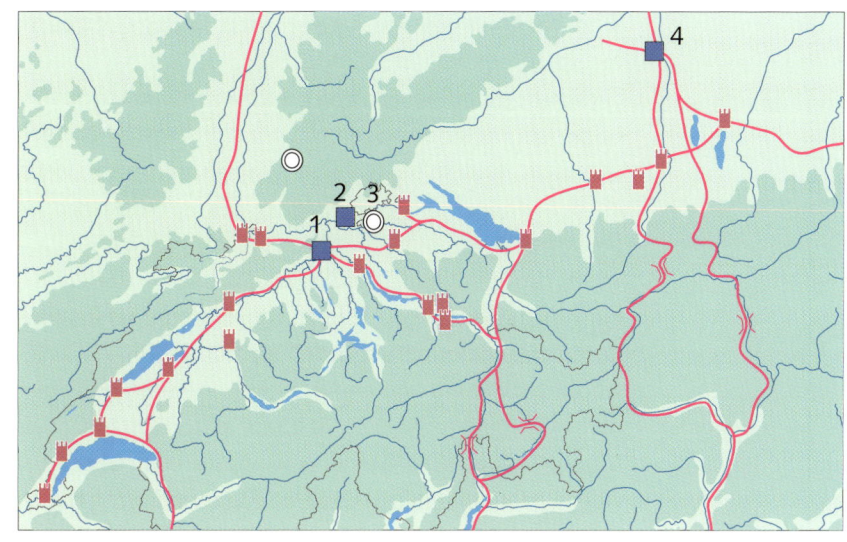

■ Legionslager
■ Kastelle/Warten
◎ spätkeltische Oppida

1 Vindonissa
2 Dangstetten
3 Altenburg
4 Oberhausen

2 Die militärische Situation zwischen Alpen und Donau in augusteischer und frühtiberischer Zeit, zusätzlich eingezeichnet die keltischen Oppida von Tarodunum bei Freiburg und Altenburg.

[2] CHRIST, Militärgeschichte, bes. S. 461 f. – ERNST MEYER, Neuere Forschungsergebnisse zur Geschichte der Schweiz in römischer Zeit, in: JbSGUF 54, 1968–69, S. 73–98, bes. S. 78 f. – FRANZ FISCHER, P. Silius Nerva. Zur Vorgeschichte des Alpenfeldzugs 15 v. Chr., in: Germania 54, 1976, S. 147–155. – SIEGMAR VON SCHNURBEIN, Die Besetzung des Alpenvorlands durch die Römer, in: Die Römer in Schwaben. Jubiläumsausstellung 2000 Jahre Augsburg, München 1985, S. 17–23. – FRANZ SCHÖN, Der Beginn der römischen Herrschaft in Raetien, Sigmaringen 1986, bes. S. 43–61. – RUDOLF FELLMANN, Eroberung und Konsolidierung. Die Zeit nach Caesar und der Alpenfeldzug, in: DRACK, FELLMANN, Römer, S. 22–25 mit Karte in Abb. 6.
[3] JOHANN-SEBASTIAN KÜHLBORN, Die römischen Germanenkriege der Jahre 12 vor bis 16 nach Christi Geburt, in: Münster-Westfälisches Münsterland-Tecklenburg. Führer zu vor- und frühgeschichtlichen Denkmälern 45, Mainz 1980, S. 137–144. – HANS GÜNTHER SIMON, Eroberung und Verzicht. Die römische Politik in Germanien zwischen 12 vor Chr. und 16 nach Chr.: Die Feldzüge des Drusus und Tiberius, in: DIETWULF BAATZ, FRITZ RUDOLF HERRMANN (Hrsg.), Die Römer in Hessen, Stuttgart 1982, S. 38–46. – JÜRGEN KUNOW, Die Militärgeschichte Niedergermaniens. Die Feldzüge des Drusus, in: HEINZ GÜNTER HORN (Hrsg.), Die Römer in Nordrhein-Westfalen, Stuttgart 1987, S. 36–38. – Zur Lokalisierung der Varuskatastrophe vgl. Anm. 14.
[4] Dangstetten: GERHARD FINGERLIN, Dangstetten, ein augusteisches Legionslager am Hochrhein. Vorbericht über die Grabungen 1967–1969. Ber. RGK 51–52, 1970–71 (1972), S. 197–232. – DERS., Die Tore des frührömischen Lagers von Dangstetten (Hochrhein), in: Fundber. BWB 3, 1977, S. 278–285. – DERS., Dangstetten I. Katalog der Funde (Fundstellen 1–603). Dangstetten II (Fundstellen 604–1358).
Zurzach: HÄNGGI, Zurzach, bes. S. 150 (Kastell I). – HÄNGGI, DOSWALD, ROTH-RUBI, Kastelle.
[5] GERHARD FINGERLIN, Das römische Vorgehen in Südwestdeutschland von Augustus bis Vespasian, in: Führer zu römischen Militäranlagen in Süddeutschland. Hrsg. aus Anlass des 13. Internat. Limeskongresses in Aalen, Stuttgart 1983, S. 7–12.
[6] JOCHEN GARBSCH, Der spätrömische Donau-Iller-Rhein-Limes. Kleine Schriften zur Kenntnis der römischen Besetzungsgeschichte Südwestdeutschlands 6, Stuttgart 1970. – Zu den Alamanneneinfällen: RUDOLF FELLMANN, in: DRACK, FELLMANN, Römer: Spätantike, S. 276–315, bes. S. 289–296.
[7] Zusammenstellung der frühen Kirchen im Aargau mit den Kastellkirchen von Kaiseraugst, Windisch und Zurzach: MARTIN HARTMANN (Hrsg.), Romanen und Alemannen. Der Aargau im Frühmittelalter, Brugg 1981, S. 25–29 (mit weiterer Literatur). Ein spätantiker Kirchenbau ist auch in Konstanz anzunehmen (Bischofssitz ab ca. 600).

Das augusteische Lager von Dangstetten

Die Entdeckung dieses Lagers auf einer zwischen Rheinheim und Dangstetten gelegenen, nach Westen und Süden steil abfallenden Terrasse gelang im Frühjahr 1967, als der ehrenamtliche Mitarbeiter der Archäologischen Denkmalpflege, Alois Nohl aus Geisslingen, im Abbaugebiet des Kieswerks Tröndle (Rheinheim) dunkle Verfärbungen bemerkte und sofort nach Freiburg weitermeldete.[11] Bei einer ersten Begehung durch den Verfasser waren zwar diese Spuren nicht mehr sichtbar, doch fanden sich einige Scherben, darunter das Fragment eines tongrundigen ACO-Bechers, wodurch die frühe Zeitstellung des Fundplatzes und sein Zusammenhang mit einer bis dahin unbekannten militärischen Operation auf dem rechten Rheinufer in der Zeit des Kaisers Augustus erkennbar wurden. Über den wissenschaftlichen Wert dieser Entdeckung gab es damit von Anfang an keinen Zweifel, und so war rasch der Entschluss gefasst, an dieser Stelle einen Schwerpunkt denkmalpflegerischer Arbeit zu setzen. Schon kurz nach der Entdeckung begann daher die planmässige Untersuchung des im Abbaugebiet des Kieswerks liegenden Lagerareals, zunächst in Form einer Notbergung entlang des Kiesgrubenrandes, später dann in grossen zusammenhängenden Flächen. Insgesamt dauerten die von der Firma Tröndle nachhaltig unterstützten Ausgrabungen länger als zwei Jahrzehnte, selbstverständlich mit zahlreichen, gegen Ende sogar mehrjährigen Unterbrechungen. Sie erfassten schliesslich fast das gesamte 1967 noch angetroffene Lagerareal. Lediglich im Norden ist heute noch, nach der Rekultivierung, ein Randstreifen des Lagers mit der zugehörigen Befestigung und den davor liegenden «Canabae», also einer zivilen Ansiedlung vor dem Lagertor, erhalten und steht damit für künftige Forschungen und Nachprüfungen weiterhin zur Verfügung. Leider war ein nicht geringer Teil der Anlage schon vor der Entdeckung durch Auskiesen zerstört und auch der Randbereich der Abbaufläche durch maschinelles Abtragen der bis zu 1,80 m starken lehmigen Deckschicht erheblich beeinträchtigt. Verloren ist, wie wir heute wissen, das westliche Drittel des Lagers, die so genannte Retentura (der rückwärtige Teil) mit der dort gelegenen Porta decumana. Auch der mittlere Bereich mit den Hauptgebäuden (Principia, Praetorium) erwies sich aus den genannten Gründen als stark geschädigt, sodass gerade diese für eine Beurteilung des Ganzen besonders wichtigen Grundrisse nur noch sehr unvollständig zu klären bzw. zu dokumentieren waren. Weitere Abstriche ergaben sich aus der

3 Das Osttor (porta praetoria) des Lagers von Dangstetten. Rechts die beiden vor der Einfahrt unterbrochenen Gräben, dahinter die parallel dazu verlaufenden Pfostenreihen der Holz-Erde-Mauer, ganz links dann die grossen Pfostengruben des Torbaus.

natürlichen Erosion der Terrassenkante im Süden, der die dort verlaufende Befestigung (Holz-Erde-Mauer) samt zugehöriger Porta principalis dextra zum Opfer gefallen war. Trotzdem haben wir nach Abschluss der Grabungen ein gutes Bild von Grösse, Planstruktur und Bauweise des Lagers sowie einen reichhaltigen, für Südwestdeutschland einzigartigen Fundbestand.[12] Zu diesem zählen auch drei epigraphische Zeugnisse der XIX. Legion[13], die zwei Jahrzehnte später zum Heer des Varus gehörte und mit ihm im «Teutoburger Wald» zugrunde ging, auf einem Schlachtfeld, das heute am «Kalkrieser Berg» im Osnabrücker Land lokalisiert wird.[14] Sieger war damals der Cheruskerfürst Arminius, der mit einer Koalition germanischer Stämme den Plan des Augustus für eine bis zur Elbe reichende römische Provinz zum Scheitern brachte.

Ob der römische Aufmarsch am Hochrhein schon in die Vorbereitungsphase der Germanenkriege des Augustus gehört, ist, wie bereits erwähnt, in der Forschung umstritten. Für eine nach Norden, gegen das Gebiet um die obere Donau operierende Truppe war der Platz auf dem rechten Ufer jedenfalls vorzüglich gewählt. Er lag nahe dem Fluss und damit an einer Wasserstrasse, die logistische Verbindungen nach Gallien ermöglichte, wahrscheinlich mit dem Hafenplatz Augusta Raurica (Augst bei Basel) als wichtigem Stützpunkt. Er lag ausserdem, wie wir schon gehört haben, an einem nordsüdlich verlaufenden Verkehrsweg, auf dem man vom Schweizer Mittelland, letztlich von Oberitalien über die Alpenpässe der westlichen und östlichen Schweiz zur oberen Donau und weiter ins Neckartal gelangte. Zwischen Basler Rheinknie und dem westlichen Ende des Bodensees war dies die einzige von der Natur vorgegebene Route, von den Römern zu einer Hauptstrasse ausgebaut, an der im ersten nachchristlichen Jahrhundert die auch militärisch wichtigen Plätze Brigobannis (Hüfingen) und Arae Flaviae (Rottweil) entstanden.[15] Spätkeltische Funde entlang dieser Strecke beweisen, dass sie auch schon in vorrömischer Zeit für Handel und Verkehr eine bedeutsame Rolle gespielt hat.[16]

Topographisch nutzte das Dangstetter Lager eine Rheinterrasse, die nach Süden und Westen mit bis zu 15 m Höhenunterschied steil abfiel (heute verschwunden), während der Platz von Norden durch eine schwache Mulde kaum abgegrenzt, von Osten dagegen auf ebenem Gelände zugänglich war (Abb. 1). Keineswegs ist diese Position, trotz Ausnützung gewisser Geländevorteile, als defensiv zu betrachten, vielmehr als beherrschend in der «geschlossenen» Landschaft zwischen Fluss (Zurzach/

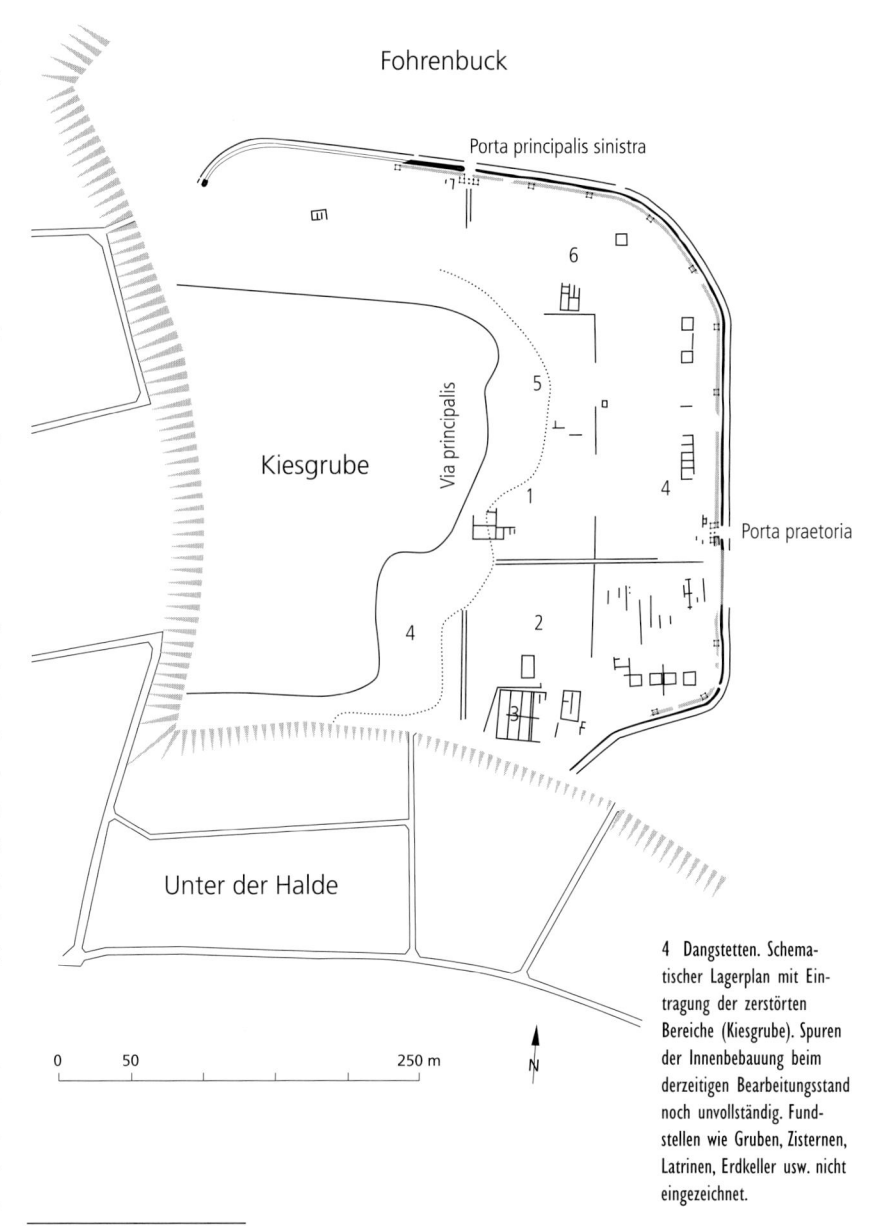

4 Dangstetten. Schematischer Lagerplan mit Eintragung der zerstörten Bereiche (Kiesgrube). Spuren der Innenbebauung beim derzeitigen Bearbeitungsstand noch unvollständig. Fundstellen wie Gruben, Zisternen, Latrinen, Erdkeller usw. nicht eingezeichnet.

1 Stabs- und Verwaltungsgebäude
2 Fabricae (Werkstätten)
3 Horreum (Speicher)
4 Mannschaftsunterkünfte
5 Praetorium? (Wohnbau des Kommandanten)
6 Reiterei

[8] RUDOLF FELLMANN (wie Anm. 2), S. 24 und Karte in Abb. 7 auf S. 26 mit weiterer Literatur im topographischen Teil bei den jeweiligen Orten (bearb. von WALTER DRACK).
[9] CHRIST, Militärgeschichte, S. 462 mit Anm. 49. – FRANZ SCHÖN (wie Anm. 2), S. 54 mit Anm. 314. – Hans Stather, Der römische Hegau, Konstanz 1993, S. 29 f.
[10] Zu den Auswirkungen des Jahres 9 v. Chr. (Tod des Drusus): JÜRGEN KUNOW (wie Anm. 3), S. 37–40.
[11] GERHARD FINGERLIN, Rheinheim-Dangstetten. Ein Legionslager aus frührömischer Zeit am Hochrhein, in: Arch. NB 6, 1971, S. 11–20 (erster Vorbericht).
[12] GERHARD FINGERLIN (wie Anm. 4). Weitere Literaturangaben zu Dangstetten in den Katalogbänden Dangstetten I und II (Bibliographie).
[13] WIEGELS, Bleimarken.
[14] WOLFGANG SCHLÜTER, Archäologische Zeugnisse der Varusschlacht? Die Untersuchungen in der Kalkrieser-Niewedder Senke bei Osnabrück, in: Germania 70, 1992, S. 307–329.
[15] Vgl. hier Anm. 1.
[16] ROLF NIERHAUS, Eine spätlatènezeitliche Riemenzunge der Stradonitzkultur von Grabenstetten (Kr. Reutlingen), in: Fundber. Schw. NF 14, 1957, S. 100–106.

5 Dangstetten. Kopfbau am Ende einer Zeltreihe. Die Fundamentgräbchen des in Holz oder Fachwerk errichteten Gebäudes heben sich durch rötlichlehmige Verfüllung scharf vom hellen Kiesboden ab.

6 Dangstetten. Vollständiges Skelett eines kleinwüchsigen «gallisch-helvetischen» Reitpferdes, das innerhalb des Lagers in einer flachen Grube «entsorgt» wurde.

Rheinheim) und dem nach Norden führenden Passübergang (Küssaberg).

Die Form des Lagers ist ungefähr breit-rechteckig, im Südosten mit «einspringender Ecke», wie bei Militärplätzen dieser Zeit häufig zu beobachten, im Nordosten und Nordwesten gleichmässig abgerundet (Abb. 4). Wegen der teils durch Kiesabbau, teils durch Erosion (Südseite) verursachten Zerstörungen ist allerdings der Umriss nicht ganz gesichert. Ebenso wenig können die Grösse mit ca. 410 x 350 m und der Flächeninhalt mit ca. 14–15 ha ganz exakt angegeben werden.

Die Lagerumwehrung besteht aus einer Holz-Erde-Mauer mit Holztürmen in jeweils 40 m Abstand. Zwei Tore (Porta praetoria im Osten und Porta principalis sinistra) mit nach innen einspringenden Tortürmen sind nachgewiesen, davor ist der umlaufende Doppelspitzgraben jeweils unterbrochen (Abb. 3). Die Inneneinteilung ergibt sich aus dem Verlauf der Lagerstrassen, die immer an einem oder zwei begleitenden Abzugsgräbchen erkennbar sind. Dazu kommt noch die hinter der Lagerumwehrung entlangführende Via sagularis, deren Verlauf, wie auch aus anderen Lagern bekannt, durch flache, ursprünglich überdeckte Wasserbehälter markiert wird.

Die durchs Innere führenden Strassen lassen eine parallel bzw. rechtwinklig zur Ostmauer orientierte regelmässige Einteilung des Lagers erkennen. Im östlichen, vorderen Teil (Praetentura) liegen Mannschaftsunterkünfte, sowohl Baracken wie auch Zeltreihen mit hölzernen Kopfbauten, den Diensträumen der Centurionen (Offiziere) (Abb. 5). In dieser unterschiedlichen Bauweise zeigt sich eine gewisse bauliche Entwicklung während der Benutzungszeit, da ursprünglich wohl die gesamte Mannschaft in Zelten, später dann teilweise auch in hölzernen Bauten untergebracht war. Auch der merkwürdige Verlauf der Via praetoria, die nicht direkt auf die Porta praetoria (Osttor) zuführt, lässt an Veränderungen der ursprünglichen Anlage denken, trotz ihrer insgesamt nur sehr geringen Lebensdauer. Westlich der Praetentura, in einem breiten, durch die Via principalis abgetrennten Streifen, liegen das Stabsgebäude (Principia)

und mutmasslich das Haus des Kommandanten (Praetorium). Nur für die Principia sind nähere Angaben möglich. Es handelt sich dabei um einen dreiflügeligen Bau, der einen grossen Hofraum umschliesst. In den Kammern des hinteren Gebäudeteils ist der sakrale Mittelpunkt des Lagers, das Fahnenheiligtum (Sacellum), zu lokalisieren, dort befand sich auch die Kriegskasse. Im südlichen Flügelbau waren nach zahlreich vorhandenen Spuren Metall verarbeitende Werkstätten untergebracht. Der grosse Hof diente als Forum, Versammlungsplatz der Truppen für Ansprachen, Appelle und zum täglichen Exerzieren.
Südlich der Principia liegen die Fabricae, ein Bereich ebenfalls mit zahlreichen Hinweisen auf handwerkliche Tätigkeiten. Hier wurde u. a. ein kleiner Töpferofen gefunden, in dem man einfache Gebrauchskeramik wie Krüge und Töpfe herstellte. Weitere Ofenreste und Schmiede-Essen belegen die Verarbeitung von Eisen und Bronze. Ausgeführt wurden wohl hauptsächlich Reparaturen an Ausrüstungsgegenständen, wie sie bei einer grösseren Truppe täglich anfallen, doch war sicher auch die Herstellung kompletter Ersatzstücke gefragt, etwa bei Waffen oder Pferdegeschirr. Mit der Verarbeitung von Lebensmitteln hängt möglicherweise ein hier aufgedeckter grösserer Bau zusammen, in dem mithilfe einer Heizvorrichtung beispielsweise Getreide getrocknet werden konnte.
Den Abschluss nach Süden bildet ein gegen die Fabricae durch einen Zaun oder eine Bohlenwand abgetrennter Speicherbau (Horreum). Seine Zweckbestimmung ergibt sich aus den teilweise doppelt ausgeführten Pfostenreihen im Inneren sowie dem typischen Raster parallel geführter Gräbchen für kurze Pfosten, die zur Abstützung eines hoch gelegten, besonders tragfähigen Bretterbodens dienten. Hier konnten beispielsweise grosse Mengen von Getreide eingelagert werden, das als Grundnahrungsmittel für die Versorgung der Truppe von grösster Bedeutung war.

Nach Norden schliesst sich in diesem «Lagerstreifen» ein Bau an, der als Teil einer Reiterkaserne zu deuten ist. Dafür sprechen neben den Abmessungen und der Raumeinteilung vor allem die in der Nähe mehrfach angetroffenen «verlochten» Pferdekadaver (Abb. 6) sowie diverse Ausrüstungsteile der in diesem Lagerbereich untergebrachten gallischen und römischen Reiter.
Zur Retentura, also zum rückwärtigen Lagerteil, sind nur wenige Angaben möglich. Westlich von Horreum und Fabricae lagen weitere Mannschaftsunterkünfte, am ehesten Zeltreihen. In diesem weitgehend zerstörten Bereich sind ausserdem das Lazarett (Valetudinarium) sowie Magazinbauten zu vermuten.

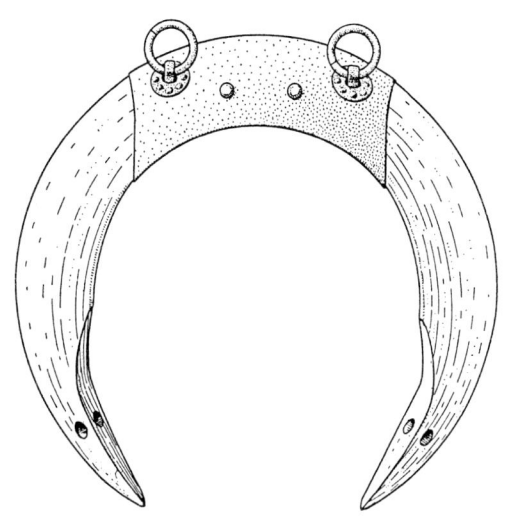

7 Dangstetten. Keltischer Pferdeanhänger (Amulett) aus zwei mit einer Bronzemanschette verbundenen Eberhauern. Zwischen den durchbohrten Spitzen ist eine Drahtverbindung mit einem weiteren «Anhängsel» zu rekonstruieren. Etwa halbe natürliche Grösse.

Wie schon erwähnt, bestand die in Dangstetten stationierte Truppe aus Teilen der XIX. Legion. Denn für die ganze Legion reichte der zu Verfügung stehende Raum mit 14–15 ha nicht aus, selbst wenn die Sollstärke nicht erreicht worden wäre, was öfters vorkam. Es waren nämlich, ausser den zur Legion gehörenden römischen Reitern, auch noch Hilfstruppen unterzubringen, deren Anwesenheit aus typischen Gegenständen ihrer Ausrüstung gefolgert werden kann. In erster Linie war dies ein nicht zu kleines Reiterkontingent aus Gallien, wohl eine für dieses Unternehmen angeworbene Truppe unter eigenem Anführer. Denkbar, dass es sich dabei um Reiter vom Stamm der Treveri (Trierer Land) handelte, die in der geschichtlichen Überlieferung mehrfach als Beteiligte an römischen Feldzügen erwähnt sind. Zu ihrer Bewaffnung gehörten Schwerter und Lanzen spätkeltischer Form, ihre Pferde waren durch Amulette aus Eberhauern oder Bronzeblech-Anhänger in Form eines Kammes oder Striegels magisch geschützt (Abb. 7).[17] Daneben gibt es Hinweise auf orientalische Bogenschützen, wahrscheinlich Fusskämpfer, da sich ihre Spuren in Form dreiflügliger Pfeilspitzen, beinerner Bogenendverstärkungen und Resten feiner Kettenhemden in anderen Teilen des Lagers fanden als die der gallischen und römischen Reiter. In diesen Zusammenhang gehört auch ein religionsgeschichtlich bemerkenswerter Fund: eine kleine Votivhand des Sabazioskults (Abb. 8), ältestes Zeugnis einer orientalischen Erlösungsreligion auf westeuropäischem Boden.[18]

8 Dangstetten. Votivhand des orientalischen Sabazioskults, von einer Schlange umwunden, drei Finger segnend ausgestreckt. Bronzeguss auf silbernem Sockel. Natürliche Grösse.

---

[17] GERHARD FINGERLIN, Eberzahnanhänger aus Dangstetten, in: Fundber. BWB 6, 1981, S. 417–432. – DERS., Römische und keltische Reiter im Lager der XIX. Legion von Dangstetten am Hochrhein, in: Arch. NB 60, 1999, 3–18.

[18] RUDOLF FELLMANN, Belege zum Sabazioskult im frühkaiserzeitlichen Legionslager von Vindonissa, in: Studien zur Religion und Kultur Kleinasiens. Festschrift für Friedrich Karl Dörner, Leiden 1978, S. 284–294, bes. S. 285 f.

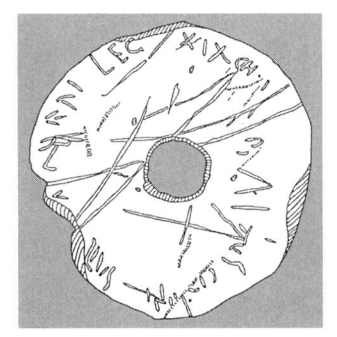

9 Dangstetten. Gelochte Bleischeibe (Anhänger). Beidseitig beschriftet, mit Nennung der 1. Kohorte (C H I) der 19. Legion (LEG XIX), auf der Gegenseite der 2. Kohorte. Dazu mehrere Namen: Privatus, Cotenius, Valerius, Varus, von denen Cotenius als Primuspilus (Centurio) der 2. Kohorte bezeichnet wird. Dm. ca. 3,6 cm.

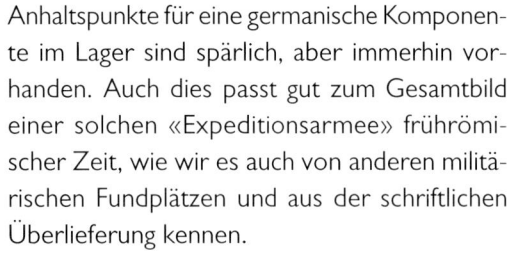

10 Dangstetten. Phalera aus Bronzeblech mit Brustbild der geflügelten Victoria, die in der Linken den Siegeskranz hält. Dm. ca. 10 cm.

11 Dangstetten. Amulettanhänger in Form eines Phallus. Bronze, gegossen. Etwas verkleinert.

Anhaltspunkte für eine germanische Komponente im Lager sind spärlich, aber immerhin vorhanden. Auch dies passt gut zum Gesamtbild einer solchen «Expeditionsarmee» frührömischer Zeit, wie wir es auch von anderen militärischen Fundplätzen und aus der schriftlichen Überlieferung kennen.

Die XIX. Legion bzw. ein Teil von ihr als «Kern» der Besatzung ist durch drei inschriftliche Zeugnisse nachgewiesen,[19] die auch drei Kohorten, und zwar die 1., 2. und 3., nennen. Damit sind aber nicht alle hier stationierten Kohorten erfasst, da wir mit mindestens 5–6 dieser Unterabteilungen einer Legion in Dangstetten rechnen müssen. Das interessanteste Fundstück unter den drei Schriftträgern ist eine gelochte Bleischeibe (Anhänger) (Abb. 9), die neben den Angaben zu Legion und Kohorte noch weitere Informationen bietet, so die Erwähnung eines Centurio und seines Sklaven: Privatus Coteni (?) ser(vus) (centurionis) co(hortis) II ... Dazu kommen noch weitere Namen, darunter sogar ein Varus, was aber nicht zu ebenso unwahrscheinlichen wie unbeweisbaren Spekulationen führen darf.

Wie oben gezeigt wurde, kann Dangstetten nicht als Legionslager im strengen Sinn bezeichnet werden. Vielmehr haben wir es hier mit einem der etwas kleineren Standorte zu tun, an denen nur ein Teil einer Legion und Auxiliarverbände je nach Bedarf, in unterschiedlicher Stärke und Zusammensetzung, stationiert waren. Wie immer in solchen Fällen stellt sich auch hier die Frage nach dem Verbleib der restlichen Legion. Neben einem möglichen Uferkastell nordwestlich von Rheinheim, für dessen Existenz Münzfunde sprechen könnten, kämen auch zeitgleiche Stützpunkte südlich des Hochrheins in Betracht, so in Zurzach selbst oder in Vindonissa. Wir müssen aber auch an die Möglichkeit vorgeschobener Positionen im Raum zwischen Hochrhein und Donau denken. Tatsächlich scheint es in diesem Gebiet Spuren augusteischen Militärs zu geben, die aber noch nicht abschliessend beurteilt werden können.[20] Dies gilt auch für Reste eines Lagers bei Hüfingen[21], das in diesen Kontext gehören könnte, nicht nur, weil man dabei sofort an Tiberius und seinen Ritt an die Donauquelle denkt. Leider konnten diese Lagerspuren, zu denen auch ein grosser vierflügliger Holzbau mit Innenhof gehört, bis jetzt noch nicht exakt datiert werden. Neben augusteischer Zeitstellung (Münzfunde) kommt auch ein Zusammenhang mit dem tiberisch-claudischen Ausbau des Donau-Limes in Betracht.

Insgesamt gibt es also keine Schwierigkeiten, sich den Einsatz der XIX. Legion in Dangstetten selbst und in seinem weiteren strategischen Umfeld vorzustellen, zumal es im Wutachtal, bei Untereggingen, noch ein weiteres, durch Luftbilder und Profilbohrungen bekanntes Lager gibt, dessen Datierung allerdings, wie in Hüfingen, vorerst noch offen ist. Während dort wenigstens einige frühe Münzen vorliegen, hat der Platz im Wutachtal bisher noch kein einziges Fundstück geliefert.

Dangstetten bietet da ein ganz anderes Bild, und es war schon mehrfach Gelegenheit, etwa im Zusammenhang mit den Auxiliartruppen, auf seinen ungewöhnlichen Reichtum an Funden hinzuweisen. So ist auch die Ausrüstung der Legionäre selbst gut belegt. Das Spektrum reicht hierbei von Geschützbolzen über Pilumspitzen, Reste von Schwertern (Gladius) und Dolchen, Helmen, metallgefassten Schilden, Ketten- und Schienenpanzern bis zu den zahlreichen Bronzebeschlägen des Waffengürtels (Cingulum). Besonders interessant in diesem Zusammenhang sind drei Phaleren aus Bronzeblech mit Darstellung der Siegesgöttin Victoria (Abb. 10), eventuell militärische Auszeichnungen, die über dem Panzer getragen wurden, wie es der Grabstein eines in der Varus-Schlacht gefallenen Centurio der XVIII. Legion aus Xanten zeigt.[22] Aber auch an Besatz von Pferdegeschirr kann gedacht werden.[17]

Vom Alltagsleben der Soldaten sprechen zahlreiche Schreibgriffel aus Bronze, Eisen und Bein, Siegelkapseln aus Bronzeblech, Knochenwürfel, gläserne Spielsteine in verschiedenen Farben, schliesslich ein «Spielbrett», das flüchtig auf eine grosse Sigillataplatte geritzt wurde. Auch religiöse Vorstellungen werden für uns in den Funden sichtbar. Nicht nur die keltischen Reiter besassen unheilabwehrende Amulette. Bei den Legionären waren vor allem der geflügelte Schlangenstab des Merkur und phallische Anhänger beliebt (Abb. 11).

Ein anderer Bereich des römischen Lagerlebens wird in den zahlreichen Werkzeugfunden fassbar, die in der so genannten «Legionsfabrik» (Fabricae), dem grossen militärischen Produktions- und Reparaturbetrieb, aber auch an anderen Stellen zum Vorschein kamen. Neben Ledermessern, Stecheisen, Holzbohrern, Meisseln, Hämmern verschiedener Formate, Zangen, Gusslöffeln und kleinen Ambossen, die auf verschiedene handwerkliche Tätigkeiten hinweisen, gibt es auch ausgesprochene Pioniergeräte wie Äxte und Haumesser, die sich zum Abräumen von Gestrüpp und zum Freilegen von Wegen eigneten. Sensen und Sicheln waren die unentbehrlichen Geräte der Futterholer, die täglich für Reitpferde, Maultiere, Zugochsen und mitgeführtes Schlachtvieh zu sorgen hatten.[23]

Schliesslich interessieren noch die oft verzierten Fibeln als kennzeichnende Bestandteile der Soldatentracht. Ausser chronologischen Hinweisen bieten sie, neben den Sigillata-Gefässen, auch Anhaltspunkte für die Herkunft der Legionäre und möglicherweise auch für den letzten Standort der Truppe vor ihrem Einsatz im Alpenvorland und am Hochrhein. Dabei geht es weniger um Standardformen, so die in verschiedenen Varianten vorkommenden Aucissafibeln, sondern um Einzelstücke wie etwa eine kleine Hülsenspiralfibel in Löwenform, die wie andere nur mit wenigen Exemplaren vertretene Fibeln ihre nächsten Analogien in Gallien hat (Abb. 12). Solche Einzelstücke können als Ersatz für die ursprüngliche Ausstattung mit einer mediterranen (italischen) Fibel gelten und sind deshalb zumindest Indizien für den Bereitstellungsraum der hier eingesetzten Truppe. Die Mehrzahl der aus Bronze gefertigten Legionärsfibeln weist allerdings nach Italien, von wo auch die Masse der Sigillata-Gefässe herstammt, bestimmbar vor allem nach ihren Töpfersignaturen (Stempel).

Aus dem grossen Bestand an Sigillata und Feinkeramik lassen sich darüber hinaus Informationen über die Nachschubwege, also die logistischen Verbindungen des Dangstetter Lagers, gewinnen. Sie führen offenbar zu einem nicht geringen Teil nach Gallien, wobei der schon erwähnte Schifffahrtsweg rheinaufwärts eine gewisse Rolle gespielt haben dürfte. Zeugnisse hierfür haben wir in früher Sigillata aus Lyon (Lugdunum), besonders aber in so genannten ACO-Bechern (Abb. 13), die nur zum geringsten Teil aus Italien, in ihrer Masse aber aus Töpfereien vermutlich des Rhônetals, teilweise wohl auch aus Lyon selbst, stammen dürften. Streifenbemalte Keramik keltischer Tradition aus dem gleichen Herkunftsgebiet unterstreicht diese Zusammenhänge. Auch das Gros der Amphoren dürfte auf diesem Weg ins Lager gelangt sein.

12 Dangstetten. Hülsenspiralfibel mit Bügel in Gestalt eines springenden Löwen. Bronze, Augen aus blauem Glas. Stark vergrössert.

13 Dangstetten. ACO-Becher mit Reiterfries in flachem Relief. Rötlicher Ton, kein Überzug. H. 11,2 cm.

---

[19] WIEGELS, Bleimarken.
[20] GÜNTHER WIELAND, Augusteisches Militär an der oberen Donau?, in: Germania 72, 1994, S. 205–216.
[21] GERHARD FINGERLIN, HANS GÜNTER JANSEN, Geomagnetische Prospektion an einem ungewöhnlichen Holzbau römischer Zeit in Hüfingen, Schwarzwald-Baar-Kreis, in: Arch. Ausgr. BWB 1990, S. 97–101.
[22] Grabstein des Centurio Marcus Caelius: HARALD VON PETRIKOVITS, Die Rheinlande in römischer Zeit, Düsseldorf 1980, Bild- und Dokumentarteil S. 44, Abb. 63.
[23] MARGARETE UERPMANN, Pferdeskelette aus dem römischen Lager von Dangstetten, in: Arch. NB 11, 1973, S. 12–16. – HANS-PETER und MARGARETE UERPMANN, Maultiere in der römischen Armee zur Zeit der Eroberungsfeldzüge in Germanien. Druck in Vorbereitung. – MARGARETE UERPMANN, Schlachterei-Technik und Fleischversorgung im römischen Militärlager von Dangstetten (Landkreis Waldshut), in: Festschrift Elisabeth Schmid, Basel 1977, S. 261–272.

Die Verhältnisse auf dem rechten Hochrheinufer

14 Dangstetten. Handgemachte einheimisch-keltische Töpfe mit typischer Grübchen- und Kammstrichverzierung. Im Lager hauptsächlich als Kochtöpfe verwendet.

Im Übrigen spielt auch die einheimisch-keltische Komponente im Dangstetter Fundmaterial keine geringe Rolle.[24] Eiserne Drahtfibeln und Kochtöpfe mit Grübchen- und Kammstrichverzierung (Abb. 14) sind mit entsprechenden Funden keltischer Siedlungen der nördlichen Schweiz und des Hochrheintals gut vergleichbar. Dabei ist vor allem die Ähnlichkeit mit dem jüngsten Fundhorizont des in geringem Abstand rheinaufwärts gelegenen Oppidums von Altenburg-Rheinau augenfällig.[25] Offenbar haben sich die beiden Plätze Dangstetten und Altenburg zeitlich berührt, wobei möglicherweise das Erscheinen der römischen Armee auf dem rechten Hochrheinufer das Ende der befestigten keltischen Stadt ausgelöst oder beschleunigt hat. Jedenfalls spiegeln sich in den genannten latènezeitlichen Fundkategorien die Beziehungen zwischen römischer Truppe und umwohnender Bevölkerung, die beispielsweise Lebensmittel lieferte (Töpfe als Transportbehälter) und offenbar auch zu handwerklichen Dienstleistungen, etwa bei der Verhüttung von Eisenerz, herangezogen wurde.
Wie weit solche Lieferungen und Arbeitsleistungen erzwungen wurden, wissen wir nicht. Jedenfalls gibt es keine Anhaltspunkte dafür, dass etwa mit römischen Münzen bezahlt worden wäre. Eher sind hochwertige Produkte des römischen Handwerks als Tauschobjekte in keltische Hände gelangt, z. B. in Form einer vergoldeten Distelfibel, die vor dem Lagertor zwischen Überresten eines Eisenverhüttungsplatzes gefunden wurde. Daneben waren aber auch Olivenöl und Wein begehrte Erzeugnisse der Mittelmeerländer, wie sie schon lange vor dem Erscheinen der römischen Armee von Händlern ins Land gebracht und in grossen Mengen abgesetzt worden waren, beispielsweise im Oppidum von Altenburg, wo sich massenhaft zerbrochene Amphoren fanden, die man dafür als Transportbehälter verwendet hat.

Mit dem Austausch von Waren und Dienstleistungen verband sich auch ein zunehmender kultureller Einfluss, dem die keltische Bevölkerung ausgesetzt war und der ihre allmähliche Romanisierung vorbereitet hat.[26] Wenn auch das Lager von Dangstetten nicht lange genug bestand, um diese Auswirkungen auch archäologisch belegen zu können, darf man sie doch keinesfalls unterschätzen. Zwar musste das helvetische Oppidum von Altenburg allem Anschein nach aufgegeben werden, doch lebte die Bevölkerung weiter, vermutlich in kleineren, nicht städtischen Siedlungen. Nur wenig später wurde sie zur ethnischen Grundlage des römischen Dekumatlandes.

Abschliessend ist noch ein Blick auf die Münzfunde von Dangstetten zu werfen, die für eine chronologische Beurteilung des Platzes wichtigste Fundkategorie. Neben wenigen republikanischen und augusteischen Silbermünzen sind vor allem Bronzeprägungen südfranzösischer Provenienz vertreten, hauptsächlich aus der Münzstätte von Nemausus (Nimes). Auch einige gallische Münzen liegen vor, die in dieser Zeit in der römischen Armee als kleine Nominale in Umlauf waren. Merkwürdigerweise, wenn auch nur auf den ersten Blick, ergibt sich das Enddatum für Dangstetten, also der Zeitpunkt, an dem die Truppe das Lager verlassen hat, nicht aus dem vorhandenen Münzbestand, sondern aus dem Fehlen einer bestimmten Münzsorte, der so genannten ersten Altarserie (Ara Romae et Augusto) aus Lugdunum (Lyon), die in den Jahren 10–3 v. Chr. geprägt wurde. Das Lager war also schon verlassen, als diese massenhaft auch für Soldzahlungen verwendeten Münzen das an der Rheinlinie stationierte Heer erreichten. Daraus ergeben sich die Jahre 9 oder 8 v. Chr., in denen nach dem Tod des kaiserlichen Adoptivsohns und Feldherrn Drusus an der Elbe die Strategie gegen Germanien revidiert wurde und während denen auch verschiedene entbehrlich gewordene Militärplätze aufgegeben worden sind.[27]

Nach der Räumung der vorgeschobenen Position auf dem nördlichen Ufer richtete sich Rom für mehrere Jahrzehnte auf den Rhein als Grenzlinie ein. Die Militärposten auf dem linken Ufer und im südlich anschliessenden Helvetiergebiet blieben besetzt und wurden auch ausgebaut, wie das Beispiel Zurzach mit seinen aufeinander folgenden, zunehmend grösseren Kastellen eindrucksvoll zeigt. Mehr und mehr übernahm aber Vindonissa die Schlüsselrolle in diesem auf Brücken- und Strassensicherung aufbauenden Defensivsystem. Gerade im Vergleich mit diesem auf Verteidigung des Grenzraumes ausgerichteten Platz, der in der Zeit des Tiberius eine ganze Legion als Besatzung erhielt, wird die nach Norden orientierte offensive Rolle deutlich, die dem rechtsrheinischen Dangstetten in der Zeit des Augustus überwiegend zugedacht war. Bei der «Rückkehr» der römischen Armee in der Zeit des Claudius wurde zwar die bei den frühen Zurzacher Kastellen den Rhein überquerende Strasse wieder benutzt, das Lager von Dangstetten aber, dessen Reste noch sichtbar gewesen sein müssen, nicht mehr in die neue Strategie einbezogen.

Der spätrömische Brückenkopf von Rheinheim[28]

Die den spätantiken Grenzkastellen der Hochrheinlinie gegenüberliegenden Brückenköpfe sind, soweit wir urteilen können, Zeugnisse des fortifikatorischen Ausbaus dieser Grenze in der Zeit und unter der Regie Kaiser Valentinians I. (364–375 n. Chr.). Die damals ergriffenen Massnahmen, zu denen auch die gemauerte Ausführung der bis dahin hölzernen Wachtürme (Burgi) zwischen den Kastellen gehört (z. B. Bauinschrift des Burgus «Summa rapida» bei Koblenz aus dem Jahr 371 n. Chr.), waren eine Konsequenz der unruhigen Zeit um die Mitte des 4. Jahrhunderts, die vor allem durch die Usurpation des Magnentius ausgelöst worden war. Die innerrömischen Auseinandersetzungen verschärften sich, gerade im Hoch- und südlichen Oberrheingebiet, durch die Aktionen alamannischer Kriegerscharen, die zum Teil auf Veranlassung des rechtmässigen Herrschers Constantius II. in die Kämpfe eingriffen.[29] Dabei zeigte sich wohl rasch, dass die bisherige Grenzsicherung nicht ausreichte und dass vor allem auch die Rheinübergänge, wichtige Kontaktstellen zwischen der römischen und der germanischen Welt und gleichzeitig gefährdete Einfallstore, besser gesichert werden mussten. So entstand gegenüber Basel ein kleines quadratisches Kastell mit runden Ecktürmen, gegenüber von Kaiseraugst das Brückenkastell von Wyhlen, von dem leider nur geringe Reste der landseitigen Türme der jahrhundertelangen Erosion durch den Fluss standgehalten haben, gegenüber von Kastell Stein am Rhein – Burg im heutigen Stadtgebiet von Stein ein Brückenkopf, der wegen der Überbauung durch das spätere Kloster St. Georgen nur ausschnitthaft erforscht werden konnte, immerhin aber als «Bau von viereckigem Grundriss mit Ecktürmen» rekonstruiert wird, und schliesslich das Brückenkastell von Rheinheim gegenüber Zurzach.[30] Die nachweislich auf Steinpfeilern ruhenden Brücken, unsicher ob mit hölzernem Sprengwerk für die Fahrbahn oder als steinerne Bogenkonstruktionen ausgeführt,[31] waren auf diese Weise beidseitig gesichert, wobei die Anlagen am rechten Ufer auch als Ausgangspunkte für militärische Operationen der Römer nördlich des Rheins dienen konnten.

Der massive Ausbau des Rheinübergangs zwischen dem Kastell «Kirchlibuck-Sidelen» auf dem linken und dem unter Kirche und Friedhof von Rheinheim liegenden Brückenkopf auf dem rechten Rheinufer zeigt einmal, dass die Strassenverbindung zwischen Vindonissa und der oberen Donau weiterhin benutzt wurde, allerdings auch, dass der Übergang der frührömischen Zeit, wir wissen nicht wann, etwas rheinaufwärts verlegt worden ist. Zwar haben wir von den Pfahlrosten unter den steinernen Pfeilern für den Bau der Brücke ein Dendrodatum von 368 n. Chr., das genau in die valentinianische Zeit fällt und wohl auch das Baudatum für das rechtsrheinische Vorwerk liefert,[32] doch war dies selbstverständlich nicht die erste Brücke an dieser Stelle. Eine ältere mit Dendrodatum

---

[24] GERHARD FINGERLIN, Küssaberg-Dangstetten, in: KURT BITTEL, WOLFGANG KIMMIG, SIEGWALD SCHIEK (Hrsg.), Die Kelten in Baden-Württemberg, Stuttgart 1981, S. 413–416. – J. LECKEBUSCH, Die Herkunft der Kochtöpfe von Dangstetten, in: Fundber. BWB 22/1, 1998, S. 377–427, bes. S. 417 ff.

[25] FRANZ FISCHER, Das Oppidum von Altenburg-Rheinau, Gemeinde Jestetten. Ein Vorbericht, in: Germania 44, 1966, S. 286–312. – DERS., Das Oppidum Altenburg-Rheinau, Gemeinde Jestetten, Kreis Waldshut und Kanton Zürich, Schweiz, in: Arch. Ausgr. BWB 1985, S. 101–108.

[26] Auch dem augusteischen Truppenlager von Haltern in Westfalen wird eine wichtige Rolle bei der «Romanisierung» der dort germanischen Umwelt zugeschrieben, im Sinne eines «Emporiums in der neu zu bildenden Provinz». SIEGMAR VON SCHNURBEIN, Bemerkenswerte Funde aus einer Töpferei des Hauptlagers von Haltern, in: Germania 52, 1974, S. 77–88, bes. S. 88.

[27] Für das Lager von Oberaden in Westfalen hat schon der erste Bearbeiter der dort gefundenen Münzen (Kurt Regling) aus dem Fehlen der ersten Lyoner Altarserie die gleichen chronologischen Schlüsse gezogen. Sie werden neuerdings bestätigt durch PETER ILISCH, Die Münzen aus den Ausgrabungen im Römerlager Oberaden, in: JOHANN-SEBASTIAN KÜHLBORN, Das Römerlager in Oberaden III, Münster 1992, S. 175–201, bes. S. 180.

[28] WALTER DRACK, Die spätrömische Grenzwehr am Hochrhein, Basel 1980 (Archäol. Führer der Schweiz 13).

[29] K. F. STROHECKER, Die Alamannen und das spätrömische Reich, in: WOLFGANG HÜBENER (Hrsg.), Die Alemannen in der Frühzeit, Bühl 1974, S. 9–26.

[30] Basel: R. MOOSBRUGGER-LEU, Monumentum prope Basiliam, in: AKB 4, 1974, S. 161–164. – Wyhlen: R. LAUR-BELART, Ausgrabung am römischen Brückenkopf Wyhlen, April–Juli 1933, in: Bad. Fundber. 3, 1933–1936, S. 105–114. – Stein am Rhein: KURT BÄNTELI, BEATRICE RUCKSTUHL, Der Brückenkopf des Kastells «Auf Burg» von Stein am Rhein, SH, in: AS 10, 1987, Heft 1, S. 23–25. – Reinheim: Arch. NB 24, 1980, S. 17–19, Abb. 14 und 32, 1984, S. 7, Abb. 5.

[31] HARTMANN, Rheinbrücke. – Von der Brücke zwischen Kaiseraugst und Wyhlen waren noch im 16. Jahrhundert (1589) «die vestigia einer gewaltigen steinen Brucken» zu sehen.

[32] RIETHMANN, SEIFERT, Untersuchung.

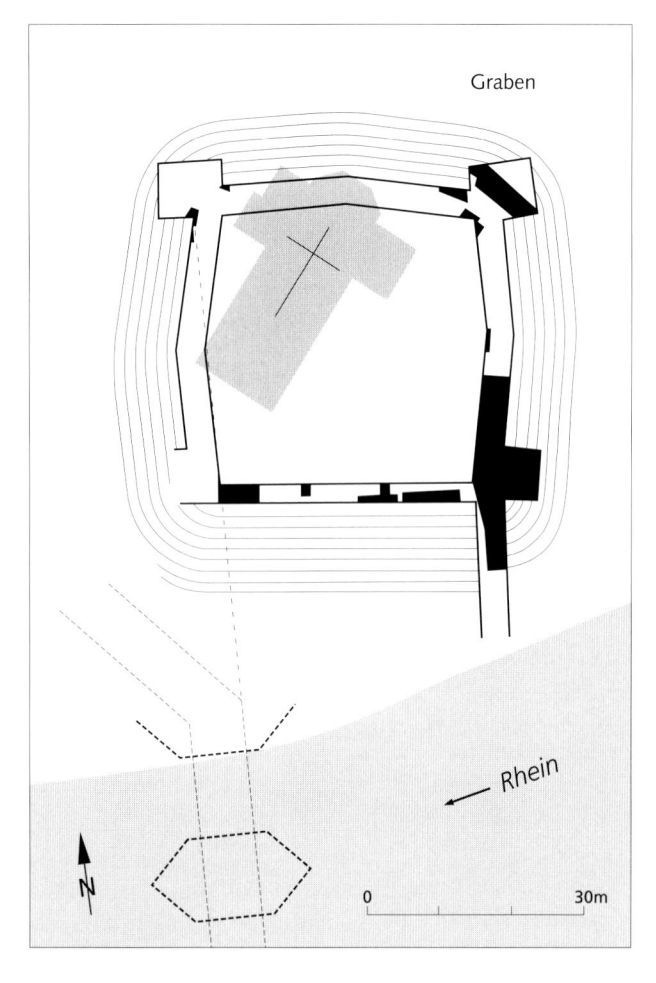

15 Rheinheim. Plan des spätrömischen Brückenkopfs (-kastells) unter der Pfarrkirche. Nicht eingetragen: Fundamentreste von Gebäuden im Innenraum.

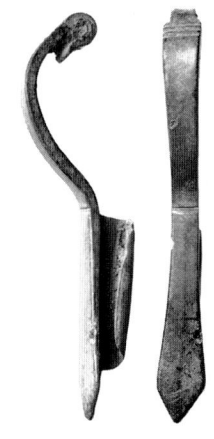

16 Rheinheim, Brückenkastell. Bügel und Fuss einer frühalamannischen Armbrustfibel aus Bronze, Spiralachse und Nadel verloren. Natürliche Grösse.

zwischen 308 und 318 n. Chr. gehört zu dem in tetrarchischer Zeit errichteten Kastell «Kirchlibuck». Möglicherweise erfolgte die Verlegung des Übergangs aber auch schon etwas früher und steht in Zusammenhang mit einer noch ins spätere 3. Jahrhundert gehörenden, bisher allerdings nicht nachgewiesenen militärischen Sicherung, wie wir dies beispielsweise vom Castrum Rauracense (Kaiseraugst) kennen.[33]

Der Brückenkopf auf der Rheinheimer Seite entspricht in seiner Grösse etwa dem in der gleichen Zeit errichteten Kastell auf «Sidelen», unterscheidet sich aber von dessen rhombischem Grundriss durch seine ungefähr quadratische Form, den geknickten Verlauf der drei landseitigen Mauern und die rechteckigen Türme (Abb. 15). Vergleichbar ist weiter eine Flankenmauer, die vom südöstlichen Eckturm zum Fluss verläuft und wahrscheinlich, wie auch bei der entsprechenden Gegenmauer an der Ostflanke von «Sidelen» angenommen, mit einem Turm endete. Hinter diesen gegen die Strömung gerichteten Mauern entstand jeweils ein geschützter Uferbereich, der wohl noch eine Flachwasserzone einschloss und in jedem Fall das Anlegen von Schiffen begünstigte. Auffallend ist jedenfalls die Ähnlichkeit mit den so genannten Schiffsländen valentinianischer Zeit, für die es im Oberrheingebiet gute Beispiele gibt.[34]

Der Platz dieses Brückenkastells, auf dem die Rheinheimer Pfarrkirche steht, inmitten des ummauerten ehemaligen Friedhofs, ist heute noch deutlich über das umgebende Gelände herausgehoben. Der Verlauf der antiken Strasse lässt sich wegen starker Veränderungen rund um das Kastell nicht mehr erkennen, doch mündet die Brücke jedenfalls im Uferbereich, der stromaufwärts durch die erwähnte Flankenmauer gedeckt war.

Wie schon erwähnt, hat das Kastell eine ungefähr quadratische Grundform, wobei nur die gegen den Fluss gerichtete Seite geradlinig verläuft. Die übrigen Seiten treten stumpfwinklig vor, sodass von den starken Aussenmauern eine siebeneckige Fläche eingefasst wird. Die vier Hauptecken sind durch kräftig vorspringende rechteckige Türme markiert, die in ihren unteren Teilen massiv gemauert waren. Anhaltspunkte für einen Eingang fanden sich bisher nicht, an der Rheinseite kann er jedenfalls nicht gelegen haben.

Die ganze Anlage war von einem breiten und tiefen Graben in ca. 10 m Abstand zur Mauer umgeben. Er konnte vor der Nordostecke lokalisiert, allerdings nicht bis zur Sohle untersucht werden.

Kleine Flächenabdeckungen im Innenraum brachten Hinweise auf nicht unerhebliche bauliche Veränderungen während der Benützungszeit. Zunächst waren anscheinend Holz- oder Fachwerkbauten errichtet worden, die man später, auf deutlich höherem Niveau, durch Steingebäude ersetzte. Die relativ spärlichen Funde erlauben noch keine sichere Bestimmung des zeitlichen Rahmens, in dem sich diese Veränderungen abgespielt haben. Eine Münze des Valens (367–375 n. Chr.) aus einer unteren Schicht bestätigt jedenfalls die späte Errichtung dieses rechtsrheinischen Brückenkopfes. Was fehlt, sind archäologische Zeugnisse für eine Weiterbenützung in nachrömischer Zeit, also Spuren des frühen Mittelalters, wie sie beispielsweise vom Brückenkastell Wyhlen gegenüber Kaiseraugst bekannt sind.[35] Dafür findet sich unter den Metallobjekten eine Armbrustfibel aus Bronze (Abb. 16), die Aufschluss über die Besatzung des 4. Jahrhunderts gibt. Sie gehört zu den nicht seltenen Belegen für die Anwesenheit germanischer Söldner in den Befestigungen der Hochrheingrenze,[36] nicht weiter überraschend, wenn man bedenkt, dass in der spätrömischen Armee dieses «barbarische Element» stark vertreten war und einzelne Germanen sogar zu den höchsten Kommandostellen aufsteigen konnten.[37]

Darunter befanden sich auch Leute alamannischer Herkunft, wie wir aus Schilderungen des römischen Historikers Ammianus Marcellinus wissen. Auch in Rheinheim war der Besitzer dieser Fibel (zum Schliessen des Soldatenmantels) ein Angehöriger dieses Volkes, denn die nächsten Vergleichsstücke fanden sich bisher ausschliesslich in der südwestdeutschen Alamannia[38], beispielsweise auf dem Runden Berg bei Urach, in Bodman am Bodensee, auf dem Goldberg im Ries oder in Wurmlingen an der oberen Donau. Ob dieser Alamanne als einzelner Söldner oder Angehöriger einer föderierten Alamannentruppe im Kastell Dienst tat, wissen wir nicht. Der Rheinheimer Fund zeigt aber mit aller wünschenswerten Klarheit, dass an der spätantiken Hochrheingrenze, wie auch im Oberrheintal, die römischen Grenztruppen teilweise aus den alamannischen Stämmen rekrutiert wurden, die auf der anderen Rheinseite sassen. Für uns heute nahe liegende Loyalitätsprobleme hat es dabei anscheinend nicht gegeben, wenn auch Ammian von alamannischen Offizieren berichtet, die ihre Landsleute vor einem römischen Angriff gewarnt haben sollen. Für den täglichen «kleinen Grenzverkehr» war es aber sicher von Vorteil, wenn sich Grenzwächter und Passanten mühelos verständigen konnten.

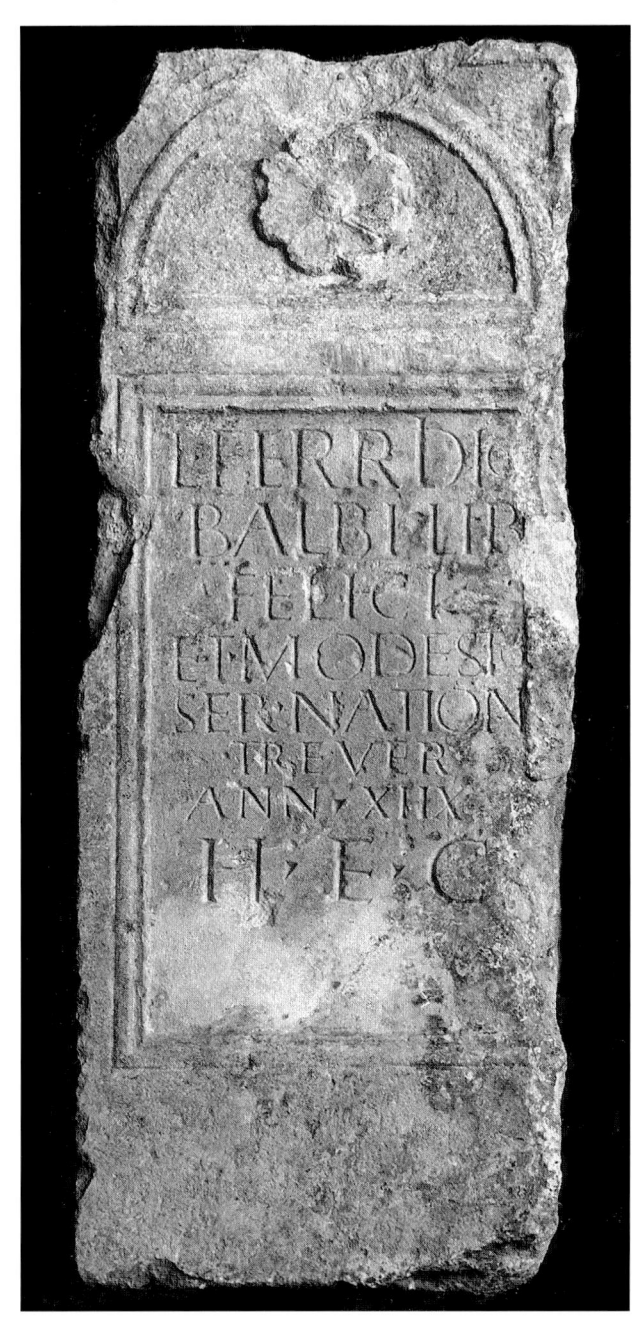

Abschliessend ist noch auf den Fund eines Grabsteins einzugehen, der als «Spolie» im südwestlichen Turmfundament des Rheinheimer Kastells eingebaut war. Häufig wurden ja in der Spätantike bei den oft unter Zeitdruck stehenden Befestigungsarbeiten Teile älterer Bauten, aber auch Grabsteine verwendet, wobei die grossen und schweren Stücke vor allem zur Verstärkung der Fundamente dienten. Der Rheinheimer Grabstein nun erweist sich darüber hinaus als Quelle für die frührömische Geschichte Zurzachs, denn von dort stammt er zweifellos und wurde erst in der Erbauungszeit des Brückenkopfes über den Rhein geschafft (Abb. 17). Nach seinen Buchstabenformen sowie dem oberen Abschluss mit Rundgiebel und Rosette gehört der Stein ins 1. nachchristliche Jahrhundert.[39] Seine Inschrift lautet in der Übersetzung von Rainer Wiegels: «Für Lucius Ferridius Felix, Freigelassenen des Balbus und Modestus den Sklaven, seiner Herkunft nach Treverer, der 18 Jahre alt wurde, haben die Erben den Grabstein errichtet.»

17 Rheinheim, Brückenkastell. Spolie aus dem Fundament des Westturms (im Plan Abb. 15 links unten): Grabstein des 1. nachchristlichen Jahrhunderts, vermutlich aus Zurzach stammend.

---

[33] PETER-ANDREW SCHWARZ, Zur Spätzeit von Augusta Raurica, in: EGON SCHALLMAYER (Hrsg.), Niederbieber, Postumus und der Limesfall, Bad Homburg 1996 (Saalburg-Schriften 3), S. 60–68, bes. S. 63 (Anm. 19) und S. 64 mit Plan in Abb. 15 (A) auf S. 62.

[34] WILHELM SCHLEIERMACHER, Befestigte Schiffsländen Valentinians, in: Germania 26, 1942, S. 191–195. – Eine gute Vorstellung vom Aussehen einer solchen Schiffslände vermittelt die Rekonstruktionszeichnung von Ladenburg/Neckar: BERNDMARK HEUKEMES, Der spätrömische Burgus von Lopodunum-Ladenburg am Neckar, in: Fundber. BWB 6, 1981, S. 433–473, Abb. 4 auf S. 442. – Zum Kastell «Sidelen» auf dem Zurzacher Ufer: DANIEL PEDRUCCI, Deux fouilles dans le Castellum du Bas-Empire de Tenedo/Zurzach AG – un état de la recherche, in: Jb GPV 1995, S. 3–15, bes. S. 13.

[35] FINGERLIN, Alamannen, bes. S. 130, Abb. 36 auf S. 135.

[36] EMIL VOGT, Germanisches aus spätrömischen Rheinwarten, in: Provincialia. Festschrift für Rudolf Laur-Belart, Basel/Stuttgart 1968, S. 632–646.

[37] MAX MARTIN, Zwischen den Fronten. Alamannen im römischen Heer, in: Die Alamannen. Begleitband zur (gleichnamigen) Ausstellung, Stuttgart 1997, S. 119–124.

[38] GERHARD FINGERLIN, Eine germanische Fibel aus dem spätantiken Brückenkopf von Rheinheim, Gemeinde Küssaberg, Kreis Waldshut, in: Arch. Ausgr. BWB 1985, S. 169–171.

[39] WIEGELS, Grabstele.

Es handelt sich also um eine Grabinschrift für zwei Personen, den Freigelassenen Felix und den aus der Gegend von Trier oder aus Trier selbst stammenden Sklaven Modestus. Beide gehörten einem gewissen Balbus, einem römischen Bürger, für den Felix und der junge Modestus tätig waren. Interessant ist, dass Modestus ein Treverer war, denn im 1. Jahrhundert sind Aufstände dieses keltischen Volkes überliefert, in deren Folge anscheinend Teile der Bevölkerung versklavt worden sind. Auch Felix war ursprünglich ein Sklave gewesen, von seinem Herrn aber schon freigelassen worden, was in römischer Zeit häufig vorkam. Freigelassene konnten sogar zu beachtlichen Positionen in der Gesellschaft aufsteigen. Modestus allerdings hatte diese Chance nicht. Er starb zwölf Jahre vor dem für die Freilassung vorgeschriebenen Mindestalter, fern seiner Heimat. Die in der Inschrift genannten Personen gehören kaum in einen militärischen Kontext, sondern eher zum Kreis der Händler und Kaufleute, die sich häufig an Militärstützpunkten oder in der Nähe grösserer Truppenlager, wie hier Vindonissa, niederliessen, um mit den Soldaten der Besatzung Handel zu treiben, selbstverständlich auch mit der ansässigen Zivilbevölkerung. R. Wiegels nimmt an, dass der Sklave Modestus «als Treverer mit den Verhältnissen im gallisch-germanischen Raum vertraut gewesen sein muss und allein auf Grund seiner Sprache für Lucius Ferridius Balbus ein wichtiger Agent gewesen sein dürfte». So nämlich lautet der vollständige Name des Handelsherrn, wie er aus dem Namen seines Freigelassenen erschlossen werden kann. Wird in dieser Anwesenheit weit gereister Händler nicht schon etwas von der Rolle spürbar, die Zurzach im Mittelalter als wichtiger Messeplatz spielte? Jedenfalls waren hier die Bedingungen für solchen Fernhandel ganz offensichtlich schon in frührömischer Zeit gegeben.

Fundplätze des frühen Mittelalters auf dem rechten Rheinufer

Als 1967 im Abbaugebiet des Rheinheimer Kieswerks auffällige Verfärbungen gemeldet wurden, die sich dann als Spuren des grossen römischen Lagers (auf der Gemarkung Dangstetten) herausstellten, war es zunächst nahe liegend, an eine frühalamannische Siedlung im Vorfeld des spätrömischen Brückenkastells zu denken. Doch sind bis heute auf dem rechten Rheinufer weder im näheren noch im weiteren Umfeld dieses Rheinübergangs, einer der wichtigen Kontaktstellen zwischen Römern und Alamannen, entsprechende Funde gemacht worden. Erst gegen die Mitte des 5. Jahrhunderts treten mit einem Bestattungsplatz in *Kadelburg* die auf dem rechten Ufer siedelnden Alamannen in Erscheinung.[40] Manches spricht dafür, dass es auch hier eine Möglichkeit gab, den Rhein zu überqueren (Fähre), und dass die erste Niederlassung vielleicht dazu diente, diese in ihrer Bedeutung selbstverständlich nicht mit dem Übergang Zurzach-Rheinheim vergleichbare Stelle zu kontrollieren. Beziehungen zur Gegenseite zeigen sich jedenfalls in einem spätrömischen, nach Form und Machart der Sigillata ähnlichen Teller, zu dem wir leider die Beifunde nicht kennen, wie überhaupt von diesem schon vor 1829 entdeckten Platz nur Funde vorliegen, die aus ihrem ursprünglichen Grabzusammenhang gerissen sind. Die frühe Zeitstellung des Tellers und die Nähe eines (mutmasslichen) Rheinübergangs machen es wahrscheinlich, dass die hier ansässig gewordene alamannische Sippe in einem vertraglich geregelten Verhältnis zum spätrömischen Reich gestanden und in römischem Auftrag und Interesse Aufgaben der Grenzsicherung wahrgenommen hat. Solche «foederierten» Gruppen, die nicht auf Reichsgebiet übertraten, sondern entlang der Grenze siedelten, gab es an mehreren Plätzen des Hochrhein- und des südlichen Oberrheintales, z. B. in Herten gegenüber Kaiseraugst, in Kleinbasel («Gotterbarmweg») oder in Kleinhüningen nordwestlich von Basel.[41] Alle diese grenznahen Siedlungen, deren Bewohner nach ihren Grabbeigaben wohlhabend und höheren Ranges gewesen sein müssen (primi, optimates), kann man sich eigentlich nur in einem solchen Vertragsverhältnis zu Rom vorstellen, gerade an den verkehrsgeographisch und strategisch wichtigen Plätzen, die sie einnehmen. Man muss dabei bedenken, dass der geschichtlich überlieferte Abzug römischer Grenztruppen unter Stilicho im Jahr 401 n. Chr. die Rheinlinie zwar nicht völlig entblösst, aber doch nachhaltig geschwächt hat, sodass die Sicherung des Reichsgebiets mithilfe von Vertragsabschlüssen und Zahlungsvereinbarungen im 5. Jahrhundert an Bedeutung noch zugenommen haben dürfte. Gerade im Hochrheintal ist jedenfalls vor der Mitte dieses Jahrhunderts, ja eigentlich vor 486 n. Chr. (Zerschlagung der letzten römischen Herrschaftsstrukturen in Gallien durch die Franken) nicht mit grundsätzlichen Veränderungen im Bestand und in der Funktion der Reichsgrenze zu rechnen. Die genannten Beispiele von Kleinhüningen bis Kadelburg zeigen, dass solche foederierten Gruppen entweder klein blieben und nach Änderung der politisch-militärischen Verhältnisse auch ihre grenznahen Wohnplätze aufgegeben haben oder dass sich aus kleinen Anfängen grössere Siedlungen, aus den Adelsnekropolen der Frühzeit «dörfliche» Reihengräberfelder entwickeln konnten. Kadelburg scheint dabei zu den Plätzen der ersten Kategorie zu gehören, die spätestens zu Beginn des 6. Jahrhunderts aufgelassen worden sind. Für die herausgehobene Stellung des hier bestatteten Personenkreises spricht ausser Edelmetallschmuck (Abb. 18) auch «ein grosses gehörntes Tier, das mit drei menschlichen Skeletten sich vorgefunden hat und vom Bezirksarzt von Zurzach als Elentier bestimmt wurde». Da an dieser vor 1829 durch einen sicher auch zoologisch versierten Mediziner vorgenommenen Bestimmung kaum zu zweifeln ist, haben wir es also mit einem gezähmten (?) Elch zu tun, der in Zusammenhang mit einer männlichen oder weiblichen Bestattung gebracht werden kann. Diese grösste europäische Hirschart lebte damals noch in wasserreichen Niederungen der Schweiz und Süddeutschlands. Geweihfunde aus merowingerzeitlichen Gräbern dieses Gebiets beweisen, dass Elche gejagt und auch, wie im Nibelungenlied überliefert, als ganz besondere Beute betrachtet wurden. Hirsche als Locktiere für die Jagd sind in frühen Gesetzestexten überliefert, ihre Skelette auch in Gräbern gefunden worden, beispielsweise am «Bernerring» in Basel zusammen mit reich ausgestatteten Gräbern des 6. Jahrhunderts. Die Jagd auf Hirsche wie auf anderes Grosswild ist aber seit dem Altertum Privileg der Oberschicht und im bäuerlichen Milieu des frühen Mittelalters nicht vorstellbar. Der bisher einzigartige Elch von Kadelburg, dessen Skelett samt Geweih leider verloren ist, gehört also zu den Attributen adligen Lebens, genauso wie ein kostbar aufgezäumtes Reitpferd oder ein für die Beizjagd abgerichteter Falke. Gerade im Hinblick auf diesen seither nirgendwo anders mehr angetroffenen Befund kann man nur bedauern, dass die frühe alamannische Nekropole von Kadelburg ohne genauere Beobachtungen zerstört worden ist und dass sich alle Aussagen zu ihrer Charakterisierung nur auf wenige Informationen und einen zufälligen Rest der Funde stützen können.

Aber auch bei den anderen frühmittelalterlichen Fundplätzen dieser Uferregion ist der Forschungsstand nicht optimal. Entweder sind bekannt gewordene Bestattungsplätze nicht weiter ausgegraben worden, oder sie wurden durch Kiesgewinnung teilweise zerstört und damit in ihrem Quellenwert gemindert.

Ganz unzureichend ist unsere Kenntnis des alamannischen Gräberfelds von *Rheinheim,* wo 1902 und dann wieder 1953 im Kiesabbaugebiet nördlich des Orts insgesamt 53 Gräber mehr oder weniger systematisch geborgen wurden.[42] Sie bilden einen, leider unzusammenhängenden, Ausschnitt aus einem wohl zum heutigen Dorf gehörenden Bestattungsplatz (Reihengräberfeld), liefern aber keine sicheren Anhaltspunkte für dessen ursprüngliche Grösse. So muss vor allem der Beginn der Belegung und damit die Gründungszeit der frühmittelalterlichen Siedlung offen bleiben.

Der ergrabene Teil enthält ausschliesslich Bestattungen des 7. Jahrhunderts, also der jüngeren Merowingerzeit, doch wissen wir nicht, ob ältere Gräber schon vor der Entdeckung dem Kiesabbau zum Opfer gefallen sind. Durchschnittlich erscheint die Ausstattung mit Beigaben, wenn wir von einem etwas erhöhten Anteil an Männergräbern absehen, in denen ein zweischneidiges Langschwert, eine Spatha, zur Waffenausstattung gehörte. Weiter gehende Schlussfolgerungen lassen sich aber daraus nicht ziehen, auch kann kein Zusammenhang mit einer eventuellen Weiterbenützung des Brückenkastells konstruiert werden. Dafür liegen die Rheinheimer Gräber zu weit entfernt, sowohl räumlich wie auch zeitlich.

Im flussaufwärts gelegenen *Lienheim* wurde 1938 ein kleinerer Bestattungsplatz wenigstens so weit erfasst, dass er in seiner Gesamtgrösse beurteilt werden kann, auch wenn ein Teil des mit Gräbern belegten Areals schon durch Kiesabbau zerstört war.[43] Elf Gräber sind an dieser Stelle planmässig aufgedeckt worden, wobei man nach drei Seiten auch die Grenzen der Belegung erreicht hat (Abb. 19). Sieben Gräber sollen davor schon zerstört worden sein. Diese Angabe könnte einigermassen zutreffen, da die vor der archäologischen Untersuchung ausgekieste Fläche für eine erheblich grössere Zahl keinen Platz geboten hätte. Mit mehr als 20–25 Gräbern insgesamt haben wir also auf keinen Fall zu rechnen. Soweit datierbar, gehört das Fundmaterial in die zweite Hälfte des 7. und vielleicht noch in den Beginn des 8. Jahrhunderts, also in die Zeit des so genannten Landausbaus, in der auch weniger günstige Plätze aufgesucht wurden. Oft entstanden jetzt nur noch kleinere Weiler oder Einzelhöfe, was auch für die namenlose Siedlung auf der Lienheimer Gemarkung zutrifft. Wenn wir die mutmassliche Zahl der Gräber auf zwei Generationen verteilen, wie es die Funde nahe legen, kommen wir auf einen stattlichen Einzelhof, auf dem neben der

18 Kadelburg. Silberne Bügelfibel der frühen Merowingerzeit mit Spuren von Vergoldung aus einem nicht mehr rekonstruierbaren Grabinventar (Frauengrab). L. 6,8 cm.

---

[40] ERNST WAGNER, Fundstätten und Funde im Grossherzogtum Baden. Erster Teil. Das badische Oberland, Tübingen 1908, S. 138. – GARSCHA, Alamannen, S. 176–177. – EMIL MÜLLER-ETTIKON, Zurzachs Beziehungen zu Kadelburg, in: JsHVZ 1964, S. 7–22, bes. S. 7–8 (Fähre).
[41] Herten: FINGERLIN, Alamannen, S. 130 mit Abb. 35 (Plan) und Abb. 37. – Kleinbasel («Gotterbarmweg») und Kleinhüningen: ULRIKE GIESLER, Völker am Hochrhein, Das Basler Land im frühen Mittelalter, in: Die Alamannen. Begleitbuch zur (gleichnamigen) Ausstellung, Stuttgart 1997, S. 209–218, bes. S. 209–211.
[42] GARSCHA, Alamannen, S. 235–242.
[43] HERRMANN STOLL, Ein alamannisches Gräberfeld bei Lienheim, Ldkr. Waldshut, in: Bad. Fundber. 16, 1940, S. 113–119.

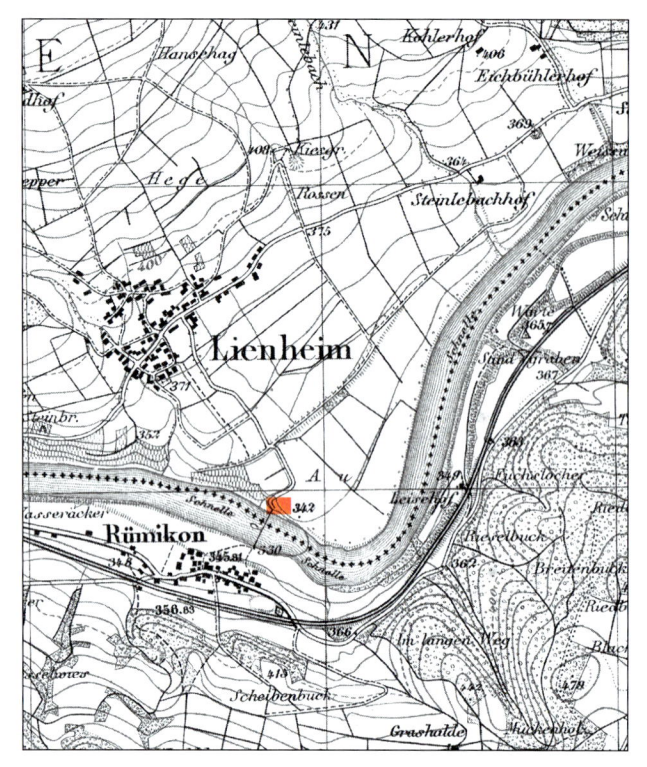

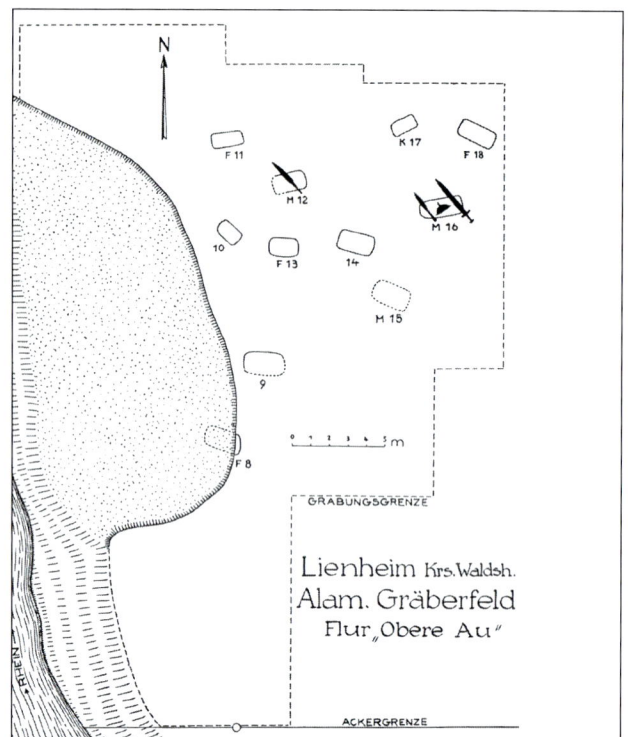

19 Lienheim, «Obere Au». Lage und Plan eines Bestattungsplatzes der jüngeren Merowingerzeit. Die zugehörige Hofstelle ist bisher nicht lokalisiert worden.

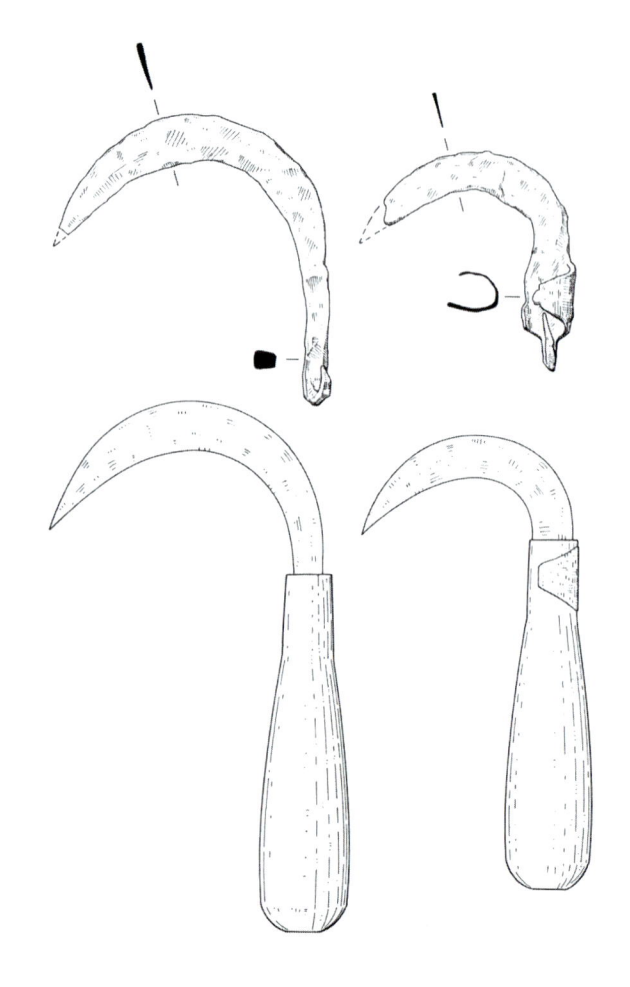

20 Lienheim. Zwei eiserne Rebmesser aus einer Siedlungsgrube des frühen Mittelalters. Oben: Originale, unten: Rekonstruktion mit den verlorenen Holzgriffen. M. ca. 2:3.

Familie des Eigentümers auch das zugehörige Gesinde lebte. Dass wir eine wohlhabende Familie annehmen dürfen, zeigen vor allem die Gräber der zweiten Generation, darunter ein Männergrab, das stark beraubt war, aber noch einen silbertauschierten Sporn enthielt.

Bescheidene Siedlungsspuren des frühen Mittelalters kennen wir ebenfalls von den Gemarkungen *Rheinheim* und *Lienheim*, wenige Abfallgruben nur, nach keramischen Funden jeweils ans Ende der Merowingerzeit bzw. in die beginnende Karolingerzeit zu datieren (8. Jahrhundert). Zu diesen Siedlungen dürfen wir keine Beigaben führenden Bestattungsplätze mehr erwarten, da man schon in der Zeit um 700 n. Chr. diese letztlich heidnische Sitte aufgegeben, die «Reihengräberfelder» aufgelassen und neue Friedhöfe bei den Pfarrkirchen der grösseren Orte angelegt hat. Die beiden später entstandenen Wohnplätze zeigen uns nun, dass auch im ganzen 8. Jahrhundert der Landausbau weiterging und zu einer Siedlungsverdichtung auf den alten grossräumigen Gemarkungen führte. Leider ist in keinem der beiden Fälle ein Ortsname überliefert. Es gibt aber nicht nur siedlungsgeschichtliche Gründe, diese beiden Fundplätze zu erwähnen. Aus einem von ihnen, aus *Lienheim*, stammen nämlich aussergewöhnliche Funde, zwei sichelförmige Messer (Abb. 20), die als Rebmesser zu deuten sind.[44] An sich ist dies keine Überraschung, denn die alte Streitfrage, ob die Römer oder die Mönche des Mittelalters hierzulande den Rebstock eingeführt hätten, ist längst zugunsten des Weinanbaus seit römischer Zeit entschieden. Im frühen Mittelalter hat er demnach, auch im Hochrheintal, schon eine lange Tradition und spielt offenbar auch im Wirtschaftsleben eine beachtliche Rolle. In Schenkungsurkunden dieser Zeit jedenfalls werden neben Äckern, Wiesen und Wäldern meist auch Weinberge erwähnt, formelhaft zwar und deshalb nicht in jedem Einzelfall als Nachweis geeignet, aber doch nur verständlich, wenn damit etwas Vertrautes, allgemein Bekanntes angesprochen wurde. Nicht der frühmittelalterliche Weinbau in Lienheim ist damit das Besondere, vielmehr sind es diese beiden schlichten Arbeitsgeräte, zu denen es bisher keine unmittelbaren Vergleichsstücke gibt. Aus römischer Zeit sind uns Winzermesser in einiger Zahl überliefert, vorwiegend aus linksrheinischen Gebieten. Für das frühe Mittelalter jedoch gehören Werkzeugfunde ganz allgemein zu den Seltenheiten. Dies hängt einmal mit der Beigabensitte zusammen, die mit wenigen Ausnahmen Handwerkszeug und landwirtschaftliches Gerät bei der Totenausstattung nicht zuliess, sodass wir ganz überwiegend auf Siedlungsfunde angewiesen sind. Zum anderen war allein der Materialwert solcher Geräte im frühen Mittelalter viel zu hoch, als dass man sie in abgenutztem oder beschädigtem Zustand einfach weggeworfen hätte. Nur Verlorengegangenes, versehentlich in Abfallgruben Geratenes ist überliefert, und so ist es als besonderer Glücksfall zu werten, dass sich hier auf der Lienheimer Gemarkung gleich zwei Winzermesser aus dieser Zeit erhalten haben.

Zur Geschichte der «romanischen» Siedlung Zurzach im frühen Mittelalter können die hier in Auswahl vorgestellten rechtsrheinischen Fundplätze dieser Zeit nur wenig beitragen. Immerhin werfen sie etwas Licht auf das ländliche, seit dem 6. Jahrhundert auch linksrheinisch durch die alamannische Besiedlung geprägte Umfeld[45], dessen genauere Kenntnis vielleicht auch wieder manche Rückschlüsse erlaubt. Dazu bedarf es allerdings noch weiterer intensiver Forschungs- und Grabungstätigkeit auf beiden Seiten des Rheins.

---

[44] GERHARD FINGERLIN, Winzermesser aus einer frühmittelalterlichen Siedlung in Lienheim, Kr. Waldshut, in: GERD BIEGEL, ROLF DEHN, GERHARD FINGERLIN (Hrsg.), Neue Ausgrabungen. Archäologische Denkmalpflege im Regierungsbezirk Freiburg, Freiburg 1981, S. 74–75.
[45] REICH, Fundstellen, Besiedlungskarte auf S. 176.

Abbildungsnachweise:
1) Stuttgarter Luftbild Elsäßer GmbH. Freigegeben d. Reg. Präs. Stuttgart, Lizenz Nr. 9/00 1579.
2, 4, 15) Auf Grundlagen von G. Fingerlin bearbeitet von N. Hidber.
Alle übrigen Abbildungen von G. Fingerlin.

3 Früh- und Hochmittelalter

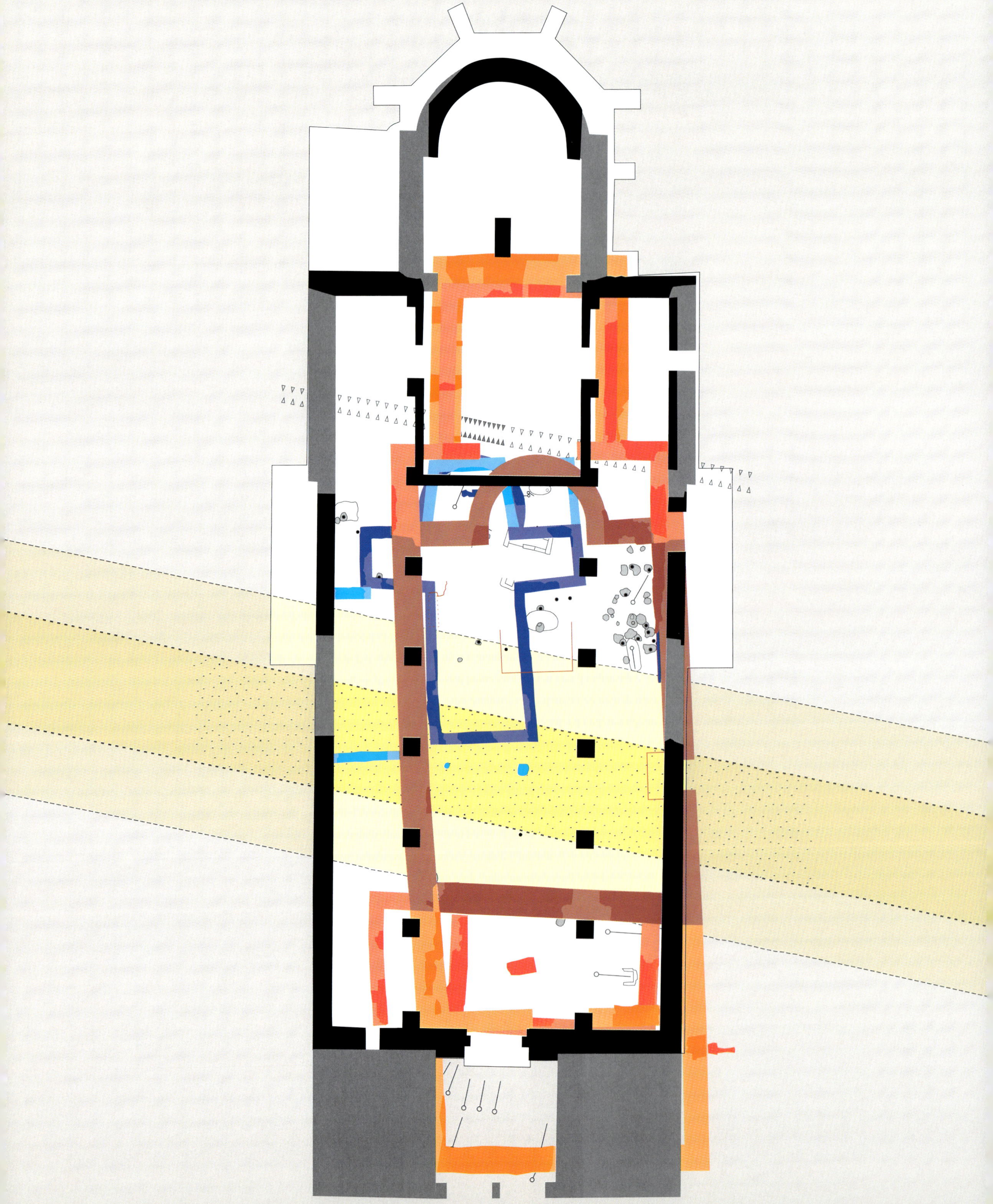

Zurzach im Frühmittelalter

Hans Rudolf Sennhauser

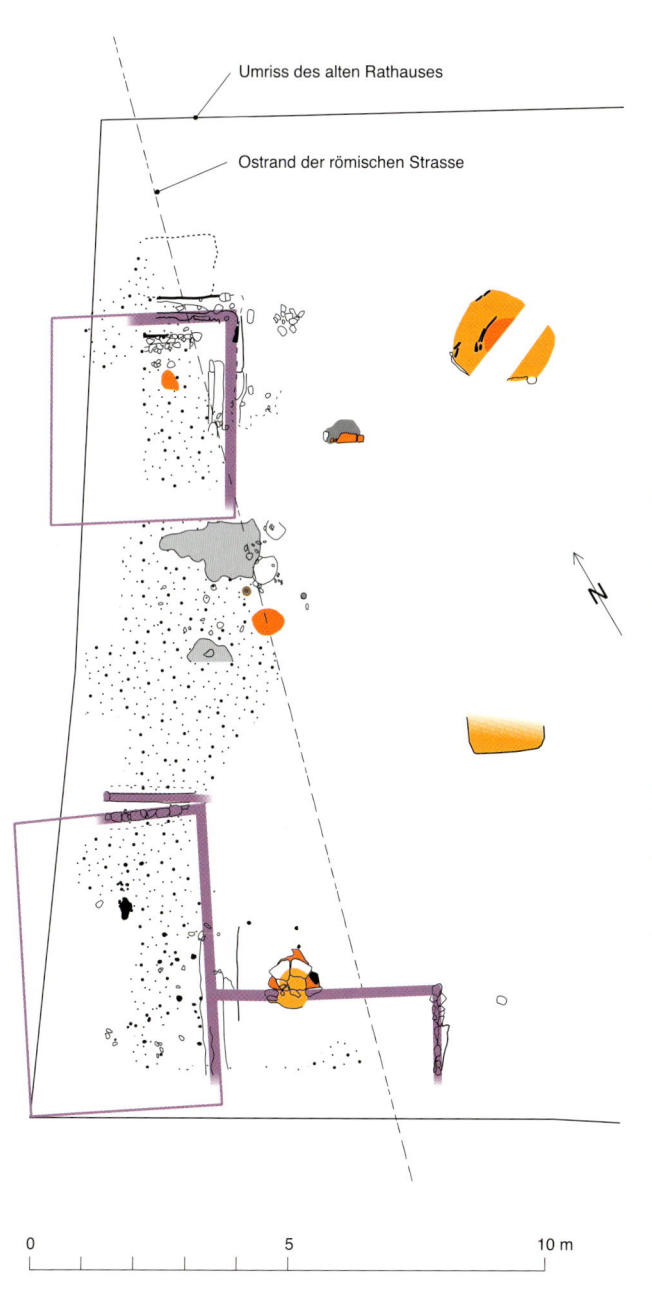

Die Siedlung

Die Ausgrabungen anlässlich der Nordumfahrung haben unsere Kenntnisse über den römischen Vicus beim frührömischen Lager zwar erweitert; wie lange diese Siedlung bestand und wie ihr Verhältnis zum späteren Zentrum auf dem Kirchlibuck war, wissen wir aber nicht. Anderseits ist das Bild von den landsuchenden heidnischen alamannischen Horden zu korrigieren, die seit dem 5. Jahrhundert wie eine Walze über das Land kamen und spätantikes christliches Leben beendeten. Während des ganzen 5. Jahrhunderts und bis weit ins 6. hinein blieben die Alamannen auf dem rechtsrheinischen Ufer, und wohl erst nach dem Übergang der Nordschweiz an das fränkische Reich – und im Einverständnis mit den neuen Herren, vielleicht sogar gefördert von ihnen – vollzog sich seit der zweiten Hälfte des 6. Jahrhunderts eine allmähliche feste Besiedlung der Gegend durch Alamannen.

Wir haben keine konkrete, auf archäologischen Gegebenheiten beruhende Vorstellung von dieser Siedlung Wrzacha. Es ist aber jedenfalls nicht an ein Strassendorf mit geschlossenen Häuserzeilen zu denken, wie wir sie von unseren Dörfern her gewohnt sind, sondern eher an einfache (Holz-)Bauten und grossräumige Einzelhöfe, die innerhalb eines Zauns oder Grabens mehrere grössere und kleinere Gebäude umfassten, z. B. ein Wohnhaus mit Stall, ein «Arbeitshaus», «Grubenhäuser», Werkstätten, Speicher, Ställe usw., wie es in Berslingen SH[1] nachgewiesen ist. Mehrere solche Höfe können in einer Gruppensiedlung nebeneinander – und auch an einer Strasse – gelegen haben. Die neuere Bauernhausforschung spricht von Mehrhaus-Hofanlagen und nimmt an, dass zwischen dem 13. und dem 15. Jahrhundert eine neue, grundsätzlich bis heute geltende Form entstand, der Vielzweckbau (der verschiedene Funktionen unter einem Dach vereinigte), der, mit Einzweckbauten verbunden, Gruppenhof genannt wird.[2]

1 Älteste Zurzacher Hausgrundrisse, bei der Rathaus-Ausgrabung 1964 freigelegt. Sie lagen in einer Brandschicht unmittelbar über dem römischen Strassentrassee.

[1] Walter Ulrich Guyan, Das Mittelalterdorf Berslingen bei Schaffhausen. Ausgrabungen 1968–1970, in: ZAK 48, 1991, S. 193–234. – Kurt Bänteli, Markus Höneisen, Kurt Zubler, Berslingen – ein verschwundenes Dorf bei Schaffhausen. Mittelalterliche Besiedlung und Eisenverhüttung im Durachtal, Schaffhausen 2000 (Schaffhauser Archäologie 3).

[2] Max Gschwend, Schweizer Bauernhäuser. Material, Konstruktion und Einteilung, 2. Aufl., Bern/Stuttgart 1983 (Schweizer Heimatbücher 144), S. 137.

Vorsatzbild: Archäologischer Gesamtplan des Verenamünsters. Bauetappen bis zum frühromanischen Neubau. Siehe auch Seite 118. Zeichnung Büro Sennhauser, A. Hidber.

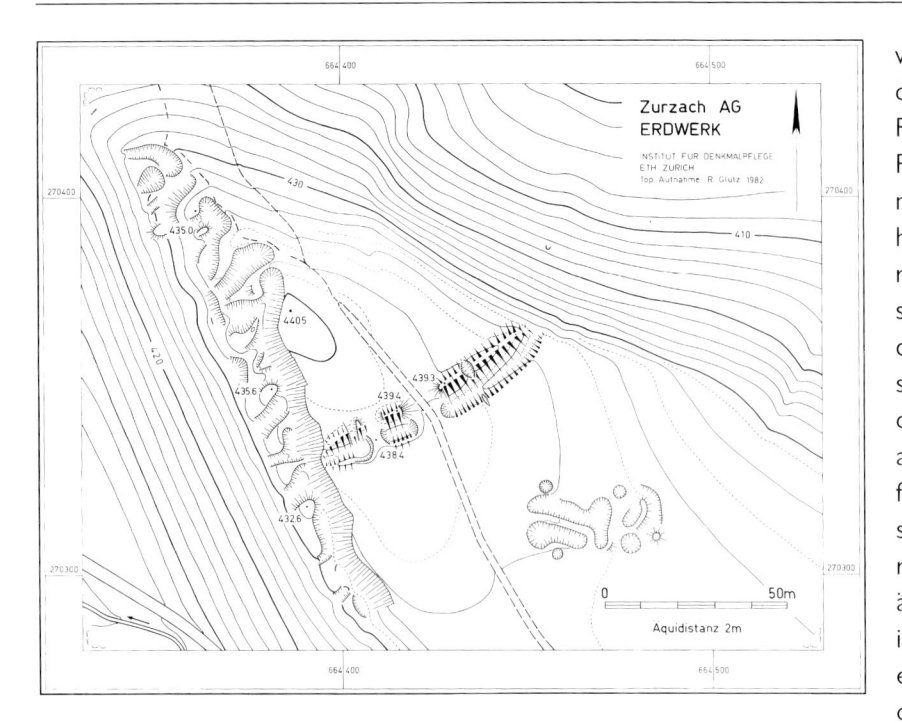

2 Oberhalb des «Lusthüslis» wird die Spitze eines kleinen Plateaus durch einen künstlichen Quergraben abgetrennt. Er zeugt von einer Wehranlage, deren Zeitstellung vorläufig unbekannt ist.

Reste hochmittelalterlicher (12./13. Jahrhundert) Holzbauten (Abb. 1) sind bei der Rathausgrabung 1964 zutage gekommen.³ Sie liegen auf dem Trassee der römischen Strasse. Verena-Grabkirche und das Kloster/Stift hatten ja die Strasse nach Westen hinausgedrängt, was sich noch beim Rathaus und weiter nördlich auswirkt.

Im Südosten des Fleckens liegt, oberhalb des Lusthüslis, auf einem Jura-Ausläufer eine vor- oder frühgeschichtliche Wehranlage (Abb. 2), die noch nicht untersucht und deswegen nicht genauer einzuordnen ist.⁴ Sie kann prähistorisch sein, solche Fluchtorte sind aber auch gelegentlich in frühmittelalterlichen Gefahrenzeiten wieder aufgesucht worden.

Siedlungen in der Umgebung

In Koblenz überlebte der Name einer alten römischen Siedlung – wenn auch der Akzent von der mittleren Silbe des Namens Confluéntia durch die Deutsch sprechende Bevölkerung auf die erste verschoben wurde: Kóblenz. In Zurzach können wir die weiterexistierende spätrömische Siedlung mit den ältesten Stadien der Bauten am Heiligengrab verfolgen. Zurzach war zur Zeit, als in einem grossen Bogen um die Ortschaft herum die ersten alamannischen Siedlungen entstanden (Abb. 3), das heisst im späten 6. und im 7. Jahrhundert, ein zentraler Ort: Die «-ingen»-Orte (Rekingen, Baldingen, Endingen, Döttingen, Würenlingen) und die Ortsnamen mit «-dorf» (Siglistorf und Mellstorf) und «-heim» (Rietheim) in der Umgebung weisen darauf hin. In einer zweiten Welle verdichtet sich die Besiedlung hauptsächlich am südöstlichen Rand der Region durch die «-ikon»- und «-ikofen»-Orte Mellikon, Rümikon, Böbikon, Wislikofen. Noch waren ausgezeichnete fruchtbare Lagen am Sonnenhang und am Wasser zu haben. In diese Periode des 7. und 8. Jahrhunderts gehören auch die Ortsnamen Lengnau (Lenginwanc), Schneisingen (Sneisanwang) sowie Tegerfelden. Vorläufig sprechen im Zurzibiet die Ortsnamen noch deutlicher als die spärlichen archäologischen Belege. Das hängt zum Teil damit zusammen, dass solche Siedlungen immer wieder am gleichen Platz erneuert wurden, unsere heutigen Dörfer also meistens auf frühmittelalterlichen Siedlungsplätzen stehen und die jüngeren Gebäude immer wieder die älteren verdrängten. Zum Teil aber ist auch die Bauweise der ältesten Gehöfte daran schuld: Früheste Holzbauten sind in heutigen Dörfern nur schwer nachzuweisen, denn ausser einer «Kulturschicht» sind höchstens einige Pfostenlöcher oder Balkengräbchen eindeutig identifizierbar. Die Kulturschicht besteht in der Regel aus einem meistens dünnen Abfallschichtlein, das vielleicht «Hüttenlehm» aus den Flechtwerkwänden, im günstigsten Fall einige Gefässscherben-Fragmente und/oder Gerätereste aus Holz, Bein oder Eisen enthält. Bau- und Gehniveau bzw. Benützungshorizont, evtl. an «Trampelniveau» und Feuerstelle zu erkennen, und Zerstörungshorizont sind oft nicht sauber zu trennen. Ferner: Zwar gibt es auch im Zurzibiet aufgegebene Gehöfte, Weiler und sogar Dörfer – wie etwa Au an der Aare, nahe Koblenz – aber sie sind in den seltensten Fällen bekannt,⁵ und noch keine dieser Siedlungsstätten ist archäologisch erforscht.

Besser – und doch nicht genügend – kennen wir Gräberfelder (Abb. 4), die auf nahe gelegene Dörfer hinweisen. Zum Beispiel in Zurzach und in der unmittelbaren Umgebung: Beim Bahnbau scheint ein ausgedehntes Gräberfeld zerstört worden zu sein, das durch einige Gräber – eines davon mit der Halskette eines etwa 10-jährigen Kindes, die ins 5. Jahrhundert verweist – am Ostrand des Friedhofes auf Mittskirch und durch ein Frauengrab (?) beim Bahnhof belegt ist. Es dürfte das Gräberfeld der Bevölkerung gewesen sein, die (im alten Vicus [?] und) im Kastell wohnte. Ein anderes, auf das schon der Stiftsamtmann Acklin im 17. Jahrhundert aufmerksam wurde, lag im «Rebberglein unter dem Entwieser» (Brüggliwiesen oder Entwiese) und wohl dazu gehörig, in der «alten Kiesgrube» (Heierli). Vielleicht war es die Begräbnisstätte der Bevölkerung von Rietheim. Einzelfunde, hauptsächlich aus den Ausgrabungen Heierlis auf Sidelen und Kirchlibuck – auf Sidelen zum Beispiel drei Kurzschwerter (Saxe), eine Lanzenspitze und ein Kamm aus Knochenmaterial sowie ein weiterer (diesmal verzierter) zweireihiger Knochenkamm ohne Vergleichsstücke –, vermögen nur wenig auszusagen, da die Fundumstände nicht bekannt sind. Fast ausnahmslos sind diese Funde – Siedlungs- und Grabfunde – dem 7. Jahrhundert zuzuweisen; sie bestätigen damit die Aussagen der Ortsnamen. Auffällig viele Einzelfunde stammen wohl aus den frühen Ausgrabungen in den Kastellen Kirchlibuck und Sidelen. Es sind Waffen (Pfeil- und Lanzenspitzen, Kurzschwerter) und persönliche Gegenstände (Kämme). Sie können aus Gräbern wie aus Siedlungen stammen.[6] Grosszügige flächige Grabungen allein hätten Klärung schaffen können. Es ist aber zu bedenken, dass der Boden zum Beispiel auf Kirchlibuck stark zerwühlt ist durch die Benützung als Friedhof in Pest- und Krisenzeiten, bei Schanzenbauten und weil die römischen Handquadern ein beliebtes Baumaterial späterer Generationen waren.

Das frühe kirchliche Zentrum auf dem Kirchlibuck

Nachdem der Reichsverweser Stilicho die römischen mobilen Truppen zum Schutze des Kernlandes vom Rhein über die Alpen zurückgezogen hatte, entstand auf Kirchlibuck im grösseren der beiden Kastelle und in sicherer Lage, unmittelbar neben der Kastellmauer, dort, wo sie stumpfwinklig nach Süden ausbuchtet, eine erste christliche Kirche mit Taufanlage (Abb. 5).[7] Die Kirche selber war ein Steinbau, errichtet aus Kalk-Bruchsteinen vom Achenberg. Sie wies ein leicht trapezförmiges Schiff und eine stark eingezogene, um eine Stufe erhöhte weite halbrunde Apsis auf. Der letzte Guss ihres Mörtelbodens in der Apsis war mit Ziegelmehl bestreut, sodass der Fussboden eine vornehme, warme rötliche Färbung aufwies, wie wir es von vielen frühchristlichen und frühmittelalterlichen Kirchen kennen. Im Schiff dagegen liess sich kein Bodenbelag nachweisen. Auf der Chorstufe stand ein Lehmrutenwändchen mit aufgemaltem Gittermuster. Es schrankte das Altarhaus gegenüber dem Schiff ab. Vom Altar war keine Spur mehr vorhanden; ein in der Kirche gefundener Säulenstumpf könnte aber von einem Tischaltar herrühren. Das Baptisterium ist eingezwängt zwischen Kirche und Kastellmauer. Es nimmt sich zwar wie ein nachträglicher Zubau aus, ist aber gleichzeitig mit der Kirche entstanden. Das Taufbecken, ursprünglich quadratisch, mit einer Seitenlänge von 1,10 m, später rechteckig mit Ziegelsteinen und Tuffsteinmäuerchen auf 0,90 : 0,50 m ver-

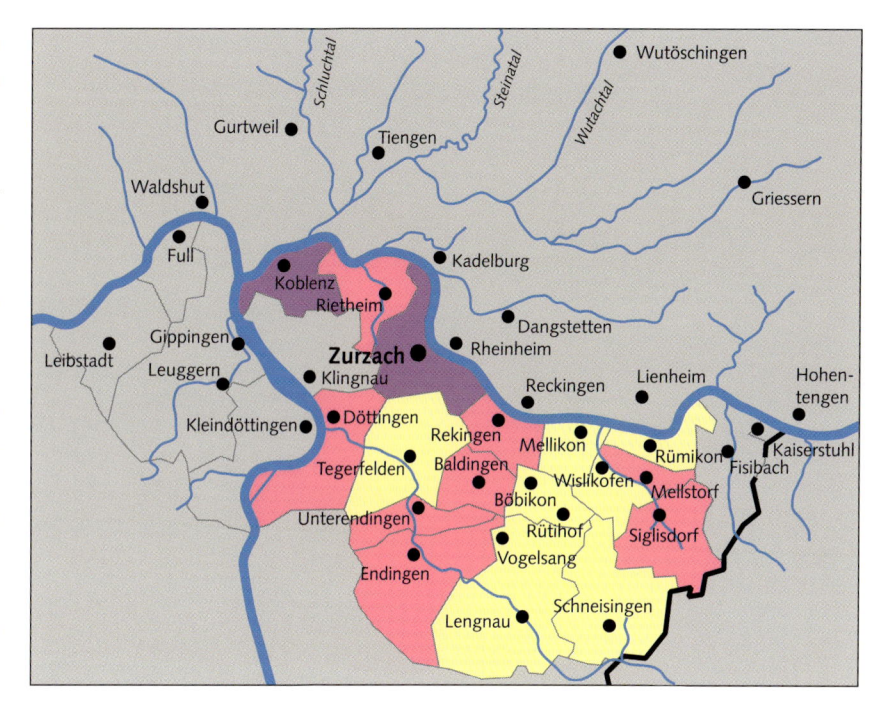

kleinert, war ungefähr 60 cm tief und mit einem soliden roten ziegelhaltigen Wassermörtel römischer Tradition ausgekleidet, der auch die in die horizontalen und vertikalen Kanten eingelegten Viertelrundstäbe überzog. Es lehnte sich im Osten gegen die Abschlusswand des Raumes und konnte von Westen über einige Stufen betreten werden. Davor lag ein winkliger Raum, dessen Seitenwände – die Kirchenwand und die Kastellmauer – im östlichen Teil von Banketten begleitet wurden. Dieser Vorraum war vom Kirchenschiff aus durch eine 1,30 m breite Türe zugänglich, deren Gewändeansätze sich im ursprünglichen Mauerverband der Langhausmauer erhalten hatten. Ein Annex, wohl eine Sakristei, im Osten des Baptisteriums, zwischen Apsis und Kastellmauer, gehört ebenfalls zur ursprünglichen Anlage.[8] Als Wohnung des Geistlichen – es wird auch

3 Ortsnamen rund um Zurzach geben Aufschluss über die alamannische Besiedlung nach dem Abzug der Römer. Violett: Namen lateinischen Ursprungs.
Rosa: «-ingen»-, «-dorf»- und «-heim»-Namen des 6./7. Jahrhunderts.
Gelb: «-ikon»-/«-ikofen»- und andere Namen des 7./8. Jahrhunderts.

---

[3] SENNHAUSER, HIDBER, Zurzacher Rathaus, S. 37–59.
[4] Am westlichsten Rande der Lusthüsli-Ebene oberhalb Jungreben bei Pt. 441 (Landeskarte der Schweiz 1:25'000).
[5] Zu Wüstungen in der näheren Umgebung vgl. z. B. MEIER, SAUERLÄNDER, Surbtal, S. 79–83, und KARL WEIBEL, Endingen 798–1998. Geschichte der Gemeinde, Baden-Dättwil 1999, S. 276–278. – Über die Wüstung «Jetzen» vgl. CHARLES TSCHOPP, Der Aargau. Eine Landeskunde, 2. Aufl., Aarau 1962, S. 412 f.
[6] REICH, Fundstellen.
[7] Siehe Literatur zum Kirchlibuck.
[8] Dass die hier nachgewiesene Feuerstelle nicht zur Erwärmung des Taufwassers dienen konnte, sondern vorkirchlich ist, habe ich 1957 dargelegt. 1995 habe ich auch darauf hingewiesen, dass der Taufspender in Zurzach und bei anderen Baptisterien nicht an der Ostseite des Taufbeckens stehen konnte (HANS RUDOLF SENNHAUSER, Battisteri e impianti battesimali paleocristiani e altomedievali in Svizzera, in: ROSSANA CARDANI (Hg.), Il Battistero di Riva San Vitale. L'architettura, i restauri e la decorazione pittorica, Locarno 1995,

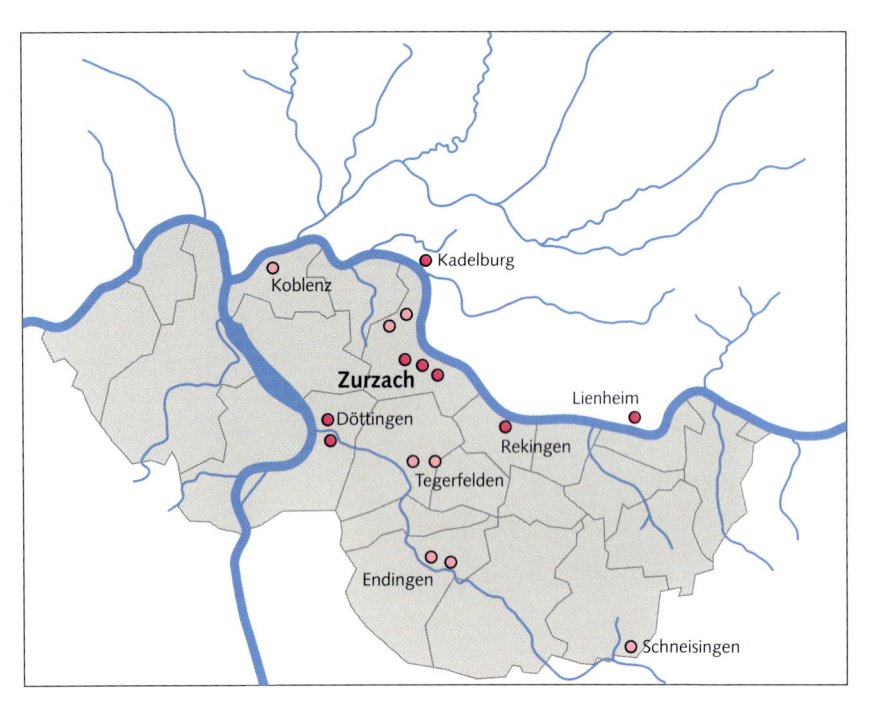

4 Spätantike und frühmittelalterliche Grabfunde in der Region: dunkelrot: Fundlage bekannt; hellrot = Altfunde, genauere Lokalisierung nicht möglich.

5 Frühchristliche Gemeindekirche, Taufanlage und Nebengebäude im spätrömischen Kastell Kirchlibuck.

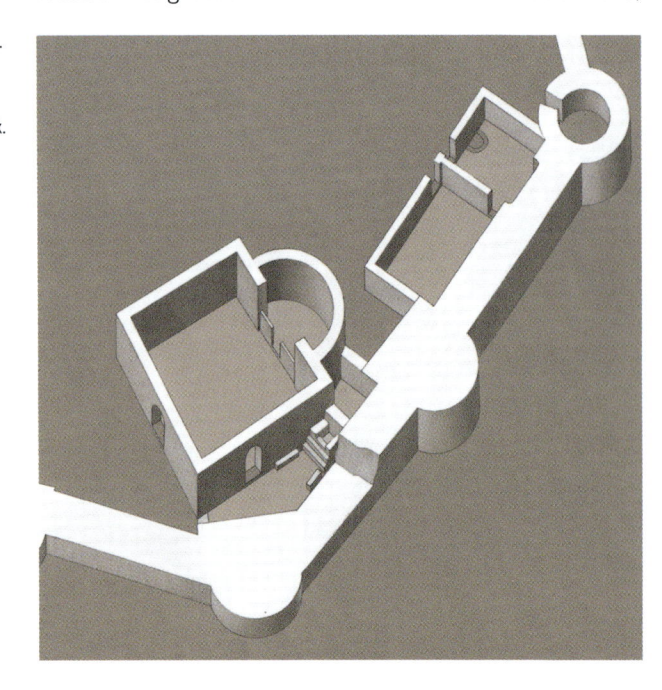

von einem Katechumeneion (Unterweisungslokal für die Taufbewerber) und Wirtschaftsraum gesprochen – wird man ein Nebengebäude mit schlanken Mauern interpretieren müssen, das östlich der Kirche zwischen zwei Kastelltürmen an die Festungsmauer angebaut war. Das Gebäude war leicht in die Erde eingetieft. Eine Quermauer trennte den östlichen quadratischen Teil vom grösseren westlichen ab. Mindestens in späterer Zeit hat ein Ofen an seiner Nordwand als Backofen gedient. Eine Feuerstelle ist hier in einer aus der brandgeschädigten Kastellmauer ausgebrochenen Nische angelegt worden. Auch im Nordwestteil des grösseren Raumes fand sich eine Feuerstelle,

während ein heizbarer Alkoven von Alban Gerster 1970 aus einigen archäologischen Hinweisen in der Südwestecke rekonstruiert wurde.

Wie lange Kirche und Nebengebäude genutzt wurden, wissen wir nicht, aber es war jedenfalls *die erste Kirche in Zurzach*. Sie muss aus den Jahren stammen, da die organisierte Kirche an der Stelle der weltlichen Obrigkeit ordnend und erhaltend in schwierigen Zeiten die Führung übernahm, als die Alamannen das rechtsrheinische Gebiet bereits beherrschten. Das Kastell mag manchmal als Zufluchtsort für die bedrängte Bevölkerung gedient haben, wie wir es aus der «Vita Severini» des Eugippius kennen, der die Verhältnisse in Binnennoricum um 500 schildert:[9] Nachts zog sich die Bevölkerung hinter die sicheren Mauern zurück und brachte die wichtigste Habe in Sicherheit, um vor den Übergriffen der streifenden Banden der Eindringlinge – am ehesten jugendliche Banden, wie man sie aus der spätmittelalterlichen Zeit der Schweiz oder aus der Gegenwart kennt – von nördlich des Rheines geschützt zu sein.

In den meisten Gegenden geht das Christentum von den Städten aus, in der Nordschweiz von den festen Plätzen. Wie im Kastell von Zurzach stand in jenem von Kaiseraugst seit dem 5. Jahrhundert eine Kirche mit Baptisterium und Nebenräumen, jene des Bischofs von Augst. Der Kirchenbezirk nahm den nordöstlichen Viertel der durch ein Strassenkreuz geteilten Kastellfläche ein. Dass auch in den Kastellen von Konstanz und Arbon die ersten christlichen Gotteshäuser der Gegend standen, kann man mit guten Gründen annehmen, und im Kastell Schaan ist die frühe Kirche (5. Jahrhundert) archäologisch nachgewiesen. Auch sie ist mit einem Taufraum verbunden. In den Kastellen spätrömischer Hauptorte wie Augst (Basel), Vindonissa und Chur sitzen die ersten bekannten Bischöfe der späteren Nordschweiz. Über sekundäre regionale Zentren wie Zurzach, deren Geistliche aber die Befugnis hatten, die Taufe zu spenden, betreuten sie ihre Diözesen. Zurzach lag in der Frühzeit im Windischer Sprengel und gehörte später, als dieser Sitz aufgegeben wurde, zu dem um 600 neu gegründeten «Alamannen-Bistum» Konstanz, bei dem es bis 1803 verblieb.

Die Kirche auf dem Kirchlibuck ist ausgesprochen grossräumig. Erst Jahrhunderte später, etwa zur karolingischen Zeit, erreichen die Gotteshäuser auch in den Dörfern allmählich vergleichbare Dimensionen. Die Kirchlibuck-Kirche repräsentiert die älteste Gruppe «bischöflicher» Regionalkirchen, aus denen sich die «Urpfarreien» herausbilden. Nachdem die Bevölkerung auf dem Lande seit dem 7./8. Jahrhundert allmählich (fast?) ganz zum Christentum gekommen war, wurde die Kirche zum Dorfmittelpunkt. Der bisher abseits gelegene Friedhof umgab jetzt die Kirche, in deren unmittelbarer Nähe Christen bestattet zu werden wünschten; Kirche und kirchliches Leben begannen, den Alltag von der Geburt bis zum Tod zu erfassen, der Sonntag und kirchliche Feiern wurden zu festen Regeln. Aus einem allmählich dichter gewordenen Netz von Seelsorgestationen entwickelten sich Pfarreien und Pfarreisystem.

Zurzach als «Urpfarrei»

Der Satz von Marcel Beck: «Keine einzige Landkirche des Archidiakonats Zürichgau lässt sich einwandfrei bis in die Roemerzeit zurückverfolgen»[10] ist in Zurzach durch die archäologischen Ausgrabungen widerlegt worden. Hier beweisen die Kirche auf dem Kirchlibuck und die wenig später entstandene Grabkirche der heiligen Verena das Gegenteil; ohne Unterbruch besteht die Grabeskirche der Zurzacher Heiligen – zwar vergrössert, um- und neu gebaut – am Ort seit dem 5. Jahrhundert und bezeugt damit das kontinuierliche Festhalten der Bevölkerung am christlichen Glauben. Mag auch das umliegende Land allmählich von heidnischen Alamannen besiedelt worden sein, wie es die Ortsnamen erkennen lassen, so hat doch in Zurzach eine Insel spätrömisch-christlicher Tradition durch die Jahrhunderte weiterbestanden, und als sich ab dem 8. Jahrhundert Pfarreien herausbildeten, blieb das Kloster am Grabe der Heiligen stark genug, um sich sein Pastoralgebiet zu sichern. Mit der Herausbildung von Archidiakonaten (Untersprengel der Diözesen unter einem Archidiakon, in Dekanate gegliedert) ab dem 10. Jahrhundert vollendete sich die kirchliche Organisation. Das Gebiet zwischen Rhein, Aare und Limmat bildete das Dekanat Kloten, dem auch Zurzach mit seinen Filialen angehörte. Die Zurzacher «Pfarrei» hat ihren Umfang bis in die Neuzeit hinein beibehalten. Sie umfasste ungefähr das Gebiet des heutigen Bezirkes, reichte bis an die Aare, die Surb und bis Kaiserstuhl.[11] Von den späteren elf Pfarreien des ursprünglichen Pfarreigebietes Zurzach ist bisher einzig Lengnau schon im ersten Jahrtausend nachgewiesen. Anlässlich des Kirchenneubaues haben Ausgrabungen als ersten fassbaren Bau eine lang gestreckte Saalkirche mit eingezogenem rechteckigem Altarhaus erkennen lassen. Ihr dürfte ein älteres (karolingisches?) Gotteshaus vorangegangen sein, zu dem einige aufgedeckte Gräber gehörten. Die Anfänge der Martinskirche in Lengnau, die im 13. und 14. Jahrhundert mehrfach Dekanatssitz war, können in karolingischer Zeit vermutet werden.[12] Im «Liber decimationis» von 1275, der einen an den Papst abzuliefernden Kreuzzugszehnten verzeichnet, werden Klingnau und Baldingen als Pfarreien erwähnt. Schneisingen, dessen Kirche in den 1120er-Jahren bestand,[13] erscheint in der Liste nicht,[14] und Lengnau wird aufgeführt als zugehörig zur Deutschordenskommende Beuggen, die wegen Teilnahme an den Kreuzfahrten vom Zehnten befreit war.[15] Neben diesen Pfarrkirchen gab es seit dem Hochmittelalter viele Kapellen, in denen ebenfalls Gottesdienst gefeiert wurde. Sicher hätte der «Liber decimationis» nicht den Dekan von Hohentengen als «Dekan von Kaiserstuhl» bezeichnet, den Dekan des rechtsrheinischen Sprengels Hohentengen also nach dem besser bekannten, vor wenigen Jahren gegründeten Städtchen Kaiserstuhl benannt, wenn an der Katharinenkapelle von Kaiserstuhl (in der Pfarrei Hohentengen) nicht schon ein Leutpriester geamtet hätte. Dass sich Lengnau und Kaiserstuhl wegen des langen Weges zur alten «Pfarr»-Kirche früh aus dem Verbande lösten, wird man annehmen dürfen. Alle übrigen Pfarreien unterstanden aber rechtlich und seelsorgerlich bis in die Neuzeit hinein dem Zurzacher Stift, das letztlich die Nachfolge des grossen frühmittelalterlichen Seelsorgesprengels mit seinem Zentrum auf dem Kirchlibuck versah.

S. 11–27). Beides nicht berücksichtigt bei: SEBASTIAN RISTOW, Frühchristliche Baptisterien, Münster i. W. 1998 (Jahrbuch für Antike und Christentum, Erg.-Bd. 27), S. 222 f.

9 Zu Severin von Norikum verweise ich einzig auf: Eugippius. Das Leben des Heiligen Severin. Lateinisch und Deutsch, Einführung, Übersetzung und Erläuterung von RUDOLF NOLL, Passau 1981.

10 BECK, Patrozinien, S. 25.

11 MITTLER, Klingnau, S. 21, nennt das Siggamt als Grenze.

12 OSWALD LÜDIN, Die archäologischen Untersuchungen in der Kirche von Lengnau, in: JsHVZ 1978, S. 1–13. – BECK, Patrozinien, S. 89, nimmt als erstes Patrozinium entgegen Nüscheler Maria an, die in der Weiheurkunde von 1316 vor Martin an erster Stelle als Patronin erwähnt wird (NÜSCHELER, Gotteshäuser II, 3, S. 602).

13 Sie ist in einer zwischen 1123 und 1126 gefälschten Papsturkunde vom 19. März 1120 erwähnt (GLA, A 120). – Das tausendjährige St. Blasien. 200 jähriges Domjubiläum, 1, Katalog, Ausstellung im Kolleg St. Blasien, Abteiflügel, vom 2. Juli bis 2. Oktober 1983, Karlsruhe 1983, S. 44, Nr. 9. – VINCENZO PIROVANO-THALMANN, Pfarreigeschichte von Schneisingen/Siglistorf mit alten Dorf- und Familiennotizen, 2. Aufl., Schneisingen 1987.

14 BECK, Patrozinien, S. 41, der von einer Gründung der Pfarrei 1257 ausgeht, nimmt an, das Einkommen des Leutpriesters sei zu gering gewesen.

15 BECK, Patrozinien, S. 88 f.

Die Kirche im Friedhof

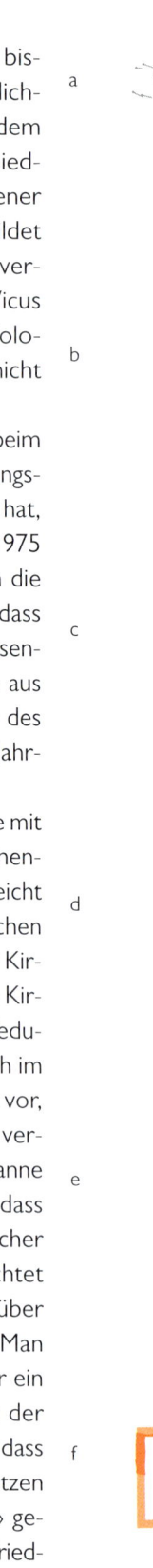

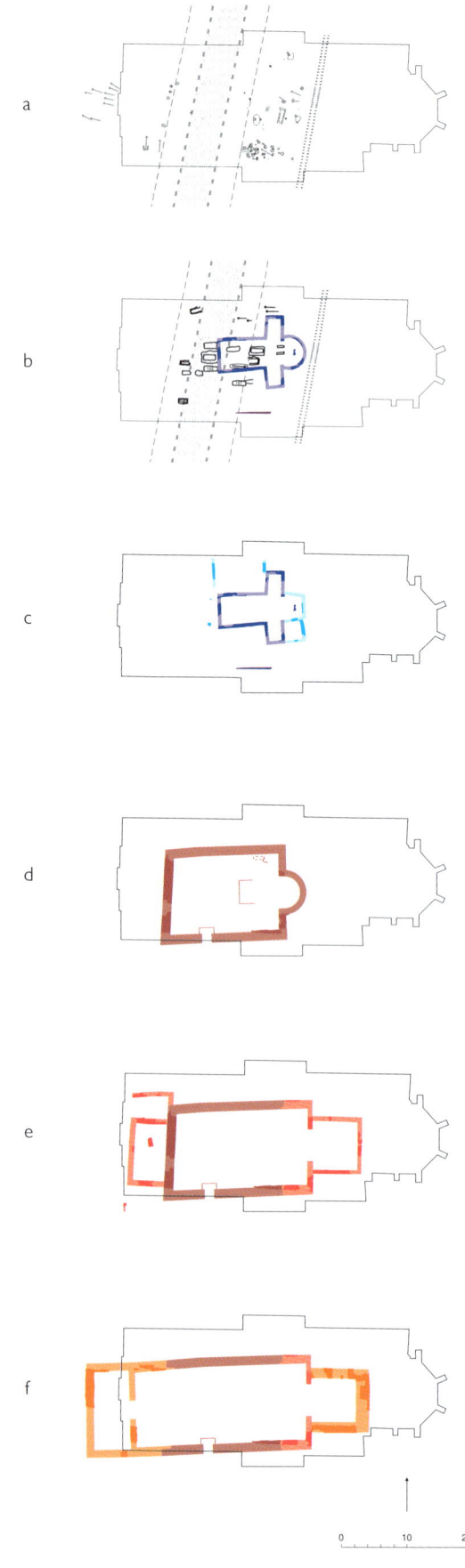

Die Lage des heutigen Fleckens Zurzach ist aus den bisher beschriebenen archäologischen Fakten und Örtlichkeiten nicht zu erklären. Zwar folgt die Hauptstrasse dem Verlaufe der Römerstrasse, aber von der Nachfolgesiedlung des Kastell-Vicus aus der römischen Frühzeit, jener Siedlung, aus der sich das heutige Zurzach herausgebildet haben könnte, wissen wir bis heute kaum etwas. Wir vermuten sie in der südlichen Verlängerung des Kastell-Vicus unter dem nördlichen Unterflecken; konkrete archäologische Anhaltspunkte haben sich indessen bislang nicht ergeben.

Der Ansatzpunkt ist ein anderer: Der Flecken hat sich beim Verenamünster entwickelt, das sich aus kleinen Ursprungsbauten über einem Grab im Friedhof herausgebildet hat, wie wir seit den Grabungen im Münster im Jahre 1975 annehmen können. Es erwies sich damals, dass sich die römische Strasse unter der Kirche hindurchzieht und dass zu beiden Seiten des mehrfach aufgeschotterten Strassenbettes Brand- und Körpergräber lagen, die ältesten aus der ersten Hälfte (dem zweiten Jahrhundertviertel) des 1. Jahrhunderts, die jüngsten datierbaren aus dem 4. Jahrhundert.

In diesem Bestattungsfeld wurde eine kleine Saalkirche mit Querannexen im Osten und breiter Apsis mit frei stehendem Altar errichtet (Abb. 6). Das Westende des leicht trapezförmigen Kirchenschiffes liegt auf der römischen Strasse. Diese muss also schon zur Erbauungszeit der Kirche verlegt worden sein. Sie verläuft seither um die Kirche herum in einem weiten Bogen, der sich auf der Vedute von Matthaeus Merian (1642) abzeichnet und noch im heutigen Strassenbild deutlich ablesbar ist. Es kommt vor, dass eine Kirche im Verlaufe der Zeit eine Strasse verdrängt. Beispiele sind die Kathedralen von Basel, Lausanne und Münster in Westfalen. Aber es ist kaum denkbar, dass solches bereits ein Erstbau vermag. Wenn die Zurzacher Kirche nicht neben, sondern auf der Strasse errichtet wurde, so muss das einen besonderen Grund haben, über den uns die Grabung keinen sicheren Aufschluss gab. Man kann sich aber eine ältere Situation vorstellen, in der ein archäologisch nicht nachgewiesener Vorgängerbau der kleinen Kirche schon eine derartige Bedeutung besass, dass der Nachfolger den öffentlichen Verkehrsweg besetzen konnte. Welcher Art kann ein solcher «Vorgänger» gewesen sein? Wir vermuten, dass eines der Gräber im Friedhof unter der Kirche Gegenstand besonderer Verehrung war. Es wurde zunächst vielleicht nur mit einem kleinen Gebäude geschützt, einer Memoria (Gedächtnisbau), mit

6 Sechs Entwicklungsstadien des Verenamünsters im ersten Jahrtausend:
a) Römische Strasse und Gräber
b) Ältester Bau, 5. Jahrhundert, Saalkirche mit Querannexen und Apsis, Gräber
c) Umbau der ersten Kirche
d) Erste Klosterkirche? Zweite Hälfte 8. Jahrhundert
e) Erste Erweiterung der Klosterkirche
f) Zweite Erweiterung. Der Einsturz dieser Kirche führte zum Neubau der frühromanischen Basilika, deren Langhaus heute noch besteht.

7 Gallorömisches Grabrelief mit Darstellung einer Frau mit Krug und Becher, aus Altorf im Elsass (Museum Strassburg, nach Espérandieu).

zunehmender Verehrung hätte sich dann aber das Bedürfnis nach einem grösseren Bau – einer Kirche – ergeben. Es mag auch sein, dass das ältere Gebäude in keine andere Richtung als nach Westen auf die Strasse hinaus wachsen konnte. Uns scheint, dass der im ursprünglichen Grab bestatteten Person bereits zum Zeitpunkt der Errichtung der kleinen Kirche ein gefestigter Kult galt, dessen Anerkennung so allgemein war, dass man sich für die würdige Vergrösserung des Heiligtums ungewöhnliche Massnahmen erlauben konnte.

Ein Grab dürfte am Anfang der Verenaverehrung gestanden haben. Hatte sich tatsächlich das Wissen um eine heiligmässige Frau tradiert, die in diesem Friedhof bestattet war? Es ist anderseits nicht unwahrscheinlich, dass hier – ähnlich wie in St-Maurice – nach dem Vorbild des grossen Bischofs Ambrosius von Mailand, der 386 nach einer «Revelatio» (Enthüllung, Erscheinung) die Gebeine der Heiligen Gervasius und Protasius «entdeckt» hatte, das Grab einer lokalen Heiligen aufgefunden wurde (Inventio). Woher man zu wissen glaubte, dass es sich um eine Frau handelte – auch darüber kann man lediglich Vermutungen anstellen. Fand man Beigaben im Grab (die Attribute der heiligen Verena sind Kamm und Krug), oder war eine gallo-römische Frau im Grabrelief dargestellt (Abb. 7, 8)? Es ist unwahrscheinlich, dass sich solche Fragen je beantworten lassen.

Die archäologischen Tatsachen sprechen für die Annahme eines Grabes im Friedhof ausserhalb der frühmittelalterlichen Siedlung, ein Grab, dem schon früh grosse Verehrung entgegengebracht wurde und das zum Ausgangspunkt für die Verenatradition wurde.

Das Grab wurde in Ehren gehalten, und bald mag sich ein Kreis von frommen Leuten gebildet haben, die es pflegten. Mit dem wachsenden Ruhm der hier bestatteten heiligen Frau kamen Leute aus der näheren und mit der Zeit auch aus der weiteren Umgebung zum Grab; es entstand ein geistliches Zentrum, an dem eine Gemeinschaft das Andenken Verenas hochhielt, das Gotteslob sang, Pilger betreute und so zum Ausgangspunkt für das spätere «Klösterlein» und Stift wurde.

Wallfahrtskirche, Bestattungen in und bei der Kirche

Die kleine Saalkirche mit Annexen, die bei der Ausgrabung im Münster als ältestes Gotteshaus gefunden wurde, dürfte nach der Kirche im Kastell Kirchlibuck, wohl aber noch im 5. Jahrhundert entstanden sein.[16] Sicherer *terminus ante* ist allerdings erst das Grab eines Geistlichen (?), das am Ende des 6. Jahrhunderts oder um 600 südwestlich vor der Kirche angelegt wurde. Es ist das Grab eines etwa 60-jährigen Mannes, dem ein Gürtel mit angehängtem langem Messer auf die Oberschenkel gelegt worden war. Ein Eschenstab mit Bronzezwinge und Eisendorn lag auf der linken Seite neben dem Skelett. Eine Reliquiarschnalle (Abb. 9), wohl aus der Geweihschaufel eines Elchs[17] gearbeitet, mit Resten einer in grossen Zügen rekonstruierbaren figürlichen Darstellung und die übrigen Grabbeigaben erweisen das Grab als das eines Klerikers aus dem burgundischen Kreis. Ist dem so, so könnte es sich um den ersten Wallfahrer handeln, von dem wir wissen. Vergleichbar ist ein etwa zeitgleiches Klerikergrab aus St. Ulrich und Afra in Augsburg.[18] Zwei Männergräber mit Beigaben, das eine im Nordwesten vor der Kirche, parallel zum Grab mit Reliquiarschnalle, das andere im Inneren, und ein Frauengrab südlich der Kirche stammen aus der ersten Hälfte oder der Mitte des 7. Jahrhunderts. Mit der Zeit wurde die Kirche umgebaut. Sie erhielt ein trapezförmiges Chor und eine Chor-Nebenkammer, die als Sakristei gedient haben mag.

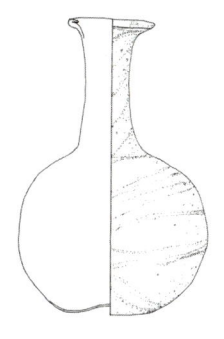

Das «Klösterchen» (monasteriolum) Zurzach

Ein vollständiger Neubau auf wesentlich grösserer Grundfläche, eine Saalkirche mit stark eingezogener, relativ kleiner halbrunder Apsis und einem erhöhten tiefrechteckigen Podium vor der Apsis, ersetzte wohl in der zweiten Hälfte des 8. Jahrhunderts die älteren Gebäude. Ob das Po-

8 Flasche und Kamm, neben spärlichen anderen Beigaben aus einem Frauengrab (Grab 750) der zweiten Hälfte des 4. Jahrhunderts in Kaiseraugst.

9 Gürtelschnalle eines Klerikers (Grab 135, vgl. Abb. 6b), wohl aus der Geweihschaufel eines Elchs gearbeitet. Von der figürlichen Darstellung und der Randverzierung ist fast nichts mehr zu erkennen.

---

[16] Siehe Literatur zum Verenamünster.
[17] Siehe dazu Gerhard Fingerlin in diesem Band, S. 107.
[18] Die Gräber mit «Beinschnallen» sind von JOACHIM WERNER, Zu den Knochenschnallen und den Reliquiarschnallen des 6. Jahrhunderts, in: Die Ausgrabungen in St. Ulrich und Afra in Augsburg 1961–1968, hrsg. von JOACHIM WERNER, München 1977 (Münchner Beiträge zur Vor- und Frühgeschichte 23), S. 275–351, und MARTIN, Knochenschnalle, zusammengestellt und gedeutet worden.

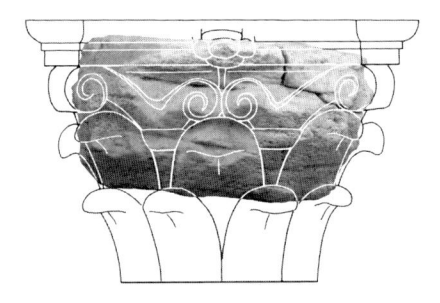

10 Stark verschliffenes Fragment eines römischen Kapitells aus Muschelkalk, 1975 aus dem Fundament der frühromanischen Basilika geborgen. Darüber Rekonstruktionszeichnung.

11 Römisches Werkstück aus weissem Marmor, beim Bau der frühromanischen Basilika als Fundamentstein verwendet.

dest zum Verenagrab gehört oder ob der abgeschrankte Raum für das gemeinsame Chor-Gebet der geistlichen Gemeinschaft diente, die man in dieser Zeit für Zurzach voraussetzen darf, wissen wir nicht.[19] Ganz allgemein ist zu sagen, dass die Ausgrabungen im Münster keine Auskunft über Lage, Art und Ausstattung des Verenagrabes in den Jahrhunderten des ersten Jahrtausends gegeben haben. Die Umstände – Entstehung der Verena-Grabkirche in einem Friedhof und das spätere Vorhandensein des Grabes – lassen aber keinen Zweifel darüber aufkommen, dass ein Verenagrab auch in Verbindung mit den Kirchenbauten des ersten Jahrtausends anzunehmen ist. Das Kirchengebäude, von dem hier die Rede ist, hat jedenfalls schon jener «congregatio» (Vereinigung, «Kloster») von Brüdern gedient, die im dritten Jahrzehnt des 9. Jahrhunderts für Zurzach durch die Gebetsverbrüderung mit den Mönchen des Klosters Reichenau sicher nachgewiesen ist.[20]

Neben der «Klosterkirche» entstand möglicherweise schon in karolingischer Zeit die Kirche für das Volk, die wohl von Anfang an der Gottesmutter geweiht war. Pfarrkirche im rechtlichen Sinne ist sie wahrscheinlich erst gegen 1300 geworden.[21] Als Hinweis auf das Patrozinium darf man die Behauptung der – im Übrigen legendenfreudigen – jüngeren Vita der Heiligen betrachten, die davon spricht, dass Verena in Zurzach einen Pfarrer und eine zur Ehre Mariae geweihte Kirche vorfand.[22] Denn noch im 8. Jahrhundert – Heinrich Büttner vermutet: um 740/50[23] – war am Grabe der heiligen Verena auf Fiskalland ein kleines Kloster entstanden, das im frühen 9. Jahrhundert mit dem Kloster Reichenau eine Gebetsverbrüderung einging.

Zu einem späteren Zeitpunkt wurde die Klosterkirche von einer grösseren Saalkirche mit rechteckigem Altarhaus und dreiteiligem breitem Vorbau abgelöst, und vor der Jahrtausendwende veränderten und erweiterten die Zurzacher Mönche ihre Klosterkirche noch einmal. Es scheint sogar, dass das Langhaus des heutigen Baues in die Zeit vor der Niederschrift des Mirakelbuches (um 1010) zurückreicht, denn die archäologischen Fundamentuntersuchungen haben einen Bericht dieser Quelle bestätigt. Es wird hier geschildert, dass vor einiger Zeit «ein grosser Teil der Kirche der heiligen Jungfrau wegen der Weichheit des feuchten Geländes» einstürzte, «sodass niemand mehr hineingehen konnte. Da wurde vom Abt befohlen, man solle solche Fundamentsteine herbeischaffen, dass man weiterhin keine Reparatur mehr nötig habe. Sogleich vereinigten sich die Bürger dort, wo sie einen Haufen versunkener Steine wussten, an einem Ort, der Confluentia (Koblenz) heisst, wo Aare und Rhein zusammenfliessen. Sie waren gut beraten, als sie sich bemühten, sie herauszuschaffen, wiewohl sie es normalerweise nicht zustande gebracht hätten. Kyrie eleison singend, wie gläubige Krieger, die in den Kampf eilen, sprangen sie in den Rhein. Gott aber, der Urheber alles Guten, gab ihnen durch die heilige Jungfrau einen festen Willen, nahm die Kälte weg – es war Winterzeit – und gab ihnen Mut. Er verlieh ihnen eine solche Kraft, dass soviel Steine, wie sonst zwanzig Männer auf dem Lande nicht tragen könnten, von fünfen oder sechsen im Wasser bis ans Ufer geschafft werden konnten. Und als sie diese Steine anschauten, sahen sie Schriftzeichen und menschliche Gestalten hinein gemeisselt. Daraus schlossen sie, die Steine seien einst bei einem Schiffbruch untergegangen; denn Inschriften sind im Wasser zu nichts nutz. Dann wurden sie mit grossem Geschick im Fundament eingemauert und gut überbaut. Loben wir die heilige Jungfrau Verena, welche uns mit Christus versöhnt.» Solche römischen Spoliensteine, unter anderem ein im Wasser des reissenden Rheinstromes stark abgeschliffenes korinthisches Kapitell (Abb. 10), sind tatsächlich in den Fundamenten des heutigen Münsters festgestellt und zum Teil gehoben worden (Abb. 11).[24]

---

[19] Das Podium dürfte 3,40 mal 6 m gemessen haben. Nimmt man an, dass die Bänke der Mönche – wie auf dem St. Galler Klosterplan – nicht gegenständig, sondern hintereinander angeordnet waren, so könnte Raum für ungefähr zwanzig Mönche vorhanden gewesen sein.
[20] Über die Schwierigkeit, diese geistliche Gemeinschaft genauer einzuordnen, vgl. den folgenden Beitrag von H. Maurer.
[21] Vgl. den folgenden Beitrag von H. Maurer.
[22] REINLE, Verena, S. 39.
[23] BÜTTNER, Diözesangrenzen (1954), S. 228.
[24] SENNHAUSER, Spolien. – Mirakelbuch, cap. VII.

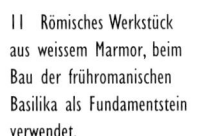

Abbildungsnachweise:
Wenn nicht anders vermerkt: Institut für Denkmalpflege, ETH Zürich, Büro Sennhauser, A. Hidber.
2) Institut für Denkmalpflege, ETH Zürich, Rudolf Glutz.
7) Repro aus: Espérandieu, Basreliefs VII, 216.
8) Martin, Gräberfelder, Taf. 47 D.

Zurzach und die Landschaft am Hochrhein vom 9. bis zum 13. Jahrhundert

Helmut Maurer

1.

Alles, was Zurzach im Mittelalter bedeutet, verdankt es letztlich dem Kult der hl. Verena.[1] Die Menschen, die der Zurzacher Heiligen im frühen und hohen Mittelalter als Wallfahrer ihre Verehrung darbrachten, bleiben freilich – von wenigen Ausnahmen abgesehen – für uns anonym. Bevor wir wenigstens über einige der gewiss schon im frühen Mittelalter recht zahlreichen Pilger etwas erfahren, die zum Grab der Heiligen strebten, geraten Menschen in unser Blickfeld, die sich – im Gegensatz zu den Pilgern – nicht nur kurzfristig durch einen Besuch, sondern für längere Zeit und dazu an Ort und Stelle dem Kult der Heiligen widmeten: Die schriftlichen Quellen, die nach der Wende vom 8. zum 9. Jahrhundert reichlicher zu fliessen beginnen, geben uns in überraschender Weise den Blick frei auf eine Gruppe von Männern, die sich am Grabe der Heiligen zu einer geistlichen Gemeinschaft zusammengefunden haben. Wir verdanken unser Wissen um ihre Existenz den beinahe das gesamte karolingische Reich umspannenden Verbrüderungen, die die Mönche der Reichenau – den monastischen Reformbestrebungen ihrer Zeit folgend – zum Zwecke des gegenseitigen Gedenkens im Gebet mit einer Reihe anderer Gemeinschaften abgeschlossen hatten.[2] Nachdem ihnen einige Jahre früher bereits die Mönche von St. Gallen und diejenigen von Pfäfers vorangegangen waren, hatten sich auch die Mönche des Inselklosters – beginnend mit den Jahren 824 oder 825 – daran gemacht, im Laufe von Jahrzehnten die Namen von insgesamt schliesslich rund 40'000 Personen in das Buch ihres Gebetsgedenkens einzutragen.[3] Der Aus-

---

[1] Vgl. dazu Reinle, Verena, sowie in diesem Band die Beiträge von HR. Sennhauser, S. 113 ff., und A. Reinle, S. 143 ff. – Ein Grossteil der für die hier zu behandelnde Epoche von Zurzachs Geschichte heranzuziehenden Quellen findet sich zusammengestellt bei Merz, Rechtsquellen, S. 20 f. – Vgl. grundsätzlich auch Dieter Geuenich, [Art.] Zurzach, in: LMA IX, 1998, Sp. 713. – Dazu auch A. Reinle im vorliegenden Band.

[2] Dazu allg. etwa neuerdings Dieter Geuenich, Gebetsgedenken und anianische Reform – Beobachtungen zu den Verbrüderungsbeziehungen der Äbte im Reich Ludwigs des Frommen, in: Raymund Kottje, Helmut Maurer (Hrsg.), Monastische Reformen im 9. und 10. Jahrhundert, Sigmaringen 1989 (Vorträge und Forschungen, XXXVIII), S. 79–106, sowie Karl Schmid, Mönchtum und Verbrüderung, ebenda, S. 117–146.

[3] Stellvertretend für viele zum Verständnis des frühmittelalterlichen Gebetsgedenkens im Allgemeinen und des Reichenauer liturgischen

1 Namenliste von Zurzacher Mönchen im Verbrüderungsbuch des Inselklosters Reichenau. Zentralbibliothek Zürich, Ms. Rh. hist. 27, fol. 80r.

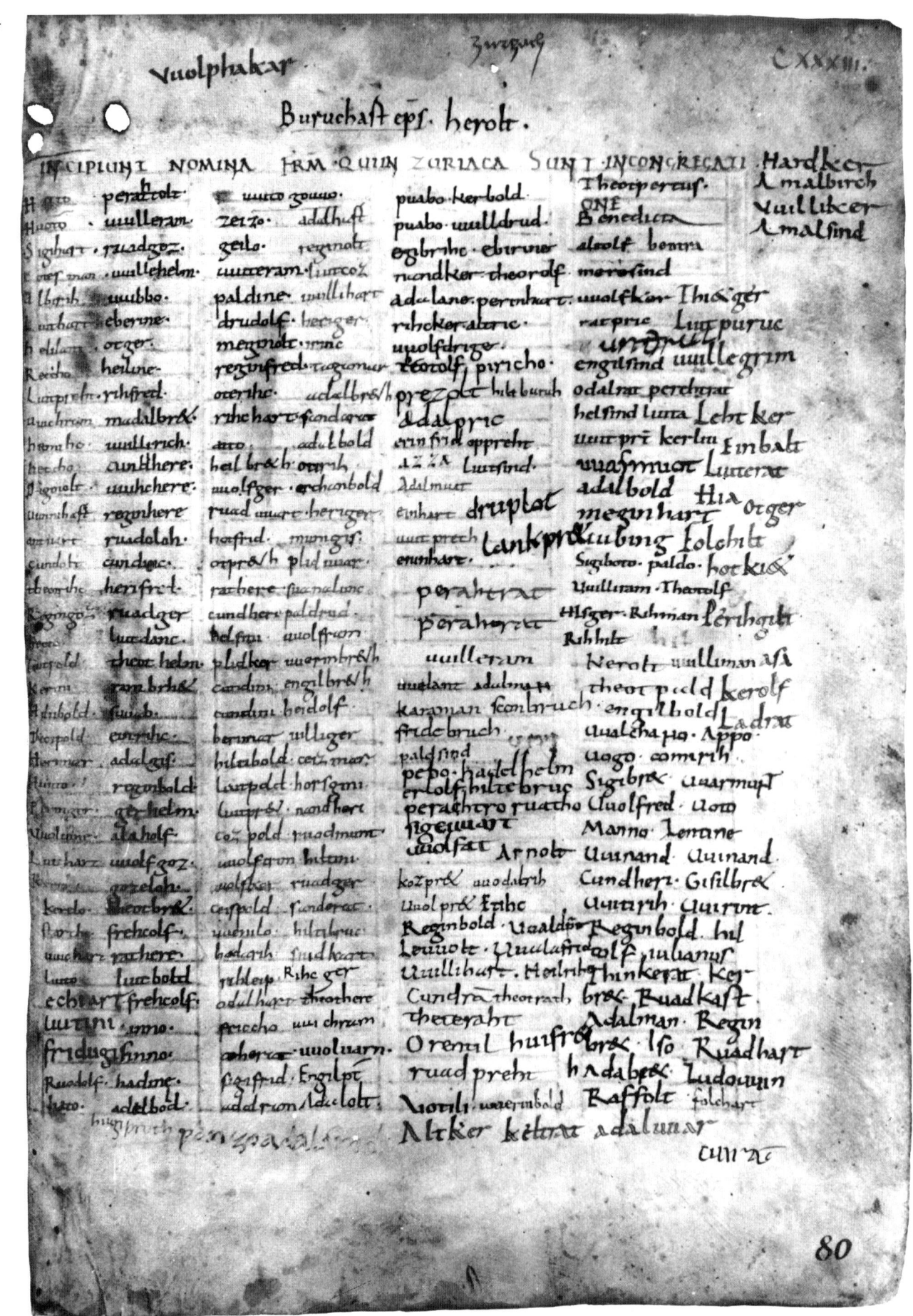

tausch von Namenlisten und das jeweils nachfolgende Abschreiben der ihnen von anderen geistlichen Gemeinschaften übersandten Aufzeichnungen hatten auch auf der Reichenau die Aufnahme von so vielen Namen in das Buch des Gedenkens möglich gemacht. Die Mönche des Inselklosters taten dies in der Absicht, die durch ihre Namen Gekennzeichneten in ihr tägliches Gebet einzuschliessen, zu welchem Zwecke sie dieses Gedenk- oder Verbrüderungsbuch während der Messe auf den Altar zu legen pflegten. Während des zweiten Drittels des 9. Jahrhunderts trug einer ihrer Schreiber – von solchem Bestreben geleitet – auch die Namen der *fratres qui in Zuriaca sunt in congregatione,* die Namen der «Brüder von Zurzach» also, in dieses ihr Gedenkbuch ein (Abb. 1).[4] Auf diese Weise überlieferte er uns – beginnend mit einem *Hitto* und einem *Huoto* und endend mit einem *Vuolvine* und einem *Liuthart* – nicht nur die Namen von insgesamt 28 Brüdern, die am Grabe der hl. Verena ein gemeinsames Leben führten; seine Eintragungen vermögen uns vielmehr auch ahnen zu lassen, dass hier eine geistliche Institution entstanden war, die man mit Besitzungen und Rechten, mit liturgischen Handschriften und liturgischen Geräten ebenso beschenken konnte, wie man sie – als Rechtsobjekt – zu beschützen, zu beherrschen, zu besitzen, ja sogar zu veräussern vermochte.

Hier, im Umkreis von Verenas Grab, war demnach doch wohl schon vor der Wende vom 8. zum 9. Jahrhundert offenbar bereits so etwas wie ein «Kloster» herangewachsen. Die Lage der ersten Verena-Kirche, die spätestens im 5. Jahrhundert errichtet worden war[5] und die später auch ebendieser sich ausbildenden geistlichen Gemeinschaft als Gotteshaus dienen sollte, war letztlich durch die Lage des Grabes der Heiligen bestimmt. Dieses wiederum hatte einem römischen Gräberfeld zugehört, das sich südlich des frührömischen Kastellvicus *Tenedo* erstreckte und vom ausgehenden 1. bis zum mittleren 4. Jahrhundert mit Bestattungen belegt worden war.[6] Das Westende dieser ersten Kirche war im Übrigen noch über dem Bett jener römischen Strasse erbaut worden, die von Vindonissa kommend zwischen den beiden östlich von Zurzach auf *Kirchlibuck* und auf *Sidelen* errichteten spätrömischen Befestigungsanlagen zum nahen Rhein hinunterstrebte und über den Fluss hinweg nach Norden und zwar zunächst in den Klettgau weiterführte.[7] Wenn bislang die Herausbildung der geistlichen Gemeinschaft im Umfeld der Verena-Kirche mithilfe zeitlich rückschliessender Überlegungen allenfalls in die Mitte des 8. Jahrhunderts datiert worden ist,[8] dann sollte man indessen künftig einen archäologischen Befund, der vor einigen Jahren nahe bei dieser ältesten Kirche getätigt werden konnte, in die Überlegungen zum Alter des in Zurzach entstandenen «Klosters», wie wir es vorläufig einmal bezeichnen wollen, zumindest mit einbeziehen:[9] Unmittelbar vor der Westmauer des Kirchenschiffs fand sich die Bestattung eines etwa 60 Jahre alten Mannes. Dadurch, dass zur Linken des Toten ein Stab aus Eschenholz lag und der Beschlag seiner Gürtelschnalle, die vermutlich zur Aufnahme von Reliquien gedient hatte, im Mittelfeld wohl einst zwei Oranten, zwei Betende also, sowie ein Kreuz und ein quer gestelltes Tier zeigte, ist der Bestattete mit grosser Sicherheit als Kleriker anzusprechen. Aufgrund des Dekors ebendieser von ihm getragenen Gürtelschnalle ist nicht nur zu vermuten, dass dieser Geistliche in der Zeit um 600 bei der Zurzacher Kirche gelebt haben dürfte; dieser Bestandteil seiner Kleidung macht darüber hinaus sehr wahrscheinlich, dass er aus dem fränkischen Teilreich Burgund gestammt hatte. – Der erste schriftliche Beleg für die Existenz einer geistlichen Gemeinschaft in Zurzach aber findet sich dann allerdings – wie gesagt – erst für das frühe 9. Jahrhundert im Gedenkbuch der Abtei Reichenau. Die Beobachtung, dass an der Spitze jener mit den Mönchen des Inselklosters verbrüderten *fratres* von Zurzach um 830 weder ein Abt noch ein Propst als Vorsteher genannt werden, lässt vermuten, dass diese geistliche Gemeinschaft mit ihren etwa

---

Gedenkens im Besonderen wichtige Arbeiten Karl Schmids sei verwiesen auf Karl Schmid, Bemerkungen zur Anlage des Reichenauer Verbrüderungsbuches, in: Kaspar Elm, Eberhard Gönner, Eugen Hillenbrand (Hrsg.), Landesgeschichte und Geistesgeschichte. Festschrift für Otto Herding, Stuttgart 1977 (Veröff. der Komm. f. geschichtl. Landeskunde in Baden-Württemberg, 92), S. 24–41, und desselben Verfassers Einführung «Wege zur Erschliessung des Verbrüderungsbuches» zu: Verbrüderungsbuch der Abtei Reichenau, S. LX–CI. – Vgl. neuerdings auch Dieter Geuenich, Die politischen Kräfte im Bodenseegebiet in der Zeit zwischen dem älteren und dem jüngeren alemannischen Herzogtum (746–917), in: Achim Masser, Alois Wolf (Hrsg.), Geistesleben um den Bodensee im frühen Mittelalter, Freiburg i. Br. 1989 (Literatur und Geschichte am Oberrhein, 2), S. 29–56, hier S. 48 f., und Althoff, Amicitiae, S. 39 ff.

4   Verbrüderungsbuch der Abtei Reichenau, pag. 133. – Zur Datierung und Deutung des Eintrags grundsätzlich Geuenich, Zurzach.
5   Vgl. HR. Sennhauser, «Zurzach», in: Vorromanische Kirchenbauten 2, S. 472 = Bau I, ausserdem ders., St. Verena, und ders., Katholische Kirchen, S. 10 und S. 27, sowie ders., Heiligengrab, und derselbe in diesem Band, S. 118 f.
6   Hänggi, Zurzach, insbes. S. 157 mit Karte auf S. 158. – Vgl. auch Sennhauser, in: Roth-Rubi, Sennhauser, Römische Strasse, S. 11, sowie vor allem Hänggi, Doswald, Roth-Rubi, Kastelle, insbes. Hänggi, S. 178 ff.
7   Vgl. unten.
8   Vgl. etwa Büttner, Diözesangrenzen (1961), hier S. 59 f., und Geuenich, Zurzach, S. 32 mit Anm. 17.
9   Vgl. Martin, Knochenschnalle, insbes. S. 161, 165 und 174, sowie Sennhauser, Heiligengrab, S. 470.

dreissig zwischen 830 und 850 lebenden Mitgliedern[10] zum Zeitpunkt ihrer Aufnahme in das Gebetsgedenken der Reichenau noch nicht allzu sehr durch Privilegien und Statuten verfestigt gewesen sein dürfte.

Das führt dann zugleich auch zu der entscheidenden Frage, ob es sich bei den in Zurzach lebenden *fratres* um Mönche[11] oder nicht viel eher um eine jener zahlreichen ländlichen Klerikergemeinschaften gehandelt haben mochte, wie sie – um nur zwei Vergleichsbeispiele aus dem benachbarten Thurgau zu nennen – etwa in den beiden Orten Salmsach und Stammheim während des gleichen 9. Jahrhunderts existiert hatten.[12] Es spricht vieles dafür,[13] dass schon von Anfang an in Zurzach – ähnlich wie an anderen Stätten spätantiker Heiligenkulte[14] – keine Mönche nach der Regel des hl. Benedikt gelebt, sondern Kleriker aller Weihegrade, ohne einer Regel zu folgen, am Grab der Heiligen durch die Feier der Eucharistie und durch das Gebet für die dauernde Verehrung der hl. Verena gesorgt und damit nicht etwa einen klösterlichen Konvent, sondern die Vorform dessen gebildet hatten, was sich dann – trotz der 816 zu Aachen durch Reichsgesetz verordneten klaren Scheidung der beiden kirchlichen Ordines – erst allmählich zu einem «Stift», genauer zu einem nur noch Priester umfassenden Chorherrenstift, verfestigen sollte.[15] Die für verschiedene spätere Epochen immer wieder angenommenen Akte der Umwandlung eines ursprünglichen Zurzacher Mönchs-«Klosters»[16] in ein Stift wären damit ebenso wenig zutreffend wie die lange Zeit vertretene Meinung heute endgültig als widerlegt gelten kann, in Zurzach hätten neben Mönchen auch Nonnen gelebt und beide zusammen hätten damit ein sog. Doppelkloster gebildet.[17] Erst zu Beginn des 11. Jahrhunderts, zur Zeit der Abfassung der Erzählung über die Wunder, die die hl. Verena bewirkt hatte, hören wir wieder von den Brüdern (*fratres*), die in Zurzach in einer *congregatio* zusammengeschlossen sind.[18] Jetzt, nach der Jahrtausendwende, ist in den gleichen Quellen erstmals gar von einem *monasterium*[19] die Rede, und es wird zum ersten und zugleich zum letzten Male auch ein *abbas*, ein Abt, genannt.[20] Indessen wäre es falsch, beider Begriffe wegen für das frühe 11. Jahrhundert dann doch die Existenz eines Mönchs-Klosters in Zurzach anzunehmen, denn beide Termini konnten genauso auch einer Klerikergemeinschaft bzw. einem Chorherrenstift gelten.[21] Ganz abgesehen davon wäre zu überlegen, ob mit dem Wort *abbas* nicht überhaupt eher der Abt des Klosters Reichenau gemeint gewesen sein könnte, dem die geistliche Gemeinschaft von Zurzach seit dem Ende des 9. Jahrhunderts rechtlich zugeordnet war. Und jetzt, gleichfalls nach der Jahrtausendwende, wird von der Kirche, bei der die *fratres* von Zurzach ihr geistliches Leben führten, auch erstmals ausdrücklich gesagt, dass sie die *requies*, also die Ruhestätte, der hl. Verena berge.[22]

Doch wir haben vorgegriffen: Um das Jahr 830 also haben die *fratres* von Zurzach erstmals mit der grossen Abtei auf der Insel eine Verbindung aufgenommen, die noch keineswegs rechtlichen, sondern allein geistlichen, religiösen, liturgischen oder besser: memorialen Charakters war. Die frühe Brüdergemeinschaft von Zurzach sah sich zumindest seit dem dritten Jahrzehnt des 9. Jahrhunderts nicht mehr auf sich allein gestellt. Sie sah sich zum einen in die geistlichen und kulturellen Bindungen der Bodenseelandschaft mit einbezogen; zugleich aber sah sie sich aufgenommen und eingesponnen in ein weit gespanntes Netz geistlichen Gedenkens, geistlicher Kommunikation im karolingischen Europa. Dass für die Zurzacher *fratres* eine Isolation von ihrer Umwelt nicht aufkommen konnte, dafür sorgte freilich schon der ständige Kontakt mit den Pilgern, die ihre Wallfahrt zum Grab der hl. Verena unternahmen.

Vielleicht als Geschenk von hoch gestellten geistlichen oder weltlichen Wallfahrern[23] mag etwa jene Bibelhandschrift in den Besitz der Zurzacher Brüder gelangt sein, die um 790/800 in Churrätien entstanden ist und von der gleichen Hand stammt, die für Kloster Müstair einen Gregorcodex geschrieben hat.[24] Und ähnlich hochmögenden Schenkern hatten sie vielleicht auch jene Bibel zu verdanken, die im ersten Drittel des 9. Jahrhunderts in der karolingischen Minuskel der Schule von Tours geschrieben worden ist,[25] oder möglicherweise auch jenes Sakramentar, das in der ersten Hälfte des 9. Jahrhunderts auf der Reichenau entstanden sein dürfte.[26] Weiter reichende Bezüge, als sie die einst in Zurzach verwahrten liturgischen Handschriften des 9. Jahrhunderts verraten, gibt endlich jene dem Zurzacher Stiftsschatz angehörende Reliquienhülle zu erkennen, die man als byzantinisches Seidengewebe des 8. Jahrhunderts angesprochen hat (Abb. 2).[27] All diese Geschenke bzw. Erwerbungen lassen letztlich darauf schliessen, dass die zu Zurzach lebende geistliche Gemeinschaft im 9. Jahrhundert eine (erste?) Blüte erlebt haben dürfte.

Wer aber hat diese Gemeinschaft hier im Tal des Hochrheins, etwa auf halbem Wege zwischen dem vielleicht gar nicht so viel älteren Frauen-«Kloster» in Säckingen und dem wohl eher etwas jüngeren Männer-«Kloster» Rheinau, begründet? Wer hat die «Brüder» an diesen Ort, an dem man seit dem frühen Mittelalter, wenn nicht gar seit der Spätantike die hl. Verena verehrte, berufen – wenn sie sich nicht gar ohne Zutun von aussen hier zusammengefunden hatten? Und wer hat die Besitzgrundlage für den Unterhalt der *congregatio* bzw. des *monasterium* geschaffen? Wir können diese Fragen für Zurzach ebenso wenig beantworten wie für die 25 km rheinabwärts, in Säckingen, auf einer Flussinsel «während des 8. oder sogar erst im früheren 9. Jahrhundert» entstandene Frauengemeinschaft.[28] War es etwa wie im Falle des südöstlich von Zurzach gelegenen, 30 km von ihm entfernten Zürich mit seinen beiden dem Kult des Märtyrerpaares Felix und Regula dienenden kirchlichen Institutionen, einem Nonnenkonvent links des Flusses (Fraumünster) und einer Männergemeinschaft, dem späteren Chorherrenstift, rechts der Limmat (Grossmünster), das karolingische Königtum, in diesem Falle Ludwig der Deutsche und Karl III., das auch in Zurzach massgebend für die Ausstattung und Sicherung der geistlichen Einrichtung tätig geworden ist? Es hatte in Zürich offenbar von vornherein die spätestens in der ersten Hälfte des 9. Jahrhunderts am Grabe der beiden spätrömischen Märtyrer entstandene Gemeinschaft von Frauen vor allem durch Schenkung von Fiskalland entscheidend gefördert.[29] Oder stand hinter der «Gründung» von Zurzach – wie im Falle des noch weiter südlich, am Alpenrand angesiedelten Luzern – eine Familie hohen Adels? Dort hatte in der ersten Hälfte des 8. Jahrhunderts eine adelige Familie die Initiative zur Gründung eines Männer-«Klosters» ergriffen, und erst, als die Existenz ihres «Eigenklosters» gefährdet schien, hatte sie die Hilfe des Königs, und zwar diejenige Ludwigs des Frommen, angerufen, um durch ihn ihre Gründung sichern zu lassen.[30]

[10] Die Datierung und die Abgrenzung der Zurzach zuzuweisenden Namen (von *Hitto* bis *Liuthart*) nach GEUENICH, Zurzach.
[11] Als solche noch angesprochen von MARCHAL, Zurzach 1986, S. 352 f.
[12] Dazu KARL SCHMID, Bemerkungen zum Konstanzer Klerus der Karolingerzeit, in: FDA 100, 1980, S. 26–58, insbes. S. 45 ff., sowie künftig MAURER, Klerikergemeinschaft und grundsätzlich MORAW, Stiftskirche, S. 14 und S. 20 f.
[13] So schon ISO MÜLLER (und HEINRICH BÜTTNER), Das Kloster Müstair im Früh- und Hochmittelalter, in: ZSKG 50, 1956, S. 12–84, hier S. 55, und jetzt vor allem WITTWER, Liber Ordinarius (Ms.), S. 31 f. (hier S. 32: «Zusammengefasst: Es kann mit guten Gründen angenommen werden, dass in Zurzach seit eh und je eine ‹congregatio› mit kanonialen Gewohnheiten bestanden hat.»). Vgl. künftig DERS. in Kap. 1.6 der Einleitung zu der von ihm besorgten Edition des Zurzacher «Liber Ordinarius» innerhalb der Reihe «Spicilegium Friburgense».
[14] Vgl. MORAW, Stiftskirche, S. 20 f.
[15] Vgl. dazu JOSEF SEMMLER, Mönche und Kanoniker im Frankenreiche Pippins III. und Karls des Grossen, in: Untersuchungen, S. 78–111, hier S. 109 ff., sowie DERS., Stift und Seelsorge im südwestdeutschen Raum (6.–9. Jh.), in: SÖNKE LORENZ und OLIVER AUGE (Hrsg.), Die Stiftskirche in Südwestdeutschland: Aufgaben und Perspektiven der Forschung, Leinfelden-Echterdingen 2003 (Schriften zur südwestdeutschen Landeskunde 35), S. 85–106 und MORAW, Stiftskirche, passim; die Unterscheidung zwischen beiden «Typen» jetzt am Zürcher Beispiel deutlich herausgearbeitet durch JOSEF SIEGWART, Das Verhältnis der Zürcher Chorherren des Grossmünsters zur monastischen Lebensweise und zur Mönchsliturgie, in: LEUPPI, Liber Ordinarius, S. 59–73, hier S. 62. – Vgl. grundsätzlich GUY P. MARCHAL, Was war das weltliche Kanonikerstift im Mittelalter?, in: RHE XCIV, 1999, Nr. 3–4, S. 761–807, hier S. 783 ff., und XCV, 2000, Nr. 1, S. 7–53.
[16] Vgl. MARCHAL, Zurzach 1977, S. 597.
[17] Vgl. GEUENICH, Zurzach, passim.
[18] Vgl. die wiederholte Nennung von *fratres* im Mirakelbuch, cap. XIII und cap. XV.
[19] REINLE, Verena, S. 54, cap. VIII.
[20] REINLE, Verena, S. 53, cap. VII; auf einen früheren Zeitpunkt bezogen zuletzt von MARCHAL, Zurzach 1977, S. 597.
[21] Vgl. WITTWER, Liber Ordinarius (Ms.), S. 31 f., sowie in Kapitel 1.6 seiner «Einleitung». Vgl. auch schon die Bemerkungen bei GEUENICH, Zurzach, S. 36 mit Anm. 50.
[22] Siehe REINLE, Verena, S. 58, cap. XV, und dazu JAN STRAUB, Die Heiligengräber der Schweiz. Ihre Gestalt und ihr Brauchtum, Zürich 1987, S. 115, und Katalog bei STRAUB unter «Verena».
[23] Dazu grundsätzlich SWINARSKI, Herrschen, S. 340.
[24] Dazu HÄNGGI, SCHÖNHERR, Sacramentarium, S. 61 f. mit Anm. 2, und zuvor schon SCHÖNHERR, Schätze, S. 113, und BRUCKNER, Scriptoria VII, S. 138/139; vgl. auch ISO MÜLLER, Geschichte des Klosters Müstair, Disentis 1978, S. 20/21.
[25] BRUCKNER, Scriptoria, S. 138/139, und SCHÖNHERR, Schätze.
[26] Vgl. KLAUS GAMBER, Sakramentartypen, Beuron 1958 (Texte und Arbeiten I, 49/50), S. 127, und DERS., Codices liturgici latini antiquiores, Freiburg/Schweiz 1968 (Spicilegii Friburgensis Subsidia 1, Tl. II), S. 402, Nr. 886.
[27] Darüber zuletzt SCHMEDDING, Textilien, S. 308, Nr. 294.
[28] Zu der der bisherigen Forschungsmeinung widersprechenden Neudatierung der Anfänge des «Klosters» Säckingen vgl. ALFONS ZETTLER, Fragen zur älteren Geschichte des Klosters Säckingen, in dem unten zu nennenden, von Berschin, Geuenich und Steuer herausgegebenen Sammelband, S. 35–51, das Zitat S. 45. Zu Säckingen und zu dem mit Säckingen verbundenen Kult des hl. Fridolin vgl. MARGRIT KOCH, Sankt Fridolin und sein Biograph Balther, Zürich 1959 (Geist und Werk der Zeiten 3), S. 112 ff.; HANS SCHNYDER, Artikel «Säckingen», in: HS III/1, 1, Bern 1986, S. 324 ff.; MARTIN STEINMANN, Chronologische Überlegungen zur frühesten Säckinger Geschichte, in: BERSCHIN, Frühe Kultur, S. 15–18; THOMAS ZOTZ, Artikel «Säckingen»,

2 Byzantinisches Seidengewebe (Rückseite) des 8. Jahrhunderts, das als Reliquienhülle verwendet wurde. Zurzacher Kirchenschatz.

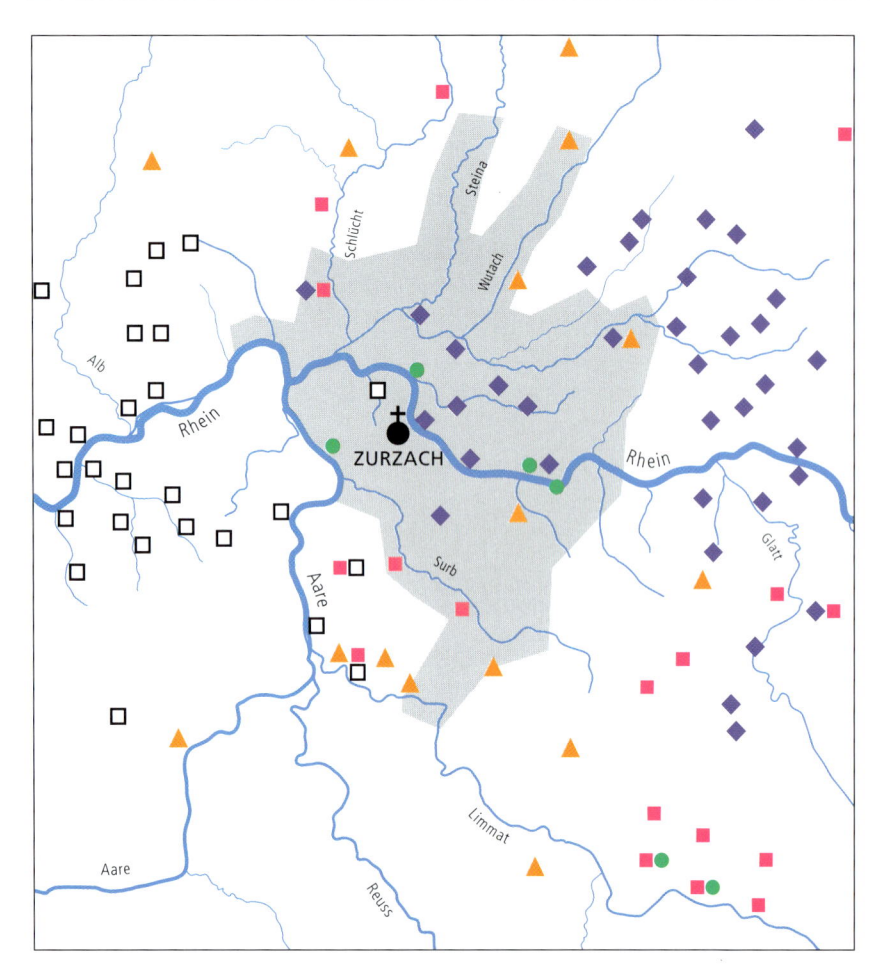

3 Besitz der Klöster
St. Gallen, Reichenau,
Säckingen, St. Blasien
und Rheinau im Umkreis
von Zurzach.

Klosterbesitz im Umkreis
von Zurzach:
- 🟥 St. Gallen, merowingisch-karolingische Zeit
- 🔷 Rheinau
- 🟢 Reichenau
- ⬜ Säckingen
- 🔶 St. Blasien

Grau: Gebiet, in dem das Stift Zurzach Güter besass

Auf der Grundlage von:
A. Schulte, in: Die Kultur der Abtei Reichenau, München 1925, Karte nach S. 592, und Gropengiesser, Rheinau, Karte, sowie Jehle, Enderle-Jehle, Säckingen, Karte S. 83.

Ähnliches sollte bald danach auch im nur 25 km von Zurzach rheinaufwärts – ebenso wie Säckingen – auf einer Flussinsel gelegenen Männerkloster Rheinau geschehen. Auch dieses Mönchs-Kloster war um 800 gleichfalls von einer Adelsfamilie gegründet worden, hatte dann aber in den 40er-Jahren des 9. Jahrhunderts – wohl wegen Uneinigkeiten innerhalb der Gründerfamilie – einen Niedergang erlebt, der erst sein Ende fand, als eines ihrer Mitglieder, Wolvene, mithilfe des hier seit der Mitte des gleichen Jahrhunderts heiligmässig lebenden irischen Rompilgers Fintan († 881) es wiederherzustellen unternahm, indem sie es durch die Übertragung an Ludwig den Deutschen in ein Königskloster umwandelte und seine Existenz damit sicherte.[31]

Für Zurzach vermögen wir die Frage nach den hinter der Ansiedlung von *fratres* am Grab der hl. Verena stehenden Persönlichkeiten nicht zu beantworten. Immerhin gibt es zu denken, dass nicht nur Zurzach, sondern auch das schräg gegenüber von Zurzach, auf dem rechten Rheinufer gelegene, mit Zurzach wohl schon damals durch eine Fähre verbundene[32] und zudem von einer frühmittelalterlichen Wehranlage überragte[33] Kadelburg im Besitz Kaiser Karls III. stand.[34] Beide Orte gelangten aus seiner

Hand in getrennten Schenkungen an das gleiche Kloster, nämlich an die Abtei Reichenau.[35] Das lässt vermuten, dass hier, links und rechts des Rheins – ähnlich wie in Zürich links und rechts der Limmat und im Übrigen hier wie dort im Bereich eines spätrömischen Kastells und eines spätantiken Heiligengrabes[36] –, alter Fiskalbesitz vorhanden war[37] und dass sich damit die hier wie dort auf «Königsboden» erwachsenen geistlichen Gemeinschaften von vornherein unter dem Schutz und – als Institutionen – auch im Besitz des Königs befanden.

Wenn wir auch die «Gründungsausstattung» des «Klosters» Zurzach nicht kennen, so fällt doch auf, dass die Besitzlandschaft der Abtei Säckingen – von Rietheim, Würenlingen und Siggenthal abgesehen – westlich von Zurzach beinahe genau an der Aare endete,[38] dass die Rheinauer Klostergüter zwar jenseits des Rheins im Klettgau, etwa in Rheinheim, Lauchringen und Griessen, Zurzach unmittelbar gegenüber lagen, auf der Zurzacher Rheinseite im Osten aber nur bis Zweidlen reichten.[39] Und ähnlich dehnte sich die Besitzlandschaft St. Gallens zwar nördlich des Rheins bis an den südöstlichsten Schwarzwaldrand in den Alpgau hinein aus, erstreckte sich jedoch links des Rheins in grösserem Umfang nur bis etwa zur Linie Diessenhofen–Winterthur[40] – von einigen wenigen st.-gallischen Besitzungen zwischen Glatt und Aaare, d. h. südlich und südöstlich von Zurzach, abgesehen. Der Besitz der Reichenau endlich griff – sieht man von dem möglicherweise mit dem «Klösterlein» Zurzach zusammenhängenden Streubesitz im rechtsrheinischen Vorland von Zurzach ab – kaum über die Glatt nach Westen aus.[41] Das alles zusammengenommen zeigt, dass Zurzach und Kadelburg am Nordrande einer Landschaft lagen, in der keine Schenkungen an die grossen, alten Abteien getätigt worden sind, dass hier also offenbar im 9. Jahrhundert ein weitgehend geschlossener Komplex von weltlichem Besitz, möglicherweise von Fiskalgut, erhalten geblieben ist, ein Komplex, der zumindest zum Teil als Ausstattungsgut an die Zurzacher Brüdergemeinschaft übergegangen sein mochte. Das «Klösterlein» Zurzach besass nach alldem durchaus seinen «Lebensraum», innerhalb dessen es sich wirtschaftlich entfalten und absichern konnte (Abb. 3).

Die Verbindung Zurzachs mit dem karolingischen Königtum wird in jenem Augenblick offensichtlich, da Kaiser Karl III., der «Dicke», am 14. Oktober 881 auf seiner Pfalz Bodman am See seiner Gemahlin Richardis (Richgard) *die kleine abbty* zu lebenslanger Nutzung übergibt mit der Bestimmung, dass das Kloster nach Richardis' Ableben an jene Kirche fallen solle, in der er, der Herrscher, sein Begräbnis finden würde; dort sollen die aus dieser Schenkung fliessenden Einkünfte zum Unterhalt der am Grabe brennenden Lichter und damit letztlich dem Gedenken an den verstorbenen Kaiser dienen.[42] Angesichts dieser herrscherlichen Verfügung wird man sich auch die im nördlichsten Teil des «Zürichgaus»[43] existierende geistliche Gemeinschaft von Zurzach eingegliedert vorstellen dürfen in jene Herrschaft Karls III. über Alemannien und Rätien, die – zunächst in die unbestimmte Rechtsform des Prinzipats gekleidet und seit 876 zu einem Teilkönigtum ausgestaltet – als Vorläuferin der zu Beginn des 10. Jahrhunderts hervortretenden Herrschaft eines Herzogs von Schwaben angesprochen werden darf.[44] Dazu gehörte als wesentlicher Bestandteil die Herrschaft über die Reichskirche in Schwaben und Rätien, d. h. die Herrschaft über die Bischofskirchen ebenso wie diejenige über die Reichsklöster, und so verwundert es nicht, dass Karl III. seiner Gemahlin Richardis[45] – neben den Klöstern St. Marius in Pavia[46] und St. Peter in Etival in den Westvogesen[47] – schon im Jahre 878 die beiden Zurzach benachbarten Frauen-«Klöster» Säckingen und Zürich[48] zu lebenslanger Nutzniessung überlassen hatte. Damit knüpfte er allerdings nur an eine ältere Tradition an. Denn die Leitung der Frauengemeinschaft zu St. Felix und Regula in Zürich hatte zunächst nacheinander (853–856 bzw. 863–877) in den Händen von Karls III. Schwestern Hildegard und Berta gelegen,[49] wie der gleichen Berta – und vielleicht auch ihrer Schwester Irmengard – im Übrigen auch das «Kloster» Säckingen übertragen gewesen war.[50] Und es passt aufs Beste zu der bewusst an Karls III. alemannisches Teil-Königtum anknüpfenden schwäbischen Herzogsherrschaft des beginnenden 10. Jahrhunderts, dass Herzog Burchards II. bzw. dessen Nachfolgers, Herzog Hermanns I., Gemahlin Reginlinde wiederum sowohl Zürich als auch Säckingen[51] innehatte und dass Burchard selbst Verfügungen über Zurzach traf.[52] An all diesen Orten erweist sich eine von der Mitte des 9. bis ins 10. Jahrhundert dauernde Kontinuität in der Ausübung von Herrschaft über Klöster in Alemannien. Das gilt – wie wir sahen – auch für Zurzach. Zusammen mit den nahe gelegenen «Klöstern» Zürich und Säckingen bildete das «Klösterlein» am Rhein von 878 bzw. 881 bis zu Richardis' Tode im Jahre 896 und damit auch über die im Juni 887, wenige Monate vor Karls III. Ableben (am 13. Jan. 888), ausgesprochene Annullierung seiner Ehe mit Richardis hinaus so etwas wie «ein alemannisches Kloster-Imperium»[53] bzw. eine «alemannische Klosterprovinz»[54].

Richardis freilich zog sich nicht auf eines dieser ihr zu ihrem Unterhalt überlassenen alemannischen Reichs-«Klös-

in: LMA VII, 1995, Spalte 1244–1245, und vor allem Jehle, Enderle-Jehle, Säckingen, S. 15 ff., sowie Suse Baeriswyl u. a., Fridolinskult und Hammerschmiede, Stuttgart 1995 (darin insbes. die Beiträge von Matthias Untermann und Christian Maise, von Matthias Untermann und Suse Baeriswyl sowie von Felicia Schmaedecke); Mechthild Pörnbacher, Vita Sancti Fridolini, Sigmaringen 1997, insbes. S. 108 ff., 112 ff. und 124 f.; Felicia Schmaedecke, Das Münster Sankt Fridolin in Säckingen, Stuttgart 1999 (darin insbes. Suse Baeriswyl, S. 256 ff., und Michael Schmaedecke, S. 317 ff.); Suse Baeriswyl, Studien zum Haus des Königs im Kloster. Das palatium regale in Säckingen, Magisterarbeit Freiburg i. Br. 1999/2000, insbes. S. 63 ff.; Walter Berschin, Dieter Geuenich, Heiko Steuer (Hrsg.), Mission und Christianisierung am Hoch- und Oberrhein, Stuttgart 2000 (darin insbes. die Beiträge von Alfons Zettler, Gabriele Sander und Felicia Schmaedecke).

29 Darüber jetzt zusammenfassend Heidi Leuppi, Das Grossmünster und sein Grabheiligtum Felix und Regula in Zürich von seinen Anfängen bis zum 13. Jh., in: dies., Liber Ordinarius, S. 41–57, hier S. 46 ff., und Josef Siegwart, Das Verhältnis der Zürcher Chorherren des Grossmünsters zur monastischen Lebensweise und zur Mönchliturgie, ebenda S. 59–73, hier S. 60 ff., sowie Kaiser, Vom Früh- zum Hochmittelalter, S. 157 ff., und vor allem Hannes Steiner, Alte Rotuli neu aufgerollt. Quellenkritische und landesgeschichtliche Untersuchungen zum spätkarolingischen und ottonischen Zürich, Freiburg/München 1998, insbes. S. 235–256.

30 Vgl. Hans Schnyder, Die Gründung des Klosters Luzern, Freiburg/Schweiz 1978 (Histor. Schriften der Universität Freiburg/Schweiz, 5), Bd. II, S. 493 ff. und 515 ff., sowie Anton Gössi, Hans Schnyder, Artikel «Luzern», in: HS III/1, II, Bern 1986, S. 832–842.

31 Vgl. dazu vor allem Schmid, Königtum, S. 252 ff., sowie Anton Hänggi, Der Rheinauer Liber Ordinarius, Freiburg/Schweiz 1957 (Spicilegium Friburgense, 1), S. XXXVII f., sowie Hänggi, Schönherr, Sacramentarium, S. 3–6. Ausserdem Clavadetscher, Wolfinus, S. 149–163, und dazu Hlawitschka, Untersuchungen, S. 61 ff., und vor allem Heinz Löwe, Findan von Rheinau. Eine irische peregrinatio im 9. Jahrhundert, in: ders., Religiosität und Bildung im frühen Mittelalter (hrsg. von Tilman Struve), Weimar 1994, S. 205–252, insbes. S. 227. Vgl. auch Rappmann, Zettler, Reichenauer Mönchsgemeinschaft, S. 376–377.

32 Zur Kadelburger Fähre vgl. Emil Müller-Ettikon, Über das Dorf Kadelburg und seine Vergangenheit, Waldshut 1964, S. 15.

33 Über sie Gersbach, Urgeschichte, S. 208 ff. und S. 217, sowie Voellner, Burgen, S. 41.

34 Dazu Karl Brandi, Die Reichenauer Urkundenfälschungen, Heidelberg 1890, S. 35, und ders., Die Chronik des Gallus Öhem, Heidelberg 1893, S. 18, sowie K. Beyerle, Gründung, S. 112, und F. Beyerle, Grundherrschaft, S. 470; vgl. auch Paul Kehr in der Vorbemerkung zu MGH D Karol. III 43 von 881 X 14, S. 71.

35 Zur Schenkung Zurzachs durch Karl III. vgl. unten, S. 128.

36 Zur Topographie vgl. den Beitrag von HR. Sennhauser.

37 Vgl. dazu auch Maurer, Land, S. 50 und 52 mit Karte Nr. 4 auf S. 53.

38 Vgl. Friedrich Wilhelm Geier, Die Grundbesitzverhältnisse des Stifts Säckingen im ausgehenden Mittelalter, Diss. phil. Heidelberg 1931, insbes. Karte im Anhang sowie Jehle, Enderle-Jehle, Säckingen, S. 81 ff. und Karte auf S. 83.

39 Vgl. Gropengiesser, Rheinau, insbes. Karte im Anhang.

40 Vgl. die von Michael Borgolte entworfene Karte des St. Galler Klosterbesitzes im Anhang zu Borgolte, Geuenich, Schmid, Subsidia.

41 Vgl. F. Beyerle, Grundherrschaft, S. 470, 484 f. und «Karte der reichenauischen Kirchen und Kellhöfe» im Anhang.

42 Vgl. MGH D Karol. III 43, S. 71 f. = BM 2. Aufl., Nr. 1624, nur in Gallus Öhems – nicht wortwörtlicher – deutscher Übersetzung aus dem Anfang des 16. Jahrhunderts überliefert. Zur Sache vgl. K. Beyerle, Gründung, S. 112 ff. und S. 112/9, sowie F. Beyerle, Grundherrschaft, S. 470 und 485.

43 Zu dessen Ausdehnung in karolingischer Zeit vgl. Borgolte, Grafschaften, S. 93–101.

ter» zurück, sondern nahm als Laien-Äbtissin Aufenthalt in dem noch vor 880 auf ihrem Eigengut gegründeten Kloster Andlau im Elsass.[55]

Mit ihrem Tod sollte – nach Karls III. Willen – das «Klösterlein» Zurzach an jene Kirche übergehen, die sein Grab aufnehmen würde. Das war die Abtei Reichenau; denn in ihrer Kirche wurde der 887 von seinen Anhängern verlassene und sodann zu Neidingen auf der Baar verstorbene Kaiser im Jahre 888 bestattet.[56] Allerdings war im Jahre 881, als Karl III. anlässlich der Zuweisung Zurzachs an Richardis diese Bestimmung traf,[57] noch keineswegs gewiss, ob die Reichenau jenes Kloster sein würde, das eines Tages Zurzach zugewiesen erhalten sollte. Ja, in seinen letzten Lebenstagen schien der schwer kranke Karl daran zu denken, seinen Tod im Kloster Lorsch abwarten und sich hier – in einer der Grablegen der Karolinger – bestatten lassen zu wollen.[58]

Nur dem Umstand, dass offenbar sein Gegner und Nachfolger König Arnulf seinem Vorgänger die Reichenau als letzten Aufenthalt zugewiesen hatte und Karl III. dort in der Tat auch seine letzte Ruhestätte fand, ist es zuzuschreiben, dass das «kleine Kloster» Zurzach am Hochrhein in den Besitz der schon damals berühmten, von Karl III. jahrelang geförderten Reichsabtei auf der Insel im Untersee gelangt ist. Das geschah wohl nach Richardis' Tode im Jahre 896, als der bedeutsame Hatto III. (888–913) – zugleich Erzbischof von Mainz und Erzkanzler Ludwig des Kindes – dem Inselkloster als Abt vorstand.

Demselben Hatto war es um etwa die gleiche Zeit gelungen, eine andere, bis dahin gleichfalls selbstständige Gemeinschaft, nämlich die der Reichenau benachbarte Abtei Schienen, in sein Kloster einzugliedern und sie damit vor dem Untergang zu retten.[59] In Schienen lebte ebenfalls eine Gemeinschaft von *fratres*, die dem Kult der bald nach 800 vom Grafen Scrot von Florenz hierher überführten Reliquien des hl. Genesius dienten. Auch an der Spitze dieser Gemeinschaft, die durch die Nennung von *canonica officia* eindeutig als Klerikergemeinschaft ausgewiesen ist, stand ein Abt.

Wie hier, in dem der Klosterinsel benachbarten Schienen, erlangte die Reichenau nun auch weiter im Westen, rheinabwärts, ja jenseits der auf halbem Wege gelegenen selbstständigen Abtei Rheinau eine Aussenposition an einem Ort, dessen Rolle als Zentrum von Heiligenverehrung und Wallfahrt diejenige Schienens noch um ein Wesentliches überragte.[60] Die Reichenau war künftig in einer Gegend präsent, in die ihr Besitz und damit ihr Einfluss bislang nicht hineingereicht hatten.[61] Die Präsenz an einem solch zentralen Ort Alemanniens war für das «Mutterkloster» Anreiz und Verpflichtung, die Heilige, die hier wohl seit der Spätantike verehrt wurde, durch die Abfassung einer (ersten) Vita, einer Lebensbeschreibung, in weitem Umkreis bekannt zu machen,[62] so wie es die Reichenauer Mönche fünfzig Jahre früher in vergleichbarer Weise auch für den hl. Genesius «von Schienen» getan hatten.[63] Unvorbereitet brauchte man sich auf der Reichenau für ein solches Unternehmen nicht zu fühlen; denn bereits seit etwa 880 hatte man die Zurzacher Heilige, von der man auf der Insel auch Reliquien besass, in die Reichenauer Martyrologien aufzunehmen begonnen.[64]

Als Leserin der Vita wird vor allen anderen eine *filia illustrissima* angesprochen,[65] die ein Gelübde der Keuschheit abgelegt hatte; sie wird hier – entsprechend ihrer hohen Abstammung – zu einem heiligmässigen Leben ermahnt. Man hat dieser Anrede wegen gewiss mit Recht die Vermutung geäussert, dass als Adressatin von Verenas Lebensbeschreibung am ehesten die Kaiserin Richardis infrage kommen dürfte.[66] Wer sie in dieser Weise anreden konnte, musste wiederum selbst eine hoch gestellte Persönlichkeit und doch wohl zugleich auch eine Persönlichkeit geistlichen Standes sein. Der Gedanke liegt deshalb nahe, den Verfasser dieser ersten Verena-Vita in Abt Hatto III. selbst zu suchen.[67] Von ihm liesse sich am ehesten erwarten, dass er – wohl um 890 – mit einem solchen Werk zunächst einmal die hohe Herrin des Verena-«Klosters» und an zweiter Stelle sodann auch die in Zurzach lebenden Brüder hatte ansprechen wollen. Diese erste Vita der Heiligen hat dann im 10. Jahrhundert über Zurzach hinaus ausschliesslich in den südlich von Hochrhein und Bodensee gelegenen Klöstern Aufnahme und Verbreitung gefunden.[68]

Als nun mit Richardis' Tode im Jahre 896 das Verena-«Klösterchen» mitsamt dem Grab der Heiligen als Zentrum der geistlichen Gemeinschaft und als Ziel zahlreicher, von weither kommender Pilger voll und ganz in den Besitz der Reichenau übergegangen war, verspürte man vermutlich im Laufe des 10. Jahrhunderts entweder wiederum in der Inselabtei oder im reichenauisch gewordenen Zurzach selbst das Bedürfnis, auf dem Wege einer allmählichen Erweiterung des Viten-Textes die erste Lebensbeschreibung durch eine ausführlichere zweite zu ersetzen,[69] die Verena nun zu einer Rekluse, einer freiwillig in ihrer Zelle Eingeschlossenen, stilisierte (Abb. 4).[70] Eine solche Erweiterung des Textes ist vielleicht als Antwort auf einen intensiver gewordenen Kult zu verstehen, der sich auch im etwa gleichzeitigen Neubau einer monumentalen frühromanischen Basilika manifestierte, dessentwegen sogar das Grab der Heiligen verlegt wurde und seinen heutigen Platz erhielt.[71] Ja, um die Wende vom 10. zum 11. Jahrhundert, spätestens um 1010, hat man offensichtlich in Zurzach selbst dieser zweiten Vita zudem noch eine Sammlung von Mirakelberichten, von Berichten über Wunder, die der Heiligen zugeschrieben wurden, angeschlossen.[72] Und demselben Zweck der Förderung des Kultes der reichenauisch gewordenen Zurzacher Heiligen diente schliesslich auch die Abfassung einer metrischen Heiligen-Vita, die im gleichen Jahrhundert, möglicherweise wiederum im Inselkloster, vorgenommen worden sein dürfte.[73]

So tritt uns Zurzach im Wesentlichen im Spiegel der Reichenauer Überlieferung entgegen. Das Zurzach des 10. und 11. Jahrhunderts, das sich vor allem in der zweiten Vita der hl. Verena und in den Mirakelberichten spiegelt, beherbergt zum einen die uns bereits vertraute *congregatio* der Gott und der hl. Verena dienenden Brüder (*fratres Deo et sanctae Verenae servientes*),[74] das *monasterium*[75] also; zum Zweiten weist es eine eben jüngst neu erbaute Verena-Kirche auf,[76] die als Grabes- und als «Kloster»-Kirche zugleich gedient haben dürfte, und zudem besitzt es eine Marienkirche (vermutlich damals schon als Pfarrkirche für die Bevölkerung des Ortes)[77] und endlich hoch über dem Rhein und zugleich hoch über der nach Rheinheim hinüberführenden Fähre im Bereich des einstigen spätrömischen Kastells «auf Burg», der längst verlassenen *urbs antiqua iuxta Rhenum*,[78] ein der hl. Verena und dem hl. Mauritius geweihtes Gotteshaus[79], das möglicherweise von den Zurzacher Klerikern inmitten des einstigen

4 Verena als Reklusin, Emailminiatur am Zurzacher Verenaarm-Reliquiar, 14. Jahrhundert. Kirchenschatz Zurzach.

[44] Darüber BORGOLTE, Karl III.
[45] Über sie vgl. MICHAEL BORGOLTE, Artikel «Richardis», in: LMA VII, 1994, Spalte 827, und dazu auch DIETER GEUENICH, Richkart, ancilla dei de caenobio Sancti Stephani, in: KARL RUDOLF SCHNITH, ROLAND PAULER (Hrsg.), Festschrift für Eduard Hlawitschka, Kallmünz 1993 (Münchener Histor. Studien. Abt. Mittelalterl. Geschichte, 5), S. 97–109, hier S. 106 ff., sowie RAPPMANN, ZETTLER, Reichenauer Mönchsgemeinschaft, S. 433–434.
[46] MGH D Karol. III 42 von 881 X 14 = BM 2. Aufl., Nr. 1623.
[47] MGH D Richg. I von 884 V 1 (verunechtet) = BM 2. Aufl., Nr. 1681 a.
[48] MGH D Karol. III 7 von 878 II 10 = BM 2. Aufl., Nr. 1584; vgl. dazu grundsätzlich KARL VOIGT, Die karolingische Klosterpolitik, Stuttgart 1917 (Kirchenrechtliche Abhandlungen 90/91), S. 40–42 und S. 183, sowie SIGMUND HELLMANN, Die Heiraten der Karolinger, in: DERS., Ausgewählte Abhandlungen zur Historiographie und Geistesgeschichte des Mittelalters (hrsg. von HELMUT BEUMANN), Darmstadt 1961, S. 293–391, hier S. 340 ff. Vgl. auch BÜTTNER, Elsass I, S. 139 ff., sowie GEUENICH, Zürich, S. 213, und DERS., Sichingis, S. 66, sowie die in Anm. 28 genannte Literatur.
[49] Vgl. dazu GEUENICH, Zürich, S. 211 f.
[50] Dazu GEUENICH, Sichingis, S. 63.
[51] Vgl. GEUENICH, Zürich, S. 214, und DERS., Sichingis, S. 67, sowie die in Anm. 28 genannte Literatur.
[52] Vgl. unten, S. 131 f.
[53] So ARNO BORST, Die Pfalz Bodman, in: HERBERT BERNER (Hrsg.), Bodman I, Sigmaringen 1977, S. 169–230, hier S. 200.
[54] So GEUENICH, Sichingis, S. 66.
[55] Vgl. zu diesem Problem MEDARD BARTH, Die hl. Kaiserin Richardis und ihr Kult, in: Festschrift zur Neunhundertjahrfeier der Weihe der Stiftskirche von Andlau, Schlettstatt 1949, S. 11 ff.; CHRISTIAN WILSDORF, Artikel «Andlau», in: LMA I, 1979, Spalte 597, und HEINRICH BÜTTNER, Kaiserin Richgard und die Abtei Andlau, in: DERS., Elsass I, S. 295–301; MICHAEL BORGOLTE, Die Geschichte der Grafengewalt im Elsass, in: ZGO 131, 1983, S. 3–54, hier S. 34 f., sowie allg. SILVIA KONECNY, Die Frauen des karolingischen Königshauses, Wien 1976 (Dissertationen der Universität Wien, 132), hier S. 141 f., 147 ff.
[56] Dazu zuletzt BORGOLTE, Karl III., S. 49 mit Anm. 148; SCHWARZMAIER, Neudingen; ZETTLER, Klosterbauten, S. 107 ff., sowie THOMAS ZOTZ, Grundlagen und Zentren der Königsherrschaft im deutschen Südwesten, in: HANS ULRICH NUBER, KARL SCHMID, HEIKO STEUER, THOMAS ZOTZ (Hrsg.), Archäologie und Geschichte des ersten Jahrtausends in Südwestdeutschland, Sigmaringen 1990, S. 275–293, wo S. 291, Anm. 141, aus dem Wortlaut der Urkunde von 881 der Schluss gezogen wird, «dass Karls Bestattung auf der Reichenau seinem Willen entsprochen haben dürfte.» Vgl. auch RAPPMANN in: RAPPMANN, ZETTLER, Reichenauer Mönchsgemeinschaft, S. 430–431.
[57] MGH D Karol. III 43.
[58] Hierzu und zum Folgenden jetzt die Beobachtungen bei SCHWARZMAIER, Neudingen, S. 42 mit Anm. 21 und S. 44 mit Anm. 27.
[59] Vgl. dazu und zum Folgenden KARL SCHMID, Gebetsverbrüderungen als Quelle für die Geschichte des Klosters Schienen, in: DERS., Gebetsgedenken, S. 469–480, hier S. 476 ff., und insbes. S. 477; DERS., Königtum, hier S. 296 f. und 303–304, sowie SCHMID, Hirsau. S. 41 ff. und S. 54, Anm. 120. Vgl. auch ANNALIESE MÜLLER, Artikel «Schienen», in: Germania Benedictina V, Augsburg 1975, S. 556–560, und MICHAEL BORGOLTE, Die Grafen Alemanniens in merowingischer und karolingischer Zeit, Sigmaringen 1986 (Archäologie und Geschichte 2), S. 238–240. Entgegen der in diesen Arbeiten vertretenen Meinung, dass in Schienen Mönche gelebt hätten, vgl. nunmehr MAURER, Klerikergemeinschaft.
[60] Vgl. dazu in diesem Band die Beiträge von HR. Sennhauser, S. 119 f. und A. Reinle, S. 143 ff.
[61] Vgl. oben, S. 126.
[62] Zuletzt ediert von REINLE, Verena, S. 26–30; zum Folgenden KLÜPPEL, Hagiographie, und PHILIPPART, Légendes, insbes. S. 296 ff.

Kastells «Kirchlibuck» als «Gedächtniskapelle» errichtet worden sein mochte.⁸⁰ Erwähnt wird zudem ausdrücklich die Fähre *(navigatio)*⁸¹. Damit kann eben jene gemeint gewesen sein, die nach Rheinheim hinüberführte und eine längst zerstörte spätrömische Brücke des 4. Jahrhunderts⁸² ersetzte, oder es kann sich diese Nachricht auf diejenige bezogen haben, die Zurzach mit Kadelburg verband. Sie diente beispielsweise dazu, den zur *familia* des Klosters gehörenden Bauern während der Erntezeit das Übersetzen an das andere Ufer zu ermöglichen.

Diese Fähre bzw. diese Fähren bildeten gewiss die Voraussetzung etwa für die im Mirakelbuch ausdrücklich geschilderte Reise eines vornehmen, von grossem Gefolge begleiteten Herrn durch Zurzach und für seinen damit zusammenhängenden Aufenthalt am Grabe der hl. Verena.⁸³ Ja, ohne diese herausragende Verkehrslage an Fluss und Flussübergang wären die zahlreichen Wallfahrtsbesuche auffallend hoch gestellter Persönlichkeiten der ottonischen Zeit am Grabe der Heiligen wohl kaum denkbar gewesen.⁸⁴ So pilgern etwa Herzog Burchard II. von Schwaben (917–926) mit seiner Gemahlin Reginlinde (Abb. 5) und deren zweiter Mann, Herzog Hermann I. (926–949), ebenso nach Zurzach wie Burchards und Reginlindes Enkel, König Konrad von Burgund (937–993), und seine Gemahlin Mathilde, die Tochter König Ludwigs IV. von Frankreich, oder Herzog Hermann II. von Schwaben (997–1003) und seine Gattin Gerberga, die Tochter König Konrads und der Mathilde. Gewiss sind sie alle von dem Wissen erfüllt, dass die Verehrung jeglicher Heiligen grundsätzlich zur Pflicht eines jeden Herrschenden gehört.⁸⁵ Nach Zurzach kommen sie jedoch im Besonderen von der Absicht geleitet, die als «Kinderspenderin», vor allem als «Spenderin männlichen Nachwuchses» verehrte⁸⁶ Verena um den noch fehlenden Sohn und damit um die Sicherung der legitimen Erbfolge zu bitten.⁸⁷ Und bemerkenswert ist darüber hinaus, dass Verwandtschaft all diese königlichen und herzoglichen Paare im Kult der Zurzacher Heiligen, der auf einen alten Fruchtbarkeitskult zurückgehen mag,⁸⁸ miteinander verband,⁸⁹ wobei es auffällt, dass jeweils nur die Träger hoher Ämter (Könige und Herzöge) mit ihren Frauen, nicht aber auch andere Mitglieder dieses Verwandtenkreises im Zurzacher Mirakelbuch des Erwähnens wert befunden worden sind. Diese Beobachtung lässt denn auch gegenüber einer Kennzeichnung Zurzachs als «Mittelpunkt der *devotio* der burkhardingischen Sippe»⁹⁰ Bedenken tragen. Vielmehr müssen die Wallfahrten der um die schwäbischen Herzöge aus den Häusern der «Burkhardinger» und der «Konradiner» gescharten Persönlichkeiten⁹¹ nach Zurzach denn doch wohl auch im Zusammenhang gesehen werden mit dem nahen Herzogs-«Vorort», der nahen Herzogs-«Residenz» Zürich, in deren Vorfeld Zurzach geradezu lag.⁹²

Ebendiesem burkhardingisch-konradinischen Verwandtschaftskreis will man auch jene um bzw. nach 950 in die Heidelberger Handschrift des althochdeutschen Georgsliedes eingetragene Liste zuweisen,⁹³ in der Geldspenden – wohl als Stiftungen zur Förderung des eigenen Seelenheils⁹⁴ – an elf nur durch ihre Heiligen gekennzeichnete Kirchen zumeist Schwabens verzeichnet sind.⁹⁵ Unter diesen Kirchen findet sich – neben den ebenfalls eindeutig zu identifizierenden Klöstern bzw. Stiften Waldkirch, Lorsch, Ellwangen und Solothurn – auch St. Verena in Zurzach, wohin elf Denare geschenkt wurden.

Dieses neuerliche Zeugnis von Zurzachs Bedeutung während des 10. Jahrhunderts ist umso wertvoller, als es als einzige Quelle aus diesem Zeitraum mit einiger Sicherheit nicht auf der Reichenau entstanden ist.⁹⁶ Wiederum dem Inselkloster entstammt jedoch ein weiteres «Dokument», das die Rolle Zurzachs als Wallfahrtsort in frühottonischer Zeit zu unterstreichen vermag. Gemeint ist die zu Zeiten Abt Alawichs I. (934–958)⁹⁷ im Inselkloster entstandene Erzählung von der 120 Jahre dauernden «Wanderschaft» der hl. Blutreliquie von Jerusalem auf die Insel Reichenau,⁹⁸ eines Amulettes in Kreuzform aus Gold und Edelsteinen, in das sich Tropfen von Christi Blut und ein Span vom hl. Kreuz eingeschlossen fanden (Abb. 6). Die Abtei erlangte dieses wertvolle Heiligtum dank einer Wallfahrt, die eine edle Frau Swanahild, die mit ihrem Mann Walter – nebenbei bemerkt einem Feind Herzog Burchards II. – in einer leider nicht namentlich benannten Burg wohnte, im Jahre 923 oder 925 zunächst zur Reichenau und danach auch nach Zurzach unternahm.⁹⁹ Nach ihrer Rückkehr aus Zurzach wurde sie von den Mönchen mit Erfolg bewogen, diese wertvolle Reliquie dem Inselkloster zu überlassen.¹⁰⁰ Der unbekannte Verfasser des Berichtes über diese Reliquientranslation bezeichnet Zurzach in diesem Zusammenhang als einen *reverentissimus locus*¹⁰¹, eine «hoch zu verehrende Örtlichkeit».

5 Ufenau, St. Peter und Paul. Spätgotische Darstellung der Herzogin Reginlinde als Stifterin dieser Kirche und der Martinskapelle auf der Insel.

Auch Swanahild hatte ohne Zweifel dem Adel angehört. Wie sehr der Kult der hl. Verena im 10. Jahrhundert gerade vom Adel – und keineswegs nur von einem durch Ämter besonders herausgehobenen Verwandtenkreis – gepflegt und gefördert worden ist, haben neuerdings archäologische Befunde an einem in einiger Entfernung von Zurzach gelegenen Ort erwiesen: In Herznach, in einem Seitental des Jura, das den Übergang vom Rheintal ins Tal der Aare erlaubt, steht noch heute eine der hl. Verena geweihte Kapelle, deren Bauwerk in die zweite Hälfte des 10. Jahrhunderts datiert werden kann. Ausgrabungen der Jahre 1990/91 haben ergeben, dass die Kapelle – im Gegensatz zu heute – ursprünglich keineswegs isoliert stand, sondern einer durch ihre Ummauerung und ihre Steinbauten als «Herrenhof», als Hof einer adeligen Familie, ausgewiesenen Anlage zugehört hatte.[102]

Angesichts einer in all diesen Zeugnissen zutage tretenden Bedeutung als Ziel einer gewiss schon vor der karolingischen Epoche häufig unternommenen und vor allem von Angehörigen des hohen Adels tatkräftig geförderten Wallfahrt zur hl. Verena ist die Vermutung nicht von der Hand zu weisen, dass die freilich erst für das späte Mittelalter, und zwar erstmals zum Jahre 1363 belegte Zurzacher Messe[103] zumindest bereits in der ottonischen Epoche[104] hier, nahe der Einmündung der Aare in den Rhein und damit in unmittelbarer Nähe eines, ja zweier mit Schiffen befahrbarer Flüsse[105], geblüht habe. Dies ist zumal dann ohne weiteres glaubhaft, wenn man überdies die Existenz jener beiden Fähren in Betracht zieht, mit deren Hilfe alte und wichtige Fernstrassen über den Rhein hinweggeführt wurden.[106]

Eine solche, in mehrfacher Hinsicht wichtige Örtlichkeit ohne Gefährdung von aussen zu besitzen, war freilich für die Reichenau nicht immer leicht. Als Herzog Burchard II. zu Beginn des 10. Jahrhunderts seine Herzogsherrschaft in Schwaben zu errichten begann, griff er in starkem Masse auf die «Reichskirche» und deren Besitz zurück.[107] Auch vor dem reichenauischen Zurzach machte er dabei keineswegs Halt. Ortschaft und Kloster dienten ihm dazu, seinen Vasallen Thietpold mit einem Lehengut auszustatten.[108] Ja, Thietpold machte sich dieses entfremdete Kirchengut so sehr zu Eigen, dass er mithilfe der dem «Verenakloster» gehörenden Bauern auf diesem seinem Benefizium, nahe der Aare, gar eine Befestigungsanlage mit einem Turm von ausserordentlicher Höhe errichtete.[109] Möglicherweise sollte auch diese Zurzacher «Burg» – ähnlich wie viele andere, etwa zur gleichen Zeit allenthalben errichtete Anlagen – der Abwehr der vor und nach 920 die

63 Dazu SCHMID, Hirsau, S. 41 ff. und S. 45.
64 Vgl. WOLFGANG HAUBRICHS, Neue Zeugnisse zur Reichenauer Kultgeschichte des neunten Jahrhunderts, in: ZGO 126, 1978, S. 1–43, hier S. 37, und DERS., Die Kultur der Abtei Prüm zur Karolingerzeit, Bonn 1979 (Rheinisches Archiv, 105), S. 61 und 63.
65 REINLE, Verena, S. 30, cap. XIII, und dazu KLÜPPEL, Hagiographie, S. 60 ff.
66 Hierzu und zum Folgenden KLÜPPEL, Hagiographie, S. 62.
67 Vgl. hierzu KLÜPPEL, Hagiographie, S. 62; BERSCHIN, Verena, S. 14; DERS., Biographie III, S. 434, und IV, S. 7 f.; zurückhaltender GEUENICH, Zurzach, S. 38, sowie PHILIPPART, Légendes, S. 260, und HEINZ LÖWE in: WATTENBACH-LEVISON, Deutschlands Geschichtsquellen im Mittelalter VI, Weimar 1990, S. 786 f. mit Anm. 447.
68 Dazu PHILIPPART, Légendes, S. 296/297 mit S. 264–266.
69 Zuletzt ediert von REINLE, Verena, S. 38–43; dazu und zum Folgenden wiederum zuletzt KLÜPPEL, Hagiographie, S. 64 ff., und PHILIPPART, Légendes, S. 261 f., sowie BERSCHIN, Biographie IV, S. 7–10.
70 Vgl. BERSCHIN, Verena, S. 14, und DERS., Biographie IV, S. 8 f.
71 Vgl. SENNHAUSER, in: Vorromanische Kirchenbauten 2, S. 473 und DERS., Katholische Kirchen, S. 10.
72 Zuletzt ediert von REINLE, Verena, S. 49–61 und dazu wiederum KLÜPPEL, Hagiographie, ebenda S. 64 ff. und PHILIPPART, Légendes, S. 261 f., sowie BERSCHIN, Biographie IV, S. 7 und S. 11–12.
73 Zuletzt ediert von KARL STRECKER in: MGH Poetae V, S. 95–99, und REINLE, Verena, S. 72/73; vgl. auch Die Handschriften der Württ. Landesbibliothek Stuttgart 2/1.1, Wiesbaden 1968, S. 81 = Hs. HB I 52; zu diesem Metrum KLÜPPEL, Hagiographie, S. 71 f., sowie BERSCHIN, Biographie IV, S. 7 und S. 10–11. Über weitere Texte vgl. KONRAD KUNZE, [Art.] «Verena», in: VL Bd. 10, 1996, Sp. 244–245.
74 Mirakelbuch, cap. XIII.
75 Mirakelbuch, cap. VIII.
76 Mirakelbuch, cap. VII.
77 Vita posterior, cap. IV und V; siehe auch im Anhang, S. 586 f. Vgl. auch Anm. 151. – Zu dieser Kirche vgl. HR. Sennhauser in diesem Band, S. 118–120.
78 Mirakelbuch, cap. XX. Vgl. auch Anm. 113.
79 Mirakelbuch, cap. XX.
80 Vgl. HANS RUDOLF SENNHAUSER, St. Ursen – St. Stephan – St. Peter, in: Solothurn. Beiträge zur Entwicklung der Stadt im Mittelalter, Zürich 1990 (Veröff. des Instituts für Denkmalpflege an der ETH Zürich, 9), S. 83–219, hier S. 167.
81 Mirakelbuch, cap. XIX.
82 Dazu HARTMANN, Rheinbrücke, sowie RIETHMANN, SEIFERT, Untersuchung sowie TRUMM, Besiedlung, S. 338 f., Nr. 137.
83 Mirakelbuch, cap. XIV.
84 Vgl. hierzu und zum Folgenden das Mirakelbuch; REINLE, Verena, insbes. S. 52 ff., und dazu den Kommentar, ebenda, S. 61 ff., sowie BERSCHIN, Verena, S. 12 ff., und vor allem SCHMID, Heirat, in: DERS., Gebetsgedenken, S. 388–423, hier S. 408 ff., S. 103–137, hier S. 123 ff., und dazu SWINARSKI, Herrschen, S. 408, Nr. 112, und S. 416, Nr. 129. Vgl. auch RAPPMANN, ZETTLER, Reichenauer Mönchsgemeinschaft, S. 442 (Burkhard II. von Schwaben).
85 Dazu SWINARSKI, Herrschen, S. 337 ff.
86 Vgl. SCHMID, Heirat, S. 410 f.
87 Dazu vor allem MICHAEL BORGOLTE, Conversatio Cottidiana, in: Archäologie und Geschichte des ersten Jahrtausends in Südwestdeutschland, Sigmaringen 1990 (Archäologie und Geschichte, 1), S. 295–385, hier S. 320 f.
88 So SCHMID, Heirat, S. 410 f.
89 Vgl. die Verwandtschaftstafel bei REINLE, Verena, S. 63, und – wiederholt und überarbeitet – bei SCHMID, Heirat, S. 412.
90 Vgl. HAUBRICHS, Herzogsfamilie, S. 177 f.
91 Vgl. Anm. 89; zu den Burkhardingern vgl. HLAWITSCHKA, Untersuchungen, S. 64 ff. mit Anm. 210 und Verwandtschaftstafel auf S. 65, sowie ALTHOFF, Amicitiae, S. 273 ff.; zu den Konradinern DONALD C.

6 Heiligblutreliquiar der Swanahild. Byzantinisches Kreuz, 7 cm hoch und 5 cm breit, aus der Zeit um 900. Die Blutreliquie ist im Körper des Gekreuzigten, ein Span vom Kreuzesholz im kleinen griechischen Kreuz über seinem Haupt untergebracht. Die griechische Inschrift auf der Rückseite des Kreuzes lautet: «Herr, hilf dem Hilarion Tzirithon, dem Diakon und Abt deines Klosters.»

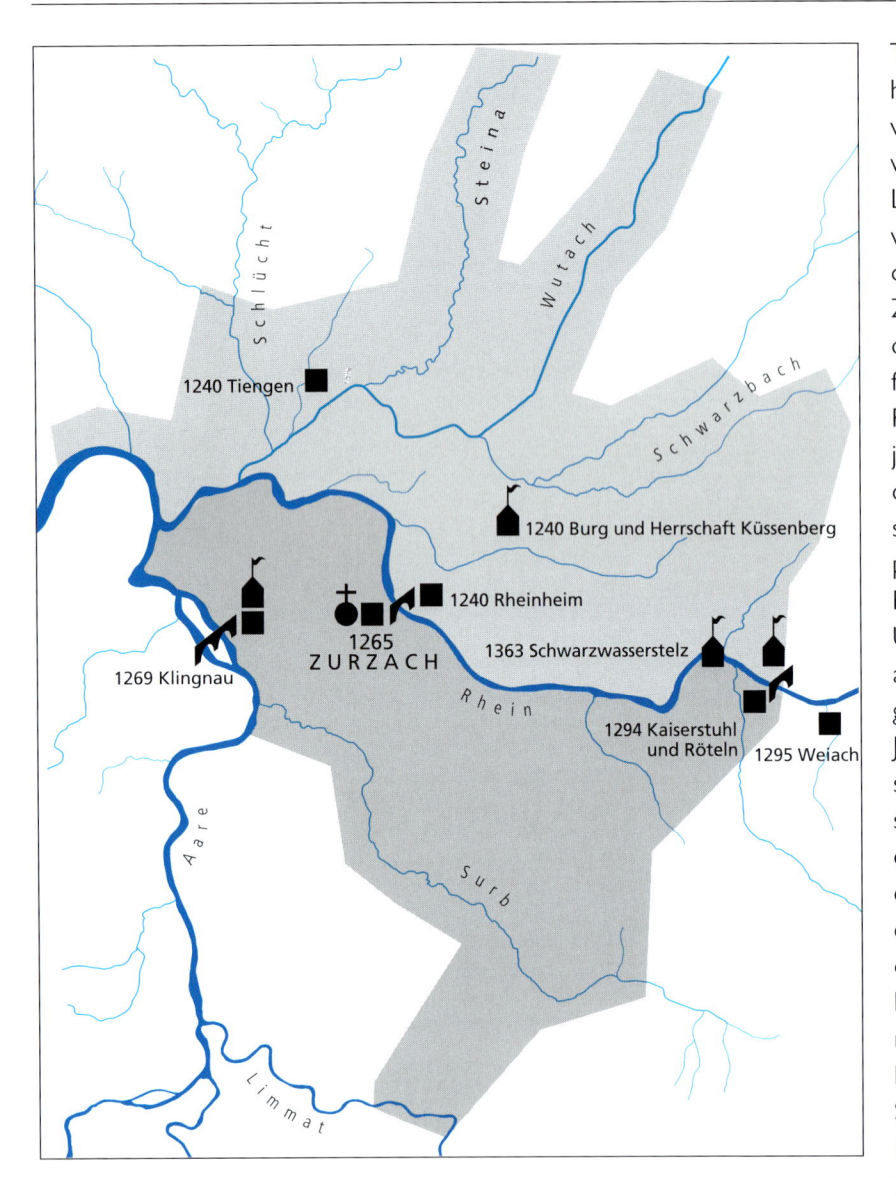

7 Besitz der Bischöfe von Konstanz in der Region Zurzach.

alemannischen Lande bedrohenden Ungarn dienen.[110] Die hl. Verena aber – so berichtet es das Mirakelbuch – bestrafte den «Eindringling» Thietpold in der Weise für sein Vergehen, dass sie seine «Burg» einstürzen und ihn und seine Familie in den Trümmern umkommen liess.[111]

Indessen gelang es der Abtei Reichenau noch im 10. Jahrhundert, ihre Rechte in und über Zurzach zu reaktivieren, ja sogar auszubauen. Denn als eine solche Massnahme der Konsolidierung des reichenauischen Besitzstandes in und um Zurzach ist denn doch wohl jener Tausch zu verstehen, den Bischof Gebhard von Konstanz um 983 vornahm, um sein Kloster Petershausen jenseits des Rheins, dem Bischofssitz gegenüber, gründen zu können (Abb. 7).[112]

Er erwarb den von ihm dort, gegenüber von Konstanz, für die Errichtung der Klostergebäude auserwählten Baugrund in der Weise von der Abtei der Reichenau, dass er dafür sein Eigengut, das er in oder bei Zurzach besass, im Tausch hergab. Der Petershauser Chronist des 12. Jahrhunderts, der uns dieses Tauschgeschäft überliefert, vergisst dabei nicht zu erwähnen, dass keineswegs alles, was die Reichenau augenblicklich, d. h. zu des Verfassers Lebzeiten, in Zurzach besitze, von Gebhard erworben worden sei. Man sieht: Die Reichenau ist noch gegen Ende des 10. Jahrhunderts bestrebt, ihren Besitz in und um Zurzach abzurunden.[113] Eine solche Stärkung ihrer Position in und um den ihr zugehörenden bedeutenden Wallfahrtsort passt aufs Beste zu jener Intensivierung und Propagierung, die das Inselkloster im gleichen Jahrhundert, ja gerade um die Wende vom 10. zum 11. Jahrhundert, dem Kult «seiner» Zurzacher Heiligen hat angedeihen lassen. Mit anderen Worten: Um die Jahrtausendwende repräsentiert das «Kloster» Zurzach letztlich die Reichsabtei Reichenau hier, im mittleren Talabschnitt des Hochrheins. Und nur im engen Zusammenwirken mit der «Mutterabtei» auf der Bodenseeinsel könnte eben jener vorhin genannte Konstanzer Bischof Gebhard (979–995), der im Jahre 1134 dann gar heilig gesprochen werden sollte, in seiner Eigenschaft als geistlicher Oberhirte seiner Diözese zwei Entscheidungen getroffen haben, die die Existenz der geistlichen Gemeinschaft in Zurzach ganz entscheidend berühren, ja festigen mussten: Eine allerdings erst dem 16. Jahrhundert angehörende chronikalische Tradition will wissen, dass Gebhard das «Kloster» in ein Chorherrenstift umgewandelt und neu dotiert habe,[114] und eine noch im 19. Jahrhundert in Zurzach selbst tradierte Überlieferung weiss davon zu berichten, dass Gebhard dem Stift Zurzach viele seiner «Patrimonialgüter» vermacht, das Fundament für eine neu zu errichtende Klosterkirche habe legen und in jeder der vier Mauerecken einen goldenen Pfennig habe einmauern lassen.[115] Diese – ihrer auffallenden Häufung und ihres abweichenden Inhalts wegen keineswegs auf den ersten Blick abzulehnenden[116] – Nachrichten könnten bedeuten, dass jetzt erst die bis dahin am Grab der hl. Verena wirkende Klerikergemeinschaft in ein vom Bischof als solches ausdrücklich privilegiertes und wohl auch mit Statuten für das tägliche Zusammenleben seiner Mitglieder ausgestattetes Chorherrenstift umgewandelt worden ist, und diese Überlieferung würde des Weiteren verständlich werden lassen, weshalb gerade jetzt, im endenden 10. bzw. im beginnenden 11. Jahrhundert, die St. Verena-Kirche einen derart monumentalen Neubau erfahren hat.[117]

Bald nach der Wende zum 11. Jahrhundert versiegen die zeitgenössischen, weitgehend der Reichenau zu verdankenden schriftlichen Quellen. Wenn die schriftliche Überlieferung in der zweiten Hälfte des 13. Jahrhunderts wieder zu sprechen beginnt, handelt sie bereits vom Verkauf des Chorherrenstiftes Zurzach durch das Bodenseekloster an die Bischöfe von Konstanz.

Schauen wir vorerst zurück: Indem der Kult einer Heiligen spätestens um die Wende vom 8. zum 9. Jahrhundert an der Stätte ihres Begräbnisses eine geistliche Gemeinschaft hatte entstehen lassen, war im Tal des Hochrheins, auf halbem Wege zwischen dem doch wohl um einiges jüngeren Kloster Rheinau und der vielleicht ungefähr gleichaltrigen Frauengemeinschaft von Säckingen, eine geistliche Institution herangewachsen, die nicht nur als religiöses Zentrum aktiv in das Land diesseits und jenseits des Flusses hinaus- und hineinwirkte, sondern zugleich früh das Interesse weltlicher Mächte auf sich zog. Dass sie als Objekt der Herrschaft begehrenswert erscheinen konnte, lag nicht allein daran, dass hier, in Zurzach, so etwas wie eine Landespatronin Alemanniens bzw. Schwabens verehrt wurde; es hing gewiss ebenso eng auch mit der diesem Heiligenkult so sehr förderlichen exzellenten verkehrsgeographischen Lage des Ortes zusammen. Denn hier überwand seit frühgeschichtlichen Zeiten eine aus dem Rhonetal über Genf durchs Mittelland ziehende, zunächst nach Windisch (Vindonissa) gelangende, sodann die Aare zuerst bei Brugg und danach noch einmal bei Stilli querende, schliesslich über den Achenberg nach Zurzach hinunterziehende «Fernstrasse» mithilfe von Fähren bzw. kurzfristig auch mithilfe von Brücken den an dieser Stelle gleichfalls als Verkehrsweg benützbaren Rhein, um sodann zwischen der Ostabdachung des Schwarzwaldes und dem Randen nach Norden zur oberen Donau zu ziehen.[118] Diese bevorzugte Verkehrslage unterschied Zurzach wesentlich von Rheinau und Säckingen, wie denn auch – zumindest seit dem späten 9. Jahrhundert – die Intensität des Kultes der hl. Verena diejenige eines Kultes des hl. Fridolin[119] oder diejenige eines – freilich offenbar erst seit dem 11. Jahrhundert blühenden – Kultes des hl. Fintan[120] bei weitem übertraf und Zurzach – im Gegensatz zu diesen beiden Inselklöstern – bezeichnenderweise zugleich zu einem frühen Handelszentrum werden liess. Es verband im Übrigen – ebenso wie Säckingen und Rheinau – beide Talhälften so sehr miteinander, dass der Hochrhein im frühen und hohen Mittelalter auch in diesem Talabschnitt nicht etwa die Funktion einer Grenze, sondern viel eher diejenige eines verbindenden Stromes annahm.[121] All diese Besonderheiten zusammengenommen und darüber hinaus vielleicht auch noch die Eigenschaft als frühes fränkisches Fiskalgut mochten dazu beigetragen haben, dass das «Klösterlein» zu Zurzach von vornherein nicht zu ei-

JACKMAN, The Konradiner, Frankfurt 1990 (Ius Commune, Sonderheft 47), insbes. S. 97–106, 203–219 und die Verwandtschaftstafel im Anhang, sowie jetzt DERS., Das Eherecht und der frühdeutsche Adel, in: ZRG GA 112, 1995, S. 158–201, sowie die Berichtigungen bei JOHANNES FRIED, Prolepsis oder Tod? Methodische und andere Bemerkungen zur Konradiner-Genealogie im 10. und frühen 11. Jahrhundert, in: Papstgeschichte und Landesgeschichte. Festschr. für Hermann Jakobs, Köln/Weimar/Wien 1995, S. 69–119, hier S. 111 und die Verwandtschaftstafel auf S. 118 und 119, und jetzt wiederum DONALD C. JACKMAN, Criticism and Critique. Sidelights on the Konradiner, Oxford 1997, mit der Tafel I auf S. 226. Vgl. auch ALTHOFF, Amicitiae, S. 240 ff.

[92] Dazu MAURER, Herzog, S. 168–170 und zuvor S. 57–75, und jetzt KAISER, Vom Früh- zum Hochmittelalter, insbes. S. 133 ff.

[93] HAUBRICHS, Herzogsfamilie, S. 168 und 193; dagegen SCHÜTZEICHEL, Codex, S. 41 und 46.

[94] Vgl. HAUBRICHS, Herzogsfamilie, S. 171; S. 194 und S. 201 denkt er gar ausdrücklich an Herzogin Reginlinde.

[95] Cod. Pal. lat. 52 der UB Heidelberg. Dazu grundsätzlich HAUBRICHS, Herzogsfamilie. Wenn Haubrichs S. 186 ff. davon spricht, dass es sich um Reichskirchen in der Hand von Angehörigen der hunfridingischen (= burchardingischen) Familie gehandelt habe, dann geht dies – wie bereits ein Blick auf Lorsch und Solothurn zeigt – gewiss zu weit. – Zu den Ausführungen von SCHÜTZEICHEL, Codex, vgl. schon die Rezension von WOLFGANG HAUBRICHS in: ADA 96, 1985, S. 9–19.

[96] Vgl. HAUBRICHS, Herzogsfamilie, S. 168.

[97] DOROTHEA WALZ, Die Reichenauer Heiligbluterzählung, in: FDA 108, 1988, S. 483–486, hier S. 485.

[98] Die Erzählung ediert bei KLÜPPEL, Hagiographie, S. 152 ff., mit dem Kommentar ebenda, S. 106 ff. Vgl. auch BERSCHIN, KLÜPPEL, Heiligblut-Reliquie, mit Edition und Übersetzung von THEODOR KLÜPPEL, S. 25–59. Vgl. zu dieser Quelle auch BORGOLTE, Grafschaften, S. 222 ff., sowie ZETTLER, Klosterbauten, S. 112 f.; KARL SCHMID, Adelsgeschichte und Adelsgeschlechter rund um den Bodensee, in: ZWLG 47, 1988, S. 9–37, hier S. 23 ff.; WALTER BERSCHIN, Die Anfänge des Reichenauer Heiligblut-Festes vor tausend Jahren, in: FDA 108, 1988, S. 303–309 (für Zurzach S. 304 f.), und HAUBRICHS, Herzogsfamilie, S. 189 ff.

[99] Das Jahresdatum 923 bei Hermann dem Lahmen, Chronicon, in: MGH SS 5, S. 112; das Jahresdatum 925 in der Heiligblut-Erzählung bei KLÜPPEL, Hagiographie, S. 162. Für 925 spricht sich BERSCHIN aus in: BERSCHIN, KLÜPPEL, Heiligblut-Reliquie, S. 23, Anm. 29. Zu Swanahild vgl. RAPPMANN, ZETTLER, Reichenauer Mönchsgemeinschaft, S. 505–506.

[100] Vgl. die Textstellen bei KLÜPPEL, Hagiographie, S. 159 (24), S. 161 (29) und S. 163 (34), sowie bei KLÜPPEL in: BERSCHIN, KLÜPPEL, Heiligblut-Reliquie, S. 46 (24), S. 50 (29), S. 54 (34).

[101] KLÜPPEL, Hagiographie, S. 159 (24); diese Hervorhebung Zurzachs in einem auf der Reichenau verfassten Text wird von KLÜPPEL, ebenda, S. 62, als Zeugnis für die guten Beziehungen zwischen der Reichenau und Zurzach gewertet.

[102] Vgl. PETER FREY, Die St. Verena Kapelle und der Herrenhof von Herznach, in: Argovia 104, 1992, S. 18–62, insbes. S. 28 und S. 41 ff.

[103] Vgl. dazu AMMANN, Zurzacher Messen (1), S. 12 ff., und DERS., Zurzacher Messen (2), S. 10 ff.

[104] MICHAEL MITTERAUER, Jahrmärkte in Nachfolge antiker Zentralorte, in: MIÖG LXXV, 1967, S. 237–321, hier S. 288 ff., möchte sogar einen vorchristlichen Ursprung der Zurzacher Messen in Erwägung ziehen.

[105] Zur Bedeutung des Hochrheins zwischen Aaremündung und Rheinfall als Wasserstrasse im 9./10. Jahrhundert vgl. CLAVADETSCHER, Wolfinus, hier S. 154 mit dem Hinweis auf eine der Wende des 9./10. Jahrhunderts entstammende Erwähnung von portus an diesem Rheinabschnitt.

[106] Vgl. dazu S. 133.

[107] Dazu eingehend MAURER, Herzog, S. 153 ff.

[108] Hierzu und zum Folgenden das Mirakelbuch bei REINLE, Verena,

nem Objekt adeliger Herrschaft und zum Kristallisationspunkt einer Adelsfamilie hatte werden können, wie dies bei Rheinau der Fall gewesen war. Zurzach war vielmehr sogleich in die Sphäre des karolingischen Königtums und danach in diejenige der an seine Stelle tretenden schwäbischen Herzogsherrschaft geraten.

Die von Karl III. begründete rechtliche Abhängigkeit Zurzachs von der Reichsabtei Reichenau mochte dann vollends verhindert haben, dass Zurzach die Rolle eines adeligen Hausklosters hatte übernehmen können oder besser: müssen. Einigermassen geschlossene Adelsherrschaften wuchsen im 10. Jahrhundert lediglich in einigem räumlichen Abstand von Zurzach heran.[122] Von irgendwelchen Versuchen der Einbeziehung Zurzachs in deren Bereiche wissen wir nichts. Mögen sich nördlich des Rheins, im Klettgau, genauer gesagt im Umkreis der Küssaburg, die zugleich das Zurzacher Rheintal und die über den Bechtersbohler Sattel ziehende «Zurzacher Strasse» beherrschte, und im Bereich von unterer Steina und Wutach im 10. und 11. Jahrhundert bereits Adelsherrschaften wenigstens im Ansatz herausgebildet haben, als deren Inhaber wir seit dem 12. Jahrhundert die Herren von Küssenberg[123] und die Herren von Krenkingen[124] kennen, so ist doch von einer Bedrängung des Zurzacher Stiftes durch diesen «landsässigen», «edelfreien» Adel nicht das Geringste bekannt. Am ehesten liesse sich vermuten, dass die Vorfahren der Küssenberger als Vögte Rechte über Zurzach ausgeübt haben könnten. Nicht mehr und nicht weniger wissen wir auch über das Verhältnis der im «Eigen», zwischen Aare und Reuss ansässigen frühen «hochadeligen» Habsburger[125] oder der auf dem «Stein zu Baden» sich festsetzenden, gleichfalls «hochadeligen» Familie (der späteren Grafen von Lenzburg)[126] oder etwa der sich am Ostrande der Lägeren niederlassenden Vorfahren der Herren von Regensberg[127] oder danach dieser selbst zum Stift Zurzach im 11. und 12. Jahrhundert. Und die gleiche Aussage gilt ebenso auch für die in nächster Nähe von Zurzach ihre Herrschaft ausbildenden Herren von Tegerfelden[128] und von Kaiserstuhl[129] oder für die weiter rheinaufwärts, um Eglisau wirksam werdenden Herren von Tengen[130].

II.

Wenn Zurzach erst in der zweiten Hälfte des 13. Jahrhunderts, d. h. nach mehr als zweihundert Jahren, in den schriftlichen Quellen wieder erscheint, dann wird man – angesichts eines so langen Schweigens der Quellen den vorsichtigen Schluss ziehen können, dass während dieser zwei Jahrhunderte offensichtlich keine Anlässe vorgelegen haben dürften, um die Örtlichkeit «aktenkundig» werden zu lassen, es sei denn, man würde annehmen wollen, dass diese Lücke in der schriftlichen Überlieferung durch den Verlust von Quellen verursacht worden sein könnte. Wenn nun Zurzach gerade nach der Mitte des 13. Jahrhunderts in den schriftlichen Quellen auffallend häufig Erwähnung findet, dann ist dies die Folge eines entscheidenden Wechsels in der Zugehörigkeit von Stift und Ort und dessen Bewohnern zu einer übergeordneten Herrschaft. Denn am 27. Mai 1265 verkauften in Allensbach am Untersee Abt und Konvent der Reichenau – bedrängt durch eine grosse Schuldenlast – an Bischof Eberhard von Konstanz (aus dem Hause Waldburg, 1248–1274) um 300 Mark Silber den Hof, also wohl den zentralen «Kelnhof» der Abtei, in Zurzach mit allem, was zu ihm gehörte. Das war zum einen das Patronatsrecht über die Kirchen von Klingnau und Zurzach; das war zum andern das Patronatsrecht über die Pfründen der Zurzacher Kirche, die angesichts dieser ausdrücklichen Nennung von Pfründen zum ersten Mal eindeutig als Kirche eines Chorherrenstifts ausgewiesen wird; und das waren zum Dritten die Vogtei– und die Lehenrechte über jene Besitzungen und jene Personen, die ebendiesem Hof in Zurzach und der hl. Verena, das heisst doch wohl dem Zurzacher Stift, gehörten.[131] Mit Letzteren dürften vor allem die in Zurzach lebenden abhängigen Bauern und Tagelöhner, aber auch die weit im Lande verstreut sitzenden, dem Stift gehörenden sog. Verener[132] gemeint gewesen sein. Diese Erwerbung, die die Bischöfe im Jahre 1265 getätigt haben, scheint derjenigen vergleichbar, die beinahe 400 Jahre früher der Abtei Reichenau hier in und mit Zurzach gelungen war. Und doch unterscheiden sich beide Erwerbungsakte wesentlich voneinander: Dem Inselkloster war Zurzach gegen Ende des 9. Jahrhunderts mehr oder weniger zufällig durch kaiserliche Schenkung zugefallen; der Ankauf von Zurzach durch Bischof Eberhard im Jahre 1265 aber war Teil einer ganz bewussten Erwerbspolitik, die die Bischöfe von Konstanz – beginnend mit Eberhards Vorgänger Bischof Heinrich I. (von Tanne, 1233–1248) – in ihrer Eigenschaft als Territorialherren vor allem im Tal des Hochrheins tatkräftig betrieben.[133]

Die Bischöfe waren immer da zur Stelle, wo sich eine andere kirchliche Institution oder ein Adelshaus zum Verkauf von Besitzungen und Herrschaftsrechten gezwungen sah. Das war im Tal des Hochrheins zum ersten Mal etwa zwanzig Jahre vor dem Erwerb von Zurzach in einem Bereich geschehen, der Zurzach unmittelbar gegenüberlag:

Mit dem um 1244 oder 1245 erfolgten Tode des Grafen Heinrich von Küssenberg, des letzten seines Geschlechts, waren – auf eine rechtlich allerdings offenbar nicht ganz einwandfreie Weise – Burg und Herrschaft Küssenberg an Bischof Heinrich zuhanden des Hochstifts Konstanz übergegangen.[134] Für das damals noch unter Reichenauer Herrschaft stehende Stift Zurzach und die von ihm abhängigen Leute zeitigte dieser Übergang von Burg und Herrschaft Küssenberg an die Bischöfe von Konstanz bereits erste Folgen: Zum einen hatten sich die expansionsfreudigen Konstanzer Bischöfe durch den Erwerb jener adeligen Herrschaft zugleich auch des unmittelbar gegenüber dem zurzachischen Ortsteil «Burg» gelegenen Dorfes Rheinheim bemächtigt,[135] was für Zurzach insofern von Bedeutung war, als dort seit eh und je die von Zurzach bzw. von «Burg» hinüberführende Fähre anlandete; zum andern waren bereits durch diesen um 1244/45 getätigten Erwerb der Herrschaft Küssenberg auch jene, später «Verener» genannten Leute betroffen, die zwar innerhalb des einstigen küssenbergischen Herrschaftsgebietes lebten, aber als Zinsbauern zum damals noch reichenauischen Kelnhof in Zurzach gehörten *(umbe die liute, die in den hôf Zurza cinshaft sint. Sint die von Owe lehen, [...])*[136].
Mit dem Ankauf von Zurzach im Jahre 1265 befanden sich fortan beide Uferseiten und vor allem die beiden Anlandestellen der für den Verkehr über den Rhein wichtigen Fähre in einer Hand. Und der Erwerb von Zurzach erfuhr noch eine wesentliche Abrundung auf der linken Rheinseite selbst dadurch, dass es Bischof Eberhard bereits vier Jahre später gelang, von den Herren von Klingen Burg und Stadt Klingnau zu erwerben.[137] Weitere Ankäufe folgten nach mit dem Ergebnis, dass sich Zurzach bis gegen Ende des 13. Jahrhunderts in ein weitgehend geschlossenes bischöfliches Territorium am Hochrhein eingegliedert fand.[138] Die erste entscheidende und zugleich höchst positive Konsequenz dieser bischöflichen Erwerbspolitik bedeutete für die Zurzacher der Bau einer hölzernen Brücke von Rheinheim hinüber nach «Burg» durch Bischof Eberhard.[139] Ihre Errichtung konnte dank archäologischer und insbesondere dendrochronologischer Untersuchungen des Jahres 1986 in der Tat auf die Zeit zwischen 1269 und 1275 datiert werden (Abb. 8).[140]
Damit überspannte wohl erstmals seit dem spätantiken Brückenbau mit den dendrochronologisch gesicherten Daten 368 und Reparaturen von 375 an etwa der gleichen Stelle wieder eine Brücke den Fluss und ergänzte damit die zahlreichen, gleichfalls während des 13. Jahrhunderts im Tal des Hochrheins geschaffenen festen Flussübergänge[141] an einer für den Fernverkehr beson-

S. 49/50; zur Datierung und zum Sachinhalt REINLE, Verena, S. 65 und 68, sowie EVA IRBLICH, Die Vitae Sanctae Wiboradae, in: SVG Bodensee 88, 1970, S. 1–208, hier S. 137, und MAURER, Herzog, S. 149 und S. 180.

[109] Dazu GEUENICH, Zurzach, S. 39. Geuenich bezieht die Nachricht auf jene «Diepoldsburg», in der – nach dem Bericht Ekkeharts IV. – die sog. Kammerboten Erchanger und Berthold Bischof Salomo III. von Konstanz (890–919) gefangen gehalten haben sollen; dagegen SCHNEIDER, Ungarnwälle, S. 471. Zum Problem der Identifizierung dieser bei Ekkehart genannten Diepoldsburg – ausser SCHNEIDER, ebenda, S. 467–471 – neuerdings ROLF GÖTZ, Aldingen oder Adingen – wo wurde im Jahre 917 der Schwabenherzog Erchanger hingerichtet?, in: WOLFGANG SCHMIERER, GÜNTER CORDES, RUDOLF KIESS, GERHARD TADDEY (Hrsg.), Aus südwestdeutscher Geschichte. Festschr. für Hans-Martin Maurer, Stuttgart 1994, S. 58–72, hier S. 59 f.

[110] Diese Annahme bei SCHNEIDER, Ungarnwälle, S. 104–106. Zu den Befestigungsmassnahmen im Zuge der Ungarnabwehr jetzt allg. ALTHOFF, Amicitiae, S. 70 ff.

[111] Sollte nicht die 1259 im nahen Döttingen belegte «Diepolthalde» (vgl. MERZ, Rechtsquellen, S. 243, und MERZ, Burganlagen und Wehrbauten I, S. 180, und III, S. 44) an jenen Thietpold des 10. Jahrhunderts und seine Burg erinnern?

[112] Vgl. OTTO FEGER (Hrsg.), Die Chronik des Klosters Petershausen, Lindau/Konstanz 1956, S. 50 (110) (zu der sich daran anschliessenden Fälschung des 12. Jahrhunderts vgl. MANFRED KREBS, Quellenstudien zur Geschichte des Klosters Petershausen, in: ZGO NF 48, 1935, S. 463–543, hier S. 495 ff. und S. 511 ff.). – Zur Sache vgl. ILSE-J. MISCOLL-RECKERT, Kloster Petershausen als bischöflich-konstanzisches Eigenkloster, Sigmaringen 1973 (Konstanzer Geschichts- und Rechtsquellen XVIII), S. 28.

[113] An dieser Stelle sei schliesslich noch auf die Möglichkeit verwiesen, dass jene von Otto I. am 1. Januar 950 dem Kloster Reichenau zu Ehren des dort in einem Kreuz verwahrten hl. Blutes geschenkte *ecclesia una cum decimis in loco Burg dicto constructa* (vgl. MGH DO I 116, S. 198/199) nicht – wie bisher zumeist geschehen (so z. B. bei F. BEYERLE, Grundherrschaft, S. 479, und GERD TELLENBACH, Kritische Studien zur grossfränkischen und alemannischen Adelsgeschichte, in: ZWLG XV, 1956, S. 169–190, hier S. 182) – mit der Kirche «auf Burg» bei Stein a. Rh. – Eschenz, sondern mit der der hl. Verena und den hl. Thebäern (Mauritius) geweihten Kirche «auf Burg» bei Zurzach (vgl. zu ihr Mirakelbuch bei REINLE, Verena, S. 60, und zum Bau REINLE, ebenda, S. 13, S. 20 sowie S. 209 f.; HR. SENNHAUSER, in: Vorromanische Kirchenbauten 1, S. 397 f., mit den Ergänzungen von Sennhauser in: Vorromanische Kirchenbauten 2, S. 74–75, und zuletzt KURT BÄNTELI, Die Kirche Burg, in: MARKUS HÖNEISEN (Hrsg.), Frühgeschichte der Region Stein am Rhein, Basel 1993, S. 174–190, und ANKE BURZLER, Zur Herausbildung eines frühmittelalterlichen Adelssitzes, ebenda, S. 272–275) zu identifizieren sein könnte (vgl. schon den Hinweis auf die Ungewissheit der bisherigen Identifizierungsversuche bei SCHMID, Königtum, S. 231 mit Anm. 20, bei THOMAS ZOTZ, Der Breisgau und das alemannische Herzogtum, Sigmaringen 1974, S. 95, Anm. 189, sowie bei MICHAEL BORGOLTE, Das Königtum am oberen Neckar [8.–11. Jahrhundert], in: FRANZ QUARTHAL (Hrsg.), Zwischen Schwarzwald und Schwäbischer Alb, Sigmaringen 1984, S. 67–110, hier S. 107 f.). Dies zumal auch deswegen, weil ein Anteil an der Kirche zu Eschenz bereits im Jahre 799 an das Kloster St. Gallen vergabt worden war (vgl. HERMANN WARTMANN, Urkundenbuch der Abtei St. Gallen I, Zürich 1863, Nr. 155, S. 146 f.: *partem ecclesie in castro Exsientie*, und dazu die Bemerkungen von MICHAEL BORGOLTE, Kommentar zu Ausstellungsdaten usw. der älteren St. Galler Urkunden, in: BORGOLTE, GEUENICH, SCHMID, Subsidia, S. 323–475, hier S. 350, Anm. 155). – Das Jahrzeitbuch des Stiftes Zurzach (1378 ff.) enthält zum Fest *Inventio S. Crucis* den – nachgetragenen – Vermerk: *Dedicatio capelle in Burg [...] sancte Crucis* (vgl.: WELTI, Jahrzeitbuch, S. 29 und S. 75, zum 3. Mai). Hierin könn-

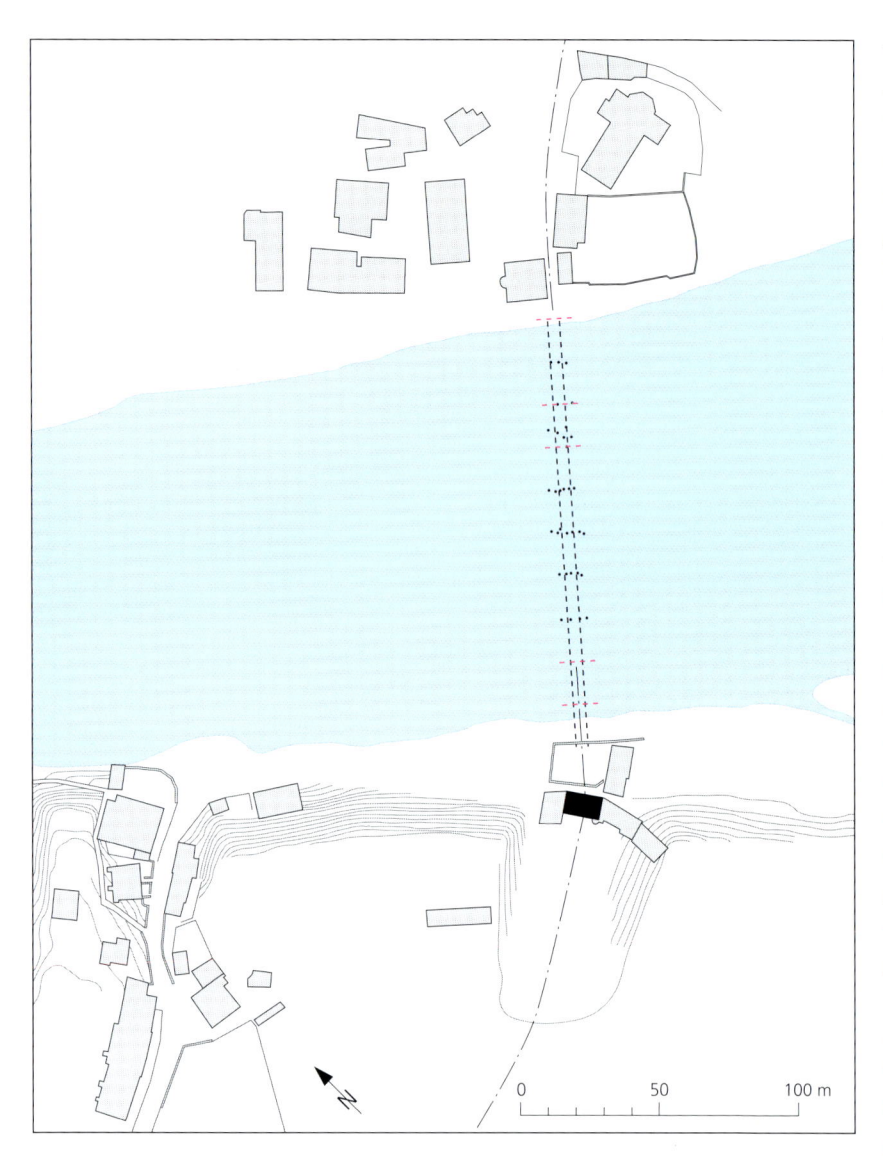

8 Situation der mittelalterlichen Brücke Zurzach–Rheinheim.

weis auf die Existenz der gewiss schon seit langem in Zurzach abgehaltenen, aber ausdrücklich erst für das Jahr 1363 belegten Messen:[146] Denn das Urbar verzeichnet für den Verenentag, den 1. September, d. h. für einen der beiden später durchgehend für die Abhaltung der Messe genannten Termine, die Abgabe von auffallend hohen Geldbeträgen und Wachszinsen an die bischöfliche Herrschaft.[147] Ansonsten aber, sieht man von der Erwähnung von Brücke und Kelnhof ab, erlauben uns auch die bis zur Wende vom 13. zum 14. Jahrhundert immer reichlicher fliessenden schriftlichen Quellen keinen Blick auf das Dorf, auf den «Marktflecken» Zurzach und seine Bewohner. Noch immer stehen das Stift und seine der hl. Verena geweihte Kirche im Mittelpunkt der Überlieferung: 1279, vierzehn Jahre nach dem Erwerb von Zurzach für das Konstanzer Hochstift, nimmt Bischof Rudolf (1274–1293) aus dem Hause Habsburg-Laufenburg, ein Vetter König Rudolfs von Habsburg, eine entscheidende innere Neuorganisation des Chorherrenstifts vor.[148] Wie lange damals bereits jene Epoche in der Geschichte des Stifts zurücklag, in der sich seine Mitglieder – unter Übernahme der Liturgie des bedeutenden elsässischen Augustinerchorherrenstiftes Marbach – der Regel des hl. Augustinus geöffnet, ihre Gemeinschaft damit als «reguliertes» Augustinerchorherrenstift definiert und ein den Mönchen vergleichbares Gemeinschaftsleben eingeführt hatten, lässt sich nicht mehr feststellen.[149] Dieser Vorgang ist aber – angesichts der erst gegen Ende des 11. Jahrhunderts aufkommenden religiösen Bewegung der Augustinerchorherren und angesichts der vor allem während des 12. Jahrhunderts zu beobachtenden Blüte des «Mutterstiftes» Marbach – in ebendieses 12. Jahrhundert zu datieren. Im Jahre 1279 mag diese Epoche schon seit Jahrzehnten abgeschlossen gewesen sein, zumal auch in der Urkunde über den Erwerb von Zurzach im Jahre 1265 durch die Bischöfe von der Existenz eines Augustinerchorherrenstiftes bereits keine Rede mehr war (Abb. 9). Die Zurzacher Chorherrengemeinschaft hatte sich inzwischen wieder zu einem «säkularen», d. h. nach keiner Regel lebenden Stift gewandelt.

Bischof Rudolf vergisst in der von ihm 1279 anlässlich der Neuordnung des Stifts ausgestellten Urkunde nicht zu betonen, dass die Kirche St. Verena zu Zurzach ihm und der Konstanzer Bischofskirche sowohl in weltlichen als auch in geistlichen Belangen unterstellt, d. h. er für Zurzach sowohl in seiner Eigenschaft als Territorialherr als auch in seiner Eigenschaft als geistlicher Oberhirte seiner Diözese zuständig sei. Unter all den übrigen Bestimmungen dieser entscheidenden Neuordnung, die dem Chorherren-

ders wichtigen Stelle. Dass diese Brücke bevorzugt dem Fernverkehr dienen sollte, geht aus den Bestimmungen eines jener Zurzach betreffenden Einträge in der auf Veranlassung von Bischof Heinrich II. (von Klingenberg, 1293–1306) in den Jahren 1302 bis 1305 geschaffenen Beschreibung («Urbar») des gesamten bischöflichen Territoriums hervor: Dort finden sich ausser dem Hof *(curia)* und weiteren Einkünften in Zurzach selbst sowie ausser der Fischenz in «Burg»[142] in einem Nachtrag auch die jährliche Erhebung eines Zolles an der Bücke von Rheinheim verzeichnet.[143] Die Tatsache, dass dieser Zoll, der der baulichen Unterhaltung der Brücke zu dienen hat, in 14 Pfund Pfeffer bestehen soll, deutet darauf hin, dass er von «Fernhändlern» erhoben wurde.[144] Um die Mitte des 14. Jahrhunderts ist allerdings wiederum nur von der Existenz eines *var,* einer Fähre, zu Rheinheim die Rede.[145]

Das Urbar Bischof Heinrichs von Klingenberg enthält für die Zeit um 1300 aber auch den ersten indirekten Hin-

stift St. Verena zu Zurzach als institutionellem Mittelpunkt des «Fleckens» und seiner Bewohner für die Zukunft eine sichere Grundlage schuf, mussten zwei gerade für die hier Wohnenden besondere Bedeutung erlangen: Zum einen bestimmte der Bischof, dass am Orte Zurzach – wohl in unmittelbarer Verbindung mit dem Stift – ein Knabenschulmeister zur Unterrichtung der Schüler seine Wirksamkeit entfalten solle *(ut in dicto loco Zurzach doctor puerorum ad erudiendam scolares existat)*, wobei damit wohl nicht an eine Schule allein für den Chorherren-Nachwuchs, sondern auch für die männliche Jugend des «Fleckens» zu denken sein dürfte. Zum andern verordnete der Bischof, dass die Chorherren aus ihren Reihen einen Dekan wählen sollten, der u. a. die Verwaltung der Sakramente und die Verkündigung des Wortes für bzw. an die Pfarrangehörigen übernehmen, mit anderen Worten die Funktion eines Pfarrers im Ort ausüben solle. Zwar werden während des 13. Jahrhunderts immer wieder Zurzacher Leutpriester erwähnt;[150] nie aber ist – sieht man von einem frühen Hinweis im Mirakelbuch ab[151] – ausdrücklich von der Existenz einer eigenen Pfarrkirche die Rede. Die Bestimmungen über die seelsorgerischen Aufgaben des Stiftsdekans anlässlich der Neuordnung von 1279 lassen eher vermuten, dass die Stiftskirche zugleich als Pfarrkirche gedient haben mochte und dass auch die vor 1279 immer wieder einmal erwähnten Zurzacher Leutpriester Chorherren des Stifts gewesen sind. Hier scheint das Jahr 1294 einen entscheidenden Wandel gebracht zu haben: In jenem Jahr brannten nicht nur grosse Teile der Stiftskirche, sondern auch die Chorherrenhäuser nieder,[152] von denen – nach der Neuordnung der stiftischen Verhältnisse von 1279 – wohl jeweils eines einem jeden Chorherrn zur Wohnung zugewiesen war. Diese Chorherrenhäuser scharten sich wie ein dichter Kranz um die Stiftskirche und bildeten damit zwischen «Unterflecken» und «Oberflecken» einen eigenen, weitgehend geschlossenen Bezirk.[153]

Genau in diesem Jahr des Brandes und gewiss als Reaktion auf dieses Unglück inkorporierte nun Bischof Heinrich (von Klingenberg, 1293–1306) eine jetzt erstmals ausdrücklich als Pfarrkirche bezeichnete Marienkirche *(ecclesia sancte Marie parrochialis)* dem Stift,[154] d. h., er bestimmte, dass deren Einkünfte – gewiss zur Stärkung der wirtschaftlichen Grundlagen des durch den Brand in Mitleidenschaft gezogenen Stiftes – künftig diesem zufliessen sollten. Ausserdem löste er Stift und Pfarrkiche aus dem geistlichen Jurisdiktionsbereich des zuständigen Archidiakons und des zuständigen Dekans, um sie unmittelbar seiner geistlichen Jurisdiktion zu unterstellen. Wiederum wird in

te durchaus ein Bezug der Zurzacher Kirche zu der Verehrung der hl. Blut-(Kreuz-)Reliquie auf der Reichenau gesehen werden.

[114] Vgl. SCHULTHAISS, Bisthums-Chronik, S. 22, und JACOB RASSLER, De situ et splendore civitatis Constantiensis etc. (vor 1617), = Hs. 107 der Kantonsbibliothek Frauenfeld (unter «Gebhard»). Vgl auch PHILIPP RUPPERT, Die Chroniken der Stadt Konstanz, Konstanz 1891, S. 4.

[115] Vgl. HUBER, Urkunden, S. 418.

[116] Dies im Gegensatz zu der kritischen Haltung von REINLE, Verena, S. 229 f., Anm. 9, und von MARCHAL, Zurzach 1977, S. 597 mit Anm. 2.

[117] Vgl. HR. SENNHAUSER, in: Vorromanische Kirchenbauten 2, S. 473.

[118] Über diese Strasse vgl. etwa – für die römische Zeit – HR. SENNHAUSER, in: ROTH-RUBI, SENNHAUSER, Römische Strasse, S. 19–29, und VICTORINE VON GONZENBACH, Die Verbreitung der gestempelten Ziegel der im 1. Jh. n. Chr. in Vindonissa liegenden röm. Truppen, in: DIES., Schriften zu Vindonissa und seinen Truppen, Baden 1991 (Veröff. der Gesell. Pro Vindonissa X), S. 226–301, hier S. 233 und S. 255–260 sowie die Karte auf S. 301, und R. HÄNGGI, in: HÄNGGI, DOSWALD, ROTH-RUBI, Kastelle, S. 413 ff. und 431 ff., sowie TRUMM, Besiedlung, S. 180–184 und S. 224 f. mit Karte Abb. 28 und Beilage 1 und 2; für das Mittelalter vgl. etwa ADOLF GASSER, Die geopolitische Bedeutung des Aargaus im Wandel der Zeiten, in: Argovia 48, 1936, S. 5 ff., hier S. 8, und MAURER, Land, S. 19 ff.

[119] Zum Fridolinskult vgl. die in Anm. 28 zitierte Literatur.

[120] Über den Kult des hl. Fintan vgl. die in Anm. 31 genannte Literatur.

[121] Dies im Gegensatz zu WERNER KAEGI, Die Rheingrenze in der Geschichte Alemanniens, in: DERS., Historische Meditationen, Zürich 1942, S. 41–76, der dem Hochrhein bereits für das frühe und hohe Mittelalter die Bedeutung eines Grenzstromes zusprechen möchte. Ganz anders HANS CONRAD PEYER, Gewässer und Grenzen in der Schweizergeschichte, in: DERS., Könige, Stadt und Kapital, Zürich 1982, S. 232–242.

[122] So nach den freilich nur noch bedingt haltbaren Vorstellungen von PAUL KLÄUI, Hochmittelalterliche Adelsherrschaften im Zürichgau, Zürich 1960 (MAGZ 40, Heft 2), passim; zur Kritik vgl. EUGSTER, Adel, S. 207.

[123] Zur frühen Küssaburg vgl. GERSBACH, Urgeschichte, S. 195 ff., und VOELLNER, Burgen, S. 57 ff.; über die Herrschaftsbildung der Herren von Küssenberg vgl. MAURER, Land, S. 118 ff. und S. 147 ff., sowie EUGSTER, Territorialpolitik, S. 156–166.

[124] Zur Herrschaftsbildung der Herren von Krenkingen und ihren Grundlagen vgl. MAURER, Land, S. 142 ff. und S. 159 ff.

[125] Vgl. zu ihnen KARL SCHMID, Adel und Reform in Schwaben, in: JOSEPH FLECKENSTEIN (Hrsg.), Investiturstreit und Reichsverfassung, Sigmaringen 1973 (Vorträge und Forschungen XVII), S. 295–319, hier S. 309 ff. und S. 315 ff., sowie KARL SIEGFRIED BADER, Burghofstatt und Herrschaftseigen, in: HANS PATZE (Hrsg.), Die Burgen im deutschen Sprachraum, Sigmaringen 1976 (Vorträge und Forschungen XIX), S. 249–272, hier S. 268/269, und JEAN-JACQUES SIEGRIST, Die Acta Murensia und die Frühhabsburger, in: Argovia 98, 1986, S. 5–21, sowie WERNER MEYER, Die Frühzeit der Habsburger Herrschaft im Aargau, in: Nachrichten des Schweizerischen Burgenvereins 17, Heft 4, 1991, S. 21–24.

[126] Dazu HERBERT WEIS, Die Grafen von Lenzburg in ihren Beziehungen zum Reich und zur adligen Umwelt, Diss. phil. Masch. Freiburg i. Br., 1959, S. 51.

[127] Vgl. HUGO SCHNEIDER, Die Burgruine Alt-Regensberg, Olten 1979 (Schweizer Beiträge zur Kulturgeschichte und Archäologie des Mittelalters, 6), passim, und neuestens EUGSTER, Adel, S. 176.

[128] Vgl. MERZ, Burganlagen und Wehrbauten II, S. 513–520, und MITTLER, Klingnau, S. 23 ff., sowie RAPPMANN, ZETTLER, Reichenauer Mönchsgemeinschaft, S. 494.

[129] Vgl. KARL SCHIB, Zur ältesten Geschichte Kaiserstuhls, in: Festschrift Friedrich Emil Welti, Aarau 1937, S. 377–389, hier S. 381 ff., und HELMUT NAUMANN, Die Gründung der Stadt Kaiserstuhl, in: ZGO 118, 1970, S. 67–87, passim.

9 Urkunde von 1265:
Die Abtei Reichenau verkauft
1265 ihren Besitz in Zurzach
an den Bischof von Konstanz.
StAAG, U. 18/0001.

diesem Zusammenhang der Dekan des Stifts ausdrücklich als Pfarrer bzw. als Leutpriester *(qui plebis rector est)* bezeichnet; auffällig ist aber die erstmalige Nennung der Pfarrkirche St. Marien (Obere Kirche), deren Bau heute noch in unmittelbarer Nachbarschaft der Stiftskirche steht.[155] Mit Recht ist darauf aufmerksam gemacht worden, dass der *Liber decimationis* des Bistums Konstanz aus dem Jahre 1275, der die Pfarreien der Diözese weitgehend vollständig erfasst,[156] noch nichts von einer Zurzacher Pfarrkirche zu berichten weiss.[157] Das legt in der Tat die Annahme nahe, dass man erst nach dem Brandunglück des Jahres 1294 eine im Umkreis der Stiftskirche gelegene Kapelle für den Laiengottesdienst designiert und sie rechtlich zur Pfarrkirche erhoben hat.[158]

Bischof Heinrichs eben genannte Inkorporationsurkunde vom 23. Juni 1294 begründet im Übrigen den mithilfe dieser Urkunde vorzunehmenden Rechtsakt damit, dass der in der Kirche zu Zurzach verwahrte kostbare Leichnam der hl. Verena Gläubige von weither, ja selbst von den äussersten Grenzen der Erde herbeiführe *(procul et de ultimis terre finibus huc adduxit)*, um der Wohltaten der Heiligen teilhaft zu werden. Wenn es Bischof Heinrich mit diesem seinem Rechtsakt letztlich darum zu tun ist, die «Ehre» *(honor)* der Zurzacher (Stifts-)Kirche zu mehren, dann liegen einem anderen Rechtsakt, den Herzog Johann von Österreich mit einer von ihm am 1. April 1294 – bezeichnenderweise also wiederum im Jahr des Zurzacher Kirchenbrandes – im nahen Brugg ausgestellten Urkunde vollzog,[159] offensichtlich dieselben Motive zugrunde. Der zwischen Mai 1290 und Januar 1291 als Enkel König Rudolfs von Habsburg und als Sohn Herzog Rudolfs des Jüngeren und dessen Gemahlin Agnes, Tochter König Ottokars II. von Böhmen, geborene Johann[160], der im Jahre 1308 zum Mörder seines Onkels, König Albrecht I., werden und dieser Tat wegen fortan als *Parricida* (Verwandtenmörder) bezeichnet werden sollte, hat im Jahre 1294 die für Stift Zurzach bestimmte Urkunde demnach als Kleinkind ausgestellt; im Grunde aber war seine Mutter Agnes, die sich nach dem Tod ihres Mannes (1290) für einige Zeit in die habsburgischen Stammlande zurückgezogen hatte, die Ausstellerin der Urkunde und damit die eigentliche Veranlasserin des mithilfe dieser Urkunde zu verbriefenden Rechtsaktes. Man hat von diesem Privileg Herzog Johanns mit Recht gesagt, dass «es mit so prätentiösen Titeln ausgestattet, überhaupt in so anmassendem Ton gehalten [sei], dass der Einfluss der Mutter auf seine Stilisierung ausser Zweifel steht».[161] Herzog Johann nimmt mit dieser seiner Urkunde das Stift Zurzach *(Sancte Verene ecclesia in Zurzach)*, seine Kleriker, seine Besitzungen und

[130] Über sie MARKUS BITTMANN, Die Freiherren und Grafen von Tengen 1080–1591, in: FRANZ GÖTZ (Hrsg.), Tengen. Geschichte der Stadt und ihrer Ortschaften, Singen 1991, S. 61–92 (mit Karte auf S. 92).

[131] Vgl. TUB 3, Nr. 491, S. 293–294 = REC 1, Nr. 2116. Angesichts dessen, dass im Jahre 1297 die beiden Brüder Heinrich und Ulrich von Zurzach von Bischof Heinrich II. von Klingenberg als seine Ministerialen bezeichnet werden (vgl. TUB 3, Nr. 927, S. 933), könnte man den Schluss ziehen, dass diese Familie, deren Angehörige vom 12. bis zum 14. Jh. belegt sind, durch den Erwerb von Zurzach im Jahre 1265 in bischöfliche Dienste übernommen worden sein könnte. Indessen waren sie damals bereits als Stadtbürger in Schaffhausen ansässig. Vgl. HARALD RAINER DERSCHKA, Die Ministerialen des Hochstiftes Konstanz, Stuttgart 1999, S. 221–225 mit Stammtafel auf S. 222.

[132] Zu ihnen vgl. REINLE, Verena, S. 98.

[133] Zur Territorialpolitik der Bischöfe im 13. Jahrhundert vgl. insbes. FEGER, Urbar, S. 14 ff.; ANNELIESE MÜLLER, Besitzgeschichte des Hochstifts, in: ELMAR L. KUHN u. a., Die Bischöfe von Konstanz I, Friedrichshafen 1988, S. 277–287, insbes. S. 280, mit Karte S. 281; ZIMPEL, Bischöfe, insbes. S. 113 ff. und S. 299 ff., sowie DERS., Territorium, sowie WERNER KUNDERT, Weltliches Herrschaftsgebiet, in: HS I/2, 1, Basel 1993, S. 54 ff.

[134] Vgl. dazu REINHARD WAIS, Die Herren von Lupfen, Landgrafen von Stühlingen, bis 1384, Allensbach 1961 (Veröff. aus dem Fürstl. Fürstenberg. Archiv, 16), S. 51 f.; ZIMPEL, Bischöfe, S. 113 und S. 302 f., sowie EUGSTER, Territorialpolitik, S. 156–166.

[135] *apud castrum Kussaperc in villa Rinhain*, vgl. TUB 2, Nr. 248, S. 658 von 1250 = REC 1, Nr. 1768; vgl. auch Anm. 138.

[136] Vgl. FUB 5, Nr. 156, S. 113 von 1251 = REC 1, Nr. 1781.

[137] Vgl. die Zusammenstellung der einzelnen Quellen bei ZIMPEL, Territorium, S. 53, Anm. 26.

[138] Vgl. Anm. 133. – Die bischöflich-konstanzischen Erwerbungen sind zusammengestellt im Kapitel von J.-J. Siegrist, S. 237 ff.

[139] Vgl. SCHULTHAISS, Bisthums-Chronik, S. 34: *Item die vogthey zu Rainhaim, her Eberhardten Freyherren von Lupfen* (d. h. vom Schwager und Miterben Heinrichs von Küssenberg). *Daselbst hat er ain prugk buwen.*

[140] Vgl. dazu HARTMANN, Rheinbrücke, sowie RIETHMANN, SEIFERT, Untersuchung, hier S. 164 ff., sowie TRUMM, Besiedlung.

[141] Vgl. dazu vor allem FRITZ GLAUSER, Stadt und Fluss zwischen Rhein und Alpen, in: ERICH MASCHKE, JÜRGEN SYDOW (Hrsg.), Die Stadt am Fluss, Sigmaringen 1978 (Stadt in der Geschichte, 4), S. 62–99, hier S. 66–77 und insbes. S. 68 mit Anm. 47.

[142] Vgl. FEGER, Urbar, S. 71/72, Nr. 7 und 8.

[143] *Item de theloneo pontis in Rinhain dantur singulis annis 14 libre piperis, cum quibus pons custoditur et eciam reparatur.* Vgl. FEGER, Urbar, S. 74, Nr. 26.

[144] Vgl. allg. HEKTOR AMMANN, Mittelalterliche Zolltarife aus der Schweiz, in: ZSG XVI, 1936, S. 129–166, hier S. 148, und speziell für Zurzach ZIMPEL, Bischöfe, S. 322 mit Anm. 1001.

[145] Vgl. JOHANNES MEYER (Hrsg.), Urbar des Klosters Rheinau, Anfang XIV. Jahrhundert, (Schluss) in: Alemannia 4, 1877, S. 212–236, hier S. 234, und dazu GROPENGIESSER, Rheinau, S. 136.

[146] Siehe oben, Anm. 103.

[147] Vgl. FEGER, Urbar, S. 71/72, Nr. 7, und S. 74, Nr. 25, und dazu den Kommentar ebenda, S. 38 und S. 72, Anm. 8; vgl. auch ZIMPEL, Bischöfe, S. 320 ff.

[148] Vgl. den Druck der Urkunde bei MERZ, Rechtsquellen, S. 28–30, Nr. 1, und zur Sache selbst grundsätzlich MARCHAL, Zurzach 1977, S. 567.

[149] Die wenn auch kurzfristige Eigenschaft des Stiftes Zurzach als Augustinerchorherrenstift erkannt zu haben, ist das Verdienst der Arbeit von WITTWER, Liber Ordinarius (Ms.), S. 34 ff. Dazu auch PETER WITTWER, Warum regulierte Chorherrenstifte in der Diözese Konstanz den Gottesdienst nach Strassburger Art feierten. – Der

seine zugehörigen Leute aus den nachfolgenden Gründen in seinen besonderen Schutz: Seine Mutter Agnes hege zur Zurzacher Kirche, in der «der kostbare Schatz des Leibes der glorreichen heiligen Jungfrau Verena ruht»[162], deswegen eine besondere Liebe, weil sie seine, Herzog Johanns, Geburt Verenas Gnade verdanke *(pro nostri genitura, quam eiusdem Sancte virginis dono et gracia consecuta est)*. Aus diesem Grunde habe seine Mutter der hl. Verena ständige Verehrung gelobt und aus der gleichen Gesinnung stelle er nun der Zurzacher Kirche als Dank für seine Geburt und sein Gedeihen *(super nostra generacione et prosperitate)* diesen Schutzbrief aus.

Man sieht: Gegen Ende des 13. Jahrhunderts ist die Verehrung der hl. Verena so lebendig wie eh und je, hat diese Verehrung vermutlich gerade nach der Brandkatastrophe von 1294 eine erneute, lebhafte Förderung erfahren. Und nicht anders als im 10. Jahrhundert, da die Zurzacher Heilige für die mit der nahen Pfalz Zürich verbundenen Herzöge von Schwaben aus burkhardingischem und konradinischem Hause vor allem als «Kinderspenderin» der Verehrung würdig schien, hat sie auch jetzt wieder – in der gleichen Rolle – die Aufmerksamkeit einer unfern von Zurzach beheimateten, in Brugg «residierenden»[163] Herzogs- und Königsfamilie auf sich gezogen.

---

liturgische Einfluss von Marbach im Elsass auf die Stifte St. Laurentius in Ittingen, St. Martin auf dem Zürichberg und St. Verena in Zurzach (Konstanzer Arbeitskreis für mittelalterliche Geschichte. Protokoll Nr. 319 über die Arbeitssitzung am 1.12.1990), insbes. S. 10 und S. 11. Vgl. künftig auch Kap. 1.6 seiner «Einleitung».

[150] Vgl. BECK, Patrozinien, S. 42.
[151] Vgl. REINLE, Verena, S. 39, cap. IV und S. 41, cap. V, und dazu den Kommentar S. 44 und S. 204.
[152] Vgl. REINLE, Verena, S. 164 und S. 200, sowie SENNHAUSER, Zurzach, S. 14 ff.
[153] Zur Topographie von Zurzach im 13. Jahrhundert vgl. SENNHAUSER, Zurzach, insbes. S. 3 und S. 4 mit Abb. 4 auf S. 5 und Abb. 5 auf S. 7 sowie S. 14 ff. und S. 18 mit Abb. 13. Vgl. ausserdem DERS., Der Flecken Zurzach, in: Stadtluft, Hirsebrei und Bettelmönch, S. 207–220, mit instruktiven Karten.
[154] Vgl. den Text der Urkunde bei MERZ, Rechtsquellen, S. 31, Nr. 2.
[155] Über sie REINLE, Verena, S. 204 ff., und SENNHAUSER, Katholische Kirchen, S. 22.
[156] Vgl. GERLINDE PERSON-WEBER, Der Liber Decimationis des Bistums Konstanz, Freiburg/München 2001 (Forschungen zur Oberrheinischen Landesgeschichte XLIV), S. 309 und S. 328.
[157] BECK, Patrozinien, S. 42.
[158] BECK, ebenda, Anm. 92.
[159] Der Text im Anhang zu J. E. KOPP, Geschichte der eidgenössischen Bünde III, 1, Berlin 1862, S. 279–281, Nr. 8.
[160] Über ihn FRITZ TRAUTZ, Artikel «Johann (Parricida)», in: NDB 10, 1974, S. 504–505.
[161] Vgl. ALFRED HESSEL, Jahrbücher des Deutschen Reiches unter König Albrecht I. von Habsburg, München 1931, S. 224; vgl. auch BRUNO MEYER, Studien zum habsburgischen Hausrecht, in: ZSG 25, 1945, S. 153–176, hier S. 164, Anm. 30, sowie REINLE, Verena, S. 97, und DERS., Hausheilige, insbes. S. 156. Vgl. auch den älteren Kommentar bei HUBER, Geschichte, S. 15 f.
[162] So nach der Übersetzung bei REINLE, Verena, S. 97.
[163] Zur Rolle Bruggs als «Residenz» der österreichischen Herzogsfamilie in den «Vorlanden» vgl. FRANZ QUARTHAL, Residenz, Verwaltung und Territorialbildung in den westlichen Herrschaftsgebieten der Habsburger während des Spätmittelalters, in: PETER RÜCK (Hrsg.), Die Eidgenossen und ihre Nachbarn im Deutschen Reich des Mittelalters, Marburg a. d. Lahn 1991, S. 61–85, hier S. 72 f.

Abbildungsnachweise:
1) Zentralbibliothek Zürich.
2, 4) Foto A. Hidber.
3) Zeichnung A. Hidber.
5) Repro aus: Peter Ziegler, Fresken in den Kirchen der Insel Ufenau ..., Freienbach, Bruhin AG 1975, S. 25.
6) Fotomontage A. Hidber nach Berschin, Klüppel, Heiligblut-Reliquie, S. 20.
7, 8) Zeichnung N. Hidber.
9) Foto Staatsarchiv Aarau.

4 Verena als Mittelpunkt.
Das Stift und die Pfarreien

Verena.
Egidius abbas
Magnus
Ursus
Antoninus
Nat. s. Marie
genitricis di.
Uxor eius
Adrianus
Dorotheus
Gorgonius
Prus.
Felix
Iacinctus
Regula.

Formen und Ausstrahlungen des Verenakultes im Mittelalter

ADOLF REINLE

Einleitung

Städte, Flecken und Dörfer, die Sitz eines Klosters oder Stiftes sind, haben eine schwer definierbare besondere Stimmung. Viel mehr noch sind Wallfahrtsorte durch die Art ihrer Heiligtümer geprägt worden, besonders jene, welche das Grab einer oder eines Heiligen bargen. Dabei geht es nicht allein um die architektonische Konzeption ihrer Kirchen und deren Ausstattung, sondern um liturgische und brauchtümliche Besonderheiten. Vor allem mit diesen und ihren Ausstrahlungen wollen wir uns in den folgenden Abschnitten befassen, nicht erschöpfend, sondern anregend zu weiteren Untersuchungen.[1]

Ein Kapitel über die Pilger des frühen und hohen Mittelalters und ihre Anliegen, die sie nach Zurzach führten, soll den Einstieg bieten. Einen Reflex davon wird man im Abschnitt über das Auftreten von Kirchen, Kapellen und Altären mit dem Verenapatrozinium finden. Desgleichen, doch erstaunlich spät, seit dem 13. Jahrhundert in der Verwendung des Zurzacher Heiligennamens als Taufname. Die liturgische Verehrung St. Verenas erfolgte naturgemäss nach dem Schema des Kultes für frühchristliche Jungfrauen ohne Martyrium. In die populäre Sphäre greifen die Verenaprozessionen, welche auf Wunsch der Bevölkerung stattfanden, wodurch ein engerer Bezirk ihrer Verehrung sichtbar wird. Vielfältig mit den kultischen Äusserungen sind die bildlichen Darstellungen St. Verenas verbunden, deren älteste erhaltene Beispiele ins 12. Jahrhundert zurückreichen. Sie erscheinen zentral auf dem Grabrelief und den Reliquiaren des Kirchenschatzes. Ein solcher Schatz gehörte im Mittelalter selbstverständlich zur kultischen Ausrüstung eines Kathedral- wie eines Wallfahrtsheiligtums. Schliesslich waren nicht nur köstliche Werke der Gold- und Textilkunst ein Attribut bedeutender Heiligtümer, sondern auch schriftliche Schöpfungen. Wichtige Bücher sind für Zurzach natürlich die nur in Abschriften anderwärts überlieferten, direkt mit St. Verena verbundenen Viten-, Mirakel- und Hymnentexte. Ein

---

[1] Meine Ausführungen greifen zusammenfassend und ergänzend auf einzelne Kapitel meiner im Herbst 1944 an der Universität Basel eingereichten und 1948 veröffentlichten Doktordissertation zurück: Die Heilige Verena von Zurzach. Legende, Kult, Denkmäler. Im Folgenden: REINLE, Verena.

Monatsbild September im so genannten Zwiefaltener Martyrologium, Mitte 12. Jahrhundert. Stuttgart, Württembergische Landesbibliothek, Cod. hist. fol. 415, fol. 62v.

kostbares Original der Geschichte des religiösen Schauspiels ist das Fragment von Chorherr Gundelfingers Osterspiel von 1494.

Verenapilger und ihre Anliegen

An die Spitze der frühmittelalterlichen Verehrerinnen St. Verenas ist Kaiserin Richardis, Gemahlin Kaiser Karls III., zu setzen. Um 840 als Tochter des elsässischen Grafen Erchanger geboren, Gründerin des Frauenklosters Andlau auf väterlichem Besitz, wo sie um 896 starb und früh als Heilige verehrt wurde. Mit guten Gründen ist die der ersten Vita Sanctae Verenae (um 887) beigegebene Widmung auf Richardis zu beziehen.[2]

Im Kapitel «Patrozinien» begegnen wir im Jahre 843 dem schwäbischen Grossen Adalhart mit Frau Swanaburc, die ihre Verenakirche zu Burg (heute Strassberg im Scherragau) dem Kloster St. Gallen schenken.[3] Beiläufig erscheint im bekannten Bericht über die Schenkung der kostbaren Heiligblutreliquie an die Abtei Reichenau im Jahre 925 auch Zurzach als Pilgerziel. Die rätische Adelige Suanahilda trug das byzantinische Reliquienkreuzchen (S. 131, Abb. 6) als Reiseheiligtum mit sich und liess es auf der Reichenau zurück, wo es bis heute verehrt wird.[4]

Schliesslich ist das Mirakelbuch von Zurzach ums Jahr 1000 ganz der Schilderung des dortigen Pilgerwesens um das Grab St. Verenas gewidmet. Derartige Sammlungen von wunderbaren Ereignissen, die zur Aufmunterung und Erbauung der Pilger dienen sollten, wurden schon in früh-

1 Im Mirakelbuch erwähnte adelige Pilger.

⌐⌐ im Reichenauer Totengedenkbuch

⌐⌐ Wallfahrt ans Verenagrab

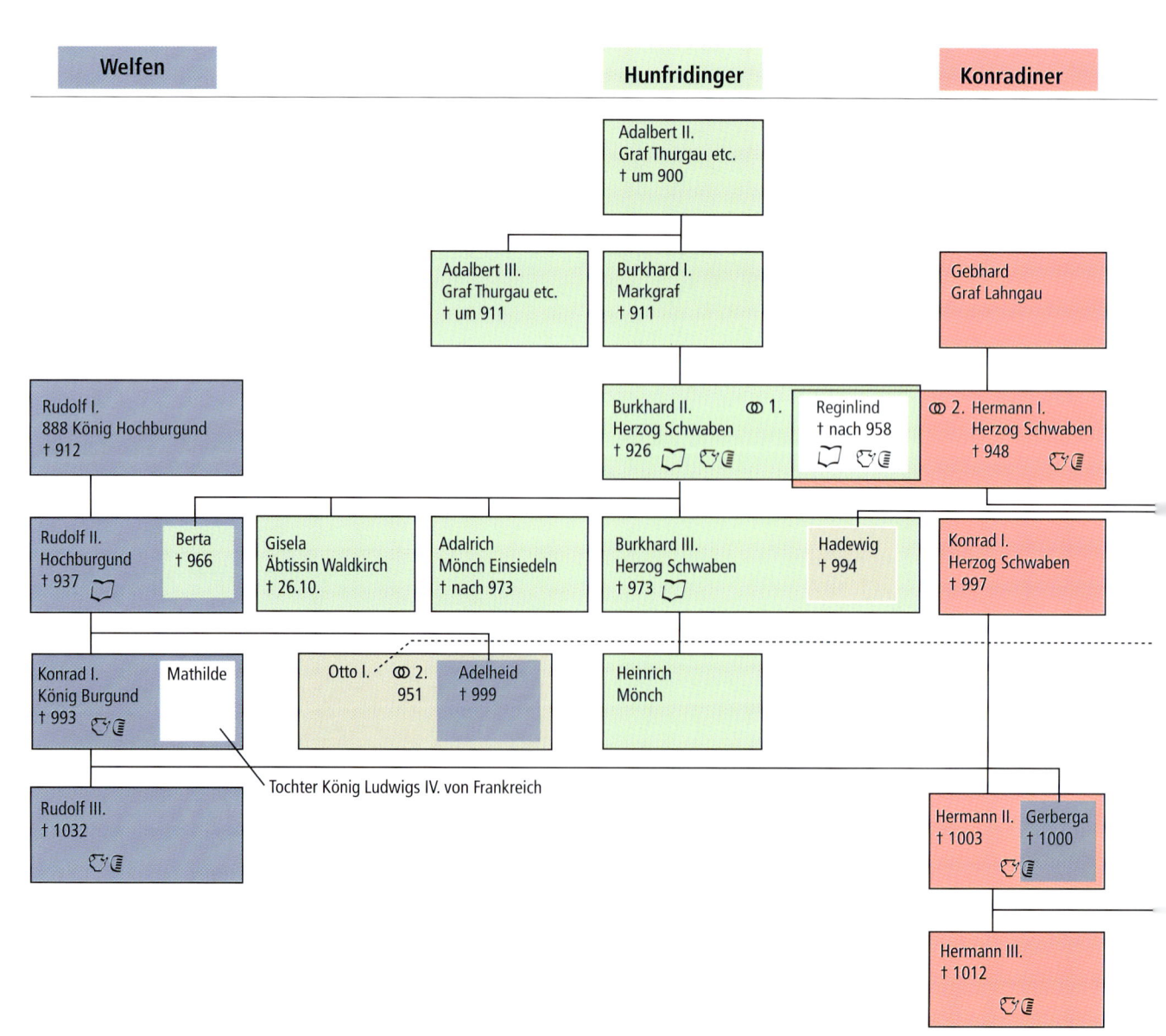

christlicher Zeit angelegt und finden sich im Anhang von Heiligenviten. Sie sind ein Zeugnis für die Anliegen, die man einer bestimmten Heiligengestalt vorgetragen hat. Sie belegen Herkunft und Stand der Pilger und wie ihnen geholfen wurde. Auch das Einzugsgebiet eines Wallfahrtsortes wird darin sichtbar.[5]

Das Zurzacher Mirakelbuch ist von seltener Ausführlichkeit und voll von personengeschichtlichen Einzelheiten, eine wahre Fundgrube für den Historiker unterschiedlicher Interessen, von der politischen Geschichte bis zur Volkskunde. Nicht weniger als einundzwanzig Mirakel sind in gedrängter, gleichsam anekdotischer Form aneinander gereiht, alle ohne exakte Daten, doch anhand der erwähnten historischen Persönlichkeiten vielfach zeitlich einzuordnen (Abb. 1). Sie müssen auch keineswegs chronologisch geordnet sein, bieten Ereignisse tief aus dem 10. Jahrhundert und reichen bis in die Jahre um 1010. Beim 15. Mirakel wird der Zweck dieser Texte genannt; sie dienten im Anschluss an die Vita der hl. Verena zur Lesung in der Nokturn des Festes und bei Tisch.[6]

Um das ganze Ensemble in seiner Buntheit zu zeigen, sei hier der Inhalt in seiner Reihenfolge stichwortartig aufgezählt: 1. Herzog Burchard von Alemannien, der unrechtmässig den Ort Zurzach an sich gerissen und einem Vasallen Thietpold überlassen hatte, wird durch eine himmlische Erscheinung der Wegtragung des St. Verenaschreins veranlasst, seine angemasste Herrschaft über Zurzach aufzugeben. – 2. Als genannter Thietpold die Untertanen der hl. Verena quälte, errichtete er jenseits der Aare eine Festung und darin einen Turm von wunderbarer Höhe.

| Liutpoldinger | Ottonen |

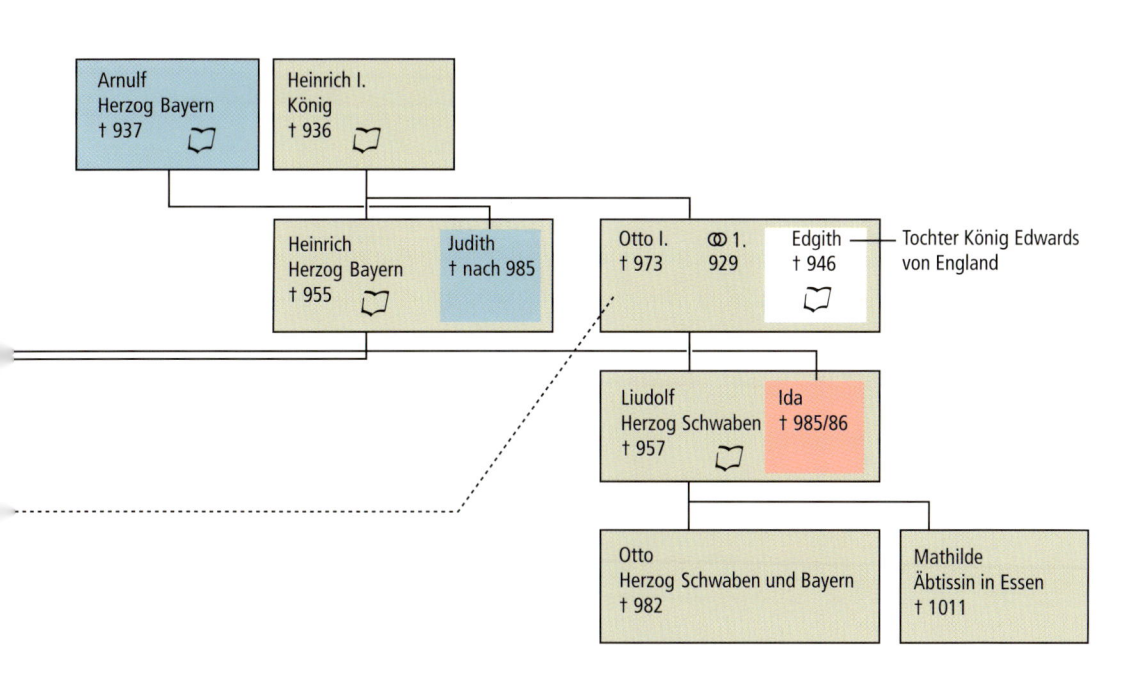

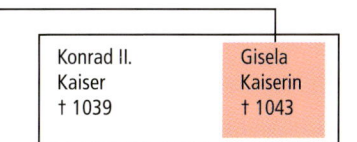

Arnulf Herzog Bayern † 937
Heinrich I. König † 936
Heinrich Herzog Bayern † 955
Judith † nach 985
Otto I. † 973 ⚭ 1. 929
Edgith † 946 — Tochter König Edwards von England
Liudolf Herzog Schwaben † 957
Ida † 985/86
Otto Herzog Schwaben und Bayern † 982
Mathilde Äbtissin in Essen † 1011
Konrad II. Kaiser † 1039
Gisela Kaiserin † 1043

---

[2] REINLE, Verena, S. 14, 20–22, 30–31.
[3] REINLE, Verena, S. 24.
[4] REINLE, Verena, S. 70. – BERSCHIN, KLÜPPEL, Heiligblut-Reliquie.
[5] REINLE, Verena, S. 48–69, Textedition mit deutscher Übersetzung und Kommentar; siehe auch im Anhang S. 589–596.
[6] REINLE, Verena, S. 58.

2 Verbreitung des Verena-Patroziniums und von Verenareliquien. Grau: Bistum Konstanz im Mittelalter.

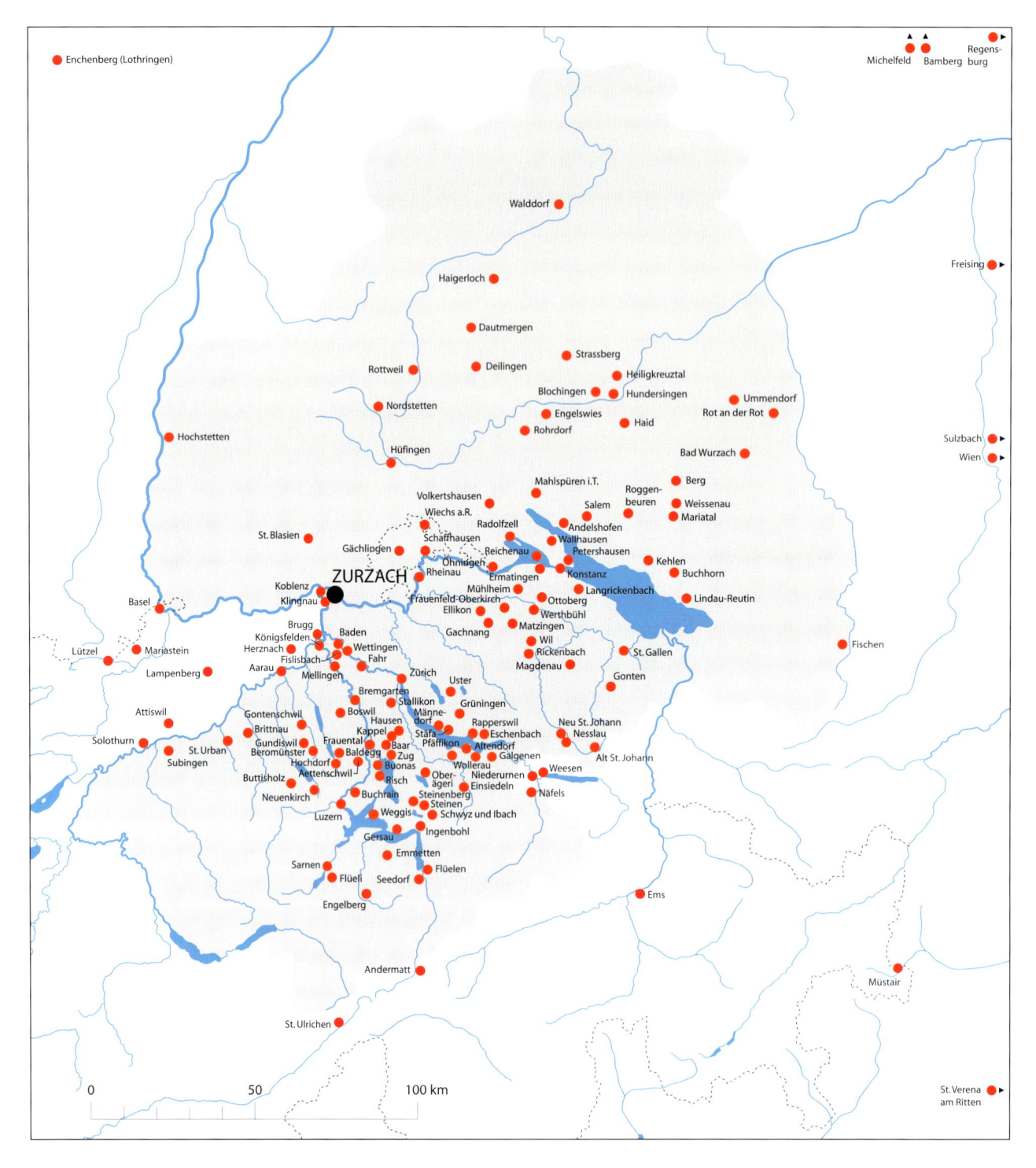

Bei dessen Einsturz verlor sein Nachkomme samt Familie das Leben. – 3. Ein Pferdedieb wird vom Geschädigten geblendet, ruft die Hilfe St. Verenä an, deren Untertan er ist, und wird durch ihre Hilfe geheilt, arbeitet noch als Zeuge ihrer Wohltaten beim Zurzacher Gotteshaus. – 4. König Konrad von Burgund, von seiner rechtmässigen Gattin ohne Erben für sein Reich gelassen, pilgert mit dieser nach Zurzach, bringt Gaben und legt Gelöbnisse ab. Daraufhin zeugen sie einen Sohn, der schon zu Lebzeiten des Vaters sein Reich übernimmt und heute noch regiert. – 5. Herzog Hermann von Alemannien und seine Gattin Reginlinde pilgerten nach Zurzach, um von St. Verena einen Sohn zu erbitten. Zu diesem Zweck übernachteten sie daselbst und zeugten eine Tochter, die zu hohen Ehren aufstieg. – 6. Eine adelige Frau im Elsass gebar, als sie ihre Landesheilige Odilia um einen Erben bat, dreimal hintereinander Töchter. Odilia verwies die Verzweifelte an die Hilfe St. Verenas, die fähig sei, Söhne und Töchter zu verschaffen. Und diese half mit Zwillingen, gleich zwei Söhnen. – 7. Als ein Teil der St. Verenakirche wegen Feuchtigkeit einstürzte, barg man nützliche Bausteine aus der Tiefe des Wassers am Ort Confluentia, wo Aare und Rhein zusammenfliessen. Aus den eingemeisselten Inschriften und Figuren schloss man, diese seien bei einem Schiffbruch (in römischer Zeit) dorthin gelangt. – 8. Einer Überschwemmung der Getreidefelder durch den Rhein trat man mit einer Reliquienprozession entgegen. – 9. Einer Spinnerin, die den Kirchweihtag mit Arbeit verunehrt und ohnmächtig zu Boden fällt, wird vor dem Altar geholfen. – 10. Ein sehr reicher Graf in Franken macht sich über St. Verenas Fürsprache zur Geburt von Söhnen lustig; solche seien nur in Tugenden, nicht aber in Kriegsdingen tüchtig. Der Spötter wird vom Unglück verfolgt und bleibt ohne männliche Erben. – 11. Pferdediebe, am Fest Verenas in der Menge sich als Pilger gebend, verirren sich bei ihrem Weggang in Wäldern und Sümpfen, geraten in Panik und bereuen ihre Tat. – 12. Einem Bauern, der am Kirchweihtag Holz im Walde sucht, bleibt das Messer an der Hand kleben. – 13. Ein böswillig umgeleiteter Mühlbach richtet Zerstörungen an und kehrt in sein altes Bett zurück. – 14. Ein grosser Herr mit Gefolge wohnt für eine Nacht in den Gebäuden des Zurzacher Klosters, wobei man sich gewaltsam der Altarkerzen bedient. Beim Wegzug fällt der Herr verletzt zu Boden. – 15. Ein seit seiner Jugend kranker adeliger Mitbruder des Klosters Zurzach legt sich zum Gebet am Grabe der hl. Verena nieder, fällt in Schlaf und erwacht geheilt. – 16. Bei der Prozession an Mariä Lichtmess brennen ungeschützt Kerzen trotz heftigen Sturmes. – 17. Ein Bauer wendet am St. Verenatag sein Heu auf der Wiese und fällt krank zu Boden. – 18. Ein Leibeigener der hl. Verena wurde durch Heirat einer reichen Frau vermöglich und berühmt, schämte sich aber, die üblichen Abgaben zu zahlen, und zog weg. Früher Tod des Ehepaares und Krankheiten der Nachkommen waren die Strafe. – 19. Zum Kloster gehörende Erntearbeiter, die der Kirche der hl. Verena Gruss und Verehrung verweigerten, erlitten bei der Überquerung des Stromes Schiffbruch. – 20. In den Ruinen der alten Stadt am Rhein fanden Hirten ein steinernes Krüglein, das sich durch Wunder als das Gefäss der hl. Verena erwies. Daraufhin wurde daselbst eine St. Verena und den hl. Thebäern geweihte Kirche gebaut, in der – als einst das nächtliche Licht vergessen wurde – Engel Gottesdienst feierten. – 21. Hermann II., Herzog von Alemannien, und seine Frau, Tochter König Konrads von Burgund, kamen nach Zurzach, um St. Verena um einen Sohn zu bitten. Als ein solcher geboren war, kamen sie mit reichen Geschenken, um zu danken.

Zwischen den treuherzig geschilderten Lokalereignissen ragen, wenn auch ohne Daten, die auf ein Jahrhundert verteilten Geschichte machenden Gestalten des alemannischen Herzoghauses und der hochburgundischen Königsfamilie heraus. Wenn wir ihre genealogischen Verbindungen zusammenstellen, ergibt sich ein lückenloses Beziehungsnetz. Es wird auch deutlich, dass in scheinbar nebensächlichen Formulierungen der Mirakelberichte genaueste Kenntnisse der Personengeschichte ausgesprochen werden. So wenn es heisst, König Konrad habe St. Verena um einen Sohn von seiner «legitimen Gattin» gebeten, und feinfühlig verschwiegen wird, dass er einen Sohn schon von seiner Konkubine Aldind hatte. Oder wenn scheinbar phrasenhaft gesagt wird, die durch St. Verenas Bitte geborene Tochter Hermanns I. und Reginlindes, die schöne Ida, sei zu grossen weltlichen Ehren gelangt. Sie ward Schwiegertochter Kaiser Ottos I. und erfuhr an seinem Hofe königliche Ehren.

Die Fortsetzung hochadeliger Verehrung zu St. Verena findet sich im 13. und 14. Jahrhundert bei den Habsburgern und ihren Parteigängern um die Herren von Klingen am Ober- und Hochrhein sowie um die Grafen von Neuenburg in der Westschweiz.[7]

Verena als Patronin von Kirchen, Kapellen und Altären

Patrozinien sind der kartographisch exakt fixierbare Ausdruck für die Verbreitung eines bestimmten Heiligenkultes. St. Verena bietet – gegenüber den allgemein verbreiteten wie St. Peter oder fränkisch motivierten wie St. Martin – ein geographisch und geschichtlich leicht überblickbares Territorium. Freilich reichen die schriftlichen Quellen meistens bei weitem nicht in die Anfänge unserer Gotteshäuser zurück, und es sind erst die modernen Ausgrabungen, die zu unserer Überraschung an vielen Orten frühmittelalterliche Kirchen zutage gefördert haben.[8]

Ein Blick auf unsere Karte (Abb. 2) zeigt als dominierendes Verbreitungsgebiet der Verenakirchen das ehemalige mächtige Bistum Konstanz, das einen grossen Teil der Deutschschweiz umfassend bis zum Alpenkamm am Gotthard reichte. Nur gerade mit dem Fricktal (Herznach) hat das Bistum Basel Anteil an den Verenakirchen. Anderseits

---

[7] REINLE, Verena, S. 94–98.
[8] REINLE, Verena, S. 89–94, bringt eine behelfsmässige Zusammenstellung, wie sie während des Krieges möglich war. Eine grundlegend neue monographische Erfassung wäre sehr wünschbar, würde aber den Rahmen unseres Aufsatzes sprengen.

3 Verenakirchen
und -kapellen:
a) Strassberg (Hohenzollern), Verenakirche.
b) Rot an der Rot, Kreis Biberach, ehem. Prämonstratenserkloster St. Verena.
c) St. Verena in Lengstein am Ritten, Südtirol.

reichen diese im Bistum Konstanz über Haigerloch und Strassberg im Norden hinaus. Womit gesagt ist, dass nicht allein Bistumsgrenzen die Heiligenkulte bestimmen. Wie weit Ordens- und Klosterabhängigkeit mitspielte, kann man erraten, wenn man die Ausstrahlung weit reichender Institutionen wie der Abteien Säckingen am Hochrhein oder St. Gallen vergleicht. Zurzach war ein kleines Kloster ohne ausgedehnten Besitz und Macht. Alle zahlreichen Kultzeugnisse deuten darauf hin, dass die Gründungen von Verenakirchen vom Adel vollzogen wurden. Dies nicht im Hinblick auf politische und wirtschaftliche Strategie, sondern als Ausfluss ihrer besonderen Devotion gegenüber St. Verena, wie sie im Abschnitt über die Pilger nach Zurzach überaus deutlich gezeigt werden konnte.

Der Moment einer solchen Stiftung der Kirche ist nirgends fest zu greifen. Aber ganz nahe daran sind wir mit einer Urkunde des Adalhart, eines schwäbischen Grossen, vom 31. Oktober 843. Er schenkt der Kirche St. Verena in Burc im Scherragau (= Strassberg in Hohenzollern; Abb. 3a), «ad ecclesiam, que constructa est in honore sancte Verenae», seinen Besitz zu Dürkheim im Gebiet von Worms und grosse Besitzungen in Alamannien sowie dreissig Hörige unter der Bedingung, dass sie nie von dieser Kirche abgetrennt werden dürfen. Die so ausgestattete Kirche schenkt er gleichzeitig dem Kloster St. Gallen mit Stiftung der Jahrzeiten für König Ludwig den Deutschen, für den Stifter Adalhart selbst, seine Eltern, seine Gattin Swanaburc und ihre Kinder. Es wird nicht gesagt, wann diese Kirche gebaut wurde; möglich wäre, dass dies kurz zuvor durch die Familie erfolgte, die sich so sehr dieses Heiligtums annahm.

Der heutige Bau, in dem 1136 erstmals als «Strazberg» benannten, 23 km nordwestlich von Sigmaringen in Hohenzollern gelegenen Ort, ist noch heute eine lebendige Stätte der Verenaverehrung. Ein reich ausgestatteter Barockbau von 1737–1742, mit Hochaltargemälde der Patronin von Johann Kaspar Kohler aus Saulgau 1742.[9]
Ein frühmittelalterliches Verenaheiligtum ist auch mit der in spätgotischer Gestalt überlieferten Kapelle in Herznach im heute aargauischen Fricktal belegt (Abb. 4). Ausgrabungen um die talabwärts des Dorfes stehende 1516 neu geweihte Kapelle ergaben 1990/91, dass diese im 10. Jahrhundert als Teil eines umfangreichen Herrenhofes errichtet wurde, der vom 7./8. Jahrhundert bis nach 1400 bestand. Hier könnten die im 12. Jahrhundert als Dienstleute der Grafen von Homberg bezeugten Freiherren von Herznach gelebt haben. Als sicher darf man nun annehmen, dass das 1904 in der Kapelle entdeckte frühmittelalterliche steinerne Kreuzigungsrelief nicht später aus dem Basler Münster hieher gelangt sein muss. Das berühmte Werk – heute in der kantonalen Historischen Sammlung auf der Lenzburg – trägt die Stifterinschrift des Basler Bischofs Landelous, der für 961 erwähnt ist, im Zusammenhang mit Reliquien des hl. Mauritius, die er an Kaiser Otto I. für den Magdeburger Dom übermittelte. Das Herznacher Verenaheiligtum entstand demnach in einem adeligen Umkreis, wie wir ihm bereits bei der Verenakirche von Burg-Strassberg begegnet sind.[10]

St. Verenas Name steht auch als Kirchenpatrozinium über zwei grossen Klöstern der Reformorden im schwäbischen Bereich. Im Jahre 1134 schenkte der Linzgauer Edelmann Guntram von Adelsreute sein Dorf Salmannsweiler nörd-

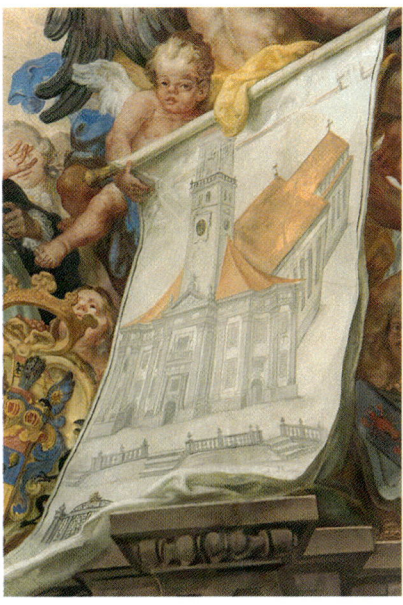

d) Zugerberg, Verenakapelle.
e) Bad Wurzach, Verenakirche. Idealansicht von Westen. Detail aus dem Deckenfresko von Andreas Brugger 1777.
f) Hüfingen, Stadtkirche St. Verena.
g) Solothurn, Einsiedelei in der Verenaschlucht.
h) Magdenau, Verenakapelle.
i) Enchenberg bei Bitche in Lothringen, Wallfahrtskapelle Ste-Vérène.
k) Stäfa, Gemeindewappen von 1928.

lich von Meersburg zur Gründung eines Zisterzienserklosters in der Filiation von Lützel im Elsass. Die zuvor am Ort befindliche zerfallende Kapelle war St. Verena und Quirinus geweiht. Bei der Weihe der ersten grossen Klosterkirche 1179 übernahm der mittlere von drei Altären in «apsida hospitum» den Titel St. Verena.[11]

Das Prämonstratenserstift Rot an der Rot bei Memmingen wurde 1126 von Hemma von Wildenberg und ihrem Sohn Heinrich gegründet und erfuhr durch Dotationen welfischer Ministerialer ausgedehnte Hilfe. Patrone der ehemaligen Klosterkirche sind noch heute Maria und Verena (Abb. 3b).[12]

Eine verhältnismässig geschlossene Patrozinienkarte mag dazu verführen, ausserhalb des Stammgebietes einer Heiligengestalt kein fernes, isoliertes Kultzeugnis zu suchen. Dass sich bei Bozen im Südtirol eine alte Wallfahrtskirche zur hl. Verena befinde (Abb. 3c), war mir erst einige Jahre nach dem Erscheinen meines Verenabuches bekannt geworden, 1951/52, durch «zufällige» Begegnung mit Pfarrer Alois Maier von Lengstein am Ritten, der auf dem Pilgerweg war, um die Gräber seiner Ortspatroninnen, der Pfarrkirche St. Odilia im Dorf und der Wallfahrtskirche Sankt Verena auf dem Berge, zu besuchen. Auf welche Weise diese beiden zusammengehörenden Patrozinien über die Alpen bekannt geworden sein konnten, ergab sich erst aufgrund der historischen Zusammenhänge. Lengstein gehörte zum südtirolischen Stift Neustift, gegründet 1142, das in Gebetsverbrüderung mit dem Kloster Hohenberg (= St. Odilienberg) im Elsass stand.[13]

Wo eine Verenapfarrkirche dicht bei einer ehemaligen Burg und abseits eines Dorfes steht, wie in Risch hoch über dem Zugersee bei dem adligen Sitz Buonas (Abb. 3d), dessen Geschlecht 1250 ausstarb und mit der Erbtochter an die habsburgischen Ministerialen von Herten-

[9] Zu Strassberg vgl. REINLE, Verena, S. 24, dazu: Die St. Verena-Kirche zu Strassberg. Festschrift anlässlich des 250. Weihejubiläums. Hrsg. von der Pfarrgemeinde 1992.
[10] PETER FREY, Die St.-Verena-Kapelle und der Herrenhof von Herznach. Bericht über die Ausgrabungen von 1990/91, in: Argovia 104, 1992, S. 18–62.
[11] FRANZ XAVER KRAUS, Die Kunstdenkmäler des Grossherzogtums Baden I, Kreis Konstanz, Freiburg i. Br. 1887, S. 554 ff.
[12] HUGO SCHNELL, ALFONS WALSER, Rot an der Rot, Kirchenführer, 3. Aufl., München 1960.
[13] Zu Sancta Verena bei Lengstein am Ritten vgl. ADOLF REINLE, Wege zu St. Verena, in: Festschrift Kloster Magdenau 1244–1994. Redaktion Bernhard Anderes, Magdenau 1994, S. 177–190, vor allem S. 186 und Abb. S. 182.

4 Verenakapelle und ausgegrabener Herrenhof in Herznach, nach Peter Frey. Blau: karolingisches Gebäude mit Ringmauer, grün: «Haus 2» gleichzeitig mit der ersten Kapelle?, rot: erste Kapelle, 10. Jahrhundert, gelb: Bauten des 12./13. Jahrhunderts.

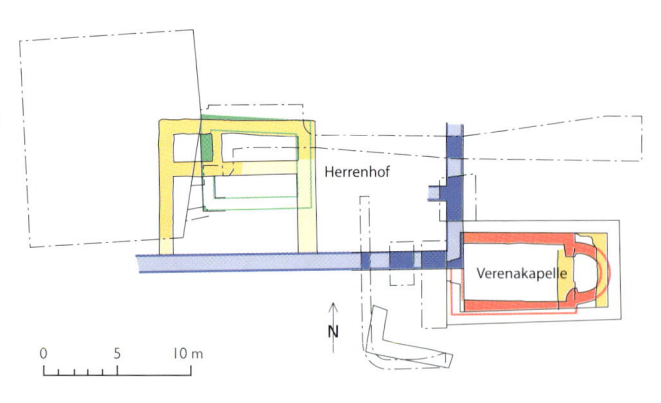

stein gelangte, verwunderte die Entdeckung einer frühmittelalterlichen Kirche des 8.–9. Jahrhunderts anlässlich der Ausgrabungen von 1978 nicht. Das Schiff der kleinen Kirche mit quadratischem Altarhaus füllten fast ganz vierzehn Gräber, vermutlich alles Angehörige der Stifterfamilie aus wenigen Generationen.[14]

Dort, wo eine solche Verenapfarrkirche, Stäfa am Zürichsee (Abb. 3k), sich personengeschichtlich sogar mit einer Gestalt aus dem Zurzacher Mirakelbuch zusammenbringen lässt, haben wir ein klares Musterbeispiel für die Einwirkung der Verenawallfahrt auf eine Kirchengründung mit entsprechendem Patrozinium. Reginlinde von Nellenburg, in erster Ehe mit dem Alamannenherzog Burkard I., in zweiter mit Alamannenherzog Hermann verheiratet und der Kinder entbehrend, pilgerte mit Letzterem nach Zurzach und gebar in der Folge Ida, die spätere Gattin von Kaiser Ottos Sohn Liudolf und Herzogin von Schwaben. Sie stiftete um 935 für ihre Leute in Stäfa und Umgebung die Pfarrkirche St. Verena und übergab sie dem Kloster Einsiedeln.[15]

Wenn sicher viele Pfarrkirchen durch Adelige, Wallfahrer nach Zurzach zur Kinderbringerin Verena, gestiftet wurden, so gibt es eine Gruppe von Kleinheiligtümern, die in St. Verenas Frömmigkeit als Eremitin wurzeln. In Solothurns Verenaschlucht (Abb. 3g), in Koblenz beim Zusammenfluss von Rhein und Aare und zuletzt in Zurzach gegen Ende ihres Lebens vermerken die Viten den Aufenthalt der Heiligen als Klausnerin. Das führte an allen diesen Orten zur Nachahmung. Beizufügen ist, dass die beiden Zurzacher Jahrzeitbücher vom Ende des 14. Jahrhunderts nicht weniger als 46 Namen von Reklusen, Eremiten beiderlei Geschlechtes, aufführen, wovon zahlreiche in Zurzach und Umgebung niedergelassen waren. In diesem Zusammenhang ist es interessant, dass sich das im 14. und 15. Jahrhundert blühende Beginenquartier in Zürich zwischen dem Dominikanerkloster und dem kleinen St. Verenakloster erstreckte. Diese häufig auch als «die Sammlung der Schwestern von Konstanz in der Brunngasse» bezeichnete Gemeinschaft wurde 1259/60 von der Konverse Adelheid von Konstanz begründet. Zusammen mit dem Kloster Selnau, das dem Zisterzienserkloster Wettingen zugeordnet wurde, war das den Predigern beigesellte St. Verenakloster für die Aufnahme mittelständischer Zürcher Bürgerstöchter offen, Lebensraum zur Pflege der zeitgemässen religiösen Strömungen.

Findet sich eine Pfarrkirche mit dem Verena-Patrozinium im Eigentum eines Klosters, so ist sie in der Regel zuerst eine adelige Eigenkirche gewesen und erst später als Schenkung der Stifterfamilie in klösterliche Obhut gelangt. Das gilt auch für die einzige Verenakirche im Gebiet des heutigen Kantons St. Gallen, Magdenau (Abb. 3h), die 1244 dem gleichnamigen Zisterzienserinnenkloster von seinem Stifter Ritter Rudolf von Giel und seiner Gattin Gertrud übergeben wurde. Ein verwandtes Beispiel bietet Kehlen bei Friedrichshafen. Die dortige Verenakirche wurde von ihrem Eigentümer Rudolf samt seinem übrigen Besitz dem Kloster Kreuzlingen geschenkt, als er 1175 in dieses eintrat. Die 1967–1968 von Hans Kammerer und Walter Belz neu erbaute Kirche ist in der langen Reihe der St. Verenaheiligtümer das moderne Meisterwerk.[16]

Verena als Taufname

Die schriftlichen Quellen des Mittelalters bieten in Mitgliederlisten von Klöstern, Gebetsvereinigungen, Bruderschaften, Jahrzeitbüchern, Zeugenlisten von Urkunden, Steuerbüchern und Urbaren eine gewaltige Menge von Personennamen, die man nach verschiedenen Gesichtspunkten untersuchen kann. Erstaunlich ist, wenn man an die wichtige Rolle des Heiligenkultes denkt, dass sich das Tragen von christlichen Heiligennamen im Mittelalter nur ganz langsam durchsetzt, wobei die biblischen und allgemein bekannten frühchristlichen vorangehen. Vollends spät beginnt man, Namen lokaler Heiliger, denen man doch besonders durch Verehrung von Grab und Reliquien, durch Kenntnis ihrer Lebens- und Wundergeschichten, durch ihre zahllosen Bilder verbunden war, als Taufnamen zu wählen.[17]

Bedenkt man die sozialen und geistigen Verhältnisse der Epoche, so ist natürlich klar, dass nicht irgendein Bauer oder Bürger sich anmassen konnte, einen solchen bisher nicht üblichen Schritt zu tun. In unserm Fall also, ein neugeborenes Kind nicht Maria, Elisabeth, Margaretha oder Katharina taufen zu lassen, sondern revolutionär «Verena». Niemand, ausser der Zurzacher Heiligen selbst, hat-

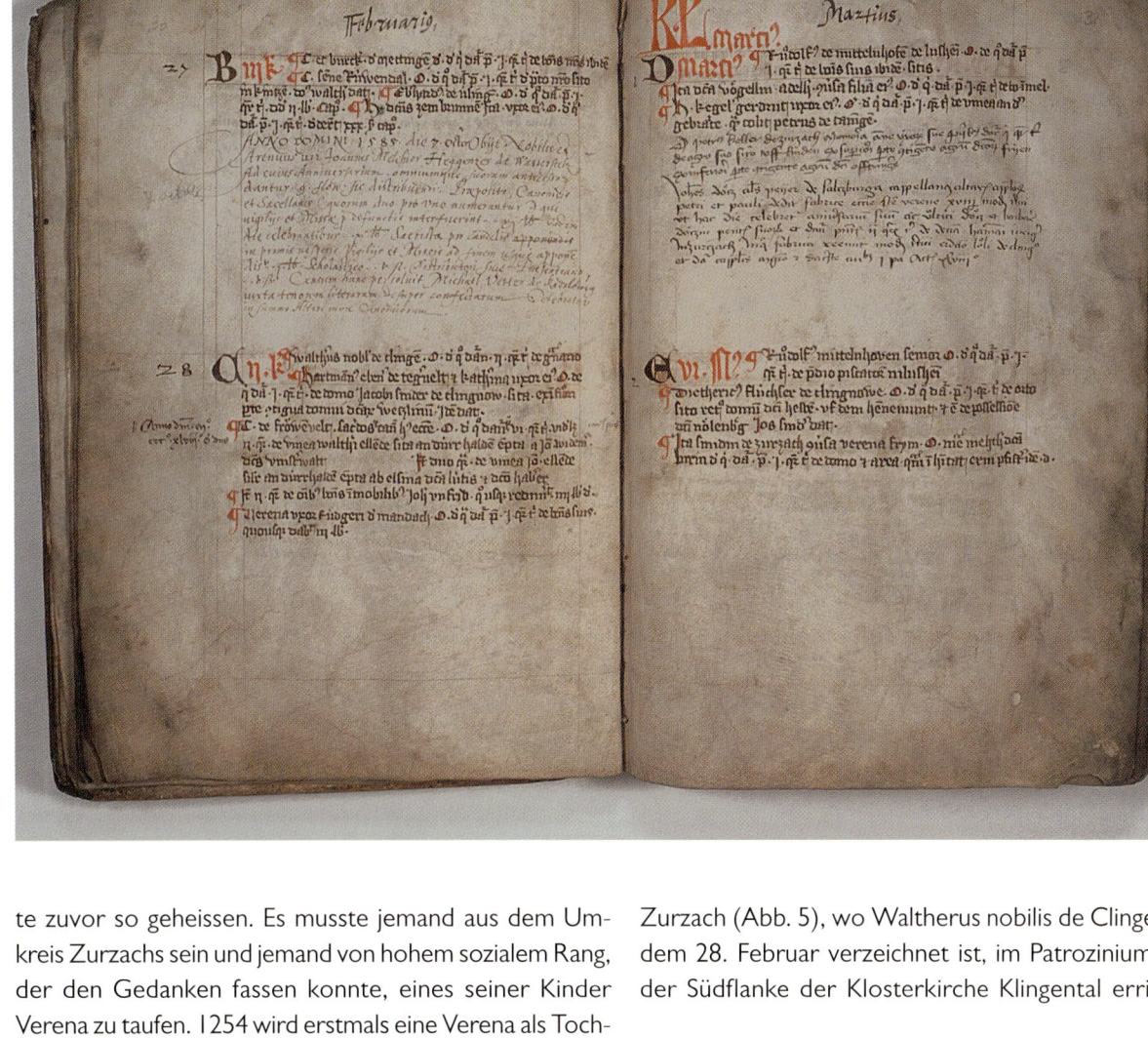

5 Zurzacher Jahrzeitbuch (Anniversar) von 1378. Auf der linken Seite unten ist unter dem 28. Februar die Jahrzeitstiftung für Walter von Klingen eingetragen. Kath. Pfarreiarchiv Zurzach.

te zuvor so geheissen. Es musste jemand aus dem Umkreis Zurzachs sein und jemand von hohem sozialem Rang, der den Gedanken fassen konnte, eines seiner Kinder Verena zu taufen. 1254 wird erstmals eine Verena als Tochter des Ritters und Minnesängers Walter von Klingen (gest. 1286) und der Sophia von Froburg erwähnt. Walters Vater Ulrich von Altenklingen, bischöflicher Lehensmann im Thurgau, gelangte durch die Heirat mit der letzten Erbin Ita von Tegerfelden 1229 in Besitz der Landschaft zwischen unterer Aare und Surb, wo er 1239 die Stadt und Burg Klingnau gründete. Hier residierte sein Sohn Walter bis zum Verkauf dieses Ortes an Konstanz 1269, abwechselnd mit seinen Häusern in Basel und Strassburg. Mit dem süddeutschen und deutschschweizerischen Adel vielfältig verwandt, mit dem 1274 gewählten deutschen König Rudolf von Habsburg eng befreundet, führte er ein grosszügiges Leben, war ein Wohltäter von Kirchen und Klöstern. Unter diesen ragte als persönliche Gründung das adelige Damenstift Klingental im rechtsufrigen Basel hervor, das er zur Grablege seines mit ihm im Mannesstamm aussterbenden Familienzweiges machte. Dreimal leuchtet dabei der Name Verena auf: im Jahrzeitbuch des Verenastiftes Zurzach (Abb. 5), wo Waltherus nobilis de Clingen unter dem 28. Februar verzeichnet ist, im Patrozinium der an der Südflanke der Klosterkirche Klingental errichteten

---

[14] JOSEF GRÜNENFELDER, RICHARD HEDIGER, Pfarrkirche St. Verena in Risch ZG, Bern 1984 (Kunstführer GSK).

[15] HERMANN FIETZ, Die Kunstdenkmäler der Schweiz, Kanton Zürich Bd. II, 1943, S. 406–409. – ARNOLD EGLI, Die hl. Verena in Legende, Geschichte und Verehrung, in: Ritterhaus-Vereinigung Uerikon-Stäfa, Jahresber. 1994, S. 9–117, hier S. 55–57.

[16] REINLE, Verena, S. 46–47 Reklusen, S. 120–122 Koblenz und Verenaschlucht in Solothurn. Mit dem kleinen Dominikanerinnenkloster an der Brunngasse in Zürich tritt als Patronin die hl. Verena in ihrem Aspekt als Einsiedlerin und Wohltäterin des niederen Volkes in Erscheinung. Vgl. zum ganzen sozialen Komplex seiner Umwelt: MARTINA WEHRLI-JOHNS, Geschichte des Zürcher Predigerkonvents (1230–1524), Mendikanten zwischen Kirche, Adel und Stadt, Zürich 1980, S. 101–104. – Festschrift: St. Verena in Kehlen. Weihe der Pfarrkirche am 19. Oktober 1968. – BERNHARD ANDERES, Magdenau, Basel 1977 (Kunstführer GSK). – Vgl. auch Anm. 15.

[17] REINLE, Verena, S. 94–96. Der Gebrauch des Taufnamens Verena. Auf meine Anfrage, wie es sich damit zum Beispiel beim benachbarten hl. Fridolin in Säckingen verhalte, konnte Frau Adelheid Enderle-Jehle feststellen, dass der Name des Ortsheiligen erst im Verlauf des 14. Jahrhunderts in Gebrauch kam. Frühester Träger war vielleicht ein Mitglied der tonangebenden Säckinger Schultheissenfamilie Vasolt, Fridolin Vasolt, der 1336 siegelte.

Grabkapelle St. Katharina und St. Verena und schliesslich im Namen einer seiner Töchter. Nach den Quellen wurden in dieser Grabanlage nicht nur das Stifterpaar Walter und Sophia beigesetzt, sondern auch drei von den auswärts verheirateten Töchtern, Clara von Baden, Katharina von Pfirt und Verena von Veringen.

Verenas Name muss den Zeitgenossen in der Reihe der acht Kinder Walters von Klingen als ein moderner Ausdruck besonderer Devotion gegenüber der Zurzacher Heiligen erschienen sein. Ihre Grabeskirche war das religiöse Zentrum seines vom Vater ererbten Territoriums, Verena also seine Hausheilige. Dazu gesellt sich – auch als kleine Kühnheit – der Taufname einer weiteren Tochter: Herzelaude. Damit wird ein anderer Pol im Horizont dieses eher konventionellen und späten Minnesängers sichtbar. Es ist der Name Herzeloyde, der Mutter Parzivals in der um 1200 bis 1210 entstandenen grossen Dichtung Wolframs von Eschenbach.[18]

Schon einer spätern Generation gehört die Nonne Verena Schaler 1288 im Franziskanerinnenkloster St. Klara in Kleinbasel an, Mitglied einer die höchsten Ämter besetzenden ritterlichen Familie und Schwester Konrads I. Schaler. Als Anführer der habsburgischen Partei in Basel gehört auch dieses Geschlecht in den Umkreis derer von Klingen.

Im Verlauf des 14. Jahrhunderts verbreitet sich der Name Verena rasch in den süddeutschen und schweizerischen Adelskreisen, hier bis Neuenburg vordringend und die französische Form «Varenne» annehmend. In der zweiten Hälfte des 14. Jahrhunderts hat sein Gebrauch schon die bürgerlichen Soldaten erreicht.

Im 19. Jahrhundert werden in Dichtungen ländliche Gestalten mit dem Namen Verena oder Vreneli charakterisiert. Meist in freundlich-idyllischem Kontext, wie in Jeremias Gotthelfs Uli-Roman, der sich aber auch ins Tragische steigern kann, wie in Gottfried Kellers Novelle «Romeo und Julia auf dem Dorfe» von 1856, mit einem «Vrenchen» als kindliche Geliebte.[19]

Der Name der Zurzacher Heiligen konnte auch Anlass geben, aus ihm einen Familiennamen abzuleiten. Wie jede weltliche und kirchliche Herrschaft des Mittelalters besass das Kloster beim Stift Zurzach unter seinen Untertanen zahlreiche Leibeigene, die zu bestimmten Leistungen beigezogen werden konnten. Ihre Herren durften sie austauschen wie Liegenschaften oder Rechte. Die Angehörigen dieses Standes nannte man im Territorium des Stiftes Zurzach «die Verener», gleichsam Besitz der hl. Verena. Vom 13. bis 16. Jahrhundert ist diese Bezeichnung ganz normal.

Verenaprozessionen

Die bedeutende Rolle der Prozessionen als gottesdienstliche Form ist dem neuzeitlichen Menschen mit seiner Leser- und Zuschauerkultur weitgehend unbekannt geworden und wird oft nur noch folkloristisch wahrgenommen. In den alten Religionen waren kultische Umgänge, Umzüge, Wanderungen ein wesentlicher Teil der Götter- und Gottesverehrung. Mit den entsprechenden Auswirkungen auf die architektonische Gestaltung sakraler Anlagen mit Vorhöfen, Kreuzgängen (was ja Umgang mit Kreuz bedeutet), Nebenschiffen, Chorumgängen und nicht zuletzt Gangkrypten um Heiligengräber.[20]

Nicht nur Knien, Stehen, Sitzen waren Gebetshaltungen, sondern ebenso sehr Schreiten. Mit sich trug man Kreuze und Fahnen, Reliquienschreine und Figuren.

Eine wichtige Art der Prozession galt der Verehrung lokaler Heiliger an ihrem angestammten Ort, hauptsächlich an ihrem Festtag, aber auch an einem andern festgelegten Datum. Manchmal kam es in Notzeiten auch zu aussergewöhnlichen Prozessionen. Man darf wohl sagen, dass vielerorts diese lokale Heiligenprozession funktionell einer Heiltumschau gleichkam, wie man sie von Balkonen herunter mit den Reliquienschätzen zum Beispiel in Aachen, Trier, Wien oder Andechs vollzog. Nehmen wir aus der kulturlandschaftlichen Nähe Zurzachs Säckingen mit seiner verwandten Fridolinsprozession, die seit dem 14. Jahrhundert fassbar bis zum heutigen Tag unvermindert wiederholt wird und über alle Grenzveränderungen und Kriegszeiten hinweg die Verehrung St. Fridolins als des Klostergründers manifestiert.[21]

Die erste Erwähnung der Osterdienstagsprozession mit den Reliquien der hl. Verena findet sich 1380, 27. April, in einer Urkunde Bischof Heinrichs III. von Konstanz, worin er seine Jahrzeit in der Verenakirche, dazu das Fenster über dem Kircheneingang stiftet und festhält, dass er an der feierlichen Prozession mit den Verenareliquien teilgenommen habe. Heinrich III. von Brandis (1357–1383) war mit unserer Region verbunden; er weihte das von seiner Schwester Agnes von Brandis, Fürstäbtissin zu Säckingen, ab 1343 gotisch erneuerte Münster daselbst 1360 ein. Dass diese Prozession auch eine wichtige Selbstdarstellung der zum Umkreis des St. Verenaheiligtums gehörenden Städte war, macht eine Urkunde von 1422 deutlich, die Klingnau in der Prozession den ersten Platz nach dem Stiftskapitel bestätigte, nicht jedoch wie gefordert den Rang vor dem Kapitel. 1430 wird besonders erwähnt, dass die von Brugg an der Prozession teilnahmen.

In voller Breite wird die fast bruderschaftsartige Bindung der kleinen Städte der Region sichtbar im Protokoll der Vorbereitung und Durchführung der aussergewöhnlichen Verenaprozession von 1503 am Mittwoch nach Mariä Himmelfahrt. Klingnau, das in der Prozession nach verbrieftem Recht vorangeht, ruft die andern zusammen, nämlich Baden, Brugg, Laufenburg, Waldshut, Tiengen, Neunkirch und Kaiserstuhl. Rheinfelden und Säckingen schickten Kerzen. Hauptzelebranten waren die Äbte von St. Blasien, Rheinau und Wettingen, die Volksmenge schätzte man auf neuntausend Personen. Welchen Platz die Heiligtümer des Reliquien- und Kirchenschatzes dabei einnahmen, ergibt sich aus der dem Protokoll angehörenden Prozessionsordnung. An der Spitze des Zuges erscheinen als Gruppe die Fahnen und die Kreuze zusammengenommen, nach den Schülern, fremden Priestern und eigenen Kaplänen folgen die Ministranten mit den kleinen Heiligtümern, den Akzent bilden dann die beiden Verenareliquiare, das St. Verenahaupt, getragen vom Stiftsdekan, und der St. Verenaarm, getragen vom Stiftskustos. Es folgen die Weihekerzen, zwei kleine Fähnlein und die grosse Verenafahne. Dann die Reliquienschreine, nämlich das rote Särchlein, das goldene Särchlein, das berillene Särchlein und der grosse St. Verenasarg. Ihnen folgen die drei Prälaten von St. Blasien, Rheinau und Wettingen, die Zurzacher Stiftsherren, die vom Klingnauer Amtmann abgeordneten Herren, dann das Volk, zuerst die Männer, dann die Frauen.

1515 und 1519 fanden wiederum grosse Prozessionen statt, an denen Baden, Brugg, Klingnau, Kaiserstuhl, Neunkirch, Tiengen und Waldshut teilnahmen. Anno 1503 waren Nöte aller Art und Himmelserscheinungen der Auslöser gewesen, 1515 grosse Regengüsse. Das Datum musste nicht unbedingt der Osterdienstag sein, doch war dieser wohl das Übliche.[22]

Die Darstellung der heiligen Verena in der Kunst

Die Popularität der hl. Verena äussert sich auch, ähnlich wie der Gebrauch ihres Namens als Taufname, in der breiten Bekanntheit ihres Bildes. Wie dies über die Konfessionen hinweggeht, zeigt sich analog zu dem Zürcher Thebäerpaar Felix und Regula im Wappenbrauch, so in Stäfa am Zürichsee mit seiner alten Verenakirche.[23]
Verenas Tracht sind offene Haare mit Stirnreif, Jungfrauenkrone oder Schleier, ihre Attribute sind am häufigsten ein Krug unterschiedlicher Form und ein Doppelkamm. Seltener ist ein Brot, das sie wohl als Karitassymbol von der hl. Elisabeth von Thüringen (1207–1231, heilig gesprochen 1235) übernommen hat, die zuweilen mit ihr verwechselt wurde. In jedem Fall sind es Zeichen der Armenpflege. Wenn Darstellungen unserer Heiligen erst in der Mitte des 12. Jahrhunderts auftreten, ist dies angesichts des lebendigen Kultes im 9. und 10. Jahrhundert zufällig; es fehlen ja entsprechende Bildträger. Eine Verenastatue, mit Abstand die älteste, gibt es erst aus dem 14. Jahrhundert. So sind die im süddeutschen Raum fassbaren Bilder aus der Mitte und zweiten Hälfte des 12. Jahrhunderts die ältesten bis jetzt bekannt gewordenen Verenadarstellungen. Wohl im mittleren Drittel des 12. Jahrhunderts entstand für das Benediktinerkloster St. Blasien auf dem Schwarzwald eine romanische Kasel, die mit anderen Kostbarkeiten ins Exilkloster St. Paul in Kärnten gebracht wurde (Abb. 6a).[24] Nebst biblischen Szenen finden sich auf den gestickten quadratischen Feldern Gruppen von Heiligen, darunter nebst den allgemein bekannten auch Mauritius, Felix und Regula, Verena und Gallus. Die noblen römischen Märtyrerinnen mit Zeptern, Agnes und Caecilia, begleiten unsere Verena, schlichter im Gewand und mit einem winzigen Becherlein in der Rechten; ohne Beischrift würde man sie nicht erkennen. Kraftvoll sind demgegen-

---

[18] Zu Walter von Klingen und Steinmar vgl. vor allem MITTLER, Klingnau, S. 30–49. – Zum Namen Verena bzw. Varenne im Neuenburger Adelskreis vgl. REINLE, Verena, S. 95–96.

[19] REINLE, Verena, S. 126–129, gibt Stichproben zum populären Verena-Brauchtum ausserhalb der religiösen Sphäre im Zusammenhang mit Namengebung, Datum, Wetterregeln, Redensarten, Topographie und Verena-Sagen sowie Literatur. Dazu vor allem Idiotikon Bd. I, Sp. 915–917.

[20] REINLE, Verena, S. 79–84. Prozessionen zu Ehren von St. Verena.

[21] ADOLF REINLE, Die Säckinger Fridolinsprozession und ihre lebenden Bilder von 1730 bis 1783, in: ZAK 47, 1990, S. 305–326.

[22] In meiner Monographie über die hl. Verena 1948, S. 83 f., habe ich versucht, die Verenaprozession nach Burg als weiterlebende Translationsfeier zu sehen, d. h. als Erinnerung an die Übertragung der Verenagebeine aus dem römisch-altchristlichen Pfarrheiligtum ins mittelalterliche Klosterheiligtum. Durch die Entdeckungen unter der Klosterkirche ergibt sich ein anderes Bild. Hier stiess man auf einen spätrömischen Friedhof – wie üblich an der Landstrasse – und in diesem Friedhof auf eine frühchristliche Kirche, die offensichtlich als Cella memoriae über einem verehrten Grab entstanden war. St. Verena hatte hier also ihre angestammte Ruhestätte. Das Gotteshaus im römischen Kastell war die Pfarrkirche, «ihre» Pfarrkirche mit Taufraum und Pfarrgebäude.

[23] Zur Ikonographie der Zürcher Thebäer vgl.: CÉCILE RAMER, Felix, Regula und Exuperantius, Zürich 1973 (MAGZ Bd. 47). – Die Zürcher Stadtheiligen Felix und Regula, hrsg. von HANSUELI F. ETTER, URS BAUR, JÜRG HANSER, JÜRG E. SCHNEIDER, Zürich 1988 (mit Beiträgen von MARGOT SEIDENBERG über die Siegel- und HANS-ULRICH GEIGER über die Münzbilder). Auch die bildlichen Schilderungen der Zürcher Heiligen setzen erst mit dem 12. Jahrhundert ein.

[24] Zur Kasel vgl. Das tausendjährige St. Blasien. 200-jähriges Domjubiläum. Kat. der Ausstellung, 2 Bde., Karlsruhe 1983, Bd. I, Nr. 153–155, S. 170–180.

6 Verenadarstellungen:
a) Die Heiligen Verena, Agnes und Caecilia auf einer Glockenkasel aus St. Blasien, Mitte 12. Jahrhundert. Heute im Stift St. Paul im Lavanttal, Kärnten.
b) Hl. Verena. Initiale «U» im Stuttgarter Passionale, Mitte 12. Jahrhundert. Stuttgart, Württembergische Landesbibliothek, Cod. bibl. 56–58, fol. 19r.
c) Verena mit Knecht und Priester. Detail aus dem Monatsbild September im so genannten Zwiefaltner Martyrologium, Mitte 12. Jahrhundert. Stuttgart, Württembergische Landesbibliothek, Cod. hist. fol. 415, fol. 62v.
d) Verena. Initialminiatur, Schaffhausen 1253. Zentralbibliothek Zürich, Ms. Rh. 85, fol. 119r.
e) Verena. Siegel des Stiftes Zurzach, Anfang 14. Jahrhundert. Gipsabdruck in natürlicher Grösse.
f) Verena. Holzplastik (Nussbaum) in der Wallfahrtskirche Engelswies bei Sigmaringen, frühes 14. Jahrhundert.
g) Glasmalerei im Ostfenster der ehemaligen Klosterkirche Heiligkreuztal, 14. Jahrhundert.
h) Verena assistiert bei der Geburt Mariae. Glasmalerei aus dem «Anna-Fenster» in der Klosterkirche Königsfelden, um 1330.
i) Verena. Wandmalerei im Chor der reformierten Kirche Unterkulm, um 1310.
k) Statue der hl. Verena im Verenamünster, Anfang 16. Jahrhundert, Fassung modern.
l) Verena-Grabplatte aus dem Jahr 1613 in der Krypta des Verenamünsters.
m) Verena mit Kamm, Krug und Fisch (in den Gürtel gesteckt), Ölbild in der Verenakirche Rickenbach TG bei Wil SG, 18. Jahrhundert.

über die Federzeichnungen in Handschriften des Hirsauer Umkreises.

In der dreibändigen Sammlung von Heiligenleben, dem so genannten Stuttgarter Passionale[25], findet sich in Band 58, fol. 19r, die Vita Verenae. In der Initiale «U» (= V) erhebt sich aus Ranken ihre klassisch schöne Figur in weitärmligem Gewand und Schleier, mit der Rechten ein kreisrundes Brot, mit der Linken einen Krug haltend (Abb. 6b). In dem etwa gleichzeitigen so genannten Zwiefaltner Martyrologium[26] wird auf der Seite mit den Heiligen des September (fol. 62v) die hl. Verena in der Szene mit dem verleumderischen Knecht und dem Priester dargestellt, etwas robuster, im Stil jedoch gleich (Abb. 6c).

Es wird einem klar, wie sprunghaft uns die Zufälle der Überlieferung von Objekten eine Vorstellung der Entwicklung und des einst real existierenden Kunstbestandes bieten, wenn wir schlicht festhalten müssen, dass Verenadarstellungen erst wieder für die Blütezeit in der ersten Hälfte des 14. Jahrhunderts zu finden sind. Nämlich: als Kleinplastik das Siegel des Stiftes Zurzach (Abb. 6e), in einem ersten Abdruck auf 1315 datierbar.[27] – Eine einzige Grossplastik, die in Nussbaum geschnitzte 85 cm hohe Statue (Abb. 6f), stilistisch um 1320/40 anzusetzen und dem Kreis der Bodenseeplastik unter Einfluss der Bauplastik des Freiburger Münsters stehend. Die Gestalt ohne die Vorderarme und die Attribute erhalten, eine pfeilerhaft hoch ragende, im Detail feine, doch am Kopf – den man sich mit einem Metallreif vorzustellen hat – egalisierend überarbeitet. Diese Statue ist in Besitz der Pfarr- und Wallfahrtskirche Engelswies, 8 km nördlich von Messkirch. Sie ist das einzige mittelalterliche Werk der alten Kirche. Die neue, ein festlicher Barockraum, entstand 1721–24 zu Ehren des winzigen gotischen Vesperbildes, das Anlass zu einer Wallfahrt wurde. Verena behielt den Nebenaltar auf der Evangelienseite.[28]

Die vollkommensten Verenadarstellungen dieser Zeit finden sich in der Glasmalerei, zwei Hauptwerken dieser Epoche. In der Zisterzienserinnenkirche Heiligkreuztal, 6 km südwestlich von Riedlingen an der Donau, ist im monumentalen Fenster der Chorwand ein Bild der hl. Vere-

---

[25] Stuttgart, Württembergische Landesbibliothek, Cod. bibl. fol. 56–58, Hirsau 12. Jh., mit in Zwiefalten nachträglich zugefügten Initialen. – Ausstellungskatalog «Suevia Sacra», Nr. 175, S. 179 f.
[26] Stuttgart, Württembergische Landesbibliothek, Cod. hist. fol. 415, Chorbuch für die Prim, Zwiefalten, 1160/70. – Ausstellungskatalog «Suevia Sacra», Nr. 182, S. 182 f.
[27] REINLE, Verena, S. 132–133.
[28] Dieses Bildwerk wurde uns erstmals durch Hrn. Pfarrer Julian Auer in Engelswies im Juli 1995 gezeigt.

7 Verenazyklus, Emailleminiaturen am Sockel des Verenaarmes (Abb. 11b), Anfang 14. Jahrhundert:
– Mehlwunder
– Verena mit Kamm und Krug
– Der erschrockene Priester
– Weinwunder
– Verena in der Klause.

na enthalten (Abb. 6g).[29] Zuunterst im zweiten Feld, neben dem Muttergottesbild, vor dem die Stifterin des Fensters, Elisabeth von Stepheln, Äbtissin, kniet, die 1312 starb. Verena, als einzige regionale Heilige, wird hier mit einem Palmwedel anstelle des gewohnten Kruges den benachbarten römischen Märtyrerinnen angepasst. Vollendet ist die Kalligraphie in der Zeichnung der Figuren, insbesondere der Köpfe. Emil Maurer vermutete, das Fenster von Heiligkreuztal, als dessen Entstehungsort man Konstanz annehmen möchte, gehöre zur Vorstufe des Königsfelder Scheibenzyklus, der mit der Weihe von 1330 vollendet war. Das hier um 1328 entstandene St. Anna-Fenster bot Gelegenheit, die besondere Verehrung des Hauses Habsburg zu St. Verena darzustellen, indem man in den grossen Bildrahmen mit der Geburt Mariä die Gestalt der Zurzacher Heiligen einfügte (Abb. 6h). Ein vornehmeres Verenabild gibt es nicht. Wenn hier auch St. Odilia, scheinbar unvermittelt, über Verena erscheint, ist dies nochmals ein Hinweis auf die Patronate beider als Kinderbringerinnen, wie wir dies oben bei den Anliegen der vornehmen Pilger vermerkt haben.[30]

Die preiswertere Variante zu den Glasgemäldezyklen waren in derselben Zeit flächendeckende Wandmalereien selbst in einfachen Dorfkirchen. Ein wichtiges Beispiel hiefür ist die um 1310 entstandene Ausmalung des Chores von Unterkulm, Kt. Aargau. In ihrem anspruchsvollen Programm wird der Platz regional verehrter Heiliger erkennbar. Das axiale Chorfenster flankieren St. Verena (Abb. 6i) und wahrscheinlich St. Agatha, darunter St. Fridolin und St. Martin.[31]

Einen überraschenden Beitrag zur Verena-Ikonographie bietet der Emailzyklus am Fuss des Verena-Armreliquiars (Abb. 11b), das wir im Abschnitt über den Kirchenschatz vorstellen.[32]

Der grundlegende Darstellungstyp für St. Verena hängt eng mit ihrer Relieffigur auf dem Grab in der Krypta zusammen. Sie trägt das Datum 1613 und ist mit einem gleichzeitigen Gitter zum Schutz und zur Befestigung von Votivgaben umschlossen. Erstaunlich ist der gotisierend archaische Charakter dieser Gestalt, der bewusst und mit Erfolg eine urtümlich-geheimnisvolle Wirkung erzielt.[33] Diese Absicht ist auch anderwärts an Heiligengräbern zu finden, so beim «Heiligen Bischof ohne Namen» in Cham, Kt. Zug, und beim hl. Diobald in Ebikon, Kt. Luzern.[34] In Zurzach wurde das Verenagrab von den Bilderstürmern 1529 zerschlagen. Man könnte vermuten, es sei vielleicht in der ersten Hälfte des 14. Jahrhunderts zusammen mit dem Krypta- und Chorturmbau, geweiht 1347, neu gestaltet worden. Wenn man schon einen solchen singulären Bau schuf und ihn reich mit Schlusssteinen sowie einem vornehm gezierten Zelebrantensitz ausstattete, wird man dem zentralen Herzstück, dem Verenasarkophag, sicher grosse Aufmerksamkeit geschenkt haben.

Eine andere Frage – nicht zuletzt durch den archaischen Charakter des Grabbildes suggeriert – betrifft den Ursprung der Verenadarstellung mit Kamm und Krug. Man versteht diese Attribute problemlos als Sinnbilder der karitativen Tätigkeit, etwa analog zu St. Elisabeth von Thüringen. Es könnte aber auch umgekehrt sein, dass eine ikonographische Legende vorläge: Ein römischer oder galloromischer Frauengrabstein hätte das Vorbild zur Gestaltung der Verenadarstellung geboten (S. 118, Abb. 7). Solche Grabreliefs, die sich dutzendfach erhalten haben, zeigen die Menschen lebend mit ihren Gegenständen des Berufes, Haushalts, Tracht, Gegenständen der Mode und Schönheitspflege. Bei schlichteren Grabmälern erscheinen oft nur solche Attribute, ohne Figur.

Dass man in Zurzach Kontakt mit römischen Altertümern hatte, belegen für das 10. Jahrhundert zwei Berichte im Mirakelbuch. Mirakel VII berichtet über die Materialbeschaffung zum Kirchenneubau und schildert die Bergung von Steinen aus dem Strom bei Koblenz, die mit Figuren und Inschriften versehen waren und die man beim St. Verenabau brauchte. Mirakel XX meldet die Auffindung eines steinernen Gefässes in den römischen Kastellruinen, das die Heilige auf wunderbare Weise als das Ihrige bestätigte.³⁵

Hauptwerke des Zurzacher Kirchenschatzes

Im Umgang mit bedeutenden Heiligtümern war es schon bei den Griechen und natürlich auch bei anderen Völkern Brauch, deren Würde durch Weihegaben, aber auch Beutestücke zu erhöhen und sie mit künstlerisch gestalteten Kult- und Bildwerken auszustatten. An einem «Schatz» erkennen wir auch heute noch den einstigen Rang einer Kirche. Dieser Rang kam nicht zustande einfach als Resultat des wirtschaftlichen Reichtums eines Klosters oder eines Bischofssitzes, sondern durch ein jeweils vorhandenes Charisma, vor allem ein Heiligengrab. Wir sehen dies anhand von Beispielen wie St-Maurice aus frühchristlicher, St. Gallen, Reichenau und Säckingen aus frühmittelalterlicher Zeit. Dazu kommen die alten Bischofssitze wie Chur, Genf, Basel.

Den Berichten über Zurzach und seine zahlreichen Pilger aus den höchsten weltlichen Ständen – geistliche kommen selten vor –, wobei mehrmals dargebrachte Geschenke allgemein erwähnt werden, können wir ablesen, dass auch Zurzach ein Heiligtum solcher Art war. Hier kontrastiert zudem die Kleinheit des Klosters mit dem Rang seiner Besucher.

Nun ist freilich ein Kirchenschatz meist der gefährdetste Teil. In unseren Gegenden sind zwei tiefe Einschnitte dafür zu nennen. Die bilderfeindlichen Zerstörungen in der Reformationszeit konnten nicht alles vernichten. Einige Hauptstücke waren geflüchtet worden und kamen zur gegebenen Zeit zurück. Anders geartet und begründet war die zweite Zerstörung von solchen Kulturwerten zur Zeit der französischen Besatzung 1798, als die helvetische Verwaltung unter dem Druck der Eroberer einen grossen Teil der silbernen Kunstwerke beschlagnahmte und gehorsam in der Schmelze zu Geld machte. Auch hier hat Zurzach seinen Tribut geleistet.

Die Überlieferung der einzelnen Kirchenschätze ist folglich unterschiedlich fragmentarisch. Ihr einstiger Bestand lässt sich, in Zurzach ebenfalls, durch alte Inventare, Weihe- und Prozessionsprotokolle einigermassen rekonstruieren. Sie sind im Verenabuch von 1948 zusammengestellt.³⁶ In unserem Zusammenhang darf man sich deshalb darauf beschränken, die erhaltenen Hauptstücke

---

²⁹ HANS WENTZEL, Die Glasmalereien in Schwaben von 1200–1350, Berlin 1958 (Corpus Vitrearum Medii Aevi, Deutschland Bd. I, Teil I Schwaben), S. 192–196 und Taf. 431–469.
³⁰ EMIL MAURER, Die Kunstdenkmäler des Kantons Aargau Bd. III: Das Kloster Königsfelden, Basel 1954, S. 202–219, St. Anna-Fenster.
³¹ MAX STÜCKELBERGER, GOTTHOLD GAUTSCHI, Baugeschichte der Kirche Kulm, Kulm 1971, S. 64–74 über die Fresken. – PETER FELDER, Wiederentdeckte Fresken im aargauischen Unterkulm, in: UKdm XIX, 1968, S. 16–20.
³² Siehe unten S. 159 f. und Abb. 7.
³³ REINLE, Verena, S. 130.
³⁴ ADOLF REINLE, Figürliche Heiligengräber der deutschen Schweiz, in: Kunst als Bedeutungsträger. Gedenkschrift für Günter Bandmann, hg. von WERNER BUSCH, REINER HAUSSHERR UND EDUARD TRIER, Berlin 1978, S. 185–203. – Einen umfassenden Katalog mit reicher Dokumentation bietet: STRAUB, Heiligengräber. – ADOLF REINLE, Das Grab der hl. Verena in Zurzach, in: Kunst und Stein, Heft 1, 1980, S. 4–7.
³⁵ REINLE, Verena, S. 106–110, Das Grab der Heiligen Verena. – Das elfbändige Monumentalwerk von EMILE ESPÉRANDIEU, Receuil général des basreliefs, statues et bustes de la Gaule romaine, Paris 1907–1932, ist 1947 bis 1966 bis zum Band 15 fortgesetzt worden. – Aufschlussreich ist dazu: SIMONE DEYTS, Dijon, Musée Archéologique, Sculptures gallo-romaines mythologiques et religieuses, Paris 1976 (Inventaires des collections publiques françaises 20). – Die Berichte über die römischen Funde im Mirakelbuch in der Edition REINLE, Verena, S. 52–54 und S. 60–61.
³⁶ REINLE, Verena, S. 79–84, S. 185–190 und S. 200–203, archivalische Dokumentationen.

Formen und Ausstrahlungen des Verenakultes im Mittelalter

8 Leben der heiligen Verena, Kupferstich von Greutter, Augsburg, Anfang 17. Jahrhundert.

wenige Zentimeter gross, können aber auch beträchtliche Dimensionen aufweisen. Das umfangreichste Beispiel im oberrheinisch-schweizerischen Gebiet ist ein einst ca. 1,5 Quadratmeter umfassendes Tuch, im Barock zerteilt und zum Teil an einem Messgewand verwendet, dem so genannten «Messgewand des hl. Fridolin» aus dessen ehemaligem Schrein, einem heute zumeist ins 8./9. Jahrhundert datierten syrischen Stoff mit Amazonenpaar auf der Pantherjagd. Bescheiden, gemessen an diesem Stück, wirkt der 28 : 28 cm grosse Zurzacher Stoff (Abb. 2, S. 125), zu dem ein kleines Stück von 10 : 18,5 cm gehört. Das rahmende Muster besteht aus stilisierten «Eichenzweigen», in deren Medaillons je ein Widder steht. Auf der Vorderseite des Seidenstoffes erscheint der Grund rot, die Darstellung grün mit elfenbeinfarbigen Konturen und Details. Nach den Forschungen von Brigitta Schmedding ist dieser Stoff byzantinisch, 8. Jahrhundert. Es lassen sich natürlich für die Widder wie für die Zweigmedaillons im Einzelnen verwandte Stücke finden, alles letztlich orientalisch, doch ein nahe verwandtes Beispiel zum Zurzacher Stoff lässt sich bis jetzt nicht nennen. Ebenso unbestimmt ist der Donator dieses Stoffes.[38]

Die in solche Stoffe gehüllten, meist recht kleinen Reliquienknöchelchen waren in Reliquiaren geborgen, die das Werk von Goldschmieden sind. Die vorherrschende Gestalt eines Reliquiars war ein hausförmiger Schrein, dessen Dimensionen von einem winzigen Kästchen bis zur Gestalt einer mächtigen Truhe reichen konnte. Von diesem Typ, den es in Zurzach bis zur Reformation mehrfach gab, hat sich der um 1510 entstandene St. Verenaschrein erhalten. Daneben gab es die Reliquiare für spezielle Heilige in Büsten- und relativ häufig in Armform. In Zurzach hatte man – vielleicht gleichzeitig um 1300 geschaffen – ein Verenahaupt und einen Verenaarm. Das Haupt wurde vor dem Bildersturm gerettet, fiel aber der französischen Plünderung zum Opfer. Schliesslich enthielt jeder Schatz nicht nur Reliquiare, sondern auch Kultgeräte wie Kelche und Patenen, Wein- und Wassergefässe, kostbar eingebundene Messbücher und andere liturgische Codizes, vor allem aber repräsentative Altar- und Prozessionskreuze. Wichtige Zeugnisse für die Blüte des Zurzacher Heiligtums um 1300 sind der Verenaarm (Abb. 11b) und das Kristallkreuz (Abb. 11c). Der Arm ist im Rahmen der an-

9 Weinwunder, Bild aus dem Verenazyklus des Zurzacher Malers Johann Melchior Waldkirch in der Burgkapelle Zurzach, 1619.

10 Weinwunder, Bild aus dem Verenazyklus des Malers Caspar Letter aus Zug im Verenamünster, 1631.

vorzustellen, da sie zugleich auch die betreffenden Kunstgattungen vertreten.[37]

Die weitaus ältesten Stücke der Kirchenschätze sind zunächst erstaunlicherweise sozusagen immer spätantike oder frühmittelalterliche Reliquienstoffe. Sie sind meist

---

[37] REINLE, Verena, S. 191–199, Inventar des heutigen Schatzbestandes.
[38] SCHMEDDING, Textilien, S. 308–310 über den Widderstoff, S. 310–312 weitere Stoffe. – Zum Amazonenstoff des Säckinger Münsters vgl. ADOLF REINLE, Der Schatz des Münsters zu Säckingen, in: BERSCHIN, Frühe Kultur, S. 105–151, mit älterer Literatur zum Stoff in Anm. 1 und 10.

11 Gegenstände aus dem Zurzacher Kirchenschatz:
a) Verenakrüglein. Mittelstück römisch? Zutaten des 15. und 17. Jahrhunderts.
b) Verenaarm. Reliquiar, Anfang 14. Jahrhundert.
c) Vortragskreuz aus Bergkristall, erste Hälfte 14. Jahrhundert.
d) Reliquienschrein, kurz nach 1503.

dern gotischen Beispiele seiner Gattung ein persönlich geprägtes Werk, das ganz auf St. Verena als Segenszeichen für die Pilger ausgerichtet ist. Insgesamt, mit dem Fuss 53 cm hoch, im Wesentlichen aus Silber, zum Teil vergoldet und mit bescheidenem Steinschmuck. Von den meisten gotischen Armen unterscheidet er sich durch seine doppelte Charakterisierung als Verenaarm. Die Hand hält ihr Kammattribut, und am Sockel erscheinen nebst den beiden Bildern der Kreuzigung Christi fünf Darstellungen zur Verenageschichte (Abb. 7). Die Grundform des Sockels ist gleichsam ein modellhafter siebeneckiger Zentralbau mit Strebepfeilern. In die spitzbogigen Felder sind Miniaturen in opaker Emailtechnik eingelassen, mit dunklem blauem Hintergrund und einigen farbigen Akzenten. Technisch gehört diese Emailart noch ins 13. Jahrhundert und endet generell um 1300. Die farbige Glasmasse ist undurchsichtig, während die spätere Emailtechnik eine durchsichtige, glasmalereihafte Wirkung erzielt. Sie kommt z. B. am Buchdeckel von Beromünster Anfang 14. Jahrhundert vor. Obwohl die Bildkomposition von der Miniaturmalerei herkommt, ist ihr zugleich eine monumentale Wirkung eigen. Der Kruzifixus ist völlig isoliert, nur von Peitsche und Geissel als Symbolen der Leidensgeschichte begleitet. Maria zusammenbrechend, von Johannes gestützt, in einem besonderen Bild daneben. Die Verenabilder sind schon allein wegen ihrer Seltenheit sehr wichtig; denn wir haben aus dem Mittelalter sonst gar keinen Verenazyklus. Auch hier ist die Folge eigenartig, sozusagen ein Ansatz zu einem Bildfolgeprogramm. Da ist das frühe Wunder mit der Brot- oder Mehlvermehrung aus der Vita prior, Kap. XI: Verena zwischen stilisierten Getreidesäcken, dann mit zwei Bildern das Wunder der Verwandlung von Wein in Wasser; Vita posterior, Kap. V: Verena hebt feierlich ein vasenförmiges Gefäss empor, und darüber erscheint die segnende Gotteshand. Die fast antik anmutende Gefässform kommt sehr selten vor, so gibt es sie realiter als silberne Ölgefässe, 24 und 27,8 und 28,5 cm hoch, im Domschatz von Regensburg, aus dem dritten Viertel des 13. Jahrhunderts, gestiftet von Bischof Heinrich von Rotteneck 1277–1296. – Der erstaunte Pfarrer mit erhobenen Händen füllt ein Bildfeld. – St. Verena in turmartiger Eremitenzelle empfängt von einem Engel Brot oder Hostie, bezieht sich auf Vita prior, Kap. XII, und Vita posterior, Kap. VII.[39]

Das Vortragskreuz aus Bergkristall (Abb. 11c), ohne Dorn 69,5 cm hoch, gehört mit seinem köstlichen Material zum festlichen Stil Zurzachs in der ersten Hälfte des 14. Jahrhunderts. Man kann es sich gut in den feierlichen Prozessionen wie etwa der Einweihung der Kirche von 1347 vorstellen. Es zeigt jene streng stilisierten Lilienarme, wie sie vor allem in dieser Epoche an Kristallkreuzen erscheinen. Von den seit 1200 in Domschätzen wie Köln, Osnabrück und Prag vorkommenden sind bei den Letztern die nächsten Verwandten zum Zurzacher Kreuz zu finden. Vor allem das Prager Kreuz ist dem Zurzacher so nahe verwandt, dass man an die gleiche Werkstätte denken könnte. Kristallateliers gab es in Prag, aber auch in Freiburg im Breisgau und in Gmünd. Anderseits gibt es regional nähere Elemente: Die Schilderung der Geburt Christi auf dem Medaillon der Reliquienkapsel in der Kreuzmitte folgt seitenverkehrt demselben Thema am Markusschrein auf der Reichenau vom Anfang des 14. Jahrhunderts.[40] Dem barbarischen Wüten der Bilderstürmer entgingen nur jene Gegenstände, die man geflüchtet hatte, von den Schreinen der von Custos Brugger 1529 nach Luzern gebrachte neue, nach 1503 entstandene. Akten über seine Schaffung fehlen.

Der 67 cm lange, 36 cm breite und 47 cm hohe hausförmige Schrein ist eine spätgotische Ausformung des bis in die Antike zurückreichenden Sarkophag- und Schreintyps, den man im Mittelalter nicht nur für Reliquiare abgewandelt hat, sondern auch mit der Vorstellung der alttestamentlichen Bundeslade verband. Noch heute ist der populäre Ausdruck für dieses Reliquiar «die Arche». Die üppigste spätmittelalterliche Ausformung ist der überreiche silberne Reliquienschrein der Stadtpatrone im Münster von Breisach, von 1497. Ihm gegenüber wirkt der kupfervergoldete Verenaschrein eher sachlich, die Architektur ist kapellenhaft. Die Füsse sind als übereck gestellte Strebepfeiler hochgezogen, das Dach ist kielbogig geschweift, mit getriebenen Ziegeln geziert und mit einem Firstkamm aus Lilien versehen. Die Fronten sind mit gotischem Rankenwerk dicht graviert, darin sitzen vier Musikanten, Fiedler, Dudelsackbläser, Lautenspieler und Hornbläser. Vor den spitzbogigen Blendfeldern ringsum stehen silbergetriebene, zu Dreiviertelrundheit geformte Statuetten: auf die Schmalseiten verteilt, Mariä Verkündigung, an den Längsseiten Mauritius, Gottesmutter, Verena, anderseits Katharina, Johannes der Täufer, Dorothea.[41]

Kultische Texte

Zum Schluss ist unbedingt auf den verborgensten Teil unseres Themas hinzuweisen, die grundlegenden lateinischen Texte, in denen sich der liturgische Verenakult äusserte: die Vita und die Mirakelberichte, die zur klösterlichen Lesung am Verenatag dienten, die Verena-Hymnen und das ganze Offizium, die im Gottesdienst ihres Festes den Rahmen bildeten. Alle diese Texte liegen in einer Zusammenstellung vor, sie hier zu analysieren ist unmöglich.[42] Bezeichnenderweise setzt die Reihe der überlieferten Dichtungen mit dem 10. Jahrhundert ein, einer Sequenz im reichenauischen Tropar der dort besonders verehrten Heiligen, Cod. Bambergensis E d V 9.

Auch die älteste Verena-Vita ist auf der Reichenau entstanden. Von ihren Handschriften her kommt man auf eine Entstehungszeit des Textes Ende des 9. Jahrhunderts. Dem entspricht auch die 1788 vom Rheinauer Gelehrten P. Mauritius Hohenbaum van der Meer scharfsinnig formulierte Analyse der Widmung dieser Vita an eine höchstgestellte Frau von vornehmer Abstammung, die ein Keuschheitsgelübde abgelegt hat und die der Autor anderseits als «filia illustrissima» anredet. Kaiserin Richardis zog sich nach der Absetzung ihres Gatten Kaiser Karls III. 887 in das von ihr gestiftete Kloster Andlau im Elsass zurück. Sie war Besitzerin des Klosters Zurzach, das sie an das Kloster Rei-

---

[39] Zum Verenaarm vgl. JOHANN MICHAEL FRITZ, Goldschmiedekunst der Gotik in Mitteleuropa, München 1982, Abb. 217 mit Katalogtext S. 214. – Daselbst zu den Regensburger Kannen Abb. 74 und Text S. 194.

[40] Einen Überblick dieser Gattung bietet HANS R. HAHNLOSER, SUSANNA BRUGGER-KOCH, Corpus der Hartsteinschliffe des 12.–15. Jahrhunderts, Berlin 1985.

[41] REINLE, Verena, S. 195–196 zum Verenaschrein.

[42] In REINLE, Verena, S. 25–47, sind die Vita prior und die Vita posterior oder amplior der hl. Verena ediert und kommentiert, desgleichen S. 48–69 daran anschliessende Miracula der Heiligen [siehe auch in diesem Band S. 581–596], S. 72–79 liturgische Dichtungen. Das alles musste zufolge der kriegsbedingten Abgeschlossenheit während und kurz nach der Kriegszeit mit sehr eingeschränkten Möglichkeiten geschehen. Nun liegen aber zwei Arbeiten vor, die aufgrund breiter Recherchen und neuer Gesichtspunkte einen hervorragenden Beitrag zur Quellenkenntnis und Interpretation bieten:
1. KLÜPPEL, Hagiographie, S. 60–81, Verenageschichten der Reichenauer minor abbatia Zurzach. Vitae s. Verenae.
2. PHILIPPART, Légendes, S. 253–302.

12 Osterspiel. Manuskript von 1494 des Zurzacher Chorherrn Mathias Gundelfinger (gest. wohl 1521). Teil der Sammelhandschrift Ms. fol. 177 aus der ehemaligen Bürgerbibliothek, jetzt in der Zentralbibliothek in Luzern.

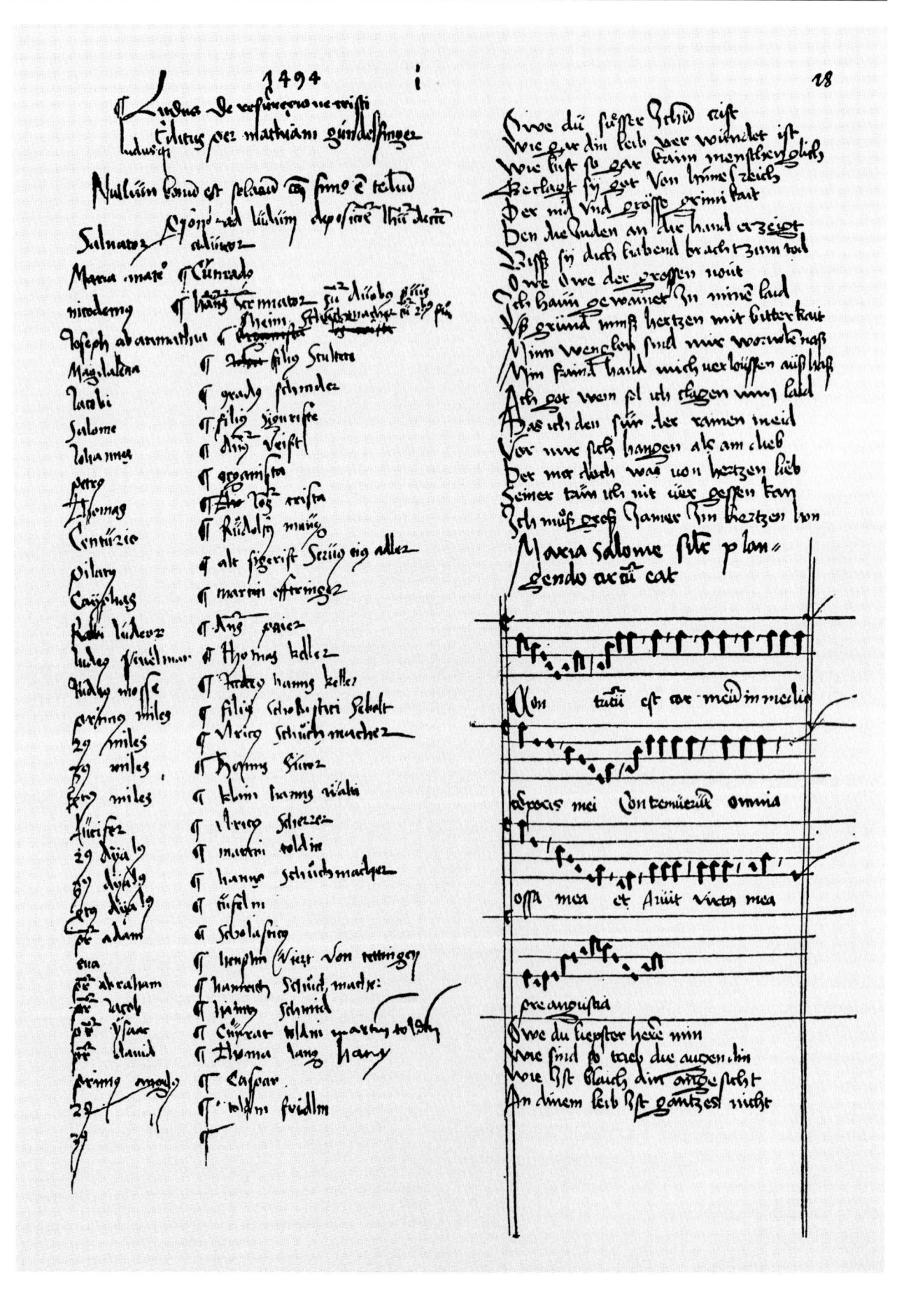

chenau übergab, in dem Karl III., gest. 13. Januar 888, seine Ruhestätte fand. Dessen Abt war seit 888 der aus einer schwäbischen Adelsfamilie stammende Hatto, seit 891 auch Erzbischof von Mainz. Dieser führende Staatsmann der deutschen Monarchie bis zu Konrad I., hochgebildet auch als Theologe, kommt somit aus zeitlichen, personellen und örtlichen Gründen als Autor der ersten Verena-Vita in Betracht. Er allein konnte eine Kaiserin als «filia illustrissima» anreden.

Hier und im Zurzacher Mirakelbuch, das bunte Berichte über das Leben in und um Zurzach im 10. Jahrhundert birgt, wird deutlich, wie eng diese Wallfahrtsstätte mit dem schwäbischen Adel, aber auch mit der bäuerlichen Schicht verbunden war. Ohne Zweifel waren die kleine St. Verenaabtei und das ihr nachfolgende Chorherrenstift lange von der reichenauischen Kultur genährt. Leider fehlt über die früh- und hochmittelalterliche Schreibtätigkeit in Zurzach jede Spur, Brände und Bildersturm vernichteten fast alles. Umso kostbarer ist der Pergamentkodex Aarau Ms. BN 52 q, das einzige aus der Verenakirche erhaltene liturgische Buch des 14. Jahrhunderts, wohl um 1350 entstanden, ein so genannter Liber ordinarius. Ein gottesdienstliches Regiebuch für das ganze Jahr, wie es sich mit Handlungen und Worten in der Stiftskirche abzuspielen hatte. Dabei werden auch Besonderheiten sichtbar, wie die Prozession am Palmsonntag vor der Messe.

Voran schreiten alle Schüler mit dem Kruzifixus. Dann folgt, von einigen Ortsbewohnern gezogen, ein Wagen mit der Figur der auf einem Esel sitzenden Gestalt des Erlösers. Danach Subdiakon, Diakon und Dekan in den liturgischen Gewändern. So zieht man auf die Wiese hinaus, wo ein Tuch ausgebreitet ist, auf welches man das Kreuz niederlegt. Dreimal mit dem Chor wechselnd, singen die Knaben, dann der Dekan: «O crux ave». Worauf das Kreuz enthüllt wird. Nach dem Gesang «percutiam pastorem et dispergentur oves» schüttelt er das Kreuz. Beim Gesang «pueri hebreorum vestimenta prosternebant» werfen sie ein Tuch gegen das Kreuz, bei den Worten «pueri hebreorum tollentes ramos olivarum» einen Palmzweig. Dann kehrt man singend mit dem Kreuz über den Friedhof in die Kirche zurück zur Messe.

Der Text ist eines der vielen Zeugnisse zum Gebrauch des Christus auf dem Palmesel im Rahmen der Liturgie. Man erwartet in der Schilderung der österlichen Handlungen Ansätze zu einem Osterspiel, doch findet kein entsprechender Dialog statt. Immerhin geschieht eine Schilderung der österlichen Prozession, die beide parallel nebeneinander stehenden Kirchen besucht und in jeder die eucharistischen Gefässe wieder über den Altar bringt.

Anlässlich der österlichen Prozession zur Messe tragen der Subdiakon das Plenarium (Messbuch), der Diakon den Arm der hl. Verena und der Dekan das Haupt der hl. Verena. Das ist ein wertvoller präziser Hinweis auf die Verwendung dieser Stücke in der festlichen Liturgie.

Seit 1947 kennen wir eine Handschrift, die uns zeigt, dass im Jahre 1494 in Zurzach ein Passions- und Osterspiel aufgeführt wurde. Es liegt als Teil der Sammelhandschrift Ms. fol. 177 aus der ehemaligen Bürgerbibliothek jetzt in der Zentralbibliothek in Luzern. Renward Cysat (1545–1614), der Stadtschreiber, Historiker, Naturforscher, kulturelle und kirchliche Reformpolitiker und schliesslich auch Spieldichter für die berühmten biblischen Freilichtspiele seiner Stadt, bewahrte in seinen Theatermaterialien auch dieses nicht als zurzachisch bezeichnete Stück. Es ist das von 1494 datierte eigenhändige Manuskript des Zurzacher Chorherrn Mathias Gundelfinger (gest. wohl 1521), der aus einem bekannten geistlichen Bastardzweig des schwäbischen Adelsgeschlechts von Gundelfingen stammte. Mit seinem Siegelbild des Erzengels Michael deutete er wohl an, dass er der Sohn des Beromünsterer Propstes Nikolaus Gundelfinger und der Bruder des dortigen Chorherrn Heinrich Gundelfinger war, eines hochgebildeten Frühhumanisten, Professor der Dichtkunst und Rhetorik an der Universität Freiburg i. Br. und Verfasser der ältesten Bruderklausen-Biografie 1488. Die Zurzacher Akten erweisen Mathias als Gegner der Pfründenjägerei seiner Zeit und als klaren und tüchtigen Verwalter des Stiftes, der das umfangreiche Urbar von 1511 anlegte und auch bei der Organisation der Verenaprozession von 1503 beteiligt war.[43]

Sein wohl in Karfreitag und Ostern unterteiltes Spiel gehört in die Spätzeit des geistlichen Dramas des Mittelalters; es dürfte noch im Bereich der kirchlichen Räume und Vorplätze aufgeführt worden sein. Was es literaturgeschichtlich kostbar macht, ist die Tatsache, dass ihm eine Spielerliste mit den Namen der Rollenträger vorangestellt ist. Es ist nichts weniger als die älteste Schauspielerliste der deutschen Literaturgeschichte. Natürlich wird hier das Wesen mittelalterlichen Dramas sichtbar. Alle sind einheimische Laien, Alt und Jung, Geistlich und Weltlich. Frauen jedoch wurden durch Jünglinge oder Schüler dargestellt, nämlich die Muttergottes und die drei Marien sowie Eva. Vier Rollen waren durch Kleriker besetzt, insbeson-

---

[43] ADOLF REINLE, Mathias Gundelfingers Zurzacher Osterspiel von 1494. Innerschweizerisches Jahrbuch für Heimatkunde 13/14, 1949/50, S. 65–96. – DERS., Artikel Gundelfinger, Mathias, in: VL Bd. 3, 1981, Sp. 310–312.

13 Psalterium aus dem Verenastift Zurzach, 15. Jahrhundert. Links Kalenderblatt 17. bis 31. Dezember, rechts Psalm 1: Beatus vir (Selig der Mann...). In der Initiale «B» der Psalmendichter König David mit Harfe. Aargauische Kantonsbibliothek Aarau, Ms. BNF 88, fol. 12v und 13r.

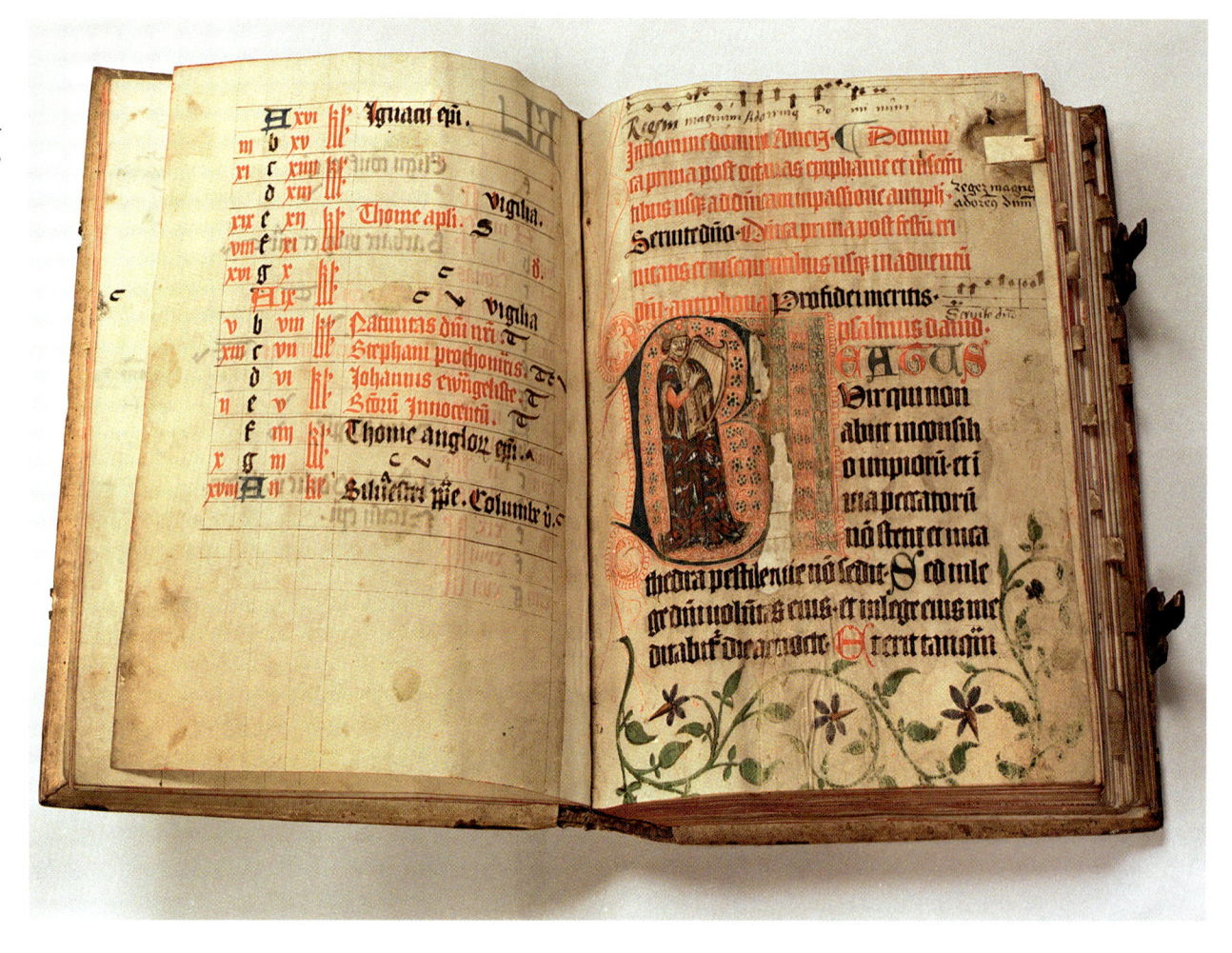

dere natürlich Christus. Den Proklamator stellte offenbar Gundelfinger selbst. Insgesamt waren es 54 bis 56 Darsteller, dazu kam der Kantor mit dem Chor. Aus den Zurzacher Archivalien lassen sich die meisten nachweisen.

Das Zurzacher Spiel zeigt Verwandtschaft mit viel späteren: dem Osterspiel von St. Stephan in Wien Mitte 16. Jahrhundert und dem einzigen reformierten Passionsspiel, 1545 durch den Zürcher Chirurgen Jakob Rueff verfasst und aufgeführt.

Wie das Bücherwesen an dem kleinen Kloster und dann Stift Zurzach beschaffen war, konnten auch die sorgfältigen Untersuchungen von Albert Bruckner nicht erhellen. Das im Jahr des Bildersturms 1530 aufgestellte Inventar der Ornate und Kleinodien nennt summarisch 67 Bände, «LXVII bücher klein und gross». In der Aargauischen Kantonsbibliothek erhielt sich als MS. B.N. 88 fol. ein Konstanzer Psalter aus der Mitte des 15. Jahrhunderts, um 1480 mit zurzachischen Zusätzen im Kalender ergänzt (Abb. 12).[44]

Wie zufällig die Überlieferung ist, macht uns freilich der Fall des Gundelfinger-Spiels von 1494 klar, von dem man bis 1947 nichts wissen konnte.

---

[44] BRUCKNER, Scriptoria VII, S. 135 ff. – S. 138 betr. zwei französische Fragmente des 9. Jahrhunderts, S. 143–145 zum Psalter Kantonsbibliothek Aarau MS. B.N. 88 fol. 15. Jahrhundert Konstanz, S. 147 Inventar der Ornate und Kleinodien 1530.

Abbildungsnachweise:
Wo nicht anders vermerkt: A. Hidber.
1) Nach Rappmann, Zettler, Reichenauer Mönchsgemeinschaft und Reinle, gez. A. Hidber.
3c) A. Hassler.
3f, h) HR. Sennhauser.
3k) Ritterhaus-Vereinigung Uerikon-Stäfa, Jahresber. 1994, S. 105.
4) A. Hidber nach Peter Frey, in: Argovia 104, 1992, S. 20.
6a) Stift St. Peter, Lavant.
6b, c) Stuttgart, Württembergische Landesbibliothek.
6d) Zürich, Zentralbibliothek.
6h) St. Gratwohl, Büro Sennhauser.
7) Museum Höfli, Zurzach.
10) R. Celio, Büro Sennhauser.
12) Luzern, Zentralbibliothek.

Das Verenastift

P. Rainald Fischer,
Hans Rudolf Sennhauser

Der Flecken Zurzach ist um das Verenagrab herum entstanden, und das Verenastift ist die älteste Zurzacher Institution. Es ist zugleich die einzige, die durch alle Zeiten bis ans Ende des 19. Jahrhunderts Bestand hatte. Bis weit in die Neuzeit hinein blieb es auch die massgebende Instanz am Ort. Diese bedeutende Stellung verlangt eine etwas eingehendere Darstellung, besonders auch weil die jüngste, die noch von Johannes Huber stammt, dem letzten Propste des altehrwürdigen Stiftes, heute zwar noch in mancher Familie als kostbarer Schatz gehütet wird, aber nur noch antiquarisch und selten zu finden ist. Sie ist zudem durch neuere Forschungen wie die Arbeit von Guy P. Marchal in der Helvetia Sacra und durch die Zürcher Lizenziatsarbeit von Martin Schaub über «das mittelalterliche Chorherrenstift St. Verena in Zurzach und sein Personal» in Teilen überholt. Anhand der Verfassung (Statuten) werden zuerst das Stift, seine Einrichtungen und Ämter, dargestellt, danach seine Schicksale in der früher allgemein üblichen Art nach Regierungszeiten der einzelnen Vorsteher.

Die Institution

Die Stiftsstatuten. Aufgaben, Personal und innere Organisation des Stiftes

Das älteste überlieferte Dokument des Stiftes ist ein Reorganisationsstatut, erlassen von Bischof Rudolf (von Habsburg, 1274–1293) am Vorweihnachtstag (24.12.) des Jahres 1279 in der Verenakirche.[1] Es nennt als vornehmste Aufgabe der Chorherren das «divinum officium», das Gotteslob im Gottesdienst (Messfeier und Stundengebet). Pfarrseelsorge und Schule werden als weitere Pflichten des Stiftes ausdrücklich aufgeführt.

Das *Statut* von 1279 sieht neun *Chorherren* (5 Priester[2], 2 Diakone und 2 Subdiakone) vor und einen *Propst*.[3] Alle

---
[1] SRQ AG II/5, S. 28–30; Huber, Geschichte, S. 11.
[2] Andere Kollegiatstifte weisen in der Regel nur zwei bis vier Priesterkanonikate auf. Schaub, Chorherrenstift, S. 15, Anm. 18 nach Guy P. Marchal, Einleitung, in: HS II/2, S. 63.
[3] Andere Schweizer Stifte zum Vergleich: Das Stift Amsoldingen umfasste zur Blütezeit im 14. Jh. 9 Kanonikate, 1 Leutpriester und 1 Sakristan (HS II/2, S. 107). Basel, St. Peter: 1234 werden als

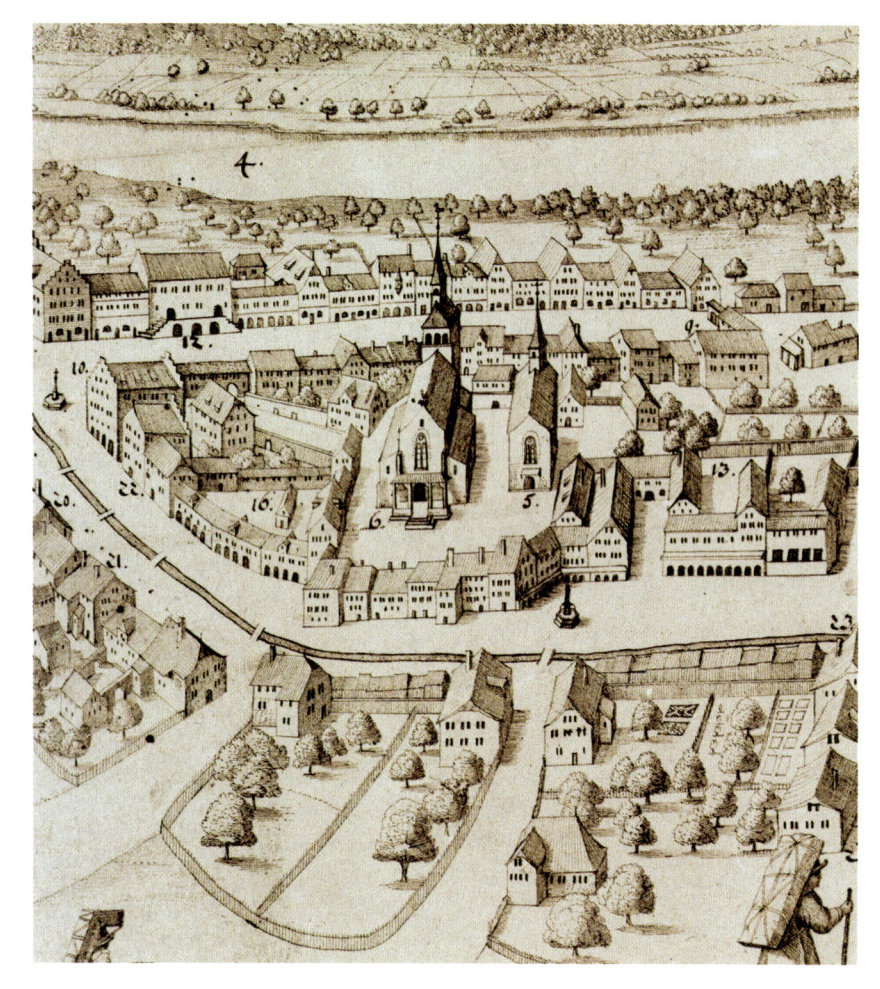

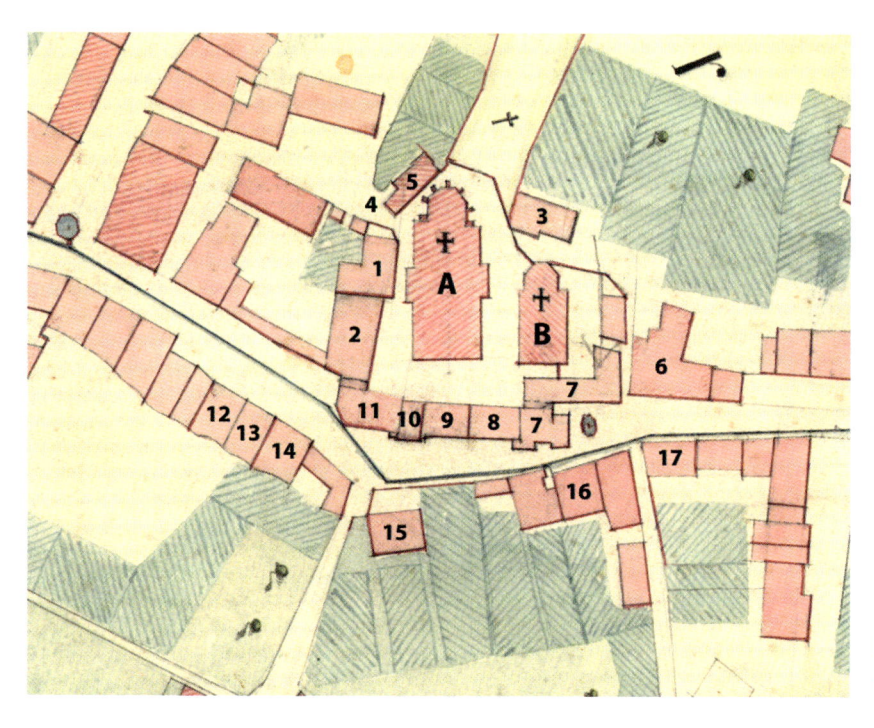

Chorherren sollten die gleichen Einkünfte haben und regelmässig am Chordienst teilnehmen. Der Propst ist als Einziger wegen der Fülle seiner verschiedenen Aufgaben nicht zur Residenz verpflichtet. Er soll die weltlichen Geschäfte (temporalia) des Stiftes besorgen, Händel unter den Chorherren und den Gotteshausleuten schlichten, gewichtigere Angelegenheiten ausgenommen, die dem Bischof vorbehalten sind. Als Propst und Chorherr geniesst er eine doppelte Pfründe.

Der *Dekan*, einer der Chorherren, nimmt sich als Pfarrer der Seelsorge des Pfarrvolkes und der Chorherren an; er ist deren Beichtvater und ihr geistlicher Vorstand. Er rügt Vergehen und Fehlen im Chor und Vernachlässigung des Gottesdienstes. Chorherren, die alle Tagzeiten oder einige davon schwänzen, sollen nach ihrem Vergehen gemäss dem Urteil des Dekans einen Teil der täglichen Austeilungen verlieren (distributiones quotidianae, Präsenzgelder): Versäumen sie Mette[4], Messe oder Vesper, so soll ihnen ein Drittel des Weines vorenthalten werden.

Alle Pfründen (prebenda) sind gleich, das heisst, dass die gemeinsamen Einkünfte gleichmässig aufgeteilt werden. Für die Verwaltung, für Einzug und Verteilung der allgemeinen Einnahmen und Erträge ist aus dem Chorherrenkollegium ein *Kellerar* (Cellerarius) zu wählen. Das Kapitel kann ihn ersetzen, wenn es dies als notwendig erachtet.

Das Stift soll einen *Schulmeister* (Doctor puerorum) für den Unterricht der Knaben bestellen.

Die Einkünfte der Abwesenden und jener, die Tagzeiten versäumen, werden je zur Hälfte für die «fabrica» (das Kirchenvermögen, im Unterschied zum Pfründenvermögen) und zum gemeinen Nutzen (zur gleichmässigen Verteilung) verwendet. Der Bischof verzichtet mit dem Einverständnis seines Domkapitels zugunsten der Zurzacher Kanoniker für alle Zeiten auf den vierten Teil der Zehnten, der ihm bisher zustand, damit sie den Pflichten des Gottesdienstes umso freier genügen können; er behält sich aber die Bestellung des Propstes, des Dekans und aller Pfründen vor.

Ein Kollegiatstift, auch Säkularstift oder Weltliches Stift genannt, ist ein Kapitel, ein Kollegium, von Weltgeistlichen, die in ihrer Kirche (Kollegiatkirche, Stiftskirche) gemeinsam Gottesdienst (Stundengebet und Konventamt) feiern, im Gegensatz zu Mönchen aber eigene Wohnung und Privateigentum besitzen. Solche Kollegien bei Kathedralen heissen Domstifte, die übrigen bezeichnet man als Kollegiatstifte. Die unter dem Einfluss der Reformbestrebungen im 11./12. Jahrhundert eingeführten «Regulierten» Chorherrenstifte (Regularkanoniker) befolgen wieder strikter die Ideale des Mönchtums, Armut, gemeinsames Leben, Askese, Schweigen, Meditation, Arbeit (manuelle Tätigkeit). Säkularkanoniker werden im Gegensatz zu den Regulierten Chorherren (Regularkanoniker) auch «Einfache Chorherren» genannt. Bei den Regularkanonikern, zu denen Prämonstratenser und Augustiner-Chorherren (St-Maurice) gehören, entwickelten sich in der ersten Hälfte des 12. Jahrhunderts verschiedene Richtungen. Eine davon befolgte die Constitutiones Marbacenses (Gewohnheiten, Bräuche von Marbach im Elsass), die vor allem in den Bistümern Strassburg, Basel und Konstanz verbreitet waren. Auch das Stift Zurzach scheint nach den Feststellungen von Peter Wittwer[5] eine Zeit lang dieser Richtung angehört zu haben. Es ist aber, seit wir es historisch kennen, als säkulares Kollegiatstift einzustufen.[6]

Die Statuten sind Verfassung, sind Grundrecht und zugleich «Gemälde» des Stiftes. Sie zeigen seine Organisationsstrukturen und in den Änderungen oft auch Probleme der Praxis auf. Die frühesten Statuten sind sehr knapp gehalten, jüngere werden zu einer Art Brauchtums-(Consuetudines-) und Formelbüchern (Amtseid, Gelöbnis bei Amtseintritt) und zu facettenreichen Selbstdarstellungen des Stiftes.

Statutenerneuerungen sind für das Verenastift in späteren Jahrhunderten immer wieder vorgenommen worden, 1360, zweimal in der zweiten Hälfte des 15. und im 17./18. Jahrhundert. Die erste Welle ist nicht ohne Zusammenhang mit Kritik an Missbräuchen, die schliesslich zur Reformation führten, während die zweite mit den Er-

---

grösstmögliche Anzahl 16 Pfründen genannt, es erscheinen später aber nur 11 (HS ib., S. 131). Beromünster hatte 21 Pfründen (HS ib., S. 165). In Bischofszell waren es 9 und eine Propststelle. Der Propst war (wie in Zurzach bis Ende 15. Jh.) bis Anfang des 17. Jh. stets ein Konstanzer Domherr, der nicht in Bischofszell residierte (HS ib., S. 215). In Embrach umfasste das Kollegium 12 Kanoniker (6 Priester, je 3 Diakone und Subdiakone; HS ib., S. 246). In Heiligenberg bei Winterthur waren es ursprünglich 4, kurz vor 1264 5 und seit 1368 6 Kanonikate (HS ib., S. 300). Moutier-Grandval hatte im 12. Jh. 15 Chorherren und einen Propst (HS ib., S. 362), Rheinfelden 12 Chorherren und einen Propst (HS ib., S. 400). St-Ursanne: 10 Chorherren, Kustos und Propst (HS ib., S. 442). In Schönenwerd gab es 12 Kanoniker und einen Propst (HS ib., S. 462), in Solothurn 11 Chorherren und einen Propst (HS ib., S. 493). Dieselbe Anzahl besass auch Zofingen (HS ib., S. 538), während für das Grossmünsterstift SS. Felix und Regula 1218 die doppelte Zahl von Kanonikaten bestätigt wurde (HS ib., S. 566). – Abgesehen von den Stiften mit grosser Mitgliederzahl (mehr als 20), Zürich, Grossmünster und Beromünster, gab es also eine Anzahl mittelgrosser Stifte (12–16 Mitglieder). Zurzach aber gehört mit Bischofszell und Amsoldingen zur Gruppe mit der kleinsten Mitgliederzahl (6–11).
In Bezug auf Ämter, Funktionen, wirtschaftliche Grundlagen, interne Organisation und Verwaltung unterscheiden sich die einzelnen Stifte zum Teil beträchtlich. Ein Blick auf Bischofszell zeigt, wie gross bei allen Gemeinsamkeiten die Unterschiede sein können. Mit Bischofszell verbunden ist das Verenakapitel als bischöfliche Institution und durch die Tatsache, dass der Propst in den ersten Jahrhunderten als Domherr in Konstanz residiert. Das Zurzacher Stift unterschied sich vom Pelagiusstift in Bischofszell später äusserlich dadurch, dass es eine repräsentative Propstei und ein stattliches Kapitelhaus besass. Das Fehlen einer Propstei in Bischofszell hängt mit der Stellung seines Propstes zusammen. Der Propst von Bischofszell besass kein Kanonikat und nach 1617, als der Papst auf die Ernennung der Chorherren und der Dignitäten zugunsten der Innerschweizer Stände verzichtete, war sein Amt nicht mehr als Titel und Einkommensgarantie. Eigentlicher Vorsteher war seit dem 17. Jh. der Kustos. Vergleichbar mit Zurzach, aber in stärkerem Masse, wurde das Kapitel seit derselben Zeit von Innerschweizer Patriziersöhnen gebildet. Auch in Bischofszell hatte das Stift die Pfarrseelsorge und die Schule zu betreuen. Die Stiftskirche war aber zugleich Pfarrkirche. Rechtliche und ökonomische Angelegenheiten wurden in Zurzach schon im 15. Jh., in Bischofszell nach der Reformation mehr und mehr von einem weltlichen Stiftsamtmann besorgt, den das Kapitel wählte. Vgl. Einleitung von W. KUNDERT zum Kapitel Bischofszell, in: HS II/2, S. 215 ff.
[4] Die kirchlichen Tagzeiten sind: Matutin (Mette) und Laudes (Morgenlob), Prim, Terz, Sext, Non (Gottesdienste zur «ersten, dritten, sechsten und neunten Stunde»), Vesper (eigentlich Abendgebet, wird am Nachmittag oder gegen Abend gebetet), und Komplet (completorium, Schlussgebet).
[5] Liturgische Handschriften aus dem Chorherrenstift Interlaken und ihre elsässischen Quellen, in: ZSK 81, 1987, S. 105–150.
[6] MANFRED HEIM, Kanoniker, in: Mönchtum, Orden, Klöster. Von den Anfängen bis zur Gegenwart. Ein Lexikon. Hg. v. GEORG SCHWAIGER, München 1993, S. 267–270.

---

1 Der Zurzacher Stiftsbezirk, Ausschnitt aus einer lavierten Sepiazeichnung von Abraham Schellhammer, Kartenzeichner und Notar (1675–1755), nach Merian. Zentralbibliothek Zürich.

2 Der Stiftsbezirk vor dem Abbruch der inneren Chorhöfe am Kirchhof, Ausschnitt aus dem Schmid-Plan von 1842:
A Verenamünster
B Pfarrkirche St. Maria, «Obere Kirche»
1 Alte Propstei, Marienchorhof
2 Kustorei
3 Dekanei
4 Stiftisches Schulhaus
5 Hinterer Pfrundkeller, Felix- und Regulahof, «Tempftesche»
6 Propstei, 1773 neu erbaut
7 Urs- und Viktorhof, «Totenbaum»
8 Kellerei, 1373 Kaplanei z. Hl. Kreuz, 1378 St. Peter (und Paul)
9 Verenahof, vorderer Pfrundkeller
10 Sigristenhaus, «Glogge», 1360 Kaplanei St. Maria
11 Synesiushof, 1358 Kantorei, «Sengery»
12 Kapitelhaus, Neubau 1700
13 «Baldinger Pfrundhaus», Agathahof, 1358 Kaplaneipfrund St. Georg
14 Mauritiushof, 1563 Saalanbau (später Pappiserhof)
15 Fulgentiushof, 1652 neue Kantorei
16 Annahof, 1561 «Kleiner Schlüssel»
17 Kaplanei, später Organistenpfrundhaus.

3 Stiftsstatuten von 1605. Einband mit Goldprägung (Verenadarstellung), Hängesiegel des Bischofs von Konstanz. StAAG 3747.

neuerungsabsichten des Konzils von Trient in Verbindung gebracht werden muss.

Auf besondere Schwierigkeiten bei der Verwirklichung der allgemein gehaltenen «Verfassung» weisen 1360 folgende Bestimmungen hin: Versäumnis der Tagzeiten soll nicht mehr durch den Verlust des Präsenzweines, sondern mit einer Geldbusse geahndet werden, was offenbar wirkungsvoller war. Mit der Zeit stand jedem Chorherrn eine Canonica (Chorhof, domus prebendialis; praebenda = Pfründe) zu. – Wieder wird 1360 ein Schulmeister verlangt, der vom Kantor (oder Scholasticus) einzusetzen ist. Jeder neue Chorherr oder Propst hat sein Chorgewand (cappa) von der ersten «grossa» (gleichmässig verteilte Kapiteleinkünfte, die «prebenda» (praebenda), der Hauptbezug: am Verenatag Getreide, am Gallustag Wein)[7] selber zu bezahlen.
Vom 15. März 1491 datieren die durch Bischof Otto IV. erneuerten Statuten. Sie setzen fest, dass sechs von den nunmehr[8] zehn Chorherren Priester und je zwei Diakone und Subdiakone sein sollen. Von Abgaben und Einkünften und ihrer Verwendung ist die Rede und vom *Punctator*, der die Präsenzkontrolle der Chorherren bei den Gottesdiensten vornimmt. Frei gewordene Chorhöfe können nach dem Ancienitätsrecht (Amtsalter) von anderen Chorherren bezogen werden (optio domus, Zugrecht[9]). Es sind Zinsurbarien[10] anzulegen. Zinsrödel sind erhalten aus den Jahren 1441 und 1469; das älteste Stiftsurbar stammt von 1511.[11]

Statutenänderungen und -zusätze konnten vom Kapitel angeregt werden, waren aber Sache des Bischofs. Immerhin wurde das Einverständnis von Propst und Kapitel eingeholt (1491).[12] 1605 hatte Bischof Jakob Fugger (1604–1626) neue Bestimmungen erlassen. Seit 1631 wurde im Kapitel wieder über die Statutenerneuerung diskutiert.[13] 1633 halten Kapitelsprotokoll und Diarium fest (18. Februar), dass das Kapitel die Statuten selber erneuern und zur Bestätigung dem bischöflichen Ordinariat vorlegen wolle.
Unter Propst Johann Theoderich Hermann[14] (1625–1642 Propst) entstand ein neues, systematisch angelegtes Statutenbuch des Verenastiftes. Es wurde 1635 vollendet und am 6. Februar vom Kapitel approbiert. Im Stift stand ein um 1640 geschriebenes Exemplar in Gebrauch.[15] Die Abschrift wurde unter den Pröpsten Franz Heinrich Reding von Biberegg (1667–1702) und Carl Joseph Ludwig Bessler von Wattingen (1702–1767) ratifiziert und bestätigt. Dies geschah in beiden Fällen nicht schon beim Amtsantritt des neuen Propstes. Bei Reding scheint die «ratificatio et confirmatio» anlässlich des 10-jährigen Amtsjubiläums vorgenommen worden zu sein.[16] Unter seinem Nachfolger im Amte, dem Propst Bessler, mag es sogar noch etwas länger gedauert haben.[17] Ursache war der Propst selber: Er war 1702 vom Landvogt, seinem Vetter, zum Propst ernannt worden, ohne das vorgeschriebene Alter oder die Weihen zu haben. Die Chorherren hatten nun, um vor ähnlichen Überraschungen sicher zu sein, in die Statuten den Passus aufgenommen, dass Propst und Custos ex gremio Capituli (aus dem Kreis der Chorherren) zu wählen seien und der Propst 24 Jahre alt sein müsse. Sie schickten die Statuten mit diesem Zusatz noch im Wahljahr des jungen aufgedrungenen Propstes an das bischöfliche Ordinariat in Konstanz, um ihnen durch die bischöfliche Approbation Rechtskraft zu verleihen. – «Auf dass aber keiner sich mit mangelnder Kenntnis der Statuten herausreden könne», bestimmt der letzte Paragraph, dass die Statuten «so oft dies für Kapitel und Propst nötig sei, mindestens aber beim Generalkapitel im Beisein aller Chorherren und aller Betroffenen», soweit es die Einzelnen angeht, vorgelesen werde. Propst und Kapitel haben darauf zu achten, dass die Vorschriften befolgt und Übertretungen geahndet werden.

Die Kanoniker nach den Statuta Ecclesiae Collegiatae S. Verenae Zurzachii (Statuten des Stifts St. Verena in Zurzach) um 1640[18]

Nachdem eingangs die ursprünglichen Statuten von 1279 zusammengefasst wurden, sollen in den folgenden Abschnitten anhand jüngerer, in der Zeit der tridentinischen Reform verfasster Statuten Einrichtungen, Personal und Ämter des Stiftes vorgestellt werden.
Wer sich für ein Kanonikat bewarb, musste durch die Tonsur in den Klerikerstand aufgenommen sein und die vier niederen Weihen (Ostiariat, Lektorat, Exorzistat, Akolythat) empfangen haben. Sein Alter muss erlauben, dass er innert zwei Jahren zum Subdiakon geweiht werden kann, wenn er an den täglichen Einkünften teilhaben will. Er soll kein notorischer Konkubinarier oder ähnlicher Exzesse verdächtig, sondern gut beleumdet sein, er darf nicht an einer unheilbaren Krankheit leiden und weder körperlich noch geistig krank sein.
Voraussetzung ist ferner eine genügende (theologische) Bildung, damit er den Pfarrdienst versehen kann.
Da zum würdigen Gottesdienst der Gregorianische Gesang[19] gehört, soll kein Kleriker zu einem Kanonikat zuge-

lassen werden, der den Choralgesang nicht kennt oder wenigstens verspricht, ihn in seinen zwei Karenzjahren (da er noch ohne Einkünfte ist)[20], zu erlernen.

Der Kandidat muss ehelich geboren und Kind ehrbarer Eltern sein.[21]

Er muss durch einen Eid bezeugen, dass weder er selbst noch jemand zu seinen Gunsten das Amt mit Geld gekauft hat (Simonie). (I, 3)

Propst, Dekan und Kustos sowie drei Kanoniker müssen Priester sein, zwei Kanoniker Diakone und zwei (jüngere) Subdiakone.[22] Aufnahme in Kapitel und Chor: Die «assumptio et ingressus chori» genannten Zeremonien beim Eintritt eines neuen Kanonikers sind im Statutenbuch festgehalten. (I, 4)

Der künftige Chorherr weist dem Kapitel seinen Bestallungsbrief vor, den der Kapitelssekretär vorliest, damit festgestellt werden kann, ob der Kandidat den kirchlichen Vorschriften und jenen des Stiftes entspricht. Er erklärt seine Bereitschaft, alles zu tun, was man von ihm rechtens verlangen wird. Auf Anordnung des Propstes liest sodann der Sekretär dem Kandidaten aus den Statuten die üblichen Leistungen vor, die ein Neukanonikus zu erbringen hat: Zuerst bringt dieser zwei Zurzacher Einwohner als Bürgen bei, die Stift und Kapitel für allfälligen Schaden und für alle Ausgaben anlässlich seiner Aufnahme entschädigen.

Er bezahlt 15 fl. (Gulden) für die Anpassung der Statuten, 10 für das Chorgewand (cappa choralis), der fabrica (Gotteshausvermögen) 25 fl., insgesamt also 50 Gulden. Fünftens soll er dem Stiftspersonal ein geziemendes Mahl ausrichten oder jedem, wenn er es vorzieht, einen Taler überreichen.[23]

Sechstens soll er ins Kapitelhaus einen silbernen Becher von mindestens acht Unzen stiften, wie es von alters her üblich ist.

Siebtens dem Sigristen einen Mantel, wie er ihn im Kirchendienst braucht, oder sechs Ellen Tuch oder, wenn er will, 10 fl. zur freien Verfügung. Das alles soll, wenn nicht bar, so doch innert Monatsfrist bezahlt werden. (I, 5)

Die Installation (assumptio et ingressus chori). Sind diese Praeliminarien im Kapitelhaus abgehandelt, so wird der Neokanonikus in die Stiftskirche geleitet. Dort bekennt er in der Kleidung des Klerikers (Sutane, Chorhemd) und in der «almutia» (Schultermantel) des Chorherren,[24] begleitet vom Propst und vom Dekan, vor dem heiligen Sakrament im Hochaltar kniend seinen Glauben. Danach leistet er auf das Evangelienbuch den Eid, und zum Schluss wird dem neuen Kanoniker vom Propst sein Platz (stallus)

[7] HUBER, Geschichte, S. 20.
[8] Die Inkorporation der Kirche Klingnau hatte 1360 die Schaffung eines 10. Kanonikates ermöglicht. Das Stift verfügte nun über zwölf Pfründen, von denen zwei dem Propst zustanden.
[9] Innerhalb eines Monats kann der dienstälteste Chorherr einen durch den Hinschied eines Mit-Chorherrn frei gewordenen Chorhof beziehen.
[10] Urbar: Güter- und Abgabenverzeichnis.
[11] Weitere Stiftsurbarien sind erhalten aus den Jahren 1544, 1564/65, 1606/07, 1663, 1709, 1754/57 und 1793.
[12] HUBER, Geschichte, S. 51.
[13] Kapitelsprotokoll vom 17. Okt. StAAG, Nr. 3761.
[14] Aus Rottweil, einer Stadt, die bis 1689 als zugewandter Ort in einem (sehr) lockeren Verhältnis zur Eidgenossenschaft stand.
[15] Philipp Heinrich von Stuben, ernannt 1636, ist als jüngster Chorherr aufgeführt, und der Senior Heinrich Heil aus Uri († 1642) lebt noch. – Begründung im Ingress: «Da kein Gemeinwesen [res publica] ohne ein Grundgesetz gedeihen kann, in unserem Kollegiatstift aber Satzung und Vorschriften von jeher bloss summarisch in verschiedenen Büchern, andere sogar nur in der gelebten Tradition überliefert sind, haben wir, um den Gottesdienst möglichst würdig zu gestalten, zum Nutzen unseres Kollegiums, um Frieden und Einigkeit zu fördern, zur Vermeidung von künftigen Ungelegenheiten, Streit und Entzweiung unter Anrufung der Gnade des Hl. Geistes und nach gründlicher Beratung beschlossen, die folgenden Statuten zum besseren Verständnis in Teile, Titel und Paragraphen unterteilt, ausführlich niederzuschreiben und dem Tit. Fürstbischof Johannes [von Waldburg-Wolfegg, 1627–1644] zur Genehmigung und Bestätigung vorzulegen.»
[16] Zw. 1676 (Carl Emanuel von Roll ist Chorherr) und vor dem 4. März 1678 (Todestag des Can. Herenberg).
[17] Zwischen 1712 (Wech und Dürrheim sind Kanoniker, Chorherr Janser, gestorben 1712, ist nicht mehr aufgeführt) und 1724 (Todesjahr des Chorherrn Carl Emanuel von Roll).
[18] Die eingeklammerten Zahlen am Schluss der einzelnen Abschnitte verweisen auf die entsprechenden Kapitel und Abschnitte in den zugrunde gelegten Statuten StAAG Nr. 3747, die frei übersetzt und zum Teil stark gekürzt wiedergegeben werden.
[19] Liturgischer Choralgesang.
[20] Annus carentiae: die Zeit, während der ein Neuaufgenommener ganz oder teilweise auf die Einkünfte aus seiner Pfründe und auf gewisse Rechte verzichten musste.
[21] Uneheliche bedurften einer Dispens. Solche Dispensen sind u. a. für Johann Steffani, Nikolaus Gundelfinger und Burkard Meier schon im 15. Jh. erteilt worden. Seit 1494 sollten unehelich Geborene auch mit Dispens nicht mehr zugelassen werden, aber es gab auch nach 1494 noch Illegitime, die am Stift zu einer Pfründe kamen, z. B. Konrad, der Sohn des Dekans Rudolf von Tobel. Mit dieser Massnahme wurde in den Jahrzehnten vor der Reformation versucht, der verbreiteten Sittenverwilderung zu begegnen. – Von alters her erbte die Eidgenossenschaft die Hinterlassenschaft unehelicher Priester in der Grafschaft Baden. Für Propst Paul Schaufelbühl wurde 1573 eine Ausnahme bewilligt. HUBER, Geschichte, S. 116, Anm. 2.
[22] Wenn hier von zwei «jüngeren» gesprochen wird, so deutet das wohl darauf hin, dass das Kapitel im 17. Jh. die Priesterweihe für Chorherren als Regel ansah.
[23] Dazu schildert Chorherr Raymund Carl von Pappus und Tratzberg (1686–1755) (PAPPUS, Kurtze Beschreibung) folgende Beispiele: 1712 wurde Dr. Joh. Friedrich von Dürrheim Chorherr, 1733 Kustos. Im selben Jahr wurde Beat Josef Uttiger zum Chorherrn ernannt: «dass tractement oder Mahlzeit auf dem Rathaus gehalten worden» (S. 330). Zur Einführung des Kanonicus Sebastian Heinrich von Schnorff Gastierung auf dem Rebstock (S. 345). Ferdinand Anton Baron von Deuring: 1744 «In meinem [Pappus'] Hauss aber die Mittagmahlzeit gehalten worden» (S. 368). Bei der Wahl von Baron

4 Chorherr Heinrich Heil (1565–1642) im «Mettipelz» (almutia). Kloster Habsthal.

5 Das Propstkreuz unterscheidet sich von den übrigen nur durch die Krone am oberen Kreuzarm. Mittelmedaillon: Vorderseite Verena, Rückseite Mauritius. Kirchenschatz.

6 Bildscheibe des Stifts Zurzach, 1626. Namen und Ämter der Chorherren:
Joan. Theodo. Hermann S.S.T.D. Probst;
Casparus Huwyler, S.S.Theo. D. Decanus;
Gotthardus Schmid, Custos;
M[agister]. Joannes Honegger Cantor, Praesentiarius und Secretarius;
Heinricus Heil Senior,
Joan. Rudolffus Rych,
Jacob Stadli Fabricator,
M[agister]. Joannes Fry Eleemosinarius,
Joannes Muheim,
Joan Bernhard von Wellenberg,
Michael Kräntzli.
Schweizerisches Landesmuseum, Zürich.

im Chor angewiesen, er wird «in-stalliert», und die Kanoniker, die Kapläne und die stiftischen Beamten beglückwünschen ihn der Reihe nach. (I, 6)

Der Neugewählte gelangt erst nach zwei *Karenzjahren,* in denen er nur einen Teil der Einkünfte beziehen kann, in den vollen Genuss seiner Pfründe. Der Rest kommt seinem Vorgänger (Gnadenjahr, Jahrzeitstiftungen) und der Stiftsfabrik zu. Zum *Kapitel* wird er erst nach Ablauf der Karenzjahre zugelassen.

Auf Wunsch wird ihm ein *Chorhof* (curia canonicalis) mit Umschwung – Wiesen, Baumgarten – zugeteilt, für den er aber in den ersten zwei Jahren einen Zins zu entrichten hat. (I, 7)

Eine grosszügige Regelung sieht vor, dass sich ein Kanoniker notfalls zwei Monate oder sechzig Tage pro Jahr ohne Einkommensverlust durch einen andern vertreten lassen kann. Ärztlich verschriebene Abwesenheit in Thermal- oder Mineralbädern sei einem Kanonikus im Rahmen der Vorschriften des Konzils von Trient erlaubt.[25] (I, 8)

Keiner darf sich weigern, ein Amt oder eine Aufgabe zu übernehmen, das/die ihm übertragen wird. Er soll es bzw. sie getreu nach bestem Wissen und Können erfüllen und ist Propst und Kapitel Rechenschaft schuldig. (I, 9)

Die «almutia», das Schultermäntelchen, ist eines der Privilegien des Verenastiftes. Sie muss an höheren Festen, bei der Beerdigung eines Kanonikers und an den Totengedenkfeiern – am Ersten, Siebten und dem Dreissigsten – des Bischofs und der Kanoniker getragen werden. (I, 10)

Stirbt ein Kanoniker oder Kaplan, so versiegeln und verschliessen zwei Kanoniker oder vom Kapitel beauftragte weltliche Beamte Kästen und Schreine mit dem Kapitelssiegel und bringen die Schlüssel dem Propst oder dem Senior. – Die Chorherren werden im Verenamünster, die Kapläne im Portikus (vor der Kirche) oder im Friedhof beigesetzt, wenn nicht Notzeiten ein anderes Vorgehen erfordern. (I, 12)

Aus dem Vermögen eines verstorbenen Chorherren werden allen Kanonikern und Kaplänen, die dem Gottesdienst beiwohnen, dem Kellerar, dem Schulmeister und dem Sigristen wie auch den weltlichen Beamten ein Gulden und drei Batzen überreicht. Wie seit alters Brauch, sollen aus der Erbschaft für die verschiedenen Todfallabgaben und die Auslagen der «fabrica» 16 Gulden bezahlt werden. Dem Sigristen 6 Gulden für die «vestis pellicea», den «Mettijbeltz» – also für den Pelz, den die Chorherren in der kalten Kirche beim Frühgottesdienst (Matutin, Mette) trugen.

Am Ersten Tag der Beisetzung werden Matutin und Laudes (die beiden ersten Tageshoren) nicht rezitiert, son-

dern ganz gesungen, am Siebten und Dreissigsten eine Nokturn (mehrere Psalmen und Lektionen umfassende Abteilung des Nachtoffiziums).
Das «officium» (Stundengebet) wird feierlich, mit musikalischer Begleitung unter Assistenz von Diakon und Subdiakon, gehalten. Vorher wird die Tagesmesse gelesen. Sämtliche Chorherren und Kapläne zelebrieren (lesen eine Messe). Die weltlichen Beamten nehmen am Gottesdienst teil und beten für die Seele der Verstorbenen. (I, 13)

Einrichtungen, Ämter und Amtsträger nach den Statuten (1640)

Der *Propst*. Das Zurzacher Kapitel, eingedenk der Tatsache, dass Würde und Wertschätzung des Stiftes vor allem von seinem Personal abhängen, bestimmt, dass die Chorherren und umso mehr der Propst aus einer gültig geschlossenen Ehe stammen müssen, von ehrenhaften Eltern, die einen guten Ruf und Wertschätzung geniessen, worüber sich der Kandidat notfalls auszuweisen hat. Er muss Priester sein oder doch so alt, dass er in der nächsten oder übernächsten Fronfastenzeit[26] zum Priester geweiht werden kann. Der Propst soll ein integres Leben führen, soll gebildet, weise und besonnen sein, auf dass er Kirche, Chor und Kapitel und den diesem unterstellten niederen Klerus (Kapläne) und alle Untergebenen gut und taktvoll leiten und dem Kollegium in geistlichen wie in weltlichen Belangen nützlich vorstehen kann. Dem vom Landvogt präsentierten neuen Propst werden im Kapitel vom Sekretär die Bedingungen und üblichen Forderungen (conditiones et requisita) vorgelesen; sein Bestallungsschreiben wird geprüft und gutgeheissen, und dann begleitet der Landvogt den neuen Propst in die Kirche. Hinter ihnen ziehen die Kanoniker und die Offiziale des Stiftes (Stiftsbeamte) ein.
Auf den Knien betet der Propst zwischen Dekan und Custos vor dem Hochaltar das Glaubensbekenntnis, und unter Glockengeläute, zum Klang der Orgel und der Instrumente wird das Te Deum[27] gesungen. Der Propst wird zum ihm vorbehaltenen Chorplatz geführt und tritt damit in seine Besitzrechte ein. Kanoniker, Kapläne und Offizialen wünschen ihm Glück und versprechen ihm in die Hand Gehorsam.
Pflichten des Propstes: Der Propst leitet das Chorgebet an allen Hochfesten und zelebriert das Hochamt. An den übrigen Tagen nimmt er wie alle Chorherren am Gottesdienst teil, sofern er nicht legitim verhindert ist.
Sind der Wochenvorbeter (hebdomadarius, «Wöchner») oder sein Stellvertreter in Kapitelsangelegenheiten verhindert, so vertritt sie der Propst.
Er sorgt dafür, dass der Gottesdienst in der Kollegiatskirche so gewissenhaft wie möglich gehalten wird. Es darf beim Stundengebet und in der Feier der Messe nichts verstümmelt, vernachlässigt oder weggelassen werden.
Der Propst nimmt Wohnsitz im Flecken Zurzach und im Stift.[28]
Besonnen und weise vertritt er das Stift nach aussen. Statuten, Hausgebräuche (consuetudines), Gebäude und Einkünfte und alles, was das Stift angeht, schützt er nach bestem Wissen und Vermögen.
Er beruft das Kapitel ein und leitet es. In seiner Abwesenheit oder wenn er krank ist, wird diese Aufgabe dem Dekan, dem Offizial[29] oder einem älteren Kanonikus übertragen.
Verfehlungen im Chor oder Streitigkeiten straft der Propst ohne Ansehen der Person unter vier Augen oder im Kapitel mit Worten oder mit der üblichen Busse. – Es folgen Bestimmungen über die Einkünfte des Propstes. (II, 1)

Vom *Dekan* und seinen Aufgaben
Der Dekan ist nach dem Propst der zweithöchste Würdenträger.[30] Er kann in weltlichen Sachen den Propst ver-

---

Josef Ignaz von Schrofenberg, Pfarrer in Kaiserstuhl, war am Tage der «Aufführung» das «Mahl schon prächtig zubereitet bei dem Grossen Hirschen». Statt des Landvogts kam aber ein Brief des Inhalts, dass die Wahl ungültig sei, weil ein geborener «Kleinstättler» und nicht ein naturalisierter (Schrofenberg stammte aus Konstanz) gewählt werden müsse (S. 781). Bei der Einführung des Chorherrn Joh. Franz Steigmeier im Jahre 1800: «die Mahlzeit wurde in der Probstey gehalten» (S. 805).

[24] Eine «almutia» (oder «almutium») war ursprünglich eine Kopfbedeckung, dann ein Kapuzenkragen aus Seide, Wollstoff oder (meistens) aus Pelz, hier: eine Art Schultermäntelchen mit Troddeln (bei Pelzmäntelchen z. B. aus Wieselschwänzen).

[25] 1464 hatten die Statuten noch zwei Wochen für Badekuren, vier Wochen für eigene Geschäfte als zulässig erklärt, 1360 waren für diese Geschäfte 14 Tage freigegeben worden. REC II, S. 309, Nr. 5571.

[26] Quatembertage (Fronfasten), das je dreitägige Vier-Jahreszeiten-Fasten (Mittwoch, Freitag, Samstag der ersten Woche in der Fastenzeit der Pfingstwoche, der dritten Septemberwoche und der dritten Woche im Dezember); der Quatember-Samstag ist seit dem frühen Mittelalter offizieller Weihetag für Priester und Diakone.

[27] Ambrosianischer Lobgesang, weil als Verfasser Ambrosius (oder Ambrosius und Augustinus) angenommen wird (werden). Loblied an Gott, Hymnus auf Christus, abgeschlossen durch Ps. 27,9 und 144,2.

[28] Zur Residenz verpflichtet ist der Propst erst seit dem 16. Jh. Propst Heinrich Raner wurde von den Eidgenossen gewählt mit der Auflage, «hushäblich in Zurzach zu sitzen» (HUBER, Geschichte, S. 101).

[29] Der Offizial ist Vertreter des Bischofs in Rechtsangelegenheiten. Das in den übrigen Kollegiatsstiften meist unbekannte und auch in Zurzach nicht durchgehend besetzte Amt hängt wohl mit der Abhängigkeit des Verenastiftes vom Bischof zusammen.

treten. Er soll nach seiner Ernennung unverzüglich dem Kapitel die «approbatio pro cura animarum» vorlegen, die bischöfliche Seelsorge-Ermächtigung.

Als Pfarrer hat er die Seelsorge der Gemeinde inne. Auch das Kapitel nimmt ihn als Seelsorger an und als Kanoniker und Mitbruder im Kapitel (concapitularis) und teilt ihm den erhöhten Platz zur Rechten des Propstes zu. Unter den guten Eigenschaften, die der Pfarrer aufzuweisen hat, heisst es auch, er soll den Erwartungen der jährlich aus allen Ständen zur Messe nach Zurzach strömenden Menschen entsprechen.[31] Mit der Übernahme des Dekanamtes wird er Chorherr; er verliert diesen Status aber wieder, wenn er das Pfarramt aufgibt. In Kirche und Pfarrei soll er keine Neuerungen einführen, die nicht vorher von Propst und Kapitel gutgeheissen wurden.

Der Dekan predigt am Morgen der Sonn- und Festtage, ohne aber die Gebetszeiten des Stiftes zu stören. Nach der Predigt verkündet er den kirchlichen Kalender der kommenden Woche, Feste, Fasten, Quatember, Totengedächtnisse, Fürbitten, Hochzeiten – alles, was zu verkünden ist –, einzeln und deutlich, sodass es sich jedermann merken kann.

Ihm obliegt die Seelsorge im ganzen Gebiet der Pfarrei Zurzach. Ist er verhindert, so sorgt er dafür, dass ein Kanoniker oder Kaplan ihn vertritt.[32]

Am Sonntag erteilt er um elf Uhr Katechismus-Unterricht, oder er lässt sich von einem Kaplan vertreten.

Treten Schwierigkeiten in der Pastoration auf, so berät er sich mit Propst und Kapitel.

Nach 10-jähriger Pfarrtätigkeit oder wenn er krankheitshalber das Amt nicht mehr versehen kann, soll er nach den Statuten für das nächste frei werdende Kanonikat vorgeschlagen werden.[33] (II, 2)

Das *Kustos*-(Thesaurar-)Amt ist weniger Würde als Bürde (officium), wie auch das des Kantors. Der Kustos soll Eifer und Liebe für kirchliche Geräte und die liturgischen Requisiten aufbringen.

Es ist seine Aufgabe, die kirchlichen Gegenstände und Geräte, die Kelche, Reliquiare, die Altäre, Paramente und alles andere, was zur Kirche und zum Gottesdienst gehört, rein, sauber und ganz zu erhalten.

Er muss die Messgewänder, die Antependien und alle liturgischen Schmuck- und Kleidungsstücke in jenen liturgischen Farben bereitstellen, die das Directorium Romanum (der offizielle römische liturgische Kalender) und das des Bistums Konstanz verlangen.

Er hat die Pflicht, die heiligen Gewänder an einem geeigneten Ort so aufzubewahren, sie in der guten Jahreszeit zu lüften und zu sonnen, dass sie nicht schimmlig werden und einen schlechten Geruch annehmen oder in der Unordnung vorzeitig zugrunde gerichtet werden. Muss etwas geflickt oder ersetzt werden, so bespricht er sich mit dem Vorsteher der «fabrica».

Es ist auch Aufgabe des Kustos, dafür zu sorgen, dass Kollegiatskirche und Pfarrkirche mindestens einmal im Monat vom Sigristen und seinem Gehilfen von Schmutz gereinigt und mit dem Besen gekehrt werden.

Auch die Alben, Altartücher und Kelchhüllen, die Chorröcke und anderen Gewänder aus Leinen sollen rechtzei-

7 Dem Kustos oblag die Pflege der liturgischen Geräte. Silberne Reliquienmonstranz, Ende 15., Kreuz 18. Jahrhundert. Kirchenschatz.

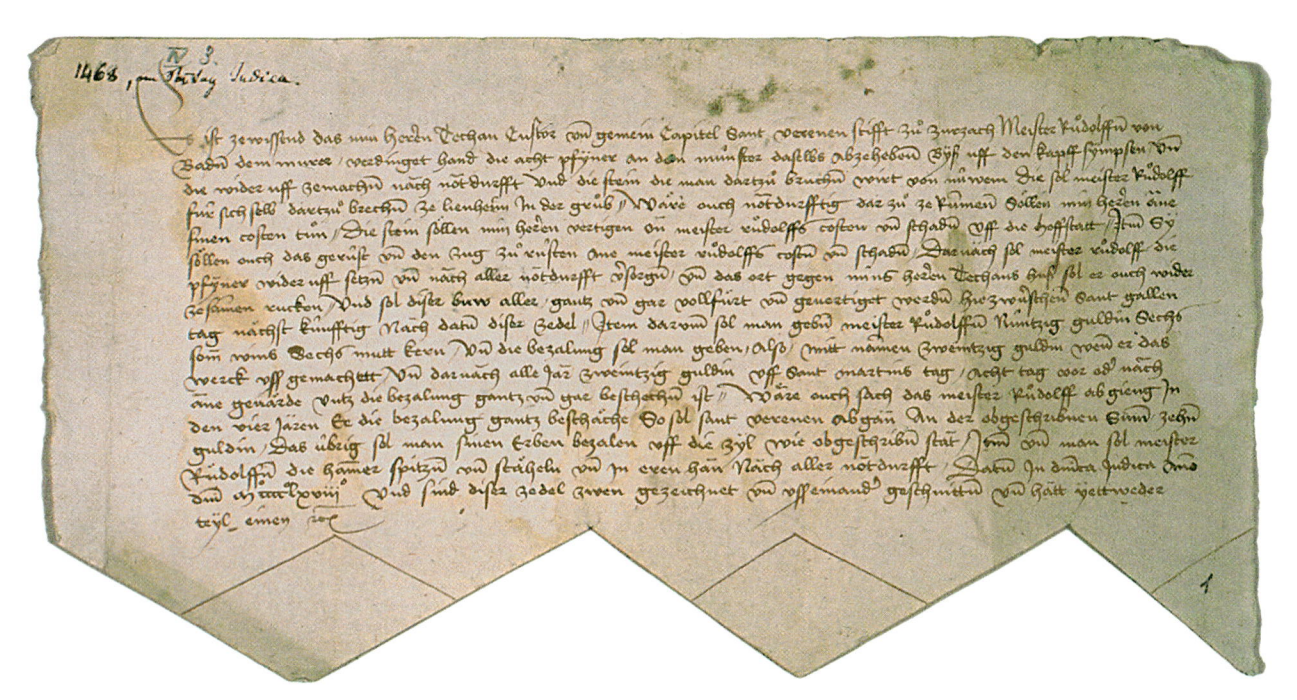

8 Der Fabricator war u. a. auch für Bauten und Reparaturen verantwortlich. Werkvertrag mit dem Meister Rudolf von Baden 1468 für die Erneuerung der Strebepfeiler am Chorturm. Den unteren Teil des Blattes mit gleich lautendem Text, durch Zickzacklinie und Schnitt fälschungssicher gemacht, erhielt der Vertragspartner. StAAG 3976.

tig gewaschen werden. Vor dem Allerheiligsten, dem Verenagrab und dem Fulgentiusaltar sollen Tag und Nacht Kerzen brennen.
Für das Messopfer beschafft er Hostien und reinen, sauberen Wein sowie Weihrauchkörner.
Er soll alles in Kirche und Sakristei, vor allem aber für Festtage und am Altar so gut pflegen, dass Ausschmückung und Schönheit dem Priester wie dem Laien bedeuten, wie fromm sie sich im Hause des Herrn benehmen sollen, das ausgezeichnet ist durch Heiligkeit. (II, 4)

Der *Kantor* soll normalerweise vom Kapitel aus der Reihe der Chorherren gewählt werden. Er soll wie alle Kanoniker an den nächtlichen und den Tagesstundengebeten teilnehmen. Seine Hauptaufgabe ist es, für einen würdigen, feierlichen Gottesdienst zu sorgen.
An den höchsten kirchlichen Festtagen hat er seinen Platz beim Choreingang gegenüber dem Propst. Angetan mit dem «pluviale» (Vespermantel, Rauchmantel), leitet er Antiphone (Kehrvers, eingeschoben zwischen Psalmen oder Psalmverse), Vesper und Komplet, und am folgenden Tag[34] intoniert er entweder persönlich oder durch den Schulmeister das feierliche «officium» und stimmt die Hymnen und Gesänge an.
Er achtet darauf, dass alles genau entsprechend dem Römischen Breviermissale und dem Konstanzer Direktorium gesungen wird.
Zu allen Quatemberzeiten visitiert er gemeinsam mit dem Dekan die Schule.[35]

Von allen Musikalien, Choralbüchern und Partituren für mehrstimmigen Gesang soll ein Exemplar beim Propst und eines beim Kantor aufbewahrt werden. (II, 5)

Der *Punctator* (Chorherr, der die Anwesenheitskontrolle führt). Jährlich soll ein Kanoniker bestimmt werden, der Nachlässigkeiten und Abwesenheit sowie andere Ausschreitungen (excessus) in Chor und Kapitel in ein Buch einträgt, das er bei der jährlichen Verteilung besonderer Zuteilungen dem Propst und anderen vom Kapitel be-

---

[30] Schweizer Kollegiatstifte kennen eher ausnahmsweise das Amt des Dekans, im Gegensatz zu den Domstiften (Domdekan), vgl. GUY P. MARCHAL, in: HS II/2, S. 59.
[31] «Qui plurimorum omnis status hominum annuatim tempore Nundinarum huc confluentium expectationi satisfacere possit.»
[32] Von einer Pfarrhelfer-Pfründe ist weder im Kapitel über den Dekan noch in jenem über die Kapläne die Rede. Bischof Hugo von Landenberg hat 1520 im Falle des Dekans Rudolf von Tobel verfügt, dass er in eigener Person oder auf eigene Kosten, ohne finanzielle Belastung für das Stift, durch einen Helfer vertreten, die Seelsorge auf sich zu nehmen habe (HUBER, Geschichte, S. 69 f.). Von den Kaplänen wird ausdrücklich verlangt, dass sie den Dekan bei der Ausübung seiner seelsorgerlichen Pflichten unterstützen.
[33] Nach dem Statut von 1279 war der Dekan ein Chorherr, was in der Nachreformationszeit nicht immer der Fall war. Nach den Statuten von 1717 waren Dekanenamt und Kanonikat wieder miteinander verbunden. Erst in den letzten Jahren vor der Aufhebung des Stiftes (1874–1876) war der Pfarrer nicht mehr Chorherr und Dekan (vgl. HS II/2, S. 601, Anm. 10 und S. 627).
[34] Am eigentlichen Festtag; voraus geht die Vigil, die mit der Vesper beginnt.
[35] Er ist Kantor und Scholastikus. Er bestimmt den Schulmeister, der vom Kapitel bestätigt werden muss.

9 Für Buchbinderarbeiten wurden oft Pergamentseiten aus alten Handschriften verwendet, zum Beispiel dieses Blatt als Einband für die Fabrikrechnungen von 1612. StAAG 3871.

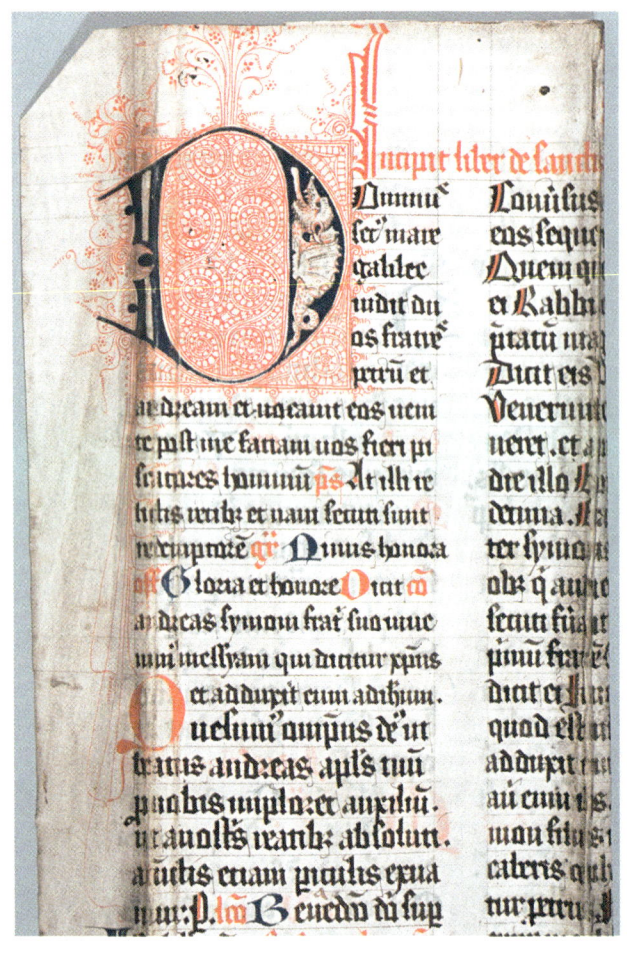

stimmten Kanonikern einreicht. Ist er abwesend, so muss ein anderer bestimmt werden.³⁶ (II, 6)

Der Bevollmächtigte für die «fabrica» (Stiftsökonomie), der *Fabricator* (Procurator fabricae, Administrator, Stiftsökonom), wird aus dem Kapitel gewählt. Als treuer Verwalter der Abgaben sorgt er dafür, dass die jährlichen Zinsen aus regelmässigen und aus den Nebeneinkünften vom Procurator (Beamter, Verwalter) eingetrieben werden. Er sorgt für das Kirchengebäude, den Turm, die Glocken, die Dächer, die Pfarrhäuser, die Wohnungen der Kapläne und aller untergebenen Beamten, sowohl derjenigen, die im Flecken wohnen, wie jener von Klingnau und Tegerfelden. Auch für den Wald – mit einem Wort: für alles, was zum Gotteshaus und zur «fabrica» gehört. Wenn eine Reparatur fällig ist, sorgt er dafür, dass sie möglichst rasch und günstig ausgeführt wird. Überdies soll er sparsam umgehen mit dem Vorrat der «fabrica» beim Wein- und Getreideverkauf und bei allen übrigen Abgaben.
Jedes Jahr soll er um den Martinstag (11. November) herum dem Kapitel oder seinen Deputierten über alle Abgaben sowohl über die Ein- wie über die Ausgänge mit seinem Eintragebuch Rechenschaft geben.³⁷ (II, 7)

Der *Praesentiarius* ist jährlich neu zu bestimmen oder zu bestätigen. Seine Aufgabe ist es, die während des Jahres gestifteten Gelder und die Anniversariengelder nach der Bestimmung der Geber gemäss dem Liber Anniversariorum (Totengedenkbuch) getreulich zu verteilen und in die Häuser der Herren Kanoniker (dominorum) zu tragen. (II, 8)

Der *Almosener* ist wie der Praesentiarius aus dem Kapitel zu wählen oder von diesem zu bestätigen. Er soll die Liebesgaben sammeln, wie die von Propst Ludwig Edlibach (1563–1589) gestifteten, von anderen Chorherren und von frommen Personen Almosen zugunsten von fremden und durchreisenden Priestern sowie für kranke und geistesschwache Einwohner, die Lebensunterhalt und Kleidung nicht durch ihre Arbeit beschaffen können. Er soll sie nach Rücksprache mit Propst, Kapitel oder dem *Senior* (amtsältester Chorherr) verteilen und vor dem Kapitel jährlich Rechenschaft darüber ablegen.
An allen Sonntagen – ausgenommen während der Zurzacher Messezeit – soll den Armen vor der Kirche ein Viertel Weizen für Brot ausgeteilt werden.
Wie auch jene besondere Gabe, die «Spend» heisst und an den (Toten-)Gedächtnistagen ausgeteilt wird. (II, 9)

Der *Kapitelssekretär*. Es ist nützlich, alles schriftlich festzuhalten, damit, was reiflich überlegt und beraten wurde, nicht in künftiger Zeit vergessen wird. Deswegen sollten alle Kapitelsbeschlüsse, die der Aufzeichnung wert und zum allgemeinen Nutzen beschlossen wurden, vom Sekretär, der jährlich aus dem Kapitel gewählt oder von diesem bestätigt werden soll, unverzüglich und in Anwesenheit aller in ein Protokollbuch eingetragen werden. Dieses Buch wird unter Verschluss aufbewahrt.
Der Sekretär liest an jeder Kapitelsversammlung zu Beginn alle Notizen über die einzelnen Geschäfte und die Beschlüsse vor. Es ist auch seine Aufgabe, für Weihekandidaten oder Wegziehende ein Zeugnis zu schreiben, ferner die Investitur der Pfarrherren und Kapläne und anderes, was das Kapitel betrifft, schriftlich festzuhalten; er ist der Stiftschronist. (II, 10)

Die *Kapläne*
Das Kapitel, dem die Ernennung der Kapläne zusteht, soll Kandidaten auswählen, die von ehelicher Geburt sind und sich nach Sitten und Bildung zum Pfarrdienst eignen. Auch sollen sie im Singen, besonders im Choralsingen, genügend unterrichtet und geübt sein.
Wer als Pfarrer der Stadt Klingnau oder des Dorfes En-

dingen angenommen wird, leistet vor dem Propst oder vor den Kapitelsdelegierten seinen Eid, bekennt seinen Glauben und verspricht dem Propst, dem Dekan und den übrigen Kanonikern schuldige Ehrerbietung und Gehorsam. Kapläne, die in Zurzach wohnen, geloben, dem Dekan bei der Pfarrseelsorge und in der Sakramenten-Verwaltung zu helfen und sich innert Monatsfrist die Seelsorgeerlaubnis des bischöflichen Ordinariates zu verschaffen. Darüber hinaus sollen die Kapläne nicht nur den Verpflichtungen aus ihrer Pfründe nachkommen, die aufgetragenen Messen zur festgelegten Zeit am Altar ihrer Pfründe lesen und sich fleissig am Stundengebet beteiligen, sondern sie sollen sich auch in allen anderen Belangen, seien es gottesdienstliche oder betreffe es die ehrbaren Sitten, an die Statuten, an löblichen Brauch und an die Anordnungen von Propst und Kapitel halten und auch väterliche Zurechtweisung oder Bussen mit schuldiger Ehrfurcht und Demut annehmen.

Keiner darf ohne Wissen des Propstes oder des Dekans ausserhalb des Fleckens Zurzach übernachten, List und Umgehung (der Vorschriften) seien auszuschliessen.

Wenn einer sich in Zeiten anstehender Krankheiten beim Anblick der Kranken, denen er die Sakramente bringen soll, so entsetzt, dass er seine Aufgaben als Kaplan aufgeben und den Kranken nicht mehr die geistlichen Mittel zum Heil ihrer Seelen verschaffen will, so soll er wissen, dass er nur mit der ausdrücklichen Erlaubnis des Generalvikars entlassen werden kann.[38] Die Einkünfte der Kapläne sind zum Teil fest, zum Teil aber hängen sie ab vom Zehnten. Deswegen sollen sie alle ihre Einkünfte sorgfältig in ein Register eintragen und bei der jährlichen Schlussabrechnung eines davon als Beispiel dem Kapitel übergeben. Sie sollen sich aber hüten, kühnlich irgendetwas von den Einkünften zu veräussern oder ohne Wissen des Kapitels zu verkaufen oder zu tauschen. Der Pfarrherr von Klingnau und die in Zurzach residierenden Kapläne wie auch der Pfarrer von Endingen gehören keinem Landkapitel (Geistliche auf dem Lande unter einem Dekan) an, sondern sie gehören einzig zu unserem Kollegium.[39]

Deshalb sollen sie jedes Jahr oder häufiger, wenn die Sache es erfordert, sei es zu Beginn der Fastenzeit (Quadragesima) oder zu einer anderen gelegenen Zeit, zusammenkommen, wenn sie gerufen werden. Sie sollen dort ihre Schwierigkeiten darlegen, damit ihnen geholfen werden kann. Haben sie Strafwürdiges begangen, sofern es sich um kleinere Übertretungen handelt, so sollen sie (da dem

10 «Zurzachischer Stiffts Calender», signiert F. D. Kraus, 1717. Die auswechselbaren Wappentäfelchen sind heute willkürlich eingesetzt. Anstelle der beiden Stiche war der Jahreskalender eingelegt. Auf der Vedute des Fleckens ist rechts die damals eben erbaute reformierte Kirche zu erkennen. Kath. Kirchgemeindehaus Forum, Zurzach.

---

[36] Nach den Statuten von 1491 wurde er für eine viertel-, halb- oder ganzjährige Amtszeit bestimmt. Anderswo, z. B. im Stift St. Vinzenz in Bern, hiess der Inhaber dieses Amtes Normator, vgl. KATHRIN TREMP-UTZ, Das Kollegiatsstift St. Vinzenz in Bern, Bern 1985, S. 163.

[37] Die Einrichtung dieses Amtes geht wohl auf die Bauzeit des 14. Jh. zurück; 1360 übergab der Bischof dem Kapitel die Bestallung. Dass die verantwortungsvolle und zeitaufwendige Arbeit des «Fabrikmeisters» geschätzt wurde, kommt darin zum Ausdruck, dass der Fabricator vom Chordienst dispensiert war, wenn er in Amtsgeschäften unterwegs war.

[38] Aus aktuellem Anlass formuliert: 1625–1638 grassierte auch in Zurzach die Pest. HUBER, Geschichte, S. 123 f.

[39] Dekan: Kirchlicher Oberer. Zuerst in Klöstern, zum Beispiel in der Regel Benedikts Aufseher über zehn Mönche. – Das Stift ist 1294 aus dem Ruralkapitel herausgelöst worden (SRQ AG II/5, S. 31), Klingnau mit der Inkorporation ins Stift (MITTLER, Klingnau, S. 201 f.).

Kapitel wie anderen Stiften der Diözese und dem Landkapitel und ihren Dekanen vom Bischof Strafgewalt übertragen worden ist) sich den ihnen vom Kapitel auferlegten Strafen unterwerfen. Schwerere Vergehen müssen dem Bischof und seinem Generalvikar übergeben werden, denn wir wollen dem Bischof und den bischöflichen Richtern wie auch den Synodalstatuten keine Rechte bestreiten.
Ihre Pfrundhäuser sollen die Kapläne in Dach und Fach (sartas tectas) und sauber erhalten. Grössere Schäden, deren Reparatur mehr als 24 Batzen erfordert, sind dem Procurator fabricae zu melden, damit er sie, wie es Brauch ist, reparieren kann. (III, 1)

Die weltlichen Beamten

Vom *Kellerar* oder dem *Verwalter* (Procurator)
Jahr für Jahr soll fünf oder sechs Wochen vor dem Fest Johannes des Täufers (24. Juni), wie es von alters her beachtet wird, vom Kapitel ein frommer und ehrenwerter Katholik, der das Kelleramt versehen kann, bestimmt werden. Er legt einen Treueschwur ab und soll vorher, wie üblich, mit seinem Versicherungsschreiben (litterae reversales) seine Versicherungsleistung entweder durch ein Pfand oder durch zwei Einwohner von Zurzach als Bürgen ausweisen.[40] Er soll alle Einkünfte und Abgaben unseres Kapitels ohne Ausnahme einziehen und mit aller Gewissenhaftigkeit und Treue Propst und Kapitel ohne Vorbehalt ihren gut und gerecht berechneten Anteil übergeben.
Er hat bei der Verteilung der Einkünfte und Abgaben sowohl was Qualität wie Quantität anbelangt, alle Kanoniker gleich zu behandeln, ungeachtet ihrer Stellung oder ihres Alters, und er soll die Verteilung im Nachhinein und ausserhalb der Gottesdienstzeiten vornehmen.
Schliesslich, wenn nach Meinung des Kapitels beim weltlichen Richter oder Magistrat Geschäfte zu erledigen sind, so soll er sie ohne Rücksicht auf die Person so schnell als möglich ausführen.
Propst Huber[41] gibt ein Bestallungsschreiben von 1512 wieder:
«Ouch ist ein Keller [Verwalter] verbunden, zu seinem Ampt einen knecht und ein junckfröw [Magd] ze haben, die mit eins Capitels Gut umzugond wissen; er sol ouch in des Capitels Dienst riten und gon, wo wann und wie dick [oft] sy In sendend, und das in sinem Costen, wenn er nit übernacht bliben muß; wenn er aber me, denn ein Tag nacheinander usin müßt, so sol ein Capitel denselben costen und schaden haben. Ein Keller sol ein bekomelich [geeignet] ritpferd haben und damit einem Capitel warten; ob die Herren es ze riten erweltind, sol er es In lichen [leihen] ze tags um zwen schilling und acht haller; welte und begerte ein Capitel des Kellers knecht mit Im ze riten, söl der Keller demselben ein roß in eins Capitels Costen erbitten und bestellen. Er söll ouch zwo wolbereyt Bettstatten haben und mit denen einem Capitel warten und ir gest herbergen und uf iren kosten ze essen geben, und zwar einem gast von Eren ein gut mahl, für mittel und minderpersonen [‹bessere› Gäste und ‹mindere›] für 16 haller oder nach erkanntniß eins Capitels [...].»

Die Jahresbesoldung des Kellerars bestand «in einer Behausung sammt Krautgarten jenseits des Baches, zwei Matten, in den Wiesen gelegen, 30 Mütt Kernen, wovon ein Mütt als Hauszins abgegeben wird, 5 Saum Wein, 24 Gld., der Schreiberei in Kadelburg und Zurzach, dem Weinzehnten zu Mellikon (letzterer aus Gnaden).»

Im Statut von 1279 hatte der Bischof einen Chorherren für das Amt des Kellerars vorgesehen. Seit 1360 konnte, «wenn keiner der Chorherren sich dazu verstehen wollte»,[42] auch ein Kaplan oder ein Laie als Kellerar (auch als Fabricator) berufen werden. Fabricator war bis 1853 je-

11 Etwa alle 40–50 Jahre mussten die Zinsurbare (= Grundbücher) vom jeweiligen Stiftsamtmann bereinigt und neu geschrieben werden. Das abgebildete Beispiel stammt aus dem Jahr 1754. StAAG 3820.

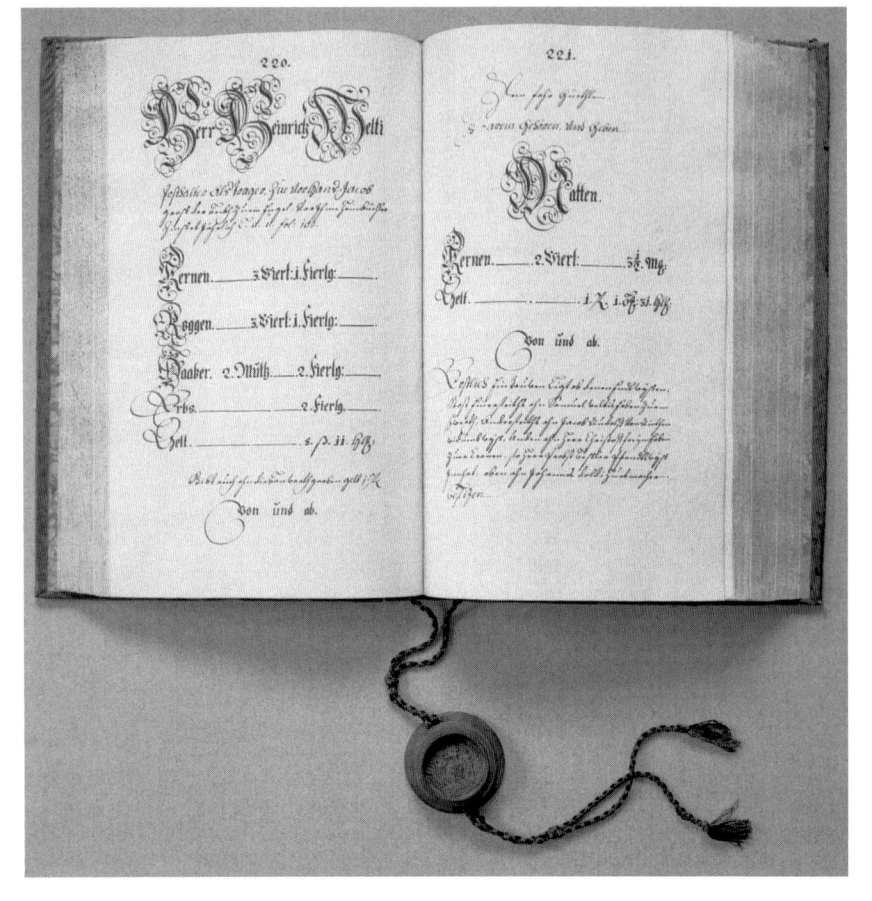

12 Satyr (Teufel) als Organist an einem Instrument mit Tasten aus Weggen (Sexualsymbol?) und Weinkrügen (Unmässigkeit) als Pfeifen. Rokoko-Malerei aus dem Organisten-Pfrundhaus, um 1770. Museum Höfli.

ren soll er lediglich das vorlesen, was der Altersstufe der Kinder und ihrer Aufnahmefähigkeit entspricht, und er soll seine Methoden so gut als möglich denen der Patres Jesuiten angleichen.[47]

Wenn er in der Kirche den mehrstimmigen *Gesang* und den *Choral* leitet, so wird es sich lohnen, wenn er den Buben zu Hause in der Schule jene Gesänge, die dann im Gottesdienst gesungen werden, beibringt und sie übt, damit nicht zum Vergnügen der Zuhörer Fehler begangen werden und auf dass ungeordnete Dissonanzen vermieden werden können.[48]

Der Schulmeister ist der Schreiber des Stiftes, der auch das Kopialbuch führt. Aus einer Lehrerbestallungsurkunde von 1489 zitiert Propst Huber:[49] «Item dieß nachgeschriben Ding ist schuldig ein schulmeister ze halten, als och bishar gewon [Gewohnheit] ist gsin. [...] Item ein schulmeister sol minen Herren schriben, was sy ze schryben haben, Wissivan [Missiven] und ander brief uf bappigem [Papier] gratis. Item ob er daz pergamens [Pergament] bruchen würd, sond mine Herren im das pergamens bezalen und sunst nuntz ze thon sin. Item er sol abgeschriften schriben in miner Herren buch, wie die sind, gratis.»

Er soll mit den Schülern täglich das Konventamt und an Festtagen auch die Vesper besuchen. An den Hochfesten wie Pfingsten und Verenatag, in der Karwoche und «och zu den merkten» (an Messetagen) nimmt er teil an der «möttin» (Mette).

Der *Organist* soll neue oder schwierigere Gesänge mit den Sängern zuerst ausserhalb der Kirche proben.
Schliesslich soll er die Orgel so spielen, dass er nicht so sehr zum Lachen reizt als vielmehr Frömmigkeit weckt. (IV, 2)

weils ein Chorherr, während seit 1500 nur noch Chorherr Mathias Gundelfinger ([1500][43]–1521) und Chorherr Johann Röslin (1541) als Kellerare bekannt sind; alle übrigen Verwalter waren Laien mit dem Titel Stiftsamtmann. Nach dem tüchtigen Johann Jakob Aklin (1655–1689) waren es im 18. Jahrhundert bis zum Einfall der Franzosen ausnahmslos Angehörige der Familie Frei. Noch einmal übernahm später ein Chorherr das Amt: Kustos Fr. M. Blunschi, 1801–1807.[44]

Vom *Schulmeister* und *Organisten*
Als *Schulmeister* soll ein frommer Katholik gewählt werden, der gebildet genug ist, um gute Sitten lehren zu können;[45] er soll im Gesang geübt sein und die ihm anvertraute Jugend nicht nur im Lesen, Schreiben und Vortragen, sondern auch in den Grundsätzen katholischen Glaubens gemäss dem kleinen Katechismus[46] unterrichten. Er soll sie zu Bescheidenheit, Frömmigkeit und guten Sitten erziehen. Von den profanen und klassischen Auto-

---

[40] Die Bedeutung dieser Vorsichtsmassnahme zeigen z. B. die Ereignisse im zweiten Viertel des 19. Jahrhunderts, als der «bisherige Stiftsverwalter Franz Xaver Attenhofer für allen Schaden und Nachteil persönlich verantwortlich erklärt» wurde, wie Bezirksverwalter Josef Frei namens der Regierung 1853 bekannt machte. HUBER, Geschichte, S. 224 f.
[41] HUBER, Geschichte, S. 292, 294.
[42] Bischöfliche Urkunde, zit. bei HUBER, Geschichte, S. 291.
[43] Eckige Klammern bezeichnen Jahre des ersten oder letzten Nachweises.
[44] HUBER, Geschichte, S. 291–295.
[45] Morigerus = Sittenprediger. – Heinrich Brucher (14. Jh.) war Kleriker, in späterer Zeit waren die Lehrer durchwegs Laien.
[46] Lehrbuch zur Glaubens- und Sittenlehre.
[47] Die Jesuiten wurden im Zuge der Gegenreformation u. a. zur Förderung der höheren Schulen in die Schweiz geholt.
[48] Der Schreiber denkt beim Gebrauch des Wortes «distractio» offenbar französisch: distraction.
[49] HUBER, Geschichte, S. 297 f.

Der Organist wird im Statutenbuch (1640) unter den weltlichen Beamten aufgeführt. Schon vorher, so 1501–1507 Johann Sattler und 1511/12 Anton Fuger, aber auch nachher waren die Organisten Kapläne; die Peter- und Paulspfründe (ad sanctos Apostolos) war die Organistenpfründe.

Erste Aufgabe des *Sigristen* ist es, zur vorgeschriebenen Zeit bei Tag und Nacht zum Gottesdienst zu läuten – entweder persönlich oder durch seinen «famulus» (Knecht), den er aus seinem hierfür bestimmten Salär selber entlöhnen muss. Beide Kirchen, die Kollegiatskirche und die Pfarrkirche, sowie die Kapelle der Mauritius- und Verenabruderschaft (Burgkapelle) soll er monatlich oder so oft es die Not verlangt mit dem Besen reinigen und die Altäre, die heiligen Bilder, Fenster und Wände vom Staub und von Spinnweben befreien; vor dem Allerheiligsten sollen zwei Lampen brennen, in der Krypta aber beim Verenagrab drei und beim Fulgentiusaltar eine Lampe, die Tag und Nacht angezündet bleiben. Dafür hat er fleissig zu sorgen. Finden ihn der Propst oder der Kustos nachlässig im Dienst, so sollen sie ihn ernsthaft ermahnen oder ihn nach Rücksprache mit dem Kapitel entlassen. (IV, 3)

Kapitelsversammlung
Wenn verschiedene geistliche oder weltliche Fragen auftreten, die Kollegium und Kirche betreffen und die reiflicher Überlegung bedürfen, so kann der Propst oder in seiner Abwesenheit der Dekan oder irgendein würdiger oder älterer Chorherr eine Kapitelsversammlung (Kapitel) ansagen. Er kann die Kapitularen notfalls unter Eid zusammenrufen, wenn die Schwere der Frage dies erfordert.
Wenn ein Kanonikus durch den Schulmeister oder einen anderen Angestellten (servus)[50] des Stiftes zur Kapitelsversammlung gerufen wird, aber nicht erscheint, so soll er eine Strafe von 3 Batzen Konstanzer Währung bezahlen, die unter den Anwesenden aufgeteilt wird, sofern er sich für seine Abwesenheit nicht mit guten Gründen entschuldigen kann.
Das Kapitel wird wenn nötig, normalerweise wöchentlich, am Mittwoch oder Samstag, wenn nicht gerade Festtag ist, abgehalten oder auch an irgendeinem anderen Tag, wenn ein wichtigeres Geschäft ansteht. Diese Versammlungen finden im Kapitelhause statt.
Durch den Schulmeister soll die vorgesehene Versammlung jeweils im Namen des Propstes, des Dekans oder eines würdigen Kanonikers (s. o.) den Kapitularen am Vortag nach der Komplet angezeigt werden.

Am Tag und zur angegebenen Stunde kommen alle Kapitelsherren ins Kapitelhaus und in die Wärme-Stube. Alle beachten striktes «silentium» (Stillschweigen), und die anstehenden Fälle werden besonnen und ohne Leidenschaftlichkeit vorgebracht. Es werden vom Propst, dem Dekan, den Amtsträgern, den Kanonikern bis zum Jüngsten alle Voten abgewartet, bestimmt wird, was die Mehrheit sagt. Ist die Reihe an einem Kanonikus zu reden, so schweigen alle andern; keiner unterbricht die Stellungnahme eines andern, indem er dreinredet oder dem Nachbarn ins Ohr flüstert, sondern das, von dem jeder Einzelne in seinem Gewissen denkt, dass es zu Gottes Ehre und zum Nutzen des Kapitels sei, das sagt er freimütig und schlicht. Furcht, Hass, vorausgehende Verschwörungen mit andern und sonstige böse Regungen werden gänzlich beiseite geschoben.
Auf dass jeder Kapitular in seinem Votum um so freier sei, wird bestimmt, dass in den Ausstand geht, wer – oder wessen Verwandte bis zum dritten Grad – von einem Traktandum betroffen ist (sind), auch wenn er nicht dazu aufgefordert wird.
Stört einer den zu seiner Zeit Redenden oder stiftet er Verwirrung und lässt sich nicht durch den Propst oder seinen Vertreter zur Ruhe bringen, so soll er entsprechend seiner Kühnheit vom Kapitel bestraft werden (wenn seine Ausschreitung nicht das Ausmass erreicht, dass sie dem Bischof oder seinem Vikar gemeldet werden muss).
Was von den im Kapitel Versammelten beschlossen und festgesetzt wird, hat Gesetzeskraft und muss von allen, auch von den Abwesenden und jenen, die anderer Meinung sind, eingehalten werden. Alle Geschäfte und Beschlüsse werden vom Sekretär ins Protokoll geschrieben. Was im Kapitel behandelt und beschlossen wurde, muss ausgeführt werden. Was besprochen wurde, soll mit striktem «silentium» behandelt werden. Wer plaudert, soll vom Kapitel bestraft werden oder sogar für einige Zeit vom Kapitel ausgeschlossen bleiben.
Es sollen auch alle pünktlich zum Kapitel erscheinen, und keiner darf es verlassen, bis er die Erlaubnis von Propst und Kapitel hat.
Soll einer wegen einer Ausschreitung zu Hause oder auswärts in der Kirche oder im Kapitel gestraft werden, so muss dies ohne Affekt und Leidenschaftlichkeit geschehen, und der Delinquent soll die Strafe in Ruhe auf sich nehmen.
Widerspenstige und Rebellen aber sind dem Bischof oder seinem Vikar zu melden. (V, 1)

13 Das spätgotische Siegel wurde bis zur Stiftsaufhebung 1876 verwendet (vergrössert abgebildet). StAAG.

dern, auch wenn etwas aus dem Archiv und den Schubladen genommen wird, muss aufgeschrieben werden, an welchem Tag welchen Jahres und für wen es entnommen und wem es übergeben worden ist. Das kleine Siegel, das mit der niederen Gerichtsbarkeit zum Stift gehört, darf der Kanoniker, der als Praefekt das Dorf Kadelburg betreut, bei sich haben. (V, 2)

Wahl der Kanoniker und Besetzung der Ämter (Kollatur)

Ursprünglich wurden Chorherren, Pröpste, Dekane und Kustoden vom Bischof von Konstanz bestimmt. Die niederen Ämter zu besetzen, war Sache des Kapitels. Immerhin hatte der Bischof für das Amt des Kantors ein Vorschlagsrecht. Auf die Bestellung des Fabricators hat er 1360 zugunsten des Kapitels verzichtet. Das Kapitel wählte die ihm unterstellten Kapläne selbstständig.

Seit dem Konkordat Kaiser Friedrichs III. mit Papst Nikolaus I. im Jahre 1448 (Wiener Konkordat) standen Chorherrenernennung und Bestellung der Dignitäten (die höheren Ämter Propst, Dekan, Kustos) in den ungeraden Monaten (Januar, März, Mai, Juli, September, November), die nun die «päpstlichen» hiessen, dem Papste zu. 1512 gingen diese Rechte durch Schenkung Papst Julius II. an die Eidgenossen über,[52] das heisst an die Acht Alten Orte bzw. deren Landvögte, die seit der Eroberung des Aargaus 1415 die Grafschaft Baden regieren. Seit dem Landfrieden von Aarau, der den zweiten Villmergerkrieg 1712 und die Mitherrschaft der Fünf Orte (Luzern, Uri, Schwyz, Zug und Unterwalden) beendete, standen nur noch die Orte Zürich, Bern und Glarus in den ehemaligen päpstlichen Rechten. Von 1798 bis zur Schaffung des Kantons Aargau 1803 bestimmte die helvetische Regierung auf Vorschlag der Verwaltungskammer des Kantons Baden, 1803 bis zur Aufhebung des Stiftes der Regierungsrat des Kantons Aargau.

Generalkapitel

Das Generalkapitel, von dem nur Krankheit oder ein besonderer Auftrag des Propstes und des Kapitels dispensieren, wird jährlich in der Fastenzeit vor dem Sonntag Laetare (vierter Sonntag in der Fastenzeit) abgehalten. Dabei soll über alle schwerwiegenden geistlichen Angelegenheiten und weltlichen Geschäfte beraten und beschlossen werden, vor allem über jene, die im Verlaufe des Jahres auf diesen Tag verschoben werden.

Während des Jahres wird manche geistliche und weltliche Angelegenheit zurückgestellt, weil sie reiflicher Überlegung bedarf. Deswegen sollen sich jährlich vor dem Sonntag Laetare Propst und Kanoniker in der Kirche versammeln und im Stift residieren. Unter Strafe des Verlustes eines Viertels Weizen für jede Zusammenkunft sollen sie sich zum Generalkapitel einfinden, sooft sie zusammengerufen werden, wenn sie nicht durch Krankheit verhindert sind oder auf besondere Erlaubnis des Kapitels hin fehlen. (XI)

*Siegel*bewahrung und *Archiv*

Wo grössere Gefahr droht, muss vorsichtig vorgegangen werden. Deshalb sollen das «sigillum maius»[51] und die Zinsbriefe sowie andere Dokumente der Kirche und des Kapitels mit drei Schlüsseln verschlossen aufbewahrt werden, von denen den einen der Propst, den zweiten der Senior, den dritten der beauftragte Kanonikus hat. Von diesen dreien kann keiner ohne die anderen Briefe siegeln oder Urkunden herausnehmen und wieder einlegen, son-

---

[50] Zu denken ist vor allem an den «famulus curiae», den Kapitelsdiener oder Stubenknecht, der im 17./18. Jh. häufig genannt wird. Das war jeweils ein Zurzacher, der als Abwart (Kapitelhaus) und Bote im Dienste tätig war.

[51] Das Kapitelssiegel, mit dem wichtige Rechtsgeschäfte gesiegelt wurden, im Gegensatz zum «sigillum parvum» (oder «minus», «commune»), das ein kleineres Format aufwies und auch rechtlich «nicht die Kraft des grossen Siegels» besass. WILHELM EWALD, Siegelkunde (München und Berlin 1914), Darmstadt 1978, S. 85 f.

[52] Unbelegte, aber nicht unwahrscheinliche Behauptung von Propst Huber, vgl. SCHAUB, Chorherrenstift, S. 30 ff.

Der Chordienst

Zum Chorgebet versammelten sich die Chorherren, zusammengerufen durch die Chorglocke, die der Sigrist zu läuten hatte, täglich siebenmal in der Kirche. Über der Sutane, dem schwarzen, vorn geknöpften knöchellangen klerikalen Rock trugen die Kanoniker im Chor das Chorhemd (superpelliceum), eine lose, etwa bis zu den Knien reichende Ärmeltunika, meist aus Leinen und mit Spitzen besetzt. Sie begaben sich unverzüglich in ihre Stallen, und der Hebdomadarius (Vorbeter im wöchentlichen Turnus) begann nach kurzem stillem Gebet (Pater noster und Ave Maria, in der Matutin nach dem Credo) mit dem Stundengebet. Die Mette (Matutin), begann im Sommer um 4 Uhr früh, im Winter eine Stunde später. Dieses erste der «Stundengebete» dauerte etwa eine Stunde. Die Chorherren standen in der ungeheizten Kirche, angetan mit dem «Mettipelz»[53], in ihren Stallen und sangen die Morgenpsalmen. Es folgten die Laudes (Morgenlob), die etwa eine halbe Stunde beanspruchten, und die ca. 20-minütige Prim. Terz, Sext und Non, kürzere Gebetsstunden von je ca. 15 Minuten, wurden zur 3., zur 6. und zur 9. Stunde nach der Mette abgehalten, unterbrochen durch das feierliche Konventamt. Das Vesperglöcklein in der Turmspitze des Münsters rief die Chorherren am Nachmittag und gegen Abend zu Vesper und Komplet. Nach der Vesper, die etwa eine halbe Stunde in Anspruch nahm, begann die Vigil des folgenden Tages. Ein Teil der Einkünfte der Stiftsherren war an den Besuch dieser Gottesdienste sowie der Toten- und Gedächtnisgottesdienste geknüpft (Präsenzgelder): Wer zu spät oder nicht zum Chordienst erschien, wurde vom Punctator notiert und verlor seinen Anteil an den täglichen «Austeilungen». Die Gottesdienste wurden meistens gesungen und vom Organisten, dem Kaplan der Organistenpfrund (St. Peter und Paul), mit der Orgel begleitet. Zu besonders festlichen Gottesdiensten – Hochfeste, Installationen neuer Chorherren – kam eine «Musik» hinzu, und die Schüler sangen unter der Leitung ihres Schulmeisters. Die Inhaber der Kaplanenstellen hatten neben ihren spezifischen Aufgaben den Pfarrer in der Seelsorge zu unterstützen, wenn er krank oder im Auftrag auswärts[54] war. Sie sollten im Chor mit den Kanonikern beten und singen. 1800 hielten drei Chorherren und drei Kapläne das Stundengebet «mühsam aufrecht».[55]

An den liturgischen Tagesablauf erinnert heute noch das Angelusläuten um 6 Uhr morgens, um 12 Uhr und abends 19 Uhr, an die Vesper um 15 Uhr das Läuten des «Drüglöggli». Mit dem Stift untergegangen ist aber der Brauch, das Salve Regina zu singen. 1340 hatte Bischof Konrad von Klingenberg, Bischof von Freising, durch eine Stiftung das wöchentliche Singen des Salve an Samstagabenden eingerichtet, das aber während langer Zeit wieder in Vergessenheit geriet. Kanonikus und Kantor Sebald Seng ([1462]–1490)[56] hat es 1490 erneuert und auf die Vigil der Marienfeste ausgedehnt, und nach einem Kapitelsbeschluss von 1605 sollte es fortan wieder jeden Samstag feierlich gesungen werden.[57]

Das Statutenbuch (1640) enthält wie schon die Statutenrevisionen im 15. Jahrhundert Bestimmungen, die absehen lassen, dass es nicht immer leicht war, einen würdigen Gottesdienst zu sichern:

Wer in der Sakristei, im Chor oder ausserhalb zur Zeit der Predigt oder des Gottesdienstes müssig schwatzt, Witze macht und den Chorgesang stört, soll entsprechend gebüsst werden.

Wer Chor, Kirche oder Kapitel offensichtlich betrunken betritt oder im Rausch Streit und Störung hervorruft oder lästert, soll an jenem Tag nicht nur die Austeilung verlieren, sondern von Propst und Kapitel entsprechend bestraft werden.

Im Gottesdienst sollen alle singen und auf den Choralmagister achten, damit nicht falsch gesungen wird. Die Leiter sollen nicht eilig, sondern in mässigem Tempo einsetzen, führen und beenden und die anderen mitreissen. Wer beten will, tue das nicht mit Geflüster und sonorem Gemurmel, damit er nicht die andern in ihrer Andacht stört.

Die Chorleiter sollen die Festgrade genau beachten, damit alle Feste ihre eigene liturgische Ausgestaltung erhalten.

Die Psalmen sind klar voneinander abgesetzt und mit einer geziemenden Pause in der Versmitte zu singen, ohne dass Silben verschluckt und Worte verstümmelt werden, und der zweite Chor soll mit seinem Vers nicht einsetzen, bevor der erste den seinen vollständig beendet hat. Auch darf weder in der Messe noch in den einzelnen Horen irgendetwas ausgelassen werden.

Die assistierenden Diakone und Subdiakone sollen am Altar und beim Zelebranten stehen und nicht weggehen und ihre Aufgaben wahrnehmen, damit keine Unschicklichkeit begangen wird. Sie sollen nicht singen, vor sich hin murmeln und herumschauen und unschickliche Bewegungen machen, sondern würdig und schlichten Herzens dienen.[58]

14 Stiftsbezirk. Nach dem Brand von 1294 entstanden Steinbauten, oft auf trapezförmiger Grundfläche.

wesen war, geerbtes Haus «auf dem Kirchhof zu Zurzach» an den Zurzacher Kustos.

1332 schenkte Heinrich von Überlingen, Kustos in Bischofszell und Chorherr von Zurzach, dem Zurzacher Stifte «sein steinernes [Haus], im Kirchhof, zwischen der Kaplanei zum heiligen Kreuz und dem Verenachorhof, das vom Kellner Johannes Smit bewohnt wurde, der Stiftsfabrik». Es handelte sich um dasselbe Haus, das er zwei Jahre zuvor den Erben des Chorherrn Berchtold abgekauft hatte. Das Haus soll von einem Chorherrn bewohnt werden, zu dessen Pfründe bisher noch keine Amtswohnung gehörte. Der Inhaber hat u. a. eine Abgabe an das stiftische Jahrzeitenamt zu entrichten, damit für die Eltern des Stifters und seine Geschwister eine Messe gelesen werden kann, und er hat jährlich einen Zins von zwei Vierteln Kernen an die Stiftsfabrik zu zahlen.[62]

Chorherr Johannes von Rinvelden[63] in Zurzach übergibt 1337 seine Steinhäuser (domus lapideas) und ein Holzhaus mit Scheune, die am Friedhof stehen, dem Verenastift. Der Keller des Hauses dient zur Aufbewahrung des stiftischen Präsenzweines.[64]

1360 stiftete die Begine Ida Schmid ihr Haus auf dem Friedhof der Zurzacher Kirche, zwischen den Pfründhäusern des Kantors und des Chorherren Heinrich von Bollingen[65] gelegen, dem Marienaltar als Wohnung für den Kaplan dieses Altares. Im selben Jahr vereinigte das Stift den bisher vom Chorherrn Heinrich von Wallsee[66] bewohnten Chorhof, der den gemeinsamen Weinkeller des Kapitels enthielt, mit der Chorherrenpfründe Johanns von Sasbach. Aus der Getreidescheune des Kapitels, die neben dem

Chorhöfe und Stiftsbezirk

Der *Stiftsbezirk,* wie er bis zur Aufhebung des Klosters bestand, entwickelte sich aus Schenkungen an das Stift und bewussten Käufen desselben. Angestrebtes Ziel war, dass die Institution über ein Kapitelhaus und über genügend eigene Häuser für ihr Personal – die Chorherren, Kapläne und weltlichen Angestellten (Amtmann, Sigrist, Schulmeister) – verfügte. Das war nicht von Anfang an der Fall. Die Häuser der einzelnen Chorherren standen auch nicht von jeher alle in unmittelbarer Nähe – und schon gar nicht in geschlossener Reihe – um das Münster herum; der letzte Zustand, bei dem sie gleichsam in zwei Reihen im Westen der Kirche lagen, hat sich allmählich herausgebildet. Bis zuletzt war die zweite Reihe, auf der «Feldseite» der Strasse, mit Privathäusern von Zurzacher Bürgern durchsetzt.[59] Genügend Chorhöfe für alle Stiftsherren waren aber erst seit 1567 vorhanden, als der «Kleine Schlüssel» (Annahof) ans Stift kam.[60]

1330 verkauften die Geschwister Hartmann, Marquart, Adelhait und Anna von Jestetten ein von ihrem verstorbenen Bruder Berchtold[61], der in Zurzach Chorherr ge-

[53] Auch «Kutzbelz», so 1776 in Luzern: der graue Hermelinkragen, «almutium», sagt (Chorherr) SCHNYDER, Brustkreuz, S. 124. Das Schweizerische Idiotikon, Bd. 4, 1901, Sp. 343, kennt Chutz-Mantel als Pelzmantel der Chorherren. Chutz-: als Filz- oder Pelzkappe (Bd. 3, 1895, Sp. 391). Es ist die «cappa», der Chormantel der Chorherren.
[54] HUBER, Geschichte, S. 68.
[55] PAPPUS, Kurtze Beschreibung, S. 803.
[56] SCHAUB, Chorherrenstift, Nr. 246.
[57] HUBER, Geschichte, S. 22 f., 248, Nr. 104.
[58] Analoge Vorschriften z. T. schon in Diözesanstatuten von Konstanz von 1567 und 1609 (nach dem Konzil von Trient), vgl. FRITZ DOMMANN, Der Einfluß des Konzils von Trient auf die Reform der Seelsorge und des religiösen Lebens in Zug im 16. und 17. Jahrhundert, Stans 1966 (Geschichtsfreund, Beiheft Nr. 9), bes. S. 299–310.
[59] Weisses Rössli, Schlüssel.
[60] HUBER, Geschichte, S. 106, Anm. 3.
[61] SCHAUB, Chorherrenstift, Nr. 17.
[62] HUBER, Urkunden, S. 292, 318. – SRQ AG II/5, S. 22, 23–29.
[63] SCHAUB, Chorherrenstift, Nr. 169.
[64] SRQ AG II/5, S. 22, 30–33. Das war der hintere Pfrundkeller. Der vordere gehörte zum Chorhof vor dem Münster.
[65] SCHAUB, Chorherrenstift, Nr. 77.
[66] SCHAUB, Chorherrenstift, Nr. 110.

Weinkeller liegt, sollen aber gegebenenfalls ein Schulraum und eine Lehrerwohnung gemacht werden dürfen.[67] Das Projekt wurde verwirklicht: Noch auf dem Plan Schmid von 1843 ist nordöstlich des Münsterchores der Felix- und Regula-Chorhof (Tempftesche)[68] mit dem angebauten Schulhäuschen zu sehen.

Das winzige Schulhäuschen[69] enthielt ein Schulzimmer und eine Lehrerwohnung. Es wurde während der Messezeiten an Handelsherren vermietet. Das war gang und gäbe. Noch 1817 wurde Joseph Eutych Kopp, Lehrer an der neu gegründeten Sekundarschule, «unbarmherzig aus der Amtswohnung auslogiert und musste einem Messherrn Platz machen und sich nach einer andern Behausung umsehen».[70] Chorhof und Schulhaus sind 1873 «längst abgetragen».[71] Geblieben sind die Fundamente im Boden[72] und der verballhornte Name als Bezeichnung für die hinter dem Chorhof gelegene Wiese zwischen St. Verena und der Langwiese, die «Senftasche». Als man nicht mehr wusste, was dieses «Tempf-» (Dampfen, dempfen = schwelgen, schlemmen – ein Hinweis auf den Weinkeller des Stiftes)[73] bedeutet, wurde es durch ein ähnlich lautendes verständliches Wort ersetzt: so kam es zur «Senftasche».

Aus dem Jahre 1364 stammt die Stiftung des Altdekans Heinrich von Bollingen, der sein Wohnhaus mit Baumgarten, Keller und Scheune an den von ihm gestifteten Peter- und Paulsaltar übergibt.[74] 1373: Johannes Lamprecht von Nünkilch, Chorherr, schenkt sein vor dem Friedhof gelegenes Wohnhaus an den Kreuzaltar im Münster St. Verena von Zurzach.[75]
Häuser wurden zusammengelegt, vereinigt oder unter den Chorherren ausgetauscht. 1370 tauschte Chorherr Johannes von Sasbach seinen Chorhof gegen den des Canonicus Walter Scherer.[76] Getauscht wurden nicht nur Häuser, sondern ganze Beneficien (Pfründen, Gesamteinkommen aus einer Pfründe).[77]
Die Bestimmung Bischof Heinrichs III. von 1360 beleuchtet die Situation im 14. Jahrhundert: Kein Chorherr darf zwei Häuser besitzen, solange einer der Mitbrüder ohne eigene Behausung ist, es sei denn, er habe ein Haus aus eigenen Mitteln gebaut.

1378 besass das Stift nach dem Jahrzeitbuch zehn Häuser.[78] 1459 waren es nach Propst Huber deren achtzehn.

Seit dem ausgehenden Mittelalter lagen alle Chorherrenhäuser in unmittelbarer Nähe des Münsters. Jeder Chorherr hatte eigene Einkünfte (seine Pfründe) aus Grundzinsen usw.[79] Er besass einen Krautgarten, zu einigen gehörte ein Baumgarten, zu manchen auch etwas Wiesland. Chorhöfe, deren Parzelle gross genug war, hatten Scheune und Stall[80], die sich zur Messezeit vermieten liessen. Der Pfarrer zum Beispiel musste «ein ross allzit haben, das der underthonen warte, mit den sacramenten über'n berg zu ziehen».[81] Einige Chorherrenhäuser besassen ein eigenes Waschhaus.[82]

Pflege und Instandstellung der Chorherrenhäuser bereiteten von Anfang an Sorgen. Nach dem Brande von 1340 drohte der Bischof den Chorherren mit Geldstrafen, wenn sie nicht innert zwei Jahren ihre abgebrannten Chorhöfe aus Stein und mit Ziegeln oder wenigstens mit Lehmwänden auf der Kirchenseite widerstandsfähiger gegen Feuer wieder aufgebaut hätten.[83] 1464 schrieb er den Chorherren, er werde die Chorhöfe auf ihre Kosten instand stellen lassen, wenn sie es nicht unverzüglich selber täten. 1491 mahnt Bischof Otto IV. wieder, Chorhöfe und beide Kirchen wegen der Feuergefahr nicht mehr mit Schindeln, sondern mit Ziegeln zu decken, und die der Kirche zugekehrten Wände der Chorhöfe statt mit Holz und Brettern in Mauerwerk auszuführen.[84]

Die Chorhöfe waren bischöfliche Lehen[85], und jeder Canonicus hatte die Pflicht, den Hof instand zu halten und jährlich einen Teil der anfallenden Reparaturkosten zu übernehmen (Bauschilling); die von den allgemeinen Einkünften gespiesene Stiftsfabrik trug den anderen Teil. Bei Neubauten war der Anteil des Chorherrn höher: 1660 teilten sich Can. Christoph Schiess und das Stift beim Fulgentiushof in die Kosten.[86]

Chorherr Johannes Jodocus König (1631–1662) liess sein Haus auf eigene Rechnung neu bauen, wollte aber, dass sein Chorhof künftig die Kantorei sei und dass jeder kommende Kantor für ihn eine Seelenmesse lese.[87] Chorherr Wissinger, ehemals und später erneut Karthäuser in Freiburg, war seit 1561 zeitweilig Canonicus in Zurzach. In seinem Chorhof St. Anna erbaute er sich mit bischöflicher Erlaubnis (1573) eine Kapelle[88], die um 1620, als Chorherr Heil das Haus bewohnte, zerfallen war.[89] An den Fassaden oder in den Stuckdecken verschiedener Häuser sind heute noch Wappen einiger Chorherren zu sehen, die ihren Hof erbaut oder erneuert haben.

Der Chorhof des Canonicus König war geräumig, und im Stall konnte er sechzehn Pferde einstellen. Vor dem Haus hatte er ein neues «Krämerhäuschen» gebaut, das er nach dem Einspruch der Zurzacher aber wieder durch das kleinere alte ersetzen musste: Neid, der sich schon im 15. Jahrhundert bemerkbar macht und als eine Konstante die

Geschichte der Messen begleitet. Der Spruch sagt in der Regel: Es soll bei dem bleiben, was von alters her überkommen ist, und die Chorherren mussten sich noch beim Neubau der Propstei gegen Tendenzen zur Wehr setzen, die ihnen jede Veränderung an ihren Wohn- und Wirtschaftsbauten verbieten wollten. Man ertrug es schlecht, dass die Stiftsherren wegen ihrer in vielen Fällen gut gebauten und günstig gelegenen Warengewölbe, Läden und «Stellinen» auf der Strasse während der Messezeit eine starke Konkurrenz für die Bürger darstellten.

Die Messe[90] führte immer wieder zu Konflikten zwischen Stift und Gemeinde. Regelmässig hatten sich die regierenden Orte mit diesem Streit zu befassen. Er war wirtschaftlicher Natur und betraf die Pflichten und Rechte des Chorherrenstiftes. In einem Schiedsspruch von 1541 wurde den Chorherren zugesichert, diejenigen Kaufleute beherbergen und bewirten zu können, die in ihren Häusern und Höfen bzw. den dort installierten Läden und aufgerichteten Ständen Waren feilboten.[91] Da die Chorherren über geräumigere Läden und «Gäden» als die übrigen Einwohner Zurzachs verfügten, erfreuten sie sich eines regen Zuspruchs, den sie nach Kräften förderten. Bald stiessen sie auf den Widerstand der Gemeinde, deren Einwohner sich dadurch finanziell geschädigt glaubten. Den Chorherren wurden daher Beschränkungen in Bezug auf Anzahl und Grösse der Läden, Stände und Gastzimmer gemacht. Doch die Rivalität hielt an. 1661 erfolgte ein weiterer Schiedsspruch der Orte, der den Beitrag des Stiftes an die Wachtkosten regelte und die Marktverhältnisse auf dem Kirchhof ordnete. Genaue Inventarlisten wurden erstellt, die Bautätigkeit des Stiftes minutiös geregelt.[92] Das Klima wurde im Laufe der Zeit immer vergifteter.[93] Wiederholt musste der Bischof eingreifen wegen des von den Chorherren geförderten Marktbetriebes auf dem Kirchhof.[94] Die Chorherrn schienen sich um die ergangenen Urteile wenig zu kümmern und sträubten sich mit aller Macht, der Gemeinde auch nur den geringsten Beitrag an die Ausgaben zu entrichten.

Das bischöfliche Urteil von 1637 lautet: «und sollen die Chorherren forthin nit weiteres in ihren höfen und hüseren, zu Erweiterung und mehrung der gasten, gemächer, gäden und läden bawen und auffrichten; allein für ihren nutz und lustbar oder khomligkeit [Bequemlichkeit], solle ihnen zu bauen nit verwehrt sein.» Ferner: «die läden herrn Custors, weilen solche zu wolstand dess Fleckens dienen, mögen volzogen und aufgericht werden, Item die Scheür in der dechanij sein verbleiben und Richtigkeit haben» – die Fakten setzten sich durch.[95] Als Regel sollte gelten, dass die Anzahl der Kammern jener der Stellinen oder Läden entspreche.

Die Chorhöfe waren nicht einheitlich gebaut; Plan, Grösse, aber auch ihr Zustand waren unterschiedlich. Nicht alle hatten gleich viel Umschwung, Nebenbauten waren nicht überall vorhanden. Einige besassen eine stattliche Anzahl (vermietbarer) Räume. Im 17. Jahrhundert weisen die Chorherrenhäuser sechs bis zehn und mehr Gastzimmer auf, und die Bürger beklagen sich darüber, dass die Chor-

---

[67] REC II, S. 309, Nr. 5573, 13. April 1360.
[68] Chorhof SS. Felicis et Regulae vulgo Tempfteschen (Stiftische Fabrik-Rechnungen 1703).
[69] Absatz verfasst von Walter Leimgruber.
[70] SPÜHLER, Bezirksschule, S. 32. – Joseph Eutych Kopp (1793–1866), Historiker, Politiker, seit 1819 Gymnasiallehrer in Luzern. Grossrat. 1841–1845 Regierungsrat.
[71] HUBER, Urkunden, S. 326, Anm. 1.
[72] 1996 anlässlich Leitungsverlegung festgestellt.
[73] GRIMM, Deutsches Wörterbuch, Bd. 2, 1860, Sp. 717. – «Es solle alles Zechen und dempffen vormittags […] verbotten sein», heisst es in den St. Galler Stadtsatzungen von 1673, vgl. Hefte zur Paläographie des 13. bis 20. Jahrhunderts aus dem Stadtarchiv (Vadiana) St. Gallen, hrsg. von ERNST ZIEGLER und JOST HOCHULI, V: 17. Jahrhundert, Rorschach 1987, S. 16.
[74] HUBER, Urkunden, S. 294. – HUBER, Geschichte, S. 32, 33.
[75] HUBER, Urkunden, S. 294.
[76] SCHAUB, Chorherrenstift, Nr. 269.
[77] HUBER, Urkunden, S. 294. Im 19. Jh.: vgl. Propst Häfeli, S. 216 f.
[78] WELTI, Jahrzeitbuch, S. 61.
[79] HUBER, Urkunden, S. 326, Anm. 4.
[80] Ställe hatten noch im 19. Jh. Propstei, Dekanei, Kustorei und Alte Propstei.
[81] Zur Dekanei gehörten zur Zeit des Dekans von Tobel «etliche wisen die besten, dass er wohl vier oder fünf vech [Stück Vieh] mag winteren, etlich acker, ein grosser krutgarten» (HUBER, Geschichte, S. 85, Anm. 2).
[82] Ein allgemeines Waschhaus gehörte zum Kapitelhaus; es wurde 1857 abgetragen (HUBER, Urkunden, S. 326).
[83] HUBER, Urkunden, S. 293.
[84] HUBER, Geschichte, S. 52.
[85] SRQ AG II/5, Nr. 49, S. 89 f.
[86] HUBER, Urkunden, S. 306.
[87] Schon 1428 hatte Chorherr Winkler die Erlaubnis erhalten, den Marienchorhof wieder aufzubauen gegen den symbolischen jährlichen Zins einer Wachskerze (HUBER, Urkunden, S. 319 f).
[88] HUBER, Geschichte, S. 252.
[89] Diarium 1615–1662, StAAG 3975/1, p 7r zu 1620.
[90] Absatz verfasst von Walter Leimgruber.
[91] SRQ AG II/5, Nr. 51, S. 90–94.
[92] SRQ AG II/5, Nr. 106, S. 172–181.
[93] SRQ AG II/5, Nr. 9, S. 37–40; Nr. 20, S. 50 f.; Nr. 31, S. 70 f.; Nr. 40, S. 79–81; Nr. 51, S. 90–94; Nr. 92, S. 154–156; Nr. 106, S. 172; Nr. 113, S. 190 f.; Nr. 116, S. 193 f.; EA I/4/1c, 144 Nr. 87, 152; Nr. 92 (1533); EA I 4/1d, 41 Nr. 21 (1541).
[94] SRQ AG II/5, Nr. 19, S. 48–50; Nr. 22, S. 52 f.; Nr. 47, S. 86–89; Nr. 69, S. 126–130.
[95] Diarium zum 28. Juli.

herren auch noch Ställe und Scheunen zu Kammern umbauen. Die Unterschiede waren wohl auch der Hauptgrund dafür, dass im Stifte nach dem Tode jedes Chorherrn vom «Zugrecht» oder «Hauszug» lebhaft Gebrauch gemacht wurde; sie waren auch für den Übernamen des St. Ursus- und Viktor-Chorhofes verantwortlich: «Totenbaum» weil, wie Propst Huber berichtet, «in der Regel kein Inhaber das Haus mehr der vielen und gut gelegenen Messgewölbe wegen lebendig verliess».[96] Nach dem Ableben des Kantors Khüene 1772 zog Canonicus Joseph Friedrich Casimir von Hornstein[97] in den Ursus- und Viktor-Hof. Von ihm sagt der Chronist:[98] «Alle Chorhöfe die er bewohnt, hat er namhaft verschönert und so vill es möglich war, getrachtet auf die heutige Mode und Bequemlichkeit einzurichten, dabei aber auch die Solidität des eint und anderen Chorhofs wegen Durchbrechung gantzer dicker Mauern um eint und andere bequeme Comunication [Verbindung] zu haben nicht wenig gelitten.»

Propst, Dekan und Kustos hatten ihre festen Amtssitze, von den übrigen Herren wollten zwei, Kantor Mettler (Mauritiushof) und Can. Deüring (Fulgentiushof), 1772 nach dem Tode des Chorherrn Georg Josef Anton Khüene auf ihren Chorhöfen bleiben, während drei das Zugrecht beanspruchten: Von Hornstein zog in den Totenbaum, Schnebli in den Annahof und Düggeli in den Verenahof. 1780 tauschte Can. Schnebli seinen Sitz mit Can. Joseph Leopold Maria von Deüring, und Chorherr von Beck zog in den durch den Tod von Can. Düggeli († 26. Nov. 1780) vakant gewordenen Verenahof. 1782 wechselte Deüring nach dem Hinschied des Kantors Mettler in den Mauritiushof. Dadurch wurde der Annahof frei, den Chorherr Hauser wählte; Can. Weissenbach wechselte in die Alte Propstei (St. Marien). Der Tod des Can. Ferdinand Anton Deüring am 1. Oktober 1783 löste eine neue Zügelwelle aus: Can. Schnebli zog in den Urs- und Viktor-Hof, Can. Hauser folgte ihm in den Fulgentiushof und überliess den Annahof dem Can. Billieux. Weissenbach wechselte von der Alten Propstei in den Sinesiushof, während sein Marien-Chorhof (Alte Propstei) von Can. Bossart beansprucht wurde.

Can. Schnebli konnte den «Totenbaum» nicht lange bewohnen; er starb am 3. Dezember 1785, und im folgenden Jahr zog von Deüring jun. ein. Seinen Mauritius-Chorhof bezog nun Billieux, den von Beck im Annahof ablöste. Can. Bossart rückte in den Verenahof nach.[99]

In den letzten Jahren des Stiftes waren die Amtswohnungen des Propstes, des Dekans und des Kustors, der Mauritiushof, der Fulgentiushof (Höfli), der St. Anna- und der Urs- und Viktor-Hof noch von Chorherren bewohnt.

Im Sinesiushof wohnte der Schmidische Kaplan.[100] Die Alte Propstei (Marien-Chorhof) und die Kellerei waren verpachtet und bis zur Schenkung des Kapitelhauses an die katholische Gemeinde (1855) wohnten hier zwei Kapläne.[101]

Sinesiushof und Kellerei gehörten zur Reihe der stiftischen Häuser westlich der Kirche; sie wurden 1883 abgetragen. Im selben Jahr wurde auch der ehrwürdige Felix- und Regula-Chorhof (Tempftesche) östlich des Münsters auf Abbruch versteigert.[102]

Geschichte des Stiftes seit der Reorganisation 1279

Wiederherstellung und Ausbau, Ende 13. bis ausgehendes 14. Jahrhundert

Nach dem Brand von 1294 hat sich der *Wiederaufbau* der Kirche lange hingezogen; vermutlich fällt er im Wesentlichen in die Jahre bis zur Kirchweihe von 1347. In dieser Zeit lebte die grosse Gönnerin des Stiftes, die Königin Agnes, Tochter des 1308 ermordeten Albrecht, in Königsfelden. Schon 1317 hatten auf Bitten des Konstanzer Bischofs Isenard der Patriarch von Antiochia sowie elf Erzbischöfe und Bischöfe (die päpstliche Kurie) in Avignon Ablässe verliehen, um den Wiederaufbau der Zurzacher Kirche zu fördern, und 1340 erteilten wieder zehn Erzbischöfe und Bischöfe in Avignon Ablass für Beiträge zur Wiedererbauung der Stiftskirche. Im gleichen Jahr schenkte Konrad von Klingenberg, Bischof von Freising, eine namhafte Summe an die Baukosten, «ze ainem guten gewelb über den kor und an ain kanzel [Lettner]».[103]

1346 scheint der Bau des Chores weitgehend vollendet, die Weihe der Kirche ist aber noch nicht abzusehen; jedenfalls weiht der Prämonstratenser Heinrich, Weihbischof des Bischofs Ulrich von Konstanz, in der Herbstquatember drei Tragaltäre für die Verenakirche.[104]

Ins Jahr 1300 geht die *Verbrüderung* des Zurzacher Stiftes mit dem Grossmünsterstift in Zürich zurück.[105] Sie dauerte bis zur Reformation und bedeutete, dass Zurzacher Chorherren in Zürich und Zürcher Chorherren in Zurzach den Chor- und Gottesdienst wie in der eigenen Kirche verrichten und die dafür ausgesetzten Gefälle (Einkünfte) beziehen konnten. Gebetsverbrüderungen von Stiften und Klöstern, die sich gegenseitig der Früchte ihres Gebetes versichern und ihrer Toten gedenken, sind bei mittelalterlichen geistlichen Institutionen häufig. In diesem Falle scheint auch die Not des Zurzacher Stiftes eine Rolle gespielt zu haben.

Zahlreiche und umfangreiche *Schenkungen* und Vermächtnisse kamen im 14. Jahrhundert ans Stift, sodass es 1360/70 im «liber taxationis»[106] an vierter Stelle hinter St. Gallen, Muri und Beromünster aufgeführt wird. Die beiden Stifte Schönenwerd und Zofingen folgen. Zur Verbesserung der ökonomischen Situation trugen nicht nur die Stiftungen externer Wohltäter bei; die Schaffung der zusätzlichen Kapitelsämter und die Errichtung der vier Kaplaneien sind im Wesentlichen durch Vergabungen von Zurzacher Chorherren ermöglicht worden. So übergab der Chorherr Johann, der damals das Kelleramt versah,[107] dem Stifte 1333 zur Errichtung einer *Kustos*pfründe verschiedene Äcker und Einkünfte in Oberendingen.[108] Schon 1329 hatte Stiftsdekan Johannes von Winterthur[109] für die Gründung der Kustorei zwei Wohnhäuser geschenkt. Das eine davon lag in unmittelbarer Nähe der Kirche (im Kirchhof), das andere im Flecken. Bei der Errichtung des Kustosamtes wurde urkundlich festgehalten, dass die Wahl des Amtsinhabers dem Konstanzer Bischof zustehe und dass der Kandidat Chorherr und Priester sein müsse. Die *Kantorei* (Kantor = Vorsänger) geht auf das Jahr 1358 zurück. Magister Conrad von Aichhain[110], Chorherr, vergabte dem Zurzacher Stifte sein «steinernes Haus» sowie Reben und Wiesen in der Umgebung zur Gründung einer Kantorei und zur Ausstattung von zwei Altären.[111] Der Kantor war auch Schulvorsteher; er wird deswegen auch *Scholaster* genannt.[112]

1340 wird auch der Vorsteher der Stiftsfabrik, der *Fabricator* (Ökonom), fassbar.

Altäre und *Kaplaneien*. Am 23. September 1347 hatte Weihbischof Berchtold von Konstanz die Stiftskirche mit sechs Altären neu geweiht. Der Hochaltar galt der Ortsheiligen Verena und allen heiligen Jungfrauen, den 11'000 Jungfrauen, Katharina und der Margaretha. Der Kryptenaltar war der Marienaltar. Die übrigen vier Altäre standen unter dem Lettner. Ihre Aufzählung im Kirchweihbrief entspricht dem Weihevorgang. Sie nennt die Altäre von rechts nach links, offenbar von Norden nach Süden, in der Reihenfolge: Kreuzaltar, Märtyreraltar (Georg, Mauritius, Christophorus, hl. Märtyrer), Apostel- oder Peter- und Paulsaltar (Peter und Paul, Johannes d. Täufer, Matthaeus, Markus, alle hl. Apostel, Propheten und Evangelisten) und Blasiusaltar, der als einziger nicht neu geweiht werden musste, weil er durch den Brand nicht gelitten hatte.[113]

Der Verenaaltar war nicht mit einer Pfründe versehen; die Pfründen der übrigen Altäre aber wurden im Verlaufe des 14. Jahrhunderts nach und nach verbessert, mit einem zugehörigen Haus und mit Einkünften versehen, die den Lebensunterhalt des am Altar angestellten Kaplans zu garantieren vermochten.

Im Laufe der Zeit werden Kapläne am Marienaltar, am Kreuzaltar, am Märtyreraltar, am Peter- und Paulsaltar und am Blasiusaltar erwähnt. Im 16. Jahrhundert ist auch von zwei Kaplänen der Verena- und Mauritiuskapelle auf Burg die Rede. Der die Stelle zuerst innehatte, diente auch als Organist. Oft erscheinen diese Kapläne auch mit der Bezeichnung Vikar oder Pfarrhelfer, denn zu ihren Aufgaben gehörte die Mitarbeit in der Pfarrseelsorge.[114]

Die Kaplaneistelle des *Märtyreraltares* (ad sanctos martyres) konnte ihren Kaplan erst erhalten, als die 1365 dem Stift inkorporierte ehemalige Rheinauer Kirche von Baldingen mit ihr vereinigt wurde. Der Kaplan «ad sanctos

---

[96] HUBER, Urkunden, S. 315, Anm. 2.
[97] Joseph Friedrich Casimir Baron von Hornstein «der beste [vornehmste] aus hiesiger Stift [...] ein Herr von fürtrefflicher Einsicht und grosser Beredsamkeit dessen Frau Schwestern [ist] die mehrere Jahre gefürstete Aebtissin zu Säckingen» (PAPPUS, Kurtze Beschreibung, S. 780). – Maria Anna Francisca Josepha Johanna, geboren 1723. 50 Jahre lang (1755 bis zur Aufhebung 1805) Äbtissin, gestorben 1809.
[98] PAPPUS, Kurtze Beschreibung, S. 780.
[99]

Chorhof	1772	1780	1782	1783	1786
	† Khüene	† Düggeli	† Mettler	† Deüring	1785
					† Schnebli
	Fulgentius	Deüring	Schnebli		Hauser	
	Anna	Schnebli	Deüring	Hauser	Billieux	v. Beck
	Urs, Viktor	Hornstein			Schnebli	Deüring
	Mauritius	Mettler			Deüring	Billieux
	Sinesius				Weissen-	
					bach	
	Verena	Düggeli	v. Beck			Bossart
	Maria			Weissen-	Bossart	
				bach		

[100] Er wohnte im Kapitelhaus bis zu dessen Abtretung an die Gemeinde. HUBER, Kollaturpfareien, S. 194, Anm. 1.
[101] HUBER, Geschichte, S. 326, Anm. 2.
[102] Inserat in der Zeitung «Die Botschaft» vom 24.4.1883.
[103] 100 Pfund Pfennige. HUBER, Geschichte, S. 22.
[104] HUBER, Geschichte, S. 27, Anm. 2.
[105] HUBER, Geschichte, S. 13 f. – LEU, Bd. 20, S. 528.
[106] GUY P. MARCHAL, in: HS II/2, S. 598 f.
[107] Von SCHAUB (Chorherrenstift) identifiziert mit Johann Schmid [1329]–[1351], Nr. 181.
[108] REC II, S. 151, Nr. 4331.
[109] SCHAUB, Chorherrenstift, Nr. 197.
[110] SCHAUB, Chorherrenstift, Nr. 36.
[111] REC II, S. 280, Nr. 5351.
[112] HUBER, Geschichte, S. 30.
[113] HUBER, Geschichte, S. 25–27. – REC II, S. 189, Nr. 4660; S. 211, Nr. 4823.
[114] Zusammenstellung der mittelalterlichen Kaplanen-Nennungen und ihrer Aufgaben bei SCHAUB, Chorherrenstift, S. 26 ff., Tabelle «Kapläne und Pfarrhelfer».

martyres» in Zurzach und Vikar in Baldingen ist zur Residenz in Zurzach verpflichtet. Die Peter- und Paulspfründe hiess später auch Organistenpfründe.

Von den vier alten Kaplaneien haben sich zwei bis ins 19. Jahrhundert hinein erhalten, nämlich die Peter- und Paulspfründe und die Märtyrerkaplanei. Die beiden andern sind in der Reformation um 1663 eingegangen; ihre Einkünfte dienten dem Unterhalt der reformierten Pfarrer in Zurzach und Tegerfelden und demjenigen des katholischen Pfarrers der 1663 abgetrennten Pfarrei Unterendingen. 1696 wurde hingegen durch die beiden Chorherren Gebrüder Johann Rudolf Schmid und Dr. Johann Jacob Schmid aus Baar eine neue mit der Gotteshofstiftung in Rekingen verbundene Kaplanenstelle «ad sanctam eucharistiam» errichtet, die mit dem Stift unterging.

Mit der *Inkorporation* der Pfarrkirche von Baldingen (1365) war der Pfarreisprengel von Zurzach zum Umfange gekommen, den er bis in die Neuzeit hinein beibehielt. Dazu gehörten die inkorporierten Kirchen von Zurzach, Klingnau und Baldingen und ihre Filialen Döttingen, Koblenz und Würenlingen, die Dörfer Unter- und Oberendingen, Tegerfelden, Rekingen und Mellikon.

1345 gelangten die Wiese auf Burg (pratum in quo sita est capella in Burg) und die Hofstatt Machenberg (Achenberg) vollständig in den Besitz des Stiftes, nachdem Petrus de Wincilun aus Waldshut 1283 die erste Hälfte ans Stift verkauft hatte;[115] in diesen Schenkungen begegnen uns Flurnamen, die zum Teil heute noch bekannt sind, etwa die Senftasche (damals Tempftesche, Tenftasche), Bogenalten, Langwies, Stettbrunnen usw.[116]

Verener und Klausner

Verener sind die *Leibeigenen* der heiligen Verena von Zurzach. Solche werden schon in einigen Wunderberichten des Mirakelbuches (nach 1010) erwähnt. Die Bezeichnung «Verener» ist seit 1337[117] und bis in die Barockzeit nachzuweisen. Sie ist vergleichbar mit «Ower» (Leute von der Au, Reichenau) und den «Aebtischen», wie die Klosterleute von St. Gallen bezeichnet wurden, oder mit anderen Benennungen der «familia» nach dem Heiligen eines Klosters.[118] Diese Leibeigenen haben sich teilweise aus eigenem Antrieb unter den Schutz der heiligen Verena begeben, zum Teil sind sie auch von Adeligen dem Stifte übergeben und geschenkt worden. Als früheste bekannte Schenkung gilt jene Rudolfs III. von Habsburg im Jahre 1294: Adelheid aus Sempach, die den Verener Konrad Wiglin aus Zurzach geheiratet hatte, wird Verenerin.[119] Königin Agnes von Ungarn vermachte dem Stift zwei Leibeigene von Ennetbaden.[120]

Zwischen 1294 und 1549 sind nach Propst Huber 61 Schenkungs- und Austauschurkunden bekannt, die sich auf solche «von Libe aigen Knechte» beziehen.[121] Leibeigene stehen in einer persönlichen Abhängigkeit vom «Leibherrn», und sie haben eine persönliche Leistungspflicht. Die Folgen der persönlichen Leibeigenschaft oder «Leibherrschaft» sind u. a. eine Beschränkung der Freizügigkeit: Der Hörige ist an seinen Wohnsitz oder an seinen Hof gebunden; er kann vom Leibherrn veräussert werden. Er bedarf einer Erlaubnis, wenn er heiraten will. Er bezahlt einen Leibzins, und seine Hinterlassenschaft geht an den Leibherrn. Der «Gesindezwang» bedeutet, dass er eine gewisse Zeit für den Leibherrn zu arbeiten hat, und der «Sterbfall» oder das «Besthaupt» oder einfach «Fall» heisst,[122] dass beim Tode eines persönlich Abhängigen eine Abgabe an den Herrn zu entrichten war, die z. B. in der Form des besten Stücks Vieh bestehen konnte. Verener schuldeten dem Stift z. B. Fasnachtshühner und andere Gefälle.[123] Leibeigenschaft entstand meistens durch Geburt. War auch nur ein Elternteil leibeigen, so wurden es auch die Kinder.

1399 übergab sich Hans Bischoff von Steinibronnen, wohnhaft zu Füetzheim (Füessen), dem Gotteshause zu Zurzach freiwillig als leibeigen. Er sei entschlossen, «demselben zu dienen, zu tun, zu warten, wie jeder andere Verener».[124] Eine weitere freiwillige Übergabe kennen wir aus dem Jahre 1438: Anna Schmid, ihre Tochter Verena und deren Mann Hans Wagner.[125]

«Hat ein Acker, genannt St. Verenaacker ze buwen» (1442);[126] das ist die Pflichtleistung des Georg Gut, Gsell.

Die erstaunlichste[127] Vergabung erfolgte am 6. Februar 1416 in Baden, das im Jahr zuvor von den Eidgenossen erobert worden war. Peter Oery, Vogt im Siggenthal, übergab namens der in Baden versammelten Ratsboten der Orte Zürich, Bern, Luzern, Schwyz, Unterwalden, Zug und Glarus der heiligen Verena und an ihren Bau zu Zurzach die bisher der Niederen Burg zu Baden gehörende Leibeigene Mechtild Jetzerin und ihre Kinder von Endingen als Eigen. Also eine Beute aus habsburgischem Besitz, mit einer neuen, eidgenössisch motivierten Aufgabe: «Es hat och die obgenant Frow Mechtilt einen eid zu den Heiligen gesworen, daz si, diewil und si lept, alle Tag teglich trüwlich und ernstlich sprechen und bäten söl fünf Pater noster und Ave Marya, Gott und der küngklichen Muter Maryen ze lob und ze eren für gemein Eidgnoschaft und die zu ir gehörent, daz si in eren bestanden und von niemen gescheiden würdent.»[128]

Auf dem Walde und in der Bar hatte das Stift 1442 verschiedene Verener, nämlich in Ewattingen, Almatzhofen, Donaueschingen, Grieningen, Emmingen-Vorwald, Grafenhausen, Schluchs (Schluchsee), Löffingen und Rühlingen. 1549 hatte es in der Landgrafschaft Stühlingen 11 Leibeigene in Münchingen, 6 in Grafenhausen, 12 in Blumenegg, 2 in Betmaringen, 12 in Schwainigen, 3 in Stühlingen, 41 in Ewattingen, 2 in Lusheim usw.[129] Zwischen 1613 und 1640 gab es in Kadelburg 60–70 Verener.[130] In der Grafschaft Lupfen dagegen musste um 1600 die 1549 noch geläufige Bezeichnung «Verener» besonders erläutert werden.[131] Propst Huber sagt: «Von der zweiten Hälfte des 16. Jahrhunderts an verschwinden unsere Leibeigenen aus der Stiftsgeschichte vollends.»

Die Schenkungsurkunde der Königin Agnes gedenkt auch der «*Klosnerinnen* [Klausnerinnen], so da [in Zurzach] umgeseßen sind». Das sind Männer oder Frauen, die sich für längere Zeit oder lebenslänglich in einer Zelle einschliessen liessen. Die Zellen waren meistens an Kirchen angebaut, sodass der Inkluse (Rekluse) dem Gottesdienst folgen konnte. Herzog Rudolf IV. bezeugt am 26. März 1361, dass er «alle gegenwärtig und künftig Klosner und Klosnerin, und ihr aller Forgänger und Forgängerinnen, die in allen unseren Gebieten ze Ärgäu, ze Turgo, ze Elsazz oder in Sundgow, in Städten oder auf dem Lande, in Gottesdienst jetzund sezzhaft sind oder hienach wohnend werdend, gefriet habe». Sie sollen aber täglich mit fünf Pater Noster und fünf Ave Maria der habsburgisch-österreichischen Familienmitglieder gedenken.[132]

Das Jahrzeitbuch des Stifts Zurzach 1378–1711[133] erwähnt insgesamt 39 Frauen mit der Bezeichnung «conversa» (das heisst Laienschwester) und fünf, die ausserdem «inclusa» heissen, sich also als Klausnerinnen einschliessen liessen. Drei davon lebten in Rheinheim, eine in Döttingen und eine, die 30 Jahre lang ein glückliches (frommes) Leben geführt hat (felicem circa 30 annos vitam ducens), in Koblenz. Drei Frauen leben in Klöstern. Sie alle sollen, besagt die Urkunde Herzog Rudolfs IV. vom 26. März 1361, Schutz geniessen und «an dem Todbet ir Gewand, Betgewentt, Husrat oder ander vahrende Gut, das sie hat, geben und geschicken [...] durch ihr Sele willen einem anderen armen Mentschen, wenn sie will». Im älteren Jahrzeitbuch von 1373 ist zudem die «Swester Mechtild, que ibidem [Koblenz] ad spacium 37 annorum se continuit in servicio Christi», die Schwester Mechthild, die 37 Jahre lang Christus gedient hat, erwähnt. Sie starb 1387. 1398 starb nach derselben Quelle «das arm Katherinli, que de partibus Sellanden oriunda fuit et hic ad 38 annos perstitit in paupertate, exul, degens et serviens Deo et beate Verene et hic est sepulta», die arme Katharina, die aus Sellanden stammte und die während 38 Jahren in Armut fern von der Heimat in Entbehrung und im Dienste Gottes und der heiligen Verena gelebt hat.[134]

Das Stift und die Habsburger

Das Geschlecht der Habsburger stammt aus dem Elsass und leitet sich von Guntram dem Reichen ab, der 952 in einem Hochverratsprozess seine Güter um Colmar und die rechtsrheinischen Besitzungen verloren hatte.
Die Habsburger nennen sich seit Otto II. († 1111) um 1090 nach der Habichtsburg (Habsburg), die Bischof Werner von Strassburg (1001–1028) auf altem Familienbesitz zwischen Aare und Reuss gegründet hatte. Sein Bruder Ratbot und dessen Gemahlin Ita aus dem lothringischen Herzogshaus, die Grosseltern Ottos II., stifteten vor 1027 das Familienkloster Muri. Seit 1135 sind die Habsburger als Landgrafen im oberen Elsass belegt, seit 1170 als Grafen im Zürichgau und spätestens 1239 im Aargau. Nach

---

[115] Huber, Geschichte, S. 28. – SRQ AG II/5, S. 22, 9–13.
[116] REC II, S. 360, Nr. 5979.
[117] SRQ AG II/5, S. 22, 20 f.
[118] Heinrich Feurstein, Zur älteren Missions- und Patrozinienkunde im alemannischen Raum, in: ZGO 97, 1949, S. 21 ff.
[119] SRQ AG II/5, S. 22, 14–19.
[120] Huber, Geschichte, S. 23.
[121] Siehe Huber, Urkunden, 1. Die Leibeigenen des Stiftes Zurzach (1294–1549), S. 1–19.
[122] U. a. Huber, Urkunden, S. 17, unter 10. September 1545.
[123] Huber, Urkunden, S. 4, 5. Stirbt ein Mann, so fällt der Herrschaft ein Stück Vieh anheim – wenn er eines hat –, während die Frau ein Gewand überlässt: 1510, Bulle Julius II. SRQ AG II/5, Nr. 39, S. 75–79.
[124] Huber, Urkunden, S. 10.
[125] Huber, Urkunden, S. 14, 15.
[126] Huber, Urkunden, S. 16.
[127] Absatz verfasst von Adolf Reinle.
[128] Vgl. auch Huber, Urkunden, S. 1–19. – Reinle, Verena, S. 98–99.
[129] Huber, Urkunden, S. 15, 17.
[130] Huber, Kadelburg, S. 28.
[131] Bader, Dorfgenossenschaft, S. 64 f. Anm. 114 unter Verweis auf: Mitteilungen aus dem Fürstenbergischen Archiv, bearb. von Franz Ludwig Baumann, Bd. I, Tübingen 1894, n. 694; Bd. II, Tübingen 1902, n. 1016 (S. 738).
[132] Huber, Geschichte, S. 24, Anm. 1.
[133] Welti, Jahrzeitbuch.
[134] Reinle, Verena, S. 221, Anm. 113.

15 Wappen der Königin Agnes von Ungarn, links Österreich, rechts Ungarn, ursprünglich am Lettner, jetzt am Treppenaufgang zum Chor.

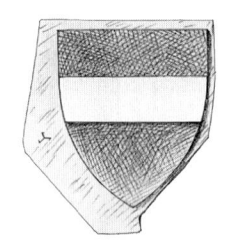

16 Schnitt durch den Chorturm des Verenamünsters mit Krypta, Altarhaus und Glockenstube.

dem Tode Rudolfs II. († vor dem 10.4.1232), des Alten, Grafen im Zürichgau und im Aargau, entstanden durch Besitzaufteilungen die Linien Habsburg-Laufenburg (Rudolf III. † 1249) und Habsburg-Österreich (Albrecht IV. † 1239 oder 1240).

Der Konstanzer Bischof Rudolf von Habsburg (1274–1293) war ein Sohn des Begründers der Linie Habsburg-Laufenburg und ein Vetter des deutschen Königs Rudolf von Habsburg. Vor seiner Wahl zum Bischof war er Dompropst in Basel, Pfarrer von Dietikon, Mitglied des Strassburger Domkapitels sowie Propst von Rheinfelden. Seine segensreiche Politik zugunsten der religiösen Orden leitete die Erneuerung des Stiftes Zurzach (1279) ein.[135] Das Jahrzeitbuch gedenkt seiner als des «instaurators» (Erneuerers) des Stiftes am 3. April.

Gönner der heiligen Verena finden sich in grösserer Zahl in der Linie Habsburg-Österreich, zu der sich Bischof Rudolf als Haupt der Koalition gegen die Königswahl Albrechts[136] in Gegensatz stellte.[137]

1294, am 23. Februar, hatte, wie wir sahen, Graf Rudolf III., Sohn Albrechts, seine Leibeigene Adelheid von Sempach der Jungfrau Verena und der Kirche Zurzach geschenkt.[138] Ein im Namen des Herzogs Johann von Österreich am 1. April 1294 für das Stift Zurzach ausgestellter Schutzbrief spricht davon, dass seine Mutter Agnes, Tochter des König Ottokars von Böhmen, ihn dank der Fürsprache Verenas glücklich geboren habe. «Unsere berühmte Mutter Agnes, die, wie wir durch den Bericht aus ihrem lieben Munde erfahren haben, die Kirche von Zurzach mit besonderer Liebe umhegt, da in ihr der kostbare Schatz des Leibes der glorreichen heiligen Jungfrau Verena ruht, der sie wegen unserer Geburt, die sie durch ihre Gnade erlangte, beständige Verehrung gelobt hat.»[139] Johannes (Parricida) war der nach dem Tode seines Vaters (1290) geborene («postumus») Sohn Rudolfs II., eines Bruders König Albrechts I. und Herzogs von Schwaben. Seine Mutter sass zur Zeit, als der Schutzbrief in Brugg ausgefertigt wurde, auf ihrem Wittum (das Gut, das der Witwe nach dem Tode des Gatten zur Nutzniessung, nach ihrem Tode aber wieder den Verwandten zufiel) um die Schlösser Baden und Lenzburg. Verena war die Heilige dieses Gebietes, Zurzach weiterum der einzige Wallfahrtsort.

Die Urkunde spricht von der «besonderen Verehrung» der Königstochter gegenüber der Heiligen.[140]

Nach dem Tode Wenzels III., des letzten Przemysliden auf dem böhmischen Thron, war Johannes als Enkel König Ottokars II. und Vetter des Verstorbenen der Nächstverwandte. Am 1. Mai 1308 scheint der junge Johannes den Onkel auf dem Badener Schloss gedrängt zu haben, ihm seine Rechte zu sichern und ihm einen Teil seines Erbes oder das ganze Erbe, das er von seinem Vater her erwarten konnte, herauszugeben. Die Weigerung des Königs führte dazu, dass der jugendliche Heissporn mit seinen Gefährten (den Edelleuten Rudolf von Wart, Rudolf von Balm, Walter von Eschenbach und dem Ritter Konrad von Tegerfeld sowie Rudolf von Warts Diener Ruelassingen) den König auf dem Heimweg auf die Habsburg bei Windisch ermordete. Die Witwe verfolgte die Königsmörder blutig. Johannes floh, er soll als Büsser in einem Pisaner Kloster gestorben sein; in der Augustinerkirche von Pisa ist er begraben.[141]

An der Stelle, wo Albrecht ermordet worden war, stiftete die Königswitwe Elisabeth 1310 das Kloster Königsfelden. Als Verehrerin der Heiligen von Zurzach schenkte sie der Klosterkirche ein «geschlagenes silbernes Haupt mit Heiltum der heiligen Verena».[142] Zusammen mit ihrer Tochter Agnes hatte sie zwei der reichsten Eigenleute aus dem Amte Siggenthal nach Zurzach gegeben.[143] Königin Agnes von Ungarn, Witwe des 1301 verstorbenen letzten Arpadenherrschers[144] König Andreas III. von Ungarn und Tochter des 1308 bei Windisch ermordeten deut-

17 Das offen stehende Portal gibt den Blick frei ins Kircheninnere, das ziemlich getreu den vorbarocken Zustand des Zurzacher Münsters wiedergibt. Ausschnitt aus der Weinwunder-Darstellung im Letterzyklus von 1631. Verenamünster.

---

[135] HS I/2, S. 282 f.

[136] HS I/2, S. 282 f. – Zu erklären mit der erfolgreichen Rücksichtslosigkeit – auch gegenüber seinen Verwandten der Linie Habsburg-Laufenburg –, mit der Albrecht seine Hauspolitik durchsetzte: «Albrecht hatte in ganz Niederschwaben, Schwarzwald und Schweiz durch Kauf, Cession und Druck eine Menge Herrschaften und Rechte, besonders geistliche Vogteien, neu erworben und der ganze Adel durfte in Besorgnis vor Absorption schweben» (Jacob Burckhardt). HANNO HELBLING (Hg.), Ueber den Charakter der Agnes von Ungarn. Ein Zürcher Vortrag aus dem Jahre 1855 von Jacob Burckhardt, in: Neue Zürcher Zeitung, 14. Juni 1964.

[137] Habsburger und St. Verena: Vgl. REINLE, Hausheilige.

[138] QW 1/2, Nr. 61, S. 26.

[139] REINLE, Verena, S. 97.

[140] Zu Johannes: KARL BOSL in: BWDG 2, 1974, Sp. 1338 f. – B. MEYER, Studien zum habsburgischen Hausrecht. 1. Die Ermordung Albrechts in Windisch, in: ZSG 1945, S. 153–176. – HUBER, Geschichte, S. 15 f. Die Urkunde ediert von JOSEPH EUTYCH KOPP in: Archiv f. Schweiz. Geschichte I, 1843, S. 141 f.; REINLE, Verena, S. 97.

[141] BOSL (a. a. O.).

[142] ERNST ALFRED STÜCKELBERG, Geschichte der Reliquien I, Zürich 1902 (Schriften der Schweizerischen Gesellschaft für Volkskunde I), S. 55. – REINLE, Verena, S. 97.

[143] HUBER, Geschichte, S. 23.

[144] Ungarische Königsdynastie 997 (Stefan I.) bis 1031.

schen Königs Albrecht, erwies sich als grosszügige Stifterin beim Wiederaufbau der 1294 abgebrannten Stiftskirche von Zurzach.[145]

Sie lebte seit 1317 in einem Haus beim Kloster Königsfelden. Als politisch rührige Frau und als Wohltäterin ist sie in Erinnerung geblieben. Grössere Schenkungen sind bekannt an das Spital Baden und an die Klöster Töss und Engelberg, vor allem aber für Zurzach, mit dessen heiliger Verena sie besonders verbunden war. Königin Agnes hatte der Weihe des neuen Chorbaus durch den Weihbischof von Konstanz am 23. September 1347 beigewohnt und dabei dem Stift Reliquien der heiligen Petrus und Georg übergeben. Sie hat den Bau des Chorturmes wohl nicht nur finanziell, sondern auch durch Vermittlung von Bauleuten und Kunsthandwerkern gefördert, und man wird sogar vermuten dürfen, dass gleichzeitig entstandene Kunstwerke wie das silberne Armreliquiar im Kirchenschatz von der Königin gestiftet wurden. Als Wohltäter erscheinen auch ihr Bruder, Herzog Otto und seine Gemahlin Elisabeth von Bayern am 16. Februar 1339 und am 24. März 1330. Herzog Otto verwaltete von Baden aus die österreichischen Vorlande wie später sein Neffe Rudolf IV. († 1365). Er gelangte in den Besitz von Verenareliquien, die danach in den Stephansdom geschenkt wurden.[146] Kaiser Friedrich III. hatte dem Flecken Zurzach 1442 ein Marktprivileg ausgestellt und damit dasjenige Kaiser Sigmunds von 1433 erneuert.[147] Im alten Zürichkrieg erteilte sein Bruder Albrecht VI. als Oberbefehlshaber der habsburgischen Koalition von Diessenhofen aus 1444 (12. Dez.) Propst und Kapitel, dem Dorf und den zugehörigen Leuten und Gütern in Mellikon, Rekingen, Rietheim und Koblenz – in den Gemeinen Herrschaften der Eidgenossen! – auf zwei Jahre einen Schutzbrief in der Erwartung, dass sie «den Schweizern und Aydgenossen dhainerley [keinerlei] Trost, Hilf noch warnung» zukommen lassen.[148] Das Stift hatte sich darum bemüht. Eine unmittelbare Gefahr bestand nicht, aber man wollte Messen und Wallfahrt sichern und hoffte wahrscheinlich sogar nach einer Generation im eidgenössischen Untertanenstand auf eine Rückkehr der alten Verhältnisse, so wie man in Zürich in diesen Jahren trotz einer starken eidgenössischen Partei am 1442 geschlossenen Bündnis mit Österreich festhalten wollte. Der streitbare Kantor des verbrüderten Grossmünsterstiftes, Felix Hemmerlin, hat in seinen Schriften dieses Bündnis verteidigt und eindeutig für den Adel und gegen die Bauern (Schwyz) Stellung bezogen. Er war befreundet mit dem Zurzacher Can. Hermann von Rast. Seine Schriften hat man in Zurzach gekannt und wohl auch gebilligt.

Um 1300 war Verena eine Hausheilige der Habsburger. Im Stift hielten die Jahresgedächtnisse anderseits die Erinnerung an das Haus des Königs Albrecht wach. Das Jahrzeitbuch gibt als Todestag der Königin Agnes den 11. Juni 1364 an. Für die Königin (Agnes) und den Herzog von Österreich (ihren Bruder Otto) wurden die Jahrzeitmessen auf dem Hochaltar gelesen.[149] Bis 1733 waren die beiden Wappen Österreich und Ungarn, die seit 1976 an den Treppenwangen zum Chor eingelassen sind, an der Schaufront des Lettners zu sehen.[150] Die Chorherren von Beck und von Hauser konnten sich 1799 auf die alte Tradition der Habsburger als Schutzherren des Stiftes berufen, als sie von Erzherzog Karl von Österreich, dem Oberbefehlshaber der Reichsarmee, in seinem Hauptquartier in Kloten empfangen wurden und dort am 24. Juni 1799 einen – nur für kurze Zeit wirksamen – Schutzbrief erhielten.

Pröpste und Chorherren der Vorreformationszeit

Vor der Reformation wissen wir nur von zwei Pröpsten, dass sie auf Dauer in Zurzach wohnten: Keller und Attenhofer. Meistens waren die Zurzacher Pröpste der ersten zwei Jahrhunderte Domherren in Konstanz und/oder bekleideten hohe Ämter in der Diözese (besonders häufig das Amt des bischöflichen Insieglers), die ihre Residenz am Bischofssitz erforderten.

Der erste Propst, Graf **Heinrich von Montfort,** [1275]–1307[151], Sohn des Grafen Hugo II., des Begründers der Linie Montfort-Feldkirch, war auch Dompropst in Chur. Er starb als Subdiakon. Beigesetzt wurde er in Feldkirch. Sein Bruder Wilhelm war Abt in St. Gallen, der Bruder Friedrich I. sein Vorgänger als Dompropst in Chur. Rudolf III., sein Vetter, folgte ihm im Amt des Dompropstes und wurde später Bischof von Chur.

Konrad Wiss, [1258]–1322[152], aus ritterlicher Familie des Zürcher Rats. Priester, Chorherr am Zürcher Grossmünster. Sein Neffe Johannes (III.) Wisso war Propst am Zürcher Grossmünster (1383–1392).

Werner Essich, [1313]–1329[153], Subdiakon, Anwalt der Konstanzer Kurie, in Konstanz Generalprokurator der Franziskaner von Überlingen.

Albrecht von Kastell, [1303]–1344[154], aus bischöflicher Ministerialenfamilie mit Bürgerrecht in Konstanz, war Konstanzer Offizial, Domherr zu Konstanz sowie Propst von vier Chorherrenstiften: St. Stephan und St. Johann in Konstanz, Bischofszell und Zurzach. Sein Bruder Diethelm war Abt in Petershausen, später auf der Reichenau.

Otto von Rheineck, [1330]–1365[155], aus einer Ministerialenfamilie des Konstanzer Domstifts. Seit 1343 Magister und Priester. Konstanzer Domherr, besass als ihr Kaplan das Vertrauen der Königin Agnes. Als Konstanzer Generalvikar und zugleich Offizial hatte er eine bedeutende Stellung, die er offenbar auch zugunsten seines Stiftes benützte: Zu seiner Zeit wurden diesem die Pfarreien Klingnau und Baldingen inkorporiert.

Heinrich, genannt Spichwart, [1332]–1378[156], Priester, Kanonikus in Konstanz und Basler Domherr, bischöflicher Kaplan und Chorherr zu St. Felix und Regula in Zürich. Unter Propst Spichwart werden Spannungen zwischen Propst und Kapitel wegen des pröpstlichen Wohnsitzes sichtbar: Präsenzgelder darf der Propst nur beziehen, wenn er am Stift residiert.[157]

Johannes Mochwang, [1365]–1400[158], Kaiserlicher Notar und Protonotar des Konstanzer Bischofs, Domherr in Chur, erscheint als Chorherr in Embrach und Bischofszell, 1360 auch als Chorherr in Zurzach, 1369 als Archidiakon des Breisgau und 1370 als Konstanzer Domherr. 1381/82 wurden ihm von Papst Klemens VII. alle seine Benefizien abgesprochen, da er sich der falschen (der römischen statt der avignonesischen) Partei zugewandt hatte. 1384 war er noch Propst, 1392 gehörte er dem Zurzacher Verenakapitel nicht mehr an. 1392–1398 Propst am Grossmünster in Zürich, wo er schon 1363 als Chorherr erwähnt wird. Er amtiert als bischöflicher Insiegler. Begraben wurde er im Konstanzer Dom.

Franz Murer, [1371]–1396[159], Konstanzer Offizial und Generalvikar. Domherr in Konstanz, Chorherr in Embrach. 1392 war er nicht Priester. Beigesetzt im Dom von Konstanz.

Johannes Rassler von Rast, [1357]–1429[160], aus einer Ministerialenfamilie der Abtei Reichenau. Insiegler der bischöflichen Kurie zu Konstanz, Domherr von Konstanz, Chorherr von St. Johann in Konstanz, von Zurzach seit 1392. 1414 Teilnahme an der Eröffnung des Konstanzer Konzils. Propst Rassler hatte sich zwar einen Bauplatz in Zurzach gesichert, seine Aufgaben hielten ihn aber in Konstanz fest.

Johannes Wiss, [1424]–[1445][161], Priester, päpstlicher Familiaris, unterliegt im Prozess mit Johann Keller um die Propstwürde und lebt später als Domherr in Konstanz.

Johann Keller von Engen, [1433]–1445[162], Priester, Fabricator des Basler Münsters, war der erste Propst, der spätestens seit dem 24.4.1436 dauernd in Zurzach residierte. An diesem Tag wurde ihm die zwischen zwei Chorhöfen am Friedhof gelegene Hofstatt auf Lebenszeit als Lehen überlassen. Es ist, wie Chorherr Raimund Pappus in seiner Chronik meldet,[163] der Platz, an dem «jezmalen

---

[145] Dazu vgl.: Susan Marti, Königin Agnes und ihre Geschenke – Zeugnisse, Zuschreibungen und Legenden, in: Kunst + Architektur in der Schweiz 47, 1996, S. 169–180.

[146] Reinle, Verena, S. 94.

[147] Kaiser Friedrich III. war nach seiner Krönung in Aachen im Juni 1442 über Freiburg, Rheinfelden, Laufenburg, Waldshut nach Zürich geritten, wo er am 19. September eintraf. Von dort ging die «Krönungsreise» weiter nach Winterthur, Königsfelden, Brugg, der Aare entlang bis Bern. Hier siegelte er am Sonntag vor St. Dionysius (7. Oktober) die Urkunde, mit der er die von Kaiser Sigmund in seinem Krönungsjahr 1433 von Italien aus erteilten Privilegien für die Zurzacher Messen bestätigte. SRQ AG II/5, S. 43 f.
[7.10.1442] K. Friedrich bestätigt die Privilegien des Fleckens Zurzach und verleiht ihm einen Wochentag am Samstag, auf Bitte des Propstes und Capitels des St. Verenastiftes zu Zurzach.
«Nemlich die zwen jarmarckt die sj jerlich ain auf den montag nach uszgender pfingwochn und den andern auf sand Verenentag mit irn sunderlichen gnaden und frihaitn» (Joseph Chmel, Monumenta Habsburgica I. Abt. Aktenstücke und Briefe zur Geschichte des Hauses Habsburg im Zeitalter Maximilians I., 3 Bde., Nachdr. [d. Ausg. Wien 1854–1858], Hildesheim 1968, S. 128, Nr. 1179, zitiert nach: Regesten Kaiser Friedrichs III. (1440–1493) [Elektronische Daten]: nach Archiven und Bibliotheken geordnet, hrsg. v. Heinrich Koller und Paul-Joachim Heinig), CD-ROM-Ausg., erarb. v. Dieter Rübsamen, Wien 1998. – Vgl. Joseph Seemüller, Friedrichs III. Aachener Krönungsreise, in: MIÖG 17, 1896, S. 584–665.

[148] Huber, Geschichte, S. 41 f.

[149] Peter Wittwer, Der Zurzacher Liber Ordinarius und seine Beziehungen zur Marbacher Liturgie, Freiburg Schweiz 2003 (Spicilegium Friburgense 40).

[150] Huber, Geschichte, S. 27: «Heute noch erinnern zwei am Plafond der Stiftskirche angebrachte Bilder an Königin Agnes.» Von diesen Bildern ist heute nichts mehr bekannt.

[151] Schaub, Chorherrenstift, Nr. 94. – Eckige Klammern bezeichnen Jahre des ersten oder letzten Nachweises.

[152] Schaub, Nr. 51.

[153] Schaub, Nr. 272.

[154] Schaub, Nr. 2.

[155] Schaub, Nr. 231.

[156] Schaub, Nr. 107.

[157] HS II/2, S. 607.

[158] Schaub, Chorherrenstift, Nr. 161; Wiggenhauser, Klerikale Karrieren, Nr. 153.

[159] Schaub, Chorherrenstift, Nr. 61; Wiggenhauser, Klerikale Karrieren, Nr. 54.

[160] Schaub, Nr. 166.

[161] Schaub, Nr. 199.

[162] Schaub, Nr. 137.

[163] Pappus, Kurtze Beschreibung, S. 278.

das Capitulhaus oder Herrenstuben» steht und den eine Brandruine einnahm. Keller liess hier «suis sumptibus» (aus eigenen Mitteln) einen Chorhof erbauen.[164]

Johannes Lidringer, [1428]–1465[165], Priester, Insiegler der Konstanzer Kurie. 1441 Chorherr am Grossmünster in Zürich, 1445 Propst von Zurzach. Lidringer scheint sich vor allem in Konstanz aufgehalten zu haben. 1465 resigniert er auf die Propstei. Unter Propst Lidringer kam 1451 als letzter grösserer Zuwachs die Herrschaft Kadelburg durch Kauf ans Stift. – Propst Lidringer wurde im Verenamünster begraben.[166]

Theoderich Vogt, [1438]–1504[167], Priester, Mag. artium et Baccalaureus theol. 1463 Kanonikus an St. Johann in Konstanz und in Bischofszell, 1465 Propst von Zurzach. Hält sich als Insiegler des Bischofs Ludwig von Freiberg, dann des Gegenbischofs Otto von Sonnenberg vorwiegend in Konstanz auf, wo sein Chorhof 1468 und 1477 erwähnt wird. Hat nach etwa 20 Jahren auf die Propstei resigniert. Domherr und 1499 (bis zur Resignation? 1502?) Propst von St. Stephan in Konstanz, zugleich Chorherr in Zürich und Embrach.

Matthias Schytt, [1470]–[1481][168], 1475 vom Gegenbischof Ludwig von Freiberg ernannt anstelle des zum Gegenbischof übergegangenen Theoderich Vogt; kann sich nicht durchsetzen.

Johannes de Croaria gen. Sattler, Johannes Sattler, [1462]–1496[169], 1462 Konstanzer Domkaplan, dann als Prokurator in Rom. 1471–1473 als Subcustos am Konstanzer Domstift belegt, 1479 als Churer und als Konstanzer Domherr erwähnt. 1486 wird ihm ein Zurzacher Chorhof zugeteilt; seit 1489 erscheint er aber so oft in Angelegenheiten des Domkapitels, dass man keine längeren Aufenthaltszeiten in Zurzach annehmen möchte. Resigniert als Propst von Zurzach 1495.

Peter Attenhofer, 1447–1532, aus Zurzach.[170] Primiz 1468. Erstnennung als Zurzacher Chorherr 1467.[171] 1485 vom bisherigen Amtsinhaber Ludwig Rat vergeblich als Nachfolger im Amt des Propstes am Martinsstift zu Rheinfelden vorgeschlagen. 1488 Kanonikus am Stift St. Johann in Konstanz. Studiert im Wintersemester 1491/92 an der Universität Basel. 1496 vom Papst zum Propst von Zurzach ernannt. Es wurde ihm das Haus gegenüber dem Verenabrunnen zur Verfügung gestellt, das schon sein Vorgänger zeitweilig benützt hatte. Attenhofer scheint aber eine andere Wohnung vorgezogen zu haben, denn 1513 verlangt das Kapitel, der Propst solle das von ihm nicht benutzte Pfrundhaus einem Kanoniker ohne eigene Behausung übergeben. Anfang Januar 1531 floh Propst Attenhofer mit den übrigen Chorherren vor der Reformation nach Waldshut, wo er ein Jahr später starb. Er wurde im Verenamünster beim hl. Grab beigesetzt.[172]

Ein Hochadels-Stift war Zurzach nie: Ausser dem ersten Propst Graf Heinrich von Montfort und Friedrich von Hewen kamen nur Mathias und Nikolaus, Angehörige der Freiherrenfamilie Gundelfinger, aus dem höheren Adel.

Die Zurzacher *Chorherren* des Mittelalters stammten vorwiegend aus den süddeutschen und nordschweizerischen Gebieten des Bistums Konstanz, hauptsächlich aus der Region Zurzach – Klingnau (7) – Baden (8) – Zürich (9) und um den Bodensee, rheinabwärts aus Laufenburg und Rheinfelden im alten Bistum Basel. Wenige waren in der Zentralschweiz (Luzern [5], Beromünster, Sempach) beheimatet.

Etwas mehr als ein Drittel der Kanoniker kam aus dem nördlich von Rhein und Bodensee gelegenen Gebiet des Konstanzer Bistums.[173] Mehr als einen Chorherrn stellte die Familie von Tettingen (4), Ministerialen der Abtei Reichenau mit Stammsitz Alt-Dettingen im Bezirksamt Konstanz, die wohl etwa zur Zeit des Konstanzer Bischofs Konrad von Tegerfelden (1208–1233) ins Aaretal kam und namengebend wurde für die neben Klingnau gelegene Dorfsiedlung Döttingen.[174]

Zwei Canonici waren Angehörige der Familie zum Thor (de Porta), einer seit der zweiten Hälfte des 13. und bis ins 15. Jahrhundert nachgewiesenen adeligen Familie der Stadt Schaffhausen.[175] Zwei Brüder Lantwin, wohl aus Luzern, waren Zurzacher Kleriker, der eine als Chorherr, der andere als Kaplan.

Drei Chorherren gehörten der Familie von Mandach an, einem Ministerialengeschlecht der Regensberger und des Konstanzer Bischofs. Es ist die Familie des Heinrich von Mandach, nach dem das von ihm 1320 gekaufte Schlösschen Mandach benannt ist.

Zurzacher aus der Familie Rechburger waren die Kanoniker Nikolaus, Haman und Johann, dessen Vater Lütin als bischöflicher Obervogt in Klingnau und danach lange Zeit als Kellerar des Verenastiftes amtete.

Martin Schaub hat festgestellt, dass etwa ein Viertel aller Zurzacher Kleriker mit einem oder mehreren anderen Stiftsangehörigen verwandt war, und sieht hierin einen der Gründe für manche Karriere.

zieht, liegt der Prozentsatz in Zurzach nicht so hoch, aber doch deutlich höher als in Rheinfelden, wo Eva Desarzens-Wunderlin eine Prozentzahl von 23 angibt.[178] Bis Mitte des 14. Jahrhunderts studierten Zurzacher Kleriker, soweit sich feststellen lässt, an der Universität von Bologna. Seit der Mitte des 14. Jahrhunderts sind sie als Scholaren auch an den anderen alten Universitäten in Paris und Siena und an den neu eingerichteten von Pavia (gestiftet 1361), Prag (1348), Wien (1365), Heidelberg (1386) und Köln (1388) nachgewiesen, nach der Mitte des 15. Jahrhunderts auch in Freiburg i. Br. (1457), Basel (1460), Ingolstadt (1472) und Tübingen (1477).

Über das tägliche Leben der Chorherren ist wenig bekannt. Streitigkeiten sind es hauptsächlich, die überliefert sind: Zwei Chorherren streiten wegen einer auf der Hofstatt zwischen ihren Häusern von dem einen errichteten Mauer, einzelne Chorherren verklagen das Stift wegen angeblich vorenthaltener Einkünfte.[179] Einige hatten ihre «Metzen», ihren «Schleppsack» (Konkubine), wie sich ein Mitbruder im 18. Jahrhundert ausdrückt;[180] auch wenn in

18 Maria, Patronin des Konstanzer Münsters, mit Konrad und Pelagius, den Schutzheiligen des Bistums Konstanz (Wappen des Hugo von Hohenlandenberg als dessen Bischof).
Jörg Breu d. Ä. (signiert). Angefertigt für das Konstanzer Missale von 1504, gedruckt bei Erhard Ratdolt in Augsburg. Nochmals verwendet als Frontispiz der Synodalstatuten von 1509: StAAG 3745.

Niederadelige Ministerialen hingegen waren im 14. Jahrhundert unter den Chorherren gut vertreten. Einige Kanoniker stammten aus städtischen Ratsgeschlechtern und städtischen Patrizierfamilien.
Wie die Pröpste seit der zweiten Hälfte des 14. Jahrhunderts – mit Ausnahme des Ministerialen Johannes Rassler von Rast –, so waren die weitaus meisten Chorherren bürgerlicher Herkunft.

Auch die Bildungsverhältnisse der Zurzacher Chorherren hat Martin Schaub untersucht und dabei beobachtet, dass knapp ein Drittel der Kanoniker eine Universität besucht hat. Bei den Pröpsten ist der Anteil etwa doppelt so gross. Mit zunehmender Zahl und Nähe der Universitäten nahm auch die Anzahl der studierten Chorherren zu. Der Vergleich mit anderen Kollegiatstiften ergibt Folgendes: In Embrach betrug die Zahl der Universitätsbesucher ebenfalls fast ein Drittel.[176] Für Zofingen hat Christian Hesse 42 Prozent ausmachen können, und für Beromünster und Schönenwerd wurden 39 Prozent errechnet.[177] Auch wenn man die höhere Zahl unter den Pröpsten einbe-

[164] HUBER, Geschichte, S. 39, berichtet ohne Beleg von Propst Johannes Rassler de Rast, er habe auf dem Platz eines abgebrannten Stiftsgebäudes für eigenen Gebrauch ein Haus bauen wollen; «es ist später zum Capitelhause bestimmt worden».
[165] SCHAUB, Chorherrenstift, Nr. 154.
[166] Nicht sein Grab, sondern der von ihm gestiftete Reliquienschrein wurde 1474 geöffnet. Vgl. GUY P. MARCHAL, in: HS II/2, S. 610.
[167] SCHAUB, Chorherrenstift, Nr. 54; WIGGENHAUSER, Klerikale Karrieren, Nr. 47.
[168] SCHAUB, Nr. 213.
[169] SCHAUB, Nr. 177.
[170] SCHAUB, Nr. 232.
[171] WELTI, Jahrzeitbuch, S. 18, 180.
[172] HUBER, Geschichte, S. 88 f.
[173] Die Chorherren-Liste bei HUBER, Geschichte, S. 243 ff., auf die wir bis zur Arbeit von Martin Schaub angewiesen waren, ist nicht durchwegs verlässlich, wie sich schon seit der Edition des Jahrzeitenbuches durch Hermann J. Welti erkennen liess: Nr. 20, Smaltzer, stammt nicht aus Regensburg, sondern aus Ravensburg. Nr. 52, Hypolitus Lengnang, war nicht Zurzacher Dekan, sondern Dekan und Pfarrer in Lengnau. Nr. 70, Ulrich Wyss, war nicht Chorherr und Propst (vgl. HS II/2, S. 608 f., Anm.), und Nr. 72, Johannes de Lacte, existiert nicht (Lesefehler, siehe HS II/2, S. 608 f., Anm.).
[174] MITTLER, Klingnau, S. 43.
[175] JOHANN JAKOB RÜEGER, Chronik der Stadt und Landschaft Schaffhausen, Bd. 2, Schaffhausen 1892, S. 995–998.
[176] WIGGENHAUSER, Klerikale Karrieren, S. 186.
[177] HESSE, Zofingen, S. 150.
[178] EVA DESARZENS-WUNDERLIN, Das Chorherrenstift St. Martin in Rheinfelden 1228–1564, Zürich 1989, S. 122.
[179] 1460, Chorherr Hans von Baldegg belangt das Stift wegen verweigerter Güterlehenszinsen (HUBER, Urkunden, S. 39).
[180] Der Ausdruck «Schleppsack» als Schimpfwort für eine Frau begegnet schon bei Niklaus Manuel im Elslispiel (1530): «Wenn ich ein sölchen schleppsack nem, Der selten ab dem rucken kem.» (BÄCHTOLD, Niklaus Manuel, S. 260, 97/98).

Bezug auf ihre gottesdienstlichen Pflichten nur vereinzelt Klagen hörbar werden, sprachen die wiederholten Statutenerneuerungen deutlich genug vom disziplinarischen Zerfall in der Zeit vor der Reformation.

Herbst des Mittelalters, 15. und frühes 16. Jahrhundert – Abrundung des Besitzstandes, zunehmender innerer Zerfall

Zwei grosse Ereignisse der ersten Hälfte des 15. Jahrhunderts hatten, wenn auch nicht sogleich, Einfluss auf die Zukunft des Stiftes. 1414–1418 tagte das Konstanzer Konzil, 1431–1437 das Folgekonzil von Basel. Auf beiden Versammlungen war die Kirchenreform einer der Programmpunkte. In Konstanz ging es unter anderem um die Bekämpfung von Missbräuchen im Pfründenwesen, und das Basler Konzil erliess Dekrete über Konkubinat und Simonie. Von Bemühungen um Reformen zeugen unter anderem die Statutenerlasse der zweiten Hälfte des 15. Jahrhunderts, in denen der Bischof die Chorherren auch zum Gehorsam gegenüber ihren Obern und zur Disziplin mahnt. Missstände werden deutlich in den Nachrichten über Einkommensstreitereien des Kapitels mit den Dekanen Schwarzmurer und von Tobel, über Konkubinen und Kinder der Chorherren usw. Die Rückkehrerlaubnis für die Chorherren nach ihrer Flucht in der Reformationszeit war von den Eidgenossen mit der Auflage verbunden worden, dass «sj hin für nit so schantlich hus hallten / der wellt ergernus geben sottend / wie vornacher».[181] Aber nachdem die Chorherren wieder eingesetzt waren, änderte sich zunächst wenig an den alten Zuständen. Erst nach dem Konzil von Trient trugen die Bemühungen allmählich Früchte.[182]

Grössere Wirkung zeigte das zweite Ereignis: die *Eroberung des Aargaus* durch die Eidgenossen 1415. Zurzach wurde nun der Grafschaft Baden in den Gemeinen Herrschaften zugeteilt. Die neuen Landesherren begannen im ausgehenden 15. Jahrhundert Einfluss auf die Besetzung der Kanonikate zu nehmen. Dies noch bevor ihnen 1512, wie Propst Huber annimmt, durch Papst Julius II. das seit dem Wiener Konkordat von 1448 dem Heiligen Stuhl zustehende Recht der Besetzung freier Chorherrenstellen in den ungeraden Monaten übergeben wurde. 1482 zum Beispiel nahmen sie einen Kandidaten mit päpstlicher Provision (Pfründen-Reservation) gegen den Anspruch des Bischofs in Schutz.[183] 1279 hatte sich der Bischof die Besetzung der Propststelle und der Kanonikate vorbehalten. Mit dem Wiener Konkordat 1448 ging dieses Recht an den Papst über; der erste über eine Provision[184] vom Papst bestellte Propst war Theoderich Vogt (1465–1484). Wegen der Abtretung dieser Bestallungsrechte an die Eidgenossen, die sie durch den Landvogt ausübten, und dank dem Übergewicht, das die Katholischen zwischen 1531 (2. Kappelerkrieg) und 1712 (2. Villmergerkrieg) besassen, entwickelte sich das Stift nach der Reformation zu einer Art Innerschweizer Sekundogenitur. Die weiter bestehenden Rechte des Bischofs garantierten immerhin den Zuzug aus süddeutschen Familien. Wie das österreichisch und damit katholisch gebliebene Städtchen Waldshut zeigt, liegt im Übergang des Fleckens an die Eidgenossen letztlich auch der Grund dafür, dass die Reformation in Zurzach Fuss fassen konnte.

1451 erwarb das Stift vom Schaffhauser Patrizier Albrecht Merler die niedere Gerichtsbarkeit, Besitz und Rechte im Dorf Kadelburg. 1554 behauptet es in einer Klage an die Katholischen Orte, Kadelburg habe vor zweihundert Jahren untertänig flehentlich und kläglich das Stift angerufen mit der Bitte, das Dorf vom beschwerlichen und unerträglichen Zwang seiner Oberherren väterlich zu befreien.[185] Das mag übertrieben sein; das Kapitel erlebte aber wenig Freude mit dem Kadelburger Besitz, den es 1803 als Folge des Reichsdeputationshauptschlusses (Entschädigung der durch die Abtretung linksrheinischer Gebiete an Frankreich beeinträchtigten weltlichen Fürsten) an die Fürsten Schwarzenberg verlor. Im Verlaufe der Jahrhunderte erhoben entweder die Kadelburger Klagen oder die Landesherrschaft, bis 1687 die Grafen von Sulz, danach die in Wien ansässigen Fürsten Schwarzenberg bzw. ihre in Tiengen residierende Verwaltung. Kadelburg blieb ein Sorgenkind. Mehr Glück hatte das Stift mit den zahlreichen Zehntrechten, die es damals zur Abrundung seines Besitzes erwarb.[186] Die Erwerbung zusammenhängender Güter und einzelner Höfe diente der Verminderung der Unkosten beim Einzug mehrerer Zinsgefälle in entlegenen Orten.[187]

Der Jetzerhandel
Für eine Reihe von Missständen in der Epoche vor der Reformation, für Mirakelsucht, Zauber-, Hexen- und Teufelsaberglauben, ist eine Geschichte bezeichnend, bei der ein Zurzacher die unrühmliche Hauptrolle spielte: Die Tragödie ist als Jetzerhandel bekannt geworden. Johannes Jetzer war der um 1480 geborene Sohn des Zurzacher Bauern Hans Jetzer. Der übel beleumdete Bursche hatte in Zürich «mit Geisterbeschwörungen zu tun gehabt», in

ob nämlich Maria im Hinblick auf ihre Gottesmutterschaft seit dem «ersten Augenblick ihrer Empfängnis»[188] vor dem Makel der Erbsünde bewahrt blieb – gegenüber den Franziskanern durch vorgetäuschte Wunder Gewicht zu verschaffen.[189] Jetzer scheint Anfälle gehabt zu haben. Er erlebte «Erscheinungen» Mariae und von Heiligen, er wies die Wundmale an Händen, Füssen und Seite auf, die dann plötzlich wieder verschwanden, und erlebte das Leiden Christi so intensiv – oder spielte es so überzeugend nach –, dass «alle staunten». «Vom Grausen» fiel nach dem Augenzeugen Valerius Anshelm der Chorherr Meister Max Eschler in Ohnmacht, und der skeptisch eingestellte Chorsänger Thomas von Stein musste «aus Mitleid» mit dem «leidenden» Bruder «fast weinen». Als das hölzerne Vesperbild in der Kirche am Tag Johannes des Täufers (24. Juni) 1507 blutige Tränen weinte, liess der Prior den Maler Hans Fries aus Freiburg kommen, um festzustellen, ob es sich um richtiges Blut oder um Farbe handle. Fries liess, «die Kunst nicht erkennend, es für ein grosses Wunder bleiben» (Valerius Anshelm). Kein Wunder ist es jedenfalls, wenn die Skepsis im Kloster abnahm. Verdacht regte sich zwar vor allem beim Prior mehrfach, er wurde aber immer wieder zurückgedrängt durch Ereignisse, Überlegungen und wohl durch ein Wunschdenken. Bezeugt und auch von Jetzer anfänglich nicht bestritten ist, dass sich der Bruder eines Morgens in der Matutin, also noch vor Tagesanbruch, in der dunklen Kirche auf dem Lettner als Maria verkleidet zeigte: «eine Mariengestalt mit einer goldenen Krone auf dem Haupte, mit aufgelöstem, auf die Schulter herabwallendem (gelbem) Haar, in weissem Gewande», die einen fünfarmigen Leuchter trug

19 Dem Dominikanerbruder Hans Jetzer aus Zurzach werden die Wundmale Christi beigebracht. Luzerner Schilling Chronik fol. 239r.

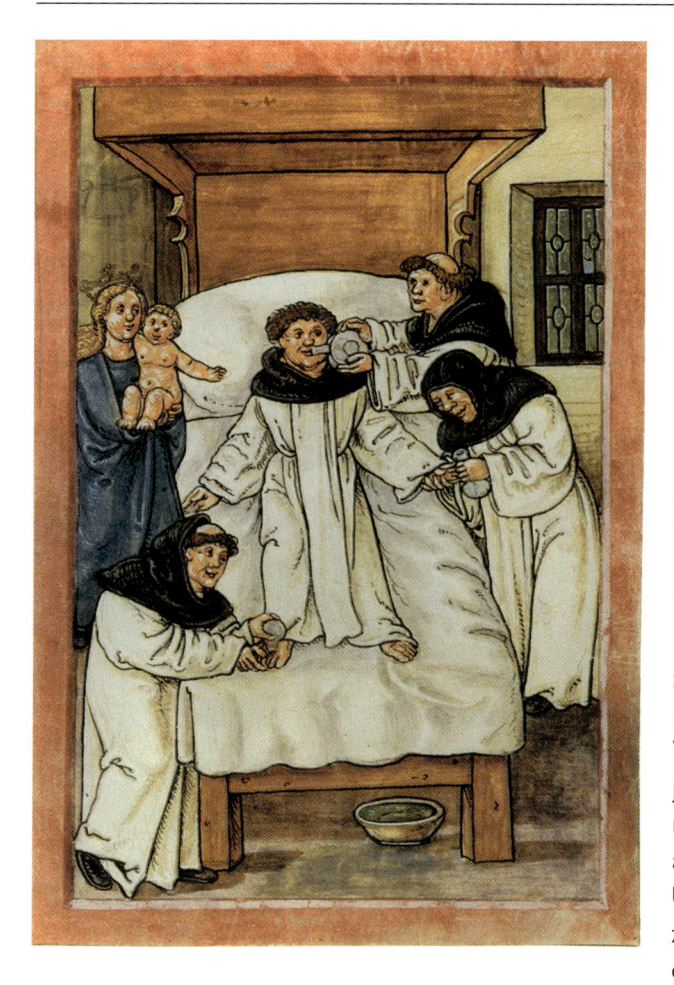

Luzern beim Schneider Hertenstein wegen Diebstahl seine Arbeit verloren und sich dann nach Bern gewandt. In Luzern wusste man, dass der Schneidergeselle Stimmen nachahmen und Leute durch Verkleidung täuschen konnte. Jetzer sagte 1507 im Verhör unter Eid aus, er habe in Zürich, Luzern und an anderen Orten Erscheinungen gesehen. Maria sei ihm in Lausanne dreimal erschienen und auch damals, als er drei Jahre vor seinem Klostereintritt in Koblenz in den Rhein gefallen sei. In Bern galt er, wie der Ratsherr Niklaus Grafenried im Jetzer-Prozess (1507–1509) sagte, als unglaubwürdig, und Hans Schindler, Hauptmann in den Mailänder Kriegen, bezeugte, dass Jetzer vor seinem Eintritt in den Orden «leichtfertigen Umgang mit Frauenzimmern» hatte. – Mehrfach hatte Jetzer in Bern bei den Dominikanern im Predigerkloster vergeblich um Aufnahme gebeten, bis man ihn schliesslich doch zuliess. Einige hielten ihn gar für einen «heiligen Mann». Was sich aber während der Klosterzeit des Bruders Hans ereignete, wurde von den Richtern im Prozess und seither bis vor etwa hundert Jahren einseitig so dargestellt, dass sich die Dominikaner schliesslich die Künste ihres Laienbruders und sein Ansehen bei vielen Leuten zunutze machten, um ihrer Auffassung einer theologischen Streitfrage –

[181] SALAT, Reformationschronik 1517–1534, S. 840.
[182] HUBER, Geschichte, S. 102 ff.
[183] SCHAUB, Chorherrenstift, S. 40.
[184] Anwartschaft auf Rechtstitel.
[185] HUBER, Kadelburg, Urk. Nr. 27, S. 95.
[186] 1413 erwarb das Stift den Rekinger-Zehnten und in Unterendingen den Gesslerzehnten, 1423 den Asphzehnten zu Würenlingen und in Zurzach den Münchingerzehnten (HUBER, Geschichte, S. 39, Anm. 1). 1447 kamen der Kadelburger Zehnt hinzu und Hamma Meyers Zehnten in Zurzach (ib., S. 42, Anm. 1) usw.
[187] WELTI, Jahrzeitbuch, S. 6.
[188] LUDWIG KÖSTERS, Artikel «Empfängnis Mariä», in: LThK (2. Aufl.), Bd. 3, 1931, Sp. 661–665.
[189] Der Streit lässt sich bis 1139 zurückverfolgen, als das Domkapitel von Lyon anfing, am 8. Dezember ein Fest zu Ehren der unbefleckten Empfängnis zu feiern. Bernhard von Clairvaux wandte sich gegen diese Neuerung. Albert der Grosse und Thomas von Aquin vertraten im 13. Jh. die Ansicht Bernhards, wonach Maria in der Erbsünde empfangen sei, durch die Gnade Gottes aber heilig geboren sei. Gegen diese «Maculisten» aus dem Dominikanerorden vertrat der Franziskaner Duns Scotus († 1308) die Gegenposition der «Immaculisten». Bis zur dogmatischen Entscheidung der Frage durch Papst Pius IX. im Jahre 1854 blieb der Gegensatz bestehen.

20 Die vier im Jetzerhandel verurteilten Dominikanerväter werden gefoltert und hingerichtet. Holzschnitte von Urs Graf. Kupferstichkabinett der öffentlichen Kunstsammlung Basel.

und bei der Stelle «ex qua mundo lux est orta» – aus der das Licht der Welt geboren – den Laienbrüdern, dann den Chorbrüdern den Segen gab. Als er erkannt wurde, kam «Jetzer herab in den Chor, entblösste seine Schultern und geisselte sich mit einer eisernen Kette und mit Ruten, wobei er Schreie ausstiess und Tränen vergoss».[190] Es bleibt ein Rätsel, weshalb die Prediger schwiegen und den Bruder im Kloster behielten. Einige vermuten, es sei aus Angst vor der Schande gewesen, andere sehen darin einen Beweis für die Mitschuld der Dominikaner. Dieser Meinung waren jedenfalls die Richter, wie schon der Berner Chorherr Ludwig Löubli, der als Erster die Vorgänge im Kloster öffentlich als «erdachte Lotteri und Ketzerei» bezeichnet hatte. Jetzer hatte bei Befragungen den Prior, den Subprior, den Lesemeister und den Procurator unter den Dominikanerpatres schwer belastet: Sie hätten ihn gezwungen, verzaubert, misshandelt, ihn zu seinen Betrügereien verleitet. Die vier wurden verhaftet und vor ein geistliches Gericht gestellt, das sie aufgrund von durch Folter erpressten Geständnissen schuldig sprach, sie ihrer geistlichen Würde entkleidete und sie zum Feuertod verurteilte. Jetzer, der sich in Widersprüche verwickelt, Meineide geschworen, nachweisbar gelogen, die Patres mit unglaubhaften Märchen beschuldigt hatte und als Betrüger dastand, sollte nach dem Urteil des Gerichtes wie ehrlose Männer mit einer papierenen Mitra auf dem Kopf durch die Stadt geführt und anschliessend an den Pranger

gestellt werden, bevor er ausgewiesen würde. Der Berner Rat erwog, Jetzer zu enthaupten und die Leiche zu den verbrannten Dominikanern ins Feuer zu werfen; eine einzige Stimme entschied, dass er lediglich «eingemauert» (eingesperrt) wurde. Der Gefangene konnte sich bald befreien mit der Hilfe seiner Mutter, die ihm Frauenkleider ins Gefängnis geschmuggelt hatte, wie er später vor dem Landvogt aussagte. Er ging zurück nach Zurzach und nahm sich ein Weib. 1512 wurde er vom Landvogt in Baden noch einmal verhört. Bern hielt die Angelegenheit für erledigt, wollte nicht noch mehr Geld dafür aufwenden und wohl auch nicht einen neuen Prozess mit unsicherem Ausgang gegen den bisherigen Kronzeugen riskieren. Jetzer war ja der einzige Entlastungszeuge gegen den schon laut werdenden Vorwurf des Justizirrtums.
Nach den Chronisten Anshelm und Stettler starb der Mann etwa 1514 in Zurzach.

Traditionell gilt Jetzer als naiver, einfältiger, vielleicht nicht ganz zurechnungsfähiger armer Tropf. Mehr und mehr wird er in neuerer Zeit jedoch anders eingeschätzt: ein pathologischer religiöser Schwärmer, ein verlogener Hysteriker (Steck, Schuhmann). N. Paulus kommt zu folgendem Resultat: «Vor allem muss der oft wiederholten Behauptung entgegengetreten werden, Jetzer sei ein beschränkter, einfältiger Mensch gewesen, der mit falschen Erscheinungen leicht zu täuschen war. Obschon er weder lesen noch schreiben konnte, so besass doch der dreiundzwanzigjährige Schneidergeselle eine nicht geringe Pfiffigkeit.»[191] Steck nennt ihn einen «ganz geriebenen Burschen». Geschickt habe er sich bei den Verhören aus verschiedenen schwierigen Situationen herausgeschwätzt. Zugute kamen ihm dabei sein verlässliches Gedächtnis und seine gute Beobachtungsgabe. Der Lesemeister Dr. Stephan Boltzhurst, dem auch manches suspekt vorkam, nannte Jetzer einmal einen «grossen Schelm». Der Glockengiesser Zehender des Rats in Bern berichtete, Messebesucher aus Bern seien in Zurzach gefragt worden, was mit Jetzer los sei, der wie ein Heiliger verehrt werde. Als die Zurzacher hörten, Jetzer habe Erscheinungen gehabt, äusserten sie: «wahrlich, wäre er bei uns, so würd er vielleicht an den Galgen gehängt!», und ein Bruder Jetzers, der in Zug wohnte, soll auf die Auskunft, es gehe seinem Bruder gut in Bern, gesagt haben, «er hätte nicht gedacht, dass der einmal eines guten Todes sterben werde».

Seit der kritischen Untersuchung durch N. Paulus mit dem Titel «Ein Justizmord, an vier Dominikanern begangen. Aktenmässige Revision des Berner Jetzerprozesses vom

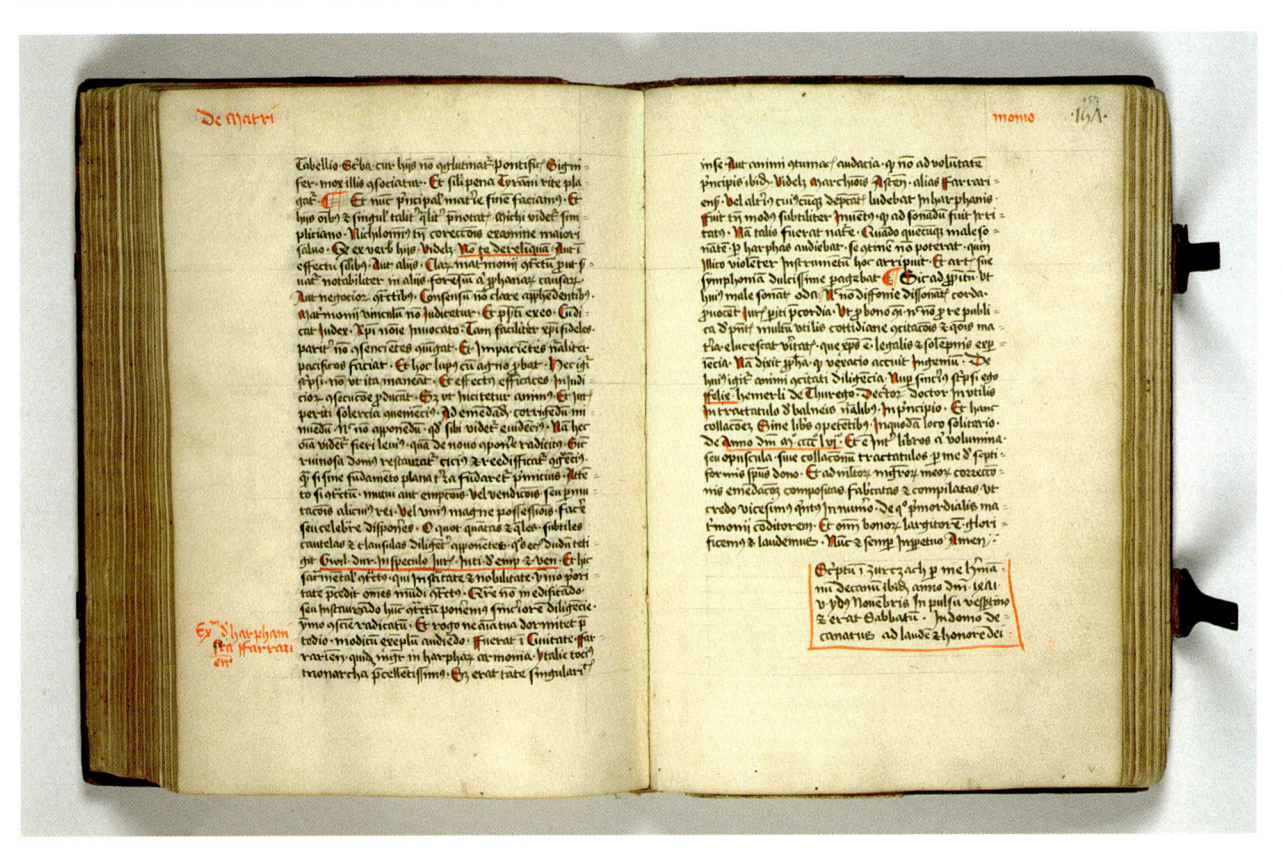

21 Dekan Hermann v. Rast († 1480), mehrfach bezeugt als Bücherschreiber und Bücherbesitzer, hinterliess zahlreiche eigene Schriften und Abschriften fremder Werke, z. B. die Kopie von Dr. Felix Hemmerlis Kerkerschriften im hier aufgeschlagenen Band der Zentralbibliothek Zürich.

Jahre 1509, Frankfurt a. M. 1897», seit auch die Akten des Jetzerprozesses 1904 durch Rudolf Steck herausgegeben wurden, ist der Verdacht mehrfach geäussert und eingehend begründet worden, dass die Predigerbrüder zu Unrecht verurteilt wurden.

Einige Chorherren der Vorreformationszeit

Von vielen Chorherren kennen wir kaum mehr als die Namen. Andere geben sich aus den Quellen besser zu erkennen. Nachfolgend einige Beispiele, die zeigen, wie Licht und Schatten in den Jahrzehnten vor der Reformation nahe beieinander lagen.

Hermann von Rast, [1418]–1480[192], Neffe des Konstanzer Chorherrn und Propstes von Zurzach Johannes (Rassler de) Rast, war ein Sohn des Peter von Rast, der 1432 als Überlinger Bürger erscheint. Er war 1423 auf der Universität Heidelberg immatrikuliert, wurde 1426 «baccalaureus artium» und war dann in Zurzach Chorherr und während vierzig Jahren (1442/43 bis zum Tod 1480) Dekan, das heisst: Seelsorger der Chorherren und des Fleckens.[193] Er war ein einflussreicher und gelehrter Mann, der in Humanistenkreisen verkehrte, jedenfalls mit Dr. Felix Hemmerli (gestorben um 1461), Chorherr am Grossmünster und später (1421–1455) Propst zu St. Ursen in Solothurn, befreundet war und dessen Kerkerschriften für sich kopierte.[194] Das älteste Kopialbuch des Stiftes geht auf ihn zurück: Er hat ältere Urkunden und Akten abgeschrieben und so der Nachwelt erhalten, hat historische Nachrichten überliefert, zum Beispiel das Weiheprotokoll von 1347, hat ein Reliquienverzeichnis angelegt[195] und

---

[190] SCHUHMANN, Jetzertragödie, S. 47 f.
[191] Zit. bei SCHUHMANN, Jetzertragödie, S. 132.
[192] SCHAUB, Chorherrenstift, Nr. 115. – Eckige Klammern bezeichnen Jahre des ersten oder letzten Nachweises.
[193] HS II/2, S. 609, 626. – KINDLER VON KNOBLOCH, Geschlechterbuch Bd. 3, S. 339. – HUBER, Geschichte, S. 248.
[194] Die Abschrift wurde in der Amtswohnung des Dekans am Cosmas- und-Damian-Tag (27. September) 1471 vollendet. Der Band gelangte aus dem Besitz des Grossmünsterstiftes in die Zentralbibliothek Zürich. Er enthält auch zwei Denkschriften des Dr. Heinrich Nithart, Kanonikus von Konstanz (MOHLBERG, Handschriften Zürich, S. 116, Nr. 275).
[195] Das Reliquienprotokoll ist abgedruckt bei REINLE, Verena, S. 201 ff. Dass 1474 – 9 Jahre nach seinem Tode – das Grab des Propstes Lidringer durch den Kustos Leonhard Lös und Can. Hermann von Rast im Beisein eines Nikolaus Offtringer mit Bewilligung des Kapitels geöffnet wurde (vgl. HS II/2, S. 610), kann man bezweifeln. Nicht den «Sarkophag des Propsts Joh. Lidringer († 17. Februar 1465)», wie Propst Huber sagt (HUBER, Geschichte, S. 46), hat man wohl geöffnet, sondern einen nach dem Propst benannten (von ihm gestifteten?) Reliquiensarkophag: Die Bezeichnung «sarcophagus» für Reliquienschrein tritt im Protokoll mehrfach auf. Dass Reliquienschreine geöffnet wurden, kam vor: Im gleichen Protokoll spricht Rast da-

kirchliche Schriften (bischöfliche Statuten) kopiert. Ein Band mit Kopien geschichtlicher Darstellungen und Kompendien, heute in der Zentralbibliothek Zürich[196] aufbewahrt, enthält u. a. Ausschnitte aus der Papst- und Kaiserchronik des Martinus von Troppau (Polonus), Dominikaner und 1278 in Bologna verstorbener Bischof von Gnesen. Hermann von Rast «gehört in die Gruppe von Frühhumanisten, die sich gerade für die geschichtlichen Zusammenhänge interessierten und durch ihre Beschäftigung mit der Geschichte des eigenen Gotteshauses und die dadurch erfolgte Rettung wertvoller historischer Aufzeichnungen für uns von grösster Bedeutung geworden sind».[197] Dekan Hermann von Rast hat in Zurzach Stiftungen zur Rangerhöhung und feierlicheren Begehung von kirchlichen Festen (Marienfest, die Thebäer Ursus und Victor) gemacht und in seiner kräftigen charaktervollen Handschrift mehr als sechzig Nachträge im Zurzacher Jahrzeitenbuch von 1378 geschrieben.[198] Verschiedene Bibliotheken besitzen Abschriften-Bände des Dekans:[199] Ein Konvolut von Mainzer und Konstanzer Synodalstatuten[200] von 1423, 1435, 1441, 1450 und 1463, zum Teil mit Randnotizen von Hermann von Rast, liegt im Staatsarchiv Aarau;[201] die Statuten des Mainzer Provinzialkonzils von Aschaffenburg 1450 hat er eigenhändig und vollständig abgeschrieben. Von Rast hat diese Statuten offensichtlich gesammelt, sorgfältig gelesen und auch weitergeliehen.[202] Er scheint in seiner Dekanei (in domo decanatus) unermüdlich abgeschrieben und gesammelt zu haben: Die eine Schrift ist an einem Samstag beim Abendläuten vollendet worden; nach der Vesper hat er am Gallustag (16. Oktober) 1471 eine andere Abschrift abgeschlossen. An Vigil von Allerheiligen 1471 sass er bereits zur Zeit der Morgenhoren (um fünf Uhr morgens) am Schreibtisch und am 15. November desselben Jahres schon vor Beginn der Stundengebete.

Dekan Hermann, wie er sich meist nennt, bietet das Bild eines fleissigen, gelehrten Geistlichen und eifrigen Seelsorgers.

Auf Hermann von Rast folgten vier Dekane,[203] von denen keiner sein Amt länger ausübte: Peter Attenhofer wurde 1486, drei Jahre nach seinem Amtsantritt als Pfarrer, zum Stiftspropst ernannt. Sein Nachfolger Heinrich Schwarzmurer verstarb nach kurzer Zeit im Amt. Caspar Wirt und seine Nachfolger Lucas Conrater, Magister der Freien Künste, und Philipp Kamberger bemühten sich in Rom um Pfründen und übten wohl ihr Zurzacher Amt gar nicht aus. Nach dieser Zwischenzeit folgte, vom Papste ernannt, 1499

Rudolf von Tobel, 1464–[1532][204], ein leichtlebiger, unruhiger, streitsüchtiger und habgieriger Pfründenjäger aus einer Zürcher Familie, ein Mann, über den sich nur negative Urteile finden: «der seiner hergebrachten Gewohnheit nach geneigt ist, Irrungen zu machen und damit wider sein Gelübde und seinen Eid gegen uns und die Kirche gehandelt hat», sagt Bischof Hugo von Hohenlandenberg.[205] Die Gemeinde beklagte sich bei den Tagsatzungsgesandten darüber, dass der Dekan seine Pflichten als Seelsorger vernachlässige und dass sie weder im Leben noch im Tod versehen werde, was sich besonders auch in den Pestjahren 1519 und 1520 zeigte. Von Tobel prozessiert vor Bischof, Papst und Eidgenossen gegen einzelne Chorherren und gegen das Stift wegen Einkünften, Zinsen und Gefällen. In seiner langen Amtszeit von 36 Jahren war er «wie die Geissel des Stiftes, so der Ruin für die Gemeinde».[206] Als Einzigen unter den Zurzacher Chorherren finden wir ihn auch mit seiner Familie als Einleger im Zürcher Glückshafenrodel von 1504. Zwei Söhne des Dekans wurden Chorherren von Zurzach: Conrad, der sein Kanonikat in Rom erlangt hatte, starb kurz nach der Priesterweihe im Jahre 1519 – der Vater verlangte danach vom Stift die dem Sohne angeblich vorenthaltenen Gefälle (die aber von Weihe und Präsenz abhängig waren). 1532 beauftragten die Gesandten der Fünf Orte den Landvogt Heinrich Schönbrunner, anstelle des Rudolf von Tobel, «der nit geschickt und toglich [tauglich] sye, die Techany [Dekanei, das Pfarramt] wyter zu versächen», einen neuen Pfarrer einzusetzen.[207] Rudolf von Tobel resignierte als Dekan im Jahre 1532 zugunsten des zweiten Sohnes. Tatsächlich wurde von Tobels Sohn Peter Paul eingesetzt. Er trat nach zehn Jahren von seinem Amte zurück.

Chorherr **Haman Rechburger,** [1441]–[1506][208] – aus der Familie und der Generation des bischöflichen Vogtes Lüpold Rechburger[209] –, auf dessen Bitten hin (1465) vier Kardinäle der Katharinakirche von Klingnau einen Ablass verliehen hatten,[210] scheint im Alter ein schwieriger Herr geworden zu sein. Am 31. März 1499 wurde er an der Osterprozession im Streit mit dem viel jüngeren Chorherrn Stephan Bitterkrut ([1491]–1545)[211] von diesem mit dem Schwert am Arm so stark verletzt, dass sein Arm gelähmt blieb und er nicht mehr Messelesen konnte. Ein Entscheid des Bischofs Hugo von Landenberg von Konstanz vom 28. Oktober 1500 nimmt Bezug auf das «widerwertig unzimlich Wesen» Rechburgers. Sein Inhalt zeigt, wohin interne Streitigkeiten führen konnten. Chorherr Rechburger ist von den Kapitelsgeschäften «ganz usgeschlossen und abgesundert»; nur bei der Wahl eines

Kaplans oder der Verleihung einer Pfründe soll er eine Stimme haben.[212] Er soll die übrigen Chorherren beim Chor nicht stören durch ungebührliches Benehmen und «ander [...] Anreizung», sondern in seinem Stuhl stehen und andächtig mitbeten, sofern er überhaupt ins Chor geht. Damit für Chorersatz gesorgt ist, soll Rechburger jährlich von seiner Pfrund 12 Goldgulden abliefern. An den kirchlichen Hochfesten, zu den Vigilien und Seelämtern jedoch hat er persönlich im Chor zu erscheinen. Versäumt er dies, so hat er auf seinen Anteil am Opfer- und Jahrzeitgeld zu verzichten wie seine Mitbrüder. Wird er über kurz oder lang mit dem Kirchenbann belegt oder muss ihm die Teilnahme am Gottesdienst verboten werden, so verliert er, wie es ebenfalls den Statuten entspricht, den Nutzen seiner Pfründe wie die übrigen Chorherren. Das Kapitel und Chorherr Rechburger sollen sich fürderhin vertragen – aber der Wortlaut des Briefes zeugt nicht von tiefem Vertrauen in die Verträglichkeit der beiden Parteien.[213]

Mathias Gundelfinger, [1500]–1521[214]

Kustos **Johannes Brugger (Prugker),** [1498]–[1548][215], Magister der Freien Künste, stammte aus Villingen. 1505 als Priester Chorherr von Zurzach. 1512 errichtete er eine Jahrzeitstiftung auf den 14. August und den Annentag (26. Juli), den Namenstag seiner Mutter.[216] Am 12. Mai 1521 war Kustos Brugger unter den Zeugen des Testamentes von Propst Peter Attenhofer.[217] Brugger hatte nach der Badener Religionsdisputation, 1529, vor Bildersturm und Reliquienzerstörung noch die Verenareliquien (Haupt und rechten Arm) nach Luzern geflüchtet.[218] Als aber am 24. März 1529, am Tage Mariae Verkündigung, die vier Räte von Zurzach vor dem Münster die Reliquien verbrannten, war es Kustos Brugger, «welcher selbsten das Heyltumb aus dem Münster nahme und in das Feuer legte».[219] Die Flucht des Kapitels nach Klingnau oder Waldshut und seine Rückkehr im Jahre 1531 muss er miterlebt haben. Chorherr Gabriel Frei[220] (aus Krankheitsgründen) und der Kustos scheinen als einzige Stiftsvertreter in Zurzach geblieben zu sein.[221] Seit den Zwanzigerjahren hatte sich Brugger mit reformatorischen Ideen auseinander gesetzt, wie die aus seinem Besitz stammenden Flugschriften mit Randnotizen aus den Jahren 1522 ff. bezeugen. Wie viele war er von der Notwendigkeit, Neuerungen einzuführen, überzeugt, erwog und verwarf, überlegte, prüfte und verglich erneut;[222] er war wie viele an Reformen, nicht an Umwälzungen interessiert. Sicher hatte er 1529 noch nicht den Ruf eines Neugläubigen, denn als die Tegerfelder

in der Folge des ersten Landfriedens vom Stifte einen regelmässigen Sonntags- und Feiertagsgottesdienst verlangten, schickte ihnen dieses den Kustos Brugger und den Chorherrn Deck. Die Tegerfelder aber wollten nicht altgläubige Priester, sondern einen «Prädikanten», den sie sich nun von Zürich erbaten. Das reformierte Zürich nahm jede Gelegenheit wahr, seinen Einfluss in den Gemeinen Herrschaften zu stärken, und beeilte sich, ihnen den Hans Ulrich Müller von Waldshut, Prädikant zu Rein, zu vermit-

---

   von, dass der Zürcher Kanoniker Johannes Winkler einen neuen kleinen Reliquiensarg geöffnet habe. Guy P. Marchal in: HS II/2, S. 610, stützt sich zudem auf dieselbe Stelle bei von Rast, wenn er angibt, dass Lidringer dem Stift einen Schrein geschenkt habe (vgl. HS II/2, S. 610; Huber, Geschichte, S. 46 f.; Bruckner, Scriptoria VII, S. 142).
[196] C35 (712), Mohlberg, Handschriften Zürich, S. 25, Nr. 70.
[197] Bruckner, Scriptoria VII, S. 143.
[198] Welti, Jahrzeitbuch, Nachweis, S. 73, Hand W.
[199] In der Universitätsbibliothek Basel liegen aus dem Besitz des Kartäuserklosters zwei Codices, die von Rast geschrieben hat. Der eine umfasst Predigten und Viten der Kartäuser und zwei Kopien von Indulgenzbriefen (Mainz 1468 und Konstanz 1470). Er ist vom Zurzacher Dekan 1472 in der Vigil des Festes der Apostel Philippus und Jacobus vollendet worden (Scarpatetti, Handschriften Aarau, S. 118 f., Nr. 319). Ein weiteres Manuskript liegt im Zisterzienserstift Stams (Scarpatetti, S. 261). An einem anderen Band, der aus dem Kloster St. Gallen in die Kartause gelangte, hat Hermann von Rast am Elisabethentag 1476 geschrieben. Er enthält Verenaleben und Verenaofficium (Scarpatetti, S. 124, Nr. 336; Reinle, Verena, S. 78).
[200] Unter Beirat der Diözesan-Synode vom Bischof erlassene Vorschriften, welche die Seelsorgetätigkeit regeln.
[201] StAAG Nr. 3744, 1–7.
[202] So nach seiner Notiz vom 14.1.1448 an den Dekan von Regensberg.
[203] Vgl. Liste der Dekane in HS II/2, S. 625–627.
[204] Schaub, Chorherrenstift, Nr. 238.
[205] Vgl. zu Rudolf von Tobel u. a. Höchle, Reformation, S. 25 ff.; Huber, Geschichte, S. 62 ff.
[206] Huber, Geschichte, S. 65.
[207] Huber, Geschichte, S. 94.
[208] Schaub, Chorherrenstift, Nr. 72. 1506 ist er noch bezeugt (Huber, Urkunden, S. 297).
[209] 1457–1480 Vogt, † 1500, vgl. Mittler, Klingnau, S. 386.
[210] Huber, Kollaturpfarreien, S. 17.
[211] Schaub, Chorherrenstift, Nr. 249. – Hesse, Zofingen, Nr. 481.
[212] Ein anderer von den Kapitelsversammlungen ausgeschlossener Chorherr: Johannes Balthasar Janser, 1689–1712 (†), Kantor 1699, ein «unruhiger, widerspenstiger, ränkesüchtiger Charakter [...]» wegen Unverträglichkeit» ausgeschlossen. Huber, Geschichte, S. 264, Nr. 226.
[213] Huber, Urkunden, S. 44 f.
[214] Schaub, Chorherrenstift, Nr. 212. – Vgl. den Beitrag von A. Reinle, S. 162 ff.
[215] Schaub, Nr. 134.
[216] Welti, Jahrzeitbuch, Nrn. 754, 694.
[217] Huber, Geschichte, S. 89.
[218] Huber, Geschichte, S. 80, A. 1; Huber, Urkunden, S. 421 nach H. Heyl.
[219] Küssenberg's Chronik, S. 436.
[220] Huber, Urkunden, S. 422.
[221] Höchle, Reformation, S. 144.
[222] Zum Beispiel Bugenhagens Psalmenauslegung hat er dreimal gelesen (Germann, Stiftsbibliothek, S. 170, Anm. 118).

teln.[223] 1531 setzte der bischöfliche Vogt in Klingnau den Zurzacher Kustos gefangen, da er geäussert hatte, «wie er auch etwas anmuttung hätte zu der zwinglischen religion». Durch Vermittlung Zürichs wurde der «Mammeluck» aber bald wieder freigelassen.[224] Er scheint auch danach als Chorherr weitergewirkt zu haben. Schon 1522 hatte die Tagsatzung beschlossen, die Vögte sollten den Eidgenossen anzeigen, wer ungebührlich gegen den Glauben rede und handle, «sölich kätzerisch buoben, nit wirdig ze nennen ein priester» sollten ohne Nachsicht bestraft werden. Nach Kappel (1531) muss die Enge in Glaubenssachen bedrückender geworden sein; der Landvogt als Vertreter des Hochgerichtes, in dessen Zuständigkeit Glaubensabfall und Verbreitung der neuen Lehren gehörten, und der bischöfliche Vogt in Klingnau, Junker Hans Grebel von Zürich, griffen energisch durch. Brugger, über dessen geistige Persönlichkeit wir zu wenig wissen, zog 1533 – in der Zeit, in der auch Bonifacius Amerbach in Basel, den Brugger über seine Zurzacher Bekannten Rechburger persönlich kannte, sich ungefähr gleichzeitig unter dem Druck der Regierung der Reformation anschloss, ohne innerlich ein entschiedener Reformierter zu werden – nach Zürich und schloss sich den Reformierten an. Hier lebte er bis zu seinem Tode 1548. Brugger vermachte seine umfangreiche Büchersammlung der Bibliothek des inzwischen reformierten Grossmünsterstiftes, die der ehemalige Franziskaner Pellikan betreute[225] – auch er ein Mann der media via[226]; vor seinem Tode errichtete er 1548 zusammen mit seiner Frau eine Stiftung für bedürftige Studenten. Seine Zurzacher Verwandte, Amalie Rechburger, teilte Bonifatius Amerbach den Tod des ehemaligen Kustos mit: «hoech gelerter herz lieber her. ich hat vergessen, ich lass uch wussen, das der her kuster, so mit uch vnd mir vf den machenburg gesteig ist, von disser zit ist gescheiden. gott sy im genedig vnd barmherzig. ist zue zürich gestorben, hatt III frowen verschlissen, aber die fierd lebt noch. hat dem spittol zurchach [Zurzach] C gl [100 Gulden] gemachtt. ist fast [sehr] rich gesin, hat fil den armen gemachtt. do er hat wellen sterben, hat er nit wellen, das im niem forsprech [mit ihm bete], weder bredikanten [Prädikanten] noch niemen. er hab sin sachen geseytt. er arbarmt mich vbel. gott gnad im truelych.»[227]

Brugger, der «Apostat», urteilte die konfessionell polarisierte Folgezeit bis Propst Huber. Wir verstehen heute die Seelennot intellektuell und spirituell bekümmerter Menschen unter dem Zwang der äusseren Umstände in der Verwirrung der Reformationszeit.

Peter und Konrad Attenhofer

Aus einem der verschiedenen Attenhof oder Attenhofen in Württemberg, Schwaben, Mittelfranken oder Niederbayern stammt die Familie Attenhofer[228], aus der sich ein Konrad 1445 bis 1480 in der Konstanzer Häuserliste findet. Ein Zweig der Familie ist in Zurzach nachweisbar. Nach einem Eintrag von Dekan Hermann von Rast im Jahrzeitbuch machte der Zurzacher Konrad Attenhofer 1467 eine Jahrzeit-Stiftung zugunsten des Stifterehepaares Konrad und Agatha «Attenhover» und der Eltern Konrads: Berchtold und Anna. Jährlich sollen dafür zwei rheinische Gulden vom Inhaber des Chorhofes bezahlt werden, den Konrad Attenhofer für seinen Sohn Peter unter grossen Kosten hatte erneuern lassen. Peter ist 1447 geboren, wie er später als Propst im Kalender des prachtvollen Psalters vermerkte, der um 1480 im Stifte in Gebrauch war;[229] er war also zur Zeit der Stiftung zwanzig Jahre alt, besass aber offenbar bereits eine Anwartschaft (Exspektanz) auf ein Kanonikat im Stifte. Nach diesen Randnotizen ist der Vater 1468 gestorben, im Primizjahr des Sohnes, die Mutter im Jahre 1480. 1487 hat Peter Attenhofer um eine Chorherrenstelle in St. Johann in Konstanz supliziert. 1496 wurde er Zurzacher Propst. Peter Attenhofer hat eine Seelstiftung gemacht, die seiner Eltern gedenkt, dann des Dr. Konrad Attenhofer, Propst von St. Johann in Konstanz, des Bartholomäus, der Barbara und der Praxedis Attenhofer.[230] Dass Konrad ein Bruder des Propstes Peter war, ist nicht unmöglich, aber wenig wahrscheinlich. Er war wohl eher ein Sohn des Propstes, wie meistens vermutet wird.[231] Ulrich Wydenkeller von Konstanz, Notar, Stiftsamtmann (1528–1531) und Schulmeister, hat im Jahrzeitbuch die reiche Stiftung verzeichnet, die Propst Peter Attenhofer zugunsten aller jener machte, die der Jahrzeit beiwohnten: der Chorherren, der Kapläne, des Sigristen, des Schulmeisters, aber auch der vier Räte von Zurzach und des Weibels sowie zum Unterhalt des ewigen Lichtes und für Kerzen. Den Rest soll der Buwmeister (Fabricator) in den Baufonds legen. In Waldshut hatte der Propst mit einer grossen Spende der «Armen Sondersiechen auf der Steig» gedacht.[232]

Konrad Attenhofer, «continuus familiaris commensalis» (vertrauter Tischgenosse) des Papstes und notorischer Pfründenjäger, kam bei Julius II. um die Erlaubnis ein, eine kirchliche Bruderschaft *(Verenabruderschaft)* für Männer und Frauen errichten zu dürfen, deren wichtigste Bestimmung damals lautete, dass jedes Mitglied in seinem Haus einen Hausaltar errichten dürfe, auf dem im privaten Rahmen bei geschlossenen Türen und ohne Glockengeläute auch in Interdiktszeiten Messe gelesen werden darf, dass diese Mitglieder auch die Sakramente empfangen und – jedoch ohne «Leichengepränge» – kirchlich bestattet werden dürfen. Gegen Ende des Mittelalters wurden kirchliche Einzel- und Kollektivstrafen wie Interdikte zwar weniger häufig ausgesprochen; aber die Bestimmung zeigt deutlich, wie wichtig den Gläubigen kirchliches Leben und Sakramentenempfang waren. Die Bruderschaft wurde 1507 errichtet und 1613 mit im Sinne einer barocken Gut-Tod-Bruderschaft angepassten Bestimmungen erneuert.[233]

Konrad Attenhofer erwirkte 1510 in Ravenna eine Bulle des Papstes Julius II., welche die *Exemtion des Fleckens Zurzach* zugunsten des Stiftes erreichen wollte. Propst Huber übersetzt die wesentlichen Stellen aus der lateinisch geschriebenen Bulle wie folgt: «Mit Vorstellung beklagt sich unser geliebter Conrad Attenhofer, Priester im Kirchensprengel Konstanz, daß, obschon der ehemalige Oberherr des Fleckens Zurzach wegen der Wunder, welche der Allerhöchste auf die Fürbitte der hl. Verena gewirkt hat und noch wirkt, der Kirche, in welcher die leiblichen Ueberreste der hl. Jungfrau ruhen, den besagten Flecken aus freier Hand geschenkt habe, daselbst dennoch später die Bischöfe von Konstanz die niedere, die Eidgenossen die höhere Gerichtsbarkeit geübt hätten. Im Laufe der Zeit habe Zurzach durch feindliche Ueberfälle und Feuersbrünste schwer gelitten; Schloss und Brücken seien zerstört worden; die Einwohner, welche außer den Chorherren in 60, aus gemeinen Flecklingen aufgeführten Häusern untergebracht sind, seien als Leibeigene verschiedenen Herrschaften zugeteilt, denen sie alljährlich ein Huhn und bei Sterbefällen der Mann ein Stück Vieh, die Frau ein Kleid zu verabreichen hätten, was bei der Verschiedenheit der Geber und Empfänger oft Streit und Zank veranlasse. Da nun aber der Bischof von Konstanz sowohl, als die Eidgenossen aus besonderer Andacht zur hl. Verena geneigt seien, den Flecken Zurzach, sammt dessen Gerichtsbarkeit, Rechten und Privilegien aus freier Hand oder unter annehmbaren Bedingungen für immer abzutreten, so werde er, der Papst, ersucht, dem Bischof Hugo [Hugo von Hohenlandenberg, Bischof von Konstanz 1496–1530, 1531–1532] wirklich gestatten zu wollen, alle seine bisherigen Rechte auf fraglichen Flecken, soweit sie die Temporalien betreffen, im Einverständnisse mit den Eidgenossen, dem Propste und Capitel zur hl. Verena abzutreten. Damit sei der Papst vollkommen einverstanden. Demzufolge ertheilt er dem Stifte, als dem neuen Eigenthümer des Fleckens zum Voraus das Privilegium, Stadtmauern und Thürme zu bauen, Gräben zu ziehen, Hecken und Bäume zu pflanzen im Umfange der Verenakirche und der sie umgebenden Chorhöfe, im Gebiete und in der Gerichtsbarkeit des Fleckens aber Befestigungen anzulegen, die Rheinbrücke wieder herzustellen, von geistlichen und weltlichen Personen Zoll zu fordern, endlich ein Banner mit dem Bilde der heiligen Verena und des Antlitzes Christi zu führen.»[234]

Dem Plan des Propstes liegen fragwürdige Vorstellungen von der Bedeutung des Fleckens mit Schloss und Brücken und freien Einwohnern in ferner Vorzeit zugrunde. Sie waren möglicherweise genährt von den kirchlichen Legenden, die von einer «alten Stadt am Rhein» sprechen, vielleicht angeregt von den sichtbaren römischen Ruinen, daran anknüpfend von Vermutungen und einem vagen Wissen über die römische Vergangenheit. Zudem mögen die damals florierenden Messen, die man aus römischen Anfängen entstanden glaubte (Forum Tiberii), die Bedeutung des Fleckens in den Augen der Zeitgenossen eines Johannes Stumpf (1547) überhöht haben.

Mit den feindlichen Überfällen sind wohl die der Alamannen, Franken und Hunnen gemeint, von denen Stumpf spricht. Vom alten Adelsgeschlecht, «genennt die von Zurzach, die villycht das obbemelt alt Schloss [Mandach, das nach Stumpf ‹ohne Zwyfel noch ein Römisch gebeüw

---

[223] HÖCHLE, Reformation, S. 98.
[224] HUBER, Geschichte, S. 87 f. Heyl vergleicht seinen Mitbruder hier mit den Mamelucken, Waffensklaven (eigtl. weisser Sklave): Er spielt damit wohl auf Sklavenstand und Religionswechsel an. Mamelucken waren gekaufte islamisierte Sklaven, vor allem Türken und Tscherkessen, Tataren und Griechen, die ursprünglich eine Elitetruppe der Aiyubiden bildeten und später am Hofe des Sultans einflussreiche Stellungen besetzten.
[225] GERMANN, Stiftsbibliothek, S. 310–321, 353.
[226] KURT MAEDER, Die Via Media in der schweizerischen Reformation. Studien zum Problem der Kontinuität im Zeitalter der Glaubensspaltung, Zürich 1970 (Zürcher Beiträge zur Reformationsgeschichte 2).
[227] Amerbach Korr. IV, Nr. 1700, S. 175 («Zurzach, c. 1532»).
[228] WELTI, Wappen, S. 3, nennt den Hof Attenhofen in der bayrischen Pfarrei Illertissen.
[229] Vgl. BRUCKNER, Scriptoria VII, S. 143 ff.
[230] WELTI, Jahrzeitbuch, Nr. 185. – Als Propst zu St. Johann bei ROBERT J. BOCK in HS II/2, S. 314–324 nicht aufgeführt.
[231] HS II/2, S. 614, Anm. 12. – Peter ist 1447 geboren. Seine Mutter Agatha starb 1480. Konrad hat mit 24 Jahren zur Zeit des Papstes Alexanders VI. (1492–1503) eine Provision erhalten. Er ist also frühestens 1468, noch im Todesjahr des Vaters von Peter Attenhofer geboren. Nehmen wir an, Agatha habe Peter (den ältesten [?] oder eines ihrer ältesten Kinder ?) mit 25 Jahren zur Welt gebracht, so war sie bei der Geburt Konrads (wenn er schon 1468 oder 1469 geboren wurde) 46 oder 47 Jahre alt. Der Altersunterschied der Brüder Peter und Konrad hätte mehr als zwanzig Jahre betragen. Vgl. SCHAUB, Chorherrenstift, Nrn. 32 und 232.
[232] WELTI, Jahrzeitbuch, S. 18, 185.
[233] Die Bestimmungen im Einzelnen bei REINLE, Verena, S. 102.
[234] HUBER, Geschichte, S. 58.

ist›] bewohnten», den alten Stadtherren, dürfte, so lautete die Meinung der Zeit, die Herrschaft ans Stift gekommen sein, dem sie wieder zurückzugeben sei. So etwa könnten die Vorstellungen des Propstes Konrad ausgesehen haben. Er möchte die mittelalterliche Idee der Stadt unter geistlicher Herrschaft für Zurzach (wieder) verwirklichen und versichert sich dafür – zweifellos ohne Rücksprache mit Eidgenossen und Bischof – vorsorglich des päpstlichen Einverständnisses. Konrad Attenhofer verstand es offenbar zu überzeugen: Papst Julius II., obwohl er mit den Schweizern besser vertraut war als andere Päpste, ging auf den Wunsch seines «vertrauten Tischgenossen» ein.

Offensichtlich hatten aber weder der Bischof von Konstanz noch die Eidgenossen Lust, auf ihre Rechte an Zurzach zu verzichten; Attenhofers Plan blieb Utopie. Die Urkunde ist das einzige Zeugnis für den merkwürdigen Versuch des Propstes (der Pröpste?) Attenhofer, Zurzach zur Stadt zu erheben und ans Verenastift zu bringen.

Was nach dem Begriff der Zeit die «Stadt» ausmacht, wird im Brief klar: Gerichtsbarkeit – die niedere Gerichtsbarkeit lag beim Bischof, das «Blutgericht» war in den Händen der Eidgenossen – Rechte und Privilegien und – für das Stadtbild wesentlich – Mauer, Graben und Befestigung. Die selbstständige «Stadt Zurzach» hätte eine Rheinbrücke erstellen und von geistlichen und weltlichen Passanten Zoll erheben können, und sie hätte ein eigenes Banner geführt, das man sich wohl in der Art der «Julius-Banner» vorzustellen hat, die Papst Julius II. 1512 den eidgenössischen Orten und ihren Zugewandten verlieh: eine Damastfahne mit dem Bild der Ortsheiligen und dem Haupte Christi im Eckquartier.[235] Solche Banner legten sich im Laufe der Zeit auch andere Orte und Landschaften zu, von 1552 stammt zum Beispiel die Landesfahne des Sarganserlandes.

Der Konstanzer Propst und Zurzacher Bürger mag handfeste Gründe für seinen Vorstoss gehabt haben – es ging ihm aber nicht nur um das zeitliche, sondern auch um das ewige Heil. Er wollte seinen Mitbürgern auch im Tode jene Privilegien verschaffen, die am Friedhof des von Papst Gregor dem Grossen gestifteten Klosters des heiligen Andreas (und Gregors) in der Stadt (Rom) haften, und erhielt die Erlaubnis, dem dortigen Friedhof Erde zu entnehmen, um sie im Friedhof um das Verenamünster herum auszustreuen – Kontakt-«Reliquien», die ein Recht begründen! – worauf der Papst den Friedhof von Zurzach als «campus sanctus» mit denselben Privilegien eines vollkommenen Ablasses versah, wie sie das grosse Vorbild in Rom besitzt.[236]

Reformation in Zurzach

In Zurzach hatte man die Ereignisse in der Stadt Zürich verfolgt – den Fastenbruch 1522, den Beginn der Bilderentfernung bzw. das Schliessen der Altarflügel, den Verzicht auf Prozessionen, 1523 den Altarbruch von Zollikon, die Beseitigung der Bilder 1524 und den Ersatz der Messe durch den Abendmahlsgottesdienst 1525.

Dies umso mehr, als sich der Pfarrer im benachbarten Waldshut, Dr. Balthasar Hubmeyer, besonders seit seiner Teilnahme an der zweiten Zürcher Disputation – die erste fand 1522, die zweite im folgenden Jahr statt – mit allen Kräften für die neuen Lehren einsetzte. Auch im Stift war Chorherr Brugger nicht der Einzige, der sich mit den Ideen der Neuerer befasste: 1523 hatte Pfarrhelfer[237] Matthäus Bodmer in Zurzach in einer Predigt geäussert, die Muttergottes sei wie eine jede andere gewesen und habe drei Kinder gehabt.[238] Auf Geheiss des Landvogtes nahm ihn der bischöfliche Obervogt gefangen. Bodmer wurde an den Bischof ausgeliefert; zwei Jahre später kam er auf Bitten derselben Eidgenossen wieder frei, die ihn ursprünglich dem Bischof nicht anheim stellen wollten, weil dieser «keine Garantie für eine exemplarische Bestrafung biete»[239]. 1524 hielt sich auf dem Weg zu Hubmeyer in Waldshut der Zürcher Schuhmacher Klaus Hottinger auf – er hatte zwei Jahre zuvor in Stadelhofen mit dem Wissen von Zürcher Ratsherren einen Kruzifixus zerschlagen und war für einige Zeit aus der Stadt gewiesen worden.[240] Beim Engelwirt Hans in Zurzach, einem eifrigen Parteigänger der Neugläubigen[241] und Vertrauensmann der Zürcher, disputierte er mit Gästen über die bisherige Auslegung der Schrift und über die Messe, nachdem er schon in Schneisingen in einer Wirtschaft aus reformatorischen Schriften vorgelesen hatte. Er fand bei den Zurzacher Wirtshausgästen Widerspruch und Zustimmung. 1525 entfernten die von Rheinheim, Dogern und Waldkirch die Bilder aus ihren Kirchen. Hubmeyer hatte sich inzwischen den Wiedertäufern zugewandt und zog einen Teil der Waldshuter nach; an Vigil von Ostern liessen sich gegen dreihundert Menschen zum zweiten Mal taufen; «sie wurden getauft aus einem Melchkübel, welcher voll Wasser ab dem Waldshuter Brunnen in die Kirchen getragen und auf den Taufstein gestellt wurde».[242]

Aus der Nähe erlebten die Zurzacher Aufruhr und Krieg: 1525 hatten sich die Klettgauer Bauern erhoben; dem Grafen von Sulz und Landgrafen im Klettgau versagten sie den Gehorsam, wollten «weder Zins, Steur, Zehendten, noch des gewöhnlichen Landgerichts Unkösten ferners mehr geben», wurden aber am Samstag nach Allerheiligen vom Grafen mit überlegener militärischer Macht bei Griessen besiegt und trotz der Fürsprache von Zürich, Schaffhausen, Rottweil und Kaiserstuhl, die mit Bittschreiben an den Grafen gelangten, «seine Underthanen als ire Nachbarn nit zu verderben», grausam bestraft, wie auch die Schwarzwälder Bauern, die das Kloster St. Blasien überfallen und verwüstet hatten.[243]

Von Hubmeyers Waldshut aus breitete sich das Täufertum über Klingnau ins Surbtal aus. In Zurzach dagegen, wo sich die Neugläubigen weiterhin an Zwingli und das offizielle Zürich hielten, die sich von Hubmeyer zurückgezogen hatten, scheinen kaum Wiedertäufer aufgetreten zu sein.[244] Das Vorbild der Bauern, die 1525 St. Blasien verwüsteten, das der Mönche von Wettingen, die 1524 den Habit endgültig an den Nagel hängten, und der Rheinauer, die 1529 Abt und Mönche verjagten und die Bilder zerstörten, vermochte in Zurzach, wo der bischöfliche Vogt in Klingnau, Junker Hans Grebel aus Zürich, und die in den ersten Jahrzehnten des 16. Jahrhunderts durchwegs altgläubigen Landvögte eine strenge Aufsicht übten, keine vergleichbare Wirkung zu erzeugen. Zwar «mehrten» (stimmten) die Dörfer Tegerfelden, Endingen und Kadelburg sowie Kaiserstuhl für die Neuerung; Baden und Klingnau aber blieben beim alten Glauben. Eine erste Abstimmung erbrachte in Zurzach noch ein Mehr für die bisherige Ordnung. Am 24. August 1529 waren es indes nur noch sieben Bürger, die sich nicht für die Neuerungen entscheiden konnten.[245] Die Neugläubigen erbaten sich einen Prädikanten von Zürich, das unverzüglich Franz Zingg schickte, der als Leutpriester in Einsiedeln Zwinglis Nachfolger gewesen war. Der eilends herbeigerufene bischöfliche Obervogt Junker Hans Grebel richtete nichts aus; am Sonntag forderten «der Capeller» und Georg Teufel «mit zornigem geschrey»[246] den Dekan von Tobel auf, es kurz zu machen, denn der neue Prädikant wolle auch predigen. Der Dekan rief dem Zweiten zu: «Du heissest der Teuffell und bist der Teuffell und hat dich der Teuffell»[247] und stieg von der Kanzel. Das war am 29. August. «Auf sant Dionisius des 9. tags octobris reit meister Hanns Schwytzer[248] mit Frantz Zinken gen Zurzach, das er inen ein zitlang da predigte. – Das tat er mo[r]ndiss ein kostliche predigt von glouben.» Prädikant Zingg verlor keine Zeit: «Demnoch in der wuchen darnach wurdend sie eins ire götzen ouch us der Kilchen zu thun.»[249] Acht Tage nach seiner Ankunft, am 17. Oktober, machte er sich «mit dem Zurzacher Teufel» daran, Bilder und Altäre aus den beiden Kirchen in einem Feuer auf dem Friedhof zwischen beiden Gotteshäusern zu verbrennen. Cläwe (Cläwe = Klaus) Wagner stellte sich mit dem blossen Degen vor einen Altar, «welchen die seinigen gestiftet hatten», und niemand wagte es, Hand anzulegen. «Als ihm aber der hunger in buch kam und zu essen heimgieng, nahmten die widersächer die altartafflen und was vor bilder da gewesen, und verbranntens auch.»[250] Heinrich Küssenberg schreibt in seiner Reformationschronik[251] zum Schicksal der Reliquien aus dem Münster Folgendes:

«Auf den 24. Tag Merzen oder pro festo Annuntiationis B. M. V. haben die 4 Räth zu Zurzach, nemblich der Capeller, Schneider Angst, Keyser zum Schiff und Conradt Tolde, die

---

[235] Vgl. LOUIS MÜHLEMANN, Wappen und Fahnen der Schweiz, 3. Aufl., Lengnau 1977, S. 8 und S. 11.

[236] SRQ AG II/5, Nr. 39, S. 75–79.

[237] Von «Pfarrhelfern» ist die Rede in Zeiten, da die Pfarrherren (Dekane) ihr Amt vernachlässigten. Das Amt gab es nicht als feste Einrichtung, es müsste sonst in den Statuten des Stiftes erwähnt sein. Es scheint sich um Verweser zu handeln, vielleicht Kapläne, die verpflichtet waren, den Pfarrer in seiner Tätigkeit zu unterstützen.

[238] HUBER, Geschichte, S. 72, A. – JOH. STRICKLER, Actensammlung zur Schweizerischen Reformationsgeschichte in den Jahren 1521–1532, 1. Bd., Zürich 1878, Nr. 701, S. 247.

[239] HÖCHLE, Reformation, S. 40 f.

[240] HÖCHLE, Reformation, S. 50 f.

[241] MITTLER, Klingnau, S. 108.

[242] KÜSSENBERG's Chronik, S. 423.

[243] KÜSSENBERG's Chronik, S. 425–427.

[244] Am 7. Oktober 1527 wurde der Täufer Hans Zurzacher aus Zurzach nach einigen Tagen Gefangenschaft in Konstanz freigelassen, musste sich aber bis kommenden Sonntag aus der Stadt begeben. KLAUS RISCHAR, Das Leben und Sterben der Wiedertäufer in Salzburg und Süddeutschland, in: Mitt. d. Ges. f. Salzburger Landeskunde 108, 1968, S. 197–207, hier: S. 205, Anm. 28 unter Berufung auf MANFRED KREBS, Baden und Pfalz, Leipzig 1951 (Quellen zur Geschichte der Täufer), S. 452.

[245] Cleüwe Wagner, Heinrich Adler, Konrad Huser, Hans Hölderli, Hans Bregel, genannt Hanselmann, der Gross von Rieten und Schneider Welti. Nach HUBER, Kadelburg, S. 12, waren es acht Männer, zwei davon aus Tegerfelden, die sich gegen Zwinglis Lehre wandten.

[246] «Herr Decan, ihr lästeret fromme biderlüth und saget uns vil vom pabst, vom gewichten wasser, palmen –und salz-segnen; zudem wollt ihr die lüth zwingen zum vihl bichten und fasten; Lieber, wo findt man das im hl. evangelio geschriben, dem man allein glauben soll?» HEYL, Reformation, S. 534.

[247] Nach der Chronik des Chorherrn Heyl soll von Tobel gesagt haben: «Du heisst der Teufel, du thust wie der Teufel und bist der Teufel, darum will ich mit dir nichts zu schaffen haben», HUBER, Urkunden, S. 421. – HEYL, Reformation, S. 534.

[248] Pannerherr (HEYL, Reformation, S. 534) Hans Schweizer (1464–1531), Hufschmied, Zunftmeister 1501. Obervogt in Wollishofen, Dietlikon und Rieden. Pannerherr bei Marignano 1515, Obervogt in Eglisau 1519, Obrist-Zunftmeister, Statthalter, Ratsherr, in diplomatischen Missionen für Zürich, rettet 1531 bei Kappel (†) mit Kambli das Stadtpanner (HBLS).

[249] FINSLER, Wyss-Chronik, S. 140.

[250] HEYL, Reformation, S. 534.

[251] «Beschreibung etlicher denkwürdiger Sachen, die sich zeitwährend der Reformation oder Glaubensveränderung hin und her in der Grafschaft (Baden), ouch dero umgränzenden Orten zugetragen.» KÜSSENBERG's Chronik, S. 436. Die Stelle findet sich auch bei HUBER, Geschichte, S. 77.

grosse Sarch verbrendt in Beysein Herrn Joannis Brugger, Custodis, welcher selbsten das Heylthumb aus dem Münster nahme und in das Feur legte. Ueber das kame darzu der Engelwirth mit einem Biel [Beil] und schlagte allererstens die grosse Sarch auf. Darin wurde gefunden noch ein ander klein Särchli von Holz, und in selbigem ein kleineres von Eisen gemacht, darin eingeschlossen waren etliche Heylthümber der hl. Jungfrauwen Verena, zimblich grosse Particul vom Rükhen [wie man achtete] und 4 Kügele von Leim gemacht, ohngefähr eines Oepfels gross, darin waren Kohlen mit Aesche vermischt, zu einem Zeichen des Heylthumbs, wie man vor disem pflegte zu thun, wan man Heylthümber durch das Feuer probiert (oder wie ich verstehe, underschidlicher unbekannter Heiligen kleine Heylthumb Stükhle verbrendte und hiemit selbige Asche zu mehrerer Sicherheit in Leimb vermischte und also aufbehielte, so noch heut zu geschehen pflegt). Dise obgedachte 4 Kügele wurden auch in das Feuer geworfen, doch wurden 2 ganz heiss wider aus dem Feuer genommen noch unversehrt, deren eines des Schuolmeisters Ulrich Widenkellers Tochter, das andere einem Knaben, genandt Balthasar Rechburger bey dem Rebstokh, wurde. Diser tragte selbiges sampt noch einem Stükh Heylthumb, ein Rohr von einem Arm, in sein Haus, gab's seiner Mutter [genandt die Münzerin oder Elsa Rechburgerin[252]*], welches sie bis zur Ankunft des Hrn. Landtvogts von Baden aufbehielte. Also hatte es damals eine solche Beschaffenheit umb gemeldtes Heylthumb, welches dergestalten von disen Ketzern in Unehren gebracht wurde: das kleinere obgedachte Särchli, von Eisen gemacht, wurde dem Schmied zu theil, so er in andere Arbeit verwendete. Im Uebrigen wurde auch das kleinere vergulde Särchli eröffnet, darin etliche Tüchli und ein Würthell gefunden ward, ohne Zweifel von der hl. Jungfrauwen und Martyrin Verena herkommendt, und zu deren Gedächtnuss ehrlich aufbehalten, welches auch ohne den Würthell, so sonsten vertragen worden, verbrendt wurde. Die grössere guldene Sarch verbliebe ganz und unversehrt, welche alsdan den Chorherren, da sie widerumb im Jahr 1532 eingesetzt worden, restituirt wurde, so noch auf heütigen Tag nebendt andern schönen Heylthümbern in der Stiftkirchen St. Verena zu Zurzach aufbehalten und gebührendt verehrt wird.»*

Pannerherr Hans Schweizer, der den Prädikanten in Zurzach eingeführt hatte, befahl den Chorherren, Zinggs Predigten zu hören oder den Flecken zu verlassen. Die Chorherren «zugen dahero von der stift hinweg, und was sie zuvor nicht heimblich geflöchtet, das mussten sie dahinden lassen». Nun drangen die Neugläubigen ins Münster ein und verrammelten die Sakristeitüre mit einem «stark eisernen kolben und schlenkhen, damit die chorherren nicht mehr zu dem ihrigen kommen sollten; welches als die chorherren vernommen, lassten sie auch noch darzu ein vihl stärkern kloben und schlenkhen schlagen. Also gab es sich, dass kein parthey zu dem kommen mochte, darzu aber sie verhofften zu kommen».[253] Die Neugläubigen begehrten hauptsächlich, dass das Jahrzeitbuch herausgegeben werde, «damit sie das Almusen der Armen verwenden könnten».[254] Die Tagsatzung dagegen befahl, «das jarzitbuch witter liegen zu lassen, die besten Ornate [Messgewänder] zu bewaren, und allen handel gründtlich erkunden». Hitzköpfe verschworen sich, die Chorherren beim Morgengrauen, wenn sie aus der Mette kämen, zu überfallen, sie totzuschlagen oder aus dem Flecken zu jagen. Die Besonnenheit eines alten Mannes aus der Familie Cappeler verhütete das Schlimmste.

Im November 1529 glaubte sich Zürich, da doch die Zurzacher – nicht aber das Stift – für den neuen Glauben gemehrt hatten, berechtigt, dem Dekan zu befehlen, im kommenden Frühling seine Behausung zugunsten des Prädikanten zu räumen, was aber am harten Kopf des Dekans von Tobel scheiterte – im November 1530 wohnte er noch immer in seinem Chorhof.[255] Anfang 1531 schickte Zürich ein Mandat nach Zurzach, wonach die Altgläubigen wie Gebannte behandelt sein sollten. Es solle ihnen «verbotten, gantz entwert [verwehrt], vorbehallten [vorenthalten] und abgeschlagen sin, malen, bachen, wunn und weyden [Weideplätze], gewün, gwerb, das wasser, reden, handlen, by inen wonen und alle gmeynsame [jeder Verkehr mit ihnen]», worauf dann doch der Landvogt auf Befehl der Fünf Orte den Zurzachern gebot, «die chorherren rüewig ze blyben lan in ir posses [Besitz], in und by dem iren bis uff nechst künftigen Tag gen Baden [nächste Tagsatzung]».[256] Die Zurzacher aber sagten den Chorherren, «sj sottend luogen sich jnen glychfoermig machen wo aber si das nit tuon das sy dann bis nechst samstags nach Antoni [17. Januar, Antonius, Abt, Einsiedler] mit lib und guot jr dorf Zurzach rumtend und dannen zugend»[257], worauf Propst, Dekan, Custos, Cantor und sieben Chorherren, also das ganze Kapitel, nach Klingnau und Waldshut auswichen.[258] «Darnach mitwuchen nach der allten Fasnacht schicktend die Zürcher ein raatsbotten gen Zurzach, der verlich der chorherren hüser und guoter.»[259] Das vorderösterreichische Waldshut war nach den unglücklichen Ereignissen des Jahres 1525 zum alten Glauben «zurückgebracht» worden, es hatte einen Teil seiner bisherigen Rechte verloren und wurde fest in die Verwaltung der vorderösterreichischen Regierung eingebunden. Für die Zurzacher Chorherren war es der nächste sichere Zufluchtsort. Dahin zogen noch im Januar 1531 der

Propst Peter Attenhofer, der Dekan Rudolf von Tobel, Custos Heinrich Oftinger, Cantor Stephan Bitterkrut und die Kanoniker Johann Kaspar Landenberger, Johann Feiss, Othmar Teck, Heinrich Möringer, Johann Frei, Martin Landenberger und Jakob Edlibach. Im Jahr zuvor hatte sich auch der Rheinauer Abt Bonaventura von Wellenberg (1529–1555) nach Waldshut geflüchtet.

Nach der Schlacht bei Kappel am 11. Oktober 1531 kam Thomas Zimmermann, Schaffner der Chorherren in Klingnau, vom Schlachtfeld zurück und berichtete dem Vogt Grebel über den Ausgang des Gemetzels. Grebel zog darauf mit Pfarrer Möringer (Meringer) von Klingnau und etlichen anderen nach Zurzach und liess im Münster ein Amt singen. Der Prädikant Zingg aber floh zu Fuss auf Zürcher Boden.

Kaiserstuhl, das zuvor die Kirche geräumt, den Altar zerschlagen hatte und reformiert geworden war, kehrte zum alten Glauben zurück.

Der Friedensschluss sah vor, «dass man alle diejenigen, so von ihrem hab und gut in dieser langwierigen uneinigkeit sind vertrieben worden, widerum solle einsetzen, [...] dass auch ein jeder bi der alten oder neuen religion ohne männigliches verhindern»[260] bleiben solle; Minderheiten sollten zum alten Glauben zurückkehren dürfen. So wie die Rheinauer Mönche zurückkehrten, das Wettinger Zisterzienserkloster einen neuen Anfang nahm, kamen auch die Chorherren von Zurzach nach zwei Jahren und drei Monaten wieder zurück, und die Tagsatzung verfügte, dass die «Kilchgenossen der zwinglischen religion der stift für den zugefügten Schaden 200 und etlich gulden geben sollen und damit aller unwill, hass und nydt todt und absin» solle.[261] Es wurde den Chorherren aber «daby luter gesagt, dass si nit also schantlichen hushalten und der welt ein ergernuss gebent, wie sie untzhar [bisher] gethan».[262] Propst Peter Attenhofer erlebte die Rückkehr nicht mehr; er starb nach ungefähr einjährigem Exil am 19. Februar 1532 in Waldshut.

Gegenreformation und Barockzeit

Die Zusammensetzung des Stiftskapitels

Die Acht Alten Orte wählten nach dem Tode des Propstes Peter Attenhofer Jakob Edlibach (1482–1546) auf Vorschlag seines Bruders Johannes Edlibach, Ratsherr und Säckelmeister von Zürich und Landvogt im Thurgau, der als Tagsatzungsgesandter an der Sitzung in Baden teilnahm, zum neuen Propst. Der Vater der Brüder, Gerold Edlibach, war als Altgläubiger in Zürich von seinem Amte als Ratsherr zurückgetreten, und Jakob hatte sich nach ungefähr zwanzig Chorherrenjahren am Grossmünster vor der Reformation Zwinglis ans Zofinger Stift geflüchtet,[263] von dort aus nach Solothurn und 1528 nach Zurzach, wo er 1532 Propst wurde. Die Eidgenossen überliessen die Wahl der Zurzacher Würdenträger und der Chorherren in Zukunft den Landvögten von Baden, die aus diesen Wahlen ein einträgliches Geschäft zu machen verstanden,[264] indem sie Taxen zugunsten von Landvogt, Landschreiber, Untervogt, Unterschreiber und Läufer einführten. Die Höhe dieser Abgaben veranlasste die Tagsatzung mehrfach, Landvögte zur Mässigung zu ermahnen. – Dass die Grafschaft Baden 1415 von den Eidgenossen erobert wurde und nun unter der Herrschaft der Acht Alten Orte stand, wirkte sich auf die Zusammensetzung des Kanoniker-Kollegiums nicht sofort aus. Wichtiger wurde die neue Herrschaft aber seit dem 16. Jahrhundert im Zusammenhang mit der Übergabe des Wahlrechtes für Chorherren in den ungeraden Monaten und sämtlicher Dignitäten an die Eidgenossen.

Schon Edlibachs Wahl kündigte eine weitere zukunftswirksame Konsequenz an: Die Landvögte hatten und benützten die Möglichkeit, eigene Verwandte und Söhne nahe stehender Familien als Chorherren einzusetzen. Tatsächlich änderte sich dadurch die Zusammensetzung des Stiftskapitels in den kommenden zweieinhalb Jahrhunderten. Etwa ein Drittel der Kanoniker war – blieb – süddeutsch; mehr und mehr, seit dem 18. Jahrhundert sogar ausschliesslich, waren es Söhne aus adeligen Familien. Sie sind in der Regel in den bischöflichen Wahlmonaten ernannt worden.[265] In den Wahlmonaten der Landvögte

---

[252] Elisabeth Münzer war als Altgläubige bekannt: «Münzerin im Glauben fest, darum hat sie keine Gäst [...]».
[253] HEYL, Reformation, S. 534.
[254] EA, 27. März 1531.
[255] HUBER, Geschichte, S. 82.
[256] Huber nach Johannes Salat. Vgl. SALAT, Reformationschronik 1517–1534, S. 671 f.
[257] SALAT, Reformationschronik 1517–1534, S. 672.
[258] HUBER, Geschichte, S. 83 f., Anm. 2.
[259] SALAT, Reformationschronik 1517–1534, S. 672.
[260] HEYL, Reformation, S. 536.
[261] HEYL, Reformation, S. 536.
[262] EA, 16. Dezember 1531. HUBER, Urkunden, S. 424 f.
[263] Dass Edlibach eine Zofinger Chorherrenpfründe innehatte, lässt sich nicht nachweisen; er war aber bis 1528 Leutpriester in Gränichen. Vgl. HESSE, Zofingen, Nr. 245, S. 365; SCHAUB, Chorherrenstift, Nr. 119.
[264] Wie Chorherr Pappus in seiner Chronik festhält, wählten sie zum Beispiel mit Vorliebe Custodes ins Propstamt, damit sie gleichzeitig die Abgaben für zwei zu besetzende Posten einziehen konnten.
[265] Vom Bischof wurden auch Schweizer gewählt, z. B. 1612 Michael Kränzlin aus Zug.

aber wurden vorwiegend Innerschweizer Patriziersöhne gewählt. Der Aarauer Landfrieden nach dem zweiten Villmergerkrieg brachte den Reformierten vermehrte Rechte. Die Katholischen Orte wurden von der Herrschaft in der Grafschaft Baden ausgeschlossen, und die drei regierenden Orte Zürich, Bern und Glarus stellten von nun an abwechselnd den Landvogt. Die von den Eidgenossen vertretenen Kanonikate am Zurzacher Stift wurden jetzt alternierend mit einem Bürger der Fünf Katholischen Orte und mit einem Angehörigen anderer eidgenössischer Stände oder «dero Angehörigen» besetzt.[266]

Zwischen ca. 1600 und 1810 erhielten 27 Süddeutsche den «Hermelin der Heiligen Verena» neben 19 Geistlichen aus dem Kanton Zug, 10 aus dem Kanton Schwyz und ebenso viele aus dem Freiamt, vor allem aus Bremgarten und Mellingen, 8 Zurzacher und je 7 Luzerner, Urner und Stadt-Badener, 5 aus der Ostschweiz, 2 Glarner und einer aus dem Bistum Basel. Der meistvertretene Stand Zug stellte ferner 2 Dekane, die nicht Chorherren wurden, und 12 Kapläne der Schmidischen Pfründe, von denen 2 aus der Stadt und 10 aus Baar stammten. Die Zuger Geistlichkeit war in der Zurzacher Pfarrei zudem durch vier Pfarrer und Kapläne von Klingnau, einen Pfarrer in Würenlingen und zwei Pfarrer (Kapläne) von Baldingen vertreten, ferner mit zwei Prioren und zwei Patres im Wilhelmiterkloster Sion von Klingnau – insgesamt wirkten also von der Reformation bis zur Aufhebung des Stiftes 44 Zuger Geistliche in unserem Gebiet, wovon 40 im Verband des Verenastiftes.

Fünf Zurzacher Chorherren aus dem Stande Zug waren Angehörige der Familie Schmid von Baar, der auch Abt Peter II., der Erneuerer von Wettingen (1594–1633), entstammte. Er war der Grossonkel der beiden Zurzacher Chorherren Johann Rudolf (1629–1693) und Dr. Johann Jakob (1634–1696) Schmid, die im Münster Hochaltar und Kanzel erbauen liessen, die Schmidische Kaplanei «zum Heiligsten Altarsakrament» und die Gotteshöfe von Rekingen stifteten.[267] Die «auffallende Anhänglichkeit», die sie Zurzach gegenüber zeigten, hat wohl ihren Grund nicht darin, wie Albert Iten meint, dass der Flecken «ihnen zur zweiten Heimat geworden war». Johann Jakob hat ja sein Kanonikat wieder aufgegeben und starb als Stadtpfarrer von Zug. Man muss wissen, dass die Brüder Schmid halbe Zurzacher waren: Ihre Mutter Regula stammte nämlich aus der Zurzacher Familie der Oftinger. Zwar haben sie den berühmten Grossonkel in Wettingen kaum gekannt – er starb, als der ältere der beiden Brüder vier Jahre alt war –, aber ein anderer Verwandter, Gotthard Schmid, seit 1611 Chorherr, lebte seit 1616 als Kustos, seit 1643 als Propst am Zurzacher Stift. Über Familienverbindungen zwischen Zurzach und der Innerschweiz wissen wir sonst kaum etwas, umso deutlicher sprechen aber Kunstbeziehungen. Im Münster hat der Zuger Maler Kaspar Letter (1608–1663) 1630/31 elf Bilder des grossen Verenazyklus gemalt, zur Zeit, als der Kustos Gotthard Schmid für Unterhalt und Ausstattung der Kirche verantwortlich war. Damals dienten am Stift vier weitere Chorherren aus Zug: Michael Kränzlin, Jakob Stadlin, Kaspar Huwyler und Johannes Jodocus König.[268] Die Bossard-Orgel von 1820, heute in der reformierten Kirche wieder aufgebaut und im Dienst, ist durch den Neffen des Chorherrn Franz Xaver Bossard[269] erstellt worden. 1772 hat Wolfgang Anton Landwing das Werk zur neuen Chor-Uhr geschaffen.[270]

22 Das so genannte Epitaph der Chorherren Gebrüder Schmid von Baar, früher im südlichen Seitenschiff, heute im «Ölberg» aufgestellt (Retabel aus der Kapelle des Gotteshofes in Rekingen?).

Mühsame Durchsetzung der Beschlüsse von Trient, die Bekämpfung des Konkubinates

Das Konzil von Trient (1545–1563) sollte nach der protestantischen Reformation eine innere Erneuerung der Kirche bringen oder sie ermöglichen. Lehre und Verkündigung, die Grundsätze einer religiös-sittlichen Reform und ihre Verwirklichung standen zur Beratung. In Zukunft sollten Nuntien die Durchführung der Beschlüsse überwachen.

Beim Zurzacher Kapitel gab vor allem der Umstand Anlass zu Beanstandungen, dass die meisten Chorherren im Konkubinat lebten,[271] trotz ernsthafter Ermahnungen der Konstanzer Bischöfe Heinrich von Hewen (1452), Hugo von Landenberg (1516, 1517, 1522) und des Papstes, der 1491 Visitationen und unnachgiebige Bestrafung gefordert hatte. Das Volk allerdings scheint sich weniger über feste Bindungen und die Familienverhältnisse von Geistlichen geärgert zu haben als über die zügellose sexuelle Ungebundenheit Einzelner und vor allem über die Vernachlässigung der geistlichen Pflichten ihrer Seelsorger, wie die Proteste gegen Dekan von Tobel in Zurzach zeigen.

Der Bischof hatte für 1567 eine Visitation in Aussicht gestellt, die aber nicht zustande kam. 1575 bis 1586 besuchte dann Weihbischof Balthasar Wurer vor allem Luzern und die Innerschweiz zu wiederholten Malen auf Firmreisen, ohne aber «eigentliche bischöfliche Jurisdiktionsrechte» ausüben zu können. 1583 berichteten die Boten der Acht Orte in Baden, der Bischof habe den Domprediger Dr. Jakob Miller mit einer Visitation «allenthalben in der Eydgenoschaft» betraut, und die Tagsatzung ermächtigte Dr. Miller, in der Grafschaft Baden damit zu beginnen, «da man dan albereit anzuofahren bedacht» sei; es scheint aber eher, dass auch diese Visitation nicht ausgeführt wurde.[272] 1570 hatte Karl Borromäus nach seiner Reise durch Graubünden und die Fünf Orte in seiner «Information» an den Kardinal von Piacenza zuhanden der Kurie ein eher optimistisches Bild gezeichnet: Das Volk sei im Allgemeinen im katholischen Glauben eifrig. Von den Priestern dagegen hat er nur wenig Gutes zu berichten: «das Leben der Priester ist anstössig. Die meisten haben öffentlich Konkubinen und geben dies ohne Erröten zu. Zur Rede gestellt, behaupten sie, nicht anders handeln zu können. [...] Altäre, heilige Gefässe und Paramente werden unreinlich gehalten, die Kleriker selbst erscheinen unreinlich. Die Priester besuchen die Wirtshäuser und einige halten selbst solche oder sie treiben Handel und andere Geschäfte, die sich einem Priester nicht geziemen. Bei Spendung der Sakramente zeigen sie Gewinnsucht.

23 Der Teufel entführt eine Pfaffendirne, Holzschnitt aus der Wickiana (1560 ff.). Zentralbibliothek Zürich.

Sie sind in ihren geistlichen Verrichtungen nachlässig, tragen Waffen und ungeistliche Kleidung. Daher kommt es, dass die Laien wenig Ehrfurcht vor den Priestern haben. [...] Was hier gutes und schlechtes von den fünf Orten gesagt wurde, gilt auch für die Gebiete am Bodensee und am Rhein. Wo die Katholiken mit Protestanten gemischt sind, zeigen sie sich in religiösen Dingen kälter, sie sind gleichgültiger in Bezug auf Unterhalt der Kirchen, Besuch des Gottesdienstes, Pietät gegen die Verstorbenen usw. [...] Sowohl für die fünf Orte als für die anderen Katholiken dies- und jenseits des Rheines in der Diözese Konstanz sollte in folgender Weise Vorsorge getragen werden: Der Heilige Vater sollte seinen Nuntius oder Visitator senden, der sich nur mit geistlichen Dingen, die das Seelenheil betreffen, zu befassen hätte.»[273]

In der Tat wurde 1579 der Bischof von Vercelli und Freund Karl Borromäus', Giovanni Francesco Bonhomini, als erster Nuntius in die Schweiz geschickt. Seine Reisen 1579–1581 führten den Nuntius am 28. August 1579 nach Zurzach. Hier hielten er und sein Begleiter, der Jesuit P. Wolf-

---

[266] Huber, Geschichte, S. 149.
[267] Iten, Tugium Sacrum, S. 357–359.
[268] Auch das Grabmal der Brüder Schmid (seit der Restaurierung 1976 im «Ölberg» aufgestellt) – wohl eher das Retabel der Rekinger Kapelle – dürfte von Zuger Künstlern geschaffen worden sein. Verbindungen zu Luzerner und zu Innerschweizer Künstlern und Handwerkern bestanden während des ganzen 17. und 18. Jahrhunderts. Wenn bei der Barockisierung Konstanzer und Süddeutsche, daneben auch Josef Widerkehr aus Mellingen, Zisterzienser in Wettingen, überwiegen, so hat wohl der Architekt, Ordensbaumeister Giovanni Gaspare Bagnato, die Wahl bestimmt.
[269] Aus der Orgelbauerfamilie in Zug.
[270] Damals wurde auch die zweitkleinste Glocke in Zug umgegossen (Reinle, Verena, S. 184).
[271] Huber, Urkunden, S. 420.
[272] Vasella, Visitationsprotokoll, S. 3 ff.
[273] Joh. Georg Mayer, Das Konzil von Trient und die Gegenreformation in der Schweiz, Bd. 1, Stans 1901, S. 182 ff.

gang Pyringer, «scharfe Predigten in Gegenwart der Prädikanten und anderer, trotzdem blieb alles ruhig. Von den 11 Chorherren waren 9 Konkubinarier, die aber versprachen, sich den Dekreten des Nuntius fügen zu wollen».[274] Doch offenbar geschah nicht viel, denn dem Landvogt und dem Landschreiber wurde im folgenden Jahre von der Tagsatzung befohlen, die Konkubinen der Chorherren aus Zurzach zu entfernen und ihnen den Aufenthalt im Umkreis von zwei Meilen zu verbieten, Ungehorsame an den Pranger zu stellen und die Chorherren der geistlichen Obrigkeit anzuzeigen. Die Chorherren beklagen sich darüber in ihrem und im Namen der Geistlichen der Grafschaft Baden: Man solle ihre Konkubinen doch wenigstens am selben Ort wohnen lassen, denn die Kinder bedürfen beider Eltern, und zudem könne der kleine Zehnt am besten von den Frauen eingesammelt werden.

Auf Drängen von Luzern kam Mitte Juni bis Mitte August 1586 eine bischöfliche Visitation «zur correction der clerisey», wie sich der Bischof ausdrückte,[275] zustande. Wolfgang Pyringer, der frühere Begleiter Bonhominis, der ab 1582 eine Zeit lang auch die Pfarrei Klingnau versehen hatte, jetzt Pfarrer von Scheer, und Andreas Fuchs, Pfarrer von Meersburg, waren Visitatoren, während Johann Georg Gemperlin aus Rottenburg am Neckar als Sekretär diente. Die Geistlichen wurden nach ihrer sittlichen und religiösen Lebensführung gefragt, wie oft sie beichteten, ob sie das Breviergebet verrichteten, wie sie ihr geistliches Amt verwalteten: In Zurzach bemängelt das Visitationsprotokoll am 60-jährigen Propst Edlibach lediglich, dass er einige häretische Bücher besitze, die er aber nicht benütze. Der Propst habe aber auch keine Strafgewalt. Er beantragte und erhielt die «auctoritas castigandi» 1586.[276] Kustos Paul Schaufelbühl, der spätere Propst, hat seine Konkubine, mit der er sechs Kinder hatte, in einem eigenen Haus untergebracht. Festgehalten wird auch, dass er zur Messezeit wirtet.

Dekan Kaspar Harder ist 36 Jahre alt. Er hat Bücher von Erasmus, die er jedoch nicht benützt. Taufbücher, Kommunionbücher usw. führt er nicht. Seine Konkubine hat er vor zwei Monaten weggeschickt.

Kantor Kaspar Schwerter, 41 Jahre alt, besitzt ebenfalls häretische Bücher und braucht sie nicht. Aber er weiss auch nicht, wo er andere kaufen könnte. Die Synodalstatuten[277] hat er nicht. Seine Konkubine lebt im Dorf auf eigenem Besitz, mit ihr hat er zwei Kinder.

Heinrich Oftinger. Von seiner Konkubine hat er eine Tochter, der er in Zurzach ein Haus gekauft hat. Auch er besitzt die Synodalstatuten nicht. Er vermietet Räume an Händler, die zur Messe kommen.

Die Chorherren Sebastian Christoph von Ulm und Jakob Waldkirch von Schaffhausen, die ein ungeziemendes Leben führen, verschwanden, als sie hörten, die Visitatoren seien angekommen. Sie werden zur Bestrafung nach Konstanz gemeldet.

Johannes Attenhofer, 50 Jahre alt, hat die Synodalstatuten nicht. Mit seiner Konkubine hat er vier Kinder, aber er verspricht, seine Beischläferin innert Monatsfrist zu entfernen.

Die Konkubine des Michael Schindler lebt seit der Visitation Bonhominis nicht mehr mit dem Chorherrn zusammen, sondern in Rietheim. Von den sieben Kindern des Paares leben noch fünf.

Kaspar Frey ist 33 Jahre alt. Er besitzt die Synodalstatuten. Seine Konkubine, mit der er bereits vier Kinder hat, das vierte eben erst geboren, hat er vor acht Tagen entfernt, sie lebt aber noch im Dorf.

Es gab Landvögte, die «straffällige Chorherren geradezu erpressten».[278] Das scheint einer der ausschlaggebenden Punkte im Falle des Kantors und Dekans Kaspar Schwerter geworden zu sein, der sich «zwüschen zweyen tagen» (zwei Vorladungen) 1594 nach Zürich absetzte, dort seine Lebensgefährtin Agatha Wagner aus Zurzach heiratete und seine beiden Buben Abel und Georg legitimieren liess. Aus demselben Jahr ist ein Schreiben des Kardinalbischofs Andreas (von Österreich, 1589–1600) von Konstanz an Propst und Geistlichkeit von Zurzach erhalten, in dem «Sittenreinheit, Gehorsam und priesterlicher Wandel» verlangt und kirchliche Strafen angedroht werden.[279] Wegen seines Konkubinates und wegen allzu harter Bestrafung (zu hoher Busse) durch den Landvogt sei er zur Apostasie gezwungen worden (factus apostata), sagt Schwerter.[280]

Zwei Jahre vor Schwerter war Chorherr Johann Kaspar Frey mit Frau und Kindern nach Zürich gezogen und hatte sich der Zürcher Kirche angeschlossen. Er lebte bis zu seiner Ermordung durch einen Strassenräuber als Prädikant in Niederhasli. Der Konstanzer Kardinalbischof Andreas von Österreich bestätigt in seinem Schreiben an die Fünf Katholischen Orte, im Zusammenhang mit der Amtseinsetzung des Dekans Johannes Feurer gen. Röslin, die beiden Chorherren hätten ihr Amt «aus Angst vor übermässigen Geldstrafen» niederlegen müssen.[281] Dr. utr. iur. Feurer war von den Fünf Orten zum Dekan und Pfarrer gewählt worden, obwohl er 1588 den Priesterstand verlassen hatte. Propst Holdermeyer, der auf Befehl des Nuntius den aufgedrungenen Pfarrer abgewiesen hatte, musste sich 1590 vor den Gesandten der Fünf Orte verantworten. Dr. Feurer wurde als Pfarrer bestätigt, nach zwei Jahren aber vom Landvogt wegen zweifachen Konkubinates entlassen.²⁸²

In der ersten Hälfte des 17. Jahrhunderts kam es noch vereinzelt zu Zwischenfällen, krasses Fehlverhalten wurde nun aber auch konsequenter geahndet: Kustos Nikolaus Oenster (Euster, Eugster), früher Stadtpfarrer von Baden, 1607 Chorherr, 1611 Kustos, wurde 1611 durch den Bischof wegen «unwürdigen Wandels» seines Amtes enthoben und seiner Chorherrenwürde entkleidet,²⁸³ ebenso wie Chorherr Johannes Jang, Dekan 1624, «ein überaus lüderliches Subject», der 1635 abgesetzt wurde.²⁸⁴ Die vom Konzil von Trient vorgeschriebenen Visitationen wurden fortgeführt; zwischen 1690 und 1781 waren es in Zurzach insgesamt sechzehn.²⁸⁵

Mit dem frühen 17. Jahrhundert setzen allgemein im Stift die regelmässigen schriftlichen Aufzeichnungen ein: Seit 1615 sind Kapitelsprotokoll und Diarium (Tagebuch) vorhanden.

Das katholische Taufbuch wurde 1608 begonnen, Eheregister und Sterberegister 1624. Schon etwas früher hatten die reformierten Prädikanten diesen Brauch aufgenommen. Ihr Taufbuch beginnt mit dem Jahr 1574, das Eheregister 1589, das Sterbebuch 1601.

Die Pröpste von der Reformation bis zum Ende des Ancien Régime

Jakob Edlibach, 1532–1546.²⁸⁶ 1482 als Sohn des Ratsherrn und Chronisten Gerold Edlibach in Zürich geboren, nach Studien in Basel und Freiburg 1505 in Basel zum Magister artium promoviert. 1504 Chorherr in Zürich. Teilnahme an der ersten Zürcher Disputation 1523 und an der Berner Disputation 1528. Gegner Zwinglis, verlässt Zürich 1526, wird 1528 Kanonikus in Solothurn (?) und in Zurzach. Priester seit 1533. Der spätere Propst Ludwig Peregrin ist sein Sohn.

Unter Propst Edlibach wurde das Stift durch die Zurzacher Kirchgenossen für die gestohlenen und zerstörten Kirchengerätschaften entschädigt. Zudem wurden das Wohnrecht des Prädikanten in der Dekanei finanziell abgelöst und der Anspruch der Reformierten auf eines der Kaplanenhäuser mit der Begründung abgewiesen, dass das Stift selber nicht über genügend Wohnungen verfüge und der Prädikant ohnehin seinen jährlichen Anteil an der Dekanatspfründe erhalte.

Georg Manz, 1547–1553, von Buchhorn am Bodensee, *1509. Studierte in Freiburg, Lehrer an der Klosterschule Wettingen, 1534 Pfarrer der St. Blasianer Pfarrei Schneisingen. 1547 zum Propst von Zurzach ernannt. Residierte weiterhin in Schneisingen, dessen Pfarrei ihm auf Lebenszeit verliehen wurde (1540).

Zur Zeit des Propstes Manz bestätigte der Bischof von Konstanz 1550 das Dorfrecht von Zurzach. Der Landvogt bestimmte, dass die Ausgemeinden (Rietheim, Rekingen, Mellikon, Tegerfelden, die beiden Endingen, Baldingen, Kadelburg) auch in Zukunft ihren Beitrag an die Instandhaltung der Pfarrkirche zu leisten haben.

Heinrich Raner, 1553–1562, aus Bremgarten. Vorher Dekan und Pfarrer. Der zur Residenz verpflichtete Propst Raner war unzufrieden mit seiner Amtswohnung. Er erhielt 1556 die «optio domus»: Wird ein Chorhof frei, so kann er der Anciennität entsprechend von einem anderen Chorherrn beansprucht werden. Raner sollte also umziehen können, «bis er ein behusung überkommt, darin jeder Probst erlich gehusen möge, dieselbig behusung ouch der Probsty fürder belyben und zustendig sin soll».²⁸⁷ Seit Propst Raner residierten die Pröpste regelmässig in Zurzach. Das Stift leistete seinen Beitrag von 30 Gulden an die Aufenthaltskosten des Fürstabtes Joachim Eichhorn von Einsiedeln, des geistlichen Deputierten der Sieben Orte am Konzil von Trient.²⁸⁸

24 Grabplatte des Propstes Jakob Edlibach (1482–1546). Verenamünster.

---

²⁷⁴ MAYER, Konzil, S. 238.
²⁷⁵ VASELLA, Visitationsprotokoll, S. 14.
²⁷⁶ HS II/2, S. 616.
²⁷⁷ Unter Beirat der Diözesansynode erlassene Diözesanstatuten.
²⁷⁸ VASELLA, Visitationsprotokoll, S. 98, Anm. 55, und S. 99, Anm. 59. – HUBER, Geschichte, S. 255 und Anm.
²⁷⁹ HUBER, Geschichte, S. 115, Anm. 1.
²⁸⁰ HUBER, Geschichte, S. 253.
²⁸¹ HUBER, Geschichte, S. 255, Anm. 1.
²⁸² HS II/2, S. 616, 627.
²⁸³ HUBER, Geschichte, S. 257. – MITTLER, Stadtkirche Baden, S. 84, Nr. 32.
²⁸⁴ HUBER, Geschichte, S. 258.
²⁸⁵ HUBER, Schicksale, S. 16.
²⁸⁶ SCHAUB, Chorherrenstift, Nr. 119.
²⁸⁷ HUBER, Geschichte, S. 101 f. – 1546 war die «optio domus» noch nicht generell eingeführt. Der Bischof gestattete damals dem Senior Johann Frey, ins Haus des verstorbenen Kantors Stephan Bitterkrut zu wechseln. HUBER, Urkunden, S. 52.
²⁸⁸ HUBER, Geschichte, S. 102–105.

Ludwig Pellegrin (Bilgery) Edlibach, 1563–1589. 1526 als Sohn des Chorherren Jakob Edlibach (1532 Propst in Zurzach) geboren. 1550 Kaplan in Zurzach, 1553 Chorherr, 1560 Kantor, 1563 Propst. Er liess die in der Reformation zerstörten Altäre in St. Verena wieder aufbauen und stiftete den Hochaltar. Die Rankenmalereien im heutigen Chor gehen auf die Innenrenovation des Münsters zurück, die Propst Edlibach laut Akkord von 1565 durch den Badener Maler Urs von Aegery durchführen liess. Seit dem Kauf des «kleinen Schlüssel» im Jahre 1567 besass jeder Chorherr seinen eigenen Chorhof. Unter Edlibach wurde ein neues Urbar der Grund- und Bodenzinsen angelegt. 1568 verpflichtete der Bischof von Konstanz, Kardinal Marx Sittich, Geistlichkeit und Laien auf die Satzungen des Konzils von Trient. 1574 wurden der Friedhof beider Konfessionen, der bisher um das Münster herum lag, durch eine Parzelle aus dem Pfrundgut des Dekans erweitert. Die Gemeinde entschädigte den Dekan mit jährlichen Beiträgen und umfriedete den neuen Gottesacker mit einer Mauer. Noch lange (z. B. 1669) waren aber Klagen darüber zu hören, dass einzelne Bürger auf dem alten Friedhof beigesetzt wurden. Vor dem Kircheneingang, d. h. auf dem Areal zwischen den Chorhöfen und dem Kircheneingang, durfte nicht mehr beerdigt werden. Gräber durften nur noch im Abstand von 8 Fuss von den Kirchenmauern gegraben werden. Die Einführung des neuen Kalenders (1582) führte zu neuen Spannungen mit den Reformierten in den Gemeinen Herrschaften, die einige Feste (Weihnachten, St. Stephan, St. Johann, Neujahr, Ostern, Auffahrt, Pfingsten) vorläufig weiterhin nach dem alten Kalender feiern durften. Der Pfingstmarkt blieb beim alten Datum, während der Verenamarkt nach dem neuen Kalender am 11. September stattfand. Propst Edlibach galt als «Vater der Armen», weil er dem Spital, den Armen persönlich und als Gründer des stiftischen Almosenfonds namhafte Vergabungen machte. Im Kartäuserkloster Freiburg und am Jesuitenkollegium in Luzern stiftete er je ein Stipendium für Theologiestudenten.

Nikolaus Holdermeyer, 1589–1601, Sohn des Luzerner Seckelmeisters Jost Holdermeyer und der Margareth Pfyffer von Altishofen. Chorherr von Beromünster 1566, von Zurzach 1584, Propst 1589. Er resignierte, um die Propstenwürde von Beromünster anzutreten (1601 bis zur Resignation 1606, gestorben 1613). Holdermeyer beförderte die Niederlassung der Kapuziner in Baden, deren Kirche 1592 geweiht werden konnte. Es war nach Altdorf (1581), Stans (1582), Luzern (1583), Pruntrut (1584), Schwyz (1585), Appenzell (1588) und Solothurn (1588) die achte Gründung des neuen Ordens in der Schweiz, dessen Einführung vor allem in der Schweiz von Kardinal Carl Borromäus im Zusammenhang mit dem Konzil von Trient gefördert wurde.

Paul Schaufelbühl, 1601–1611, Sohn des Chorherrn Kaspar Schaufelbühl von Beromünster (später Propst). Er hatte in Freiburg studiert, war 1566 Kaplan in Beromünster geworden, 1570 Chorherr von Zurzach, im folgenden Jahr Kantor und ein Jahr später Kustos. Er hatte selber sechs Kinder und verpflanzte das Geschlecht der Schaufelbühl nach Zurzach. 1605 erhielt das Stift neue Statuten, nach denen ein Dekan nach zehn oder zwölf Dienstjahren auf ein Kanonikat befördert werden konnte; offenbar war also nicht mehr regelmässig ein Kanoniker zugleich Dekan und Pfarrer. Ein neues Urbar der Stiftsgüter wurde angelegt. Als Propst liess Schaufelbühl 1602 das Verenakrüglein fassen. Unter ihm wurden 1607 die Filialkapelle von Unterendingen und der zugehörige Friedhof geweiht.

Jakob Müller, 1611–1625, Sohn des Ratsherrn Melchior Müller von Zug, 1591 Kaplan, dann Pfarrhelfer und Frühmesser in seiner Heimat, 1596 Chorherr von Zurzach, 1601 Kustos und 1611 Propst. Propst Müller flüchtete 1613 die Zurzacher Reliquien ins Frauenkloster Seedorf (Uri). Im gleichen Jahre erreichte er die bischöfliche Bestätigung für die Statuten der offenbar unter dem Eindruck der Pestgefahr erneuerten Verenabruderschaft. Er löste eine seit 200 Jahren bestehende Schuld beim Schlossherrn von Schwarz-Wasserstelz bei Kaiserstuhl aus eigenen Mitteln ab gegen eine ewige Jahrzeit, die von seinen Mitbrüdern am Stift gefeiert werden sollte. Der Versuch der Acht Alten Orte, dem Stifte wegen des «eidgenössischen Schutzes» ein ansehnliches Schirmgeld aufzuerlegen, blieb sistiert, da Bischof und Nuntius die Genehmigung verweigerten. Unter Propst Müller setzten 1615 die erhaltenen Stiftsprotokolle ein.[289]

Dr. theol. Johannes Theodoricus Hermann, 1625–1642, aus Rottweil. Seit 1612 Chorherr und Secretarius des Stiftes, 1625 Propst. Unter ihm wurde das Verenafest um eine Oktav vermehrt, die Rosenkranzbruderschaft eingeführt (1625). Kontributionen, Flüchtlinge, die während des Dreissigjährigen Krieges über den Rhein drängten, Brände – 1633 brannte das stiftische Amtshaus von Tegerfelden, 1634 dasjenige von Klingnau ab – und die Pest (1625–1638) gehörten zu den Sorgen der Propstjahre Hermanns. Im «Schwedenkrieg» (Dreissigjähriger Krieg 1618–1648) wurden dem Stift «fast unerschwingliche

Kontributionen» auferlegt. Zudem suchten im Flecken Flüchtlinge in grosser Zahl Sicherheit. Dekan Dinglikofer sprach 1638 von 400 Osterkommunikanten aus Zurzach und 1200 Flüchtlingen.[290] In Kadelburg und bei der Burgkapelle wurden Pestfriedhöfe angelegt (1639). Als Propst Hermann die erforderlichen Reparaturen am Münster vornahm, erlaubte Graf Karl Ludwig Ernst von Sulz dem Stift, die notwendigen Bausteine für die Erneuerung der Wendeltreppe am Chorturm unentgeltlich in den gräflichen Steinbrüchen in Kadelburg zu holen (1626).[291] – In der Zeit der Gegenreformation bekamen die Predigten bei den Osterdienstagsprozessionen mehr und mehr konfessionell polemischen Charakter. 1632 wurde der Ehrenprediger, der Guardian von Baden, als Erster wegen seiner Äusserungen bestraft. Immer wieder boten die Kontroverspredigten den Landvögten in den nächsten hundert Jahren Gelegenheit, lukrative Bussen auszusprechen, bis sie 1745 zu reinen Moralpredigten wurden.

Gotthard Schmid, 1643–1657, Sohn des Ammans Martin Schmid in Baar. 1611 Chorherr, 1616 Kustos, 1643 Propst. Unter ihm kamen die Reliquien der Katakombenheiligen Fulgentius und Synesius ins Verenamünster. In den Wirren des Bauernkrieges und danach litt das Stift unter Einquartierungen von Zürcher Truppen, wobei sich besonders der «rohe und gehässige» Kommandant Junker Hans Jakob Grebel hervorgetan zu haben scheint. Die Chorherren wurden vertrieben – die Verhältnisse von vor dem zweiten Landfrieden von 1531 schienen wiederzukehren.[292] Bittschreiben und mündliche Interventionen bei Bürgermeister und Rat der Stadt Zürich blieben offenbar unbeantwortet.[293]

Johannes Honegger, 1657–1662, von Bremgarten. 1611 Chorherr, 1625 Kantor und Stiftssekretär, 1643 Kustos. 1658 Übertragung eines Partikels des Verenahauptes vom Damenstift Hall in Tirol nach Zurzach. Honegger hat ein Stipendium für Theologiestudenten errichtet und in seinem Testament Kirche, Schule und Arme bedacht.

Georg Christophorus Schiess, 1662–1667, aus einer in Mellingen eingebürgerten Allgäuer Familie. Nach dem Theologiestudium in Wien wurde er 1643 Chorherr von Zurzach, 1662 Propst. Er baute den Fulgentius-Chorhof neu und liess 1663 ein neues (das vierte) Stiftsurbar anlegen. Unterendingen-Tegerfelden wurde 1663 selbstständige Pfarrei. Die Türkengefahr veranlasste 1663/1664 zu besonderen kirchlichen Andachten.

Ludwig Heinrich Franz Reding von Biberegg, 1667–1702, Sohn des Landvogts im Gaster und bischöflich-konstanzischen Rates und Obervogtes zu Arbon und Güttingen. 1660 Chorherr, 1667 Kustos und im selben Jahr noch als Propst installiert. 1669 wurde auch von den Reformierten verlangt, innert Jahresfrist einen Friedhof für «Contagionszeiten» (Seuchenfriedhof) anzulegen; sie durften die Zahl der Sitze durch Schiebbänke an den Kirchenbänken in der paritätischen Kirche vermehren und die Stühle auf der Empore erhöhen, sodass der Prediger besser gesehen werden konnte. 1673 stellte das Stift ein weiteres Stück Baumgarten zur Vergrösserung des Friedhofes zur Verfügung, der alte Friedhof um das Münster aber sollte nicht mehr belegt werden und dem Stifte gehören. Wieder wurden zur Abwendung der Türkengefahr Andachten abgehalten; die Glocke, mit der die Gläubigen zum Gebet gerufen wurden, hiess damals «Türkenglocke». Missernten, Teuerung, ansteckende Krankheiten bei Mensch und Vieh und Kriegsgefahr (Pfälzischer Krieg, in dem Ludwig XIV. die Rheinlande verwüstete), dazu neue Steuern und Kontributionen überschatteten die Regierungszeit des Propstes und machten ihm, der sein Amt «zum Lob und zur Zufriedenheit aller geführt hat, und dem das Stift höchlichst verpflichtet ist», zu schaffen.[294]

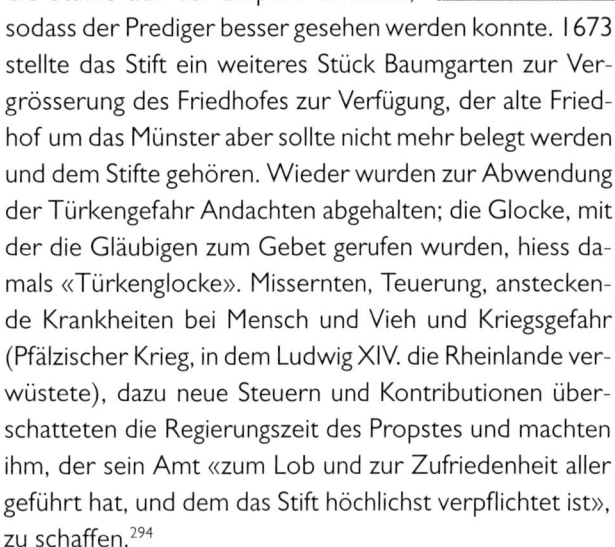

25 Bronzeguss-Epitaph (Grabinschrift) von Propst Dr. theol. Johann Theodor Hermann († 1642). Verenamünster.

Sechs Pröpste hatte das Zurzacher Stift während des 16. und sieben während des 17. Jahrhunderts. Im 18. dagegen waren es nur drei – einer (Schnorff) regierte zudem nur fünf Jahre. Sein Vorgänger Bessler hingegen war 65 Jahre lang im Amt und sein Nachfolger Schwendbühl über ein Vierteljahrhundert lang: 26 Jahre. Als Erster war Besslers Vorgänger Reding 1667 in jungen Jahren zum Propst gewählt worden. Er regierte während 35 Jahren.

Karl Joseph Ludwig Bessler von Wattingen, 1702–1767. Sohn des Urner Landammanns Johann Emmanuel Bessler und der Maria Caecilia von Roll aus Bernau. Wäh-

---

[289] Iten, Tugium Sacrum, S. 322.
[290] Huber, Geschichte, S. 123.
[291] Huber, Kadelburg, S. 19, Anm. – Huber, Geschichte, S. 124, Anm. 2.
[292] Huber, Geschichte, S. 128–131.
[293] Iten, Tugium Sacrum, S. 356.
[294] (Sterberegister): «Praeposituram summa omnium acclamatione et satisfactione gessit, cui collegium plurimum obligatum.»

26 Propst Karl Joseph Bessler liess bei der Barockisierung des Verenamünsters 1733 sein Wappen am Chorgewölbe anbringen. Letzter erhaltener Rest der barocken Stuckausstattung des gotischen Chorgewölbes.

rend seiner Studienzeit in Pont-à-Mousson, Pavia und Innsbruck erlangte er sein Zurzacher Kanonikat. Noch vor Ablauf der zwei Karenzjahre, also noch nicht im Vollbesitz seiner Pfründe, wurde er dann durch seinen Vetter, den Landvogt Jost Anton Schmid von Uri, zum Propste ernannt, ohne, wie von den Statuten gefordert, Capitular im vollen Sinne und Priester zu sein. Bessler war bei seiner Wahl 22 Jahre alt. Der Stiftschronist Raimund Carl von Pappus und Tratzberg wandelte ein Wort ab, das von Papst Gregor X. (Tebaldo Visconti, 1271–1276) überliefert ist:

Papatus munus tulit Archidiaconus unus
Quem Patrem Patrum fecit discordia Fratrum

(Die Bürde des Papsttums trug ein Archidiakon[295]
Ihn hat der Zwist unter Brüdern zum Vater der Väter [Kardinäle][296] gemacht)

Auf Bessler angewandt, lautet der Vers bei Pappus:

Praepositi munus fert junior omnibus unus
Quem sic Praelatum fecit discordia Patrum

(Der Jüngste trägt jetzt die Bürde des Propstes
Durch die Uneinigkeit der Brüder ist er Prälat geworden)

Während der ersten zwei Jahre leitete der Stiftsdekan Bodmer die Amtsgeschäfte. Propst Bessler war der letzte von einem Innerschweizer Landvogt eingesetzte Zurzacher Prälat; seit dem Frieden von 1712 nach dem zweiten Villmergerkrieg, unterstand die Grafschaft Baden einzig den reformierten Orten Bern und Zürich sowie Glarus. Der hitzige, hochfahrende und selbstbewusste Mann war bei den regierenden Ständen nicht durchwegs beliebt; mehrfach wurde er während seiner langen Amtszeit wegen unbedachter Äusserungen gegen die Obrigkeit und gegen die Reformierten vor den Landvogt zitiert. In seine Amtszeit fielen die Ablösung der reformierten Gemeinde und der Bau der reformierten Kirche. Bisher hatten die Reformierten weder einen Schlüssel zur Simultankirche, noch läuteten die Glocken bei reformierten Begräbnissen. Die Aufstellung eines eigenen Prädikantenstuhles in der Kirche war ihnen versagt worden, und reformierte Kranke wurden nicht ins katholische Spital aufgenommen. Auch das 1712 verkündete Glockenläuten der Reformierten am Karfreitag und Karsamstag wurde in Zurzach vom Stifte nur zögernd zugestanden. Für die Kosten der neuen Kir-

che hatten die Reformierten nach den Bestimmungen von 1712 selber aufzukommen, hingegen mussten ihre Rechte an der bisher paritätischen Kirche abgelöst werden. Am 4. Mai 1725 konnte der Taufstein der reformierten Gemeinde aus der alten paritätischen in die neue reformierte Kirche übertragen werden. Nach dem erwähnten Frieden, der den Reformierten vermehrte Rechte brachte, kamen die Zurzacher Reformierten auf ihr Projekt von 1681 zurück, eine eigene Kirche zu errichten. Von jeher hatten sie Unterstützung in Zürich gefunden, das ihnen auch beim Kirchenbau seine finanzielle Hilfe nicht versagte, bot doch das Prestigeprojekt der lange Jahrzehnte mit kleinlichen Schikanen geplagten Zurzacher Glaubensgenossen ganz in ihrem Sinne die Gelegenheit, Präsenz zu demonstrieren.

Das Stift wollte nun mit seiner zuletzt vor hundertfünfzig Jahren innen und vor hundert Jahren aussen (1626) renovierten Kirche nicht zurückstehen und berief den Deutschordensbaumeister Giovanni Gaspare Bagnato aus Althausen zunächst für ein Gutachten, dann für die Ausführung einer zeitgemässen Erneuerung des Münsters. Die wegen verschiedener Einsprachen der Reformierten – Störung der Grabesruhe ihrer Vorfahren durch die beiden seitlichen Kapellenanbauten Bagnatos und die Pflästerung um die Kirche, Verkleinerung der Friedhofsfläche usw. – zweimal unterbrochenen Bauarbeiten konnten doch innert Jahresfrist abgeschlossen werden; 1734 weihte der Weihbischof von Konstanz, Johann Franz Anton von Sirgenstein, sieben Altäre.[297]

Kirchenbau, Ablösung der reformierten Gemeinde und durch Einsprachen gegen den Bau verursachte Prozesskosten sowie die Auslagen für die Zehntbereinigung im Jahre 1729 hatten das Stift finanziell so geschwächt, dass nun beschlossen wurde (1760/61), in Zukunft vier Karenzjahre einzuhalten. Das heisst, dass ein neu gewählter Chorherr auch im dritten und vierten Jahr auf drei Viertel der «grossa»[298] verzichten musste, also nur die Präsenz- und Jahrzeitgelder und einen Quart der «grossa» erhielt.[299] Aus dem Fonds sollte u. a. ein neuer Chorhof errichtet werden. 1762–1766 wurde die Pfarrkirche renoviert. Sie erhielt damals ihr kostbares Rokokokleid. Bessler war nach dem Kapitelssekretär und Chronisten, der sein Ableben vermerkte, ein sehr würdiger Praepositus. «Er war für die Gerechtsame der Stift ein sehr grosser Eyferer und Handhaber, auch sehr grosser Liebhaber guter Zucht und Ordnung in dem Gottesdienst. Sehr fleissig in Frequentierung des Chors. ein fürtrefflicher Oeconomus. In diesem Jahrhundert der grösste Benefactor gegen die Stiftskirchen, wovon seine Wappen an den Kirchen Ornäten zerschidene in der Kirchen als an dem eysernen Gitter, Unser Lieb Frauen Altar, und anderwärtig genugsames Zeugnis geben. er war auch ein ungemeiner Guttäter der Armen, denen er die reichlichste Almosen austheilte, welch alles ihme den herrlichsten Seegen Gottes zuschüttete, so dass er nach seinem Ableben bey 30'000 fl oder noch mehr zurückliesse. Er war Sans façon und scheuchte sich dahero nicht einem jewederen ohn Angesehen der Person Blatt ins Angesicht zu sagen, was ihm wohl oder übel anstunde. er wollte im geringsten nit gestatten, dass die HH Hr. Caplän Mancheten trugen oder ihre Haar puderten; es müsse ein Underschid seyn zwischen denen Chorherren und Caplänen. er wurde fast von jederman geforchten, aber zugleich auch geliebet.»[300]

Sebastian Heinrich Schnorff (de Schnorpf, à Schnorff), 1767–1772, Sohn des bischöflich-konstanzischen Obervogtes in Kaiserstuhl und in der Herrschaft Rötteln Joseph Ludwig Schnorff und der Anna Elisabeth Franziska Dorer. Nach Studien in Dillingen und Freiburg, die er mit dem Lizentiat im Kirchenrecht beendete, wurde er Chorherr in Baden. 1724 Ritter des heiligen Johannes vom Lateran, 1733 Chorherr in Zurzach, 1736 Kustos, 1767 Propst. War tief verschuldet, zu alt und für sein Amt wenig geeignet. Auf seinen eigenen Wunsch hin wurde ihm 1772 Chorherr Schwendbühl als Koadjutor «cum jure successionis» beigegeben. Sechs Wochen später starb Schnorff.

Urs Viktor Nikolaus Schwendbühl, 1772–1798, *1732 in Lachen SZ. In Freiburg i. Br. studierte er seit 1751/52 Philosophie (1752 Baccalaureus), Theologie (1754 Magister) und die Rechte. Am Stift Zurzach diente er seit 1759 als Pfarrvikar von Unterendingen, wurde 1764 Chorherr und 1772 zunächst Koadjutor, dann Nachfolger von Propst Schnorff. In die Regierungszeit des Propstes Schwendbühl fiel der «Kartoffelstreit»: In der Grafschaft Baden hatte man in den 50er-Jahren des 18. Jahrhunderts Kartoffeln («Erdäpfel», «Erdbiren», die neue «Erdfrucht») noch nicht in grösserem Masse und hauptsächlich «auf öden und abgelegenen Plätzen»[301] angebaut. Allmählich ging man zu grösseren Anbauflächen über, und die Bauern weigerten sich (so 1759 in Lengnau), den Zehntherren ihren gewöhnlichen Anteil wie bei den übrigen Feldfrüchten zu überlassen. Als Vertreter der Zehntherren (St. Blasien, Leuggern, Beuggen, Wettingen, Wasserstelz, Spitalamt Baden) wurden Propst Schwendbühl und Chorherr von Hornstein zu einer Konferenz mit dem Landvogt Abraham Jenner in Baden abgeordnet. Ein Vorschlag des Landvogts, der den wahrhaft Armen, die sich durch ein Schreiben ihres Pfarrers oder Vorgesetzten ausweisen könnten, den Zehnt auf einem halben Vierling (ein Viertel Juchart) erlassen wollte, wurde von beiden Parteien abgelehnt. Der endgültige Spruch der Oberbehörde besagte, «dass es bei den von den Herren Decimatoren aufgewiesenen Titeln und Urbarien lediglich verbleiben und mithin der Zehnten von Erdäpfeln und Erdbirnen fürohin ab allem zehntbaren Landt solle entrichtet werden».[302] Es wurde den Zehnt-

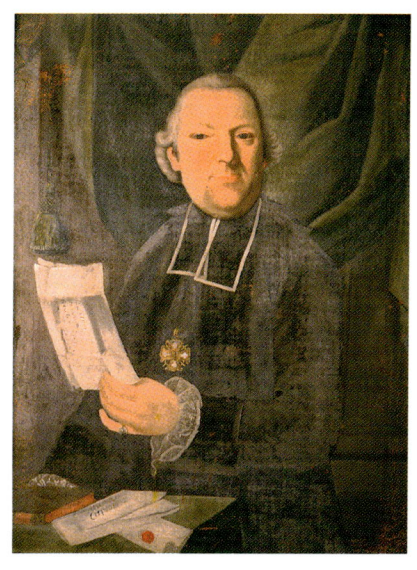

27 Stuckiertes Wappen des Kustos und späteren Propstes Sebastian Heinrich Schnorf aus Schneisingen und Baden in der Kustorei, nach 1736.

28 Propst Urs Victor Nikolaus Schwendbühl (1732–1798). In seine Amtszeit fiel der Neubau der Propstei (1773). Sammlung Kloster Mehrerau.

---

[295] Visconti war nicht Kardinal, sondern Archidiakon von Lüttich.
[296] Im Liber pontificalis Paschal II.: Patres = Kardinäle, vgl. JAN FREDERIK NIERMEYER, Mediae latinitatis lexicon minus, Leiden 1976, S. 772.
[297] HUBER, Geschichte, S. 156, Anm. 1.
[298] Jährlicher Anteil an Korn und Wein (HS II/2, S. 52).
[299] HUBER, Geschichte, S. 162.
[300] PAPPUS, Kurtze Beschreibung, S. 785.
[301] HUBER, Urkunden, S. 184.
[302] HUBER, Urkunden, S. 186 f.

herren anheim gestellt, Zeitumstände und persönliche Verhältnisse der Bauern gebührend zu berücksichtigen.

Die Propstei bedurfte entweder gründlicher Reparaturen, oder sie musste neu errichtet werden. Dies wünschten nicht nur das Stift, sondern auch der Landvogt und die drei regierenden Orte Bern, Zürich und Glarus. Baumeister Anton Zech aus Laufenburg kam bei seinem Augenschein zum Ergebnis, dass ein Neubau eher angezeigt sei. Er wurde 1773 dem Bremgartner Baumeister Franz Anton Schwarz verdingt – aber die Zurzacher Gemeinde glaubte, gegen den Neubau einsprechen zu müssen mit der Begründung, dass das Stift nach alten Verträgen «weder jetzt noch inskünftig befugt sei, in seinen Häusern und Chorhöfen wesentliche Veränderungen vorzunehmen».[303] Der Handel zog sich laut und lange vom 8. Januar bis zum 22. Juni hin, als sich Gemeinde und Stift in der Capitelstube des Stiftes einigen konnten. Chorherren und Propst verpflichteten sich, eine nicht geringe Summe (jährlich 20 Gulden, das Kanonikat des Propstes jedoch 50 Gulden) an die Rückzahlung beizusteuern, und Propst Schwendbühl versprach, lebenslänglich weitere 50 Gulden pro Jahr zu entrichten, wenn dazu auch seine Nachfolger bis zur Begleichung der Schuld verpflichtet würden. Am 9. August 1773 wurde der Bauvertrag abgeschlossen, und noch vor Weihnachten (22. Dez.) war das Gebäude unter Dach, «dem Stifte zur Ehre und dem Flecken zur Zierde», wie sich Propst Huber ausdrückt.[304] Der Neubau war im Hinblick auf die fünfte Säkularfeier des Stiftes errichtet worden (1279–1779). Einen weiteren Beitrag leistete der Bischof, indem er den Chorherren erlaubte, bei festlichen Anlässen ein nach genauen Vorschriften angefertigtes goldenes Chorherrenkreuz (Brustkreuz, Pektorale) mit der Darstellung der heiligen Verena und des heiligen Mauritius an einem schwarzen Bande zu tragen. Das Propstkreuz weist zusätzlich eine goldene, mit zwölf Diamanten besetzte Krone auf. «Nicht zur Nahrung der Eitelkeit, oder einer zeitlichen Erhebung» sollten die Chorherren dieses Zeichen tragen, schreibt der Bischof in seinem Bewilligungsbrief vom 25. April 1775, «sondern zu grösserer Verherrlichung Gottes, zum Angedenken des Kreuzes Christi und der in Zeit von 500 Jahren der Stift Zurzach von Gott erwiesenen Wohltaten».[305] Solche Ehrenzeichen für Chorherren kamen in der Wende vom 17. zum 18. Jahrhundert in Gebrauch. Formal lehnten sie sich an die gleichzeitig verbreiteten Ordenskreuze an. Die Zurzacher Chorherren hatten sich 1775 für die Bewilligung ihres Pektoralkreuzes an den Bischof von Konstanz gewandt. Im Januar des folgenden Jahres beschloss das Kapitel des Stiftes St. Leodegar in Luzern unter Hinweis auf andere Kapitel, «die viel weniger seyen» – die auffallende Ähnlichkeit der Zurzacher und der Luzerner Brustkreuze könnte darauf hinweisen, dass Zurzach gemeint ist –, an den Papst zu gelangen, um dasselbe Privileg zu erhalten, was den Chorherren den Einspruch des Bischofs und eine Rüge eintrug. Das Stift Beromünster richtete seine Bitte denn auch rund zehn Jahre später (1787) wieder an den Bischof. Das Kreuz der Chorherren von St-Nicolas in Fribourg hingegen wurde 1791 vom Papst verliehen.[306]

Schwendbühl vermochte auch den gelehrten Rheinauer Benediktiner P. Moritz Hohenbaum van der Meer dazu zu bewegen, eine kritische Geschichte der Zurzacher Kirche mit der Verenavita, der Klostergeschichte und derjenigen des Stiftes zu verfassen.[307] Die Feier selber, an der Weihbischof August von Hornstein den Chorherren das Kreuz umhängte, fand am Schutzengelfest (2. Oktober) 1779 statt. Festprediger war Pfarrer und Dekan Frei aus Schneisingen.

Propst Schwendbühl erlebte die Wirren des Jahres 1798 nicht mehr, er starb am 28. Januar 1798 im Alter von 66 Jahren.

Agonie und Auflösung des Stiftes im 19. Jahrhundert

Am 23. März 1798 verabschiedete sich der letzte Landvogt, Hans von Reinhard, in Baden; die Helvetische Republik wurde proklamiert. Nun begann das langsame Sterben des Stiftes. Am 12. April fand die helvetische Versammlung in Aarau statt, und bereits am 8. Mai setzte der Zugriff der neuen Regierung auf Vermögen und Güter der geistlichen Häuser ein. Die schlagkräftigen Prinzipien von Freiheit, Gleichheit, Brüderlichkeit wurden unter dem Eindruck der leeren Kassen vor allem auch wirtschaftlich verstanden. «Laut Decret der gesetzgebenden Räthe wird über das sämtliche Vermögen aller Klöster, geistlicher Stifte und Abteien Sequester verhängt; das Direktorium beauftragt den Bürger Statthalter des Kantons Baden, die kräftigsten Massregeln zu ergreifen [!], dass das Decret in pünktliche Execution gesetzt, sonach alles Eigenthum bemelter Klöster, Stifte, Abteien, welcher Art es sein mag, Gülten, Schuldansprachen, Geld, Silbergeschirr, Kleinodien, sowie Gebäude, liegende und fahrende Habe usw. von Stund an in Beschlag genommen werde»,[308] verkündete der Unterstatthalter Abraham Welti[309] zum Rebstock den erschreckten Chorherren.

Grundbesitz, Güter, Zehnten, Gülten usw. des Stiftes wurden inventarisiert – es wurden im Verlaufe des Jahrhunderts immer wieder neue Inventarien und Vermögensverzeichnisse gefordert und angelegt, so nach dem Amtsantritt von Abraham Welti als staatlicher Verwalter des Stiftes, der den vom Stifte angestellten Stiftsverwalter Georg Ignaz Frei ersetzte. Der neue Verwalter, Josef Leonz Attenhofer zum Rothen Ochsen, fertigte schon im Herbst des Jahres 1799 ein neues Verzeichnis an.

Nachdem das Vermögen der geistlichen Institutionen am 18. September 1798 endgültig zum Nationalgut erklärt worden war, liess die kantonale Verwaltung am 3. Juni 1799 die Wertsachen des Stiftes einziehen. Der Vollzug liess sich noch etwas verzögern, aber am 13. November wurden dem Verwalter die Gültbriefe im Wert von mehr als 12'000 Fl (Gulden) und von den kirchlichen Geräten vier Silberbüsten (Maria, Verena, Mauritius, Fulgentius) ohne Fuss und Reliquien, sechs Kerzenstöcke, zwei Ampeln, ein vergoldeter und emaillierter Kelch, ein Kruzifix, ein Lavoir mit «soucoupe» (Handwaschgeschirr), ein Rauchfass und ein Paar vergoldete Messkännchen übergeben.

Die Aufhebung der Zehnten, Abgaben und Requisitionen, Einquartierungen, Beschlagnahme des Stiftsvermögens, Internierung der Chorherren in Baden vom 2. bis 27. April 1799 usw. hatten das Stift so geschwächt, dass es um sein Überleben bangte. Zeitweilig verliessen mehrere Chorherren ihr Stift. Propst Gubler starb im Exil im Nonnenkloster Riedern im Schwarzwald,[310] die Chorherren Cantor von Hauser, von Beck, von Deüring, Josef Anton Weisenbach und Josef Anton Schmid zogen sich zu ihren Verwandten zurück. Zurück blieben nur der Dekan und Pfarrer Abaha und die Chorherren Billieux, Bossart, Jonas Schwendbühl und Kustos Blunschi. Das reguläre kirchliche Leben kam zum Erliegen, und sogar das ewige Licht vor dem Sanctissimum erlosch, weil kein Öl mehr vorhanden war.

Im April des Jahres 1800 kam ein beruhigender Bericht: Regierungsstatthalter Johann Kaspar Scheuchzer und der Senator Peter Karl Attenhofer[311] aus Zurzach hatten dem Stift, nachdem es zwei Jahre lang keine Einkünfte mehr hatte geniessen können, einen namhaften Teil der Tegerfelder Zehnten verschaffen können, und nach Regierungsbeschluss sollten «sämtliche Stiftsmitglieder in ruhigem, freiem Besitze ihrer Häuser und Güter auf Lebenszeit verbleiben». Das Stift blieb allerdings unter staatlicher Verwaltung. Das Verbot der Bittgänge (4. April 1799) wurde aufgehoben und freie Religionsausübung zugesichert.[312]

1801 wurde dem Stift auf Ersuchen die Selbstverwaltung zurückgegeben mit der Auflage jährlicher Vorlage der Rechnung und mit dem Verbot, Besitztümer oder Vermögenswerte zu veräussern.

Die Pröpste von 1798 bis 1830

Die Regierungszeiten der ersten drei Pröpste nach Auflösung der alten Eidgenossenschaft fielen mit den entscheidenden Wendezeiten der Schweizer Geschichte zusammen, mit der Helvetik, der Mediation und mit der Restauration.

Johannes Theodericus Gubler von Baden, 1798–1799, hatte in Wettingen, Freiburg i. Br., wo er Baccalaureus phil. wurde, und Mailand studiert. 1764 Chorherr, 1767 Kustos in Zurzach, 1798 zum Propst ernannt und am 1.3.1798 installiert. Am 19. August desselben Jahres leisteten Propst Gubler und seine Chorherren – wie vorgeschrieben mit der dreifarbigen Binde am Hut – vor Unterstatthalter Abraham Welti den Eid auf die helvetische Verfassung. Propst Gubler floh am 26.9.1799 vor der französischen Besatzung. Ihm folgte

29 Stiftskalender-Wappentäfelchen des Chorherrn Johann Theodor Gubler von Baden, 1767 Kustos, 1798–1799 Propst.

Joseph Ignaz von Ah (Abaha), 1800–1803, der in Mailand studiert hatte und Dr. theol. wurde. Päpstlicher Notar. Als Vikar seines Amtsvorgängers Dekan Anderhalden hatte er jahrelang als Seelsorger in Zurzach gewirkt, 1772–1800 war er Pfarrer und Dekan von Zurzach.

---

[303] HUBER, Geschichte, S. 170.
[304] HUBER, Geschichte, S. 169.
[305] HUBER, Geschichte, S. 172. – Dasselbe Recht erhielten die Chorherren von St. Leodegar in Luzern 1785, diejenigen von Beromünster 1786/87 (HS II/2, S. 167. – JOSEPH TROXLER, Das Brustkreuz der Chorherren von Beromünster, in: SAHer 40, 1926, S. 36–38).
[306] FRÉD.-TH. DUBOIS, Les armoiries et la croix du Chapitre de St-Nicolas à Fribourg, in: SAHer, 36, 1922, S. 96–104, bes. S. 100–103. – TROXLER, ib., S. 36–38. – SCHNYDER, Brustkreuz. – Vgl. auch: DIONYS IMESCH, Das Pektoralkreuz der Domherren von Sitten, in: SAHer 39, 1925, S. 90 f.
[307] Historia ecclesiae Zurzaciensis continens vitam S. Verenae critice discussam cum veteris monasterii O.S.B., necnon fundationem et acta eiusdem insignis ecclesiae collegiatae, 1788.
[308] HUBER, Geschichte, S. 186.
[309] Abraham Welti (* 1774) war Sohn des Dr. med. Johann Jakob Welti (1781–1803). Mit 24 Jahren Mitglied der Regierung (Senator) des Kantons Baden. Unterstatthalter des Kantons Baden für den Distrikt Zurzach. 1802 Mitglied der von Napoleon nach Paris bestellten verfassungsberatenden Consulta. Im Kanton Aargau erster Bezirksamtmann des Bezirks Zurzach (1803–1808). Grossvater des Bundesrates Emil Welti (1825–1899) (WALTER FISCHER, in: BLAG, S. 847).
[310] HUBER, Geschichte, S. 196, Anm. 3.
[311] Bei HUBER, Geschichte, S. 204: B. E. Attenhofer.
[312] HUBER, Geschichte, S. 198.

30 Nikolaus Franz Xaver Schaufelbühl von Zurzach, Propst 1803–1830, gemalt vom Zurzacher Maler Heinrich Hauser 1803. Museum Höfli.

Mit **Nikolaus Franz Xaver Schaufelbühl** aus Zurzach, der während der Mediationszeit und der Restauration 1803–1830 regierte, begann die Reihe der von der aargauischen Regierung eingesetzten Pröpste; sein jüngerer Bruder Josef Fridolin, ein «heiligmässiger Priester», war der letzte vom Bischof gewählte Zurzacher Chorherr (1801). Ein weiterer Bruder lebte im Kloster Rheinau: P. Josef (Friedrich Casimir Josef Maria). Nikolaus F. X. Schaufelbühl hatte 1780 in Zurzach Primiz gefeiert. 1783 wurde er Stiftskaplan und Pfarrvikar in Baldingen, 1800 Pfarrer von Zurzach. Seine Wahl zum Propst 1803 wurde von den Stiftsherren – erfolglos – beanstandet, weil nach den Statuten nur ein Chorherr zur Würde des Propstes aufsteigen dürfe. Propst Huber rühmt ihn als einen jener Zurzacher Pröpste, «die mit ausgezeichneter Frömmigkeit und Wissenschaft eine warme Liebe zu Volk und Vaterland in sich vereinigten».[313]

Während der Jahre, in denen Freiherr Ignaz Heinrich von Wessenberg als Administrator des Bistums Konstanz tätig war, setzte der im Geiste der Aufklärung gebildete Generalvikar manche Neuerung im kirchlichen Leben durch. Die ehemaligen bischöflichen Generalvisitationen wurden durch drei jährlich stattfindende vorgeschriebene, von den einzelnen Capiteln veranlasste Visitationen ersetzt. Priesteramtskandidaten hatten das Seminar in Meersburg oder Luzern zu besuchen. Pastoralkonferenzen versammelten die Geistlichen eines Kapitels in regelmässigen Abständen. – Die Feiertage wurden im Kanton Aargau auf siebzehn reduziert. – Wessenberg, der wenig Sinn für Volksbrauchtum und Wallfahrtswesen hatte, beschränkte die Bittgänge auf das Gebiet des Pfarrsprengels, was sich auch auf die Osterdienstagsprozession auswirkte. Dem realen, nüchternen Sinne des bedeutenden Reformers, dessen selbstständiges Vorgehen schon zu seiner Zeit den Unmut der Kurie erweckt hat und der bis in die neuere Zeit hinein als «Vertreter des Josephinismus» gebrandmarkt wurde, entsprach auch die Art und Weise, wie er das Stift Zurzach reorganisierte – und dessen Lebenszeit damit verlängerte: In seine Epoche fiel eine Sanierung der Stiftsfinanzen, die mit der Aufhebung des 10. Kanonikates verbunden war, und 1813 der erste Schritt zur Umwandlung des Stiftes in «eine Ruhepfründ-(Versorgungs-)Anstalt für ausgediente und bestverdiente Geistliche des Kantons» Aargau. Sie wurde 1840 förmlich vollzogen.[314] Nachdem die schweizerischen Kantone 1814 durch Papst Pius VII. vom Bistum Konstanz gelöst und unter die Verwaltung des apostolischen Generalvikars Franz Bernhard Göldlin, des Propstes von Beromünster, gestellt worden waren, ernannte Göldlin den Zurzacher Propst zu seinem Vicarius foraneus. 1828 wurde das Bistum Basel reorganisiert und neu umschrieben. Als Bischof wurde der bisherige Administrator, Propst Josef Anton Salzmann von Luzern, gewählt. Der Aargau trat dem Bistum im folgenden Jahre bei.

Unter Propst Schaufelbühl setzten im zweiten Jahrzehnt des 19. Jahrhunderts Zehntablösung und Grundzinsloskauf ein, wie sie schon in der Mediationsverfassung 1803 ausgesprochen worden waren. Dadurch «hat das Stift mehr als den dritten Teil seines ohnehin höchst bescheidenen Vermögens eingebüsst und damit sowohl als mit der späteren Güterveräusserung die sicherste und solideste Unterlage seiner Existenz verloren. Seitdem sind die Einnahmen weit hinter den unverhältnismässig vielen und immer grösser werdenden Ausgaben zurückgeblieben», schreibt Propst Huber.[315] Der Nuntius trug dem Propste Schaufelbühl in Anerkennung seiner treuen Dienste bei der Reorganisation der Bistumsverhältnisse das Recht an, in die Reihe der infulierten Prälaten einzutreten, d. h., Mitra und Stab tragen zu dürfen. Propst und Stift lehnten den ehrenvollen Vorschlag jedoch aus verschiedenen Erwägungen, nicht zuletzt wegen der finanziellen Belastung, ab.

Die letzten Pröpste des Stiftes Zurzach

Die letzten drei Pröpste, alle erst in reiferen Jahren, nach einem langen, aufopfernden Priesterleben – mit 57 bzw. 64 und 52 Jahren –, ins Amt berufen, waren angesehene Persönlichkeiten, die alle ihre Kräfte für die Erhaltung des Stiftes einsetzten. Der letzte Propst, Johannes Huber, dem wir grossenteils verdanken, was wir über das Stift wissen, ist über der Aufgabe zum Historiker geworden.

P. Philipp Nerius Häfeli, Benediktiner (OSB), von Klingnau, 1831–1854. Studium im Kloster Sion, in Klingnau und St. Blasien, wo er ins Kloster eintrat. Lehrer an der Klosterschule und am Lyzeum in Konstanz. Nach der Aufhebung des Klosters St. Blasien Pfarrer in Grafenhausen, 1816 Stiftsdekan und Pfarrer in Zurzach an der Stelle von P. Viktor Keller,[316] seinem einstigen Mitbruder, der es offenbar schwer ertragen hatte, als bischöflicher Kommissar unter dem Propste Göldlin von Beromünster vom Papste durch den Zurzacher Propst Schaufelbühl ersetzt zu werden.[317] Keller tauschte seinen Posten mit Häfeli.

Siebzehn Monate nach dem Tode von Propst Schaufelbühl wurde Häfeli zum Nachfolger ernannt. Bischof Salzmann spendete Häfeli in seinem Nachruf das Lob, «durch hohe Tugenden, verdienstvolles Leben und Wirken, erhabenes Beispiel der Frömmigkeit, Liebe und Sanftmut, edlen Charakter, durch Thätigkeit und Klugheit in Führung der Amtsgeschäfte» Hervorragendes geleistet zu haben.[318] Auf Propst Häfeli geht die 1852 errichtete Häfeli-Stiftung für Klingnauer Theologiestudenten zurück.

Heinrich Mohr von Rheinfelden, 1855–1863. Studium in Freiburg i. Br., Würzburg und St. Gallen 1812–1816. Pfarrhelfer in Basel, 1820 Stiftskaplan in Rheinfelden. 1826–1840 Pfarrer in Birmenstorf, dann erster katholischer Pfarrer seit der Reformation in Schaffhausen, 1844–1855 Stiftsdekan und Pfarrer in Zurzach, dann Chorherr. Siebzehn Monate nach dem Tode von Propst Häfeli zu dessen Nachfolger erwählt. Propst Mohr war kränklich und trat sein Amt bereits geschwächt an. Ruhig, bescheiden und herzlich gegen jedermann – so charakterisiert ihn sein Nachfolger J. Huber.[319]

Johannes Laurentius Huber von Hägglingen, 1864–1876. Der in Baden, Luzern, Tübingen und Besançon gründlich geschulte Geistliche war Kaplanverweser in Mellingen und Religionslehrer am Lenzburger Seminar, dann Pfarrer in Ehrendingen und Lengnau, bevor er 1856 Pfarrer und Stiftsdekan in Zurzach wurde. 1864 Stiftspropst. Nicht residierender Domherr des Bistums Basel (1868). Propst Huber hat als Pfarrer und Propst von Zurzach in rastloser Tätigkeit die Geschichte seines Stiftes erforscht und veröffentlicht. Die Aufhebung seines Verenastiftes traf ihn schwer. Propst Huber starb als gebrochener Mann 1879 auf Rigi-Klösterli. Die in seinem Testament von 1875 begründete Stiftung bedenkt Jugendliche, die Kunst oder ein ehrbares Handwerk erlernen wollen oder die sich für den Priesterstand entscheiden.

Propst Gubler und alle fünf Pröpste des 19. Jahrhunderts waren vor ihrer Erhebung zur Propstenwürde Stiftsdekan und Pfarrer gewesen. Schon Josef Ignaz Abaha, wurde «zur Belohnung seiner vieljährigen Dienste als Seelsorger» zum Propst ernannt – so drückte sich die aufs Praktische gerichtete nüchterne Haltung der Aufklärung aus, die ein paar Jahre später das Stift als Altersheim (Emeriten-Anstalt) für verdiente Priester einrichten will. Der «aufgeklärte» konstanzische Generalvikar Ignaz Heinrich von Wessenberg hat noch, bevor er aus der Bistumsverwaltung ausschied (1813), mit der Regierung des Kantons Aargau ein – von Rom nicht akzeptiertes – Konkordat geschaffen, das seiner in einem modernen Sinne nach einer Zusammenarbeit von Staat und Kirche tendierenden Einstellung wie der gemässigten Haltung der damaligen Regierung entsprach. Die letzten drei Pröpste erlebten dann allerdings in den 45 Jahren ihrer Regierung einen antiklerikalen Staat, der ein Staatskirchentum anstrebte und auch vor radikalen Massnahmen nicht zurückschreckte.

Placet und Visum des Staates für kirchliche Erlasse wurden eingeführt (1834). 1835 forderte die Regierung von der Geistlichkeit einen unbedingten Staatseid, den die meisten Geistlichen erst leisteten, als nachträglich die Versicherung kam «dass aus dem im Gesetze vom 6. Wintermonat 1835 vorgeschriebenen Eide nie etwas entnommen oder gefolgert werden könne und solle, was der katholischen Religion, den Rechten der Kirche oder den im Staate anerkannten kirchlichen Gesetzen zuwider liefe».[320] 1841 folgte die Klosteraufhebung, die nach der Feststellung der Tagsatzung den Bundesvertrag verletzte, aber nur insofern wiedergutgemacht wurde, als vier Frauenklöster wiederhergestellt wurden – von denen schliesslich aber das Kloster Mariae Krönung in Baden 1867 vom Grossen Rat doch noch aufgehoben wurde.

Im Eheverkündigungsstreit von 1858 ging es darum, ob und in welcher Form Geistliche undispensierte gemischtkonfessionelle Ehen verkünden dürfen. Der Bischof hatte die Verkündigung verboten, der Staat wollte sie durchsetzen. Die Einigungsformel wurde in Rom gefunden.

1840 erreichte Landammann Dr. Udalrich Joseph Schaufelbühl aus Zurzach, dass das Konkordat von 1813 (Stiftsreorganisation) vollzogen wurde. Das Stift hatte 1801 die Selbstverwaltung zurückerlangt. Mangelhafte Buchführung seines Verwalters und Verluste, eine «ungeordnete, zersplitterte und verworrene Verwaltungsweise» führten je-

31 Mgr. Johannes Huber von Hägglingen (1812–1879), letzter Propst (1864–1876) des Verenastifts.

---

[313] HUBER, Geschichte, S. 205. – FISCHER, in: BLAG, S. 659.
[314] HS II/2, S. 77 f. – 1806 war Beromünster in gleicher Art – für luzernische Geistliche – reorganisiert worden (HS II/2, S. 165); auch Rheinfelden und Baden wurden in diesem Sinne umgewidmet.
[315] HUBER, Urkunden, S. 164.
[316] Das Kloster St. Blasien war 1807 aufgehoben worden. – Zu P. Georg Viktor Keller vgl. GEORG BONER, in: BLAG, S. 430–433.
[317] HUBER, Geschichte, S. 213.
[318] HUBER, Geschichte, S. 216.
[319] FISCHER, in: BLAG, S. 546 f.
[320] Zit. bei HUBER, Geschichte, S. 218.

doch 1846 wieder zur Staatsadministration. Erneut wurden das Stiftsvermögen inventarisiert und die Buchhaltung untersucht. Eine «Bereinigung» des Stiftsvermögens durch Bezirksverwalter Josef Frei endete 1853 mit der Veräusserung von Stiftsliegenschaften und der allmählichen Liquidation des Stiftsvermögens.

Als Vorbote der seit der Helvetik[321] immer wieder drohenden Aufhebung wurde von den Chorherren das demütigende Vorgehen der staatlichen Behörden empfunden.[322] Eine Übereinkunft zwischen Stift und Gemeinde Zurzach regelte schliesslich die Besoldung der Chorherren und der drei Kapläne und verbesserte die Besoldung der Pfarrer von Klingnau und Unterendingen. Die Pflichten der Kapläne (ad Sanctos Apostolos oder Organistenpfründe, ad Sanctam Eucharistiam oder Schmidische Kaplanei und ad Sanctos Martyres oder Pfarrvikariat von Baldingen) wurden im Einzelnen umschrieben, und die Beiträge des Stiftes an die Gemeinde – sie hatten bisher ein Viertel der Gemeindeaufwendungen (die Quart) betragen – wurden neu geregelt. Die jährlich fällige Abfindungssumme löste sämtliche bestehenden und künftigen Steuern des Stiftes an die Gemeinde ab; individuell steuerpflichtig blieben aber die Privatvermögen der Geistlichen. Das Stift sollte in Zukunft auch die Kosten der Rheinuferverbauung bzw. deren Unterhaltskosten nicht mehr mittragen müssen, hingegen sollten Lasten von Einquartierungen weiterhin gemeinsam getragen werden. Die Gemeinde dagegen liefert den noch lebenden Chorherren (merkwürdigerweise nicht ihren Nachfolgern), dem katholischen und dem reformierten Pfarrer, den beiden Lehrern und den beiden Siegristen den jährlichen Holznutzen, auf den auch jeder Bürger Anrecht hat. Propst Huber bedachte, dass das Stift bisher einen Waldanteil von einem Viertel an den 628 Jucharten Gemeindewald besass, und beurteilte die Abfindung mit Rücksicht auf die künftigen Chorherren als «ebenso unbillig als knauserig und unwürdig».[323] Das Stift überliess der Gemeinde das Kapitelhaus als Schulhaus, behielt sich aber den Weinkeller vor, solange es Zehntweine einlagerte, ebenso das Waschhaus im Hof, bis Ersatz geschaffen war.[324] Kapitelsversammlungen, Konferenzen und Installationen fanden künftig in der Propstei statt.[325]

Bevor das neue Bistum Basel 1859 sein Priesterseminar in Solothurn bekam, an dem sich der Kanton Aargau seit 1861 beteiligte, wurden nach einem Übereinkommen zwischen Regierung und Bischof am Verenastift zwei Seminarkurse durchgeführt. Der erste dauerte vom 13. Januar 1857 bis zum 6. April desselben Jahres. Die drei Alumnen hatten Kost und Logis in der Propstei. Propst Mohr als Regens, Stiftsdekan J. Huber als Subregens, Kustos Leonz Heer und Chorherr Heinrich Leonz Huber erteilten Unterricht. Der zweite Kurs, von vier Alumnen besucht, dauerte vom 12. Dezember 1858 bis zum 4. April 1859. In die Amtsperiode des letzten Propstes fiel die Abtretung der Seelsorgerwahl an die Gemeinden (1864) und die Ablösung der Kollaturverpflichtungen, durch die Klingnau, Unterendingen und Würenlingen ausgesteuert werden mussten. Neben der Auslösungssumme kamen die Gemeinden nun auch in den Besitz des Chores der Kirche, das bisher dem Kollator eigen war und von ihm unterhalten werden musste, der Pfrundgebäude und der zugehörigen Landstücke. 1868 wurden die Kirchenpflegen ins Leben gerufen.

Das Stift hatte die Helvetik mit der Hilfe des aus Zurzach gebürtigen Senators Peter Karl Attenhofer überstanden, die Dreissigerjahre und die Klosteraufhebung dank dem Landammann Dr. Udalrich Joseph Schaufelbühl, hielt der letzte Propst fest. In der aufgeheizten leidenschaftlichen Stimmung der Kulturkampfjahre genügte die unbelegte und schon in früheren Fällen fälschlich, aber mit Erfolg erhobene Behauptung[326], «dass die Einkünfte des Stiftes Zurzach nicht mehr ausreichen, dessen Bedürfnisse zu befriedigen», wie der Dekretsentwurf des Regierungsrates über die Aufhebung des Verenastiftes vom 22. Februar 1875 sich ausdrückt, als Begründung für die Aufhebung.[327] Der Antrag wurde vom grossen Rat am 17. Mai 1876 beraten. Für die Aufhebung des Stiftes stimmten 89 Grossräte, dagegen 46. Ein Reformierter trat für das Stift ein und stimmte als Einziger seiner Konfession für die Erhaltung: der Gemeindeammann Johann Jakob Burkhardt von Zurzach. Am Vortag hatte die Behörde noch die zwei Frauenklöster Hermetschwil und Gnadental zum zweiten Mal aufgehoben. Ereignisse und Kontext kennzeichnen den Geist der Zeit, der den Untergang des Stiftes besiegelte.

Die stiftischen Kollaturpfarreien, ihre Filialkirchen und -kapellen

Das Stift besass in vier Pfarreien das Kollatur- oder Patronatsrecht, das heisst, das Recht, den Pfarrer einzusetzen: in Klingnau, Unterendingen, Würenlingen und in Zurzach selbst.

Diesen vier Kirchen unterstanden weitere Filialkirchen und -kapellen, zum Teil mit eigenem Gottesdienst, Sakramentenspendung, sogar mit eigenem Pfarrer. Klingnau hatte die Filialen Döttingen, St. Johannes Ev. und Koblenz, St. Verena und die Loretokapelle auf dem Achenberg, Zurzach die Pfarrkirche St. Agatha von Baldingen sowie die Kapellen in Rekingen, Mellikon und die Burgkapelle zu versehen.

Klingnau, St. Katharina

Am 27. Mai 1265 verkaufte die tief verschuldete Abtei Reichenau den Hof von Zurzach mit allem Zubehör und den Patronatsrechten über die Kirchen von Zurzach und Klingnau an den Bischof von Konstanz. Klingnau hatte schon bald nach der Stadtgründung (1239) eine Kirche bekommen; dass sie von Anfang an vorgesehen war, zeigt ihr Standort im Zentrum des Städtchens. Sie bekam zwischen 1259 und 1262 als Filiale von Zurzach Pfarrrechte und wurde von Zurzach aus versehen. 1360 inkorporierte Bischof Heinrich III. (von Brandis, 1357–1383) dem Verenastift die Katharinakirche von Klingnau mit allen Rechten und Einkünften (Zehnten, Gefälle) und schuf mit den neuen Einkünften am Stift das 10. Kanonikat. Es bestand bis 1806.[328] Das Stiftskapitel war für den baulichen Unterhalt des Altarhauses verantwortlich; es wählte den Pfarrvikar und stellte ihm ein Pfrundhaus zur Verfügung. Nach dem Marchenbuch des Bistums umfasste die Pfarrei (1360/70) auch Koblenz, Döttingen und Würenlingen.[329] Der bischöfliche Vogt und der Stadtrat hatten bei der Pfarrerwahl ein Mitspracherecht. 1461 erhielt die Stadt ein solches auch für die Besetzung der Kaplaneipfründen.[330] Die 1461 festgelegte Priesterordnung bestand bis 1831. Nach der Reformation wurden von den vier Kaplanenstellen je zwei wegen geminderter Einkünfte der Pfründen zusammengelegt und im 19. Jahrhundert durch eine einzige ersetzt.

Während der Reformation blieb Klingnau beim alten Glauben im Gegensatz zu Döttingen, das für den neuen Glauben gemehrt hatte. Als der von Zürich geschickte Prädikant, der «Döttinger Uhli», aber seine Predigtaussage widerrufen musste, dass Zehnten und Grundzinsen nicht mehr zu entrichten wären, «haben sie ihn in voller Furi ab der Kanzel heruntergerissen»,[331] und so blieben auch die Döttinger beim alten Glauben.

Wie die übrigen nach Zurzach pfarrgenössigen Gemeinden – Döttingen, Koblenz, Würenlingen, Endingen – kamen die Klingnauer mit Kreuz und Fahnen an die Zurzacher Osterdienstagsprozession. Sie besassen nach der Prozessionsordnung das Vorrecht, sich zuvorderst einzureihen: Vogt und Räte nach dem Stiftskapitel, das Klingnauer Volk vor allen anderen Gläubigen.

Nach dem Untergang des Klosters Sion wurde die Loretokapelle auf dem Achenberg, die auf Zurzacher Boden liegt, kirchlich aber dem Wilhelmitenkloster Sion, seit 1725 Priorat von St. Blasien, unterstand, vom Kanton Aargau der Stadt Klingnau übergeben (1817).[332] 1779 war Würenlingen selbstständige Pfarrei geworden, 1848 löste sich Döttingen, 1927 Koblenz von Klingnau. 1853 beendete ein Regierungsbeschluss das Filialverhältnis der Pfarreien Klingnau und Unterendingen mit dem Stift und teilte sie mit Sitz und Stimme dem Landkapitel Regensberg zu.[333] 1864 erhielten die Kirchgemeinden das Recht der Pfarrerwahl, und die Kollaturrechte wurden 1866 abgelöst.

Würenlingen, St. Michael

Dass Würenlingen, weit abgelegen von Zurzach, einmal wie Baldingen eine selbstständige Pfarrei gewesen ist, die sich aus der ursprünglichen Urpfarrei Zurzach herausgelöst hatte, sich aber nicht behaupten konnte, hält Georg Boner hauptsächlich wegen der Lage der Kirche hoch über dem Dorf und wegen des Michaelspatroziniums für möglich. Im Liber decimationis von 1275 sind aber in der Gegend nur die Pfarreien Zurzach und Klingnau genannt, Würenlingen müsste also bereits damals als Pfarrei abgegangen sein.[334]

---

[321] HUBER, Geschichte, S. 185 f.
[322] HUBER, Geschichte, S. 224 ff.
[323] HUBER, Geschichte, S. 230, Anm. 1.
[324] HUBER, Geschichte, S. 231.
[325] Das ehemalige Kapitelhaus wurde 1858 als katholisches Schulhaus in Gebrauch genommen; im Herbst des Jahres trug man das alte Schulhaus nordöstlich des Münsterchores ab (HUBER, Geschichte, S. 300).
[326] Kartause Ittingen 1848, vgl. HUBER, Schicksale, S. 54, Anm. 2.
[327] 1875 ist auch das Chorherrenstift Mariae Himmelfahrt Baden aufgehoben worden. Letzter Propst war der Zurzacher Heinrich Frei (1852–1875), seit 1864 auch nicht residierender Domherr der Diözese Basel.
[328] HUBER, Geschichte, S. 211, 221.
[329] Seit 1294, vermutet MITTLER, Klingnau, S. 201, als der Bischof Zurzach aus dem Dekanatsverband Regensberg herauslöste.
[330] Bis 1500 waren es drei, später kam eine vierte dazu (MITTLER, Klingnau, S. 207). Zwei sind von Klingnauer Bürgern, eine von der Familie des Stadtherrn von Bodman (1390 Kauf der Stadt) und eine vom Klingnauer Geistlichen Diethelm Wild gestiftet worden.
[331] JOSEF BENEDIKT SOHM, Geschichtliche Darstellung der Stadtpfarrei Waldshut, Schaffhausen 1820, S. 18 und S. 19 nach HUBER, Kollaturpfarreien, S. 65.
[332] Vgl. H. J. W. (WELTI), Der Wallfahrtsort auf dem Achenberg, in: Erb und Eigen 2, 1937, S. 39–43.
[333] AGS 4, 1857, S. 200.
[334] FRIDOLIN MEIER, Geschichte von Würenlingen, Würenlingen 1968, darin: GEORG BONER, Aus der älteren Kirchengeschichte von Würenlingen (Wiederabdruck aus: Badener Neujahrsblätter 1964), S. 273–300.

Im Liber marcarum (Marchenbuch) des Bistums (1360–70) ist Würenlingen als Filialkapelle von Klingnau aufgeführt. Es stand demnach in enger Verbindung mit Zurzach, dem Klingnau 1360 inkorporiert worden war. Im 14. Jahrhundert standen in der Nähe der Michaelskapelle ein Schwesternhaus (1366 gen.) und etwas weiter entfernt ein Bruderhaus. Beiden diente die Kapelle als Gotteshaus. Von den Brüdern ist nach 1399 nicht mehr die Rede, das Schwesternhaus erwies sich aber als lebenskräftiger. Mindestens in der Spätzeit scheint die Schwesterngemeinschaft dem Dekan von Zurzach unterstellt gewesen zu sein. Seit 1523 erlebte der Konvent Austritte und Übertritte in andere Gemeinschaften; er löste sich allmählich auf. Das Haus der Schwestern wurde 1534 an Private verkauft, und um die Mitte des Jahrhunderts war der Konvent ausgestorben.

In der Reformation blieb die Gemeinde beim alten Glauben. Nicht zuletzt deshalb erreichte sie 1560 regelmässige Messfeiern durch einen Priester, der in dem seit sieben Jahren leer stehenden Schwesternhaus[335] wohnte, während die Versehgänge nach wie vor vom Zurzacher Pfarrer vorgenommen wurden. Wie bei anderen Vikariatskirchen üblich, hatten die Würenlinger Gläubigen an Hochfesten den Gottesdienst in der Pfarrkirche (Klingnau) zu besuchen, und dort wurden Brautleute «zusammengegeben» und (bis 1621) die Toten bestattet. 1779 wurde Würenlingen selbstständige Pfarrei.

Unterendingen, St. Georg

Die Kapellen von Endingen und Tegerfelden erscheinen erstmals in der Urkunde, mit der Walter von Klingen beide den Johannitern zu Leuggern übergab. Wohl seit der Neuordnung von 1294 für die Mutterkirche von Zurzach und ihre Töchter gehören beide zu Zurzach. Nach dem Schwabenkrieg und zur Zeit des liederlichen Zurzacher Pfarrers und Dekans Rudolf von Tobel, der sich wenig um die Seelsorge kümmerte,[336] versuchten die beiden Dörfer, selbstständige Pfarreien zu werden, was aber vom Bischof und von den Eidgenossen abgelehnt wurde.

Tegerfelden schloss sich der Reformation an und erhielt am Tag der Himmelfahrt Mariae (15. August) seinen ersten Prädikanten. Er wurde wie der Prädikant von Zurzach vom Stifte besoldet.

Regelmässiger katholischer Gottesdienst, den ab 1610 ein Zurzacher Kaplan in der Kapelle von Unterendingen hielt, war vom Stifte erst 1604 eingeführt worden. Bis zur Anstellung eines Lehrers (Kapitelsbeschluss vom 5. März 1723) war der Pfarrvikar verpflichtet, die Schulkinder zu unterrichten. Die 1604 renovierte Kapelle war um die Jahrhundertmitte wieder so baufällig, dass man sich nach dem ersten Villmergerkrieg (1655/56) zu einem Neubau entschloss, der 1659 begonnen und 1661 zu Ehren des heiligen Georg geweiht werden konnte.

Im folgenden Jahr (1662) wurde an der Tagsatzung über Renovierung oder Neubau der paritätischen Tegerfelder Kapelle verhandelt. Um des Friedens willen dachte man zunächst daran, an der erweiterten Kirche die Bilder der Kirchenpatrone Sebastian, Pankratius und Verena – aussen – wieder anbringen zu lassen, den Altarstein zu übernehmen und die Turmspitze mit einem Kreuz zu bekrönen, rang sich aber schliesslich zur Lösung durch, den Katholiken den Neubau einer Kapelle an anderer Stelle und den Reformierten eine Kirche am Platze der bisherigen Kapelle zu erlauben. 1664 fanden in beiden Gotteshäusern die ersten Gottesdienste statt.[337]

Für Unterendingen wünschte die Tagsatzung 1662 die Errichtung einer eigenen Pfarrei. 1663 wurde das bisherige Pfarrvikariat selbstständig.[338] Den Pfarrhof von Unterendingen liess das Stift 1665 erstellen.[339] Bisher hatte der Inhaber der Georgspfründe (ad sanctum Georgium) am Stift die fünf Viertelstunden entfernte Filiale versehen. Die Pfründe wurde aufgehoben, und ihr Pfrundgut diente fortan der Besoldung des Unterendinger Pfarrers. 1866 ging das Recht der Pfarrerwahl vom Stift an die Kirchgemeinde über.

Baldingen, St. Agatha

Die Kollatur der 1275 noch selbstständigen Pfarrkirche St. Agatha in Baldingen kam 1365 durch Kauf vom Kloster Rheinau an das Verenastift, das die Pfründe mit derjenigen des Muttergottes-Altares in der Krypta vereinigte und Baldingen durch den Kaplan ad sanctos martyres (Märtyreraltar) mit ständiger Residenz in Zurzach versehen liess. Seit der Reformation wurde die Kirche von beiden Konfessionen benützt und baulich unterhalten, dies mit Ausnahme des Chores, das in die Pflicht des Kollators gehörte. Durch Grossratsbeschluss wurde Baldingen 1883 mit Böbikon (Kapelle St. Anton und Laurenz) verbunden, das seit 1243 unter Wislikofen gestanden hatte. Es blieb aber Vikariat bis zum Neubau der Pfarrkirche (1898).

Eine Schule gab es in Baldingen erst 1787.[340] Zurzacher Chorherren amteten als Inspektoren und versahen zeitweilig die vakante Lehrerstelle.

Rekingen, Gotteshofstiftung

1678 hatten die Brüder Johann Rudolf und Johann Jakob Schmid aus Baar, beide Chorherren am Zurzacher Stift, die Gotteshofstiftung in Rekingen errichtet. Sie umfasste einen auf vier Anwesen verteilten Hof mit ungefähr 80 Jucharten Acker- und Wiesland und einigen Wald- und Reblandparzellen. Lehenträger sollten Mitglieder der vier katholisch gebliebenen Familien Metzger, Bechtinger, Kappeler und Meyer sein. Mit dem zugehörigen «Grossen Haus», das die Metzger zu Lehen hatten, war eine Hauskapelle verbunden, in der wöchentlich für die Katholiken Rekingens zweimal Messe gelesen wurde. Dazu verpflichtet war der Kaplan der zugleich mit den Gotteshöfen gestifteten Schmidischen Kaplanei (zum hl. Altarsakrament), der seine Wohnung im Kapitelhaus hatte, bis dieses 1855 als Schulhaus zur Verfügung gestellt wurde.[341] In der Kapelle ist 1683 erstmals Messe gelesen worden. Sie wurde 1695 zu Ehren des Altarsakramentes, der unbefleckten Empfängnis Mariae, der beiden Antonii, des Schutzengels und des Bauernheiligen Wendelin geweiht. Das Stiftskapitel verlieh die Pfründe; Kandidaten aus dem Kanton Zug genossen den Vorzug. Tatsächlich ist unter den 13 Kaplänen seit 1699 nur ein einziger zu finden, der nicht aus Baar oder Zug stammt: Josef Fridolin Schaufelbühl, der Bruder des Propstes und spätere Chorherr, war 1798–1801 Schmidischer Kaplan, weil sich damals kein Zuger Bewerber fand. Im 19. Jahrhundert folgten fünf Aargauer. Als Oberlehensherrn, der die Güter verlieh, setzten die Brüder Schmid den Stand Luzern ein. 1871 – letztlich im Zeichen des Kulturkampfes – wurden die bisherigen Lehenträger zu Eigentümern erklärt «unter gleichzeitiger Wahrung der stiftungsgemässen Lasten und Leistungen». Trotz dieser Bedingung und obwohl die Kapelle, wie die katholische Gemeinde Rekingen 1876 noch betont hatte, als «Ortskapelle von Rekingen» gegründet worden war, sprach der Kanton 1876 die «Aufhebung und Beseitigung»[342] der Kapelle aus.

Mellikon, Kapelle St. Martin

In dieser paritätischen Filialgemeinde von Zurzach – ursprünglich ein stiftischer Widumshof – hatte Hauptmann Jost von Roll von Böttstein 1638 und 1659 Hofanteile erworben. Er erbaute für seine Familie das «Melliker Schloss», neben dem er «zur Wahrung und Fortpflanzung der katholischen Religion» 1661 die Martinskapelle mit einer Wochenmesse stiftete. Die Melliker von Roll hatten zeitweilig ihre eigenen Hofkapläne, besassen das Begräbnisrecht in der Stiftskirche und einen mit dem Familienwappen gezierten Familienstuhl. Durch umgewandelte Jahrzeitstiftungen kam es mit der Zeit zu drei Wochenmessen, die um 1800 vom St. Blasianischen Pfarrer von Wislikofen gelesen wurden. 1805 übernahm das Stift, das ursprünglich an der Kapelle nicht verpflichtet war, eine Wochenmesse, 1808 auch den Unterhalt der Kapelle. Pfarrhelfer Arnold Bertola ist noch bis nach der Mitte des Jahrhunderts einmal in der Woche mit dem Fahrrad von Zurzach nach Mellikon gefahren, um dort Messe zu lesen.

Burgkapelle

Die Kapelle St. Verena und Mauritius auf Burg (Kirchlibuck) geht auf die Zeit um 1000 zurück und ist erstmals im Mirakelbuch der heiligen Verena zu fassen. 1345 wird sie urkundlich erwähnt.[343] 1439 ist die Rede von der Stiftung einer Wochenmesse in der Kapelle, die vor Zeiten von den Vorfahren des gegenwärtigen Verkäufers Junker Hans von Winckelsheim als Seelenmesse gestiftet wurde.[344] Zur Kapelle führten Bittgänge und die Osterdienstagsprozession. Daran erinnert im Schiff der Kapelle noch die abgewinkelte Treppe mit Brettbalustern zum (vermauerten) Ausgang auf die ehemals vor der Westwand angebrachte Aussenkanzel. Die Wiese, auf der die Kapelle steht, wurde 1639 als Friedhof für Kriegsflüchtlinge benützt und ist 1662 als Begräbnisplatz der Katholiken in Zeiten des Massensterbens (Pest) geweiht worden. Im Laufe der Jahre gelangte die Verenabruderschaft in den Besitz von Burgkapelle und Kirchlibuck. Die Kapelle diente aber auch als

---

[335] 1920 abgebrochen.
[336] Vgl. HUBER, Geschichte, S. 65 f.
[337] Einweihung der reformierten Kirche am 16. März 1664. Bischöfliche Erlaubnis, in der kath. Kapelle auf einem Tragaltar die Messe zu feiern: 16. Juli 1664. Die katholische Kapelle von Tegerfelden wurde am 11. Mai 1695 geweiht. SCHWERI, Unterendingen, S. 17.
[338] HUBER, Kadelburg, S. 51 f. SCHWERI, Unterendingen.
[339] Die heutige Kirche von Unterendingen ist als flach gedeckter klassizistischer Raum 1822/23 durch Baumeister Fidel Obrist in Gansingen erbaut worden. 1910 wurde der Raum auf Anraten von P. Albert Kuhn, Einsiedeln, in der bestehenden Form dreischiffig gestaltet und mit einem Gipsgewölbe über dem Mittelschiff versehen.
[340] HUBER, Kollaturpfarreien, S. 184.
[341] HUBER, Kollaturpfarreien, S. 194, Anm. 1.
[342] HUBER, Gotteshöfe, S. 24.
[343] Capella in Burg, s. HUBER, Geschichte, S. 28. Nach HUBER, Kollaturpfarreien, S. 220 (ohne Beleg), existierte sie schon 1203.
[344] Aus dieser Familie stammte der letzte Abt von St. Georgen in Stein am Rhein, David von Winckelsheim, der in seiner Stube eine Darstellung der Zurzacher Messe anbringen liess. HUBER, Urkunden, S. 66.

Schlosskapelle des benachbarten Hauses Mandach, in das sich bedrängte Prälaten aus der rechtsrheinischen Nachbarschaft in unruhigen Zeiten zurückzogen.[345]

Die nahe gelegene Siechenhauskapelle war 1631 reparaturbedürftig. 1810 wurde das «bei dem Spital gelegene Schirm- und Schattenhäuschen, welches nach der Tradition eine Verenakapelle gwesen sein soll» und das einzustürzen drohte, abgetragen. Diese Kapelle war offenbar schon seit längerer Zeit profaniert.[346]

Kadelburg, St. Martin

Kadelburg gehörte schon in die Pfarrei Zurzach, bevor das Stift 1451 die Herrschaft Kadelburg erwarb. Mit dem Kauf ging auch die Kadelburger Kapelle in die Sorge der Chorherren über. Während der zum Teil tumultuarischen Diskussionen über die Annahme des neuen Glaubens taten sich besonders die Kadelburger hervor. Der Kardinal von Mailand, Karl Borromäus, bat 1584 im Zuge der Gegenreformation Propst und Kapitel schriftlich, alles zu unternehmen, dass Kadelburg für den alten Glauben wiedergewonnen werden könne.[347] Die Stiftsherren antworteten nach längerer Bedenkzeit am Verenatag 1584. Sie klärten den Kardinal über die Rechtsverhältnisse in Kadelburg auf und sagten ihm, dass nach Lage der Dinge eine Regel wie «cuius regio eius et religio» – dass die Herrschaft auch die Religionszugehörigkeit der Untertanen zu bestimmen habe – hier nicht anwendbar sei; im Übrigen hätten die Kadelburger das verbriefte Recht, bei ihrer Konfession zu bleiben.[348] 1554 hatten die Acht Alten Orte den Kadelburgern erlaubt, bei ihrem Entscheid zu bleiben und sich den «Nuwgloubigen» von Zurzach anzuschliessen.[349] Das Stift hatte sich während längerer Zeit bemüht, den Kapellenfonds anzureichern, um eine Kaplanei errichten zu können, wozu es 1774 kam. Der Kaplan hatte seinen Sitz in Zurzach. Drei Kapläne versahen von Zurzach aus zwischen 1775 und 1809 den kirchlichen Dienst im katholischen Teil von Kadelburg. Als durch den Reichsdeputationshauptschluss 1803 die deutschen Fürsten durch rechtsrheinische Gebiete entschädigt wurden, kam Kadelburg in den Besitz der Fürsten von Schwarzenberg, die ihre Ländereien von Wien aus und durch örtliche Beamte in Tiengen regierten. Die fürstlich-schwarzenbergische Regierung errichtete nach langen Verhandlungen (1803–1809) eine eigene Pfarrei in Kadelburg. An den Bau der neuen, 1833 geweihten Martinskirche leistete das Stift eine ansehnliche Abfindungssumme. 1832 lösten sich auch die Kadelburger Reformierten von Zurzach und erstellten «auf einer freundlichen Anhöhe, mit reizender Aussicht über das Rheintal»[350] ihr Gotteshaus. Die Kadelburger Jugend hatte in früheren Zeiten die stiftische Schule in Zurzach besucht. 1685 wünschten die reformierten Kadelburger eine eigene Schule, die ihnen 1742 bewilligt wurde. Bis zur Errichtung des gemeinsamen Schulhauses im Jahre 1817 hielt jedoch jeder Konfessionsteil in Privathäusern Schule. Im selben Jahr kaufte sich Kadelburg vom Zehnt los.[351] Das Stift als Universalzehntherrschaft in Kadelburg[352] leistete seinen Beitrag an den Schulhausbau. 1839 war der Zehntloskauf der Kadelburger abgeschlossen.[353]

---

[345] 1694 starb in Zurzach der Abt Romanus von St. Trudpert im Schwarzwald, der fast vier Jahre in Zurzach gelebt hatte. Er wurde «in der Kirchenmitte beim Weihwasserbecken» beigesetzt (in medio templi prope aspersorium), HUBER, Geschichte, S. 143, Anm. 1.
[346] HUBER, Kollaturpfarreien, S. 221 f.
[347] HUBER, Kadelburg, S. 103 f.
[348] ED. WYMANN, Antwort des Stiftes Zurzach an Karl Borromeo, in: ASG 1896, S. 331–333.
[349] HUBER, Kadelburg, S. 98–100.
[350] HUBER, Kadelburg, S. 54.
[351] HUBER, Urkunden, S. 277.
[352] Umfasst sämtliche Gross- und Kleinzehnten mit Ausnahme der ersten drei Jahreszehnten bei Novalien (Neubrüchen), die der Landesherrschaft zustehen.
[353] HUBER, Urkunden, S. 283 ff.

Abbildungsnachweise:
2–5, 7–13, 15, 18, 25, 26, 28–30) Institut für Denkmalpflege ETHZ/Büro Sennhauser, A. Hidber.
14, 16, 17, 24, 27) Büro Sennhauser (N. Hidber, W. Peter, R. Celio, Ph. Chaperon, M. Hochstrasser).
1, 21) Zentralbibliothek Zürich.
6) Repro nach unbezeichnetem Druck auf Folie, Museum Höfli, Zurzach.
19, 20, 23) Repros nach Carl Pfaff, Die Welt der Schweizer Bilderchroniken, Schwyz 1991, S. 186, 189, 77.
22) H. A. Fischer AG, Restauratoren, Bern.
31) Repro aus Haag, Erinnerungen.

Zurzacher Pfarreien

Hans Rudolf Sennhauser

Das Stift und sein Pfarrbezirk

1229 wird zum ersten Mal ein Pfarrer von Zurzach urkundlich fassbar. Wenn die Reorganisation (1279) den Dekan als Seelenhirten nicht nur der Chorherren, sondern auch des Fleckens bestimmt, so darf man wohl annehmen, dass das Stift mit der Seelsorge an der Bevölkerung von Zurzach in die Fussstapfen des Klosters getreten war. Fremde fragen, weshalb bei uns zwei Kirchen nebeneinander stehen: Pfarrkirchen an der Seite von Klosterkirchen scheinen hierzulande bis ins Hochmittelalter hinein eher die Regel darzustellen (Payerne, Romainmôtier, St. Gallen, Rheinau, Petershausen, Muri, Disentis). In einzelnen Fällen mag die Pfarrkirche älter sein als das Kloster (Muri); das Nebeneinander der beiden Kirchen bedeutet auf jeden Fall, dass die Mönche ihr klösterliches Leben unbeeinflusst von den Bedürfnissen der Pfarreiseelsorge führen wollen, auch wenn sie diese einem der Ihren anvertrauen. Anders ist es bei den Wallfahrtsklöstern (Einsiedeln, Mariastein) und den hochmittelalterlichen Gründungen Fischingen, Engelberg, Beinwil usw., deren Klosterkirche zugleich als Pfarrkirche diente. Die erste Gemeindekirche von Zurzach war die Chilebücklikirche aus dem 5. Jahrhundert. Daneben entstand am Grabe Verenas ein Gedächtnisbau, später eine Memorialkirche, betreut von einer geistlichen Gemeinschaft, die sich auch bald der Wallfahrer annahm. Dass das Kloster/Stift auch die Gemeindeseelsorge an sich zog, erklärt wohl auch das Fehlen einer (erst 1294 ausdrücklich genannten) Zurzacher Pfarrkirche im Liber decimationis.

Wie lange die Gemeindekirche auf dem Kirchlibuck bestand, wissen wir nicht; dass sie durch das Kloster oder Stift vielleicht in karolingischer Zeit in den Flecken, neben die Grabkirche der heiligen Verena, verlegt wurde, wird man annehmen. Die im 10. Jahrhundert vielleicht von einem Zurzacher Mönch verfasste jüngere Vita der heiligen Verena spricht davon, dass Verena in Zurzach eine Marienkirche vorgefunden habe. Es gab bereits den Flecken mit der Marienkirche, und von hier aus wanderte Verena täglich zu den Aussätzigen und armen Leuten in der «alten Stadt» – offenbar dem Kastell – nahe beim Rheinufer. Die Vita projiziert hier aktuelle Verhältnisse zurück in die Zeit der Heiligen, weist aber damit auch auf die Existenz der Marien-Pfarrkirche im 10. Jahrhundert hin. Bis zur

Aufhebung des Stiftes war die Marienkirche neben dem Grabheiligtum der Verena Pfarrkirche der Zurzacher, seit 1725 nur noch der Katholiken. Im ausgehenden Mittelalter war die Kirche baufällig und bot für die zahlreichen Gläubigen der weitläufigen Pfarrei zu wenig Platz; das Stift aber sperrte sich gegen einen Neubau, bei dem es die Kosten für das Chor hätte übernehmen müssen. Die Zurzacher Kirchgenossen erlangten 1517 – kurz vor dem Ausbruch der Reformationswirren – vom bischöflichen Ordinariat eine Baubewilligung, indem sie vorgaben, das Stift sei mit ihrem Vorhaben einverstanden. Auf den Protest des Stiftes als Kirchherrn von Zurzach hin erreichte eine aus bischöflichen Beamten und dem Landvogt zusammengesetzte Kommission eine Übereinkunft zwischen Stift und Gemeinde, nach der die Gemeinde die Kirche neu bauen durfte, aber so, dass «Kor und Kilch einander glichförmig erschine».[1] Das Stift beteiligt sich mit 200 Gulden à 16 Batzen und kommt fürderhin für den baulichen Unterhalt des Chores auf; es schickt in Zukunft neben dem Dekan einen Chorherrn an die jährliche Rechnungsablage, und die Gemeinde wird verpflichtet, künftig weder an der Kirche noch am Beinhaus ohne Zustimmung des Kapitels etwas zu verändern.[2] Im folgenden Jahre konnte die Kirche – es ist das heutige Gebäude – in Gebrauch genommen werden.[3]

Die reformierte Gemeinde

Die Reformation schuf einen neuen Zustand: Die Pfarrkirche (Obere Kirche) diente nun beiden Konfessionen als Gotteshaus, und die Reformierten, gewohnt, vom Stifte versorgt zu werden, erwarteten weiterhin Betreuung im bisherigen Rahmen – aber nicht mehr durch den Dekan und Pfarrer, sondern durch einen Prädikanten und in ihrem «neuen Glauben». Der Stand Zürich, der sich nach der Reformation als Schutzherr der Reformierten fühlte und bis zum Sieg der Katholiken im zweiten Kappelerkrieg gelegentlich glaubte, für alle zuständigen Orte sprechen zu können, bestärkte die Neugläubigen in ihren Forderungen und übte Druck aus auf die «Papistischen»[4], ohne durch die übrigen Stände wesentlich behindert zu werden. Das Stift erhielt u. a. die Auflage, die Prädikanten von Zurzach und Tegerfelden zu besolden. Es verwendete dafür die Einkünfte zweier Kaplaneien, die aufgegeben wurden.[5] Noch in den letzten Urbarien (1757, 1793) findet sich eine Aufstellung der Leistungen des Stiftes und dazu 1757 die Bemerkung: «Dieses alles gebührte vor Enderung der Religion einem jeden Herrn Decano, anjetzo aber, und seithero derselbigen empfangt jährlichen der Herr Prädicant allhier, ausgenommen Hühner und Eyer [Eier], und zweyen Viertel Kernen, welcher dem Keller in das Amt jährlichen geliefert wird. Hühner und Eyer aber empfangt jährlichen ein Herr Decan». Erst 1866 «hat sich die Stiftsfondsverwaltung vom restanzlichen Theile der alten Servitut losgekauft.»[6]

Lange Zeit, bis zum Bau der reformierten Kirche, stand nicht ein Auskauf zur Diskussion, sondern die Weiterführung eines nun einmal vorhandenen, mehrheitlich schlecht und recht funktionierenden Nebeneinanders der beiden Konfessionen.

1529 hatte Zürich noch dem katholischen Pfarrer befohlen, seine Dekanei zugunsten des Prädikanten zu räumen. Dass es nicht dazu kam, ist der trotzigen Haltung des Dekans und den nach 1531 veränderten politischen Verhältnissen zuzuschreiben: Zürich hatte seine Vormachtstellung weitgehend verloren. Mit den neuen politischen und konfessionellen Kräfteverhältnissen hängt es zusammen, wenn die Reformierten nach der Glaubenserneuerung noch fast zwei Jahrhunderte lang auch mit ihren berechtigten Anliegen gegenüber dem Stift einen schweren Stand hatten. Sie bekamen keinen eigenen Schlüssel zur paritätischen Pfarrkirche, der Prädikantenstuhl wurde nicht bewilligt, das Grabgeläute wurde ihnen versagt.[7] Als den Reformierten endlich 1605 nach langen Verhandlungen an den Tagsatzungen das Aufstellen eines eigenen Taufsteines in der Pfarrkirche erlaubt wurde, führte seine Platzierung zu weiteren Diskussionen usw.

Nach dem zweiten Landfrieden war ein anderer Weg zu begehen: Da die Reformierten noch immer kein Pfarrhaus besassen, gelangten sie an die Tagsatzung, und es wurde ihnen 1543 ein stiftisches Kaplanenhaus zugesprochen. Auf stiftische Einsprache hin wurde jedoch der Beschluss zurückgenommen: «Diewyl die Herren von der Stift nit übrige läre Hüser haben, ouch eines Caplanen wartend sigent, und der Predicant sin gebürenden Teyl nach lut des Landfriedens von der Techany Hus und Güter und jerlichen innimpt, so möge und solle er sich uss demselben mit einer Behusung versehen und die Hrn. von der Stift nit schuldig syn, Jm einiche wytere Behusung zu geben.»[8]

Der reformierte Teil von Zurzach musste noch 95 Jahre auf sein Pfarrhaus warten; 1638 gelang es der reformierten Gemeinde, das stattliche Haus zum goldenen Horn (heute Engelburg) im Oberflecken zu erwerben, und zehn Jahre später hatte sie aus eigenen Mitteln, mit der Hilfe Zürichs und einer Sammlung die Kaufschuld getilgt.[9] Es diente bis zur Errichtung des reformierten Schulhauses im

Jahre 1820 auch als Unterrichtsgebäude und schon bald nach dem Kauf, 1666/67, musste im Hof zwischen dem goldenen Horn und der Kanne ein Schullokal eingebaut werden. 1828/30 erhielt die reformierte Gemeinde ihr heutiges schönes klassizistisches Pfarrhaus. 1865 wurden die Schule der Reformierten und die Stiftsschule zu einer konfessionell gemischten Schule vereinigt. Im Dezember 1892 wurden gleichzeitig das reformierte Schulhaus und das katholische, das ehemalige Kapitelhaus, an Private verkauft, denn der Kanton hatte die seit dem Tode Propst Hubers 1879 nicht mehr benutzte Propstei als Gemeindeschulhaus für alle Abteilungen zur Verfügung gestellt. Damit beendete der laizistische Staat das Zeitalter der konfessionellen Schulen in Zurzach – in der ehemaligen Propstei.

Dass die Reformierten mindestens seit dem Beginn des 17. Jahrhunderts eine eigene Kirche anstrebten, ist mehr als verständlich. Eine Sammelaktion ermutigte die Gemeinde, den Bau 1681 ernsthaft zu erwägen. 1702 zeigte sich das Kapitel gegenüber Statthalter Oftinger «verplüfft», dass «die reformierten allhier mit allen Kräften eine eigene Kirchen zu bawen suchen» und ist «entlichen aber einhellig entschlossen, solchem möglichstermassen Widerstand zu thuon».[10] Verschiedene Möglichkeiten wurden erwogen, Vorschläge geprüft;[11] am 14. Mai 1706 erklärte Statthalter Oftinger dem Kapitel, die Evangelischen seien gesonnen, «in der Pfarrkirchen auf der Weiberseiten eine Bohrkirchen zue machen» (Empore). Er hoffe, das Stift werde ihm «mit einem gueten Rath an die Handt gehen, wie man dissen der ganzen Kirchen schädlichen Bauw möchte verhindern und nit in das Werk gesetzt würde».[12] Es kam nicht dazu. Nach dem zweiten Villmergerkrieg brachte der Landfrieden von Aarau bessere Voraussetzungen: Die Vorherrschaft in den Gemeinen Herrschaften ging an die Reformierten über. Schon im folgenden Jahre wurde der auch in der Zwischenzeit nie aufgegebene Plan von 1681 neu aufgegriffen, und 1714 gelang der Kauf des idealen Bauplatzes vor dem Tor. Nach der Grundsteinlegung an Ostern 1716 ging der Bau mit der kräftigen Hilfe Zürichs zügig voran, und 1717 waren Kirche und Friedhof in Gebrauch.

Die majestätische Kirche bildet ein machtvolles Gegengewicht zu den beiden katholischen Kirchen; die reformierte Gemeinde atmet hier tief und mächtig durch nach den Jahren mühsamer Duldung. Stift und katholische Gemeinde stellten sich, angefragt um eine Auskaufssumme als Beitrag an Bau und Aussteuer, auf den Standpunkt, «dass sie sich weder zum Auskaufe der Reformierten verstehen, noch selber von der alten Mutterkirche losgekauft zu

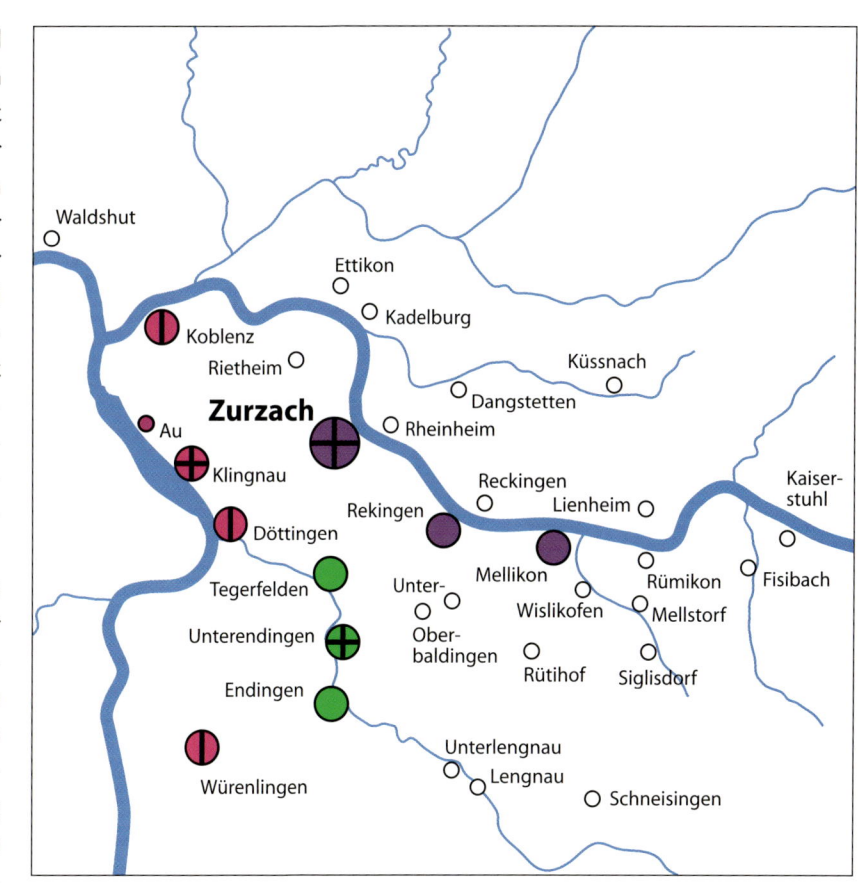

⊕ violett: Urpfarrei Zurzach
purpur: Pfarrei Klingnau (ca. 1260)
grün: Pfarrei Unterendingen (1665)

◐ später entstandene selbstständige Pfarreien

1 Ortschaften der Urpfarrei Zurzach und der näheren Umgebung. Nach H. J. Welti, Jahrzeitbuch.

---

[1] Offenbar ein in jener Zeit gängiges Vorgehen, hatte doch Propst Peter Attenhofer wenige Jahre früher die Zustimmung des Papstes für die geplante Exemtion (rechtliche Verselbstständigung) des Fleckens Zurzach erreicht, indem er behauptete, der Bischof und die Acht Alten Orte seien einverstanden mit seinem Plan; vgl. HUBER, Geschichte, S. 58.
[2] HUBER, Geschichte, S. 61.
[3] Nicht klar ist, welche Rolle der intrigante Dekan von Tobel, der mit dem Stift ständig im Streit lag, in diesem Handel spielte; aber die Tatsache, dass neben ihm ein weiterer Chorherr die Rechnungsablage begleiten soll, lässt Schlimmes befürchten.
[4] 1531 im Zürcher Mandat an die Zurzacher, «da ward das erstemal dieses Wort gehört, sagt Tschudi»: ILDEPHONS FUCHS, Egidius Tschudis von Glarus Leben und Schriften nach dessen eigenen Handschriften diplomatisch verfasst und mit Urkundenregister belegt, 1. Teil, St. Gallen 1805, S. 57.
[5] HUBER, Kadelburg, S. 51.
[6] HUBER, Geschichte, S. 83, Anm. 1. Loskauf vom Tegerfelder Servitut: 1801.
[7] HUBER, Geschichte, S. 150 f.
[8] HUBER, Geschichte, S. 96.
[9] HUBER, Schicksale, S. 10, Anm. 1; DERS., Geschichte, S. 11, 12, 296–301; DERS., Urkunden, S. 444.
[10] Kapitelsprotokoll vom 3. Juli 1702.
[11] Kapitelsprotokoll vom 20. Juni 1707.
[12] Kapitelsprotokoll.

2 Die katholischen (violett) und reformierten Familien (gelb) in Zurzach um 1725/30. Nach «Gmeind-Rodel der [reformierten] Pfarr zu Zurzach» 1730 (StAZH) und dem Familienverzeichnis der katholischen Pfarrei, angelegt vom Stiftsdekan Johann Franz Anderhalden um 1725 (Archiv der kath. Pfarrei Zurzach).

werden wünschen; man möge wohl leiden, wenn auch die Reformierten sie [die Pfarrkirche] wie bisher brauchen».[13] Auch die Katholischen Fünf Orte fanden, niemand könne gezwungen werden, die gemeinsame Kirche aufzugeben. Das Stift war zu einer Holzgabe bereit, berief sich aber auf den Aarauerfrieden, «wonach die andere Religion, die eine eigene Kirche bauen will, dies auf eigene Rechnung thun mag, unter Vorbehalt einer nachherigen Verständigung bezüglich der Auslösung».[14] Die kam zustande, indem die drei regierenden Orte (Zürich, Bern, Glarus) statt der von den Reformierten gewünschten 3000 eine Auskaufssumme von 2000 Gulden festsetzte. Nun hatten beide Konfessionen ihre eigenen Gotteshäuser, aber gelegentliche Zwistigkeiten gab es bis ins 20. Jahrhundert hinein.[15]

Die reformierte Kirchgemeinde umfasste von Anfang an auch die Glaubensgenossen von Kadelburg, Rietheim, Rekingen und Mellikon. Diese Dörfer waren von jeher nach Zurzach pfarrgenössig. Kadelburg war 1529 reformiert geworden. Seine Kinder gingen bis 1785 nach Zurzach in die reformierte Schule. Infolge des Reichsdeputationshauptschlusses kam Kadelburg 1803 vom Zurzacher Stift an die Fürsten von Schwarzenberg. Es löste sich in der nächsten Zeit auch kirchlich von Zurzach: 1809 entstand hier eine katholische Pfarrei mit eigener Kirche, und seit 1832 besteht auch im reformierten Teil von Kadelburg eine eigene Kirchgemeinde. Karlsruhe hatte seine Zustimmung 1828 gegeben. 1950 schlossen sich die Gemeinden Rümikon, Wislikofen, Mellstorf und Böbikon an die reformierte Kirchgemeinde Zurzach an.

Etwa ein Jahrzehnt nach der Fertigstellung der Kirche ist die Anzahl der Kirchenstühle im Verhältnis zur reformierten Bevölkerung festgehalten worden. Solche Bestandsaufnahmen sind von der Zürcher Obrigkeit periodisch bei den Prädikanten der Landsgemeinden in Auftrag gegeben worden. Die Zusammenstellung zeigt, dass der mächtige Kirchenraum zwar noch Platzreserven bot, im Wesentlichen aber die «Summa Seelen» berücksichtigte.

Reformierte Bevölkerung 1728/29

[Verteilung der Kirchenstühle]

Mannen Örter [Sitzplätze] oben und unten			633
Weiber Örter			370
Augmentation durch oblgt. Bänkli und Stüel gegen Taufstein		circa	200
Summa Örter			**1203**
Hausväter			248
Hausmütter			272
Erwachsene	Söhn		113
	Töchter		122
Minderjährige	Söhnli		171
	Töchterlin		165
Summa Seelen			**1091**

Davon gegen 100 abwesend und in Diensten.[16]

Einen Einblick[17] in die Art und Weise, wie sich sozial Höhergestellte von den anderen absetzten, gibt uns ein 1728/29 ausgetragener Streit um Kirchenstühle in der reformierten Kirche. Es ging um die Zuteilung von «Mannen-Örthern» und «Weiber-Örthern», «Ablass-Bäncklí» und «Stüel», die schliesslich vom Landvogt vorgenommen wurde. Die Plätze in der Kirche wurden traditionellerweise an die einzelnen Familien vergeben. Dabei bildete sich eine klare Hierarchie heraus. Als die Zahl der Weiberörter nicht mehr genügte, kam es zum Streit, wer die knappen Stühle besetzen durfte. Der Landvogt wies die Kirchgenossen an, 24 neue Weiberörter vorn und hinten in der Kirche sowie ungefähr 60 so genannte Ablass-Bänklein in der Kirchenmitte und zu beiden Seiten zu installieren. Die verschiedenen beteiligten Gemeinden (Zurzach, Kadelburg, Rietheim, Rekingen, Mellikon) sollten sie erstellen und niemandem zum Eigentum überlassen. Zudem durften vier Reihen «Männerstüel», je die zwei vordersten jederseits des Ganges, von niemandem als Eigentum beansprucht werden; sie dienten im Notfall der Vermehrung von «Weiberstüelen». Vier Weiber Örter konnte der Pfarrer an dem ihm gefälligen Ort in der Kirche auswählen und über sie verfügen. Zwölf Amtsstühle, sechs für Zurzach und sechs für die Aussengemeinden, wurden eigens aufgezeichnet. Sollten Männer- oder Weiberstühle übrig bleiben, so würden sie unter den Kirchgemeinden aufgeteilt. Jede Gemeinde konnte die Stühle denjenigen zuteilen, die sich um die Kirche verdient gemacht hatten.
In der Kirche zeigte sich der Rang einer Familie. Wer am meisten versteuerte, durfte die Stühle zuerst wählen. Versteuerten zwei Familien gleich viel, entschied das Los. Hatte jemand für die Kirche Frondienst geleistet, so wurde dieser in Geld umgerechnet und den Steuern zugeschlagen. Unten in der Kirche war der Stuhl für den Hausvater, die Söhne mussten wegen des Mangels an Sitzgelegenheiten Plätze auf der Empore aufsuchen. Erlassen wurden auch Richtlinien für frei werdende Stühle infolge Todesfalles, bei Heirat oder Wiederverheiratung und beim Aussterben einer Familie. Der Landvogt ermahnte die Kirchengenossen, keinen Handel mit den Stühlen zu treiben. Dieses Sitzrecht blieb bis in die Mitte des 19. Jahrhunderts bestehen.[18]

Der «[Gmeind:] Rodel der [reformierten] Pfare zu Zurzach [...] Anno 1730»[19] erlaubt es, die Zahlen zu konkretisieren. Die reformierten Familien waren Burkhart (9), Doldi (6), Fischer (2), Gross (12), Jauchler (Juchler) (2), Kappeler (4), Keiser (1), Keller (10), Rudolf (9), Schmid (8), Schneider (2), Schautz (Schutz) (4), Stapfer (2) und Welti (11). Die Familie Willi war mit Johannes ausgestorben. Seine Witwe lebte noch, als 1729 das «Kirchenörter-Urbar» angelegt wurde. Dieses «Haupt-Buch / der fünf Ehrsamen / Reformierten / Gemeinden der Pfarr u. Kirchhör / zu Zurzach / nach den geschlechteren derselben eingericht / worein von Zeit zu Zeit / Bey einer jeden

---

[13] HUBER, Geschichte, S. 151, nach Kapitelsprotokoll vom 7. Dezember 1713.
[14] Zitiert bei HUBER, Geschichte, S. 152.
[15] HUBER, Geschichte, S. 174.
[16] StAAG 2793, Kanzleiarchiv Baden, Amt Zurzach I.
[17] Absatz verfasst von Walter Leimgruber.
[18] StAAG 2793, Kanzleiarchiv Baden, Amt Zurzach, 2793/1: Ref. Kirchgemeinde, S. 45–49.
[19] StAZH E II 265 a, S. 803–857.

Gemeind / um guter Ordnung willen / Verzeichnet werden kan / das Erben und Vertauschen / der Mannen und / Weiber-Oerteren» verzeichnet zuerst die Beiträge der Stände, der Städte, der Gemeinden und der einzelnen «Auswärtigen» an den Kirchenbau. Die Aufzählung macht den Eindruck, dass Sammelreisen unternommen wurden – in Aarau, Lenzburg, Brugg, Biel usw. wurden die Sammler «gastfrei gehalten» –, dass aber auch die Handelsherren, die nach Zurzach reisten, an Ort und Stelle um einen Beitrag angegangen wurden; vor allem solche aus Zürich und Basel sind namentlich aufgeführt. Viele wollten anonym bleiben: «ein Guter Freund …» Einer stiftete einen Gulden und offerierte seine guten Dienste. Auf den folgenden Seiten sind die Stiftungen der Pfarreiangehörigen verzeichnet, und in der Aufzählung begegnen die Namen der in den einzelnen Pfarrgemeinden vertretenen Familien. In Kadelburg heissen sie Bercher, Bidermann, Brunhoffer, Gross, Haug, Hermann, Hessig, Kuchimann, Zuber, in Rietheim Büeler, Gross, Rudolf, Tallmann, in Rekingen Baldinger, Bercher, Dambach, Frey, Hertzog, Ruff (Ruoff), Spühler, Welti und in Mellikon Knecht und Mandli. Der Rodel von 1730 gibt Auskunft über die Herkunft reformierter Zurzacher Frauen: 44 Zurzacherinnen, zwei weitere aus der Kirchgemeinde (Kadelburg) und 27 auswärtige Frauen waren in reformierten Zurzacher Häusern verheiratet. Die auswärtigen Frauen stammten aus dem «Schaffhausischen» (Schaffhausen 2, Diessenhofen TG 2, Uhwiesen ZH 2, Neunkirch, Neuhausen und Stein am Rhein insgesamt 9), aus Brugg und Aarau (je 2), aus dem Kanton Zürich (Zürich 2, Winterthur 3, Kappel und Elgg je 1), aus dem Kanton Bern (insgesamt 3: eine aus Saanen, die zweite aus Oberthal im Amtsbez. Konolfingen, die Heimat der dritten Frau ist nicht genauer bestimmbar), aus Appenzell Ausserrhoden (Hundwil 1) und aus dem Süddeutschen (Hanau, Röschbach je 1). Ablesen lässt sich dort auch die Kinderzahl: 22 Familien hatten ein Kind, 15 zwei Kinder, 14 drei, 8 Familien hatten vier und 9 Familien fünf Kinder. Sechs, sieben, acht und zehn Kinder lebten nur je in einer Familie.

«Anno 1529 uf sant Dionisius des 9 tags octobris reit meister Hanns Schwytzer[20] mit meister Franz Zincken gen Zurzach, das er inen ein zit da predigete.»[21]
Zürich hat durch seinen Ratsherrn und Pannerherrn Johannes Schweizer den ersten Prädikanten, Franz Zingg, einen Mitstreiter Zwinglis seit der Einsiedler Zeit, in Zurzach eingeführt, und so blieb es bis 1803; Zürich hatte das Patronat. Der Rat der Stadt Zürich setzte die Pfarrherren von Zurzach ein und ab.[22] Zürichs Kirchen- und Kultusordnung wurde auch für Zurzach massgebend.[23]
Die Orgel war von Zwingli aus der Kirche verbannt worden. In Basel führte aber der Antistes Simon Sulzer schon 1561 die Orgelbegleitung für den Gemeindegesang ein. In St. Gallen wurde noch 1707 ein Angebot reicher Kaufleute abgelehnt, für die Laurenzenkirche eine Orgel zu stiften. Wie in Bern Tubabläser den Gemeindegesang begleiteten, bevor die Orgeln in die Kirchen zurückkehrten, so waren es nun in der Laurenzenkirche fünf Musiker. 1761 gab der Rat aber doch dem Wunsch der Zünfte nach und liess eine Orgel einbauen.[24] In der reformierten Kirche von Zurzach steht erst seit 1884 eine Orgel; es ist die letzte Orgel des Stiftes. Die 1819/20 von Franz Josef Remigius Bossard im Münster aufgestellte Orgel blieb damit in Zurzach, als die katholische Kirchgemeinde sie durch eine grössere und modernere Orgel ersetzte.
Wie Zwingli den Bernern empfohlen hatte, steht der Taufstein am Ehrenplatz, den in katholischen Kirchen der Hauptaltar einnimmt. Sicher benützte man für das Abendmahl anfänglich auch hölzerne «Schüsslen und Becher», wie es Zwingli verlangt hatte – was selbstverständlich ist, wird kaum aufgeschrieben, und aus der Frühzeit der reformierten Kirche in Zurzach sind uns nur die «Rödel» als schriftliche Quellen erhalten geblieben.
Wie an vielen Orten ist in Zurzach von den reformierten Pfarrherren früher als von den katholischen ein Taufbuch angelegt worden. Pfarrer Johannes Schlatter (1572–1587) führte es im dritten Jahr seiner Seelsorgetätigkeit in

3 Als das reformierte Pfarrhaus im Oberflecken nicht mehr genügte, wurde ein Neubau bei der Kirche beschlossen. Querschnitt durch den geplanten Neubau, gezeichnet vom Zurzacher Baumeister Hans Jacob Schmid um 1825. Archiv der reformierten Gemeinde Zurzach.

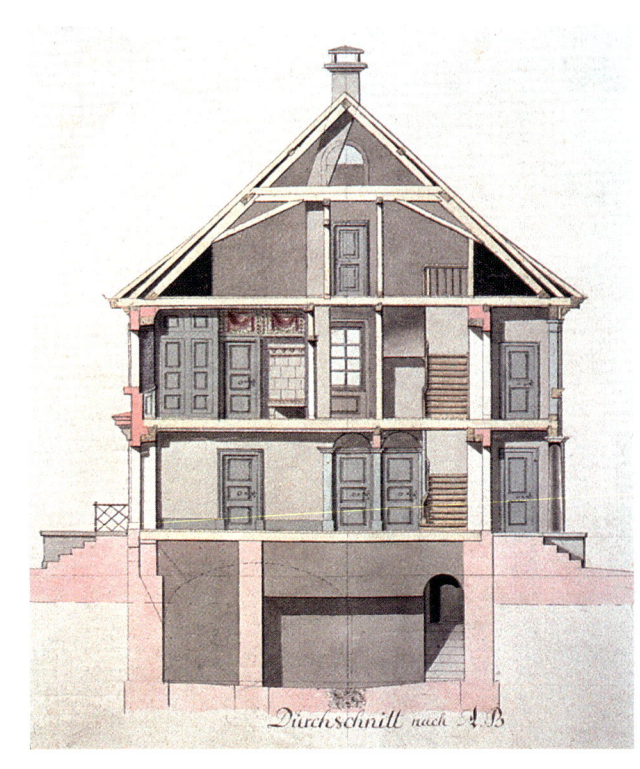

Zurzach ein. Pfarrer Hans Heinrich Brennwald (1601–1609) hat auf einem Vorsatzblatt im Taufregister in seiner «Vorred» die Gründe dafür genannt. Der wichtigste war, dass «etliche, die mit der unseligen Wiedertäuferei behaftet», ihre Kinder nicht taufen lassen. Andere sind auf eine Bestätigung ihrer ehelichen Geburt angewiesen, wenn sie sich anderswo niederlassen wollen, und dann gibt es Leute, die zusammenleben, ohne ihre Ehe mit dem «Kilchgang» zu bestätigen. Wichtig sei in erster Linie zu wissen, wer getauft ist und wer nicht, «damit der widertouff übermacht nit inbräche». Es sei aber auch gut, zu wissen, «wer ehelich beyeinanderen size oder nit», damit man sie veranlassen könne, sich in der Kirche einsegnen zu lassen. Diese «Rödel», Taufregister, Eherodel und Sterberegister, sind Vorläufer der Zivilstandsregister. Vor allem die Taufrödel dienten im obrigkeitskirchlichen Denken der Kontrolle: «man wollte wissen, wer etwa den wiedertäuferischen Standpunkt einnehme»,[25] was offenbar in Zurzach wie andernorts[26] noch stets als konkrete Gefahr gesehen wurde, hatte doch vor Jahrzehnten der Täuferprediger Balthasar Hubmaier in Waldshut grossen Anhang gewinnen können. Die Wiedertäufer wollten das Urchristentum in religiöser, sittlicher und sozialer Hinsicht wiederherstellen. Nicht Rechtfertigung durch den Glauben, sondern Nachfolge des leidenden Christus trieb sie um; sie kritisierten Kirche und Staat, lehnten die bisherige Sakramentenlehre ab und wollten eine Gemeinde aus lauter bewusst Wiedergeborenen, das heisst auch, dass sie die Kindertaufe ablehnten: Die staatliche und die kirchliche Obrigkeit mussten die Wiedertäufer als «unruhige Geister» und gefährliche Anarchisten sehen.

Zum Verhältnis der beiden Konfessionen

Unter den Beschwerden (Gravamina politico-Ecclesiastica), die vom reformierten Pfarrer Johann Rudolf Burkhardt 1712 gegen die Katholischen vorgebracht werden, heisst es: Die Waisenrechnungen für reformierte und katholische Waisen werden von den katholischen Herren Obervogt, Statthalter und Gerichtsschreiber geprüft, Streitfälle werden das ganze Jahr über von diesen Herren bereinigt, streitende Kaufleute zu Marktzeiten vor sie zitiert, ohne dass ein Reformierter «dabei sitzen» dürfe. «In der sogenannten Fastenzeit und an denen Feiertagen, die vermögens ehemaligen Landfriedens auch von reformierter Seite müssen gefeiert werden, hat man nicht wollen zugeben, dass die gemeinschaftliche Metzg von denen unsrigen gebraucht würde.»

«Der Herr Obervogt hat bey denen Erbtheilungen bisshär den Beysitz praetendiret, welches grosse Kösten verursacht, wo doch die Erben in der Freundlichkeit sich miteinander abfinden könnten.» Dem reformierten Pfarrer hat man den Kirchenstuhl verweigert. Dem Leichenzug

---

[20] Johannes Schweizer, 1492 und 1501 Zunftmeister zu Schmieden. Sohn des Zunftmeisters Rudolf Schweizer. Mehrfach Pannerträger, so 1513 (Zug nach Dijon), 1515 (Marignano), 1516 Pannerherr. 1520 Vogt zu Eglisau, 1527 Mitglied des Rats. Wiederholt vertrat er Zürich auf der Tagsatzung. Als Delegierter des Rates bei schwierigen Geschäften geschätzt. In der Schlacht bei Kappel am 11. Oktober 1531 gefallen. FINSLER, Wyss-Chronik, S. 119, Anm. 4.

[21] FINSLER, Wyss-Chronik, S. 140.

[22] Der dritte Pfarrer, Balthasar Stoll, wurde 1532, ein Jahr nach der Amtseinsetzung, des Amtes enthoben.

[23] Auf Orgelspiel und Gesang wurde gemäss dem Willen Zwinglis in den ersten Jahrzehnten nach der Reformation verzichtet. Der Psalmengesang wurde nicht in allen deutschschweizerischen reformierten Kirchen gleichzeitig eingeführt. Als Erster beschloss der Rat von Basel, beraten durch die Geistlichkeit, im Jahre 1523, die Schüler sollten fortan statt lateinischer Gesänge deutsche Psalmen singen. Als die Gemeinde 1526 von sich aus dazu überging, Psalmen zu singen, erliess die Obrigkeit zunächst ein Verbot, stimmte aber dann doch bald zu. In St. Gallen befand man 1527: «Und dieweil dann das Psalmengsang vil Grunds und beider alt und neuem Testament hat und die Jungen und Alten nöthig haben, damit sie sich für die schnöden fleischlichen Lieder, ob sie wollten fröhlich sein, im Herren zu seinem Lob und zu unserer Besserung ergötzen und erfreuen möchten», deswegen sollen vor und nach der Kinderpredigt wie vor und nach den Sonntags- und Feiertagsgottesdiensten «ein Psalm oder zween in unserer deutschen Sprache [...] gesungen werden». In Winterthur war es Pfarrer Heinrich Goldschmid von Seuzach, der seit 1543 mit den Kindern den Psalmengesang pflegte. 1546 gab er ein Choralbüchlein heraus. Im schaffhausischen Neunkirch hatte der Schulmeister Rupprecht Schapper seinen Schülern, wie an der Synode 1545 berichtet wurde, den Psalmengesang beigebracht. Zehn Jahre später wurden die Landgeistlichen von der Obrigkeit dazu angehalten, den Knaben Schule zu geben und sie im Singen zu unterrichten. Pfarrer Gabriel Gerwer von Bülach hingegen musste sich noch 1590 vor dem Kirchenrate verantworten, als er es in einer Predigt wagte, die Wiedereinführung des Kirchengesanges als wünschbar zu bezeichnen. Zürich sträubte sich lange dagegen – die Chorherren müssten es schliesslich besser wissen als er, hiess es in der Antwort an Gerwer. 1598 erschien aber das Liederbüchlein für die Kirchen Zürichs des Winterthurer Pfarrers Raphael Egli, und schliesslich wurde auch in der Zürcher Kirche der Psalmengesang üblich. In Bern war er 1558 eingeführt worden. – Als Archidiakon und Chorherr in Zürich hat Pfarrer Raphael Egli das Amt des Vorsängers (Cantorat) eingeführt und selber ausgeübt. In Zurzach wird die Vorsängerstelle erstmals 1668 erwähnt. Lehrer Friedrich Gross, der sein Amt 1880 aufgab, war der letzte Inhaber des Cantorates. Im Anschluss an die deutsche Singpraxis waren die Gesangbücher im 16. Jahrhundert auch bei uns durchwegs auf einstimmigen Gesang angelegt. Im 17. Jahrhundert aber löste man sich von der traditionellen Art, die auch jene Luthers war, und wandte sich dem mehrstimmigen (vierstimmigen) Gesang zu.

[24] Die Angaben nach FLÜCKIGER, Reformation, und HANS MÉTRAUX, Schweizer Jugendleben in fünf Jahrhunderten. Geschichte und Eigenart der Jugend und ihrer Bünde im Gebiet der deutschen Schweiz, Zürich 1942, bes. S. 113–129.

[25] FLÜCKIGER, Reformation, S. 96.

[26] Zum Beispiel im Murtenbiet, vgl. FLÜCKIGER, Reformation, S. 117 ff.

H. Schleich stud. polit. fec. 12 Oct. 1858.

4 Reformierte Kirche. Weiss gehöhte Bleistiftzeichnung von stud. polit. (Polytechnikum) H. Schleich 1858. Der Kirchenvorplatz ist mit einer Mauer abgeschlossen. Die Anordnung des Hauptportals und der beiden Seiteneingänge entspricht den drei Kirchenportalen. Rechts das Gartenhaus, wie es bis 1877 bestanden hatte. Schwach erkennbar ist auch der mit einer Schranke abgeschlossene Zugang zur Promenade. Museum Höfli.

ist der gewöhnliche Weg verwehret worden. Während der Karfreitagspredigt wird mit Rätschen um die Kirche herum Lärm gemacht, gelegentlich auch in den Chorhöfen Holz gespalten und «mit Klopfen grosser Beschwerd verursacht. Bey ankommender Fasnachtzeit werden gemeinlich grosse excess verübt, indem die iugend des Gegentheilss [die katholische] mit springen und dantzen sowohl tags als nächtlicher Zeit grosse ärgernuss gibt, sondern auch ehrlicher Leuten Kinder, und absonderlich Juden auff öffentlicher Strass angegriffen und wohl gar in die Brunnen hinein geworffen werden, nachdem man sie eine zeitlang für Spectacul herumgeführt, unter dem Vorwand dass dies ein privilegium währe, welches von der Obrigkeit denen papistischen iünglingen dieses Orths wäre gegeben worden.»[27] Das war offenbar ein alter, wohl vorreformatorischer knabenschaftlicher Brauch.

Der Landfrieden von Aarau (1712) brachte den Reformierten im Lande mehr Rechte, sie sollten nicht mehr gleichsam als Sekte gelten; beide Konfessionen wurden gleichgestellt, und das Prinzip der Parität setzte sich durch. In Zurzach, wo seither immer wieder betont wird, dass «die Zahl der Zurzachischen Bürgeren beyderley Religion beinahe gleichlich» ist,[28] setzten sich Bestrebungen, im öffentlichen Leben Parität zu verwirklichen, zum Teil schon vor dem zweiten Villmergerkrieg durch. So sieht die Metzgerordnung von 1709[29] vor, dass von den acht Metzgern vier der reformierten und vier der katholischen Konfession angehören sollen. Einen katholischen und einen reformierten Nachtwächter gab es in Zurzach schon seit der Reformation.[30] Seit 1547 hatte der Flecken auch zwei Totengräber.[31] Seit 1711 war von den Inhabern der beiden Schmieden der eine reformiert – «bis dato schon lange her» waren es beide gewesen –, der andere katholisch, und 1713 heisst es bei der Einführung des Landfriedens offiziell, dass die Zurzacher Rats- und Gerichtsstellen «von altem her halb von Reformierten und halb von

Catholischen Gliederen besetzet, und demnach dissorts nichts absonderliches vorzunemmen seye». Für Statthalter, Gerichtsschreiber, Stabführer (Weibel) und Untervogt, die bisher «allerseits der catholischen Religion zugethan»[32], wurde nun eine alternierende Besetzung vorgesehen. Neben dem katholischen sollte vom Bischof auch ein reformierter Statthalter gewählt und das Amt sollte turnusgemäss auf ein Jahr ausgeübt werden. Je ein katholischer und ein reformierter Spitalvater – oder eine Spitalmutter – sollen eingesetzt werden, «damit jederlei Religions Verwandten einer Abwart ihrer Religion sich zu erfreuen haben». Die konfessionell gemischte Bevölkerung vertrug sich im Allgemeinen, und doch kam es zu «konfessionellen Neckereien», wie Propst Huber die Gehässigkeiten nannte, mit denen im 18. Jahrhundert Angehörige beider Konfessionen das friedliche Zusammenleben reformierter und katholischer Glaubensgenossen störten. Nachdem in der ersten Hälfte des Jahrhunderts der cholerische Propst Bessler (Propst 1702–1767), der noch während zehn Jahren unter der alten Landfriedensordnung regiert hatte und sich ungern der neuen unterzog, verschiedentlich vor den Landvogt zitiert worden war wegen ungebührlicher Äusserungen über die reformierten Christen – es ging dabei vor allem um die Störung der Grabesruhe durch die seitliche Erweiterung des Münsters und die Pflästerung des Platzes um das Münster herum[33] und einmal mehr um die Kontroverspredigten an den Osterdienstagsprozessionen auf dem Chilebückli –, war es in der zweiten Hälfte der reformierte Pfarrer und Dekan Andreas Wegmann (Pfarrer 1757–1811), der mit seinen Eingaben und Beschwerdeschriften für Unruhe sorgte. 1770 hatte er beim Landvogt einen Badener Kapuziner wegen seiner Osterdienstagspredigt verklagt. Der Pater wurde des Landes verwiesen, das Stift schwer gebüsst.[34] Pfarrer Wegmanns aufklärerischen Geist störte das Singen religiöser Lieder zur Weihnachtszeit auf den Strassen. Er nahm als «vernünftiger» Aufklärer an den kindlichen Texten Anstoss, vor allem aber störte ihn, dass auch seine Schäflein am stimmungsvollen nächtlichen Singen Gefallen fanden.

1780 wurde das Weihnachtslieder-Singen abgestellt, 1781 der Nachtwächterruf: «Dass uns Gott und Maria b'hüt». Pfarrer Wegmann schrieb dem Landvogt einen Dankbrief. Er freute sich über die Niederlage der Gegner: «Finstere Gesichter gewahren wir an den Catholiquen, die von ihrem Unmuth zeugen, [...] besonders sumsen der geschwollene Herr Stifts-Probst [Schwendbühl] und seine Herren Capitularen herum wie die Hornußen und halten mit Zuzug der Herren Vorgesetzten ihrer Religion conventicula, was für Anschläge darin geschmiedet werden, ist uns unbewußt [...].»[35]

1780 hatte der Tagwächter von Tegerfelden gedroht, die Fahne herunterzuschiessen, wenn die Würenlinger wieder ihre Prozessionsfahnen durch das überwiegend reformierte Dorf tragen sollten. Die Unterendinger, die mit dem katholischen Teil Tegerfeldens eine Gemeinde bildeten, beharrten indessen auf ihrem Recht, in der eigenen Pfarrei mit Fahnen Umzüge veranstalten zu dürfen, was schliesslich anerkannt wurde.[36]

Der konfessionelle Frieden ist erst seit einigen Generationen eine Tatsache – heute mehr als das. Der Wille zur Verständigung hat in Zurzach zu einer gelebten Ökumene geführt.

Brauchtum kann – zeitgemäss erneuert – wiederbelebt werden, man muss es halt pflegen. In Zurzach ist seit mehr als einem Jahrzehnt das Weihnachtssingen wieder Brauch geworden: Nach der Weihnachtsmette treffen sich um Mitternacht Reformierte und Katholiken zum ökumenischen Weihnachtssingen.

Friedhöfe

Das Verenamünster ist in einem Friedhof entstanden: Seit römischer Zeit wurde an dieser Stelle bestattet. Ein Grab stand am Anfang der mittelalterlichen Entwicklung, und bei diesem Grab bildete sich ein neuer Friedhof heraus, indem gläubige Menschen in der Nähe der Zurzacher Heiligen beigesetzt werden wollten, um ihrer Fürbitte im Tode sicher zu sein. Hierher wurde im Verlaufe des Frühmittelalters das Zentrum der Seelsorge für die Bevölkerung von Zurzach und Umgebung verlegt, und die Zurzacher folgten dem Brauch, den Friedhof um die Kirche anzulegen, der sich seit dem 8. Jahrhundert überall durchsetzte. Bis 1676 blieb die unmittelbare Umgebung von Münster und Pfarrkirche Begräbnisplatz. Besonders der

---

[27] StAAG 2793, III.
[28] 1780 waren es fast gleich viele reformierte Haushaltungen (80) wie 1730 (79), katholische dagegen, sieht man vom Stiftspersonal ab, 100.
[29] StAAG 2793.
[30] ATTENHOFER, Sagen und Bräuche, S. 51.
[31] HUBER, Urkunden, S. 347.
[32] StAAG 2793, VIII, fol. 60 ff.
[33] HUBER, Geschichte, S. 156 f.
[34] HUBER, Geschichte, S. 160.
[35] StAAG 2793, Kanzleiarchiv Amt Zurzach, 2793/3, Nr. 13, fol., 4. April 1781.
[36] HUBER, Geschichte, S. 174.

Platz vor dem Beinhaus, wie die Krypta der Oberen Kirche noch in jüngster Zeit hiess, war ein bevorzugter Bestattungsort. Chorherr und Dekan Johann Franz Anderhalden († 1774), der während fast fünfzig Jahren Pfarrer von Zurzach war, wählte seine Grabstätte «ante Christum Crucifixum prope ossuarium», vor dem gekreuzigten Christus beim Beinhaus, wie sein Nachfolger im Sterberegister festhielt. Wahrscheinlich hing der grosse spätgotische Kruzifixus schon damals neben dem Beinhauseingang. Später wurden hier weitere Chorherren begraben, am Ende der Reihe der letzte Propst Johannes Huber († 1879).

Pfarrer Anderhalden hat als eifriger Seelsorger nach dem Antritt seines Amtes 1724 ein Familienregister angelegt und später nachgeführt, das für die Kenntnis von katholisch Zurzach im 18. Jahrhundert eine Quelle von erster Bedeutung darstellt. Sein Teil des Sterberegisters enthält verschiedene wertvolle Hinweise. 1725 schreibt er zum 19. Juni: Es starb Fulgentius Roner vom Rüttihof. Er war der erste, bei dessen Heimgang das neulich angeordnete Endläuten (signum agoniae) von der Pfarrkirche aus vorgenommen wurde, auf dass der erbarmende Gott dem Sterbenden die letzte Gnade und Beharren im Guten verleihen möge. Noch im letzten Jahrhundert kündete das Endläuten der Totenglocke der Gemeinde, dass ein Pfarreiangehöriger im Sterben lag und lud zum Gedenken ein.

Die Reformation hatte den Friedhof aufgeteilt, jeder Konfession wurde ihr Areal zugewiesen.[37] Mit der Zeit genügte die Fläche nicht mehr; 1574 erweiterte das Stift den Friedhof im Osten, hinter dem Münster, auf dem Land des Dekans.[38] Dieser wurde von der Gemeinde mit 10 Gulden jährlich entschädigt, mit Bauholz und indem die an den Friedhof stossende Giebelwand des Pfarrhauses in Mauerwerk aufgeführt wurde. Die Gemeinde umzog den Friedhof mit einer Mauer. Sie verpflichtete sich, die Gräber 5 Schuh tief auszuheben, Familiengräber nur mit Wissen und Erlaubnis der Vorgesetzten zu vergeben und zwischen Kirche und den Chorhöfen im Westen des Münsters nicht mehr zu bestatten. Der Totengräber soll gemeinsam besoldet werden. Damit Verenabrunnen (auf der Nordseite des Chores) und Mauern der Stiftskirche keinen Schaden erleiden, haben die Gräber 8 Fuss Abstand zu halten.[39] Diese Regelung wurde nicht in allen Teilen eingehalten; 1587 ermahnte der Landvogt Hans Conrad Escher die Kirchgenossen, dem Vertrag «in allweg straks, styf und stät»[40] nachzukommen.

Im 17. Jahrhundert raffte die Pest Hunderte hinweg. Nachdem sie schon 1608–1615 die westlichen und die nördlichen Teile der Schweiz befallen hatte, war sie besonders in den Jahren zwischen 1625 und 1638 weiterhin aktiv. Dr. theol. Kaspar Huwyler aus Zug war 1624 Stiftsdekan und Pfarrer geworden. Im folgenden Jahr begann er mit den Aufzeichnungen der Toten seiner Gemeinde im Sterberegister. 1629 starben in den Monaten September bis November 32 Personen, im August 1635 8 Angehörige der katholischen Pfarrei, im September 26, im Oktober 42 und im November 19.[41] Dekan Huwyler starb 1634 selber an der Pest. Sein übernächster Nachfolger, Augustinus Dinglikofer von Sursee, schrieb zum Jahr 1638 ins Sterbebuch: Viele Flüchtlinge, Erwachsene und Kinder seien in diesem Jahre gestorben, die im Verzeichnis nicht aufgeführt werden konnten, weil dem Schreiber ihre Namen nicht bekannt waren und nicht gemeldet wurden. Es seien aber sämtliche Pfarreiangehörigen zur Osterbeichte und Osterkommunion gekommen, was Propst Huber[42] zur Bemerkung veranlasste: «Not lehrt beten.» Der Friedhofsabschnitt der Katholiken füllte sich so, dass 1639 auf dem Kirchlibuck und in Kadelburg zusätzliche Friedhöfe für «Contagionszeiten» (contagium [lat.]: Ansteckungsstoff) geschaffen wurden.

Eine Generation später erwies sich der Friedhof wieder als zu klein. 1666 war zudem die Pest erneut ausgebrochen. Ein eigener reformierter Friedhof schien die Lösung zu sein (1667), aber die Reformierten knüpften Bedingungen an eine Zusage: Sie wollten den Anteil am alten Friedhof nicht aufgeben, es müsse ihnen eine Wiesenparzelle vom Sigristenamt für den Friedhof unentgeltlich zur Verfügung gestellt werden, sie beanspruchten zusätzliche Stühle in der Pfarrkirche, das Kirchengeläut bei Beerdigungen und einen eigenen Kirchenschlüssel (1668). Es kam zu einem vom Landvogt und den beiden Obervögten von Kaiserstuhl und Klingnau gefällten Schiedsspruch (1669), der klar machte, dass das Stift, vertreten durch den tüchtigen Stiftsamtmann Johann Jakob Aklin «aus sanitarischen Rücksichten», aber auch weil «die Grundmauern der Stiftskirche und Chorhöfe unterwühlt und der Gefahr des Einsturzes ausgesetzt werden», darauf drängte, dass im alten Friedhof nur noch ausnahmsweise bestattet werde. Die beiden Kirchgemeinden hingegen beriefen sich auf das Recht der Gewohnheit und wollten nichts geändert haben. Der Spruchbrief vom 31. Mai 1669 hielt fest: Weil der alte Kirchhof um die Kirche herum «nach und nach gentzlich durchgraben, undt mithin der Boden dergestalt erhöht worden», dass die Stiftskirche, obwohl ihr Fussboden dreimal aufgehöht wurde, wie auch die Chorhöfe «gantz tieff in den grundt gesetzt» seien. Man müsse befürchten, «wo den Fundamenten nit auch widerumb ein ist Lufft gemacht» wird, dass «die ohnedem schadhaffte obere Mauren [die aufgehenden Mauren] in kurtzer Zeit stinken undt (wie dessen gewüsse Wahrzeichen [wie es sich bereits abzeichnet]) etwan gar zu Grundt fallen mochten [...]».[43] Während zehn Jahren dürfe auf dem alten Friedhof nicht mehr bestattet werden, damit «der alte Kirchhoff widerumb geebnet und die Mauren der Stifft- auch Chorherrenhäuser widerumb [...] auss dem Grund gehebt werden mögen». Danach sollen beide Konfessionen zuseiten der Kirchen in Ausnahmefällen wieder bestatten dürfen; der Friedhof zwischen Kirchenvorzeichen und Chorherrenhäusern «aber [soll] gentzlich aufgehebt sein». Die Reformierten sollen innert Jahresfrist einen eigenen Friedhof anlegen. Schon im August desselben Jahres stellte der Obervogt von Klingnau fest, dass Claus Baldinger dennoch auf dem alten Friedhof beerdigt worden sei, und drohte bei neuen Übertretungen hohe Bussen an. 1673 brachte der Fürstbischof von Konstanz die Angelegenheit vor die Eidgenössischen Gesandten zu Baden. Das Anerbieten des Stiftes, ein weiteres Stück des Baumgartens für die Friedhofserweiterung zur Verfügung zu stellen, wurde akzeptiert. Der alte Friedhof sollte dagegen fürderhin nicht mehr benützt werden und ins vollständige Eigentum des Stiftes übergehen. Die Reformierten sollten einen eigenen Seuchenfriedhof schaffen, und sie bekämen das Recht auf einige zusätzliche Bänke in der Kirche.

Der reformierte Notfriedhof wurde in den «Kirchhofäckern» an der Strasse nach Rietheim angelegt. Er war ummauert. Die Angst vor der Pest, die zwischen 1660 und 1740 «in den Nachbarländern sozusagen nie aufgehört» hat, wurde gerade in dieser Zeit geschürt durch den Ausbruch der Seuche in Basel und Brugg (1666).[44] Da der Nordfriedhof später nicht mehr benutzt wurde, verfiel er, und der Pfarrer sowie später private Pächter benützten ihn als Pflanzland. 1879 kaufte Metzgermeister Ulrich Gross zum Rössli die Parzelle. Der katholische Notfriedhof auf Kirchlibuck musste ebenfalls zeitweilig belegt werden; der Kirchlibuck wurde schliesslich Eigentum der Verena-Bruderschaft.

Im 17./18. Jahrhundert wurden, wie sich aus dem Sterberegister ergibt, auf dem «coemeterium peregrinorum in Burg», dem Fremdenfriedhof auf Kirchlibuck, fremde Soldaten (je zwei 1678 und 1799), auswärtige Bettler, Selbstmörder (1732, 1743),[45] geländete Wasserleichen (1768), im Spital verstorbene Auswärtige (1768), uneheliche (1712) und ungetaufte Kinder (1761) beigesetzt. Einheimische Bettler wurden hingegen als Pfarreiangehörige «in coemeterio civico (communi) prope Decanatum» (1752) auf dem Pfarreifriedhof neben dem Dekanat beerdigt. Pfarrei ist Gemeinschaft im Leben und im Tod. Dekan Bodmer vermerkt deshalb im Sterberegister ausdrücklich, dass seine Pfarreiangehörige, Witwe Verena Brunhoffer aus Kadelburg, am 11. Juni 1722 auf dem Rheinheimer Friedhof bestattet werden musste, weil es wegen der Seuchengefahr damals verboten war, den Rhein zu überqueren.

Im katholischen Friedhof hatten die Kadelburger einen eigenen Schild (1774), und es gab Familiengräber (1711 «gentilitia sepultura» der Tschudi von Wasserstelz).

Drei Jahre nach dem Badener Entscheid (1676) beendigte ein vom Fürstbischof bestätigter Vergleich den Verzicht auf die Weiterbenützung des alten Friedhofes, der Stiftsbesitz wurde, vom Stift aber nicht überbaut werden durfte. Das Stift schenkte den Kirchgemeinden den bisher zur Verfügung gestellten Platz des neuen Friedhofes und ein weiteres Stück der Tempfteschen (Senftasche) bis zum Ehegraben auf ewige Zeiten zu Eigen und leistete einen Beitrag an die von der Gemeinde zu erstellende Friedhofsmauer. Das alte und auch später immer wiederholte Anliegen der Gemeinde, dass der alte Friedhof nicht durch Handel und Verkehr entweiht werden dürfe, wurde in den Brief aufgenommen. Ihm lagen durchaus nicht nur Pietätsüberlegungen, sondern ebenso sehr handfeste Absichten der Gemeinde zugrunde, denn die dort aufgestellten Stände gehörten ja den Chorherren.

Mit dem Brief vom 1. März 1676 endete «innerthalb Jahresfrist vom 7. Januar 1676 an zu rechnen» die Belegung des alten Friedhofes um die Kirche herum.[46]

Seit die Reformierten ihre eigene Kirche besassen, hatten sie auch hinter der Kirche ihren eigenen Friedhof. 1815 verkauften sie den Katholiken ihren Anteil am Friedhof bei der Stiftskirche.

Die Chorherren scheinen im 17. und 18. Jahrhundert in der Stiftskirche bestattet worden zu sein. Die bei der

---

[37] HUBER, Geschichte, S. 110.
[38] Vgl. dazu den Beitrag von J.-J. Siegrist, S. 245 f.
[39] HUBER, Geschichte, S. 108–110.
[40] HUBER, Geschichte, S. 110.
[41] HUBER, Kadelburg, S. 29 nach Sterberegister.
[42] HUBER, Geschichte, S. 124.
[43] StAAG 2793, Amt Zurzach IX, fol. 23 f.
[44] HERZOG, Zurzacher Messen, S. 13 f.
[45] Eine Selbstmörderin wurde 1732 im Walde begraben (in silva sepulta est).
[46] StAAG 2793, Amt Zurzach. – HUBER, Geschichte, S. 138 f.

Barockisierung der Stiftskirche durch Bagnato unter dem Chorgestühl eingebauten Grüfte («Bachoffen», Canonicalis Crypta Caverna nach Sterberegister 1743) wurden nur knapp ein Jahrzehnt lang belegt: 1736 (von Dürrheim) bis 1745 (Walker). Im 19. Jahrhundert hingegen entstand eine lange Reihe von Chorherrengräbern unmittelbar vor der Nordfassade der Marien-Pfarrkirche. Diese Gräber wurden nach der Stiftsaufhebung 1883 eingeebnet, als man die Chorherrenhäuser westlich des Münsters niederlegte und den Kirchplatz mit Kastanienbäumen bepflanzte.

Den katholischen Friedhof hat die Kirchgemeinde nach der Aufhebung des Stiftes erneut erweitert; 1876 beschloss sie den Ankauf des Kustorei-Baumgartens in der Sempftesche zu Erweiterung des Friedhofes, und Fanny Attenhofer zum Roten Haus schenkte der Kirchgemeinde Fr. 1000.– an die Kosten der neuen Kirchhofsmauer.
Im 19. Jahrhundert und bis 1969, als im Beckenmoos der heutige Zentralfriedhof geschaffen wurde,[47] hatten Katholiken und Reformierte ihre eigenen Friedhöfe. Beide wurden mittlerweile aufgegeben. Der katholische ist 1999 «gestaltet» worden, während der reformierte immer noch die Chance hat, als Wiese in würdiger Art die Gräber der Toten zu überdecken und Zeitgenossen auf ungekünstelte Weise an den ewigen Kreislauf der Natur zu erinnern.

---

[47] Der Zentralfriedhof wurde 2002 erweitert.

Abbildungsnachweis:
1, 2) Büro Sennhauser, A. und N. Hidber.

5 Spätmittelalter, Messen

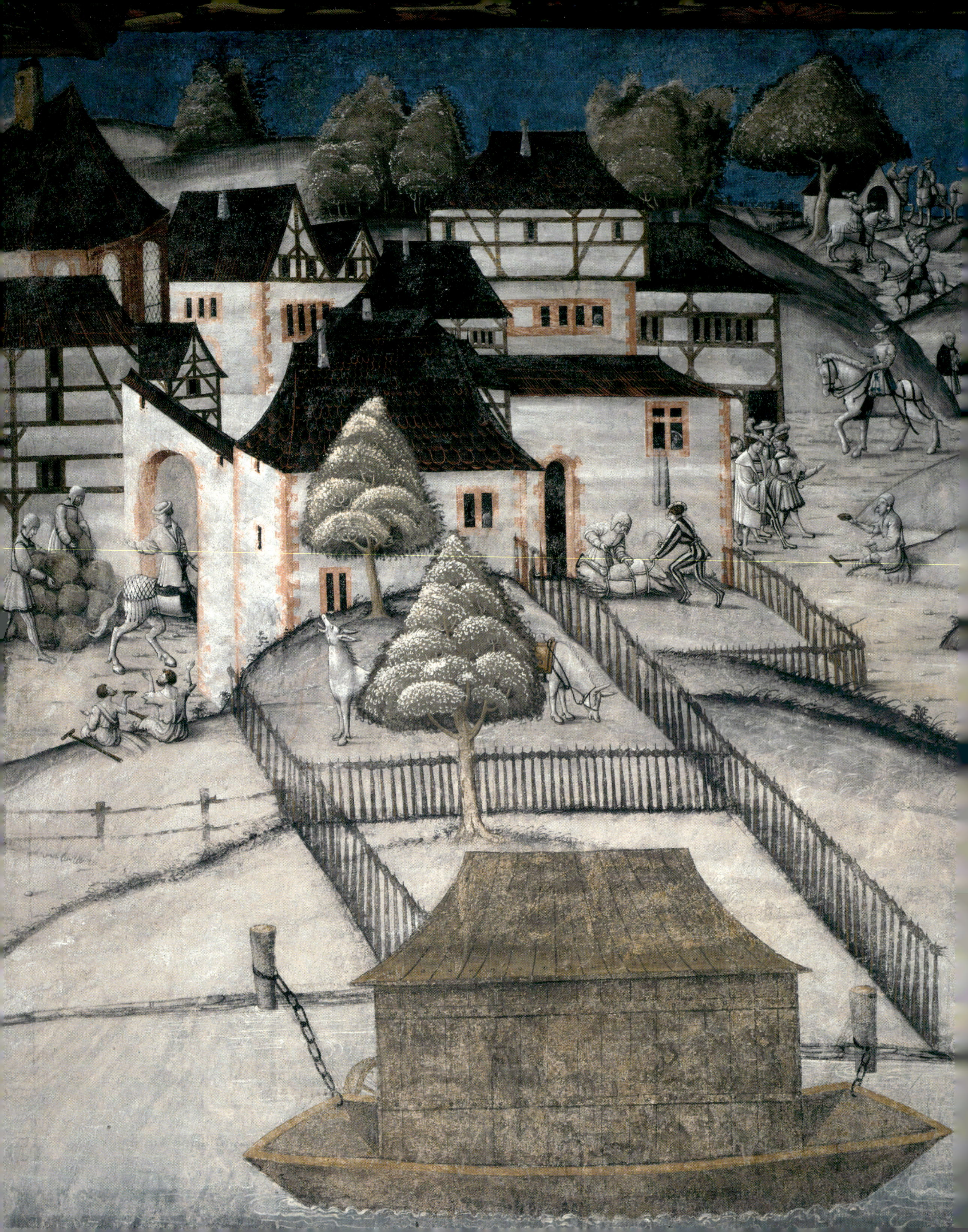

Zurzach im Spätmittelalter und in der frühen Neuzeit

JEAN-JACQUES SIEGRIST

Die Gründe für die erstaunliche Entwicklung und Bedeutung des Fleckens können wie folgt zusammengefasst werden: Die Verehrung der Verena mit Wallfahrt führte spätestens im 9. Jahrhundert auf Königsgut zur Errichtung eines Benediktinerklosters, seit dem 13. Jahrhundert umgewandelt in ein Chorherrenstift. Im Gefolge der Verenenverehrung entstanden Jahrmärkte, die sich zu Handelsmessen von zentraleuropäischer Bedeutung ausweiteten. Wichtig für diese Messen war offenbar auch die leichte Zugänglichkeit von Norden her über den Rhein via die Brücke, später die Fähre zwischen Badisch-Rheinheim und dem Zurzacher Kastell «Burg»; schliesslich kam noch die Fähre bei Kadelburg dazu. Wichtig war auch der direkte Anschluss an den Rhein und an das Wasserstrassennetz der nördlichen Schweiz.

Die historischen Grundlagen

Die nachfolgenden Ausführungen über Zurzach im Spätmittelalter und in der früheren Neuzeit handeln vorwiegend von verfassungs-, rechts- und wirtschaftsgeschichtlichen Themen: von Siedlung, Recht und Wirtschaft, von Herrschaft und Genossenschaft.[1]

Seit dem 9. Jahrhundert ist der westlich des zerfallenden römischen Kastells im Bereich eines gallorömischen Friedhofs entstandene Ort Zurzach als karolingisches Königsgut bezeugt.[2] Der ursprüngliche Einflussbereich dieses Königsgutes dürfte ungefähr dem weiteren Raum der hypothetischen Frühpfarrei der Marienkirche Zurzach entsprochen haben. Bestandteile dieses Königsgutes waren die «curtis», der später so genannte Keln- oder Kellerhof Zurzach, das der heiligen Verena geweihte ursprüngliche Benediktinerkloster, später Chorherrenstift, und die der Muttergottes geweihte Pfarrkirche mit einem bedeutenden Widemhof und der ursprünglich sehr weitläufigen Pfarrei.

Versuchen wir mithilfe dieser Kernpositionen uns ein Bild über deren spätmittelalterliche Bedeutung zu machen.

---

[1] In bisherigen wissenschaftlichen und populären Publikationen über Zurzach standen stets die Römerzeit, der Verenenkult, das Chorherrenstift und die Messen im Zentrum des Interesses.
[2] SRQ AG II/5, S. 20 ff.

1 Freie Darstellung des Fleckens und der Zurzacher Messe. Wandbild im Festsaal des Abtes David von Winkelsheim im Kloster St. Georgen, Stein am Rhein, von Thomas Schmid und Ambrosius Holbein, um 1513.
Linke Seite (Westwand): Am linken Bildrand Schlösschen Mandach, rechts Schifflände und Burgquartier. Darüber im Mittelgrund die Burgkapelle, Siechenhaus und Bettelhäuschen. In der «Inneren Breite» zwischen «Burg» und Flecken findet der Pferdemarkt statt.
Rechte Seite (Nordwand): Unterflecken mit ziegelgedeckten Stein- und Riegelbauten, bezeichnenden Hausformen und Einzelheiten. Der Maler erinnerte sich an den Dachreiter über dem Chor des Verenamünsters und an den niedrigen Querbau des Schwertgasstores. Im Vordergrund ist die Schiffmühle mit Ketten am Rheinufer befestigt.
Wichtiger als das Marktgeschehen sind dem Maler das bunte Treiben, der Tanz auf den «Brüel» (im Gebiet des heutigen Kurparks), der «Weibermarkt» mit dem legendären Dirnentanz und die Spiele im Vordergrund. Im Hintergrund kommen Leute über den Achenberg geritten, rechts bewegen sich Pärchen in Richtung Wald. Ganz rechts eine grosse Burganlage, die Küssaburg, als markantes Element ins Bild versetzt.

Der Kelnhof Zurzach

Verwaltungszentrum des Komplexes Zurzach war ursprünglich der Kelnhof Zurzach (1265: «curtis» in Zurzach), der bis 1798 Eigentum des Grundherrn (zuletzt: Bischof von Konstanz) blieb.

Die ehemalige Herrenhofqualität dieses Kelnhofes wird noch in der früheren Neuzeit (1793) bezeugt durch überdimensionale geschlossene Parzellen (je 6–18 Jucharten) in den drei Ackerzelgen und im Mattland und durch einen herrschaftlichen Waldanteil, in dem später der Einzelhof Grüth entstehen sollte.[3]

Das Zurzacher Dorfrecht von 1550[4] und spätere Quellen nennen Privilegien und Lasten dieses vom Kellmayer bebauten Kelnhofes:

– Der dörfliche Schweinehirt sollte dem Kellmayer sechs Schweine gratis hüten,

– im Heuet durfte der Kellmayer einen Tag vor den andern Dorfgenossen schneiden,

– der Kellmayer hatte zu Arbeiten am Dorfbach seinen Ackerzug, d. h. vier Zugtiere, zur Verfügung zu stellen,

– der Kelnhof bezog noch im 18. Jahrhundert von Rietheim, Rekingen und Mellikon je ein Fuder Holz und aus dem ganzen übrigen Raum der hypothetischen Frühpfarrei Zurzach kleine Einkünfte (Gaügele-Zins[5] auf Weihnachten) in Form von Geld, Hafer, Kernen und Hühnern.[6]

Der Kelnhof Zurzach war noch 1427 Gerichtszentrum eines Verbandes von Inhabern freier Güter, die offenbar im Einflussbereich des alten Königshofs Zurzach lagen – möglicherweise auch nördlich des Rheins. 1427 ging der Streit um freie Güter in Würenlingen, die in die Hände von Ungenossen[7] gelangt waren. Die Gerichtsleute stammten u. a. aus Endingen und Würenlingen südlich und Hauenstein nördlich des Rheins. Gerichtsvorsitzender war ein Landrichter im Klettgau.[8] Es ist übrigens interessant festzustellen, dass das Habsburger Urbar von 1306 von «vrien lüten» in Würenlingen, Oberehrendingen und Oberlengnau im Siggamt berichtet.[9]

Die Marienpfarrei und der Widemhof

Zweites konstitutives Element des Komplexes Zurzach waren die 1294 erstmals erwähnte Marienpfarrei[10] und der Widemhof. Das ursprüngliche Territorium dieser Frühpfarrei kann nur hypothetisch ergründet werden, dürfte auch den Rhein überschritten haben. Auf dem Gebiet der heutigen Schweiz wurde dieser Raum, der auch dem ursprünglichen Einflussbereich des karolingischen Königsguts entsprochen haben dürfte, am Saum von einer Reihe von Freiherren (von Tegerfelden, von Endingen, von Lengnau, von Waldhausen u. a.) angeknabbert, die hier eigene freie Kleinherrschaften, allenfalls eigene Pfarreien errichteten. Der Kirchensatz der Pfarrei Zurzach dürfte seit der Entstehung des Klosters im 8./9. Jahrhundert zum Vermögen dieses geistlichen Instituts gehört haben. Der seit dem Spätmittelalter in fünf Teile zerfallene Widemhof, der zweite bedeutende Grosshof der Siedlung Zurzach, bildete ausser dem Zehnten die wichtigste wirtschaftliche Basis der Pfarrei Zurzach.[11] Rein flächenmässig war der Zurzacher Widemhof grösser als der Kelnhof.

Das Kloster/Stift

Spätestens zu Beginn des 9. Jahrhunderts entstand im späteren Flecken Zurzach ein von den letzten Karolingern gefördertes Kloster am Verenagrab. Kaiser Karl III., genannt der Dicke, der letzte echte ostfränkische Karolinger, schenkte 881 das Kloster und den Komplex Zurzach seiner Gattin Richgard, mit der Bestimmung, das Ganze an dasjenige Kloster zu vergaben, in dem er begraben werden würde.[12] Karl III. starb 888 und wurde in der Reichenau beigesetzt. So gelangten denn Kloster und Siedlung Zurzach an das berühmte Kloster auf der Reichenau. Während dessen Herrschaftszeit, vermutlich im 13. Jahrhundert, wurde dieses Benediktinerkloster in ein Chorherrenstift umgewandelt. – Das Stift bildete seit jeher im Zentrum des Fleckens Zurzach mit Stiftskirche, Pfarrkirche, Friedhof und Chorherrenhäusern einen Sonderbezirk.

---

[3] StAAG 2907.
[4] SRQ AG II/5, S. 102 ff. Nr. 56.
[5] «Von und aus dem gantzen Geüggelizins, welcher Zins [...] zu Weynachten gefordert, und dann darauf folgenden unschuldigen Kindtlein Tag gelifferet wird», hatten die Kellmayer zu Zurzach einen Teil in die Pfarrei Klingnau zu liefern. StAAG 3821.
[6] StAAG 2907.
[7] Ungenossen hier: Leute, die nicht zum Hof Würenlingen gehören.
[8] E. Welti, Urbar, S. 192.
[9] Das Habsburgische Urbar, hrsg. von Rudolf Maag und Walther Glättli, Bd. 1, Basel 1891 (Quellen zur Schweizer-Geschichte, 14), S. 113.
[10] SRQ AG II/5, S. 22.
[11] StAAG 2905.
[12] SRQ AG II/5, S. 20.

2 Zurzacher Ackerzelgen (hell-/dunkelbraun), Weinberge (rosarot), Wiesen- und Waldgebiet (hell-/dunkelgrün). Zustand vor 1876 (Eisenbahnbau) und vor der Güterzusammenlegung von 1897.

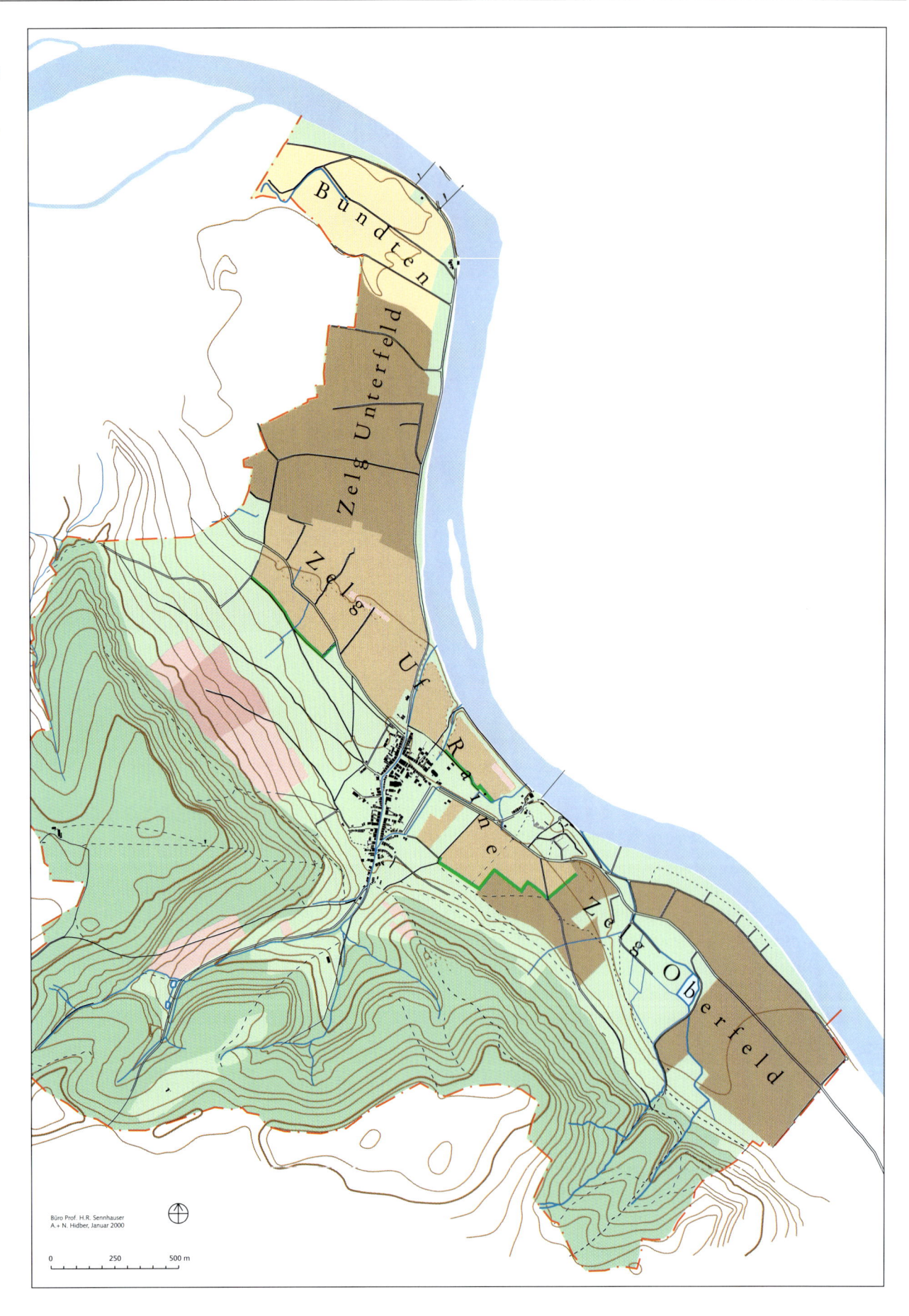

Der Flecken

Das erfassbare Kulturland in Zurzach verteilte sich im Spätmittelalter und in der früheren Neuzeit auf folgende Gutseinheiten:[13]

Einheiten		Häuser	Kulturland
1	Kelnhof	2	25,6 ha
5	Widem	5	27,6 ha
3	Freyhof	1	18,4 ha
11	übrige Güter und Gutssplitter	11	26,2 ha
20	**Bauerngüter**	**19**	**97,8 ha**

Die Parzellen dieser Höfe und Gütchen lagen verteilt im Mattland und in den drei Ackerzelgen «Oberfeld», «Unterfeld» oder «Beugen» und «Zelg zu Rheyna». Die Hofstätten dieser Höfe, Höfchen und Hofsplitter bildeten z. T. die um den Stiftsbezirk gruppierte geschlossene Siedlung des Dreizelgendorfes Zurzach. Dieses Dreizelgendorf war gleichzeitig ein ausgeprägtes Strassendorf, das vom Fusse des Zurzacherberges auf 1 km die Strasse von Brugg über Tegerfelden gegen das Fahr des rechtsrheinischen Kadelburg säumte. Es ist nicht uninteressant festzustellen, dass die Hofstätten der oben erwähnten Höfe und Hofsplitter noch im 18. Jahrhundert Häuser mit Namen trugen. Wir dürfen somit annehmen, dass ein fugenloser Übergang vom geschlossenen Ackerbauerndorf zum Messeflecken Zurzach stattgefunden hat. Gemäss Urkunde von Papst Julius II.[14] dürfte Zurzach 1510 neben 20 geistlichen Häusern und Chorherrenhäusern rund 60 Häuser von Dorfgenossen beherbergt haben. Mindestens die Bewohner von 30–40 Häusern waren damals dem Ackerbau bereits entfremdet.

Dieser Ackerbauern- und Messeort im Spätmittelalter und in der früheren Neuzeit bildet das Thema der folgenden Seiten.

Die Erwerbung der nachmaligen Äusseren Ämter der Grafschaft Baden durch Bischöfe von Konstanz

1192 wurde die Loslösung der Stadt Konstanz von der Herrschaft des Bischofs von Konstanz eingeleitet. Die städtische Freiheit konnte sich allerdings, nach einem kurzen Höhepunkt in den 1230er- und 1240er-Jahren, erst nach der Mitte des 13. Jahrhunderts voll entfalten. Die Bischöfe von Konstanz waren daher nach 1255 genötigt, sich nach einer neuen weltlichen Herrschaft umzusehen. Sie warfen schon bald ihre Blicke auf den Raum zwischen Kaiserstuhl und Klingnau, begnügten sich jedoch vorerst mit Gebieten nördlich des Rheins: Vor und um 1250 erwarben sie die Stadt Tiengen, die Burg und Herrschaft Küssaberg und Rechte in Rheinheim. Die Erwerbungen der zweiten Hälfte des 13. Jahrhunderts bezogen sich jedoch vorwiegend auf den Nordteil der späteren Grafschaft Baden, die so genannten Äusseren Ämter.

1265 verkauften Abt und Konvent des Klosters Reichenau um 300 Mark Silber dem Bischof von Konstanz, Eberhard II. von Waldburg, die «curtis» (= Kelnhof) Zurzach mit all ihren Zugehörden, dem Patronatsrecht der Kirchen Zurzach und Klingnau, den Pfründen des Chorherrenstifts Zurzach, der Vogtei, den Lehen und den Besitzungen der abhängigen Leute der «curtis» und des Verenenstifts.[15] Das eigentliche Herrschaftsgebiet der «curtis» erstreckte sich auf Zurzach, Rietheim, Mellikon und vermutlich auch auf Kadelburg.

1269 erwarb der gleiche Konstanzer Bischof um 1100 Mark Silber vom Freiherrn Walther von Klingen die Stadt Klingnau, das Burgstall Tegerfelden und die Vogtei über den St. Blasianerbesitz in Döttingen.[16]

1294 veräusserte Freiherr Heinrich von Regensberg um 800 Mark Silber Stadt und Burg Kaiserstuhl und den Hof zu Thengen samt dem dortigen Kirchensatz an den Konstanzer Bischof Heinrich II. von Klingenberg.[17]

1295 schenkte Freiherr Jakob von Wart dem gleichen Bischof Zwing und Bann über den Meierhof und das Dorf Weiach.[18]

So erwarben die Bischöfe von Konstanz durch Kauf um 2200 Mark Silber und durch Schenkung zwischen 1265 und 1295 ein ansehnliches Herrschaftsgebiet südlich des Rheins.

1363 wurde der Kaiserstuhler Besitz angemessen abgerundet, als Bischof Heinrich III. von Brandis um 600 Mark Silber von den Freiherren Rudolf und Friedrich von Tengen das Schloss Schwarzwasserstelz im Rhein samt den niederen Gerichten im Dorf Fisibach erwarb.[19]

Die Bischöfe von Konstanz schieden diese Besitzungen südlich des Rheins in zwei Verwaltungsbezirke, getrennt durch das später achtörtige Rümikon im Amt Ehrendingen.

---

[13] StAAG 2747 und 2907.
[14] SRQ AG II/5, S. 75 ff. Nr. 39.
[15] StAAG Urk. Bistum Konstanz 3. Druck: SRQ AG I/3, S. 231 ff. Nr. 5. Regest: SRQ AG II/5, S. 22.
[16] StAAG Urk. Leuggern 25. Druck: SRQ AG I/3, S. 233 ff. Nr. 6.
[17] GLA 5/360a. Druck: SRQ AG I/3, S. 3 ff. Nr. 1.
[18] StAZH Constanz Nr. 466. Druck: UB Zürich Bd. VI, S. 289 f. Nr. 2323.
[19] REC II, S. 335 Nr. 5784.

3 Die Darstellung eines Unfalls auf der Kaiserstuhler Rheinbrücke zeigt die Flusslandschaft von Kaiserstuhl bis Zurzach. Rechts das Schloss Rötelen (Rotwasserstelz), Sitz des bischöflichen Obervogts für Kaiserstuhl. Im Mittelgrund links Schloss Schwarzwasserstelz und rechts Schloss Weisswasserstelz. Im Hintergrund Zurzach, rechts die Küssaburg. Zentralbibliothek Zürich, Wickiana.

4 Im Schloss Klingnau sass der bischöfliche Obervogt für Klingnau und Zurzach. Ausschnitt aus einem Plan von 1741. StAAG.

Es handelte sich um:
- die Obervogtei Klingnau mit Klingnau und Zurzach. Sitz des Vogts war das Schloss Klingnau.
- die Obervogtei Kaiserstuhl. Sitz des Vogts war das Schloss Röteln nördlich des Rheins.

Landeshoheit – Hochgericht und Niedergericht

Die Bischöfe von Konstanz hatten offenbar die Tendenz, in ihren südrheinischen Gebieten fast die gesamte Gerichtsbarkeit und damit annähernd die Landeshoheit zu beanspruchen.

Oberste Instanz des Kriminalgerichts war im früheren 13. Jahrhundert theoretisch der Landgraf. Im zürichgauischen Gebiet zwischen Rhein, Aare und Limmat versahen vor 1264 die Grafen von Kiburg das Landgrafenamt. 1273 dürfte dieses Amt an die Herzoge von Habsburg-Österreich übergegangen sein. Die Österreicher bzw. ihre Landvögte scheinen die Bischöfe in ihren Bestrebungen nicht stark gestört zu haben. Es fällt auf, dass das fragliche Gebiet (Nordteil des Amts im «Sickental») im Habsburger Urbar von 1306 kaum erwähnt wird; offenbar brachte es der Herrschaft Österreich finanziell nichts von Belang ein.

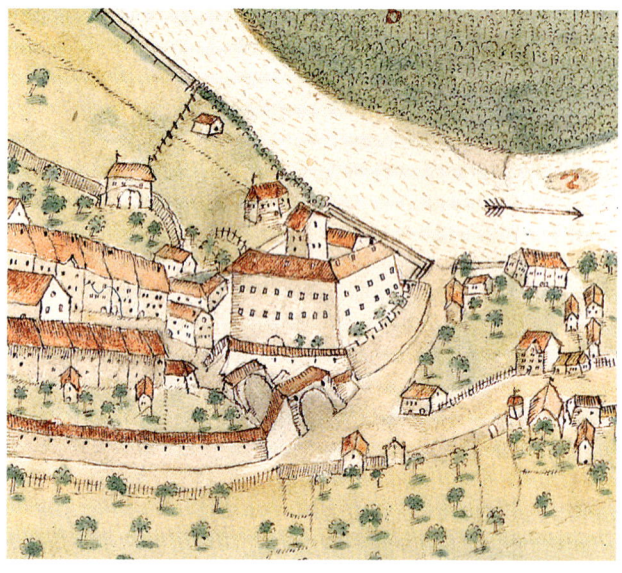

In österreichischer Zeit verfügte der Bischof in den Obervogteien Klingnau und Kaiserstuhl über das gesamte Frevelgericht mit Einschluss der Sühnehochgerichtsbarkeit bei Totschlag und über die Präkognition, das heisst die gerichtliche Feststellung des Niederrichters, ob ein Kriminalfall vor den Hochrichter gehöre. Anscheinend beanspruchte der Bischof schliesslich auch die Zuständigkeit für eigentliche Kriminalprozesse, ohne Anspruch auf das Exekutionsrecht zu erheben.

Nach 1415, nach der Annexion der nachmaligen Grafschaft Baden durch die Acht Alten Orte der Eidgenossenschaft, sollten sich die Verhältnisse bald verschieben. Daran änderte die Tatsache nichts, dass Herzog Albrecht von Österreich 1444 für zwei Jahre Stift, Dorf und Hof Zurzach mit dem Kaufhaus gegen die Eidgenossen unter seinen Schirm nahm (erneuert 1445).[20]

Die Acht Alten Orte zählten die bischöflichen Gebiete südlich des Rheins, wie erwähnt, zur annektierten Grafschaft Baden. 1421 berichtet der bischöfliche Vogt zu Klingnau: «Es ist zuo wissen von der hohen gericht wegen, so an das Nider Huß ze Baden gehörend, es sy zuo Keiserstuol, zuo Clingnouw, ze Zurtzach, ze Tettingen oder darumb überal in den Gebieten unsers herren von Costentz, und die gelegen sint in der egenannten Grafschaft», dass wenn im bischöflichen Gericht ein Kriminalfall anfiele, der Gerichtsstab «einem lantgraven, das ist itz ein vogt zuo Baden, oder einem sinem statthalter oder botten» übergeben werden sollte, denn der Bischof von Konstanz sollte wegen des Gefängnisses und des Kriminalgerichts nicht belästigt werden.[21] Somit waren seit 1415 die Gerichtsrechte des Niedergerichtsherrn und des Landesherrn klar geschieden. Eine genaue Abgrenzung der Kompetenzen erfolgte jedoch erst 1450 und 1520.

1475 wurden die Eide der bischöflichen Untertanen in den Äusseren Ämtern gegenüber dem Bischof von Konstanz und den Acht Alten Orten der Eidgenossenschaft schriftlich festgelegt. Als vorsichtige Leute setzten die Herren Eidgenossen sogar einen Eid für den Fall der «zweiung der bischove» fest.[22]

Die pragmatische Ausmarchung der Kompetenzen zwischen Bischof und Eidgenossen ist in zwei Urkunden niedergelegt: im Bubenbergischen Spruchbrief vom 23. Januar 1450[23] und im Landenbergischen Spruchbrief vom 15. Juni 1520.[24] Dem Schweigen dieser beiden Dokumente über die Kriminalgerichtsbarkeit dürfen wir entnehmen, dass diese Stufe der Jurisdiktion, mit Einschluss des Totschlags, im Prinzip unwidersprochen von den Eidgenossen beansprucht wurde. Dem Bischof blieb noch ein beachtliches Mass an Präkognition und das einleitende Prozessverfahren in Kriminalfällen; allerdings waren die Eidgenossen bei diesem Verfahren durch einen Beobachter vertreten. Verfahrensrechtlich konnte sich der Bischof somit weitgehend durchsetzen.

In Bezug auf die Delikte lag die Kompetenzgrenze zwischen Hoch- und Niedergericht im Bereich der höheren Frevelgerichtsbarkeit bei den Friedbrüchen, das heisst bei den Verletzungen des in einem Streitfall von einer Amtsperson beiden Parteien gebotenen Friedens.

Die Ahndung von Friedbrüchen mit Werken, das heisst tätliche Angriffe oder Körperverletzungen bei gebotenem Frieden, gehörten ganz in den Kompetenzbereich der Eidgenossen. Die Kompetenzgrenze verlief durch den Bereich der Friedbrüche mit ehrverletzenden Worten, das heisst qualifizierte Ehrverletzung. An den Bussen für dieses Delikt waren beide Herrschaften, der Bischof und die Eidgenossen, beteiligt.

Ähnliches galt für frevelhafte «Zuored», das heisst gewöhnliche Verbalinjurie oder unqualifizierte Ehrverletzung. Falls der Ehrverletzer widerrief, gehörte die Sache vor den Bischof. Wenn er auf der Ehrverletzung beharrte, war der Landvogt zu Baden zuständig.

Die Appellation aus dem bischöflichen Zivilgericht war wie folgt geordnet: Handelte es sich bei den Streitenden um Leute des Bischofs, so gelangte ein Zurzacher Fall vom Niedergericht über Vogt und Rat zu Klingnau an das bischöfliche Gericht zu Konstanz als letzte Instanz. Handelte es sich jedoch um Fremde, konnte ein Appellationsurteil des bischöflichen Gerichts zu Konstanz an die eidgenössische Tagsatzung und schliesslich an die einzelnen regierenden Orte weitergezogen werden.

Doch nicht genug der Komplikationen: Während der Messetage, vom Vorabend bis am Tag nachher, beanspruchten die Acht Alten Orte in Zurzach die gesamte Gerichtsbarkeit und die Aufrechterhaltung der Ordnung. Die zivilrechtlichen Streitfälle brachten allerdings dem Landvogteiamt Baden kaum viel ein. Ein kleines Beispiel: Notiert wurden im Audienzprotokoll am Verenamarkt 1681 und am Pfingstmarkt 1682 gesamthaft 25 Streitfälle: 8 betreffend Pferdehandel, 10 betreffend Schulden, Bürgschaften und Wechselbriefe, 6 betreffend Warenmängel, 1 betreffend Falschgeld.[25] Später verlor dieses landvögtliche Zivilgericht immer mehr an Bedeutung, da anscheinend das bischöfliche Niedergericht als Konkurrenz daneben trat.

Jahrmärkte und Messen zogen Gauner, Betrüger und Diebe an. Gefasste Übeltäter wurden vom landvögtlichen

---

[20] StAAG Urk. Stift Zurzach 247 und 249. Druck: SRQ AG II/5, S. 46 f. Nr. 15 und 16.
[21] StAAG 2272, fol. 25 (Urbar der Grafschaft Baden von ca. 1487). Drucke: E. Welti, Urbar, S. 188 f. Nr. 56.
[22] StAAG 2272, fol. 39 (Urbar der Grafschaft Baden von ca. 1487). Drucke: SRQ AG I/3, S. 46 Nr. 29; EA II, S. 572 Nr. 823; E. Welti, Urbar, S. 210 f. Nrn. 110–112.
[23] StALU. Drucke: SRQ AG I/3, S. 38 ff. Nr. 25; E. Welti, Urbar, S. 234 ff. Beil. 1.
[24] StAAG Urk. Alteidg. Archiv 50. Drucke: SRQ AG I/3, S. 68 ff. Nr. 56; E. Welti, Urbar, S. 237 ff. Beil. 2.
[25] StAAG 2794 (Audienzprotokolle).

Kriminalgericht in Zurzach[26] verurteilt und allenfalls vom Scharfrichter der Grafschaft Baden «an die linden, so oben im dorff Zurtzach stande, gestrickt und daselbs erwürgt».[27] Die Leichen wurden weiter oberhalb des Dorfes unter einer Eiche verscharrt. 1570 baten Räte und Gemeinde von Zurzach die Acht Alten Orte, die Richtstätte von der Linde zur besagten Eiche verlegen zu dürfen. Da die Zurzacher kurz zuvor kräftig mitgeholfen hatten, im Flecken Zurzach ein obrigkeitliches Untersuchungsgefängnis zu errichten, bewilligten die Acht Alten Orte dieses verständliche Begehren.[28]

Schliesslich ist noch zu erwähnen, dass die Acht Alten Orte Schirmherren der Rheinfähre bei Zurzach an der Burg waren. Es existierte eine alte Fahrordnung, die beim Stadtschreiber von Klingnau deponiert und dort einem Brand zum Opfer gefallen war. Auf Bitte der Fährleute Jacob und Cunrat Keller verfasste 1609 Heinrich Reding von Schwyz, Landvogt der Grafschaft Baden, eine neue Urkunde, die vornehmlich die Taxen der Fährleute festsetzte.[29]

1712, nach dem zweiten Villmergerkrieg, wurden die Katholischen Orte Luzern, Uri, Schwyz, Unterwalden und Zug aus der Regierung der Grafschaft Baden verdrängt. Landesherren blieben die Orte Zürich, Bern und Glarus. Dieser Wechsel brachte keine Veränderung im Verhältnis zum Bischof von Konstanz und zu den Messen.

Rechtliche und wirtschaftliche Aspekte von Stift und Pfarrei Zurzach – Kirchhof

Bei den nachfolgenden Erörterungen handelt es sich nicht um einen Abriss der Stiftsgeschichte. Unsere Bemühungen konzentrieren sich vielmehr auf die rechtlichen und wirtschaftlichen Momente. – Im Dreieck zwischen Limmat und Rhein östlich der Aare war das Stift Zurzach ein bedeutender Faktor.

Seit 1340, nach dem Brand, steuerte der Bischof die bauliche Entwicklung des Stiftsbezirks. Am 22. Februar 1340 verfügte Bischof Nicolaus I. von Frauenfeld, unter Androhung einer Strafe von 20 Pfund Schilling an die Fabrik des Stifts und 10 Pfund Schilling an das Hochstift Konstanz, dass die mit eingeäscherten Klosterhöfe beim Wiederaufbau innert zweier Jahre mit Ziegeln gedeckt und die Wände gegen die Kirche hin mit Mauerwerk zu versehen seien. Mit der Leitung des Geschäfts und dem Fabrikamt wurde auf Wunsch des Stifts Magister Cuonrad von Aichheim bestimmt. Ihm wurde Chorherr Heinrich von Sekkingen beigesellt.[30]

Am 14. März 1521 betonte Bischof Hugo, dass alle Gebäude («hüser und höff»), die zum Stift Zurzach gehörten, Lehen des Bischofs seien. Deshalb wurde das «Sant Verenen huß» im Unterdorf dem Stift Zurzach zu Lehen gegeben.[31]

Neben den ständigen Einkünften aus Grundeigentum verfügte das Stift seit alters über die Niedergerichtsbarkeit im rechtsrheinischen Kadelburg und über die Pfarrei der Pfarrkirche Sankt Maria in Zurzach. Die spätmittelalterliche Pfarrei Zurzach umfasste neben Zurzach noch Rietheim, Rekingen, Mellikon, Tegerfelden und die beiden Endingen südlich des Rheins, auch Kadelburg nördlich des Flusses. Seit der Glaubensspaltung existierten innerhalb dieser Pfarrei reformierte Sondergemeinden in Zurzach und in Tegerfelden. Die reformierte Gemeinde Zurzach benützte während langer Zeit zusammen mit den Katholiken die Marienkirche. In den Jahren nach 1716 baute sie eine eigene Kirche an der Schwertgasse: Es ist ein bemerkenswerter Querbau mit Zwiebelturm. Im 14. Jahrhundert kamen weiter an das Stift: 1360 die Pfarrei Klingnau (mit Klingnau, Koblenz, Döttingen und Würenlingen) und 1365 die Pfarrei Baldingen.

So flossen seit dem 14. Jahrhundert Einkünfte aus der ganzen hypothetischen Frühpfarrei Zurzach im Stift zusammen: An Bodenzinsen und Jahrzeiten bezog das Stift um 1544 rund 500 Stuck Getreide und 25½ Pfund Geld.[32] Um 1546 bezog das Stift den Grosszehnten von 823 Stuck Getreide, um 1655 den Gross- und Kleinzehnten von rund 1000 Stuck Getreide und 500 Pfund Geld.[33] In Kerne umgerechnet, erhalten wir für das 17. Jahrhundert die stattliche Zahl von rund 105 Tonnen Kernen und 525½ Pfund Geld.

Verwalter dieser Einkünfte war ursprünglich der aus den Chorherren gewählte «cellerarius», das heisst der Stiftskeller (nicht zu verwechseln mit dem Inhaber des Kelnhofes). Später wurde er Stiftsammann genannt und war stets weltlichen Standes.

1517 beschlossen das Stift und die Gemeinde des Fleckens Zurzach ein Spital zu errichten. Zweck dieser neuen Institution war die Betreuung der Verenawallfahrer («so dann die heiligen Jungkfrouwen sancta Verena, die dann libhafftig da lit, heimsuochen») und der Messebesucher.[34]

Mitten im Stiftsbezirk lag um die Stiftskirche der Kirch- oder Friedhof der Pfarrei Zurzach, ein dauernder Zankapfel zwischen Bischof, Stift, Kirchgemeinde und Dorfgemeinde Zurzach. Grund für diese Tatsache war, dass sich viele Chorherrenhäuser zum Kirchhof hin öffneten. Die geistlichen Herren wollten auch von der Messe profitieren und vermieteten während der Messezeiten zum Teil

5 Ablassurkunde. Rom, 28. Mai 1489. Sieben Kurienkardinäle verleihen auf Bitten des Zurzacher Propstes Johannes de Croaria einen Ablass, den der Konstanzer Bischof Otto von Sonnenberg bestätigt und mehrt. Seine in deutscher Kanzleischrift verfasste Urkunde ist der in sorgfältiger Humanistenschrift geschriebenen Römerurkunde mit Siegelstreifen angeheftet. Das Wappen des Papstes Innozenz VIII. (1484–1492) leitet die Kardinalsurkunde ein. Links das Wappen des Propstes (goldenes Einhorn auf blauem Grund) und oben ein Medaillon mit dem Schweisstuch der Veronika (wohl Verwechslung Verena – Veronika).

ihre Häuser und Plätze gegen den Friedhof an Händler und Krämer. 1451 wandte sich der Bischof mit einem scharfen Verbot gegen diese Praktiken der Chorherren, der Angestellten des Stifts und anderer Laien.[35] Das Verbot fruchtete wenig. Schon 1463 sah sich Bischof Burkart genötigt, das Verbot zu erneuern, diesmal unter Androhung einer Busse von 3 Pfund Schilling.[36] Auf neuerliche Klage der Kirchgenossen von Zurzach verbot Bischof Hugo 1520 wieder einmal, dass in den Chorherrenhäusern auf der Friedhofsseite Markt gehalten werde, «da die, so vor den offen laden ir gewerb suochen und pruchen, uff dem kirchhoff und gewychten boden standen und wandlen».[37] Trotz der Einwände der Inhaber der Chorherrenhäuser blieb der Bischof beim Verbot.[38] Auf die weitere Klage der Kirchgenossen von Zurzach vor dem Landvogteiamt zu Baden liess 1521 der Bischof den Kirchhof und den Kirchhofweg neu weihen.

1574 wurde unter Oberaufsicht des Landvogteiamtes Baden und mit Beistand der bischöflichen Beamten der Kirchhof erweitert. Dabei wurde Folgendes festgelegt:

1. Die Friedhofmauer war ohne Kosten für das Stift von den Dörfern der Pfarrei zu errichten. Die gleichen Dörfer hatten die Giebelmauer des Dekaneihauses aufzumauern und den Dekan wegen entgangenen Nutzens mit 10 Gulden zu entschädigen.

---

[26] Ordentliche Kriminalfälle wurden in der Grafschaft Baden zu Baden im Landvogteischloss abgeurteilt; die Übeltäter wurden auf der Höhe gegen Ehrendingen gerichtet.
[27] SRQ AG II/5, S. 122, Nr. 67.
[28] GAZ Urk. 49. Druck: SRQ AG II/5, S. 122 f. Nr. 67.
[29] StAAG 3738 (Kopialbuch II des Stifts Zurzach), fol. 158–162. Druck: SRQ AG II/5, S. 145 ff. Nr. 85. Für Einzelheiten siehe Abschnitt V, 1.
[30] Original verloren. Vidimus: StAAG Urk. Stift Zurzach 58. Regesten: HUBER, Urkunden, S. 297; REC II, S. 180 f. Nr. 4586.
[31] Original verloren. Abschrift: StAAG 3751 (Urbarium aedificorum), 252 ff. Druck: SRQ AG II/5, S. 89 f. Nr. 49.
[32] StAAG 3786.
[33] StAAG 3919.
[34] GAZ Urkk. 28 und 29. Druck: SRQ AG II/5, S. 85 f. Nr. 46.
[35] StAAG Urk. Stift Zurzach 261. Druck: SRQ AG II/5, S. 48 ff. Nr. 19.
[36] StAAG Urk. Stift Zurzach 283. Druck: SRQ AG II/5, S. 52 ff. Nr. 22.
[37] SRQ AG II/5, S. 87.
[38] GAZ Urk. 33. Druck: SRQ AG II/5, S. 86 ff. Nr. 47.

2. Die Gläubigen beider Konfessionen sollten einen gemeinsamen Totengräber anstellen. Der Totengräber war verpflichtet, die Gräber 5 Werkschuh tief (= rund 1,5 m) auszuheben und den Gottesacker zu säubern.
3. Auf dem alten Gottesacker zwischen dem Vorzeichen und den Häusern sollte, ausser in grossen Sterbenszeiten, nicht mehr beerdigt werden. Doch war der Platz in Ehren zu halten, und es sollten darauf keine Kaufmannswaren (ausgenommen Bücher) feilgehalten werden. Im Zusammenhang damit wurde die bischöfliche Urkunde von 1520 bestätigt. Gleichzeitig befasste man sich mit den Familiengräbern, die nur unter Anwesenheit der Vorgesetzten errichtet werden durften. 8 Werkschuhe vom Münsterturm und vom St. Verenabrunnen sollte nicht begraben werden. Schliesslich sollte um des Friedens willen die konfessionelle Unterteilung des Kirchhofs beibehalten werden.
4. Die Kosten der Weihung dieses Gottesackers übernimmt das Stift, dagegen gehen die Kosten der Abfassung und Besiegelung der zwei Urkunden zulasten der Dörfer.
5. Damit die Artikel dieser Urkunde eingehalten werden, sollen das Stift und die zwei Konfessionen je drei Personen bestimmen, die als Aufsichtsorgane vorgesehen sind.[39]

Da der Spruch von 1574 von den Kirchgenossen von Zurzach nicht eingehalten wurde, drohte der Landvogt zu Baden mit Strafen an Leib und Leben.[40]

6 Zurzacher Messe. Kolorierter Holzschnitt aus der Stumpf-Chronik von 1548. Museum Höfli.

Messen und Jahrmärkte

Rechtliche Aspekte

Die Zurzacher Messen – Pfingstmesse und Verenenmesse – sind dokumentarisch erst 1363 belegt, und zwar nur indirekt.[41] Sie standen jedoch in engstem Zusammenhang mit der Verehrung der heiligen Verena und dürften daher im Kern ins 12./13. Jahrhundert zurückgehen.

Die urkundlichen rechtlichen Bestätigungen dieser Jahrmärkte setzen verhältnismässig spät ein. Die erste überlieferte Urkunde an Stift und Flecken Zurzach erfolgte 1408 durch König Ruprecht von der Pfalz, der den Pfingst- und Verenenmarkt um je zwei Tage verlängerte.[42] Auch spätere Könige bestätigten die Messen: König Sigmund erteilte dem Stift und dem Flecken 1433 das Privileg eines Wochenmarkts (Samstag) und bestätigte das Recht auf die zwei Jahrmärkte.[43] 1442 bestätigte König Friedrich III. diesen Wochenmarkt und die Jahrmärkte.[44] Im gleichen Jahr erfolgte die Bestätigung des Wochenmarkts, der Jahrmärkte und der Freiheiten überhaupt durch den Bischof.[45] Weitere bischöfliche Bestätigungen wurden 1561[46], 1601 und 1604[47], 1627[48], 1629[49], 1692[50] und 1716[51] ausgefertigt. Schliesslich bestätigten 1589 auch die Acht Alten Orte die Zurzacher Marktprivilegien.[52]

Seit 1415 standen die Jahrmärkte unter dem Schirm der Sieben, später der Acht Alten Orte, seit 1712 der Drei Alten Orte.[53]

Wenn der Landvogt seinen feierlichen Einzug in Zurzach gehalten hatte, gingen die Befugnisse des niederen Konstanzer Gerichts an ihn über.[54] Solange die Zurzacher Messen nicht länger als drei Tage dauerten, hatte der Landvogt also während der Messe die hohe und die niedere Gerichtsbarkeit in seiner Hand. Als später die Märkte von drei auf sechs bis acht Tage ausgedehnt wurden, übernahm jedoch der Landvogt nur am so genannten Haupt- oder Schliessmarkt die niedere Gerichtsbarkeit, sodass bis zu diesem Termin das Konstanzer Gericht auch während der Messe seine richterliche Tätigkeit ausüben konnte. Im 18. Jahrhundert, als die Messen ganze vierzehn Tage dauerten, spielte der Landvogt am Schliessmarkt eine lächerliche Rolle, weil bei seinem Erscheinen die wichtigsten Rechtsfälle jeweilen schon abgehandelt waren.[55] Aus den vorhandenen Audienzprotokollen kann man erfahren, was seiner richterlichen Tätigkeit unterstellt war: Sicherheit des Verkehrs, Schutz der Handelsleute und Waren, Aufrechterhaltung der Ordnung und guten Sitte, Kontrolle von Mass, Gewicht und Münze, aber auch allgemeine Fragen

7 Ausschnitte aus dem Wandbild Abb. 1: Messegäste (Handelsleute, Gehilfen, Bettler); Pferdemarkt (Blick ins Maul, Prüfung von Gebiss und Hufen, Handschlag, Bezahlung); Spiel und Vergnügen (Kegeln, Zabelspiel, Steinstossen).

---

[39] GAZ Urk. 52. Druck: SRQ AG II/5, S. 126 ff. Nr. 69.
[40] StAAG 5738 (Kopialbuch II), fol. 126. Druck: SRQ AG II/5, S. 134 f. Nr. 73.
[41] Urkunden StABA I, S. 71 Nr. 101.
[42] Original verloren. Konzept: Staatsarchiv Wien, Registraturbuch C, 254 v. f. Druck: SRQ AG II/5, S. 35 f. Nr. 6.
[43] GAZ Urk. 3. Druck: SRQ AG II/5, S. 40 ff. Nr. 10.
[44] GAZ Urk. 4. Druck: SRQ AG II/5, S. 43 f. Nr. 12.
[45] StAAG Urk. Stift Zurzach 205. Druck: SRQ AG II/5, S. 44 ff. Nr. 13.
[46] StAAG Urk. Stift Zurzach 502. Druck: SRQ AG II/5, S. 116 f. Nr. 64.
[47] GAZ Urkk. 63 (1601) und 65 (1604).

wie etwa das Bergwerks- und Jagdregal in der Grafschaft Baden.⁵⁶

Wenig Erfolg war den Bestrebungen beschieden, die Messebesucher vor überrissenen Forderungen durch Wirte und Private zu schützen. Die Preise für alle Güter schossen während der Messe steil in die Höhe. Bereits 1653 musste den Zurzachern untersagt werden, allzu hohe Wirtsrechnungen auszustellen und übersetzte Laden- und Gemächermieten zu fordern. 1683/84 beschweren sich die Basler Kaufleute über das «schlechte Tractament» seitens der Wirte. Der Obervogt zu Klingnau und der eidgenössische Landvogt ermahnten die Zurzacher, sich in ihren Forderungen zu mässigen. Anscheinend hatten sie damit wenig Erfolg, denn 1686 beschwerten sich die Basler Kaufleute erneut über die hohen «Ürten».⁵⁷ Und immer wieder kam es zu Klagen über überhöhte Gebührenforderungen und «die ungebundene Dreistigkeit und das unverschämte Benehmen der Spanner, Karrenzieher und Spetter während der hiesigen Messzeit gegen fremde Waaren-Eigenthümer». Ein neues Reglement über die Gebühren der Kaufhausverwalter, Waagmeister, Spanner und Karrenzieher sollte noch 1812 Abhilfe schaffen.⁵⁸

Organisation der Schirmherrschaft und Haltung des Gerichts waren für die Eidgenossen ein beachtlicher Kostenfaktor. 1586 betrugen diese Kosten jährlich gegen 900 Pfund, während die Märkte den regierenden Orten nichts eintrugen.

Jeder Landvogt versuchte zudem, seine Vorgänger bei der Entfaltung äusserer Pracht zu übertreffen.⁵⁹ Daher be-

8 Einzugsgebiet der Zurzacher Messen im 15. Jahrhundert. Nach Hektor Ammann.

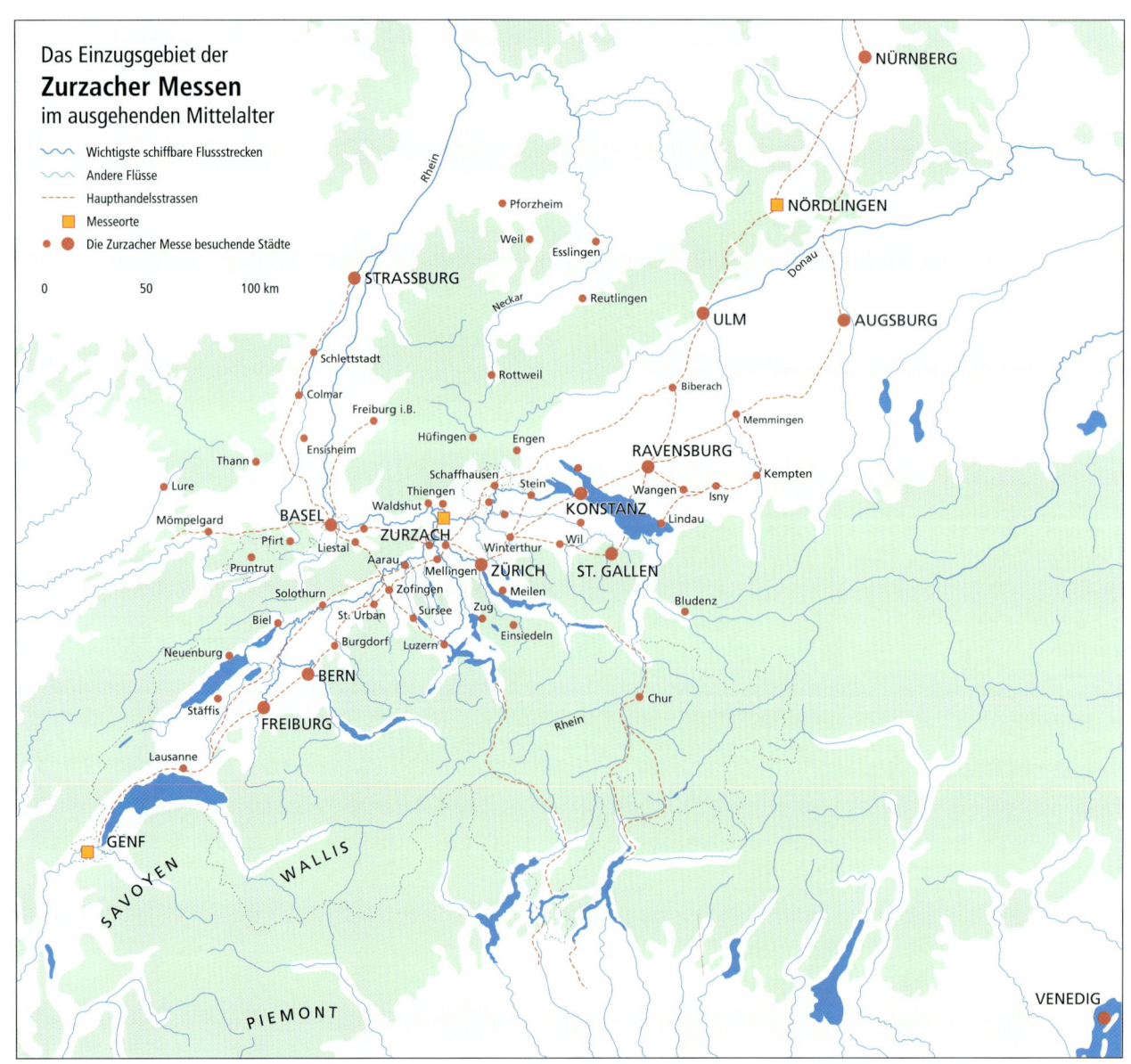

schloss die Tagsatzung 1462, ein Vogt dürfe nur mit seinen Pferden und mit vier ehrbaren Männern nach Zurzach reiten auf Kosten der Eidgenossen; wolle er mit grossem Gefolge einziehen, müsse er die Kosten selbst bestreiten. Weitere solche Einschränkungen der persönlichen Auslagen folgten, fruchteten aber nur wenig; die Ausgaben figurierten in den jährlichen Rechnungen einfach unter andern Posten.

Der Landvogt wurde vor dem Flecken bei der Linde, wo das Hochgericht stand, vom Konstanzer Obervogt von Klingnau und von Vertretern des Stiftes und der Gemeinde feierlich begrüsst. Er bezog mit seinem Gefolge Unterkünfte im Stift und empfing in den verschiedenen Wirtshäusern Besuche von Freunden. Am Hauptmarkttag übte er seine richterlichen Funktionen aus, um sich danach selbst in das Treiben zu stürzen. Beim Tanz auf der Wyssmatte teilte er der hübschesten Dirne eine Geldgabe von 2 Pfund 10 Schilling aus, die stets in den eidgenössischen Rechnungen verbucht wurde. Die armen Leute wurden ebenfalls mit einer Gabe von 10 Pfund bedacht und die fremden Spielleute mit 15 Pfund. Dass der Aufenthalt des Landvogtes aber nicht immer ein erfreulicher war, beweist eine Notiz in der Rechnung von 1599/1600: «24 Schilling [zu] Zurzach vier schützen gäben, die wägen des vilfältigen tröwens [Bedrohungen] uff mich achtung gehalten».[60]

Auf dem Verenamarkt 1588 wurden vom Vogt nicht weniger als 316 Pfund «verthan». 1622 wurden während des gleichen Marktes in Zurzach selbst 242 Pfund ausgegeben, Aus- und Heimritt kosteten nochmals 190 Pfund. Der Kaminfeger im Schloss zu Baden verdiente damals pro Jahr 6 Pfund, der Jahreslohn des landvogteilichen Rebmanns betrug 75 Pfund, während sich der Macherlohn für elf Tischtücher, sieben Leintücher und drei grosse Kissen gesamthaft auf 6 Pfund belief. Im 18. Jahrhundert wurden die Ausgaben für die Mahlzeiten in Zurzach immer mit 243 Pfund pro Markt in die Landvogteirechnung eingesetzt.[61]

Der Landvogt zu Baden schlug anlässlich der Jahrrechnungstagsatzung (Juni) 1586 den Tagsatzungsboten vor, es sei von jedem Verkaufsstand eine Steuer von 1/4–1/2 Gulden zu erheben und den Kaufleuten zu erlauben, von Freitag bis Dienstag verkaufen zu dürfen. Der Landvogt versprach sich von dieser Regelung an die 100 Kronen Einkünfte jährlich. Da die Tagsatzungsboten nicht instruiert waren, nahmen sie diesen Vorschlag zur Berichterstattung an ihre Obrigkeiten entgegen.[62] Dieser vorgesehenen Standsteuer wegen erschienen in der Novembertagsatzung 1586 Abgeordnete der Gemeinde Zurzach, um sich wegen des Eingriffs in ihre Rechte zu beklagen. Sie baten die Tagsatzungsboten, Zurzach bei seinen Freiheiten zu belassen, welcher Bitte entsprochen wurde. Da Zurzach sein Anerbieten, an die Unkosten des Landvogteiamts beizutragen, wieder zurückzog, ging die Angelegenheit betreffend Kostenersparnis an die Obrigkeiten.[63] Anlässlich der Jahrrechnungstagsatzung von 1589 verwandten sich neben den Abgeordneten der Gemeinde Zurzach auch die Gesandten des Bischofs von Konstanz für die Beibehaltung der alten Freiheiten. Der jeweilige Auftritt des Landvogts in Zurzach trug massgebend zur Kostenvermehrung bei.[64]

Im Zuge der Reduzierung der Unkosten in den Gemeinen Herrschaften wurde an der Jahrrechnungstagsatzung von 1590 ein neues achtörtiges Reglement über die Kostengestaltung anlässlich der jeweiligen Zurzachermärkte erlassen: Der Landvogt sollte für sich und seinen Knecht 6 Kronen beziehen. Beide Landschreiber, der Grafschaftsuntervogt und der Trompeter bezogen je 3 Kronen. Den Untervögten, dem Substituten, den Spielleuten und dem «Riedtman» (Läufer) standen je 6 Dicken zu. Wenn der Landvogt mit den Amtleuten in das Gefängnis ging, um Gefangene foltern zu lassen, erhielt jeder 10 Gulden. Transporte von Gefangenen aus den Ämtern (nach Zurzach) sollten nur von 3–4 Personen begleitet werden, wenn nicht mehr Wächter nötig waren; diese Begleiter sollten nicht höher entlöhnt werden, als eine Mahlzeit kostet. Falls Landgericht gehalten werden musste, sollte der Landvogt jedem Landrichter, Priester und den Amtleuten den Gegenwert einer Mahlzeit auszahlen. Wenn der Landvogt

---

[48] GAZ Urk. 73. Regest: SRQ AG II/5, S. 154 Nr. 91.
[49] Abschrift: StAAG 3741 (Kopialbuch V), S. 25 f.
[50] GAZ Urk. 101.
[51] GAZ Urk. 110.
[52] Abschrift: StAAG 3753, 2. Teil (Urbarium), S. 19 ff. Druck: SRQ AG II/5, S. 135 ff. Nr. 75.
[53] Über die gerichtlichen und polizeilichen Funktionen der Eidgenossen siehe oben, Abschnitt III.
[54] Dieser und der folgende Absatz sind verfasst von Walter Leimgruber.
[55] ATTENHOFER, Alt-Zurzach, S. 14 f.
[56] ATTENHOFER, Messeort, S. 27.
[57] BODMER, Zurzacher Messen, S. 105.
[58] GAZ 955: Ammann rügt übertriebene Geldforderungen der Fuhrleute, Gebührenordnung, 20ten Juli 1812.
[59] Dieser und der folgende Absatz sind verfasst von Walter Leimgruber.
[60] HERZOG, Zurzacher Messen, S. 16–19
[61] BODMER, Zurzacher Messen, S. 92 f.
[62] StAAG 2295: 4 Art. 6 (Juni 1586). Regest: EA IV Abt. 2 B, 1112 Nr. 215.
[63] StAAG 2295: 7 Art. 11 (Nov. 1586). Regest: EA IV Abt. 2 B, 1112 Art. 217.
[64] StAAG 2296: 1 Art. 5 (25. Juni 1589). Regest: EA V Abt. 1 B, 1458 Art. 91.

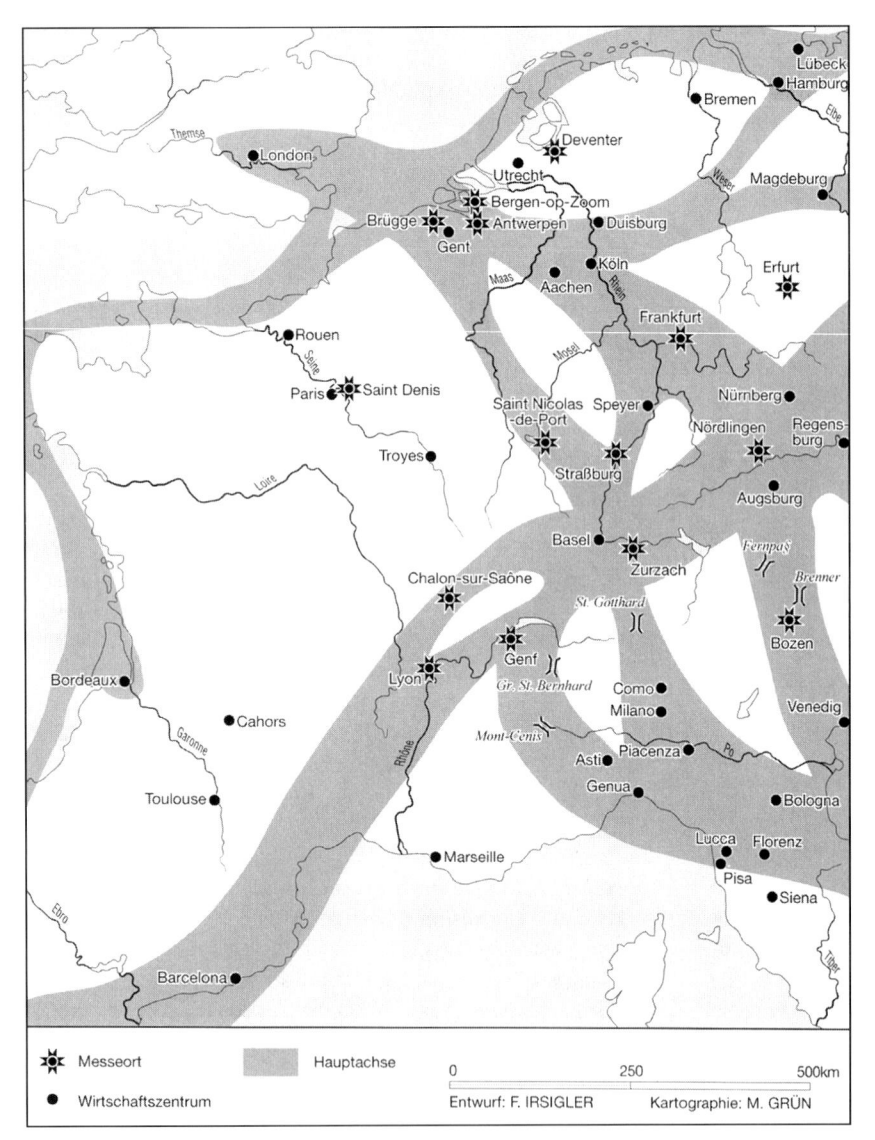

250 Zurzach im Spätmittelalter und in der frühen Neuzeit

9 Hauptachsen des europäischen Handels im Spätmittelalter. Nach Franz Irsigler.

mit den Amtleuten über Bussen richtet, soll er jedem Amtmann ½ Gulden geben. Bei Urteilen in Appellationssachen sollte das Gericht neben dem Appellationsgulden von der verlierenden Partei entlöhnt werden.[65]

Schon anlässlich der Jahrrechnungstagsatzung von 1594 kam das Problem der Kosten für die obrigkeitlichen Amtleute auf der Zurzacher Messe erneut auf das Tapet. Zurzach wurde gedrängt, zu diesen Kosten etwas beizutragen. Obschon die Vertreter von Zurzach die Tagsatzung baten, sie bei ihren Freiheiten bleiben zu lassen und nicht zu beschweren, wurden der Gemeinde pro Messe 50 Gulden auferlegt.[66] Schon an der folgenden Jahrrechnungstagsatzung von 1595 baten Propst, Kapitel und Gemeinde Zurzach (unter Beistand des bischöflichen Sekretärs), ihnen diese neue Auflage der 50 Gulden zu erlassen. Dies veranlasste die Tagsatzungsboten zu folgendem Vorschlag: An beiden Märkten sollen von jedem Saum Wein 16 Gulden Ungelt bezogen werden, wovon die Obrigkeit 10, der

Bischof von Konstanz und die Gemeinde Zurzach je 3 Gulden erhalten; von diesem Ungelt sollte niemand, der an den Märkten wirtet, weder geistliche noch weltliche, weder fremde noch einheimische Personen, befreit sein. Diese Verordnung sollte je 14 Tage vor und 14 Tage nach den Märkten in Kraft sein. Das Projekt musste noch den Obrigkeiten zur Genehmigung unterbreitet werden. Stift und Gemeinde baten, die Vorschläge anzunehmen und sie hinfür bei ihren Freiheiten und Privilegien bleiben zu lassen.[67]

Laut Abschied der Tagsatzung vom 13. September 1598 musste sich der Landvogt zu Baden auch mit der Lebensmittelkontrolle anlässlich der Zurzacher Messe befassen. Er machte die Anzeige, dass auf der letzten Messe Betrug mit gestossenen Gewürzen (Safran und Ingwer) begangen worden sei, durch Beimischung von Dingen, die der Gesundheit abträglich seien. Er schlug vor, die Fehlbaren zu bestrafen und ausser Landes zu weisen.[68]

An der Januartagsatzung des Jahres 1606 brachte der Landvogt vor, dass dem Verbot, dass vor dem Montag auf den Zurzacher Märkten kein Handel getrieben werden dürfe, nicht nachgelebt werde. Die Kaufleute hätten nun anerboten, nach Verhältnis ihres Gewerbes etwas zu zahlen, wenn sie, ausgenommen an Sonntagen, an anderen Tagen ihr Geschäft ausüben könnten. Was dem Bischof nicht missfalle.[69] An der Jahrrechnungstagsatzung vom Juni 1606 entschieden die regierenden Orte, dass der Markt ab Donnerstag nach Pfingsten bzw. St. Verena (ausgenommen Sonntag) frei sein soll, dass jedoch die Kaufleute nach Verhältnis der Waren ein geringes Geleitsgeld (Schutzabgabe) erlegen sollten.[70] Anlässlich der Jahrrechnungstagsatzung von 1607 wurde entschieden, dass ein Drittel dieser Geleitsgelder dem Bischof, zwei Drittel den regierenden Orten zukommen sollten.[71] An der Septembertagsatzung von 1616 berichtete der Landvogt, wegen der vor einiger Zeit bewilligten Neuerungen nehme der Zurzacher Markt zum Leidwesen der Zurzacher und der Handelsleute immer mehr ab. Der Landvogt soll daher auf gegenwärtigem Markt die alte Ordnung publizieren. Zur Untersuchung der Ungleichheit in der Erhebung der Standgelder werden vier Tagsatzungsabgeordnete delegiert.[72]

1664 beschlossen die Ratsboten der Acht Alten Orte auf der Novembertagsatzung, wegen eines drohenden Krieges den Verenamarkt auf Bitte der Handelsleute auf den Oktober zu verlegen.[73] 1749 genehmigte das Syndikat der Drei Alten Orte die bisher geübte Verlängerung der Messen – Pfingstmesse: ab Mittwoch vor Pfingsten, Verenenmesse: ab Donnerstag vor dem letzten Montag im August.[74]

Kaufhäuser in Markt- und Messeorten dienten vor allem den Tuch- und Watleuten (Tuch-, Gewandstoffhändler). In Zurzach existierte seit dem Ende des 14. Jahrhunderts ein privates Kaufhaus, das sich zu Ende des 15. Jahrhunderts im Besitz eines Johannes Negeli von Klingnau befand. Im 15. Jahrhundert entstanden weitere private Kaufhäuser, so u. a. das Haus der Kaufleute von Freiburg i. Ue., ohne dass Negeli Einwendungen machte. Negeli erhob jedoch 1479 Protest gegen den von Stift und Gemeinde geplanten Bau eines öffentlichen Kaufhauses. Die Acht Alten Orte bewilligten den Bau.[75] Schon im folgenden Jahr (1480) verzichteten Propst und Kapitel auf die Teilnahme an diesem Vorhaben.[76]

Wirtschaftliche Aspekte[77]

Wie die Quellen seit dem 16. Jahrhundert zeigen, stammten die Besucher und Beschicker der Zurzacher Messen aus der ganzen damaligen Eidgenossenschaft (Orte, Zugewandte und Gemeine Herrschaften), aus dem Elsass, aus Mittel- und Süddeutschland, aus Böhmen, dann aus der Dauphiné, dem Lyonnais, der Bresse und dem Burgund und schliesslich aus der Lombardei.

Flusstransporte auf Aare, Limmat und Reuss wurden bei Klingnau umgeladen und zu Land nach Zurzach befördert. Der Rhein dagegen diente in beiden Richtungen als Transportstrasse. Verkehrstechnisch war die Lage von Zurzach verhältnismässig günstig. Es führten allgemein begangene Landstrassen von Süden wie von Norden (via Fähren) zu diesem Messeort.

Die Wasserstrasse des Rheins wird zwischen Koblenz und Zurzach von einer Felsbank blockiert, die nur durch zwei schmale Längsspalten passiert werden kann: das «Ruschelöchli» oder die «Bläue» und der «Känel». Dieser Rheinabschnitt wird als «Koblenzer Laufen» bezeichnet. Für die Durchfahrt durch beide Kanäle bedurfte es erfahrener, tüchtiger und ortskundiger Schiffer, die sich in der Dorfgenossenschaft von Koblenz fanden. Die Schiffergesellschaft von Koblenz, genannt die «Stüdler», wird zwar erst im 17. Jahrhundert urkundlich fassbar, dürfte jedoch weiter zurückreichen.[78] Die erste Nennung geht auf einen Streit zwischen dem bischöflichen Vogt zu Klingnau und der Gemeinde Koblenz zurück. Koblenz beschwerte sich 1673 bei der Tagsatzung zu Baden, dass der Vogt zu Klingnau aus dem Stüdler-Wesen ein Lehen für zehn bis zwölf Koblenzer gemacht habe, während dies früher ein Lehen der Obrigkeit an die ganze Gemeinde war. Die Tagsatzung bestimmte, dass bis zum endgültigen Entscheid

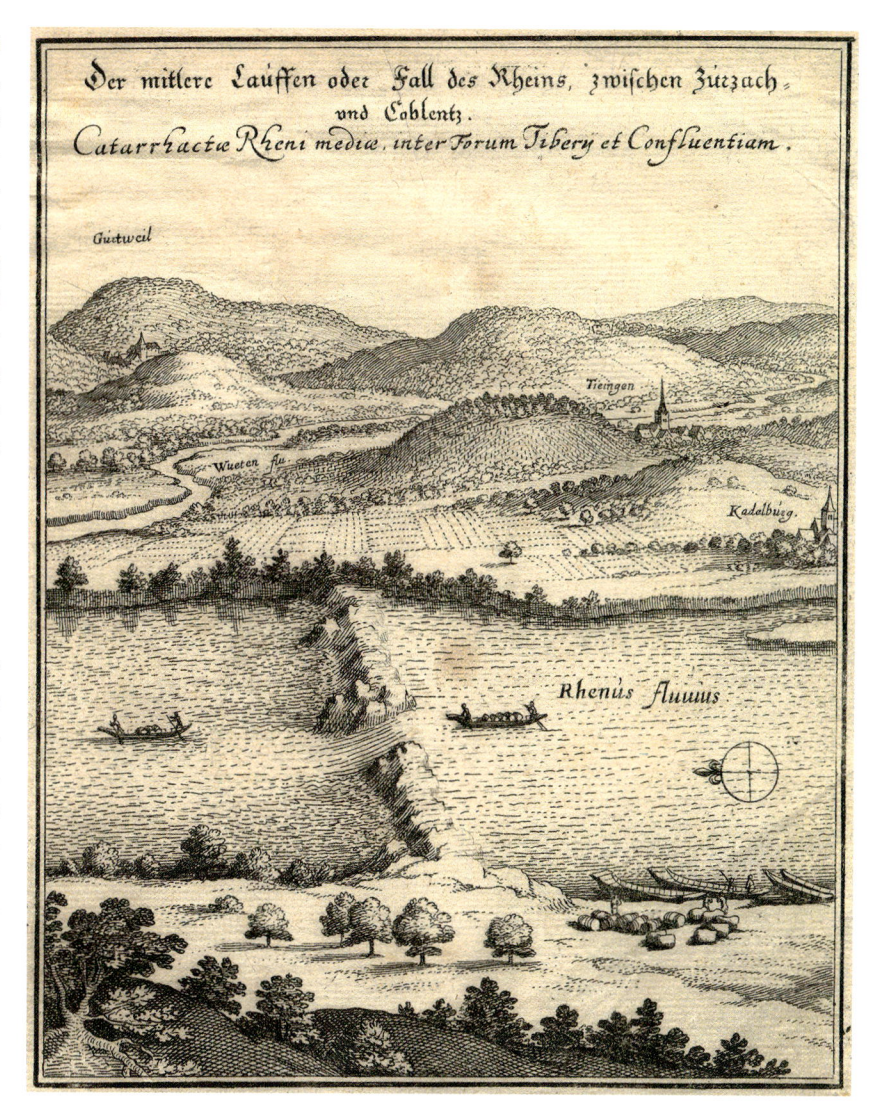

10 Der mittlere Laufen bei Koblenz. Nach Merians Topographia Helvetiæ. Museum Höfli.

---

[65] StAAG 2296: 5 Art. 29. Regest: EA V Abt. I A, Nr. 138 dd.
[66] StAAG 2297: 5 Art. 21.
[67] StAAG 2297: 7 Art. 16 (25. Juni 1595). Regest: EA V Abt. I B, 1458 Art. 94. – StAAG 3742 (Kopialbuch VI), fol. 180–183 (6. August 1594). Druck: SRQ AG II/5, S. 138 f. Nr. 77. – GAZ Urk. 58 (27. Januar 1596). Druck: SRQ AG II/5, S. 139 f. Nr. 78.
[68] StAAG 2298: 3 Art. 6 (13. September 1598). Regest: EA V Abt. I B, 1458 Art. 95.
[69] StAAG 2299: 13 Art. 11 (15. Januar 1606). Regest: EA V Abt. I B, 1458 Art. 96.
[70] StAAG 2299: 15 Art. 10 (25. Juni 1606). Regest: EA V Abt. I B, 1458 f. Art. 97.
[71] StAAG 2300: 3 Art. 9 (1. Juli 1607). Regest: EA V Abt. I B, 1459 Art. 98.
[72] StAAG 2301: 8 Art. 5 (11. September 1616). Regest: EA V Abt. I B, 1459 Art. 100.
[73] SRQ AG II/5, S. 183 f. Nr. 108.
[74] SRQ AG II/5, S. 208 f. Nr. 126.
[75] StAAG Urk. Stift Zurzach 307. Druck: SRQ AG II/5, S. 69 f. Nr. 30.
[76] SRQ AG II/5, S. 70 f. Nr. 31.
[77] Siehe AMMANN, Zurzacher Messe (1)–(3). – BODMER, Zurzacher Messen.
[78] FRITZ SIEGFRIED, Die Schiffergenossenschaft der «Stüdler» in Koblenz, in: Argovia 33, 1909, S. 179–245.

11 Warentransport auf dem Fluss. Scheibenriss aus dem 16. Jahrhundert. Historisches Museum Bern.

12 Plan einer Waage, wie sie wahrscheinlich auch im Zurzacher Waaghaus eingerichtet war. StAAG.

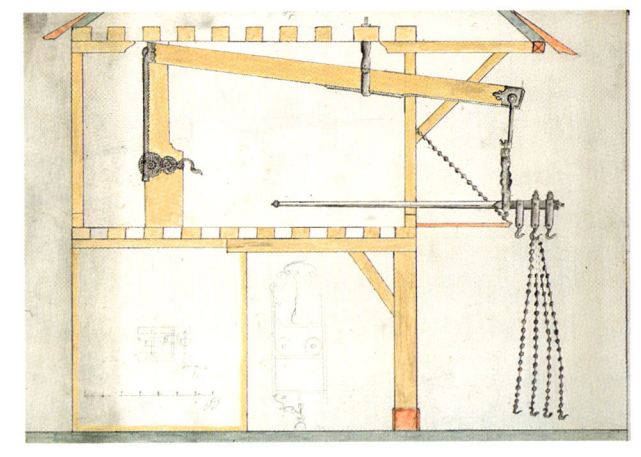

13 Stoffballen-Plomben, im Rathaus abgeschnitten und in die Bodenritzen gefallen. Rathausgrabung 1964, Museum Höfli.

das Stüdler-Wesen der Gemeinde Koblenz gehöre. Die zwölf vom Vogt zu Klingnau Belehnten hielten sich jedoch nicht an diese Verfügung, sodass bereits im folgenden Jahr (1674) ein zweites Tagsatzungsurteil nötig war. In diesem neuen Ukas wird eindeutig festgestellt, dass die kleine Schifffahrt auf dem Rhein, einer Reichsstrasse, landeshoheitliches Recht und der Lehenbrief des Vogts zu Klingnau an die zwölf Männer nichtig sei. Der Lehenbrief des Landvogts zu Baden für Hans Schweri betreffend die grosse Schifffahrt sollte zu Recht bestehen. 1676 erfolgte der dritte Spruch der Tagsatzung: Der Stüdler-Brief des Vogts zu Klingnau wurde nochmals als nichtig erklärt und die Stüdler-Gerechtsame wieder der Gemeinde Koblenz zugesprochen.

Damit besassen die Koblenzer Stüdler das alleinige Recht, mit kleinen Schiffen oder Weidlingen den rheinabwärts gehenden Transport durch den Koblenzer Laufen durchzuführen. Die Gemeinde Koblenz war verpflichtet, den Laufen zu säubern und in befahrbarem Zustand zu halten, ferner Bürgschaft zu leisten für allen Schaden. Der Transport rheinaufwärts war frei.

Jeder unbescholtene Dorfgenosse von Koblenz mit eigenem Schiff und Geschirr konnte der Genossenschaft der Stüdler beitreten. Die Genossenschaft bestand jeweils aus rund dreissig Mann und führte eine eigene Kasse.

Die Fähre zu Rheinheim befand sich unter dem Schirm der Eidgenossen. – Die Fähre zu Kadelburg stand zweifellos im Zusammenhang mit den Messen, mit der Zugehörigkeit Kadelburgs zur Pfarrei Zurzach und der Niedergerichtsbarkeit des Stifts in diesem rechtsrheinischen Dorf. Sie stand unter dem Schirm des Stifts. Ihre Einrichtung dürfte in das Spätmittelalter zurückreichen. Als Ersatz für zerstörte Dokumente errichtete das Stift 1550 eine neue Fahrordnung.[79]

Schon 1453[80] versprach das Kloster Königsfelden dem Fährmann in Stilli einen Abzug vom Lehenzins, wenn er die Fähre wegen eines ausgebrochenen Krieges oder einer Wassergrösse zu den beiden Zurzachermärkten oder an einem dieser Märkte nicht betreiben könnte. Alle mit den Zurzacher Messen in Verbindung stehenden Fähren bezogen während der Dauer der Märkte das doppelte Fährgeld.

Die Palette der anlässlich der zwei Messen gehandelten Waren ist recht umfangreich.

In erster Linie ist der Tuchhandel zu erwähnen, dem vor allem die Kaufhäuser als Stapelplätze dienten. Gehandelt wurden nicht nur Wolltücher, sondern Leinwand, Barchent, Zwilch und Drilch, schliesslich auch Baumwolltücher und Seidentücher.

Wichtig als Handelsware war neben dem Tuch das Leder, dazu kamen Rauchzeug oder Pelzwerk. Gehandelt wurden auch Drogen und Gewürze, mit denen viel Betrügerei begangen wurde, was häufig zu Gerichtshändeln führte. – Eisen und Stahl standen ebenfalls auf der Warenliste. – Schliesslich wurde auch mit Papier und mit Büchern und sehr früh schon mit Pergament gehandelt.

Bedeutend war auch der Pferde- und Viehhandel, der viele Gerichtshändel im Gefolge hatte. Daran waren besonders die Juden der Grafschaft Baden beteiligt.

Der rege Handel hatte zahlreiche Zahlungs- und Wechselgeschäfte zur Folge, die auf die Zurzacher Messen terminiert wurden.

Über einen Kleriker[81] beklagten sich im Jahr 1520 Priester und Klosterfrauen, «dass er Pfründen verkaufe in gleicher Weise wie man die Rosse zu Zurzach verkauft».[82] Der Rosskauf und der Rosstausch bildeten für den Recht sprechenden Landvogt die Hauptarbeit; auf keinem andern Gebiet kamen so viele Händel vor. Der Verkäufer garantierte dem Käufer, dass das verkaufte Pferd an keinem der vier Hauptmängel leide, deren Umschreibung öfters Schwankungen unterworfen war. Stellte sich ein solcher Hauptmangel nachträglich ein, so konnte der Käufer den Verkäufer auf dem nächsten Zurzacher Markte nach altem Herkommen belangen, der Verkäufer musste das kranke Pferd zurücknehmen. 1633 z. B. forderte ein Hans Romer sein Geld zurück, weil das gekaufte Pferd am Pflug nicht ziehe und immer zu fallen drohe.[83] Am meisten Ärger machte der Pferdetausch, der gewöhnlich mit einer Pfeife Tabak bekräftigt wurde. Brachte schon der Austausch eines Pferdes gegen ein anderes viele Meinungsverschiedenheiten hervor, so wuchsen die Letztern, wenn ein Pferd gegen ein Rindvieh oder gegen Wertsachen wie silberne Sackuhren und Kaffeekannen oder Korallenhalsbänder getauscht wurde. Der Pferdemarktplatz befand sich ausserhalb des Fleckens gegen Rekingen.[84]

Grosses Aufsehen muss der bärenstarke Entlebucher Wirt und Käsehändler Christian Schibi, Volksführer im Bauernkrieg 1653, erregt haben, als er mit Messeleuten wettete, er werde auf offenem Markt ein Pferd auf seine Schultern laden und von der Stelle wegtragen. Diese Herkulestat gelang ihm nach den Berichten tatsächlich.[85]

Die Liste der weiteren Güter ist lang und vielfältig: verschiedene Sorten von Textilien und Pelzen, gestrickte Hosen, Strümpfe, Hüte, Strohhüte, Knöpfe, Bürsten, Bettfedern, Fischbein, Messingwaren, Eisenwaren, Degen, Silberwaren, Goldwaren, Kristall, Spiegel, Amelung[86], Blauholz, Citronensaft, Indigo, Ingwer, Safran, Pfeffer, Zimt, Muskat, Mandeln, Farben, Kaffee, Öl, Reis, Tabak, Feigen, Rosinen, Pomeranzen, Zucker und Holz. Auf dem Kirchhof wurden Bücher, Papier, Reissblei, Kupferstiche, Gemälde, Bilderrahmen, Musikinstrumente und Paternoster (Rosenkränze) feilgehalten.[87]

Nicht unbedeutend war in Zurzach der Buchhandel: Die Publikationen gaben des Öfteren zu Streitigkeiten konfessioneller Natur Anlass. An der Verenamesse des Jahres 1552 wurden Schmähschriften über «die heilig Frau Sant Interim» und über das Papsttum feilgeboten, die bei den Katholiken Anstoss erregten. Ein Berner Buchdrucker, der an der Pfingstmesse 1604 Schriften gegen die katholische Konfession verkaufte, wurde vorerst gebüsst und ernstlich ermahnt, dies in Zukunft zu unterlassen. Als er jedoch die Pamphlete an der Pfingstmesse 1605 wieder anbot, wurde er verhaftet, an den Pranger gestellt, eines der Büchlein wurde ihm an die Hand gebunden und verbrannt, er selbst hernach ausgepeitscht und aus der Grafschaft und den Fünf Orten verbannt.[88]

Kaffee wurde an den Messen in besonderen Ständen ausgeschenkt, jedoch hatten nur Zurzacher das Recht, «Kaffeesiedereien» zu betreiben. «Tabaktrinken» war in den 1670er-Jahren an der Messe noch verboten, später jedoch stand es jedermann frei, Tabak zu schnupfen oder zu rauchen. Grosse Bedeutung hatte auch das Zahlungs- und Wechselgeschäft. Die Zurzacher Märkte waren Zahlungsplatz und Zahlungstermin für Zinsen und Darlehen verschiedener Natur.[89]

Die Gemeinde Zurzach

Zurzach wies im 15. Jahrhundert eine ansehnliche Dorfbevölkerung auf, beherbergte mit dem Verenenstift ein nicht unbedeutendes geistliches Institut, verfügte über zwei Jahrmärkte zu Pfingsten und Verena, die sich zu zeitlich

---

[79] StAAG Urk. Stift Zurzach 474.
[80] Absatz verfasst von Walter Leimgruber.
[81] Abschnitt (bis «Die Gemeinde Zurzach») verfasst von Walter Leimgruber.
[82] HERZOG, Zurzacher Messen, S. 36.
[83] StAAG 4040, 1.4.1633.
[84] HERZOG, Zurzacher Messen, S. 37.
[85] ATTENHOFER, Alt-Zurzach, 18.
[86] Reisdinkel, Zweikorn, Amelmehl, Kraftmehl.
[87] HERZOG, Zurzacher Messen, S. 38.
[88] BODMER, Zurzacher Messen, S. 37.
[89] BODMER, Zurzacher Messen, S. 75

beschränkten Messen von zentraleuropäischer Bedeutung entwickeln sollten, verfügte seit 1433 (Verleihung König Sigmunds) über das Recht auf einen Wochenmarkt. Mit Ausnahme von Wall und Graben und der Stadtfreiheit fehlte eigentlich kein Element mehr, das zu einer echten Stadt gehörte.

Die Papstbulle von 1510 erwähnt etwa sechzig Riegelhäuser der Dorfgenossen, die angeblich verschiedenen Leibherren unterworfen waren. Diese Dorfgenossen schlossen sich wohl im 13. Jahrhundert zu einer genossenschaftlichen Selbstverwaltungsgemeinde mit eigener Rechtspersönlichkeit zusammen.

1308 findet diese Gemeinde – die «universitas Zurciacensium villanorum» – erst ausdrückliche Erwähnung.[90] Die «universitas» war damals vertreten durch den «cellerarius», d. h. den Keller oder Kelner des bischöflichen Vogts zu Klingnau (nicht zu verwechseln mit dem Stiftskeller), und durch drei «cives pagi qui dicitur Zurzah». Diese drei Bürger bildeten offenbar noch keine ständige Gemeindeexekutive. Nach 1308 verschwindet der «cellerarius» als Vertreter der Gemeinde und zu vermutender Vorsitzender des Niedergerichts Zurzach. Seine Stelle nahm der «weibel» ein, der vor allem als Gerichtsvorsitzender im Auftrag des Vogts zu Klingnau zu erkennen ist, 1429 und 1515 in Urkunden des Gemeindearchivs Zurzach.[91]

Um 1400 hat die Gemeinde Zurzach in der Form der Räte eine ständige Exekutive erhalten, die bis nach 1637 das Feld allein beherrschen sollte. 1429 werden «gemeine raet und gemeins dorff Zurzach» genannt.[92] Seit 1430 erscheinen regelmässig «die raett und die gemein des dorffs zuo Zurzach» oder «die räte und burgere zu Zurzach».

1649 taucht in den Räten plötzlich ein «Statthalter» als Chef der Gemeindeexekutive auf. Statthalter steht für «Stellvertreter des bischöflichen Vogts zu Klingnau». Er war Gerichtsvorsitzender und wird daher gelegentlich «Untervogt» genannt. In den Formeln der Dokumente finden sich nun bis 1798 «Statthalter, Räte und Gemeinde zu Zurzach».[93]

Gehen wir nochmals um 100 Jahre vor 1650 zurück, in die Zeit der Weibel als Gerichtsvorsitzende.

1550 wurde das Zurzacher Dorfrecht aufgezeichnet.[94] Dieses zwar nicht sehr systematisch gegliederte Recht regelt u. a. die jährliche Bestellung der Exekutiv- und Kontrollorgane.

Anlässlich des Zwingtages (Wahltages) um den St. Hilariustag (13. Januar)[95] wurden im Beisein des Vogtes von Klingnau folgende Amtleute gewählt: Als Erster gab der Weibel, d. h. der Dorfweibel und Gerichtsvorsitzende, sein Amt auf. Die Gemeinde wählte ihn wieder oder setzte einen neuen ein. – Anschliessend schlugen die vier alten, d. h. die abtretenden Räte, vier neue Räte vor, die von der Gemeinde gewählt wurden. – Die vier neuen Räte ernannten anschliessend mit Beistand des Vogts vier neue Richter. – Der Vogt zu Klingnau vereidigte schliesslich Weibel, Räte und Richter. – Am gleichen St. Hilariustag setzte die Gemeinde einen Metzger, einen Förster und zwei Hirten ein.

Die neuen und alten Räte und Richter scheinen das weitere Gremium der «Sechzehn» gebildet zu haben. Diese Sechzehn bestimmten um Lätare (der 21. Tag vor Ostern) die Kontrollorgane der Gemeinde: Brotschauer, Fleischschätzer und Heuschauer. Die Kontrollorgane wurden von den Räten vereidigt.

Anlässlich des Zwingtags in Zurzach wurden später auch die Amtleute der Dörfer Rietheim, Rekingen und Mellikon eingesetzt.

Die Bussenkompetenzen, die sich im Zurzacher Dorfrecht erkennen lassen, unterschieden sich wie folgt: Der Bischof von Konstanz büsste mit 3–10 Pfund, die Gemeinde büsste unter Umständen mit bis zu 10 Pfund, die Räte büssten mit bis zu 1 Pfund. – Das Siegelgeld des bischöflichen Vogts zu Klingnau betrug 3 Schilling pro Besiegelung.

Die in diesem Dorfrecht enthaltenen zahlreichen Vorschriften und Gesetzesartikel können im Rahmen dieser Ausführungen nicht ausgebreitet werden. Nur so viel:

Das Zurzacher Dorfrecht regelt eine Reihe von zivilrechtlichen Belangen, wie Prozesse um Erb und Eigen, Geldschuldrecht im weitesten Sinn, Zugrecht u. a. – Es folgen frevelgerichtliche Artikel, zum Teil mit Verweisen auf die Spruchbriefe von 1450 und 1520. – Schliesslich enthält dieses Dorfrecht noch einige Artikel über die Organisation des Gerichtswesens und über verfahrensrechtliche Bestimmungen.

Eine ganze Reihe von Vorschriften regelt die öffentliche Ordnung. Besonderes Augenmerk wird gelegt auf die Feuerschau und die Feuerwehr, den Unterhalt des Dorfbachs, die Grundstückmarchen, auf Gastwirtschaften und Wirte und auf den Schutz vor «Überfremdung».

Eine kleine Gruppe von Artikeln befasste sich mit der Land- und Forstwirtschaft; hier werden geregelt u. a. Flur- und Weinbergfrevel, der Beginn der Heu- und Getreideernte und die Waldhut.

So viel vom Zurzacher Dorfrecht von 1550. Auch ausserhalb des Dorfrechts mühte sich Zurzach um die Abwehr des Zuzugs Fremder, die sich hier dauernd niederlassen wollten, und um die Niedrighaltung der Rechte der Hintersassen. 1501 gestatteten die Eidgenossen den Zurzachern die Erhebung eines Einzugsgeldes von 4 Pfund von Fremden, die sich in Zurzach niederlassen wollten.[96] – 1608 wiesen die gleichen Eidgenossen ein Gesuch der Zurzacher Hintersassen um Zulassung zum Weidgang ab, und zwar gestützt auf die alten Gewahrsame (Rechte) der Zurzacher Dorfgenossen.[97]

1308 verkaufte die Gemeinde Zurzach, mit Bewilligung des Vogtes zu Klingnau, einen kleinen Teil der Allmende in Zurzach.[98] Die beschränkte Verfügungsgewalt über die gemeine Mark war zweifellos eines der wichtigsten Elemente, die zur Bildung der genossenschaftlichen Dorfgemeinde geführt hatten. Die Festigung dieses Verbandes hatte jedoch bald Reibereien und Streitigkeiten mit gemeindeinternen und -externen Opponenten zur Folge. Wichtigste interne Gegenpartei der Gemeinde war das Chorherrenstift St. Verena. Den Streit um den Kirchhof haben wir bereits berührt. Zwischen 1430 und 1475, somit während 45 Jahren, standen sich Stift und Gemeinde achtmal in grösseren Streiten gegenüber, die jeweils durch schiedsgerichtliche Vergleiche geschlichtet werden mussten. Diese Auseinandersetzungen, die sich bisweilen sehr dicht folgten – in Abständen von 1, 3, 9 und 19 Jahren –, konnten gelegentlich nur für kurze Zeit beschwichtigt werden. Streitobjekte waren häufig die Bau- und Brennholznutzung, der Holzverkauf der Gemeinde an Fremde, der Brunnenunterhalt, gelegentlich die Entlöhnung des Gemeindehirten, Einfriedungen des Privateigentums, Feuerschau, Wegrechte, Zehnten, gemeindliche Dienstpflicht von Chorherren und Stiftsbeamten und anderes mehr.[99]

Im 16. und 17. Jahrhundert wurden die Auseinandersetzungen zwischen Stift und Gemeinde seltener. Wie die drei Schiedssprüche von 1510[100], 1541 und 1637[101] zeigen, drehten sich die Streitigkeiten vorwiegend um Wegrechte in den Gassen, um die Wässerung, die Wachten gegen Brandstifter, die militärische Hilfspflicht des Stifts, vor allem aber um die Konkurrenz zwischen Stift und Gemeinde während der Messen, sei es in Bezug auf Stände, auf Wirtshäuser und Unterkünfte oder auf Chorherrenhäuser mit zu viel marktorientierten Bauten.

Externe Opponenten waren die Nachbargemeinden, mit denen Zurzach seit alters gemeinen, d. h. interkommunalen Weidgang hatte.

Viele Rietheimer besassen Parzellen in der Gemarkung Zurzach. Als Zurzach eine Steuer auf Grundeigentum erhob, beschwerten sich die Rietheimer, die nur eine Steuer auf den Hofstätten akzeptieren wollten. Ein Schiedsspruch des Vogts von Klingnau von 1471 gab den Rietheimern Recht und wies Zurzach ab.[102]

1503–1510 stritten sich Zurzach und Rekingen wegen der Landstrasse, die durch die Rekinger Gemarkung lief. Der Streit ging um die Schweineweide und den Läuterlohn.[103] 1514 bestritt Kadelburg die rechtsrheinischen Weiderechte der Zurzacher.[104]

Niedergang der Messen[105]

Der Kontrast zwischen Messezeit und Alltag war beträchtlich. Zurzach stellte sich ganz darauf ein, von den wenigen Messetagen möglichst zu profitieren, um in der restlichen Zeit überleben zu können. Der Niedergang der Messen, zu dem auch die Pest beitrug, traf den Flecken deshalb hart. Die Pestwellen folgten sich in kurzen Abständen. 1611 starben viele Leute, wie die Sterbebücher zeigen; weitere Wellen folgten 1629, 1635 und 1666/67. Im Jahre 1666 trat die Pest in Basel und in Brugg so heftig auf, dass eine völlige Absperrung der Warenausfuhr aus der verseuchten Gegend und eine scharfe Passvisitation der Messebesucher nötig wurde. Ohne Gesundheitsscheine, die bestätigten, dass man aus einem nicht infizierten Ort komme, wurde man nicht in das Gebiet der Grafschaft Baden eingelassen. Gerüchte kamen auf, dass in Zurzach und Umgebung die Pest regiere. Die Anstrengungen der Ge-

---

[90] StAAG Urk. Stift Zurzach 16. Druck: SRQ AG II/5, S. 32 f. Nr. 4.
[91] GAZ Urkk. 1 und 24. Regest: SRQ AG II/5, S. 22 f. und 25 f.
[92] GAZ Urkk. 1 und 24. Regest: SRQ AG II/5, S. 22 f. und 25 f.
[93] Beispiel: GAZ Urk. 83. Druck: SRQ AG II/5, S. 163 Nr. 100.
[94] GAZ Urk. 40. Druck: SRQ AG II/5, S. 102 ff. Nr. 56.
[95] «Sant Hylaryentag dem man sprichet der zwentzigst tage nach wyenachten» (Boos, Baselland). Nach HERMANN GROTEFEND, Zeitrechnung des deutschen Mittelalters und der Neuzeit I (2. Neudruck der Ausgabe Hannover 1891), Aalen 1984, S. 211. – Oktav des Festes Ephanie (Erscheinung des Herrn, 6. Januar), mit dem die Weihnachtszeit endet.
[96] GAZ Urk. 18. Druck: SRQ AG II/5, S. 72 f. Nr. 35.
[97] GAZ Urk. 66. Druck: SRQ AG II/5, S. 143 f. Nr. 84.
[98] StAAG Urk. Stift Zurzach 16. Druck: SRQ AG II/5, S. 32 f. Nr. 4.
[99] *1430:* GAZ Urk 2. Druck: SRQ AG II/5, S. 37 ff. Nr. 9. *1459:* GAZ Urk. 7. Druck: SRQ AG II/5, S. 50 f. Nr. 20. *1462:* GAZ Urk. 97. Druck: SRQ AG II/5, S. 51 f. Nr. 21. *1471:* StAAG Urk. Stift Zurzach 292. Druck: SRQ AG II/5, S. 53 ff. Nr. 23. *1471:* GAZ Urk. 11. Druck: SRQ AG II/5, S. 62 ff. Nr. 25. *1472:* GAZ Urk. 12. Druck: SRQ AG II/5, S. 64 ff. Nr. 26. *1475:* GAZ Urk. 14. Druck: SRQ AG II/5, S. 66 f. Nr. 27. *1475:* StAAG Stift Zurzach 301. Druck: SRQ AG II/5, S. 67 f. Nr. 28.
[100] *1510:* StAAG Urk. Stift Zurzach 378. Druck: SRQ AG II/5, S. 79 ff. Nr. 40.
[101] *1541:* GAZ Urk. 37. Druck: SRQ AG II/5, S. 90 ff. Nr. 51. *1637:* StAAG Urk. Stift Zurzach 636. Druck: SRQ AG II/5, S. 154 ff. Nr. 92.
[102] GAZ Urk. 10. Druck: SRQ AG II/5, S. 58 ff. Nr. 24.
[103] *1503:* GAZ Urk. 19. Druck: SRQ AG II/5, S. 73 f. Nr. 37. *1503:* GAZ Urk. 20. Druck: SRQ AG II/5, S. 74 f. Nr. 38. *1510:* GAZ Urk. 22. Druck: SRQ AG II/5, S. 81 f. Nr. 41.
[104] GAZ Urk. 23. Druck: SRQ AG II/5, S. 83 Nr. 44.
[105] Abschnitt verfasst von Walter Leimgruber.

meinde und der Kaufleute, die über 100'000 Gulden zur Widerlegung des falschen Gerüchtes ausgaben, nützten nichts; die Pfingstmesse 1668 kam nicht zustande. Die aufgebrachte Summe zeigt, wie gross der Warenumsatz gewesen sein muss und welche Bedeutung der Ausfall eines einzigen Zurzacher Marktes für die Händler hatte. Die Schliessung eines Marktes beeinflusste den folgenden negativ. Passvisitation und Quarantäne beeinträchtigten den Besuch der Messen so sehr, dass dieselben auch 1722 und 1723, nach Ausbruch der Pest in Marseille, eingestellt wurden. Zudem wurde die Konkurrenz, etwa durch Märkte in Waldshut, Schaffhausen, Zürich und Konstanz, immer grösser, und die Kaufleute deckten sich zunehmend direkt bei den Herstellern ein oder arbeiteten mit Vertretern.[106]

In den beiden Villmergerkriegen 1655 und 1712 wurde Zurzach wiederholt besetzt und geplündert.[107] Die lange, fast ungestörte Friedenszeit nach 1712 liess die Bevölkerung jedoch anwachsen. Doch die Blütezeit der Märkte war vorbei. Zwar fanden sie weiterhin statt, aber Zulauf und Volumen waren nicht mehr dieselben wie im 16. Jahrhundert.

---

[106] HERZOG, Zurzacher Messen, S. 13–15.
[107] MARCHAL, Zurzach 1977, S. 600.

Abbildungsnachweise:
1, 7) Museum Höfli, Sepp Stieger.
2, 8) Büro Sennhauser, N. Hidber.
3) Zentralbibliothek Zürich.
4, 5, 12) StAAG.
9) Repro nach Franz Irsigler, Zur Hierarchie der Jahrmärkte, in: Spätmittelalter am Oberrhein, Ausstellungskatalog (Aufsatzband), Karlsruhe 2001, S. 90.
11) Historisches Museum Bern.
13) A. Hidber.

Der «freie, offene Marktflecken» Zurzach

CLAUSDIETER SCHOTT

Der «Flecken»

Zurzach ist «ein gar alter fläck». Diese Feststellung des eidgenössischen Chronisten Johannes Stumpf vom Jahre 1548 hat bis zur Gegenwart ihre Gültigkeit behalten,[1] auch wenn das 1934 erschienene, sonst zuverlässige «Historisch-Biographische Lexikon der Schweiz» Zurzach als «kleine Stadt» ausweist.[2] Überhaupt bezeichnen nicht wenige Schriften, deren Verfasser es besser wissen müssten, den Ort als «Stadt», und öfters findet sich dieser als Schlussglied in der Aufzählung der Stadtsiedlungen des Aargaus oder des Hochrheins. Aber auch der mit den Verhältnissen Vertraute sieht sich immer wieder vor die Frage gestellt, warum ein Ort, der es immerhin in Merians Topographie zur Ehre eines grossformatigen Kupferstichs

---
[1] JOHANNES STUMPFF, Der Eydgnosschafft Chronick, 2 Bände, Zürich 1547/48. Faksimile-Nachdruck Winterthur 1975, II, Blatt 130 b.
[2] HBLS Bd. 7, 1934, S. 770.

«Zurtzach», Holzschnitt nach Merian und Beschreibung des Fleckens, 18. Jahrhundert. Zentralbibliothek Zürich.

gebracht hat, keine Stadt ist, noch dazu in einer Landschaft, die sich gerade durch die Abfolge kleiner und kleinster Städte auszeichnet. Hinzu kommt, dass der historische Bedeutungsvergleich mit den meisten dieser Städte eindeutig zugunsten von Zurzach ausfällt. Es verwundert daher nicht, wenn hier nicht zum ersten Mal eine Antwort gesucht wird auf die Frage, warum Zurzach nie eine Stadt gewesen und nie eine solche geworden ist. In der Regel sieht sich der Historiker eher vor die Aufgabe gestellt, eine Erklärung dafür zu liefern, wie und warum etwas geworden, und nur in Ausnahmefällen ist ihm auch die Spekulation erlaubt, warum etwas nicht ist. Ein solcher Ausnahmefall ist aber mit Zurzach gegeben, ja es werden hier in beispielhafter Weise die politischen Kräfte sichtbar, die eine Entwicklung vorantreiben, lenken oder auch hemmen.

Mag einmal «nahe bey dem Rhein eine alte, [jetzt] zerstöhrte Statt, vor Zeiten von den Römern erbauen», gelegen sein,[3] das nachrömische Zurzach war und ist stets ein Flecken geblieben und wird seit über fünfhundert Jahren so beschrieben. Halten wir uns also zunächst an diesen Begriff und versuchen wir, daraus eine Aussage über die Gemeindestruktur von Zurzach zu gewinnen. «Flecken» bedeutet im ursprünglichen Sinn, den auch die heutige Sprache noch bewahrt, einen Flicken, Lappen, ein flächiges Stück, auch ein Stück Land, dann ein Siedlungsstück in der Landschaft. Mit der Verwendung des Begriffs für eine räumlich zusammenhängende Ansiedlung verband sich die Vorstellung, dass die Landschaft im Erscheinungsbild vorherrschend blieb. Für grössere Städte, die eigene urbane Lebensräume bildeten, wurde daher die Bezeichnung «Flecken» nicht gebraucht, ja sie wurde im Verhältnis zu diesen geradezu als Kontrastbegriff verstanden. Oft gibt das Wort über seine allgemeine Bedeutung hinaus wenig Aufschluss, nicht selten und zunehmend zeichnet sich aber durchaus das Bemühen um grössere rechtliche Schärfe ab. Im Schaffhauser Ratsprotokoll von 1637 wird es schlechthin für Dörfer, auch sehr kleine gebraucht.[4] Auch Überlingen nennt 1532 alle dem Spital zugehörigen Orte «flecken»; 1594 wird in einer königlichen Urkunde für die gleiche Reichsstadt näher unterschieden in: «flecken, dörfer, weiler».[5]

Häufig wird der Begriff «Flecken» dem der Stadt gegenübergestellt. So spricht das württembergische Landrecht von 1554 von «Stett und Flecken» und deren «Statt- oder Dorfrecht».[6] Ebenso bedient sich die Ausführungsordnung eines schwäbischen Kreisabschieds von 1560 des Begriffspaars «fleck» und «statt».[7] In der Eidgenossenschaft, die eine deutliche Gruppierung nach Städten und Ländern aufweist, bezeichnen die Länder ihre Hauptorte stets als «Flecken» oder «Hauptflecken». Der Vergleich mit der Stadt wird zwar gelegentlich nicht gescheut, der grundsätzliche Unterschied aber auch nie in Zweifel gezogen. So heisst es im 16. Jahrhundert von Stans, es sei der «hauptfläck diß lands Nid dem Wald, darin ire rädt besamlet werdent, ein ungeschlossen frey dorff, aber von gebeuw ein so wäsentlicher fläck, der auch mit allen burgerlichen sitten, wesen, märckten etc. einer statt möchte vergleycht werden».[8]

Immer wieder wird aber der Ausdruck «Flecken» auch für kleinere Städte verwendet. 1354 erscheint Markdorf im Linzgau, später im Besitz des Bischofs von Konstanz, als «statt und flecken»[9]. Nicht selten sind es zur Stadt aufstrebende oder im Entstehungsstadium stecken gebliebene Gebilde, die mit der Bezeichnung «Flecken» belegt werden, wie 1341 Steinbach im Fürstbistum Speyer.[10] Aber auch das Gegenteil kann der Fall sein, wie etwa beim zürcherischen Elgg, einem niedergegangenen Städtchen, das 1535 nur noch als «Flecken» erscheint.[11]

Beispiele für die Verwendung des Begriffs «Flecken», was immer er auch im Einzelfall bedeuten mag, sind im gesamten deutschen Sprachraum in überreicher Fülle auszumachen. Je mehr die Stadt einerseits, dann aber vor allem das Dorf andererseits rechtliches Profil zeigten, desto mehr scheint ein Bedürfnis für Zwischengebilde entstanden zu sein. Zahlreiche Zusammensetzungen wie Markt-, Amts-, Burg-, Frei-, Gerichtsflecken usw. dürften dies bestätigen.[12] Blieb auch der Begriff «Flecken» wenig griffig, so festigte sich doch die Vorstellung, dass es sich dabei um eine rechtlich oder tatsächlich herausgehobene Ortschaft handle, der jedoch keine Stadteigenschaft zukomme. So findet sich z. B. 1620 die Paarstellung: «Stätt und freye Flecken in der Eidgenosschaft gelegen»[13]. Der Zürcher Bürgermeister Johann Jakob Leu gibt in seinem «Eidgenössischen Stadt- und Landrecht» (1727) eine Definition, nach der die Grösse entscheidend sein solle: «die grössere Dörfer [...] bekommen den Namen der Flecken oder auch Marck- oder Marcktfleken.»[14] Eine andere Begriffsbestimmung liefert wieder das Allgemeine Preussische Landrecht (1794): «Flecken unterscheiden sich von Dörfern nur durch die ihren Einwohnern zukommende Befugnis, gewisse städtische Gewerbe zu treiben.»[15] Als Ergebnis kann festgehalten werden, dass der Bedeutungsinhalt des Begriffs «Flecken» sehr breit ist und dass daher bei jedem Ort, der die Bezeichnung «Flecken» führt, dessen Sonder- oder auch Minderstellung konkret in Augenschein zu nehmen ist.

Zurzach wird erstmals in einer Urkunde König Ruprechts vom 4. April 1408 «Flecken» genannt.[16] Es handelt sich um das wichtige Privileg, das neben der Bestätigung bisheriger Sonderrechte die Verlängerung der beiden Jahrmärkte um je zwei Tage ausspricht. Ausgestellt ist die Urkunde in Konstanz, an einem Ort also, wo man mit den Zurzacher Verhältnissen besonders vertraut war. Die nachfolgenden königlichen Privilegienverleihungen und -bestätigungen behalten diese Terminologie bei, so 1433 die Verleihung des Wochenmarktes durch Sigismund und 1442 die Gesamtbestätigung durch Friedrich III.[17] Seit dem 16. Jahrhundert bedienen sich auch die eidgenössische Tagsatzung und die Landvogtei Baden zunehmend des Ausdrucks «Flecken», der schliesslich zur Regel wird. So wird 1501 von der hohen Landesobrigkeit dem «Flecken» die Erhebung eines Einzugsgelds gestattet, und 1517 ruft der Landvogt zu Spenden auf für ein «in dem Flecken Zurzach» zu errichtendes Spital.[18] Auch bei der «unteren» Obrigkeit, dem Bischof von Konstanz, wird die Bezeichnung «Flecken» mehr und mehr üblich. Sie kehrt im «Zurzacher Dorfrecht» von 1550 mehrfach wieder, und auch später spricht der Bischof mehrere Male von «unserem Flecken Zurzach».[19] Die herausgehobene Bedeutung Zurzachs im Kreis der umliegenden Orte veranschaulicht ein Streit um die Verteilung der Steuern im Jahre 1510: Die Gemeinde Rekingen beschwert sich, dass ihr ebenso viel auferlegt sei «als den von Zurzach, das ein gantzer fleck wer».[20] In diesem Zusammenhang darf das Zeugnis des Kosmographen Sebastian Münster von 1550 nicht fehlen, der Zurzach «ein herrlich Emporium oder gewerb flecken gemeyner eydtgnoschaft» nennt.[21] «Emporium» bedeutet Handelsplatz, Markt. Vom «Markt (vicus)» Zurzach spricht auch Conrad Türst in seiner Beschreibung der Eidgenossenschaft (um 1495).[22] Damit sind die Voraussetzungen gegeben für die im 17. Jahrhundert aufkommende genauere Kennzeichnung des Fleckens als «Marktflecken».[23] Eine nochmalige Steigerung in der Titulatur findet sich 1666, als «von dem freyen offnen marcktflecken Zurzach» und den ihm «zuegehörenden Gemeinden, Flecken und Höfen» die Rede ist.[24]

Das «Dorf»

Mit dem Begriff «Flecken» wird die Bezeichnung von Zurzach als «Dorf» – lateinisch meist «villa» – nach und nach in den Hintergrund gedrängt. So heisst es 1429, dass der Weibel zu «Zurzach in dem dorf» zu Gericht sass, und in der gleichen Urkunde wird der Ort wie später noch oft «gemeines dorf Zurzach» genannt.[25] Auch die Baubewilligung der Tagsatzung für das Rathaus ergeht 1479 an die «gemeind Zurzach zu handen irs gemeinen dorfs».[26] Im Ort selbst wird der Unterflecken schon im Spätmittelalter «Niederdorf» oder «Unterdorf» genannt: 1429 verkauft die Familie Küssenberg der Gemeinde eine Hofstatt «im niderdorf Zurzach gelegen», und 1516 wird die Lage des Rathauses als «im underdorf» liegend angegeben.[27] Die Bezeichnung «Dorf» bringt für Zurzach gelegentlich die Gleichstellung mit unbedeutenderen Orten der Nachbarschaft: 1503 herrscht Streit «zwischend dem dorf Zurczach und dem dorf Reckingen», und 1516 treten vor dem Landvogt die «dörfer Zurczach und Riethen

---

[3] So Murer, Helvetia Sancta (1648), S. 45.
[4] Zitiert nach: Idiotikon 1, 1881, Sp. 1188. Hier auch Belege für die allgemeinen Bedeutungen.
[5] Oberrheinische Stadtrechte II, 2, S. 377, 608.
[6] Quellen zur neueren Privatrechtsgeschichte Deutschlands, I, 2: Landrechte des 16. Jahrhunderts, bearb. v. Wolfgang Kunkel, Weimar 1938, S. 82.
[7] Wie Anm. 5, S. 513.
[8] Wie Anm. 1, Blatt 193 b.
[9] Hasso Prahl, Verfassung und Verwaltung der Stadt Markdorf im Linzgau in der Zeit vom 13. bis zum 16. Jahrhundert, Stuttgart 1965, S. 20.
[10] Oberrheinische Stadtrechte I, 7, S. 988. Vgl. auch Stoob, Minderstädte, S. 1 ff.
[11] Idiotikon 1, 1881, Sp. 1188. Vgl. auch Karl S. Bader, Das mittelalterliche Dorf als Rechts- und Friedensbereich, Weimar 1957, S. 232.
[12] Vgl. Deutsches Rechtswörterbuch 3, Weimar 1935–1938, Sp. 568 und entsprechende Verweisungen.
[13] Wie Anm. 12.
[14] Erster Teil, Zürich 1727, S. 601. Vgl. auch Kaiser, Dorf – Flecken – Stadt; Martina Stercken, Die Befestigung kleiner Städte und städtischer Siedlungen in der Nordostschweiz, in: Stadt- und Landmauern, Bd. 1, S. 63 ff.; Dies., Städtische Kleinformen in der Nordostschweiz. Vorstudien zu einem Stadtatlas, in: Rhein. Vierteljahresblätter 55, 1991, S. 176 ff.; Meinrad Schaab, Städtlein, Burg-, Amts- und Marktflecken Südwestdeutschlands im Spätmittelalter und früher Neuzeit, in: Zentralität als Problem der mittelalterlichen Stadtgeschichtsforschung, Köln/Wien 1979, S. 119 ff.
[15] Allgemeines Landrecht für die Preussischen Staaten von 1794, II 8 § 176.
[16] SRQ AG II/5, S. 35 f.
[17] SRQ AG II/5, S. 41, 43.
[18] SRQ AG II/5, S. 72, 85 und öfters.
[19] SRQ AG II/5, S. 108, 138, 163 f., 175 und öfters.
[20] SRQ AG II/5, S. 81.
[21] Sebastian Münster, Cosmographei, Basel 1550 (Faksimile-Ausgabe Amsterdam 1968), S. 375.
[22] Türst, Quellen, S. 17, 39.
[23] SRQ AG II/5, S. 149 ff., 154, 161–163.
[24] SRQ AG II/5, S. 184.
[25] SRQ AG II/5, S. 22 f.
[26] SRQ AG II/5, S. 69 f.
[27] SRQ AG II/5, S. 27.

als cleger» auf.[28] Die Begriffe «Flecken» und «Dorf» wechseln sich aber auch wieder in derselben Urkunde ab, so 1501 in der eidgenössischen Bewilligung eines Einzugsgeldes.[29] Auch im «Zurzacher Dorfrecht» von 1550 werden beide Ausdrücke gleichwertig nebeneinander verwendet.[30] Von nun an tritt allerdings der Ausdruck «Dorf» völlig in den Hintergrund, und die Benennung als «Flecken» wird deutlich vorherrschend.

Wieder stellt sich die Frage, ob der Begriff «Dorf» ein genügend klares Vorstellungsbild von der Eigenart und der Verfassung eines Gemeinwesens vermittelt. Dazu ist freilich zu sagen, dass das Wort «Dorf» eine vielgestaltige und keineswegs einheitliche Entwicklung aufnimmt.[31] Die Vorstellung vom «Dörflein traut» jedenfalls ist keine historische Wirklichkeit, wenn auch die Geschichtsforschung davon zeitweise nicht ganz frei geblieben ist. Mit einer gewissen Regelmässigkeit lässt sich in unseren Gegenden aber folgende Entwicklungslinie nachzeichnen: Am Anfang steht ein Herrenhof, der mit Unfreien bewirtschaftet wird. Den Hörigen ist zur Deckung des Eigenbedarfs eine Hofstelle zugewiesen. Meist zieht sich die Grundherrschaft jedoch allmählich zurück und geht von der Eigenbewirtschaftung zur Rentenwirtschaft über. Andererseits drängen finanzkräftige Schichten in den Hofverband hinein, übernehmen das Land ebenfalls zu Leiherecht und stellen wieder ihre eigenen Bauern an. Dieser Prozess ist regelmässig mit Neuverteilungen des Landes verbunden. Der Grundherrschaft oder den Grundherrschaften stehen die hofsässigen Bauern gegenüber, die sich allmählich auch bei verschiedener Herrenhörigkeit als eine Genossame verstehen. Die Gemeindebildung wird begünstigt durch einheitliche und gemeinschaftliche Bewirtschaftungsformen.

Auch für Zurzach lässt sich dieses «klassische» Entwicklungsprofil nachweisen. Der Herrenhof, 1251 als «hof Zurza», 1265 als «curtis in Zurzach» erwähnt, besteht als «Kelnhof» bis in die Neuzeit fort.[32] Ursprünglich Königsland, ist er im Hochmittelalter Besitz der Abtei Reichenau, die ihn 1265 an den Bischof von Konstanz veräussert. Im Bereich von Zurzach bestehen und entstehen nun mehrere Formationen und Verbände, die rechtlich zu unterscheiden sind. Als wichtigste seien genannt: das Benediktinerkloster, ein reichenauisches Eigenkloster, später das lange in enger Abhängigkeit des Bischofs stehende Chorherrenstift, der Pfarrverband mit Pfarreirechten beim Kloster bzw. Stift, der bei der Reichenau bzw. beim Bischof verbliebene Kelnhof, schliesslich die Dorfgemeinde. Die Dorfgenossenschaft dürfte sich noch vor dem 14. Jahrhundert herausgebildet haben. Sie tritt 1308 als «universitas Zurciacensium villanorum» ins volle historische Licht und erweist sich, angeführt vom «ville cellerarius», dem Keller des bischöflichen Kelnhofes, bei der Veräusserung eines Teils der Allmende als handlungsfähige Gemeinschaft.[33] Seit dem 15. Jahrhundert ist dann regelmässig von der «Gemeinde», 1454 von der «gemeind und gebursamy zu Zurzach» die Rede.[34]

Die Terminologie wird durch den tatsächlichen Befund bestätigt. Noch im 16. Jahrhundert weist Zurzach zahlreiche charakteristische Züge eines Dorfes auf. So gewinnt man aus der Schilderung der päpstlichen Bulle von 1510 den Eindruck, dass es sich bei der Zurzacher Einwohnerschaft um eine überwiegend dörfliche Bevölkerung mit den typischen Abhängigkeiten und Abgabenverpflichtungen handelt. Es heisst dort: «Die Mehrzahl der Einwohner des Dorfes sind Hörige verschiedener Herren und, wenn auch nicht gerade Knechte (servi), so heissen sie doch nach Landesbrauch Eigenleute (homines proprii); sie geben jährlich ein Leibhuhn[35]; beim Tode eines Mannes ist das Besthaupt[36], beim Tode einer Frau das beste Gewand dem Herrn zu belassen.»[37] Dass dieser Bericht freilich relativiert werden muss, ist noch auszuführen.

Dörflich ist aber auch nicht nur seinem Namen nach das «Zurzacher Dorfrecht» von 1550.[38] Darin sind «alte lobliche breüch und guot gewonhayten, die sie bisheer je und allwegen gehalten», aufgezeichnet. Da diese «in kainer glaubwirdigen form beschriben» und «derwegen zuo zeiten ungleicher missverstand ervolgt und hinfürter sonderlich umb vergessenhait willen noch weiter beschechen möchte», wird eine schriftliche Fixierung für erforderlich gehalten. Nach ihrer Form handelt es sich bei der obrigkeitlich bestätigten und besiegelten Urkunde um eine Offnung[39] der jüngeren Gattung; eine Feststellung im gerichtsförmlichen Frage-Antwort-Verfahren ist zu dieser Zeit ohnehin nicht mehr üblich.

Merkmale einer Stadt

Neben diesen Merkmalen einer dörflichen Struktur hat Zurzach jedoch unverkennbar und zunehmend Attribute aufzuweisen, die sich zweifellos in das Vorstellungsbild einfügen, das man sich von einer Stadt macht. Das führt zunächst wieder zu der Frage, unter welchen begrifflichen Voraussetzungen man von einer Stadt überhaupt sprechen kann und in welcher Weise diese sich dann von den ländlichen Gemeinwesen abhebt. Der immer noch fortschreitende Verstädterungsprozess unseres Lebens hat dazu geführt, dass gegenwärtig vorwiegend statistische Kriterien über die Stadteigenschaft entscheiden. Gemeinden, die eine Einwohnerzahl von 10'000 erreichen und überschreiten, werden in den schweizerischen Statistiken als «Städte» gezählt. Aber auch Gemeinden, die dieses Erfordernis nicht erfüllen, kann städtischer oder halbstädtischer Charakter zugebilligt werden. Eine solche Begriffsbildung spielt etwa im Planungsrecht eine gewisse Rolle. Sie ist immerhin ein beachtlicher Hinweis dafür, dass sich auch heute der Sinn für den Charakter einer Stadt nicht ausschliesslich auf die Einwohnerzählung reduziert hat. Das Wesen der Stadt kann letztlich nur dann voll erfasst werden, wenn man sich die historische Entwicklung vergegenwärtigt. Diese Entwicklung hat allerdings auf das moderne Verfassungsverständnis nachhaltig eingewirkt, was sich etwa in der Ausweitung der Terminologie des Stadtbürgers zum Staatsbürger zeigt.

Bei der Darstellung des Phänomens Stadt muss man sich zunächst an eine idealtypische Beschreibung halten, die sich für den Einzelfall dann oft nur in Tendenzen niederschlägt oder gar in der Realität starker Korrekturen bedarf. Insgesamt ist die Stadt jedoch stets ein Organismus, dessen Wesen spezifische bauliche, soziale, wirtschaftliche und rechtliche Elemente ausmachen.

Schon mit der Bezeichnung «Bürger» ist eine Ausgangsvorstellung für die mittelalterliche Stadt angesprochen: Die Stadt ist eine von Mauern und Türmen umgebene konzentrierte Siedlungsweise. Sie ist eine grosse Burg, ihre Einwohner sind die Bürger. Demgegenüber ist das Dorf allenfalls mit dem Dorfetter umzäunt. Freilich wird man immer wieder Abweichungen von diesem Grundschema finden: einerseits ummauerte Dörfer, andererseits nicht oder schlecht befestigte Städte. Hier handelt es sich jedoch um jeweils landschaftliche oder örtliche Besonderheiten, die dem Regelbild keinen Abbruch tun. Ein Wormser Reichsspruch von 1231 lässt jedenfalls erkennen, dass die Stadt üblicherweise «mit Gräben, Mauern und weiteren Befestigungen» versehen ist.[40] Auch auf dem Titelbild von Merians Topographia Helvetiae trägt die Stadt-Allegorie eine Mauernkrone auf dem Haupt.

Ein weiteres Kriterium für die Eigenschaft als Stadt ist der Markt. Die Stadt ist als wirtschaftlicher Mittelpunkt gedacht, über den sich der Güteraustausch einer näheren oder weiteren Region vollzieht. Der städtische Beitrag besteht aber nicht allein in der Lenkung des Warenstromes, sondern auch in der Verarbeitung durch das städtische Handwerk. Handel und Gewerbe sind also die entscheidenden Wirtschaftsfaktoren, welche die Stadt vom agrarisch-feudalen Land abheben.

Unterschiede zwischen Stadt und Land finden sich aber dann auch im sozialen Gefüge. Auf dem Land bleiben bei aller auch hier zu verzeichnenden Entwicklung die verwandtschaftliche Verwurzelung und Verbundenheit ein vorherrschendes Merkmal des sozialen Lebens. Demgegenüber ist die städtische Gesellschaft nicht mehr primär verwandtschaftlichen Kategorien verpflichtet, vielmehr weist sie bereits individualistischere Züge auf. Die Folge davon ist eine von Grund auf gewandelte Mentalität: Während sich das Land gegenüber fremdem Zuzug grundsätzlich ablehnend verhält, ist die Stadt gerade auf die Integration von Fremdelementen angewiesen. Urbanes Leben ist daher durch eine gewisse Offenheit gegenüber Andersartigem gekennzeichnet.

Daraus ergibt sich als weiterer Grundzug der städtischen Rechts- und Sozialverfassung die städtische Freiheit. Für das Zusammenleben in der Stadt erwies sich das Nebeneinander von freien und unfreien Personen schon früh als störend. Die Beschränkung in der Freizügigkeit, der Ehegattenwahl, dem Erbrecht und manch anderer Beziehung vertrug sich wenig mit dem freier rechnenden Gewerbe- und Kaufmannsgeist der Städte. Schon zu Beginn des 12. Jahrhunderts setzte daher eine Entwicklung ein, die auf eine gleiche individuelle Freiheit der Stadtbevölkerung hinzielte und schliesslich in dem Satz gipfelte: «Stadtluft macht frei.» Ist die Zeit von egalitären Vorstellungen auch weit entfernt, so finden sich hier dennoch Ansätze und Entwicklungsmöglichkeiten einer bürgerlichen Gleichheit.

---

[28] SRQ AG II/5, S. 27.
[29] SRQ AG II/5, S. 72 f.
[30] SRQ AG II/5, S. 102 ff.
[31] Vgl. dazu BADER, Dorfgenossenschaft.
[32] SRQ AG II/5, S. 21 f., 46, 108.
[33] SRQ AG II/5, S. 32.
[34] SRQ AG II/5, S. 23–25, 37 und oft.
[35] Ein Huhn als Kopfzins der Leibeigenen.
[36] Das beste Stück Vieh.
[37] SRQ AG II/5, S. 75.
[38] SRQ AG II/5, S. 102 ff.
[39] Offnung: Aussage über geltendes Gewohnheitsrecht, von rechtskundigen Männern abgegeben.
[40] KARL ZEUMER, Quellensammlung zur Geschichte der Deutschen Reichsverfassung I, Tübingen 2. Aufl. 1913, S. 52. Zur Stadtmauer vgl. auch: WERNER SPIESS, Das Marktprivileg, Heidelberg 1916, S. 370 ff.

Lebenswichtige Voraussetzung für die städtische Gesellschaft ist der besondere Rechtsfriede. Zutreffend wird dies im ältesten Strassburger Stadtrecht aus dem 12. Jahrhundert mit den Worten ausgedrückt, dass «Strassburg wie andere Städte darauf gegründet sei, dass hier jedermann von jedermann und jederzeit Friede habe»[41]. Das war nicht selbstverständlich in einer Zeit, in der Fehde und Vergeltung rechtlich anerkannte und übliche Reaktionsweisen waren. Für die Stadt war es jedoch eine Existenzfrage, jede Art von Aggression unter Kontrolle zu bringen. Über den Bürgereid und durch ein stets dichter werdendes Netz von Regelungen gelang dies früher als auf dem Land. Das Stadtrecht, das sich immer mehr vom Landrecht abhob, war also ein weiteres Merkmal der Urbanität. Hatte es zunächst noch die Form eines Privilegs des Stadtherren, so wurde es nach und nach völlig zum Steuerungsinstrument der Körperschaft selbst. Es gab im städtischen Leben kaum einen Bereich, der nicht durch Satzungen oder wenigstens durch Gewohnheit verrechtlicht war.

Dieses Selbstverwaltungsrecht setzte nicht nur ein entsprechendes Selbstverständnis, sondern auch die Bildung von geeigneten Organen voraus. Nahezu alle Städte haben sich im Laufe des Mittelalters aus der Bevormundung durch den Stadtherrn gelöst und eigenverantwortliche Administrationen an deren Stelle gesetzt. Seit dem 13. Jahrhundert wird überall die Ratsverfassung eingeführt, nach der das Stadtregiment von einem später meist noch geteilten Rat unter der Leitung eines Schultheissen oder Bürgermeisters ausgeübt wird. Der Rat ist in seiner Allzuständigkeit auch regelmässig oberstes Stadtgericht. Überhaupt wird der Stadtgerichtsbarkeit, die man sich durch Privilegien absichern lässt, besondere Aufmerksamkeit gewidmet. Zur Stadtverfassung im weiteren Sinn gehört darüber hinaus die Ausbildung einer effizienten Verwaltungsorganisation sowie entsprechender Institutionen. Im Bereich der Fürsorge etwa erwartet man in einer Stadt als bestehende Einrichtung ein Spital, meist unter bürgerlicher Kontrolle. Wie hier werden sich auch auf anderen Gebieten kirchliche und weltliche Aufgabenstellungen weitgehend ergänzen. So ist man überall bemüht, eine gewisse Kongruenz zwischen der Bürgergemeinde und der Pfarrgemeinde herbeizuführen.

Zwischen Dorf und Stadt

Das vorstehend skizzierte Idealbild einer Stadt wird eigentlich nur von den grossen Städten verwirklicht, in der näheren Umgebung also Konstanz, Basel und Zürich. Für die zahlreichen Kleinstädte gibt dieses Muster zwar eine Orientierung, in der Realität aber bleiben sie bisweilen weit dahinter zurück. Gerade Zurzach liegt in einer Landschaft, die eine verhältnismässig grosse Dichte an Klein- und Kleinststädten aufzuweisen hat. Der Zahl nach überwiegen die Kleinstädte die Grossstädte um ein Vielfaches. Von den 88 mittelalterlichen Städten der Deutschschweiz bleiben 78 Kleinstädte, und nur 10 erlangen grössere Bedeutung.[42] Auch wenn man berücksichtigt, dass die historischen Räume anders geordnet waren als heute, so ändert sich insgesamt an diesem Bild nichts. Die Massstäblichkeit für einen Vergleich wird man daher aus den umliegenden Kleinstädten gewinnen, von wo aus sich dann Unterschiede und Parallelen ausmachen lassen.

Ein Unterschied fällt schon äusserlich ins Auge: Ob Kaiserstuhl, Klingnau, Tiengen, Waldshut, Laufenburg, Säckingen, Brugg, Baden, Regensberg, Bülach, Eglisau, alle sind sie kompakte, befestigte Stadtanlagen. Dagegen ist das Zurzacher Ortsbild nicht von der Bauökonomie eines Mauergürtels bestimmt. Dass man aber hierzulande in der Ummauerung auch später noch ein Kriterium für die Stadt sah, zeigt folgendes Vorkommnis: 1674 erheben die Eidgenossen bei den Grafen von Sulz Einsprache gegen die beabsichtigte «Einfangung» des Zurzach benachbarten Dorfes Rheinheim, da dieses damit in Verteidigungszustand versetzt und zur Stadt erhoben werde.[43] Zurzach selbst war niemals befestigt, sondern blieb stets «offen». Jedoch lassen die überkommenen frühen Abbildungen die Reste eines Dorfetters erkennen. In der Bauweise – z. B. Rathaus, Kaufhaus und Spital – und im Strassenbild zeigt der Flecken jedoch zweifellos ein städtisches Gesicht,[44] zumal wenn man im Auge behält, dass fast allen Kleinstädten ein dörfliches Gepräge durchaus nicht fremd ist.

Trotz seiner überragenden wirtschaftlichen Bedeutung fehlt aber Zurzach für die Stadtqualität lange gerade ein wirtschaftliches Merkmal: der ständige, rechtlich verbriefte Markt. Die überaus gewichtigen beiden Jahrmärkte machen noch keine Stadt aus, und sehr spät erst – 1433 –, für eine Stadtwerdung wohl zu spät, erhält der Flecken seinen Wochenmarkt.[45] Diesem Defizit bleibt auf der anderen Seite wieder entgegenzuhalten, dass schon zu Beginn des 14. Jahrhunderts in Zurzach nicht mehr ausschliesslich Landwirtschaft getrieben wird.[46] Das nachgewiesene Handwerk scheint nicht gerade eine bestimmende Rolle zu spielen, hebt sich jedoch über den dörflichen Rahmen eindeutig hinaus. Ferner sind ansässige Kaufleute seit dem 14. Jahrhundert zwar spärlich, aber doch unzweifelhaft belegt. 1502 vernimmt man sogar von dem bedeutenden Gewerbe der Gewandschneider. Ein über Elementarformen und Ansätze hinausgehendes Gewerbe scheint sich auf die Dauer allerdings nicht entwickelt zu haben. Im 18. Jahrhundert hört man wiederholt die Klage, dass das Gewerbeinteresse des Ortes fast ausschliesslich mit der Messe stehe und falle: «Kaum aber ist die Messe vorbei, so sinkt der Marktflecken, gleich als ob er sich zu sehr angestrengt hätte, in seine vorige Ruhe zurück. Ohne sich ferner um Industrie und Ausbildung zu kümmern, zehrt jeder behaglich von dem erhaschten Gewinn, denn er weiss ja, dass die Erntezeit periodisch wiederkommt.»[47]

Richtet man den Blick auf den rechtlichen Status und die Zusammensetzung der Einwohner des Fleckens, so zeigt sich sogleich wieder die Mischung von städtischen und ländlichen Momenten. Noch die Urkunde Papst Julius II. von 1510 lässt ein betont dörfliches Sozialbild entstehen, nach dem die Mehrheit der Bevölkerung zur Entrichtung von Leibhuhn und Leibfall verpflichtet ist.[48] Allerdings vernimmt man im Jahre 1511, dass die Zurzacher aufgrund eines Privilegs von 1380 nicht «in glicher wis» wie die anderen bischöflichen Untertanen fallpflichtig sind.[49] 1666 ist dann zu erfahren, Zurzach habe wie Klingnau den Leibfall abgelöst.[50] Ein Vergleich mit den umliegenden Kleinstädten fällt nicht eben leicht, da gerade die Sozialgeschichte hier wie dort noch erhellungsbedürftig ist. Jedenfalls kann auch in der Nachbarschaft keine Rede sein von einer gleichmässigen städtischen Freiheit, und der Leitsatz «Stadtluft macht frei» war hier in dieser kategorischen Form ohnehin nicht durchsetzbar.[51] Jedoch ist schon im 14. Jahrhundert eine stetige Entwicklung zur Freistellung und Angleichung sichtbar. In Klingnau müssen schliesslich kraft königlichen Privilegs von 1408 Bürger und Einwohner nur noch einen «schlichten Hauptfall» entrichten.[52] Für die Eigenleute von Kaiserstuhl wird schon 1373 durch Karl IV. eine Besserstellung verfügt.[53] Wahrscheinlich handelt es sich auch bei dem Zurzacher Pergamentrodel von 1380 um eine ähnliche Privilegierung. Überhaupt ist zu vermuten, dass sich die Bevölkerung Zurzachs seit dem 15. Jahrhundert ständisch kaum von der Kleinstadtgesellschaft unterschied. Die Schilderung der päpstlichen Bulle von 1510 sollte man nicht überbewerten, da diese ein wenn auch nicht gerade entstelltes, so doch offensichtlich tendenziöses Bild vermittelt.

Die Hinwendung der Zurzacher Bevölkerung zu stadtbürgerlichem Verhalten findet auch in der Terminologie wieder ihren Niederschlag. Zwar wird man die Urkunde von 1308, die neben «villani» auch von «cives pagi» spricht,[54] nicht überinterpretieren dürfen, da der Ausdruck «civis» oft in der schlichten Bedeutung von «Einwohner» steht. Vielleicht soll aber die 1364 belegte Bezeichnung «oppidani» doch schon eine Heraushebung signalisieren; in der Nachbarschaft werden 1112 Tiengen, 1267 Radolfzell, 1279 Kaiserstuhl als «oppidum» bezeichnet.[55] Seit dem 15. Jahrhundert häufen sich in Zurzach die Ausdrücke «Bürger» und «Bürgerschaft» derart, dass darin keine Zufälligkeit mehr gesehen werden kann. So sprechen die Privilegien von 1433, 1442, 1561 und 1590 von «burgere». 1471 heisst es «dorfliutte und burgere», 1479 ist die Rede von der «gantzen gmeind, burger und insässen»; später kehrt die Sammelbezeichnung «burgerschaft» regelmässig wieder.[56]

Trifft man also in Zurzach immer wieder auf städtische Züge, so bleibt die Rechtsverfassung des Fleckens doch deutlicher hinter Massstäben zurück, wie sie an eine Stadt angelegt werden müssen. Während die benachbarten Kleinstädte ihre geschriebenen Stadtrechte haben, besitzt Zurzach erst seit 1550 lediglich ein «Dorfrecht», dem allerdings Anklänge an das Kaiserstuhler Stadtrecht nicht fehlen. Immerhin, als 1541 für die Landgrafschaft Baden ein einheitliches Erbrecht verordnet werden soll, wird Zurzach in einer Reihe mit Kaiserstuhl und Klingnau besonders angesprochen.[57] Vergleicht man jedoch die Rechtsquellen von Kaiserstuhl und auch Klingnau einerseits mit

---

[41] FRITZ KEUTGEN, Urkunden zur städtischen Verfassungsgeschichte, 2. Aufl., Berlin 1901, Neudruck Aalen 1965, S. 93.
[42] AMMANN, Kleinstadt, S. 158 ff.
[43] HERZOG, Zurzacher Messen, S. 12.
[44] Vgl. AMMANN, Zurzacher Messen (2), S. 72 ff.
[45] SRQ AG II/5, S. 40.
[46] AMMANN, Zurzacher Messen (2), S. 70 ff.
[47] Nach HERZOG, Zurzacher Messen, S. 48.
[48] SRQ AG II/5, S. 75.
[49] SRQ AG II/5, S. 82.
[50] SRQ AG II/5, S. 184.
[51] Vgl. dazu HERMANN J. WELTI in: MITTLER, Klingnau, S. 185 ff.
[52] SRQ AG I/3, S. 271. – Leibfall, Hauptfall, Sterbfall: Abgaben verschiedener Art an den Herrn beim Tode eines Leibeigenen oder Hintersassen.
[53] SRQ AG I/3, S. 8 ff.
[54] SRQ AG II/5, S. 32.
[55] AMMANN, Zurzacher Messen, S. 74; DERS., Kleinstadt, S. 176; Handbuch der historischen Stätten Deutschlands 6: Baden-Württemberg, Stuttgart 2. Aufl. 1980, S. 794; K. BEYERLE, Marktgründungen, S. 537. Der Ausdruck «oppidum» wird oft für Kleinstädte, Minderstädte und andere Zwischenformen verwendet. Vgl. auch TÜRST, Quellen, S. 18, 40.
[56] SRQ AG II/5, S. 24, 40 ff., 43, 45, 62, 158 und oft.
[57] SRQ AG II/5, S. 95.

denen von Zurzach andererseits, so wird der rechtliche Unterschied zwischen Stadt und Flecken augenfällig. Nur als Beispiel sei erwähnt, dass beide genannten Städte im 14. Jahrhundert königliche Gerichtsstands- und Ächterprivilegien erhielten,[58] was für Zurzach überhaupt nicht zur Debatte stand. Auch die Selbstverwaltung ist in Zurzach weniger entwickelt, als man es bei einer Stadt erwarten dürfte. Ebenso bleibt der Verwaltungsunterbau hinter dem der Nachbarstädte um einiges zurück. 1430 und 1558 wird berichtet, dass die Gemeinde Zurzach nicht einmal ein eigenes Siegel hat, womit der Ort wieder in die Reihe der Dörfer zurücktritt.[59] Andererseits hat Zurzach etwa um diese Zeit bereits eine Ratsverfassung, deren Verwandtschaft mit den benachbarten Städten nicht zu verkennen ist. Seit 1429 ist für Zurzach ein Ratskollegium belegt, dessen Befugnisse und Pflichten im Dorfrecht von 1550 deutlicher hervortreten.[60] Auch Ansätze für eine Teilung der Ratsgeschäfte sind zu erkennen. So amten bei Grenzstreitigkeiten alter und neuer Rat zusammen als Untergänger.[61] Das Dorfrecht sowie die Metzgerordnung von 1711 schliesslich erwähnen noch ein Kollegium der «Sechzehn», wobei es sich um eine nochmalige Erweiterung der beiden Räte handeln dürfte.[62] Als Einzelorgan finden sich ebenfalls seit 1429 der «Weibel», später der «Statthalter» oder «Untervogt».[63] Der Rat besteht aus vier Mitgliedern und entspricht damit zahlenmässig der Zusammensetzung des Klingnauer Rats nach dem Stadtrecht von 1314.[64] Allerdings sind die Befugnisse der Zurzacher Verfassungsorgane doch verhältnismässig bescheiden und lassen mitunter eher an den «Dorfvogt» und die «Vierer»[65] denken als an «Bürgermeister» und «Rat» einer Stadt.

Zurzach bleibt also trotz seiner wirtschaftlichen Bedeutung ein Flecken oder wie es gelegentlich heisst: ein freier, offener Marktflecken. Die eigens herausgestrichene «Freiheit» besteht allerdings darin, dass der Ort von Kaisern und Königen, dann aber auch von Bischof und Eidgenossen besonders gefreit, d. h. privilegiert worden ist, wobei zuvorderst die Marktprivilegien gemeint sind. Die Stadtfreiheit ist darin gerade nicht enthalten.

Gelegenheiten zur Stadtwerdung

Von den 88 mittelalterlichen Städten der Deutschschweiz bestehen mindestens 14 schon im 12. Jahrhundert, im 13. Jahrhundert kommen 64, im 14. Jahrhundert 10 weitere hinzu, im 15. Jahrhundert erfolgen keine Neubildungen mehr. Dies entspricht im Grossen und Ganzen dem Gründungsverlauf der deutschen Stadt überhaupt.[66] Sucht man also für Zurzach nach Gelegenheiten zu einer Stadtwerdung, so hat man sich schon nach dem statistischen Befund auf die Zeit vor der eidgenössischen Eroberung des Aargaus zu konzentrieren.

Bis 1265 kommt die Abtei Reichenau als Initiantin für eine Stadtgründung infrage. Gerade das Inselkloster spielt in der allgemeinen Stadtrechtsgeschichte eine beachtliche Rolle, da seine Marktgründungen als wichtige Stationen auf dem Weg zur Stadtentstehung betrachtet werden.[67] Parallelen zu dem um 1100 mit Marktrecht ausgestatteten Radolfzell, wo neben dem Hof ein Chorherrenstift besteht, bieten sich an. 1267 werden Radolfzell städtische Freiheiten verliehen. Spekulationen über eine in Ansätzen ähnliche Entwicklung Zurzachs muss man sich jedoch versagen, weil ungewiss ist, ob die Reichenau schon Anteil hat an der Entstehung des Zurzacher Markts.

Im Jahre 1265 gelangt Zurzach in den Besitz des Bischofs von Konstanz. Bei aller wirtschaftlichen Begünstigung, welche die Bischöfe ihrem Gebiet zuteil werden liessen, war aber eine Förderung der Stadtwerdung von dieser Seite her kaum zu erwarten. Zwar brauchte mit einem Widerstand der zunächst kyburgischen, dann habsburgischen Landeshoheit nicht gerechnet zu werden, jedoch mochten sich die Erfahrungen der Bischöfe mit ihren städtischen Kommunen für eine Stadtentwicklung Zurzachs eher als hemmend erweisen. Gerade um die Mitte des 13. Jahrhunderts ist der Bischof in schwere Verfassungskonflikte mit seiner Residenzstadt Konstanz verwickelt. Die Territorialpolitik der Bischöfe sollte gerade einen Ausgleich für das mehr und mehr ihnen entgleitende Stadtregiment herbeiführen. Die Konstanzer Bischöfe erwarben zwar bestehende Städte – um 1250 Tiengen, 1269 Klingnau, 1294 Kaiserstuhl usw. –, nahmen jedoch selbst keine Neugründungen mehr vor. Wo in der Folgezeit in den Städten Versuche einer freieren Verfassungsgestaltung in Erscheinung traten, kam es zum Konflikt. So brachen z. B. in Meersburg seit dem 14. Jahrhundert die Auseinandersetzungen mit dem Stadtherrn nicht ab, und im 15. Jahrhundert kam es dort zu blutigen Zusammenstössen. Auch in Kaiserstuhl wurde 1406 ein Aufstand gegen den Bischof niedergeschlagen. Angesichts dieser Interessenlage wird es verständlich, dass die Bischöfe eher auf die Wahrung herkömmlicher Strukturen bedacht waren und Zurzach lieber als Dorf denn als Stadt sahen. Damit folgten sie übrigens durchaus einem Zug der Zeit, da die Landesherren angesichts der Emanzipationsbewegung der Städte den minderstädtischen Siedlungs- und Verfassungsformen den Vorzug gaben.⁶⁸

Mit dem Übergang der Landeshoheit auf die Acht Alten Orte im Jahre 1415 trat über und neben dem Bischof eine neue Instanz auf, die das Regiment fester in die Hand nahm. Die Kompetenzen wurden nun zwischen Konstanz und den Eidgenossen ausgemacht, wobei der Landvogt von Baden und die Tagsatzung immer mehr das Geschehen beherrschten. Von den Eidgenossen war jedoch eine Initiative oder auch nur eine Förderung städtischer Freiheitsbestrebungen schon gar nicht zu erwarten. Für die Länderorte war die Stadt ohnehin eine Lebens- und Organisationsform, der nicht ihr volles Verständnis oder gar ihre Sympathie gehörte. Aber auch den Städteorten war zuvorderst an der Expansion ihrer eigenen Stadt gelegen, die sie durch Sonderfreiheiten nur infrage gestellt sahen. Wo die eidgenössischen Orte wie im Aargau gemeinsam regierten, konnten darüber hinaus die vorhandenen Interessengegensätze nur durch Erhaltung des Status quo überbrückt werden.

Insgesamt ist es also nicht verwunderlich, dass im Bereich des «Grossen Bundes oberdeutscher Lande» seit dem 15. Jahrhundert keine Städte mehr entstehen, während in andern oberdeutschen Landschaften doch noch die eine oder andere Stadtgründung zu vermerken ist.⁶⁹ Man kann somit feststellen, dass seit 1415 vermehrt nur noch politische Kräfte am Werk sind, die eine Stadtwerdung Zurzachs eher verhindern als fördern. Abgesehen davon machte die Gemengelage der für eine Stadtbildung zusammenzufassenden Rechte jede Entwicklung in dieser Richtung unmöglich. Diese Pattsituation blieb bis zum Ende des Ancien Régime erhalten.

Die Überlegungen zur ausgebliebenen Stadtbildung könnten hier abgeschlossen werden, wäre es nicht 1510 tatsächlich zu einem Versuch gekommen, den Flecken mit städtischen Attributen zu versehen.⁷⁰ Der Anstoss kam zweifellos vom Propst des Verenenstifts, Peter Attenhofer, der über seinen Sohn Conrad Attenhofer bei Papst Julius II. eine grundlegende Neuregelung der Rechtsverhältnisse herbeizuführen suchte. Conrad Attenhofer war für diese Mission gewiss der richtige Mann. Selbst aus Zurzach stammend, wo er 1507 die Verenabruderschaft gegründet hatte, war er mit den örtlichen Gegebenheiten bestens vertraut; als Propst von St. Johann zu Konstanz hatte er Einblick in die Verhältnisse der bischöflichen Kurie, als Vertrauter und ständiger Tischgenosse des Papstes stand

ihm der Zugang zum Haupt der Christenheit offen. In dieser Eigenschaft vertrat er auch die Anliegen der Tagsatzung beim Hl. Stuhl, und schliesslich war Attenhofer als Doktor beider Rechte versiert in der Wahl der richtigen Wege und Mittel für seine Aufträge.⁷¹ Dass der Papst eingeschaltet wird, mag verwundern, erklärt sich aber teilweise daraus, dass seit geraumer Zeit der päpstliche Einfluss am Verenenstift rechtlich verankert war.

Die Bulle vom 8. März 1510 setzt als Tatbestand voraus, dass der einstige Grundherr dem Stift die «villa» Zurzach zu freiem Eigen geschenkt habe. Die nur zwischen den Zeilen zu lesende Konsequenz dieses – unzutreffenden – Sachverhalts ist die, dass sowohl der Herrschaft des Bischofs von Konstanz wie auch jener der Eidgenossen die Rechtfertigung fehle und dass die usurpierten Rechte wieder zurückzuerstatten seien. Ein düster ausgemaltes Bild vom Zustand des Ortes und seiner gestörten Ordnung verstärken den Eindruck, dass die derzeitigen öffentlichen Gewalten nicht in der Lage sind, den Rechtsfrieden aufrecht zu erhalten. Schliesslich wird dem Bischof und den Eidgenossen der Wunsch unterstellt, alles Gut dem Stift wieder ausfolgen und so in einer Hand vereinigen zu wollen. In dieser Weise ausgestattet, sollte das Stift berechtigt sein, den Ort mit Mauern, Gräben, Türmen und sonstigen Befestigungen zu versehen, wodurch Zurzach allerdings dem Gebilde einer Stadt noch näher gekommen wäre. Der Plan scheiterte, nicht nur weil Bischof und Eidgenossen keinerlei Miene machten, auf den Handel einzugehen. Die wenig später hereinbrechende Reformation brachte für alle Beteiligten andere Probleme, sodass der Vorgang bald als Episode päpstlicher Diplomatie zu den Akten gelegt wurde.

---

⁵⁸ SRQ AG I/3, S. 6 ff., 256 ff. – Ächterprivileg: Geächtete dürfen aufgenommen werden.
⁵⁹ SRQ AG II/5, S. 40, 114. Erstes Siegel: 1612, zweites Siegel: 1744, ebd., S. 394.
⁶⁰ SRQ AG II/5, S. 23, 102 ff. und oft. Vgl. auch WELTI, Organisation, S. 27 ff.
⁶¹ SRQ AG II/5, S. 109, Art. 44.
⁶² SRQ AG II/5, S. 109, Art. 43; 200.
⁶³ SRQ AG II/5, S. 37, 102 ff.; 162 f., 172, 200; 140.
⁶⁴ SRQ AG I/3, S. 242.
⁶⁵ Ein Gremium von vier Leuten, ein engerer Ausschuss mit speziellen Aufgaben.
⁶⁶ AMMANN, Städtewesen, S. 483 ff.
⁶⁷ Dazu K. BEYERLE, Marktgründungen, S. 513 ff.
⁶⁸ Vgl. STOOB, Minderstädte, S. 27.
⁶⁹ Vgl. AMMANN, Kleinstadt, S. 168; DERS., Städtewesen, S. 494.
⁷⁰ SRQ AG II/5, S. 75 ff.
⁷¹ Zu Conrad Attenhofer vgl. MEYER, Zürich und Rom, S. 211 ff.

Bei einer Weiterverfolgung des Planes wäre aber noch von einer anderen Seite Widerstand erwachsen: von der Zurzacher Gemeinde. Die Bürgerschaft, die ständig mit dem Stift in zermürbenden Auseinandersetzungen stand, konnte am wenigsten daran interessiert sein, dass St. Verena zur Fülle der rechtlichen Kompetenzen gelangte. Denn wie anders hätte das Chorherrenstift diese Rechte eingesetzt als zu seinen Gunsten und auf Kosten der Bürger. Wohl kaum hätte sich das Stift die einmalige Gelegenheit entgehen lassen, mit einem Schlag eine einschneidende Neuordnung vorzunehmen. Nicht umsonst wird in der päpstlichen Bulle der Status der Zurzacher Bürger überaus niedrig angesetzt, und nicht ohne Grund wird versucht, den künftigen Stadtherrn auch zum allgemeinen Leibherrn zu bestimmen. Gerade die frühneuzeitliche Leibeigenschaft geistlicher Stifter erwies sich aber, wie zahlreiche Beispiele zeigten, als wenig attraktive Untertanenform, die im kurz darauf ausbrechenden Bauernkrieg von den Betroffenen aufs Heftigste bekämpft wurde. So darf man schliesslich feststellen, dass seit dem 16. Jahrhundert selbst die Bürgerschaft, für die zu einem früheren Zeitpunkt das Stadtrecht erstrebenswert gewesen wäre, unter den gegebenen Voraussetzungen einen «freien, offenen Marktflecken» einer unfreieren Stiftsstadt vorgezogen hat.

Heilig-Geist-Spital und Sondersiechenhaus zu Zurzach

CLAUSDIETER SCHOTT

In der jüngeren, Ende des 10. Jahrhunderts entstandenen Verena-Vita findet sich zur Lebensweise der Heiligen in Zurzach der folgende Bericht: «Et erat ibi iuxta ripam Rheni civitas, in qua erant multi leprosi et alii pauperes Christi. Sanctissima virgo Christi Verena ambulavit cottidie ad eos et dedit eis manducare et bibere et lavabat capita eorum et unguebat eos.» – (Es war dort aber nahe beim Ufer des Rheins eine Siedlung, in der viele Aussätzige und andere erbarmungswürdige Leute wohnten. Die heilige Jungfrau Verena ging täglich zu ihnen, gab ihnen zu essen und zu trinken, wusch ihre Köpfe und salbte sie.)[1] Der Verenaverehrung erschien diese Sorge um das Elend der Ausgestossenen so bedeutungsvoll, dass sie die Attribute der Heiligen, Krug und Kamm, auf diese Szene bezog.

Zurzachs legendäre Frühgeschichte steht also ganz im Zeichen des Dienstes am benachteiligten Nächsten. Freilich, die Erinnerung daran ist verblasst, und die alten Institutionen christlicher Caritas und mitbürgerlicher Fürsorge sind vergessen. Spärliche Reminiszenzen lassen sich immerhin da und dort entdecken. So findet man im südöstlichen Gemeindegebiet noch heute den Flurnamen «Spittelholz».[2] Zu Beginn des 20. Jahrhunderts wurde noch im Osten ausserhalb des alten Fleckens eine Liegenschaft

---

[1] REINLE, Verena, S. 40.
[2] Südöstlich der Strasse nach Tegerfelden, nördlich des «Grüt». Landeskarte 1:25'000, Bl. 1050, Zurzach: 270/663.

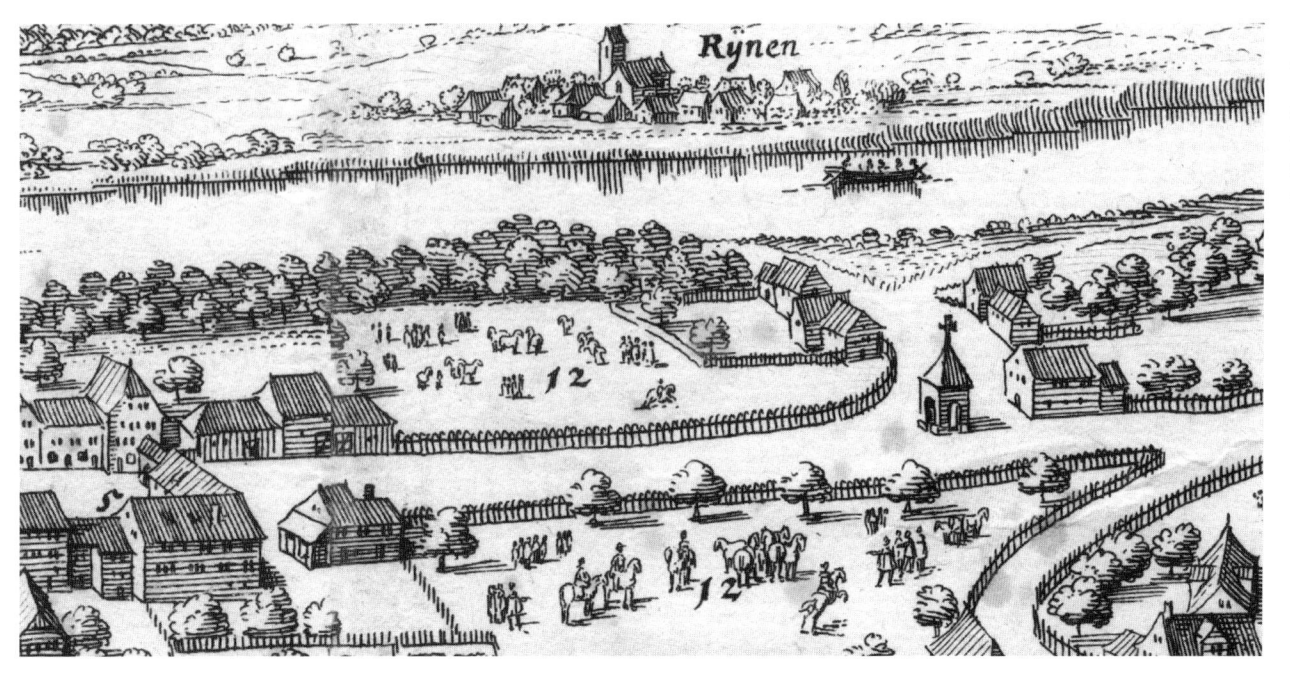

1 Das Spitalgebäude (mit Ziffer 5 bezeichnet) und das Bettelhäuschen bei der Abzweigung zum Burgquartier, rechts daneben das Sondersiechenhaus. Ausschnitt aus dem Merian-Stich von 1654.

2 Bettelhäuschen bei der Burgkapelle. Ausschnitt aus dem Wandgemälde im Kloster St. Georgen zu Stein am Rhein, um 1513.

(erstes nördliches Grundstück an der Zürcherstrasse) als «Spitalplatz» bezeichnet. Auch kann der aufmerksame Betrachter des Merian-Stichs am östlichen Ortsausgang beim ehemaligen Tor (Ende Schwertgasse) ein ansehnliches, als «Spital» ausgewiesenes Gebäude finden (Abb. 1).

Knüpft man beim vormaligen «Spitalplatz» an, so befindet man sich gleichsam wieder am Handlungsort des Legendenberichts. Es ist bekannt, dass der Verfasser der Vita mit den örtlichen Verhältnissen gut vertraut war und dass insoweit auch historische Aufschlüsse von ihm zu erwarten sind. Allerdings projiziert er das Wirken der hl. Verena in seinen eigenen Lebensraum des 10. Jahrhunderts, als sich der Siedlungskern schon längst bei der Klosterkirche befand. Draussen bei den römischen Ruinen lag die Bleibe der Aussätzigen – das dürfte die historische Wirklichkeit des 10. Jahrhunderts sein. Später wurde der Bericht auch dahin verstanden, dass die Aussätzigen ein ihnen eigens bestimmtes Haus bewohnt hätten. So schreibt 1648 Heinrich Murer: «Nahe bey dem Rhein ware ein alte zerstöhrte Statt, vor zeiten von den Römern erbawen, welcher anzeigung noch heutiges Tags zufinden und zu sehen ist. In diser ware neben andern bewohnten Häusern den armen Leuthen und sonderlich den Siechen auch eine Behausung eingegeben. Weilen dann die heylige Verena je und allwegen ein grosses Mitleyden zu den Armen gehabt und ihnen bestes Fleiss zu hülff kommen nicht allein mit gut und leiblicher Fürsehung, sondern zuvorderst auch mit ihrem Gebett […], darumb gieng sie alle Tag zu den armen, pressthaften und siechen Menschen.»[3] Obwohl auch Murer sich dabei – wie noch zu zeigen ist – wiederum von der Situation seiner Zeit beeinflussen liess, ist keineswegs von der Hand zu weisen, dass es sich hier schon früh um eine mehr oder weniger geschlossene Siedlung gehandelt haben mag. Solche gab es im 10. Jahrhundert längst, für Leprosorien finden sich in Deutschland und Frankreich Belege seit dem 7. Jahrhundert.[4] Aussatz oder Lepra war schon in der Antike die gefürchtetste Infektionskrankheit. Sie galt als unheilbar, und ihrer Ausbreitung wehrten die kirchliche und weltliche Gesetzgebung durch Absonderung der Kranken. Das 3. Laterankonzil von 1179 machte schliesslich die Isolierung zum strikten Gebot: «Leprosi cum sanis habitare non possunt» – (Aussätzige können nicht mit Gesunden zusammenleben). Im 13. Jahrhundert geht in Mitteleuropa die Zahl der Sondersiechenhäuser, in welche die Leprosen eingewiesen waren, in die Tausende. Spätestens jetzt dürfte auch Zurzach sein Feldsiechenhaus gehabt haben.

Die Zurzacher Schilderung erinnert an allerdings frühere Verhältnisse in Sankt Gallen, wo Abt Otmar (720–759) bereits um die Mitte des 8. Jahrhunderts ein Siechenhaus gegründet hatte.[5] Der Biograf Walafried Strabo (809–849) berichtet darüber Folgendes: «Nam ad suscipiendos leprosos, qui a ceteris hominibus seiuncti manere semotim consuerunt, hospitiolum, haud longe a monasterio extra eas mansiones, quibus ceteri pauperes lecipiebantur, constituit […]»[6] (Zur Aufnahme von Aussätzigen, die gewöhnlich von den übrigen Leuten getrennt und abgeschieden leben, gründete er ein kleines Spital, nicht weit vom Kloster entfernt und ausserhalb der Hütten, in das auch die anderen erbarmungswürdigen Leute aufgenommen wurden […]). Auch von Otmar wird erzählt, dass er den Kranken Haare und Füsse gewaschen und sie mit den notwendigsten Lebensmitteln versorgt habe.

Ein weiterer Beleg, dass die Aussätzigen draussen im Feld beim Kirchlibuck ihren Aufenthalt hatten, findet sich erst ein halbes Jahrtausend nach dem Bericht der Verena-Vita. Es handelt sich dabei jedoch nicht um ein schriftliches, sondern um ein bildliches Zeugnis: das 1516 entstandene, die Zurzacher Messe darstellende Gemälde im St. Georgskloster zu Stein am Rhein (Abb. 2). Darauf ist ein offenes Häuschen erkennbar, in dem sich zwei Sieche, ein Mann und eine Frau, aufhalten. Der Mann hält in der linken Hand die Siechenklapper, die ihn als Aussätzigen zu erkennen gibt, in der rechten einen Almosenlöffel; vor ihm auf dem Sims steht eine Almosenschale. Das abgebildete Häuschen stellt nun freilich nicht das Zurzacher Siechenhaus dar, sondern eine andere, leicht zu bestimmende Baulichkeit. Nach dem Gemälde des St. Georgsklosters liegt das Häuschen am Rande des Rossmarkts, am Abgang zum Rheinfahr und am Anfang des Kirchlibucks. Zieht man den um etwa 100 Jahre jüngeren Merian-Stich zum

Vergleich heran, so findet sich an der besagten Stelle ein entsprechendes Kapellenhäuschen (Abb. 1). Es handelt sich dabei um das «Schirm- und Schattenhäuschen», von dem Propst Johannes Huber berichtet, dass es 1810 wegen Baufälligkeit abgerissen wurde[7] (auf Abb. 3 als Ruine noch deutlich erkennbar). Im 19. Jahrhundert waren weder die Eigentumsverhältnisse des Häuschens noch dessen Funktion bekannt. Man vermutete lediglich, dass es ehemals eine Verenakapelle gewesen sei. Es wäre verlockend, das kleine Heiligtum mit der Verena-Vita und den täglichen Krankenbesuchen der Heiligen in Verbindung zu bringen, der historische Befund lässt so viel Spekulationen jedoch nicht zu. Immerhin bleibt festzustellen, dass das Kapellchen – als solches ist es auf dem Merian-Stich durch das Kreuz ausgewiesen – den Aussätzigen als Bettelhäuschen diente. Damit ist allerdings noch nicht gesagt, ob es zu Beginn des 16. Jahrhunderts in Zurzach tatsächlich auch ein Siechenhaus gegeben hat, denn von einem Anlass wie der Zurzacher Messe mochten sich auch auswärtige Bettler Gewinn versprechen. Hier mag nochmals das Bildmaterial weiterhelfen. In dem neben dem Bettelkapellchen befindlichen einzelnen Haus des – späteren – Merian-Stichs hat man mit Sicherheit das Zurzacher Feldsiechenhaus zu sehen (Abb. 1). Vergleicht man diese Situation mit der des Steiner Gemäldes von 1516, so befindet sich dort ebenfalls in der Nachbarschaft ein einzelnes Haus, in dem mit hoher Wahrscheinlichkeit bereits zu dieser Zeit das Siechenhaus zu vermuten ist.

Verhältnismässig spät erscheint schliesslich das Siechenhaus auch in den schriftlichen Quellen.[8] Im Jahre 1570 macht Propst Ludwig Edlibach eine namhafte Schenkung zugunsten «der ehrsammen gantzen Gmeind Zurzach Spittal und Sundersiechenhaus».[9] Dass hier tatsächlich von zwei Häusern die Rede ist, geht aus der Urkunde im Weiteren deutlich hervor. Wiederholt wird darin betont, dass die Zuwendung zum «Nutz und Fromben der armen Dürftigen beider gedachter Hüsseren» erfolge. Seitdem werden in den Büchern und Akten stets beide Häuser, «Spital und Siechenhaus», aufgeführt (beide Häuser auf Abb. 1). Wie im übrigen deutschen Sprachgebiet werden für das Siechenhaus auch die Bezeichnungen «Gutleuthaus» und «Armleuthaus» gebraucht, wobei Letztere seit der Mitte des 17. Jahrhunderts nahezu ausschliesslich Verwendung findet. Mit der Aufgabe des Spitalhauses im Flecken selbst in der zweiten Hälfte des 18. Jahrhunderts ging die Bezeichnung «Spital» gänzlich auf das Siechen- und Armeleutehaus über und verblieb dort bis zu dessen Aufhebung im Jahre 1852.

Nüscheler, dem sich Huber anschliesst, beschreibt die Lage des Zurzacher Siechenhauses folgendermassen: «Oestlich neben der uralten Linde an der Strasse nach Rekingen».[10] Dass diese Annahme richtig ist, kann keinem Zweifel unterliegen. Hier im Feld ist der den Gepflogenheiten, aber auch der Zurzacher Tradition entsprechende Ort der Sondersiechen. Auf alten Ansichten Zurzachs vom Ende des 18. und von Anfang des 19. Jahrhunderts ist das Haus noch gut erkennbar, und auch die «uralte Linde» fehlt darauf nicht (Abb. 4). Es ist der Platz, an dem auch Merian

---

[3] MURER, Helvetia Sancta, S. 45.
[4] Dazu und zum Folgenden: GUNDOLF KEIL, CLAUDIA SCHOTT-VOLM, Aussatz, in: LMA I, 1980; FRIEDRICH MERZBACHER, Leprosen, in: Handwörterbuch zur deutschen Rechtsgeschichte II, Berlin 1978. Für die Schweiz auch: NÜSCHELER, Siechenhäuser; BÜHLER, Aussatz.
[5] Dazu BÜHLER, Aussatz, S. 16 ff.
[6] Sankt Otmar. Die Quellen zu seinem Leben, hrsg. v. JOHANNES DUFT, Zürich 1959 (Bibliotheca Sangallensis 4), S. 26.
[7] HUBER, Kollaturpfarreien, S. 222.
[8] Der vorliegende Beitrag stützt sich hauptsächlich auf folgende ungedruckte Quellen des Gemeindearchivs Zurzach (GAZ):
– Kapital- und Zinsbuch des Spitals der Gemeinde Zurzach, Tom. I 1599–1730, Sign. 644 (= Sp I).
– Kapital- und Zinsbuch des Spitals der Gemeinde Zurzach, Tom. II 1732–1797, Sign. 645 (= Sp II). Dieses Buch wurde, kalligraphisch gestaltet, von Spitalpfleger Franz Heinrich Schuffelbüel 1732 angelegt.
– Rechnungsbuch des Spitalamts Zurzach, Tom. III, Sign. 630 (= Sp III). Vgl. Anm. 35; dieses «Hauptbuch» über den Ankauf des Kelnhofs blieb in der Gemeindelade und wurde dem jeweiligen Pfleger nicht ausgehändigt.
– Urkunden (ein Konvolut).
– Weitere Bestände des Gemeindearchivs (Bücher) werden jeweils mit Signatur und Seitenzahl zitiert.
[9] Abschrift in Sp I, S. 207 ff.; Regest: SRQ AG II/5, S. 28.
[10] NÜSCHELER, Siechenhäuser, S. 28; HUBER, Geschichte, S. 111. Huber korrigiert auch Nüschelers von BÜHLER, Aussatz, S. 6, übernommene Angabe, das Haus sei Anfang des 19. Jahrhunderts abgerissen worden.

3 Armeleutehaus (Siechenhaus und Spital) um 1820. Ausschnitt aus einem unsignierten Aquarell im Staatsarchiv Aarau.

4 Das Siechenhaus kurz vor seinem Abbruch 1852. Das Bettelhäuschen bei der Linde ist bereits abgetragen. Aquarell von Franz Heinrich Baldinger (1827–1887). Museum Höfli.

und davor schon der Maler im Steiner St. Georgskloster das Siechenhaus abgebildet haben.

Für die Beschaffenheit des Hauses ist man auf das mehr oder weniger zuverlässige Bildmaterial angewiesen. Dass zum Sondersiechenhaus eine Kapelle gehörte, ist gewiss. Seit dem 3. Laterankonzil von 1179 stand den Aussätzigen ein eigener Gottesdienst mit entsprechendem Kirchenraum zu. Aus dem Jahre 1631 ist ein Beschluss des Stiftskapitels überliefert, nach dem «die Siechenkapelle wieder hergestellt werden» soll.[11] Diese Notiz lässt freilich nicht erkennen, ob damit eine Kapelle im Hause selbst oder ausserhalb desselben gemeint ist. Vieles spricht dafür, dass das «Schirm- und Schattenhäuschen» seinem ursprünglichen Bestimmungszweck nach die Siechenkapelle gewesen ist.[12] Dass die Kapelle der Überlieferung nach der hl. Verena geweiht war, wird dann kaum noch verwundern. Die geistliche Betreuung der Zurzacher Feldsiechen oblag dem Stift als Pfarrherrn. Seit der Reformation mochte hier aber eine Vernachlässigung eingetreten sein, wie ja die allgemeine Pastoration durch den Stiftsdekan schon vor der Glaubensspaltung zu wünschen übrig liess. Immerhin zeigt der Kapitelsbeschluss von 1631, dass das Stift die Baulast für die Siechenkapelle trug. Es ist auch bemerkenswert, dass sich die Chorherren noch zu Beginn des 19. Jahrhunderts für den baulichen Zustand des Häuschens verantwortlich fühlten. Wenn die Rechtsverhältnisse jetzt aber völlig unklar waren, so lag dies auch daran, dass sich mit dem Verschwinden des Aussatzes die ehemalige Funktion der Kapelle erübrigt hatte.

Über die Innenausstattung des Siechenhauses ist wenig zu erfahren; sie war ohne Zweifel kärglich. Aus dem Jahre 1659 ist ein Bestandsverzeichnis des Hausrats überliefert, das immerhin einigen Einblick gibt: «Item was das Siechenhuß vir Hußratt hatt: Betten 15 und durgünd Küsse 15, 15 Küßziechlen guott und büß und 14 Großziechlen, 24 Linlachlen gutt und büß, 3 Kupferhäfen, 3 Düfe, 2 Pfannen und 3 Kesse, 1 Wassergatzen und 1 Dreifuß und 1 Hollmaß, 1 Hafen.»[13] Der Siechen- und Spitalpfleger fügt dem Verzeichnis folgende Anmerkung hinzu: «Anno 1662 hab ich in das Armenluttenhuss sieben Lichlachen, drei Dischlachen und zwei Küsszichen machen lassen.»

Auch über das Leben im Zurzacher Siechenhaus ist wenig bekannt; es wird sich von der Trostlosigkeit anderer Sondersiechenhäuser kaum unterschieden haben. Erst 1688 ist zu erfahren, dass den Kranken ein «Siechenmann» aufwartete, der aber zu der Gemeinde nicht einmal in einem geregelten Anstellungsverhältnis stand. Das Protokoll vermerkt dazu am 23. September: «Ist auch erkennt, das der Siechen-Mann als welcher ein Gemeindt nichts angehet und man ihne allzeit wegschaffen kan, jehrlich auf Wohlhalten hin für die Behausung darin zu wohnen, geben solle 15 Gd, darein solle man jährlich geben fünf

Wägen voll Holtz und das zum Haus geführt [...], hingegen solle er den Garten und Weinräben, was es dran manglet, in seinem Costen machen lassen und das Holtz selbsten spalten.»[14]

Zwei Jahrzehnte später wird die Stelle des Siechenmannes neu vergeben. Im Protokoll fehlen jetzt die früher gemachten Vorbehalte: «Zuwüssen seye hiermit, dass nachdeme Bernath Kopp, der Armleuten-Mann dieses Zeitliche gesegnet, so haben die H. Statthalter und Geschworne Räht, im Januario 1707 an sein Statt angenommen, und in dem Gutleuten Haus lebenslängliche Aufenthalt und Herberg gegeben, den Christoffel Wendel nebst seiner Hausfrauen Maria Magdalena Heschlerin von Gutmedingen, gegen Erlegung zweyhundert Gulden paaren Gelts oder beliebiger Bürgschaft, laut eines hierüber aufgerichten Verglichs.»[15]

Im 17. Jahrhundert ist der Aussatz bereits stark im Abklingen, und er verschwindet im 18. Jahrhundert dann völlig. Damit verliert wie überall auch das Zurzacher Siechenhaus seine ursprüngliche Bestimmung, und es wird nun anderen Spitalzwecken gewidmet.

Die Bezeichnung «Spital» hat sich erst in neuester Zeit auf die heutige Bedeutung verengt. Ursprünglich und lange ist das Hospital eine Herberge für alle Personen, die sich in einer Notlage befinden und fremder Hilfe bedürfen.[16] Als allgemeine Zufluchtsstätte diente das Spital als Unterkunft für Kranke, Arme, Pilger und Obdachlose, es war Gebärhaus, Wöchnerinnenheim, Altersheim, Findelhaus, Pfründnerhaus usw., oft alles in einem. Auch in der bereits erwähnten Schenkungsurkunde Propst Edlibachs von 1570 kommt dies zum Ausdruck, indem die Zuwendung den beiden Zurzacher Häusern zugedacht wird, «wo arm, krank, dürftig, lam, heymbsch oder frömbd Persohnen dahin kommen». Vom Spital als allgemeiner Fürsorgeinstitution nehmen alle sozialen Anstaltszwecke ihren Ausgang. Unter gewandelter Anschauung kann es sich seit dem 17. Jahrhundert auch zum Arbeitshaus oder Zuchthaus entwickeln. In den Städten ist schon im Hochmittelalter eine Auffächerung der Tätigkeitsbereiche und eine soziale Differenzierung zu beobachten. Eine solche Abscheidung war aus nahe liegenden Gründen regelmässig für die Aussätzigen geboten.

Die Errichtung von Spitälern war ein Akt christlicher Nächstenliebe und fiel als Seelsorgetätigkeit in den Zuständigkeitsbereich der Kirche. Die medizinische Versorgung hatte daher durchaus nachrangige Bedeutung, auch bei den Siechenhäusern. Spitäler entstanden zunächst bei Klöstern und Kathedralen, dann aber unter der Initiative von ritterlichen und nicht ritterlichen Spitalorden und Bruderschaften. Seit dem 13. Jahrhundert treten die städtischbürgerlichen Spitalgründungen beherrschend in den Vordergrund, ohne dass damit der kirchliche Charakter verloren gegangen wäre. Das städtische Spital, sehr oft dem Heiligen Geist geweiht, wurde schliesslich der bevorzugte Adressat bürgerlichen Stiftungseifers.

Ob dem Zurzacher Benediktinerkloster bereits ein Spital angegliedert war, bleibt wie die Geschichte dieses Klosters überhaupt im Dunkeln. Vom späteren Chorherrenstift ist nur bekannt, dass es «den armen lüten» regelmässig Spenden und Almosen zukommen liess.[17] Ausserdem mochte im kleinen Flecken Zurzach lange nur ein geringes Bedürfnis nach einem allgemeinen Spital bestanden haben. Es dürfte nicht zuletzt das zunehmende städtische Gepräge des Marktfleckens gewesen sein, das ein Bedürfnis nach Einrichtung eines Spitals laut werden liess. Die ersten Spuren der Gründung wären wahrscheinlich verwischt, hätte sich nicht ein diesbezüglicher Bettelbrief des Landvogts von Baden vom 9. November 1517 erhalten;[18] die nächste Nachricht datiert erst wieder von 1570, und die Rechnungsbücher setzen gar erst 1599 ein.

Als Gründer werden in der Urkunde von 1517 «Herr Rudolf von Dobel, Dechan und Chorherr der Stift Zurzach und mit ihm ein ganze Gemeind daselbst, sin Underthanen in dem Flecken Zurzach»[19] genannt. Stift und Gemeinde errichten also gemeinsam die neue Anstalt, jedoch das Stift in seiner Eigenschaft als Pfarrherr, die Gemeinde auch als Kirchgemeinde. Dies ergibt sich daraus, dass nicht der Propst, sondern der Dekan genannt wird, dem allein die Seelsorge und Pfarrverwaltung oblag. Anderseits ist auch die Bezeichnung «Underthanen» für die Kirchgenossen durchaus üblich und gerade im Verhältnis zu Rudolf von Tobel mehrfach belegt.[20] Kurz vor der Reformation wird

---

[11] HUBER, Kollaturpfarreien, S. 221.
[12] Dies scheint auch HUBER, Kollaturpfarreien, S. 221, anzunehmen.
[13] Sp I, S. 680. Zur Erklärung: «durgünd Küsse» = durchgehende Kissen (dazu Idiotikon 2, 35; 3, 530), «Küßziechlen» = Kissenüberzug, «Düfe» = Tüpfi, Pfännchen (dazu Idiotikon 13, 991 ff.), «büß» = bös i. S. von «abgenutzt» (dazu Idiotikon 4, 1707), «Wassergatzen» = Wasserschapfe (dazu Idiotikon 2, 572). Für Hilfe sei Herrn Dr. Th. Arnold Hammer, Schweizerdeutsches Wörterbuch, Zürich, gedankt.
[14] Sp I, S. 556.
[15] Sp I, S. 575. Wendel bezahlt im Januar 1707 100 Gd., im Mai 1708 50 Gd. und im September 1510 weitere 50 Gd.
[16] Dazu grundlegend: SIEGFRIED REICKE, Das deutsche Spital und sein Recht im Mittelalter, 2 Bände, Stuttgart 1932 (Nachdruck Amsterdam 1970).
[17] StAAG, Stift Zurzach Urk. 372 (28. Nov. 1506).
[18] Druck: SRQ AG II/5, S. 85.
[19] SRQ AG II/5, S. 85.
[20] HUBER, Geschichte, S. 65 ff., 69. Vgl. dazu KARL S. BADER, Universitas subditorum parochiae – des pfarrers untertanen, in: Festschrift Hans Liermann, Erlangen 1964, S. 11–25.

so nochmals deutlich, dass man das Spitalwesen primär dem kirchlichen Bereich zuordnete.

Die Stiftung erfolgt «zu Notdurft armer ellenden krancken Menschen, so dann die heiligen Jungkfrowen sancta Verena, die dann libhaftig da lit, heimsuchen und ouch an den Merckten dar koment und Kranckheit halb da blibent und an den Strassen und uff den Gassen sterbent und kein Herbergen noch Underschluff habent noch haben mogent, uffzerichten und ze buwen zu Trost und Gut allen krancken cristgloibigen Menschen, frombden und heimschen». Die erwähnten Gründe einer Spitaleinrichtung, nämlich Wallfahrt und Messe, machen verständlich, warum die Eigenschaft des künftigen Spitals als Krankenherberge hier eigens betont wird. Die finanziellen Mittel konnten die Gründer selbst nicht alleine aufbringen, weshalb ihnen von der Landvogtei die besagte Empfehlung und Erlaubnis zur Sammlung von Spenden erteilt wurde.

Das Spitalgebäude wurde am östlichen Ende des Unterfleckens unmittelbar beim Tor (Ende Schwertgasse) errichtet (Abb. 1). Damit wurde das städtische Gesicht dieses Ortsteils um eine weitere Baulichkeit bereichert. Abgesehen davon, dass die Lage am Ortsrand und beim Tor für Spitäler geradezu typisch ist, mag es historischer Zufall sein, dass auch diese Anstalt am legendären Weg der hl. Verena zu den Kranken lag. Vermutlich hat die Gemeinde Zurzach das Grundstück beim Tor um 1517 erworben. Das «Kapital- und Zinsbuch» des Spitals enthält ohne weitere Erklärung die Abschrift einer früheren Handänderungsurkunde; offensichtlich sollte damit der legitimierende Vorbesitz festgehalten werden.[21] Danach verkaufte am Dienstag nach St. Apollonia des Jahres 1500 Peter Kindhuser mit Zustimmung seiner Ehefrau Adelheid Dold dem Clewy Schnider von Zurzach um 100 Gulden Zürcher Münz «sein Haus, Hoffstatt und Hoof zu Zurzach im Dorf, einhalb bei dem Thor gegen Burg und anderthalben an Conrad Rennwarts sel. Haus gelegen – ist ledig Eigen und ein Scheuren zwischen denselben Cunradt Rennwarts und Clewy oftermelts Hus gelegen, mit dem Güethli darzu, mit sambt allem des Huses und der Schüren Zugehört, es sey die Aeckeren, Matten oder Hausgüter, wie die sein möchten». Kauf und Fertigung[22] (Unterzeichnung) erfolgen vor dem Gericht des Zurzacher Weibels; die Urkunde selbst ist ein bemerkenswerter Beleg für das Zurzacher Gewohnheitsrecht.

Über das Aussehen des Spitals im 17. Jahrhundert gibt wieder der Merian-Stich Aufschluss, der allerdings nur die Rückfront zeigt. Immerhin kann festgestellt werden, dass es sich um ein recht stattliches Gebäude handelte (Abb. 1). Das Spital beim Tor hat bis in die zweite Hälfte des 18. Jahrhunderts bestanden. 1760 ist plötzlich von einem «neuen und alten Spital» die Rede. Als «neues Spital» wird jedoch das sieben Jahre zuvor erworbene «Kelnhofgut» bezeichnet.[23] Das Bestandsverzeichnis von 1762 gibt noch Rechenschaft über das Spital und das Armeleutehaus und führt ein «oberes Spitalwohnhaus» mit zwei Gärten auf und ein «unteres Spitalhaus» mit zwei Haushaltungen, Schweineställen und zwei Gärten.[24] Die bauliche Situation beim ehemaligen Tor hat sich seitdem stark verändert. Das dort befindliche Spitalhaus wurde aufgegeben, und der Spitalbetrieb wurde nur noch im oberen Haus, dem ehemaligen Sondersiechenhaus, weitergeführt, das jetzt alleine die Bezeichnung «Spital» führte. Durch zeitgenössische Bilder ist dieser Bau der Nachwelt wenigstens dokumentarisch erhalten (Abb. 3 und 4).

Für die Bewohner des Fleckens bedurfte es neben den Ausdrücken «Spital» und «Armeleutehaus» keiner weiteren Kennzeichnung. Nur gelegentlich ist daher zu erfahren, dass das Spital nach dem Beispiel zahlreicher anderer Institutionen dieser Art Heilig-Geist-Spital hiess. Die Belege datieren – nach bisherigem Befund – sehr spät: eine Notiz des Zurzacher Statthalters von 1780, ein Lehenbrief des Bischofs von Konstanz von 1788 und ein Revers des Zurzacher Rats, ebenfalls von 1788, wo vom «hiesigen Spital zum Hl. Geist» gesprochen wird.[25]

Über die Einrichtung des Spitals geben einige Bestandsaufnahmen des 17. und 18. Jahrhunderts Auskunft. Das Verzeichnis von 1659 enthält folgende Aufzählung: «Item der Spittel hatt Betten 13 und durgüne Küsse 7, Grossziechlen 6, Küßziechlen 6, 21 Linlachen und 1 Disslachen und Summerdechle, 3 Düfe und im Laushus 1 Hafen, 1 Bett, 1 Küssen und 1 Issedüfe [Eisentüpfi].»[26] 1664 setzt der Spitalpfleger hinzu, er habe noch 2 neue Laubsäcke, 2 Laubkissen, 2 Grossziechen und 4 Leilachen angeschafft. Aus dem Jahre 1760 ist ein weiteres «Inventarium der im Spitalhaus befindenden Fahrhab und Betteren» erhalten.[27] Daraus geht hervor, dass das Haus u. a. eine Küche, eine Stube, eine grosse «Bettlerkammer» (richtig wohl: Bettenkammer), eine Siechenkammer sowie zwei weitere Kammern für Einzelpersonen hat. Nicht aufgeführt sind die Wohnungen des Personals. Die Ausstattung der Spitalräume ist überaus kärglich, zum Teil unbrauchbar, sodass der Spitalpfleger einige notwendige Anschaffungen an Bettzeug, Geschirr und sonstigem Gerät vornehmen muss. 1788 findet sich nochmals eine «Specification» der Bettwäsche und der kupfernen, eisernen und hölzernen Hausratsgegenstände.[28] Der einzige Schmuck im Haus scheint «in der Stuben ein Bild in Rahmen gezogen» zu sein. Freiwillige Gaben besserten den Bestand gelegentlich etwas auf. So schenkte 1772 der Statthalter Peter Carl Attenhofer «aus generosem Willen ein ganz aufgerüstetes neues starkes Bett», wofür ihm öffentlich gedankt und «diese allererste Gut- und Wohltat in dies Buch zu ewig und unauslöschlichem Lob und Angedenken des Hr. Gutthätter» eingetragen wurde.[29]

In vielen Städten ist das Spital durch Zuwendungen, Verpfründungen und eine solide Finanzpolitik zum wirtschaftlichen Mittelpunkt der Gemeinde geworden. Hat man in Zurzach zwar bescheidenere Massstäbe anzusetzen, so war doch auch hier der Spitalhaushalt nicht ganz ohne Belang. Einiges Vermögen war gewiss schon vom Siechenhaus her vorhanden. Mit der Einrichtung des Spitals am Tor im Jahre 1517 mussten jedoch erhebliche Neufundierungen vorgenommen werden, die von Gemeinde, Stift und privaten Spendern aufgebracht wurden.

Die wohl erste grössere Zuwendung von dritter Seite, «vorab umb Mehrung göttlich Diensts, darnach umb Nutz und der Meinigen Seelenheyl und Trost, den Armen zu Gutem», war die Schenkung durch Stiftspropst Ludwig Edlibach am Verenatag 1570 im Betrag von 200 Gulden.[30] Der Zinsertrag von 10 Gulden sollte vorerst aber noch in voller Höhe der Haushälterin des Propstes, Adelheid Genämin von Laufenburg, als «Lybding» entrichtet werden, nach deren Tod dann dem Spital und dem Siechenhaus anfallen. Propst Edlibach ist wegen seiner Mildtätigkeit als «Vater der Armen» in die Stiftsgeschichte eingegangen. Ausser der erwähnten Hilfeleistung an die Zurzacher Anstalten hat er auch einen eigenen Almosenfonds für das Verenastift errichtet, hat das Klingnauer Spital ebenfalls mit 200 Gulden bedacht, hat ferner Stipendien eingerichtet und schliesslich die regelmässige Verteilung von Lebensmitteln und Kleidungsstücken veranlasst. Auch im Jahrzeitbuch des Stifts wird sein Gedächtnis durch eine jährliche Spende an die Armen bewahrt.[31]

Entsprechend der Verfügung Edlibachs wurde die vergabte Geldsumme sogleich wieder angelegt. Ein Betrag von 100 Gulden gelangte in Form eines Rentenkaufs an die Gemeinde Kadelburg.[32] Noch am 1. September 1570 verkauften die vier Geschworenen und die ganze Gemeinde Kadelburg mit Zustimmung des Stiftskapitels eine jährliche Gült von 5 Gulden gegen den Kaufpreis von 100 Gulden unter gleichzeitiger Übernahme der Rentenbelastung zugunsten der Haushälterin. Der Schuldbetrag wurde dinglich gesichert «mit allem und jedtlichen unseren der ganzen Gemeinde liegenden und fahrenden, gemeinen Güetehrn, Holtz, Veld, Wunn, Waid, Trieb und Trat, nüt ausgenommen», jedoch unter Beachtung vorgängiger Zinse. Für den Fall des Zahlungsverzugs wurde zugesichert, dass zwei Kadelburger Geschworene in einem Wirtshaus zu Zurzach oder im Umkreis von 2 Meilen «Gyselschaft» leisten sollten.[33] Die Obligation der Gemeinde Kadelburg über 100 Gulden bleibt bis um die Mitte des 18. Jahrhunderts stehen und verschwindet erst dann aus den Schuldbüchern, die bis dahin regelmässige Zinszahlungen verzeichnen.

Eine breitere Darstellung der Wirtschaftsgeschichte des Spitals würde hier zu weit führen. Für ein Gesamtbild mag daher eine Übersicht genügen. Eine kontinuierliche Rechnungsführung ist seit 1599 erhalten. In diesem Jahr beträgt die Summe der verzinslich angelegten Kapitalien und des Bargelds 1943 Gulden.[34] Sie nimmt dann stetig zu und erreicht im Jahre 1641 2469 Gulden und 1719 2214 Gulden. 1732 ergibt der Gesamtbetrag 2720 Gulden, 1748 werden 3819 Gulden vermerkt, 1754 4271 Gulden. Schliesslich steigt 1762 der Aktivbestand aller zinstragenden Güter – «meist versicheret» – auf 8276 Gulden, dem Verpflichtungen in Höhe von 2050 Gulden gegenüberstehen. Der kräftige Kapitalzustrom erklärt sich aus der 1753 erfolgten Angliederung des halben Kelnhofes, dessen Aktiva mit 4990 Gulden angegeben werden.

Die Gelder sind regelmässig zu 5 Prozent angelegt. Dies ist der allgemein übliche und gebotene Zinssatz, bei dessen Überschreitung man sich dem Wucherverdacht, bei dessen Unterschreitung dem Vorwurf mangelhafter Haushaltsführung ausgesetzt sah. Im Jahre 1770 wird etwa gerügt, dass die oberste Spitalverwaltung in den Vorjahren unter diesen Zinsfuss gegangen sei, und es wird beschlossen, künftige Geldanlagen wieder zum Regelsatz zu tätigen. Allerdings schreibt sich die Gemeinde selbst 1772 ein ausserordentlich hohes Darlehen zu 4 Prozent an, das 1782 dann sogar mit 3 Prozent zu Buche steht.[35]

---

[21] Sp I, S. 199 ff.
[22] Rechtsgültiger Abschluss.
[23] Sp II, S. 397, 405, 486, 478: «der neue Spithal oder das Kehlhoofguth».
[24] Sp II, S. 485.
[25] Sp II, S. 179; Urkunden.
[26] Sp I, S. 680. Zur Terminologie siehe Anm. 13.
[27] Sp II, S. 401 ff.
[28] Urkunden: Protokoll vom 28. Juli 1788, bestätigt am 28. Juli 1791.
[29] Sp II, S. 177 f.
[30] Vgl. Anm. 9.
[31] HUBER, Geschichte, S. 111; WELTI, Jahrzeitbuch, S. 30, Nr. 483. Das Spital wird im «Jahrzeitbuch» einmal auf S. 61 erwähnt (Zuwendung des 1642 verstorbenen Chorherrn Heinrich Heil).
[32] Sp I, S. 211 ff.
[33] Die «Geiselschaft» ist eine persönliche Bürgschaft, vgl. Deutsches Rechtswörterbuch (Wörterbuch der älteren deutschen Rechtssprache) 3, Weimar 1935–1938, Sp. 1524 ff.
[34] Sp I, S. 11. Die folgenden Angaben Sp I, S. 193, 585; Sp II, S. 3–133 (Summe aller Beiträge), S. 377, 383, 385, 482; Sp III, S. 136.
[35] Sp II, S. 164, 518, 537.

Die einzelnen Darlehensbeträge schwanken bis zur Mitte des 18. Jahrhunderts zwischen 10 und 200 Gulden. Das Kollegiatstift steht mit einem Dauerbetrag von 20 Gulden auf der Liste der Obligationen. Gelegentlich finden sich auch höhere Schuldverschreibungen. Als grösster Geldnehmer erweist sich die Gemeinde selbst, die sich 1772 1300 Gulden gewähren lässt und 1732 sogar mit 2000 Gulden belastet ist.[36] Die Verschuldung war zu einem grossen Teil «wegen Aufwand des Rathausbaues» notwendig geworden.

Die Kapitalschuldner verteilen sich auf folgende Gemeinden: Zurzach, Kadelburg, Rietheim, Rekingen, Tegerfelden, Klingnau, Rheinheim, Oberendingen, Koblenz, gelegentlich auch darüber hinaus. Das Spital ist bestrebt, seine Geldanlagen durch Grundpfänder abzusichern. Am 19. Mai 1760 wird beschlossen, dass alle «unversicherte Capitalia längst bis Martini 1716 in baarem Geld erlegt oder versicheret werden» sollen.[37] Die Zahlungsbereitschaft war überhaupt unterschiedlich, und gelegentlich musste zur Betreibung geschritten werden.

Die bedeutendste Vermögensaufstockung brachte 1753 der Erwerb des halben Kelnhofs, genannt «zum Steinböckli», nachdem der vormalige Kelnhofbauer Joseph Lauby der Gant verfallen war.[38] Die Gemeinde hatte «diss Hoffs halber grosse Beschwerden in Wirtschaft, Holz, Wohn und Waid bisshar ertragen müssen, deren sie sich zu entledigen auf einmal im Stand weren»[39]. Der Landvogt von Baden und der Bischof von Konstanz stimmten dem Vorhaben zu. Der Bischof als Lehnsherr gestattete auch den Verkauf einzelner Vermögensstücke an andere Bürger, verlangte andererseits aber die volle Beibehaltung der Lehensabgaben und die Gestellung eines «Lehenträgers».[40] Das Kelnhofgut bestand im Haus zum Steinböcklein hinter dem grossen Steinbock, nebst Scheune und Stallung, in Ackerfeld und Mattland sowie im Anteil des «Grütts» (etwa 100 Juchert). Nach Abschluss der Vermögensbereinigung im Jahre 1760 wurde der Kelnhof als «neues Spitalgut» mit einem Kapitalbestand von 4990 Gulden dem alten Spitalgut zugeschlagen. Ein Teil des «Spitalgrüt» wurde seit 1770 «an benötigte Bürgere» zu günstigen Bedingungen verpachtet.[41]

Neben den Einnahmen aus Kapitalerträgen flossen dem Spital gelegentlich andere Mittel zu. So wurden vom so genannten Einzugsgeld, einer Steuer für einheiratende Frauen in Höhe von 150 Gulden, 10 Gulden an das Spitalamt abgeführt.[42] 1745 wird die Regelung obrigkeitlich bestätigt, 1732 als Ratsbeschluss erneuert. 1817 wird das «Weiber-Einzugsgeld» dem neuen «Armenfonds» der Gemeinde zugeschlagen.

Das Spitalamt wurde vom Spitalmeister und Siechenhauspfleger, kurz auch Spitalpfleger genannt, verwaltet. Dieser wurde von dem um zwei Bürger erweiterten Rat für zwei bis drei Jahre «auf Wohlverhalten» bestellt. Es war üblich, bei der Wahl zwischen den Konfessionen abzuwechseln.[43] Der Spitalpfleger war stets eine angesehene Persönlichkeit, oft auch gleichzeitig Mitglied des Rats. Gleichwohl hat sich bei steigender finanzieller Verantwortung die Regel herausgebildet, für die Dauer des Amtes eine Bürgschaft zu bestellen.

Der Spitalpfleger war für die gesamte laufende Verwaltung nach innen und aussen zuständig, wobei er den Weisungen des erweiterten Rates zu folgen hatte. Ihm oblagen der Einzug der Zinsen und die Versorgung der Spitalinsassen. Zur Überwachung der Hausordnung hatte er «behörige Inspection von Zeit zu Zeit» vorzunehmen.[44] Neben Aufwendungsersatz und gewissen Naturalleistungen erhielt er eine Vergütung, die 1760 mit 45 Gulden, später nur noch mit 40 Gulden jährlich bemessen war.[45] Er hatte bald jährlich, bald im Abstand von zwei oder drei Jahren abzurechnen.[46] Verblieb ein Schuldsaldo, so wurde dieser dem Spitalpfleger auf drei Jahre zinslos gestundet. Ab 1760 verlangte man Zahlung binnen einem halben Jahr oder Sicherstellung.[47]

Die Rechnungslegung erfolgte vor dem Rat sowie vor zwei Vertretern der Gemeinde, später «Halbgemeinder» genannt. Statthalter, Räte und Halbgemeinder amteten als «Kastenvögte» des Spitals beider Häuser und bildeten ein für alle Bereiche zuständiges Organ der Spitalverwaltung. Der Rechenschaftsbericht des Spitals gehörte zu den zahlreichen Streitpunkten zwischen Verenastift und Gemeinde. 1661 beklagten sich die Chorherren, dass sie bei der Abrechnung nicht beigezogen würden, zumal die Mittel «zum Thail auch von ihren Vorfahren allhie gewesten Capitularn herrüehrend».[48] Dagegen wurde von der Gemeinde vorgebracht, dass eine Beiziehung des Stifts niemals üblich gewesen sei. Die zur Entscheidung berufene Deputation des Bischofs von Konstanz trat auf die Beschwerde nicht ein, da «diser Puncten von solcher Beschaffenheit ist, dessen Austrag dem gaistlichen Richter allein und immediate gebührt».

Für die Verrichtungen im Haus waren ein Spitalvater und eine Spitalmutter angestellt. Die historischen Belege setzen freilich wieder sehr spät ein. So wird 1688 beiläufig ein Beschluss mitgeteilt, «das an denen heiligen drey Festen der Spitalfrawen nichts mehr solle gegeben werden, weilen sy ohne das vergebens Herberg hat».[49] 1770 hört man von einer «Spitalmutter» Barbara Landolt, die «dem Spitalhaus und armen Leuten etlich und 20 Jahre in allen

Treuen gedienet und abgewartet» und jetzt fast völlig blind und taub sei.⁵⁰ Man bewilligt ihr ein lebenslanges Wohnrecht im Spital in der «oberen Kammer ob der Stuben» mit etwas Gartenanteil. Ausserdem erhält sie wöchentlich 20 Kreuzer Taschengeld sowie die Zusicherung einer «ehrlichen» Bestattung. Ebenfalls 1770 vermerkt das Protokoll, «zu einem Spitalvatter sei auf Wohlverhalten angenommen worden Johannes Oftinger, Lismer, welcher gute Ordnung einzuführen allen hg. Herren mit Mund und Hand verlobt».⁵¹ Als 1836 wieder einmal ein Spitalvater in Dienst genommen wird, hält man dabei protokollarisch auch dessen Pflichtenheft fest.⁵² Danach hat er die Insassen zu verköstigen, die Wäsche und Reinigung zu besorgen sowie auf Ordnung, Sauberkeit und Reinlichkeit «bestens» zu achten. Seine Besoldung beträgt vierteljährlich 20 Livres.

Beim Spital ständig tätig sind ferner eine oder zwei Hebammen.⁵³ Im Jahre 1770 findet sich dazu folgender Beschluss: «Weilen beydte wacker und verständige Weiber, solle jeder des Jahrs Gd. 9 Wartgeld gefolget werden.» 1787 ist die ältere von beiden «durch ein Beinbruch unglücklich geworden», sie erhält daher eine kleine Unterstützung aus den Mitteln des Spitals.

Damit sind schon die Leistungen des Zurzacher Spitals angesprochen. Gewährt wurde vor allem Unterkunft, aber auch in beschränktem Masse Lebensunterhalt und ärztliche Versorgung. Einen gewissen Eindruck gibt ein Rechnungsposten vom Jahre 1760: «Was an frömdte und einheimische Hausarme verwendet, Spitalfuhren, Kindbettenen, Todtenkösten, Chirurgi, Hebammen, Baukösten, hausrätliche Anschaffungen, Holz etc. etc. etc.»⁵⁴ Es wurde sehr sparsam gehaushaltet. So wurde über die Speisung 1688 beschlossen: «das der newe Spitalpfleger niemanden nichts im Spital gebe, als denen so nit gehen und die man führen muss, und zwar nit mehr über einmal als ein Quertli Weyn des wollfeilsten, als er ausschenken tut, für zwey Kreuzer Brot sambt einer Suppen und mehrers nit».⁵⁵ Später, im Jahre 1836, wird dem Spitalvater aber generell zur Pflicht gemacht, «diejenigen Personen, die im Spital sind, gehörig zu ernähren mit Speis und Trank»⁵⁶.
Den «Hausarmen» wird «das Brot» immer nur auf besonderen Beschluss von Jahr zu Jahr und «auf Wohlverhalten» gereicht.⁵⁷ Auch Geldspenden werden abgegeben. So beschliesst man 1762, dass «alljährlich denen würdigen Hausarmen zur Consollation sollen auf Wienachten und Ostern Gd. 25 verabfolget werden»⁵⁸. 1795 bitten die reformierten Kastenvögte die katholischen unter Berufung auf die schon bisher geübte Solidarität um Zustimmung zu einer jährlichen Unterstützung von 20 Gulden an Peter Burckharts des Strählmachers Enkel.⁵⁹ Die Zahlung erfolgt bis zum Tode des Knaben im Jahre 1796. 1785 werden für einen «blutarmen» Bürger vonseiten des Spitals die Arztkosten für einen Beinbruch übernommen.⁶⁰ Mit der Begründung, dass «das Gut besonders zum Wohl der Armen gewidmet» sei, wurden Zuschüsse also auch an Personen ausserhalb des Hauses geleistet.⁶¹

Es bleibt noch zu untersuchen, welcher Personenkreis im Spital Aufnahme fand. Einigen Aufschluss darüber geben schon der anlässlich der Gründung ausgestellte Bettelbrief der Landvogtei von 1517 sowie die Schenkungsurkunde von Propst Edlibach von 1570. In einem Schreiben des Landvogts von 1753 ist von den «armen Bresthaften» die Rede.⁶² Meist wird jedoch ganz allgemein von den «Armen und Bedürftigen» gesprochen, denen das Spital dauernd oder vorübergehend Zufluchtsstätte geworden ist.

---

³⁶ Sp II, S. 518 f., 537.
³⁷ Sp II, S. 398, 406.
³⁸ Sp III, Titelseite: «Rächnungs-Buch, worinen alle ligendte Güter und fahrende Haab Mstr. Joseph Lauby gewesten Kählhoff-bauren zum Steinbock, wie solche gantweis von alhiesigem Spithal übernommen [...] enthalten sind.» S. 24 ff. Konsens des Lehensherrn und des Landvogts. S. 27: Der Spitalpfleger überlässt «aus Mitleiden und Erbarmen» der Frau und den zwei kleinen Kindern des Gemeinschuldners einige Hausratsgegenstände.
³⁹ Sp III, S. 25 (Schreiben des Landvogts Franz Ludwig von Grafenried vom 16. Nov. 1753).
⁴⁰ Urkunden: Lehen-Brief über den halben Kellhoff zum Steinbock genannt, zu Zurzach, vom 4. Juli 1788. Zum Begriff des Lehenträgers vgl. CLAUSDIETER SCHOTT, Der «Träger» als Treuhandform, Köln/Wien 1975.
⁴¹ Sp II, S. 169 ff. Es handelt sich um das sog. «kleine Grütli». Die Parzellen werden an 17 Bürger auf sechs Jahre gegen sechs Batzen jährl. Zins verlost, die «Grütt-Reben» gehen an 4 Bürger, ebenfalls auf sechs Jahre.
⁴² SRQ AG II/5, S. 207 f.; EA VII/2, 1867, S. 873; Sp II, S. 487; Protokoll des Armen-Fonds I, Sign. 53, S. 1 ff.
⁴³ Sp II, S. 543, 549, 552.
⁴⁴ Sp II, S. 398.
⁴⁵ Sp II, S. 400, 488, 532.
⁴⁶ Sp I, 556, 585, 594; Sp II, 531, 400, 486, 488, 532.
⁴⁷ Sp II, S. 386, 399.
⁴⁸ SRQ AG II/5, S. 172 ff., 174, 178.
⁴⁹ Sp I, S. 556.
⁵⁰ Sp II, S. 173 ff.; 1847 wird letztmals eine Spitalmutter erwähnt: Sign. 54, S. 396, Nr. 811.
⁵¹ Sp II, S. 172, 174.
⁵² GAZ: Protokoll des Armen-Fonds I, Sign. 53, S. 254, Nr. 290.
⁵³ Sp II, S. 164, 547 ff.
⁵⁴ Sp II, 473.
⁵⁵ Sp I, S. 556.
⁵⁶ GAZ: Protokoll des Armen-Fonds I, Sign. 53, S. 254, Nr. 290.
⁵⁷ Sp II, S. 536, 543.
⁵⁸ Sp II, S. 487.
⁵⁹ Sp II, S. 556, 559.
⁶⁰ Sp II, S. 543.
⁶¹ Sp II, S. 556.
⁶² Sp III, S. 25.

Die spärlichen Nachrichten zeigen, dass das Spital die Bleibe von Kranken, Altersschwachen, Witwen, Waisen, Wöchnerinnen, Bettlern, Fahrenden, wandernden Handwerksburschen und sonstigen meist völlig Mittellosen war. 1688 hört man von Insassen, die nicht gehen können oder die man führen muss.[63] Vermögende Pfründner, wie sie anderswo regelmässig vorkamen, hat es im Zurzacher Spital wohl nicht gegeben. Hier war und blieb das Spital Armenhaus im weitesten Sinne, wobei der Begriff «Arme» vielfältige Erscheinungsformen umfasste. Immerhin gab es Hausbewohner, die einen geringen Hauszins entrichten mussten. 1770 wird über den Seiler Jakob Welti geklagt, er sei ein «liederlicher Zinsmann», dem man bei weiterem Zahlungsverzug in Aussicht stellt, dass «er mit der Wacht aus dem Haus gestossen werden solle».[64] Im gleichen Jahr wird auch übel vermerkt, dass der Chirurg Bernhard Attenhofer den versprochenen Hauszins für seinen «an Ketten und Banden unglücklichen Bruder» schuldig bleibe. Hier wird angedroht, dass der Geisteskranke binnen vierzehn Tagen «auf die Gassen gestellt oder Erbrechtens gemäss ihme [dem Bruder] zu Haus und Hof mit obrigkeitlicher Assistenz geschickt werde».

Dass sich auch allerhand fragwürdige Existenzen im Haus einnisteten, gehört zum alltäglichen Bild der Armenhäuser. So zeigt man sich wiederum 1770 ungehalten darüber, «dass in dem Spital sehr übel hausgehalten werde».[65] Zwei Frauen, die sich nicht vertreiben lassen, führen «ein höchst ärgerliches Leben», und eine andere schwöre und fluche immer. Ein besonders lästiger Hausbewohner ist der Strumpfstricker Jakob Juchler, der des Orts verwiesen, 1760 aber wieder aufgenommen wurde und jetzt gegen Verrichtung von Hausarbeiten im Spital lebt. Hier ist er jedoch «auch nichts nutz», ist meist betrunken, auch selten im Haus anzutreffen, stiftet überall Händel und ist überhaupt ein Ärgernis. Aufräumen möchte man schliesslich mit der Zuchtlosigkeit sowohl der «im Spital Verburgerten» wie des fremden Gesindels, die im Haus nur Schaden anrichteten.

Am 19. Dezember 1817 beschloss der Zurzacher Gemeinderat eine Änderung des bisherigen «verworrenen, daher lästigen Geschäftsgangs der hiesigen Armenpflege» und errichtete rückwirkend zum 1. Jänner 1817 einen «in Hinsicht auf die beiden Konfessionen gemeinschaftlichen Armenfond» mit einer Kapitalausstattung von 3000 Franken.[66] Als Armenhaus diente weiterhin das Spital, dessen Unterhaltungskosten jedoch aus Gemeindemitteln bestritten wurden. Auf Ansichten des 19. Jahrhunderts ist es noch deutlich auszumachen.[67] In der Folgezeit wurden im Haus noch verschiedene Instandsetzungen und Anschaffungen vorgenommen, und 1847 sah man sich nochmals nach einem neuen Spitalvater um.[68] Die Geschichte des Zurzacher Spitals ist jedoch zu Ende, der Abbruch wird beschlossen. Am 6. Mai 1852 wird das Gebäude auf Abbruch versteigert und Altammann Spühler von Rekingen zum Preis von 300 Franken zugeschlagen.[69] Am 21. August 1852 wird festgestellt, dass immer noch Abraum und Mauerschutt auf dem Platz liege, der an die noch nicht aufgefüllte Stelle an der Rheinhalde im «Wasen», wenn dort nicht mehr nötig, «zum Rheinfahr gegen das Schloss Mandach aufwärts» geführt werden solle.[70] Der Platz verblieb im Eigentum der Gemeinde und wurde im Liegenschaftsverzeichnis unter der Ortslage «Spitalplatz» als «Pflanzland» weitergeführt.[71] Eine letzte, inzwischen aber auch ausgelöschte Erinnerung an eine vielleicht tausendjährige Geschichte.

---

[63] Sp I, S. 556.
[64] Sp II, S. 165 ff.; hier auch der folgende Fall.
[65] Sp II, S. 173 ff.
[66] GAZ: Protokoll des Armen-Fonds I, Sign. 53, S. I–V.
[67] Siehe: Neujahrsblatt der aargauischen Jugend geweiht von der Brugger Bezirksgesellschaft für vaterländische Kultur, 1828, S. 1. Dieser Stich diente als Vorlage für: LUDWIG F. RIO, Folge von kleinen Schweizer Ansichten, Konstanz 1835: «Zurzach-Zowzach, petite ville du Canton d'Argovie» (kolor. Aquatinta). Sämtliche: Staatsarchiv des Kantons Aargau, Aarau.
[68] Protokoll des Armen-Fonds I, Sign. 53, S. 100, 115, 255, 271; II, Sign. 54, S. 71, 74, 226, 228, 396. Die Inspektion des Bezirksarztes im Spital i. J. 1840 hatte ergeben, «dass sich daselbst das Mobiliar in äusserst mangelhaftem Zustand gefunden habe», sodass um Anschaffung des «absolut notwendigen Hausgeräts» ersucht werden musste (Prot. II, S. 71, Nr. 417).
[69] GAZ: Verhandlungsprotokoll der Ortsbürgerversammlung IV, Sign. 39, S. 216, Nr. 740; S. 218, Nr. 745.
[70] GAZ: Verhandlungen und Protokolle des Gemeinderats Zurzach XIV, Sign. 14, S. 524, Nr. 14594.
[71] GAZ: Liegenschaftsverzeichnisse, Sign. 84 (1845–1854) S. 1; Sign. 85 (1856) S. 1; Sign. 87 (1872) S. 1; Sign. 88 (1872–1878) S. 1; Sign. 89 (1886–1897) S. 2.

Der Tanz der Dirnen auf der Zurzacher Messe

MARK WÜST

Der Dirnentanz im Lichte schriftlicher und bildlicher Quellen[1]

«Ich han dich wol in grossen eren gsechen,
Es ist ietz bi siben jaren bschechen
Zuô Zurzach an dem huôrentanz,
Darumb so tregstu wol ein kranz.
Denn da warend mer denn hundert huôren,
Die do all am tanz da umbher fuôren;
Noch hastu da den gulden gwunnen,
Den man der hübschisten solt gunnen,
Den der vogt von Baden gibt dennzmal
Der hübschisten in der huôren zal,
Die dennzmal uf der Wissmatten sind.»[2]

Diese Zeilen aus einem Fastnachtsspiel des frühen 16. Jahrhunderts haben das Bild des Zurzacher Dirnentanzes massgeblich geprägt. Seit Adelbert von Keller im Jahr 1853 und 25 Jahre später Jakob Bächtold das so genannte «Elsli-Spiel» veröffentlicht haben, fand diese farbige Beschreibung des Dirnentanzes in der deutschsprachigen Geschichtsschreibung bis heute eine weite Verbreitung; ein Schönheitswettbewerb in Zurzach als Vorläufer heutiger Miss-Schweiz-Wahlen?[3]

Die Urheberschaft des Werks ist bis heute umstritten. Während der berühmte Schweizer Fastnachtsspielforscher Jakob Bächtold das «Elsli-Spiel» dem Künstler und Politi-

---

[1] Der Artikel geht auf ein gemeinsames Projekt mit Beate Schuster zurück. Schusters Forschungen zur Legende vom Zurzacher Dirnentanz wurden publiziert in: B. SCHUSTER, Zurzacher Dirnentanz. Ich danke Beate Schuster für die inspirierenden Diskussionen über das Thema und für die kritische Durchsicht des Manuskripts.
[2] BÄCHTOLD, Niklaus Manuel, S. 271–272.
[3] KELLER, Fastnachtspiele, S. 861 ff. Der Originaltitel des Stücks lautet: «Ein hüpsch Faßnacht Spyl, von dem Elszlin trag den knaben, und von Uly Rechenzan, mit jrem Eelichen Gerichts handel, kurtzwylig zuo lesen»; BÄCHTOLD, Niklaus Manuel, S. 255 ff.; ROCHHOLZ, Schweizersagen, Bd. 2, S. 348–349; ALFRED MARTIN, Deutsches Badewesen in vergangenen Tagen, Jena 1906, S. 248; IWAN BLOCH, Die Prostitution, Bd. 1, in: Handbuch der gesamten Sexualwissenschaft in Einzeldarstellungen I, Berlin 1912, S. 715; HANS PETER DUERR, Traumzeit. Über die Grenze zwischen Wildnis und Zivilisation, Frankfurt a. M. 1978, S. 37; FRANTISEK GRAUS, Randgruppen der städtischen Gesellschaft im Spätmittelalter, in: ZHF 8, 1981, Nr. 4, S. 395; Idiotikon Bd. 13, 1973, Sp. 865; SCHUBERT, Fahrendes Volk, S. 315.

ker Niklaus Manuel von Bern (ca. 1484–1530) zuordnete, haben spätere Wissenschaftler und Wissenschaftlerinnen diesbezüglich ihre Bedenken angemeldet.[4] Ich will hier nicht auf die Diskussion über die Autorenschaft eingehen, sondern nur festhalten, dass die früheste Beschreibung des Zurzacher Dirnentanzes aus einem Fastnachtsspiel stammt, das 1530 vermutlich zum ersten Mal gedruckt und im gleichen Jahr in Bern aufgeführt worden ist.

Fastnachtsspiele sind literarische Werke mit grösstenteils fiktivem Inhalt. Sie dienen vor allem der Unterhaltung, im 16. Jahrhundert vermehrt aber auch moralischen und politischen Interessen.[5] Somit ist zu fragen, inwieweit die Darstellung des Zurzacher Dirnentanzes der Wirklichkeit entspricht, ob sie zu bestimmten Zwecken verändert worden ist oder ob sie gar ein Fantasieprodukt des Dichters darstellt? Es bleibt zu untersuchen, ob andere Quellen diese Schilderung zu stützen vermögen.

Da ist zuerst einmal – um bei den literarischen Quellen zu bleiben – ein weiteres Fastnachtsspiel zu erwähnen. Hans-Rudolf Manuel, ein Sohn des erwähnten Niklaus Manuel, veröffentlichte 1548 sein «Weinspiel», das in der Tradition der Trunkenheitsliteratur steht. Es veranschaulicht in derb-unterhaltsamen Szenen die Auswirkungen des übermässigen Weingenusses.[6] Eine «Landsknechtshure» schildert hier ihre Teilnahme am Zurzacher Dirnentanz, dessen Wettbewerbscharakter deutlich zum Ausdruck kommt. Von einer Schönheitskonkurrenz ist jedoch nicht explizit die Rede, sondern Manuel legt der Dirne folgende Worte in den Mund:

> «Noch hatt ich über all den bryß.
> Mit spetzlen und vil allefantzen,
> Und gwan den gulden ouch mit tantzen.»[7]

Die Dirne führt weiter aus, dass sie keinen der Märkte ohne ihre Anwesenheit verstreichen lasse, was ihr zweihundert oder gar mehr «Huren» gleichtäten. Sie sei ins Dirnenleben hineingerutscht, weil sie dem Wein zu stark zugesprochen habe. Das Bild der Frauen, die am Zurzacher Tanz teilnehmen, ist in Manuels Weinspiel äusserst negativ gefärbt. Sie werden als «huôren» bezeichnet, die «verruôcht» und voller «boßheit» sind. Das Stück endet mit der Aufforderung an die Zuschauer und Zuschauerinnen, sich der lasterhaften Trunksucht zu enthalten.

Schon Bächtold und später vor allem Adolf Kaiser haben aufgezeigt, dass Manuels Stück stark vom eingangs besprochenen Fastnachtsspiel beeinflusst ist. So zeigen sich in der Zurzach-Schilderung zum Teil fast wörtliche Übereinstimmungen.[8] Manuels Beschreibung des Zurzacher Dirnentanzes in seinem «Weinspiel» dürfte demnach eher eine modifizierte Abschrift als eine Eigenleistung sein.

Über Aufführungen der beiden Spiele sind uns kaum Nachrichten erhalten geblieben, was nicht heissen soll, dass sie keine Verbreitung gefunden haben.[9] Das «Elsli-Spiel» ist im Jahr 1530 in Bern, das «Weinspiel» von Manuel vermutlich 1548 in Zürich aufgeführt worden.[10] Die Verwendung des Zurzacher Dirnentanzes in den beiden Spielen zeigt immerhin, dass diese Veranstaltung den Zeitgenossen in der Schweiz ein Begriff gewesen sein muss. Bezeichnenderweise fehlt in einer niederdeutschen Adaption des «Elsli-Spieles» von 1598 der Hinweis auf Zurzach, obwohl einzelne Zeilen der Zurzacher Szene fast identisch übernommen wurden.[11]

Neben diesen literarischen Beschreibungen gibt es eine Schilderung des Dirnentanzes aus dem Jahr 1535, die der Realität wohl näher steht. Es handelt sich dabei um den offiziellen Verhandlungsbericht der eidgenössischen Tagsatzung an der Jahrrechnung zu Baden.[12] Während der Versammlung debattierten die Gesandten über ein Verbot des Glücksspiels und des Dirnentanzes an den Zurzacher Jahrmärkten. In dieser Schrift ist vom «huoren danntz, alls man den gulden ußgit» die Rede, und es zeigt sich, dass die Dirnen nicht alleine tanzten, sondern gemeinsam mit den Gesellen. Wie im zitierten Fastnachtsspiel von 1530 wird hier die Teilnahme des Landvogts erwähnt, unter dessen Ägide der Tanz vonstatten ging. Hingegen deutet nichts auf einen Schönheits- oder Tanzwettbewerb hin.[13]

Ein klares Indiz für den offiziellen Charakter des Zurzacher Dirnentanzes stellen die jährlichen Rechnungsablagen des Badener Landvogts dar.[14] Seit vom Jahr 1584 an die Ausgaben des Landvogts für den Zurzacher Markt detailliert verzeichnet wurden, stossen wir immer wieder auf eine Geldgabe für die «gemeinen Mädchen» oder «gemeinen Frauen», Begriffe, die in der Terminologie jener Zeit geläufige Bezeichnungen für Dirnen sind.[15] Dabei wird mehrfach vermerkt, dass das Geld den Dirnen «für den Tanz» ausbezahlt wurde. In der Rechnung von 1607/08 ist konkret vom «Abendtanz» die Rede.[16] Die Summe beträgt anfänglich zwei Pfund und zehn Schillinge (als Äquivalent für den sonst erwähnten Gulden), im 17. Jahrhundert wird sie zuerst auf fünf und dann sogar auf zehn Pfund erhöht. So, wie die Einträge abgefasst sind, kamen alle am Tanz

Die Glaubensspaltung erschwerte verständlicherweise die Verwaltung der Gemeinen Ämter, und die verschiedenen Parteien versuchten den Einfluss der jeweils anderen Seite möglichst gering zu halten. So muss die Ablehnung der Abschaffung der Spiele und des Dirnentanzes, die Luzern unter anderem mit der Formel «das von alter her geprucht»[70] begründete, auch als Abwehrreflex der Altgläubigen gegenüber reformatorischen Beeinflussungsversuchen und Herrschaftsansprüchen gesehen werden. Der Luzerner Gesandte machte dies deutlich, als er an der Tagsatzung bemerkte: «[...] unnd wann man dan sollich Tanntzen, Spillen, unnd anders abstelte, [...] wurde glich von ettlichen geredt, sy [die Berner] wollendt unns jr satzung und gepott jn unsere Land ouch bringen unnd unnderstand unns ze Regieren [...]».[71] Auch der Berner Chronist Valerius Anshelm hat den Disput in diesem Lichte gesehen, wenn er die Haltung Luzerns «als dem Baeren zuom widerspil geneigt» beschreibt.[72]

Dank der Chronisten Tschudi, Bullinger und Brandis sowie der Landvogteirechnungen wissen wir, dass der Dirnentanz in Zurzach noch bis ins frühe 17. Jahrhundert fortdauerte. Der Brauch hat dank unterschiedlicher Haltungen gegenüber Prostitution und Sexualität sowie dank der Rivalitäten zwischen den Glaubensgegnern die unmittelbare Reformationszeit überlebt. Aber die Zeit arbeitete gegen die Tradition des Zurzacher Dirnentanzes. Eine neue Sittlichkeit setzte sich im 16. Jahrhundert in der ganzen Schweiz durch. Auch der Rat von Luzern schloss schliesslich im Jahr 1581 sein Bordell, verbannte die Dirnen aus seinem Hoheitsgebiet und verbot zahlreiche volkstümliche Belustigungen. Erstmals untersagte er per Dekret unter Androhung harter Strafen für alle Männer und Frauen uneheliche sexuelle Beziehungen. Die anderen katholischen Orte waren ihm zuvorgekommen. Das Frauenhaus von Solothurn wurde im Jahr 1559, das von Freiburg im Jahr 1565 geschlossen. In beiden Fällen verbannte man die Dirnen aus der Stadt.[73] In der Haltung gegenüber dem fahrenden Volk zeigte sich ein allgemeiner Hang zur Repression. Bettler, fahrende Künstler und umherziehende Dirnen wurden als arbeitsscheues und unnützes Gesindel abgewertet, ausgegrenzt und als Verbrecher verfolgt.[74] Die Obrigkeit – ob katholisch oder reformiert – sah sich als von Gott auserwählte Vaterfigur, die mit strenger Hand versuchte, die neuen sittlichen Normen und Werte bei den Untertanen durchzusetzen. Vor diesem Hintergrund konnte der Zurzacher Dirnentanz als ein Überbleibsel spätmittelalterlicher Fest- und Dirnenkultur keinen Bestand mehr haben.

Vielleicht gaben die eidgenössischen Sparanstrengungen, die sich auch gegen die hohen Ausgaben des Landvogts an den Zurzacher Messen richteten, den letzten Anstoss, dem Dirnentanz um das Jahr 1620 sang- und klanglos ein Ende zu bereiten.[75]

---

[61] StAZH: Abschiede (wie Anm. 12).
[62] B. SCHUSTER, Dirnen und Frauenhäuser, S. 178 ff., 258 ff.
[63] Zitiert nach HANS PETER DUERR, Der Mythos vom Zivilisationsprozess, Bd. 2: Intimität, Frankfurt a. M. 1990, S. 491–492.
[64] CHRISTIAN WURSTISEN, Basler Chronik, Basel 1580, S. 611. Trexler hat für Florenz nachgewiesen, dass der Rat mit der Institutionalisierung der Prostitution die Ausbreitung der Homosexualität zu bekämpfen versuchte (RICHARD C. TREXLER, La prostitution florentine au XVème siècle, in: Annales. Économies, Sociétés, Civilisations 36, 1981, Nr. 6, S. 983–1015, hier S. 983–984).
[65] ROSSIAUD, Dame Venus, S. 46–47.
[66] ROSSIAUD, Dame Venus, S. 42 ff.
[67] WÜST, Prostitution in Luzern, S. 77–88.
[68] HÖCHLE, Reformation.
[69] Die Chronik des Laurencii Bosshart, hrsg. v. KASPAR HAUSER, in: Quellen und Abhandlungen zur schweizerischen Reformationsgeschichte 3, Basel 1905, S. 29; zu Leben und Werk Bosshards vgl. FELLER, BONJOUR, Geschichtsschreibung, S. 135–136.
[70] StAZH: Abschiede (wie Anm. 12).
[71] StAZH: Abschiede (wie Anm. 12).
[72] Anshelm (wie Anm. 13), S. 225–226.
[73] WÜST, Prostitution in Luzern, S. 128–138. In allen drei Orten erfolgte die Schliessung erst nach mehreren Anläufen, eine Tatsache, die auf Opposition in der Bürgerschaft hindeutet.
[74] SCHUBERT, Fahrendes Volk, S. 351 ff.
[75] BODMER, Zurzacher Messen, S. 92–93. Die bis heute viel zitierte Behauptung Herzogs, der Dirnentanz hätte bis 1798 fortgelebt, muss korrigiert werden (HERZOG, Zurzacher Messen, S. 18). Die Ausgaben für die Dirnen erscheinen nicht, wie er behauptet, bis 1798 in den Rechnungen des Landvogtes, sondern sie brechen zw. 1615 und 1619 ab [StAAG: Badische Landvogteirechnungen]).

Abbildungsnachweise:
1) Foto Sepp Stieger, Museum Höfli, Zurzach.
2) Museum Höfli, Zurzach.
3) Foto Kempf, Colmar.

Grafschaft zu sorgen. Sorgen bereitete dem Landvogt das fremde «Bättel-Strolchen- und Diebsgesindel». Schon 1786 hatte er festgestellt, dass «die bisherigen Mandat und Verordnungen ... entweder nur für kurze Zeit oder gar nicht» befolgt wurden.[62] 1790 erliess er ein neues, strenges Bettelmandat: «In der Graffschaft Baden ist aller öffentlicher Gassenbettel von Jung und Alt, von Heimischen und Fremden gänzlich verboten; keine landesfremden Bettler, Löther, Schleifer, Schirmflicker, Zunderkrämer werden in der Graffschaft Baden geduldet; im Betretungsfall werden sie vom Wächter oder Harschier wieder hinausspediert; niemand, weder geistlich noch weltlich darf im landgräflichen Gebiete Steuern sammeln, er wäre denn mit den nöthigen Zeugnissen und Empfehlungen seitens der regierenden Stände, der Nuntiatur in Lucern und des bischöflichen Ordinariats Konstanz versehen, in welchem Falle das Visum des Landvogts nachzusuchen; durchreisende, dem Bettel obliegende Pilger, wenn auch mit den erforderlichen Reisepässen versehen, werden nicht geduldet; Handwerksgesellen weisen beim Eintritte in's Land ihre Wanderbücher einem in Zurzach, Klingnau, Lengnau, Baden und Kloster Wettingen zu bezeichnenden Beamten vor, und erhalten von demselben, im Fall der Dürftigkeit einen Zehrpfennig. Sämtliche Gemeinden sind aufgefordert, sowohl ihren Armen aus dem Gemeindegut oder durch monatliche Steuern an Geld oder Früchten den nöthigen Unterhalt zu verschaffen, als auch Liebesgaben zu Gunsten reisender Handwerker zu erheben.»[63]

Vieh, Kleintierhaltung

In Zurzacher Ställen standen 22 Stiere (Ochsen) und 41 Pferde. Dass die Zugochsen hauptsächlich für den Ackerbau verwendet wurden, geht daraus hervor, dass die drei Bauern mit den grössten Anbauflächen mehrere Ochsen besassen: Kehlhof und Achenberg je fünf, der Elephantenbauer zwei. Vier Ochsen besass auch Welti zur Blume, Welti Johann und Welti Konrad verfügten je über drei Ochsen. Es wurden aber auch Pferde im Ackerbau eingesetzt: Zwei Bauern mit je 13 Jucharten Ackerland hatten keine Ochsen, wohl aber vier Pferde, und bei zwei Besitzern von 12 Jucharten verzeichnet Stamm vier bzw. drei Pferde. Auch die Lohnarbeit mit Zugtieren muss üblich gewesen sein, denn Hans Kaspar Welti im Wildenmann mit 17 Jucharten Ackerland und Johann Friedrich Welti im Greifen mit 15 Jucharten besassen überhaupt keine Zugtiere, wie auch zwei Besitzer von je 9 Jucharten und sechs mit 5–7 Jucharten. Eingespannt wurden auch Kühe – Stamm sagt: ausser von den reichen Bauern, die über genügend Zugtiere verfügten, und von den Tagelöhnern (die kein Ackerland hatten). «Die meiste Bauren, welche zu Acker fahren, haben nur zwee Stieren und eine Kuhe. Also wird die Kuhe auch in Pflug und in Karren gespannt. Wer nicht drei Stück Hornviehe erhalten kann, haltet zwei Kühe. Der entlehnt bisweilen einen Stier und pfluget damit, sogut er kann. Sogar wer nur eine Kuhe zu erhalten vermag, gibt noch nit das Bauernhandwerk auf, sondern macht mit seinem Nachbar gemeinschaftlichen Zug, der auch nur eine oder zwo Kühe haltet, und pflugen ihres Feld miteinander.» Ein Dreigespann mit Ochsen (und Kühen) bildete einen «Zug». Ein Gespann vermochte pro Tag etwa eine alte Ackerjuchart (32,4 Aren) zu pflügen. Einzelne Pferde dienten wohl vor allem als Reittiere, so etwa das des Propstes Schwendbühl und das des Sigristen Karl Keller, das wohl wie jenes des Amtmannes auch von den Chorherren gelegentlich geritten wurde, von denen keiner ein Pferd, wohl aber Sattel, Zaumzeug und Reitgewand besass.[64] Reitpferde hatten auch der Weibel, der Arzt Welti im Rebstock und Untervogt Rudolf. Andere Pferdehalter führten Lohnfuhren aus; so geht aus den Fabrikrechnungen des Jahrs 1780 hervor, dass Hans Jacob Attenhofer zum Rössli für den Umbau des Fulgentiushofes Sand und Holz fuhr. Mühlen hatten in der Regel Pferde für ihre Mehlfuhren. Dem Barzmüller gehörten zwei, und auch der Schiffmann im Fahrhaus hatte eines. Die Verhältnisse mögen ähnlich gewesen sein wie in Baden: «Von den 48 Pferden gehörten je vier dem Landvogt, den Fuhrleuten Joseph Diebold und Moritz Surläuly, drei der unteren, sechs der mittleren und fünf der Schadenmühle, zehn dem Spital, das sämtliche

---

[53] StAAG 2775, Kanzleiarchiv Baden, Alluvionen und Neugrüt I. (1294–) 1588–1782; StAAG 2775, Ab- und Einzüge I. 1614–1782.
[54] StAAG, Deposita, Gemeindeurkunden, Zurzach, 131.
[55] StAAG, Deposita, Gemeindeurkunden, 30.
[56] Brief des Gemeinderates an das Stift vom 29. Mai 1808, StAAG 4024/II.
[57] WELTI, Organisation, S. 31.
[58] Heinrich Vischer (Fischer), Gerber «von Samuel Adler erkauftem Vischer Heüslin an dem Reyhn bey Mandach ...» , Urbar der Zins und Gülten der Stifts-Fabrica 1606 N. 22, StAAG 3792, S. 15.
[59] Antwort auf Frage 9: «Warum sind soviele vom Land abwesend?», STAMM, Kommentar, S. 18 f.
[60] Um nur einige Gemeinden zu nennen, vgl. PFISTER, Aargauer. Die erste Zahl bezieht sich auf die Soldaten in Frankreich und Sardinien, die zweite auf jene in den Niederlanden.
[61] PFISTER, Aargauer 2, S. 85.
[62] Gedrucktes Mandat 12. Jan. 1786, Kanzlei der Grafschaft Baden.
[63] HUBER, Geschichte, S. 176.
[64] Im Nachlass-Inventar des Chorherrn Franz Heinrich Frey (1764) sind auch aufgeführt: «[...] ein paar Sporn samt Schnallen von Mössig [Messing], ein Sattel sambt Zaum, ein paar gestrickte Winterstiffel mit Schuh, ein paar lederne Reithstiffel, ein Hut, ein Peütschen [Peitsche].» (StAAG 3981, Fasz. F. H. Frey).

7 Hornviehbestand 1780. Im Unterflecken sind nur vier Ziegen zu finden, während sie im Oberflecken, der «Geissemeierei», die Regel bilden.

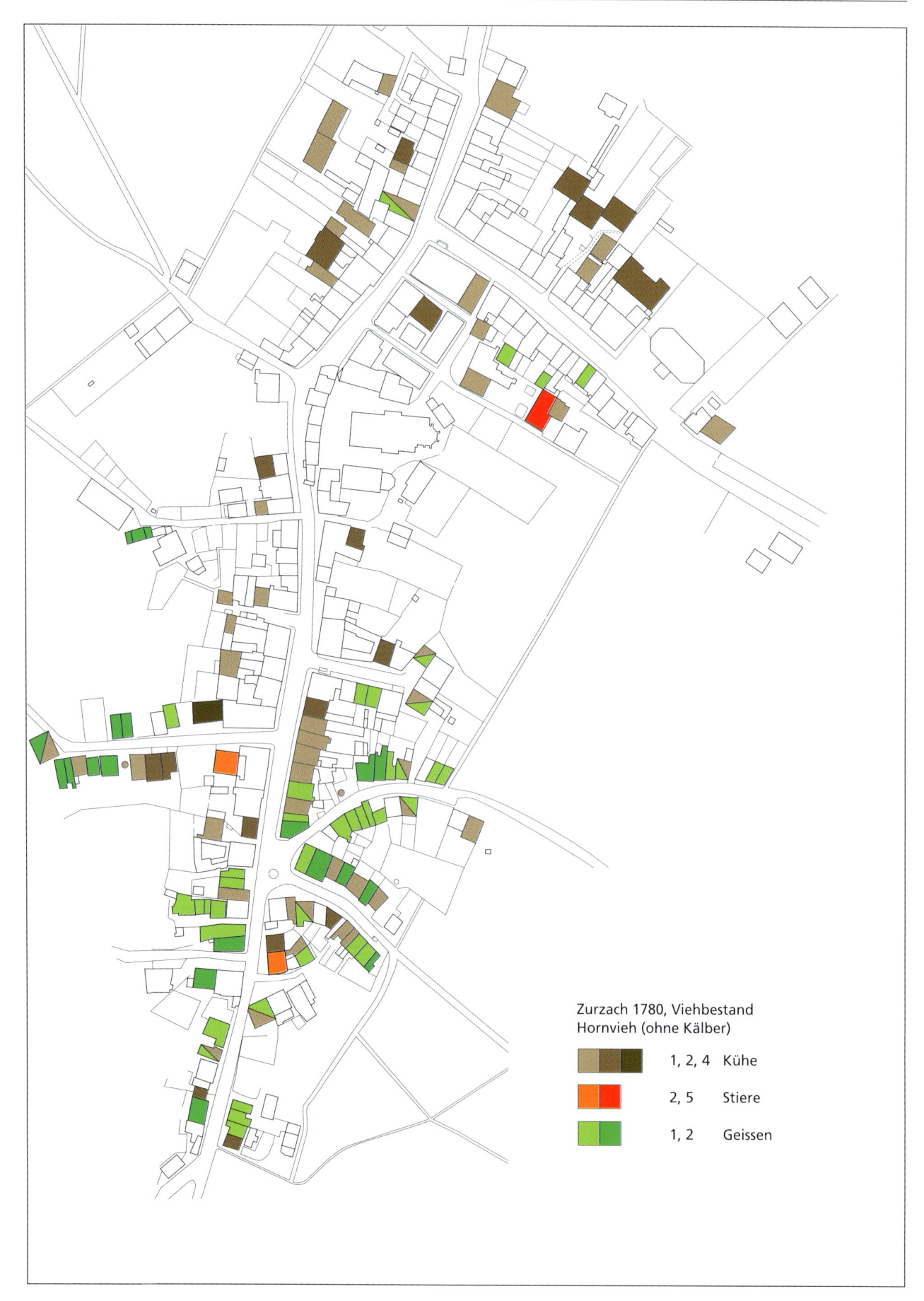

Zurzach 1780, Viehbestand Hornvieh (ohne Kälber)

1, 2, 4	Kühe
2, 5	Stiere
1, 2	Geissen

ihren Hölzern weiden lassen, wie nachteilig es immer dem Holz ist.»⁸⁰ Die Köhlerei kannte man in der Grafschaft nur für die Schmieden,⁸¹ Holzasche wurde zur Glasherstellung, für die Zubereitung der Waschlauge und als Dünger eingesetzt.⁸² Die Übernutzung und mangelnde Pflege des Waldes hatte im 17. und 18. Jahrhundert zu akutem Holzmangel geführt.⁸³ Die Gemeinden konnten ihren Bürgern oft nicht mehr das nötige Bauholz verschaffen, weshalb sich auch bei unseren Bauuntersuchungen immer wieder dieselbe Feststellung machen lässt: Althölzer wurden sorgfältig aufbewahrt und wiederverwendet, ganze Dachstühle, Balken und Althölzer wurden verkauft und bei Neubauten angepasst wieder eingebaut. Die Klagen über fehlendes Bau- und Brennholz häuften sich, und der Mangel veranlasste die Obrigkeit, scharfe Verbote zu erlassen.

Am 16. August 1740⁸⁴ erliess der Landvogt von Baden eine Holzordnung, die ein Ausschuss des Marktfleckens Zurzach zur «Conservation» der dortigen Hoch- und Fronwälder verfasst hatte. Diese hielt fest, dass die Einwohner und Bürger das ihnen alljährlich ausgeteilte Bürgerholz nicht verkaufen, sondern nur für sich selbst gebrauchen dürften. Bei Zuwiderhandlung drohte der Verlust der Holzgabe.⁸⁵

1779 wurde festgestellt, dass der Holzmangel immer grösser, der Hochwald fast «föllig erödet» sei. Das «Weihnachtsholz solle deshalb nur Bürgern und Witwen gegeben werden, die «eigen Feür und Rauch führen oder eigen Menage haben» und die auch «Zug, Wacht und Gemeinwerk versehen». Wer bei einer anderen Familie wohnte, seien das nun Verwandte oder nicht, erhielt kein Gabenholz.⁸⁶

1780 kam es zu einer Beschneidung von Holzprivilegien bei Amtspersonen, «um alldorten alle bis anhero eingeschlichene Missbräuch betreffend des Holtzes abzuschaffen». Man berief sich dabei auf Bestimmungen von 1600. Bereits seien 24 Klafter aberkannt geworden, «ohne einem, so es verdienet, Weh zuthun». Es gelte, für sich und die Nachkommen «alle eingeschlichene, unnöthige und nicht verdiente Holtzklafter abzuerkennen», damit es nicht so ende wie an gewissen Orten in der Nachbarschaft. Detailliert wurde festgelegt, welcher Amtsperson aufgrund ihres Amtes welche Menge Holz zustehe.⁸⁷ Die Gemeinde hatte diese Artikel mit hundert zu sieben Stimmen angenommen. Trotz des klaren Mehrs sah sie sich aber genötigt, sich ausführlich zu rechtfertigen. Besonders betont wurde, es gehe nicht, dass die Herren ihre Privilegien halten wollten, «da sie desselben weniger bedürftig sind als der arme Burger oder eine arme Witib, zudem haben sie HH. aussert dem Amt sich ebenda weniger zu beschweren, als sie wissen und gestehen müssen, dass die jährlich eine gewisse Besoldung geniessen, und dabey noch Frohn- und Gemeindewercks, auch Wacht frey sind, so dass durchaus dem gemeinen Burger zur mehreren Beschwerde fallet». Der Streit belastete auch die Familien; die Situation hatte «ein jedes ehrlich und redlich gesinntes Burgergemüth dahin bewogen, dass der Sohn wieder den Vater, der Tochtermann wieder den Schwieger-Vater und der Verwandte wieder seinen eignen Bluts-Freund ihnen das Holtz offendlich abzumehren und den allgemeinen Nutzen zu befördern nach obhabender Pflicht und Burger-Eydt erkhennt hat». Vorwürfe der Bereicherung mit Holz scheinen durch, etwa wenn festgestellt wurde, jeder Amtsweibel habe nach seinen drei Jahren in der Wohnung des Ratshauses «einen mercklichen Vorrath schönen, guten Brennholtzes ab dem Rathshaus mit sich in seine eigen Behausung» genommen. Weil das Amtsholz nicht zusammen mit dem übrigen Bürgerholz an Weihnachten, sondern wie und wo es die Amtsleute haben wollten, geschlagen wurde, war bei den Bürgern mehrmals «offentliches Gemeindts-Murmel» entstanden. Der Landvogt hiess die von der Gemeinde verabschiedete Neuordnung allerdings nur teilweise gut, einen Teil der kritisierten Holzprivilegien liess er bestehen.⁸⁸

Eichenrinde, von Gerbern und Lohestampfern benötigt, durfte nicht ausser Landes gebracht werden. In Zürich bestand die Vorschrift: «Alles zum Fällen bestimmte Eichenholz, dessen Rinde noch brauchbar ist, muss so lange stehen bleiben, bis diese nützliche Rinde abgeschält werden

---

⁷¹ STAMM, Kommentar, Kap. XI: Von dem Federviehe.
⁷² MEIER, SAUERLÄNDER, Surbtal, S. 128.
⁷³ WELTI, Ackerbau, S. 45.
⁷⁴ MEIER, SAUERLÄNDER, Surbtal, S. 127 f.
⁷⁵ STAMM, Kommentar, Kap. XI: Von dem Federviehe.
⁷⁶ MITTLER, Baden 2, S. 127.
⁷⁷ WULLSCHLEGER, Forstgeschichte (2), S. 114 ff.
⁷⁸ WULLSCHLEGER, Waldpolitik, S. 39.
⁷⁹ Schilfähnliches, auf nassem Boden wachsendes «Riedgras» (Idiotikon 3, 1895, Sp. 1459).
⁸⁰ STAMM, Kommentar, Kap. VI: Von den Privat und Gmeinhölzern überhaupt, 6. Frag.
⁸¹ STAMM, Kommentar, Kap. VI: Von den Privat und Gmeinhölzern überhaupt, 5. Frag.
⁸² WULLSCHLEGER, Die Koehlerei, in: Berichte EAfVB, 196, 1979, S. 24 ff.
⁸³ WULLSCHLEGER, Waldpolitik, S. 34: im «17./18. Jahrhundert, als das Gespenst des Holzmangels umging».
⁸⁴ Abschnitt verfasst von Walter Leimgruber.
⁸⁵ SRQ AG II/5, Nr. 123, S. 207.
⁸⁶ StAAG, Grafschaft Baden, Kanzlararchiv: 2784/III, Zurzach: Holzordnung und Austeilung des Holzes 1740, 1779/80.
⁸⁷ StAAG 2784, Grafschaft Baden, Kanzlararchiv: 2784/III, Zurzach: Holzordnung und Austeilung des Holzes 1740, 1779/80.

kann»,⁸⁹ und die Forstordnung von 1792 für die Grafschaft Baden sieht für Eichen eine Ausnahme vor: Sie dürfen im April und Mai geschlagen werden, damit die Rinde verwertet werden kann.⁹⁰ «Weilen die hochwäld nit mehr bei irer volkomenheit wie vor alten zeiten, sondern in eüssrsten abgang kommen», die Bevölkerung sich aber «um ein grossen theil vermehrt, also das die jerliche nutzung der wälden nichz oder wenig mehr ertragen mögen», wurde der bisher gemeinsame Weidgang der Gemeinden Klingnau, Döttingen, Koblenz und Rietheim mit Zurzach 1656 aufgegeben, sodass fortan jede Gemeinde alleiniges Weiderecht in ihrem Bann besass.⁹¹

«Sintemahlen der Holtzmangel allen Ohrten je mehr und mehr zu nimbt, der Preiss des Holtzes dann umb ein Nahmhaftes in kurzen Jahren gestiegen»,⁹² heisst es in der Holzordnung, die der Landvogt auf Befehl der Tagsatzung 1752 erliess. Dazu kam es nicht von ungefähr: 1739 hatten Sturmwinde im Walde der heutigen Bezirke Baden und Zurzach etwa 48'000 Stämme (vielleicht etwa 26'000 m³ Holz) geworfen. Das Fallholz bestand hauptsächlich aus Fichte, Tanne, Föhre und Buche. In früheren Jahrhunderten war es der Tagsatzung, wenn sie sich um den Wald kümmerte, einzig darum zu tun, die Abgaben von den Neubrüchen zu sichern. Sie erliess daher 1538 ein Rodungsverbot in den Wäldern der Grafschaft Baden und 1727 ein Verbot willkürlicher Rodungen.⁹³ Erst die Holzordnung von 1752 begegnet den Folgen jahrhundertelanger Verluderung des Waldes mit neuen Überlegungen und aus aktuellem Grund: «zu Verhüetung des einzureissen beginnenden Holzmangels und erspreisslicher Aeuffnung der Waldungen».⁹⁴ Es wurden nun Einschläge angeordnet, in denen hinter Graben und tännleinheckebesetztem Wall die jungen Bäume ohne Beschädigung durch den Weidgang wachsen konnten. Harzen sowie «Schweifel-Ringen- und Kryshauen»⁹⁵ bedurften behördlicher Erlaubnis, Sümpfe sollten ausgetrocknet werden usw. 1792 erliess der Landvogt nach dem Muster des Zürcher Waldungsmandates von 1773 und der Verordnung von 1786 für die vorderösterreichischen Lande, die «geradezu ein Forst-Lehrbuch» darstellt,⁹⁶ ein neues Forst- und Waldungsmandat. Darin werden Vorschriften von 1752 wiederholt, erweitert und neue erlassen. In den Einschlägen darf das Vieh zum Beispiel nicht weiden, «bis das junge Holz dem Vieh aus dem Maul gewachsen ist». Solange darf auch kein Laub und Moos «gerechet» werden. Harzen ist «je nach den Umständen selbst bey Leibesstraffe» verboten, Köhlerei nur gestattet, «wo das Holz aus Töblern, Rusen, oder ab hohen unwegsamen Bergen nicht von der Stelle gebracht werden mag». Besenreis darf ohne Erlaubnis nicht geschnitten werden. Fürkauf (spekulativer Kauf auf Vorrat) im Holz ist «ohne Unterschied, von nun an bey höchster Straffe verbotten». Bis die Wälder wieder in besserem Zustand sind, darf für Neubauten, «sie mögen Namen haben, wie sie wollen», kein Holz aus Gemeindewaldungen gegeben werden. Latten-, Stecken- und Trämelzäune (solche aus gerade gewachsenen Stämmen) sollen durch Dorn- und Haselpflanzungen ersetzt werden, und lassen sich keine Lebhäge pflanzen, so darf nur «dürres, abgestorbenes Holz» gebraucht werden. Weil der dabei anfallende Abfall – die Späne gehörten den Holzern – zu gross ist, sollen Bäume nicht mit Beil und Gertel, sondern mit der Säge und ganz nahe der Wurzel gefällt werden.

Im Zurzacher Bann erinnern Flurnamen wie Cholgrueben (Köhlerei), Chuewegli beim Inneren Bach (Weidgang im Wald) und Lehmgruben, Pechbrenne, Kalkofen sowie Schmidweg (führt über den Achenberghof zur Cholgruebe) an die alten Zeiten und Bräuche. Die Forstordnung für den Kanton Aargau aus dem Jahre 1805 verschärft die Vorschriften weiter. Wer Holz zu lange liegen lässt und es so zugrunde gehen lässt, soll gebüsst werden. Die Bäume sollen nicht nur gefällt werden, sondern es sollen auch die Wurzeln ausgestockt werden. Es wird das «unmässige Maienhauen» an Festtagen und Maientagen verboten – ein uralter Brauch: Schon 1430 hatte ein Vertrag zwischen Gemeinde und Stift festgehalten, dass die Zurzacher «sond [...] Mayen hawen in die Kirchen an unsers Herrn Fronleichnamstag und an der Kirchwichi, als bishar».⁹⁷ «Den Wirten und Pintenschenken ist es verboten, Mayen von grünen Baumwipfeln oder ganzen Tannenbäumen vor ihre Häuser aufzustecken.» Gärten, Felder, Wiesen sollen, wo immer möglich, mit Mauern oder grünen Zäunen und Lebhägen umgeben werden, «nie aber mit einem todten Hag von Holzwerk». Wie kostbar das Holz war, zeigt sich auch in den Lehensverträgen: So durfte zum Beispiel das Holz vom Rütihof-Lehen bis 1790 nur an das Stift als Lehensherrin verkauft werden. Der Verkauf von Bau- und Brennholz – auch ohne Einwilligung des Lehensherrn – war offenbar für die Hofbesitzer zu einer der wenigen Möglichkeiten geworden, zu Bargeld zu kommen.⁹⁸

Zurzach hatte nach der General-Tabelle ca. ein Sechstel mehr Wiesland als Baden (438,5 Mannmad oder Mannwerk, Tauen, à ca. 29 Aren gegenüber 356 in Baden), etwas mehr als das Doppelte an Ackerland (539,25 Jucharten à 32,4 Aren gegenüber 249), aber nur wenig Reben (26,75 Jucharten gegenüber 234 in Baden) und wenig Weiden (11 gegenüber 189 Jucharten).⁹⁹ Grossbauern mit nach üblichem Ansatz mehr als 48 Jucharten Land[100] gab es in Zurzach nicht. Mehr als 20 Jucharten Ackerland (22) hatte einzig der Kehlhof. Neun Bauern verfügten je über 12–18 Jucharten: Heinrich Gross im Elephanten und der Achenbergbauer besassen je 18, Hans Kaspar Welti 17, Johann Friedrich Welti 15, Georg Ignaz Frey 14, (Hans Jakob?) Doldi wie auch (Hans Jakob) Gross je 13 und Heinrich Leonti Baldinger und Hans Jakob Attenhofer je 12. Sie konnten als Mittelbauern gelten (12–48 Jucharten Land). Die übrigen waren Kleinbauern. Sechs Bauern hatten je 9 Jucharten, zwei 7, drei 6, sechs 5, elf 4, zehn 3, und vierundachtzig Zurzacher hatten 1–2 Jucharten sowie einige Vierlinge. Die letzte Gruppe: Einige Zurzacher Bürger (Attenhofer, Frey, Hirt) besassen je 3,5 Vierlinge, und die Taglöhnerin Verena Holander besass 3 Vierlinge. Seit Jahrhunderten wurde das System der Dreizelgen- oder Dreifelderwirtschaft praktiziert, das das gesamte Ackerland in drei Flächen einteilte. Eine davon wurde mit der Sommerfrucht (Gerste und Hafer), die andere mit Winterfrucht (Roggen, Korn und Weizen) bepflanzt, die dritte aber zur Verhütung einer Übernutzung brach gelassen; sie durfte jedoch als Weide benützt werden. Die einzelnen Bauern hatten an jeder der drei Fluren ihren Anteil. Die drei Fluren sind in Zurzach im Groben – was das Unterfeld anbelangt, durch alte Pläne sogar mit der Feldeinteilung – bestimmbar: Die eine war das «Oberfeld», etwa von der Rheinbrücke bis zur Rekinger Grenze, die andere das Mittelfeld oder auf Rainen, Mittskilch, Breite bis Neuberg und die dritte das «Unterfeld», die Rheinebene nördlich des Fleckens. Hier lagen – und liegen noch heute – auch die «Bünten», wie oft nahe dem Wasser, denn sie dienten vor allem dem Hanf- und Flachsanbau.[101]

Weinbau

Der Zurzacher Weinbau ist 1856 gänzlich abgegangen, meldet das Ortslexikon des Kantons Aargau.[102] Er kann schon wegen der Nordlage nie von Bedeutung gewesen sein; die Wirte bezogen jedenfalls grosse Mengen Wein aus Klingnau und Baden, Zurzacher hatten Reben in der rechtsrheinischen Nachbarschaft und im Surbtal. Für beide Rebgebiete sei je ein Beleg aufgeführt: Schon 1358 hatte Chorherr Magister Conrad von Aichain dem Stift unter anderem eine Juchart Reben, Bäbler genannt, in Tegerfelden geschenkt,[103] und im dritten Viertel des 18. Jahrhunderts vermachte die Witwe Schaufelbühl in der Waag ihren Söhnen testamentarisch zwei Jucharten Reben in Küssnach.[104] Das Stift, das als Patronatsherrschaft den Weinzehnten in Klingnau, Döttingen und Tegerfelden besass, war nicht auf den sauren Zurzacher angewiesen.

Obstbau

Auf die Frage «Sind die Baumgärten mit Obstbäumen besetzt, und ist das Obst von guter oder schlechter Qualität?» antwortet Stamm generell: «Die Pflanzung des Obstes ist in der ganzen Grafschaft vernachlässiget, die Baumgärten sind mehr mit Gesträuchen verwilderter Zäune überwachsen als mit Bäumen besetzt und die Bäum, welche dastehen sind von der allerschlechtesten Gattung. Die Ackerleut meinen, nur der Feldbau sei ihrer Achtung wert, und der Rebmann findet ein Glas Wein angenehmer als einen ganzen Baum voll Obstes. Nur die Klöster, einige Herren, die auf ihr Gütern wohnen, oder selbe öfters besichtigen, und einige Pfarrer haben in ihren Gärten viele von auserlesenen Obstbäumen.»[105] Immerhin scheint es in Zurzach einzelne bekannte Apfel-, Birnen- (und sogar Kartoffel)sorten gegeben zu haben, wie überlieferte Bezeichnungen belegen.[106]

Pfarrer Fridolin Stamm hat seine Feldaufnahmen für die General-Tabelle gemacht, bevor sich die hauptsächlich von den «oekonomischen Patrioten» geförderten grundlegenden Änderungen in der Landwirtschaft in der Grafschaft Baden durchsetzten. Stamm bemerkt bitter, die Bauersame der Region sei rückständig und verschlafen. Der Fruchtwechsel von Getreide mit Kartoffel-, Klee- und Ge-

---

[88] StAAG 2784, Grafschaft Baden, Kanzleiarchiv: 2784/III, Zurzach: Holzordnung und Austeilung des Holzes 1740, 1779/80, Nr. 6, fol. 18.
[89] Politisches Handbuch (1796), S. 283.
[90] WULLSCHLEGER, Forstgeschichte (1), S. 72.
[91] SRQ AG II/5, Nr. 103, S. 170 f.
[92] WULLSCHLEGER, Forstgeschichte (1), S. 28.
[93] WULLSCHLEGER, Forstgeschichte (1), S. 22 f., 25 ff.
[94] WULLSCHLEGER, Forstgeschichte (1), S. 27 ff.
[95] Schweifel = Bandwieden, Ringen = Fassreifen, Krys = Tannreisig für Streue, Wullschleger, Forstgeschichte (1), S. 30, Anmerkung.
[96] WULLSCHLEGER, Forstgeschichte (1), S. 69 ff.
[97] HUBER, Urkunden, S. 369.
[98] HUBER, Urkunden S. 142.
[99] MITTLER, Baden 2, S. 127.
[100] MAX RUDOLF, Geschichte der Gemeinde Birmenstorf, 2. Aufl., Aarau 1991, S. 382.
[101] Vgl. dazu den Beitrag von J.-J. Siegrist, S. 241.
[102] Weitere Vergleichszahlen bei MITTLER, Klingnau, S. 175 f., und WELTI, Ackerbau, S. 39.
[103] HUBER, Geschichte, S. 30.
[104] StAAG 4038.
[105] STAMM, Kommentar, S. 22.
[106] Vgl. dazu den Beitrag von HR. Sennhauser über Verena und die Zurzacher Messen in Redensarten, S. 597 ff.

müsebau zum Beispiel hatte sich noch nicht eingebürgert. Die traditionelle Viehhaltung – Hornvieh ist noch in erster Linie Zugvieh – und die Aussagen Stamms über die Winterung der Tiere lassen erkennen, dass der Weidgang damals noch nicht der Stallfütterung gewichen war. Offenbar wurden die Kühe im Winter noch immer mit Stroh gefüttert, die Matten wurden so lange als möglich abgeweidet, für Heu reichten weder die Flächen noch der Dünger, und der Weidgang in den Aegerten und im Wald liess die Wälder verkümmern. Mit der Aufhebung des Flurzwanges (Zwang der Dreizelgenwirtschaft) und der Anlage von Wegnetzen zu den Feldern fielen später jahrhundertalte, Einzelinitiative und Wettbewerb behindernde Zwänge weg. Stallfütterung, Pflege der Weiden durch Wässerung, Drainagen und Kleesaat verhalfen bald dazu, dass Kühe nicht mehr in erster Linie als Zugvieh, sondern wegen Milch, Fleisch und Zucht im Stall gehalten wurden. Die Wälder konnten sich seit dem späten 18. Jahrhundert zusehends erholen, und die Landwirtschaft gewann allmählich den Stand, den sie bis zum Zweiten Weltkrieg unbestritten beibehielt.[107]

Präsident Lindenmann von der aargauischen landwirtschaftlichen Gesellschaft verglich 1842 die Lage mit jener vor 50 Jahren: «Damals lebte man grösstenteils von Getreide, Milch, Obst, Rüben. Die Kartoffelpflanzung wurde noch mit Misstrauen angesehen und hie und da einfältig verspöttelt. Obst und Rüben mussten gedörrt werden. Nur der begüterte Landmann konnte im Winter ein Schwein mästen und schlachten. Eine alte Kuh wurde hie und da abgeschlachtet und unter 2–3 Haushaltungen verteilt. Nun hat schon längst der Kaffee das Habermus verdrängt, die Kartoffelpflanzung ist lieb gewonnen, das Obst wird gemostet, die Milch wird häufig zur Schweinemastung verwendet, Rüben und Kartoffeln werden in grossen Quantitäten gezogen. Man gewinnt nun aus den Feldern weit mehr Nahrungsstoffe als früher, und da die Familien so viele Früchte zu ihrer Nahrung nicht bedürfen, so wird eine große Masse davon für ihr Mastvieh verwendet. Dadurch gewinnt der Mensch noch ein sehr wichtiges Nahrungsmittel, das nun bald allgemein als das Hauptnahrungsmittel zu betrachten ist. Früher liess man je im 3. Jahr ein Feld brach liegen, es wurden darauf wenige Bohnen und Erbsen nur ausnahmsweise gepflanzt. Kleines Vieh wurde auf solche Felder zur Weide getrieben. Nebenbei hatte man noch Weiden für das grosse Vieh [...] Gegenwärtig aber sieht man auf den noch immer sogenannten Brach-

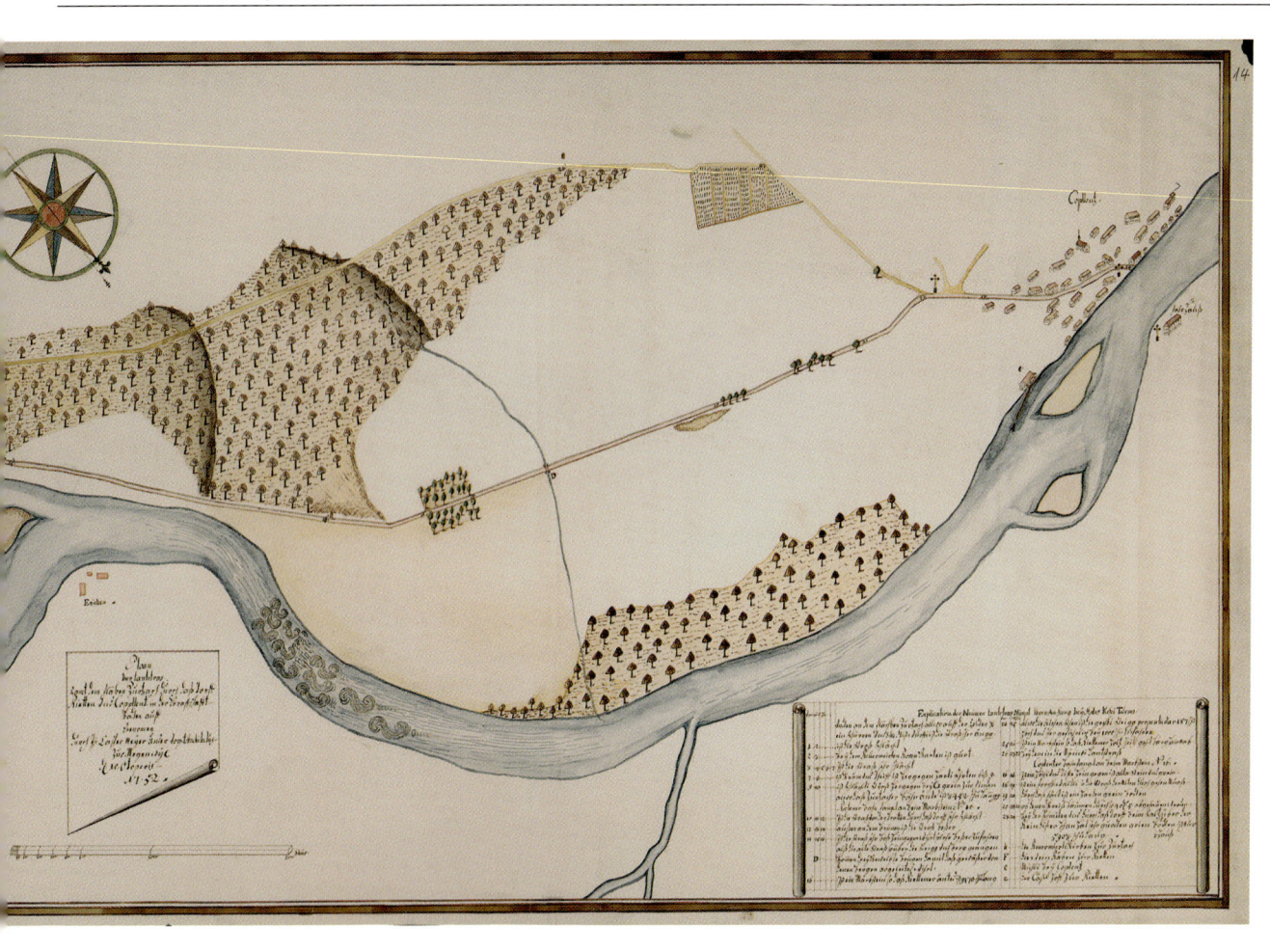

8 Strassenplan Zurzach-Koblenz, «aufgenomen durch Jh. Caspar Meyer Unter Vogt Architectus zuo Megenwyl den 10. Otoperis [Oktober] 1752». Staatsarchiv Aarau. In der Legendentafel unten rechts sind einzelne Objekte bezeichnet und der Zustand der Strassenabschnitte charakterisiert.

feldern schöne Kleeäcker. Der Weidgang auf den Feldern ist fast überall eingestellt, grosses Vieh wird auch nicht mehr auf die frühern Weiden getrieben, denn diese liefern jetzt Korn und Heugras. Bei der Stallfütterung wird mehr Dünger gesammelt, der Viehbestand ist weit grösser geworden, und die Felder und Wiesen liefern für das Vieh mehr als doppelt so viel Nahrungsstoffe jeder Art, denn vor 50 Jahren.»[108]

Strassen

«*Strassenverbesserung in dem Marktflecken Zurzach*» ist der Titel eines Gutachtens der Kanzlei an den Landvogt Wyss und das Oberamt in Baden vom Jahre 1747.[109] Es werden darin hauptsächlich Befestigungen des Bachufers durch Balken oder Steine vorgeschlagen. Beim Kindli-Egg und bis zum Pfarrhaus-Eggen (das heisst bis zur Engelburg), wo die Strasse besonders eng ist, soll sie «18 Schuh breit abhaldig und dachet gegeneinander» (konvergierend mit Mittelrinne) besetzt (mit Bsetzi-, Pflastersteinen gedeckt) werden. In der Schluttengasse und in der Greifengasse soll ein zwei Schuh breiter «nicht zu tiefer Canal» angelegt werden, damit Hochwasser abfliessen kann. Die Zuleitungen aus dem Ehgraben beim Pfauen und aus der Fuchsgasse (Waaggasse) sollen statt des weggeschwemmten Holzes mit Steinen verkleidet werden. Vom Pappiserhof bis zum Schelmenturm soll der Bach enger werden. Beim St. Georg soll die Bsetzi ausgebessert und die Schwertgasse (Untere Gasse) mit Rinne in der Strassenmitte besetzt werden. Vom Tor bis zum Meerfräuli-Garten soll der Graben grösser werden, und der Wassergraben gegen die Burg soll öfter gereinigt werden. Stauen des Wassers bei Hochwasser ist ebenso verboten wie das Anlegen von Mistgruben «auf dem Reichs-Boden», das heisst hier: auf der Strasse. Mindestens teilweise waren die Strassen damals schon «besetzt». Aus dem Jahre 1788 liegt eine «Specification der Gassen Besetzung»[110] vor, die von einer Neupflästerung zeugt, bei der die Hausbesitzer nach

---

[107] Die Kartoffel, seit dem ausgehenden 17. Jahrhundert in Österreich eingeführt, gewann in der Grafschaft besonders in der Zeit der Krisenjahre 1739–1743 an Boden und wurde neben dem Brot zum wichtigsten Nahrungsmittel. MITTLER, Baden 2, S. 125.
[108] Die Landwirtschaft im Kanton Aargau, Festschrift, [Aarau] 1911, S. XIII, zit. bei HOWALD, Dreifelderwirtschaft, S. 54.
[109] StAAG 2770, Kanzleiarchiv Baden, Strassen IV.
[110] StAAG 4024.

Massgabe ihrer Flächenanteile zur Finanzierung herangezogen wurden.

Strassen und Verkehr nach Zurzach

Jahrhundertelang war Zurzach nicht mehr so unmittelbar in den regionalen Verkehr eingebunden wie in den Jahrzehnten um 1300. Damals bestanden Brücken über den Rhein in Kaiserstuhl, Zurzach und Koblenz, über die Aare bei Klingnau.[111] Während der Blütezeit der Messen aber waren die Strassen schlecht, und von den Brücken bestand nur noch jene bei Kaiserstuhl.

Bis zur Errichtung der Bahnlinie im Jahre 1876 war Zurzach entweder auf dem Rhein oder über drei Strassen zu erreichen: Der Verkehr vom Bodensee, von Schwaben und Schaffhausen her überquerte in Kaiserstuhl den Rhein und ging von dort linksrheinisch über Rümikon, Rekingen nach Zurzach. Von Basel aus verlief die Strasse am linken Rheinufer bis zur Laufenburger Brücke, von dort rechtsrheinisch bis Waldshut, wo man mit der Fähre nach Koblenz übersetzen konnte. Auf diese Art wurde die Aaremündung umgangen. Auf dem Landweg gelangten Reisende und Waren sodann über Rietheim nach Zurzach. Aare, Reuss und Limmat wurden als Schifffahrtswege von Bern, Luzern und Zürich her bis Klingnau benutzt, manchmal, vor allem in den letzten Jahrhunderten, auch nach Koblenz oder sogar bis Zurzach. Es war die Koblenzer Schiffergenossenschaft der «Stüdeler», die den Transport auf Aare und Rhein besorgte. Diese hatte ihren Namen, «weilen man die ob sich führende [fahrenden] Schiff bey grossem Wasser mit langen Häggen von einer Stauden zu der andern ziehen und Schalten müsse».[112] Zwei andere Schiffergesellschaften befuhren den Rhein: Die Laufenknechte aus Laufenburg besorgten den Waren- und Personentransport bis Basel und Strassburg, und die Niederwasser-Schiffleute-Gesellschaft von Schaffhausen fuhr mit ihren Booten vom Rheinfall bis Zurzach.

Rechte und Privilegien[113] der Schiffer wurden früh geregelt. 1440 trafen die Laufenknechte in Laufenburg für die Zurzacher Messen eine spezielle Vereinbarung. Dazu bildeten Schiffer und Karrer eine Genossenschaft, die alle Messegeschäfte gemeinsam übernahm. Einige von ihnen suchten in Zurzach Kunden für Transporte nach Basel und Strassburg, auch die Schiffe wurden in Zurzach gekauft. Nach der Messe wurde die Genossenschaft aufgelöst und der Gewinn verteilt.[114]

Während der Messezeit bewegte sich eine grosse Zahl von Messebesuchern und Produkten stromabwärts. Immer wieder kam es dabei zu Unglücksfällen. 1513 sank ein Kahn, der von Solothurn nach Zurzach unterwegs war, bei Altenburg, wobei eine «Unzahl Lüt und Gut» untergegangen sei. 13 Ertrunkene wurden bei Brugg geländet. Am Verenatag 1543 ertranken im Rhein bei der «Burg» Zurzach infolge eines Schiffbruchs 124 Personen aus dem Thal und dem Klettgau. Am 1. September 1626 bestiegen rund 200 Personen aus Brugg und Umgebung ein altes Schiff, um nach Zurzach zu gelangen. Der morsche Kahn brach schon bald auseinander. Etwa 80 Menschen kamen

9 Strasse von Würenlingen nach Zurzach, Blatt 15 der «Carte topographique de la Grande Route de Berne à Zurich & Zurzach [...] 1787».

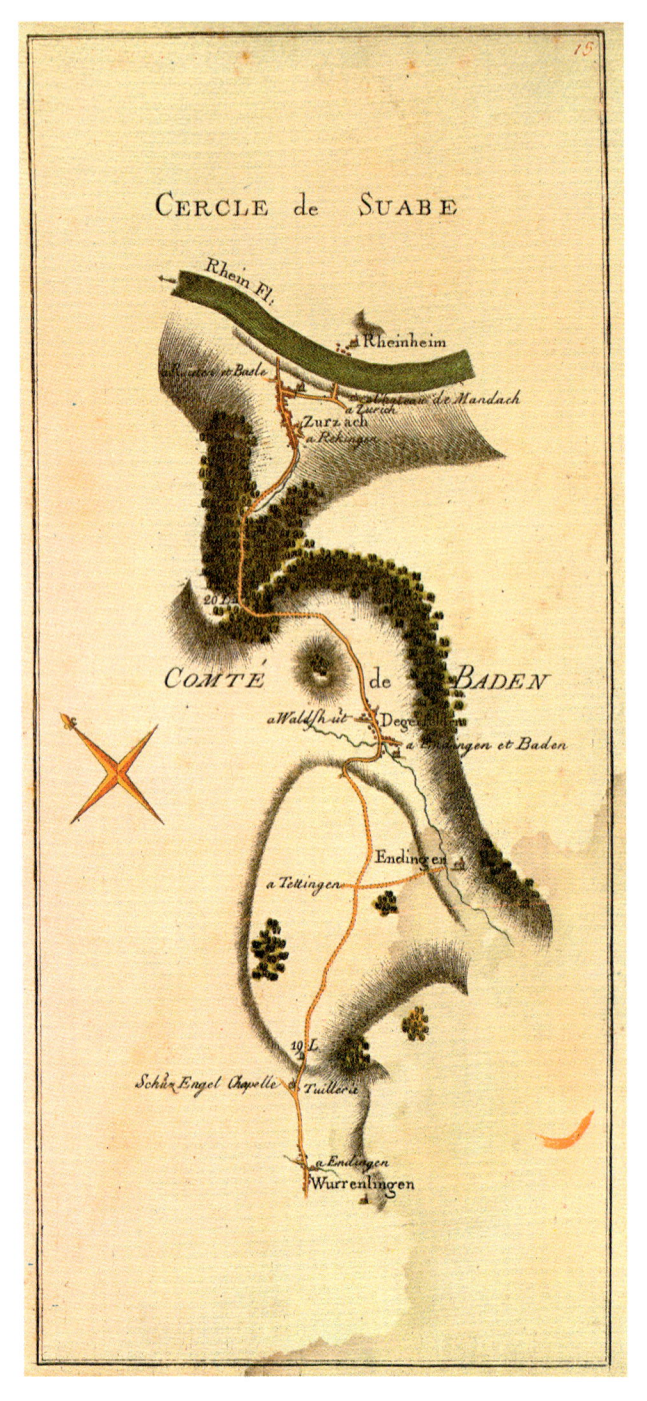

ums Leben. Etliche Leichen wurden bis nach Basel getrieben. 1743 kenterte ein Zurzacher Schiff aus Bern bei Holderbank, über 30 ertranken. Verunglückte ein Schiff durch Selbstverschulden des Schiffsmannes, so musste dieser den Schaden ersetzen. Bei Zahlungsunfähigkeit haftete die Genossenschaft solidarisch mit ihrer Schifferkasse, die durch Lohnabzüge gespiesen wurde.[115]

Es erstaunt nicht, dass die Freiburger Kaufleute, bevor sie die Zurzacher Schiffe bestiegen, in der Kirche zu St. Nikolaus ihr Gebet verrichteten und für eine glückliche Fahrt ein Opfer darbrachten. Später wurden sie mit einer feierlichen Rede verabschiedet. Eine offizielle Feier fand auch am Rheinfall statt, wo ein Mitglied des kleinen Rates von Schaffhausen die Rede hielt.

Der Landweg führte von Klingnau aus über Döttingen, Sennenloch, Zurzacherberg in den Flecken.[116] Die Strassen waren in der Regel schlecht, tief ausgefahren, verrutscht, matschig, und sie führten über Stock und Stein, wiesen steile Passagen auf und statt Brücken, wo immer möglich, Furten. Der Strassenzustand beeinflusste die Festlegung der zulässigen Höchstlasten: In der Grafschaft Baden waren es 1724 noch 60 Zentner[117], 1754 war nur mehr eine Höchstbelastung der Wagen mit 40–50 Zentnern erlaubt[118], im Zürchergebiet waren es Ende des 18. Jahrhunderts 50 Zentner.[119] Vorschriften wie: «dass die Fuhrwerke überhaupt mitten in der Strasse, schwer beladene Wagen aber niemals hinter einander in dem gleichen Gleis fahren» sollten,[120] erklären sich aus diesen Verhältnissen.

Nach einem in der Kanzlei der Grafschaft Baden 1786 ausgefertigten Mandat galten in der Gegend folgende Strassen als «Hauptlandstrassen»:
Bremgarten–Mellingen–Baden,
Fahr–Windisch–Gebenstorf,
von Altstätten über Schlieren und Dietikon,
von Höngg über Weiningen,
von Otelfingen über Würenlos, Weningen über Neuzellen,
von Kaiserstuhl und Weiach über Fisibach nach Baden,
von Kaiserstuhl über Rümikon nach Zurzach,
«von Baden über Rieden das Sigenthal hinunter, über Würenlingen nach Zurzach, und so auch von da wieder zurück,
aus dem Fricktal über Leibstadt, von Klingnau über Döttingen durch den Wald das Sigenthal hinauf nach Baden». Nebenstrassen waren der Post vorbehalten, «sonst gänzlich verboten» (gemeint ist: für Fremde), u. a. «von Tägerfelden hinweg das Endinger und Lengnauer Tal hinauf» (Surbtal).[121]

Zürich kannte vier Hauptstrassen: «1. Durch Kloten, Bülach und Eglisau, bis an die Grenzmarke. 2. Durch Bassersdorf, Winterthur und Elgg bis an die Grenzmarke. 3. Durch Altstätten nach Baden und 4. Durch Höngg ebenfalls dahin.»[122] Die beiden letzten waren neben der Schifffahrt auf Limmat, Aare und Rhein für die Zurzacher Messen wichtig.

Seit der Mitte des 18. Jahrhunderts wurden bedeutende Anstrengungen zur Verbesserung der Strassen unternommen. Chorherr Raimund Carl von Pappus berichtet in seiner «Kurzen Beschreibung deren in dem Schweitzerland bey Anlass der Reformation oder Glaubensabfall vorgefallenen Kriegen [...]»[123]: «Eodem anno [1750] ist von Herrn Landvogt Franz Ludowic von Grafenried und dem sammtlichen Oberambt Befelch ausgegangen, allerorten in der Grafschaft, besonders umb Zurzach die Strassen nit allein zu verbessern, sondern wo sie mühsam und beschwerlich, nüw anzulegen und so vil möglich Berg und Höchenen zu evitieren, wie den allbereits solche gegen Tegerfelden ausgestöckht und ausgezeichnet worden. Es ist dessentwegen auch die Stüfft hierzu ermahnt und das ihrige zu contribuieren angehalten worden; da man sich dessen nit waigeren können, um nicht in grössere Vertrisslichkeit zuo fallen, hat man den 25. feb.e.a. [Februar desselben Jahres] mit denen Vorgesetzten hiesiger gemeind auf dem Capitelhauss conferiert, sich ad quartam partem verstanden, und aber sich auch den 4. theil des nutzen oder einkommens vorbehalten, so man von den fuhr-

---

[111] Zur Brücke von Koblenz, die im Habsburger Urbar vorausgesetzt wird, s. MITTLER, Klingnau, S. 180. Zur Klingnauer Brücke vgl. MITTLER, S. 57 f.
[112] Nach ATTENHOFER, Alt-Zurzach, S. 54.
[113] Abschnitt verfasst von Walter Leimgruber.
[114] SRQ AG II/5, Nr. 11, S. 42 f.
[115] FISCHER, Rheinschiffahrt, S. 6, 9. – BAUMANN, Windisch, S. 267 f.
[116] AMMANN, Zurzacher Messen (1), S. 58 ff., (2), S. 45 f. – Das scheint jedenfalls der meistbenützte Fahrweg gewesen zu sein. CORNEL DOSWALD, Bearbeiter des «Inventars historischer Verkehrswege der Schweiz» (IVS), hat die noch heute feststellbaren historischen Wege aus dem Surbtal nach Zurzach kartographisch erfasst. Er sieht von Klingnau aus drei Wege: Achenberg (Nordseite nicht befahrbar), Holzmatt und Propstberg. Von Döttingen aus übers Sennenloch und daneben den «Kilchstig», den alten Kirchweg der Döttinger. Von Tegerfelden aus führte die Alte Strasse über den Berg, und das Hörndli scheint im Osten (Vumberg) umfahren worden zu sein. (MEIER, SAUERLÄNDER, Surbtal, S. 72 ff., fassen die Forschungsergebnisse von Doswald nach dessen mündlichen Angaben zusammen.)
[117] BODMER, Zurzacher Messen, S. 96.
[118] StAAG 2770.
[119] Politisches Handbuch, S. 314.
[120] Politisches Handbuch, S. 313.
[121] Gedrucktes Mandat der Kanzlei Grafschaft Baden vom 12. Januar 1786.
[122] Politisches Handbuch, S. 314.
[123] Manuskript, Kath. Pfarrarchiv Zurzach Nr. 62, Teil 2, P. 372.

Anzahl Wagen und Tiere, die 1751 die Zurzibergstrasse von und nach Tegerfelden überquerten

	Jan	Feb	März	Apr	Mai	Jun	Jul	Aug	Sep	Okt	Nov	Dez
Gutschen			2	1	5	32	2	24	34			1
Gutschenpferdt			2	2	11	71	7	58	82			2
Wagen*	3	3	4²/₄	5²/₄	22²/₂	27³/₂	6¹/₂	40	38¹/₂	4²/₂	2²/₂	1¹/₂
Karren					17	14	2	22	3	1		1
eigne Pferdt	15	22	30	34	121	148	36	193	134	35	23	15
Mietpferdt	16	14	30	56	171	137	21	107	92	17	12	5
Reitpferdt	2	19	25	22	69	377	29	205	313	14	9	15
Tragepferdt					6	12		13	23			
Cuppelpferdt			14	15	5	65	10	1	53	4		
s. v.[125] Hornviechs		5	5	37	36	124	11	25	157	12	8	16

* verzeichnet in ganzen, ½- und ¼- Einheiten   (zusammengestellt nach Taxenabrechnung, StAAG 2770 Strassen VI)

leuten/alss auf den wagen ein gewisses auferlegt werden solle/bezieht; wass aber Stüfftswagen oder auch eines privati über den ney [neuen] weeg geführt wird, soll in allweg befreyt sein.» Ab 1750 wurde der Weg über den Zurzacherberg nach Tegerfelden zur Strasse ausgebaut; aber noch lange liest man in den Eidgenössischen Abschieden, dass die Strasse bedeutend grössere Mittel erfordere, als veranschlagt wurden. Anhand der Taxabrechnung[124] lässt sich aufzeigen, wie viele Wagen und Tiere die Zurzibergstrasse von und nach Tegerfelden benützten. Deutlich wird die starke Zunahme des Verkehrs während der Pfingst- und der Herbstmessen.

1770 war die Brücke über die Surb in Tegerfelden fertig gestellt. 1772 willigten die Stände ein, das alte Trassee aufzugeben und die Strasse über den Berg zu führen.[126] Strassenverbesserungen wurden von der Tagsatzung beschlossen und den Gemeinden auferlegt, die sie zum Teil im Gemeinwerch ausführten und für die sie wegen der grossen Ausgaben um die Bewilligung von Weggeldern und Zöllen einkamen. Die Zollrodel geben Auskunft über Art und Dichte des Verkehrs auf diesen Strassen. Um 1750 war die Strasse nach Kaiserstuhl in gutem Zustand. 1789 wird sie als reparaturbedürftig gemeldet.[127] Gleichzeitig wird erwähnt, die Barzstrasse nach Kadelburg sei bei der Barzmühle durch den Rhein arg beschädigt; eine neue Strassenführung wird vorgeschlagen, während aber die Tagsatzung 1790 die bisherige Route beibehalten will. Rheinuferverbauung, Verbreiterung und Verbesserung der Strasse, von den Zurzachern oftmals angeregt, wurden 1827/29 mit Staatssubventionen von ca. einem Fünftel der Baukosten unternommen. 1753 und in den folgenden Jahren wurde die Strasse von Koblenz über Rietheim nach Zurzach neu angelegt. Die Koblenzer, auf deren Banngebiet die Strasse einen ebenen Verlauf nahm, verloren bei der Anlage des neuen Strassentrassees 3,5 Jucharten Wald. Die Rietheimer hatten grössere Ausgaben. Sie mussten «Marast, Berg und Klieben [Klippen] abnemmen, aufwerfen und verebnen, Stein brechen auf dem Coblentz Bann, wie auch das Grien [Kies] kostbar [teuer] zuführen».[128] 1753 berichtet der Landvogt, die Gemeinden Koblenz und Rietheim hätten eine ganz neue Strasse angelegt, und Zurzach habe den in seinem Bann gelegenen Teil auf eigene Kosten repariert.[129]

Zu den Zurzacher Messen in der zweiten Hälfte des 18. Jahrhunderts

Nach den Übernachtungszetteln von 1780 haben in diesem Jahr 2500 Personen die Messe besucht, die im Frühling und im Herbst je acht Tage dauerte, seit 1606 aber offiziell auf Donnerstag, Freitag und Samstag der Vorwoche ausgedehnt war. «Gesamthaft betrachtet stammten rund 1600 oder 64 %» der Messebesucher nach den Angaben dieser Zettel «aus dem heutigen Gebiete der Schweiz, während 900 Menschen oder 36 % derselben aus dem Auslande kamen».[130] Der zunehmende regionale oder lokale Charakter der früher in höherem Masse internationalen Messen wird vom Grafen von Zinzendorf, der 1764 eine handelspolitische Reise durch die Schweiz unternahm, mit folgenden Worten umschrieben: «Die meisten [Kaufleute] sind Schweizer, dann kommen auch Schwaben, Elsasser, Lothringer, Franzosen und Italiäner dahin [...] Es wird aber, wie bereits gemeldet, diese Messe fast durch niemand andern als die Schaffhauser, Züricher und Baseler noch unterhalten. Sie haben ungemein viel von ihrem ehemaligen Lustre verloren, seit dem sich so viel fremde Kaufleute [...] bey den Fabrikanten selbst versehen.»[131]

Hans Rudolf Sennhauser, Alfred Hidber   315

- 🟥 Laden
- 🟧 Magazin (Gewölbe)
- 🟫 Hütte
- 🟩 Stand

10 Messelokale, Hütten und offene Marktstände im Stiftsbezirk laut Marktrechts-Inventar von 1768, vgl. nächste Seite.

Der Apotheker und Chemiker Johann Gerhart Reinhart Andreae (1724–1793) aus Hannover schrieb 1763 in seinem achten Brief nach Hannover[132]: «Zurzach ist nur ein elender Flecken, aber merkwürdig wegen seiner beiden Messen. Jetzt hielt man eine, und der Zulauf von Kaufleuten war ungemein, absonderlich in Betrachtung der Kleinheit des Ortes. Die meisten sind Schweizer, dann auch Schwaben, Elsässer, Lothringer, Franzosen und Italiener.»[133] Ernst Rüedi glaubte, aus den ihm zur Verfügung stehenden Quellen auf eine Renaissance der Messen im 18. Jahrhundert schliessen zu müssen. Die Eingabe von hundert Kaufleuten aus dem Jahre 1784 allerdings spricht vom Verfall der Messen.[134]

Versucht man, das Marktrechts-Inventar der stiftischen Messelokalitäten aus dem Jahre 1768 im Plan des Stiftsbezirkes zu veranschaulichen, so wird der Anteil der Messen an Leben und Erwerb der Bewohner erst deutlich. Läden und Gewölbe im Erdgeschoss der Stiftsbauten – aber auch der Zurzacher Bürger – nahmen einen grossen Raum ein; sie waren das ganze Jahr über vermietet: während der Messe als Ladenlokalitäten, während der Zwischenzeiten als Magazin für die nicht verkauften Waren. Und jeder Hausbesitzer hatte das Recht, während der

[124] StAAG 2770 Strassen VI.
[125] Salva venia. Der Schreiber bittet um Entschuldigung für die Bezeichnung «Hornviech».
[126] Vgl. u. a. Eidgen. Abschiede VII, 2, S. 848.
[127] Eidgen. Abschiede VIII, S. 472. – HUBER, Urkunden, S. 382, Anm. 1, spricht von der «im Jahre 1750 von Zurzach, Tegerfelden und umliegenden Gemeinden über die sogen. Zurzacherberg erstellten Strasse». Und SIMEON BAVIER, Die Strassen der Schweiz, Zürich 1878, S. 37, schreibt: «1772: Die Strasse, welche bisher von den Gemeinden Zurzach und Tägerfelden um den Zurzacherberg herum gebaut worden war, wird über denselben geführt.» Huber und Bavier sind wohl so zu verstehen, dass der Weg bzw. die Fahrstrasse, die seit römischer Zeit über den Berg führte (der «Alte Weg», abgebildet bei MEIER, SAUERLÄNDER, Surbtal, S. 75, dürfte ein Stück der römischen Strasse sein), zur Fahrstrasse ausgebaut und streckenweise neu angelegt wurde. Die Steilstrecke bei der «Eich» (nicht «um den Berg herum», sondern «über denselben»), eine Abkürzung gegenüber dem römischen Strassenverlauf, ist wohl im 18. Jahrhundert angelegt worden. Seit einer neuerlichen Korrektur nach dem Zweiten Weltkrieg wird die (jetzt wegen Aufschüttungen und Terrainveränderungen nicht mehr sichtbare) Steilstrecke (wieder) in weitem Bogen westlich umfahren.
[128] Augenschein 1754, Kanzleiarchiv Baden, StAAG 2770.
[129] Eidgen. Abschiede VII, 1, S. 849. – Zu Strassen: WALTER FISCHER, Strassen. Kulturgeschichtliche Bilder von Zurzach aus dem Anfang des 19. Jahrhunderts, in: Grenzheimat Nr. 2, 1950, S. 13–16.
[130] BODMER, Zurzacher Messen, S. 27.
[131] DEUTSCH, Bericht 1764, hier S. 291 f.
[132] Briefe aus der Schweiz nach Hannover geschrieben, in dem Jare 1763, Zweiter Abdruck, Zürich und Winterthur 1776, S. 36.
[133] ERNST RÜEDI, in: Schaff. Beitr. 35, 1958, S. 125. Der erste Satz findet

Messezeiten vor seinem Haus Hütten und Stände aufzubauen und zu vermieten.[135] 1510 hält ein Spruchbrief des bischöflichen Vogtes Christoph vom Grüth mit Berufung auf einen älteren von 1472 fest, «dass ein Jeder zu Zurzach gsessen, in den Merkten vor und in sim Hus Stellinen [Stände] haben und die nutzen mög, wie das och von Alter harkumen und brucht ist».[136]

Die Vermehrung und Verbesserung der Warengewölbe bildete während Jahrhunderten einen der hauptsächlichsten Streitpunkte zwischen der Gemeinde und dem Stift.

Dank den wiederholten Klagen der Gemeinde gegen das Stift sind mehrfach Verzeichnisse der stiftischen Messelokalitäten angelegt worden. Sie geben ein Bild vom während der Messen mit Läden, Hütten und Ständen dicht besetzten Stiftsbezirk.

Messelokale des Stiftes nach dem Marktrechts-Inventar von 1768

Chorhof, Gebäude	Läden	Krämerhütten	offene Stände	Kammern
Propstei	4	10		2
Kustorei	10	10½[a]		
Urs und Viktor	10[b]	8		
Mauritiushof	5[c]	9[d]		2[e]
Fulgentiushof	4	15		
Annahof	2	1		
Verenahof	3[f]	2	X[g]	1[h]
Synesiushof	3	1	4	
Marien-Chorhof			2	5[i]
Kaplanei	2	4		
Organistenpfrund	1	5		
Kapitelhaus	2	3		
Kellerei	2[k]	4	3[l]	
Schulhaus		1		1[m]
Sigristenhaus	1	12[n]		

a) eine «halbe Hütten vor der Metzig»
b) ein Laden an der Propstei
c) ein Laden unter der Scheune
d) ein «Anhenker» (Anbau) neben dem Laden unter dem Saal
e) darf zwei Gäste beherbergen, die weder Laden noch Hütten haben
f) zwei Läden und ein Magazin in dem «neuen Bau zwischent dem Mohren-Kopf und Organisten Pfrundhaus»
g) Hinter dem Haus dürfen offene Stände aufgestellt werden
h) Doppelte Kammer. Recht, einen Einkäufer zu logiren
i) Hinterhaus mit Kammer darauf und eine Kammer gegen den Hof, mit einem Stand oder Laden
   Dazu eine Kammer mit Stand und eine Kammer mit 2 Betten für Einkäufer
k) in einem Laden dürfen nur unausgepackte Waren aufbewahrt werden
l) hinter dem Haus
m) in der Schulstube
n) alle auf dem Kirchhof, müssen bei jeder Messe neu vermietet werden

Vorsorge gegen Feuersbrünste

Auf die Frage «Wie sind die Anstalten gegen die Feürsgefahren beschaffen?» antwortete Stamm: «Sehr gut für fremde Feürbrünsten, maßen in jeder Gemeind etliche Männer verordnet sind, in aller Eil zum Feür zu laufen es zu löschen. In einigen Gemeinden sind es die letzt Verheuratete, in andern die zunächst beieinander Wohnende, damit sie nit lang warten müssen, bis alle versammlet sind. Bei einigen werden die Feürläufer alle Jahr bestellet. Diese alle laufen mit schnellester Begird zu helfen, zum Feür.

Diese gute Anstalten beobachtet man nicht in eigner Not. Weil alle helfen sollten, ist keiner zur Hilf bestellt. Meint also ein jeder, er übertrete keine Schuldigkeiten, wann er für das Seinige sorgt. Die Nachbaren, die mit dem Wasser, so sie im Haus haben, das Feür hätten löschen können, führen ihr Viehe und Hausgeräthe hinweg in Sicherheit und lassen brennen. Öfters ist es ihnen zu verzeihen. Die Verunglückten rufen nit um Hilf, bis sie selber nit mehr helfen können. Die weiters entlegenen, oder die auf dem Feld, Wald oder Reben arbeiten, laufen mit solchen Kummer und Schrecken zu, dass sie aus Verwirrung des Geistes nit wissen was sie tun sollen. Man erwartet also fremde Nothelfer. Bis diese ankommen, liegt ein halbes Dorf auf dem Boden. Die ganze Grafschaft Baden hat nit mehr als zwei Feürspritzen (die Stätt ausgenommen) so übel sind wir bestellt, für uns zu helfen!

Die Stätt aber sind mit allem Nötigen versehen, und haben die beste Anstalten, die sich für die Lage ihrer Gassen und Brünnen verordnen lassen.»

Eine vorbeugende Massnahme gegen Brände war das strikte Verbot, in Wohnhäusern zu waschen. Vermögliche Hausbesitzer hatten deswegen ein eigenes Waschhaus (Roter Ochsen, Unterer Sternen, Grosser Bären usw.). Allen standen die Gemeindewaschhäuser offen. Ein solches stand östlich der Strasse beim Schelmenturm, ein anderes auf Burg.

Feuerschauer sind für Zurzach erstmals 1430 erwähnt. In einem vom Konstanzer Bischof in seinem Sitz zu Kaiserstuhl gesiegelten Vertragsbrief zwischen Gemeinde und Stift Zurzach heisst es, die von den Räten der Gemeinde Zurzach bestimmten Feuerschauer sollen sich im Stift anmelden, wenn sie zur Feuerschau erscheinen wollen. Das Stift soll dann jemanden bestimmen, der mit ihnen von Haus zu Haus geht.[137] Im Zurzacher Dorfrecht von 1550[138] wird verlangt, dass die vier Räte und der Weibel vor den beiden Messezeiten und im Herbst «die ofen und das für (Feuer) ernstlich besehen», das heisst als Feuerschauer die Häuser inspizieren.

Wasserreservoire in Feuernot waren im Flecken die Brunnen und der Bach, der offen durch den Ort floss und da und dort mit Schwellen gestaut werden konnte. 1827 bestimmte der Gemeinderat, dass zehn Schritt oberhalb des Sommerhauses eine weitere Schwelle eingebaut werde. Der Bach ist 1820 und in den folgenden Jahren bogenförmig – das heisst wohl mit halbrundem Querschnitt – ausgepflästert worden; die Kosten dafür trugen die Anstösser. Alljährlich am Hirsmontag wurden zwei Mann «zur Tüchelgrueb» bestimmt. Sie hatten die Aufgabe, bei Feuerausbruch die Schleusen des Feuerwehr-Weihers zu öffnen. Am selben Tag wurden auch die Feuerrotten bestellt, die Feuerordnung verlesen, der Feuerrodel erneuert und die Pferdebesitzer bestimmt, die mit ihren Gespannen die Feuerspritzen zur Brandstelle zu fahren hatten. 1765 wurde festgelegt, dass die Nachbardörfer bei Feuerausbruch nicht mehr mit Böllern alarmiert werden sollen, sondern durch Tambouren, die man nach Klingnau und Tegerfelden schickte, «lermen zu machen».

Stamm hebt als vorbildlich die Feuerordnung in der Stadt Baden hervor.[139]

Auch wenn wir für Zurzach keine vergleichbare Quelle besitzen, werden wir annehmen dürfen, dass die Aufgaben im Flecken ähnlich aufgeteilt und die Vorschriften und Massnahmen – angepasst – ungefähr gleich lautend waren.

Die besonderen Verhältnisse des Messeplatzes Zurzach beleuchtet ein kurzer Passus in dem von zwei Chorherren geschriebenen Register über Angelegenheiten des Stiftes: «Anno 1789 hat Emanuel Iselin v. Basel erwägend die grosse Noth, und Gefahr, wenn in eint- oder anderer Zurzacher Mess Feür ausbrechen sollte, anderseits aber einsehend, dass die 3 bey der Gmeind vorfindliche alte Feürspritzen nicht hinreichend, auch die Gmeind nicht wohl zu mehrerer Anschaffung anzuhalten wären; ein Kaufmannschaft durch derley vorstellungen dahin gebracht, dass wohlselbe eine solche Summ am Gelts gestüret, woraus er Emanuel Iselin 2 neüe Feursprizen, 8 Kärren samt so vill Wasserfässer, sechs Feüerleiteren, und 16 Haken in Basel verfertigen, und unter Aufschrift: Stiftung von E. E. Kaufmanschaft nacher Zurzach: anhero über-

---

sich fast wörtlich in den Berichten des Grafen von Zinzendorf über seine Schweizerreise 1764 wieder. Eine Zusammenstellung der von Zinzendorf benützten Werke bei DEUTSCH, Bericht 1764, S. 161 f. Andere werden im Text von Zinzendorf genannt.

[134] Eingabe um die Erlaubnis, schon drei Tage vor Messebeginn Engros-Handel treiben zu können. BODMER, Zurzacher Messen, S. 80 f., 127–130.

[135] Inventar des Marckt-Rechts de anno 1768, StAAG 4024.

[136] HUBER, Urkunden, S. 333 f.

[137] HUBER, Urkunden, S. 369.

[138] SRQ II/5, Nr. 56, S. 102 ff.

[139] «Sobald der Wächter auf dem Kirchenturm einen ungewöhnlichen Rauch in der Statt bemerkt, ruft er von der Höhe herunder. Ob es Feür, wird er dessen berichtet, so blast er das Feürhörnli und schlagt mit der Feürglocke Sturm.
Ansonsten lauft der Erste, der die Feürsgefahr entdeckt, in die Kirch des Heiligen Geists und macht mit dasiger Glock Lärmen. Darzu ist die dortige Kirchenmutter bestellt!
Auf gegebenes Zeichen steht Herr Propst mit einem Chorherr am Eingang in Kirchhof.
Herr Pfarrer mit einem Pfarrhelfer eilt zum Feür, wegen verwundten Sterbenden.
Herr Kustos mit dem Siegrist steht an der Kirchentür, Feür und Dieben abzuhalten.
Der regierende Herr Schulthess mit einem Ratsherren geht zum Feür. Herr Altschultheiss mit einem Ratsherrn steht auf dem Platz, alle Unordnung zu verhüten, Bericht einzunehmen, Befehl einzuholen, und damit in seines Gegenswart sicher lige auf offnem Markt, was der Feürsnoth entrissen worden.
Herr Spitalherr mit dem Spitalläufer steht beim Spital zur Sicherheit, alle Unfugen abzuhalten, denen Spitalknechten zu befehlen, wohin sie mit den Pferden die Feürspritzen führen sollen, die Beschädigte zu verpflegen, Brot und Wein auszuteilen denen, die bei dem Feür gearbeitet haben.
Herr Bauherr samt Baumeister laufen ins Zeüghaus die Feürspritzen, Leitern, Feürhäken, und alles benötigte zum Feür zu schiken.
Ein kleiner und ein grosser Ratsherr mit 24 Mann zur ersten Feürspritzen.
Auch soviele zur zwoten Feürspritzen, zum pumpen und Schlauch leiten.
Ein kleiner und ein grosser Ratsherr mit 12 Mann zur kleinen Feürspritzen.
Alle sechs Herrenknecht müssen die Feürspritzen mit Wasser füllen, worzu auch alle Dienstmägde beordert sind mit Gölten zu erscheinen.
Alle Läufer kommen mit Bücki (Taussen), Wasser zum Feür zu tragen.
Der Baumeister lauft zu den Weyern, die Schleusen zu eröffnen, um Wasser im Überfluss in die Stadt hinein zu leiten.
In allen drei Waschhütten muss Wasser gewärmt werden, [um] die Spritzen, Kübel brauchbar zu machen, wann sie vor Kälte unbrauchbar geworden wären.
Bei den Feürleitern arbeiten 24 Mann, alle Maurer, Zimmerleut auf dem Dach. Die dreissig bestellte Feürläufer sind die nächste beym Feür.
Das übrige Volk macht zwei Reihen mit Feürküblen zum Bronn, Bach, Fluss. Bei jedem Stadttor stehen ein Ratsherr und ein Burger, allen Fremden den Eingang zu verbieten, es erfordere dann die Äusserste Not ihr Hilf. Alle Verdächtige aber, und die man nicht kennt, werden nicht in die Stadt hineingelassen, sondern zurückgeschikt.» STAMM, Kommentar, S. 14 f.

lieferet hat den 18. May 1790 mit deme [Beding] jedoch, as deren Unterhaltung, Versorgung E. E. Gmeind künftig zustehen solle.»[140]

Folgendes war der Sachverhalt: In einer vierseitigen gedruckten Bittschrift macht der Basler Handelsherr Emanuel Iselin 1789 auf die Brandgefahr während der Zurzacher Messen aufmerksam. Er habe zu seiner grossen Verwunderung vernommen, «daß sich allda nicht mehr als zwey grosse, und eine kleine Feuerspritzen, und zwar alle drei nur mit Röhren, und ohne Schläuch befinden». Iselin führte bei den zur Pfingstmesse anwesenden Kaufleuten eine Umfrage durch, ob sie gewillt wären, vier weitere Feuerspritzen zu stiften, nämlich zwei grosse und zwei von mittlerer Grösse, sämtliche mit Schläuchen versehen, wie auch die «darzu erforderlichen Kärren, Wasser-Faß, Eimer, Hacken und Leitern». Nachdem er von allen «Kost- und Wirtshäusern» positiven Bescheid erhalten hatte, vereinbarte er mit Statthalter Schaufelbühl folgende Punkte:
1. Den vier Spritzen und Gerätschaften müssen während der Messezeit «anständig zertheilte Plätze» zugeteilt werden, die Spritzen in geschlossene Unterstände, die Karren mit aufgefüllten Wasserfässern auf die Strasse, «wo es am füglichsten» ist, gestellt werden.
2. Nach jeder Messe werden Feuerspritzen und Gerätschaften in der Gegend des Kaufhauses verwahrt und versorgt. Das ganze Jahr hindurch, ausgenommen während der «herben Winterszeit» wird das Wasser von Zeit zu Zeit ausgewechselt. Vierzehn Tage vor Messebeginn sind die Feuerspritzen zu examinieren und allfällige Schäden zu beheben.
3. Die Gemeinde verspricht, die erforderliche Mannschaft zu stellen, in zwei Rotten aufgeteilt, das heisst zu einer grossen Spritze 24 und zu einer mittleren 16 Mann. Sollte Zurzach nicht die nötige Mannschaft aufbringen, so werde von den drei Hohen Ständen Zürich, Bern und Glarus sicherlich zu bewirken sein, die nötigen Männer aus den benachbarten Orten ziehen zu können.
4. Der Magistrat der Gemeinde verspricht, die notwendigen Reparaturen – falls sie 40 Gulden nicht übersteigen – auf eigene Kosten auszuführen.

Nachdem Statthalter Schaufelbühl dem Emanuel Iselin versprochen hatte, ihm «mit aller nur immer möglichen Hülfsleistung an die Hand zu gehen», liess der Basler ein Verzeichnis sämtlicher Magazine und «Boutiquen» samt ihren Besitzern erstellen.[141] Das für die Anschaffung der Geräte erforderliche Kapital belief sich auf 1200 Neue französische Taler. Die 163 Magazine und 148 Boutiquen wurden mit einer Grundtaxe von je zwei bzw. einem Taler belastet. Für den Restbetrag wurden die einzelnen Kaufleute zu freiwilligen Spenden aufgefordert. Zu den 1200 Talern sollten noch 400 weitere in einem Unterhaltsfonds angelegt werden, aus dem teurere Reparaturen bestritten werden könnten. Falls die notwendigen Unterschriften und Spendenzusagen zustande kämen, sollten an der kommenden Verenamesse einige Einzüger eingesetzt werden, um «in samtlichen Gast- und Wirtshäuseren, Mittags und Nachts, herumzugehen und die Steuren von denen Einkäufferen und Handelsleuten, welche keine Magazine oder Boutiquen haben, einzuziehen».
Was die Herstellung der Gerätschaften anbetrifft, sagt Iselin, habe er vernommen, dass in Zürich zwei Meister seien, die sich in der Kunst, Feuerspritzen zu machen, vorzüglich auszeichneten. Die Schrauben an den Spritzen sollen so eingerichtet werden, dass «alle 4 Schläuche jeder Spritze dienen können».[142]

Wie die Registernotiz der Chorherren besagt, wurde der Plan mit Basler Handwerkern verwirklicht unter der Bedingung, dass die Geräte als Stiftung bezeichnet und künftighin von der Gemeinde unterhalten würden.
Befriedigt meldet Bezirksamtmann Attenhofer eine Generation später (1811): «Im Bezirk Zurzach wird alles getan, um Schadenfeuer zu verhüten. Wo die Vorschriften nicht gehalten werden, wird unnachsichtlich bestraft. In allen Gemeinden sind je nach Grösse die nötigen Feuerläufer bestellt und finden sich hinlänglich Feuerkübel, Rondeln, Haken und Leiter vor. In den meisten Häusern sind Laternen, Gelten und Bottiche vorhanden. Überall sind Nachtwachen, die von den Landjägern kontrolliert werden. Das Waschen in den Häusern ist verboten. Es sind viel Waschhäuser auf sichern öffentlichen Plätzen erstellt worden. Auf Probe der Feuerspritzen, Hausvisitationen, Verrichtungen der Schornsteinfeger, Erneuerung der Feuerrödel, sichern Bau neuer Häuser, wird strenge geachtet. Feuerspritzen sind im Bezirk 15, wovon 6 in Zurzach. Viele Gemeinden können sich keine Spritzen kaufen, da sie während der Revolution verarmt sind.»[143]

[140] StAAG 3973, Register zu Angelegenheiten des Stifts, unter F.
[141] Verschollen.
[142] StAAG 4024.
[143] FISCHER, Feueranstalten.

Abbildungsnachweise:
2) Staatsarchiv Zürich.
8) Staatsarchiv Aarau.
9) Pierre Bel, Carte topographique de la Grande Route de Berne à Zurich & Zurzach [...], Berne 1787, Faksimile-Ausgabe, Baden 1972.
– Alle übrigen Büro Sennhauser, A. und N. Hidber.

Zwischen der Alten Eidgenossenschaft und dem neuen Bundesstaat. 1798–1848

ALBERT SENNHAUSER

Wo liegen die Anfänge der modernen Schweiz? «Ein Verfassungsstaat wurde die Schweiz erstmals 1798; von 1848 aber datiert die Bundesverfassung, die im Prinzip noch heute gültig ist.»[1] Markus Kutter spricht von fünfzig «leeren Jahren», «weil sie in den Schulstuben schlecht wegkommen».

Die erste Hälfte des 19. Jahrhunderts war für Europa die folgenreichste Umbruchzeit seit der Renaissance. Vorbereitet durch die Aufklärung im 18. Jahrhundert, wurde der Wunsch nach Freiheit und Gleichheit der Bürger immer drängender. Für weite Teile Europas schien die Französische Revolution 1789 ein Aufbruch zu sein. So waren die «aufgeklärten» Basler durchaus bereit, eine demokratischere Verfassung einzuführen, die Innerschweizer hingegen keineswegs. Der Einmarsch der französischen Truppen 1798 brach den Widerstand der konservativen Kräfte resolut und schnell, und die französische Herrschaft über die ganze Eidgenossenschaft setzte sich durch, nicht zuletzt auch wegen der anfänglichen Unterstützung durch die Bevölkerung der schweizerischen Untertanengebiete, zu denen auch Zurzach in der Grafschaft Baden gehörte. Ein «besonders eifriger Vertreter des fortschrittlichen Geistes»[2] war der Zurzacher Abraham Welti, Sohn des Dr. med. Johann Jakob Welti (1731–1808) «zum Rebstock». Mit 24 Jahren wurde er denn auch 1798 in die provisorische Regierung des Kantons Baden gewählt. Er war danach Unterstatthalter des Distrikts Zurzach, Mitglied der Consulta, der Napoleon in Paris die Mediationsakte (1803) diktierte und 1803–1808 im neu gegründeten Kanton Aargau der erste Bezirksamtmann des Bezirks Zurzach. Der Kanton Aargau ist das Ergebnis einer wirren Zeit und einer willkürlichen Politik von wechselnden Mächten. So stellt er heute einen eidgenössischen «Durchschnitt» dar, in dem ausser der Mehrsprachigkeit fast alle Elemente der modernen Schweiz erscheinen: Das katholische habsburgische Fricktal, das reformierte bernische Untertanenland, das katholische gemeineidgenössische Freiamt und die religiös paritätische, drei reformierten Orten untertänige Grafschaft Baden bilden eine Mischung von kulturellen und politischen Eigenarten aller anderen Kantone der deutschsprachigen Schweiz. Zurzach stellte

---

[1] KUTTER, Anfang, S. 13.
[2] WALTER FISCHER in BLAG. Abraham Welti war der Grossvater des Bundesrates Emil Welti.

1 Blick aus dem Stubenfenster im «Kindli» den Oberflecken hinunter. Den Abschluss bildet der hohe Giebel des Urs- und Viktor-Chorhofes. Über der gemütlichen Gassenszenerie wird das Bild beherrscht von markanten, heute z. T. verschwundenen Quergiebeln: rechts der «Elephanten», schräg gegenüber der «Obere Hahnen», dann «Weisses Haus», «Pfauen» und «Mohrenkopf». Aquarellierte Federzeichnung des Zurzacher Malers Heinrich Hauser, 1800. Museum Höfli.

noch in der ersten Hälfte des 20. Jahrhunderts eine treue Verkleinerung des Kantons dar: Reformierte und Katholiken, Liberale und Konservative hielten sich etwa die Waage.

Heinrich Zschokke schrieb zu 1799: «So herrschte in Helvetien kein Gemeingeist, kein allgemeines Sehnen zur Rückkehr nach dem untergegangenen Staatsverhältniss, aber auch keine Liebe für die neue Verfassung. Was die Völkerschaften seit einem Jahre verloren, und was sie empfangen hatten, war nicht ihres Willens gewesen. Nur in dem Einzigen stimmten alle überein, dass die Beherbergung eines fränkischen Heeres unerträglich sei, und dass die Zentralregierung, unvertraut mit dem Geist der Nation, allzu schonungslos deren Vorurtheile und Meinungen verwende.»[3] So dachten offenbar auch die Zurzacher in den folgenden Jahrzehnten.

Französische Fremdherrschaft, die Region als Durchmarschgebiet

1798 musste sich die Eidgenossenschaft nicht zuletzt wegen der Uneinigkeit der politischen Kräfte in den einzelnen Orten der Herrschaft Napoleons und seiner Heere fügen.[4]

Die Französische Revolution im Jahre 1789 hat die konservativen Schichten des Landes je länger, desto stärker verunsichert. Nach 1791 flohen aus Frankreich viele Priester, die dem revolutionären Staat den geforderten Treueid nicht leisten wollten. Mehrere fanden auch in Zurzach Zuflucht, ebenso wie einige geflohene Adlige. Diese Flüchtlinge haben die Sympathien der Zurzacher für die Revolution aus mehreren Gründen nicht gefördert. Die französenfeindliche Haltung der Bevölkerung hat dann später wohl auch das Verhalten der französischen Soldaten wieder beeinflusst.

Seit spätestens 1796 lernten die Zurzacher die Folgen des Krieges zwischen Frankreich und dem Deutschen Reich kennen: Eidgenössische Wachen wurden aufgestellt von Kaiserstuhl bis Leibstadt, die jedoch den Übertritt von französischen Verwundeten über den Rhein nicht verhindern konnten. 250 Mann Bernertruppen waren in Zurzach einquartiert; viele Stiftsgebäude wurden als Unterkunft benutzt. Ein zusätzliches Korps von 300 Infanteristen kam einen Monat später dazu. Damit entsprach die Zahl der Einquartierten beinahe der Einwohnerzahl.[5]

Unmittelbar nach dem Einfall der französischen Heere in die Eidgenossenschaft Anfang März 1798 verfügte der Landvogt in Baden die Aufstellung einer Milizarmee von 800 Mann in der Grafschaft. Die Kosten sollten von den

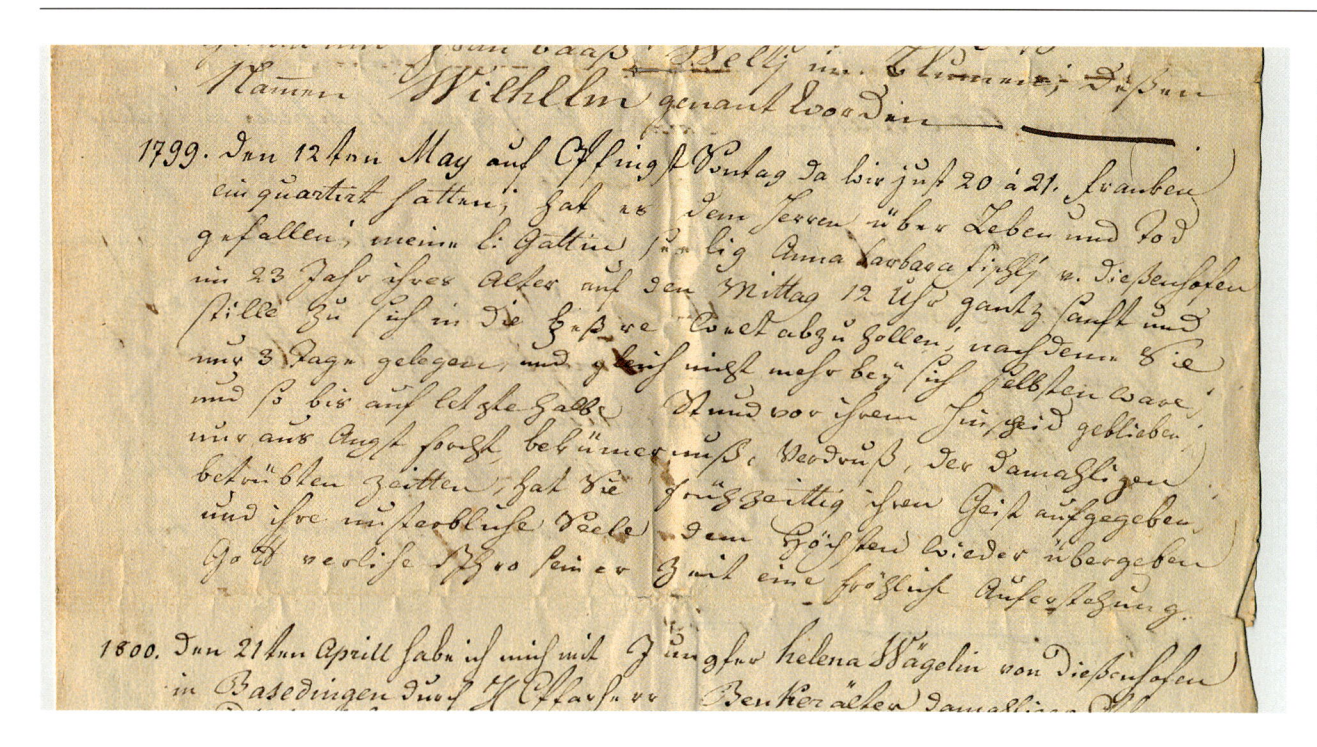

2 Wie sich die Besatzungszeit der Franzosen auf die Bevölkerung auswirken konnte, zeigt dieser Eintrag in einer Welti-Familienchronik 1799: «Den 12ten May auf Pfingst Sontag da wir just 20 à 21 Franken [französische Soldaten] einquartirt hatten, hat es dem Herren über Leben und Tod gefallen, meine liebe Gattin [...] im 23. Jahr ihres Alter [...] zu sich in die bessere Welt abzuhollen [...] nur aus Angst, Forcht, Bekümmernuss, Verdruss der damaligen betrübten Zeitten, hat sie frühzeitig ihren Geist aufgegeben [...]». Museum Höfli.

privaten Zins- und Zehntherren (u. a. Stift Zurzach) getragen werden. Einige Tage später beschloss die vom Landvogt einberufene Konferenz in Baden: «Nachdem die Franzosen schon am 5. März siegreich in Bern eingezogen sind, und wenige Tage vorher Freiburg und Solothurn besetzt haben, so wird die Mannschaft der Grafschaft Baden, weil unvermögend, dem kriegsgeübten Gegner erfolgreichen Widerstand zu leisten, entlassen; militärische Übungen sind dem Ermessen der Gemeinden anheimgestellt [...]»[6] Ein beredtes Zeugnis für die Wehrfähigkeit und Verteidigungsbereitschaft in diesem Untertanengebiet!

Auch in Zurzach wurde, wie in vielen anderen Untertanengebieten, im Frühling 1798 ein «Freiheitsfest» gefeiert und ein «Freiheitsbaum» aufgestellt. Die vermeintliche Freiheit wich allerdings sehr schnell einer schonungslosen Herrschaft der französischen Heere, die beherbergt und versorgt werden mussten. Wie gross die Belastung war, lässt sich etwa ermessen, wenn man hört, dass im Distrikt Zurzach zeitweilig bis zu 50'000 Mann[7] einquartiert waren. Die Bevölkerung wurde ab dem Sommer 1798 immer erregter wegen der Erpressungen durch vorbeiziehende französische Truppen. Jugendliche im Distrikt bereiteten heimlich den Widerstand vor, mussten aber vor der drohenden Verhaftung durch Statthalter Weber nach Waldshut fliehen. Ihr Verhalten wurde wesentlich von der Angst bestimmt, im Rahmen der helvetischen Truppen unter französischer Führung Kriegsdienst leisten zu müssen.

Am 21. Oktober wurden in Zurzach Truppen einquartiert, die erst am 1. März 1799 wieder abzogen; Quartier und Verpflegung mussten von der Einwohnerschaft gestellt werden. Der damalige Stiftsdekan Abaha zählt in seinem Tagebuch die Offiziere mit ihren Dienern auf, die er in diesem halben Jahr beherbergen und verköstigen musste: mindestens ein Dutzend, wohl nicht alle über den ganzen Zeitraum. Bald folgten weitere Einquartierungen, begleitet von zusätzlichen Belastungen: Am 25. April mussten 100 Einwohner auf dem Kirchlibuck unter französischer Kontrolle Schanzen errichten; am 22. Mai zogen sich die Franzosen vor dem Angriff der Kaiserlichen nach Süden zurück. Ein deutscher Offizier kam über den Rhein und befahl den Zurzachern, die Schanzen wieder abzutragen. Am 23. Mai setzten etwa 300 Österreicher bei der «Burg» über den Rhein und zogen den Franzosen in Richtung Baden nach. Bei Würenlingen trafen sie auf eine feindliche Übermacht und wurden zurückgedrängt. Der Kampf zog sich durch den ganzen Flecken Zurzach bis an den Rhein. Die Franzosen steckten etwa 70 Gefangene in den Propsteihof und erteilten den Zurzachern den Befehl, die abgetragenen Schanzen noch am selben Abend wieder zu errichten. Am 7. Juni setzten kaiserliche Truppen über den

---

[3] Zitiert nach KUTTER, Anfang, S. 87.
[4] Die wesentliche Quelle für diesen Teil ist HUBER, Geschichte, S. 169–212; vgl. dazu auch ATTENHOFER, Alt-Zurzach, S. 90–103.
[5] ATTENHOFER, Alt-Zurzach, S. 188: etwa 800 Einwohner um 1803.
[6] HUBER, Geschichte, S. 182.
[7] ATTENHOFER, Alt-Zurzach, S. 98.

Rhein, auch bei Zurzach, vertrieben die Franzosen und rückten ihnen nach. Die Zurzacher konnten nun die Schanzen wieder abtragen.

Im Mai 1799 begannen die österreichischen Truppen unter Erzherzog Karl die Franzosen von der Rheinlinie zu verdrängen. Anfang Juni flohen die letzten Franzosen aus dem Raum Zurzach; unmittelbar danach folgten die Österreicher.[8] 1000 von ihnen wurden in Zurzach einquartiert, weitere Kontingente in den umliegenden Dörfern. Die vorausgehenden Kämpfe hatten die Angst und die Not der Bevölkerung im Rheintal gesteigert. Erzherzog Karl hatte schon am 30. März der Eidgenossenschaft in einer Proklamation versichert, er wolle ihre Unabhängigkeit, Sicherheit und ihre alten Rechte wiederherstellen. Tatsächlich erlebte das Rheintal nun wenige etwas ruhigere Monate. Am 25. September indessen zogen sich die Armeen der Verbündeten nach Osten zurück, den Aargau und später die Schweiz wieder den Franzosen überlassend. Die Erfahrungen mit diesen verursachte offenbar vor allem im Stift eine gewisse Panik: Der Propst, der Cantor und ein Chorherr flohen aus Zurzach, ohne die übrigen fünf Chorherren zu informieren. «Massenhaft rücken am 28. Septb. die Franzosen wieder in Zurzach ein und belästigen mit fast unerträglicher Einquartierung die Gemeinde. Dazu kommt die grenzenlose Brutalität, mit der sie ihre Meisterschaft zur Schau trugen. [...] Am 9. Octob. langten drei weitere Bataillons von Kaiserstuhl her, mit 15 Kanonen, in Zurzach an. 6000 Soldaten, 1 General und 200 Offiziere lagen in und um Zurzach; zur Nachtzeit machten sie ihre Streifzüge auf Felder und Gärten, und stahlen, was zu stehlen war; selbst die Schweine und das Mastvieh in den Ställen waren nicht sicher.»[9] Das im Hungerjahr 1799/1800.[10]

Am 29. April 1800 schliesslich sind die Franzosen endgültig aus Zurzach abgezogen, und die Bevölkerung konnte nun versuchen, die Schäden der zweijährigen Besetzungszeit und der Kämpfe zu beheben. Die politischen Streitereien um die Frage der Verfassung haben die Zurzacher offenbar wenig beschäftigt, ebenso wenig auch die Tatsache der Zusammenlegung der bisherigen Kantone Baden und Aargau zum künftigen einen Kanton Aargau.

Nur einige Jahre[11] nach dem Einmarsch der Franzosen wurde die Region erneut zum Durchmarschgebiet fremder Truppen. Nach der Völkerschlacht bei Leipzig kamen alliierte Truppen in die Schweiz; über 70'000 Mann, v. a. Österreicher, durchzogen den Aargau. Kurz vor Weihnachten 1813 tauchten von Kaiserstuhl und vom Zürcher Unterland her die Massen der österreichischen Nachhut auf. Gerüchte machten die Runde, die Mastochsen der Truppe hätten eine ansteckende Seuche, in der Armee wüte eine Typhusepidemie. Der Kanton bot das grenznahe Klingnau als Lazarett an, um die Belegung von Königsfelden zu verhindern. Ab Mitte Januar trafen die ersten Transporte mit typhuskranken Soldaten ein. Auch die Kommende Leuggern und Schloss Bernau bei Leibstadt wurden als Lazarette beansprucht. Täglich starben 60 bis 90 Soldaten. Die Seuche griff auch auf die Zivilbevölkerung über. Erst im Laufe des Sommers konnte das Lazarett aufgehoben werden.[12]

Vor allem die Bezirke Zurzach, Laufenburg und Rheinfelden hatten die Last der österreichischen Einquartierungen zu tragen. Nach Schätzungen wurde im Bezirk Rheinfelden etwa ein Achtel der Bevölkerung von der Krankheit befallen.[13] Die gleichen Gebiete wurden in den Jahren 1814 und 1815 wiederholt von schweren Unwettern heimgesucht. 1816 folgte bereits das nächste Notjahr, das die arg mitgenommenen Bezirke Laufenburg und Zurzach besonders schwer traf.[14]

Der schwierige Neuanfang[15]

Abraham Welti beschrieb in seinen Berichten an die Regierung die Stimmung der Bevölkerung: «Die Bedrängnisse und Leiden der Bewohner des Distriktes Zurzach haben so tiefen Eindruck auf sie gemacht, dass die glückliche Veränderung in unserer Verfassung mit merksamer Gleichgültigkeit aufgenommen wird.»[16]

In den schwierigen Jahren um 1800 musste die neue Regierung eine funktionierende Verwaltung aufbauen. 1798 waren die Untertanenverhältnisse und die Zehntpflicht abgeschafft worden. Nun mussten in zeitraubender und aufwendiger Detailarbeit die Feudallasten abgelöst werden.[17]

Die Gemeinde Zurzach war gezwungen, Anleihen aufzunehmen, um sich über Wasser zu halten. Sie setzte sich zur Wehr gegen Ansprüche der neuen Regierung. Als diese 1802 die Gemeindeverwaltung zum zweiten Mal aufforderte, die Erträge von Brückenzoll und Weggeld des Jahres 1801 abzuliefern, antwortete die Gemeinde, das Schreiben der Regierung gleich als Briefpapier benutzend: «Im hiesigen Gemeind-Bezirke giebt es keine Brücken.» Und zum Weggeld hielt sie fest, dieses sei für Fr. 512.– verpachtet, die alte Regierung habe dieses Geld der Gemeinde «ohn Zeitbestimmung überlassen». Und zudem koste der Strassenunterhalt wesentlich mehr, als die Pacht einbringe.[18]

Viele nutzten die Unrast der Zeit, um sich ihren Verpflichtungen zu entziehen. Moralischen Pflichten entzogen sich Leute wie der Zurzacher Schreinergeselle Carl Cappeler, der in Basel eine Dienstmagd schwängerte und sich dann aus dem Staub machte. Nun sollten ihn die Zurzacher Behörden suchen. Andere versuchten, alte Pflichten, die vor 1798 bestanden hatten, zu umgehen. So lieferten die drei Nachbargemeinden Rietheim, Rekingen und Mellikon dem Spitalamt in Zurzach den Wagen voll Holz, den sie als Zins schuldeten, nicht mehr. Und die Zurzacher mussten vom Bezirksverwalter mehrmals aufgefordert werden, endlich die «Wasserroute dem Rhein nach saübern zu lassen», weil sonst der Schifffahrt Gefahr drohe.

Neue Aufgaben kamen hinzu; so forderte der Bezirksamtmann die Gemeinde im gleichen Schreiben auf, einen Totenbeschauer und einen Viehinspektor zu ernennen. Zudem sollte eine ganze Reihe neuer Verordnungen, z. B. über das Schulwesen, vollzogen werden.

Die Rechtsunsicherheit war gross, Streitigkeiten waren entsprechend häufig. Jeder versuchte, alte Regeln und Abkommen zu seinen Gunsten abzuändern. Der Zurzacher Pächter des Weggeldes verlangte entgegen früheren Abkommen auch von den Einwohnern von Tegerfelden Weggeld, worauf der Tegerfelder Pächter «die alte Überkomnis» ebenfalls brach und die Zurzacher zur Kasse bat. Bezirksamtmann Welti mahnte den Gemeinderat des Fleckens Zurzach, es gebe Beschwerden, dass in Zurzach die öffentlichen Gewerbe wie Metzger und Bäcker die Vorschriften über die Güte und Taxation der Lebensmittel nicht beachten würden. Der Gemeinderat solle die nötigen Verfügungen treffen, damit die ärmere Bürgerklasse, die durch willkürliche Handlungen der gleichen Gewerbeleute immer am meisten Schaden leide, nicht zu grösserem Schaden komme.[19]

Die durch die helvetische Verfassung gewährleistete neue Gewerbe- und Handelsfreiheit wurde bald wieder eingeschränkt durch Patente und Ohmgelder.[20]

Mit der neuen Ordnung waren auch die Zünfte aufgehoben worden. Die ehemaligen Meister waren erbost über das Stümper- und Pfuschertum, das überhand nehme. Die aargauische Regierung brachte schon 1806 eine neue Handwerksordnung heraus. Für den Bezirk Zurzach waren zwei Handwerksdistrikte vorgesehen, wovon der eine die Kreise Zurzach und Kaiserstuhl umfasste. Der Flecken diente als Versammlungsort der neu zu bildenden Zünfte, deren Bestimmungen ähnlich lauteten wie vor 1798. Alle Handwerksleute wurden verzeichnet. Erst 1831 kehrte mit der neuen Verfassung die Handels- und Gewerbefreiheit wieder zurück. 1860 wurden die noch bestehenden Zünfte durch den Regierungsrat aufgehoben. Viele gut ausgebildete deutsche Handwerker machten den Schweizern zunehmend Konkurrenz.[21] Die Wanderjahre wurden von vielen nicht mehr eingehalten; einzelne Handwerker kamen aber noch immer weit herum, z. B. der Zurzacher Metzgergeselle Julius Welti, der zwischen 1853 und 1860 gemäss Einträgen in seinem Wanderbuch in Lausanne, Fribourg, Bern, Basel, St. Gallen, Zürich, Neuenburg, Bözingen, Brüssel, Speyer, Saarbrücken, Karlsruhe, Bruchsal, Pont de Kehl, Colmar und St-Louis arbeitete.[22]

Ein Einbruch in der Stiftskirche und ein Mord in der Barzmühle verunsicherten die Zurzacher ebenso wie die zunehmende Zahl von Bettlern; regelrechte Betteljagden sollten die Ordnung wiederherstellen.[23] Unterstatthalter Welti organisierte 1800 eine Polizeitruppe für die Gemeinden. 1802 rügte er Zurzach wegen «nachlässiger Polizey-Wacht», weshalb sich «in hiesiger Gemeinde und besonders in hiesigem Spital viel schlechtes Gesindel aufhalte und ungestört im Flecken herum bettle». Er liess eine Gruppe aus dem Spital wegführen. Eine neue Polizei-Verordnung wurde erlassen. «Vagabunden und fremdes Gesindel», aber auch einheimische Nachtschwärmer waren dem Statthalter zu übergeben.[24]

---

[8] A. KOTTMANN, Russen, Oesterreicher und Franzosen im Zurzibiet, in: Die Botschaft 109, 17. Sept. 1979, 110, 19. Sept. 1979.
[9] HUBER, Geschichte, S. 196 f.
[10] Sehr anschaulich schildert die Not, die vor allem von den Franzosen und den Russen verursacht wurde, der Brief von Unterstatthalter (heute Bezirksamtmann) Welti an die gesetzgebenden Räte vom 7. Januar 1800, in: JsHVZ 1967, S. 1–5.
[11] Absatz verfasst von Walter Leimgruber.
[12] KELLER, ABT, Zurzach, S. 28.
[13] PAUL KASSER, Der Durchmarsch der Alliierten durch die Schweiz im Winter 1813 auf 1814, in: Schweizer Kriegsgeschichte 9, Bern 1921, S. 45.
[14] WESSENDORF, Auswanderung, S. 22, 28. – Abschnitt über die Zeit 1813–1815 verfasst von Walter Leimgruber.
[15] Abschnitt verfasst von Walter Leimgruber.
[16] P. WELTI, Bundesrat Emil Welti, S. 16.
[17] Z. B. StAAG Nr. 4024, Grafschaft Baden, Gemeinde-Acten Zurzach, Loskauf des Grundzinses, 19. Aug. 1826.
[18] GAZ 955: Die Verwaltungskammer des Kantons an die Gemeindeverwaltung in Zurzach, Baden, 5. April 1802; Antwort: Zurzach, 8ten April 1802.
[19] Alle Unterlagen in GAZ 955.
[20] Abgaben von Wein und Bier.
[21] WELTI, Handwerk, S. 1 f.
[22] KARL FÜLLEMANN, Knecht, Lehrling, Geselle, Wanderschaft, Meister. Bilder um Beruf und Ausbildung von einst im Bezirk Zurzach, in: JsHVZ 15, 1983, S. 23–31, hier S. 31.
[23] ATTENHOFER, Alt-Zurzach, S. 100 f.; E. MÜLLER, Zurzachs Beziehungen zu Kadelburg, in: JsHVZ 10, 1970/71, S. 17.
[24] GAZ 955: Schreiben 23. Januar 1802, Polizey-Verordnung vom 25. Januar 1802.

3 Proklamation des französischen Gesandten in der Schweiz, J. Mengaud, an die Bürger von Zurzach, 1798. Museum Höfli.

Avertissement

Zur Beruhigung des, die Zurzacher-Messen besuchenden, commercirenden Publikums.

Mit nicht geringer Verwunderung ersehen wir aus einem Avertissement des Lobl. Magistrats der K. K. V. Oe. Stadt Konstanz vom 12ten dieses Monats den von demselben geäusserten frommen Wunsch: Bey gegenwärtig politischen Ereignissen in der Schweiz — unsere (niemahls in Konstanz einheimisch gewesene) Zurzacher-Messen, nach Konstanz verlegt zu sehen!

Es scheinet auch aus denen daselbst so zuversichtlich schon gemacht sollenden Einrichtungen und derer vom Lobl. Magistrat und spedirenden Publikum zu Konstanz so keck verheissenen Vortheilen und Freyheiten: Es werde wenig Rücksicht darauf genohmen; daß die politischen Ereignisse sich öfters plötzlich ändern, derer Wirkung noch viel weniger zu berechnen seyn würde, und daß Konstanz vielleicht alsdann am wenigsten sich mit unser Messe befassen könnte.

Wir sehen uns also genöthiget E. E. Kaufmannschaft zu benachrichtigen: Daß die vom Lobl. Magistrat zu Konstanz ein wenig zuvoreilige Anmassung und eigennütziges Besorgnis unsere Messen möchten hier nicht mehr können gehalten werden, gänzlich ungegründet seye, und versichern dieselbe: Daß unsere Messen dieses Jahr und künftig, wie bisdahin zur gewohnlichen Zeit gehalten werden sollen. Auch haben wir alle mögliche Maas-Regeln getroffen; daß, im Fall, zur Zeit nächster Pfingst-Messe noch französische Truppen in der Schweiz sich befinden sollten; dennoch die Personen, Waaren und Eigenthum der hiesige Messe besuchenden Handels-Leuten vollkommen gesichert und geschützt seyn werde.

Um E. E. Kaufmannschaft dessen b.stens zu versichern; fügen wir diesem Avertissement bey: Die zu der Bezweckung vom französischen Ambaßadeur Bürger Mengaud in Basel erhaltene und vom Ober-General der französis. Truppen in der Schweiz Bürger Schauenburg betätigte Deklaration.

Diese und die Ueberzeugung: Daß E. E. Kaufmannschaft die seit Jahrhunderten hier ungestört genossene Freyheiten und Vortheile (welche nun neuerlich versichert sind,) verbunden mit der bekannten guten Einrichtung, besten Laage und Bequemlichkeiten Zurzachs, nicht gegen ungewisse, noch zu bezweifelende Versprechen vertauschen werde; läßt uns hoffen: Es werde erörterte Kaufmannschaft uns das schon so viele Jahre geschenkte Zutrauen nicht entziehen; und wir empfehlen uns aufs neue zur Andauer desselben

Zurzach den 23. Merz 1798.
Provisorischer Rath allda.

Abschrift eines Briefs von dem Bürger Mengaud französischen Gesandten in der Schweiz. An die Bürger von Zurzach.

Basel den 28. Ventose im 6ten Jahr.

Mit vielem Vergnügen habe ich die Aeusserungen, welche ihr gegen die französische Republick heget, durch euere Deputirten vernohmen; aber eben so unangenehm war es mir zu sehen: Daß ihr über die Gegenwart der französischen Truppen in der Schweiz, in Rücksicht auf die bevorstehende Zurzacher-Messe mehrere Furcht bezeuget.

Die Sieg-r der Coalition, die Feinde des Despotismus welche nun aufgehört haben, und nie aufhören werden denselben zu bekämpfen. Die Sieger nemlich wovon nur kleine Abtheilung nicht mehr als eines militairischen Spazierganges bedarf; um die schändliche übermüthige helvetische Oligarchie mit ihren Fußsohlen zu zernichten, sind nicht von den herumziehenden Horden Arabien, welche sich vom Raube nähren welche ihren Schuz um den Werth des Eigenthums den Völkern verkaufen so desselben bedörfen.

Unsere Legionen welche immer bereit sind allenthalben die Verbrechen der Tyranney zu unterdrücken, sind aus keiner andern Absicht in die Schweiz eingerückt; als dem ganzen Volk zu zeigen, um da wo Schultheisse, Landvögte und Männer welche sich auf eine schändliche Art der Oberherrschung über ihre Mitbürger erblich angemasset; daß es auch da Männer gebe welche immer bereit ihre Rechte wieder an sich zu ziehen; welche aber nur allzulang, durch die Gewalt des stärkeren unterdrückt, und so ihre Thatkraft gelähmt, und ihre Schwäche mißbraucht.

Da nun sey die Abkömlinge des Wilhelm Tells in die Laufbahne dieses grossen Mannes wieder eingetretten sind, da wirklich die ganze Schweiz sich umschaft; so werden die französische Truppen, welche die Verläumdung überall verfolgt, diese Helden, für welche gefahrenfreudige Feste so lang es thun ist, ihr Blut für die Freyheit darzugeben, diese werden, nachdem sie euch geholfen haben, euch der erniedrigenden und drückenden Gewalt einiger Familien zu entziehen, welche euch entehrten, und sich von euerem Unterhalt sättigten, werden nicht länger bey euch bleiben; als den Augenblick zu erwarten, wo sie den Dank empfangen könnten; würdig der Mühe so sie sich gegeben: Die Fesseln der guten Schweizer zu zerbrechen.

Ruhig, der strengsten Mannszucht unterworfen, aber immer bereit: Den Vatterlands-Freunden zu Hülfe zu eilen; erwarten sie nur wieder in ihr Vatterland zurück zu kehren, oder zu neuen Siegen zu eilen. Die ersten Blätter der Versammlung der ein-und untheilbaren helvetischen Republik, das ist, nicht nur die Todes-Stunde der Oligarchie, sondern auch ihr Begräbniß bis dahin.

Bürger von Zurzach! Lebt im Frieden in euerem Ort, besorgt euere Geschäfte in ganzer Sicherheit, wandelt auf dem guten Weg, macht die Gesinnungen des Direktoriums der französischen Republik bekannt, welche ich die Ehre habe ihnen zu erklären.

Die Ereignisse in der Schweiz mögen übrigens seyn wie sie immer wollen; so wird die französische Armee den Bezirk des Marktfleckens Zurzach, weder vor noch während der Messe, auch sogar nachhin nicht (wenn die demokratische Verfassung sich so befesten wird; daß die alte Regierung, ohne alle Hofnung, wieder aufzuleben, vernichtet ist) betretten. Deßhalben können alle Kaufleute, welche diese Zurzacher-Messe beziehen, versichert seyn: Daß, weder ihre Personen, noch ihr Eigenthum von der französischen Republik nicht das mindeste zu besorgen haben, und alle Waaren welche wirklich für diese Messe bestimmt sind, eben so auch wie die Fuhrleute und Eigenthümer werden anmit vergewissert; daß weit entfernt, daß die franz. Armee in der Schweiz ein Hinderniß der Handlung in Weg legen, vielmehr selbige, im erforderlichen Fall ihren besondern Schuz derselben ertheilen werde.

Gruß und Bruderschaft.
Dem Original gleichlautend.
(L.S.)
J. Mengaud.

Da diese Erklärung den Gesinnungen der Regierung gemäß ist; so hat der Divisions-General Schauenburg, auf Begehren der Deputierten, selbige unterschrieben, und die Vollziehung derselben versichert.

Solothurn den 30ten Ventose im 6ten Jahr der französischen Republik.
Unterschrieben
Divisions-General Schauenburg.

Wirtschaft

Die Verkehrslage von Zurzach im Mittelalter und in der frühen Neuzeit war ideal, im Gegensatz zu heute: Am Rhein kurz oberhalb der Aaremündung gelegen, waren alle Wasserwege ins Schweizer Mittelland offen; die römische Landstrasse von Vindonissa/Windisch bei Brugg nach Süddeutschland überquerte bei Tenedo/Zurzach den Rhein. Der Übergang spielte, wie Brückenreste zeigen, im 13. Jahrhundert eine wichtige Rolle und machte so aus Zurzach einen eigentlichen Verkehrsknotenpunkt. Seit 1691 führte die Postlinie Schaffhausen–Bern über Zurzach. Als 1804 der Kanton Aargau die (vorher private) Post übernahm, liess er weiterhin den Briefpostkurs Schaffhausen–Brugg mit einspännigem Fuhrwerk über Zurzach laufen.[25]

Die wesentliche Verdienstquelle für die Zurzacher waren noch im ausgehenden 18. Jahrhundert die Messen. Pfingst- und Verenamesse brachten Leben und Geld in den Flecken; die Zeiten dazwischen waren geruhsam und wenig produktiv. So wird in einem Brief von 1793 berichtet: «Kaum aber ist die Messe vorbey, so sinkt der Marktflecken, gleich als ob er sich zu sehr angestrengt hätte, in seine vorige Ruhe zurück. Ohne sich ferner um Industrie und Ausbildung zu kümmern, zehrt jeder behaglich von dem erhaschten Gewinn, denn er weiss ja, dass die Erntezeit periodisch wiederkommt.»[26]

Waren, die auf der Messe feilgeboten wurden, waren zollfrei. «Diese Zollfreiheit, verbunden mit der Messfreiheit, die darin bestand, dass die Waren der eingetroffenen Kaufleute aus keinem irgendwie zulässigen Grunde mit Arrest in Beschlag genommen werden durften und dass die in Zurzach während der Messzeit verstorbenen fremden und einheimischen Händler von Fall und Abzug [d. h. von Steuern] befreit waren», war von grosser Bedeutung für die Messen.[27] Der Staat des 19. Jahrhunderts konnte sich solche Rücksichtnahme nicht mehr leisten.

Am 18. März 1798, kurz nach dem Einmarsch, sicherte der französische General Mengaud den Zurzachern noch zu, die französischen Truppen würden das Gebiet weder vor noch während der Messe betreten und auch nachher nicht, falls sich die demokratische Republik durchsetzen würde.[28] Den Juden von Endingen und Lengnau wurde am 1. Juni 1798 die Befreiung vom «Judengeleit» (Kopfsteuer) auf den Zurzacher Messen gewährt. Die Kämpfe der «fremden Heere» auf Schweizer Boden 1799 indessen haben Verkehr und Güteraustausch gelähmt, und die Folgen waren der Ausfall der Frühjahrsmesse 1799 sowie ein «lausiger» Besuch der Herbstmesse und der Märkte des Jahres 1800.[29] Ein mutiges Unternehmen hat hier vielleicht das Schlimmste abgewendet: Nachdem die französischen Besetzer durch die Armeen des Deutschen Reiches vom Rhein nach Süden abgedrängt worden waren, reiste eine Delegation von Stift und Flecken Zurzach am 23. Juni 1799 nach Kloten. Sie bestand aus den Chorherren von Hauser und von Beck, dem «Municipalpräsidenten» (heute Gemeindeammann) Josef Leonz Attenhofer und Friedrich Rudolf, und ihr Ziel war eine Audienz beim habsburgischen Erzherzog Karl, dem Kommandanten der Reichsarmee. Die Bittsteller wurden noch am gleichen Tag vom Erzherzog empfangen und gnädig angehört. «Es wird gerühmt, mit welcher Herablassung und Freundlichkeit er die Abgeordneten aufgenommen, angehört und ihren Wünschen und Bitten, so weit möglich, entsprochen habe. Das Stift wird in den Besitz und in die Selbstverwaltung seines Eigenthums eingesetzt [die Behörden der Helvetischen Republik hatten harte Beschränkungen angeordnet]; der Gemeinde wird die ungestörte Abhaltung der Jahrmesse zugesichert. Mit den in der fürstlichen Reichsoperationskanzlei unterm 24. Juni ausgefertigten Patenten ausgerüstet, kehrten unsere Deputirten am 25. Juni früh Morgens 1 Uhr nach Zurzach zurück.»[30] Die Patente haben folgenden Wortlaut: a) «Auf die Uns von dem Stiftskapitel St. Verena zu Zurzach gemachte Vorstellung, dass dessen Besitzungen durch mehrere Unglücksfälle beträchtlichen Schaden erlitten, haben Wir Uns bewogen gefunden, den erwähnten Besitzungen besondere Rücksicht angedeihen zu lassen; zu welchem Ende daher demselben gegenwärtige Sauvegarde ertheilt wird. In dessen Gemässheit werden alle Unserm Kommando unterstehende Generale, Kriegskommandanten und Offiziers, sowie sämmtliche Truppen, welchen Dieses vorgezeigt wird, ausdrücklich angewiesen, das Eigenthum des Stiftskapitels St. Verena nicht nur auf das Genaueste zu respektieren, sondern auch darüber zu wachen, dass dessen Eigenthums-Rechte von Niemanden gekränkt werden.» b) «Auf die von den Einwohnern von Zurzach gemachte Vorstellung und Ansuchen um Ertheilung des nöthigen Schutzes, damit bei der nunmehr wieder eröffneten Kommunikation mit den Reichs- und andern Landen die daselbst gewöhnlichen Messen, insonderheit die bevorstehende Herbstmesse, wie vorher, ungehindert gehalten werden könn-

---

[25] ATTENHOFER, Alt-Zurzach, S. 149.
[26] Zitat bei HERZOG, Zurzacher Messen, S. 48.
[27] HERZOG, Zurzacher Messen, S. 27.
[28] ASHR Bd. 1, S. 379.
[29] BODMER, Zurzacher Messen, S. 115 f.
[30] HUBER, Geschichte, S. 194.

4 Abschrift des Patents an die Einwohner von Zurzach, das die Delegation von Zurzach am 24. Juni 1799 von ihrer Audienz beim Erzherzog Karl von Österreich in seinem Hauptquartier in Kloten mit nach Hause brachte. Museum Höfli.

Avertissement
an E. E. Kaufmannschaft.

Nachdem wegen eingetrettenen Umständen wo die Kommunication mit beynahe allen unsern Messen beziehenden Kaufleuten unterbrochen war, unsere diesjährige Pfingstmesse unterblieben ist; so eilen wir mit diesem E. E. Kaufmannschaft die angenehme Nachricht mitzutheilen, das unsere diesjährige Herbstmesse so wohl als fürderhin die gewöhnlichen Messen wie bisher zur gewohnten Zeit abgehalten werden sollen. Um aber E. E. Kaufmannschaft rukfichtlich auf Sicherheit ihrer Personen und Waaren vollkommen zu beruhigen, fügen wir den wörtlichen Inhalt des gnädigsten Patents bey, welches wir über diesen Gegenstand von Sr. Königl. Hoheit dem Herrn Erzherzog Karl, mit der Erlaubniß zu erhalten das Glük hatten, dasselbe durch den Weg der Publizität zur Kentniß des gesammten Handelstandes bringen zu dörfen. Dieses höchstschäzbare Schuz- und Sicherheits-Patent verbürgt uns die erfreuliche Aussicht, E. E. Kaufmannschaft werde den Marktfleken Zurzach auf die bald bevorstehende Herbstmesse so wie künftighin mit dem seit Jahrhundert unverändert geschenkten Zutrauen zahlreich beehren, wohin wir uns bestens empfehlen.

Zurzach, den 26. Junius 1799.

Die Municipalität daselbst.

Abschrift des von Sr. Königl. Hoheit dem Herrn Erzherzog
Karl erhaltenen gnädigsten Patent.

Wir Karl Ludwig, Königl. Prinz von Hungarn und Böhmen und Erzherzog zu Oesterreich ꝛc. ꝛc., Ritter des goldenen Vliesses, Großkreuz des militärischen Maria-Theresien-Ordens, Kaiserl. Reichs-General-Feldmarschall, Kaiserl. Königl. General-Feldzeugmeister, Innhaber eines Infanterie-Regiments und einer Legion, kommandierender General en Chef der Kaiserl. Reichs- und Kaiserl. Königl. Armeen.

Auf die von den Einwohnern von Zurzach gemachten Vorstellung und Ansuchen um Ertheilung des nöthigen Schuzes, damit bey der nunmehr wieder eröfneten Kommunication mit den Reichs- und andern Landen, die daselbst gewöhnlichen Messen, insonderheit die bevorstehende Herbstmesse wie vorher ungehindert gehalten werden könnten; finden Wir Uns bewogen, den Einwohnern von Zurzach gegenwärtiges Patent zu ertheilen: dem zufolge nicht nur dieser Ort an sich alle mögliche Sicherheit geniessen, sondern auch ins besondere dem kommerzierenden Publikum vollkommener Schuz und Sicherheit der Personen und des Eigenthums, so wie die ungehinderte Zu- und Abfuhre der Waaren zugesichret wird, zu welchem Ende auch die Unserem Kommando unterstehenden Truppen zur genauesten Beobachtung dessen ausdrücklich angewiesen worden sind.

Gegeben in Unserm Haupt-Quartier zu Kloten bey Zürich den 24igsten Junius 1799.

(L. S.)   Erzherzog Karl.

ten: finden Wir Uns bewogen, den Einwohnern von Zurzach gegenwärtiges Patent zu ertheilen, demzufolge nicht nur dieser Ort an sich alle mögliche Sicherheit geniessen, sondern auch insbesondere dem kommerzirenden Publikum vollkommener Schutz und Sicherheit der Personen und des Eigenthums, sowie die ungehinderte Zu- und Abfuhr der Waaren zugesichert wird. Zu welchem Ende auch die Unserm Kommando unterstehenden Truppen zur genauesten Beobachtung dessen ausdrücklich angewiesen worden sind. Hauptquartier Kloten bei Zürich, 24. Juni 1799.»[31]

Jedoch die Machtverhältnisse änderten sich wieder. Schon im März 1800 sahen sich die Zurzacher Senator Peter Karl Attenhofer und Unterstatthalter Abraham Welti veranlasst, die helvetische Regierung um Hilfe zu bitten. Diese sollte sowohl die Franzosen wie die Österreicher veranlassen, den Besuch der Zurzacher Messe sicherzustellen.[32] Der französische Generalleutnant Lecourbe erliess am 31. März einen entsprechenden Befehl.[33]

Solche Unternehmungen zeigen, wie wichtig die Messen für die Zurzacher waren.
Für kurze Zeit überliess Napoleon die Helvetische Republik praktisch sich selber, um das entstehende politische Chaos für seine weiteren Pläne zu nutzen: Er zwang den Schweizern 1803 eine neue Verfassung auf, die Mediationsakte, die eine Eidgenossenschaft mit neunzehn Kantonen schuf und dem Kanton Aargau die heutigen Grenzen gab. Schon 1806 aber entstanden neue wirtschaftliche Schwierigkeiten: Die Wut über die Unbezwingbarkeit Englands veranlasste den französischen Kaiser, im besiegten Berlin die Kontinentalsperre zu verkünden. Sie sollte jeden Import englischer Waren auf dem europäischen Festland verhindern und so die englische Industrie zugrunde richten. Am meisten litt darunter die ostschweizerische Tuchindustrie; aber auch die Zurzacher Messen spürten die Folgen sehr stark. Schon Anfang September 1806 (also nach der Verenamesse) reklamierte der schweizerische Landammann bei der Aargauer Regierung, «dass auf der letzten Zurzacher Messe englische Waren gebracht worden seien». Er gab den Auftrag, «unverzüglich einen eigenen Commissair nach Zurzach abzuordnen, die Sache auf das genaueste untersuchen zu lassen, und Bericht zu geben».[34] Daraufhin fragte der Amtmann Abraham Welti von Zurzach beim Kleinen Rat an, wer die Grenzwachtkosten gegen die Einfuhr englischer Waren zu bezahlen habe.[35] Einer Bitte der Zurzacher «um einige Begünstigung für die künftige Pfingstmesse wegen der Einfuhr englischer Waren» kam die Regierung nicht nach.[36] Die Einfuhrsperre wies indessen von Anfang an Löcher auf, und die Aargauer Regierung traf jedes Jahr (bis 1814!) Vorsichtsmassregeln gegen den Schleichhandel. 1809/10 amtete Oberstleutnant Suter aus Zofingen als Regierungskommissär, wohl von Anfang an mit einem Detachement Soldaten.[37] Für die Herbstmesse 1810 indessen wurde der Zurzacher Amtmann Peter Karl Attenhofer als Kommissär bezeichnet: «Hiervon wird der Kriegsrath und der Amtmann zu Zurzach in Kenntniss gesetzt und ersterer angewiesen, die Absendung eines Detachements der hiesigen Standeskompagnie zu veranstalten.»[38] Der Grund dafür war wohl Sparsamkeit, denn Oberstleutnant Suter hatte für 20 Tage 294 Pf. erhalten, dem Amtmann aber wurden nur 80 Pf. zugestanden. Seine Hilfstruppe bestand aus 20 Mann, während der Pfingstmesse 1812 ausnahmsweise aus 25 Mann.[39] Noch 1814, als Napoleons (vorläufige) Niederlage absehbar war, wurde «ein kleines Militärdetachement» auf die Zurzacher Pfingstmesse geschickt.[40] Von da ab waren es nicht mehr militärische und kaum mehr politische Wirren, die die Zurzacher Wirtschaft beeinflussten.

Mit Beginn der Helvetik war die Frage der *Gerichtsbarkeit* in Zurzach neu zu regeln; einen Landvogt zu Baden gab es nicht mehr. Einerseits existierten die von jeher vorhandenen Probleme mit Dieben, Gaunern, Bettlern usw.; anderseits waren in dieser internationalen Gesellschaft von Handelsleuten Rechtsunklarheiten und Betrügereien zu erwarten.

Gemäss Beschluss des Gesetzgebenden Rates in Aarau wurde am 24. Mai 1798 für die am folgenden Tag beginnende Messe ein Messgericht gewählt, dessen drei Richter für jeden Fall zwei unparteiische schweizerische Kaufleute beiziehen musste. Das Gericht bestand zunächst nur für diese eine Messe 1798 und galt für Handelsstreitigkeiten. Verbrechen und Polizeivergehen wurden vom ordentlichen Gericht behandelt. Am 13. August verlängerte der Gesetzgebende Rat den Beschluss auch für die Herbst-

---

[31] HUBER, Geschichte, S. 194, Anm. 1.
[32] ASHR Bd. 5, S. 771.
[33] ASHR Bd. 5, S. 873.
[34] PKLR, 3. Sept. 1806, Bd. 7, S. 289.
[35] PKLR, 10. Sept. 1806, Bd. 7, S. 296.
[36] PKLR, 13. April 1807, Bd. 8, S. 152.
[37] PKLR, 12. Juni 1809, Bd. 10, S. 2111, und 5. Juli 1810, Bd. 11, S. 237.
[38] PKLR, 16. August 1810, Bd. 11, S. 289.
[39] PKLR, 23. April 1812, Bd. 13, S. 150, und 17. August 1812, S. 282.
[40] PKLR, 23. März 1814, Bd. 14 B, S. 158.

5 Der Flecken vom Wachthüsliweg aus gesehen. Kolorierte Umrissradierung von Stiftskaplan Franz Xaver Meyer, um 1820.
Am linken Ende des Unterfleckens überragt der Schelmenturm die Häuserreihe, links säumen «Paradies» und «Sommerhaus» die Barzstrasse. Vor dem Verenamünster schliesst eine Zeile von Chorhöfen (1883 abgebrochen) den Kirchhof nach Westen ab. An der Landstrasse zum Burgquartier sind die jungen Bäumchen der 1811 angelegten Promenade erkennbar. Staatsarchiv Aarau.

messe.[41] Die Mediationsakte von 1803 verteilte die Befugnisse der ehemaligen Zentralregierung weitgehend auf die neunzehn neuen Kantone, und so wurde die Aargauer Regierung zuständig für das Messerecht in Zurzach. «Herr Bezirksamtmann Welti in Zurzach macht Anfrage wegen den üblichen Messgerichten allda, wie und auf was [welche] Art dieses bey der anrückenden Messe stattfinden soll.» Der Kleine Rat lässt das neue Gesetz ausarbeiten gemäss dem Beschluss von 1798.[42] Das Gericht sollte die Sicherheit der sich in Zurzach einfindenden Handelsleute gewährleisten, die Verkürzung des Rechtsgangs bewirken (die Kaufleute konnten nicht monatelang in Zurzach auf ein Urteil warten) und den Kredit der Messe erhalten.[43] 1803 setzte sich das Gericht zusammen aus den Zurzachern Bezirksamtmann Welti, Bezirksrichter Attenhofer und Friedensrichter Schaufelbühl.[44] Zur «Handhabung einer wirksamen Polizei» kommmandierte die Regierung jeweils ein Detachement Landjäger an die Messe ab.[45]

Zwar hatten die Zurzacher Messen ihren Höhepunkt im 18. Jahrhundert längst überschritten. Aber die Wirren zur Zeit des Übergangs zum 19. Jahrhundert haben sie noch nicht ernsthaft ihrem Ende näher gebracht. «1823 wurden auf der Verenamesse 14 000 Zentner Waren aufgeführt und davon 10 000 Zentner verkauft. 72 Messegasthöfe standen neben den Kaufhäusern und den vielen Holzbuden für das Messegeschäft zur Verfügung. Dazu stellte 1829 das Chorherrenstift 80 Buden und 43 Magazine.»[46] 1828 bewilligte die Regierung sogar eine dritte Jahresmesse, zum ersten Mal für das Jahr 1829. Sie sollte jeweils vom ersten Samstag im März bis zum zweiten darauf folgenden Montag dauern. Der Erfolg scheint ausgeblieben zu sein – von der dritten Messe ist nichts mehr zu vernehmen. Es gab immer deutlichere Anzeichen dafür, dass die Messen an Anziehungskraft verloren, so etwa die Tatsache, dass die Zurzacher 1840 um die Bewilligung von zwei neuen Jahr- und Viehmärkten ersuchten, ab 1841 von jedem Krämer auf den Märkten pro Stand, Bude oder Magazin 15 Rappen Standgeld einziehen wollten. Beides wurde bewilligt ...[47] Schon 1828 hatte sich der Stand Schaffhausen gegen die Erhöhung der Zurzacher Geleitsgebühren verwahrt – für die Zurzacher bedeutete diese Erhöhung schlicht Mehreinkommen. Der Kleine Rat legte die Beschwerde der Schaffhauser kurzerhand «ad acta», trat also nicht darauf ein.[48]

Die Zurzacher Messen haben ihre Bedeutung indessen nicht auf einen Schlag verloren.
Nachteilig für die Messe war stets eine Terminänderung, so offenbar vor allem die Einführung des neuen Kalenders 1584. Papst Gregor XIII. ging nach Aufforderung durch die Wissenschafter seiner Zeit darauf ein, die julianische Zeitrechnung zu korrigieren und in diesem Zusammenhang die zehn Tage, um die der Frühlingsanfang in den

vergangenen rund sechzehn Jahrhunderten seit Caesar Richtung Sommer vorgerückt war, für einmal ausfallen zu lassen. Das bewirkte, dass der Verenamarkt statt am 1. zehn Tage später, also am 11. September begann. Schlimm war, dass diese Kalenderreform zunächst nur in den katholischen Gebieten angenommen wurde – für die Kaufleute brachte das Terminunsicherheit und Verwirrung. Herzog ist der Meinung, dass die Messen damit ihren Höhepunkt bereits überschritten hätten.[49]

Noch schädlicher wirkte die Pest in den Nachbarländern, die zwischen 1660 und 1740 immer wieder auftrat und Unruhe verursachte.[50]

Aber auch die Struktur der Zurzacher Wirtschaft wirkte sich nachteilig aus. Das Übergewicht des Einkommens während der Messewochen gegenüber der eigenen Produktivität beschränkte die Zahl der Handwerker, und die Gewerbetreibenden versorgten praktisch ausschliesslich den Flecken.[51]

Obwohl den Zurzachern mehrfach eine liberale Gesinnung zugeschrieben wurde, scheinen sie eine ausgesprochen negative Haltung gegenüber Einbürgerungen vertreten zu haben.[52] Damit haben sie Erneuerungen gebremst oder verhindert, ganz im Gegensatz zu anderen schweizerischen Gebieten, die zur Zeit der Glaubenskämpfe (16./17. Jahrhundert), der politischen Revolutionen (erste Hälfte des 19. Jahrhunderts) wie zu Beginn des 20. Jahrhunderts ausgesprochenen Nutzen zogen aus dem Wissen und den Fertigkeiten der in die Schweiz geflohenen Ausländer.

Florence Guggenheim beweist anhand der Statistik der Geleitsteuern, dass schon in der zweiten Hälfte des 18. Jahrhunderts ein Grossteil der Surbtaler Juden verarmte. Das wirkte sich auch auf die Bedeutung der Messen aus, auch wenn diese immer mehr von ausländischen Juden besucht wurden.[53]

Ganz schlimm waren die Folgen von Napoleons Kontinentalsperre ab 1806. Englische Waren sollten vom Kontinent fern gehalten werden. «Für die Schweiz war nur das englische Baumwollgarn ausgenommen. Der Kanton Aargau, als Grenzkanton, wurde von der Tagsatzung zu strenger Aufsicht gemahnt [...] Im Jahre 1808 wurden diese Vorschriften noch verschärft und besonders die Messe in Zurzach einer vermehrten Zollaufsicht unterstellt.»[54] Das Grossherzogtum Baden sperrte aus Gefügigkeit gegenüber Napoleon die Ausfuhr gewisser Waren über den Rhein in die Schweiz. So sank der Umsatz stark und war, soweit die Messen in den nächsten Jahren überhaupt abgehalten werden konnten, mit Ausnahme von Pelzen und Leder «sehr unbedeutend».[55]

Das Jahr 1815 brachte Bonapartes endgültigen Sturz, und die Siegermächte versuchten auf dem Wiener Kongress die europäische Welt wieder im konservativen Sinn zu regeln. Doch hatten die vergangenen Jahrzehnte und ihre Wirrnisse zu viele gegensätzliche Ideen und Vorstellungen erzeugt. Napoleons «Grossreich» war überwunden, und die Idee des Nationalstaates wurde immer stärker. Eine mitteleuropäische Missernte verursachte die Hunger-

6 Eines der markantesten Beispiele für die Anstrengungen der Zurzacher, den Messeflecken attraktiv zu halten, ist das Haus zur Waag, das 1842 der damaligen Mode entsprechend erneuert wurde. Hof und Vorderhaus, in den 1940er-Jahren aufgenommen. Museum Höfli.

[41] ASHR Bd. 1, S. 1166 f., und Bd. 2, S. 848.
[42] PKLR, 12. August 1803, Bd. 1, S. 349.
[43] ZSCHOKKE, Geschichte, S. 197.
[44] ERNST JÖRIN, Der Kanton Aargau 1803–1813/15 (Teil II), in: Argovia 51, 1940, S. 1–128, hier S. 37.
[45] PKLR, 4. Mai 1818, Bd. 18, S. 172.
[46] WALTER FISCHER, 150 Jahre Bezirk Zurzach, in: JBZ 1954 (o. S.).
[47] PKLR, 10. Dez. 1840, Bd. 40, S. 434 und S. 453. Ebda. 18. Okt. 1841, Bd. 41, S. 593 und S. 605.
[48] PKLR, 25. Aug. 1828, Bd. 28, S. 445.
[49] HERZOG, Zurzacher Messen, S. 10.
[50] Ebd., S. 14 f.
[51] Ebd., S. 48.
[52] Ebd., S. 48.
[53] GUGGENHEIM, Juden auf der Zurzacher Messe, S. 9.
[54] ZSCHOKKE, Geschichte, S. 200.
[55] BODMER, Zurzacher Messen, S. 116.

jahre 1816/17; wirtschaftspolitisch kehrte man zum alten Schutzzollsystem zurück: 1816 erliess Frankreich in diesem Sinn ein neues Zollgesetz, ebenso Sardinien-Piemont; Österreich zog 1817 nach.[56] 1836 schloss sich das Grossherzogtum Baden dem grossen Deutschen Zollverein an, dem inzwischen auch Bayern und Württemberg beigetreten waren. Das bedeutete neue Einschränkungen.[57] 1840 fiel die Herbstmesse «unter aller Kritik aus». Dazu beigetragen hat auch der Bau einer Strasse von Kadelburg über Lienheim und Rötheln nach Eglisau.[58] 1848/49 wurde zudem der deutsche Zolltarif erhöht.[59] Das Gesuch des Gemeinderates von Zurzach um «die Concedierung [Bewilligung] eines Getreidemarktes» von 1847 ist offenbar nicht genehmigt worden.[60]

Um die Messe wiederzubeleben, wünschte der Gemeinderat Zurzach «die Errichtung einer Hauptzollstätte und eines Niederlagshauses daselbst»; die Regierung sollte beim Bundesrat darauf hinwirken. Die Bewilligung wurde erteilt für die Zeit der Messe und 14 Tage vor- und nachher.[61] Aber Zurzach verlor allmählich seinen Ruf als Warenumschlagplatz, auf dem sich auswärtige Käufer und Verkäufer trafen. «Auffallend ist die Tatsache, dass die für die Messe eintreffenden Waren nun zu einem beträchtlichen Teil im Besitz von Zurzacher Bürgern sind, diese sich somit an den Märkten mit deren Verkauf für eigene Rechnung befassten, was die Wandlung der einstigen Messen mit internationalem Charakter zu Jahrmärkten stark lokaler Prägung recht anschaulich vor Augen führt.»[62] Die Verkaufsgewohnheiten änderten sich: Immer mehr Anbieter reisten mit ihren Mustern den Kunden nach und lieferten die Waren direkt. Begünstigt wurde dieser Wandel durch den Eisenbahnbau: 1847 verband die «Spanisch-Brötli-Bahn» Zürich mit Baden, und dann brach in der Schweiz ein eigentliches Eisenbahn-Baufieber aus. Die Fluss-Schifffahrt verlor sehr schnell ihre Bedeutung, und als 1855 die Eisenbahnlinie Romanshorn–Winterthur–Oerlikon eröffnet und dann bis Zürich weitergeführt wurde, war Zurzach für Jahrzehnte vom Verkehr abgeschnitten. Schon 1843 hatte Bezirksarzt Johann Jakob Welti die Aussichten des Fleckens eindrücklich geschildert: «[...] vor 50 Jahren blieben das Olivenöl und Lastwagen mit rohem Tabak weg; dann der Kaffee, Zucker und sämtliche Kolonialwaren; dagegen hob sich die Zufuhr von Woll- und Baumwollwaren, Leder und rohen Fellen; aber seit Jahren hat die deutsche Zollunion sowie das ungeheure Reisen mit Mustern den Messen einen solchen Schlag erteilt, dass, wenn nicht unerwartet Hilfe eintritt, dieselben als eine Institution alter Zeiten ihrem Zerfall entgegen gehen [...] Zurzach [...] hat bei seiner Bauart, seinen in der Mehrheit nur für die Messen eingerichteten Häusern, den sehr breiten Strassen, kaum den dritten Teil Einwohner, die es fassen könnte, bestehend in ca. 500 Katholiken und ca. 500 Reformierten und der Geistlichkeit des Stiftes zu St. Verena, welche stets auch unter den verschiedenartigsten Einflüssen in Frieden untereinander lebten [...].»[63]

Das Sterben der Zurzacher Messe wird in der Regel mit der Verlegung der Ledermesse nach Zürich im Jahre 1856 erklärt. Die Zurzacher brachten es indessen fertig, das Ende hinauszuzögern, auch wenn in der «Neuen Zürcher Zeitung» gespottet wurde über den Verlust der Ledermesse an Zürich. Im «Schweizer Handelskurier» wurde behauptet, die Zurzacher hätten «geschnürt» (etwa: zu viel verlangt). Im «Schweizerboten» antwortete ein Zurzacher: «Wir ersuchen ihn, uns nur einen einzigen Fall bezüglich des Schnürens der hiesigen Wirthe anzugeben [...]» Vielen tue es leid, Zurzach mit der «freundlichen, zuvorkommenden und billigen Bedienung» verlassen zu müssen.[64] Zwei Jahre später war die Ledermesse noch nicht tot: «An letzter Zurzacher Ledermesse waren eine schöne Anzahl Käufer und Verkäufer da. In Einem Tage wurden für 40 000 Fr. Geschäfte gemacht.»[65] Der Kampf ging noch einige Jahre weiter: «Die Zurzacher sind der Meinung, wenn die Lederverkäufer, vorab die Schwaben und vorzüglich die vornehmen Gerber von Reutlingen gewusst hätten, dass in Zürich die Ledermesse in Militär-Rossstallungen abgehalten werden müsste, so wären sie gewiss lieber in dem für den Verkehr vorteilhafteren Kaufhause von Zurzach geblieben.» In der Hoffnung auf eine Eisenbahnverbindung glaubte man, wenigstens die Ledermesse wieder zurückholen zu können; Erleichterungen für den Transport und Ermässigung der Magazinzinsen sollten dafür einen Anreiz schaffen.[66] Sogar noch im Jahr 1875 fand ein Markt am Pfingstmontag statt, an dem während fünf Stunden der Handel mit rohen «Gitzifellen» einen Umsatz von mehr als Fr. 100'000.– gebracht haben soll.[67]

Dass indessen der Regierungsrat die Koblenzer «Rhein-Südlergesellschaft» schon Ende 1858 aufhob und die Verteilung des Vermögens anordnete, ist ein klarer Hinweis auf die sinkende Bedeutung der Fluss-Schifffahrt und damit des Transports der Waren rheinaufwärts.[68]

Die Messe soll durch Industrie ersetzt werden

1817 eröffnete der Arzt Johann Jakob Welti, geboren am 7. Februar 1796 im Oberflecken in Zurzach, seine Praxis im Haus «zum Greifen».[69] Im Nachbarhaus «zum Adler» wirkten bereits zwei weitere Mediziner, Vater und Sohn Schaufelbühl. Ärzte waren offenbar in der Zeit des Niedergangs der Messen noch genügend gefragt. Der Bezirksarzt J. J. Welti versuchte, den Zurzachern neue Verdienstmöglichkeiten zu verschaffen, indem er schon im Jahre 1823 umfangreiche Tabakpflanzungen anlegte und mit achtzehn verschiedenen Tabaksorten experimentierte. Die Pflanzungen waren erfolgreich; die Versuche zur Verwertung des Ertrags in Form von Zigarren, Rauch- und Schnupftabak indessen blieben erfolglos, obwohl Welti die technischen Möglichkeiten seiner Zeit ausnützte und verbesserte. Er erfand eine Handmaschine und versuchte zunächst die Kraft des Rietheimer- und dann des Zurzacherbaches (bei der «Gerbe») als Antrieb zu benutzen. Sein Konzessionsgesuch wurde vom Regierungsrat bewilligt; aber er fand keine Anhänger, die bereit waren, den Anbau der neuen Kulturpflanze zu betreiben. Natürlich kamen finanzielle Schwierigkeiten dazu.

Welti suchte nach neuen Möglichkeiten. Er dachte an die Produktion von Seide, eine recht ausgefallene Idee, die er aber hartnäckig verfolgte.[70] Zunächst galt es, Maulbeerbäume zu pflanzen und hochzuziehen, damit die Seidenraupen gezüchtet werden konnten. Nach Jahren soll er 6000 Maulbeerbäume besessen haben, nicht nur in Zurzach, sondern auch in umliegenden Gemeinden. «Der Aargau bezog damals etwa für 1 Million Franken Seide aus dem Ausland. Welti rechnete damit, bis in zehn Jahren in Zurzach ungefähr 100 Zentner Seide zum Preise von 200 000 Franken produzieren zu können. Er machte alle möglichen Versuche in der Zucht der Seidenraupe und in der Gewinnung einer guten Seide. 1836 legte er das Produkt seiner Bemühungen der aargauischen Regierung vor und bat um Unterstützung, erhielt aber nur 100 Fr.»[71] Welti wandte sich schliesslich mit einer Schrift an die Öffentlichkeit, um sie aufzurütteln, hatte aber schon Mühe, einen Verleger zu finden. 1840 kam das Heft heraus, es veranlasste die Regierung, Welti eine Art Anerkennungspreis auszurichten – ein Erfolg blieb jedoch auch diesem Wirtschaftsförderungsversuch versagt.

Eine nächste Hoffnung setzte der Bezirksarzt auf die Kraft des heilenden Wassers. Natürlich ging es hier noch nicht um die Quelle, die zu Beginn des 20. Jahrhunderts zufällig gefunden worden war und 1955 mit viel Aufwand wieder erbohrt wurde. Welti eröffnete in seinem Haus «zum Greifen» eine Kuranstalt für «Bleichsüchtige, Scrophel- und Flechtenkranke». 1843 begründete er in einer recht ausführlichen Schrift über Zurzachs Lage und seine Geschichte die Vorteile seiner «Cur-Anstalt».[72] Nach einem kurzen Abriss der Entwicklung des Fleckens seit der Römerzeit schildert er sehr anschaulich, warum die Messen ihre Bedeutung in den vergangenen Jahrzehnten weitgehend verloren hatten und sie endgültig verlieren könnten. Dann beginnt er vom gesunden Klima in Zurzach zu schwärmen. Er stützt sich dabei auf Beobachtungen und Notizen seiner beiden Kollegen, Vater und Sohn Schaufelbühl, und seine eigenen Erfahrungen. «Unter den acuten Krankheiten kennen wir Ärzte in Zurzach keinen Croup [Krupp], und wenn derselbe in dem uns nahen, gegen Süden offen liegenden Städtchen Waldshut, in dem mit vielen Krankheiten heimgesuchten Thiengen, in dem oben an uns liegenden Kaiserstuhl herrscht [...], so bleibt doch Zurzach sicherlich ganz verschont. Masern und Scharlachepidemien verlaufen in der Regel sehr gelinde, so dass gewöhnlich von 40 kaum 10 ärztlicher Hülfe bedürfen; die Nachkrankheiten derselben gehören zu den Seltenheiten. Die Grippe des Jahres 1837 ergriff kaum den sechsten Theil der Erwachsenen, so dass kaum 20 ärztliche Hülfe verlangten.»[73] Dann erzählt Welti vom Jahr 1814, «wo bekanntlich die Östreicher bei ihrem Einmarsch den Lazareth-Typhus brachten. In Klingnau [...] war ein Spital; dort starben 3000 Östreicher [...] Während jener Zeit war in Zurzach auch ein Depot von Kranken, und der Aufenthalt von Reconvalescenten. Während nun Stunden weit, wo die Östreicher hinkamen, dieser Typhus sich verbreitete, so wurde in Zurzach nicht eine Person davon ergriffen, als diejenigen, welche als Militär in Klingnau Wache halten mussten. Diese, sieben an der Zahl, ererbten die Krankheit dort, kamen krank hieher; allein auch durch diese wurde Niemand angesteckt, und auch da blieb Zurzach verschont, während die Umgebungen von Kranken wimmelten.»[74] Der Arzt erzählt weiter von drei Ruhrepide-

---

[56] Ebd., S. 117.
[57] Ebd., S. 119.
[58] PKLR, 19. Mai 1836, Bd. 36, S. 233.
[59] BODMER, Zurzacher Messen, S. 119–122.
[60] PKLR, 23. Sept. 1847, Bd. 47, S. 814.
[61] PKLR, 8. Okt./7. Dez. 1849, Bd. 49, S. 835–980.
[62] BODMER, Zurzacher Messen, S. 118.
[63] Zitat aus FISCHER, Pionier (o. S.).
[64] Die Botschaft 23, 6. Sept. 1856.
[65] Die Botschaft 23, 5. Juni 1858.
[66] Die Botschaft 12, 22. März 1861, und 22, 31. Mai 1861.
[67] Die Botschaft (3) 62, 25. Mai 1875.
[68] Die Botschaft 47, 19. Nov. 1958.
[69] Zu Johann Jakob Welti: Vgl. FISCHER, Pionier. – BLAG: J. J. Welti.
[70] J. J. WELTI, Seidenzucht 1840. Vgl. auch FISCHER, Pionier.
[71] FISCHER, Pionier.
[72] J. J. WELTI, Zurzach 1843.
[73] FISCHER, Pionier.
[74] WELTI, Zurzach als Kurort, S. 36, weist allerdings darauf hin, dass damals auch der Stiftsdekan und Pfarrer von Zurzach, Franz Steigmeier, an diesem Nervenfieber gestorben sei.

mien der Jahre 1836, 1837 und 1841, «wo diese drei Jahres-Epidemien in verschiedenen Malen einen eigentlichen Zirkel um Zurzach machten»; nur im Jahre 1836 habe eine Familie ärztliche Hilfe gebraucht.

Welti erklärt dann seinen Kollegen ausführlich und fachmännisch den Nutzen und die Art seiner Bäder. «Das Wasser für die Bäder wird aus einer Tiefe von 30 Fuss heraufgepumpt. Es ist ein vorzügliches, reines, kaltes Quellwasser, das nichts als kohlensauren Kalk und Eisen enthält, das aber meinen Anforderungen, als kaltes oder warmes, zum einfachen Bade so entspricht, was mir kein anderes leisten würde.»[75]

«Das war der letzte grosse Versuch des merkwürdigen Mannes, Zurzachs Wirtschaft zu heben. Aber es scheint, dass ihm ebenso wenig Erfolg beschieden war wie den früheren. Es liegt eine grosse Tragik im Leben Weltis, dem es, trotz grosser Intelligenz und unermüdlichem Fleiss nicht gelang, eine seiner Ideen zum Wohle seiner Heimat in die Tat umzusetzen. Als er 1854 starb, trug man sein ganzes Lebenswerk mit ihm zu Grabe.»[76]

Edward Attenhofer erzählt von einem anderen Versuch, für die Gemeinde Arbeitsplätze und Verdienst zu schaffen. Dominik Keller von Sarmenstorf, «ein wissenschaftlich gebildeter und geschäftsgewandter Mann»[77], wurde 1839 als Stiftsdekan gewählt. Er kannte natürlich die Strohflechterei, die im aargauischen Freiamt seit dem 17. Jahrhundert heimisch war. Kurz nach seiner Wahl schrieb er an den Gemeinderat und fragte ihn, ob er «für ein derartiges, der Gemeinde wohltätig werdendes Unternehmen nicht Lokal und Heizung hergebe und eine Lehrerin saliere [bezahle], die den Lohn von drei Franken per Woche nebst Kost verlange, um einen Versuch auf drei Monate zu machen». Die Ortsbürgergemeinde beschloss am 30. November 1839, den Versuch zu wagen. «Was aus der Sache wurde, ist nirgends ersichtlich.»[78]

Tavernen, Pinten, Privatwirtschaften

Tavernen waren in Zurzach wie anderwärts privilegierte Gaststätten, die ihre Kunden bewirten und beherbergen durften. Pinten, in Deutschland auch «Schenken» genannt, hatten nur das Recht der Bewirtung, waren also keine Hotels im heutigen Sinne. Das Besondere an Messeorten wie Zurzach war nun die Tatsache, dass während der Messezeit auch alle Privatleute das Recht hatten, in ihrem Haus Gästen Wein auszuschenken und sie zu beherbergen. Fast ausschliesslich davon lebten die Zurzacher noch im 18. Jahrhundert. Dass daraus in den Zeiten des politischen und wirtschaftlichen Umbruchs Schwierigkeiten entstanden, verwundert nicht.

Schon im Frühling 1800 wurden Klagen laut, dass gemäss Gesetz sowohl professionelle wie private Wirte den gleichen Preis für das Patent, Fr. 4.–, bezahlen müssten. Der Vollziehungsrat (die Regierung) entschied daher, dass die Privatwirte nur «pro rata» zu zahlen hätten, also etwa den zwölften Teil der Berufswirte.[79]

Nach der Gründung des Kantons Aargau 1803 nahm der Zurzacher Bezirksamtmann Abraham Welti der Bevölkerung des Bezirks im Auftrag der Helvetischen Republik den Eid der Treue zum neuen Staat ab. Kurz darauf meldete er dem Kleinen Rat, «dass die mehrssten Wirthe des Bezirks den vorgeschriebenen Eid abzulegen sich geweigert haben, vorzüglich aus dem Grund, dass der eigene Hausbedarf auf 6 Saum beschränkt seye».[80] Ein Saum Wein mass damals etwa 150 Liter! Damals gab es in Zurzach noch Rebberge (an Nordhängen!), deren Produkte offenbar getrunken und auch verkauft werden konnten. Welti beklagte sich jedenfalls bei der Aargauer Regierung darüber, dass einige Bürger angefangen hätten zu wirten, und die Regierung trug ihm auf, dies zu verhüten und alle «Excesse» zu bestrafen.[81]

Die Disziplinierung der Wirte und ihrer Gäste war noch 1806 recht streng: Als Polizeistunde galt im Winter abends neun, im Sommer zehn Uhr. «Ankreiden» oder Kredit geben durfte ein Wirt einem Kantonseinwohner nicht mehr als zwei Franken, und dies nicht mehr als dreimal. Tanzen war in den Tavernenwirtschaften nur an zum Voraus bestimmten Tagen erlaubt.[82]

Es scheint, dass das Tavernenrecht grundsätzlich vier oder fünf Wirtschaften erteilt wurde, offenbar auf begrenzte Zeit. 1808 wurde der «Rose» das Recht erneuert; im selben Jahr werden als Tavernen genannt der «(Untere) Sternen», der «Rote Ochsen», das «Rad» und der «Obere Sternen». 1822 besteht noch der «Rote Ochsen» im Besitz der Familie Attenhofer; das «Grosse Schwert», die «Glocke» und das «Weisse Haus» hatten offenbar die Rechte der vorherigen Gasthäuser übernommen. Sie werden auch noch 1832 genannt.[83]

Die Besitzer des «Schlösslis» (Mandach), etwas oberhalb der Anlegestelle der Fähre gelegen, kämpften jahrzehntelang um Verbesserungen ihrer Wirtschaftsrechte. 1807 versuchte Johann Höhn, das Tavernenrecht zu erhalten. Die übrigen Wirte klagten dagegen beim Kleinen Rat. Höhn konnte nicht beweisen, dass seinem Haus ein Tavernenrecht zustehe, und die Regierung wies sein Begehren ab. Einige Jahre später ersuchte die Stadt Schaffhausen um die ehemalige Erlaubnis für die Schiffer, bei der

7 Schlössli Mandach, Burgkapelle und Burgquartier, Rhein und Wagenfähre vom badischen Ufer aus gesehen. Undatiertes und unsigniertes Aquarell, um 1800. Staatsarchiv Aarau.

Pinte «Schlössli» zu landen und einzukehren. Der Wirt bat zur selben Zeit um die Bewilligung zur Beherbergung. Der Kleine Rat beschloss, das Tavernenrecht abzulehnen. Aber Höhn durfte den bei seinem Haus landenden Schiffern kalte und warme Speisen abgeben und sie übernachten lassen. Dem «löbl. Stand Schaffhausen» soll «auf seine frühere Empfehlung von obiger günstiger Rücksichtsnahme Kenntnis gegeben werden». 1820 wurde ein Gesuch des «Schlössli»-Wirtes abgelehnt, an bestimmten Sonntagen der Messewochen das Tanzen freizugeben. 1832 erlaubte dann der Kleine Rat allen Messwirten, an bestimmten Tagen während der Messe «von Nachmittags 2 Uhr an unbeschränkt öffentlich tanzen zu lassen».[84] Die konservative Haltung der Restaurationszeit hatte sich offenbar bereits etwas gelockert.

Im selben Jahr beschloss die Regierung, dass auch Privatwirte schon in der Woche, in der die Messe begann, wirten und dann 21 Tage lang Leute, die bei ihnen Buden oder Magazine hatten, bewirten und beherbergen dürften. Wer kein Wirtepatent hatte, durfte nur ein Namens-, nicht aber ein Wirtshausschild am Haus haben.[85] Dieses Entgegenkommen sollte wohl dem Niedergang der Messen und dem damit kleineren Einkommen der Zurzacher Rechnung tragen. Der Rückgang des Gastgewerbes war aber nicht aufzuhalten; zu Beginn des Jahres 1840 baten die Zurzacher Tavernen- und Pintenwirte um angemessene Beschränkung der dortigen Messwirtschaften. Der Kampf um die Wirtsrechte zog sich über die Jahre hin;[86] 1846 bestanden zehn Tavernen und drei Pintwirtschaften. Im neuen Bundesstaat regelte das aargauische Wirtschaftsgesetz 1853 die Verhältnisse: Es unterschied zwischen «ehehaften» und «bewilligten» Tavernenwirtschaften. Von neun Bewerbern erhielten vier Wirte das «ehehafte» Recht vor Gericht; die übrigen mussten sich um das Patent bewerben.[87]

Die Geschichte der Zurzacher Wirtschaften spiegelt die Bedeutung des Fleckens als Messeort.

---

[75] J. J. WELTI, Zurzach 1843, S. 21.
[76] FISCHER, Pionier.
[77] HUBER, Geschichte, S. 284.
[78] ATTENHOFER, Alt-Zurzach, S. 120 f.
[79] ASHR Bd. 14, S. 747.
[80] PKLR, 3. Okt. 1803, Bd. 2, S. 74.
[81] PKLR, 8. Aug. 1804, Bd. 4, S. 139.
[82] HALDER, Geschichte, S. 128.
[83] PKLR, 11./20. Febr./11. Dez. 1818, Bd. 18, S. 52 f., 67, 461; 8. März 1822, Bd. 22, S. 116; 2. Nov. 1830, Bd. 30, S. 535; 21. Mai 1832, Bd. 32, S. 372.
[84] PKLR, 12. März 1807, Bd. 8, S. 118; 30. Juli/14. Dez. 1812, Bd. 13, S. 261/420; 1. Mai 1820, Bd. 20, S. 173; 2. Aug. 1832, Bd. 32, S. 540.
[85] PKLR, 5. Juli 1832, Bd. 32, S. 479.
[86] PKLR, 17. Jan. 1840, Bd. 40, S. 24; 11. März 1842, Bd. 42, S. 178; 28. Dez. 1846, Bd. 46, S. 1177 f.
[87] Die Botschaft 2, 14. Jan. 1859.

Strassen, Fähren, Brücken

Zurzach eignete sich als Fluss- und Strassenkreuzung nicht nur, weil es ein Wallfahrtsort war. Bei Koblenz waren die komplizierten Rhein- und Aareläufe ein Verkehrshindernis. Die Strasse von Basel in die Ostschweiz führte entweder über Brugg–Baden oder über die Fähre von Stilli und über Zurzach. Bei Stilli (Freudenau) bestand noch im 13. Jahrhundert eine Brücke, die aber im 14. Jahrhundert bereits durch eine Fähre ersetzt war.[88] «Die Strasse von Basel-Augst-Bözberg-Zurzach blieb am linken Aareufer und setzte erst in der Freudenau über den Fluss.» Diese Fähre ersparte die Überquerung von Reuss und Limmat. Im November 1842 beschloss der Grosse Rat, die Rheintalstrasse von Laufenburg bis Koblenz bauen zu lassen. Vorher gab es diese linksrheinische Fahrstrasse nicht.[89] Die Post Basel–Schaffhausen fuhr noch 1850 in Stilli über die Aare und dann über Tegerfelden und Zurzach.[90] Von der Beschaffenheit der römischen Strasse, die von Zurzach nach Baden lief, gibt Franz Ludwig von Graffenried, der in den Jahren 1749–1756 die Landvogtei Baden verwaltete, eine sehr anschauliche Beschreibung, nachdem er sie durch einen Querschnitt hatte untersuchen lassen. Am 3. Juli 1754 schrieb er dem Berner Rat, «dass die genannte Strasse leicht in einen währschaften Stand gebracht werden könnte, zumal sich noch eine ziemlich lange Strecke einer altrömischen Chaussee daselbst befinde, die nach Überschotterung besser würde, als die heutigen, neuen, mit allem Fleiss gebauten Strassen, obgleich sie schon vor fast 2000 Jahren angelegt worden sei».[91] Im Jahr 1800 meldete allerdings die Verwaltungskammer, die Strassen besonders in den Distrikten Baden und Zurzach seien völlig ruiniert, könnten nicht mehr ausgebessert, sondern müssten wirklich neu gemacht werden. Die Kontrolle über das Gewicht der Frachtwagen war offenbar schon längere Zeit aufgegeben worden. Die Zollstätten Baden und Zurzach hatten darauf verzichtet, um den Verkehr auf ihre Strassen zu lenken.[92] Die Zurzacher selbst wurden nicht zum Strassenbau angehalten. Sie hatten schon 1785 begonnen, die beiden für die Messen wichtigen Hauptgassen zu pflästern.[93] Die Strassen blieben aber staubig bis 1930/31, als innerorts wie ausserorts Teerbeläge aufgetragen wurden. Die unmittelbaren Zufahrtsstrassen zum Flecken indessen bedeuteten für die Zurzacher ein Dauerproblem. 1811 wurde die «Promenade» angelegt als beidseitig mit Bäumen bepflanzte «Spazierstrasse» neben dem geraden, ebenen Strassenstück vom Glockenstich bis zur reformierten Kirche. Die Äusserung von Propst Huber,[94] dies sei «im Interesse der fremden Kaufleute» geschehen, hat zur falschen Auffassung geführt, die Bäume seien gepflanzt worden, um den vor der Eingangskontrolle wartenden Wagen der Kaufleute Schatten zu spenden.

Vor allem das steile Strassenstück von der Fähre bei Burg bis zur Einmündung in die Landstrasse Rekingen–Zurzach sollte nach Wunsch des Gemeinderates neu angelegt werden. Der steile und enge «Burg-Stich» von der Fähre durch das Burgquartier erfordere so viel Vorspann (4–6 Pferde), dass der Schaffhauser Fuhrmann sie seit einiger Zeit meide.[95] Ein Wegzoll sollte die Finanzierung ermöglichen. Der Kleine Rat schlug am 4. März 1816 vor, für einen Wagen mit Kutschpferd 4 Kreuzer, für ein Reitpferd 2 Kreuzer zu erheben. Der Grosse Rat erteilte indessen die Bewilligung nicht, worauf der Kleine Rat an die Tagsatzung gelangte, die ihm Recht gab. Unklar ist, warum die Zurzacher mit diesem Bescheid nicht zufrieden waren. Sie meldeten jedenfalls nach Aarau, sie wollten von ihrem Strassenbauprojekt absehen.[96] Der Kleine Rat nahm dies am 3. März 1817 zur Kenntnis; die Aktion hatte also genau ein Jahr gedauert.

Der Glockenwirt Schmid, dessen Taverne am steilen Strassenstück zur Fähre hinunter lag, war nicht einverstanden und gelangte seinerseits an den Kleinen Rat mit der Bitte, die Strasse bauen zu lassen. Dieser beschloss am 13. April 1819: Die Gemeinde Zurzach soll gefragt werden, ob sie den Bau der Strasse nach den gemachten Bedingungen übernehme. Wenn nicht, baue der Staat die Strasse und übernehme den Wegzoll; dazu werden noch einige weitere Bedingungen angeführt. Der Kleine Rat prüfte die Bedingungen wieder und wieder, kam aber im März 1821 zum Beschluss: «In Berücksichtigung der gegenwärtig noch obwaltenden ungünstigen Finanzverhältnisse» fühle sich die Regierung nicht bewogen, «über diesen Gegenstand weiter einzutreten».[97] Damit war die Sache aber noch nicht erledigt; im Dezember 1833 kam der Kleine Rat zum Schluss, das von der Baukommission vorgelegte Projekt sei zu teuer und die Steilheit der Strasse bleibe dabei doch zu gross. Es sei ein neues Projekt auszuarbeiten.[98] 1835 kam die Regierung noch einmal auf die Frage zurück: Die Gemeinde sollte die Hälfte der Kosten einer Sanierung der Strasse übernehmen.[99] Weiter geschah vorläufig nichts, ausser dass die «Besetze», die Strassenpflästerung, die in einem «ruinösen» Zustand sei, 1838 offenbar verbessert wurde.[100]

Die Zurzacher Strasse zur Fähre nach Kadelburg in der Barz machte ebenfalls Schwierigkeiten. Die badischen Nachbarn verlangten im Frühling 1825 einen Ausbau. Die aargauische Regierung befürchtete aber eine Schwächung der linksrheinischen Uferbefestigung. Die Strasse sei zwar ungenügend; aber das Verhalten der Badenser in Bezug auf die Grenzregelung sei zu schlecht, als dass der Kleine Rat die Strasse korrigieren wolle. Im folgenden Jahre lenkte er zwar ein: Die Baukommission solle «mit aller Beförderung die Vorschläge zur Sicherstellung der Strasse von Zurzach nach dem Kadelburger Fahr für die bevorstehende Messe» einreichen. Sein Misstrauen gegenüber Baden gab er aber nicht auf, bis er schliesslich im Februar 1830 doch einen Beitrag von Fr. 3000.– an die Kosten der Rheinufersicherung von Fr. 14'564.– bewilligte.[101] Die Schwierigkeiten waren aber auch begründet durch die Rivalität zwischen der Kadelburger Fähre und der Fähre bei «Burg»: 1842 sicherte der Kleine Rat einen Beitrag zu für die Verbesserung und Sicherung des Landeplatzes bei «Burg», was offenbar nicht genügte. Die Fährenbesitzerfamilie Schmid verlangte 1844, dass der Eilwagen der Post von Schaffhausen nach Aarau weiter über ihre Fähre und nicht über Kadelburg in den Aargau komme oder dass sie für den bedeutenden «pekuniären Verlust» entschädigt würde. Der Kleine Rat wies die Klage ab mit der Begründung, er sei nicht zuständig, und die Kadelburger Fähre sei eben besser zu bedienen.[102]

Die Zurzacher Bergstrasse über Tegerfelden nach Brugg–Baden und nach Döttingen–Klingnau war der wichtigste Landweg nach Zurzach. Klingnau war der Umschlagplatz für Waren, die aareabwärts nach Zurzach gelangten.[103] Trotz des Ausbaus des Strassennetzes spielte die Flussschifffahrt nach Halder bis 1830 noch «eine gewisse Rolle».

Im Bericht des Polizeidepartementes über die letzte Zurzacher Messe im Herbst 1829 wurde betont, es wäre zweckmässig, die Strasse über den Zurzacher Berg zu korrigieren (und eine Brücke über den Rhein zu bauen; davon später). Vier Jahre darauf verfügte der Kleine Rat noch über «zuwenig Informationen»; Fr. 2000.– «für Planaufnahme und Vorarbeiten zu der Korrektur der Strasse über den Zurzacher Berg» wurden etwas später gestrichen, und der Bau wurde auf das Jahr 1836 verschoben. Die Planung sah nun eine neue Strassenführung über den so genannten «Thierbrunnen» vor mit Kosten von etwa Fr. 80'000.–. Die Gemeinde sollte sich daran beteiligen. Das war den Einwohnern offenbar zu teuer. (Die Zurzacher haben sich immer schwer getan mit Umfahrungen.) Die Ortsbürgerversammlung beschloss am 28. November «beinahe einmütig», alles beim Alten zu belassen.[104] «Dem Gemeinderat von Zurzach» wurde «über die neu eingeführte Strassenbeleuchtung während der Messezeit Beifall bezeugt», nicht aber erlaubt, «vom berufsmässigen Publikum» Beiträge dafür zu verlangen. 1830 wurden im Flecken offenbar einige Strassen mit Öllampen beleuchtet, wofür die Gemeinde die Händler gern zur Kasse gebeten hätte. Die Regierung lehnte dies ab.[105]

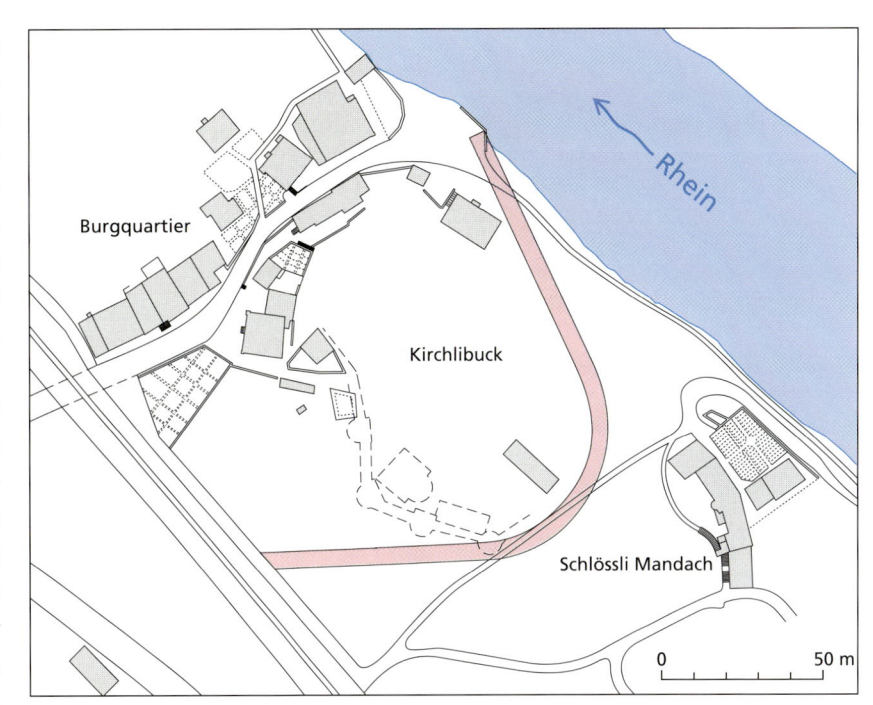

Die Zurzacher *Fähre* war ein Lehen; das heisst, dass sie von der eidgenössischen Obrigkeit (der Tagsatzung) einer bestimmten Familie für einen festen Zins verliehen wurde. Das blieb sie auch nach der Gründung des Kantons Aargau: «Dem Johannes Schmid von Zurzach wird als neuer [sic] Träger der einen Hälfte der dem Staate erblehenpflichtigen Rheinfähre samt Zubehörde auf der Burg bei Zurzach der neue Lehenbrief» 1827 überreicht.[106]

8 Die 1819 projektierte Strasse (rot) zur Schifflände, eingetragen in den Grundlagenplan Burg – Mandach von 1897.

---

[88] HEUBERGER, Strasse, S. 330–338.
[89] ATTENHOFER, Alt-Zurzach, S. 39 und S. 121.
[90] HEUBERGER, Strasse, S. 338.
[91] HEUBERGER, Strasse, S. 329.
[92] LEUTHOLD, Kanton Baden, S. 100 f.
[93] BODMER, Zurzacher Messen, S. 96.
[94] HUBER, Geschichte, S. 209, Anm. 3.
[95] StAAG F. 13, H. 21.
[96] PKLR, Bd. 16, S. 113, 303, 306, 330; Bd. 17, S. 29, 95.
[97] PKLR, Bd. 19, S. 140; Bd. 20, S. 202; Bd. 21, S. 167 f.
[98] PKLR, Bd. 33, S. 759 f.
[99] PKLR, Bd. 35, S. 291, 444.
[100] PKLR, Bd. 38, S. 723.
[101] PKLR, Bd. 25, S. 152; Bd. 26, S. 168, 257, 404; Bd. 27, S. 364; Bd. 30, S. 60.
[102] PKLR, Bd. 42, S. 517, und Bd. 44, S. 330.
[103] HALDER, Geschichte, S. 272.
[104] PKLR, Bd. 29, S. 484; Bd. 33, S. 759 f.; Bd. 34, S. 505, 530; Bd. 36, S. 175, 619.
[105] PKLR, Bd. 30, S. 412 und S. 434.
[106] PKLR, Bd. 27, S. 293.

9 Tarife für die Fähren von Zurzach und Koblenz, verordnet vom Landvogt der Grafschaft Baden, 1791. Museum Höfli.

Diese «Fahrgerechtigkeit» blieb im Besitz der Familie Schmid zur Glocke bis zum Bau der Rheinbrücke.[107] Zurzach besass wie wohl die meisten Fahrstellen eine Personen- und eine Wagenfähre. Die Grösse solcher Wagenfähren war beträchtlich: Propst Huber berichtet vom Unglück einer (überladenen) Fähre in Felsenau: «Man rechnet, dass das Schiff mit 30–40 Personen und wenigstens 20 Stück schweren Ochsen befrachtet war.»[108]

Der eidgenössische Landvogt in Baden erliess Verordnungen für die Sicherheit der Fähren. Die Ordnung von 1760 (bis ins 19. Jahrhundert hinein gültig) verlangte eine gute Ausrüstung, die durch den Untervogt zweimal im Jahr kontrolliert wurde. Die Fahrpflicht bestand bis zum Dunkelwerden, notfalls bei Nacht zum doppelten Lohn. Fragwürdige Personen sollten nachts nicht gefahren werden. Überladung des Schiffes und Trunkenheit des Fährmanns wurden geahndet. Bei Hochwasser wurden die Fahrgäste ausdrücklich auf eigene Gefahr übergesetzt.[109]

1799 hatten die Franzosen die Rheinbrücke in Kaiserstuhl zerstört. Die Zurzacher ergriffen die Gelegenheit, bei der Regierung in Bern um die Standortbewilligung für die neue Brücke zu werben. Dagegen wehrten sich die Kaiserstuhler mithilfe der Stadt Baden, deren Verbindung mit Schaffhausen über Kaiserstuhl günstiger war. Für Kaiserstuhl war die Brücke lebensnotwendig, und Zurzach kämpfte umsonst.[110]

1832 wünschte Heinrich Schmid, der Inhaber des Fahrrechts Burg–Rheinheim, eine «Fliegende Brücke» nach Rheinheim zu errichten (wohl besser: errichten zu lassen). Die Strasse von der Anlegestelle hinauf zur Ebene sollte flacher gestaltet «und verebnet» werden. Der Kleine Rat sollte das Vorhaben gegenüber dem Grossherzogtum Baden unterstützen.[111]

Was war mit einer «Fliegenden Brücke» gemeint? Offenbar handelte es sich dabei nicht um eine einfache Seilfähre, wie sie vor dem Zweiten Weltkrieg noch zwischen der Barz und Kadelburg bestand und seit 1972 während der Sommermonate wieder besteht: ein Boot, das mithilfe einer Rolle an einem fest über den Fluss gespannten Drahtseil hin und her gelenkt werden kann. Das geht aus dem Wunsch des Koblenzer Fahrrecht-Inhabers hervor, der ebenfalls eine «Fliegende Brücke» oder wenigstens «eine Fähre am Seil» bauen lassen wollte. Eine ausdrücklich so bezeichnete «Fliegende Brücke» nahm ihren Dienst 1844 in Hüningen unterhalb von Basel auf: «Die Hüninger Schiffsbrücke galt in der ganzen Region als etwas Besonderes: Ein Teil von ihr befand sich auf der elsässischen, der andere auf der badischen Seite des Rheins. Ein eigentliches Mittelstück fehlte. Die Verbindung zwischen den beiden Brückenteilen wurde durch ein massives Floss hergestellt, das über den offenen Rhein hin- und herpendelte. Auf diese Weise war es zu jeder Zeit und mit nur kleinem Aufwand möglich, auch grössere Rheinschiffe passieren zu lassen.»[112] Es handelt sich also um eine Pontonbrücke mit einem Durchlass in der Mitte, eine sehr aufwendige Konstruktion, die den Besitzern dauernd Schäden und Pannen verursachte. Trotzdem wurde sie erst 1944 durch eine Motorfähre ersetzt.[113]

Der Zurzacher Fährenbetreiber Schmid war jedenfalls des Ruderns und Stachelns müde, was mindestens bei der grossen Wagenfähre sehr verständlich ist. Der Kleine Rat wollte sich beim Vertreter des Grossherzogtums für die Projekte von Zurzach und Koblenz verwenden und mochte selber keine Einwände gegen badische Vorhaben dieser Art erheben.[114] Im März 1833 ermahnte der Kleine Rat die grossherzoglich-badische Regierung, ihre Zustimmung zu geben. Die Baukommission sollte Pläne und Finanzierungsvorschläge dafür vorbereiten ebenso wie für die Korrektion der Strasse über den Zurzacher Berg.[115] Diese Grosszügigkeit fand ihr Gegenstück in Baden: Die grossherzogliche Regierung war mit «Fliegenden Brücken»

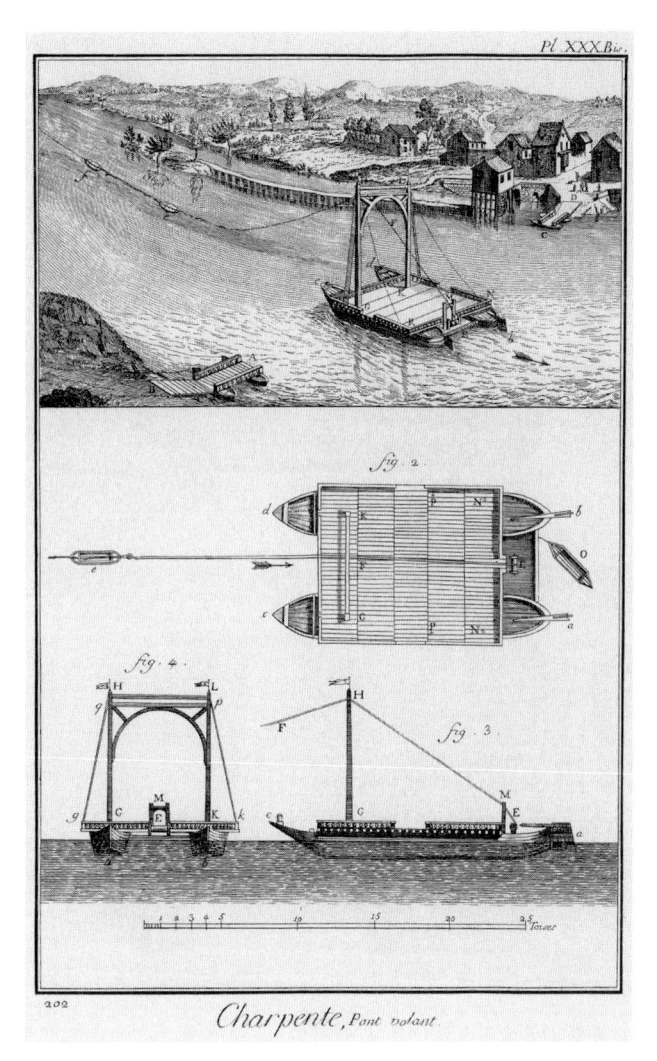

10 Idealbild einer fliegenden Brücke. Illustration aus «L'encyclopédie Diderot et d'Alembert», um 1750.

---

[107] JsHVZ 1948, S. 22.
[108] HAAG, Erinnerungen, S. 89.
[109] HEKTOR AMMANN, Aargauische Zollordnungen vom 13.–18. Jahrhundert, in: Argovia 45, 1933, S. 1–106, hier S. 74 ff.
[110] ATTENHOFER, Alt-Zurzach, S. 165 f.
[111] PKLR, 15. Nov. 1832, Bd. 32, S. 783.
[112] STEIGER, BEETSCHEN, Rheinübergänge, S. 116.
[113] Ob die Zurzacher allerdings an dieses teure Projekt dachten, ist ungewiss. Eine bedeutend einfachere Lösung wäre eine so genannte «Gierfähre» gewesen: «Das Fahrzeug wird an einem langen Seil befestigt, das über mehrere ‹Gier- oder Buchtnachen› gelegt und weiter oben im Fluss verankert wird. Das Ankertau kann auch unter Wasser an eine Reihe von Schwimmern gehängt werden.» Schweizer Lexikon, Zürich 1948, unter «Seilfähre». Solche Gierfähren sind im östlichen Deutschland heute noch mehrfach anzutreffen.
[114] PKLR, 12. Dez. 1832, Bd. 32, S. 844.

11 «Ordnung für die fliegende Brücke bei Kadelburg», festgelegt durch das Grossherzogliche Finanzministerium in Karlsruhe, 1847. Museum Höfli.

Ordnung
für die fliegende Brücke bei Kadelburg.

Für die fliegende Brücke bei Kadelburg wird verordnet, was folgt:

Artikel 1.
Für die Ueberfahrt von einem Ufer zum andern ist an Ueberfahrtsgebühr zu entrichten:

1) von einer Person mit oder ohne Last . . . . 2 kr.
    kleine Kinder, welche getragen werden müssen, bleiben frei.
2) von einem Reiter für Mann und Pferd . . . . 6 kr.
3) von Thieren für das Stück, und zwar
    a) von grossen, belasteten oder unbelasteten Thieren, als: Pferden, Maulthieren, Eseln, Ochsen, Kühen, Rindern &c. . . . 4 kr.
    b) von kleinen Thieren, als: unbeschlagenen Fohlen, Kälbern, Schweinen, Ziegen, Schafen u. s. w. . . . 1 kr.
    Von den die Thiere begleitenden Personen wird das Brückengeld nach Satz 1. besonders erhoben.
    Werden die Thiere gefahren oder getragen, so ist nur das Brückengeld für die Fuhre, auf welcher sie sich befinden, oder für die Person, von welcher sie getragen werden, zu erlegen.
4) von einem Schubkarren sammt Führer: leer . . . 3 kr.
    beladen . . . 4 kr.
5) von einem Fuhrwerke mit 2 oder 4 Rädern, durch Menschen gezogen: leer: für eine Person . . . 4 kr.
    „ für jede weitere Person . . . 2 kr.
    beladen: für eine Person . . . 5 kr.
    „ für jede weitere Person . . . 3 kr.
6) von leichten, zum Transporte von Personen bestimmten Fuhrwerke, als: Chaisen, Char-à-banc, Bernerwagen u. s. w., für jedes Stück der Bespannung . . . 8 kr.
    Der Fuhrmann ist frei, jede andere fahrende Person hat das Brückengeld nach Satz 1. zu entrichten.
7) von landwirthschaftlichen oder Frachtfuhrwerken für jedes Stück der Bespannung:
    leer: für ein Pferd . . . 8 kr.
    „ für ein anderes Zugthier . . . 6 kr.
    beladen: für ein Pferd . . . 16 kr.
    „ für ein anderes Zugthier . . . 12 kr.
    Das Fuhrwerk wird als leer behandelt, wenn auf das Stück der Bespannung nicht über 3 Zentner geladen sind.
    Bei einer Bespannung bis zu 3 Stücken ist ein Führer, bei einer Bespannung von 4 oder mehr Stücken sind zwei Führer frei.
8) von Fuhrwerk, welches an anderes angehängt ist:
    von einem einspännigen . . . 4 kr.
    von einem zweispännigen . . . 8 kr.
9) von Waaren, welche nicht auf Fuhrwerk übergesetzt werden:
    a) von einem Sacke oder einer Traglast:
    Getreide, Mehl, Kartoffel, Obst . . . 2 kr.
    b) von einem Dielenbaume oder Holzstamme . . . 12 kr.
    c) von einem Zentner sonstiger Waare . . . 1 kr.

Artikel 2.
Die gewöhnliche Fahrzeit dauert:
1) in den Monaten Januar, Februar, November und Dezember von Morgens 7 Uhr bis Abends 7 Uhr.
2) in den Monaten März und October von Morgens 6 Uhr bis Abends 8 Uhr.
3) in den Monaten April und September von Morgens 5 Uhr bis Abends 9 Uhr.
4) in den Monaten Mai, Juni, Juli und August von Morgens 4 Uhr bis Abends 10 Uhr.

Artikel 3.
Während der im Artikel 2 festgesetzten Fahrzeit soll die Brücke, so lange eine Fuhre oder Person zum Uebersetzen vorhanden ist, nicht länger stillstehen, als das Ein- und Ausschiffen erfordert.
Wenn eine Fuhre oder Person auf dem entgegengesetzten Ufer anlangt, so ist die Brücke sogleich bei der ersten Wahrnehmung dahin in Bewegung zu setzen.
Eine Ausnahme wird gemacht, wenn ein Schiff oder Floss herannaht, in welchem Falle so lange gewartet wird, bis das Schiff oder der Floss durchgegangen ist.

Artikel 4.
Eine Ueberfahrt ausser der im Artikel 2 festgesetzten Fahrzeit kann nur mit besonderer Erlaubniss des Oberzollinspectors oder seines Stellvertreters und gegen Erlegung der doppelten Ueberfahrtsgebühr stattfinden.

Artikel 5.
Bei Hochgewässer und ungestümem Wetter, wenn die Ueberfahrt mit Gefahr verbunden ist, wird sie ganz eingestellt.

Artikel 6.
Wer überfahren will, oder übergefahren ist, muss ein Fahrgeldzeichen lösen.
Fuhrleuten, Reitern und Treibern, welche bei ihren Thieren bleiben müssen, wird das Zeichen gegen Erlegung des Fahrgeldes auf ihre Stelle gebracht.
Dieses Zeichen ist dem Einsammler auf Begehren wieder abzugeben.

Artikel 7.
Das Fahrpersonal ist angewiesen, keine übermässige Belastung der Fahrzeuge zu gestatten.

Artikel 8.
Reiter und Fuhrleute sitzen während der Ueberfahrt ab und halten ihre Pferde am Zaume.
Fuhren, welche auf die Ueberfahrt warten, halten an einem Platze, wo sie die mit der Fähre ankommenden Fuhren nicht hindern.
Heerden Kleinvieh und Fuhrwerke dürfen nicht gleichzeitig übergesetzt werden.

Artikel 9.
Alle Handlungen, welche den Dienst erschweren, die Ueberfahrenden gefährden, oder unnöthigerweise belästigen, oder der Brücke möglicherweise schaden, sind verboten.

Artikel 10.
Dem Fahrpersonale ist ein anständiges und höfliches Betragen gegen die überfahrenden Personen zur Pflicht gemacht. Es darf kein Geschenk annehmen.
Beschwerden gegen dasselbe sind bei dem Oberzollinspector oder dessen Stellvertreter anzubringen.

Artikel 11.
Bis zu den Grenzen der Gemarkung Kadelburg sind Ueberfahrten neben der Brücke nur den Einwohnern von Kadelburg zur Besorgung ihrer Güter auf der linken Seite des Rheins erlaubt.

Artikel 12.
Wer sich der Entrichtung der Ueberfahrtsgebühr entzieht, ferner, wer dem vorhergehenden Artikel zuwiderhandelt, macht sich der Fahrgelddefraudation schuldig und hat neben Nachzahlung der umgangenen Gebühr nach der Verordnung vom 2. September 1812 (Regierungsblatt Nro. XXVIII.) den zwanzigfachen Betrag derselben als Strafe zu erlegen.

Artikel 13.
Wer sonstigen Bestimmungen dieser Ordnung zuwiderhandelt, wird nach Massgabe der Verordnung vom 15. Februar v. J. (Regierungsblatt Nro. VIII.) neben dem Ersatze für etwaigen an der Brücke verübten Schaden in eine Geldstrafe bis zu 25 fl. verfällt, sofern nicht die Beschaffenheit des Falls nach den Strafgesetzen eine höhere Strafe begründet.
Der Schadenersatz wird zunächst vom Hauptzollamte Kadelburg festgesetzt. Will sich der Ersatzpflichtige dem Erkenntnisse des Hauptzollamts nicht unterwerfen, so wird dieses die zuständige Gerichtsbehörde um Entscheidung angehen.

Artikel 14.
Wer Schaden verursacht, oder sich eines Vergehens gegen diese Ordnung, oder der Defraudation des Fahrgelds schuldig gemacht hat, darf seinen Weg nicht eher fortsetzen, als bis er sein Vergehen protokollarisch anerkannt und Schaden und Strafe bezahlt, oder Caution hinterlegt, oder Bürgschaft geleistet hat. Ist er im Augenblick weder das eine noch das andere zu thun im Stande, so wird einstweilen ein entsprechender Theil seiner Habe in Beschlag genommen.

Artikel 15.
Die Grossherzogliche Hofdomainenkammer ist mit dem Vollzuge beauftragt.
Carlsruhe, den 12. Februar 1847.

Ministerium der Finanzen.
Regenauer.
vdt. Ekert.

Nro. 5,577.
Vorstehende Ordnung wird hiemit zur öffentlichen Kenntniss gebracht.
Carlsruhe, den 25. März 1847.

Hofdomainenkammer.
Beger.
vdt. Grosch.

Druck der Chr. Fr. Müller'schen Hofbuchdruckerei.

in Koblenz und Zurzach einverstanden unter folgenden Bedingungen:
- Ein badischer Wunsch für eine Brücke oder etwas Ähnliches bei Kadelburg müsste genehmigt werden,
- die Rheinschifffahrt dürfte nicht leiden,
- die Preise dürften nicht erhöht werden,
- die Zufahrten müssten beidseits instand gestellt werden.[116]

Hier tritt offenbar die Bedeutung hervor, die der Übergang bei Kadelburg–Barz für das Grossherzogtum hatte. Vor allem die Kadelburger hatten seit dem Mittelalter eine enge Beziehung zum Stift Zurzach und waren auf den Barz-Übergang angewiesen. Aufgrund der Zollordnung schon zur Zeit der Helvetik, vor allem aber seit 1815 wurden an den eidgenössischen Grenzen Zölle erhoben. Daher kaufte der Kanton Aargau 1822 bei der Fähre Barz ein kleines altes Haus als vorläufiges Dienstgebäude für den Landjäger, der die Zölle einzog. Zwei Jahre später wurde ein Neubau unmittelbar neben der Fähre errichtet.[117]

Das Jahr 1834 brachte neue Schwierigkeiten: Der Deutsche Zollverein unter Führung Preussens wurde gegründet mit der Absicht, Deutschland zu einigen. Das bedeutete eine Benachteiligung der Zurzacher Messe, und die Beeinträchtigungen des Fährbetriebs durch den grossherzoglich-badischen Zoll, über die sich der Fahrrechtinhaber und Glockenwirt Schmid beklagte, beschäftigten den Kleinen Rat in Aarau mehrmals.[118]

1836 meldete das Bezirksamt Zurzach, die badische Regierung habe die Kadelburger Fähre «eigenthümlich aquirirt» (d. h. gekauft), um «eine Brücke herzustellen».[119] Am 10. November desselben Jahres ratifizierte der Grosse Rat das Abkommen mit Baden, die drei «fliegenden Brücken» zu errichten.[120] Zwei Jahre später änderten sich die Wünsche: Kadelburg wollte anstelle einer «fliegenden Brücke» eine stehende Jochbrücke, und auch Zurzach bat um Errichtung einer stehenden Brücke nach Rheinheim, mit Brückenzoll auf 90 Jahre, unter «Participation» des Staates mit Übernahme der diesseitigen Uferbefestigung durch den Staat. Kadelburgs Wunsch wurde abgelehnt, der der Zurzacher vorsichtig befürwortet, aber auf Bewilligung durch die Tagsatzung hingewiesen.[121]

Die Gespräche zogen sich hin – eine fliegende oder eine feste Rheinbrücke erhielt Zurzach im 19. Jahrhundert nicht.

Post

Die Helvetik brachte nicht nur eine umwälzende Entwicklung der eidgenössischen Politik, sondern auch der Wirtschaft und des Verkehrs. Die Zentralisierung war Antrieb für Vereinheitlichung und Verbesserung unter anderem des Postwesens. Die grossen Entwürfe der Verfassung wurden gebremst durch Geldmangel und die politischen Brüche (Mediation 1803, Restauration 1815).

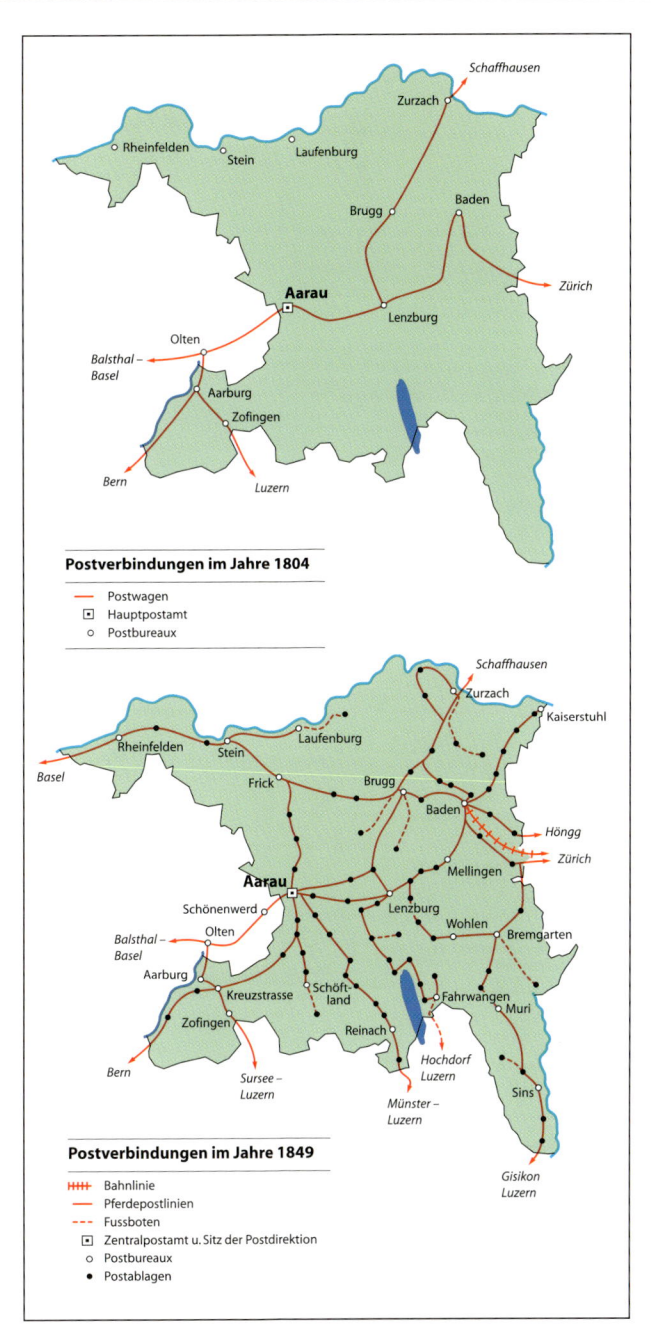

12 Postverbindungen im Aargau 1804 (Übernahme durch den Kanton) und 1849 (Übernahme durch den Bund).

---

[115] PKLR, 13. März 1833, Bd. 33, S. 180 f.
[116] PKLR, 9. April 1833, Bd. 33, S. 246 f.
[117] «Vor 165 Jahren Grenzlandjägerposten Zurzach erstellt», in: Die Botschaft 32, 18. März 1989.
[118] PKLR, 4. Nov./21. Nov. 1835, Bd. 35, S. 525 und S. 569; 11. Jan. 1836, Bd. 36, S. 12.
[119] PKLR, 24. Mai 1836, Bd. 36, S. 238.
[120] PKLR, Bd. 36, S. 540.
[121] PKLR, Bd. 38, S. 761 und S. 845.

TARIFF,
über die Ankunft und Abreis der Posten in Zurzach, auf die Messen gerichtet.

Ankunft.	Abgang.
Sonntags. Morgens um 9. Uhr die Berner-Post, mit Berner- Genffer- und Französischen Briefen, wie auch Basel und über Basel laufende Briefe. Abends um 6. Uhr die Briefe von Zürich, und um 7. Uhr die Briefe von Basel.	**Sonntags.** Morgens um 6. Uhr die Briefe nach Basel. Um 7. Uhr nach Schaffhausen, Nürnberg, Constanz, Lindau und das ganze Reich. Um 10. Uhr nach Zürich und St. Gallen, Lindau und das Tirol, über Zürich.
Montags. Morgens um 9. Uhr die Briefe von Genff, Bern und Arau. Nachmittags um 3. Uhr die Briefe von Schaffhausen, Frankfurth, Holland und Engelland. Abends um 6. Uhr die Briefe von Zürich und St. Gallen. Um 7. Uhr die Briefe von Basel.	**Montags.** Morgens um 6. Uhr die Briefe nach Basel. Um 8. Uhr nach Schaffhausen, Frankfurth und Niederlanden. Um 10. Uhr nach Zürich. Um 11. Uhr nach Bern, Genff, Frankreich, und Basel über Arau.
Dienstags. Nachmittags um 3. Uhr die Briefe von Schaffhausen, aus dem ganzen Reich, Holland und Engelland. Abends um 6. Uhr die Briefe von Zürich und Basel.	**Dienstags.** Morgens um 6. Uhr die Briefe nach Basel. Um 8. Uhr nach Schaffhausen, St. Gallen und der Enden. Um 10. Uhr nach Zürich.
Mittwochs. Nachmittags um 3. Uhr die Briefe von Schaffhausen, von Inspruck und der Enden, wie auch Zeitungen. Abends um 6. Uhr von Zürich und St. Gallen, Briefe über Zürich, Italien und Urner-Gebieths, wie auch von Basel, um 7. Uhr.	**Mittwochs.** Morgens um 6. Uhr die Briefe nach Basel. Um 9. Uhr nach Schaffhausen und das ganze Reich. Um 10. Uhr nach Zürich, auch mit Briefen nach Italien, Lucern, Schweitz, Uri und St. Gallen. Um 11. Uhr nach Bern, Genff, Basel, Frankreich und Spannien.
Donnerstags. Morgens um 9. Uhr die Briefe aus dem Berner-Gebieth, Genff, Frankreich und Basel. Abends um 4. Uhr die Briefe von Schaffhausen und ganz Teutschland, Holland und Engelland. Um 6. und 7. Uhr von Zürich, Püntnerland und Basel.	**Donnerstags.** Morgens um 6. Uhr die Briefe nach Basel. Um 9. Uhr nach Schaffhausen, und das ganze Reich. Um 10. Uhr nach Zürich und Glarus, und in das Toggenburg.
Freytags. Morgens um 9. Uhr die Briefe aus dem Berner-Gebieth, Genff und Frankreich. Nachmittags um 3. und 4. Uhr die Briefe von Schaffhausen, aus dem ganzen Reich, Holland und Engelland. Abends um 6. und 7. Uhr die Briefe von Zürich, Glarus und Basel.	**Freytags.** Morgens um 6. Uhr die Briefe nach Basel. Um 10. Uhr nach Schaffhausen und das ganze Reich. Item um 10. Uhr nach Zürich, Glarus und der Enden, wie auch ganz Pündten und Toggenburg.
Samstags. Morgens um 7. Uhr die Italienischen Briefe durch Expressen von Zürich. Nachmittags um 3. Uhr die Briefe von Schaffhausen mit der Zeitung, wie auch Tiroler-Briefe. Abends um 6. Uhr die Briefe von Zürich und St. Gallen. Um 7. Uhr von Basel.	**Samstags.** Morgens um 6. Uhr die Briefe nach Basel. Um 10. Uhr nach Zürich, samt Italienischen Briefen, Lucern, Uri, Schweitz, St. Gallen und das Tirol. Um 11. Uhr nach Bern und Berner-Gebieth, Basel, Frankreich und Spannien.

Nachrichtlich dienet, daß die Züricher-Bött beym Greiffen logiren, hiemit alle Briefe von Zürich und der Enden bey disem Haus müssen abgegeben werden. Hingegen die Briefe in und aus dem Berner-Gebieth, Frankreich, Basel, Schaffhausen und dem ganzen Reich, Holland und Engelland, etc. bey dem Pfauen. Alle Briefe, die weiters als Milano und Bergamo gehen, müssen bis Milano und Bergamo franquirt werden.

13 Ankunfts- und Abgangszeiten der Postwagen in und von Zurzach. Undatiert. Museum Höfli.

Im 18. Jahrhundert unterhielt die Berner Familie Fischer (von der Post) einen Reiterbotenkurs von Genf über Aarau/Brugg/Zurzach/Schaffhausen nach Nürnberg. Er war verbunden mit einer Postlinie Amsterdam–Basel–Bern.[122] Für den Bereich des heutigen Bezirks war Zurzach die zentrale Poststelle, deren sich die Einwohner der benachbarten Gemeinden privat und wohl auch etwa improvisiert bedienten.

Die bernische Fischerpost überdauerte die Helvetik im ehemaligen Berner Untertanengebiet; der neue Kanton Baden (Grafschaft Baden und Freiamt) gehörte zum Postkreis Zürich, ohne dass sich an den Verbindungen Wesentliches änderte.

Die Mediationsverfassung (diktiert von Napoleon am 19. Februar 1803) schuf den heutigen Kanton Aargau: Zum Kanton Baden kamen die ehemals bernischen Untertanengebiete und das Fricktal. Die nun neunzehn Kantone organisierten je ihre eigene Postverwaltung. Ab 1. Oktober 1804 bestanden im Aargau zehn Postbüros, unter denen Zurzach als Grenzbüro eine besondere Stellung einnahm. Die Verbindung Brugg–Schaffhausen über Zurzach wurde sechsmal pro Woche durch eine Postkutsche hergestellt.

14 Titelseite der 1847–1850 herausgegebenen ersten Zurzacher Zeitung mit dem Namen «Zurzacher Wochenblatt», Museum Höfli.

Zu Messezeiten sorgten zunächst noch Fussboten für den Posttransport zwischen Zurzach und Zürich sowie Zurzach und Basel. Da die kantonale Post nicht alle Bedürfnisse abdecken konnte, erteilte sie privaten Postdiensten die Genehmigung, bestimmte Strecken zu bedienen.

Der Inhaber der Zurzacher Fähre (Schmid) wurde vierteljährlich mit Fr. 70.– für die Überführung der Post entschädigt. Trotzdem meldete der Kleine Rat ein halbes Jahr nach dieser «Besoldungsrevision»: «Die Oberpostdirektion beschwert sich über die Nachlässigkeit von Schmid; der Kleine Rat lässt ihn durch das Oberamt ermahnen, sonst müsste er ersetzt werden.»[123]

Die folgenden Jahrzehnte brachten laufend Verbesserungen in der Postversorgung; es wurden neue Pferdepostlinien eingeführt, deren Kutschen von jeher eine beschränkte Anzahl Reisender aufnehmen konnten. Anderseits wurde nach 1834 das System der Postläufer so ausgebaut, dass bald jede Gemeinde im Kanton wenigstens mit der Briefpost zwei- bis dreimal wöchentlich bedient werden konnte.

Mit der «Spanisch-Brötli-Bahn» von Baden nach Zürich begann 1847 in der Schweiz das Zeitalter der zunächst noch privaten Eisenbahnen, die den Post- und Güterverkehr gewaltig steigern konnten. Die Gemeinderäte von Baden und Zurzach ersuchten 1847 in einer schnellen Reaktion die Regierung in Aarau um Bewilligung einer Postverbindung durch einen täglich hin- und herfahrenden Postwagen.[124] Der Kleine Rat gestattete eine einspännige «Post-Chaise», für zwei, im Notfall für drei Reisende berechnet. Im Dezember des Jahres wurde das einspännige Fuhrwerk auf Befehl der Regierung durch eine Kutsche mit zwei Pferden ersetzt.[125]

Der Bau der Badischen Eisenbahn von Basel nach Waldshut 1856, die Verlängerung der Linie Zürich–Baden über Olten bis Bern 1858 und der Bau der Linie Turgi–Waldshut 1859 hatten für Zurzach schliesslich unglückliche Auswirkungen, indem sie den Messeort verkehrstechnisch isolierten.

Zeitungen

Zeitungen im Sinne von regelmässigen Publikationen gab es schon im 17. Jahrhundert. Nach der Schaffung des Kantons Aargau erschienen in Aarau zwei Zeitungen radikaler Richtung, denen in den Dreissigerjahren des 19. Jahrhunderts Blätter derselben Gesinnung aus Badener Druckereien folgten. In Aarau existierte seit 1828 zudem ein eher konservatives Blatt.[126]

1840 erschien die erste Zeitung der Druckerei J. G. Birrcher u. Comp. in Zurzach und wurde unter verschiedenen Bezeichnungen bis 1841 herausgegeben. Die radikale Haltung dieses Blattes geht schon daraus hervor, dass es noch 1840 verboten wurde und 1841 daher unter einem neuen Namen («Die Post») wieder erschien, ohne dass es seine scharfe Haltung änderte. Es ging unter, ohne direkte Spuren zu hinterlassen.

1847 wurde in Zurzach das «Zurzacher Wochenblatt» gegründet, offenbar ein unbedeutendes Blättchen, das sein Erscheinen 1850 einstellte.

«Die Botschaft», 1856 in Klingnau gegründet, stellte den liberalen Aarauer und Badener Blättern eine konservative Haltung gegenüber (nach den Wirren um die Aufhebung der Klöster im Aargau in den 1840er-Jahren, der Niederlage des Sonderbundes und der Gründung des Bundesstaates). Erst 1869 kam in Zurzach als Antwort auf «Die Botschaft» eine liberale Zeitung heraus, wiederum «Zurzacher Wochenblatt» genannt. Sie konnte sich behaupten bis 1874. Mehrere neue Versuche führten schliesslich 1907 zur erfolgreichen Gründung des «Zurzacher Volksblattes».

---

[122] Die Angaben zum Thema «Post» beruhen zur Hauptsache auf der «Postgeschichte des Bezirks Zurzach», ed. v. Kurt Märki, o. O. 1997, und Attenhofer, Alt-Zurzach, S. 148 ff.

[123] PKLR, 10. März 1828, Bd. 28, S. 149, und 15. Okt. 1828, Bd. 29, S. 525.

[124] PKLR, 3. Sept. 1847, Bd. 47, S. 750.

[125] PKLR, 27. März und 18. Dez. 1848, Bd. 48, S. 230 und S. 996.

[126] Die folgenden Bemerkungen beruhen zur Hauptsache auf: Andreas Müller, Grenzland-Presse, Geschichte der politischen Zeitungen des Bezirks Zurzach im 19. Jh., in: JsHVZ 1996, S. 47 ff. – Friedrich Witz, Die Presse im Aargau, Luzern 1925.

Abbildungsnachweise:
1–4, 6, 9, 11, 13, 14) Museum Höfli, Zurzach.
5, 7) Staatsarchiv Aarau.
8) Zeichnung A. und N. Hidber.
10) Nach: L'encyclopédie Diderot et d'Alembert, planches et commentaires présentés par Jacques Proust, Paris 1985, S. 372.
12) Zeichnung A. und N. Hidber, nach: 150 Jahre Kanton Aargau, S. 508/509.

Auswanderung im 19. (und 20.) Jahrhundert

WALTER LEIMGRUBER

Der wirtschaftliche Wandel, die Einführung der Industrie, die Zunahme der Bevölkerung, eine weit verbreitete Verarmung, Krisenjahre in der Landwirtschaft, aber auch der Wille der Behörden, unerwünschte Elemente loszuwerden, führten im 19. Jahrhundert in der Schweiz zu mehreren Auswanderungswellen. Auch aus dem Aargau und dem Bezirk Zurzach wanderten viele Menschen aus, meist nach Nordamerika, aber auch nach Südamerika, Afrika und Australien. Drei grosse Schübe sind festzustellen: Der erste erfolgte 1816/17, der zweite in der Jahrhundertmitte und der dritte von 1880–85.

1814/15 suchten schwere Unwetter die Bezirke Zurzach und Laufenburg heim, 1816 brachte ein nasses und kaltes Fehljahr schlechte Ernten und Not. Mit dem Ende der Kontinentalsperre von 1815 drang die englische Konkurrenz auf den Markt, viele Handspinner und Handweber im Aargau verloren infolgedessen ihre Existenzgrundlage. Die Mehlpreise stiegen in kurzer Zeit um das Fünffache. Die aargauische Regierung empfahl den Not leidenden Gemeinden eine Sparsuppe: 3 Mass Erbsen, 3 Mass Gerste, 9 Mass Kartoffeln und 6 Pfund Brot ergaben 100 Portionen (1 Mass = ca. 1,5 kg). Aus dem Bezirk Zurzach wanderten 0,4 Prozent der Bevölkerung aus, das entsprach 49 Personen, aus dem Bezirk Rheinfelden 3,4 Prozent. Gemeinden und Kanton zahlten Beiträge an die Reisekosten.[1]

Um die Jahrhundertmitte herrschte überall grosse Not, auch im Bezirk Zurzach.[2] Eine allgemeine Verarmung, eine rückständige Landwirtschaft, die die wachsende Bevölkerung nicht mehr ernähren konnte, durch die Erbteilung verkleinerte und nicht mehr lebensfähige Betriebe, so genannte Einkuhheimetli, kennzeichneten die Situation. In Zurzach kam dazu der schnelle Abstieg der Messen. Ab 1852 brachten mehrere Jahre Unwetter und schlechte Ernten. Viele Menschen in der Rheingegend wurden armengenössig.

Taglöhner und viele Heimarbeiter verdienten damals rund einen Franken pro Tag und hatten pro Pfund für Brot 17 Rappen, für Reis 20 Rappen, für Zucker 40 Rappen und für Kaffee 80 Rappen zu bezahlen. Hauptnahrungsmittel waren Kartoffeln, Zichorienkaffee, Kuh- und Ziegenmilch, wenig Brot, Dörrobst und Gemüse. Fleisch kam nur sel-

---

[1] KNECHT, Auswanderung, S. 47, 49.
[2] Vgl. WESSENDORF, Auswanderung, S. 117 f.

1 Bezirk Zurzach: Armenunterstützung und Auswanderung 1841–1860 in Zahlen.

2 Bezirk Zurzach: Armenunterstützung und Auswanderung 1841–1880 in Prozenten.

3 Inserat in der «Botschaft» Nr. 89 vom 24. Juli 1884.

ten auf den Tisch. In den 1840er-Jahren gab es wegen der Kartoffelkrankheit nur wenig Kartoffeln. Gelbe und weisse Rüben mussten sie ersetzen. Wieder produzierten die Gemeinden Sparsuppen. Der Staat kaufte im Ausland Mais und Erbsen auf und gab sie an die Bevölkerung ab. 1841–50 wanderten aus dem Aargau jährlich rund 225 Personen aus, 1851 waren es 1300, 1854 sogar 2963. Aus Döttingen wurden 1852 90 Auswanderer gemeldet. Ab 1855 sanken die Zahlen wieder etwas.³ Die Gemeinden versuchten ihre Armen loszuwerden, indem sie sie zum Auswandern bewegten. Der Bezirk Zurzach stand zusammen mit den anderen Jurabezirken Brugg, Laufenburg und Rheinfelden an der Spitze der Auswanderungszahlen im Aargau. Zwischen 1841 und 1850 wanderten aus dem Bezirk 274 Personen oder 1,7 Prozent der Bevölkerung aus, zwischen 1851 und 1860 970 Personen (6,1 Prozent), zwischen 1861 und 1870 441 Personen (3 Prozent), zwischen 1871 und 1880 285 Personen (2,1 Prozent). Der Bezirk lag damit immer über dem kantonalen Durchschnitt.⁴

Aus der Gemeinde Zurzach brachen 1852 eine fünfköpfige Familie und sechs Einzelpersonen nach Nordamerika auf. Letztere waren alles Männer, einer davon war verheiratet. Die Familie nahm 4000 Franken mit, die höchste im Bezirk aufgeführte Summe, die Einzelpersonen je zwischen 250 und 1000 Franken. Die meisten Auswanderer aus dem Bezirk hatten einige Hundert Franken in der Tasche. Die Männer waren im Schnitt zwischen 18 und 32 Jahre alt. Nur von Schneisingen wanderten mehr aus als von Zurzach, nämlich zwölf Erwachsene und einige Kinder.⁵

1853 wanderten aus dem Bezirk 273 Personen, davon 123 Kinder, aus. Der Bezirk Zurzach lag nicht nur damit an der Spitze, sondern auch mit der höchsten für die Auswanderung bezahlten Unterstützung: Fr. 27'665.43 wurden von den Gemeinden und Fr. 5293.57 vom Staat zugeschossen. 46 ledige oder verwitwete Männer, 31 ledige oder verwitwete Frauen, 39 verheiratete Männer, 34 verheiratete Frauen und 123 Kinder verliessen die Heimat, 261 Richtung Nord-, acht Richtung Südamerika, vier Richtung Australien. Nur eine Familie mit drei Kindern wurde aus dem Flecken gemeldet. Ein Jahr später waren es ein verheirateter Mann und eine verheiratete Frau, ein Kind und je zwei ledige/verwitwete Männer und Frauen mit 5200 Franken; 80 Franken hatten

Auswanderung aus dem Bezirk Zurzach im 19. Jahrhundert

Grafiken nach Angaben bei Wessendorf, Auswanderung.

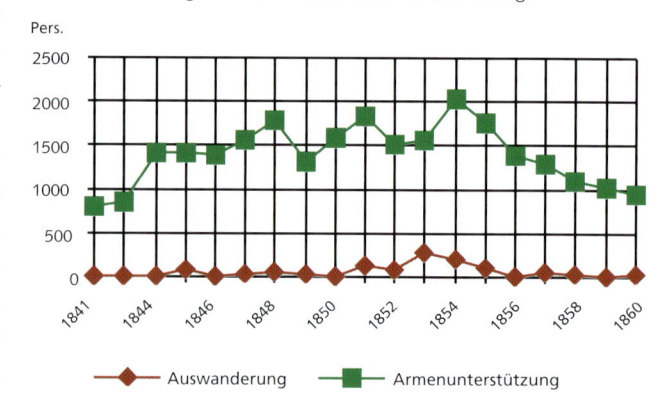

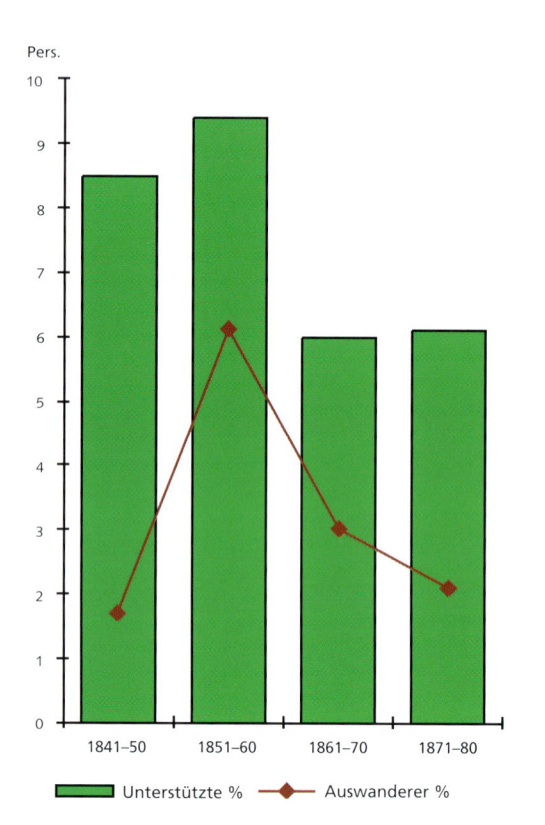

Auswanderungswellen im Bezirk Zurzach im 19. Jahrhundert:
– Notjahre 1816/17
– kleine Welle in den frühen Dreissigerjahren (1829: 34 Personen; 1833: 33 Personen)
– Jahrhundertmitte, 1845–50 Vorläufer, 1851–55 Höhepunkt. Auswanderungsagentur in Zurzach: 1866 Niederlassung der Agentur Firma Wirth-Herzog.
– 1880–85 letzte Welle. 1883 starke Auswanderung anzunehmen. Aus Lengnau und Oberendingen wandern nahezu 200 jüdische Familien nach Chile aus.

Der Bezirk Zurzach blieb von der Industrialisierung fast unberührt: 1857 1 Betrieb, 60 Arbeiter.
Bei der Maisverteilung an arme Leute 1854 waren im Bezirk 92 % bezugsberechtigt.

Gemeinde und Staat an Unterstützung bezahlt. 1855/56 wurden keine Auswanderer gemeldet, 1857 eine Person. 1860 meldete Zurzach zwei Personen und 1862 eine. Zwischen 1863 und 1872 wanderten dreizehn Personen aus, zwischen 1873 und 1879 fünf.[6] Der Bezirk wies wiederum die höchste Zahl im Aargau auf. Die jährlichen Zahlen aus dem Flecken erscheinen zwar klein, insgesamt machte sich die Auswanderung dennoch deutlich bemerkbar. 1888 war in Zurzach eine Auswanderungsagentur tätig, die Firma Faes-Bürkli.[7] Offenbar gab es bis ins 20. Jahrhundert hinein finanzielle Unterstützung für Auswanderungswillige. 1922 kam es zu einem Streit zwischen verschiedenen Gemeinden, wer zahlen müsse für die «Vögel», wie zwei Personen in einem Brief der Zurzacher Behörden genannt wurden.[8]

Während viele die Region verliessen, tauchten, zumindest für kurze Zeit, viele fremde Gesichter auf. Als 1871 die Bourbaki-Armee auf Schweizer Boden übertrat und entwaffnet wurde, erhielt der Aargau 8800 Soldaten zugeteilt. «[...] am 7. Horner 1871 mittags 12 Uhr langten 400 Mann Franzosen ausgehungert, elend und halbnackt in Zurzach an; es war ein erbärmlicher Anblick. 200 davon blieben in Zurzach (verteilt in der Waag, Rebstock, Glocke und Schlösschen); 200 zogen nach Kaiserstuhl. [...] Am 17. Horner 1871 langten in Zurzach ca. 120 Pferde und 40 Mann derselben französischen Armee an und in Rekingen (zum Kreuz) ca. 130.»[9] Die Tiere hätten sich vor Hunger die Schwänze abgefressen, erzählte man später. Die Franzosen wurden gepflegt und verliessen den Flecken bereits am 18. März 1871 wieder, mit Fackelschein, Gesang und «Vive la Suisse, vive Zurzach»-Rufen. Sie hatten sich meist gut gehalten, stellte die «Botschaft» befriedigt fest. Einige Radaubrüder wurden allerdings im «Gefangenenthurm» untergebracht.

Weniger massiert, dafür mit einiger Regelmässigkeit kamen im 19. und in der ersten Hälfte des 20. Jahrhunderts Hausierer. Manche stammten aus der Region, andere kamen aus weit entfernten Gebieten, manche tauchten mit schöner Regelmässigkeit auf, andere verschlug es eher zufällig in die Gegend. Bevor sie ihre Produkte feilbieten konnten, mussten sie sich auf der Gemeinde registrieren lassen und eine Hausiergebühr entrichten. Einige dieser Kontrolllisten sind erhalten. Von Januar bis Juni 1904 enthält die Liste fünfzig Einträge, einige Namen tauchen mehrmals auf. Ungefähr ein Fünftel waren Frauen.[10] Die Gemeinde kassierte in diesem halben Jahr 34 Franken und 75 Rappen, pro Person zwischen zehn Rappen und zwei Franken. Verena Müller etwa sammelte Lumpen, Sebastian Jetzer hielt Wichse feil, Anne Roth Kurzwaren, Johann Holleger brachte den berühmten Glarner Schabziger, Max Fabbres Kurzwaren, Salomon Hasgall bot Brillen an, Herm. Abramowitz wollene Stoffresten, Andres De Martin-Panna betätigte sich als Kesselflicker, Carl Torre schliff Scheren, Carla Sultana vertrieb Töpferwaren und Joh. Bianchi Löffel- und Messerschmiedewaren.

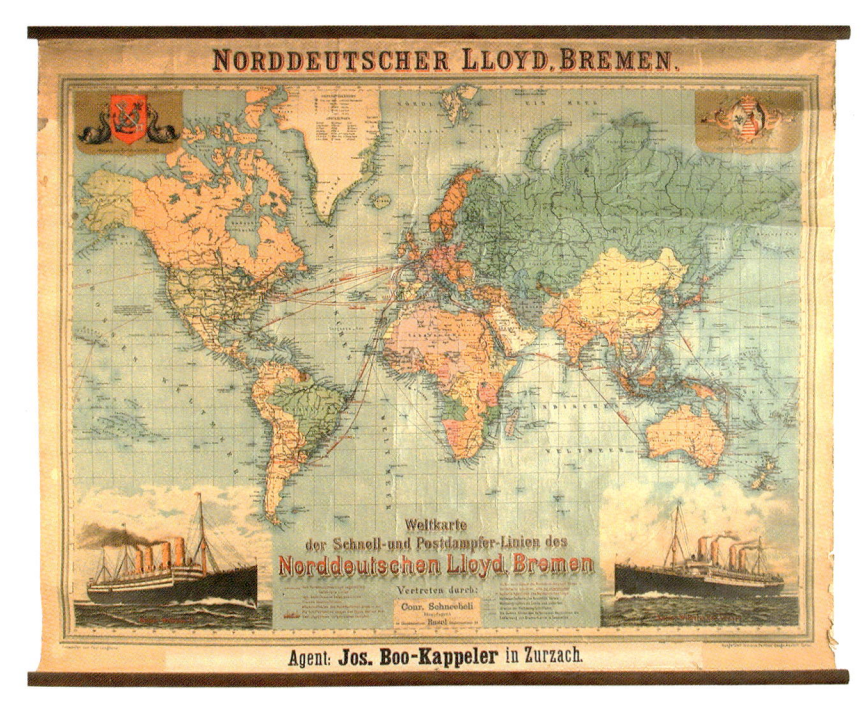

Bis in die Zwischenkriegszeit gehörten einheimische Gewerbetreibende, die ihre Produkte auf der Strasse anboten, wie der Milchmann und der fahrende Bäcker, ebenso zum Ortsbild wie Lumpensammler und Schabzigermandli, Glaser, Schirmflicker und Scherenschleifer. Frauen aus dem Schwarzwald verkauften Wacholderbeeren. Italiener und Frauen aus dem Tirol schleppten schwere «Hutten» voller Schuhbändel, Hosenträger, Handtücher und Seifen. Ohnehin war die Strasse weit mehr Kommunikationsort als später. Vieles, worüber heute schriftlich informiert wird, gab der Weibel damals mit Schelle bekannt, z. B. eine Holzversteigerung oder eine Versammlung.[11] Bis zur Gründung

4 Werbeplakat für Überseefahrten, Ende 19. Jahrhundert. Agent in Zurzach war Josef Boo im Haus «zu den Drei Königen». Museum Höfli.

---

[3] KNECHT, Auswanderung, S. 50 f., 55.
[4] WESSENDORF, Auswanderung, S. 223 f., 340 f.
[5] StAAG, Standort 2/3.31, Sign. DIA. 33/001, Direktion des Innern, Auswanderungsstatistik.
[6] StAAG, Standort 2/3.31, Direktion des Innern, Auswanderungsstatistik.
[7] StAAG, Direktion des Innern; Auswanderungswesen, Allgemeines, 1853–1888.
[8] GAZ 1351: Arbeitslosenwesen. Brief 28.8.22.
[9] HAAG, Erinnerungen, S. 145 f.; Die Botschaft, 21.3.1871.
[10] GAZ 1072: Kontrolle über Hausiergebühren von Zurzach, 1904.
[11] WALTER EDELMANN, Erinnerungen an den «Mohrenkopf», in: Jahrgang 1923, S. 12 f.; HANS BIRCHMEIER-SPULER, Von Dampfschese, Biiblättli und Flegeleien im Walzertakt, in: Im Rückspiegel, S. 14.

des Zurzacher Volksblattes (1907) wurden auch Todesfälle mündlich mitgeteilt. Zwei Frauen, je nachdem katholisch oder reformiert, trugen als Leichenbitterinnen die Trauerkunde von Haus zu Haus. Mit feststehender Formel gab «d Umesäägeri» Namen des Verstorbenen und Tag sowie Stunde der Beerdigung bekannt und ersuchte die Leute, an der «Lych» teilzunehmen. Entschädigt wurde sie mit einem kleinen Geldgeschenk. Der Tod wurde auch mit der Totenglocke bekanntgegeben. «Es lütted ines Änd», sagten die Leute. Bei einer Frau folgten dann sieben Glockenschläge, bei einem Mann elf.[12]

---

[12] ATTENHOFER, Zurzacher Brauchtum, S. 4 f.

7 Der Schritt in die Moderne

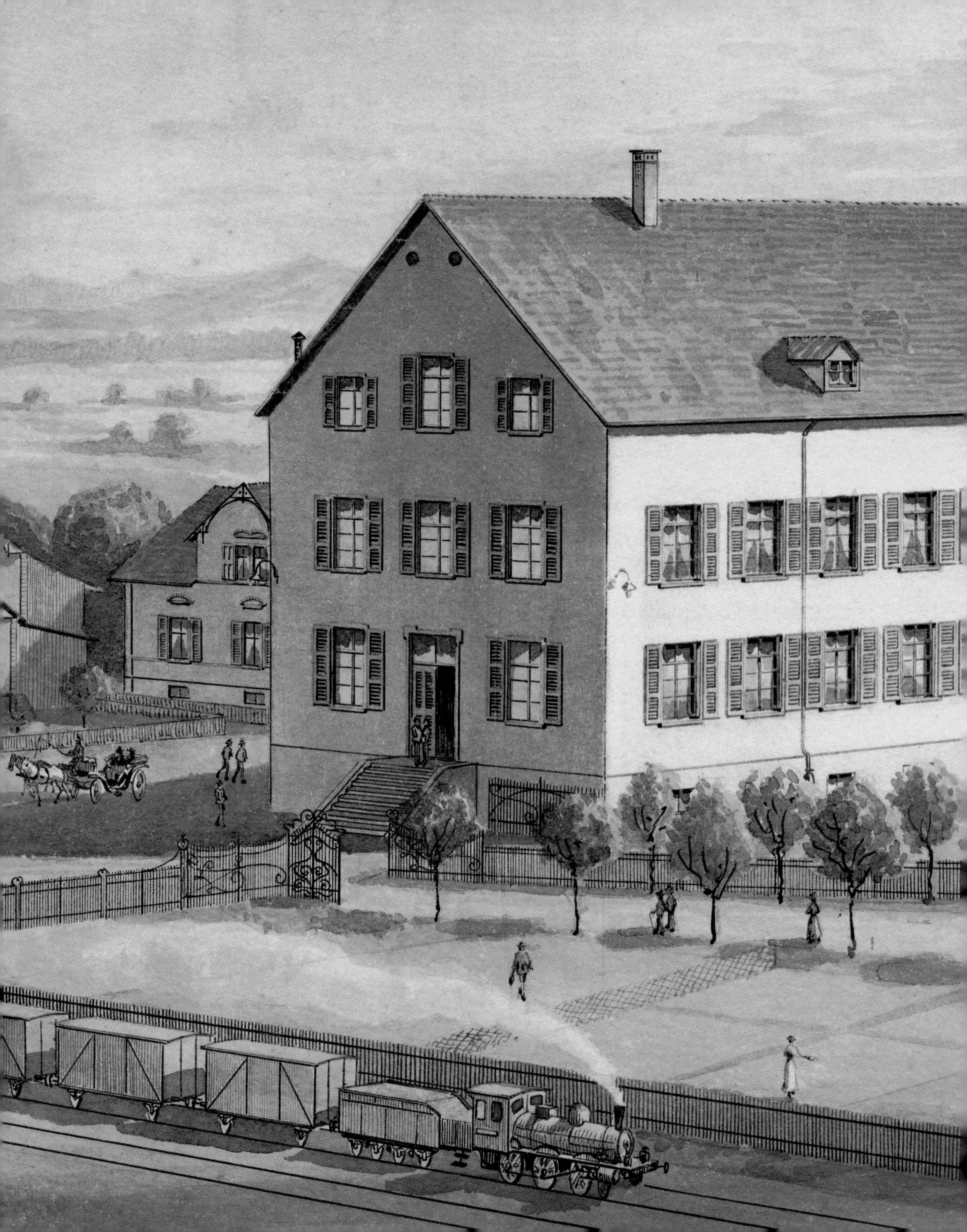

Zurzach 1850–1950

WALTER LEIMGRUBER

Die demographische Entwicklung

Einwohnerzahlen von Zurzach[1]

1510	ca. 500	1860	819	1910	1601
1780	1024	1870	822	1920	1841
1809	833	1880	966	1930	1849
1837	904	1888	1083	1941	2025
1850	948	1900	1287	1950	2401

1850, zwei Jahre nach der Gründung des Bundesstaates, zählte Zurzach 948 Einwohnerinnen und Einwohner. Die Zahl hatte sich seit dem frühen 16. Jahrhundert verdoppelt, war allerdings gegenüber 1780 gesunken. Damals hatte man im Flecken 1024 Personen gezählt.

Von 1780 bis 1837 wuchs der Bezirk Zurzach um 52 %, von 1837 bis 1941 hingegen bloss um gut 10 %. Anders verlief die Entwicklung des Fleckens. Er verlor in der ersten Periode 12 % der Bevölkerung, von 1837 bis 1941 hingegen stieg die Zahl um 125 %. In allen anderen Gemeinden des Bezirkes ist zwischen 1780 und 1837 eine Zunahme festzustellen (zw. 11 % in Rietheim und 111 % in Full-Reuenthal). In Zurzach aber machte sich der Niedergang der Messen bemerkbar. In der zweiten Periode hingegen verzeichneten viele Gemeinden eine Abnahme (von –8 % in Leibstadt bis –44 % in Oberendingen), andere wiederum wuchsen zwischen 2 % (Wislikofen) und 34 % (Full-Reuenthal).[2] Erst mit dem aussergewöhnlichen Wachstum in der zweiten Hälfte des 19. Jahrhunderts wurde Zurzach um 1900 die grösste Gemeinde des Bezirks. Oberendingen, Lengnau, Klingnau, bis 1880 auch Döttingen und Leuggern waren vorher grösser gewesen.[3]

Die Zunahme in Zurzach ist einerseits auf das generelle Wachstum der grösseren und zentralen Orte zurückzuführen. Anderseits verhalf ab 1880 die Industrie dem Flecken zu Arbeitsplätzen und Einwohnern. Zwischen 1850 und 1950 stieg die Einwohnerzahl im Flecken von 948 auf 2401. Mit dieser Zunahme um 153,3 % wies Zurzach das weitaus stärkste Wachstum der Region auf. Rekingen mit einer Zunahme von 104 % lag an zweiter

---

[1] Zahlen aus: 150 Jahre Kanton Aargau, S. 64 f.; AMMANN, SENTI, Bezirke, S. 119.
[2] AMMANN, SENTI, Bezirke, S. 119.
[3] Zahlen aus WELTI, Bevölkerung, S. 2.

Fabrikgebäude der Firma Zuberbühler & Cie. Zurzach. Vgl. Seite 361.

1 Zurzach 1855, ein Jahr vor der letzten Messe: Das Schwertgasstor ist verschwunden, und im ummauerten Eingangshof der reformierten Kirche ist eine stattliche Pappelreihe emporgewachsen. Aquarellierte Zeichnung von Hermann Hagnauer, Bezirkslehrer in Zurzach. Privatbesitz.

Stelle. Der Bezirk Zurzach insgesamt wuchs von 15'963 auf 17'577 Einwohner, was eine Zunahme um lediglich 10,1 % bedeutet. Die Zahlen belegen daher nicht einen Aufschwung der Region, sondern eine Verlagerung der Bevölkerung innerhalb des Bezirkes. Die kleinen Orte verloren massiv an Einwohnern (Baldingen –45,8 %, Böbikon –40,9 %), die grösseren und zentralen Ortschaften legten dagegen zu.[4]

1809 gab es in Zurzach 180 Häuser und 199 Haushaltungen mit 833 Personen. 134 waren Aktivbürger, vier waren in der Gemeinde «angesessene» Schweizer, zwei «geduldete Landesfremde», zudem wurden 20 männliche und 60 weibliche Dienstboten verzeichnet.[5] 1880 wurden 254 Haushaltungen gezählt, 1930 waren es 493, 247 davon bestanden aus Ausländern.[6] 1950 zählte Zurzach 428 bewohnte Häuser und 693 Haushaltungen.[7]

Doch die Zahlen täuschen. Die Zeit zwischen 1850 und 1950 war für Zurzach keine Ära des Wohlstandes und des Aufschwungs. Zurzach war um 1850 verarmt, die Messe hatte jede Bedeutung verloren und verschwand, die Wallfahrt erreichte einen Tiefstand, die Bevölkerung wanderte ab. Zurzach erlebte einen dramatischen Niedergang, während im benachbarten Aaretal mit der Bahnerschliessung der Aufschwung begann. Die Jahre des relativ leicht verdienten Wohlstandes durch Messen und Wallfahrt waren vorbei. Der Flecken konnte sich lange Zeit nicht auf die neue Situation einstellen.

Das Gesicht des Fleckens ändert sich

Eine Momentaufnahme der Gemeinde kurz vor der Jahrhundertwende gibt uns ein Fragebogen, der 1895 für ein militärstatistisches «Gemeindelexikon» erstellt wurde. Er listet für Zurzach folgende Gebäude auf: 3 Fabriken, 11 Gasthäuser, Hotels und Pensionen mit 68 Betten, 6 Tanzsäle, 3 Schmiede- und Schlosserwerkstätten, 2 Wagnerwerkstätten, 1 Sattlerwerkstatt, 5 Bäckereien, 24 Privatbacköfen, 1 öffentliche Waage, 60 Scheunen, 18 Waschhäuser, 56 Stallungen, 6 laufende Brunnen, 3 Sodbrunnen und Zisternen.[8]

Zurzach weitete sich in dieser Periode auch erstmals über die seit dem Mittelalter bestehenden Ortsgrenzen aus. Um 1900 sprengten der Bahnhof, die Spar- und Leihkasse sowie die ersten Zuberbühler-Fabriken die alten Grenzen. Mit der industriellen Produktion liessen sich vermehrt Arbeiterinnen und Arbeiter in Zurzach nieder, eine rege Bautätigkeit setzte ein. Die in der Folge entstehenden Neuquartiere (Mandschurei, Marokko, Promenade, Breite, Lindenrain, Entwiese usw.) hielten sich allerdings in gebührendem Abstand vom alten Flecken. Der Unternehmer Zuberbühler baute zwei Quartiere für seine Arbeiter, die «Mandschurei» mit Einfamilienhäusern und «Marokko» mit Wohnblöcken. Die Quartiere boten Platz für 24 Familien. Die seltsamen Namen Mandschurei und Marokko nehmen Bezug auf Ereignisse während des Quartier-

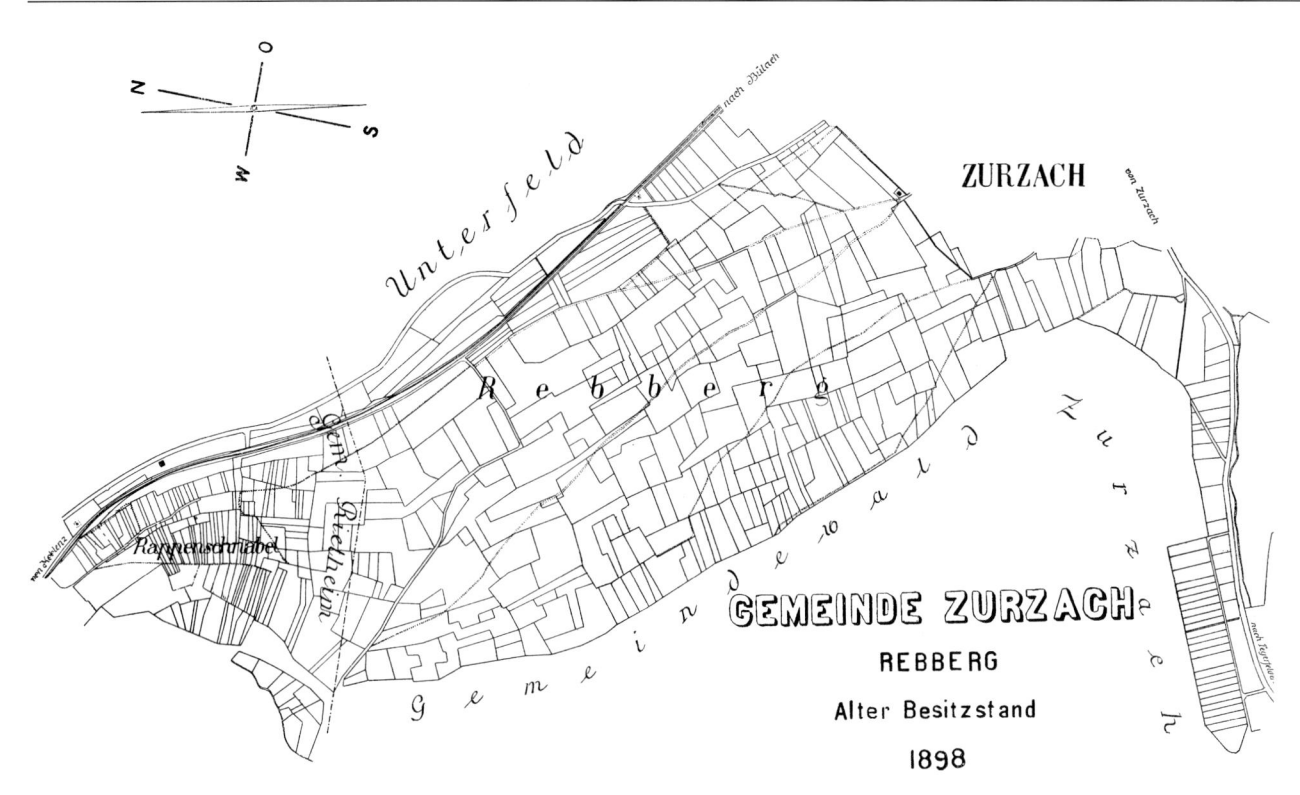

2 Zurzach 1898. Parzelleneinteilung in den Wiesen westlich des Fleckens vor der Güterzusammenlegung. Gemeindearchiv Zurzach.

baus. Die Häuser waren 1905 bezugsbereit, als Russland und Japan im Krieg standen und die Russen die Mandschurei besetzt hatten. Marokko (heute Baslerstrasse) erinnert an die internationalen Marokkokrisen von 1904 und 1911.[9] Zuberbühler prägte den Flecken nachhaltig; er baute 1896 das alte Schuhfabrikgebäude (abgebrochen 1985), die Gebäude der Triumph, die Villa Himelrich sowie die Quartiere Mandschurei und Marokko. Nach ihm setzte die Sodafabrik mit den Bohrtürmen und den Wohnbauten am Lindenrain und ob den Schulmatten neue Akzente.

1911 machte sich wegen des Zuzugs von Industriearbeiterinnen und -arbeitern ein «empfindlicher Wohnungsmangel» bemerkbar, eine Baugenossenschaft wurde gegründet. Diese setzte sich zum Ziel, eine «Anzahl freundliche, praktisch eingerichtete Zweifamilienhäuser» zu erstellen. Sie erwarb hinter dem Restaurant zum «Gut», am so genannten Rebberg, mehrere Landparzellen und begann mit dem Bau von vier Zweifamilienhäusern (Millionenviertel). Zudem kaufte sie die Liegenschaft «zum Greifen». Die Sodafabrik verschärfte den Wohnungsmangel. «Die letzte Wohnung ist nun besetzt», vermeldete das Zurzacher Volksblatt 1916. Auch Angestellte der Lonza in Waldshut suchten Wohnungen in Zurzach.[10]

1917 begann die Baugenossenschaft Zurzach mit dem Umbau des Hauses «zur Sonne». Im gleichen Jahr erwarb sie das Freiburgerhaus und richtete darin Post-, Telefon- und Telegrafen-Lokalitäten sowie Wohnungen ein. Gebaut 1453–55 für die Freiburger Gerber, war in diesem Haus während der Messen im Erdgeschoss Leder, im Obergeschoss Tuch verkauft worden. 1850 kam es in den Besitz einer Familie Keller, die hier eine Bäckerei betrieb. Anfang der 1870er-Jahre war bereits einmal die Post hier eingerichtet gewesen, in der oberen Etage fand eine Fortbildungsschule für Mädchen Platz. Um 1875 erwarb es der Fabrikant Zuberbühler als Geschäftshaus.[11]

Der durch die Ansiedlung der Industrieunternehmen aufgekommene Optimismus der ersten Jahrzehnte des 20. Jahrhunderts zeigte sich auch in den Zukunftserwartungen. Der Zurzacher Architekt Josef Erne schilderte im Januar 1917 in einem Gutachten zur Erweiterung der Rheinterrasse beim Gasthof «Anker» liebevoll das Idyll der «wieder zu erwartenden Rhein-Schiffahrt».[12] Zurzach hoffte

---

[4] 150 Jahre Kanton Aargau, S. 64 f.
[5] GAZ 1350, Statistische Erhebungen: Bevölkerungslisten der Gemeinde Zurzach, im Brachmonat 1809. Von der Munizipalität verfertigt worden.
[6] GAZ 1350, Statistische Erhebungen: Eidg. Volkszählungen 1880–1930.
[7] GAZ 1959, Statistik: Eidg. Volkszählung 1950.
[8] GAZ 1350, Statistische Erhebungen.
[9] Badener Tagblatt, 4.7.1987.
[10] Zurzacher Volksblatt, 19.7.1911, 1.5., 25.5. und 15.7.1912, 15.4.1916.
[11] Zurzacher Volksblatt, 25.4.1917 (Inserat), 17.11.1917, 18.5.1918.
[12] GAZ 1238: Verschiedenes.

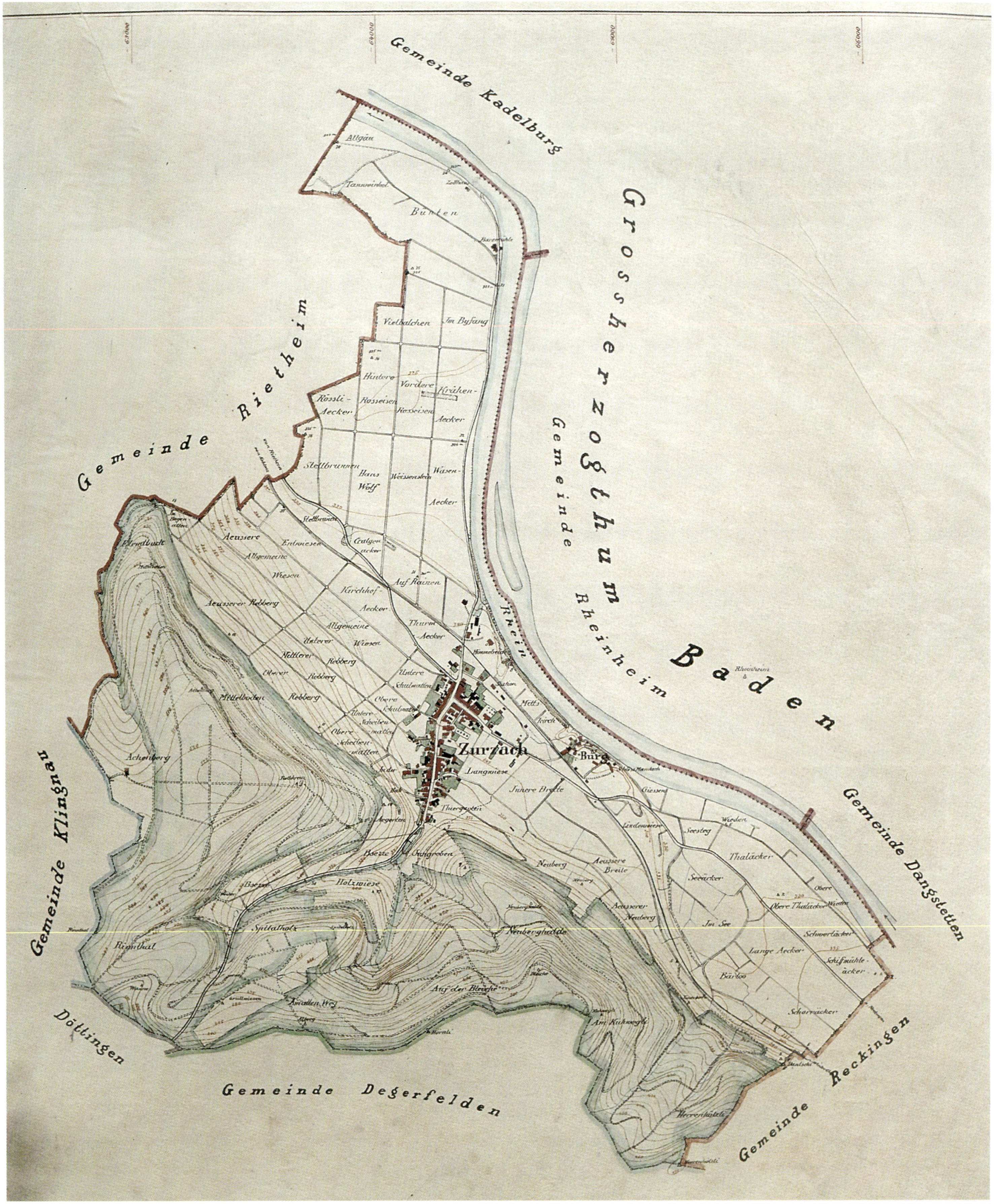
Gemeinde Kadelburg
Grossherzogthum Baden
Gemeinde Rheinheim
Rhein
Gemeinde Rietheim
Gemeinde Klingnau
Döttingen
Gemeinde Degerfelden
Gemeinde Reckingen
Gemeinde Dangstetten
Zurzach
Burg
Allgäu
Bünten
Vielbalchen
Im Bysfang
Kössli-Acker
Hintere Rosseisen
Vordere Rosseisen
Krähen-Acker
Stellbrunnen
Hans Wolf
Weissenstein
Wasen-Acker
Aeussere
Entwiesen
Allgemeine Wiesen
Aeusserer Rebberg
Kirchhof-Acker
Auf Rainen
Allgemeine Wiesen
Unterer Rebberg
Mittlerer Rebberg
Oberer Rebberg
Thurm-Acker
Mittelboden
Achenberg
Langwiese
Innere Breite
Giessen
Seeäcker
Thaläcker
Neuberg
Aeussere Breite
Aeusserer Neuberg
Im See
Lange Aecker
Schiffmühle-äcker
Bärloo
Scheerräcker
Holzwiese
Spitalholz
Riemthal
Neuberghalde
Auf der Bleiche
Am Kuhweg
Herrenhalde

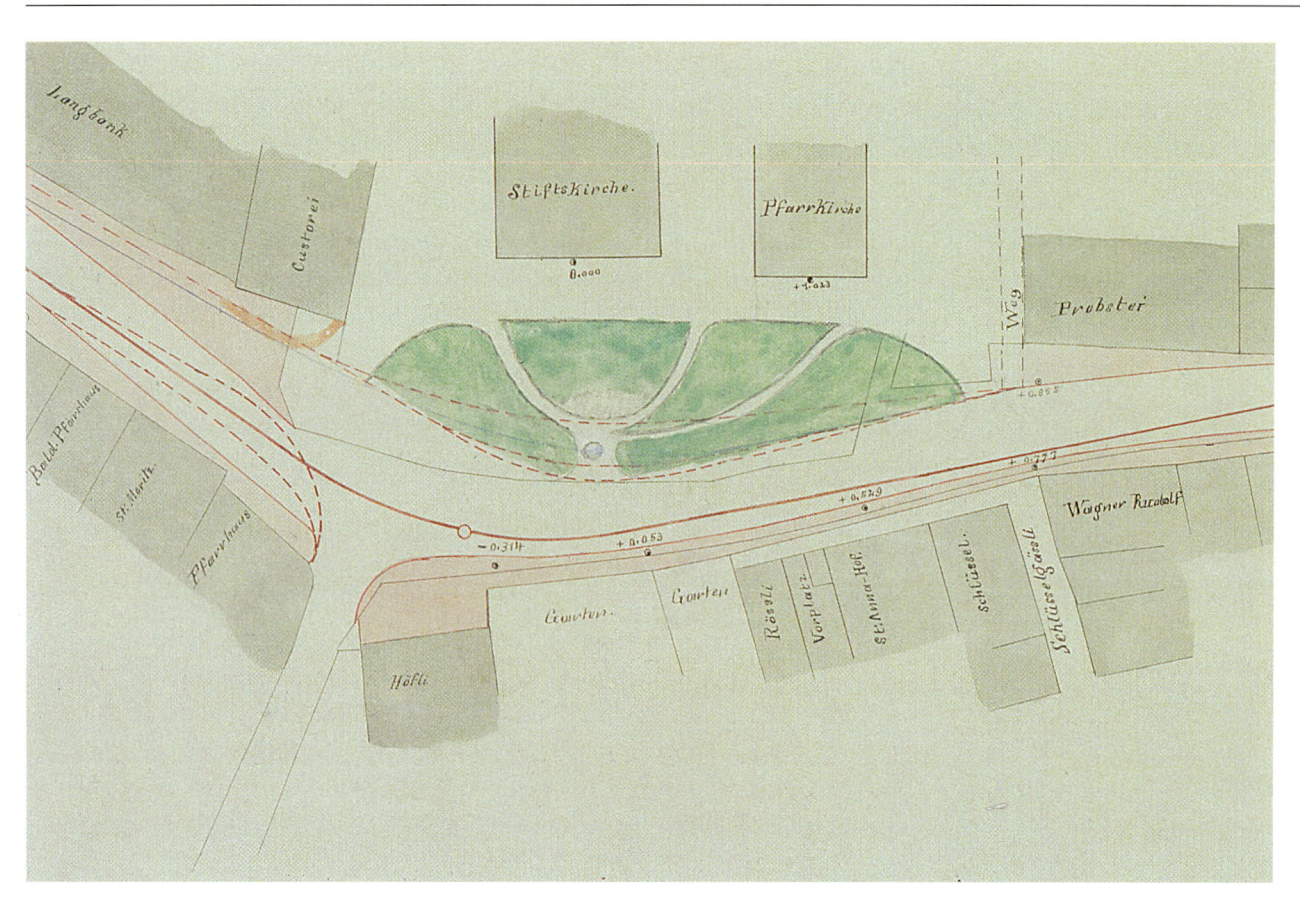

3   Übersichtsplan 1:10'000 von 1902 mit dem neuen parallelen Feldwegnetz und der neuen Feldeinteilung. Museum Höfli.

4   1883 brachte der Abbruch der Chorhöfe vor dem Münster eine markante Veränderung des Fleckenbildes. Plan für die Neugestaltung des Kirchplatzes. Mit feinen Linien sind die Umrisse der abgebrochenen Häuser eingezeichnet. Archiv der Kath. Kirchgemeinde.

5   Postkarte, 1915 abgestempelt. Die Aufnahme vom selben Standort wie Kaplan Meyers Radierung (Abb. 5, S. 328) zeigt das neue Wegnetz in den «Allgemeinen Wiesen» und Zuberbühlers Industriebauten und Wohnsiedlungen, die sich rund um den Flecken ausbreiten. Privatbesitz.

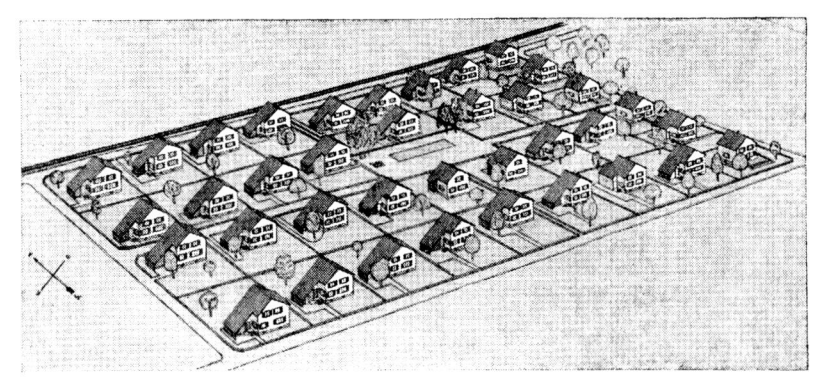

Siedlung „Entwiese" Zurzach   Architekturbureau H. Waldkirch, Zurzach

Die letzte Gemeindeversammlung genehmigte einen Kredit von Fr. 158,000.— für Wohnungsbauten. Nun ist auf der Entwiese, welche die Gemeinde für Wohnungszwecke gekauft hat, eine Siedlung im Entstehen nach den Plänen von H. Waldkirch, Architekturbureau, Zurzach. Dank der guten Witterung können auf Ostern die ersten Häuser aufgerichtet werden.

Die Siedlung besteht aus freistehenden Einfamilienhäusern mit 5—6 mittelgrossen Zimmern.

Im Erdgeschoß befinden sich Stube, 2 Schlafzimmer, Küche, Bad, WC., Vorplatz mit Treppe in den Dachstock und Keller, nebst kl. Schopfanbau. Im Dachstock sind 2—3 große Zimmer. Die Häuser sind ganz unterkellert und erhalten eine gut eingerichtete Waschküche. Ein separater Ausgang führt ins Freie. Die ganze Siedlung verspricht eine gediegene Anordnung zu erhalten und wird für Zurzach ein neues Quartier bilden.

6 Kurz vor dem Ende des 2. Weltkrieges entstand die erste Entwiesensiedlung. Zeitungsartikel (Zurzacher Volksblatt?) vom 31. April 1945.

7 Werner Basler, Lehrer und Initiant des Museums, erklärt einer Schülergruppe römische Funde.

wieder an das goldene Zeitalter anzuschliessen, das mit der Dominanz der Wasserwege verbunden gewesen war. Nach dem Zweiten Weltkrieg kamen weitere Siedlungen hinzu. Nun beteiligte sich auch die Gemeinde daran. Sie kaufte 1944 für Bauinteressenten oberhalb der Bahnlinie gegen Rietheim 2,89 ha Land zum Preis von Fr. 1.30 pro Quadratmeter. Die Gemeindeversammlung bewilligte im Dezember 1944 einen entsprechenden Kredit, nachdem sich rund sechzig Interessenten gefunden hatten.[13] 1947 entstand die erste Siedlung in der «Entwiese» und einige Jahre später diejenige oberhalb der Badstrasse.

Die rege Bautätigkeit liess eine Bauplanung immer dringlicher erscheinen. 1947 verabschiedete die Gemeinde eine Bauordnung. Nun durften keine Bauten mehr ohne Bewilligung ausgeführt werden.[14] Zehn Jahre später trat in Zusammenhang mit der Erschliessung der Thermalquelle eine neue Bau- und Zonenordnung in Kraft, die den sich ändernden Bedürfnissen Rechnung tragen und dafür sorgen sollte, dass sich Zurzach zu einem Kurort entwickeln konnte.

1947 eröffnete die Historische Vereinigung des Bezirks Zurzach das Bezirksmuseum in einem Raum des Kadettenhauses, einem Anbau des Gemeindeschulhauses.[15] Zurzach hatte in den vergangenen hundert Jahren einschneidende Veränderungen in Wirtschaft und Gesellschaft erlebt. Daher wuchs das Bedürfnis, sich der Geschichte zu versichern und die verbliebenen Überreste zu bewahren.

Die Infrastruktur des modernen Lebens entsteht

Zwischen 1850 und 1950 wurde nicht nur abgebrochen, sondern – insbesondere im Infrastrukturbereich – viel gebaut und erneuert: Es entstanden diejenigen Anlagen, die die Grundlage bilden für moderne Lebensformen und ohne die wir uns heute ein Leben gar nicht mehr vorstellen können, etwa die Wasserver- und -entsorgung und die Elektrizität. Auch weniger zentrale, aber den Lebenskomfort erhöhende Projekte wurden realisiert, etwa die Badeanstalt. Die schnelle Verbindung zur Aussenwelt stellte seit dem 15. Juni 1867 eine Telegrafenstation her, die Zurzach via Endingen mit Baden verband. Das Telefon kam etwas später (1895); 1911 wurde eine öffentliche Sprechstation errichtet, 1915 waren 28 Zurzacher Telefonabonnenten.[16]

Bis 1877 floss der Zurzacherbach offen durch den Flecken. In den Jahren bis 1883 wurde er eingedohlt; für den grösseren Teil des Baches wurde eine unterirdische Leitung gelegt. 1900 bis 1907 wurde die Kanalisation erstellt, 1901 fand eine Feldvermessung statt, 1908 wurde die Rheinbrücke eröffnet, 1931 bekam die Hauptstrasse einen staubfreien Belag. Eine Fortsetzung fanden diese Arbeiten in der Boomphase nach 1950, in der die Kläranlage gebaut, der Regionalfriedhof angelegt und die Strassen ausgebaut wurden (Achenberg, Ortsumfahrung).[17] Am Beispiel der Wasserversorgung und der Elektrizität soll nachfolgend die Entstehung der modernen Infrastruktur kurz beschrieben werden.

Die *Wasserversorgung* war für Zurzach wie für die meisten Gemeinden seit jeher eine schwierige Aufgabe. Während Jahrhunderten wurde das Wasser in Quellen gefasst und mit hölzernen Leitungen, so genannten Teucheln, ins Dorf gebracht oder aus Sodbrunnen bezogen. 1618 etwa kauften die Räte der Gemeinde mithilfe des Stiftes vom

8 Einweihung der Rheinbrücke 1907.

Wirt zu Koblenz dessen Schachen-Föhren, die man zu «Brunnentüchlen» verarbeiten wollte. Der Platz sollte innert 25 Jahren ausgeräumt und abgehauen werden. Am gleichen Tag wurde noch ein weiterer Schachen mit Föhrenholz samt Grund und Boden «auf ewige Zeit» gekauft, das Holz wurde ebenfalls als «brunendüchlen» benötigt.[18] Früher lag an der Strasse auf den Zurzacherberg der obere und untere Feuerwehrweiher. Der untere hiess im Volksmund «Tüchelgrueb». Bei Feuer wurde die Schleuse des Weihers hochgezogen. Der Zurzibach schwoll dann an und lieferte Wasser für die Löschketten.[19]

Das Graben der Sodbrunnen war eine schwierige und nicht immer erfolgreiche Aufgabe. Man versuchte deshalb, das Risiko für die Gemeinde zu verkleinern oder es abzuwälzen. 1808 schlossen die Gemeinde Zurzach und die Meisterschaft der Metzger mit Jakob Weisenberger von Burghalten im Elsass ein Abkommen, das diesen verpflichtete, «innert 9 Wochen a dato an ein Sood-Brunnen mit 2 Zügen in der Mezg, mit genugsamen Wasser versehen, zu graben und so herzustellen, dass von dem einen Zug in der Mezg und von dem andern in dem Waschhaus mit leichter Mühe genugsammes Wasser gepumpt werden könne». Blieb Weisenberger ohne Erfolg, erhielt er nichts. Versiegte das Wasser «über kurz oder lang», hatte er den Brunnen für vier Gulden tiefer zu graben und in den «vorigen laufbaren Stande zu setzen». War er erfolgreich, verdiente er neunundvierzig Gulden. Weil Jakob Weisenberger nicht schreiben konnte, bekräftigte er seine Unterschrift unter den Vertrag durch ein hingemaltes «X». Im Anhang wurde festgelegt, dass sich Gemeinde und Metzgerschaft die Kosten für «Reparazionen oder dergleichen» teilen würden.[20]

Ähnliche Verträge wurden auch für das Erstellen von Wassergräben geschlossen. Für einen Graben von 415 Schuh Länge bei der neuen Promenade gegen Burg erhielt der Gärtner Johann Ernst von Veltheim 1812 «achtzig Franken an Geld und wann selbige nach Vergnügen gemacht sein wird» noch sechzehn Franken Trinkgeld, dazu bekam er wöchentlich Wein und Brot.[21]

Die meisten Haushalte bezogen bis gegen Ende des 19. Jahrhunderts das Wasser am Brunnen. Im Jahre 1870 unternahm die Gemeinde erste Anstrengungen zur Optimie-

[13] Zurzacher Volksblatt, 31.7., 23.12. und 27.12.1944, 31.3.1945.
[14] Zurzacher Volksblatt, 5.11., 15.12. und 17.12.1947, 12.5.1948.
[15] Zurzacher Volksblatt, 30.6.1947.
[16] Die Botschaft, 20.6.1867, 16.8.1866; Zurzacher Volksblatt, 14.7.1915.
[17] Die Botschaft, 8.8.1875, 5.12.1883; GAUTSCHI, Geschichte, S. 46 f.; Zurzacher Volksblatt, 6.6.1908.
[18] WELTI, Organisation, S. 29.
[19] FISCHER, Kulturgeschichtliche Bilder, S. 10.
[20] GAZ 953: Sodbrunnen in der Metzg; vgl. GAZ 955: Brunnen auf der Burg, sowie GAZ 1350: Statistisches: Sodbrunnen/laufende Brunnen.
[21] Kopie der Gemeinde in GAZ 955: Brunnen auf der Burg; GAZ 953: Sodbrunnen in der Metzg.

rung der Trinkwasserverhältnisse, als sie anstelle der hölzernen Leitungsröhren ein neues, eisernes Röhrennetz legte, Brunnenstuben erstellte und sonstige Verbesserungen vornahm. Doch damit war die Beschaffung eines besseren Trinkwassers noch nicht gelöst, denn bei jedem Regenguss trat sofort eine Trübung des Brunnenwassers ein; dazu kam, dass dieses bei trockener Witterung sowohl pflanzliche als auch tierische Stoffe mit sich führte und dass bei längerer Trockenheit die Brunnen nur noch spärlich flossen.

In den folgenden Jahren wurde allen klar, dass diese Form der Wasserversorgung an ihre Grenzen stiess und Erneuerungen unumgänglich waren. Ab 1880 wurden Wasserzuleitungen in die Häuser erstellt. Damit verschwand auch der Wasserträger, eine Tätigkeit, die zuletzt das Fleckenoriginal «Murtenheiri» ausgeübt hatte. Er brachte allen, die nicht selber Wasser holen wollten, für einen Batzen ein ganzes «Bücki» voll. Als die neue Wasserversorgung kam, wurde er vor lauter Unglück trübselig.[22]

Um den auch hygienisch bedenklichen Zuständen abzuhelfen, bildete sich im Jahre 1891 ein Initiativkomitee zur Einführung einer modernen Wasserversorgung. Die «Trinkwasserfrage resp. Trinkwasserkalamität» war seit Jahren lebhaft erörtert worden. Wohl tauchten ab und zu Projekte für eine bessere Fassung der bestehenden und das Aufsuchen neuer Quellen auf. Sie scheiterten jedoch regelmässig an den Kosten. Ein Experte errechnete nun Kosten von 52'000 Franken für das Aufsuchen und Fassen von neuen Quellen und das Neufassen der bestehenden Quellen, das Legen des Röhrennetzes, das Erstellen von Schächten und eines Reservoirs von 300 m³ Rauminhalt und die Anlage des Hydrantennetzes. Nachdem sich eine genügende Zahl von Wasserabnehmern gefunden hatte und damit das Unternehmen finanziell gesichert war, wurde mit dem Bau begonnen. Die Kosten wurden um 2612 Franken überschritten. Die Wasserversorgungsanlage bewährte sich so gut, dass der Widerstand gegen das Vorhaben, der sich gezeigt hatte, schnell kleiner wurde. Der Gemeinderat hoffte deshalb, dass auch diejenigen Hausbesitzer, die mit der Erstellung ihrer Hausleitungen gezögert hatten, sich nachträglich zur Installation entschliessen könnten.[23]

Dennoch blieben einige der Brunnen weiterhin in Betrieb. Als 1910 der «Brotis-Brunnen» kein Wasser mehr brachte, waren die Leute gezwungen, das Wasser vom oberen Brunnen zu holen. In der Folge wurde die Wasserversorgung in mehreren Etappen ausgebaut: Ab 1903 existierten Hydranten zur Feuerbekämpfung, 1905 entstand das Pumpwerk der Wasserversorgung, und das Hauptnetz wurde vergrössert, 1924 wurde die Anlage erweitert und die Pumpenanlage umgebaut.[24]

Probleme bereitete aber nicht nur die Wasserversorgung, sondern auch die Entsorgung des Wassers. Zwar entstand ab Anfang des 20. Jahrhunderts eine Kanalisation, doch wies sie erhebliche Mängel auf. Im März 1914 beschrieb das Zurzacher Volksblatt die Probleme der zu hoch liegenden Kanalisation anschaulich: Die Fäkalien wurden nur bei Regengüssen, am Rheinufer nur bei Hochwasser abgeführt, was zu entsprechendem Gestank führte. Verbesserungen wurden allerdings nur nach und nach realisiert. Ein Teil der Arbeiten wurde während der Krisenjahre im Rahmen von Arbeitsbeschaffungsprogrammen durchgeführt, etwa der Bau der Kanalisation Mandschurei und Marokko 1937.[25]

Entscheidender Impulsgeber für die *Elektrifizierung* war die Industrie, insbesondere die Betriebe von Jakob Zuberbühler, von dem weiter hinten ausführlicher die Rede sein wird. Dieser stellte Ende Juli 1893 beim Gemeinderat das Gesuch, täglich zwei Kubikmeter Wasser zu beziehen. Dieses benötigte er, um seinen neuen Petrolmotor samt Gleichstromgenerator zu kühlen, mit dem er elektrische Kraft für seinen Betrieb produzierte. Gleichzeitig bat der Industrielle um die Erlaubnis, auf dem Dach des Rathauses eine Stange mit Isolatoren befestigen zu dürfen «zwecks Überleitung eines elektrischen Stromes ins Freiburger- und Kaufhaus zu Beleuchtungszwecken».[26] Im September bewilligte der Gemeinderat das Gestell.

Zuberbühler brauchte die Energie vorerst nur für seine eigenen Betriebe, doch nach und nach schlossen sich an sein Netz auch private Haushalte an. Als die Badener AG für angewandte Elektrizität «Motor» (die spätere Motor Columbus) 1902 ihre Fühler nach Zurzach ausstreckte,

9 Elektrizitätswerk der Firma Zuberbühler. Ausschnitt aus einem Plakatentwurf. Museum Höfli.

musste sie feststellen, dass «der grösste Teil der bessersituierten Hausbesitzer bereits von Herrn Zuberbühler mit elektrischem Licht versorgt» wurde.[27] Daneben übernahm dieser eine Aufgabe, die vorher die Gemeinde erfüllt hatte: die Beleuchtung der öffentlichen Plätze und Strassen. Eine Petrolbeleuchtung mit achtzehn Strassenlaternen gab es im Flecken zwar schon, allerdings mit gelegentlichen Anständen. Im Sommer 1888 beispielsweise musste der Gemeinderat den verantwortlichen «Lampioten» (Laternenanzünder) rügen, weil er sein Amt unzuverlässig ausgeübt und die Leute «im Dunkeln gelassen» hatte.[28] Offenbar waren solche Probleme eher die Regel als die Ausnahme. Schon als 1870 der Glaser Mathias Kappeler als Laternenbesorger für die (damals neuen) Petroleumlampen gewählt wurde, kam es bald zu Beschwerden, weil die Bezüge an Öl und Petroleum nicht ordentlich eingetragen waren. Der Besorger machte seine Arbeit zudem unregelmässig, schliesslich gar nicht mehr und wurde 1872 entlassen. Sein Nachfolger, der Schuhmacher Dominik Frei, war gleichzeitig Lampenbesorger und Nachtwächter.[29]

Nachdem der Gemeinderat bereits 1897 eine erste Offerte bei der Firma Zuberbühler eingeholt hatte, dauerte es volle elf Jahre, bis er dieser den Auftrag erteilte, den Flecken mit elektrischen Metallfadenlampen zu erhellen. Es wurden Projektlampen von je 800 Kerzen zur Beleuchtung der Hauptstrassen und 34 Osramlampen von je 32 Kerzen zur Beleuchtung der Nebengassen angeschafft. Die Installation kostete Fr. 14'000.–, der Betrieb Fr. 2150.–.[30]

Der alte Dieselmotor vermochte den wachsenden Strombedarf auf die Dauer nicht zu decken. Jakob Zuberbühler erwarb deshalb die Wasserrechte am Tägerbach und liess bei Wislikofen einen Stauweiher bauen. Mit einer 900 Meter langen Rohrleitung nutzte er das Gefälle von 48 Metern. Im Turbinenhaus am Bahndamm installierte die Firma 1906 einen Drehstromgenerator der BBC mit einer Leistung von rund 100 Kilowatt.[31] Zur Bewältigung der Winterspitzen ergänzte sie die Anlage um einen 40-PS-Dieselmotor von Sulzer/Maschinenfabrik Oerlikon. Der Erste Weltkrieg beschleunigte die Elektrifizierung, weil Petrol zur Mangelware wurde, wie etwa eine Schilderung aus dem Jahr 1914 zeigt: Als am Sonntag, den 6. November, «endlich» wieder der Petrolwagen von Döttingen in Zurzach eintraf, wollten grosse Schlangen von Menschen die Läden stürmen, die zunächst geschlossen wurden. Jeder Kunde bekam zwei Liter; nach kurzer Zeit waren die 1800 Liter verkauft. «Wie mag es erst in den jenen Gemeinden zugehen, wo kein elektrisch Licht vorhanden und Petrol allgemein für Beleuchtungszwecke verwendet werden muss. Wer hätte vor Monaten an solche Erscheinungen gedacht?» Auch die Einfuhr von amerikanischem Petrol konnte den Mangel nicht beheben. «Infolge dieser Kalamität wird die Installation von elektrischem Licht sehr gefördert und es vermag daher das hiesige Elektrizitäts-Werk zur Zeit die Installationsarbeiten – die natürlich nun alle pressant sind – kaum zu bewältigen.» Petrolbeleuchtung war zudem «fast 2½ mal teurer als das elektrische Licht».[32]

Als die Firma Zuberbühler in die Krise geriet, dachte man in der Gemeinde an eine Übernahme des Elektrizitätswerks. Der Kauf zum Preis von Fr. 231'700.– wurde wegen der schlechten Wirtschaftslage jedoch nicht getätigt, sondern dem Kanton Aargau (AEW) eine Konzession auf 15 Jahre erteilt.[33] 1922 übernahm das AEW (Aargauisches Elektrizitätswerk) die Stromversorgung im ganzen Flecken, das heisst, es kaufte der Firma Zuberbühler die gesamten elektrischen Anlagen in Zurzach für 230'000 Franken ab. Im Preis inbegriffen waren das Elektrizitätswerk Tägerbach samt der Hochspannungsleitung nach Zurzach, die Transformatorenstationen und das Verteilnetz in der Ortschaft. Zuberbühler hatte nie eine Konzession der Gemeinde besessen. Da aber die Gemeinde selbst Strom von ihm bezog, hatte sie seine Aktivitäten stillschweigend gutgeheissen. Das AEW hingegen musste bei der Übernahme einen Konzessionsvertrag mit Zurzach abschliessen. Die Gemeinde behielt sich vor, die Anlage nach Ablauf von 15 Jahren zu übernehmen. 1937 verzichtete sie allerdings darauf, bis heute liefert das AEW bis zur Steckdose. Das kleine Tägerbachwerk jedoch, das nach einem Umbau 1922 jährlich zwischen 150'000 und 400'000 kWh Strom produziert hatte, wurde 1961 stillgelegt.[34]

---

[22] ATTENHOFER, Sagen und Bräuche, S. 75 f.
[23] GAZ 565: Belege zu Wasserbau-Kassarechnungen. Bericht des Gemeinderats Zurzach zur Wasserversorgungsbau-Kassarechnung, 1892.
[24] GAZ 1237: Wasserversorgungserweiterung; Zurzacher Volksblatt, 5.2.1910.
[25] Zurzacher Volksblatt, 11.3.1914, 20.2.1937.
[26] GAZ, GR Protokoll 1893, S. 448 f.
[27] GAZ, GR Protokoll 1902, S. 456.
[28] GAZ, GR Protokoll Bd. 21, S. 304, 21. Juli 1888.
[29] GAZ, GR Protokolle Bd. 18, 23.10.1870, 10.2.1872, 11.3.1872, 23.3.1872.
[30] GAZ 1846: Elektrisches; Zurzacher Volksblatt, 3.2.1908.
[31] StAAG, Departementalakten, Wasserwirtschaft (Wasserrechte) WW Nr. 956; StAAG, Departementalakten, Bauwesen: Konzessionen-Buch Nr. VI, S. 368 f., 1894–1901, Elektrizitätswerk Zuberbühler/Tägerbach.
[32] Zurzacher Volksblatt, 7.11., 5.12. und 7.12.1914, 10.4.1915.
[33] GAZ 1846: Elektrisches.
[34] AEW, Aarau, Protokoll des Leitenden Ausschusses 1922. 30 Jahre Aargauisches Elektrizitätswerk 1916–46. Denkschrift zum 30jährigen Bestehen des Kantonalen Elektrizitätswerkes, Aarau 1946, S. 56.

Der neue Luxus der elektrischen Energie wurde während des Zweiten Weltkrieges eingeschränkt, weil zu wenig Wasser für die Kraftwerke vorhanden war. Die Strassenbeleuchtung wurde um 50 % reduziert, Schaufenster und Reklamen löschten spätestens um 20.30 Uhr, elektrische Raumheizungen durften nicht mehr betrieben werden, Warmwasser durfte einzig für die Küche verwendet werden, für andere Zwecke war es nur an Samstagen und Sonntagen freigegeben. Die Beschränkungen hielten auch 1946 noch an. «Die Versorgung mit elektrischer Energie bereitet von Winter zu Winter immer grössere Schwierigkeiten, da die Zunahme des Bedarfs seit Kriegsausbruch viel grösser ist als die Steigerung der Produktion durch neue Kraftwerke. Im laufenden Winter werden für die allgemeine Elektrizitätsversorgung mindestens 4 000 Millionen kWh benötigt. Anderseits schwankt die verfügbare Energie zwischen 3 200 Millionen kWh in einem extrem trockenen und 4 300 Millionen kWh in einem extrem nassen Winter [...]»[35] Erst der Ausbau der Energieproduktionsanlagen nach dem Zweiten Weltkrieg schloss diese Lücke.

Der moderne Verkehr drängt Zurzach ins Abseits

1847 eröffnete die Spanisch-Brötli-Bahn auf der Strecke Zürich–Baden das Eisenbahnzeitalter. Im gleichen Jahr misslang den Zurzachern der Versuch, neben den Messen auch einen Getreidemarkt zu erhalten. Der ging an Brugg.[36] Die Zurzacher Messe hatte seit dem ausgehenden 18. Jahrhundert rasch an Bedeutung verloren. Nun drohte der Eisenbahnbau die Rheinecke vollends lahm zu legen. Strassen und Eisenbahn verminderten die Bedeutung der Wasserwege. 1858 wurde die Genossenschaft der Stüdler in Koblenz aufgelöst.[37]

1855 kam es zu einem verkehrsgeschichtlichen Ereignis von entscheidender Bedeutung für die Messe: Die Eisenbahnstrecke Romanshorn–Winterthur–Wallisellen–Oerlikon wurde eröffnet und ein Jahr später bis nach Zürich verlängert. Wohl dadurch kam man in der süddeutschen Lederindustrie auf die Idee, die Ledermesse von Zurzach nach Zürich zu verlegen.[38] Damit war das Schicksal der Zurzacher Messen besiegelt. Die verkehrsmässig gute Lage der früheren Jahrhunderte verschlechterte sich nicht nur, sondern kehrte sich sogar ins Gegenteil.
Die Messe hatte nur noch einen Viertel des Umfangs von vor dreissig Jahren. Noch immer kamen aber an drei Tagen mehrere Hundert Käufer und Verkäufer. Versuche Zurzachs, die Zürcher Ledermesse zu verhindern, scheiterten. Diese wurde am 25. August 1856 eröffnet; die Ledermesse in Zurzach verschwand. Kümmerliches Überbleibsel blieb ein Gitzifellmarkt am Pfingstmontag. Zurzach war hart getroffen. Viele wanderten aus. Eine ganze Reihe von Initiativen, die Messe zu retten, und Versuche, neue Erwerbszweige einzuführen, blieben vorerst ohne Erfolg, so etwa der 1857 unternommene Anlauf, die Uhrenmacherei anzusiedeln. Der Herbstmarkt nahm immer mehr lokale Bedeutung an.[39]

Zur gleichen Zeit wurde auch die Bahnstrecke von Turgi nach Waldshut errichtet. Ziel der ausführenden Nordostbahn war es, Anschluss an badische und elsässische Strecken zu gewinnen. Zurzach versuchte die drohende Marginalisierung zu verhindern. Angestrebt wurde eine Verbindung der Badischen Bahn mit der Glattalbahn nach Wallisellen.[40] Am 9. November 1856 bat eine Zurzacher Versammlung um eine Konzession für eine Bahn Koblenz–Kaiserstuhl, um die Verbindung nach Wallisellen herzustellen.[41] Ein Komitee für die Kaiserstuhler Bahn entstand. 1857 erteilte der aargauische Grosse Rat die Konzession für eine Bahn von der zürcherisch-aargauischen Grenze nach Koblenz als Fortsetzung der Glattalbahn, jedoch mit Einschränkungen: Sie trat erst in Kraft, wenn die Bundesgenehmigung erfolgt und die zürcherische Glattal-Eisenbahn von Wallisellen abwärts gegen Kaiserstuhl definitiv konzessioniert war. Das Komitee hätte eine Kaution von 150'000 Fr. zu leisten. Dann mussten die Arbeiten innerhalb von sieben Monaten beginnen und die Bahn innerhalb von drei Jahren vollendet sein. Die Nordostbahn legte Verwahrung ein gegen diese Konkurrenz zur Linie Turgi–Koblenz, die Surbtalgemeinden verlangten eine Surbtalbahn.[42]

Da weder die finanziellen Bedingungen erfüllt noch die Erdarbeiten begonnen werden konnten, betrachtete der Regierungsrat zwei Jahre später die Konzession als erloschen. Dagegen wurde die Strecke Turgi–Waldshut fertig gestellt.[43] 1859 fuhr der erste Zug von Zürich über Baden nach Turgi, Koblenz und Waldshut. Im Bezirk Zurzach dampfte er durch wirtschaftliches Brachland und armselige Dörfer. Bis 1875 stellte die Strecke die Verbindung nach Basel her. Erst als der Bözbergtunnel kam, verlor die Linie an Bedeutung.[44] Am 13. Juni 1863 wurde die Eisenbahn Waldshut–Schaffhausen–Konstanz eingeweiht, die zur Hauptsache auf badischem Gebiet lag.[45]
Ursprünglich hatte die Nordostbahn vom Aargau das Vorzugsrecht erhalten, alle Zweiglinien der Strecke Turgi–

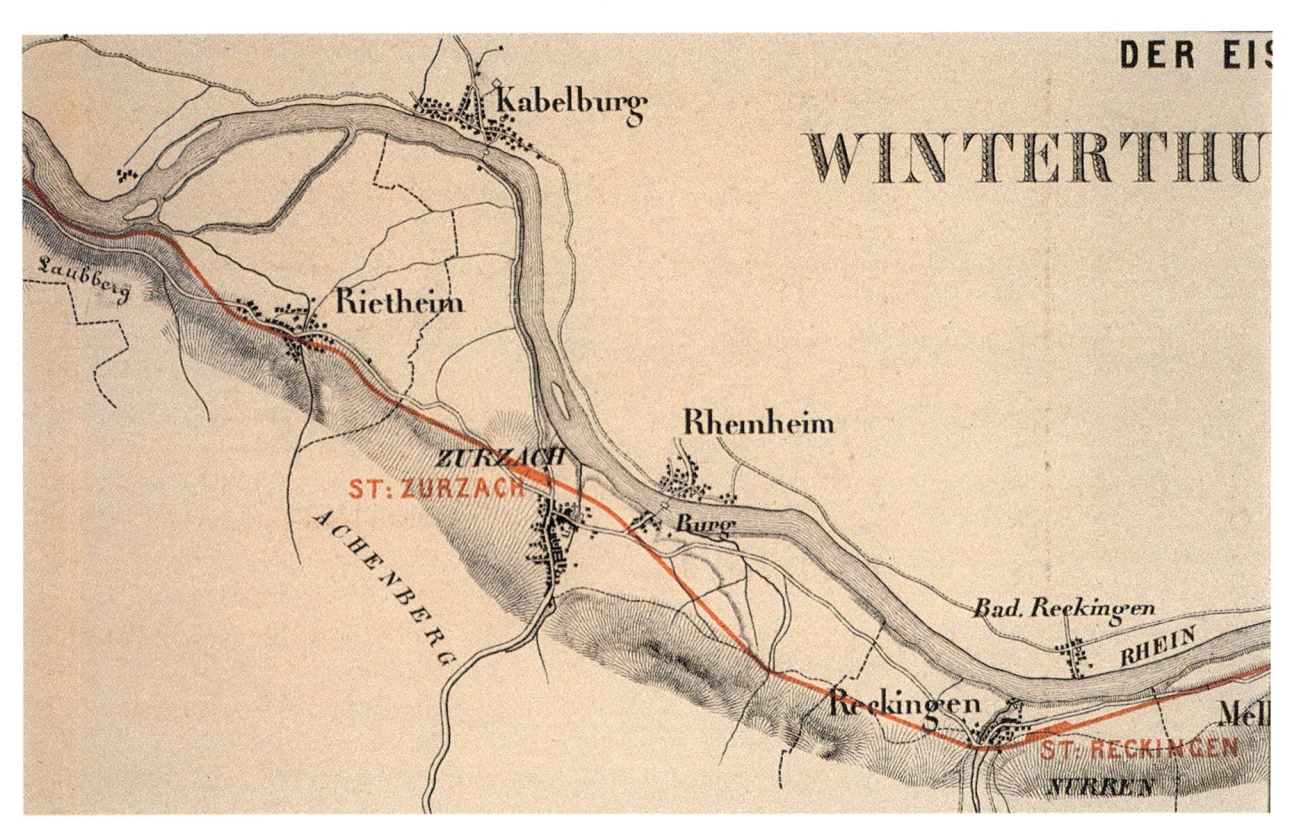

10 Projekt der Schweizerischen Nordostbahn für die Eisenbahnlinie Winterthur–Koblenz 1873 (Ausschnitt Rietheim–Rekingen). Die Station Zurzach ist im Gebiet «Turmäcker» eingezeichnet, und die Linie nach Rekingen führt mitten durch die «Äussere Breite». Gemeindearchiv Zurzach.

Waldshut bauen zu dürfen. Erst nach einem Verzicht konnte die Konzession anderen Bewerbern übergeben werden. 1870 bemühte sich die Stadt Winterthur um eine Bewilligung für eine Bahn von Winterthur nach Waldshut und erhielt diese im November 1870 für die Strecke Kaiserstuhl–Koblenz. Die Nordostbahn berief sich aber auf ihr Vorrecht. Der Gemeinderat von Zurzach befürwortete die Konzessionsübertragung an Letztere, weil diese keine finanzielle Beteiligung verlangte wie Winterthur. Nach dem Verzicht Winterthurs erhielt die Nordostbahn die Strecke Kaiserstuhl–Koblenz zugeschlagen.[46] 1876 wurde die Linie Koblenz–Zurzach–Winterthur eröffnet. Darauf gründeten sich in Zurzach erneut Hoffnungen, die Messe wieder beleben zu können. Doch die Würfel waren bereits gefallen.[47] Der Erfolg blieb aus.

Nach 1871 blieb noch die Lücke Koblenz–Stein. Die Nordostbahn hatte sich auch hier die Konzession gesichert, stellte die Strecke wegen finanzieller Probleme aber erst 1892 fertig.[48] Nun war der Anschluss Basel–Winterthur–Ostschweiz hergestellt. Noch einmal beseelten kühne Erwartungen die Zurzacher: von der wichtigen Ost-West-Transversale und Orientzügen war die Rede. Doch die Bahn kam nie über eine regionale Bedeutung hinaus. 1896 kam es dennoch zum Versuch, die Ledermesse zurückzuholen. Eine Messe wurde noch durchgeführt, dann aber kam das definitive Aus.[49] Aber noch bis ins 20. Jahrhundert hinein tauchten immer wieder Reanimationsvorschläge auf.[50]

Wie bescheiden die Zurzacher Märkte geworden waren, zeigt ein Inserat zu einem neu geschaffenen Wochenmarkt 1915: «Jeden Mittwoch und Samstag vor dem Kaufhaus, Sommer 8–11, Winter 9–12 Uhr. Lebensmittel, Besen,

[35] Zurzacher Volksblatt, 27.11.1943, 2.11.1946.
[36] ATTENHOFER, Alt-Zurzach, S. 122.
[37] FISCHER, Rheinschiffahrt, S. 15.
[38] BODMER, Zurzacher Messen, S. 120.
[39] ATTENHOFER, Alt-Zurzach, S. 123–127.
[40] Die Botschaft, 31.10.1856.
[41] Die Botschaft, 29.11.1856. «Nach einer Korrespondenz im Schweizerboten zu schliessen, hoffen die Zurzacher nur Nutzen von einem Dampfwagen, der sie mit der badischen Eisenbahn und mit der Zürcher Glatthalbahn in Verkehr setzen würde. – Wäre denn eine Bahn mitten ins Aargau hinein nicht auch für die Zurzacher bequemer? Gehen sie nicht öfter nach Brugg, Baden, Aarau als nach Wallisellen?» Die Botschaft, 31.10.1856.
[42] Die Botschaft, 25.7. und 27.6.1857.
[43] B. SCHNEIDER, Eisenbahnpolitik, S. 50 f.
[44] KELLER, ABT, Zurzach, S. 51.
[45] HAAG, Erinnerungen, S. 91.
[46] GAZ 875: Eisenbahnbaupläne; Die Botschaft, 26.7.1870; B. SCHNEIDER, Eisenbahnpolitik, S. 68–70.
[47] ATTENHOFER, Alt-Zurzach, S. 122; KELLER, ABT, Zurzach, S. 51; HAAG, Erinnerungen, S. 123, 133.
[48] B. SCHNEIDER, Eisenbahnpolitik, S. 92.
[49] GAZ 871: Akten betr. Ledermesse, 1896.
[50] GAZ 1438: Ledermesse, Schreiben des GR Zurzach 1920 betr. Wiedereinführung der Ledermesse.

11 Bundesrat Emil Welti (1825–1899), gemalt von seinem Neffen Jakob Friedrich Welti, 1894.

12 Jakob Zuberbühler (1840–1904).

Körbe». Und so freuten sich die arg gebeutelten Zurzacher darüber, dass 1911 wenigstens der Bahnhof elektrisch beleuchtet wurde: «Nicht splendid, aber grosser Fortschritt».[51]

Es entbehrt nicht einer gewissen Ironie, dass einer der wichtigsten schweizerischen Eisenbahnpolitiker ein Zurzacher war: Emil Welti (1825–1899) setzte sich im Laufe seiner Amtszeit als Bundesrat in zunehmendem Masse für die Verstaatlichung der Bahnen ein.[52] Er förderte zusammen mit Alfred Escher massgeblich den Bau der Gotthardbahn und wirkte mit seinem Einfluss auch dahin, dass der Kanton Aargau das Werk mit Subventionen unterstützte. In der Abstimmung vom 6. Dezember 1891 verwarf das Schweizer Volk den Kauf der Zentralbahn deutlich. Auch der Aargau gehörte zu den klar ablehnenden Kantonen. Der erste Versuch zur Schaffung schweizerischer Bundesbahnen war damit misslungen. Nicht nur die Freisinnigen, sondern auch die Katholisch-Konservativen im Aargau waren in der Frage der Eisenbahnverstaatlichung gespalten; viele fürchteten eine «allzustarke Vermehrung der Bundesbürokratie und der Schuldenlast». Bundesrat Welti hatte allerdings gehofft, durch die Verstaatlichung der Eisenbahnen die «Blüte des schweizerischen Staatswesens» herbeiführen zu können. Nachdem ihm das Volk die Gefolgschaft verweigert hatte, fühlte er sich in seiner Politik im Stich gelassen und trat nach 25-jähriger Tätigkeit als Bundesrat zurück. Es gilt jedoch als Weltis Verdienst, «die Wege so gebahnt zu haben, dass das Erreichen des Zieles nur eine Frage der Zeit» war.[53]

Während des Zweiten Weltkrieges wurde die Rheintallinie der Eisenbahn elektrifiziert.[54] Aber die Verbindung nach Deutschland fiel in die Bedeutungslosigkeit.[55] Verkehrsmässig blieb Zurzach am Rande. Die Klagen über die schlechten Strassen- und Eisenbahnverbindungen wurden im Kantonshauptort kaum wahrgenommen, die Forderungen nach besseren Postautoverbindungen, einer Sanierung der Zurzacher Bergstrasse und dem Ausbau der Rheinstrasse abgelehnt.[56]
Erst nach der hier behandelten Periode bis 1950 kam es im Zeichen der Hochkonjunktur und der sich schnell ausbreitenden Motorisierung der Bevölkerung zunehmend zu Problemen mit dem Verkehr: Schwerverkehr von Basel in die Ostschweiz, deutsche Pendler, schweizerische Aus-

flügler und Einkäufer machten einen Ausbau der Strassen und aufwendige Ortsumfahrungen nötig.

Die Wellen der Wirtschaft

1910 zählte Zurzach 805 Berufstätige, davon arbeiteten 563 in Industrie und Handwerk, 88 in der Landwirtschaft, 94 in Handel, Gastgewerbe und Verkehr.[57] Die Landwirtschaft verlor wie überall rasch an Arbeitsplätzen. In den 1920er- und 1930er-Jahren lebten rund 20 Familien von der Landwirtschaft, daneben gab es einige Nebenverdienstbauern. 1933 verfügten 27 Halter über 254 Kälber, Rinder, Kühe, Stiere und Ochsen, 20 Halter über 96 Schweine, 1 Halter über 6 Schafe, 9 Halter über 25 Ziegen.[58] Dazu kamen, nach einer Zählung von 1931, 10 Gänse und Enten, 1175 Hühner aller Art, 104 Bienenvölker und 855 Kaninchen.[59] Rund 30 Pferde wurden als Zugtiere für Mähmaschinen, Heuwender, Pflüge und Eggen eingesetzt. Am Ende der hier beschriebenen Epoche, 1946, hatte Zurzach laut Betriebszählung zwar noch 68 landwirtschaftliche Betriebe, davon waren aber nur 4 über 10 Hektaren gross, 10 umfassten zwischen 5 und 10 Hektaren, 21 zwischen 1 und 5 Hektaren und 33 waren kleiner als 1 Hektare. 4744 Aren wurden mit Getreide bebaut,

13 Plakat der Firma Zuberbühler & Cie, Zurzach. Die dargestellten Gebäude im Uhrzeigersinn: Rebberghof, Mandschurei-Siedlung, Villa Himelrich, Mayenfisch-Haus in Kaiserstuhl, Schuh- und Schäftefabrik, Amtshaus/Steinbock, Lange Bank, «Marokko»-Häuser. In der Mitte Stickereifabrik, darunter Propstei Klingnau und «Zitronenbaum»/«Oberes Freiburgerhaus»/«Kaufhaus».

1894,6 mit Kartoffeln, auf 494,5 Aren wuchsen Runkeln, Rüben, Rüebli, auf 385,9 Aren verschiedenes Gemüse, und noch 3 Aren waren mit Flachs und Hanf bepflanzt. Mohn und Raps belegten 271 Aren.[60] Die Zahlen zeigen eine kleinräumige, wenig mechanisierte Landwirtschaft. Die kleinen Flächen weisen auf eine beträchtliche Zahl von Nebenbetrieben hin. Es ist bereits abzusehen, dass die kleineren sehr rasch verschwinden werden. Noch aber hatte ein Strukturwandel kaum stattgefunden, obwohl der Zweite Weltkrieg der Mechanisierung Auftrieb verlieh und Mähmaschine, Wender sowie Pferderechen zunehmend in Gebrauch kamen. Nach und nach hielt auch der Elektromotor Einzug, der den Heuaufzug, die Rübenhackmaschine und die Dreschmaschine antrieb. Ein Betrieb besass 1946 einen eigenen Elektromotor, fünf einen mit Benzin, Petrol oder Diesel betriebenen, vier verfügten über Motormäher.[61] Der Wandel setzte jedoch erst nach der hier behandelten Epoche mit voller Wucht ein.

Lange Zeit blieb der Bezirk Zurzach wie die Bezirke Rheinfelden und Laufenburg von der Industrialisierung fast unberührt. Eine Enquete von 1857 ergab einen einzigen Industriebetrieb und 60 Industriearbeiter im Bezirk Zurzach, die Heimarbeiter mitgerechnet.[62] Bescheidene industrielle Unternehmen existierten in Klingnau und in Zurzach, v. a. im Textilbereich, meist Ableger fremder Betriebe. Noch um 1900 waren im gesamten Bezirk keine 500 Arbeitsplätze in der Industrie zu finden.

In Zurzach hatte es seit dem Niedergang der Messen zwar einige Versuche gegeben, neue Arbeitsplätze zu schaffen und Industrie anzusiedeln; sie waren jedoch alle gescheitert. Der Flecken schien mutlos, unberührt von der neuen Zeit, abgelegen, verloren. Erst ein Auswärtiger, *Jakob Zuberbühler* (1840–1904), der 1872 nach Zurzach kam, brachte die Wende.

Gebürtig aus dem Kanton Appenzell Ausserrhoden, kam er auf der Suche nach geeigneten Produktionsstandorten

---

[51] Zurzacher Volksblatt, 7.8.1915, 15.11.1911.
[52] Zur Biografie Emil Weltis vgl. WEBER, Lebensbild; P. WELTI, Bundesrat Emil Welti; A. FREY, Bundesrat.
[53] GAUTSCHI, Geschichte, S. 125; A. FREY, Bundesrat, S. 281 f.
[54] Zurzacher Volksblatt, 4.9.1940, 26.6., 14.10. und 16.12.1944, 7.5., 30.6. und 4.7.1945.
[55] KELLER, ABT, Zurzach, S. 52.
[56] Zurzacher Volksblatt, 3.1.1908, 29.2.1928, 29.5.1933, 15.5.1946.
[57] GAZ 1959: Statistik, Zusammenstellung März 1947.
[58] GAZ 1350: Statistische Erhebungen, Viehzählung 1933.
[59] GAZ 1350: Statistische Erhebungen, Eidg. Zählung des Nutzgeflügels, der Bienenvölker und der Kaninchen 21.4.1931, und Viehzählung 1931.
[60] GAZ 2078: Anbauverhältnisse 1946.
[61] GAZ 2078: Anbauverhältnisse 1946.
[62] WESSENDORF, Auswanderung, S. 101.

1872 von Baden nach Zurzach und weckte es aus seinem Dornröschenschlaf. Geschickt nutzte er die vielen leeren Räume und das Fehlen jeglicher Industrie. In wenigen Jahren installierte er in den alten Messelokalen des «Steinbocks», des Amtshauses, des Kaufhauses, des Freiburgerhauses und des Schlosses Mandach seine Stickmaschinen. Die ersten Arbeiter, die das Gewerbe einführten, kamen aus der Ostschweiz. Das Unternehmen entwickelte sich so rasant, dass der Stickerei eine Weissnäherei angefügt werden konnte. Zuberbühler gründete eine eigene Verkaufsorganisation, indem er in allen grösseren Schweizer Städten und im Ausland eigene Verkaufsmagazine einrichtete. In Klingnau und Kaiserstuhl entstanden Zweigbetriebe. Als dritter Produktionszweig kam 1900 die Schuhfabrikation hinzu.

Zuberbühler war ein Patron alten Stils, aber auch modernen Ideen nicht verschlossen: Er realisierte verschiedene Sozialeinrichtungen, etwa eine Kranken- und Unfallversicherung, lange bevor dies üblich war, schuf Verpflegungsmöglichkeiten für die Auswärtigen und gründete ein Töchterheim und eine Kleinkinderschule. Auch politisch war der Ostschweizer aktiv: 1884 war er in Zurzach Gemeinderat, 1884/85 zudem freisinniger aargauischer Verfassungsrat, mehrere Perioden sass er im Grossen Rat. Seine unermüdliche Bautätigkeit veränderte das Bild des Fleckens: Nicht nur Fabrikgebäude, die heute zum Teil abgebrochen sind, entstanden, sondern auch Arbeitersiedlungen und die Villa «Himelrich» (heute Schloss Bad Zurzach); viele Gebäude im Flecken wurden umgebaut und neu genutzt. Und nicht zuletzt trug Zuberbühlers persönliches und finanzielles Engagement wesentlich zum Bau der Rheinbrücke bei, deren Vollendung er aber nicht mehr erlebte.[63]

Als Zuberbühler 1904 an einer Blutvergiftung starb, arbeiteten etwa 150 Stickmaschinen und rund 1000 Personen für ihn; der Flecken hatte zu dieser Zeit etwa 1400 Einwohner.[64] Auch nach seinem Tod expandierte die Firma, nun von seinen Schwiegersöhnen geleitet, vorerst weiter; allerdings nicht in Zurzach, weil hier die Arbeitskräfte fehlten.[65] In den frühen Zwanzigerjahren geriet das Unternehmen in eine Krise. Die Arbeitszeit wurde 1921 in der Schuhfabrik, 1922 in der Stickerei halbiert, es kam zu Entlassungen.[66] Einige ehemalige Mitarbeiter versuchten sich mit Kleinbetrieben zu halten, die meisten jedoch ohne Erfolg.[67] Danach folgte eine Phase der Erholung, bevor die Krise der Dreissigerjahre das endgültige Aus brachte.[68] 1937 meldete das Zurzacher Volksblatt die Auflösung der Firma, 1938 die Aktien-Liquidation.[69] Nur die Schuhfabrikation überlebte. Von Jakob Zuberbühler aufgebaut und von seinen Nachfolgern in Betrieb genommen, wurde sie 1923 zur Schuhfabrik Zurzach AG und wechselte in der Folge mehrmals die Hand.

14 Frottierweberei der Firma Triumph. Aufnahme um 1960.

Nachdem die Zuberbühler-Unternehmen zuerst geschrumpft und dann ganz eingegangen waren, standen viele auf der Strasse.⁷⁰ Eine gewisse Erleichterung brachten die Sodafabrik, von der unten die Rede sein wird, und die Firma *Spiesshofer & Braun*, heute *Triumph International*, die 1933 die Zuberbühler-Fabrikgebäude übernahm. 1886 hatten der Korsettmacher Johann Gottfried Spiesshofer und der Kaufmann Michael Braun die Firma in Heubach (Kreis Schwäbisch Gmünd, Baden-Württemberg) mit sechs Nähmaschinen gegründet. 1914 zählte der Betrieb bereits 2000 Beschäftigte. 1924 kam eine Frottierweberei hinzu. 1934 siedelte Spiesshofer & Braun nach Zurzach über und zählte zwei Jahre später 3000 Mitarbeiter, einige Hundert davon in Zurzach. Nach dem Krieg expandierte die Firma kräftig, stellte ab 1962 auch Bademode und ab 1981 Bekleidung für den Sportbereich her. 1993 zählte sie weltweit 28'000 Mitarbeiter.

Von entscheidender Bedeutung für Zurzachs Entwicklung war die Entdeckung, dass der Untergrund Salzlager und Thermen enthält. *Kornelius Vögeli*, Bauunternehmer und ehemaliger Gemeindeammann von Leuggern, suchte in Koblenz nach Kohle und fand 1892 Steinsalz.⁷¹ Nach ausgedehnten Bohrversuchen im Gebiet von Zurzach–Rietheim entdeckte er bedeutende Salzlager. Vögeli erlangte 1905 zusammen mit dem Aargauer Zementindustriellen R. Zurlinden eine staatliche Konzession zur Ausbeutung der Salzlager im Bezirk Zurzach, schaffte es aber nicht, mit dem Abbau zu beginnen. Schliesslich verkaufte er, bereits 85-jährig, die Konzession an ein Zürcher Konsortium.⁷²

Die Gesellschaft der «Vereinigten Schweizerischen Rheinsalinen» und der belgische Konzern Solvay versuchten nun, eine Abbaukonzession zu erlangen.⁷³ Die Rheinsalinen wirkten massiv auf die aargauischen Politiker ein und beschworen diese, die Lager einer schweizerischen Firma zu überlassen. Sie versuchten nachzuweisen, dass eine industrielle Entwicklung der Region nur mit ihnen möglich sei, nicht mit Solvay. Es gehe auch darum, «dem Lande eine höhere Einnahme aus seinen reichen Salzlagern zu verschaffen und die schweizerische Industrie von der Willkür des Auslandes unabhängig zu machen, genau so, wie sie sich durch Verstaatlichung der Privatsalinen vom Auslande unabhängig gemacht hat. [...] Welche Gefühle müsste es bei den andern Kantonen erwecken, wenn der Aargau aus unzutreffenden Gründen einer ausländischen Firma den Vorzug gäbe und damit sämtliche schweizerischen Soda-Konsumenten für ewige Zeiten einer ausländischen Gesellschaft tributpflichtig machte!»⁷⁴

Offenbar wirkten diese Argumente. Nachdem eigentlich Solvay dem Kanton Aargau zuerst die verlangten Zugeständnisse gemacht hatte, erhielten 1912 dennoch die Rheinsalinen die Konzession unter der Auflage, in Zurzach eine Sodafabrik zu erstellen. Bohrungen an verschiedenen Stellen ergaben reiche Salzlager zwischen Zurzach und Rietheim.⁷⁵

Aber erst der Erste Weltkrieg schuf die Voraussetzungen, die eine Aufnahme der Produktion ermöglichten, da er die chemischen Firmen von Zulieferungen aus dem Ausland abschnitt. Am 4. Dezember 1914 wurde in Olten eine «Schweizerische Sodafabrik» gegründet, an der sich die Vereinigten Schweiz. Rheinsalinen, zahlreiche Kantone und die chemische Industrie beteiligten. Die Fabrik wurde zwischen den Salzlagern in der «Barz» und dem Steinbruch Mellikon gebaut, zwischen Zurzach und Rekingen. Pro Quadratmeter Land wurde den Eigentümern 70 Rappen bezahlt.

Im September 1916 wurde die Fabrikation von Soda aufgenommen.⁷⁶ Die Eröffnung erfolgte noch rechtzeitig, um der während des Krieges gestiegenen Nachfrage nach Soda genügen zu können. Die Auslandkonkurrenz war ausgeschaltet, sogar Exporte konnten getätigt werden. Nach dem Krieg aber stagnierte die Nachfrage. Die schweizerische Produktion war auch qualitätsmässig der ausländischen nicht gewachsen. 1919 stellte die «Sodi» den maschinellen Betrieb ein, nachdem sie schon lange für das Lager gearbeitet hatte. Das Soda werde «vom Ausland» zu «Schleuderpreisen auf den schweizerischen Markt»

15 Kornelius Vögeli (1823–1911), «Salz-Vögeli». Statt auf erhoffte Steinkohleschichten stiess er bei seinen Probebohrungen auf Steinsalzlager.

---

⁶³ Art. Jakob Zuberbühler, in: BLAG, S. 922 f.
⁶⁴ Zurzacher Volksblatt, 26.11.1938.
⁶⁵ Zurzacher Volksblatt, 28.11.1910.
⁶⁶ GAZ 1351: Arbeitslosenwesen; GAZ 1353: Arbeitslosenwesen.
⁶⁷ GAZ 1352: Grenzübertritts- und Arbeitsbewilligungen.
⁶⁸ GAZ 1352: Grenzübertritts- und Arbeitsbewilligungen; Zurzacher Volksblatt, 30.6.1924. In den Jahren nach dem Ersten Weltkrieg kam es zu einem Nachsteuerprozess gegen eine Reihe von Mitgliedern der Zuberbühler-Familie. GAZ 1438: Firma Zuberbühler & Cie AG.
⁶⁹ Zurzacher Volksblatt, 5.4.1937, 12.2. und 15.6.1938.
⁷⁰ Vgl. BETSCHMANN, Abenteuer, S. 26.
⁷¹ Die Botschaft, 29.9.1872, 6.1.1874, 17.1. und 21.1.1877.
⁷² Zurzacher Volksblatt, 11.12.1907.
⁷³ WALDMEYER, Salz- und Sodaindustrie, S. 208–218, zur Sodafabrik generell: S. 218–266.
⁷⁴ Vereinigte Schweizische Rheinsalinen, S. 6 f.
⁷⁵ Zurzacher Volksblatt, 9.11.1912, 5.1. und 31.1.1914.
⁷⁶ Zurzacher Volksblatt, 7.12.1914, 24.2., 5.5., 8.5. und 22.9.1915, 2.9.1916.

16 Bohrturmbau.

geworfen, obwohl der Bundesrat eine Einfuhr-Bewilligungspflicht erlassen habe, erklärte die Firma. Die vorhandenen Vorräte genügten, um den schweizerischen Konsum auf Monate hinaus zu decken. «Wann die Fabrik wieder in Betrieb kommen wird, hängt von der Nachfrage nach Soda ab.» Die Sodafabrik beschäftigte bei Vollbetrieb über 400 Arbeiter; vorerst kam es zu keinen Entlassungen, die Belegschaft wurde anderweitig beschäftigt. Im Juli wurde die Sodaproduktion wieder aufgenommen, ohne dass die grundlegenden Probleme gelöst worden wären.[77] Schliesslich unterbreitete der Solvaykonzern dem Kanton Aargau eine Kaufofferte für die «Sodi»: Er bot für den Erwerb aller Aktien (nominal Fr. 1000.–) Fr. 1250.– pro Aktie.[78] Der Grosse Rat stimmte zu. Solvay modernisierte den Betrieb, aber auch hier kam es in der Krise der Dreissigerjahre zu Entlassungen.[79] Während des Zweiten Weltkrieges versorgte die Firma wiederum die ganze Schweiz.

Neben den grossen Fabriken existierte in Zurzach immer auch eine ganze Reihe von kleinen Gewerbe- und Industriebetrieben, etwa die *Ernst Lanz, Zigarrenfabrik* Zurzach, und die *Möbelfabrik Minet*, deren Briefkopf 1924 den Betrieb als «Erste schweizerische Korridorständer-Fabrik, Rohrmöbel, Sessel und Tische, Kleinmöbel» vorstellte.[80] Eine Beschreibung aus der Zwischenkriegszeit zeigt die kleingewerbliche Struktur des Fleckens: Über Zurzachs Grenzen hinaus tätig war das Baugeschäft Carl Mallaun mit seinen Kiesgruben, seinem Steinbruch und der Zimmerei. Wer ein Haus bauen wollte, ging auch zu Maurermeister Elzi De Conto. Die Malerarbeiten besorgte sein Bruder Nello De Conto. Für die Sanitäreinrichtungen waren zwei zuständig: der «Schmittenkeller» bei der reformierten Kirche, bei dem auch Pferde beschlagen wurden, oder der «Chauffeur Meier» (Fritz Meier, ehemals Chauffeur bei Zuberbühler) bei der katholischen Kirche, der auch noch Töffs flickte und für die wenigen Motorisierten Benzin pumpte. Wer Schreinerarbeiten zu vergeben hatte, ging zu Josef Jawurek im «Kindli», zu Werner Fischer in der «Käserei» oder zu Gottfried Baldinger, der im ehemaligen «reformierten Schuelhüsli» jedem verstorbenen Fleckenbewohner auch den schwarzen Sarg zimmerte. Kleinere Maurerarbeiten besorgte Herr Witt, der sich «Cementer» nannte und die Platten für Weg- und Garteneinfassungen selbst goss. Für das Tapezieren war Karl Arheidt in der Kaiserei zuständig.

Damals zählte Zurzach ein Dutzend Gasthäuser und zehn Spezereiläden, in denen man vom Waschpulver bis zur Wurst so ziemlich alles kaufen konnte, was in einem Haushalt nötig war.[81] Fünf Bäckereien[82] sorgten für die Pfünderli, Zweipfünderli und Zwanzigerstückli. Vier Metzger[83] schlachteten das Vieh der Landwirte im gemeindeeigenen Schlachthaus in der Schlüsselgasse und boten es in ihren Läden feil. Vielfältig war Zurzach auch mit Spezialgeschäften versehen: Vier bis fünf priesen sich als Sachverständige für Velohandel und Töffreparaturen bis zu Hausinstallationen an. Zwei Geschäfte hielten Papeterien und Spielsachen feil.[84] Um Drucksachen kümmerten sich zwei Unternehmen. Zwei verkauften und flickten Uhren,[85] zwei weitere handelten mit Milch und Käse.[86] Zwei boten Kleider und Hüte feil,[87] dagegen kümmerte sich eine ganze Anzahl Fachleute um massgeschneiderte Hemden und Röcke, ja sogar um Kadettenuniformen. Schuhe wurden nur in zwei Läden[88] verkauft, geflickt aber bei verschiedenen Schuhmachern. Zur Spar- und Leihkasse gesellte sich 1928 eine Filiale der Aargauischen Hypothekenbank. Zwei Ärzte, Dr. med. Victor Attenhofer und Dr. med. Martin Erb, waren sogar bereit, Hausbesuche zu machen. Die Medikamente wurden gegen ärztliches Rezept in der Salmen Apotheke von Moritz Roggen abgegeben.[89]

Später kamen weitere Betriebe hinzu. 1959 waren in Zurzach insgesamt 1329 Industriearbeitsplätze vorhanden, dazu kamen 88 Gewerbebetriebe: 32 Kleinhandelsbetriebe, 16 Hotels und Gaststätten, zwei Banken.[90] Die traditionsreichere Bank, die Spar- und Leihkasse Zurzach, war 1850 auf genossenschaftlicher Grundlage gegründet worden. Einige Schulkollegen der Jahrgänge 1817–19 setzten als deren Ziel die Förderung von Fleiss, Sparsamkeit und Wohlstand. Die Mitglieder mussten wöchentlich 30 Cts. einlegen. 1855 zählte die Kasse 288 Mitglieder mit einem Guthaben von insgesamt Fr. 54'500.–. 1865 waren es bereits 3465 Mitglieder mit einem Guthaben von gesamthaft Fr. 1'283'000.–. In den Krisenjahren von 1875/85 und während des Ersten Weltkrieges kam es zu Rückschlägen der vor allem im Hypothekarbereich tätigen Bank. Nach den schwierigen Jahren baute sie 1940 ihr Gebäude um und zeigte auch dadurch, dass sie die Krise überwunden hatte.[91]

Ebenfalls auf der Grundlage von genossenschaftlichem Gedankengut entstand der Konsumverein Zurzach und Umgebung. Ziel war die Vermittlung von Waren guter Qualität zu vorteilhaften Preisen und die soziale Wohlfahrt der Mitglieder. Nachdem ein erster Versuch 1907 gescheitert war, konnte im November 1913 in der Rose an der Schwertgasse ein Laden eröffnet werden. 1913 lag der Umsatz bei Fr. 35'700.–, 1948 bei Fr. 492'500.–, die Zahl der Mitglieder stieg von 123 auf 750. 1916 konnte in Rekingen eine Filiale, 1947 im Flecken gegenüber dem «Sommerhaus» (Arche) ein Konsumgebäude gebaut werden.[92]

Not, Krisen und Arbeitslosigkeit

Die verschiedenen Industriebetriebe, die Ende des 19. und Anfang des 20. Jahrhunderts entstanden, federten die Krise, in die Zurzach seit dem Niedergang der Messen geraten war, ab. Es gab wieder mehr Arbeit, ein allgemeiner, wenn auch vorerst bescheidener Aufschwung setzte ein. Noch immer aber war Armut weit verbreitet. Seit 1864 wirkte im Bezirk der Armenerziehungsverein, den hundert Männer, darunter sämtliche Pfarrer des Bezirks, gegründet hatten. Im hochkarätigen Vorstand sassen unter anderem Stiftspropst Huber, der als Präsident amtete, Bezirksamtmann Frei, Gerichtspräsident Schleuniger und Pfarrer Seiler aus Zurzach.[93] Dieser Verein versuchte in den folgenden Jahrzehnten, Jugendliche aus armseligen Verhältnissen zu unterstützen und auszubilden.

Während des Ersten Weltkrieges wuchs die Not rasch an, da die Versorgung schlecht war, der Inflation nur ungenügend ein Riegel geschoben wurde und die Unterstützung für Wehrmänner und deren Familien minimal blieb. Für bedürftige Familien sollte eine Suppenanstalt eröffnet werden.[94] Eine Hilfskommission für Notstandsmassnahmen hatte die Aufgabe, die Bedürftigen mit Milch, Zucker und Kartoffeln zu versorgen. Soldaten und ihre Familien erhielten als Notunterstützung 1917 zwischen Fr. 1.50 und Fr. 4.20 pro Tag. Im Laufe des Krieges wurde die Not immer grösser, dennoch wurden in Zurzach nur wenige Familien unterstützt.[95] Die Rationierungen trafen auch die weniger Notleidenden. 1918 verbot der Bund, frisches Brot zu verkaufen. Dieses musste einen Tag lang gelagert werden.[96] Der Kartoffelmangel war so gross, dass Zürcher in den Aargau fuhren, um ein Kilogramm Kartoffeln zu kaufen. Man musste sich mit Mais und Reis behelfen und machte auf diese Art zum ersten Mal Bekanntschaft mit diesen exotischen Produkten.[97]

Mit dem Ende des Krieges war die Not nicht vorbei. Die Unzufriedenheit der Arbeiterschaft über die soziale Situation führte zum Generalstreik, der auch Zurzach erfasste.

Der Regierungsrat schickte auf Bitte des Bezirksamtes eine Landsturmeinheit in den Flecken, um zu verhindern, dass Arbeitswillige von Streikenden am Betreten der Fabriken gehindert würden. Auf ein Ultimatum des Bundesrates erklärte das Oltener Komitee in der Nacht vom 13. zum 14. November 1918 den Abbruch der Aktion und forderte die Streikenden zur Wiederaufnahme der Arbeit auf. An die Bezirksämter erging die Anfrage, ob auf die Ordnungstruppen verzichtet werden könne. Die Behörden von Aarau, Baden, Zofingen und Lenzburg befürworteten die umgehende Entlassung der Truppen. Aus Zurzach hingegen traf der Bericht ein, der Generalstreik dauere als lokale Arbeitsniederlegung weiter und drohe erbitterte Formen anzunehmen. Erst zwei Tage später beruhigte sich die Lage, sodass die Truppen entlassen werden konnten.[98]

Auch in der Folge blieb die Atmosphäre gespannt, wie etwa folgender Vorfall zeigt:

Im Jahre 1920 lancierten die Sozialdemokraten eine Vermögensabgabe-Initiative, die dem Bund drei Milliarden Franken einbringen sollte. Die Gegner der Initiative verteilten Flugblätter in Form russischer Rubelscheine, deren Vorderseite die Bildnisse von Arthur Schmid, Robert Grimm und Fritz Platten zeigte, während der Text auf der

[77] Zurzacher Volksblatt, 10.2., 15.2. und 14.7.1919, 9.5.1921.
[78] Zurzacher Volksblatt, 26.11.1921.
[79] BINKERT, Gerechtigkeit, S. 64.
[80] GAZ 1352: Grenzübertritts- und Arbeitsbewilligungen.
[81] Zum Beispiel Gottfried Keller (Eisen-Keller) im Grossen Bären, Gregor Bächli im Unterflecken, Fam. Heer im Thiergarten, Frau Jawurek im Kindli.
[82] Scheifl zur Luft, Binder zur Ilge, Böckli im Verenahof, Giger im St. Annahof, Schmuziger im Unteren Hahnen, dann Laube, später Jetzer im Weissen Haus.
[83] Hässig im Frohsinn, Mühlebach im Hirschen, Rudolf im Weissen Rössli und Pfister im Schlüssel.
[84] Kalt (Pappeteckel) im Agathahof. Räber, später Hatt, dann Meier in der Schwertgasse.
[85] Häfeli und Kaiser.
[86] Meister in der Sonne und Blaser an der Langwiessstrasse.
[87] Guggenheim, später Weber zum Schiff und Kalt-Strasser im Zitronenbaum.
[88] Binder im Grünen Berg (heute im Kaufhaus) und Hoggenmüller im Storchen.
[89] WALTER EDELMANN, Zurzach während unserer Schulzeit, in: Jahrgang 1923, S. 5 f.
[90] WALTER EDELMANN, Zurzach heute, in: LAUR-BELART u. a., Zurzach, S. 62 f.
[91] Zurzacher Volksblatt, 17.2.1940.
[92] AMMANN, SENTI, Bezirke, S. 57.
[93] Die Botschaft, 1.7.1864
[94] Zurzacher Volksblatt, 10.8.1914.
[95] GAZ 1238: Verschiedenes, Notstandsaktionen der Hilfskommission.
[96] GAZ 1835: Rationierungswesen 1918/19.
[97] Zurzacher Volksblatt, 30.10. und 4.11.1916, 5.3.1917.
[98] GAUTSCHI, Geschichte, S. 209 f., 218.

17 Unwetter am 29./30. Mai 1931: Überflutete Hauptstrasse im Oberflecken — Schäden beim Bahnhof — Wo ist das Zollhäuschen bei der Rheinbrücke? — Keiner zu klein, Helfer zu sein.

Rückseite besagte, das Schweizer Geld werde genauso wertlos sein wie diese Scheine, falls die sozialistische Initiative angenommen würde. Der junge, im Flecken aufgewachsene Max Wullschleger[99] wurde verprügelt, als er im Auftrag eines sozialdemokratischen Vertrauensmannes derartige Flugblätter einzusammeln versuchte.[100]

Die Krise der Nachkriegszeit führte erneut zu Einschränkungen. 1919/20 wurden Kohle und Holz als Brennstoff für Privathäuser und Kleingewerbe rationiert.[101] Kurzarbeit und Entlassungen waren an der Tagesordnung. Waren schon die Löhne gering (Frauen bei Zuberbühler verdienten 46 Rappen pro Stunde, Lehrtöchter 23 Rappen, ein Ausläuferjunge der Sodafabrik 33 Rappen), so stürzte die Arbeitslosigkeit viele in grosse Not. Am 31. März 1921 gab die Schweiz. Sodafabrik bekannt, dass sie wegen Mangel an Arbeit einen Teil der Arbeiterschaft entlassen müsse, und bot für jene in bedrängter Lage Unterstützung an. Aus Zurzach wurden acht Personen arbeitslos. Bereits am 18. April teilte die Sodi mit, ab 23. April den Betrieb einzustellen. 189 Personen, davon 65 aus Zurzach, verloren ihre Stelle. Die Arbeitslosen erhielten vom Arbeitsamt Gutscheine, um Milch, Lebensmittel, Brot und Holz zu beziehen. Häufig wurden sie im Strassenbau eingesetzt. 1924 stellte die Gemeinde die Arbeitslosenunterstützung ein, weil die Arbeitslosigkeit stark zurückgegangen war.[102]

Mit dem endgültigen Niedergang der Zuberbühler-Werke und der Ende der Zwanzigerjahre einsetzenden grossen Krise verschlimmerte sich die Situation erneut. Die Zahl der von der Gemeinde Unterstützten stieg sprunghaft an. 1935 und 36 zahlte die damalige «Paritätische Arbeitslosenkasse des Bezirks Zurzach» bei einem maximalen Taggeld von Fr. 4.50 Arbeitslosenunterstützung in der Höhe von insgesamt ca. Fr. 70'000.–. Der Schulhausneubau Langwiesstrasse und Bunkerbauten brachten vereinzelte Arbeitsmöglichkeiten.[103]

In den Zwanzigerjahren wurde Zurzach auch von einer politischen Krise schwer erschüttert. 1921 trat die Rechnungsprüfungskommission aus Protest gegen Mängel in der Gemeindeverwaltung zurück. Schliesslich ordnete der Regierungsrat 1924 eine sofortige Inspektion an, die die Übelstände bestätigte und katastrophale Zustände des Rechnungswesens offen legte. Der Gemeindekassier «ersaufe» in den Rückständen. Nachdem eine Frist von zwei Monaten gesetzt worden war, um die Missstände zu beheben, überstürzten sich die Ereignisse. Vizeammann Bugmann und sechs weitere Personen reichten beim Regierungsrat Beschwerde ein gegen einen Beschluss der Gemeindeversammlung, die Stellen des Schreibers und Kassiers neu zu besetzen. Die Gemeindeversammlung forderte zudem eine Kommission, die die Verwaltung un-

teren wurde zudem eine strafrechtliche Untersuchung eröffnet, weil er offenbar Gelder behalten hatte. Erst Gemeinderatswahlen und eine neue Verwaltung kühlten das erhitzte Klima langsam wieder ab.[104]

Nicht nur wirtschaftliche und politische Krisen suchten Zurzach in diesen Jahren heim, sondern am 29. und 30. Mai 1931 auch eine Unwetterkatastrophe von noch nie erlebtem Ausmass. Wolkenbruchartiger Regen führte zu schwersten Überschwemmungen durch den Zurzibach. Die Wassermassen rissen Wege und Strassen auf, legten Kanalisationsleitungen frei, schütteten grosse Geröllmassen auf, setzten Keller und Erdgeschosse vieler Häuser unter Wasser und machten Flurwege unpassierbar. Ein Bericht des kantonalen Meliorationsamtes sprach davon, ganz Zurzach sei einen Meter tief eingeschüttet worden. An privatem Eigentum entstand ein Schaden von einer halben Million Franken, der Gesamtschaden belief sich auf ca. 1,6 Millionen Franken. Auch in anderen Gemeinden war es zu schweren Verwüstungen gekommen. Eine Sammlung für die Geschädigten brachte Fr. 380'000.–. Während Wochen arbeiteten Dutzende von Männern daran, die Schäden einigermassen zu beheben.[105]

Fremde und Einheimische, Brücken und Grenzen

Jahrhundertelang waren Fremde als Messebesucher und Pilger nach Zurzach gekommen. Mit dem Niedergang der Messen und der Aufhebung des Stiftes wurde es ruhiger in Zurzach, die Einheimischen blieben vermehrt unter sich. Die Industrie brachte dann einen neuen Schub von Ausländern, vor allem aus den ennetrheinischen Gebieten. Die Grenzübertritts- und Arbeitsbewilligungen zeigen einen recht hohen Ausländeranteil in den Zurzacher Betrieben. Neben Arbeiterinnen und Arbeitern erhielten auch Dienstmädchen, Putzfrauen, Wäscherinnen und Heuer Arbeits-

tersuchen solle. Ein Kompromissvorschlag des Regierungsrates konnte die beiden Parteien einander nicht näher bringen, im Gegenteil: Eine «bürgerliche Versammlung» von 114 Personen attackierte den Gemeinderat heftig und entzog ihm das Vertrauen. Dieser konnte sich auch an der folgenden Gemeindeversammlung nicht durchsetzen und reichte Beschwerde ein gegen deren Beschlüsse. Eine vom Regierungsrat angeordnete externe Untersuchung bestärkte die Gegner des Gemeinderates. Eine Einwohnerversammlung verurteilte die Amtsführung der Gemeindebehörde und machte sie verantwortlich, obwohl der Regierungsrat zum Schluss kam, es gebe keine konkreten Verfehlungen einzelner Gemeinderäte. Kassier und Schreiber waren in der Zwischenzeit ersetzt worden, gegen Letz-

---

[99] Später Regierungsrat des Kantons Basel-Stadt. Seine Memoiren erschienen unter dem Titel: Vom Revoluzzer zum Regierungsrat, Basel 1989.
[100] GAUTSCHI, Geschichte, S. 266 f.
[101] GAZ 1438: Brennstoffrationierung.
[102] GAZ 1351: Arbeitslosenwesen.
[103] GAZ 1350: Statistische Erhebungen.
[104] StAAG, Inneres, Gemeindeverwaltung Zurzach, Untersuchung 1924/25; Zurzacher Volksblatt, 17.1. und 20.7.1921.
[105] StAAG, Baudirektion, Unwetterkatastrophe in den Bezirken Baden und Zurzach, 29./30. Mai 1931; GAZ 1605: Rechnung und Belege betr. Unwetterschaden; Zurzacher Volksblatt, 1.6., 3.6., 6.6. und 2.9.1931.

bewilligungen.[106] Einige davon wohnten in Zurzach, die meisten in Deutschland. Das Verhältnis zwischen Einheimischen und Fremden war nicht immer spannungsfrei. In Krisenzeiten beanspruchten die Einheimischen die Arbeitsplätze für sich. Und die Firmen entliessen in der Tat die Ausländer vor den Einheimischen. Ein «Arbeiter-Verzeichnis über Ausländer» vom Februar 1921 listet bei der Firma Zuberbühler in der Lingerie 45 Deutsche, davon 42 Frauen, einen Holländer und einen Elsässer auf. 20 Deutsche, alles Frauen, waren bereits entlassen worden. In der Stickerei arbeiteten 22 Deutsche, davon 19 Frauen, und eine Österreicherin. 16 ausländische Frauen waren bereits definitiv entlassen; 12 Frauen und ein Mann wurden entlassen mit dem Versprechen, sie bei besserer Wirtschaftslage wieder zu beschäftigen. Die Möbelfabrik von Franz Minet hatte 7 Deutsche, 2 Italiener und eine Österreicherin auf ihren Gehaltslisten, die Ernst Lanz Zigarrenfabrik Zurzach 3 deutsche Frauen, alles Zigarrenmacherinnen, die aber bereits entlassen worden waren. Das Baugeschäft der Gebrüder Mallaun meldete 9 Italiener und 7 Männer aus dem «Grossherz. Baden», die Schweiz. Sodafabrik 9 Italiener, 35 Deutsche, 3 Franzosen und 2 Personen anderer Nationalität. Die Schuhfabrik Zuberbühler & Cie AG listete 20 Deutsche, 2 Italiener, einen «Tyroler» und einen Österreicher auf, je zur Hälfte Männer und Frauen, viele davon in der Schweiz niedergelassen. 8 Ausländer waren bereits definitiv entlassen, 19 provisorisch.[107] Die Gesuche, ausländische Arbeiter beschäftigen zu dürfen, wurden in der Regel bewilligt mit der Auflage, dass der Gemeinderat diese Bewilligung jederzeit aufheben könne, falls eine Arbeitsnachfrage von schweizerischen Arbeitern entstehe. 1924 war die Krise vorbei, die Firmen meldeten, trotz Inseraten hätten sich keine Schweizer Arbeiter beworben.[108]

Auch für politischen Zündstoff sorgten die Ausländer. Als sich in Zurzach 1930 eine «Kommunistische Gruppe» bildete, die «aus etwa sechs jugendlichen Köpfen» bestand, vermerkte das Zurzacher Volksblatt: «Dass die Hälfte Ausländer sind, versteht sich.»[109]

Zurzach wurde durch den Bau der Eisenbahnlinien im 19. Jahrhundert an den Rand gedrängt und verlor seine früher wichtige Stellung als Kreuzungspunkt wichtiger Verkehrswege. Diese Entwicklung wurde durch die politische Situation verschärft. Von spezieller Bedeutung war der Wandel des Verhältnisses zur deutschen Nachbarschaft. Die Grenze war lange Zeit eine sehr offene gewesen und hatte Verkehr und Handel nie behindert. Die Beziehungen über den Rhein waren seit jeher intensiv und durch wirtschaftliche, juristische und persönliche Verbindungen aufs Engste verknüpft gewesen. Für Zurzacher aus gutem Hause war es selbstverständlich, dass man sich in Deutschland ausbildete, wie etwa der spätere Bundesrat Emil Welti, der ab 1844 in Jena und Berlin Rechtswissenschaft studierte.[110]

Im 19. Jahrhundert aber wuchs die Bedeutung der Grenze nach Deutschland stetig. 1848 wurde der Grenzschutz von den Kantonen übernommen, und es wurden Grenzbeamte zur Überwachung des Personen- und Warenverkehrs stationiert. Importiert wurden am Ende des 19. Jahrhunderts v. a. Holz aus dem Schwarzwald, Textilien, Geräte, Maschinen, Pferde und Vieh.[111] Bis 1872 war das Grossherzogtum Baden Nachbar des Aargaus. Mit der Gründung des Deutschen Reiches und in noch viel stärkerem Masse mit den beiden Weltkriegen wurde die Abschliessung immer drastischer. Um die Wende vom 19. zum 20. Jahrhundert gab es keine Rheinbrücken bei Zurzach und Koblenz, die Abgeschiedenheit wirkte idyllisch. Die Zurzacher machten ihren Sonntagsspaziergang ins Badische nach Deutsch-Reckingen, Küssaburg und Kadelburg.[112]

Zurzach hatte schon immer eine Brücke angestrebt. 1838 wurde eine Aktiengesellschaft gegründet von Männern, die glaubten, mit der Erbauung einer Brücke über den Rhein zwischen Zurzach und Rheinheim das sicherste Mittel gefunden zu haben, «dieser Isolierung zu begegnen und den Zug einer bedeutenden, Verkehr, Verdienst und Wohlstand fördernden Verkehrs- und Handelsstrasse in diese Gegend zu leiten».[113] Die Aktiengesellschaft blieb ebenso erfolglos wie ein in den 1860er-Jahren von den umliegenden Gemeinden unterstütztes «Brücken-Comite». Der Kanton zog 1872 eine bereits gemachte Subventionszusage wieder zurück, auch die angeschriebene Nordostbahn winkte ab. 1874 kam es im Brückenkomitee zum «Staatsstreich», der erfolglose Vorstand, der das Projekt «nicht energisch genug befördert» habe, wurde durch einen neuen ersetzt.[114] Wesentliche Unterstützung erhielt das Vorhaben in der Folge vom Industriellen Zuberbühler. 1906 schliesslich war die Finanzierung gesichert, eine Mannheimer Firma erhielt den Auftrag, die Brücke Zurzach–Rheinheim zu bauen. Fehler beim Bau des Holzgerüstes führten zu einem langsamen Vorankommen der Arbeiten. Als das Wasser stieg, stürzte die Brücke im Bau ein. Die neue Brücke konnte schliesslich am 14. Juli 1907 eingeweiht werden. Im gleichen Jahr wurde die Fähre aufgehoben. Die Kadelburger Wagenfähre wurde ebenfalls eingestellt, die Personenfähre blieb bis zum Zweiten Weltkrieg in Betrieb. 1906 kaufte die Eidgenossenschaft von der Firma Zuberbühler das alte Schlösschen Mandach und errichtete dort eine Zollstation. 1927 waren in Zurzach sieben Beamte des Grenzwachtkorps tätig.[115]

Die traditionell deutschfreundliche Haltung der Zurzacher übertrug sich auch auf das Kaiserreich. Ernst Frey schildert in seinem Roman «Güggs» einen Spaziergang der Familie in Deutschland aus der Sicht des jugendlichen Helden:
«Ich breitete meine Arme aus und rief: ‹Man fühlt etwas – so weit, so weit!› – ‹Ja›, stimmte meine Mutter zu, ‹[...] so weit! Und es ist, als ob jene grossen Taten, die ein grosses Deutschland machten, mit diesem Gefühl etwas zu tun hätten.› [...] ‹Bueb›, fiel der Vater ein, ‹ich glaub, du bist mehr begeistert für Deutschland, als für unser Heimatland, du weisst gar weniger von ihm, als von diesem.› – ‹Wir haben keinen Kaiser, nicht einmal einen König›, erhob ich voll Bedauern. ‹Wir haben auch einen Landesvater›, rief er eifrig. ‹Der alle Jahre neu gebacken wird›, versetzte die Mutter.» Der Romanheld schwärmt von Deutschland, besucht es am schulfreien Mittwochnachmittag und träumt davon, die Heimat zu verlassen und nach Deutschland, «zu hohen, edlen» Menschen zu gehen. «Rasche Herzschläge» ergreifen ihn beim Betreten des deutschen Bodens.[116]

Viele Schwarzwälder arbeiteten in Zurzach, Burschen und Mädchen aus kinderreichen Familien; sie waren in der Landwirtschaft, im Gastgewerbe und als Mägde anzutreffen und galten als zupackend. Viele Bauern waren mit einer Schwarzwälderin verheiratet.[117] Auch die Arbeiterschaft verband sich über die Grenze hinweg und feierte gemeinsame Feste auf der Küssaburg oder in Zurzach. Manche besassen auch auf beiden Seiten des Flusses Immobilien.[118]

Mit dem Ersten Weltkrieg begannen sich die Bindungen zu lockern. Die Kommunikation und der Waren- und Personenverkehr wurden schwieriger, die Kontrollen verschärft. Die Grenzen blieben aber dennoch fast während des ganzen Krieges offen. Der Sonntagsspaziergang ins Badische blieb ebenso wie der diskrete Güteraustausch des kleinen Grenzverkehrs bestehen. Kriegsgefangene und Deserteure durchschwammen unter Lebensgefahr den Rhein oder turnten unter der Brückenkonstruktion Rheinheim–Zurzach über den Fluss. Sie verblieben meist für einige Monate in Zurzach und wurden als Fabrikarbeiter eingesetzt.[119] Andererseits arbeiteten Schweizer in Deutschland, weil die deutschen Männer im Krieg waren. Vor allem in den Lonza-Werken in Waldshut, damals Karbidfabrik genannt, waren viele Schweizer anzutreffen.

Sogar aus der Innerschweiz und dem Tessin wanderten Leute zu, die in Deutschland arbeiten wollten. Viele von ihnen suchten Wohnungen und Unterkünfte auf der Schweizer Seite der Grenze. Nach dem Krieg blieben die Erschwernisse, der Passzwang schränkte den Geschäftsverkehr massiv ein. Die Klagen über Schikanen im kleinen Grenzverkehr hörten nicht auf. Erst 1924 kam es zu Erleichterungen, der Grenzrayon wurde ausgedehnt, Dauerpassierscheine wurden ausgegeben, das Übernachten im Grenzrayon erleichtert.[120]

In den 1920er-Jahren konnte man in Waldshut, das sich damals zum Einkaufszentrum entwickelte, wegen des deutschen Währungszusammenbruchs fürstlich einkaufen. Das Zurzacher Gewerbe beklagte sich über die Konkurrenz. Die Zurzacher Metzger glaubten, «dass sie in ihrer Existenz direkt gefährdet sind», weil viele Zurzacher ihr Fleisch billiger im Badischen kauften. Sollten «sich die Zustände

18 Kurz vor ihrer Eröffnung wurde die neue Rheinbrücke 1906 durch Treibgut im hochgehenden Rhein von den Pfeilern gerissen.

---

[106] GAZ 1352: Grenzübertritts- und Arbeitsbewilligungen.
[107] GAZ 1351: Arbeitslosenwesen.
[108] GAZ 1352: Grenzübertritts- und Arbeitsbewilligungen.
[109] Zurzacher Volksblatt, 5.11.1930.
[110] A. Frey, Bundesrat, S. 271.
[111] H. Frey, Rheinübergang, S. 48.
[112] Keller, Abt, Zurzach, S. 89.
[113] GAZ 870: Rheinbrückenbau.
[114] GAZ 870: Rheinbrückenbau.
[115] H. Frey, Rheinübergang, S. 35, 38, 52.
[116] E. Frey, Güggs, S. 92, 192.
[117] Keller, Abt, Zurzach, S. 91; E. Frey, Güggs, S. 10, 23.
[118] Zurzacher Volksblatt, 2.5. und 4.6.1910.
[119] GAZ 2031: Akten und Abrechnungen von Deserteuren und Refraktären.
[120] Zurzacher Volksblatt, 30.6.1915, 19.7.1919, 26.3.1921, 31.5. und 4.6.1924.

nicht bessern», wollten sie an die Behörden gelangen. Vorher war immer wieder die Klage zu hören gewesen, die Zurzacher Metzger würden ihre hohen Preise nicht jenen im übrigen Aargau anpassen. Einige versuchten mit Preisabschlägen der «Reisläuferei entgegenzutreten».[121] Nach wie vor besuchte in der Zwischenkriegszeit ein Grüpplein Badenser die Bezirksschule in Zurzach und trug auch die Kadettenuniform.

Mit der Machtübernahme Hitlers 1933 änderten sich die Umgangsformen: Jetzt wurden Personalausweise für den Grenzübertritt obligatorisch.[122] «Die Schrumpfungstendenzen, die sich in der Schweiz bemerkbar machten, blieben auch im aargauisch-badischen Grenzverkehr nicht aus. Die Abwertung des Schweizerfrankens führte im Verkehr vom Badischen in den Aargau zu einer ebenso plötzlichen wie unerwarteten Belebung. In Zurzach wurden an einem einzigen Tage 800 Grenzgänger aus dem Badischen gezählt.» Nun kauften die Deutschen in der Schweiz ein und ärgerten damit ihre eigenen Ladenbesitzer: Offenbar auf deren Intervention hin durften deutsche Staatsbeamte mit mehr als 500 Reichsmark Verdienst nicht mehr in der Schweiz einkaufen. Auch Deutschlands Devisennot führte zu einer Verschärfung der Bestimmungen.[123]

Verbindungen über die Grenze hinweg blieben aber auch unter dem nationalsozialistischen Regime bestehen. 1937 fand – mit ausdrücklicher Einwilligung des Schweiz. Militärdepartements – in Tiengen ein Reitturnier statt mit einem Reitersturm der SA, den Kavallerievereinen Brugg, Eglisau, Klettgau, Zurzach und Dielsdorf und dem Reitklub «Rheintal». Im gleichen Jahr ging in Tiengen auch ein gut besuchter heimatlicher «Schwyzertag» über die Bühne, an dem Schweizer Jodler, Alphornbläser und Fahnenschwinger auftraten. Veranstaltungen wie ein Militärkonzert auf der Küssaburg zogen zahlreiche Besucher auch aus der Schweiz an.[124]

Alte und neue Fronten

Die sich ändernden politischen Verhältnisse jenseits der Grenze wirkten sich auch auf das politische und gesellschaftliche Leben in Zurzach aus. Das Zusammenleben war in der Zwischenkriegszeit noch stark vom konfessionellen Gegensatz geprägt. Seit der Mitte des 19. Jahrhunderts hatten sich im Bezirk die Gegensätze zwischen Reformierten und Katholiken akzentuiert. Der Bezirk Zurzach war konfessionell der durchmischteste: 1850 waren 75 % katholisch, 1900 80,3 %. Die übrigen katholischen Bezirke hatten 1850 zw. 84,5 (Baden) und 99,9 % (Muri) Katholiken. Die reformierten Bezirke zählten zwischen 0,6 und 4,5 % Katholiken.[125]

Das benachbarte Klingnau war mit Johann Nepomuk Schleuniger und der von ihm 1856 gegründeten Zeitung «Die Botschaft»[126] allerdings Mittelpunkt der katholischen Bewegung, die der Regierung in Aarau immer wieder heftig zusetzte. Der Bezirk insgesamt und die Gemeinde Zurzach sprachen sich im Allgemeinen aber eher für Toleranz zwischen den Konfessionen aus, so 1839 bei der Verfassungsrevision, die einen Kompromiss zwischen katholischen und reformierten Absichten vorsah, aber abgelehnt wurde. Nur die Bezirke Zurzach und Brugg hatten zugestimmt. Die zweite Vorlage von 1841, die im Prinzip die liberalen reformierten Forderungen berücksichtigte, wurde knapp angenommen. Die reformierten Gebiete hatten zugestimmt, die katholischen hatten sie verworfen. Im Bezirk Zurzach kam es zu einer knappen Annahme durch die Gemeinde Zurzach.[127]

Die Aufhebung des Stiftes war der letzte Schritt in der scharfen Auseinandersetzung zwischen Freisinn und Katholizismus im Aargau, die das politische Leben im Kanton und im Bezirk jahrzehntelang geprägt hatte.

Zurzach hingegen war stärker geprägt vom Freisinn, der auch in der Zusammensetzung der Behörden lange Zeit vorherrschte. Bei Wahlen dominierten hier in der Regel Freisinnige oder gemässigte Katholiken. Die gesamtschweizerisch bekanntesten Zurzacher Politiker waren ebenfalls Freisinnige: Bundesrichter Albert Ursprung (1862–1935) gehörte eigentlich keiner Partei an, vertrat aber eine liberale Haltung.[128] Emil Welti (1825–1899) war in Zurzach als Fürsprech, dann als Gerichtspräsident tätig. Während seiner steilen Karriere als Erziehungsdirektor, Ständerat und Bundesrat wandelte er sich vom Jungradikalen zum gemässigten Zentristen, der ungefähr in der Mitte zwischen den Radikalen des linken demokratischen Flügels und den Liberalen im Stile Eschers und Heers stand. Als Vertreter der parlamentarischen Demokratie stand er der Vermehrung der politischen Volksrechte skeptisch gegenüber. Als Anhänger einer starken Bundesgewalt wurde er manchmal als «schweizerischer Bismarck» beschrieben. «Während zweier Dezennien konnte sich an Ansehen und Einfluss kein Eidgenosse mit ihm vergleichen», würdigte ihn die NZZ. Und Edgar Bonjour bezeichnete ihn als den «letzten glänzenden Vertreter des Repräsentativsystems. Eine ganze Generation gewöhnte sich daran, in ihm das Ideal des republikanisch-eidgenössischen Magistraten zu sehen.» Weltis Stellung in der schweizerischen Öffentlichkeit war bestimmend, herrschend, oft ans Autoritäre und

freundschaftliche Bande, Grenzgänger pendelten tagtäglich zwischen hüben und drüben, man kannte sich, verkehrte miteinander.

Die spezielle Situation Zurzachs während dieser Epoche und die Bedeutung von einigen Personen und Ereignissen werden im Kapitel «Zurzach zur Zeit des Nationalsozialismus» (siehe S. 383 ff.) dargestellt.

19 Das Welti-Denkmal an seinem ursprünglichen Standort auf dem Kirchplatz vor dem Verenamünster. Aufnahme von 1903?

Rücksichtslose grenzend. Zurzach errichtete seinem Bundesrat 1903 ein Denkmal.[129]

Auch im 20. Jahrhundert flackerte der Konflikt zwischen liberalen Anhängern des Bundesstaates und Katholisch-Konservativen immer wieder auf und machten sich gelegentlich noch kulturkämpferische Töne bemerkbar. In Zurzach hielten sich die Konfessionen ungefähr die Waage: 975 Einwohner zählten sich zur römisch-katholischen Konfession, 831 zur protestantischen, und 44 gehörten anderen Glaubensrichtungen an. Zu den Freisinnigen und Katholisch-Konservativen kamen nach und nach die Sozialdemokraten und die Bauern-, Gewerbe- und Bürgerpartei hinzu.

Dieses traditionelle Gefüge wurde in den 1930er-Jahren überschattet durch den Gegensatz zwischen jenen, die die braune Gefahr schon früh erkannt und bekämpft hatten, und den Sympathisanten des Frontenfrühlings. Unter dem Eindruck der Machtübernahme Hitlers erlebten diese Erneuerungsgruppen im Frühling 1933 eine erstaunliche Blüte.

Zurzach wurde von der Machtübernahme der Nationalsozialisten in Deutschland besonders stark betroffen. Die Beziehungen über den Rhein waren noch immer vielfältig, es gab zahlreiche wirtschaftliche, verwandtschaftliche und

---

[121] Zurzacher Volksblatt, 6.12. und 24.12.1924.
[122] KELLER, ABT, Zurzach, S. 90.
[123] Zurzacher Volksblatt, 31.10. und 16.11.1936, 30.1.1937.
[124] Zurzacher Volksblatt, 8.5., 30.6. und 9.8.1937.
[125] FRANZ-PETER HOPHAN, Der politische Katholizismus im Aargau 1885–1921, Diss. Zürich, Baden 1974, S. 18.
[126] AMMANN, SENTI, Bezirke, S. 118.
[127] P. WELTI, Bundesrat Emil Welti, S. 24.
[128] ATTENHOFER, Alt-Zurzach, S. 162–164.
[129] BONJOUR, Geschichte, S. 559; Nachrufe in: Aargauer Nachrichten, 25. und 28.2.1899; NZZ, 25.2.1899; StAAG, EA No. 1, E. WELTI, Bundesrat, Ableben und Denkmal, 1899–1904; GAZ 871; zu Welti s. P. WELTI, Bundesrat Emil Welti; WEBER, Lebensbild; HUNZIKER, Emil Welti; A. FREY, Bundesrat.

Abbildungsnachweise:
Museum Höfli, wenn nicht anders vermerkt.

Kraftwerkbau Reckingen/Deutschland (1937–1941)
Ein deutsch-schweizerisches Gemeinschaftsunternehmen in schwieriger Zeit

FRANZ KELLER-SPULER

Am 16. März 1926 erteilte die Schweizerische Eidgenossenschaft der Lonza AG Basel die Konzession zur Erstellung des Kraftwerks Reckingen[1]. Gleiches tat das Land Baden mit seinem Entscheid vom 6. Mai 1926. Im Mai 1930 gründeten die Lonza AG Basel und die Lonza-Werke Waldshut (zu 100 Prozent im Besitz der Lonza AG Basel) die Kraftwerk Reckingen AG als Gesellschaft deutschen Rechts. Die Kraftwerk Reckingen AG organisierte noch im gleichen Jahr eine Obligationenanleihe von 15 Millionen Franken, für die die Lonza AG Basel die volle Garantie übernahm. Wegen der Weltwirtschaftskrise kamen die Realisierungspläne jedoch nicht voran.

Die Erstellung eines Kraftwerks in einem Grenzgewässer erforderte besondere rechtliche Regelungen. Der Bundesrat hat denn auch in seiner Konzessionserteilung darauf bestanden, dass die Hälfte der Wasserkraft dem schweizerischen Staatsgebiet zuzurechnen sei, auch wenn die Turbinenanlage ausschliesslich auf der deutschen Rhein-

---

[1] Eine Gesellschaft deutschen Rechts, daher deutsche Schreibweise mit «ck»: Reckingen.

Das Kraftwerk Reckingen im Bau. Ölbild von Walter Enholtz, geb. 1875 (Kreuzlingen), gest. 1961 (Basel). Museum Höfli.

seite gebaut würde. Noch vor Baubeginn präzisierte der Energie-Lieferungsvertrag vom 23. Dezember 1937: «Die Kraftwerk Reckingen AG stellt der Lonza AG ihre gesamte schweizerisch beheimatete Energie-Produktion zur Verwendung in der Schweiz oder zur Ausfuhr nach Deutschland jederzeit zur Verfügung.»

Das Projekt sah ein reines Staukraftwerk vor. Für das Stauwehr waren drei Öffnungen geplant, zwei davon auf Schweizer Territorium. Das Maschinenhaus kam auf badisches Hoheitsgebiet zu stehen. Als Ergänzungsbauten standen eine Kahn-Transportanlage und zwei Fischtreppen auf dem Programm. Zur Projektierung gehörte auch die Aussparung einer Schifffahrtsrinne samt Schleusenanlage am rechtsrheinischen Ufer. Das künftige Betriebspersonal sollte in eigenen Werkliegenschaften in den Gemeinden Mellikon und Reckingen (DE) untergebracht werden.

Die Vorbereitungsarbeiten begannen Ende 1937 gleichzeitig auf beiden Seiten des Rheins. Dazu gehörten Korrekturen an der Bahnlinie und der Rheintalstrasse zwischen Rekingen und Mellikon. Beide beteiligten Länder sorgten selbstständig für die Versorgung ihrer Baustellen mit elektrischer Energie. Die Arbeiten auf deutscher Seite wurden grösstenteils an deutsche Unternehmen vergeben. Der Auftrag für das Stauwehr ging an die Arbeitsgemeinschaft Locher & Cie, Zürich, die Conrad Zschokke AG, Döttingen, und das Unternehmen Rothpletz & Lienhard, Aarau. Zusätzlich wurden einige Spezialfirmen beigezogen. Escher Wyss, Zürich und Ravensburg, lieferte die Turbinen, BBC Baden und Mannheim die Generatoren.

Beidseits des Stromes entstand ein imposantes Baugelände mit vielen Baracken, Materiallagern, Kran- und Betonieranlagen. Zum Bauprogramm gehörten auch die erwähnten Wohnsiedlungen. Der Zwischenbericht von Ende August 1939 zog eine positive Bilanz. Der Kriegsausbruch vom 1. September 1939 veränderte jedoch die Situation. Viele Arbeitskräfte wurden zum Aktiv- bzw. Kriegsdienst eingezogen. Die Grenze wurde auch auf der Baustelle abgeriegelt, aber der Bau ging trotzdem weiter. Zwei provisorische Dienstbrücken verbanden zu diesem Zeitpunkt die deutsche mit der schweizerischen Baustelle. Gemäss schweizerischem Armeebefehl hätten die zwei Übergänge sprengbereit gemacht werden sollen. Ein solches Risiko wollten die Unternehmen nicht eingehen; so wurden als Sofortmassnahme die Brückenteile über der Mittelöffnung abgebaut. Für den Augenblick war dies nicht schlimm, weil die Arbeiten wegen der Kriegsmobilmachung ohnehin ins Stocken geraten waren. Verhandlungen brachten schliesslich einen Kompromiss. Die abgetragenen Brückenteile wurden durch einen Spezialeinbau mit optimal gesicherten Sprengladungen ersetzt. Ende November 1939 konnte die neue Hilfsbrücke genutzt werden.

Die Baufirmen setzten alles daran, die Verspätungen aufzuholen. Doch schon wenige Monate danach erfolgte der zweite Rückschlag. Die kritische Zeit im Mai 1940 schuf auf der Baustelle Unsicherheiten, die nicht nur technisch-organisatorischer Art waren. Je länger der Krieg dauerte, desto schwieriger wurde die Materialbeschaffung. Die Baufirmen mussten sich mehr und mehr mit Improvisationen behelfen. Dem Kraftwerkbau kam zugute, dass ihm volkswirtschaftlich auf beiden Seiten ein hoher Stellenwert eingeräumt wurde. Weil der Arbeitskräftemangel auf deutscher Seite noch grösser war als in der Schweiz, kamen – wohl als landesweite Ausnahme – Schweizer als Grenzgänger auf der deutschen Baustelle zum Einsatz.

Die Motor Columbus AG hat in fünfzig Monatsberichten detailliert über den Fortgang der Bauarbeiten berichtet.[2] Neben den technischen Informationen finden sich darin auch viele Angaben über Auftragsvergebungen, über Zahl und Nationalität der beschäftigten Arbeiter, über Witterungsverhältnisse, Abflussmengen und über die Zusatzbauten im Aufstaugebiet. Zeitweise betrug die Gesamtbelegschaft gegen 400 Leute. Nach der Mobilisation sank dieser Bestand auf weniger als die Hälfte. Kriegsgefangene und Zwangsverpflichtete wurden auf der deutschen Baustelle nicht beschäftigt. Die ersten Kriegswinter waren so kalt, dass sie die Bauarbeiten behinderten. Dagegen wurde die Wasserführung des Rheins während der ganzen Bauzeit nie zur Bedrohung. Auch nicht am 22. Mai 1939, als eine Spitzenabflussmenge von 1340 Kubikmetern pro Sekunde gemessen wurde. Für die Gemeinden Mellikon, Rümikon, Fisibach und Kaiserstuhl mussten neue Badeplätze geschaffen werden, wobei man sich, wie im Falle von Rümikon, mit bescheidenen Planschbecken begnügte. Sicherungsmassnahmen waren an den Uferpartien des Städtchens Kaiserstuhl und des gegenüberliegenden Schlosses Rötteln erforderlich. Im Übrigen hielt man mit Uferverbauungen am neuen Stausee zurück. Man wollte die Erfahrungen der ersten Betriebsjahre abwarten.

Sehr zurückhaltend äussern sich die Monatsberichte über das äusserst schwierige politische Umfeld der Baujahre. Dass der noch in den Vorkriegsjahren erstellte Zeitplan bis auf wenige Wochen eingehalten wurde, ist eine aussergewöhnliche Leistung. Am 3. Juni 1941 begann mit geringfügiger Verspätung der Aufstau bei Kote 326,80 m ü. M. Je nach Witterungsverhältnissen hob sich der Wasserspiegel nun täglich um ein paar Zentimeter. Die Bevölkerung war sich des bedeutungsvollen Vorganges bewusst. Sie verfolgte das Geschehen mit grosser Aufmerksamkeit, allerdings auf Distanz, weil der Zutritt zum Rheinufer wegen der Kriegsmassnahmen nur an wenigen Stellen möglich war. Am 24. Juli 1941 wurde die Konzessionshöhe mit Kote 335,20 m ü. M. erreicht. Turbinen und Generatoren arbeiteten plangemäss. Bis Ende 1942 blieb noch eine kleine Belegschaft für Aufräumungs- und Nachbesserungsarbeiten. Die Gesamtabrechnung mit einem Aufwand von 7,974 Millionen Schweizer Franken und 10,981 Millionen Reichsmark lag im Rahmen des Voranschlags.

---

[2] Motor Columbus AG, Baubureau Rekingen, Monatsberichte über die Arbeiten auf der Baustelle des Kraftwerks Reckingen, Nr. 30/1940–Nr. 50/1942, Rekingen 1940–1942 (vervielfältigt).

Der Frontismus als schweizerische Variante des Nationalsozialismus

WALTER WOLF

«Heute wissen wir, was niemand voraussehen konnte: daß für die Schweiz eine Epoche schwerster Prüfungen begann, als der 43jährige Parteiführer Adolf Hitler am 30. Januar 1933 zum deutschen Reichskanzler ernannt wurde. Zu keiner anderen Zeit des 20. Jahrhunderts war die Eidgenossenschaft schlimmeren Gefahren ausgesetzt als in den folgenden zwölf Jahren.
Aber nur wenige Männer und Frauen haben die Gefahr, in der sie schwebten, sofort erkannt.»*

Selten hat eine politische Bewegung in der Schweiz einen solch rasanten Aufschwung genommen wie der Frontismus in den 1930er-Jahren. Und selten ist eine Grundströmung so rasch wieder in sich zusammengesunken.

Das Aufkommen des Frontismus hatte vor allem zwei Ursachen[1]: zum einen das Unbehagen über die Spaltung der Volksgemeinschaft in Rechts- und Linksparteien – ein Graben, der seit dem Generalstreik von 1918 bestand und sich mit hereinbrechender Wirtschaftskrise noch vertiefte –, zum andern die Verführungskraft des deutschen Nationalsozialismus. Letzteres sollte aber den Frontisten bald zum Verhängnis werden. Denn mit zunehmender Bedrohung der Schweiz durch das nationalsozialistische Deutschland empfand man den deutschfreundlichen Frontismus ebenfalls als Gefahr. So legte sich bald ein Reif auf die noch junge Frontenblüte.

Nationalsozialistisch in Geist und Gehabe – dazu «ausgesprochen antisemitisch, antidemokratisch und antiliberal» – war vor allem die 1930 gegründete «Nationale Front»[2]. Ihr diente der Zurzacher Rechtsanwalt Werner Ursprung als Rechtsberater.[3] Er organisierte 1932 auf dem Achenberg das «erste Bundestreffen», eine «von faschistischem Stil geprägte» Kundgebung der Nationalen Front.[4] Neben Ursprung gehörte auch der «politisch und moralisch umstrittene» Gemeindeammann Martin Keusch, bis 1933

---

* WERNER RINGS, Schweiz im Krieg 1933–1945. Ein Bericht, Zürich 1945, S. 11.
[1] WOLF, Faschismus, S. 15 ff.
[2] WOLF, Faschismus, S. 113 ff.
[3] ZÖBERLEIN, Frontismus, S. 176, 210 f., 219, 239.
[4] GLAUS, Nationale Front, S. 74.

BGB[5]-Grossrat, zu den «bekannten Zurzacher Nationalsozialisten». Beide zeichneten sich dadurch aus, dass sie regelmässig ins «gelobte Hitlerreich» wallfahrteten.[6]

Neben der Nationalen Front gab es seit 1931 noch den deutschtümelnden «Bund Nationalsozialistischer Eidgenossen», dem der Obwaldner Jus-Student Wolf Wirz als «Hauptschriftleiter» diente. Wirz war mit Ursprung bekannt.[7]

Aufschwung im Frontenfrühling

Ursprung blieb Rechtsberater und führender Aargauer Frontist,[8] nachdem sich die Nationale Front unter dem damaligen Landesführer Ernst Biedermann den studentischen Debattierklub «Neue Front»[9] sowie den Bund Nationalsozialistischer Eidgenossen einverleibt hatte. Das geschah im «Frontenfrühling» 1933, drei Monate nach Hitlers Machtergreifung. Der eingängige Begriff «Frontenfrühling» tauchte vermutlich erstmals in der «Neuen Aargauer Zeitung» auf.[10] Programmatisch verfocht die fusionierte Bewegung[11], ebenfalls Nationale Front genannt, nationalistische und restaurative Konzepte. Der alte Klassenkampf sollte durch eine «neue Front» ersetzt werden, die den Zwiespalt zwischen rechts und links überwand. Die parlamentarische Demokratie sollte durch einen autoritären Führerstaat abgelöst, die freie Marktwirtschaft durch eine korporative Ordnung ersetzt werden, die für einen Interessenausgleich unter den Berufsständen sorgte. Soziologisch umfasste die Bewegung eine gewisse Zahl von Anhängern aus fast allen Bevölkerungs- und Altersschichten, vornehmlich aber aus dem (gewerblichen) Mittelstand.

Neue Sektionen der Nationalen Front schossen im Frontenfrühling 1933 zu Dutzenden aus dem Boden – nicht nur in den Kantonen Zürich und Schaffhausen, sondern auch anderswo. Der Aargau soll es auf rund 40 Ortsgruppen gebracht haben. Mit 600 eingeschriebenen Mitgliedern bildete die Region Baden eine frontistische Hochburg. Auch in Zurzach, das rege Beziehungen über den Rhein nach Deutschland unterhielt, war die Nationale Front mit angeblich 60 Mitgliedern recht bedeutend. Anfänglich strömten Hunderte von Interessenten zu den Fronten-Versammlungen. In Baden und in Brugg, wo der langjährige Gauführer (kantonaler Vorsitzender) Eduard Rüegsegger aufgewachsen war, kam es zu krawallähnlichen Zusammenstössen mit den Sozialdemokraten.[12]

Die Fronten führten einen neuen Stil der politischen Auseinandersetzung ein. Ihr Imponiergehabe äusserte sich in Massenaufmärschen mit Fahnen-, Uniformen- und Waffenkult, in Demonstrationen unter freiem Himmel oder in geschlossenen Räumen, wo – der rechte Arm zum Führergruss erhoben – «Harus!» gebrüllt, Kampflieder gesungen, Brandreden gehalten, Feindbilder gezüchtet und ultimative Drohungen ausgestossen wurden. Dies weckte Urinstinkte der Gewalt. Sprachverrohung, Rechtsbeugung und Prügeleien der mit Stahlruten bewaffneten Schlägertrupps, «Harste» genannt, eskalierten zu Strassenschlachten, manchmal sogar zu Terrorakten. Dieses kriegerische Element passte durchaus zum Namen «Front».[13]

Wie reagierten die Parteien auf diese Erscheinung? Abgesehen von einigen Ausnahmen, liess sich die politische Linke nicht vom Erneuerungsrausch packen. Sie erkannte früh, dass ihr in erster Linie die Kriegserklärung der Fronten galt.[14] Das musste beispielsweise der Sozialdemokrat Schmuziger im Zusammenhang mit einigen Zurzacher Frontisten erfahren. Demgegenüber stiess beim Bürgertum der Frontismus anfänglich auf gewisse Sympathien. Verschiedene Katholisch-Konservative liessen sich durch dessen Antiliberalismus blenden. Philipp Etter zum Beispiel meinte in Anspielung auf die Erneuerer: «Wenn wir den Liberalismus aus den Angeln heben wollen, müssen wir [...] uns freuen, wenn uns von anderer Seite Hilfe geleistet wird.»[15] Deshalb wäre es – so eine prominente konservative Stimme aus Baden – «verfehlt, diese Bewegung zu hemmen, ihr Steine in den Weg zu legen».[16]

Etliche Freisinnige und BGB-Leute wiederum waren in ihrem Antimarxismus geneigt, die Frontisten als Sturmböcke gegen die Sozialisten zu gebrauchen. Dazu kam ein Weiteres: «Im Vertrauen auf die patriotischen Impulse, die vom Frontismus auszugehen schienen, neigten freisinnige Väter frontistischer Söhne dazu, den ungebärdigen ‹neuen Geist› wenn nicht zu fördern, so doch wohlwollend zu dulden und ihm mindestens eine Chance einzuräumen.»[17] So gab Karl Wolbold, Verleger des freisinnigen «Zurzacher Volksblattes», 1932/33 auch den frontistischen «Eisernen Besen» heraus, trotz rüder Sprache und nazistischer Terminologie des Frontenblattes.[18] Als aber wenige Jahre später der totalitäre Charakter der Hitlerei immer unverblümter in Erscheinung trat, ging auch das Bürgertum auf Distanz zur nazifreundlichen Frontenbewegung. So kam es, «dass die erdrückende Mehrheit des Aargauervolkes [...] die nationalsozialistischen Tendenzen – und damit den Frontismus – ablehnte», wie der konservative Stadtammann von Bremgarten und spätere Regierungsrat Paul Hausherr feststellte.[19]

Der politische Einfluss der Frontenbewegung blieb marginal. Nach Anfangserfolgen im Jahre 1933 (27 Prozent Wähleranteil bei einer Ständeratsersatzwahl im Kanton Schaffhausen, zehn von 125 Gemeinderatsmandaten dank frontistisch-bürgerlicher Listenverbindung in der Stadt Zürich) schmolz der Anhang rasch wieder dahin. Im Aargau beteiligte sich die Nationale Front 1937 in den Bezirken Aarau, Baden und Brugg an den Grossratswahlen und erzielte dabei gesamthaft ein Stimmenpotenzial von 3,4 Prozent. Es gelang ihr nur im Bezirk Baden, eines der dortigen drei Dutzend Mandate zu erobern, das dem Tierarzt Josef Willi zufiel, vier Jahre später aber wieder verloren ging.[20] Im Bezirk Zurzach mit insgesamt nur einem Dutzend Grossratsmandaten beteiligte sich die Nationale Front nicht am Urnengang. Auch bei den Nationalratswahlen von 1935 war die Ernte gering: je ein frontistischer Sitz in Zürich und Genf.[21] Im gleichen Jahr scheiterte zudem der frontistische Versuch, via Totalrevision der Bundesverfassung das politische System umzukrempeln.[22]

Spaltungen und Niedergang

Im Frontenfrühling 1933 war nicht nur ein Schulterschluss zwischen der Neuen und der Nationalen Front zustande gekommen. Zur gleichen Zeit kam es auch zur Zersplitterung, indem rund ein Dutzend Bünde und Kampfgemeinschaften wie Pilze aus dem Boden schossen. Sie alle fühlten sich von Hitlers Machtergreifung beflügelt, wenngleich sie in unterschiedlichem Masse in den Sog des Nationalsozialismus gerieten. Den gemässigteren Fronten – beispielsweise dem vom Aargauer Arzt und BGB-Politiker Eugen Bircher gegründeten «Bund für Volk und Heimat»[23] – war nur ein kurzes Dasein beschieden. Die extremeren hingegen – allen voran die Nationale Front – überlebten bis in die Kriegsjahre hinein. Typisch für die rechtsextremistische Szene ist, dass sich die einzelnen Gruppen konkurrenzierten und befehdeten. Dadurch paralysierten sie sich gegenseitig, was mit zu ihrem Niedergang beitrug.

Bereits im Herbst 1933 schwächte eine erste Spaltung die Nationale Front. Wegen persönlicher und politischer Differenzen traten der Basler Gauführer Ernst Leonhardt und Oberstdivisionär Emil Sonderegger aus der Bewegung aus und gründeten den dissidenten «Volksbund». Ihm schlossen sich die Zurzacher Frontenführer Werner Ursprung und Gottfried Rudolf an. Aber schon ein halbes Jahr später setzten sich einige Gefolgsleute – darunter Sonderegger und Ursprung – von Leonhardt ab. Sie gründeten eine weitere Gruppierung, «Volksfront» genannt, die jedoch wirkungslos blieb und bald wieder von der Bildfläche verschwand.[24] Ein sprechendes Beispiel für rechtsextremistische Selbstzerfleischung ist auch die Rivalität zwischen den Zurzachern Werner Ursprung und Alexander von Senger, die sich seit den frühen Dreissigerjahren gegenseitig den Rang streitig machten.

Mit seinem Volksbund glitt Leonhardt immer mehr in den Extremismus ab. Als Emblem verwendete er das Hakenkreuz. Einem bundesrätlichen Verbot seiner Bewegung kam er 1938 durch Gründung der «Schweizerischen Gesellschaft der Freunde einer autoritären Demokratie SGAD» zuvor, der die Zurzacherin Leonie von Senger als Passiv-Mitglied angehörte. 1940 ging die SGAD in einer illegalen nationalsozialistischen Organisation auf. Leonhardt hatte sich inzwischen nach Deutschland abgesetzt. Später wurde er in contumaciam (in Abwesenheit) zu insgesamt 15½ Jahren Zuchthaus verurteilt, in erster Linie wegen Angriffs auf die Unabhängigkeit der Schweiz. Kurz vor Kriegsende fiel Leonhardt einem Fliegerangriff zum Opfer.[25]

Als weitere Frontenorganisation hatte sich 1933 die italophile «Schweizerische Faschistische Bewegung» etabliert. Bezeichnenderweise war sie nicht nach Mussolinis Marsch auf Rom, sondern erst nach Hitlers Machtübernahme

---

[5] Bauern-, Gewerbe- und Bürgerpartei.
[6] GAUTSCHI, Geschichte, S. 494, 625.
[7] WOLF, Faschismus, S. 67 ff.
[8] GAUTSCHI, Geschichte, S. 303 f.; GLAUS, Nationale Front, S. 146.
[9] WOLF, Faschismus, S. 107 ff.
[10] WOLF, Faschismus, S. 401.
[11] WOLF, Faschismus, S. 116 ff.
[12] GAUTSCHI, Geschichte, S. 302 ff.
[13] WOLF, Faschismus, S. 207 ff.; GLAUS, Nationale Front, S. 222 ff.
[14] GAUTSCHI, Geschichte, S. 308 f.
[15] GEORG KREIS, PHILIPP ETTER, in: MATTIOLI ARAM (Hrsg.), Intellektuelle von rechts, Zürich 1995, S. 211.
[16] GAUTSCHI, Geschichte, S. 308.
[17] GAUTSCHI, Geschichte, S. 305; WOLF, Faschismus, S. 129.
[18] GAUTSCHI, Geschichte, S. 314; ZÖBERLEIN, Frontismus, S. 216, 221 f.
[19] GAUTSCHI, Geschichte, S. 309, 315, 317, 593.
[20] GAUTSCHI, Geschichte, S. 316.
[21] WOLF, Faschismus, S. 327.
[22] PETER STADLER, Die Diskussion um eine Totalrevision der schweizerischen Bundesverfassung 1933–1935, in: SZG, 1969, S. 75 ff.
[23] WOLF, Faschismus, S. 38 ff.
[24] WOLF, Faschismus, S. 71 f.
[25] WOLF, Faschismus, S. 73 f., 93 ff. Vgl. ferner WALTER RÜTHEMANN, Volksbund und SGAD, Zürich 1979.

gegründet worden. Dies war durch den Waadtländer Arthur Fonjallaz, Infanterieoberst und ETH-Dozent für Militärgeschichte, geschehen. Laut Bundesrat Giuseppe Motta blieb jedoch die Bewegung «eine winzige Gruppierung ohne jeden Einfluss».[26] 1936 war sie bereits am Ende. 1941 tauchte nochmals die Gestalt des Exobersten aus der Vergessenheit auf. Er wurde wegen verbotenen militärischen Nachrichtendienstes zugunsten Deutschlands zu drei Jahren Zuchthaus verurteilt. Seine ersten Kontakte zu Nazideutschland waren durch Ursprungs Vermittlung zustande gekommen. Wahrscheinlich kannten sich die beiden Offiziere vom Militär her.

Weitere Abspaltungen suchten die Nationale Front heim, so im Sommer 1936 durch Gründung der «Eidgenössischen Sozialen Arbeiterpartei ESAP»[27] und im Frühling 1938 durch Bildung des «Bundes treuer Eidgenossen nationalsozialistischer Weltanschauung»[28], zu dessen Führerkreis auch der Aargauer Hans Oehler gehörte. Im März 1940 räumte die Nationale Front durch Selbstauflösung das Feld. Sie verzichtete auf ein weiteres Engagement bis zur späteren «Besserung der Wetterlage».[29]

Diese stellte sich bereits nach wenigen Monaten durch den Zusammenbruch von Frankreich ein. «Angesichts der deutschen Schlachtenerfolge erlebte der Frontenfrühling [...] eine Art Nachsommer.» So konstituierte sich im Juni 1940 die ehemalige Nationale Front neu als «Eidgenössische Sammlung».[30] Im Aargau entfaltete sie «eine rege Tätigkeit, allerdings ohne viel Erfolg». An ihren Versammlungen nahmen «selten mehr als dreissig Personen» teil. Im Sommer 1942 erliess die aargauische Regierung ein Versammlungsverbot.[31] Ein Jahr später löste der Bundesrat die Organisation im ganzen Land auf. Ausschlaggebend für den Entscheid war die Tatsache gewesen, dass sich verschiedene Mitglieder der Eidgenössischen Sammlung als militärische Landesverräter betätigt hatten. Schwerster Aargauer Fall war der des Munitionsarbeiters Jakob Meier. Der Mann entzog sich der Todesstrafe durch Flucht nach Deutschland. Prominentester aargauischer Landesverräter war der frühere Nationalfrontist Max Leo Keller. Er sah seine politische Rolle darin, «die Machtübernahme der Nationalsozialisten in der Schweiz und die nachfolgende ‹organische› Eingliederung der Schweiz in das von Deutschland angestrebte grossgermanische Reich unter deutscher Führung vorzubereiten», und spekulierte darauf, von den Deutschen in eine führende Stellung gehievt zu werden.[32]

Ein Anwalt der Fröntler und Nazis

Bereits in der Zwischenkriegszeit vertrat der Zurzacher Fürsprech Werner Ursprung vor Gericht die Interessen frontistischer Personen und Organisationen. So setzte er sich 1936 als Anwalt der Basler Nationalen Front gegen die Beschlagnahmung der «Protokolle der Weisen von Zion» zur Wehr, lenkte dann aber auf einen Vergleich ein.[33] Die «Protokolle», eine Fälschung des zaristischen Geheimdienstes aus dem 19. Jahrhundert, sind «das verhängnisvollste und wirkungsmächtigste antisemitische Pamphlet überhaupt». Es diente dem zaristischen Russland dazu, Judenpogrome zu rechtfertigen, galt den Nationalsozialisten als «Freibrief zum Völkermord» und wurde von der Buchabteilung der Nationalen Front als Propagandaschund vertrieben.[34] In einem Berner Prozess von 1934/35 gegen die Kolportierung dieser «Protokolle» vertrat Ursprung diejenigen Klienten, die anderes antisemitisches Material verbreitet hatten. Bei den Verhandlungen vor Gericht nahmen die Angeklagten «juristische, agitatorische und finanzielle Hilfe» des reichsdeutschen Ulrich Fleischhauer, Leiter der Erfurter antisemitischen Propagandazentrale «Weltdienst», in Anspruch.[35] Mit Fleischhauer stand auch Ursprung in brieflichem Kontakt.

Auch als Anwalt einer deutschen Nationalsozialistin kam Ursprung ins Gerede. Am 4. Februar 1936 war in Davos Wilhelm Gustloff, «Landesgruppenleiter Schweiz der Deutschen Nationalsozialistischen Arbeiterpartei NSDAP», durch den jüdischen Studenten David Frankfurter ermordet worden. Es handelte sich dabei um ein politisches Delikt. Mit seiner Tat wollte Frankfurter gegen die Judenverfolgung in Nazideutschland protestieren.[36] Vor dem Bündner Kantonsgericht forderte Ursprung als Vertreter der Witwe Gustloffs Schadenersatz in der Höhe von 49'475 Franken und eine Genugtuung von weiteren 50'000 Franken. Die «Neue Zürcher Zeitung» berichtete: «Bei der Beschreibung der Tat gleitet Dr. Ursprung ganz auf die Polemik gegen das Judentum ab und muss vom Präsidenten zur Sache gewiesen werden.» Dies entlockte dem Sprecher der Gegenpartei die Bemerkung, «zur Ehre Dr. Ursprungs werde er annehmen, dass seine Erklärung nicht in Zurzach, ‹sondern nördlich davon› konzipiert worden sei», was Ursprung natürlich verneinte.[37] Dieser Schlagabtausch vor Gericht dürfte das Kommunisten-Blatt «Freiheit» zu der unwahrscheinlichen Behauptung verleitet haben, Ursprung habe als Vertreter der Frau Gustloff «eine von Berlin bezogene Hetzrede gegen Bolschewiken und Juden gehalten».[38]

Drei deutsche Auslandsorganisationen als «Fünfte Kolonne» in der Schweiz

Mit dem Gewährenlassen der «NSDAP Landesgruppe Schweiz» und der ihr angeschlossenen Organisationen (Hitlerjugend, Bund deutscher Mädel usw.) duldete der Bundesrat einen «Brandstifter im eigenen Haus». Bei der Ermordung von Gustloff verfügte die straff geführte Landesgruppe über sage und schreibe 45 Ortsgruppen und Stützpunkte. Dabei beschränkte sich die Mitgliedschaft auf eine auserlesene «Elite».[39] Anlässlich der gross aufgezogenen Gustloff-Trauerfeier in Schwerin, an der die halbe Reichsregierung teilnahm und Hitler eine Rede hielt, wurde offenbar, welche Bedeutung das Regime dieser Auslandsorganisation beimass. Der Bundesrat beschloss daraufhin, keine offizielle Leitung mehr zuzulassen, doch duldete er stillschweigend eine De-facto-Landesleitung durch die deutsche Gesandtschaft in der Person von Legationsrat Hans Sigismund von Bibra.[40] Während der ganzen Kriegszeit wagte es die Landesregierung nicht, die NSDAP Landesgruppe aufzulösen, aus Angst vor einem allfälligen Angriff Hitlers auf unser Land. Zudem wäre durch ein Verbot die «Gefahr einer Fünften Kolonne» keineswegs gebannt gewesen. Erst am 7. Mai 1945 trat das sechs Tage zuvor vom Bundesrat erlassene Verbot in Kraft, dem 364 Hausdurchsuchungen bei deutschen Staatsbürgern – davon 39 im Aargau – auf dem Fusse folgten. Bis Ende 1945 wurden, gestützt auf Artikel 70 der Bundesverfassung, in 61 Fällen deutsche Nazis aus dem Aargau ausgewiesen. In Zurzach traf es unter anderem Robert Wanner, Mitglied der NSDAP und Leiter der Deutschen Kolonie.[41]

Im Gegensatz zur strengen Auslese bei der NSDAP war es jedem erwerbstätigen Deutschen möglich, der «Deutschen Arbeitsfront» beizutreten. Diese Organisation betrieb in Kursen berufliche Weiterbildung und politische Schulung. An einer Fahnenweihe der Ortsgruppe Aarau erklärte 1941 ein Redner unter dem Beifall der Anwesenden: «Ich kann mir gut vorstellen, dass wir in Aarau bald einmal zu Deutschland gehören, ohne dass wir die Stadt verlassen.» Die Behörden verwarnten den Redner und drohten ihm mit Landesverweisung. Sie befürchteten nicht ohne Grund, dass diese Organisation im Ernstfall ebenfalls «die Rolle der Fünften Kolonne zu übernehmen» habe.[42]

Die grösste Organisation der Auslandsdeutschen war die «Deutsche Kolonie in der Schweiz». Sie diente als Sammelbecken für volljährige deutsche Staatsangehörige. Entsprechend wurden alle Erwachsenen zum Beitritt genötigt. Trotz intensiver Propaganda für Hitler-Deutschland galten aber nicht alle Kolonie-Mitglieder als regimetreu. Es gab auch solche, die es lediglich mit den Nazis nicht verderben wollten aus Rücksicht auf sich selber oder auf Angehörige in Deutschland. Daneben gab es aber auch Deutsche, die, wie etwa der Zurzacher Coiffeurmeister Friedrich Watter, sich standhaft weigerten beizutreten.[43]

Im Sommer 1942, auf dem Höhepunkt der deutschen Kriegserfolge, hatten die Auslandsorganisationen Hochkonjunktur. Bis zum Kriegsende ging deren Mitgliedschaft in unterschiedlichem Masse zurück, wie aus den 1945 beschlagnahmten Karteien hervorgeht. Für die ganze Schweiz lauten die entsprechenden Zahlen: NSDAP Landesgruppe 1942 laut Schätzung 2400 (1945 gemäss Statistik 1373), Deutsche Arbeitsfront 6000 (3782), Deutsche Kolonie 25'000 (23'818). Für den Aargau ergeben sich für 1942 (in Klammern 1945) folgende Zahlen: NSDAP Landesgruppe 50 (36), Deutsche Arbeitsfront 300 (96), Deutsche Kolonie ? (989).[44]

---

[26] MAURO CERUTTI, Mussolini bailleur de fonds des fascites suisses, in: SZG, 1985, S. 30; WOLF, Faschismus, S. 57 ff.
[27] WOLF, Faschismus, S. 76 ff.
[28] WOLF, Faschismus, S. 78 ff.; GAUTSCHI, Geschichte, S. 493. Vgl. ferner PETER MAIBACH, HANS OEHLER, Lizenziatsarbeit der Uni Zürich, 1986.
[29] WOLF, Faschismus, S. 339.
[30] GAUTSCHI, Geschichte, S. 396.
[31] GAUTSCHI, Geschichte, S. 401 f.
[32] GAUTSCHI, Geschichte, S. 403, 468 ff.; Bericht des Bundesrates über die Verfahren gegen nationalsozialistische Schweizer v. 30.11.1948, S. 67.
[33] GLAUS, Nationale Front, S. 307.
[34] NZZ Nr. 233, 8.10.1998, S. 49, und Nr. 280, 2.12.1998, S. 46.
[35] EMIL RAAS, GEORGES BRUNSCHVIG, Vernichtung einer Fälschung, Zürich 1938, S. 54; GLAUS, Nationale Front, S. 307.
[36] BRAUNSCHWEIG, Politischer Mord, S. 11 ff.
[37] NZZ Nr. 2152, 11.12, Nr. 2153, 11.12. und Nr. 2172, 13.12.1936.
[38] Freiheit Nr. 30, 6.2.1937.
[39] BRAUNSCHWEIG, Politischer Mord, S. 16; Bericht antidemokratische Tätigkeit, Bd. I, v. 28.12.1945, S. 5 f., 29.
[40] BRAUNSCHWEIG, Politischer Mord, S. 21 ff.; Bericht antidemokratische Tätigkeit, Bd. I, S. 14 ff., 32.
[41] Bericht antidemokratische Tätigkeit, Bd. I, S. 39 f., 53, und Ergänzungen v. 25.7.1946, Anhang II; GAUTSCHI, Geschichte, S. 491.
[42] Bericht antidemokratische Tätigkeit, Bd. I, S. 30, und Ergänzungen, Anhang II; GAUTSCHI, Geschichte, S. 462 f.
[43] Bericht antidemokratische Tätigkeit, Bd. I, S. 31 f.
[44] Bericht antidemokratische Tätigkeit, Bd. I, S. 48 ff.; GAUTSCHI, Geschichte, S. 460.

Das Verhältnis der Auslandsdeutschen zu den Schweizer Frontisten

Natürlich gab es Kontakte zwischen den Auslandsdeutschen und den Schweizer Frontisten. So, etwa, wenn im Frühling 1941 aus Zurzach verlautete, einige Reichsdeutsche, «waschächte Nazi und geriebene Geschäftsleute», stünden «in engster Verbindung» mit den einheimischen Frontisten.[45] Dennoch stellt der Bundesrat fest, «dass es nicht in erster Linie die deutschen Organisationen waren, die die Verbindung mit schweizerischen rechtsextremen Gruppen suchten und unterhielten». Eher waren es (neben dem direkten Draht zahlreicher Frontisten nach Deutschland) Funktionäre der deutschen Gesandtschaft und Konsulate, die sich der nationalsozialistischen Schweizer annahmen.[46]

Aufs Ganze gesehen, muss man sagen: Das Schicksal hat es mit der Schweiz gut gemeint. Weder wurde sie von Hitler-Deutschland angegriffen, noch musste sie sich nach einem deutschen Endsieg dem Machtwillen der Nazis beugen. Weil die Alliierten und nicht die Achsenmächte den Sieg davontrugen, blieb unser Land von einer frontistisch-nazistischen Diktatur mit all ihren Exzessen verschont. So konnte die Schweiz ihre Unabhängigkeit und demokratische Staatsform bewahren, was auch in Zurzach dem Willen der Volksmehrheit entsprach.

Wie aber steht es heute um die Söhne und Töchter frontistischer Väter? Ihnen winkt die Chance des Neubeginns. Sie können aus den Fehlern ihrer Eltern lernen und sich bemühen, es besser als jene zu machen. Zwei positive Beispiele seien in diesem Zusammenhang erwähnt. Jörg Ursprung, von 1969 bis 1983 aargauischer Regierungsrat, hat einmal gesagt, die politische Vergangenheit seines 1941 verstorbenen Vaters sei für ihn nie eine Belastung gewesen.[47] Auch den Brüdern Carl Friedrich und Richard von Weizsäcker, dem Staatsmann wie dem Naturwissenschaftler, ist es gelungen, sich von der Hypothek ihres Vaters zu befreien, die darin besteht, dass ihr Vorfahr Staatssekretär unter Hitler war. Beide Söhne sind durch ihr liberales Denken und Handeln zu Repräsentanten eines besseren Deutschland geworden.[48]

---

[45] GAUTSCHI, Geschichte, S. 460.
[46] Bericht antidemokratische Tätigkeit, Bd. I, S. 45 f.
[47] Tages-Anzeiger, 30.10.1995, S. 9.
[48] Aargauer Tagblatt Nr. 272, 21.11.1995, S. 19.

Zurzach zur Zeit des Nationalsozialismus[1]

WALTER LEIMGRUBER

«Der Frontenfrühling sprang auf unser Land über und schoss bald mächtig ins Kraut. Manch ein später Honoriger war in seinen damals noch jungen Jahren unschlüssig, und in den einen und andern unter ihnen frass sich der Wurm des nationalsozialistischen Gedankengutes [...]»*

Am 7. Februar 1935 wurde der Zurzacher Unternehmer Karl Mallaun in Deutschland verhaftet unter der Beschuldigung, den deutschen Devisenbestimmungen zuwidergehandelt zu haben. Mallaun wurde in Berlin festgenommen und am 15. Februar von zwei Beamten nach Waldshut gebracht, wobei «die Fahrtkosten 2. Klasse zu seinen Lasten» fielen, wie der Aargauer Polizeichef Oberst Oskar Zumbrunn in seinem Schreiben an die Polizeidirektion festhielt. In Basel hatte der Zug Aufenthalt, ein Begleiter riet Mallaun, auszusteigen und zu verschwinden. Dieser wollte nicht: «Ich habe nichts ungesetzliches begangen und brauche deshalb die Flucht nicht zu ergreifen.»[2] Nach einigen Monaten Untersuchungshaft in Waldshut sah Mallaun die Sache anders. Am 4. August 1935 floh er aus dem Gefängnis und schlug sich in die Schweiz durch.

Mallaun betrieb in Zurzach mit seinem Bruder ein Baugeschäft, das 1933 in Zahlungsschwierigkeiten geriet. Die Baufirma wurde vorerst weiterbetrieben, befand sich im Moment der Verhaftung aber in der Phase der Liquidation. Mallaun war auch in Deutschland aktiv. Zusammen mit dem deutschen Architekten Adolf Mildenberger, der ebenfalls verhaftet wurde,[3] besass er dort Liegenschaften, «die grössere Werte repräsentieren». Die beiden

---

* PAUL HAUSHERR, Feldgraue Tage, Erinnerungen aus den Jahren 1935–1945, Baden 1975, S. 9.

[1] Das Kapitel basiert auf den umfangreichen Akten des Nachrichtendienstes der Aargauer Polizei in Aarau (in den Anmerkungen gekennzeichnet mit «PK AG ND 2.WK» = «Polizeikommando Aargau, Nachrichtendienst Zweiter Weltkrieg» und der entsprechenden Dossiernummer) und den Akten der Schweiz. Bundesanwaltschaft (BA) in Bern (BAR [= Bundesarchiv], E 4320[B] [Bestand] und Angaben zu den einzelnen Dossiers). Allerdings lassen sich aus diesen Akten nicht alle Vorgänge vollständig rekonstruieren. Dokumente aus Deutschland, die aber 1945 zum grössten Teil vernichtet worden sind, und Unterlagen weiterer Behörden oder von Privatpersonen könnten das hier gezeichnete Bild allenfalls abrunden.

[2] Abschrift vom Schreiben Zumbrunns an die Polizeidirektion Aarau vom 24.4.35, Beilage zu Brief der Abteilung für Auswärtiges, Eidgenössisches Politisches Departement (in der Folge: EPD), an die BA, 6.5.35, BAR, E 4320(B) 1984/29, Bd. 78, C.12.82.

[3] Verhandlung vor Staatsanwaltschaft des Kantons Aargau, in Anwe-

waren auch im Exportgeschäft aus Deutschland tätig, lieferten Hopfen und Kohle in die Schweiz. Diese Geschäfte wurden mit der Bewilligung der Devisenstellen in Karlsruhe und Berlin getätigt. Es habe sich nicht um «unerlaubte oder unreelle Geschäfte» gehandelt, war Zumbrunn überzeugt. Mallaun verfügte über gute Beziehungen zu deutschen Behörden. Offenbar war es aber in der Devisenstelle Karlsruhe zu Unregelmässigkeiten gekommen, mit denen man auch ihn in Verbindung brachte. Die deutschen Behörden ermittelten gegen zwei Beamte der Devisenstelle, von denen der eine Selbstmord beging.[4]

Einen Teil der Exportgewinne mussten Mildenberger und Mallaun gemäss Abkommen mit der Reichsdevisenstelle Berlin für Sanierungsarbeiten in Deutschland verwenden. Das Geld lag auf einem Konto, das auf Mallauns Namen lautete, bei der Schweizerischen Bankgesellschaft Zürich. Gleichzeitig gewährte die SBG Mallaun und Mildenberger Hypothekarkredite in der Höhe von 1,35 Mio. Franken auf Fabrikwohnungen im süddeutschen Raum. An diese Kredite band die SBG die Bedingung, dass 300'000 Franken davon in der Schweiz zur Verfügung gestellt würden, was einer speziellen Genehmigung der Devisenstelle Berlin bedurfte. Diese wurde erteilt mit dem Vorbehalt, dass Kreditgeber wie -nehmer, also die SBG einerseits sowie Mildenberger und Mallaun andererseits, bei diesem Geschäft keine Nebenabkommen treffen durften. Die entsprechende Erklärung wurde beidseitig unterzeichnet. Kurz darauf, im Oktober 1933, schlossen die SBG und Mallaun dennoch einen Spezialvertrag. Die Reichsbank erfuhr davon und beschaffte sich eine Kopie. Mallaun verdächtigte sofort die SBG, da es hier schon früher zu Indiskretionen gekommen war. Der Zusatzvertrag spielte bei der Verhaftung Mallauns und auch bei der am 27. Dezember 1936 erfolgten Verurteilung von dessen Partner Mildenberger in Waldshut eine wichtige Rolle.[5] Dieser wurde wegen Erschleichung von Devisengenehmigungen zu fünf Jahren Zuchthaus, 650'000 Reichsmark Geldstrafe und 325'000 Reichsmark Wertersatzstrafe verurteilt, später wurde das Strafmass etwas reduziert.[6]

Oberst Zumbrunn charakterisierte Mallaun in einem Schreiben an die Polizeidirektion als «ausgezeichneten Familienvater und Ehemann». «Als Bürger ist er geachtet, weil er stets die Interessen unseres Landes vertritt und in der Öffentlichkeit die Bescheidenheit selbst ist. Als Geschäftsmann ist er aber, wie man zu sagen pflegt, ein gerissener Kerl. Hier lässt er seinen Fähigkeiten die Zügel frei und ist stets auf seinen Vorteil bedacht.»[7] Andere sahen in Mallaun vor allem den Geschäftemacher und schätzten seine patriotische Haltung weniger hoch ein, da er in den frühen 1930er-Jahren mit den Fronten sympathisiert hatte.

Die Angehörigen Mallauns waren davon überzeugt, dass seine Verhaftung aufgrund einer Denunziation erfolgt war. Der deutsche Zollfahnder Brill habe gegenüber dem Bruder, Josef Mallaun, bestätigt, dass «etwas von Zurzach gekommen» sei.[8] Verdächtigt wurde gleich eine ganze Reihe von Personen, darunter einige wichtige Zurzacher Persönlichkeiten. An oberster Stelle stand der deutsche Architekt Paul Heinrich Petry. Er war von Mallaun 1932 als Teilhaber in das Geschäft aufgenommen worden. Als die Firma 1933 in Konkurs ging, verlor Petry seine Einlage von Fr. 10'000.–. Seither bestand Feindschaft zwischen den beiden. Zumbrunn war überzeugt, dass Petry den deutschen Behörden Material geliefert hatte.[9]

Petry war mit den bekannten Zurzachern Werner Ursprung und Martin Keusch befreundet. «Dr. Ursprung ist Nationalsozialist und verkehrt sehr oft in deutschen nationalsozialistischen Kreisen. Er ist Mitglied des Turnvereins Tiengen und bekleidet dort die Charge eines Standartenträgers. Dieser saubere Eidgenosse hält es nicht unter seiner Würde, in Deutschland eine Hitlerstandarte zu tragen. Er steht mit nationalsozialistischen Würdenträgern in steter Verbindung, was von uns bewiesen werden kann», schrieb Polizeichef Zumbrunn an die aargauische Polizeidirektion. Ob Ursprung in Mallauns Verhaftung verwickelt war, wusste die Polizei allerdings nicht. Keusch war ebenfalls oft in Deutschland. «Er ist nationalsozialistisch eingestellt und steht mit SA-Funktionären in Verbindung.» Auch bei ihm war unklar, ob er etwas mit der Sache zu tun hatte.[10] Für den Bruder des Verhafteten war das keine Frage: «[...] die engen Beziehungen dieses Herrn [Ursprung] zu den politischen deutschen Stellen sind einwandfrei erwiesen. [...] Er ist von meinem Bruder schon lange vor seiner Verhaftung verdächtigt worden, da er von seinen Denunzierungen ihm gegenüber längst Kenntnis hatte, diesen Intrigen aber keine grosse Bedeutung beimass. Ursprung ist deshalb auch in Zurzach allgemein als Spitzel bekannt, gefürchtet und gemieden.» Auch Keusch kam für Josef Mallaun als Denunziant infrage. Dieser hatte zu Drittpersonen gesagt: «Dem Mallaun seine deutschen Geschäfte sind jetzt fertig, dem haben wir dafür gesorgt resp. wir haben ihm den Riegel gestossen.» Und Josef Mallaun weiter: «Über die Charaktereigenschaften etc. dieses Herrn dürften Sie von angesehenen und glaubwürdigen Persönlichkeiten von Zurzach ausreichend Auskunft erhältlich machen können.»[11]

Nach Zurzach zurückgekehrt, verdächtigte auch Karl Mallaun selbst verschiedene Zurzacher, ihn in Deutschland denunziert zu haben. Zudem fühlte er sich bedroht und behauptete, man habe seit seiner Flucht mehrmals versucht, ihn erneut über die Grenze nach Deutschland zu locken. Anfang 1936 erstattete er Anzeige, weil ihm mitgeteilt worden war, dass in Kreisen der Nationalsozialistischen Partei in Waldshut davon die Rede sei, man werde sich den entflohenen Mallaun wieder holen. Damit löste er eine gross angelegte Untersuchung der aargauischen und der Bundespolizei aus.[12] Im März 36 teilte das Grenzwachtkorps des II. Schweizerischen Zollkreises mit, man habe ebenfalls Hinweise, dass die Gestapo Mallaun tot oder lebendig wieder nach Deutschland bringen wolle.[13] Einige Tage später erliess die Bundesanwaltschaft interne, nicht veröffentlichte Haftbefehle gegen verschiedene Deutsche, die aber nicht vollstreckt werden konnten.[14]

Ein «bekannter Frontist»[15]

Im Zentrum der Untersuchung stand der Fürsprech Dr. Werner Ursprung. Er war der Sohn des Bundesrichters Albert Ursprung und betrieb eine Anwaltspraxis, nachdem er in den Krisenjahren Sekretär des Aargauischen Baumeisterverbandes gewesen war. Im Militär bekleidete er den Rang eines Hauptmannes der Justiz. Schon in den frühen Dreissigerjahren war er als engagierter Fröntler bekannt geworden. «Dr. Ursprung galt damals schon [1930] als Nationalsozialist und er nahm hie und da an Versammlungen der Nationalsozialisten im Badischen teil. In seiner Begleitung befanden sich oftmals Eichmeister Bühler und Ammann Keusch Martin von Zurzach. Als die Fronten in unserem Land aufkamen, gehörte Ursprung immer noch der nationalsozialistischen Richtung an und er konferierte eifrig mit dem bekannten Nationalsozialisten Wirz von Landenberg ob Sarnen. Die nationalsozialistische Richtung konnte sich aber im Aargau nicht behaupten und es erfolgte dann der Zusammenschluss mit der Nationalen Front», berichtete die aargauische Polizei 1933.[16] Unter dem Eindruck der Machtübernahme Hitlers erlebten diese Erneuerungsgruppen im gleichen Jahr eine erstaunliche Blüte. Die «Nationale Front» errang vor allem in der Nordostschweiz politische Anfangserfolge. In ihrer Landesleitung sassen neben anderen auch die Aargauer Hans Oehler, Eduard Rüegsegger und Werner Ursprung. Dieser hatte am 30./31. Juli 1932 die erste gesamtschweizerische Frontentagung auf dem Achenberg ob Zurzach organisiert. Bei dieser Gelegenheit hielt er als «Führer des Standes Aargau» eine Ansprache und offerierte den vom «Keil Zurzach» gespendeten «Landesehrenwein». Zur Erinnerung an die Tagung wurde am Gasthof «Zum Achenberg» eine Marmortafel mit der Inschrift «1. Bundesfeiertreffen der Nationalen Front 1932» enthüllt. Einige Jahre später verschwand die Tafel wieder. Am 31. Mai 1933 fand in Zurzach eine Kundgebung der Nationalen Front statt. Ein Marsch der Musikgesellschaft Zurzach eröffnete den Abend in der voll besetzten Turnhalle, «Harstleute» aus Brugg, Klingnau und Zurzach in weissem Hemd mit schwarzer Krawatte sorgten für Ordnung. Es sprachen Landesführer Dr. Biedermann und Dr. Niederer aus Zürich. Leiter der Ortsgruppe Zurzach war der Möbelfabrikant Gottfried Rudolf.[17] Das Kampfblatt der nationalen Front, der wöchentlich erscheinende «Eiserne Besen», wurde 1932/33 in der Buchdruckerei «Zum Adler» in Zurzach hergestellt. Deren Besitzer Karl Wolbold war gleichzeitig auch Verleger und Redaktor des freisinnig-demokratischen «Zurzacher Volksblattes» und Vizepräsident der freisinnigen Ortspartei. Die Auflage der Fronten-Zeitung soll im November 1932 etwa 10'000, im März 1933 rund 25'000 Exemplare betragen haben.
In dieser Phase waren die bürgerlichen Parteien, die ihren Hauptfeind in der Sozialdemokratie sahen, den Fronten wohlgesinnt und räumten ihnen auch in ihren Medien breiten Raum ein. An manchen Orten traten Fronten und Bürgerliche gemeinsam gegen die Linken auf. Es kam zu turbulenten Versammlungen, die nicht selten aufgelöst

---

senheit von Herrn Bezirksamtmann Vögeli, Zurzach, in Aarau, Mallaun Karl, 4.2.38, BAR, E 4320(B) 1984/29, Bd. 78, C.12.82.
4   Abschrift vom Schreiben Zumbrunns an die Polizeidirektion Aarau vom 24.4.35, Beilage zu Brief der Abteilung für Auswärtiges, EPD, an die BA, 6.5.35, BAR, E 4320(B) 1984/29, Bd. 78, C.12.82.
5   Abhörungsprotokoll Mallaun Carl, Zurzach, 10.3.38, BAR, E 4320(B) 1984/29, Bd. 78, C.12.82.
6   Hohe Zuchthausstrafe für den Volksschädling, in: Der Alemanne, 18.5.1938, PK AG ND 2.WK, 18305A.
7   Abschrift vom Schreiben Zumbrunns an die Polizeidirektion Aarau vom 24.4.35, Beilage zu Brief der Abteilung für Auswärtiges, EPD, an die BA, 6.5.35, BAR, E 4320(B) 1984/29, Bd. 78, C.12.82.
8   Brief der Abteilung für Auswärtiges, EPD, an die BA, 6.4.35, BAR, E 4320(B) 1984/29, Bd. 78, C.12.82.
9   Abschrift vom Schreiben Zumbrunns an die Polizeidirektion Aarau vom 24.4.35, Beilage zu Brief der Abteilung für Auswärtiges, EPD, an die BA, 6.5.35, BAR, E 4320(B) 1984/29, Bd. 78, C.12.82.
10 Ebd.
11 Brief der Abteilung für Auswärtiges, EPD, an die BA, 6.4.35, BAR, E 4320(B) 1984/29, Bd. 78, C.12.82.
12 Staatsanwaltschaft des Kantons Aargau an die BA, Bern, 7.2.38, BAR, E 4320(B) 1984/29, Bd. 78, C.12.82.
13 Grenzwachtkorps des II. Schweiz. Zollkreises an den Sektorchef der eidg. Grenzwache in Zurzach, 12.3.36, PK AG ND 2.WK, 18305A.
14 BA an PK AG, 18.3.36 und 30.3.36, PK AG ND 2.WK, 18305A.
15 Brief Zumbrunns an PK Zürich, 10.2.37, PK AG ND 2.WK, 17984.
16 PK AG an Bundesanwalt, 31.7.33, PK AG ND 2.WK, 15868.
17 Zurzacher Volksblatt, 29.5. und 3.6.1933.

werden mussten oder in wüsten Tumulten endeten. In Brugg etwa wurde im März 33 eine Versammlung der Nationalen Front zuerst von den Sozialdemokraten gesprengt. In der Folge wurde die Versammlung wiederholt, diesmal war sie von den bürgerlichen Parteien und den Fronten gemeinsam organisiert.[18] Erst als sich zeigte, dass die Popularität der Fronten beim Stimmvolk wesentlich kleiner als erwartet war, distanzierten sich die bürgerlichen Parteien.[19] Aber auch ehemalige Sozialdemokraten traten zu den Fronten über. So berichtete ein Einsender des «Zurzacher Volksblattes» im Mai 1935 begeistert von Übertritten von Sozialisten zu den Fronten: «[...] ein kräftiges ‹Harus›! Willkommen in unseren Reihen!»[20]

Im Mai 1933 wurde Ursprung an einer Versammlung der Frontisten zum Gauführer des Aargaus gewählt, aber noch im gleichen Jahr abgelöst von Alfred Disch aus Othmarsingen, auf den dann Eduard Rüegsegger aus Brugg folgte.[21] Später wechselten Ursprung und der Zurzacher Möbelfabrikant Gottfried Rudolf zum «Volksbund», einer «Kampfgemeinschaft für Schweizerische Nationale und Soziale Erneuerung», die sich im Herbst 1933 unter Leitung von Major Ernst Leonhardt, Oberstdivisionär Emil Sonderegger und Hans Bosshard von der Nationalen Front abgespalten hatte. Ursprung bekleidete hier offenbar das Amt eines Gauleiters.[22] Danach wechselte er zu weiteren Nachfolgeorganisationen. Im Mai des folgenden Jahres wurde registriert, dass er ein Referat vor der Ortsgruppe Olten der «Volksfront» gehalten hatte.[23]

Ursprung verstand es besonders gut, junge Leute in seinen Bann zu ziehen. Mitte 1934 notierte die Bundesanwaltschaft, er habe seine Gefolgschaft von etwa zehn Burschen als SA-Gruppe (Sportabteilung) der Nationalen Volksfront organisiert.[24] In Zurzach und im Bezirk höre man oft über ihn klagen, stellte die Polizei 1935 in einer Abklärung über nationalsozialistische Bewegungen fest: «Man verurteilte sein Vorgehen, insbesonders, weil meistens der Schule entlassene Knaben und Lehrlinge sich dieser Gesellschaft anschlossen. Ihnen wurde der Kopf voll geschwatzt und die Eltern konnten mit ihren Söhnen fast nichts mehr anfangen. Die Klagen folgten erst im Momente, als sich die Partei im h. Bezirk auflöste.» Zwar war es nach den ersten Anfangserfolgen der Fronten wieder ruhiger geworden um Ursprung. Die Polizei misstraute dieser Ruhe allerdings: «Er spielt nach meiner Ansicht der Vorsichtige und lässt die andern die Kastanien aus dem Feuer holen», hielt der Zurzacher Polizist Baldinger fest.[25] Einer gesamtschweizerischen Öffentlichkeit war Ursprung durch sein Auftreten im Prozess über die «Protokolle der Weisen von Zion» (1934/35) bekannt geworden. Und Mitte 1936 bestellte ihn die Witwe von Wilhelm Gustloff, dem in Davos ermordeten Landesgruppen-Leiter Schweiz der NSDAP, zu ihrem Anwalt im Mordprozess vor dem bündnerischen Strafgericht.[26]

Ursprung war ein Mann, der überaus gerne provozierte. Der Fürsprech beschwor bewusst kritische Situationen herauf, um sich über Polizei und Behörden lustig zu machen und sie zu ärgern. Immer wieder kam es zu Vorfällen, die von der Polizei registriert und untersucht wurden. Im Februar 1934 vermerkten die Zollbehörden, dass er die Grenze nach Deutschland passierte mit schweizerischen Zeitschriften, die in Deutschland verboten waren und die unter anderem Artikel enthielten, die Göring beleidigten.[27] Am 2. Januar 1935 reiste er nach Informationen der Aargauer Polizei sogar in den Schwarzwald, um Propagandaminister Goebbels zu treffen. Dieser musste aber plötzlich nach Berlin zurückkehren, sodass das Treffen offenbar nicht zustande kam.[28] Die aargauische Kantonspolizei machte deshalb keinen Hehl daraus, wie sie Ursprung einschätzte. Auf der Registrierkarte von Ursprung fand sich neben den persönlichen Daten der Vermerk: «Nazifreund, ganz unzuverlässig, Spitzel; korrespondiert unter dem Decknamen ‹Kaufmann› als Frontist mit den Nazis (Fleischhauer etc.) (Fall Mallaun).»[29] Am 19. Dezember 1937 teilte Zumbrunn der Bundesanwaltschaft sogar mit, Ursprung sei bis Ende 1934 Agent der deutschen Sicherheitspolizei gewesen und habe «zweifellos intensiv für Deutschland gearbeitet».[30]

Die Bundesanwaltschaft wollte mehr über Ursprungs Verbindungen nach Deutschland wissen. In Waldshut bestand im Gebäude der NSDAP eine Zentrale, die den Zweck verfolgte, in der Schweiz befindliche deutsche Bankguthaben ausfindig zu machen. Sie versuche, mithilfe von «abgebauten, unzufriedenen und noch in Stellung befindlichen schweizerischen Bankbeamten» Namen von deutschen Einlegern zu erhalten, und bringe auf diese Weise Deutschland Millionen zurück.[31] Der Leiter der Zentrale, ein Dr. Wilhelm Gutmann, war zugleich Bürgermeister von Tiengen und Parteigruppenleiter der NSDAP. Und er war eng mit Ursprung befreundet. Gutmann verkehrte auch mit Gemeindeammann Keusch, «der ein guter Freund Ursprungs ist und als charakterloser Kerl zu ihm passt». Gutmann hielt sich oft in der Schweiz auf. Er und Ursprung wurden immer wieder von der Polizei beobachtet, für die es keinen Zweifel gab: «Dr. Ursprung ist zweifellos der Gehilfe des Dr. Gutmann. Dieser Mensch ist zu allem fähig.»[32] Gutmann wurde im September 1945 vom Territorial Gericht 2 B wegen wiederholtem und fortgesetztem

Nachrichtendienst, wiederholtem und fortgesetztem militärischem Nachrichtendienst, wirtschaftlichem Nachrichtendienst, wiederholter verräterischer Verletzung militärischer Geheimnisse, wiederholtem Nachrichtendienst gegen fremde Staaten im Zeitraum 1941–43 zu 12 Jahren Zuchthaus und 15 Jahren Landesverweisung verurteilt.[33] 1947 verurteilte ihn das Landgericht Waldshut wegen Gewährenlassen der Bevölkerung bei Ausschreitungen gegen Juden zu eineinhalb Jahren Gefängnis.[34]

Nach dem Krieg wurde Gutmann von der Bundesanwaltschaft in Waldshut befragt. Er bestätigte dabei, dass Ursprung sich vor dem Krieg fast täglich in Tiengen aufgehalten und dort viele Leute gekannt habe. Er selber sei durch Ursprung mit der AST (Abwehrstelle) Stuttgart in Kontakt gekommen. Ursprung habe ihm mitgeteilt, ein ihm bekannter schweizerischer Oberst, Arthur Fonjallaz, wünsche zu den deutschen Behörden Beziehungen aufzunehmen. Fonjallaz, Führer der faschistischen Bewegung in der Schweiz, wollte Geldmittel für seine Partei. Als Gegenleistung bot er Beweismaterial über deutsche Guthaben bei schweizerischen Banken an. Ursprung wirkte als Vermittler. Er überbrachte Gutmann ein schriftliches Angebot von Fonjallaz und verhandelte mit der Zollfahndungsstelle Freiburg. 1935 traf Gutmann Fonjallaz erstmals in Zürich, auch Ursprung war anwesend. Fonjallaz lieferte eine Dokumentation ab und erhielt dafür 5000 Franken. Einen Teil der Unterlagen übergab Ursprung Gutmann. Die Dokumentation war laut Gutmann aber praktisch wertlos, das meiste war den deutschen Stellen schon bekannt.

Ursprungs ausgezeichnete Verbindungen in Deutschland waren immer wieder Gegenstand von Abklärungen. Die Untersuchungen lieferten aber keine juristisch verwertbaren Ergebnisse. Immerhin war Ursprung so verdächtig, dass die Bundespolizei seinen Pass einzog und ihn auch nach Einsprache seines Anwaltes nicht herausgab. Grenzpassierscheine hingegen konnte der Fürsprech lösen.[35]

Mallaun und Ursprung waren befreundet gewesen und hatten Anfang der Dreissigerjahre ähnliche politische Ideale gehabt. Mit der Zeit kühlte sich das Verhältnis der beiden aber ab, offensichtlich vor allem aufseiten Mallauns.[36] Als er im Februar 1935 nach Berlin reiste, erhielt er vier Tage vorher einen Anruf von Ursprung. Dieser erfragte alle Details der Reise und bedauerte, nicht mitreisen zu können. Nach der Rückkehr aus dem Gefängnis musste Mallaun dann erfahren, dass sich Ursprung bereits am Tage der geplanten Rückkehr bei seiner Frau erkundigt hatte, ob er zu Hause sei. Die gleiche Frage wiederholte er am folgenden Tag, am dritten Tag befragte er das Dienstmädchen. Im Flecken streute er das Gerücht aus, sieben bis zehn Jahre seien dem Unternehmer sicher. Danach meldete sich Ursprung nicht mehr bei der Familie, auch nach Mallauns Flucht nahm er keinen Kontakt mit ihm auf.[37]

Mallaun berichtete der Polizei nach seiner Flucht aus Deutschland, dass Ursprung genau über seine Verträge mit der Schweizerischen Bankgesellschaft (SBG) informiert war. Zu wiederholten Malen hatte dieser bereits 1934 entsprechende Bemerkungen fallen lassen. In «Aktennotizen» hatte Mallaun diese Äusserungen festgehalten und sie der SBG unterbreitet. Ursprung hatte ihm gegenüber auch erwähnt, dass andere ebenfalls von diesen Dingen wüssten, und zwar durch einen kleinen Angestellten der SBG.[38] Mallauns Demarchen bei der Bankgesellschaft in Zürich verliefen jedoch ergebnislos, man verweigerte ihm jede nähere Auskunft über die mutmasslichen Zusammenhänge und Hintergründe. Er erfuhr lediglich, dass ein Prokurist, der als Frontist tätig war, in ein anderes Ressort

---

[18] Belart, Nationale Front, S. 119–126.
[19] Zu den Fronten vgl.: Glaus, Nationale Front; Wolf, Faschismus, sowie den Beitrag von W. Wolf, S. 377 ff.
[20] Zurzacher Volksblatt, 25.5.1935.
[21] Belart, Nationale Front, S. 129 f.
[22] Schreiben der Oberzolldirektion an BA, 14.2.34, BAR, E 4320(B) 1984/29, Bd. 78, C.12.82.
[23] Schreiben der Solothurner Polizei, 5.5.34, BAR, E 4320(B) 1984/29, Bd. 78, C.12.82.
[24] Schreiben des PK AG, 17. und 27.7.34, BAR, E 4320(B) 1984/29, Bd. 78, C.12.82.
[25] PK AG an die Bezirksunteroffiziere, 15.4.35; Baldinger, Zurzach, 18.4.35, PK AG ND 2.WK, 18489B.
[26] Zurzacher Volksblatt, 17.8.1936.
[27] Schreiben der Oberzolldirektion, 14.2.34, BAR, E 4320(B) 1984/29, Bd. 78, C.12.82.
[28] Schreiben des PK AG, 12.3.35, BAR, E 4320(B) 1984/29, Bd. 78, C.12.82.
[29] PK AG ND 2.WK, 17984.
[30] BAR, E 4320(B) 1984/29, Bd. 78, C.12.82.
[31] BA, Schreiben an PK AG, 23.1.37, PK AG ND 2.WK, 17984.
[32] Schreiben vom 25.1.37 an BA, PK AG ND 2.WK, 17984.
[33] Ter.Ger. 2 B, 3. und 6.9.45, Urteils-Auszug für BA, 7.12.46, PK AG ND 2.WK, 22848.
[34] Aktennotiz, 12.11.47, PK AG ND 2.WK, 22848.
[35] Polizeikorps des Kantons ZH an das PK Zürich in Sachen PK AG, Auftrag: Müller Hans, von Lengnau AG, Buchhalter in Zürich, über polit. Tätigkeit Dr. Ursprungs befragen, 21.6.38; Stadtpolizei Zürich an PK AG, 7.9.37, PK AG an PK Stadtpolizei Zürich, 26.10.37; Staatsanwaltschaft des Kantons Aargau an Fürsprech A. Hagmann, Olten, 23.3.38, PK AG ND 2.WK, 17984.
[36] Verhandlung vor Staatsanwaltschaft des Kantons Aargau, in Anwesenheit von Herrn Bezirksamtmann Vögeli, Zurzach, in Aarau, Mallaun Karl, 4.2.38, BAR, E 4320(B) 1984/29, Bd. 78, C.12.82.
[37] Abhörungsprotokoll Mallaun Carl, Zurzach, 10.3.38, BAR, E 4320(B) 1984/29, Bd. 78, C.12.82.
[38] Verfügung in der Strafsache gegen Ursprung Werner, betreffend Zuwiderhandlung gegen den BB betr. Schutz der Sicherheit der Eidgenossenschaft, 29.10.38, BAR, E 4320(B) 1984/29, Bd. 78, C.12.82.

versetzt wurde, vermutlich wegen dieser Angelegenheit.[39] Der zwischen Mallaun und der SBG geschlossene Nebenvertrag wurde von den schweizerischen Behörden als Geschäftsgeheimnis betrachtet, dessen Verrat oder Übermittlung an deutsche Amtsstellen unter Art. 4 des Spitzelgesetzes fiel. Die Polizei fand zwar einen der Informanten Ursprungs, nicht jedoch das direkte Leck bei der SBG.[40] Von der Bundesanwaltschaft befragt, wusste Ursprung von nichts. «[...] von irgendeiner Vertragsabschrift und Photokopien von Bankkonti betreffend die Bankgesellschaft in Zürich sowie Mallaun, die sich in deutschen Händen befinden sollen ist mir absolut nichts bekannt, wie mir überhaupt ganz allgemein nichts von solchen Sachen bekannt ist oder je war.»[41]

Intrigen

Der zweite Verdächtige war Gemeindeammann Martin Keusch, Tierarzt, der für die Bauern-, Gewerbe- und Bürgerpartei (BGB) 1927 bis 1933 im Grossen Rat sass und im Militär den Rang eines Majors bekleidete. Seit 1926 war er Zurzacher Gemeindeammann. Mehrere Zeugen hatten gehört, wie er gesagt hatte: «Dem Mallaun haben wir den Riegel gestossen.» Keusch sei als Nazifreund längst bekannt, berichtete die aargauische Polizei der Bundesanwaltschaft auf deren Frage, wie sich Keuschs Haltung mit einem öffentlich-rechtlichen Amt vertrage.[42] Er gehe unter dem Vorwand, Kunden zu besuchen, was nicht stimme, fast täglich nach Deutschland. Man wisse, wo er ein- und ausgehe. Seit längerer Zeit gebe es Verbindungen mit SA-Funktionären, zudem «Weiberbekanntschaften».[43] Keusch war, so berichtete später seine deutsche Geliebte Ella Jöhl der Polizei, «so mein Eindruck, ein überzeugter Nationalsozialist. Er sagte z.B. ‹So ein Mann wie Hitler fehlt uns in der Schweiz.› K. besuchte in Dtl. zahlreiche Veranstaltungen der NSDAP mit Schweizern aus Zurzach. Mit mir war er einmal in Schwenningen, wo Hitler auftrat, das war vor der Machtübernahme, 1932. K. war begeistert von solchen Veranstaltungen. [...] Keusch war auch mit Gutmann eng befreundet. Keusch war in Tiengen bekannt als Schürzenjäger und schlechter Schweizer.»[44] «Als wir 1937/38 über einen möglichen Krieg sprachen und davon, dass die Schweiz in Mitleidenschaft gezogen werden könnte, sagte er: ‹Weisst Du, dann bin ich nicht dabei. In diesem Moment bin ich in Deutschland.› Wollte sich offensichtlich Dtl. zur Verfügung stellen.»[45] Keusch habe bei verschiedenen Gelegenheiten mit «Heil Hitler» gegrüsst und diesem auch einmal geschrieben.[46] Der Tierarzt steckte immer in finanziellen Nöten. Jöhl vermutete sogar, dass er sie wegen Devisenvergehen denunziert habe, um sie loszuwerden.[47]

Keusch verfügte über gute Beziehungen zu Mallauns ehemaligem Teilhaber Petry. Er versuchte, die Ausreiseverfügung gegen diesen rückgängig zu machen. Das Aargauer Polizeikommando hielt den Tierarzt als Gemeindeammann für untragbar: «Dr. Keusch geniesst in Zurzach kein grosses Ansehen. Er wird aber bei der nächsten Wahl zweifellos wieder als Gemeindeammann gewählt. Wir haben mit gut bürgerlich gesinnten Leuten Rücksprache genommen und die Stimmung erforscht. Man ist nicht damit einverstanden, dass Keusch stets mit deutschen Persönlichkeiten verkehrt. Wir haben die Auffassung, dass Keusch als Ammann einer Grenzgemeinde nicht mehr gewählt werden sollte. Es sind Bestrebungen im Gange ihn unmöglich zu machen. Bis anhin haben die Sozi ihm immer gestimmt, obschon auch in diesen Kreisen bekannt ist, dass er stets mit deutschen Funktionären zusammen ist.»[48]

Mallaun erfuhr im Gefängnis, dass Keusch, mit dem er vorher keine engeren Beziehungen unterhalten hatte, sich gegenüber den deutschen Behörden ungünstig über ihn geäussert habe. Nach seiner Rückkehr begann er deshalb, Material gegen den Gemeindeammann zu sammeln. In der Gemeindeversammlung vom 27. Dezember 1935 machte er ihm schwerste Vorwürfe und forderte ihn gleichzeitig auf, ihn vor den Richter zu ziehen. Erst im April 1936 reichte Keusch eine entsprechende Ehrverletzungsklage ein. An diese schlossen sich weitere Verfahren wegen Ehrverletzung und Falschaussage diverser Beteiligter an.[49]

Mallaun war überzeugt, dass Keusch der schweizerische Drahtzieher war beim Versuch, ihn nach seiner Flucht noch einmal nach Deutschland zu locken. Eine wichtige Rolle spielte dabei dessen deutsche Geliebte Ella Jöhl. Mallaun hatte ihr Ende 1935 nach Meersburg geschrieben und um ein Treffen gebeten, weil er glaubte, die Jöhl habe «ihre Beziehungen mit Keusch gebrochen [...] und zwar insbesondere wegen Auseinandersetzungen finanzieller Natur». Dies traf allerdings nicht zu. Ella Jöhl spielte offensichtlich ein Doppelspiel. Denn Mallauns Briefe an sie landeten bei Keusch. Mallaun gegenüber gab sich Jöhl allerdings stets den Anschein, sie sei zu einer Zusammenkunft bereit. Es kam aber nie dazu. Vorschläge, sich in Deutschland zu treffen, lehnte Mallaun aus einsichtigen Gründen ab. Einladungen in die Schweiz befolgte Frau Jöhl nicht oder sagte erst zu, um dann nicht zu erscheinen. Gleichzeitig nahm Jöhl in Briefen an das Bezirksgericht Zurzach für Keusch Stellung.[50] Mallauns Verdacht gegen Keusch wurde bestätigt durch eine Aussage des Zurzacher Fürsprechs Minet. Dieser erklärte als Zeuge, dass ihm Keusch gestanden habe, es sei versucht worden, Mallaun über die deutsche Grenze zu locken, was am Bodensee oben beinahe gelungen sei. Im gleichen Sinne äusserte sich Keusch auch gegenüber Minets Mutter. Den Aussagen dieser Zeugin zufolge erwähnte Keusch auch, dass Ursprung mitbeteiligt sei. Gestützt auf diese Aussagen, ordnete die Bundesanwaltschaft eine Hausdurchsuchung bei den Verdächtigen an.[51] Diese bestätigte den Verdacht gegen Keusch. Der Gemeindeammann hatte Mallaun und die bei ihm verkehrenden Personen offenbar durch einen Gemeindepolizisten überwachen lassen. Von Ella Jöhl, die ebenfalls einvernommen wurde, erfuhr die Polizei, dass die Gestapo die Briefe von Mallaun abgefangen, bei ihr eine Zimmerdurchsuchung vorgenommen und die Korrespondenzen beschlagnahmt habe. Die Gestapo habe ihr dann vorverfasste Briefe an Mallaun vorgelegt, um diesen nach Deutschland zu locken. Jöhl musste diese Briefe abschreiben. Der Versuch, Mallaun auf diese Weise über die Grenze zu bringen, sei aber gescheitert. Als Bote und Briefüberbringer in der ganzen Geschichte war auch Robert Wanner tätig, der Leiter der Zurzacher Zweigstelle der Firma Spiesshofer & Braun.[52] Nach dem Krieg, 1947, wurde Ella Jöhl nochmals von der Schweizer Polizei verhört. Sie erklärte, auch Keusch habe 1935 von der Berlinreise Mallauns gewusst. «Ich ahnte, dass K. bei der Verhaftung Hand im Spiel hatte, er hatte Mallaun mehrmals als ‹Todfeind› bezeichnet. Bekam von K. aber nie Antwort auf die Frage, er schmunzelte nur.» Jöhl hatte auch einen Hinweis darauf, dass Keusch die Gestapo über den Briefwechsel zwischen ihr und Mallaun informiert hatte: «Kurze Zeit, nachdem ich Briefe von Mallaun an Dr. Keusch übergeben hatte, erschien Gestapo in Meersburg bei mir und durchsuchte das Zimmer nach Briefen. Ich dachte sofort, dass K. die deutsche Polizei auf Briefe Mallauns aufmerksam gemacht hatte. Gestapo beschlagnahmte einige Briefe von Mallaun, aber auch solche von Keusch, die ich erhalten hatte. Ein Gestapo-Beamter bemerkte, ‹Das ist das gleiche Papier›, woraus ich den Schluss zog, dass Keusch für Mitteilungen an Gestapo das gleiche Papier verwendete. Ich hatte das Gefühl, K. arbeite mit der Gestapo zusammen.» Konkrete Beweise hatte Jöhl allerdings keine: «Dr. Keusch hat mir in dieser Hinsicht nie etwas anvertraut, trotzdem ich damals mit ihm sehr intim war.» Keusch und Jöhl kannten sich seit 1929.[53]

1933, als die Fronten ihre grössten Erfolge feierten, war es mehrmals zu Auseinandersetzungen zwischen Frontisten und Sozialdemokraten gekommen. Bereits damals war ein Zurzacher in Waldshut verhaftet worden. Der einundzwanzigjährige Schreiner Otto Keel, Oberturner des Arbeiterturnvereins Zurzach, besuchte am Sonntagnachmittag, 16. Juli 1933, «mit seiner angeblichen Braut das Lichtspieltheater Albrecht in Waldshut». Kurz nach Vorstellungsbeginn wurde er aus dem Kino gerufen und verhaftet. Auf dem Wachtlokal erklärte man ihm, er sei angeklagt von zwei Mitgliedern der Nationalen Front in Zurzach, gesagt zu haben: «Heil Moskau und der Hitler isch e Drecksau.» Keel bejahte diese Angaben. Ferner wurde er beschuldigt, in Zurzach «Hitlerbande» ausgeteilt zu haben, «was ich wiederum nicht in Abrede brachte». Die Anschuldigung, ein Schweizer Kommunist zu sein, der Material sammle von deutschen Kommunisten für den «Freien Aargauer», verneinte er hingegen. Die Polizisten erklärten, sie hätten drei Zeugen dafür. Keels Begleiterin kehrte in die Schweiz zurück und informierte den Unionspräsidenten der Sozialdemokraten des Bezirks, Gerichtsschreiber Schmuziger. Keel wurde ins Bezirksgefängnis Waldshut gebracht. «Die Behandlung war recht, gegessen habe ich nicht, das Nachtlager einer Strohmatratze war hart. Schläge habe ich keine erhalten.» Am nächsten Tag wurde er freigelassen.[54]

---

[39] Verhandlung vor Staatsanwaltschaft des Kantons Aargau, in Anwesenheit von Herrn Bezirksamtmann Vögeli, Zurzach, in Aarau, Mallaun Karl, 4.2.38, BAR, E 4320(B) 1984/29, Bd. 78, C.12.82.
[40] Verfügung in der Strafsache gegen Ursprung Werner, betreffend Zuwiderhandlung gegen den BB betr. Schutz der Sicherheit der Eidgenossenschaft, 29.10.38, BAR, E 4320(B) 1984/29, Bd. 78, C.12.82.
[41] BA, Abhörungsprotokoll Dr. jur. Werner Ursprung, 2.3.38, BAR, E 4320(B) 1984/29, Bd. 78, C.12.82.
[42] BA an PK AG, 23.5.35; PK AG an BA, 7.7.35, PK AG ND 2.WK, 18305A.
[43] PK AG an BA, 7.7.35, PK AG ND 2.WK, 18305A.
[44] Abhörungsprotokoll, Jöhl Ella, 25.6.47, PK AG ND 2.WK, 18305A.
[45] Abhörungsprotokoll, Frau Jöhl, Konstanz, 2.12.47, PK AG ND 2.WK, 18305A.
[46] BA, Bericht Inspektor Meyer in Sachen Keusch Martin, 7.3.38, BAR, E 4320(B) 1984/29, Bd. 78, C.12.82.
[47] Abhörungsprotokoll, Frau Jöhl, Konstanz, 2.12.47, PK AG ND 2.WK, 18305A.
[48] PK AG an BA, 7.7.35, PK AG ND 2.WK, 18305A.
[49] Verhandlung vor Staatsanwaltschaft des Kantons Aargau, in Anwesenheit von Herrn Bezirksamtmann Vögeli, Zurzach, in Aarau, Mallaun Karl, 4.2.38, BAR, E 4320(B) 1984/29, Bd. 78, C.12.82.
[50] Ebd.
[51] Staatsanwaltschaft des Kantons Aargau an die BA, 7.2.38, BAR, E 4320(B) 1984/29, Bd. 78, C.12.82.
[52] BA, Bericht Inspektor Meyer in Sachen Keusch Martin, 7.3.38, BAR, E 4320(B) 1984/29, Bd. 78, C.12.82.
[53] Abhörungsprotokoll, Jöhl Ella, 25.6.47, PK AG ND 2.WK, 18305A.
[54] PK AG an Bundesanwalt, 31.7.33, PK AG ND 2.WK, 15868.

Keel erklärte der Polizei, er sei ein eifriges Mitglied der sozialistischen Partei und habe sich tatsächlich schon über Hitler und sein Regime in abfälliger Weise geäussert. Diese Äusserungen seien aber alle auf Schweizerboden getan worden, in Deutschland habe er immer den Mund gehalten. Er behauptete, er sei von Mitgliedern der Nationalen Front, Ortsgruppe Zurzach, denunziert worden. Am Tage seiner Verhaftung sah er die Zurzacher Fröntler August Bühler, Messerschmied und Bezirkseichmeister, Louis Messerli, Hilfsarbeiter, und Wilhelm Josef Zandonello in Waldshut. Sie bestritten kategorisch, Keel denunziert zu haben. «Es erweckt aber doch den Anschein, dass die deutschen Nationalsozialisten eine Spitzeltätigkeit auf schweizerischem Gebiet ausüben und schweizerische Frontisten ihnen dabei behilflich sind», stellte die Polizei fest. In Deutschland könne sie sich bei den Behörden kaum noch informieren, «denn die bisherigen deutschen Vertrauensleute sind ausserordentlich zurückhaltend geworden. Sie stehen unter einem derartigen Drucke, dass sie sich kaum zu regen wagen. Es kommt hinzu, dass die Geheime Staatspolizei ihre Agenten überall hat und die eigenen Staatsbeamten in ganz intensiver Weise überwacht.»[55] Im Bericht an die Bundesanwaltschaft hielt das Aargauer Polizeikommando fest: «Keel ist zweifellos durch Mitglieder der nationalen Front, Ortsgruppe Zurzach, denunziert worden, obschon dies in Abrede gestellt wird.»[56]

Vier Tage später wurde Keel angezeigt, weil er von einem deutschen Automobil einen kleinen Hakenkreuzwimpel weggerissen und dabei nicht nur am Wimpel, sondern auch am Fahrzeug Schaden verursacht hatte. Während der Fahrer im Gasthaus zum Rad in Zurzach einkehrte, «führte Keel der ein verhetzter Bursche ist, die Sachbeschädigung aus».[57] «Der Schaden wurde mit 5 Mark bewertet.» Der Wimpel wurde Keel kurz darauf von der Polizei wieder abgenommen «und dem Eigentümer sofort zurückgegeben».[58]

Im April 1935 startete das Polizeikommando in Aarau eine Umfrage über nationalsozialistische Organisationen im Aargau, um Aufschluss über die Anzahl der Mitglieder, illegale Tätigkeiten, Belästigungen deutscher Landsleute und zweckmässige Massnahmen zu erhalten. Baden, wo viele Deutsche arbeiteten, und Brugg meldeten die Existenz von NSDAP-Stützpunkten. Einige Bezirke wie Laufenburg, Rheinfelden und Muri stellten lakonisch fest, dass es solche Organisationen bei ihnen nicht gebe und sich die Beantwortung der Fragen deshalb erübrige. Die ausführlichste Antwort kam aus dem Bezirk Zurzach. Bezirksunteroffizier Baldinger antwortete wesentlich detaillierter als alle anderen. Er bezog als Einziger die schweizerischen Fronten mit ein, weil sie für ihn auf der gleichen Ebene standen wie die deutschen Organisationen, von denen es zu dieser Zeit im Bezirk keine mehr gab. «Wohl hat es aber fast in allen Gemeinden des Bezirks, noch viele Anhänger dieser pol. Richtung in allen Ständen, die Tätigkeit einzelner Mitglieder besteht darin, Zuwachs zur noch in der Schweiz bestehenden Partei zu erhalten, damit man zur Macht komme. [...] Immerhin darf ruhig gesagt werden, dass die angeführte Propaganda, wie auch die Werbetätigkeit für den Nationalsozialismus, auf schweiz. Boden, wenigstens im Bezirk Zurzach, fruchtlos verlaufen ist. Vielmehr ist zu konstatieren, dass die Anhänger dieses Systems in h. Gegend eher ab als zugenommen haben. [...] Betonen muss ich aber, dass die Grenzbewohner dieser Agitation nicht mehr soviel Gehör schenken, seit das System in Deutschland durch einige Zeitungen, aber insbesonders durch einzelne Grenzgänger, näher beleuchet wurde.» Baldinger empfahl eine bessere Überwachung und nötigenfalls Auflösung dieser Organisationen, da sie ihm «staatsfeindlich» erschienen.[59]

Auch wenn der eigentliche Frontenfrühling von relativ kurzer Dauer war und auch Leute wie Baldinger davon überzeugt waren, die Werbung der Fronten sei fruchtlos verlaufen, blieb das Klima in Zurzach angespannt. Immer wieder kam es zum Schlagabtausch zwischen Frontenanhängern und -gegnern, etwa kurz nach dem erwähnten Bericht bei einer Kundgebung am 26. Mai 1935 zur linken Kriseninitiative, die auch von den Bürgerlichen abgelehnt wurde. Die Gewerbetreibenden Bäcker Giger und Weinhändler Grütter bezeichneten die Fronten als hitlerisch und wurden dafür verspottet.[60] Zurzach wurde von der Machtübernahme der Nationalsozialisten in Deutschland besonders stark betroffen. Die Beziehungen über den Rhein waren noch immer vielfältig, es gab zahlreiche wirtschaftliche, verwandtschaftliche und freundschaftliche Bande, Grenzgänger pendelten tagtäglich zwischen hüben und drüben, man kannte sich, verkehrte miteinander.

Die Behörden fürchteten 1933 und 34 allerdings weniger die Fronten als die Linke. Sie wollten kommunistische und sozialistische Kundgebungen an der Grenze verhindern, um Deutschland nicht zu provozieren, und verboten entsprechende Versammlungen. Die Grenzüberwachung wurde verstärkt. Auch von deutscher Seite wurde der Grenzverkehr nun massiv kontrolliert. Eine Ausreise war nur mit Visum, dem so genannten «Sichtvermerk», möglich.

Eine weitere Verhaftung

Am 6. März 1936 wurde im benachbarten deutschen Rheinheim eine weitere Zurzacherin verhaftet, Leonie von Senger-Zuberbühler. Es wurden ihr u. a. Devisenvergehen zur Last gelegt, wobei sich der einvernehmende Zollbeamte auf ein Schriftstück berief, das von dem in Zurzach wohnhaften Gustav Hofer unterzeichnet, von Ursprung ausgestellt und vom Gemeindeschreiber Müller in Zurzach beglaubigt war. Wegen persönlicher Differenzen mit Ursprung hegte auch Frau von Senger den Verdacht, dass ihre Verhaftung auf dessen Denunziation zurückzuführen sei. Sie verklagte ihn und Keusch in einem Schadenersatzprozess, in dem sie behauptete, die beiden hätten sie bei den deutschen Behörden angeschwärzt.[61] In ähnlicher Weise, wie Ursprung bei Mallauns Frau nachgefragt hatte, ob dieser aus Berlin zurückgekommen sei, erkundigte sich Möbelfabrikant Rudolf nach erfolgter Verhaftung der Leonie von Senger bei ihrer Schwester, Antonia Zuberbühler in Zurzach, ob Erstere nach Hause zurückgekehrt sei. Später rief er nochmals an. Als Vorwand diente ihm ein mit Frau von Senger und Frl. Zuberbühler angebahntes Geschäft.[62]

Leonie von Senger war eine Tochter des Fabrikanten Jakob Zuberbühler, der in Zurzach bis zur Weltwirtschaftskrise einen grossen Textilbetrieb besessen hatte, der dann in Konkurs geraten war. «Nach dem Ableben der Eltern – sie besassen ausser der Fabrik ca. 40 Häuser auf denen keinerlei Hypotheken lasteten – musste um das Erbe prozessiert werden. Es ist mir nur noch in Erinnerung, dass wir durch das Eingreifen eines Juden ca. 1 Million verloren. Die Angelegenheit endigte schliesslich mit dem Verlust des Millionenvermögens. Dies war im Jahre 1923.»[63] Leonies Mann, der Architekt Hugo Rudolf, genannt Alexander, von Senger, war schon früh Nationalsozialist. Das Ehepaar war in den Dreissigerjahren Mitglied des Volksbundes und der Polizei «als Freunde der Nationalsozialistischen Deutschen Arbeiterpartei bekannt».[64] Sowohl den Bahnhof St. Gallen, den von Senger erbaute, als auch sein Haus in Zurzach schmückte er mit einem Hakenkreuz.[65] In Reden und Schriften bekämpfte von Senger vor allem die moderne Architektur und insbesondere Le Corbusier als bolschewistisch. Dieses Engagement trug ihm die Sympathien deutscher Nazigrössen ein, die ihn 1933 an die Technische Hochschule in München beriefen. Seine Frau blieb in Zurzach zurück. Wie Mallaun waren auch die von Sengers mit Ursprungs befreundet. Ursprung und von Senger begannen sich in den frühen Dreissigerjahren aber zu streiten, wer von ihnen die richtige nationalsozialistische Idee vertrete und in Zurzach die führende Rolle spiele;

1 Hintereingang zur Wohnung der von Sengers im ehemaligen Kaufhaus. Über dem Spruch «PER CRUCEM AD LUCEM» (Durchs Kreuz zum Licht) ein in Hakenkreuzform gezwängter Adler. Auch das Schwert in einem der Wappen am rechten Türpilaster weist dieselbe Form auf.

---

[55] Festnahme Keel Otto, 1912, Schreiner, in Waldshut, PK AG ND 2.WK, 15868.
[56] PK AG an Bundesanwalt, 31.7.33, PK AG ND 2.WK, 15868.
[57] Polizeistation Zurzach, Einvernahme Keel, 29.7.33, PK AG ND 2.WK, 15868.
[58] Baldinger an Bezirksamt, 24.7.33, PK AG ND 2.WK, 15868.
[59] PK AG an die Bezirksunteroffiziere, 15.4.1935; Baldinger, Zurzach, 18.4.1935, PK AG ND 2.WK, 18489B.
[60] Zurzacher Volksblatt, 25.5. und 29.5., 21.8.1935.
[61] Eidesstattliche Erklärung zu Handen des Bezirksamtes Zurzach und zur gefl. Weiterleitung an die BA, sig. Hermann Albrecht, Tiengen, 10.2.38; Verfügung in der Strafsache gegen Ursprung Werner, betreffend Zuwiderhandlung gegen den BB betr. Schutz der Sicherheit der Eidgenossenschaft, 29.10.38, BAR, E 4320(B) 1984/29, Bd. 78, C.12.82.
[62] Verhandlung vor Staatsanwaltschaft des Kantons Aargau, in Anwesenheit von Herrn Bezirksamtmann Vögeli, Zurzach, in Aarau, Mallaun Karl, 4.2.38, BAR, E 4320(B) 1984/29, Bd. 78, C.12.82.
[63] Einvernahme der Leonie v. Senger durch Polizei-Inspektorat Zürich, Det. Stadtmann, 21.–25.3.1943, BAR, E 4320(B) 1971, Bd. 31, C.2.27.26.
[64] PK Zürich an PK AG, 17.1.38, und Antwort PK AG (Zumbrunn), 3.2.38, PK AG ND 2.WK, 17975.
[65] Zeitungsartikel in: Freiheit, Nr. 30, 6.2.1937, BAR, E 4320(B) 1984/29, Bd. 78, C.12.82.

von Senger nahm für sich in Anspruch, innerhalb der «Bewegung» eine der ersten Personen zu sein. Als er im Oktober 1933 von Ernst Leonhardt aufgefordert wurde, Mitglied des «Volksbundes» zu werden, zögerte er vorerst und teilte ihm mit, «dass der Grund meiner Bedenken Dr. Ursprung sei und dass eine Bewegung, wo ein Dr. Ursprung eine Rolle spielt, mit mathematischer Sicherheit einem unrühmlichen Untergang geweiht sei». Leonhardt teilte die Bedenken, versicherte ihm aber, «Ursprung würde im V.B. mit der Zeit abgebaut werden, er sei zum Teil bereits kaltgestellt». Als von Senger beitrat, veranlasste Ursprung jedoch noch im gleichen Monat den Ausschluss des Architekten. Er beantragte diesen nicht direkt, sondern «indem er seine Kreaturen und Kumpane aus dem Aargau, meistens junge und harmlose Leute, zusammentrommelte, sie wie üblich anlog und gegen mich [von Senger] aufhetzte» mit «Lügen und Verleumdungen». Von Senger verlangte eine Untersuchung und eine «Konfrontation mit den Elementen, die meinen Austritt durchsetzen wollen», und lieferte eine lange Liste von Verfehlungen Ursprungs. «Anfangs August 1932, zur Zeit als er sich mein Freund aufspielte [sic] schickte er der nat.soz.oberbadischen Zeitung einen Artikel, wo er den seit Jahren nat.soz. eingestellten Gemeindeamtmann [sic] Keusch von Zurzach verdreckte und ihn lächerlich machte. Der Artikel wurde nicht abgedruckt, sondern mir zugeschickt. Per Chargé-Brief vom August 1932 kündigte ich Ursprung die Freundschaft und verbat mir jeglichen Verkehr mit ihm.» Major Dr. Keusch sympathisiere wohl seit einem Jahrzehnt mit der Bewegung und bringe auch Opfer dafür, hielt von Senger fest. Ursprungs Tätigkeit lasse sich in die Formel fassen: «Verleumdung, Diskreditierung und Kaltstellung der wirklich senkrechten alten Kämpfer einerseits, rücksichtsvolle Schonung der Todfeinde der Bewegung andererseits. Diese ganz eindeutige Tätigkeit wird durch billige Mätzchen vertarnt, wie Stiftung einer seidenen Hakenkreuzfahne an die SA Tiengen, bezahlte Trinkgelage für die SA und SS, Arrangierung eines Wohltätigkeitsfestes mit Theatersängerinnen für die deutsche Winterhilfe in Tiengen, Intimitäten mit deutschen Ministern, öffentliche Überreichung von Blumenbouquets an deutsche Reichsredner oder Herrn Oberstdivisionär Sonderegger.»[66] Ursprung blieb von Senger nichts schuldig: «Wir verkehrten zunächst auf gutem Fusse miteinander, weil sich unsere Weltanschauungen in verschiedenen Punkten deckten. Insbesondere auf dem Gebiete des Antisemitismus und der Freimaurerfrage. Indessen entpuppte sich dann von Senger immer mehr als Psychopath. Er wurde der Schweiz gegenüber in seinen Ausfällen aggressiv. Er sagte, nur blonde Leute seien vollwertig. Diese sollte man als Zuchtstiere bzw. -stuten staatlich in Zuchtanstalten verwenden und alle Nichtblonden kastrieren. [...] In Deutschland hetzt er ebenfalls furchtbar gegen mich und tischte die tollsten Greuelmärchen auf.»[67]

Als von Senger 1936 seine Ferien in Zurzach verbrachte, teilte er einem Zollbeamten vertraulich mit, er wisse aus zuverlässiger Quelle, dass Ursprung vom deutschen Propagandaminister Dr. Goebbels in Audienz empfangen worden sei. Vor etwa vier Wochen habe zwischen Hitler und Dr. Ursprung eine vertrauliche Besprechung stattgefunden; das genauere Datum und den Ort der Zusammenkunft konnte Herr von Senger nicht angeben. Ob die Besprechungen in Zusammenhang standen mit dem Gustloff-Prozess, in dem Ursprung engagiert war, oder einen anderen Inhalt hatten, wusste von Senger nicht. Die Grenzbeamten in Zurzach hielten die Mitteilung für wahrheitsgetreu, obwohl ihnen bekannt war, «dass letzterer wegen der Gunst, die Dr. Ursprung bei führenden Personen in Deutschland geniesst, erbost ist und die Rache seines früheren Freundes fürchtet».[68] Von Senger behauptete auch, er habe in Deutschland Schriftstücke gelesen, aus denen ersichtlich war, dass Ursprung 1934/35 Vertrauensmann des Deutschen Sicherheitsdienstes gewesen sei. Er sei je-

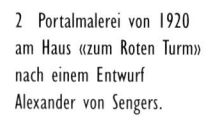

2 Portalmalerei von 1920 am Haus «zum Roten Turm» nach einem Entwurf Alexander von Sengers.

3 Detail aus Abb. 2: ein mittlerweile entferntes, in einer Rosette verstecktes Hakenkreuz.

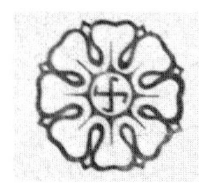

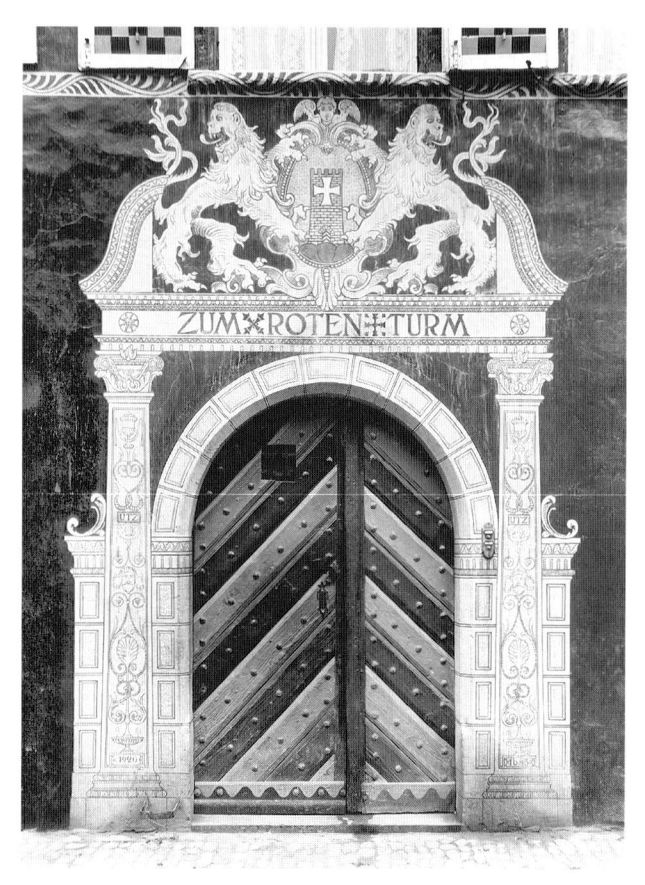

derzeit bereit, diese Aussage vor den Untersuchungsbehörden zu bestätigen.⁶⁹

In München wurde Alexander von Senger per 1. Januar 1938 zum ordentlichen Professor für Baugestaltung in der Geschichte, Denkmalpflege und Bauaufnahme an der Fakultät für Bauwesen der Technischen Hochschule ernannt. Im Kommentar des schweiz. Generalkonsulates zur Ernennung ist eine gewisse Bewunderung zu spüren: «Wenn auch bei der Ernennung des Herrn v. Senger zum Professor seine politische Einstellung in starkem Masse mitgespielt haben dürfte, so scheint doch ausser Zweifel zu stehen, dass er eine künstlerisch begabte und im Berufe durchaus befähigte, aber etwas eigenwillige Persönlichkeit ist.»⁷⁰

Keuschs Rücktritt und Kriegsbeginn

Als ein Krieg immer wahrscheinlicher wurde, nahm man die Vorbereitungen im Grenzort Zurzach sehr ernst. Bereits 1937 und 38 waren, wie überall in der Schweiz, die Alarmsirenen installiert worden. Und schon Mitte April 1939 gab der Gemeinderat bekannt, dass beim Bauamt Sandsäcke bezogen werden könnten und dass einmal pro Monat die Sirene getestet werde. Am 5. Mai 1939 fand in der Turnhalle Zurzach ein Vortrag von Oberleutnant R. Unruh vom Schweizerischen Luftschutzverband statt: «Wie schütze ich mich gegen den Krieg aus der Luft?» Der Kriegsausbruch zeigte, dass all diese Vorbereitungen nicht zwecklos gewesen waren. Die unbeliebten Verdunklungsübungen bekamen plötzlich einen Sinn.⁷¹ Auch zur geistigen Landesverteidigung trug der Flecken bei. Musiklehrer und Komponist Alfred L. Gassmann gestaltete vor und zu Beginn des Krieges populäre Musiksendungen im Radio, in denen Lieder des Jodel-Doppelquartetts «Am Rhy» und Geschichten aus der Region Zurzach zu hören waren: «Wenn amenen Ort, so bruucht's do a der Gränze gueti Eidgenosse, ass mer si im Ärnstfall au cha druuf verloh.»⁷²

Die militärische Abwehrbereitschaft wurde als recht gut beurteilt. Allerdings erwies sich die Gefechtsfähigkeit einzelner Bunker noch vierzehn Tage vor Kriegsausbruch als recht mangelhaft. Gemäss Rapport eines inspizierenden Abschnittskommandanten fehlte in den Maschinengewehr-Bunkern im Raume Zurzach-Rümikon Mitte August 1939 folgendes Material: die Handgranatenwerfer, die Hülsenabfuhrschläuche zu den Maschinengewehren, die Filterbüchsen der Gasmasken, die Instruktionen für die Bedienung der Ventilations- und Wasserversorgungsanlage; für das Schiessen bei Nacht und Nebel fehlten überall Panoramen- und Ansichtsskizzen, Raketenpistolen und Leuchtraketen; es gab keine Telefonverbindung zur Aussenbeobachtung, und bei einzelnen Bunkern fehlten sogar die Panzertüren sowie die Verpflegungsvorräte.⁷³

Anfang Juli 39 fällte das Bezirksgericht Muri die Urteile in der so genannten Spitzelaffäre. Die Vorwürfe gegen Gottfried Rudolf hatten sich wie diejenigen gegen Ursprung nicht erhärten lassen. «Dagegen liegt auf Seiten der Angeschuldigten Keusch & Jöhl ein Vergehen im Sinne des Art. 1 des BB betr. Schutz der Sicherheit der Eidgenossenschaft vor (Versuch bzw. Vorbereitung der Entführung Mallauns). Die Angelegenheit wird jedoch nicht dem Schwurgericht, sondern dem für Zuchtpolizeidelikte zuständigen Bezirksgericht überwiesen», hatte die Bundesanwaltschaft befunden.⁷⁴ Keusch und Ella Jöhl war vorgeworfen worden, sich gegen das Spitzelgesetz vergangen zu haben, indem sie versuchten, den Baumeister und Präsidenten des Aargauischen Baumeisterverbandes, Mallaun, 1936 über die Grenze zu locken, um ihn den deutschen Behörden in die Hände zu spielen. Ella Jöhl erhielt vier Monate Zuchthaus und Landesverweis. Bei Keusch gab es Beweisschwierigkeiten, weil deutsche Zeugen nicht aussagen konnten. Er wurde von der Anklage wegen Zuwiderhandlung gegen das Spitzelgesetz zwar freigesprochen, wegen falscher Anschuldigung, Zuwiderhandlung gegen das Motorfahrzeuggesetz und Vergehens gegen die öffentliche Sittlichkeit aber zu drei Wochen Gefängnis unbedingt verurteilt.⁷⁵ Die «Neue Zürcher Zeitung» schrieb in einem Kommentar: «Wenn es auch nicht gelungen ist, gegenüber Keusch einen lückenlosen Schuldbeweis zu erbringen, so ist es doch gelungen, seinen Charakter und seine Gesinnung aufzuweisen: Mangel an Schweizerart [...]»⁷⁶

---

⁶⁶ Beschwerde von A. von Senger an Ernst Leonhardt, Landesleiter des «Volksbunds», z. H. des Untersuchungs- und Schlichtungsausschusses (der NSDAP), Basel, 4.12.33, PK AG ND 2.WK, 17975.

⁶⁷ BA, Abhörungsprotokoll Dr. jur. Werner Ursprung, 3.3.38, BAR, E 4320(B) 1984/29, Bd. 78, C.12.82.

⁶⁸ Direktion des II. Schweiz. Zollkreises, Direktor Schaad, an Oberzolldirektion: Dr. Ursprung, Zurzach, Verkehr mit Nationalsozialisten in Deutschland, 15.9.36, BAR, E 4320(B) 1984/29, Bd. 78, C.12.82.

⁶⁹ Verhandlung vor Staatsanwaltschaft des Kantons Aargau, in Anwesenheit von Herrn Bezirksamtmann Vögeli, Zurzach, in Aarau, Mallaun Karl, 4.2.38, BAR, E 4320(B) 1984/29, Bd. 78, C.12.82.

⁷⁰ Schweiz. Generalkonsulat München an das Eidg. Politische Departement, 27.4.38, BAR, E 4320(B) 1971, Bd. 31, C.2.27.26.

⁷¹ GAZ 1833: Luftschutzakten, 1934–1941, I., II.

⁷² ALFRED L. GASSMANN, Poetisch Alt-Zurzach, o. O., o. J., S. 2.

⁷³ GAUTSCHI, Geschichte, S. 354.

⁷⁴ Schreiben der Bundesanwaltschaft, BAR, E 4320(B) 1984/29, Bd. 78, C.12.82.

⁷⁵ NZZ, 3.7.1939.

Keusch war als Behördenmitglied untragbar geworden, hielten viele Zeitungen fest. Wegen der Affäre mit «viel Schmutz» hatte ihn auch die Offiziersgesellschaft Zurzach ausgeschlossen.[77] Keusch musste als Gemeindeammann zurücktreten.

Die Kriegsjahre brachten für die gesamte Bevölkerung Angst und Unsicherheit, für viele auch wirtschaftliche und existenzielle Probleme. Die Versorgung musste wie überall eingeschränkt und rationiert werden. Immer wieder erliessen die Behörden Aufrufe, Vorräte anzulegen.[78] Fleischlose Tage wurden eingeführt. Im November 1941 dementierten die Metzger das Gerücht, dass ein dritter fleischloser Tag pro Woche vorgesehen sei, was einige Aufregung verursacht hatte.[79] Die schwierige Situation förderte aber auch die Solidarität. In der Schuhfabrik Zurzach AG etwa verzichteten sämtliche Mitarbeiter auf zwei Prozent ihres Lohnes; die Firma verdoppelte die Summe. Damit wurde ermöglicht, dass die verheirateten und die unterstützungspflichtigen ledigen Soldaten während ihres Dienstes rund 60 Prozent ihres bisherigen Verdienstes erhielten, die übrigen Soldaten etwa 20–25 Prozent.[80] Im «Roten Haus» des Elektrikers Schmid errichtete die Sektion Zurzach des Schweizerischen Gemeinnützigen Frauenvereins eine Soldatenstube, um den militärischen Alltag etwas zu erleichtern.[81]

Die Grenze war mit wenigen Ausnahmen nicht geschlossen, auch während des Krieges herrschte an den Übergängen ein reges Treiben. Es machte den Behörden etwelche Sorgen, dieses einigermassen zu kontrollieren. Als Grenzort zog der Flecken zudem allerlei Leute an, die von der speziellen Situation profitieren wollten und auf die eine oder andere Weise ihr Glück zu machen versuchten. Grenzorgane und Polizei hatten sich mit einer Vielzahl von kleinen Gaunern, Glücksrittern und Verehrern Deutschlands zu beschäftigen, die sich verdächtig machten oder wegen des einen oder anderen Vergehens vor dem Richter verantworten mussten. Zudem versuchten immer wieder Flüchtlinge, sich über den Rhein in die Schweiz zu retten. Viele bezahlten ihren Fluchtversuch mit dem Leben.[82]

Mitte Oktober 1939 verfügte das Armeekommando, gestützt auf die Verordnung über die Wahrung der Sicherheit des Landes vom 22.9.39, gegen den Oberstleutnant a. D. und gew. (gewesenen) Gemeindeammann Keusch eine Ausreisesperre. Der Pass wurde von der Polizei eingezogen, auch der kleine Grenzverkehr verboten.[83] Dass aber noch immer erhebliche Sympathien für die Frontisten und insbesondere für Keusch vorhanden waren, zeigten 1940 die Ersatzwahlen für den Gemeinderat. Der Wahl ging ein erbitterter und giftiger Wahlkampf voraus. Ein Artikelschreiber in der «Botschaft» etwa wurde als «Ausbund von einem Menschen» bezeichnet. Eine Flut von Flugblättern, die für Keusch Propaganda machten, überschwemmte die Gemeinde. Sozialdemokraten und Freisinnige schlugen als Nachfolger Keuschs gemeinsam Leo Fürrer, Buchdrucker und Herausgeber des «Zurzacher Volksblattes», vor. Auch die Konservativen hatten nichts gegen diese Nomination und beschlossen Stimmfreigabe. Im ersten Wahlgang erzielte jedoch kein Kandidat das absolute Mehr. Fürrer kam auf 172, Keusch, der eigentlich demissioniert hatte, auf 119 Stimmen. Ein Artikel sprach von einem Kesseltreiben gegen Fürrer. Die Wahlen in Zurzach erregten auch ausserhalb des Ortes einiges Aufsehen. Immerhin ging es in einer für die Schweiz heiklen Kriegssituation darum, ob ein bekannter Freund Deutschlands wiedergewählt wurde oder nicht. Ein Döttinger bemerkte in einem Brief an Zumbrunn, der «Flecken» mit seinen vielen blinden Stimmbürgern werde immer mehr zu einem «Klecks».[84] Ob Zurzach schon «nazistisch» sei, wollte jemand wissen. Der Bestürzung folgten Appelle zur Einigkeit. Die Konservativen unterstützten im zweiten Wahlgang offiziell Fürrer, der mit 239 Stimmen knapp gewählt wurde, Keusch erhielt mit 226 Stimmen aber praktisch gleich viel Unterstützung.[85]

Am 1. April 1940 trat Keusch seine dreiwöchige Gefängnisstrafe an. Kaum wurde er aus dem Gefängnis entlassen, zeichnete die Abteilung Presse & Funkspruch des Armeestabes ein Telefongespräch zwischen ihm und Ursprung auf. Ihm sei heute von der Heerespolizei verboten worden, mit dem Auto «auf Praxis zu gehen», teilte Keusch mit. Er dürfe nirgends durchfahren, wo gesperrte Strassen seien. Seine Praxis sei damit erledigt. Ursprung riet ihm, mit Eugen Bircher[86] oder Fürsprech Abt zu reden. Keusch war sich offenbar bewusst, dass das Telefon abgehört werden könnte («die Chaibe können zuhören oder nicht»). Ursprung beruhigte ihn: «Dir tut doch niemand etwas», und versprach, mit Abt zu sprechen.[87] Rund zwei Wochen später teilte Keusch Ursprung erregt mit, er müsse sein Dienstbüchlein einsenden und werde offenbar aus der Armee entlassen, da er zahlungsunfähig und vorbestraft sei.[88] Im Oktober 1940 lehnte das Polizeikommando eine Aufhebung der Ausreisesperre Keuschs ab, auch das Verbot des kleinen Grenzverkehrs und der Benutzung von für den zivilen Autoverkehr gesperrten Strassen blieb bestehen. Es handle sich um eine militärische, vom Spionageabwehrdienst der Armee veranlasste Angelegenheit, in der zivile Behörden nichts tun könnten. Zuständig sei das Territorialkommando 5. Wenn Keusch sein Gesuch «mit zweideutigen Anspielungen und versteckten Drohungen» garniere, wie das beim vorliegenden der Fall sei, werde er nichts erreichen.[89]

Um Ursprung wurde es ruhiger. Am 2. August 1940 telefonierte er mit einer Zürcher Nummer und sprach mit einer Schauspielerin, die nach Nürnberg fahren wollte. Ursprung trug ihr auf, sie solle dem Gutmann in Tiengen herzliche Grüsse von ihm schreiben, aber erst jenseits der Grenze. Er hoffe, dass es bald losgehe gegen England. Er sei schon über ein Jahr nicht mehr draussen gewesen. «Das will was heissen, besonders für Dich», bemerkte die Schauspielerin.[90] Genau ein Jahr später teilte das Polizeikommando der Bundesanwaltschaft mit, dass «der bekannte Fröntler und Nationalsozialist Dr. Werner Ursprung» am Tag zuvor im Alter von 48 Jahren nach längerer Krankheit gestorben sei.[91] Ursprung könne «somit auf der Liste der Vaterlandsfeinde gestrichen werden», freute sich die Polizeistation Zurzach.[92] Die deutsche Zeitung «Alb Bote» vermeldete am 13. August 1941 den Tod des als «alter Freund unserer engeren Heimat überall bekannte[n] Dr. Ursprung, […] ein unerschrockener Freund des neuen Deutschlands, was ihm in seiner Schweizer Heimat manches Unangenehme eintrug. […] Ehre seinem Andenken».[93]

Die Deutsche Kolonie in Zurzach

Zurzach gehörte zu den Gemeinden im Aargau, die eine beträchtliche Deutsche Kolonie hatten. Nach der Machtübernahme der Nationalsozialisten wurden diese Kolonien nach und nach straff organisiert und dienten in der Folge einerseits als Auslandswerbemittel für das nationalsozialistische Deutschland, andererseits als Kontrollorgan für eine möglichst lückenlose Erfassung der Deutschen und ihrer politischen Einstellung. In Zurzach wurde die Kolonie offenbar erst spät organisiert. Die Polizei meldete im Juli 1941 eine Versammlung von ca. 140–150 Deutschen zur «Neugründung der Gemeinschaft Zurzach und Umgebung der Deutschen Kolonie in der Schweiz». Diese Formulierung lässt die Vermutung zu, dass es schon früher eine ähnliche Organisation gegeben habe. Über eine solche findet sich allerdings in den Akten des Nachrichtendienstes der Aargauer Polizei nichts. An dieser Versammlung wurden alle Deutschen aufgefordert, der Gemeinschaft beizutreten. Wer nicht beitrete, riskiere, dass seine Papiere nicht verlängert würden. Zum Gemeinschaftsleiter der Deutschen Kolonie für den Bezirk Zurzach war Robert Wanner, Geschäftsleiter der Firma Spiesshofer & Braun, ernannt worden.[94] In der Leitung der Deutschen Kolonie sassen neben ihm Rudolf Hawranek, ein Schuhmodelleur, als Aktuar, der Kaufmann Adolf Roder als Kassier sowie die Hilfsarbeiter Otto Utz und Franz Baschnagel als Einzüger, alle in Zurzach wohnhaft.[95] Wichtigster Spender der Deutschen Kolonie in Zurzach war Spiesshofer, der regelmässig grössere Beträge überwies. Kleinere freiwillige Beiträge auf das Konto der Reichsdeutschen Gemeinschaft kamen von ansässigen Deutschen.[96] Die Kolonie traf sich, um sich Ansprachen von bekannten Deutschen aus der Region oder von Gästen aus Deutschland anzuhören, veranstaltete Filmvorführungen mit Spiel- und Propagandafilmen oder feierte Kameradschaftstreffen sowie spezifisch deutsche Feste und führte Ausflüge durch.

Der Bundesrat hatte am 9. Juli 1940 beschlossen, politische Versammlungen überwachen zu lassen. Alle öffentlichen und geschlossenen Veranstaltungen bedurften der Genehmigung, konnten bei Gefahr für Sicherheit und Neutralität verboten werden und wurden einer polizeilichen Kontrolle unterworfen. In Zurzach holte Wanner jeweils die notwendige Bewilligung ein.[97] In den Akten des Aargauer Polizeikommandos befinden sich daher die jeweiligen Anträge der Kolonie und die Berichte der überwachenden Polizisten, die meist zu zweit oder zu dritt in Zivil anwesend waren. Die Aufgabe der Polizei war eine mehrfache. Einerseits wollte sie wissen, was lief und wer auftrat, andererseits war zu verhindern, dass Schweizer an den Veranstaltungen teilnahmen (was verboten war).

---

[76] NZZ, 6.6.1939.
[77] Zurzacher Volksblatt, 27.1.1940.
[78] Zurzacher Volksblatt, 29.1.1940.
[79] Zurzacher Volksblatt, 15.11.1941.
[80] Zurzacher Volksblatt, 7.11.1939.
[81] Zurzacher Volksblatt, 9.9.1939.
[82] Vgl. auch: Gedenkschrift Grenz-Regiment 50, S. 74–76.
[83] Verfügung Armeekommando, 14.10.39, und Meldung Polizei, 17.10.39, PK AG ND 2.WK, 18305A.
[84] Brief an Zumbrunn, 6.2.40, PK AG ND 2.WK, 18305A.
[85] Zurzacher Volksblatt 13.1., 15.1., 24.1. und 29.1.1940.
[86] Eugen Bircher, Nationalrat BGB, Divisionär, Gründer der Schweiz. Vaterländischen Vereinigung und des Aargauischen Vaterländischen Verbandes.
[87] 4.5.40, PK AG ND 2.WK, 17984.
[88] Armeestab, Abt. Presse & Funkspruch, Telefonat Ursprung – Keusch, 21.5.40, PK AG ND 2.WK, 17984.
[89] PK AG, 2.10.40, PK AG ND 2.WK, 18305A.
[90] Armeestab, Abt. Presse & Funkspruch, 2.8.40, PK AG ND 2.WK, 17984.
[91] PK AG an BA, 7.8.41, PK AG ND 2.WK, 17984.
[92] Polizeistation Zurzach an PK AG, 8.8.41, PK AG ND 2.WK, 17984.
[93] PK AG ND 2.WK, 17984.
[94] Überwachungsbericht des Bezirksunteroffiziers an PK AG, 15.7.41, PK AG ND 2.WK, 24917B.
[95] Zurzach an PK AG, 21.11.42, PK AG ND 2.WK, 24917B.
[96] Quittungen, PK AG ND 2.WK, 14109.
[97] Zumbrunn an Bezirksunteroffiziere, 4.9.40, PK AG ND 2.WK, 23959.

Und schliesslich ging es ihr auch darum, Unruhen oder Störungen der Veranstaltungen z. B. durch antifaschistische Schweizer zu verhindern, um Ärger mit Deutschland zu vermeiden.[98] Während Schweizern die Teilnahme untersagt war, durften Italiener die Veranstaltungen besuchen; in einigen Fällen, z. B. bei Filmvorführungen, machten sie bis zu zwei Drittel des Publikums aus.[99]

Kameradschaftstreffen und deutsche Feste enthielten als wesentliche Elemente in der Regel eine Rede, die häufig von Wanner gehalten wurde, und das Absingen von Liedern wie «Deutschland, Deutschland über alles» und das «Horst-Wessel-Lied», schliesslich Sieg-Heil-Rufe.[100] Bisweilen kam es zu «gehässigen Ausführungen», etwa als ein aus Berlin angereister SS-Oberführer namens Zerf eine scharfe Attacke gegen die Auslandspresse ritt.[101] Die Polizisten vermerkten aber nicht nur solche Ausfälle, sondern notierten durchaus auch Positives, etwa wenn Wanner über den Tag der «Nationalen Arbeit» und den «Muttertag» sprach, «und zwar in nicht anstössiger Weise».[102] An der Weihnachtsfeier 1942 stellte der Berichterstatter etwas überrascht fest, dass sich im Saal «nebst der Deutschen auch die Schweizerflagge» befand.[103]

Die Veranstaltungen fanden 1941 immer im Hotel Solbad Ochsen statt. Im März 1942 stellte Wanner der Polizeidirektion den Antrag, eine Versammlung im «Kaufhaus» in Zurzach abhalten zu dürfen. Da dieses aber ein Privathaus war, wurde der Antrag abgelehnt, weil hier eine polizeiliche Überwachung nicht möglich war.[104] Im Juni beantragte die Gemeinschaft Zurzach der Deutschen Kolonie in der Schweiz aber dennoch die Einrichtung einer Geschäftsstelle. Und zwar eben im «Kaufhaus». Dieses war im Besitze der Erben Zuberbühler und wurde von Frau Leonie von Senger-Zuberbühler, Frau Alice Mathilde Zuberbühler und diversen Mietern bewohnt. Das Polizeikommando beantragte eine Ablehnung des Gesuches, konnte sich damit aber nicht durchsetzen. Es gab trotz Bedenken keine Möglichkeit, die Einrichtung einer Geschäftsstelle zu verhindern.[105] Im September konnte Wanner rund 40 Personen zur ersten Versammlung im neuen «Deutschen Heim, Zurzach» begrüssen, rügte aber zugleich den schlechten Besuch der Veranstaltungen.[106] Drei Monate später informierte er das Polizeikommando über die regelmässigen Zusammenkünfte.[107] Doch drei Veranstaltungen pro Woche waren der Polizei zu viel, so viele könnten nicht überwacht werden, beschwerte sie sich bei der Polizeidirektion. «Oder ist es so gemeint, dass die Schweizer Behörden und die Polizei bereits als Sklaven der Deutschen Kolonie gelten, dass sie also nur noch ja und amen zu sagen haben, wenn die Gemeinschaftsleiter Zusammenkünfte bestimmen?», fragte das Kommando verärgert.[108]

1941 hatten an den meisten Veranstaltungen der Deutschen Kolonie zwischen 80 und 120 Personen teilgenommen. 1942 und 1943 sank die Zahl kontinuierlich. Es gehe um Sein oder Nichtsein, erklärte Wanner und zeigte damit einen langsam einsetzenden Stimmungswandel an. 1943 wurden die Anwesenden aufgerufen, die Deutschen im Ausland müssten jetzt alles zum Sieg beitragen. Wer abkömmlich sei, solle ins Reich zurückkehren, um in der Rüstungsindustrie zu arbeiten, appellierte die Leiterin der Frauenschaft in Zurzach, Frau Hawranek, an die Frauen.[109] Und die Frauen sollten mehr Kinder bekommen, forderte Wanner in der Muttertagsansprache 1943.[110] An der Weihnachtsfeier 1943 nahmen gerade noch 30 Erwachsene und 35 Kinder teil. Mit der Feier zum 55. Geburtstag des Führers am 20. April 1944 enden die Akteneintragungen zur Deutschen Kolonie in Zurzach. Sie bestand aber offensichtlich weiter. Per 31.12.1944 meldete sie einen Mitgliederbestand von 104 Personen an das Deutsche Konsulat in Bern.[111]

Die Leiter der Deutschen Kolonien waren die Verbindungsleute zum Konsulat. Sie reichten Anträge für Passverlängerungen ein, lieferten Leumundsberichte und informierten über alle Vorgänge in der Deutschen Kolonie. Das Konsulat holte bei der Erneuerung von Dokumenten und anderen Anträgen systematisch die Beurteilung der Kolonieleiter ein. Für Zurzach und Umgebung tat es dies bei Wanner. Das betraf schweizerische und deutsche Staatsangehörige. «Deutschen, die politisch nicht einwandfrei sind, werden die Papiere prinzipiell nicht erneuert. Diesen Leuten bleibt dann nur noch die Rückwanderung übrig. Hievon sind in letzter Zeit hauptsächlich Dienstboten betroffen worden», beobachtete der Polizist, der die Post kontrollierte.[112] Auch in Telefongesprächen machte Wanner dem Konsulat Mitteilung, welche Leute aus Zurzach und Umgebung Befehlen nicht nachgekommen seien. Das Konsulat holte bei ihm zudem Informationen ein über Firmen aus der Region oder aus der Branche, in der er selbst tätig war.[113] Es kamen auch Meldungen über Gefallene.[114] Ab 1942 häuften sich die Fälle, in denen Deutsche dem Einberufungsbefehl nicht nachkamen. Auch in Zurzach weigerten sich Einzelne einzurücken. Gegen sie wurde jeweils ein Verfahren zur Aberkennung der deutschen Staatsangehörigkeit eingeleitet.[115]

Es gab, wie dies auch die Postkontrolle des Deutschen Konsulates zeigte, Deutsche, die sich gegen den Nationalsozialismus wehrten und sich weigerten, in dessen Organisationen mitzumachen. 1941 setzte sich in Zurzach Polizist Baldinger für Coiffeurmeister Friedrich Watter ein. Dieser solle angeblich «auf dem verschlossenen Namensverzeichnis der Nationalsozialisten, die bei einem eventl. Kriegsausbruch sofort verhaftet werden», figurieren. Bekanntlich liege dieses Verzeichnis auf «hiesigem Bez. Polizeiposten» auf. Watter, der in Zurzach ein Geschäft besass, sei ein alter, gedienter deutscher Unteroffizier, aber mit Bestimmtheit kein Anhänger des gegenwärtigen deutschen Regimes. Nach Baldingers Meinung gehörte er aus dem Verzeichnis gestrichen. Dass er kein Nazi sei, zeige sich immer deutlicher. Er trete ganz öffentlich gegen das System auf und habe dadurch seinem Geschäft schon stark geschadet. Baldinger fühlte sich veranlasst, «Ihnen dies zur gefl. weitern gutfindender Verfügung zu rapportieren».[116] Auch Watter, seit 1903 niedergelassen, wurde «angerempelt», der Deutschen Kolonie beizutreten. Wanner kam zu ihm, um ihn und seinen Sohn zu überzeugen. Letzterer erklärte, er werde sich in der Schweiz einkaufen. Watter wollte ebenfalls nicht mitmachen. Wanner sagte ihm dann wörtlich, er «komme nicht als Privatmann zu mir, sondern als Beamter», worauf Watter erwiderte, er solle zuerst einmal Dienst leisten für das Vaterland. Wanner drohte, bei einem Nein werde Watter innert acht Tagen ausgebürgert. «Diese Worte erzürnten mich derart, dass ich diesem Agenten an den Kopf schleuderte, wenn es zu einer Ausbürgerung nicht mehr brauche als soviel, so sei es mir gleich, heute schon ausgebürgert zu werden und nicht erst in acht Tagen.» Wanner betitelte den Coiffeurmeister mit «Hallunke» und drohte mit Prügeln. «Ich stellte aber sofort meinen Mann und sagte, er solle nur eines Hauen, dann werde er mich erfahren. Zu einer Rauferei kam es aber nicht.»[117] Friedrich Watter jun. wurde mit Ehefrau und zwei Kindern 1942 in Zurzach eingebürgert.

Kriegsende und Nachkriegszeit

Gegen Ende des Krieges stieg die Gefahr, bombardiert zu werden. In der Zeit ab Neujahr 1945 kam es mehrmals zu Fliegeralarm in Zurzach. Einmal schlug eine verirrte Fliegerbombe gegenüber der Schuhfabrik im Rheinbord ein und liess eine Reihe von Scheiben in die Brüche gehen. Im Februar 45 wurde Koblenz bombardiert. Die Zurzacher befürchteten, dass dem Flecken Ähnliches passieren könnte. Als die französischen Truppen dem Rhein entlang vorrückten, wechselten viele deutsche Soldaten in die Schweiz über. Und im Fluss schwammen massenhaft Hakenkreuzfahnen und nationalsozialistische Embleme, die man noch schnell loswerden wollte.[118]

Mit dem Kriegsende waren die Auseinandersetzungen nicht vorbei. Manch offene Rechnung war nun zu begleichen. Als die Behörden darangingen, unerwünschte Ausländer auszuweisen, gerieten auch verschiedene Deutsche aus Zurzach auf die Listen. Einige wurden ausgewiesen, die meisten kamen mit der Androhung der Ausweisung davon. Am 8. Mai 1945 (!) wurde Robert Wanners Haus durchsucht. Eine Woche vorher, am 1. Mai, hatte der Bundesrat beschlossen, die NSDAP Landesgruppe Schweiz und die ihr angeschlossenen Organisationen aufzulösen. Die Polizei beschlagnahmte u. a. Mitgliederverzeichnisse, Kassenjournal und Korrespondenz.[119] Wanner erklärte,

---

[98] Zumbrunn an Zurzach, 9.7.41; vgl. auch Bericht zum Erntedankfest vom 8.10.41, PK AG ND 2.WK, 24917B.

[99] Berichte der Polizei vom 31.7.41 und 20.9.41, PK AG ND 2.WK, 24917B.

[100] Kameradschaftstreffen 7.9.41, Bericht vom 8.9.41; Weihnachtsfeier 26.12.41, Bericht vom 27.12.41, PK AG ND 2.WK, 24917B.

[101] Bericht zum Erntedankfest vom 8.10.41, 11.10.41, PK AG ND 2.WK, 24917B.

[102] Versammlung 10.5.42, Bericht vom gleichen Tag, PK AG ND 2.WK, 24917B.

[103] Weihnachtsfeier 20.12.42, Bericht 21.12.42, PK AG ND 2.WK, 24917B.

[104] Polizeidirektion an Polizeiposten Zurzach, Wanner, 10.4.42, PK AG ND 2.WK, 24917B.

[105] Schreiben der BA an den Chef des eidg. Polizeidienstes in Bern, 11.7.42, Schreiben der Polizeidirektion an Bezirksamt Zurzach, 7.8.42, PK AG ND 2.WK, 24917B.

[106] Bericht der Versammlung vom 18.9.42, PK AG ND 2.WK, 24917B.

[107] Wanner an PK AG, 6.12.42, PK AG ND 2.WK, 24917B.

[108] KP AG an Polizeidirektion, 10.12.42, PK AG ND 2.WK, 24917B.

[109] Weihnachtsfeier 20.12.42, Bericht vom 21.12.; Jahrestag der nationalsoz. Machtübernahme, 30.1.43; Bericht von der Versammlung vom 13.2.43; Bericht von der Frauenschaft der Reichsdeutschen Gemeinschaft, 7.3.43; Berichte der Versammlungen vom 7.3., 14.3. und 4.5.43, PK AG ND 2.WK, 24917B.

[110] Bericht zur Versammlung vom 16.5.43, PK AG ND 2.WK, 24917B.

[111] Berichte von den Versammlungen vom 9.1., 30.1., 27.2., 18.3. und 20.4.44, PK AG ND 2.WK, 24917B; Postkontrolle Fritz Osthoff, Deutsches Konsulat, Bern, PK AG ND 2.WK, 1421.

[112] Vgl. Notiz 26.8.42, Akten zum Deutschen Konsulat in Basel, PK AG ND 2.WK, 651.

[113] Armee, Abt. Presse & Funkspruch, Sektion Telephon und Telegraph, Abschrift Gespräch Konsulat mit Wanner, 12.5.43; vgl. auch Notiz 27.2.42, PK AG ND 2.WK, 651.

[114] Postkontrolle Fritz Osthoff, Deutsches Konsulat, Bern, PK AG ND 2.WK, 1421.

[115] Notiz Postkontrolle gegen Deutsches Konsulat Basel, 27.7.42; Notiz 9.2.43, Akten zum Deutschen Konsulat in Basel, PK AG ND 2.WK, 651.

[116] Rapport Zurzach, Baldinger, an PK AG, 3.3.41, PK AG ND 2.WK, 24596.

[117] Polizeiposten Zurzach gegen Wanner Robert, betreffend staatsfeindliche Umtriebe, Entzug der Niederlassungsbewilligung als Ausländer, Polizeistation Zurzach, als Zeuge einvernommen: Watter Friedrich, 27.8.41, PK AG ND 2.WK, 24596.

[118] Zurzacher Volksblatt, 3.1. und 17.2.1945; Im Rückspiegel, S. 157; Gedenkschrift Grenz-Regiment 50, S. 80–86.

[119] Bericht Zurzach, 8.5.45, PK AG ND 2.WK, 24917.

die Leitung der Deutschen Kolonie gegen seinen Willen auf Anordnung Spiesshofers übernommen zu haben. Es habe in Zurzach keine selbstständige NSDAP-Organisation gegeben, diese sei Brugg und Baden unterstellt gewesen. Die Deutsche Kolonie sei keine Gliederung der NSDAP. Wanner selbst war Mitglied der NSDAP, wie eine Karteikarte zeigte, was er aber dennoch abstritt.[120]

Am Antrag der Bundesanwaltschaft, Wanner aus der Schweiz auszuweisen, wurde festgehalten; er habe Druck auf Deutsche ausgeübt und für das Deutsche Konsulat Erkundungen über schweizerische Firmen eingeholt.[121] Der Ausweisungsbeschluss führte in Zurzach zu einer heftigen Kontroverse. «Arbeiter und Angestellte der Fa. Spiesshofer und Braun, Zurzach» machten sich im «Zurzacher Volksblatt» und in einer Eingabe an den Gemeinderat für Robert Wanner stark und lobten seine Leistungen als Vorgesetzter. Vor zwölf Jahren sei der Betrieb mit 16 Näherinnen aufgenommen worden, während der Belegschafts-Höchstbestand 210 Personen betragen habe. Gute Löhne, unübertroffene Teuerungszulagen, Extra-Herbstzulage, Weihnachtsgratifikation, bezahlte Ferien bis zu zwölf Arbeitstagen, arbeitsfreier 1. Mai und 1. August und gute Arbeitsbedingungen seien das Verdienst des Mannes, über den nun «gewissenlose Hetzer» herziehen würden. Demgegenüber rief ein weiterer Einsender das Benehmen Wanners gegenüber «verhassten Schweizerbürgern» während der Blütezeit des Nazitums in Erinnerung und sprach von Erpressung gegenüber deutschen Landsleuten, die sich nicht den Nazis anschliessen wollten. Eine ganze Reihe von weiteren Artikeln folgten.[122]

Der Gemeinderat unter Gemeindeammann Fürrer sah die Anwesenheit von Wanner als nicht mehr notwendig an. Polizeichef Zumbrunn fügte hinzu, die Bevölkerung warte «mit Ungeduld auf seine Ausreise».[123] In einem Telegramm nach Bern forderte er rasches Handeln, da Wanner mit allen Mitteln versuche, die laufenden Unterhandlungen auf Übernahme der Firma Spiesshofer & Braun durch eine schweizerische Leitung zu sabotieren; «er streut auch ueberall aus, der betrieb werde nach seiner ausreise eingestellt, wodurch dem geschaeft schaden erwachsen kann». Sein Gesuch habe aufschiebende Wirkung und müsse daher sofort behandelt werden.[124] Eine Woche später lehnte der Bundesrat Wanners Wiedererwägungsgesuch ab. Am 10. August 1945 verliess der Fabrikleiter mit seiner Familie Zurzach. «[...] nun endlich abgereist. Recht so!», frohlockte das «Aargauer Tagblatt».[125]

Bis zum 11. Juni 1945 mussten 294 Personen die Schweiz verlassen, darunter 16 aus dem Aargau. Der aargauische Regierungsrat und die Fremdenpolizei verfügten die Ausweisung von weiteren 31 Personen. Unter den Ausgewiesenen befand sich aus Zurzach neben Wanner auch das Ehepaar Hawranek.[126] Ermittelt wurde auch gegen Spiesshofer, gegen den 1944 eine Einreisesperre verhängt worden war. Nach dem Krieg wurde die Sperre mehrmals aufgehoben und wieder in Kraft gesetzt, je nachdem, was die polizeilichen und gerichtlichen Abklärungen gerade zutage gebracht hatten.[127] Im Februar 1946 schrieb das Polizeikommando an die Polizeidirektion, man wisse, dass Spiesshofer nicht Mitglied der NSDAP gewesen sei. Er habe es seinem Teilnehmer Braun überlassen, der Partei beizutreten und der Firma so das Wohlwollen der Parteiinstanzen zu sichern. Spiesshofer solle den Betrieb an schweizerische Interessenten verkaufen, schlug das Polizeikommando vor. Er habe aber einmal geäussert, «dass eher alles verrecken soll als die Fabrik in Zurzach in schweizerische Hände zu geben». Obwohl auch der Regierungsrat eine Übernahme des Betriebes durch Schweizer als wünschenswert erachtete, da Spiesshofer auf der schwarzen Liste der Alliierten stehe, befürwortete er dessen Anwesenheit in Zurzach und stellte beim EJPD einen entsprechenden Antrag. Im März 1946 wurde die Einreisesperre aufgehoben.[128] Der Gemeinderat von Zurzach setzte sich ebenfalls für Spiesshofer ein. Dieser sei nun auch im Stadtrat von Heubach und gehöre derjenigen Kommission an, die im Auftrag der Amerikaner über die Nazizugehörigkeit der Gemeindeangehörigen entscheiden müsse. Das seien Beweise, dass er nie ein Nazi gewesen sei.[129] Die Spruchkammer Schwäbisch Gmünd allerdings verurteilte Spiesshofer am 14.1.1947 als «Minderbelasteten» zu einem Jahr Sonderarbeiten und zog einen Viertel seines Vermögens (2,2 Mio. Reichsmark) wegen Agententätigkeit für die Gestapo ein. Unter anderem hatten zwei ehemalige Mitglieder der Gestapo erklärt, nur wer Agent sei, erhalte diese Art der Ausreisebewilligung. Spiesshofer konnte ab 1940 ausreisen, ohne dass vorher die Einwilligung der Gestapo eingeholt werden musste. Laut Zeugenaussagen war dies ein einmaliger Vorgang im Kreis Schwäbisch Gmünd.[130] Damit war das Verfahren aber nicht abgeschlossen. Im Berufungsprozess wurde Spiesshofer freigesprochen, das erste Verfahren sei nicht korrekt durchgeführt worden, die Beweislage ungenügend, ein Teil der Aussagen unglaubwürdig. Die Prozesse waren geprägt von der sich verändernden politischen Lage. Immer mehr rückte der Kalte Krieg in den Vordergrund. Je länger die Verfahren dauerten, desto stärker konnten die Angeklagten auf milde Richter hoffen, denn nun musste Deutschland gegen den Kommunismus verteidigt werden. 1950 bat Spiesshofer das schweizerische Konsulat in Stuttgart um Aufhebung der Einreisesperre, was im Februar 1951 auch erfolgte.[131]

Robert Wanner vollzog eine überraschende Wende. Im Juni 1952 sagte er in Gomaringen, Württemberg, eidesstattlich aus, er sei im Herbst 1942 von der Gestapo angefragt worden, ob er für sie arbeiten wolle. Er habe abgelehnt. Einige Zeit später habe ihm Spiesshofer an seine Adresse in Dangstetten über Waldshut umfassende Auftragsmaterialien geschickt für Spionage in der Schweiz: technische Daten von Waffen, Informationen über Befestigungsanlagen, Zusammenkünfte von ausländischen Diplomaten und anderes. Wanner habe diese Unterlagen Frau Babette Teufel im Gasthaus zum Adler in Dangstetten zur Aufbewahrung übergeben. Als die Alliierten anrückten, habe er seine Frau geschickt, die Dokumente zu verbrennen, da diese sonst zur Anklage gegen ihn und Spiesshofer geführt hätten. Wanners Frau bestätigte diese Angaben.[132] Doch am 20. Dezember 1952 starb Paul Spiesshofer, die eingeleitete Untersuchung wurde eingestellt.[133]

Drei Jahre nach dem Kriege gelang Martin Keusch ein Comeback,[134] das etliches Aufsehen erregte. Im Frühjahr 1948 wurde er neuerdings zum Gemeindeammann gewählt – gegen die Koalition der grossen Parteien. Vergeblich war in die Flugblättern auf Keuschs unrühmliche Taten aufmerksam gemacht worden.[135] Die Wahl charakterisiere «die typische politische Anschauung gewisser hiesiger Bevölkerungsschichten», hielt Polizist Hofmann in seinem Bericht fest. Etwas seltsam war allerdings, dass Keusch jetzt als Linker eingestuft wurde: «Nach dieser Wahl darf die politische ‹Weiche› von Zurzach als offiziell linksgerichtet betrachtet werden, der alle Aufmerksamkeit geschenkt werden muss.»[136] Diese Formulierung zeigt (neben einer Portion politischer Naivität des Polizisten) einerseits, dass die Zeit des Zweiten Weltkrieges dem Kalten Krieg gewichen war und die Gefahr jetzt von links, nicht mehr von rechts zu kommen hatte; andererseits belegt sie aber in der Tat, dass die schillernde Figur Keusch auch in Arbeiterkreisen Unterstützung gefunden hatte, zumeist in solchen, die sich seit der Krise der Dreissigerjahre von den Linken und Gewerkschaften nicht mehr vertreten sahen und ihre Hoffnung auf andere «Erneuerer» setzten. Der populistische Keusch verstand es, seine nationalsozialistische Haltung und seine engen Beziehungen zu Deutschland rhetorisch so zu verzieren, dass seine Botschaft auch für die Arbeiter akzeptabel war. Sein Comeback war möglich geworden, weil der bisherige Gemeindeammann überstürzt und ohne Nachfolgeregelung zurückgetreten war. Die bürgerlichen Gemeinderäte lehnten es ab, für das Amt des Ammanns zu kandidieren. Keusch musste bei der Wahl gegen den Sozialdemokraten Jakob Schläpfer antreten, der als Verlegenheitskandidat galt. Zwar unterstützten offiziell auch die Katholisch-konservative und die Freisinnig-demokratische Partei den SP-Kandidaten. In Wirklichkeit hatte dieser aber nicht einmal den Rückhalt seiner eigenen Partei. Das zeigen die am gleichen Tag durchgeführten Ständeratswahlen. Der dort kandidierende SP-Vertreter erhielt in Zurzach mehr Stimmen als Schläpfer in der Ammannwahl.[137] Die Meldung von der Wahl Keuschs löste denn auch in der ganzen Schweiz Kopfschütteln aus. Die «Nation» sprach in ihrer «Pranger»-Kolumne vom unkeuschen Keusch und von der «politischen Unreife» der Zurzacher. Als Erklärung sah sie die Möglichkeiten, dass andere Kandidaten noch weniger fä-

---

[120] Abhörungsprotokoll Wanner, Zurzach, 8.5.45, PK AG ND 2.WK, 24917.
[121] Ausweisungsantrag an die BA z. H. des Bundesrates, 17.5.45, PK AG ND 2.WK, 24917.
[122] Zurzacher Volksblatt, 2.6., 4.6. 6.6. und 9.6.1945; Schreiben von Angestellten und Arbeitern der Firma Spiesshofer an den Gemeinderat, 4.6.45, PK AG ND 2.WK, 24917.
[123] Schreiben von Zumbrunn an die Polizeidirektion, 5.7.45, PK AG ND 2.WK, 24917.
[124] Telegramm Zumbrunns, 13.7.45, PK AG ND 2.WK, 24917.
[125] Auszug aus dem Protokoll, Sitzung des Schweiz. Bundesrates, 20.7.45; Erklärung PK AG, sig. Wanner, 24.7.45, und Bericht Zurzach, 10.8.45, PK AG ND 2.WK, 24917; Aargauer Tagblatt, 27.8.1945.
[126] Zurzacher Volksblatt, 9.6., 11.6. und 19.9.1945.
[127] Brief PK AG an Polizeidirektion, 11.12.45; Bericht Wo., Zürich, 6.11.45; Personenblatt Spiesshofer Paul Alfred des Aarg. Polizeikommandos, PK AG ND 2.WK, 14109.
[128] Auszug aus dem Protokoll des RR: Einreisebewilligung Spiesshofer, 15.2.46; Meldung von Wo., 22.3.46, PK AG ND 2.WK, 14109.
[129] Schreiben von Gemeinderat Zurzach an Landammann Dr. Siegrist, Aarau, 22.3.46, PK AG ND 2.WK, 14109.
[130] Spruchkammer Schwäbisch Gmünd, Aktenzeichen XIV/12/1201, 14.1.47, PK AG ND 2.WK, 14109.
[131] Spiesshofer an schweiz. Konsulat in Stuttgart, 4.9.50; PK AG an BA, 12.2.51; BA an Gemeinderat Zurzach, 20.2.51; Personenblatt Spiesshofer Paul Alfred des Aarg. Polizeikommandos, PK AG ND 2.WK, 14109.
[132] Aussage Wanners in Gomaringen, Württemberg, 21.6.52, PK AG ND 2.WK, 14109.
[133] Dass ein deutscher, in der Schweiz tätiger Unternehmer gleichzeitig politischer Handlanger war, war übrigens kein Einzelfall, wie eine sehr ähnliche Geschichte aus einer Nachbargemeinde zeigt. Dort allerdings war es den schweizerischen Behörden gelungen, den Fabrikbesitzer zu überführen und zu verurteilen. Seltsamerweise wurde dieses Urteil aus Rücksicht auf die betreffende Person aber nie veröffentlicht. Als diese später eingebürgert wurde, war die Karteikarte auf dem Polizeiposten «frei von jeder belastenden Eintragung».
[134] Zum Comeback von M. Keusch vgl. GAUTSCHI, Geschichte, S. 494 f.
[135] Polizeistation Zurzach an PK AG, Gemeinderatsersatzwahlen in Zurzach vom 21./22.2.48, 22.2.48, PK AG ND 2.WK, 18305A.
[136] Ebd.

hig seien oder aber die Zurzacher «jeder politischen Reife und demokratischen Gesinnung» entbehren würden. «Auf jeden Fall wäre eine politische Entmündigung am Platze.» Keusch blieb bis 1957 Gemeindeammann.

[137] Aargauer Tagblatt, 15.3.1948.
Vorabdruck dieses Kapitels unter dem Titel: Zwischen den Fronten. Alltagsdynamik in einer schweizerischen Grenzgemeinde am Rhein (1933–1945), in: Schweizerisches Archiv für Volkskunde 96, 2000, S. 55–89.

Zurzach 1950 bis 1980: Der Wandel einer Industriegemeinde[1]

CHRISTIAN HANSER

Die demographische Entwicklung

Die Bevölkerungsentwicklung im Überblick

Eine Analyse der Bevölkerungsentwicklung lässt erkennen, dass in der Gemeinde Zurzach im Zeitraum von 1950 bis 1980 drei unterschiedliche Entwicklungsstadien auseinander zu halten sind (vgl. Abb. 1). Die frühen Fünfzigerjahre waren durch Stagnation geprägt. Ab 1955 folgte dann eine mehr als zehn Jahre andauernde Periode mit regelmässiger Bevölkerungszunahme. Die Zuwachsraten beliefen sich während jener Jahre auf durchschnittlich 1,5 %. Schliesslich sind – nach einem Höchststand im Jahre 1969 – wieder leicht rückläufige Tendenzen zu beobachten. Bis zum Jahre 1980 erfolgte eine Bevölkerungsabnahme von insgesamt knapp 7 %. Dieser Entwicklungsverlauf mit den vergleichsweise deutlichen Trendwechseln ist recht ungewöhnlich. Er zeigt, dass sich in Zurzach in rascher Abfolge markante entwicklungsfördernde und -hemmende Impulse bemerkbar machten. Bereits an dieser Stelle sind die weit reichenden Einflüsse des Wandels von der Industriegemeinde zum Badekurort recht deutlich zu erkennen.

---

[1] Die für diesen Artikel benötigten Daten wurden grösstenteils entnommen aus: HANSER, Auswirkungen.

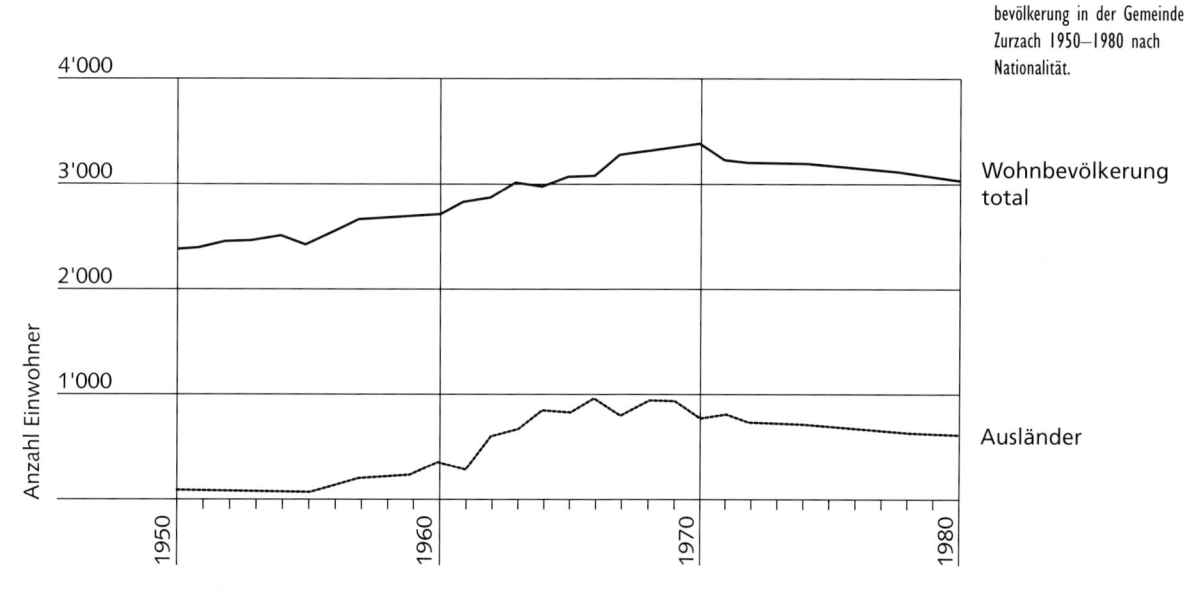

1 Entwicklung der Wohnbevölkerung in der Gemeinde Zurzach 1950–1980 nach Nationalität.

Quelle: Angaben der Gemeindeverwaltung Zurzach

Tab. 1 Bevölkerungs-
entwicklung 1950–1980.

	1950	1960	1970	1980	in %
Kanton Aargau	300'782	360'940	433'284	453'442	51
Bezirk Zurzach	17'577	19'576	23'425	25'127	42
Subregion Aaretal	8'667	10'370	13'397	14'309	65
Subregion Surbtal	3'374	3'424	3'777	4'611	37
Subregion Rheintal	5'536	5'782	6'251	6'207	12
Gemeinde Zurzach	2'401	2'694	3'098	3'068	28

Quelle: BfS; Volkszählungen 1950, 1960, 1970, 1980

Tabelle 1 ist als wichtigster Befund zu entnehmen, dass die Wohnbevölkerung der Gemeinde Zurzach 1950 bis 1980 um insgesamt 28 % oder 667 Personen zugenommen hat. Zurzach weist damit in dieser Periode die günstigste Bevölkerungsentwicklung aller Gemeinden der peripher gelegenen Subregion Rheintal auf.[2] Gleichzeitig wird allerdings auch ersichtlich, dass die Wachstumsraten von Gemeinde und Subregion Zurzach deutlich hinter den Werten der Subregionen Aaretal und Surbtal zurückbleiben.[3] Auch das kantonale Mittel wird bei weitem nicht erreicht. Diese Zahlen belegen, dass der allgemeine Aufschwung der Sechziger- und frühen Siebzigerjahre in der Gemeinde Zurzach trotz touristischer Entwicklung nicht besonders gross war.

Eine differenziertere Betrachtung der demographischen Entwicklung zeigt, dass die Bevölkerungsschwankungen der Gemeinde Zurzach – sowohl die Zunahmen der Fünfziger- und Sechzigerjahre als auch die Abnahmen der Siebzigerjahre – vor allem auf Veränderungen des Ausländerbestandes zurückzuführen sind (vgl. Abb. 1). Dies äussert sich u. a. in starken Veränderungen der Bevölkerungsstruktur. Im Jahre 1950 war der prozentuale Ausländeranteil im Vergleich zu später noch recht bescheiden (6,5 %). Er lag indessen schon damals ähnlich wie in andern Industriegemeinden – deutlich über dem kantonalen Durchschnitt (3,6 %). Hochkonjunktur und ausgetrocknete Arbeitsmärkte bewirkten im Laufe der Fünfziger- und Sechzigerjahre auch in Zurzach einen massiven Ausländerzuzug. Die Ausländerquote schnellte bis auf 26,7 % (1970) empor. Solche Spitzenwerte erreichten zu jenem Zeitpunkt im Kanton Aargau lediglich einige wenige stark industrialisierte Gemeinden wie z. B. Birr, Dottikon oder Baden.[4] Nach 1970 wurde der Ausländeranteil parallel zur Gesamtbevölkerung wieder etwas kleiner; er bewegt sich indessen nach wie vor auf überdurchschnittlichem Niveau (1980: 21,1 %). Integrationsprobleme und soziokulturelle Spannungen sind trotz der Grenzlage nicht ganz auszuschliessen.[5]

Tab. 2 Wanderungsbilanz
der Gemeinde Zurzach
1965–1970.

Zwischen 1955 und 1968 entstanden rund 300 neue Arbeitsplätze, die wegen des damals akuten Arbeitskräftemangels nur durch Ausländer besetzt werden konnten. Umgekehrt lässt sich statistisch ebenfalls nachweisen, dass Ausländer von der Ende der Sechzigerjahre einsetzenden rückläufigen Entwicklung in der Industrie am stärksten betroffen waren.[6] Industrielle Arbeitsplatzverluste und die in jenen Jahren wirksam werdenden Ausländerbeschlüsse des Bundes sind zweifellos die wichtigsten Ursachen für die seither schrumpfenden Ausländerzahlen.

Zuwanderung von Ausländern und Wegwanderung von Schweizern

Abbildung 1 kann ebenfalls entnommen werden, dass die Schweizer Wohnbevölkerung der Gemeinde Zurzach zwischen 1950 und 1980 keinen grösseren Schwankungen unterworfen war. Sie blieb über den gesamten Beobachtungszeitraum hinweg mehr oder weniger konstant.[7] Im Falle der Gemeinde Zurzach ist eine solche stagnierende Entwicklung damit zu erklären, dass die Geburtenüberschüsse schon seit Beginn der Fünfzigerjahre durch einen kontinuierlichen – aber von der Öffentlichkeit kaum wahrgenommenen – Abwanderungsprozess jeweils kompensiert wurden.[8] Zur Dokumentation dieses Sachverhalts wurde die Wanderungsbilanz der Gemeinde Zurzach für die Periode von 1965 bis 1970 zusammengestellt (vgl. Tab. 2). Es wird ersichtlich, dass während dieser Zeit 531 Schweizer aus Zurzach wegzogen. Dies entspricht rund einem Viertel der damaligen Wohnbevölkerung schweizerischer Nationalität. In derselben Periode waren 377 Schweizer Zuwanderer zu registrieren. Daraus resultiert ein negativer Saldo von –154 Personen. Bei den Ausländern liegen gegenteilige Verhältnisse vor. Die Zahl der Zuwanderer ist grösser als diejenige der Wegwanderer: der Wanderungssaldo ist somit positiv (+181 Personen). Da der Zuwanderungsüberschuss der Ausländer den Wegwanderungsverlust der Schweizer übertrifft, ergibt sich schliesslich ein positiver Wanderungssaldo von 27 Personen. Der Abwanderungsüberschuss der Schweizer

	Zuwanderer	Wegwanderer*	Wanderungssaldo
Schweizer	377	531	–154
Ausländer	327	146	181
Total	704	677	27

Quellen: BfS; Wanderungsstatistik (unveröffentlicht); Volkszählung 1970 (Wanderungsstatistik; unpubliziert)
* Aus statistischen Gründen sind lediglich die Inlandwegwanderer erfasst.

Wohnbevölkerung wird durch überdurchschnittliche Ausländerzuzüge überdeckt.⁹

Die Abwanderungsbereitschaft ist nicht bei allen Bevölkerungsschichten gleichermassen vorhanden. Zur Abwanderung aus ländlichen, wirtschaftlich eher schwachen und peripheren Regionen neigen vor allem jüngere, initiativere und bildungsfreudigere Personen, die ihre Wünsche nach sozialem Aufstieg oder beruflicher Karriere in den attraktiven und vielseitigen Arbeitsmärkten der grossen Agglomerationen weit besser befriedigen können.¹⁰ Der für die Übernahme wichtiger wirtschaftlicher, politischer und kultureller Funktionen besonders geeignete Nachwuchs zieht in der Regel beim Eintritt ins Erwerbsleben weg.

Schliesslich bewirken solche altersselektiven Migrationsströme¹¹ auch Veränderungen der Altersstrukturen in den Ziel- und Wegzugsgebieten. Junge, gut durchmischte und dynamische Bevölkerungsstrukturen sind für Zuwanderungsregionen typisch. In den Wegzugsgebieten zeigen sich hingegen die klassischen Überalterungsphänomene in immer deutlicherer Ausprägung. Diesbezüglich macht auch die Gemeinde Zurzach keine Ausnahme. Ein Vergleich mit der Altersstruktur des Kantons Aargau zeigt, dass beispielsweise die Altersgruppen der 20- bis 29-jährigen und 30- bis 39-jährigen Schweizer in der Gemeinde Zurzach um rund 30 % unter den kantonalen Durchschnittswerten liegen (1970) (vgl. Abb. 2). Dagegen ist der Anteil der schweizerischen Wohnbevölkerung in den Altersklassen über 50 Jahren in der Gemeinde Zurzach um ca. 25 % grösser als im Kanton Aargau insgesamt (1970).

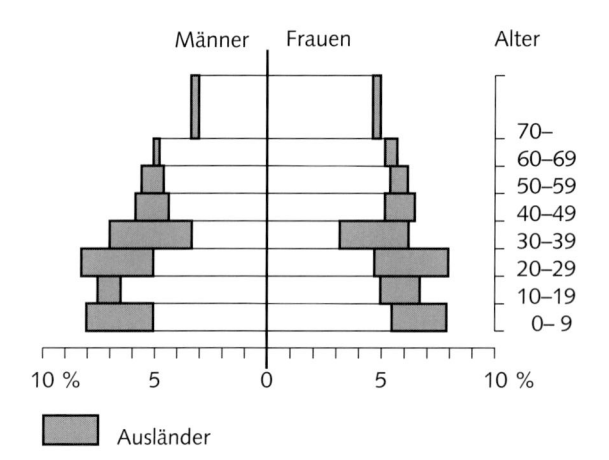

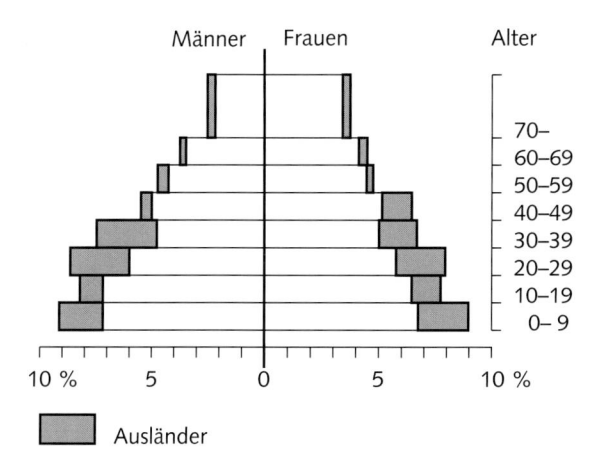

2 Altersstruktur 1970.

---

² Die Planungsregion Zurzach und Umgebung umfasst sämtliche Gemeinden des gleichnamigen Bezirks und zusätzlich die Gemeinde Würenlingen. Sie stellt aus raumwirtschaftlicher Sicht keine funktionale Einheit dar und wird deshalb in die drei Subregionen Aaretal, Surbtal und Rheintal gegliedert. Zur Subregion Rheintal gehören die Gemeinden Baldingen, Böbikon, Fisibach, Kaiserstuhl, Mellikon, Rekingen, Rietheim, Rümikon, Siglistorf, Wislikofen und Zurzach. Vgl. hierzu REPLA, Wirtschaftsbericht 1967/68.
Mehr als die Hälfte aller Gemeinden der Subregion Rheintal verzeichnete zwischen 1950 und 1980 ein negatives Bevölkerungswachstum.
³ In der Subregion Aaretal ist das weit überdurchschnittliche Bevölkerungswachstum in erster Linie auf den Aufbau der Nuklearindustrie zurückzuführen. In der Subregion Surbtal macht sich hingegen der Einfluss der Agglomeration Zürich immer stärker bemerkbar. Verschiedene Gemeinden gehören hier bereits zum weiteren Wohnumfeld der Stadt Zürich.
⁴ Bericht der Aargauischen Handelskammer an den Aargauischen Handels- und Industrieverein über das Jahr 1973, Aarau 1974, S. 55–57.
⁵ Im Rechenschaftsbericht 1958 bis 1965, S. 5, wird in diesem Zusammenhang der Ausdruck «Fremdarbeiterproblem» verwendet.
⁶ Der Industriestatistik ist zu entnehmen, dass der Fremdarbeiterbestand in der Industrie zwischen 1967 und 1973 um 46 % abgenommen hat. Die Beschäftigungsverluste der schweizerischen Arbeitnehmer betragen in derselben Periode hingegen lediglich 41 %.
⁷ Die entsprechenden Zahlen lauten:
1950: 2'245 Schweizer
1960: 2'331 Schweizer
1970: 2'271 Schweizer
1980: 2'422 Schweizer
Quelle: BfS; Volkszählungen 1950, 1960, 1970, 1980.
⁸ Auf diese Abwanderungsprozesse wird z. B. auch im REPLA, Wirtschaftsbericht 1967/68, S. 70, hingewiesen.
⁹ Gleich lautende Befunde ergeben sich auch in den 70er-Jahren. So ergibt sich für das Jahr 1973 z. B. folgende Wanderungsbilanz:

	Zuzüge	Wegzüge	Saldo
Schweizer	149	151	−2
Ausländer	151	138	+13
Total	300	289	+11

Quelle: Stat. Amt des Kantons Aargau, Bevölkerungsbewegung 1973, S. 36.
¹⁰ Man spricht in diesem Zusammenhang auch von selektiver Mobilitätsbereitschaft. Gründe und Folgen selektiver Mobilität werden detailliert beschrieben in HANS PETER GATZWEILER, Zur Selektivität interregionaler Wanderungen, Bonn-Bad Godesberg 1975 (Forschungen zur Raumentwicklung, 1).

Migrationsprozesse und -motive

In Bezug auf die Wohnattraktivität ist festzuhalten, dass in der Gemeinde Zurzach eine moderne und vollständig ausgebaute Infrastruktur zur Verfügung steht. Im Vergleich zu anderen Gemeinden derselben Grössenordnung sind insbesondere die Angebote in den Bereichen Erziehung, Bildung und Kultur als vielfältig und vorteilhaft zu bezeichnen. Als Bezirkshauptort und Regionalzentrum[12] ist Zurzach auch Standort verschiedener zentraler Dienste und Angebote. Nicht zuletzt dank der Entwicklung zum Bade- und Kurort ist auch eine überraschend vielseitige Freizeitinfrastruktur in den Bereichen Sport und Erholung vorhanden. Schliesslich wird die Wohnattraktivität auch durch einen im regionalen und kantonalen Vergleich niedrigen Steuerfuss günstig beeinflusst. All diese Faktoren deuten in dieselbe Richtung: Es ist wenig wahrscheinlich, dass die Abwanderung im Falle der Gemeinde Zurzach auf mangelnde Wohnattraktivität zurückzuführen ist.

Die relativ grossen Anteile an jugendlichen Wegzügern lassen hingegen darauf schliessen, dass Arbeitsmarktfaktoren bei der Abwanderung eine gewisse Rolle spielen. Dem scheint zunächst die Tatsache zu widersprechen, dass sich die quantitative Arbeitsmarktbilanz der Gemeinde Zurzach über die gesamte Untersuchungsperiode recht vorteilhaft präsentiert. Ausdruck der zahlenmässig günstigen Arbeitsmarktverhältnisse ist beispielsweise der jederzeit stark positive Pendlersaldo (vgl. Tab. 3).[13]

Dieser Befund lässt mit aller Deutlichkeit erkennen, dass nicht ein genereller Mangel an Arbeitsplätzen für die Abwanderung verantwortlich sein kann. Wenn trotz namhafter industrieller Arbeitsplatzzunahmen (zwischen 1950 und 1965) Abwanderungsphänomene vorliegen, so muss dies in erster Linie damit erklärt werden, dass Angebot und Nachfrage des Zurzacher Arbeitsmarktes nicht optimal aufeinander abgestimmt sind.[14] Es ergibt sich die Vermutung, dass die damals entstandenen Arbeitsplätze aus qualitativen Gründen von den lokalen Arbeitsnachfragern nicht akzeptiert wurden.

Die in den Fünfziger- und Sechzigerjahren entstandenen Arbeitsplätze in der Industrie wurden zu einem sehr hohen Prozentsatz durch Ausländer besetzt. Unter Berücksichtigung des damals weitgehend ausgetrockneten Arbeitsmarktes deutet dies darauf hin, dass vorwiegend anspruchslose Arbeitsplätze geschaffen wurden, die ohne weiteres auch mit Hilfskräften besetzt werden konnten. Solche industriellen Hilfs- und Routinearbeiten sind indessen nicht nur vom Arbeitsablauf her relativ eintönig, sondern oft auch mit körperlicher Anstrengung verbunden, häufig Immissionen ausgesetzt und meistens relativ schlecht entlöhnt. Mit zunehmendem Bildungsbewusstsein entsprachen solche Arbeitsplätze je länger desto weniger der Nachfrage junger einheimischer Arbeitnehmer. Ein grosser Teil der jungen Berufsleute gab der Alternative der Abwanderung den Vorzug. Betriebe mit geringen Anforderungen an die Qualifikation der Beschäftigten haben in der Regel aber auch einen geringen Bedarf an beruflichem Nachwuchs. Das Lehrstellenangebot ist entsprechend klein. Ein grosser Teil der Schulabgänger sah sich deshalb gezwungen, eine auswärtige Lehrstelle anzutreten.[15] Wenn die Lehrlinge zunächst auch noch zu Hause wohnen und zu ihrer Lehrstelle pendeln, so ist ihre Wegzugsbereitschaft nach Beendigung der Lehre doch ganz besonders hoch. Es ist daher kaum damit zu rechnen, dass für die auswärts erworbenen Qualifikationen auf dem einheimischen Arbeitsmarkt eine grössere Nachfrage besteht.

Ende der Sechzigerjahre zeichneten sich auf dem Zurzacher Arbeitsmarkt tief greifende Veränderungen ab. Die Industrie verlor einen beträchtlichen Anteil ihrer Arbeitsplätze. Zahlreiche Ausländer, die zu Beginn des Jahrzehnts nach Zurzach gekommen waren, mussten mangels anderweitiger Beschäftigung wegziehen. Dass Zurzach zu jener Zeit nicht ganz massiv an Bevölkerung verlor, ist in erster Linie dem aufstrebenden Fremdenverkehr zu verdanken. Genau in jenen Jahren wurde nämlich erstmals auch in diesem Sektor eine grössere Zahl an Arbeitsplätzen geschaffen (Rheumazentrum, verschiedene Hotelbauten etc.). Die weiter anhaltende Abwanderung lässt sich so interpretieren, dass auch diese Arbeitsplätze zunächst nur in geringem Umfang mit lokalen Arbeitskräften besetzt werden konnten. Die Ursache liegt zum Teil auch hier bei der Qualität der Arbeitsplätze. Entscheidender scheint jedoch, dass

Tab. 3 Entwicklung der Arbeitsmarktbilanz der Gemeinde Zurzach 1950–1980.

1950	1960	1970	1980	1950	1960	1970	1980
				(Index: 1950 = 100)			
In der Gemeinde wohnhafte Erwerbspersonen							
1'128	1'258	1'600	1'536	100	112	142	136
Wegpendler							
68	127	287	439	100	187	422	646
Zupendler							
572	552	547	721	100	97	96	126
Pendlersaldo							
504	425	260	282	100	84	52	56
In der Gemeinde arbeitende Personen							
1'632	1'683	1'860	1'818	100	103	114	111

Quellen: BfS; Volkszählungen 1950, 1960, 1970, 1980; eigene Berechnungen

zahlreiche Arbeitskräfte mit speziellen Qualifikationen gesucht wurden, die auf dem lokalen Arbeitsmarkt nicht zur Verfügung standen.

Die präsentierten Zahlen und Argumente belegen, dass Arbeitsmarktfaktoren bei der Wegwanderung junger Zurzacher eine nicht zu unterschätzende Rolle spielten. Gleichzeitig wurde deutlich, dass nicht quantitative, sondern qualitative Arbeitsmarktdefizite abwanderungsfördernd wirkten. Noch wichtiger als diese qualitativen Arbeitsmarktdefizite scheinen in Zurzach die zeitweilig akuten Engpässe auf dem Wohnungsmarkt.[16] Vor allem in den Sechziger- und frühen Siebzigerjahren war die diesbezügliche Lage durch einen Mangel an familienfreundlichen Mehrzimmerwohnungen und überdurchschnittliche Mietpreise gekennzeichnet.[17] Dies hatte zur Folge, dass zahlreiche Jugendliche und jüngere Ehepaare bei der Gründung eines eigenen Haushaltes in einer andern Gemeinde nach einer Wohnung Umschau halten mussten und schliesslich fortzogen. Gleichzeitig hat der chronische Wohnungsmangel auch manchen potenziellen Zuzüger veranlasst, in einer andern Gemeinde Wohnsitz zu nehmen. Dies war namentlich zu Beginn der Siebzigerjahre der Fall, als in den Kur- und Thermalbadbetrieben eine grössere Zahl an Arbeitsplätzen entstand. In jener Zeit konnten einige Nachbargemeinden ganz erheblich vom Zuzug guter Steuerzahler mit Arbeitsplatz in Zurzach profitieren (z. B. Rietheim). Die geringe Zahl an Schweizer Zuzügern trug ebenfalls nicht unwesentlich zur ungünstigen Bevölkerungsentwicklung der Gemeinde Zurzach bei.

Wenn wir uns fragen, welche Gründe zu diesem Engpass im Wohnsektor führten, muss an erster Stelle die durch die Erbohrung der Thermalquelle ausgelöste Bodenspekulation erwähnt werden. Explosionsartig ansteigende Bodenpreise und Baulandhortung liessen den Zurzacher Bodenmarkt innert kurzer Zeit beinahe völlig austrocknen. Lange Zeit waren lediglich einige kleinere Baulandparzellen zu stark überhöhten Spekulationspreisen erhältlich.[18] Die schnell ansteigenden Mietpreise waren aber nicht nur eine Folge der Vorgänge auf dem Grundstücksmarkt, sondern müssen auch im Zusammenhang mit dem stark zunehmenden Ausländerzustrom gesehen werden. Die Ausländer waren zwar zum Teil in betriebseigenen Fremdarbeiterheimen untergebracht.[19] Sie beanspruchten dennoch insbesondere in den Altwohnungen der Fleckenzone ein beachtliches Wohnungspotenzial der niedrigeren Preisklassen. Durch die ertragssteigernde Einzelzimmer-Vermietung ganzer Häuser wurde das Wohnungsangebot zusätzlich verknappt. Das Mietpreisniveau wurde vorab in den billigeren Kategorien empfindlich nach oben gedrückt.

Die Lage auf dem Wohnungsmarkt begann sich erst Mitte der Siebzigerjahre wieder zu verbessern. Die spärlichen Wohnbauprojekte, die in der Folge realisiert wurden, reichten jedoch nicht aus, um der Bevölkerungsentwicklung spürbare Impulse zu vermitteln. Gleichzeitig ist in die-

---

[11] Eine diesbezügliche Analyse zeigt, dass 48 % aller Wegwanderer aus der Gemeinde Zurzach ein Alter von weniger als 25 Jahren aufweisen (Quelle: Bfs; Volkszählung 1970; Wanderungsstatistik).
Es ist in diesem Zusammenhang insbesondere auf den enorm hohen Anteil der 20- bis 25-jährigen Wegwanderer hinzuweisen (21 %), Personen also, die unmittelbar vor ihrem Eintritt ins Erwerbsleben stehen. Dies mag darauf hindeuten, dass der Wanderungsentscheid bei dieser Gruppe mit der Wahl des Arbeitsplatzes gekoppelt ist.

[12] Für die Planungsregion Zurzach und Umgebung waren im Sinne arbeitsteiliger Spezialisierung zwei verschiedene Regionalzentren vorgesehen. In Zurzach wären vor allem die öffentlichen Dienste (Verwaltung, Bildung etc.) sowie die Bereiche Erholung, Sport und Kultur zusammenzufassen, während in Klingnau/Döttingen der eigentliche wirtschaftliche Schwerpunkt der Region zu bilden wäre. Zentrumsuntersuchung, Brugg 1972.

[13] In diesem Zusammenhang muss zusätzlich beachtet werden, dass die Grenzgänger aus statistischen Gründen nicht mitgezählt werden können. Würden die Grenzgänger mit einbezogen, so dürfte sich der jeweilige Zupendlerüberschuss noch deutlich erhöhen. Nach Schätzung des Arbeitgeberverbandes des Bezirkes Zurzach arbeiteten in den frühen 70er-Jahren mindestens 200 Grenzgänger in Zurzach. (Quelle: Die Botschaft vom 12. Oktober 1974).
Die Schweizer Zupendler wohnen in erster Linie in der Subregion Rheintal. Der räumliche Einzugsbereich der Zupendler lässt den Schluss zu, dass der Bezirkshauptort Zurzach gleichzeitig als Arbeitsmarktzentrum von zumindest subregionaler Bedeutung bezeichnet werden kann. Die Wegpendler – auch das ist typisch für ein kleinräumiges Arbeitsmarktzentrum – haben ihren Arbeitsplatz hauptsächlich in den übergeordneten Zentren Baden und Zürich.

[14] Der Begriff der Arbeitsplatzqualität ist in diesem Kontext relativ weit gefasst und erstreckt sich neben der Entlöhnung insbesondere auch auf Dimensionen wie die Qualifikationsstruktur, die Aufstiegs- und Weiterbildungsmöglichkeiten sowie die Persistenzchancen.

[15] Auf das ungenügende Lehrstellenangebot der Subregion Rheintal und die starke Anziehungskraft ausserregionaler Industrien (BBC, Baden) wird z. B. auch im REPLA, Wirtschaftsbericht 1967/68, S. 20, hingewiesen.

[16] Dieser Aspekt wird auch von der REPLA in den Vordergrund gestellt. Vgl. hierzu Wirtschaftsbericht 1967/68, S. 20.

[17] Eine detaillierte Darstellung der Entwicklungen im Zurzacher Wohnungsbau liegt vor in HANSER, Auswirkungen, S. 73–77.

[18] Konkrete Beispiele für die im Anschluss an die Erbohrung der Thermalquelle einsetzende Spekulationswelle sind angeführt in HANSER, Auswirkungen, S. 84.

[19] Fremdarbeiterheime wurden namentlich von der Firma Triumph International Spiesshofer & Braun sowie den Schuhfabriken Odermatt und Co. AG zur Verfügung gestellt. Die Schweizerische Sodafabrik AG hat zudem bereits früher das so genannte Sodaquartier erbauen lassen. Diese Firmen haben wesentlich zur Bewältigung des Fremdarbeiterproblems beigetragen. Vgl. hierzu z. B. den Rechenschaftsbericht 1958 bis 1965, S. 4–6.

sem Zusammenhang ist allerdings auch festzuhalten, dass der in den Sechzigerjahren vorhandene Bevölkerungsdruck später weitgehend wieder entfiel.

Die wirtschaftliche Entwicklung

Die Veränderungen der Sektoralstruktur im Überblick

Die Sektoralstruktur der Gemeinde Zurzach wies Mitte der Fünfzigerjahre das für den Kanton Aargau typische Bild auf (vgl. Tab. 4). Eine dominierende Stellung nahm der sekundäre Wirtschaftssektor ein (82 %). Der Dienstleistungssektor war deutlich schwächer vertreten und beschäftigte lediglich einen Sechstel aller Vollerwerbstätigen (16 %). Die Landwirtschaft war von der Zahl der Arbeitsplätze her schon damals von geringer Bedeutung (2 %). Aufgrund des überragenden Anteils der Arbeitsplätze im sekundären Sektor wurde der Kanton Aargau oft als Industriekanton bezeichnet.[20] Analog wäre auch das Zurzach der Fünfzigerjahre als Industriegemeinde anzusprechen. Der für die stürmische Entwicklung der Nachkriegsjahre charakteristische wirtschaftliche Strukturwandel ist auch im Kanton Aargau und noch ausgeprägter in der Gemeinde Zurzach zu beobachten. Er ergibt sich aus dem Zusammenspiel folgender Phänomene:

- Die Arbeitsplätze im primären Sektor nehmen weiter stark ab. In der Landwirtschaft reduziert sich deren Zahl zwischen 1955 und 1975 nochmals um rund die Hälfte.
- Industrie und Gewerbe verzeichnen zwischen 1955 und 1965 einen weiteren Beschäftigungszuwachs, verlieren aber gleichzeitig an relativer Bedeutung, weil der Dienstleistungssektor noch schneller expandiert. Zwischen 1965 und 1975 verliert der sekundäre Sektor sowohl an relativer als auch an absoluter Bedeutung.
- Der Dienstleistungssektor vermag sich zwischen 1955 und 1975 am stärksten auszuweiten.

In Bezug auf diese grundsätzlichen Aspekte sind sich die kommunalen und kantonalen Entwicklungsmuster sehr ähnlich. In einigen wichtigen Punkten liegen aber auch relativ stark abweichende Verhältnisse vor.

- Der relative Arbeitsplatzzuwachs der Periode 1955 bis 1965 (+17 %) im sekundären Sektor fällt im Vergleich zum übrigen Kanton Aargau (+31 %) relativ schwach aus. In der darauf folgenden Dekade übertreffen hingegen die Arbeitsplatzeinbussen der Gemeinde Zurzach (–32 %) den kantonalen Referenzwert (–2 %) bei weitem.
- Die im Dienstleistungssektor weit überdurchschnittlichen Arbeitsplatzzunahmen sind in erster Linie Ausdruck der zunehmenden Bedeutung des Zurzacher Fremdenverkehrs.
- Betrachtet man die Entwicklung sämtlicher Wirtschaftssektoren zusammen, so wird deutlich, dass sich die Gemeinde Zurzach in den Nachkriegsjahren mit einem stark unterdurchschnittlichen Arbeitsplatzzuwachs zufrieden geben musste. Das Arbeitsplatzangebot stieg zwischen 1955 und 1975 in der Gemeinde Zurzach um lediglich 5 %; eine 40-prozentige Zunahme verzeichnete hingegen der Kanton Aargau. Eine treffende Beurteilung dieser Daten muss allerdings auch der Tatsache Rechnung tragen, dass die Arbeitsplatzentwicklung der Gemeinde Zurzach im subregionalen Vergleich als relativ günstig zu bezeichnen ist. In der gesamten Planungsregion Zurzach und Umgebung haben sich lediglich einige wenige Gemeinden des unteren Aaretals dynamischer entwickelt. In diesen Aussagen spiegelt sich der Sachverhalt, dass die periphere Region Zurzach und Umgebung dem ungestümen Wachstum der aargauischen Verdichtungsachse Baden–Brugg–Aarau nicht annähernd zu folgen vermochte.[21]

Die Landwirtschaft

Beschäftigungsentwicklung

Von der Beschäftigungsseite her ist die Landwirtschaft in der Gemeinde Zurzach nur noch von untergeordneter Bedeutung. Wenn wir an dieser Stelle dennoch kurz auf die Entwicklung des primären Sektors eingehen, dann deshalb, weil der Produktionsprozess der Landwirtschaft unmittelbar raumprägend ist. Neben ihren Funktionen der

Tab. 4 Entwicklung der Sektoralstruktur 1955–1975.

	1955 Arbeitsplätze	in %	1965 Arbeitsplätze	in %	1975 Arbeitsplätze	in %
Gemeinde Zurzach	1'747	100	2'133	100	1'839	100
Landwirtschaft	44	2	22	1	15	1
Industrie und Gewerbe	1'429	82	1'686	79	1'145	62
Dienstleistungen	274	16	425	20	682	37
Kanton Aargau		100		100		100
Landwirtschaft	2'037	2	1'467	1	1'161	1
Industrie und Gewerbe	95'506	79	126'210	78	124'175	73
Dienstleistungen	22'868	19	33'100	21	43'863	26

Quellen: BfS; Betriebszählungen 1955, 1965, 1975; landwirtschaftliche Betriebszählung; eigene Erhebungen

Nahrungsmittelproduktion und -versorgung übernimmt die Landwirtschaft immer wichtiger werdende Aufgaben, die man mit dem Begriff der Landschaftspflege umschreiben könnte. Mit der Landbewirtschaftung leistet die Landwirtschaft gleichzeitig einen wesentlichen Beitrag zur Erhaltung eines gepflegten und ansprechenden Landschaftsbildes.

Eine landschaftlich reizvolle Umgebung gilt als wichtiges Element kommunaler Wohnattraktivität und ist unabdingbare Voraussetzung für zahlreiche Erholungs- und Freizeitnutzungen. Eine intakte Kulturlandschaft ist damit für die zukünftige Entwicklung der Wohngemeinde und des Badekurortes Zurzach zweifellos von entscheidender Bedeutung.

Entwicklung der landwirtschaftlichen Nutzfläche

Die stark abnehmenden Betriebs- und Beschäftigungszahlen führten einerseits zu einer betriebswirtschaftlich nicht unerwünschten Anhebung der durchschnittlichen landwirtschaftlichen Betriebsgrösse. Andererseits resultierte aber auch ein massiver Verlust an wertvollem Kulturland. Tabelle 5 lässt erkennen, dass sich die landwirtschaftliche Nutzfläche zwischen 1939 und 1975 um beinahe 60 % reduziert hat. Auffällig ist insbesondere der starke Kulturlandverlust seit Mitte der Sechzigerjahre.[22] In der stärker auf die Landwirtschaft ausgerichteten Region Zurzach erwies sich landwirtschaftliche Nutzfläche als stabiler.

3 Veränderungen der landwirtschaftlichen Nutzfläche. Kreuzschraffiert: landwirtschaftliche Nutzfläche 1975. Waagrecht schraffiert: Veränderungen der landwirtschaftlichen Nutzfläche zwischen 1955 und 1975.

	Landwirtschaftliche Nutzfläche in ha			(Index: 1939 = 100)		
	1939	1965	1975	1939	1965	1975
Gemeinde Zurzach	217	150	87	100	69	40
Region Zurzach	7'384	6'627	6'484	100	90	88

Quellen: REPLA Zurzach und Umgebung: Die Landwirtschaft in der Region Zurzach, Zurzach (1967), S. 28; eigene Berechnungen

Die landwirtschaftlichen Produktionsverhältnisse – Boden, Klima, Topographie etc. – präsentieren sich in der Region und insbesondere auch in der Gemeinde Zurzach nicht schlechter als in andern Teilen des schweizerischen Mittellandes. Es kann daher ausgeschlossen werden, dass die vorangehend skizzierte rückläufige Entwicklung auf ungünstige landwirtschaftliche Standortfaktoren zurückzuführen ist.[23] Die Gründe für den beschleunigten Schrumpfungsprozess müssen einerseits im Rahmen gesamtwirtschaftlicher Entwicklungen gesehen werden. So macht sich z. B. der fortschreitende Trend zur Industrie- und Dienstleistungsgesellschaft auch in der Gemeinde Zurzach be-

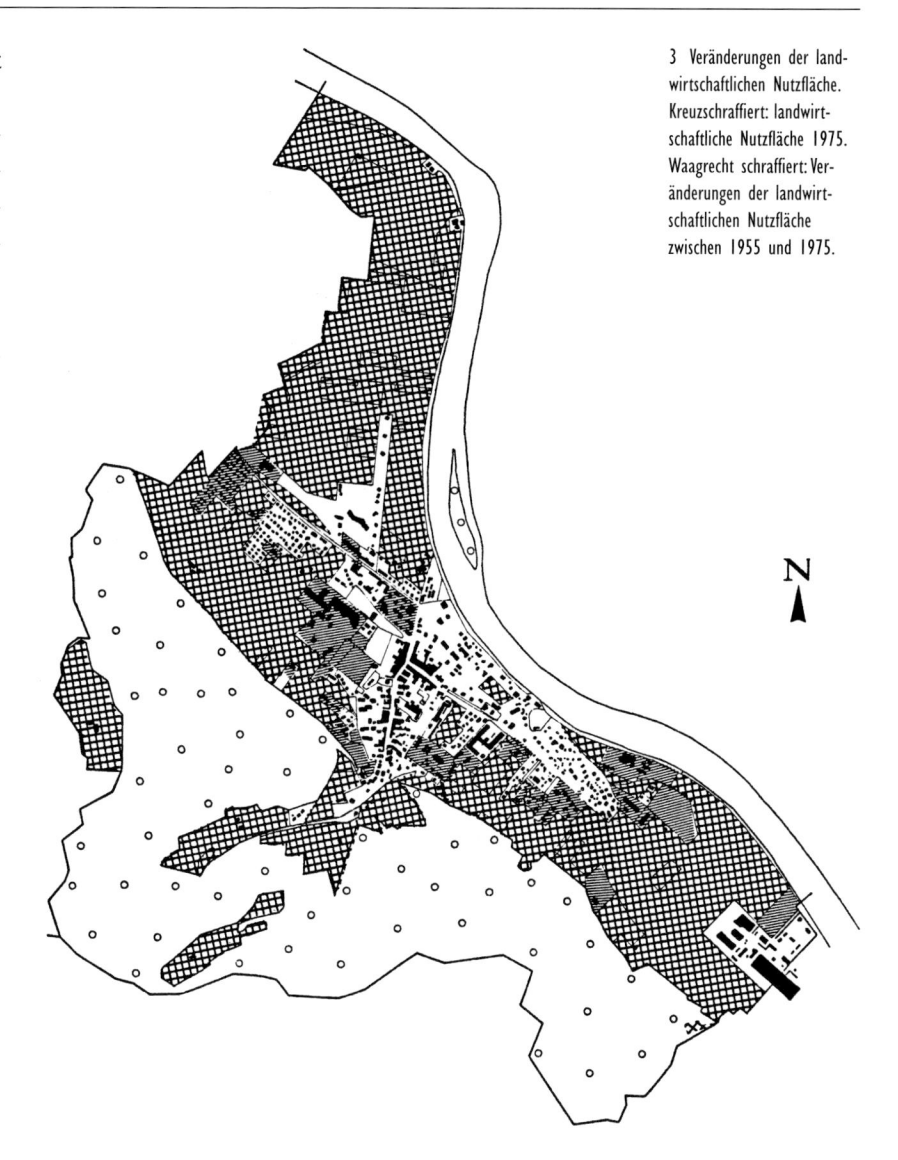

Tab. 5 Entwicklung der landwirtschaftlichen Nutzfläche 1939–1975.

---

[20] In den so genannten Industriekantonen sind mehr als 60 % der Beschäftigten im sekundären Sektor tätig. Vgl. hierzu HANS ELSASSER, Kleine Industriegeographie, in: Wirtschaftspolitische Mitteilungen 35, Heft 8, 1979, S. 26.

[21] Vgl. hierzu beispielsweise die periodischen Berichte des Beauftragten für Finanz- und Wirtschaftsfragen des Kantons Aargau über die Entwicklung aargauischer Struktur- und Konjunkturindikatoren.

[22] Die Ortsplanung der Gemeinde Zurzach beruht auf einer Bauordnung aus dem Jahre 1948 und einer Zonenordnung von 1958. Die Gemeinde hätte die Kulturlandverluste mit diesem Instrument frühzeitig auf ein absolutes Minimum reduzieren können. Die grosszügige Zonenausscheidung verhinderte indessen eine effiziente Baulandsteuerung. Der Zonenplan ist 1996, die Bauordnung 1998 neu gefasst worden (Anm. d. Hrsg.).

[23] Vgl. hierzu ERICH DETTWILER, Die aargauische Landwirtschaft heute und morgen, Tänikon 1973 (Schriftenreihe der Eidg. Forschungsanstalt für Betriebswirtschaft und Landtechnik FAT, 4), S. 16–23.

Tab. 6 Beschäftigungsentwicklung im sekundären Sektor nach Produktionszweigen 1955–1975.

Produktionszweige	Anzahl Beschäftigte absolut						(Index: 1955 = 100)		
	1955		1965		1975		1955	1965	1975
Industrie	1'207	(84 %)	1'421	(84 %)	938	(82 %)	100	118	78
Handwerk und Gewerbe inkl. Baunebengewerbe	143	(10 %)	155	(9 %)	111	(10 %)	100	108	78
Bauhauptgewerbe	79	(6 %)	110	(7 %)	96	(8 %)	100	139	122
Gemeinde Zurzach total	1'429	(100 %)	1'686	(100 %)	1'445	(100 %)	100	118	80
Kanton Aargau total	96'506		126'210		124'175		100	131	129

Quellen: BfS; Betriebszählungen 1955, 1965, 1975; eigene Berechnungen

merkbar. Die höhere Produktivität anderer Wirtschaftssektoren und gleichzeitig stagnierende oder sogar sinkende Preise für Agrarprodukte tragen das Ihre dazu bei, dass die Attraktivität landwirtschaftlicher Arbeitsplätze in zunehmendem Masse verloren geht.[24] Andererseits ist der schnelle Rückgang der Landwirtschaft in der Gemeinde Zurzach auch auf spezifische lokalwirtschaftliche Faktoren zurückzuführen. Aus Abbildung 3 geht hervor, dass der Zurzacher Landwirtschaft während der Sechziger- und Siebzigerjahre sowohl für touristische Zwecke als auch für den Wohnungsbau und die industriell-gewerbliche Entwicklung wertvolle Flächen entzogen wurden.

Handwerk, Gewerbe, Industrie

Beschäftigungsentwicklung in Handwerk und Gewerbe sowie Baugewerbe

Der sekundäre Sektor weist in Zurzach die typische Struktur einer Industriegemeinde auf. Rund vier Fünftel der Arbeitsplätze im sekundären Sektor entfallen 1975 auf die Industrie (vgl. Tab. 7). Handwerk und Gewerbe sowie Baugewerbe sind demgegenüber beschäftigungsmässig von eher untergeordneter Bedeutung.[25]

Tabelle 6 lässt u. a. erkennen, dass der handwerklich-gewerbliche Sektor im Zeitraum von 1955 bis 1975 durch eine rückläufige Entwicklung gekennzeichnet ist. In dieser Periode gingen in Zurzach insgesamt 33 Gewerbebetriebe verloren. Das Arbeitsplatzangebot verkleinerte sich in dem betreffenden Wirtschaftsbereich um 22 %. Von dieser Entwicklung waren die kleinsten Handwerks- und Gewerbebetriebe am stärksten betroffen. Einerseits wurde es in manchen Ein- oder Zweimannbetrieben je länger desto schwieriger, eine ausreichende Erwerbsbasis zu erwirtschaften. Andererseits führten auch Nachfolgeprobleme zum Verschwinden zahlreicher Klein und Kleinstbetriebe.[26]

Die stärksten Einbussen waren bei den Betriebsarten der handwerklichen Herstellung von Bekleidungsartikeln sowie der Verarbeitung von Holz (Schreinereien) festzustellen. Im Bereich der Betriebsarten zur Herstellung von Nahrungsmitteln (Metzgereien, Bäckereien) ist hingegen eine mehr oder weniger konstante Entwicklung zu beobachten. Das Metallgewerbe (Schlossereien etc.) und die Reparaturbetriebe verzeichnen sogar eine leicht zunehmende Beschäftigungsentwicklung.

Die Entwicklung im Baugewerbe zeigt – ähnlich wie jene im Handwerk und Gewerbe – eine Beschäftigungsspitze im Jahre 1965. Im Gegensatz zum Handwerk und Gewerbe fällt allerdings beim Baugewerbe das Wachstum zwischen 1955 und 1965 (+39 %) deutlich kräftiger aus. Der Rückschlag zwischen 1965 und 1975 erfolgt lediglich in abgeschwächter Form. Das Beschäftigungsniveau liegt deshalb 1975 um 22 % über dem Wert des Jahres 1955.

Zwischen den Entwicklungen im Baugewerbe sowie im produzierenden Gewerbe und der Entwicklung des industriellen Sektors zeigen sich deutliche Parallelen. Solange die Industrie expandiert, weist auch der gewerbliche Bereich Beschäftigungszunahmen auf (1955 bis 1965). Schrumpft die Industrie, so zeichnen sich auch im Gewerbe rückläufige Tendenzen ab (1965 bis 1975). Damit wird deutlich, dass die Entwicklungsimpulse der Industrie für das Zurzacher Gewerbe von erstrangiger Bedeutung sind. Es zeigt sich aber auch, dass der handwerklich-gewerbliche Sektor bis im Jahre 1975 noch kaum von den durch den Fremdenverkehr ausgelösten Nachfragesteigerungen profitieren konnte.[27]

Beschäftigungsentwicklung in der Industrie

Vom Umfang her sind nun allerdings die Arbeitsplatzverluste im Handwerk und im Baugewerbe weit weniger gravierend als die massiven Einbussen in der Industrie, durch welche die gesamten Arbeitsmarktverhältnisse der Subregion Rheintal nachhaltig verändert wurden. Zwischen 1955 und 1975 erfolgte in der Gemeinde Zurzach eine Reduktion des industriellen Arbeitsplatzangebotes von nicht weniger als 22 % (–269 Arbeitsplätze). Zum Vergleich: Im Kanton Aargau nahm die Zahl der industriellen Arbeitsplätze in derselben Periode um beinahe einen Drittel (29 %) zu.

Eine differenziertere Analyse der Beschäftigungsentwicklung (vgl. Tab. 6) zeigt, dass sich das Arbeitsplatzangebot der Gemeinde Zurzach zwischen 1955 und 1965 noch leicht vergrösserte (18 %). Die Zuwachsraten lagen allerdings schon damals deutlich unter dem kantonalen Durchschnitt (31 %). Nach einer Beschäftigungsspitze im Jahre 1965 musste der industrielle Sektor der Gemeinde Zurzach empfindliche Rückschläge in Kauf nehmen. Innerhalb von zehn Jahren gingen 483 industrielle Arbeitsplätze verloren (–34 %). Ein ähnlicher Trendbruch lässt sich auch aus den kantonalen Beschäftigungszahlen herauslesen. Die industriellen Schrumpfungsprozesse setzten allerdings in den meisten andern Regionen des Kantons Aargau relativ spät ein und erreichten selten dieselbe Intensität. Gegenüber der Entwicklung in der Gemeinde Zurzach nehmen sich industrielle Arbeitsplatzverluste auf kantonaler Ebene doch recht bescheiden aus (–2 %).

Aus Tabelle 7 geht u. a. hervor, dass die industrielle Arbeitsplatzentwicklung in der Gemeinde Zurzach im Wesentlichen durch die Textil- und Bekleidungsindustrie sowie die chemische Industrie bestimmt wird. In diesen Branchen werden rund drei Viertel aller industriellen Arbeitsplätze angeboten. Zudem sind in diesen Branchen auch die stärksten Beschäftigungsschwankungen zu registrieren. Sowohl die Arbeitsplatzzunahmen der Fünfziger- und frühen Sechzigerjahre als auch die Reduktionen nach 1965 gehen zur Hauptsache auf das Konto der Bekleidungs- und der Chemieindustrie.[28] In den übrigen Branchen sind in der dargestellten Zeitperiode nur unbedeutende Veränderungen des Arbeitsplatzangebotes festzustellen. In diesen stabilen Branchen arbeiten allerdings weniger als 25 % aller Zurzacher Industriebeschäftigten.

Eine Analyse der Arbeitsplatzstrukturen (vgl. Tab. 8) lässt erkennen, dass in der Zurzacher Industrie zahlreiche Frauen Beschäftigung finden (38 %). Es ist ersichtlich, dass die überdurchschnittliche Frauenquote in erster Linie auf die starke Vertretung der Textil- und Bekleidungsindustrie zurückzuführen ist.

Branche	1967 Beschäftigte absolut	in %	1973 Beschäftigte absolut	in %
21 Getränkeindustrie	12	1	11	2
23 Textilindustrie	88	7	46	7
24 Herstellung von Kleidern, Wäsche, Schuhen	579	49	159	23
25 Verarbeitung von Holz und Kork	130	11	133	20
28 Graphisches Gewerbe	11	1	9	1
31 Chemische Industrie	370	31	320	47
Total	1'190	100	678	100

Tab. 7 Beschäftigte in der Industrie nach Branchen 1967 und 1973.

Quellen: BfS; Industriestatistik 1967, 1973; (nicht veröffentlichte Basistabellen)

Branchen	Zurzach Anteil Frauen (1967) absolut	in %	Schweiz Anteil Frauen (1970) in %	Zurzach Anteil Ausländer (1967) absolut	in %	Schweiz Anteil Ausländer (1970) in %
21 Getränkeindustrie	7	58	15	2	17	18
23 Textilindustrie	65	74	52	72	82	44
24 Herstellung von Kleidern, Wäsche, Schuhen	363	63	74	385	66	49
25 Verarbeitung von Holz und Kork	8	6	9	66	51	19
28 Graphisches Gewerbe	–	–	51	1	9	33
31 Chemische Industrie	10	4	28	99	27	19
Industrie Total	454	38	30	625	53	30

Quellen: BfS; Industriestatistik 1967 (nicht veröffentlichte Basistabellen)
BfS; Volkszählung 1970, Band Erwerb und Beruf

Tab. 8 Frauen- und Ausländerbeschäftigung in der Industrie nach Branchen 1967 bzw. 1970.

[24] In diesem Zusammenhang muss u. a. auch auf all die agrarpolitischen Subventionen hingewiesen werden, mit denen man das Ziel verfolgt, die Einkommenswertigkeit der landwirtschaftlichen Arbeitsplätze auf das in den anderen Wirtschaftssektoren übliche Niveau anzuheben.
[25] Dieser Sachverhalt spiegelt sich u. a. in der Struktur des Steuerertrages der Gemeinde Zurzach. Das Steueraufkommen der Industrie war in der Periode 1971/72 rund viermal grösser als der Steuerertrag des Gewerbes und Baugewerbes zusammen.
[26] Im Zuge dieser Entwicklung stieg die durchschnittliche Betriebsgrösse in Handwerk und Gewerbe von 2,6 auf 4,6 Beschäftigte pro Betrieb an. In diesen Zahlen spiegelt sich der allgemeine Trend zur Unternehmenskonzentration.
[27] Die Auswirkungen des Fremdenverkehrs machen sich u. a. deshalb nicht stärker bemerkbar, weil die Aufträge für die grossen touristischen Bauten mehrheitlich an auswärtige Generalunternehmer gingen.
[28] Die Bekleidungsindustrie verzeichnete gesamtschweizerisch zwischen 1966 und 1978 eine Arbeitsplatzabnahme von über 45 %. Keine andere Branche musste in dieser Periode grössere Arbeitsplatzverluste hinnehmen. Die chemische Industrie gehörte hingegen zu den so genannten Wachstumsbranchen. Deren Arbeitsplatzzuwachs in der Periode 1966 bis 1978 beträgt rund 12 %. Aus diesen Angaben wird deutlich, dass sich die rückläufige Entwicklung der Zurzacher Industrie höchstens teilweise mit einer ungünstigen Branchenstruktur erklären lässt. Vgl. hierzu ELSASSER, Industrie, S. 10 f.

Tab. 9 Qualifikationsstruktur der Zurzacher Industriebetriebe nach Branchen 1967.

Branchen		Industriebeschäftigte total (1967)	Qualifiziertes Personal (1967)		Un- und angelernte Hilfskräfte (1967)		Un- und angelernte Hilfskräfte im Branchendurchschnitt (1970)
			absolut	in %	absolut	in %	in %
21	Getränkeindustrie	11	2	18	9	82	35
23/24	Textil- und Bekleidungsindustrie	709	150	21	559	79	62/53
25	Verarbeitung von Holz und Kork	137	110	80	27	20	37
28	Graphisches Gewerbe	11	8	75	3	25	53
31	Chemische Industrie	500	204	41	296	59	37
Total		1'368	474	35	894	65	41

Quellen: BfS; Industriestatistik 1967; Volkszählung 1970; REPLA, Wirtschaftsbericht 1967/68, S. 13; eigene Erhebungen

Neben den Frauen sind in der Zurzacher Industrie die Ausländer sehr stark vertreten (53 %). Die Ausländerquote liegt um 75 % über dem gesamtschweizerischen Durchschnitt (vgl. Tab. 8). Es fällt auf, dass abgesehen von den gemessen an der Gesamtarbeitsplatzzahl relativ unbedeutenden Branchen «Getränkeindustrie» und «graphisches Gewerbe» sämtliche Industriezweige überdurchschnittliche Ausländerquoten ausweisen. Die im gesamtschweizerischen Massstab durch Spitzenwerte gekennzeichneten Branchen der Textil- und der Bekleidungsindustrie beschäftigen auch in Zurzach die weitaus grössten Ausländeranteile.

Die ausserordentlich starke Ausländerbeschäftigung der Zurzacher Industrie kann höchstens teilweise mit einem Branchenstruktureffekt erklärt werden. Eine wichtige Rolle spielt daneben die Grenzlage. Dies äussert sich darin, dass mehr als 40 % aller Ausländer in der Zurzacher Industrie unter den Status der Grenzgänger fallen (1973: 41 %). Die grösste Anziehungskraft für Ausländer aus dem benachbarten Deutschland hat dabei die Chemieindustrie.

Die weit überdurchschnittlichen Frauen- und Ausländerquoten lassen erneut vermuten[29], dass sich die Arbeitskräftenachfrage der Zurzacher Industriebetriebe in erster Linie auf die Segmente un- und angelernter Hilfskräfte konzentriert. In Tabelle 9 sind die wenigen verfügbaren Daten, die eine einigermassen sichere Beurteilung dieser Hypothese erlauben, zusammengestellt. Es wird ersichtlich, dass sich die Erwartungen über weite Strecken als zutreffend erweisen. Die Hilfsarbeiterquote der Zurzacher Industrie liegt gesamthaft um beinahe 60 % über dem Landesdurchschnitt (1967). Ungünstige Qualifikationsstrukturen mit vergleichsweise grossen Anteilen an un- und angelerntem Personal sind insbesondere in der Getränkeindustrie sowie in den beschäftigungsmässig wichtigen Branchen der Textil-, Bekleidungs- und Chemieindustrie festzustellen. Ganz anders schneiden hingegen die Holzindustrie und das graphische Gewerbe ab. Bei diesen Branchen weisen die Qualifikationsstrukturen einen eindeutigen Schwerpunkt bei den gelernten Berufsleuten auf. Da die Betriebe dieser beiden Branchen zum Erhebungszeitpunkt (1967) aber lediglich 11 % aller Industriebeschäftigten auf sich vereinigten, fällt dieser Befund in quantitativer Hinsicht kaum ins Gewicht.

Aus den bisherigen Ausführungen geht hervor, dass die Industrie für die wirtschaftliche Entwicklung der Gemeinde Zurzach zwischen 1950 und 1980 eine Schlüsselstellung einnimmt und die industriellen Beschäftigungsschwankungen die gesamte Gemeindeentwicklung massgeblich beeinflussen. Gleichzeitig lassen die hohen Hilfsarbeiter-, Frauen- und Ausländerquoten aber auch erkennen, dass die Zurzacher Industriestruktur recht unausgewogen und in Bezug auf die Arbeitsmarktqualität relativ kritisch zu beurteilen ist.

Konjunkturelle und strukturelle Stabilität des industriellen Sektors

Unter den Gesichtspunkten der konjunkturellen und strukturellen Stabilität ist das Arbeitsplatzangebot der Zurzacher Industrie ebenfalls als relativ ungünstig zu bezeichnen (vgl. Tab. 6 und 7). Starke Fluktuationen des Personalbestandes musste insbesondere die in Zurzach stark vertretene Branche «Herstellung von Kleidern, Wäsche, Schuhen» hinnehmen. Allein in dieser Branche gingen zwischen 1967 und 1973 420 Arbeitsplätze verloren (−73 %). Über 300 Arbeitskräfte wurden in jenen Jahren durch die Betriebsaufgabe der OCO Schuh AG, Zurzach, freigesetzt.[30] Weitere 120 Arbeitsplätze wurden im gleichen

Zeitraum auch in den Betriebsstätten der Triumph-International-Gruppe abgebaut.[31]

Die Bekleidungsindustrie gehört zu jenen Branchen, die in den frühen Siebzigerjahren in der gesamten Schweiz – und auch im benachbarten Ausland – vergleichsweise grosse Arbeitsplatzeinbussen zu verzeichnen hatten.[32] Die veränderten Währungsrelationen und restriktivere Fremdarbeiterbestimmungen des Bundes führten in jenen Jahren zu einer beträchtlichen Verteuerung schweizerischer Produkte, von der Betriebe mit exportorientierter und personalkostenintensiver Produktion naturgemäss am stärksten betroffen waren.[33] In ernsthafte Schwierigkeiten kamen aber auch all jene Betriebe der Textil- und Bekleidungsindustrie, die trotz erster Vorwarnungen auf einer arbeitsintensiven Fertigung qualitativ anspruchsloser Produkte oder technologisch unproblematischer Massenproduktion beharrten. Gerade in diesem Marktsektor begann sich auch eine stärker werdende Konkurrenz aus zahlreichen Billiglohnländern absatzhemmend auszuwirken. Schliesslich hatten gewisse Betriebe Mitte der Siebzigerjahre auch unter dem konjunkturbedingten Rückgang der Binnennachfrage zu leiden. Alle Faktoren zusammen führten zu erheblichen Produktionserschwernissen, denen viele Unternehmen lediglich mit Rationalisierung und Personalkostenabbau begegnen konnten.[34] Von den dadurch bewirkten Arbeitsplatzreduktionen waren in der Regel die Frauen, die Ausländer und die unqualifizierten Arbeitskräfte am stärksten betroffen. Man versuchte zunächst, die Belegschaft in denjenigen Segmenten zu verringern, in denen im Falle eines Wiederaufschwunges auf den externen Arbeitsmärkten erfahrungsgemäss am besten wieder hätte Personal rekrutiert werden können.

All diese kumulativ wirkenden Veränderungen der weltwirtschaftlichen Rahmenbedingungen bereiteten auch der Zurzacher Textil- und Bekleidungsindustrie Sorge. Trotz erwähnter Arbeitsplatzeinbussen darf nun allerdings die Triumph-International-Gruppe mit ihrer Spezialisierung auf das Frottee- und Miederwarengeschäft nicht zu den hoch gefährdeten Betrieben der Textil- und Bekleidungsindustrie gezählt werden. Im Gegenteil, wenn man in Erwägung zieht, dass ein grosser Teil dieser weltweit tätigen Unternehmensgruppe, die z. B. 1974 einen Umsatz von 720 Millionen Franken erwirtschaftete,[35] von Zurzach aus gesteuert wird, so muss dieser Konzern sicherlich als eine der wichtigsten Stützen der Zurzacher Wirtschaft bezeichnet werden. Auch der zweite wichtige Zurzacher Arbeitgeber, die Chemieindustrie bzw. die Schweizerische Soda-

[29] Vgl. hierzu die Ausführungen S. 402 f.

[30] In einem Bericht zur Lage der inländischen Schuhindustrie stellt die Schweizerische Kartellkommission im Jahre 1975 fest, dass die Zahl der in der Schweiz produzierten Schuhe seit 1964 rückläufig ist. Während der Umsatz dank Preiserhöhungen bis 1972 noch gesteigert werden konnte, weist dieser seit 1973 ebenfalls eine abnehmende Tendenz auf. Parallel zur Produktionsdrosselung verminderte sich auch die Zahl der in der Schuhbranche Beschäftigten: Zwischen 1968 und 1974 erfolgte ein Arbeitsplatzverlust von rund 50 %. In dieser Periode stellten u. a. bekannte Firmen wie die Hug & Co Herzogenbuchsee (968 Beschäftigte), die Prowa AG, Olten (123), Walder & Co, Brüttisellen (418), und Henke & Co, Stein am Rhein (427), ihre Produktion ein. Diese Fakten werden ausführlich kommentiert im Tages-Anzeiger vom 7. August 1975.
Bei der Auflösung der Firma OCO Schuh AG (9. Oktober 1972) wurde für die Gemeinde Zurzach insofern eine glückliche Lösung gefunden, als in der alten Schuhfabrik schon bald zwei neue Industriebetriebe eine Produktion aufzogen. Die Küchenmöbelfabrik Kägi AG, Winterthur, und die Polstermöbelfirma De Sede, Klingnau, eröffneten in der frei gewordenen Fabrikliegenschaft je einen Zweigbetrieb. «Die Behörde bedauert die Schliessung eines Industriebetriebes, da als Gegenpol zu den sich entwickelnden Dienstleistungsbetrieben gesunde Industrie- und Gewerbebetriebe einfach nötig sind. Eine gewisse Genugtuung bedeutet die Tatsache, dass wenigstens ein Teil der Belegschaft in denselben Räumen beim neuen Eigentümer, der Firma Kägi AG, oder beim Mieter, der Firma De Sede AG, Arbeit gefunden haben», PEZ vom 1.12.1972.

[31] In den frühen 70er-Jahren musste z. B. auch in Laufenburg eine Nähereifiliale der Triumph-Gruppe geschlossen werden. In diesem Zweigbetrieb wurden noch in den 60er-Jahren bis zu 70 (zum grössten Teil ausländische) Näherinnen beschäftigt. Quelle: Die Botschaft vom 5. März 1975.

[32] Gesamtschweizerisch nahmen die Zahlen der Beschäftigten in der Textil- und der Bekleidungsindustrie zwischen 1966 und 1978 um je über 40 % ab. Vgl. hierzu ELSASSER, Industrie, S. 17.

[33] Es sei hier lediglich am Rande vermerkt, dass die 1974 vorgenommene Frankenaufwertung für die Zurzacher Industrie nicht nur nachteilige Folgen hatte. Für die in der Bundesrepublik Deutschland wohnhaften Grenzgänger wurden nämlich plötzlich auch Zurzacher Arbeitsplätze attraktiv, die für schweizerische Verhältnisse als schlecht bezahlt galten. So ist in diesem Zusammenhang etwa auf das bemerkenswerte Phänomen hinzuweisen, dass sich die Zahl der in der Zurzacher Industrie tätigen Grenzgänger auch in einer Periode massiver Arbeitsplatzverluste laufend erhöhte. Einige Betriebe verstanden es offensichtlich, einen Teil der gestiegenen Personalkosten auf diese Weise wieder einzusparen.

[34] Die unternehmerischen Anpassungsstrategien an die veränderten weltwirtschaftlichen Rahmenbedingungen werden ausführlich beschrieben bei KLAUS MÜLLER, Wirtschaftlicher Strukturwandel und räumliche Entwicklung, Bern 1981, S. 264 f.

[35] Die Triumph-International-Gruppe, einer der bedeutendsten Miederwarenproduzenten der Welt, erzielte 1974 weltweit einen Umsatz von 720 Millionen Franken. Der Reingewinn belief sich in jenem Jahr auf 16 Millionen Franken.
48 % des Umsatzes wurden in der Bundesrepublik Deutschland, 34 % im übrigen Europa und 18 % in Überseeländern getätigt. Der ursprünglich im schwäbischen Heubach (BRD) beheimatete Konzern beschäftigte im Jahre 1975 weltweit rund 18'000 Mitarbeiter. Neben den Betrieben in der BRD (6100 Mitarbeiter) gehören Triumph-Österreich (2600 Beschäftigte), Triumph-Brasilien (2200) und Triumph-Japan (1300) zu den grössten der insgesamt 32 Triumph-Tochtergesellschaften. Quelle: Die Botschaft vom 8. Oktober 1975.

[36] Es handelt sich um eine juristisch selbstständige Tochtergesellschaft des belgischen Solvay-Konzerns.

fabrik Zurzach AG (SSZ)[36], musste zu Beginn der Siebzigerjahre schwerwiegende Arbeitsplatzverluste hinnehmen. Innerhalb weniger Jahre gingen in diesem Betrieb allein in der Produktion über 250 Arbeitsplätze verloren.[37]

Demgegenüber erwiesen sich die Klein- und Mittelbetriebe der Zurzacher Getränke- und Holzindustrie sowie das graphische Gewerbe Mitte der Siebzigerjahre als deutlich stabiler. Die damit angesprochenen Betriebe arbeiten mehrheitlich auf der Basis handwerklich-gewerblicher Produktionsweisen. Sie stellen in erster Linie qualitativ hochwertige Produkte für einen konjunkturell damals noch wenig gefährdeten Markt her. Kleinbetriebliche Kreativität sowie Anpassungsfähigkeit an spezifische Bedarfsfälle und Kundenwünsche ermöglichten es dieser Betriebsgruppe, die kritischen Jahre ohne nennenswerte Belegschaftsveränderungen zu überbrücken.[38]

Verhinderte industrielle Grossprojekte

Eine mögliche Beeinträchtigung der Entwicklung Zurzachs zum Badekurort spielte eine wichtige Rolle sowohl als Argument gegen ein geplantes Kraftwerk «Koblenz-Kadelburg» wie auch bei der Verhinderung der Ansiedlung eines Zementwerkes des Holderbank-Konzerns. Aufgrund der im Rheintal lokalisierten Rohstoffvorkommen (Kalkstein, Mergel und Ton) sowie der relativ günstigen Verkehrslage mit Nähe zu den Zentren Basel, Winterthur und Zürich war Zurzach zu Beginn der Sechzigerjahre als Standort einer Zementfabrik vorgesehen. Das für dieses Projekt notwendige Land war bereits in den Händen der Bauherren, als eine Gruppe «Pro Zurzach» mit einer Motion die Zuteilung dieser Grundstücke zur Wohnbau- und Gewerbezone anregte. Diese Motion wurde an der Gemeindeversammlung vom 11. Januar 1963 mit deutlichem Mehr als erheblich erklärt und der Bau des Zementwerkes damit verhindert.[39] Es sei lediglich am Rande erwähnt, dass sich neben den Fremdenverkehrskreisen insbesondere auch die Zurzacher Industrie geschlossen gegen das Zementwerk-Projekt aussprach. Neben den Argumenten des Umweltschutzes und des Flächenverbrauchs dürfte hier insbesondere auch die Angst vor einer weiteren Verschärfung der Konkurrenz in einem beschränkten Arbeitskräftereservoir zur ablehnenden Haltung beigetragen haben. Wie wichtig den ortsansässigen Industriebetrieben eine Verhinderung dieses Vorhabens war, geht u. a. daraus hervor, dass diese zusammen mit den Mehrheitsaktionären der Thermalquelle AG, Zurzach, beschlossen, der Gemeinde Zurzach bei Erheblicherklärung der Motion 100'000 Franken für die Erstellung einer Sportanlage zur Verfügung zu stellen.[40]

Der in Zurzach abgewiesene Betrieb wurde später in der Nachbargemeinde Rekingen eingerichtet.[41] Der Bau des Rekinger Zementwerkes löste in Landschaftsschutzkreisen trotz moderner Umweltschutzvorrichtungen erheblichen Unwillen aus. Im Sommer 1974 geriet das Werk in seiner letzten Bauphase sogar in eine eigentliche Umweltschutzkontroverse. Vom deutschen Rheinufer wurden Klagen laut, die Fabrik sei «brutal in die Landschaft geklopft worden» und bringe die Anwohner um Schlaf und Ruhe. In Deutsch-Reckingen erfolgte sogar die Gründung einer Bürgerinitiative, um den Sorgen wegen dieses Industriegrossprojektes Ausdruck zu geben.[42] Die Badische Zeitung, die sich zum Sprachrohr der späten Opposition gemacht hat, schildert den ästhetischen Aspekt in drastischen Worten: «Der eilige Autofahrer, von Waldshut oder Hohentengen kommend, ist wie vor den Kopf geschlagen, wenn vor oder später neben ihm diese kolossale Betonlandschaft auftaucht, die die friedliche Linie der Berge und Wälder des Hochrheins brutal zerschlägt.»[43] Auch wenn man berücksichtigt, dass diese Kritik in der Hektik des Zeitgeschehens mit starken Emotionen vorgetragen wurde, so gibt sie im Kern doch jenen Kräften Recht, die sich in den frühen Sechzigerjahren gegen die Ansiedlung einer Zementfabrik in Zurzach aussprachen.

Der Dienstleistungssektor

Beschäftigungsentwicklung

Im Jahre 1955 registrierte man in der Industriegemeinde Zurzach im Dienstleistungssektor lediglich 274 Arbeitsplätze. Dieser Wert entsprach knapp einem Sechstel (16 %) des gesamten kommunalen Arbeitsplatzangebotes (vgl. Tab. 4) und lag leicht unter dem Durchschnitt des Kantons Aargau (19 %). Der tertiäre Wirtschaftssektor war im Zurzach der Fünfzigerjahre offensichtlich von recht geringer Bedeutung, obwohl der Bezirkshauptort schon damals einige wichtige Zentrumsfunktionen wahrzunehmen hatte. Der augenfällige Strukturwandel der Sechziger- und Siebzigerjahre ist allerdings nicht nur eine Folge des bereits im letzten Kapitel dargestellten Rückschlages des industriellen Sektors, sondern resultiert in gleichem Masse aus einer weit überdurchschnittlichen Expansion des Zurzacher Dienstleistungsgewerbes (vgl. Tab. 10).

Wirtschaftsgruppen	1955 Beschäftigte		1965 Beschäftigte		1975 Beschäftigte		1955	1965	1975
	absolut	in %	absolut	in %	absolut	in %	(Index: 1955 = 100)		
Detailhandel	78	28	95	22	118	17	100	122	151
Gastgewerbe	93	34	122	30	215	32	100	131	231
Gesundheit/Körperpflege	15	6	53	12	208	30	100	353	1'387
Übrige Dienstleistungen	88	32	155	36	141	21	100	176	160
Gemeinde Zurzach total	275	100	425	100	682	100	100	155	249
Kanton Aargau total	22'868		33'100		43'863		100	145	192

Tab. 10 Beschäftigungsentwicklung im tertiären Sektor nach Wirtschaftsgruppen 1955–1975.

Quellen: BfS; Betriebszählungen 1955, 1965, 1975; eigene Erhebungen

Die erstaunlich rasche Ausweitung des tertiären Wirtschaftssektors muss in direktem Zusammenhang mit der Erbohrung der Thermalquelle und der dadurch ausgelösten touristischen Entwicklung gesehen werden. Die starken Arbeitsplatzzunahmen in den Fremdenverkehrsbranchen bewirkten, dass sich der Dienstleistungssektor in Zurzach heute deutlich stärker präsentiert (37 %) als im Durchschnitt des Kantons Aargau (26 %). Zur Wahrung der Relationen sei an dieser Stelle aber auch darauf hingewiesen, dass der Zurzacher Dienstleistungssektor bisher noch bei weitem nicht die für Fremdenverkehrsorte typischen Werte erreicht hat.[44]

Konjunkturelle und strukturelle Stabilität des Fremdenverkehrs

Dank der Grenzlage und damit verbundener währungsbedingter Arbeitsmarktvorteile fanden die meisten Zurzacher Unternehmen des sekundären und des tertiären Sektors zumindest seit Mitte der Siebzigerjahre relativ attraktive Produktionsverhältnisse vor. Bestimmte Branchen des tertiären Sektors – insbesondere der Detailhandel – mussten jedoch infolge der 1974 erfolgten Frankenaufwertung empfindliche Ertragsausfälle hinnehmen. Der Einkaufsort Zurzach wurde vor allem für die Anwohner der benachbarten badischen Grenzregionen uninteressant. Deutsche Einkaufstouren, die früher oft mit einem Thermalbadbesuch kombiniert wurden, blieben plötzlich aus. Kaufkraftströme aus dem badischen Grenzraum kamen innert kurzer Zeit beinahe völlig zum Erliegen. Vor 1974 und den damaligen Veränderungen der Wechselkursrelationen konnten der Zurzacher Detailhandel und auch die Bäderbetriebe in erheblichem Umfang vom deutschen Zustrom profitieren. Bis zu 20 % der gesamten Zurzacher Detailhandelsumsätze waren in den frühen Siebzigerjahren jeweils auf Einkäufer aus der BRD zurückzuführen.[45]

Dank der günstigen Grenzlage und der Entwicklung zum Fremdenverkehrsort konnte Zurzach bis Ende der Sechzigerjahre seine Zentrumsfunktionen so weit stärken, dass auch von den Subregionen Aaretal und Surbtal vermehrt Kaufkraft angezogen werden konnte.[46] Dies stärkte wiederum den durch die Entwicklung des Dienstleistungssektors nachhaltig verbesserten Arbeitsmarkt des Regionalzentrums Zurzach.

Diese Ausführungen lassen erkennen, dass nicht nur die industrielle, sondern auch die touristische Entwicklung stark von exogenen Faktoren und internationalen Bezie-

---

[37] Gemäss Industriestatistik beschäftigte die SSZ 1962 in der Produktion 514 Arbeitskräfte. Bis 1972 reduzierte sich die Zahl der Arbeitnehmer in der Produktion auf 254 Personen.

[38] Seit Beginn der 80er-Jahre kann man der Presse nun allerdings auch Negativmeldungen entnehmen, die diese Betriebsgruppe betreffen.

[39] Die Motion wird von den Initianten wie folgt begründet: «Wir sind der Auffassung, noch bessere Industrie haben zu können, als eine Zementfabrik. Unsere Gemeinde verfügt nur noch über wenig Bauland, das durch die geplante Schwerindustrie noch verkleinert wird. Bereits ist der Gemeinde im Unterfeld durch den Kraftwerkbau Koblenz wertvolles Bauland genommen worden. Es steht nur noch das Oberfeld für eine weitere Entwicklung zur Verfügung. Die Landreserven befinden sich an einer günstigen Lage. Wenn wir eine Zementfabrik entstehen lassen, so beansprucht diese neue Industrie einen überwiegenden Teil der heutigen Baulandreserven. Andererseits beschäftigt das geplante Unternehmen nur wenig Arbeiter, da eine automatische Produktion vorgesehen ist. Eine Zementfabrik bringt der Gemeinde ein schlechtes Geschäft. Der Steuereingang ist nichts Attraktives.» (Quelle: PEZ vom 11. Januar 1963).

[40] Der Erheblicherklärung der Motion von «Pro Zurzach» zur Erweiterung der Bauzone im Oberfeld wurde mit 294 zu 173 Stimmen zugestimmt. (Quelle: PEZ vom 11. Januar 1963).

[41] Mit einem Investitionsaufwand von 220 Millionen Franken entstand in Rekingen eines der grössten und modernsten Zementwerke der Schweiz.

[42] Tages-Anzeiger vom 13. Januar 1975.

[43] Die Botschaft vom 30. November 1974.

[44] In typischen Fremdenverkehrsorten arbeiten bis zu 80 % aller Erwerbstätigen im Fremdenverkehr. Vgl. z. B. THEO KELLER, Tourismus und Berggebietsförderung, Zürich 1983, S. 129.

[45] HANSER, Auswirkungen, S. 117 f.

[46] Zentrumsuntersuchung, Brugg 1972.

hungen abhängig ist. Für den Zurzacher Fremdenverkehr sind infolge der Grenzlage insbesondere die internationalen Währungsrelationen von entscheidender Bedeutung. Dagegen erwiesen sich die Fremdenverkehrsbranchen bisher sowohl gegen binnenwirtschaftliche als auch gegen internationale Rezessionserscheinungen bemerkenswert resistent.[47] Der Fremdenverkehr zeigte insbesondere während des Konjunktureinbruchs Mitte der Siebzigerjahre eine ungleich grössere Widerstandsfähigkeit als die meisten industriellen Branchen und das Baugewerbe. Wesentliche Gründe für diese Stabilität sind darin zu sehen, dass Reisen und Ferien immer mehr zu einem Gut des Existenzbedarfs werden und in den Fremdenverkehrsbranchen die konjunkturellen Schwingungen nicht zusätzlich noch durch Strukturprobleme überlagert wurden, wie dies bei gewissen industriellen Branchen der Fall war.

Besonders geringen konjunkturellen Schwankungen ist der Bade- und Kurtourismus unterworfen. Zu therapeutischen Zwecken werden nämlich die Thermalbadeinrichtungen auch im Falle wirtschaftlich rückläufiger Entwicklung genutzt. Entspannungsurlaub und Prophylaxe werden in der modernen Wohlstandsgesellschaft an Bedeutung eher gewinnen. Damit sind auch die Arbeitsplätze im Zurzacher Fremdenverkehrssektor als langfristig sicher zu bezeichnen. Ein weiterer Befund deutet darauf hin, dass die Arbeitsmarktqualität in den Fremdenverkehrsbranchen eher höher liegt als im Handwerk, im Baugewerbe oder in der Industrie.

Die Entwicklung der Siedlungsstruktur

Die baulichen Veränderungen im Überblick

Die lang anhaltende Hochkonjunktur der Fünfziger- und Sechzigerjahre, die wechselhafte Entwicklung des industriell-gewerblichen Sektors und noch in weit stärkerem Masse der rasch expandierende Fremdenverkehr bewirkten in der Gemeinde Zurzach innerhalb kurzer Zeit tief greifende bauliche Veränderungen. Im Westen des Siedlungskörpers entstanden mit der inneren und der äusseren Entwiese zwei in sich geschlossene Ein- und Zweifamilienhaussiedlungen. Im Norden, direkt an den Flecken anschliessend, wurde in einer gemischten Wohn- und Gewerbezone das Turmäckerquartier erbaut. Die Blockbauweise herrscht hier vor. Zu Beginn der Sechzigerjahre erfuhr dann auch das südöstlich des Fleckens gelegene

4   Gesamtbautätigkeit in der Gemeinde Zurzach zwischen 1956 und 1975 nach eigenen Erhebungen.
■ Bautätigkeit 1956–1965
● Bautätigkeit 1966–1975

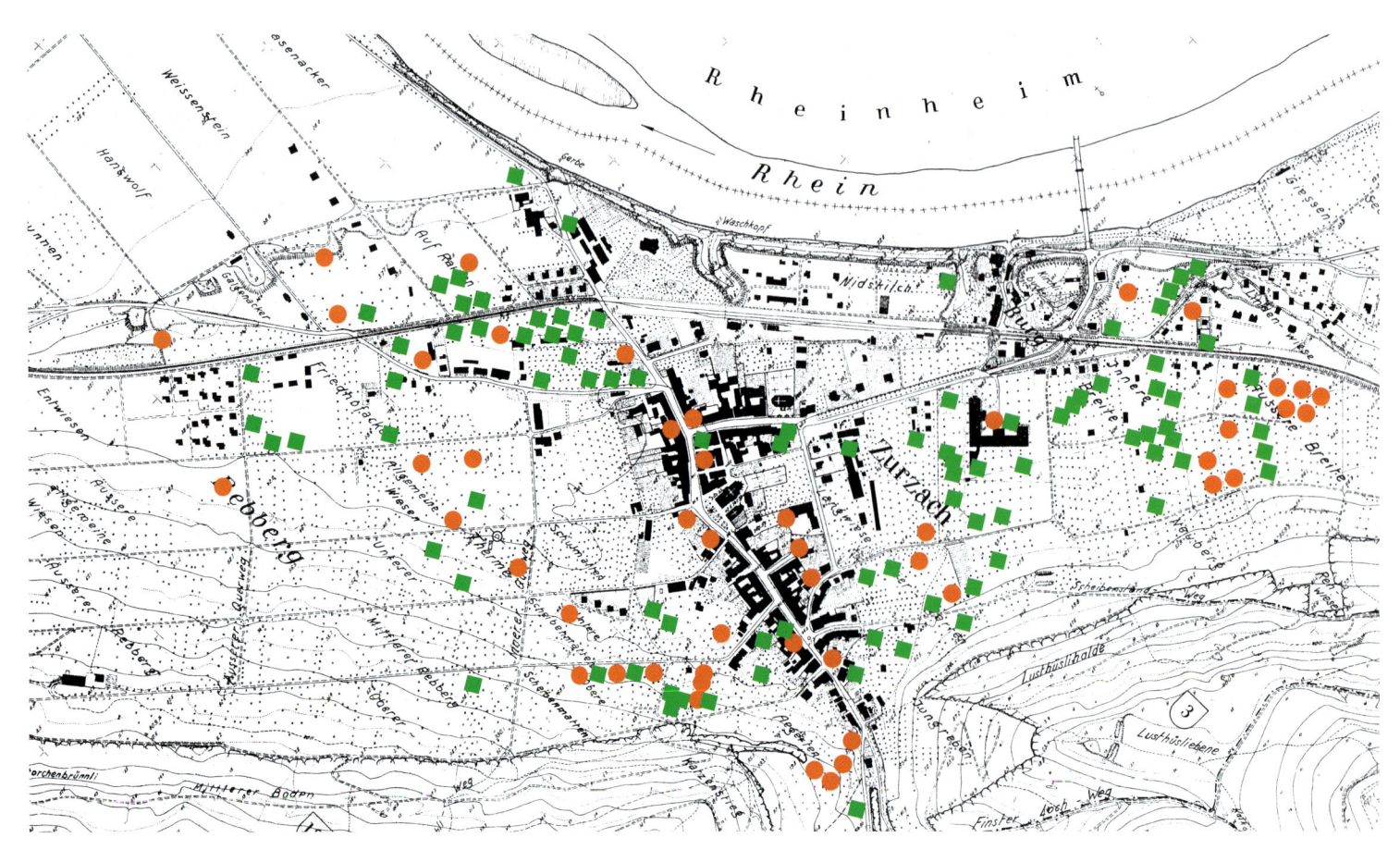

	Privatbau total			Wohnungsbau			Gewerbebau			Übriger Privatbau		
	(1)	(2)	(3)	(1)	(2)	(3)	(1)	(2)	(3)	(1)	(2)	(3)
Gemeinde Zurzach	103	33'500	100	29	9'400	28	60	19'500	59	14	4'600	13
Kanton Aargau	8'717	19'600	100	5'003	11'300	57	3'151	7'000	36	563	1'300	7

Tab. 11 Privatbautätigkeit in der Gemeinde Zurzach 1960–1973.

(1) Bautätigkeit in Millionen Franken (2) Bautätigkeit in Franken pro Kopf (3) Bautätigkeit in Prozenten
Quelle: Statistisches Amt des Kantons Aargau, Bautätigkeit 1960–1973

Tiergartenquartier durch die Errichtung von Schulbauten und etlichen grösseren Wohnhäusern einschneidende Veränderungen. In der zweiten Hälfte der Sechzigerjahre verlagerte sich der Schwerpunkt der Bautätigkeit auf die östliche Seite des Zurzacher Siedlungsgebietes. Erhebliche Erweiterungen waren insbesondere in den Einfamilienhausgebieten des Lindenrains sowie der inneren und der äusseren Breite zu beobachten. Mit dem Projekt Seeäcker entstand schliesslich auch im Osten des Fleckens ein neues Mehrfamilienhausquartier.

Gewerbliche Bautätigkeit

Tabelle 11 ist zu entnehmen, dass die Privatbautätigkeit in Zurzach zwischen 1960 und 1973 deutlich lebhafter war als im kantonalen Durchschnitt. Es wird ersichtlich, dass dies vor allem auf die ausserordentlich starke gewerbliche Investitionstätigkeit zurückzuführen ist. Im Wohnungsbau weist Zurzach hingegen unterdurchschnittliche Werte auf.

Die der gewerblichen Bautätigkeit zuzurechnenden Investitionen stammen zu 85 % aus dem Fremdenverkehrssektor (vgl. Tab. 12). Als grösste Projekte seien die Thermalbadanlagen, das Rheumazentrum und das Hotel Zurzacherhof erwähnt.

Ungleich geringere bauliche Investitionen waren hingegen im industriell-gewerblichen Sektor zu verzeichnen. Auf Industrie und Handwerk entfallen lediglich 8 % der Investitionssumme im Zurzacher Gewerbebau zwischen 1960 und 1973. Die wichtigsten Investitionsvorhaben betreffen den Neubau der Mineralquelle AG sowie die baulichen Erweiterungen der Schuhfabriken Odermatt & Co AG und der Firma Triumph, Spiesshofer und Braun. Obwohl in Zurzach infolge der touristischen Entwicklung eine stark überdurchschnittliche gewerbliche Bautätigkeit zu registrieren war, konnte sich das lokale Baugewerbe zwischen 1955 und 1975 nur unwesentlich vergrössern. Dies liegt in erster Linie daran, dass die grössten Bauvorhaben – Rheumazentrum, Thermalbad – an auswärtige Generalunternehmen vergeben wurden. Vor allem beim Bau des Rheumazentrums wurden zahlreiche spezielle Bauleistungen nachgefragt, die für die relativ kleinen Betriebe des Zurzacher Baugewerbes kaum zu bewältigen waren. Auf diese Weise gingen jedoch wichtige wirtschaftliche Impulse an andere Regionen verloren. Zwar kam das Zurzacher Baugewerbe bei etlichen Hotelumbauten, Renovationen, Fassadenerneuerungen etc. zum Zuge; die Baukosten für derartige Vorhaben lagen jedoch deutlich unter den Bausummen der eigentlichen Bade- und Kureinrichtungen. Ausserdem entstanden in Zurzach nur wenige Ferienhäuser oder Zweitwohnungen, die das Baugewerbe in andern Fremdenverkehrsorten normalerweise stark expandieren lassen.[48] Weiter gehende Berücksichtigung fand das lokale Baugewerbe indessen beim Wohnungsbau. Das Investitionsvolumen für den Wohnungsbau war mit 29 Millionen Franken (1960 bis 1973) nur knapp halb so gross wie dasjenige des Gewerbebaus.

Wohnbautätigkeit

Gesamthaft wurde der Wohnungsbestand in der Gemeinde Zurzach von 1951 bis 1973 um 409 Wohnungen oder rund 60 % erweitert. Die Fünfzigerjahre waren durch eine sehr schwache Bautätigkeit von durchschnittlich zehn

Wirtschaftsgruppe	Bausumme in Mio. Fr.	in %
Handwerk und Industrie	5	8
Bade- und Kureinrichtungen	40	67
Gastgewerbe	11	18
Übriger Dienstleistungssektor	4	7
Gewerbebau total	60	100

Quellen: Statistisches Amt des Kantons Aargau, Bautätigkeit 1960–1973; eigene Erhebungen

Tab. 12 Gewerbebau in der Gemeinde Zurzach nach Wirtschaftsgruppen 1960–1973.

[47] Vgl. hierzu ausführlich JOST KRIPPENDORF, Tourismus – «Paradepferd der Konjunktur» und «entwicklungspolitischer Geheimtip»?, in: Die Volkswirtschaft 5, 1976, S. 1–3.
[48] Im Jahre 1981 hat sich die Gemeinde trotzdem freiwillig der Lex Furgler unterstellt. Durch diesen Erlass soll insbesondere der Erwerb von Grundstücken durch Ausländer unter Kontrolle gehalten werden.

Wohnungen pro Jahr gekennzeichnet. In den meisten Fällen handelte es sich hierbei um Wohnungen in Ein- oder Zweifamilienhäusern. Ein bedeutender Zuwachs an Wohnungen ergab sich erst, als zu Beginn der Sechzigerjahre im Turmäckerquartier die ersten Blockbauten entstanden. In den gleichen Jahren wurde auch das Angebot an Wohnungen in Ein- und Zweifamilienhäusern entscheidend verbessert (äusseres Entwiesenquartier). Während einer längeren Periode blieb der Wohnungsbestand dann beinahe unverändert, bis schliesslich von 1971 bis 1973 nochmals über hundert Wohnungen hinzukamen. Der grösste Anteil entfiel dabei auf die Grossüberbauung Sonnenrain. Die zurückhaltende Bautätigkeit hätte eine Folge mangelnder Nachfrage nach Wohnungen sein können. Die Wirtschaftsentwicklung der Gemeinde Zurzach lässt eine solche Interpretation indessen als wenig wahrscheinlich erscheinen. Die Angaben der Leerwohnungsstatistik dokumentieren denn auch eindeutig, dass der Zurzacher Wohnungsmarkt schon Mitte der Fünfzigerjahre als angespannt zu bezeichnen war.[49] Seit Mitte der Sechzigerjahre setzte sogar ein ausgesprochener Wohnungsmangel ein. Der grösste Nachfrageüberhang war bei den Drei- und Vierzimmerwohnungen zu verzeichnen.

Zu diesen Engpässen auf dem Wohnungsmarkt kam es weniger infolge mangelnder unternehmerischer Initiative als aufgrund fehlender, unpassender oder zu teurer Grundstücke. Es wurde bereits an anderer Stelle darauf hingewiesen, dass der Zurzacher Bodenmarkt im Anschluss an die Erbohrung der Thermalquelle schlagartig an Flexibilität verlor. Unmittelbar einsetzende Spekulationskäufe führten zu drastischen Bodenpreissteigerungen.[50] Bald einmal war ein Niveau erreicht, das keinen preisgünstigen Wohnungsbau mehr zuliess. Spekulative Grundstückhortung, Zonenplanung, zu niedrige steuerliche Einschätzungswerte sowie die gleichzeitige Einführung der kantonalen Grundstücksgewinnsteuer liessen das Angebot an käuflichen Grundstücken praktisch über Nacht verschwinden. Die daraus resultierende Flächenknappheit hielt bis Ende der Sechzigerjahre an; dann begann sich der Liegenschaftshandel wieder zaghaft zu beleben.[51] Da den ortsansässigen Industriebetrieben in den durch die Ortsplanung ausgeschiedenen Industriezonen jederzeit genügend Reserveflächen für allfällige Erweiterungsvorhaben zur Verfügung standen und sich auch die Bädergesellschaften rechtzeitig einen ausreichenden Umschwung gesichert hatten, wirkte sich die Grundstücksknappheit vor allem im Wohnungsbau aus. Es ist allerdings auch denkbar – aber kaum nachzuweisen –, dass infolge des Mangels an geeigneten Flächen die eine oder andere Betriebsansiedlung verhindert wurde. Der Mangel an Wohnungen bewirkte u. a. auch eine überdurchschnittliche Mietpreisentwicklung.[52] Zu Beginn der Siebzigerjahre lag das Mietpreisniveau rund 20–30 % über dem regionalen Mittel. Die rapid ansteigenden Mietpreise waren allerdings nicht nur eine Folge der Vorgänge auf dem Grundstücksmarkt. Es sei an dieser Stelle lediglich daran erinnert, dass die industrielle Entwicklung bis Mitte der Sechzigerjahre durch erhebliche Arbeitsplatzgewinne gekennzeichnet war.[53] Dies führte auf dem Wohnungsmarkt zu einem verstärkten Nachfragedruck, der sich seinerseits in anziehenden Mietpreisen äusserte. Problematisch wirkte sich in diesem Zusammenhang – wie bereits dargelegt – ganz besonders der Zustrom zahlreicher Ausländer aus. Mit ihren niedrigen Ansprüchen an den Wohnkomfort beanspruchten die Ausländer vor allem in den Altwohnungen der Fleckenzone ein beachtliches Wohnungspotenzial der niedrigen Preisklassen. Durch die ertragssteigernde zimmerweise Vermietung ehemaliger Wohnungen wurde das Mietpreisniveau insbesondere in den billigeren Kategorien erheblich gehoben.

Der Mangel an Wohnungen und relativ hohe Mietpreise führten schliesslich zur wenig erfreulichen Situation, dass junge Zurzacher, die eine Familie gründen wollten, in ihrer Heimatgemeinde keine passende Wohnung finden konnten. Für die langfristig sicher unerwünschte altersselektive Abwanderung sind somit nicht nur Arbeitsmarktgründe verantwortlich. Als ebenso wichtige Ursachen sind die Engpässe auf dem Wohnungsmarkt zu erachten. Unter diesen Gesichtspunkten wiegt es besonders schwer, dass es die Gemeinde trotz guter Finanzlage versäumte, sich frühzeitig für den Wohnungsbau geeignete Grundstücke zu sichern. Durch eine aktivere Bodenpolitik der öffentlichen Hand hätten sich nämlich die Entwicklungsengpässe auf dem Grundstücks- und Wohnungsmarkt weitgehend vermeiden lassen.

---

[49] HANSER, Auswirkungen, S. 75 f.
[50] Vgl. hierzu Anmerkung 18.
[51] Grundbuchamt des Bezirkes Zurzach, Jährliche Zusammenfassung über den Liegenschaftsverkehr in der Gemeinde Zurzach (1961 1974).
[52] HANSER, Auswirkungen, S. 77.
[53] Vgl. hierzu S. 408–410.

Projekt Hochrhein-Schifffahrt
Wiederbelebung der alten Transportwege

FRANZ KELLER-SPULER

Die Schiffbarmachung des Hochrheins hätte für Zurzach die Wiederbelebung jener Form des Gütertransports bedeutet, der in der Messezeit praktiziert wurde. Das war einer der Gründe, weshalb die Idee von der Schiffbarmachung des Stroms bei vielen Leuten auf grosses Interesse stiess. Voraussetzung für eine neuzeitliche Nutzung des Rheins als Wasserweg war die Erstellung von dreizehn Kraftwerken zwischen Basel und Schaffhausen.[1] Das erste, jenes von Rheinfelden, war noch im 19. Jahrhundert gebaut worden. 1904 erreichte der erste Schleppzug auf dem regulierten Oberrhein die vorläufige Endstation Basel. Rheinschifffahrts-Verbände und der 1909 geschaffene «Schweizerische Wasserwirtschaftsverband» setzten sich fortan zielstrebig für die Weiterführung des Wasserwegs Richtung Bodensee ein. Mithilfe der Anrainerkantone trieben sie den Kraftwerkbau voran. Ihrer Initiative war es zu verdanken, dass das zweite Kraftwerk am Hochrhein, das von Augst-Wyhlen, schifffahrtstauglich mit Schleusen gebaut wurde. Damit waren wenigstens ein paar zusätzliche Kilometer für die Binnenschifffahrt erschlossen. Dass es langfristig bei diesem kleinen Teilerfolg bleiben würde, befürchteten damals nicht einmal die grössten Pessimisten. Beim Bau der beiden nächsten Kraftwerke – Laufenburg (1914) und Eglisau (1920) – wurden aber nur noch elementare Voraussetzungen für eine spätere Grossschifffahrt berücksichtigt. 1913 war ein internationaler Wettbewerb zur Erstellung eines Ausbauplanes für den Kraftwerkbau und die Schiffbarmachung des Hochrheinabschnitts ausgeschrieben worden.[2] Der Erste Weltkrieg brachte den Zeitplan durcheinander. Erst 1926 lagen die bereinigten Ergebnisse für den Bau weiterer Kraftwerke vor. Sie legten Wert auf die Freihalte-Vorschriften zur Schiffbarmachung. Eine deutsch-schweizerische Kommission wachte über deren Einhaltung.

Der Vertrag vom 28. März 1929 zwischen Deutschland und der Schweiz über die Rheinregulierung enthielt in Artikel 6 den Zusatz, dass «die Ausführung des Grossschifffahrtsweges von Basel bis zum Bodensee zu erstreben ist». Alle Konzessionen für Kraftwerkbauten, Brücken und Uferanlagen müssten mit den notwendigen Auflagen

---
[1] Schiffbarmachung des Hochrheins, S. 9.
[2] Ebd., S. 9.

1 Wie der Hafen von Rekingen im Jahre 2000 aussehen wird: Prognose von 1965.

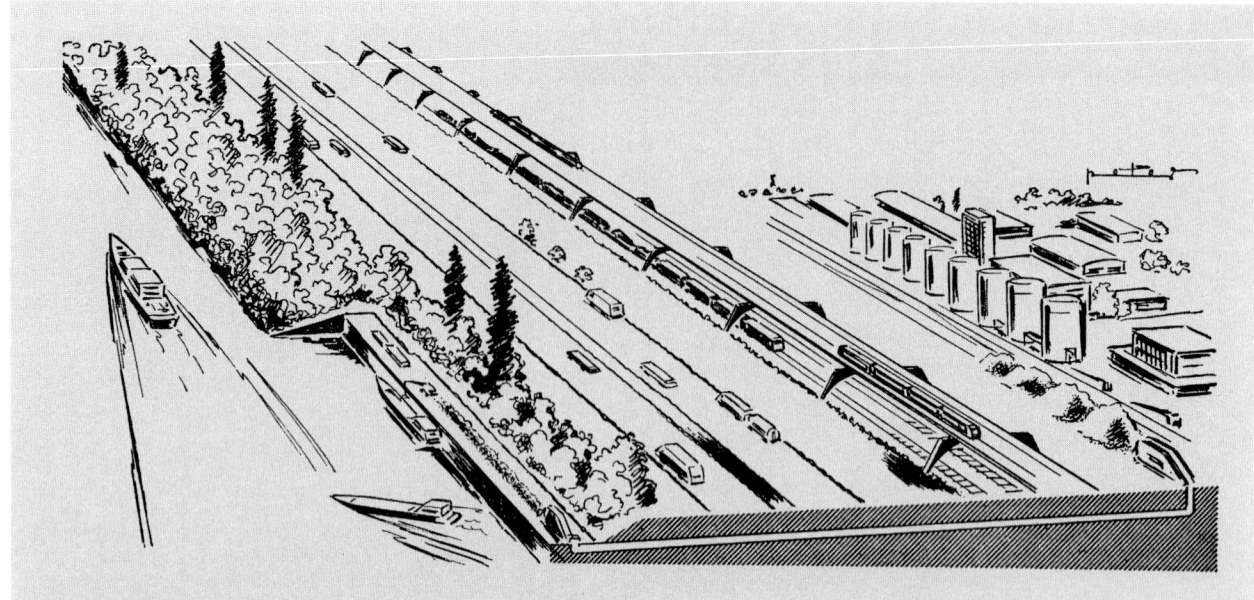

Verkehrs-, Umschlags- und Industrieanlagen bei Rekingen

Personenschiffe und Frachter auf dem Rhein. Von der Anlagestelle werden Massengüter und Stückgut mit Förderbändern und Saugrohren zu den Lagerplätzen oder direkt in die Fabrikanlagen gebracht. Der Verlad von Zement aus der Zementfabrik (rechts im Bild) erfolgt durch eine elektronisch gesteuerte Abfüllanlage in spezielle Siloschiffe. — Neben der Expreßstraße liegt die auf Doppelspur ausgebaute Rheintalbahn. Über dem Bahntrassee zirkulieren Kompositionen der Einschienen-Schnellbahn System «Von Roll». Die vollautomatisch gesteuerten Expreßzüge erreichen Geschwindigkeiten bis 250 km/h.

versehen werden. Zur Zeit des Zweiten Weltkrieges war die Hochrhein-Schifffahrt kein Thema. Mit einigem Glück konnte das Kraftwerk Reckingen noch fertig gebaut werden. Erst 1957 beschlossen die Regierungen, die 1939 unterbrochenen Verhandlungen fortzuführen. Die «Deutsch-Schweizerische Technische Kommission für die Schiffbarmachung des Hochrheins» nahm die Projektierungsarbeiten auf. Sie stellte einleitend fest, dass der lückenlose Kraftwerkbau zwischen Basel und Schaffhausen nun bald realisiert sei und dass deshalb jetzt zügig die Projektierung des Schifffahrtsweges folgen müsse.[3]

Die Federführung übernahm das Regierungspräsidium in Freiburg. Für die Detailbearbeitung der verschiedenen Staustufen gingen die Aufträge ungefähr zu gleichen Teilen nach Deutschland und in die Schweiz. In der Schweiz hatte das Eidgenössische Amt für Wasserwirtschaft die Gesamtleitung inne. Die einzelnen Stufenprojekte enthielten die Abschnitte Flussstrecken, Schifffahrtsanlagen, hydraulische Verhältnisse, Anpassung bestehender Bauwerke, Bauprogramme mit Terminen, Baukosten. Zurzach erscheint im Kapitel «Stufe Koblenz». Die Pläne sahen den Abbruch und die anschliessende Höherlegung der Brücke Zurzach–Rheinheim vor, wobei die Pfeiler stehen geblieben wären.[4] Die entsprechenden technischen Abklärungen dienten später als Grundlage für den Brückenbau von 1976/1977. Die Rheininsel beim Pontonierfahrhaus hätte dem Aufstau weichen müssen. Für den zweischleusigen Ausbau des Laufen-Kraftwerks waren rund 25 Millionen Franken erforderlich. Einfacher lagen die Verhältnisse beim Kraftwerk Reckingen. Dort waren schon etliche Vorkehrungen für den Schleusenbau getroffen worden. Das dafür vorgesehene Areal auf der deutschen Seite bot keine topographischen Probleme. Als Aushubdeponie war die nahe gelegene Schneckenhalde Richtung Lienheim vorgesehen.

Das Gesamtprojekt 1961 beschränkte sich auf die Beschaffung der technischen Unterlagen. Wirtschaftliche Erwägungen und Berechnungen blieben ausgeklammert. Die wurden aber von der wachsenden Opposition ins Feld geführt. Der Autobahnbau bekam Vorrang; Kernkraftwerke schienen mehr und mehr den Bau von Wasserkraftwerken überflüssig zu machen. Die Politik ging auf Distanz zur Binnenschifffahrt. 1976 kam noch die «Technische und finanzielle Fortschreibung des Projektes 1961» zustande. Sie wirkte schon fast wie ein Abgesang auf die Hochrhein-Schifffahrt. Der gesamte Rheinabschnitt von Koblenz bis

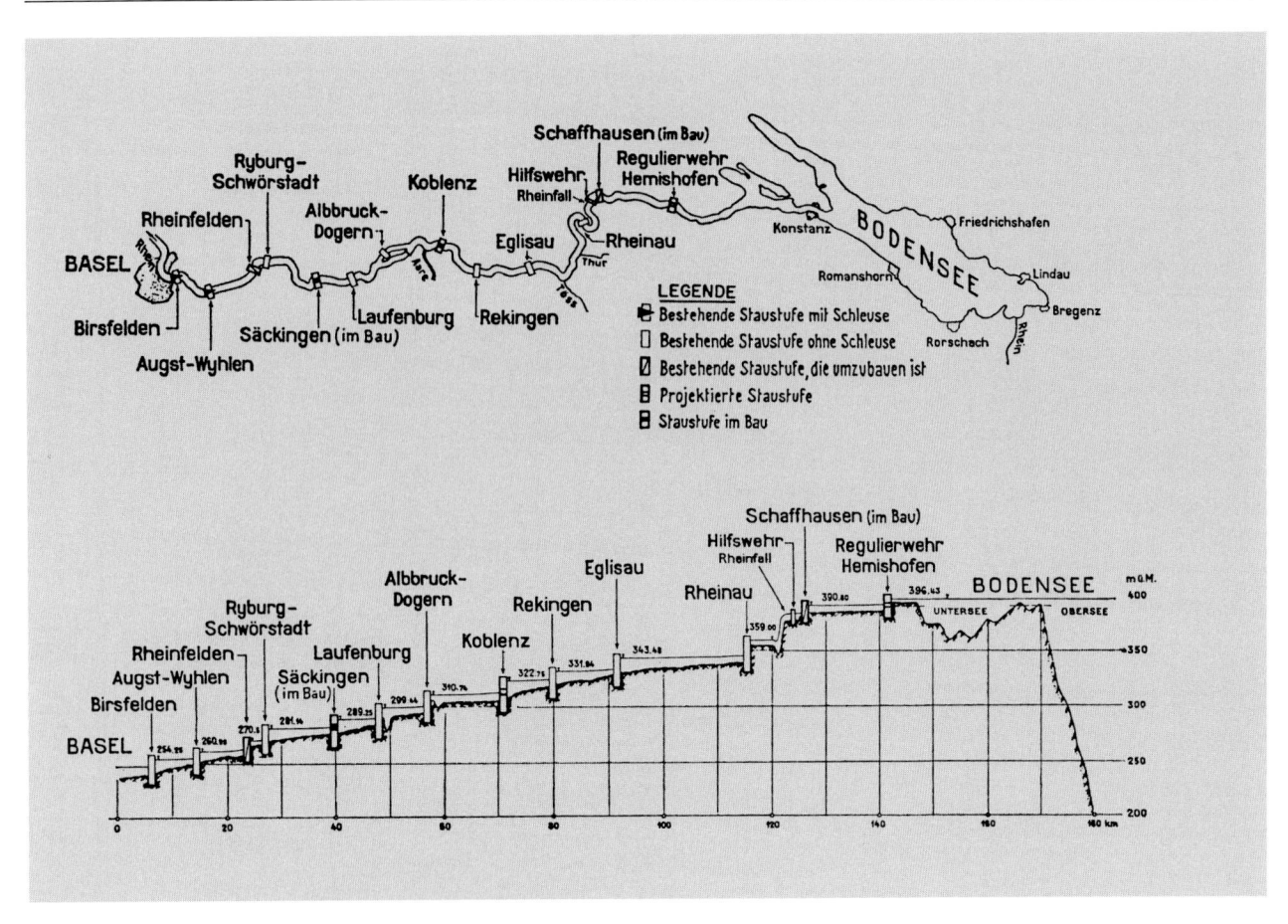

2 Geplanter Ausbau der Wasserstrasse Basel–Bodensee, Situation und Längenprofil, 1968.

Schaffhausen wurde nicht mehr in die Überarbeitung einbezogen, weil eine Realisierung auf absehbare Zeit als unwahrscheinlich eingestuft wurde. Immerhin sollte die Option Wasserstrasse Basel–Koblenz/Waldshut offen bleiben und durch entsprechende Freihalte-Massnahmen gesichert werden. Als Endstation der Hochrhein-Schifffahrt sah das Projekt 1976 das Vorgelände des Lonza-Areals zwischen Bundesstrasse, Wutach und Rhein vor.[5]

---

[3] Ebd., S. 10.
[4] Ebd., S. 70.
[5] Ausbau des Hochrheins zur Grossschifffahrtsstrasse Aaremündung–Basel. Generelles Projekt 1976. Technische und finanzielle Fortschreibung des Projektes 1961, 6 Abb., 10 Plantafeln, 1 Übersichtsplan, Situationsplan im Anhang.

Abbildungsnachweise:
1) Repro aus: Erich Bugmann, Die Region Zurzach am Verenatag 2000, in: 125 Jahre Zeitung in Zurzach, Jubiläums-Beilage zum Zurzacher Volksblatt, November 1965.
2) Repro aus: 50 Jahre Aargauischer Wasserwirtschaftsverband, in: Wasser- und Energiewirtschaft, 60. Jg., Nr. 9/10, 1968.

Kraftwerkprojekt Koblenz-Kadelburg

Franz Keller-Spuler

Wasserkraftwerk oder Kernenergie

Der Kraftwerkbau am Hochrhein zwischen Basel und Schaffhausen war von Anfang an mit dem Konzept der Schiffbarmachung des Stromes bis zum Bodensee verbunden. Das Kraftwerk Reckingen (1941) war ein wichtiger Schritt in dieser Richtung. Nach seiner Vollendung blieben nur noch drei Aufstaulücken: die von Säckingen (geschlossen 1965), diejenige von Koblenz-Kadelburg und jene von Rheinau (geschlossen 1956). Sowohl für die Schiffbarmachung wie auch für den Kraftwerkbau bestanden gute Realisierungschancen. Die ansässigen Industrien (Holzverarbeitung und Chemie) begrüssten die Projekte. Neuansiedlungen im Hinblick auf Transportmöglichkeiten auf dem Wasserweg zeichneten sich ab. So eröffnete das Chemiewerk Uitikon 1948 eine wichtige Zweigniederlassung in Full, und die ersten Abklärungen für ein Zementwerk in Zurzach oder Rekingen liefen auch unter den Aspekten der künftigen Hochrheinschifffahrt.[1] Im Rietheimer Feld erwarb die Motor Columbus AG eine beträchtliche Landfläche zur Erstellung eines ölthermischen Kraftwerks.

Für die Gemeinde Zurzach war die Situation schwierig. Die Thermalquellen-Erschliessung von 1955 fiel zeitlich mit den Vorarbeiten für das Kraftwerk Koblenz-Kadelburg zusammen. Der Ausbau zum Kurort war noch nicht gesichert, aber es liess sich unschwer voraussehen, dass ein Kraftwerkbau am Laufen der Gemeinde im Allgemeinen und dem Kurort im Besondern viel Ungemach gebracht hätte. Als vom Pontonierfahrhaus rheinabwärts die Bauprofile standen, die die künftige Höhe der Schutzdämme anzeigten und als Signaturen an den Uferbunkern den späteren Wasserstand markierten, wurde sich die Bevölkerung des Ausmasses der Landschaftseingriffe bewusst.

Ausschreibung und Planauflagen dauerten vom 26. Dezember 1956 bis 25. Februar 1957. Die Kraftwerkfrage war Hauptthema an der Gemeindeversammlung vom 15. Februar 1957.[2] Grundsätzlich war man sich einig in der

---

[1] Bericht über die Schliessung des Werkes 2002, Aargauer Zeitung 31. Januar 2002.
[2] Protokoll Einwohnergemeindeversammlung Zurzach, 15. Februar 1957.

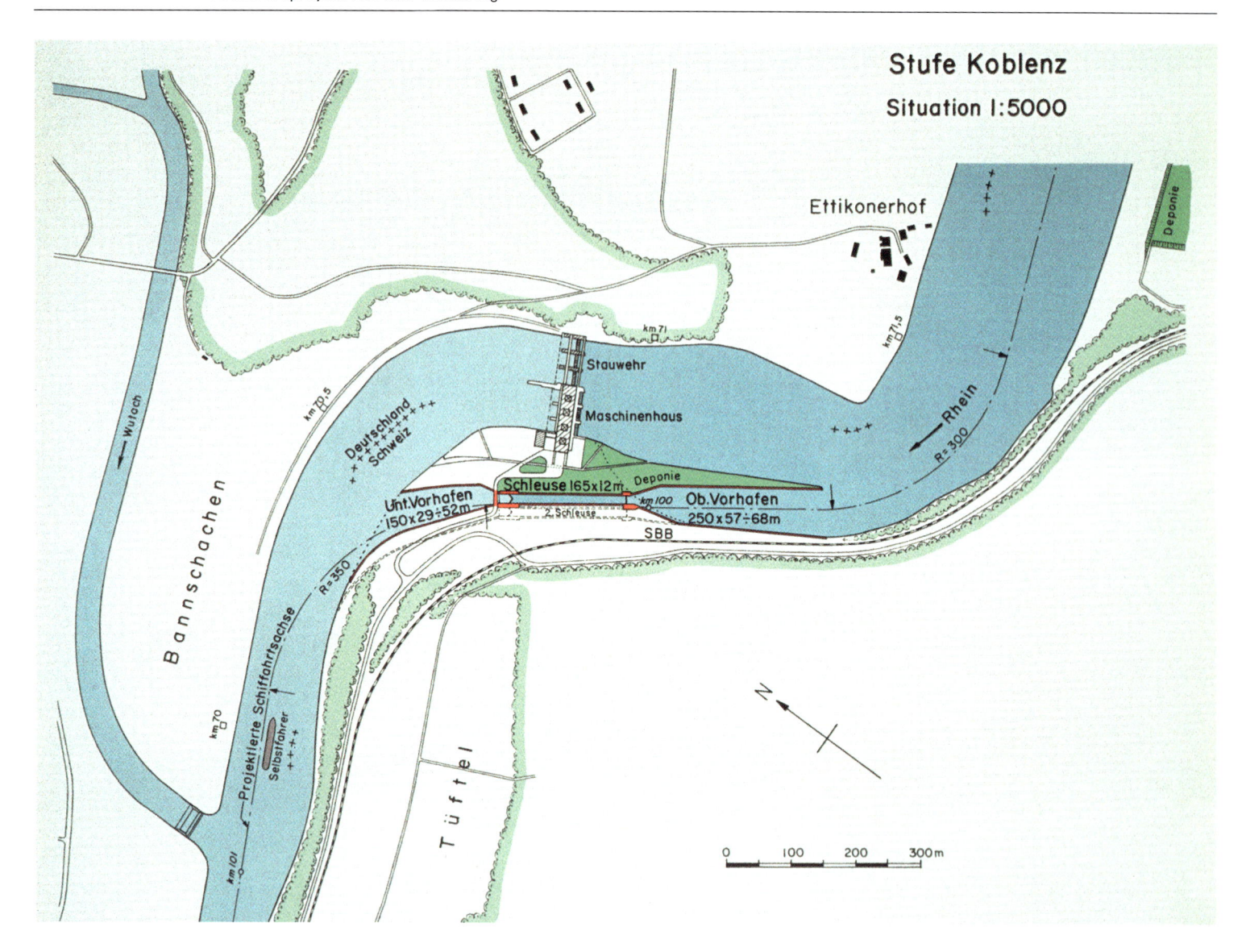

1 Das geplante Koblenzer Stauwehr mit Schleuse. Situationsplan.

Ablehnung des Projektes und im Begehren auf einen generellen Verzicht. Zu sehr würde die Landschaft verschandelt, zu gross wäre die Gefährdung des Grundwasserstroms, zu stark würde die Weiterentwicklung des Bezirkshauptortes beeinträchtigt. Einige Votanten schienen eher zu resignieren und wollten sich darauf beschränken, für den Fall der Realisierung möglichst hohe Entschädigungen auszuhandeln. Der Forderungskatalog reichte vom Land-Realersatz über ein neues Schwimmbassin bis zur Bootsanlegestelle und zur Pferdeschwemme. Mit 307 gegen 25 Stimmen wurde einer Resolution zugestimmt, die neben «grundsätzlicher Einsprache» den Gemeinderat beauftragte, «alles zur Verhinderung der Konzessionserteilung» für das vorgesehene Kraftwerk Koblenz-Kadelburg zu tun. Viel fruchtete die Zurzacher Resolution nicht. Regierungsrat und Grosser Rat waren für die Konzessionserteilung, nachdem das Projekt zugunsten der Natur- und Landschaftspflege einige Korrekturen erfahren hatte.

Anders war die Ausgangslage für Koblenz, auf dessen Gemeindebann das Kraftwerk zu stehen kommen sollte. Schon 1954 hatte dort die Gemeindeversammlung fast einstimmig den Kraftwerkbau gutgeheissen.[3] Das Werk würde zu beträchtlichen Steuereinnahmen verhelfen, und sein Standort an der äussersten Ecke des Gemeindegebietes auf der Grenze zu Rietheim hätte der Ortschaft Koblenz landschaftliche Beeinträchtigungen erspart. Zudem schwang die Überlegung mit, der Kraftwerkbau und die Hochrhein-Schifffahrt könnten aus dem Strassen- und Eisenbahndorf Koblenz auch noch eine Drehscheibe für den Binnenschiffsverkehr machen. Die Sorgen der Zurzacher gingen den Koblenzern nicht nahe. Sie erinnerten sich der Opposition des Bezirkshauptortes gegen den Bau der Koblenzer Rheinbrücke von 1932, als man damals im Flecken die Verlagerung des grenzübergreifenden Strassenverkehrs von Zurzach nach Koblenz verhindern wollte.[4]

Der Grosse Rat hiess die Konzessionserteilung für die Werke Säckingen und Koblenz mit grosser Mehrheit gut. Das Stimmenverhältnis für Koblenz-Kadelburg lautete 119 zu 21. Alle Grossräte des Bezirks, mit Ausnahme von Dr. Walter Edelmann, standen auf der Ja-Seite. An der Zurzacher Gemeindeversammlung vom 12. Dezember 1958 orientierte der neu gewählte Gemeindeammann Dr. Walter Edelmann über die kantonale Baufreigabe für den Kraftwerkbau und die inzwischen mit der Bauherrschaft geführten Verhandlungen. Am baldigen Baubeginn war nicht mehr zu rütteln. Zurzach musste sich damit begnügen, für die vielen negativen Auswirkungen angemessene Entschädigungen herauszuholen. Das gelang für die Anpassung des Wegnetzes, für die Erstellung einer neuen Badeanlage im Oberfeld und für die Sammelkanalisation samt Kläranlage. Weniger entgegenkommend zeigten sich die Konzessionsträger in der Frage des Grundwasserschutzes.[5]

Die bundesrätliche Konzessionserteilung erfolgte am 25. August 1959. Sie erging an die Nordostschweizerischen Kraftwerke AG, Baden, an die Aargauischen Elektrizitätswerke, Aarau, und an die Badenwerke AG, Karlsruhe. In euphorischer Hochkonjunktur-Stimmung fand im Januar 1964 der Spatenstich am Laufen statt. Doch die Arbeiten kamen schon in der ersten Phase ins Stocken. An der Gemeindeversammlung vom 25. Februar 1957 war bereits das Argument vom bevorstehenden Wechsel zur Kernenergie eingeworfen worden. Was damals noch als Utopie erschien, wurde nun überraschend schnell aktuell. Nur wenige Kilometer von der Laufen-Baustelle entfernt betrieben die Nordostschweizerischen Kraftwerke AG in der Beznau Döttingen die Planungsarbeiten für das erste schweizerische Kraftwerk mit «sauberer Kernenergie». Damit kam das vorläufige Ende für weitere Wasserkraftwerke.[6] 1964 wurden die Bauarbeiten am Kraftwerk Koblenz-Kadelburg eingestellt, und auf den 31. Dezember 1967 wurde die Rheinkraftwerk Koblenz AG aufgelöst. Im Dezember 1965 fuhren in der Beznau die Baumaschinen zur Grundsteinlegung für das Kernkraftwerk auf.

In Zurzach konnte man aufatmen. Es blieb noch die Sorge um das im Rietheimer Feld geplante ölthermische Kraftwerk. Auf dieses Projekt reagierte die Gemeinde Zurzach mit entschlossener Ablehnung. Ein Brennstoffverbrauch von 100 Tonnen Schweröl pro Stunde hätte für den Kurort Zurzach fatale Auswirkungen gehabt. Doch mit der Aufgabe des Kraftwerkprojektes und mit der damit verbundenen Vertagung der Hochrhein-Schifffahrt erlosch auch das Interesse an einem ölthermischen Kraftwerk im Rietheimer Feld.

2 Der Rhein oberhalb des Koblenzer Laufens. Eine ins Flussbett gesetzte Zugangsröhre unter der Schwelle im Vordergrund ist das einzige Überbleibsel des nicht ausgeführten Kraftwerkprojekts.

---

[3] SEILER, Geschichte von Koblenz, S. 106.
[4] Ebd., S. 98.
[5] Konzessionsgesuche für die Rheinkraftwerke Säckingen und Koblenz. Botschaft des Regierungsrates des Kantons Aargau an den Grossen Rat, Aarau 1958, S. 51.
[6] Nordostschweizerische Kraftwerke AG, Geschäftsberichte der Jahre 1964–1968.

Abbildungsnachweise:
1) Archiv NOK Beznau.
2) Foto A. Hidber.

Wirtschaftliche Entwicklung 1970–2000 anhand von Beispielen

Franz Keller-Spuler

Cementfabrik «Holderbank», Werk Rekingen-Mellikon

Planung und Projektierung des Werkes reichten weit in die Jahre der Bau-Hochkonjunktur zurück.[1] Nach langen Auseinandersetzungen um Standort, Landerwerb und Umweltauflagen hatte die Cementfabrik «Holderbank» 1973 die Baubewilligung erhalten. Schon im Juni 1975 ging das moderne Werk in Betrieb. Die Höhe der Baukosten von 220 Millionen Franken hatte einiges mit den Umweltauflagen zu tun. Ausgelegt war das Werk für eine Produktion von 700'000 Tonnen. Schon im ersten vollen Betriebsjahr 1976 wurde ein Ausstoss von 500'000 Tonnen erreicht. Ab 1977 arbeitete das Unternehmen mit einer Belegschaft von 135 Leuten, mit eingerechnet die Angestellten im Steinbruch, in der Finanz- und Betriebsbuchhaltung. Für 1972 hatte man mit einem nationalen Zementbedarf von 6 Millionen Tonnen gerechnet. Die 1973 einsetzende Ölkrise beeinträchtigte jedoch die Weltwirtschaftslage und reduzierte die inländische Zementproduktion 1976 auf 3,6 Millionen Tonnen. Parallel zum Aufbau des Rekinger Werkes erfolgte die stufenweise Reduzierung des Stammbetriebs in Holderbank. Ab 1977 arbeiteten Direktion und Administration der Cementfabrik «Holderbank» in Rekingen. 1980 erfolgte die Übernahme der still gelegten Kalkfabrik Spühler in Rekingen.

Gegen 1980 konnte sich die Zementindustrie von der Ölkrise einigermassen erholen. Die Jahresproduktion des Rekinger Werks stieg auf 600'000 Tonnen. 1982 verlegte die Cementfabrik «Holderbank» ihren Geschäftssitz definitiv nach Rekingen. Einschneidend wirkte sich die Nahostkrise auf den Brennstoffverbrauch aus. Die Ölpreise stiegen um ein Mehrfaches. In Rekingen wurde rasch mit der Umstellung auf Kohle reagiert. Der Rohstoff wurde zur Hauptsache aus Südafrika importiert. Später wurde mit dem System der Altholzverbrennung ein dritter Schritt getan. Dieses Projekt brachte einmal mehr die Umweltkreise in der deutschen Nachbarschaft auf die Barrikaden. Das Vorhaben setzte sich schliesslich durch, wobei sich wegen der hohen Aufbereitungskosten, der tiefen

---

[1] Zur Vorgeschichte vgl. Hanser im vorausgehenden Beitrag.

1 Zementfabrik Rekingen. Im Hintergrund die Dampfwolke des AKW Leibstadt.

2 Reklamepuppe aus den Dreissigerjahren. Bemalter Gips und Stoff, Höhe ca. 50 cm. Sammlung Triumph, Museum Höfli.

Entsorgungsentschädigungen und des mit der Zeit zu geringen Brennmaterialanfalls die Erwartungen nur teilweise erfüllten. Nach einigen technischen Anlaufschwierigkeiten funktionierte die Altholzverbrennung einwandfrei. Doch zu diesem Zeitpunkt fielen auch schon die Stilllegungsbeschlüsse für das ganze Werk. Im Mai 1999 wurde die Produktion eingestellt. Für die Beteiligten war es in jeder Hinsicht ein Schock. Der Rohstoff im Musital hätte noch für ungefähr achtzig Jahre gereicht. Das Werk galt in seiner modernen Art als Vorzeigeobjekt, das vielen Delegationen aus der ganzen Welt stolz präsentiert wurde. Das Unternehmen hatte sich zudem durch den Bau von fabrikeigenen Einfamilienhäusern und Wohnblöcken für einen längeren Zeitraum im Rheintal eingerichtet.

Die Betriebsleitung fasste die Schliessungsgründe in wenigen Stichworten zusammen. Der stagnierende Absatz bewirkte eine Überkapazität bei den Betrieben der Cementfabrik «Holderbank». Die Schliessung eines kleinen Werkes hätte nicht genügt. Die ungünstige Verkehrslage von Rekingen verursachte zu hohe Transportkosten. Und schliesslich erforderten die gestiegenen Ansprüche der Bauherrschaft ein breit gefächertes Angebot verschiedener Zementarten. Für diese Situation war das Werk Rekingen nicht gerüstet. Im europaweit liberalisierten Zementmarkt sind die schweizerischen Standortfaktoren ganz allgemein zu wenig attraktiv.

Für die zum Zeitpunkt der Schliessung verbliebenen hundert Angestellten konnten dank Frühpensionierung, Vermittlung und Übernahme in andere Konzernbetriebe verträgliche Lösungen gefunden werden. Schwerer traf es die Sitzgemeinde Rekingen, die in diesem Zeitabschnitt weitere wirtschaftliche Rückschläge zu verkraften hatte. Die Einstufung der SBB-Station, die sich dank dem grossen Warenumschlag zu einem wichtigen Güterbahnof entwickelt hatte, musste in der Folge deutlich zurückgenommen werden.[2]

Triumph International Spiesshofer & Braun, Zurzach

Das württembergische Familienunternehmen Spiesshofer & Braun hatte 1933 in Zurzach die erste Auslandsniederlassung gegründet. In den eingemieteten Räumen der ehemaligen Textilfabrik Zuberbühler begann die Produktion von Miederwaren. 1936 konnte das ganze Areal (gut 250 Aren) samt Stickereigebäuden und Nebenbauten erworben werden. Der Betrieb unterstand Paul Spiesshofer. Als Geschäftsführer amtete während der Kriegsjahre Robert Wanner. Aufgrund des Washingtoner Abkommens[3] wurde der Zurzacher Betrieb 1945 beschlagnahmt und von der Schweizerischen Verrechnungsstelle in Zürich verwaltet. 1953 hätte das Unternehmen gegen Abgabe eines Drittels des Nettowerts aus der Beschlagnahmung herausgeholt werden können. Der ehemals für Zurzach zuständige Paul Spiesshofer war inzwischen aus dem Unternehmen ausgeschieden und wenige Jahre danach gestorben. Bei den Abklärungen über eine eventuelle Rücknahme stellte sich heraus, dass Paul Spiesshofer 1936 den Kauf der Zurzacher Liegenschaften nicht auf den Namen der Kollektivgesellschaft Spiesshofer & Braun getätigt hatte, sondern auf die Liegenschaftsverwaltung AG in Baden. Aus der schwierigen Situation entspann sich ein langwieriger Rechtsstreit. Paul Spiesshofers Witwe und Universalerbin wurde von Dr. Thomas Holenstein, dem späteren Bundesrat, vertreten. Die Gegenseite mit Fritz Spiesshofer sen., Curt Braun und Dr. Herbert Braun betraute Dr. Walter Edelmann mit der Wahrung ihrer Interessen. In einem aufwendigen Vergleichsverfahren konnte schliesslich die Witwe Frieda Spiesshofer-Wagner abgefunden werden. Der Vergleich bot den grossen Vorteil, dass auf diese Weise langwierige grenzübergreifende Gerichtsverfahren vermieden wurden. Die 1936 in Baden gegründete Liegenschaftsverwaltung AG verlegte ihren Sitz nach Zurzach. Nach ihrer Umwandlung in eine Handelsgesellschaft trat sie unter dem Namen Triumph Intertrade AG auf.

Die Übersicht von 1950 bis 2000 zeigt, wie aus dem bescheidenen Neubeginn nach dem Krieg in konstanter Aufwärtsbewegung ein weltumspannender Konzern mit eindrücklichen Wachstumsraten wurde. Auch wenn die lokale Produktion schliesslich ganz verschwand, blieb die Zurzacher Niederlassung doch erhalten und gewann an Bedeutung.

Zur Jahrhundertwende 1999/2000 präsentiert sich Triumph International Spiesshofer & Braun, Zurzach, als wesentlicher Teil eines internationalen Grossunternehmens. Für 2002/2003 weist der Konzern einen Umsatz von 2,4 Milliarden Franken aus. Die kleine Schweiz steuert dazu 47 Millionen bei. Weltweit beschäftigt Triumph International 37'300 (2002/2003) Mitarbeiter und Mitarbeiterinnen, ein Viertel davon in Europa. 182 Angestellte sind dem Zurzacher Betrieb unterstellt, davon 153 in Zurzach selber, weitere 29 im Verkauf. 59 haben den Grenzgängerstatus. Diese Arbeitskräfte von jenseits des Rheins sind für das Zurzacher Unternehmen lebenswichtig. Auch in Zeiten der Rezession hatte man in Zurzach stets Mühe, hoch qualifizierte Leute zu finden.

Die Mitarbeiterstatistik ab 1980 zeigt eine leicht rückläufige Tendenz. Von den 225 Stellen von 1980 waren noch 46 für die Weberei, also für die Produktion, ausgewiesen. 6 Leute arbeiteten in der Modellabteilung. 1988 wurde die Frottierweberei eingestellt. Dafür arbeiteten 18 Leute zusätzlich in der Modellabteilung. Dies vor allem deshalb, weil Triumph vorübergehend in den Bereich Sportbekleidung eingestiegen war. In der Gesamtbilanz blieben so 1985 noch 183 Stellen. 1990 brachte noch einen leichten Anstieg auf 202, davon 22 in der Modellabteilung. Dieser Zweig wurde in der Folge geschlossen. Mit geringen Schwankungen blieb die Zahl der Arbeitsplätze danach im Bereich von 170. Einen kleinen Einschnitt gab es noch, als nach 1995 die dezentralen Lager zusammengefasst und eine Grossauslieferung in Obernai bei Strassburg installiert wurde.

Die Entwicklung der Triumph-Produktion ist symptomatisch für einen weltweiten Vorgang der Strukturveränderung der Bekleidungsindustrie. In den Sechzigerjahren war Zurzach vorwiegend Produktionsstandort. Rund 600 Näherinnen wurden damals beschäftigt (inklusive drei Filialen). 1962 zogen die ersten «Fremdarbeiterinnen» aus Süditalien ins fabrikeigene Wohnheim ein. Gleich anschliessend wurde ein zweiter Wohnblock erstellt. Die Zurzacher Produktionsanlagen platzten aus allen Nähten. Mit Filialen in Laufenburg, Weinfelden, Eglisau und Kaiserstuhl mussten zusätzliche Kapazitäten geschaffen werden. Doch genau in diesen Jahren begann auch schon die Produktionsverlagerung in den kostengünstigeren Fernen Osten. Nicht nur die Schweiz, sondern praktisch ganz Mittel- und Westeuropa erlebten nach und nach diese Verschiebungen. Die Flexibilität in der weltweiten Wahl der Produktionsstandorte ist inzwischen zu einem Grundprinzip der Triumph International geworden.

Für die politische Gemeinde ist Triumph International ein wirtschaftlicher Glücksfall. Ein bedeutendes Weltunternehmen wählt Zurzach zum Verwaltungs- und Logistikzentrum, bietet attraktive Arbeitsplätze, verhilft der Kommune zu einem Steuersegen und macht sie zu einer der steuergünstigsten Gemeinden des Kantons. Während Triumph International 1970 mit Fr. 242'000.– schon 8,88 Prozent des gesamten Gemeindesteuerertrags lieferte, stiegen diese Werte 1995 auf 3,03 Millionen oder 29,15 Prozent und 1999 gar auf 5,078 Millionen oder 38,88 Prozent. Verschiedentlich gab es auch Überlegungen zum Standort Zurzach. Für die Beibehaltung

3 Näherei in der Firma Triumph International Spiesshofer & Braun, Zurzach. Aufnahme um 1960. Museum Höfli.

4 Waschlappen mit Zurzacher «Z», eines der letzten Erzeugnisse aus der Frottierweberei der Triumph International, Zurzach. Museum Höfli.

---

[2] Quellen: 75 Jahre Cementfabrik «Holderbank» Jubiläumsschrift 1987. – Jean Scheuch, ehemaliger technischer Abteilungsleiter.

[3] Nach dem Abkommen von Washington zwischen den Alliierten und der Schweiz «mussten die Hälfte der in der Schweiz liegenden deutschen Vermögenswerte und eine Viertelmilliarde Gold den Alliierten ausgeliefert werden» (GAUTSCHI, Geschichte, S. 511 ff., vgl. dazu auch DANIEL FREI, Das Washingtoner Abkommen von 1946. Ein Beitrag zur Geschichte der schweizerischen Aussenpolitik zwischen dem Zweiten Weltkrieg und dem Kalten Krieg, in: SZG 19, 1969, S. 567–619).

5 Die Berner Bauernfamilien Siegenthaler und Indermühle, wie die Familie Neuenschwander Pächter von Zuberbühlerbesitz.

haben bis jetzt verschiedene Faktoren den Ausschlag gegeben. Dazu zählen qualifizierte Mitarbeiter, die politische Stabilität, die günstigen steuerlichen Rahmenbedingungen, die zentrale Lage in Europa und nicht zuletzt die Nähe zum Flughafen Kloten.

Vom Landwirtschaftsbetrieb zum Transport- und Reiseunternehmen: Die Indermühle AG

Mancher junge Berner Bauer, der gern im bernischen Mittelland oder in den Voralpen einen Landwirtschaftsbetrieb bewirtschaftet hätte, aber in den kleinräumigen Verhältnissen der näheren Heimat keine Möglichkeit dazu fand, wanderte aus. Die meisten davon in die übrige Schweiz, wo sie in der Regel mit wenig Geld, aber viel Schaffenskraft ihre Betriebe aufbauten. Das tat auch Emil Indermühle (1888–1968) aus Amsoldingen. Aus der Hinterlassenschaft des Industrieunternehmers Zuberbühler kaufte er 1923 den Bauernhof an der Kirchgasse. Auch seine Söhne fühlten sich bis in die Nachkriegszeit hinein ausschliesslich der Landwirtschaft verpflichtet. Zwei waren Kavalleristen, einer Pontonier und einer Artillerie-Motorfahrer. Zwei Brüder aus der dritten Generation, Werner und Roland, wurden Offiziere der Motortransporttruppen.

6 Fuhrhalter Emil Meier besass den ersten Bus in Zurzach. Nach dem Unwetter von 1931 diente das Gefährt als Bahnersatz.

7 Indermühle-Car von 1956.

In den Fünfzigerjahren begann die «Diversifizierung». Sie lief nach einem üblichen Muster der damaligen Zeit ab. Der älteste Sohn übernahm die Milchzentrale. Nebenbei betrieb man eine Fuhrhalterei für Holztransporte, für Erdbewegungen und für das Gemeindewerk. So wurde unter anderem der Aushub für das neue Schulhaus an der Langwiesstrasse von der Fuhrhalterei Indermühle abtransportiert. Die Veränderungen im Lebensstil und im Konsumverhalten der Gesellschaft wurden nachvollzogen. An die Stelle der Holztransporte trat der Handel mit Kohle und Öl. Trotz Kavallerietradition ging man mit der Zeit und ersetzte die Pferde durch Traktor und Lastwagen. Schon 1956 kam ein Reisecar zum Fahrzeugbestand. Damit wurde ein zweiter Betriebszweig eröffnet, der sich ebenfalls als wichtiges und dauerhaftes Standbein erweisen sollte. Die Fuhrhalterei der Fünfzigerjahre wurde von den Brüdern Hans und Alfred Indermühle geführt. Als 1963 die Familien AG Gebr. Indermühle gegründet wurde, stiess auch Fritz Indermühle zum Unternehmen. Teile des Landwirtschaftsbetriebes wurden an die Holderbank-Zementwerke verkauft. Der Betrieb, der auch zusätzliches Pachtland bewirtschaftet, wird heute von der dritten Generation geführt.

Ab 1963 wurde mit Sattel-Tankfahrzeugen heisses Bitumen für die Firma Esso transportiert. 1971 folgte die Gründung der Transport AG Zurzach zur Beförderung gefährlicher Güter. Dieses Unternehmen war im Speziellen auf Dienstleistungen für die Solvay (Schweiz) AG ausgerichtet. Während in der Anfangszeit noch die eigenen Gebäulichkeiten der Landwirtschaft und der Fuhrhalterei gereicht hatten, wurde nun im Zusammenhang mit dem Bau des Regionalbads und später der Zurzacher Nordumfahrung ein modernes Betriebs- und Logistikzentrum im «Seesteg» an der Zürcherstrasse erstellt. Der rudimentäre Carbetrieb erfuhr eine markante Ausweitung durch die Anschaffung modernster Fahrzeuge und durch die Eröffnung eines ersten Reisebüros im Flecken. Später kamen Filialen in Döttingen und Nussbaumen dazu. Auch in den öffentlichen Nahverkehr mit Linienbussen stieg das Unternehmen ein. Anfänglich mit dem später wieder aufgehobenen Schülertransport zu den Mittelschulen von Baden und Wettingen. Dann mit dem Regionalbus ins Studenland und nach dem Kauf der Firma Julius Meier AG mit dem Busbetrieb Baden–Untersiggenthal–Würenlingen. Die Gründung der DST Combitrans AG zusammen mit der Firma Spitznagel in Waldshut-Tiengen war der erste Schritt über die Landesgrenze. Diese Abteilung mit Sitz in Koblenz spezialisierte sich auf nationale und internationale Möbeltransporte mit einer eigenen Verzollungsagentur.

Einen Nebenzweig erschloss man sich durch die Mitbegründung der Steinbruch Mellikon AG, wo der Kalksteinabbruch in der Nachfolge der Solvay (Schweiz) AG in neuer Form weiterbetrieben wurde.

Typisch für dieses Unternehmen und wohl auch sein Erfolgsrezept sind der engagierte und gut abgestimmte Einsatz etlicher Familienmitglieder, das Gespür für die rechtzeitige Wahrnehmung von Entwicklungstrends auf dem nationalen und internationalen Markt und die flexible Reaktion auf neue wirtschaftliche Prozesse.

Die Indermühle AG mit der Julius Meier AG, der DST Combitrans AG und der Steinbruch Mellikon AG beschäftigt insgesamt 260 Personen, davon 40 im Teilpensum. Das Unternehmen gehört zu den wenigen Firmen im Lokalbereich, denen es in schwieriger Zeit trotz erschwerter Rahmenbedingungen nicht nur gelungen ist, sich zu behaupten, sondern sogar zu wachsen.[4]

Schweizerische Sodafabrik – Solvay (Schweiz) AG

Die Textilfabrik Zuberbühler beschäftigte vorwiegend Frauen. Einheimische Arbeitsplätze für Männer waren nach wie vor rar. Deshalb wurde 1914 die Gründung der Schweizerischen Sodafabrik in Zurzach zur eigentlichen grossen Zukunftshoffnung. Ihre Ansiedlung wurde umso

8 Übersichtsaufnahme der «Sodi» in den Zwanzigerjahren, Postkarte.

9 Melliker Steinbruch.

mehr begrüsst, als mit dem Ersten Weltkrieg auch der rasche Niedergang des Zuberbühler Unternehmens kam.

1944 – wiederum unter dem Einfluss der Kriegsereignisse – kam als wichtige Erweiterung eine Elektrolyse-Anlage dazu. Sie belieferte den Markt mit Natronlauge, Chlor, Salzsäure und Wasserstoff.

---

[4] Quellen: Firmenunterlagen Indermühle AG. – Werner Indermühle von der Firmenleitung.

10 «Sodibus», um 1930.
Rechts Chauffeur Graf,
links Chauffeur Keller.
Lokomotivführer Knecht
und Max Lanz.
Mechanische Werkstätte.
Laborant Rudolf.
Sodi-Kindergarten, ein
Pavillon aus dem Landidörfli
1939, mit Kindergärtnerin
Liseli (Elisabeth) Feurer.
Kantine, einst Maschinensaal
an der Landesausstellung
Zürich 1918.

11 Moderner Werbeprospekt.

Über Jahrzehnte erwies sich die Solvay (Schweiz) AG als führender und tonangebender Industriebetrieb der Gegend, der auch die sozialen und wirtschaftlichen Strukturen des Ortes wesentlich mitprägte. Kein anderes Unternehmen konnte sich in der Öffentlichkeit derart profilieren wie die «Sodi». Schon 1935 beschäftigte die Firma 340 Mitarbeiter und Mitarbeiterinnen. Diese Zahl stieg bis 1950 auf den Höchststand von 750. Die Unternehmensleitung erstrebte eine weit gehende Autarkie.[5] Fast alle Unterhaltsarbeiten wurden von betriebseigenen Handwerkern ausgeführt. Für den Produktvertrieb standen eigene Lastwagen im Einsatz. Wer in der Belegschaft seinen Platz fand, hatte im Normalfall eine sichere Lebensstelle.

Die Firma fühlte sich auch für den Freizeitbereich ihrer Leute verantwortlich. Sie pflegte ihre eigenen Tennisanlagen und einen betriebseigenen Fussballplatz. Später kam noch eine Musikband dazu. Der Kindergarten gehörte schon früh zu den Sozialinstitutionen des Werkes, ebenfalls die preisgünstig geführte Betriebskantine. Der «Sodibus» holte die Leute der näheren Umgebung zur Arbeit ab. Die Firma baute und kaufte für ihre Mitarbeiter und Mitarbeiterinnen Einfamilienhäuser und Wohnblöcke. Sie verfügte schliesslich im eigenen Werkareal, aber auch im Fleckengebiet über eine grosse Zahl von Wohnimmobilien.

Die «Sodianer» engagierten sich mit wohlwollender Förderung durch die Betriebsleitung in der Öffentlichkeit. Sie übernahmen Vereinschargen, politische und kirchliche Ämter. Die Intervention der Konzernleitung bei einer Gemeindeammann-Wahl in Rekingen hatte ihre eigentlichen Gründe im ungeschickten Vorgehen bei der lokalen Kandidatenbestimmung. Die Schule profitierte von regelmässigen Zuwendungen der Sodafabrik. So konnte dank der Solvay-Unterstützung die Zurzacher Schulskilager-Tradition begründet werden. Die Ausrichtung auf den französisch-wallonischen Ursprung des Solvay-Unternehmens schlug sich auch in den Personalstrukturen nieder. Stets wurden auch Kaderleute aus der Romandie eingestellt. Etliche davon liessen sich definitiv in Zurzach nieder und brachten so ein auflockerndes welsches Element in die Gemeinde. Bei aller Aufgeschlossenheit hingegen blieben die Betriebsstrukturen über lange Zeit betont patriarchalisch und hierarchisch. Privilegien waren klar abgegrenzt; auf ihre Einhaltung wurde Wert gelegt. 1973, also zur Zeit der Ölkrise, konnte die Direktion beispielsweise ohne weiteres die Weisung erlassen, dass die Zurzacher Betriebsangehörigen für den Arbeitsweg auf das Privatauto zu verzichten und den «Sodibus» zu benützen hatten.

1963 erhielt die Solvay (Schweiz) AG mit dem Ballonsport einen spektakulären Nebenzweig. Der aus der Produktion anfallende Überschuss an Wasserstoff fand so Verwendung. Ein Vertrag mit der Ballon-Sportgruppe Rapperswil regelte die Modalitäten. Am 5. Oktober 1963 starteten Fred Dolder und Ernst Krauer mit dem Ballon «Albis» zur ersten Fahrt ab Werkgelände. Die jährliche Startzahl pendelte sich bei ungefähr hundert ein. 1974 wurde die Ballonhalle eingeweiht.

Von den Siebzigerjahren an wurden die Rahmenbedingungen für die Solvay (Schweiz) AG zusehends schwieriger. Umweltauflagen zwangen zu kostspieligen baulichen und betrieblichen Massnahmen. Im Soleausbeutungsgebiet Barz Unterfeld stellten sich Bodensenkungen ein. Für die dadurch entstandenen Gebäudeschäden in der Gemeinde Rietheim hatte die Solvay aufzukommen. Sie wich für den Soleabbau ins Aepelöö zwischen Rietheim und Klingnau

---

[5] Die Direktoren: Max Kemmler: 1915–1922; Viktor Engel: 1922–1928; Charles Cramer: 1928–1950; Anton Müller: 1950–1970; Dr. Alfred Jaquet: 1970–1979; Dr. Anton Vital: 1979–1993; Dr. Erwin Schmid: 1993.

aus. Die dort erschlossenen Salzlager waren aber weniger ergiebig als die bisherigen. Die Bodensenkungen im Rietheimer Feld wurden für die Solvay zu einer nachhaltigen «Altlast». Bis in die Gegenwart hinein entscheidet ein Schiedsgericht über die Senkungsschäden an Bauten bzw. über die Entschädigungsbeträge. Die Solvay ist auch verpflichtet, mit Pumpanlagen den Grundwasserspiegel im Rietheimer Feld zu regulieren.

Der ganz grosse Einschnitt erfolgte 1987 mit der Einstellung der Sodaproduktion. Damit wurde das eigentliche Kernstück des Zurzacher Unternehmens aufgegeben. Verantwortlich für den Entscheid war unter anderem die Entwicklung auf dem internationalen Markt, wo Produktion und Vertrieb in immer grösseren Einheiten zusammengefasst wurden. Erschwerend kam hinzu, dass das ohnehin kleine Absatzgebiet der Schweiz durch Betriebsschliessungen und -auslagerungen noch mehr reduziert wurde. Durch die anhaltend hohen Energiekosten sah sich das Unternehmen zusätzlich in die Enge getrieben. Die Aufgabe der Sodafabrikation veränderte das äussere Erscheinungsbild der Gesamtanlage. Das vierzig Meter hohe Backsteingebäude, ein eigentliches Wahrzeichen der Fabrik, wurde abgerissen, die Kalksteingewinnung in Mellikon aufgegeben, die Transportbahn abgebrochen. An Fabrikation blieb die Elektrolyse mit ihren Produkten Chlor, Natronlauge, Salzsäure, Eisenchlorid und Wasserstoff. Die Soleausbeutung im Aepelöö wurde vorläufig noch reduziert weiterbetrieben. Der geringere Salzbedarf (nach Aufgabe der Sodafabrikation) zwang zur Suche nach wirtschaftlicheren Alternativen. Neue aufwendige Salzbohrungen und der Ersatz des nicht mehr umwelttauglichen Kesselhauses standen an. Nach langen Verhandlungen kam der Vertrag mit den Rheinsalinen zustande. Er regelte den künftigen Salzbezug von den dortigen Salinen. Dieser Entscheid bedeutete das Ende der eigenen Solegewinnung. Die Anlage im Aepelöö wurde geschlossen. Der Kanton, der sich angesichts der allgemein schwierigen Industriesituation nun vermehrt um den Erhalt von Unternehmen bemühen musste, zeigte sich in der Frage der Konzessionsabgeltung flexibel. Die Solvay (Schweiz) AG konnte das Salz weiterhin zu den vergünstigten Konzessionsbedingungen von den Vereinigten Schweizerischen Rheinsalinen aus der Saline Riburg bei Möhlin beziehen.

Stilllegungen und fortschreitende Beschränkung auf die Kerngebiete der Produktion (Auslagerung der Dienstleistungen für Unterhalt, Transport etc.) bewirkten einen massiven Stellenabbau. Die verschärfte Konkurrenz zwang zudem zu Rationalisierung und Automatisierung. Aus der Belegschaft von 750 im Jahre 1950 wurden 1965 550. Der Trend setzte sich in den folgenden Dekaden fort; 1970: 448, 1980: 378, 1990: 197, 2000: 125. Die Verlegung der Verkaufs- und Finanzabteilung zu Anfang der Neunzigerjahre von Zürich nach Zurzach brachte zehn Arbeitsplätze. Das Solvay-Industrieareal mit seinen insgesamt 32,5 Hektaren ist damit ungenügend ausgelastet. Die anhaltende Monopolstellung der schweizerischen Stromlieferanten beeinträchtigt die Wettbewerbsfähigkeit der Solvay (Schweiz) AG. Die Strompreise liegen hier um 40 Prozent höher als auf dem liberalisierten Markt des Auslands. Die Bemühungen der Betriebsleitung laufen in Richtung Diversifikation, d. h. Ansiedlung geeigneter Betriebe, denen der Start mit der vorhandenen Infrastruktur erleichtert werden kann.

Hoffnungen richteten sich auf die 1994 aufgenommene Baustoffkleberfabrikation. Sie lief recht gut an, wurde aber wegen der von der Konzernleitung beschlossenen Auslagerung wieder eingestellt. Erst im Jahre 2000 scheinen die Bemühungen um eine Reaktivierung des Solvay-Areals Früchte zu tragen. Die Comadur, ein Unternehmen der Swatch Group, verlegt die Produktion von Saphirglas aus dem jurassischen Courtepin ins Solvay-Areal Zurzach. Ausschlaggebend für diese Standortwahl ist der Umstand, dass im Zurzacher Werk dank der Elektrolyse in reichem Masse der für die Saphirproduktion notwendige Wasserstoff anfällt. Für diesen ausbaufähigen Industriezweig wird mit einem Gewinn von rund vierzig Arbeitsplätzen in Zurzach gerechnet.[6]

2002 ist mit einer Ausstellung zur Geschichte und Aktualität der Solvay (Schweiz) AG offiziell das Projekt Industriepark lanciert worden. Es hat zum Ziel, auf dem ausgedehnten Fabrikgelände neue Betriebe anzusiedeln. Bevorzugt werden Unternehmen, die für ihre Aktivitäten auf Produkte der Solvay zurückgreifen.

Vom Industriebetrieb zum Gewerbehaus: Die Franz Minet Möbelfabrik AG

Die Impulse zur Gründung der ersten lokalen Industrieunternehmen kamen von auswärts. Auch für die Möbelfabrik Minet trifft das zu. Der Firmengründer Franz Minet (1874–1930) entstammte einer französischen Emigrantenfamilie, die es in den revolutionären Wirren nach Illingen bei Rastatt verschlagen hatte. Dort betrieb schon sein Vater eine Rohrmöbel- und Korbwarenfabrik.

Franz Minet gehörte zu den zahlreichen Deutschen, die um die Jahrhundertwende in die Schweiz auswanderten und hier zur Belebung der Wirtschaft beitrugen. In Klingnau betrieben seine zwei Brüder eine kleine Rohrmöbelfabrik, zu der auch noch die Produktion von Rohrkinderwagen kam. Nach kurzer Werkmeisterzeit in Klingnau machte sich Franz Minet selbstständig. Im «Schwert» Zurzach zog er 1900 einen eigenen Betrieb auf, ebenfalls mit Rohrmöbeln und Kinderwagen. Die Fabrikation lief gut an.

Schon 1902 erwarb Franz Minet die Liegenschaft «Neuhaus» samt Umgelände. In Etappen entstanden dort die Industriebauten des aufstrebenden Unternehmens. Es war damals der einzige Zurzacher Betrieb, der auch Männern eine ansehnliche Zahl von Arbeitsstellen bot. Weil aber die Fachleute fehlten, mussten etliche Posten mit Grenzgängern besetzt werden. 1906 waren es schon 30 Mitarbeiter. Die Gemeinde honorierte den Unternehmergeist von Franz Minet 1906 mit der Aufnahme ins Bürgerrecht. Aus der beabsichtigten Erweiterung der Kinderwagenfabrik wurde nichts. So verlegte man sich mehr und mehr auf die Fabrikation von Holzmöbeln. Nicht alles gelang nach Wunsch. Der Rohrmöbelbetrieb fiel einem Brand zum Opfer. Der Erste Weltkrieg brachte einiges durcheinander. Für die Rohrmöbelherstellung fehlte der Rohstoff. Dieser einst dominierende Zweig wurde 1924 aufgegeben. Fortan setzte der Betrieb ausschliesslich auf die Holzmöbelproduktion.

Das Unternehmen hatte eine Grösse, die es ihm erlaubte, flexibel auf Marktsituationen zu reagieren. Ab 1930 war die zweite Generation am Werk, Oskar Minet-Hess und Ernst Minet-Isler. Sie gründeten eine Aktiengesellschaft mit einem Stammkapital von Fr. 150'000.–. Noch in der Vorkriegszeit erreichte das Fabrikareal seine grösste Ausdehnung. In diesen Jahren kamen das Kesselhaus, der Hochkamin und der Lagerschopf dazu. Die Belegschaft wuchs auf den Höchststand von 120 Mitarbeitern (1948).

Die Statistik vermerkt für die Periode von 1930 bis 1940 eine ausbezahlte Lohnsumme von 3 Millionen Franken und eine bewirtschaftete Arealgrösse von 13'000 Quadratmetern.

Bei den Stilrichtungen hielt man sich an den Markt. Der Grosshandel gab die entsprechenden Direktiven. Der Jubiläumskatalog der Franz Minet Möbelfabrik AG Zurzach von 1940 dokumentiert «Optimismus aller Arglist der Zeit zum Trotz». Auf achtzig Seiten führt er die ganze Palette der Minet-Produkte vor. Stühle, Tische, Bänke für den Privatgebrauch, Mobiliarausrüstungen öffentlicher Gebäude, Möblierung von Restaurants, Schulmöbel. Als neueste Errungenschaft moderner Einrichtungen wird in diesem Katalog auf die Möblierung des neuen Zurzacher Schulhauses an der Langwiesstrasse verwiesen. Die Illustrationen zeigen ein Schulzimmer, den Singsaal und das Lehrerzimmer samt Bibliothek. Die Ausführung geschah in massivem Eichen- oder Buchenholz. Als letzte Neuigkeit werden die an die Singsaalstühle montierten abnehmbaren Seitentablare erwähnt.

Den Zweiten Weltkrieg überstand das Unternehmen unbeschadet. Rohstoffknappheit und geringere Nachfrage zwangen zwar zur Verminderung der Produktion. Dafür

---

[6] Quellen: Unterlagen Solvay (Schweiz) AG, Dr. Erwin Schmid. – Jubiläumsschrift 50 Jahre Schweizerische Sodafabrik. – Unterlagen Dr. Anton Vital. – Lokalzeitungen «Botschaft» und «Zurzacher Volksblatt».

12 Als die Räume im «Schwert» zu klein wurden, erwarb Franz Minet 1902 das «Neuhus» und baute daneben seine erste Fabrik.

13 Briefkopf der Firma Franz Minet.

14 Bis 1937 war aus den bescheidenen Anfängen ein stattlicher Betrieb herangewachsen.

15–17 Einblicke in die Sägerei, die Stuhlschreinerei und die Tischlerei, um 1938.

konnte dann in der Nachkriegszeit vom Nachholbedarf profitiert werden. In diesen Jahren bereitete sich die dritte Generation auf den Einstieg ins Geschäft vor. Oskar Minet-Wyser (geb. 1929) folgte schliesslich seinem gleichnamigen Vater und leitete die Administration samt Kundenbetreuung. In der technischen Abteilung der Fabrikation erhielt Ernst Minet-Isler mit den Jahren die Unterstützung seines Sohnes Ruedi Minet-Bächli (geb. 1941). Die Fünfziger- und Sechzigerjahre wurden zu einer eigentlichen Blütezeit. Die Ansprüche an den Wohnkomfort stiegen; die anhaltende Konjunktur steigerte die Kaufkraft der Leute. Gutbürgerliches Wohnen mit Polstergruppe, Clubtischen, gefälligen Stühlen und Tischen sowie Eckbänken bestimmten den Lebensstil und machten die Minet-Produkte zu begehrten Möbelstücken. Renommierte Geschäfte liessen sich aus Zurzach beliefern. Die übersichtliche Struktur des Betriebs machte es möglich, die Modetrends rasch und auf hohem Niveau zu übernehmen. Zur Fabrik gehörte das eigene Holzlager samt Sägerei. So konnte schon auf dieser Stufe die Qualitätspflege beginnen. Zwei Vertreter waren für die Franz Minet AG in der Schweiz unterwegs. Einer arbeitete ausschliesslich in der Westschweiz, wo die Firma besonders erfolgreich war.

Schwierig wurde es erst in den Siebzigerjahren. Gleich mehrere Umstände wirkten sich nachteilig aus. Zur wachsenden landesinternen Konkurrenz gesellte sich die internationale, die zunehmend die Schweiz mit billigen Massenprodukten belieferte. Die auf die Dauer eines ganzen Lebens ausgelegte solide Möbelaussteuer war nicht mehr gefragt. Das Minet-Unternehmen zog im Rahmen seiner Möglichkeiten nach. Der Maschinenpark wurde erneuert, der Mitarbeiterstab auf ungefähr 50 reduziert, die Produktpalette gestrafft.

In der Aktionswoche der schweizerischen Möbelindustrie von 1978 gab man sich in Zurzach noch optimistisch. An einem Tag der offenen Tür präsentierte das Werk seine gründlich modernisierten Fabrikationsräume. Die damalige Statistik wies eine Jahresproduktion von 9'000 Stühlen, 200 Tischen sowie 200 Eckbänken neben zahlreichen kleineren Serienanfertigungen aus. Das bedingte einen Holzbedarf von 600 Kubikmetern. Die Auftragsbücher seien zwar gefüllt, liess die Betriebsleitung verlauten, aber der Konkurrenzkampf zwinge zu knappster Kalkulation. Gut zehn Jahre später stand die Produktion still. Ruedi Minet-Bächli, der die Firma schliesslich im Alleingang führte, hatte noch vergeblich versucht, mit einer Fusion den Weiterbestand zu sichern. 1989 kam das Ende der Möbelproduktion. Die Belegschaft bestand zu diesem Zeitpunkt noch aus 27 Leuten. Nach 1990 arbeitete Ruedi Minet-Bächli an der Umgestaltung der leer stehenden Räumlichkeiten in ein Gewerbezentrum. Maschinenpark und Sägerei waren inzwischen veräussert worden. Die Sägerei-Einrichtung fand einen neuen Standort im Sägewerk «Schöntal» zwischen Endingen und Lengnau. Zur Jahrhundertwende präsentierte sich das Gewerbehaus an der Promenadenstrasse als Sitz von 22 Kleinunternehmen mit ungefähr 60 Arbeitsplätzen.[7]

18 Schuh- und Schäftefabriken Zuberbühler & Cie. Rechts Treibhäuser und Wasserturm. Plakatentwurf.

Zurzacher Schuhfabrikation 1900–1973

Zur Zurzacher Wirtschaftsgeschichte gehört auch das Kapitel Schuhindustrie. Sie ist vom Zurzacher Industriepionier Jakob Zuberbühler begründet worden. 1900 fügte er seinem Textilunternehmen die Schuhfabrikation als Zweigbetrieb an. Produziert wurde in den zwei grossen Fabrikliegenschaften an der Barzstrasse. Der allgemeine Niedergang des Zuberbühler Unternehmens erfasste auch die Schuhfabrik. Unter dem neuen Firmennamen Schuhfabrik Zurzach AG lief die Produktion nach 1923 weiter. Das Unternehmen war damals noch stark auf handwerkliche Fertigung ausgerichtet. Es überstand mit einigen Schwierigkeiten die Krisenjahre nach 1930.

1944 bahnte sich der entscheidende Wechsel an. Alois Odermatt (1911–1981) übernahm die Direktion und machte die Villa Himelrich zu seinem Wohnsitz. Schon bald sicherte sich der neue Direktor auch die Aktienmehrheit der Schuhfabrik Zurzach AG. In einer ersten Ausbauphase genügten noch die alten Fabrikliegenschaften an der Barzstrasse. Doch dann verwirklichte Alois Odermatt seine grossen Projekte südlich der Bahnlinie, entlang der späteren Ocostrasse. Eine Zweigniederlassung in Endingen spezialisierte sich auf die Herstellung von Schuhschäften. Alois Odermatt erwies sich als dynamischer und risikofreudiger Unternehmer, der rasch ein weit verzweigtes Beziehungsnetz aufbaute. So gründete er unter anderem die Compass AG, die den Handel mit Importschuhen betrieb.

Um 1960 gab es die ersten Kontakte zu den Loew-Betrieben in Oberach. Alois Odermatt erwarb das halbe Aktienpaket der Loew Schuhverkauf AG. Damit begann auch die Zusammenarbeit mit der andern Loew-Gesellschaft,

19 Markenzeichen der Schuhfabrik Odermatt & Co.

20 Oco-Kinderschuhe «Hansrudi» und «Heidi», 1948.

der Loew-Schuhfabrikation in Oberach. Ein Vertrag aus dem Jahre 1967 zwischen den Schuhfabriken Odermatt (später Oco) und der Schuhfabrik Loew Oberach enthielt Absprachen über Produktionsprogramme zur Vermeidung missliebiger Konkurrenzverhältnisse. Die Loew Schuhverkauf AG sollte sich, was ihre Verkaufsartikel betraf, wesentlich bei den genannten Produktionsbetrieben in Zurzach bzw. Oberach eindecken. Die Firmenbezeichnung Loew Schuhverkauf AG hätte in absehbarer Zeit auch das Signet von Oco aufnehmen müssen.

21 Alois Odermatt (1911–1981).

Die Sechzigerjahre liessen sich verheissungsvoll an. Die Oco wurde zum bedeutenden Wirtschaftsfaktor des Ortes. Mit einer eigenen Musikgesellschaft und grosszügiger Sponsorentätigkeit bei den Zurzacher Radrennen

[7] Quellen: Gemeinderats- und Gemeindeversammlungs-Protokolle Gemeindearchiv Zurzach.– Festschriften, Kataloge der Franz Minet AG (Privatbesitz). – Zurzacher Volksblatt, Botschaft, Badener Tagblatt. – Auskunftspersonen: Elisabeth und Oskar Minet-Wyser, Ruedi Minet-Bächli.

Wirtschaftliche Entwicklung 1970–2000 anhand von Beispielen

22 Modelleur Ernst Maurer
Werner Boutellier,
Nagler/Zwicker
Stanzerin
EDV-Anlage
Fabrikhalle
Belegschaftsmusik.

Villa Himelrich, die alten Fabrikanlagen und die betriebseigenen Wohnhäuser. Mit dieser Aufteilung schien der Schuhproduktionsstandort Zurzach gesichert zu sein. Doch schon 1972 machte Dr. Roman Abegg klar, dass ihm am Weiterbestand der neuen Oco Schuh AG nicht gelegen war. Das Qualitätsniveau sei nicht konkurrenzfähig, und der Betrieb habe die «falsche» Kapazitätsgrösse. Der ganze Verlauf der Transaktionen legt die Annahme nahe, dass Abegg nie ernsthaft am Erhalt der Schuhfabrikation in Zurzach interessiert war.

In der zweiten Jahreshälfte 1972 überstürzten sich die Ereignisse. Am 2. Oktober 1972 verkaufte Dr. Roman Abegg die Immobilien der Oco Schuh AG mit satten Millionengewinnen an die Kägi AG Winterthur. Für Alois Oder-

23 Bemalte Oco-Schuhleisten, Kreation René Jauslin. Museum Höfli.

24 Reklameblatt mit dem Radrennfahrer Ferdi Kübler. Museum Höfli.

schaltete sich das Unternehmen prägend ins gesellschaftliche Fleckenleben ein. Regelmässige Firmenfeste mit gross aufgezogenen Unterhaltungsprogrammen und effektvoll gestalteten Mitarbeiterehrungen gehörten fortan zum Jahresprogramm. Sie fanden im neuen Gemeindesaal statt, wobei auch immer viel Prominenz aus Wirtschaft und Politik zu den geladenen Gästen gehörte. Gegen Ende des Jahrzehnts beschäftigte Oco Zurzach 338 Angestellte, davon 186 «Fremdarbeiter» (116 aus Italien, 55 aus der Türkei, 7 aus Spanien, 8 aus Deutschland). Die Jahresproduktion stieg 1968 auf 334'000 Paar Schuhe, was einem Jahresumsatz von 10,2 Millionen Franken entsprach. Aber damit war auch der Zenit erreicht. Schon 1968 ging das schweizerische Konkurrenzunternehmen Hug ein, und ein Jahr später übertraf der Schuhimport erstmals die nationale Produktion. Die Oco ergriff Gegenmassnahmen. Sie verlegte einen Teil der Fabrikation nach Italien. Die Beschäftigtenzahl in Zurzach sank auf 263. Die Gewerkschaft forderte in dieser Zeit mit Nachdruck eine Anhebung der bescheidenen Löhne in der Schuhbranche. Der Gesamtarbeitsvertrag von 1971 brachte eine Lohnerhöhung um rund 10 Prozent. Die Oco rutschte danach deutlich in die roten Zahlen.

1971 meldete sich erstmals Dr. Roman Abegg. Er zeigte Interesse an der Übernahme von mindestens 51 Prozent der Oco-Aktien zwecks Weiterführung des Betriebs in Zurzach. Schon wenige Wochen später, am 19. November 1971, schloss Abegg mit Alois Odermatt ein Abkommen zur Übernahme sämtlicher Aktien. Der Preis fiel relativ günstig aus, weil es schliesslich auch um die Weiterführung des Betriebs ging. Die neue Firma nannte sich Oco Schuh AG. Ausgeklammert und im Besitz von Alois Odermatt verblieb die Oco Immobilien AG. Dazu gehörten die

Der Lieblingsschuh von Weltmeister Kübler

*Ein Produkt der
Schuhfabriken Odermatt & Co. AG. Zurzach*

FRÜHJAHRS-KOLLEKTION 1952

matt hätte theoretisch die Möglichkeit einer Rückübernahme bestanden. Doch dafür waren die Voraussetzungen zu ungünstig. Die Gemeindeversammlung vom 1. Dezember 1972 nahm mit grossem Bedauern von der Betriebsschliessung Kenntnis. Man war sich bewusst, dass damit ein wichtiger Industriezweig für den Ort und die Region verloren ging und dass die Entlassung viele traf, die sich über Jahre und Jahrzehnte für «ihre Oco» eingesetzt hatten. Die eigentliche Liquidation fiel ins Jahr 1973. Die Wirtschaftsflaute hatte noch nicht eingesetzt. Das war für die vielen Entlassenen von Vorteil. Von den Nachfolgebetrieben Kägi AG Küchenmöbel und De Sede AG Polstermöbel konnte ein guter Teil der Belegschaft übernommen werden. Weitere Entlassene kamen in den Betrieben des Ortes und der Umgebung unter. Als Glücksfall erwies sich auch die Tatsache, dass die Oco Immobilien AG als separates Unternehmen bestehen blieb und so später gesamthaft in die Antonie Deusser Stiftung übergehen konnte.

Abbildungsnachweise:
1) Sepp Stieger, Museum Höfli.
6) Firma Indermühle Zurzach.
8) Privatsammlung.
10, 12–15) Repros aus Franz Minet, Möbelfabrik A. G. Zurzach, Schweizerische Industrie-Bibliothek, Band 7, Zürich 1938.
19, 20) Repros aus: Ammann, Senti, Bezirke, S. 37.
Alle andern Museum Höfli; Fotos A. Hidber.

Zurzacher Kurortentwicklung

Franz Keller-Spuler

Von den Anfängen bis zur Quellenerbohrung 1955

Die Errichtung[1] einer auch wintertauglichen Badeanstalt und eines Kurhotels wurde 1910 von einem Leserbriefschreiber vorgeschlagen. Möglich erschien ihm ein Kurhotel «auf einem ob Zurzach gelegenen waldigen Hügel», z. B. dem Achenberg. Der Traum, geäussert vor dem Auffinden der Therme, wirkte wie eine Prophezeiung. 1914 führte eine Probebohrung für Salz zur Entdeckung der Thermalquelle. In den «Schulwiesen» wurde auf Anordnung des Kantons ein Bohrloch abgeteuft, um festzustellen, ob neben Salz auch Kali oder Kohle vorhanden sei. Bei 416 Metern Tiefe erbohrte man eine 38,3 Grad warme Thermalquelle, «durchaus geruchlos und fad», mit einem Ertrag von 200 Minutenlitern. Da aber die Gemeinde nicht gewillt war, auf die an die Übernahme der Thermalquelle geknüpften Bedingungen der Rheinsalinen AG einzugehen, wurde das Bohrloch mit Zement und Holzpfropfen zugemauert.[2]

Die Zeit der grossen Bäderkuren war damals am Abflauen, das unternehmerische Risiko einer Ausbeutung erschien zu hoch. Immerhin bekamen 1914 einige Hotelbetriebe in Zurzach aufgrund der Salzbohrkonzession das Recht, Salzsole zu beziehen. In alten Lexiken ist deshalb

---

[1] Abschnitt verfasst von Walter Leimgruber.
[2] Zurzacher Volksblatt 15.6., 20.6., 27.6., 4.7., 25.7., 27.7., 24.10.1914.

1 Bohrturm und Gesamtansicht von Zurzach 1914, Postkarte.

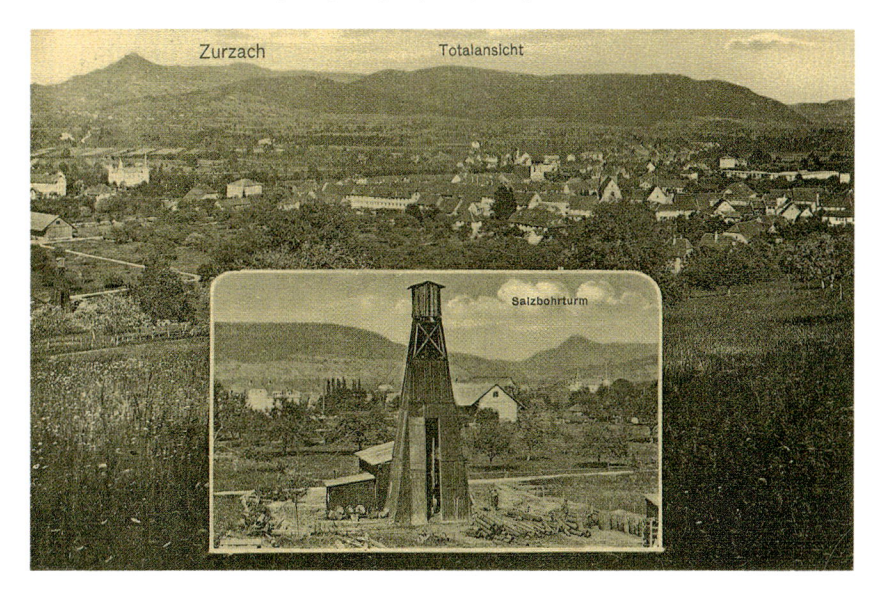

2 Vor der Erbohrung der Thermalquelle wurden in Zurzach Solebäder angeboten.
a/b) Hotel Rad, Prospekt und Restaurant,
c/d) Hotel Ochsen, Prospekt und Badezimmer.

von Zurzach als Solbad die Rede, denn die Hotels Ochsen und Rad boten solche Solbäder an.[3]

Auf verschiedene Interventionen von Privaten hin wurde eine gemeinderätliche Kommission zur Prüfung der Quellenfrage eingesetzt. Nichts geschah; das Bohrloch zerfiel, obwohl der Grosse Rat der Gemeinde eine Konzession zur Erbohrung der Quelle erteilt hatte.

Seit den Zwanzigerjahren gab es aber immer wieder politische Vorstösse zur Neuerschliessung der 1914 entdeckten Thermalquelle.[4] Eine 1922 gegründete Thermalquellen-Kommission sorgte dafür, dass das Anliegen nicht in Vergessenheit geriet. Darin war vor allem der junge Arzt Dr. Martin Erb aktiv. Er löste um 1927 den ersten Kommissionspräsidenten, Dr. Werner Ursprung, im Vorsitz ab. Zeitgleich mit der Kommissionsgründung wurde der Thermalquellenfonds geschaffen. Die erste Einlage von Fr. 5'000.– stammte aus einer Rückerstattung der Schweizerischen Sodafabrik an die Gemeinde Zurzach. 1927 sicherte sich die Gemeinde beim Kanton die Konzession zur Neuerschliessung. Der entsprechende Grossratsbeschluss kam am 15. März 1927 zustande. Das hätte der Auftakt zu einer gemeindeeigenen Aktivierung des Vorhabens werden können. Schon 1926 hatte die Thermalquellen-Kommission aus dem Fonds einen Kredit von Fr. 2'000.– für Vorabklärungen erhalten. Diese Mittel setzte sie für Verhandlungen mit der Sodafabrik und mit Bohrfirmen ein. Durch einen Fachmann liess sie zudem die Platzierung des künftigen Bohrlochs festlegen. Die Abklärungsergebnisse waren so ermutigend, dass die Thermalquellen-Kommission nun tatkräftig die Realisierung ins Auge fasste. Die Kosten wurden auf Fr. 133'900.– geschätzt.

Gefordert war jetzt auch die Gemeinde. Doch der Gemeinderat stieg nur halbherzig ein. An den Gemeindeversammlungen vom 4. und 29. Mai 1928 verwies er auf die Dringlichkeit des Innerorts-Strassenausbaus, auf die anstehenden Schulhausneubauten und auf drohende Steuererhöhungen. Wie zur Bekräftigung seiner Bedenken legte er an einer neuen Gemeindeversammlung vom 3. August 1928 die erste Etappe des anstehenden Strassenausbaus mit Kostenfolgen von Fr. 65'000.– vor. Der Antrag wurde mit grossem Mehr gutgeheissen. Dieser Entscheid bedeutete die Vertagung der Thermalquellen-Erbohrung.

Die Thermalquellen-Kommission gab nicht auf. Zusammen mit dem Handwerker- und Gewerbeverein lancierte sie das Projekt einer Gemeindebeteiligung von Fr. 80'000.–, wobei die restlichen Fr. 60'000.– durch Private zu zeichnen wären. Der zweite Teil dieser Aktion brachte aber so enttäuschende Resultate, dass auch diese Übung abgebrochen werden musste. Für den Gemeinderat war damit das Kapitel Quellenerbohrung vorläufig erledigt. Als kleines Trostpflaster nahm er fortan einen Betrag zur Äufnung des Thermalquellenfonds ins Budget auf. In den wirtschaftlich schlechten Dreissigerjahren blieb es um das Quellenvorhaben ruhig. Die Thermalquellen-Kommission trat kaum mehr in Erscheinung, und nicht einmal die ohnehin bescheidenen Einlagen in den Thermalquellenfonds waren gesichert. An der Dezember-Gemeindeversammlung 1931 brachte der politisch rührige Dr. Schmuziger die Idee auf, man könnte den Thermalquellenfonds zur Linderung der Unwetterschäden einsetzen. Gemeindeammann Martin Keusch nahm die Motion zur «wohlwollenden Behandlung» entgegen.

Der 1930 neu gewählten Thermalquellen-Kommission gehörten an: Dr. Martin Erb, Franz Bugmann, Emil Indermühle, Alfred Kalt, Martin Keusch, Karl Laube, Gerichtspräsident, Karl Laube, Bankdirektor, Gottlieb Utz, Ernst Waldkirch. 1937 wurde die Erbohrungskonzession beim Kanton um weitere zehn Jahre verlängert. Der Zurzacher «Frontenfrühling» mit seinen heftigen lokalpolitischen Auseinandersetzungen und der Zweite Weltkrieg mit all seinen Einschränkungen liessen die Bemühungen um eine Neuerbohrung der Thermalquelle während Jahren verstummen. Im Volksbewusstsein aber blieb der Wunsch wach, und wenn es auch nur mit entsprechenden Sujets an der Fasnacht war. In der Nachkriegszeit gestaltete der Lehrer und Lokalpoet Walter Fischer mit dem Männerchor eine Aufführung, die das künftige Kurortleben in Bad Zurzach zum Thema hatte.

Nach 1945 war es wieder Dr. Martin Erb, der die Initiative ergriff. Über Nationalrat August Schirmer wurden beim Bund Mittel aus dem Arbeitsbeschaffungsfonds angefordert. Das Ergebnis, zu dem die Stellungnahme der Eidgenössischen Bäderkommission wesentlich beitrug, fiel ernüchternd aus. Nur bestehende Bäder könnten mit Unterstützung rechnen; eine Konkurrenz zu Baden sei unerwünscht. Das Zurzacher Thermalwasser weise zudem keine besonderen Qualitäten auf. Es folgte nun die Zeit der Gutachten. Damit sollten die Öffentlichkeit, im Besondern aber die Instanzen des Kantons und des Bundes, von der Solidität des Vorhabens überzeugt werden.

«Ein Festabend im Badeort Zurzach im Jahre 1960» war das zukunftsweisende, wenn vielleicht auch ironisch gemeinte Motto der Männerchoraufführung von 1946.[5] Die Gemeinde verlangte beim Grossen Rat eine Verlängerung der Konzession und erhielt diese auch, allerdings mit dem Hinweis, dass die Frist nicht noch einmal erstreckt werde. «Denn Konzessionen werden nicht erteilt, damit sie unbenützt bleiben: Nach Verfall der zehn Jahre müsste über die Konzession anderweitig verfügt werden.»[6]

Zwei Begebenheiten zu Anfang der Fünfzigerjahre brachten das Erbohrungsprojekt entscheidend voran. Der Gemeinderat bewilligte am 21. Oktober 1952 der Thermalquellen-Kommission einen Kredit von Fr. 5'000.– zur Er-

---

[3] Prospekte in Kantonsbibl. Aarau, Br. 6792: Hotel Solbad Ochsen.
[4] Quellen zur Zurzacher Kurortgeschichte: Gemeindearchiv Zurzach, Gemeindeversammlungsprotokolle, Gemeinderatsprotokolle; Gemeindearchiv Zurzach, «Zurzacher Volksblatt» bis 1970; Druckerei Bürli AG, Döttingen, «Botschaft»; Dokumentation Dr. Walter Edelmann (Privatbesitz); Dokumentation Dr. E. Aeschbach-Erb (Privatbesitz); Dokumentation Hans Schatzmann (Privatbesitz); Unterlagen Kur- und Verkehrsverein Zurzach.
Auskunftspersonen: Dr. Walter Edelmann, Gründungsmitglied der Thermalquelle AG; H. R. Keller; Elli und Dr. Ernst Aeschbach-Erb (Dr. Martin Erb); Hans Schatzmann (ehemaliger Präsident des Kur- und Verkehrsvereins); Alois Hauser (ehemaliger Präsident des Kur- und Verkehrsvereins).
[5] Zurzacher Volksblatt 7.1., 19.1.1946.
[6] Zurzacher Volksblatt 24.12.1946, 10.5.1947; vgl. auch GAZ 1403: Thermalquelle, Akten 1913–1955.

DR. MARTIN ERB, Arzt in Zurzach, glaubte seit 1922 unentwegt an die Zurzacher Quellen; deshalb unternahm er während dieser Jahre alle Anstrengungen, um die Quellen neu zu erschliessen.

DR. WALTER EDELMANN, Fürsprecher und Notar in Zurzach, Präsident der Thermalquellen A.G., war die junge Arbeitskraft, die keine Hindernisse auf dem Wege zur Verwirklichung kannte.

Die eigentliche Triebfeder im kleinen Kreis der Initianten war PAUL WEBER, Inhaber eines Textil-Detailgeschäftes in Zurzach. Er hat auch stets energisch den Standpunkt vertreten und auch die entsprechenden Massnahmen getroffen, dass die Quelle nicht Gegenstand unerwünschter Spekulationen werden dürfe.

Nationalrat AUGUST SCHIRMER, Baden, hat die Bemühungen der Zurzacher Initianten von Anfang an tatkräftig unterstützt. Er ist Präsident des Verbandes Schweizer Badekurorte und der Internationalen Klimatologie.

3 Die vier Hauptinitianten für die Neuerbohrung der Thermalquelle. Repro aus einer illustrierten Zeitung von 1955.

arbeitung eines generellen Projektes. Das Vorhaben schien den Behörden so wichtig zu sein, dass sie auf eine vorherige Konsultation der Gemeindeversammlung verzichteten und die Transaktion erst später bei der Abtretung des gesamten Fonds bekannt gaben. Den zweiten wichtigen Schritt tat Dr. Martin Erb in eigener Sache. 1953 konnte er ein Kaufrecht über 162 Aren im künftigen Thermalquellen-Areal mit dem Besitzer Franz Mühlebach aushandeln. Als Kaufsumme wurden Fr. 113'442.– eingesetzt. Dieses Kaufrecht sollte dann bei der Gründung der Thermalquelle AG eine wichtige Rolle spielen. Nachdem die gemeindeinternen Bemühungen zur Neuerbohrung nicht die gewünschten Resultate erbracht hatten, versuchte es Dr. Martin Erb mit einer breiteren Abstützung. Der neuen Initiativgruppe gehörten renommierte Persönlichkeiten der Wissenschaft, der Politik und der Finanzwelt an; so die Zürcher Professoren Dr. von Gonzenbach und Dr. A. Böni, Nationalrat August Schirmer, aus dem aargauischen Regierungsbezirk alt Regierungsrat Dr. R. Siegrist und schliesslich Paul Kägi, Direktor der Aargauischen Hypothekenbank Brugg, sowie F. Richner, Direktor der Bankgesellschaft Zürich/Kaiserstuhl. Die Diskussionen dieses Gremiums behandelten vor allem medizinisch-wissenschaftliche und politische Fragen. Im Bereich Finanzierung schienen sich – was Subventionen und Bankkredite betraf – keine günstigen Perspektiven abzuzeichnen. Hier setzten nun die Bemühungen von Dr. Martin Erb ein, im lokalen Umfeld die Leute zusammenzubringen, die über die nötigen Mittel verfügten und bereit waren, das Risiko der Erbohrung einzugehen. Zur Kerngruppe um Dr. Martin Erb und Architekt Fedor Altherr stiessen in diesem Zeitpunkt der Kaufmann Paul Weber und der junge Anwalt Dr. Walter Edelmann, der damals vorübergehend Mitglied des Gemeinderats war.

In grosser Eile wurde als erster Schritt die Abtretung der Konzession von der Gemeinde an ein Bohrkonsortium und im gleichen Zug die Überlassung des in der Zwischenzeit um Fr. 5'000.– verminderten Thermalquellenfonds vorangetrieben. Zur entscheidenden Gemeindeversammlung vom 8. Januar 1954 erschienen 340 stimmberechtigte Männer. Vom Initiativkomitee hob Gemeindeammann Martin Keusch in seinen Erläuterungen zwei Namen heraus: Dr. Martin Erb und Prof. von Gonzenbach. Die Stellungnahme des Letzteren wurde wörtlich verlesen. Der Antrag auf Abtretung der Konzession und Überlassung des Thermalquellenfonds wurde vom Vorsitzenden wärmstens empfohlen. «Eine andere Beteiligung ist von der Gemeinde nicht verlangt, was ausserordentlich wichtig und für die Gemeinde von grosser Bedeutung ist.» Die Gemeindeversammlung stimmte den Anträgen einstimmig und mit Begeisterung zu. Die Befriedigung, nun endlich einen realen Fortschritt in der Sache zu sehen, überwog die Tatsache, dass die Gemeinde mit der vorbehaltlosen Abtretung im vornherein auf ein Mitspracherecht bei der Ausbeutung und der Nutzung der Thermalquelle verzichtete. An der Gemeindeversammlung war noch nicht bekannt, zu wessen Gunsten die Abtretung gemacht werden sollte und welche Rechtsform die Initianten für die Erschliessung wählen würden.

Im Jahresverlauf 1954 fanden sich schliesslich die sieben Männer zusammen, die mit einem Aktienkapital von Fr. 90'000.– (dazu die Fr. 41'000.– aus dem Thermalquellenfonds der Gemeinde) die Thermalquelle AG zu gründen entschlossen waren. Auf ihrer Suche nach möglichen Aktionären war die Kerngruppe auch auf Ablehnung gestossen. Anderseits ist bekannt, dass zwei ernsthafte Interessenten nicht genehm waren. Nicht unwesentlichen Anteil an der positiven Wende hatte jenes Kaufrecht, mit dem sich Dr. Martin Erb den Erwerb der Parzelle von Franz Mühlebach gesichert hatte. Im Hinblick auf eine baldige erfolgreiche Wiedererbohrung hatten die Landpreise bereits kräftig angezogen. Dr. Martin Erb machte nun die Zusicherung, einen allfälligen Gewinn aus dem Verkauf dieser Parzelle den Aktionären als Absicherung zugute kommen zu lassen. Im Sommer 1954 wurde der Vertrag mit der Gemeinde im Sinne des Gemeindeversammlungs-

Es war dann die Firma Brechtel aus Ludwigshafen, die im Meissel-Bohrverfahren den Vortrieb an die Hand nahm. Mit einiger Verspätung stellte sich am 5. September 1955 in einer Bohrtiefe von 429,6 Metern (einige Meter tiefer als erwartet) der Erfolg ein. Die Begeisterung der Bevölkerung war unbeschreiblich und entlud sich in einem spontanen, ausgelassenen Freudenfest. Die Kirchenglocken läuteten. Die Kinder bekamen einen schulfreien Tag. Die Stimmfähigen wurden zu einer ausserordentlichen Versammlung in die Turnhalle eingeladen. Die Behörden liessen den Bohrerfolg hochleben und knüpften daran die zuversichtliche Gewissheit, dass der Flecken nun eine Zukunft habe, die sich würdig der grossen Messevergangenheit an die Seite stellen könne.

4 Frontseite des «Zurzacher Volksblatts» vom 7. September 1955.

5 Geologische Schichten im Bohrloch von 1955.

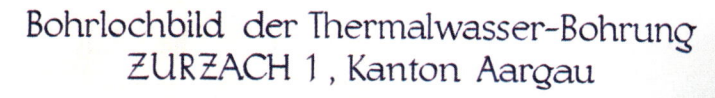

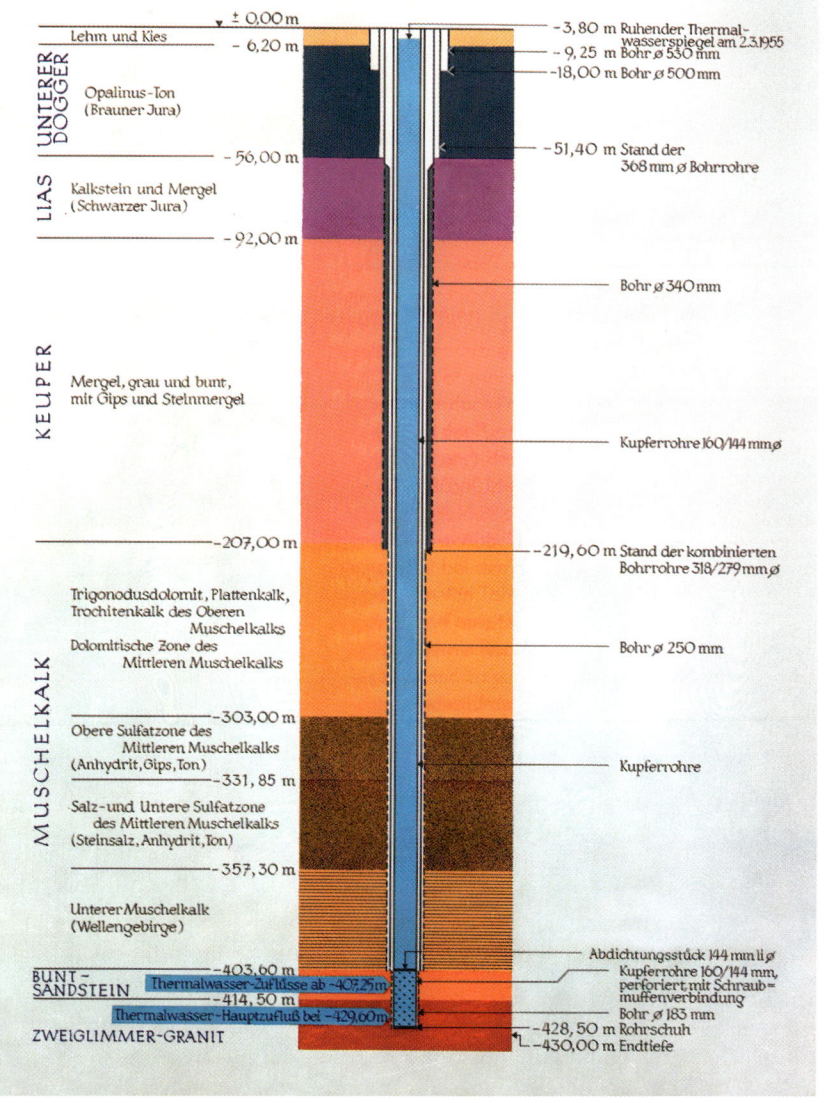

beschlusses ins Reine gebracht. Die Präzisierungen hielten fest, dass die Erbohrung innerhalb zweier Jahre geschehen müsse. Das Thermalwasser habe vorwiegend Heilzwecken zu dienen und der Gemeinde müssten in einem künftigen Spital zwei Freibetten reserviert werden. Zudem habe die Einwohnerschaft von Zurzach Anspruch auf vergünstigten Eintritt ins Thermalbad.

Der Regierungsrat bestätigte die Abtretung der Konzession an die zu gründende Aktiengesellschaft. Die eigentliche Gründung der Thermalquelle AG erfolgte am 10. September 1954. Ihr gehörten an: Paul Weber, Eugen Weber, Dr. Martin Erb, Dr. Walter Edelmann, Fedor Altherr, Max Schäubli, H. R. Keller. Alle stammten aus Zurzach, und alle fühlten sich dem Ort «eng verbunden». Ihre Einlagen bewegten sich zwischen Fr. 5'000.– und Fr. 20'000.–. Schon in den ersten Statuten wurde ein Minderheitenschutz eingebaut. Wahrscheinlich aus der Überlegung heraus, dass kein Aktionär und/oder keine Einzelgruppierung der AG die Gesellschaft jemals dominieren dürfe. Im Verwaltungsrat der Gründerzeit sassen Dr. Walter Edelmann, Präsident, Dr. Martin Erb, Paul Weber, Fedor Altherr und Max Schäubli.

Die ersten Kurortjahre

Die Begeisterung übertrug sich auf die ganze erste Bauphase, die wesentlich aus Improvisationen bestand. Schon bald konnten in einer Baracke Wannenbäder angeboten werden. Die einheimischen Handwerker legten sich mächtig ins Zeug, um noch vor Wintereinbruch die verschiedenen Provisorien mit Bassins, Liegeräumen und Zusatzlokalitäten unter Dach zu bringen. Waren es fürs Erste noch Schaulustige, die bestenfalls ein paar Flaschen Thermalwasser abfüllen konnten, so herrschte wenige Wochen später in den zwei Freiluftbassins ein reger Badebetrieb. Der Andrang war so gross, dass die Kundschaft längere Wartezeiten in Kauf nehmen musste. Schon das erste volle Betriebsjahr 1956 brachte im Durchschnitt gegen 800 Tageseintritte. Das Vorgehen der Bauherrschaft erwies sich als richtig und sehr erfolgreich. Das Publikum nahm an den Provisorien keinen Anstoss. Im Gegenteil, das Badeabenteuer unter freiem Himmel zu bescheidenen Preisen zog die Leute in Scharen an. Die Thermalquelle AG konnte mit dem Rückhalt eines einträglichen

Provisoriumsbetriebs an die Planung des Weiterausbaus gehen. Priorität hatte die richtige Wasserabnahme ab Bohrstelle. Vom Auslauf sollte das Thermalwasser in ein erhöhtes Reservoir geleitet und von dort unter eigenem Druck zu den Verbrauchsstellen geführt werden.

Zur Auswahl standen ein Turmreservoir oder ein Reservoir am Hang. Man entschied sich für die Turmvariante. An der Planung waren wesentlich Prof. Hans Hofmann (1897–1957) von der ETH und der Aktionär Fedor Altherr beteiligt. Für die Reservoirhöhe waren 25 Meter erforderlich. Daraus wurde schliesslich das 53 Meter hohe Turmhotel. Diese Höhe entsprach dem Zeitgeist und der lokalen Aufbruchstimmung. Solche Wahrzeichen hatten in den Sechzigerjahren symbolhaften Charakter für das Fortschrittsbewusstsein. Nach der Grundsteinlegung Ende 1959 kamen die Rohbauten zügig voran. Doch dann entluden sich die schon seit langem schwelenden Unstimmigkeiten in der Thermalquelle AG. Der Turmbau wurde eingestellt. Zu Anfang der Sechzigerjahre bot sich über längere Zeit das triste Bild eines Badprovisoriums und daneben der Rohbau des Turmhotels, der mehr und mehr das Aussehen einer Bauruine annahm.

6a) Der bescheidene Anfang des Zurzacher Badebetriebes, b/c) die ersten Neugierigen freuen sich über die sprudelnde Quelle und nehmen zaghaft Kontakt auf mit dem warmen Wasser,
d) das Provisorium,
e) Bassins der 1970 eröffneten Anlage,
f) Badevergnügen im Winter unter freiem Himmel.

Die Streitursachen mögen vielfältiger Natur gewesen sein. Personell kam in der Thermalquelle AG eine recht heterogene Gruppe zusammen. Unterschiede des Alters, des Temperaments, der politischen und der wirtschaftlichen

Ansichten enthielten Ansätze zu Dissonanzen. In der Ungewissheit der Vorgeschichte war man gezwungen, sich zusammenzuraufen und Einigkeit zu demonstrieren. Mit dem Bohrerfolg schien dieser Zwang wegzufallen. Politisch hätte die Situation einfacher werden können, nachdem 1957 die Gemeindeführung abgewählt worden war und Dr. Walter Edelmann ab 1958 das Gemeindeammannamt bekleidete. In Wirklichkeit aber spitzte sich der Konflikt in dieser Zeit zu und bewirkte über Jahre eine eigentliche Lähmung. Gestritten wurde im Wesentlichen um Kompetenzen und Konzepte. Paul Weber machte sich zum Wortführer eines zügigen Ausbaus. Er vertrat ein Programm, das sich an den bestehenden Heilbädern orientierte. Im medizinischen Bereich setzte er auf ein Polio-Zentrum, für das schon damals kein eigentlicher Bedarf mehr bestand. Die Gegenseite wollte die Besonderheit der Zurzacher Erbohrung nutzen und etwas Neues und Einmaliges schaffen.

Während in der Thermalquelle AG die Geschäfte weitgehend ruhten, konnte der Aktionär Dr. Walter Edelmann als neuer Gemeindeammann wenigstens den Flecken auf Kurortkurs bringen. Er tat es zielstrebig und mit Erfolg. Die Stimmbürgerschaft hielt mit und nahm Steueropfer auf sich, als es darum ging, die Infrastruktur auf einen zeitgerechten und kurorttauglichen Stand zu bringen. Zum eigentlichen politischen Prüfstein wurde die Zonenordnung, über die die Gemeindeversammlung schon im ersten Amtsjahr von Dr. Walter Edelmann zu entscheiden hatte. Ihre Kernstücke waren das künftige Kurgebiet und der Kurpark. Das Kurgebiet war zu diesem Zeitpunkt noch fast durchwegs unüberbaut. Ohne rigorose Massnahmen der Bauplanung hätte auf dieser Fläche unweigerlich ein schwer kontrollierbarer Wildwuchs an Kurortbauten eingesetzt.

Zu einem besonders langwierigen Verfahren entwickelte sich die Ausscheidung des Kurparks zwischen dem künftigen Thermalbad und der Fleckenzone. Mit dieser Grünzone wollten die Behörden einerseits eine klare Abgrenzung zwischen dem historischen Ortsbild und dem modernen Bäderbezirk schaffen und andererseits die modernen Badeanlagen in eine naturbezogene Umgebung einbetten. Die betroffenen Landbesitzer machten Einsprachen und zogen das Verfahren durch alle Instanzen. Die Gemeinde behielt Recht. Damit war für das Kurparkareal der Tatbestand der materiellen Enteignung gegeben. Die Gemeinde war gehalten, die Kurparkparzellen zu kaufen, wenn es die Enteigneten verlangten. Diese hielten zurück, wohl in der Annahme, die Zeit würde für sie arbeiten und die Bodenpreise ständig steigen lassen. 1975 entschied die Gemeindeversammlung, an die Realisierung des Kurparks zu gehen bzw. die Enteignung einzuleiten. Sie konnte das Unterfangen an die Hand nehmen, weil schon einige finanzielle Reserven bereitgelegt worden waren und weil sie mit der Unterstützung der Bädergesellschaften rechnen konnte. Auch dieses Verfahren zog sich in die Länge, weil ein freihändiger Kauf an den unterschiedlichen Preisvorstellungen scheiterte. Die kantonale Schätzungskommission entschied dann auf einen Quadratmeterpreis von Fr. 145.–. Dabei blieb es. Mit dem gleichen Ansatz wurden in den Achtzigerjahren auch noch die beiden letzten in Privatbesitz verbliebenen Kurparkparzellen erworben (Ruth Weber/Viktor Granella und H. R. Keller).

Die Kurortentwicklung mit den vielen Thermalbadbesuchern veränderte auch die lokale Verkehrssituation wesentlich. Zeitlich fiel sie zusammen mit dem allgemein wachsenden privaten Motorfahrzeugverkehr. So konnte der Gemeinderat mit guten Argumenten vom Kanton den seit langem anstehenden Bau der neuen Zurzibergstrasse verlangen. Mit einem Kostenaufwand von rund 2,5 Millionen Franken wurde das Werk 1960 realisiert und eingeweiht. Damit kam Zurzach zu einem tauglichen Strassenanschluss ins schweizerische Mittelland. Schon ein Jahr später nahm die PTT ihre Postautoverbindung Zurzach–Brugg auf. Auch im Bahnverkehr wurden wesentliche Fortschritte erreicht. Über viele Jahre brachte der SBB-«Badexpress» die Kurorttouristen direkt von Zürich nach Zurzach.

Die Differenzen innerhalb der Thermalquelle AG waren dem politischen Klima in der Gemeinde abträglich. Die anfängliche Begeisterung hatte einer Ernüchterung Platz gemacht, obwohl viele Leute über Zimmervermietung, Angebote an Arbeitsplätzen, handwerkliche Aufträge und Belebung des Detailhandels vom Kurortbetrieb schon kräftig profitierten. Eine weitere Kontroverse, die mit dem Kurort zu tun hatte, sorgte für zusätzlichen Zündstoff. Die «Holderbank Cementwerke» legten das Projekt eines modernen Zementwerks mit Standort in den «Seeäckern» zwischen Zurzach und der Sodafabrik vor. Umfangreiche Landkäufe in der ganzen Region waren zu diesem Zeitpunkt schon getätigt. Der Gemeinderat stand hinter dem Projekt. Dagegen erhob sich heftige Opposition aus Kurortkreisen, besonders aus dem Vorstand des Kur- und Verkehrsvereins. Mit einer Motion zur Änderung des Zonenplans sollte das Projekt verhindert werden. An der spannungsgeladenen ausserordentlichen Gemeindeversammlung vom 11. Januar 1963 wurde die Motion der Opposition mit 294 zu 173 Stimmen gutgeheissen, d. h. eine Zurzacher Zementfabrik abgelehnt. Die «Holderbank Cementwerke» entschieden sich dann für den neuen Standort zwischen Rekingen und Mellikon.

1963 starb ganz unerwartet Paul Weber, einer der Hauptakteure in der Thermalquelle AG. Die Nachfolge ging an seine Frau Ruth Weber-Wenger. Die unerfreuliche Situation innerhalb der Thermalquelle AG wurde so drückend, dass über Gespräche ernsthafte Versuche zu einem Neubeginn gemacht wurden. Tatsächlich fand man sich wieder zusammen. Sichtbares Zeichen dafür waren die Wiederaufnahme und der Abschluss der Bauarbeiten am Turmhotel. Im Dezember 1964 konnte das neue Wahrzeichen von Zurzach eingeweiht werden.

Im Hinblick auf den Bau einer definitiven Badeanlage drängte sich die Sicherstellung der Thermalwasserzufuhr auf. So wurde im Januar 1965 die Quelle 2 erbohrt. Die Schüttung erwies sich anfänglich als sehr beträchtlich, aber zugleich ging die Ergiebigkeit der Quelle 1 markant zurück. Quelle 1 und Quelle 2 waren also kommunizierend. Zu den Errungenschaften des ersten Quellen-Jahrzehnts gehörte 1961 die Einrichtung des Verkehrsbüros im Vorbau des Kinos «Paradies». Hans Müller, pensionierter Gemeindeschreiber, betreute stundenweise den Dienstleistungsbetrieb. Für die bescheidenen Betriebskosten kam nach einigen Querelen die «Stiftung für Kuranlagen» auf. Die Eröffnung des Verkehrsbüros zeigte, dass der lokale Kur- und Verkehrsverein mit seinen bescheidenen Mitteln unmöglich die Aufgaben bewältigen konnte, die ihm nun unter den veränderten Verhältnissen zufielen. Dr. Walter Edelmann, der auch Mitglied des kantonalen Parlamentes war, unternahm in dieser Zeit im Grossen Rat jenen Vorstoss, der schliesslich die Einführung einer Kurtaxe ermöglichte. Gemäss Paragraph 145 des kantonalen Steuergesetzes von 1967 erhielten Kurortgemeinden die Kompetenz, über Gemeindeversammlungsbeschlüsse Kurtaxen einzuführen. Der Kurtaxenartikel fand später auch Einlass in das neue kantonale Steuergesetz von 1983. Unmittelbar nach Inkrafttreten des Gesetzes ergriff der Kur- und Verkehrsverein die Initiative, über die zuständige Gemeindeversammlung die lokale Kurtaxe einzuführen. Der entsprechende Beschluss vom Dezember 1966 trat auf 1. März 1967 in Kraft. Man begann mit einem Übernachtungsansatz von 50 Rappen. Ein Drittel davon kam dem Kur- und Verkehrsverein zugute. Ein Drittel diente zur Äufnung des Kurparkfonds. Den letzten Drittel behielt die Gemeinde für kurörtliche Aktivitäten. Das Kurtaxenreglement ist in der Folge noch einige Male abgeändert worden. Der Übernachtungsansatz stieg schliesslich 1998 auf Fr. 2.20, und der ganze Ertrag kam dem Kur- und Verkehrsverein zugute.

Die Thermalbad AG und das neue Thermalbad

Nach der Bereinigung der internen Konflikte wurde die Thermalquelle AG wieder aktionsfähig. Sie machte sich an den Ausbau der Badeanlagen. Weil dieses Programm die Möglichkeiten der Thermalquelle AG überstieg, wurde 1966 eine neue Gesellschaft, die Thermalbad AG, gegründet. In die neue Gesellschaft brachte die Thermalquelle AG drei Landparzellen ein, die zu einem Quadratmeterpreis von Fr. 80.– mit total 2,172 Millionen Franken bewertet wurden. Dafür erhielt die Thermalquelle AG in der neuen Gesellschaft 20'000 Namensaktien à Fr. 100.–. Dem standen anfänglich 2000 Inhaberaktien à Fr. 500.– (1 Million Franken) gegenüber. Die Zahl der Inhaberaktien wurde durch zweimalige Aufstockung schliesslich auf 16'000 (8 Millionen Franken) angehoben. Die Mehrheit der Aktien blieb somit bei der Thermalquelle AG, was für die weitere Entwicklung sehr bedeutungsvoll werden sollte. Die schmerzlichen Konflikterfahrungen der vorangegangenen Jahre innerhalb der Thermalquelle AG hätten eigentlich den Einbezug der Gemeinde in die Thermalbad AG nahe legen müssen. Aber vonseiten der Gemeinde, die ab 1966 von Gemeindeammann Max Schnellmann geleitet wurde, blieben entsprechende Vorstösse aus, und für die Thermalquelle AG, die die Struktur der Thermalbad AG bestimmte, schien die Beteiligung der Gemeinde weiterhin kein Thema zu sein. Immerhin raffte sich die Thermalquelle AG zu einer Geste auf. Im Sinne einer Gegenleistung für den damals freigegebenen Thermalquellenfonds von Fr. 41'000.– erhielt die Gemeinde ein Aktienpaket über Fr. 50'000.– bei der Thermalbad AG.

Personell sah die breitere Abstützung der Gesellschaft so aus: Von der Thermalquelle AG nahmen im Verwaltungsrat der Thermalbad AG Dr. Martin Erb, Fedor Altherr, Dr. Walter Edelmann, H. R. Keller, Max Schäubli und Ruth Weber-Wenger Einsitz. Von «aussen» kamen dazu: Dr. Hans Fischer als Präsident, Walter Urech, Dr. Karl Staubli und Anton Wey. Was die Badfrequenzzahlen betraf, konnte die neue Gesellschaft getrost an das Grossprojekt herantreten. Trotz kleiner punktueller Rückschläge nahmen die Badeintritte in den Sechzigerjahren konstant zu. Ungeachtet der Unzulänglichkeiten des Provisoriums waren sie inzwischen auf stattliche 500'000 pro Jahr gestiegen.

An der Pressekonferenz vom 20. September 1967 stellte sich der Verwaltungsrat der Öffentlichkeit vor und präsentierte auch gleich das genehmigte Bauprojekt. Der Wasserzuleitungsvertrag mit der Thermalquelle AG war bereinigt und genehmigt. Im Architektenwettbewerb hatte Werner Stücheli, dipl. Architekt ETH/SIA, den ersten Preis erhalten. Es war ein kühner Wurf, der sogar bewusst einige vorgegebene einengende Rahmenbedingungen ausser Acht gelassen hatte. Weil das Projekt auch wesentlich die Ortsplanung tangierte, musste die Gemeindeversammlung vom 19. Mai 1967 die planerischen Voraussetzungen schaffen. Sie tat es in zustimmendem Sinn.

Das Projekt Stücheli sah folgende Bauten vor: 2 Freiluft-Schwimmbecken mit den zugehörigen Umkleidekabinen, 1 Imbiss-Restaurant, 1 Wannentrakt mit Umkleide- und Liegekabinen, 1 gedecktes Hallenbad, 1 Personalhaus mit 80 Betten und Direktionswohnung, 1 Kurhotel mit 75 Betten, angrenzend an die Badeanlage. Personalhaus, Hallenbad und Kurhotel wurden in die zweite Bauetappe verwiesen. Als die Pressekonferenz stattfand, war der Spatenstich schon erfolgt. Die erste Bauetappe erforderte 15 Millionen Franken. Zu diesem Zweck war das Aktienkapital von 3 auf 8 Millionen aufgestockt worden. Die Restfinanzierung erfolgte über Bankkredite. Mit der Gesamtverantwortung für die Bauausführung war das Generalunternehmen Mobag betraut worden. Die Hochrechnungen zur künftigen Badfrequenz gingen von rund 800'000 Jahreseintritten aus. Die Eintrittspreise würden um Fr. 1.50 auf Fr. 4.– angehoben.

An der gleichen Pressekonferenz vom 20. September 1967 konnte Dr. Walter Edelmann auch schon in grossen Zügen das Projekt des künftigen Rheumazentrums vorstellen. Nach den schwierigen Jahren zwischen 1958 und 1964 herrschte nun wieder Aufbruchstimmung. Man wurde sich sogar einiger Vorteile der vorangegangenen Stagnation bewusst. Die Mentalität und die Möglichkeiten der ersten Jahre hätten kaum so kühne Projekte zugelassen, wie sie jetzt vorlagen. Dass man mit der Zeit ging, zeigte die nächste Pressekonferenz von 1969. Da wurde nämlich in moderner Aufmachung das Signet der Thermalbad AG vorgestellt. (Die Bezeichnung «Logo» existierte damals noch nicht.)

Die Bauarbeiten verliefen planmässig. Offizielle Eröffnung der ersten Etappe war am 25. Mai 1970. Die Festgemeinde versammelte sich beim Eingang, wo auch schon der von Charlotte Germann-Jahn geschaffene Brunnen stand. Zu den Rednern gehörte auch Viktor Vyskocil, der erste Thermalbad-Direktor. Eine Nutzungsänderung ergab sich dann beim Personalhaus, das fortan unter dem Namen Turm-Pavillon als Hotel diente.

Mit der Eröffnung des neuen Thermalbads begann für Zurzach das erfolgreichste Jahrzehnt seiner Kurortgeschichte. Im Eintrittsfoyer stauten sich die Kolonnen der

7 Projektmodell für den Bäderkomplex von Werner Stücheli, dipl. Architekt ETH, BSA, SIA, Zürich.

8 Inneres des 1970 eröffneten Badegebäudes von Werner Stücheli.

Wartenden. Die Eintrittszahlen verdoppelten sich innert Jahresfrist auf eine Million. In der Nachbarschaft wuchsen die Bauten des künftigen Rheumazentrums, das 1973 in Betrieb ging. Im gleichen Jahr erfolgte die Eröffnung des Hotels «Zurzacherhof». 1976 erwarb die Thermaquelle AG dieses «Erstklasshotel», und im gleichen Zug übernahm sie einen Block der Horta-Überbauung. Dort bot sie fortan Appartements als Hotellogis an. Turmhotel und Pavillon wurden durch einen Zwischentrakt verbunden. Die Thermalquelle AG als alleinige Hotelbetreiberin im Bäderbezirk verfügte damit über 340 Fremdenbetten.

1975 reiften die Ausbaupläne für die zweite Etappe des Thermalbads. Nach dem ursprünglichen Konzept hätte ein Hallenbad hinzugefügt werden müssen. Aber die Badefreuden im Freien waren derartige Zugnummern geworden, dass man sich für ein drittes offenes Bassin entschied. Ein Viertel des 500-Quadratmeter-Beckens wurde unter Dach betrieben. Die Mittelbeschaffung für den 7-Millionen-Ausbau war angesichts des erfolgreichen Badebetriebs kein Problem.

Die Frequenzzahlen waren weiterhin sehr gut, aber sie deuteten zugleich an, dass sich der Erfolg in Zukunft nicht mehr so leicht halten liesse. Mit der Ölkrise der Siebzigerjahre verband sich eine schleichende Wirtschaftsbaisse, die auch der Kurbetrieb zu spüren bekam. Die Hotelübernachtungen nahmen zwar zu, jedoch nicht im erforderlichen Verhältnis zu den neu geschaffenen Kapazitäten. Im Weiteren hatte sich das Erfolgsrezept des Zurzacher Thermalbads herumgesprochen und zur Nachahmung ermuntert. Die Thermalbad AG musste sich etwas einfallen lassen, um weiterhin ganz vorne dabei zu sein. Das 1977 eröffnete dritte Bassin brachte nochmals einen Aufschwung auf eine Million Badeintritte. Damit war die Höchstgrenze erreicht. Positiv wirkte sich auch noch die 1979 erbaute Sauna-Anlage aus. Doch dann folgte über mehrere Jahre eine Abwärtsbewegung bis hin zu 750'000 Jahreseintritten. Mit dem Fliessbad von 1987 konnte eine zusätzliche jüngere Kundschaft angesprochen werden. Doch von den Traumergebnissen früherer Jahre blieb man deutlich entfernt. Wie sich die geplante Aufhebung der Sauna und deren Ersatz durch das Medical Wellness Center auswirken werden, bleibt abzuwarten. Selbst wenn sich die Eintrittszahlen auf 600'000 einpendeln, bleibt das Thermalbad neben der Rheuma- und Rehabilitationsklinik doch der Hauptpfeiler eines florierenden Kurortbetriebs.

Die Gemeinnützige Stiftung für Zurzacher Kuranlagen – die Rheuma- und Rehabilitationsklinik

Die Gemeinnützige Stiftung für Zurzacher Kuranlagen wurde am 11. März 1957 von Dr. Walter Edelmann, seiner Frau Margrit und H. R. Keller ins Leben gerufen. Sie startete mit einem Kapital von Fr. 20'000.–. Zwei Zweckbestimmungen standen im Vordergrund: die Errichtung medizinisch-therapeutischer Anlagen und die allgemeine Förderung des Kurorts. Zum Stiftungsrat gehörte auch immer ein Mitglied des Verwaltungsrats der Thermalquelle AG und ein Mitglied des Gemeinderats. Die Stiftung konnte ihre hoch gesteckten Ziele nur erreichen, wenn ihr namhafte Mittel zuflossen. Nach Überzeugung des Stiftungsrats hatte dies in erster Linie durch die Thermalquelle AG zu geschehen. An diesem Punkt aber begannen sich die Geister zu scheiden. Dr. Walter Edelmann brachte den Badebatzen von 10 oder 20 Rappen pro Eintritt ins Gespräch. Eine Gruppe der Thermalquelle AG fühlte sich über das Vorgehen unzureichend informiert und überfahren. Der Badebatzen-Antrag wurde abgewiesen. Es folgten dann die schon erwähnten Jahre interner Spannungen, die ihre nachteiligen Wirkungen auch auf die Stiftung hatten.

Nach dem Neubeginn 1964 stellte die Stiftung wiederum den Antrag auf den Badebatzen. Diesmal mit Erfolg. 10 Rappen (später 20 Rappen) pro Badeintritt bedeuteten für die Stiftung einen namhaften Zustupf. Damit konnte sie die Wiedereröffnung des vorübergehend geschlossenen Verkehrsbüros ermöglichen. Vor allem aber wurde die Stiftung in die Lage versetzt, ihr eigentliches Wunschprojekt, die Planung eines Rheumazentrums, voranzubringen. Die Vorbereitungsarbeiten wurden von Dr. Walter Edelmann geleistet. Er verzichtete auf einen Architekturwettbewerb. Der Direktauftrag ging an das Architekturbüro Landolt in Zürich, das mit dem Bau der Rheumaklinik Leukerbad einschlägige Erfahrungen gesammelt hatte. Prof. A. Böni erstellte das Raumprogramm. Das Vorprojekt aus dem Jahr 1966 rechnete mit Kosten von 26,5 Millionen Franken. Jetzt aber begann ein jahrelanges Feilschen mit den kantonalen und eidgenössischen Subventionsinstanzen. Im Kanton Aargau lief das Verfahren besonders mühsam, weil Zurzach in Konkurrenz zu den Klinik-Bauplänen von Bad-Schinznach und den Sanierungsabsichten der Rheinfelder Kurklinik stand. Erst ab 1969 wurde die Detailplanung möglich. Zwar war die Finanzierung noch nicht gesichert, aber Mitte 1970 versammelte man sich zum Spatenstich. Das Bauprogramm kam zügig voran. Ab 1970 wurden der künftige Chefarzt Dr. Walter Kunz und der ebenfalls bereits gewählte Verwaltungsdirektor Werner Rauber in das Baugeschehen einbezogen.

Die Einweihung fand am 12. Mai 1973 statt. Die Anlaufzeit gestaltete sich schwierig. Die Klinik musste sich erst einmal in der Spitallandschaft etablieren und über die Kantonsgrenze hinaus ein sicheres Einzugsgebiet schaffen. 1977 löste Dr. Roland Sramek Werner Rauber in der Verwaltungsdirektion ab. Für das «Rheumazentrum», ab 1975 hiess es Rheumaklinik und ab 1989 Rheuma- und Rehabilitationsklinik, war es vorteilhaft, dass es neben der Thermalquelle AG und der Thermalbad AG ein selbstständiges Dasein führte und damit nicht in die Spannungsfelder der beiden andern Gesellschaften geriet. Nach ihrer Einweihung 1973 hat die Rheuma- und Rehabilitationsklinik eine stete Weiterentwicklung erlebt. Es begann mit der Umwandlung der Personalzimmer in eine Privatabteilung. Als Angestelltenunterkunft erwarb die Stiftung die «Rad»-Appartements im Flecken. Das Erdgeschoss erfuhr durch die Ergänzung mit Foyer, Kiosk, Cafeteria und Esssälen eine wirkungsvolle Umgestaltung. Mit einem 10-Millionen-Aufwand kamen in den Achtzigerjahren Lokalitäten für Forschung und Schulung sowie Einrichtungen für die Erweiterung der Therapiemöglichkeiten dazu. Ebenfalls 10 Millionen flossen schliesslich in die Erneuerung des Haupttrakts. Die Bettenzahl blieb bei 180, aber die Zimmer wurden nun den Komfortvorstellungen einer modernen Klinik-Hotellerie angepasst. An Arbeitsplätzen konnte die Klinik schliesslich 210 Vollzeitpensen anbieten, die sich auf rund 300 Angestellte verteilten.

In der Trägerschaft nehmen der Stiftungsrat (ungefähr 25 Mitglieder), der Stiftungsrats-Ausschuss (7 Mitglieder) und neuerdings eine Kurortkommission (5 Mitglieder) die Verantwortung wahr. Als Stiftungsrats-Präsident amtete bis 1993 Dr. Walter Edelmann.

Gemäss der zweiten Zweckbestimmung ist die Stiftung immer wieder in der allgemeinen Kurortförderung aktiv geworden. Es begann mit kleinen Massnahmen wie dem Aufstellen von Ruhebänken, dem Anlegen von Blumenrabatten, dem Anbieten von Führungen durch das historische Zurzach, Baumpflanzaktionen, auch mit der Herausgabe der Publikation «Zurzach, gestern und heute». Nach 1964 flossen die Mittel dank Badebatzen reichlicher. Die Stiftung konnte so auch grössere Projekte der Kurortbereicherung angehen. Vorübergehend führte sie das Verkehrsbüro und übernahm dann auch die Defizitgarantie für die Galerie «zum Elephanten». Wesentliche Beiträge ermöglichten die Neubestuhlung der Oberen Kirche. Die Hauptleistung der Stiftung war ohne Zweifel die 2-Millionen-Investition ins Kurgästehaus. Vom Kino «Paradies» hatte das Verkehrsbüro in den «Hirschen» an der Hauptstrasse gewechselt. Aber auch diese Lokalität erwies sich auf die Dauer als unzulänglich. Als Aufenthaltsmöglichkeit für Kurgäste war ein schmucker Raum in der neu gestalteten Propstei eingerichtet worden. Mit einem Kurgästehaus wollte man die kurörtlichen Dienstleistungen zusammenfassen und reichhaltiger gestalten. An der Quellenstrasse, der Nahtstelle zwischen Flecken und Bäderbezirk, bot sich als idealer Ort das Höfli-Areal an. Gemeinde und Stiftung erarbeiteten ein Gesamtkonzept. Das Raumprogramm enthielt die erforderlichen Kurgäste-Lokalitäten. Darüber, im ersten Stockwerk, erstellte die Gemeinde zusätzliche Büroräume. Der Neubau wurde mit dem angrenzenden Fulgentiushof verbunden, wo die Gemeinde im Erdgeschoss die Jugendräume einrichtete und darüber auf drei Stockwerken das Bezirksmuseum gestaltete. Der Neubau wurde so nahe an die Strasse gerückt, dass der kleine Höfli-Park auf der Südseite weitgehend erhalten blieb und Teil der Gesamtanlage wurde.

Auch im Bereich der Hotellerie schaltete sich die Stiftung ein. Sie ersteigerte den heruntergekommenen Messegasthof «zur Waag» und fand einen Unternehmer, der das traditionsreiche Haus mit seinem reizvollen Innenhof restaurierte und die «Waag» wieder zu einem Treffpunkt der Gastronomie machte. Das Hotel «Zurzacherhof», das sich in ähnlich schwieriger Lage befand, übernahm die Stiftung in der Absicht, den Betrieb in ein Gesundheitshotel umzugestalten. Dieser Versuch wurde später abgebrochen, als sich Gelegenheit bot, den «Zurzacherhof» im Baurecht an ein Hotelier-Ehepaar zu übergeben. Nicht zuletzt wurde die Stiftung auch bei den Vorarbeiten zum Parkhotel aktiv. Hinter diesen Bestrebungen stand die Absicht, das Hotelangebot derart aufzustocken, dass Zurzach den Charakter eines richtigen Kurorts bekäme.

Es ist auch das Verdienst der Stiftung, mit einer ersten Etappe die Kurparkgestaltung eingeleitet und nachher beim weiteren Ausbau der Grünanlagen kräftig mitgeholfen zu haben. Eine von der Stiftung in Auftrag gegebene Studie lieferte die Grundlage für eine weitere wohnliche und naturnahe Ausgestaltung des Gemeindegebietes.

Ausbau der Kurort-Hotellerie

Schon die ersten Konzepte zum Kurortausbau arbeiteten mit der dreigliedrigen Abstützung Passantenbad, Kuraufenthalte, Heilanstalt. Für Kuraufenthalte war eine entsprechende Hotellerie erforderlich. Der Ort selber verfügte in dieser Hinsicht über ein eigenes, allerdings bescheidenes Angebot. Der Ausbau zum Kurort kam schon im ersten definitiven Bauprojekt, dem Turmhotel, zum Ausdruck. Die Thermalquelle AG nahm neben Wasserreservoir und Restaurant auch Hotelzimmer (insgesamt 44 Betten) ins Programm auf. An der Nachfrage mangelte es nicht, das zeigt der Aufschwung der Parahotellerie in den Sechzigerjahren. Die Privatzimmervermietung begann zu florieren. Das eben eröffnete Verkehrsbüro hatte einen guten Teil seiner Dienstleistungen im Bereich der Zimmervermietung zu erbringen. Es war auch die Zeit der Kleinpensionen, deren Bau von den Gemeindebehörden grosszügig auch in den Einfamilienhauszonen bewilligt wurde. Die Kundschaft war in ihren Ansprüchen bescheiden. Doch diese Verhältnisse konnten nicht von Dauer sein.

Das Bauprogramm des neuen Thermalbads aus dem Jahre 1966 sah für eine spätere Etappe ein 200-Betten-Hotel vor. Im Fleckengebiet selber hielt man sich mit Hotelinvestitionen zurück. Zwar wurden die Gaststätten erneuert und zwei Cafés eröffnet. Aber nur gerade im Gasthof «zur Post» wurde unter dem Namen «Athos» ein kurzlebiger Versuch mit einem eigentlichen Hotelbetrieb gemacht. Der spätere Besitzer, Hubert Stöckli, betrieb das Haus wieder unter seinem früheren Namen mit Restaurant und Gastzimmern.

1970 erhielt das Baugeschäft Notter, Wohlen, den Zuschlag für die Bauarbeiten am Rheumazentrum. Das initiative Unternehmen fasste damit in Zurzach Fuss und liess sich dazu bewegen, auch in die Hotelbranche einzusteigen. Otto Notter erwarb die Parzelle an der späteren Dr. Martin Erb-Strasse und baute darauf mit dem Wohlener Hotelier Krähenbühl den «Zurzacherhof». Nach damaligen Massstäben konnte das Haus mit seinen 80 Betten als Erstklassbetrieb bezeichnet werden. Die Gemeinde verband die Baubewilligung mit der Auflage, die Un-

9 Bäderbezirk, Flugaufnahme um 1980. In der Mitte der Turm mit Hotel, Restaurant und Reservoir. Um ihn herum gruppiert sind das Bad, Zurzacherhof und Kurhotel, Turm-Pavillon und Reha-Klinik, dahinter das Parkhotel.

10 Aufenthaltsraum im Kurgästehaus.

terflurparkierung so zu gestalten, dass sie auch einer Angliederung zusätzlicher unterirdischer Parkierungsflächen (Kurhotel) gedient hätte. Hatte sich anfänglich im Hotelbau nur wenig getan, so kam mit der Eröffnung des neuen Thermalbads und der Rheumaklinik rege Aktivität im Beherbergungsbereich auf. Besonders taten sich dabei der ehemalige Bauführer der Firma Notter, Fredi Bühler, und sein Geschäftspartner Albert Koch hervor. Die Thermalquelle AG stieg ebenfalls verstärkt in die Hotelbranche ein. Aus dem Personalhaus machte sie einen Zweigbetrieb des Turmhotels und verband dieses Annexunternehmen durch einen Zwischenbau mit dem Hauptgebäude. So wurde die Bettenzahl des Turmhotels von ursprünglich 44 auf 140 Betten aufgestockt. In einem späteren Zeitpunkt übernahm die Thermalquelle AG auch den Betrieb des Kurhotels. Der Gesellschaft war es aus begreiflichen Gründen ein Anliegen, den Gästen ihrer Hotelbetriebe Vergünstigungen bei der Benützung der Badanlagen zu bieten.

Gegen 1980 begannen die boomartigen Bauaktivitäten der beiden umtriebigen Unternehmer Bühler und Koch. Von der Stiftung für Kuranlagen erwarben sie 1981 den Gasthof «zur Waag». In das umfangreiche Sanierungsprogramm des ehemaligen Messehauses brachten sie auch gleich noch die Erstellung von zwei Appartementhäusern im Hintergelände des Gasthofes ein. Die neue «Waag» konnte 30 Gastbetten anbieten.

Schon früher hatten sie von der Hotel AG Zug eine Parzelle südlich des Turmhotels erworben. 1981 wurde mit dem Bau des Kurhotels, einem 130-Betten-Betrieb, begonnen. Es erhielt einen direkten Zugang zum Thermalbad. Wie schon erwähnt, wurde die eigentliche Betriebsführung des Kurhotels von der Thermalquelle AG übernommen.

Das ganz grosse Projekt aber sollte erst noch folgen. 1981 schloss die Stiftung für Kuranlagen mit den Herren Bühler und Koch einen Vertrag über die Abtretung von 1,3 Hektaren zwischen der Badstrasse und der Bahnlinie. Dieses Areal wurde für ein Grosshotel reserviert. Die beiden Käufer mussten sich verpflichten, vor Baubeginn die Sicherheit einer ausreichenden Finanzierung vorzulegen. Was von vielen als Utopie bezeichnet worden war, erwies sich 1986 als Realität. Das Parkhotel ging als grösstes gastronomisches Unternehmen des Kantons Aargau in Betrieb, und Zurzach konnte sich rühmen, sowohl bei den Badeintritten wie auch beim Gastbettenbestand die erste Stelle im Aargau einzunehmen. Innerhalb von zwanzig Jahren war im Bäderbezirk eine Hotellandschaft mit 750 Betten entstanden. Selbst wenn der Kurortaufschwung in dieser Zeit unaufhaltsam vorangekommen wäre, hätte diese Kapazität schwerlich ausreichend genutzt werden können. Das bekamen die Hotelbetreiber rasch zu spüren. Die Thermalquelle AG hatte sich in Sorge um die eigenen Hotelbetriebe dem Bau des Parkhotels entgegengestellt und schliesslich der Trägerschaft dieses Unternehmens den Direktzugang zum Thermalbad verweigert. Die Übernachtungszahlen blieben in der Folge deutlich hinter den Erwartungen zurück. Die verschiedenen Kurortleitbilder zwischen 1974 und 1979 postulierten Übernachtungszahlen von 300'000 (ohne Rheumaklinik). Mitte der Achtzigerjahre war diese Kapazität vorhanden, aber die Hotels konnten nicht ausreichend belegt werden. Der gute Ruf des Bades allein reichte nicht aus, um Zurzach zum attraktiven Kurort zu machen.

Die erwähnten Leitbilder fassten Erreichtes zusammen und gaben Ziele zur Verbesserung der kurörtlichen Infrastruktur vor. Etliche, aber bei weitem nicht alle Postulate konnten in der Folge realisiert werden. Auf der positiven Seite standen das neue Kurgästehaus und der Ausbau des Spazierwegnetzes am Rheinufer, im Bäderbezirk, zum Tierpark und ins Waldgebiet Achenberg, im Weiteren die Realisierung des Kurparkprojektes, die Errichtung von Tennisanlagen in der Barz sowie einer Minigolf- und einer Pétanqueanlage. Die Gemeinde selber verwirklichte einige Vorhaben, die gleichermassen der Einwohnerschaft wie auch den Kurortgästebedürfnissen entgegenkamen. An oberster Stelle stand der Bau der Nordumfahrung, dann die Einrichtung des Bezirksmuseums im «Höfli», die Restaurierung der Oberen Kirche zusammen mit der katholischen Kirchgemeinde, die Umgestaltung des Gemeindesaals zu einem Veranstaltungszentrum. Stufenweise bekam der Kur- und Verkehrsverein mehr finanzielle Unterstützung. Die Kurtaxe kam vollumfänglich der Kurortförderung zugute. Aus dem symbolischen Gemeinde-Jahresbeitrag von Fr. 2'000.– wurden schliesslich Fr. 50'000.–, damit ein vollamtlicher Kurdirektor eingestellt werden konnte. In den Neunzigerjahren wurde noch einmal kräftig nachgedoppelt, indem der Jahresbeitrag der Gemeinde auf Fr. 200'000.– stieg. Von den acht Angestellten des Bauamtes arbeiteten im Schnitt drei Leute im spezifischen Kurortbereich.

Weil in der Hotelbelegung nicht die gewünschten Zahlen erreicht wurden, ergaben sich im Bettenangebot des Bäderbezirks schon bald zwei Änderungen. Von den 300 Betten des Parkhotels gingen rund 100 an die Aussenstation der Schulthessklinik und an die neu gegründete Schlafklinik. Die Kurparküberbauung mit den Appartementangeboten wurde wegen Unterbelegung zur allgemeinen Vermietung freigegeben.

Die Entwicklung der Übernachtungszahlen zeigt ein zwiespältiges Bild. Das erste Jahrzehnt mit den Privatzimmervermietungen, den Pensionen und den bestehenden Hotels erbrachte bestenfalls 50'000 Jahresübernachtungen. Nach Eröffnung des Turmhotels und des «Zurzacherhofs» stieg das Jahresergebnis auf 100'000. Vom grossen Aufschwung der Siebzigerjahre profitierte auch die Hotellerie, die 1980 rund 200'000 Übernachtungen registrierte. Kurhotel, Parkhotel und «Waag» vermochten einen zwischenzeitlichen Abschwung auszugleichen. Die Gesamtentwicklung entsprach jedoch nicht einer befriedigenden Auslastung. Die Anstellung eines hauptamtlichen Kurdirektors konnte den negativen Trend nicht stoppen. Die beiden Kurdirektoren brachten es zusammen auf fünf Dienstjahre. Sie kamen nicht aus der Branche, und selbst wenn ihnen dieser Makel nicht angehaftet hätte, wäre ein Erfolg mangels Kompetenzen und finanziellen Mitteln kaum zu erwarten gewesen. Von 1991 bis 2000 waren die Übernachtungszahlen rückläufig.

Die Strukturen der Bädergesellschaften

Thermalquelle AG, gegründet 1954. Gründungsmitglieder: Fedor Altherr und Partner Theo Hotz, Dr. Walter Edelmann, Dr. Martin Erb, H. R. Keller, Max Schäubli, Eugen Weber, Paul Weber.
Aktienkapital, eingebracht von den Gründungsmitgliedern: Fr. 90'000.–. Dazu der Thermalquellenfonds der Gemeinde von Fr. 41'000.–. Heutiges Aktienkapital: Fr. 500'000.–.
Verwaltungsratspräsidenten der Thermalquelle AG: 1954–1960 Dr. Walter Edelmann, Zurzach; 1960–1964 vakant; 1964–1974 Dr. Martin Erb, Zurzach; 1974–1995 Max Schäubli, Adliswil; 1995–1996 Margrit Wey, Weggis; ab 1996 Peter Bichsel, Bern.
Verwaltungsrat 2003: Peter Bichsel, Präsident; Jürg Weber, Maja Ober-Kassebaum, geb. Altherr, Markus Schäubli, Dr. Ernst Aeschbach-Erb (ausgeschieden 2002), Dr. Andreas Edelmann, Ines Sieburgh-Weber (neu ab 2002).
Mit Ausnahme von Peter Bichsel gehören alle Verwaltungsratsmitglieder zur zweiten Generation der Gründungsväter.
Die Thermalquelle AG
– ist Eigentümerin des Turmhotels, des Turm-Pavillons, der Turmappartements
– führt das Kurhotel
– hat das Badrestaurant gepachtet
– hat die Konzession zur Ausbeutung der Thermalquelle
– besitzt das Areal des grossen Parkplatzes

Thermalbad AG, gegründet 1966
Aktienkapital: Thermalquelle AG 20'000 Namensaktien, im Wert von 2 Millionen Franken (Stimmenmehrheit). Freier Markt: 16'000 Inhaberaktien im Wert von 8 Millionen Franken (Stimmenminderheit).
Verwaltungsratspräsidenten der Thermalbad AG: 1966–1974 Dr. Hans Fischer, Grosswangen; 1974–1987 Anton Wey, Weggis; 1987–1995 Dr. Jörg Bucher, Luzern; 1995–1996 Dr. Hans Jörg Huber, Zurzach; 1996–2000 Dr. H. P. Weisshaupt, Wohlen; ab 2000 Jürg Weber, Bern.
Verwaltungsrat 2000: Dr. Hanspeter Weisshaupt, Präsident (Rücktritt eingereicht); Markus Schäubli, Peter Bichsel, Jürg Weber, Maja Ober-Kassebaum, geb. Altherr, Dr. Andreas Edelmann, Dr. Hans Jörg Huber, Margrit Wey, Dr. Ruth Arnet (2000–2002).
Verwaltungsrat 2003: Jürg Weber, Präsident; Markus Schäubli, Peter Bichsel, Maja Ober-Kassebaum, geb. Altherr, Jost Kistler, Markus Leimbacher.
Die Thermalbad AG
– ist Eigentümerin des Thermalbades, des Medical Wellness Centers (MWC) und des Golfplatzareals
– hat den grossen Parkplatz und den Parkplatz des MWC erstellt und betreibt diese Parkflächen
– hat das Badrestaurant an die Thermalquelle AG verpachtet

Gemeinnützige Stiftung für Zurzacher Kuranlagen, gegründet 1957
Als Stiftung betreibt sie ihr Unternehmen gemeinnützig, d. h., Gewinne sind der Institution zuzuführen.

11 Der Bau der Nordumfahrung war ein wichtiger Schritt zur Verkehrsberuhigung des Kurorts. Wie die gegenwärtige Situation zeigt, war es aber erst ein halber Schritt, weil der Nord-Süd-Verkehr den Flecken immer noch durchquert. Baustelle im Bereich «Schlosspark» 1986.

Die Gemeinnützige Stiftung für Zurzacher Kuranlagen
- ist Eigentümerin der Rheuma- und Rehabilitationsklinik, neu: «RehaClinic», des Fortbildungszentrums und des Kurgästehauses
- verpflichtet sich gemäss Statuten zur allgemeinen Förderung des Kurorts

Stiftungsrat: 21 Mitglieder.
Stiftungsratspräsidenten der Gemeinnützigen Stiftung für Zurzacher Kuranlagen: 1957–1993 Dr. Walter Edelmann, Zurzach; ab 1993 Dr. Beat Edelmann, Zurzach.
Stiftungsratsausschuss: Dr. Beat Edelmann, Präsident; Rolf Schmid, Erwin Hort (ausgeschieden 2002), Dr. Heiri Walti, Linus Fluri (ausgeschieden 2002), David Foster, Marcel Iseli.
Kurortkommission: David Foster, Präsident; Heinz Dätwyler, Dr. Beat Edelmann, Dr. Walter Edelmann (gestorben 2002), Marcel Iseli, Franz Nebel, Dr. Roland Sramek, Thierry Steullet (ab 2002).

Am Golfplatz schieden sich die Geister

Auch wenn die Beziehungen zwischen der Gemeinde und den Bädergesellschaften nicht spannungsfrei waren, fielen doch alle wichtigen Gemeindeversammlungsbeschlüsse zugunsten der Kurortentwicklung aus. Die Ausnahme von der Regel machte dann die Golfplatzfrage. Im Hinblick auf ein künftiges Kraftwerk im Koblenzer Laufen hatte die NOK (Nordostschweizerische Kraftwerke) grosse Landflächen im Aufstaugebiet gekauft. Als aber in der Energiegewinnung das «Atomzeitalter» anbrach, rückte sie vom Laufen-Projekt ab. Aus der Hinterlassenschaft kaufte die Gemeinde Zurzach 1969 den Barzhof mit Nebengebäuden und 14 Hektaren Kulturland.

Ein viel grösserer Landhandel wurde einige Jahre später im Rietheimer Feld fällig. Mit der Aufgabe des Kraftwerkprojektes Laufen verschwand auch die Aussicht auf eine Realisierung der Rheinschifffahrt. Vorsorglich hatte die Motor Columbus AG im Rietheimer Feld ungefähr 40 Hektaren Land zum Bau eines ölthermischen Kraftwerks gekauft. Nach der Aufgabe dieses Projektes hätten die Rietheimer Bauern vom Rückkaufsrecht Gebrauch machen können. Sie verzichteten darauf, obwohl ihnen ein günstiges Angebot gemacht wurde. Als Käuferin trat nun die Thermalbad AG auf. Sie tätigte den Landerwerb mit der bestimmten Absicht, einen Golfplatz zu erstellen. Für eine grosszügige Gestaltung wären neben den 40 Hektaren der Motor Columbus AG auch die 14 Hektaren des Barzhofs und schliesslich auch noch 8 Hektaren Ortsbürgerland in der Barz erforderlich gewesen. Eine ausserordentliche Gemeindeversammlung vom 5. April 1978 gab dem Gemeinderat mit 109 zu 69 Stimmen die Kompetenz, die 14 Hektaren Barzhof pachtweise einem künftigen Golfclub zu überlassen. Das hierauf ergriffene Referendum endete mit 472 zu 425 Stimmen gegen die Verpachtung. Das Golfplatzprojekt war aber damit nicht vom Tisch. Die verbliebenen 40 Hektaren hätten zusammen mit den 8 Hektaren Ortsbürgerland flächenmässig immer noch gut für eine 18-Loch-Anlage gereicht.

Anders als die Einwohnergemeinde entschied sich die Ortsbürger definitiv zur pachtweisen Überlassung ihrer 8 Hektaren an den künftigen Golfclub. Das ganze Vorhaben war eng mit der in Rietheim laufenden Güterregulierung verknüpft. Darüber hatten auch die kantonalen Instanzen zu befinden. Das Finanzdepartement, dem auch die Landwirtschaft unterstellt war, verweigerte die Zustimmung zum Golfplatzvorhaben. Nach seiner Überzeugung war das fragliche Areal vorrangig der Landwirtschaft zuzuordnen, und der Entscheid hielt im Weiteren fest, für die Kurortentwicklung brauche es nicht zwingend einen Golfplatz. Die Thermalbad AG zog den Entscheid weiter, zuerst an das Verwaltungsgericht, später an das Bundesgericht. Im Endeffekt blieb es bei der Ablehnung.

Die Thermalbad AG aber liess nicht locker. Sie hoffte auf eine positive Wendung über das Raumplanungsverfahren.

12 Golfplatzprojekt 1989 im Gemeindegebiet Zurzach (8 ha, senkrecht schraffiert) und Rietheim (35 ha, grau getönt).

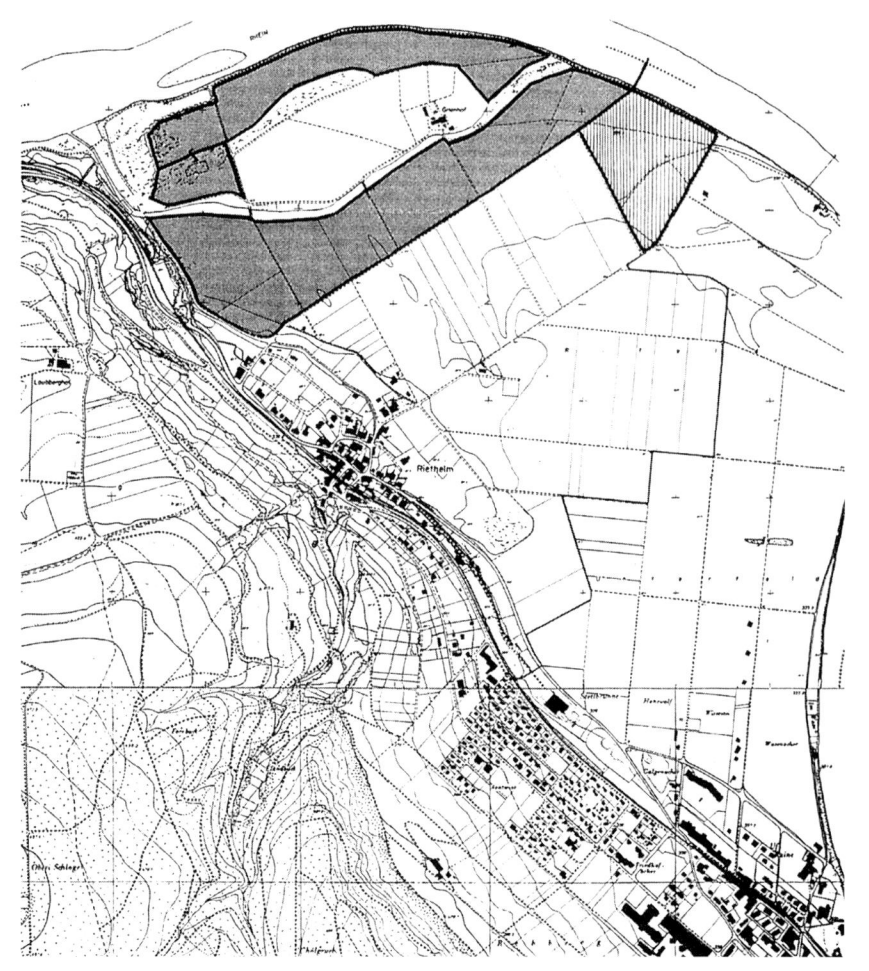

Da schien sich auch tatsächlich ein Erfolg anzubahnen, weil sich die Gemeindeversammlung Rietheim einverstanden erklärte, das fragliche Gebiet als Golfplatzzone auszuscheiden. Mit diesem Entscheid im Rücken konnte das Wiedererwägungsverfahren eingeleitet werden. Der Ball lag nun bei Zurzach, wo die 8 Hektaren Ortsbürgerland über die Nutzungsplanung für den Golfplatz gesichert werden sollten. Dagegen erhob sich Widerstand bei der Sozialdemokratischen Ortspartei, den Landwirten und dem Bund für Naturschutz.

Im Verwaltungsrat der Thermalbad AG wurde eine kleine Initiantengruppe mit der allfälligen Erstellung und dem Betrieb des Golfplatzes betraut. Damit verpasste man es, das Projekt auf eine breite Basis zu stellen. Die Zusammensetzung dieser Gruppe war der Sache nicht dienlich, weil sie die allgemeinen Vorbehalte gegen den «elitären» Golfsport stärkte. Die Gemeindeversammlung vom Dezember 1989 entschied mit 115 zu 104 Stimmen, dass die 8 Hektaren Ortsbürgerland nur landwirtschaftlich genutzt werden dürften. Der Kur- und Verkehrsverein ergriff das Referendum, doch das Endresultat fiel noch deutlicher aus, 703 zu 485. Damit war das Golfplatzprojekt gescheitert.

Etliche Befürworter interpretierten das Resultat mit mangelndem Kurortbewusstsein der Bevölkerung. Diese Erklärung wäre zu einfach. Ganz unterschiedliche Stimmungen und Argumente waren zusammengekommen. Sicher die erwähnten Vorbehalte gegen die künftige Trägerschaft, dann die Abneigung gegen einen angeblich nur für Gutbetuchte erschwinglichen Luxussport und nicht zuletzt eine rückwärts gewandte Landwirtschaftspolitik, die trotz ständiger Überschussproduktion immer noch in Kategorien der Ertragssteigerung dachte und handelte. Am ehesten überzeugten die Einwände des Naturschutzes, der von einer «Hochglanzanlage» und den damit verbundenen baulichen und betrieblichen Eingriffen eine nachhaltige Beeinträchtigung der Rheinlandschaft befürchtete.

Für die Thermalbad AG blieb die Frage über die Zukunft des Golfplatzareals. Die Weiterführung einer Intensivnutzung durch einen Gemüseproduzenten konnte nicht im Interesse eines Kurorts liegen. Im Prinzip war die Thermalbad AG willens, die 40 Hektaren zu verkaufen. Die Zeit wäre günstig gewesen, weil Landwirtschaftsland hoch gehandelt wurde. Eine Zeit lang stand der Verkauf an eine Grossgärtnerei zur Debatte. Aber das hätte erneut ein sicherlich umstrittenes Umzonungsverfahren erfordert. Schliesslich hat die Thermalbad AG das Areal behalten.

Die Option Golfplatz blieb damit gewahrt. Die Rahmenverhältnisse haben sich in der Zwischenzeit gründlich verändert. Die Landwirtschaft ist von der Subventionspolitik abgerückt. Kulturland wird preisgünstig zum Kauf angeboten. Neue Golfplätze werden naturnah gestaltet. Die Gegnerschaft aus Kreisen der Landwirtschaft und des Naturschutzes hat sich verringert. Interessant dazu auch der Blick über die Rheingrenze. Als das Zurzacher Projekt gescheitert war, nahmen Deutsche die Chance wahr und schufen für die Schweizer Kundschaft den Golfplatz auf der «Obern Alp» bei Stühlingen. Doch der erwartete Andrang aus der Schweiz stellte sich nicht in gewünschtem Masse ein. Die erste Trägerschaft musste den Konkurs anmelden.

Später hat die Einwohnergemeinde nochmals in einer Kurortangelegenheit Nein gesagt. Gemeinderat sowie Kur- und Verkehrsverein schlugen die Namensänderung von «Zurzach» in «Bad Zurzach» vor. Eigentlich keine Angelegenheit von weittragender Bedeutung. Aber von einer über Jahrhunderte vertrauten Ortsbezeichnung nimmt man nicht ohne weiteres Abschied. Dieses Traditionsbewusstsein wurde von den Initianten der Namensänderung unterschätzt. Als sie dann erst noch die Abstimmung zum Prüfstein echter Kurortgesinnung machten, war es um die Vorlage geschehen. An der Gemeindeversammlung vom 10. Juni 1994 sprach sich zwar eine Mehrheit von 125 gegen 78 Stimmen für die Namensänderung aus. Die Gegenseite bildete aber ein Referendumskomitee und erreichte an der Urnenabstimmung eine eindeutige Majorität für die Beibehaltung der bisherigen Ortsbezeichnung.

Von der Kurwasservertrieb AG zur Mineralquelle AG

Es war nahe liegend, die erschlossene Thermalquelle auch für die Mineralwassergewinnung zu nutzen. Schon 1955 kam der erste Kontakt mit der Mineralquelle Eglisau zustande. Unter dem Namen «Kurwasservertrieb AG» konstituierte sich dann die Gesellschaft mit einem Aktienkapital von Fr. 250'000.–. Aus dem Gründungsvertrag wird die Querverbindung der Eglisauer Werke mit der Henniez AG in Romanel erkennbar, indem von beiden Unternehmen je Fr. 105'000.– gezeichnet wurden. An diesen Beträgen gab es nachträglich noch eine Korrektur, weil neben der Thermalquelle AG Fedor Altherr und Dr. Walter Edelmann, später auch noch Max Schäubli Aktien zeichneten. Ohne grosse Komplikationen konnte das Land an der Ortsverbindungsstrasse nach Rietheim erworben werden. Schwieriger wurde es mit den Auflagen des Gewässerschutzes und dem Anschluss an die Kantonsstrasse. 1959 konnte das Bauprogramm mit Betriebsgebäude und den Zuleitungen abgeschlossen werden. Eine grosse Pressekonferenz mit dreissig Medienleuten setzte den verheissungsvollen Produktionsauftakt. Das erste Jahresergebnis von 1959 fiel mit gut 100'000 Flaschen eher dürftig aus. Auch wenn sich der Absatz 1960 verdoppelte, blieb er weit unter den Vorgaben. Mit einer gross angelegten Werbekampagne verkaufte man 1961 335'000 Flaschen. Schliesslich stieg der Absatz auf eine Million Flaschen. Aber auch damit kam das Unternehmen auf keinen grünen Zweig. Immer wieder wurden ergänzende Betriebsinvestitionen nötig. Als die Mineralquelle AG Eglisau von der Haldengut-Brauerei übernommen wurde, zog man Bilanz. Die neuen Herren rechneten die bis anhin getätigten Zuschüsse auf und tendierten zur Liquidation des Betriebes. Gewisse Indizien deuteten darauf hin, dass man sich zwischen Eglisau und Henniez Romanel schon früher abgesprochen hatte, den Kurwasserbetrieb Zurzach klein zu halten. Ein Konkurs hätte neben den finanziellen Einbussen für den Kurort Zurzach auch einen schwerwiegenden Imageverlust bedeutet. Dies galt es zu verhindern. Auf der neuen Partnersuche wandte man sich unter anderem an die Brauereien Hürlimann und Feldschlösschen – ohne Ergebnis.

1972 versuchte man es mit einem Neubeginn. Aus der «Kurwasservertrieb AG» wurde die «Mineralquelle AG». Der Verwaltungsrat wurde erneuert und ergänzt. Ein weiteres Bauprogramm sollte die Produktion verbessern. Doch die Betriebsdefizite wuchsen. Die weiteren Perspektiven nahmen sich so negativ aus, dass die Thermalquelle AG, von den ständigen Rückschlägen der Mineralquelle AG zermürbt, bereit war, das Unternehmen auch mit erheblichen Verlusten abzustossen. Die gute Lösung kam schliesslich über die Landesgrenze zustande. Das Unternehmen Riha aus Rinteln, Deutschland, vertreten durch die Interfructar in Zug, suchte einen Standort in der Schweiz. Ende 1978 war der Vertrag perfekt. Sämtliche Aktien gingen an das deutsche Unternehmen. Schon das folgende Jahr lief unter der neuen Führung. Sie unterstand Richard Hartinger, der in der Getränkebranche seines Landes einen überzeugenden Leistungs- und Erfolgsausweis vorlegen konnte. Zum Direktor bestimmte er Gert Harries. Unter der neuen Leitung erlebte die Mineralquelle AG

13 Abfüllanlage der Zurzacher Kurwasservertrieb AG.

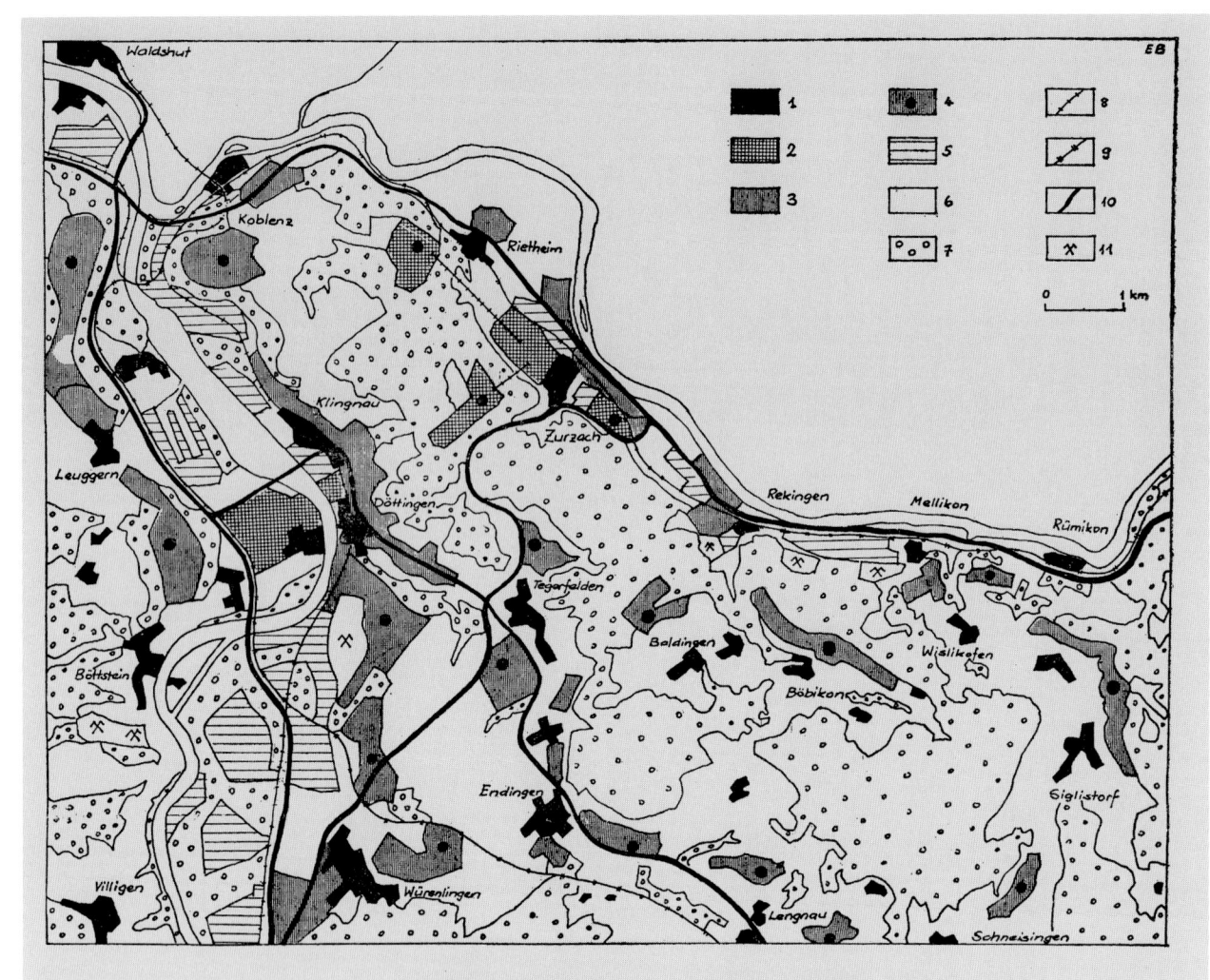

Siedlungsentwicklung von 1950 bis 2000

1 alte Siedlungskerne, 2 Regionalzentrum, Kurzentrum, 3 Wohngebiete (bis 1980 ausgebaut), 4 Satellitensiedlung mit Quartierzentrum, 5 Industriegebiete, 6 landwirtschaftlich nutzbarer Boden, Grünzonen und öffentliche Parks, 7 geschlossener Wald, 8 Bahnlinie, 9 Bahnlinie mit Schnellbahn, 10 Expreßstraße, 11 Steinbruch.

14 Siedlungsentwicklung im Bezirk Zurzach bis zum Jahr 2000. Prognose aus dem Jahr 1965.

Eine im Jahr 1965 nicht ohne Augenzwinkern geschriebene Entwicklungsprognose für die Region Zurzach sah als Zukunftsvision 2000 ein Regionalzentrum Zurzach mit 26'000 Einwohnern. Weil die Zahl nicht ganz erreicht wurde, gibt es auch die beiden durch Gondelbahnen und Helikoptertaxi mit dem Kurzentrum verbundenen Satellitenstädte nicht: die Hotelstadt Riethenerberg und das Ferienhauszentrum Achenberg. Kursaal und Kurtheater fehlen auch immer noch wie Handelsschule und Literargymnasium. Verwirklicht wurde immerhin die Nordumfahrung, während die auf dem Plänchen ebenfalls eingezeichnete Ostumfahrung nach den Worten eines Regierungsrates (2002) in den nächsten zehn Jahren realisiert werden soll. Rheinschifffahrt und Bahn sind nicht ausgebaut worden, und die «von Basel aus rheintalaufwärts expandierende Industrie» muss nicht durch Kurortplanung in Grenzen gehalten werden. Zurzach ist ein Flecken geblieben und hat seinen alten Charme noch nicht ganz verloren.

einen eindrücklichen Aufschwung. Die Geschäftsverbindungen nach Deutschland klappten. Rund 80 Prozent der Produktion ging schliesslich ins Ausland. Die Produktionspalette wurde in die Süsswasserbranche erweitert. Dafür konnte gewöhnliches Leitungswasser verwendet werden. Der günstige Zuckerpreis der Schweiz erwies sich dabei als zusätzlicher Trumpf. Der Betrieb an der Baslerstrasse ist seither fortlaufend ausgebaut und modernisiert worden. Der jährliche Produktionsausstoss nähert sich der Limite von 100 Millionen Flaschen. Der Erfolg ist so offenkundig, dass er bei der Konkurrenz innerhalb der EU gewisse Abwehrreflexe auslöst.

Abbildungsnachweise:
1, 3, 4, 6a, 10) Museum Höfli.
6b) Eidg. Archiv für Denkmalpflege Bern, Sammlung Kopp A.2078.
8) Eidg. Archiv für Denkmalpflege Bern, Sammlung SVZ A. 366.
11) Foto E. Brügger, Zürich (Museum Höfli).
14) Repro aus: Erich Bugmann, Die Region Zurzach am Verenatag 2000, in: 125 Jahre Zeitung in Zurzach, Jubiläums-Beilage zum Zurzacher Volksblatt, November 1965.
Alle übrigen Archiv KVV Bad Zurzach.

Zurzach: Eine Aufarbeitung der demographischen Daten der 1990er-Jahre

Fredy Diener

Bevölkerungsentwicklung seit der Jahrhundertwende

Das Wachstum der Gemeinde Zurzach war bis 1950 ausschliesslich auf die Zunahme der Schweizer Bevölkerung zurückzuführen (Abb. 1).[1] Diese Zunahme ist ab 1950 deutlich abgeschwächt, die Zahlen sind teilweise sogar rückläufig (u. a. «Pillenknick»). Ab 1950 nimmt dagegen die ausländische Bevölkerung kontinuierlich zu, mit Ausnahme der 70er-Jahre. Für das Wachstum der gesamten Bevölkerung ist seit 1950 die ausländische Bevölkerung zu ca. zwei Dritteln verantwortlich (> 1000 Pers.). Mitte 2003 leben 3996 Personen in Zurzach. 70 % sind Schweizer, 22 % Ausländer mit Niederlassung C, 6 % Jahresaufenthalter (B) und 2 % Übrige.

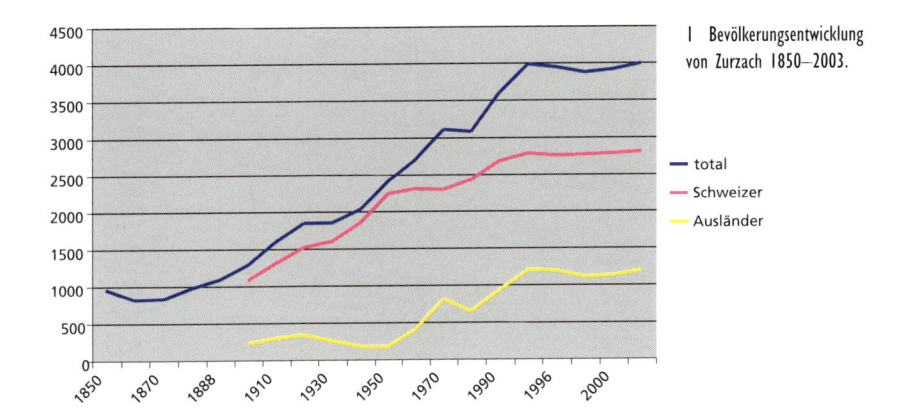

1 Bevölkerungsentwicklung von Zurzach 1850–2003.

Ausländeranteil seit 1950

Aus den bisherigen Ausführungen wird erkennbar, dass die Bevölkerungsentwicklung in Zurzach insbesondere seit 1950 interessant ist. Deshalb lohnt es sich, den prozentualen Ausländeranteil in Abbildung 2 genauer zu betrachten.

---

[1] Datenquellen
 – Aargauer Tagblatt 29.9.1993. Sonderausgabe Aargauer Wirtschaft.
 – Bundesamt für Ausländerfragen (EJPD), Zentrales Ausländerregister: Grenzgängerbestand der Gemeinde Zurzach. – Bundesamt für Statistik: Eidgenössische Volkszählungen 1980, 1990 und 2000. – Gemeinde Zurzach: Bevölkerungsbewegungs-Statistiken und Jahrgangsstatistiken 1980–2003. – Statistisches Amt des Kantons Aargau: Betriebszählungen 1985–2001, Statistische Jahrbücher.

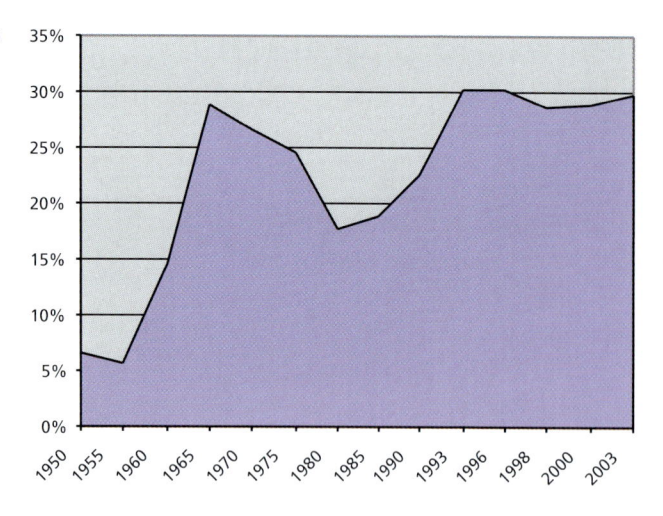

2 Ausländeranteil in Zurzach von 1950 bis 2003.

Während im Kanton Aargau der Ausländeranteil im selben Zeitraum nicht über 20 % steigt, erreicht Zurzach 1993 wieder das Niveau von 1965 und verzeichnet damit einen Höchststand von über 30 %. Seit zehn Jahren stagniert der Anteil bei knapp 30 %.
In der schnellsten Wachstumsperiode während der 60er- und 70er-Jahre betrug die jährliche Zunahme durchschnittlich 14,3 % (Kt. AG: 26,6 %!) resp. 10,7 % (Kt. AG: 10,3 %). Bemerkenswert ist die Tatsache, dass die Zunahme der ausländischen Bevölkerung *nicht* – wie öfters vermutet wird – auf einen grossen Geburtenüberschuss zurückzuführen ist, sondern weitgehend auf Zuwanderung. Die Zahlen der 80er- und 90er-Jahre weisen zwar einen höheren Geburtenüberschuss der Ausländer aus, dieser bewegt sich aber auf einem verhältnismässig geringen Niveau (zw. 0 und 20 Personen pro Jahr). Der Geburtenüberschuss der Schweizer Bevölkerung ist seit zwei Dekaden fast immer leicht negativ und bewegt sich zwischen 0 und −20 Personen pro Jahr.
Betrachtet man die letzten 10 Jahre, so sind die Schweizer gemessen an ihrem relativen Anteil (70 %) leicht unterdurchschnittlich für die Anzahl Geburten verantwortlich (62 %) und gar nur für 50 % der Zuzüger!

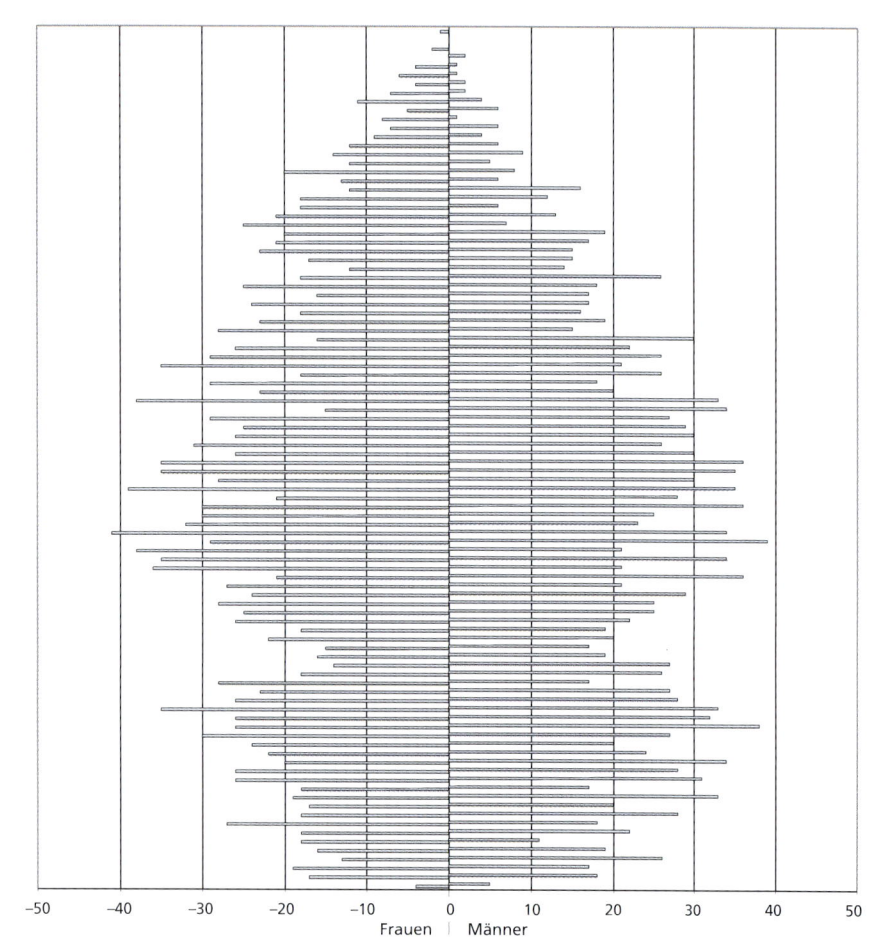

Bevölkerungsstruktur

Für die Analyse der Bevölkerungsstruktur wurden vier Momentaufnahmen erstellt (1981, 1987, 1993, 2003) und miteinander verglichen. Noch 1981, während des relativen Tiefstands der ausländischen Bevölkerung mit 18 %, zeigte sich das Bild einer relativ gleichmässig verteilten Bevölkerung in «Säulenform». (Dieselbe Form lässt sich bis heute beim Schweizer Teil der Zurzacher Bevölkerung beobachten.)
Diese Bevölkerungsstruktur entspricht dem gesamtschweizerischen Trend und birgt dieselben Probleme, wie sie alle wirtschaftlich hoch entwickelten Industrienationen haben (z. B. bzgl. künftiger Sicherung der Altersrenten).
In Abbildung 3 wird die Bevölkerungsstruktur 2003 dargestellt. Sie hat sich in der Zeitspanne von 20 Jahren in Richtung «Tannenbaum» verändert – allerdings nur im Bereich ab ca. 35 Jahren und älter. Diese Entwicklung ist primär auf den *Zuwachs der erwerbstätigen ausländischen Bevölkerung* zurückzuführen. Die Basis zwischen 0 und 20 Jahren ist nach wie vor schmal im Vergleich zur erwerbstätigen Bevölkerung. In der Altersklasse zwischen 20 und 35 Jahren sind die Einwohnerzahlen unverändert gering.

Altersklassen

Um mehr über Bevölkerungsstruktur und -bewegungen von Menschen in einzelnen Lebensabschnitten aussagen zu können, wurden Altersklassen nach sozioökonomischen Merkmalen gebildet.
In Abbildung 4 sind die prozentualen Anteile der Altersklassen an der entsprechenden Bevölkerungsgruppe dar-

3 Zurzacher Bevölkerungsstruktur 2003.

gestellt (2003). Insbesondere ist festzustellen, dass fast 23 % der Schweizer Bevölkerung über 65 Jahre alt sind. Damit sind die Schweizer in Zurzach stark überaltert. Die negativen Geburtenüberschüsse weisen zudem auch nicht auf eine Besserung hin. Die Alterslastquote (ALQ = Verhältnis der pensionierten zur erwerbstätigen Bevölkerung) der Schweizer Bevölkerung in Zurzach beträgt 39,7 %, was weit über den Zahlen des Kantons (20,5 %) und der gesamten Schweiz (23 %) liegt. Die an sich bereits hohe ALQ wurde in den letzten Jahren durch die überdurchschnittliche Zuwanderung von Rentnern noch verschärft. Die Attraktivität des Kurorts besonders für alte Menschen kommt darin deutlich zum Ausdruck. In Abbildung 5 ist die Entwicklung seit 1981 dargestellt.

Die ALQ der Ausländer beträgt 9,7 %, was einer Verdoppelung innert der letzten zehn Jahre entspricht (CH: 7,1 %). Für die ausländische Bevölkerung sind zwei Tendenzen feststellbar. Erstens gibt es eine leichte Verjüngung der erwerbstätigen ausländischen Bevölkerung im Vergleich zu 1981. Zweitens zeigen die Statistiken deutlich, dass die Ausländer in jüngster Zeit vermehrt bis an das Rentenalter heran oder darüber hinaus in der Gemeinde bleiben und nicht wie bisher schon Jahre vor Erreichen des AHV-Alters in ihr Heimatland zurückkehren. Grundsätzlich sind Ausländerinnen und Ausländer zwar während ca. 20 bis 40 Jahren stark an der Erbringung von wirtschaftlichen Leistungen beteiligt, das Gemeinwesen aber belasten sie als Rentner nur unwesentlich.

Die Jugendlastquoten (= Verhältnis von Kindern und Jugendlichen zur erwerbstätigen Bevölkerung) von Ausländern und Schweizern unterscheiden sich kaum (35 % resp. 38 %). Während der letzten zwei Dekaden konnte ein leichter Rückgang der JLQ beobachtet werden, d. h., der Anteil der künftigen Erwerbstätigen nimmt im Verhältnis zur effektiv erwerbstätigen Bevölkerung ab.

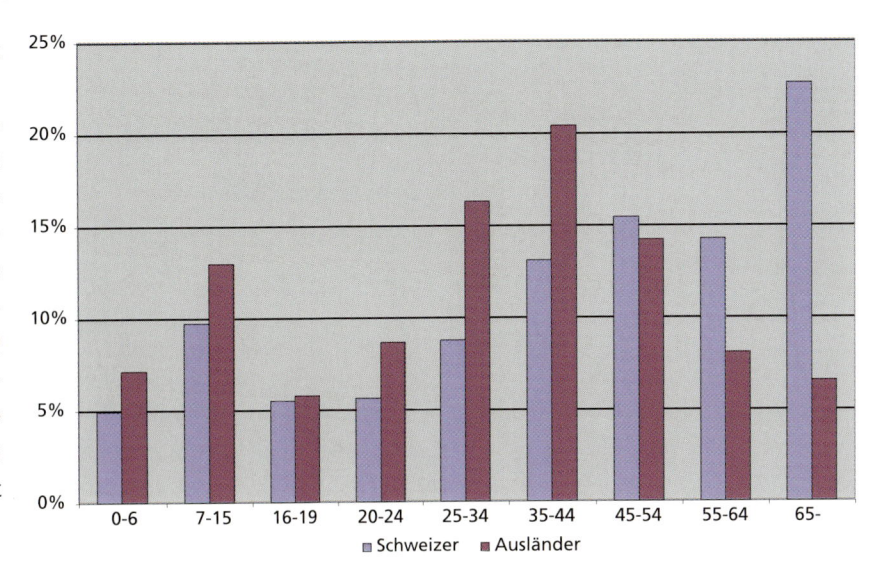

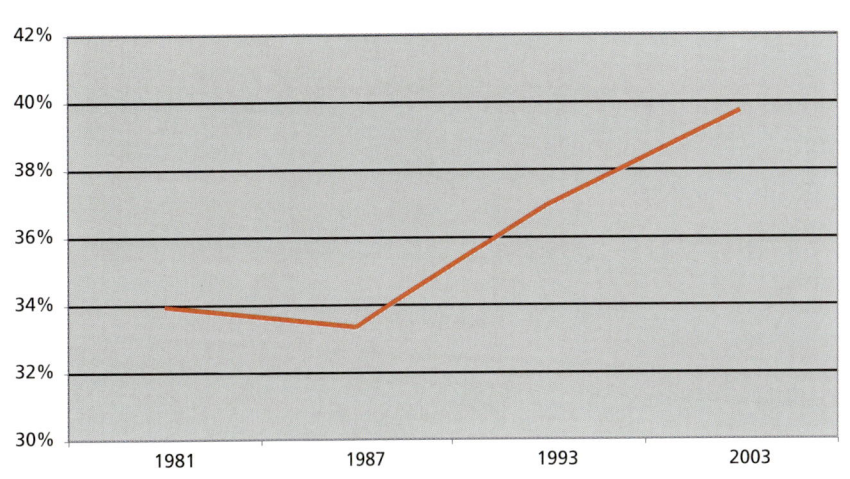

Konfessionen: Seit Beginn der 70er-Jahre stagnieren die Mitgliederzahlen beider Landeskirchen.
Haushaltsgrösse: Seit Beginn des 20. Jahrhunderts hat sich die Anzahl der Personen in einem Haushalt von durchschnittlich 4,3 auf 2,3 reduziert.

4 Bevölkerung von Zurzach nach Altersklassen und Nationalität.

5 Alterslastquote der Schweizer in Zurzach seit 1981.

Weitere Kennzahlen

Werden weitere Parameter zur Beschreibung der Bevölkerung herangezogen, stellt man fest, dass die Zahlen der Gemeinde Zurzach von den kantonalen und gesamtschweizerischen Vergleichszahlen kaum abweichen. Trotzdem soll kurz darauf eingegangen werden. Die folgenden Zahlen stammen von 2003.
Zivilstand: 38,3 % ledig, 49,1 % verheiratet, 7 % verwitwet, 5,6 % geschieden.

Wirtschaft

Die Bevölkerungsentwicklung und die Einwohnerstruktur werden entscheidend von ökonomischen Gesichtspunkten mitgeprägt. Diesen Aspekten soll deshalb nachfolgend Rechnung getragen werden.

Erwerbstätigkeit

Wie in Abbildung 6 gezeigt, ist die Anzahl der Zurzacher Betriebe in den letzten rund 20 Jahren (fast) kontinuierlich gestiegen, während die Zahl der Beschäftigten konjukturbedingten Schwankungen unterworfen war.

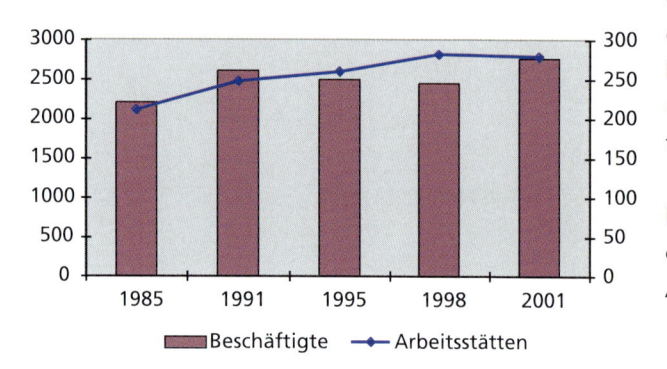

6 Betriebe und Beschäftigte in Zurzach seit 1985.

Bei knapp 4000 Einwohnern verfügte Zurzach im Jahre 2001 über genau 2754 Arbeitsplätze. Rund ein Drittel dieser Arbeitsplätze ist von Zurzacher Einwohnern besetzt. Ein solches Angebot ist für eine Gemeinde dieser Grösse beachtlich und deutet auf eine wirtschaftliche Zentrumsfunktion hin. Seit 1950 ist die Zahl der Arbeitsplätze kontinuierlich gestiegen. Allerdings war die Zunahme in den 60er-Jahren um einiges grösser als in den darauf folgenden Dekaden.

Die gesamtschweizerische Wirtschaftsentwicklung der letzten 40 Jahre von der Produktions- zur Dienstleistungsgesellschaft wurde in Zurzach noch deutlicher vollzogen. Während in Kanton und Bezirk der Anteil des dritten Sektors 62 % resp. 56 % beträgt, liegt er in Zurzach bei fast 82 %! Die Wirtschaftsstruktur von Zurzach ist also ausgesprochen einseitig dienstleistungsorientiert. Wie Abbildung 7 zeigt, dominieren im Jahr 2001 folgende drei Wirtschaftsklassen:

- «Gesundheits- und Sozialwesen» (692 Arbeitsplätze oder 25 %); wichtigster Arbeitgeber: Rheuma- und Rehaklinik; Veränderung seit 1995: +34 %.

- «Handel und Reparaturen» (538 Arbeitsplätze oder 20 %); wichtigster Arbeitgeber: Triumph International; Veränderung seit 1995: +1 %.
- «Gastgewerbe» (368 Arbeitsplätze oder 13 %). Veränderung seit 1995: –6 %.

Die drei grössten Wirtschaftsklassen stellen 57 % aller Zurzacher Arbeitsplätze. Die Klasse «Verkehr, Nachrichtenübermittlung» verzeichnete seit 1995 die grösste Veränderung (+114 %). Besonders die einst bedeutende «Chemische Industrie» mit der Solvay (Schweiz) AG als ehemals grösster Arbeitgeberin in Zurzach hat ihre führende Position eingebüsst (Veränderung seit 1995: –26 %). Diese Daten weisen klar auf die Vorteile einer breit gefächerten Wirtschaftsstruktur hin. Ein solches Ziel sollte denn auch angestrebt werden. Gerade die Tourismusbranche ist im Gegensatz zu anderen Wirtschaftsklassen (z. B. Betriebe des Gesundheitswesens) eher für konjunkturelle Schwankungen anfällig.

Die Eigenheiten der Zurzacher Wirtschaft prägen auch die Einwohnerstruktur der Gemeinde stark. Folgende zwei Auswirkungen verdienen besondere Beachtung:

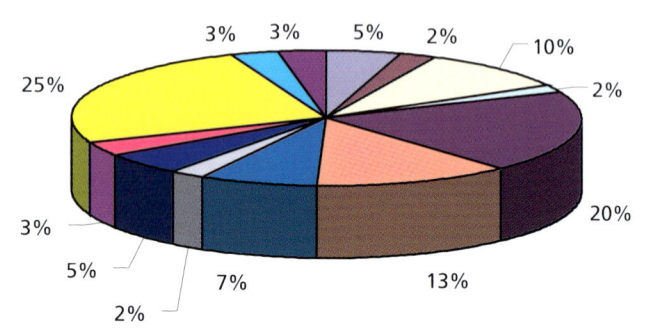

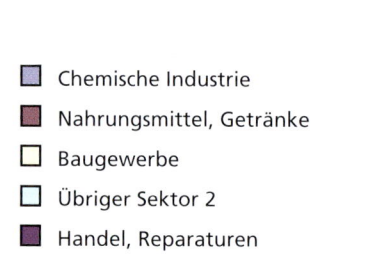

7 Erwerbstätige in Zurzach nach ausgewählten Wirtschaftsklassen 2001.

- Chemische Industrie
- Nahrungsmittel, Getränke
- Baugewerbe
- Übriger Sektor 2
- Handel, Reparaturen
- Gastgewerbe
- Verkehr, Nachrichtenübermittlung
- Banken, Versicherungen
- Immobilienwesen, Informatik, F&E
- Unterricht und Forschung
- Gesundheits- und Sozialwesen
- Öffentliche Verwaltung

- Geschlechterverteilung der Erwerbstätigen:
Im Dienstleistungssektor sind rund zwei Drittel der Arbeitsplätze durch Frauen besetzt. Deswegen liegt die Geschlechterverteilung in Zurzach bei 52 % zu 48 % zugunsten der Frauen, d. h., sie ist viel ausgeglichener als das kantonale Mittel von 40 % zu 60 %.
- Hoher Ausländeranteil:
Ähnlich ist der Sachverhalt bei den Ausländern. Die in Zurzach bestimmenden Wirtschaftsklassen beschäftigen traditionellerweise viele Ausländerinnen und Ausländer.

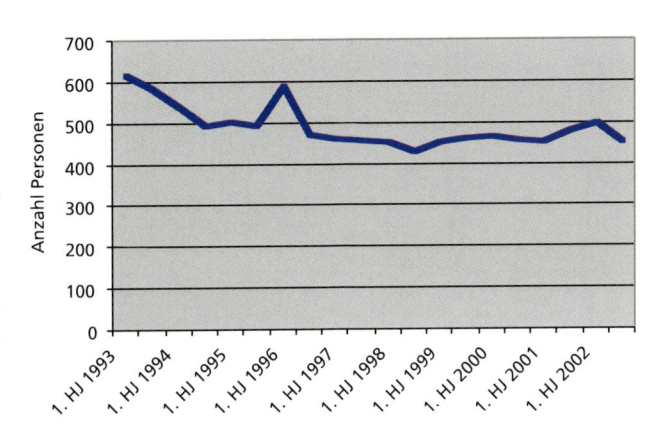

8 Anzahl Grenzgänger in Zurzach von 1993 bis 2002.

Grenzgänger

Die unmittelbare Grenznähe Zurzachs ist ein bedeutender Faktor bei der Betrachtung der Wirtschaftsstruktur. Deshalb ist es unerlässlich, sich eingehender mit der Zahl der Grenzgänger zu befassen. Leider wurden diese Daten nur von 1993 bis 2002 auf Gemeindeebene statistisch erfasst. Abbildung 8 veranschaulicht die Entwicklung in der Gemeinde Zurzach.

Die Anzahl der Grenzgänger hat sich in den zwei Jahren zwischen April 1993 und März 1995 um 136 Personen auf 480 verringert (–22 %). Seither bewegt sich die Zahl relativ stabil um 400–500 Personen herum. Von allen Personen, die 2001 in Zurzach gearbeitet haben, sind 17,5 % Grenzgänger.

1991 war ein Höchststand von rund 900 Grenzgängern zu verzeichnen (Schätzung). Damals war jeder dritte Arbeitsplatz von einem Grenzgänger besetzt.

Der dramatische, konjunkturbedingte Rückgang der Grenzgänger seit 1991 in Zurzach deutet darauf hin, dass Grenzgänger als wirtschaftlicher Puffer dienen, um Schwankungen auszugleichen.

Mobilität

Die Resultate der letzten drei Volkszählungen zeigen auch in Zurzach den Trend zur grösseren Mobilität. Die Bereitschaft *und* die Möglichkeit, sich regelmässig und über grosse Distanzen zur Arbeit zu begeben, haben sich enorm erhöht. Die Verkehrswege wurden vor allem zwischen 1980 und 1990 generell länger, d. h., sie wurden zunehmend weniger mit dem «langsamen Privatverkehr» (Velo, zu Fuss etc.) bewältigt. Dementsprechend waren die Anteile von PW und Zug in diesem Zeitraum stark angestiegen. Gegenüber 1990 haben sich die Zahlen im Jahr 2000 nicht mehr entscheidend verändert.

Im Unterschied zu Kanton und Bezirk nutzen die Erwerbstätigen den «langsamen Privatverkehr» dennoch deutlich mehr, der Anteil der Personenwagenlenker ist rund 10 % geringer. Dies ist auf den Umstand zurückzuführen, dass etwa ein Drittel der Arbeitsplätze in der Gemeinde von Einheimischen besetzt ist.

In der nachfolgenden Abbildung 9 ist die Pendlerbilanz der Erwerbstätigen festgehalten. Allerdings ist es aufgrund der ungenügenden Erfassung der Grenzgänger (*) nur ab 1990 möglich, auf Ebene der Gemeinde mit relativ genauen Zahlen zu arbeiten. Der Pendlerüberschuss in Zurzach beträgt 2000 lediglich noch 358 Personen, was auf die Abnahme der Zupendler zurückzuführen ist.

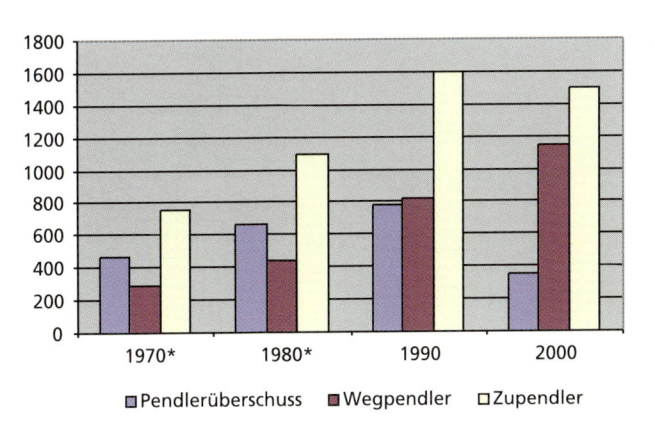

9 Pendlerbilanz seit 1970.

Wegpendler

In Zurzach gibt es im Jahr 2000 1142 erwerbstätige Wegpendler, dazu 201 Schüler/Studierende. Das sind nur 55 % der erwerbstätigen, in Zurzach wohnhaften Personen. Im Vergleich zu Kanton und Bezirk (73 resp. 72 %) ist das vergleichsweise wenig und ist wiederum ein Indiz für das gute Arbeitsplatzangebot in der Gemeinde.

Abbildung 10 zeigt den markanten Anstieg von Wegpendlern seit den 50er-Jahren. Diese Zunahme kann ei-

10 Anteil der Wegpendler aller Erwerbstätigen.

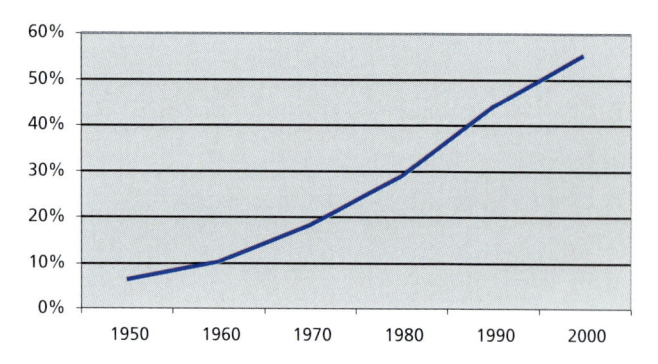

11 Wegpendler.

12 Zupendler.

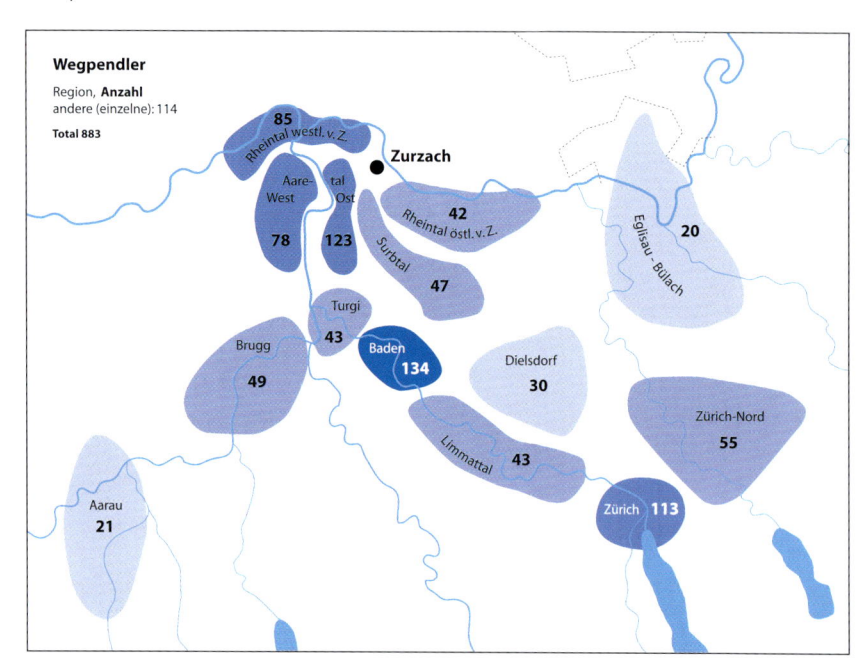

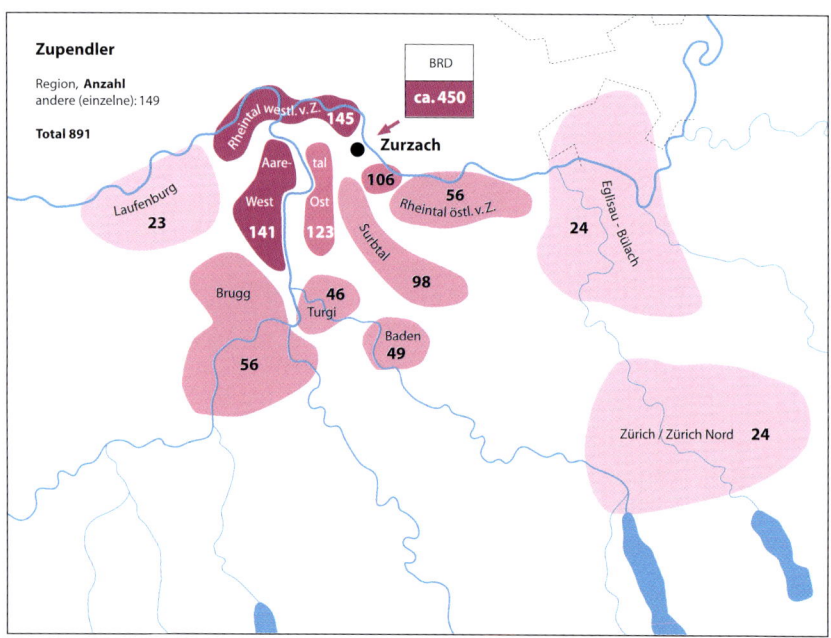

nerseits auf die generell erhöhte Mobilität während der letzten Dekaden zurückgeführt werden, andererseits auf die hohe Wohnqualität in der Gemeinde, die auswärts arbeitende Einwohner zum Verbleib bewegt.

In welche geographischen Räume es die Wegpendler zieht, ist in Abbildung 11 zu sehen. Die Gemeinden, die am meisten Pendler aus Zurzach anziehen, sind:

⇒ Zürich, 113 Pers.
⇒ Baden, 103 Pers.
⇒ Würenlingen, 56 Pers.
⇒ Koblenz, 44 Pers.

Der Anteil der Wegpendler, die für ihren Arbeitsweg mindestens ein öffentliches Verkehrsmittel (ÖV) benützen, liegt seit 10 Jahren unverändert bei rund 27 %.

Zupendler

Im Jahre 2000 waren 1040 (1990: 705) Zupendler aus schweizerischen Gemeinden zu verzeichnen. Zusammen mit den ca. 460 Arbeitskräften aus der Bundesrepublik (1990: ca. 900) ergibt das ein Total von 1500 Zupendlern (1990: 1600). Die Zupendlerquote beträgt damit 76,3 % (1990: ca. 61 %). Zusätzlich reisen 228 Schülerinnen und Schüler nach Zurzach. Diese Tatsache bekräftigt die bereits gemachte Feststellung, dass Zurzach ein wirtschaftlich starkes und wichtiges Regionalzentrum ist, das über ein überdurchschnittliches Arbeitsplatzangebot verfügt und viele Arbeitnehmer von auswärts anzieht.

Abbildung 12 zeigt die Orte, aus denen die Arbeitnehmer nach Zurzach zur Arbeit kommen (ohne Grenzgänger). Es sind folgende Gemeinden wichtig:

⇒ Rekingen, 106 Pers.
⇒ Böttstein, 63 Pers.
⇒ Klingnau, 57 Pers.
⇒ Döttingen, 53 Pers.
⇒ Koblenz, 53 Pers.

Bei den Zupendlern ist seit 1990 eine noch stärkere Tendenz in Richtung Privatverkehr zu beobachten: Der Anteil der Zupendler, die mit dem «schnellen Privatverkehr» (PW, Motorrad) nach Zurzach gelangen, ist von 64 % um 8 % auf rund 72 % gestiegen – zum Teil auf Kosten der öffentlichen Verkehrsmittel (von 18 % auf rund 15 %), zum Teil auf Kosten des «langsamen Privatverkehrs» (Velo, Mofa, zu Fuss). Über das Pendlerverhalten der Grenzgänger ist nichts bekannt. Es ist aber davon auszugehen, dass der Anteil des Privatverkehrs gleich hoch oder höher ist.

8 Bildung und Kultur, öffentliches Leben

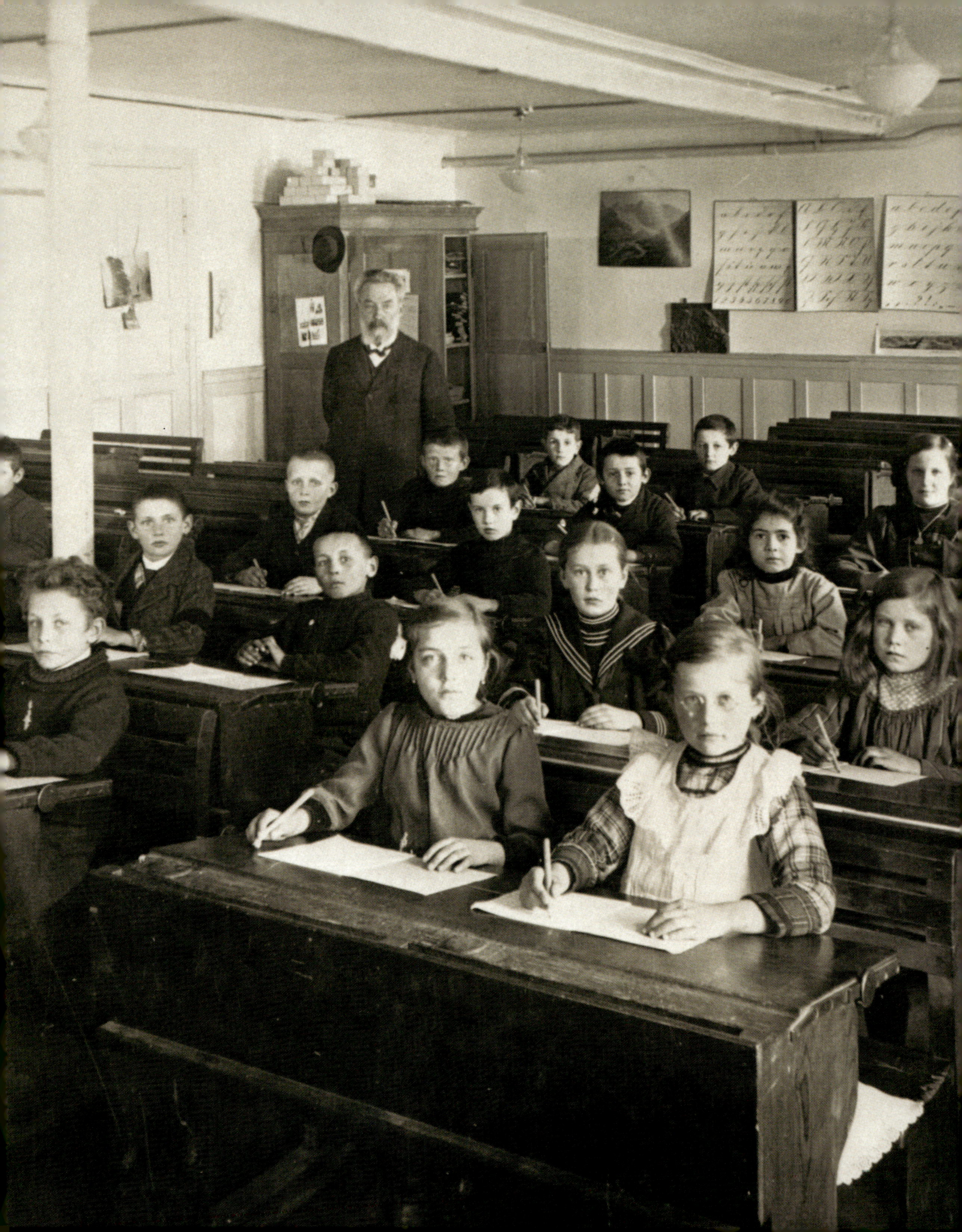

Die Zurzacher Schulen[1]

HANS RINDLISBACHER

Als in den Märztagen des Jahres 1798 die Alte Eidgenossenschaft unterging, war Anlass zu Veränderungen auch in den Zurzacher Schulen gegeben. Zwar hielten sich die beiden damals bestehenden Schulen, die Stiftsschule und die reformierte (oder «deutsche») Schule, trotz kriegsbedingten Unterbrüchen noch kurze Zeit, doch schon zu Beginn des Jahres 1799 setzten die Reformen ein, und es begann eine Entwicklung, die bis weit in die zweite Hälfte des 19. Jahrhunderts anhalten sollte.

Auf den folgenden Seiten soll diese Entwicklung nachzuzeichnen versucht werden, wobei wir uns zuerst mit den Elementarschulen beschäftigen und hier mit einem Überblick über die Verhältnisse vor den Umwälzungen um 1800 beginnen.

Stiftsschule und «deutsche» Schule

Schulunterricht ist in Zurzach seit dem 13. Jahrhundert bezeugt.[2] Im Jahr 1279 nämlich verordnete der Bischof von Konstanz, dass am Stift Zurzach ein «doctor puerorum» zur Unterweisung der Schulknaben angestellt werden und für seine Dienste jährlich drei Mark Silber erhalten sollte. 1358 bestätigte Bischof Heinrich III. diese Verfügung und übertrug das Recht zur Wahl des Lehrers dem Stiftskapitel. Zwei Jahre darauf wurde den Chorherren gestattet, ihren Cantor mit dem Schulunterricht zu betrauen, solange sich kein eigentlicher Schulmeister finden lasse.

Als früheste Bestallungsurkunde für einen Lehrer in Zurzach gilt jene von 1489, in der Einkommen, zusätzliche Pflichten und Kündigungsfrist genannt werden, wie das frü-

---

[1] Das vorliegende Kapitel stützt sich im Wesentlichen auf folgende Arbeiten: HAUENSTEIN, Bezirksschule. – SAMUEL HEUBERGER, Die aargauische Volksschule im 19. Jahrhundert, Vortrag gehalten an der kantonalen Lehrerkonferenz ‹Schul-Centenarfeier› am 21. September 1903 in Baden, Aarau 1904. – HUBER, Geschichte. – DERS., Urkunden. – DERS., Schicksale. – JACOB HUNZIKER, Die historische Entwicklung des Schulwesens im Kanton Aargau, Aarau 1914. – A. SENNHAUSER, Anfänge. – ADOLF SIEGRIST, 100 Jahre aargauische Sekundarschule 1865–1965, o. O. und o. J. [Zofingen ca. 1965] – SPÜHLER, Bezirksschule. – WELTI, Jahrzeitbuch.
Einzelheiten sind in der bei den Lehrerbiografien zitierten Literatur im Anhang zu finden.

[2] In Rheinfelden seit 1204, in Zofingen seit 1242, in Aarau seit 1270, vgl. HAUENSTEIN, Bezirksschule, S. 11.

her schon gegolten hatte. Dass diesmal die Abmachungen schriftlich festgehalten wurden, dürfte auf Wunsch des neu angestellten Schulmeisters geschehen sein, der zuvor kaiserlicher Amtsnotar gewesen war.

Neben der Stiftsschule entstand in der Reformationszeit eine Schule für die Kinder der Reformierten. Ihr Gründer war der erste reformierte Pfarrer von Zurzach, Franz Zingg, der hier von 1529 bis zu seinem Tode im folgenden Jahr wirkte. Ob er selber unterrichtete oder einen Lehrer angestellt hatte, ist unklar. Jedenfalls stellte eine Abordnung reformierter Zurzacher im Juli 1531 an der Tagsatzung zu Bremgarten das Gesuch, man möge sie besser als bisher «mit einem geschickten gottsförchtigen züchtigen schuolmeister versehen»; besoldet werden könne er, wie man es mit dem reformierten Pfarrer halte, aus den Stiftsgütern, da ja etliche Kaplaneien ledig seien. Ausserdem wurde angeregt, dass auf Kosten des Stifts zwei Jünglinge zu weiterer Ausbildung geschickt und später als Schulmeister nachgezogen werden sollten.

Schulordnungen sind für beide Zurzacher Schulen erst aus dem 18. Jahrhundert belegt; welche Anforderungen an den «magister scolae» und dessen Unterricht gestellt wurden, erfährt man aus den 1717 erneuerten Stiftsstatuten. Die zweite Hälfte des 18. Jahrhunderts brachte erstmals verbindliche Schulordnungen in der Gemeinen Herrschaft Baden. Sie wurden 1765 vom Examinatorenkollegium der Zürcher Geistlichkeit für die reformierten und 1766 vom eidgenössischen Landvogt zu Baden für die katholischen Schulen erlassen, fanden aber wie in allen Gemeinden der Herrschaft auch in Zurzach nur teilweise Beachtung. So zeigte sich Ende des 18. Jahrhunderts beispielsweise, dass entgegen den Vorschriften der Schulordnungen in einzelnen Pfarreien immer noch Nebenschulen existierten. Auch die reformierte Schule von Zurzach besass noch ihre Nebenschulen in Rietheim, Rekingen und Kadelburg, was in diesem Fall durchaus seine praktischen Gründe (Vermeidung langer Schulwege) haben mochte.

Der Schulbesuch war nach beiden Ordnungen für Kinder vom 7. bis 12. Altersjahr obligatorisch, aber in der reformierten Schule Zurzach blieben die Kinder, «bis sie das notwendigste erlernt», das hiess oft bis ins 15. Altersjahr, auf der Schulbank. In beiden Schulen wurde jeden Frühling ein Examen abgehalten, obwohl dies nur den reformierten Schulen vorgeschrieben war. In der reformierten Schule hatte der Pfarrer jeweils zusätzlich die kalligraphischen Fähigkeiten des Lehrers zu beurteilen. Unterrichtsfächer waren Lesen und Schreiben sowie Auswendiglernen und Singen, allenfalls noch das Rechnen. Wie es damit um 1770 stand, erfährt man aus einem Bericht, den der damalige Pfarrer Wegmann dem Examinatorenkollegium in Zürich einreichte; die Schulmeister könnten zwar lesen, schreiben und singen, heisst es da, zum Teil auch etwas rechnen – darüber hinaus aber nichts. Von Orthographie verstünden sie nichts, man könne ihnen nicht einmal den Unterschied zwischen dem Artikel «das» und der Konjunktion «dass» beibringen.

In Rietheim und Rekingen wurden die Knaben nur in die Schreibkunst eingeweiht; wer rechnen lernen wollte, musste die Schule in Zurzach besuchen. Um 1777 gehörten übrigens zur Zurzacher Schule sogar Schüler aus Tegerfelden, weil der Lehrer ihres Dorfes nicht rechnen konnte. An der reformierten Schule in Zurzach waren zumindest die «vier species», die Grundoperationen, zu erlernen, zum Teil auch die «regul Detri», der Dreisatz (regula de tribus numeris). Pfarrer Wegmanns abschliessende Klage, der Lohn der Schulmeister sei mager, und dies sei der Grund, weshalb sich keine «capable subjecta» als Lehrer meldeten, ist als Feststellung und Vorwurf und keineswegs als Entschuldigung zu verstehen. Bei den geschilderten Verhältnissen half es eben auch wenig, dass Zurzach, im Gegensatz zu den meisten anderen Gemeinden der Herrschaft Baden, seine beiden Schulen ganzjährig führte und nur während der Pfingst- und der Verenamesse je vierzehn und während der Weinlese acht Tage Schulferien kannte. Auch dass nach 1780 eine Repetier- oder Nachtschule entstand, in der reformierte Schulentlassene an einem Abend pro Woche Katechismus und Psalmen repetierten und den Gesang pflegten, kann das düstere Bild der damaligen Zustände nicht wesentlich aufhellen.

Etwas besser stand es immerhin bei der Stiftsschule, wo nach alter Tradition einzelne Schüler immer noch Unterricht in Latein und Musik erhalten konnten. Auch hatte von den österreichischen Stammlanden her die theresianische Schulreform Einzug gehalten, wie sich schon aus der Herkunft der Schulmeister ersehen lässt sowie aus dem Umstand, dass mit dem ABC-Büchlein und nach der «Normal», Felbingers Normalmethode von 1774, unterrichtet wurde. Wie aber Schulmeister Gfrörer in einem zwei Meter hohen Raum von nur sechs mal drei Meter Grundfläche vierzig Knaben und Mädchen (eigentlich wären sogar fünfzig schulpflichtig gewesen) aller Altersstufen unterrichten konnte, muss uns heute ein Rätsel bleiben.

Der *«Rapport über die kathol. Schule von 1799»* – zitiert nach dem Abdruck der «eigenhändige[n] Abschrift des

Hrn. Welti, Bundespräsident»³ – schildert die Verhältnisse in Zurzach:

«1) In dem Flecken Zurzach ist eine öffentliche katholische Schule, wozu die Dörfer Rietheim, Rekingen und Mellikon ihren Zutritt haben.

2) Der Schullehrer ist ein helvetischer Bürger, er heisst Johann Nepomuk Gfrörer, hat eine Familie von 5 Köpfen, 45 Jahre alt, erwählt von der Stift, er lehrt nach seiner Bestellung das ganze Jahr hindurch.

3) Ein geprüft – tauglich und sehr fleißiger Lehrer, welcher schon über 21 Jahr sich damit abgibt.

4) Der Gegenstand seines Dienstes ist doppelt, als: er beschäftigt sich mit dem Unterricht der Kinder und bedient die Stift durch Vorstehung der Musik im Choral und Figural, wie auch in Stiftgeschäften laßt er sich brauchen.

5) Nach den Regeln der Normal lehrt er Buchstaben kennen, buchstabiren, lesen, schreiben, die Kalligraphie, Orthographie, schriftliche Aufsätze machen, Briefe schreiben, rechnen, Geschriebenes lesen, die Religionsgrundsätze, katechesirt, lehrt die Chorales singen, gibt auf Verlangen Unterricht im Clarevin [Clavecin?], Violin, Singen, in lateinischer Sprache bis in die Rhetorik, dergleichen Schüler er mehrere mit Satisfaktion aufgestellt hat.

6) Er ist verpflichtet, im Sommer und Winter Schul zu halten, alle Monate des Jahres durch, 14 Tag in der Pfingsten und 14 Tag in der Herbstmesse und 8 Tag in der Weinlese ausgenommen, 5 Stund des Tags.

7) Er ward von der Stift besoldet, vor oder nach Martini jedes Jahrs bezog er seine Besoldung und diese bestund in Früchten, theils Zenden, theils Grundzinsen aus dem Kelleramt, an Kernen, Roggen, Haber, Gersten, Schmalsaat, zusammen 36 ½ Stuck

An Geld aus ferschiedenen Stiftungen fl. 17. 38 kr.

Von den Schulkindern und einigen Accidenzien fl. 39.–

Wein 10 Saum

Freie Behausung und Krautgärtel, also im ganzen berechnet nach dem würklichen Anschlag belauft sich die Besoldung auf fl. 464. 38 ½ kr.

8) Es ist ein eigen von der Stift dazu gewidmetes Schulhaus, in einem zu verbessernden Zustand, als z. B. der würkliche Lehrer hat, um auch ein anständiges Zimmer darin zu haben, selbst eins aus seinen eigenen Kösten machen lassen, welches ihn 3 Loidor kostete, er hofft aber diese werden ihm jetzt vergutet werden, – wird von der Stift unterhalten. Der Lehrer wohnt darin, zur Heizung der Schulstuben bekommt er jährlich zwei Klafter Buchenholz franko zum Haus, welches freilich in einem nur mittelmäßig kalten Winter kaum hinreichend ist; auch hat er zwei Klafter Burgerholz, welche er in seinen Kosten muß machen lassen, also fast soviel kosten, als wenns man kauft.

9) Die Schulstuben im öffentlichen Schulhaus ist schlecht beschaffen, sie ist sieben Schuh hoch, 20 Schuh lang, 10 ½ Schuh breit, nicht heiter genug, Tisch und Bänk sind, wie es sich schickt, angebracht.

10) Die Anzahl der schulfähigen Kindern dörfte 50 seyn von Knaben und Mädchen; 40 besuchen wirklich die Schul, sie sitzen in Klassen abgetheilt, jedes Geschlecht abgesöndert, doch so wie es der Platz erlaubt.

11) Im 5. oder 6. Jahr fangen sie an die Schule zu besuchen und benutzen den Unterricht, so lang es den eltern gefällt.

12) Alle Jahr wird eine Prüfung gehalten und geschieht in Gegenwart des Br. Dekan, Cantor und 2. weltlicher Vorgesetzten, auch unter dem Jahr wurde die Schule öfters besucht.

13) Bisher hat der Br. Dekan und der Lehrer die nöthigen Bücher angeschafft, deren Bezahlung das meiste aussteht.

14) Die Lage des Schulhauses ist bequem und haben die entferntesten Kinder ¾ Stunden zu gehen.*

* Dieser Bericht trägt die Aufschrift auf der Rückseite: Kopia der Antworten auf vorgelegte Fragen, den gegenwärtigen Zustand der kathol. Schul in Zurzach betreffend, welche schon den 11. Febr. von dem Bürger Dekan Aha durch den Bürger Schul-Inspektor Welti dem Erziehungsrath in Baden sind eingegeben worden.»

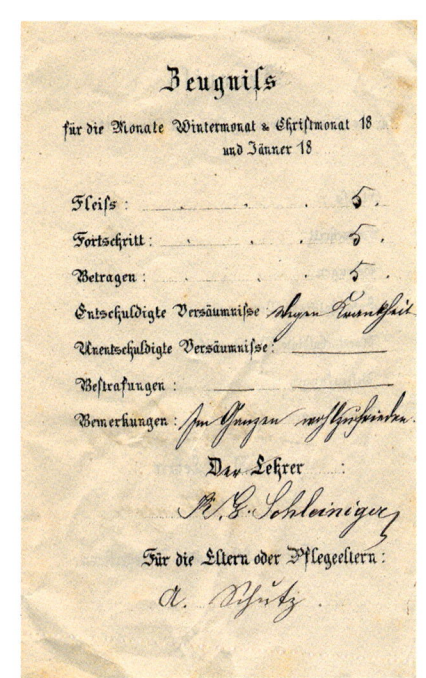

1 Zeugnis der Zurzacher Oberschule von 1877/78. Beurteilt wurden nur Fleiss, Fortschritt und Betragen. Mit der Schülerin Anna Schutz war der Lehrer «im Ganzen wohlzufrieden».

³ Spühler, Bezirksschule, S. 66 f.

470   Die Zurzacher Schulen

2 Von 1638 bis 1830 diente die «Engelburg» als reformiertes Pfarrhaus von Zurzach. Darin war bis 1825 auch die reformierte Schule untergebracht.

3 Reformiertes Schulhaus, erbaut 1825, mit einem Schulzimmer im Erdgeschoss und Lehrerwohnung im ersten Stock.

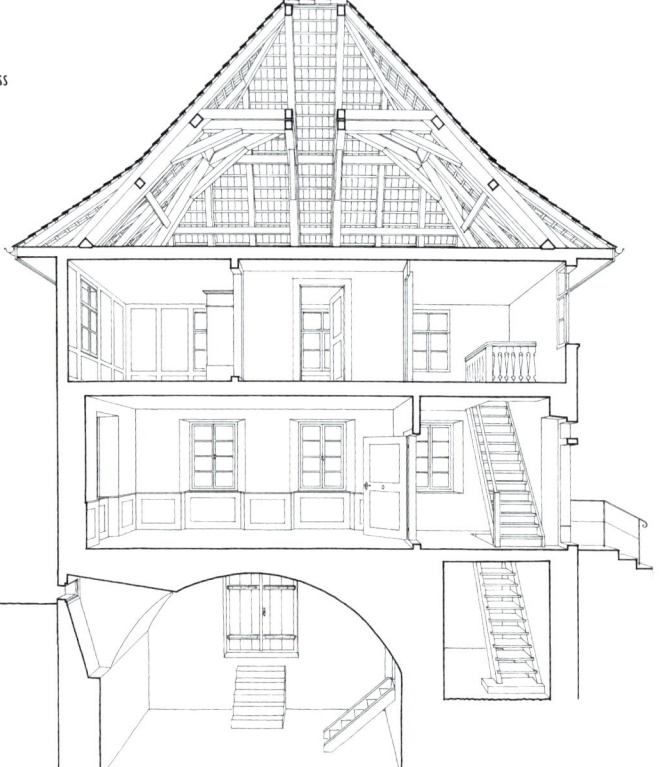

Umwälzungen um 1800

Der Zusammenbruch der Alten Eidgenossenschaft brachte den Zurzacher Schulen zunächst wiederholte Unterbrechungen wegen der Kriegshandlungen und Einquartierungen. Für den Stiftsschulmeister Gfrörer, und wohl auch für seinen reformierten Kollegen Johannes Herzog, war eine weitere Folge das Ausbleiben der Lohnzahlungen und Naturalentschädigungen. Im März 1799 beklagte sich Gfrörer in einem Brief an die Verwaltungskammer des Kantons Baden, er habe seit siebzehn Monaten keinen Lohn mehr erhalten, auch liessen ihm die Chorherren von den ennetrheinischen Gefällen nichts zufliessen. Das Stift, das selber seit dem Verenatag 1799 keine Einkünfte mehr bezog, hatte gleich bei Beginn der Besetzung durch französische Truppen alle seine Zahlungen eingestellt. Im September 1799 schliesslich zog Gfrörer weg, liess sich aber, nachdem seine Stelle an der verwaisten Stiftsschule vergeblich ausgeschrieben worden war, im Februar des folgenden Jahres wieder anstellen. Noch bis 1801 musste er um seinen ausstehenden Lohn kämpfen, und er wird in dieser Situation durchaus nicht der Einzige gewesen sein, wie sich aus dem Gesetz vom 26. Dezember 1801 über die «Übertragung der rückständigen und könftigen Gehaltszahlun-

4 1892 wurde die ehemalige Propstei ausgehöhlt und als Schulhaus eingerichtet.

gen für Geistliche und Schullehrer auf die Cantone [...]» schliessen lässt.

Der Anstoss zu eigentlichen Reformen im Schulwesen kam von der neu gebildeten Regierung der Helvetischen Republik, die mit ihrem Erlass vom 24. Juli 1798 jenen ersten Schritt tat, der alle seitherigen Veränderungen erst ermöglicht hat: Die Schulen wurden der Aufsicht der Geistlichkeit entzogen, das gesamte Schulwesen zur Sache des Staates erklärt. Der helvetische Minister der Künste und Wissenschaften, Philipp Albert Stapfer, legte am 18. November 1798 seinen Plan zur Neugestaltung des Erziehungswesens und den Entwurf zu einem Gesetz über die Volksschulen vor, während eben die Kantone ihre Erziehungsräte bestellten. Da sich zeigte, dass man als Grundlage zu weiteren Arbeiten umfassende Informationen benötigte, liess Stapfer 1799 die berühmt gewordene Schul-Enquête durchführen: Anhand eines Fragenkatalogs hatte jede Gemeinde der Helvetischen Republik über den Stand ihrer Schulen Bericht zu erstatten. Über die Stiftsschule Zurzach ging eine Abschrift jenes Berichtes ein, den Schulinspektor Welti schon im Februar 1799 dem Erziehungsrat in Baden unterbreitet hatte.

Stapfers geplante Schulreformen gediehen jedoch nicht weit; die Wirren des Jahres 1799 machten das meiste davon in den Anfängen gleich wieder zunichte. Was blieb, waren die alten Hauptprobleme, die ungenügende Besoldung der Lehrer und der schlechte Schulbesuch. So musste Stapfer schliesslich Ende 1800 die Regierungsstatthalter anweisen, die alte von den Landvögten in Baden gedruckte Schulordnung wieder in Kraft zu setzen. Wie lange es dauerte, bis die Besoldungen geregelt waren, lässt sich aus dem bereits genannten Fall Gfrörers ersehen, und der Schulbesuch war noch 1802 mangelhaft, wie ein Bericht des Schulinspektors Frey von Zurzach beweist: «Schule wird keine gehalten, Schulmeister werden willkürlich abgesetzt; Schulstuben verweigern die Munizipalitäten vorzuzeigen und zu beholzen [mit Brennholz zu versehen].» Auch die Beschlüsse des Vollziehungsrats vom 4. und 6. Dezember 1800, eigentlich die erste rechtskräftige Regelung des Primarschulwesens, hatten unter den herrschenden misslichen Umständen offenbar kaum viel auszurichten vermocht.

In den Zurzacher Schulen sind erst im zweiten Jahrzehnt des 19. Jahrhunderts wieder ruhigere Verhältnisse eingekehrt. Zwar wurden in der Folge die Kompetenzen der lokalen Behörden nach und nach beschnitten, dafür aber erhielt die Gemeinde allmählich mehr und grössere Unterstützung vom übergeordneten Staatswesen, besonders was den Betrieb der Schule und die Ausrichtung der Lehrergehälter betraf.

Lehrerausbildung oder Sekundarschule?

Bald nach der Jahrhundertwende kamen Bestrebungen in Gang, für begabte ältere Schüler eine spezielle Schule progymnasialen Charakters einzurichten. In Zurzach machte Kaplan Höchle nach 1806 den Anfang mit seiner Lateinschule, in der er sich aber darauf beschränken musste, einigen Schülern neben oder nach dem Unterricht in der Elementarschule zusätzlich Lateinunterricht zu geben. Daneben hätte aber unbedingt auch für die Ausbildung neuer Lehrer gesorgt werden müssen. Wie im ganzen Kanton war nun zu entscheiden, welcher der beiden dringlichsten Aufgaben auf dem Gebiet des Schulwesens der Vorrang zu geben sei, der Aus- und Weiterbildung von Primarlehrern oder der Eröffnung von Sekundarschulen. Die wiederholte Weigerung der Zurzacher, Lehrerbildungskurse durchzuführen, zeigt klar, dass ihnen die möglichst baldige Eröffnung einer Sekundarschule lieber gewesen wäre. Ein geharnischter Brief des Kantonsschulrats an den Zurzacher Bezirksschulrat und die Ankunft des neuen reformierten Pfarrers Nabholz, der auf dem Gebiet der Lehrerbildung schon Erfahrungen gesammelt hatte, führten endlich doch zur Errichtung eines Landschullehrerinstituts im Jahre 1812, das unter der Leitung von Nabholz und dessen katholischem Kollegen Höchle zwei Kurse anbieten konnte, 1813 aber wieder einging.

Vier Jahre nach der Schliessung des Landschullehrerinstituts war es dann soweit, dass die Sekundarschule eröffnet werden konnte. Stiftsdekan Georg Viktor Keller (1814–1816) berichtet: «In Zurzach war der Schulunterricht bisher sehr mangelhaft [...] Lesen, Schreiben, Rechnen und Religionsunterricht waren die einzigen Lehrgegenstände.»

5 Aufrichte beim Turnhallen-Neubau 1912.

Die neue Sekundarschule sollte nicht nur «Bürgerschule» sein, sondern auch auf ein wissenschaftliches Studium vorbereiten. Die 1817 von Bürgermeister und Kleinem Rat des Kantons Aargau erlassene Vollziehungsordnung des Dekrets von 1813 über die Errichtung Höherer Lehranstalten hält fest:

«§ 1. Die Gemeinde Zurzach hat eine Sekundarschule.
§ 2. In dieser Schule werden gelehrt: a) Deutsche Sprache, b) Französische Sprache, c) Lateinische Sprache, d) Die Anfangsgründe der griechischen Sprache, e) Religion und Moral, f) Rechenkunst, g) Geometrie, h) Geschichte, besonders vaterländische, i) Geographie, k) Naturgeschichte, l) Zeichnung, m) Singkunst, n) Schönschreiben.
§ 3. Neben Religion und Moral sollen deutsche Sprache, Rechenkunst und Geometrie für alle Schüler ohne Unterschied und für diejenigen, welche eine wissenschaftliche Bildung zu erhalten bestimmt sind, überdies noch die lateinische Sprache, die Hauptgegenstände des Unterrichts ausmachen, auf welche daher, jedoch ohne Vernachlässigung der übrigen Fächer, die mehrste Zeit zu verwenden ist.
§ 4. Um in die Sekundarschule aufgenommen zu werden, muß man das achte Jahr zurückgelegt haben, mit Fertigkeit deutsch lesen, und das Gelesene, insofern der Gegenstand diesem Alter angemessen ist, verständig erklären können, die ersten Anfangsgründe der deutschen Sprache und des Rechnens inne haben, und das Diktierte leserlich schreiben können.»[4]

Die Schule sollte sechs Klassen umfassen, und beide Lehrer sollten je dreissig Wochenstunden Unterricht erteilen. Auf den Beginn im Jahr 1817 konnten zwei sehr gut ausgewiesene Schulmänner an die Sekundarschule Zurzach verpflichtet werden, Joseph Eutych Kopp und Leonz Füglistaller. Leider gingen beide bald wieder weg, und unter ihren Nachfolgern mehrten sich die Probleme, sodass die Schule 1823/24 reorganisiert werden musste, was aber ohne Erfolg blieb, denn auch der zweite Anlauf wollte nicht so richtig gelingen.

Die Bezirksschule

Eine Lösung der Probleme mit der Sekundarschule ergab sich schliesslich durch das neue Schulgesetz von 1835, das unter stärkerer Mitwirkung des Kantons die Einrichtung von Bezirksschulen ermöglichte. Im Gegensatz zur Sekundarschule, die sechs Jahreskurse vom 8. Lebensjahr an vorgesehen hatte, sollte die Bezirksschule nun mit vier Jahreskursen ab dem 11. Lebensjahr geführt werden.

6 Schulklasse mit Lehrer Eichenberger im Propsteischulhaus um 1920.

Lehrpersonal und Räumlichkeiten konnten für die neue Bezirksschule übernommen werden, es zeigte sich aber rasch, dass diese Schule nur bei den älteren Schülern besser funktionierte. Die Mädchen waren vorerst noch ausgeschlossen. Für sie wurde von 1864 an eine Fortbildungsschule oder Mädchensekundarschule geführt, bis 1875 auch die Bezirksschule nach einer Erweiterung Mädchen aufnehmen konnte.

Im zweiten Hauptstück des Gesetzes «über die Einrichtung des gesamten Schulwesens im Kanton Aargau» von 1835 heisst es:

«§ 104. Die Bezirksschulen haben die Bestimmung, einerseits die in der Gemeindeschule erworbene Bildung zu erweitern, anderseits die Grundlage zur bürgerlichen Berufsbildung, so wie die Anfänge für höhere wissenschaftliche Bildung zu erteilen.

§ 105. Der Kantonsschulrat wird darauf hinwirken, daß in jedem Bezirke wenigstens eine solche Schule errichtet werde.

§ 106. Der Besuch der Bezirksschule ist für alle Kantonsbürger unentgeltlich, ohne daß unter irgend einem Namen ein Schulgeld gefordert werden dürfte.

§ 107. Die Aufnahme der Schüler geschieht nach Ausweis der angemessenen Vorkenntnisse und in der Regel nach zurückgelegtem elften Jahre.

§ 108. Die unerläßlichen Lehrgegenstände der Bezirksschule sind: Christliche Religion und Sittenlehre, deutsche und französische Sprache, Geographie, Geschichte, Arithmetik, Anleitung zur Buchführung, Geometrie, Naturgeschichte, Naturlehre, Zeichnung, Schönschreiben und Gesang, außerdem die lateinische Sprache und die Anfangsgründe der griechischen, wenn sich Schüler hiefür einfinden.

§ 109. Der Unterricht in diesen Fächern wird an jeder Bezirksschule erteilt von wenigstens zwei, und wo Unterricht in den alten Sprachen gegeben wird, von wenigstens drei Hauptlehrern und von Hilfslehrern, welche letztere auch Lehrer an Gemeindeschulen sein können, und als Hilfslehrer der Bezirksschule eine angemessene Entschädigung erhalten.

§ 110. Jede Bezirksschule hat wenigstens vier Klassen von einjährigem Kurs, von denen jedoch je zwei nach den Umständen gleichzeitig von dem nämlichen Lehrer beschäftigt werden können. Wird Unterricht in den alten Sprachen erteilt, so sind der Klassen dafür wenigstens drei.»[5]

---

[4] HAUENSTEIN, Bezirksschule, S. 35 f.
[5] Nach HAUENSTEIN, Bezirksschule, S. 61.

Einem Zurzacher kommt das Verdienst zu, das neue Schulgesetz von 1865 durchgebracht und damals den heute noch tragenden progymnasialen Charakter der Bezirksschule gerettet zu haben. Emil Welti war 1856 gleichzeitig mit Augustin Keller in den Regierungsrat gewählt worden. 1863 hatte er mit 38 Jahren das Erziehungsdepartement übernommen, und schon zwei Jahre später konnte er das vorher während langer Zeit kontrovers diskutierte Schulgesetz in Kraft setzen. Weltis Ansicht kommt im Bericht an den Grossen Rat vom 28. Oktober 1864 zum Ausdruck: «Man wollte nämlich unser bisheriges Bezirksschulsystem, welches sich in fast einem 30-jährigen Bestande als zweckentsprechend und den Ortsverhältnissen als angemessen erprobt hat, rein erhalten und nicht mit Sekundar- und Realschulen unter einem einzigen Lehrer, wie sie in anderen Kantonen bestehen, vermischen. Es bedarf wohl keiner Beweise, dass unsere Bezirksschulen mit zwei, drei und mehr Haupt- und Hilfslehrern in wissenschaftlicher Beziehung mehr leisten als Sekundarschulen der Kantone Zürich, Thurgau, St. Gallen usw., mit einem einzigen Lehrer, der in allen Fächern und in allen Klassen gleichzeitig unterrichten muss.»[6]

Die (neue) Sekundarschule[7]

Seit es eine Bezirksschule gab, machte sich das Bedürfnis nach einer weiteren, stärker realienorientierten Oberstufenschule bzw. einer Stufe zwischen der Gemeinde- und der Bezirksschule bemerkbar. Es brauchte mehrere Anläufe, bis die 1835 geschaffene Fortbildungsschule zur heutigen «Sekundarschule» wurde. Den wichtigsten Entwicklungsschritt ermöglichte das vom damaligen Regierungsrat Emil Welti entscheidend geförderte Schulgesetz von 1865, dessen Paragraph 54 lautet: «Wenn eine oder mehrere Gemeinden neben der allgemeinverbindlichen Gemeindeschule für die schulpflichtige Jugend eine Fortbildungsschule errichten wollen, so sind dafür folgende Grundsätze massgebend: a) Die Schule besteht aus 2 oder 3 Klassen, jede mit einem einjährigen Kurs; der Eintritt erfolgt nach bestandener Prüfung mit dem vollendeten 5., und wenn die Schule nur 2 Klassen hat, mit dem zurückgelegten 6. Schuljahr. b) Die Unterrichtsgegenstände sind in erweitertem Umfange diejenigen der Oberklassen der Gemeindeschule und sollen vorzugsweise die für Landwirte, Handwerker und Gewerbetreibende notwendigen Kenntnisse berücksichtigen; zudem muss der Unterricht in der französischen Sprache erteilt werden.» Die Sekundarschule, nach diesen Grundsätzen organisiert, hat sich als flexibler und anpassungsfähiger Schultyp erwiesen, der auf Beruf und Leben vorbereitet, indem er «eine breite Allgemeinbildung und die Grundlage für eine anspruchsvolle berufliche Ausbildung» vermittelt.

Bei der Einrichtung der Zurzacher Sekundarschule im Jahre 1948 dachten Schulpflege, Lehrerschaft und Erziehungsdirektion vor allem an jene Schüler, die in der Oberschule nicht genügend gefördert werden können, in der Bezirksschule aber überfordert sind. Wie die Entwicklung der Schülerzahlen zeigt, ist es aber auch so, dass diese Schule – ihr Charakter und die Art und Weise, wie sie geführt wird – in der Bevölkerung Anklang findet. Waren es bei der Eröffnung 1948 22 Kinder in zwei Klassen, so unterrichtete Lehrer Felix Ursprung schon im folgenden Schuljahr 34 Schüler in drei Klassen. 1959/60 wurde wegen der wachsenden Schülerzahl (es waren jetzt 42) eine zweite Lehrkraft berufen. Zwei zusätzliche Lehrstellen mussten 1976/77 geschaffen werden. 1978/79 besuchten 128 Schüler die Sekundarschule, so viele wie noch nie und seither nie mehr. Nach fünfzig Jahren des Bestehens wurden die ersten drei Klassen doppelt, die vierte in einer einzigen Abteilung geführt. Im Schuljahr 2000/2001 wurden 96 Schüler von sechs Lehrern unterrichtet.

Die Sekundarschule, anfänglich im Propsteischulhaus, dann im «Bezirksschulhaus» an der Langwiesstrasse einquartiert, kam 1959/60 ins neue Tiergartenschulhaus. Hier blieb sie fünfzehn Jahre lang; seit 1975 ist sie im Oberstufenzentrum untergebracht.

Musische Fächer, Handarbeit und Turnen

Schon 1824/25 amteten an der damaligen Sekundarschule die ersten Lehrer für Zeichnen und Gesang. Sie wurden an der Bezirksschule übernommen, und seither ist eine musische Bildung von der Bezirksschule nicht mehr wegzudenken. Für die Mädchen wurde ausserdem 1856 eine Arbeitsschule eingerichtet, die Propst Huber mit der Zeit so sehr ans Herz wuchs, dass er noch in seinen alten Tagen als Inspektor der Arbeitsschule das Nähen, Singen und Sticken überwachte. Und als von Mai bis Oktober 1877 gar ein Arbeitslehrerinnenkurs durchgeführt wurde, brachte er es auf nicht weniger als fünfundzwanzig Inspektionsbesuche.

Den Wert körperlicher Ertüchtigung lernte man erst spät im 19. Jahrhundert kennen. So waren wie an vielen andern Orten auch in Zurzach die frühesten Gelegenheiten zu Leibesübungen im Umfeld der Schule den Buben vorbehalten, und zwar im Rahmen des Kadettenkorps. Es war

1839 aus vaterländischer Begeisterung nach einem Jugendfest gegründet worden, diente anfänglich vor allem der militärischen Vorschulung und wurde von im Offiziersrang stehenden Zurzacher Privatpersonen geleitet. 1852 ging es ein, aber 1857 wurde ein neues Korps gegründet, dessen Übungen wiederum für obligatorisch erklärt wurden. Ein Unfall führte 1878 sein Ende herbei; mitgewirkt haben mag auch der Umstand, dass neuerdings an der Bezirksschule Turnunterricht erteilt wurde. Auch wenn man seither auf diesen Turnunterricht nicht mehr verzichten wollte, wurde doch 1884 in erneuter vaterländischer Begeisterung ein drittes Kadettenkorps gegründet, in dem das militärische Tun wieder zu Ehren gelangen konnte. Es bestand bis 1972 und wurde dann durch die Disziplin «Jugend und Sport» abgelöst. Das Turnen aber ist als fester Bestandteil des Schulunterrichts geblieben und heute nicht mehr wegzudenken.

Höhere Bildung in Zurzach

Um 1812 hatte es in Zurzach einen ersten Versuch gegeben, ein Institut für höhere Bildung zu führen, das Landschullehrerinstitut. Es geriet jedoch bald ins Hintertreffen gegenüber der Notwendigkeit, die Schulen auszubauen. Eine neue Gelegenheit, Lehrkräfte für ihren Beruf auszubilden, ergab sich erst 1877 mit den Arbeitslehrerinnenkursen. Beide Institutionen waren jedoch nur von kurzer Dauer. Auch ein weiteres Lehrinstitut erfuhr, wenn auch aus anderen Gründen, das gleiche Schicksal:
Als sich die Bezirksschule schon gut etabliert hatte, entstand in Zurzach ziemlich unverhofft, eher zufällig und auch nur für kurze Zeit, ein theologisches Lehrinstitut. Mit der Neuordnung der Bistümer in der Schweiz durch das Konkordat von 1828 hatte sich nämlich für das neue Bistum Basel auch die Frage der Priesterausbildung neu gestellt. Eine Lösung ergab sich aber erst beinahe drei Jahrzehnte später: Augustin Keller erlangte 1856 in seiner Eigenschaft als Präsident des Katholischen Kirchenrats die Zustimmung des Bischofs zur provisorischen Errichtung von Kantonalseminarien und verschaffte sogleich dem von der Aufhebung der Klöster und Stifte verschont gebliebenen Stift Zurzach den Auftrag, einen Priesterseminarkurs durchzuführen. Als Dozenten wurden der damalige Propst und drei Chorherren ernannt. Der Kurs fand von Januar bis April 1857 statt und war so erfolgreich, dass von Dezember 1858 bis April 1859 noch ein zweiter durchgeführt wurde. So hatte das Stift letztmals eine wichtige Funktion zu übernehmen und hätte sie wohl auch noch fortge-

führt – zu weiteren Kursen kam es aber nicht mehr, da im Herbst 1859 am Bischofssitz in Solothurn ein Diözesanseminar eröffnet werden konnte.

Die Aufhebung der konfessionellen Schulen 1865

Eine einschneidende Veränderung ergab sich in den Zurzacher Schulen erst wieder im Jahr 1865, als im Zusammenhang mit der Einführung des neuen Schulgesetzes die beiden konfessionellen Schulen aufgehoben und zu einer gemischten zweiklassigen Primarschule umgestaltet wurden. Das bedeutete zugleich das Ende der rund 600-jährigen Tradition der Stiftsschule, wie Propst Huber bedauernd der Öffentlichkeit mitteilte, während er für sich selber in schärferer Form festhielt: «Diese Vermischung der Konfessionsschulen wird zu einer Bettelsuppe, die öde und kraftlos am Ende Niemanden zu befriedigen vermag; sie wird zum Tode für alles kirchliche und religiöse Leben. [...] Die Katholiken haben ihr Recht aufgegeben und werden später sicher durch reformierte Lehrer ihre Kinder bilden und erziehen lassen müssen.»[8] Der interkonfessionellen Bezirksschule hingegen stand Propst Huber stets positiv gegenüber.

7 Projekt für ein neues Schulhaus unter Einbezug der Oberen Kirche, 1920. Die Obere Kirche wäre durch einen Querbau mit dem Propsteischulhaus verbunden worden. Nach dem Projektverfasser Alexander v. Senger-Zuberbühler sollte auch der Mittlere Brunnen wieder erstehen.

---

[6] Zu Emil Welti vgl. HUNZIKER, Emil Welti. – WEBER, Lebensbild. – P. WELTI, Bundesrat Emil Welti. – A. FREY, Bundesrat. – OTTO MITTLER, Welti, Emil, in: BLAG, S. 851.
[7] Abschnitt von Hans Rudolf Sennhauser.
[8] Zit. bei HAAG, Erinnerungen, S. 95.

8 Langwiesschulhaus, 1938/39 nach Plänen von Fedor Altherr, Architekt in Zurzach, als Bezirksschulhaus erbaut. Aufnahme kurz nach der Fertigstellung.

Als nächste wichtige Änderung ist für die Primarschule eine Erweiterung festzustellen: Im Jahr 1913 nämlich wurde die Fortbildungsschule für Schulentlassene aufgelöst und der Gemeindeschule als Oberschule angegliedert.

Von Fortbildungsschulen zu Berufsschulen

Gleich nach der Gründung der ersten Bezirksschulen setzten im ganzen Kanton Diskussionen ein, wie die beiden letzten Schuljahre zu gestalten seien für jene Schüler, die keine Bezirksschule besuchen konnten. In Zurzach wurde diesmal nicht lange gezögert. Der musisch begabte Franz Dreher aus Bayern, der für mehr als ein halbes Jahrhundert eine Stütze der Schulen und überhaupt des kulturellen Lebens in Zurzach war, gründete schon im Jahre 1836 kurzerhand eine «Sonntagsschule für Handwerkerlehrlinge», in der er unentgeltlich Unterricht erteilte. Wie lange diese Schule existierte, liess sich nicht herausfinden; Unterrichtsgegenstand dürften vor allem Zeichnen, Rechnen und Korrespondenz gewesen sein.

In späteren Jahren entstanden so genannte Fortbildungsschulen. Da es für die Mädchen lange kein Bildungsangebot im Anschluss an die Primarschule gab, wurden im Jahr 1862 endlich die Bezirksschulen im ganzen Kanton auch den Mädchen zugänglich gemacht. Aber in der Zurzacher Bezirksschule waren die beiden Klassen überfüllt. Daher gründete der Bezirksschulrat 1864 mit privater Unterstützung und finanziellen Zuwendungen von Stiftsgeistlichkeit, Gemeinde und Kanton eine Fortbildungsschule für Mädchen. Die Zahl der Schülerinnen schwankte zwischen 17 und 31. Ihre Personalien sind Jahr für Jahr mitsamt den Noten in der peinlich genauen Schulchronik verzeichnet, ebenso Bemerkungen über Ausflüge und Schulreisen und die Namen der Besucher. Diese Mädchensekundarschule bestand bis ins Jahr 1875, von da an war die Bezirksschule in der Lage, auch die Mädchen aufzunehmen.

1895 wurde erneut eine Fortbildungsschule eröffnet, die den Lehrlingen noch etwas Schulstoff vermitteln sollte. Sie wurde zunächst selbstständig geführt, 1913 aber den Gemeindeschulen, das heisst der Primarschule, als Oberschule angegliedert. Inzwischen hatte sich nämlich eine eigentliche Berufsschule etabliert: 1901[9] hatten Geldbeiträge von Armenerziehungsverein, Handwerkerverein, Kanton und Bund die Gründung einer Handwerkerschule ermöglicht, die einen die Berufslehre begleitenden Schulunterricht anbieten sollte. Das Gründungsprotokoll «Im März 1901» nennt als Eröffnungsdatum der Handwerkerschule den 18. November 1900. Als Trägerschaft zeichnete die «Gemeinnützige Gesellschaft des Bezirks Zurzach», die sich damals unter der Leitung von Nationalrat Ursprung sehr um die wirtschaftliche Entwicklung der Region bemühte. Zum ersten Rektor wurde Gottlieb Schmid gewählt.

Der Unterricht beschränkte sich in der Anfangszeit auf den für die Volksschule freien Mittwochnachmittag, an dem Lehrkräfte und Unterrichtsräume zur Verfügung standen. Er umfasste die Fächer Freihandzeichnen, Technisches Zeichnen, Vaterlandskunde, Rechnen und Deutsch. Die Handwerkerschule, später Gewerbeschule genannt, wurde durch alle Jahrzehnte auf nebenamtlicher Basis als Anhängsel der Volksschule betrieben. Als Rektoren lösten sich ab: die Lehrer Gottlieb Schmid, Ernst Zimmermann, Dr. Johann Ulrich Ammann, Adolf Jehle, Werner Basler, Werner Müller und der Techniker Robert Ott.

Eine Spezialisierung nach Berufsgruppen existierte zunächst nicht. Ganz verschiedene Lehrgänge wurden miteinander unterrichtet, unter anderem auch Weissnähen und Damenschneidern. Nach dem Ersten Weltkrieg schickten zahlreiche deutsche Handwerksbetriebe ihre Lehrlinge nach Zurzach. Die Klassenbestände wurden so gross, dass die Gründung einer weiteren Handwerkerschule im Aaretal erwogen wurde. In den Dreissigerjahren begann die Spezialisierung der Unterrichtsprogramme und damit die Zusammenfassung bestimmter Berufsgruppen. Für die kleine Zurzacher Schule bedeutete dies den Verlust zahlreicher Schüler, die nun auswärts unterrichtet wurden. 1959 wurde die Damenschneiderinnen-Abteilung aufgegeben. Schliesslich gab es in Zurzach nur noch die drei Fachrichtungen Holz-, Bau- und Metallgewerbe. Gewisse Hoffnungen wurden auf die Holzbranche gesetzt, die im unteren Aaretal immer noch stark vertreten war. Doch auch dort schwanden die Ausbildungsplätze, und 1975 mussten die Lehrlinge der Holzbranche nach Rheinfelden wechseln. In Zurzach blieben nur noch die Metall verarbeitenden Berufe, eine Sparte, die im Bezirk nur eine schwache Basis hatte.

Die Gemeinde Zurzach versuchte den Schulstandort zu retten, indem sie 1970 die «Gemeinnützige Gesellschaft» als Trägerschaft ablöste. 1980 wurde noch mit betonter Zuversicht das 80-Jahr-Jubiläum der Schule gefeiert. Doch im Zuge der allgemeinen Zentralisierung der Berufsbildung war die Gewerblich-Industrielle Berufsschule nicht mehr zu retten. 1988 wurde sie im Einverständnis mit den lokalen politischen Instanzen geschlossen.

Kaufmännische Berufsschule – Handelsschule KV Baden-Zurzach[10]

1910, zehn Jahre nach der Gründung der Handwerkerschule, wurde die Kaufmännische Berufsschule Zurzach eröffnet. Zum Initiantenkreis müssen Carl Schutzbach, der erste Rektor, und Bezirksamtmann Arnold Kündig gehört haben. Die Schulstruktur glich jener der Handwerkerschule. Lehrer der Volksschule übernahmen in Randstunden den Unterricht für allgemein bildende Fächer. Beigezogene Fachleute waren für die Disziplinen Korrespondenz, Stenografie, Maschinenschreiben und Buchhaltung zuständig. Wie knapp die finanziellen Mittel bemessen waren, zeigten die Schwierigkeiten im Schreibmaschinenunterricht. Erst ab 1913 verfügte die Schule über eine eigene Maschine. Man wusste sich aber zu helfen und sammelte für den abendlichen Schreibmaschinenunterricht alle verfügbaren Maschinen des Rathauses ein.

Auch der Weiterbestand der Kaufmännischen Berufsschule war immer wieder gefährdet. Vor allem dann, wenn die Schülerzahlen sanken. Für 1928 erwähnt die Schulstatistik gerade noch 8 Pflichtschüler. Als wichtigste Argumente für den Weiterbestand erwiesen sich der kostengünstige Betrieb und die überdurchschnittlich guten Leistungen an den Abschlussprüfungen. Trägerschaft war der Kaufmännische Verein. Über drei Jahrzehnte hinweg wurde er von zwei Welschschweizern, Georges Étienne und Étienne Steullet, geleitet. Beide achteten darauf, dass dem Französischunterricht grosse Aufmerksamkeit zukam und auch der 1926 gegründete Cercle Français ins Programm einbezogen wurde. Ab 1939 gab es eine Schulrayon-Abgrenzung, welche die Lehrlinge mit Ausbildungsplatz im Bezirk Zurzach der Zurzacher Schule zuordneten. Insgesamt sechs Rektoren und eine Rektorin lösten sich in der Schulleitung ab.

1910–1924 Carl Schutzbach
1924–1952 Emil Grob
1952–1969 Walter Arnold
1969–1982 Karl Füllemann
1982–1995 Franz Keller
1995–1996 Niklaus Stöckli
1996–2000 Mirjam Keller

Die Neuerungen im Berufsbildungswesen der Nachkriegszeit machten den kleinen Schulen zu schaffen, weil es ihnen schwer fiel, die erforderlichen Rahmenbedingungen zu erfüllen. Über einige Jahre wurde die Ausbildung in die Züge S (Schwergewicht Sprachen) und R (Rechnungswesen) unterteilt. Anfänglich konnte auch noch der neue Typus der Berufsmittelschule verkraftet werden, weil er in den ersten Jahren als Ergänzung zum Normallehrplan geführt wurde.

1975 bezog die Kaufmännische Berufsschule das Oberstufenzentrum, wo ihr erstmals eigene Schulzimmer zur Verfügung standen. Ein weiterer Schritt der Modernisierung erfolgte 1982 mit der Schaffung einer ersten Hauptlehrerstelle, die mit dem Posten der Schulleitung gekoppelt war. Im Jubiläumsjahr 1985 wurden 125 Schüler und Schülerinnen unterrichtet. In der damals anstehenden Schulhausplanung war für die Kaufmännische Berufsschule ein eigener Schultrakt vorgesehen. Die erforderlichen Subventionsgutsprachen des Kantons und des Bundes lagen vor. Doch dann erfolgte der Umschwung in den Neunzigerjahren. Der Schulhausbau kam nicht zur Ausführung. Die Berufsmittelschule wurde verselbstständigt, was für Zurzach die Aufgabe dieses Ausbildungstyps zur Folge hatte. Das kantonale Standortkonzept für Berufsschulen tendierte eindeutig zur Auflösung der kleineren Schulen. In Zurzach ergriff man die einzig noch verbliebene Chance des Weiterbestandes. Sie hiess Zusammenlegung mit Baden, aber zugleich Weiterbestand in Form einer Zweigniederlassung. Eine Arbeitsgruppe schuf dafür die rechtlichen und organisatorischen Voraussetzungen. Die letzte Rektorin der selbstständigen Kaufmännischen Berufsschule Zurzach amtete ab 2000 als Konrektorin der Wirtschaftsschule KV Baden-Zurzach und behielt die Funktion einer lokalen Schulleiterin von Zurzach.

---

[9] Der folgende Text ist verfasst von Franz Keller-Spuler.
[10] Abschnitt verfasst von Franz Keller-Spuler.

Der Kindergarten[11]

Am 2. Februar 1925 wurde im Roten Haus der Kindergarten eröffnet. Die Trägerschaft hatte der Christlich-soziale Verein unter dem Präsidium des Initianten, Pfarrer Hugo Haag, übernommen. Erste «Tante» war Fräulein Emma Gessler aus Zurzach (1896–1974). Sie wurde mit Fr. 3.–/Tag entschädigt, am Mittwoch und Samstag, wenn die Kinder nur am Vormittag im Kindergarten waren, erhielt sie die Hälfte. Der Elternbeitrag an das Schulgeld betrug pro Woche und Kind Fr. –.50. Der Kindergarten war beinahe selbsttragend finanziert. Ein Beitrag der Gemeinde deckte den Fehlbetrag ab. Im Herbst 1925 bezog der Kindergarten das neue Lokal in der «Schmiede», vis-à-vis der reformierten Kirche. An schönen Sommertagen zog die «Tante» mit den Kindern durch die Promenade, die Fussgänger-Bahnunterführung und an der Alten Glocke vorbei auf das Chilebückli, wo ein lang gezogener Streifen innerhalb der Böschung am südlichen Rand (unter der sich die jetzt freigelegte Kastellmauer verbarg) mit einem Gitterhag als eine Art «Robinson»-Kindergarten abgetrennt war. Ein kleines Häuschen enthielt einen Raum zur Aufbewahrung der Spielsachen und eine Toilette. 1946 betreute «Tante Gessler» 53 Kinder in drei Abteilungen: «die Chliine», «d'Früehlig übers Johr» und «die Grosse».

1948 übernahm die Einwohnergemeinde die Kindergarten-Trägerschaft. Sie bestellte als Aufsichtsbehörde die Schulpflege (Kindergartenkommission). Schon ein paar Jahre zuvor war der Bau einer «Kleinkinderschule» an der Gemeindeversammlung als dringend bezeichnet worden.[12] Der Gemeinderat schloss sich 1949 dieser Überzeugung an. Die Gemeindeversammlung vom 11. August sprach dafür einen Projektkredit, am 29. Dezember beschloss die Gemeinde den Kauf des Bauplatzes im Höfli-Baumgarten, am 23. Februar 1951 wurde der Baubeschluss für das Projekt von Architekt Fedor Altherr gefasst, und im Frühling 1952 konnte der Doppelkindergarten beim Höfli bezogen werden. Der «Auslauf» beim neuen Kindergarten ersetzte nun das Freiluft-Gehege auf dem Chilebückli. Neben «Tante Gessler» wurde Fräulein Elisabeth Lanz als Kindergärtnerin angestellt. Ein neuer, zusätzlicher Kindergarten entstand 1972 in der Promenadenwiese, und 1997 folgte der Kindergartenpavillon Höfli. 2001 gab es, verteilt auf Höfli und Promenade, fünf Kindergärten. 85 Kinder wurden von fünf Kindergärtnerinnen und einem Kindergärtner betreut.

Zusammenfassung

Zurzachs Schulen sind aus der spätmittelalterlichen Stiftsschule erwachsen, die nach der Reformation zeitweilig Konkurrenz durch eine «deutsche» Schule erhielt. Wichtige Neuerungen ergaben sich aber erst im 19. Jahrhundert, als nach missglückten Versuchen mit einer Sekundarschule der Kanton helfend eingreifen konnte, 1835 die Errichtung einer Bezirksschule ermöglichte und bis 1865 das ganze Schulwesen ordnete. Gegen Ende des 19. Jahrhunderts wird dann auch der Einfluss des Bundes erkennbar, der sich damals der beruflichen Ausbildung anzunehmen begann und den Ausbau von Fortbildungsschulen zu den heutigen kaufmännischen und gewerblich-industriellen Berufsschulen förderte.

Neben dieser geradlinigen Entwicklung der Schule selbst gab es einige Bestrebungen zur Ausbildung auf höherer Stufe. Das privat geführte Landschullehrerinstitut und die Arbeitslehrerinnenkurse sollten dem Lehrpersonal eine bessere Ausbildung ermöglichen, blieben aber Episoden wie die Priesterseminarkurse.

Handwerkliche und kaufmännische Fortbildung wurde in der ersten Hälfte des 20. Jahrhunderts aus privater Initiative und zunächst auf privater Basis organisiert, ebenso der Kindergarten, d. h. die Vorschulstufe.

---

[11] Erster Absatz verfasst von Hans Rudolf Sennhauser, zweiter von Franz Keller-Spuler.
[12] Dr. Jörg Ursprung, Protokoll der Gemeindeversammlung 20. Dez. 1946, S. 3.

Abbildungsnachweise:
2, 3) A. Hidber.
Alle anderen Fotosammlung Museum Höfli.

Alltag und Feste in Zurzach

WALTER LEIMGRUBER

Zurzach wurde bis weit ins 19. Jahrhundert hinein von zwei Elementen geprägt: vom Verenagrab und von der Messe. Der Jahresablauf wurde rhythmisiert durch die vorgegebenen Termine, den Verenatag am 1. September und die Messen im Herbst und im Frühling. Kirchliche und weltliche Seite verbanden sich, bedingten sich teilweise sogar. In Zurzach trafen Menschen aus den verschiedensten Gegenden und Ländern, aus allen sozialen Schichten und mit den unterschiedlichsten Zielen zusammen. Die enorme Zahl von Fremden bestimmte das Leben im relativ kleinen Zurzach. Der Alltag war schon früh der Alltag eines Fremdenortes: Leute kommen, beten, treiben Handel, amüsieren sich, übernachten hier. Das Kommen und Gehen prägte Zurzach. In diesem Kapitel wird deshalb das Leben beschrieben anhand der Menschengruppen, die im Flecken eintrafen oder ihn verliessen.

Wallfahrt

Seit der ersten Nennung des Klosters im ersten Viertel des 9. Jahrhunderts, wohl auch schon früher, war Zurzach das Ziel von Pilgern, die den Beistand der heiligen Verena suchten. Kinderlose Paare, darunter auch hohe Adelige, beteten, um mit Kindern beschenkt zu werden. Als Helferin bei Kinderlosigkeit gilt die heilige Verena bis in unsere Tage hinein. Kranke, Gebrechliche und ganze Berufsstände, etwa die Müller, Fischer und Schiffer, flehten die Heilige um ihren Beistand an.
Unzählige Geschichten über Verenas Wundertaten sind bekannt geworden: 1606 wallfahrtete ein frommes Ehepaar nach Zurzach. Sein einziges Töchterchen war blind. In Zurzach konnte es wieder sehen. Am 14. Juni 1616 kamen zwei Männer aus dem Zürcherland, deren Frauen schwer krank waren. Sie kehrten heim und fanden ihre Frauen gesund. Am 12. Mai 1795 zerstörte ein Feuer in Koblenz 55 Häuser und die Kapelle. Nur das hölzerne Verenabild blieb unversehrt, obwohl es mit leicht brennbaren Kränzen und Votivzeichen geschmückt war. Inmitten des Flammenmeeres stand das mit Stroh bedeckte Wohnhaus der Witwe Susanna Blum. Sie weigerte sich, ihr Haus zu verlassen, die heilige Verena werde es beschützen. Alle umliegenden Häuser brannten nieder, Blums Anwesen jedoch wurde verschont. 1700 wurde Maria Ve-

1 Schappel, Brautkrönchen. Es ist schlecht erhalten und von Kerzenrauch verrusst, weil es lange auf dem Verenagrab gelegen hat. Museum Höfli.

2 Zurzacher Wallfahrtszeichen aus Filigran. S(ancta) V(erena) in schwarzem Email. Natürliche Grösse, verschollen.

rena Steigmeyer aus Oberendingen von einem Halsgeschwür geheilt, aus dem drei Jahre lang Eiter geflossen war. 1810 wurden zwei Heilungen vom Grind gemeldet. Berge von Kerzen und Votivtafeln, die im Bilderstreit 1529 und bei der Stiftsaufhebung 1876 vernichtet wurden, zeugten vom Glauben und der Dankbarkeit der Pilger gegenüber der heiligen Verena.[1]

Mit der Aufhebung des Stiftes 1876 erlosch der liturgische Chordienst am Grabe der Heiligen. Die Pfarrgemeinde siedelte aus der Marien- in die ehemalige Stiftskirche über, jene verödete. Die kultischen Einrichtungen wurden abgebaut. Pilger und Pilgerinnen fanden aber weiterhin den Weg nach Zurzach, vor allem Frauen kamen, ein beträchtlicher Teil davon aus dem Schwarzwald. Der Erste Weltkrieg unterbrach diesen Zustrom, nach dem Krieg lief er in vermindertem Masse weiter.

Eine ganze Reihe von Traditionen und kultischen Besonderheiten rund um das Zurzacher Pilgerwesen kennen wir aus Beschreibungen des 19. Jahrhunderts; sie sind aber mit Sicherheit wesentlich älter. Aus dem Verenabrunnen, einer Quelle unter der Kirche, schöpften die Pilger Wasser und nahmen es mit nach Hause. Es wurde verwendet als Waschmittel gegen Haut- und Augenübel, diente aber auch als Hilfe im Kindbett. Ein Brunnen wurde bereits 1486 erwähnt. Um 1940 holte niemand mehr Wasser, der Brunnen war verwahrlost.[2] Heute ist er nicht mehr zugänglich. Wallfahrer kauften sich Verena-Öl aus der Gruftlampe über dem Verena-Sarkophag und wendeten es gegen Augenübel und Wunden an. Später brachten die Leute selber Öl mit, das vom Pfarrer gesegnet wurde. Seit dem Mittelalter kennt man eine Weiheformel für die Segnung des Öles in der Gruft, in der es heisst: «Es soll helfen bei Krankheit des Körpers und der Seele – bei Mensch und Tier.»[3] Am Verenatag bringen Pilger noch immer Öl mit in die Kirche.

Votivtafeln existieren praktisch keine mehr, sie waren offenbar schon im 19. Jahrhundert selten. Damals waren rechts und links des Altars in der Gruft noch Gliedmassen aufgehängt. Einige silberne Votive wie Wickelkindchen, Bein, Herz, Augen und Brustbild einer Frau sind erhalten und gehören zum Kirchenschatz. Heute werden nur noch Kerzen gespendet. Der Glaube an die Hilfe Verenas blieb aber ungebrochen: Beim Unwetter vom 29./30. Mai 1931 standen in Zurzach die Keller und Erdgeschosse unter Wasser. Auch rund um die Stiftskirche floss das Wasser. Aber praktisch kein Tropfen drang in die tief liegende, damals neu renovierte Krypta. Viele sahen darin die schützende Hand der heiligen Verena.[4]

Erhalten sind einige Schäppeli oder Tschäppeli (franz. chapelet). Die katholischen Landmädchen im unteren Teil des Aargaus, zwischen Aare und Rhein, trugen bei wichtigen weltlichen und kirchlichen Festen diesen krönleinartigen Kopfputz (Schäppeli). Diese Jungfrauenkronen bestanden aus einem Drahtgeflecht, das mit Seidenblumen und Goldflitter umsponnen und gelegentlich auch mit Blumen, Eicheln oder Ähren verziert wurde. Auch kleine, mit Korallen bestickte Samtkäppeli wurden mit einem Seidenfaden übers Haar gebunden. Heiratete eine Braut aus dem Kirchspiel, wallfahrtete sie nach Zurzach und liess das Tschäppeli als Weihegabe am Verenagrab zurück. Auch Schwarzwälderinnen und Markgräflerinnen legten bei ihrer Pilgerfahrt am 1. September Schäppeli aufs Grab. Manche Wallfahrerinnen setzten sich das Schäppeli einer an-

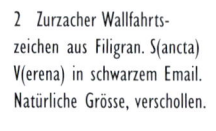

3 Zurzacher Jubiläumsplakat von 1944. Originalvorlage im Museum Höfli.

und eine Exkursion nach Solothurn. Die Tradition der Verenaspiele wurde fortgeführt mit der Aufführung des Schauspiels «Der Wassertanz» von Silja Walter.
Das St. Verena-Fest wird noch gefeiert. Familiengottesdienst am Vorabend, feierliche Orchestermesse am Morgen, gemeinsames Essen und ein Dankgottesdienst am Nachmittag füllen den Tag. Auch während des Jahres besuchen Pilger die Krypta, im Sommer kommen ein bis zwei Gruppen pro Woche, Einzelpilger sind täglich anzutreffen.

Truppen

Neben den Pilgern erlebte Zurzach auch weniger friedfertige Besucher: Soldaten. Am unmittelbarsten berührte der Krieg mit Zürich, dann der Waldshuterkrieg von 1468 und schliesslich der Schwabenkrieg von 1499 die Grafschaft Baden: Damals waren in Zurzach 400 Schwyzer stationiert. Täglich kam es zu Scharmützeln mit dem Gegner jenseits des Rheins. Der Dreissigjährige Krieg brachte schnell wachsende Kriegssteuern und deutsche Flüchtlinge, zudem grassierte die Pest, was zu enormen wirtschaftlichen Schäden führte. Während der Villmergerkriege (1656 und 1712) wurde Zurzach mehrmals von Truppen heimgesucht.[8]
Umgekehrt zogen aber auch Zurzacher aus, um anderswo zu kämpfen. Die Eidgenossen nahmen nach 1415 das Mannschaftsrecht in vollem Umfang in Anspruch. Leute aus dem Bezirk waren als Teil des Aufgebotes der Grafschaft Baden immer dabei.[9] 1474 kämpfte ein Fähnlein aus Zurzach bei Héricourt mit. Danach wollten die Zurzacher Holz verkaufen, «damit sy den costen versächen mögen der kriegen hall wird sunder die soldner ussrichten, so sy im veld yeczunt vor Ellengurt gehept hätten».[10]
Genaues über Mannschaftskontingente erfahren wir beim Auszug, der im November 1478 gegen Mailand erfolgte

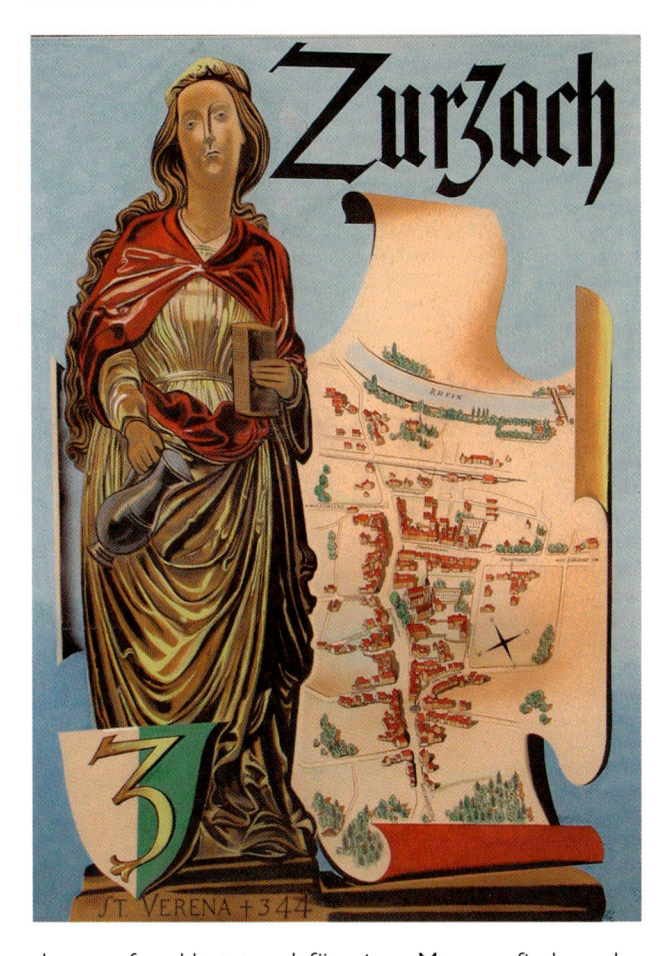

deren auf und beteten dafür, einen Mann zu finden oder ein Kind zu empfangen. Es soll aber auch gegen Kopfweh geholfen haben. Hatte sich eine grössere Menge angesammelt, wurden die älteren Schäppeli weggeräumt und am Karsamstag im Osterfeuer vor der Kirche verbrannt.[5]
Auch im 20. Jahrhundert rissen die Wallfahrten nie ab, wenn sich auch die Zahl der Teilnehmenden verringerte. Andere Pfarreien, Pfarrvereine und Schulklassen kamen nach Zurzach. 1958 fand die Wallfahrt des Aargauischen Katholischen Jungmannschaftsverbandes und der Deutschen Katholischen Jugend statt. Rund 2000 Personen nahmen 1986 an derjenigen der Römisch-Katholischen Landeskirche des Kantons Aargau mit Festgottesdienst, Essen, Spielen, Führungen und Meditation teil. Höhepunkt waren aber zweifellos die 1600-Jahr-Feier und das Verena-Fest 1944. Am 1. September wurde eine Wallfahrt und Reliquienprozession für den Frieden durchgeführt.[6] Mitglieder verschiedener Vereine zeigten in dreizehn Aufführungen von Ende August bis Mitte September 1944 vor 4000 Besuchern das Festspiel von Adolf Reinle.[7]
Ein vielseitiges Programm führte durch das Verenajahr 1994: Gottesdienste und Vorträge, ein historischer Markt und eine Ausstellung im Museum «Höfli», ein Spielnachmittag und eine Chilbi im Forum, Konzerte im Münster

[1] REIMANN, Verena-Wallfahrt, S. 20 f.; REINLE, Verena, S. 115. Wundergeschichten aus allen Epochen bis ins 20. Jahrhundert finden sich bei ATTENHOFER, Büchlein [1940], S. 71–76.
[2] REINLE, Verena, S. 117–119.
[3] REINLE, Verena, S. 110; REIMANN, Verena-Wallfahrt, S. 22.
[4] REINLE, Verena, S. 110; REIMANN, Verena-Wallfahrt, S. 20 f.
[5] ATTENHOFER, Zurzacher Brauchtum, S. 27; ATTENHOFER, Büchlein [1940], S. 96; REINLE, Verena, S. 119 f.
[6] BANHOLZER, Wallfahrt, S. 85 f.
[7] Zurzacher Volksblatt 29.4., 2.9., 4.9.1944; Im Rückspiegel, S. 158 f.
[8] MITTLER, Klingnau, S. 115; DIEBOLDER, Vergangene Zeiten, S. 26 ff.
[9] AMMANN, SENTI, Bezirke, S. 115 f.
[10] ATTENHOFER, Nordöstlichste Ecke, S. 12.

4 Reklameblatt eines Schaustellers an der Zurzacher Messe, um 1680. StAAG 2794.

und mit der Schlacht bei Giornico endete. Damals wurden aus den Gemeinen Ämtern hundert Mann aufgeboten, fünfzehn davon hatten Kaiserstuhl, Klingnau und Zurzach zu stellen. Bei einem Auszug im Januar 1479 wurde von Klingnau, Zurzach und Mellingen noch je ein Mann aufgeboten. Die Kontingente für die Schlachten des Burgunderkriegs (1474–76) waren wohl wesentlich höher gewesen. Beim Zug der Eidgenossen in die Waadt 1475 zählte ihr Heer rund 17'000 Mann, davon 139 aus der Grafschaft Baden.[11]

Die Eidgenossen wahrten nicht nur das Mannschaftsrecht, sondern auch ihre finanziellen Rechte, ihre Einkünfte aus Zoll, Geleit und Gerichtsgebühren und ihr Hochgericht. Das Amt Zurzach, bestehend aus Zurzach, Rietheim, Rekingen und Mellikon, wurde zunehmend zu einem geschlossenen eidgenössischen Gebiet. Die niedere Gerichtsbarkeit blieb bischöflich-konstanzisch und wurde ausgeübt durch den bischöflichen Obervogt, der im Schloss Klingnau residierte.

Messe

Die Messen wurden in der Stiftskirche mit einem feierlichen Hochamt eröffnet. Danach nahm der eigentliche Markt seinen Anfang.

Berner und Freiburger Gerber verfügten über eigene Verkaufsräume. Aber auch in offenen Ständen und auf den Gassen, in Schenken und Wirtshäusern wurden Leder und Felle angeboten. Immer wieder kam es zu Klagen, dass dabei betrunkene und einfältige Leute betrogen würden. Tagsatzung und Landvogt erliessen ein Mandat um das andere, dass der Lederhandel nur auf offenem Markt, und zwar im Kaufhaus, vor sich gehen dürfe; aber gerade die Menge der Mandate beweist, dass diesem Gebot nur geringe Beachtung geschenkt wurde.

Die Messen waren nicht nur wirtschaftliche Anlässe, sondern auch Feste mit Tanz und Unterhaltung. Tierbudenbesitzer, Taschenspieler, Musikanten und Komödianten unterhielten das Publikum. Auf einem rechten Jahrmarkt durfte auch das Glücksspiel nicht fehlen. Seit 1462 hatte der Landvogt, sobald er eingeritten war, den Spielplatz «zu Handen» zu nehmen; er übergab ihn einem Pächter und nahm den Scholder, d. h. den Ertrag aus dem Glücksspiel, zu seinen Händen.

Natürlich waren auch Falschspieler mit von der Partie.[12] Ein verhafteter Ganove berichtete: «Des Ersten habe er und sin gsell zu Zurzach einem purren mit betrognem wechsel hinder ein hag bracht, und da mit erdichten worten anzeigt, wie etlich gsellen jm zwentz mit spyllen angwonnen, wüsse er nit, ob sy mit jm gspyllt haben oder nit, und als jnen sölichs anzeigt, habent sy demnach mit listen den purren ouch jnn das spill bracht, habent jm sin seckel und gelt valtschlichen angwunnen; zum andern so habe er uff dem pfingst marckt Zurzach glicher gstallt gehanndelt, valtschlichen spillt und einem ein guldin valtschlichen angwunnen.»[13]

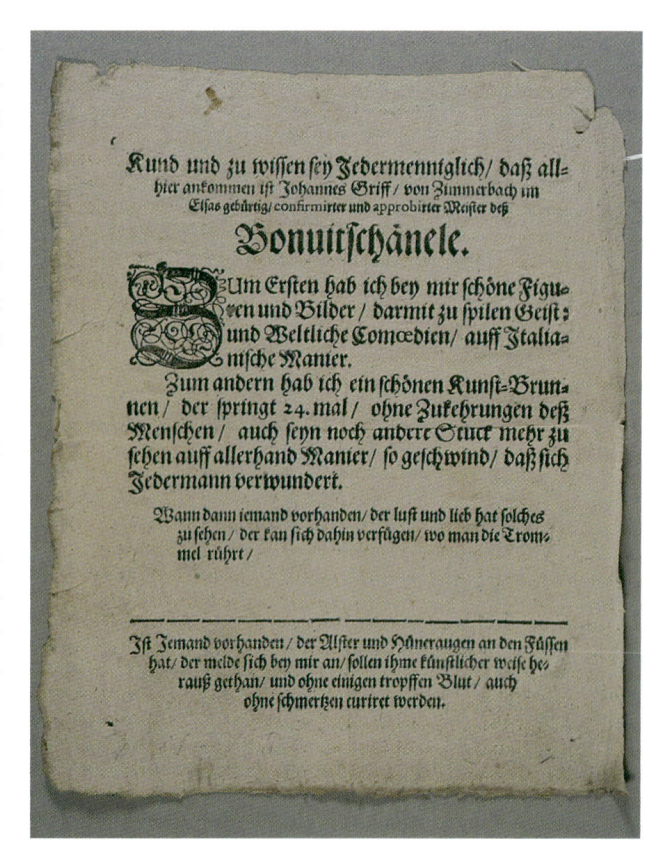

Zwar kam es seit der Reformation immer wieder zu Mandaten gegen Spiele, Prostitution, Tanzen und Trinken, die aber wenig Erfolg hatten. 1706 hören wir erstmals von einer Lotterie. Im Schlösschen Mandach wurde 1765 sogar eine Art Spielbank betrieben.[14]

In den reformierten Gebieten waren die Hochzeiten die einzigen Anlässe, an denen getanzt werden durfte. Später nahm die Obrigkeit auch dieses Zugeständnis zurück. Das Verbot liess sich allerdings nicht durchsetzen. Reformierte strömten an die Kilbenen der katholischen Nachbarschaft und an die Zurzacher Messe. Sie brachten von dort auch allerlei Mitbringsel mit. In Oberflachs etwa sorgte 1690 Hans Käser für grosses Aufsehen, als er mit einem an der Messe für 100 (!) Taler gekauften Alraun (ein angeblich mit Zauberkraft ausgestattetes Stück Holz) prahlte und behauptete, damit könne er verlorene Gegenstände wiederfinden. Auch Pfarrfrau Giger von Bözberg beanspruchte seine Dienste. Der Zauberkünstler wurde zur

Bestrafung während der Predigt vor den Taufstein gesetzt, um entblösten Hauptes die Auslegung der Bibelstelle «von der Sünd und Strafen der Zauberey» anzuhören und anschliessend kniend das vom Pfarrer vorformulierte Bussgebet nachzusprechen.[15]

Zur Unterhaltung der Messegäste trug stets eine Anzahl von Marionetten- und Schauspielern bei. In der Mitte des 18. Jahrhunderts nutzten deutsche und französische Komödianten die Trotte als Theater. Und aus dem Jahr 1681 ist ein gedruckter Marionettentheaterzettel erhalten geblieben:

«Ich Johannes Griff von Zimmerbach im Elsass, confirmirter und approbirter Meister des Bonvitschänele bin in Zurzach eingetroffen. Zum ersten hab ich bey mir schöne Figuren und Bilder damit zu spilen geist- und weltliche Comödien auff Italienische Manier. Zum andern hab ich einen schönen Kunstbrunnen, der springt 24 mal, ohne Zukehrungen des Menschen, auch seyn noch andere Stück mehr zu sehen auff allerhand Manier, so geschwind, dass sich Jedermann verwundert. Ich schneide gleichzeitig Alster- und Hüneraugen an den Füssen ohne Blutverlust und ohne Schmerzen.»[16]

Ein «Schauspielhaus» kündete klassische Stücke an, zum Beispiel die «Iphigenie» von Racine. Das Wunderkind Karoline Schulze[17], später in Wien eine berühmte Schauspielerin, spielte 1758 mit dreizehn Jahren Hauptrollen. In einer Bude zeigte man ein ausgestopftes Krokodil, anderswo brüllte ein Löwe hinter Gittern. Ein Messezahnarzt verkaufte Kügelchen gegen Zahnschmerzen. Wunderdoktoren priesen ihre Mittel an. 1827 gastierte die weltbekannte Menagerie des Niederländers Wilhelm von Aaken aus Rotterdam im Flecken, zwei Jahre später traten die Schauspieldirektoren Lindner und Hofmann mit ihren Truppen dort auf. Die Messe war aber auch ein beliebter Ort für die Werbung von Söldnern, den zeitweise sogar preussische Werber aufsuchten. Und Personen mit einer behördlichen Erlaubnis sammelten für die Opfer von Brandschäden.[18]

«Landläuferinnen», d. h. Dirnen, die von Land zu Land, von Markt zu Markt zogen, waren zahlreich vertreten. Diese «üppigen Personen» wurden lange Zeit toleriert; erst die Reformation brachte eine Änderung, die aber nicht durchgesetzt werden konnte. Zurzach wurde daher oft als Stätte der Sittenlosigkeit beschrieben. Schaffhausen war so entrüstet über die freien Sitten, dass es in der zweiten Hälfte des 16. Jahrhunderts alle, die nach Zurzach fuhren, als «Mörder und Wiedertäufer» verfolgen liess.[19]

Fehlbare Dirnen wurden mit dem «Huorenkragen» und vom Tambour begleitet durch den Flecken geführt oder an den Pranger gestellt und mit Ruten gestrichen. Manchen wurden die Haare abgeschnitten. 1756 wurde eine Stuttgarterin angeklagt, zusammen mit einer anderen Person in die Halsgeige gefasst, aus dem Flecken geführt und «auf ewig» aus dem Land gewiesen. Einzelne Landvögte bestellten aber auch Dirnen nach Zurzach, liessen sie reiche Kaufleute verführen und verlangten von diesen dann Schweigegeld. Bis ins 19. Jahrhundert waren Dirnen auf dem Markt anzutreffen. Besonderen Anstoss erregten Frauen in Männerkleidern.[20]

Von jeher hielten Bettler, Lahme, Krüppel und Kranke aller Art die Strassen in und um Zurzach besetzt, sodass Hans Rudolf Manuel in seinem «Weinspiel» einen Spieler die Verwünschung aussprechen liess: «Dass Dich all plagen angan muessen, die d'bettler ie gen Zurzach truogend.»[21] Die Behörden suchten mit einer hohen Polizeipräsenz, Gaunern und Beutelschneidern, Falschmünzern und Betrügern Herr zu werden. Steckbriefähnliche Beschreibungen dienten der Verfolgung der oft gut organisierten Diebesgruppen: «Ettlich Schelmen Namen und Bekleidung. [...] der Viert heysst der Lang Casper, hatt wyss zerhouwen hossen an, klein zerschnitten ein breiten welschen Hut uff, ein welsch schöppli und halb welsch stiffel, ist ein lange person, zimlich schwartz.»[22]

In den Akten finden sich auch Meldungen über Diebstähle: «Item 1 Sattel zu Zurzach verstollen. Item uff Sant Verenen Merckt künfftig 3 Jar Zurzach 1 Ross oben jm dorff verstollen und Melchior Haupten von Steinen umb 8 Gl. zu kouffen geben.»[23] Die grosse Zahl und die zahlreichen Arten von Münzen, die während der Messe im

---

[11] MITTLER, Klingnau, S. 110.
[12] Vgl. z. B. StAAG Nr. 2816, Grafschaft Baden, 2816/3, VI. Kriminaljustiz, Korrespondenz, fol. 2.
[13] StAAG Nr. 2602, Grafschaft Baden, Criminal-Acten und Examina der Gefangenen 1500 ff., [fol. 205].
[14] BODMER, Zurzacher Messen, S. 114 f.
[15] SCHÄRLI, Veltheim, S. 197–199.
[16] HERZOG, Zurzacher Messen, ab S. 44. Text: ATTENHOFER, Marionettentheater, o. S.
[17] KAROLINE SCHULZE-KUMMERFELD, Ein fahrendes Frauenzimmer. Die Lebenserinnerungen der Komödiantin Karoline Schulze-Kummerfeld 1745–1815, hrsg. von INGE BUCK, Berlin 1988.
[18] ATTENHOFER, Marionettentheater, o. S.; ATTENHOFER, Alt-Zurzach, S. 42, 46–48; ATTENHOFER, Zurzach, S. 15.
[19] ATTENHOFER, Alt-Zurzach, S. 51.
[20] WÄLTI, Aargau, S. 284 f.; ATTENHOFER, Alt-Zurzach, S. 51; BODMER, Zurzacher Messen, S. 113 f.
[21] HERZOG, Zurzacher Messen, S. 42.
[22] StAAG Nr. 2602, Grafschaft Baden, Criminal-Acten und Examina der Gefangenen 1500 ff., [fol. 55].
[23] StAAG Nr. 2602, Grafschaft Baden, Criminal-Acten und Examina der Gefangenen 1500 ff., [fol. 46 ff.], [1542–85].

Umlauf waren, lockten Falschmünzer an.²⁴ 1683 verordnete der Landvogt, dass der «grosse Schwal dess starken Strolchen- und Bettelgesindts», das sich in Zurzach befinde, nicht beherbergt werden dürfe, sondern gefangen genommen und «nach Befinden auff die Galeren verschickt werden» solle.²⁵

Häufig kam es zu Streitigkeiten und Schlägereien. 1533 wurde ein «armer Geselle» aus Baden von Zürchern schwer verwundet, weil er angeblich am Kappeler Krieg teilgenommen hatte. 1548 ist von «starken Buben» die Rede, die stahlen, sich betranken, randalierten und Gott lästerten.²⁶ Auch Totschlag war nicht selten. «Matern der Hundtschlacher von Haggenow ist in miner Herren Landvogt gfencknus kommen und hat verjähen [gestanden] wie hienach volgt: Erstlichen habe er ein Krämer Zurzach one alle ursach und ansprach by nacht und by näbel zwüschent nünen und zechnen, der dann gantz unbewert gwäsen, hinderrucks nider gehouwen und ligligen jme noch zwo wunden geben.»²⁷

In flagranti erwischte Diebe wurden sofort «an die linden, so oben im dorff Zurtzach stande, gestrickt und daselbst erwürgt».²⁸ Eine Bürgerin von Brugg, die auf der Zurzacher Messe gestohlen hatte, wurde in der Aare ertränkt. Hinrichtungen waren damals häufig, wurden doch in der Grafschaft Baden jährlich auch einige Frauen als «Hexen» verbrannt.²⁹ Einige Männer wurden zu Galeerenstrafen verurteilt.

Bei der Linde mussten alle, die in den Flecken wollten, vorbei. Der Landvogt, der in seinem Gefolge oft einen Scharfrichter hatte, führte 1570 vor der Tagsatzung aus, dass dieser Ort auch Nachteile habe, der Anblick «mengklichem, insonderheit den tragenden frowen ein gross abschühen bringe, dartzu zu nechst darbi ein schöner brunnen, den jedermann bruchen müesse, [...]». Der Richtplatz solle dort liegen, wo die Übeltäter auch vergraben würden. Die Hinrichtungsstätte wurde deshalb zu den Eichen oberhalb des Dorfes verlegt.³⁰ Im gleichen Jahr wurde an der Stelle, wo die Strasse von Rietheim in den Flecken einmündet, ein Gefängnis erbaut, der Schelmenturm, vom Volksmund «Säustall» genannt. Während der Messen waren hier zeitweise bis zu dreissig Personen inhaftiert.³¹

Hundert Jahre später hören wir von einem Richtplatz am Rheinufer³²:
Der Jude Kussel von Jung Bunzel [?] in Böhmen wurde verhaftet, weil unter dem Tor des Wirtshaus zum Engel 300 gl Geld, ein Schroteisen und 3 Hakenschlüssel bei ihm gefunden wurden. Hans Jakob Labat [Labhart?] aus Steckborn wurde Geld aus seiner verschlossenen Kammer und verschlossenen Tischlade gestohlen, allerdings blieben noch 2000 gl dort.
Der Jude leugnete, bei gütlicher und peinlicher Befragung (am 27. Juni), das Geld gestohlen zu haben. Das Schroteisen habe er gefunden, die Hakenschlüssel niemals gehabt, sie seien auch nicht bei ihm gefunden worden.
«Den volgente tag [28. Juni] hat H. Landvogt in Zurzach einen Lantag vor dem rathaus in der underen gassen halten lassen, Jud nachmalen alles gelaugnet, Er aber als überwiesener zum strickh verdambt, also bald ausgeführt und beim trenckhi orth an ein junge Eych unden am Müligraben erhenckht worden.»

Wie ergiebig die Märkte für die Diebe und Beutelschneider waren, geht aus der Aussage eines verhafteten Gauners aus dem 18. Jahrhundert hervor: «Da komme ein ganzer Schwarm von 40–60 Dieben zusammen, Leute, die man gar nicht dafür ansehen würde, welche in goldgalonierten Kleidern und deren Weiber mit anhangenden Uhren aufs prächtigste daher ziehen würden. Die Gauner sprächen auf der Messe unter sich eine besondere Gaunersprache, Rotwälsch. Da sei viel Geld zum Stehlen und man bekomme schöne Sackuhren; aber auch, wie der Verhörte kleinlaut beifügte, etliche Stockschläge und werde über den Rhein geführt.»³³

Hinrichtungen waren seltener geworden, die Strafen etwas milder. Übeltäter wurden an den Pranger gestellt, ausgepeitscht und aus der Grafschaft Baden verbannt. Ab und zu wurde einer gebrandmarkt, d. h. mit einem Schandmal versehen.

In den Zwanzigerjahren des 19. Jahrhunderts kam es zu den letzten Hinrichtungen im Bezirk. 1821 wurde in Zurzach der 26-jährige Johann Meyer von Schneisingen durch das Schwert exekutiert, 1827 Johann Suter von Lienheim.³⁴ Die Hinrichtung verlief in den benannten Fällen immer gleich: Vor dem Zurzacher Ratshaus wurde ein Gerüst aufgebaut. Eine halbe Kompanie Soldaten zog unter Trommelwirbel auf, um unter den Tausenden von Schaulustigen für Ordnung zu sorgen. Das Gericht in Amtstracht verlas dem Delinquenten das Urteil und warf ihm den zerbrochenen Stab vor die Füsse. Unter Glockengeläut der Stiftskirche wurde dieser mit einem Gefährt, eskortiert von Geistlichen und Landjägern, daraufhin Richtung Zurzacherberg geführt, wo auf der Anhöhe im «Grütt» zwischen Zurzach und Tegerfelden die traditionelle Hinrichtungsstätte lag. Die offene Chaise des Oberamtmannes mit Amtsschreiber und Weibel, die Soldaten und die Schaulustigen folgten. Der Leichnam wurde in der Nähe der Hinrichtungsstätte verscharrt; im Flecken läutete das «Endglöggli».³⁵

Berufe, Handwerk, Zünfte

Die Reglementierung war nicht nur auf der Ebene der Gemeinde sehr dicht, sondern auch im Wirtschaftsleben. Die Messen boten den Gewerbetreibenden eine gute Gelegenheit, sich zu treffen, Probleme zu erörtern und sich zu organisieren. 1640 fand auf Veranlassung der Konstanzer Meisterschaft ein ganzes Handwerk zusammen, das so genannte Grosshandwerk von Weissgerbern, Meistern und Gesellen des löblichen schweizerischen und schwäbischen Kreises, um gegen den Verkauf von Weissleder durch einen Konstanzer Rotgerber einzuschreiten. Von da an hielt dieses Grosshandwerk in Zurzach jedes Jahr eine Tagung ab, um seine wirtschaftlichen Interessen zu wahren. Diesem Beispiel folgend, fanden sich auch die Schuhmacher und Gürtler alljährlich im Flecken zusammen.³⁶

Schon früher hatten sich die Fischer abgesprochen. Wenn alle Fischereiberechtigten im weiten Umkreis ihre Flussabschnitte maximal ausbeuteten, artete der Fischfang zum Raubbau aus und bedrohte die Fischer in ihrer Existenz. Aus diesem Grunde auferlegten sie sich freiwillig gewisse Einschränkungen. Spätestens seit dem 14. Jahrhundert versammelten sich die Berufsgenossen der grossen Flüsse an den so genannten Fischermeyen, um Beschlüsse zu fassen, aber auch um die Geselligkeit bei Essen und Trinken, Tanz und Musik zu pflegen.³⁷ Da die Regierungen den Nutzen solcher Beschränkungen erkannten, vertraten sie später die Fischer ihres Bereiches selber. So nahmen die jeweiligen Hofmeister von Königsfelden 1598 und 1683 an den Fischermeyen in Zurzach teil, bei denen alle Fischenzbesitzer³⁸ des Rheins zwischen den beiden Rheinfällen bei Schaffhausen und Laufenburg sowie der Seitenflüsse Thur, Töss, Glatt, Schlücht, Wutach, Aare, Reuss und Limmat zusammenkamen. Dort verboten sie gewisse Netzarten, den Bau neuer Fache, den Fischfang an Sonn- und Feiertagen, das «Zünden» zwischen Lichtmess (2. Februar) und Martini (11. November), das Ködern mit kleinen Edelfischen und erliessen Vorschriften in Bezug auf die Mindestlängen der Fische sowie den Schutz des Laichs.³⁹

Die Messe diente nicht nur fremden Kaufleuten und Gewerbetreibenden, sondern auch einheimischen, die hier Rohstoffe einkauften und ihre Produkte anboten. Neben Bäckern und Metzgern waren im 18. Jahrhundert v. a. Schuhmacher, Rot- oder Lohgerber und Strumpfwirker in Zurzach tätig. Mit Ausnahme der Schiffer (Stüdeler) und Fischer hören wir im 16. Jahrhundert aber wenig von Handwerkerorganisationen in der Gegend. Die Mehrzahl der Handwerker wurde nur durch ein paar Meister vertreten, die nach den Regeln und Bräuchen bestehender auswärtiger Zünfte lebten. Schon 1480 hatten im benachbarten Kaiserstuhl die Schneider ihre Pflichten festgelegt. Die Gewandschneider von Baden, Kaiserstuhl, Klingnau und Zurzach besassen seit 1502 für die Zurzacher Messen einen Freiheitsbrief, der es ihnen gestattete, auf den Pfingst- und Verenamessen im dortigen Tuchhaus im voraus diejenigen Stände auszuwählen, die ihnen beliebten.⁴⁰ Im 17. Jahrhundert kam es immer wieder zu Auseinandersetzungen zwischen Handwerkern in den Städten und auf dem Lande. Es entstand eine Reihe von Handwerksordnungen, die z. T. alte Bestimmungen schriftlich fixierten. Missbräuche sollten abgestellt und die gegenseitige Anerkennung von ausgebildeten Lehrjungen durchgesetzt werden, was oft selbst in benachbarten Gemeinden nicht der Fall war. Die regierenden Orte bestätigten diese Ordnungen. 1686 wurde die Zunftordnung der Schuhmacher des Kilchganges (Kirchspiels) Zurzach erlassen und damit begründet, dass «in dem Handwerk allerley Mißbreüch und Stümplereyen eingerißen» hätten.⁴¹ Die Schuhmacher waren wegen des Lederhandels an der Messe von einiger Bedeutung. Schuhe wurden häufig als Geschenk von der Messe mit nach Hause gebracht (einzelne Städte verboten diese Mitbringsel als Ausdruck des Luxus und der Verschwendung). Ein Jahr später folgten die Schuhmacher der

---

²⁴ StAAG Nr. 2602, Grafschaft Baden, Criminal-Acten und Examina der Gefangenen 1500 ff., [fol. 56, 56v, 57r, 1590].
²⁵ StAAG 2794, Mandat auf Verenae Zurzacher Markt 1683.
²⁶ BODMER, Zurzacher Messen, S. 111.
²⁷ StAAG Nr. 2602, Grafschaft Baden, Criminal-Acten und Examina der Gefangenen 1500 ff., [fol. 176].
²⁸ SRQ AG II/5, Nr. 67, S. 122.
²⁹ StAAG Nr. 2602, Grafschaft Baden, Criminal-Acten und Examina der Gefangenen 1500 ff., [fol. 65 ff., 80 ff., 112, 150, 159, 171 ff., 214, 309, 332, 354, 380, 399, 401, 405, 406 etc.].
³⁰ SRQ AG II/5, Nr. 67, S. 122 f.
³¹ FÜLLEMANN, 1570, S. 19 f.; ATTENHOFER, Alt-Zurzach, S. 41.
³² Textpassage von Felix Müller. – StAAG 4045, fol. 241v–242v, 1679 VI 23.
³³ HERZOG, Zurzacher Messen, S. 44.
³⁴ 1852 fand die letzte Hinrichtung in Waldshut statt. RUCH, Waldshut, S. 158.
³⁵ KNECHT, Vrenelistein.
³⁶ HERZOG, Zurzacher Messen, S. 31.
³⁷ Vgl. dazu auch BAUMANN, Stilli, S. 159.
³⁸ Fischenz: Fischereigerechtsame.
³⁹ BAUMANN, Windisch, S. 278.
⁴⁰ SRQ AG II/5, Nr. 36, S. 73; WELTI, Handwerk, S. 34, 38.
⁴¹ StAAG Nr. 2793, Kanzleiarchiv, Amt Zurzach, 2793/8, Nr. 4, 1686.

5 Empfehlungsschreiben des Zurzacher Pfarrers Johann Jakob Grob für Hans Caspar Welti, Chirurgus, 1741. Man möge ihn auf seiner Wanderschaft in der Fremde gut aufnehmen. Museum Höfli.

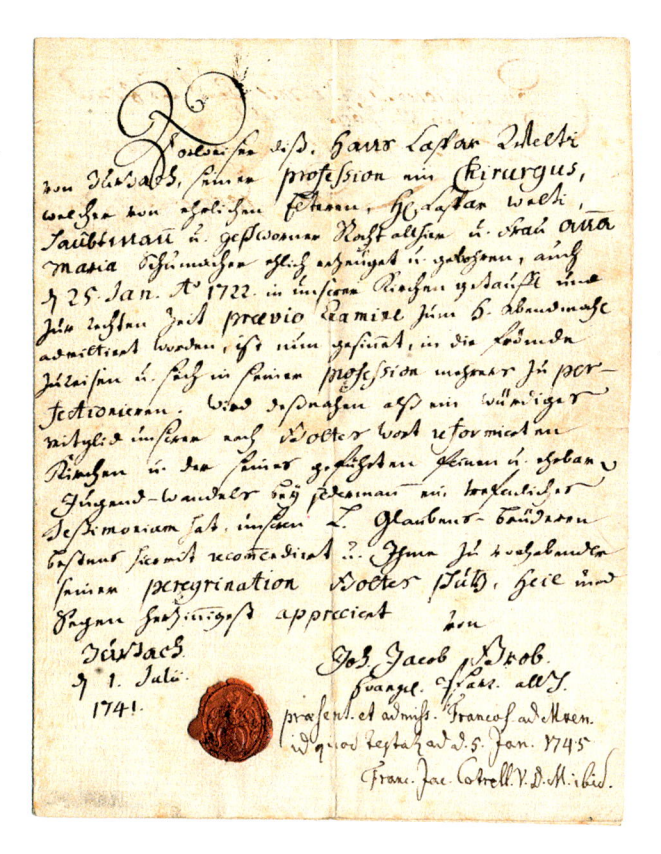

6 Wanderbüchlein und Zeugnisse von Zurzacher Handwerkern. Museum Höfli.

anderen Gemeinden. 1688 erhielten auch die Meister des Tischmacher- und Schreinerhandwerks von Zurzach und Klingnau einen Zunftbrief. Zu den ältesten und wegen ihrer Bedeutung für die Gemeinde genauestens reglementierten und kontrollierten Handwerkszweigen gehören die Bäcker und Metzger.[42] Von den Zurzacher Metzgern ist eine Handwerksordnung von 1711 mit vierzehn Artikeln erhalten.[43] Damals waren acht Meister im Flecken tätig, vier für Rind- und vier für Bratfleisch. Als Aufsichtsbehörde amteten die vom Rat eingesetzten Fleischschätzer. Eine weitere Metzgerordnung stammt aus dem Jahr 1749.[44] Etwas weniger streng waren die Vorschriften für Bäcker. Jeder konnte in Zurzach eine Bäckerei einrichten. An den Messen durften auswärtige Bäcker nur drei Tage Brot feilhalten, bestimmte eine Verordnung vom Jahre 1577. Aufsicht über die Bäckereien hatte ebenfalls der Rat; dieser bestimmte alljährlich den Brotschätzer, der das Gewicht überprüfte. Die Zunft der Bäcker in Zurzach und Klingnau entstand 1700. Von den Küfern der Grafschaft Baden ist das 1736 verfasste Zunftbuch erhalten. Das Mitgliederverzeichnis führt 52 Meister aus dem Bezirk Zurzach auf, davon zehn aus Zurzach.[45]

Vorhanden ist auch eine Ordnung der Barettel- und Hosenstricker (um 1700) mit ziemlich weitem Einzugsgebiet. Das Handwerk hatte in Zurzach eine ganze Reihe Vertreter, die sich meistens Lismer nannten und allerlei gestrickte Sachen wie Handschuhe, Socken, Hauben, Hosen etc. verfertigten. Noch 1771 errichteten die Schreiner von Zurzach mit obrigkeitlicher Bewilligung eine eigene Zunft. Aus den erhaltenen Ordnungen lassen sich die typischen Merkmale des Zunftwesens herauslesen:

– Nicht alle durften Mitglieder einer Zunft werden. Ausgeschlossen vom Handwerk waren in der Regel «unehrliche» Leute wie die Fahrenden, die an Messen zahlreich anzutreffen waren, Spieler, Possenreisser, aber auch die Totengräber, Wasenmeister und Scharfrichter. Der Lehrjunge musste ehrlicher Abkunft und auch ehelich geboren sein (Schreiner).

– Geregelt wurden alle Fragen, die die Ausbildung von der Lehre bis zur Meisterprüfung betrafen: Häufig war eine Probezeit vorgesehen. Bei den meisten Handwerken betrug die Lehrzeit drei Jahre; die Lehrbuben hatten der Zunft etwas zu bezahlen, z. B. ein Pfund Wachs oder 40 Schilling, und zusammen mit dem Meister die Kosten der Aufnahme zu übernehmen (Schuhmacher). Bei den Küfern musste der Lehrjunge vor der Aufnahme sogar der ganzen Zunft vorgestellt werden. Auch für den Fall, dass die Lehre abgebrochen wurde oder der Meister starb, traf die Ordnung Vorkehrungen. Die Barettel- und Hosenstricker bestimmten, dass ein Lehrling beim Tod des Meisters die Lehrzeit nicht mit Geld abkaufen dürfe bei Strafe von 2 Gulden, ebenso wenn ein Teil unbegründet das Lehrverhältnis aufhob. Beim Abschluss der Lehre wurde bei den Schreinern auf Kosten des Lehrjungen das ganze Handwerk zusammengerufen und der Lehrling ledig gesprochen. Auch die Ausstellung des Lehrbriefs musste abgegolten werden.

Nach der Lehre folgten in der Regel zwei bis drei Wanderjahre, die Gesellenzeit. Wollte der Schuhmacher dann Meister werden, hatte er über diese Zeit Auskunft zu geben. Die Gesellen führten dazu ein Brauchbuch, in dem die Stationen der Wanderung eingetragen waren. Bei den Metzgern wurde zudem verlangt, dass sie eine eigene Haushaltung führten.

Die Zunftordnung legte auch fest, welches Meisterstück auszuführen sei; ein Küfer hatte ein mindestens 10 Saum haltendes Fass in vier Wochen herzustellen, ein Schuhmacher bestimmte Schuhe anzufertigen. Das Meisterstück ging in der Regel auf Kosten des Bewerbers, und auch die Aufnahme eines neuen Meisters in die Zunft kostete eine bestimmte Summe, bei den Küfern 1 Gulden 2 Schilling.

– Vergehen gegen die Zunftordnung wurden geahndet. Wenn ein Knecht einem Meister weglief, musste er für ein halbes Jahr aus dem «Kilchgang weychen». Versprach ein Knecht einem Meister Arbeit und hielt sein Wort nicht, durfte kein anderer ihn anstellen (Schuhmacher).

– Freie Konkurrenz war nicht vorgesehen; die Anzahl der erlaubten Mitarbeiter ist in den meisten Ordnungen genau festgelegt. Ein Meister soll «mehr nit als zwen Stüehl besetzen und selbs dritt arbeiten», entweder mit zwei Knechten oder mit Knecht und Lehrknaben, verlangten die Schuhmacher. Die Schreiner legten 1688 eine maximale Anzahl von vier Personen pro Betrieb fest: Meister, zwei Gesellen, ein Lehrjunge. Fünf Personen waren bei den Hosenstrickern erlaubt. Weibliche Arbeitskräfte waren verboten, nur Kinder durften zum Mithelfen herangezogen werden. Doch sah hier die Realität etwas anders aus. In vielen Betrieben spielten Frauen und Töchter eine wichtige Rolle.

Im Ort eintreffende Gesellen wurden auf die Meister verteilt, die solche verlangten.

Nach der Ausbildung eines Lehrlings musste der Meister drei Jahre warten, bis er wieder einen Lehrling aufnehmen konnte (Schuhmacher). Das «Stukharbeiten», der Akkord also, war verboten. Auch durften die Produkte nicht einfach überall verkauft werden, das Hausieren und «Feiltragen» waren untersagt (Schuhmacher). Die Produkte der Stricker mussten von den Handwerksmeistern zuerst besichtigt werden, damit «keine faule und misswertige Waren feilgeboten werden». Hausieren war auch hier verboten. Der Verkauf in der Werkstatt war das Normale, der Verkauf an Wochen- und Jahrmärkten erlaubt.

Fremde Krämer mussten sich erst mit den ansässigen Meistern vergleichen, sonst durften sie ihre Hosenwaren nicht feilhalten.[46] Auch den Bäckern war das Hausieren mit Brot untersagt. Während der Messen durften nicht nur Zurzacher Küfermeister, sondern auch «ihre zugehörigen Nachbarn» «weisse und schwarze Arbeit» machen, d. h. sowohl Kübel und Standen (Kleinbinder- oder Küblerarbeit) wie auch Fässer verfertigen. Gerade die Messeregelungen führten immer wieder zu Konflikten. Die Zurzacher Handwerker achteten eifersüchtig auf ihre Vorrechte. 1714 etwa wollten die Küfer ihre Kollegen aus den Nachbargemeinden in die Schranken weisen, diese beriefen sich aber auf alte Rechte als Zurzacher Kirchgenossen.[47]

– Die Söhne der Zunftmitglieder genossen eine ganze Reihe von Privilegien; sie konnten sich gegen eine Gebühr meist sowohl von der Wanderschaft als auch vom Meisterstück befreien.[48]

– Die Zunftordnung legte meist auch ein Schlichtungsverfahren fest, wenn es zu Konflikten von Meistern kam.

– Die Zunft hatte aber nicht nur wirtschaftliche, sondern auch soziale und kulturelle Aufgaben. Die Zusammenkünfte oder Botte, die z. T. mehrmals jährlich, z. T. alle ein bis zwei Jahre stattfanden, dienten der Information, aber auch der Unterhaltung und der sozialen Integration. Die Zunft sorgte für eine würdige Bestattung: «solle derselbige gebührend zur Erden bestattet und so er catholisch, ihme aus der Lad ein heyl. Mess gelesen lassen werden». Geregelt wurde auch, ob und wie der Betrieb nach dem Tod eines Meisters von dessen Witwe oder Söhnen weitergeführt werden konnte. Eine Metzgerswitwe durfte die Metzg durch einen Sohn oder Knecht betreiben, wenn sie sich noch im Todesjahr des Mannes darum bewarb.

Einige Berufsarten waren abhängig vom Besitz eines herrschaftlichen Bannrechtes, einer Art gegen Gebühr erteilten Konzession. Dazu gehörte das Wirtschafts- oder Tavernenrecht, zudem galt es meist auch für Schmieden, Mühlen und an manchen Orten auch für die Öltrotten. Von den meisten Handwerkszweigen der Region ist keine Ordnung erhalten, doch können wir davon ausgehen, dass die Regeln ähnlich waren wie bei den oben aufgeführten. In den mittleren bis grösseren Ortschaften waren ausser

---

[42] WELTI, Handwerk, S. 33–35.
[43] SRQ AG II/5, Nr. 118, S. 198–200.
[44] StAAG Nr. 2793, Kanzleiarchiv, Amt Zurzach, 2793/3, Nr. 5, 28. Mai 1749.
[45] WELTI, Handwerk, S. 34, 37; WELTI, Zunftbuch, S. 19–21.
[46] WELTI, Handwerk, S. 40–44.
[47] StAAG Nr. 2793, Kanzleiarchiv, Amt Zurzach, 2793/2, Nr. 6, fol 6.
[48] WELTI, Zunftbuch, S. 21.

den bereits erwähnten Handwerkern auch Wagner, Glaser, Schlosser, Hutmacher, Sattler, Seiler, Färber und Bleicher anzutreffen. Kaiserstuhl, Klingnau und Zurzach besassen je eine Färberei, deren gefärbte Tücher auf der Messe verkauft wurden. Weber waren auf der ganzen Landschaft verbreitet, weil man überall Hanf und Flachs anbaute und in jedem Ort das Gesponnene zu Tuch verarbeitete. Ebenso gab es in praktisch jeder Ortschaft Schneider. Maurer und Steinmetzen verfügten in kleinen Städtchen in der Regel nur über einen Meister. Daneben finden wir Zimmerleute und Hafner. Geschirr für den Haushalt lieferten die Kupferschmiede und Zinngiesser. Erstere sind für Klingnau bezeugt, Letztere für Zurzach vereinzelt genannt. Hier lebten auch Nestler, die Hersteller der verschiedenen Lederriemen oder Nestel, die anstelle der Knöpfe die Kleider zusammenhielten.

Im 18. Jahrhundert wurden die Vorschriften über Wanderzeit und Meisteraufnahme in vielen Zünften gelockert. Zum Teil konnte man sich gegen eine Taxe (Geld und Wein) von diesen Pflichten freikaufen.[49]

Eine ganze Reihe von Zurzacher Familien brachte während Generationen Chirurgen und Ärzte hervor. Ursprünglich waren diese Berufe verbunden mit denjenigen der Bader, Barbiere oder Scherer. Die Bader waren für den Unterhalt der Badestuben und die Zubereitung der Bäder zuständig. Rasieren, Kopfwaschen und Haareschneiden gehörten ebenso zu ihrem Beruf wie das Schröpfen und Aderlassen. Bäder galten als Orte der sexuellen Freizügigkeit und dienten oft als Bordell. Jedes Städtchen hatte seine Badestube. Um 1511 sind in Zurzach drei erwähnt: die «obere badstuben», die «suter badstub» und das «huss an dem engel, Ist jetz ain badstub». 1544 waren es noch deren zwei, zwanzig Jahre später gab es offenbar keine mehr. Der Barbier, der eine dreijährige Lehre und die Wanderschaft absolvierte, war zugleich auch Wundarzt und Chirurg.[50]

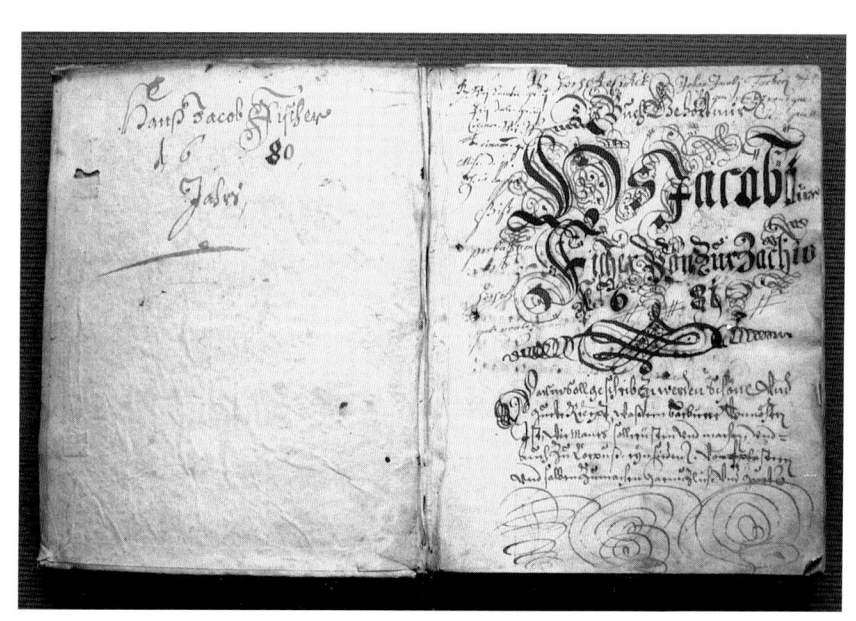

Im Mittelalter galten diese Berufe als unehrenhaft und litten oft unter der Konkurrenz von Scharfrichtern und Wasenmeistern, die ihre anatomischen Kenntnisse ebenfalls verkauften. Ende des 16. Jahrhunderts wurden sie durch ein Reichsgesetz für ehrlich erklärt. Ansässige Wundärzte überliessen gefährliche Eingriffe aber gerne den fahrenden Heilkünstlern, um Risiken zu vermindern. Bereits gab es auch Spezialisten wie Zahnbrecher, Starstecher, Bruch- und Steinschneider. 1665 wurde Hans Heinrich Welti als Stadtmedicus von Baden angestellt. Auch in Zurzach, Klingnau und Kaiserstuhl waren seit dieser Zeit Ärzte ansässig.[51]

In Zurzach erhalten geblieben ist das Rezeptbüchlein des Zurzacher Barbiers Hans Jacob Fischer aus dem Jahre 1680, mit Rezepten für Pflaster, Umschläge, Pulver, Salben, Wässer, Öle. Gemischt wurden die Arzneien aus Kräutern, Gewürzen, Äpfeln, Ölen, Harzen, Weihrauch, Honig, Branntwein, Ziegenmilch, Schweine-, Hühner- und Hundeschmalz, Regenwürmern, Steinöl, Alaun, Ammoniak, Schwefel, Pech, Vitriol, Bolus, Quecksilber, Silberglätte, Korallen, Kalk, Ziegelmehl u. a. m. Im Zinsurbar des Verenastiftes von 1663 wird ein Meister Hans Jacob Fischer, Barbierer, erwähnt, 1709 ist ein Mann gleichen Namens als Geschworener und als Besitzer des gleichen Hauses aufgeführt; knapp 50 Jahre später erscheint wieder einer als Doctor «zum goldenen Adler». Der Autor der Rezeptsammlung war wohl der Sohn des Erstgenannten; er wird 1705 als Richter und Chyrurgus und 1729/30 als Ratsherr erwähnt. Sein Sohn – wiederum gleichen Namens – studierte Medizin und wurde als Med. Doctor erwähnt.[52]

Johann Heinrich Köfferli, geboren 1636 in Zurzach, studierte in Solothurn, kam 1650 an die Universität Dillingen, 1652 an die Universität Freiburg und wurde 1654 Magister. Als Doktor der Medizin war er 1666 in Freiburg Professor, während einiger Semester stand er der Universität als Rektor vor. Sein Sohn, Kaspar Franz Xaver Köfferli, studierte in Basel und wurde 1694 Doktor der Medizin. Er wirkte als Leibarzt des Abtes von Kempten und war dessen geheimer Rat. Zurzach selber besass schon im 18. Jahrhundert immer mehr als einen Arzt. Meistens waren Vertreter beider Konfessionen im Ort tätig. Diverse Zurzacher Ärzte waren auch in fremden Diensten. So starb der Chirurg Franz Xaver Oftinger 1758 in Spanien im Re-

7 Rezeptbuch des Barbierers Hans Jacob Fischer, 1681. «Darin soll geschriben werden schöne und guete Recept, was ein Barbirers von nöthen Ist, wie man es soll wüssen und machen [...]». Museum Höfli.

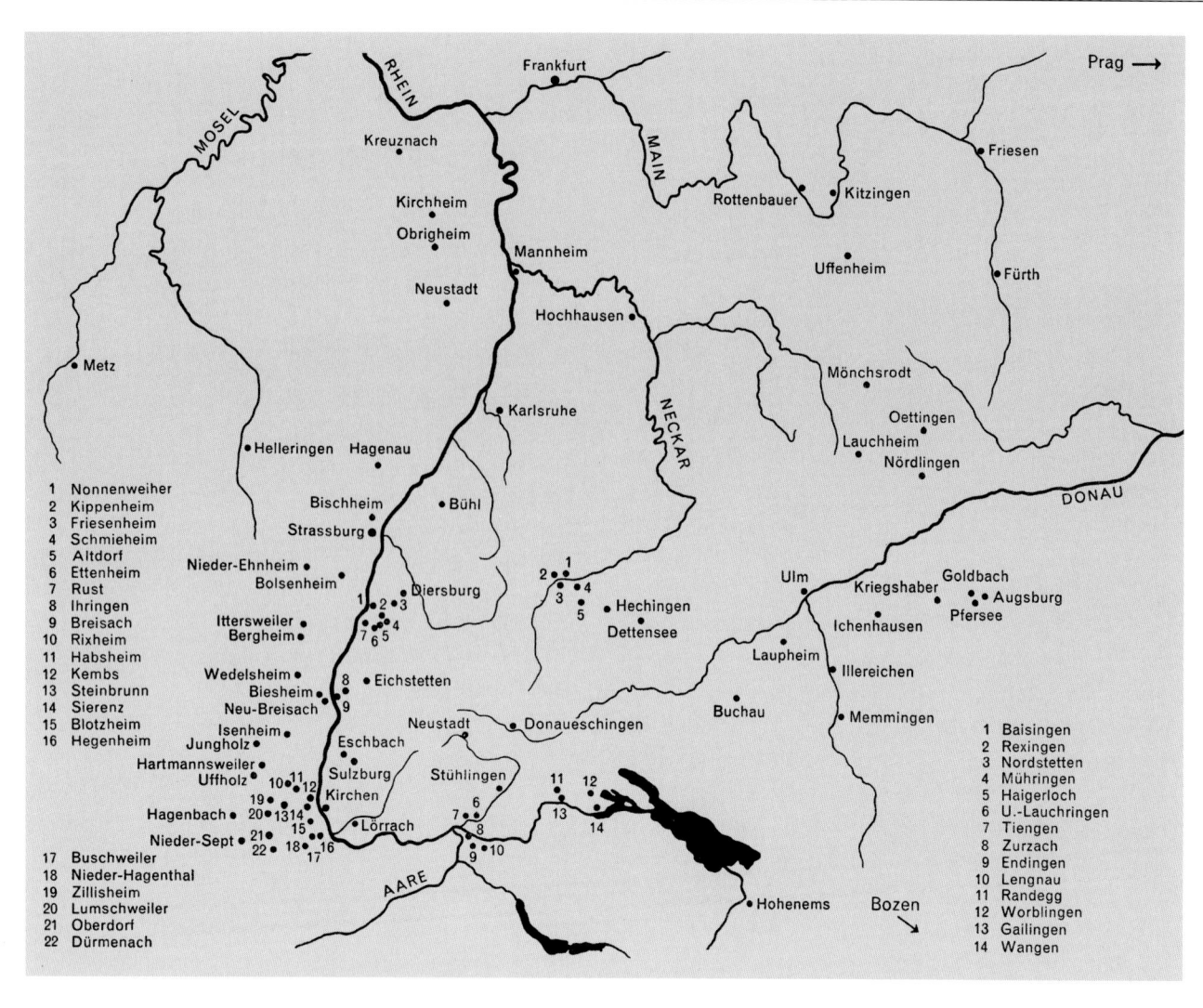

8 Herkunftsorte der Juden auf der Zurzacher Messe.

giment Jauch.[53] Im 18. Jahrhundert besuchten Chirurgen und Wundärzte häufig für kurze Zeit die Hochschulen, aus Zurzach etwa Johannes Rudolf, der 1776 in Strassburg immatrikuliert war.[54] Johann Jakob Gross starb 1702 in Nürnberg als «chirurgus studiosus», sein Vater war der Chirurg Gross zum Meerjungfräulein. Anfangs des 19. Jahrhunderts wurden die Chirurgen und Wundärzte vielerorts durch studierte Ärzte verdrängt, die sich nun auch in den Dörfern niederliessen.

Juden auf der Zurzacher Messe

Unter den Messebesuchern verdienen die Juden eine besondere Erwähnung. Seit der zweiten Hälfte des 15. Jahrhunderts hatten sie sich in der Grafschaft Baden angesiedelt, zuerst in Kaiserstuhl (1475). Später wurden ihnen die Ortschaften Endingen und Lengnau zur ausschliesslichen Niederlassung zugewiesen. Wie sehr man sie als Fremde betrachtete, zeigt die Entrichtung des Judengeleites oder Judenzolles.[55] Das Geld floss je zur Hälfte in die Tasche des Landvogtes und des Landschreibers, nachdem der Unterschreiber einen Batzen pro Kopf abgezogen hatte für die Führung einer genauen Liste mit Namen und Herkunft der Juden. Aus dem 18. Jahrhundert sind einige dieser Listen erhalten.[56] Die «frömbden Juden» und die «einheimischen Schutzjuden» wurden in den Listen jeweils getrennt aufgeführt. Beide bezahlten ein Kopfgeld in gleicher Höhe und in den gleichen Abstufungen. Zwischen 1742 und 1747 kamen zwischen 17 und 60 Juden an die Messe, davon waren zwischen 11 und 41 einheimisch, zwischen 6 und 24 fremd. Bis zu den Jahren 1786–1797 hatte

---

[49] WELTI, Handwerk, S. 38 f., 45–47.
[50] HIDBER, Rezeptbuch, S. 72, 74–78.
[51] WELTI, Von Aerzten, S. 15–19, 21–22.
[52] HIDBER, Rezeptbuch, S. 60–62, 70 f.
[53] WELTI, Von Aerzten, S. 15–19, 21–22.
[54] Mehrere Rudolf sind Barbiere und Scherer, vgl. WELTI, Bürgergeschlechter, S. 20 f.
[55] ATTENHOFER, Messeort, S. 21.
[56] GUGGENHEIM, Ausländische Juden, S. 3.

sich diese Zahl gesteigert auf 154 bis 234 Juden, davon 64 bis 108 einheimische und 80 bis 148 fremde.

Der Anteil der einheimischen Juden fiel von 1742 bis 1794 kontinuierlich von 65,8 auf 42,1 Prozent, derjenige der fremden stieg von 34,2 auf 57,9 Prozent. Mannspersonen (1745 als «verheurathete Juden» bezeichnet) entrichteten 19 gute Batzen, Judenknechte 13 und Judenbuben 7 gute Batzen Geleit. Später war nicht mehr der Zivilstand, sondern die wirtschaftliche Stellung massgebend für die Höhe des Geleits, das auch den Zeitgenossen als beträchtlich erschien. In den Jahren von 1742–1747 bezahlten rund drei Viertel der fremden und einheimischen Juden die höchste Taxe, in den folgenden Jahren nahm dieser Anteil immer mehr ab. Während er bei den Fremden aber immer noch ca. 40 Prozent ausmachte, fiel er bei den Einheimischen bis gegen Ende des Jahrhunderts auf 7 Prozent. Das zeigt, dass sich die wirtschaftliche Lage der Juden von Jahrzehnt zu Jahrzehnt verschlechterte; immer mehr armes Volk versuchte an den Messen einige Batzen zu verdienen. Vor allem die Surbtaler Juden lebten in erdrückender Armut. 1761 kamen aus 94 jüdischen Haushaltungen in Endingen und Lengnau 96 Messebesucher, 1786 waren es von 112 Haushaltungen 102 Personen. Dies gibt uns eine Vorstellung davon, welche wirtschaftliche Bedeutung die Messen für die Juden hatten. Die fremden Juden stammten zu fast zwei Dritteln aus den benachbarten Judengemeinden rechts des Rheins (Gailingen, Hohenems, Tiengen). Das Oberelsass schickte 16 Prozent aller fremden Juden; aus dem schwäbisch-fränkischen Gebiet kamen 11 Prozent, gefolgt von Breisgau und badischem Oberland mit 7 Prozent.

1798 beschlossen die beiden helvetischen gesetzgebenden Kammern, «dass fürhin alle persönlichen Steuern oder Abgaben, welche auf die Juden besonders gelegt waren, als eine Verletzung der Menschenrechte in ganz Helvetien abgeschafft sein» sollten. Der erste Schritt zur Emanzipation der Juden war damit getan.[57]

Auch im 19. Jahrhundert war in der Region eine starke antisemitische Strömung vorhanden, die gestützt wurde durch die Erlasse der Regierung. Im Judengesetz von 1803 beschränkte der Kanton Aargau die Handlungsfreiheit der Juden in Bezug auf Schuldverschreibungen sowie Kauf und Tausch von Liegenschaften und erliess eine Hausierordnung. 1809 folgte ein Gesetz, das den Juden die Pflichten, aber nicht die Rechte der Kantonsbürger gab.

In seinem Bericht über den Bezirk Zurzach von 1811 bemerkte Bezirksamtmann Attenhofer: «Ein Gegenstand des polizeilichen Aufsehens sind die fremden Betteljuden, die zu hunderten auf die jüdischen Festtage aus dem Badischen, Württembergischen und Bayrischen herströmen und sich nach Lengnau und Endingen zu ihren Glaubensgenossen begeben, wo sie zwei bis drei Tage unentgeltlich unterhalten werden müssen, dann anderwärts ihre Glaubensgenossen besuchen und sich so das ganze Jahr in der Welt herumtreiben. Ehevor waren diese Vagabunden ohne alle Aufsicht und konnten an jedem beliebigen Orte in das Land eindringen. Seit Jahren habe ich es dazu gebracht, dass dieselben meist bei Kadelburg (Fähre Barz) und Burg bei hiesigem Flecken herein kommen dürfen, wo dann ihre Pässe visiert und die Zeit ihres Aufenthalts in Endingen und Lengnau bestimmt wird. Wer keine oder veraltete Pässe hat, wird mit Weib und Kind zurückgewiesen. Unter dem zahlreichen Gesindel befinden sich oft gefährliche Gauner. In Endingen und Lengnau bestehen seit einiger Zeit eigene Spitäler, wo die Besucher beisammen wohnen können. Von den Landjägern wird daselbst genau auf ihr Tun und Lassen geachtet.»[58]

Die Niederlassung blieb im Wesentlichen auf Lengnau und Endingen beschränkt, an anderen Orten durften sich nur «ausgezeichnet gute Juden» mit regierungsrätlicher Erlaubnis niederlassen. 1817 bewarb sich der Jude Moses Joseph Guggenheim von Lengnau in einem Bittgesuch an den Kanton Aargau um die «haushäbliche» Niederlassung in Zurzach. Der dortige Gemeinderat wurde aufgefordert, allfällige Einwände nach Aarau zu melden. Er beschloss, die Bürgerschaft in einer Gemeindeversammlung zu konsultieren. Guggenheim hatte mit allen Gemeinderäten gesprochen und die Behörde auch schriftlich über sein Vorhaben informiert und dabei beteuert, er wolle keine Wirt-

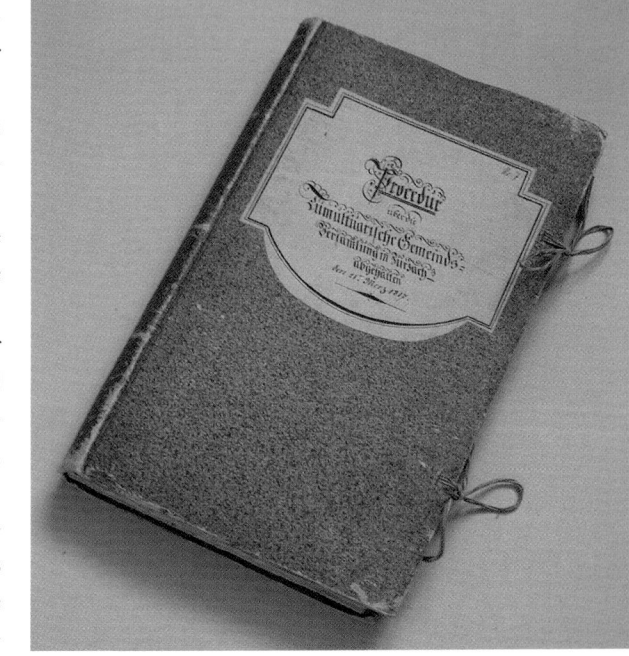

9 «Procedur über die Tumultuarische Gemeinds-Versammlung in Zurzach, abgehalten den 21. Merz 1817.» Das Niederlassungsbegehren des Lengnauer Juden Moses Joseph Guggenheim hatte einen Tumult ausgelöst. Museum Höfli.

schaft aufmachen, keinen Handel betreiben, der einem Bürger schaden könne; er werde der Gemeinde 1000 Franken für Schul- und Armenzwecke zur Verfügung stellen und den Ort nach Kräften unterstützen. Als sich der Termin der Versammlung näherte, versuchte er zusammen mit seinem Rechtsagenten, Friedrich Rudolf aus Zurzach, die Gemeinde für sich zu gewinnen. Da er die nicht gerade judenfreundliche Stimmung kannte, wollte er das allgemeine Volk auf seine Seite bringen. Dazu beriet sich Guggenheim mit Kaspar Burkard, dem Vorsteher der Karrenziehergesellschaft. Man kam zum Schluss, es sei das Beste, den Leuten etwas Geld in die Hand zu drücken. Jeder, der nicht gegen die Niederlassung sei, solle einen Neutaler (vier Franken) erhalten. Burkard fand drei Werber, die die Leute bearbeiteten und dabei auch Unwahrheiten berichteten. Von ca. 130 Stimmfähigen nahmen rund 30 das Geld an und bestätigten mit ihrer Unterschrift auf einer Liste, «dass sie gegen den Jud nichts einzuwenden haben». Die Meldung über Guggenheims Gesuch ging wie ein Lauffeuer durch den Flecken. Der Unmut wurde noch grösser, als die Geschichte mit den Werbern bekannt wurde. Als am 21. März die Gemeindeversammlung begann, kamen viele aufgebrachte, z. T. bereits angetrunkene Bürger. Die Werber wurden beschimpft als «Fleckenverkäufer», «Schelme» und «Spitzbuben». Der Gemeinderat machte klar, dass es darum gehe, Argumente zu sammeln, warum der Jude nicht genehm sei. Doch eine ordentliche Sitzung war unmöglich. Schreier wie der junge Dr. Schaufelbühl, später Regierungsrat, machten ihrem Ärger Luft: «Man sollte eine Nation nicht begünstigen, die der ganzen Menschheit zum Nachteil ist.» Schelten und Drohungen gegen die Werber und Rudolf führten schliesslich zu einem Tumult. Als es zu Handgreiflichkeiten kam, flüchteten die Werber und versteckten sich, einer wurde verprügelt. Am Abend leutete das Feuerglöcklein, weil es in Siglistorf brannte. Die jungen Leute mussten dorthin, die Werber konnten sich nun heimschleichen. Friedrich Rudolf bedrohte diejenigen, die ihn in einen Brunnen werfen wollten, mit einem Messer, wurde aber dennoch vor vielen Schaulustigen ins Wasser getaucht. Einer der Angreifer sagte zu ihm: «Man kennt dich, Vogel! Du gehörst samt deinem Messer nach Amerika.» Rudolf reichte Klage ein und fuhr dann nach Aarau, um die Regierung zu informieren. Der Oberamtmann schickte ebenfalls einen Bericht an den Kleinen Rat. Gemeindeammann Attenhofer wurde abberufen, weil er mit der Einberufung der Gemeindeversammlung seine Kompetenzen überschritten hatte und Ruhe und Ordnung nicht hatte aufrechterhalten können. In einem gerichtlichen Nachspiel wurde ein Grossteil der involvierten achtzig Zurzacher bestraft. Einer der Anstifter, der Stiftssigrist Jakob Keller, gab zu Protokoll: «Alle, die für den Juden geworben haben, sind schlechte Kerls. Und wenn ich jetzt darunter büssen muss, so ist es mir nicht leid. Ich habe doch zuweg gebracht, dass jetzt kein Jud hieher kommt.»[59]

In den 1820er-Jahren unterhielten die Brüder Marigs und Baruch Guggenheim eine Warenniederlage in Zurzach. Das Halten eines offenen Ladens oder das Hausieren mit Waren war den Juden nach der Verordnung von 1803 verboten. Die Zurzacher Händler fühlten sich durch die Juden benachteiligt, sodass der Gemeinderat 1821 beschloss, die Warenniederlage zu schliessen. Die Guggenheims wehrten sich, sie hätten bloss ein Lager, um von Zurzach aus die Jahrmärkte ennet dem Rhein zu besuchen. Sie würden in Zurzach weder verkaufen noch hausieren. Der Gemeinderat bezeichnete die Aussage der Juden als falsch, diese hätten das Lager nur, um das Hau-

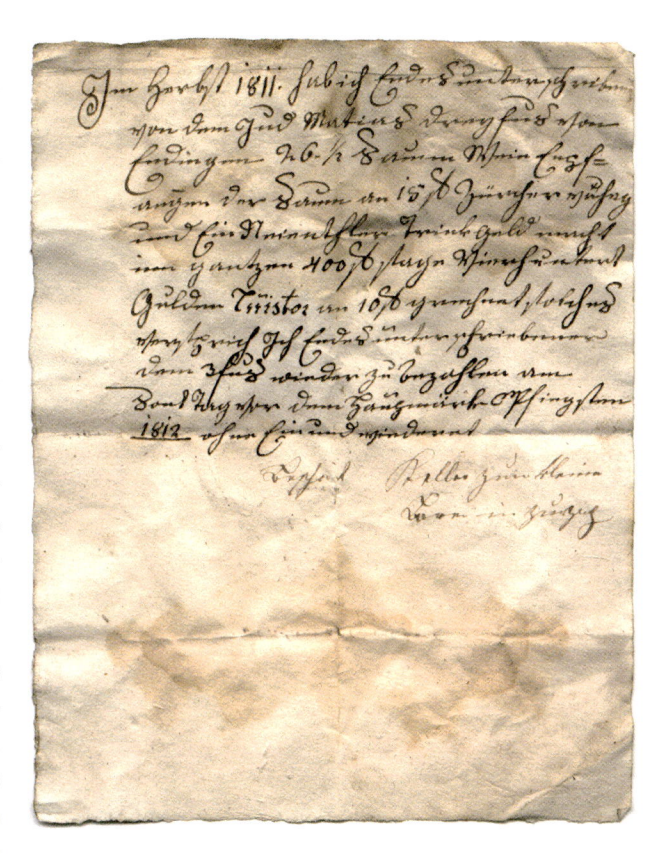

10 Empfangsbestätigung für 26½ Saum Wein, die Matias Dreyfus von Endingen geliefert hatte. Im Verenamünster 1975 unter dem Chorgestühl gefunden. Museum Höfli.

---

[57] GUGGENHEIM, Juden auf der Zurzacher Messe, S. 4–14; GUGGENHEIM, Ausländische Juden, S. 4–8.
[58] FISCHER, Juden, o. S.
[59] Alle Unterlagen zum Fall im Höfli-Museum (Bibliothek der Histor. Vereinigung des Bezirks Zurzach): Procedur über die tumultuarische Gemeindsversammlung in Zurzach, abgehalten den 21. Merz 1817 (Manuskript).

siergesetz zu umgehen. Nachdem die Guggenheims vorerst bleiben konnten, hob die Regierung 1824 das Lager wegen Missbrauch auf.[60]

Auch wenn die Grundstimmung in Zurzach wie in anderen Orten eher antisemitisch war, setzten sich immer wieder Bürger für die Rechte der Juden ein. Der bekannteste Vertreter einer liberalen Haltung war der spätere Bundesrat Emil Welti, der sich im Laufe seiner Karriere immer wieder für Toleranz einsetzte. Im Rahmen der aargauischen Verfassungsrevision von 1862/63 engagierte er sich für die Emanzipation der Juden.[61] Gegen diese Forderung setzte ein Sturm der katholisch-konservativen Seite ein, die von Johann Nepomuk Schleuniger aus Klingnau geführt wurde. Der Grossrat wurde abberufen, der neu gewählte Rat sprach den Juden 1863 alle politischen Rechte wieder ab.[62] Schliesslich griff der Bundesrat ein und sistierte das diskriminierende Gesetz, weil es gegen die Bundesverfassung verstiess. Erst durch die Verfassungsänderung 1866 wurden die Juden gleichberechtigte Staatsbürger.

Brauchtum

Viele Bräuche kennen wir aus Beschreibungen des 19. Jahrhunderts. Manche von ihnen sind wesentlich älter, tauchen aber in den schriftlichen Unterlagen nicht oder nur selten auf, etwa wenn sich die Obrigkeit mit ihnen auseinander setzen muss. Im Folgenden wird ein knapper Überblick über einige der wichtigsten Bräuche im Jahreslauf gegeben, die spezifisch zurzacherisch sind, soweit sie nicht schon beschrieben wurden.

11–13 Heegel, Ättirüedi und Strassenszene. Illustrationen von Arnold Baldinger. Museum Höfli.

Am Berchtoldstag oder *Bächtelitag*, dem 2. Januar, traf man sich an vielen Orten zu Schmausereien. Vor allem Behörden und Gesellschaften versammelten sich gerne an diesem Tag. In Zurzach nennt schon das Stubenrecht von 1529 die «Berchtaten», an denen die Bürgerschaft im Rathaus tafelte. Im Laufe der Jahre wurden diese Gelage je nach wirtschaftlicher Situation immer wieder aufgehoben und wieder eingeführt.[63]

Am *Dreikönigstag* (Epiphanias, 6. Januar) sangen bis in die erste Hälfte des 19. Jahrhunderts zwölf oder mehr aus Klingnau kommende Sängerknaben in weissen Hemden und mit bunten Papierkronen auf dem Kopf ein Lied zu Ehren der drei Könige. Einer trug eine Stange mit einem papierenen Stern. Belohnt wurden sie mit allerlei Gaben. Das Dreikönigssingen wurde durch die Initiative von Pfarrhelfer Bertola nach dem Zweiten Weltkrieg von der Jungwacht wieder aufgenommen.[64]

An *Lichtmess* (2. Februar) kamen die Eltern Jesu mit dem Kind in den Tempel. Jesus wurde vom greisen Simeon als Retter begrüsst: «Ein Licht, zu erleuchten die Heiden.»

Zur Erinnerung daran wurden in der Kirche die Wachskerzen geweiht, man feierte das Fest des Lichtes. Einen Tag später wurde Blasius, einer der vierzehn Nothelfer, gegen Halsleiden angerufen. Der Priester segnete mit gekreuzten Kerzen die Hälse der Gläubigen. Und an *Agatha* (5.2.) schliesslich wurde in der Kirche Brot geweiht, das gegen Krankheit, Feuersbrunst und bösen Einfluss schützte (Agathabrot).

Wichtigster Termin im Jahreslauf war und ist für die Zurzacher aber die *Fasnacht*. Am *Schmutzigen Donnerstag* kam von Klingnau her eine eigentümliche Gestalt, der «*Heegel*» oder «*Rääbeheegel*», nach Zurzach. Er trug grauleinene Hosen, eine Zipfeljacke, grobe Handschuhe und Stiefel. Kittel und Hosen waren dick wattiert, mit Messingknöpfen besetzt und mit schwarzen und roten Flecken, schwarzen Teufelchen und roten Narrenfigürchen übernäht oder «gepletzt». Eine blutrote fletschende Larve aus Holz bedeckte das Gesicht. In der Hand hielt der Heegel eine Vieh- oder Hetzgeissel. Er ging zum Schulhaus und bat den Lehrer, die Kinder freizulassen. Dieser wehrte sich ein bisschen, gab dann aber nach. Gross und Klein rief auf der Strasse «Heegel! Heegel!». Die Kinder bombardierten ihn mit Kohlstrünken und gefrorenen alten Rüben (Rääbe). Auch Geldstücke wurden dem Heegel zugeworfen. Kinder brachten sie dem Heegel und durften ihn dafür bombardieren. Der Heegel zog peitschenknallend durch die Gassen, die Kinder, ihn bewerfend, hinterher. Er legte sich auf den Boden, packte einen Jungen, der ihm zu nahe kam, tauchte ihn in einen Brunnen oder warf ihn in den Bach. Wer davonrannte, den riss er mit der Peitsche um. Mit den Münzen «bestach» der Heegel Buben, die ihm dann halfen und die Rüben nun gegen ihre Kameraden warfen. Zuletzt ergab sich der Heegel, zog die Larve ab und reichte jedem die Hand. Er ging dann von Wirtshaus zu Wirtshaus und wurde überall eingeladen, bevor ihn Jung und Alt zum Flecken hinaus begleiteten.[65]

Während der Fasnacht fuhr im 19. Jahrhundert der mit Tüchern und Stroh bedeckte *Narrenwagen* durch die Strassen, in dem die noch ungebackenen bösen Buben fertig gebacken werden sollten. Das Innere hiess «Rollhafen» oder «Höllengrund». Gehörnte Teufel machten mit Trommeln und Kesseln Lärm und griffen Buben auf. Diese wurden vorne in den Wagen geschoben und erhielten Gesicht und Hände geschwärzt. Der vorne als weisser Europäer Eingestiegene wurde dann hinten als Afrikaner hinausgestossen.[66]

Am *Aschermittwoch* schliesslich erschien der «*Ättirüedi*», ein zerlumptes kinderfreundliches Rauhbein. Der Ättirüedi erinnerte an die vergangene Fasnacht und gemahnte durch seine trübselige Gestalt an den Ernst der kommenden Tage. Über Männerkleider hatte er Stücke alter Frauengarderoben geworfen. In der Hand hielt er eine Ofengabel und hatte einen grossen gefüllten Sack umgebunden. Während er durch Zurzach ging, folgten ihm die Kinder. «Sind mini Buebe und Meitli alli do?», rief er von Zeit zu Zeit und erhielt als Antwort: «Jo, jo, jo.» Er gab sich schwerhörig: «Ich höre nichts.» Schrieen die Kinder dann laut genug, so verkündete er: «Jetz gits Schnitz», und warf Apfel- und Birnenschnitze unter die Kinder. Aus dem Sack folgten Nüsse: «Jetz gits Nuss.» Die Kinder balgten sich um die Gaben. Im Oberflecken schüttete er Äpfel in den Brunnentrog und stieg auf den Brunnenrand. Wenn die Kinder nach den Äpfeln griffen, schlug er mit der Ofengabel ins Wasser und verteidigte so die Äpfel. Ab und zu stiess er den einen oder anderen in den Brunnen.[67]

Viele dieser Bräuche verschwanden gegen Ende des 19. Jahrhunderts. Manche waren von der Lehrerschaft als zu grob bekämpft worden. Die Fasnacht verlor an Bedeutung und verschwand praktisch ganz. 1909 fragte ein Einsender in der Zeitung frustriert: «Soll diese denn dieses Jahr wieder verstreichen, ohne irgendwelche öffentliche Veranstaltung? […] Wer ergreift die Initiative?» Immer wieder kam es zu Anläufen, kleinere Umzüge, Kostümfeste und Maskenbälle wurden durchgeführt. Der «Ättirüedi» und andere Figuren blieben aber verschwunden.[68] Nach dem Ersten Weltkrieg wurde erneut versucht, die Fasnacht wiederzubeleben. 1921 sollte nach sechsjährigem Unterbruch die Fasnachtszeitung «Räbehegel» wieder erscheinen.[69] In der Zwischenkriegszeit organisierte ein Fasnachtskomitee den Umzug, der 1930 Vergangenheit und Zukunft Zurzachs zum Thema hatte. Neben historischen Gruppen zeigte ein Wagen auch den Kurbetrieb im Jahre 2000.[70] Der «Ättirüedi» war in der Zwischenzeit schon so in Vergessenheit geraten, dass die Schweizerische Ge-

---

[60] Fischer, Juden, o. S.
[61] A. Frey, Bundesrat, S. 270, 273–275.
[62] Die Botschaft 15.3.1863.
[63] Welti, Organisation, S. 33; Welti, Rathaus, S. 46; Attenhofer, Zurzacher Brauchtum, S. 3.
[64] Zurzacher Volksblatt 7.1.1939; Attenhofer, Sagen und Bräuche, S. 53.
[65] Heinrich Herzog, Volksfeste, S. 217; Attenhofer, Zurzacher Brauchtum, S. 6–12.
[66] Attenhofer, Sagen und Bräuche, S. 63.
[67] Heinrich Herzog, Volksfeste, S. 218; Attenhofer, Zurzacher Brauchtum, S. 15–17.
[68] Zurzacher Volksblatt 25.1., 10.2., 13.2.1909, 13.1.1912.
[69] Zurzacher Volksblatt 17.1.1921.
[70] Zurzacher Volksblatt 3.2., 5.3.1930.

14 Zukunftsvision für Zurzach im Fasnachtsumzug 1931. Museum Höfli.

sellschaft für Volkskunde 1931 anfragte, wie lange die Figur bestanden habe.[71] Nach dem Zweiten Weltkrieg verlagerte sich das Schwergewicht auf die Maskenbälle und «Bock-Abende», die in vielen dekorierten Restaurants stattfanden. Die Fasnachtszeitung «Oberjoggel» und der Umzug gediehen je nach Engagement der Fasnächtler besser oder weniger gut. 1949 appellierte ein Fasnachtskomitee an alle mitzumachen, damit in Zukunft wieder eine richtige Zurzacher Fasnacht entstehe. Auch der Ättirüedi feierte in diesem Jahr seine Auferstehung und verteilt bis heute seine Gaben. Für die Kinder wurde am Schmutzigen Donnerstag eine *Chesslete* organisiert. Besorgte Pädagogen mahnten die Jugend, keine Töpfe zu zerschlagen oder Gartentore auszuhängen, wie das gelegentlich vorkam. Schnitzelbänke berichteten über das vergangene Jahr.[72]

An den Grundpfeilern hat sich bis heute wenig geändert, auch wenn die Fasnacht manche Tiefpunkte überwinden musste. Einige wenige Enthusiasten sorgten auch in weniger fasnächtlichen Zeiten dafür, dass das närrische Treiben nicht ganz verschwand. Ab 1963 sorgte ein Komitee, ab 1973 der Elferrat für einen Wiederaufschwung. Eingeläutet wird die Fasnacht seither am 11.11. mit dem Elferratsball. Am Schmutzigen Donnerstag ziehen die Kinder am frühen Morgen mit Lärminstrumenten durch den Flecken. Junge Musikanten begleiten den Zug. Am Abend sind die Erwachsenen an der Reihe; die über hundert Jahre alten «Lattensager» und die Guggenmusiken heizen mit Pauken und Trompeten die Stimmung an. Schnitzelbankgruppen machen ihre Runde durch die Wirtschaften. Am Freitag treffen sich die verschiedenen Gruppen zum «Ochsenbrunz», einem Monsterkonzert, einen Tag später steht der grosse Ball auf dem Programm. Am Kinderball vom Montag liefert sich die Jugend eine Konfettischlacht, am Abend folgt der «Altweiberball». Vor dem Ratshaus hängt die «alte Fasnacht», die am Dienstag heruntergenommen, geschmückt und in den Wirtschaften präsentiert wird, bevor am Mittwoch ihre Beerdigung die Fasnacht beendet. Bereits in der Mitte des 19. Jahrhunderts wurde die Fasnacht in Gestalt einer Narromaske oder eines Heegels begraben. Sie hiess «Lazarus», ihre Witwe «Sarah». Stiere zogen den Leichenwagen durch die Gemeinde, ein Trauergefolge in Schwarz, z. T. zu Pferd, folgte, ein «Rabbiner» oder «Kapuziner» hielt die Leichenrede. Klageweiber schluchzten, dann wurde die Leiche angezündet und den Fluten des Rheins übergeben.[73] Oft machten Todesanzeigen in der Zeitung auf das traurige Ableben aufmerksam.[74] Tiefpunkt der Fasnacht war 1963, als ganze dreizehn Personen an der Bestattung teilnahmen. Ein Kurgast musste überredet werden, die Bahre mitzutragen. Heute nehmen jeweils 200 bis 300 Personen an der Beerdigung des «Prinzen Karneval», wie die Figur jetzt genannt wird, und an der anschliessenden Uslumpete teil. Die «Beerdigung» ist in Zurzach so wichtig, dass der kirchliche Fasttag vom Aschermittwoch auf den Donnerstag verlegt wird. Die Fasnachtsclique der «Morgemuffle» hat 1982 den *«Zurzacher des Jahres»* eingeführt, der am Schmutzigen Donnerstag durch Urnenwahl aus der Reihe der Schnitzelbankopfer gewählt und am Fasnachtssamstag eingesetzt wird.

Am Sonntag nach Aschermittwoch, dem *Funkensonntag*, wurden früher Fasnachtsfeuer auf einer Anhöhe über dem Rhein entzündet. Nach der Reformation brannte ein katholisches und ein reformiertes Feuer. 1598 nannte der Landvogt die Fasnachtsfeuer der beiden Religionen und den dabei aufgeführten Tanz ein «unütz ding und ein alter heidnischer bruch» und verbot Feuer und Tanz unter Androhung von Strafe.[75]

Die Jungen aus Zurzach und Rekingen schlugen an diesem Tag glühende *Scheiben* aus Buchenholz mit langen Stäben gegen den Rhein. Jede Scheibe stand für eine Person, die man ehren wollte und war mit einem Segenswunsch oder einem Widmungsreim verbunden, z. B.: «Schybe, Schybe, über de Rhy. / Wem söll die Schybe, Schybe sy? / Die Schybe söll N.N. und ihrem Liebschte sy.»[76]

Der Montag nach dem ersten Fastensonntag war der *Hirsmontag*. An diesem Tag kam es noch einmal zu Maskeraden, aber auch Bürgerpflichten wurden erledigt: Die Mannschaft für die Feuerwehr wurde ergänzt, die jungen Bürger erhielten die Bünten zugeteilt, die übrig gebliebenen Plätze konnten an einer Versteigerung für drei Jahre gemietet werden. 1829 nahm der Gemeinderat diese

Aktionen aber bereits am 2. Januar vor, weil zum ersten Mal die neue, dritte Messe am ersten Sonntag im März abgehalten werden sollte. Maskeraden und Vermummungen waren von nun an verboten, weil sie zu nahe an der Messe lagen.⁷⁷

Am *Palmsonntag* wurde an vielen Orten ein hölzerner Palmesel durch die Gemeinde gezogen. Offenbar war dies auch in Zurzach der Fall. Im mittelalterlichen Liturgiebuch des Pfarrarchivs, das die gottesdienstlichen Gewohnheiten des Chorherrenstiftes für das ganze Kirchenjahr verzeichnet, ist der Umzug beschrieben. Auch eine Rechnung von 1520 für neue Räder des Esels ist erhalten.⁷⁸

Zwischen Gründonnerstag und Ostern waren keine Glocken zu hören, weil diese, so wurde den Kindern erklärt, nach Rom flogen. Dafür durften die Ministranten in der Glockenstube des Turmes die hölzernen *Rätschen* drehen. Um die Lättli richtig zu beschweren, stellten die Grösseren einen kleinen Buben auf die Rätsche und drehten sie dann möglichst ohne Unterbruch abwechselnd. Vom Palmsonntag an war der Hochaltar in der Kirche mit einem die ganze Höhe und Breite einnehmenden *violetten Vorhang* abgeschirmt. Im Karfreitags-Gottesdienst wurde vor diesem ein überlebensgrosses Kruzifix enthüllt. Über dem Kreuzaltar war das heilige Grab aufgebaut, in dem man den in Stein gegossenen Leichnam betrachten konnte. Am Karsamstag entfachte der Sigrist in aller Frühe im Friedhof alte Grabkreuze zu einem Osterfeuer. Mit einer Laterne wurde dieses «Lumen Christi» in die noch dunkle Kirche zur Entzündung der Osterkerze und des ewigen Lichtes getragen. Die eigentliche *Auferstehungsfeier* fand am Abend statt, wenn der Pfarrer das «Christus ist erstanden» anstimmte, der riesige violette Vorhang in zwei Hälften herunterfiel und am hell beleuchteten Hochaltar die Figur des Auferstandenen freigab, während der Einblick ins heilige Grab durch einen Vorhang verschlossen wurde.⁷⁹

An *Ostern* kehrten die Glocken zurück und brachten die Eier mit. Nach der morgendlichen Eiersuche im Garten fand am Nachmittag auf der Strasse ein Eiertütschet statt. Häufig trafen sich alle auf dem Kirchlibuck zu einem Eieraufleset, der von Mitgliedern eines Vereins ausgeführt wurde. Ein Bursche musste aus Nestern Eier aufnehmen und in ein Tuch am Ende der Strecke werfen, während ein Läufer zu einem bestimmten Ziel unterwegs war. In den späten Siebzigerjahren färbte die Jugend der reformierten Kirche Ostereier und verkaufte sie, um Geld für die Lagerkasse zu sammeln. In der Nacht auf Ostern wachte sie durch, um auf Christus zu warten. Meditation, Gesang und Spiele verkürzten die Nacht, die um fünf Uhr in der Frühe mit einem Auferstehungsgottesdienst auf dem Kirchlibuck zu Ende ging.⁸⁰ Heute wird am Freitag ein Feuer entzündet und auch für die ökumenisch ausgerichtete Feier am Samstag verwendet. Am Sonntag besammeln sich die Katholiken um fünf Uhr morgens, um in der Trotte in Rekingen eine Auferstehungsfeier abzuhalten.
Zur *Osterdienstags-Prozession* siehe den Beitrag von A. Reinle.

Überall in den katholischen Gegenden war *Fronleichnam* ein besonderes Fest mit Prozessionen. Nur in Zurzach war der zweite Donnerstag nach Pfingsten Werktag und Markttag. Durch Gemeindebeschluss wurde der Markt in den Dreissigerjahren auf den dritten Montag nach Pfingsten verlegt, um den Katholiken zu ermöglichen, mit Kreuz und Fahnen eine Fronleichnamsprozession zu halten. Die ersten drei Jahre gab es eine kleine Prozession in der Kirche.

15 Heiliggrabkulisse, 1742 von Chorherr Balthasar Walker gestiftet. Sie wurde von Karfreitag bis zur Osternacht am Chorgitter des Verenamünsters befestigt. Höhe ca. 6,5 m. Im Torbogen waren gestaffelte Wolkenkränze angebracht, die zum Grab Christi vermittelten, das am Kreuzaltar aufgestellt war. Rekonstruktion aus Einzelteilen, die beim Abbruch des Pfarrhausschopfs 1971 zum Vorschein kamen. Fotomontage A. Hidber.

---

⁷¹ Zurzacher Volksblatt 9.2.1931.
⁷² Zurzacher Volksblatt 10.2.1945, 12.2., 23.2., 26.2., 28.2., 5.3.1949.
⁷³ ATTENHOFER, Sagen und Bräuche, S. 66; ATTENHOFER, Zurzacher Brauchtum, S. 18 f.
⁷⁴ Beispiel aus dem Jahr 1932 in: ATTENHOFER, Sagen und Bräuche, S. 64.
⁷⁵ SRQ AG II/5, Nr. 80, S. 142.
⁷⁶ HEINRICH HERZOG, Volksfeste, S. 215 f.
⁷⁷ ATTENHOFER, Zurzacher Brauchtum, S. 14.
⁷⁸ ATTENHOFER, Zurzacher Brauchtum, S. 21.
⁷⁹ EDELMANN, Katholisch, S. 50 f.
⁸⁰ Zurzacher Volksblatt 10.4.1909; ATTENHOFER, Zurzacher Brauchtum, S. 22–24.

1936 aber wurden im Flecken vier Altäre vorbereitet und eine grosse Prozession durchgeführt. Der Kirchenchor und ab 1937 auch die Musikgesellschaft wirkten mit. Bis in die Siebzigerjahre zog die Fronleichnamsprozession durch den Flecken. Der zunehmende Verkehr und die Wandlungen in der Kirche nach dem Zweiten Vatikanischen Konzil verlangten dann aber nach neuen Formen. Heute wird an Fronleichnam eine Schöpfungsliturgie im Freien abgehalten.[81]

«Rääbeliechtli»-Umzug im Herbst sowie *«Samichlaus»-* und Weihnachtsbräuche werden in Zurzach auf die gleiche Art und Weise gefeiert wie an anderen Orten. Fast verschwunden ist das *Rams-Jassen* oder *Ramsen am Silvesterabend.* Dieses mit normalen Karten gespielte Glücksspiel um Eier-Ringe und Salami beschloss das Jahr. Es wurde 1914 als alte Zurzacher Sitte beschrieben. In einzelnen Wirtschaften wird der Brauch bis heute gepflegt. Früher brachten die Männer diese Ringe ihren Frauen nach Hause, um ihnen «das Neujahr anzuwünschen» (ein glückliches neues Jahr zu wünschen).[82] Heute spielen die Frauen mit.

Der *Nachtwächter* verkündete einst das Neujahr. Er drehte seine Runden, rief die Stunden und hielt nach Feuer und Dieben Ausschau. Es ist ein Nachtwächterruf überliefert, der vor Weihnacht und Neujahr gesungen wurde:[83]

> Auf, auf, es kommt der heilig Tag,
> Der sich zu keiner Zeit verlag.
> Er kommt daher zu schleichen
> Aus Gottes Himmelreichen.
> Er kommt daher zu wedeln (wehen)
> Auf einer güldnen Federn.
> Er kommt daher zu fronen
> Unter güldenen Kronen.
> Er kommt daher auf einem Thau
> Mit Gott und unserer lieben Frau.
> Er kommt wohl über die Mauern,
> Gott behüt die Herren und Bauern!
> Er kommt daher gegangen,
> Gott tröst' alle Kranken und Gefangnen!
> Er kommt den Reichen und Armen,
> Gott will sich aller erbarmen.
> Er streicht wohl über die Berge herein
> Und singt den Völkern insgemein:
> Auf, auf, es kommt der heilig Tag,
> Der hochgelobt, der heilig Tag.

16 Kadettenfahne.
1934 gestiftet von der Sodi.
Museum Höfli.

Kadettenwesen und Jugendfest

Kadettenkorps, in denen 14- bis 18-jährige Knaben während einiger Stunden in der Woche militärischen Unterricht erhielten, gab es schon im Ancien Régime.[84] In Bischofszell wurde ein solches Korps 1758 gegründet, in den Waisenhäusern von Bern und Zürich 1759, in Zürich entstand ein anderes 1787, in Aarau 1789, in Schaffhausen 1790, in Bern und Winterthur im folgenden Jahr, in Basel 1798. Dass eine solche militärische Erziehung der Jugend sinnvoll sei, vertraten auch die Aufklärer, was durch Aussagen von Jean-Jacques Rousseau und durch Heinrich Pestalozzi bestätigt wurde, der in seinem Institut den Kadettenunterricht einführte. Im Gegensatz zur Restauration zeigt die Regeneration, in der sich Liberale und Radikale wieder auf die Ideale der Helvetik besannen, erneut Sinn für das Kadettenwesen. Sie kennt die allgemeine Schulpflicht und versucht, ihre Überzeugungen auch mittels Volks- und Jugendfesten in der Bevölkerung zu verankern. Th. Schmid, Festredner bei der Fahnenweihe des Kadettencorps Zurzach, drückte am 21. Juli 1889 die Ansicht seiner Zeit über das Kadettenwesen mit folgenden Worten aus: «Keine andere staatliche Institution ist besser geeignet, in Euch die Liebe zu Eurem schönen Vaterlande zu entwickeln und Euch von sich aus an militärischen Gehorsam und Disziplin zu gewöhnen.»[85]

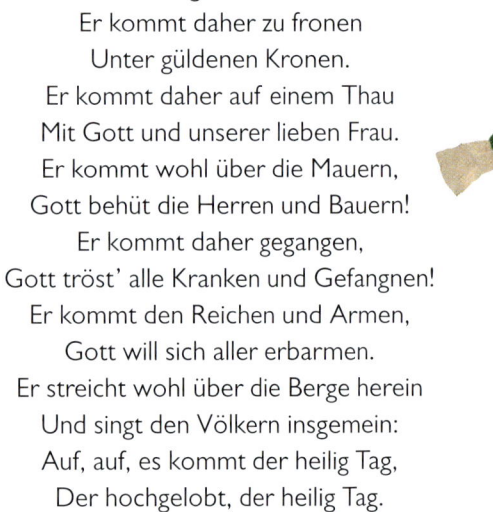

Die Tradition des Jugendfestes scheint ihren Anfang in den 1830er-Jahren zu haben: 1839 feierten Zurzach, Rekingen und Rietheim ein gemeinsames Jugendfest, das zwei Tage dauerte. Jedes Kind erhielt Brot, Wurst, Käse und Kuchen. Während dieser zwei Tage wurde die Gründung des Kadettenkorps beschlossen. Eine Aktiengesellschaft sollte die nötigen Mittel aufbringen für einen grünen Waffenrock, weisse Hosen, Tschako und weisses Lederzeug. Ab 1842 war das Korps mit der Bezirksschule verbunden, jeder Bezirksschüler wurde zum Beitritt verpflichtet. Die Lehrer waren allerdings eher gegen das Korps und für das Turnen eingestellt. Die Gegnerschaft der beiden Ideen währte lange; noch Jahrzehnte später stellte der Gemeinderat den Antrag, das Turnen abzuschaffen, «da die militärischen Übungen für das Leben einen höheren Wert» besässen. 1850 übernahm die Schulpflege die Aufsicht über das Kadettenkorps, ein Jahr später übten die Kadetten für das Jugendfest in Baden täglich von 14 bis 17 Uhr unter Aide-Major Emil Welti, dem späteren Bundesrat, Manövrieren. Bereits ein Jahr später kam es zu Meinungsverschiedenheiten wegen der Bewaffnung; das Kadettenwesen wurde stillgelegt und erst 1857 wieder aufgenommen. Neue Gewehre wurden angeschafft, kantonale Kadettentage und gegenseitige Besuche förderten den Austausch. 1858 etwa kamen die Badener für drei Tage nach Zurzach und besiegten in den Übungen die Einheimischen.[86]

Die Jugendfeste wurden seit 1865 ziemlich regelmässig durchgeführt und meist mit einem kleinen Kadettenmanöver verbunden. 1878 fand das Fest nicht im Juli, sondern am 1. September statt. Probst Huber war empört über dieses «Fest zur Hebung und Förderung der Genusssucht und Leichtfertigkeit». Da es von zwölf Uhr mittags bis sieben Uhr abends dauerte, musste die gesungene Vesper ausfallen. «So weiss die Aufklärerei und Fortschrittsschule die katholischen Kirchenfeste allmählich durch profane Feste bei Trinkgelagen, Sang, Klang und Tanz zu ersetzen und das Volk dem Christentum mit der Lehre der Selbstverläugnung zu entfremden.»[87] In den Achtziger- und Neunzigerjahren fanden die Feste fast jährlich, nach der Jahrhundertwende jährlich statt. Festplatz war in den frühen Jahren die Wiese bei der Burgkapelle oder das so genannte «Himelrich» (noch ohne Eisenbahn und Villa Zuberbühler/Schloss Bad Zurzach).[88]

Weniger gleichmässig verlief die Entwicklung des Kadettenwesens. Schon bald wieder drückten die Kosten, und nach einem Unfall wurde das Korps 1878 aufgelöst. Ende der Achtzigerjahre wurde es aber wieder eingeführt, es gab neue Gewehre und eine Fahne.[89]

1891 wurde das Jugendfest verbunden mit der 600-Jahrfeier der Eidgenossenschaft am 1. und 2. August, ein Jahr später wurden Jugendfest und Schulhauseinweihung zusammengelegt. 1903 fielen Jugendfest und 100 Jahre Kanton Aargau zusammen; als zusätzliches Element wurde ein Festspiel aufgeführt. Die ganze Schule war nach Aarau gereist, um mit 12'000 anderen Schülern des Kantons das Festspiel zu sehen. Am 13. September des gleichen Jahres wurde das Welti-Denkmal eingeweiht und der «Verein ehemaliger Bezirksschüler» gegründet.[90] 1908 feierte Zurzach Jugendfest und Brückeneinweihung gemeinsam, der Kinderumzug überschritt die Grenze.[91] Nachdem 1910 der Rhein zweimal Hochwasser geführt hatte, beschloss die Gemeindeversammlung «mit schwachem Mehr», das Fest ausfallen zu lassen und die dafür vorgesehenen Fr. 700.– den Hochwassergeschädigten zukommen zu lassen.[92] Die Rechnungsbelege des Zurzacher Gewerbes zeigen die Aktivitäten des Festes: 56 Bogen Blumenpapier wurden zugeschnitten, vier Meter Stoff für rote Mützen, 42 Meter Satin und vier Bündli weisse Bändel verkauft, Ringe für den Kinderreigen geliefert, die Schützenfesthütte aufgestellt, die elektrische Beleuchtung montiert und natürlich Bier, Mineralwasser, Limonade, Wein, Brot, Torten, Würste, Braten und Würfelzucker verkauft. 1914 brauchten die Freischaren ein neues Kanonenrohr, das die mechanische Bau- und Möbelschreinerei Karl Baldinger für Fr. 4.– herstellte. Ein Inserat in der «Botschaft» erwähnt 1909 auch wieder ein Kadettenmanöver mit Freischaren.[93] 1912 wurden Jugendfest und die Einweihung der neuen Turnhalle verbunden.[94] Während des Krieges wurde «mit Rücksicht auf die Zeitverhältnisse» kein Fest veranstaltet.[95] Umso grösser war die Freude 1919, als das Fest endlich wieder im gewohnten Rahmen stattfinden konnte.[96] Am Samstag eröffnete der Zapfenstreich der Kadettentambouren das Fest. Böllerschüsse weckten am frühen Sonntagmorgen die Bevölkerung. Die Mädchen und Knaben besammelten sich am Nachmittag zum Umzug durch den beflaggten Flecken. Begleitet wurden die Schülerinnen und Schüler von den Musik-, Gesangs-, Turn- und Schützenvereinen, von Pfarrer und Behörden. Der Zug endete in der Kirche, wo Schüler und Vereine sangen und musizier-

---

[81] Zurzacher Volksblatt 13.6.1936; REIMANN, Fronleichnamsprozession, S. 161.
[82] Zurzacher Volksblatt 31.12.1914, 3.1.1949.
[83] HEINRICH HERZOG, Volksfeste, S. 315.
[84] Einleitender Abschnitt verfasst von HR. Sennhauser.
[85] Handschriftlicher Originaltext im Museum Höfli, 826/14.5. – BURGENER, Kadetten.
[86] Die Botschaft 5.11.1858; A. SENNHAUSER, Anfänge, S. 30 f., 38; P. WELTI, Bundesrat Emil Welti, S. 46; HÜSSER, Kadettenkorps, S. 4 f.
[87] HAAG, Erinnerungen, S. 170.
[88] SPUHLER, Umzug, S. 61.
[89] Zurzacher Volksblatt 9.8.1939; A. SENNHAUSER, Anfänge, S. 38; vgl. HÜSSER, Kadettenkorps.
[90] A. SENNHAUSER, Anfänge, S. 39 f.
[91] SPUHLER, Umzug, S. 61.
[92] Zurzacher Volksblatt 27.6.1910.
[93] GAZ 595: Jugendfest-Rechnungen pro 1914; GAZ 591: Jugendfest-Rechnungen, pro 1909, pro 1911, pro 1913.
[94] GAZ 593: Jugendfest-Rechnungen pro 1912.
[95] Zurzacher Volksblatt 24.2.1915.
[96] Zurzacher Volksblatt 14.7.1919.

Jugendfest Zurzach 1977
24./25. und 26. Juni

17 Signet für das Jugendfest 1977. Das Programm stand unter dem Motto «Völker».

ten und eine Festrede gehalten wurde. Danach ging der Umzug weiter zum Festplatz unter den Kastanienbäumen hinter dem Schulhaus und dem grossen Platz neben der Turnhalle. Die Schüler zeigten Reigen und andere Darbietungen und erhielten Brot und Servelat, Tee und Kuchen. Rösslispiel, Trödelstand und Schiessbude sorgten für Abwechslung. Eine Kapelle spielte zum Tanz auf. Um sechs Uhr wurde die Schuljugend vor dem Welti-Denkmal in die vierwöchigen Ferien entlassen, für die Erwachsenen ging das Fest noch weiter.[97]

Ab 1920 fanden Festrede und kirchliche Feier am Morgen statt.[98] 1924 beschlossen die Behörden, das Jugendfest nur noch alle zwei Jahre veranstalten. Dafür sollten in den Jahren ohne Fest grössere, für die oberen Klassen sogar zweitägige Schulreisen durchgeführt werden. Ein Jahr später sorgte ein Lehrerstreik für Aufregung. Die Gemeindeversammlung hatte beschlossen, den Lehrern keine Ortszulage mehr auszurichten. Die Lehrer nahmen daraufhin nicht am Jugendfest teil. Als im folgenden Jahr die Ortszulage wieder eingeführt wurde, waren auch die Lehrer wieder dabei. In den Zwanzigerjahren standen die Kadetten im Wettstreit mit den Ideen des Pazifismus, die nach dem Ersten Weltkrieg grosse Verbreitung gefunden hatten. Die Schiessausbildung erschien wichtiger als Turnen und Sport, die Kadetten wurden militärisch-disziplinierter. 1934 erreichte das Korps mit 86 Aktiven seinen grössten Bestand.[99]

Das Jugendfest, das 1939 gemeinsam mit der Bezirksschulhauseinweihung an der Langwiesstrasse gefeiert wurde, wurde zum letzten Mal mit dem traditionellen Kampf der Kadetten gegen die Freischaren eröffnet, diesmal unter dem Motto: Araber in Palästina. Das Fest fiel jedoch «ins Wasser» und wurde mit andern Programmpunkten am 27. August nachgeholt![100] Am folgenden Tag verkündete das Radio das Aufgebot der Grenzschutztruppen. Während des Krieges fiel das Fest aus.[101] 1945 wurde es vorerst im traditionellen Rahmen weitergeführt und ab den Sechzigerjahren sachte modernisiert. 1967 wurde der Umzug erstmals mit Darbietungen kombiniert, ein Fackelzug bildete am Sonntagabend den Abschluss. Die Kadetten hatten neue Uniformen erhalten.[102] Seit mehreren Jahren findet auch das Jugendfest nicht mehr regelmässig und in neuer Form statt. Es steht jeweils unter einem bestimmten Motto, z. B. Tierkreiszeichen, und bietet Beizenbetrieb und Unterhaltung im ganzen Flecken.

Seit den Fünfzigerjahren hält sich eine immer grössere Anzahl von Kurgästen für kürzere oder längere Zeit in Zurzach auf. Wie zu den Blütezeiten des Messe- und Pilgerwesens ist der kleine Flecken wieder ein Anziehungspunkt für grosse Menschenmassen. Da die Kurgäste viel Musse haben, bringen sie eine besondere Stimmung mit, der das Hektische des heutigen Alltags fehlt. Diese Atmosphäre erinnert an ruhige Sonntage oder beschauliche Ferien. Doch scheint der Alltag der Zurzacher davon weitgehend unberührt zu bleiben. Anders als in den früheren Epochen sind die Einwohner nicht auf die Fremden als Erwerbsquelle ausgerichtet. Fast scheint es, als wollten sie sich nicht zu sehr auf die Gunst des Kurbetriebes und des Fremdenortes verlassen. Vielleicht wirken die schmerzlichen Erfahrungen nach, die mit dem Niedergang des Pilgerwesens und vor allem der Messen verbunden waren. Zwei Welten stehen deshalb einander gegenüber: Gäste und Einheimische; Ruhe, Erholung und Unterhaltung – Arbeit und Alltag. Das Leben in Zurzach wird nicht mehr vom Rhythmus der den Alltag ablösenden Fest- und Feiertage oder Messen bestimmt, sondern von verschiedenen Rhythmen, die gleichzeitig und nebeneinander zu spüren sind und sich überlagern.

18 Jugendfest 1977: «Lappen», Kindergruppe mit Kindergärtnerin Annemarie Keller (mit Kopftuch) und Sekundarlehrer Felix Troxler.

[97] SPUHLER, Umzug, S. 57–59.
[98] A. SENNHAUSER, Anfänge, S. 51.
[99] A. SENNHAUSER, Anfänge, S. 51, 63; SPUHLER, Umzug, S. 61 f.; HÜSSER, Kadettenkorps, S. 27 f.
[100] Zurzacher Volksblatt 28.8.1939.
[101] Zurzacher Volksblatt 19.6.1943.
[102] KELLER, Bezirksschule Zurzach, S. 31.

Abbildungsnachweise:
2) Repro aus: Edward Attenhofer, Das Büchlein der heiligen Verena, Aarau o. J. (1943), n. S. 80.
8) Repro aus: Florence Guggenheim-Grünberg, Die Juden auf der Zurzacher Messe im 18. Jahrhundert, Zürich 1957, S. 15.
18) Privatbesitz.
Alle übrigen: Foto A. Hidber.

Das kulturelle Leben im 19. und 20. Jahrhundert.
Vereine und Gesellschaften, Träger der Öffentlichkeit

WALTER LEIMGRUBER

Das 19. Jahrhundert war das Jahrhundert der Vereine. Diese hatten seit der Aufklärung eine immer wichtigere Funktion als Träger der Öffentlichkeit und als Teil des politischen Meinungsbildungsprozesses. Sie widmeten sich einerseits einem bestimmten Ziel – Turnen, Singen, Musizieren, Pflege von Kultur oder Wissenschaft –, waren andererseits aber auch bestimmten gesellschaftlichen und politischen Idealen verpflichtet. Viele von ihnen waren im Gedankengut des Liberalismus verwurzelt, wollten mitarbeiten, um der bürgerlich-kapitalistischen Gesellschaft zum Durchbruch zu verhelfen. Im Laufe des Jahrhunderts änderte sich dabei die Stossrichtung. Nachdem mit der Gründung des Bundesstaates 1848 und mit der weiteren Entwicklung viele Ziele, für die man einst gekämpft hatte, verwirklicht waren, verlagerte sich das Engagement vom Verändern zum Bewahren. Gleichzeitig nutzten zunehmend auch die Katholisch-Konservativen, die sowohl dem Bundesstaat wie den neuen politischen Ideen lange skeptisch bis ablehnend gegenübergestanden hatten, die neuen Organisationsformen. Nach und nach wurden sie gegen Ende des 19. und zu Beginn des 20. Jahrhunderts in das bestehende politische System eingebunden. Mit der zunehmenden Industrialisierung entstand eine weitere wichtige Bevölkerungsgruppe, die Arbeiterschaft. Auch diese bediente sich der vielfältigen Formen von Vereinen und Verbänden, um sich zu organisieren und auf ihre Anliegen aufmerksam zu machen. Das Vereinswesen spiegelte daher die gesellschaftliche Entwicklung wieder. Je nach Zusammensetzung der Bevölkerung entstanden in den Ortschaften Vereine unterschiedlicher Couleur, die häufig eine wichtigere Stellung einnahmen als die Parteien. Auch in Zurzach finden wir eine ganze Reihe solcher Vereine, die meisten einem bürgerlich-liberalen Gedankengut verpflichtet, daneben aber auch christlich orientierte oder der Arbeiterschaft zugehörige Organisationen. Selbst ein Verein wie die Knabenmusik war in das politische Koordinatennetz eingebunden; er wurde 1923 vom freisinnigen «Zurzacher Volksblatt» als christlich-soziale Organisation angegriffen, die das Ziel habe, den freisinnigen Tierarzt Moor aus dem Gemeinderat zu verdrängen. Der Gemeinderat war damals mit fünf Freisinnigen besetzt.[1] Betont wurde von praktisch allen Vereinen die patrioti-

---

[1] Zurzacher Volksblatt 30.6., 29.10.1913

sche Bedeutung, das Eintreten für das Vaterland. «Hand in Hand mit den andern Dorfvereinen, den Musikgesellschaften, den Turnvereinen, den Schützen, pflegen unsere Gesangvereine echte Schweizerart», war bei den Sängern zu lesen.[2] Und die Turner sahen ihr Wirken «im Zeichen der körperlichen und geistigen Ertüchtigung der Jugend wie auch im Geiste vaterländischer Gesinnung».[3] In einer Epoche, in der Zurzach für Händler und andere Fremde massiv an Bedeutung verlor, entstand durch die Vereine eine gemeindeinterne Öffentlichkeit. Das gesellschaftliche und gesellige Leben war nun weit mehr als früher nach innen ausgerichtet.

Den Reigen eröffnete die *Schützengesellschaft,* deren Gründung vermutlich im Jahr 1836 stattfand,[4] die aber auf einer wesentlich älteren Tradition basierte. Bereits 1713 erliess der Landvogt für die Schützen- und Schiessgesellschaft Zurzach auf deren Wunsch eine Schützenordnung, die in vielen Punkten den Vereinsstatuten des 19. Jahrhunderts glich: Geregelt wurden da die Jahresversammlung mit Tätigkeitsbericht und Rechnung, die Wahlen, das Endschiessen, der Umzug, die Schiesstage sowie die Regeln beim Schiessen.[5] 1862 wandelte sich die bisherige Standschützengesellschaft in eine Feldschützengesellschaft. Der Schützenverein wurde 1911 in zwei Vereine aufgeteilt, nämlich die Militärschützen, die nur das Obligatorische schossen, und die engagierten Schützen. Ab 1912 existierten daher eine Schützengesellschaft und ein Schützenverein.[6]

Vereine waren lange Zeit praktisch ausschliesslich Männersache. Das war auch bei den Schützen nicht anders. Eine Schützengattin beklagte sich deshalb 1912 darüber, dass die Frauen auch am «Endschiessen» zu Hause bleiben müssten. Über einen (von ihr einem Schützen aufge-

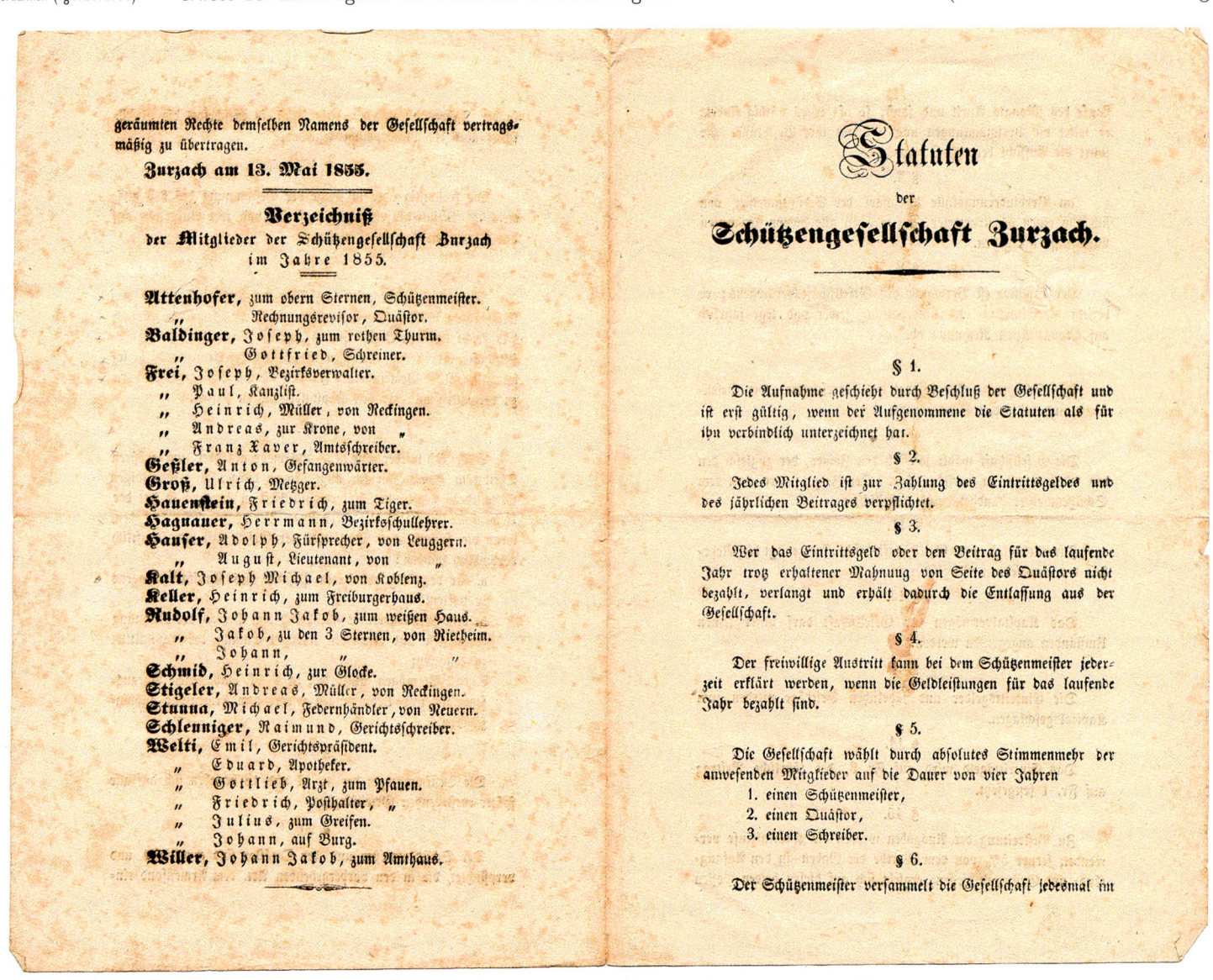

1 Statuten der Schützengesellschaft Zurzach von 1855, Seiten 1 und 4. Im Mitgliederverzeichnis sind auch Männer aus Koblenz, Leuggern, Rekingen, Rietheim und ein «Federnhändler aus Neuern» aufgeführt. Vertreten ist u. a. auch Bezirksschullehrer Herrmann Hagnauer, dem wir den Plan der 1855 sichtbaren Brückenpfähle verdanken (vgl. Abb. S. 50).

2 1822 wurde das Zurzacher Schützenhaus von der «Feldegg» an die Breitestrasse verlegt. Das Bild zeigt die Scheiben auf der «Schützenmatte» (hinter dem Mann mit der Karre) und das kleine Schützenhäuschen beim Siechenhaus. Zwischen Flecken und Burgquartier sind die noch jungen Bäumchen der Promenade zu sehen, dahinter der Rhein und Kadelburg. Ausschnitt aus einer Radierung von Caplan Meyer, um 1825.

tragenen) Antrag sei nicht einmal abgestimmt worden. Sie forderte deshalb die Frauen auf, gemeinsam auszugehen an diesem Tag, zu essen und Tänzer zu bestellen. Das Endschiessen verlief dennoch wie üblich ohne Frauen. Immerhin beschlossen die Schützen aber, im Winter einen Anlass mit ihren Gattinnen durchzuführen.[7]

1920 entstand ein weiterer Verein, die Freischützen, eine Abspaltung des Schützenvereins. Schliesslich fanden sich die Schützen aber wieder zusammen. Freundschaftsschiessen, gemeinsames Absenden und ein Saupfeffer-Essen bereiteten das Terrain für eine Fusion der Vereine, die 1935 vollzogen wurde.[8]

Wie alt die Zurzacher *Musikgesellschaft* ist, wissen wir nicht genau;[9] sie bestand aber schon 1859, denn es hat sich in ihren Akten ein Brief der Musikgesellschaft von Zofingen an die «Löbl. Musikgesellschaft von Zurzach» vom 1. November 1859 erhalten, in dem die Zurzacher zur Mitwirkung an der Aufführung des Oratoriums «Saul» von Ferd. Hiller (1811–Köln 1885) eingeladen werden, die für Ende Mai oder Anfang Juni des folgenden Jahres geplant sei. Zofingen fragt, wie viele und welche «Instrumental- und Gesangstimmen auch Ihrer werthen Gesellschaft wir als mitwirkend erwarten dürfen».

Die ersten Statuten gaben sich die damals neun Musikanten im Jahre 1864. In der Zeit vor Radio und Grammophon waren sie auch als Tanzmusikanten hochwillkommen. Die Blechmusik spielte allein und auch mit anderen Vereinen und Orchestern: Sie nannte sich dementsprechend damals bald Musikgesellschaft, bald Blechmusik. 1907 entschied man sich für die Bezeichnung «Musikgesellschaft Zurzach». 1883 besuchte die Musikgesellschaft Zurzach das erste Musikfest in Rheinfelden, und 1888 durfte sie in Zurzach den zweiten Kantonalen Musiktag durchführen, nachdem der erste 1887, ein Jahr nach der Gründung des Kantonalverbandes (1886 in Baden), in Aarau abgehalten worden war. 1902 folgte ein weiterer Musiktag in Zurzach.

---

[2] MÜLLER, Bezirksgesangsverein, S. 3.
[3] 75 Jahre ETV Zurzach, S. 1.
[4] Vgl. auch GAZ 1175, GAZ 1176, GAZ 1846.
[5] StAAG 2793/2, Nr. 5, fol. 12 ff.
[6] Zurzacher Volksblatt 12.4.1862, 12.4.1911, 2.7.1912.
[7] Zurzacher Volksblatt 2.10., 14.10.1912.
[8] Zurzacher Volksblatt 31.3., 3.4.1920, 2.8.1933, 18.3.1935, 25.3., 10.4.1935. Zur Fusion generell: GAZ 1846.
[9] Abschnitt verfasst von Hans Rudolf Sennhauser. – Die Botschaft, 16.11.1959, 26./27.5.1984 (Beilage). – Eine Vorläuferin ist wohl die zwischen 1836 und 1839 gegründete Harmoniegesellschaft, siehe Schiesser, Lehrerschaft im Anhang.

3 Musikgesellschaft Zurzach 1907. Vorne im Zentrum der Dirigent, Kanzlist Arnold Keller.

4 Die letzte unter der Direktion von Edwin Teller († 1994) erworbene Auszeichnung der Musikgesellschaft Zurzach.

Wie es bis 1893 zwei Männerchöre und später fast 25 Jahre lang zwei Schützenvereine in Zurzach gab, so existierten in den Neunzigerjahren ein paar Jahre lang zwei Musikcorps nebeneinander: 1894 hatte sich der Verein der «Lattensager», auch «Zäpflimusik» genannt, im Oberflecken abgespalten. Jakob Zuberbühler brachte drei Jahre später das Kunststück fertig, die getrennten Brüder wieder in einem einzigen Corps zu vereinen. Eine Sammlung in der Bevölkerung und bei auswärtigen Bürgern ermöglichte 1909 die Anschaffung neuer Instrumente. Im folgenden Jahre wurde der bisherige Dirigent, Kanzlist Arnold Keller (der auch im Kantonalverband als Kassier gewirkt hatte), von Musikdirektor Stephan Janser abgelöst. Eine Reihe weiterer tüchtiger Dirigenten folgte: 1914 Hans Räber, 1921 Musikdirektor Alfred Leonz Gassmann, der in seiner berühmten Knabenmusik viele Jungbläser herangebildet hat, 1926 Karl Häfeli aus Klingnau, 1945 Edwin Teller. Wie sich unter ihm die Qualität des Musikcorps hob, geht daraus hervor, dass es zu seiner Zeit in den Fünfzigerjahren zuerst in der dritten Kategorie, danach in der zweiten und schliesslich sogar 1955 in Zofingen in der ersten Kategorie einen Goldlorbeer errang. Auf Teller folgte 1964 Felix Schneider. 1970/71 leitete Vizedirigent Arthur Zollinger das Corps, bis Herbert Frei den Taktstock (1971–1981) übernahm. Sein Nachfolger war Walter Häusler (1981–1991).

Im letzten Jahrzehnt des 20. Jahrhunderts lösten sich die Dirigenten in kürzeren Abständen ab. 1991–1993 dirigierte Hans Lienhard, 1993–1996 Monika Weilenmann und 1996–2000 Roman Fankhauser. Seit 2000 ist Heinz Schorr Dirigent.

Die Zahl der Musikanten war immer starken Schwankungen unterworfen. Waren es 1907 noch 22, so kamen in den nächsten zwei Jahren fünf weitere dazu. 1918 fiel die Anzahl aber wieder auf einen Tiefstand: Nur noch 16 Mitglieder waren dabei. A. L. Gassmann konnte seinem Nachfolger wieder ein starkes Corps übergeben, das 1945 noch 44 Musikanten umfasste. Aber schon drei Jahre später waren es noch 25. Dass der Mitgliederbestand noch weiter – auf heute 18 Musikanten und Musikantinnen – zurückgegangen ist, muss im Rahmen der allgemeinen Entwicklung gesehen werden.

Mit wöchentlichen Proben bereitet sich die Musikgesellschaft für kantonale und eidgenössische Musiktage vor, sie übt für das Jahreskonzert, für Platz- und Kurkonzerte, für ihre Auftritte bei Vereinsanlässen, für ihre Ständchen zu Ehren 80-, 90- und 100-jähriger Einwohner und für manche andere Gelegenheit, die man sich in Zurzach ohne die Musikgesellschaft kaum mehr vorstellen kann, wie die Bundesfeier, Empfang und Begleitung von Zurzacher Vereinen, die vom «Eidgenössischen» heimkehren, das Muttertagskonzert, die Weihnachtsmusik, die Kommunikantenbegleitung am Weissen Sonntag und die Mitwirkung an Fronleichnam.

Neben dem Besuch der Musiktage gehören gelegentliche Ausflüge und Reisen zur Tradition der Zurzacher Musik, seit die Zurzacher Musiker 1907 den Gotthard erwandert haben.

In enger Verbindung mit dem Schützenwesen entstand ein *Männerchor*. Auf Anregung einiger Mitglieder bildete sich im Rahmen der Feldschützengesellschaft ein Verein, der sich die Aufgabe stellte, Volkslieder einzuüben, um durch deren Vortrag bei Schützenversammlungen das gesellige Leben zu fördern. So trat im Jahre 1878 der Männerchor Zurzach mit 25 Aktiven ins Leben. Bald erwuchs ihm ein Konkurrent im Männerchor «Alpenrösli». Beide Vereine schlossen sich 1893 zusammen zum Männerchor «Eintracht». Nachdem schon vorher ein Töchterchor existierte, wurde im Jahre 1920 ein Frauen- und Töchterchor gegründet. Am Beispiel der Sänger lässt sich aufzeigen, welche Bedeutung Vereine für das gesellige Leben hatten. Ihre Feste und Treffen waren Foren der Meinungsbildung und der Kommunikation, viele Mitglieder kamen nur bei solchen Anlässen mit Menschen aus anderen Gemeinden oder Regionen zusammen. Die Feste dienten damit auch der politischen Integration des noch jungen Bundesstaates. Bereits 1831 fand in Zurzach ein Fest der aargauischen Sänger statt. Wahrscheinlich gab es auch in Zurzach selbst einen Gesangsverein, von dem wir aber nichts wissen. Beim kantonalen Fest in Frick von 1850 war ein Männerchor aus Zurzach dabei, schied aber wegen Nichtbezahlen der Beiträge gleich wieder aus dem Kantonalverband aus. 1880 schliesslich trat der Männerchor Zurzach neu dem Bezirksgesangsverein bei, 1886 der Männerchor Alpenrösli. 1872 wurde das Bezirksgesangsfest in Rekingen gefeiert. Für das Konzert wanderte man in die reformierte Kirche Zurzach und wieder zurück. Ein Zurzacher Verein

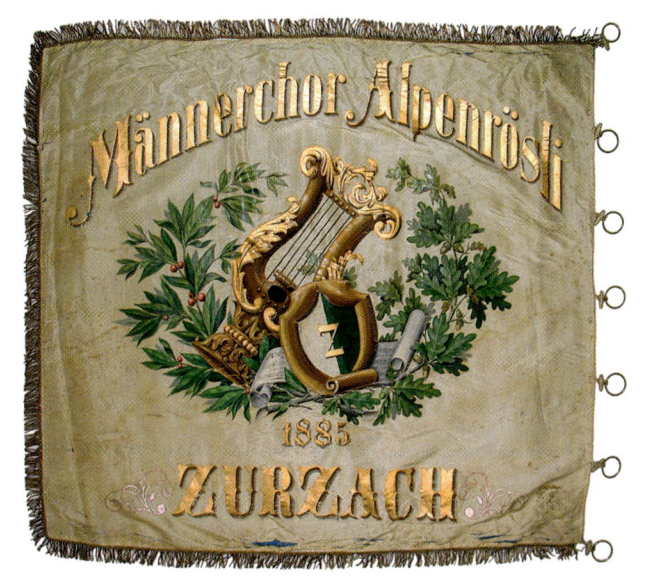

5 Fahne des Männerchors Alpenrösli Zurzach, 1885.

nahm aber nicht daran teil. Beim Fest zwei Jahre später in Döttingen hören wir bei den Sängern erstmals von jenem Gebilde, das heute unsere Vorstellung von Vereinsfesten prägt, der Festhütte.[10] Vorher hatte man in bestehenden Lokalen gefeiert und die Konzerte in Kirchen gegeben. 1883 wurde das Bezirksgesangsfest in Zurzach durchgeführt. Neben dem Männerchor nahm auch ein gemischter Chor aus dem Flecken daran teil.[11] An diesem Fest wirkte erstmals eine Institution, die ebenfalls zum stilprägenden Element der Vereinsfeste wurde, das Kampfgericht. Nachdem man mehr als dreissig Jahre lang ohne eine Jury ausgekommen war, führte die Neuerung zu heftigen Streitigkeiten. Das Gericht zerzauste die Vorträge in einer Art und Weise, «die ein heutiges Kampfgericht der Gefahr der Lynchjustiz ausgesetzt hätte». Und es warnte, ganz modern, vor dem schädlichen Tabakdunst, der wenigstens während der Proben vermieden werden sollte. Das Singen um Kränze führte in der Folge immer wieder zu Missstimmungen. 1890 drohte Zurzach mit dem Austritt aus dem Bezirksgesangsverein, weil am Fest in Endingen seine Leistungen nicht richtig gewertet worden seien.[12]

In schöner Regelmässigkeit trafen sich die Sänger zu Bezirks-, kantonalen und eidgenössischen Festen. Manchmal war ein Zurzacher Verein dabei, manchmal zwei. Lange Zeit blieb die Tradition des Auftretens in den Kirchen bestehen. Bemerkenswert ist dabei, dass in den Synagogen von Lengnau und Endingen ganz selbstverständlich gesun-

---

[10] MÜLLER, Bezirksgesangsverein, S. 10, 13, 37, 52.
[11] Programm Gesangfest des Bezirks Zurzach in Zurzach, Sonntag den 24. Juni 1883. GAZ 1127: Bezirksgesangsfest 1897.
[12] MÜLLER, Bezirksgesangsverein, S. 17 f., 50 f.

gen wurde, während es mit den katholischen Kirchen nicht so recht klappen wollte und es einige Male sogar zu Pressepolemiken kam. Das Organisieren eines Festes zählte zu den Höhepunkten in den Vereinsannalen. Zum Bezirksgesangsfest 1897 in Zurzach reisten 900 Sänger an. Den Reden folgten sie mehr oder weniger aufmerksam, begeistert aber waren sie von einer speziellen Attraktion: 24 weiss gekleidete «Töchter» aus der Weissnähschule der Fabrik Zuberbühler führten einen musikalisch begleiteten Reigen auf. Dreimal mussten sie ihn wiederholen. Aktuar Pfarrer Spiegelberg aus Tegerfelden schwärmte von der Erscheinung der «1000wöchigen Töchter Evas». Die Scheinwerfer aus der Fabrik Zuberbühler beleuchteten zudem die nächtliche Ruine Küssaburg, für die noch an Petroleum gewöhnten Zuschauer ebenfalls eine Sehenswürdigkeit. Noch war die Tradition des blauen Montags nicht ganz verschwunden, manche Vereine blieben bis am Montagabend.[13] Aller Begeisterung zum Trotz blieb in der Kasse ein Defizit von Fr. 249.17, nicht zuletzt wegen eines heftigen Gewitters am Vorabend des Festes, das einigen Schaden anrichtete und auf viele wirkte, als gälte es, «Sodom und Gomorra zu machen».[14] Feste waren auch ein willkommener Anlass, sich mit Neuem bekannt zu machen. Am Bezirksgesangsfest von 1900 in Döttingen besichtigten viele Chöre das neue Kraftwerk Beznau. Der Berichterstatter stellte sich die Frage, ob dieses Werk nicht der Anstoss sei, die rein bäuerliche Gegend in ein Industriegebiet zu verwandeln. Und 1904 in Lengnau diskutierte man wie so oft in diesen Jahren das Projekt einer Surbtalbahn.[15]

1920 war wiederum Zurzach Gastgeber des Bezirksgesangsfestes. Von den 2000 Sängerinnen und Sängern kamen viele aus dem Züribiet (Embrach, Winterthur, Schwamendingen, Niederglatt, Hirslanden, Zürich, Wollishofen, Adliswil, Aussersihl, Oberstrass, Wiedikon-Zürich, Neumünster, Zürich, Töss). Der Bezirk Zurzach war damals offensichtlich etwas grösser. Während in früheren Jahren sporadisch ein gemischter Chor aus Zurzach teilgenommen hatte, war nun erstmals ein *Frauen- und Töchterchor* dabei. Nur drei Jahre später fand im Flecken auch das Kantonalgesangsfest mit 79 Vereinen statt, das zum ersten Mal zwei Tage dauerte. 1935 wurde auf dem Kirchlibuck ein Sängertreffen durchgeführt, 1942 folgte eines auf dem Achenberg. Gesungen wurden der Zeit entsprechend vor allem Vaterlandslieder.

Im 19. Jahrhundert hatten sich immer recht viele deutsche Vereine an den Gesangsfesten beteiligt. Diese Tradition wurde 1909 unterbrochen und erst 1950 wieder aufgenommen.[16]

Es wird deutlich, welch dominierende Rolle das Vereinsleben für diejenigen spielt, die darin involviert sind, denn zum Festbesuch gehören ja Proben und Vorbereitungen, zur Durchführung langwierige Organisationsaufgaben. Aber auch für die Gemeinde sind die Feste wichtig. Sie bereichern das kulturelle Leben, stärken das soziale Zusammengehörigkeitsgefühl und stellen nicht zuletzt für das örtliche Gewerbe einen wichtigen Faktor dar.

Viele Vereine waren im 19. Jahrhundert vorerst fragile Gebilde, die häufig stark vom Engagement eines Einzelnen abhingen, wie etwa der *Turnverein* von Heinrich Schutz (1859–1929). Dieser gründete den Verein 1882, doch als er aus Zurzach wegzog, löste sich auch der Verein auf. Nachdem dann Schutz als Gemeindeschreiber nach Zurzach gewählt worden war, gründete er den Turnverein 1889 zum zweiten Mal. Nach und nach wuchsen viele der Vereine, befreundete Organisationen entstanden, wie

6 Blanka Zuberbühler mit der Töchterchor-Fahne.

7 Fragment der Töchterchor-Fahne. Neben den Wappen sind die goldgeränderten Buchstaben «el» und ein angeschnittenes «w» zu sehen, die sich zum Wort «Edelweiß», Pendant zum Männerchor Alpenrösli?, ergänzen lassen.

8 Männerturnverein mit Gründer Heinrich Schutz (links neben der Fahne) und Lehrer Gottlieb Schmid («Gümper»).

beim Turnverein 1913 der Damenturnverein, oder Konkurrenten wie 1929 der Arbeiterturnverein.[17] Mit Letzterem konnte es ab und zu zu Reibereien kommen, ob diese nun eher ideologisch bestimmt waren oder ob es dabei um ganz praktische Dinge wie die Zuteilung der Turnhalle für die Turnstunden ging.[18]
Innerhalb der Gemeinde boten die jährlichen Abendunterhaltungen oder Kränzli Gelegenheit, sich einer breiteren Öffentlichkeit zu präsentieren und Mitglieder zu werben. Die Turnerabende fanden bis 1912 im Ochsensaal statt, dann in der neuen Turnhalle. Lange Zeit wurde neben dem turnerischen Teil ein Einakter geboten, ein Rezept, an das sich einige Vereine hielten. Später wurde das Kränzli in Anlehnung an Medienvorbilder zur «Revue» und zur «Show».[19]
Aber auch die Vereinskasse wurde an solchen Abenden geäufnet, damit Reisen durchgeführt oder Fahnen und Uniformen gekauft werden konnten.[20] Die Weihe derselben bot ihrerseits Anlass für ein Fest. Kehrten die Vereine erfolgreich von einem Fest heim, wurden sie am Bahnhof von Behörden, Anhängern und den übrigen Vereinen begrüsst und zogen durch den Flecken.
Dass Vereine auch auf sehr direkte Art und Weise soziale Funktionen ausübten, zeigt etwa die Tatsache, dass im vergangenen Jahrhundert an den Sängerfesten für die Armen des Ortes gesammelt wurde. Und die Turner spendeten regelmässig für verunglückte Kameraden aus dem Kanton.[21] 1915, während des Ersten Weltkrieges, führten sie zu Ehren der eingerückten Vereinskollegen eine Abendunterhaltung durch, um jedem Turner im Feld ein Päckli zukommen lassen zu können. Auch während des Zweiten Weltkrieges wurden mit den Aufführungserlösen von Dialektlustspielen Soldaten unterstützt.[22]
War ein Verein erfolgreich, konnte er auf Unterstützung durch Behörden und Einwohner rechnen. Als eine Elitemannschaft des Turnvereins 1921 am Tessiner Turnfest in Chiasso teilnehmen wollte, wurden die Reisekosten durch eine Sammlung in der Bevölkerung gedeckt. 1924 dauerte die Reise ins Tessin dann bereits fünf Tage. Wie bei den Sängern bestanden auch bei den Turnern viele Kontakte über den Rhein hinweg, 1922 etwa nahmen sie am Gau-

---

[13] MÜLLER, Bezirksgesangsverein, S. 39–42.
[14] GAZ 1127: Bezirksgesangsfest Zurzach, 27.6.1897.
[15] MÜLLER, Bezirksgesangsverein, S. 42 f.
[16] MÜLLER, Bezirksgesangsverein, S. 44, 46 f., 54.
[17] Zurzacher Volksblatt 30.4.1949.
[18] Zurzacher Volksblatt 1.2.1930.
[19] 75 Jahre ETV Zurzach, S. 40.
[20] 75 Jahre ETV Zurzach, S. 3.
[21] 75 Jahre ETV Zurzach, S. 4.
[22] Zurzacher Volksblatt 17.1., 22.1.1940.

turnfest in Waldshut teil. Turnfahrten und Wanderungen, meist in die nähere Umgebung, immer häufiger aber auch in die Berge, bildeten einen wichtigen Bestandteil des Vereinslebens. Eher selten waren Reisen ins Ausland, wie sie der Turnverein 1948 ans internationale Turnfest in das noch vom Krieg gezeichnete Venedig und 1953 nach Hamburg unternahm.[23]

Mit dem Erfolg eines Vereins kam häufig auch die Spezialisierung, die Gründung von Untergruppen oder Riegen, die enger oder lockerer mit dem ursprünglichen Verein verbunden blieben. Eine Riege der alten Garde wurde bei den Turnern bereits 1898 erstmals erwähnt, 1910 wurde dann eine Altersriege gegründet und 1924 in die Männerriege umgewandelt. Aus dieser wurde 1928 ein selbstständiger Männerturnverein. Der Turnverein seinerseits erhielt dreissig Jahre später wieder eine Männerriege. 1932 wurde eine Jugendriege geschaffen, aber bereits zwei Jahre später wieder aufgelöst und erst 1953 wieder gegründet. 1941 folgte die Ski-, dann die Leichtathletik- und die Handballriege. Dem Damenturnverein wurde 1946 die Frauenriege angegliedert und 1962 die Mädchenriege.[24]

Während die Männervereine ein militärisches und patriotisches Selbstbild pflegten («Stärkung der geistigen Kräfte, der Moral und des Charakters», «Hebung der Volksgesundheit und der Volkskraft zur Wohlfahrt unseres Vaterlandes»[25]), propagierten die Frauenvereine meist ein Ideal der Frau als Dienerin und Mutter. Sie waren in der Regel nicht daran interessiert, die Stellung oder das Bild der Frau in der Gesellschaft zu verändern, im Gegenteil. Sie sahen ihr Wirken als Stärkung der bestehenden Strukturen. «Still wird gearbeitet, die Eigenart der Frau gewahrt», erklärten die Turnverbände, angestrebt werde ein «voller Einsatz für die Familie und durch diese für Land und Volk».[26]

Nur in wenigen Gegenden der Schweiz hat man sich bis ins 19. Jahrhundert hinein nach örtlichem oder landschaftlichem Brauch gekleidet;[27] in Zurzach war *die Tracht* ausgestorben. Seit dem ausgehenden 19. Jahrhundert bahnte sich aber allmählich eine Renaissance an. Sie ist zu verstehen aus dem zeitgemässen Vertrauen in die verbindende Kraft einer gemeinsam erlebten Geschichte. Die Bemühungen um die vaterländische Vergangenheit kamen unter anderem zum Ausdruck in der Einrichtung eines Schweizerischen Landesmuseums, bei der Landesausstellung von 1896, mit der Gründung des Heimatschutzes im Jahre 1906 usw. Während des Ersten Weltkrieges und in den Jahren danach vollzog sich eine «bedeutsame geistige Wandlung:

9 Töchterchor mit Gottlieb Schmid [1919?].
Lehrer Gottlieb Schmid, wegen seines hüpfenden Ganges «Gümper» genannt, witzig und beliebt, war in jungen Jahren ein Mädchenschwarm: «De Liebgott im Himmel und de Gottlieb am Arm De Liebgott macht selig und de Gottlieb git warm» lautet ein übermütiger Spottvers.

10 Plakat für die Tell-Aufführung in der neuen Turnhalle, 1913.

schufen erfahrene Trachtenschöpferinnen und Trachtenschneiderinnen wie Frau Laur und Frau Priska Sutter aus Leuggern später die festliche Sonntagstracht und die reiche Festtagstracht.

Eine Gruppe von Vereinen widmete sich in erster Linie dem Bildungs- und Kulturangebot im Flecken. Der *Leseverein* hatte um die Jahrhundertwende verschiedene Zeitschriften abonniert und stellte diese den Mitgliedern in Lesemappen zur Verfügung. Man informierte sich im «Schweiz. Familienwochenblatt» über die Menschen und in der «Tierwelt» über deren beste Freunde. Wer es «Am häuslichen Herd» nicht aushielt, reiste «Über Land und Meer». Nach den Nachrichten in der «Leipziger Illustrierten Zeitung» erholte man sich in der «Gartenlaube», «Gute Schriften» überragten den «Hausfreund Kalender». Der «Nebelspalter» schien den rund 45 Mitgliedern des Vereins weniger zu gefallen, er wurde nur bis 1901 abonniert. Der Verein führte auch literarische Vorträge und andere Veranstaltungen durch, 1902 zum Thema «Die Quellen. Mit besonderer Berücksichtigung derjenigen Zurzachs».[29]

Ähnliche Ziele verfolgten die *Volksbibliothek*[30] und deren Kommission, die seit 1943 Vortragsabende mit Persönlichkeiten aus Kultur und Wissenschaft organisierte.[31] Nachfolgeorganisation war die 1947 gegründete *Tenedo-Gesellschaft*, von der im nächsten Beitrag die Rede sein wird.

Eine *Theatertradition*, die weit ins 19. Jahrhundert zurückreicht, führte immer wieder zu erfolgreichen Produktionen. 1865 bestand eine Gesellschaft von Theater-Liebhabern, die populäre Stücke aufführte.[32] Am Fasnachtsmontag 1870 ging das Stück «Die Trompete des Alpgeists» oder «Was einer in Zurzach erleben kann», eine «grosse romantische Zauberposse» von «O! Schön, Bezirkslehrer» über die Bühne.[33] Ernsthafter ging es zu bei der «Schlacht bei St. Jakob an der Birs», gespielt von den Bezirksschülern.[34] Eine eigentliche Tradition begründete der Män-

das Trachtenkleid wurde zum Sinnbild der Heimatliebe».[28] 1926 fanden sich in Luzern Sänger und Trachtenleute in der Schweizerischen Trachten- und Volkslied-Vereinigung zusammen, und vielerorts entstanden Trachtengruppen. Das Motto des Trachtenhofes im «Dörfli» der Landesausstellung von 1939: «Die Tracht ist das Kleid der Heimat» und die Tatsache, dass schon 1940 in der ganzen Schweiz Kantonalverbände bestanden, lässt die ideologische, betont heimatverbundene, will heissen die schweizerische Seite des Trachtenwesens erkennen, die in den Dreissiger- und Vierzigerjahren ausgeprägt war. Es war denn auch nicht ausschliesslich die Freude am festlichen Kleid, die Frauen aus dem Rheintal, aus Zurzach, Rietheim, Rekingen und benachbarten Dörfern rheinaufwärts, aus dem Surb- und Aaretal 1935 in einer *Trachtengruppe Zurzach* vereinigte. Zunächst gab es nur die «Vrenelitracht», die nach alten Bildern von Agnes Laur-Boesch (1899–1990) und Anna Laube, Arbeitslehrerin aus dem Vogelsang, entworfene Werktagstracht, mit einem Rock aus blauem Leinen, einer weissen Leinenbluse mit weissem Göller und besticktem Latz, mit heller Schürze und einem Strohhut. Unter Zuhilfenahme alter Abbildungen und in Anlehnung an besser überlieferte benachbarte Trachten

[23] 75 Jahre ETV Zurzach, S. 6, 10, 12, 18.
[24] 75 Jahre ETV Zurzach, S. 10, 12, 26–28.
[25] 75 Jahre ETV Zurzach, S. 14.
[26] 75 Jahre ETV Zurzach, S. 30.
[27] Abschnitt verfasst von Hans Rudolf Sennhauser.
[28] LUISE WITZIG, Schweizer Trachtenbuch, Zürich 1954, S. 31.
[29] GAZ 1128: Leseverein, Rechnungen 1892–1906, Mitgliederlisten.
[30] GAZ 1438: Volksbibliothek Zurzach.
[31] Zurzacher Volksblatt 24.5., 8.12.1943, 26.11., 5.12.1945, 29.4., 15.5.1946.
[32] Die Botschaft 13.1.1865.
[33] Die Botschaft 27.2.1870.
[34] Die Botschaft 26.9.1872.

11 Ein privater «Orchesterverein», Brüder und Cousins Fischer und Edward Attenhofer (2. v. l.), um 1925.

nerchor mit seinen Tell-Aufführungen, die 1912 in der damals neuen Turnhalle begannen und 1924 und 1949 wieder aufgenommen wurden. Die Bewertung in der Presse war wohlwollend und wies auf den für alle Laienproduktionen zentralen Unterschied zu professionellen Bühnen hin: «Laienspiele werden nicht nur mit dem Massstab des künstlerischen Wertes gemessen», es geht um die «gemeinsame, grosse Sache».[35]

Die Vereine haben sich immer wieder über neue Medien und gesellschaftliche Entwicklungen beklagt, die die Gemeinschaft zerstörten. Das Aufkommen der Kinos wurde kritisch kommentiert. Bereits 1919 konnte man am Jugendfest ein Kino «für Gross und Klein» bewundern, das Naturfilme, Lustspiele und Hochgebirgsdramen bot. In Rekingen wurden im gleichen Jahr am Wochenende Filme gezeigt. Der Zurzacher Gemeinderat lehnte aber 1924 das Begehren eines Kinounternehmens um Bewilligung einer Aufführung ab. Doch kurz darauf bekam Zurzach sein Lichtspieltheater. Auch der Siegeszug des Radios war nicht aufzuhalten. «Die nächste Zukunft gehört dem Radio», verkündete das «Zurzacher Volksblatt», nachdem das Elektrogeschäft Schmid ein solches installiert hatte.[36] In der Nachkriegszeit wuchs die Konkurrenz der Vereine durch andere Angebote und Formen der Freizeitgestaltung und des Konsums. Und so kritisierten viele Vereine den neuen Geist und sahen darin eine Bedrohung; die Turner etwa beschworen die «Gefahr der Verweichlichung, und damit Krankheit, [...] ein verweichlichtes Volk ist, wie die Geschichte beweist, dem Untergang geweiht!».[37] Manche Vereine gerieten tatsächlich in eine Krise, hatten Probleme, zu überleben und Nachwuchs zu finden, weil ihre Ziele und ihr Auftreten überholt wirkten

und die junge Generation nicht mehr interessierten. Auf der anderen Seite entstanden aber neue Organisationen, die neue Bedürfnisse abdeckten. Und während die politische Bedeutung kleiner und die Beschwörung der patriotischen Pflichten leiser wurde, traten andere Funktionen in den Vordergrund. Vereine und Clubs boten eine Integrationsmöglichkeit in einem Ort, in dem man sich nicht mehr selbstverständlich kannte, und sie stellten einen Kommunikationsrahmen zur Verfügung für Menschen, die nicht mehr ohne weiteres miteinander ins Gespräch kamen.

---

[35] Zurzacher Volksblatt 1.2.1913, 18.10.1924, 8.1., 22.1., 2.2.1949.
[36] Zurzacher Volksblatt 12.7., 16.7., 25.10.1919, 8.10., 27.10.1924, 4.1.1928.
[37] 75 Jahre ETV Zurzach, S. 18.

Abbildungsnachweise:
3) Archiv der Musikgesellschaft Zurzach.
Alle übrigen Museum Höfli.

Öffentliches Leben und Vereinsleben im 20. Jahrhundert. Eine Chronik[1]

Franz Keller-Spuler

Die Zeit nach dem Ersten Weltkrieg

Das Kulturgeschehen in Zurzach unterschied sich insofern von dem anderer Bezirksgemeinden, als hier das Geschichtsbewusstsein etwas ausgeprägter war und sich mit der Wallfahrtstradition und der Gestalt des eben erst (1899) verstorbenen Bundesrats Emil Welti konkrete Anhaltspunkte boten. Für die 600-Jahrfeier der Eidgenossenschaft von 1891 wurde ein besonders grosser Aufwand betrieben. Die Einweihung des Welti-Denkmals von 1903 erhielt den Charakter einer vaterländischen Weihestunde und gab den Impuls zur Gründung des Vereins Ehemaliger Bezirksschüler, der sich unter anderem auch zur Wahrung verlässlicher eidgenössischer Werte verpflichtete.

Die Rahmenbedingungen für das lokale Kulturleben verbesserten sich ganz wesentlich, als 1912 die neue Turnhalle eingeweiht wurde. Es war weiterum das einzige Bauwerk dieser Art. Dass es gerade in dem doch recht verschlafenen Zurzach zustande kam, muss wenigstens teilweise der dynamischen Persönlichkeit des Fabrikanten Jakob Zuberbühler zugeschrieben werden. Nun hatten die Zurzacher die Möglichkeit, neben Radgarten- und Ochsensaal auch noch die mit Bühne und Empore versehene Turnhalle für kulturelle Zwecke zu nutzen. Zur Eröffnung wagte sich der Männerchor an seine erste Tell-Aufführung. Dann allerdings brach der Erste Weltkrieg aus. Die neue Halle wurde zeitweise als Soldatenunterkunft und in der Grippezeit als Lazarett genutzt.

Die Rolle der Vereine blieb auch in der Nachkriegszeit unangefochten, wenngleich die Rahmenbedingungen einige Änderungen erfahren hatten. Die traditionellen Vereine bekamen Konkurrenz. Ohne den Aufschwung der militärischen Genietechnik im Ersten Weltkrieg wäre es wohl kaum zur Gründung des Pontonierfahrvereins (1913) ge-

---

[1] Quellen:
– Zurzacher Volksblatt, Jahrgänge 1912–1972, Gemeindearchiv Zurzach
– Botschaft, Jahrgänge 20. Jahrhundert, Buchdruckerei Bürli, Döttingen
– Gemeindearchiv Zurzach, Abteilung Kultur
– Archiv Männerchor «Eintracht» Zurzach
– Dokumentation Orchesterverein Zurzach (Hans Egli)
– Dokumentation Tenedo-Gesellschaft – Volkshochschule (Bruno Schmid)
– Dokumentation Kulturkommission (Alex Zimmermann).

1 Tellspieler auf dem Turnhallenplatz, a) Familie Tell, b) Schwörprobe.

kommen. Mit den aufstrebenden Gewerkschaften und der wachsenden Sozialdemokratischen Partei stärkte sich das Selbstbewusstsein der Werktätigen. Sie schlossen sich im Arbeiterverein, im Arbeitermännerchor, im Arbeiterturnverein und in einer eigenen Schützengesellschaft zusammen. Im Ersten Weltkrieg waren aus der Notlage heraus den Frauen Aufgaben zugeordnet worden, die ihnen vorher verschlossen geblieben waren. Das bewirkte in der Nachkriegszeit einige wenn auch zaghafte Schritte der Emanzipation. Der Zurzacher «Damenchor» verabschiedete sich von der elitären Bezeichnung «Damen» und nannte sich fortan «Frauen- und Töchterchor». Sonderbarerweise entschied sich aber fast gleichzeitig der traditionsbewusste Turnverein zur Gründung eines «Damenturnvereins». Mehr zufällig entstand aus dem Turnverein heraus das Jodel-Doppelquartett «Am Rhy» (1921), das sich auf Anhieb als fester und dauerhafter Bestandteil des Vereinslebens etablierte.

Die soziale Abstufung spielte eine wichtige Rolle. Der Männerchor «Eintracht» liess immer wieder durchblicken, dass er sich als Repräsentant des gewerblichen Bürgertums, des soliden Mittelstands fühlte. Der Fussballclub stand a priori im Verdacht, Sammelpunkt weniger verlässlicher Leute zu sein. Die Schule hielt nicht viel von jugendlichen Fussballspielern und erschwerte ihnen die Zugehörigkeit zum Club. Noch Ende der Fünfzigerjahre wurde Fussball an einem von der Schulpflege veranstalteten Elternabend als sinnvolle Freizeitbeschäftigung angezweifelt.

Von ihren Aufführungen im Ochsen- oder im Gemeindesaal erwarteten die Vereine «löbliche» Kommentare in der Lokalpresse. Auf leise Kritik oder dünnes Lob folgte regelmässig eine journalistische Replik. Als im «Zurzacher Volksblatt» einmal von einem «ruhigen, zielbewussten Vereinsvorstand» die Rede war, musste der Redaktor in der nächsten Nummer das «ruhig» in «rührig» umwandeln.

Der Erste Weltkrieg hatte die Kontakte über den Rhein erschwert, aber nicht abreissen lassen. Nach 1918 stellten sie sich rasch wieder ein und wurden von den Vereinen gepflegt. Die herausragenden Zurzacher Kunstturner Elzi De Conto, Max Hergert und die Gebrüder Weilenmann brachten auch aus dem Badischen ihre Kränze heim. Am Sängertreffen in Tiengen von 1921 waren dreizehn Vereine aus der Schweiz, darunter auch der Männerchor «Eintracht» und der «Frauen- und Töchterchor», vertreten. Sie fanden zwar hinterher, dass die rein deutsche Jury einseitig national geurteilt habe.

Auch die verbesserte Mobilität mit Bahn und Cars hinterliess Spuren im Vereins- und Kulturleben. Dank der Bahnverbindungen nach Zürich konnten für Konzerte Künstler aus der Stadt engagiert werden. Die Vereine meldeten sich auch vermehrt zu Anlässen in weiter entfernten Gebieten an. Die Fuhrhalterei Meier kaufte einen ersten Car und warb bei Vereinen und Schulen für rege Benützung.

Im März 1924 gründete Dr. Werner Ursprung mit einigen Gesinnungsgenossen die SAC-Subsektion Zurzach. Mit der Einordnung als Subsektion wollte man sich aber nur vorläufig zufrieden geben. Ziel sollte eine eigene, selbstständige Sektion sein.
An die Bezirksschule wurde 1921 Alfred Leonz Gassmann als Musikdirektor berufen. Zum Schulschluss 1924 organisierte er mit der von ihm gegründeten Knabenmusik, dem Schülerchor und den Instrumentalisten ein abendfüllendes Programm. Auf Einladung des Kaufmännischen Vereins kam im April die Schriftstellerin Nanni von Escher nach Zurzach und las aus ihrem Roman «Frau Margaretha». Die Geschichte enthielt etliche Bezüge zum Zurzacher Messegeschehen. Der Kaufmännische Verein erwies sich über etliche Jahrzehnte als solide Stütze des Kulturlebens. Im Mai 1924 ging der Männerchor auf eine fünftägige Reise ins Tessin und nach Oberitalien. Dazu hatte er ein spezielles südländisches Liederrepertoire einstudiert. Das Reisefieber wirkte ansteckend. Die Bezirksschule erhielt erstmals einen zweitägigen Ausflug bewilligt. Obwohl dem Männerchor auch noch das Jugendfest, die Bundesfeier und der Aargauertag am Eidgenössischen Schützenfest bevorstanden, entschloss er sich, eine zweite Tell-Aufführung zu wagen.

Das Jugendfest vom 20. Juli 1924 lief nach dem üblichen Muster: Festzug nach überlieferter Ordnung von der Langwiesstrasse zur reformierten Kirche. Kirchliche Feier mit Schüler- und Vereinsdarbietungen, Festansprache, Landeshymne, Festzug zur weltlichen Feier mit weiteren Schüler- und Vereinsdarbietungen, Tanz der Jugend, Verpflegung der Schuljugend, Bankett für Behörden und Lehrerschaft, Festzug zum Welti-Denkmal, Entlassung der Schüler mit Ermahnung zur sofortigen Heimkehr, Landeshymne, Festbetrieb für Erwachsene. An diesem Ablauf wurde bis in die Fünfzigerjahre nicht gerüttelt.

Der kantonale Grossanlass des Jahres 1924 war das Eidgenössische Schützenfest in Aarau. Die Zurzacher folgten dem Aufruf und gestalteten im Festzug mit zehn Bildern zur Zurzacher Messe einen viel beachteten Beitrag. 25 Pferde sowie 100 Darsteller und Darstellerinnen waren im Einsatz.

Schon im Frühjahr 1924 hatten unter der Leitung von Lehrer Ernst Zimmermann die Proben für die Tell-Aufführungen von Oktober/November begonnen. Intensiv wurde in der Lokalpresse auf das Ereignis vorbereitet. So stand im «Zurzacher Volksblatt»: «So wallet denn zuhauf an die Tell-Aufführungen im Rheinflecken Zurzach. Alle, die Ihr Euch nah und fern als Söhne Tells fühlt. Ihr hüben und drüben am Rhein, die Ihr Euer Auge und Euer Herz am edlen Schauspiel zu erlaben liebt. Die einstige Wallfahrtsstätte wird Euch gebührend empfangen, Ihr Wallfahrer

2 Plakat für die zweite Tell-Aufführung 1924. Buchdrucker Karl Wolbold gestaltete es nach dem ersten Plakat von 1913 (vgl. Abb. 10, S. 507).

nach dem Hohenlied der Freiheit.» Der Erfolg blieb nicht aus. Für die Kinder musste eine Zusatzaufführung eingeschoben werden. Zweimal füllten 1200 Kinder die Turnhalle bis auf den letzten Platz. Die SBB mussten Extrawagen an ihre Züge hängen. Wegen der grossen Nachfrage wurde den vier vorgesehenen Aufführungen für Erwachsene eine fünfte angefügt. Es verstand sich von selbst, dass ein Lokalorchester, ein Vorläufer des Orchestervereins, zur Einstimmung die Ouvertüre aus «Wilhelm Tell» von Gioacchino Rossini spielte.

1928 trat erstmals der Handharmonikaclub vor die Öffentlichkeit. Der Männerchor «Eintracht» benutzte die 50-Jahrfeier seines Bestehens vom 28. Oktober 1928 zu einer glanzvollen Selbstdarstellung. Das Schubert-Konzert wurde mit einem offiziellen Festakt und der Fahnenweihe des «Frauen- und Töchterchors» verbunden.

Als Gäste des Kulturlebens traten im Laufe dieser Jahre der Volksdichter Zyböri (Theodor Bucher) und Hanns In der Gand, «der Meister des Volkslieds und der Liebling der Soldaten anno 1914–1918», auf. Zum Schuljahresende aber beherrschte wie gewohnt A. L. Gassmann mit seinen Bezirksschülern die Szene. Die Aufführung der romantischen Oper «Preziosa» von Carl Maria von Weber wurde zu einem viel beachteten Erfolg.

Ungewöhnliche Rahmenbedingungen behinderten 1928 das Kulturleben. In Tegerfelden brach die Maul- und Klauenseuche aus und breitete sich ins Aaretal aus. Zwar blieb das Rheintal von der Plage verschont. Aber die eingeschränkte Bewegungsfreiheit zwang zur Absage geplanter Veranstaltungen.

3 Fasnachts-Comité 1930, sitzend v. l. n. r.:
Gemeindekassier Schmid, Fritz Watter, Dr. Martin Erb, Franz Bugmann, Alfred Hatt, Albert Kuster.
Stehend: Elzi De Conto, Max Hergert, Carl Arheid, Karl Wolbold, Paul Grütter, Gottfried Baldinger, Gottfried Rudolf.

Im schwierigen Umfeld der Dreissigerjahre

Von den schlechten Zeiten um 1930 mit ihrer Arbeitslosigkeit und der politischen Unsicherheit liessen sich die Vereine nicht entmutigen. Zwar brachten die Fasnachtsrekrutierungen nicht mehr die notwendige Zahl von Mitwirkenden. «Es fehlen noch 60 Burschen und 30 Töchter», heisst es in einem Aufruf vom 3. Februar 1931. Im Ochsen liess man sich zur Belebung des Fasnachtsprogramms etwas Ausserordentliches einfallen. Zum ersten Mal trat in Zurzach eine Jazzband auf. Die Organisatoren fanden es jedoch für geraten, das Publikum schonend auf diese ungewohnte Musik einzustimmen. Zu den kulturell besonders aktiven Gruppen gehörte der «Frauen- und Töchterchor». Im Januar 1931 trat er mit einem anspruchsvollen Schumann-Konzert auf. Den grössten Bekanntheitsgrad aber durfte nach wie vor die Knabenmusik unter A. L. Gassmann beanspruchen. Von weither bekam sie Einladungen. Schulpflege und auch Teile der Lehrerschaft taten sich eher schwer mit der Berühmtheit der «Gassmann-Formation». Die musikalische Beanspruchung sei den schulischen Leistungen abträglich, hiess es. So erschien am 9. März 1931 die verklausulierte Zeitungsnotiz: «Um dem Rufe nach Abbau der Aufführungen an unserer Bezirksschule zu entgehen, veranstaltet die Knabenmusik als Abschluss nur eine kleine Vortragsübung.»

Das Kulturjahr 1931 wurde durch ein Naturereignis schwer beeinträchtigt. Unter dem Eindruck der Unwetterkatastrophe vom 29./30. Mai stellten alle Zurzacher Vereine vorübergehend ihre Tätigkeit ein. Die Fototechnik der damaligen Zeit war noch nicht imstande, Aufnahmen von der nächtlichen Überschwemmung zu machen. Die Fotografen aber waren im Morgengrauen zur Stelle. In einem Zeitpunkt also, da sich die Wassermassen immer noch vom Achenberg durch die Hauptstrasse wälzten. Das «Zurzacher Volksblatt» reagierte schnell und brachte eine Postkartenserie von der Überschwemmung und ihren Folgen auf den Markt. Das Jahrhundertunwetter prägte sich tief in das Gedächtnis der Leute ein. Der auf den 31. Mai angesetzte Kreiscäcilientag wurde in den Spätsommer verlegt. In der Presseberichterstattung wurde in Erinnerung gerufen, dass mit Zurzach der Ort von der Katastrophe betroffen worden sei, von dem die PTT eben eine Million Zehner-Postkarten mit der Ansicht des Fleckens in Umlauf gebracht habe. Diese Aktion war auf Initiative des Verkehrsvereins zustande gekommen.

Zum Jahresende konnte Carl Waldkirch seinen neuen Kinosaal vorstellen. Die Apparaturen entsprachen dem modernsten technischen Stand. Das Programm wurde ausgeweitet und mit Sonntagnachmittags-Vorführungen auf den Bahnfahrplan ausgerichtet. Diese Massnahme war nicht zuletzt deshalb notwendig, weil sich die Kinokonkurrenz aus Waldshut bemerkbar machte.

1933 wurde Dr. Adolf Reimann Pfarrer der römisch-katholischen Gemeinde. Dr. Peter Hüsser löste an der Bezirksschule Dr. Armin Schüle ab und ersetzte ihn auch bald im Präsidium der Historischen Vereinigung. Walter Fischer nahm seine Lehrtätigkeit an der Primarschule auf. Damit kamen drei Persönlichkeiten nach Zurzach, die zusammen mit Adolf Jehle, Dr. Ulrich Ammann, A. L. Gassmann, Dr. Martin Erb und bald auch mit Werner Basler weit über ihren Beruf hinaus am Fleckenleben teilnahmen und im Kulturbereich Spuren hinterliessen. Eine nicht unbedeutende politische Änderung gab es bei den Grossratswahlen von 1933, als überraschend der Zurzacher Gemeindeammann Martin Keusch nicht mehr ins Kantonsparlament gewählt wurde.

Bis tief ins 20. Jahrhundert hinein erschienen die beiden Lokalzeitungen «Botschaft» und «Zurzacher Volksblatt» als politische Parteiblätter. In der «Botschaft» fand nur konservatives Gedankengut Einlass. Das «Zurzacher Volksblatt» vertrat die freisinnige Linie. Die Abgrenzung war schroff, und nicht minder schroff wurden die Kontroversen ausgetragen. Im Regen standen die Sozialdemokraten und die 1921 gegründete Bauern-, Gewerbe- und Bürgerpartei. Sie fanden kein angemessenes lokales Presseforum und mussten auf ihre kantonalen Zeitungen ausweichen. Das hatte unter anderem zur Folge, dass der sozialdemokratische «Freie Aargauer» im Bezirk Zurzach zu einer auflagestarken Tageszeitung wurde.

Nach dem Zweiten Weltkrieg verloren die Zeitungen ihre parteipolitische Bedeutung. Sie mussten sich ein neues Profil geben. Der Trend wirkte sich zugunsten der «Botschaft» aus. Mit dem Surbtal und dem Aaretal sprach sie den grösseren Bevölkerungsanteil und die wirtschaftlich stärkere Region an. In dem vorwiegend katholischen Bezirk hatte die «Botschaft» auch den besseren konfessionellen Rückhalt. Trotz liberaler Offenheit gab es für das «Zurzacher Volksblatt» keinen ausreichenden Marktanteil mehr. 1965 wurde noch mit einer Sondernummer «125 Jahre Zeitung in Zurzach» gefeiert. Doch 1972 folgte das Ende. Die Übernahme durch das «Badener Tagblatt» wurde im letzten Augenblick abgewendet. Dafür sprang die «Botschaft» ein. Sie verpflichtete sich, jeweils mit einer Sonderseite in der «Botschaft» den Zurzacher Presseanliegen gebührend Aufmerksamkeit zu schenken.

Am 1. Februar 1933 brachte das «Zurzacher Volksblatt» die sechszeilige Meldung, Adolf Hitler sei zum Reichskanzler ernannt worden. Damit begann ein Kapitel Weltgeschichte, das auch im Grenzgebiet Folgen zeitigte. Die von den Nationalsozialisten auf den 5. März 1933 angesetzten noch halbwegs freien Wahlen bewogen ein lokales sozialdemokratisches Initiativkomitee unter Leitung des Gerichtsschreibers Dr. Fritz Schmuziger, im Anker eine Aufklärungsversammlung für deutsche Wähler durchzuführen. Die Nationalsozialisten reagierten auf ihre Weise, indem sie die Grenze sperrten. Im anschliessenden Kommentar des «Zurzacher Volksblattes» schlug sich der Verleger und Redaktor Karl Wolbold unmissverständlich auf die «braune» Seite. Diese Linie wurde in der Lokalpresse noch während einiger Zeit durchgehalten.

Am 26. April 1933 wurde auf der Titelseite in begeisterten Tönen von einem Frontistentreffen in Zürich berichtet. Am 31. Mai folgte die erste öffentliche Kundgebung der «Nationalen Front» in Zurzach. Zu diesem Zeitpunkt hatte der Bezirkshauptort auch schon seine eigene Ortsgruppe. Die Musikgesellschaft fand nichts dabei, den Anlass musikalisch zu umrahmen. Karl Wolbold zitierte im Voraus einen Artikel aus dem «Badener Tagblatt», in dem eine frühere Veranstaltung dieser Art in den höchsten Tönen gerühmt wurde. «Harstleute» aus Klingnau und Zurzach in weissen Hemden und schwarzen Krawatten standen auf der Bühne vor dem abgeänderten Schweizer Kreuz. Der Gemeindesaal war voll besetzt. Die Ortsgruppe gewann an diesem Abend etliche Neumitglieder. Die Lokalpresse und die rechtsbürgerlichen Kreise hüteten sich zwar, auf der neuen Welle mitzureiten, aber allein schon die Tatsache, dass die Sozialdemokraten entschlossen auf der andern Seite standen, war für sie Grund genug, die neue Bewegung wohlwollend zu beurteilen.

Am 2. September 1933 starb Redaktor und Verleger Karl Wolbold mit 38 Jahren. Die Ortsgruppe der Nationalen Front gedachte in einer eigenen Todesanzeige des verstorbenen «Kameraden». Dr. Fritz Schmuziger erhielt noch im gleichen Jahr die Quittung für seine kompromisslose Linkspolitik. Er wurde als Gerichtsschreiber nicht mehr bestätigt.

4 Fronleichnamsaltar vor dem «Roten Turm».

Im Verkehrsverein übernahm Dr. Martin Erb die Leitung. Er fand damit das richtige Forum für sein Hauptanliegen, die Erbohrung der Thermalquelle. Mit geschickter Regie führte Pfarrer Dr. Adolf Reimann die Fronleichnamsprozession wieder ein. Was unter seinem Vorgänger noch undenkbar gewesen wäre, bewirkte diesmal auf reformierter Seite kaum offene Kritik. Dr. Adolf Reimann hatte sich als strammer Feldprediger und beliebter Volksredner weit über die Kirchgemeinde hinaus einen guten Namen gemacht. Er pflegte auch einen freundschaftlichen Umgang mit seinem reformierten Amtskollegen Walter Steinbrück. Die Prozession bewegte sich durch die Schwertgasse zur Senftasche, zur Schluttengasse, zum Sternenbrunnen und durch die Hauptstrasse zurück zum Verenamünster. Altäre standen beim «Roten Turm», bei der Turnhalle, beim Sternenbrunnen und bei der Oberen Kirche.

Nach einem kurzen Zwischenspiel mit Jean Jucker-Graf erwarb Leo Fürrer 1936 den Verlag und die Redaktion des «Zurzacher Volksblatts». Damit verschwand die frontistische Einfärbung der Lokalzeitung. Das Wahljahr 1937 warf lange Schatten und liess die kulturellen Aktivitäten vorübergehend in den Hintergrund treten. Schon die Kür eines Betreibungsbeamten wurde zum Politikum. Drei Wahlgänge waren nötig, und jedes Mal lief das Rennen zwischen Emil Schmid, dem Elektriker, und Emil Schmid, dem Sektionschef. Es siegte schliesslich der Elektriker Emil Schmid mit neun Stimmen Vorsprung. Nicht weniger turbulent ging es bei den Gemeinderatswahlen zu, aber dort blieb alles beim Alten.

Der Gasthof Achenberg war inzwischen in den Besitz der Familie Peter übergegangen. Sie liess verlauten, dass es ihr Bestreben sei, die Wirtschaft wieder vermehrt zu einem Treffpunkt der Geselligkeit zu machen. Die Wirtschaftskrise hielt an. In der Zeitung erschienen fast regelmässig Zwangsversteigerungsanzeigen von Bauernhöfen. Die Katholische Jungmannschaft organisierte Geld- und Naturaliensammlungen für Arbeitslose. Den schlechten Zeiten zum Trotz hielt der Männerchor an seiner Theatertradition fest. In Paul Weber hatte er einen erfahrenen Regisseur. Aufgeführt wurden 1935 der «Freiheitsschmied» von Jakob Muff und 1937 der «Wasserhüter von St. Veit». Weitherum Beachtung fand der Radio-Heimatabend über Zurzach im Juli 1937. Der hundertste Geburtstag des Komponisten Carl Attenhofer lieferte dazu den Anlass. Walter Fischer hatte das Programm mit den Themen Geschichte, Bräuche, Aktualität, Bundesrat Emil Welti und Carl Attenhofer zusammengestellt.

Zweiter Weltkrieg im Grenzgebiet

Was im Zweiten Weltkrieg an Kultur noch Platz hatte, richtete sich thematisch nach den grossen Weltereignissen. Zwar wurde auch während des Krieges zum Jahresende «geramset», aber Ringe und Schüfeli waren der Lebensmittelrationierung wegen nicht mehr zu gewinnen. Die Sieger hatten sich mit «Tegerfelder» zu begnügen. Ein paar «geschlossene» Tanzveranstaltungen hielten die Erinnerungen an bessere Fasnachtszeiten wach. 1941 stand im Zeichen der 650-Jahrfeier zur Gründung der Eidgenossenschaft. Patriotismus entfaltete sich an den Examensfeiern der Schulen und noch um einiges mehr am 1. August. Die Bundesfeier wurde wegen der Grenznähe des Chilebücklis auf den Schulhausplatz verlegt. Kurz vor den Sommerferien organisierte der Bezirksschulrat eine grosse nationale Tagung in Flüeli-Ranft und auf dem Rütli. In Extrazügen verreisten die Schüler und Schülerinnen in die Innerschweiz. Vorgängig hatten sie ihre «Pflichtlieder» eingeübt. Auf dem Rütli wurde zum krönenden Abschluss im machtvollen Gesamtchor die Vaterlandshymne gesungen.

An der Bundesfeier inszenierte die Bezirksschule das alte Urner Tellenspiel. Im gleichen Jahr veröffentlichte Dr. Peter Hüsser die «Geschichte des Zurzacher Kadettencorps» und verband ihren Inhalt mit politisch geprägten Überlegungen. Die pazifistischen Tendenzen der Zwischenkriegszeit hatten das aargauische Kadettenwesen verschiedentlich infrage gestellt. Davon war nach der Mobilmachung keine Rede mehr. Im Gegenteil, das militärische Element des Kadettenunterrichts wurde noch verstärkt. Zurzacher Kadetten halfen bei der Erstellung militärischer Feldbefestigungen am Rhein und im «Rebberg». In ihren Manövern griffen sie vom Zurziberg aus die Freischärler im Sonnenberg oder auf dem Achenberg an und ballerten mit blinder Munition auf die Feinde los. Die alljährliche Kaderwahl wurde jeweils mit Spannung erwartet und hinterher ausgiebig diskutiert. Der Krieg erforderte einige Schulaktivitäten, zu denen auch die Mädchen aufgeboten wurden. Sackweise sammelten die Schüler und Schülerinnen Bucheckern. Das daraus gewonnene Öl wurde teilweise der Kochschule gutgeschrieben. Auf ihren europäischen Befreiungsfeldzügen brachten die amerikanischen Truppen auch den gefürchteten «Coloradokäfer» mit. Er vermehrte sich sehr rasch, und die nimmersatten Larven frassen die Kartoffelfelder leer. Die Plage wurde als existenzbedrohend empfunden, denn die Kartoffeln spielten in der Kriegswirtschaft eine wichtige Rolle. Also wurden die Schulklassen auf die Felder befohlen, um die Kartoffelreihen nach Schädlingen abzusuchen. Mehr auf privater Basis führten die Buben den Kampf gegen die Feldmäuse. Sie wurden pro Fang bezahlt und konnten so ihr Sackgeld aufbessern.

Die Vereine versuchten, so gut es eben die Umstände zuliessen, mit reduzierten Programmen und Mitgliederbeständen vor die Öffentlichkeit zu treten. Am besten gelang dies noch dem «Frauen- und Töchterchor», dessen Mitglieder nicht mit Aktivdienst-Verpflichtungen belastet waren. Ein neues Kulturelement kam mit den Einquartierungen der Truppenteile. Vereinzelte Kompagnien organisierten Unterhaltungsabende für sich und die Öffentlichkeit. Bataillonsspiele gingen auf Tournee und traten auch etwa gemeinsam mit örtlichen Musikgesellschaften auf. Öffentliche Veranstaltungen gaben Probleme auf, die in Friedenszeiten unvorstellbar gewesen wären. Bei den Verpflegungen mussten die Vorschriften der Rationierung mit dem System der Mahlzeitencoupons eingehalten werden. Es galten auch strenge Verdunklungsvorschriften, die gerade an Unterhaltungsabenden genau kontrolliert wurden.

Trotz Kriegswirren rafften sich die beiden Kirchgemeinden zu einer Neugestaltung der Kirchenvorplätze auf. Die Baumbestände wurden gelichtet; das Welti-Denkmal fand schliesslich einen neuen Standort beim Bahnhof. Die verschiedenen Autorenabende der Bibliothekskommission waren Veranstaltungen im Sinne der geistigen Landesverteidigung. Hans Rölly mit seinen patriotischen Liedern und Gedichten fügte sich gut in dieses Konzept. Nicht minder Ernst Balzli, der im Singsaal aus seinen beschaulichen

5a) Zurzacher Festtagstracht. Links mit Hut, rechts mit Haube und Jacke.
b) Vrenelitracht, Werktagstracht.

Heimaterzählungen las. Das Glockengeläute der Verenakirche war Auftakt zur Radiosendung «Zwischen Aare und Rhein». Walter Fischer führte auch diesmal Regie. Im «Zurzacher Volksblatt» erschien als Fortsetzungsroman Maria Dutli-Rutishausers «Sturm über der Heimat», eine patriotische Geschichte aus der Franzosenzeit.

Zu den Kulturbestrebungen des Fleckens gehörte auch der Cercle Français. Offiziell wurde er als Konversationskurs des Kaufmännischen Vereins angeboten. Die Leitung lag bei Elisabeth Rheinwald-Corti. In der Zielsetzung mischten sich verschiedene Elemente. Sicher ging es primär um die Verbesserung im Umgang mit der zweiten Landessprache. In der Sodafabrik waren stets einige überzeugte Welsche tätig, die es verstanden, ihre Sprache auch in der alemannischen Provinz gebührend zur Geltung zu bringen. Für Elisabeth Rheinwald-Corti war der Cercle vorwiegend ein Bildungsanliegen. Sie besorgte die Auswahl der Texte und griff dabei – gemessen an den Interessen und Voraussetzungen ihres Publikums – manchmal etwas hoch. Der Cercle Français hatte aber auch eine politische Seite. Angesichts der deutschen Übermacht in der ersten Phase des Zweiten Weltkriegs kam das Bekenntnis zur französischen Sprache und Kultur hier an der Nordgrenze der Schweiz einer politischen Aussage gleich. Und nicht zuletzt war der Cercle Français für junge Leute eine legitime Möglichkeit für einen abendlichen Ausgang.

1942 eskalierte der Streit zwischen Musikdirektor A. L. Gassmann und der Schulpflege. Kritische Stimmen erinnerten an die Glanzzeiten der Knabenmusik, an die viel gerühmten Auftritte des Schülerorchesters. Sie bedauerten, dass es um diese Aktivitäten so ruhig geworden sei. A. L. Gassmann reagierte auf die Vorwürfe und setzte sich in der Presse zur Wehr. An seinem Elan habe es nicht gelegen, aber gerade in den Glanzzeiten sei er durch die Schulpflege ständig eingeengt und zurückgebunden worden. Eine schon programmierte und eingeübte Radiosendung habe er auf Druck der Schulpflege absagen müssen. Chorgesang, Orchester- und Knabenmusiklektionen seien im Fächerkatalog ständig zurückgestutzt worden. So ergab sich die leidige Situation, dass der national renommierte Zurzacher Musikdirektor im Flecken selber umstritten war. Im ausserschulischen Engagement allerdings blieb A. L. Gassmann seiner dynamischen Art treu. Er leitete das Jodel-Doppelquartett, den Frauen- und Töchterchor, den katholischen Kirchenchor, und er amtete erst noch als Organist. Eingebunden in seine Veranstaltungen waren seine künstlerisch begabten Töchter. 1943 ging die Ära Gassmann zu Ende. Er demissionierte aus Altersgründen und gab auch seine lokale Vereinstätigkeit auf. Mit seiner Familie zog er nach Vitznau. Dort war er weiterhin rastlos als Forscher, Dirigent, Komponist und Sammler des Volksliedgutes tätig. Die Gemeinde Weggis ehrte A. L. Gassmann mit der Verleihung der Ehrenbürgerwürde.

1600 Jahre christliche Kulturstätte

Das kulturelle Grossereignis der Kriegszeit waren die Festlichkeiten zum 1600. Todestag der heiligen Verena. Schon die Neugestaltung des Münsterplatzes war im Hinblick auf diesen Anlass beschlossen worden. Ähnlich verhielt es sich mit der Oberen Kirche. In ihrem unansehnlichen Zustand hätte sie schlecht ins Bild der Jubelfeier gepasst. So erfuhr sie 1944 die dringend notwendige Sanierung. Gleich drei Publikationen zum Thema der heiligen Verena erschienen auf dem Büchermarkt: von Albert J. Welti «Die Heilige von Tenedo»; der Verkehrsverein veröffentlichte die von Adolf Reinle und Walter Fischer bearbeitete Broschüre «Zurzach, 1600 Jahre christliche Kulturstätte am Oberrhein»; und cand. phil. I Adolf Reinle las einige Kapitel aus seiner druckfertigen Dissertation, die dann zum Standardwerk über die heilige Verena werden sollte.

6 Der Römer traut seinen Augen nicht: Ein Mädchen (Verena) auf einem Mühlstein! Illustration von Albert J. Welti, 1943.

7 Verena-Jubiläumsgottesdienst am Sonntag nach dem Verenatag (Oktav) 1944. Der Prediger ist Abt Basilius Niederberger von Mariastein. Vor der Kanzel auf dem Tisch Reliquiare.

Pfarrer Dr. Adolf Reimann setzte alles daran, das Verenafest 1944 zum einmaligen Grossanlass werden zu lassen. Sogar das kirchliche Abstinenzgebot für den Freitag wurde dem Fest zuliebe aufgehoben. Allerdings musste dazu auch noch das Einverständnis der staatlichen Rationierungsinstanzen eingeholt werden. Bischof Franziskus von Streng zelebrierte das Hochamt und hielt am Nachmittag die Festpredigt. Ihn umgab eine stattliche Anzahl Domherren, Prälaten und Geistlicher. Der folgende Sonntag vom 3. September wurde als Verena-Octav bezeichnet und wiederum ähnlich festlich begangen. Höhepunkt dieser Nachfeier war die Reliquienprozession durch den Flecken. 34 Gruppen bildeten den langen Zug. Alle Gemeinden des Dekanats reihten sich mit starken Delegationen in die Prozession ein. Trotz ungünstiger Wetterverhältnisse wurde die Beteiligung auf gut 5000 Leute geschätzt.

Die Hochstimmung zum Verenajahr zeigte nachhaltige Wirkung. Die symbolträchtige Gestalt der Heiligen mit ihrer Verkörperung christlicher Tugenden prägte sich ins Volksbewusstsein ein. Die Wallfahrten erlebten eine bescheidene Renaissance. Als später mit der neuen kantonalen Gemeindeordnung die Patroziniumsfeste als Feiertage abgeschafft wurden, war es für die Zurzacher und Zurzacherinnen beider Konfessionen selbstverständlich, an «ihrem» Verenatag festzuhalten und ihn weiterhin mit einem besonders festlichen Gottesdienst zu begehen.

1945 brachte Dr. Adolf Reinle in der Oberen Kirche das von ihm verfasste Verenaspiel zur Aufführung. Die Musik dazu hatte Kapuzinerpater Reinhard Peter komponiert. Gut dreissig Laien aus Zurzach und Umgebung stellten in verschiedenen Szenen das Wirken der Heiligen dar. Ein Chor von Mönchen und ein geistlicher Lektor verbanden die anekdotenhaften Legenden mit den grösseren Zusammenhängen ihres christlichen Grundgehalts. Das Spiel wurde zu einem grossartigen Erfolg. Dr. Adolf Reinle überzeugte als Textverfasser und Regisseur. Die Spieler und Spielerinnen liessen sich von seiner Begeisterungsfähigkeit mitreissen und nahmen auch ein paar Extraaufführungen in Kauf.

8 Verenaspiel 1945,
a) Pater Reinhard Peter, der die Musik zum Verenaspiel geschrieben hat, neben ihm Kaja Gisler als Verena, Adolf Reinle, Autor des Stücks und rechts Albert Sennhauser als Abt Hatto.
b) Szene: Verena vor dem Tyrannen.

ziskus von Streng kam zusammen mit andern illustren Gästen zur Premiere.

Als 1993 die 1650-Jahrfeier der heiligen Verena fällig wurde, erinnerte man sich der Veranstaltungen der Vierzigerjahre. Mit einem neuen Verenaspiel wurde der Bogen zu damals geschlagen. Silja Walter gab mit dem «Wassertanz» der Verenageschichte eine eigenwillige, aktualisierte Interpretation. Die Spielleiterin Regula Wicki und ihre Laiengruppe erlebten mit den fünf Aufführungen ein eindrücklich positives Echo.

9 Szene aus dem Zurzacher Christusspiel von 1948.

10 Prospekt für Silja Walters Verenaspiel «Wassertanz» zur 1650-Jahrfeier 1994.

11 Szene aus dem «Wassertanz» 1994.

Von gleichem Geist war das 1949 aufgeführte «Zurzacher Christusspiel von der Auferstehung und vom Weltgericht». Wiederum ging die Initiative von Dr. Adolf Reinle aus. Er war bei seinen wissenschaftlichen Studien auf das Fragment eines Zurzacher Christusspiels aus dem Jahre 1494 gestossen. Verfasser war der Chorherr Mathias Gundelfinger. Dr. Adolf Reinle fügte die Bruchstücke zusammen und füllte die Lücken. Wiederum war es der Kapuzinerpater Reinhard Peter, der dem Werk den angemessenen musikalischen Rahmen gab. Inhaltlich umschliesst das Spiel die Klage unter dem Kreuz, die Kreuzabnahme, das Begräbnis, die Auferstehung und die Himmelfahrt. Viele Mitwirkende waren schon beim Verenaspiel dabei gewesen. Das erleichterte die Probenarbeit. Die Presse im weiteren Umkreis berichtete von dem Ereignis. Bischof Fran-

Kultur im Sinne der Tenedo-Gesellschaft

Ab 1944 stand der Gemeinde mit der Oberen Kirche ein stimmungsvoller Konzertsaal zur Verfügung. Auf Initiative der katholischen Kirchenpflege kam am 1. Oktober 1944 das Eröffnungskonzert mit dem Winterthurer Streichorchester zustande. Der Anlass übertraf alle Erwartungen. In den Medienberichten wurde auf die hervorragenden Raumqualitäten der Oberen Kirche hingewiesen. Im neuen Singsaal der Bezirksschule veranstaltete der Bibliotheksverein seine Leseabende. Aus diesen Kreisen erwuchs das Bedürfnis, das Zurzacher Kulturleben aus dem dörflichen Provinzialismus hinauszuführen. In der Bibliothekskommission war man überzeugt, dass die bestehenden Organisationen dazu nicht ausreichten. Nachdem auch der Liederabend mit Maria Stader vom Sommer 1946 zu einem grossartigen Erfolg geworden war, gingen die Organisatoren daran, für das Kulturleben neue Strukturen zu schaffen.

Auf den 27. November 1946 lud die Bibliothekskommission zu einer Aussprache über Zurzacher Kulturfragen ein. Dreissig Leute zeigten Interesse und beteiligten sich engagiert an der Diskussion. Die Vortragsveranstaltungen der Bibliothekskommission sollten weiter gepflegt und verstärkt werden. Eine neue Trägerorganisation müsste es sich zur Pflicht machen, «die besten Kräfte einzusetzen, um den Werten des Herzens, der Seele und des Geistes eine sinnvolle Wartung angedeihen zu lassen». Diese Sitzung ist zur eigentlichen Geburtsstunde der Tenedo-Gesellschaft geworden, auch wenn 1946 weder Name noch Statuten vorlagen. Die formelle Gründung fand am 9. April 1947 im Radgarten-Saal statt. Es war die «Einladung zur Gründung einer Vereinigung zur Pflege des kulturellen Lebens». Der erste Präsident, Otto Bolliger, erläuterte die Namensgebung. Ihm zur Seite standen im Vorstand Dr. Walter Schlegel, Werner Basler, Robert Schnell und Elisabeth Rheinwald-Corti als Korrespondentin. In ihrem enthusiastischen Gründungsbericht schrieb sie über den «Stapellauf», dem «die Sterne des alten und neuen genius loci den Weg weisen sollten».

Nach der Anlaufzeit unter dem Präsidium von Otto Bolliger ging die Leitung an Albert Sennhauser. Qualitätsbewusstsein prägte die Programme. Kompromisse mit der leichten Muse waren verpönt. «Wir leben hier vielleicht hinter dem Mond und abseits von den starken Geistesströmungen der Welt, die wir erst in ihren entfernteren Wellenschlägen zu spüren bekommen. Doch sind wir deshalb umso empfänglicher für wahrhaft Gutes und Schönes, und unsere Ansprüche an Qualität sind nicht bescheidener, weil wir nicht verwöhnt sind», liess der Vorstand verlauten.

Bei der Suche nach Künstlern und Wissenschaftlern für Auftritte in Zurzach wurde hoch gegriffen. Kaum eine Koryphäe des helvetischen Geisteslebens, die nicht eine Anfrage erhielt, für ein bescheidenes Honorar in Zurzach aufzutreten. Von den grossen zeitgenössischen Schauspielern sagte unter anderem Heinz Woester zu. Am 10. September 1947 präsentierte er seine «Perlen der deutschen Literatur von Goethe bis Spitteler». Hermann Hiltbrunner beschrieb «Die Landschaft als dichterisches Erlebnis». Der Historiker Karl Schib analysierte «Die gegenwärtige Weltlage». Die Aargauische Mundartbühne spielte «Landdunst» von Jakob Stebler. Xaver Münzel bot einen Wilhelm-Busch-Abend. Der ETH-Professor Dr. Karl Schmid sprach über deutsch-schweizerisches Schrifttum. Der Kunsthistoriker Dr. Adolf Reinle gestaltete einen Abend zum Thema der heiligen Verena. Sigismund von Radecki präsentierte seine gescheiten zeitkritischen Überlegungen. Dass der berühmte Werner Bergengruen nach Zurzach kam, wurde schon fast als Sensation empfunden. Anlässlich einer Ausstellung von Malern und Bildhauern aus dem nördlichen Aargau erwies sich die Obere Kirche auch als hervorragender Ausstellungsraum, und Kammermusikabende in der damals für ihre Akustik berühmten Oberen Kirche wurden zur Tradition.

Der Idealismus der Verantwortlichen wurde mitunter auf eine harte Probe gestellt. Die Programme waren anspruchsvoll und vermochten deshalb auch nicht in die Breite zu wirken. Aus den Jahresrückblicken und Zeitungskommentaren spricht dann auch gelegentlich die Enttäuschung über das bescheidene Echo. Doch der Vorstand war von seinem Kulturauftrag durchdrungen, und er wurde darin von einer verlässlichen, wenn auch nicht besonders grossen Bürgerschaft unterstützt. Auftrieb erhoffte man sich ab 1955 von der Quellenerschliessung. Wenngleich in den Anfängen des Kurorts alles noch reichlich behelfsmässig ablief, eröffneten sich doch Perspektiven auf ein gehobenes Kurleben mit anspruchsvollen, kulturell interessierten Gästen.

So blieben die Verantwortlichen der Tenedo-Gesellschaft unentwegt bei der Stange. Sie repräsentierten im Flecken und im Bezirk die einzige Institution, die sich einem gehobenen Kulturleben verpflichtet fühlte.

Im Schatten der Nachkriegspolitik

In den ersten Jahren der Nachkriegszeit waren die Leute vor allem darauf bedacht, so rasch wie möglich zur «Normalität» zurückzukehren. Kriegswirtschaftliche Massnahmen blieben noch für längere Zeit bestehen, aber mindestens die Last des Aktivdienstes und der kriegerischen Bedrohung war weg. Die Fasnacht konnte wieder voll ausgelebt werden. Die Traditionsvereine kehrten zu ihren ursprünglichen Jahresprogrammen zurück. Zu den regelmässigen Veranstaltungen gehörten wieder die Anlässe des Männerchors, des Frauen- und Töchterchors, der Jodler, des Orchestervereins, des Turnvereins, der Schützen, des Kaufmännischen Vereins und der Bibliothekskommission. Keine Zukunft mehr hatten jene Vereine, die einst im Zeichen des Klassenkampfs entstanden waren. Arbeiterturnverein und Arbeitermännerchor serbelten dahin. Trotz einiger Anläufe bewährter Vereinsmitglieder gelang deren Neubelebung nicht mehr.

1948 wurde zum lokalpolitischen Krisenjahr. Gemeindeammann Anton Müller demissionierte vorzeitig aus beruflichen Gründen. Auch der frühere Gemeindeammann und noch amtierende Gemeinderat Leo Fürrer schied aus. Zwei Vakanzen galt es während der Amtsperiode zu füllen. Nicht die Parteien stellten die entscheidenden Weichen. Wahlstimmung wurde von kleinen, meist anonymen Gruppen «verantwortungsbewusster Wähler» gemacht. Im Zentrum der Auseinandersetzung stand einmal mehr Tierarzt Martin Keusch. Fiel das Resultat der Gemeinderatsersatzwahl noch knapp zugunsten von Martin Keusch aus, so siegte er bei der Ausmarchung um das Amt des Gemeindeammanns mit aller Deutlichkeit. Das Ereignis wurde landesweit mit Erstaunen registriert und kommentiert. Martin Keusch überstand in der Folge auch die Wahlen von 1949 und 1953.

Am 21. März 1948 konnte das Museum im Kadettenhäuschen eröffnet werden. Werner Basler hatte sich zusammen mit der Historischen Vereinigung darum bemüht und das Ausstellungsgut sowie die nötigen finanziellen Mittel zusammengetragen. Der Archäologe Dr. Walter Drack besorgte die Einrichtung. Man war sich bewusst, dass das Museum in dieser bescheidenen Form nur ein hoffnungsvoller Anfang sein konnte. 1948 gab Leo Fürrer Druckerei und Verlag auf und zog von Zurzach weg. Sein Nachfolger Josef Schmid versicherte zum Einstieg, die bisherige Linie des «Zurzacher Volksblatts» weiterzuführen. In der Praxis liess sich das aber nur noch bedingt realisieren. Die Zeit der strammen Parteiblätter ging zu Ende. Auch der Stil der rüden politischen Auseinandersetzung war nicht mehr gefragt. Das «Zurzacher Volksblatt» musste sich ein neues Profil geben, um gegenüber der Konkurrenz der «Botschaft» und der kantonalen Tagespresse bestehen zu können.

1948 erhielt der Flecken als neues Element die «Italianità». Die Betriebe der Textil- und Schuhbranche hatten Hochkonjunktur. Man behalf sich mit italienischen Gastarbeiterinnen. In der katholischen Kirche gab es fortan auch Gottesdienste in italienischer Sprache, und im Ochsen kam der erste Italienerabend zur Durchführung.

Die Samichlausaktionen, ehemals Aufgabenbereich des Verkehrsvereins, gingen in die Verantwortung der Katholischen Jungmannschaft über. Sie sorgte auch für die Wiederaufnahme des Sternsingerbrauchs. Das Fasnachtstreiben erhielt wieder den ordnenden Elferrat. Unter dem Patronat der Oco-Schuhfabriken wurde Zurzach für einige Jahre auch noch zum Radsportzentrum. Grosse Stimmung kam am Kriterium 1950 auf, als der Einheimische Ernst Stettler den ganz Grossen des Radsports die Stirne bot.

Anderseits sorgte der «Kalte Krieg» dafür, dass der Aktivdienst noch lange nachwirkte. Erst nach zahllosen Bemühungen erklärten sich die Militärinstanzen bereit, die Stacheldrahthindernisse am Rhein wegzuräumen. 1950 konnte der Uferweg wieder begangen werden. Im Laufe des Sommers 1948 liefen noch einmal Hilfsaktionen für die Kinder aus Kadelburg und Rheinheim. In Gruppen wurden sie nach Zurzach zum Essen eingeladen. Dazu hatte es lange Verhandlungen mit der französischen Besatzungsmacht gebraucht. Der Anblick der schlecht genährten und dürftig gekleideten Kinder war für die Bevölkerung ein eindrückliches Erlebnis und eine nachträgliche Begegnung mit dem wahren Gesicht des Krieges.

25 Jahre Orchesterverein

Die Fünfzigerjahre brachten die ersten eigentlichen Vereinskrisen. Eines ihrer Opfer wurde der Orchesterverein «Eintracht». Schon im 19. Jahrhundert soll es einen Orchesterverein Zurzach gegeben haben. Doch die eigentliche Gründung erfolgte 1930, im Grunde genommen als Untergruppe des Männerchors. Deshalb trat der Orchesterverein auch lange Zeit unter dem Etikett «Eintracht» auf. Wie auch die andern Vereine profitierte er von der Abgeschiedenheit des Ortes, von der geringen Mobilität der Leute, vom bescheidenen kulturellen Angebot der Region.

Ziemlich genau 25 Jahre dauerten die guten Zeiten des Orchestervereins. Die Konzerte brachten Abwechslung in den Alltag und waren zeitweise die eigentlichen Gesellschaftsanlässe des Fleckens. Der Verein verstand sich nicht nur als Orchesterensemble. Für seine öffentlichen Auftritte organisierte er meistens einen zweiten Teil mit herausragenden Persönlichkeiten des Kulturlebens. Über viele Jahre bildeten Präsident Hans Egli, die Klavierlehrerin Maria Spörri und ihr Gatte Emil Spörri die eigentliche Kerngruppe des Orchestervereins.

Das Verhältnis zum Trägerverein Männerchor entwickelte sich nicht immer harmonisch. Die Orchesterleute hatten Erfolg, gestalteten eigene Aufführungen und gerieten dabei dem Männerchor in die Quere. Von dort wurden sie gelegentlich zur Ordnung gemahnt und auf gemeinsame Auftritte verpflichtet. Für die Jahreskonzerte reservierte man die Räume des Hotels Ochsen. Der Anlass fand nicht nur im grossen Saal statt, sondern auch in den übrigen Lokalitäten. Der erste Teil war für die Darbietungen des Orchesters reserviert. Nach der Pause folgten Auftritte mit Künstlern der damaligen Musik- und Unterhaltungsszene. Der Abend klang schliesslich mit einem Tanzanlass aus, wobei über lange Zeit Tanzlehrer Otto Egli aus Winterthur die «Ballleitung» übernahm.

In den Programmen zwischen 1935 und 1955 erscheinen die folgenden Künstlernamen: Elsie Attenhofer vom Cabaret Cornichon, der Tenor Libero de Luca, Vico Torriani, «der Sänger mit der Gitarre, bekannt durch Radio und Tournées in den grossen Ferienorten», Blanche Aubry, Zarli Carigiet und Lukas Ammann vom Cabaret Fédéral sowie das Ensemble Ruedi Walter und Margrit Rainer.

Das Etikett «Ball» deutet auf elitäre Tendenzen hin. Man orientierte sich gern an wienerischen Gepflogenheiten, woher ja auch ein guter Teil des Orchesterrepertoires stammte. Um das «gewöhnliche Volk» nicht abspenstig zu machen, trugen die Einladungsschreiben gelegentlich die Vermerke «kein Kleiderzwang» oder «keine Toilettenvorschriften». Kleinere Auftritte fanden im Wohlfahrtsgebäude der Sodafabrik, im Waaghof, im Radgarten oder in der Oberen Kirche statt. In der Lokalzeitung war es meistens Elisabeth Rheinwald-Corti, die zu den Orchesterauftritten wohlwollende Berichte verfasste. Der sachkundigen Frau widerstrebte es aber, oberflächliche Lobhudeleien zu schreiben. Berechtigte Kritik verpackte sie in sanfte Formulierungen. So wünschte sie dem Verein nach dem Konzert von 1945 «weitere Fortschritte» und beschloss ihren Zeitungsartikel mit dem lateinischen Wahlspruch «per aspera ad astra».

In den Zeitungsberichten tauchte ab 1950 mitunter der Vermerk auf, leider seien ein paar Ränge oder Sitze leer geblieben. Der Orchesterverein bekam das abnehmende Interesse stärker zu spüren als die andern Organisationen. Das Zielpublikum des Orchestervereins konnte nun wieder mühelos die Aufführungen in Baden und Zürich besuchen, mehr und mehr auch mit dem eigenen Auto. Im Verein selber bemühte man sich, durch Beizug externer Solisten den gestiegenen Ansprüchen gerecht zu werden. Die Jubiläumsfeier von 1955 war ein echter Höhepunkt, aber zugleich auch eine Art Abgesang. Der Vorstand fand dann noch einen neuen Anknüpfungspunkt. Der «Ball», ehemals dritter Programmteil und Ausklang des Abends, wurde ins Zentrum gerückt. Ein Tanzkurs mit Alois Müller, Baden, schuf den Einstieg. Der diplomierte Tanzlehrer und ehemalige internationale Turnierteilnehmer organisierte zusammen mit dem Orchesterverein die Zurzacher Tanzturniere im Gemeindesaal. Dank dem regen Interesse, besonders auch aus der deutschen Nachbarschaft, liessen sich diese Anlässe gut an. Sie waren aber ganz auf die Person von Alois Müller zugeschnitten. Als er altersbedingt den Tanzsport aufgab, bedeutete dies das Ende des Zurzacher Turniers. Damit kamen die Aktivitäten des Orchestervereins zum Erliegen. Formell wurde der Verein nie aufgelöst.

Theaterblüte der Nachkriegszeit

Auf hohem Niveau konnte sich noch über etliche Jahre das lokale Theatergeschehen halten. Neben den gängigen Schwänken und Lustspielen der Vereinsabende gedieh die Bühnenkultur der anspruchsvollen Art. Ihre eindrücklichste Umsetzung erfuhr sie durch das Verenaspiel (1945) und durch das Christusspiel (1949). Ebenfalls 1949 bot der Männerchor die dritte Tell-Aufführung. Die grossen Publikumserfolge bestärkten die Theaterleute in ihrer Spielfreude.

Schon 1951 inszenierte Walter Fischer die von ihm verfasste «Liebesprobe». Die Rahmenhandlung entnahm er

12 Theaterinserat des Männerchors Eintracht, Zurzach 1951.

Mittwoch, den 18. April 1951
Theater in Zurzach
DIE LIEBESPROBE
oder „Die Fratzen von Zurzach"
Schauspiel in fünf Akten von Walter Fischer
Uraufführung
Sonntag, den 22. und 29. April, 14.30 Uhr
Mittwoch, den 18. und Samstag, 21. April, je 20.15 Uhr
Eintrittspreise: Fr. 4.—, 3.— und 2.—
Vorverkauf: Papeterie Kalt-Schmid, Zurzach, Tel. 4 42 59
Männerchor Eintracht Zurzach

der Lokalgeschichte: Franz Ludwig Wind ist daran, für das neue Chorherrenstift den künstlerischen Schmuck zu gestalten. Der weit gereiste Künstler findet sich in der kleinbürgerlichen Enge des Fleckens nur schwer zurecht. Die Liebe zu einer Einheimischen verstrickt ihn in Schwierigkeiten und Intrigen. Es sind etliche «Liebesproben» zu bestehen, bis das Paar seinen ehelichen Frieden und Anerkennung findet. 1953 brachte der Männerchor Hugo von Hofmannsthals «Jedermann» auf die Bühne. Das «Spiel vom Sterben des reichen Mannes» fand so grosses Interesse, dass schliesslich noch eine Zusatzaufführung nötig wurde.

Dass diese Epoche für das Theaterleben so ergiebig war, hatte verschiedene Gründe. Die Impulse, die von Dr. Adolf Reinle ausgegangen waren, wirkten über Jahrzehnte nach. Dazu verfügte Zurzach über eine grosse Zahl spielbegeisterter Leute aus allen sozialen Schichten. Die Programme der damaligen Zeit machen es deutlich: Immer wieder erscheinen die gleichen Namen. Die Zurzacher Aufführungen genossen weiterum einen ausgezeichneten Ruf. In der Begeisterung über gelungene Vorstellungen wurden jeweils schon die nächsten Pläne geschmiedet. Es fanden sich auch stets geeignete Regisseure, Bühnengestalter und Techniker, die ihre Aufgaben mit Sachkunde und Engagement lösten. Nach dem frühen Tod von Walter Fischer wurde der neu gewählte Sekundarlehrer Bruno Schmid eine treibende Kraft des Theaterlebens. Ihn gewann der im lokalen Theaterwesen führende Männerchor für die vierte Tell-Aufführung im Jahre 1961. Die alte Turnhalle hatte inzwischen eine gründliche Renovation erfahren und präsentierte sich jetzt offiziell als Gemeindesaal. Der junge Regisseur begnügte sich nicht mit der Spielleitung. Im Interesse einer wünschenswerten Aktualisierung unterzog er die Texte und Handlungsabläufe einer zeitkritischen Überprüfung. Die gesamte Aargauer Presse war sich einig, dass der Zurzacher Laiengruppe eine vorzügliche Leistung gelungen war. Rund 4000 Kinder und Erwachsene kamen zu den sieben Aufführungen. Dies bedeutete allerdings doch schon eine Einbusse gegenüber früheren Publikumsaufmärschen. Den «Wilhelm Tell» konnte man jetzt eben auch als naturalistischen Film am Fernsehen erleben.

Unter dem Titel «Mysterienspiele Zurzach» gelangte schon zwei Jahre später in der Oberen Kirche der «Totentanz» von Alois Lippl zur Aufführung. Wiederum lag die Regie bei Bruno Schmid; den musikalischen Teil gestaltete Dirk Girod. Es waren fast lauter junge Leute, die mit einem eindrücklichen Spiel das mittelalterliche Totentanz-Erlebnis einem Publikum von heute vermittelten.

Kulturprozent – Kulturkommission

1958 trat Dr. Walter Edelmann sein Amt als Gemeindeammann an. Der Flecken hatte sehr viel Nachholbedarf, nicht zuletzt auch im kulturellen Bereich. Die Gemeindebehörden selber hatten bislang auf jede Eigeninitiative zur Belebung der Kultur verzichtet. Grundlage für den Neubeginn war die Einführung des Kulturprozents. Ein Prozent der Steuereinnahmen sollte künftig der Kulturarbeit vorbehalten sein. Das waren im damaligen Zeitpunkt immerhin gegen Fr. 10'000.–. Die erste gemeinderätliche Kulturaktion betraf die gefährdete Rheinlandschaft. Der beabsichtigte Bau des Laufen-Kraftwerks hätte den Wasserlauf und seine Umgebung bis über Zurzach hinaus grundlegend verändert. Die vier Maler Otto Wyler (1917–1998), Kurt Hediger (*1932), Willy Kaufmann (1920–1978) und Adolf Weber (1925–1996) wurden eingeladen, mit ihren Mitteln der Kunst der Nachwelt ein Bild der ursprünglichen Landschaft zu vermitteln. Alex Zimmermann übernahm die Betreuung der Künstler und die anschliessende Gestaltung der sehr gelungenen Ausstellung in der Oberen Kirche. Der Erfolg wurde zum eigentlichen Impuls für die Konstituierung einer gemeinderätlichen Kulturkommission und einen Konzeptentwurf, der bis in die Siebzigerjahre hinein im Wesentlichen zwei Bereiche pflegte: einerseits Malerei und Plastik, anderseits klassische Konzerte.

1965 erhielt Willy Kaufmann die Chance einer Einzelausstellung. Nicht zuletzt über die guten Kontakte zum Tiengener Maler Ulrich C. Eipper (1929–1996) kam die Ausstellung mit Werken des bedeutenden Waldshuter Künstlers Adolf Hildenbrand (1881–1944) zustande. Es folgte 1966 «Das Kreuz in der Kunst der Gegenwart». 1967 präsentierte Ulrich C. Eipper seine Porträts und Landschaften. 1968 kamen fünf junge Künstler zum Zug, darunter Heini Widmer (1927–1984) und Richard Benzoni (*1931). 1969 trug die Kulturkommission in aufwendiger Arbeit einen Querschnitt durch das Schaffen des Malers Albert Welti (1862–1912) zusammen. Im Nachgang zur Achtundsechziger-Bewegung konnten 1970 junge Leute ihre kühnen bis verwegenen Kunstentwürfe der Öffentlichkeit vorstellen. 1971 folgte die Sammelausstellung «Der Tod in der Kunst der Gegenwart». In einer Einzelausstellung wurde des eben im Tessin verstorbenen Wilhelm Schmid (1892–1971) gedacht. 1975 führte Heini Widmer in die aktualitätsbezogene Sammelausstellung «Energie und Energieversorgung» ein. Ein «Symposium in Stein» zauberte künstlerische Werkstattatmosphäre auf den Münsterplatz.

Die Kulturkommission sah sich durch positive Rückmeldungen bestätigt und bestärkt. Der Publikumserfolg wirkte weit über den Flecken hinaus, ganz besonders auch in die deutsche Nachbarschaft. Mit dem Rathaus-Neubau 1966–1968 gingen die Gemeindebehörden daran, eigene Kunstkollektionen anzulegen. Zusammen mit der katholischen und reformierten Kirchgemeinde sowie den Bädergesellschaften wurden geeignete Standorte mit Skulpturen geschmückt. Bei den zahlreichen lokalen Kunstausstellungen trat auch die Gemeinde als Käuferin auf. Die erworbenen Bilder zierten fortan die öffentlichen Gebäude. Das 1979 angelegte Verzeichnis enthält 62 Titel von gemeindeeigenen Bildern und Stichen. In Gemeindebesitz sind auch Rolf Brems (*1926) Plastik im Foyer des Rathauses, Ruedi Webers (*1929) «Harfe» vor der reformierten Kirche, Paul Meiers (*1950) «Dynamische Kuben» im Höfli-Park, Fredy Scheideggers (*1950) «Negativ einer Hand» im Kurpark und Charlotte Germann-Jahns (*1921) (Verena-)Krug-Plastiken an den Ortseingängen.

Eine Zusammenfassung der musikalischen Kulturprogramme 1970/1971 illustriert sowohl die Dichte der Veranstaltungen als auch ihre eindeutige Ausrichtung auf die Klassik. In der Oberen Kirche traten in diesen zwei Jahren (zum Teil mehrmals) auf: der Barockmusikkreis Brugg, der Aarauer Kammerchor, der Zurzacher Kammerchor, das Hochrheinische Kammerorchester, der Musikkreis Trossingen, der Chor «La Faluche», Paris, der Kammerchor Winterthur. Dazu gesellten sich Liederabende mit Hannelore Erb, Heidi Winter und Annemarie Keiser. Auch zwei Klavierkonzerte mit Marlies Nussbaum standen auf dem Programm. In der gleichen Stilrichtung bewegten sich die zahlreichen von der reformierten Kirchgemeinde initiierten Orgelkonzerte. Die katholische Kirchgemeinde wollte dem nicht nachstehen und liess die Münsterkonzerte zur festen Einrichtung werden.

Mit der «Konkurrenz» der finanzstarken gemeindeeigenen Kulturkommission wurde die Lage der Tenedo-Ge-

13 Rheinknie und Zurzacher Unterfeld von Kadelburg aus gesehen. Vor der geplanten Überflutung künstlerisch festgehalten von Adolf Weber, 1964. Eingangshalle der Propstei.

sellschaft schwierig. Zwischen 1965 und 1968 kamen ihre Aktivitäten zum Erliegen. 1968 wurde eine Neubelebung unter dem Präsidium von Bruno Schmid versucht. Ein neuer Vorstand entwarf das Konzept. Auftakt war ein Atelierbesuch bei dem Kunstmaler Willy Kaufmann in Rümikon. Dieser Einstieg liess sich verheissungsvoll an. Für den folgenden Winter konnte mit einem Gesamtprogramm aufgewartet werden. Es war literarisch, wissenschaftlich und aktuell ausgerichtet und grenzte sich damit deutlich vom Programm der Kulturkommission ab. Ein Abend mit der Schauspielerin Ellen Widmann, ein Atelierbesuch bei Erwin Rehmann (*1921) in Laufenburg und eine Diskussion über die schweizerische Presselandschaft waren die herausragenden Anlässe.

Es war der Vorstand der Tenedo-Gesellschaft, der damals die Gründung einer Volkshochschule ins Gespräch brachte. 1971 rief er den Gründungsausschuss ins Leben. Mit der tatkräftigen Hilfe des aargauischen Dachverbands unter der Leitung von Werner Schär, Zofingen, kamen die Vorbereitungsarbeiten zügig voran. Man ging zwar vom kantonalen Modell aus, setzte aber zugleich deutliche Lokalakzente. Die Volkshochschule der Region Zurzach bekam einen dezentralistischen Charakter. Bei der Konstituierung des Vorstands wurde auf breite Abstützung geachtet. Schon das erste Programm von 1971/72 sah vier Kursorte vor: Endingen, Döttingen-Klingnau, Kaiserstuhl und Zurzach. Später kamen Leibstadt, Koblenz und Würenlingen dazu. Das erste Winterprogramm war als Versuch gedacht. Er bewährte sich und bewog den Vorstand, den eingeschlagenen Weg weiterzugehen. Auch die Kombination mit den Sprach- und Bürokursen des Kaufmännischen Vereins erwies sich als tragfähiges Konzept. Das in wenigen Monaten erarbeitete Modell samt Winterprogramm 1971/72 blieb in seinen Grundzügen für das nachfolgende Vierteljahrhundert in Kraft. Die Themen aus Medizin, Kunst, Literatur, Musik, Politik, Geschichte, Naturwissenschaft, Technik, Pädagogik und dem Hobbybereich wurden mit Aktualitätsbezügen verknüpft, die der Interessenlage des Publikums entsprachen. Das erste Winterprogramm 1971/72 machte das in einem Begleittext deutlich. Der Kurs über Rheumaleiden orientierte sich an der bevorstehenden Eröffnung der Rheumaklinik in Zurzach. «Jugend in unserer Zeit» entstand vor dem Hintergrund der Achtundsechziger-Bewegung. «Umwelt in Gefahr» traf sich mit dem aufkommenden Ökologiebewusstsein. «Aargauer Maler und Plastiker» stellte jene Künstler und Künstlerinnen vor, die schon von der Zurzacher Kulturkommission engagiert worden waren. Für

«Also spielen wir Theater» konnte der bekannte Theaterpädagoge Josef Elias gewonnen werden.

Die Arbeitsgruppe zur Konstituierung der Volkshochschule unterstand Franz Keller, Zurzach. Erster Programmpräsident wurde Dr. Edmund Loepfe, Zurzach. Die Gründung der Volkshochschule der Region Zurzach entfachte auch die Diskussion über die Zukunft der Tenedo-Gesellschaft. Mit der Veranstaltung von Sonntagsmatineen wurde fürs Erste eine taugliche «Kulturnische» gefunden. Bruno Schmid stellte ein anspruchsvolles, attraktives Programm zusammen. Doch auf die Dauer war die Zweispurigkeit der beiden Institutionen nicht aufrechtzuerhalten. Schon deshalb nicht, weil die Verantwortung und damit auch die Arbeit bei wenigen Leuten lag. So kam der Auflösungsbeschluss von 1973 nicht überraschend. Damit ging die Geschichte einer kulturellen Vereinigung zu Ende, die mit wechselndem Erfolg über 25 Jahre dem Kulturleben des Fleckens Impulse vermittelt und Niveau gegeben hatte.

Die jüngste Entwicklung

Nach 1970 zeichneten sich im lokalen Kulturgeschehen weitere markante Wechsel ab. Sie waren nicht zuletzt die Folge einer tief greifenden Umschichtung im Vereinsleben. Keinen Platz mehr gab es für jene Organisationen der Geselligkeit und der Freizeitgestaltung, die einst auf dem politisch-sozialen Boden gewachsen waren. Betroffen davon waren vor allem Vereine, die in ihrem Etikett das Wort «Arbeiter» hatten. Nicht viel besser erging es den konfessionell geprägten Gruppierungen. Die Katholische Jungmannschaft, einstmals eine starke Stütze des lokalen Vereinswesens, löste sich auf. Jungschar, Jungwacht und Blauring konnten sich zwar halten, aber nur unter Aufgabe des konfessionellen Anstrichs. Der Turnverein verzichtete auf die herkömmliche Organisation und verlagerte sich mehr und mehr auf einen spezialisierten Riegenbetrieb. Alle Chöre gerieten zusehends in Nachwuchsschwierigkeiten und mussten deshalb ihre Aktivitäten einschränken. Das Generalversammlungsprotokoll des Männerchors «Eintracht» von 1955 nennt noch 66 Aktive. Gut dreissig Jahre später war der Mitgliederbestand derart geschrumpft, dass Proben und Auftritte eingestellt wurden und sich der Verein schliesslich auflöste. Das Laientheater, früher die eigentliche kulturelle Stärke des Ortes, verschwand fast ganz. Die einstmals so erfolgreiche Ortssektion des Kaufmännischen Vereins geriet ebenfalls in eine

Krise und ging schliesslich in der Bezirksorganisation auf. Zu den Einbussen des Kulturbetriebs gehörte auch die Aufgabe des Kinos. Carl Waldkirch hatte in der Nachkriegszeit noch einen Neubau an der Baslerstrasse gewagt und mit dem Unternehmen gute Zeiten erlebt.

Neben Vereinsauflösungen gab es aber auch Gründungen, die in ihrer Art die veränderten Trends und Interessen reflektierten. Eine Gruppe Handballspieler ging als «Tenedo Nova» eigene Wege und wurde zur Basis der Guggenmusik «Se Barzlis» und später des Pétanque-Clubs. Die Gründung des Kammerchors Zurzach geschah nicht zur Konkurrenzierung der bestehenden Vereine, sondern zur Schliessung einer Marktlücke im Bereich der gehobenen Gesangskultur.

Trotz der vielen Rückschläge fiel der Kur- und Bezirkshauptort nicht in die frühere «Kulturleere» zurück. Die Gemeinde verfügte über eine beträchtliche Zahl neuer oder sanierter Lokalitäten, die geradezu nach kultureller Nutzung riefen. So waren es denn auch mehr und mehr auswärtige Gruppen, die sich um Auftritte in Zurzach bemühten. Auf privater Basis entwickelte Hugo Ammann sein «Schloss Bad Zurzach» zu einem Kulturzentrum eigener Prägung (Eröffnung 1978). Ebenfalls dank privater Initiative entstand 1971 die Galerie «zum Elephanten» im Oberflecken. Mit der Unterstützung durch die Stiftung für Kuranlagen wurde sie zur Dauereinrichtung. Sie wird seit 1975 von Alois Hauser geführt. An der Nahtstelle zwischen Flecken und Badbezirk wurde 1985/1987 das Kurgästehaus gebaut. Gleich daneben bekam das Bezirksmuseum (in zwei Etappen eröffnet 1987/1989) nach zweimaligem Umzug im Fulgentiushof seine definitiven Räume und durch Elias Stieger und Alfred Hidber eine vorbildliche Gestaltung.

Das Kulturprozent blieb erhalten und entwickelte sich mit dem wachsenden Wohlstand zu einem soliden finanziellen Fundament. Dieser Rückhalt erlaubte es, grosszügig Programme zu entwerfen und auch etwa Risiken einzugehen. Mit dem «klassischen» Einschlag hatte die erste Kulturkommission eine klar erkennbare Linie gesetzt und auf diese Weise ein ganz bestimmtes Publikum angesprochen und begeistert. Die Kulturmacher der Siebzigerjahre mussten sich einem veränderten und erweiterten Kulturbegriff stellen. Einem Kulturbegriff, in dem auch die Interessen breiterer Volksschichten und jüngerer Altersklassen Platz fanden. Das führte etwa zu Diskussionen und Reibungsflächen zwischen «Konservativen» und «Progressiven».

Der Zurzacher Veranstaltungskalender der Achtziger- und Neunzigerjahre widerspiegelt die ganze Vielfalt herkömmlicher und neuer Kulturangebote. Die traditionellen Gesangsvereine bekunden zunehmend Mühe, sich neben neuen Gruppierungen zu behaupten. Der an der Bezirksschule tätige Musiklehrer Hans Hildering trat am 21. September 1969 erstmals mit seinem Kammerchor Zurzach vor die Öffentlichkeit. Der Verein besteht heute noch und pflegt auf hohem Niveau das Musikgut aus Barock, Klassik und Romantik. Es gelang ihm, so namhafte Dirigenten wie Karl Grenacher, Dirk Girod, Urs Stäuble und Matthias Heep zu verpflichten. Die Chormitglieder kommen aus der ganzen Region mit Einschluss einer starken Vertretung aus der deutschen Nachbarschaft.

Eine ganz andere Richtung pflegt die in neuester Zeit entstandene Gesangsgruppe der Francy Pancys. Ihr Repertoire stammt aus der modernen Unterhaltungsmusik von

14 Ausstellung zum Thema Zurzacher Messe im 1987 eingerichteten Museum Höfli. Museumsgestaltung Elias Stieger.

15 Szene aus «Yvonne, die Burgunderprinzessin», Theatergruppe LATZ, 2001.

den Schlagern bis zu den Musicals. Sporadisch treten auch etwa zwei Gospel-Gruppen auf. Das musikalische Jahresprogramm der Gemeinde wird zudem regelmässig durch die Auftritte der Musikschule ergänzt. Schliesslich erfuhr auch die Zurzacher Theatertradition mit der Gruppe «LATZ» (Laientheater Zurzach) eine Neubelebung. Sie pflegt erfolgreich den Typus der unterhaltenden Kleinbühnen-Programme.

Mit der Werkabteilung der Kleinklassen begründete Kurt Fischer die Serie der Open-Air-Veranstaltungen auf dem Kirchlibuck. 1989 wurde die Einweihung der neuen Rheinbrücke zum Anlass eines grossen grenzübergreifenden Festes. Es verstärkte die Kontakte nach drüben und regte zu weiteren gemeinsamen Unternehmungen dieser Art an. Das alljährliche Drehorgeltreffen mit Antiquitäten- und Trödelmarkt, die internationale Cadillac-Show und die regelmässigen Rad-Bädertouren über grosse Distanzen sind zu wichtigen Werbeträgern für den Kurort geworden. Neben der Kulturkommission und den Vereinen sind es vor allem die Fleckenbibliothek, die beiden Landeskirchen und die Volkshochschule, die ihre Beiträge zur Bereicherung des Kulturlebens leisten.

Abbildungsnachweise:
1, 2, 12) Männerchor-Archiv Museum Höfli.
5a) Foto im Besitz von Frau Leni Widmer,
5b) Repro aus: Trachten im Aargau, Aarau/Frankfurt a. M. 1985, S. 70.
6) Repro aus: Albert J. Welti, Die Heilige von Tenedo, Zürich 1943, S. 9.
8–10) Sammlung Büro Sennhauser Zurzach.
11) Repro aus: Badener Tagblatt vom 19. September 1994 (Foto Frank Reiser).
13) Foto A. Hidber.
15) LATZ, Laientheater Zurzach.
Alle übrigen: Museum Höfli.

Die Mundart von Zurzach in Geschichte und Gegenwart

Hans-Peter Schifferle

Einleitung

Seit 1500 Jahren, seit die Alemannen den Raum der heutigen deutschen Schweiz zu besiedeln begannen, wird auch in Zurzach die Sprache dieser germanischen Volksgruppe, das Alemannische, gesprochen. Eine lange Zeit kontinuierlicher Sprachentwicklung hat die heute in Zurzach gesprochene Mundart geformt. Dabei waren auch wechselnde äussere Einflüsse aus allen Himmelsrichtungen massgebend für diese Entwicklung.

Die Typologie der sprachwissenschaftlichen Einteilung von Mundarten basiert vor allem auf lautlichen und morphologischen Kriterien: Danach spricht man in Zurzach hochalemannisch wie im Hauptteil der deutschen Schweiz und einem breiten, von Westen nach Osten schmaler werdenden Streifen Baden-Württembergs (mit einer Nordgrenze, die etwa auf der Linie Freiburg–Konstanz verläuft und das Hoch- vom Niederalemannischen und von den eng verwandten schwäbischen Mundarten trennt). Solche Einteilungen sind für das Erkennen von sprachräumlichen Strukturen zwar wichtig, behandeln aber nur einen ganz kleinen Teil der ausgesprochen komplexen sprachlichen Wirklichkeit.

Ausgeblendet werden dabei meist gerade solche Phänomene, die sowohl den Sprachforscher als auch den Laien am meisten interessieren würden, etwa der besondere Tonfall (Intonation) einer Mundart oder der typische Sprechrhythmus (Tempo). Beides ist halt eindeutig schwieriger zu erforschen und zu beschreiben als Laut-, Formen- und Wortschatzphänomene. Und trotzdem steht der Hörsinn jedes Menschen gerade dem Tonfall und dem Rhythmus des Gesprochenen besonders offen, und er weiss mit feinstem Sensorium Eigenes von Fremdem zu scheiden.

Ein Beispiel für ein solches Phänomen möchte ich an den Anfang stellen: das heute kaum noch dem Begriff nach bekannte und so gut wie (oder doch noch nicht ganz?) verklungene so genannte *Tèère* (zur Schreibweise der Mundartwörter vgl. am Ende der Einleitung). So nannte man eine Sprechweise, die nach dem akustischen Eindruck als langsam und gedehnt oder – weniger schmeichelhaft – als schleppend, langfädig, schwerfällig und widerlich breit beschrieben wird. *En Tèèri* nennt man einen Mann, der so spricht, *e Tèère* eine Frau. Nach Ausweis des Schweizerischen Idiotikons[1] (Id. 13, 1011) war oder ist dieses *Tèère* charakteristisch für die Mundarten eines knappen halben Dutzends Orte der deutschen Schweiz, unter anderem für Engelberg, das Wäggital, für Marbach im Entlebuch und – im eindrücklich einhelligen Urteil der versammelten Umgebung – für Klingnau.

Mit der Sprache von Zurzach hat nun das *Tèère* insofern etwas zu tun, als aus Zurzach der älteste Beleg stammt, der für Klingnau die erwähnte Sprechweise reklamiert. Er dürfte in die erste Hälfte des 19. Jahrhunderts zurückgehen (mit grosser Wahrscheinlichkeit sogar auf die im nachfolgenden 3. Abschnitt angesprochene Wörtersammlung) und steht sicher in einem weiteren Textzusammenhang, der leider nicht überliefert ist. Er lautet lapidar: «Da die Klingnauer alle etwas singen oder deeren» (Id. 13, 1011). Den Klingnauern wird hier etwas nachgesagt, von dem man sich abgrenzt. Angaben über das Klingnauer *Tèère* bin ich noch 1980 bei verschiedenen Gewährsleuten in Döttingen und Koblenz begegnet. Sie konnten es auch imitieren, indem sie die Vokale zerdehnten, dabei das *a* ganz hell (fast wie ein *ä*) ertönen liessen und z. B. das Wort *Schiissmaltere* – im Zeitlupentempo und unter Lachen – als *Schiiissmääältere* zum Besten gaben. Ein Urteil über die Sprechweise anderer vermittelt immer auch eine Einschätzung der eigenen. Die Leute aus Zurzach, Döttingen und Koblenz sagen damit implizit, dass sie anders sprechen, weniger «breit», vermutlich «schöner» und eben auf gar keinen Fall etwa *tèèrig*.

Solche Einschätzungen basieren einerseits auf einem feinen Gespür für kleinräumige sprachliche Unterschiede, ein Gespür, das natürlich besonders dort entstehen kann, wo Menschen ein Leben lang am selben Ort wohnen und ihr Dorf und seine Nachbarorte von Kindheit an kennen. Anderseits zeugen diese Urteile aber auch von einer wohl universellen Freude am Spott über die Nachbarn, ein Spott, der die eigene Position völlig ausblendet. Es ist nämlich so, dass ich die Sprechweise sowohl von Döttingerinnen und Döttingern als auch von Koblenzerinnen und Koblenzern, die ich über das Klingnauer *Tèère* spotten hörte, nicht anders als ebenfalls ausgesprochen *tèèrig* bezeichnen kann. Es verhält sich offenbar beim Beurteilen von Sprechweisen gerade so wie beim Beurteilen anderer menschlicher Eigenschaften: Dort, wo eigene Fehler oder das, was einem an sich selbst am wenigsten gut gefällt, bei andern wahrgenommen wird, da wird es als besonders störend empfunden und absolut schonungslos kritisiert.

Es ist wohl kein Zufall, dass die angesprochene sprachliche Ortsneckerei zuerst aus Zurzach belegt ist. Das bis in die jüngste Zeit recht schwierige Nachbarschaftsverhältnis zwischen Zurzach und Klingnau dürfte zu allen Zeiten Anlass zu ähnlichen Spöttereien auch aus anderen Lebensbereichen gegeben haben. Eine davon ist sogar literarisch überliefert. In einem handschriftlichen Büchlein mit altschweizerischen Scherzreden und Sprüchen – es trägt den Titel «Kurtzweilige Schimpf- und Glimpfreden, observiert Anno 1652» und befindet sich in der Bibliothek des Schweizerdeutschen Wörterbuchs in Zürich – steht bereits als zweite Nummer die folgende Bosheit:

> Zu Zurzach war einer in seinem Todtbeth gfraget, ob er jedermann verzeichen und vergeben wöll. Der antw[ortet]: «Ja, jedermann, außgnommen dem Klinglauwer Wyn (ist nit weit von Zurzach), der ist wegen seiner Süry ein Ursach, daß ich da todtkranck lig und gar sterben muß. Bringt mich also umb mein Leben. Wie solt ich ihms können verzeichen?»

Aber zurück zur Mundart: Das einleitende Beispiel mit dem *Tèère* soll zeigen, dass die sprachliche Auseinandersetzung mit der Umgebung und der Nachbarschaft eben wesentlich zur Mundart und zu ihrer lokalen Gebundenheit gehört und dass das Wissen um die Benennung von Orten und von Besonderheiten der Menschen der nächsten Umgebung von Zurzach ein Schatz ist, den jede Zurzacherin und jeder Zurzacher selbst besitzt.

Dass man *Choblez* sagt (oder sagte) und *Riete, Tüenge, Riine, Chadelburg* (oder respektloser *Chaselburg*) und dass man auch in Zurzach (wie anderwärts) die Würenlinger als *Teemöckler* oder *Teemöcke* kennt, das sind Dinge, die eben nur Einheimische genau wissen. Der Mundartforscher kann auf diesen Schatz lediglich aufmerksam machen und ihn ins Bewusstsein rücken.

Meine eigene Optik ist dabei diejenige des Nachbarn von *äänet em Achebèèrg,* der zwar die Mundarten des Zurzibiets und seiner badischen Nachbarschaft gut kennt, das heutige Zurzacherisch aber nur punktuell aus eigenem Erleben. Ich präsentiere deshalb im Folgenden vor allem Daten und Ergebnisse aus mehr oder weniger weit zurückliegenden Zeiten; auch meine eigenen Untersuchungen der Mundarten des Surbtals, des Kirchspiels und der Umgebung von Waldshut liegen zwanzig Jahre zurück. Aus der Differenz zwischen diesen Daten und dem heutigen Zurzacherisch kann man ansatzweise den Mundartwandel erkennen, den heute viele mit Verlust gleichsetzen. Ein Ziel dieses Beitrags ist es deshalb auch, zu zeigen, dass Veränderungen wesenhaft zur Sprache gehören und dass die

Ausdrucksvielfalt der Mundart ganz zentral auch mit dem Phänomen des Sprachwandels verknüpft ist.

Für viele wertvolle Hinweise auf Zurzacherisches danke ich Frau Hedy Hauser-Keller, einer Zurzacherin, die – obwohl seit Jahrzehnten auswärts lebend – eng mit dem Flecken und seiner Mundart verbunden blieb.

Zur Mundartschreibung: Mundartliches steht kursiv. Die Schreibweise orientiert sich an Eugen Dieth, Schwyzertütschi Dialäktschrift, Zürich 1938. Vokallänge wird durch Doppelsetzung des Vokalzeichens markiert. Einfacher Vokal bezeichnet Kürze. Akzente über den Vokalen (*ì, è, ù, ò* usw.) bezeichnen offene Vokalqualität; sie werden nur nach Bedarf und nach Möglichkeit gesetzt (z. B. *nììd* «nicht» vs. *Niid* «Neid»; *Zùùg* «Zug» vs. *Buuch* «Bauch»; dabei tönt *nììd* wie *need*, *Zùùg* wie *Zoog*, Schreibungen, die deshalb vermieden wurden, weil sie Konflikte mit andern Lautwerten provozieren). *ä* bezeichnet ausschliesslich den ganz offenen Vokal, wie er in Zurzach z. B. in *Wätter, Rääge* zu hören ist. Davon unterschieden ist der halboffene e-Laut in Wörtern wie *Mèèl, gèèl*. *ei* bezeichnet die Diphthongqualität, wie sie in Zurzach bei *frei* «frei», *schneije* «schneien» gesprochen wird, *äi* diejenige, die in *eläi, äifach* vorkommt.

Zurzacher Sprache des 16. Jahrhunderts in Frauenbriefen

Seit dem Ende des 13. Jahrhunderts wurde auch in Zurzach immer mehr deutsch geschrieben: Urkunden, Urbare und weitere Textarten, vor allem Rechtstexte. Nichts davon ist aber in der seinerzeitigen Mundart abgefasst, sondern in der spätmittelalterlichen Schreibsprache unserer Gegend, die allerdings viele mundartnahe Elemente aufweist und noch keineswegs als eine streng normierte Schriftsprache verstanden werden darf. Meist ist es möglich, solche Texte aufgrund ihrer sprachlichen Merkmale grossregional einzuordnen, sodass man etwa einen Schaffhauser, einen Zürcher oder einen Basler Text ziemlich eindeutig lokalisieren kann. Eigentlich mundartliche Texte gibt es aus dieser Zeit keine. Solche reichen kaum je weiter als ins 18. Jahrhundert zurück.

Es ist für Zurzach, seine Geschichte und besonders für seine Sprachgeschichte ein ausserordentlicher Glücksfall, dass sich in der jetzt fast vollständig edierten Briefsammlung der Basler Gelehrtenfamilie Amerbach[2] eine grosse Anzahl von Privatbriefen von zwei Zurzacherinnen erhalten haben, die vor nun beinahe 500 Jahren geschrieben worden sind. Es handelt sich dabei um 55 Briefe von Amalie Rechburger (geboren 1481) und um acht Briefe ihrer älteren Schwester Elsbeth, einer verheirateten Münzer. Die beiden Frauen, die mit vielen weiteren Geschwistern in Zurzach aufgewachsen waren, stammten aus einer ursprünglich in Koblenz beheimateten Familie des niederen Adels. Ihr Vater, Lüti Rechburger, war um die Mitte des 15. Jahrhunderts Obervogt in Klingnau. Die Briefe wurden im Zeitraum zwischen 1510 und 1561 geschrieben und sind fast ausschliesslich an den berühmten Basler Rechtsgelehrten Bonifacius Amerbach (1495–1562) adressiert, mit dem die Schreiberinnen verschwägert waren. Ihr Bruder Jakob (1480–1542) hatte sich als Gewürzkrämer in Basel niedergelassen und dort die Schwester von Bonifacius (Margarete Amerbach, 1490–1541) 1506, als Sechzehnjährige, geheiratet.

Die Briefe sind durchwegs privater Natur und beschäftigen sich in erster Linie mit Familienangelegenheiten. Besonders Amalie wird in diesen Selbstzeugnissen als Person in vielen Lebensbereichen und Rollenfunktionen fassbar. Als äusserst lebendige und engagierte Schreiberin lässt sie den Kontakt zum verehrten jüngeren Schwager ein Leben lang nicht abreissen und kümmert sich, selbst unverheiratet geblieben, mit mütterlichem und nie erlahmendem Interesse um ihre Basler Verwandtschaft und um die Kinder ihres Bruders und später auch um deren Nachkommen. Bonifacius und seine Familie bittet sie vor allem immer wieder – oft trickreich und schalkhaft –, sie doch in Zurzach zu besuchen. Die katholisch gebliebene Amalie setzt sich auch in temperamentvollem Disput mit ihren reformiert gewordenen Verwandten auseinander und bietet ihre Hilfe in den schlimmen Zeiten der Pest an, von der Basel in diesen Jahrzehnten mehrfach heimgesucht wird.

Aus sprachwissenschaftlicher Sicht sind diese Privatbriefe in erster Linie deshalb von so grossem Interesse, weil es sich um eine zu dieser Zeit noch recht seltene Textsorte handelt, die viel Alltagswortschatz enthält, der sonst kaum

---

[1] Schweizerisches Idiotikon. Wörterbuch der schweizerdeutschen Sprache. Begonnen von Friedrich Staub und Ludwig Tobler, fortgesetzt unter Leitung von Albert Bachmann u. a., Frauenfeld 1881 ff. [bisher erschienen: Bände 1–15 (A– bis W–m), Band 16 in Lieferungen erscheinend]. In den nachfolgenden Verweisen kurz als «Id.» bezeichnet, mit anschliessender Bandnummer und Spaltenangabe.

[2] Die Amerbachkorrespondenz. Im Auftrag der Kommission für die öffentliche Bibliothek der Universität Basel bearbeitet und herausgegeben von Alfred Hartmann [Bände 1–5] und Beat Rudolf Jenny [ab Band 6]. Basel 1942 ff. [bisher erschienen: Bände 1–10, Briefe der Jahre 1481 bis 1558].

schriftlich fixiert worden war. Obwohl die Sprache der Briefe nicht die Mundart ist, ist sie – und das betrifft sowohl den Lautstand als auch die Morphologie, die Syntax und den Wortschatz – oft sehr mundartnah. Sprechsprachliches ist in den Texten omnipräsent, besonders auch deshalb, weil die Briefe von Frauen stammen, deren Deutsch – anders als dasjenige vieler humanistisch gebildeter Männer der Zeit – nicht durch das Latein beeinflusst und beeinträchtigt war. Inwieweit solche sprechsprachlichen Elemente regional oder gar lokal fixierbar seien, interessierte mich bei der Analyse der Briefe besonders. Oder anders gefragt: Welche sprachlichen Elemente von Amalie und Elsbeth lassen typisch Nordostaargauisches oder eben Zurzacherisches erkennen, das den damaligen Dialekt reflektiert?

Um eine Vorstellung von der Sprache der Frauen zu vermitteln, sollen im Folgenden einige Textproben kommentiert werden. Alle gewählten Ausschnitte sind dazu geeignet, Einblicke in die Alltags- und Gefühlswelt von Frauen des 16. Jahrhunderts zu eröffnen, wie sie sonst kaum möglich sind. Besonders auch für verschiedenste volkskundliche Forschungsbereiche sind die Texte eine wahre Fundgrube. Wo nicht anders erwähnt, stammen die Briefausschnitte von Amalie.

> Man hat unsser orgellen hie verdingt, fast tür, und darin macht man zingen und bagen und brossun und hölze gelechter und sibanarley fogellgesang: ein nachtgal, ein amsla, ein trostlan, ein distelfogel, ein meisly und ropbrüstly und ein storcken – ich dar nit me lügen, es ist zuo fer in der fasten. Doch ist dan nocht etwass an der sach [...] Lieber, kömend her uff. Wird sy, als sy meinend, so werdend ir guott ding hören.
> (Nr. 515 vom 7. März 1515)

Diese kleine Orgelgeschichte ist ganz typisch für den Stil von Amalie. Es geht ihr – wie so oft in ihren Briefen – eigentlich darum, Bonifacius nach Zurzach zu locken. Sie berichtet, man habe eine neue Orgel in Auftrag gegeben, und zwar für teures Geld. In den höchsten Tönen preist sie das im Werden begriffene Instrument, indem sie eine Reihe von angeblich geplanten Registern aufzählt: Zinken, Pauken, Posaunen (alle drei Wörter in damals auch sonst belegten Formen), ein so genanntes hölzernes Gelächter (alter Name für das mit hölzernen Klangstäben gebaute Xylophon; Id. 2, 1267) und schliesslich sieben verschiedene Vogelstimmenregister. Die einzelnen Vogelnamen sind in ihrer damaligen Mundartform wiedergegeben, in der sie auch heute noch ohne weiteres verständlich sind. Nur soviel dazu: *Dischtelvogel* ist laut Id. 1, 697, die auch aus dem Aargau belegte ältere Bezeichnung des Distelfinks, «Storken» eine typisch sprechsprachliche, im Dativ Singular erstarrte Form von Storch, die heute nur noch im Wirtshaus- oder Hausnamen Storche erhalten ist.

Am Ende der fantastischen Aufzählung hält Amalie inne und schreibt: «Ich darf nicht weiter lügen, die Fastenzeit ist schon zu weit fortgeschritten. Es ist aber dennoch etwas an der Sache [...] Lieber [Bonifacius] kommt doch herauf [nach Zurzach], wenn sie [die Orgel] so wird, wie sie sagen, dann werdet Ihr eine gute Sache hören.» Wortgeschichtlich interessant sind in diesem letzten Abschnitt vor allem die folgenden Dinge: 1. die Verbalform «ich dar» (ich darf), die in der Ostschweiz und im nahen Klettgau noch heute vorkommt (man denke an *Taar da da? Ja, da taar da. Da da da taar!*), 2. das alte Mundartwort *feer* (weit), das noch aus dem 19. Jahrhundert aus dem Aargau belegt ist (*bi wit und feer,* bei weitem; Id. 1, 912), 3. die einst verbreitete alte Fügung *i de Faschte* (in der Fastenzeit; Id. 1, 1113), die ich selbst noch im Studenland und im Surbtal gehört habe, 4. das Verb *mäine* in einer heute nur noch selten zu hörenden Bedeutung (seine Meinung äussern, sagen, bemerken, besonders bei Anführung der Worte eines Dritten, z. B. *Er häd g'mäint, mer selid efeng gòò;* Id. 4, 311).

Weiterführende sprachliche Analysen dieser Art ergeben – etwas verkürzt auf einen Nenner gebracht – immer wieder ein ähnliches Bild: Es ist ein Leichtes, Mundartliches und Sprechsprachliches zu entdecken. Dabei entsprechen die Lautungen und Wortformen im Wesentlichen dem, was die historische Mundartgeographie für den Raum Zurzach erwarten lässt, wenn sie auch kaum je wirklich eng oder genau auf Zurzach hin lokalisierbar sind. Bei vielen Wortschatzphänomenen ist hingegen selbst eine solch unscharfe Lokalisierung nicht zu leisten. Der Hauptgrund dafür ist der, dass die historische Wortforschung über ungleich viel weniger Vergleichsmaterial verfügt als die historische Laut- und Formenlehre. Eine andere Stelle aus dem bereits oben zitierten Brief kann dieses relativ häufige Problem gut illustrieren.

> Ich hab verstanden, üwer risstag gang ouch hindersich; es ist mit unsserem risstag ouch also gangen.

Das heisst: «Ich habe verstanden, euer Tanztag gehe zurück (*hìnderzi*, d. h., er nehme ab); es ist mit unserem Tanztag auch so gegangen.» Die Aussage ist etwa so zu verstehen, wie wenn heute jemand sagte: «Mit der Fasnacht ist es auch nicht mehr dasselbe wie früher.» Amalie schreibt dies an den damals in Freiburg im Breisgau studierenden Bonifacius. Dieser dürfte den Begriff «Risstag» in den Diskurs eingebracht haben, wobei nicht klar wird, ob er sich auf einen «Risstag» in Freiburg oder in Basel bezieht. Amalie greift das Wort ganz selbstverständlich auf, auch sie kennt es offensichtlich. Es ist dies der älteste bekannte Beleg für das Wort, das sonst einzig im schweizerdeutschen Wörterbuch verzeichnet ist, und zwar erst mit Belegen aus dem 19. und 20. Jahrhundert als *Reestag* für Appenzell und für Marbach im St. Galler Rheintal (allgemeiner Tanztag, von denen es eine bestimmte Anzahl gab, meist vier pro Jahr; Id. 12, 990). Nach meinen Erkundigungen ist das Wort an den beiden letztgenannten Orten noch relikthaft bekannt. *Riis* – man denke auch an die gängige Zusammensetzung *Chegelriis* – bezeichnet einen abgegrenzten, markierten Platz, den Platz, wo die Kegel aufgestellt werden, oder eben den Tanzplatz. Aufgrund des beschriebenen Befundes ist davon auszugehen, dass «Risstag», das später nur noch in einem engen Bezirk der östlichsten Schweiz bekannt ist, im 16. Jahrhundert eine sehr viel weitere Verbreitung gehabt hat und dass es sich später sozusagen zurückgezogen hat.

Vergleichbare Befunde ergeben sich in den Rechburger-Briefen auf Schritt und Tritt: Es kommen Wörter vor, die in späterer Zeit nur noch in kleineren, meist alpinen Zonen nachzuweisen sind. Man nennt solche Wörter Reliktwörter. Die areale Gliederung des Wortschatzes im heutigen Schweizerdeutschen ist wesentlich mitgeprägt durch dieses Phänomen der Reliktstaffelung. Damit ist auch gesagt, dass frühere Wortlandschaften oft grossräumiger waren und einfacher strukturiert als spätere. Wegen des zahlenmässig grossen Vorkommens von sonst schwach oder gar nicht belegten Wörtern bieten die Zurzacher Frauenbriefe eine ausserordentlich reichhaltige Quelle für die historische Wortforschung. Sie ermöglichen immer wieder völlig neue Detailerkenntnisse, speziell auch zur zeitlichen Dynamik der angesprochenen Prozesse. Noch ein Beispiel dafür sei am folgenden Textausschnitt expliziert:

> Ich vernem gern, wie sich die österlich zit het angelassen in üwerem hertzen, ob ir Emaus gesucht haben selbander oder enlein.
> (Nr. 581, April 1517?, Elsbeth an Bruno Amerbach)

Der erste Teil erfordert keine Erläuterung, seine genaue Bedeutung wird aber erst vom Verständnis des zweiten Teils aus ganz klar. Dieser ist erklärungsbedürftig: Die Fügung «Emmaus suchen», nach dem Spaziergang der zwei Jünger mit Christus (Luk. 24, 13 ff.) so benannt, muss einen ähnlichen Brauch bezeichnet haben, wie er im Schweizerdeutschen Wörterbuch unter dem Stichwort *emause, emäusle* aus dem 19. Jahrhundert für die Innerschweiz belegt ist (am Ostermontag familienweise einen vergnüglichen Ausflug machen, *go eemause goo*; Id. 1, 221). Elsbeth, die im weiteren Kontext die wechselnden Liebschaften ihres Briefpartners anspricht, bezieht sich mit der Ergänzung «zu zweit oder allein» in offensichtlich ironisch-anzüglichem Ton darauf. Die Zurzacherin braucht «Emmaus suchen» und geht davon aus, dass es vom Basler Adressaten verstanden wird. Die Fügung muss demzufolge im 16. Jahrhundert weit über den Bereich der Innerschweiz hinaus verbreitet gewesen sein.

Als zusammenhängende Textprobe lasse ich nun eine aus den Briefen von Amalie extrahierte vollständige Liste der verschickten Objekte folgen. Es handelt sich also um alle Textstellen, in denen die für Bonifacius oder für seine Kinder Faustina, Juliana und Basilius mitgeschickten Dinge explizit angesprochen werden. Die Verbalisierung des Verschickten in den Briefen hat einerseits eine Garantiefunktion, nämlich sicherzustellen, dass der Überbringer das Mitgeschickte dem Adressaten auch ausliefert. Andererseits ist sie aber auch eine sprachliche Geste des Schenkens, die das verschickte Objekt in einen Beziehungszusammenhang bringt und die Haltung und die Absicht des Schenkens deutlich macht.

Die Geschenke sind Näh- und Stickarbeiten, Kinderspielzeug, Gebäck, selbst gefertigte Arzneien (oder genauer Hausmittelchen, z. B. die zweimal erwähnte Meerrettichlatwerge), Pflanzensamen, römische Münzen und andere Kleinigkeiten. Für die meisten der im Folgenden angesprochenen Wörter können genaue Sachzuweisungen gemacht werden, bei einigen gelingt das aber nur noch annäherungsweise. Meine Erläuterungen dazu beschränken sich auf das Nötigste. Zu fast allen könnte man lange Wort- und Sachgeschichten schreiben, die den Rahmen dieser Arbeit aber sprengen würden. Auch so dürfte aber der Reichtum, der in diesen Texten steckt, einigermassen zu vermitteln sein.

---

[3] «Fazenletly» sind Taschentücher, zumeist bestickte, die speziell unter Verliebten und im Hochzeitsbrauchtum verschenkt wurden (Id. 1, 1144). Amalie schreibt, es sei das zweite, das sie gemacht habe (= das erste ohne eins bzw. ausser einem). Zur damaligen Aussprache des Wortes vgl. weiter unten in diesem Abschnitt.

Ich schick üch by zöger diss brief ein fazenletly[3]. Hab ich gemacht und ist das erst an eiss.
(Nr. 508 von 1514)

Ich hab üch üweren kragen anfachen machen, wil in üch in der mess schicken. Aber wend ir die fazenletly haben, so müssend ir sy hie hollen.
(Nr. 815 vom 19. Okt. 1521)

Ich schick üch hie üwer hemd. Das ist werlich nit nach minem sin und üch fil zuo schlechtt zuo tragen. Ich bit üch aber fast früntlich, ir wellend es nit verschmachen und von min wegen haben. Ich hab es werlich zu disser zit nit mögen besser machen, wiewol ich lang daran hab geneit, so ist mir die zit dennocht zu kurz worden.
[Postskript:] Ich schick üch ein nachthübly, hangat an dem hemd. Es facht an kalt werden.
(Nr. 824 vom 11. Nov. 1521)

Grüzend mir [...] das herz holzselig Basiliusly und Fasttinly. ich schick inen beden gupfen[4], das sy mit einanderen kurzwillend.
(Nr. 2457 vom 20. Nov. 1541)

Ich schick in [den Kindern] ein wenig dirgely[5].
(Nr. 2468 vom 9. Febr. 1542)

Ich schick üch üweren kinden III seckell[6]. bassilius sol die wal haben.
(Nr. 2577 vom 4. Sept. 1543)

Ich schick dir 1 dozatt nestel[7].
(Nr. 2579 vom 14. Sept. 1543, an Basilius)

Ich schick üch hie ein heidischen pfengig[8]. ist in disser wuchen in unsserem hanf acker funden. ich wett gern wussen, wie alt er wer.
(Nr. 2629 vom 20. Mai 1544)

Ich schick üch hie ein ledly[9] mit merrettich lattwergen, das sond ir essen, wen ir ettwass hand gessen, das üch we tutt, so nemend einer nuss gross und trinckend und essend nit mer 1 stund, so werdend ir inen, das es üch wol wirtt tuon. Wen es üch woll wett tuon, so lond mich wussen, so wil ich uf ostren mer machen.
(Nr. 2771 vom 23. Dez. 1545)

Ich welt gern sech[en], wie gross iunckfrow fasttin were[n] [...] ich schick iren und iunck[f]row iullionen ein zwirnatten mintss faden[10] und Bassilius ein lebkuochen, das sy üch arbitend, das ir mitt inen har kumend.
(Nr. 2963 vom 21. Juni 1547)

Ich schick üch hie ein bülfer[11]; do sond ir ein lott imber gestosen, guotten, under das bulfer tuon und nemend ein mass des besten win, wisen, so ir hand, und tuond das bulfer als dar in mit dem imber und rürend es under ein andren und lond es ein tag stan; dar nach trinckend alle tag iij eslofel fol nüchter uss viiij tag, so sind ir sicher ein halb iar [...] Ich schick üch ein heidischen pfenigly.
(Nr. 3393 vom 22. Jan. 1551)

Ich schick iunfrowen Iulion ein lebkuochen zuo eim guoten iar[12]. Ich schick üch ein wenig merretich latwerg. Ich weiss wol, das ir sy beser hand, dan ich. So sy üch gefi[e]lly, lond mich wüssen. Sy ist guot. Wen ir etwass getruncken oder geessen hetind, das üch schuody, so esend einer nuss grös und ein stund dor uf nitt trinnckend noch esend [nitt dor uf], so gat es üch hin weg.
(Nr. 3963 vom 29. Dez. 1555)

Ich schick üch hie bruderly samen[13]; so man zü nacht und frü iij kornly isatt, ist fast gütt fur den schlag; üwer iunckfrow sol ein bleczly seien; gitt fast ein güten salatt; es ist noch frü gnüg.
(Nr. 4202 vom 16. Aug. 1557)

Nach diesen Textbeispielen soll kurz aufgezeigt werden, wie es möglich ist, damalige Ausspracheformen bzw. Mundartlautungen anhand von Schreibformen genauer zu erfassen. Am besten kann ich dies an einer bestimmten Schreibgewohnheit tun, die bei beiden Frauen vorkommt, hier aber nur mit Beispielen von Amalie erläutert werden soll. Es geht um die Frage, inwieweit Amalie geschriebenes «-en-» auch tatsächlich mit *n* ausgesprochen hat, in ihrem eigenen Vornamen zum Beispiel, den sie selbst über fünfzig Mal in völlig identischer Schreibung als «Amenly Rechburger(in)» an den Schluss ihrer Briefe setzt. Sie unterschreibt nur in ihrem letzten Brief mit «Amelia», was einer Vollform gleichkommt, die hier nicht weiterhilft. Helfen können aber Graphien in anderen Wörtern, die eine ähnliche phonotaktische Struktur aufweisen, z. B.

«bodengran»	für Podagra	(Nr. 433 von 1510; Nr. 824 von 1521)
«testement»	für Testament	(Nrn. 4202 und 4228 von 1557)
«dispentieren»	für disputieren	(Nrn. 4265 und 4290 von 1558)
«zurczenmarck»	für *Zùùrzimèèrkt*	(Nr. 485 von 1513)

In allen diesen Wörtern ist das geschriebene «n» der Mittelsilbe unorganisch, das heisst, es ist bei ihnen genetisch nicht vorhanden und hat sich erst sekundär eingestellt. Wenn man nun weiss, dass Schweizer Kinder bis heute beim Hochdeutschschreiben hyperkorrekte Formen produzieren wie «Papengei» für Papagei und «Ovenmaltine» für Ovomaltine oder Sätze wie «Kommen Sie numen gogen lugen», so erkennt man sofort, dass darin das gleiche Verschriftungsprinzip wie bei Amalie vorliegt, dass nämlich unbetontes *e* (oder seltener *i*) der gesprochenen Sprache beim Schreiben durch «en» wiedergegeben wird. Der einzige Unterschied zwischen Amalie und heutigen ABC-Schützen liegt dabei darin, dass Amalie für diese Schreibungen nie korrigiert wurde. Sie kommen auch in andern Texten dieser Zeit gelegentlich vor, und Rechtschreibnormen im heutigen Sinn gab es ja nicht.

Vor diesem Hintergrund wird es also ganz klar: Amalie nennt sich *Amelii* (mit dem Hauptakzent auf der ersten Silbe, unbetonter Mittelsilbe und dem Nebenakzent auf der letzten Silbe). Die lautgesetzliche Nachfolgeform von *Amelii* ist für unsere Gegend übrigens *Amelei*, eine Form, die aus dem Schaffhausischen des 19. Jahrhunderts überliefert ist (Id. 2, 217), die man aber bestimmt auch im Zurzibiet hören konnte.

Anhand der vergleichenden Betrachtung der «-en»-Graphien kann auch eindeutig nachgewiesen werden, dass Amalie die «fazenletly», die Taschentücher also, die in ihren Briefen mehrfach vorkommen, eindeutig *Fazelettli* nannte, und nicht etwa *Fazenettli*, wie das Wort später auch in unserer Region ausschliesslich lautete (vgl. Id. 1, 1144). Das mit der Sache aus dem norditalienischen Raum importierte Wort *fazzolet(to)* – übrigens als solches schon eine diminutivische Form – erhält bei uns schnell ein zusätzliches verkleinerndes *-li*. Die beiden aufeinander folgenden *l* (die 3. und 4. Wortsilbe eröffnend) wurden dann dissimiliert, d. h., aus *Fazzelettli* wurde *Fazenettli*, eine Aussprache, die offenbar schweizerdeutschen Sprechwerkzeugen besser liegt als die ursprünglichere. Amaliens Form *Fazzelettli* ist – einmal mehr als Relikt – im 19. Jahrhundert nur noch für Orte im Bündnerland belegt, überall sonst hatte sich *Fazenettli* durchgesetzt.

Textausschnitte, die um das Thema einer Achenbergbesteigung kreisen, sollen den kurzen Gang durch die Rechburger-Briefe abschliessen. Es ist ein erinnerter Ausflug auf den Achenberg – Amalie schreibt «Machenberg» u. Ä., die in älterer Zeit allein belegte Namenform mit anlautendem *m* –, der den Briefzeugnissen zufolge überhaupt den einzigen Moment darstellt, in dem Amalie und Bonifacius im direkten Kontakt reflektiert werden. Er hat vermutlich nur kurze Zeit vor seiner ersten Erwähnung, 1513, stattgefunden. Der achtzehnjährige Bonifacius, offenbar etwas unpassend gekleidet, und die vierzehn Jahre ältere Amalie, begleitet vom Stiftskustos, beim Aufstieg

---

4   Eine genaue Sachzuweisung ist für die «gupfen», die als Kinderspielzeug verschickt werden, schwierig. Ich denke am ehesten an ein Wort, das vom Verb *gupfe, güpfe* abgeleitet ist (aufjucken, emporschnellen; Id. 2, 392). *Gupfe* wären dann vielleicht Spielknöpfe im so genannten Flohspiel. *Gupfe* (f.) kann aber, wie auch *Gupf* (m.), «oberster, rundlicher Teil eines Gegenstands, Hutkuppe» bedeuten (heute fast nur noch bekannt als *Gupf* vom Ei; Id. 2, 390).

5   «Dirgely», die verkleinerte Form von *Tirggel* (m.), bezeichnet hier ein Kleingebäck, vielleicht aus Anisteig, das aber nicht genauer bestimmt werden kann. Das bis vor kurzem in fast der ganzen deutschen Schweiz verbreitete Wort bezeichnete an verschiedenen Orten ganz unterschiedliche Kleingebäckarten und nicht nur die heute fast ausschliesslich damit gemeinten flachen *Züritirggel*, die man auch abschätzig *Helgebrättli* nennt (Id. 13, 1567). Amalie braucht in Brief Nr. 2673 vom 6. Dez. 1544 auch das Verb «dirglen», das man wohl am besten mit *guetsle* übersetzt: «Wett Gott, das [Eure Kinder] by mir werend, so ich dirglen wird, das wett ich für die gröst fröd haben.» Aus dem ganzen Zurzibiet ist übrigens ein davon abgeleitetes Wort, *en Tirggeli*, bezeugt (einer, der langsam, ungeschickt arbeitet; Id. 13, 1572).

6   «Seckel» (m.) ist unter anderem die einst fast allgemein verbreitete Bezeichnung für einen kleinen Beutel, besonders für Geld (Id. 7, 661).

7   Das Wort «Nestel» ist weitgehend synonym mit Bändel und bezeichnet verschiedene Arten von Schnürbändern und Riemen (Id. 4, 841).

8   «Heidischer Pfennig» u. Ä. ist die damals auch sonst belegte Bezeichnung für eine römische Münze; sie bezieht sich auf das Alter und meint «von den Heiden herrührend» (Id. 5, 1118).

9   Ein «ledly» ist eine kleine Lade; das Wort hat etwa die gleiche Bedeutung wie *Trückli* (Id. 3, 1057).

10 Beim «gezwirnten Münzfaden» handelt es sich vermutlich um eine Kordel zu einem Hals- oder Armbändchen, an das man eine Münze hängte. Solche Anhänger waren als Amulette weit verbreitet.

11 Das vorschriftsgemäss mit Ingwer und Weisswein zu verarbeitende und ebenso vorschriftsgemäss einzunehmende «Pulver» soll ein halbes Jahr lang vor der drohenden Pest schützen.

12 Neujahrsgeschenke, das so genannte *Guetjòòr*, ein Wort, das bis um 1900 noch allgemein bekannt war (Id. 3, 58).

13 Wohl als «Brüederlisamen» zu lesen. Gemäss den Angaben von Amalie muss es sich um den Samen einer Salatpflanze handeln, den man noch nach Mitte August aussäen konnte («üwer inckfrow sol ein bleczly seien» wäre in der Mundart etwa: *Euji Magd sel e Blätzli sääije*). Das Wort ist meines Wissens sonst nirgends belegt; meine Kollegin Ruth Jörg vermutete, dass Spätaussaat und Verwendung am ehesten an Rapunzel/Nüsslisalat (Valerianella locusta) denken lassen, eine Pflanze, für die es unzählige volkstümliche Namen gibt. Im Markgräflerland ist dafür übrigens die ebenfalls aus dem Bereich der nächsten Verwandtschaft bezogene Bezeichnung *Töchterli* belegt (Badisches Wörterbuch 1, 492).

zur unmittelbar hinter dem Flecken aufragenden Höhe des Achenbergs: eine Gesellschaft, welche die Neugier der Leute geweckt hat. Die Erinnerung an diese Bergpartie taucht im Abstand von mehreren Jahren, insgesamt sechs Mal, in den Briefen auf. Sozusagen etappenweise wandelt sich diese Erinnerung zum Mythos. Es sind Textausschnitte, die in ihrer Gesamtschau mehr über die eigenartige Beziehung zwischen diesen beiden Menschen aussagen können als alles andere. Amalie spricht mehrfach von einer Wiederholung des Ausflugs, auch der Chronist Ägidius Tschudi wird als Begleiter in Aussicht gestellt. Und noch als bald Achtzigjährige behaftet Amalie Bonifacius darauf, er habe ihr versprochen, noch einmal mit ihr auf den Achenberg zu steigen.

> Wen ich den den Hochen berg ansich, so wünsch ich üch dar, das ich üch sech kleteran mit dem langen rock. Man hat ünss in den hüsseren gesehen stigen.
> (Nr. 485 vom 26. Aug. 1513)

> Ich lass üch wussen, das der her kuster, so mit üch und mir uf den machenburg gesteig ist, von disser zit ist gescheiden.
> (Nr. 1700 von ca. 1532)

> Wen ir ouch kumend, als ich hoff, so wend wir luogen, ob ir und ich noch den hochen berg mögend noch ufstigen, den wir ein mal uf stigend, uf den machen berg.
> (Nr. 2221 vom 5. Okt. 1538)

> Dan ich üch von herzen gern noch for mim tod zuo zurchach sechen wett, das ich mich mitt üch gnuog könt arsprachen und versuochen, ob wir noch möchtind uf den machenberg klimen, und das alle üwery kind by unss werend, so wird nitt so schnel mochtind hin uf kumen, das wir dan sy hin yf schickttind.
> (Nr. 2963 vom 21. Juni 1547)

> Ich lass üch wüssen, dass her lantfogtt Ylg Schudy uf sant Frenen tag by mir ist gesin [...] Do sagtt ich im, ich hoff, ir würdend zuo mir kumen. Do sprach er: «Wen ich es wusty, so wett ich ouch kumen.» Do sprach ich, ich welt im ein boten schicken, wen ir kemend. Ich sagtt im ouch, wie wir den Machenberg werend uf gestigen und ir so ein langen rock truogend. Wie sind ir im so lieb. Und kömend ir nit her uf, so muos ich lugenhaft stan.
> (Nr. 3963 vom 29. Dez. 1555)

> Üwer brief [...] hab ich wol gelesen und verstanden, besunder, das ir mit mir uf den Macheberg wellend, wie von alter har [...] Ouch ist mir, ich welt so starck sin, das ich uf den berg wurd stigen.
> (Nr. 4380 vom 6. Jan. 1559)

Nach allem, was wir wissen, hat Bonifacius sein im letzten Abschnitt aufscheinendes Versprechen nicht mehr eingelöst. Der letzte von Amalie geschriebene Brief trägt das Datum vom 14. Juli 1561. Bonifacius stirbt 1562. Das Todesdatum von Amalie ist nicht überliefert. In der unmittelbaren und seelenvollen Sprache ihrer Briefe wird diese Zurzacherin jedoch für alle Zeiten lebendig bleiben.

Eine Zurzacher Wörterliste aus den Jahren 1814/17

Das Manuskript trägt den Titel: «Beytrag z. Schw. Idiot. von F.J. Stalder. Aufgenommen in Zurzach i.d.J. 1814/17 von F.M.B.L.Ls». Geschrieben hat es ein lange Zeit als «Anonymus» bezeichneter Verfasser, dessen Identität mein Kollege Niklaus Bigler im Jahresbericht 1984 über das Schweizerdeutsche Wörterbuch klären konnte: Dem aus Zug stammenden Chorherrn des Zurzacher Stifts Franz Michael Maria Blunschi (1770–1831), der auch der «Gesellschaft für vaterländische Kultur im Aargau» angehörte, verdanken wir diesen ersten dialektologischen Beitrag zur Zurzacher Mundart und das erste Wörterbuch aus dem Aargau überhaupt.

Blunschi schrieb die Liste, wie ihre Überschrift besagt, als Beitrag zum ersten grösseren schweizerdeutschen Wörterbuch, dem «Schweizerischen Idiotikon» von Franz Josef Stalder, das 1806/12 erschienen war und für dessen Überarbeitung Stalder um Ergänzungen gebeten hatte. Wie andere lokale Wörtersammlungen kam das Manuskript in Stalders Besitz und wurde für die 1832 abgeschlossene Handschrift der zweiten Auflage ausgewertet. Aus Stalders Nachlass kam es dann ins Stadtarchiv Luzern und stand in den Siebzigerjahren des 19. Jahrhunderts auch der Redaktion des Schweizerdeutschen Wörterbuchs zur Verfügung, ist aber seit Jahrzehnten verschollen. Glücklicherweise wurde es genau ausgewertet, und Blunschis Wortartikel sind in die Publikation des seit 1881 erscheinenden grossen Wörterbuchs des Schweizerdeutschen eingeflossen, wo sie an der Sigle «AaZ. (und Umg.) 1815» oder «AaZ. (An.[onymus] 1815)» zu erkennen sind.

Die folgende Liste ist unvollständig. Es handelt sich im Wesentlichen um Lesefrüchte, die ich – zusammen mit

Niklaus Bigler – bei der Arbeit an unserem Wörterbuch zusammengetragen habe. Immerhin ist die Anzahl der hier präsentierten Wortbeiträge so gross, dass ein repräsentativer Einblick in Blunschis Sammlung vermittelt werden kann. Auch ist es möglich, deren Gesamtcharakter zu erkennen.

Es handelt sich um eine typische Idiotismensammlung, das heisst um Wörter und Redewendungen, die in der Hochsprache nicht vorkommen und die auch aus dem Alltäglichen des damaligen mundartlichen Sprachgebrauchs eher herausfallen. Ungewöhnliches und Auffälliges aus allen Bereichen wurde hier zusammengetragen. Von dieser Anlage her spielen Wörter des bäuerlichen und handwerklichen Alltags wie auch des kirchlichen und weltlichen Brauchtums nur eine bescheidene Rolle. Im Wesentlichen werden aus diesen Bereichen nur Archaismen behandelt (*Lugghuuffe, Nebenspiel, Tschäppeli, Turt, Underbändli* usw.). Sehr zahlreich sind dagegen Wörter, die menschliche Eigenschaften und Verhaltensweisen charakterisieren, und speziell Schimpfwörter. Eine besondere Vorliebe zeigt Blunschi schliesslich für Fremdwörter (*Schaffrette, tapiere*) und für Jiddisches (*Booser, Reifech, Schicksle*) und Rotwelsches (*Chlunt*).

Heutige Zurzacherinnen und Zurzacher – selbst die ältesten – wird der grösste Teil dieser Sammlung fremd anmuten. Vieles ist seither verschwunden. Trotzdem wird es für alle – wenn auch nur punktuell – ein Wiedererkennen oder ein Erinnern geben. Und einige der Wörter sind auch heute noch so lebendig wie damals.

Die im Folgenden mit Sternchen gekennzeichneten Einträge sind im Schweizerdeutschen Wörterbuch einzig aus dieser Quelle belegt (allenfalls danach auch bei Stalder). Blunschis Schreibung der Wörter und auch der genaue Wortlaut seiner Bedeutungsangaben sind nur selten sicher zu fassen. Die Stichwörter sind denn auch meist in einer normalisierten Form angesetzt, und der Wortlaut der Bedeutungsangabe ist in der Regel derjenige des Schweizerdeutschen Wörterbuchs. Wo mit einiger Sicherheit ein direktes Zitat von Blunschi vorliegt, ist dies durch Anführungszeichen gekennzeichnet.

abnee	kleinere Tiere (z. B. Kaninchen) abtun, töten (Id. 4, 732)
Abwachs n.	das beim Gebrauch von Wachskerzen abgehende Wachs (Id. 15, 327)
Ammulette f.	Amulett, «ein mit geweihten Gegenständen gefülltes, herzförmiges oder viereckiges Kleinod» (Id. 1, 220)
«*Andächtlerin*» f.*	Betschwester (Id. 12, 361)
(*bi-)gotte*	(häufig) bei Gott schwören (Id. 2, 523)
Blätz m.	bigotte Frau, Betschwester[14] (Id. 5, 274)
blinze	mit zugekniffenen Augen schauen (Id. 5, 125)
Booser m.	Fleisch, das den Juden rituell zu essen erlaubt ist[15] (Id. 4, 1736)
böschele	das Gleiche wie *bäschele* oder *pöstle* (s. u.), kleine leichte Arbeiten gemächlich, auch umständlich verrichten (Id. 4, 1767)
*b'schluss**	«wohl verhaltend, z. B. von einer Tür; die Tür ist *b'schluss*» (Id. 9, 745/6)
Burrligägger m.	schlechter Tabak[16] (Id. 2, 170)
Chettnöötlistich m.*	Nadelstich «beim Brodieren» (Id. 10, 1303)
Chind n.	«kleineres Mädchen» (Id. 3, 340)
Chlunt f.	Dirne, Hure[17] (Id. 3, 661)
Chnopf m.	grober, ungeschliffener Mensch (Id. 3, 750)
«*Chürsinger*» m.	Kürschner (Id. 3, 484)
«*chürzlige*»	vor kurzem (Id. 3, 499)
Ditzele f.	Stuhl mit vier Beinen und mit einer Lehne, Stabelle[18] (Id. 13, 2265)
Fund m.	Ersonnenes, Erdichtung, List, Kunstgriff, Ausflüchte (Id. 1, 850)
Gampbrunne m.	Ziehbrunnen (Id. 5, 667)
Gang m.	so viel Getränk, als man auf einmal holt, 2 Mass (z. B. *en Gang Wii*)
«*Geiggi*» m.	Schwächling, furchtsamer Mensch (Id. 2, 175)
giftig	von Personen, neckisch, zornig, grämlich (Id. 2, 136)
«*Glorie*» f.	Lärchenharz, «auch der mit geschmolzener *Glorie* und anderen Ingredienzien gespeiste Brei selber, mit welchem die Innenseite des

[14] Eine übertragene Bedeutung zum gängigen Mundartwort *Blätz* «Lappen, lappenförmiges Stück, Fetzen».
[15] Hebräisch (aschkenasisch) *bôssôr*.
[16] Offenbar Übertragung; das auch als *Puurligiiger* belegte Wort hat sonst immer die Bedeutung, «minderwertiger Wein» (mit Zuckerwasser angesetzter Trester, auch als *Huuswii* oder *Aaschteller* bezeichnet).
[17] Über das Rotwelsche, die Gaunersprache, zu uns gelangtes mitteldeutsches Wort (zum gleichen Wortstamm gehört *Chluenze*); die Ausgangsbedeutung war wohl «Spalt, Ritze».
[18] Der einzige Fall, wo Blunschi ein Wort nicht für Zurzach belegt, sondern für den Kanton Zürich («in einigen Gegenden»).

	Federbettzeuges bestrichen wird, sonst *Licki* genannt»[19] (Id. 2, 642/3)	*Reifech, Reifis* m.	«etw. über gewöhnliches Interesse von geborgtem Geld, Übergewinn, Wucherzins»[21] (Id. 6, 659)
Glorie-Engel m.*	ein gar zu sehr aufgeputzter Mensch, bes. Geistlicher (Id. 1, 333)	*Reiti* f.	Bettbezug, «Barchet zu einem Bettstück» (Id. 6, 1662)
glüggle	gerne und oft ein wenig trinken (Id. 2, 621)	*Roum* m.	Rahm, Sahne auf frischer Milch (Id. 6, 898)
«*gorri*»*	«gross und ungeschickt»[20] (Id. 2, 408)	«*Schaffrette*» f.	Kohlenpfanne (mit Stiel) zum Erwärmen kleiner Räume, der Füsse, der Glätteisensteine[22] (Id. 8, 381)
g'schägglet	ein wenig betrunken (Id. 8, 425)		
Gschwei f.	Schwägerin, «so genannt vom Manne, statt meiner Frau Schwester, meine Gschwey» (Id. 9, 1703 ff.)	«*Schicksle*» f.	«Benennung eines Judenmädchens» (Id. 8, 433) – zu jiddisch *schickse*, was dort die Bezeichnung für das Christenmädchen ist
huuse	bei Hausgeschäften oder anderer Arbeit eifrig sein (Id. 2, 1741)	*schleiter*	schräg abwärts bzw. aufwärts führend, übereck, überzwerch, von einem Weg über einen Hügel, Berg (Id. 9, 766)
hütze	aufspringen, jählings auffahren, -schrecken (Id. 2, 1838)		
Lugghuuffe m.	an einen besonderen Haufen zusammengekehrtes und separat gedroschenes, gesäubertes und verwendetes Gemenge von ganzen Ähren, Spreu udgl., wie es in der Tenne beim Abladen abfällt, = *Tännrislete* s. u. (Id. 2, 1047)	«*Schlepperlig*» m.*	«Schimpfwort wegen kleiner, wenig bedeutender Fehler» (Id. 9, 618)
		Schleppsack m.	liederliche Frau, Hure (Id. 7, 639)
		Schliisse Pl.	Fasern von (altem) Weisszeug, wie sie z. B. an dunklen Kleidern, an abgetrockneten Gläsern haften (Id. 9, 671)
muessge	besonders «anmuessgen», jmd. zwingen, nötigen, mit Bitten quälen (Id. 4, 501)	*schlutzig**	«unsäuberlich und unordentlich gekleidet» (Id. 9, 820)
*muttis-mattis**	Entstellung aus lat. *mutatis mutandis*, d. h. mit den nötigen Abänderungen (Id. 4, 554)	*Schürgbäre* f.*	Schubkarren (Id. 4, 1480)
		schwäps	«auf einmal», blitzschnell (Id. 9, 2049)
«*Nebenspiel*» n.	Brautjungfer (Id. 10, 171)	*Spanner* m.	Auf- und Ablader von Frachtwagen, z. B. als Angestellter eines Kaufhauses, einer Zollstätte (Id. 10, 270)
Nuupe Pl.	spasshafte Einfälle, Possen (Id. 4, 774)		
«*pöstle*»*	das Gleiche wie *bäschele* oder *böschele* (s. o.), kleine leichte Arbeiten gemächlich, auch umständlich verrichten (Id. 4, 1767)	*Späuz* m.	«eine Bagatelle, eine geringfügige Sache», ein elendes Geschenk (Id. 10, 660)
		Sprützlig m.	vorlauter, eingebildeter junger Mensch, Gimpel (Id. 10, 1007)
«*Pöstler*» m.*	dasselbe wie *Bäscheler*, wer umständlich arbeitet (Id. 4, 1767)	*Spuck* m.	neckischer Streich, Spass, z. B. von Nachtbuben (Id. 10, 104)
*providiere**	einen Kranken mit den heiligen Sterbesakramenten versehen (Id. 5, 506)	*Stöcklitag* m.*	Tag, an dem es erlaubt ist, im Walde *Stöckli* (Baumstrünke) auszugraben (Id. 12, 1038)
räble	mit harter Arbeit überladen sein und doch wenig dabei gewinnen, sich abschinden, meist mit dem Nebensinn des Geizes (Id. 6, 26)	*tälle*	jmd. «mit Händen oder Ruthen» klatschend schlagen (Id. 12, 1406)
ränndle	Körnerfrüchte (Spelt, Gerste) in der Gerbmühle enthülsen oder mit der Windmühle rein machen (Id. 6, 973)	*Tännrislete* f.	= *Lugghuuffe*, s. o. (Id. 6, 1367)
		tapiere	die Haare zurückkämmen, «dass sie kraus und dick werden»[23] (Id. 13, 940)

Teepis m.	leichter Rausch[24] (Id. 13, 941)
Tschalööri m.	dummer, einfältiger Mann[25] (Id. 14, 1723)
Tschäppeli n.	Brautkrone (es scheint eine ausführliche Beschreibung mit volkskundlichen Erläuterungen etwa folgenden Inhalts vorzuliegen): von den Töchtern auch an Tauffesten und an der Erstkommunion getragen, «bestehend in einem Kränzlein mit einem Aufsatz von Granatill und Flittergold geziert» (Id. 8, 993/5)
Turt m.	«eine mit Trotzlen [Ähren] versehene Grasart in der Feldfrucht» (Id. 13, 1470)
tuubetänzig	«ermüdend, langweilig, zunächst von einem faden, abgeschmackten Zuspruch»[26] (Id. 13, 908)
Überschläger m.	wer beim Konkursverfahren «überschlägt» (s. das Folg.), «Übernehmer» (Id. 9, 359)
überschloo	überbieten, mehr bieten, «eine Gant übernehmen» (Id. 9, 357)
umeriestere*	«oft und z. T. unnötigerweise im Haus herum oder ausser dem Haus herum laufen» (Id. 6, 1520)
Underbändli n.	ein kleines Gebinde von Garn, etwa zwei Spulen voll (Id. 4, 1328)
Uufschlagsbrief m.	Urkunde zur Sicherstellung des Frauenvermögens (Id. 5, 485)
uufschloo	Aufschub gewähren für Leistungen, bes. Zahlungen, kreditieren, auf Rechnung setzen (Id. 9, 365)
vermüpfe	eine Sache nicht heraussagen, verhehlen (Id. 4, 352)
Wächsli n.	zylinderförmig aufgerollte dünne Wachskerze[27] (Id. 15, 327)
Wächterli n.	schwimmender Dochthalter in einem Öllicht (Id. 15, 403)
Wauli m.	«Mensch mit zerzausten Haaren» (Id. 15, 30)
weefere	jammern, klagen, «auf eine weibische oder übertriebene Art»[28] (Id. 15, 655)
Wildi m.	tobsüchtiger, zorniger Mensch (Id. 15, 1529)

Redensarten und feste Wendungen:

D' Ärgiste schitzered, 's gid öppis	Die Elstern schreien, das lässt Ungutes erahnen[29] (Id. 8, 1694)
De Möiel hänke haa	ein Hängemaul machen, verdriesslich dreinschauen[30] (Id. 4, 608)
Dizentes mache	«viel Umstände machen, Ausflüchte gebrauchen, Entschuldigungen vorbringen, wenn man etwas nicht tun will»[31] (Id. 13, 2265)
Du g'seesch uus, wi wänn d' g'chätzlet hettsch	blass, eingefallen aussehen (Id. 3, 594)
«eben so määr»	als Ausdruck der Gleichgültigkeit, i. S. v. gleichviel, halt: «Eben so mär warte ich noch länger» «Eben so mär kommt mir dieses auch noch auf den Hals»[32] (Id. 4, 359)
eis as zwei usw.	eins so gut als zwei usw., ungefähre Zahlbestimmung (Id. 1, 198)
Es will nid gärre	nicht vorwärts rücken, bes. von einem Fuhrwerk (Id. 2, 399)
's macht em potz	er hat Herzklopfen vor Angst (Id. 4, 1995)
«zu Gutteren gehen»	zugrunde gehen[33] (Id. 2, 533)

---

[19] Das auch in der Form *Gloria, Gloriata* u. Ä. überlieferte Wort scheint als Fremdwort aufgefasst worden zu sein, geht aber auf das unserer Mundart eigentlich fremde «klar» zurück; das Verhältnis zum bedeutungsverwandten *Chlääri* (f.) «Stärke, Appretur» wird dabei nicht ganz klar.

[20] Wahrscheinlich aus der appellativischen Verwendung der Namenform *Gori* (zu Gregor) weiterentwickelt.

[21] Jiddisch *reifech* «Gewinn» und jiddisch *rebbis* «Zins».

[22] Frz. *chaufferette*.

[23] Das Gleiche wie jünger *tupiere*; zu frz. *taper*.

[24] Etymologisch unklar.

[25] Die Bildungsweise ist wie bei den Synonymen *Galööri* und *Gaggelaari* nicht befriedigend geklärt.

[26] Nach dem aufgeregten Herumtrippeln des Täuberichs; an anderen Orten nur in der Bedeutung «aufgeregt, verwirrt».

[27] Bei Versehgängen und Totenmessen verwendet.

[28] Wie *weebere* und ähnliche Formen wohl lautmalerische Bildung zu «weh».

[29] Das Sprichwort ist weiter verbreitet; das Verb lautet sonst überall *chitzere*.

[30] *Möiel* «hässlich verzogener Mund»; zur gleichen Wortfamilie gehört das im Bezirk Zurzach ebenfalls belegte *möie* «wiederkäuen», mit Bez. auf den Menschen «lustlos essen, Speisen im Mund herumwälzen».

[31] Lateinisch *dicentes* (Pl.; zu *dicere*) «unnütze Worte».

[32] Gesprochen *mèèr*, zu mittelhochdeutsch *maere* «bekannt, berühmt, der Rede wert, lieb».

[33] *Guttere* «Flasche», nach Analogie von «Fiasko [Flasche] machen».

Eine Dialektkundfahrt beidseits des Rheins im Jahr 1926

«Dialektfahrt an den Aargauer Rhein zur Beantwortung der Frage: Inwiefern ist der Rhein eine Sprachgrenze?» Dies steht als Titel auf einer der Wortlisten, die auf einer Exkursion erstellt wurden, die der damals führende germanistische Dialektologe der deutschen Schweiz, Albert Bachmann (1863–1934), Professor an der Universität Zürich und gleichzeitig Chefredaktor des Schweizerdeutschen Wörterbuchs, am 26. Juni 1926 durchführte. Mit etwa zwanzig Studentinnen und Studenten, die in Gruppen arbeiteten, wurden Gewährsleute einer älteren und einer jüngeren Generation aus sechs Gemeinden befragt. Von Osten nach Westen waren dies: auf der badischen Seite Lienheim, Küssnach und Kadelburg, auf der aargauischen Mellikon, Zurzach und Koblenz. Bei der Organisation der Aufnahmen war unter anderem der Zurzacher Bezirkslehrer Dr. Armin Schüle, ein ehemaliger Schüler von Bachmann, behilflich. Die Wortlisten zielten in erster Linie darauf ab, lautliche Phänomene zu erforschen. Zur Illustration gebe ich hier einige Ausschnitte aus einer zusammenfassenden Transkription des Studenten Konrad Steffen wieder:

Das erste Wort in Abbildung 1 links behandelt die o-Qualität im Wort «Nadel»; man sieht, wo es mit offenem langem o (nach links offenes o-Zeichen) und wo mit einem geschlossenen langen o (normales o-Zeichen) gesprochen wurde. Im Gegensatz zu damals wird dieses Wort – und weitere wie *Ströòss, Hòòr, Wòòg, jòò* – in Zurzach und Umgebung heute meist mit offenem, langem o realisiert. Die Aussprache mit geschlossenem o (wie in hochdeutsch «Ofen»), die damals auch für Koblenz belegt ist – und übrigens auch noch in den Daten des Sprachatlasses der deutschen Schweiz aus den Vierzigerjahren für Zurzach, Koblenz und Döttingen –, wird heute für alle diese Orte von den meisten Sprecherinnen und Sprechern abgelehnt. Einhellig wird aber diese Lautung (die allgemein auch aus dem Baseldeutschen bekannt ist) als für das Kirchspiel typisch bezeichnet.

Die beiden nächsten Wörter rechts davon dokumentieren die Aussprache des Diphthongs in «Heu» und «Bäume». Hier wird deutlich, dass neben einem ö-haltigen Diphthong auch einer belegt ist, der mehr in Richtung *ai* oder *äi* geht. «Heu» wurde von den Zurzachern des Jahres 1926 also noch als *Häi* gesprochen, wie dies auch in der badischen Nachbarschaft galt und zum Teil noch heute gilt.

In Abbildung 2 stehen links die Transkriptionen für das Wort «Kunst» (im Sinne von «Sitzbank der Herdkunst»), wo man die Aussprachen *Chouscht, Chuuscht* und *Chunscht* erkennt (in Zurzach *Chunscht*). Rechts davon folgen die Aussprachevarianten von «Fenster» mit den Formen *Fäischter, Fänschter* und *Fènschter*.

In Abbildung 3 finden sich die Formen für die Wörter «Wagen» und «Hase», wo die Länge des Vokals *a* interessierte. Bei «Wagen» ist der Vokal in Zurzach und Koblenz lang, bei «Hase» nur in Koblenz. Längenunterschiede bei den Vokalen *a* und *ä* in Wörtern wie *Wade, Lade, Nase, male, Läde, Räbe, säge* sind es übrigens, die den ganzen Nordaargau und die gegenüberliegende badische Nachbarschaft in eine westöstliche Staffellandschaft gliedern. Der Westen im Bereich des Fricktals und des Hauensteiner Lands dehnt diese Vokale in allen Positionen. Gegen Osten hin nehmen die Dehnungen wortweise von Dorf zu Dorf ab und verlieren sich schliesslich unmittelbar östlich von Zurzach vollständig. Vereinzelte Dehnungen reichen ge-

1–3 Worttranskriptionen von Konrad Steffen, 1926.
1: Nadel, Heu und Bäume
2: (Ofen-)Kunst und Fenster
3: Wagen und Hase.

rade bis Zurzach, östlich davon ist die alte Vokalkürze erhalten (vgl. dazu nachfolg. Abschnitt, Abbildung 8 mit Wortliste).

Als Gesamtfazit der Aufnahmen hält der gleiche Student fest: «Wenn auch die Schweizergemeinden unter sich selber beim einzelnen Wort abweichen und ebenso die deutschen unter sich, so ist die jeweilige Differenz der schweizerischen oder der deutschen Gemeinden je unter sich doch nicht so gross wie der Unterschied zwischen den schweizerischen Gemeinden einer- und den deutschen anderseits.»

Diese Aussage darf aber nicht dahingehend verallgemeinert werden, dass nun der Rhein tatsächlich eine wichtige Dialektgrenze darstellte. Im Gegenteil, die in den Aufnahmeergebnissen fassbaren Unterschiede zwischen den Gemeinden südlich und nördlich des Rheins sind durchwegs als unwesentliche oder junge Phänomene erkennbar, und sie sind sogar dazu geeignet, die grundsätzliche Gleichartigkeit der Mundart hüben und drüben herauszustellen, was dann die viel umfassenderen Ergebnisse der Atlaswerke der zweiten Hälfte des 20. Jahrhunderts in eindrücklicher Weise bestätigen konnten.

Die sprachgeographische Einbettung der Zurzacher Mundart aufgrund der Ergebnisse des Sprachatlasses der deutschen Schweiz und der neueren Forschung

Erst durch die mehr als 700 Laut-, Formen- und Wortkarten des Sprachatlasses der deutschen Schweiz (SDS)[34] wird aber die sprachräumliche Situation der Mundart von Zurzach, wie sie sich um die Mitte des 20. Jahrhunderts präsentierte, genauer fassbar.

Zurzach war einer der 573 Aufnahmeorte des von 1962 bis 1997 in acht Kartenbänden publizierten Atlasunternehmens. Die Befragung von drei Gewährspersonen wurde vom 21. bis 25. Oktober 1946 von Konrad Lobeck, einem sprachwissenschaftlich ausgebildeten Explorator, durchgeführt. Dabei wurden die anhand eines über 2000 Einzelfragen umfassenden Fragebuchs erhobenen Wörter und Sätze direkt in einer phonetischen Lautschrift transkribiert. Seine Zurzacher Gewährsleute, die – wie alle übrigen – im Atlas mit ihrem Geburtsjahr und einer römischen Ziffer, aber ohne Namen, figurieren, waren Verena Frey, geb. 1864 (Gewährsperson II), Engelbert Frey, alt Förster, geb. 1872 (Gewährsperson III) und Ernst Schmid, Förster, geb. 1885 (Gewährsperson I). Ihre Porträts (s. Abb. 4–6) stammen aus der unveröffentlichten Fotodokumentation des Sprachatlasses der deutschen Schweiz. Nachdem seit 1989 auch der Südwestdeutsche Sprachatlas (SSA)[35] die Publikation aufgenommen hat, ergibt sich jetzt häufig die Möglichkeit, auch das südbadische Gebiet unmittelbar nördlich von Zurzach in die sprachräumliche Betrachtung mit einzubeziehen.

Die in Abbbildung 7 dargestellte Karte kann eine solche Zusammenschau dokumentieren. Sie zeigt am Beispiel der mundartlichen Bezeichnungen für den zweihenkligen Korb ein relativ seltenes Raumbild für unsere Region, eine kleine und isolierte Wortlandschaft nämlich – diejenige von *Chùcher,* einem etymologisch mit «Köcher» zusammengehenden Wort –, die so aussieht, als sei von Zurzach die raumbildende Kraft ausgegangen. Sowohl bei *Chùcher* als auch bei den andern Worttypen *Schìner* und *Zäine* wird deutlich, dass die Landesgrenze an keiner Stelle als Wortgrenze auftritt.

4–6 Die Zurzacher Gewährsleute für den Sprachatlas der deutschen Schweiz. V. l. n. r. Verena Frey, zum Unteren Hahnen, Engelbert Frey, zum Widder, und Ernst Schmid, zum Grünen Stiefel.

7 Bezeichnung für den gewöhnlichen zweihenkligen Korb aus ungeschälten Weiden (zusammengestellt nach SDS 7, 62, und SSA IV, 4.09).

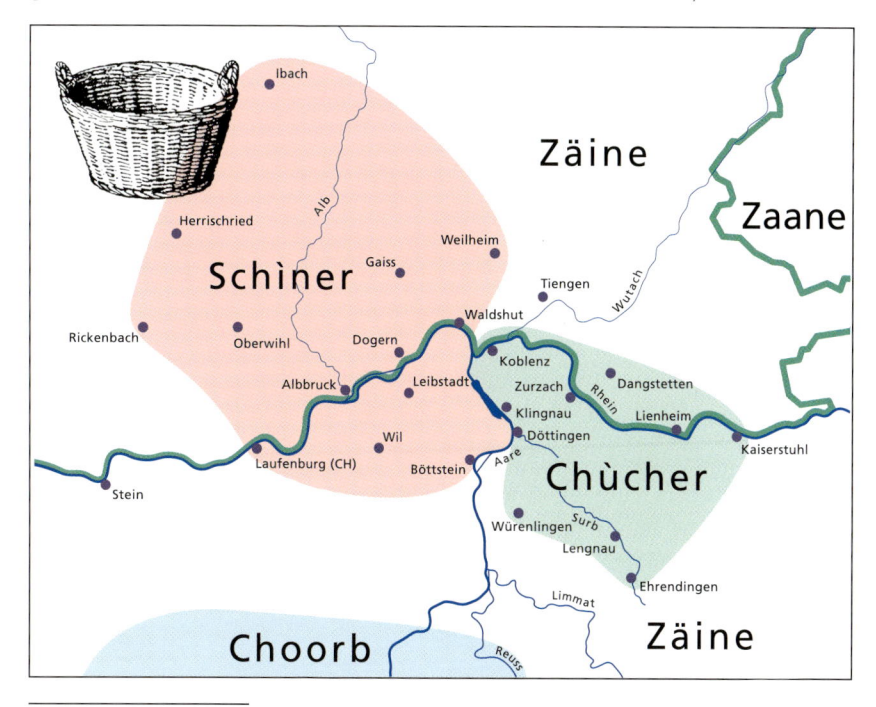

---

[34] Sprachatlas der deutschen Schweiz. Hrsg. von RUDOLF HOTZENKÖCHERLE, fortgeführt und abgeschlossen von ROBERT SCHLÄPFER, RUDOLF TRÜB und PAUL ZINSLI. Einführungsband und 8 Kartenbände, Bern, später Basel und Tübingen 1962–1997 (abgekürzt zitiert als SDS).

[35] Südwestdeutscher Sprachatlas. Hrsg. von HUGO STEGER, EUGEN GABRIEL, VOLKER SCHUPP, Marburg 1989 ff. (abgekürzt zitiert als SSA).

Leibstadt	Koblenz	Döttingen	Zurzach	Tegerfelden	Endingen	Lengnau
Lääbe-						
Lääde-	Lääde-	Lääde-				
Säägisse-	Säägise-	Säägese-	Säägese-	Säägese-	Säägese-	
wääge-	wääge-					
Stääge-	Stääge-	Stääge-				
Rääbe-	Rääbe-	Rääbe	Rääbe	Rääbe		
sääge-	sääge-	sääge-	sääge-	sääge-	sääge	
laade-	laade-					
Waage-	Waage-	Waage-				
maale	maale	maale				
Naase	Naase	Naase	Naase	Naase	Naase	
spaare	spaare	spaare	spaare	spaare	spaare	(spaare)

8 Dehnung in offener Silbe/bezeugte Langvokale in zwölf Wörtern; eingeklammerte Wörter sind am entsprechenden Ort auch mit Kürze belegt; Datenbasis: 20 Gewährsleute pro Ort (zusammengestellt nach Schifferle, Dialektstrukturen, S. 134–165).

9 Nordost-/Südwest-Gegensätze im Raum Zurzach (zusammengestellt nach Schifferle, Dialektstrukturen, S. 112–120 und Karte 3; Seidelmann, Sprachgrenze, Karte 15; vgl. auch SDS I, 33).

Wenn ich sage, das sich hier abzeichnende Raumbild sei selten für unsere Region, dann bezieht sich diese Aussage vor allem auf die Isoliertheit des Worttyps. Wortschatzphänomene, in denen Zurzach, das Studenland, das mittlere Surbtal, Döttingen, Klingnau und Koblenz sowie die südbadischen Nachbarorte zusammengehen, sind jedoch recht häufig. Nur handelt es sich dann in den allermeisten Fällen um Wortlandschaften, die sich in irgendeiner Himmelsrichtung auch ausserhalb unseres engeren Raumes fortsetzen.

Dabei erscheint das Zurzibiet immer wieder als eigentliches Spannungsfeld zwischen grossräumig östlichen und westlichen Sprachformen. Manchmal geht es als Gesamtgebiet mit dem Osten, manchmal mit dem Westen, manchmal ist es in sich auch aufgeteilt. An einigen Beispielen sei dies zunächst illustriert, wobei die Wortlandschaften nach Himmelsrichtungen teilweise noch etwas spezifischer charakterisiert werden können.

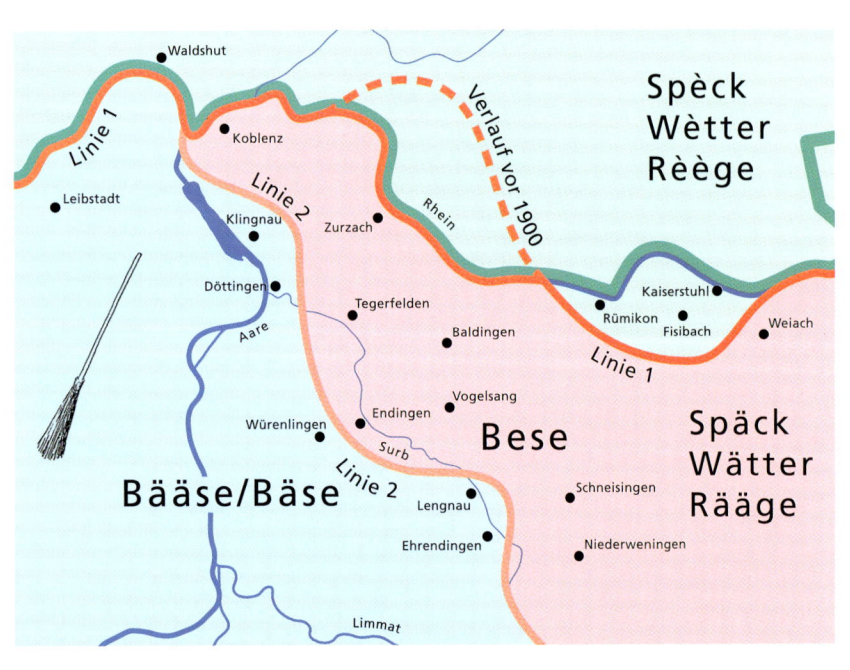

Es ist kein Zufall, wenn in der Auflistung von Raumtypen die nordöstliche Prägung unseres Gebietes zahlenmässig überwiegt. Gerade im Wortschatz wird für das Zurzibiet der Zusammenhang mit dem klettgauischen und schaffhausischen Raum und dem nordzürcherischen Rafzerfeld als alte Struktur fassbar.

Demgegenüber können westliche bzw. südwestliche Strukturen oft jüngeren Überschichtungsprozessen zugewiesen werden. Ein ganz eindeutiges Beispiel für eine solche jüngere Dynamik – die aber auch schon einige hundert Jahre zurückliegt – ist die nachweislich aus dem Basler Raum nach Osten und Südosten vorgedrungene so genannte Vokaldehnung in offener Silbe, die bis ins mittlere Fricktal hinein alle alten Kurzvokale in entsprechender Position erfasst hat. Es heisst in Basel und bis ins Fricktal *Hoose, Biire* usw. Diesem Gebiet liegt östlich vorgelagert unser nordaargauisch-südbadisches Gebiet, wo die Dehnung nur noch Wörter erfasst hat mit den Vokalen a und ä, deren Zahl zudem nach Osten hin von Dorf zu Dorf abnimmt und die in einer sehr eindrücklichen Staffelung eigentlich verebbt (vgl. dazu schon die Angaben im vorang. Abschnitt). Die folgende Wortliste und Abbildung 8 zeigen diesen Befund für das Zurzibiet anhand von zwölf Wörtern, die in Leibstadt alle Langvokal aufweisen. Vereinzelte Dehnungen erreichen am Rhein gerade noch Zurzach, im Studenland Baldingen und im Surbtal Lengnau, aber schon im östlichen Studenland und in Kaiserstuhl fehlen sie ganz.

Abbildung 9 zeigt noch einmal – an zwei markanten Beispielen – die raumprägende Strukturiertheit unseres Gebietes in nordöstliche und südwestliche Zonen. Linie 2 markiert die Isoglosse zwischen den Vokalen e und *ä* im Wort «Besen», eine Grenzlinie, die sich nach meinen Untersuchungen auch in der Gegenwart als sehr stabil erweist. Starken Veränderungen war hingegen Linie 1 in den letzten hundert Jahren unterworfen. Sie zeigt den

Zurzach im östlichen Zusammenhang mit den Kantonen Schaffhausen, Zürich und der weiteren Ostschweiz

Wìis (jünger *Wìse*)	Wiese	gegenüber westlichem *Matte;* Zurzach liegt unmittelbar in der Scheidezone zwischen den beiden Typen, es kommen beide Formen vor, *Wìis* scheint aber bodenständiger zu sein (SDS 6, 93)

Zurzach im nordöstlichen Zusammenhang mit Schaffhausen/Klettgau (inklusive badischer Nachbarschaft), Rafzerfeld (und weiterem Norden des Kantons Zürich)

Were f.	Gerstenkorn am Auge	gegenüber *Greetli/Griitli* im Kanton Zürich und *Urseli/Ürseli* u. Ä. im südwestlichen Aargau und im Bernbiet (SDS 4, 53)
Tünne f.	Flachkuchen	gegenüber *Wääje* im westlichen und südlichen Aargau (SDS 5, 187)
Mèèrkd m.	Markt	gegenüber *Määrt* im südwestlichen Aargau und *Mèèrt* im Hauptteil des Kantons Zürich (SDS 5, 209)
Zältli n.	Bonbon	gegenüber *Täfeli* im Berner Aargau, *Zückerli* im Freiamt und *Guutsli* oder *Chröömli* im Fricktal (SDS 5, 12)
(Öpfel-)Bìschgi n.	Überrest eines Apfels	gegenüber *Güürbsi* im übrigen Aargau; zum gleichen Wortstamm gehören das im übrigen Bezirk Zurzach gängige *Bütschgi* und *Bixi*, das in Schaffhausen und im Norden des Kantons Zürich dominiert und in Döttingen, als westlichstem Ort mit diesem Typus, noch belegt ist (SDS 6, 154)
Spèrtel m.	Leitersprosse	im Kanton Schaffhausen meist *Spettel*, gegenüber im Bezirk Zurzach und darüber hinaus weit verbreitetem *Zeigel* (SDS 6, 176)
Wäschp(e)le f., *Wäschpli* n.	Wespe	gegenüber *Wäschpi* im übrigen Aargau und im südlichen Teil des Kantons Zürich (SDS 6, 231)
Chnòblich m.	Knoblauch	gegenüber *Chnoblech* im übrigen Aargau und *Chnobli* im Kanton Zürich (SDS 6, 182)
Spì(m)mugg(e) f.	Spinne	gegenüber *Spinn(e)* m., jünger meist f., im übrigen Aargau (SDS 6, 239)

Zurzach im nördlichen, teilweise auch nordöstlichen Zusammenhang mit Südbaden

Wùchebündel m.	Mumps	gegenüber *Mumpf* in den Kantonen Zürich und Schaffhausen, *Wuchetubel*, *Ooremüüggel* u. Ä. im südwestlichen Aargau und im Bernbiet, *Pfuusi* und *Mulli* im Baselbiet (SDS 4, 55)
hooch	hoch	gegenüber *hööch* überall in der inneren deutschen Schweiz; *hooch* ist im Aargau ausser für Zurzach nur noch für Baldingen, Döttingen, Kaiserstuhl/Fisibach, Lengnau, Siglistorf und Würenlingen belegt (SDS 2, 91; Seidelmann, Sprachgrenze, Karte 13[36])

---

[36] Erich Seidelmann, Der Hochrhein als Sprachgrenze, in: Dialektgeographie und Dialektologie. Günter Bellmann zum 60. Geburtstag. Hrsg. von W. Putschke u. a., Marburg 1989 (= Deutsche Dialektgeographie, 90), S. 57–88 (mit 16 Karten).

Mèèl, Wèèg, gèèl	Mehl, Weg, gelb	mit dem ganzen Bezirk Zurzach (ausser Lengnau und teilweise Endigen) gegenüber *Määl, Wääg, gääl* im inneren Aargau und im Fricktal (Schifferle, Dialektstrukturen, 85–112[37])
e *guet Joor*, e *schöön Huus*		gegenüber e *guets Joor*, e *schööns Huus* im Hauptteil des Aargaus und der inneren deutschen Schweiz (SDS 3, 252; Seidelmann, Sprachgrenze, Karte 11)

Zurzach im westlichen Zusammenhang mit Berner Aargau, Fricktal, Baselbiet usw.

Trüübel m.	Traube	gegenüber *Truube* m., jünger f., im Osten (SDS 6, 168)
Zibele f., auch m.	Zwiebel	gegenüber *Böle* m. im Osten (SDS 6, 179)
Zibelehültsche f.	Zwiebelschale	gegenüber vorwiegendem *Bölehuut* im Osten (SDS 6, 180)

Verlauf der sehr «ohrenfälligen» Grenze zwischen dem nordöstlichen Alemannischen, das heute kein *ä* mehr kennt, und einem westlichen Gebiet, wo dieser Laut vorkommt. Das Phänomen ist an den Beispielen «Speck», «Wetter» und «Regen» festgemacht. Man könnte auch viele weitere dazunehmen, z. B. die Aussprache des Diminutivs von «Benne» als *Benili* im Nordosten bzw. als *Bäneli* südwestlich dieser Linie. Man empfindet bei uns Mundarten ohne diesen ä-Laut als enger «ostschweizerisch». Dazu gehört die äusserste Nordostecke des Bezirks Zurzach, die lediglich Rümikon, Fisibach und Kaiserstuhl umfasst, wo aber der sonst im Aargau überall vorhandene ä-Laut heute an Terrain gewonnen hat. Dieser ä-Laut war früher auch für das Gebiet von Kadelburg und den südlichen Hotzenwald westlich von Waldshut belegt, die Grenzlinie hat sich aber mittlerweile zwischen Rümikon im Osten und etwa Wallbach im Westen ganz klar auf die Landesgrenze festgelegt.

Der eben angesprochene junge Grenzverlauf von Linie 1 steht in einem Spannungsfeld, das die Mundarten unseres Gebietes in den letzten hundert Jahren massgeblich beeinflusst hat und noch immer beeinflusst. Gemeint ist das Spannungsfeld, das sich durch divergierende sprachraumbildende Kräfte in den beiden Nachbarstaaten vor allem seit dem Ersten Weltkrieg aufgebaut hat. Die Landesgrenze tritt seit dieser Zeit immer deutlicher auch als Mundartgrenze in Erscheinung. Alte Gemeinsamkeiten, welche die Mundarten nördlich und südlich des Rheins als eng verwoben zeigen, sind jüngeren Nord-Süd-Gegensätzen gewichen, die mit der politischen Grenze zusammenfallen. An einigen Beispielen soll dieses Phänomen abschliessend illustriert werden (vgl. nebenstehende Tabelle).

Für die hier aufgezeigten Gegensätze an der Landesgrenze wird meist deutlich, dass sie vorwiegend auf nördliche Neuerungen zurückgeführt werden können, die ursächlich in einem engen Zusammenhang stehen mit der in Südbaden doch schon völlig bundesrepublikanischen Dialekt- und Kommunikationssituation. Dabei prägt der mündliche Gebrauch höherer Sprachvarietäten (Umgangssprache, Standardsprache) auch den Alltag jener Leute mit, die zu Hause und im Dorf nur Mundart sprechen. Für den Abbau alter Gemeinsamkeiten ist diese Dynamik wohl insgesamt die entscheidende. Sie präsentiert sich auch so aus der Perspektive der Mundartsprecher der nördlichen Nachbarschaft.

Demgegenüber dürfen aber auch binnenschweizerische Einflüsse auf die Mundart des Zurzibiets nicht übersehen werden. Auch hier wird heute zweifellos «aargauischer» oder «normalschweizerdeutscher» gesprochen als noch vor fünfzig Jahren. Solche Nivellierungen prägen heute auf Schritt und Tritt die Zurzacher Alltagssprache. Nicht zuletzt wegen der schweizerischen Kleinräumigkeit sind diese Einflüsse aber im Einzelnen schwieriger nachzuweisen, und sie fallen auch weniger auf als die aus viel grösseren Räumen wirkenden und daher auch sprachlich deutlicher verschiedenen Überlagerungen in Südbaden.

Ein junges Regionalbewusstsein über die Landesgrenze hinweg lässt hoffen, dass – allen beidseitigen Nivellierungen zum Trotz – in der Zukunft wieder neue sprachliche Gemeinsamkeiten – an alte anknüpfend – entstehen können.

Auswahl von jungen sprachlichen Gegensätzen an der Landesgrenze
(zusammengestellt nach Schifferle, Dialektstrukturen, 215–237)

Zurzach und Umgebung	**Rheinheim, Kadelburg und Umgebung**
• germanisches *k* ist zum Reibelaut *ch* verschoben: *Chäller, verchèltet*	• *ch* ist weitgehend zurückgedrängt in den Bereich der ländlichen Grundmundart, sonst wird überall *k* gesprochen: *Kèller, verkèltet*
• vorderes, so genanntes Zungenspitzen-r ist die Hauptrealisation für den r-Laut	• hinteres, so genanntes Zäpfchen-r hat seit ungefähr 1920 das Zungenspitzen-r fast völlig verdrängt
• es gibt eine überoffene e-Qualität: *Späck, Wätter, Rääge*	• es gibt keine überoffene e-Qualität mehr: *Spèck, Wètter, Rèège*
• in der Mundart absolut kein Imperfekt	• Imperfekt von «sein» fast völlig durchgedrungen (mit dialektalen Flexionsformen: *du waarsch, mir waared, ir waared, si waared*)
• das Demonstrativpronomen «das» lautet *daa*, jünger auch *daas*	• das Demonstrativpronomen «das» wird nur noch selten in der ländlichen Grundmundart als *daa* realisiert, sonst heisst es immer *des*
• «ein wenig»: *e chli(i)*	• «ein wenig»: *e wèng*
• *gäll* beim Duzen, *gäled (Si)* beim Ihrzen und Siezen	• *gèll* als alleinige Form, auch beim Ihrzen und Siezen

---

[37] HANS-PETER SCHIFFERLE, Dialektstrukturen in Grenzlandschaften. Untersuchungen zum Mundartwandel im nordöstlichen Aargau und im benachbarten südbadischen Raum Waldshut, Bern 1995 (Europäische Hochschulschriften).

Mys Zurzi

Wa? Du häsch Zurzi no nie gsee?
So gang doch gly emool dethee
und lueg dr ggnau dee Fläcke n aa:
du wirsch, wie n ich, dy Freud draa haa.

A bräite Strooße n Arm in Arm
git jedes Huus sym Nochber warm.
S händ ali Näme, grad wie meer.
Nüd lieber gseends, as vil Vercheer;
si sinds halt gwönnt vo Juged aa:
s hät Zurzi grooßi Mässe ghaa;
do sind vil Lütt us aller Wält
in Fläcke cho mit Säck voll Gält
für Waare zchaufe, hüüfewys,
in eusem Chröömerparadys.

Scho d Römer sind do unde gsy
und händ e Festig bbout am Ry.
Bim Chirchlibuck gseesch hütt no d Spuur
Vonere n alte Römermuur.

Und spööter isch, da wäisch jo schoo,
di heilig Vrene zuenis cho.
Si hät de Chranke Liebi gschänkt
und gar nie a sich sälber ddänkt.
Vom Graab gspürschs gwöß i mängem Huus –
goot bständig grooße Sääge n uus.

Si hilft de Chinde, wie si chaa.
Luegt äis es Vrenebild guet aa,
gseets Strääl und Chrueg und gspürt dänn gly:
daa chönnted zwee Wegwyser sy.

Und d Auge lüüchted: «Liebi Frau,
ich will mi wäsche, strääle n au
und suuber sy a Lyb und Seel,
au d Arbet geern haa, nid nu s Speel
und immer graad durs s Läbe goo.
Gwüß Gott, du chasch di druuf verloo.»

Jez hadr, mäini, gnueg verzellt
und d Häimet vor dee anegstellt.
Los, wänn di s nöchstmool wider gsee,
verzell dr gern e bizli mee. –
Wänn Eu de Storch – i hadrs gsäit –
e Mäitli hüür i d Wiege läit
und suechsch en Name für di Chly,
so fallt dr sicher «Vreneli» y!

Edward Attenhofer (1897–1984)

Die Mundart in Attenhofers Gedicht «Mys Zurzi»

HANS-PETER SCHIFFERLE

Die Mundart in Attenhofers Gedicht «Mys Zurzi» scheint auf den ersten Blick wenig Lokaltypisches zu enthalten; ein Eindruck, der für den Wortschatz auch bei näherem Betrachten bestehen bleibt. Was die Bereiche der mundartlichen Phonetik (Lautformen) und der Morphologie (Wortbildung) betrifft, enthält das Gedicht aber zahlreiche Elemente, die Attenhofers Mundartformen als typisch zurzacherisch kennzeichnen oder sie wenigstens in einen engeren arealen Bezug zum Zurzibiet und zum nordöstlichen Aargau stellen. Solche regionaltypischen Formen sind etwa:

Das s-lose Frage- bzw. Relativpronomen *wa* und *da* (Zeilen 1, 19 und 28): Die Mundart wird dadurch klar als nordschweizerisch erkennbar. Die Formen *was* bzw. *das* sind demgegenüber in der gesamten inneren Schweiz verbreitet und gelten schon im Bereich von Brugg (vgl. SDS 3, 223 und 224). Auch im Zurzibiet verdrängen *was* und *das* die s-losen Formen zunehmend.

Das Adverb *dethee* (dorthin) in Zeile 2: Für Zurzach und Umgebung gilt für das erste Glied (nach SDS 6, 101) *deet* oder *dert*. In Koblenz heisst es meist *dört* (ebenso in Richtung Fricktal und oft schon im Kirchspiel).

Die Länge des Vokals im Wort *Sääge* (Zeile 24): Die in Attenhofers Verschriftung erkennbare Länge des Vokals in diesem Wort (und in vielen vergleichbaren, z. B. *Rääbe*, *Wääge*) ist typisch nordwestschweizerisch. Die Aussprache mit langem Vokal reicht in diesem Wort nach Osten hin gerade bis Zurzach. Dass dagegen der Vokal in *Läbe* (zweitletzte Zeile der vorletzten Strophe) kurz zu sein scheint, ist ebenso typisch für die Mundart von Zurzach; in diesem Gegensatz zwischen langem *Sääge* und kurzem *Läbe* liegt die wohl eindeutigste Möglichkeit einer lokalen Bezugssetzung, die sich aus den Sprachformen Attenhofers ergibt.

Wegwyser (Zeile 28): Die Schreibung deutet klar auf die geschlossene e-Qualität bei *Weeg* hin (nicht *Wääg*). Diese Lautung gilt im Zurzibiet nur im Raum Zurzach, Koblenz, Klingnau, Leibstadt, Döttingen und Baldingen (in Würenlingen und im oberen Surbtal, ebenso im Fricktal und in der Region Brugg-Baden heisst es dagegen *Wääg*).

nid (Zeile 32): Die Aussprache *ni(i)d* bzw. *ne(e)d* (nicht) beschränkt sich auf einen mittleren Bereich des Zurzibiets, im Osten und Richtung Baden–Zürich heisst es dagegen *nö(ö)d*, im Westen, schon in Leibstadt und Richtung Fricktal *i(i)d* bzw. *e(e)d*.

Im Wortschatz findet sich, abgesehen vom Namenmaterial *(Zurzi, Vrene, Chirchlibuck)* und von der historisch motivierten Lexik *(Mäss, Fläcke)*, nichts, was sich nur auf Zurzach oder das Zurzibiet beschränken liesse. Mit anderen Worten: Aufgrund des Wortvorkommens (nicht der Form dieser Wörter) könnte das Gedicht auch in Basel, Aarau, Schaffhausen oder Zürich entstanden sein. Ähnliches gilt auch für die Syntax, die kaum Regionaltypisches erkennen lässt, sich aber halt durch die gebundene Form des Gedichts in engen Grenzen bewegen muss.

Deutlich ist im Duktus der Paarreime und in der ansatzweise dialogischen Form des Gedichts die Orientierung an älteren Formen der Dialektlyrik und besonders an Johann Peter Hebel erkennbar. Diesem grossen Vorbild haben Generationen von grösseren und kleineren Mundartdichtern nachgeeifert. Bei Attenhofer ist die Anlehnung an Hebel auch im Inhaltlich-Ästhetischen spürbar, besonders deutlich in den beiden letzten Strophen.

Anhang

Quellen, Verzeichnisse, Literatur

Flecken

Zurzacher Kalender
Besondere Tage im alten Zurzacher Jahr

Hans Rudolf Sennhauser

2. Januar	**Berchtelistag,** Stubenmahl *(Stubenrecht, S. 566 f.)*
6. Januar	**Epiphanie, Dreikönigstag,** Dreikönigssingen *(Attenhofer, Sagen und Bräuche, S. 53)*
13. Januar	**Hilarientag, «Zwanzigster Tag»,** der zwanzigste Tag nach Weihnachten. Zwingtag (Wahltag), Gemeindewahlen – Im *Dorfrecht von 1550, (SRQ AG II/5, S. 102 ff.)* heisst es: Der Vogt soll an diesem Tag «zu Zurzach erscheinen und daselbst rathe und richter setzen [Räte und Richter einsetzen]». Gewählt wurden der Weibel (Dorfweibel und Gerichtsvorsitzender) und vier Räte, welche danach die vier Richter einsetzten. Später wurden an diesem Tage auch die Amtleute der Dörfer Rietheim, Rekingen und Mellikon bestellt. Mit dem Mehr (Abstimmung) soll das Weideland neu besetzt werden. Jedes Jahr «auf den zwanzigsten Tag» soll die Gemeinde den Metzger, den Förster und zwei Hirten (Kuhhirt und Schweinehirt) wählen.
5. Februar	**Agathatag.** Nach der Messe wurde an diesem Tag bis zum Zweiten Weltkrieg Brot gesegnet und ausgeteilt. Agatha, Märtyrin (auf glühende Kohlen gelegt, eine Brust abgeschnitten) unter Decius (Kaiser 249–251) ist Schutzpatronin von Catania. In Süddeutschland und der Nordschweiz in Hungersnot («Brotheilige») und in Feuersgefahr angerufen *(Handwörterbuch des deutschen Aberglaubens I, 1927, Sp. 208–211)*. Im Volksglauben ist das Agathabrot ein probates Mittel gegen Heimweh.

Estomihi, Quinquagesima, dritter Sonntag der Vorfastenzeit, fünfzigster Tag vor Ostern, Herrenfasnacht

Schmutziger Donnerstag, Chesslete, Rääbeheegel *(Attenhofer, Sagen und Bräuche, S. 54)*

Aschermittwoch, Mittwoch nach Quinquagesima, dem dritten Sonntag der Vorfastenzeit, Ättirüedi, Fasnachtsverbrennen *(Attenhofer, Sagen und Bräuche, S. 59)*, Stubenmahl *(Stubenrecht)*

Invocavit, Sonntag nach Quinquagesima, 1. Fastensonntag, 6. Sonntag vor Ostern, Funkensonntag, Fasnachtsfeuer und Scheibenschlagen *(Attenhofer, Sagen und Bräuche, S. 67)*

Hirsmontag, Montag nach Invocavit, der vielerorts noch als Fasnachtstag gefeiert wird. Büntenzuteilung auf dem Rathaus, Einteilung der Feuerrotten *(Attenhofer, Sagen und Bräuche, S. 68)*. Der Name Hirsmontag wird von den einen mit dem an diesem Tag üblichen Hirsebrei erklärt, von den andern in Zusammenhang gebracht mit dem Wort «hirsen» = Mummereien treiben *(Handwörterbuch des deutschen Aberglaubens IV, 1931/1932, Sp. 122)*. Franz Joseph Stalder gibt 1812 folgende Erklärung: «[...] ein Wort, dessen erste Hälfte vom alten hirsen, hirzen (schmausen, zechen) abstammt; [...] der Hirsnarr, vermummte Person, die am Hirsmontag umherläuft (L. [Luzern] Gäu); Hirslöhli, Popanz, um die Vögel vom Hirs zu verscheuchen (Freyämt.), und besonders der in der Geschichte der Entlebucher berüchtigte Hirsmontagbrief (Hirsmändigbrief), d. i. ein Stachelgedicht von Knüttelreimen [...]. Nach abgesungenem Stachelgedichte folgte der Hirsmändigschwung oder Hirsmändigstoß, d. i. zwey benachbarte Gemeinen bildeten eine Schlachtordnung gegen einander.» *(Stalder, Idiotikon 2, S. 45 f.)*

Laetare, Mitfasten, 4. Sonntag in der Fastenzeit. Um Mitfasten wählen die Sechzehner (die je vier alten und neuen Räte und die Richter) Brot-, Fleisch- und Heuschauer *(Dorfrecht von 1550, SRQ AG II/5, S. 108)*.

Osterdienstag, Prozession zur Burgkapelle bis 1877, Kontroverspredigt

23. April	**Georgstag.** Ende der Waldarbeit (bis 16. Oktober, Gallustag) *(Wullschleger, Waldpolitik, S. 41)*. Wer zwischen Georgs- und Gallustag mit einem Werkzeug im Wald angetroffen wurde, hatte mit einer Busse zu rechnen, ausgenommen am	**1. Juni**	**Kadelburg, Kirchweihe** *(Welti, Jahrzeitbuch)*
			Heuzeit (Juni). Die Gemeinde bestimmt den Mähtag und lässt dem Kehlmeier einen Tag Vorsprung *(Dorfrecht von 1550, SRQ AG II/5, S. 109)*.
	Stöcklitag, an dem es erlaubt war, im Wald Stöckli (Baumstrünke, Wurzelstöcke) auszugraben und als Brennholz nach Hause zu führen *(Idiotikon 12, 1961, Sp. 1038. – Beitrag Hanspeter Schifferle, S. 536)*.	**8. Juli**	**Koblenz, Kirchweihe** *(Welti, Jahrzeitbuch)*
			Erntezeit (Juli). Die Sechszehner bestimmen vier Mann, die einen Tag festlegen, an dem mit der Ernte begonnen werden kann *(Dorfrecht von 1550, SRQ AG II/5, S. 109)*.
	Quasimodo, Weisser Sonntag, 1. Sonntag nach Ostern, nach zwölf Uhr administrative Jahreszusammenkunft der Verena-Bruderschaft *(Reinle, Verena, S. 103)*, der katholisch Zurzach fast vollzählig angehörte		**Sommergemeinde,** Gericht beim Heissen Stein (Stubenrecht. – *Attenhofer, Sagen und Bräuche, S. 82*)
		20. Juli	**Zurzach, Pfarrkirche** St. Maria, **Kirchweihe** *(Welti, Jahrzeitbuch)*
3. Mai	**Zurzach, Burgkapelle, Kirchweihe;** Würenlingen, Kirchweihe *(Welti, Jahrzeitbuch)*		**Letzter Montag im August,** Verenamarkt (Verenamesse). Der zweite, von König Ruprecht auf drei Tage verlängerte Markt wird gehalten «uff sant Verenen tag der heiligen jungfrauen» *(SRQ AG II/5, S. 35. – Bodmer, Zurzacher Messen, S. 80)*.
	Montag nach Trinitatis (Dreifaltigkeitssonntag, erster Sonntag [Oktav] nach Pfingsten), Montag nach Pfingstmontag, Beginn der **Pfingstmesse** (Frühjahrsmesse), Dauer: drei Tage, im 16. Jahrhundert bis drauf folgenden Montag. König Ruprecht erneuert am 4. April 1408 das Marktprivileg: «zwein jaremerckten, die daselbst [in Zurzach] eins iglichen jares [jedes Jahr] einer uff den nehsten mantag nach dem achten tag der pfingsten [Montag nach der Oktav von Pfingsten …] gehalden werden». Er bewilligt die Bitte von Stift und Flecken, «die vergenannte jaremerckte zwene tage zu erlengern», d. h., den bisher eintägigen Markt um zwei, also auf drei Tage zu verlängern *(SRQ AG II/5, S. 35)*.	**1. September**	**Verenatag,** Sepultura, seit 1627 volle Oktav *(Welti, Jahrzeitbuch)*
		2. September	**Stiftskirche, Kirchweihe** *(Welti, Jahrzeitbuch)*
			Sonntag nach dem Verenatag, Tegerfelden Kapellenweihe *(Welti, Jahrzeitbuch)*
			Herbstgemeinde (September), u. a. Bestellung der Trottmeister und der Rübenwächter
		16. Oktober	**Gallustag,** Waldweide beendet. *(Wullschleger, Waldpolitik, S. 41)*
		28. Oktober	**Zurzach, Burgkapelle, Kirchweihe** (bis ins 15. Jahrhundert) *(Welti, Jahrzeitbuch, S. 29, 76)*

Der Zurzacher Zehnten-Bann 1674

Alfred Hidber, Hans Rudolf Sennhauser

Die Umschreibung des Zurzacher Zehnten-Banns durch Joh. Jakob Aklin, gestorben 1699, entspricht weitgehend den Grenzen des heutigen Gemeindegebietes. Im Rietheimer Feld aber setzt sich die Reihe der Marksteine weiter nach Westen und bis ins Grien fort. Als Merkpunkte dienen grosse Bäume, Eichen, einmal ein Eichstumpf, Buchen – eine davon ist «zweidoldrig» (hat zwei Stämme und Kronen), eine krumme Hagenbuche, eine Linde, ein Ahorn und «die alte Widen». Strassen, Wege, Bäche, Hecken (Häge), Acker – bei Hecken und Äckern sind es mehrfach die «Eggen» (Ecken). Bei diesen Merkpunkten finden sich die Mark(steine). Einmal (90) ist auch die Rede von den «Zügen» (Zeugen), die unter den Marksteinen eingegraben wurden. Die Marksteine sind Kieslinge (30 Stück), das heisst im Wasser gerollte grosse Steine, Bergsteine (11 Stück), und einer ist ein Kalkstein. «Bergstein» ist die Bezeichnung für den ockerbraunen Kalksandstein, der früher bei Lienheim, gegenüber Rümikon, gebrochen wurde. 20 Steine sind mit Kamm und Krug, Ortsinitialen («R» für Rietheim, «Z» für Zurzach) und/oder Jahrzahlen versehen, einer von 1618 zeigt ein Kreuz, und einer von 1648 ist «rund gehauen», mag ein Säulenstumpf gewesen sein. Die verschiedenen Gruppen von Marksteinen sind unter anderem damit zu erklären, dass die Zehntgrenze zum Teil der Gemeindegrenze folgte: Wo dies der Fall war, standen Gemeinde-Grenzsteine, zum Beispiel jene mit den Ortsinitialen. Kieslinge hat man wohl vor allem auf dem Berg und im Wald verwendet. Waren die Merkpunkte aber nicht Waldbäume, sondern zum Beispiel Acker-Ecken, so überwiegen gehauene Steine. Sie sind nicht zufällig gesetzt; das zeigt sich schon darin, dass drei in den Neunzigerjahren des 17. Jahrhunderts erneuerte Steine (Nr. 3, 69, 76) wieder in der alten Form gehauen und alle wieder mit Kamm und Kreuz bezeichnet wurden.

Es ging bei der Grenzumschreibung um den dem Stift zustehenden Zehnt. Der Bann wurde vom Stiftsamtmann Aklin aufgezeichnet, er ist aber ein quasi offizielles Papier, denn der Bannumgang wurde nicht von Aklin allein und privat unternommen, sondern gemeinsam mit den Vertretern der lokalen Behörde, dem Weibel und den vier Räten.

Zurzacher Zehnten-Bann 1674[1]

Volget
Wie der gantze Zurtzacher
Zehend=Baan [Zehnten-Bann] ausgemarckhet,
wie solcher in gegenwarts Hanß
Weltin des Grichts [Weibel, Richter], Jacob Hirtt,
Geörg Libs, Adrian Rudolff
und *Stegenbeckhen* [die vier Räte] Heinrich Frey
den 25, 27 und 28 Aprilis A° 1674
undergangen und beschriben
worden.

Die **1.** Mark im obern Feld am Rhein gegenüber der Schiffmühle gleich ob den Wyden-Pünten an der Halden, scheidet Zurzach vom Rekinger Bann. Von dannen [dort] grad obsich der **2.**, mit Sant Verena Krüglein und Strehl gehauene Markstein bei Hrn. Dr. Köfferlins Äckerlein. Der überzwerch [quer] des Felds gegen die Landstrasse deutet auf den **3.**, mit einem Krieglein gezeichneten Stein an der Landstrass und Hans Caspar Oftingers Acker. NB der Stein ist zwar abgebrochen.
Den 15ten May 1693 ist der gefundne dritte abgebrochne Marckstein an der Landstrass und Hans Caspar Oftingers sel. Acker, welcher anietzo Hans Jacob Gross, dem Engelwirth zueghört, aussen gethan und anstatt dessen ein neüwer Marckstein eingesetzt worden, darauff gegen Zurzach Strehl und Krüeglin, gegen Räckhingen die Jahrzahl 1690 gehauwen.
Weiter übers Feld zur **4.** Mark, gegen Zurzach mit einem Kreuz, gegen Rekingen mit Jahrzahl 1618 behauen, liegt am Haag bei Schwertwirts Anwandel [Acker], von dannen in den Winkel an Moritz Engissers Mattenhag und dem Haag nach nitsich [hinunter] bis an Zwerchhag [Querhag] in der üsseren Huob und Neüberg hinaufwärts dem Fridhag [Einfriedung] nach bis in den Hochwald an die **5.** Mark, ein klein dünn Steinli im Holz an der Haagecke bei Moritz Engissers Hirtzenschleckhi. Sodann den Berg hinauf bis an die Eich zur **6.** Mark, und oben auf dem Berg die **7.** Mark beim Beckhenmoss am Ecken und Reckhinger Holzweeg. Danach die **8.** Mark bei der grossen Buche, wie auch am Beckhenmoss die **9.**, und baß oben [oberhalb] die **10.** und **11.** auf aller Ebene. Die **12.** ebenso, gleich dabei, bei der grossen Eiche, die **13.** und [**14.**] Mark. dem Haag nach. Die **15.** bei der zweidoldrigen Buche, und diese jetzt vermerkte Marken stehen am Beckhenmoss. Die **16.** schlechts den Berg hinauf ob dem Beckhenmoss. Auf aller Höhe die **17.** Mark, scheidet Zurzach, Rekingen und Tegerfelden [= Pt. 463]. Weiter zwischen Tegerfelder und Zurzacher etwas hinunter zur **18.** Mark unter einer grossen Eiche. Die **19.** etwas nidsich ob Beckhenmoss auch bei einer Eich. Die **20.** ist ein Bergstein [Kalksteinblock?] bei einer Hagenbuche. Die **21.** ein Kiesling [Findling], von da hinaus gegen die grossen Buchen, ob dem mitleren Buckh, soll ein Markstein sein [**22.**], aber nicht gefunden worden. Dann bergab der **23.** bei einer krummen Hagenbuche. Die **24.**, ein hoher Kiesling am Rain, nicht weit vom Tegerfelder Brunnen. Von dannen schlechts am Rain gegen den **25.** Stein, ein Kiesling im Khüeweeg [Chuewegli]. Von da winkelrecht, schier gar droben, die **26.** Mark, auch ein Kiesling bei einer Buche. Die **27.**, ein Bergstein, gar droben. Dann wieder obsich winkelrecht zur **28.** Kiesling-Mark. Die **29.**, ein Kiesling hinten an der Bleickhi, dann wieder obsich die **30.** Mark, ein Bergstein auf der Bleickhi. Geradeaus zum **31.** Bergstein, weiter zum **32.**, ein Kiesling, bei einem alten Eichstumpen [Eichenstrunk]. Die **33.** Mark ist ein Kiesling zu äusserst auf der Bleichi. Gleich dabei die **34.**, ein Kiesling, auf dem Bückhli zwischen der Bleychi und dem Kilstig. Die **35.**, ein Kiesling ob dem Kilstig-Hauw. Von dannen schlechts an **36.**, **37.** und **38.** nacheinander am Rain stehende Kieslingsteine.

39. Mark am und ob Kilstig gegen den Berg und von da nidsich zur **40.** Mark, einem Bergstein, bei einer Eiche. Die **41.** Mark, ein Kiesling, mitten auf dem Zurzacherberg, und dann gleich über der Strasse die **42.**, ein Kiesling. Nicht weit davon, gerade hinaus die **43.**, ein grosser Kiesling unter einer Eiche.

Der 41, und 43ste Marckstein seindt in beysein denen von Degerfelden den 24ten July 1720 widerumb auffgerichtet worden. Undt ist der erstere ein Berg, der ander aber ein Kisligstein.

Die **44.**, ein grosser Kiesling bei ein Massholderen [Ahorn]. **45.** und **46.**, beides Kieslingsteine. Die **47.**, ein Kiesling vorne am Rain, und stehen alle sechs letztgenannten Marken ob des Kehlmeyers Greüt, mitten auf dem Buckh. Von dannen Rain abwärts bis an die Sennenlocher- oder Döttingerstrasse, allwo der Tegerfelder Bann endet und der Döttinger anfängt [heutige «Passhöhe»], gleich anfangs Rain die **48.** Mark, ein Bergstein. **49.** ein Bergstein an der Halden ob dem Kirchenhauw. Die **50.** Mark auf dem Buck, von da nidsich dem Egg zu, alsdann winkelrecht an Herrn Prior zu Sion Emeracker die **51.** Mark, ein Kiesling. Unter dem Emeracker, wo Herr Probsts Kreuz gestanden, die **52.** Mark, ein kleiner Kiesling bei dem Achen- und Propstbergerweg, so Döttingen, Klingnau und Zurzach scheidet.[2] Von da gegen Achenberg am Weg die **53.** Mark, rainauf die **54.** und **55.** Mark auf aller Höhe, bei dem Schmittenweg. Von da auf der Ebni der **56.**, ein hoher Markstein am Schmittenweg. An letzteren vier Steinen auf einer Seite Klingnau, andererseits Zurzach und Jahrzahl 1575 gehauen. Von dort aus über den Weg an den **57.**, ein Kalkstein am Creützackherhaag. **58.** Mark am Creützacker, am Egg und Zurzacher Achenberg-Holz. Von hier stracks gegen das Achenberger Haus oder um den Hof herum bis hinunter an die **59.** Mark, ein Kiesling im Bach schier zuunterst beim Hof, ob dem Brunnentrog, hinter dem Achenberg, scheidet Klingnau und Riethen und dann den Bach hinunter, so Riethen von Zurzach scheidet, bis an die **60.** Mark, ein Kiesling, am Bach an Hans Rudolfen Bachthalenwyss gelegen. Dessen Haag nach an den **61.** Kiesling, bei Christen Büeler Vögtlins Bachtalenwyss.[3] Von da weiters **62.** Mark bei der Stygelen, so durch Bachthalenwyss führt, dort aus dem Gräbli nach bis gegen die **63.** Mark, ein Bergstein, nächst bei der Bogenalten-Styglen, bei einer Linde. Von da aus über den Buck winkelrecht dem Haag nach die **64.**, ein Bergstein, weiter über den Buckh zur **65.** Mark, ein Bergstein. Von dort aus, nächst oben am Rebberg-Haag die **66.**, ein Kiesling am Egg, und dann fortan dem Rappenschnabel Rebberg-Haag nach bis an Jacob Hirten Reben in der Grabwyss, durch den Graben über die Riethemer Landstrasse zum Stebbrunnen [Stettbrunnen], dann dem Haag nach zwischen Jacob Gross, Engelwirts, der Decanei und Organist-Stebbrunnenwyssen, um die Banzenwyss, dem Winkel zu gegen Riethen und fort dem Haag nach zum andern Winkel, von da schlechts aussen zum **67.** Mark, ist ein gehauener Stein mit St. Verena Krüglein und Strehl und der Jahrzahl 1574. Am Egg in Heinrich Grossen, Schwertwirts Acker, dann stracks zu end dieses Ackers der **68.**, mit gleichen Zeichen und Jahrzahl gehauene Stein. Von dort winkelrecht nidsich **69.** Mark, ist oben abgebrochen, steht in des Wirts Hans Jagli Rudolfs von Riethen Acker.

den 30 April 1692 ist der 69 abgebrochne Marckstein gesuocht aber nit gefunden worden. An dessen Stelle in sälbiger gegne [Gegend] man einen neüwen Marckstein eingegraben, darauf gegen Zurzach ein Strehl, und Krüeglin, gegen denen Riethemerweg aber die Jahrzahl 1690.

Dann winkelrecht gegen dem Bartz die **70.**, zwischen Clemens Kellers und Schwertwirts Äckern, darauf ein **3** [gotisches Z] und obige Zeichen und Jahrzahl gehauen. Die **71.** Mark, ends Christen Büelers, gen. Vögtlins Äckern, dem vorher beschriebenen Stein ganz gleich. Dann gleich fort zur **72.** Mark, an Hans Jogli Rudolf des Wirts Acker, darauf eingehauen gegen Riethen ein Strehl und R 1619, gegen Bartz ein Krüglein 1619. Von da gerade, wiederum nidsich an des Wirts Acker, die **73.** Mark mit Krüglein und R gegen Riethen, und gegen Bartz Strehl und Z. Von dort winkelrecht wieder gegen Bartz der **74.**, gegen Riethen mit R und gegen Barz 1619 und Z bezeichnete Markstein an Conrad Freyen genannt Poli Acker, am Eggen. Dann wieder nidsich zu End Hans Caspar Oftingers Acker die **75.** Mark, gegen Riethen mit Krüglein und R, auch Strehl, Z und Jahrzahl 1574 gegen Barz eingehauen. Von da winkelrecht gegen Barz, dann dem Müliweg nach zum **76.**, oben abgebrochenen Stein, zwischen Jogeli Freyen von Riethen und Heinrich Attenhofers z. Hecht Äckern gelegen.

In gleichem ist den 30 April 1692 ist die 76 Marck ussen im Mühliweg ein oben abgebrochner Stein ausgegraben, und ein neüwer Marckstein darauf gegen dem Bartz auch Strehl, und Krüeglin, gegen Riethen die 1690 Jahrzahl eingesetzt worden.

Von dort wieder nidsich gegen Thannwinkel, zwischen obigen Äckern noch die **77.** Mark im Thannwinckhel, grad ob dem Haag, ein rund gehauener, mit Jahrzahl 1648 vermerkter Stein. Gleich bei dem Thannwinckhel die **78.**, im Zurzacher Neügreüt im Haag. Und weit davon die **79.**, auch im Haag, und dann bei Hans Jogli Grossen Acker, im Egg, die **80.** Mark. Die **81.** Mark, ein Kiesling, bei Hans Jogli Rudolf, des Wirts zu Riethen Acker, nicht weit davon ein Bergstein, **82.** Mark, auch schier zuunterst am erstgesagten Acker die **83.**, nicht weit vom Weiher sind hart aneinander zwei Marken, beide Kiesligsteine. **84.**, ein Kiesligt zu aller unterst bei Hans Jogli Grossen Acker am Weyer. Die **85.** Mark, ein Bergstein ob der Eich, gleich unter dem Weyer. Dann dem Graben nach im Winkel, von dort dem Haag nach gegen Riethen, am Giessen, die **86.**, beim Gatter. Von da dem Haag nach die **87.** Mark bei Christen Büeler des ussseren Acker, dann hinab wieder am Egg die **88.** Mark. Nicht weit davon der **89.**, mit Jahrzahl 1648 gehauene Markstein im Riethemer Neügreüt. Von da winkelrecht über den Giessen die **90.**, mit 1648 bezeichnete Mark bei der alten Widen am Kadelburger Neügreüt, so drei Zügen [Zeugen] hat: Zurzach, Riethen und Kadelburg scheidende. Von dort stracks hinaus über den grossen Giessen bis zum alten Rhein, schlechts gegen die untersten Reben im Kadelburger Rebberg über, die **91.** und letzte Mark im Grien, mit der Jahrzahl 1648 bezeichnet, allwo der Zurzacher Bann endet, und dem Rhein nach hinauf bis zur ersten Mark im Oberfeld ob den Wyden.

---

[1] Beschreibung in: «Urbarium aller Zehendenn S. Verenae Stifft in Zurtzach gehörig auß denen Documentis Zuesamen verfast A°. 1682», von Stiftsamtmann J. J. Aklin, StAAG 3752, S. 142–153. – Weitgehend in heutiges Deutsch umgeschrieben von A. Hidber. Die Nummerierung ist im Original ausgeschrieben. Flurnamen buchstabengetreu übernommen. *Kursiv gesetzt: Nachträge von anderer Hand.*

[2] SRQ AG II/5, Nr. 103, S. 170 f. von 1656: Neue Ausmarchung der Grenzen.

[3] Ebd.

Zurzacher Häuser und ihre Namen

ALFRED HIDBER

1	Grütt	75	Stöckli	146	Jagdhaus
2	Holzwiese	76	Kadettenhäuschen	149	Gartenhaus, heute Arche
3	Naglerhaus	77	Propstei	151	Reformiertes Pfarrhaus
4	St. Moritz	G	Urs und Viktor Chorhof (1883 abgebrochen)	153	Reformierte Pfarrkirche
7	Engel, im Loch			154	Schwert
8	Roter Strumpf	79	Obere Kirche	156	Einhorn/Eichhorn
9	Blauer Strumpf	80	Dekanei, Pfarrhof	159	Schwanen
11	Kindli	H	Kellerei, Kaplanei z. Hl. Kreuz (1883 abgebrochen)	162	Meerfräuli
14	Sonnenberg			164	Roter Turm
15	Hinterer Elephant	I	Verena Chorhof (1883 abgebrochen)	167	Rose
16	Vorderer Elephant	K	Sigristenhof (1883 abgebrochen)	170	Rad, vorm. Schmitte
17	Kanne	L	Synesius Chorhof, alte Kantorei (1883 abgebrochen)	174	Kaufhaus
18	Engelburg, vorm. Guldenes Horn			176	Salmen
19	Glas	81	Verenamünster	178	Oberes Freiburgerhaus
20	St. Jakob	O	Schulhaus (1858 abgebrochen)	179	Zitronenbaum
22	Grün Vogel	P	Felix und Regula Chorhof, «Tempfteschen» (1858 abgebrochen)	180	Unteres Freiburgerhaus
23	Goldener Rahmen			181	Regenbogen
24	Sonnenblume	82	Alte Propstei, Marienchorhof	182	Luft
25	Dreilinden	83	Kustorei	183	Unteres Freiburgerhaus
26	Bäumli	84, 86	Lange Bank	184	Hoffnung, Seufzgen
28	Grüner Stiefel	87	Hirschen	200	Barzmühle
29	Störchli	88	Amtshaus, vorm. Rotes Kreuz	201	Zollhaus
30	Schäfli	93	Grosser Steinbock	203	Barzhof
31	Hirschkelle	94	Kleiner Steinbock	205	Sommerhaus
32	Feder	95	Rathaus	206	Paradies
33	Weisses Bärli	96	Sonne	209	Turm
35	Halbmond	97	Ilge	211	Feldegg
36	Mailänderli, Linde	98	Wilder Mann, später Frohsinn	212	Windegg
37	Süsser Winkel	99	Hirzli by der Linden, Lindenbaum	215	Kaiserei
38	Tiger, Tigerthier	101	Damhirsch	216	Krone, vorm. z. Grünen Kreuz
40	Schwarz Rößli	102	Taube	217	Fasan
42	Scharfer Eck	103	Weisses Öchsli	219	St. Georg
47	Güggel	104	Herz	221	Bärli, Bernerhaus
48	Kachel	105	Grüner Berg, Spital	224	Schiff
49	Lamm, Kleeblatt, Steeg, Pflug	Q	Schwertgasstor/Kleines Schwert (1829 abgebrochen)	226	Roter Ochsen (Engel/Roter Löwen 1822 abgebrannt)
50	Kreuzli, Steeg, Pflug				
51	Wilhelm-Tell	106	Thor, Spital	231	Grosser Bären
52	Apfelbaum, vorm. Guldener Knopf	107	Landjägerposten	233	Unterer-, vorm. Schwarzer Sternen
53	Drei Könige, vorm. Schäfli	R	Siechenhaus (1852 abgebrochen)	235	Rebstock, vorm. Lederhaus
55	Weisser Schwanen	111	Neues Haus	238	Storchen
57	Raben	116	Schützenhaus	240	Verenahof, ehem. Kapitelhaus
59	Hörndli	120	Schlössli Mandach	241	Agathahof
61	Greifen	123	Burgkapelle	242	Mauritius-Chorhof
62	Affenwagen	127	Alte Glocke	243	Pappiserhof, Gryffeli
F	Tulipan, Blumenkranz (1834 durch Brand zerstört)	130	Fahrhaus, vorm. Bäumle	245	Reformiertes Schuelhüsli
		132	Gerberei	247	Kellers Gut
63	Blauer Himmel, vorm. Strauss	133	Anker, vorm. Dürrenast	249	St. Fulgentius-Chorhof, Höfli
64	Ente, 1834 abgebrannt und durch eine Remise ersetzt	135	Seidenhof	250	Weisses Rössli
		137	Alter Spital	251	St. Anna-Chorhof (z. Kl. Schlüssel)
67	Tanne	140	Rindfuss	254	Schlüssel
68	Süss Wind, Weisser Wind	141	Baumgarten	255	Hechtli
73	Adler	142	Schwarzer Adler	256	Metzg, Wein-Trotte, Feuerspritzenhaus
74	Hecht	145	Villa Walter Zuberbühler		

257	Trotte	A	Schüssel (1862 abgebrochen)	305	Goldene Katz
258	Schwarzer Stiefel	282	Blaue Traube, Trübel	306	Hechle
261	Kaplanei	283	Weisse Traube	308	Unterer (Roter) Hahnen
263	Käserei	284	Pfauenauge	310	Oberer (Gelber) Hahnen
265	Römischer Kaiser	285	Hintergrund	312	Obere Krone
266	Mohrenkopf	286	Widder	314	Schanzkorb
268	Grosser Fuchs	D	Wildschwein	315	Schuh
269	Hinterer Fuchs	287	Schwarzer Ochsen	316	Unterer Pfeil
270	Fässli	E	Surhebel (im 16./17. Jahrhundert abgegangen)	317	Oberer Pfeil
272	Waag			318	Schloss
274	Rotes Haus	292	Goldener (Gelber) Leuen	319	Scheer
276	Blume	293	Zimmeraxt	320	Färberei
278	Pfauen	297	Weisses Haus	322	Achenberg
281	Rosengarten	300	Thiergarten, Steg	325	ehem. Falken
C	Oeltrotte (1844 abgebrannt)	302	Sternen		
B	Pelikan (1844 abgebrannt)	304	Fähnli		

**Zurzacher Geschlechter
und Bürger**

Zurzacher «Gesellschaft» auf einem Ausflug 1504

Nach dem Zürcher Glückshafenrodel von 1504 oder: Die Familie Rechburger von Zurzach

HANS RUDOLF SENNHAUSER

Von alters her traf man sich an verschiedenen Orten zur Kirchweih und in der Fasnachtszeit zu Volksfesten, an denen gespielt (sportlicher Wettkampf) und geschossen wurde.[1] Hosen- oder Hansi-(St. Johannes-)Schützenfeste wie das Knabenschiessen sind seit dem Spätmittelalter aus solchen Anlässen hervorgegangen. Beim Zürcher Freischiessen im Jahre 1504 wurde eine gross angelegte Lotterie veranstaltet, an der vom Sonntag Invocavit (28. Februar) bis Heiligkreuz (14. September) Lose gekauft werden konnten. Von weit her, aus der ganzen Schweiz, aber auch aus Deutschland und dem Tirol kamen Besucher nach Zürich, die ihre Einlage in den Rodel eintragen liessen. Der Zürcher Glückshafenrodel von 1504 ist fast vollständig überliefert, er enthält gegen 24'000 Namen.[2] Verschiedene Zurzacher, auch der Dekan von Tobel[3] mit Kindern, sind einzeln unter den Eintragungen auszumachen.

Zwischen den vielen ohne erkennbaren Zusammenhang aufgeführten Namen fallen Gruppen auf. Auf zwei Blättern hintereinander folgen sich zum Beispiel unmittelbar 45 Personennamen und zwei Namen von Haustieren («Gartenbus», das Rehböckli der Vögtinnen und «Fürstli», das Hündli der alten Schultheissin von Kaiserstuhl) aus Zurzach und Kaiserstuhl. Lose sind zwar offensichtlich auch für Abwesende, andere sind auf den Namen von Heiligen, für Örtlichkeiten, Siftungen, auf den Namen von Gegenständen zu Hause[4] und für Haustiere gekauft worden, aber die Umstände weisen im Falle der Zurzacher und Kaiserstuhler Gruppe[5] doch eher auf persönliche Anwesenheit der im Rodel eingetragenen Personen hin. Der Leser denkt unwillkürlich an ein Familientreffen, bzw. an eine Zusammenkunft befreundeter Familien, die einen gemeinsamen Ausflug nach Zürich unternahmen, und sieht die bekränzten Pferdewagen vor sich, mit denen die muntere Gesellschaft ihre Tagesreise (von Kaiserstuhl aus?) machte.

Eidgenössische Chronik des Gerold Edlibach. «Das usnemen der zedlen us dem glückshafen ze Zürich den sechzehenden septembris 1504». Zentralbibliothek Zürich, Ms. A 77, fol. 344v.
Foto Zentralbibliothek Zürich.

Im Rodel sind folgende Ausflugsteilnehmer[6] erwähnt:

von Zurzach:
Elsbett Rechbirgerin, voegtin[a]
Elsbett Múnzerin[b]
Anna Rechbergerin
Berbeli Rechbergerin[c]
Garttenbus, ein rechboeckli
   der foegtinnen
Johanna Rechbergerin
Ammalya Rechbergerin[d]
Margrett [Rechbergerin] Fögtin
Margrett Rechbergerin, Hanserin[e]
Beattrix Rechbergerin, Hanserin
Frenli Rechberger, Hanserin

von Kaiserstuhl:
Margrett Rechbirgerin, altschultheissin
Hans Uolrich [Autenried?] Vogt[f]
Cristoffel Rechberger
Verena Múntzerin
Tammastgus von Stuelingen[g]
Cristoffel Rechberger
Verena Múntzerin
Fúrstly, der alten schultheissin húndly
Barbara Linggin
Wilhelm Steinbach[m]
Frenli Steinbach
Margrett Steinbach
Adelheitt Steinbach
Barbla Steinbachin
Stoffel Steinbach
Annli Steinbach
Cleinannli von Zurtzach
Margrett zum Wider
Adelheitt Burckharttim
Ambrosyus Felwer
Cleinelsy Felwerin
Hans Felwer
Ferena Felwerin
Johannes Ruodolf Wick, capplan
zuo Keiserstul
Johanmes Wick von Keiserstul,
conventzher zu Salmenschwil [Salem]
Johannes Cuonratt Wick zu Keiserstul,
cuonventher zu Wettingen[n]
Barbel Wickin

von Basel, Strassburg:
tockter Jttelhans Rechburger, offitzial[h]
   zu Strassburg
Jacob Rechburger von Basel[i]
Caspar Múnzer, student zu Basel[k]
Margrett von Ammerbach zu Basel[l]

von Süddeutschland:
Verena Rechbergerin, bapptistin
von Rafenspurg
bruoder Johannes Rechberger,
conventbruoder zu Sant Blesy

---

[a] Witwe Lüthold Rechbergers, des Vogts zu Klingnau
[b] Elisabeth Rechberger, Gattin des Joh. Münzer zu Zurzach, Tochter der Vögtin, Schwester der Amalia
[c] Tochter der Vögtin
[d] Tochter der Vögtin
[e] = Hänselerin? Angehörige eines Marktaufsehers (Idiotikon II, Sp. 1475)
[f] wohl Sohn der Rechbergerin (ihr Mann Autenried wird Vogt genannt)
[g] Damasius von Stühlingen, vgl. SAHer 1898, S. 64, und 1899, S. 95
[h] vgl. Wappenbuch Basel I.1, Taf. 29
[i] Basler Bürger 1506
[k] Sohn des Johann Münzer und der Elisabeth Rechberger, später Propst in Schönenwerd.
[l] Gattin Jacob Rechburgers zu Basel (Wappenbuch Basel I.1, Taf. 29)
[m] Schultheiss 1502
[n] † 15. XI. vor 1528 (Nach WILLI, Album, Nr. 440, S. 65. Vielleicht ein Bruder des Fr. Johann Wick, gest. 1483, WILLI, Album, Nr. 420, S. 62).

---

[1] SCHAUFELBERGER, Wettkampf.
[2] HEGI, Glückshafenrodel.
[3] Zu Dekan von Tobel siehe S. 198. Vgl. auch HEGI, Glückshafenrodel, S. 374.
[4] Beispiele: HEGI, Glückshafenrodel, S. 366, 404, 480.
[5] HEGI, Glückshafenrodel, S. 366.
[6] Unmittelbar hintereinander eingetragene Namen, nach Herkunft getrennt. Liste und Anm. (ergänzt) nach HEGI, Glückshafenrodel, S. 366.

Rechburger

Ältere Generation

- Can. Mag. Nikolaus †1494, 1437 Kaplan in Klingnau, später Scholastikus am Grossmünster (Schaub Nr. 220)
- Can. Haman * um 1441, lebt 1505 noch (Schaub Nr. 72)
- Lüpold (Lüti) Rechburger * 1417, † vor 1504
  1) Elsbet von Watt
  2) Elisabeth Staler (Vögtin) 1504 Witwe Lüpolds
- Margreth ⚭ Ulrich Autenriet (Vogt) Schultheiss von Kaiserstuhl 1464–1489

2. Generation

- Can. Dr. Johannes † 1494
- Kanzler Italhans † 1537
- Jacob (1480–1542) ⚭ 1506 Margr. Amerbach (1490–1541)
- Elsbeth ⚭ vor 1478 Hans Müntzer 1510 tot
- Amalia * 1481
- Anna
- Johanna
- Verena
- Barbara (Berbeli)
- Margareth, Vögtin

Hans Ulrich Autenriet (Vogt) Schultheiss von Kaiserstuhl 1515–1518

3. Generation

- Arbogast, Lupolt, Balthasar, Franz
- Caspar, Christoph, Balthasar

Egg (Aegidius) Autenriet Schultheiss von Kaiserstuhl 1539–1566 (?)

4. Generation

- Martin und Bub m. Sprachfehler

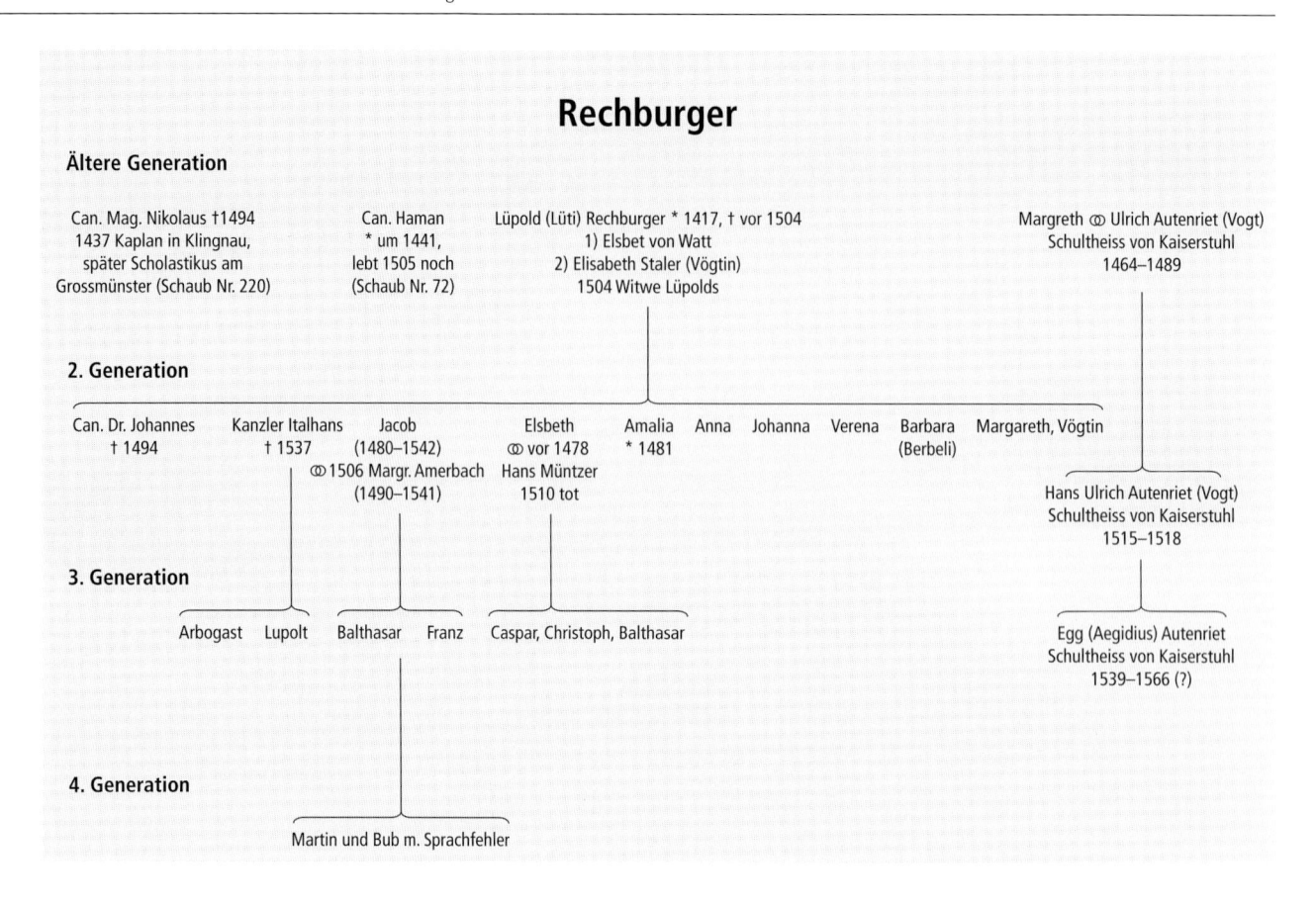

Es sind Mitglieder der Familien Rechburger (Rechberger) und Münzer aus Zurzach und Basel, ihre Verwandten Vogt (Autenried) aus Kaiserstuhl und die Schultheissenfamilien Felwer, Steinbach und Wick (Kastler) von Kaiserstuhl, – alles Angehörige der örtlichen Oberschicht, die durch Amt, Verwandtschaft und gemeinsame Interessen miteinander verbunden waren.[7] Viele von ihnen erscheinen auch in anderen Quellen.

Dr. Itelhans (Itel Johann) Rechburger, Kanzler des Bischofs von Strassburg, und *Jacob Rechburger* aus Basel, durch seine Heirat mit Margarethe Amerbach († 1542) Schwager des gelehrten Basler Juristen Bonifatius Amerbach (1495–1562), von Beruf Pulverkrämer (Gewürzhändler);[8] beide waren Söhne des *Lüpold (Lüti) Rechburger* aus Zurzach, des ehemaligen bischöflichen Vogtes (um 1450–[1477][9]) zu Klingnau sowie Stiftskellers von Zurzach (1477–1498), geboren um 1417, † vor 1504.[10] *Elsbeth Rechbergerin*, «Vögtin» zu Zurzach,[11] eine Staler, die wahrscheinlich aus Waldshut stammte,[12] war Lüpolds «letzte Frau» («uxoris eius ultime», heisst es im Jahrzeitbuch). Vorher war Lüpold verheiratet mit Elisabeth von Watt[13] aus der St. Galler Leinwandjunker-Familie, der auch der spätere Reformator Vadian entstammte. – *Margreth Rechbergerin* ist die Witwe des Ulrich Autenried, genannt Vogt, 1464–1489 Schultheiss von Kaiserstuhl.[14] Vielleicht war sie eine Schwester Lüpolds, jedenfalls gehört sie in seine Generation. Sie war die Mutter des Hans Ulrich Autenriet, 1515–1518 Schultheiss von Kaiserstuhl, der im Glückshafenrodel unter dem Namen *Hans Ulrich Vogt* aufgeführt ist,[15] und Grossmutter des Egg (Aegidius) Attenriet, Schultheiss 1539–1566 (?). *Elsbeth Müntzerin* ist wie Amalie, Anna und Johanna eine Tochter des Vogtes Lüpold.[16] Sie hat vor 1478 den Kleinbasler Krämer Hans Müntzer geheiratet; *Caspar Müntzer*, Student zu Basel, dürfte ihr Sohn sein. Er war 1501/02 in Basel immatrikuliert.[17] Elsbeth schreibt 1513 an Johannes Amerbach, Vater des Bonifatius, er möge sich doch um ihren andern Sohn Christoph kümmern, der als Student in Basel 1511/12 immatrikuliert war, damit er bald «bagenlarii» (Baccalaureus) werde. Wenn sie Amerbach die aufgewendete Summe nicht zurückzahlen könne, so werde es sicher der «her Kasper» – Kaspar war demnach bereits Geistlicher – tun.[18] Johannes Amerbach starb im selben Jahr (1513). *Kaspar Müntzer* ist 1504, noch als Student, auch unter den Festbesuchern in Zürich. 1530 wurde er als Propst zu St. Leodegar in Schönenwerd gewählt, wo er 1547 noch weilte. 1547 erkundigte sich der Rat im Stift Schönenwerd, ob der Propst tatsächlich nach Zurzach gehen wolle.[19] Müntzer vollzog den Wechsel, starb aber schon in den Karenzjahren.[20] Als Propst wird Kaspar Müntzer auch genannt im Brief vom 23. Dez. 1545 der Amalie Rechburger an Bonifatius Amerbach.[21] Ein jüngerer, dritter Sohn der Müntzerin ist jener Balthasar, der als Bub beim Bildersturm seiner Mutter gerettete Verenareliquien in den Rebstock brachte. Vater Hans Müntzer ist vor 1510 gestorben, vielleicht schon vor 1504, da Zurzach 1504 als ihr Herkunftsort angegeben ist, wohin die Müntzerin nach dem Tode ihres Mannes wieder gezogen war. *Verena Rechbergerin*, vielleicht auch eine Tochter der «Vögtin», wohnte in Ravensburg und war «bapptistin»,[22] eine Färberin. Von den Zurzacher Rechbergern waren zwei weitere Frauen am Freischiessen: *Anna* und *Berbeli*. Anna ist wohl die im Jahrzeitbuch genannte Tochter Lüpolds und wie Berbeli[23] eine Schwester der Amalie, der Elsbeth und der Johanna. Für *Christoffel Rechberger* gibt der Rodel als Herkunftsort Kaiserstuhl an.[24] *Margrett von Ammerbach* aus Basel ist die Schwester des Bonifatius. Zwei Jahre später (1506) wird sie von ihrem Vater Johann Amerbach, dem Druckerherrn und Humanisten, enterbt, weil sie ohne seine Erlaubnis den Gewürzhändler *Jakob Rechberger* aus Zurzach, 1506 Basler Bürger, geheiratet hat. *Johanna Rechbergerin* war ebenfalls eine Tochter der «Vögtin», eine Schwester der *Amalie*, deren Briefwechsel mit ihrem Schwager Bonifatius Amerbach[25] eine hervorragende Quelle für Sprachforscher darstellt, aber nicht nur das: Er ist auch eine köstliche Lektüre. Als Bonifatius Amerbach 1513 zu Besuch in Zurzach weilte, ist er mit dem geistig regsamen und in Humanistenkreisen verkehrenden Chorherrn Johannes Brugger, mag. artium, und seiner Schwägerin Amalie 1513 auf den Achenberg gestiegen. Amalie, sichtlich stolz auf ihren vornehmen Verwandten, den neu gebackenen Basler magister artium (1513), und wohl auch ein wenig verliebt, schreibt schalkhaft und offenbar nicht unglücklich über die Neugier der Nachbarn:[26] «Wenn ich den Hochenberg [Achenberg] ansich [sehe], so wünsch ich vch dar, das ich vch sech kleteran [klettern] mit dem langen rock [dem langen Humanistenrock]. Man hat vnss in den hüsseren gesehen stigen. Ich hab nit me wil [Zeit] iez zu schriben. Nit me dann gott verlich [verleihe] vch gesuntheit.» Noch 1547 erinnert sie Amerbach an die Wanderung auf den Achenberg: Sie will Bonifatius bewegen, «vor ihrem Tod» mit seinen Kindern nach Zurzach zu kommen «vnd versuchen, ob wir noch möchtind vf den machenberg klimen [...]».[27] Amalie ist ledig geblieben. Sie sorgt sich um den verwitweten Amerbach und um ihre Neffen, von denen der eine, Balthasar, Sohn von Amaliens Bruder Jakob und der Margarethe Amerbach, ein Lotterleben führt. Zwei Grossneffen, einen Buben, der einen Sprachfehler hat, und Martin, einen unehelichen Sohn Balthasars, aus dem etwas werden soll, holt sie nach Zurzach. Zu ihrem Bedauern gibt es gerade keinen Lehrer in Zurzach, aber Martin, der «gut tut», scheint seinen Weg doch gemacht zu haben: Er könnte jener Tischmacher Martin Rechenberger sein, der 1566 vom Chorherrn Wissinger belangt wird, weil er eine Vertragsarbeit noch nicht vollendet hat.[28]

Tammastgus (Damasius) von Stühlingen, geboren um 1450, entstammt einer Familie, die sich bis ins 14. Jahrhundert zurückverfolgen lässt und sich von Regensberg aus in verschiedene Linien verbreitete. Junker Damasius lebte noch 1518.[29] Er gehörte zum Eglisauer Zweig der Stühlinger, die auch in Kaiserstuhl Besitz hatten. Sein Vater, Konrad von Stühlingen, der 1440 in Kaiserstuhl sesshaft war, hatte die Herrschaft Hüntwangen geerbt, die sein Schwager Hans von Wülflingen als Bevollmächtigter in Kaiserstuhl zugunsten der unmündigen Kinder Konrads – eines davon war Damasius – 1467 vor Schultheiss und Rat von Kaiserstuhl dem Heinrich Lee, Burger zu Eglisau, verkaufte.

Im folgenden Jahr wird Uli Roggenmann, der Metzger von Kaiserstuhl, als ein Vogt des Damasius Stühlinger im Zusammenhang mit dieser Transaktion im bischöflichen Lehenbrief für «Heinrich Lewrer» genannt. 1510 ist die Rede von «dem von Stühlingen zu Kaiserstuhl».[30]

Nicht identifizieren kann ich *«Margrett Fögtin zu Zurzach».* War sie vielleicht ebenfalls eine Tochter der Elsbeth, «Vögtin», der Gemahlin des Lüpold Rechburger? Wie die Mutter wäre dann die Tochter nach dem Amt des Vaters genannt worden, jedenfalls ist das Rehböckli «Gartenbus» ein Haustier «der fögtinnen», die also wohl gemeinsam ein Haus bewohnten. Es folgen drei Rechbergerinnen, die als «Hanserin» bezeichnet werden, Frau eines Hansers (Marktaufseher, der die Marktgebühren einzog). Aus Kaiserstuhl kamen *Verena Müntzer* und *Barbara Linggin,* beide unbekannt. Dann wird ein *Johannes Rechberger,* Conventbruder zu Sant Blesy, genannt: ein Klosterbruder (nicht Geistlicher) aus St. Blasien.[31] Sieben Mitglieder der *Schultheissenfamilie Steinbach* aus Kaiserstuhl waren ebenfalls dabei. Cleinannli von Zurzach, Margrett zum Wider – die im Kaiserstuhler Haus zum Widder wohnte, das 1500 dem Hans Ulrich Autenriet gehörte[32] – und Adelheid Burckhart. Ausserdem vier

---

[7] Die Alt-Schultheissen Ulrich Vogt und Walter Wick leisteten neben dem Chorherrn Engelhart und dem Schulmeister Schultheiss u. a. 1496 Bürgschaft für Lüpold (Lütin, Lüti) Rechburger. HUBER, Geschichte, S. 292. – StAAG U. 348, so schon 1492, StAAG U. 340, und 1495, StAAG U. 344: Walter Kastler Vogt. Vgl. auch StAAG U. 348: Walter Wick, gen. Kastler, Schultheiss zu Kaiserstuhl, Hans Schultheiss von Zurzach und Margreth Rechburgerin, Wwe. Ulrich Vogts von Kaiserstuhl als Bürgen für den Stiftskeller Lütin Rechburger (1496).

[8] Amerbach Korr. II, S. 67; I, S. 281.

[9] Eckige Klammern bezeichnen Jahre des ersten oder letzten Nachweises.

[10] Argovia 48, 1936, S. 88 f. – HUBER, Urkunden, S. 402, und DERS., Geschichte, S. 249, 292. – SCHAUB, Chorherrenstift, Nr. 289. – Die Söhne Itelhans und Jakob aus der Ehe mit Elsbet von Watt.

[11] KINDLER VON KNOBLOCH, Geschlechterbuch 3, S. 374.

[12] FRIEDRICH HEGI, in: HBLS Bd. 6, 1931, S. 497.

[13] KINDLER VON KNOBLOCH, Geschlechterbuch 3, S. 374.

[14] WELTI, Schultheissen, Nr. 14, S. 218 mit Anm. 149, S. 227, und Nr. 21, S. 220.

[15] Identisch mit dem Hansuorrich (Hans Ulrich), von dem Amalie R. im Brief vom 26. Aug. 1513 sagt, er sei in den Krieg (Zug gegen Frankreich) gezogen? Er wäre dann ein Cousin der Amalie Rechburger. Amerbach Korr. I, S. 459.

[16] WELTI, Jahrzeitbuch, Nr. 669. – Nach HEGI, Glückshafenrodel, ist auch Berbeli (Barbara) eine Tochter des Vogtes Lüpold bzw. der Vögtin.

[17] Amerbach Korr. I, S. 452, Anm. 5.

[18] Amerbach Korr. I, S. 451 f., Nr. 478.

[19] HS II/2, S. 481 f. 1548 wird in Schönenwerd sein Nachfolger erwähnt, Urs Manslib Somander. Das in HS II/2 angegebene Todesdatum 1549 ist wohl in 1548 zu korrigieren (zwei Karenzjahre, Wahl 1546). Bei HS II/2, S. 481, falsch: Herkunft aus Solothurn (gestützt auf Schmid).

[20] HUBER, Geschichte, S. 251, Nr. 148.

[21] Amerbach Korr. VI., S. 214, Nr. 2771.

[22] 1544 spricht Amalie Rechburger von einer Schwester, die in Ravensburg lebt (Amerbach Korr. VI, S. 75, Nr. 2673). – Nach freundlicher Mitteilung von Peter F. Tschudin, a. Direktor des Papier- und Druckmuseums der Basler Papiermühle, bedeutet «bapptistin» Färbersfrau, Färberin und hängt zusammen mit dem Arbeitsvorgang des Färbens: eintauchen, «taufen».

[23] Nach KINDLER VON KNOBLOCH, Geschlechterbuch, hatte der Vogt Lüpold Rechburger eine Tochter Barbara.

[24] War er ein weiterer Sohn des Lüpold? Die Taufnamen scheinen ja in der Familie mehrfach auf eine ältere Generation Bezug zu nehmen. Als Onkel (?) kann der Kaiserstuhler Christoffel auch namensgebender Pate des Christoph Münzer gewesen sein.

[25] Amerbach Korr. I, Nr. 485, S. 458 f.

[26] Amerbach Korr. I, Nr. 485, S. 458 f.

[27] Amerbach Korr. VI, Nr. 2963, S. 493.

[28] HUBER, Urkunden, S. 434.

[29] HUBER, Regesten, S. 154.

[30] WILHELM TOBLER-MEYER, Die Stühlinger ab Regensberg, von Waldhausen und in Eglisau, eine bisher in der Literatur wenig beachtete Familie des mittelalterlichen, zürcherischen Landadels, in: SAHer 1898, S. 47–64 (S. 62–64). DERS., Zweiter und letzter Nachtrag zur Geschichte der Familie Stühlinger, in: SAHer 1899, S. 89–96, hier S. 95 f.

[31] Es wird im Rodel unterschieden zwischen Conventsbruder und Conventsherr: S. 380.

[32] Urb. Pfr. K. [Kaiserstuhl] Nr. 65, 9.11.1500. Nachlass H. J. Welti.

Angehörige der *Schultheissenfamilie Felwer* und vier der Familie *Wick*, die im 15. Jahrhundert drei Schultheissen gestellt hatte:[33] Barbara Wick und drei Geistliche, der Kaplan Johann Rudolf Wick, P. Johannes Wick aus der Zisterzienserabtei Salem und P. Johann Konrad Wick, Zisterzienser von Wettingen.

Sie alle warteten auf die Ziehung am 16. September, bei der dann, wie in der Edlibach-Chronik dargestellt, ein Bub – ein unschuldiges Kind – je aus einem «Glückshafen» ein Los und einen Namenszettel «zog». Am Schützenfest, das vom 12. bis 16. August 1504 abgehalten wurde, nahm kein Zurzacher teil, wohl aber der Kaiserstuhler Hans Müller, der allerdings ohne Kranz oder Preisgeld wieder nach Hause ging.

Die *Rechburger-Familie* hat der Kirche mehrere Kanoniker und hohe Beamte gestellt. Lüpold (Lüti) Rechburger war 1457–1477[34] konstanzisch-bischöflicher Vogt zu Klingnau, danach bis 1497 Stiftsamtmann in Zurzach. Er ist vor 1504 gestorben. Ein Bruder des Vogtes Lüpold, Magister Nikolaus Rechburger[35], erscheint im Jahrzeitbuch am 31. Juli als Scholastikus am Grossmünster.[36] Nach Leu und Johannes Huber war er auch Chorherr von Zurzach. Gestorben ist der Scholastikus 1494.[37] Dr. Johannes Rechburger wird als Sohn des Vogtes, als Zurzacher Kanoniker und Konsistorialadvokat der Konstanzer Kurie im Jahrzeitbuch bezeugt.[38] Der Dritte ist Hamann Rechburger, auf dessen Bitte hin vier Kardinäle 1465 einen an die Katharinenkirche in Klingnau gebundenen Ablass verliehen;[39] er ist als Zurzacher Chorherr noch am 28.10.1506 bezeugt und war wohl ein Bruder des Vogtes Lüpold.[40] Itelhans Rechburger, Dr. utr. iur.,[41] † 1537, wird von Huber als Sohn des Stiftskellers und früheren bischöflichen Vogtes Lütin Rechburger angesehen.[42] Gemeint ist wohl Lüpolds Sohn Itelhans, Dr. beider Rechte und strassburgisch-bischöflicher Kanzler. Itelhans war nicht Zurzacher Chorherr, wie Huber meint,[43] sondern verheiratet mit Barbara Wollschläger, genannt von Altdorf, wahrscheinlich einer Tochter des Lutz und der Amel (Amalie) Schenk von Winterstetten. Ein Sohn aus dieser Ehe mit dem guten Strassburger Namen Arbogast sass im Strassburger Rat, ein anderer, Lupolt, offenbar nach dem Grossvater benannt, war strassburgischer Amtmann in der Wanzenau und 1565 Hofmeister des Bischofs von Strassburg.[44]

Die Familie Rechburger wirtete im Rebstock und besass hier ein «Lederhuß» (vermietete Lager und Verkaufsräume für Leder). Sie war auch in Klingnau (die Familie kam von Koblenz her nach Klingnau und Zurzach)[45] und Kadelburg begütert, wo sie einen Hof besass.[46] Im 15./16. Jahrhundert war sie eine der bedeutenden Zurzacher Familien, die Umgang hatte und verschwägert war mit Humanisten und Handelsherren. Sie breitete sich nach Zürich, Zug, Basel und Strassburg aus. An den beiden letzten Orten zählte sie zum Adel.[47] Ihr Familienausflug im Jahre 1504 gestattet einen Blick auf das Standesbewusstsein der ländlichen Oberschicht in der Vorreformationszeit.

---

[33] Nrn. 9, 11, 15 bei Welti, Schultheissen.
[34] Mittler, Klingnau, S. 386. – Schaub, Chorherrenstift, Nr. 289.
[35] Welti, Jahrzeitbuch, Nr. 547, S. 33. – Schaub, Chorherrenstift, Nr. 220.
[36] Welti, Jahrzeitbuch, Nr. 712; Huber, Geschichte, S. 248, Nr. 103. Welti, S. 111 und Schaub rechnen ihn nicht zu den Zurzacher Kanonikern.
[37] Huber, Geschichte, S. 248, Nr. 103. – Wilhelm Heinrich Ruoff, Quellen zur zürcherischen Familiengeschichte, in: Zürcher Monats-Chronik 5, 1936, S. 70. Nach ihm Dietrich W. Schwarz, Die Statutenbücher der Propstei Zürich, Zürich 1952, S. 319, Anm. 6. – Leu, Teil 15, 1759, S. 102, gibt als Todesjahr 1483 an, ihm folgt Huber, Geschichte, S. 248, Nr. 103.
[38] Welti, Jahrzeitbuch, Nr. 712; Huber, Geschichte, S. 249, Nr. 107. – Für 1475 wird Johannes Rechburger als Kanzler des Bischofs Otto von Sonnenberg erwähnt (Bernd Ottnand, in: HS I/2, S. 741). Nach dem Jahrzeitbuch war er «decretorum doctor», Zurzacher Kanoniker und Konsistorialadvokat der Konstanzer Kurie (Welti, Jahrzeitbuch, Nr. 712, S. 40). – Schaub, Chorherrenstift, Nr. 167.
[39] Huber, Kollaturpfarreien, S. 17.
[40] Gilt als Sohn des Vogtes! Kindler von Knobloch, Geschlechterbuch 3, S. 374. – Schaub, Chorherrenstift, Nr. 72.
[41] Meyer, Zürich und Rom, Nr. 755. – Schaub, Chorherrenstift, Nr. 310.
[42] Huber, Geschichte, S. 249, Nr. 111, und S. 292.
[43] Meyer, Zürich und Rom, Nr. 755, S. 425, noch wie Huber. Bei Schaub, Chorherrenstift, Nr. 310, korrigiert.
[44] Kindler von Knobloch, Geschlechterbuch 3, S. 374.
[45] Mittler, Klingnau, S. 192.
[46] Stifts-Urbar 1511, fol. LVIv: Lüti Rechburgers erben
 Gend … vom Lederhuß und Stock
   dar hinder, waß her hainrich winck-
   lerß, stoßt an Schwartz hainiß Schuch-
   macherß huß …
 Gend … vom hof ze kadelburg mit
   aller zu gehörd …
[47] Mittler, Klingnau, S. 192.

Zurzacher Geschlechter vor 1800

Felix Müller

Die folgende Liste führt Geschlechter auf, die vor 1800 in Zurzach verbürgert waren. Wie aber wurde man Bürger?
1546 wurde die Gemeinde Zurzach bei der in Baden versammelten Tagsatzung vorstellig mit der Bitte, den Erwerb des Bürgerrechts neu zu regeln: Bisher hatte ein Fremder, der eine Zurzacherin geheiratet und sich dort niedergelassen hatte, automatisch Anteil an der Nutzung des Gemeindebesitzes und Mitsprache an der Gemeindeversammlung erhalten. Die Tagsatzungsgesandten beschlossen gemäss dem Wunsch der Zurzacher, dass Fremde sich künftig ins Bürgerrecht einkaufen müssten und dass Zurzach nicht verpflichtet sei, sie anzunehmen.[1]
Es handelt sich hier um eine verbreitete Entwicklung: Im Mittelalter genügte es in der Regel, dass jemand in einer Stadt einen Anteil eines Hauses besass, damit er als ihr Bürger galt.[2] Seit etwa 1500 nahm – als Folge des Bevölkerungswachstums – allenthalben die Angst um den Lebensunterhalt zu, Städte und Dorfgemeinden begannen sich abzuschliessen und so die Konkurrenz in Handel, Gewerbe und Landwirtschaft zu begrenzen.[3] Ausdruck dieser Haltung ist auch die neue Ordnung von 1546: Den Zurzachern ging es ausdrücklich darum, dass Zuzüger kein Anrecht hatten auf die Nutzung von Wald und Weiden, womit der Anteil des Einzelnen kleiner geworden wäre. Damit wurde es schwieriger, Bürger zu werden, in Zurzach wie auch andernorts. Die Mobilität nahm ab: Wer an einem Ort Bürger war, der blieb in der Regel dort ansässig.

Entsprechend der unterschiedlichen rechtlichen und sozialen Situation ist die folgende Bürgerliste unterteilt in die Zeit vor und nach 1546. Nach 1800 änderte sich die Rechtssituation nochmals, die Liste beschränkt sich aber auf den Zeitraum davor.

Beim Zusammenstellen der Liste zeigten sich einige Schwierigkeiten: Erst seit etwa 1670 gibt es serielle Quellen zu den Bürgeraufnahmen, vorher werden nur gelegentlich Personen als Bürger bezeichnet. Ähnlich verhält es sich mit Angaben zum Hausbesitz im Mittelalter.[4] Ein zweites Problem sind die Namen selbst: Sie sind nicht stabil. Bis mindestens ins 16. Jahrhundert kam es vor, dass der Name einer Person wechseln konnte, namentlich aufgrund von Amts- und Berufsbezeichnungen. Nur selten wird aber jemand mit beiden Namen bezeichnet, wie etwa Martin Keller, genannt Schultheiss, oder Wälti Meyer, genannt Wälti Seiler.[5] Das Jahrzeitbuch braucht zum Teil lateinische Bezeichnungen: Können deren Träger als Angehörige des entsprechenden Geschlechts betrachtet werden, also etwa «sartor» als Schneider?
Gleiche Namen bedeuten nicht zwangsläufig, dass ihre Träger miteinander verwandt waren; es kann sich auch um verschiedene Familien gleichen Namens handeln.[6] Die Schreibweise wurde, soweit möglich, heutigem Gebrauch angeglichen.

Vor 1546

Äberli	Begütert im 14. Jahrhundert (Haus, Trotte, Acker). Um 1600 war Rudolf Äberli Inhaber des «Kindli».
Ärtzinger	Johann Ärtzinger besass 1345 ein Haus in Zurzach.
Affenschmalz	Ein Affenschmalz besass vor 1483 ein Haus in der Schluttengasse.
Bächli	Der Bäcker Arnold Bächli besass im 14. Jahrhundert ein Haus in oder bei der Schluttengasse.
Beisler	Kilian Beisler besass 1333 ein Haus in Zurzach.
Bercher	Hermann Bercher war 1503 Zeuge in einem Weidgangsstreit.
Blum	Conrad und Hans Blum vertraten zwischen 1503 und 1523 mehrfach die Gemeinde, Conrad besass ein Haus an der einen Kehlhofgasse.
Bregel	Die Bregel besassen im 14. und 15. Jahrhundert ein Haus auf Burg; Hans Bregel vertrat die Gemeinde zwischen 1523 und 1541.
Buchse	Johannes de Buchse vertrat die Gemeinde 1308.
Bühler	Die Kinder des verstorbenen Heinrich Bühler besassen 1414 ein Haus beim Kaufhaus.

---

[1] SRQ AG II/5, Nr. 54, S. 99–101.
[2] Vgl. Walther Merz, Bürgerrecht und Hausbesitz in den aargauischen Städten, in: Argovia 33, 1909, S. 1–14.
[3] Vgl. z. B. Hans Conrad Peyer, Die Anfänge der schweizerischen Aristokratien, in: Ders., Könige, Stadt und Kapital, Zürich 1982, S. 195–218.
[4] Kriterien für die Aufnahme in die Liste: Vor 1546 habe ich alle berücksichtigt, die in Zurzach Hausbesitz hatten oder als von Zurzach bezeichnet wurden, nicht aber blosse Bebauer von Grundstücken – sie konnten auswärts wohnen – und Frauen, die häufig den Mädchennamen führten. Nach 1546 habe ich alle aufgenommen, die mehr als einmal erwähnt sind und die nicht beruflich nach Zurzach kamen wie Geistliche, Schulmeister, Barzmüller und Baumeister. Ebenfalls aufgenommen habe ich nur einmal erwähnte Gemeindevertreter.
[5] Keller: Urk Stift 515, vgl. Welti, Jahrzeitbuch, Nr. 739; Meyer: Urk Stift 298. Weitere Fälle: Adam Schmied, genannt Kellmeyer (Gemeinde-Urk 24), Hans Pfister, genannt Hulweg (Urk Grafschaft Baden 12), Johannes Widemer dictus Vinsterwalt (Welti, Jahrzeitbuch, Nr. 217); Johannes Pfister, alias Keller (Welti, Jahrzeitbuch, Nr. 779).
[6] Benutzte Quellen und Literatur: Welti, Bürgergeschlechter. – Welti, Stapfer. – SRQ AG II/5; Welti, Jahrzeitbuch; Huber, Urkunden; Urkundenbuch Kaiserstuhl; StAAG, AA 3735, 3737, 3738, 3740, 3741, 3742, 3743, 3750, 3751, 3753; StAAG 4027, 4040–4061; StAAG, Urkundenfonds: Stift Zurzach, Grafschaft Baden, Kopien aus dem GLA Karlsruhe; StAAG, Deposita, Gemeindeurkunden Zurzach; StAZH, E II 210, S. 226–238a, Bevölkerungsrodel 1694: StAZH E II 251 a, S. 593–650; Kirchenörter-Urbar 1729, Ref. Pfarreiarchiv Zurzach; Generaltabelle 1780, StAZH B IX 45, GA Zurzach, 812–815; Brandversicherungskataster 1809, GAZ 1074.

Bürgi	Die Bürgi waren im Oberflecken ansässig, einmal wird die Krone genannt, 1363 ein Haus in der Pfauengasse. Henni Bürgi war 1429 Weibel, also Vorsitzender des Gerichts.	Kadelburg	Im 14. Jahrhundert genannt, ein weiterer Kadelburg war Bürger von Klingnau.
Dinkelstein	Im 14. und 15. Jahrhundert belegt; Heini Dinkelstein war 1429 Zeuge, das heisst wohl Richter.	Keigler	Keigler respektive Kegler sind im 14. Jahrhundert belegt: Hans Keigler war 1374 Weibel, Rüdger Keigler 1379 Untervogt.
Ellend	siehe unter Unfrid	Kessler	Margarethe stiftete für ihren verstorbenen Gatten Cläwi (Niklaus) Kessler um die Mitte des 15. Jahrhunderts eine Jahrzeit.
Elsasser	Die Elsasser besassen im 14. Jahrhundert Güter in Zurzach.	Knopf	Jos Knopf stritt sich 1438 mit der Gemeinde wegen seiner Bestrafung.
Erni	Den Erni gehörte im 15. Jahrhundert das Haus «zum weissen Kreuz».	Küfer	Jakob Küfer besass zu Beginn des 16. Jahrhunderts mehrere Gebäude in Zurzach.
Faber	Für Burkard Faber wurde im 14. Jahrhundert eine Jahrzeit gestiftet.	Küssenberg	Die Familie Küssenberg, darunter mehrere Geistliche, verkaufte 1429 der Gemeinde die Hofstatt, auf der später das Kaufhaus stand. Später waren die Küssenberg in Klingnau ansässig.
Finsterwald	Die Finsterwald sind im 14. Jahrhundert belegt, Johannes Finsterwald hatte ein Haus beim obern Tor des Friedhofs. Namenwechsel: Widemer dictus Vinsterwald. Es ist kein Zusammenhang ersichtlich mit den im 19. Jahrhundert ansässigen Finsterwald.	Lang	Hans Lang war 1523 einer der Vertreter der Gemeinde in einem Prozess; wohl sein Sohn stritt sich 1538 mit dem Stift um Bodenzinse.
Fritschi	Fritschi sind im 14. Jahrhundert belegt, sie besassen ein Haus im Unterdorf.	Lengnau	Lengnow oder Lengnang. Cunrad Lengnow war Leibeigener der Kirche Konstanz, der er 1305 das «Swartzen Gut» in Zurzach verkaufte. Hans Lengnang, der Suter (= Schuhmacher), besass 1373 ein Haus beim Kirchhof, Kunrad Lengnow um 1450 eines im Unterdorf. Vermutlich stammte auch der Priester Hans Lengnow, erwähnt 1430 und gestorben 1453, von Zurzach.
Glattfelder	Ein Glattfelder war schon vor 1474 in Zurzach ansässig. Oswald Glattfelder kaufte vor 1515 den Kehlhof und gehörte in den 1520er-Jahren dem Rat an.		
Goelin	Heinrich Goelin besass 1333 ein Haus in Zurzach.		
Graf	Peter Graf, in der ersten Hälfte des 15. Jahrhunderts nachgewiesen.		
Grimli	Clewi Grimli war 1429 Zeuge eines Verkaufs, gehörte also wohl dem Gericht an.	Lienheim	Johannes Lienheim tötete im 14. Jahrhundert den Sohn eines Schiffers auf Burg und stiftete als Busse eine Jahrzeit. Das Geschlecht kam vor allem in Kadelburg vor.
Grüninger	Peter Grüninger verkaufte 1357 ein Gut zu Tegerfelden.	Matzinger	Cunrad Matzinger kaufte 1502 ein Grundstück in Dangstetten.
Guin	Die Geschwister Guin stifteten eine Jahrzeit, 13./14. Jahrhundert.	Meier	Marti Meier stritt 1471 mit dem Stift um die Zehntfreiheit von Grundstücken. Wälti Seiler, genannt Wälti Meier, kaufte zwei Jahre später das Haus «zur Rose» und verlegte 1480 eine Scheune vom Tuchhaus weg; er starb 1483. Der Name Seiler ist schon im ausgehenden 14. Jahrhundert belegt; 1512 war Heini Seiler für einen Chorherrn Bürge.
Haberer	Nachgewiesen im 15. Jahrhundert, Uli Haberer beging einen Totschlag.		
Herman	Clewi Herman lebte um 1500.		
Hötzli	Heinrich Hötzli besass 1361 ein Haus in Zurzach.		
Hug	Hans Hug war kurz vor 1471 von Rietheim – wo schon sein Vater lebte – nach Zurzach gekommen. Vermutlich vertrat er die Gemeinde 1476; ein Ulrich Hug sass 1503 und 1516 im Rat.	Nägeli	Hans Nägeli besass 1414 ein Haus beim nachmaligen Kaufhaus. Später waren begüterte Nägeli in Klingnau ansässig.
Hulweg	Hans Hulweg vertrat 1471 und 1476 die Gemeinde. Hans Pfister, genannt Hulweg, hatte als Vertreter der Gemeinde das Gut Beckenmos zu Lehen, er starb 1484. Vermutlich identisch mit Hans Lullwegk (SRQ AG II/5, S. 69: verschrieben oder verlesen).	Nauta	Das Jahrzeitbuch verzeichnet mehrere Stiftungen aus dem 14. Jahrhundert für die Nauta auf Burg. Der Ort legt nahe, in der Bezeichnung – Schiffer, evtl. Fehr – einen Beruf zu sehen.
Isenburg	Im 14. und 15. Jahrhundert belegt, die Familie stellte mehrere Geistliche.	Ötli	Die Ötli besassen während des 15. Jahrhunderts ein Haus beim Kaufhaus und waren 1471 in einen Streit mit dem Stift um zehntfreie Grundstücke verwickelt. Ob die Otten, die im 14. Jahrhundert meh-

	rere Jahrzeiten stifteten, zum gleichen Geschlecht gehörten, ist nicht zu entscheiden.	Wagenmann	Hensli Wagenmann war 1429 Richter, Ulrich Wagenmann vertrat nach 1470 die Gemeinde. Er besass den Hirschen, den wohl sein Sohn Konrad nach 1478 verkaufte und dafür das Haus «zum Kindli» erwarb.
Pfifer	Verschrieben für Pfister? Werner Pfisters Haus war im 14. Jahrhundert mit dem Zins für eine Jahrzeit belastet.		
Pfister	siehe Hulweg	Weber	Konrad Weber starb vor 1505.
Probst	Hans Probst besass 1429 ein Haus neben dem Platz des späteren Kaufhauses.	Wick	Uli Wick verkaufte vor 1516 Grundstücke.
		Widmer	Verschiedene Widmer sind im 14. Jahrhundert belegt. Siehe auch Finsterwald.
Renftli	Jodokus Renftli besass um 1520 eine Wiese, die mit Jahrzeitzinsen belastet war.	Wiglin	Konrad Wiglin war 1294 Leibeigener des Stifts Zurzach.
Rennwart	Hans Rennwart starb 1474. Vermutlich vertrat er die Gemeinde im Streit um Nutzungen am Achenberg. Die eine Zufahrt zum Kehlhof wurde um 1500 wohl nach ihm oder einem Nachkommen Rennwartsgasse benannt.	Wilchinger	Ende des 15. Jahrhunderts sind mehrere Wilchinger im Jahrzeitbuch verzeichnet, darunter auch ein Geistlicher namens Johannes.
		Zimmermann	Heinrich Zimmermann besass 1384 ein Haus, auf dem der Zins einer Jahrzeit lastete; in der ersten Hälfte des 15. Jahrhunderts stiftete Anna Zimmermann eine Jahrzeit.
Ringli	Zwei Brüder Ringli hatten 1476 den Kehlhof inne.		
Scherer	Michel besass vor 1465 das Haus «zum weissen Kreuz»; Ulrich bürgte 1512 für einen Chorherrn.		
Schulthess	Der Name Schulthess erscheint im 16. Jahrhundert: Hans gehörte dem Gericht an und vertrat zwischen 1501 und 1520 häufig die Gemeinde. Zwei Familienangehörige trugen gleichzeitig den Namen Keller: Johannes stiftete 1502 eine Jahrzeit für seinen Vater Heinz Keller von Küssenberg, Martin verkaufte 1567 sein Haus dem Stift. Angesichts der Herkunft Heinz Kellers handelt es sich bei den Schulthess wohl nicht um Angehörige des Geschlechts Keller in Zurzach.	**Nach 1546**	
		Adler	Verschiedene Adler sind im 16. Jahrhundert belegt; Martin Adler war 1558 Geschworener, Heinrich Adler besass eine Fischenz und starb vor 1593.
		Attenhofer	Die Attenhofer kamen gegen Ende des 15. Jahrhunderts als Verwandte des Stiftspropstes Peter Attenhofer nach Zurzach. Sie stellten in der Folge mehrere Chorherren und zahlreiche Räte und Richter. Aus diesem Geschlecht stammte auch eine Reihe von Medizinern.
Seiler	siehe Meier		
Senn	Johannes Senn besass 1358 ein Haus in der Pfauengasse.	Baldinger	Die Baldinger waren seit dem 16. Jahrhundert in Zurzach ansässig. Die meisten waren katholisch. Um 1600 sind einige Baldinger in den reformierten Kirchenbüchern verzeichnet. Das Geschlecht war bis 1800 nicht besonders zahl- und wohl auch nicht einflussreich.
Sigrist	Mehrere Sigrist sind im 14./15. Jahrhundert belegt, darunter ein Priester namens Werner.		
Suter	s. oben bei Lengnau, und unten bei Schuhmacher		
Talman	Mehrere Erwähnungen von Talman in Quellen des 14. Jahrhunderts.	Braun	Die Braun stammen von Lauchringen. 1553 kauft Heinrich Braun den Kehlhof, der 1580 an Hannes und Mathis überging; Matthias war 1602 und 1604 Geschworener. Der jüngste Beleg von Braun in Zurzach datiert von 1642.
Tumpler/ Tumperli	Heinrich Tumpeler oder Tumperli hatte vor 1516 eine Trotte gekauft, die auch seine Nachbarn benutzen durften.		
Unfrid	Der Geschlechtsname Unfrid ist im 14. Jahrhundert mehrfach bezeugt. Burkart Unfrid war 1308 einer der vier Vertreter der Gemeinde. Nach 1400 finden sich keine Nennungen mehr, der Name Unfriedgasse blieb aber bis mindestens ins 17. Jahrhundert im Gebrauch (heute Tannengasse). Der Sohn eines Burkard Unfrid, vermutlich des 1308 bezeugten, trug den Namen Konrad Ellend. Für diesen Geschlechtsnamen gibt es im 14. Jahrhundert zahlreiche Belege.	Burkhardt	Die Burkhardt erscheinen in der zweiten Hälfte des 16. Jahrhunderts in Zurzach. Sie gehörten der reformierten Konfession an, Johann Heinrich Burkhardt war 1699–1709 Pfarrer in Zurzach. Das Geschlecht zählte 1730 acht Haushaltungen.
		Doldi	Einflussreiches Geschlecht, das seit 1529 in Zurzach nachgewiesen ist. Im 17. und 18. Jahrhundert stellte es eine Reihe von Richtern und Räten. Reformiert, im 19. Jahrhundert verschwunden. Allenfalls waren die Doldi Nachkommen der Ötli (Toldi Ötli, 15. Jahrhundert, siehe oben).
Vederer	Peter Vederer stiftete gegen Ende des 14. Jahrhunderts eine Jahrzeit.		

Engisser	Die Engisser sind seit der zweiten Hälfte des 16. Jahrhunderts in Zurzach belegt. Sie gehörten dem katholischen Glauben an, Christoph war um 1630 Pfarrer in Kirchdorf. Matthias war um 1650 Geschworener, sonst bekleideten sie anscheinend keine Ämter. Gegen Ende des 18. Jahrhunderts verschwanden sie in Zurzach.
Fischer	Die Fischer waren im 13. und 14. Jahrhundert auf Burg ansässig. Damals dürfte der Name noch Berufsbezeichnung gewesen sein. Seit dem ausgehenden 16. Jahrhundert erscheint der Name wieder in den Quellen. Die reformierte Familie war nicht zahlreich, stellte aber gelegentlich Geschworene. Die Fischer sind wohl vor 1750 ausgestorben oder weggezogen.
Frey	(wohl auch Frye und Früe). Die katholischen Frey tauchten nach der Reformation in Zurzach auf, in der Umgebung sind sie schon im 15. Jahrhundert belegt. Unter ihnen finden sich einige Geistliche sowie eine Anzahl von Verwaltungsmännern: Stiftsammänner und Schreiber.
Gessler	(evtl. auch Gessner). In Zurzach erscheinen die Gessler zu Beginn des 17. Jahrhunderts mit Stoffel (Christoph), Maurer. Er wohnte im Schlösschen Mandach. Das Geschlecht war nicht sehr zahlreich, es gehörte der katholischen Konfession an.
Gross	Die Gross sind seit dem ausgehenden 16. Jahrhundert in Zurzach belegt, schon vorher in Rietheim und Kadelburg. Manche Gross waren katholisch geblieben, 1730 zählte man zwölf reformierte Haushalte.
Gugeli	Niklaus Gugeli war 1575 mit Maria Schutz verheiratet; 1634 nennt die reformierte Bevölkerungsliste den Haushalt eines Georg Gugeli.
Hauser	Die Hauser sind eines der kleineren katholischen Geschlechter in Zurzach. Die früheste bekannte Notiz betrifft Hans Hauser, dessen Frau 1514 dem Stift leibeigen war.
Hirt	Der reformierte Hans Heinrich Hirt kam wahrscheinlich 1595 von Schneisingen nach Zurzach. Sein Sohn Jakob heiratete 1630 katholisch. Das Geschlecht war nie sehr zahlreich.
Iringer	(oder Uringer). Clemens Iringer sass von 1558 bis 1578 im Rat; eine Verena wird 1599 genannt.
Juchler	oder (früher) Juchsler. Die Juchler lassen sich seit dem Beginn des 17. Jahrhunderts in Zurzach nachweisen. Ihre Anzahl war nicht gross, 1730 nennt das reformierte Bevölkerungsverzeichnis zwei Haushalte. Behördenmitglieder sind erst gegen Ende des 18. Jahrhunderts zu finden. Im 19. Jahrhundert verschwunden.
Kaiser	In Conrad Kaisers Haus brach 1466 (oder kurz zuvor) ein grosses Feuer aus. Im 16. Jahrhundert besassen die Kaiser das Haus «zum Schiff». Hans Kaiser war 1515 Weibel (= Gerichtsvorsitzender) und vertrat mehrmals die Gemeinde. Die Kaiser stellten im 16. und Anfang des 17. Jahrhunderts mehrere Behördenmitglieder, 1529 gleich zwei Räte. Die reformierten Kaiser sind im Lauf des 18. Jahrhunderts verschwunden.
Kappeler	Zu Beginn des 16. Jahrhunderts vertrat Hans Kappeler mehrfach die Gemeinde, er förderte aktiv die Reformation in Zurzach. In der Folge gehören Kappeler beiden Konfessionen an. In den Behörden hatten sie nach Ulrich, 1640 bis 1660 Geschworener, anscheinend keinen Einsitz mehr.
Keller	Die Keller sind in Zurzach seit dem 14. Jahrhundert nachgewiesen, wobei damit anfänglich wohl die Funktion als Verwalter des Stifts, allenfalls auch die Inhaber des Kehlhofs bezeichnet wurden. Schon im 15. Jahrhundert und bis gegen 1800 gehörten Keller den Behörden an. Seit der Reformation besteht ein katholischer und ein zahlreicherer reformierter Zweig.
Knecht	Konrad Knecht war 1520 Vertreter der Gemeinde; die Erben des Hans Ulrich Knecht beanspruchten 1550 das Zugrecht [Erstanspruch von Näherberechtigten] auf einen Teil des Rathauses.
Köferli	Die Köferli hatten im 17. und 18. Jahrhundert wichtige Ämter der Gemeinde und des Stifts inne. Sie scheinen im Lauf des 18. Jahrhunderts aus Zurzach verschwunden zu sein. Während die meisten Angehörigen katholisch waren, wurde Hans Uli Köferli 1634 bei der reformierten Bevölkerung verzeichnet.
Lew	Bartholomäus Lew (= Leu?) besass 1571 den «Hecht», er wurde ausdrücklich Burger genannt.
Lipp	oder Lips. Die Lipp besassen in der ersten Hälfte des 17. Jahrhunderts einen Teil des Kehlhofs.
Louberer	Degenhart Louberer vertrat 1539 die Gemeinde und starb vor 1555; er hinterliess ein Haus mit Trotte im Oberdorf.
Müli	Müli sind mehrfach in der ersten Hälfte des 17. Jahrhunderts belegt. Allenfalls ist mit Hans Kaspar und Kaspar Müli die gleiche Person gemeint.
Müller	Heinrich Müller besass um 1330 ein Haus beim Friedhof und eine Trotte; mehrere Müller sind im 14. und 15. Jahrhundert im Jahrzeitbuch verzeichnet. Im 17. Jahrhundert werden Müller in Verbindung mit Grundstücken genannt, Andreas kaufte 1660 den «goldenen Adler». Ob ein Zusammenhang besteht, ist offen.
Oftinger	(bis Anfang des 17. Jahrhunderts Oftringer). Die Oftinger sind seit dem 14. Jahrhundert in Zurzach sesshaft. Sie sind eines der bedeutenden katholischen Geschlechter, sowohl durch ihre Anzahl – 1780 zählten sie fünfzehn Haushaltungen – als auch durch die von ihnen ausgeübten Ämter: Besonders

	im 17. Jahrhundert stellten sie mehrere Untervögte und zahlreiche weitere Behördenmitglieder. Einige Oftinger wurden Geistliche, andere standen sonst im Dienst des Stifts. Die Oftinger waren anscheinend Leibeigene des Stifts, noch 1687 kaufte sich eine Tochter der Verena Oftinger los.
Ritter	Ritter sind in der ersten Hälfte des 17. Jahrhunderts bezeugt. 1694 lebte noch eine Eva Ritter im Spital.
Ruckli	Niklaus besass 1643 ein Haus in der Pfauengasse, Leontius wurde 1701 ins Bürgerrecht aufgenommen.
Rudolf	Ein Rudolf zog zu Ende des 16. Jahrhunderts von Rietheim nach Zurzach, wo sich die Familie dann ausbreitete: 1634 gab es eine Haushaltung Rudolf, 1694 deren fünf und 1730 deren acht. Einsitz in Rat und Gericht erhielten sie erst seit etwa 1700, 1780 hatten sie die Ämter von Grossweibel, Statthalter und Untervogt inne. Sie gehörten der reformierten Konfession an.
Schaufelbühl	Die Schaufelbühl kamen im Gefolge des Chorherrn Paul Schaufelbühl um 1600 von Beromünster nach Zurzach, wo sie bald einflussreiche Ämter erlangten. 1782 zum Beispiel stellten sie zwei stillstehende [alternierend, amtierende] Geschworene, einen aktiven und einen stillstehenden Richter. Mehrere Söhne wurden Geistliche, einige davon Chorherren in Zurzach. 1780 umfassten die Schaufelbühl in Zurzach sieben Haushalte.
Schmid	Konrad Schmid hatte im 15. Jahrhundert die Schmiede im Oberdorf inne; Adam und später Ruedi Schmid bewirtschafteten um 1520/30 den Kehlhof. Die Schmid besassen seit der zweiten Hälfte des 18. Jahrhunderts das Haus «zur Glocke» und betrieben die Fähre über den Rhein.
Schnider	Die Schnider waren um 1500 im Unterflecken begütert. Niklaus Schnider stiftete 1510 eine Jahrzeit für seine Frau. Bis zu Beginn des 19. Jahrhunderts sind Schnider in Zurzach belegt, sie scheinen aber eher arm gewesen zu sein und gelangten nicht in die einflussreichen Ämter.
Schuhmacher	Die Schuhmacher sind seit dem Beginn des 16. Jahrhunderts mit den Brüdern Ulrich und Heinrich in den Quellen zu finden. Sie stellten um 1560 und in der zweiten Hälfte des 17. Jahrhunderts mehrere Räte. Im 15. Jahrhundert wirkten mehrfach Schuhmacher als Vertreter der Gemeinde, und zu Beginn des 16. Jahrhunderts gehörte Heini Schuhmacher dem Gericht an. Zwischen 1680 und 1694 sind die Schuhmacher aus Zurzach verschwunden. Es besteht eine gewisse Wahrscheinlichkeit, dass die Suter (sutor: lat. für Schuhmacher) dem gleichen Geschlecht angehörten. Heinrich Suter kaufte 1364 ein Haus in Zurzach.
Schulkher	Heinrich Schulkher war 1629 Mitbesitzer des Kehlhofs.
Schutz	Die Schutz sind seit der zweiten Hälfte des 16. Jahrhunderts in Zurzach ansässig, sie waren reformiert. Zahlenmässig waren sie nicht bedeutend, 1730 zählten sie vier Haushalte, 1780 ebenfalls. Im Rat oder Gericht waren sie kaum vertreten.
Stapfer	Das Geschlecht Stapfer war in Brugg beheimatet. Hans Stapfer heiratete 1599 nach Zurzach, wo seine Nachfahren seit etwa 1660 wichtige Ämter innehatten. Zwischen 1740 und 1780 zogen die Stapfer wieder weg.
Stucki	Hans Heinrich Stucki war zu Beginn des 17. Jahrhunderts Geschworener.
Wagner	Niklaus Wagners Neffe Leonhard wurde 1541 Chorherr in Zurzach.
Waldkirch	Die Waldkirch kamen wohl im Gefolge des Chorherrn Johann Jakob Waldkirch, gestorben 1611, von Schaffhausen nach Zurzach. Stammvater ist der Maler Melchior Waldkirch. Seine Nachkommen waren häufig Glaser und manchmal Maler. 1780 umfasste das Geschlecht drei Haushalte. Ämter finden sich nur gelegentlich in dieser Familie.
Welti	Die Welti sind «das bedeutendste Geschlecht des reformierten Zurzach», schreibt Hermann J. Welti und bezieht seine Aussage wohl auf die Anzahl – 1780 siebzehn Haushalte – und auf die innegehabten Ämter. Konrad Welti war 1429 Zeuge, also wohl Richter. Auch in der Folge sind, soweit ersichtlich, Welti fast ständig in den Behörden vertreten. 1742 etwa stellten sie einen aktiven und zwei stillstehende Geschworene sowie einen stillstehenden Richter. Der bekannteste Welti lebte aber nach 1800, nämlich Emil Welti, Bundesrat von 1866–1891.
Willi	Die Willi sind von Mitte des 16. bis Anfang des 18. Jahrhunderts in Zurzach belegt. Sie gehörten der reformierten Konfession an und stellten mehrere Räte. Mathis Willi hatte vor 1555 eine Trotte geerbt.

Bekannte Zurzacher aus dem 19. und 20. Jahrhundert[1]

Hans Rudolf Sennhauser

Adolf Attenhofer (1879 Zürich–1950 Chur). Studierte in Zürich, Genf, Paris, Berlin und München Religionsgeschichte und orientalische Sprachen. Kantonsschullehrer in Chur (Hebräisch, Deutsch, Latein), schrieb Gedichte, verfasste Lehrbücher (Was ist eigentlich Philosophie?, München 1949), begründete 1924 die Bündner Volkshochschule.
W. Fischer, in: BLAG, S. 27 f. – K. Marti-Weissenbach, in: HLS 1, 2002, S. 554.

Adolf Attenhofer (1892 Davos–1955 Zürich). Skisportler (1917 Schweizer Meister in der Kombination Sprung/Langlauf), Tapeziermeister 1918. Ab 1921 in Zürich, von 1924 an Fabrikation von Sportartikeln, später Skihersteller (laminierte Holzskis und Metallskis – die sog. «Attenhofer-Skis»).
M. Triet, in: HLS 1, 2002, S. 554.

August Attenhofer (1828 Zurzach–1862 Zurzach). Porträt- und Kirchenmaler (Bilder der Seitenaltäre von Unterendingen). In München u. a. bei Schraudolph geschult.
H. J. Welti, in: BLAG, S. 28 f.

Edward Attenhofer (25. Dez. 1897 Zurzach–1984 Lenzburg). Aus dem Goldenen Löwen. Bezirkslehrer in Lenzburg 1922–1964, Lokalhistoriker, Museumskonservator, Verfasser historischer Schriften, vorwiegend über Lenzburg und über seine Heimat Zurzach (Alt-Zurzach, Aarau 1940. – Das Büchlein von der heiligen Verena, Aarau o. J. [1940]. – Sagen und Bräuche aus einem alten Marktflecken, Lenzburg 1961).
Heiner Halder, Edward Attenhofer, zum Gedenken, in: Lenzburger Neujahrsblätter 1985, S. 95–98. – Georges Gloor, Hundertfünfzig Jahre Bezirksschule Lenzburg, in: ebd., S. 42–46.

Karl Attenhofer (1837 Wettingen–1914 Zürich). Dr. h. c. (Zürich 1889), Direktor des Konservatoriums und Musikdirektor der Universität Zürich, Komponist, Chorleiter, Sänger, der «Sängervater».
W. Fischer, in: BLAG, S. 29 f. – Attenhofer, Alt-Zurzach, S. 158 f. – A. Briner, in: HLS 1, 2002, S. 554.

Peter Karl Attenhofer (1765 Zurzach–1844 Zurzach). Zum Hirschen. 1798 Senator des Kantons Baden, 1803 Regierungsrat im neu gegründeten Kanton Aargau, Appellationsrichter (1806–1808) und 1808–1831 Bezirksamtmann von Zurzach.
W. Fischer, in: BLAG, S. 30. – A. Steigmeier, in: HLS 1, 2002, S. 555.

Elsie Attenhofer Schmid (Elisabeth Fanny, 1909 Lugano–1999 Bassersdorf). Hoteliersstochter, vielseitig künstlerisch tätig: Gesang, Sprechen, (Porträt-)Malerei (Malunterricht in Paris), Bildhauerei, Schauspielerin (Stadttheater Basel, Corso-Theater und Schauspielhaus Zürich, Schweizer Filme), Kabarettistin (ab 1934 Mitglied des von Max Werner Lenz [Bühnenpartner von und Textverfasser für Elsie A.] und Walter Lesch eben gegründeten Cabaret Cornichon, 1978–1982 Cabaret Sanduhr), Schriftstellerin (1943: Wer wirft den ersten Stein? 1958: Die Lady mit der Lampe [Florence Nightingale], 1975: Cornichon, Erinnerungen an ein Cabaret, 1989: Réserve du patron, 1993: Kein einig Volk. Fünf schweizerische Zeitstücke 1933 –1945). In der Nachkriegszeit mit Sketches und Chansons in Soloprogrammen in Deutschland, der Schweiz, Österreich, Italien, England, Skandinavien und Israel. Weltanschaulich-politisches Engagement gegen Faschismus (Cabaret Cornichon), Antisemitismus (Wer wirft den ersten Stein?) und später gegen die übertreibenden Vorwürfe an die Schweiz für ihr Verhalten während des Zweiten Weltkrieges.
Gedenkschrift: Abschiedsfeier vom 24. Juni 1999 für Elsie Attenhofer Schmid in der reformierten Kirche Bassersdorf. – Peter Müller, Sie würzte das Cornichon: Elsie Attenhofer, die am Mittwoch nach längerer Krankheit im Alter von 90 Jahren starb, war die Grande Dame des Schweizer Kabaretts: engagiert, mutig und witzig, in: Tages-Anzeiger, 18.6.1999, S. 19. – Thomas Sprecher, Eine aussergewöhnliche Frau: Elsie Attenhofer, Grand Old Lady des Kabaretts, gestorben, in: NZZ, Nr. 138, 18.6.1999, S. 45. – Reinhardt Stumm, Ein Leben aus einer einzigen Mitte: in Zürich starb die Kabarettistin und Schauspielerin Elsie Attenhofer, in: Basler Zeitung, Nr. 140, 19./20.6.1999, S. 2. – Irene Widmer, Widergrätiges Multitalent: Kabarett-Legende Elsie Attenhofer nach längerer Krankheit im Alter von 90 Jahren gestorben, in: Der Zürcher Oberländer, 19.6.1999, S. 21. – Thomas Maissen, Humor als Mittel des kritischen Patriotismus. Elsie Attenhofer, das Cabaret Cornichon und die NS-Zeit, in: NZZ, Nr. 53, 3.3.2000, S. 47. – Ders., Das «Cornichon» in der NZZ, in: ebd., S. 47. – F. Aeppli, in: HLS 1, 2002, S. 554 f.

Franz Heinrich Baldinger (1827 Zurzach–1887 Stuttgart). Architekt und Zeichner. In Wien geschult, in Zürich (1861) und Stuttgart (1866) für den Kunsthistoriker Prof. Wilhelm Lübke (1826–1893. 1857 Lehrer an der Bauakademie in Berlin, 1861 Professor am Polytechnikum in Zürich, 1866 Prof. für Kunstgeschichte in Stuttgart, 1885 Karlsruhe) als Architekturzeichner (Geschichte der Architektur, Leipzig 1870) tätig. Lehrer an der Baugewerbeschule in Stuttgart.
SKL 1, 1905, S. 74.

Karl Arnold Baldinger (1850–1911 Petersburg). Sohn des Vorgenannten. Kunstmaler, lebte längere Zeit in Petersburg.
W. Fischer, in: BLAG, S. 34 f.

Emil Burkhardt (1854 Zurzach–1919 Zurzach). Sohn des Schuhmachers Jakob Burkhardt († 1906) im Rosengärtli und der Anna Maria Burkhardt-Bühler († 1906) aus Rietheim. Lehrerseminar Wettingen 1870–1874. Sprachaufenthalt in Neuenburg. Mittelschullehrerstudium an der Universität Zürich. Fortbildungslehrer in Hägglingen, 1882 Bezirksschullehrer in Mellingen für Deutsch, Französisch, Geschichte und Zeichnen. 1897 Wahl an die Bezirksschule Laufenburg, 1902 nicht mehr bestätigt. Danach Weinhändler in Zurzach, wo er den Pfauen erwarb. Seine Ehe mit Elisabeth Hochstrasser blieb kinderlos, weshalb Burkhardt sein Vermögen wohltätigen Institutionen und den Pfauen der Gemeinde Zurzach für soziale Aufgaben vermachte. Nach dem Tode seiner Witwe († 1931), die das

Nutzniessungsrecht auf Lebenszeit hatte, dauerte es noch dreissig Jahre, bis das Altersheim nach anderthalbjähriger Bauzeit 1962 bezogen werden konnte.
EUGEN ZUMSTEG, Emil Burkhardt und das Altersheim Zurzach, in: JsHVZ 1964, S. 3–6.

Walter Edelmann, von Muolen SG (1923 Zurzach–2002 Zurzach). Schulen in Zurzach und Engelberg, Rechtsstudium in Zürich und Paris. 1949 Dr. iur. Fürsprecher und Notar 1950. Ab 1950 eigenes Büro in Zurzach. 1953 Ersatzrichter am Obergericht. 1958–1966 Gemeindeammann, führte u. a. das Kulturprozent ein. 1957–1983 im Grossen Rat, 1969 dessen Präsident. Mitinitiant der Wiedererbohrung der warmen Quelle. Mitbegründer und Förderer des Kurortes. Gründete 1957 die Gemeinnützige Stiftung für Kuranlagen. Während Jahrzehnten führend tätig in den Badgesellschaften. Langjähriger Präsident des Vereines Ehemaliger Bezirksschüler.
ANDREAS STEIGMEIER, im HLS: http://www.snl.ch/dhs/externe/protect/textes/D20339.html (12.08.2003).

Martin Erb, von Oberhof AG (1890 Oberhof–1974 Zurzach). Primarschule Oberhof, Gymnasium in Beromünster und Einsiedeln. Medizinstudium in Bern, Dr. med. 1923. Im selben Jahr Eröffnung einer Arztpraxis im Haus zur Blume in Zurzach. Langjähriger Schulpflegepräsident und Schularzt. In vielen Gemeindekommissionen tätig. Gründer des Verkehrsvereins (1929). Förderte die Schaffung eines Altersheimes mithilfe der Emil Burkardt-Stiftung Pfauen. Der Zurzacher «Quellenvater» hat 30 Jahre lang auf die Wiedererbohrung der warmen Quelle hingearbeitet, die 1914 erschlossen und wieder zugeschüttet worden ist. Nach der Neu-Erbohrung (5. Sept. 1955) wurde Dr. Erb 1956 Zurzacher Ehrenbürger.

Walter Fischer (1899 Zurzach–1959 Zurzach). Schreinerssohn aus dem Hechtli. Nach dem Abschluss im Lehrerseminar Wettingen während 14 Jahren Lehrer in Möhlin, 1933 bis zu seinem Tod Primarlehrer und Turnlehrer an der Bezirksschule Zurzach. Heimatverbundener, musischer Lehrer, der es verstand, den Buben und Mädchen den Flecken, seine Häuser, seine Vergangenheit und die heilige Verena nahe zu bringen. Als Kadetteninstruktor schon während der letzten Kriegsjahre mehr für turnerischen Vorunterricht als für Kriegsspiele. Richtete mit finanzieller Hilfe der Sodafabrik die Skilager für Bezirksschüler ein. Organist und Chorleiter an der ref. Kirche, Männerchorleiter. Heimat- und Dorfdichter, Verfasser von Theaterstücken und heimatkundlichen Schriften.
«Entwurf eines Lebenslaufes von Walter Fischer und eine kurze Lebensbeschreibung ihres Vaters», von Vroni Ursprung-Fischer, Ms., feundlich vermittelt von Vroni Ursprung-Fischer.

Adolf Frey (1880 Zurzach–1956 Baden). Studierte in Zürich, Genf, München, Leipzig. Dr. iur. (Leipzig), Fürsprech. Zuerst am Bezirksgericht Zurzach, dann als selbstständiger Fürsprecher und Notar in Zurzach, ab 1917 in Baden. Grossrat, Ersatzmann im Obergericht, Prüfender bei Anwalts- und Notariatsexamen, Präsident der Bezirksschulpflege.
A. FREY, in: BLAG, S. 219.

Januarius (Paul) Frey, (1749 Zurzach–1831 Rheinau). Mönch und Abt (1805–1831) von Rheinau. Nach seiner Priesterweihe 1774 Unterpfarrer, Kapellmeister, Lehrer an der Stiftsschule, Ökonom, Kornherr, Verwalter von Offtringen, am 13. Oktober 1805 zum Pfarrer von Offtringen ernannt, zehn Tage später zum Abt gewählt. Abt Januarius war Visitator der Schweizer Benediktinerkongregation, als Musiker (Ehrenmitglied der Schweiz. Musik-Gesellschaft), Förderer der Schule, als Seelsorger und umsichtiger Ökonom, unter dem das Kloster die letzte Blüte und die letzten glücklichen Tage erlebte (R. Henggeler, Waltenspühl), ist Abt Januarius II. in Erinnerung geblieben.
RUDOLF HENGGELER, Professbuch der Benediktinerabteien Pfäfers – Rheinau – Fischingen (Monasticon-Benedictinum Helvetiae II), Zug 1931, S. 245 f. – WALTENSPÜL, LINDNER, Catalogus, S. 48. – ED. ATTENHOFER, in: BLAG, S. 230 f.

Johann Joseph Frey, von Zurzach (1873–1947 Bern). Studierte Topographie an der ETH und in Stuttgart. Ingenieur bei der Landestopographie, 1904 Instruktionsoffizier, zeitweilig Militärattaché, 1918 Brigadier, 1924 Divisionär, nach seinem Rücktritt 1932 Lehrbeauftragter an der ETH, 1938–1945 Präsident des Bernischen Hochschulvereins.
H. FREY, in: BLAG, S. 231.

Ulrich Gross (1852 Zurzach–1916 Zürich). Nach Jus-Studium in Genf, Heidelberg und Berlin Fürsprecherexamen. Gerichtsschreiber in Zurzach, Staatsanwaltssubstitut, dann Gerichtspräsident in Zurzach. Rechtskonsulent der Schweizerischen Nordostbahn in Zürich. 1897 Oberinspektor, 1900 Generaldirektor der Betriebsgesellschaft der Orientalischen Eisenbahnen. 1913 zog sich Gross nach Zurzach zurück (der «Türggen-Ueli»).
W. FISCHER, in: BLAG, S. 268 f.

Franz Heinrich Hauser (1774 Zurzach–1830 Baden). Sohn des Schiffmanns Johann Xaver Hauser im Fahrhaus und der Magdalena Frey aus dem Oberen Sternen. Zeichner und Maler. Nach dem Besuch der Kunstakademie in München wohnte er 1817–1829 in Luzern, ging dann als Zeichenlehrer an die Sekundarschule nach Baden. Hauser starb zehn Jahre später arm, blind und lahm.
ED. ATTENHOFER, in: BLAG, S. 325. – SKL II, 1908, S. 110 (Huser, Hauser). – Nach Brun, aber mit falschem Todesjahr (1820): THIEME-BECKER 18, S. 177.

Paul Friedrich (Fritz) Jakob Leuthold (1874 Zurzach–1952). Stammt aus der Eisen- und Kohlenhandlung mit Laden im «Grünen Berg». Nach verschiedenen Pfarrstellen 1922–1941 (krankheitsbedingter Rücktritt) Pfarrer und Dekan in Baden. Daneben tätig in Schule (Inspektor der Kantonsschule Aarau, Mitglied und Präsident des Bezirksschulrates, Präsident der Gemeindeschulpflege) und Fürsorge (Volksheilbad «Freihof»), und in der Landeskirche, der Synode und dem Protestantisch-kirchlichen Hilfsverein, der u. a. in der Diaspora Kirchengenossenschaften mit Kirchen und Pfarrstellen ermöglichte.
P. ETTER, in: BLAG, S. 492 f.

Heinrich Josef Oftinger (1699 Zurzach–1732 Zurzach). Maler wie sein Vater Johann Jakob. Seine Frau war Maria Barbara Jakob aus Fribourg, mit der er mehrere Kinder hatte. Er starb nach längerer Krankheit an der Wassersucht. Von beiden Malern, die ausdrücklich als Kunstmaler bezeichnet werden (pictoriae artis), sind vorläufig keine Werke bekannt.
Nach Familienverzeichnis Anderhalden-Abaha der kath. Pfarrei Zurzach.

---

[1] Die Auswahl im BLAG wurde um einige Persönlichkeiten erweitert, sie bleibt aber – selbstverständlich – unvollständig.

Johann Jakob Oftinger (1668 Zurzach–1733 Zurzach). Maler, im Füchsli. Seine Eltern: Theodor Oftinger, Ursula Lips. Seine erste Frau: Elisabeth Hollinger aus Waldshut, seine zweite Frau: Maria Pfiffer aus Erschwil. Ein Sohn aus erster Ehe war Heinrich Josef.

Edmund Schaufelbühl (1831 Zurzach–1902 Baden). Sohn des Regierungsrates Udalrich Joseph Schaufelbühl. Arzt, Direktor der Heilanstalt Königsfelden. Neubau der Irrenanstalt Königsfelden nach seinen Plänen (1867–1872). Mitglied der Sanitätskommission, des Erziehungsrates, der Seminarkommission. Inspektor der Kantonsschule und Präsident der Medizinischen Gesellschaft des Kantons Aargau. Beteiligt am Neubau und der Neuorganisation des Kantonsspitals, auch nach seiner Pensionierung in Baden noch mit Plänen für Schulhausbauten beschäftigt.
A. Kielholz, in: BLAG, S. 658 f. – Dr. Amsler (sen.), Ed. Schaufelbüel, Arzt. 1831–1902, in: Verhandlungen der Schweizerischen Naturforschenden Gesellschaft in Locarno vom 2. bis 5. September 1903, 86. Jahresversammlung, Zürich, 1904, S. IL–LV.

Niklaus Franz Xaver Schaufelbühl, s. Kapitel «Das Verenastift», 7. Agonie und Auflösung, S. 216.

Udalrich Joseph Schaufelbühl (1789 Zurzach–1856 Zurzach). Dr. med., Sohn des Dr. med. Franz Joseph Schaufelbühl (1756–1824). Grossrat «Zum Goldnen Adler». Betrieb mit seinem Vater die Arztpraxis im Adler. 1815 Divisionsarzt, 1820 als Nachfolger seines Vaters Bezirksarzt. 1831 Grossrat, 1832 Regierungsrat. 1851–1856 Nationalrat.
W. Fischer, in: BLAG, S. 659 f.

Heinrich Schutz (1859 Zurzach–1929 Zurzach). Lehrerssohn aus dem Goldenen Löwen. Im Lehrerseminar (1876) Wettingen Hauptinitiant und Mitbegründer des Seminarturnvereins (STV), 1876. Lehrer in Aarburg, dann in Mellikon, wohin er täglich von Zurzach aus zu Fuss wanderte. Wegen zunehmender Hörschwäche gab er den Lehrerberuf auf und wurde Gemeindeschreiber in Zurzach (1888–1918). Gründer des Turnvereins (1891).
Edward Attenhofer, in: 50 Jahre Zurzacher Volksblatt 1957, 3. Blatt.

Walter Tschopp (1896 Basel–1931 Zurzach). 1916 als Mechaniker in die Sodafabrik eingetreten. Als Sozialdemokrat 1921 Grossrat, 1925 Vizeammann von Zurzach. Nationalratskandidat. Mit 35 Jahren an Blutvergiftung gestorben.
A. Schmid, in: BLAG, S. 789.

Albert Ursprung (1862 Ueken–1935 Lausanne). Bundesrichter. Studium in Basel und München. Nach dem Staatsexamen Gerichtsschreiber in Zurzach. 1886 mit 24 Jahren dessen Präsident, im gleichen Jahr Grossrat, 1892 Nationalrat und Oberrichter, als solcher Präsident des Handelsgerichtes. 1902 Bundesrichter. Oberstleutnant, Kommandant des Fricktaler Bataillons 58. Dr. h. c. (Basel 1910). Ehrenbürger von Zurzach (1902). In seinen Zurzacher Jahren hatte er sich um die Wasserversorgung gekümmert, um Feldvermessung, elektrische Beleuchtung, den Anschluss an das Telefonnetz, das Projekt einer Rheinbrücke sowie die Verbesserung der Bahnverbindungen. Als Bezirksschulpfleger und Inspektor setzte er sich ein für die Einrichtung neuer Schulen und Schulhäuser, er war Präsident des Armenerziehungsvereins, präsidierte die Gemeinnützige Gesellschaft und initiierte die Gründung eines Bezirksspitales in der ehemaligen Johanniterkomturei Leuggern.

W. Fischer, in: BLAG, S. 792–794. – Attenhofer, Alt-Zurzach, S. 162–164.

Kornelius Vögeli (1823 Hettenschwil-Leuggern–1911 Zurzach). Bauernsohn aus Hettenschwil. An der Bezirksschule Zurzach Schulkamerad von Emil Welti. Möbelschreiner, richtet mit wenig Erfolg eine Furniersäge ein, die er bald zur Mühle umbaut. Betreibt Holzhandel und beutet für den Bahnbau Turgi-Waldshut einen Steinbruch bei Baldingen aus. Er übernimmt eine Mühle in der Ostschweiz, kauft später die Untermühle in Rekingen und lässt sich schliesslich in Zurzach nieder. Auf der Suche nach unterirdischen Rohstofflagern unternimmt er jahrzehntelang Bohrungen, nachdem er 1856 vom Regierungsrat die Schürfbewilligung für Bohrungen nach Steinkohle und Salz erhalten hat. Am 12. April 1892 stösst er beim Bahnhof Koblenz auf ein fast elf Meter starkes Steinsalzlager.
H. J. Welti, in: BLAG, S. 801 f. – Attenhofer, Alt-Zurzach, S. 176–182.

Johann Melchior Waldkirch (1570 in Kloten getauft–1635 Zurzach). Aus dem «Dreikönig», der dem Chorherrn Johann Jakob Waldkirch († 1611 an der Pest) gehört hatte. J. M. Waldkirch führte 1631 die Repräsentationsbilder der Verena und des Mauritius zum Verenazyklus von Kaspar Letter im Münster aus und malte den Verenazyklus in der Burgkapelle.
Familienverzeichnis der kath. Pfarrei Zurzach. – SKL III, 1913, S. 420.

Abraham Welti (1774 Zurzach–nach 1825). Sohn des Dr. med. Johann Jakob Welti (1731–1808) zum Rebstock. Grossvater von Bundesrat Emil Welti. Verfechter der Ideen der Französischen Revolution. 1798 mit 24 Jahren Mitglied der Provisorischen Regierung des Kantons Baden. Helvetischer Unterstatthalter des Distriktes Zurzach. Mitglied der Consulta, der Napoleon in Paris die Mediationsverfassung von 1803 diktierte. Im neuen Kanton Aargau wurde er der erste Bezirksamtmann des Bezirks Zurzach (1803–1808).
W. Fischer, in: BLAG, S. 847.

Albert Welti (1862 Zürich–1912 Bern). Maler und Radierer. Sohn des Jakob Albert Welti und der Anna Barbara Furrer. Nach vierjähriger Akademiezeit in München erreicht die Fürsprache Böcklins bei Vater Welti, dass Albert W. seine Studien in München und Venedig weiterführen kann. 1895 siedelt Welti mit seiner Frau Emeline Wildbolz nach München über. Seit der Jahresausstellung 1899 im Glaspalast erfährt Welti öffentliche Anerkennung. Es folgen amtliche öffentliche Aufträge (Bundeshaus, Stadthaus Zürich). Den Tod seiner Frau 1911 überlebt der herzkranke Welti nur um ein Jahr.
H. Vogelsang, in: BLAG, S. 847–849. – Attenhofer, Alt-Zurzach, S. 159–162. – SKL III, 1913, S. 459–477. – BLSK, Bd. L–Z, S. 113–115.

Albert Jakob Welti (1894 Zürich-Höngg–1965 Amriswil TG). Sohn und Schüler des Malers Albert Welti. Nach dem Tode des Vaters Weiterbildung in München, Madrid und London. Maler, Grafiker, Schriftsteller, Journalist (Steibruch, 1939 [Landi-Theater], Wenn Puritaner jung sind, 1941; seiner Heimat Zurzach widmete er «Die Heilige von Tenedo», Zürich 1943).
Thieme-Becker 35, S. 366. – SKL IV, 1917, S. 688 f. – KLS II, S. 1051 f. – Zu Albert Jakob Welti siehe ferner Charles Linsmayer: http://www.linsmayer.ch/Autoren/W/WeltiAlbertJakob.html und http://home.datacomm.ch/reto.caluori – (04.02.2003).

August Welti (1867 Winterthur–1944 Zug) von Zurzach und Winterthur (1874). Neffe von Bundesrat Emil Welti. Dr. iur. 1889, Bern. Redaktor bei der Neuen Zürcher Zeitung, lange Zeit tätig als Bundesstadt-Redaktor, bekannt für hervorragende parlamentarische Berichterstattung und Behandlung staatsrechtlicher Fragen.
P. Mäder, in: BLAG, S. 849–851.

Friedrich Emil Welti (1825 Zurzach–1899 Bern). Bundesrat. Sohn des Gerichtspräsidenten Jakob Friedrich und Enkel des helvetischen Senators Abraham Welti. Jus-Studium in Jena und Berlin. 1847 Anwaltspraxis in Zurzach, 1852 Präsident des Bezirksgerichts. 1856 Grossrat und im selben Jahr Regierungsrat. 1863 Erziehungsdirektor. Mit Augustin Keller begründet er 1859 die Historische Gesellschaft des Kantons Aargau. 1857 Ständerat, 1866 Bundesrat. Die Reorganisation der Militärordnung, die Totalrevision der Bundesverfassung (1874), den Gotthardbahnbau und die Übernahme der Privatbahnen durch den Bund (Schweiz. Bundesbahn) hat er wesentlich gefördert. Welti war Bundesrat während 25 Jahren.
O. MITTLER, in: BLAG, S. 851. – ATTENHOFER, Alt-Zurzach, S. 157 f. – A. FREY, Bundesrat.

Friedrich Emil Welti (1857 Aarau–1940 Kehrsatz b. Bern). Sohn von Bundesrat Welti. Dr. iur., Bern 1880. In hohen Positionen im schweiz. Versicherungswesen tätig, daneben als Historiker und Rechtshistoriker, vorwiegend durch Quelleneditionen. Im Vordergrund stehen Quellen zur Bernischen Geschichte und Stadtrechte seiner aargauischen Heimat. In erster Ehe mit Lydia Escher, der Tochter Alfred Eschers, verheiratet.
H. AMMANN, in: BLAG, S. 853–856.

Hanns Robert Welti (1894 Zürich–1934 Zürich). Enkel des Rektors Johann Jakob Welti in Winterthur und Neffe von Jakob Friedrich Welti-Alder. Ab 1915 als Kunstmaler in Genf tätig. Maler und Plastiker. Holzreliefs und Stillleben. Rechtsanwalt in Zürich.
SKL IV, 1917, S. 689. – BLSK, Bd. L–Z, S. 1115. – KLS II, S. 1052 f.

Jakob Albert Welti (1833 Zurzach–1906 Zürich). Sohn des Johann Heinrich Welti aus dem Apfelbaum. Kupferschmied mit kleiner Landwirtschaft. Nach der Bezirksschule ging Welti zu seinem Onkel Johann Friedrich Welti, Besitzer der Tuchhandlung zum Steg in Zürich, in die Lehre. Er eröffnete nach der Wanderschaft ein eigenes Tuchgeschäft in Zürich. 1861 Heirat mit Anna Barbara Furrer, der einzigen Tochter des Fuhrhalters Jakob Furrer an der Bärengasse in Zürich, in dessen Geschäft er nach einigen Jahren eintrat. Nach dem Tode Furrers übernahm das Ehepaar Welti-Furrer 1889 den Betrieb, der durch die Gründung des Internationalen Möbeltransportverbandes und 1900 durch die Schaffung eines Betriebszweiges für internationale Spedition erweitert wurde.
M. A. WELTI, in: BLAG, S. 859.

Jakob Friedrich Welti (1798 Zurzach–1868 Aarau). Oberrichter. Sohn des Abraham Welti und Vater von Bundesrat Emil Welti. Nach einer Schulzeit in Zurzach, im Institut Pestalozzi in Yverdon und im Pfyfferschen Institut in Luzern machte Jakob Friedrich eine Gerberlehre in Bern. Zurück in Zurzach, wurde er Kanzlist auf dem Oberamt, 1820–1830 Gemeinderat, 1831–1844 Präsident des Bezirksgerichts Zurzach, 1844–1866 Mitglied des aargauischen Obergerichts, 1834–1852 Grossrat.
W. FISCHER, in: BLAG, S. 859 f.

Johann Jakob Welti (1796 Zurzach–1854 Zurzach). Sohn des Gemeinderates Hans Jakob Welti zum Hörndli. Medizinstudium in Zürich und Tübingen. Unterarzt in Königsfelden, eröffnet 1817 eine eigene Praxis im Greifen. Als Bezirksarzt Nachfolger des Dr. Udalrich Schaufelbühl. Legte 1823 Tabakpflanzungen an, versuchte ferner mit Einführung der Seidenraupenzucht, später durch ein Heilbad mit Wasser aus einer «Tiefe von 30 Fuss» in der Zeit des Niederganges der Messen neue Verdienstmöglichkeiten in Zurzach zu schaffen.
W. FISCHER, in: BLAG, S. 860 f.

Johann Jakob Welti (1828 Zurzach–1900 Winterthur). Bruder von Bundesrat Emil Welti. Studierte in Jena, wo er doktorierte, deutsche Sprache, Geschichte und alte Sprachen. Nach zwei Jahren Lehrtätigkeit an der Zurzacher Bezirksschule als Lehrer für alte Sprachen an die Stadtschulen von Winterthur berufen. 1869 Prorektor, 1873 Rektor der höheren Stadtschulen (Industrieschule und Gymnasium).
W. FISCHER, in: BLAG, S. 861 f.

Karl (Charles) August Welti (1868 Aarburg–1931 Aarburg). Landschaftsmaler, Radierer, Illustrator von Kinder- und Märchenbüchern. Sohn des Theologen Heinrich Welti-Kettiger (1829 Zurzach–1906 Aarburg), Leiter des (früher Schmitterschen) Töchterinstitutes in Aarburg. Der Vater war ein Bruder von Jakob Albert Welti-Furrer. Ausgebildet in München, hier u. a. im Kontakt mit seinem Cousin Albert Welti, und Paris, längerer Studienaufenthalt in Italien. Von seinem späteren Wohn- und Arbeitsort Aarburg aus unternahm er Malerfahrten nach Frankreich.
F. HEITZ-KNAUS, in: BLAG, S. 862 f. – THIEME-BECKER Bd. 35, S. 366. – BLSK, Bd. L–Z, S. 1115. – KLS II, S. 1052.

Jakob Friedrich Welti-Alder (1871 Winterthur–1952 Zürich). Maler und Kunstkritiker. Sohn des Winterthurer Rektors Dr. Johann Jakob Welti, eines Bruders von Bundesrat Emil Welti. Ausbildung in München. Wohnte ab 1895 in Zollikon bei Zürich. Malte Bildnisse, Landschaften, Blumenstücke. Bekannt vor allem als Porträtist.
W. FISCHER, in: BLAG, S. 860. – SKL III, 1913, S. 477 und IV, 1917, S. 689.

Jakob Zuberbühler (1840 Waldstatt AR–1904 Zurzach). Bauernsohn. Verdient sein erstes Geld durch Kleinhandel mit Stickereien, kauft dann Stickmaschinen. Sieht die Möglichkeit, in dem seit dem Untergang der Messen darniederliegenden Zurzach Grundstücke und Gebäude günstig zu erwerben und leicht Arbeitskräfte zu finden. Sein Stickereiunternehmen, dem später eine Schuhfabrik angegliedert wird, bringt Arbeit und Brot nach Zurzach. Es entwickelt sich zu einem Grossbetrieb mit weit verzweigtem Verkaufsnetz im Inland und Warenexport in Europa und nach Übersee. Durch Kauf von Landwirtschaftsland wird der Grossindustrielle Zuberbühler auch zum Grossbauern. Im Gemeinderat und im Grossen Rat waren Zuberbühlers Voten geschätzt. 1884/85 war er Mitglied des Verfassungsrates. Lange bevor es allgemein üblich wurde, hat Zuberbühler in seinen Betrieben Kranken- und Unfallversicherungen eingeführt; er versorgte Teile des Fleckens mit Strom aus seinem Kraftwerk am Tägerbach, und ihm ist es vor allem zu danken, dass Zurzach 1906 seine Rheinbrücke bekam. Mit 60 Jahren, auf der Höhe seines Erfolges, baute Zuberbühler die Villa Himelrich (jetzt Schloss Bad Zurzach), noch heute das eindrücklichste Denkmal des «tifigen» Appenzeller Bauernbuben, der es in Zurzach zum angesehenen Industriellen und Politiker sowie zum Millionär brachte.
W. FISCHER, in: BLAG, S. 922 f. – ATTENHOFER, Alt-Zurzach, S. 164 f.

Recht und Gericht

Das Zurzacher Stubenrecht 1529

Hans Rudolf Sennhauser

Das Stubenrecht ist die Ordnung, die auf einer «Stube» gilt. Hier, auf der Stube, kommen die Mitglieder einer Gesellschaft oder Zunft (Handwerk und Gewerbe), die Stubengesellen, zu Beratung und Trunk zusammen. Es ist die «Trinkstube». Von einer «Zunftstube» spricht man, wenn sich eine Zunft ein eigenes Haus (Zunftstube) erwerben konnte. Solche Zunftstuben gab es in Zurzach nicht, aber die Gemeinde hatte eine «Stube» für die Zurzacher Bürger (Leute, die ein Haus besassen und «eingesessen» waren).[1] Wie die «Stube» in Brugg ersetzte sie «den Handwerksmeistern die fehlenden Zünfte und vereinigte in sich bald die ganze Bürgerschaft».[2] Eine eigene Trinkstube hatten die Chorherren des Stiftes.[3] Sie lag zwischen der Kustorei und der Kantorei und ist «vormals ein Thurn gewesen».[4] 1453 tauschte das Stift die Trinkstube auf Bitten des Chorherrn und Kantors Ulrich Milcher gegen ein Haus neben dem St. Georg im Unterflecken. Das Kapitelhaus[5], das 1472 erstmals erwähnt wird, dürfte damals schon bestanden haben; es hatte in der Nachfolge die Aufgaben der stiftischen Trinkstube übernommen.

Die Stube war in Zurzach wie an vielen anderen Orten ein Gemeinde-Wirtshaus im Gemeindehaus (Rathaus). In Brugg haben sich die Stuben-Rödel ab 1540 erhalten. Sie geben unter anderem Aufschluss über das Inventar der Stube: 1595 umfasste es «sechs Dutzend Becher, acht Dutzend Gläser, drei Dutzend Zinnteller, zehn Dutzend Holzteller, sieben Dutzend beschlagene Löffel, dazu Schüsseln und Platten, Kessel und Pfannen und anderes Geschirr in grosser Zahl». Es mag in Zurzach ähnlich, wenn auch kaum so umfangreich gewesen sein.[6]

Die Stube wurde jährlich an einen Stubenmeister (Pächter, Verwalter) verliehen. Er hatte als Gehilfen einen Stubenknecht. Der Reihe nach amteten die Stubengesellen als Tageswirte. Hier konnte mit Karten[7] und Würfeln gespielt werden. Es wurden Wein und Brot, aber auch Mahlzeiten gereicht. Der Stubenwirt wachte darüber, dass die Ordnungsvorschriften strikte eingehalten wurden: Anständige Kleidung und gesittetes Benehmen, kein übermässiger Lärm, regelmässige Bezahlung der Uerten (Zechen, Mahlzeiten) und der Spielschulden, nach 21 Uhr wird nicht mehr ausgeschenkt, nach dem Komplet-Läuten darf nicht mehr gespielt werden. Die Kartenspiele werden verkauft, liegen gebliebene «alte» Spiele soll der Wirt aufheben und für wenig Geld weitergeben. Es kommt vor, dass Leute vor oder nach dem Ausrufen der Uerte auf die Stube kommen. Sie sollen essen und trinken und spielen, aber nicht vergessen, die Uerte zu bezahlen. Der Wirt spielt nicht am Tage, da er Dienst hat, sondern bringt den Wein und sorgt für Ordnung. Es kann vorkommen, dass fremde «bessere Herren» auf der Stube essen. Sie dürfen während des Essens den Rock ausziehen. Zurzacher Bürger können zu besonderen festlichen Anlässen, zu Hochzeitsmählern, am Berchtelistag (2. Januar) und am Aschermittwoch (erster Mittwoch in der Fastenzeit) ihre Söhne auf die Stube bringen und bezahlen deren Uerte.

Von 1671 ist ein Nachtrag überliefert: «Ein jeder eingesessener Burger zue Kadelburg mag seines Sohns oder Dochter hochzeitlich Ehrenmal halten ohne Einred der Würten [Wirte]; jedoch soll der Hochzeiter [...] mit Einliferung eines Pfunds Haller auf der Stuben bey dem Obentrunk [Abendtrunk] (wo dann ein Stubenknecht den Wein, da man ihme beficht [befiehlt], soll holen) zu erscheinen schuldig [...] sein.»[8]

Das stubenrecht des dorffs Zurtzach anno 1529[9]
[1529 XII. 27.]

Item. Zum erstenn sollend die stubenmeister dennen rätten [Räten], unnd der stubenmeister ald [oder] knecht unnd sin husgesind dennen stubenmeister globen [geloben], der stuben nutz und frommen zů furderen [fördern] und schaden zů wenden nach irm vermögen [so gut sie es vermögen], und solle ein stubenknecht dennen stubenmeysteren und welcher des tags würdt [Tageswirt] ist gehorsam [ze] sin, wie sy in heissend win unnd brott zum besten unnd nechsten reichenn.

Item. Es solle ouch niemand dhein [kein] lang messer noch unzimliche gwer [Waffen] uff die stuben tragen, sunder darvor [draussen] lassen, ouch mit unzimlicher gwere nit unnd cleidung, noch ouch in blossen hossenn [Hosen] unnd wambisch [Wams] gan noch sitzen, by pene [Strafe] eins ß h. [Schilling Heller] jedoch wan gůtt herren [«bessere»] unnd gesellenn uff der stuben essend, mugend sy die rock, dwill sy essennd, abziechenn.

Item. Ein stubenknecht solle würffell unnd kartenspill dennen gesellenn darlegenn und sunst niemand, unnd für ein kartenspill viii h. [8 Heller] nen [nehmen], und solle niemand dhein [kein] kartenspill, es sige zallt ald nit, ab der stuben tragen, noch ouch in unnd usserthalb der stuben zerhowen [zerschneiden] noch ouch zum venster hinuß werffen, by pen eins jeden fünff schilling haller.[10]

Item. Der stubenknecht solle die allten kartenspill uffhebenn unnd eins um ii h. genn, wans vorhanden ist, wans aber nit vorhanden ist, solle man in darby belibenn lon.

Item. Eß solle ouch niemand dhein unzucht [Ungehörigkeit] weder mit koppen [Rülpsen][11] noch schissenn [einen Wind lassen][12], ald ungewonlichem geschrey verbringen. Were das übersicht [nicht beachtet]: für ein koppen vi h, und für ein scheiß i ß. h.; ouch von dem geschrey unnd ungewonlichen schweren [Fluchen] das statt zů dennen rätten [Räten] und stubenmeisteren [ist ihnen anheim gestellt] nach grösse des handells [Vorfalles] ze straffenn. Wer ouch venster, gleser und anders bricht, solle das alles one wyderred zalenn.

Item. Welcher knab vor ald nach der ürtenn [anteiliger Beitrag an gemeinsame Kasse, bes. für Essen und Trinken, auch: Rechnung] uff die stuben gatt one besunder geschefft, der solle dan die ürten gen und verfallen sin, und wan man das brott gitt, mag einer essen unnd trincken ald kartenn und dan die urten furderlichen zalen, unnd wan der stubenknecht zum dritten mall růfft [zur Bezahlung der

Uerte auffordert], solle einer ein schilling ze bůß gen mit der ürten.

Item. Welcher allso ein schillt in der tafflenn hat [auf der Stecktafel zum Dienst vorgemerkt ist], solle des tags, wan es nach ordnung an im ist, wirt sin, iedoch solle der stubenknecht am abend verkunden, und wan er nit anheimsch ist [wenn er abwesend ist], solle man dem nechsten darnach sagenn.

Item. Welcher württ [Wirt] ist, solle des selbenn tags weder kartenn noch spilenn, bis die urten gerůfft wurdt und zallt ist, unnd solle ouch an dem ortt, dahin dan in die stubenmeister ordnen, sitzen [soll dort sitzen, wo ihm die Stubenmeister den Platz anweisen] und aller ding mit vlyß acht han, win unnd brott ordenlichenn uffzeichnen [über den Verzehr Buch führen].

Item. Wan man anhept für das wetter lüten [wenn die Wetterglocke läutet], solle iederman, bis man für das wetter verlütt hatt, uffhören ze spilenn by pene i ß. h.[13]

Item. Welcher uff der stuba ettwas mit spilenn verlürt, solle das tugenlich zalen, wo sich aber einer der zalung sparte, so mag der gewunnen hatt gon zum stubenknecht und, wan der stubenknecht nit da were, zum nechsten stubenknecht, meister ald gesellen, unnd heissen verbietten [mahnen]; allsdan söllennd der stubenknecht, meyster unnd gesellen, welcher wie obstatt darum erfordrett wurdt, den, so verloren hatt, uff der stuben verbiettenn, das er nit ab der stuben gang, so lang bis er alles das, so er verlorenn hatt, zallt, und darzů, wan er über somlich verpott ab der stubenn gieng, v ß. h. ze bůß, ee [bevor] unnd er wyder uff die stuben gang, geben.

Item. Der stubenknecht solle dhein urten [Abrechnung] noch schlafftrunnk allein machen, sunder den nechsten stubenmeyster ald gesellenn darzů nemmen, by pene v ß. h., unnd ist herter beredt, das man nach dennen nünen [21 Uhr] nit me trincken solle.

Item. Welcher Zurtzach stubengesell ist, mag von hus ze hus laden [einladen], wer dan kumpt, der kumpt, iedoch will man niemand zů schencken verbunden sin.[14]

Item. Welcher ein fründ ald erenngast mit im uff die Berchtaten [Feier des Berchtoldstages] unnd Eschenmitwochenn [Aschermittwoch] nimpt, der solle die ürtten für in genn [für ihn bezahlen], es were dan sach, das die stubenmeister im schancktennd [ihn einladen].

Item. Welcher wan [von den] stubengesellen zum stubenmeister erwellt würdt, der solle sich des ein jar nit weren [Amtszwang] und aller ding obbeschriben vlysig [fleissig] acht han, alle frevell und büssen, die innen wüssend sind [von denen er weiss], vlysig inziechenn, um alles irs handels rechnung gen [Rechenschaft ablegen].

Item. Die dry tisch an der siten gegen dem brunnen sond alle fry sin unnd niemand daruff spilenn noch daruff ze spilen erlouben, weder tag noch nacht.

Item. Welcher ein bůß uff der stubenn verfellt und im die von dennen stubenmeisterenn angeheischett [auferlegt] würdt, der solle nit me uff die stuben gon, bis er die zallt, unnd wan einer ald me uber somlichs [ein solches] bott uff die stuben gieng, solle die straff sin v ß.; übersicht ers zum anderenn [zum zweiten] mall x ß., unnd zum dritten mall xv. ß., unnd sond die stubenmeister somlichs one nachlann inziechenn.

Item. Welcher Zurtzach hußheblich [Hausbesitzer] unnd ein inseß [eingesessen] ist und sun [Söhne] hatt, der mag die uff die Berchtaten und Eschenmitwoch mit im uff die stuben nen unnd die ürten für sy genn.

Item. Welcher ein tisch uffhept, daruff kloppfet und darzů hillff, ald sunst unfůr [Unfug] tribt, das solle dan zů dennenn råtten und stubenmeisteren ston [ist ihnen anheim gestellt], die mügend nach gelegennheit der sach straffen.

Item. Uff sambstag unnser frowenn tag [Mariae Himmelfahrt, 15. August] unnd zwellff bottenn [Tag der zwölf Apostel, im Bistum Konstanz 16. Juli][15] abennd, wan die complet [das zweite Abendläuten, zum kirchlichen Abendgebet (Komplet)] verlutt, solle niemand me by pene v ß. spilenn.

Item. Alle articlelnn, fryheitenn, ordnungen und büssenn sollennd im sumer [Sommergemeinde] zum heissenn stein [Gerichtsstein][16] gehallten werden, darzů die stubenn uff Johannis Baptiste [24. Juni] ein monat ald ee, wie dennen stubengesellen geliept [beliebt], verlichen werden.

Datum uff Johannis evangeliste [27. Dezember], anno 1529.

Item. Unnd die ding angesechen von einer gantzen gemeind unnd dennen sechtzechenn bevolchenn ze machen [von der Gemeindeversammlung zur Kenntnis genommen, den Sechzehnern übergeben].

    Item Oschwald Glattfelder
    Item Keyser, pfister [Bäcker]   > altt rett [Räte].[17]
    Item schmid Wellte [Welti]

    Item Hans Kapeler
    Item Hans Angst   > neůw rått.
    Item Conrat Dolde
    Item Keyser, schůchmacher

---

[1] Zur Gemeindestube siehe unten «Das Stubenrecht des dorffs Zurtzach anno 1529», Abschnitt a).

[2] BANHOLZER, Brugg, S. 250.

[3] Zur Trinkstube der Chorherren siehe unten Abschnitt b).

[4] HUBER, Urkunden, S. 317.

[5] Der heutige Bau ist auf 1700 datiert.

[6] BANHOLZER, Brugg, S. 250.

[7] Zum Kartenspiel siehe unten Abschnitt c).

[8] Anonymer Beitrag zum Idiotikon von Stalder, aufgenommen in Zurzach 1814/17 (Ms.), zit. in: Idiotikon 10, 1939, Sp. 1117.

[9] Nach EMIL WELTI, in: ASG VII, 1894–1897, S. 323–325. – Verweis in SRQ AG II/5, S. 90, Nr. 50.

[10] Die Herrenstubenordnung von Laufenburg (um 1570) erklärt das «Zerhowen» und Zum-Fenster-Hinauswerfen der Karten. Es geschieht im Zorn: «Were sach, das ein herr oder gsell ein kartenspil durch zorn oder sonsten zerreissen und verzerren würde, der oder dieselben sollen auch mit einem plapart gestraft werden.» (SRQ AG I/6, S. 214; Idiotikon 10, 1939, Sp. 146, und KARL SCHIB, Geschichte der Stadt Laufenburg, Aarau 1951, S. 210–212).

[11] Idiotikon 3, 1895, Sp. 404. – Dasselbe Verbot in der Herrenstubenordnung von Laufenburg (um 1570), (SRQ AG I/6, S. 214).

[12] Idiotikon 8, 1920, Sp. 1324.

[13] Zum Wetterläuten siehe unten, Abschnitt d).

[14] Es geht wohl um Einladungen aus besonderem Anlass, zum Beispiel dem Besuch fremder Persönlichkeiten. Der Stubenknecht machte das Ereignis von Haus zu Haus bekannt und lud auf die Stube. Unentgeltliche Bewirtung war nicht vorgesehen. Der Paragraph ist wohl so zu verstehen wie die Brugger Bestimmung von 1560: «Wer der Einladung folgte, der ehrte damit jenen, der die ‹Schenki› [Einladung] veranlasste; wer dagegen wegblieb und unterdessen in einem Gasthaus betroffen wurde, hatte der Stube eine kleine Busse zu entrichten» (BANHOLZER, Brugg, S. 251).

[15] Zum Zwölfbottentag siehe unten, Abschnitt e).

[16] Zum heissen Stein siehe unten, Abschnitt f).

[17] Auch der abgetretene Rat umfasste vier Mitglieder; es fällt auf, dass nur drei alte Räte genannt sind.

Einige kurze Bemerkungen verlangen längere Erklärungen:

a) *Die Gemeindestube, Gemeindewirtschaft:*
Wenn Zurzach eine Gemeindewirtschaft einrichtete, obwohl es hier zu allen Zeiten genügend private Gasthäuser und Pintenwirtschaften gab, so ist das keine Ausnahme. Für die Zeit des Zurzacher Stubenrechtes wird z. B. in einem Verzeichnis der Wirtshäuser der Landschaft Zürich gesagt: «In Ober- und Niederstammheim sind fünf wirt, meint man, wenn oben zween und unden einer, das daran samt beiden stuben gnuog were.»[18]
Diese Gemeindestuben dienten in erster Linie den Berufsvereinigungen,[19] die als religiöse Bruderschaften entstanden,[20] als Lokal für ihre Zusammenkünfte in weltlichen Angelegenheiten und zur Pflege der Geselligkeit. Handwerk und Gewerbe regelten mit ihren Zunftstatuten auf genossenschaftlicher Basis weitgehend das wirtschaftliche Leben der Gemeinden. Im kirchlichen Bereich blieben die Bruderschaften karitativ tätig, es gab sogar Beerdigungsbruderschaften. Weltliche Zünfte und kirchliche Bruderschaften verkörperten noch in der Zeit vor der Reformation einfach zwei Seiten einer einzigen Gesellschaft.
Dreimal ist in Brugg im Laufe des 16. Jahrhunderts, wenn auf schwerere Strafen (in zwei Fällen das Todesurteil) zugunsten einer milderen Bestrafung verzichtet wurde, festgehalten worden, dass der Verurteilte die «Ziele» der Stadt (das Weichbild) nicht mehr verlassen dürfe und dass er ohne Erlaubnis nie mehr auf die Stube kommen oder einen «ehrlichen Schiessblatz» besuchen dürfe: Ehrverlust schliesst auch von der Stube aus.[21]

b) *Die Trinkstube der Chorherren:*
Auch die Geistlichen hatten ihre Gesellschaftsstuben. Die Chorherren des Grossmünsterstiftes in Zürich hatten eine Trinkstube oder Sommerlaube im Obergeschoss des Stiftsgebäudes, das im Norden an das Grossmünster anschloss. Chorherr Felix Hemmerli beklagt sich im 15. Jahrhundert über den Lärm der zechenden, würfelnden und Karten spielenden Chorherren und Kapläne in der «Taberna» (Taverne, Schenke). In der «Ordnung der priesterschaft zuo der probsty und der stuben daselbst» von 1485 heisst es: «So och die [...] chorherren oder ander priester [...] mit einandern im brett spilend oder kartend, wenn dann vesper gelüt wirt [...] das sy dann [...] in die kilchen gon und da singen und lesen söllen, wie vorgeschrieben ist, und der Knecht uff der genanten stuben die k.- spil, och brettspil alsdann behalten und des tags nit wider herfür geben [soll].»[22] Zu Beginn des 16. Jahrhunderts war die Chorherrenstube als geschlossene Gesellschaft organisiert, zu der die Chorherren und Kapläne der Zürcher Kirchen, die Prälaten der umliegenden Klöster und auch weltliche Personen gehörten. Sie bezahlten einen Jahresbeitrag in der Form von «Stubenhitzen» (Betrag an die Heizkosten, evtl. Holz) und trafen sich zu einem Neujahrs- und Berchtoldstagsessen.[23] Die Domherren von Chur hatten ihre Trinkstube in der Hofkellerei im Torturm der Hofbefestigung.[24] Die Priesterschaft der alten Landschaft von Freiburg bildete eine Gesellschaft und hatte ihr Stübli, wo die Geistlichen einkehrten. Auch in Unterwalden verfügte das Priesterkapitel über eine Stube; ihr Name wurde zur Kurzformel für «Priesterkapitel». 1614 hatten einige «Stubenbrüder» in Mailand ein Ofleteneisen gekauft, das sie der «Stube», dem Priesterkapitel, verehrten, und 1616 wird ein «Helfer» (Hilfsgeistlicher) in Obwalden in die «Stube», das heisst, ins Priesterkapitel, aufgenommen.[25]

c) *Zum Kartenspiel:*
In der zweiten Hälfte des 14. Jahrhunderts werden bei uns erstmals Spielkarten erwähnt, und im 15. Jahrhundert «entwickelt sich, vorab in Basel, das System der Schweizer Farbzeichen»: Schilten, Rosen, Eicheln, Schellen.[26] Holzschnittdrucke auf Papier wurden als Spielkarten verwendet. Im Gegensatz zu den älteren Brett- und Würfelspielen waren die Kartenspiele Spiele mit «Papier»: Der Charakter ist namengebend geworden; «Charta», die Karte, ist die mittelalterliche Bezeichnung für Papier (auch für Blatt, Brief, Urkunde). Eine der ältesten Darstellungen des Kartenspiels ist auf einem Basler Wandbehang von ca. 1490 erhalten:[27] Ein junges Paar spielt Karten in einem Hauszelt im Liebesgarten. Die beiden halten Karten in den Händen und eine Karte mit der Schilten-Sechs liegt auf dem Tisch. Man darf annehmen, dass mit den Karten, von denen das Stubenrecht spricht, bereits die «deutschen Karten» gemeint sind, die heute noch in Gebrauch sind.

d) *Zum Wetterläuten:*
War ein starkes Gewitter im Anzug, so hat man vielerorts bis weit ins 20. Jahrhundert hinein die Kirchenglocken oder eine bestimmte Glocke, die Wetterglocke, geläutet. In katholischen Familien wurde gleichzeitig der Rosenkranz gebetet. Auf der «Stube» war während dieser Zeit das Kartenspiel untersagt.
Über den Volksglauben, der mit dem Wetterläuten verbunden ist, sagt Christian Caminada: «Wenn das schwarze, unheilverkündende Gewitter sich von den Bergen löst und wie ein unheimliches Schlachtheer heranrückt gegen Haus, Hof, reifende Kornäcker und Viehherden auf den Alpen, dann bangt es dem Bauer [...] Da löst sich der Ton der Glocke vom Turme und stellt sich dem rollenden Ungewitter im Namen Gottes entgegen. Voran läutet die siegesstarke St. Theodorsglocke, dann fallen auch die anderen ein und kämpfen, Schwert gegen Schwert kreuzend [...].»[28]

e) *Der Zwölfbottentag*, Divisio Apostolorum, «Apostelausscheidung»: Am Zwölfbottentag (Aposteltag) gedachte die mittelalterliche Kirche der Aussendung der Zwölf Apostel in die Welt. Der Tag wurde in den Bistümern Chur und Basel wie generell üblich am 15. Juli gefeiert. Der bei Grotefend wiedergegebene Festkalender für das Bistum Genf verzeichnet das Fest nicht. Im Bistum Konstanz ist es auf den 16. Juli verlegt. Immerhin ist bei Grotefend vermerkt, dass Anniversarien (Jahrzeitbücher) von St. Peter im Schwarzwald und von Tuggen SZ als Feiertag den 15. Juli nennen.[29] – Als Tage, an denen nicht gespielt werden darf, sind nur das Fest aller Apostel, jener Heiligen, die Christus am nächsten standen, und das bedeutendste Marienfest genannt. Das bedeutet nicht, dass das Spiel an den grossen Herrenfesten Weihnachten, Ostern, Auffahrt und Pfingsten erlaubt war, sondern eher, dass an diesen Hochfesten die Stube überhaupt nicht geöffnet war.

f) *Der «heisse Stein»*[30]:
Spricht man hierzulande vom «heissen Stein», so denkt jedermann an Baden und die Bäder. Der «heisse Stein, eine Doppelquelle auf dem Platze vor dem Staadhofe, mit einer grossen Granitplatte, bedeckt, [...] ist die grösste und eine der ältestbenützten Quellen» von Baden.[31] Das ist aber nicht gemeint im Stubenrecht, auch nicht der Traualtar oder die Stelle davor, die bei Gotthelf als «heisser Stein» erscheint: «Ein feierliches Beben ergriff uns beide, als wir Hand in Hand an den heissen Stein traten.»[32] Und: «Haben wir doch versprochen auf dem heissen Steine eins zu sein und einan-

deranzuhangen im Leben und im Sterben.» Auch die aus Pfänderspielen und Volksliedern bekannte Bedeutung als Stein der Verlassenen: «ich sitze ufeme heisse Stei ... und wer mi liebt, de holt mi hei», ist es nicht, sondern der Sinn, der in einem Kinderreim aufscheint: «S'Halsisen und die andere zwei, der Galgen und der heisse Stei» – gemeint ist der Gerichtsstein. Er heisst auch blauer Stein (Köln), schwarzer Stein (Worms), Rodenstein (von der roten Farbe in Frankfurt-Neustadt), Langenstein oder Lagenstein (lag, log = Recht, Gesetz), Lugen- oder Lügenstein. Heissenstein ist die Bezeichnung in Frankfurt-Altstadt, und vom heissen Stein wird auch in Basel und Bern gesprochen. In Basel war der heisse Stein ein «grosser platter Stein auf dem Marktplatze, auf welchem, vormals das Blutgericht gehalten und vollzogen wurde». Ein solcher Stein ist auch in der Nähe des Kleinbasler Richthauses bekannt. 1376 wurden nach einem Aufruhr in Basel auf dem Kornmarkt dreizehn Bürger enthauptet, «daher dieselbige Richtstatt der Heisse Stein soll genennet seyn», meldet Wurstisen.[33]

Solche Gerichtssteine, «Stadtfelsen», vertreten «den sichtbaren Teil des städtischen Rechts und gelten darüber hinaus geradezu als Signa des betreffenden Gemeinwesens selbst. Der Grafenstein zu s'Gravenhage, der rote Stein zu Hoorn, die blauen Steine in Haarlem, Tiel, Bommel, Gouda, Middelburg, der Botting zu Stade, der Finkenblock vor dem Hamburger Niedergericht, der blaue Stein neben dem Kölner Dom, die Logensteine in Luxemburg, der schwarze Stein zu Worms, der blaue Stein zu Mainz, der Pfalzstein zu Alzey, die Bourderesse zu Metz, der heisse Stein zu Basel, der Leggenstein zu Halberstadt, der Büttelstein neben dem Roland zu Königsberg in der Neumark, der breite Stein neben dem Pranger in Stralsund [...]. Ihre Bedeutung geht über das bloss Juristische weit hinaus, auch wenn sie fast regelmässig neben dem Pranger liegen und der Abkündigung von Urteilen dienen. Sie verkörpern nämlich als Standort des Rechtssprechers die Grundveste der Autorität und Ordnung schlechthin.»[34] Diese Steine liegen nicht immer im Zentrum einer Siedlung, sind aber zum Teil, so in Nimwegen, nachträglich dorthin transferiert worden («Mittelpunktsteine»). Immer sind sie aber an einer besonderen, einer ausgezeichneten Stelle der Stadt zu finden, zum Beispiel beim Dom (Köln, Worms) oder Bischofshof (Mainz), also beim Stadtherrn, oder auf dem Markt. Sie müssen nicht über das Gehniveau herausragen, sondern machen sich vielleicht lediglich als «grosse Platte» in der Pflästerung eines Platzes bemerkbar. Sie markieren und «reservieren» aber einen bestimmten Platz für eine bestimmte Funktion, sie bezeugen Tradition und Legitimität (des hier thronenden Gerichts). Das tat schon die Rota, eine kreisrunde Mittelplatte aus Porphyr, umgeben von kleineren Kreisen im umfassenden Quadrat in der von Kaiser Justinian erbauten und 537 geweihten Kirche der Hagia Sophia, die den Platz der Kaiserkrönung bezeichnet.[35]

Wo mag aber der heisse Stein in Zurzach gelegen haben? Bedenkt man, dass die Gerichtssteine Gerichtsort, Ort der Verkündigung von Urteilen, von feierlichen Rechtshandlungen und von Hinrichtungen waren und oft (in Bern zum Beispiel) an Strassenkreuzen lagen, so wird man ihn am ehesten beim Rathaus suchen. Und tatsächlich ist hier noch für die Verkündigung der beiden letzten Todesurteile (1821 und 1827) eine Bühne aufgerichtet worden, von der aus der Richter das Urteil verlas.

[18] Idiotikon 10, 1939, Sp. 1119.
[19] WILHELM VOLKERT, Adel bis Zunft. Ein Lexikon des Mittelalters, München 1991, S. 271 f.
[20] In der Bruderschaft «Unserer Lieben Frau in Mellingen» waren anfänglich die Müller, Pfister, Schmiede, Küfer, Zimmerleute, Seiler und Wagner vereinigt. Später wurden auch andere Berufsleute, Söldnerführer und auch Frauen aufgenommen, und die Bruderschaft nannte sich fortan Stubengesellschaft (RAINER STÖCKLI, Geschichte der Stadt Mellingen von 1500 bis zur Mitte des 17. Jahrhunderts, Freiburg i. Ü. 1979 [Historische Schriften der Universität Freiburg 7], S. 289).
[21] Aargauer Urkunden VII. Die Urkunden des Stadtarchivs Brugg, hrsg. GEORG BONER, Aarau 1937: Nr. 420, S. 197 (1543); Nr. 501, S. 230 f. (1577); Nr. 539, S. 244 (1592).
[22] Idiotikon, 10, 1939, Sp. 146.
[23] SALOMON VÖGELIN, Das alte Zürich. Historisch und antiquarisch (2. Aufl.), Zürich 1879, S. 318 f.
[24] Kdm GR VIII, S. 26, 230.
[25] Idiotikon 10, 1939, Sp. 1119.
[26] PETER F. KOPP, Die Schweiz und die Spielkarten, in: Ausstellungskatalog «Schweizer Spielkarten», Zürich 1978 (Wegleitung, Kunstgewerbemuseum, 323), S. 12.
[27] ANNA RAPP BURI, MONICA STUCKY-SCHÜRER, Zahm und wild: Basler und Strassburger Bildteppiche des 15. Jahrhunderts, Mainz a. Rh. 1990, S. 227–231. – Spielkarten, bearbeitet von SIGMAR RADAU und GEORG HIMMELHEBER, München/Berlin 1991 (Kataloge des Bayerischen Nationalmuseums München 21). – LEO ZEHNDER, Volkskundliches in der älteren schweizerischen Chronistik, Basel 1976 (Schriften der Schweizerischen Gesellschaft für Volkskunde 60), S. 339, Kartenspiel, andere Spiele siehe vorhergehende Seite.
[28] CHRISTIAN CAMINADA, Die Bündner Glocken. Eine kulturhistorische Studie aus Bünden, Zürich 1915, S. 96.
[29] HERMANN GROTEFEND, Zeitrechnung des deutschen Mittelalters und der Neuzeit, Bd. 2 (2. Neudruck der Ausgabe Hannover 1892–98), Aalen 1984, Genf: S. 50, Konstanz: S. 88, 90.
[30] Dazu allgemein: Idiotikon 2, 1885, Sp. 1686. – ATTENHOFER, Sagen und Bräuche, S. 80–82. – JACOB GRIMM, Deutsche Rechtsaltertümer, Leipzig 1899, 4. vermehrte Auflage, Neudruck, Darmstadt 1974, Bd. 2, S. 424–426. – RUTH SCHMIDT-WIEGAND, Artikel «Stein, Steine», in: HRG IV, 1990, Sp. 1933–1938. – GERHARD KÖBLER, Lexikon der europäischen Rechtsgeschichte, München 1997, S. 557. – Deutsches Rechtswörterbuch, Bd. 5, bearb. von OTTO GÖNNENWEIN und WILHELM WEIZSÄCKER, Weimar 1953–1960 (Nachdruck 1998), Sp. 688.
[31] BARTHOLOMÄUS FRICKER, Geschichte der Stadt und Bäder zu Baden, Aarau 1880, S. 387. Vgl. auch DAVID HESS, Die Badenfahrt, Zürich 1818, S. 78; MITTLER, Baden 2, S. 116.
[32] Dieses und die folgenden Zitate nach Idiotikon 2, 1885, Sp. 1686 f.; Idiotikon 11, 1952, Sp. 776 f.
[33] CHRISTIAN WURSTISEN, Bassler-Chronick: darinn alles, was sich in obern Teutschen Landen, nicht nur in der Stadt und Bistume Basel von ihrem Ursprung her [...] zugetragen [...], Bd. 1, Basel 1765, S. 206.
[34] WERNER MÜLLER, Die heilige Stadt. Roma quadrata, himmlisches Jerusalem und die Mythe vom Weltnabel, Stuttgart 1961, S. 199, vgl. allgemein S. 197 ff. – Abb. 14 und 16 c: die «blauen» Steine von Leiden, Niederlande, und von Lier, Belgien.
[35] Selbst wenn dieses Element erst im 14. Jahrhundert in den ansonsten einheitlichen Bodenbelag aus prokonnesischem Marmor eingelassen wurde, wie einige annehmen. WALTER HOTZ, Byzanz – Konstantinopel – Istanbul. Handbuch der Kunstdenkmäler (2. Aufl.), Darmstadt 1978, S. 167. – Ausstellungskatalog «Die Hagia Sophia in Istanbul». Bilder aus sechs Jahrhunderten und Gaspare Fossatis Restaurierung der Jahre 1847 bis 1849, hrsg. v. VOLKER HOFFMANN, Bern 1999, S. 228.

Verlegung des Richtplatzes im Jahre 1570

Der Richtplatz wird vom Oberflecken bei der Linde zur Eich an der Zurzibergstrasse verlegt
1570, 17. Juni[1]

Wir von stett vnd landen der acht alten orten vnser Eydtgnosschafft räth vnd sandtpotten [Gesandte] [...][2], diser zyt vß beuelch [Befehl] vnd vollem gewalt vnser aller herren vnd obren vff dem tag | der jarrǎchnung [Jahrrechnung] zu Baden in Ergöw [Aargau] versampt [versammelt], bekhennent vnd thun khundt mengklichem [männiglich: allen] mit disem brief, das vor vns erschinen ist der from eernuest [ehrenfest] vnser getrewer lieber landtuogt | zu Baden in Ergöw Cunrat Äscher, des raths der statt Zürich, vnd vor vns anzeigt, wiewol vnser herren vnd obren vor langen jaren, damit der Zurtzach märckt desterbaß [umso besser] möchte geschützt vnd | geschirmpt werden, angesähen, ouch iren landtuögten in beuelch geben, wann etwas Zurtzach gestolen vnd entfrömbdet vnd der dieb vnd übelthäter beträtten [ergriffen] werde, das dann derselbig mit | vrtheil von dem nachrichter [Henker] an die linden, so oben im dorff Zurtzach stande, gestrickt [gehängt] vnd daselbs erwürgt werden sölte, welliches dann noch bißhar im bruch gwäsen [wie es bisher gehalten wurde]; diewyl aber sölliche linden | oben im dorff grad an der straß, da jederman für vff vnd nider wandlen müesse, das dann mengklichem, insonderheit den tragenden [schwangeren] frowen ein groß abschühen [Abscheu] bringe, dartzu zu nechst | darbi ein schöner brunnen [der Sternenbrunnen], den jederman bruchen müesse, darnäbent aber glich ob dem dorff, da man sunst sölliche übelthäter zu uergraben pflägt, ein eych [Eiche] oder zwo, so dartzu komlich vnd | tougenlich [die sich dafür eignen], deßhalb ime die vnseren räth vnd ein gantze gmeind Zurtzach gantz vnderthenig vnd dienstlich angrüefft vnd gebätten, das er by vns als iren herren vnd obren | mit allem flyß anhalten wölte, das wir so gnedig sin vnd sy vmb souil [soweit] befreyen, das hinfür kein landtuogt meer gwalt haben sölle, sölliche übelthäter an die linden strickhen zu lassen, sond- | er ob dem dorff an die eychen [Eichen], da man on das sölliche übelthätiger zu uergraben pflägt [wo man diese Übeltäter üblicherweise vergräbt]; das begären sy vmb vns vnd vnser herren vnd obren als arme vnderthonen in aller vnderthänig- | keit zu beschulden; sölliches welle er vns vff ir begären nit bergen [verbergen] in ansähung, das sich die vnsern von Zurtzach in erbuwung der gefengknus daselbs mit frontagwen vnd anderem gantz [weil sich die Zurzacher beim Bau des Schelmenturmes mit Fronarbeit und Anderem | gutwillig als gehorsame vnderthonen erzeigt vnd gehalten etc. Vnd so wir nun obgemelten vnsern landtuogt in sinem anbringen [Anliegen], so er in dero von Zurtzach namen gethon, verstanden, | so habent wir vns daruff des erlütert vnd die vnsern von Zurtzach vß gnaden des befrygt, das hinfür zu ewigen zyten kein vnser landtuogt zu Baden gwalt haben sölle, einichen übelthäter | an die linden strickhen ze lassen; sonder wann derselbigen einer oder meer [mehrere in] Zurtzach ergriffen werden, das dann ein landtuogt dieselbigen ob dem dorff an die eychen henckhen lassen | sölle. Diser vnser erkandtnuß vnd befrygung begerten die vnsern von Zurtzach eins brieffs [Urkunde], den wir inen des zu warem vrkhund, mit des obgemelten vnsers landtuogts zu | Baden in Ergöw Cunrat Äschers anhangendem insigel in namen vnser aller verwart, geben vff den sibenzehenden tag des monats junii nach Christi vnsers lieben herren | vnd säligmachers gepurt gezalt tusend fünffhundert vnd sibenzig jare.

---

[1] GA Urk. 49. – SRQ AG II/5, Nr. 67, S. 122 f.
[2] Die Namen der Gesandten: EA Bd. IV, Abt. 2, Nr. 359, S. 447.

Verena

VITAM BEATISSI
ME VIRGINIS VIRGINIS ʰ ABANTIQUIS IN
UENTA EST NRO STILO ...
... SIC ACCIPE

Vitam gloriose virginis secundum quod
relatu quorundam didicimus scriptum d̄ī om
nipotentis gratiam imploramus ut fratribus
et sororibus n̄ris aliquid gratum et utile
in hoc opere explicare ualeamus; Nihil enim ua
let uitam uirtutum legere nisi studeamus uitam
uirtutum habere; Ad hoc enim memoriam s̄c̄or̄u
pius animus recolligat ut exemplis eorum feruen
tior fiat et erumpnam suae peregrinationis
iter eorum sequendo facilius superet;
In singulis enim factis s̄c̄orum unde magis d̄o pla
cuerint oculo cordis intentissime consideret
et quid ipse sedulus agere debeat flammanter
inuestigat; Virgo ista beatissima ut ferunt the
bea genere extitit honestissimis parentibus pri
mam orta cuidam s̄c̄o ep̄o ad baptizandum et
in fide informandum traditur; Quo post modum
per martyrium coronato erat enim senex che
remon nomine ipsa uirgo cum aliquibus
xp̄ianis ad inferiorem aegyptum peruenit
ubi tunc maxima multitudo fidelium in castris
dioclitiani et maximiani imperatorum...

Vita prior sanctae Verenae – Die ältere Lebensbeschreibung der heiligen Verena

Ediert von Adolf Reinle*
Übersetzt und kommentiert von
Silvia Letsch-Brunner und Hans-Dietrich Altendorf[1]

I. VITAM BEATISSIMAE VERENAE VIRGINIS, UT AB ANTIQUIS INVENTA EST, NOSTRO STILO EXPLICATAM, AMATOR EIUS AD LEGENDUM SIC ACCIPE.

II. Vitam gloriosae virginis secundum quod relatu quorundam didicimus, scripturi, Dei omnipotentis gratiam imploramus, ut fratribus et sororibus nostris aliquid gratum et utile in hoc opere explicare valeamus. Nihil enim valet vitam virtutum legere, nisi studeamus vitam virtutum habere. Ad hoc: enim memoriam sanctorum pius animus recolligat, ut exemplis eorum ferventior fiat et aerumnam suae peregrinationis iter eorum sequendo facilius superet. In singulis enim factis sanctorum, unde magis Deo placuerint, oculo cordis intentissime consideret et, quid ipse sedulus agere debeat, flammanter investigat.

III. Virgo ista beatissima, ut ferunt, Thebaea genere extitit, honestissimis parentibus primum orta cuidam sancto episcopo ad baptizandum et in fide informandum traditur. Quo postmodum per martyrium coronato – erat enim senex Cheremon nomine – ipsa virgo cum aliquibus christianis ad inferiorem Aegyptum pervenit, ubi tunc maxima multitudo fidelium in castris Diocletiani et Maximiani imperatorum militatura describebatur. Tunc temporis ibi illa beatissima legio Thebaea Mauricii iam praeelecta tenebatur.

IV. Tunc virgo Christi ad Italiam venire desiderans, cum reliquis aliis fidelibus iungitur. Mediolanum itaque perveniens, si possibile sibi esset martyrii gloriam toto amore concupiscens, martyrum loca et carceres sanctorum sollicite requirens eisque officium pietatis impendens, aliquot annis a quodam sancto viro Maximo retenta ibi perstitit.

1) Die Lebensbeschreibung der seligen Jungfrau Verena, wie sie von den Alten dargestellt worden ist, auf unsere Art dargeboten[2] – ihr Liebhaber[3], empfange sie so zum Lesen!

2) Im Begriff, das Leben der herrlichen Jungfrau so, wie wir es durch die Erzählung einiger erfahren haben, zu schreiben, rufen wir die Gnade des allmächtigen Gottes an, so dass wir unseren Brüdern und Schwestern[4] etwas Angenehmes und Nützliches in diesem Werk darlegen können. Nichts nämlich nützt es, ein Leben von Krafttaten zu lesen, wenn wir nicht uns selbst bemühen, ein Leben von Krafttaten zu führen. Zu diesem Zweck nämlich sammelt ein frommer Sinn das Gedächtnis an die Heiligen, dass er durch ihre Beispiele glühender werde und die Last der eigenen Pilgerschaft dadurch leichter überwinde, indem er ihrer Reise nachfolgt. In den einzelnen Taten der Heiligen möge er mit dem Auge des Herzens angespannt betrachten, worin sie Gott wohlgefälliger waren, und was er selbst emsig tun sollte, das erforsche er glühend.

3) Die selige Jungfrau entstammte, wie es heisst, einem thebäischen Geschlecht und wurde von hochangesehenen Eltern geboren. Sie wurde einem heiligen Bischof zur Taufe und Glaubensunterweisung übergeben, wie überliefert ist. Nachdem er durch das Martyrium gekrönt worden war, – er war nämlich ein Greis namens Cheremon[5] –, kam die Jungfrau mit einigen Christen nach Unterägypten, wo damals eine grosse Schar der Gläubigen in den Kastellen der Kaiser Diokletian und Maximian zum Dienst eingeschrieben wurde. Damals stand dort jene selige thebäische Legion[6] des Mauritius, schon im voraus auserwählt.

4) Dann begehrte die Jungfrau Christi, nach Italien zu kommen und schloss sich dazu den übrigen Gläubigen an. So kam sie nach Mailand[7] und wünschte für sich dort mit aller Liebe die Herrlichkeit des Martyriums; die Orte der Märtyrer und die Kerker der Heiligen suchte sie sorgfältig auf und wandte ihnen frommen Dienst zu. Dort blieb sie einige Jahre, von einem heiligen Mann namens Maximus zurückgehalten.

---

* Abschrift aus Reinle, Verena, S. 26–31.

[1] Die noch provisorischen Anmerkungen zu dieser Übersetzung wurden im Hinblick auf ein geplantes Buch über die ältesten literarischen Texte aus dem Raum der heutigen Schweiz verfasst.

[2] *Auf unsere Art dargeboten:* die vorgefundene mündliche Erzählung wird vom Verfasser neu und erstmals schriftlich erzählt. Wörtlich heisst es *mit unserem Griffel* (stylus); mitgemeint ist dabei, dass sie selbst geformt ist.

[3] Das Wort *amator/Liebhaber* gilt im Lateinischen auch für das weibliche Geschlecht, was ja in unserem Fall – die Adressatin ist Kaiserin Richardis – zutrifft. Wir übersetzen dennoch männlich, weil die lateinische Sprache hier keinen Unterschied macht, und die Adressatin nicht namentlich genannt wird, also für die damalige Leserschaft das weibliche Geschlecht nicht erkennbar war.

[4] Die *Schwestern* werden die Nonnen von Richardis' Kloster Andlau sein. Die *Heiligen* sind Vorbilder auf der Reise zum Himmel.

[5] Den Bischof *Cheremon* fand der Verfasser, Abt Hatto III. von der Reichenau, in der lateinischen Übersetzung der Kirchengeschichte des Bischofs Euseb von Caesarea († 338).

[6] Hatto kennt die Legende von der Thebäischen Legion und stellt Verena in diese Geschichte hinein, er versippt also Verena gleichsam mit den Thebäern, wie man gesagt hat.

[7] Verenas *Reise* nach Norden beginnt. Auch *Mailand* stammt aus der von Bischof Eucherius von Lyon um das Jahr 440 herum verfassten Legende von der Thebäischen Legion.

Vita prior sanctae Verenae, Zentralbibliothek Zürich, Cod. Rh. 81, p. 329. Reichenau, 10. Jahrhundert. Foto Zentralbibliothek Zürich.

V. Audiens denique sanctam legionem beatissimi Mauricii ab impiissimo imperatore Maximiano pro fide Christi gladiis peremptam atque ibi sanctum Victorem, sibi unice iunctum, pariter in ipsa legione coronatum, ardenter per Alpina iuga ad Haugaunum rem experitura pertendit.

VI. Inde ultra Aram fluvium apud sanctum quendam, qui ex legione Thebaea evaserat, non longe a castro Solodoro habitavit, districtione mirabili ieiuniis et orationibus pene noctes diesque continuans, psalmis intenta, librum quam maxime beati Cypriani de habitu virginum prae manibus habens, ubi isdem beatissimus martyr docet esse disciplinam custodem spei, retinaculum fidei, ducem itineris salutaris, fomentum ac nutrimentum bonae indolis. Intentissima igitur Verena virgo sacra in remuneratione castissimae virtutis et palma incomparabilis remunerationis, in quadam specu artissima tempore aliquo diu se macerandam reclusit.

VII. Haud longe quaedam anus christiana habitabat. Nam Alamannorum gens diabolo adhuc subdita, diversa portenta ydolorum in deos sibi statuerat. Quicquid operari manibus sacra virgo poterat, ipsa anus praedicta vendens, sufficientem victum ei ministrabat. Signa quoque plurima Dominus per famulam suam Verenam operabatur, ita ut quidam energumini, antequam ad specum illam, in qua eadem Dei ancilla commanebat, pervenirent, ab infestatione daemonis orationibus illius sanarentur, quidam etiam caeci tactu ipsius illuminarentur. Excrescentibus itaque miraculis multitudo Alamannorum ad fidem Christi moveri coepit, et petente sancta virgine a sancto quodam presbytero Italici generis pro fide Christi exulanti baptizata. Inde nomen Christi dilatari in fines Alamannorum ex oritur.

VIII. Coepit igitur virginis fama per totam illam terram vulgari et in tantum diffundi, ut mater virginum praeposita, sub discretione pietatis ab omni populo venerabilis ubique polleret. Hanc formam pietatis omnibus virginibus proponens, ut, quanto excellentius atque divinius huius muneris esset magnitudo, tanto necessaria ad custodiam tutissima humilitas, ut periculosam superbiam, quae amplioribus amplius insidiatur et invidentiam tamque filiam eius pedisequam ubique caverent. Quippe cum superbia numquam sit sine tali prole atque comite – quibus duobus malis, hoc est superbiae et invidiae diabolus auctor esset. – Sequerentur ergo agnum quocumque iret, non solum integritate virginitatis, sed etiam gratia sincerissimae humilitatis. Et quae se Christo dicaverunt et a carnali concupiscentia recedentes tam carne, quam mente se Deo voverant, consummarent opus suum magno praemio destinatum; nec ordinari aut placere cuiquam nisi Domino suo studerent, a quo et mercedem virginitatis exspectarent. Virgines non esse tantum, sed intellegi et credi debere; parem se integritas in omnibus praestaret, ne bonum corporis cultus infamaret; quid ornata, quid compta procederet quasi marito placitura. Nec enim fas esset, virginem ad speciem formae suae comi, aut de carne et de eius pulchritudine gloriari, cum nulla sit illi magis quam adversus carnem conluctatio et vincendi corporis ac domandi obstinata certatio. Esset vero minor culpa deliquisse ante datam innocentiae legem, cum necdum cognosceretur disciplina; graviorem porro culpam post voti

5) Als sie hörte, die heilige Legion des seligen Mauritius sei vom gottlosen Kaiser Maximianus wegen des Glaubens an Christus mit Schwertern hingerichtet worden, und dort sei auch der heilige Viktor[8], der mit ihr in einzigartiger Weise verbunden war, gleichfalls in der Legion gekrönt worden, da eilte sie durch die Alpenpässe nach Agaunum, um die Sache zu erforschen.

6) Dort wohnte sie jenseits der Aare bei einem Heiligen, der aus der Legion entronnen war, nicht weit vom Kastell Solothurn[9] entfernt. Mit wunderbarer Strenge setzte sie Fasten und Beten durch Nächte und Tage fort, widmete sich den Psalmen und hatte vor allem das Buch des seligen Cyprian[10] über das Verhalten der Jungfrauen zur Hand. In ihm lehrt der selige Märtyrer, *die Zucht sei die Wächterin der Hoffnung, das Netz des Glaubens, die Führerin auf der heilsamen Reise, Würze und Speise für Wohlgeratene.* Höchst achtsam also auf die Belohnung einer keuschen Lebensführung und auf die Palme einer unvergleichlichen Belohnung hat sich die gottgeweihte Jungfrau Verena in einer ganz engen Höhle für einige Zeit eingeschlossen, um sich lange zu kasteien.

7) Nicht weit entfernt wohnte eine alte christliche Frau. Das Alamannenvolk war damals noch dem Teufel untertan und hatte sich verschiedene Götzenungeheuer als Götter aufgestellt. Was die heilige Jungfrau mit ihren Händen erarbeiten konnte, das verkaufte die erwähnte Alte und erwarb ihr damit hinreichend Unterhalt. Und Gott wirkte viele Wunder durch seine Dienerin Verena, so dass einige Besessene, die vorher zu der Höhle, in der die Gottesmagd wohnte, gekommen waren, vom Angriff des Dämons durch ihre Gebete geheilt und einige Blinde durch ihre Berührung erleuchtet wurden. Als die Wunder mehr wurden, begann sich eine Menge von Alamannen zum Glauben an Christus hinzubewegen, und auf Bitten der heiligen Jungfrau wurden sie von einem italischen Priester, der wegen des Glaubens an Christus fern von der Heimat lebte, getauft. So begann der Name Christi sich im Gebiet der Alamannen auszubreiten.[11]

8) Es begann der Ruf der Jungfrau durch die ganze dortige Gegend hin bekannt zu werden und sich soweit auszubreiten, dass sie als Mutter der Jungfrauen eingesetzt, wegen ihrer ausgezeichneten Frömmigkeit vom ganzen Volk als Ehrwürdige überall in Ansehen stand. Folgende Regel der Frömmigkeit legte sie allen Jungfrauen vor: Um wieviel vorzüglicher und göttlicher die Grösse dieses Standes sei, um so notwendiger sei zu seiner Bewahrung festeste Demut, so dass sie sich vor dem gefährlichen Hochmut hüteten, der den Vornehmeren vornehmlich nachstelle, und der den Neid gleichsam als Tochter zur Dienerin habe. Denn der Hochmut sei niemals ohne solche Nachkommenschaft und Begleitung. Und von diesen beiden Übeln, das heisst von Hochmut und Neid, sei der Teufel der Urheber. Sie sollten nun dem Lamm nachfolgen, wohin es gehe, nicht nur in unverletzter Jungfräulichkeit, sondern auch in der Gnade aufrichtiger Demut. *Und diejenigen, die sich Christus gelobt haben und von fleischlicher Begierde wichen, wie sie sich sowohl nach dem Fleisch wie im Geist Gott angelobt hatten, so möchten sie ihr Werk vollenden, dem eine grosse Belohnung bestimmt sei. Sie sollten sich bemühen, niemandem zu gehorchen oder zu gefallen ausser ihrem Herrn, von dem sie auch den Lohn der Jungfräulichkeit erwarteten. Sie sollten nicht nur Jungfrauen sein, sondern als solche auch erkannt und geglaubt werden. Ihre Unverletzlichkeit möge sich gleichmässig überall zeigen, damit ihr Gutes nicht durch Körperschmuck in üblen Ruf gerate, als ob eine Jungfrau geschmückt und frisiert einher gehe, als ob sie einem*

propositum. Virginibus denique quo sublimior gloria, eo maior cura deberet esse. Quippe cum flos sit virginitas ecclesiastici germinis, decus atque ornamentum, gratiae spiritualis laeta indoles, laudis et honoris opus integrum atque incorruptum, Dei imago respondens per sanctimoniam Domino, illustrior portio gregis Christi.

IX. Quia igitur omnis profectus virtutum contrarius semper diabolo, quidam tyrannus sub potestate Romani nominis sacrilegus, adversus Dei virginem inflammatus, variis iniuriis affectam aliquot, diebus publica custodia eam revinxit. Ubi psalmis et orationibus se totam Deo commendans a quodam iuvene, ultra quam dici potest splendido, nocte visitatur et ab eodem valde consolata, ne minis cuiusquam cederet ac veritatis tramitem relinqueret, audivit. Quae cum requireret, quis esset, qui eam dignatus fuisset visitare, a Deo se missum respondit et inter martyres in regno vitae adnumeratus Mauricius diceretur. Illa audiens ad orandum prosternitur, atque ut memor eius fieret apud Dominum, sanctum illum martyrem et luce splendidum precibus exorat. Subito multitudo purpuratorum iuvenum et candidissima clamide ornatorum circumambit sanctum martyrem et sic ab oculis sanctae virginis ablatus discessit.

X. Eadem ipsa nocte tyrannus isdem febri validissima corripitur et instante iam vicina morte ad Dei famulam festinanter mittit, ut cum maximo honore ei exhiberetur. Exhibita oratione validam illam febrem a corpore ipsius tyranni fugavit. Sicque cum laude omnium ad locum virginum remittitur.

XI. Quadam die, cum victus panis deesset et hoc ipsum molestissime ferrent, quae cum illa habitabant, ipsa Domini pietatem adesse suis in necessitatibus non dubitans, conversa ad Dominum sic dixisse fertur: Domine, qui das escam creaturae tuae tempore opportuno, tu vides, quid ancillis tuis expediat, apud te dispositum, quomodo vita nostra sustenetur. Vix verba complevit et ecce xl. sacci pleni farinae optimae ad hostium cellulae ipsarum reperti, incertum quis hominum eos ibi posuerit. Conversae omnes ad Dei laudes

Manne gefallen wolle. Es sei auch nicht recht, wenn eine Jungfrau die Schönheit ihrer Gestalt schmücke und sich ihres Leibes und seiner Schönheit rühme, denn kein Kampf stehe ihr mehr an als der Kampf gegen das Fleisch und das beständige Besiegen und Zähmen des Körpers. Es sei eine kleinere Schuld, sich verfehlt zu haben, ehe sie das Gelübde der Keuschheit abgelegt hatten, weil sie damals die Zucht noch nicht kannten, aber eine schwere Sünde sei es nach abgelegtem Gelübde. Wie erhabener der Ruhm der Jungfrauen sei, um so strenger müsse ihre Sorgfalt sein. Denn die Jungfräulichkeit sei die Blüte des kirchlichen Samens, seine Zierde und sein Schmuck, ein froher Ausdruck geistlichen Gnadenstandes, ein unantastbares und unverderbliches Werk des Lobes und der Ehre, das Ebenbild Gottes, das durch die Nonne Gott dem Herrn entspricht, kurz: der bessere Teil der Herde Christi.[12]

9) Weil aber jeder Fortschritt in den Tugenden immer dem Teufel widerwärtig ist, entflammte ein gottloser Tyrann, der unter der Herrschaft der Römer stand, gegen die Jungfrau Gottes[13], machte ihr verschiedene Vorwürfe und schloss sie für einige Tage im öffentlichen Gefängnis ein. Sie empfahl sich dort ganz mit Psalmen und Gebeten Gott; sie wird von einem Jüngling, der unaussprechlich leuchtend war, in der Nacht besucht und von ihm sehr getröstet, sie solle nicht den Drohungen weichen, und nicht den Weg der Wahrheit verlassen, hörte sie. Als sie ihn fragte, wer er sei, der sich herabliess, sie zu besuchen, antwortete er, er sei von Gott gesandt und sei im Reich des Lebens unter die Märtyrer gezählt und er heisse Mauritius. Als sie das hörte, warf sie sich zum Gebet nieder, dass ihrer beim Herrn gedacht werde, und sie ruft im Gebet den Märtyrer, der im Lichte leuchtet, an. Plötzlich umgab eine Menge purpurgewandeter und mit weissen Kleidern geschmückter Jünglinge den heiligen Märtyrer, und so entschwand er vor den Augen der heiligen Jungfrau und wurde entrückt.

10) In der gleichen Nacht wird der Tyrann von heftigem Fieber ergriffen und lässt dringend, weil der Tod naht, zur Dienerin Gottes schicken, es werde ihr grösste Ehre erwiesen. Sie brachte ihr Gebet dar und das heftige Fieber verliess den Leib des Tyrannen. So wurde sie unter aller Lob zum Ort der Jungfrauen zurückgeschickt.

11) Eines Tages, als die Speise des Brotes fehlte, und die Frauen, die mit ihr wohnten, dies als sehr belastend empfanden, da zweifelte sie nicht, dass die Treue Gottes in Notlagen gegenwärtig sei, wandte sich zum Herrn und soll folgendermassen gesprochen haben: Herr, der du deiner Schöpfung Speise zur rechten Zeit gibst, du siehst, was deinen Mägden nützt, von dir ist vorgesehen, wie unser Leben erhalten wird. Kaum vollendete sie diese Worte und siehe, vierzig Säcke von bestem Weizenmehl wurden an der Pforte

---

8   Auch Viktor stammt aus der erwähnten Legende von der Thebäischen Legion.
9   Hatto muss die Lokalisierung von Verenas Aufenthalt in Solothurn aus Zurzach erhalten haben.
10 *Cyprian* war ein Bischof im nordafrikanischen Karthago (heute ein Vorort von Tunis), der im Jahre 258 als Märtyrer starb. Das Zitat stammt aus seinem Büchlein über die Jungfrauen, das in der Reichenauer Bibliothek vorhanden war und das Hatto als Leitbild diente für das Leben einer Frau, die im Begriff war, sich in das Kloster zurückzuziehen, um dort junge Nonnen zu erziehen. Verena selbst spricht im achten Kapitel wörtlich die Worte Cyprians nach (siehe dort das *kursiv* Gedruckte). Das heisst für die damaligen Leser, Vere-

na spricht nicht aus sich selbst, sondern sie folgt den autoritativen Worten des alten Kirchenlehrers.
11 Verena wird als Alamannenmissionarin dargestellt: dahinter steht die volksmissionarische Aufgabe der Klöster Reichenau und Zurzach in der nachkarolingischen Zeit.
12 Die Cyprianworte, die Verena in den Mund gelegt sind, zielen im Zusammenhang seines Textes vor allem auf das demütige klösterliche Leben, dessen Alltagsfeind der irdische Hochmut ist.
13 Der Versuch des heidnischen Herren, Verena als Frau zu bedrängen, ist ein weitverbreitetes Motiv, das die Keuschheit der christlichen Frau betont.

sufficienter ex ipsis farinis per aliquot annos pastae sunt, mirum in modum in dentibus ipsarum crescentibus, easque ad plene satiantibus.

XII. Cumque iam instaret tempus remunerationis et finis laboris ipsius infirmata corpore aliquibus diebus lecto decubuit, rigorem nihilominus propositi sui fortissimi retentans vigiliis et orationibus, quantum. infirmitatem superare valuit, animo invictissima se Deo semper coniungens. Et cum instaret dies recessionis virgo Dei genetrix Maria cum virginibus sacris, choros incomparabiles praecedens in cellula, qua virgo decubuerat, affuit. Verena devotissima toto desiderio obviam ire, ac simul inter ipsas manere praeoptans, quid mihi, inquit meritum ut mater Domini mei et Dei mei venire dignareris ad me tantillam ancillam tuam? Cui Dei genetrix Maria, ut integritas tua, inquit, fideliter hactenus Domino suo serviens remuneretur; sequere cum quibus in aeternum laeta gaudeas. Sic a corpore sancta ipsius anima solvitur. Odore immenso cella ipsa impletur; curata officiosissime deinde a sacris virginibus et Dei timoratis, in loco quodam reponitur, qui Zurciaca dicitur, multis miraculis clara se in conspectu Dei vivere ubique manifestans.

XIII. Haec filia illustrissima subinde legens, ut de merito professionis et castitatis tuae pariter cum beatissima Verena coronam aeternae remunerationis reportare possis, studiosissime perage. Vitamque ipsius, non tantummodo in verbis, sed etiam in moribus vigilanter, ut sic vivas, pertracta. Habebis enim illam tunc pro te oratricem, si vestigia illius secuta habueris prae oculis semper imitabilem, ut quanto illustrior es genere, tanto praeclarior sis sanctitate.

der Zelle der Frauen gefunden; es blieb unbekannt, welcher Mensch sie dorthin legte. Alle wendeten sich zum Gotteslob, und sie wurden für einige Jahre von dem Mehl hinreichend ernährt, da es in wunderbarer Weise sich unter ihren Zähnen vermehrte und sie voll sättigte.[14]

12) Als die Zeit der Belohnung nahte und das Ende ihrer Mühe, lag sie körperlich geschwächt einige Tage im Bett. Dennoch behielt sie die Strenge ihres tapferen Vorsatzes bei. In Nachtwachen und Gebeten, soweit sie die Schwäche überwinden konnte, verband sie sich im Geist als Unbesiegte immer mit Gott. Und als der Tag ihres Abschieds kam, kam die Jungfrau, die Gottgebärerin Maria, mit heiligen Jungfrauen in die Zelle, in der die Jungfrau lag, indem sie unvergleichlichen Chören voranschritt. Verena, wünschend, in frommer Sehnsucht ihr entgegenzugehen und zugleich bei ihnen zu bleiben, sprach: Womit habe ich es verdient, dass du, *Mutter meines Herrn* und Gottes, dich würdigst, *zu mir zu kommen*[15], zu deiner so geringen Magd. Die Gottgebärerin Maria sagte zu ihr, damit deine Unverletztheit belohnt werde, in der du bisher dem Herrn gedient hast. Folge denen, mit denen du in Ewigkeit dich froh freuen wirst. So löste sich die Seele von ihrem Körper. Die Zelle wurde mit ungeheurem Duft erfüllt; Verena wurde darauf von den heiligen und gottesfürchtigen Jungfrauen mit aller Sorgfalt versehen und wurde an einem Ort bestattet, der Zurzach[16] heisst; sie war berühmt durch viele Wunder und erwies überall, dass sie im Angesicht Gottes lebe.

13) Wenn du, erlauchteste Tochter, dies wiederholt liest, fahre eifrig fort, dass du auf Grund deines Gelübdes und deiner Keuschheit zusammen mit der seligen Verena den Kranz ewiger Belohnung erlangen kannst. Bedenke ihr Leben nicht nur in Worten, sondern auch im Verhalten wachsam, damit du so lebst. Du wirst sie nämlich dann für dich als Fürbitterin haben, wenn du ihren Fussstapfen gefolgt sein wirst, und sie als Nachahmenswerte immer vor Augen hast, so dass du, so vornehm du von der Abstammung her bist, umso leuchtender du in der Heiligkeit wirst.[17]

---

[14] Das Speisewunder weist Verena als von Gott anerkannte Heilige aus, obwohl Verena keine Märtyrerin ist. Die Frage, ob das Wunder sich wörtlich so zugetragen habe, stellte sich Menschen des 9. Jahrhunderts nicht.

[15] Verena zitiert die Worte Elisabeths, als Maria sie besuchen kam (Lk 1,43). Die Gottesmutter Maria selbst nimmt Verena in den Himmel auf.

[16] Hatto scheint fast anzunehmen, Zurzach sei ein Teil von Solothurn, hat also schlechte Lokalkenntnis und mag die Nachrichten aus Zurzach nicht recht erfasst haben.

[17] Hier wird deutlich, dass die Kaiserin Richardis angeredet wird, die im Begriff ist die Welt zu verlassen und in das Kloster einzutreten. Verena, die Demütige, soll ihr Lebensvorbild sein, denn auch Richardis beendet eine Lebensreise in der Stille, sie, die vorher eine grosse, weltkundige Dame gewesen war.

Vita posterior – Die jüngere Lebensbeschreibung der heiligen Verena

Ediert und übersetzt von Adolf Reinle*

Voraus gehen die Kapitel III–XI der Vita Prior

I. Crescente autem illius fama et longe lateque diffusa, secrete fugiens laudes hominum, ne perderet aeternae retributionis praemium, veniebat ad quamdam insulam non magnam, ibique parvo tugurio a Christianis aedificato, mansit ibi aliquod tempus vitae, semper vacans in oratione; nec minus, signis prodentibus, a populo dignis colebatur honoribus, praestante Domino nostro Jesu Christo.

II. Post multa signa et mirabilia, quae Dominus per famulam suam Verenam operabatur in cellula, quae iuxta Solodorum est, coepit virgo Christi iter inde agere usque ad confluentiam Rheni, secus ripam fluminis, qui vocatur Arola. Invenit ibi, ut praedictum est, unam insulam speciosam, ubi confluunt ante nominata flumina. Et fuerunt in ea innumerabiles serpentes, ita ut non posset caput suum reclinare in terram. Tunc coepit sanctissima virgo Christi Verena orare Dominum dicens: Domine rex omnipotens, in ditione tua cuncta sunt posita; et non est, qui possit tuae resistere voluntati, qui praecepisti serpentibus, ut gradiantur super pectora sua; tu praecipe istis, ut in hac insula nulli homini noceant, vel ulli pecudi. Audivit autem beata Verena vocem de caelo dicentem sibi: O Verena, exaudivit Dominus deprecationem tuam pro serpentibus istis et audiet quotidie orationes tuas et omnes petitiones tuas, quas petieris eum. Fac signum crucis contra serpentes et praecipe eis in nomine Patris et Filii et Spiritus sancti, ut excant et recedant de loco isto. Et omnis homo, in quacumque necessitate te invocaverit in auxilium sui, liberabitur de tribulatione, in qua detentus est. Sancta autem Dei virgo Verena extendit manum suam et fecit signum crucis contra vermes. Et sic versi sunt in fugam, et fugerunt omnes super aquas nec apparuit usquam vel unus. Beata virgo Verena videns fugam serpentium, dixit: Laudo et glorifico nomen tuum, Deus. Gaudeo et exulto, quia dignatus es exaudire vocem orationis meae. Et nunc scio quia non derelinquis quaerentes te.

III. Et post haec venerunt ad eam multi infirmi, caeci et claudi, et curavit eos. Et venit ad eam una mulier paupercula portans filium suum in humeris suis caecum et claudum, et iactavit eum ante pedes virginis, et dixit: O sanctissima Christi virgo Verena, peto te pro amore Dei tui, ut adiuves filium meum, qui caecus et claudus est. Virgo Christi Verena respondit: Quid vis, ut faciam illi. Respondit mulier et dixit: Sanctissima virgo, fac eum videre et ambulare, quia non possum eum portare. Tunc expandit se virgo Dei Verena in terram in similitudinem crucis et oravit Dominum dicens: Domine Deus, qui fecisti hominem de limo terrae et creasti ei oculos videre

I. Da ihr Ruf wuchs und sich ausbreitete, entfloh sie heimlich dem Lob der Menschen, um an ihrem ewigen Lohn nicht geschädigt zu werden, und gelangte zu einer kleinen Insel. Dort befand sich ein Hüttchen, von Christen erbaut. Darin blieb sie einige Zeit ihres Lebens, immer im Gebete, und tat Wunderzeichen mit dem Beistand unseres Herrn Jesus Christus, weshalb das Volk sie gebührend verehrte.

II. Nach vielen Zeichen und Wundern, die der Herr durch seine Dienerin Verena in ihrer Zelle bei Solothurn wirkte, wanderte die Jungfrau der Aare nach weiter bis zum Zusammenfluss mit dem Rhein. Dort fand sie, wie schon gesagt, eine ansehnliche Insel, wo die beiden Flüsse zusammenfliessen. Es gab darauf unzählige Schlangen, so dass sie ihr Haupt nicht niederlegen konnte. Da begann die heilige Jungfrau Verena zum Herrn zu beten:
«Herr, allmächtiger König. Alles ist unter deiner Herrschaft, und es gibt niemanden, der deinem Willen widerstehen könnte. Du befahlst den Schlangen auf dem Bauche zu kriechen. Befiehl diesen Schlangen, dass sie auf dieser Insel niemandem, weder Mensch noch Vieh, schaden.» Und es hörte die heilige Verena eine Stimme vom Himmel zu ihr sprechen: «O Verena. Der Herr hat deine Bitte dieser Schlangen wegen gehört, und er wird täglich deine Gebete und alle Bitten hören, die du ihm vorträgst. Mach das Zeichen des Kreuzes über die Schlangen und befiehl ihnen im Namen des Vaters und des Sohnes und des Heiligen Geistes von diesem Ort wegzugehen. Und jeder, der dich je in Bedrängnis zu Hilfe rufen wird, wird von der Not, die ihn bedrückt, befreit.» Die heilige Jungfrau aber streckte ihre Hand aus und machte das Zeichen des Kreuzes gegen die Schlangen. Sie flohen alle über das Wasser hin, und keine mehr erschien. Die heilige Verena sah die Flucht der Schlangen und sprach: «Ich lobe und verherrliche deinen Namen, o Gott, ich juble und freue mich, weil du meine Stimme gehört hast. Nun weiss ich, dass du die nicht verlässest, welche dich bitten.»

III. Daraufhin kamen zu ihr viele Kranke, Blinde und Lahme, und sie pflegte sie. Und es kam zu ihr eine arme Frau mit dem Sohn auf den Schultern, welcher blind und lahm war. Sie warf ihn der Jungfrau vor die Füsse und sprach: «Heilige Jungfrau Verena, ich bitte dich um der Liebe deines Gottes willen, meinem Sohn zu helfen, denn er ist blind und lahm.» Die Jungfrau Verena antwortete: «Was soll ich mit ihm tun?» Die Frau erwiderte: «Heilige Jungfrau, mach, dass er sieht und geht, denn ich kann ihn nicht tragen.» Da breitete sich die Jungfrau Verena auf dem Boden in Kreuzesform aus und betete zu Gott: «Herr und Gott, der du den Menschen aus Erdenstaub

---

* Abschrift aus Reinle, Verena, S. 38–43.

et aures audire, pedes ambulare, fac istum caecum et claudum videre et ambulare. Et statim surrexit, vidit et ambulavit sanus. Exinde divulgabantur signa in illis regionibus; et multi infirmi veniebant ad eam, et curavit eos omnes per sanctas orationes suas.

IV. Et veniens inde beata Verena in castrum, quod ab antiquis vocabatur Zurziaca, et invenit ibi ecclesiam constructam in honore sanctae Mariae matris Domini et coepit ibi orare Dominum dicens: Deus invisibilis, quem abyssi et thesauri abyssi contremiscunt, qui formasti paradysum indeficientem et mari terminum posuisti, et non transibit praeceptum tuum, et infernum devastasti, diabolum ligasti, qui extinxisti potestatem magni draconis, tu scis, quia hic sum sola peregrina et orphana. Fac me propter tuam magnam misericordiam hic expectare diem finis mei in isto loco. Et cum complesset orationem suam, intravit presbyter ecclesiam, missam cantare. Et tulit sancta Verena ampullam vini in sacras manus suas et offerrebat ad altare ad manus sacerdotis. Et cum complesset missam dixit ad eam: Unde es mulier? Respondit ei Verena dicens: Ego sum de genere Thebaeorum et fui in comitatu sancti Mauricii martyris Christi. Et ego sum christiana, et volo hic permanere usque in finem vitae meae in servitute Christi et sanctae Mariae matris eius. Respondit ei presbyter et ait: Si vis hic nobiscum esse, mane in domo mea et utere bonis meis; commendavitque ei clavem cellarii sui et omnia, quae habebat. Et erat beata Verena serviens Domino Jesu Christo die ac nocte in vigiliis, ieiuniis et sanctis orationibus, et omnia, quae poterat, in eleemosynam pauperibus erogabat.

V. Et erat ibi iuxta ripam Rheni civitas, in qua erant multi leprosi et alii pauperes Christi. Sanctissima virgo Christi Verena ambulavit cottidie ad eos et dedit eis manducare et bibere et lavabat capita eorum et unguebat eos. Tunc venit unus servulus presbyteri dicens ei: Domine, haec mulier, quae hic tecum est et tuas habet claves, tollit cottidie vinum tuum et onmia bona tua et portat ea leprosis et eis, qui in hac civitate sunt. Et ille respondit ei: Quomodo possunt haec fieri, quia numquam talia de ea comperi, qualia nunc de te audivi? Et ille respondit ei: Si vis, sequere me; et ducam te in viam, per quam cottidie solet ambulare, et ubi possis videre omnia, quae dixeram tibi. Et dum pariter irent, venerunt in viam, ubi occurrit eis virgo Christi Verena portans panem et vinum in vasculo suo; dixitque ad eam presbyter: Ubi vis ambulare, aut quid est, quod portas in vasculo tuo? Virgo Dei Verena respondit: Volo ambulare ad istos pauperes, et in isto vasculo est aqua; et volo eis lavare pedes et capita. Ait ei presbyter: Volo probare, utrum sit vinum aut aqua. Et cum accepisset vasculum in manus suas, vidit in eo carbones vivos iacentes; et statim in illa hora versus est rubor vini in pallorem aquae. Et dedit ei vasculum et cadens ad pedes eius oravit et dixit: O sanctissima virgo Christi Verena, ne memineris peccatorum meorum, quae feci coram te. Iste, qui mecum est, duxit me huc contra te. Sancta virgo respondit ei: Ille, pro cuius amore ego coepi huc ambulare, ipse dignetur tibi indulgere omnia peccata tua. Et ei, qui te huc duxit non dimittat, et non moriatur prius, donec aliqua signa in corpore suo sustineat. Et omnis generatio eius, antequam exierint de hoc mundo, aliqua signa in eis fiant. Et cum ille presbyter venisset in domum suam et in cellarium suum, vidit omnia vasa sua plena vino. Et ipse servus, cum reverteretur in domum suam, factus est

gemacht hast und ihm Augen zum Sehen und Ohren zum Hören, Füsse zum Gehen gegeben hast, mach diesen Blinden und Lahmen sehen und gehen.» Und sogleich erhob er sich, sah und ging gesund einher. Und von da an verbreiteten sich die Wunderzeichen in jener Gegend. Viele Kranke kamen zu ihr, und sie heilte viele durch ihre heiligen Gebete.

IV. Von da aus gelangte die heilige Verena in eine Stadt, die von altersher Zurzach genannt wird. Dort fand sie eine Kirche, erbaut zu Ehren der heiligen Gottesmutter Maria. Und sie begann darin zum Herrn zu beten: «Unsichtbarer Gott, den der Meeresgrund und seine Schätze fürchten, der du das ewige Paradies geschaffen und dem Meer eine Grenze gegeben hast. Dein Wort wird nicht vergehen. Du hast die Unterwelt vernichtet, den Teufel angebunden und die Macht des bösen Drachen gebrochen. Du weisst, dass ich hier eine einsame Waise und Fremde bin. Lass mich mit deiner Barmherzigkeit hier das Ende meines irdischen Lebens erwarten.» Als sie ihr Gebet vollendet hatte, betrat der Priester die Kirche, um die Messe zu feiern. Die heilige Jungfrau trug eine Flasche mit Wein in ihren heiligen Händen und brachte sie an den Altar in die Hände des Priesters. Als dieser die Messe beendigt hatte, sprach er zu ihr: «Woher bist du, Weib?» Verena antwortete ihm: «Ich bin eine Thebäerin und war im Gefolge des heiligen Märtyrers Mauritius. Ich bin eine Christin und will hier bleiben bis zum Ende im Dienste Gottes und seiner heiligen Mutter Maria.» Der Priester erwiderte: «Wenn du hier bei uns sein willst, so bleibe in meinem Haus und gebrauche meine Güter.» Er anvertraute ihr auch den Schlüssel seiner Speisekammer und alles, was er hatte. Und die heilige Verena diente dem Herrn Jesus Christus Tag und Nacht mit Nachtwachen, Fasten und heiligen Gebeten. So viel wie möglich gab sie den Armen Almosen.

V. Es war nahe am Ufer des Rheins eine Stadt, in der es viele Aussätzige und andere arme Leute gab. Die heilige Jungfrau Verena wanderte täglich zu ihnen und gab ihnen zu essen und zu trinken, wusch ihre Köpfe und salbte sie. Da kam ein Knecht des Priesters zu seinem Herrn und sagte: «Herr, diese Frau, die bei dir ist und deine Schlüssel hat, nimmt täglich von deinem Wein und deinen Gütern und trägt es zu den Aussätzigen, die in der Stadt draussen sind.» Und jener antwortete: «Wie kann das geschehen, da ich niemals von ihr dergleichen erfahren habe, wie ich nun von dir höre?» Und jener erwiderte ihm: «Wenn du willst, folge mir. Ich will dich auf die Strasse führen, auf der sie täglich einhergeht. Dort kannst du alles sehen, was ich dir sagte.» Während sie selbander gingen, kamen sie zu der Strasse, wo ihnen die Jungfrau Verena begegnete, mit Brot und Wein in ihrem Krüglein. Da sagte der Priester zu ihr: «Wohin willst du gehen und was trägst du in deinem Krüglein?» Die Jungfrau Verena antwortete: «Ich will zu den Armen hinaus. Und in diesem Krüglein ist Wasser; damit will ich ihnen Köpfe und Füsse waschen.» Der Priester sprach zu ihr: «Ich will schauen, ob es Wein oder Wasser sei.» Und als er das Krüglein in seine Hände nahm, sah er darin feurige Kohlen liegen. Und im selben Augenblick hatte sich die Röte des Weines in die Farblosigkeit des Wassers verwandelt. Da gab er ihr das Krüglein, fiel ihr zu Füssen und bat: «O heilige Jungfrau Verena, gedenke nicht meiner Sünden, die ich vor dir beging. Der bei mir ist, hat mich hieher gegen dich geführt.» Die heilige Jungfrau antwortete ihm: «Jener, um dessen Liebe willen ich hieher zu wandern unternahm, möge selbst dir alle Sünden vergeben. Dem aber, der dich hieher geführt hat, soll er nicht vergeben. Er soll nicht sterben, ohne schlimme Zeichen an seinem Körper

caecus et paralyticus, ac omnis procreatio eius usque in hodiernum diem, antequam finem huius vitae finierint, aliquam laesionem corporis sustinent, alius caecus, alius surdus, alius mutus, alius claudus et paralyticus, alius curvus et alius calvus, aut alius moritur in aqua aut in igne. Ipsa autem virgo Dei Verena perrexit ad leprosos et dedit eis manducare et bibere et lavabat eos. Et dum revertisset Dei virgo Verena ad capellam sanctae Mariae virginis, petiit presbyterum, ut ei construeret cellulam, et in ea posset sola habitare usque ad finem vitae suae.

VI. Sed taceamus interim de istis, donec Deo adiuvante et eius sanctis veniamus ad ea, quae adhuc dicenda sunt de illius miraculis gloriosis, quia illud non letargo morbo tradere, sed sanctae memoriae dignum fore putamus commendare, quod sanctus presbyter beatae virginis provisor et magister, tempore Quadragesimae post natalem Domini incipiente, deponens aureum anulum, commendavit fidelitati virginis reservandum. Illa benigne suscipiens, scrinio imponebat. Conservus autem, illius proditoris pronepos hoc videns, qui semper invidebat eius felicibus operibus, furatus est anulum et recedendo abscondit. Cum autem prima inquisitio facta esset de anulo, secrete perrexit ad Rhenum, iactavitque eum in medium profundum. Illa autem cottidie flevit amare, longa suspiria trahebat in pectore, ac iugiter pro anulo non cessabat Deum rogare. Piscatores autem navem ascenderant et retia trahentes comprehenderunt piscium multitudinem copiosam, inter quos esocem magnum traxerunt ad litoris humum. Ipsum quoque cum ceteris obtulerunt beato presbytero. Qui repletus non modico gaudio et hilari vultu munus oblatum accipiens, eundem iussit dividi in partes. Visceribusque erutis invenerunt anulum in intimis. Quod ille ut vidit cursu agili ad claustrum virginis pervenit. Illa autem multum laeta pro anulo, sed laetior fuit pro Dei miraculo, et laudes non cessavit reddere Christo. O mirum in modum. Quis unquam vidit ista, aut quis audivit talia? Piscem auro purissimo cibatum. O fidelis piscis, qui mavult mori, nisi redderetur thesaurus virgini. O animal irrationabile multum fideli(us) rationabili animali, videlicet homine.

VII. Nunc nos libet redire et ad explananda priora stylum vertere, ne illius acta gloriosa sub silentio flavescant inaudita. Sancta etenim virgo in suis petitionibus semper incumbens, rogavit, ut beatus presbyter cellam modicam construeret et se solam ad servitutem Dei includeret. Tunc demum quamvis aegre consensit, cellam sanctae fabricavit, convocatisque omnibus clericis regionis illius atque timoratis viris et feminis, introduxit eam in diu desideratam mansiunculam cum omni magnificentia honoris; ubi districte vivens saeculum reliquit. Dum autem inclusa esset virgo Dei Verena, coepit orare Dominum dicens: Deus qui iudicium sapientiae decrevisti, quem contremiscunt omnia saecula et in eis habitantes, quem expavescunt omnes potestates, desperatorum spes, orphanorum consolator et iudex verus, lumen de lumine, respice in me, quia sola sum patri meo, et ipse me dereliquit. Ne tu derelinquas me, Domine Deus meus, quia in te est spes mea, Christe, et tu es benedictus in saecula saeculorum. Et fuit ibi undecim annis in servitute Dei. Venit autem ad eam unus homo caecus, qui cum

erduldet zu haben. Und seine ganze Nachkommenschaft soll vor ihrem Tod solche Zeichen tragen.» Und als jener Priester nach Hause kam und in seine Speisekammer, sah er alle Gefässe voll von Wein. Und als jener Knecht nach Hause kam, wurde er plötzlich blind und lahm. Auch seine ganze Nachkommenschaft hatte bis zum heutigen Tag vor dem Tod einen leiblichen Schaden. Einer ist blind, einer taub, einer stumm, einer lahm und gehindert, einer verwachsen, einer kahl. Einer ertrinkt im Wasser, ein anderer verbrennt im Feuer. Die Jungfrau Verena aber ging zu den Aussätzigen und gab ihnen zu essen und zu trinken und wusch sie am ganzen Körper. Und als die Jungfrau zur Kapelle der heiligen Jungfrau Maria zurückkehrte, bat sie den Priester, ihr eine Zelle zu bauen, damit sie darin allein bis zum Lebensende wohnen könne.

VI. Aber schweigen wir noch von diesem und gehen wir über zu dem, was mit Gottes und der Heiligen Hilfe noch zu erzählen bleibt von ihren herrlichen Wundern. Denn wir glauben, es sei dies nicht dem Tod des Vergessens zu überliefern, sondern wert, im Gedächtnis behalten zu werden. Der gute Priester, welcher der Beschützer und Meister der heiligen Jungfrau Verena war, gab ihr nach Weihnachten zu Beginn der Fastenzeit seinen goldenen Ring zur getreuen Aufbewahrung. Sie nahm ihn mit Güte entgegen und tat ihn in ihren Schrein. Ein Diener aber, der Enkel des alten Verräters, sah das, und weil er sie stets ihrer glücklichen Taten wegen beneidete, stahl er den Ring und verbarg ihn. Als man die erste Nachforschung nach dem Ring anstellte, ging er heimlich an den Rhein und warf ihn mitten in die Tiefe. Sie aber weinte täglich bitter, seufzte tief und hörte nicht auf, Gott ständig um den Ring zu bitten. Fischer aber hatten ein Schiff bestiegen und fingen mit Schleppnetzen eine reiche Menge von Fischen, unter welchen sie auch einen grossen Lachs ans Ufer zogen. Den brachten sie mit den andern dem guten Priester, welcher mit übermässiger Freude und heiterem Gesicht das Geschenk entgegennahm. Er befahl, ihn in Stücke zu zerlegen. Da fanden sie beim Ausweiden den Ring in seinem Innern. Kaum sah es der Priester, so eilte er hurtigen Laufes mit dem Ring zur Zelle der heiligen Verena. Diese war sehr erfreut über den Ring, noch mehr aber über das Wunder. Und sie hörte nicht auf, Christus zu loben. O Wunder. Wer sah je solches, oder wer hörte je solches? Ein Fisch von reinem Golde gespiesen. O glücklicher Fisch, der lieber sterben will, als dass die Jungfrau ihren Schatz nicht zurück erhielte. O unvernünftiges Wesen, wieviel gläubiger als das vernünftige Wesen, will sagen: der Mensch.

VII. Nun wollen wir in der Erzählung weitergehen, wo wir stehen blieben, damit nicht ihre ruhmreichen Taten im Stillschweigen verblassen. Die heilige Jungfrau nämlich verharrte in ihren Bitten, der gute Priester solle ihr eine Zelle bauen und sie allein zum Dienste Gottes einschliessen. Er stimmte schliesslich, wenn auch ungern, zu und baute der Heiligen eine Zelle. Alle zusammengerufenen Geistlichen der Gegend und gottesfürchtige Frauen und Männer waren anwesend, als er sie mit grosser Würde in die lang ersehnte Wohnstatt einführte. So verliess sie die Welt und lebte dort abgeschlossen. Als die Jungfrau Verena eingeschlossen war, begann sie zu ihrem Herrn und Gott zu beten: «Gott, der du ein Gericht verheissen hast, das alle Zeiten und die darin leben fürchten, vor dem alle Mächte zittern, du Hoffnung der Verzweifelnden, Tröster der Waisen und wahrer Richter, du Licht vom Lichte, schau auf mich, denn ich bin allein meinem Vater, und selbst er hat mich verlassen. Herr und Gott, verlass mich nicht, in dir ist meine Hoffnung, du bist gepriesen in alle Ewigkeit.» Und sie war dort elf Jahre im

lacrimis cepit rogare eam, dicens: Pone manum tuam super oculos meos, ut videam faciem tuam. Tunc beata Verena lacrimas oculis distillans dixit: Dominus Jesus Christus, qui aperuit oculos caeci nati, ipse te illuminet. Et facto signo crucis Christi super oculos eius in ipsa hora lumen accepit. Et venerunt ad eam multi caeci et claudi et curavit eos omnes. Cumque instaret ... [Schilderung von Tod und Begräbnis, der Vita prior folgend] . . . ubique manifestans.

VIII. Et in eodem loco fabricata est sanctitati eius ecclesia, in qua orationes eius florent, et beneficia multa praestantur contingentibus sepulcrum eius, praestante Domino nostro, qui cum Patre in unitate Spiritus sancti Deus vivit et regnat per omnia saecula saeculorum. Amen.

Dienste Gottes. Es kam zu ihr ein blinder Mann, welcher sie unter Tränen bat: «Lege deine Hand auf meine Augen, damit ich dein Gesicht sehen kann.» Da fielen auch Verena Tränen aus den Augen, und sie sagte: «Christus der Herr, welcher dem Blindgeborenen die Augen öffnete, wird dich selbst erleuchten.» Sie machte ein Kreuzzeichen über seine Augen, und er gewann zur Stunde das Augenlicht. Und es kamen zu ihr viele Blinde und Lahme, und sie heilte alle. [Folgt Schilderung von Tod und Begräbnis nach der Vita prior.]

VIII. Und am selben Ort wurde ihrer Heiligkeit eine Kirche erbaut, in welcher Gebete zu ihr gesandt werden und vielerlei Wohltaten denen geschehen, die ihr Grab berühren. Durch unsern Herrn Jesus Christus, der mit dem Vater und dem Heiligen Geist als Gott lebt und regiert durch alle Ewigkeiten. Amen.

Miracula sanctae Verenae – Das Buch der Wunder der heiligen Verena

Ediert und übersetzt von Adolf Reinle*

I. Tempore, quo Burchardus vir illustrissimus totius Alamanniae ducatum obtinuit, austeritatem eius multi aversantes, exosum eum habuerunt et ipsius voluntati per omnia contradixerunt. Quos ut debellaret, copiosam multitudinem militum sibi sociavit, quibus non solum suas, verum etiam ecclesiasticas possessiones, non considerate id pertractans, in beneficia donavit. Inter quae etiam locum Zurziaca nuncupatum, thesauro corporis sacratissimae virginis Verenae amplifice ditatum, cuidam satelliti suo, Thietpoldo nomine, tradidit possidendum. Sed quia summa libertas creditur, quod Deo specialiter servitur, non post multos dies caelitus claruit, non esse sani consilii locum divinis servitiis aptum, humanis servilibusque obsequiis mancipari. Nam sicut a fidelibus, qui tunc temporis intererant, probatissima relatione compertum est, quadam perpulchra visione divinitus ostensa patenter innotuit, quod Domini virtus ad comprobanda beatae virginis Verenae merita non defuit. Cum igitur praenominatus dux quadam die quemdam sibi adversantem persequi et capere voluisset, contigit, ut cum multo comitatu alveum Rheni, ubi ipsum oppidum Zurziaca praeterfluit, transvadaret, omnesque superato flumine in unum conglobati simul ire incipientes, viderunt super capita sua per densitatem aeris duos splendidissimos viros, duas cruces duosque albatos candelas in manibus portantes, et quatuor dehinc cum sarcophago humeris imposito, quasi in deducendis reliquiis sanctorum subsequentes, quos cum magna lucis claritate et dulcisona ymnorum suavitate copiosus, et veluti passu pedum incedens comitabatur exercitus. Qui etiam, ut ipsi postea referebant, visus est eis se levare a platea, quae usque hodie dicitur Wihegaza[1], quod est sanctitatis via, in qua ipsa virgo Christi Verena, quoadusque in corpore vixit, pauperibus saepissime ministravit. Et inde per altum euntes, subita dimissione per orientalem fenestram ecclesiae, in honore beatae virginis dicatae, se pariter intromittentes nusquam amplius comparuerunt. Quo viso dux et omnes, qui cuni ipso erant nimium attoniti, discalceatis pedibus oratorium sunt ingressi, devotione humillima veniam rogaturi. Deinde ab oratione surgentes, propiusque ad altare accedentes, eam, per quam prius tantae multitudinis videbatur introitus, diligenter circumquaque contemplabantur fenestram. Quae sic inventa est solida atque perfecta, ut in his vitreis marginibus nullius fracturae viderentur vestigia. Tunc ipse dux una cum satellitibus suis poenitentia ductus, omnium consensu voto se obligavit, ut quamdiu ipse viveret, numquam eumdem locum a saecularibus personis possideri consentiret; sicque usque in hodiernum diem ibidem. Deo servientes ob merita sanctae Verenae nequaquam saecularis personae sibi dominantis molestiam pertulere.

I. Zur Zeit, da der durchlauchteste Burchard das Herzogtum über ganz Alamannien erlangte, brachte ihm seine Strenge viele Feinde, die ihn hassten und seinem Willen in allem widersprachen. Um sie zu bekämpfen, gesellte er eine grosse Schar von Kriegern um sich, denen er nicht nur eigene, sondern auch kirchliche Besitzungen unbedacht zu Lehen gab. Darunter war auch der Ort, welcher Zurzach heisst und den herrlichen Schatz des Leibes der heiligen Jungfrau Verena besitzt, einem seiner Trabanten mit Namen Thietpold zu Eigentum gegeben. Aber da man dem, was Gott ganz besonders dient, die höchste Freiheit zuerkennt, ward er bald erleuchtet, dass es kein guter Entschluss sei, einen dem Dienst Gottes geweihten Ort menschlichen und knechtlichen Diensten zu überantworten. Denn wie man von den Gläubigen, die damals dabei waren, durch sehr glaubwürdige Erzählung erfuhr, hat eine herrliche himmlische Erscheinung offenbar gemacht, dass die Macht des Herrn die Verdienste der heiligen Jungfrau Verena zu bestätigen wünsche. Als nämlich der genannte Herzog eines Tages einen seiner Gegner verfolgen und gefangennehmen wollte, da geschah dies: Nachdem er mit viel Gefolge den Rheinstrom bei Zurzach überquert hatte und seine ganze Begleitung jenseits des Stroms in geschlossener Gruppe zu marschieren begann, sahen alle über ihren Häuptern im Dunste der Luft zwei strahlende Männer mit zwei Kreuzen und zwei mit weissen Kerzen in den Händen und vier Männer mit einem Schrein auf den Schultern hinter ihnen, gleichsam die Reliquien der Heiligen wegtragend. Diese wurden begleitet von einem grossen Heer, welches in strahlendem Licht und mit süssem Hymnengesang im Gleichschritt einherging. Wie sie nachher berichteten, schien es ihnen, die Erscheinung erhebe sich von dem Platze, welcher bis heute die Weihegasse genannt wird, das heisst sanctitatis via, auf welcher die Jungfrau Verena zu ihren Lebzeiten sehr oft die Armen gepflegt hat. Von da stiegen die Gestalten auf und verschwanden plötzlich durch das östliche Fenster der Kirche, welche der heiligen Jungfrau geweiht ist, und erschienen nicht mehr. Da sie das gesehen, waren der Herzog und alle, die bei ihm waren, sehr erschreckt und betraten, nachdem sie die Schuhe ausgezogen hatten, das Heiligtum und baten in tiefer Andacht um Gnade. Als sie sich vom Gebete erhoben, traten sie näher zum Altar und betrachteten sorgfältig und ringsum das Fenster, durch welches vorher eine so grosse Menge hineingegangen war. Und es wurde so fest und vollkommen vorgefunden, dass sie in seinen Scheiben und Einfassungen keine Spur eines Bruches sehen konnten. Da verpflichtete sich der Herzog, mit all seinen Vasallen bussfertig geworden, unter Zustimmung aller zu dem Gelübde, solange er lebe, werde er nie zulassen, dass dieser Ort in den Besitz weltlicher Personen gelange. Und so haben diejenigen, welche dort Gott dienen, durch das Verdienst der heiligen Verena keinerlei Herrschaft einer weltlichen Person über sich erdulden müssen.

---

* Abschrift aus Reinle, Verena, S. 49–61.

II. Nuper ad recordationem mentis nostrae pervenit, qualiter praedictus heros Thietpoldus, cum adhuc ipsum locum Zurziaca a praenominato duce haberet in beneficium, iuxta Ararim fluvium munitionem, coepit aedificare et turrim in ea mirae celsitudinis construere, totamque familiam venerandae virginis operibus innumeris, fame et siti, flagellisque multis oppressit in tantum, ut natando saepe Ararim fluvium manum illius effugeret et, ut ita dicam, nudo corpore limina sanctae virginis adiret et eius auxilium postularet, ut eam liberaret et ad serviendum sibi concederet. Quod et ita factum est. Quadam die illius progenie cum suis intus manente, turris contremere ruereque coepit, atque vitam praesentem miserabiliter finivit. Iam tunc praedicta familia est liberata et ad serviendum sanctae virgini promptissima. Unde contigit ut cives loci illius eam Verinam vocitarent, quia omnia, quae ab ea fideliter postulantur, sine dubio impetrantur. Sic fit, nisi assit gratia Spiritus sancti, Deo et suis sanctis adversantibus periculum ad pernicionem interitus imminere.

III. Cuiusdam hominis domum quidam malignitatis fraude decepti nocte irrumpentes, furati sunt equum. Possessor autem eius concito cursu persequens fugientes, statim, eos comprehendit et duobus ex eis, erant enim tres, oculos eruit. Tertius autem erat de familia beatissimae Verenae virginis. Qui captus, invocato nomine sancto ipsius, veniam postulabat pacis, dicens, in omni vita sua numquam se quid tale commisisse, nec postea Domini gratia adiutus committere velle, si per ipsius voluntatem in illa hora tantae necessitatis dimitteretur in pace. Ille autem, cui haec calumnia depraedationis facta fuerat, propter haec verba minime parcens, projecit in terram, lumen oculorum abstulit, et abscessit. Item in semet ipso cogitans se aliquid segnius egisse et hominem, quem reliquerat excaecatum, adhuc vel modicum luminis habere, iterum atque iterum rediit et orbes per latebras tam funditus circumfodit, ut ex eius caecitate non esset opus amplius quemquam dubitare. Post haec corpore penitus excaecatus; tandem surrexit et, prout potuit palpitando, ambulare coepit, spem tamen firmam et fidem plenam habens suae illuminationis in Deum et ad sanctae Verenae patrocinium. Laudabilis res et pro divina miseratione mirifica. Qui hominis malitia excaecatur, statim divinitus illuminatur, et post excaecationem maiorem adeptus est videndi claritatem. Permanet etiam adhuc vivens et serviens in ministerio sanctae Zurziacensis ecclesiae, testis caelestium beneficiorum, quae Dominus per beatissimam Verenam clementer operatus est in illum.

IV. Cuonradus Burgundinorum rex inclitus, cum ex legitima uxore liberos non haberet, aestuanti animo cogitans, quem regni sui relinqueret heredem, dixit ad coniugem: Est locus in Alemannia Deo et sanctae Verenae virgini consecratus. Eamus et eius clementiam exoremus, ut filios habere possimus. Venerunt, devotissime adoraverunt, munera obtulerunt, vota voverunt, quae et postea impleverunt, largisque elemosinis rite peractis, domum reversi sunt. Eadem nocte regina intravit ad regem, concepit et peperit filium. Quo adulto, vivente patre, suscepit regni gubernacula, et adhuc ordinato regimine principatur.

II. Neulich ist uns eingefallen, wie der genannte Kriegsmann Thietpold, als er den Ort Zurzach vom Herzog zu Lehen hatte, an der Aare eine Festung zu bauen begann und darin einen Turm von wunderbarer Höhe. Dabei quälte er die Familie der heiligen Jungfrau mit unzähligen Arbeiten, mit Hunger und Durst und vielen Peitschenhieben so sehr, dass sie oft seinen Händen entwichen, indem sie über die Aare schwammen und sozusagen nackt vor die Schwellen der heiligen Jungfrau kamen und ihre Hilfe erbaten, dass sie sie befreie und ihnen gestatte, ihr zu dienen. Da geschah folgendes: Eines Tages, als ein Nachkomme des Thietpold mit den Seinen im Turme weilte, begann dieser zu erzittern und zusammenzustürzen; und er kam elendiglich darin um. Schon damals ward die genannte Familie [der hl. Verena] befreit und diente willig der heiligen Jungfrau. Von daher rührt es, dass die Einwohner jenes Ortes sie Verina nennen, denn sie gewährte ihnen ohne Zweifel alles, was sie von ihr forderten. So geht es, wenn nicht die Gnade des Heiligen Geistes, Gott und seine Heiligen wirken, ihren Gegnern. Es droht ihnen die Gefahr verderblichen Untergangs.

III. Eines Nachts brachen Diebe mit boshafter Tücke in das Haus eines Mannes ein und stahlen ein Pferd. Der Besitzer aber verfolgte in schnellem Lauf die Fliehenden und riss sogleich zweien von ihnen – es waren deren drei – die Augen aus. Der dritte aber gehörte zur Familie der heiligen Jungfrau. Als er gefangen wurde, rief er ihren heiligen Namen an und bat um Gnade. Nie in seinem ganzen Leben habe er so etwas getan und wolle auch in Zukunft nie mehr so etwas tun, wenn er durch ihren Beistand aus dieser Not in Frieden entlassen würde. Jener aber, der so schändlich bestohlen wurde, schonte ihn dieser Worte wegen gar nicht, sondern warf ihn zu Boden, nahm ihm das Augenlicht und ging davon. Aber er dachte, er hätte dabei wohl etwas nachlässig gehandelt, und der Mensch, den er geblendet zurückliess, habe wohl noch ein wenig Augenlicht. Darum kehrte er noch mehrmals um und stach ihm die Augen in den Höhlen so tief aus, dass über seine Blindheit kein Zweifel mehr sein konnte. Darauf stand der vollkommen Geblendete auf und begann, so gut er konnte, zitternd einherzugehen und hatte feste Hoffnung und volles Vertrauen auf Gott und die Mutterschaft der heiligen Verena, dass sie ihm das Licht wieder gäben. Es ist ein zu preisendes und durch die göttliche Barmherzigkeit wunderbares Ereignis, dass ein durch menschliche Bosheit Geblendeter plötzlich auf göttliche Weise sehend wird und nach der Blendung noch besser sieht als zuvor. Er aber lebt heute noch und dient in der Verwaltung des Zurzacher Gotteshauses, ein Zeuge der himmlischen Wohltaten, welche der Herr durch die heilige Verena ihm erwiesen hat.

IV. Konrad, der berühmte König von Burgund, hatte von seiner rechtmässigen Gattin keine Kinder, begehrte aber heissen Herzens einen Erben, dem er sein Königreich hinterlassen könnte. Darum sagte er zu seiner Gattin: In Alamannien ist ein Ort, Gott und einer heiligen Jungfrau Verena geweiht. Gehen wir dahin und erbitten wir von ihr die Gnade, Söhne haben zu dürfen. Sie kamen, beteten fromm, brachten Geschenke dar, legten Gelöbnisse ab, die sie nachher einlösten, gaben wie gebräuchlich grossartige Almosen und kehrten dann nach Hause zurück. In der gleichen Nacht trat die Königin ins Gemach des Königs, empfing und gebar einen Sohn. Als dieser erwachsen war, übernahm er noch zu Lebzeiten des Vaters die Regierung und herrscht heute noch in guter Weise.

V. Hermannus Alamannorum dux Reginlindam nobilissimam matronam accepit in uxorem. Cumque filios non haberent, simili modo venerunt adorare sanctam virginem Verenam, et in ipso loco pernoctaverunt. Praedicta autem matrona vidit per somnium quasi descendere in sinum suum, et in eo latitantem, narravitque viro suo. Ipse autem sciebat, quia vir sapiens erat, quod filiam procrearent. Quae concepit et peperit filiam. Ipsa autem eorum filia innumeris honoribus crescebat in saeculo, sed maioribus apud Deum, ut credimus, pollebat in caelo.

VI. His etiam addatur tertium, quod dignum est ut memoriae tradatur. Nobilis quaedam matrona habitabat in regione Alsatia, quae tempore longo coniuncta viro suo infecunda erat tamen in utero. Haec iugiter coepit invocare nomen sanctum sanctae Odiliae, quatenus per illius pietatem mereretur habere progeniem. Alvo tumescente ex conceptu, filiam protulit in partu. Hunc parvipendens femineum, cupiens habere virilem sexum tamen non desinit virginis implorare auxilium. Denuo concipiens, peperit alteram, ipsamque multum habuit exosam. Nec tamen minus sanctae Odiliae implorabat gratiam. Tertio concipiens, peperit tertiam. Quam ut cognovit, in lectum meroris decidit, et a nullo potuit consolari. Et quia non est exaudita, iacebat in stratu semiviva. Veniens autem sancta Odilia, eius infirmitatis miserta, blandis sermonibus consolata est eam, dicens: Quare sic agis? Quare irrationabiliter meditaris? Quod a me petisti, feci, prout potui. Sed si vis habere filios, pete sanctam venerandamque virginem Verenam. Ipsa, non ego, habet gratiam donandi petentibus filios et filias. Et haec dicens evanuit ex oculis eius. Praedicta autem matrona, collectis viribus, convocatisque loci illius presbyteris, sciscitabatur ab eis, ubi requiesceret corpus sanctae virginis. Facta autem ab illis insinuatione, erat serviens sanctae Verenae omnibus diebus vitae suae. Tunc iugiter et sine intermissione coepit sanctum nomen virginis Verenae pro virili sexu implorare. Quae postea concipiens, diu adoptato partu eius miseratione protulit geminos filios. Multorum nomina scimus nominare, sed opus non est ea singula describere, quia adhuc sunt multi eamdem gratiam petituri. O virgo Verena omni laude dignissima, ora pro nostri omnium salute, ne pereamus in hac peregrinatione.

VII. Igitur quodam tempore magna pars templi venerandae virginis ex fragilitate aquosae terrae a summo usque ad fundamentum cecidit, populoque ingressum negavit. Tunc iussum est ab abbate, ut tales fundamenti lapides acquirerent, ut ultra opus restaurandi non haberent. Statim se congregaverunt cives, ubi sciebant esse cumulum lapidum submersorum in locum, qui dicitur Confluentia, ubi Araris fluvius Reno consociatus decurrit. Et bonum consilium inierunt, ut, quamvis evellere non possent, tamen incipere studerent: Kyrie eleyson cantantes more fidelium militum, properantium ad bellum, saliendo ingressi sunt Renum. Deus enim, qui est totius boni auctor, per merita sanctae virginis firmam voluntatem illis dedit, frigus abstulit – hiemis enim tempore fuit –, audaciam praestitit, rigorem talem intulit, ut, quos viginti homines in terra non possent portare, a quinque vel sex in aqua usque ad terram perducti sunt. Quos intuentes, figuras litterarum et imagines hominum viderunt in eis sculptas; et ideo cognoverunt, eos dudum naufragio submersos. Manus enim scribentis in aquarum substantia inutilis est. Tunc magna

V. Hermann, der Herzog der Alamannen, nahm zur Gattin die edle Matrone Reginlinde. Da sie keine Söhne hatten, kamen sie gleicherweise, um zur heiligen Jungfrau Verena zu beten. Und sie weilten an diesem Ort über die Nacht. Die Frau aber sah im Traum gleichsam (eine Taube) heruntersteigen und in ihrem Leib sich bergen; und sie erzählte es ihrem Manne. Der aber wusste, dass sie eine Tochter zeugten, denn er war ein gescheiter Mann. Sie empfing und gebar eine Tochter. Diese Tochter aber wuchs mit grossen Ehren in der Welt heran; noch grössere hatte sie, wie wir glauben, bei Gott im Himmel.

VI. Diesem möge ein drittes Ereignis, welches des Andenkens wert ist, hinzugefügt werden. Eine vornehme Matrone im Elsass, schon lange mit einem Manne vermählt, war unfruchtbaren Leibes. Sie begann inständig den Namen der heiligen Odilia anzurufen, damit sie durch deren Güte ein Kind erhielte. Ihr Leib vergrösserte sich durch eine Empfängnis, und sie gebar eine Tochter. Sie sah, dass das Kind ein Mädchen war; sie wollte aber einen Knaben haben und hörte nicht auf, die Hilfe der Jungfrau zu erflehen. Von neuem empfangend, gebar sie eine zweite Tochter, die sie sehr verabscheute. Aber sie liess nicht ab, die heilige Odilia zu bitten. Doch nach der dritten Empfängnis gebar sie eine dritte Tochter. Als sie dies erkannte, fiel sie auf ihr Schmerzenslager und konnte von niemandem getröstet werden. Und da sie nicht erhört worden war, lag sie halbtot am Boden. Es kam aber die heilige Odilia, die sich ihres Elends erbarmte, und tröstete sie mit sanften Worten: «Warum tust du so? Was denkst du so unvernünftig? Was du von mir erbatest, tat ich, soweit ich konnte. Aber wenn du Söhne haben willst, so bitte die heilige und verehrungswürdige Jungfrau Verena. Diese nämlich, nicht ich, hat die Gnade, Söhne und Töchter zu schenken.» Dies sagend entschwand sie ihren Augen. Die genannte Matrone aber nahm ihre Kräfte zusammen, rief die Priester jenes Ortes und erfragte von ihnen, wo der Leib der heiligen Verena ruhe. Nach ihrem Rate diente sie daraufhin der heiligen Verena alle Tage ihres Lebens. Sie begann beständig und ohne Unterlass den Namen der heiligen Jungfrau Verena um einen Knaben anzuflehen. Sie empfing und gebar bei der lange erwarteten Niederkunft durch ihr Erbarmen Zwillinge, zwei Söhne. Von vielen noch könnten wir die Namen nennen, aber es ist nicht notwendig, sie einzeln zu beschreiben. Denn noch heute sind ihrer viele, die um die gleiche Gnade bitten. O Jungfrau Verena, würdig allen Lobes, bitte für unser Heil, damit wir auf dieser Pilgerschaft nicht untergehen.

VII. Einst stürzte ein grosser Teil der Kirche der heiligen Jungfrau wegen der Weichheit des feuchten Geländes von oben bis unten zusammen, so dass niemand mehr hineingehen konnte. Da wurde vom Abt befohlen, man solle solche Fundamentsteine herbeischaffen, dass man weiterhin keine Reparatur mehr nötig habe. Sogleich vereinigten sich die Bürger dort, wo sie einen Haufen versunkener Steine wussten, an einem Ort, der Confluentia heisst, wo Aare und Rhein zusammenfliessen. Sie waren gut beraten, als sie sich bemühten, sie herauszuschaffen, wiewohl sie es normalerweise nicht zustande gebracht hätten. Kyrie eleison singend, wie gläubige Krieger, die in den Kampf eilen, sprangen sie in den Rhein. Gott aber, der Urheber alles Guten, gab ihnen durch die heilige Jungfrau einen festen Willen, nahm die Kälte weg – es war Winterzeit – und gab ihnen Mut. Er verlieh ihnen eine solche Kraft, dass soviel Steine, wie sonst zwanzig Männer auf dem Lande nicht tragen könnten, von fünfen oder sechsen im Wasser bis ans Ufer geschafft werden konnten. Und als sie diese Steine anschauten, sahen sie Schriftzeichen

prosperitate fundamento imposti et bene sunt superaedificati. Laudemus venerandam virginem Verenam, quae nobis Christum faciat esse placatum.

und menschliche Gestalten in sie gemeisselt. Daraus schlossen sie, die Steine seien einst bei einem Schiffbruch untergegangen; denn Inschriften sind im Wasser zu nichts nutze. Dann wurden sie mit grossem Geschick im Fundament eingemauert und gut überbaut. Loben wir die heilige Jungfrau Verena, welche uns mit Christus versöhnt.

VIII. Aestivo igitur anni prioris tempore sub cuiusdam, nescimus qua noctis quiete accidit grande miraculum, quod nobis est bene cognitum, quia oculis, nostris vidimus, ideo testes veritatis sumus. Rheno etenim ex abundantia aquarum egrosso supra modum et immaniter amplificato, totum paene segetis tegebat fructum, spem vivendi abstulit, atque cives desperantes fecit. Hoc intelligentes ad monasterium venerunt, lacrimabiliter veniam virginis deprecantes, ne se desereret et ab importunis aequoribus eos liberaret. Et surgentes ab oratione, tollentes cruces, sanctitatemque portantes, venerunt usque ad campum, sed tamen propter metum aequoris non ausi sunt intrare planitiem segetis. Tunc subito in articulo unius momenti felici recursu Renus proprium alveum ingressus est, nulla laesione comitante. Et segetes, quae erant proclives in mane, statim erigebant se in meridie. Tunc omnes effecti sunt laeti, cantantes atque laudantes sanctam Verenam et dicentes: Laudemus virginem venerandam, quae flore castitatis laudem promeruit in excelsis.

VIII. Im Sommer des verflossenen Jahres, wir wissen nicht mehr in welcher Nacht, geschah ein grosses Wunder, welches wir sehr gut kennen, da wir es mit eigenen Augen sahen. Deshalb sind wir Zeugen der Wahrheit. Der Rhein war mit übergrossen Wassermengen über die Ufer getreten und ungeheuer breit geworden. Er bedeckte beinahe das ganze Getreidefeld und brachte die Bürger zur Verzweiflung, weil er den Lebensunterhalt zu nehmen drohte. Als sie das einsahen, kamen sie vor dem Morgen zum Kloster und baten weinend um die Hilfe der Jungfrau, dass sie sie nicht verlasse, sondern von den feindlichen Wogen befreie. Sie erhoben sich vom Gebet, trugen Kreuze und Reliquien mit sich und kamen bis an das Feld. Aber aus Furcht vor der Flut wagten sie nicht, das ebene Getreidefeld zu betreten. Da, im entscheidenden Augenblick, strömte der Rhein zurück in sein eigenes Bett, ohne Schaden anzurichten. Und die Saaten, welche am Morgen darnieder lagen, richteten sich am Nachmittag auf. Da wurden alle froh und priesen die heilige Verena singend: «Lasset uns loben die verehrte Jungfrau, welche durch die Blume ihrer Keuschheit himmlisches Lob verdient hat.»

IX. Nec hoc praetereundem putamus, quod quaedam mulier incauta nimis diem dedicationis ecclesiae noluit feriare eiusdem virginis gloriosae, sed arripiens fusum et colum penso involutum insistebat operibus manuum. Cum autem a vicinis mulieribus fuisset ammonita, ne hoc ageret, sed secum ad ecclesiam pergeret, noluit illis consentire, sed magis coeptum opus adimplere. Illis abeuntibus facta oratione acceptaque benedictione, gaudentes remearunt ad sua. Intrantibus autem illis praedictae mulieris mansionem, invenerunt eam in terra iacentem, ore spumantem, dentibus stridentem, colum laevae, dexterae autem fusum districte adhaerentem, omniumque membrorum officio carentem. Nec mora, vehiculo imponentes ante sanctum altare corpus inane deferentes; diu clerici cum omnibus, qui aderant, deprecationes facientes, per merita sanctae virginis mulieri incautae subvenit gratia Salvatoris. Illa, quae in manibus tenebantur, divinitus transiliendo super altare venerunt, et membra debilia mulieris sana surrexerunt. Tunc omnis clerus laudes Deo psallentes, ad propria reversi sunt gaudentes. Stellas in cacumine caeli videmus, harenam in litore maris novimus, sed dinumerare non valemus. Ita nec describere possumus miracula, quae fiunt semper per virginis gloriosa merita, praestante Domino nostro Jesu Christo.

IX. Wir glauben auch berichten zu müssen, dass eine unvorsichtige Frau den Tag der Kirchweihe der heiligen Verena nicht begehen wollte, sondern die Spindel und den mit Wolle umwickelten Spinnrocken nahm, um zu arbeiten. Als sie von den Nachbarsfrauen ermahnt wurde, dies nicht zu tun, sondern mit ihnen zur Kirche zu gehen, wollte sie dies nicht, sondern vielmehr die begonnene Arbeit zu Ende führen. Die andern gingen weg, verrichteten ihre Andacht, empfingen den Segen und kehrten froh nach Hause zurück. Als sie aber in die Wohnung dieser Frau eintraten, fanden sie diese auf dem Boden liegend, mit schäumendem Munde und knirschenden Zähnen. Die Wolle haftete ihr an der Linken, an der Rechten klebte die Spindel. Und alle Glieder versagten den Dienst. Sie legten sie unverzüglich auf einen Karren und trugen den leblosen Körper vor den Altar. Lange beteten die Priester mit allen Anwesenden. Und durch die Verdienste der heiligen Jungfrau Verena kam der unvorsichtigen Frau die Gnade des Erlösers entgegen. Die Gegenstände, welche an ihren Händen hafteten, gelangten auf göttliche Weise über den Altar, und die sündigen Glieder der Frau erhoben sich gesund. Da sangen alle Priester Lobgesänge zu Gott, und sie kehrten froh nach Hause zurück. Wir sehen die Sterne im Gewölbe des Himmels, den Sand am Ufer des Meeres, aber wir können sie nicht zählen. Ebenso wenig können wir die Wunder beschreiben, welche beständig durch die Fürbitte der glorreichen Jungfrau geschehen, durch unseren Herrn Jesus Christus.

X. Huc usque audistis blandimentum pietatis, nunc audite huius sanctae virginis terribilem sententiam potestatis. In regione igitur Francorum fuit quidam comes, multum per omnia dives. Hic totum tempus vitae suae vixerat sine filiis cum coniuge sua. Cumque a nobis foret saepe ammonefactus, ut Zurziacum locum causa orationis adiret, veniam virginis imploraret, et aliquam portiunculam suae hereditatis, quamvis parvulam, illi donaret, ut filios habere potuisset. Nostrae autem ammonitioni non consentiens, sed in ridiculum prorumpens, Hi tales, dicebat, in virtutibus sunt fragiles,

X. Bis hierher hörtet ihr von der sanften Gnade der Jungfrau, nun hört ihren schrecklichen Machtspruch. Im Gebiet der Franken lebte ein sehr reicher Graf. Der hatte sein ganzes Leben lang mit der Gattin ohne Söhne gelebt. Er wurde von uns oft ermahnt, deswegen nach Zurzach zu kommen und darum zu beten, die Gunst der Jungfrau zu erhalten und einen Teil seines Vermögens, wenn auch einen kleinen, ihr zu schenken, damit er Söhne bekäme. Er hörte nicht auf unsere Mahnung, sondern machte sich darüber lustig. Solche Söhne, pflegte er zu sagen, sind in den Tugenden subtil, zu Kriegs-

in rebus bellicis semper inutiles. Postmodum autem ipsa eius uxor, quia nolebat credere spem suam in virginem sanctam habere, ex ictu fulminis est percussa, atque miserabiliter vitam praesentem finivit, ipse autem sine filiis permansit.

XI. Cum dies festus adesset venerandae virginis Verenae, dies annuae exspectationis nostrae, de regionibus multis populis plurimis in unum congregatis, fures etiam, quasi ad adorandam huius virginis sanctitatem, eamdem cum illis viam locum Zurziacum ingressi sunt. In crepusculo autem cuiusdam noctis equos furati sunt, recedentesque erraverunt per montes et silvas, per campos et paludes, et per multa incommoda duxerunt totam quietem noctis, vix crepusculum diei exspectantes. Unus autem eorum venit equitando in atrium ecclesiae scissis vestibus, corrupta facie, sine sensu et intellectu corruens in terram quasi mortuus. Equus domino suo redditur, fur autem a populorum manibus ad sanctum altare portatur. Factaque oratione ab omnibus surrexit sanus, spondens se ultra tale non facturum, et sub censu sanctae virginis proprium servulum. Quod ita fideliter fecit, ut promisit. Alter autem sine sensu venit nesciens cum caballo ad scenoniam proprii senioris[1]. Similiter per merita sanctae Verenae est liberatus, recessitque illaesus. Et sine crimine ambo vitam finierunt.

XII. Rusticus quidam, cum in die dedicationis eiusdem ecclesiae ad colligenda ligna abscindendo silvam intraret, manubrium, quod tenebat manu, firmiter adhaerebat. Ad altare ductus oravit prostratus coram populo. Recessit sanus.

XIII. Vir quidam pro redemptione animae partem hereditatis suae dedit fratribus, Deo et sanctae Verenae servientibus, addiditque molendinum congregationi valde necessarium. Cui potentior aliqua persona resistens, quod iste bene contradidit, ille male detrahere voluit, commutans cursum iustum rivuli, ducens in alium locum iniustum iuris proprii. Quodam autem tempore rivulus ille inaudita abundantia magnificatus erumpens, totamque structuram clausurae frangens, sine pluviarum guttis, nulloque iuvamine hominis, sed sola potentia Dei maiestatis pervenit ad locum cursus prioris. Ille autem homo multum perterritus advenit, veniam virginis deprecaturus, et quod incaute abstulit, diligenter reddidit atque emendavit.

XIV. Senioratus quidam cum comitatu magnae multitudinis per oppidum Zurziacum iter agendo tempus unius noctis mansitavit in aedificiis sanctae virginis. Unus autem ex illis, qui in ministerio ceteris praefuit, nobis contrarius et nostrarum rerum malignus indispensator in distribuendo extitit, quod postea rerum eventus probavit. Nam ab aedituo ecclesiae ceram ministerialem cum magna asperitate quaesivit. Ipse autem, prout habuit, dedit. Contra ille magis ac magis accipere voluit; ipse vero, quia non habuit, minime dedit. Tunc ille furore repletus candelas circa sanctum altare ad se traxit, protinusque recessit. Mane autem facto ire coeperunt. Sed subito iste magister cecidit de caballo plana terra, quasi in basilicae pavimento, fractisque cruribus iacebat quasi mortuus, manibusque sociorum ad mansionem reportatus, diu manens in hac infirmitate detentus. Nec prius melius habuit, donec se redimere studuit. Laudemus Verenam sanctam, quae dat poenitentibus misericordiam,

dingen aber immer untauglich. Darnach aber wurde seine Frau, die ebenfalls keine Hoffnung auf die Jungfrau setzen wollte, vom Blitz erschlagen und endete elendiglich ihr Leben. Er aber blieb ohne Söhne.

XI. Als das Fest der heiligen Verena, der Tag unserer jährlichen Sehnsucht, kam und viele Leute aus vielen Gegenden zusammen waren, gelangten auch Diebe, angeblich um die heilige Jungfrau zu verehren, auf dem gleichen Wege nach Zurzach. Eines Abends in der Dämmerung stahlen sie Pferde und irrten auf ihrem Weggang über Berge und durch Wälder, durch Felder und Sümpfe, und verbrachten die Nacht mit vielem Unglück, kaum noch die Morgendämmerung erwartend. Einer von ihnen kam zu Pferd in das Atrium der Kirche gesprengt, mit zerrissenen Kleidern, zerschundenem Gesicht, und brach ohnmächtig auf dem Boden wie tot zusammen. Das Pferd gab man seinem Besitzer zurück. Der Dieb aber ward von den Leuten vor den heiligen Altar getragen. Und während alle beteten, erhob er sich gesund, gelobte nie mehr solches zu tun, sondern sich in die Leibeigenschaft der heiligen Verena zu begeben. Das tat er getreu, wie er versprochen hatte. Der andere aber kam ohnmächtig, unwissend wie, zu Pferd zur Scheune (?) des eigenen Herrn. Er ward gleicherweise durch die heilige Verena befreit und kehrte unverletzt zurück. Und ohne Missetat haben beide ihr Leben beendet.

XII. Einem Bauern, der am Tage der Weihe der genannten Kirche in den Wald ging, um Leseholz abzureissen, blieb der Griff des Werkzeuges, das er hielt, fest an der Hand haften. Vor den Altar geführt, betete er am Boden liegend vor dem Volke und kehrte gesund zurück.

XIII. Ein Mann gab um des Seelenheils willen einen Teil seines Erbes den Brüdern, welche Gott und der heiligen Verena dienen, und gab dazu eine Mühle, welche dem Kloster sehr nützlich war. Dem widersetzte sich ein Mächtigerer. Was jener fest übergeben hatte, wollte dieser nichtig machen, indem er den rechten Lauf des Baches an einen falschen Ort, über sein eigenes Gut, leitete. Aber eines Tages schwoll der Bach zu unerhörter Grösse an, brach aus und zerstörte die ganze Einfassung des Bettes. Ohne Regengüsse, ohne menschlichen Eingriff, sondern allein durch die Macht der göttlichen Majestät gelangte er zu seinem frühern Lauf. Jener Mann aber erschrak und kam, die Gnade der heiligen Jungfrau zu erflehen. Und was er frech weggenommen hatte, gab er sorgfältig zurück und machte es gut.

XIV. Einst nahm ein Herr mit grossem Gefolge auf dem Durchzug durch den Flecken Zurzach eine Nacht lang in den Gebäuden der heiligen Jungfrau Wohnung. Einer, der den andern vorstand, war unser Gegner und beim Austeilen ein böswilliger Verwalter unserer Güter, wie nachher die Ereignisse zeigten. Denn er verlangte vom Sigristen der Kirche mit grosser Härte das kirchliche Wachs. Dieser gab ihm, soviel er hatte. Als jener immer mehr verlangte, konnte er ihm nichts geben, da er keines mehr hatte. Da wurde jener zornig und nahm die Kerzen, welche um den heiligen Altar standen, an sich und ging. Als der Morgen kam, begannen sie weiter zu ziehen. Aber jener Herr fiel plötzlich vor Angst vom Pferde zu Boden, fast auf den Boden der Basilika. Mit gebrochenen Schenkeln lag er da, wie tot, und wurde von den Seinen zur Wohnung zurückgetragen. Dort blieb er lange krank liegen. Es besserte mit ihm nicht, bis er sich bemühte, sich loszukaufen. Loben wir die hei-

ad se venientibus gratiam praestat, terrorem delinquentibus incutit, petentibus veniam distribuit, praestante Domino nostro. Amen.

XV. Frater quidam erat in congregatione, nobilis quidem genere, sed nobilior dignitate. Hic vias iustitiae semper habebat in corde et, prout potuit, fratribus servitium impendebat. Diligebat autem omnes et ab omnibus diligebatur. Crescebat autem in eo tempore iuventutis infirmitas magnae ponderositatis, et a nulla medicorum industria potuit superare incommoda. Coeperat eiusdem virginis sanctae iugiter iuvamen implorare, ac saepius eius requiem visitare, ut ab ea mereretur liberari. Cumque quadam die adveniret, et humiliter orando prostratus iaceret, ut dicunt homines, obdormivit, sanusque surrexit, et cum magno gaudio ad propria remeavit, ac usque ad finem vitae illaesus permansit.
Haec ideo, fratres, descripsimus et pauca de multis expressimus, veluti quosdam flores de pratis, ut in die solemnitatis sanctae Verenae virginis habeat dilectio vestra super nocturnos in nocte ad legendum, et in die super mensam refectionis fratribus sufficienter ad intellegendum, et in omni tempore semper resonet laus Dei in auribus nostris, qui in Trinitate vivit et regnat Deus unus in saecula saeculorum. Amen.

XVI. Igitur in die Purificationis sanctae Mariae cum oblatione cives universi ad ecclesiam sunt congregati, missarum solemnia processionemque sanctae crucis exspectantes. Cumque divinae laudis tempus adveniret, officio candelarum rite peracto, accensisque omnibus, ad ecclesiae ianuam venimus, singuli singulas candelas in manibus portantes; sed tamen nulla ardens prae valetudine venti egrediebatur. Et dum quasi centum passus ab ecclesia digressi sumus, subito cum magna impetus tempestate irruit ventus vehemens ab aquilone. Multa aedificia in villulis fregit, magnasque in silvis arbores radicitus erutas in terram proiecit. Cumque ardentem flammam in candela vidissemus, manum ad defendendam opposuimus, iamque mox extinctam cernebamus. Illico retraximus manus ad corpus, tum celeriter ardentem invenimus; omnibusque populis hoc factum similiter inspicientibus, quod nos latuit, quia post tergum nostri fuit. Iterum atque iterum manum ardenti candelae opposuimus: nutu divino extinguitur, atque rursum divinitus accenditur. Quotiens manum flammae ad protectionem praebuimus, totiens Deo inspirante extinguitur, atque iterum inflammatur. Quarta autem vice ad nosmetipsos revertimur, cognoscentes vere in nomine sanctae et individuae Trinitatis hoc factum esse. Nam trina et unum quatuor faciunt. Trina pertinent ad sanctae Trinitatis maiestatem, unum ad sanctae Unitatis Deitatem. Sine autem defensione manuum, et cum immobili flamma pervenimus ad templum. Domini. Cum summa laetitia reversi sumus ad propria.

XVII. Villanus quidam diem solemnem sanctae Verenae dignis feriis noluit observare, sed abiit ad proprium pratulum, volens foenum aridum evertere de loco in locum. Dixerunt ei presbyteri boni: Est hodie festivitas sanctae virginis. Non licet tibi hodie quicquam operis servilis facere. Ille autem pro nihilo habuit, nec omnino opus dereliquit. Maledixerunt ei presbyteri, dicentes: O sancta Verena, redde illi mercedem. Ille autem miser sex vicibus cecidit, lunatice in terram cadens. Stomachari coepit et longum malum longo tempore habuit, donec virginis gratia illum sanavit.

lige Verena, die den Reumütigen Mitleid zeigt, denen, die zu ihr kommen, Gnade erweist, den Verbrechern Schrecken einjagt, den Büssern Gnade gibt. Durch unseren Herrn. Amen.

XV. Im Kloster war ein Bruder, edel von Geschlecht, edler aber durch seinen Charakter. Er hatte beständig die Wege der Gerechtigkeit im Herzen und, soviel er konnte, half er den Mitbrüdern. Er liebte nämlich alle, und alle liebten ihn. In der Zeit der Jugend erwuchs ihm eine sehr schwere Krankheit, welche durch keine ärztliche Kunst geheilt werden konnte. Er hatte begonnen, inständig die Hilfe der heiligen Jungfrau anzuflehen und oft ihre Ruhestätte aufzusuchen, um von ihr geheilt zu werden. Als er eines Tages dorthin ging und sich zum Gebete niederlegte, so erzählt man, schlief er ein und erwachte gesund. Mit grosser Freude kehrte er heim und blieb bis zum Lebensende von Krankheit verschont.
Dieses aber, meine Brüder, haben wir beschrieben und Einiges von Vielem wiedergegeben, gleichsam einige Blumen vom Felde, damit ihr es am Feste der heiligen Jungfrau Verena in der Nokturn lesen und am Tage bei Tisch vernehmen könnt und damit immer das Lob Gottes in unsern Ohren erschalle, der in der Dreieinigkeit lebt und regiert als einziger Gott durch alle Ewigkeit. Amen.

XVI. An Mariae Lichtmess kamen alle Bürger mit Opfergaben zur Kirche, in Erwartung der Feier der heiligen Messen und der Prozession. Als die Zeit für die Lauden gekommen war und die Kerzenweihe wie üblich stattgefunden hatte und alle Kerzen angezündet waren, traten wir zur Türe der Kirche, jeder eine Kerze in der Hand tragend. Aber es war darunter keine, die brannte, denn der Wind blies heftig. Und als wir etwa hundert Schritte von der Kirche weg waren, da brach plötzlich mit heftigem Unwetter ein starker Sturm von Norden herein. Er zerstörte viele Häuser in den Dörfern und warf in den Wäldern grosse Bäume samt den Wurzeln ausgerissen zu Boden. Als wir auf der Kerze eine Flamme brennen sahen, hielten wir schützend die Hand davor, und schon sahen wir sie wieder ausgelöscht. Plötzlich zogen wir die Hand an den Körper zurück, denn wir fanden sie auf einmal brennend. Alle Leute beobachteten die gleiche Tatsache, was uns verborgen blieb, weil es hinter unserm Rücken geschah. Immer und immer wieder hielten wir die Hand an die brennende Kerze, und sie erlosch auf göttlichen Wink und brannte dann wieder durch göttliche Einwirkung. So oft wir der Flamme die Hand zum Schutze hinhielten, so oft wurde sie von Gott ausgelöscht und wieder entzündet. Das vierte Mal aber ziehen wir die Hand zurück und erkennen, dass es im Namen der heiligen und unteilbaren Dreifaltigkeit geschah. Denn drei und eins machen vier. Drei gehört zur Majestät der heiligen Dreifaltigkeit, eins der heiligen einen Gottheit. Ohne die Hand schützend zu heben und mit unbeweglicher Flamme gelangten wir zum Tempel des Herrn, und mit grösster Freude kehrten wir nach Hause zurück.

XVII. Ein Bauer wollte den Festtag der heiligen Verena nicht gebührend feiern, sondern ging auf seine Wiese, um trockenes Heu zu wenden. Da sagten zu ihm gute Priester: «Es ist heute das Fest der heiligen Jungfrau. Heute ist dir nicht erlaubt, knechtliche Arbeit zu verrichten.» Er achtete dessen nicht und ging seiner Arbeit nach. Die Priester fluchten ihm und sagten: «O heilige Verena, gib ihm seinen Lohn.» Der Elende aber fiel sechsmal fallsüchtig zu Boden. Er begann zu speien und hatte lange Zeit ein schweres Übel, bis ihn die Gnade der Jungfrau heilte.

XVIII. Tributarius quidam copulavit sibi in coniugium similem sui tributariam. Etenim illius substantiae per partes plurimas ditatus, non post multum tempus factus est vir inclitus. Cumque filios et filias haberet, crubescens se sanctae virgini tributum solvere, quod ex hereditate debuit reddere, abduxit se suamque progeniem cum virginis maledictione, quod postmodum rerum eventus ostendit in actione. Nam ipse et eius coniugata defuncti sunt ambo morte insperata. Procreatio autem eius, quae nunc superest, patitur paralysim, cunctorumque carens officio membrorum, nisi tantum habens visum oculorum. Sic fiat detrahentibus beatae Verenae sanctis virtutibus.

XIX. Igitur quodam tempore familia sanctae virginis Verenae iussa est ex illa ripa, qua monasterium est constructum, in alteram convenire ad metendum. Perrexerunt quidam, ecclesiam praeterierunt; alii autem humiliter adoraverunt. Muliercula autem prostrata intentissime se Deo et beatae virgini commendabat. Et ita ventum est usque ad naviculam navigationis. Sed quia navicula parva erat, plures portare non poterat. Pauci, qui ecclesiam praeterierunt, naufragio perierunt. Qui autem proni adoraverunt, ex gratia virginis evaserunt. Muliercula autem illa usque ad ima Reni est submersa, atque ambulando mirabiliter est transducta. Cives autem haec videntes occurrerunt ei obstupefacti, mirando dicentes: Unde venis, aut quo vadis, aut qualiter habes? Illa dixit: Pretiosa femina ponens in imo manum suam super os meum, et alteram super capitis mel cincinnum, produxit me ad medium vestrum. Tunc omnes laeti, prout potuerunt, laudes Deo et sanctae virgini Verenae in altum cantaverunt.

XX. Vas itaque lapideum in urbe antiqua iuxta Renum a pastoribus gregum fuerat repertum, de quo post paululum dicemus, cum ad illius loca congrua scribendo perveniemus. Nam quaedam fidelis vidua lacrimando maritum perdidit visum oculorum, ac iugiter veniam virginis implorabat cum lacrimis. Nocte igitur veniens sancta virgo suscitavit eam, dicens: Est vas lapideum, in quo infundens aquam calidam cum cinere mixtam lavi capita leprosorum, aliorumque vestimenta infirmorum. Si ex illo lavaveris, procul dubio visum habebis. Surrexit concita, ducatum petiit a vicina muliere, vas invenit, lavit oculos et vidit. Post haec autem almitati eius; et sanctorum Thebaeorum martyrum pulchra ecclesia in eodem loco est fabricata, in qua Christi miracula visa sunt et audita. Nam cum ex aliqua neglegentia nocturnale lumen deesset, totus locus praedictae urbis magno redundans splendore luminis, sicut visum est cuidam beato presbytero, in adiacenti citra Renum habitanti oppido, manensque in totius noctis spatio. Simili autem modo, privata ecclesia officio clericorum, audita est vox psallentium angelorum, et tam dulcis in auribus audientium, velud mel est in dentibus manducantium. Custodes autem volentes accedere, non potuerunt pedem ante pedem levare.

XXI. Secundus igitur Hermannus Alamannorum dux, dum esset praecipuus; omnibusque virtutibus vir praeclarus, Chuonradi praedicti regis filiam duxit uxorem. Cumque ex ea filias satis procrearet, filios autem non haberet, ambo venerunt, gratiam virginis pro filio postulaverunt, quod statim postea impetraverunt. Quo nato,

XVIII. Ein der heiligen Verena Leibeigener heiratete eine ebenfalls leibeigene Frau. Durch einen grossen Teil ihres Vermögens reich geworden, wurde er nach kurzer Zeit ein berühmter Mann. Als er Söhne und Töchter bekam, schämte er sich, der heiligen Verena die Abgabe zu zahlen, welche er aus dem Erbe geben musste. Er zog mit seiner Nachkommenschaft weg, aber begleitet vom Fluche der Jungfrau, wie später die Ereignisse zeigten. Denn er und seine Frau starben beide eines plötzlichen Todes. Seine Nachkommenschaft, die noch übriggeblieben ist, ist gelähmt, kann kein Glied rühren und hat nicht das volle Augenlicht. So möge es den Verrätern der heiligen tugendreichen Verena ergehen.

XIX. Einst wurde der Familie der heiligen Verena befohlen, vom Ufer, auf dem das Kloster steht, auf das andere Ufer zu kommen, um zu ernten. Einige gingen aufrecht bei der Kirche vorbei, andere aber beteten mit Verneigung. Eine Frau aber empfahl sich vor allen hingestreckt innigst Gott und der heiligen Jungfrau. So kam man zum Fährschiff. Aber da das Schifflein klein war, konnte es nicht viele auf einmal tragen. Diejenigen, welche an der Kirche vorbeigegangen waren, kamen durch Schiffbruch um. Die aber sich geneigt und gebetet hatten, kamen durch die Gnade der Jungfrau davon. Jene Frau aber tauchte in die untersten Fluten des Rheins und wurde wunderbarerweise auf dem Wasser schreitend hinübergeführt. Die Bürger, welche das sahen, liefen ihr staunend entgegen und riefen voll Verwunderung: «Woher kommst du oder wohin gehst du oder wie ist dir?» Jene sprach: «Eine vornehme Frau hat mir in der Tiefe ihre Hand auf meinen Mund gelegt und die andere auf meinen Scheitel und hat mich in eure Mitte geführt.» Da waren alle so froh wie sie sein konnten und sangen Gott und der heiligen Jungfrau Verena Lobgesänge.

XX. Ein steinernes Gefäss war in der alten Stadt nahe beim Rhein von Hirten gefunden worden. Davon werden wir nachher reden, wenn wir jenen Ort beschreiben werden. Eine gläubige Witwe verlor, da sie den Gatten beweinte, ihr Augenlicht und bat inständig unter Tränen die heilige Jungfrau um Gnade. In der Nacht aber kam die heilige Jungfrau und richtete sie auf mit den Worten: «Es gibt ein steinernes Gefäss, in welches ich warmes Wasser, vermischt mit Asche, goss und die Köpfe der Aussätzigen und die Kleider anderer Kranker wusch. Wenn du dich daraus wäschest, wirst du ohne Zweifel das Augenlicht erhalten.» Sie erhob sich ermuntert, bat eine benachbarte Frau um Geleit, fand das Krüglein, wusch die Augen und sah. Darauf wurde der gütigen heiligen Verena und den heiligen thebäischen Märtyrern an jenem Ort eine schöne Kirche erbaut, in welcher Christi Wunder gesehen und gehört wurden. Denn als durch Nachlässigkeit das nächtliche Licht fehlte, da erstrahlte der ganze Ort der genannten Stadt in grossem Lichterglanz. Das sah ein guter Priester, der in dem Städtchen wohnte, das am Rhein gelegen ist. Und es blieb die ganze Nacht über. Gleicherweise hörte man, als die Kirche des geistlichen Gottesdienstes beraubt war, die Stimme psalmierender Engel, so süss in den Ohren der Zuhörer, wie Honig zwischen den Zähnen Speisender. Die Wächter aber, die hinzu gehen wollten, konnten keinen Fuss vor den andern setzen.

XXI. Hermann der Zweite, Herzog von Alamannien, war ein hervorragender, durch alle Tugenden berühmter Mann und heiratete deshalb die Tochter Konrads, des obgenannten Königs. Als er von ihr genügend Töchter hatte, aber keine Söhne, kamen beide, die Jungfrau um einen Sohn zu bitten. Diesen erhielten sie sogleich nach-

xenia non parva obtulerunt cum puero. Et cum benedictione virginis et gratia recedentes, laeti venerunt ad propria. De quo plurima in alio loco scripturi sumus, si Deus permittit, qui omnia ex nihilo creavit, cui honor et gloria per omnia saecula saeculorum. Amen.

her. Als er geboren war, brachten sie samt dem Knaben nicht geringe Geschenke. Und mit dem Segen und der Gnade der heiligen Jungfrau kehrten sie fröhlich nach Hause zurück. Davon wollen wir noch mehr an einem andern Orte schreiben, wenn es Gott erlaubt, der alles aus dem Nichts geschaffen hat, dem Ehre und Ruhm sei durch alle Ewigkeit. Amen.

Verena und die Zurzacher Messen in Redensarten

Hans Rudolf Sennhauser[1]

St. Verena

Das Fest der Heiligen am 1. September heisst in Zurzach *Vrenetag*.

Verena, Verene, Vrine (Glarus), Vre (Basel), Vreni, Vreneli, Vrendli (Engelberg), Vreli, Vrentschi (spottend), Vrintschi (Glarus), französisch Vérène, Varenne, romanisch Farena, Frena – der Name ist so verbreitet, dass man eine Verena nicht aufgrund ihres Namens konfessionell oder nach ihrer Herkunft «einordnen» kann, und sogar dort, wo man von der Zurzacher Heiligen keine Ahnung mehr hat, kennt man das «Goldvreneli», das 1925 geprägte Hundert-Franken-Goldstück, das auf der Vorderseite eine Frauenbüste zeigt, eine Helvetia vom Typ «Vreneli».[2]

Als *Verener* wurden die Gotteshausleute des Verenastiftes bezeichnet.

In topographischen Bezeichnungen und Sagen

Das «Vreneli», ein Felskopf oberhalb Isenfluh (Kt. Bern, Amtsbez. Interlaken), Vrenelis Gärtli, ein Schneefeld am Glärnisch, Frau Vrenes Berg, jetzt Tiergarten (Tiergget) bei Plons/Mels und die Redensart «ich bi nuch hinterm Vrenelisberg deheime gsi» (Amden) [ich war noch lange nicht geboren] hat man auch mit römischen (Venus, romanisch Venere) und altdeutschen (Freia) mythologischen Frauengestalten in Zusammenhang gebracht. Im Siggenthal sitzt das «Tobel-Vreni», der Schrecken der ungehorsamen Kinder, neben dem Bächli, das vom Tobelhölzli herunterfliesst. Zur Mittagszeit kann es sehen, wer von Kirchdorf nach Nussbaumen wandert, es kämmt dann sein langes Haar.[3]

Vrene und Vrenelisberg begegnen in der Tannhäusersage vom Tiergget bei Plons[4] und im Tannhäuserlied, «wie es früher im Siggenthale in aller Munde lebte».[5] Ältere Vorstellungen von einem verführerischen, aber auch reizbaren und grausam strafenden «Weib» haben sich hier (und in anderen Sagen) wohl wegen der Namensähnlichkeit mit der Zurzacher Heiligen verbunden, sodass es wirken mag, wie wenn es zwei Verenen gegeben hätte: die gütig Heilende und Helfende und die trügerisch Grausame.[6]

Tannhäuser war ein junges Blut,
Der wot groß Wunder gschaue,
Ging auf Frau Vrenelisberg
Zu selbige schöne Jungfraue.

Wo er auf Vrenelisberg ist cho,
Chlopft er a de Pforte:
Frau Vrene, wend er mi ine lo?
Will halte eüe Orde!

Tannhäuser, i will der ne Gspile ge
Zum ene ehliche Wib.
Dini Gspilene begehr i nit;
Mi Lebe ist mer z'lieb.

Diner Gspilene bedarf i nit,
Es ist mer gar hoch verbotte;
Sie ist ob em Gürtel Milch und Bluet,
Und drunter, wie Schlange und Chrotte [...][7]

Wetterregeln

Der Festtag der Heiligen ist ein Lostag für Wetterprognosen, und verschiedene Bauernregeln in der ganzen deutschen Schweiz nehmen Bezug auf den Verenatag.

«*Schöner Verenatag*, schöner sonniger Herbst», hiess es in Thörigen BE noch 1972. In Fellers (Kt. Graubünden) sagte man: «Biala Frena, bi atun» (schöner Verenatag, schöner Herbst). Und aus Appenzell-Ausserrhoden und Basel war zu hören: «Ist St. Vrene en heitere Tag, en guete Herbst folge mag.» Häufig sind die Sprüche, die nach einem schönen Verenatag frühe Kälte, Reif, Regen und Schnee prophezeien: «Heiteri Vre, gly Rife und Schnee» (Luzern um 1900). «Sant Vreena hipsch und schee, am dritu Tag Räge oder Schnee – wa nit noch ee!» (St. Germann VS 1972). «Veräana hipsch und schää, dry Täg dernaa der Schnää» (Verena hübsch und schön, drei Tage danach der Schnee. Gampel VS 1972). «Heiteri Vre Bringt gli [bald] Rife und vil Schne» (Luzern). «Wenns am Vrinetag heiter ist, so schnits vu Alp» (so schneit es, dass man mit dem Vieh heimfahren muss. Glarnerland um 1900). «E glanzi Vre, i dri Wuche Rif und Schnee» (Zugerland 1897). «Heiteri Vre, i vier Wuche Rife und Schnee» (Wädenswil ZH 1972, Hirzel ZH 1972). «Wenn d Vrene schön chunnt, so chunnt der Michel [29. September] mit Rock und Huet» (Bern um 1900). «Wenn's am Verenatag schön ist, gibt's auf Michaelstag [29. September] Schnee» (Emmental BE 1972). «Ist's schön am Vrenelistag, muss der Galli [16. Oktober] die Hose trocknen» (Flawil SG 1972). «Wenn d'Vrene schön chunnt, so chunnt

---

[1] Zusammengestellt nach: ROCHHOLZ, Schweizersagen, Bd. I, S. 14–17. – ROCHHOLZ, Gaugöttinnen. – Handwörterbuch des deutschen Aberglaubens VIII, 1936/37, Sp. 1563–1566. – ATTENHOFER, Sagen und Bräuche, S. 78–81. – ALBERT HAUSER, Bauernregeln. Eine schweizerische Sammlung mit Erläuterungen (2. Aufl.), Zürich 1975, S. 255–258, 548, 568, 572, 627. – SENTI, Reime und Sprüche, S. 171, 222. – ATTENHOFER, Büchlein, S. 100–102. – Idiotikon I, 1881, Sp. 379–380, 915–917. – Idiotikon III, 1895, Sp. 69–70, 183, 1030. – Idiotikon IV, 1901, Sp. 409, 415, 1485, 1840, 1859. – Idiotikon V, 1905, Sp. 1002. – Idiotikon VI, 1900, Sp. 760–762. – Idiotikon VIII, 1920, Sp. 373. – Auskünfte bezüglich Währung und Gewicht verdanke ich Martin Lory, Thun.
[2] JEAN-PAUL DIVO, EDWIN TOBLER, Die Münzen der Schweiz im 19. und 20. Jahrhundert, Zürich/Luzern 1967, S. 171.
[3] FRICKER, Bäder, S. 406.
[4] SENTI, Sagen, S. 230–231.
[5] FRICKER, Bäder, S. 414.
[6] Etwas von der Wildheit der zweiten ist in ALBERT JAKOB WELTIS Roman «Die Heilige von Tenedo», Zürich 1943, zu spüren.
[7] FRICKER, Bäder, S. 414.

der Michel mit Rock u Huet» oder «Wenn d'Vrene wüest chunnt, so chunnt der Michel mit-emne gsterkte Hemli» (barärmlig, zum Zeichen des milden Wetters. Basel um 1900, Beatenberg).

Regnet es am Verenatag, so spricht man meistens von einem nassen Herbst. Nach Alois Senti[8] hört man in Sargans häufig: «Winn ds Vrenäli ds Röggli wäscht, sä gits vierzg Tääg Räägä», und in Walenstadt sagt man: «Wänn d Vrenä i Rogg säicht, so rägnets vierzg Tääg.» «Fa Sontga Frena pesch en la camischa, sche dat ei in bletsch atun» (wenn die St. Verena ins Hemd macht, gibt es einen nassen Herbst. Rätoroman. Chrestomathie 1896/1919). «Wenn es am Vrenetag regnet, so hat man den ganzen Monat Regen» (Emmental BE 1911). «Wenn es am Verenentag regnet, so hat man den ganzen Monat Regen» (Luzern 1924). «Schi plova a Santa Farena, scho plova bler» (wenn es an St. Verena regnet, so regnet es viel. Münstertal GR). «Es ist nit guet, wenn d Vre brünzlet. Wenns an St. Verenatag regnet, so regnets sechs Sunntig noch enander» (Ostschweiz 1900). «S Vreni sött s Häfeli nid verschütte, süsch gits e nasse Herbst» (Untersteckholz BE 1972). «Wenn s Vreneli in Rock brünzlet, so rägnets dr ganz Herbstmonet» (Baselland 1940). «Wenn's an St. Vrenatag regnet, so regnet's sechs Sunntig noch enander» (Solothurn) – anders in Ehrendingen AG: «so git's e Tröchni» oder in Luzern: «so winteret's früeh i». «Wenn's Vreneli 's Chrüegli drait, so git's e nasse Herbst.»

Zeit zum Ansäen

«Rägnets a Vrenetag, se soll me dem Me [Mann] s Brod i d Hand ge»: Es wird, wenn es an diesem Lostag regnet, nachher trocken sein, sodass man die Saat sehr rasch bestellen muss. Der Mann wird das Znünibrot stehend essen müssen (Zollikon ZH 1900). «Wenns am Vrenetag rägnet, so söll der Bur de Sack ahänke und go säije, denn s git e *Tröchni»* (Baselland 1908). «Rägnets aber nit, so chunt no jedem Buur si Lindi»: Es wird eine so lange Regenperiode einsetzen, dass auch der Langsamste noch zum Säen kommt. «Macort'aura Sontga Frena, pur sega ad in segar e raschla, cu ti sas» (schlechtes Wetter an St. Verena, Bauer mähe ohne Unterlass und reche so viel du kannst. Rätoroman. Chrestomathie 1896/1919). «Am Vrenetag sett me [sollte man] chönne de Säsack ahenke» (Zürich) «und sell der Bur es Stückli Brod in Sack ne und z'Sait fare, so weidli as er mag» (Aargau) oder «s Zobeseckli a's Chummetschit henke und Tag und Nacht z'Acher fare» oder «bis z'Abig nümme absitze» (Luzern), d. h., er soll seine Herbstarbeiten beschleunigen und sich kaum Zeit zum Essen gönnen. «Regnets am Verenatag, so soll de Bur de Löffel i der Suppe lo stecke und der Sack näh und go säije» (Baselland 1865). In Epiquerez (Kt. Bern) hofft man auf gute Ernte, wenn das Wintergetreide am ersten September gesät wird: «On doit semer les céréales le jour de la Ste. Vérène.» In Schwaben heisst es: «Wenn d'Vrena soacht, so geits an Masse Saat.»

Ein gutes Zeichen ist es, wenn es am Verenatag am *Vormittag (leicht) regnet* und am *Nachmittag trocken* ist: «D' Vrene muess's Chrüegli lëren und wenn's nümme drei Dröpf drin syn» (Solothurn). «D'Vre sett Vormittag 's Chrüegli lösen und Nomittag 's Chitteli tröchnen» und weiterhin: «D Sant Vre soll Vormittag im Flungg [nassen Rocksaum] gah und Nachmittag wieder trochä stah» (Kanton Zug 1897). «Sontga Frena! Seigies avon miezdi spellada e suenter miezdi bein ornada» (Heilige Verena! Sei am Vormittag strubblig am Nachmittag schön geschmückt. Rätoroman. Chrestomathie 1896/1919). «S Vreneli sett a sim Tag d Jüppe wäsche und wieder chönne tröchne» (Zürich). Oder einfach: «Ds Vrenali muass brünzlet haa» (Bad Ragaz).

Der *Verenatag* markiert einen *Einschnitt in der Natur* und *in der landwirtschaftlichen Arbeit:* «Ende August soll das Emden beendigt sein, denn d'Vre dert [dörrt] nümme. Vor Vrenetag g'emdet, noh Vrenetag g'emdelet» (Baderbiet). «D'Räbe [weisse Rüben], wo z'Vrenetag hackig sind [die dann bereits so weit erstarkt sind, dass das Feld gehackt werden kann], gend Räbe» (Baderbiet). «Am Verenatag got der Chabis z'Rot, ob er well chöpflen oder nit / eb er sell blibe Häuptli oder Salot» (Baderbiet), darum soll man an diesem Tag die Pflanze unberührt lassen. «Wenn si der Chabis nit vor em Vrenetag chöpflet, so gits numme Flauder» (Baselland 1908). «Der Chöl und der Chabis göngen erscht am Vrenetag zrat, öb si si welle chöpfle» (Rütihausen BL 1940). «Jakob [Jakobus d. Ä. 25. Juli] chunnt mit dem Brentli, ds Vreni mit dem Tuttel und Michel mit dem Stecke», d. h., um den Jakobstag nimmt der Milchertrag der Bergkühe ein wenig ab, um Verena noch viel mehr und um den Michaelistag muss abgefahren werden (Berner Oberland). Am Verenensonntag findet auf dem Urnerboden ein Älplerfest statt. Von einer Alp im Prättigau wird berichtet, dass sie jeweilen bis zum Verenatage geleert werden müsse, sonst komme Unglück über die ganze Habe.

Obst und Kartoffeln

Es gab früher Vrenacher (Vreeneker), eine Sorte süsser Äpfel, die offenbar eben am Verenatag reif waren wie die Verena-Bire und die Verena-Herdäpfel. Wann die Zurzi-Öpfel gepflückt wurden, von denen im Wehntal 1770 die Rede ist, wissen wir hingegen nicht. «Am Verenatag settid all Stiil rif si» (Ehrendingen), «Verenatag günnt [pflückt] d'Stil ab iedem Hag» heisst, dass am Verenatag schon verschiedene Früchte reif sind. Wäre der 1. September aber ein ausgesprochener Regentag, so würde das Obst hernach auf den Hurden faulen, wusste Edward Attenhofer (1897–1984) noch.

Verenatag – Stichtag

Es heisst: «'s Vreneli nimmt 's Zimmischörbli [Imbisskorb] furt und 's Mareieli [25. März] bringt's.» «D'Marie löscht us und d'Verene zündet's wider a», d. h., nach Mariä Verkündigung pflegt man abends kein Licht mehr anzuzünden, dies erst wieder nach Verenentag, um abends noch zu arbeiten (Beatenberg). «Mit dem Beginn des Herbstmonates fing man einst auf dem Dorfe an, *Hausarbeiten bei Licht zu verrichten,* und die Familien gingen gegenseitig «z'Liecht» zur Spinnstubete. Diese Zusammenkünfte fanden wieder mit Mariä Verkündigung (25. März) ihr Ende» (Edward Attenhofer): «s Vreneli zündt a und 's Mareili löscht ab.» «Vren am rain trägt 's Abendbrod heim» bedeutet, das Abendbrot wird von diesem Tag an nicht mehr aufs Feld hinausgetragen. In Gonten (Kt. Appenzell), wo Verena Kirchenpatronin ist, sagte man früher: «St. Vere stöllt's Vespermohl he»; d. h., vom ersten September an esse man nur noch dreimal, verbinde also den Vesper mit dem Nachtessen. «Verena gibt das Brot, Gallus den Wein»: Die Einkünfte an Getreide wurden alljährlich auf St. Verena, die Weinerträge auf den Gallustag ausgeteilt.[9]

Herbstbeginn und Rechtstag

Der Verenatag ist Herbstbeginn. Wird heute die Jagd im Kanton Graubünden am 9. September eröffnet, so war es früher im Kanton Schwyz verboten, vor dem Verenatag Murmeltiere zu fangen. Im Kanton Aargau setzte mit dem Verenatag in fünf Bezirken ein Rechtsstillstand ein. 1595 hatte die Berner Obrigkeit auf den Verenatag eine Abendmahlsfeier angeordnet, und in Aarau fand 1688 an Verena und Martini (11. November) die obrigkeitliche Visitation der Weinkeller statt. Im Surbtal putzte man noch 1940 die Mühlbäche am Verenatag und schärfte die Mühlsteine in der Erinnerung daran, dass die Heilige auf einem Mühlstein die Aare hinunter bis Koblenz gefahren war; es mag dabei aber auch an eine Verbindung gedacht werden zwischen Verena, der Kinderspenderin, und der Mühle als Fruchtbarkeitssymbol.

Verena und die Mädchen

In der Grafschaft Baden durften die Kinder zum Gottesdienst am Verenatag erstmals die neuen Kleider tragen; sie wurden gewaschen und gekämmt, den kleinen Mädchen wurde der erste Zopf geflochten, natürlich zum Feste, aber auch, damit Verena die Kinder vor Kopfkrankheiten bewahre. Da hiess es dann: «Chind bis still und fin, oder es chunnt Frau Vrin. Die het en grosse Strigel und zert di chech am Rigel [Zopf] .»[10] Und ein paar Jahre später: «Ach, mi liebi Jumpfere Vre, gsesch, ich ha kes Schätzeli meh; strähl und wäsch mich doch au nett, dass min Hansli Freud a mer hätt. »

Verena heilt. Verena die Fürbitterin

Hat jemand eine Warze, so haucht er sie an und sagt dreimal: «Vrene, Vrene, dorr ewegg.» Als die Brautschäppeli der Mädchen aus dem «Chilspel» (Kirchspiel) und vom Schwarzwald noch auf dem Verenagrab lagen, war es üblich, dass sich vom Kopfweh geplagte Frauen während des Gebetes am Grabe ein «Brautkrönlein» aufsetzten.[11] Verena-Öl und Verenakerzen werden am Verenatag in der Verenagruft beim Grab der Heiligen geweiht: Öl gehört zu den ältesten volkstümlichen Heilmitteln, und die Kerzen sind Opfergaben. Ihre Flamme trägt die Bitten des Spenders, und ihr warmer, heller Schein in der dämmrigen Krypta kündet vom Vertrauen der Menschen in die Fürbittmacht der Heiligen: «Wand nieman wirt entwert, der rechter dinge an sei gert» – Verena verlässt den nicht, der sich vertrauensvoll an sie wendet,[12] sagt ein mittelalterliches Verenalied[13].

Verena und das heilende Wasser

Beim Münster war bis ins 20. Jahrhundert ein Verenabrunnen offen, und auf dem Achenberg sprudelte eine Verenaquelle.[14] Unterhalb Klingnaus, am Giritz auf der Aareniederung, kannte Rochholz noch das Verenabrünnlein, «dessen stets klares Wasser auch jetzt noch für heilkräftig gilt».[15] In Baden speiste die Verenaquelle das Armenbad, das Verenabad.[16]

«Das *Verenenbad,* welches man das heilige heisst, ist ein so geräumiges Bassin mit Umwandung und Eindachung, dass gegen hundert geduldige Menschen mit einander darin Platz finden; es ist für die Armen bestimmt, die hier unentgeltlich die Wohlthat des Heilbades benutzen können und deshalb aus allen Kantonen der Schweiz regelmässig her geschickt werden. In langen Reihen sitzen sie dann in ihren Badhemden zusammen, die einen bis an den Hals, die andern bis zur Herzgrube ins Wasser getaucht. Steinbänke gehen ins Gevierte an den Wänden hin, aussen an den Gängen spazieren die Fremden und die Besucher, ein Badmeister hält Aufsicht über seine Patienten von so verschiedenartigen Sitten; ehemals war er sogar mit einer Ruthe versehen, die er an langer Stange gegen die Ungebürlichen im Wasser schwang. Im Mittelpunkt des Beckens steigt eine Säule empor, auf welcher das holzgeschnitzte Bild der heil. Verena in einer Nische steht und auf die Hilfsbedürftigen niederblickt. Das heisse Wasser tritt unmittelbar aus dem Boden des Beckens selbst in das Bassin ein, und diese Oeffnung, aus welcher die Quelle hier hervorwallt, heisst *Verenaloch.*»[17]

Der *Vrene*-Brunnen in Männedorf hängt mit dem Patrozinium der Heiligen in Stäfa zusammen.

Zurzach und die Messen

Züribiet, Bernbiet – Baderbiet und Zurzibiet[18]. Der Ausdruck *Zurzibiet* ist noch gebräuchlich, er stammt aber aus besseren (Messe-)Zeiten, und man versteht darunter etwa das Gebiet des Bezirks Zurzach.

«(Zu) häufig» heisst: «alli Zorzi Märkt».

«*Alle Zurzacher Märkte* neue Schiffleute anstellen, brächte die Marktleute leicht in Gefahr» (J. J. Breitinger, 1701–1776). Etwas auf «den *letzten Zurzacher Markt* verschieben» war einmal gleichbedeutend mit: auf den Sankt-Nimmerleins-Tag. «Er hett no so eini übercho, wenn *all Zurzimärkt verbi* gsi wäred» heisst: zuallerletzt, sogar am Ende der Zeiten – eine hohe Meinung hatte der Schreiber nicht von «ihr».

Sprichwörtlich ist das Zurzacher Messe-Schiff: «Wir müssen ja nicht aufs *Zurzi-Schiff»* – wir brauchen uns nicht zu beeilen (Zürich).

Die vielen Bettler waren es ebenfalls: «Das Reich der Himmlen, in deme der kleinste Undertan an Herrlichkeit des grössesten Kaiser so weit übertrifft, als dieser den elendesten *Zurzacher Bettler*» (J. J. Ulrich 1733).

Im Weinspiel von Hans Rudolf Manuel (Zürich 1548) ist die Rede von den Bettlern an der Zurzacher Messe. Heini Frefenrotzig verflucht den Wein und wünscht ihm «all plagen, die d'Bettler ie gen Zurzach truogend».[19]

Hazardspiele (zum Beispiel Würfelspiele), mit obrigkeitlicher Erlaubnis eingerichtet, waren mancherorts ein Privileg des Henkers.[20]

---

8   SENTI, Reime und Sprüche, S. 171.
9   HUBER, Geschichte, S. 20.
10 FRICKER, Bäder, S. 408.
11 FRICKER, Bäder, S. 407.
12 Verena-Lied im Codex Nr. 2677 aus dem 14. Jahrhundert der Wiener Nationalbibliothek nach REINLE, Verena, S. 85–87.
13 REINLE, Verena, S. 87.
14 ROCHHOLZ, Schweizersagen, Bd. 1, S. 14 f.
15 ROCHHOLZ, Schweizersagen, Bd. 1, S. 12.
16 FRICKER, Bäder, S. 404 ff.
17 ROCHHOLZ, Schweizersagen, Bd. 1, S. 14. Hervorhebungen d. Verf. – 1844/1845 wurde das offene Verenabad aufgegeben, die Quelle neu gefasst und ins Armenbad geleitet. FRICKER, Bäder, S. 387, 412.
18 Idiotikon I, 1881, Sp. XXVI.
19 BÄCHTOLD, Niklaus Manuel, S. 325, 586–587.
20 Sie hiessen auch Scholderspiele. Scholderer = der Anteil des Bankhalters oder der Bankhalter. Idiotikon VIII, 1920, Sp. 637–640; X, 1939, Sp. 118, 144.

Die Spiele auf der Wissmatte während der Messe waren berüchtigt, weil sie oft zu Streitigkeiten führten. Niklaus Manuel lässt den Arnold Spitzdenwind im Elslispiel (gedruckt um 1530) sagen:
«Mit bochen [prahlen, trotzen], hadren, schelten, fluochen,
Das sölt man e zuo Zurzach suochen,
Uf der Wissmatt bim Henkerspil.»[21]

Bekannt war auch der Ausdruck: «Sie vertuet sich wie ne *Zorzi-Brut*» (Zurzacher Braut), sie macht sich wichtig; die Zurzacher bildeten sich auf ihre Messen nicht wenig ein.

«Zurzacherkram» hiessen die Schuhe und Pantoffeln, die Messbesucher aus Winterthur etwa seit Mitte des 18. Jahrhunderts für sich und als Geschenk nach Hause brachten.

Der *Zorzi-Rugel*. Gemeint ist eine runde «Weibsperson», ein kurzer fester Mann oder ein kleines, gesundes – «es chechs» – Kind, «en Stumpe». Der letzte Zurzacher, der diesen Übernamen lebenslang hatte, ist vor einigen Jahren gestorben (Ruedi Schmid, Jahrgang 1911). Der Ausdruck Zorzi-Rugel wird von den Lederballen hergeleitet, die die Schuhmacher von der Zurzacher Messe nach Hause brachten. «En Stumpe» heisst in der Ostschweiz eine Schützenwurst, die man in Zurzach früher gelegentlich auch Zorzi-Rugel nannte.

Der *Zorzi-Jasser* und der *Zorzi-Chegler* sind gute Jasser und Kegler, wie sie zur Zeit der Messen dort und auf allen Jahrmärkten anzutreffen waren.

Die «*Zurzacher Währung*»: In einem Vergleich von 1734 zwischen dem Kustos des Stifts Zurzach und Kaufleuten wird eine Zahlung «auff künfftigen Pfingstmarckt in gueten Sorten und Zurzacher Wehrung» festgehalten.[22] Zurzach besass nie eine eigene Währung. Die Landvögte hielten in ihren Mandaten jährlich fest, welche Geldsorten auf den Zurzacher Messen verwendet werden durften. Im 18. Jahrhundert und wohl schon früher war die in Zurzach gültige Währung diejenige von Zürich.[23]

Das *Zurzacher Pfund:* Im 14./15. Jahrhundert kam «in der Länderecke zwischen Rhein und Aare ein schwereres Gewicht eigener Prägung»[24] auf, das alte Zürcher oder Zurzacher Pfund. Es wurde Anfang des 15. Jahrhunderts in Zürich, 1427 auch in Luzern verbindlich eingeführt. Das im von Zürich dominierten Wirtschaftsgebiet vom Rhein über Luzern bis zu den Urkantonen verwendete Zurzacher Pfund unterschied sich mit seinem Gewicht
(1 Pfund = 36 Lot = 528 Gramm)
vom leichteren Pfund
(1 Pfund = 32 Lot = 520,1 Gramm),
das im von Bern bestimmten Wirtschaftsraum Bern, Westschweiz und Wallis herrschte. Die Bezeichnung «Zurzacher Pfund» ist im Zusammenhang mit der bedeutenden Stellung der Zurzacher Messen zu verstehen.

---

[21] BÄCHTOLD, Niklaus Manuel, S. 294, 1033–1034.
[22] StAAG 2793, 4.
[23] BODMER, Zurzacher Messen, S. 107.
[24] ANNE-MARIE DUBLER, Masse und Gewichte im Staat Luzern und in der alten Eidgenossenschaft, Luzern 1975, S. 47–50, S. 63.

Stift und Pfarreien

Älteste Urkunden

Auswahl und Regest
Hans Rudolf Sennhauser

Kaiser Karl III. verleiht seiner Gemahlin Richardis «die kleine Abtei» Zurzach

Karl III. (der Dicke), geboren 839, gestorben 888 in Neudingen bei Donaueschingen, schenkt seiner Gemahlin Richardis die kleine Abtei Zurzach auf Lebenszeit. Die Abtei soll nach dem Tode der Kaiserin an die von Karl zu seiner Begräbnisstätte bestimmte Kirche fallen. Aus ihren Erträgnissen sollen die Lichter der Kirche unterhalten werden.

Die Kaiserurkunde ist einzig in der (freien) deutschen Übertragung durch Gallus Oehem (Reichenauer Chronik um 1500) überliefert. Nach dem Verzeichnis der Schenkungen Karls III. an die Reichenau, das Gallus Oehem mitteilt, sind auch Kadilburck (Kadelburg), Erchingen oder Eggingen an der Wutach vom Kaiser geschenkt worden.

Bodman 881 Oktober 14.[1]

In dem namen der hailigen unzertailten dryvaltigkeit. Karollus von göttlicher gunstiger güttigkeit kayser, merer des rychs. Kunt und offenbar sige der wisshait aller unser getruwen yetz und hinach, wie unser allerliebster gmahel Richarda unser kaiserliche wird [Würde] gepetten [gebeten] hat, die klainen abbty Zurtzach genant ir leben lang gewaltenclichen rüwig zü haben und zü besetzen gerüchten zü lichen, ouch darnach fruntlicher und liepplicher nahende unser grossmechtigkait vermanet, das sy möchte dise kilchen nach irem abgang zu ewiger besitzung geben, an welches ortte wir dann nach vermanung und schickung gottes unser begrebtnusz satzten, liechter und ampelen daselbs zü haben und zu brennen und sobaldt wir den letsten tag gelept hetten, zu hand dieselbig kilch, darinn wir begraben weren, sollichs güttes bestätt und ingesetzt wurden. Also haben wir ir hailsame vermanung erkent und zü hertzen genomen und bekennen und setzen allso sölliches geschechen sin und habend solliches ouch mit unsern brieffen empfolhen zu bestentnusz [Bestand] verschafft zü beschriben, durch die wir erkennen und gepiettend, wie und zü welcher wis und sy gepetten hatt, soelle one mengcliches irren und widerred vestenclichen [fest] und stätt beston und bliben. Ob aber ainicher dise unser satzung hindren oder brechen understünde, dero bekenn sich zü dem ersten in den zorn gottes und unser rich oder dess riches schatzkamer M lb [1000 libra = Pfund] lutters gold verfallen sin und schuldig gehalten werden. Und damit und aber diese unnsere gewaltsami oberkait satzung von mengclichem allen und jeden unzerbrochenlichen belibe, haben wir diesen brieff hieniden mit unser hand gevestnet [firmiert, unterzeichnet] und mit unserm goldhandfingerli oder secret zü siglen empfolhen.

(M.) Zaichen her Carolli des allerdurchluchtigosten kaisers merers dess richs.

Waldo notarius in namen und anstatt Lutwardi ertzkantzler bekenn mich.

Geben uff den XIIII tag octobris anno von menschwerdung des herren DCCCLXXXI, roemisch zal XIIII, des kaisertumbs in dem ersten jar; actum an dem Bodensee oder zü Bodmen in unser kaiserlichen pfallentz.

Die Abtei Reichenau verkauft 1265 ihren Besitz in Zurzach an den Bischof von Konstanz

apud Alospach 1265. Mai 27.[2]

Universis Christi fidelibus presentem paginam inspecturis Albertus, divina pietate abbas, totusque conventus monasterii insule Augiensis, ad Romanam ecclesiam immediate pertinentis, salutem et sinceram in domino caritatem. Temporum malicia, memoria labilis, que geruntur, scriptis ammonent annotari. Presentes igitur noverint et futuri, quod, cum monasterium nostrum propter malignorum hominum insultes varios multis esset debitis oneratum nec possemus creditoribus, propter penuriam de pecunia nobis credita, dampnis et usuris excrescentibus in inmensum, satisfacere, nos ad exonerandum monasterium nostrum antedictum a dampnis huiusmodi, curtim ipsius in Zurzach cum omnibus suis pertinentiis: iure patronatus ecclesiarum in Clingenöwe et in Zurzach et prebendarum in dicta ecclesia Zurzach institutarum, advocatia et feodis, que vulgariter dicuntur manlen, zinslen vel erbelen, tam possessionum quam hominum, qui dicte curti et sancte Verene quocumque iure pertinere dinoscuntur, et omnibus aliis suis pertinentiis, intus et extra, cultis et incultis, forestis, nemoribus, pratis, pascuis et piscinis, venerabili in Christo patri E[berhardo], dei gratia episcopo Constantiensi, nomine ipsius ecclesie vendidimus pro certa pecunie quantitate, videlicet trecentis marcis puri et legalis argenti [...] In cuius rei testimonium presens instrumentum sepius dicto domino episcopo nomine ecclesie sue tradidimus sigillorum nostrorum munimine roboratum [...].

Allensbach, 1265. Mai 27.

Abt Albert (Albrecht von Ramstein, 1260 bis zu seinem Tode 1294 Abt) und der Konvent des «immediaten», (unmittelbar Rom unterstehenden) Klosters auf der Insel Reichenau verkaufen, weil die Schulden des Klosters «ins Unermessliche gewachsen waren» (unter anderem hatten eine Generation vorher zwei Brände Konvent- und Wirtschaftsbauten zerstört), den Hof Zurzach mit allem Zubehör und mit dem Patronat der Kirchen von Klingnau und Zurzach samt Vogtei, mit sämtlichen Lehen (Mann-, Zins- und Erblehen) und mit allen Pfründen, die in der Kirche von Zurzach bestehen, dem Bischof Eberhard von Konstanz (Eberhard von Waldburg, 1248–1274) für 300 Mark Silber.[3]

Die Zeugenliste umfasst den Abt Berchtold von St. Gallen, den Dompropst Konrad von Konstanz, die Pröpste von St. Stephan in Konstanz und Bischofszell, den Kustos Berthold und fünf Domkanoniker von Konstanz, einen Kanonikus von St. Stephan und Notar des Bischofs, drei Pfarrherren und einen Kaplan, ein Dutzend Ritter, weitere Herren «und viele andere».

---

[1] Nach MGH DD II: Die Urkunden Karls III., bearb. von Paul Kehr, Berlin 1937, Nr. 43.
[2] Partielle Umschrift der Urkunde Abbildung S. 138.
[3] Huber, Kollaturpfarreien, S. 5. – REC I, S. 242. – SRQ AG II/5, S. 22.

Kirchliche Ämter, Stiftsverwaltung[1]
Verzeichnis

Hans Rudolf Sennhauser

Die katholischen Pfarrer (Dekane) und Pfarreileiter von Zurzach

Spätestens seit das Grab der Heiligen von einem Kloster behütet wurde, gab es auch Priester am Ort, welche die Zurzacher in geistlicher Hinsicht betreuten. Die im ausgehenden ersten Jahrtausend entstandene jüngere Verenavita setzt den zeitgenössischen Zustand auch für die Lebenszeit der heiligen Verena voraus: In Zurzach bestand eine Marienkirche, und der dort amtierende Priester war Seelenhirte der Zurzacher Gemeinde. Die gegen 1000 beschriebene Situation ist für die damals vermutete Lebenszeit Verenas sicher nicht anzunehmen, sie muss aber zur Zeit der Abfassung des jüngeren Verenalebens so vertraut gewesen sein, dass der Schreiber – vielleicht ein Zurzacher Mönch oder Chorherr – sie ganz selbstverständlich auch auf weit zurückliegende Jahrhunderte übertrug.
Der Dekan, Dorfpfarrer und Seelsorger der Chorherren war seit 1279 und bis zur Reformation ein Chorherr. Nach den Statuten von 1605 jedoch ist der Dekan lediglich «Funktions-Kanonikus», d. h., sein Chorherrenstatus ist an das Dekanenamt gebunden. 1609 halten die Vorschriften fest, dass der Dekan nach zehn- bis zwölfjähriger Tätigkeit als Pfarrer in das nächstvakante Kanonikat zu wählen sei. Seit 1717 war das Amt des Dekans wieder mit einer Chorherrenstelle verbunden. Der letzte Chorherr als Dekan und Pfarrer war Fridolin Wernlin, 1864–1874.[2]

Genannt wird der erste Pfarrer im Jahre 1229; anlässlich einer Güterschenkung tritt er als Zeuge auf. 1257, 1265 und 1273 erscheint

Heinrich de Gerlicoven (Gerlichon, Gerlikon TG) in Zeugenlisten.
Schaub, Chorherrenstift, Nr. 87.

Berchtold von Döttingen war 1283 als erster Dekan des Stiftes Pfarrer von Zurzach. Er hat mit seinem Bruder Ortlieb die Liebfrauenkaplanei gestiftet. Gestorben ist er als Chorherr im Jahre 1313.
Schaub, Chorherrenstift, Nr. 16.

Konrad von Stein (de Lapide) war 1301 Dekan (Pfarrer) von Zurzach; er wird noch 1315 als solcher genannt.
Schaub, Chorherrenstift, Nr. 50.

Eberhard von Neunkirch erscheint 1329 als Dekan. Er hatte das Amt bis zu seinem Tode 1337 inne.
Schaub, Chorherrenstift, Nr. 55.

Johannes von Winterthur, 1329 und 1332 Dekan, hat dem Stift zwei Wohnhäuser und den dazwischen gelegenen Baumgarten zur Gründung der Kustorei überlassen nebst einer an die «Wiechgasse» (Schluttengasse) stossenden und bei der Dekanei gelegenen Wiese namens «Wingart» (Langwiese) sowie den «Sporacker» bei Rietheim und die Wiese «Schönbrunn».
Schaub, Chorherrenstift, Nr. 197.

Johannes von Klingnau kommt als Dekan 1331 vor.
Welti, Jahrzeitbuch, S. 108. – Huber, Geschichte, S. 244, 19.

Ulrich von Beckenhofen wurde 1332 Dekan. 1337 wird er als Chorherr erwähnt, 1360 und 1361 wieder als Dekan. Gestorben ist er 1363.
Huber, Urkunden, S. 293. – Schaub, Chorherrenstift, Nr. 253.

Johann zur Linden war 1342 Leutpriester.
Schaub, Chorherrenstift, Nr. 155.

Heinrich von Bollingen, Chorherr, Pfarrer zwischen der ersten und der zweiten Amtszeit des Ulrich von Beckenhofen. Er hat 1361 die Peter- und Paulspfründe gestiftet und ist 1372 gestorben. Als Dekan wird Heinrich 1340 genannt. Im April 1373 urkundet der Propst gemeinsam mit Dekan Albrecht von Pforzheim.
Huber, Urkunden, S. 426. – Schaub, Chorherrenstift, Nr. 77.

Albrecht von Pforzheim, Dekan, urkundet 1373. Hermann J. Welti vermutet ihn als Anlageschreiber des Jahrzeitbuches 1378.
Welti, Jahrzeitbuch, S. 72. – Schaub, Chorherrenstift, Nr. 4.

Ulrich Wagner resp. **Ulrich Zimmermann** (Carpentarius) wurde nach dem Tode Albrechts 1382 zum Pfarrer bestellt. Er starb 1399.
Schaub, Chorherrenstift, Nr. 265.

Nicht Pfarrer und Dekan von Zurzach scheint dagegen Hiltpold, «decanus» von Lengnau, gewesen zu sein (Welti, Jahrzeitbuch, S. 111. – Schaub, Chorherrenstift, Nr. 306).
Huber, Geschichte, S. 245, Nr. 29, nennt auch einen Bernard Decan, der sonst nicht belegt ist (vgl. auch Schaub, Chorherrenstift, Nr. 295).

Johannes Lubetsch, 1384 Leutpriester in Baden, als Chorherr 1385 erwähnt, als Dekan 1414 und 1424, 1428 Custos, starb als Pfarrer von Baden 1433. Im Zurzacher Jahrzeitbuch heisst es unter dem 13. Februar: «Obiit ... decanus in Baden, olim decanus et canonicus huius ecclesie.»
Welti, Jahrzeitbuch, S. 17, 161. – Mittler, Stadtkirche Baden, S. 76 und S. 78 Nr. 16. – Schaub, Chorherrenstift, Nr. 156.

Nicolaus Kaiblin aus Ravensburg folgte ihm im Amte. Er ist 1439 gestorben.
Schaub, Chorherrenstift, Nr. 216.

Hermann von Rast, ein gelehrter Mann und eifriger Dekan, erscheint 1436 als Chorherr, 1442/43 als Dekan. Er ist 1480 verstorben. Ihm scheint der Zurzacher Peter Attenhofer gefolgt zu sein.

Peter Attenhofer wurde 1486 zum Propst erwählt.
SCHAUB, Chorherrenstift, Nr. 115. und Nr. 232.

Heinrich Schwarzmurer hatte als Dekan die Pfründe des Peter- und Paulsaltares inne. Er starb 1493.
SCHAUB, Chorherrenstift, Nr. 104.

Caspar Wirt, Magister. Ob er tatsächlich in den Besitz von Amt und Pfründe kam, ist ungewiss.
SCHAUB, Chorherrenstift, Nr. 30.

Lucas Conrater, Magister der freien Künste, resignierte als Chorherr und Dekan 1496.
SCHAUB, Chorherrenstift, Nr. 206.

Philipp Kamberger, päpstlicher «familiaris», «commensalis» und «parafrenarius», der nach drei Jahren resignierte, 1500 Propst zu St. Peter in Basel wurde, aber auch diese Stelle im folgenden Jahr wieder aufgab. Sein Nachfolger war der berüchtigte streitsüchtige Pfründenjäger

Rudolf von Tobel. Er wurde 1532 seines Amtes entsetzt, erreichte aber, dass sein Sohn seine Nachfolge antreten konnte.
HS II/2, S. 143 f. – SCHAUB, Chorherrenstift, Nr. 58 und Nr. 238.

Peter Paul von Tobel, den der Vater als «geschickten und tugendhaften Priester» empfohlen hatte, lebte nach seiner mehr oder weniger freiwilligen Resignation 1542 noch bis 1558.
HUBER, Geschichte S. 94.

Wolfgang Prys versah 1542/43 die Pfarrstelle. Auch er resignierte.

Heinrich Raner aus Bremgarten übernahm in den folgenden zehn Jahren von 1543 bis 1553 die Pfarrei; er starb 1562.

Christophorus Leuchlin von Luzern war Pfarrer von 1553 bis zum Rücktritt vom Amte im Jahre 1568. Er starb in Schwyz 1570.

Jakob Ihmenhaber, Dr. theol., für kurze Zeit im Jahre 1568 Dekan, resignierte noch im selben Jahr.

Jakob Forster von Lichtensteig folgte für drei Jahre von 1572 bis 1575 als Pfarrer.

Kaspar Harter von Baden, ab 1576 im Amt, resignierte als Dekan 1586.

Kaspar Schwerter von Baden, zuerst Kantor, wurde 1586 Dekan; 1590 wegen seines «unpriesterlichen Lebenswandels» des Amtes entsetzt, zog er 1594 nach Zürich und wurde Prädikant in Dietlikon, später in Dättlikon. Er schrieb die (verlorene) Kyburger Chronik. Gestorben ist er 1607.

Johannes Feurer, gen. Röslin, Dr. beider Rechte, von Radolfzell, wurde 1590 vom Landvogt als Pfarrer eingesetzt, knapp zwei Jahre später «wegen unsittlichen Lebenswandels» aber des Amtes enthoben. Er baute das «Schlössli» im Oberflecken, dessen Hausspruch lautet: «Das Haus steht in Gottes Hand, zum Feuerrothsegg wird es genannt».

Johannes Schmid von Schneisingen folgte 1591. Er legte 1608 das älteste Taufregister der Pfarrei an. 1610 ist er gestorben.

Mauritius Adler, Magister, von Zurzach, früher Pfarrer in Klingnau, wurde sein Nachfolger. Er hat ein Verenaleben verfasst mit dem Titel: «Summarische Beschreibung des Lebens und Sterbens der Hailigen Junckfrawen und Marterin Verena, zue Zurzach begraben. Zusammengezogen durch den Ehrwürdigen Herrn Magistrum Mauritium Adlern, der loblichen Stift daselbsten Decanum mit schönen Kupferstücklen geziert durch Christoff Greuter Burgern zuo Augspurg», 1616.

Jakob Waller von Zug war von 1617 bis zu seinem Ableben im Jahre 1624 Dekan.

Johannes Jang von Bremgarten, «ein überaus lüderliches Subject» folgte ihm noch im selben Jahr, 1624. Er wurde 1635 entlassen und musste 1637 verganet werden.
HUBER, Geschichte, S. 258.

Kaspar Huwyler, Dr. theol., wurde 1624 Dekan. Er legte das erste Ehe- und das erste Sterberegister (1624) an. 1634 starb er in Ausübung seines Priesteramtes an der Pest.

Johann Melchior Imhof von Uri, Dr. theol. und päpstl. Protonotar, war sein Nachfolger. Er wurde 1635 als Pfarrer von Altdorf postuliert und war 1640 bis zu seinem Tode 1684 Propst von Bischofszell.

Augustinus Dinglikofer von Sursee resignierte nach zehn Dienstjahren 1645 als Dekan.

Franz Karl Brandenberg, Dekan seit 1645, resignierte 1662 und wurde Chorherr.

Johann Rudolf Schmid von Baar, bisher Pfarrer in Klingnau, wurde 1662 Dekan in Zurzach, 1664 Chorherr und später Kantor. Er starb 1693. Epitaph an der Südmauer des Münsters, heute im Ölberg. Sein Bruder

Johann Jakob Schmid, Dr. theol. und päpstl. Protonotar, folgte ihm 1664 im Amte nach. Er wurde 1675 Stadtpfarrer von Zug.

Joachim Merz von Zug, päpstl. Protonotar, folgte im Zurzacher Pfarramte, wurde aber schon nach drei Jahren zum Chorherren gewählt.

Sebastian Borner von Luzern war Pfarrer von 1678 bis zu seiner Ernennung zum Kanoniker 1697. Er hat, wie das Sterberegister sagt, aus eigenen Mitteln den Altar in der Burgkapelle errichten lassen.

---

[1] Zusammengestellt nach: HUBER, Geschichte. – HUBER, Urkunden. – WELTI, Jahrzeitbuch. – SRQ AG II/5 (WALTHER MERZ). – 150 Jahre Kanton Aargau. – HS II/2 (GUY P. MARCHAL). – SCHAUB, Chorherrenstift (mit Personalliste bis 1531). – Materialien Eugen Zumsteg.
[2] MARCHAL, Zurzach 1977, S. 598, S. 601 Anm. 10, S. 625–627.

Josef Fridolin Bodmer von Baden, Dr. theol. und päpstl. Protonotar, Dekan seit 1697, leitete als solcher die Geschicke des Stiftes während der Studienzeit (1702–1704) des neu erwählten jugendlichen Propstes Bessler «zur allgemeinen Zufriedenheit». Er wurde 1724 Chorherr und starb 1733.
HUBER, Geschichte, S. 266.

Johann Franz Anderhalden von Sachseln war 1724–1772 Dekan. Dann demissionierte er zugunsten eines seiner beiden Vikare, Josef Ignaz Abaha. Als Handbüchlein für seine Tätigkeit als Pfarrer hatte sich Anderhalden 1724 ein Familienregister angelegt, das nach seinem Tode eine Zeit lang fortgeführt wurde.
Weitere Familienregister haben der spätere Propst Huber (1856) und Franz Xaver Keller (1878), der erste Pfarrer, der nicht Dekan war, nach der Aufhebung des Stiftes angelegt.

Joseph Ignaz Abaha, Dr. theol. und päpstl. Notar war Pfarrer 1772–1800. Abaha wurde 1800, nach dem Tode des Propstes Gubler, auf Vorschlag der Verwaltungskammer des Kantons Baden durch den Vollziehungsausschuss zum Propst ernannt, ohne vorher Chorherr gewesen zu sein. Propst Abaha starb 1803. Das Pfarrhausportal trägt sein Wappen.

Nikolaus Franz Xaver Schaufelbühl aus Zurzach, seit 1783 Kaplan ad St. Martyres und Pfarrvikar von Baldingen, wurde 1800 vom Helvetischen Direktorium zum Dekan ernannt. 1803 von der aargauischen Regierung zum Propst erwählt, ohne vorher Chorherr gewesen zu sein.

Johann Franz Steigmeier von Klingnau, Chorherr seit 1800, wurde 1803 Stiftsdekan. 1814 als Opfer der Nervenfieberepidemie im priesterlichen Dienst gestorben.

Georg Viktor Keller von Ewattingen, ehemals Benediktiner von St. Blasien, war 1814–1816 Stiftsdekan und tauschte dann mit seinem früheren Mitbruder

P. Philipp Nereus Häfeli von Klingnau, Pfarrer von Grafenhausen, den Posten. Häfeli wurde 1831 zum Zurzacher Propst bestellt.

Bernardin Gams von Laufenburg, 1831 als Stiftsdekan installiert, resignierte 1838 und wurde zum Chorherrn ernannt.
HUBER, Geschichte, S. 283 f.

Dominik Keller von Sarmenstorf folgte im Amte des Stiftsdekans bis zu seinem Tode im Jahre 1843.

Heinrich Mohr war nach der Priesterweihe 1816 Vikar in Basel, dann Stiftskaplan in Rheinfelden, 1826–1840 Pfarrer in Birmenstorf und 1840 bis zu seiner Berufung als Dekan von Zurzach 1843 erster katholischer Pfarrer von Schaffhausen. 1855 zum Propst ernannt.

Johann Laurenz Huber von Hägglingen, geb. 17.5.1812, gest. 16.8.1879. 1836 Priester, Kaplaneiverweser in Mellingen und Religionslehrer am Lehrerseminar in Lenzburg, 1838 Pfarrer in Ehrendingen, 1842 Pfarrer in Lengnau, seit 1848 Dekan des Kapitels Regensberg, 1856 Pfarrer und Stiftsdekan in Zurzach, 1864 Stiftspropst, seit 1868 Domherr des Bistums Basel. 17.5.1876 Aufhebung des Chorherrenstiftes Zurzach.

Fridolin Wernlin von Herznach, geb. 16.3.1825, gest. 18.3.1877 in Zurzach. 1851 Priester, Vikar in Herznach, 1852 Hilfspriester in Laufenburg, 1852 Pfarrverweser in Wittnau, 1856 Pfarrer in Leuggern, 1864 Pfarrer und Stiftsdekan in Zurzach, 1874 Stiftskustos.

Franz Xaver Keller von Baden, dort aufgewachsen, geb. 10.9.1825, gest. 27.3.1900 in Zurzach. Gymnasium in Einsiedeln, Schwyz und Luzern, Matura in Aarau. Theologiestudium in Freiburg und Bonn. 1852 durch Bischof Anton Salzmann zum Priester geweiht. 1853 Stiftskaplan zu den Hll. Martyrern und Pfarrvikar in Baldingen für zwei Jahre. Katechet in Bremgarten und 1856 Pfarrer von Lengnau. 1874 Pfarrer von Zurzach. Sextar des Kapitels Regensberg.

Matthäus Binkert von Leibstadt, geb. 21.6.1856 in Leibstadt, gest. 15.9.1938 in Auw. Gymnasium in Schwyz. Theologiestudium an den Universitäten Würzburg und Bonn. Abschlusskurs in Luzern. 1882 Priester, Kaplan in Klingnau, 1884 Pfarrer in Zuzgen, 1892 Pfarrer in Zufikon, 1899 Pfarrhelfer in Zurzach, 1900 Pfarrer in Zurzach, 1921 Kaplan in Auw.

Hugo Haag von Götighofen, geb. 22.4.1888, gest. 22.8.1935 in Sirnach. Gymnasium in Engelberg, Theologiestudium in Mailand, Freiburg i. Br. und Luzern. 1915 Priester, Kaplan in Sins, 1921 Pfarrer in Zurzach, 1933 Pfarrer in Sirnach. Einführung der Kirchensteuer, Installation einer Kirchenheizung, Renovation der Verenagruft, Neuordnung von Kirchenschatz und Pfarrarchiv. Wie seine beiden Vorgänger Präsident des Armen-Erziehungsvereins.

Adolf Reimann von Oberhof in Wölflinswil, geb. 11.12.1898, gest. 1989 in Zurzach. Gymnasium in Einsiedeln, Theologiestudium in Freiburg und Luzern, 1930 Dr. der sozialen Wissenschaften in Bergamo, 1923 Priester, Kaplan in Laufenburg, 1925 Pfarrer in Mettau, 1933 Pfarrer in Zurzach, Schulinspektor, Sextar des Kapitels Zurzach, 1970 Resignat in Zurzach.

Richard Kern von Niederbüren in Romanshorn, geb. 25.3.1933. 1959 Priester, Vikar in Bern – Dreifaltigkeitskirche, 1966 Vikar und Katechet in Schaffhausen–St. Marienkirche, 1970 Pfarrer in Zurzach, 1978 Stadtpfarrer in Zug, 1990–1998 Pfarrer in Aedermannsdorf SO, 2003 Chorherr zu St. Leodegar, Luzern.
Am 1. September 1973 Gründung des Pfarreienverbandes Baldingen, Schneisingen, Siglistorf, Wislikofen, Zurzach, dem sich 1979 Kaiserstuhl anschloss.

Georg Pfister, geb. 1938 in Altishofen, Gymnasium in Einsiedeln, Theologiestudium in Luzern, Rom und Solothurn. Priester 1965, Vikar in Burgdorf 1965–1969, Kaplan in Entlebuch 1969–1979. Pfarrer in Zurzach und Baldingen, Seelsorger im Pfarreienverband Zurzach-Studenland 1979–1992. Dekan seit 1986. 1992 Pfarrer in Meggen und Dekan (1993).

André Knöpfel, geb. 1936 in Basel, Gymnasium Altdorf. Theologiestudium in Luzern, Paris und Solothurn. Priesterweihe 1962, bis 1966 Vikar in Bern-Bümpliz, 1966–1976 in Riehen BS. 1976 laisiert. 1976–1993 Pastoralassistent in Reinach BL. 1993–2001 Pfarreileiter in Zurzach.

Urs Zimmermann von Döttingen, geb. 1964 in Leuggern. Drogistenabschluss 1984. Miterzieher im Josefsheim Bremgarten 1984–1985. Katechetisches Institut Luzern 1985–1988. Katechet in Zurzach und im Pfarreienverband 1988–1991. Theologie über den dritten Bildungsweg in Chur 1991–1993, Pastoralassistent, später Vikar in Eggenwil-Widen AG 1993–1997. Priesterweihe 1995. Pfarrer in Rheinfelden 1998–2002. Ab 2003 Pfarrer in Zurzach.

Pfarrhelfer der katholischen Pfarrei Zurzach

1855–1883 **Johann Nepomuk Knecht** von Baldingen, Stiftskaplan.

1884 **Burkard Villiger** von Alikon-Sins, geb. 11.4.1859, gest. 24.12.1914 in Sarmenstorf. 1884 Priester, Pfarrhelfer in Zurzach, 1886 Pfarrer in Merenschwand, 1905 Pfarrer in Sarmenstorf, Kammerer.

1887 **Jakob Burkart** von Meienberg, geb. 12.11.1860, gest. 24.9.1919 in Beinwil. 1884 Priester, Kaplan in Rohrdorf, 1887 Pfarrhelfer in Zurzach, 1899 Pfarrer in Bünzen, 1918 Kaplan in Beinwil.

1899 **Matthäus Binkert** von Leibstadt, geb. 21.6.1856, gest. 15.9.1938 in Auw. 1882 Priester, Kaplan in Klingnau, 1884 Pfarrer in Zuzgen, 1892 Pfarrer in Zufikon, 1899 Pfarrhelfer in Zurzach, 1900 Pfarrer in Zurzach, 1921 Kaplan in Auw.

1900 **Josef Fischer** von Stetten, geb. 30.9.1875, gest. 29.5.1933 in Birmenstorf. 1900 Priester, Pfarrhelfer in Zurzach, 1904 Pfarrer in Leibstadt, 1908 Pfarrer in Baldingen, 1910 Pfarrer in Herznach, 1923 Pfarrer in Birmensdorf.

1904 **Robert Locher** von Remetschwil, geb. 8.4.1878 Rohrdorf, Gymnasium in Einsiedeln, Theol. Studium in Freiburg i. Br., Würzburg, Luzern, 1904 Priester, Pfarrhelfer in Zurzach. Am 18.2.1906 im Amte gestorben.

1906 **Burkard Rosenberg** von Beinwil-Winterschwil, geb. 1880, gest. 23.5.1948 in Beinwil. 1906 Priester, Pfarrhelfer in Zurzach, 1907 Pfarrer in Würenlingen, 1923 Pfarrer in Villmergen, 1942 Frühmesser in Abtwil.

1907 **Josef Troxler** von Neuenkirch, geb. 1877, gest. 24.10.1938 in Beromünster. 1904 Priester, Vikar in Brugg, 1906 Universität Fribourg, 1907 Pfarrhelfer in Zurzach, 1909 Kurat in Bern, 1911 Vikar in Horw, 1911 Kaplan in Beromünster, Rektor der Mittelschule Beromünster, 1937 Stiftspropst von Beromünster.

1908 **Leo Häfeli** von Klingnau, geb. 1885, gest. 7.8.1948 in Baden. 1908 Priester, Pfarrhelfer in Zurzach, Dr. phil. (Tübingen) 1913, Dr. theol. (Freiburg i. Br.) 1914, Weiterstudium am päpstlichen Bibelinstitut in Rom, 1915 Pfarrer in Würenlos, 1929 Pfarrer in Baden, 1930 Privatdozent, 1939 Titularprofessor an der Universität Zürich, Prälat.
Mittler, Stadtkirche Baden, S. 92. – Ders., in: BLAG, S. 287 f.

1914 **Laurenz Winiger** von Eich, geb. 1887, gest. 21.6.1957 in Eich. 1914 Priester, Pfarrhelfer in Zurzach, 1916 Kaplan in Escholzmatt, 1918 Pfarrer in Escholzmatt, 1935 Mitarbeit bei den Missionaren vom Kostb. Blute, Provinzialoberer, 1948 Resignat in Deitingen, Kienberg Eich.

1917 **Kaspar Rinderli** von Dietwil/Muri, geb. 1874, gest. 25.11.1954 in Villmergen. 1917 Priester, Pfarrhelfer in Zurzach, 1922 Pfarrer in Eggenwil, 1939 Kaplan in Berikon, Kaplan in Villmergen.

1923 **Paul Diebolder** von Tablat (Sonthofen im Allgäu/Bayern), geb. 27.9.1874 in St. Gallen, gest. 23.10.1954 in Gontenbad. Theologiestudium in Eichstätt, 1901 Priester, Bistum St. Gallen, Vikar in Männedorf, Professor an der Kantonsschule und am Lehrerseminar in Zug, Direktor des Lehrerseminars Rickenbach-Schwyz, Goldach, 1923 Pfarrhelfer in Zurzach, Gründer der Hist. Vereinigung des Bezirks Zurzach, 1927 Pfarrer in Azmoos SG, 1938 Resignat in Gontenbad, beerdigt in Sonthofen/Bayern.

1928 **Burkard Strebel** von Buttwil, geb. 1902, 1928 Priester, Pfarrhelfer in Zurzach, 1930 Pfarrer in Koblenz.

1930 **Friedrich Anton Sigrist,** Dr. theol. von Hergiswil und Meggen, geb. 1898. 1923 Priester, Doktorat (Rom) 1925, Vikar in Bern 1925–1930, Pfarrhelfer in Zurzach 1930–1933, Pfarrer in Mettau 1933–1968. Danach bis zu seinem Tode 1977 Resignat im Bruderklausenhof Etzgen.

1933 **Arnold Bertola** von Pavia, in Luzern, Bürger von Lengnau AG, Ehrenbürger von Mellikon AG (1983), geb. 27.10.1901, 1926 Priester, 1926–1933 Vikar in Brugg, 1933–1987 Pfarrhelfer in Zurzach, 1994 gestorben als Resignat in Zurzach.

Die reformierten Pfarrer von Zurzach[3]

Franz Zingg, 1529–1530, von Einsiedeln. 1512 im Dienste des Papstes Julius II. Von 1513 an in Einsiedeln genannt, war er ein besonderer Freund Zwinglis und des Pflegers Diepold von Geroldseck. Pfarrer von Freienbach 1519, liess die Pfründe durch einen Vikar verwalten. Der Reformation zugeneigt, heiratete er schon 1523 und siedelte mit Geroldseck nach Zürich über. Er wurde Diakon, beteiligte sich im Januar 1528 an der Berner Disputation und wirkte als Feldprediger. 1529 beteiligt am ersten Kappeler Feldzug. 1529 war er Prediger zu Wil (Kt. St. Gallen). Er kam schon «auf den Sambstag nach Bartholomey Tag 1529» (24. August) «sammt einem Pannerherrn, welche bei dem Engel ihr Einkehr nahmen» nach Zurzach und predigte hier erstmals am 9. Oktober. Er starb am 31. Januar 1531.

Heinrich Buchter, 1530–1531, von Zürich. 1526 Pfarrer zu Kilchberg. 1528 wohnte er der Disputation in Bern bei. Er kam 1530 (oder Anfang 1531?) nach Zurzach, 1531 als Pfarrer nach Meilen und wurde 1545 erster Archidiakon am Grossmünster, zu Zürich gestorben 1547.
Schaub, Chorherrenstift, Nr. 82.

---

[3] Hermann J. Welti, Die Pfarrer der reformierten Kirchgemeinde Zurzach, in: JBZ 1957, Zurzach 1956. – 150 Jahre Kanton Aargau. – Füllemann, Chronik. – Mat. und Notizen von Eugen Zumsteg sowie mündliche Angaben von Karl Füllemann.

Balthasar Stoll, 1531–1532. Ordiniert 1527, seit 1528 Diakon zu Eglisau (Inhaber des Schuldienstes), dann 1531–1532 Pfarrer in Zurzach, wurde 1532 Vikar und 1537 Pfarrer zu Regensberg. Als Vikar hatte er Dielsdorf zu besorgen. Er starb um 1551.

Fridolin Keller, 1532–1537, von Bischofszell. Wahrscheinlich Vikar seit 1532 und dann Pfarrer in Regensberg. Er kam 1532 nach Zurzach, wurde wegen einer Verfehlung abgesetzt, aber wieder begnadigt und 1537 nach Rümlang gewählt, wo er 1575 starb.

Severus Falb, 1537–1546, von Ragaz. Soll an mehreren Orten wegen des Evangeliums vertrieben worden sein. Wurde 1537 Pfarrer in Zurzach und kam 1546 nach Maschwanden. Er wurde im Herbst 1552 pensioniert und starb bald nachher.

Hans Römer, 1546–1551. Ordiniert 1531, im gleichen Jahr Pfarrer zu Marthalen. Hier wegen eines Vergehens abgesetzt, aber wieder rehabilitiert und 1546 nach Zurzach gewählt. 1551 kam er nach Turbenthal, 1558 nach Rüti, wo er 1563 starb.

Marx Wüest, 1551–1552, von Frauenfeld. Stipendiat zu Zürich 1545, 1550 Magister, 1551 Pfarrer von Zurzach, wo er 1552 starb.

Jakob Bindschädler, 1552–1558, von Zürich. Ordiniert 1551, versah 1551–1552 Weiach, 1552 Pfarrer in Zurzach. 1558 kam er nach Bülach, wurde Dekan 1581, resignierte 1595 und starb ein Jahr später in Zürich.

Bernhard Bertschi, 1558–1563. Ordiniert 1557, Pfarrer zu Hirzel 1558 und gleichen Jahres in Zurzach. Er kam 1563 nach Eglisau und wurde 1585 Leuptriester am Grossmünster in Zürich. Er starb 1592.

Nikolaus Zundel, 1563–1572, von Zürich. Ordiniert 1562, dann Pfarrer in Weiach. 1563 wurde er Pfarrer in Zurzach und zog 1572 nach Kappel, 1593 nach Hedingen, wurde 1604 Dekan, starb im gleichen Jahre.

Johannes Schlatter, 1572–1587, von Zürich. Ordiniert 1571, im folgenden Jahr Pfarrer zu Zurzach. Aus dieser Zeit besitzt das Landesmuseum Zürich von ihm ein Waffeleisen. Es trägt ein Wappen mit der Aufschrift: «Hans Schlatter, der zit predicant Zurzach 1572, Barbel Forster sein ehefrau 1583». 1587 kam er nach Stäfa und 1597 nach Rorbas, wo er 1602 starb. – Unter ihm wurde 1574 das älteste Taufbuch von Zurzach angelegt.

Rudolf Kilchsperger, 1587–1594, von Zürich. Er erwarb in Basel 1582 den Magistertitel, studierte 1584 in Heidelberg, wurde 1586 ordiniert, 1587 Pfarrer in Zurzach. 1594 kam er als Pfarrer nach Embrach, wo er 1603 starb. – 1589 setzt das Eheregister der reformierten Zurzacher Kirche ein.

Hans Rudolf Fäsi, 1594–1600, von Zürich. Sohn des Pfarrers Johannes Fäsi von Steinmaur. Ordiniert 1590 und gleichen Jahres Pfarrer in Hundwil (Appenzell). 1594 kam er nach Zurzach, 1600 nach Buch. Sohn und Enkel wurden ebenfalls Pfarrer. 1589 gab er eine in lateinischer Sprache gedruckte Schrift heraus. Er starb 1612.

Hans Heinrich Brennwald, 1601–1609, von Zürich. Sohn des Pfarrers Wilhelm Brennwald in Pfungen. Ordiniert 1599, 1601 Pfarrer in Zurzach, 1609 in Egg. Seit 1620 Dekan, gestorben 1625. – In seine Amtszeit in Zurzach fiel 1605 die mit vielen Hindernissen verbundene Aufstellung des Taufsteines in der Simultankirche.

Hans Rudolf Sälbler, 1609–1616, von Zürich. Ordiniert 1604, 1609 Pfarrer in Zurzach, 1616 in Meilen und 1625 in Dinhard. Er starb 1645 in Zürich.

Hans Heinrich Ochsner, 1616–1624, von Zürich. Sohn des Pfarrers Kaspar Ochsner von Niederweningen. Ordiniert 1611 als Diakon in Bischofszell. Kam 1616 als Pfarrer nach Zurzach und wurde 1628 Diakon zu Uster. Er starb 1632.

Christoph Taubenmann, 1624–1632, von Zürich. Sein Bruder Felix war Pfarrer zu Weiach. Ordiniert 1618, 1619 Pfarrer zu Güttingen (Kt. Thurgau), kam 1624 nach Zurzach, 1632 nach Stammheim und wurde 1638 Dekan des Steiner Kapitels. Er war als guter Dichter bekannt. Gestorben 1549. Sein Sohn wurde ebenfalls Pfarrer.

Hans Jakob Engeler, 1632–1636, von Zürich. Sohn des Ulrich Engeler, Prof. am Carolinum und Chorherr. Ordiniert 1628, 1629 Diakon in Niederweningen, 1632 Pfarrer in Zurzach. Er kehrte 1636 als Pfarrer nach Niederweningen zurück und kam 1645 nach Bülach. Er starb 1677.

Hans Ludwig Baltenschwyler, 1636–1668, von Zürich. Sohn des Pfarrers Ludwig Baltenschwyler in Brütten. Ordiniert 1630, 1631 Pfarrer in Basadingen (Kt. Thurgau), 1636 Pfarrer in Zurzach. 1638 erwarb er von hier aus das Bürgerrecht von Zürich. 1650 wird von ihm nach Zürich berichtet, dass er wirte, und zwar auch sonntags vor dem Gottesdienst. 1668 wurde er Pfarrer zu Dielsdorf. Bei seinem Abgang bemerkte er im Taufbuch, dass er in Zurzach 1170 Kinder getauft habe. Er starb 1676. Schon sein Grossvater und Urgrossvater waren Pfarrer zu Brütten gewesen.

Hans Kaspar Huber, 1668–1677, von Zürich. Bruder des Pfarrers Marx Huber in Schlieren. Ordiniert 1651, dann Vikar in Regensberg/Dielsdorf. 1658 Pfarrer zu Dielsdorf; er kam 1668 auf eigenen Wunsch tauschweise nach Zurzach. 1677 ging er nach Ottenbach, wurde 1684 Dekan und starb zwei Jahre nach einem 1694 erlittenen Schlaganfall. Sein Sohn wurde Pfarrer zu Hinwil. – Pfarrer Huber führte im ersten Amtsjahr das Amt des Vorsingers ein. 1865 letzte Bestellung eines Vorsingers: Lehrer Friedrich Gross aus Rietheim.

Ulrich Müller, 1677–1679. Sohn des Pfarrers Hans Kaspar Müller in Ottenbach. Pfarrer in der Pfalz, Konsistorialrat und Superintendent in Bergzabern 1666, Pfarrer in Zurzach 1677, Gelehrter. Er starb 1679 «naufragio suffocatus» (bei einem Schiffbruch).

Hans Heinrich Thomann, 1679–1682, von Zürich. Studierte als Sohn des Pfarrers Philipp Thomann zu Heidelberg. 1670 VDM, 1671 Pfarrer im Zweibrückischen, 1672 zu Frank und Alberswyler, 1676 Feldprediger zu Strassberg. Kam 1679 als Pfarrer nach Zurzach, wo er am 31. August 1682 starb.

Hans Konrad Teucher, 1682–1699, von Zürich. Ordiniert 1679, 1681 Vikar in Bonstetten und ab Herbst 1682 Pfarrer in Zurzach, wo er seit April als Vikar gewirkt hatte. 1699 kam er nach Dielsdorf und starb 1722.

Johann Heinrich Burkhardt, 1699–1709, von Zurzach. Als Sohn des Hans Heinrich Burkhardt und der Elsbeth Huber von Altstetten am 14. Februar 1658 in Zurzach getauft. Er wurde im August 1699 Pfarrer in Zurzach und starb daselbst am 5. Mai 1709.

Johann Rudolf Burkhart, 1709–1724, von Zürich. Sohn des Pfarrers Felix Burkhart in Benken. Ordiniert 1695. Seit 1697 Pfarrer in Mammern, dann 1708 in Niederweningen und von 1709 an in Zurzach, wo er bis 1724 blieb. Er starb 1736 in Zürich. – In seiner Amtszeit Bau der heutigen reformierten Kirche durch Architekt Matthias Vogel; 1714 Landkauf, 1716 Grundsteinlegung, 1717 erste Gottesdienste und Beerdigungen auf dem Friedhof hinter der Kirche.

Johann Jakob Grob, 1723–1757, von Zürich. Vermutlich ein Sohn des Pfarrers Hans Jakob Grob von Stäfa. Er kam 1723 als Pfarrer nach Zurzach und starb daselbst am 14. Januar 1757 im Alter von 71 Jahren und sieben Wochen. – 1729 Kirchenörter-Urbar (Verzeichnis der Familienstühle).

Andreas Wegmann, 1757–1811, von Zürich. Mit 31 Jahren wurde er 1757 Pfarrer zu Zurzach und blieb es bis zu seinem Tode am 20. Juli 1811, also während 54 Jahren. Er starb in Zurzach im Alter von 84 Jahren, zehn Monaten und vierzehn Tagen als «Altdekan einer ehrwürdigen Eglisauer Classe».

Leonhard Nabholz, 1811–1839, von Zürich und Boniswil. Vikar in Seengen, 1811 Pfarrer in Zurzach. 1839 zog er nach Umiken, wo er 1853 starb. Er war ein Bruder des Pfarrers Hans Kaspar Nabholz zu Oberuzwil und Rorbas. – 1820 Bau des reformierten Schulhauses. 1828–1830 Bau des heutigen Pfarrhauses (Baumeister Johann Strebel von Büblikon) nach dem Vorbild des Pfarrhauses von Bözen. – 1811 beteiligt sich Nabholz am ersten im Kapitelshaus des Stiftes durchgeführten Lehrerkurs zusammen mit Stiftskaplan Matthäus Höchle, Organist und erster Lateinlehrer in Zurzach.
HUBER, Geschichte, S. 206 f. – HUBER, S. 285.

Johannes Schmid, 1839–1862, von Zurzach. Als Sohn des Friedrich Schmid und der Elisabeth Merki am 23. Januar 1806 in Zurzach geboren. Vikar in Kulm, von 1839 an Pfarrer in Zurzach, wo er am 27. November 1862 starb.

Karl Häusler, 1863–1910, von Lenzburg. Vikar in Birr. 1863 Pfarrer in Zurzach bis 1910. Er starb hier am 19. Juli 1917. – 1880 wird ein Harmonium angeschafft, 1884 die Orgel von Franz Josef Remigius Bossart (1819/20) von der katholischen Kirchgemeinde erworben (1964–1968 restauriert).

Ulrich Grimm, 1910–1930, von Hinwil. Ordiniert 1894, 1899 Pfarrer an der Strafanstalt, seit 1901 in Regensdorf. 1905 kam er als Pfarrer nach Aawangen (Kt. Thurgau), 1910 nach Zurzach, wo er 1930 resignierte. Er starb in Zollikon 1943. – 1912 Installation der Kirchenheizung.

Walter Steinbrück, 1930–1949, von Zürich und Dättlikon (Kt. Zürich). Lic. jur. Verweser in Bruggen (Kt. St. Gallen), früher Privatdozent in Genf. Pfarrer in Densbüren 1920, in Zurzach 1930–1949.

Gestorben als Pfarr-Resignat in Zurzach 1966.
Vikare: 1946/47 Jakob Hohl von Heiden; 1947/49 Ernst Schwyn von Berlingen, 1949 Gebhard Henny von Ziefen.

Rudolf Hardmeier, 1949–1956, von Küsnacht (Kt. Zürich), geboren 1914. Ordiniert 1940, Vikar in Steinmaur und Stellvertreter in Niederhasli. 1940 Pfarrer in Schöfflisdorf, 1947 nach Italien beurlaubt. Ab 1949 Pfarrer in Zurzach, übernahm 1956 die Pfarrei Augst-Pratteln (Kt. Baselland). – 1951 erstes Kirchgemeindehaus an der Stelle der Pfarrhausscheune.

Hans Gutknecht, 1956–1961, von Thalheim/Zürich. Wechselte nach Zürich-Enge, später Zürich-Enge-Leimbach.

Joh. Friedrich Saxer, 1961–1975, von Altstätten, geboren 1919. Von Wartau-Gretschins berufen, später Pfarrer in Hundwil.

Gerrit J. D. de Haan, 1977–1990, geboren 1944 in Bolsward, Niederlande. Ordination 1973, 1973–1976 Pfarrer in Luxemburg, seit 1990 Pfarrer an der Lukaskirche in Luzern. Initiant der Chronik der reformierten Kirchgemeinde Zurzach von Karl Füllemann.
FÜLLEMANN, Chronik.

Stephan Matthias, 1991–, geboren 1949 in Hermannstadt/Rumänien. Schulen und Theologiestudium in Hermannstadt, später zusätzlich in Marburg und Bern. Ordiniert 1973, Pfarrer in Maldorf/Rumänien. 1978 vertrieben, wohnhaft in Heidelberg, 1979–1980 Pfarrer mit befristeter Anstellung in Lachen SZ, 1980–1990 in Wolhusen, 1990/91 in Möriken-Wildegg, seit 1991 in Zurzach. 1994 Bürger von Zurzach.

Kellerare, Cellerarii, «Kellner» des Stiftes, Stiftsamtmänner[4]

Geistliche (Chorherren und Kapläne) oder auch Laien, die sich Stiftsamtmänner nannten, waren die Verwalter der Stiftseinkünfte. Im 16. Jahrhundert waren zwei Chorherren (Gundelfinger und Röslin) während insgesamt neun Jahren als Cellerarii tätig. Im 17. und 18. Jahrhundert wurde das Amt ausschliesslich von Laien versehen. Dass die Chorherren es nach wiedererlangter Selbstverwaltung 1801 vorzogen, einen Cellerar aus den eigenen Reihen zu wählen, bedarf keiner Erklärung.
Aus der Frühzeit sind nur einzelne Namen bekannt. In vielen Fällen sind nicht Amtszeiten, sondern nur Einzelnennungen fassbar geworden.[5]

Joh. Smit, 1301, 1302
HUBER, Urkunden, S. 443.

Johannes von Winterthur, Chorherr, 1315
SCHAUB, Chorherrenstift, Nr. 197.

---

[4] HUBER, Geschichte, S. 291. – SCHAUB, Chorherrenstift, S. 24, und ebd. Personalliste.
[5] HUBER, Geschichte, S. 292–294 gibt für mehrere Kellerare Daten ohne Beleg. Verlässlich sind die durch SCHAUB, Chorherrenstift, überprüften Daten (bis 1531).

Johann, Chorherr, 1333
REC II, S. 151, Nr. 4331. (Wohl identisch mit Schaub, Chorherrenstift, Nr. 181: Johann Schmid).

Nikolaus Schmaltzer von Ravensburg, 1374, 1390 als Kellerar bezeugt
SCHAUB, Chorherrenstift, Nr. 222.

Nicolaus Nas von Isny, Chorherr, 1394
SCHAUB, Chorherrenstift, Nr. 219.

Henslin Wagemann, 1447
HUBER, Urkunden, S. 443. – SCHAUB, Chorherrenstift, Nr. 190?

Heinrich Suter, Cellerarius dominorum, starb an einem 7. Mai (vor) 1509. 1448 Kellerar. Sein Sohn dürfte der Rektor (1472–1510) der Basler Universität, Johann Suter von Zurzach gewesen sein.
WELTI, Jahrzeitbuch, Nr. 390, S. 30. – SCHAUB, Chorherrenstift, Nr. 284.

Johann Wilchinger, Kaplan, 1460, 1463
SCHAUB, Chorherrenstift, Nr. 193. – HUBER, Urkunden, S. 443.

Ulrich Wagenmann, 1467–1476
SCHAUB, Chorherrenstift, Nr. 293.

Lüpold (Lüti) Rechburger, a. Vogt in Klingnau, 1477–1498, 1501
SCHAUB, Chorherrenstift, Nr. 289.

Johann Schultheiss von Zurzach, 1498, 1509 genannt
SCHAUB, Chorherrenstift, Nr. 287.

Konrad am Rhein, 1496 Kellerar in Klingnau
SCHAUB, Chorherrenstift, Nr. 281.

Mathias Gundelfinger, Chorherr, 1510–1514, † 1514
SCHAUB, Chorherrenstift, Nr. 212.

Ulrich Schuhmacher zum Engel, Bäcker, 1519–1520
SCHAUB, Chorherrenstift, Nr. 292.

Konrad Oftringer von Zurzach, 1523–1525(?)
SCHAUB, Chorherrenstift, Nr. 279.

Bartholomä Attenhofer von Zurzach, Sohn des Propstes Peter Attenhofer, 1525(–)1559
SCHAUB, Chorherrenstift, Nr. 278.

Ulrich Wydenkeller, Notar, von Konstanz, 1512–1540 Schulmeister, 1528 und 1540 Kellerar
SCHAUB, Chorherrenstift, Nr. 294.

Thomas Zimmermann von Klingnau, 1531–1539, Hinterlässt 1542 Schulden, für die sich seine Witwe dem Stifte verschreibt.
SCHAUB, Chorherrenstift, Nr. 291.

Sybilla Wydenkellerin, 1540[6]

Johann Feurer, gen. Röslin, Chorherr, 1541

Hans Aeppli aus dem Ror am Gryffensee, Schulmeister, 1542–1544

Bartholomä Attenhofer aus Zurzach, 1545–1560

Conrad Hädersch von Bückenbach, 1561–1565

Johann Joachim Koller von Laufenburg, 1566–1573

Meister Joh. Gebel von Rotwil, Kellerar und Schulmeister, 1573–1577 und 1589–1593

Melchior Suter, päpstlicher Notarius von Baden, 1578–1584

Jakob Sebastian Cromb von St. Gallen, 1585–1588

Hans Christmann von Kaiserstuhl, 1594–1599

Balthasar Jeger von Waldshut, bereinigt 1600–1612 die Zinsurbarien

Jakob Schiess, Bürger von Mellingen, vorher Schreiber im Kloster Wettingen. Propst Christoph Schiess und der Jesuit Kaspar Schiess waren seine Söhne.

Joh. Bernhard Köferli, Schwiegersohn des Jakob Schiess, 1642–1655

Joh. Jakob Aklin von Luzern und Augsburg, 1655–1688, in Zurzach gestorben 1699, päpstlicher und kaiserlicher Notarius. Bereinigte die Zinsubarien und legte fünf Grundbücher mit den wichtigsten stiftischen Urkunden an.

Nicolaus Frey, Schulmeister, 1689–1722

Peter Karl Frey, Sohn des Vorgängers, 1722–1751

Josef Anton Frey, Sohn des Vorigen, Schwiegersohn von Peter Thumb, Baumeister, Mitglied des Grossen Rates von Konstanz, 1751–1780

Georg Ignaz Frey, Sohn des Josef Anton Frey, 1780–1798

Während der Helvetik wurde das Stift 1798–1801 von der Regierung verwaltet durch
Heinrich Schaufelbühl, a. Statthalter, zum Raben, 1798–1799
Josef Leonz Attenhofer zum Roten Ochsen, 1799–1801

1801 erlangte das Stift erneut die Selbstverwaltung. Es setzte als Kellner ein:
Franz Michael Maria Blunschi, Custos, 1801–1807. Gehilfe für die ennetrheinischen Gefälle war Dr. Franz Leopold Maria Freiherr von Beck, Chorherr. Ihm folgten
Josef Fridolin Attenhofer von Zurzach, 1807–1834, und
Franz Xaver Attenhofer, Sohn des Vorgängers, 1834–1853.
Josef Frey, Bezirksverwalter 1849–1858, liquidierte im Auftrag der Regierung 1853 das Stiftsvermögen und verwaltete es zwei Jahre lang.
Arnold Attenhofer, Bezirksverwalter, verwaltete ab 1855 im Auftrage der Regierung das Stiftsvermögen.

---

[6] Die folgenden Namen und Daten nach HUBER, Geschichte S. 294 f.

Zurzacher Messe

Äusserungen zweier Messebesucher im 16. Jahrhundert

Aus der «Chronik» des Hans Stockar

Hans Stockar (1490–1556), Schaffhausen, Ratsherr, Geschäftsmann, Santiago- und Jerusalempilger

1527

«Und ain dem markt haind ross vil goltan und hain da vil wunder [Ungewöhnliches] gesechen und grossin buberyg [Buberei] und ain schantlych, lastarlich ding mit den frowen, der unkü(s)chatt [Unkeuschheit], und der mian offelichen dags [am hellen Tag] da kyan [kein] scham (hatt), und mit fülleryg, mit essen und drinkan und mit schrygendem hyenn [lautem Lockgeschrei][1] und ain grusams ding zu herend [hören] und zu sechen settliche schand und lastar, als da ist gesin uff dem markt und all markt, ich hain in der (welt) nie kyan settlich schantli(ch) leben gesechen, als da uff dem markt wyer Krystan [wir Christen] füerent. Wunder, das uns gott (nit) under lyes gon [untergehen liess] und uns straffdyg [strafte] von dem ubel, das da g(eschach).»[2]

Aus dem «Reiss Biechlin» des Andreas Ryff

Andreas Ryff (1550–1603) von Basel war Tuchhändler, Ratsherr, Gesandter

1569

Alß ich nun wider in Basel in meines vaters haushaltung komen bin, hab ich gleich die merckt im Elsass, Sundtgeiw, Breisgeiw und in der gantzen Eidtgnoschaft mit dem duochhandel [Tuchhandel] an die handt genomen.
[...]

1570

Erstlich und firnemlich hab ich jerlich ordinare [üblicherweise] die zwen *Zurzacher Merckt* broucht[3], do der eine 8 tag nach pfinsten der ander uff Verenæ oder den 1. september gehalten wirt. Dises ist ein hörlicher und in der Eidtgnoschaft gröste jormerckt, do gar mechtig vil volcks hinkompt und ein statliche suma waaren auß Engellandt, Niderlandt, Franckreich, Lutringen, Burgundia, Italien und gantz Deutschlandt hingefiert und verhandlet werden.

Per Zurzach
Von Basel auß zeucht man gehn Rihnfelden. 2 myl, Seckingen, 1 myl, Lauffenburg, 1 myl, Houwenstein, Waltzhuot, 1 grosse myl. Doselbsten vahrt man zuo Kobeltz über den Rihn, Zurzach, 1 myl. Summa, von Basel biß / gehn Zurzach sind 6 groß mylen. Nun ist zuo wissen, daß ich sidt anno 1570 biß uff Verenæ, anno 1598, alle jor 2 mol in Zurzach erschienen bin, und zuvor anno 58/59/64 vinff moll; das betrift zuosamen: 63 Zurzacher merckt gehalten.[4]

Aus dem «Zirckell der Eidtgnoschaft» des Andreas Ryff

1597

Zurzach: «Es ist ein gwaltig Kauffhaus gantz Heluetiae. Es heist uff Latÿn [Latein] Forum Tiberij, dz [das] ist der Merckt Tiberij.» Die Römer hatten es angelegt wegen «glegenheit des Rihns [Rhein], der Aaren, der Limmät und Rÿs [Reuss], uff wellichen vier wasseren man aus ganz Retia und Heluetia den Kriegslithen [Kriegsleuten] alle nothwendige Victualia [Lebensmittel], Munition und Proviant komlich [bequem] und wolfeil kenen [können] dahin bringen, behalten, verkauffen und austeilen, wie man auch ab disem Orth vernners [ferner] lichtlich [leicht] uff dem Rihn alles bis ins hoche deitsche [deutsche] Meer hat fieren kenen [führen können].» Der Flecken ist wie eine Stadt erbaut, «hat aber nur noch ein Thor uffrecht [...] In Zurzach sind jerlich zwen gwaltige Jormerckt, der ein uff Mentag nach Trÿnitatis, der ander uff den 1. September uff St. Verenentag, wellich Verena ihre Patronin ist. Dise Merckt wären des Handkauffs halb [Kleinverkauf] nur 2 Tag, aber sonst mit allerhand gantzen Waaren haben die Kaufleith [Kaufleute] 8 Tag ze thuon [der Markt im Grossen benötigt acht Tage] und gibt gar grosse Merckt von allerhand englischer, niderlendischer, französischer und italienischer und deitscher Waar. Insonders aber grossa Summa allerhandt duoch [grosse Mengen Tuch] werden do verhandlet. Desgleichen Merckt ist keiner in gantz Heluetia [...] Uff disen Jormerckten haltet man den gemeinen Mätzen ein offnen Tantz. Do thuot der Landtuogt ein Vortantz. Wie wohl derselbige nit mehr under allen Landuögten gehalten wirt, so halten denselben doch noch etliche Landuögt, denen es gefalt und stot zuo irem Willen [ist ihnen anheimgestellt]. Diser Tantz aber hat vÿl Lith [viele Leute], frembde und heimmische geergert und wundergenommen, was das doch für ein Sach seye, dz man den huoren souil [soviel] freyheit losse.»[5]

---

[1] Hoin, hain = herbeirufen.
[2] Nach: Hans Stockars Jerusalemfahrt 1519 und Chronik 1520–1529, hrsg. von Karl Schib, Basel 1949 (QSG, NF. I. Abt., Bd. IV), S. 152.
[3] Oder bsuocht ?
[4] Basel, Universitätsbibliothek, Mscr. fol. 7r–8r. – Nach: Andreas Ryff (1550–1603), Reisebüchlein, herausgegeben und eingeleitet von Friedrich Meyer, mit einem Beitrag von Elisabeth Landoldt, in: BZGA 72, 1972, S. 5–135, hier S. 31 f.
[5] Ms. Musée historique Mulhouse, fol. 177v, 178r.

Ein Blick ins Freiburgerhaus 1628

(Zusatz-Vertrag zum) **Mietvertrag vom 15.6.1628** über das Obere und Untere Lederhaus **(Freiburgerhaus)** zwischen der Gerberzunft von Freiburg und den Gebrüdern Doldi. – Die Hausbesitzer Doldi hatten einen Teil des an die Gerber vermieteten Freiburgerhauses abgetrennt und weitervermietet, als die Gerber nur mit einer kleinen Gruppe an die Messe kamen.[1]

Vertrag zwischen gemeinem [gemeinschaftlich] gerber handtwerckh von Fryburg [i. Ü.] an einem, unnd danne [den] Fridli unnd Hanns Doldin, beede gebrüedere unnd burger zu Zurtzach, wegen des Lederen hus [Lederhaus] daselbsten. Beschechen den 15. Juni 1628 mit offner hand [unter Vorbehalt endgültiger Regelung].[2]

1
Erstlichen weylen man befindt, dz je unnd allwegen [von jeher] ob ob und an dem lederhus [das Obere und das Untere Lederhaus, Freiburghaus] zwo underschidliche behussungen gsin, unnd dise zwo behussungen vertheilt unnd underschlagen [getrennt abgeteilt], lasst man es bei diser underschlagung verbliben. Dieweilen aber der brief vermag, das dem gemeinen handtwerckh dz haus an dem Nidern Orth [Unterflecken] bei dem brunnen [Rathausbrunnen] gelichen worden, der vordere theil des hauses, mit bogen [Bogentore der Warengewölbe], thüren unnd fenstern, in der Doldinen kosten in ehren erhalten solle werden [Unterhaltspflicht der Doldi für den Vorderteil des Hauses], soll innen den gemeinen gerbern sollich leder hus nach inhalt brief und sigel [am Rand:] * in denen bishero gehabten fryheiten * verbliben, sollliches zu ewigen zitten nit witters vertheilt noch auch verners underschlagen noch geengeret werden [das Haus darf nicht weiter unterteilt werden].
[Am Rand:] * wann aber in das khünftig die M. [Meister] der gerbern sovil leder alhero brechten, dz sie nit genuegsam blatz hetten, soll alsdann der blatz, so vom lederhus underschlagen, widerumb eröffnet werden. *

2
Die bestallung [Pferdeställe] betreffende, soll alle zeit der besitzer der obern behussung schuldig sein, wann die gerber pferdt oder ross mitbringen werden, innen vor andern gesten stallung zu geben.

3
Drittens soll der besitzer dieser behussung innen den gerbern ein Cammer darin 4 betten stehen khönnen ze geben schuldig sein, so uff dises handtwerckh wartten soll. Darvon sollen gemeine gerber verbunden sein, jedes märckht 5 [?] lb [Pfund] zins ze geben, sie khommen oder khommen nit. Im fahl aber der Meistern sovil khomen, dz sie nit alle blatz in dieser kammer haben wurden, soll der wirt den übrigen auch nach gelegenheit underschlauff und liger [Lager] ze geben schuldig sin.

4
So dann unnd zum vierten, sollen die gerber bei dem besitzer diser behusung schuldig sein zu zehren [essen], under tags nach ihrer gelegenheit dz pfesber [Vesper, Abendmahlzeit] oder dz [Mittags-?]mal, nach zeit aber sollen sie dz mal ze nemmen, hergegen der gastgeb sie der gebür nach, inmassen ander gastgeben ihre gäst halten, mit spys unnd tranckh unnd nemmen [verbunden sein] der ihrten [= ürte ?] ze halten verbunden sin [sollen sich an die bei andern Wirten üblichen Preise halten].
Im übrigen soll es bei ihrem beedersits des wirrt unnd der gerber uffgerichten brief unnd sigel verbliben.
Letstlichen sollen die besitzer der obern unnd undern behusung khein andern schilt [Hausschild] usshencklen oder anmalen, sonder diese beede heüser under der Statt Friburg ehrenwappen verbliben lassen.
H. Michael Bossart unnd Frantz Müller beede von Fryburg wegen gemeinen handtwerckhs haben diese sach hinder sich ze bringen für dz gemeine handtwerckh genommen.
Costens halber, so vormal unnd jetzund alhie ufgangen, solle beede parteyen mit einandern abrichten [sich einigen].

NB. der Tuchleütten lauben betreffende, wann in dz künfftig [inskünftig] die Tuchleütt widerumb tuch alhero bringen wurden, sollen die besitzer der obern behusung die lauben innen widerumb inraumen, die Cammer schlüssen. Inmitels dessen [bis dann?] soll dem besitzer der gewohnlich zins entrichtet werden, unnd der besitzer gewalt haben, die lauben unnd Cameren ze nutzen nach seinem gfallen.

---

[1] StAAG 4040, 15.6.1628, Umschrift Felix Müller 1998.
[2] Deutsches Rechtswörterbuch 4, Weimar 1939–1951, Sp. 1578 f.

Bettelmandat 1786

**Gedrucktes Mandat betr. Bättel-, Strolchen- und Diebsgesindel.
Vorschrift, welche Strassen von Reisenden zu Pferd und zu Fuss benützt werden sollen.**
12. Jänner 1786 Kanzley der Grafschaft Baden im Ergeu.[1]

Nachdeme die bisherigen Mandat und Verordnungen, so in Ansehung des Bättel- Strolchen- und Diebsgesindels ergangen, entweder nur für kurze Zeit, oder gar nicht befolget worden, so bin Ich um so mehr gezwungen, zu Entfernung und Abhaltung desselben nachstehend ernstliche Verordnung zu machen, weilen sehr nachdruksammer Anstalten [wirksamer Massnahmen] wegen die gegen diess Uebel in der Nähe und Ferne gemacht werden, solches in sehr vermehrtem Grad auf die hiess. Grafschaft zu fallen anfängt, und wird desshalben

Erstens, vorgeschrieben und befohlen, dass keine Kundschaften [Zeugnis, Beglaubigung], so über ein halbes Jahr, und keine Pässe, die über zwey Monat alt sind, für gültig sollen angesehen oder geachtet werden; wer nur mit solchen versehen, oder bessere hat, und aber nicht auf dem Weg ist, auf dem er nach seinem Pass seyn sollte, ist nicht ins Land zu lassen, oder wenn er darinnen ist, wieder zurük und daraus wegzuführen. Das nämliche ist auch zu beobachten, wenn die im Pass vorgezeichneten Strassen oder Wege mit den Unterschriften nicht übereinkommen. Damit aber solche Unterschriften mit dem Pass können verglichen, nicht verborgen gehalten und erfahren werden, wie da oder dort der Besizer dieses Passes angesehen worden, ist kein auf einen Ueberzug gekleibter Pass als gut zu achten, diejenige aber, so nicht aufgekleibt, sonder nur sonst mit Gold oder anderm Papir gedekt sind, los zu machen, und wie vor so auch hinterwärts wohl zu untersuchen. Wenn überdas ein Pass oder Kundschaft Jemanden als verdächtig vorkommen sollte, seye es in Ansehung von Veränderung in Schrift oder Zahlen, oder dass derselbe wegen dem Sigill [Siegel] oder anderm für falsch anzusehen wäre, so ist desselben Besizer mit Sorgfalt ins Schloss Baden zu führen, damit die weiter nöthige Untersuchung könne vorgenommen, und das erforderliche verfügt werden.

Zweytens, Besonders genau und sorgfältig sind zu beobachten und zu untersuchen solche, die sich für Convertiten, Brand- und andere Collectanten [Brandgeschädigte auf Bettelreise], Italienisch- und andere fremde Geistliche, Waldbrüder, Kessler, Schleiffer, Kästentrager und geringe Krämer ausgeben; und so wie diesen alles Steuersammeln und Bätteln unter Straf verbothen, so ist auch männiglich alles Ernsts untersagt, ihnen Allmosen und Unterstüzung vielweniger Herberg oder einigen Unterschlauf [Unterschlupf] zu geben, sonder selbige, wenn sie vor Nacht nicht mehr aus dem Land können gebracht werden, in offene und ehehafte [gesetzliche] Wirthshäuser zu weisen, woselbst sie aber nicht länger als eine Nacht sollen geduldet werden; und wenn von einem bekannt wurde, dass er Steuer gesammelt, oder gebättelt, oder mehr als eine Nacht in der Grafschaft zugebracht, so solle er gefänglich auf Baden geführt, und daselbst nach Gebühr abgestraft werden. Gleichwie aber

Drittens, durch anders Strolchen- und Bättelgesind, nicht minder Beschwerd, Schaden und Gefahr ins Land gebracht wird, so ist jeder und jede unter was Gestalt und Umständen sie auch erscheinen, und namentlich auch solche, die nach Maria Einsiedeln zu reisen vorgeben, mit allem Fleiss zu untersuchen, und wer nicht mit Pässen oder Kundschaften wie vorgemeldet versehen, oder auf einige Weis verdächtig wäre, zurük aus dem Land zu führen, oder ins Schloss Baden zu bringen, auch nicht zu gestatten, dass jemand fremder mehr dann eine Nacht, und zwar nur, wenn weiters nicht zu kommen, in der Grafschaft geduldet werde.

Viertens, sollen alle Fehren [Fähren] an den ordinari [regulären] und ehehaften Fahren des Rheins, der Reuss und der Aaren, auf das ernstlichste, und bey Vermeidung höchster Ungnad und Straf gewarnet seyn, keine Personen, wer sie auch immer seyen, ohne vorzeigend genugsamme und gültige Päss in die Grafschaft oder in derselben hin und wieder zu führen, denn, wenn bey Examinierung solcher Personen sich erfinden sollte, dass sie dem zuwider gehandelt, sie schwerer Strafe nicht entgehen wurden; desswegen sie dann auch die Fahr nicht durch die Kinder, sonder selbst versehen sollen. Denjenigen Dörfern, welche an den Wassern liegen, und sich des Fischens, oder sonst andern Ursachen halben, einiger Schiffen bedienen, ist bey höchster Ungnad verbothen, Jemand, wer der immer seyn mag, inn oder aussert das Land zu führen, er möchte auch vorwenden was er immer wollte, dann so einer oder mehr, wer die seyen, hierwider fehlbar wurden, sollen sie nicht nur darum mit grossem Ernst angesehen, sondern ihnen alle Schiff ohne Unterschied weggenohmen werden. Die Hauptfahr sind Zurzach, Kadelburg, Koblenz, Klämmi, Stilli und Windisch.

Fünftens, ist verordnet, dass von den Reisenden zu Pferd und zu Fuss und mit Gütern nur die Hauptlandstrassen gebraucht werden sollen, welche da sind: von Bremgarten über Mellingen auf Baden, in dem Verstand, dass die Strass über Rhordorf für alle fremde Fussgänger gänzlich verbothen seyn solle, vom Fahr Windisch über Gebistorf, von Altstätten über Schlieren und Dietikon, von Höng über Winingen, von Otelfingen über Würenlos, von Wenningen über Neuzellen, von Kaiserstuhl und Weyach über Fisibach nach Baden, und über Rümiken nach Zurzach, von Baden über Rieden, das Sigenthal hinunter über Würrenlingen nach Zurzach, und so auch von da wieder zurük; aus dem Frikthal über Leibstatt, von Klingnau über Dettingen durch den Wald das Sigenthal hinauf nach Baden. Alle Nebenstrassen und Abwege sind allein der Post vorbehalten, sonst gänzlich verbothen, und sollen alldorten und anderstwo Stüd [Pfosten] mit angeschlagenen Warnungsschriften aufgerichtet werden, damit sich niemand mit Unwissenheit entschuldigen könne. Weiters solle Niemand in den Dörfern oder Höfen, so von den obangezeigten Landstrassen viel oder wenig entlegen sind, aufgenohmen, oder der Durchpass durch solche gestattet werden. Die Wächter so wie die Einwohner solch abgelegener Dörfer sollen alles auf die erlaubten Strassen und die Dörfer, so an denselbigen liegen, zurüktreiben. Unter diesen verbothenen Gegenden sind sonderheitlich gemeint das ganze Rhordorfer Amt, und auch das Dorf Fislispach, dann nicht minder alle Dörfer und Höfe, so von Tägerfelden hinweg das Endinger und Längnauer Thal hinauf an, und auf den dortigen Bergen liegt. Damit aber diesem allem desto besser nachgelebt werde, so ist

Sechstens, geordnet, dass von nun an die Dorfwachten aller Orten, und zwar auch an denen, die nur aus fünfzehn Häusern bestehen, fleissig, und mit tauglichen Männern sollen bestellt werden, welche so viel als möglich, mäniglich untersuchen, niemand seinen Weg sollen fortsezen lassen, der nicht auf der grossen Landstrass wandelt, und nicht wie oben gesagt, mit Pass versehen ist, sonder selbigen aufhalten, und zur nächsten Dorfwacht zurük führen, nicht gedulden, dass niemand bey den Häusern bätteln gehe oder Allmosen fordere, und auch den Kindern das Bätteln nicht zulassen. Und dann Siebentens, sollen alle hochoberkeitlich und niedergerichtliche Beamtete, so wie auch die Dorf- und Gemeinds-Vorgesezten auf der bestmöglichen Bestellung dieser Dorfwachten so beharren, dass wenn ihnen von ihren Gemeindsgenossen dessshalb nicht wollte an die Hand gegangen werden, sie selbiges ohne Verzug leiten, wo Ich dann die erforderlichen Massregeln zu nehmen [Massnahmen ergreifen], wissen werde. Eben dieselbe sollen auch im Kehr [abwechselnd] wenigstens jede Woche einmal nach eingebrochener Nacht in alle Häuser und Ställe ihres Dorfs gehen, und sehen, ob, und wer in denselben beherberget seye, diejenigen, die zum zweytenmal da sind, bis Morndess [zum folgenden Tag] verwahren, und gefänglich auf Baden senden, denen aber, so erst angekommen, anzeigen, dass sie bey folgend anbrechendem Tag ab und aus dem Land reisen müssen. Diese Untersuchung von den Vorgesezten soll acht Tag nach Verlesung des Gegenwärtigen ihren Anfang nehmen, und allfällige Unterlassung härtiglich bestraft werden. Was an den vorausgesezten, allen Fremden verbothenen Nebenhöfen und Dörfern, seye es Tag oder Nacht, oder auf verbothenen Strassen angetroffen wird, solle angehalten, in die Dörfer geliefert, und durch die Wächter auf Baden geführt werden, damit sie daselbst mit angemessner Leibsstraf können gezüchtiget werden. Wurden die Vorgesezten in ihrer Aufsicht, so wohl wegen der Dorfwacht als dem Beherbergen und Reisen der Fremden saumselig [nachlässig] seyn, oder ihnen gemachte Anzeigen nicht annehmen, und dieser Ordnung zuwider handeln, so wird ihnen die unnachlässliche Buss von 20. Pfund und 5. Pfund für den Leiter [Verzeiger oder «Verleider»], mithin in allem 25 Pf. zu bezahlen auferlegt werden. Andere, die mit Beherbergung oder sonst gegen etwas hierinn enthaltenes sich verfehlten, und so heimlichen Unterschlauf geben, dass die Vorgesezte davon nichts wissen können, sollen die nämliche Straf tragen, unvermögenden Falls aber mit Gefangenschaft, und nach den Umständen an der Stud [Pranger] büssen. Was dann

Achtens, die Grafschaft-Harschiers [Landjäger] ansiehet, so wird denselben auferlegt und eingeschärft werden, heimlich und offentlich fleissig nachzuspüren, ob all vorstehendes beobachtet und gehalten werde, und alle ihre Leitungen [Anzeigen] von Fehlen und Uebertreten, wie vorgesagt, mit 5. Pf. Geld belohnt worden. Sollten dieselben auch in den benamset [erwähnten], allem fremden Gesindel verbothenen Gegenden jemand antreffen, so sollen sie solche nicht nur mit Ernst geradenwegs auf die grosse Landstrass bringen, sonder sich erkundigen, wo sie die Nachtherberg gehabt; und wenn sie in standhafte Erfahrung gebracht, dass sie irgendwo gewesen, wo es nach diesem Mandat verbothen ist, selbiges anzeigen, wo dannzumal der Gemeind, ohne zu untersuchen, ob die Vorgesezten oder der so beherberget, Schuld haben, die vorgesagte Straf, und die 5. Pf. dem Leiter, wird auferlegt werden. Wenn endlich

Leztens, von sothan vorbenamsetem Bättel- Strolchen- oder Diebsgesind mit frechen bösen Worten oder gar einigen Drohungen sich verlauten liessen, solle man selbige gefänglich annehmen, und anhero nach Baden liefern: wenn auch thätliche Hilf erforderlich wäre, sollen alle Gemeindsgenossen, und auf Begehren auch die umliegenden Gemeinden mit schleuniger Hilf erscheinen, und derselben sich bemächtigen.

Damit aber diese Verordnung desto wirksamer sey, so ist selbige alle Jahre zweymal und zwar am ersten Sonntag im Jäner, und am lezten Sonntag im Augstmonat [vor Beginn der Herbstmesse] offentlich ab der Kanzel zu verlesen, und nach jeder Verlesung an den gewohnten Orten neuerdingen anzuschlagen, auch darüberhin von männiglich so viel möglich bekannt zu machen, womit dann der damit sich vorgesezte heilsame Zwek ehnder wird erreicht, und männiglich vor Ungnad und Straf sich zu vergaumen [schützen] wissen wird.

Gegeben den 12ten Jäner 1786
Kanzley der Grafschaft Baden im Ergeu.

---

[1] Museum Höfli, Inv. Nr. 800 (Titel fehlt).

Die Messe um 1800

Eingabe der Gemeinde Zurzach an den Regierungsstatthalter und den Vollziehungsrat bezüglich der geplanten Neuordnung der Zollordnung, verfasst durch Peter Karl Attenhofer im Jahre 1800.[1]
Das Projekt sah vor, die Binnen- durch Transit- und Grenzzölle zu ersetzen. Es wurde nicht verwirklicht.

Bemerkungen über die geographische Lage, und über die Meseverhältnisse [Messeverhältnisse] in Zurzach

Veranlassung der gegenwärtigen Bemerkungen.
Der Zeitpunkt, wo die helvetische Regierung die Einrichtung neüer Gränzzollstätte behandelt, muß nothwendig die Bürger Zurzachs für die Beybehaltung ihrer berühmten Mese besorgt machen; weil eine einzige nicht vorsichtig genug berechnete Verfügung, derselben den empfindlichsten Nachtheil versetzen, wo nicht selbst deren gänzliche Aufhebung verursachen könnte.

Inhalt derselben.
Daher finden sich die Unterzogene bewogen: mit dieser Vorstellung zutrauensvoll einzukommen; worinn wir forderst die geographische Lage Zurzachs schildern; dann durch Entwiklung deß Meseverhältnißes, die Wichtigkeit dieses Handelplatzes, und den Vortheil des gesammten Handelsstandes, so wie eines beträchtlichen Bezirks Helvetiens, und insbesondere des Markfleckens Zurzach darthun, und die Gefahren bemerken wollen, welche der Mangel sorgfältigen und besondern Bedachts unserer Mese zuziehen würde.

Geographische Lage Zurzachs.
Eine Stunde oberhalb des Zusammenflusses von Rhein, Aare, Reüß und Limmat, liegt Zurzach, am linken Rheinufer, gegenüber der schwäbischen Landgrafschaft Kleggau, wenig entfernt von den vorderöstereichischen Landen. In der Nähe von Zurzach sind drey wichtige Rheinfahre, als: zu Koblenz, zu Kadelburg, und zu Zurzach selbsten.

Deütsche Landtstrasse von Stühlingen in die Schweitz.
Von Frankfurt über den Schwarzwald, und aus dem nördlichen Schwaben, Wirtenberg usw., über Stühlingen gehen hierdurch Landstrassen in die Schweitz.
Die Baßler und Schafhauser Landstrassen gehen von beyden Städten auf deütschem Boden nach Zurzach.
Wichtiger aber, als diese, sind jene Landstrassen, welche aus Frankreich über Basel, und aus dem grösten Theil von Deütschland, über Schafhausen nach Zurzach gehen, und besonders merkwürdig ist es: daß sowohl die Strasse von Basel, als jene von Schafhausen, auf deütschem Boden nach Zurzach gehen, und den Schweitzerboden auf der ganzen Streke nur wenig berühren.
Die Schafhauser Strasse ist die eigentliche Landstrasse aus Deütschland nach dem mittägigen Frankreich.

Von diesen ist die Strasse von Schafhausen die wichtigste, weil selbe die eigentliche Landstrasse ist aus Deütschland, über Bern, Genf, nach dem mittägigen Frankreich.

Die Abänderung derselben müßte wegen bedeütendem Umweg die Fracht sehr erhöhen.
Sollte diese Strasse abgeändert werden wollen, so könnte dieß, wegen auszuweichenden Gebirgen und manigfaltigen beträchtlichen Krümmungen des Rheinstrohms, nur durch einen bedeütenden Umweg geschehen, welcher die Fracht sehr erhöhen müßte.

Das *Locale* fordert hier ein *Zoll-Bureau*.
Da die helvetische Regierung die *Zoll-Bureaux* auf die Gränzen verlegen will, so fordert das *Locale* hier ein solches *Bureau*.

Zurzacher Messe, und derselben Ursprung.
Seit Jahrtausenden war in Zurzach eine berühmte Freymesse, deren Ursprung sich in jenen Zeiten verliert, wo römische *Legionen* gegen die Deütschen am Rheine fochten. Diese Mese wurde von Schweizern, Italienern, Franzosen und deütschen Kaufleüten mit grossem Verkehr besucht. Kaufleüte von andern *Nationen* kamen auch bießweilen dahin, und wenn diese schonnicht so haüfig nach Zurzach kamen, so wurden doch in Zurzach viele Waaren gekauft, welche nach *Beaucaire*[2] geführt, und von da nach allen Theilen der Welt gesendet wurden.

Freyheiten derselben.
Die von Römischen Legionen Kaysern in spätern Zeiten ertheilten Freyheiten, waren nur Bestättigungen älterer Rechte. Die Herzogen von Oestereich, und nun, seit bereits 400 Jahren, die ehevorigen Schweitzer Regierungen, schützten diese Freymesse, und während der itzigen wichtigen Staats=Umwälzung sicherten wechselweise *Mengaud, Schauenbourg, Brune, Massena, Montchoisi*,[3] und Erzherzog *Carl* diese Mese, welche für die ganze Schweitz höchst wichtig, für die Bürger von Zurzach aber der einzige Nahrungszweig ist, so wie selbe bereits die einzige Quelle ist, aus welcher baares Geld in die umliegende Gegend fließt.

Zufluß der Waaren.
Aus mehrern Gesichtspunkten müssen die Zurzacher Mese-Geschäfte betrachtet werden, denn
a. bringen Schweitzer Bürger Waaren, welche wieder an Schweitzer verkauft werden.
b. Schweitzer lassen Waaren auf Zurzach gehen, welche bis dahin immer auf Schweitzerboden bleiben. Andere Schweitzer Waaren gehen, wie von Basel und Schafhausen, aus der Schweitz über deütschen Boden nach Zurzach.
c. Kommen deütsche Waaren nach Zurzach, welche wieder an Deütsche verkauft werden.
d. kommen deütsche Waaren nach Zurzach, welche nach Italien und Frankreich verkauft werden, und als *Transit* anzusehen sind.
e. Endlich kommen deütsche Waaren nach Zurzach, welche in der Schweitz bleiben.

f. Aus Frankreich kommen Waaren nach Zurzach, wovon nur der kleinere Theil in der Schweitz bleibt der grössere aber nach Deütschland geht.

g. Beynahe gleiches Bewandtniß hat es mit Italien, aus welchem Lande ebenfalls viele Waaren nach Deütschland gehen, und die wenigere in der Schweitz bleiben.

Die Waaren, welche in der Schweitz verbraucht werden, sind von jener zu unterscheiden, welche nur als *Transit* durch die Schweitz gehen.

Bevor wir nun die Artikel berühren, welche bey Zurzach theils schnurgerade aus Deütschland in die Schweitz gehen, theils aber über Schafhausen aus Deütschland, theils aber auch von Basel und Frankreich ebenfalls durch das oesterreichische nach Zurzach gehen, finden wir höchst wichtig: die Regierung aufmerksam zu machen auf den wesentlichen Unterschied zwischen Waaren, die in der Schweitz verbraucht werden, und solche, welche nur als *Transit,* entweder nach Frankreich, Italien oder Deütschland gehen.

Zoll auf *Transit* Ware.

Denn würde von deütschen Waaren, die nach Italien gehen, ein bedeütender Zoll gefordert, so würden diese Waaren durchs Tyrol nacher Italien gehen, und die Botznermesse würde gewinnen, was Zurzach und die ganze Schweitz verlöhre.

Sollte man auf deütsche Waaren, die durch Zurzach nach Frankreich gehen, einen schweren Zoll legen, so würde der beschränkte helvetische Boden gar leicht zum eignen Schaden auszuweichen seyn. Gleiche Gründe sind anzuwenden auf Waaren, die aus Frankreich durch die Schweitz nach Deütschland gehen. Und würde man auf deütsche Waaren, die wider nach Deütschland verkauft werden, einen harten Zoll schlagen, so würden diese in Deütschland selbst einen Platz zum Verkehr suchen, und finden.

Übersicht des Handelverkehrs auf der Zurzacher Messe.

Auf die Waaren selbst zu kommen, die vom Ausland nach der Schweitz kommen, und theils da bleiben, theils wieder ins Ausland gehen, finden wir folgende Bemerkungen zu machen, und andurch eine oberflächliche Übersicht des Handelverkehrs auf unsrer Mese zu ertheilen nöthig und wichtig.

Pelz und Rauhandel.

Unter allen Gegenständen zeichnet sich der Rauhandel, und der Handel vom unverarbeiteten Pelz aus. Dieser Handel bestehet größtentheils im Tauschhandel zwischen französischen und deütschen Kaufleüthen, beynahe nichts vom Ganzen bleibt in der Schweitz, etwas geht nach Italien. Dieser Tauschhandel und der Lederhandel machen einzig unsere Frühlingsmese wichtig.

Leder.

Der Lederhandel ist ein bedeütender Zweig der Zurzacher Mese. Frankfurter Gerber bringen eigenes, und lütticher Leder, weit bedeütender aber wird der Sollederhandel von Baslern und andern Schweitzern betrieben, welche ihre Waaren auch zum Theil nach Deütschland und Italien verkaufen. Weißgerber Waaren bringen beynahe ausschliessend die Franzosen. Das meiste geht nach Deütschland, etwas bleibt in der Schweitz.

Taback.

Der Tabakhandel wird besonders stark von Straßburger Kaufleüten betrieben: in ruhigen Zeiten gehen diese Waaren durch Deütschland nach Zurzach. Sehr wenige Deütsche und einige Schweitzer=Haüser thun auch in diesem Artikel. Derselbe wird grossentheils in der Schweitz verbraucht, der andere geht nach Deütschland.

Rohe Wolle.

Der Handel mit roher Wolle wird von Deütschen betrieben. Diese Waare ist Bedürfniß, um die Schweitzer Strümpf- und Hutfabriken zu beleben; davon geht ein Theil nach Schwaben, der grössere Theil bleibt in der Schweitz.

Wollene Strümpfe.

Wollene Strümpf und Handschuhe bringen Schweitzer und Deütsche Kaufleüte. Die Schweitzer verkaufen an Deütsche, die Deütschen an Schweitzer, je nachdem die Gattung ist. Von diesem Artikel gehet ein bedeütender Theil nach Italien.

Geringe wollene Zeüge.

Aus Schwaben kommen viele geringe wollene Zeüge, welche gröstentheils in der Schweitz bleiben, doch auch nach Italien gehen.

Tuchhandel.

Der Tuchhandel, verbunden mit englischen Wollen- und Baumwollen Waaren liegt gröstentheils in den Händen von Schweitzerhaüsern; einige wenige Deütsche Haüser machen auch in diesem Fache Geschäfte. Ein Theil geht nach Italien, ein Theil nach Deütschland.

Hüte.

Hüte kommen aus Frankreich, Deütschland und der Schweitz, und werden je nach ihrer Gattung wieder in verschiedene Gegenden und Länder geführt.

Geringe Wollenwaare.

Ganz geringe Wollenware, als Bethdecken, Mützen kommen auch aus Deütschland, und bleiben in der Schweitz, oder gehen nach Italien.

Rohe Baumwolle.

Der Handel von roher Baumwolle liegt in den Händen der Schweitzer. Auf der Zurzacher Mese werden in diesem Artikel meistens nur Kommissionen gemacht; rohe Baumwolle kommt wenig auf die Mese.

---

[1] StAAG 4024, Gemeinde Zurzach, Fasz. Messe, S. 39 ff. Umschrift A. Hidber. – ATTENHOFER, Alt-Zurzach, S. 110–118.
Einige Abschnitte am Schluss des Originaltextes wurden weggelassen; sie schildern die Auswirkung der Zolleinführung auf die Schweiz.

[2] Dép. Gard, am rechten Rhoneufer. Seit dem 13. Jahrhundert bestehende Magdalenenmesse.

[3] Mengaud war französischer Gesandter in der Schweiz (Ministre de la République Française), Schauenburg, Brune, Masséna und Montchoisy waren nacheinander französischer (Ober-)General in der Schweiz (Général en chef en Helvétie).

Garn und Tücher.
Eben so werden in Baumwollen Garn, das gröstentheils auf dem Schwarzwald für Schweitzer Haüser gesponnen wird, und in Baumwollenthücher, gröstentheils nur Kommissionen gemacht.

Indienne.
Gedruckte Baumwollen Waare oder Indiene bringen Schweitzer und Neuchateller Haüser. Einige Deütsche Haüser bringen auch solche Waaren, welche theils in der Schweitz bleiben, theils nach Italien und Frankreich gehen.

Mousseline.
Die *Mousseline* Handlung besorgen Schweitzer, welche zugleich auch mit englischer *Mousseline* handeln. Ein bedeütender Theil davon geht nach Frankreich und Italien, das wenigere bleibt in der Schweitz.

Sächsische Spitzen, Band, baumwollene und leinene Zeüge, baumwollene Kappen und Nastücher.
Die Sachsen bringen Spitzen, Band, auch baumwollene und leinene Zeüge, baumwollene Kappen und Naßtücher. Viele von diesen Waaren gehen nach Italien, etwas nach Frankreich. Im ganzen aber liegt der Handel von Naßtücher und gestreiften baumwollen Zeügen in den Händen der Schweitzer, und vielmehr von diesem Artikel wird aus, als eingeführt.

Leinwand.
Der Handel mit Leinwand ist unbedeütend auf der Zurzacher Mese. Schweitzer Haüser thun viel darinn, die Schwaben bringen bißweilen ganz geringe Leinwand.

Leinene Band, u. Faden.
Mit leinenen Banden und Faden versorgen die Niederländer die Zurzacher Mese, Schweitzer Haüser thun viel darin so wie sie mit diesem Artikel beynahe die ganze Welt versehen, wovon ein bedeütender Theil nach Italien geht, etwas nach Deütschland. Etwas Faden, Bethfedern und Glaßwaaren kommen aus Böhmen, ein bedeütender Theil Bethfedern geht nach Frankreich.

Seiden Waare und reiche Stoffe.
Die Handlung von Seiden Waaren und reichen Stoffen besorgen die Schweitzer Kaufleüte, und verkaufen auf den Zurzacher Mesen für bedeütende Summen an die Deütschen.

Nürnberger Waare.
Nürnberger Waaren und alles, was unter dieser Benennung begriffen ist, bringen die Nürnberger selbsten her, viele führen auch mit ihren Waaren englische *Quincaillerie* Waaren [Eisenwaren, Haushaltwaren]. Geht nach Italien und Frankreich.

Eisen Waaren.
Eisenwaaren und gröbere *Quincaillerie* Waare bringen die Niederländer, und auch die Tyroler.

Spezerey.
Die Spezerey Handlung liegt beynahe ganz in den Händen der Schweitzer, nur wenige Deütsche, auch bißweilen Italiener und Franzosen geben sich mit diesem Artikel ab, welcher aber auf der zurzacher Mese kein besonders wichtiger Gegenstand ist.

Kaüfer und Verkaüfer zugleich.
Sehr viele Schweitzer und ausländische Kaufleüte kommen nach Zurzach, als Kaüfer und Verkaüfer zugleich, denen weder der Ankauf, weder der Verkauf, einzeln betrachtet, die Mühe, die Fracht und Aufenthalts=Kosten lohnen würde.

Jede nur etwas bedeütende Abgabe würde diese Kaufleüthe von der Zurzacher Mese abhalten.

Wichtigkeit der Zurzacher Mese, und Vergleichung derselben mit andern berühmten Freymessen.
Wichtig in allen Rücksichten ist die Zurzacher Mese. Sie ist für die Schweitz, was für Deütschland die Frankfurter, Leipziger und Bozner[4] Mesen, was für Italien die Mese in Sinigallien[5], und für Frankreich jene von *Beaucaire* ist. Sie geniesst die nehmlichen Freyheiten, wie diese. Sie wird diesen gleich geachtet, und stehet wie diese auf dem Verzeichniß der, ihrer Wichtigkeit wegen, in ganz Europa bekannten und berühmten Freymesen.

Durch die gänzliche Befreyung vor allen Abgaben ward sie durch die Klugheit der ehevorigen Regierungen, was sie bisher war – der wichtigste und einzige Nahrungszweig für Zurzach – eine höchst nüzliche und bequemme Erwerbsquelle für ganz Helvetien.

Die französische Regierung schüzte während der Revolution die Freymese in Beaucaire
Die französische Regierung wußte auch im Sturm ihrer erstaunenden Staats-Veränderung den Vortheil der einzigen einheimischen Freymese in Beaucaire zu berechnen; sie wußte, wie nöthig es seye, den gesunkenen Handel wenigstens durch Beschränkung der Freyheiten dieses merkwürdigen Handelsplatzes nicht noch mehr zu lähmen. Und wirklich, noch blühet die Mese in Beaucaire wie ehevor als eine in ganz Europa berühmte Freymese.

Die übrigen Schweitzer Messen kommen mit der Zurzacher Mese nicht in Vergleich.
Die übrigen Schweitzer Mesen kommen mit der von Zurzach in keinen Vergleich. Denn auf diesen werden größtentheils nur Geschäfte im kleinen, hier aber beynahe ausschlüssig nur Geschäfte im Grossen gemacht.

---

[4] Seit Anfang 13. Jahrhundert nachweisbare, für den deutsch-italienischen Handel wichtige Messen.

[5] Senigallia, Sinigallia, Provinz Ancona. Hafen- und Messestadt (seit dem 15. Jahrhundert).

Späte Bemühungen zur Erhaltung der Messen.
Hausrenovationen in den 30er- und 40er-Jahren des 19. Jahrhunderts

Die Zurzacher renovieren ihre Häuser. Umbauten und Verbesserungen im zweiten Viertel des 19. Jahrhunderts

Aus dem Brandkataster von 1829 (mit Nachträgen)* lassen sich für die Dreissiger- und Vierzigerjahre unter anderen folgende Baumassnahmen feststellen:

Grosser Steinbock: 1835 werden über Scheune und Stallung ganz neue Zimmer eingerichtet, mit neuen Bühnen (Decken), Böden und Wänden, angestrichen und tapeziert, mit Fenstern und Fensterladen versehen. Erbauung eines grossen gewölbten Kellers.

Kleiner Steinbock: 1835 neu gemauerte Fronten, Kreuzstöcke, Fenster, Stiegenhaus, Böden und Bühnen, so dass das ganze Gebäude grösstenteils umgewandelt worden. 1844 neue Küche, Kamin, Ofen, Kunst und Böden.

Rotes Kreuz (Amtshaus): 1836 das ganze Gebäude umgewandelt und verschönert, so dass bloss die kahlen Mauern des alten Hauses, einiges Bodengebälk ausgenommen, im ehevorigen Stande verblieben sind. Neuer Dachstuhl, Dachzimmer, usw.

Grosser Hirschen: 1835 die eine Hälfte des Gebäudes ganz neu umgeändert, neue Stockmauer, Magazine, Zimmer, Bühnen und Böden, so gut wie neu aufgeführt.

Lilie: 1834 erhöht wegen sehr bedeutenden, schon während mehreren Jahren vorgenommenen Verbesserungen, Einrichtung zwei neuer Zimmer und Anbau einer neuen Laube von Holz unter fortlaufendem Ziegeldach.

Grüner Berg: 1835 neuer Dachstuhl, drei neue Zimmer, neuer Schild von Stein und Riegel – Anbringung zwey neuer holzenen Lauben, im unteren Stock ein neues Zimmer. 1842 neue Stiege, Feuerwerk, Kunst [geheizte Ofenbank] und Ofen, Verbesserungen in Stube und Küche. Erhöht wegen neuer Stiege und auch im oberen Stock Feuerwerk, Kunst und Ofen, Verbesserungen in Stube und Küche.

Neues Haus: 1846 Einrichtung einer neuen Wohnung im zweiten Stockwerk, und Totalverbesserung und Verschönerung aller anderen Bestandtheile dieses Gebäudes.

Kleiner Bären: 1835 die Zimmer, welche bei der frühern Schätzung noch roh waren, alle getäfelt. Hintergebäude dreistöckig, mit Speisesaal und gewölbtem Keller: 1835 der Speisesaal mit Malerey verziert, neues Stiegenhaus, Böden und Wände. Zimmer und Saal mit Fensterladen versehen.

Schiff: 1837 das ganze Gebäude durchweg verbessert und verschönert, mehrere neue Zimmer eingerichtet, zwei neue Lauben angebracht, Fensterladen und Lamperien usw.

Storchen: 1836 Einrichtung mehrerer neuer Zimmer, neue Stiegen, neue Oefen nebst vielen anderen bedeutenden Verbesserungen. Im selben Jahr auch im Hinterhaus neue Böden, Bühnen und Wände nebst andern bedeutenden Verbesserungen.

Weisses Rössli: 1835 den Dachstuhl gehoben, ganz neu gemacht, mit 6 neuen Zimmern gemauert und geypst [gegipst], neue Oefen usw. Den Speisesaal nebst andern Zimmern neu geypst und tapeziert.

Mohrenkopf: 1840 von Grund auf neu erbaut.

Goldene Waag: 1837 Joachim Attenhofer liess das ganze Gebäude bis an die Stockmauern, das Gebälk und die Keller niederreissen und geschmackvoll wiederum neu aufbauen ... .

Rotes Haus: 1836 neue Böden, Bühnen und Wände, Oefen etc. Ansehnliche Verbesserungen auch im Hintergebäude.

Blaue Traube: 1846 Totalerneuerung.

Zimmeraxt: 1834 hat Franziska Attenhofer das dem Zerfall nahe gewesene Wohngebäude ganz neu, in Köstlichem Style aufgebauen, samt neuer Laube und gewölbtem Keller. Vom Nebengebäude mit Scheune und Stall hat sie das Wohngebäude neu errichtet, dagegen den Saal abgeschlossen und den Raum zu Erweiterung der Scheune verwendet, so dass nun dieselbe durch einen Giebel vom Wohnhaus getrennt ist.

Weisses Haus: 1831 Bauten am Vorderhaus, im selben Jahr (?) Hintergebäude mit Lauben, Zimmern und Magazinen, mit gewölbtem Keller, dreiflügig, zweistöckig angebaut: Nebengebäude (Hinterhaus mit Hof?) 1831 abgebrochen. 1831 (?): vierflügig, zweistöckig neu erbaut.

---

* Brand-Aßecuranz=Cataster der Gemeinde Zurzach MDCCCXXIX, Gemeindearchiv Zurzach.

Das Ende

Pfarrer Franz Xaver Keller hat in seiner Chronik 1883–1899 Ausschnitte aus der Zurzacher Zeitung eingeklebt. «Der Rheinbote» (Buchdruckerei Edwin Schaufenbühl), Nr. 17 vom 29. April 1893 enhielt folgendes «Eingesandt»:

— **Zurzach.** (Eingesandt.) Bekanntlich war Zurzach im Mittelalter bis in unser Jahrhundert hinauf sehr berühmt durch seine grossen Ledermessen, wo alljährlich eine enorme Menge von Kaufleuten und Käufern ihr „gutes Geschäftchen" zu machen suchten. Mit dem Aufschwung der modernen Verkehrsmittel aber wurde dieser grosse mitteleuropäische Stappelplatz immer weniger besucht und in Folge dessen der Markt immer flauer. Die Wirklichkeit letzterer Thatsache bezeugen nachfolgende Verse, welche in einer Parterrräumlichkeit (ehemaliges Kaufmagazin) des St. Mauritiuschorhofes auf einer Mauer geschrieben stehen. Diese Verse, unter welchen die Jahrzahl 1843 sich befindet, wurden sehr wahrscheinlich von einem damaligen Miether dieses Kaufmagazins geschrieben, der in seinen poetischen Studien anscheinlich von den Käufern nicht sehr gestört und wenig belästigt wurde. Die Verse lauten:

Zurzach, Zurzach, lebe wohl!

— Fröhlich kehr' ich dir den Rücken,
Mag nicht fürder nach dir blicken;
Hoffentlich seh' ich dich nimmer,
Denn die Messen werden schlimmer
Und dein Stern verdunkelt sich.

— Die Geschäfte geben ärmlich
Und der Nutzen ist erbärmlich;
Viele Buden steh'n verlassen
Und durch deine leeren Gassen
Wogt nicht mehr der Käufer Zahl.

— Deiner Glocken stetig Klingen,
Deiner Wächter heis'res Singen,
Deiner grauen Nebel Wallen
Wollen mir nicht mehr gefallen:
Darum, Zurzach, fahre wohl!

Über den letzten Versuch, die Ledermesse wieder aufleben zu lassen, berichtet die Zeitung 1896:

— Vivat! crescat! floreat! **unsere Zurzacher Ledermesse!** Sie gedeihe und blühe von Neuem!

Wir beginnen unsern Bericht mit dem Refrain des altbekannten Messliedes, der da heisst:

Drum höre ein Jeder:
Mann, Weiber und Kind,
Der Markt ist eröffnet,
Die Messe beginnt!

Sie sind nun wirklich gekommen in zahlreicher Schaar die gemüthlichen Gerber aus Schwaben, wie sie es in Zürich beschlossen, in den alt-neuen Messflecken am Rhein auf die Ledermesse, die die wackern Zurzacher in kluger und energischer Weise den Zürchern wieder abgejagt haben.

Nun ist zwar noch ein Hacken dabei: An der Landesausstellung in Genf wird der schweizer. Gerbermeisterverein in der Generalversammlung beschliessen, ob Zurzach auch für spätere Zeiten die Ledermesse beibehalten soll. — Nachdem aber der erste Versuch gelungen und vom Gemeinderath in anerkennenswerther Weise alles gehörig organisirt war, so ist wohl das Beste zu erhoffen.

Schon am Freitag und Samstag wurden Leder und Felle vom Bahnhof in die Lederhalle bei der Promenade übergeführt und rückten dann am Sonntag Abend Gerber und Händler in das freundliche Zurzach ein, für deren Unterkunft bestens gesorgt war.

Ein schöner April-Morgen leuchtete am Montag den 27. April über dem neuen Marktflecken und es war überhaupt ein flotter Tag. Mit den Morgen-Zügen kamen wieder viele Händler und Käufer und namentlich auch aus weiterer und nächster Umgebung viel neugierig Volk. So sahen wir z. B. einen greisen Gerber aus Eglisau, der die früher berühmte Zurzacher Messe schon besuchte und sich nun am Lebensabende die Messe und unsern Ort noch einmal mitansehen wollte. Auch schwäbische Gerber waren noch da, welche die einstige Messe besuchten; freilich nicht in grosser Zahl.

Die Ledermesse in der Halle, eine grosse Bauhütte des Hrn. Fabrikant Zuberbühler zu diesem Zwecke ganz entsprechend hergerichtet, und der Fellmarkt auf Marktständen nebenan auf der Promenade wurden um 8 Uhr eröffnet und alsbald begann ein recht lebhafter Handel, der den ganzen Tag dauerte und wo viele und gute Geschäfte gemacht wurden. Dito am Dienstag. Die Auffuhr betrug ca. 600 Zentner und galt Schmalleder Fr. 3. 90 bis Fr. 4. 50 per Kilo, Wildleder Fr. 3. 50 bis Fr. 4. 50, Sohlleder Fr. 3. 40 bis Fr. 3. 80.

Die Messbesucher schieden allseitig befriedigt vom neuen Messort und versprachen wieder zu kommen.

Am nächsten Ledermarkt im Herbst soll es auch dem schaulustigen Publikum an Sehens- und Merkwürdigkeiten nicht fehlen und wird die Gemeinde Zurzach, falls die Messe wieder aufblüht, an geeigneter Stelle eine schöne neue Lederhalle erstellen mit elektrischer Beleuchtung. Glück zu!

Es kam nicht mehr zum Herbstmarkt.

Zurzach zur Zuberbühlerzeit um 1890

Leuchs Adressbuch aller Länder der Erde, der Kaufleute, Fabrikanten, Gewerbtreibenden, Gutsbesitzer etc. etc. zugleich Handelsgeographie, Produkten- und Fabrikaten-Bezugs-Angabe. In 41 Bänden. Bd. 20: Schweiz, 8te Ausgabe für 1891–1895, Nürnberg [1890], S. 952 f.

Zurzach

Pfarrdorf u. politische Gemeinde mit 900 Einw. Bezirksamt, Bezirksgericht, Landwirthschaftl. Bezirks-Verein. ⬛ ⚭ u. ⌁.

Gasth.: *Ochs, Attenhofer, H. — Schwert, Schmid, Th. — Krone, Gross, U. — Bad. — Bahnhofrestaurant.

Fürsprecher: Heuberger, Jakob.

Apotheker: *Harsch, G., z. Salmen, Mineralwasser. Spec.: Lederlack.

Bäcker: Frei, Leop. — Frei, Rob. — Gross, Gottl. — Hauser, Franz. — Kappeler, Andr. — Schmidt, Joh.

Bankgesch.: *Spar- u. Leihkassa Zurzach, gegr. 1851. Hypothekar- u. Bankgesch., Ende 1889 Bilanzsumme fs. 6,682,101.78, Reservefonds fs. 228,000.

Baumaterialienhdl. u. Cementröhrenfabr.: *Henle, A. & Co.

Bauunternehmer: Henle, A. — Strasser.

Bierbrauer: *Attenhofer, Hans, z. Ochsen.

Buchbinder, Papier-, Quincaillerie- u. Spielwarenhdl.: *Räber, J.

Buchdrucker: Schaufelbüel, Edwin.

Cigarrenfabr.: *Rudolf & Büchler.

Eisen- u. Metallwarenhdl.: *Leuthold & Hauser. — *Morath, Gebr., Inh.: Kaiser, Sigmund.

Färber: Wäckerlin.

Gärtner (Kunstgärtner u. Samenhdl.): Vogt.

Gerber: Künzli, Wilh.

Glas- u. Porzellanwarenhdl.: *Morath, Gebr., Inh.: Kaiser, Sigm.

Glaser: Frei, Adolf.

Gypsfabr.: *Henle, A. & Co., Fabr. in Laufen.

Holzsägewerk: *Henle, A. & Co.

Kohlenhdl., Mühlenartikel u. Import russ. u. amerik. Maschinen-Schmieröle, Steinkohlen u. Coaks: *Brack, J., Import, auch Fabr. von Fetten.

Küfer: Baldinger. — Schaufelbüel.

Kupferschmied: Mittler, Joh.

Lackirer u. Maler: Brunner, P. — Waldkirch, C.

Landesproduktenhdl.: Attenhofer, Joh. Baptist, Käsehdl.

Lederhdl. en gros: *Franz, Jean.

Leder- u. Lederwarenfabr.: Dreyfuss, J. B.

Lederhdl. u. Riemenfabr.: Künzli, Wilh.

Lederschäftefabr.: *Streule & Stein, Filiale von Kenzingen in Baden.

Manufaktur- u. Modewarenhdl.: *Attenhofer, R., auch Tuchhdl. — *Guggenheim, M. B.

Material- u. Colonialwarenhdl.: Burkhardt, E. — *Leuthold & Hauser. — *Morath, Gebr. — Welti, J.

Maurermeister: Baldinger, Fritz. — Baldinger, Joh. — Frei, Ambros.

Mechaniker: Widmer, z. Paradies.

Mühle: Dambach, S., z. Barzmühle.

Papier- u. Schreibmaterialienhdl.: *Räber, J.

Photograph: Girtanner, z. Pfauen.

Putz- u. Modegesch.: Frei, Frln. — Vetter, Frln.

Quincailleriewarenhdl.: *Räber, J.

Sattler: Schaufelbüel, Paul.

Schreiner: Hirt, z. Löwen.

Schuhwarenhdl.: *Guggenheim, M. B.

Spezereiwaren- u. Tabakhdl.: *Leuthold & Hauser.

Stickerei- u. Weisswarenfabr., Aussteuer: *Zuberbühler, J., Filiale in Bern.

Uhrmacher: Amann, z. Freiburgerhaus. — Rudolf, z. Rose.

Weinhdl.: Häfeli, z. St. Georg.

Weisswarenfabr.: *Zuberbühler, J., Fabr., en gros, en détail u. Export, Spec.: Broderies, Lingeries. Absatzgeb.: Deutschland, Frankreich, Oesterreich, Italien, Schweiz, Amerika etc.

Wollwarenhdl.: Welti, Frau, z. Pfauen.

Wurstfabr.: Gross, Friedr. — Gross, Heinrich. — Gross, Urich.

Zeitung: Der Rheinbote.

Zimmermeister: Frei, X.

**Verzeichnisse.
Politiker, Lehrer**

Politische Ämter

Franz Keller-Spuler

Gemeindeammänner

1804–	Friedrich Rudolf	1803	Zurzach Bezirkshauptort
		1805	Grossbrand vom Roten Turm bis zum Schwert
		1808	Grossbrand vom Wilhelm Tell bis zum Lamm
–1817	Josef Fridolin Attenhofer	1817	Gründung Sekundarschule (spätere Bezirksschule)
1817?–1824	Friedrich Rudolf	1820	Schützenhaus Breite
		1822	Grossbrand vom «Ochsen» bis zur Windegg
1825–1833	Josef Fridolin Attenhofer		
1834–1837	Johann Welti	1834	Grossbrand an der Pfauengasse
1838–1851	Peter Karl Attenhofer	1839	Gründung Kadettenkorps
1851–1852	Arnold Attenhofer		
1852–1856	Xaver J. Attenhofer	1855	Letzte Zurzacher Messe
1856–1859	Julius Welti		
1860–1864	Joseph Attenhofer		
1864–1876	Johann Jakob Burkhardt Grossrat	1871 1872 1875 1876	Bourbaki-Kontingent in Zurzach Gründung des Zuberbühler-Unternehmens Bahnlinie Koblenz–Winterthur Aufhebung Chorherrenstift
1877–1883	Roman Attenhofer vorher Gemeindeschreiber Grossrat		
1884–1891	Robert Rudolf Grossrat		
1892	Samuel Moor Grossrat	1892	Eröffnung Propsteischulhaus
1893–1897	Johann Räber	1894 1897	Erste Hochdruck-Wasserversorgung (Bärehölzli) Umbau Rathaus mit Feuerwehrmagazin
1898–1917	Emil Welti	1899 1900 1900 1903 1905 1907 1908 1910 1912 1914 1916	Abbruch Schelmenturm Villa Himelrich Gründung Handwerkerschule Emil Welti-Denkmal Grundwasserpumpwerk Promenade Rheinbrücke Beginn Elektrifizierung Gründung Kaufmännische Berufsschule Turnhalle Langwies Erste Thermalquellen-Erbohrung Schweizerische Sodafabrik
1918–1925	Samuel Moor Grossrat	1922 1925	Thermalquellen-Kommission Erster Kindergarten (Schwertgasse)
1926–1939	Martin Keusch Grossrat	1931 1934 1939	Jahrhundert-Unwetter Firma Spiesshofer & Braun Langwiesschulhaus

1939–1940	Vakanz		
1940–1945	Leo Fürrer	1942	Kochschule im «Pfauen»
		1944	Restaurierung Obere Kirche
1946–1947	Anton Müller	1947	Ortsmuseum im Kadettenhäuschen
1948–1957	Martin Keusch	1948	Pistolen- und Kleinkaliberstand im äussern Rebberg
		1948	Eröffnung Sekundarschule
		1952	Kindergarten Höfli
		1955	Erschliessung Thermalquelle
		1957	Gemeinnützige Stiftung für Zurzacher Kuranlagen
1958–1965	Dr. Walter Edelmann Grossrat	1958	Neue Zonenordnung mit Kurzone
		1959	Kurwasser-Vertrieb AG
		1960	Feuerwehrmagazin «Pfauen»
		1960	Umbau Turnhalle zum Gemeindesaal
		1960	Tiergartenschulhaus
		1960	Neue Zurzibergstrasse
		1960	Postautoverbindung nach Brugg
		1962	Altersheim «Pfauen»
		1964	Turmhotel
		1965	Skulpturen an den Ortseingängen
1966–1973	Max Schnellmann Grossrat	1966	Abbruch Schützenhaus
		1966	Neues Rathaus (beschlossen 1962)
		1966	Schiessanlage Grütt
		1966	Holzschopf Oberflecken
		1968	Regionalschwimmbad Oberfeld
		1969	Regionalfriedhof Beckenmoos
		1970	Freiluft-Thermalbad
		1972	Neubau Kadettenhäuschen
		1972	Grundwasserpumpwerk Barz
		1972	Kinderhort Promenade
		1973	Hotel Zurzacherhof
		1973	Kindergarten Promenade
1974–1989	Franz Keller Grossrat	1975	Oberstufenzentrum Neuberg (beschlossen 1973)
		1975	Stützpunkt-Feuerwehr
		1975	Abbruch Schlachthaus
		1976	Forsthaus Bärehölzli
		1977	Drittes Reservoir Bärehölzli
		1977	Dreifachturnhalle Neuberg
		1977	Pontonierhaus am Rhein
		1978	Neue Rheinbrücke
		1978	Sanierung Propstei
		1978	Kauf Kurparkgebiet
		1979	Einführung Zurzimärt
		1983	Verlegung Zurzibergbach
		1984	Werkhof Oberfeld
		1984	Kurhotel
		1985	Parkhotel
		1986	Kurgästehaus
		1987	Bezirksmuseum Höfli
		1988	Aufhebung der Industriell-Gewerblichen Berufsschule
		1988	Feuerwehrgebäude an der Baslerstrasse
		1989	Altersheim «Neuer Pfauen»
		1989	Nordumfahrung
1990–1997	Marcel Iseli Grossrat	1991	Neue Volksbibliothek
		1995	Neues Gemeindezentrum Langwies
		1997	Sanierung Obere Kirche

1998 Franz Nebel

1999 Sturm «Lothar»
1999 Zentrale Holzschnitzelheizung
2000 Zusammenlegung Finanzverwaltungen Zurzach und Rietheim
2000 Gemeinsame Stützpunktfeuerwehr Zurzach-Rietheim
2001 Einführung des Zurzibus/Ortsbus
2002 Neues Schulzentrum Neuberg

Gemeindeschreiber

1820–1837	Heinrich Schmid, Zöllner in der Barz
1838–1840	Kaspar Rudolf (Rodolf/Rodolphe), «Postoffiziant»
1841	vakant
1842–1844	Kaspar Rudolf (Rodolf/Rodolphe), «Postoffiziant»
1845–1846	vakant
1847–1852	Arnold Attenhofer
1853–1857	Heinrich Schutz
1857–1872	Johann Jakob Burkhard
1873–1876	Roman Attenhofer
1877–1887	Johann Kappeler, gestorben 18. September 1888
1888–1918	Heinrich Schutz
1918–1924	Albert Moser, (abgesetzt)
1925–1962	Hans Müller
1963–1964	Heinz Lüscher
1965–1967	Alois Frei
1968–1997	Ulrich Ziegler
1998–	René Huber

Bezirksamtmänner

1803–1808	Abraham Welti, von Zurzach Gerichtspräsident/Oberamtmann Grossrat
1808–1813	Peter Karl Attenhofer, von Zurzach, Gerichtspräsident/Oberamtmann Mitglied des Kleinen Rates
1831–1837	Johann Baptist Roman Schleuniger, von Klingnau
1838–1859	Franz Xaver Frey, von Zurzach Grossrat
1859–1875	Josef Frey, von Zurzach
1875–1886	Johann Willi, von Fisibach
1886–1898	Carl Frei, von Zurzach
1897–1915	Arnold Kündig, von Sarmenstorf
1916–1925	Emil Kalt, von Koblenz
1926–1945	Siegfried Vögeli, von Leibstadt
1945–1957	Johann Gösi, von Kaiserstuhl
1958–1979	Hans Kalt, von Full-Reuenthal Grossrat
1980–1994	Josef Schleuniger, von Döttingen
1995–	Frank Gantner

Gerichtspräsidenten

Bis 1831 präsidierte der Oberamtmann das Bezirksgericht	
1804–1808	Abraham Welti, von Zurzach Oberamtmann Grossrat
1809–1813	Peter Karl Attenhofer, von Zurzach Oberamtmann Mitglied des Kleinen Rates
1831–1844	Jakob Friedrich Welti, von Zurzach Oberrichter
1845–1852	Josef Steigmeyer, von Klingnau und Zurzach Grossrat
1852–1856	Emil Welti, von Zurzach und Aarau späterer Bundesrat
1856–1865	Raimund Schleuniger, von Klingnau
1865–1874	Josef Attenhofer, von Zurzach
1874–1881	Karl Otto Lorenz, von Klingnau
1881–1883	Ulrich Gross, von Zurzach
1883–1886	Robert Weissenbach, von Bremgarten
1886–1892	Dr. Albert Ursprung, von Ueken und Zurzach
1892–1904	Franz Xaver Eggspühler, von Klingnau
1905–1908	Karl Koch, von Büttikon später Oberrichter
1909–1940	Karl Laube, von Böbikon und Zurzach
1941–1971	Dr. Paul Zehnder, von Döttingen
1972–1997	Ernst Humbel, von Birmenstorf
1997–	Cyrill Kramer, von Lengnau

Grossräte aus Zurzach

1803–1834	Peter Karl Attenhofer, von Zurzach Oberamtmann Mitglied des Kleinen Rates
1803–1808	Abraham Welti, von Zurzach Oberamtmann
1808–1822	(Franz) Josef Schaufelbühl, von Zurzach Bezirksarzt
1818–1831	Heinrich Welti, von Zurzach Bezirksverwalter
1816–1831	Franz Xaver Attenhofer, von Zurzach Friedensrichter
1822–1831	Johann Heinrich Attenhofer, von Zurzach Amtsstatthalter
1831–1833	Xaver Häfeli, von Klingnau in Zurzach
1831–1843 1846–1856	Josef Steigmeyer, von Klingnau in Zurzach Verfassungsrat 1851
1831–1856	Udalrich Josef Schaufelbühl, von Zurzach Mitglied des Kleinen Rates
1834–1852	Jakob Friedrich Welti, von Zurzach Bezirksgerichtspräsident, Verfassungsrat 1848–1850 Oberrichter
1841–1842 1846–1852	Franz Xaver Frey, von Zurzach Bezirksamtmann
1841–1846	Adolf Hauser, von Klingnau in Zurzach
1843–1848	Johann Jakob Welti, von Zurzach Bezirksverwalter
1847–1850	Josef Steigmeier, von Klingnau in Zurzach Bezirksgerichtspräsident
1847–1852	Franz Xaver Frey, von Klingnau Bezirksamtmann
1849–1850	Johann Jakob Welti, von Zurzach Bezirksverwalter
1850–1856	Johann Ulrich Gross, von Zurzach Verfassungsrat 1851
1852–1862	Adolf Hauser, von Leuggern in Zurzach Fürsprech
1853–1856	Johann Xaver Attenhofer Gemeindeammann
1856–1860	Johann Jakob Schmid zum Schwert
1856–1862	Karl Attenhofer zum Obern Sternen
1860–1862	Dr. Edmund Schaufelbühl
1863–1877	Johann Jakob Burkhardt Gemeindeammann
1862–1864	H. V. Waldkirch Kommandant
1877–1883	Roman Attenhofer Gemeindeammann
1880–1897	Arnold Attenhofer Bezirksverwalter Verfassungsrat 1884–1885
1883–1884	Johann Jakob Kappeler Gemeindeschreiber
1884–1889	Jakob Zuberbühler Fabrikant Verfassungsrat 1884–1885
1884–1892	Robert Rudolf Gemeindeammann
1886–1892	Dr. Albert Ursprung
1892–1897	Karl Frey Bezirksamtmann
1893–1905	Franz Xaver Eggspühler Fürsprecher Gerichtspräsident 1902 Grossratspräsident 1903 Nationalrat
1893–1913	Hans Hauenstein Bezirkslehrer
1885–1886	Johann Willi Verfassungsrat 1884–1885
1897–1921	Samuel Moor Tierarzt Gemeindeammann
1905–1916	Arnold Kündig Bezirksamtmann
1908–1921	Karl Attenhofer Fürsprecher
1917–1941	Siegfried Vögeli Bezirksamtmann Leibstadt/Zurzach
1916–1921	Dr. Adolf Frey Fürsprecher
1921–1929	Franz Bugmann Wirt Vizeammann
1921–1931	Walter Tschopp Schlosser Vizeammann
1921–1937	Karl Laube Fürsprecher Gerichtspräsident 1925 Grossratspräsident
1925–1929	Emil Schmid Elektriker
1929–1933	Martin Keusch Tierarzt Gemeindeammann
1929–1933	Beda Landolt Sodafabrikarbeiter
1937–1941	Dr. Hans Huber Fürsprecher
1941	Franz Minet
1953–1961	Hans Kleiner Friedensrichter
1957–1983	Dr. Walter Edelmann Fürsprecher Gemeindeammann 1969 Grossratspräsident
1965–1976	Dr. Hans Jörg Huber Fürsprecher Regierungsrat Ständerat
1965–1981	Albert Siegrist Hafnermeister
1971–1981	Max Schnellmann Elektriker Gemeindeammann
1977–1993	Werner Indermühle Transportunternehmer
1977–1985	Franz Keller Fachlehrer Gemeindeammann
1989–	Dr. Beat Edelmann Fürsprecher und Notar
1993–1997	Laura Gaier Sozialarbeiterin
1997–2000	Kurt Fischer Lehrer
2000–	Marcel Iseli Generalagent

Hans Rudolf Sennhauser

In Politik und Rechtsprechung auf kantonaler und nationaler Ebene tätig:

Peter Karl Attenhofer (1765–1844)
1803–1806	Regierungsrat Helvetischer Verwalter
1803–1834	Grossrat
1806–1808	Appellationsrichter
1808–1831	Bezirksamtmann (Oberamtmann)

Dr. Udalrich Josef Schaufelbühl (1789–1856), Arzt
1832–1852	Mitglied des Kleinen Rates/Regierungsrat
1851–1856	Nationalrat

Dr. Jakob Friedrich Welti (1798–1868)
1820–1830	Gemeinderat
1831–1845	Gerichtspräsident
1834–1852	Grossrat
1844–1864	Oberrichter

Dr. Emil Welti, Bundesrat (1825–1899)
1852–1856	Gerichtspräsident
1856–1867	Regierungsrat
1857–1867	Ständerat
1866–1891	Bundesrat

Josef Frey (1819–1880)
1841–1842	Amtsschreiber
1842–1849	Regierungssekretär
1849–1858	Bezirksverwalter
1858–1875	Bezirksamtmann
1875–1880	Regierungsrat

Dr. Albert Ursprung (1862–1935)
1886–1890	Gerichtspräsident
1886–1892	Grossrat
1889–1902	Nationalrat
1892–1902	Oberrichter
1902–1935	Bundesrichter

Xaver Eggspühler (1861–1930)
1890–1905	Gerichtspräsident
1893–1905	Grossrat
1902–1930	Nationalrat
1905–1930	Oberrichter

Karl Laube (1884–1955) Fürsprecher
1909–1941	Gerichtspräsident
1921–1937	Grossrat

Max Wullschleger (* 1910)
1938–1956	Grossrat BS
1956–1976	Regierungsrat BS

Dr. Jörg Ursprung (1919–1997)
1953	Direktionssekretär der Landwirtschaftsdirektion
1964–1969	Oberrichter
1969–1983	Regierungsrat

Dr. Walter Edelmann (1923–2002)
1953	Ersatzrichter am Obergericht
1957–1983	Grossrat
1958–1966	Gemeindeammann

Dr. Hans-Martin Steinbrück (1927–1979)
1976–1979	Oberrichter

Dr. Hans Jörg Huber (* 1932)
1965–1976	Grossrat
1976–1988	Regierungsrat
1988–1996	Ständerat

Lehrerschaft

Hans Rindlisbacher, Franz Keller-Spuler,
Hans Rudolf Sennhauser

> † **Waldshut**, 21. Aug. Gestern wurde im benachbarten Zurzach das alljährlich wiederkehrende Jugendfest unter großartigem Volkszulaufe abgehalten. Mit diesem Feste wurde heuer die Einweihung des neuen Schulhauses verbunden. Bei der Aufhebung des Chorherrnstiftes fiel nämlich das geräumige Propsteigebäude in die Hände des Staates, welcher dasselbe der politischen Gemeinde Zurzach schenkte. Da durch die Zuberbühl'sche Fabrik die Arbeiterbevölkerung und dadurch die Zahl der Schulkinder in Zurzach sich sehr vergrößerte, war man genöthigt, für die verschiedenen Schulen größere Räumlichkeiten herzustellen. Und man benützte zu diesem Zwecke das geschenkte ehemalige Propsteigebäude, welches dann mit einem Aufwande von etwa 50,000 Fr. in ein Schulhaus umgewandelt wurde. Die Schulsäle sind geräumig, die Schulbänke nach den neuesten Vorschriften hergestellt. Nur Eins hat manchen Festbesuchern nicht gefallen. Ueber dem Thore des alten Gebäudes waren nämlich die Symbole der hl. Verena: Krüglein und Kamm, in Stein ausgehauen. Diese Symbole mußten beim Umbaue weichen; sei es, damit die Nachwelt nicht erfahre, daß das ursprüngliche Haus mit kath. Stiftsgeld erbaut worden; sei es, damit das zarte Auge der modernen Schuljugend nicht durch kath. Erinnerungszeichen täglich beleidigt werde. Jedenfalls verräth der ganze Vorgang nicht viel Pietät für's Alterthum!

Säckinger Volksblatt 1892

Schulmeister an der Stiftsschule

Das Verzeichnis der Lehrkräfte an der Stiftsschule folgt der von Propst Huber aufgestellten Liste. Es weist für das Spätmittelalter einige Lücken auf. Marchal vermutet, dass seit 1360 beim Fehlen eines Schulmeisters der jeweilige Cantor dessen Pflichten zusätzlich zu übernehmen hatte. Von folgenden Chorherren wäre demnach anzunehmen, dass sie auch als Schulmeister gewirkt haben könnten:

    Conradus de Aichain
    Wielandus de Egbottingen (Wieland Fabri von
    Egbotingen)
    Henricus Scherphli
    Swederus de Goetlikon*
    Johannes Ulricus von Baldegg
    Stephan Bitterkruth
    Johannes Feurer gen. Röslin
    Christophorus Falk
    * Schaub, Chorherrenstift, Nr. 251.

Huber, Geschichte, S. 296–301. – Marchal, Zurzach 1977, S. 598. – SRQ I/3, S. 250.

1294	Hermann der Schulmeister in Zurzach Huber, Urkunden, S. 444. – Schaub, Chorherrenstift, Nr. 112.	
1332, 1364	Heinrich Brucher gen. Rottenburg/H. Hert v. R., Magister Heinrich, «doctor puerorum» in Zurzach. Huber, Urkunden, S. 444. – Schaub, Chorherrenstift, Nr. 79.	
1360	Conradus de Aichain Chorherr in Zurzach seit 1358, um 1360 als «fundator cantorie seu scolastrie» genannt, nach dieser Gründung möglicherweise selbst als Schulmeister tätig. Gestorben 1366. Huber, Geschichte, S. 244. – HBLS 1, S. 177. – Schaub, Chorherrenstift, Nr. 36.	
1370	Wielandus de Egbottingen Chorherr in Zurzach seit 1364, um 1370 Cantor und in dieser Funktion möglicherweise auch als Schulmeister tätig. Gestorben 1373. Huber, Geschichte, S. 245. – Schaub, Chorherrenstift, Nr. 274.	
1380 ca.	Henrichus Scherphli Chorherr, gestorben 1398. Als Cantor möglicherweise selbst als Schulmeister tätig. Huber, Geschichte, S. 246. – Vgl. Einleitung. – Schaub, Chorherrenstift, Nr. 102.	
vor 1439	Johannes de Krychenbekk Als «rector puerorum» genannt, gestorben 1439. Huber, Geschichte, S. 298. – Welti, Jahrzeitbuch, Nr. 870. – Schaub, Chorherrenstift, Nr. 140.	
1460	Johannes Mucher Kleriker, 1460 als Lehrer an der Stiftsschule Zurzach genannt. Huber, Geschichte, S. 298. – Schaub, Chorherrenstift, Nr. 162.	
1474	Georius Vielleicht identisch mit dem Magister und Konstanzer Domscholaster (1524) Georius. 1474 Lehrer an der Stiftsschule Zurzach. Huber, Geschichte, S. 298. – Schaub, Chorherrenstift, Nr. 302.	
1479	Jacobus Schätt Kleriker, Notar, Lehrer an der Stiftsschule Zurzach. Huber, Geschichte, S. 298. – Schaub, Chorherrenstift, Nr. 121.	
1488	Andreas Laubrer Kaiserlicher Amtsnotar in Rottenburg, 1488–1495 Lehrer an der Stiftsschule Zurzach, 1498 noch als Notar in Zurzach erwähnt.	

HUBER, Geschichte, S. 293, 298. – SCHAUB, Chorherrenstift, Nr. 277.

1495 Georg Lacher
1503 und 1504 als Lehrer an der Stiftsschule Zurzach genannt.
HUBER, Geschichte, S. 298. – SCHAUB, Chorherrenstift, Nr. 68.

1510 ca. Johann Ulrich Baldegg
Chorherr in Zurzach, als Cantor möglicherweise auch als Schulmeister tätig. Gestorben 1513.
HUBER, Geschichte, S. 249. – SCHAUB, Chorherrenstift, Nr. 128. Vielleicht identisch mit Johann, der 1468 Domherr zu Basel und 1486 Chorherr zu Beromünster geworden war? HBLS 1, S. 543.

1511 Sebald Loubrer
SCHAUB, Chorherrenstift, Nr. 245.

1520 ca. Stephan Bitterkruth
von Luzern. Magister artium, 1503 Chorherr in Zurzach, vielleicht Cantor und in dieser Funktion möglicherweise auch als Schulmeister tätig. Gestorben 1545.
HUBER, Geschichte, S. 249. – SCHAUB, Chorherrenstift, Nr. 249.

1528 Ulrich Wydenkeller
Notar von Konstanz, 1512–1540 Lehrer an der Stiftsschule Zurzach, 1528–1531 auch Stiftsamtmann.
HUBER, Geschichte, S. 293, 298. – SCHAUB, Chorherrenstift, Nr. 294, 245, Anm. 4.

1540 ca. Johannes Feurer
genannt Röslin, von Radolfzell. 1530 Chorherr in Zurzach, 1541 Stiftsamtmann, 1542 Cantor und in dieser Funktion möglicherweise auch als Schulmeister tätig. 1543 resigniert.
HUBER, Geschichte, S. 251, 293.

1541 Hans Aeppli
aus Ror am Greifensee (Fällanden). 1542 Lehrer an der Stiftsschule Zurzach, 1542–1544 Stiftsamtmann.
HUBER, Geschichte, S. 293, 298. – Vgl. HBLS 1, S. 137.

1573 Hans Gebel
von Rottweil, Sohn eines Steuerbeamten. 1573–1577 Lehrer an der Stiftsschule Zurzach, gleichzeitig Cellarius des Stifts (Stiftsamtmann). 1589–1593 nochmals Schulmeister. Gestorben 1606 in seinem Haus in Rottweil: «Joannes Anastasius Gebel olim Cellarius et Ludimagister in Zurzach».
HUBER, Geschichte, S. 294, 298. – WELTI, Jahrzeitbuch, Nr. 841. – PAULUS VOLK, Biographische Notizen des P. Benedictus Gebel von St. Blasien († 1676), in: FDA 80, 1960, S. 228–261, hier S. 240.

1578 Laurentius
1578 Lehrer an der Stiftsschule Zurzach.
HUBER, Geschichte, S. 298.

1579 Antonius Strubhaar
1579 Lehrer an der Stiftsschule Zurzach
HUBER, Geschichte, S. 298.

1586 Matthäus Dettinger
1586–1589 Lehrer an der Stiftsschule Zurzach.
HUBER, Geschichte, S. 298.

1589 Hans Gebel
zum zweiten Mal, s. o., 1573

1595 Christoph Falk
von Baden. Chorherr in Zurzach seit 1591, Cantor um 1594 und in dieser Funktion möglicherweise auch als Schulmeister tätig. Gestorben 1625.
HUBER, Geschichte, S. 256. – HBLS 3, S. 106.

1599 Kaspar Frey
von Beromünster. Von 1599 bis zu seinem Tode 1612 Lehrer («ludimoderator») an der Stiftsschule.
HUBER, Geschichte, S. 298. – WELTI, Jahrzeitbuch, Nr. 10.

1612 Jacob Bläsy
von Zurzach, 1612–1615 Lehrer an der Stiftsschule Zurzach.
HUBER, Geschichte, S. 299. – Vgl. HBLS 2, S. 361.

1612 Johann Frey
Gestorben 19. Oktober 1634.
HUBER, Urkunden, S. 444. – Sterberegister.

1634 Andreas Wieland
von Laufenburg, 1634–1636 Lehrer an der Stiftsschule Zurzach.
HUBER, Geschichte, S. 298.

1636 Ulrich Streiter
von Unterwalden. 1636–3. April 1657 (aus dem Fenster gestürzt). Lehrer an der Stiftsschule Zurzach. Verfasser eines geistlichen Spieles für die Reliquientranslation (Fulgentius und Synesius) 1653.
HUBER, Geschichte, S. 299. – Sterberegister.

1657 Hans Kaspar Gering
von Baden. Von 1657 bis zu seinem Tod 1662 Lehrer («ludimoderator») an der Stiftsschule.
HUBER, Geschichte, S. 298. – WELTI, Jahrzeitbuch, Nr. 982. – Sterberegister.

1662 August Georg Felber
von Markdorf. 1662–1670 Lehrer an der Stiftsschule Zurzach. Gestorben 15. August 1670.
HUBER, Geschichte, S. 298. – Sterberegister.

1670 Johann Sebastian Trüsch
Schulmeister in Mellingen, dann 1670–1675 Lehrer an der Stiftsschule Zurzach.
HUBER, Geschichte, S. 298.

1675 Nikolaus Frey
von Zurzach. 1675–1690 Lehrer an der Stiftsschule Zurzach, ab 1689 bis zu seinem Tod am 24. Mai 1722 Stiftsamtmann.
HUBER, Geschichte, S. 295, 298. – Sterberegister.

1690 Johann Dietrich Surläuli
1690–1697 Lehrer an der Stiftsschule Zurzach.
HUBER, Geschichte, S. 299.

1698 Johann Jakob Mendlin (Mennlin)
Landweibel der Landgrafschaft Sulz, dann 1698–1702 Lehrer an der Stiftsschule Zurzach. Nach Sterberegister 46 Jahre lang Lehrer. Gestorben 16. Juni 1702.
HUBER, Geschichte, S. 299. – Sterberegister.

1702 Johann Bernhard Stammler
von Baar. Von 1702 bis zu seinem Tod am 27. Dezember 1712 Lehrer an der Stiftsschule Zurzach.
HUBER, Geschichte, S. 299. – Sterberegister.

1713 Johann Ryssy (Rüssy)
Stadtschreiber von Säckingen, dann von 1713 bis zum Tode am 26. März 1723 Lehrer an der Stiftsschule Zurzach.
HUBER, Geschichte, S. 299. – Sterberegister.

1723 Heinrich Lorenz Oftinger
von Zurzach, Schulmeister in Klingnau, dann von 1723 bis zum Tode am 10. Juni 1729 Lehrer an der Stiftsschule Zurzach. «Umgekommen durch unglückliche Manipulation mit einem Schiesseisen.»
HUBER, Geschichte, S. 299. – Sterberegister.

1729 Joseph Anton Bellmont
von Schwyz. Schulmeister zu Heitersheim, dann 1729–1748 Lehrer an der Stiftsschule Zurzach. Gestorben 17. November 1748.
HUBER, Geschichte, S. 299. – Vgl. HBLS 2, S. 92.0

1749 Franz Bernhard Oederlin
Geb. 1720, Sohn des Johann Leonz Oederlin in Baden. 1749/50–1755 Lehrer an der Stiftsschule Zurzach. Sein Sohn Joseph Karl oder Karl Joseph (1750–1835) wird 1810 Chorherr in Zurzach.
HUBER, Geschichte, S. 299. – WALTHER MERZ, Wappenbuch der Stadt Baden und Bürgerbuch, Stammtafel 20, Aarau 1920. – HANS KLÄUI, Geschichte der Familie Oederlin, Winterthur 1948, Nrn. 69 und 88. – Sterberegister.

1755 Fulgenz Attenhofer
von Zurzach. Gerichtsschreiber in Döttingen, ab 1755 Lehrer an der Stiftsschule Zurzach. Gestorben 25. Oktober 1769.
HUBER, Geschichte, S. 299. – Sterberegister.

1769 Franz Xaver Attenhofer
1750–1787, von Zurzach, Sohn des Fulgenz. Als 19-jähriger Student Nachfolger seines Vaters, 1769–1787 Lehrer an der Stiftsschule Zurzach. Gestorben 13. August 1787.
HUBER, Geschichte, S. 299. – Sterberegister.

1787 Joseph Maria Hinterkircher
von Landsee (heute Lanszer, Ungarn). Bei Anstellung aus fünf Bewerbern ausgewählt: 1787–1791 Lehrer an der Stiftsschule Zurzach, mit 49 Jahren am 29. August 1791 im Amt verstorben.
HUBER, Geschichte, S. 299. – Sterberegister.

1791 Johann Nepomuk Gfrörer
1754–1813, von Glatt am Neckar. Lehrer in Näfels, dann Lehrer und Organist in Lichtensteig. 1791– Sept. 1799 Lehrer an der Stiftsschule Zurzach, zieht wegen ausstehender Besoldung weg, lässt sich aber im Februar 1800 wieder anstellen, erkämpft sich bis 1801 wenigstens einen Teil der ausstehenden Löhne und bleibt dann bis zum Tode. Er wird 1799 als tauglicher und sehr fleissiger Lehrer geschildert.
HUBER, Geschichte, S. 299. – SPÜHLER, Bezirksschule, S. 18 ff., 66 ff.

1806 Matthäus Höchle
1780–1844, von Klingnau. Im Sommer 1800 als «erfahrener Schullehrer und guter Organist» von Roman Heer, dem ersten Pfarrer der röm.-kath. Kirchgemeinde von Basel, an seine neu gegründete Schule geholt. Studiert bei Heer Theologie, wird aber im Herbst 1803 vom Bischof zur Fortsetzung des Studiums an ein Kollegium geschickt. 1806–1817 Kaplan und Organist in Zurzach und erster Lateinlehrer. 1812/13 Lehrer an dem zusammen mit Pfarrer Nabholz, dem reformierten Amtsbruder, gegründeten Landschullehrerinstitut. 1817 Pfarrer in Leuggern, ab 1842 Chorherr in Zurzach.
HUBER, Geschichte, S. 285. – SPÜHLER, Bezirksschule, S. 25 f. – J. KELLER, Lehrer-Seminar, S. 14. – JOSEPH LACHER, Höre mein Kind und Nachkommenschaft. Die Geschichte der katholischen Kirche in Basel, Basel 1948, S. 79, 90.

1813 Ignaz Müller
von Klingnau. 1813–1817 Lehrer an der katholischen Schule Zurzach.
SPÜHLER, Bezirksschule, S. 70. – HUBER, Geschichte, S. 299.

1817 Paul Johann (Jonas) Keller
1790–1825, von Zurzach. Vikar in Lengnau und Rheinheim, 1817–1825 Lehrer an der katholischen Schule Zurzach, dann Pfarrer in Unter-Endingen. Ab 1840 Chorherr in Zurzach.
SPÜHLER, Bezirksschule, S. 70. – HUBER, Geschichte, S. 284, 300.

1817 Franz Xaver Meyer
von Klingnau, Priester. 1817 als Lehrer an die Stiftsschule gewählt, hat aber den Schuldienst nicht angetreten, da er zum Stiftskaplan und Organisten berufen wurde. Wird später Pfarrer von Zuzgen und Frick und in den Jahren 1831–1832 Lehrer für Deutsch, Singen, Schreiben und Zeichnen an der Bezirksschule Rheinfelden. – Aus den Gemeinderatsprotokollen (1830), GAZ Nr. 3, 993: «Dem tit. Herrn X. Meyer von Klingnau, Caplan an dem löbl. Collegiat-Stift zur heiligen Verena dahier ist ein Zeugnis auszustellen, dass er seit 1825 der hiesigen Sekundarschule als Zeichnungs-, Schönschreib- u Gesanglehrer für die jährliche Besoldung von L. 200 mit dem besten Erfolge vorgestanden, u dieser Anstalt zudem eine Schenkung von 200 Stücken Zeichnungsvorlageblättern, in eigenen Handzeichnungen, Kupferstichen u Steindrücken bestehend, gemacht habe.»
HUBER, Geschichte, S. 300. – G. A. FREY, Bezirksschule, S. 13 f., 45.

1825 Franz Xaver Wagner
1792–1853. Frühmesser in Klingnau. 1825–1830 Lehrer an der Stiftsschule Zurzach, dann Kaplan und Pfarrvikar in Baldingen. Ab 1840 Chorherr in Zurzach.
HUBER, Geschichte, S. 284, 300.

1830 Alois Rohner
1799–1877, von Zurzach. Lehrer in Fisibach, dann 1830–1865 Lehrer an der katholischen Schule Zurzach, nach 1865 noch Kirchensigrist.
SPÜHLER, Bezirksschule, S. 70. – HUBER, Geschichte, S. 300. – HUBER, Erinnerungen, S. 97, 133, 154 f. – StAAG, Anstellungskontrolle 1859.

Die Lehrer des Priesterseminarkurses

1857 Leonz Heer
Geb. 1786, Chorherr in Zurzach seit 1849, ab 1851 Custos. Dozent an den beiden Priesterseminarkursen von 1857 und 1858/59.
HUBER, Geschichte, S. 285. – BONER, Priesterseminar.

1857 Heinrich Leonz Huber
Geb. 1785, Chorherr in Zurzach seit 1856. Dozent an den beiden Priesterseminarkursen von 1857 und 1858/59.
HUBER, Geschichte, S. 287 f. – BONER, Priesterseminar.

1857 Johann Huber
von Hägglingen. Kaplan in Mellingen und Religionslehrer am Seminar in Lenzburg, 1838 Pfarrer von Ehrendingen, 1842 von Lengnau und 1849 von Regensberg. 1855 Stiftsdekan (installiert 1856) in Zurzach und ab 1864 Stiftspropst bis zur Aufhebung des Stifts 1864. Dozent an den beiden Priesterseminarkursen von 1857 und 1858/59.
MARCHAL, Zurzach 1977, S. 624–625. – BONER, Priesterseminar.

1857 Heinrich Mohr
1791–1863, von Rheinfelden. 1816 Vikar in Basel, 1820 Stiftskaplan in Rheinfelden, 1826 Pfarrer von Birmenstorf, 1840 Pfarrer in Schaffhausen. 1843 Wahl zum Stiftsdekan (installiert 1844) und Pfarrer in Zurzach, 1855 zum Propst gewählt (installiert 1856). Dozent an den beiden Priesterseminarkursen 1857 und 1858/59.
MARCHAL, Zurzach 1977, S. 624. – HUBER, Geschichte, S. 232 f. – BONER, Priesterseminar.

Die Lehrkräfte an der reformierten Schule

In der Liste der Schulmeister der reformierten oder «deutschen» Schule klaffen grosse Lücken, obschon der Schulbetrieb wohl nie gänzlich unterbrochen war.

1529 Franz Zingg
aus einer Schwyzer Familie. 1512 am päpstlichen Hof, 1519 Pfarrer von Freienbach. Der Reformation zugeneigt, heiratet 1523, siedelt 1525 nach Zürich über, wird dort Diakon und Feldprediger im ersten Kappeler Feldzug. 1529 Prediger in Wil und noch im gleichen Jahr in Zurzach. Gestorben 1530.
HBLS 7, S. 665–666.

1738 Heinrich Kappeler
1738 als Schulmeister der reformierten Schule Zurzach genannt.
JBZ 1950.

1769 Johannes Herzog
von Rekingen, seit 1769 Lehrer an der reformierten Schule Zurzach.
SPÜHLER, Bezirksschule, S. 70.

1787 Johannes Herzog (jun.)
Geb. 1760, von Rekingen. 1787 als Lehrer an die reformierte Schule in Zurzach gewählt, hat unterrichtet bis 1827.
StAZH, A 313 (Bericht von Pfr. A. Wegmann, 1794). – SPÜHLER, Bezirksschule, S. 70.

1820 Bau des reformierten Schulhauses.

1827 Heinrich Herzog
Geb. 1794, Sohn des Johannes Herzog (jun.). 1827 (als Nachfolger seines Vaters) bis 1865 Lehrer an der reformierten Schule in Zurzach, ab 1832 auch Hilfslehrer für Schreiben und Gesang an der Sekundar-, dann an der Bezirksschule. 1865 nicht wiedergewählt.
SPÜHLER, Bezirksschule, S. 20, 70. – HUBER, Erinnerungen, S. 97, 155.

1865 Aufhebung der Konfessionsschulen durch das neue Schulgesetz.

Die Lehrkräfte des Landschullehrerinstituts

1806 Matthäus Höchle
s. o. «Schulmeister an der Stiftsschule»

1806 Leonhard Nabholz
1782–1853, von Zürich. 1805 ordiniert und Vikar in Seengen, 1811–1823 reformierter Pfarrer in Zurzach, gründet mit seinem katholischen Amtsbruder Matthäus Höchle ein Landschullehrerinstitut und leitet mit Unterstützung des Kantons 1812 und 1813 zwei Kurse. Ab 1839 Pfarrer in Umiken.
J. KELLER, Lehrer-Seminar, S. 14, 120.

Die Lehrkräfte der Sekundarschule 1817–1835

1817 Joseph Eutych Kopp
1793–1866, von Beromünster. 1816 Lehrer in Hofwil, 1817 an der Sekundarschule Zurzach. 1819–1865 Professor der Philologie am Lyceum in Luzern. 1828 Grossrat, 1840–1841 Regierungsrat. Schriftsteller und Historiker, Mitglied der Akademien von Berlin, München und Wien. Dr. hc. der Universitäten Basel (1860) und Wien (1864).
SPÜHLER, Bezirksschule, Anhang. – HBLS 4, S. 537.

1818 Leonz Füglistaller
1768–1840, aufgewachsen in Jonen. Theologiestudium, ab 1798 Professor der Theologie an der Lehranstalt in Luzern, 1801 für Physik, 1806 für griechische Literatur. 1810 zu weiteren Studien nach Paris und Göttingen, 1815 Kanzler von Propst Göldlin in Beromünster. 1818–1819 zweiter Sekundarlehrer in Zurzach, wird dort wie sein Kollege Kopp während der Herbstmesse 1818 aus seiner Amtswohnung auslogiert. Ab 1819 wieder in Luzern: Professor der Physik, 1824 Chorherr und bis 1826 Präfekt der höheren Lehranstalt. Ab 1831 Propst zu St. Leodegar in Luzern.
Spühler, Bezirksschule, S. 32 und Anhang. – HBLS 3, S. 354. – Vgl. Eduard Studer, Leonz Füglistaller 1768–1840, in: ZSKG, Beiheft 8, 1951.

1819 Wilhelm Rudolf
von Zurzach. 1819–1824 zweiter Sekundarlehrer in Zurzach (war schon 1817 unter den Bewerbern), nachher Mitglied der Schulpflege.
Spühler, Bezirksschule, S. 32 f. und Anhang.

1820 J. Corneli
aus Illereichen. Lehrer in Tiengen, nachdem er 1817 die Wahl zum zweiten Lehrer in Zurzach ausgeschlagen hatte. 1820–1824 Oberlehrer an der Sekundarschule Zurzach, dann zum Rücktritt gezwungen und wieder Lehrer in Tiengen.
Spühler, Bezirksschule, S. 31 und Anhang.

1823 Joseph Wilhelm Ludwig Aebi
1802–1881, aufgewachsen in Luzern. Nach abgebrochenem Theologiestudium 1823–1826 Lehrer an der Sekundarschule Zurzach. 1826 Sekundarlehrer in Baden, 1829 Professor am Gymnasium Luzern, 1834 am Gymnasium Bern, 1835 an der Kantonsschule Aarau. 1843 Lehrer an der Bezirksschule Baden, daneben Theologiestudium wieder aufgenommen. 1844 Priesterweihe, 1845 Chorherr-Predigerpfründe in Baden. 1846 Pfarrer in Altendorf SZ, 1848 Mitglied des Erziehungsrats des Kantons Schwyz. 1849 Geschichtsprofessor an der Kantonsschule St. Gallen, 1850 Schulkaplan in Sursee, 1851 Geschichtsprofessor am Gymnasium Luzern. Ab 1862 Chorherr in Beromünster.
Spühler, Bezirksschule, Anhang. – HBLS 1, S. 117.

1824 Joseph Steigmeier
von Klingnau. 1824–1833 Sekundarlehrer in Zurzach, nachher Bezirksrichter, Schulinspektor, Gerichtspräsident, Bezirksschulrat, Mitglied und Präsident der Schulpflege. Übernimmt 1835–1836 und 1839–1841 Stellvertretungen an der Bezirksschule, bewirbt sich 1842 auch wieder um eine Lehrerstelle, verzichtet dann aber.
Spühler, Bezirksschule, S. 37 f., 41, 44 und Anhang.

1825 J. Meier
Kaplan in Klingnau, ab 1825 Hilfslehrer für Zeichnen an der Sekundarschule Zurzach.
Spühler, Bezirksschule, S. 37 und Anhang.

1826 Joseph August Isaak
1805–1856, von Ettiswil. 1826–1831 Sekundarlehrer in Zurzach, dann Professor am Gymnasium Luzern. 1842–1856 Bezirkslehrer und Rektor in Zurzach, auch Schulinspektor und Mitglied des Bezirksschulrates.
«Der zweite Lehrer an der Sekundarschule, J. Jsaac, gelangt mit der Bitte an den Gemeinderat, man möchte zum ‹vielseitigen Nutzen der Gymnastik› ihm zum Zwecke der Ausübung dieser Kunst einen Platz von ungefähr 20–30 Schuh Länge und ebensolcher Breite zur Verfügung stellen, auf welchem einige Pfähle eingeschlagen und, sofern es die Verhältnisse gestatten, ein Springgraben von 12–14' Länge und 10–12' Breite ‹dürfte effectuirt werden›» (Gemeinderatsprotokoll 1830, GAZ Nr. 3, 1040).
Beschluss des Gemeinderates: «Zu einem Tummelplatz für die Sekundarschuljugend ist einzurichten: ein kleines Stück Land im Schönbrunn, bey der Brunnstube, wozu – damit es die notwendige Grösse erhalte – das daneben liegende Gemeindgärtchen, welches bis dahin Joh. Fridolin Attenhofer, Stricker, pachtweise inne hatte, gezogen werden soll» (Gemeinderatsprotokoll 1830, GAZ Nr. 3, 1063).
Der tüchtige und beliebte Lehrer Isaak war mit seiner Initiative ein Pionier des Turnunterrichtes an aargauischen Schulen. Allgemein berief sich die Turnbewegung auf Friedrich Ludwig Jahn (1778–1852), der 1811 auf der Hasenheide in Berlin einen ersten Turnplatz eröffnet hatte.
Spühler, Bezirksschule, Anhang. – Burgener, Kadetten, S. 625.

1827 Heinrich Herzog
s. «Die Lehrkräfte an der reformierten Schule»

1831 Gottlieb Welti
von Zurzach. Seit 1831 Sekundar- und dann Bezirkslehrer in Zurzach, erteilt bis 1839 auch Lateinunterricht. Gestorben 1851.
Spühler, Bezirksschule, S. 41 und Anhang.

1832 Beat Bodenmüller
1795/96–1836, aus Einsiedeln. Bildhauer, Modelleur. Zeichenlehrer in Mellingen, 1832–1834 Hilfslehrer für Zeichnen an der Sekundarschule Zurzach. Dann Zeichenlehrer in Baden.
Spühler, Bezirksschule, Anhang. – HBLS 2, S. 284. – SKL 1, 1905, S. 158. – Allgemeines Künstler-Lexikon 12, S. 76.

1834 Franz Dreher
1809–1888, aus Illereichen, Sohn eines Orgelbauers. – Zeichenunterricht beim Vater, Bildhauerlehre abgebrochen, Orgelbauerlehre abgelehnt, Malerlehre in Weissenhorn, muss 1828 wegen Geldmangel sein Studium an der Kunstakademie München aufgeben, beginnt Wanderung nach Italien und bleibt in Zurzach hängen: 1834–1888 Lehrer für Schreiben, Zeichnen und Gesang an der Sekundar-, dann an der Bezirksschule. Im Nebenamt 1836–1867 auch Zeichenlehrer in Kaiserstuhl und 1865–1867 ebenso in Leuggern. In seinen Mussestunden als Zeichner und Maler tätig, daneben Dirigent des Zurzacher Orchesters. 1836 gründet er eine Sonntagsschule für Handwerker-

lehrlinge, die er unentgeltlich unterrichtet.
SPÜHLER, Bezirksschule, S. 3–6 und Anhang. – A. SENNHAUSER, Anfänge, S. 38, 66. – SKL 1, 1905, S. 383–384.

Die Lehrkräfte der Bezirksschule

1835 neues Schulgesetz.
1839 Gründung des Kadettenkorps.

Seit 1835 wirkten die Sekundarlehrer
Gottlieb Welti
Beat Bodenmüller
Franz Dreher
Heinrich Herzog (reformierte Schule)
als Bezirkslehrer.

1836 … Gschwind
Apotheker in Zurzach, erteilt 1836–1839 Unterricht in den naturkundlichen Fächern.
SPÜHLER, Bezirksschule, S. 41.

1836 Kaspar Schiesser
1812–1839, von Schwendi GL. 1820 trat er in die ein Jahr zuvor gegründete Linthkolonie ein (Glarner Anstalt für arme Knaben, geleitet von dem in Hofwil gebildeten Melchior Lütschg aus Mollis), wo er bis zur Konfirmation 1830 blieb. Danach Weiterbildung in Hofwil (als Lehrer an der landwirtschaftlichen Schule), Lehrer an einer Kleinkinderschule in Basel, Anstellungen in Winterthur, St. Gallen und in der Westschweiz. 1833 Privatlehrer in Liestal. Kämpfte in den Basler Trennungswirren auf der Seite der Landbevölkerung. Ab 1836 in Zurzach Bezirkslehrer für Deutsch, Geschichte und Geographie. Einer seiner begeisterten Schüler war der spätere Bundesrat Emil Welti. In den naturwissenschaftlichen Fächern vertrat ihn der Apotheker Gschwind. Rektor Welti, der Schiesser aus seiner Winterthurer Zeit kannte, sagte von ihm, er sei «ein begeisterter Mensch, ein Idealist, und ein Radikalissimus ersten Ranges.» Schiesser war Mitbegründer der Harmoniegesellschaft in Zurzach und deren erster Präsident. Er war auch einer der Gründer der Bezirksbibliothek. Befreundet war er mit Dr. Anton Henne, Rektor Federer und Professor Alois Fuchs in St. Gallen, mit Thomas Bornhauser und Dr. Emil Frei in Baselland. In Zurzach traf sich Schiesser regelmässig mit drei liberalen Freunden, mit Bezirksamtmann Frey, Friedensrichter Keller und Oberrichter Welti, dem Vater des Bundesrates und des Rektors in Winterthur. Liberaler Demokrat, (vor allem politischer) Dichter.
SPÜHLER, Bezirksschule, Anhang. – A. SENNHAUSER, Anfänge, S. 28, 66. – HBLS 6, S. 173. – ANDREAS BAUMGARTNER, Ein vergessener Dichter, Zürich 1904.

1839 August Scholz
Student und Burschenschafter in seiner Heimatstadt Breslau, ab 1833 in der Schweiz: sucht eine Stelle im Seminar Hofwil, erteilt Turnunterricht in der Lippischen Erziehungsanstalt auf Schloss Lenzburg und wird Lehrer an der bürgerlichen Literarschule in Burgdorf. 1834 ist er Lehrer in Bouterweks Anstalt in Wabern, 1835 Hauslehrer bei Pfarrer Giger in Frutigen, erwirbt nebenbei die Wahlbefähigung als Bezirkslehrer im Kanton Aargau, bewirbt sich vergeblich um eine Lehrerstelle in Aarburg, wird 1836 Vorsteher der Familien-Privatschule in Mollis. 1839 wird er in Basel zum Nachfolger Johann Kettigers gewählt, wechselt aber gegen Jahresende nach Zurzach: ab 1839 Bezirkslehrer (gewählt auf Empfehlung seines Studienfreundes Augustin Keller) in Zurzach, 1848 entlassen. Ab 1849 ist er Bezirkslehrer und Turnlehrer in Liestal, bis er 1861 wegen unkonventioneller Schulführung abgesetzt wird. Später lebt er als Rentner bei Kettiger im Seminar Wettingen, dann bis 1873 in Zurzach und schliesslich im Greisenasyl von Berlin, wo er um 1884 oder wenig später stirbt.
SPÜHLER, Bezirksschule, S. 41 und Anhang. – CARL KRON (Hrsg.), 100 Jahre Bezirksschulen des Kantons Basel-Landschaft, Liestal 1936, S. 136–138. – Zuschrift des Bezirkslehrers August Scholz in Liestal an den hohen Landrath des Kantons Basellandschaft, Liestal 1861. – Die Amtsenthebung des gewesenen Bezirkslehrers Herrn August Scholz aus Breslau, Liestal 1861.

1842 Joseph August Isaak
s. o., «Die Lehrkräfte der Sekundarschule 1817–1835»

1848 Karl Rothpletz
–1882, von Aarau. Bezirkslehrer in Schöftland, 1848–1849 Stellvertreter an der Bezirksschule Zurzach. 1849 Lehrer in Aarau, 1859 Pfarrer in Erlinsbach.
SPÜHLER, Bezirksschule, Anhang.

1849 Johann Jakob Meier
1799–1865, von Wiedikon, in Horgen aufgewachsen. Dr. phil., hatte mit Martin Disteli in Jena studiert. – 1830–1848 Professor in Chur. Ab 1849 bis 1865 in Zurzach: Bezirkslehrer, Schulinspektor und Bezirksschulrat, hat sich um die Reorganisation der Bezirksschule verdient gemacht. Gegner von Propst Huber.
SPÜHLER, Bezirksschule, S. 47 f., 53 und Anhang. – HBLS 5, S. 105. – HUBER, Erinnerungen, S. 72 f.

1852 Hermann Hagnauer
von Aarau. 1848–1852 Lehrer an der Bezirksschule Aarburg, 1852–1860 Lehrer an der Bezirksschule Zurzach, nach 1865 Lehrer an der Bezirksschule Aarau. Um 1884 Rechnungsbeamter in Frauenfeld.
SPÜHLER, Bezirksschule, S. 50 und Anhang. – J. DIETSCHI, Geschichte der Bezirksschule von Aarburg. Festschrift, Zofingen 1886, S. 12 f.

1856 Kaspar Leimgruber
1828–1882, von Herznach. 1852 Priesterweihe, 1853 Vikar in Zeihen und Wettingen, 1854 Pfarrverweser in Wohlen und wieder Hilfspriester in Wettingen, 1855 Kaplan in Zurzach und Pfarrer in Baldingen, 1856 Stellvertreter an der Bezirksschule Zurzach. Ab 1872 Pfarrer in Niederwil.
SPÜHLER, Bezirksschule, Anhang. – J. KELLER, Lehrer-Seminar, S. 125.

1856 Johann Jakob Welti
1828–1900, Sohn des Jakob Friedrich (und Bruder des späteren Bundesrats Emil Welti). 1856 Dr. phil. in Jena. 1856–1862 Lehrer an der Bezirksschule Zurzach, 1862–1897 am Gymnasium Winterthur, 1873–1892 auch Rektor.
Spühler, Bezirksschule, Anhang. – HBLS 7, S. 470. – Otto Hunziker, Rektor Welti, Winterthur 1909.

1860 Anton Girtanner
von St. Gallen, Lehrer an der Bezirksschule Kaiserstuhl und 1860–1866 (nicht wiedergewählt) an der Bezirksschule Zurzach. Gestorben 1882 in Zurzach.
Spühler, Bezirksschule, S. 51 und Anhang. – Huber, Erinnerungen, S. 86.

1862 Johann Huber
1838–1916, von Hägglingen, Neffe des letzten Propstes von Zurzach. 1862 Lehrer an der Bezirksschule Zurzach, dann Bezirkslehrer 1866 in Laufenburg und 1869 in Baden. 1876 Lehrer und Rektor an der Bürgerschule Säckingen, 1881 am Progymnasium Waldshut. Nach weiterer Lehrtätigkeit in Schopfheim und in Kenzingen ab 1900 in Freiburg i. Br. im Ruhestand. Gestorben in Wohlen AG.
Spühler, Bezirksschule, Anhang. – Gymnasium Säckingen, Festschrift 1955, S. 21 ff. – Huber, Erinnerungen, S. 85 f., 187 f.

1864 Alexis Garonne
1826–1881, von Vilars (Val de Ruz) NE, ref., in Zurzach aufgewachsen. 1853 Pfarrer in Aarau, Mitglied von Kirchenrat und Synodalausschuss, Reformtheologe. 1864–1865 Stellvertreter an der Bezirksschule Zurzach.
Spühler, Bezirksschule, Anhang. – HBLS 3, S. 399.

1865 Viktor Adam
aus Karlsruhe. Lehrer in Hofwil, 1865–1868 Lehrer an der Bezirksschule Zurzach. Dann Gymnasiallehrer in Karlsruhe.
Spühler, Bezirksschule, Anhang.

1865 J. Seiler
Pfarrer in Baldingen, 1865 Stellvertreter an der Bezirksschule Zurzach, später Pfarrer in Berikon.
Spühler, Bezirksschule, Anhang.

1865 neues Schulgesetz. Emil Welti Regierungsrat.

1866 Alois Arnet
von Root LU. 1866–1871 Lehrer an der Bezirksschule Zurzach, dann Gymnasiallehrer in St. Gallen. Gestorben 1875.
Spühler, Bezirksschule, Anhang.

1866 Emil Kollbrunner
1848–1918, von Schönholzerswilen TG, aufgewachsen in Bissegg. 1866–1871 Bezirkslehrer in Zurzach, dann Lehrer an der Kantonsschule Frauenfeld, 1877 Staatsschreiber. Ab 1893 in Zürich: Redaktor der «Zürcher Post», 1893–1908 Chef des statistischen Büros des Kantons Zürich. Parteipolitiker, Präsident des grossen Stadtrats von Zürich.

Spühler, Bezirksschule, Anhang. – HBLS 4, S. 528 f. – Huber, Erinnerungen, S. 97.

1868 Oswald Schön
1836–1879, von Menzingen. Weigert sich, Geistlicher zu werden, und führt ein unstetes Leben als Lehrer und Schriftsteller in Bern, Pruntrut, Gossau und anderen Orten. 1861–1867 Professor der deutschen Sprache in La Chaux-de-Fonds, 1868–1870 (entlassen) Verweser an der Bezirksschule Zurzach, wo er Theateraufführungen leitet (siehe S. 507). Dann in Bern als Literat und Journalist, gründet 1877 die Zeitschrift «Der Hausfreund».
Spühler, Bezirksschule, Anhang (mit falschem Todesjahr). – Sammlung Bernischer Biographien, hrsg. von dem Historischen Verein des Kantons Bern, Bd. 1, Bern 1884, S. 152 ff.

1870 Johann Jakob Spühler
1838–1906, von Rekingen. 1865–1870 Primarlehrer, dann bis 1877 Bezirkslehrer und Turnlehrer in Zurzach. 1877–1886 Sekretär der Erziehungsdirektion des Kantons Aargau.
Spühler, Bezirksschule, S. 70. – StAAG, Anstellungskontrollen Gemeinde- und Arbeitsschule Zurzach.

1871 Arnold Meier
–1915, von Würenlingen. 1871 Lehrer an der Bezirksschule Zurzach, muss 1873 nochmals eine Prüfung in Latein ablegen, 1912 entlassen.
Spühler, Bezirksschule, Anhang. – A. Sennhauser, Anfänge, S. 38, 66. – Zurzacher Volksblatt 1917, Nr. 26 vom 3. März. – StAAG, Anstellungskontrolle Bezirkslehrer, S. 1861 ff.

1871 Niklaus Stäuble
von Sulz, 1871–1879 Lehrer an der Bezirksschule Zurzach, dann an der Bezirksschule Baden.
Spühler, Bezirksschule, Anhang.

1872 Johannes Kappeler
von Zurzach. 1872–1877 Lehrer an der Primarschule Zurzach, dann Gemeindeschreiber und Schulinspektor, dazu Turnlehrer an der Bezirksschule.
Spühler, Bezirksschule, S. 70 und Anhang.

1877 J. Gasser
von Unterhallau. 1877–1878 Stellvertreter an der Bezirksschule Zurzach.
Spühler, Bezirksschule, Anhang.

1877 Julius Meier
von Baldingen, 1877–1878 Stellvertreter an der Bezirksschule Zurzach.
Spühler, Bezirksschule, Anhang.

1878 Johannes Kreyenbühl
–1929, von Pfaffnau. Professor der Philosophie in Luzern, 1878–1881 (entlassen) Bezirkslehrer in Zurzach. In Basel zum Dr. phil. promoviert. Ab 1881 Schriftsteller, Journalist und Privatdozent in Zürich.
Spühler, Bezirksschule, Anhang. – A. Sennhauser, Anfänge, S. 38, 66. – Huber, Erinnerungen, S. 172. – NZZ 1929, Nr. 2088. – ETH Zürich 1855–1980, Festschrift zum 125jährigen Bestehen, Zürich 1980.

1879 J. Ruppli
1842–1928, von Fischbach, Lehrer in Zug. 1879 Stellvertreter, dann Lehrer an der Bezirksschule Zurzach bis 1912 (entlassen), Betreuer der naturwissenschaftlichen Sammlungen.
Spühler, Bezirksschule, Anhang. – A. Sennhauser, Anfänge, S. 38, 66. – Huber, Erinnerungen, S. 176. – StAAG, Lehrerkontrolle.

1881 Johann Hauenstein
1850–1915, von Tegerfelden. 1881 Stellvertreter, dann gewählter Lehrer an der Bezirksschule Zurzach, 1912 entlassen.
Spühler, Bezirksschule, Anhang. – A. Sennhauser, Anfänge, S. 40, 66. – Zurzacher Volksblatt 1917, Nr. 26 vom 3. März.

1884 Stephan Janser
1856–1925, aus Tuggen SZ, 1884–1920 Musiklehrer an der Bezirksschule Zurzach, ab 1888 auch Schreiblehrer. Gründer des Gemischten Chors (1896 oder wenig früher) und dessen Dirigent. Erster Auftritt dieses Chors am Bezirksgesangsfest 1897 in Zurzach.
A. Sennhauser, Anfänge, S. 39, 46, 67.

1889 Eugen Steimer
1860–1926, aufgewachsen in Baden. Maler und Restaurator von Wandbildern, bemüht sich um eine Reform des Zeichenunterrichts in den Schulen und um die Weiterbildung vieler Lehrer in diesem Fach. 1889–1895 Zeichenlehrer an der Bezirksschule Zurzach, soll in diesem Zeitraum auch an den Bezirksschulen von Bremgarten und Muri gewirkt haben. 1895–1909 Lehrer für dekoratives Malen und kunstgewerbliches Zeichnen an der Gewerbeschule Aarau. 1903–1924 Zeichenlehrer am Lehrerseminar Wettingen.
StAAG, Lehrerkontrolle Bezirksschulen, Zurzach. – SKL 3, 1913, S. 238 und 4, 1917, S. 628.

1892 Bezirksschule in der Propstei.

1895 Adolf Amsler
von Bözen. 1895–1896 Lehrer an der Bezirksschule Zurzach, gleichzeitig auch an der Fortbildungsschule.
StAAG, Lehrerkontrolle Bezirksschulen.

1896 Gottlieb Schmid
1869–1960, von Zurzach. Lehrer in Zurzach: 1896–1913 Lehrer an der Fortbildungsschule, gleichzeitig Hilfslehrer für Zeichnen an der Bezirksschule. 1901–1916 Lehrer an der Fortbildungsschule und ab 1913 Oberlehrer an der Primarschule.
A. Sennhauser, Anfänge, S. 39. – StAAG, Lehrerkontrolle Bezirke Laufenburg und Zurzach, ab ca. 1910. – GAZ, 1129–1144.

vor 1897 Heinrich Schutz
Gemeindeschreiber in Zurzach, … –1897 auch Turnlehrer an der Bezirksschule.
StAAG, Lehrerkontrolle Bezirksschulen.

1901 Ernst Zimmermann
1869–1955, von Kaiserstuhl. Ab 1901 Primarlehrer in Zurzach, von 1910 an zudem auch Turnlehrer an der Bezirksschule. 1902–1916 Lehrer an der Handwerkerschule. Wegen Krankheit ab 1926 an der Primarschule für längere Zeit vertreten durch Johanna Stahel von Aarau.
StAAG, Lehrerkontrolle, Bezirksschulen. – StAAG, Lehrerkontrolle, Bezirke Laufenburg und Zurzach, ab ca. 1910. – GAZ, 1129–1144.

1903 Gründung des Vereins Ehemaliger.

1912 Arnold Büchli
1885–1970, von Lenzburg. 1912–1922 Lehrer an der Bezirksschule Zurzach, dann Rektor der Bezirksschule Aarburg. Büchli hat in den Dreissigerjahren des letzten Jahrhunderts in Graubünden auf Fahrten und Wanderungen gegen 7000 Sagen und Volkserzählungen gesammelt, die in der von Ursula Brunold-Bigler besorgten Ausgabe «Mythologische Landeskunde von Graubünden» (3 Bde., Register, Disentis 1989–1992) ediert sind. Nach der Matura 1906 hatte er in Basel drei Semester Theologie, dann Altphilologie und Germanistik in Basel, München und Freiburg i. Br. studiert und sich dann an der Universität Zürich bei Prof. Albert Bachmann und am Schweizerdeutschen Idiotikon für seine späteren Mundartaufzeichnungen vorbereitet. Nach seiner Beurlaubung von der Schule 1942 und der Pensionierung lebte Arnold Büchli mit seiner Frau in Graubünden. 1949 erhielt er von der Aargauer Regierung den neu geschaffenen Literaturpreis. 1964 Dr. phil. h. c. der Universität Bern. 1958 erschien der erste, 1966 der zweite Band des erst nach dem Tode des bedeutenden Volkskundlers vollständig edierten Werkes.
A. Sennhauser, Anfänge, S. 40, 47, 67. – Büchli, Landeskunde.

1912 Emil Giger
1855–1962, von Stein SG. 1906–1911 Assistent am pflanzenbiologischen Institut der ETH, dazwischen kurzzeitig Stellvertreter an der Bezirksschule Rheinfelden. 1912 Dr. phil. und 1912–1915 (entlassen) Lehrer an der Bezirksschule Zurzach, 1913–1915 auch Lehrer an der Handwerkerschule. 1916 bis zur Pensionierung Lehrer für Biologie an der Töchterschule Zürich.
A. Sennhauser, Anfänge, S. 40, 67. – Emil Gigers, Linnaea borealis L.: eine monographische Studie, Diss. Naturwiss. ETH Zürich, Zürich 1912, Curriculum. – G. A. Frey, Bezirksschule, S. 47. – StAAG, Lehrerkontrolle. – GAZ, 1129–1144. – H. Jenny, Emil Giger 1885–1962, in: Vierteljahrsschrift der Naturforschenden Gesellschaft in Zürich, 107, 1962, S. 327.

1912 Siegfried Wunderlin
von Mumpf. 1912–1915 (entlassen) Lehrer an der Bezirksschule Zurzach.
A. Sennhauser, Anfänge, S. 40, 67. – StAAG, Lehrerkontrolle.

1915 Walter Burkart
von Mühlau. 1915–1919 Lehrer an der Bezirksschule Zurzach, 1915–1916 auch an der Handwerkerschule. Ab 1919 Lehrer an der Gewerbeschule Aarau.
A. Sennhauser, Anfänge, S. 40, 46, 67. – GAZ, 1129–1144.

1915 Eduard Kleinert
von Affoltern am Albis. Dr. phil., 1915–1920 Lehrer an der Bezirksschule Zurzach, ab 1920 am Gymnasium Burgdorf. 1955 in Zürich im Ruhestand. Gestorben 1963.
A. SENNHAUSER, Anfänge, S. 40, 46, 67. – StAAG, Lehrerkontrolle.

1917 Jahrhundertfeier der Bezirksschule.

1919 Johann Ulrich Ammann
1881–1947, von Wittenwil SG, Dr. phil. Bis 1919 Lehrer an der Bezirksschule Frick, 1919–1946 an der Bezirksschule Zurzach.
A. SENNHAUSER, Anfänge, S. 46, 64, 67.

1920 Otto Bolliger
1893–1968, von Holziken. Bis 1920 Stellvertreter und 1920–1957 Lehrer an der Bezirksschule Zurzach.
A. SENNHAUSER, Anfänge, S. 46, 67.

1920 Ernst Hauser
von Näfels. 1920–1921 Hilfslehrer für Musik und Gesang an der Bezirksschule Zurzach, nachher in Baden und Turgi.
A. SENNHAUSER, Anfänge, S. 46, 67. – StAAG, Lehrerkontrolle.

1921 Arthur Bartsch
Geb. 1891. 1921 zum Musiklehrer an der Bezirksschule Zurzach gewählt, verzichtet aber, weil er in Rheinfelden eine Stelle als Dirigent und als Lehrer für Musik und Gesang übernehmen kann. 1923 in Rorschach Nachfolger seines Vaters als Organist und Leiter der Gesang- und Musikschule.
A. SENNHAUSER, Anfänge, S. 46. – Ergänzungen und Berichtigungen (Typoskript 1941) zu EDGAR REFARDT, Historisch-Biographisches Musikerlexikon der Schweiz, Leipzig/Zürich 1928.

1921 Alfred Leonz Gassmann
1876–1962, aufgewachsen in Buchs LU, Lehrerseminar Hitzkirch. 1896 Lehrer und Organist in St. Urban, 1903 in Weggis (daneben Stud. am Konservatorium Genf). 1909 Musiklehrer und -direktor in Sarnen, später Sekundarlehrer in Hochdorf. 1921–1943 Musiklehrer an der Bezirksschule Zurzach, ebenso an den Bezirksschulen von Leuggern und Kaiserstuhl, Organist an der Stiftskirche, Gründer der Knabenmusik und des Schulorchesters. Ab 1943 in Vitznau im Ruhestand. Komponist, Schriftsteller und Volksliedforscher.
A. SENNHAUSER, Anfänge, S. 47, 63–64, 67. «Bärgfrüehlig», musikalisch-volkskundliche Zeitschrift 3, 1972, Nr. 3 (Sondernummer). – Schweizer Musiker-Lexikon, bearb. v. WILLY SCHUH u. a., Zürich 1964, S. 135 f.

1922 Armin Schüle
1890–1963, aus Bern. 1916 Dr. phil. in Zürich, Hilfslehrer an der Kantonsschule Winterthur. 1922 Bezirkslehrer in Zurzach, ab 1932 in Brugg.
A. SENNHAUSER, Anfänge, S. 47, 56, 76. – ARMIN SCHÜLE, Die politische Tätigkeit des Obmanns Johann Heinrich Füssli von Zürich (geb. 1745, gest. 1832), Zürich-Selnau 1917, Curriculum.

1932 Klara Welte
1932–1933 Stellvertreterin an der Bezirksschule Zurzach.
A. SENNHAUSER, Anfänge, S. 56.

1933 Walter Fischer
von Oftringen. Geboren 1899. 1919 Lehrer in Möhlin. Ab 1933 bis 1959 (gest. 18. März) Primarlehrer in Zurzach, dazu Turnlehrer an der Bezirksschule und Kadetteninstruktor.
A. SENNHAUSER, Anfänge, S. 56. – StAAG, Lehrerkontrolle Bezirksschulen. – StAAG, Lehrerkontrolle Bezirke Laufenburg und Zurzach ab ca. 1910.

1933 Peter Hüsser
Geb. 1885, von Berikon. 1911–1914 Lehrer an der Fortbildungsschule Freienbach, 1917 an der Bezirksschule Mellingen, 1923 an der Sekundarschule Freienbach. 1924 Beamter in der kant. Berufsberatung Schwyz (1926 Dr. phil.), dann Lehrer an der Fortbildungsschule Würenlingen. 1933–1951 Lehrer an der Bezirksschule Zurzach.
A. SENNHAUSER, Anfänge, S. 56, 65, 67. – PETER HÜSSER, Geschichte der Unabhängigkeitsbestrebungen in Ausserschwyz 1790–1840, Diss. Univ. Zürich, Einsiedeln 1926, Curriculum.

1939 Bezirksschule im Langwiesschulhaus.

1943 Joseph Bamert
Musiklehrer in Frick, 1943–1966 in Zurzach.
A. SENNHAUSER, Anfänge, S. 64, 67.

1946 Walter Zimmermann
1905–1989 in Zurzach, 1930 Diplom an der ETH und Assistent, 1933 Dr. phil. 1946–1968 Bezirkslehrer in Zurzach.
A. SENNHAUSER, Anfänge, S. 65, 67. – WALTER ZIMMERMANN, Geschichte des Kanton Zürich vom 6. September 1839 bis 3. April 1845, Diss. Phil. I. Zürich, Zürich 1916, Curriculum.

1951 Leo Villiger
Geb. 1924. Dr. phil., 1951–1956 Bezirkslehrer in Zurzach. 1956–1959 Lehrer an der Bezirksschule Wettingen und Hilfslehrer für Latein am Lehrerseminar. 1959–1990 Hauptlehrer für Deutsch und Latein an der Töchterschule I (Gymnasium) der Stadt Zürich (ab 1976 Kantonsschule). 1967–1979 Lehrauftrag an der Universität Zürich für Fachdidaktik des Deutschunterrichts.
A. SENNHAUSER, Anfänge, S. 65, 67. – LEO VILLIGER, Catharina Regina von Greiffenberg (1633–94); zur Sprache und Welt der barocken Dichterin, Zürich [1952], (Zürcher Beiträge zur deutschen Sprach- und Stilgeschiche), Curriculum.

1956–1962 Hans Vögtlin
Geb. 1929, von Baden. 1962–1991 Bezirkslehrer und Rektor in Baden und Lateinlehrer an der Kantonsschule Wettingen.

1958–1959 Eduard Kleinert (s. o., 1915)
von Zürich, als Stellvertreter.

1958–1973 Franz Keller
Geb. 1931, von Endingen. Ab 1974 im Teilpensum. 1974–1989 Gemeindeammann, Grossrat 1977–1985. 1982–1995 Rektor der Kaufmännischen Berufsschulen Zurzach.

Lehrkräfte ab 1960

1962–1997	Walter Krieger, von Luzern
1966–1973	Hans Hildering, von Davos
1968–1997	Katharina Noser, von Biberstein
1968–2003	Felix Wenzinger, von Schneisingen
1970–1980	Anton Knecht, von Schneisingen
1973–1978	Peter Ulrich, von Würenlingen
1974–1977	Christine Schärer-Wyss, von Aarau
1977–	Markus Meier, von Buchs
1978–1981	Barbara Rüttimann, von Koblenz
1979–	Werner Gentsch, von Aarburg
1980–1989	Kurt Giezendanner, von Aarau
1981–	Monika Hauenstein, von Leuggern
1981–	Werner Müller, von Mellingen
1982–1989	Ivan Vogel, von Kölliken
1983–	Thomas Knecht, von Oberhofen
1987–1992	Walter Ulrich, von Windisch
1989–	Jörg Wiederkehr, von Baden
1992–2000	Dörte Strakhof, von Konstanz
1992–	Heino Keller, von Baden
1993–	Clemens Krüger, von Klingnau
1994–2001	Hans-Erich Himmelreich, von Olten
1997–	Ursula Beerbohm, von Zürich
1997–	Bigna Spinas, von Zürich
2002–	Colette Steinmann, von Aarau

Lehrkräfte an der Sekundarschule seit der Gründung 1948

1948–1986	Felix Ursprung, von Ueken und Baden
1960–1969	Bruno Schmid, von Hägglingen/Dietwil
1969–1971	Heinz Bergamin, von Zurzach
1972–1974	Maximilian Spörri
1974–1995	Bruno Seiler, von Wettingen
1976–1996	Felix Troxler, von Felsenau/Leuggern
1979–1981	Walter Hauswirth
1982–	Kurt Wahl, von Würenlos
1986–	Monika Widmer, von Kleindöttingen
1995–2003	Urs Ammann, von Boswil
1996–2001	Trudy Stalder, von Muri
1996–	Enzo Lazzari, von Baden
1997–2000	Helene Küng
1997–2002	Stefanie Lorenzana-Uehlinger, von Brugg
2002–	Uwe Kising

Die Lehrkräfte an der Primarschule, der Realschule und den Spezialabteilungen seit 1865

1865 Gottfried Schleuniger
1828–1906, von Klingnau. Lehrer in Baldingen, dann 1865–1901 Oberlehrer an der Primarschule Zurzach.
SPÜHLER, Bezirksschule, S. 70. – HUBER, Geschichte, S. 300. – StAAG, Anstellungskontrolle Gemeindeschulen, ca. 1870.

1865 Johann Jakob Spühler
s. «Die Lehrkräfte der Bezirksschule»

1872 Johannes Kappeler, von Zurzach
s. «Die Lehrkräfte der Bezirksschule»

1877 Johann Jakob Eichenberger
1848–1937, von Moosleerau. 1877–1922 Lehrer an der Primarschule Zurzach.
SPÜHLER, Bezirksschule, S. 70. – StAAG, Anstellungskontrolle Gemeindeschulen.

1892 Einweihung Propsteischulhaus.

1896 Gottlieb Schmid, von Zurzach
s. «Die Lehrkräfte der Bezirksschule»

1901 Ernst Zimmermann, von Kaiserstuhl
s. «Die Lehrkräfte der Bezirksschule»

1916 Adolf Jehle
1884–1959, von Mettau, 1916–1951 Primarlehrer in Zurzach.
StAAG, Lehrerkontrolle Bezirke Laufenburg und Zurzach, ab ca. 1910.

1939 Einweihung Langwiesschulhaus.

1922 Cécile Müller
von Niederbipp. 1922–1956 Primarlehrerin in Zurzach.
StAAG, Lehrerkontrolle Bezirke Laufenburg und Zurzach, ab 1910.

1933 Walter Fischer, von Oftringen
s. «Die Lehrkräfte der Bezirksschule»

1934–1973 Werner Basler, von Zeihen

1960 Einweihung Tiergartenschulhaus mit Doppelturnhalle.

1935–1970	Walter Arnold, 1911–1970, von Unterschächen
1951–1984	Karl Füllemann, von Zurzach
1954–1963	Margrit Schmid, von Hägglingen
1956–1960	Marlies Huber, von Hägglingen/Zurzach
1958–1959	Irma Erni, von Würenlingen
1959–1963	Dirk Girod, von Aarau
1959–1967	Egon Rohr, von Mägenwil/Zurzach
1960–1972	Walter Rohr, von Mägenwil/Klingnau

1960–1972	Walter Rohr, von Mägenwil/Klingnau
1961–1965	Mathilde Knecht, von Schneisingen
1962–1968	Rosmarie Notter, von Zurzach (zum 1. Mal)
1963–1970	Laura Spuhler, 1910–2000, von Zurzach
1964–1968	Anton Knecht, von Schneisingen
1967–1969	Heinz Bergamin, von Zurzach
1968–	Elisabeth Brogli-Ruef, von Brienz
1968–	Arthur Vögele, von Leuggern
1969–1971	Viktor Köchli, von Sulz
1969–1982	Werner Müller, von Mellingen
1970–2003	Vera Nussbaumer-Christen, von Muri
1971–1994	Ruth Spuhler, von Wislikofen
1971–2000	Kurt Fischer, von Zurzach
1972–	Theres Seiler, von Hägglingen
1973–1982	Herbert Leimbacher, von Winterthur
1974–1993	Marei Frei-Biel, von Zürich

1975 Einweihung Oberstufenzentrum.

1975–1985	Rosmarie Notter, von Zurzach (zum 2. Mal)
1976–1981	Stephanie Binder, von Rekingen
1976–	Hans Glanzmann, von Rothrist
1978–1982	Alice Glanzmann, von Rothrist (zum 1. Mal)
1981–1985	Claudia Gasser, von Sarnen
1983–1987	Stefan Kost
1984–1989	Dionys Erb, von Aesch BL
1984–1990	Christine Vögele, von Zurzach
1985–1990	Bendicht Flück, von Aarau
1986	Andreas Brunner, von Suhr
1986–1989	Alice Glanzmann, von Rothrist (zum 2. Mal)
1986–2001	Peter Hauser, von Gippingen
1986–	Daniel Berz, von Wettingen
1987–1990	Markus Köpfli
1987–1991	Karin Solenthaler
1988–1991	Ruth Keller-Michel, von Endingen
1988–1999	Benno Schmid, 1955–1999, von Zurzach
1990–1991	François Ruedin
1990–	Uta Kosakowski, von Ilmenau/Thüringen DE
1990–	Heinz Schärer, von Endingen
1991–1994	Sybille Walz
1991–	Anna Brogle, von Ühlingen-Birkendorf DE
1991–	Ulrich Reichen, von Reichenbach
1993–1996	Pascal Bucher, von Hünenberg
1993–1996	Christoph Schmid, von Brunnen (zum 1. Mal)
1993–2002	Alice Glanzmann, von Rothrist (zum 3. Mal)
1993–	Claudia Wettstein, von Remetschwil
1994–	Beatrice Laube, von Siglistorf
1994–	Susanne Schmid, von Zurzach
1996–1998	Simon Wille, von Zug
1996–1998	Dina Boscos, von Solothurn
1998–2000	Daniela Porta, von Niederlenz
1998–	Christoph Schmid, von Brunnen (zum 2. Mal)
1999–	Sylviana Pirani
2001–	Rita Güntensperger, von Zurzach

Handarbeitslehrerinnen

1856–1860 Louise Attenhofer
von Zurzach
HUBER, Erinnerungen, S. 88.

1860 Elise Keller
Arbeitslehrerin, 1860 als Nachfolgerin für die verstorbene Luise Attenhofer gewählt, Amtsantritt 2. Januar 1861. Wiederwahl 1865.
HUBER, Erinnerungen, S. 88, 97.

vor 1865 Marie Burkhardt-Welti
Arbeitslehrerin in Zurzach seit 1844, 1865 nicht wiedergewählt. 1870 als Oberlehrerin im sog. weibl. Arbeitskurs genannt, 1877 erneut Oberlehrerin im Bildungs- und Wiederholungskurs für Arbeitslehrerinnen, in dem Propst Huber zum vierten Mal als Inspektor amtet.
HUBER, Erinnerungen, S. 97, 105, 157, 162. – StAAG, Anstellungskontrolle 1859.

1868–1915 Mina Frey-Welti
aus Zurzach. Heirat 1876. Bis zu ihrem Tod 1915 immer wiedergewählt resp. bestätigt.
StAAG, Anstellungskontrolle 1865–1880. – StAAG, Anstellungskontrolle der Gemeindeschulen, ca. 1870 ff. und ca. 1910 ff.

1917–1953	Louise Hauenstein, von Zurzach
1954–1963	Ruth Wilhelm, von Safenwil
1963–1967	Margrit Krieger-Bächli, von Würenlingen
1970–1977	Annemarie Zimmermann-Müller, von Brugg
1973–1980	Ruth Leimbacher, von Winterthur
1977–	Susanne Schneider, von Brugg
1978–1983	Karin Anderegg, von Zurzach
1984–2003	Anita Meier-Hunziker, von Niederlenz
1994–	Silvia Csucker, von Fislisbach

Hauswirtschaftslehrerinnen ab 1942

1942–1949 Elisabeth Ammann, von Zurzach

Eröffnung der Kochschule im «Pfauen» 1942. Seit 1960 im Tiergartenschulhaus.

1949–1966	A. L. Hübscher, von Dottikon
1966–1970	Verena Rohr-Hoggenmüller, von Zurzach
1970–1972	Rosmarie Eng-Nyffenegger
1972–1983	Maria Müller, von Höngen SO
1976–1997	Martha Wenzinger-Angst, von Lengnau
1983–2001	Susi Vogt-Kalt, von Villigen
2001–	Karin Lämmli, von Würenlingen

Kindergärtnerinnen

1925–1962	Emma Gessler, von Zurzach
1952–1953	Elisabeth Lanz, von Zurzach
1953–1962	Irma Trümpy, von Glarus
1962–1966	Elisabeth Welti, von Leuggern
1966–1970	Ruth Winkler, von Full
1969–1971	Beatrice Schneider, von Würenlingen
1972–1974	Marianne Gaier, von Zurzach
1972–1974	Annemarie Zehnder, von Zurzach
1973–1977	Rosmarie Keusch, von Zurzach
1974–1979	Cécile Wengi, von Döttingen
1974–1984	Annemarie Keller-Spuler, von Endingen
1975–1980	Franziska Achermann, von Beckenried
1977–1979	Ursula Städler, von Zurzach
1979–1983	Irene Bollag, von Würenlos
1980–1989	Monika Schürch, von Wettingen
1981–	Eva Gros, von Rupperswil
1983–1988	Susanne Härdi, von Möriken
1984–1987	Franziska Berz, von Wettingen
1987–	Jürg Steigmeier, von Klingnau
1988–1993	Ruth Eggenberger, von Endingen
1988–1993	Susan Hauser-Gassler, von Koblenz
1991–	Andrea Engel, von Koblenz
1993–1996	Debby Bailey, von Endingen
1995–	Judith Vogt, von Mandach
1996–1999	Karin Wunderlin, von Riniken
1996–2002	Jeannine Zürcher, von Suhr
1999–	Jeannine Mauchle, von Zurzach
2000–2001	Lea Kollbrunner, von Aarau
2000–	Melanie Weibel, von Beinwil
2001–	Corina Brüschweiler

Zurzach heute

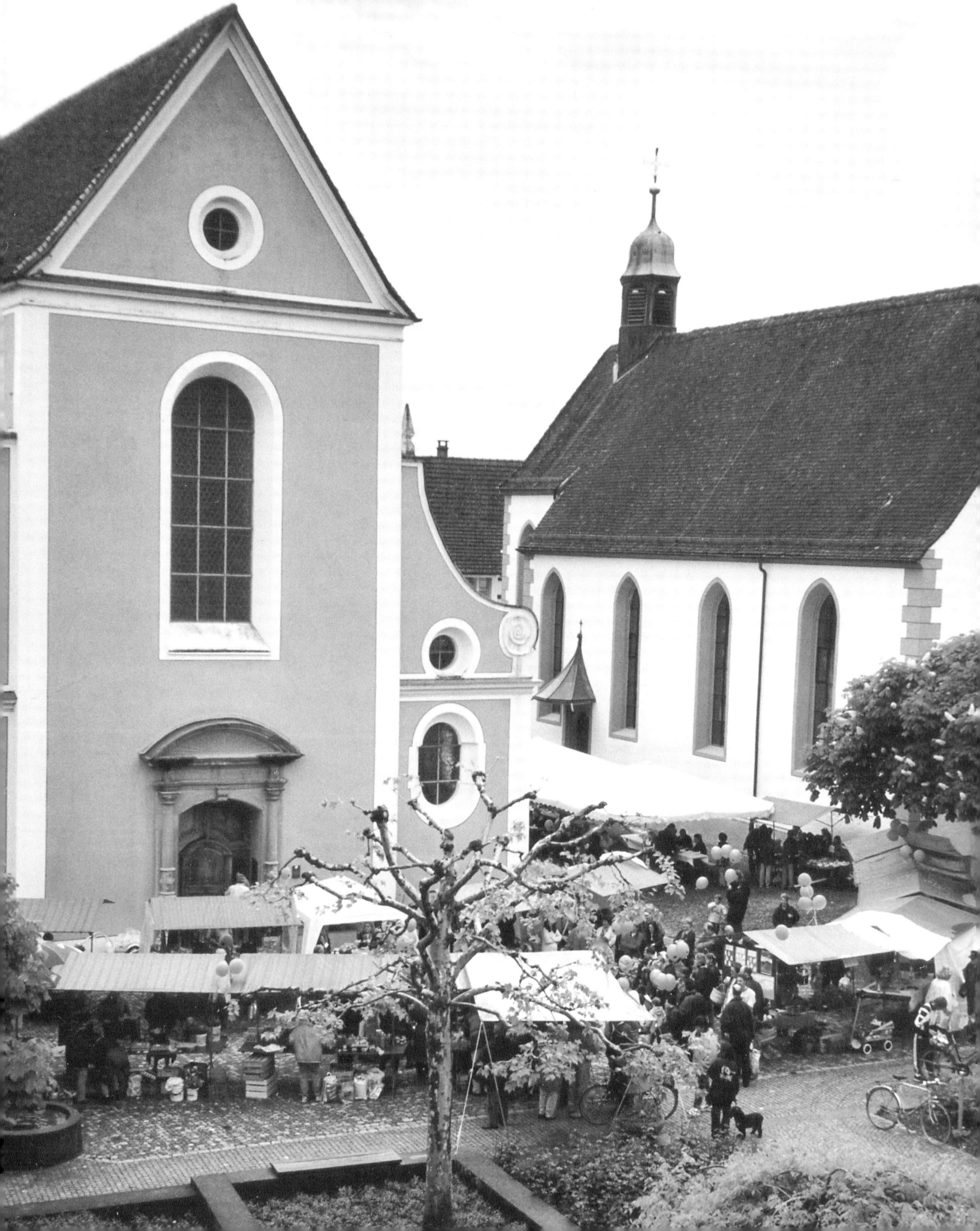

Statistik 2003

Franz Keller-Spuler

Hauptort des gleichnamigen Bezirks

Bezirksfläche:	12'999 ha
Bezirkseinwohnerzahl:	30'553

Gemeindebann

Total	654 ha
davon Wald:	263 ha
davon Ortsbürgerwald	159 ha
Baulandfläche	173 ha

Lage über Meer

Tiefster Punkt Rheinufer Barz	320,16 m. ü. M.
Höchster Punkt Achenberg	521 m. ü. M.

Einwohnerzahl

Total	3'977
davon Schweizer	2'786
davon Gemeindebürger	175
davon Ortsbürger	90
davon Ausländer	1'191

Herkunftsländer der Ausländer

Deutschland, Italien, Frankreich, Grossbritannien, Österreich, Niederlande, Griechenland, Portugal, Spanien, Serbien-Montenegro, Kroatien, Bosnien-Herzegowina, Mazedonien, Russland, Türkei, Afghanistan, Sri Lanka, China, Japan, Pakistan, Australien, USA, Kanada, Somalia.

Konfessionen

Römisch-Katholisch	1'787
Reformiert	1'100
Muslime	368
Andere	287
Konfessionslos	443

Schüler und Schülerinnen

Kindergarten	85
Einschulungsklassen	28
Primarschule	240
Real- und Oberstufe	118
Sekundarschule	77
Bezirksschule	160
Handelsschule KV Baden-Zurzach Schulstandort Zurzach	102

Finanzen

Gemeindesteuerfuss	100 %
Gemeindesteuer-Ertrag	12'680'000 Fr.
Budget-Finanzhaushalt 2002	21'179'800 Fr.
Netto-Schulden	17'700'000 Fr.

Gewerbe und Industrie – Arbeitsplätze in 100-Stellenprozenten

Thermalquelle AG und Thermalbad AG	115
Mineralquelle AG	51
Rheuma- und Rehabilitationszentrum	258
Schulthessklinik	27
Schlafklinik	15
Parkhotel	75
Hotel Zurzacherhof	25
Triumph International	162
Solvay (Schweiz) AG	113
Indermühle AG	101
Weitere Arbeitsplätze am Ort	1'529
Arbeitsplätze gesamt	2'471

Zurzi-Märt.
Foto: A. Hidber

Wandel der kommunalen Dienstleistungsstrukturen im 20. Jahrhundert

Franz Keller-Spuler

Die lokalen Verwaltungsstrukturen blieben bis tief ins 20. Jahrhundert hinein sehr rudimentär. Im alten Rathaus fand alles Platz, was für die Gemeinde- und Bezirksadministration erforderlich war. Obwohl die Inneneinrichtung nicht optimal war, diente das nicht unterkellerte Gebäude auch noch als Feuerwehrmagazin.

Eine Dreiermannschaft genügte bis 1925 zur Bewältigung der gesamten Gemeindeverwaltung. Es waren dies der Gemeindeschreiber, der Gemeindeverwalter mit Kanzlistenaufgaben, der Weibel in Kombination mit Ortspolizist und Rathausabwart. Die lokalpolitische Krise um 1925 mit dem Rücktritt des Gesamtgemeinderates und einem Gerichtsverfahren gegen den entlassenen Gemeindeschreiber brachte auch Personalprobleme. Der eingeklagte Gemeindeschreiber warf zu seiner Entlastung das Argument vom übermässigen Arbeitspensum ein. Dem wurde unter seinem Nachfolger, Hans Müller, in gewissem Sinne Rechnung getragen, indem eine Teilzeitstelle geschaffen wurde, die sich mit den Jahren zu einem Hundertprozentposten entwickelte.

In der Viererbesetzung kam schliesslich ein Quartett zusammen, das in der Folge die Zurzacher Verwaltung repräsentierte: Hans Müller als Gemeindeschreiber, Robert Rohner als «Kassier» (Finanzverwalter), Karl Speck als Steueramtsvorsteher und Emil Frey als Ortspolizist, Weibel und Rathausabwart. Sie überstanden die Wirren des Krieges und die politischen Machtkämpfe um die Besetzung der Gemeinderatssitze und nicht zuletzt die harten Auseinandersetzungen um das Zurzacher Gemeindeammannamt.

Am Stellenplan wurde nichts geändert, als mit der Erbohrung der Thermalquelle der Schritt zum Kurort erfolgte. Die grosse personelle Erneuerung innerhalb des Gemeinderats ab 1958 brachte ebenfalls keine Aufstockung bei der Verwaltung, obwohl entsprechende Begehren immer wieder angemeldet wurden. Der Spardruck war sehr gross. Nur mit massiven Steuererhöhungen konnten die dringend notwendigen Gemeindeaufgaben bewältigt werden. Da blieb kein Raum für zusätzliches Verwaltungspersonal. Der 1960 zum Nachfolger von Hans Müller gewählte Gemeindeschreiber Heinz Lüscher sowie Heinz Schneider, der 1963 nach einem kurzen Zwischenspiel mit Max Tallichet für Emil Frey nachrückte, wurden hinsichtlich ihres Pflichtenhefts auf den bevorstehenden Rathausneubau verwiesen. Heinz Schneider erhielt die Zusicherung, im neuen Rathaus von der Charge des Rathausabwarts entlastet zu werden.

Grosse Platzansprüche konnten im alten Rathaus nicht gestellt werden. Die räumlichen Voraussetzungen waren selbst für den damaligen Standard dürftig. Heinz Schneider, der neben Weibel-, Polizei- und Abwartsfunktion auch noch für die Einwohnerkontrolle verpflichtet wurde, hatte sein kleines Büro mit dem Bauamtsvorsteher Schäuble zu teilen. Das Bauamt seinerseits hatte für seine Viermannequipe als behelfsmässige Stützpunkte das Schlachthaus an der Schlüsselgasse und den ehemaligen Gemeindeschopf im heutigen Thermalbad-Areal.

Das Rathausprojekt wurde noch unter Dr. Walter Edelmann beschlossen und zur Ausführung freigegeben. Bei der Einweihung war schon Max Schnellmann als Gemeindeoberhaupt zuständig. Die Gemeinde befand sich im Aufwind. Die Industrie florierte; der Kurort war daran, seine Startkrise zu bewältigen. Das neue Rathaus erschien auch als Symbol der Zukunftsgläubigkeit. Es sei grosszügiger gebaut worden, als es die aktuellen Voraussetzungen erforderten, wurde bei der Einweihung betont. Aber dieser Bau werde auch noch genügen, wenn die Einwohnerzahl des Fleckens einmal die Zehntausendgrenze übersteige (!). (Die Einwohnerzahl von 1968 bewegte sich um 3000; 1999 waren es noch nicht 4000.) Bis zum Jahr 2000 war ein grosser Teil der damaligen Benützergruppen des Rathauses wegen Platzmangel ausgezogen. Die grosszügige Innengestaltung drückte sich unter anderem in der Zahl der Sitzungsräume aus. Da gab es neben dem Gemeinderatszimmer das so genannte Eckzimmer mit Rundtisch, das Trauzimmer und das Kommissionszimmer im Erdgeschoss.

Das Argument der Raumknappheit galt fortan nicht mehr, wenn Stellenbegehren eingereicht wurden. 1972 gab es in dieser Richtung einen kräftigen Schub. Die Gemeinde erhielt mit Otto Häfeli den ersten hauptamtlichen Bauverwalter. Die Wahl war mit der Auflage zum gleichzeitigen Rücktritt aus dem Gemeinderat verknüpft. Begründet wurde der neue Posten mit der grossen Bautätigkeit, der notwendigen Querverbindung zum vergrösserten Bauamt und den gestiegenen baurechtlichen und baupolizeilichen Anforderungen. Der Gemeinderat sah auch ein Sparpotenzial, indem der Bauverwalter nun in eigener Regie einfache kommunale Bauprojekte entwickeln und durchführen könne. Arbeitsraum war zuerst das Kommissionszimmer im Erdgeschoss des Rathauses. Später wechselte die Bauverwaltung in die renovierte Propstei, und erst in neuester Zeit erfolgte die Rückverlegung ins Rathaus.

Für allgemeine Sekretariatsarbeit wurde eine 100-Prozent-Stelle bewilligt, für Steuern und Finanzen eine solche von 50 Prozent. Die Personalsuche gestaltete sich sehr schwierig, sodass über mehrere Jahre hinweg zwei Frauen aus der deutschen Nachbarschaft (Ursula Hass und Hannelore Stech) die Posten versahen.

Zur Wachstumsfreude jener Jahre gehörte auch die Umstrukturierung des Bauamts. 1917, also noch in der Amtszeit von Gemeindeammann Moor, war Ernst Schneider zum ersten Bauamtsvorsteher der Gemeinde gewählt worden. In einem Anbau des Schlachthauses wurden die wenigen vom Bauamt benötigten Gerätschaften aufbewahrt, zum Beispiel eine von Hand gezogene Strassenwaschmaschine, eine kleine Teeraufbereitungsanlage, später eine Dampfwalze. Im Obergeschoss des Schlachthauses hatte der

Bauamtsvorsteher sein kleines Büro, in dem er den widerlichen Gerüchen des Schlachtbetriebs ausgesetzt war. Vierzig Jahre blieb Ernst Schneider im Amt. Zu seinem Nachfolger wählte der Gemeinderat Ernst Schäuble, der seinerseits 1966 von Hans Märki abgelöst wurde. Hans Märki sah sich in der Rolle des zupackenden Vorarbeiters. Fünf Männer gehörten zu seinem Team. Allerdings war es üblich, dass im Bauamt auch vereinzelte Sozialfälle der Gemeinde «mitgenommen» wurden. Der Gemeinderat der späten Sechzigerjahre tendierte auf ein möglichst breit abgestütztes, vielseitig einsetzbares Bauamt. Der Leitungsbau für Wasser und Abwasser in den Quartierstrassen und vor allem bei den Hausanschlüssen gehörte fortan zum Pflichtenheft des Bauamts. Gleiches galt für die Strassenreparaturen, den Unterhalt des kurörtlichen Spazierwegnetzes, sowie die Waldpflege bis hin zur Offenhaltung der Wasserdurchlässe in den Forstgebieten. 1969 kam die Betreuung des neuen Zentralfriedhofs im Beckenmoos dazu. Die beiden bisherigen Friedhöfe mussten bis zu ihrer Aufhebung ebenfalls vom Bauamt gepflegt werden. Das Bauamt erhielt in diesem Zusammenhang erstmals die Unterabteilung Gärtnereiwesen. Die Ausweitung der Aufgabenbereiche bewirkte eine Personalaufstockung von fünf auf acht Mann (bis 1974).

Das Schlachthaus als provisorischer Werkhof konnte auf die Dauer nicht genügen. Der Gemeinderat setzte sich mit einem grosszügigen Werkhofprojekt auseinander. Es kam nicht zur Ausführung, weil sich beim neuen Schwimmbad die Möglichkeit bot, die Gebäulichkeiten der Fuhrhalterei Indermühle zu übernehmen. Das Bauamt unterzog mit viel Eigenleistung den «Indermühleschopf» einer zweckdienlichen Umgestaltung.

Ähnlich nahm sich die Entwicklung bei den gemeindeeigenen Abwartsstellen aus. Ursprünglich gab es deren zwei: eine für das Rathaus, eine für die Schule. Eine dritte Stelle wurde mit der Eröffnung des Tiergartenschulhauses fällig, eine weitere für das neue Oberstufenzentrum. Emil Maurer wurde 1966 erster vollamtlicher Abwart im Rathaus, allerdings mit der Auflage, zu Stosszeiten bei gewissen Bürohilfsarbeiten einzuspringen. Auch der 1972 für das Bauamt gewählte Rudolf Hess übernahm in der Folge vorwiegend Abwartsaufgaben. Sein Hauptbetätigungsgebiet waren die Kindergärten und der Kinderhort.

In den Achtzigerjahren blieben die Verwaltungsstrukturen weitgehend stabil. Die Behörden beschränkten sich darauf, die durch Rücktritte entstandenen freien Stellen wieder zu besetzen. Allgemein fällt auf, dass die Gemeindeangestellten im Schnitt auf zahlreiche Dienstjahre kamen. Mehr als ein Dutzend Leute sind zwischen 1960 und 2000 altershalber aus dem Gemeindedienst ausgeschieden, die meisten davon mit einer stattlichen Zahl an Dienstjahren.

Die eigentlich grosse Personalaufstockung geschah in der letzten Dekade des Jahrhunderts, also zwischen 1990 und 2000. Auf den ersten Blick mag das erstaunen, denn die Bevölkerungszahl war in dieser Zeit eher rückläufig, und auch bezüglich Bautätigkeit tat sich nicht besonders viel. Die ursprüngliche Hoffnung, mit der EDV könnte Personal eingespart werden, erwies sich als trügerisch. Die Gemeinde Zurzach hatte den Schritt zur Elektronik schon sehr früh getan. Auf Initiative des damaligen Finanzverwalters René Leuzinger beteiligte sich Zurzach an einem kantonalen EDV-Pilotprojekt. Für die technische Infrastruktur der Pionierzeit wurde ein ganzer Büroraum benötigt.

Von 1990 bis 2000 wuchs das Stellenvolumen der Gemeindeverwaltung von 750 auf 1260 Prozent. Begründet wurden die Aufstockungen mit dem allgemeinen Wachstum der Bürokratie, der grösseren Anspruchshaltung der Bevölkerung, der Verlagerung kantonaler Aufgabenbereiche auf die kommunale Ebene, den hohen Ausländer- und Asylantenanteilen, der wirtschaftlichen Rezession und den daraus entstehenden Sozialfällen. Per Anfang 2000 sind die Steuerverwaltungen von Rietheim und Zurzach zusammengefasst worden. Weitere Fusionen zeichnen sich ab. Ob daraus Personaleinsparungen resultieren, bleibt abzuwarten.

Genau gesehen stellen die 1260 Prozent nicht die gesamte Gemeindeverwaltung dar. Im Bildungsbereich etablierte sich in den Achtzigerjahren mit 50 Prozent das Schulsekretariat als separater Administrationszweig. Ähnlich im Zivilschutz, wo für die ausgelagerte Verwaltung 20 Prozent eingesetzt wurden. Auch wird der 1997 von der Gemeindeversammlung beschlossene Beitrag von Fr. 200'000.– an den Kur- und Verkehrsverein zu einem guten Teil zur Bewältigung kurörtlicher Sekretariatsarbeiten verwendet.

Wegen der günstigen kommunalen Finanzentwicklung blieb die Personalaufstockung verkraftbar. Aus den fast ärmlichen Verhältnissen der Fünfzigerjahre hatte sich der Flecken zu einer der wohlhabendsten Gemeinden des Kantons entwickelt. Als Dr. Walter Edelmann 1958 das Gemeindeammannamt antrat, musste er der Bevölkerung eine Steuerfusserhöhung auf 141 Prozent zumuten, um nur die allernotwendigsten Investitionen tätigen zu können. Die 141 Prozent erbrachten einen Steuerertrag von rund 1,5 Millionen Franken. Dank günstiger Wirtschaftskonjunktur, dem Kurortaufschwung und den Sonderleistungen der Triumph International nahmen die Steuereinnahmen in der Folge kontinuierlich beträchtlich zu. Obwohl der Steuerfuss bis 1986 wieder auf 100 Prozent gesenkt wurde, überschritt der Gemeindesteuerertrag 1982 erstmals die Fünfmillionengrenze und 1998 die Zehnmillionengrenze.

Öffentliche und gemeinnützige Bauten und Einrichtungen, ihre Anzahl und Nutzung. Drei Stichjahre

Franz Keller–Spuler

1899

Rathaus	Gemeindeverwaltung, Bezirks- und Kantonsinstitutionen sowie Feuerwehr.
Propsteischulhaus	Alle Abteilungen (Umbau der Propstei zum Schulhaus 1892). Abwartwohnung im Erdgeschoss bis 1975.
Holzschuppen	Seitlich hinter der Propstei, abgebrochen beim Bau des Forums.
Magazin	Das spätere Kadettenhäuschen (erbaut 1805).
Polizeiposten	Schwertgasse (erbaut 1829 als «Landjäger-Quartier»). Verkauf an Heinz Schneider 1983.
Schelmenturm	Gefängnis, 1570 erbaut, 1899 abgebrochen; zur Lage: dort, wo die Baslerstrasse in die Hauptstrasse mündet.
Schlachthaus	In der Schlüsselgasse, mit Einstellmöglichkeiten für das Gemeindewerk, Eigentum der Ortsbürgergemeinde. 1809: «die Metzg, Weintrotte und Feuerspritzenhaus unter einer Dachung».
Waschhaus	Burgquartier. Eigentum der Ortsbürgergemeinde (abgebrochen 1986).
Schützenhaus	Breite, Schützenmatt, Eigentum der Ortsbürgergemeinde (erbaut 1820, abgebrochen 1966).
Wasserversorgung	Erstes Reservoir Bärehölzli, erste Hochdruckleitung (erbaut 1894).

1950

Rathaus	Gemeindeverwaltung, Bezirks- und Kantonsinstitutionen sowie Feuerwehr.
Propsteischulhaus	Primarschule, Kaufmännische Berufsschule, Gewerbeschule (aufgehoben 1988).
Kadettenhäuschen	Zeughaus der Kadetten, Ortsmuseum 1947–1960.
Schlachthaus	In der Schlüsselgasse, mit Einstellmöglichkeiten für das Gemeindewerk, später Bauamt (mit der Einstellung von Ernst Schneider als erstem Bauamtsvorsteher 1917). Abgebrochen 1975.
Schützenhaus	Breite, Schützenmatt (abgebrochen 1966).
Pistolen- und Kleinkaliberstand	Äusserer Neuberg (erbaut 1948, abgebrochen nach 1966).
Turnhalle	Langwiesstrasse, Neubau 1912, seit 1961 Gemeindesaal.
Kindergarten	Schwertgasse (1925 gegründet vom Christlich-sozialen Verein); bis 1952.
Langwiesschulhaus	Für die Bezirksschule erbaut 1939, ab 1948 auch Sekundarschule.
Wasserversorgung	Zweites Reservoir Bärehölzli (erbaut 1922); Grundwasserpumpwerk Promenade (erbaut 1905).

1999

Fulgentiushof «Höfli»	Erwerb 1964 zur Unterbringung von Amtsstellen während des Rathaus-Neubaus. Volksbibliothek 1967–1983 (1983–1992 Bibliotheksbetrieb eingestellt). Neueröffnung Fleckenbibliothek 1992 im «Mauritiushof». Bezirksmuseum und Jugendtreffpunkt ab 1987.
Rathaus	Neubau 1966, Gemeinde- und Bezirksverwaltung sowie kantonale Institutionen.
Barzhof	Erwerb mit 13,7 ha Land von der Rheinkraftwerk Koblenz AG 1970. Verkauf an Hans Blatter 1978, Barzmühle bleibt im Gemeindebesitz, wird ab 1999 durch die «Stiftung Barzmühle» restauriert.
Propstei	Allgemeines Schulhaus und Kaufmännische Berufsschule bis 1975, Zusammenfassung der Sozialdienste, Saal für Kleintheater, Kellerlokal, Kurgästezimmer bis 1986, zwei Primarklassen, Bauverwaltung 1978–1992.
Langwiesschulhaus	Seit 1975 ausschliesslich Unterstufe.
Kindergarten	«Höfli», zwei Abteilungen (Neubau 1952).
Tiergartenschulhaus	Unter-, Mittel- und Realstufe, Doppelturnhalle (Neubau 1960).
Altersheim	1919 vermachte Emil Burkhardt den «Pfauen» der Einwohnergemeinde zur Einrichtung eines Altersheimes. Umbau des Hauses zum Altersheim 1962. Pflegestation 1977, «Neuer Pfauen» 1989, Aufstockung der Pflegestation 1997. Gesamtanlage heute im Besitz der Emil Burkhardt-Stiftung.
Schiessanlage	«Grütt» (erbaut 1966), Umbauten und Erweiterungen 1986, 1993, 1999.
Holzlager	Holzschopf Zurzibergbach (erbaut 1966), im Eigentum der Ortsbürgergemeinde.
Regionalschwimmbad	Oberfeld (Neubau 1968) als Ersatz für das Fliessbad am Rhein.
Regionalfriedhof	Beckenmoos (Neuanlage 1969), ersetzt die Friedhöfe bei der katholischen und bei der reformierten Kirche.

Obere Krone	Erwerb der Liegenschaft zur «Beseitigung des Strassen-Engpasses» 1971. Verkauf mit Sanierungsauflage zur Einrichtung einer Arztpraxis 1982.
Wasserversorgung	Grundwasserpumpwerk Barz (erbaut 1972), wegen Chloridbelastung 1988 abgestellt. Drittes Reservoir Bärehölzli (erbaut 1977). Notpumpwerk Weissenstein (erbaut 1991).
Kinderhort	Promenade, erbaut 1972, betrieben von einem Trägerverein.
Kindergarten	Promenade, zwei zusätzliche Abteilungen (Neubau 1973).
Regionale Abwasserreinigung	Kläranlage Barz, Sammelkanal am Rhein (erbaut 1973–1977). Gemeinschaftswerk der Gemeinden Zurzach, Rietheim, Rekingen, Baldingen, Böbikon, Mellikon, Rümikon, Wislikofen, Siglistorf.
Oberstufenzentrum	Neuberg, Real-, Sekundar- und Bezirksschule, Kaufmännische Berufsschule (Neubau 1975).
Forsthaus	Bärehölzli (erbaut 1976), ehemaliges Pontonierhaus im Besitz der Ortsbürgergemeinde.
Kadettenhäuschen	Sozialinstitutionen seit 1976 (Neubau 1972).
Musikschule	Verteilt in gemeindeeigenen Gebäulichkeiten (gegründet 1976).
Dreifachturnhalle	Neuberg, Erweiterung der bisherigen Doppelturnhalle (Neubau 1977).
Eigentumswohnung	Überbauung Sonnenrain 1976. Wegen drohendem Konkurs zur Sicherung der Baugebühren übernommen.
Zwischenbau	Verbindung Forum-Gemeindesaal. Kleiner Saal, Küchenausbau, Bühnenerweiterung, ein Schulzimmer (Neubau 1981).
Werkhof	«Indermühleschopf» beim Regionalschwimmbad (Umgestaltung 1984).
Zivilschutzanlage	Untergeschoss des Parkhotels (Neubau 1985).
Grundbuchamt und	Stockwerkeigentum der Gemeinde im Kurgästehaus.
Geometerbüro	(Neubau 1986) im Besitz der Stiftung für Kuranlagen. Feuerwehrmagazin 1963–1988 im «Pfauen»-Anbau, 1988 Neubau an der Baslerstrasse, seit 1975 Stützpunkt-Feuerwehr.
Drei Bohrtürme	Im Abtausch von der Solvay (Schweiz) AG übernommen 1991. Ein Turm im Baurecht 1994 an den Turnverein abgegeben, einer 1995 abgebrannt.
Kindergarten, Schule	«Höfli»-Areal, Pavillon für die fünfte Abteilung Kindergarten und ein Schulzimmer (Neubau 1996).
Gemeindezentrum	Langwies, Umbau und Erweiterung des Gemeindesaals (1996).
Brockenstube	Vom Gemeinnützigen Frauenverein betrieben. Ehemalige Remise SBB, von der Gemeinde 1999 gekauft.

In nicht gemeindeeigenen Gebäuden eingemietet (Stand 1999)

Realschule	In der ehemaligen Weberei der Triumph International.
Kantonspolizei	Neue Aargauer Bank im «Hirschen».
Sozialinstitutionen	Pro Senectute, Psychologischer Schuldienst, Erziehungsberatung im «reformierten Schuelhüsli».
Fleckenbibliothek	Im «Mauritiushof» 1992–1997, im «Greifen» seit 1998.

Projekte 2000

Schule	Drittes Schulhaus an der Neubergstrasse, 2002 vollendet.
Barzmühle	Museum Getreidebau, Mühlengeschichte, Schmitte, Veranstaltungslokal.

Literatur zu ausgewählten Sachgebieten
Einführende Literatur, Übersichten und Ergänzungen der Autoren zu ihren Darstellungen.

Quellen zum mittelalterlichen kirchlichen Zurzach siehe GUY P. MARCHAL, in: HS II/2, S. 603.

Zurzach allgemein

ARMIN SCHÜLE, Aus Zurzachs ältester Kirchengeschichte, in: Taschenbuch der historischen Gesellschaft des Kantons Aargau für das Jahr 1925, Aarau 1925, S. 35–58. – PAUL DIEBOLDER, Aus Zurzachs vergangenen Zeiten, Klingnau 1929. – EDWARD ATTENHOFER, Alt-Zurzach, Aarau 1940. – WALTER FISCHER, Kulturgeschichtliche Bilder von Zurzach aus dem Anfang des 19. Jahrhunderts, in: Grenzheimat 1, 1950, Nr. 2, S. 9–16. – DERS., 150 Jahre Bezirk Zurzach, in: JBZ 1954, Zurzach 1953. – WALTER DRACK, Die spätrömische Grenzwehr am Hochrhein, Basel 1980 (Archäologische Führer der Schweiz 13). – RUDOLF LAUR-BELART, HANS RUDOLF SENNHAUSER, EDWARD ATTENHOFER, ADOLF REINLE, WALTER EDELMANN, Zurzach, Zurzach/Aarau 1960 (Aargauische Heimatführer 6). – FRANZ XAVER ERNI, Zurzach, Bern 1972 (Kurorte und Bäder der Schweiz 2). – EDWARD ATTENHOFER, Die nordöstlichste Ecke des Aargaus und die Eidgenossenschaft, in: JsHVZ 12, 1974/75, S. 11–16. – DERS., Zurzach, Bern 1976 (Schweizer Heimatbücher 180). – ERNST FREY, Güggs, Reprint nach der Originalausgabe von 1915, Zurzach 1984. – HANS RUDOLF SENNHAUSER, Zurzach zur Zeit der Gründung der Eidgenossenschaft, in: JsHVZ 20, 1991, S. 1–25. – FRANZ KELLER, PAUL ABT, Zurzach. Bezirk und Region. Landschaft am Wassertor der Schweiz, Aarau 1994. – HANS RUDOLF SENNHAUSER, Der Flecken Zurzach, in: Stadtluft, Hirsebrei und Bettelmönch. Die Stadt um 1300. Katalog, Stuttgart 1992, S. 207–223. – ALFRED HIDBER, Bezirksmuseum «Höfli» Zurzach, Zurzach 1993.

Wappen (Zurzach und Bezirk)

Stumpf Chronik. Gemeiner loblicher Eydgenoschafft Stetten, Landen und Völckeren Chronick wirdiger thaaten beschreybung, durch JOHANN STUMPFFEN beschriben, Zürich 1547, [Faksimile Winterthur 1975], Buch 6, S. 130–131. – JOHANN JAKOB RÜEGER, Chronik der Stadt und Landschaft Schaffhausen, hrsg. vom Historisch-Antiquarischen Verein des Kantons Schaffhausen, 2 Bde., Schaffhausen 1884–1910, S. 1047–1049. – J. R. HÄRRY-LINDER, Die Gemeindewappen des Aargaus, in: Vom Jura zum Schwarzwald 1890, S. 170–198. Bezirk Zurzach: S. 197 f. Zurzach: S. 198 «Zurzach. Gespalten. Ein grünes und ein weisses Feld. Zwischendurch ein grosses Z.». – WALTHER MERZ (Hrsg.), Die mittelalterlichen Burganlagen und Wehrbauten des Kantons Argau II, Arau 1906, S. 449 (Rietheim), S. 611–616 (Zurzach); III, Arau 1929, S. 156. – DERS., Oberrheinische Wappen und Siegel, Aarau 1912, S. 39 (Mandach). – DERS., Die Gemeindewappen des Kantons Aargau, in: SAHer 1913, S. 126–134, 177–188; 1914, S. 9–28, 80–85, 136–141, 169–179; 1915, S. 7–15, 57–67, 121–135. – DERS., FRIEDRICH HEGI (Hrsg.), Die Wappenrolle von Zürich. Ein heraldisches Denkmal des vierzehnten Jahrhunderts, Zürich/Leipzig 1930, Nr. 308, S. 121 (von Zurzach) und Nr. 137, S. 64 (Dettingen). – JOSEF M. WELTI, Die Gemeindewappen des Bezirks Zurzach, in: Vom Jura zum Schwarzwald 1930, S. 87–97. – NOLD HALDER, Die Gemeindewappen des Kantons Aargau, in: Jahrbuch des Standes Aargau 1953, S. 84–101. – DERS., Bereinigte und neue Gemeindewappen, in: Jahrbuch des Standes Aargau 2, 1955, S. 78–95. – HERMANN J. WELTI, Die Gemeindewappen des Bezirks Zurzach, in: JsHVZ 11, 1972/73, S. 1–29. – ARTHUR DÜRST, Hans Conrad Gygers Grosse Landtafel des Zürcher Gebiets von 1664/1667. Begleittext zur Faksimileausgabe, Zürich 1978, u. a. S. 18 (Wappen), S. 32 f. (Datierung der Kopie StAZH Plan A 27).

Wappen (Zurzacher Familien und Chorherren)

WALTHER MERZ, Die Wappen der Kirchenglocken von Zurzach, in: ASA NF 20, 1918, S. 54–60. – HERMANN J. WELTI, Zurzacher Familienwappen, in: EDWARD ATTENHOFER, Alt-Zurzach, Aarau 1940, S. 183–187. – DERS., Gottfried Kellers Zurzacher und Tegerfelder Ahnen, in: Erb und Eigen 6, 1942, S. 38–39. – DERS., Ein Kapitel Wappenkunde, in: Erb und Eigen 6, 1942, S. 17–18, 21–24. – DERS., Wappenplatte Oftinger, in: Erb und Eigen 8, 1945, S. 23–24. – DERS., Die alten Zurzacher Bürgergeschlechter und ihre Wappen, in: JBZ 1950, Zurzach 1949 und 1951, Zurzach 1950. – DERS., Die Doldi von Zurzach. Aus der Geschichte eines ausgestorbenen Bürgergeschlechtes (1429–1839), in: JBZ 1959, Zurzach 1958. – DERS., Eine heraldische Grabplatte in Zurzach, in: JsHVZ 15, 1983, S. 11–14.

Bevölkerung, Bürger, Gemeinde

HERMANN J. WELTI, Wie die alten Zurzacher um ihr Bürgerrecht besorgt waren, in: Erb und Eigen 3, 1938, S. 22–26. – DERS., Die Entwicklung des Handwerks in unserer Gegend, in: Erb und Eigen 3, 1938, S. 29–35, 37–47; 4, 1939, S. 1–3. – DERS., Die savoyische Einwanderung in unsere Gegend, in: Erb und Eigen 4, 1939, S. 21–39; 5, S. 1–3, 11–12. – DERS., Die Bevölkerung des Bezirks Zurzach seit 100 Jahren, in: Erb und Eigen 6, 1942, S. 1–2, 5–8. – DERS., Aus dem Zunftbuch der ehrsamen Küferzunft, in: Erb und Eigen 10, 1948, S. 19–23. – BERTHOLD WESSENDORF, Die überseeische Auswanderung aus dem Kanton Aargau im 19. Jahrhundert, Diss. Basel, in: Argovia 85, 1973, S. 5–370. – FRANZ XAVER BRONNER, Der Kanton Aargau, 2 Bde. (Gemälde der Schweiz), Faksimile der Ausg. St. Gallen und Bern, 1844, Genève 1978. – HERMANN J. WELTI, Die Organisation der Gemeinde Zurzach im 17. und 18. Jahrhundert, in: Festschrift Hermann J. Welti, JsHVZ 14, 1979, S. 27–34. – KARL FÜLLEMANN, Knecht, Lehrling, Geselle, Wanderschaft, Meister. Bilder um Beruf und Ausbildung von einst im Bezirk Zurzach, in: JsHVZ 15, 1983, S. 23–31. – WALTHER LEBER, Die aargauischen Ortsbürgergemeinden im Wandel der Zeit. 30 Jahre Verband Aargauischer Ortsbürgergemeinden 1958–1988, Zofingen 1988. – HANS RUDOLF SENNHAUSER, ALFRED HIDBER, Das alte Zurzacher Rathaus, in: 75 Jahre Historische Vereinigung des Bezirks Zurzach, Zurzach 2000 (Beiträge zur Geschichte des Bezirks Zurzach 2), S. 37–59.

Geologie

ERNST SCHAAD, Die Juranagelfluh, Bern 1908 (Beiträge zur geologischen Karte der Schweiz NF XXII). – ROMAN FREI, Monographie des Schweizerischen Deckenschotters, Bern

1912 (Beiträge zur geologischen Karte der Schweiz NF 37). – Fritz Bader, Beiträge zur Geologie des nordöstlichen Tafeljura zwischen Aare und Rhein, Diss. Univ. Zürich, Zürich 1925. – Hans Suter, Geologie von Zürich einschliesslich seines Exkursionsgebietes, Zürich 1939. – Edwin Hennig, Zur Entwicklung des Schweizer Flussnetzes, in: Geographica Helvetica IV, 1949, S. 11–16. – Werner Lüdi, Die Pflanzenwelt des Eiszeitalters im nördlichen Vorland der Schweizer Alpen, Bern 1953 (Veröff. des Geobotanischen Institutes Rübel in Zürich 27). – Erich Bugmann, Geomorphologische und wirtschaftsgeographische Untersuchungen im untersten Aaretal. Diplomarbeit Universität Zürich 1954 (gebundenes Manuskript). – Ders., Eiszeitformen im nordöstlichen Aargau, Diss. Univ. Zürich, Aarau 1958 (Mitteilungen der Aargauischen Naturforschenden Gesellschaft 25). – Ders., Beiträge zur Gliederung der risszeitlichen Bildungen in der Nordschweiz, in: Mitteilungen der Aargauischen Naturforschenden Gesellschaft 26, 1961, S. 105–119. – René Hantke, Eiszeitalter 1: Die jüngste Erdgeschichte der Schweiz und ihrer Nachbargebiete, Thun 1978. – Hans Rudolf Graf, Die OMM und OSM im Gebiet des Kleinen Randen, in: Mitteilungen der Naturforschenden Gesellschaft Schaffhausen 36, 1991, S. 1–44. – Ders., Die Deckenschotter der zentralen Nordschweiz, Diss. Nr. 10205 ETH Zürich, 1993. – Walter H. Müller, Heinrich Naef, Hans R. Graf, Geologische Langzeitszenarien Zürcher Weinland. Nagra – Technische Berichte (NTB) 08, 1999. – Geologische Karte der Schweiz 1:200'000, Blatt 2 Zürich. – Landeskarte der Schweiz 1:25'000, Blatt 1050 Zurzach. – Geologischer Atlas der Schweiz 1:25'000, Blatt 1050 Zurzach (Ausgabe 2000).

Archäologische Literatur allgemein

Stumpf-Chronik. Gemeiner loblicher Eydgnoschafft Stetten, Landen und Völckeren Chronick wirdiger thaaten beschreybung, durch Johann Stumpffen beschriben, Zürich 1547 [Faksimile Winterthur 1975]. – Aegidius (Gilg) Tschudi, Galliae Comatae, Haupt-Schlüssel zu zerschidenen Alterthumen. Oder Gründliche – theils Historische – theils Topographische Beschreibung von dem Ursprung – Landmarchen – Alten Namen – und Mutter-Sprachen, Faksimile-Druck nach dem Original von 1758, Lindau 1977. – Ferdinand Keller, Die römischen Ansiedelungen in der Ostschweiz, I. Abt., in: MAGZ XII, 7, 1860, S. 269–342. – Ernst Ludwig Rochholz, Katalog des Kantonalen Antiquariums in Aarau 1879, S. 53 (Gräber in Mizkilch). – Jakob Heierli, Archäologische Karte des Kantons Aargau nebst allgemeinen Erläuterungen und Fundregister, in: Argovia 27, 1898, S. 1–100, hier 98–100. – Walther Merz (Hrsg.), Die mittelalterlichen Burganlagen und Wehrbauten des Kantons Argau II, Arau 1906; III, Arau 1929. – Otto Bolliger, Die Gegend von Zurzach in römischer Zeit, Zurzach 1926. – Robert Wernli, Auf den Spuren von Zurzachs Vergangenheit, in: JsHVZ 1951, S. 23–28. – Werner Basler, Aus Zurzachs ältesten Zeiten, in: Zurzach gestern und heute, Zurzach 1960, S. 7–15, hier S. 7. – Martin Hartmann, Das römische Kastell von Zurzach – Tenedo, Basel 1980 (Archäologische Führer der Schweiz 14). – Hans Lieb, Schwerter und Aklin, überlieferungsgeschichtliche Nachträge zu den Zurzacher Inschriften, in: SZG 31, 1981, S. 57–59. – Regula Frei-Stolba, Die römischen Steininschriften aus Zurzach, mit Ergänzungen von Hans Lieb, in: SZG 31, 1981, S. 43–57. – Martin Hartmann, Hans Weber, Die Römer im Aargau, Aarau/Frankfurt am Main/Salzburg 1985. – Walter Drack, Rudolf Fellmann, Die Römer in der Schweiz, Stuttgart/Jona 1988.

Urgeschichte

Jakob Heierli, Archäologische Karte des Kantons Aargau nebst allgemeinen Erläuterungen und Fundregister, in: Argovia 27, 1898, S. 1–100, hier S. 98–100. – Otto Bolliger, Die Gegend von Zurzach in römischer Zeit, Zurzach 1926. – Emil Vogt, Die mittlere Bronzezeit, in: Repertorium der Ur- und Frühgeschichte der Schweiz, Heft 2, 1956, S. 18. – Werner Basler, Aus Zurzachs ältesten Zeiten, in: Zurzach gestern und heute, Zurzach 1960, S. 7–15, hier S. 7. – Rudolf Laur, Lage und Urgeschichte, in: Aargauische Heimatführer 6, 1960, S. 3–11. – Andreas Zürcher, Spuren früher Besiedlung in Zurzach, in: JsHVZ, 1967, S. 48–55. – Martin Hartmann, Claudia Holliger, Reinhard Maag, et al. Kelten im Aargau. Vindonissa-Museum Brugg, 14. Mai bis 31. Oktober 1982. – Paul Gutzwiller, Die vorrömische Besiedlung des Fleckens Zurzach, mit einem Beitrag von Viera Trancik Petitpierre, in: JbSGUF 77, 1994, S. 7–33.

Römerzeit

Jakob Heierli, Das römische Kastell Burg bei Zurzach, in: ASA NF 9, 1907, S. 23–32, S. 83–93. – Walter Drack, Datierende Kleinfunde aus dem römischen Tenedo-Zurzach, in: JsHVZ 1946, S. 1–19. – Gerhard Fingerlin, Dangstetten, ein augusteisches Legionslager am Hochrhein. Vorbericht über die Grabungen 1967–1969, in: Ber. RGK 51–52, 1970–71, 1972, S. 197–232. – Werner Basler, Tenedo – Zurzach in der römischen Zeit, in: JsHVZ 12, 1975, S. 72–98. – Gerhard Fingerlin, Die Tore des frührömischen Lagers von Dangstetten (Hochrhein), in: Fundber. BWB 3, 1977, 278–285. – Walter Drack, Die spätrömische Grenzwehr am Hochrhein, Basel 1980 (Archäologische Führer der Schweiz 13). – Martin Hartmann, Das römische Kastell von Zurzach-Tenedo, Basel 1980 (Archäologische Führer der Schweiz 14). – Gerhard Fingerlin, Küssaberg-Dangstetten, in: Kurt Bittel, Wolfgang Kimmig, Siegwald Schiek (Hrsg.), Die Kelten in Baden-Württemberg Stuttgart, 1981, S. 413–416. – Regula Frei-Stolba, Die römischen Steininschriften aus Zurzach, mit Ergänzungen von Hans Lieb, in: SZG 31, 1981, S. 43–59. – Gerhard Fingerlin, Vom Hochrhein zur Donau. Archäologische Anmerkungen zu einer wichtigen Römerstrasse, in: Arch. NB 32, 1984, S. 3–12. – Gerhard Fingerlin, Dangstetten I. Katalog der Funde (Fundstellen 1–603), Stuttgart 1986 (Forschungen und Berichte zur Vor- und Frühgeschichte in Baden-Württemberg 22); Dangstetten II. Katalog der Funde (Fundstellen 604 bis 1358), Stuttgart 1998 (Forschungen und Berichte zur Vor- und Frühgeschichte in Baden-Württemberg 69). – René Hänggi, Zurzach AG/Tenedo: Römische Kastelle und Vicus, in: AS 9, 1986, S. 149–159. – Franz Schön, Der Beginn der römischen Herrschaft in Raetien, Sigmaringen 1986, bes. S. 43–61. – Katrin Roth-Rubi, Hans Rudolf Sennhauser, Römische Strasse und Gräber. Verenamünster Zurzach. Ausgrabungen und Bauuntersuchung 1; mit Beiträgen von Victorine von Gonzenbach und Gerd G. König, Zürich 1987 (Veröff. des Instituts für Denkmalpflege der ETH Zürich 6). – René Hänggi, Cornel Doswald, Katrin Roth-Rubi, Die frühen römischen Kastelle und der Kastell-Vicus von Tenedo-Zurzach, Brugg 1994, S. 11–15 (Veröff. der Gesellschaft Pro Vindonissa 11). – Daniel Pedrucci, Deux fouilles dans le Castellum du Bas-Empire de Tenedo/Zurzach AG – un état de la recherche, in: JbGPV 1995, Brugg 1996, S. 3–15, bes. S. 13. Alfred Hidber, Katrin

Roth-Rubi (Hrsg.), Beiträge zum Bezirk Zurzach in römischer und frühmittelalterlicher Zeit. Jahresgabe 1997 der Historischen Vereinigung des Bezirks Zurzach, Aarau 1997 (Separatdruck aus: Argovia 108, 1996); darin: Peter Riethmann, Mathias Seifert, Die Untersuchung und Datierung des römischen und mittelalterlichen Rheinüberganges bei Zurzach, S. 156–168; Katrin Roth-Rubi, Alfred Hidber, Römische Villen von Zurzach, Döttingen und Koblenz. Römische Strasse durch das Sennenloch bei Döttingen. Unveröffentlichte Arbeiten von Karl Stehlin und Josef Villiger, S. 3–145. – Hans Rudolf Sennhauser, Alfred Hidber, Das alte Zurzacher Rathaus, in: 75 Jahre Historische Vereinigung des Bezirks Zurzach, Zurzach 2000 (Beiträge zur Geschichte des Bezirks Zurzach 2), S. 37–60. – Jürgen Trumm, Die römerzeitliche Besiedlung am östlichen Hochrhein (50 v. Chr.–450 n. Chr.), Stuttgart 2002 (Materialhefte zur Archäologie in Baden-Württemberg 63).

Frühmittelalter

Hans Rudolf Sennhauser, Die heilige Verena und das frühmittelalterliche Zurzach. Der Flecken, Anlage und Dorfbild, in: Aargauische Heimatführer 6, Zurzach/Aarau 1960, S. 12–18, 36–44. – Martin Hartmann (Hrsg.), Romanen und Alemannen. Der Aargau im Frühmittelalter, Ausstellungskatalog Vindonissa-Museum Brugg, Brugg 1981, bes. Hans Rudolf Sennhauser, Zurzach, S. 32–34. – Ders., Frühmittelalterliche Gräber in Rekingen, Bezirk Zurzach, in: JsHVZ 15, 1983, S. 1–6. – Wolfgang Müller, Archäologische Zeugnisse frühen Christentums zwischen Taunus und Alpenkamm, in: Helvetia Archaeologica 65/66, 1986, S. 3–77. – Kurt Bänteli, Beatrice Ruckstuhl, Der Brückenkopf des Kastells «Auf Burg» von Stein am Rhein, SH, in: AS 10, 1987, S. 23–25. – Max Martin, Bemerkungen zur frühmittelalterlichen Knochenschnalle eines Klerikergrabes der St. Verenakirche von Zurzach (Kt. Aargau), in: JbSGUF 71, 1988, S. 161–177. – Gerhard Fingerlin, Frühe Alamannen im Breisgau. Zur Geschichte und Archäologie des 3. und 5. Jahrhunderts zwischen Basler Rheinknie und Kaiserstuhl, in: Archäologie und Geschichte. Freiburger Forschungen zum ersten Jahrtausend in Südwestdeutschland, hrsg. von Hans Ulrich Nuber, Bd. 1, Sigmaringen 1990, S. 97–137, bes. S. 130, Abb. 36 auf S. 135. – Yvonne Reich, Frühmittelalterliche Fundstellen aus dem Bezirk Zurzach, in: Argovia 108, 1996, S. 169–191, Besiedlungskarte auf S. 176. – Ulrike Giesler, Völker am Hochrhein, Das Basler Land im frühen Mittelalter, in: Die Alamannen, Begleitband zur Ausstellung, Stuttgart 1997, S. 209–218, bes. S. 209–211.

Kirchlibuck, frühchristliche Kirche und Nebengebäude

Rudolf Laur-Belart, Eine frühchristliche Kirche mit Baptisterium in Zurzach (Aargau), in: US 19, 1955, S. 65–83. – V. v. G. (Victorine von Gonzenbach), in: JbSGU 45, 1956, S. 65–68. – Othmar Perler, Frühchristliche Baptisterien in der Schweiz, in: ZSK 51, 1957, S. 81–100. – Hans Rudolf Sennhauser, Die frühmittelalterliche Kirche auf Burg (Kirchlibuck) Zurzach, in: Badener Neujahrsblätter 32, 1957, S. 67–86. – Rudolf Laur-Belart, Ein zweites frühchristliches Kultgebäude in Zurzach, in: US 25, 1961, S. 40–57. – Armen Khatchatrian, Les baptistères paléochrétiens, Paris 1962, S. 144. – Das zweite frühchristliche Kultgebäude in Zurzach. Bericht von Prof. Laur-Belart in der «Ur-Schweiz», in: Zurzacher Volksblatt, Nr. 11, 27. Jan. 1962. – Vorromanische Kirchenbauten. Katalog der Denkmäler bis zum Ausgang der Ottonen, bearb. von Friedrich Oswald, Leo Schaefer, Hans Rudolf Sennhauser, München 1966–1971 (Veröff. des Zentralinstituts für Kunstgeschichte III/1), S. 396 f. – Rudolf Degen, Spätrömische Befestigungen am Rhein: Weiach, Koblenz und Zurzach, in: Helvetia Archaeologica 1, 1970, S. 41–49. – Alban Gerster, Rekonstruktion des spätrömischen Kastells und der frühchristlichen Kultgebäude von Zurzach, in: Helvetia Archaeologica 1, 1970, S. 50–53. – Ders., Die frühchristliche Kirche in Zurzach (Nachtrag), in: Helvetia Archaeologica 3, 1972, S. 117–120. – Werner Basler, Tenedo-Zurzach in römischer Zeit, in: Heimatkunde aus dem Seetal 46, 1973, S. 15–27. – Martin Hartmann, Das römische Kastell von Zurzach-Tenedo, Basel 1980 (Archäologische Führer der Schweiz 14). – Walter Drack, Die spätrömische Grenzwehr am Hochrhein, Basel 1980 (Archäologische Führer der Schweiz 13). – Hans Rudolf Sennhauser, Katholische Kirchen von Zurzach (Kunstführer), 2. Aufl. 1991. – René Hänggi, Zurzach AG/Tenedo: Römische Kastelle und Vicus, in: AS 9, 1986, S. 149–159. – Wolfgang Müller, Archäologische Zeugnisse frühen Christentums zwischen Taunus und Alpenkamm, in: Helvetia Archaeologica 17, 1986, S. 3–77. – Martin Hartmann, Eine spätrömische und eine mittelalterliche Rheinbrücke in Zurzach AG, in: AS 10, 1987, S. 13–15. – Walter Drack, Rudolf Fellmann, Die Römer in der Schweiz, Stuttgart/Jona 1988, S. 575–578. – Vorromanische Kirchenbauten. Katalog der Denkmäler bis zum Ausgang der Ottonen. Nachtragsband, bearbeitet von Werner Jacobsen, Leo Schaefer, Hans Rudolf Sennhauser unter Mitwirkung von Matthias Exner, Jozef Mertens, Henk Stoepker, München 1991 (Veröff. des Zentralinstituts für Kunstgeschichte in München III/2), S. 473.

9. bis 13. Jahrhundert

Die Rechtsquellen des Kantons Argau, zweiter Teil: Rechte der Landschaft, fünfter Band: Grafschaft Baden, äussere Ämter, bearb. u. hrsg. von Walther Merz, Arau 1933 (Sammlung Schweizerischer Rechtsquellen 16). – Adolf Reinle, Die Heilige Verena von Zurzach. Legende – Kult – Denkmäler, Basel 1948 (Ars Docta VI). – Helmut Maurer, Das Land zwischen Schwarzwald und Randen im frühen und hohen Mittelalter, Freiburg i. Br. 1965 (Forschungen zur Oberrheinischen Landesgeschichte XVI). – Hans Rudolf Sennhauser, Verenamünster Zurzach. Ausgrabungen vor der Westfassade im Jahre 1966, in: JsHVZ 1967, S. 35–45. – Guy P. Marchal, St. Verena in Zurzach, in: Helvetia Sacra II/2, Bern 1977, S. 597–627. – Theodor Klüppel, Reichenauer Hagiographie zwischen Walahfrid und Berno, Sigmaringen 1980. – Hans Rudolf Sennhauser, Römische Spolien im Fundament des Verenamünster von Zurzach, in: AS 3, 1980, S. 60–63. – Dieter Geuenich, Zurzach – ein frühmittelalterliches Doppelkloster?, in: Helmut Maurer, Hans Patze (Hrsg.), Festschrift für Berent Schwineköper, Sigmaringen 1982, S. 29–43. – Ders., St. Verena und das Zurzacher Münster, Zurzach 1982. – Guy P. Marchal, Zurzach, in: Helvetia Sacra III/1, I, Bern 1986, S. 352. – Hans Rudolf Sennhauser, Zurzach zur Zeit der Gründung der Eidgenossenschaft, in: JsHVZ 20, 1991, S. 1–25. – Ders., Katholische Kirchen von Zurzach (Kunstführer), 2. Aufl. 1991. – Ders., Heiligengrab und Siedlungsverlegung. Zurzach in römischer Zeit und im Frühmittelalter, in: Archäolog. Landesmuseum Baden-Württemberg (Hrsg.), Die Alamannen, Begleitband zur Ausstellung, Stuttgart 1997, S. 465–470. – Peter Wittwer, Der Zurzacher Liber Ordinarius und seine Beziehungen zur Marbacher Liturgie [Thèse de doctorat. Institut Catholique de Paris, 1986], Freiburg Schweiz 2003 (Spicilegium Friburgense 40).

Verena, Stift

Johann Huber, Die Kollaturpfarreien und Gotteshäuser des Stiftes Zurzach, Klingnau 1868. – Ders., Geschichte des Stifts Zurzach. Ein Beitrag zur schweizerischen Kirchengeschichte, Klingnau 1869. – Ders., Beiträge zur Geschichte der Reformation in Zurzach. Nach Chorherrn Heinrich Heyl's handschriftlichen Aufzeichnungen mitgeteilt durch Stiftsprobst Johann Huber, in: Archiv für schweizerische Reformationsgeschichte, Bd. 2, Freiburg i. Br. 1872, S. 533–536. – Ders., Die Urkunden des Stiftes Zurzach. Beigabe: Ergänzungen zu des Verfassers früheren Druckschriften über das Chorstift, Aarau 1873. – Ders., Die Gotteshöfe in Rekingen im Aargau, in: Vaterland 6., 11., 12., 14., 17., 20., 21. und 22. April 1877, Luzern 1877. – Ders., Des Stiftes Zurzach Schicksale. Festschrift zur Erinnerung an die 600jährige Gründungsfeier des Collegiatstiftes zur heiligen Verena in Zurzach, im Jahre 1879, Luzern 1879. – Walther Merz, Die Wappen der Kirchenglocken von Zurzach, in: ASA NF 20/1, 1918, S. 54–60. – Paul Diebolder, Aus Zurzachs vergangenen Zeiten, Klingnau 1929. – Hugo Haag, Erinnerungen und Notizen des letzten Propstes von Zurzach, des Hochwsten. Herrn Joh. Huber von Hägglingen, auf seinen 50. Todestag aus dem Pfarr-Archiv zusammengestellt und ergänzt von H. Haag, Pfarrer, Klingnau [1929]. – Albert Iten, Das Chorherrenstift Zurzach und seine Zuger Geistlichen, in: Heimat-Klänge. Sonntags-Beilage zu den «Zuger Nachrichten» 16, 1936, S. 25–29, 97, 101–102, 105–106, 110–111, 113–114. – Edward Attenhofer, Das Büchlein von der heiligen Verena, Aarau o. J. [1940], 2. erw. Aufl., Lenzburg 1981, mit einem Beitrag von Hans Rudolf Sennhauser. – Adolf Reinle, Walter Fischer, Zurzach, 1600 Jahre christliche Kulturstätte am Oberrhein – St. Verena – Zurzacher Messen, Zurzach 1944. – Adolf Reinle, Die Heilige Verena von Zurzach, Legende – Kult – Denkmäler, Basel 1948 (Ars Docta VI). – Emil Müller, Zurzachs Beziehungen zu Kadelburg, in: JsHVZ 1964, S. 7–22. – Ders., Wie Kadelburg an das Stift Zurzach kam, in: JBZ 1965, Zurzach 1964. – Adolf Reimann, Verena-Wallfahrt, in: JsHVZ 10, 1970/71, S. 9–23. – Guy P. Marchal, St. Verena in Zurzach, in: Helvetia Sacra II/2, Bern 1977, S. 597–627. – Hermann Welti, Das Jahrzeitbuch des Stiftes Zurzach 1378–1711, Zurzach 1979. – Theodor Klüppel, Reichenauer Hagiographie zwischen Walahfrid und Berno, Sigmaringen 1980. – Walter Berschin, Verena und Wiborada, in: FDA 102, 1982, S. 5–15. – Dieter Geuenich, Zurzach – ein frühmittelalterliches Doppelkloster? in: Helmut Maurer, Hans Patze (Hrsg.), Festschrift für Berent Schwineköper, Sigmaringen 1982, S. 29–43. – Hans Rudolf Sennhauser, St. Verena und das Zurzacher Münster, Zurzach 1982. – Martin Schaub, Das mittelalterliche Chorherrenstift St. Verena in Zurzach und sein Personal (mit Personalliste), Lizenziatsarbeit Historisches Seminar der Universität Zürich, Fachbereich Mittelalter, 2001 (Ms.). – Silvia Letsch-Brunner, Die hl. Verena von Zurzach. Eine Frau im Gefolge der Thebäischen Legion, in: Kunst + Architektur in der Schweiz 54, 2003, S. 41–45.

Verenamünster

Anonym [Balthasar Estermann?], Restauration der Stiftskirche zu St. Verena in Zurzach, in: Katholische Schweizer-Blätter für christliche Kunst 2, 1865, S. 69–72. – Johann Rudolf Rahn, Die Stiftskirche S. Verena in Zurzach, in: ASA NF 2, 1900, S. 94–105. – Samuel Guyer, Die christlichen Denkmäler des ersten Jahrtausends in der Schweiz, Leipzig 1907, S. 92 f. – Adolf Reinle, Die Heilige Verena von Zurzach. Legende – Kult – Denkmäler, Basel 1948 (Ars Docta VI), S. 155–184. – Louis Hertig, Entwicklungsgeschichte der Krypta in der Schweiz, Diss. Zürich, Biel 1958, S. 119–123. – Rudolf Laur-Belart, Hans Rudolf Sennhauser, Edward Attenhofer, Adolf Reinle, Walter Edelmann, Zurzach, Zurzach/Aarau 1960 (Aargauische Heimatführer 6). – Vorromanische Kirchenbauten. Katalog der Denkmäler bis zum Ausgang der Ottonen, bearb. von Friedrich Oswald, Leo Schaefer, Hans Rudolf Sennhauser, München 1966–1971 (Veröff. des Zentralinstituts für Kunstgeschichte III/1), S. 395–396. – Hans Rudolf Sennhauser, Verenamünster Zurzach. Ausgrabungen vor der Westfassade im Jahre 1966, in: JsHVZ 1967, S. 35–45. – Adolf Reinle, Kunstgeschichte der Schweiz 1, Frauenfeld 1968, S. 180–183. – Guy P. Marchal, St. Verena in Zurzach in: Helvetia Sacra, Abt. II/2, Bern 1977, S. 597–627. – Brigitta Schmedding, Mittelalterliche Textilien in Kirchen und Klöstern der Schweiz, Bern 1978 (Schriften der Abegg-Stiftung 3). – Hermann J. Welti, Das Jahrzeitbuch des Stiftes Zurzach 1378–1711, Zurzach 1979. – Hans Rudolf Sennhauser, Römische Spolien im Fundament des Verena-Münsters von Zurzach, in: AS 3, 1980, S. 60–63. – Regula Frei-Stolba, Die römischen Steininschriften aus Zurzach, mit Ergänzungen von Hans Lieb, in: SZG 31, 1981, 43–57. – Hans Lieb, Schwerter und Aklin. Überlieferungsgeschichtliche Nachträge zu den Zurzacher Inschriften, in: SZG 31, 1981, S. 57–59. – Walter Berschin, Verena und Wiborada. Mythos, Geschichte und Kult im X. Jahrhundert, in: FDA 15, 1982, S. 5–15. – Dieter Geuenich, Zurzach – ein frühmittelalterliches Doppelkloster?, in: Helmut Maurer, Hans Patze (Hrsg.), Festschrift Berent Schwineköper, Sigmaringen 1982, S. 29–43. – Hans Rudolf Sennhauser, St. Verena und das Zurzacher Münster, Zurzach 1982. – Ders., Katholische Kirchen von Zurzach (Kunstführer), 2. Aufl. 1991. – Katrin Roth-Rubi, Hans Rudolf Sennhauser, Römische Strasse und Gräber. Verenamünster Zurzach. Ausgrabungen und Bauuntersuchung 1; mit Beiträgen von Victorine von Gonzenbach und Gerd G. König, Zürich 1987 (Veröff. des Instituts für Denkmalpflege der ETH Zürich 6). – Daniela Braun-Dettwiler, Mittelalterliche und neuzeitliche Münzen aus der Stiftskirche St. Verena in Zurzach, in: Schweizerische Numismatische Rundschau 67, 1988, S. 135–161. – Walter Drack, Rudolf Fellmann, Die Römer in der Schweiz, Stuttgart/Jona 1988, S. 574–578. – Vorromanische Kirchenbauten. Katalog der Denkmäler bis zum Ausgang der Ottonen, Nachtragsband, bearb. von Werner Jacobsen, Leo Schaefer, Hans Rudolf Sennhauser, unter Mitwirkung von Matthias Exner, Jozef Mertens, Henk Stoepker, München 1991 (Veröff. des Zentralinstituts für Kunstgeschichte in München III/2), S. 471–473.

Reformation und reformiertes Zurzach

Beiträge zur Geschichte der Reformation in Zurzach. Nach Chorherrn Heyl's handschriftlichen Aufzeichnungen mitgeteilt durch Stiftsprobst Johann Huber, in: Archiv für die schweizerische Reformations-Geschichte, hrsg. auf Veranstaltung des Schweizerischen Piusvereins Bd. 2, Freiburg i. Br. 1872, S. 533–536. – Heinrich Küssenberg's Chronik der Reformation in der Grafschaft Baden, im Klettgau und auf dem Schwarzwalde, veröff. und mit einem Sach- und Personen-Register hrsg. durch Johann Huber, in: Archiv für die Schweizerische Reformations-Geschichte Bd. 3, Solothurn 1876, S. 411–474. – Ivo Höchle, Geschichte der Reformation und Gegenreformation in der Stadt und Grafschaft Baden bis 1535, Zürich 1907. – Friedrich Anton Sigrist, Die Bedeutung des Jahres 1531 für den katholischen Glauben im

Bezirk Zurzach, in: «Die Botschaft» 30. Dez. 1931–18. Jan. 1932. Separatdruck: Klingnau o. J. [1932]. – ALBERT BRAUN, Der Klerus des Bistums Konstanz im Ausgang des Mittelalters, Münster in Westfalen 1938 (Vorreformationsgeschichtliche Forschungen 15). – HERMANN J. WELTI, Die Pfarrer von Tegerfelden, in: JBZ 1953, Zurzach 1952. – DERS., Die Pfarrer der reformierten Kirchgemeinde Zurzach, in: JBZ 1957, Zurzach 1956. – DERS., Die Bevölkerungsbewegung der reformierten Pfarrei Tegerfelden im 17. und 18. Jahrhundert, in: JBZ 1961, Zurzach 1960. – E. MÜLLER, Der Nachtwächter prahlte mit windigen Reden. Ein unerquicklicher Streit – Es ging um den Gesang, in: JBZ 1963, Zurzach 1962. – JAKOB KOBELT, Die Rekonstruktion der Orgel von Franz Josef Remigius Bossard in der evangelischen Kirche Zurzach, in: Zeitschrift für evangelische Kirchenmusik 23, 1969, S. 71–77. – PETER HOEGGER, Matthias Vogel und die Querkirchenidee, in: UKdm 22, 1971, S. 15–31. – DERS., Die reformierten Kirchen in Baden und Zurzach, Basel 1973 (Schweizerische Kunstführer, Serie 14, Nr. 132). – KARL FÜLLEMANN, Wie die reformierten Zurzacher zu ihrem jetzigen Pfarrhaus kamen, in: 50 Jahre Historische Vereinigung des Bezirks Zurzach, 1925–1975, Jubiläumsschrift 1974/75. Nr. 12, [1975], S. 49–52. – DERS., Ref. Kirchengemeinde Zurzach. Chronik. Über 450 Jahre Reformation in Zurzach, Zurzach o. J. [1988].

Messe

JOHANN HUBER, Die Urkunden des Stiftes Zurzach. Beigabe: Ergänzungen zu des Verfassers früheren Druckschriften über das Chorstift, Aarau 1873. – HANS HERZOG, Die Zurzacher Messen. Vortrag gehalten in der Jahresversammlung der hist. Gesellschaft zu Zurzach am 8. November 1897, in: Taschenbuch der historischen Gesellschaft des Kantons Aargau für das Jahr 1898, Aarau 1898, S. 1–49. – FRITZ SIEGFRIED, Die Schiffergenossenschaft der «Stüdler» in Koblenz, in: Argovia 33, 1909, S. 179–245. – HEKTOR AMMANN, Die Zurzacher Messen im Mittelalter, in: Taschenbuch der historischen Gesellschaft des Kantons für das Jahr 1923, Aarau 1923, S. 3–155. – AUGUST BAUMHAUER, Alte oberrheinische Messen. Die Zurzacher Messen und die Waldshuter Konkurrenz, Waldshut 1927. – HEKTOR AMMANN, Neue Beiträge zur Geschichte der Zurzacher Messe, in: 18. Taschenbuch der historischen Gesellschaft des Kantons Aargau für das Jahr 1929, Aarau 1930, S. 1–208. – HEKTOR AMMANN, Nachträge zur Geschichte der Zurzacher Messen im Mittelalter, in: Argovia 48, 1936, S. 101–124. – FLORENCE GUGGENHEIM, Ausländische Juden an der Zurzacher Messe vor 200 Jahren, in: Israelitisches Wochenblatt, Nr. 50, 10. Dezember 1954. – FLORENCE GUGGENHEIM-GRÜNBERG, Die Juden auf der Zurzacher Messe im 18. Jahrhundert, Zürich 1957 (Beiträge zur Geschichte und Volkskunde der Juden in der Schweiz 6). – AUGUST BAUMHAUER, «Ein herrlich' Kaufhaus gemeiner Eidgenossenschaft». Alte Messen am Hochrhein in Zurzach und Waldshut, in: Oberländer Chronik. Heimatblätter des Südkuriers, Nr. 252, 1962. – WALTER BODMER, Die Zurzacher Messen von 1530 bis 1856, in: Argovia 74, 1962, S. 7–130. – [ULRICH ZIEGLER], Zurzach und seine Messen, in: Schweiz-Suisse-Svizzera-Switzerland 48, 1975, S. 2–10, 39. – HANS CONRAD PEYER, Die Märkte der Schweiz in Mittelalter und Neuzeit, in: H. C. PEYER, Gewässer, Grenzen und Märkte in der Schweizergeschichte, Zürich 1979 (MAGZ 48/3, 143. Neujahrsblatt), S. 19 ff. – JEAN-FRANÇOIS BERGIER, Wirtschaftsgeschichte der Schweiz von den Anfängen bis zur Gegenwart, Zürich 1983, 2. Aufl. 1990, S. 298. – MARTIN KÖRNER, Das System der Jahrmärkte und Messen in der Schweiz im periodischen und permanenten Markt 1500–1800, in: Jahrbuch für Regionalgeschichte und Landeskunde 19, 1993/1994, S. 13–33. – FRANZ SCHMIDBAUER, Die Geschichte der Stüdeler, Koblenz 2000 (http://www.koblenz.ch/1000/1520.htm, 4.9.2003).

Dirnentanz

ADELBERT VON KELLER (Hrsg.), Fastnachtspiele aus dem 15. Jahrhundert, Bd. 2, Stuttgart 1853 (Bibliothek des literarischen Vereins in Stuttgart, 29), S. 873. – ERNST LUDWIG ROCHHOLZ, Schweizersagen aus dem Aargau 2, Aarau 1856, S. 348–349. – JAKOB BÄCHTOLD (Hrsg.), Niklaus Manuel, Frauenfeld 1878 (Bibliothek älterer Schriftwerke der Deutschen Schweiz u. ihrer Grenzgebiete 2), S. 271–272. – ALFRED MARTIN, Deutsches Badewesen in vergangenen Tagen, Jena 1906, S. 248. – IWAN BLOCH, Die Prostitution 1, in: Handbuch der gesamten Sexualwissenschaft in Einzeldarstellungen 1, Berlin 1912, S. 715. – Schweizerisches Idiotikon. Wörterbuch der Schweizerdeutschen Sprache, Bd. 13, Frauenfeld 1973, Sp. 865. – HANS PETER DUERR, Traumzeit. Über die Grenze zwischen Wildnis und Zivilisation, Frankfurt am Main 1978, S. 37. – FRANTISEK GRAUS, Randgruppen der städtischen Gesellschaft im Spätmittelalter, in: Zeitschrift für Historische Forschung 8, 1981, S. 385–437, hier S. 395. – ERNST SCHUBERT, Fahrendes Volk im Mittelalter, Bielefeld 1995, S. 315. – BEATE SCHUSTER, Geschichtsschreibung und Fantasie. Die historiographische Legende vom Zurzacher Dirnentanz, in: Argovia 113, 2001, S. 307–360.

Sagen, Fasnacht, Fasnachtsspiele

Schweizersagen aus dem Aargau. Gesammelt und erläutert von ERNST LUDWIG ROCHHOLZ, 2 Bde., Aarau 1856. – DERS., Drei Gaugöttinnen Walburg, Verena und Gertrud als deutsche Kirchenheilige. Sittenbilder aus dem germanischen Frauenleben, Leipzig 1870. – JAKOB BÄCHTOLD (Hrsg.), Niklaus Manuel, Frauenfeld 1878 (Bibliothek älterer Schriftwerke der Deutschen Schweiz u. ihrer Grenzgebiete 2), S. CCIII. – HEINRICH HERZOG, Schweizer Volksfeste, Sitten und Gebräuche, Aarau 1884. – EDUARD HOFFMANN-KRAYER, Die Fasnachtsgebräuche in der Schweiz, in: Schweizerisches Archiv für Volkskunde 1, 1897, S. 47–57, 126–142, 177–194, 257–283. – ADOLF KAISER, Die Fastnachtspiele von der «Actio de sponsu», Göttingen 1899. – Der Grütheiri von Zurzach, in: JBZ 1961, Zurzach 1960. – EDWARD ATTENHOFER, Sagen und Bräuche aus einem alten Marktflecken, Lenzburg 1961. – PAUL ZINSLI, Niklaus Manuel der Schriftsteller, in: Niklaus Manuel Deutsch. Maler, Dichter, Staatsmann, Ausstellungskatalog Kunstmuseum Bern 1979, S. 499–512, hier S. 510–511. – PETER PFRUNDER, Pfaffen, Ketzer, Totenfresser, Fastnachtskultur der Reformationszeit – Die Berner Spiele von Niklaus Manuel, Zürich 1989, S. 42. – WALTHER KILLY (Hrsg.), Literaturlexikon. Autoren und Werke deutscher Sprache 7, München 1990, S. 457–458. – HEIDY GRECO-KAUFMANN, Vor rechten lütten ist guot schimpfen. Der Luzerner Marcolfus und das Schweizer Fastnachtspiel des 16. Jahrhundert, Bern 1994 (Deutsche Literatur von den Anfängen bis 1700, 19), S. 139.

Jetzerhandel

GEORG RETTIG, Sammlung Bernischer Biographien 1, 1884, S. 330–339 (Hans Jetzer). – DERS. (Hrsg.), Die Urkunden des Jetzerprozesses, in: Archiv des Historischen Vereins des Kanton Bern 11, 1886, S. 179–248, 275–344, 501–566. – NIKOLAUS PAULUS, Ein Justizmord, an vier Dominikanern begangen. Aktenmässige Revision des Berner Jetzerprozesses vom Jahre 1509, in: Frankfurter zeitgemässe Broschüren NF I, 1897, S. 65–106. – RUDOLF STECK, Der Berner Jetzerprozess (1507–1509) in neuer Beleuchtung nebst Mitteilungen aus den noch ungedruckten Akten, Bern 1902. – K. STOOSS, in: Schweizerische Zeitschrift für Strafrecht 15, 1902, S. 115–129 und 17, 1904, S. 335–340. – RUDOLF STECK (Hrsg.), Die Akten des Jetzerprozesses nebst dem Defensorium (QSG 22), Basel 1904. – WILHELM OECHSLI, Vortrag vom 2. November 1907 in der Antiquarischen Gesellschaft zu Zürich (Sitzungsbericht in der Neuen Züricher Zeitung). – GEORG SCHUHMANN, Thomas Murner und die Berner Jetzertragödie, in: ZSK 2, 1908, S. 1–30, 114–130. – DANIEL A. MORTIER, Histoire des Maîtres Généraux de l'Ordre des Frères Prêcheurs 5, Paris 1911, S. 188–190. – GEORG SCHUHMANN, Die Berner Jetzertragödie im Lichte der neueren Forschung und Kritik, Freiburg im Breisgau 1912 (Erläuterungen und Ergänzungen zu Janssens Geschichte des deutschen Volkes IX/3). – HERMANN J. WELTI, Das Geschlecht Jetzer und der Jetzerhandel, in: Erb und Eigen 1, 1936, S. 34–36. – KARL FÜLLEMANN, Der Jetzer-Handel zu Bern 1506–1509, in: JsHVZ 20, 1991, S. 43–54. – KLAUS MARTIN SAUER, «Jetzer, Johannes», in: Biographisch-Bibliographisches Lexikon III, 1992, Internet-Version (09.06.1998) http://www.bautz.de/bbkl/j/Jetzer.shtml (17.01.2003).

1798–1848

M. LUTZ, Vollständige Beschreibung des Schweizerlandes, Bd. III, Aarau 1827. – FRANZ XAVER BRONNER, Der Kanton Aargau, historisch, geographisch, statistisch geschildert, St. Gallen/Bern 1844. – ALBERT HUBER, Die Entwicklung des eidgenössischen Zollwesens vom Beginn der ersten Tarife bis zur Bundesverfassung des Jahres 1848, Bern 1890. – OTTO HARTMANN, Der Anteil der Russen am Feldzug von 1799, in: Turicensia. Beiträge zur zürcherischen Geschichte [...], Zürich 1891, S. 217–243. – B. BILGER, Das Alliierten-Spital und der kaiserliche Gottesacker in Klingnau: eine Episode aus den Kriegsläufen von 1813–1915; als Beitrag zur Lokalgeschichte von Klingnau nach Akten zusammengestellt, Klingnau 1901. – FRIEDRICH WITZ, Die Presse im Aargau, Luzern 1925. – HUGO HAAG, Erinnerungen und Notizen des letzten Propstes von Zurzach, des Hochwsten. Herrn Joh. Huber von Hägglingen, auf seinen 50. Todestag aus dem Pfarr-Archiv zusammengestellt und ergänzt von H. HAAG, Pfarrer, Klingnau [1929]. – ERNST JÖRIN, Der Aargau 1798–1803, vom bernischen Untertanenlande zum souveränen Grosskanton, Aarau 1929 (Argovia 42). – HEKTOR AMMANN, Freiämterputsch und Regeneration im Kanton Aargau nach zeitgenössischen Berichten zusammengestellt, Aarau 1930. – JVO PFYFFER, Aus dem Kriegsjahr 1799. Der Vesuch eines Aareüberganges bei Döttingen durch Erzherzog Karl am 17. August 1799, Klingnau 1933. – ROLF LEUTHOLD, Der Kanton Baden 1798–1803, in: Argovia 46, 1934, S. 1–243. – ERNST JÖRIN, Der Kanton Aargau 1803–1813/15, Aarau 1941 (in vier Teilen abgedruckt in Argovia 50–53). – GEORG BONER, Katholiken und aargauischer Staat im 19. Jahrhundert, in: Erbe und Auftrag, Festgabe zum aargauischen Katholikentag im Jubiläumsjahr 1953, Baden 1953. – FLORENCE GUGGENHEIM-GRÜNBERG, Die Juden auf der Zurzacher Messe im 18. Jahrhundert, Zürich 1957 (Beiträge zur Geschichte und Volkskunde der Juden in der Schweiz 6). – EMIL J. WALTER, Soziologie der alten Eidgenossenschaft, Bern 1966. – EDWARD ATTENHOFER, Zurzach und Umgebung erlebten böse Tage während der Franzosenzeit, in: JsHVZ 1967, S. 3–9. – WALTER ALLEMANN, Beiträge zur aargauischen Militärgeschichte 1803–1847, in: Argovia 82, 1970, S. 5–287. – A. KOTTMANN, Russen, Österreicher und Franzosen im Zurzibiet. Vortrag vor dem Rotary Club Zurzach-Brugg, August 1979, in: «Die Botschaft» 17./19. 9. 1979. – HANS FREY, Rheinübergang und Zoll Zurzach im Wandel der Jahrhunderte, in: JsHVZ 16, 1984, S. 31–57. – WILLY PFISTER, Aargauer in fremden Kriegsdiensten, Bd. 1: Frankreich und Sardinien, Bd. 2: Niederlande, Aarau 1984. – NIKLAUS STÖCKLI, «Memorial über den Verfall der Grafschaft Baden». Eine Untersuchung über die soziale Situation am Ende des 18. Jahrhunderts, im speziellen in der Obervogtey Klingnau, in: JsHVZ 1994, S. 47–77. – HANS O. STEIGER, WERNER BEETSCHEN, Rheinübergänge von Kaiserstuhl zum Kaiserstuhl, Basel 1996. – BRUNO MEIER, DOMINIK SAUERLÄNDER, HANS RUDOLF STAUFFACHER, ANDREAS STEIGMEIER (Hrsg.), Revolution im Aargau. Umsturz – Aufbruch – Widerstand 1798–1803, Aarau 1997.

Mundart von Zurzach

Schweizerisches Idiotikon. Wörterbuch der schweizerdeutschen Sprache, gesammelt auf Veranstaltung der Antiquarischen Gesellschaft in Zürich, unter Beihülfe aus allen Kreisen des Schweizervolkes, hrsg. mit Unterstützung des Bundes und der Kantone, bearb. von FRIEDRICH STAUB u. a., Frauenfeld 1881 ff. [bisher erschienen: Bände 1–15 (A-bis W–m), Band 16 in Lieferungen erscheinend]. – Die Amerbachkorrespondenz, im Auftrag der Kommission für die Öffentliche Bibliothek der Universität Basel, bearb. und hrsg. von ALFRED HARTMANN (Bd. I–V), ab Bd. VI auf Grund des von ALFRED HARTMANN gesammelten Materials bearb. und hrsg. von BEAT RUDOLF JENNY, Basel 1942 ff. [bisher erschienen: Bände I–X: Briefe der Jahre 1481 bis 1558]. – Sprachatlas der deutschen Schweiz, herausgegeben von RUDOLF HOTZENKÖCHERLE, fortgeführt und abgeschlossen von ROBERT SCHLÄPFER, RUDOLF TRÜB und PAUL ZINSLI, Einführungsband und 8 Kartenbände, Bern, später Basel und Tübingen 1962–1997. – NIKLAUS BIGLER, Der Aargau im Schweizerdeutschen Wörterbuch. Beispiele zur Organisation des Materialsammelns in einem mundartreichen Kanton, in: Schweizerdeutsches Wörterbuch, Bericht über das Jahr 1984, Zug 1985, S. 9–22. – ERICH SEIDELMANN, Der Hochrhein als Sprachgrenze, in: Dialektgeographie und Dialektologie, Günter Bellmann zum 60. Geburtstag, hrsg. von WOLFGANG PUTSCHKE u. a., Marburg 1989 (Deutsche Dialektgeographie 90), S. 57–88 (mit 16 Karten). – Südwestdeutscher Sprachatlas, hrsg. von HUGO STEGER, EUGEN GABRIEL, VOLKER SCHUPP, Marburg 1989 ff. – HANS-PETER SCHIFFERLE, Badisches und schweizerisches Alemannisch am Hochrhein, in: LUDGER KREMER, HERMANN NIEBAUM (Hrsg.), Grenzdialekte, Marburg 1990 (Germanistische Linguistik 101–103), S. 315–340. – MICHY BOLLAG, KARL WEIBEL, Endinger Jiddisch, eine vergangene Sprache, Baden 1995. – HANS-PETER SCHIFFERLE, Dialektstrukturen in Grenzlandschaften. Untersuchungen zum Mundartwandel im nordöstlichen Aargau und im benachbarten südbadischen Raum Waldshut, Bern 1995 (Europäische Hochschulschriften).

Schule

JOHANNES HUBER, Geschichte des Stiftes Zurzach. Ein Beitrag zur schweizerischen Kirchengeschichte, Klingnau 1869. – JOHANN JAKOB SPÜHLER, Geschichte der Bezirksschule Zurzach, Aarau 1884. – JAKOB KELLER, Die Aargauischen Schulverhältnisse während der Dauer des ersten Schulgesetzes (1805–22), Progr. Wettingen 1887/88. – SAMUEL HEUBERGER, Die aargauische Volksschule im 19. Jahrhundert, Vortrag gehalten an der Kantonalen Lehrerkonferenz (Schul-Centenarfeier) am 21. September 1903 in Baden, Aarau [1903]. – Die aarg. Fortbildungs-Schule im ersten Halbjahrhundert ihres Bestehens 1865–1915 bearbeitet von HANS MÜLLI, Aarau 1916. – HUGO HAAG, Erinnerungen und Notizen des letzten Propstes von Zurzach, des Hochwsten. Herrn Joh. Huber von Hägglingen, auf seinen 50. Todestag aus dem Pfarr-Archiv zusammengestellt und ergänzt von H. HAAG, Pfarrer, Klingnau [1929]. – HANS HAUENSTEIN, Festschrift zum 100-jährigen Bestehen der aargauischen Bezirksschule mit besonderer Berücksichtigung ihrer Vorläuferinnen Lateinschule–Realschule–Sekundarschule, im Auftrag des Vereins aargauischer Bezirkslehrer, Brugg 1935. – PETER HÜSSER, Geschichte des Kadettenkorps Zurzach, Zurzach 1943. – Aus dem Leben der Bezirksschule Zurzach. Vom Verein ehemaliger Bezirksschüler von Zurzach zum 50-jährigen Bestehen hrsg. [mit Beiträgen von ALBERT SENNHAUSER, JOSEPH BAMERT, WALTER EDELMANN], Zurzach 1955. – ALBERT SENNHAUSER, Anfänge und Entwicklung der Bezirksschule Zurzach, in: Aus dem Leben der Bezirksschule Zurzach. Vom Verein ehemaliger Bezirksschüler von Zurzach zum 50-jährigen Bestehen hrsg., Zurzach 1955, S. 9–65. – Die Hauptlehrer an der Bezirksschule Zurzach 1817–1955, zusammengestellt von ALBERT SENNHAUSER, in: Aus dem Leben der Bezirksschule Zurzach. Vom Verein ehemaliger Bezirksschüler von Zurzach zum 50-jährigen Bestehen hrsg., Zurzach 1955, S. 66–67. – 100 Jahre aargauische Sekundarschule 1865–1965 bearbeitet von ADOLF SIEGRIST, hrsg. vom Verein aargauischer Sekundarlehrer, Zofingen 1965. – FRANZ KELLER, 150 Jahre Bezirksschule Zurzach, Zurzach 1967. – HERMANN WELTI, Das Jahrzeitbuch des Stiftes Zurzach 1378–1711, Zurzach 1979. – Im Rückspiegel. Frauen und Männer aus dem Zurzibiet erzählen von früher, Zurzach 1988; darin LAURA SPUHLER, Umzug, Lieder, Reigen und Kadettenspiele. Zurzacher Jugendfest-Glückseligkeit lebt noch in der Erinnerung, S. 57–63. – FRANZ KELLER, Geschichte der Bezirksschule Zurzach, Zurzach 1992. – Als der Jahrgang 1923 noch jung war. Erinnerungen ehemaliger Zurzacher Schüler, hrsg. vom Verein ehemaliger Bezirksschüler Zurzach, Zurzach 1993; darin WALTER EDELMANN, Zurzach während unserer Schulzeit, S. 58. – Leitideen für die Sekundarschule bei Kurt Wahl, in: 50 Jahre Sekundarschule Zurzach 1948–1998, Zurzach 1998.

Ärzte, Sanitätswesen, Bad

JOHANN JAKOB WELTI, Kurze Darstellung über Zurzach und seine vorzüglich gesunde Lage, so wie über die dort errichtete Cur-Anstalt, Aarau 1843. – HERMANN J. WELTI, Zurzach als Kurort vor 100 Jahren, in: Erb und Eigen 2, 1937, S. 34–36. – DERS., Von Aerzten und Chirurgen, in: Erb und Eigen 3, 1938, S. 15–19, 21–22. – OTTO GÜBELI, Die schweizerischen Thermalquellen und die neuerbohrte Zurzacher Therme, in: JBZ 1956, Zurzach 1955. – WALTER FISCHER, Ein Pionier zur Einführung neuer Industrie, in: JBZ 1958, Zurzach 1957. – FRANZ XAVER ERNI, EDUARD PROBST, Zurzach, Bern 1972 (Kurorte und Bäder der Schweiz 2). – WALTER EDELMANN, 25 Jahre Bad Zurzach: Kurort im Kulturort, Zurzach 1980 (Neuauflage 1990). – ALFRED HIDBER, Rezeptbuch des Zurzacher Barbierers Hans Jacob Fischer aus dem Jahre 1680, in: JsHVZ 19, 1990, S. 57–80. – BEAT EDELMANN, RehaClinic Zurzach. Ein Rückblick auf 30 Jahre Klinikgeschichte, Döttingen 2003.

Handwerk und Gewerbe

FRITZ SIEGFRIED, Die Schiffergenossenschaft der «Stüdler» in Koblenz, in: Argovia 33, 1909, S. 179–245. – HERMANN J. WELTI, Die Entwicklung des Handwerks in unserer Gegend, in: Erb und Eigen 3, 1938, S. 29–35, 37–47; 4, 1939, S. 1–3. – DERS., Vom Handwerk der Maurer und Steinmetzen, in: Erb und Eigen 6, 1942, S. 9–14. – DERS., Aus dem Zunftbuch der ehrsamen Küferzunft, in: Erb und Eigen 10, 1948, S. 19–23. – EDWARD ATTENHOFER, Von der Barzmühle bei Zurzach, in: JsHVZ, 1967, 10–18. – KARL FÜLLEMANN, Knecht, Lehrling, Geselle, Wanderschaft, Meister. Bilder um Beruf und Ausbildung von einst im Bezirk Zurzach, in: JsHVZ 15, 1983, S. 23–31. – ROLF LEUTHOLD, Reisebericht des Messerschmiedegesellen Jacques Burkhardt aus Zurzach, in: JsHVZ 15, 1983, S. 33–43.

Strassen, Verkehr, Post

SAMUEL HEUBERGER, Zur Geschichte der Strasse Zurzach–Brugg (Tenedo–Vindonissa) im Altertum und im Mittelalter, in: ZSG 5, 1925, S. 325–345. – FRITZ C. MOSER, Das Strassen- und Schiffahrtswesen der Nordostschweiz im Mittelalter, in: Thurgauische Beiträge zur vaterländischen Geschichte 68, 1931, S. 1–152. – HERMANN J. WELTI, Unser Strassenwesen in früherer Zeit, in: Erb und Eigen 1, 1936, S. 37–39, 44. – DERS., Vom Postwesen, in: Erb und Eigen 4, 1939, S. 8–11. – WALTER FISCHER, Die historische Rheinschifffahrt bei Zurzach, in: Strom und See 3, 1947, S. 1–20. – BORIS SCHNEIDER, Eisenbahnpolitik im Aargau, Diss. Zürich, Aarau 1959. – KARL WEIBEL, 50 Jahre Postautobetrieb im Surbtal, in: JsHVZ 12, 1974/75, S. 55–71. – HANS FREY, Rheinübergang und Zoll Zurzach im Wandel der Jahrhunderte, in: JsHVZ 16, 1984, S. 31–57. – KATRIN ROTH-RUBI, HANS RUDOLF SENNHAUSER, Römische Strasse und Gräber. Verenamünster Zurzach. Ausgrabungen und Bauuntersuchung 1; mit Beiträgen von VICTORINE VON GONZENBACH und GERD G. KÖNIG, Zürich 1987 (Veröff. des Instituts für Denkmalpflege der ETH Zürich 6). – ALFRED HIDBER, Die römische Strasse durch das Sennenloch bei Döttingen, in: Argovia 108, 1996, S. 136–141. – KURT MÄRKI, Postgeschichte des Bezirks Zurzach, hrsg. vom Philatelistenverein Zurzach und Umgebung, Zurzach 1997.

Sodafabrik

Vereinigte Schweizerische Rheinsalinen. Über die Ausbeutung des Salzlagers im Bezirke Zurzach im Kanton Aargau, Basel 1912. – ERNST WALDMEYER, Die schweizerische Salz- und Sodaindustrie, Diss. Univ. Bern, Weinfelden 1928. – EDWARD ATTENHOFER, Alt-Zurzach, Aarau 1940, S. 171–182. – HANS SCHUMACHER, 50 Jahre Schweizerische Sodafabrik Zurzach, Zürich 1964. – Schweizerische Sodafabrik, Zurzach, Separatdruck aus der «Chemischen Rundschau» 19/7, 1966. – 25 Jahre Ballonsportgruppe Rapperswil 1958–1983, 20 Jahre Füllplatz Zurzach – 200 Jahre Ballonfahren, Rapperswil 1983. – PAUL ZAUGG, Aus der Geschichte und Technik der Salz-Gewinnung in Zurzach, Zurzach 1989. – STEPHAN HUMBEL, Die Werksiedlung der Schweizerischen Sodafabrik in Zurzach [Diplomarbeit ETHZ, Ms.], 1992.

Kraftwerkbau und Rheinschifffahrt

Das Kraftwerk Reckingen. L'usine électrique de Reckingen. Mitgeteilt von der Motor-Columbus A.-G., Baden, Sonderdruck aus dem Bulletin des SEV, Jg. 1939, Nr. 10, Zürich 1939. – Konzessionsgesuche für die Rheinkraftwerke Säckingen und Koblenz. Botschaft des Regierungsrates des Kantons Aargau an den Grossen Rat, Aarau 1958. – Deutsch-Schweizerische Technische Kommisson für die Schiffbarmachung des Hochrheins, Schiffbarmachung des Hochrheins Basel-Bodensee, Projekt 1961, Stufe Reckingen: Technischer Bericht, Kostenvoranschlag und 11 Planbeilagen, [hrsg. vom Regierungspräsidium Südbaden, Abteilung Wasserstrassen]. – G. GYSEL, Das Rheinkraftwerk Säckingen, Sonderdruck aus: Wasser- und Energiewirtschaft 7, Zürich 1962. – Die Schiffbarmachung des Hochrheins. Projekt 1961, hrsg. vom Land Baden-Württemberg, Regierungspräsidium Südbaden, Freiburg 1964. – Festschrift 50 Jahre Aargauischer Wasserwirtschaftsverband, Baden 1968 (Wasser- und Energiewirtschaft, Heft September/Oktober). – Ausbau des Hochrheins zur Grossschifffahrtsstrasse Aaremündung–Basel. Generelles Projekt 1976. Technische und finanzielle Fortschreibung des Projektes 1961, 6 Abb., 10 Plantafeln, 1 Übersichtsplan. – HERMANN RIEDEL, Halt! Schweizer Grenze! Das Ende des Zweiten Weltkrieges im Südschwarzwald und am Hochrhein in dokumentarischen Berichten deutscher, französischer und Schweizer Beteiligter und Betroffener, Konstanz 1983. – CHRISTOPHE SEILER, Geschichte von Koblenz im 20. Jahrhundert, in: 5 mal 80 Jahre Albert Stoll und sein Unternehmen, Kulturgeschichte des Bürostuhls, Geschichte von Koblenz und Waldshut, Koblenz 1990, S. 106 f. – FRANZ KELLER, PAUL ABT, Zurzach Bezirk und Region. Landschaft am Wassertor der Schweiz, Aarau 1994. – CHRISTOPH HERZIG, Dorfchronik Rekingen, Rekingen 1995. – ROBERT VÖGELI, Der dramatische Mittwoch, 25. April 1945, am Hochrhein: Die letzten Tage des Zweiten Weltkrieges, in: Vom Jura zum Schwarzwald 71, 1997, S. 51–85.

Verzeichnis der abgekürzt zitierten Literatur

75 Jahre ETV Zurzach
75 Jahre ETV Zurzach: Jubiläumsschrift 1889–1964, o. O. o. J.

150 Jahre Kanton Aargau
150 Jahre Kanton Aargau im Lichte der Zahlen 1803–1953, hrsg. vom Regierungsrat des Kantons Aargau, Aarau 1954

ADA
Anzeiger für deutsches Altertum und deutsche Literatur, Stuttgart 1876 ff.

AGS
Aargauische Gesetzessammlung, Aarau 1803 ff.

AKB
Archäologisches Korrespondenzblatt, Mainz 1971 ff.

Allgemeines Künstler-Lexikon
Allgemeines Künstler-Lexikon: die bildenden Künstler aller Zeiten und Völker, erarb., red. und hrsg. von Günter Meissner u. a., Leipzig/sp. München/Leipzig 1983 ff.

Althoff, Amicitiae
Gerd Althoff, Amicitiae und Pacta, Hannover 1992 (MGH, Schriften 37)

Amerbach Korr.
Die Amerbachkorrespondenz, im Auftrag der Kommission für die Öffentliche Bibliothek der Universität Basel, bearb. und hrsg. von Alfred Hartmann (Bd. I–V), ab Bd. VI auf Grund des von Alfred Hartmann gesammelten Materials bearb. und hrsg. von Beat Rudolf Jenny, Basel 1942 ff. [Bisher erschienen Bände I–X: Briefe der Jahre 1481 bis 1558]

Ammann, Baden
Hektor Ammann, Die Stadt Baden in der mittelalterlichen Wirtschaft, in: Argovia 63, 1951, S. 217–321

Ammann, Kleinstadt
Die schweizerische Kleinstadt in der mittelalterlichen Wirtschaft, in: Festschrift Walther Merz, Aarau 1928, S. 158–215

Ammann, Städtewesen
Hektor Ammann, Das schweizerische Städtewesen des Mittelalters in seiner wirtschaftlichen und sozialen Ausprägung, in: Institutions économiques et sociales, Brüssel 1955 (Recueils de la Société Jean Bodin VII), S. 483–529

Ammann, Zurzacher Messen (1)
Hektor Ammann, Die Zurzacher Messen im Mittelalter, in: Taschenbuch der historischen Gesellschaft des Kantons Aargau für das Jahr 1923, Aarau 1923, S. 3–155

Ammann, Zurzacher Messen (2)
Hektor Ammann, Neue Beiträge zur Geschichte der Zurzacher Messen, in: Taschenbuch der historischen Gesellschaft des Kantons Aargau für das Jahr 1929, Aarau 1930, S. 1–218

Ammann, Zurzacher Messen (3)
Hektor Ammann, Nachträge zur Geschichte der Zurzacher Messen im Mittelalter, in: Argovia 48, 1936, S. 101–124

Ammann, Senti, Bezirke
Hektor Ammann, Anton Senti, Die Bezirke Brugg, Rheinfelden, Laufenburg und Zurzach. Heimatgeschichte und Wirtschaft, Zollikon/Zürich 1948 (Bezirkschroniken des Kantons Aargau V)

Arch. Ausgr. BWB
Archäologische Ausgrabungen in Baden-Württemberg, Stuttgart 1981 ff.

Arch. NB
Archäologische Nachrichten aus Baden, Freiburg i. Br. 1968 ff.

Argovia
Argovia. Jahresschrift der Historischen Gesellschaft des Kantons Aargau, Aarau 1860 ff.

AS
Archäologie der Schweiz, Basel 1978 ff.

ASA
Anzeiger für Schweizerische Altertumskunde, Zürich 1868–1938 (Fortsetzung unter ZAK)

ASG
Anzeiger für Schweizerische Geschichte und Altertumskunde, Zürich 1855/60–1868. Anzeiger für Schweizerische Geschichte, NF 1870–1920

ASHR
Amtliche Sammlung der Acten aus der Zeit der Helvetischen Republik 1798–1803, im Anschluss an die Sammlung der ältern eidg. Abschiede, bearb. von Johannes Strickler, ab Bd. 12 von Alfred Rufer, 16 Bde., Bern und Freiburg (ab Bd. 12) 1886–1966

Attenhofer, Alt-Zurzach
Edward Attenhofer, Alt-Zurzach, Aarau 1940

Attenhofer, Barzmühle
Edward Attenhofer, Von der Barzmühle bei Zurzach, in: JsHVZ 1967, S. 10–18

Attenhofer, Büchlein
Edward Attenhofer, Das Büchlein von der heiligen Verena, Aarau o. J. [1940], 2. erw. Aufl., Lenzburg 1981

Attenhofer, Marionettentheater
Edward Attenhofer, Marionettentheater und Wanderbühne an der Zurzacher Messe, in: JBZ 1948, Zurzach 1947

Attenhofer, Messeort
Edward Attenhofer, Zurzach als internationaler Messeort, in: Rudolf Laur-Belart, Hans Rudolf Sennhauser, Edward Attenhofer, Adolf Reinle, Walter Edelmann, Zurzach, Zurzach/Aarau 1960 (Aargauische Heimatführer 6), S. 19–35

Attenhofer, Nordöstlichste Ecke
Edward Attenhofer, Die nordöstlichste Ecke des Aargaus und die Eidgenossenschaft, in: JsHVZ 12, 1974/75, S. 11–16

Attenhofer, Sagen und Bräuche
Edward Attenhofer, Sagen und Bräuche aus einem alten Marktflecken, Lenzburg 1961

Attenhofer, Zurzach
Edward Attenhofer, Zurzach, Bern 1976 (Schweizer Heimatbücher 180)

Attenhofer, Zurzacher Brauchtum
Edward Attenhofer, Das Zurzacher Brauchtum einst und jetzt (Ms., o. J.)

Bach, Namenkunde
Adolf Bach, Deutsche Namenkunde, 3 Teile in 5 Bänden, Heidelberg 1952–1956, Teil II: Die deutschen Ortsnamen, 2 Bde., Heidelberg 1953 und 1954

Bader, Geologie
Fritz Bader, Beiträge zur Geologie des nordöstlichen Tafeljura zwischen Aare und Rhein, Diss. Univ. Zürich, Zürich 1925

Bader, Dorfgenossenschaft
Karl Siegfried Bader, Dorfgenossenschaft und Dorfgemeinde, Wien/Köln/Graz 1974

Bad. Fundber.
Badische Fundberichte, Freiburg i. Br. 1925 ff.

Badisches Wörterbuch
Badisches Wörterbuch, vorber. von Friedrich Kluge u. a., bearb. von Ernst Ochs, Lahr 1925 ff.

Bächtold, Niklaus Manuel
Jakob Bächtold (Hrsg.), Niklaus Manuel, Frauenfeld 1878 (Bibliothek älterer Schriftwerke der Deutschen Schweiz und ihrer Grenzgebiete 2)

Banholzer, Brugg
Max Banholzer, Geschichte der Stadt Brugg im 15. und 16. Jahrhundert. Gestalt und Wandlung einer schweizerischen Kleinstadt, Diss. Phil. I Zürich, Aarau [1961], (zugleich in: Argovia 73, 1961)

Banholzer, Wallfahrt
Max Banholzer, Die Wallfahrt zur heiligen Verena in Zurzach, in: Jurablätter 50, 1988, S. 82–86

Baumann, Stilli
Max Baumann, Stilli. Von Fährleuten, Schiffern und Fischern im Aargau. Der Fluss als Existenzgrundlage ländlicher Bevölkerung, [Zürich] 1977

Baumann, Windisch
Max Baumann, Geschichte von Windisch vom Mittelalter zur Neuzeit, Windisch 1983

Beck, Patrozinien
Marcel Beck, Die Patrozinien der ältesten Landkirchen im Archidiakonat Zürichgau, Diss. Phil. I Zürich, Zürich 1933 (Schweizer Studien zur Geschichtswissenschaft 17,1)

Beiträge Bezirk Zurzach
Beiträge zum Bezirk Zurzach in römischer und frühmittelalterlicher Zeit, hrsg. von Alfred Hidber und Katrin Roth-Rubi, Jahresgabe 1997 der Historischen Vereinigung des Bezirks Zurzach, Aarau 1997 (Argovia 108, 1996, S. 1–191)

Beiträge Geschichte Bezirk Zurzach
75 Jahre Historische Vereinigung des Bezirks Zurzach, Zurzach 2000 (Beiträge zur Geschichte des Bezirks Zurzach 2)

Belart, Nationale Front
Peter Belart, Die Nationale Front in Brugg, in: Brugger Neujahrsblätter 95, 1985, S. 119–146

Ber. RGK
Bericht der Römisch-Germanischen Kommission, Frankfurt

Bericht antidemokratische Tätigkeit
Bericht des Bundesrates über die antidemokratische Tätigkeit von Schweizern und Ausländern im Zusammenhang mit dem Kriegsgeschehen 1939–1945, 3 Bde., Bern 1945–1946

Berschin, Biographie III/IV
Walter Berschin, Biographie und Epochenstil im lateinischen Mittelalter III: Karolingische Biographie, 750–920 n. Chr., Stuttgart 1991; IV: Ottonische Biographie: das hohe Mittelalter, 920–1220 n. Chr., Stuttgart 1999 (Quellen und Untersuchungen zur lateinischen Philologie des Mittelalters)

Berschin, Frühe Kultur
Walter Berschin (Hrsg.), Frühe Kultur in Säckingen, zehn Studien zu Literatur, Kunst und Geschichte, Sigmaringen 1991

Berschin, Verena
Walter Berschin, Verena und Wiborada, in: FDA 102, 1982, S. 5–15

Berschin/Klüppel, Heiligblut-Reliquie
Walter Berschin und Theodor Klüppel, Die Reichenauer Heiligblut-Reliquie, 2. erw. Aufl., Stuttgart 1999

Betschmann, Abenteuer
Joseph Betschmann, Das Abenteuer mit dem Räbenwagen – Jugendstreich und Erinnerung eines Kaiserstuhlers an das Sticken, Klöppeln und Strohflechten im Städtchen, in: Im Rückspiegel, S. 25–26

F. Beyerle, Grundherrschaft
Franz Beyerle, Die Grundherrschaft der Reichenau, in: Konrad Beyerle (Hrsg.), Die Kultur der Abtei Reichenau, München 1925, S. 452–512

K. Beyerle, Gründung
Konrad Beyerle, Von der Gründung bis zum Ende des freiherrlichen Klosters, in: Ders. (Hrsg.), Die Kultur der Abtei Reichenau, München 1925, S. 55–212

K. Beyerle, Marktgründungen
Konrad Beyerle, Die Marktgründungen der Reichenauer Äbte, in: Ders. (Hrsg.), Die Kultur der Abtei Reichenau, München 1925, S. 513–539

Binkert, Gerechtigkeit
Fridolin Binkert, Für soziale Gerechtigkeit und gegen die braune Flut, in: Im Rückspiegel, S. 64–68

BLAG
Otto Mittler und Georg Boner (Red.), Biographisches Lexikon des Kantons Aargau 1803–1957, Jubiläumsausgabe der Historischen Gesellschaft, 2 Bde., Aarau 1958 (150 Jahre Kanton Aargau, Bd. 1; Argovia 68/69)

BLSK
Biografisches Lexikon der Schweizer Kunst, unter Einschluss des Fürstentums Liechtenstein. Dictionnaire biographique de l'art suisse, hrsg. vom Schweizerischen Institut für Kunstwissenschaft, 2 Bde., Zürich 1998

Bodmer, Zurzacher Messen
Walter Bodmer, Die Zurzacher Messen von 1530–1856, in: Argovia 74, 1962, S. 3–130

Boner, Priesterseminar
Georg Boner, Der Aargau in den Verhandlungen über die Errichtung des Priesterseminars der Diözese Basel, in: Argovia 66, 1954, S. 62–66

Bonjour, Geschichte
Hans Nabholz, Leonhard von Muralt, Richard Feller, Emil Dürr, Edgar Bonjour, Geschichte der Schweiz, 2 Bde., Zürich 1932–1938

Boos, Baselland
Urkundenbuch der Landschaft Basel, hrsg. von Heinrich Boos, 3 Bde., Basel 1881–1883

Borgolte, Grafschaften
Michael Borgolte, Geschichte der Grafschaften Alemanniens in fränkischer Zeit, Sigmaringen 1984 (Vorträge und Forschungen; Konstanzer Arbeitskreis für mittelalterliche Geschichte, Sonderbd. 31)

Borgolte, Karl III.
Michael Borgolte, Karl III. und Neudingen. Zum Problem der Nachfolgeregelung Ludwigs des Deutschen, in: ZGO 125, 1977, S. 21–55

Borgolte, Geuenich, Schmid, Subsidia
Michael Borgolte, Dieter Geuenich und Karl Schmid (Hrsg.), Subsidia Sangallensia I., St. Gallen 1986 (St. Galler Kultur und Geschichte 16)

Brandis, Landeshauptleute
Jak. Andr. von Brandis, Die Geschichte der Landeshauptleute von Tirol. Eine Chronik von Freiherr von Brandis, Landeshauptmann von Tirol 1610–1620, Innsbruck 1850

Braunschweig, Politischer Mord
Pierre-Th. Braunschweig, Ein politischer Mord, Bern 1980

Bronner, Aargau
Franz Xaver Bronner, Der Kanton Aargau, 2 Bde. (Gemälde der Schweiz), Faksimile der Ausg. St. Gallen und Bern 1844, Genève 1978

Bruckner, Scriptoria VII
Albert Bruckner, Scriptoria medii aevi helvetica. Denkmäler schweizerischer Schreibkunst des Mittelalters VII: Schreibschulen der

Diözese Konstanz, Aargauische Gotteshäuser, Genf 1955

Bühler, Aussatz
Friedrich Bühler, Der Aussatz in der Schweiz. Medizinhistorische Studie, Zürich 1902

Büttner, Diözesangrenzen
Heinrich Büttner, Die Entstehung der Konstanzer Diözesangrenzen, in: ZSK 48, 1954, S. 225–274. – Wiederabdruck in: ders., Frühmittelalterliches Christentum und fränkischer Staat zwischen Hochrhein und Alpen, Darmstadt 1961, S. 57–106

Büttner, Elsass I
Heinrich Büttner, Geschichte des Elsass I. Politische Geschichte des Landes von der Landnahmezeit bis zum Tode Ottos III. Ausgewählte Beiträge zur Geschichte des Elsass im Früh- und Hochmittelalter, 2. erw. Ausg., hrsg. von Traute Endemann, Sigmaringen 1991

Bugmann, Beiträge
Erich Bugmann, Beiträge zur Gliederung der risszeitlichen Bildungen in der Nordschweiz, in: Mitteilungen der Aargauischen Naturforschenden Gesellschaft 26, 1961, S. 105–119

Bugmann, Eiszeitformen
Erich Bugmann, Eiszeitformen im nordöstlichen Aargau, Diss. Univ. Zürich, Aarau 1958 (Mitteilungen der Aargauischen Naturforschenden Gesellschaft 25)

Bugmann, Untersuchungen
Erich Bugmann, Geomorphologische und wirtschaftsgeographische Untersuchungen im untersten Aaretal. Diplomarbeit Universität Zürich 1954 (gebundenes Manuskript)

Burgener, Kadetten
Der Einfluss von Rousseau und Pestalozzi auf die Körpererziehung in der Schweiz 1760–1848, in: SZG 19, 1969, S. 620–626

BWDG
Biographisches Wörterbuch zur deutschen Geschichte, begr. von Hellmuth Rössler und Günther Franz, 2. völlig neubearb. und stark erw. Aufl., bearb. von Karl Bosl, Günther Franz und Hanns Hubert Hofmann, 3 Bde., München 1973–1975

BZGA
Basler Zeitschrift für Geschichte und Altertumskunde

Christ, Militärgeschichte
Karl Christ, Die Militärgeschichte der Schweiz in römischer Zeit, in: SZG 5/4, 1955, S. 452–493

Clavadetscher, Wolfinus
Otto P. Clavadetscher, Wolfinus Cozperti palatini comitis filius, in: Otto P. Clavadetscher, Helmut Maurer, Stefan Sonderegger (Hrsg.), Florilegium Sangallense, Festschr. für Johannes Duft, St. Gallen/Sigmaringen 1980, S. 149–163

DACL
Dictionnaire d'archéologie chrétienne et de literature, hrsg. von Fernand Cabrol, Henri Leclercq, 15 Bde., Paris 1924–1935

Deutsch, Bericht 1764
Otto Erich Deutsch, Bericht des Grafen Karl von Zinzendorf über seine handelspolitische Studienreise durch die Schweiz 1764, in: BZGA 35, 1936, S. 151–354

Diebolder, Vergangene Zeiten
Paul Diebolder, Aus Zurzachs vergangenen Zeiten, Klingnau 1929

Drack, Grenzwehr
Walter Drack, Die spätrömische Grenzwehr am Hochrhein, Basel 1980 (Archäologische Führer der Schweiz 13)

Drack, Fellmann, Römer
Walter Drack, Rudolf Fellmann, Die Römer in der Schweiz, Stuttgart/Jona 1988

EA
Amtliche Sammlung der älteren Eidgenössischen Abschiede, diverse Serien, 8 Bde., Basel 1839–1890

EAfVB
Eidgen. Anstalt für das forstliche Versuchswesen, Birmenstorf, Berichte

Edelmann, Katholisch
Walter Edelmann, Katholisch, in: Jahrgang 1923, S. 50 f.

Eidgen. Abschiede
Siehe EA

Elsasser, Industrie
Hans Elsasser, Die schweizerische Industrie in den siebziger Jahren, in: Wirtschaftspolitische Mitteilungen 37/2, 1981, S. 10 ff.

Erb und Eigen
Erb und Eigen. Blätter für Lokalgeschichte und Volkskunde des Bezirks Zurzach. Gratisbeilage zur «Botschaft», Klingnau 1936 ff. (Erscheinen eingestellt)

Espérandieu, Basreliefs
Emile Espérandieu, Receuil général des bas-reliefs, statues et bustes de la Gaule romaine, 15 Bde., Paris 1907–1966

Eugster, Adel
Erwin Eugster, Adel, Adelsherrschaften und landesherrlicher Staat, in: Geschichte des Kantons Zürich I, Hrsg. u. Red. Niklaus Flüeler und Marianne Flüeler-Grauwiler, Zürich 1995, S. 172–206

Eugster, Territorialpolitik
Erwin Eugster, Adlige Territorialpolitik in der Ostschweiz, Zürich 1991

FDA
Freiburger Diözesan-Archiv, Freiburg 1865 ff.

Feger, Urbar
Otto Feger (Hrsg.), Das älteste Urbar des Bistums Konstanz angelegt unter Bischof Heinrich von Klingenberg / Untersuchungen und Textausgabe von O. F., Karlsruhe 1943 (Oberrheinische Urbare I = Quellen und Forschungen zur Siedlungs- und Volkstumsgeschichte der Oberrheinlande 3)

Feller, Bonjour, Geschichtsschreibung
Richard Feller, Edgar Bonjour, Geschichtsschreibung der Schweiz vom Spätmittelalter zur Neuzeit, 2 Bde., Basel/Stuttgart 1962 (2. Aufl 1979)

Fingerlin, Alamannen
Gerhard Fingerlin, Frühe Alamannen im Breisgau. Zur Geschichte und Archäologie des 3. und 5. Jahrhunderts zwischen Basler Rheinknie und Kaiserstuhl, in: Archäologie und Geschichte. Freiburger Forschungen zum ersten Jahrtausend in Südwestdeutschland, hrsg. von Hans Ulrich Nuber, Bd. 1, Sigmaringen 1990, S. 97–137

Fingerlin, Dangstetten I
Gerhard Fingerlin, Dangstetten I. Katalog der Funde (Fundstellen 1 bis 603), Stuttgart 1986 (Forschungen und Berichte zur Vor- und Frühgeschichte in Baden-Württemberg 22)

Fingerlin, Dangstetten II
Gerhard Fingerlin, Dangstetten II. Katalog der Funde (Fundstellen 604 bis 1358), Stuttgart 1998 (Forschungen und Berichte zur Vor- und Frühgeschichte in Baden-Württemberg 69)

Finsler, Wyss-Chronik
Die Chronik des Bernhard Wyss 1519–1530, hrsg. von Georg Finsler, Basel 1901 (Quellen zur schweizerischen Reformationsgeschichte I)

Fischer, Feueranstalten
Walter Fischer, Feueranstalten, Wasserversorgung (Kulturgeschichtliche Bilder von Zurzach aus dem Anfang des 19. Jahrhunderts), in: Grenzheimat 1, 1950, Nr. 2, S. 9–13

Fischer, Juden
Walter Fischer, Niederlassung von Juden in unserer Gegend (Anfang 19. Jahrhundert), in: JBZ 1959, Zurzach 1958

Fischer, Kulturgeschichtliche Bilder
Walter Fischer, Kulturgeschichtliche Bilder von Zurzach aus dem Anfang des 19. Jahrhunderts, in: Grenzheimat 1, 1950, Nr. 2, S. 9–16

Fischer, Pionier
Walter Fischer, Ein Pionier zur Einführung neuer Industrie, in: JBZ 1958, Zurzach 1957

Fischer, Rheinschiffahrt
Walter Fischer, Die historische Rheinschifffahrt bei Zurzach, in: Strom und See, No. 3, 1947, S. 1–20

Flückiger, Reformation
Ernst Flückiger, Die Reformation in der gemeinen Herrschaft Murten und die Geschichte der reformierten Kirche im Murtenbiet und im Kanton Freiburg, Gedenkschrift zur Murtner Reformationsfeier 1930, Bern 1930

Frei, Monographie
Roman Frei, Monographie des Schweizerischen Deckenschotters, Bern 1912 (Beiträge zur geologischen Karte der Schweiz NF 37).

Frei-Stolba, Steininschriften
Regula Frei-Stolba, Die römischen Steininschriften aus Zurzach, mit Ergänzungen von Hans Lieb, in: SZG 31, 1981, S. 43–59

A. Frey, Bundesrat
Adolf Frey, Bundesrat Emil Welti 1825 bis 1899, in: Lebensbilder aus dem Aargau 1803–1953. Jubiläumsgabe zum 150jährigen Bestehen des Kantons, Aarau 1953 (Argovia 65), S. 269–284

E. Frey, Güggs
Ernst Frey, Güggs, Reprint nach der Originalausgabe von 1915, Zurzach 1984

G. A. Frey, Bezirksschule
Gustav Ad. Frey, Festschrift zur Feier des 100jährigen Bestehens der Bezirksschule Rheinfelden 1931, [Rheinfelden 1931]

H. Frey, Rheinübergang
Hans Frey, Rheinübergang und Zoll Zurzach im Wandel der Jahrhunderte, in: JsHVZ 16, 1984, S. 31–57

Fricker, Bäder
Bartholomäus Fricker, Geschichte der Stadt und Bäder zu Baden, Aarau 1880

FUB
Fürstenbergisches Urkundenbuch

Füllemann, 1570
Karl Füllemann, 1570 wurde in Zurzach der Richtplatz verlegt und der Schelmenturm erbaut, in: JsHVZ 17, 1986, S. 19–22

Füllemann, Chronik
Karl Füllemann, Ref. Kirchgemeinde Zurzach. Chronik. Über 450 Jahre Reformation in Zurzach, Zurzach o. J. [1988]

Fundber. BWB
Fundberichte aus Baden-Württemberg

Fundber. Schw.
Fundberichte aus Schwaben

Garscha, Alamannen
Friedrich Garscha, Die Alamannen in Südbaden. Katalog der Grabfunde, Berlin 1970 (Germanische Denkmäler der Völkerwanderungszeit, Serie A 11)

Gautschi, Geschichte
Willi Gautschi, Geschichte des Kantons Aargau 1885–1953, Baden 1978 (= Geschichte des Kantons Aargau 1803–1953, Bd. 3)

Gedenkschrift Grenz-Regiment 50
Gedenkschrift Grenz-Regiment 50, Aktivdienst 1939–45, Nussbaumen 1947

Germann, Stiftsbibliothek
Martin Germann, Die reformierte Stiftsbibliothek am Grossmünster Zürich im 16. Jahrhundert und die Anfänge der neuzeitlichen Bibliographie Wiesbaden 1994 (Beiträge zum Buch- und Bibliothekswesen 34)

Gersbach, Urgeschichte
Egon Gersbach, Urgeschichte des Hochrheins, Funde und Fundstellen in den Landkreisen Säckingen und Waldshut, Freiburg i. Br. 1969 (Bad. Fundber., Sonderheft 11)

Geuenich, Sichingis
Dieter Geuenich, Die Frauengemeinschaft des coenobium Sichingis im X. Jahrhundert, in: Berschin, Frühe Kultur, S. 55–69

Geuenich, Zürich
Dieter Geuenich, Aus den Anfängen der Fraumünsterabtei in Zürich, in: Ursus Brunold und Lothar Deplazes (Hrsg.), Geschichte und Kultur Churrätiens. Festschr. für Pater Iso Müller, Disentis 1986, S. 211–231

Geuenich, Zurzach
Dieter Geuenich, Zurzach – ein frühmittelalterliches Doppelkloster?, in: Helmut Maurer, Hans Patze (Hrsg.), Festschrift für Berent Schwineköper, Sigmaringen 1982, S. 29–43

Glaus, Nationale Front
Beat Glaus, Nationale Front: eine Schweizer faschistische Bewegung, 1930–1940, Zürich 1969

Greco-Kaufmann, Schweizer Fastnachtspiel
Heidy Greco-Kaufmann, Vor rechten lütten ist guot schimpfen. Der Luzerner Marcolfus und das Schweizer Fastnachtspiel des 16. Jh., Bern 1994 (Deutsche Literatur von den Anfängen bis 1700, Bd. 19)

Grenzheimat
Grenzheimat. Historisch-kulturelle Beilage zum Zurzacher Volksblatt

Grimm, Deutsches Wörterbuch
Deutsches Wörterbuch von Jacob und Wilhelm Grimm, Bd. I–XVI und Suppl., Leipzig 1854–1971, Nachdruck der Erstausgabe in 33 Bänden, München 1984

Gropengiesser, Rheinau
Fritz Gropengiesser, Der Besitz des Klosters Rheinau bis 1500, Diss. phil. Zürich, Zürich 1939

Gubler, Barockbaumeister
Hans-Martin Gubler, Der Vorarlberger Barockbaumeister Peter Thumb 1681–1766. Ein Beitrag zur Geschichte der süddeutschen Barockarchitektur, Sigmaringen 1972 (Bodensee-Bibliothek 16)

Guggenheim, Ausländische Juden
Florence Guggenheim-Grünberg, Ausländische Juden an der Zurzacher Messe vor 200 Jahren, in: Israelitisches Wochenblatt, Nr. 50, 10.12.1954

Guggenheim, Juden auf der Zurzacher Messe
Florence Guggenheim-Grünberg, Die Juden auf der Zurzacher Messe im 18. Jahrhundert, Zürich 1957 (Beiträge zur Geschichte und Volkskunde der Juden in der Schweiz 6)

Haag, Erinnerungen
Erinnerungen und Notizen des letzten Propstes von Zurzach des Hochwsten. Herrn Joh. Huber von Hägglingen auf seinen 50. Todestag, aus dem Pfarr-Archiv zusammengestellt und ergänzt von Hugo Haag, Pfarrer, Klingnau o. J. [1929]

Haas, Weinspiel
Walter Haas, Hans Rudolf Manuel: das Weinspiel (1548), in: Fünf Komödien des 16. Jahrhunderts, hrsg. von Walter Haas, Martin Stern, Bern/Stuttgart 1989 (Schweizer Texte, Bd. 10), S. 211–421

Hänggi, Zurzach
René Hänggi, Zurzach AG/Tenedo: Römische Kastelle und Vicus, in: AS 9, 1986, S. 149–159

Hänggi, Doswald, Roth-Rubi, Kastelle
René Hänggi, Cornel Doswald, Katrin Roth-Rubi, Die frühen römischen Kastelle und der Kastell-Vicus von Tenedo-Zurzach, Brugg 1994 (Veröff. der Gesellschaft Pro Vindonissa 11)

Hänggi, Schönherr, Sacramentarium
Anton Hänggi, Alfons Schönherr, Sacramentarium Rhenaugiense, Freiburg (Schweiz) 1970 (Spicilegium Friburgense 15)

Halder, Geschichte
Nold Halder, Geschichte des Kantons Aargau 1803–1953, Baden 1978

Handwörterbuch des deutschen Aberglaubens
Handwörterbuch des deutschen Aberglaubens, hrsg. von Hanns Bächtold-Stäubli unter Mitwirkung von Eduard Hoffmann-Krayer, 10 Bde., Berlin/Leipzig 1927–1942 (Handwörterbuch zur deutschen Volkskunde, Abt. I)

Hanser, Auswirkungen
Christian Hanser, Die Auswirkungen des Thermalbades auf die Struktur der Gemeinde Zurzach, Zürich 1976

Hantke, Eiszeitalter
René Hantke, Eiszeitalter 1: Die jüngste Erdgeschichte der Schweiz und ihrer Nachbargebiete, Thun 1978

Hartmann, Rheinbrücke
Martin Hartmann, Eine spätrömische und eine mittelalterliche Rheinbrücke in Zurzach AG, in: AS 10, 1987, S. 13–15

Hartmann, Römer im Aargau
Martin Hartmann, Hans Weber, Die Römer im Aargau, Aarau/Frankfurt am Main/Salzburg 1985

Hartmann, Speidel, Hilfstruppen
Martin Hartmann, Michael Alexander Speidel, Die Hilfstruppen des Windischer Heeresverbandes. Zur Besatzungsgeschichte von Vindonissa im 1. Jahrhundert n. Chr., in: JbGPV 1991, S. 3–33

Haubrichs, Herzogsfamilie
Wolfgang Haubrichs, Die alemannische Herzogsfamilie des 10. Jahrhunderts als Rezipient von Otfrids Evangelienbuch?, in: Karl Rudolf Schnith und Roland Pauler (Hrsg.), Festschrift für Eduard Hlawitschka, Kallmünz 1993 (Münchener Histor. Studien. Abt. Mittelalterl. Geschichte 5), S. 165–211

Hauenstein, Bezirksschule
Hans Hauenstein, Festschrift zum 100-jährigen Bestehen der aargauischen Bezirksschule mit besonderer Berücksichtigung ihrer Vorläuferinnen Lateinschule–Realschule–Sekundarschule, im Auftrag des Vereins aargauischer Bezirkslehrer, Brugg 1935

HBLS
Historisch-biographisches Lexikon der Schweiz. Hrsg. mit der Empfehlung der Allgemeinen Geschichtsforschenden Gesellschaft der Schweiz unter der Leitung von Heinrich Türler, Marcel Godet, Victor Attinger, Neuenburg 1921–1934, 7 Bde. und Supplement

Hegi, Glückshafenrodel
Friedrich Hegi, Der Glückshafenrodel des Freischiessens zu Zürich 1504, Bd. 1, Zürich 1942

Heierli, Kastell
Jakob Heierli, Das römische Kastell Burg bei Zurzach, in: ASA NF 9, 1907, S. 23–32, 83–93

Hennig, Schweizer Flussnetz
Edwin Hennig, Zur Entwicklung des Schweizer Flussnetzes, in: Geographica Helvetica IV, 1949, S. 11–16

Herzog, Zurzacher Messen
Hans Herzog, Die Zurzacher Messen, in: Taschenbuch der historischen Gesellschaft des Kantons Aargau für das Jahr 1898, Aarau 1898, S. 1–49

Heinrich Herzog, Volksfeste
Heinrich Herzog, Schweizer Volksfeste, Sitten und Gebräuche, Aarau 1884

Hesse, Zofingen
Christian Hesse, St. Mauritius in Zofingen. Verfassungs- und sozialgeschichtliche Aspekte eines mittelalterlichen Chorherrenstiftes, Aarau/Frankfurt am Main/Salzburg 1992 (Veröff. zur Zofinger Geschichte 2)

Heuberger, Strasse
Samuel Heuberger, Zur Geschichte der Strasse Zurzach–Brugg (Tenedo–Vindonissa) im Altertum und im Mittelalter, in: ZSG 5, 1925, S. 325–345

Heyl, Reformation
Beiträge zur Geschichte der Reformation in Zurzach. Nach Chorherrn Heyl's handschriftlichen Aufzeichnungen mitgeteilt durch Stiftspropst Johann Huber, in: Archiv für die schweizerische Reformations-Geschichte, hrsg. auf Veranstaltung des Schweizerischen Piusvereins Bd. 2, Freiburg i. Br. 1872, S. 533–536

Hidber, Rezeptbuch
Alfred Hidber, Rezeptbuch des Zurzacher Barbierers Hans Jacob Fischer aus dem Jahre 1680, in: JsHVZ 19, 1990, S. 57–80

Hidber, Römische Strasse
Alfred Hidber, Zur römischen Strasse durch das Sennenloch bei Döttingen, in: Argovia 108, 1996, S. 136–145

Hlawitschka, Untersuchungen
Eduard Hlawitschka, Untersuchungen zu den Thronwechseln der ersten Hälfte des 11. Jahrhunderts und zur Adelsgeschichte Süddeutschlands, Sigmaringen 1987 (Vorträge und Forschungen, Sonderband 35)

HLS
Historisches Lexikon der Schweiz, hrsg. von der Stiftung Historisches Lexikon der Schweiz, Red. Marco Jorio, Bd. 1, Basel 2002

Höchle, Reformation
Josef Ivo Höchle, Geschichte der Reformation und Gegenreformation in der Stadt und Grafschaft Baden bis 1535, Diss. Zürich, Zürich 1907

Howald, Dreifelderwirtschaft
Oskar Howald, Die Dreifelderwirtschaft im Kanton Aargau mit besonderer Berücksichtigung ihrer historischen Entwicklung und ihrer wirtschaftlichen und natürlichen Grundlagen, Diss. ETH Zürich, Bern 1927

HRG
Handwörterbuch zur deutschen Rechtsgeschichte, hrsg. von Adalbert Erler u. a., 5 Bde., Berlin 1971–1998

Huber, Geschichte
Johann Huber, Geschichte des Stifts Zurzach. Ein Beitrag zur schweizerischen Kirchengeschichte, Klingnau 1869

Huber, Gotteshöfe
Johann Huber, Die Gotteshöfe in Rekingen im Aargau, Luzern 1877

Huber, Kadelburg
Johann Huber, Des Stiftes Zurzach niedere Gerichtsbarkeit in Kadelburg vom Jahre 1451–1803, in: Argovia 4, 1866, S. 1–162

Huber, Kollaturpfarreien
Johann Huber, Die Kollaturpfarreien und Gotteshäuser des Stiftes Zurzach, Klingnau 1868

Huber, Regesten
Johann Huber, Die Regesten der ehemaligen Sanktblasier Propsteien Klingnau und Wislikofen im Aargau. Ein Beitrag zur Kirchen- und Landesgeschichte der alten Grafschaft Baden, Luzern 1878

Huber, Schicksale
Johann Huber, Des Stiftes Zurzach Schick-

sale. Festschrift zur Erinnerung an die 600jährige Gründungsfeier des Collegiatstiftes zur heiligen Verena in Zurzach, im Jahre 1879, Luzern 1879

Huber, Urkunden
Johann Huber, Die Urkunden des Stiftes Zurzach. Beigabe: Ergänzungen zu des Verfassers früheren Druckschriften über das Chorstift, Aarau 1873

Hüsser, Kadettenkorps
Peter Hüsser, Geschichte des Kadettenkorps Zurzach, Zurzach 1943

Hüsser, Römerbad
Peter Hüsser, Das Römerbad in Zurzach, in: Argovia 52, 1940, S. 265–273

HS
Helvetia Sacra, Bern 1972 ff.

HS I/2
Helvetia Sacra I, Teil 2: Erzbistümer und Bistümer II. Das Bistum Konstanz. Das Bistum Mainz. Das Bistum St. Gallen, Basel/Frankfurt am Main 1993

HS II/2
Helvetia Sacra, Abt. II, Teil 2: Die weltlichen Kollegiatsstifte der deutsch- und französischsprachigen Schweiz, Bern 1977

HS III/1, 1
Helvetia Sacra, Abt. III: Die Orden mit Benediktinerregel, Bd. I, Erster Teil: Frühe Klöster, die Benediktiner und Benediktinerinnen in der Schweiz, Bern 1986

Hunziker, Emil Welti
Jacob Hunziker, Emil Welti im Aargau, in: Argovia 28, 1900, S. 1–79

HVZ Js. siehe JsHVZ

Id./Idiotikon
Schweizerisches Idiotikon. Wörterbuch der schweizerdeutschen Sprache, gesammelt auf Veranstaltung der Antiquarischen Gesellschaft in Zürich, unter Beihülfe aus allen Kreisen des Schweizervolkes, hrsg. mit Unterstützung des Bundes und der Kantone, bearb. von Friedrich Staub u. a., Frauenfeld 1881 ff. [Bisher erschienen: Bände 1–15 (A bis W–m), Band 16 in Lieferungen erscheinend]

Im Rückspiegel
Im Rückspiegel, Frauen und Männer aus dem Zurzibiet erzählen von früher, Zurzach 1988

Iten, Tugium Sacrum
Albert Iten, Tugium Sacrum: der Weltklerus zugerischer Herkunft und Wirksamkeit bis 1952. Gedenkbuch zum hundertjährigen Bestand der Sektion Zug, Stans 1952 (Beihefte zum Geschichtsfreund 2)

Jahrgang 1923
Als der Jahrgang 1923 noch jung war. Erinnerungen ehemaliger Zurzacher Schüler. Hrsg. vom Verein ehemaliger Bezirksschüler Zurzach, Zurzach 1993

JbGPV
Jahresbericht der Gesellschaft Pro Vindonissa

JbSGUF
Jahresbericht der Schweizerischen Gesellschaft für Urgeschichte, Zürich 1908–1937, fortgesetzt als Jahrbuch der Schweizerischen Gesellschaft für Ur- und Frühgeschichte, Basel 1938 ff.

JBZ
Jahresmappe für den Bezirk Zurzach, Zurzach 1939–1965

Jehle, Enderle-Jehle, Säckingen
Fridolin Jehle, Adelheid Enderle-Jehle, Die Geschichte des Stiftes Säckingen, Aarau 1993 (Beiträge zur Aargauergeschichte 4)

Jörin, Aargau 1803–1813/15
Ernst Jörin, Der Kanton Aargau 1803–1813/15, Aarau 1941, in: Argovia 53, 1941, S. 7–187

JsHVZ
Jahresschrift der Historischen Vereinigung des Bezirks Zurzach, Zurzach 1946 ff.

Kaiser, Fastnachtspiele
Adolf Kaiser, Die Fastnachtspiele von der «Actio de sponsu», Göttingen 1899

Kaiser, Dorf – Flecken – Stadt
Reinhold Kaiser, Dorf – Flecken – Stadt: ihre Umfriedungen und Befestigungen im Mittelalter, in: Stadt- und Landmauern, Bd. 1: Beiträge zum Stand der Forschung, Zürich 1995 (Veröff. des Instituts für Denkmalpflege an der ETH Zürich 15, 1) S. 31–44

Kaiser, Vom Früh- zum Hochmittelalter
Reinhold Kaiser, Vom Früh- zum Hochmittelalter, in: Geschichte des Kantons Zürich 1, Zürich 1995, S. 130–171

Kapitelsprotokoll
Kapitelsprotokoll, Acta capituli. Verhandlungen des Stiftskapitels, StAAG

Kdm
Kunstdenkmäler der Schweiz

Kdm AG 1
Die Kunstdenkmäler des Kantons Aargau Bd. 1: Die Bezirke Aarau, Kulm, Zofingen, von Michael Stettler, Basel 1948 (Kdm CH 21)

Kdm SZ
Die Kunstdenkmäler des Kantons Schwyz, Neue Ausg. 11: Der Bezirk March, bearb. von Albert Jörger, Basel 1989 (Kdm CH 82)

Kdm ZH 1/1, 1999
Die Kunstdenkmäler des Kantons Zürich, Neue Ausg. 1: Die Stadt Zürich 1, von Christine Barraud Wiener und Peter Jezler, Bern 1999 (Kdm CH 94)

Keller, Fastnachtspiele
Adelbert von Keller (Hrsg.), Fastnachtspiele aus dem 15. Jahrhundert, Bd. 2, Stuttgart 1853 (Bibliothek des literarischen Vereins in Stuttgart 29)

Keller, Ansiedelungen
Ferdinand Keller, Die römischen Ansiedelungen in der Ostschweiz, I. Abt., in: MAGZ XII, 7, 1860, S. 269–342

Keller, Bezirksschule Zurzach
Franz Keller, Geschichte der Bezirksschule Zurzach, hrsg. vom Verein Ehemaliger Bezirksschüler, Zurzach 1992

Keller, Abt, Zurzach
Franz Keller, Paul Abt, Zurzach. Bezirk und Region. Landschaft am Wassertor der Schweiz, Aarau 1994

J. Keller, Lehrer-Seminar
J. Keller, Das Aargauische Lehrer-Seminar, Baden 1897

Kindler von Knobloch, Geschlechterbuch
Julius Kindler von Knobloch, Oberbadisches Geschlechterbuch, hrsg. von der Badischen Historischen Kommission, 3 Bde., Heidelberg 1898–1919

KLS
Künstler-Lexikon der Schweiz, XX. Jahrhundert, 2 Bde., Frauenfeld 1958–1967

Klüppel, Hagiographie
Theodor Klüppel, Reichenauer Hagiographie zwischen Walahfrid und Berno, Sigmaringen 1980

Knecht, Auswanderung
Josef Knecht, Die Auswanderung nach Amerika im 19. Jahrhundert, in: JsHVZ 17, 1986, S. 47–63

Knecht, Vrenelistein
Max Knecht, Der Vrenelistein. Die Geschichte um die Liebe und den tragischen Tod zweier junger Menschen, in: JsHVZ 19, 1990, S. 81–106

Küssenberg's Chronik
Heinrich Küssenberg's Chronik der Reformation in der Grafschaft Baden, im Klettgau und auf dem Schwarzwalde, veröff. und mit einem Sach- und Personen-Register hrsg. durch Johann Huber, in: Archiv für die Schweizerische Reformations-Geschichte, Bd. 3, Solothurn 1876, S. 411–474

Kutter, Anfang
Markus Kutter, Der Anfang der modernen Schweiz, Basel 1996

Laur-Belart u. a., Zurzach
Rudolf Laur-Belart, Hans Rudolf Sennhauser, Edward Attenhofer, Adolf Reinle, Walter Edelmann, Zurzach, Zurzach/Aarau 1960 (Aargauische Heimatführer 6)

LCI
Lexikon der christlichen Ikonographie, hrsg. von Engelbert Kirschbaum und Günter Bandmann, 8 Bde., Rom/Freiburg i. Br. 1968–1976

Leber, Ortsbürgergemeinden
Walther Leber, Die aargauischen Ortsbürgergemeinden im Wandel der Zeit. 30 Jahre Verband Aargauischer Ortsbürgergemeinden 1958–1988, Zofingen 1988

Leu
Johann Jacob Leu, Allgemeines helvetisches, eydgenössisches oder schweitzerisches Lexicon, 20 Teile, 6 Suppl.-Bde., Zürich 1747–1765

Leuppi, Liber Ordinarius
Heidi Leuppi (Hrsg.), Der Liber Ordinarius des Konrad von Mure, Freiburg/Schweiz 1995 (Spicilegium Friburgense 37)

Leuthold, Kanton Baden
Rolf Leuthold, Der Kanton Baden 1798–1803, in: Argovia 46, 1934, S. 1–244

Lieb, Forum Tiberii
Hans Lieb, Forum Tiberii, in: Bulletin Association Pro Aventico 31, 1989, S. 107–108

Lieb, Tabula Peutingeriana
Hans Lieb, Zur Herkunft der Tabula Peutingeriana, in: Die Abtei Reichenau. Neue Beiträge zur Geschichte und Kultur des Inselklosters, Sigmaringen 1974, S. 31 ff.

LM/LMA
Lexikon des Mittelalters, 10 Bde. München/Zürich 1980–1999

LThK
Lexikon für Theologie und Kirche, (zweite, neubearbeitete Aufl. des kirchlichen Handlexikons), 10 Bde., Freiburg i. Br. 1930–1938

Lüdi, Pflanzenwelt
Werner Lüdi, Die Pflanzenwelt des Eiszeitalters im nördlichen Vorland der Schweizer Alpen, Bern 1953 (Veröff. des Geobotanischen Institutes Rübel in Zürich 27)

MAGZ
Mitteilungen der antiquarischen Gesellschaft in Zürich

Marchal, Zurzach 1977
Guy P. Marchal, St. Verena in Zurzach, in: Helvetia Sacra II/2 = Die weltlichen Kollegiatsstifte der deutsch- und französischsprachigen Schweiz, Bern 1977, S. 597–627

Marchal, Zurzach 1986
Guy P. Marchal, Zurzach, in: Helvetia Sacra III/1,1 = Frühe Klöster, die Benediktiner und Benediktinerinnen in der Schweiz. Erster Teil, Bern 1986, S. 352 f.

Martin, Gräberfeld
Max Martin, Das spätrömisch-frühmittelalterliche Gräberfeld von Kaiseraugst, Kt. Aargau, Derendingen-Solothurn 1976 (Basler Beiträge zur Ur- und Frühgeschichte 5 B)

Martin, Knochenschnalle
Max Martin, Bemerkungen zur frühmittelalterlichen Knochenschnalle eines Klerikergrabes der St. Verenakirche von Zurzach (Kt. Aargau), in: JbSGUF 71, 1988, S. 161–177

Maurer, Herzog
Helmut Maurer, Der Herzog von Schwaben, Sigmaringen 1978

Maurer, Klerikergemeinschaft
Helmut Maurer, Ländliche Klerikergemeinschaft und Stift, in: Sönke Lorenz, Thomas Zotz (Hrsg.), Religiöse Gemeinschaften und Stifte bis zur Kirchenreform des 11. Jahrhunderts, Leinfelden-Echterdingen 2003

Maurer, Land
Helmut Maurer, Das Land zwischen Schwarzwald und Randen im frühen und hohen Mittelalter, Freiburg i. Br. 1965 (Forschungen zur Oberrheinischen Landesgeschichte XVI)

Meier, Sauerländer, Surbtal
Bruno Meier, Dominik Sauerländer, Das Surbtal im Spätmittelalter. Kulturlandschaft und Gesellschaft einer ländlichen Region (1250–1550), Aarau 1995 (Beiträge zur Aargauergeschichte 6)

Merian, Topographia Helvetiae
Matthaeus Merian, Topographia Helvetiae, Rhaetiae et Vallesiae, Franckfurt am Mayn 1654, Faksimile, hrsg. von Lucas Heinrich Wüthrich, Kassel 1960

Merz, Burganlagen und Wehrbauten
Walther Merz (Hrsg.), Die mittelalterlichen Burganlagen und Wehrbauten des Kantons Argau Bd. II, Arau 1906, Bd. III, Arau 1929

Merz, Rechtsquellen
Die Rechtsquellen des Kantons Argau, zweiter Teil: Rechte der Landschaft, fünfter Band: Grafschaft Baden, äussere Ämter, bearb. u. hrsg. von Walther Merz, Arau 1933 (Sammlung Schweizerischer Rechtsquellen, 16. Abt.)

Merz, Hegi, Wappenrolle
Walther Merz, Friedrich Hegi (Hrsg.), Die Wappenrolle von Zürich. Ein heraldisches Denkmal des vierzehnten Jahrhunderts, Zürich/Leipzig 1930

Meyer, Zürich und Rom
Andreas Meyer, Zürich und Rom: ordentliche Kollatur und päpstliche Provisionen am Frau- und Grossmünster, 1316–1523, Tübingen 1986 (Bibliothek des Deutschen Historischen Instituts in Rom 64)

MGH
Monumenta Germaniae historica, Hannover u. a. 1826 ff.

MGH SS
Monumenta Germaniae historica, Scriptores

Miller, Itineraria Romana
Itineraria Romana. Römische Reisewege an der Hand der Tabula Peutingeriana dargest. von Konrad Miller, Stuttgart 1916

MIÖG
Mitteilungen des Instituts für Österreichische Geschichtsforschung, Wien u. a. 1880 ff.

Mirakelbuch
Miracula sanctae Verenae, Edition (Ms. Stuttgart, bibl. fol. 58), Übersetzung und Kommentar, in: Reinle, Verena, S. 48–69. – Abdruck in diesem Band S. 589–596

Mittler, Baden
Otto Mittler, Geschichte der Stadt Baden, Bd. 1: Von der frühesten Zeit bis um 1650, Aarau 1962; Bd. 2: Von 1650 bis zur Gegenwart, Aarau 1965

Mittler, Klingnau
Otto Mittler, Geschichte der Stadt Klingnau. Mit zwei Beiträgen von Hermann J. Welti. Im Auftrag der Einwohner- und Ortsbürgergemeinde Klingnau erschienen, Aarau 1947, 2. Aufl. Aarau 1967

Mittler, Stadtkirche Baden
Otto Mittler, 500 Jahre Stadtkirche Baden, Baden o. J. [1958]

Mohlberg, Handschriften Zürich
Leo Cunibert Mohlberg, Mittelalterliche

Handschriften, Katalog der Handschriften der Zentralbibliothek Zürich I, Zürich 1952

Moraw, Stiftskirche
Peter Moraw, Über Typologie, Chronologie und Geographie der Stiftskirche im deutschen Mittelalter, in: Untersuchungen zu Kloster und Stift, Göttingen 1980 (Veröff. des Max-Planck-Instituts für Geschichte 68), S. 9–37

Mottier, Grabung
Yvette Mottier, Die Grabung auf dem Rathausareal in Zurzach, in: JbGPV 1969/70, S. 11–23

Müller, Bezirksgesangsverein
Bruno Müller, Bezirksgesangsverein Zurzach. Gedenkschrift zu Anlass des hundertjährigen Bestehens 1852–1952, Zurzach 1953

Müller e.a., Geologische Langzeitszenarien
Walter H. Müller, Heinrich Naef, Hans R. Graf, Geologische Langzeitszenarien Zürcher Weinland. Nagra – Technische Berichte (NTB) 08, 1999

Murer, Helvetia Sancta
Heinrich Murer, Helvetia Sancta seu Paradisus Sanctorum Helvetiae Florum, Luzern 1648

NDB
Neue deutsche Biographie, hrsg. von der Historischen Kommission bei der Bayerischen Akademie der Wissenschaften, Berlin 1953 ff.

Nüscheler, Gotteshäuser
Arnold Nüscheler, Die Gotteshäuser der Schweiz. Historisch-antiquarische Forschungen, Bd. II: 3. Heft, Zürich 1873

Nüscheler, Siechenhäuser
Arnold Nüscheler, Die Siechenhäuser in der Schweiz, in: Historisches Archiv 15, 1866, S. 3–39

NZZ
Neue Zürcher Zeitung

Oberrheinische Stadtrechte
Oberrheinische Stadtrechte, hrsg. von der Badischen Historischen Kommission, Abt. I, Heft 7: Bruchsal, Rothenberg, Philippsburg (Udenheim), Obergrombach und Steinbach, bearb. von Carl Koehne, Heidelberg 1905; II, 2: Überlingen, bearb. von Fritz Geier, Heidelberg 1908

Pappus, Kurtze Beschreibung
Raimund Carl von Pappus und Tratzberg [1686–1755], Kurtze Beschreibung deren in dem Schweitzerland bey Anlass der Reformation oder Glaubensabfall vorgefallenen Kriegen etc., Ms. Kath. Pfarreiarchiv Zurzach Nr. 62

PEZ
Protokoll der Einwohnergemeindeversammlung Zurzach

Pfister, Aargauer
Willy Pfister, Aargauer in fremden Kriegsdiensten, 2 Bde., Aarau 1980 und 1984 (Beiträge zur Aargauergeschichte)

Philippart, Légendes
Guy Philippart, Les légendes latines de sainte Verena. Pour une histoire de leur diffusion, in: Analecta Bollandiana. Revue critique d'hagiographie 103, 1985, S. 253–302

PKLR
Protokolle des Kleinen Raths, StAAG

Politisches Handbuch
Politisches Handbuch für die erwachsene Jugend der Stadt und Landschaft Zürich, Vorbericht von David Wyss, Zürich 1796

Pulver, Dreizelgenordnung
Emanuel Pulver, Von der Dreizelgenordnung zur Bernischen Kleegraswirtschaft, Zürich 1956

QSG
Quellen zur Schweizer Geschichte, hrsg. von d. Allgemeinen Geschichtsforschenden Gesellschaft der Schweiz, 1877–1906, NF 1908 ff.

QSR
Quellen und Abhandlungen zur schweizerischen Reformationsgeschichte

QW
Quellenwerk zur Entstehung der Schweizerischen Eidgenossenschaft, Abt. I: Urkunden, 3 Bde., Aarau/Leipzig 1937–1964

Rappmann, Zettler, Reichenauer Mönchsgemeinschaft
Roland Rappmann, Alfons Zettler, Die Reichenauer Mönchsgemeinschaft und ihr Totengedenken im frühen Mittelalter, Sigmaringen 1998

RDK
Reallexikon zur Deutschen Kunstgeschichte, Stuttgart 1937 ff., München ab Bd. VI, 1973

REC
Regesta Episcoporum Constantiensium. Regesten zur Geschichte der Bischöfe von Constanz von Bubulcus bis Thomas Berlower (517–1496), hrsg. von der Badischen Historischen Commission, 5 Bde., Innsbruck 1895–1941, Neudruck Glashütten im Taunus 1979

Rechenschaftsbericht 1958 bis 1965
Rechenschaftsbericht des Gemeinderates Zurzach über die Amtsperiode von 1958 bis Ende 1965, Zurzach 1966

Reich, Fundstellen
Yvonne Reich, Frühmittelalterliche Fundstellen aus dem Bezirk Zurzach, in: Argovia 108, 1996, S. 169–191

Reimann, Fronleichnamsprozession
Adolf Reimann, Zurzach: Erste Fronleichnamsprozession in Zurzach seit der Reformation, in: Im Rückspiegel, S. 161

Reimann, Verena-Wallfahrt
Adolf Reimann, Verena-Wallfahrt, in: JsHVZ 10, 1970/71, S. 9–23

Reinle, Hausheilige
Adolf Reinle, St. Verena von Zurzach als habsburgische Hausheilige, in: Kunst + Architektur in der Schweiz 47, 1996, S. 152–160

Reinle, Verena
Adolf Reinle, Die Heilige Verena von Zurzach. Legende – Kult – Denkmäler, Basel 1948 (Ars Docta VI)

Reith, Lexikon des alten Handwerks
Reinhold Reith (Hrsg.), Lexikon des alten Handwerks vom Frühmittelalter bis ins 20. Jahrhundert, München 1990

RGA
Reallexikon der Germanischen Altertumskunde, begründet von Johannes Hoops, zweite Aufl., Berlin/New York 1973 ff.

RHE
Revue d'Histoire Ecclésiastique

Riethmann/Seifert, Untersuchung
Peter Riethmann, Mathias Seifert, Die Untersuchung und Datierung des römischen und mittelalterlichen Rheinüberganges bei Zurzach, in: Argovia 108, 1996, S. 156–168

Rochholz, Gaugöttinnen
Ernst Ludwig Rochholz, Drei Gaugöttinnen Walburg, Verena und Gertrud als deutsche Kirchenheilige. Sittenbilder aus dem germanischen Frauenleben, Leipzig 1870

Rochholz, Schweizersagen
Schweizersagen aus dem Aargau. Gesammelt und erläutert von Ernst Ludwig Rochholz, 2 Bde., Aarau 1856

Rossiaud, Dame Venus
Jacques Rossiaud, Dame Venus. Prostitution im Mittelalter, München 1989

Roth-Rubi, Hidber, Römische Villen
Katrin Roth-Rubi, Alfred Hidber, Römische Villen von Zurzach, Döttingen und Koblenz. Römische Strasse durch das Sennenloch bei Döttingen. Unveröffentlichte Arbeiten von Karl Stehlin und Josef Villiger, in: Argovia 108, 1996, S. 3–145

Roth-Rubi, Sennhauser, Römische Strasse
Katrin Roth-Rubi, Hans Rudolf Sennhauser, Römische Strasse und Gräber. Verenamünster Zurzach. Ausgrabungen und Bauuntersuchung 1; mit Beiträgen von Victorine von Gonzenbach und Gerd G. König, Zürich 1987 (Veröff. des Instituts für Denkmalpflege der ETH Zürich 6)

Ruch, Waldshut
Joseph Ruch, Geschichte der Stadt Waldshut (Neubearbeitung des Geschichtswerkes Birkenmayer-Baumhauer), Waldshut 1966

Rüeger, Chronik
Johann Jacob Rüeger, Chronik der Stadt und Landschaft Schaffhausen, hrsg. vom Historisch-Antiquarischen Verein des Kantons Schaffhausen, 2 Bde., Schaffhausen 1884–1910

SAHer
Schweizerisches Archiv für Heraldik, 1887 ff.

Salat, Reformationschronik 1517–1534
Johannes Salat, Reformationschronik 1517–1534, Text Band 2: 1528–1534, bearb. von Ruth Jörg, Freiburg Schweiz 1986 (QSG, NF 1. Abt. Chroniken VIII/2)

Scarpatetti, Handschriften Aarau
Die Handschriften der Bibliotheken von Aarau, Appenzell und Basel, bearb. von Beat Matthias von Scarpatetti, unter Mitw. von Paul Bloesch u. a., 2 Bde., Dietikon-Zürich 1977 (Katalog der datierten Handschriften in der Schweiz in lateinischer Schrift vom Anfang des Mittelalters bis 1550, 1)

Schaad, Juranagelfluh
Ernst Schaad, Die Juranagelfluh, Bern 1908 (Beiträge zur geologischen Karte der Schweiz, NF XXII)

Schärli, Veltheim
Thomas Schärli, Veltheim. Ein Dorf am Rande des Aargauer Juras. Von den Anfängen bis zur Gegenwart, Veltheim 1992

Schaff. Beitr.
Schaffhauser Beiträge zur vaterländischen Geschichte

Schaub, Chorherrenstift
Martin Schaub, Das mittelalterliche Chorherrenstift St. Verena in Zurzach und sein Personal (mit Personalliste), Lizenziatsarbeit Historisches Seminar der Universität Zürich, Fachbereich Mittelalter, 2001 (Ms.)

Schaufelberger, Wettkampf
Walter Schaufelberger, Der Wettkampf in der Alten Eidgenossenschaft. Zur Kulturgeschichte des Sports vom 13. bis ins 18. Jahrhundert, Bern 1972 (Schweizer Heimatbücher, Bde. 156–158 und Anmerkungsband)

Schibli, Geissmann, Weber, Aargau
Max Schibli, Josef Geissmann, Ulrich Weber, Aargau. Heimatkunde für jedermann, Aarau/Stuttgart 1978

Schiffbarmachung des Hochrheins
Die Schiffbarmachung des Hochrheins. Projekt 1961. Regierungspräsidium Südbaden

Schifferle, Dialektstrukturen
Hans-Peter Schifferle, Dialektstrukturen in Grenzlandschaften. Untersuchungen zum Mundartwandel im nordöstlichen Aargau und im benachbarten südbadischen Raum Waldshut, Bern 1995 (Europäische Hochschulschriften)

Schmedding, Textilien
Brigitta Schmedding, Mittelalterliche Textilien in Kirchen und Klöstern der Schweiz, Bern 1978 (Schriften der Abegg-Stiftung 3)

Schmid, Gebetsgedenken
Karl Schmid, Gebetsgedenken und adliges Selbstverständnis im Mittelalter, Sigmaringen 1983

Schmid, Heirat
Karl Schmid, Heirat, Familienfolge, Geschlechterbewußtsein, in: ders, Gebetsgedenken, S. 388–423

Schmid, Hirsau
Karl Schmid, Kloster Hirsau und seine Stifter, Freiburg i. Br. 1959 (Forschungen zur Oberrheinischen Landesgeschichte IX)

Schmid, Königtum
Karl Schmid, Königtum, Adel und Klöster zwischen Bodensee und Schwarzwald, in: Gerd Tellenbach (Hrsg.), Studien und Vorarbeiten zur Geschichte des großfränkischen und frühdeutschen Adels, Freiburg i. Br. 1957 (Forschungen zur Oberrheinischen Landesgeschichte IV), S. 225–335

B. Schneider, Eisenbahnpolitik
Boris Schneider, Eisenbahnpolitik im Aargau, Diss. Zürich, Aarau 1959

Schneider, Ungarnwälle
Wilhelm Schneider, Die südwestdeutschen Ungarnwälle und ihre Erbauer, Tübingen 1989 (= Ders., Arbeiten zur alamannischen Frühgeschichte XVI)

Schnyder, Brustkreuz
Wilhelm Schnyder, Das Brustkreuz der Chorherren zu St. Leodegar in Luzern, in: SAHer 43, 1929, S. 181–184; Wiederabdruck in: Acht Studien zur christlichen Altertumswissenschaft und zur Kirchengeschichte von Wilhelm Schnyder, Luzern 1937, S. 123–128

Schönherr, Schätze
Alfons Schönherr, Schätze der aargauischen Kantonsbibliothek, in: Librarium 2, 1959, S. 111–121

Schubert, Fahrendes Volk
Ernst Schubert, Fahrendes Volk im Mittelalter, Bielefeld 1995

Schützeichel, Codex
Rudolf Schützeichel, Codex Pal. lat. 52, Göttingen 1982 (Abhandlungen der Akademie der Wissenschaften in Göttingen. Phil.-Hist. Klasse III, 130)

Schuhmann, Jetzertragödie
Georg Schuhmann, Die Berner Jetzertragödie im Lichte der neueren Forschung und Kritik, Freiburg i. Br. 1912 (Erläuterungen und Ergänzungen zu Janssens Geschichte des deutschen Volkes IX, 3)

Schulthaiß, Bisthums-Chronik
Christoph Schulthaiß, Constanzer Bisthums-Chronik, hrsg. von Johann Marmor, in: FDA 8, 1874, S. 3–101

B. Schuster, Dirnen und Frauenhäuser
Beate Schuster, Die freien Frauen. Dirnen und Frauenhäuser im 15. und 16. Jahrhundert, Frankfurt/New York 1995 (Geschichte und Geschlechter 12)

B. Schuster, Zurzacher Dirnentanz
Beate Schuster, Geschichtsschreibung und Fantasie. Die historiographische Legende vom Zurzacher Dirnentanz, in: Argovia 113, 2001, S. 307–360

P. Schuster, Frauenhaus
Peter Schuster, Das Frauenhaus. Städtische Bordelle in Deutschland 1350–1600, Paderborn/München/Wien/Zürich 1992

Schwab, Forum Tiberii
Hanni Schwab, Forum Tiberii: Überlegungen und Beobachtungen zum Standort einer Helvetierstadt, in: AKB 26, 1996, S. 189–99

Schwarzmaier, Neudingen
Hansmartin Schwarzmaier, Neudingen und das Ende Kaiser Karls III., in: Forschungen und Berichte der Archäologie des Mittelalters in Baden-Württemberg, 1979, S. 39–46

Schweizerisches Idiotikon
Siehe Id./Idiotikon

Schweizerisches Künstler-Lexikon
Schweizerisches Künstler-Lexikon, hrsg. vom Schweizerischen Kunstverein, red. von Carl Brun, 4 Bde., Frauenfeld 1905–1917

Schweri, Unterendingen
Gregor Schweri u. a., Geschichte der Pfarrei und der Kirche St. Georg Unterendingen, Unterendingen 1987

SDS
Sprachatlas der deutschen Schweiz. Hrsg. von Rudolf Hotzenköcherle, fortgeführt und abgeschlossen von Robert Schläpfer, Rudolf Trüb und Paul Zinsli. Einführungsband und 8 Kartenbände, Bern, später Basel und Tübingen 1962–1997

Seidelmann, Sprachgrenze
Erich Seidelmann, Der Hochrhein als Sprachgrenze, in: Dialektgeographie und Dialektologie. Günter Bellmann zum 60. Geburtstag. Hrsg. von W. Putschke u. a., Marburg 1989 (Deutsche Dialektgeographie 90), S. 57–88 (mit 16 Karten)

Seiler, Geschichte von Koblenz
Christophe Seiler, Geschichte von Koblenz im 20. Jahrhundert, Koblenz 1990

A. Sennhauser, Anfänge
Albert Sennhauser, Anfänge und Entwicklung der Bezirksschule Zurzach, in: Aus dem Leben der Bezirksschule Zurzach. Vom Verein ehemaliger Bezirksschüler von Zurzach zum 50-jährigen Bestehen hrsg., Zurzach 1955, S. 9–65

Sennhauser, Heiligengrab
Hans Rudolf Sennhauser, Heiligengrab und Siedlungsverlegung. Zurzach in römischer Zeit und im Frühmittelalter, in: Archäolog. Landesmuseum Baden-Württemberg (Hrsg.), Die Alamannen, Begleitband zur Ausstellung, Stuttgart 1997, S. 465–470

Sennhauser, Katholische Kirchen
Hans Rudolf Sennhauser, Katholische Kirchen von Zurzach, 2. Aufl., Zurzach 1991

Sennhauser, Spolien
Hans Rudolf Sennhauser, Römische Spolien im Fundament des Verenamünster von Zurzach, in: AS 3, 1980, S. 60–63

Sennhauser, St. Verena
Hans Rudolf Sennhauser, St. Verena und das Zurzacher Münster, Zurzach 1982

Sennhauser, Verenamünster
Hans Rudolf Sennhauser, Verenamünster Zurzach. Ausgrabungen vor der Westfassade im Jahre 1966, in: JsHVZ 1967, S. 35–45

Sennhauser, Zurzach
Hans Rudolf Sennhauser, Zurzach zur Zeit der Gründung der Eidgenossenschaft, in: JsHVZ 20, 1991, S. 1–25

Sennhauser, Hidber, Zurzacher Rathaus
Hans Rudolf Sennhauser, Alfred Hidber, Das alte Zurzacher Rathaus, in: 75 Jahre Historische Vereinigung des Bezirks Zurzach, Zurzach 2000 (Beiträge zur Geschichte des Bezirks Zurzach 2), S. 37–59

Senti, Reime und Sprüche
Alois Senti, Reime und Sprüche aus dem Sarganserland, Basel 1979 (Volkstum der Schweiz 12)

Senti, Sagen
Alois Senti, Sagen aus dem Sarganserland, Basel 1974 (Schriften der Schweizerischen Gesellschaft für Volkskunde 56)

SKL
Siehe Schweizerisches Künstler-Lexikon

Speidel, Kleininschriften
Michael Alexander Speidel, Die Kleininschriften aus dem frührömischen Kastell und dem Lagerdorf in Zurzach, in: JbGPV 1993, S. 53–58

Spühler, Bezirksschule
Johann Jakob Spühler, Geschichte der Bezirksschule Zurzach, Aarau 1884

Spuhler, Umzug
Laura Spuhler, Umzug, Lieder, Reigen und Kadettenspiele. Zurzacher Jugendfest-Glückseligkeit lebt noch in der Erinnerung, in: Im Rückspiegel, S. 57–63

SRQ AG I/3
Die Rechtsquellen des Kantons Argau, erster Teil: Stadtrechte, 3. Bd: Die Stadtrechte von Kaiserstuhl und Klingnau, hrsg. von Friedrich Emil Welti, Arau 1905 (Sammlung Schweizerischer Rechtsquellen, 16. Abt.)

SRQ AG II/5
Die Rechtsquellen des Kantons Argau, zweiter Teil: Rechte der Landschaft, fünfter Band: Grafschaft Baden, äussere Ämter, bearb. u. hrsg. von Walther Merz, Arau 1933 (Sammlung Schweizerischer Rechtsquellen, 16. Abt.)

SSA
Südwestdeutscher Sprachatlas. Hrsg. von Hugo Steger, Eugen Gabriel, Volker Schupp, Marburg 1989 ff.

Stadt- und Landmauern
Stadt- und Landmauern, Bd. 1: Beiträge zum Stand der Forschung, Zürich 1995 (Veröff. des Instituts für Denkmalpflege an der ETH Zürich 15, 1)

Stadtluft, Hirsebrei und Bettelmönch
«Stadtluft, Hirsebrei und Bettelmönch. Die Stadt um 1300», Katalog hrsg. vom Landesdenkmalamt Baden-Württemberg und der Stadt Zürich, Hrsg. und Red. Marianne und Niklaus Flüeler, Stuttgart 1992

Staehelin, Schweiz
Felix Staehelin, Die Schweiz in römischer Zeit (3., neubearb. u. erw. Aufl.), hrsg. durch die Stiftung von Schnyder von Wartensee, Basel 1948

Stalder, Idiotikon
Franz Joseph Stalder, Versuch eines Schweizerischen Idiotikon mit etymologischen Bemerkungen untermischt, Bd. 1, Basel und Aarau 1806, Bd. 2, Aarau 1812

Stamm, General-Tabelle und Kommentar
Joseph Fridolin Stamm, Einwohner und Güter in der Grafschaft Baden (1778) General-Tabelle, StAZH B IX 6, und Kommentarband, StAZH B-IX 45

Steiger, Beetschen, Rheinübergänge
Hans O. Steiger, Werner Beetschen, Rheinübergänge von Kaiserstuhl zum Kaiserstuhl, Basel 1996

Stoob, Minderstädte
Heinz Stoob, Minderstädte. Formen der Stadtentstehung im Spätmittelalter (Vierteljahresschrift für Sozial- und Wirtschaftsgeschichte 46, 1959, S. 1 ff.)

Straub, Heiligengräber
Jan Straub, Die Heiligengräber der Schweiz. Ihre Gestalt und ihr Brauchtum. Ein Beitrag zur Geschichte der Schweizerischen Heiligenverehrung, Diss. Univ. Zürich 1983, Bern 1987

Stumpf, Chronik
Stumpf Chronik. Gemeiner lobliicher Eyd-

gnoschafft Stetten, Landen und Völckeren Chronick wirdiger thaaten beschreybung, durch Johann Stumpffen beschriben, Zürich 1547, Faksimile Winterthur 1975

Suevia Sacra
Ausstellungskatalog «Suevia Sacra». Frühe Kunst in Schwaben, Augsburg 1973

Suter, Geologie von Zürich
Hans Suter, Geologie von Zürich einschliesslich seines Exkursionsgebietes, Zürich 1939

SVG Bodensee
Schriften des Vereins für Geschichte des Bodensees und seiner Umgebung, Friedrichshafen 1956 ff.

Swinarski, Herrschen
Ursula Swinarski, Herrschen mit den Heiligen. Kirchenbesuche, Pilgerfahrten und Heiligenverehrung früh- und hochmittelalterlicher Herrscher (ca. 500–1200), Zürich 1991 (Geist und Werk der Zeiten 78)

SZG
Schweizerische Zeitschrift für Geschichte. Fortsetzung von Zeitschrift für schweizerische Geschichte (ZSG)

Tabula Peutingeriana, Faksimile
Tabula Peutingeriana. Codex Vindobonensis 324. Kommentar: Ekkehard Weber. Vollständige Faksimile-Ausgabe im Originalformat, 2 Bde. Kommentar und Faksimiledruck, Graz 1976

Thieme-Becker
Ulrich Thieme, Felix Becker (Hrsg.), Allgemeines Lexikon der bildenden Künstler von der Antike bis zur Gegenwart, 37 Bde., Leipzig 1907–1950

Tomasevic, Keramik
Teodora Tomasevic, Die römische Keramik, in: JbGPV 1969/70, S. 31–39

Trumm, Besiedlung
Jürgen Trumm, Die römerzeitliche Besiedlung am östlichen Hochrhein (50 v. Chr.–450 n. Chr.), Stuttgart 2002 (Materialhefte zur Archäologie in Baden-Württemberg 63)

TUB
Thurgauisches Urkundenbuch, hrsg. auf Beschluss und Veranstaltung des Thurgauischen Historischen Vereins, red. von Friedrich Schaltegger, 8 Bde., Frauenfeld 1882–1967

Türst, Quellen
Conradi Türst, De situ Confoederatorum descriptio, Basel 1884 (QSG 6)

UB Zürich
Urkundenbuch der Stadt und Landschaft Zürich, bearb. von Jakob Escher u. a., Bd. 1–XI und 2. Suppl., Zürich 1888–1957

UFAS
Ur- und frühgeschichtliche Archäologie der Schweiz, Bd. I–VI, hrsg. von der Schweizerischen Gesellschaft für Ur- und Frühgeschichte, Basel 1968–1979

UKdm
Unsere Kunstdenkmäler, Mitteilungsblatt für die Mitglieder der GSK, Bern 1950–1993

Untersuchungen
Untersuchungen zu Kloster und Stift, hrsg. vom Max-Planck-Instituts für Geschichte, Göttingen 1980 (Veröff. des Max-Planck-Instituts für Geschichte 68)

US
Ur-Schweiz/La Suisse Primitive, Basel 1937–1969

Vasella, Visitationsprotokoll
Oskar Vasella, Das Visitationsprotokoll über den schweizerischen Klerus des Bistums Konstanz von 1586, Bern 1963 (Quellen zur Schweizer Geschichte NF, II. Abt. Akten V)

Verbrüderungsbuch der Abtei Reichenau
Johanne Autenrieth, Dieter Geuenich und Karl Schmid, Das Verbrüderungsbuch der Abtei Reichenau, Hannover 1979 (MGH, Libri memoriales et necrologia ns. 1)

Vereinigte Schweizerische Rheinsalinen
Vereinigte Schweizerische Rheinsalinen. Über die Ausbeutung des Salzlagers im Bezirke Zurzach im Kanton Aargau, Basel 1912

Verenamünster, Ausgrabungen 1
Verenamünster Zurzach. Ausgrabungen und Bauuntersuchung, 1: Katrin Roth-Rubi, Hans Rudolf Sennhauser, Römische Strasse und Gräber, Zürich 1987 (Veröff. des Instituts für Denkmalpflege an der ETH Zürich 6)

VL
Die deutsche Literatur des Mittelalters, Verfasserlexikon, begr. von Wolfgang Stammler, fortgeführt von Karl Langosch. Hrsg. von Kurt Ruh, 2. völlig neu bearb. Auflage Berlin/New York 1978 ff. (Veröff. der Kommission für Deutsche Literatur des Mittelalters der Bayerischen Akademie der Wissenschaften)

Vögeli, Anfänge
Robert Vögeli, Die Anfänge des landwirtschaftlichen Bildungswesens unter besonderer Berücksichtigung des Aargaus, phil. Diss. Zürich, Bern 1962

Voellner, Burgen
Heinz Voellner, Die Burgen und Schlösser zwischen Wutachschlucht und Hochrhein, Waldshut 1975

Volckmann, Gewerbe und Gewerbegassen
Erwin Volckmann, Alte Gewerbe und Gewerbegassen. Deutsche Berufs- Handwerks- und Wirtschaftsgeschichte älterer Zeit, Würzburg/Memmingen 1921

Vorromanische Kirchenbauten 1
Vorromanische Kirchenbauten. Katalog der Denkmäler bis zum Ausgang der Ottonen, bearb. von Friedrich Oswald, Leo Schaefer, Hans Rudolf Sennhauser, München 1966–1971 (Veröff. des Zentralinstituts für Kunstgeschichte III/1)

Vorromanische Kirchenbauten 2
Vorromanische Kirchenbauten. Katalog der Denkmäler bis zum Ausgang der Ottonen, Nachtragsband, bearb. von Werner Jacobsen, Leo Schaefer, Hans Rudolf Sennhauser, unter Mitwirkung von Matthias Exner, Jozef Mertens, Henk Stoepker, München 1991 (Veröff. des Zentralinstituts für Kunstgeschichte in München III/2)

Wälti, Aargau
Hans Wälti, Aargau, Aarau 1953 (Die Schweiz in Lebensbildern 10)

Waldmeyer, Salz- und Sodaindustrie
Waldmeyer Ernst, Die schweizerische Salz- und Sodaindustrie, Diss. Univ. Bern, Weinfelden 1928

Waltenspül, Lindner, Catalogus
P. Fridolino Waltenspül, Augustus Lindner, Catalogus religiosorum exempti monasterii Rhenaugiensis, congregationis Helveto-Benedictinae, in: FDA 12, 1878, S. 251–288; 14, 1881, S. 1–62, 297–304

Wappenbuch Basel
Wappenbuch der Stadt Basel, unter den Auspizien der Historischen und antiquarischen Gesellschaft in Basel hrsg. von Wilhelm Richard Staehelin, Zeichnungen Karl Roschet u. a., Basel 1917–1930

Weber, Lebensbild
Hans Weber, Bundesrat Emil Welti, ein Lebensbild, Aarau 1903

Welti, Urbar
Urbar der Grafschaft Baden, bearb. von Emil Welti, in: Argovia 3, 1862/63, S. 160–268

Welti, Ackerbau
Hermann J. Welti, Ackerbau und Dreifelderwirtschaft im Kirchspiel Leuggern, Leuggern 1989

Welti, Bevölkerung
Hermann J. Welti, Die Bevölkerung des Bezirks Zurzach seit 100 Jahren, in: Erb und Eigen 6, 1942, S. 1–2, 5–8

Welti, Bürgergeschlechter
Hermann J. Welti, Die alten Zurzacher Bürgergeschlechter und ihre Wappen, in: JsHVZ 3, 1948, S. 1–30

Welti, Bürgerrecht
Hermann J. Welti, Wie die alten Zurzacher um ihr Bürgerrecht besorgt waren, in: Erb und Eigen, 3, 1938, S. 22–26

Welti, Doppelkreuze
Hermann J. Welti, Doppelkreuze auf Hausgiebeln und Kirchtürmen, in: JBZ 1957, Zurzach 1956

Welti, Gemeindewappen
Hermann J. Welti, Die Gemeindewappen des Bezirks Zurzach, in: JsHVZ 11, 1972/73, S. 1–29

Welti, Handwerk
Hermann J. Welti, Die Entwicklung des Handwerks in unserer Gegend, in: Erb und Eigen 3, 1938, S. 29–35, 37–47; 4, 1939, S. 1–3, 11–12

Welti, Jahrzeitbuch
Das Jahrzeitbuch des Stifts Zurzach 1378–1711, bearb. von Hermann J. Welti, Zurzach 1979

Welti, Organisation
Hermann J. Welti, Die Organisation der Gemeinde Zurzach im 17. und 18. Jahrhundert, in: Festschrift Hermann J. Welti, JsHVZ 14, 1979, S. 27–34

Welti, Rathaus
Hermann J. Welti, Aus der Geschichte des alten Rathauses Zurzach, in: 50 Jahre Historische Vereinigung des Bezirks Zurzach 1925–1975, Jubiläumsschrift 1974/75, Zurzach 1975, (JsHVZ 12), S. 37–48

Welti, Schultheissen
Hermann J. Welti, Die Schultheissen von Kaiserstuhl, in: Festschrift Karl Schib, hrsg. von d. Historischen Vereins des Kantons Schaffhausen, Thayngen 1968 (Schaffhauser Beiträge zur vaterländischen Geschichte, 45), S. 208–229

Welti, Stapfer
Hermann J. Welti, Die Stapfer in Zurzach, in: Der Schweizer Familienforscher 22, 1955, S. 74–75

Welti, Strassenwesen
Hermann J. Welti, Unser Strassenwesen in früherer Zeit, in: Erb und Eigen, Beilage zu «Die Botschaft», Klingnau 1936

Welti, Von Aerzten
Hermann J. Welti, Von Aerzten und Chirurgen, in: Erb und Eigen 3, 1938, S. 15–19, 21–22

Welti, Wappen
Hermann J. Welti, Die alten Zurzacher Bürgergeschlechter und ihre Wappen, in: JsHVZ 3, 1948, S. 1–30

Welti, Zunftbuch
Hermann J. Welti, Aus dem Zunftbuch der ehrsamen Küferzunft, in: Erb und Eigen 10, 1948, S. 19–23

Welti, Zurzach als Kurort
Hermann J. Welti, Zurzach als Kurort vor 100 Jahren, in: Erb und Eigen 2, 1937, S. 34–36

J. J. Welti, Seidenzucht 1840
Joh. Jak. Welti, Darstellung der Möglichkeit und Zweckmässigkeit der Einführung der Seidenzucht in der Schweiz. Zurzach 1840

J. J. Welti, Zurzach 1843
Joh. Jak. Welti, Kurze Darstellung über Zurzach und seine vorzügliche gesunde Lage, sowie über die in dort errichtete Cur-Anstalt, Aarau 1843

P. Welti, Bundesrat Emil Welti
Peter Welti, Das Weltbild von Bundesrat Emil Welti, Diss. Zürich, in: Argovia 63, 1951, S. 5–161

Wessendorf, Auswanderung
Berthold Wessendorf, Die überseeische Auswanderung aus dem Kanton Aargau im 19. Jahrhundert, Diss. Basel, in: Argovia 85, 1973, S. 5–370

Wiegels, Bleimarken
Rainer Wiegels, Zwei Bleimarken aus dem frührömischen Truppenlager Dangstetten, in: Fundber. BWB 14, 1989, S. 427–456

Wiegels, Grabstele
Rainer Wiegels, Eine römische Grabstele aus Rheinheim, Kr. Waldshut (Südbaden), in: Germania 54, 1976, S. 208–216

Wiggenhauser, Klerikale Karrieren
Béatrice Wiggenhauser, Klerikale Karrieren. Das ländliche Chorherrenstift Embrach und seine Mitglieder im Mittelalter, Zürich 1997

Willi, Album
Dominicus Willi, Album Wettingense. Verzeichnis der Mitglieder des exemten und konsistorialen Cistercienser-Stiftes B. V. M. de Marisstella zu Wettingen-Mehrerau 1227–1904 (2. Aufl.), Limburg a. d. Lahn 1904

Wirtschaftsbericht 1967/68
Regionalplanungsgruppe (REPLA), Wirtschaftsbericht, Zurzach 1967/68

Wittwer, Liber Ordinarius
Peter Wittwer, Der Zurzacher Liber Ordinarius und seine Beziehungen zur Marbacher Liturgie. Thèse de doctorat. Institut Catholique de Paris, 1986

Wolf, Faschismus
Walter Wolf, Faschismus in der Schweiz. Die Geschichte der Frontenbewegungen in der deutschen Schweiz, 1930–1945, Zürich 1969

Wüst, Prostitution in Luzern
Mark Wüst, Prostitution in Luzern vom 14. bis zum 16. Jahrhundert, Lizenziatsarbeit Zürich 1994 (Ms.)

Wullschleger, Forstgeschichte (1)
Erwin Wullschleger, Forstliche Erlasse der Obrigkeit in den «Gemeinen Herrschaften im Aargau». Ein Beitrag zur aargauischen Forstgeschichte, Birmensdorf 1976 (EAfVB 150)

Wullschleger, Forstgeschichte (2)
Erwin Wullschleger, Die Entwicklung und Gliederung der Eigentums- und Nutzungsrechte am Wald. Ein Beitrag zur aargauischen Forstgeschichte, Birmenstorf 1978 (EAfVB 183)

Wullschleger, Waldpolitik
Erwin Wullschleger, Waldpolitik und Forstwirtschaft im Kanton Aargau von 1803 bis heute, Aarau 1997

ZAK
Zeitschrift für Schweizerische Archäologie und Kunstgeschichte, 1939 ff.

Zehnder, Gemeindenamen
Beat Zehnder, Die Gemeindenamen des Kantons Aargau. Historische Quellen und sprachwissenschaftliche Deutungen, Aarau 1991 (Argovia 100/II)

Zentrumsuntersuchung, Brugg 1972
Regionalplanungsgruppe Zurzach, Zentrumsuntersuchung Klingnau/Döttingen/Kleindöttingen und Zurzach, Brugg 1972

Zettler, Klosterbauten
Alfons Zettler, Die frühen Klosterbauten der Reichenau, Sigmaringen 1988 (Archäologie und Geschichte 3)

ZGO
Zeitschrift für Geschichte des Oberrheins, Karlsruhe 1850 ff.

ZHF
Zeitschrift für historische Forschung, Berlin 1974 ff.

Zimpel, Bischöfe
Detlev Zimpel, Die Bischöfe von Konstanz im 13. Jahrhundert (1206–1274), Frankfurt/Bern 1990 (Freiburger Beiträge zur mittelalterlichen Geschichte 1)

Zimpel, Territorium
Detlev Zimpel, Das weltliche Territorium der Bischöfe von Konstanz in der Mitte des 13. Jahrhundert, in: Brigitte Degler-Spengler (Hrsg.), Der schweizerische Teil der ehem. Diözese Konstanz, Basel 1994 (Itinera 16), S. 50–59

Zöberlein, Frontismus
Klaus-Dieter Zöberlein, Die Anfänge des deutsch-schweizerischen Frontismus, Marburg 1969

ZRG GA
Zeitschrift für Rechtsgeschichte. Germanische Abteilung, Weimar 1880 ff.

Zschokke, Geschichte
Ernst Zschokke, Die Geschichte des Aargaus, Aarau 1903

ZSG
Zeitschrift für schweizerische Geschichte, Zürich 1921–1950, fortgeführt unter Schweizerische Zeitschrift für Geschichte (SZG)

ZSK/ZSKG
Zeitschrift für schweizerische Kirchengeschichte, Freiburg i. Ue. 1907 ff.

Zurzach, gestern und heute
Werner Basler, Adolf Reimann, Karl Füllemann, Walter Edelmann und Walter Richter, Zurzach – Gestern und heute, hrsg. von der Gemeinnützigen Stiftung für Zurzacher Kuranlagen, Zurzach 1960.

ZWLG
Zeitschrift für Württembergische Landesgeschichte

Abkürzungen

AEW	Aargauisches Elektrizitätswerk
AG	Aargau
B	Bestand
BA	Schweizerische Bundesanwaltschaft, Bern
BAR	Bundesarchiv
BfS	Bundesamt für Statistik, Bern
DD	Diplomata
EPD	Eidgenössisches Politisches Departement
FAT	Eidgenössische Forschungsanstalt für Agrarwirtschaft und Landtechnik – Tänikon
GA/GAZ/GdeAZ/GemA	Gemeindearchiv Zurzach
GLA	Generallandesarchiv Karlsruhe
GSK	Gesellschaft für Schweiz. Kunstgeschichte, Bern
Museum Höfli	Bezirksmuseum «Höfli» Zurzach. Sammlung der Historischen Vereinigung des Bezirks Zurzach
Ms	Manuskript
NF	Neue Folge
PfAZ	Pfarrarchiv Zurzach
PK AG ND 2.WK	Polizeikommando Aargau, Nachrichtendienst Zweiter Weltkrieg
REPLA	Regionalplanungsgruppe, Zurzach
RGK	Römisch-Germanische Kommission
SS	Scriptores
SSZ	Schweizerische Sodafabrik Zurzach AG
StAAG	Staatsarchiv des Kantons Aargau, Aarau
StABA	Stadtarchiv Baden
StALU	Staatsarchiv des Kantons Luzern

Register

Im Register nicht berücksichtigt sind: Verena (ihr sind ganze Kapitel gewidmet), Standorte abgebildeter Objekte, Orte auf Karten. Aufgenommen wurden Heilige, die mit Verena, den Thebäern und der Region besonders verbunden sind. Der Ortsname Zurzach ist nicht erfasst, hingegen sind Ortsteile und ausgewählte Flurnamen am Ende des Registers unter «Zurzach» verzeichnet. Landschaften mit besonderer Beziehung zu Zurzach sind im Ortsregister aufgeführt. Die Vielfalt der Namensschreibweisen wird gelegentlich heutigem Gebrauch angepasst; Varianten sind angegeben, sie werden mit Schrägstrich getrennt. Personen mit identischen Namen werden nach Möglichkeit unterschieden. Mit «von» verbundene Namen sind unter dem Familiennamen zu finden, ob «von» den Herkunftsort oder den Stand bezeichnet, die mit «de» verbundenen sind unter «De» aufgenommen. Bei Bischofsnamen ist der Vorname ausschlaggebend. Can. oder Propst ohne Zusatz bedeutet Chorherr oder Propst am Verenastift.

Abkürzungen

Bf.	Bischof
Can.	Canonicus/Chorherr
Fa.	Firma
Fam.	Familie, Familienname
gen.	genannt
Gf./Gfn.	Graf/Grafen
Hzg./Hzgn.	Herzog/Herzogin
id.	identisch
Kg./Kgn.	König/Königin
Ks.	Kaiser
Lt.	Leutnant
Pfr.	Pfarrer
Wbf.	Weihbischof
Wwe.	Witwe

Personenregister

A

von Aaken Wilhelm 483
Abaha/ab Aha s. von Ah
Abegg Roman 437
Äberli (Fam.) 563
Äberli Rudolf 563
Abramowitz Herm. 345
Abt Heinrich Roman 394
Achermann Franziska 640
Acklin s. Aklin
Adalbert II., Gf. Thurgau 144
Adalbert III., Gf. Thurgau 144
Adalhart, aus Schwaben 144, 148
Adalrich, Mönch Einsiedeln 144
Adam Viktor 635
Adelheid, Frau Ks. Ottos I. 144
Adelheid, Konstanz 150
Adelheid, Sempach 186, 188, 192
von Adelsreute Guntram 148
Adler (Fam.) 565
Adler Heinrich 203, 565 (id.?)
Adler Martin 565
Adler Mauritius, Can. 605
Aebi Joseph Wilhelm Ludwig 633
von Aegery Urs 210
Aeppli Hans 610, 630
Aeschbach-Erb Ernst 453
Affenschmalz (Fam.) 563
Agnes von Böhmen 139, 140, 188
Agnes von Ungarn, Kgn. 184, 186, 187, 188, 189, 190, 191
von Ah Joseph Ignaz, Can. 31, 215, 217, 294, 306, 321, 469, 606
von Aichheim Conrad, Can. 185, 244, 309, 629
Aklin/Acklin Johann Jakob 39, 49, 51, 68, 82, 114, 177, 232, 552, 610
Albert d. Gr. 195
Albert, Hzg. Unterbayern 284
Albrecht I., Kg., 139, 184, 188, 189, 190, 279
Albrecht IV., Hzg. Österreich 188
Albrecht VI., Hzg. Österreich 190, 243
Aldind, Konkubine 147
Alexander VI., Papst 201
von Altenklingen Ulrich 151
Altherr Fedor 442, 443, 445, 447, 453, 455, 476, 478
Ambrosius, Bf., Mailand 119, 171
Amerbach (Fam.) 560, 561
Amerbach Basilius 531, 532
Amerbach Bonifacius 200, 529, 530, 531, 533, 534, 560, 561
Amerbach Bruno 531
Amerbach Faustina 531
Amerbach Johannes 560

Amerbach Juliana 531
Amerbach Margarethe (Margrett von Ammerbach) 529, 559, 560, 561, 564
Amianthus 67
Ammann, Uhrmacher z. Freiburgerhaus 621
Ammann Elisabeth 639
Ammann Hektor 249, 297
Ammann Hugo 525
Ammann Johann Ulrich 476, 513, 637
Ammann Lukas 521
Ammann Urs 638
Ammianus Marcellinus 105
Amsler Adolf 636
Anderegg Karin 639
Anderhalden Johann Franz, Can. 52, 215, 226, 232, 606
Andreae Johann Gerhart Reinhart 315
Andreas III., Kg., Ungarn 189
Andreas von Österreich, Bf., Konstanz 208
Angst Hans, Schneider 203, 575
Anshelm Valerius 195, 196, 279, 289
Arheidt Karl 364, 512
Arminius 66, 97
Arnet Alois 635
Arnet Ruth 453
Arnold Walter 477, 638
Arnulf, Hzg., Bayern 145
Arnulf von Kärnten, Kg. 128
Ärtzinger (Fam.) 563
Ärtzinger Johann 563
Äscher/Escher Cunrat 578
Attenhofer (Fam.) 29, 200, 276, 296, 300, 301, 302, 309, 318, 325, 565, 619
Attenhofer, z. Oberen Sternen 500
Attenhofer Wwe., geb. Schmid 25
Attenhofer Adolf 568
Attenhofer Agatha 201
Attenhofer Anton 29
Attenhofer Arnold 610, 624, 626, 627
Attenhofer August 568
Attenhofer Bartholomä 610
Attenhofer Bernard, Barbierer 276, 294
Attenhofer Bernard, Beck 294
Attenhofer Carl 514, 568
Attenhofer Edward 332, 508, 545, 568, 598
Attenhofer Fanny 234
Attenhofer Franz Xaver, Lehrer 300, 631
Attenhofer Franz Xaver, Stiftsverwalter 177, 610, 627
Attenhofer Franziska 619
Attenhofer Fulgenz 631
Attenhofer Georg 300
Attenhofer Georg Anton, Lismer 298

Attenhofer Hans, Wirt, Bierbrauer z. Ochsen 621
Attenhofer Hans Jakob 303, 309
Attenhofer Heinrich 553
Attenhofer Joachim 25, 619
Attenhofer Johann Baptist, Käsehandlung 621
Attenhofer Joh. Fridolin 633
Attenhofer Johann Franz 299, 300
Attenhofer Johann Heinrich 627
Attenhofer Johann Xaver 624, 627
Attenhofer Johannes, Can. 208
Attenhofer Josef 626
Attenhofer Josef Fridolin 491, 610, 624
Attenhofer Josef Leonz 215, 325, 610
Attenhofer Joseph 624
Attenhofer Karl 568
Attenhofer Karl, z. Oberen Sternen 500, 627
Attenhofer Karl Raymund 300, 306
Attenhofer Konrad, Propst, Konstanz 200, 201, 202, 265
Attenhofer Luise 639
Attenhofer Peter, Propst 190, 192, 198, 199, 200, 201, 205, 225, 265, 565, 604, 605, 610
Attenhofer Peter Karl 215, 218, 273, 318, 327, 490, 568, 616, 624, 626, 627, 628
Attenhofer Praxedis 200
Attenhofer Roman 624, 626, 627
Attenhofer Victor 364
Attenhofer Schmid Elsie 521, 568
Attienius Maximus 67
Aubry Blanche 521
Auer Julian 155
August von Hornstein, Wbf., Konstanz 214
Augustinus, Bf., Hippo 171, 288
Augustus 66, 88, 93, 95, 96, 97, 103
Autenried/Autenriet Ulrich 560
Autenriet Hans Ulrich, gen. Vogt 560, 561
Autenriet Margreth 560
Autenriet Ulrich, gen. Vogt 560, 561
Autenriet/Attenriet Egg (Aegidius) 560

B
Bächle Gregor 365
Bächli (Fam.) 563
Bächli Arnold 563
Bachmann Albert 538, 636
Bächtold Jakob 277, 278
Bagnato Giovanni Gaspare 30, 207, 212, 234
Bailey Debby 640
Balbus 105, 106
von Baldegg Johannes Ulricus, Can. 193, 629, 630
Baldinger (Fam.) 228, 296, 397, 565
Baldinger Arnold 26, 492
Baldinger Claus 233
Baldinger Ernst, Küfer 621
Baldinger Franz Heinrich 37, 270, 568
Baldinger Fritz, Maurer 621

Baldinger Gottfried, Schreiner, i. alten ref. Schulhaus 364, 512
Baldinger Gottfried, Schreiner, i. Tiger 500
Baldinger Heinrich Leonti 309
Baldinger Johann, Maurer 621
Baldinger Josef, z. Roten Turm 500
Baldinger Karl 497
Baldinger Karl, Wachtmeister 386, 390
Baldinger Karl Arnold 568
Baldinger, Schneider 305
von Balm Rudolf 189
Baltenschwyler Hans Ludwig 608
Baltenschwyler Ludwig 608
Balthasar Wurer, Wbf., Konstanz 207
Balzli Ernst 515
Bamert Joseph 637
Bartsch Arthur 637
Baschnagel Franz 395
Basler Werner 354, 476, 513, 519, 520, 638
Bavier Simeon 315
Bechtinger (Fam.) 221
von Beck Franz Leopold Maria, Can. 184, 185, 190, 215, 325, 610
Beck Marcel 117
von Beckenhofen Ulrich, Can. 604
Beerbohm Ursula 638
Beisler (Fam.) 563
Beisler Kilian 563
Bellmont Joseph Anton 297, 631
Belmont (Fam.) 296
Belmont Johann Baptist, Kaplan 296, 305
Belmont Rosa 296
Belz Walter 150
Bendel Hans 28
Benedikt v. Nursia 175
Benzoni Richard 523
Bercher (Fam.) 228, 563
Bercher Hermann
Berchtold, Abt, St. Gallen 603
Berchtold, Can. 181
Berchtold, Wbf., Konstanz 185
Bergamin Heinz 638, 639
Bergengruen Werner 519
Bernhard von Clairvaux 195
Berta, Schwester Karls III. 127
Berta, Kgn., Burgund 144
Berthold, Gf. 135
Berthold, Kustos 603
Bertola Arnold 221, 607
Bertschi Bernhard 608
Berz Franziska 640
Bessler Johann Emmanuel 211
Bessler von Wattingen Carl Joseph Ludwig, Propst 30, 31, 168, 211, 212, 213, 231, 606
Bianchi Joh. 345
von Bibra Hans Sigismund 381
Bichsel Peter 453
Bidermann (Fam.), Kadelburg 228
Biedermann Ernst 378, 385
Bigler Niklaus 534, 535
Billieux Josef Bernhard, Can. 31, 184, 185, 215

Binder, i. Grünen Berg 365
Binder, z. Ilge 365
Binder Stephanie 639
Bindschädler Jakob 608
Binkert Matthäus 606, 607
Bircher Eugen 379, 394
Birrcher J. G. 342
Bischoff Emil, II
Bischoff Hans, Steinibronnen 186
Bitterkruth Stephan, Can. 198, 205, 209, 629, 630
Blaser (Fam.), Langwiesstrasse 365
Bläsy Jacob 630
Blatter Hans 646
Blum (Fam.) 563
Blum Conrad 563
Blum Hans 563
Blum Susanna 479
Blunschi Franz Michael Maria, Can. 177, 215, 534, 535, 610
Böckli (Fam.) 23
Böckli, i. Verenahof 365
Böcklin Arnold 570
Bodenmüller Beat 633, 634
Bodman (Fam.) 219
Bodmer Heinrich, Landschreiber 37
Bodmer Josef Fridolin, Can. 212, 233, 606
Bodmer Matthäus, Kaplan 202
Bollag Irene 640
Bolliger Otto 519, 637
von Bollingen Heinrich 181, 182, 604
Boltzhurst Stephan 196
Bonhomini Giovanni Francesco 207, 208
Böni Albert 442, 449
Bonjour Edgar 370
Boo Josef 345
Borner Sebastian, Can. 35, 605
Bornhauser Thomas 634
Boscos Dina 639
Bossardt Jürg A. 31
Bossart Franz Josef Remigius, Orgelbauer 32, 228, 609
Bossart/Bossard Franz Xaver, Can. 184, 185, 206, 215
Bossart Michael, Freiburg i. Ü. 613
Bosshard Hans 386
Bosshard Laurencius 288
Bourbaki, General 39, 345, 624
Boutellier Werner 436
Brandenberg Franz Karl, Can. 605
von Brandis Agnes, Äbtissin, Säckingen 152
von Brandis Jakob Andreas 279, 280, 284, 285, 289
Braun (Fam.) 565
Braun (Fa. Spiessshofer & Braun) 398, 426
Braun Curt 426
Braun Hannes 565
Braun Heinrich 565
Braun Herbert 426
Braun Mathis 565
Braun Michael 363

Bregel (Fam.) 563
Bregel Hans, gen. Hanselmann 203, 563
Breitinger Johann Jakob 599
Brem Rolf 523
Brennwald Hans Heinrich 229, 608
Brennwald Heinrich, Chronist 282
Brennwald Wilhelm 608
Breu Jörg d. Ä. 193
Brill, Zollfahnder 384
Brogle Anna 639
Brogli-Ruef Elisabeth 639
Bronner Franz Xaver 37
Brucher Heinrich, gen. Rottenburg 177, 629
Bruckner Albert 164
Bruckner Wilhelm 4
Brugger (Prugker) Johannes, Can. 161, 199, 200, 204, 561
Brune Guillaume 616, 617
Brunhoffer (Fam.), Kadelburg 228
Brunhoffer Verena 233
Brunner (Fam.) 296
Brunner Andreas 639
Brunner Jacob F. 296
Brunner P., Maler i. St. Jakob 621
Brunold-Bigler Ursula 636
Brüschweiler Corina 640
Bruzen de La Martinière, Antoine-Augustin 8
Bucher Jörg 453
Bucher Pascal 639
Bucher Theodor (Zyböri) 512
Büchli Arnold 636
Buchter Heinrich 607
Büeler (Fam.), Kadelburg 228
Büeler Christen, gen. Vögtlin 553
Bugenhagen Johannes 199
Bugmann Franz, Vizeammann 366, 441, 512, 627
Bühler (Fam.) 563
Bühler August, Eichmeister 385, 390
Bühler Fredi 452
Bühler Heinrich 563
Bullinger Heinrich 279, 282, 289
Burckhardt Jacob 189
Burckhart Adelheid (Burckharttim Adelheitt) 559, 561
Burckhart Peter 275
Bürgi (Fam.) 564
Bürgi Henni 564
Burkard Kaspar 491
Burkart (David), Schreiner 150, 294
Burkart Jakob 607
Burkart Johannes 294
Burkart Walter 636
Burkart II. von Randegg, Bf., Konstanz 245
Burkhard Johann Jakob 626
Burkhard I., Markgf. 144
Burkhard I., Hzg., Schwaben
Burkhard II., Hzg., Schwaben 127, 130, 131, 144, 145, 589
Burkhard III., Hzg., Schwaben 144
Burkhardt/Burkhart/Burkart (Fam.) 227, 296, 301, 565
Burkhardt E., Kolonialwaren 621

Burkhardt Emil 568, 569, 646
Burkhardt Hans Heinrich 609
Burkhardt Jakob 568
Burkhardt Johann Heinrich 565, 609
Burkhardt Johann Jakob 218, 624, 627
Burkhardt/Burkhart Johann Rudolf, Pfr. 229
Burkhardt Johannes 302
Burkhardt-Bühler Anna Maria 568
Burkhardt-Welti Marie 639
Burkhart Felix 609
Büttner Heinrich 120

C

Caesar Caius Julius 62, 65, 66, 67, 329
Cappeler Carl 323
Carigiet Zarli 521
Carl/Karl Borromäus, Bf., Mailand 207, 210, 222
Celtes Conrad 4
Certus 3, 4, 49, 67, 68
Cheremon 581
Christianus Caminada, Bf., Chur 576
Christmann Hans 610
Chunz s. Kunz
Clara von Baden 152
Claudius 89, 93, 94, 103
Cleinannli, Zurtzach 559, 561
Conrater Lucas 198, 605
Constantius II. 88, 103
Corneli J. 633
Cotenius 100
Cramer Charles 431
Cromb Jakob Sebastian 610
Csucker Silvia 639
Cyprian von Karthago 582, 583
Cysat Renward 163

D

Dambach (Fam.) 228
Dambach S. (Jakob), Müller 621
Dätwyler Heinz 454
De Buchse (Fam.) 563
De Buchse Johannes 563
De Conto Elzi 364, 511, 512
De Conto Nello 364
De Croaria Johannes, gen. Sattler 178, 192, 245
De Gerlicoven Heinrich 604
De Haan Gerrit J. D. 609
De Krychenbekk Johannes 629
De Luca Libero 521
De Martin-Panna Andres 345
De Sede (Fa.), Klingnau 411
De Urza s. de/von Zurzach
De Wincilun Petrus 186
Decius 550
Deck Otmar, Can. 199
Desarzens-Wunderlin Eva 193
Dettinger Matthäus 630
von Deüring Ferdinand Anton, Can. 169, 184, 185, 294 (?)
von Deüring Joseph Leopold Maria, Can. 184, 185, 215, 306

Deusser Antonie 36
Diebold Joseph 303
Diebolder Paul 607
Dieth Eugen 529
Dietschi (Fam.) 23
Dinglikofer Augustinus, Can. 211, 232, 605
Dinkelstein (Fam.) 564
Dinkelstein Heini 564
Diokletian 49, 581
Disch Alfred 386
Disteli Martin 634
Dold Adelheid 272
Dolder Fred 431
Doldi (Doldin)/Dolde/Tolde (Fam.) 29, 227, 296, 565, 613
Doldi (Hans Jakob?) 309
Doldi Samuel 300
Doldin Fridolin (Fridli) 613
Doldin Hanns 613
Dorer Anna Elisabeth Franziska 213
Doswald Cornel 313
von Döttingen Berchtold 604
von Döttingen Ortlieb 604
Döttinger Uhli s. Uhli
Drack Walter 520
Dreher Franz 476, 633, 634
Dreyfus Matias 491
Dreyfuss J. B., Lederwarenfabrikant 621
Drusus 66, 95, 102
Düggelin/Düggeli Jos. Fridolin, Can. 34, 184, 294, 305
Duns Scotus 195
von Dürrheim Johann Friedrich, Can. 169
Dutli-Rutishauser Maria 516

E

Eberhard II. von Waldburg, Bf., Konstanz, 134, 135, 241, 603
Edel Roman, Abt, St. Trudpert 39, 222
Edelmann Andreas 453
Edelmann Beat 454, 627
Edelmann Margrit 449
Edelmann Walter 423, 426, 442, 443, 446, 447, 448, 449, 450, 453, 454, 455, 522, 569, 625, 627, 628, 644, 645
Edith/Edgith, Frau Ottos I. 145
Edlibach Gerold 205, 209
Edlibach Jakob, Propst 205, 209, 210
Edlibach Johannes 205
Edlibach Ludwig Pellegrin (Bilgery), Propst 174, 208, 209, 210, 269, 271, 273, 275
Edward, Kg., England 145
von Egbottingen Wielandus, Can. 629
Eggenberger Ruth 640
Eggspühler Franz Xaver 626, 627, 628
Egli Hans 521
Egli Otto 521
Egli Raphael 229
Eichenberger Johann Jakob 473, 638
Eichhorn Joachim, Abt, Einsiedeln 209
Eipper Ulrich C. 522

Ekkehart IV., St. Gallen 135
Elisabeth von Bayern, Frau Hzgs. Otto 190
Elisabeth, Wwe. Kg. Albrechts I. 189
Ellend (Fam.) 564
Ellend Konrad 564
Elsasser (Fam.) 564
Enderle-Jehle Adelheid 151
Eng-Nyffenegger Rosmarie 639
Engel Andrea 640
Engel Viktor 431
Engeler Hans Jakob 608
Engeler Ulrich 608
Engelhardt Rudolf, Can. 561
Engesser/Engisser (Fam.) 296, 566
Engesser Christoph 566
Engesser Matthias 566
Engesser Moritz 552
Erasmus von Rotterdam 208
Erb Dionys 639
Erb Hannelore 523
Erb Martin 364, 440, 441, 442, 443, 447, 451, 453, 512, 513, 514, 569
Erchanger, Gf. 135, 144
Erne Josef 351
Erni (Fam.) 564
Erni Irma 638
Ernst Johann 355
von Eschenbach Walter 189
von Eschenbach Wolfram 152
Escher Alfred 360, 370, 571
Escher Conrad 37
Escher Hans Conrad 232
Escher Lydia 571
von Escher Nanni 511
Eschler Max 195
Essich Werner, Propst 190
Etienne Georges 477
Etter Philipp 378
Eucherius von Lyon 581
Eugippius 116
Eusebius von Caesarea 581
Euster/Eugster Nikolaus s. Oenster Nikolaus

F

Fabbres Max 345
Faber (Fam.) 564
Faber Burkard 564
Fabia, Tribus 67
Faes-Bürkli (Fa.) 345
Falb Severus 608
Falk/Falck Christoph, Can. 34, 629, 630
Fankhauser Roman 502
Fäsi Hans Rudolf 608
Federer (Fam.) 634
Federer, Rektor 634
Feiss Johann, Can. 205
Felder Peter 31
Felix und Regula 54, 55, 125, 153
Felwer/Felber (Fam.) 560, 562
Felwer Ambrosyus 559
Felwer August Georg 630
Felwer Cleinelsy 559
Felwer Hans 559

Felwer Verena (Ferena) 559
Feurer Elisabeth (Liseli) 430
Feurer Johannes, gen. Röslin, Can. 23, 177, 208, 605, 609, 610, 629, 630
Finsterwald/Vinsterwald s. Widemer dictus V.
Fintan 126, 133
Fischer (Fam.) 227, 340, 508, 566
Fischer Hans 447, 453
Fischer Hans Jacob 488
Fischer Heinrich 302
Fischer Josef 607
Fischer Kurt 526, 627, 639
Fischer Walter 15, 441, 513, 514, 516, 521, 522, 569, 637, 638
Fischer Werner 364
Fleischhauer Ulrich 380, 386
Flück Bendicht 639
Fluri Linus 454
Fonjallaz Arthur 380, 387
Forster Barbel 608
Forster Jakob, Can. 605
Foster David 454
Frankfurter David 380
Franz Jean, Lederhandlung 621
Franziskus von Streng, Bf., Basel 517, 518
Frefenrotzig Heini 599
Frei siehe Frey
Frei-Stolba Regula 67, 68
Frey (Fam.) 177, 228, 296, 566
Frey, Dekan Schneisingen 214
Frey, Küfer 306
Frey, Schulinspektor 471
Frey Adolf, Fürsprech 569, 627
Frey Adolf, Glaser 621
Frey Alois 626
Frey Ambros, Schreiner 30, 31
Frey Ambros, Maurer, z. Güggel 621
Frey Andreas, Krone, Rekingen 500
Frey Conrad 553
Frey Dominik 357
Frey Emil, Baselland 634, 644
Frey Engelbert 539
Frey Ernst 22, 25, 26, 369
Frey Franz Xaver 500?, 626, 627
Frey Gabriel, Can. 199
Frey Georg Ignaz, Stiftsverwalter 215, 309, 610
Frey Hans Ulrich 294
Frey Heinrich 552
Frey Heinrich, Müller, Rekingen 500
Frey Heinrich, Propst, Baden 219
Frey Herbert 502
Frey Jakob (Jogeli) 553
Frey Januarius (Paul), Abt, Rheinau 569
Frey Johann, Can. 205, 209
Frey Johann, Lehrer 630
Frey Johann Joseph 569
Frey Johann Kaspar, Can. 208
Frey Josef 365
Frey Josef, Regierungsrat 218, 610, 626, 628
Frey Josef Anton 610
Frey Karl 626, 627
Frey Kaspar, Lehrer 630

Frey Leopold, Bäcker 621
Frey Magdalena 569
Frey Nikolaus 610, 630
Frey Paul, Kanzlist 500
Frey Peter Karl 610
Frey Robert, Bäcker 621
Frey Sophie, Modegeschäft, z. Ob. Schwanen 621
Frey Verena 539
Frey Xaver, Advokat, Gerichtsschreiber 300
Frey Xaver, Zimmermeister, z. Widder 621
Frey-Biel Marei 639
Frey-Welti Mina 639
Fridolin 125 f., 133, 151, 152, 156, 159
Friedrich III., Ks. 179, 190, 191, 246, 259, 284
Fries Hans, Freiburg i. Ü. 195
Fritschi (Fam.) 564
von Froburg Gfn. 9
von Froburg Sophia 151
Fuchs Alois 634
Fuchs Andreas 208
Fuger Anton 178
Füglistaller Leonz 472, 633
Fulgentius 30, 173, 178, 211, 215, 630
Füllemann Karl 33, 477, 607, 609, 638
Furrer Anna Barbara 570, 571
Furrer Jakob 571
Fürrer Leo 394, 398, 514, 520, 625
Füssli Johannes Melchior 32

G
Gaier Laura 627
Gaier Marianne 640
Gallus 153, 168, 198, 306, 551, 598
Gambs Lucius 31
Gams Bernardin, Can. 606
Gantner Frank 626
Garonne Alexis 635
Gasser Claudia 639
Gasser J. 635
Gassmann Alfred Leonz 393, 502, 511, 512, 513, 516, 637
Gebel Hans (Johannes Anastasius) 610, 630
Gebhard, Gr., Lahngau 144
Gebhard II., Bf., Konstanz 132
Gemperlin Johann Georg 208
Genämin (Gnehm) Adelheid 273
Gentsch Werner 638
Geograph von Ravenna 4
Georius 629
Gerberga, Frau Hzg. Hermanns II., Schwaben 130, 144
Gering Hans Kaspar 630
Germanicus 66
Germann-Jahn Charlotte 448, 523
von Geroldseck Diepold 607
Gerster Alban 116
Gertrud, Frau des Rudolf von Giel 150
Gervasius und Protasius 119
Gerwer Gabriel, Bülach 229
Gessler/Gassler/Gesner (Fam.) 195, 296, 566
Gessler Anton, i. Weissen Bärli 500
Gessler Emma 478, 640
Gessler Stoffel (Christoph) 51, 566
Geuenich Dieter 135
Gfrörer Johann Nepomuk 468–471, 631
Giel Ritter Rudolf 150
Giezendanner Kurt 638
Giger, Pfarrer, Frutigen 634
Giger, Pfarrfrau, Bözberg 482
Giger Emil 636
Giger Leo, Bäckermeister 365, 390
Girod Dirk 522, 525, 638
Girtanner, Photograph z. Pfauen 621
Girtanner Anton, Lehrer 635
Gisela, Frau Ks. Konrads II. 145
Gisela, Äbtissin, Waldkirch 144
Gisler Kaja 517
Glanzmann Alice 639
Glanzmann Hans 639
Glattfelder (Fam.) 564
Glattfelder Oswald 575
Goebbels Joseph 386, 392
Goelin (Fam.) 564
Goelin Heinrich 564
Golder Hans, Luzern 286, 288
Göldlin Franz Bernhard, Propst, Beromünster 216, 633
Goldschmid Heinrich, Seuzach 229
von Gonzenbach Wilhelm 442
Göring Hermann 386
Gösi Johann 626
Gotthelf Jeremias 152
Graf (Fam.) 564
Graf, Chauffeur 430
Graf Peter 564
Graf Urs 196
Grafenried Niklaus 195
von Graffenried Franz Ludwig (Franz Ludowic von Grafenried) 275, 313, 334
Granella Viktor 446
Grebel Hans, Zürich 200, 203, 205
Grebel Hans Jakob 211
Gregor d. Gr., Papst 202
Gregor X., Papst 212
Gregor XIII., Papst 328
Grenacher Karl 525
Greuter/Greutter Christoff 158, 605
Griff Johannes 483
Grimli (Fam.) 564
Grimli Clewi 564
Grimm Robert 365
Grimm Ulrich 609
Grob Emil 477
Grob Hans Jakob 609
Grob Johann Jakob 486, 609
Gros Eva 640
Gross/Gros (Fam.) 227, 228, 296, 566
Gross, Rieten (Rietheim) 203
Gross, Vater d. Joh. Jakob, Chirurg 489
Gross Friedrich, Lehrer 229
Gross Friedrich, Metzger (z. Feder) 621
Gross Gottlieb, Bäcker 621
Gross (Hans Jakob) 309
Gross Hans Jakob (Jogli) 552, 553
Gross Heinrich, i. Elefanten 309
Gross Heinrich, Knopfmacher 294
Gross Heinrich, Schwertwirt (1674) 553
Gross Heinrich, Metzger 621
Gross Jacob 553
Gross Johann Jakob 489
Gross Johann Ulrich 627
Gross Johannes 39
Gross Martin 34
Gross Ulrich, Gerichtspräsident 569, 626
Gross Ulrich, Metzger, z. Rössli 233, 500, 621
Grüninger (Fam.) 564
Grüninger Mathias 279
Grüninger Peter 564
vom Grüth Christoph 316
Grütter Paul, Weinhändler 390, 512
Gschwind, Apotheker 634
Gubler Johannes Theodericus, Propst 31, 215, 217, 294, 305, 306, 606
Gugeli (Fam.) 566
Gugeli Georg 566
Gugeli Niklaus 566
Guggenheim (Fam.), Kleidergeschäft 365
Guggenheim Florence 329
Guggenheim Marigs u. Baruch 491
Guggenheim M. B., Schuhwaren 621
Guggenheim Moses Joseph 490, 491
Guilliman François 3, 4
Guin (Fam.) 564
Gundelfinger/von Gundelfingen (Fam.) 163, 192
Gundelfinger Heinrich, Can., Beromünster 163
Gundelfinger Mathias, Can. 144, 162, 163, 164, 177, 518, 609, 610
Gundelfinger Nikolaus 169, 192
Gundelfinger Nikolaus, Propst, Beromünster 163
Güntensperger Rita 639
Guntram der Reiche 187
Gustloff Wilhelm 380, 381, 386, 392
Gut Georg 186
Gutknecht Hans 609
Gutmann Wilhelm 386–388, 395
Gyger Hans Conrad 8

H
Haag Hugo 478, 606
Haberer (Fam.) 564
Haberer Uli 564
Habsburger (Fam.) 134, 147, 187, 190, 242, 279
Hädersch Conrad 610
Hadewig 144
Häfeli (Fam.), Uhrmacher 365
Häfeli Josef, Weinhandlung z. St. Georg 621
Häfeli Leo 607
Häfeli Otto 644
Häfeli P. Philipp Nereus, Can. 606
Hagenbuch Johann Caspar 51
Hagnauer Hermann 50, 52, 82, 83, 86, 350, 500, 634
Halder Nold 8
von Haller Ludwig 52
Hänggi René 69, 71, 73, 75, 78, 79
Hanhart 53
Hans, Engelwirt 202
Hans Uolrich (Autenried?) 559, 561
Harder/Harter Kaspar, Can. 208, 605
Härdi Susanne 640
Hardmeier Rudolf 609
Harries Gert 456
Harsch Gustav, Apotheker z. Salmen 621
Hartinger Richard 456
Hartmann Martin 69
Hasgall Salomon 345
Hass Ursula 644
Hässig (Fam.), i. Frohsinn 365
Hatt (Fam.) 365
Hatt Alfred 512
Hatto III., Abt, Reichenau 128, 163, 581, 583, 584
Haubrichs Wolfgang 133
Hauenstein Friedrich, Schuhmacher, z. Tiger 500
Hauenstein Hans (Johann) 627, 636
Hauenstein Johannes, Maler 32, 33, 39
Hauenstein Louise 639
Hauenstein Monika 638
Haug (Fam.), Kadelburg 228
Haupt Melchior 483
Hauser (Fam.) 296, 566
Hauser Adolf 500, 627
Hauser Alois 525
Hauser August, Lt., Leuggern 500
Hauser Baltz 294
Hauser Casimir 35
Hauser Erich 26
Hauser Ernst 637
Hauser Franz, Bäcker 621
Hauser Franz Carl Johann Nepom., Can. 184, 185, 190, 215, 325
Hauser Franz Heinrich, Maler 569
Hauser Fritz, Kolonialwaren 621
Hauser Hans 566
Hauser Heinrich, Maler 216, 320
Hauser Heinrich, Wirt z. Dürrenast (Anker) 298
Hauser Johann Xaver 569
Hauser Kasimir 294
Hauser Peter 639
Hauser-Gassler Susan 640
Hauser-Keller Hedy 529
Hausherr Paul 379, 383
Häusler Karl 33, 609
Häusler Walter 502
Hauswirth Walter 638
Hawranek (Rudolf) 395, 396, 398
Hebel Johann Peter 545
Hediger Kurt 522
Heep Matthias 525
Heer (Fam.), i. Thiergarten 365
Heer Joachim 370
Heer Leonz, Can. 218, 632

Heer Roman 631
Heierli Jakob 51–54, 83–85, 114
Heinrich, Hzg., Bayern 145
Heinrich, Magister 629
Heinrich, Mönch 144
Heinrich, Wbf., Konstanz 184
Heinrich I., Kg. 145
Heinrich I. von Tanne, Bf., Konstanz 134, 135
Heinrich II. von Klingenberg, Bf., Konstanz 17, 136, 137, 139, 241
Heinrich III. von Brandis, Bf., Konstanz 152, 182, 219, 241, 467
Heinrich, gen. Spichwart, Propst 191
Heinrich von Hewen, Bf., Konstanz 207
Heinrich von Rotteneck, Bf., Regensburg 161
Hemmerli Felix 190, 196, 197, 576
Henke & Co (Fa.), Stein a. Rhein 411
Henle Andreas, Baumeister 621
Henne Anton 634
Henny Gebhard 609
Herenberg Ulrich, Can. 169
Hergert Max 511, 512
Herman (Fam.) 564
Herman (Fam.), Kadelburg 228
Herman Clewi 564
Hermann der Lahme 133
Hermann der Schulmeister 629
Hermann I., Hzg., Schwaben 127, 130, 144, 146, 150, 591
Hermann II., Hzg., Schwaben 130, 144, 147, 595
Hermann III., Hzg., Schwaben 144
Hermann Johannes Theodoricus, Propst 168, 170, 210, 211
Hertzog 228
Herzelaude/Herzeloyde 152
von Herznach Freiherren 148
Herzog Hans 329
Herzog Heinrich 632, 633, 634
Herzog Johannes 470, 632
Heschlerin Maria Magdalena 271
Hess Rudolf 645
Hesse Christian 193
Hessig (Fam.), Kadelburg 228
Heuberger Jakob, Fürsprech, i. Höfli 621
von Hewen Friedrich, Can. 192
Heyl/Heil Heinrich, Can. 169, 170, 201, 203, 273
Hidber Alfred 85, 293, 525, 526, 554
Hilarion Tzirithon 131
Hildegard, Schwester Karls III. 127
Hildenbrand Adolf 522
Hildering Hans 525, 638
Hiller Ferdinand 501
Hiltbrunner Hermann 519
Hiltpold, Lengnau 604
Himmelreich Hans-Erich 638
Hinterkircher Joseph Maria 631
Hirt (Fam.) 296, 309, 566
Hirt, Schreiner z. Löwen 621
Hirt Hans Heinrich 566
Hirt Hans Jacob 294

Hirt Heinrich 294
Hirt Jakob (Hirtt Jacob) 552, 566
Hirt Johannes 302
Hirt, Schuhmacherin 294
Hirt, Spinnerin 294
Hirzel 597, 608
Hitler Adolf 370, 371, 377–379, 381, 382, 385, 388, 389, 390, 392, 513
Hitto, Mönch 123, 125
Höchle Matthäus, can. 472, 609, 631, 632
Hochstrasser Elisabeth 568
Hofer Gustav 391
Hofmann, Theaterdirektor 483
Hofmann Alfred, Polizist 399
Hofmann Hans 445
von Hofmannsthal Hugo 522
Hoggenmüller (Fam.), i. Storchen 365
Hohenbaum van der Meer P. Mauritius (Moritz) 161, 214
Hohl Jakob 609
Höhn Johannes 39, 332
Holander (Fam.) 296
Holander Verena 294, 296, 309
Holbein Ambrosius 238
Holderbank, Cementfabrik (Fa.) 425
Hölderli Hans 203
Holdermeyer Jost 210
Holdermeyer Nikolaus, Propst 208, 210
Holenstein Thomas 426
Holleger Johann 345
Hollinger Elisabeth 570
von Homberg Gfn. 148
Honegger Johannes, Propst 170, 211
von Hornstein Joseph Friedrich Casimir Maria, Can. 184, 185, 213
von Hornstein Maria Anna Francisca Josepha Johanna, Äbtissin, Säckingen 185
Hort Erwin 454
Hottinger Klaus 202
Hotz Theo 453
Hötzli (Fam.) 564
Hötzli Heinrich 564
Huber Elsbeth 609
Huber Hans 627
Huber Hans Jörg 453, 627, 628
Huber Hans Kaspar 608
Huber Heinrich Leonz, Can. 218, 632
Huber Johann Laurenz, Propst 51, 165, 176, 177, 182, 184, 186, 187, 194, 197, 200, 201, 214, 216–218, 225, 226, 231, 232, 269, 315, 334, 336, 365, 474, 475, 562, 606, 629, 632, 634, 635
Huber Johann, Lehrer 639
Huber Marlies 638
Huber Marx 608
Huber René 626
Hubmeyer/Hubmaier Balthasar 202, 203, 229
Hübscher A. L. 639
Hug (Fam.) 564
Hug Hans 564
Hug Johannes 302

Hug Ulrich 564
Hugo von Hohenlandenberg/Landenberg, Bf., Konstanz 173, 193, 198, 201, 207, 244, 245
Hulweg (Fam.) 564
Hulweg Hans, s. Pfister Hans 564
Humbel Ernst 626
Hunfridinger (Fam.) 144
Huser Gregor, Can. 23
Huser Konrad 203
Hüsser Peter 54, 85, 86, 513, 514, 637
Huwyler Kaspar, Can. 170, 206, 232, 605

I

Ida, Tochter Hermanns I. und der Reginlinde 145, 147, 150
Ihmenhaber Jakob 605
Imhof Johann Melchior 605
In der Gand Hanns 512
Indermühle (Fam.) 428, 429, 627, 643, 645
Indermühle Alfred 428
Indermühle Emil 428, 441
Indermühle Hans 428
Indermühle Roland 428
Indermühle Werner 428, 627
Innozenz VIII. 245
Iringer/Yringer (Fam.) 566
Iringer Clemens 37, 566
Irmengard, Schwester Karls III. 127
Isaak Joseph August 633, 634
Iseli Marcel 454, 625, 627
Iselin Emanuel 317, 318
Isenard, Patriarch von Antiochia 184
Isenburg (Fam.) 564
Ita, Frau des Ratbot 187
Iten Albert 206

J

Jakob Fugger, Bf., Konstanz 168
Jakob Maria Barbara 569
Jang Johannes, Can. 209, 605
Janser Johannes Balthasar, Can. 169, 199
Janser Stephan 502, 636
Jaquet Alfred 431
Jauslin René 437
Jawurek, Frau i. Kindli 365
Jawurek Josef 364
Jeger Balthasar 610
Jehle Adolf 476, 513, 638
Jenner Abraham, Landvogt 213
von Jestetten Adelhait 181
von Jestetten Anna 181
von Jestetten Hartmann 181
von Jestetten Marquart 181
Jetzer (Fam.), i. Weissen Haus 365
Jetzer Hans, Vater des Johannes 194
Jetzer Johannes 194–196
Jetzer Mechtild 186
Jetzer Sebastian 345
Johann, Can. s. Schmid Johann

Johann Franz Anton von Sirgenstein, Wbf., Konstanz 212
Johann, Hzg., Österreich 139, 140, 188
Johannes Paricida 139, 188, 189
Johannes von Waldburg-Wolfegg, Bf., Konstanz 169
Jöhl Ella 388, 389, 393
Jörg Ruth 533
Josef Anton Salzmann, Bf., Basel 216, 217
Juchler/Juchsler/Jauchler (Fam.) 227, 296, 566
Juchler (Hans Ulrich), Schuhmacher 294
Juchler Jakob 276
Jucker-Graf Jean 514
Judith 145
Julius II., Papst 179, 187, 194, 200, 201, 202, 241, 263, 265, 607
Justinian 577

K

Kadelburg (Fam.) 564
Kägi AG (Fa.) 411
Kägi Paul 442
Kaiblin Nicolaus 604
Kaiser/Keiser/Keyser (Fam.) 23, 203, 227, 296, 566, 575
Kaiser (Fam.), Uhrmacher 365
Kaiser Adolf 278
Kaiser Conrad 566
Kaiser Hans 566
Kaiser Sigmund, Eisenhändler, z. Grossen Bären 621
Kalt (Fam.), i. Agathahof 365
Kalt Alfred 441
Kalt Emil 626
Kalt Hans 626
Kalt Josef Michael, Koblenz 500
Kalt-Strasser, i. Zitronenbaum 365
Kamberger Philipp 198, 605
Kambli Hans, gen. Kleinhans 203
Kammerer Hans 150
Kappeler/Capeller (Fam.) 203, 204, 221, 227, 294, 566
Kappeler Andreas, Bäcker, z. Blume 621
Kappeler Hans 566, 575
Kappeler Heinrich 300, 632
Kappeler Johann 39, 626, 627, 635, 638
Kappeler Johann Jakob 302
Kappeler Mathias 357
Kappeler Ulrich 566
Karl, Erzhzg., Österreich 190, 322, 325, 326, 616
Karl III., Ks. 125, 126, 127, 128, 134, 144, 161, 163, 239, 602
Karl IV., Ks. 263
Käser Hans 482
von Kastell Albrecht, Propst 190
von Kastell Diethelm, Abt in Petershausen, später Reichenau 191
Kastler s. Wick
Katharina, aus Sellanden 187

Kaufmann Willy 522, 524
Keel Otto 389, 390
Keigler (Fam.) 564
Keigler Hans 564
Keiser Annemarie 523
Keller (Fam.) 227, 296, 566
Keller, Bettelvogt 294, 301
Keller, Friedensrichter 634
Keller, Schuhmacher 294
Keller Arnold 502
Keller Augustin 474, 475, 571, 634
Keller Clemens 553
Keller David 302
Keller Dominik 332, 606
Keller Elise 639
Keller Ferdinand 3, 51, 52, 67, 82
Keller Franz Xaver 606, 620
Keller Fridolin 608
Keller P. Georg Viktor, Can. 216, 472, 606
Keller Gottfried 152
Keller Gottfried, Eisen-Keller 365
Keller Hans Rudolf 443, 446, 447, 449, 453
Keller Heinrich, Bäcker, z. Luft 500
Keller Heinrich, i. Freiburgerhaus 500
Keller Johann, Propst 190–192, 227, 296, 351, 566
Keller Johannes, auch Schulthess J. 565, 610
Keller Johannes, Taglöhner 294
Keller Johannes, Hauptmann, z. Taube/ Lilie 39
Keller Martin 563
Keller Max Leo 380
Keller Mirjam 477
Keller Nikolaus (Niklaus) 22, 299
Keller Paul Johann (Jonas), Can. 631
Keller Theodorich 305
Keller-Michel Ruth 639
Keller-Spuler Annemarie 498, 640
Keller-Spuler Franz 477, 524, 625, 627, 637
von Keller Adelbert 277
Kemmler Max 431
Kern Richard 606
Kessler (Fam.) 564
Kessler Cläwi (Niklaus) 564
Kettiger Johann 634
Keusch Martin 377, 384, 385, 386, 388, 389, 392, 393, 394, 399, 400, 441, 442, 513, 520, 624, 625, 627
Keusch Rosmarie 640
Khüene Georg Josef Anton, Can. 184, 185
von Kiburg Gfn. 242
Kilchsperger Rudolf 608
Kising Uwe 638
Kistler Jost 453
Kleiner Hans 627
Kleinert Eduard 637
Klemens VII., Papst 191
von Klingen (Fam.) 135, 147, 152
von Klingen Walther (Waltherus nobilis de Clingen) 220, 241 – Walther u. Sophia, Stifterpaar 152

von Klingnau Johannes, Can. 604
Knecht (Fam.) 228, 566
Knecht, Lok.-Führer 430
Knecht Anton 638, 639
Knecht Hans Ulrich 566
Knecht Johann Nepomuk 607
Knecht Konrad 566
Knecht Mathilde 639
Knecht Thomas 302, 638
Knopf (Fam.) 564
Knopf Jos 564
Knöpfel André 606
Koch Albert 452
Koch Karl 626
Köchli Viktor 639
Köferli/Köfferlin (Fam.) 552, 566
Köferli Hans Uli 566
Köferli Joh. Bernhard 610
Köfferli Johann Heinrich 488
Köfferli Kaspar Franz Xaver 488
Kohler Johann Kaspar 148
Kollbrunner Emil 635
Kollbrunner Lea 640
Koller Johann Joachim 610
König, Johannes Jodocus, Can. 182, 206
Konrad, Bf., Konstanz, der Heilige 193
Konrad, Dompropst, Konstanz 603
Konrad, Kg. Burgund 130, 146, 147, 590, 595
Konrad I., Kg. 163
Konrad I., Hzg., Schwaben 144
Konrad I., Kg. Burgund 130, 144, 146
Konrad II., Ks. 145
Konrad von Klingenberg, Bf., Freising 180, 184
Konrad von Tegerfelden, Bf., Konstanz 192
Konradiner (Fam.) 144
Köpfli Markus 639
Kopp Bernath 271
Kopp Joseph Eutych 182, 472, 632, 633
Kosakowski Uta 639
Kost Stefan 639
Kraft Konrad 77
Krähenbühl 451
Kramer Cyrill 626
Kränzlin Michael, Can. 170, 205, 206
Krauer Ernst 431
Kraus F. D. 175
von Krenkingen (Fam.) 134
Kreyenbühl Johannes 635
Krieger Walter 638
Krieger-Bächli Margrit 639
Krüger Clemens 638
Kübler Ferdinand 437
Kuchimann (Fam.), Kadelburg 228
Küfer (Fam.) 564
Küfer Jakob 564
Kuhn P. Albert, Einsiedeln 221
Kündig Arnold 477, 626, 627
Küng Helene 638
Künzli Wilhelm, Gerber, Leder- handlung 621
Kussel, Jude 484

Küssenberg (Fam.) 564
von Küssenberg (Fam.) 134, 259, 564
von Küssenberg Heinrich 135, 139, 203
Kuster Albert 512
Kutter Markus 319

L

Labat (Labhart?) Hans Jakob 484
Lacher Georg 630
de Lacte Johannes 193
Lämmli Karin 639
Lamprecht Johannes, Can. 182
Landelous, Bf., Basel 148
Landenberger Johann Kaspar, Can. 205
Landenberger Martin, Can. 205
Landolt Barbara 274
Landolt Beda 627
Landwing Wolfgang Anton 206
Lang (Fam.) 564
Lang Casper 483
Lang Hans 564
Lantwin (Fam.) 192
Lanz Elisabeth 478, 640
Lanz Ernst 364, 368
Lanz Max 430
Laube (Fam.), i. Weissen Haus 365
Laube Anna 507
Laube Beatrice 639
Laube Karl, Bankdirektor 441
Laube Karl, Gerichtspräsident 441, 626–628
Laurer/Louberer/Loubrer (Fam.) 566
Laurer Andreas 629
Laurer/Louberer Degenhart 566
Lauby Joseph 274, 275
Laur-Belart Rudolf 54, 85
Laur-Boesch, Agnes 507
Laurentius, Lehrer 630
Lazzari Enzo 638
Le Corbusier 391
Lecourbe, General 327
Lee Heinrich 561
Lee William 298
Leimbacher Herbert 639
Leimbacher Markus 453
Leimbacher Ruth 639
Leimgruber Kaspar 634
Lengnau/Lengnow/Lengnang (Fam.) 564
Lengnau Cunrad 564
Lengnow Hans 564
Lengnang Hypolitus 193
Lenz Max Werner 568
von Lenzburg Gfn. 134
Leonhardt Ernst 379, 386, 392
Lesch Walter 568
Letter Kaspar 159, 189, 206, 570
Leu Johann Jakob 258, 562
Leuchlin Christophorus 605
Leuthold & Hauser, Kolonialwaren, z. Grünen Berg 621
Leuthold Paul Friedrich (Fritz) Jakob 569
Leuzinger René 645

Lew/Leu? (Fam.) 566
Lew/Leu? Bartholomäus 566
Lewrer Heinrich 561
Lidringer Johannes, Propst 192, 197, 199
Lienhard Hans 502
Lienheim (Fam.) 564
Lienheim Johannes 564
zur Linden Johann 604
Lindenmann 310
Lindner, Schauspieldirektor 483,
Linggin Barbara 559, 561
Lippl Alois 522
Lipp/Lips/Libs (Fam.) 566
Lips/Libs Geörg 552
Lips/Libs Ursula 570
Liudolf von Schwaben 145, 150
Liutpoldinger (Fam.) 145
Liuthart, Mönch 123, 125
Liutward, Bf., Vercelli, Kanzler 602
Lobeck Konrad 539
Locher Robert 607
Loepfe Edmund 524
Lorenz Karl Otto 626
Lorenzana-Uehlinger Stefanie 638
Lory Martin 597
Lös Leonhard, Can. 197
Loubrer/Louberer Sebald 630
Löubli Ludwig 196
Lubetsch Johannes, Can. 604
Lübke Wilhelm 568
Lucius Ferridius Balbus 106
Lucius Ferridius Felix 105
Lude (Fam.) 84
Ludwig der Deutsche, Kg. 125, 126, 148
Ludwig der Fromme, Ks. 125
Ludwig das Kind, Ks. 128
Ludwig IV., Kg., Frankreich 130, 144
Ludwig von Freiberg, Bf., Konstanz 192
Luftmeier 23
Lullwegk Hans s. Pfister Hans, gen. Hulweg
von Lupfen Eberhard Frh. 139
Lüscher Heinz 626, 644
Luther Martin 229, 287
Lütschg Melchior 634

M

Magnentius 103
Mallaun Josef 384
Mallaun Karl 364, 368, 384, 385, 386, 387, 388, 389, 391
von Mandach/de Mandacho (Fam.) 9, 23, 37–39, 192
von Mandach Heinrich 37, 192
Mandli (Fam.) 228
Manuel Hans-Rudolf 278, 282, 483, 599
Manuel Niklaus 278, 600
Manz Georg, Propst 209
Marchal Guy P. 165
Marcus 67
Margrett, z. Wider 559, 561
Märki Hans 645

Martinus von Troppau (Polonus) OP, Bf., Gnesen 198
Marx Sittich von Hohenems, Bf., Konstanz 210
Masséna André 616, 617
Matern der Hundtschlacher 484
Mathé Piroska 301
Mathilde, Äbtissin, Essen 145
Mathilde, Frau Konrads von Burgund 130, 144
Matthias Stephan 609
Matzinger (Fam.) 564
Matzinger Cunrad 564
Mauchle Jeannine 640
Maurer Emil 156, 645
Maurer Ernst 436
Mauritius 148, 153, 161, 214, 215, 221, 570, 581, 582, 583, 586. S. auch Zurzach, Kirchlibuck
Maximian/Maximianus 581
Maximus 581
Mechthild, Schwester 187
Meier (Fam.) 564
Meier (Fam.), Papeterie, Schwertgasse 365
Meier (Fam.), Rekingen 221
Meier Arnold 635
Meier Burkard 169
Meier Emil, Fuhrhalterei 428, 511
Meier Franz Xaver, Kaplan 34, 39, 328, 353, 501, 631
Meier Fritz 364
Meier Hamma 195
Meier Heinz 54
Meier J., Lehrer 633
Meier Jakob 380
Meier Johann 484
Meier Johann Jakob 634
Meier Johann Kaspar, Untervogt, Architectus zuo Megenwyl 311
Meier Julius (Fa.) 429, 635
Meier Markus 638
Meier Marti 564
Meier Paul 523
Meier Wälti genannt Seiler Wälti 563, 564
Meier-Hunziker Anita 639
Meister (Fam.), Sonne 365
Mendlin Johann Jakob 631
Mengaud Joseph 324, 325, 616, 617
Merian Matthaeus 3, 7, 8, 21, 28, 34, 118, 167, 251, 257, 261, 267, 268, 269, 272
Merki Elisabeth 609
Merler Albrecht 194
Merz Joachim 605
Merz Walther 8, 631
Messerli Louis 390
Mettler Josef Anton Maria, Can. 184, 185, 294, 305, 306
Metzger (Fam.) 221
Meyer s. Meier
Milcher Ulrich, Can. 574
Mildenberger, Adolf 383, 384
Miller Jakob 207
Minet (Fam.) 364

Minet Franz, Möbelfabrik AG (Fa.) 368, 432–434
Minet, Fürsprech 389
Minet-Bächli Ruedi 434
Minet-Hess Oskar 433
Minet-Isler Ernst 433, 434
Minet-Wyser Oskar 434
Mittelholzer Walter 19
Mittler Johann, Kupferschmied, Burg? 621
Mittler Otto 297
Mochwang Johannes, Propst 191
Modestus 105, 106
Mohr Heinrich, Propst 217, 218, 606, 632
Montchoisy 616, 617
Montfort-Feldkirch (Fam.) 190
von Montfort Friedrich I., Dompropst, Chur 190
von Montfort Heinrich, Gf. 190, 192
von Montfort Hugo II., Gf. 190
von Montfort Rudolf III., Dompropst, später Bf., Chur 190
von Montfort Wilhelm, Abt St. Gallen 190
Moor Samuel 499, 624, 627, 644
Morath, Maler, Stühlingen 31
Morath Gebr., Metallwaren 621
Morel Philippe 74
Möringer/Meringer Heinrich, Can. 205
Morisi Giuseppe Antonio 31
Moser Albert 626
Motta Giuseppe 380
Mottier Yvette 81
Mucher Johannes 629
Muff Jakob 514
Muheim Johannes, Can. 170
Mühlebach (Fam.), i. Hirschen 365
Mühlebach Franz 442
Müli (Fam.) 566
Müli Kaspar Hans 566
Müller (Fam.) 566
Müller Alois 521
Müller Andreas 566
Müller Anton 431, 520, 625
Müller Cécile 638
Müller Frantz 613
Müller Hans, Gemeindeschreiber 391, 447, 626, 644
Müller Hans, Kaiserstuhl 562
Müller Hans Kaspar, Pfr., Ottenbach 608
Müller Heinrich 566
Müller Ignaz 631
Müller Jakob, Propst 210
Müller Johann Heinrich, Goldschmied 12
Müller Johannes, Zürich 17
Müller Maria 639
Müller Melchior, Zug 210
Müller Ulrich 608
Müller Ulrich, Waldshut 199
Müller Verena 345
Müller Werner 476, 638, 639
Münchinger (Fam.) 195
Münster Sebastian 259

Münzel Xaver 519
Münzer (Müntzer)
Münzer Christoph 561
Münzer Elsbeth s. Rechburger Elsbeth
Münzer Hans 560
Münzer Kaspar Can. 559, 560
Murer Franz, Propst 191
Murer Heinrich 268
Murtenheiri 356
Mussolini Benito 379

N
Nabholz Hans Kaspar 609
Nabholz Leonhard 472, 609, 631, 632
Nägeli/Negeli (Fam.) 29, 564
Nägeli Hans 564
Napoleon 215, 319, 320, 327, 329, 340, 570
Nas Nicolaus, Can. 610
Nauta (Fam.) 564
Nebel Franz 454, 626
Negeli Johannes 251
von Nellenburg Reginlinde 127, 130, 133, 144, 146, 147, 150, 591
von Nellenburg Reginlinde 127, 130, 133, 144, 146, 147, 150, 591
von Neuenburg Gfn. 147
Neuenschwander (Fam.) 428
von Neunkirch Eberhard, Can. 604
Nicolaus I. von Frauenfeld, Bf., Konstanz 244
Niederberger Basilius, Abt, Mariastein 516
Niederer, Zürich 385
Nightingale Florence 568
Nikolaus I., Papst 179
Nithart Heinrich 197
Nohl Alois 96
Noser Katharina 638
Notter Otto 451, 452
Notter Rosmarie 639
Nüscheler Arnold 117, 269
Nussbaum Marlies 523
Nussbaumer-Christen Vera 639

O
Ober-Kassebaum Maja, geb. Altherr 453
Obrist Fidel 221
Ochsner Hans Heinrich 608
Ochsner Kaspar 608
Odermatt (Fa.) 405, 411
Odermatt Alois 435
Odilia 146, 156, 591
Oederlin Franz Bernhard 631
Oederlin Johann Leonz 631
Oederlin Joseph Karl oder Karl Joseph, Can. 631
Oehem Gallus 602
Oehler Hans 380, 385
Oenster (Euster, Eugster) Nikolaus 209
Oery Peter 186
Oftinger/Oftringer/Offtringer (Fam.) 206, 225, 296, 566

Oftinger Caecilia 294
Oftinger Franz Xaver 52, 488
Oftinger Hans Caspar 552, 553
Oftinger Heinrich, Can. 205, 208
Oftinger Heinrich Josef 294 (?), 569, 570
Oftinger Heinrich Lorenz, Lehrer 631
Oftinger Jakob 294
Oftinger Johann Jakob 570
Oftinger Johannes 275, 300
Oftinger Peter Karl (Karli) 294, 305
Oftinger Theodor 570
Oftinger Verena 567
Oftinger Victor 294
Oftringer Konrad 610
Ötli (Fam.) 564, 565
Otmar, Abt, St. Gallen 268
Ott Robert 476
Otten (Fam.) 564
Ottonen (Fam.) 145
Otto I. (d. Gr.), Ks., 135, 144, 145, 147, 148, 150
Otto II. Ks., 187
Otto IV. von Sonnenberg, Bf., Konstanz 168, 182, 192, 245
Otto, Hzg., Schwaben u. Bayern 145
Otto, Hzg., Österreich 190
Ottokar II. von Böhmen 188, 189

P
von Pappus und Tratzberg Raimund Carl 23, 31, 169, 191, 205, 212, 213, 216, 311
Paratus 68
Parzival 152
Paschalis II., Papst 213
Paulus Nikolaus 196
Pelagius 193
Pellikan Konrad 200
Pestalozzi Heinrich 496
Peter (Fam.) 296, 514
Peter Johann 296
Peter P. Reinhard 517, 518
Petry Paul Heinrich 384, 388
Peutinger Konrad 4, 5, 42
Pfau Hans Heinrich III 3, 8
Pfefferle Georg 31
Pfefferle Johann Josef 30, 31
Pfiffer Maria 570
von Pfirt Katharina 152
Pfister/Pfifer? (Fam.) s. Hulweg
Pfister (Fam.), i. Schlüssel 365
Pfister Georg 606
Pfister Hans gen. Hulweg 564
Pfister Werner 565
von Pforzheim Albrecht, Can. 604
Pfyffer von Altishofen Margareth 210
Pirani Sylviana 639
Pius VII., Papst 216
Pius IX., Papst 195
Platten Fritz 365
Porta Daniela 639
Privatus 100
Probst (Fam.) 565
Probst Hans 565

Prowa AG (Fa.), Olten 411
Prys Wolfgang, Can. 605
Ptolemaeus 3
Pyringer P. Wolfgang 207, 208

Q

Quintus Valerius Libens 67
Quirinus 149

R

Räber (Fam.) 365
Räber Hans 502
Räber Johann, Buchbinder 621, 624
Racine Jean 483
von Radecki Sigismund 519
Rahn Johann Rudolf 52
Rainer Margrit 521
von Ramstein Albrecht (Albert), Abt, Reichenau 603
Raner Heinrich, Propst 171, 209, 605
Rappo Marius 74
Rassler von Rast (Rassler de Rast) Johannes, Propst 191, 193, 197
von Rast Hermann, Can. 190, 196, 197, 198, 199, 200, 604
von Rast Peter 197
Rat Ludwig, Propst, Rheinfelden 192
Ratbot, Habsburger 187
Rauber Werner 450
Rechburger/Rechberger (Fam.) 192, 198, 199, 200, 531, 532, 533, 558, 560 (Stammbaum), 562
Rechburger Amalie (Rechbergerin Ammalya) 200, 529–534, 559, 560, 561
Rechburger Arbogast 562
Rechburger Balthasar 204, 560, 561
Rechburger Beattrix 559
Rechburger Berbeli 559, 560, 561
Rechburger Christoffel 559, 560
Rechburger Elsbeth (verheiratete Münzer) 205, 529, 530, 531, 559, 560
Rechburger Frenli 559
Rechburger Haman, Can. 192, 198, 562
Rechburger Itelhans (Jttelhans, Itel) 559, 560, 561, 562
Rechburger Jakob 529, 559, 560, 561
Rechburger Johann, Can. 192
Rechburger Johanna 559, 560, 561
Rechburger Johannes 561, 562
Rechburger Johannes, Klosterbruder 559
Rechburger Lüpold (Lupolt, Lüthold, Lüti) 192, 198, 529, 559, 560, 561, 562, 610
Rechburger Margreth (Margrett) 559, 560, 561
Rechburger Nikolaus 192, 562
Rechburger Verena 559, 560
Rechenberg Martin 561
Rechenzahn Ueli 284, 285
Reding Heinrich, Landvogt 244

Reding von Biberegg Ludwig Heinrich Franz, Propst 168, 211
von Regensberg (Fam.) 9, 134, 192
von Regensberg Heinrich 241
Reginlinde s. von Nellenburg R.
Regling Kurt 103
Regula s. Felix und Regula
Rehmann Erwin 524
Reichen Ulrich 639
Reimann Adolf 513, 514, 517, 606
von Reinhard Hans 214
Reinle Adolf 54, 143, 481, 516, 517, 518, 519, 522, 589
Renftli (Fam.) 565
Renftli Jodokus 565
Rennwart (Fam.) 565
Rennwart Conradt 272
Rennwart Hans 565
am Rhein Konrad 610
von Rheineck Otto, Propst 191
von Rheinfelden/Rinvelden Johannes, Can. 181
Rheinwald-Corti Elisabeth 516, 519, 521
Richardis/Richgard 126, 127, 128, 144, 161, 239, 581, 584, 602
Richner Fritz 442
Riethmann Peter 86
Rinderli Kaspar 607
Ringli (Fam.) 565
Ritter (Fam.) 567
Ritter Eva 567
Rochholz Ernst Ludwig 283, 599
Roder Adolf 395
Roggen Moritz 364
Roggenmann Uli, Kaiserstuhl 561
Rohner (Fam.) 296
Rohner, Kehlhofbauer 296, 297
Rohner Alois 632
Rohner Robert 644
Rohr Egon 638
Rohr Walter 638
Rohr-Hoggenmüller Verena 639
von Roll (Fam.) 35
von Roll Carl Emanuel, Can. 169
von Roll Jost 221
von Roll Maria Caecilia 211
Rölly Hans 515
Romer Hans 253
Römer Hans 608
Roner Fulgentius 232
Rosenberg Burkard 607
Rosenmeier (Fam.) 23
Rossini Gioacchino 512
Roth Anne 345
Rothpletz Karl 634
Rothplez C. (Karl Ferdinand) 37
Rousseau Jean-Jacques 496
Ruckli (Fam.) 567
Ruckli Niklaus 567
Rudolf I., Kg., Burgund 144
Rudolf II. der Alte, Gf. i. Zürichgau u. i. Aargau 188
Rudolf II., d. J., Hzg., Österreich 139, 188
Rudolf II., Kg., Burgund 144

Rudolf III., Bf., Chur 190
Rudolf III. von Habsburg 186
Rudolf III. von Habsburg-Laufenburg, Gf. 188
Rudolf III., Kg., Burgund 144
Rudolf IV., Hzg. von Österreich 187, 190
Rudolf (Fam.) 227, 228, 296, 567
Rudolf (Fam.), i. Weissen Rössli 365
Rudolf, «Grossweibel» 300
Rudolf, Laborant 430
Rudolf, Meister, Baden 173
Rudolf, Uhrmacher z. Rose 621
Rudolf, Untervogt 303
Rudolf von Habsburg, Bf., Konstanz 136, 165, 188
Rudolf von Habsburg, Kg. 136, 139, 151, 188
Rudolf Friedrich 325, 491, 624
Rudolf Gottfried 379, 385, 386, 391, 393, 512
Rudolf Hans 553
Rudolf Hans Jakob (Jagli, Jogli) 553
Rudolf Heinrich 300
Rudolf Jakob, z. den 3 Sternen, Rietheim 500
Rudolf Johann Friedrich 300
Rudolf Johann Jakob, z. Weissen Haus 500
Rudolf Johann, z. den 3 Sternen, Rietheim 500
Rudolf Johann, z. Schwert 300
Rudolf Johannes 489
Rudolf Kaspar 626
Rudolf Robert 624, 627
Rudolf Wilhelm 633
Rudolf von Habsburg, Bf., Konstanz 136, 165, 188
Rudolf von Habsburg, Kg. 136, 139, 151, 188
Rudolf & Büchler, Cigarrenfabrikanten 621
Rudolff Adrian 552
Rüedi Ernst 315
Ruedin François 639
Rueff/Ruff/Ruoff (Fam.) 228, 296
Rueff Jakob 164
Rüeger Johann Jakob 9
Rüegsegger Eduard 378, 385, 386
Ruppli J. 636
Ruprecht, Kg. 246, 259, 551
Rüttimann Barbara 638
Rych Rudolf, Can. 170
Ryff Andreas 7, 8, 286, 612
Ryssy Johann 631

S

Sälbler Hans Rudolf 608
Salomon III., Bf., Konstanz 135
von Sasbach Johannes 181, 182
Sattler Johannes s. De Croaria
Saxer Joh. Friedrich 609
Schaler Konrad I., Ritter 152
Schaler Verena, Nonne 152
Schapper Rupprecht 229

Schär Werner 524
Schärer Hans Jakob 33
Schärer Heinz 639
Schärer-Wyss Christine 638
Schätt Jacobus 629
Schaub Martin 165, 192, 193, 609
Schäuble Ernst 645
Schäubli Markus 453
Schäubli Max 443, 447, 453, 455
Schaufelberger Walter 283
Schaufelbühl/Schaufenbühl/ Schufelbüel (Fam.) 52, 69, 210, 216, 296, 300, 306, 309, 318, 328, 331, 491, 567
Schaufelbühl, Küfer 621
Schaufelbühl Edmund 570, 627
Schaufelbühl Edwin, Buchdrucker 620, 621
Schaufelbühl Ferdinand, Maler 35
Schaufelbühl Franz Heinrich, Spitalpfleger 269
Schaufelbühl Franz Jacob Dismas 299
Schaufelbühl Franz Joseph 52, 294 (?), 299, 570, 627
Schaufelbühl Franz Ulrich 299, 300
Schaufelbühl Hans Jakob 299, 300
Schaufelbühl Hans Ulrich 294
Schaufelbühl Heinrich 294, 610
Schaufelbühl Josef Fridolin, Can. 216, 221
Schaufelbühl P. Josef (Friedrich Casimir Josef Maria) 216, Rheinau
Schaufelbühl Kaspar, Propst, Beromünster 210
Schaufelbühl Niklaus 294
Schaufelbühl Nikolaus Franz Xaver, Propst 216, 570, 606
Schaufelbühl Paul, Sattler, z. Regenbogen 621
Schaufelbühl Paul, Propst 169, 208, 210, 217, 567
Schaufelbühl Udalrich Josef 52, 217, 218, 570, 571, 627, 628
Schauenburg Balthasar Alexis Henri Antoine 616, 617
Scheidegger Fredy 523
Scheifl, z. Luft 365
Schellhammer Abraham 167
Schenk von Winterstetten Amalie (Amel) 562
Schenk von Winterstetten Lutz 562
Scherer (Fam.) 565
Scherer Michel 565
Scherer Ulrich 565
Scherer Walter 182
Scherphli Henricus 629
Scheuchzer Johann Kaspar 215
Scheuchzer Johannes 52
Schib Karl 519
Schibi Christian 253
Schiess Georg Christophorus, Propst 182, 211, 610
Schiess Jakob, Can. 610
Schiess Kaspar 610
Schiesser Kaspar 634
Schilling Diebold 284

Schindler Hans 195
Schindler Michael 208
Schirmer August 441, 442
Schläpfer Jakob 399
Schlatter Alexander 31
Schlatter Johannes 228, 608
Schlegel Walter 519
Schleich H. 230
Schleuniger Gottfried 638
Schleuniger Johann Baptist Roman 626
Schleuniger Johann Nepomuk 370, 492
Schleuniger Josef 626
Schleuniger Raimund 365, 500, 626
Schmaltzer Nikolaus 610
Schmid (Fam.) 227, 296, 567
Schmid (Fam.), Baar 184, 206, 207, 211, 218
Schmid, Gemeindekassier 512
Schmid, Glockenwirt 334, 339
Schmid Adam 567
Schmid Anna 186
Schmid Anna Maria 22
Schmid Arthur 365
Schmid Benno 639
Schmid Bruno 522, 524, 638
Schmid Christoph 639
Schmid Daniel 302
Schmid Emil, Elektriker 394, 508, 514, 627
Schmid Emil, Sektionschef 514
Schmid Ernst 539
Schmid Erwin 431
Schmid Friedrich 609
Schmid Gotthard, Propst 170, 206, 211
Schmid Gottlieb 476, 505, 506, 636, 638
Schmid Hans Jakob, Fahr 16, 26, 27, 35, 167, 182, 228
Schmid Heinrich, Zöllner, Barz 626
Schmid Heinrich, Fahr 25?, 337, 500
Schmid Ida 181
Schmid Johann, Bäcker, Burg? 621
Schmid Johann, Can. 185, 610
Schmid Johann Jakob, Can. 186, 206, 218, 221, 605,
Schmid Johann Jakob, z. Schwert 25, 627
Schmid Johann Rudolf, Can. 186, 206, 218, 221, 605
Schmid Johann, Fahr 22, 227, 296, 335, 336, 342, 567, 627
Schmid Johannes, Schneisingen 335, 605, 609
Schmid Josef 520
Schmid Josef Anton, Can. 215
Schmid Jost Anton, Landvogt 212
Schmid Karl, ETHZ 519
Schmid Karl 123
Schmid Konrad 567
Schmid Margrit 638
Schmid Martin 211
Schmid Peter II., Abt, Wettingen 206
Schmid Rolf 454
Schmid Ruedi 567, 600
Schmid Susanne 639
Schmid Th. 496

Schmid Thomas, Maler 238
Schmid Wilhelm 523
Schmuziger (Fam.), i. Unteren Hahnen 365
Schmuziger Fritz 378, 389, 441, 513
Schnebli Josef Karl, Can. 184, 185
Schneider (Fam.) 227
Schneider Beatrice 640
Schneider Ernst 644, 645, 646
Schneider Felix 502
Schneider Heinz 644, 646
Schneider Susanne 639
Schnell Hannibal 30
Schnell Robert 519
Schnellmann Max 447, 625, 627, 644
Schnider (Fam.) 296
Schnider Clewy, Niklaus 272, 567
von Schnorff (de Schnorpf, à Schnorff) Sebastian Heinrich, Propst 31, 169, 211, 213
Schnorff Joseph Ludwig 213
von Schnurbein Sigmar 77
Scholz August 634
Schön Oswald 635
Schönbrunner Heinrich, Landvogt 198
Schorr Heinz 502
von Schrofenberg Josef Ignaz, Can. 171
Schubert Franz 512
Schuhfabrik, Zurzach u. Schuhfabrik Odermatt & Co (OCO), (Fa.) 411, 435–438
Schuhmacher (Fam.) 567
Schuhmacher Heinrich (Heini) 567
Schuhmacher Ulrich 567, 610
Schuhmann Georg 196
Schüle Armin 513, 538, 637
Schulkher (Fam.) 567
Schulkher Heinrich 567
Schulthess/Schultheiss (Fam.) 565
Schulthess, Schulmeister 561
Schulthess Hans, von Zurzach 561
Schulthess Johannes, auch Keller Johannes 565, 610
Schulthess Martin 565
Schulze Karoline 483
Schumann Robert 512
Schürch Monika 640
Schuster Beate 277, 282
Schutz/Schautz (Fam.) 227, 296, 567
Schutz Anna 469
Schutz Heinrich 504, 505, 570, 626, 636
Schutz Maria 566
Schütz Benedict 286
Schutzbach Carl 477
Schwartz Heini 562
Schwarz Franz Anton 33, 214
von Schwarzenberg (Fam.) 194, 222, 226
Schwarzmurer Heinrich, Can. 194, 198, 605
Schweizer Johannes 203, 204, 228, 229
Schweizer Rudolf 229
Schweizerische Sodafabrik s. Solvay
Schwendbühl Jonas Paul, Can. 215
Schwendbühl Urs Viktor Nikolaus, Propst 30, 31, 33, 211, 213, 214,

231, 294, 303, 305
Schweri Hans 252
Schwerter Abel 208
Schwerter Georg 208
Schwerter Kaspar, Can. 51, 52, 82, 208, 605
Schwyn Ernst 609
Schytt Mathias, Propst 192
Scrot, Gf. Florenz 128
Seifert Mathias 86
Seiler (Fam.) s. Meier
Seiler Bruno 638
Seiler Heini 564
Seiler J., Pfr. i. Baldingen 365, 635
Seiler Theres 639
Seiler Wälti gen. Meier Wälti 563, 564
von Sekkingen Heinrich, Can. 244
Seng Sebald, Can. 180
von Senger (Fam.) 391
von Senger Alexander (Hugo Rudolf, gen. Alexander) 379, 391–393, 475
von Senger Leonie (Senger-Zuberbühler) 379, 391, 396
Senn (Fam.) 565
Senn Johannes 565
Sennhauser Albert 517, 519
Sennhauser Hans Rudolf 79, 81
Senti Alois 598
Severin von Noricum 116
Sieburgh-Weber Ines 453
Siegenthaler (Fam.) 428
Siegrist Albert 627
Siegrist Rudolf, a. Regierungsrat 442
Sigismund (Sigmund), Ks. 191, 246, 254, 284
Sigrist (Fam.) 565
Sigrist Friedrich Anton 607
Sigrist Werner 565
Smaltzer/Smaltzzer Nicolaus, Can. 193
Smit Johannes 181, 609
Solenthaler Karin 639
Solvay (Schweiz) AG 411, 429–432
Somander Urs Manslib 561
Sonderegger Emil 379, 386, 392
Specht Adelheid 13
Speck Karl 644
Speidel Michael Alexander 68, 69
Spiegelberg 504
Spiesshofer Fritz 426
Spiesshofer Johann Gottfried 363
Spiesshofer Paul 426
Spiesshofer-Wagner Frieda 426
Spiler, Maler, Laufenburg 31
Spinas Bigna 638
Spitzdenwind Arnold 285, 600
Spörri Emil 521
Spörri Maria 521
Spörri Maximilian 638
Spühler (Fam.) 228
Spühler Johann Jakob 635, 638
Spühler Kaspar 276
Spuhler Laura 639
Spuhler Ruth 639
Sramek Roland 450, 454
Stader Maria 519
Städler Ursula 640

Stadlin Jakob, Can. 170, 206
Stahel Johanna 636
Stalder Franz Joseph 534, 550
Stalder Trudy 638
Stamm Joseph Fridolin 293, 294, 295, 309, 310, 316
Stammler Johann Bernhard 631
Stapfer (Fam.) 227, 567
Stapfer Hans 13, 567
Stapfer Philipp Albert 471
Stäuble Niklaus 635
Stäuble Urs 525
Staubli Karl 447
Stebler Jakob 519
Stech Hannelore 644
Steck Rudolf 196, 197
Steffani Johann 169
Steffen Konrad 538
Stehlin Karl 52, 53, 54, 81
Steigmeier Johann Franz, Can. 171, 331, 606
Steigmeier Josef 626, 627, 633
Steigmeier Jürg 640
Steigmeyer Maria Verena 479, 480
Steimer Eugen 636
von Stein Konrad (de Lapide), Can. 604
von Stein Thomas 195
Steinbach Adelheitt 559
Steinbach Annli 559
Steinbach Barbla 559
Steinbach Margrett 559
Steinbach Stoffel 559
Steinbach Verena (Frenli) 559
Steinbach Wilhelm 559
Steinbrück Hans-Martin 628
Steinbrück Walter 514, 609
Steinmann Colette 638
von Stepheln Elisabeth, Äbtissin Heilig-kreuztal 156
Stettler Ernst 520
Stettler Michael 196
Steullet Étienne 477
Stieger Elias 525
Stigeler Andreas, Müller, Rekingen 500
Stilicho 106, 115
Stockar Hans 287, 612
Stöckli Hubert 451
Stöckli Niklaus 477
Stoll Balthasar 229, 608
Strabon 95
Strakhof Dörte 638
Strasser, Bauunternehmer 621
Strebel Burkard 607
Strebel Johann 609
Streiter Ulrich 630
Streule & Stein, Lederschäfte-Filiale 621
Strubhaar Antonius 630
von Stuben Philipp Heinrich, Can. 169
Stücheli Werner 448
Stucki (Fam.) 567
Stucki Hans Heinrich 567
von Stühlingen ab Regensberg (Fam.) 561
von Stühlingen Tammastgus (Damasius) 559, 561

von Stühlingen (Fam.), Kaiserstuhl 559, 561
Stumpf Johannes 3, 4, 9, 49, 82, 201, 246, 257, 280, 281, 285
Stunna Michael, Federnhändler, von Neuern 500
Sultana Carla 345
von Sulz Gfn. 194, 202, 262
von Sulz Karl Ludwig Ernst 211
Sulzer Simon 228
Surläuli Johann Dietrich 631
Surläuly Moritz 303
Suter (Fam.) 564, 565
Suter, Regierungskommissär, Zofingen 327
Suter Heinrich 567, 610
Suter Johann 484, 610
Suter Melchior 610
Sutter Priska 507
Swanaburc 144, 148
Swanahild (Suanahilda) 130, 131, 133, 144
Swederus de Goetlikon, Can. 629

T
Tacitus 67
Tallichet Max 644
Talman/Tallmann (Fam.) 228, 565
Taubenmann Christoph 608
Teck Othmar, Can. 205
von Tegerfelden Ita 151,
von Tegerfelden Konrad, Ritter 189,
Teller Edwin 502
von Tengen (Fam.) 134
von Tengen Friedrich 241
von Tengen Rudolf 241
von Tettingen (Fam.) 192, 243
von Tettinkon Eberhard (Döttingen) 38
Teucher Hans Konrad 609
Teufel Babette 399
Teufel Georg 203
von Thalwil Anna 282
Thebäer 153, 198
Thietpold 131, 132, 135, 145, 589, 590
Thomann Hans Heinrich 608
Thomann Philipp 608
Thomas von Aquin 195, 288
zum Thor/de Porta (Fam.) 192
Thumb Peter 610
Tiberius 3, 66, 95, 100, 103
von Tobel/Dobel (Fam.) 558
von Tobel Conrad 169, 198
von Tobel Peter Paul 605
von Tobel Rudolf 169, 173, 183, 194, 198, 203, 204, 205, 207, 220, 225, 271, 558, 605
Tolde Conradt 203, 575
Tomasevic Theodora 81
Torre Carl 345
Torriani Vico 521
Triumph-International Spiesshofer & Braun (Fa.) 363, 395, 398, 399, 405, 411, 426–428, 624
Tröndle (Fa.) 96
Troxler Felix 498, 638

Troxler Josef 607
Trümpy Irma 640
Trüsch Johann Sebastian 630
Tschopp Walter 570, 627
Tschudi Aegidius 3, 39, 40, 49, 82, 225, 233, 279, 282, 289, 534
Tschudi von Gräpplang (Fam.) 39, 297
Tschudi-Dorer 296
Tschudin Peter F. 561
Tumperli/Tumpler (Fam.) 565
Tumperli/Tumpeler Heinrich 565
Türst Conrad 259

U
von Überlingen Heinrich, Can. 181
Uhli, Prediger in Döttingen 219
von Ulm Sebastian Christoph, Can. 208
Ulrich 119
Ulrich Johann Jakob 599
Ulrich Peter 638
Ulrich Walter 638
Ulrich Pfefferhart, Bf., Konstanz 184
Unfrid (Fam.) 565
Unfrid Burkard 565
Unruh R. 393
Urech Walter 447
Ursprung Albert 370, 385, 476, 570, 626, 627, 628
Ursprung Felix 474, 638
Ursprung Jörg 382, 628
Ursprung Werner 377–379, 380, 384–388, 391–395, 440, 511
Ursus und Viktor 30, 33, 198, 582
Uttiger Beat Josef, Can. 169
Utz Gottlieb 441
Utz Otto 395

V
Valens 104
Valentinian I. 103
Valerius 100
van de Cuylen Pieter 31
Varus 97, 100
Vasolt Fridolin 151
Vederer (Fam.) 565
Vederer Peter 565
von Veringen Verena 152
Vetter Frl., Modegeschäft 621
Villiger Burkard 607
Villiger Josef 53, 81
Villiger Leo 637
Vital Anton 431
Vogel Ivan 638
Vogel Matthias 609
Vögele Arthur 639
Vögele Christine 639
Vögeli Kornelius 363, 570
Vögeli Siegfried 626, 627
Vogt Emil 5
Vogt Judith 640
Vogt s. auch Autenriet
Vogt Samuel, Gärtner, z. Schwarzen Ochsen 621

Vogt Theoderich, Propst 192, 194
Vogt Ulrich 561
Vogt-Kalt Susi 639
Vögtlin Hans 637
Vollmeier (Fa.) 59
Voltinia, Tribus 67
Vuolvine, Mönch 123
Vyskocil Viktor 448

W
Wagenmann (Fam.) 565
Wagenmann Henslin 565, 610
Wagenmann Konrad (Kunz) 23, 565
Wagenmann Ulrich 565, 610
Wagner (Fam.) 567
Wagner Agatha 208
Wagner Cläwe/Cleüwe 203
Wagner Franz Xaver, Can. 632
Wagner Hans 186
Wagner Leonhard, Can. 567
Wagner Niklaus 567
Wagner Ulrich, auch Zimmermann Ulrich (Carpentarius), Can. 604
Wagner Verena 186
Wahl Kurt 638
Walafried Strabo 268
Walder & Co (Fa.), Brüttisellen 411
Waldkirch (Fam.) 296, 567
Waldkirch Carl 513, 525
Waldkirch Casimir, Maler, z. Rad 621
Waldkirch Ernst 441
Waldkirch H. V. 627
Waldkirch Hans 354
Waldkirch Jakob 208
Waldkirch Joachim 294
Waldkirch Johann Jakob 567, 570
Waldkirch Johann Melchior 35, 159, 570, 567
Waldkirch Peter Karli 294
Wäckerlin/Wäckerling Ulrich, Färber, z. Färberei 621
Waldo, Notarius 602
Walker Balthasar, Can. 30, 234, 495
Waller Jakob, Can. 605
von Wallsee Heinrich, Can. 181
Walter Ruedi 521
Walter Silja 481, 518
Walter, Mann der Swanahild 130
Walti Heiri 454
Walz Sybille 639
Wanner Robert 381, 389, 395–397, 399, 426
von Wart Jakob 241
von Wart Rudolf 189
Waser Caspar Joseph 31
von Wasserstelz (Fam.) 40, 233
von Watt Elisabeth 560, 561
Watter Friedrich 381, 397, 512
Weber (Fam.) 565
Weber, Statthalter 321
Weber Adolf 522, 523
von Weber Carl Maria 512
Weber Eugen 443, 453
Weber Jürg 453
Weber Konrad 565

Weber Paul 365, 442, 443, 446, 447, 453, 514
Weber Ruedi 523
Weber-Wenger Ruth 446, 447
Wech Franz Jakob, Can. 169
Wegmann Andreas 231, 306, 468, 609
Weibel Melanie 640
Weilenmann, Gebrüder 511
Weilenmann Monika 502
Weisenberger Jakob 355
Weissenbach Josef Anton, Can. 184, 185, 215
Weissenbach Robert 626
Weisshaupt Hans Peter 453
von Weizsäcker Carl Friedrich 382
von Weizsäcker Richard 382
Welfen (Fam.) 144
von Wellenberg Bonaventura, Abt, Rheinau 205
von Wellenberg Johann Bernhard, Can. 170
Wellte (Welti), Schmid 575
Welte Klara 637
Welti (Fam.) 23, 227, 228, 296, 301, 303, 305, 321, 471, 551, 567, 570
Welti, Frau z. Pfauen, Wollwaren 621
Welti, Schneider 203
Welti Abraham 214, 215, 319, 322, 323, 327, 328, 332, 469(?), 570, 571, 626, 627
Welti Albert 523, 570, 571
Welti Albert Jakob 516, 570
Welti August 570
Welti Christoffel 297
Welti Eduard, Apotheker 500
Welti Elisabeth 640
Welti Emil, Gemeindeammann 624
Welti Friedrich, Posthalter, z. Pfauen 500
Welti (Friedrich) Emil, Bundesrat 215, 360, 368, 370, 371, 469, 474, 492, 497, 498, 500, 509, 511, 514, 515, 567, 570, 571, 626, 628, 634, 635
Welti Gottlieb, Arzt, i. Pfauen 500
Welti Gottlieb, z. Taube 633, 634
Welti Hanns Robert 571
Welti Hans Heinrich, Stadtmedicus v. Baden 488
Welti Hans Jakob, Gemeinderat, z. Hörndli 571
Welti Hans Kaspar, i. Wildenmann 33, 299, 303, 309, 486
Welti Heinrich, Bezirksverwalter, z. Salmen 627
Welti Heinrich, Hafner, Obere Krone 302
Welti Heinrich, i. Schlössli Mandach 306
Welti Heinrich, Untervogt, Neuhaus 34
Welti Hermann J. 7, 8, 193, 567, 604
Welti J., Kolonialwaren 621
Welti Jakob 276
Welti Jakob Albert 570, 571
Welti Jakob Friedrich 360, 571, 626, 627, 628, 634

Welti Johann, Bauer, z. Rindsfuss 303, 500
Welti Johann, Gem. Rat 624
Welti Johann Friedrich 294, 303, 309, 571
Welti Johann Heinrich, z. Apfelbaum 571
Welti Johann (Hans) Jakob, Arzt, z. Rebstock 34, 215, 298, 299, 319, 570
Welti Johann Jakob, Bezirksarzt, z. Greifen 294, 330, 331, 571
Welti Johann Jakob, Bezirksverwalter, z. Greifen 294, 330, 331, 571
Welti Johann Jakob, Rektor 571, 636, 637
Welti Johann Kaspar 299, 302
Welti Josef M. 8
Welti Julius, Gde.-ammann, i. Greifen 323, 500, 624
Welti Karl (Charles) August 571
Welti Konrad (1429 erw.) 567
Welti Konrad, Bauer, z. Rindsfuss 303
Welti Leonti 294
Welti Michel 302
Wendel Christoffel 271
Wengi Cécile 640
Wenzel III., Kg., Böhmen 189
Wenzinger Felix 638
Wenzinger-Angst Martha 639
Werner von Habsburg, Bf., Strassburg 187
Wernli Fritz 4
Wernlin Fridolin 604, 606
von Wessenberg Ignaz Heinrich 216, 217
Wettstein Claudia 639
Wey Anton 447, 453
Wey Margrit 453
Wick (Fam.) 562, 565
Wick (Kastler), Kaiserstuhl 560
Wick Barbara (Barbel) 559, 562
Wick Johann, Kaiserstuhl 559
Wick Johannes Ruodolf, Kaplan, Kaiserstuhl 559
Wick P. Johann Konrad (Johannes Cuonratt), Wettingen 559, 562
Wick P. Johannes (Johanmes), Salem 559
Wick Uli 565
Wick Walter, gen. Kastler 561
Wicki Regula 518
Widemer dictus Finsterwald Johannes 564
Widenkeller/Wydenkeller Sybilla 610
Widenkeller Ulrich 204, 200, 610, 630
Widerkehr Josef 207
Widmann Ellen 524
Widmer (Fam.) 69, 70, 526, 565
Widmer Heini 523
Widmer Heinrich, Mechaniker z. Paradies 621
Widmer Monika 638
Wiederkehr Jörg 638
Wiegels Rainer 106
Wieland Andreas 630

Wiglin (Fam.) 565
Wiglin Konrad 186, 565
Wilchinger (Fam.) 565
Wilchinger Johann, Kaplan 565, 610
Wild Diethelm 219
Wildbolz Emeline 570
von Wildenberg Heinrich 149
von Wildenberg Hemma 149
Wilhelm Ruth 639
Wille Simon 639
Willer (Fam) s. Wyler
Willi (Fam.) 227, 567
Willi Johann, Fisibach 626, 627
Willi Johann, Zurzach 227
Willi Josef 379
Willi Mathis 567
Wind Franz Ludwig 24, 30, 33, 522
Winiger Laurenz 607
von Winkelsheim David 39, 221, 238, 280
von Winkelsheim Hans, Junker 221
Winkler Heinrich, Can. 183
Winkler Johannes 199
Winkler Ruth 640
Winter Heidi 523
von Winterthur Johannes, Can. 185, 604, 609
Wirt Caspar 198, 605
Wirz von Landenberg Wolf 378, 385
Wiss Johannes, Propst 191
Wiss Konrad, Propst 190
Wissinger Michael, Can. 23, 182
Witt Josef, Cementer 364
Witto, Bf., Chur 297
Wittwer Peter 139, 167
Woester Heinz 519
Wolbold Karl 378, 385, 511, 512, 513
Wollschläger Barbara 562
Wolvene, Erneuerer v. Rheinau 126
Wüest Marx 608
von Wülflingen Hans 561
Wullschleger Max 366
Wunderlin Karin 640
Wunderlin Siegfried 636
Wurstisen Christian 288
Wyler/Willer Johann Jakob, i. Amtshaus 500
Wyler Otto 522
Wyss Ulrich 193

Z

Zandonello Wilhelm Josef 390
Zech Anton 214
Zedler Johann Heinrich 8
Zehender, Glockengiesser, Bern 196
Zehnder Annemarie 640
Zehnder Beat 4, 5
Zehnder Paul 626
Zerf 396
Ziegler Ulrich 626
Zimmermann (Fam.) 565
Zimmermann Alex 522
Zimmermann Anna 565
Zimmermann Ernst 476, 511, 636, 638
Zimmermann Heinrich 565

Zimmermann Thomas 205, 610
Zimmermann Ulrich (Carpentarius) s. Wagner Ulrich
Zimmermann Urs 607
Zimmermann Walter 637
Zimmermann-Müller Annemarie 639
Zink (Zingg) Franz 203–205, 228, 468, 607, 632
von Zinzendorf Gf. 314, 317
Zollinger Arthur 502
Zschokke Heinrich 320
Zuber (Fam.), Kadelburg 228
Zuberbühler (Fam.) 391
Zuberbühler Alice Mathilde 396
Zuberbühler Antonia 391
Zuberbühler Blanka 504
Zuberbühler Jakob 360, 361, 362, 502, 509, 571, 621,
Zuberbühler Jakob, Stickerei- und Weisswarenfabrikation (Fa.) 21, 52, 350, 351, 353, 356, 357, 362, 363, 364, 366, 368, 369, 426, 428, 429, 435, 504, 620, 621, 624, 629
Zumbrunn Oskar 383, 384, 385, 394, 398
Zumsteg Eugen 605, 607
Zundel Nikolaus 608
Zürcher Jeannine 640
von Zurzach/de Urza (Fam.) 8, 39
von Zurzach Berchtold 9
von Zurzach H./Heinrich (Hainricus de Urza) 9, 139
von Zurzach Konrad 9
von Zurzach Ulricus/Ulrich 9, 139
Zurzacher Hans 203
Zwingli Ulrich 203, 205, 209, 228, 229, 279, 607
Zyböri s. Bucher Theodor

Ortsregister

A

Aachen 124, 152
Aarau 17, 23, 163, 179, 191, 198, 214, 225, 228, 230, 295, 327, 334, 335, 339, 340, 342, 359, 365, 370, 374, 379, 381, 390, 406, 423, 490, 491, 496, 497, 501, 511, 526, 545, 568, 569, 571, 599, 606, 626, 631, 633, 634, 635, 636, 638, 639, 640
Aarburg 570, 571, 634, 636, 638
Aawangen TG 609
Abtwil 607
Adelsreute 148
Adliswil 453, 504
Aesch BL 639
Affoltern a. A. 637
Agaunum s. St-Maurice
Alberswyler 608
Alikon-Sins 607
Allensbach a. Untersee 134
Almatzhofen 187
Alpnach 69
Altdorf 210, 562, 605, 606
Altenburg-Rheinau 95, 102
Altendorf SZ 633
Altenklingen 151
Altishofen 606
Altshausen 212
Altstätten 313, 609, 614
Altstetten 609
Alzey 577
Amden 597
Amriswil 570
Amsoldingen 165, 167, 428
Amsterdam 340
Andechs 152
Andlau 128, 144, 161, 581
Antiochia 184
Appenzell 210, 228, 361, 531, 597
Aquae Helveticae s. Baden
Arae Flaviae s. Rottweil
Arbon 116, 211
Aschaffenburg 198
Attenhof 200
Attenhofen i. Bayern 200, 201
Au an der Aare, b. Koblenz 114
Augsburg 4, 27, 29, 119, 158, 193, 605, 610
Augst/Augusta Raurica 65, 66, 87, 91, 97, 116, 334
Augst-Pratteln 609
Augst-Wyhlen 417
Augusta Raurica s. Augst
Aussersihl 504
Autun 62, 65
Auw 606, 607
Avenches 91
Avignon 184
Azmoos 607

B

Baar 206, 211, 221, 605, 631
Bad Ragaz 598
Bad Wurzach 149
Baden/Aquae Helveticae 3, 22, 23, 28, 37, 49, 51, 87, 134, 153, 173, 179, 186, 188, 189, 190, 192, 194, 196, 199, 203, 204, 205, 206, 207, 208, 209, 210, 211, 212, 213, 214, 215, 217, 219, 231, 233, 241, 243, 244, 245, 246, 248, 249, 250, 251, 252, 253, 255, 257, 259, 262, 263, 265, 271, 274, 277, 278, 279, 284, 286, 288, 294, 295, 297, 298, 300, 301, 302, 303, 306, 307, 308, 309, 311, 313, 316, 317, 319, 320, 321, 322, 327, 329, 330, 334, 335, 336, 337, 339, 340, 342, 354, 356, 358, 359, 362, 365, 368, 370, 373, 374, 378, 379, 390, 398, 402, 405, 406, 423, 426, 429, 441, 464, 468, 470, 471, 477, 481, 482, 484, 485, 486, 488, 489, 497, 501, 545, 513, 521, 527, 545, 563, 568, 569, 570, 576, 578, 599, 604, 605, 606, 607, 610, 614, 615, 630, 631, 633, 635, 636, 637, 638, 643
Bad-Schinznach 449
Baldegg 629, 630
Baldingen 60, 114, 117, 185, 186, 191, 206, 209, 216, 218, 219, 220, 244, 350, 403, 540, 541, 545, 570, 606, 607, 632, 634, 635, 638, 647
Balm 189
Basadingen 608
Basel 22, 47, 52, 53, 89, 95, 97, 103, 106, 107, 116, 118, 147, 148, 151, 152, 157, 165, 167, 188, 191, 192, 193, 194, 199, 200, 206, 209, 216, 217, 218, 219, 228, 229, 233, 248, 255, 262, 287, 288, 312, 313, 314, 317, 318, 319, 323, 334, 337, 340, 342, 358, 359, 360, 373, 379, 380, 383, 412, 417, 418, 419, 421, 457, 475, 488, 496, 529, 531, 540, 545, 559, 560, 561, 562, 568, 570, 576, 577, 597, 598, 605, 606, 608, 610, 612, 616, 617, 630, 631, 632, 634, 635, 636 – Kleinbasel 106, 560, 577 – St. Klara i. Kleinbasel 152
Bassersdorf/Basserstorf 313, 568
Beatenberg 598
Beaucaire 616, 618
Bechtersbohl 134
Beckenhofen 604
Beckenried 640
Beinwil SO 223
Beinwil 607, 640
Berau 43, 44
Bergamo 606
Bergzabern 608
Berikon 607, 635, 637
Berlin 298, 327, 368, 380, 383, 384, 386, 387, 391, 396, 568, 569, 571, 632, 633, 634
Berlingen 609
Bern 20, 29, 175, 179, 186, 191, 195, 196, 206, 209, 212, 214, 226, 228, 229, 244, 253, 257, 278, 286, 287, 288, 289, 294, 312, 313, 318, 321, 323, 325, 334, 337, 340, 342, 380, 396, 398, 428, 482, 496, 541, 542, 569, 570, 571, 577, 597, 598, 600, 606, 607, 609, 616, 633, 635, 636, 637 – Bern-Bümpliz 606
Bernau 35, 89, 211, 322
Beromünster 160, 163, 167, 185, 192, 193, 210, 214, 215, 216, 217, 567, 569, 607, 630, 632, 633
Berslingen 113
Besançon 217
Bettmaringen/Betmaringen 187
Beuggen 117, 213
Beznau 423, 504
Biberstein 638
Bibracte 62, 65
Biel 29, 228
Birmenstorf 217, 295, 606, 607, 626, 632
Birr 402
Bischofszell 167, 181, 191, 192, 496, 603, 605, 608
Bissegg 635
Blumenegg 187
Böbikon 114, 220, 227, 350, 403, 626, 647
Bodman a. Bodensee 105, 126, 219, 602
Bollingen 181, 182, 604
Bologna 193, 198
Bolsward 609
Bommel 577
Boniswil 609
Bonn 66, 606
Bonstetten 609
Boswil 638
Böttstein 62, 221, 306, 464
Böttstein, Hardwald 62
Bözberg 5, 45, 334, 482
Bözen 35, 609, 636
Bozen/Botzen 149, 617, 618
Bözingen 323
Breisach 161
Bremgarten 33, 206, 209, 211, 214, 313, 379, 468, 605, 606, 607, 614, 626, 636
Brescia 67
Breslau 634
Brienz 639
Brigobannis s. Hüfingen
Bruchsal 323
Brugg 9, 76, 133, 139, 140, 152, 153, 188, 191, 228, 233, 241, 255, 262, 312, 325, 334, 335, 340, 344, 358, 359, 370, 378, 379, 385, 386, 390, 398, 406, 442, 446, 484, 523, 545, 567, 574, 575, 576, 607, 625, 637, 638, 639
Bruggen 609
Brunnen 639
Brüssel 323
Brütten 608
Büblikon 609
Buchhorn a. Bodensee 209
Buchs 637, 638
Bückenbach 610
Bülach 229, 262, 313, 608
Bunzel [?] i. Böhmen 484
Bünzen 607
Buonas 149
Burg/Burc i. Scherragau s. Strassberg
Burgdorf 606, 634, 637
Burghalten i. Elsass 355
Büttikon 626
Buttwil 607

C

Castrum Rauracense s. Kaiseraugst
Catania 550
Cham 156
Chiasso 505
Chillon/Ziliung 8
Chur 22, 95, 116, 157, 190, 191, 192, 283, 568, 576, 607, 634
Colmar 187, 323
Confluentia s. Koblenz

D

Dangstetten 35, 66, 75, 76, 91, 93–103, 106, 399, 564
Dättlikon 51, 605, 609
Davos 380, 386, 568, 638
Degermoos 89
Deitingen 607
Densbüren 609
Dettingen, Bezirksamt Konstanz 192
Dielsdorf 370, 608, 609
Diepoldsburg 135
Diessenhofen 25, 126, 190, 228
Dietikon 188, 306, 313, 614
Dietlikon 51, 203, 605
Dietwil 607, 638
Dijon 229
Dillingen 213, 488
Dinhard 608
Disentis 223
Dogern 202
Donaueschingen 187
Dottikon 402, 639
Döttingen/Dettingen/Tettingkon 15, 38, 87, 88, 114, 186, 187, 192, 218, 219, 241, 244, 302, 306, 308, 309, 313, 335, 344, 349, 357, 374, 394, 405, 429, 464, 503, 504, 524, 528, 538, 540, 541, 545, 553, 604, 607, 614, 626, 631, 640
Dürkheim 148

E

Ebikon 156
Egbotingen 629
Egg 608
Eggenwil 607
Eggingen 602
Eglisau 47, 134, 203, 229, 262, 313,

330, 370, 417, 427, 455, 456, 561, 608, 609, 620
Ehrendingen 217, 241, 598, 606, 632
Eich 607
Eichstätt 607
Einsiedeln 150, 203, 221, 223, 228, 569, 606, 607, 614, 633
Elgg 228, 258, 313
Ellengurt/Héricourt 481
Ellwangen 130
Embrach 32, 167, 191, 192, 193, 504, 608
Emmaus/Emaus 531
Emmingen-Vorwald 187
Enchenberg b. Bitche, Lothringen 149
Endingen, auch Unterendingen, Oberendingen 114, 175, 186, 203, 209, 219, 220, 238, 239, 244, 325, 354, 434, 435, 489, 490, 491, 503, 524, 614, 637, 639, 640 – Oberendingen 185, 186, 274, 344, 349, 480 – Unterendingen 186, 195, 210, 211, 213, 218, 219, 220, 221, 231, 568, 631
Engelberg 4, 190, 223, 528, 569, 597, 606
Engelswies b. Sigmaringen 154, 155
Ennetbaden 186, 298
Entlebuch 253, 606
Erchingen 602
Erlinsbach 634
Eschenbach 189
Eschenz/Tasgetium 87, 135
Escholzmatt 607
Esslingen 29
Etival 127
Ettiswil 633
Etzgen 89, 607
Ewattingen 187, 606

F
Fahr 313
Feldkirch 190
Fellers 597
Felsenau, Sand 89, 336, 638
Feusisberg 31
Fischbach 636
Fischingen 223
Fisibach 87, 89, 241, 313, 374, 403, 541, 542, 614, 626, 632
Fislisbach 614, 639
Flawil 597
Florenz 128
Flüeli-Ranft 514
Fontenoy 302
Frank 608
Frankfurt 577, 618
Frauenfeld 608, 634, 635
Freiburg i. Br. 27, 29, 39, 95, 96, 155, 161, 163, 182, 191, 193, 209, 210, 213, 215, 217, 283, 289, 299, 321, 387, 418, 488, 527, 531, 576, 606, 607, 613, 635, 636
Freiburg i. Ue. 3, 20, 21, 29, 214, 313, 323, 351, 482, 569, 607, 613

Freienbach 607, 632, 637
Freising 184, 192
Freudenau s. Stilli
Frick 503, 631, 637
Fricktal 13, 147, 148, 313, 319, 340, 538, 540, 541, 542, 545, 570, 614
Friedrichshafen 150
Frutigen 634
Füetzheim (Füessen) 186
Full, Jüppe 89, 640
Full-Reuenthal 349, 626

G
Gailingen 490
Gals, Niderhölzli 3
Gampel 597
Gansingen 221
Gebenstorf/Gebistorf 313, 614
Geissslingen 96
Genf 133, 157, 287, 340, 379, 568, 569, 571, 576, 609, 616, 620, 637
Gerlichon/Gerlikon 604
Geschinen 31
Giornico 482
Gippingen 639
Glarus 40, 49, 179, 186, 206, 212, 214, 226, 244, 318, 597, 634, 640
Glatt 631
Gmünd 161
Gnadental 218
Gnesen 198
Goldach 607
Goldberg i. Ries 105
Gomaringen 399
Gonten 598
Gontenbad 607
Gossau 635
Götighofen 606
Göttingen 633
Gouda 577
Grafenhausen 187, 216, 606
Gränichen 205
s'Gravenhage 577
Grieningen 187
Griessen 126, 203
Güttingen 211, 608

H
Haarlem 577
Habsburg/Habichtsburg 187
Habsburg-Laufenburg 188
Hagenau/Haggenow 484
Hägglingen 217, 568, 606, 632, 635, 638, 639
Halberstadt 577
Hall i. Tirol 211
Haltern i. Westfalen 75, 103
Hamburg 506, 577
Hanau 228
Hannover 315
Hauenstein/Houwenstein 238, 612
Haugaunum/Agaunum s. St-Maurice
Hedingen 608
Heidelberg 193, 197, 569, 608, 609

Heiden 609
Heiligenberg b. Winterthur 167
Heiligkreuztal D 154, 155, 156
Heitersheim D 631
Hergiswil 607
Héricourt/Ellengurt 481
Hermannstadt, Rumänien 609
Hermetschwil 218
Herten 106
Hertenstein 149, 195
Herznach/Artiniacum 4, 131, 147, 148, 150, 606, 607, 634
Hettenschwil 570
Heubach 363, 398, 411
Hinwil 608, 609
Hirsau 155
Hirslanden 504
Hitzkirch 637
Hochdorf 637
Hofheim i. Taunus 72
Hofwil 632, 634, 635
Hohenberg/St. Odilienberg 149
Hohenems 490
Hohentengen 117, 412
Höhn 333
Holderbank 313, 425
Holziken 637
Höngen S 639
Höngg/Höng 313, 570, 614
Hoorn NL 577
Horgen 32, 39, 634
Horw 607
Hüfingen 91, 93, 97, 100, 149
Hundwil AR 228, 608, 609
Hünenberg 639
Hüningen 337
Hüntwangen 561
Hunzenschwil, Ziegelmatten 69

I
Illereichen 633
Illertissen 201
Ilmenau i. Thüringen 639
Ingolstadt 193
Innsbruck 212
Interlaken 167
Isenfluh 597
Isny 610

J
Jena 368, 571
Jerusalem 612
Jestetten 181
Juliomagus s. Schleitheim

K
Kadelburg/Chadelburg/Kadilburck 33, 35, 106, 107, 126, 130, 176, 179, 187, 192, 194, 195, 203, 209, 211, 222, 226, 227, 228, 232, 233, 237, 241, 244, 252, 255, 273, 274, 297, 314, 330, 334, 335, 337, 338, 339, 368, 412, 421, 422, 423, 468, 490,

501, 520, 523, 528, 538, 542, 543, 551, 553, 562, 564, 566, 574, 602, 614, 616
Kaiseraugst/Castrum Rauracense 95, 103, 104, 106, 116, 119
Kaiserstuhl/Keiserstuol/Keyserstuhl 7, 23, 28, 30, 31, 33, 45, 117, 134, 153, 171, 203, 205, 210, 213, 232, 241, 242, 243, 257, 261, 262, 263, 264, 297, 298, 312, 313, 314, 316, 320, 322, 323, 331, 337, 345, 358, 359, 362, 374, 403, 427, 442, 482, 485, 488, 489, 524, 540, 541, 542, 558–562, 606, 610, 614, 626, 633, 635, 636, 637, 638
Kaisten 4
Kappel 200, 203, 205, 228, 229, 608
Karlsruhe 227, 323, 338, 384, 423, 568, 635
Karthago 583
Kehl, Pont de Kehl 323
Kehlen 150
Kehrsatz 571
Kempten 488
Kenzingen 635
Kienberg Eich 607
Kilchberg 607
Kirchdorf 597
Kirchspiel 306, 480, 528, 545, 599
Klämmi 614
Kleindöttingen 638
Kleinhüningen 106
Klingenberg 184, 241
Klingnau/Clingenowe/Clingnouw 7, 9, 28, 35, 37, 117, 134, 135, 151, 152, 153, 169, 174, 175, 186, 191, 192, 198, 199, 200, 203, 204, 205, 206, 208, 210, 216, 217, 218, 219, 220, 232, 233, 239, 241, 242, 243, 244, 248, 249, 251, 252, 254, 255, 257, 262, 263, 264, 273, 274, 297, 298, 300, 301, 302, 303, 308, 309, 312, 313, 317, 322, 331, 335, 342, 349, 361, 362, 370, 385, 405, 431, 433, 464, 482, 485, 486, 488, 492, 493, 502, 513, 524, 528, 529, 540, 545, 553, 559, 560, 562, 564, 603, 605, 606, 607, 610, 614, 626, 627, 631, 632, 633, 638, 640
Kloten 117, 190, 313, 325, 326, 327, 428, 570
Knonau 31
Koblenz/Kobeltz/Confluentia 15, 43, 44, 47, 48, 49, 87, 88, 89, 103, 114, 120, 150, 156, 186, 187, 190, 195, 218, 219, 244, 251, 252, 274, 301, 308, 311, 312, 313, 314, 330, 334, 336, 337, 339, 355, 358, 359, 363, 368, 397, 412, 418, 419, 421, 422, 423, 429, 454, 457, 464, 479, 500, 524, 528, 529, 538, 540, 545, 551, 562, 570, 591, 599, 607, 612, 614, 616, 624, 626, 638, 640, 646
Kölliken 69, 638
Köln 66, 161, 193, 501, 577
Königsberg 577

Königsfelden 154, 156, 184, 189, 190, 191, 252, 279, 282, 305, 322, 485, 570, 571
Konolfingen 228
Konstanz/Costentz 9, 21, 37, 95, 116, 132, 133, 134, 135, 136, 139, 147, 148, 150, 151, 156, 164, 167, 168, 171, 172, 173, 178, 179, 181, 184, 185, 188, 190, 191, 192, 194, 197, 198, 199, 200, 201, 202, 203, 207, 208, 209, 210, 212, 214, 216, 219, 233, 238, 241, 242, 243, 244, 246, 249, 250, 254, 256, 258, 259, 260, 262, 264, 265, 272, 274, 303, 316, 358, 467, 485, 527, 562, 564, 575, 576, 603, 610, 629, 630, 638
Krenkingen 134
Kreuzlingen 150
Kulm 609
Künten 4
Küsnacht 609
Küssaberg/Küssenberg 98, 134, 241, 259, 564, 565
Küssaburg 35, 45, 94, 134, 139, 238, 242, 353, 368, 369, 370, 504
Küssnach 309, 538

L

La Chaux-de-Fonds 635
Lachen 30, 31, 33, 177, 213, 528, 609
Ladenburg a. Neckar 105
Landsee/Lanszer, Ungarn 631
Lauchringen 126, 565
Laufenburg/Lauffenburg 31, 53, 136, 153, 191, 192, 214, 262, 273, 312, 322, 334, 343, 344, 361, 390, 417, 427, 485, 524, 568, 575, 606, 610, 612, 630, 635, 636, 637, 638
Lausanne 118, 195, 323, 570
Leibstadt/Leibstatt 89, 313, 320, 349, 524, 540, 545, 606, 607, 614, 626, 627
Leipzig 322, 568, 569, 618, 637
Lengnau/Längnau/Lengnang 89, 114, 117, 193, 213, 217, 238, 239, 303, 313, 325, 344, 349, 434, 489, 490, 503, 504, 540–542, 545, 564, 565, 604, 606, 607, 614, 626, 631, 632, 639
Lengstein a. Ritten 148, 149
Lenzburg 148, 188, 217, 228, 365, 568, 606, 609, 632, 634, 636
Leuggern 89, 213, 220, 305, 306, 322, 349, 363, 500, 507, 570, 606, 607, 627, 631, 633, 637, 638, 639, 640
Leukerbad 449
Lichtensteig 605, 631
Lienheim 107, 108, 109, 330, 418, 484, 538, 552
Liestal 634
Löffingen 187
London 570
Loreto 35
Lorsch 128, 130
Ludwigshafen 443

Lugano 568
Lugdunum s. Lyon
Lusheim 187
Lützel 149
Luxemburg 577, 609
Luzern/Lucern 125, 161, 163, 179, 181, 186, 192, 195, 199, 206, 207, 208, 210, 214, 215, 216, 217, 221, 244, 282, 283, 284, 286, 287, 288, 289, 303, 312, 507, 534, 550, 569, 571, 597, 598, 600, 605, 606, 607, 609, 610, 630, 632, 633, 635, 638
Lyon/Lugdunum 101, 102, 103

M

Madrid 570
Magdeburg 148
Magdenau 149, 150
Mägenwil/Megenwyl 311, 638
Maienfeld 31
Mailand 119, 215, 222, 481, 576, 581, 606
Mainz 66, 128, 163, 198, 199, 282, 577
Maldorf i. Rumänien 609
Mammern 609
Mandach 4, 9, 640
Männedorf 599, 607
Mannheim 368, 374
Marbach i. Elsass 136, 140, 167
Marbach i. Entlebuch 528
Marbach SG 531
Marburg 609
Mariastein 223, 516
Marignano 203, 229
Markdorf i. Linzgau 258
Marseille 256
Marthalen 608
Maschwanden 608
Mediolanum s. Mailand
Meersburg 149, 208, 216, 264, 388, 389
Meggen 606, 607
Meienberg 607
Meilen 208, 273, 607, 608
Mellikon 89, 114, 176, 186, 190, 209, 219, 221, 226, 227, 228, 238, 241, 244, 254, 305, 323, 363, 374, 403, 425, 429, 432, 447, 469, 482, 538, 550, 570, 607, 647
Mellingen 206, 207, 211, 217, 313, 482, 568, 577, 606, 610, 614, 630, 632, 633, 637, 638, 639
Mellstorf 114, 227
Memmingen 149
Menzingen 635
Merenschwand 607
Messkirch 155
Mettau 31, 606, 607, 638
Metz 577
Middelburg 577
Möhlin 569, 637
Mollis 634
Montfort-Feldkirch 190
Moosleerau 638
Möriken, Möriken-Wildegg 609, 640

Moutier-Grandval 167
München 391, 393, 568, 569, 570, 571, 632, 633, 636
Münchingen 187
Münster i. Westfalen 118
Münstertal 598
Muolen 569
Muralto 86
Muri 185, 187, 223, 370, 390, 393, 636, 638, 639
Müstair 124

N

Näfels 631, 637
Neidingen auf der Baar D 128
Nemausus s. Nîmes
Neudingen b. Donaueschingen 602
Neuenburg/ Neuchâtel 152, 323, 568, 618
Neuenkirch 229, 607
Neuern, Böhmen 500
Neuhausen 228
Neumünster 504
Neunkirch 153, 228, 604
Neuss 66
Neustift 149
Neuzellen zw. Würenlos u. Niederweningen 313, 614
Niederbipp 638
Niederbüren 606
Niederglatt 504
Niederhasli 208, 609
Niederlenz 639
Niedersteinbruch i. Elsass 34
Niederweningen 608, 609
Niederwil 634
Nîmes/Nemausus 102
Nimwegen 577
Nürnberg 27, 29, 284, 298, 340, 395, 489, 618, 621
Nussbaumen 429, 597
Nyon 65, 66

O

Oberach 435
Oberaden i. Westfalen 103
Oberehrendingen 238
Oberendingen s. Endingen
Oberflachs 482
Oberhofen 638
Oberhof-Wölflinswil 569, 606
Oberstrass 504
Oberthal 228
Oberuzwil 609
Oberwinterthur 87
Oerlikon 330, 357, 358
Ofteringen/Offtringen D 569
Oftringen 637, 638
Olten 342, 363, 386, 638
Osnabrück 97, 161
Otelfingen 313, 614
Othmarsingen 386
Ottenbach 608

P

Paris 193, 299, 319, 523, 568, 569, 570, 571, 606, 633
Pavia 127, 193, 212, 607
Payerne 223
Petersburg 568
Petershausen 132, 191, 223
Pfäfers 121, 569
Pfaffnau 635
Pforzheim 604
Pfungen 608
Piacenza 207
Pisa 189
Plons, Mels 597
Pont-à-Mousson 212
Prag 161, 193
Pruntrut 210, 635

R

Radolfzell 263, 264, 605, 630
Ragaz 608
Ravenna 201
Ravensburg 374, 560, 561, 604, 610
Recanati 35
Reckhingen CH s. Rekingen
Reckingen D 259, 368, 373, 374, 412, 418, 421
Regensberg 219, 262, 606, 608, 632
Regensburg 161
Regensdorf 609
Reichenau 4, 120, 121, 122, 123, 124, 126, 128, 129, 130, 131, 132, 134, 135, 138, 144, 157, 161, 186, 191, 192, 219, 239, 241, 257, 260, 264, 581, 583, 602, 603
Reichenbach 639
Rein 199
Reinach BL 606
Rekingen/Reckhingen/Räckhingen CH 45, 48, 52, 89, 114, 186, 190, 206, 207, 209, 219, 221, 226, 227, 228, 238, 244, 253, 254, 255, 259, 269, 274, 276, 297, 305, 312, 323, 334, 345, 349, 359, 363, 365, 374, 403, 412, 418, 421, 425, 426, 431, 447, 464, 468, 469, 482, 494, 495, 496, 500, 503, 507, 508, 550, 552, 570, 632, 635, 639, 647
Remetschwil 607, 639
Reutlingen 330
Rheinau 9, 124, 126, 128, 133, 134, 153, 161, 185, 203, 205, 214, 216, 220, 223, 421, 569
Rheinfelden/Rinvelden 153, 167, 188, 191, 192, 193, 217, 322, 343, 344, 361, 390, 417, 449, 477, 501, 606, 607, 612, 631, 632, 636, 637
Rheinheim/Riine 35, 51, 67, 68, 86, 90, 92, 93, 94, 96, 98, 100, 103, 104, 105, 106, 107, 108, 126, 129, 130, 135, 136, 139, 187, 202, 233, 237, 241, 252, 262, 274, 337, 339, 368, 369, 391, 418, 520, 528, 543, 631
Riburg b. Möhlin 432
Rickenbach b. Schwyz 607

Rickenbach TG 154
Rieden 203, 313, 614
Riedern i. Schwarzwald 215
Riehen 606
Rietheim/Riete 43, 44, 47, 48, 114, 126, 190, 208, 209, 226, 227, 228, 233, 238, 241, 244, 254, 255, 259, 274, 305, 308, 312, 314, 323, 331, 349, 354, 359, 363, 403, 405, 421, 422, 431, 432, 454, 455, 457, 468, 469, 482, 484, 496, 500, 507, 528, 550, 552, 553, 564, 566, 567, 568, 604, 608, 626, 645, 647
Rigi-Klösterli 217
Riniken 640
Rinteln D 456
Risch 149
Rohrdorf/Rhordorf 607, 614
Rom 65, 66, 91, 92, 94, 95, 102, 106, 192, 198, 202, 217, 379, 495, 603, 606, 607
Romainmôtier 223
Romanel 455, 456
Romanshorn 330, 358, 606
Ror a. Greifensee/Gryffensee (Fällanden) 610, 630
Rorbas 608, 609
Rorschach 637
Röschbach 228
Rot an der Rot 148, 149
Röteln/Röthelen/Rötteln/Rotwasserstelz 132, 213, 242, 330, 374
Rothrist 639
Rottenburg a. Neckar 208
Rotteneck 161
Rotterdam 483
Rottweil/Rotwil/Arae Flaviae 4, 93, 97, 169, 203, 210, 283, 610, 630
Rotwasserstelz s. Röteln
Rüdlingen 48
Ruelassingen 189
Rüfenach 4
Rühlingen 187
Rümikon/Rümiken 89, 114, 227, 241, 306, 312, 313, 374, 393, 403, 524, 542, 552, 614, 647
Rümlang 608
Rupperswil 640
Rupperswil, Zozeläcker 69
Rüti 608
Rütihausen 598
Rütli 514
Rüttihof/Rütihof 232, 308

S

Saanen 228
Saarbrücken 323
Sachseln 606
Säckingen/Seckingen/Sekkingen 124, 125, 126, 127, 133, 148, 151, 152, 153, 157, 185, 244, 262, 421, 423, 612, 631, 635
Safenwil 639
Salem/Salmenschwil/Salmannsweiler 148, 559, 562

Salmsach 124
Santiago 23, 612
Sargans 598
Sarmenstorf 332, 606, 607, 626
Sarnen 385, 637, 639
Saulgau 148
Schaan 116
Schaffhausen/Schafhausen 9, 33, 39, 47, 139, 154, 192, 194, 203, 208, 217, 228, 256, 258, 287, 312, 313, 314, 325, 328, 332, 333, 334, 335, 337, 340, 358, 378, 379, 417, 418, 419, 421, 483, 485, 496, 529, 533, 541, 545, 567, 606, 612, 616, 617, 632
Scheer 208, 555
Schienen 128, 129
Schinznach 4
Schleitheim/Juliomagus 93, 95
Schlieren 313, 608, 614
Schluchsee/Schluchs 187
Schneisingen/Sneisanwang 89, 114, 117, 202, 209, 213, 214, 344, 484, 566, 605, 606, 638, 639
Schöfflisdorf 609
Schöftland 634
Schönenwerd 167, 185, 193, 559, 560
Schönholzerswilen 635
Schopfheim 635
Schwainigen/Stühlingen-Schwaningen 187
Schwamendingen 504
Schwarzach 39
Schwendi GL 634
Schwenningen 388
Schwerin 381
Schwyz 179, 186, 190, 206, 210, 244, 297, 605, 606, 631, 633, 637
Seedorf 210
Seengen 609, 632
Sellanden 187
Sempach 186, 188, 192
Senigallia/Sinigallia 618
Seuzach 229
Siena 193
Siggenthal/Sigenthal 126, 186, 189, 313, 597, 614 – Untersiggenthal 429
Siglistorf 114, 403, 491, 541, 606, 639, 647
Sigmaringen 148
Sins 606
Sion 216
Sirnach 606
Solothurn/Solodoro 130, 149, 150, 167, 197, 205, 209, 210, 218, 289, 312, 321, 475, 481, 488, 561, 582, 583, 585, 598, 606, 639
Sonnenberg 168, 182, 192
Sonthofen i. Allgäu/Tablat 607
Speyer 323
St. Blasien/Sant Blesy 153, 154, 203, 213, 216, 217, 219, 221, 297, 559, 561, 606, 630
St. Gallen 27, 120, 121, 126, 135, 144, 148, 150, 157, 183, 185, 186, 190, 199, 217, 223, 228, 229, 268, 323,

391, 474, 560, 603, 607, 609, 610, 633, 634, 635
St. Germann 597
St-Louis 323
St-Maurice/Agaunum/Haugaunum 35, 119, 157, 167, 582
St. Paul i. Kärnten 153, 154
St. Trudpert 35, 39, 222
St. Urban 637
St-Ursanne 167
Stade 577
Stadelhofen 202
Stäfa 149, 150, 153, 599, 608, 609
Stammheim 124, 608
Stams, Zisterzienserstift 199
Stans 210, 258
Steckborn 484
Stein a. Rhein 39, 103, 135, 228, 238, 268, 269, 270, 280, 608
Stein AG 359
Stein SG 636
Steinbach 560
Steinbach i. Fürstbistum Speyer 258
Steinmaur 608, 609
Stilli u. Freudenau 133, 252, 334, 607, 614
Stralsund 577
Strassberg i. Hohenzollern 144, 148, 608
Strassburg 27, 29, 151, 167, 187, 188, 262, 312, 427, 489, 559, 560, 562, 617
Stühlingen 31, 187, 455, 616
Stuttgart 154, 155, 387, 398, 568, 569
Suhr 639, 640
Sulz AG 635, 639
Sulz D 631
Sursee 232, 605, 633

T

Tablat/Sonthofen i. Allgäu 607
Tarodunum b. Freiburg i. Br. 95
Tegerfelden/Tägerfelden 45, 89, 114, 134, 174, 186, 189, 192, 199, 203, 209, 210, 211, 215, 220, 221, 224, 231, 239, 241, 244, 274, 301, 302, 306, 309, 313, 314, 315, 317, 323, 334, 335, 468, 484, 504, 512, 514, 551, 552, 553, 564, 614, 636
Tenedo s. Zurzach
Thalheim 609
Thalwil 282
Theben 581
Thengen 241
Thörigen 597
Tiel 577
Tiengen/Thiengen/Tüenge 44, 153, 194, 222, 241, 262, 263, 264, 331, 370, 384, 386, 387, 388, 392, 395, 429, 490, 511, 528, 633
Töss 190, 504
Tours 124
Trient 168, 170, 181, 194, 207, 209, 210
Trier 99, 105, 106, 152

Troppau 198
Trossingen 523
Tübingen 193, 217, 571, 607
Tuggen 576, 636
Tunis 583
Turbenthal 608
Turgi 342, 358, 570, 637
Tyrol 617

U

Überlingen 181, 190, 197, 258
Ueken 570, 626, 638
Ufenau 130
Ühlingen-Birkendorf D 639
Uhwiesen 228
Uitikon 421
Ulm 27, 208
Umiken 609, 632
Untereggingen 100
Unterendingen s. Endingen
Unterhallau 635
Unterkulm 154, 156
Unterschächen 638
Untersiggenthal s. Siggenthal
Untersteckholz 598
Urach 105
Uri 206, 605
Uster 608

V

Veere, Zeeland 302
Venedig 506, 570
Vienna 67
Vilars, Val de Ruz 635
Villigen 639
Villingen D 199
Villmergen 607
Vindonissa s. Windisch
Vitznau 516, 637

W

Wabern 634
Wädenswil 32, 597
Waldburg 134, 135, 241, 603
Waldhausen 239, 561
Waldkirch 130, 144, 202, 296
Waldshut/Waltzhuot 7, 44, 47, 153, 186, 191, 192, 194, 199, 200, 202, 203, 204, 205, 229, 256, 262, 312, 321, 331, 342, 351, 358, 359, 369, 373, 383, 384, 385, 386, 387, 389, 390, 399, 412, 419, 429, 485, 506, 513, 528, 542, 560, 570, 610, 612, 635
Waldstatt 571
Wallbach 542
Wallisellen 358, 359
Wallsee 181
Wanzenau 562
Wartau-Gretschins 609
Washington 427
Wasserstelz 213 – Rotwasserstelz s. Röteln – Schwarzwasserstelz 40,

132, 210, 241, 242, 297 – Weisswasserstelz 242
Weggis 453, 516, 637
Weiach/Weyach 241, 313, 608, 614
Weil der Stadt 29
Weinfelden 427
Weiningen 313
Wellenberg 205
Weningen/Wenningen 313, 614
Wettingen 150, 153, 203, 205, 206, 207, 209, 213, 215, 303, 306, 429, 559, 562, 568, 569, 570, 610, 634, 636, 637, 638, 639, 640
Wiedikon, Zürich-Wiedikon 504, 634
Wien 4, 152, 164, 193, 194, 211, 222, 483, 568, 632
Wil SG 154, 607, 632
Wilchingen 31
Wildenberg 149
Windisch b. Brugg/Vindonissa 4, 15, 68, 76, 86, 91, 93, 95, 100, 102, 103, 106, 116, 123, 133, 189, 313, 325, 614, 638
Winingen 614
Winkelsheim 39, 221
Winterstetten 562
Winterthur 8, 22, 23, 39, 126, 185, 191, 228, 229, 287, 313, 330, 358, 359, 412, 437, 496, 504, 519, 521, 523, 570, 571, 600, 604, 609, 624, 631, 634, 635, 637, 639
Wislikofen 114, 220, 221, 227, 349, 357, 403, 606, 639, 647
Wittenwil 637
Wittnau 606
Wohlen 451, 453, 634, 635
Wolhusen 609
Wollishofen 203, 504
Worms 148, 261, 577
Würenlingen/Würrenlingen 114, 126, 186, 195, 206, 218, 219, 220, 231, 238, 239, 244, 301, 306, 312, 313, 321, 403, 429, 464, 524, 528, 541, 545, 551, 607, 614, 635, 637, 638, 639, 640
Würenlos 313, 607, 614, 638, 640
Wurmlingen 105
Würzburg 217, 606, 607
Wutachtal 44, 66, 91, 100
Wyhlen 103, 104
Wyss 311

X

Xanten 66, 100

Y

Yverdon 87, 571

Z

Zeihen 634, 638
Ziefen 609
Ziliung/Chillon 8
Zimmerbach i. Elsass 483
Zofingen 167, 185, 193, 205, 327, 365, 501, 502, 524, 634
Zollikon 571, 598, 609
Zufikon 606, 607
Zug 156, 159, 179, 186, 196, 205, 206, 207, 221, 232, 244, 264, 303, 307, 355, 358, 368, 449, 452, 456, 463, 494, 497, 529, 534, 562, 569, 570, 597, 598, 605, 606, 607, 636, 639
Zürich 9, 17, 22, 23, 31, 33, 51, 52, 53, 95, 125, 126, 127, 130, 140, 150, 151, 153, 164, 165, 179, 184, 186, 190, 191, 192, 194, 195, 198, 199, 200, 202, 203, 204, 205, 206, 208, 209, 211, 212, 214, 219, 224, 225, 226, 227, 228, 229, 244, 256, 257, 258, 262, 278, 279, 294, 295, 298, 301, 306, 307, 308, 312, 313, 314, 318, 322, 323, 327, 330, 340, 342, 358, 363, 365, 374, 378, 379, 380, 384, 385, 387, 388, 393, 395, 403, 412, 426, 432, 442, 446, 449, 464, 468, 474, 481, 496, 504, 511, 513, 521, 526, 528, 529, 538, 541, 545, 558, 560, 562, 569, 570, 571, 576, 578, 598, 599, 600, 605, 607, 608, 609, 620, 632, 634, 635, 636, 637, 638, 639 – Grossmünster 127, 167, 184, 190, 191, 192, 197, 200, 205, 562, 576, 607, 608 – Zürichberg 140
Zürich, Enge, Leimbach 609
Zuzgen 606, 607, 631
Zweibrücken 608
Zweidlen 126
Zwiefalten 143, 154, 155

Zurzach/Tenedo, Quartierbezeichnungen, Flurnamen (Auswahl)

Achenberg/Acheberg/Achebèèrg/Machenberg/Achenberghof/Hochenberg II, 3, 12, 35, 44, 46, 47, 54, 115, 133, 186, 200, 218, 219, 238, 303, 305, 306, 308, 313, 354, 377, 385, 439, 452, 457, 504, 512, 514, 528, 533, 534, 553, 555, 561, 565, 599, 643
Äusserer Bach 12
Barz(Bartz)/Barzhof/Barzmühle/Barzstrasse 12, 34, 35, 36, 39, 54, 69, 81, 153, 305, 306, 314, 323, 334, 337, 339, 363, 431, 452, 454, 490, 553, 554/555, 563, 625, 626, 643, 646, 647
Breite 34, 309, 359, 415
Brüggliwiesen 54, 68, 81, 83, 87, 88, 92, 114
Burg, Burgquartier 16, 17, 18, 20, 40, 49, 129, 135, 136, 237, 238, 244, 267, 268, 270, 272, 305, 311, 312, 316, 321, 328, 333, 334, 335, 355, 501, 563, 564, 566, 646
Eich 315, 552, 578
Entwiese 49, 52, 53, 82, 88, 114, 350, 354, 414
Fahr, Fähren, Rheinbrücke, Mittelalter und Neuzeit 9, 38, 39, 40, 48, 52, 55, 126, 129, 130, 131, 133, 135, 136, 201, 202, 237, 241, 244, 252, 309, 312, 313, 314 (Surbrücke), 322, 325, 332, 333, 334–339, 342, 354, 362, 368–370, 374, 417, 418, 422, 490, 497, 526, 567, 570, 571, 614, 624, 625
Rheinübergänge, Brücken, Fähren, (vorrömisch und) römisch 48, 51, 52, 55, 65, 76, 82–92, 93, 94, 102, 103–106, 130, 135
Grüt/Grütt 12, 267, 275, 484, 554/555, 625, 646
Himelrich 20, 36, 52, 59, 60, 61, 81, 351, 362, 435, 437, 497, 571, 624
Katzensteig 293
Kirchlibuck/Chilebückli – (allgem. und Osterdienstagsprozession) II, 34, 49, 113, 129, 186, 211, 231, 232, 233, 321, 478, 495, 504, 526, 545, 550. – (Frühchristliche Kirche) 5, 54, 94, 95, 115–117, 119, 223 – (Brücken und Kastell) 49, 51, 52, 54, 55, 65 ff., 82 ff., 88, 90, 92, 103, 104, 114 ff., 123, 129 f., 237 – (Burgkapelle/Kirchlibuck-Kapelle/St. Verena und Mauritius auf Burg) II, 17, 34, 54, 129 f., 135, 137, 159, 178, 185, 211, 219, 221 f., 238, 268, 333, 497, 550, 551, 554, 570, 605
Mandach, Schlössli Mandach II, 9, 34, 35, 37–39, 49, 51, 52, 54, 201, 222, 238, 276, 298, 299, 302, 306, 332, 333, 335, 362, 369, 482, 554/555, 566

Mittkirch/Mizkilch/Nidkilchen 18, 20, 29, 51, 52, 55, 59, 61, 63, 64, 114
Neuberg 626
Oberfeld 48, 49, 89, 240, 241, 309, 413, 423, 553, 625, 646
Oberflecken 15, 18, 20, 23, 25, 26, 137, 224, 228, 302, 304, 305, 320, 330, 366, 493, 502, 525, 564, 578, 605, 625
Rappenschnabel 12, 44, 47, 553
Rebberg 44, 51, 68, 302, 351, 514, 553, 625
Sidelen 9, 18, 37, 49, 51, 52, 54, 59, 64, 65, 68, 82, 83, 84, 85, 86, 87, 90, 92, 103, 104, 114 f., 115, 123
Stettbrunnen 18, 51, 186, 553
Stiftsbezirk/Adelboden 18, 19, 21, 26, 29, 33, 38, 181, 241, 244, 305, 315, 316
Senftasche/Tempfteschen 182, 186, 233, 514
Tüchelgrueb 317, 355
Unterfeld 214, 240, 309, 431
Unterflecken 15, 18, 20, 29, 80, 118, 137, 238, 259, 304, 305, 350, 567, 574, 613
Uf Rainen 63, 240
Villa Zuberbühler 24, 36, 497, 554/555
Wyssmatt/Wissmatt 249, 280, 281, 285, 287, 600
Zurziberg/Zurzachberg/Zurzacherberg 15, 44, 45, 312–315, 355, 446, 514, 578, 625, 646

Autoren

Hans-Dietrich Altendorf,
Dr. theol., em. Prof. Universität Zürich,
Aesch-Forch

Erich Bugmann,
Dr. phil., Geologe, em. Prof. Universität
St. Gallen, Oberdorf SO

Fredy Diener,
lic. phil., Personalbereichsleiter ABB,
Zurzach

Gerhard Fingerlin,
Dr. phil, Archäologe, ehem. Leiter des
Referates Bodendenkmalpflege im
Regierungsbezirk Freiburg beim Landes-
amt Baden-Württemberg, Prof. Universi-
tät Freiburg i. Br.

† P. Rainald Fischer,
Dr. phil., OfmCap., Provinzarchivar,
Luzern

Paul Gutzwiller,
Dr. phil., freischaffender Archäologe,
Therwil BL

Christian Hanser,
Dr. phil., Geograph, Unternehmensbera-
tung BHP Hanser und Partner AG, Zürich

Alfred Hidber,
Mitarbeiter am Institut für Denkmalpflege
ETHZ, Büro Sennhauser, Zurzach

Franz Keller-Spuler,
a. Bezirksschullehrer, a. Rektor KV, a.
Gemeindeammann Zurzach

Walter Leimgruber,
Dr. phil., Historiker, Volkskundler,
Prof. Universität Basel

Silvia Letsch-Brunner,
Dr. theol., freischaffende Theologin,
Benglen

Helmut Maurer,
Dr. phil., a. Stadtarchivar, Prof. Universität
Konstanz

Felix Müller,
Dr. phil., Historiker, Brugg

Adolf Reinle,
Dr. phil., Kunsthistoriker, em. Prof.
Universität Zürich, Luzern

Hans Rindlisbacher,
lic. phil., Historiker, Zentralbibliothek
Solothurn

Katrin Roth-Rubi,
Dr. phil., Archäologin, Bern

Hans-Peter Schifferle,
Dr. phil., Germanist, Schweizerisches
Idiotikon, Zürich

Clausdieter Schott,
Dr. iur., Rechtshistoriker, Prof. Universität
Zürich

† Albert Sennhauser,
Dr. phil., Historiker, a. Gymnasiallehrer,
Itingen BL

Hans Rudolf Sennhauser,
Dr. phil., Kunsthistoriker, Archäologe, em.
Prof. Universität Zürich und ETHZ,
Zurzach

† Jean-Jacques Siegrist,
Dr. rer. pol., a. Staatsarchivar AG

Walter Wolf,
Dr. phil., Historiker, Schaffhausen

Mark Wüst,
lic. phil., Historiker, Ausstellungsmacher,
Museum Allerheiligen Schaffhausen